Langenscheidt
Fachwörterbücher

# Langenscheidt
# Dictionary of **International Business** Concise Edition English

**English – German**
**German – English**

by
Dr. Clara-Erika Dietl †
Anthony Lee

in collaboration with the Centre for Business Languages
at the European Business School

Langenscheidt

Berlin · München · Wien · Zürich · New York

# Langenscheidt
# Fachwörterbuch Kompakt
# International Business
# Englisch

**Englisch – Deutsch**
**Deutsch – Englisch**

von

Dr. Clara-Erika Dietl †

Anthony Lee

in Zusammenarbeit mit dem Centre for Business Languages an der European Business School

Langenscheidt

Berlin · München · Wien · Zürich · New York

Das Kompaktwörterbuch basiert auf der 4. Auflage des *Gabler Wirtschaftswörterbuch Englisch-Deutsch* und der 3. Auflage des *Gabler Wirtschaftswörterbuch Deutsch-Englisch*

**Bibliografische Information Der Deutschen Bibliothek**
Die Deutsche Bibliothek verzeichnet diese Publikation in der Deutschen Nationalbibliografie; detaillierte bibliografische Daten sind im Internet über http://www.ddb.de abrufbar.

*Eingetragene (registrierte) Warenzeichen sowie Gebrauchsmuster und Patente sind in diesem Wörterbuch nicht ausdrücklich gekennzeichnet. Daraus kann nicht geschlossen werden, dass die betreffenden Bezeichnungen frei sind oder frei verwendet werden können.*


Druck: Graph. Betriebe Langenscheidt, Berchtesgaden/Obb.
Printed in Germany
ISBN 978-3-86117-263-5

1. 2. 3. 4. 5. 11 10 09 08 07

# Vorwort

Seit Jahrzehnten unterliegt die Rolle der Fremdsprachen im Wirtschaftsleben einem tiefgreifenden Wandel. Die Triebkräfte dieses Prozesses – die Globalisierung, das europäische Einigungswerk, die Computertechnik und der unbeschränkte Zugang zu Informationen – haben dazu geführt, dass Englisch von der Sprache des internationalen Handels zur Weltsprache an sich avancierte, zu einem wesentlichen Element einer integrierten Strategie der Globalisierung. Das *Langenscheidt Fachwörterbuch Kompakt International Business Englisch-Deutsch/Deutsch-Englisch* zählt zu den seltenen Produkten, in denen die historische Bedeutung dieser Zäsur zum Ausdruck kommt. Das Wörterbuch wurde mit Blick auf die Chancen und Gefahren dieser Entwicklung konzipiert und soll die gewonnenen Erkenntnisse nutzen, indem es die Übertragung deutscher Wörter in das heutige Wirtschaftsenglisch thematisiert.

Das Wörterbuch beruht auf den ersten drei Auflagen des bei Gabler erschienenen zweibändigen *Wirtschaftswörterbuchs Englisch-Deutsch, Deutsch-Englisch*, das von Dr. Clara-Erika Dietl † verfasst und von Gabler bearbeitet wurde. Nach dem Tode von Dr. Clara-Erika Dietl wandte sich Gabler an die European Business School (ebs) mit der Bitte, die Wörterbücher auf den neuesten Stand zu bringen und zu erweitern. Als dynamische und finanziell unabhängige internationale Wirtschaftshochschule verfügt die ebs über erhebliche Stärken im Gebrauch von Fremdsprachen, kommen doch die Studenten und Lehrkräfte aus aller Welt und gehören Studienaufenthalte im Ausland ebenso zum Programm wie Praktika in der Wirtschaft. Der erste Band (Englisch-Deutsch) der vierten Auflage erschien 2003 und stieß auf große Resonanz, doch der zweite Band (Deutsch-Englisch) wurde nie veröffentlicht.

Gablers zweisprachige Referenzliste wurde 2006 vom Langenscheidt Fachverlag erworben. Mit Langenscheidts handlichem *Fachwörterbuch Kompakt International Business Englisch-Deutsch/Deutsch-Englisch* in einem Band orientieren wir uns wie gewohnt konsequent an den Bedürfnissen der Kunden. Das Buch ist als einfaches Glossar angelegt, sofern dies als ausreichend empfunden wird (z. B *land register = Grundbuch*). Es wird aber zum Lexikon mit thematischen Erläuterungen, wenn sich dies als nützlich erweist, etwa zur Weiterverfolgung von „Definitionsketten" wie ***cash-flow forecast:****–business plan – risk capital – business angel – entrepreneur.*

Dem Wörterbuch liegt nicht die „traditionelle" Abstufung (allgemeiner Wortschatz – allgemeines Wirtschaftsenglisch – wirtschaftliches Fachvokabular) zugrunde. Als erstes gingen wir daran, das Wortgut gründlich zu aktualisieren, wozu wir Hunderte veralteter und überflüssig gewordener Termini ausmerzen mussten, die den Wortbestand mit überholtem, aber „hochgestochenem" Vokabular zu überfrachten drohten.

Die drei wichtigsten innovativen Themenbereiche – Finanzmärkte, E-Commerce und Europäische Union – wurden überprüft und aktualisiert. Ausgebaut wurden unter anderem die folgenden Gebiete: Immobilienwirtschaft, unternehmerische Initiative/Existenzgründungen, Mittelstand/Wagniskapital.

Wer ein Wörterbuch verfasst, muss die in der Wirtschaft verwendeten Begriffe so rasch und genau wie möglich registrieren. Dazu zählen Ausdrücke, die sich geradezu epidemisch verbreiten und jetzt einen Bedeutungsinhalt angenommen haben, der weit über den ursprünglichen Sinn hinausgeht (z. B. *due diligence*), Wörter und Wortverbindungen, die eigentlich „unrichtig" sind wie *Mobbing*, die kein Pendant in der anderen Sprache haben *(z. B. to assign a lease)* oder als „falsche Freunde" anzusehen sind wie *rentability*. Wenn für die Aufnahme in ein Wörterbuch der Gebrauch ausschlaggebend ist, fallen Wörter, die nur ein Scheindasein führen, durch den Rost. Hier ein Beispiel: Natürlich haben wir die *business angels* berücksichtigt, denn dabei handelt es sich um einen relativ neuen Ansatz bei Existenzgründungen und der Beschaffung von privatem Beteiligungskapital. Den Gegenbegriff *business devils* haben wir, obwohl er in jedem Glossar zu diesem Thema auftaucht, nicht aufgenommen, und zwar aus dem schlichten Grund, dass er in der Praxis überhaupt keine Verwendung findet.

Die globale Wirtschaft benötigt einen globalen Wortschatz, der leicht zugänglich, problemlos verwendbar und in Form und Inhalt präzise ist. Disziplin und Autorität sind geboten, um neue Termini zu erkennen, zu bestätigen und zu autorisieren und um für ein ganzes Gefüge „abgestimmter Inhalte" zu sorgen, ohne die eine kulturenübergreifende Gestaltung und Kommunikation in den Anfängen stecken bliebe und eine weitere historische Gelegenheit vertan würde.

Langenscheidt Fachverlag und die European Business School haben die Notwendigkeit erkannt, den „Auftrag" definiert und mit dem vorliegenden Werk eine überzeugende und wertvolle Initiative ergriffen. Sie sind eingeladen, daran teilzuhaben.

Unser Dank gilt der Redation vom Langenscheidt Fachverlag, die uns in jedem Stadium der Erarbeitung ihre volle Unterstützung zuteil werden ließ und ohne deren Geschick, Geduld und Sachverstand das Wörterbuch in seiner jetzigen Form nicht zustande gekommen wäre.

ebs möchte überdies den folgenden Mitarbeitern und Forschungsstudenten danken: Judith Fortey, Andreas Kemper, Vera Körschgen, Hannah Lehmann, David Mackie und Petra Mayer.

Wir sind dankbar für alle Hinweise auf Fehler, die Ihnen beim Gebrauch des Wörterbuchs auffallen, für Einwände gegen die Aufnahme von Stichwörtern oder zusätzliche inhaltliche Informationen. Bitte wenden Sie sich damit an den Langenscheidt Fachverlag GmbH, Postfach 40 11 20, 80711 München, Deutschland.

*European Business School*
*Anthony Lee*

# Foreword

The two business generations of the last decades have experienced momentous changes in the role of foreign languages. The forces driving this process: globalisation, European unity, computers and unrestricted information access had already transformed the clumsy notion of "languages in overseas trade" beloved of UK politicians into the idea of "world-language English" as part of an integrated globalisation strategy. The *Langenscheidt Concise Dictionary International Business English-German/German-English* is one of the very few products to have recognised the historical significance of this moment. It has been designed with both opportunities and threats in mind and has tried to exploit the insights of this analysis by looking more closely at the flow of German words into contemporary Business English.

The present dictionary is also based on the first three editions of the "*Dictionary of Commercial and Business Terms*" in two volumes, English-German and German-English, compiled by Dr. Clara-Erika Dietl † and edited by Gabler. When Dr. Clara-Erika Dietl died, Gabler approached the European Business School ebs to update and enlarge the dictionaries. ebs, as a fast moving financially autonomous international business school with an international student body and faculty, study periods abroad and business practice offers certain advantages in language use terms. The first volume (English/German) of the fourth edition was published in 2003 and was well received, but the second volume (German/English) was never published.

Gabler-'s bilingual reference list was acquired by Langenscheidt-'s Fachverlag in 2006. With the *Langenscheidt Concise Dictionary International Business English-German/German-English* in one volume in a manageable size, we continue our rigorous "customer needs first" policy. The book has been compiled like a simple glossary when this was enough. (For instance, "*land-register*"= "*Grundbuch*") It is a Lexicon which strayed into the subject itself when this is useful for example for following up "definition chains" like ***cash-flow forecast:***–*business plan—risk capital—business angel—entrepreneur*

The present dictionary is not based on the typical, "traditional" status hierarchy of dialects: General English, general business English and a selection of more specialised or technical business lexis. Our first task was a thorough and merciless update, which involved dumping hundreds of obsolete and irrelevant expressions which threatened to clog the thought processes with antique "advanced" vocabulary.

The three main innovative areas: finance, e-commerce and European Union have been checked and updated. Reinforcement has been provided in the following areas: Real Estate, and entrepreneurialism/start-ups small companies/venture capital etc.

The dictionary maker-'s job is to record what is used by business as quickly and as accurately as possible. This will include words which have spread like an epidemic and now mean much more than they ever did at home *(e.g. due diligence)*; words which are actually "incorrect", like *mobbing* or which have no useful equivalent *(e.g. to assign a lease)* or which are "false friends", like *rentability.* This "usage sensitive membrane" also eliminates impostors. For example, *business angels* is a relatively new, key concept in start-ups and private equity investment. Its opposite *business devils* we have not included although it appears in every glossary on the subject, for the simple reason that nobody otherwise uses it.

The global economy needs a global vocabulary which is easily accessible, easily used and accurate in form and content. It will need discipline and authority to identify, confirm and authorise new expressions and to promote this fabric of "agreed meaning", without which intercultural management and communication will wither at the phrase book level, as one of history-'s lost opportunities.

Langenscheidt Fachverlag and the European Business School identified this need, defined the "mission" and in so doing took a powerful and valuable initiative, which we now invite you to share.

We would like to thank the editorial team of Langenscheidt Fachverlag, which gave full backing through all the production phases, and without whose skill, patience and professionalism the dictionary could not have been published in its current form.

ebs would also like to thank these staff members and research students: Judith Fortey, Andreas Kemper,Vera Körschgen, Hannah Lehmann, David Mackie, and Petra Mayer.

If any one using the dictionary should find any errors, wish to contest any entry or add further information to the content of this dictionary, we should be most grateful. Such information should be addressed to Langenscheidt Fachverlag GmbH, Postfach 40 11 20, 80711 Munich, Germany.

*European Business School*
*Anthony Lee*

# Benutzungshinweise • Directions for Use

## 1. Beispiele für die alphabetische Ordnung • Examples of Alphabetization

| | |
|---|---|
| Abbruch | undersell |
| Abbruch~ | under separate cover |
| abbuchen | undersign |
| Abbuchung | understaffed |
| abdecken | understate |
| Abdeckung | understock |
| abdingbar | undersubscribed loan |
| abebben | undertake |
| Abend~ | undertaker |
| aberkennen | undertaking, 1. |
| Aberkennung | undertaking, 2. |
| abernten | under the rule |
| abfahren | under-the-table money |
| Abfahrt | under usual reserve |
| Abfahrts~ | underutilization of land |
| Abfall | undervalued currencies |
| Abfälle | underwater option |
| abfallen | underwrite, 1. |
| Abfall~ | underwrite, 2. |

## 2. Abkürzungen • Abbreviations

| | |
|---|---|
| *Am* | American English (Vereinigte Staaten von Nordamerika) |
| *Art.* | Artikel |
| *bes.* | besonders |
| *betr.* | betreffend |
| *Br* | British English (Großbritannien und Nordirland) |
| *cf.* | (confer) compare |
| *colloq.* | colloquial |
| *com.* | commercial term |
| *DBA* | Doppelbesteuerungsabkommen |
| *e.g.* | zum Beispiel |
| *e.V.* | eingetragener Verein |
| *EDV* | elektronische Datenverarbeitung |
| *EG* | Europäische Gemeinschaften |
| *etc.* | usw. |
| *etw.* | etwas |
| *EU* | Europäische Union |
| *fig.* | figuratively |
| *fin.* | financial |
| *Ggs.* | Gegensatz |
| *GmbH* | Gesellschaft mit beschränkter Haftung |
| *jd.* | jemand |
| *MMF* | Markt- und Meinungsforschung |
| *o.s.* | oneself |
| *od.* | oder |
| *opp.* | as opposed to |
| *parl.* | parlamentarisch |
| *PatR* | Patentrecht |
| *s.* | see |
| *sb.* | somebody |
| *sl.* | slang |
| *sth.* | something |
| *v* | Verb |
| *Vers.* | Versicherung |
| *vgl.* | vergleiche |
| *VN* | Vereinte Nationen |
| *z. B.* | zum Beispiel |

# Englisch – Deutsch

# A

**A 1**, erstklassig; *Ware(n) f(pl)* von erster Güte (od. Qualität)
**AAA** höchste Kreditwürdigkeitsnote *f*, beste Bonität *f (bezeichnet die beste Bonität bzw. das beste Rating eines Kreditnehmers auf einer Rating-Skala von AAA bis D)*
**abandon**, *v* abandonnieren; aufgeben, fallen lassen; *(etw.)* überlassen (to an); **to ~ an application** *(PatR)* e-e Anmeldung fallen lassen; **to ~ an attempt** vom Versuch zurücktreten; **to ~ a business** ein Geschäft aufgeben; **to ~ a claim** auf e-n Anspruch verzichten; **to ~ one's domicile** seinen Wohnsitz aufgeben; **to ~ a mine** e-e Grube aufgeben (od. stilllegen); **to ~ an option** e-e Option aufgeben (od. verfallen lassen)
**abandoned property**, herrenloses Gut
**abandonment**, Abandon *m*; Aufgabe *f*, Preisgabe *f (von Rechten od. Sachen)*; Verzicht *m*; **~ clause** Abandonklausel *f*; **~ of a business** Geschäftsaufgabe *f*; **~ of the option** Aufgabe *f* (od. Nichtausübung *f*) der Option; **~ of possession** Besitzaufgabe *f*; **~ of a railway** (*Am* **railroad**) **(line)** Stilllegung *f* e-r Eisenbahnlinie; **~ of a trademark** Preisgabe *f* e-s Warenzeichens
**abdication**, Verzicht *m* (of auf); **~ of responsibility** Ablehnung *f* der Verantwortung
**abet**, *v* anstiften; Beihilfe leisten
**abettor**, Anstifter *m*; Gehilfe *m*; Mittäter *m*
**abeyance**, **in ~** unentschieden, in der Schwebe *f*; herrenlos; **to fall** (or **go**) **into ~** zeitweilig außer Kraft treten
**abide**, *v* bleiben; **to ~ by an agreement** sich an e-n Vertrag halten; e-n Vertrag einhalten; **to ~ by the consequences** die Folgen auf sich nehmen; **to ~ by the rules** die Vorschriften befolgen
**ability**, Fähigkeit *f*, Befähigung *f*; **to the best of one's ~** nach bestem Können *n*; **~ to pay** Zahlungsfähigkeit *f*, Solvenz *f*
**able**, fähig, imstande; tauglich, tüchtig; **~-bodied** kräftig, diensttauglich; **~ to buy** kaufkräftig; **~ to compete** wettbewerbsfähig; **~ to pay** zahlungsfähig; **~ to work** arbeitsfähig
**abode**, Wohnsitz *m*; Aufenthalt(sort) *m*; **with no fixed ~** ohne festen Wohnsitz; **habitual (place of) ~** gewöhnlicher Aufenthalt(sort); **permanent ~** ständiger Wohnsitz
**abolition**, Aufhebung *f*, Abschaffung *f*, Beseitigung *f*; **~ of customs duties** Abschaffung der Zölle; **~ of discrimination** Beseitigung von Diskriminierungen; **~ of frontier checks** *(EU)* Aufhebung der Grenzkontrollen; **~ of internal frontiers** Abbau *m* der Binnengrenzen
**abortive**, verfehlt; ergebnislos; gegenstandslos; **~ execution** fruchtlose Pfändung *f*
**abound**, *v* im Überfluss *m* haben, im Überfluss vorhanden sein; **the river ~s in fish** der Fluss hat e-e große Menge Fische
**above**, **~ the average** überdurchschnittlich; **~ ground** *(Bergwerk)* über Tage; **~ the line item** ordentlicher Etatposten *m*; **~ mentioned** (a/m) oben erwähnt; **~ par** über pari; über dem Nennwert; **as ~ stated** wie oben angeführt wurde
**abridged account**, gekürzter Jahresabschluss *m*
**abridg(e)ment**, Abkürzung *f*; gekürzte Fassung *f*; Auszug *m*
**abroad**, im (ins) Ausland *n*; **to live ~** im Ausland leben; **to travel ~** ins Ausland fahren
**abrogate**, *v* abschaffen; aufheben, außer Kraft setzen
**abrogation**, Abschaffung *f*; Aufhebung *f*, Außerkraftsetzung *f*
**abs** → automated bond system
**abscond**, *v* sich (der *Festnahme od. seinen Gläubigern*) entziehen; flüchtig werden
**absconding debtor**, flüchtiger Schuldner *m*
**absence**, Abwesenheit *f*; Fernbleiben *n*; Fehlen *n*, Nichtvorhandensein *n*; **in the ~ of** in Abwesenheit von; mangels, **~ from duty** Dienstabwesenheit *f*; **~ without excuse** unentschuldigtes Fernbleiben; **in the ~ of proof to the contrary** mangels Beweises des Gegenteils; **~ of any warranted qualities** Fehlen der zugesicherten Eigenschaften
**absent**, abwesend, nicht zugegen, fehlend; **~ voter** Briefwähler *m*; **to be ~** ausbleiben, fehlen
**absentee**, Abwesender *m*; jd., der nicht zur Arbeit (etc.) erscheint
**absenteeism**, Abwesenheit *f*; (unent-

schuldigtes) Fernbleiben *n* (vom Arbeitsplatz)

**absolute**, absolut, unbeschränkt; unbedingt; ~ **advantage** *(Außenwirtschaft)* absoluter Kostenvorteil *m*; ~ **covenant** *(jur)* rechtsverbindliches Versprechen *n*; ~ **estate** unbeschränktes Eigentum *n*; ~ **guarantee** selbstschuldnerische Bürgschaft *f*; ~ insolvency *(fin)* Überschuldung *f*; ~ **liability** unbeschränkte Haftung *f*, Gefährdungshaftung *f*; ~ **promise** bedingungsloses Versprechen *n*; ~ **right** absolutes (od. uneingeschränktes) Recht *n*; ~ **title** uneingeschränktes Eigentum *n*; ~ **value** *(fin)* absoluter Betrag *m*, absoluter Wert *m*

**absorb**, *v* in sich aufnehmen, absorbieren; **to ~ buying power** Kaufkraft abschöpfen; **to ~ the costs** anteilsmäßiges Verrechnen *n* der Kosten; **to ~ freight charges** die Frachtkosten übernehmen *(seitens des Verkäufers)*; **to ~ losses** Verluste abfangen; **his business ~s him** sein Geschäft nimmt ihn ganz in Anspruch

**absorbing**, **capable of** ~ aufnahmefähig *(Markt)*; ~ **capacity of the market** Aufnahmefähigkeit *f* des Marktes; ~ **company** übernehmende Gesellschaft *f* (→ merger)

**absorption**, Aufnahme *f*, Absorption *f*; **cost** ~ Kostenübernahme *f*; ~ **account** Wertberichtigungskonto *n*; ~ **costing** Vollkostenrechnung *f*; ~ **of buying power** Abschöpfung *f* der Kaufkraft; ~ **of liquidity** Liquiditätsabschöpfung *f*; ~ **of surpluses** Abbau *m* der Überschüsse

**absorptive capacity of the market**, ~ **declined (increased)** die Aufnahmefähigkeit des Marktes ging zurück (ist gewachsen)

**abstain**, *v*, **to ~ from voting** sich der Stimme enthalten

**abstention**, Enthaltung *f*; ~ **(from voting)** Stimmenthaltung *f*; **principle of ~** Grundsatz *m* der (Fisch-) Fangbeschränkung

**abstract**, Auszug *m*, Abriss *m*; Zusammenfassung *f*; **in** ~ auszugsweise; ~ **of account** Rechnungsauszug *m*; Kontoauszug *m*; ~ **of a balance sheet** Bilanzauszug *m*; **to make an ~ of an account** e-n Kontoauszug machen

**abstract**, *v* Auszug machen (from aus); *colloq.* entwenden, stehlen; widerrechtlich entnehmen

**abundance**, Überfluss *m*; große Menge *f*; ~ **of fish** Fischreichtum *m (in Gewässern)*; ~ **of labo(u)r supply** Überangebot *n* an Arbeitskräften

**abundant**, **abundant offer** reichhaltiges Angebot *n*; **to be** ~ (über)reichlich vorhanden sein

**abuse**, Missbrauch *m*; Beschimpfung *f*; ~ **of alcohol** Alkoholmissbrauch *m*; ~ **of authority** Amtsmissbrauch *m*; ~ **of credit** Kreditmissbrauch *m*; ~ **of discretion** Ermessensmissbrauch *m*; ~ **of drugs** Missbrauch von Suchtstoffen; ~ **of a market-dominant position** missbräuchliche Ausnutzung *f* e-r marktbeherrschenden Stellung; ~ **of a patent** missbräuchliche Patentbenutzung *f*

**abusive practices**, missbräuchliche Verhaltensweisen *pl (von Firmen)*

**ACAS**, → Advisory Conciliation and Arbitration Service *Br*; Schlichtungsstelle *f* für Arbeitskonflikte *mpl*

**accede**, *v (e-r Ansicht etc.)* beistimmen; *(e-m Vertrag etc.)* beitreten; **to ~ to an office** ein Amt antreten; **to ~ to a request** e-r Bitte nachkommen

**accelerate**, *v* beschleunigen; die Geschwindigkeit erhöhen; *Am* vorzeitig fällig stellen; **to ~ the maturity** die Fälligkeit vorverlegen; **to ~ repayment** die Rückzahlung beschleunigen

**accelerated**, ~ **cost recovery system** (ACRS) *Am* beschleunigtes Abschreibungssystem *n*; ~ **depreciation** → depreciation; ~ **economic growth** beschleunigtes Wirtschaftswachstum *n*; ~ **express goods** beschleunigtes Eilgut *n*

**accelerating**, ~ **inflation** sich beschleunigende Inflation *f*; ~ **premium** *(beim Akkordlohn)* gleitende Prämie *f*

**acceleration**, Beschleunigung *f*; Erhöhung *f* der Geschwindigkeit; *Am* vorzeitige Fälligstellung *f*; **concern about the ~ of inflation** Besorgnis *f* über die Beschleunigung der Inflation; ~ **clause** Fälligkeitsklausel *f (Vorverlegung des Fälligkeitstermins)*; ~ **of maturity** vorzeitiger Eintritt *m* der Fälligkeit

**accept**, *v* annehmen, abnehmen; akzeptieren; **to ~ a bill of exchange** e-n Wechsel annehmen (od. akzeptieren, mit Akzept versehen); **to ~ a bribe** sich bestechen lassen; **to ~ delivery of goods** e-e Warenlieferung annehmen; **to ~ an invitation** e-e Einladung annehmen; **to ~**

**the tender** *(bei Ausschreibungen)* den Zuschlag erteilen

**acceptability**, Annehmbarkeit *f*; Vorteilhaftigkeit *f* (Maßstab für Beurteilung e-s Investitionsvorhabens)

**acceptable**, annehmbar *(Preis, Bedingungen)*; ~ **quality level** (AQL) annehmbare Qualitätsgrenzlage *f*

**acceptance**, 1. Akzeptanz *f*, Annahme, Abnahme *f*, Entgegennahme *f*; Billigung *f*; **conditional** ~ bedingte Annahme, Annahme unter Vorbehalt; **favo(u)rable ~ of an article on the market** günstige Aufnahme *f* e-s Artikels auf dem Markt; **refusal of** ~ Annahmeverweigerung *f*; **upon** ~ bei Annahme; ~ **corporation** *Am* Teilzahlungskreditinstitut *n*; ~ **credit** → acceptance 2.; ~ **date** Abnahmedatum *n*; ~ **inspection** Abnahmeprüfung *f*; ~ **of a bid** Annahme *f* e-s Angebots; Zuschlag *m (bei Auktionen od. Ausschreibungen)*; ~ **of conditions** Annahme von Bedingungen; ~ **of a gift** Schenkungsannahme *f*; **of a lump sum settlement** Annahme *f* einer Abfindung; ~ **of an order** Auftragsannahme *f*; ~ **of a partner** Aufnahme *f* e-s Gesellschafters; ~ **of a risk** Risikoübernahme *f*; ~ **of tender** Zuschlag *m (bei Ausschreibungen)*; ~ **test** Abnahmeprüfung *f (von Maschinen etc.)*; **to be in default of** ~ in Annahmeverzug sein; **to be subject to** ~ der Annahme bedürfen; **the proposal met with** ~ der Vorschlag wurde angenommen; **to refuse** ~ die Annahme verweigern

**acceptance**, 2. *(WechselR)* Annahme *f*, Akzept *n*; **accommodation** ~ Gefälligkeitsakzept *n*; **blank** ~ Blankoakzept *n*; **general** ~ → unqualified acceptance; → qualified ~; **returned for want of** ~ mangels Akzept zurück; **term of** ~ Akzeptfrist *f*; **three months'** ~ Dreimonatsakzept *n*; → trade ~; → unqualified ~; ~ **accounts** Akzeptkonten *npl*; ~ **bill** *(Außenhandel)* Dokumententratte *f*; ~ **charge** Akzeptgebühr *f*; ~ **commitments** Akzeptverbindlichkeiten *fpl*; ~ **credit** Akzeptkredit *m*; Rembourskredit *m*; ~ **for hono(u)r** (or **by intervention**) Ehrenannahme *f*, Ehrenakzept *n (e-s notleidenden Wechsels)*; ~ **supra protest** → supra; ~ **house** → accepting house; ~ **ledge** Beleggrundbuch *n*; ~ **liabilities** Akzeptverbindlichkeiten *fpl*; ~ **line** Akzeptlinie *f*; ~ **market** Aktzeptmarkt *m*; ~ **maturity tickler** Aktzept-Fälligkeitsliste *f*, ~**s outstanding** Akzepte *pl* im Umlauf; ~ **report** Abnahmebericht *m*; **to furnish the draft with an** ~ die Tratte mit e-m Akzept versehen; **to hono(u)r** (or **meet**) **an** ~ ein Akzept einlösen; **to present a bill for** ~ ein Akzept einholen; **to provide with** ~ mit Akzept versehen; **to refuse** ~ das Akzept verweigern

**accepted**, angenommen; akzeptiert, mit Akzept versehen; allgemein anerkannt; **in the ~ sense** im allgemein verstandenen Sinne; **to get a bill** ~ für e-n Wechsel das Akzept einholen

**accepting**, ~ **commission** Akzeptprovision *f*; ~ **house** *Br* Akzeptbank *f*

**acceptor**, Annehmer *m*, Akzeptant *m (e-s Wechsels)*; ~ **for hono(u)r** (or **by intervention**) Ehrenakzeptant *m*, Honorant *m*; ~**'s ledger** Akzept-Obligobuch *n*

**access**, Zugang *m*, Zutritt *m*, Zufahrt *f*; *(EDV)* Zugriff *m*; **right of** ~ Zutrittsrecht *n*; ~ **(to the children)** persönlicher Verkehr *m* mit den Kindern *(nach Ehescheidung)*; **free ~ to the Community market** *(EU)* freier Zugang zum Markt der Gemeinschaft; ~ **road** (or **route**) Zufahrtsstraße *f*; Zubringer *m*; ~ **to the files** Zugang zu den Akten; Akteneinsicht *f*; ~ **to the market** Marktzugang *m*

**access**, *(EDV)* Zugang *m*, Zugriff *m*; ~ **profile** Zugangsprofil *n (wird vom Zugangsserver gespeichert, um die Zugangsrechte zu verwalten)*; ~ **provider** Dienstleister *m*, der den Zugang zum Internet anbietet; ~ **technology** Zugangstechnologie *f*; ~ **time** Zugriffszeit *f*

**Access**, *Br* Kreditkarte *f* im Besitz der britischen Banken Lloyds, Midland, Westminster und Williams and Glyn's

**accession**, Zunahme *f*, Zuwachs *m*; Zugang *m*; Beitritt *m (e-s Staates zu e-m Vertrag)*; ~**s** Zugänge *mpl*; Neuanschaffungen *fpl*; **request for** ~ *(EU)* Beitrittsantrag *m*; **Treaty of** ~ *(EU)* Beitrittsvertrag *m*; ~ **negotiations** *(EU)* Beitrittsverhandlungen *fpl*; ~ **of property** Vermögenszuwachs *m*

**accessories**, Zubehör *n*; **motor vehicle** (*Am* **automobile**) ~ Kraftfahrzeugzubehör *n*

**accessory**, Zubehör(teil) *n*; hinzukommend; Neben-; ~ **obligation** zusätzliche Verpflichtung *f*; ~ **part** Zubehörteil *n (e-r Maschine)*; ~ **to immovable property**

*(DBA)* Zubehör zum unbeweglichen Vermögen

**accident**, Unfall *m*; Zufall *m*; **by accident** zufällig; **whether by ~ or design** ob zufällig oder absichtlich; **car ~** Autounfall *m*; **cause of accident** Unfallursache *f*; **failing to stop after an ~** Fahrerflucht *f*; **fatal ~** tödlicher Unfall; **in an ~** bei e-m Unfall; **railway** *Br* (**railroad** *Am*) **~** Eisenbahnunglück *n*; **road ~** (Straßen-) Verkehrsunfall *m*; **without ~** unfallfrei; **~ at work** Arbeitsunfall *m*; Dienstunfall *m*; **~ benefit** Unfallentschädigung *f*; Unfallrente *f*

**accident claim, settlement of ~ claims** *(VersR)* Abwicklung *f* von Schadensfällen durch Unfall

**accident**, **~ damage** Unfallschaden *m*; **~-free** unfallfrei; **~ in a mine** Grubenunglück *n*

**accident insurance**, Unfallversicherung *f*; → third party accident insurance

**accident**, **~ prone** unfallgeneigt; **~ rate** Unfallziffer *f*; **~ report** Unfallbericht *m*; **to be involved in a car ~** in e-n Autounfall verwickelt sein; **to have an ~** verunglücken; **to meet with an ~** e-n Unfall haben; **an ~ occurred** ein Unfall ereignete sich; **to be responsible for the ~** den Unfall verschuldet haben

**accidental**, zufällig; Unfall-; **~ damage** Unfallschaden *m (am Auto)*; **~ death** Unfalltod *m*; **~ meeting** zufälliges Treffen *n*

**accommodate**, *v (jdn)* unterbringen (können); anpassen (to an); *(Streit)* beilegen; *(jdm)* entgegenkommen; **to ~ sb. (with sth.)** jdm e-e Gefälligkeit erweisen; jdn versorgen (mit); **this hotel can ~ 500 persons** dieses Hotel kann 500 Personen aufnehmen

**accommodating**, entgegenkommend, kulant

**accommodation**, Unterbringung *f*, Unterkunft(smöglichkeit) *f*; Anpassung *f*; Beilegung *f (e-s Streites)*; Gefälligkeit *f*, Entgegenkommen *n*; Kulanz *f*; finanzielle Hilfe *f*; Darlehen *n*; **bank ~** Bankdarlehen *n*; **credit ~** Zurverfügungstellung *f* e-s Kredits; **Wanted, ~ for ...** *(Zeitungsanzeige)* Gesucht, Zimmer für ...; **~ acceptance** Gefälligkeitsakzept *n*; **~ address** Gefälligkeitsadresse *f*, Deckadresse *f*; **~ allowance** Unterkunftsvergütung *f*; Wohnungsgeld(zuschuss) *n(m)*; **~ bill** Gefälligkeitswechsel *m*; **~ credit** Überbrückungskredit *m*; **~ endorsement** Gefälligkeitsindossament *n*; **~ loan** Überbrückungskredit *m*; **~ note** (or **paper**) Gefälligkeitswechsel *m*; **~ of a loan** Kreditgewährung *f*; **to arrange for ~** für Unterkunft sorgen; **to come to an ~** e-n Kompromiss erzielen

**accompanying documents**, Begleitpapiere *npl*

**accord**, Übereinstimmung *f*; Vergleich *m*; **by common ~** in gegenseitigem Einvernehmen *n*; **with one ~** einstimmig; **~ and satisfaction** vergleichsweise Erfüllung *f*

**accordance, in ~ with** in Übereinstimmung mit; **in ~ with the articles** satzungsgemäß; **in ~ with your wishes** wunschgemäß

**according**, **~ to the articles** laut Satzung; **~ to contract** vertragsgemäß

**account**, 1. Rechnung *f*; Konto *n* (with bei); (→ accounts); **as per ~** laut *(früher)* ausgestellter Rechnung; laut Abrechnung; **for the ~ of another** für fremde Rechnung; **for the ~ and risk of** für Rechnung und Gefahr von; **for one's own ~** für eigene Rechnung

**account, on ~** auf Rechnung; als Anzahlung; **amount paid on ~** Anzahlung(sbetrag) *m*; **payment on ~** Anzahlung *f*; **to be in business on one's own ~** selbstständig geschäftstätig sein

**account, collective ~** Sammelkonto *n*; **commission ~** Provisionskonto *n*; Provisionsrechnung *f*; **detailed ~** spezifizierte Rechnung *f*; **foreign** (or **external**) **account** Auslandskonto *n*; **item of ~** Rechnungsposten *m*; **itemized ~** spezifizierte Rechnung *f*; **joint ~** → joint; **open ~** → open; **other ~s** sonstige Konten *npl*; **overdrawn ~** überzogenes Konto *n*; **uniform system of ~s** Kontenrahmen *m*

**account**, **~ abroad** Auslandskonto *n*, **~ agreed upon** anerkannter Rechnungsabschluss *m*; **~ balance** Kontostand *m*; **~ book** Kontobuch *n*; **~ books** Geschäftsbücher *npl*; **~ card** Kontokarte *f*; **~ carrying charges** Kontospesen *pl*; **~ closed** Konto abgeschlossen; **~ credit** Anschreibekredit *m*; **~ customer** Kreditkunde *m*; Kunde, der anschreiben lässt; **~ executive** Sachbearbeiter *m* für Kundenwerbungen; Kontaktmann *m (e-r Werbeagentur zu Kunden)*; **~ for docu-**

**mentary credits** (A/c for doc. credits) Akkreditivkonto *n*; ~ **files** Kontounterlagen *fpl*; **~s for guarantees** (A/c for guarantees) Avalkonten *npl*; ~ **in arrears** Rechnungsrückstand *m*; ~ **in foreign currency** Fremdwährungskonto *n*, Devisenkonto *n*; ~ **maintenance charge** Kontoführungsgebühr *f*; ~ **management** Kundenbetreuung *f*; ~ **manager** (Firmen-)Kundenberater(in) *m(f)*; ~ **mandate** Kontovollmacht *f*; ~ **number** Kontonummer *f*; ~ **of disbursements** (or **expenses**) Auslagenrechnung *f*; ~ **of goods purchased** Einkaufskonto *n*; Einkaufsrechnung *f*; ~ **of settlement** Abschlussrechnung *f*; **~s payable** → accounts; ~ **Payee only** (A/c Payee only) *Br* (Scheck) nur zur Verrechnung; ~ **party** Akkreditiv-Auftraggeber *m*; ~ **purchases** (A/P) Abrechnung *f* des Einkaufskommissionärs; Einkaufsrechnung *f*; **~s receivable** → accounts; ~ **rendered** *(zur Prüfung und Bezahlung)* vorgelegte Rechnung *f*; ~ **sales** (A/S) Abrechnung *f* des Verkaufskommissionärs; ~ **service** Kundenberatung *f*; ~ **settled** bezahlte Rechnung *f*; ~ **sheet** Kontoblatt *n*; ~ **stated** anerkannter Rechnungsabschluss *m* (od. Kontokorrentauszug *m*); ~ **statement** *(Bank)* Kontoauszug *m*; ~ **turnover** Kontoumsatz *m*; ~ **with a bank** Bankkonto *n*; ~ **with customers** Kundenkonto *n*

**account**, **to appear in an** ~ auf e-r Rechnung stehen; **to audit an** ~ ein Konto (od. e-e Rechnung) prüfen; **to balance an** ~ ein Konto saldieren (od. ausgleichen); e-e Rechnung abschließen; **to block an** ~ ein Konto sperren; **to carry forward to a new** ~ auf neue Rechnung übertragen; **to charge an** ~ ein Konto belasten (od. debitieren); **to charge an amount to a p.'s** ~ jdm e-n Betrag in Rechnung stellen; jds Konto belasten mit e-m Betrag; **to clear an** ~ e-e Rechnung bezahlen; **to credit an** ~ e-m Konto gutschreiben; ein Konto erkennen; **to debit an** ~ ein Konto belasten; **to draw upon the** ~ vom Konto abheben; **to freeze an** ~ ein Konto sperren; **to have** (or **hold**) **an** ~ **with** (or **at**) **a bank** ein Konto bei e-r Bank haben; **to make out an** ~ e-e Rechnung ausstellen; **to make up an** ~ e-e Rechnung aufstellen; **to open an** ~ (**at** or **with a bank**) ein Konto eröffnen (bei e-r Bank); **to overdraw one's** ~ sein Konto überziehen; **to pass to the credit of an** ~ e-m Konto gutschreiben; **to pay into an** ~ auf ein Konto einzahlen; **to pay on** ~ anzahlen, Anzahlung leisten; **to place to** ~ in Rechnung stellen, berechnen; **to set up an** ~ ein Konto eröffnen; **to transfer money to an** ~ Geld auf ein Konto überweisen

**account**, 2. Bericht *m*, Darstellung *f*; Rechenschaft *f*; **of no** ~ unbedeutend; **on account of** wegen; **on no** ~ auf keinen Fall; **detailed** ~ eingehender Bericht; **final** ~ Schlussbericht *m*; **from the latest ~s** nach den neuesten Berichten; ~ **of charges** Gebührenaufstellung *f*; ~ **of disbursements** Auslagenaufstellung *f*; ~ **of proceedings** Verhandlungsbericht *m*; **to call to** ~ zur Rechenschaft ziehen; **to give an** ~ **of** Rechenschaft ablegen über; berichten (od. Bericht erstatten) über; **to put sth. to (good)** ~ etw. nutzbringend verwenden *(Geld, Fähigkeiten etc.)*; **to render** ~ **of one's management** über seine Geschäftsführung Rechenschaft ablegen; **to take into** ~ *(etw.)* in Betracht ziehen; einkalkulieren; **to take no** ~ **(of)** nicht berücksichtigen

**account**, 3. *(Börse)* Abrechnung *f*, Abrechnungszeitraum *m*; **dealings for the** ~ Termingeschäfte *npl*; **end-month** ~ Ultimoabrechnung *f*; ~ **Day** *Br* Abrechnungstag *m*, Liquidationstermin *m*; **to buy for the** ~ auf Termin kaufen

**account**, *v* Rechenschaft ablegen (for über); **to** ~ **for one's expenses** über Spesen abrechnen

**accountable**, verantwortlich; rechenschaftspflichtig; ~ **receipt** Buchungsbeleg *m*, ordnungsmäßige Quittung *f*

**accountancy**, Rechnungswesen *n*; Buchführungswesen *n*; Wirtschaftsprüfung *f*; *Br (auch)* Steuerberatung *f*; ~ **bodies** Wirtschaftsprüferorgane *npl*; ~ **data** Buchungsunterlagen *fpl*

**accountant**, Buchhalter *m*; Buchhaltungsfachmann *m*, Buchprüfer *m*, Rechnungsprüfer *m, Br (auch)* Steuerberater *m*; **~s** Buchführungs-, Wirtschaftsprüfungs- und Steuerberatungsfirma *f* **certified** (or **chartered**) ~ (C.A.) *Br* geprüfter Buchprüfer (od. Abschlussprüfer, Wirtschaftsprüfer und Steuerberater) *m*; **certified public** ~ (C.P.A.) *Am (staatlich zugelas-*

*sener)* Wirtschaftsprüfer *m*; **~'s certificate** (Buch-)Prüfungsbescheinigung *f*; **~'s fee** Wirtschaftsprüferhonorar *n*; **~'s report** Prüfungsvermerk *m* des Wirtschaftsprüfers

**accounting**, Buchführung *f*; Rechnungslegung *f*; Rechnungswesen *n*; Abrechnung *f* (of über); Bilanzierung *f*; **false ~** Erstellung *f* falscher Abrechnungen; **financial ~** Bilanzierung; **proper ~** ordnungsmäßige Buchführung; **principles of proper ~** Grundsätze ordnungsmäßiger Buchführung *(etc.)*; **~ date** (or **day**) Abrechnungstag *m*; Bilanzstichtag *m*; **~ department** Buchhaltung *f*; **~ documents** Rechnungsunterlagen *fpl*; **~ methods** Buchführungsmethoden *fpl*; **~ officer** Rechnungsführer *m*; **~ operations** Buchungsvorgänge *mpl*; **~ period** Abrechnungszeitraum *m*; Rechnungsperiode *f*; Geschäftsjahr *n*; *Br* (VAT) Voranmeldezeitraum *m*; **generally accepted ~ principles** (GAAP) allgemein anerkannte Rechnungslegungsgrundsätze *mpl*, Grundsätze ordnungsmäßiger Buchführung; **for ~ purposes** für Zwecke der Abrechnung; zu Buchführungszwecken; **~ records** Buchungsunterlagen *fpl*; Buchungsbelege *mpl*; **to be required to have full ~ records** buchführungspflichtig sein; **~ regulations** Bilanzierungsvorschriften *fpl*; **~ standards** Grundsätze *mpl* des Rechnungswesens; **~ year** Geschäftsjahr *n*; Rechnungsjahr *n*

**accounts**, Konten *npl*; Jahresabschluss *m*, Geschäftsabschluss *m*; Kunden *mpl*; **abridged ~** gekürzter Jahresabschluss *m*; **annual ~** Jahresabschluss *m*; **adoption of the annual ~** Feststellung des Jahresabschlusses; **full ~** vollständiger Jahresabschluss

**accounts**, **auditing** (or **checking**) **~** Rechnungsprüfung *f*; **keeping of ~** Rechnungsführung *f*; **making up of the ~** Rechnungsabschluss *m*; **~ department** Buchhaltung *f*

**accounts payable**, (A/cs Pay.) zu zahlende Rechnungen *fpl*; Verbindlichkeiten *fpl*; Kreditoren *mpl*

**accounts receivable**, (A/cs Rec.) Forderungen *fpl*, Außenstände *mpl*; Debitoren *mpl*; **~ financing** *Am* Finanzierung *f* durch Vorausabtretung von Geschäftsforderungen; **~ loan** Debitorenkredit *m*, Kredit *m* gegen Abtretung von Forderungen

**accounts, to keep ~** die Bücher führen; **to make up one's ~** seinen Jahresabschluss machen; abrechnen; **to publish the ~** den Jahresabschluss veröffentlichen; **to settle ~ with** abrechnen mit

**accredit**, *v* akkreditieren; bevollmächtigen; **~ed agent** bevollmächtigter Beauftragter *m*; **~ed dealer** zugelassener Händler *m*; **~ed party** Akkreditierter *m*, Begünstigter *m (beim Akkreditiv)*; **~ed representative** bevollmächtigter Vertreter *m*

**accretion**, Zuwachs *m*, Zunahme *f*; **~ to sb.'s wealth** Vermögenszuwachs *m*

**accrual**, Anfall *m*; Zuwachs *m*, Zugang *m*; Auflaufen *n*; (Zeitpunkt der) Entstehung *(e-s Anspruchs)*; Rechnungsabgrenzung *f*; **accruals** aufgelaufene Verbindlichkeiten *fpl*; antizipative Posten *mpl*; **~ date** Fälligkeitstag *m*; **~ of a dividend** Anfall *m* e-r Dividende; **~ of an estate** Erbschaftsanfall *m*

**accrue**, *v* anfallen, zuwachsen; auflaufen *(Zinsen)*; entstehen; fällig werden; **interest ~s** Zinsen fallen an

**accrued**, **~ and deferred items** Rechnungsabgrenzungsposten *mpl*; **~ charges** antizipative Passiva *fpl*; **~ commisions** Rückstellungen *fpl* für Provisionen; **~ compound interest** aufgelaufene Zinseszinsen *fpl*; **~ costs** angefallene Kosten; aufgelaufene Kosten; **~ depreciation** aufgelaufene Abschreibungen *fpl*; **~ expense** *(Bilanz)* antizipative Passiva *npl*; **~ income** antizipative Aktiva *npl*; **~ inheritance** angefallene Erbschaft *f*; **~ interest** aufgelaufene Zinsen *pl*; fällige Zinsen; **~ interest (on bonds)** Stückzinsen *pl*; **~ interest paper** Aufzinsungspapier *n*; **~ item** Rechnungsabgrenzungsposten *m*; **~ liabilities** *(Bilanz)* Rückstellungen *fpl*; **~ payables** antizipative Passiva *npl*; **~ receivables** antizipative Aktiva *npl*; **~ taxes** *(Bilanz)* Rückstellungen *fpl* für Steuern

**accruing**, *(später)* fällig werdend; entstehend; **right ~** Anwartschaft *f*; **~ interest** anfallende Zinsen *mpl*

**accumulate**, *v* (sich) ansammeln, anhäufen; horten; *(Gewinn)* thesaurieren; auflaufen; **to ~ a fortune** ein Vermögen ansammeln

**accumulated**, **~ debt** aufgelaufene

Schuld *f*; ~ **demand** Nachholbedarf *m*; ~ **demand for capital** aufgestauter Kapitalbedarf *m*; ~ **depreciation** → accrued depreciation; ~ **earnings** thesaurierte Gewinne *mpl*; ~ **interest** aufgelaufene Zinsen *pl*; ~ **profits** angesammelte (nicht ausgeschüttete) Gewinne *mpl*; ~ **surplus** *Am* aufgelaufener Gewinn *m*

**accumulation**, Akkumulation *f*, Anhäufung *f*, Ansammlung *f*; ~ **of assets** Vermögensansammlung *f*, Vermögensbildung *f*; ~ **of interest** Anlaufen *n* von Zinsen; ~ **of property** Vermögensanhäufung *f*; ~ **of reserves** Reservebildung *f*; ~ **of wealth** Ansammlung *f* von Vermögen; ~**risk** Kumulrisiko *n*

**accumulative**, (sich) anhäufend, kumulativ; ~ **dividend** kumulative Dividende *f*

**accusation**, (nicht formelle) Anklage *f*; Anschuldigung *f*, Beschuldigung *f*

**accuse**, *v* anklagen, anschuldigen, beschuldigen

**achievement, scientific** ~ wissenschaftliche Leistung; **standard of** ~ Leistungsniveau *n*

**acid rain**, saurer Regen *m*

**acid test ratio**, *Br* Liquiditätskennzahl *f* (Verhältnis von liquiden Mitteln zu laufenden Verbindlichkeiten)

**acknowledge**, *v* anerkennen; *(Empfang, Auftrag etc.)* bestätigen; zugeben, eingestehen; *(etwa)* notariell beglaubigen; **to** ~ **receipt** den Empfang bestätigen

**acknowledgement**, Anerkennung *f*, Anerkenntnis *n*; (Empfangs-)Bestätigung *f*; Eingeständnis *n (z. B. e-s Fehlers)*; *(etwa)* notarielle Beglaubigung *f*; ~ **of a debt** *(schriftl.)* Schuldanerkenntnis *n*; ~ **of order** Auftragsbestätigung *f (e-s erhaltenen Auftrags)*; ~ **of paternity** Vaterschaftsanerkenntnis *n*; ~ **of receipt** Empfangsbestätigung *f*; *(bei Einschreiben)* Rückschein *m*

**ACP, ACP States** (African, Caribbean and Pacific countries party to the Lomé Convention) AKP-Staaten; ~ **products** Waren der AKP-Staaten

**acquaint**, *v*, **to** ~ **o.s. with** sich bekannt machen mit; sich einarbeiten in

**acquaintance**, Bekanntschaft *f*; Kenntnis *f* (with von); **he has a wide circle of ~s** er hat e-n großen Bekanntenkreis *m*

**acquire**, *v* erwerben, anschaffen; **to** ~ **a companyéé** *Am* e-e Gesellschaft übernehmen; ein Unternehmen kaufen; **to** ~ **customers** Kunden gewinnen; **to** ~ **property** Vermögen erwerben; **to** ~ **by purchase** käuflich erwerben

**acquired**, duly acquired rights wohlerworbene Rechte *npl*

**acquirer** → acquiring bank

**acquiring**, ~ **bank** Bank *f*, deren Kunden Kreditkarten akzeptieren; ~ **processor** Firma *f*, die Kreditkartenabrechnungen abwickelt

**acquiring company**, übernehmende Gesellschaft *f*

**acquisition**, Erwerb *m*, Anschaffung *f*; Aufkauf *m*; *Am* Übernahme *f (e-s Unternehmens durch ein anderes)*; **industrial ~s** Erwerb von Industriebeteiligungen; ~ **agent** *(Vers.)* Abschlussvermittler *m*; ~ **assets by employees** Eigentumsbildung *f* in Arbeitnehmerhand; ~ **cost** Anschaffungskosten *pl*; *(Vers.)* Abschlusskosten *pl*; ~ **of a company** Übernahme *f* e-r Gesellschaft; Unternehmenskauf *m*; ~ **of property** Eigentumserwerb *m*; Vermögenserwerb *m*; ~ **or construction cost** Anschaffungs- oder Herstellungskosten *pl*; ~ **value** Anschaffungswert *m*

**acquisitive company**, übernehmende Gesellschaft *f*

**acquit**, *v (jdn)* freisprechen; *(Schuld)* begleichen

**acquittal**, Freispruch *m*

**acquittance**, Quittung *f*; Entlastung *f*

**acre**, Flächenmaß *n* (ca. 4.000 qm)

**across the board**, global, allgemein, pauschal; **shares eased** ~ die Aktien gingen auf breiter Front zurück

**act**, Gesetz *n*; Handlung *f*, Rechtshandlung *f*; **illegal** ~ gesetzwidrige Handlung; **official** ~ Amtshandlung *f*; **punishable** ~ strafbare Handlung; ~ **of bankruptcy** Konkurshandlung *f*, Konkursgrund *m*; ~ **of God** höhere Gewalt *f*; ~ **of hono(u)r** Ehreneintritt *m (bei Wechselprotest)*

**act**, *v* handeln; **to** ~ **as** tätig sein (od. fungieren) als; **to** ~ **for** (or **on behalf of**) **a p.** jds Rat befolgen

**acting**, stellvertretend, amtierend, geschäftsführend; ~ **manager** stellvertretender Leiter *m*; ~ **partner** tätiger (od. geschäftsführender) Gesellschafter *m*; ~ **president** amtierender Präsident *m*

**action**, 1. Klage *f*, Prozess *m*; **cause of** ~ Klagegrund *m*; **discontinuance of** ~ Klagerücknahme *f*; **(legal) action** Prozess *m*; ~ **for accounting** Klage auf

Rechnungslegung; **~ for damages** Schadensersatzklage *f*; **~ for money had and received** Klage auf Herausgabe der ungerechtfertigten Bereicherung; **~ for possession** *Br* Räumungsklage *f*; **~ under a contract** Klage aus Vertrag

**action, to bring an action against a p.** gegen jdn klagen (od. Klage erheben); jdn verklagen; **to bring an action before the Court of Justice** *(EU)* Klage beim Gericht erheben; to → dismiss an action

**action**, 2. Handlung *f*, Vorgehen *n*; Maßnahme(n) *f(pl)*; **common ~** gemeinsames Vorgehen (od. Handeln); → concerted ~; **for further ~** zur weiteren Veranlassung; **immediate ~** Sofortmaßnahme *f*; → joint ~; **~ planning** Maßnahmenplanung *f (e-s Unternehmens)*; **to take ~** Schritte unternehmen; **there is need for quick ~** schnelles Handeln ist geboten

**activation of trade**, Aktivierung *f* des Handels

**active**, tätig, aktiv; lebhaft *(Handel)*; **~ account** umsatzstarkes Konto *n*; **~ assets** zinsbringendes Vermögen *n*; **~ bond** festverzinsliche Schuldverschreibung *f*; **~ competition** starke Konkurrenz *f*; **~ debts** ausstehende Forderungen *fpl*, Außenstände *mpl*; **~ demand** lebhafte Nachfrage *f*; **~ market** lebhafter Markt *m*; **~ money** lebhafter Geldmarkt *m*; **~ paper** zinstragendes Papier *n*, täglich gehandeltes Papier *n*; **~ partner** tätiger (od. geschäftsführender) Gesellschafter *m*; **~ securities** lebhaft gehandelte Effekten *pl*; **~ trade balance** aktive Handelsbilanz *f*; **~ trading**, lebhafter Handel *m*

**active** *(EDV)*, **~ channel** aktive Leitung *f* zwischen Kunden und Lieferanten im Rahmen des supply chain management oder bei der Abfrage von Internetseiten; **~ server page** Technologie *f* zur Entwicklung von interaktiven Internetseiten

**activity**, Tätigkeit *f*, Aktivität *f*; **business ~** Geschäftstätigkeit *f*; **in full ~** in vollem Gange (od. Betrieb); **~ of accounts** Kontenbewegung *f*; **incidental to** (or **within**) **the normal ~ of a business** im Rahmen des üblichen Geschäftsverkehrs; **~ rate** Erwerbsquote *f*; Beschäftigungsgrad *m*; **~ report** Tätigkeitsbericht *m*; **to be engaged in an ~** e-e Tätigkeit ausüben

**actual**, tatsächlich, effektiv; gegenwärtig; **~ amount** Effektivbestand *m*; Istbestand *m*; **~ cash value** Sollwert *m*; **~ costs** tatsächlich entstandene Kosten *pl*; Istkosten *pl*; Gestehungskosten *pl*; **~ damage** tatsächlicher Schaden *m*; **~ earnings** Effektivverdienst *m*; **~ reserve** Istreserve *f*; **~ value** effektiver Wert *m*

**actuals**, sofort verfügbare Ware *f*; Istzahlen *fpl*

**actuarial**, versicherungsmathematisch; versicherungstechnisch

**actuary**, Versicherungsmathematiker *m*, Aktuar *m*

**actuate**, *v* in Gang setzen *(z. B. Betrieb)*

**A-D**, → advance-decline

**ad**, Annonce *f*, Anzeige *f*; **„want ~s"** „Gesucht" *(Suchanzeige in Zeitungen)*; **~man** Werbe(fach)mann *m*; **~ revenues** Erträge *mpl* aus dem Anzeigengeschäft; **~writer** Anzeigentexter *m*, Werbetexter *m*

**ad**, *(EDV)* Werbung; **~-banner** → Banner; **~ impression** Kenngröße zur Darstellung der Werbeträgerleistung auf Basis der Sichtkontakte beliebiger Nutzer mit einem elektronischen Werbemittel; **~-server** Server *m*, der für die Darstellung von Internetwerbebannern verantwortlich ist; **~-view** Maßzahl *f* wie oft ein Werbebanner gesehen wurde

**adapt**, *v* anpassen (to an); *(Text)* bearbeiten, umarbeiten; **to ~ for television or radio** für Fernsehen oder Radio bearbeiten; **failure to ~ to demand** mangelnde Anpassung *f* an die Nachfrage

**adaptation**, Anpassung *f* (to an); (Text-) Bearbeitung *f*; **radio ~** Funkbearbeitung *f*; **~ of contract** Vertragsanpassung *f*

**add**, *v* hinzufügen; zuzahlen; beiladen; **to ~ the interest to the capital** die Zinsen zum Kapital schlagen; **to ~ to the price** auf den Preis aufschlagen; **to ~ up** addieren, zusammenzählen

**added value**, Wertschöpfung *f*

**addendum**, Nachtrag *m*

**addict**, Süchtiger *m*; **drug ~** Rauschgiftsüchtiger *m*, Drogensüchtiger *m*

**addicted**, süchtig; **~ to drink** trunksüchtig; **~ to drugs** rauschgiftsüchtig

**addiction to drugs**, Rauschgiftsüchtigkeit *f*

**adding machine**, Addiermaschine *f*

**addition**, Hinzufügen *n*, Zusatz *m*; Addition *f*, Zusammenrechnung *f*; Zugang *m (von Anlagegegenständen)*; Anbau *m* (to an); **in**

~ außerdem, überdies; **subsequent ~s** *(Bilanz)* Zugänge *mpl*; **~s (to fixed assets)** Anlagenzugänge *mpl*; **~ to the price** Preiszuschlag *m*; **~s to stock** Erhöhung *f* der Lagerbestände; Lagerzugang *m*; **to pay in ~** zuzahlen

**additional**, zusätzlich, Zusatz-; Extra-, Mehr-; Nach-; Neben-; **~ budget** Nachtragshaushalt *m*; **~ building** Anbau *m*; **~ capital allowance** Sonderabschreibung *f*; **~ charge** Nachgebühr *f*; Zuschlag *m*; **~ charges** (or **costs**) zusätzliche Kosten *pl*, Mehrkosten *pl*; Nebenkosten *pl*; **~ cover** Nachschusszahlung *f*; **~ demand** zusätzlicher Bedarf *m*; Nachforderung *f* *(z. B. von Steuern)*; **~ duty** Steuerzuschlag *m*; Zollzuschlag *m*; **~ expenditure** Mehrausgaben *fpl*; **~ freight** Frachtzuschlag *m*; **~ income** Nebeneinkommen *n*; **~ insurance** Zusatzversicherung *f*; **~ order** Nachbestellung; **~ period (of time)** Nachfrist *f*; **~ price** Mehrpreis *m*; **~ tax assessment** Steuernachforderung *f*

**additive**, Additiv *n*, Zusatz(stoff) *m*; **~s in animal feeds** Zusatzstoffe *mpl* in der Tierernährung; **~s in foodstuffs** Zusatzstoffe *mpl* in Lebensmitteln; **~s in motor fuel** Zusatzstoffe *mpl* in Kraftstoffen

**add-on furniture**, Anbaumöbel *npl*

**address**, Adresse *f*, (Brief-)Anschrift *f*; Anrede *f*; Ansprache *f*; **business ~** Geschäftsadresse *f*; **cable ~** Drahtanschrift *f*; **in case of change of ~** falls verzogen; **postal ~** Postanschrift *f*; **public ~ system** öffentliche Lautsprecheranlage *f*; **short ~** kurze Ansprache *f*; **~ in case of need** Notadresse *f*; **~ of the place of business** Geschäftsanschrift *f*; **to change the ~** umadressieren; **to deliver an ~** e-e Ansprache halten

**address**, *v* adressieren; sprechen zu, Ansprache halten; sich befassen mit; **to ~ wrongly** falsch adressieren; **to ~ a complaint to** e-e Beschwerde richten an

**addressed bill**, Domizilwechsel *m*

**addressee**, Adressat *m*, Empfänger *m*

**addressing machine**, (or **addressograph**) Adressiermaschine *f*

**adduce**, *v (Gründe)* anführen; *(Beweise, Zeugen)* beibringen

**adhere**, *v* festhalten (to an); befolgen; angehören, anhängen; **to ~ to orders** Vorschriften befolgen; **to ~ to a promise** ein Versprechen halten

**ad hoc committee**, ad hoc-Ausschuss *m*; (nur) zu diesem Zweck gebildeter Ausschuss

**adjacent**, benachbart; Nachbar-; **~ building** Nebengebäude *n*; **~ countries** benachbarte Länder *npl*

**adjoin**, *v* an(einander)grenzen, anliegen; **~ing** angrenzend, benachbart; **~ing property** Nachbargrundstück *n*

**adjourn**, *v* aufschieben; (sich) vertagen; *(zeitl. od. örtl.)* verlegen; **to ~ sine die** (sich) auf unbestimmte Zeit vertagen; **the court ~ed** das Gericht vertagte sich; **to declare the hearing ~ed** die Verhandlung vertagen

**adjournment**, Aufschiebung *f*; Vertagung *f*; Verlegung *f*; **~ sine die** Vertagung auf unbestimmte Zeit

**adjudge**, *v (richterl.)* erkennen, entscheiden; *(gerichtl.)* zuerkennen; **to ~ damages to sb.** jdm Schadenersatz zuerkennen; **to ~ the debtor (a) bankrupt** das Konkursverfahren über das Vermögen des Schuldners eröffnen; **~d bankrupt** Gemeinschuldner *m*

**adjudicate**, *v (richterl.)* erkennen, entscheiden; zuerkennen, zusprechen; *(bei Auktionen)* Zuschlag erteilen; **to ~ sb. bankrupt** das Konkursverfahren über jds Vermögen eröffnen; **to ~ a claim for damages** über e-n Schadensersatzanspruch *m (gerichtlich)* entscheiden; **~ bankrupt** Gemeinschuldner *m*

**adjudication**, *(richterl.)* Entscheidung *f*; *(bei Auktionen)* Zuschlag(serteilung) *m(f)*; **~ (of bankruptcy)** Konkurseröffnung *f*; **~ order** Konkurseröffnungsbeschluss *m*

**adjust**, *v* berichtigen, richtigstellen; regeln; bereinigen; anpassen; angleichen; ausgleichen; *(Streit)* schlichten, beilegen; *(Vers.)* Schaden berechnen, regulieren; *(technisch)* einstellen; **to ~ accounts** Konten bereinigen; **to ~ the average** die Dispache aufmachen; **to ~ an entry** e-e Eintragung berichtigen; **to ~ one's expenditure to one's income** seine Ausgaben den Einnahmen anpassen; **to ~ parities** Paritäten ausgleichen; **to ~ pensions** Renten anpassen; **to ~ the value of** wertberichtigen; **to ~ a weight** ein Gewicht eichen

**adjustable**, anpassungsfähig; **~ rate**

**mortgage** variabel verzinsliche Hypothek *f*

**adjusted**, ~ **gross income** *Am (Einkommensteuer)* berichtigtes Roheinkommen *n*; ~ **for inflation** an die Inflation(ssteigerungen) angeglichen; inflationsbereinigt; ~ **production index** bereinigter Produktionsindex *m*; **seasonally** ~ saisonbedingt

**adjuster**, Regulierungsbeamter *m*, Schadensregulierer *m*; Dispacher *m*

**adjusting entry**, Berichtigungsbuchung *f*

**adjustment**, Berichtigung *f*, Richtigstellung *f*; Regelung *f*; Anpassung *f*, Angleichung *f*; Ausgleichung *f*; Schlichtung *f*, Beilegung *f (e-s Streites)*; *(Vers.)* Schadenregulierung *f*; *(technisch)* Einstellung *f*; **price** ~ **levy** *(EU)* Abschöpfungsbetrag *m*; **period of vocational** ~ Einarbeitungszeit *f*; ~ **of average** → average adjustment; ~ **of currencies** Angleichung der Währungen; ~ **of differences** Schlichtung von Streitigkeiten; ~ **of losses** Schadenregulierung *f*; ~ **of pensions** Rentenanpassung *f*; ~ **of prices** Angleichung der Preise, Preisanpassung; ~ **of profits** Gewinnbeteiligung *f*; ~ **of wages** Angleichung der Löhne, Lohnangleichung *f*; ~ **process** Anpassungsprozess *m*

**administer**, *v* verwalten; *(Geschäfte, Haushalt etc.)* führen; anwenden, ausführen, durchführen; **to** ~ **a drug** e-e Arznei anwenden; **to** ~ **an estate** e-n Nachlass verwalten; **to** ~ **an oath to a p.** jdm e-n Eid abnehmen, jdn vereidigen; **to** ~ **property** ein Vermögen verwalten

**administered price**, administrierter Preis *m* (staatl. reguliert od. entsprechend der Machtposition der Unternehmen gebildeter) Preis

**administration**, Verwaltung *f*; Führung *f (von Geschäften, Haushalt etc.)*; Anwendung *f*, Ausführung *f*; Erbschaftsverwaltung *f*; **board of** ~ Kuratorium *n*; Verwaltungsrat *m*; **letters of** ~ Erbschaftsverwalterzeugnis *n* (des → administrator); ~ **bond** Sicherheitsleistung *f* des Erbschaftsverwalters (administrator); ~ **costs** Verwaltungskosten *pl*; ~ **of a bankrupt's estate** Konkursverwaltung *f*; ~ **of a business** Geschäftsführung *f*; ~ **of an oath** Eidesabnahme *f*; Vereidigung *f*

**administrative**, verwaltungsmäßig, Verwaltungs-; ~ **action** Verwaltungsakt *m*, Verwaltungsmaßnahme(n) *f(pl)*; ~ **assistance** Amtshilfe *f*; ~ **authorities** Verwaltungsbehörden *fpl*; **through** ~ **channels** auf dem Verwaltungswege *m*; ~ **charge** Verwaltungsgebühr *f*; ~ **expense(s)** Verwaltungsaufwand *m*, Verwaltungsgemeinkosten *pl*; ~ **fine** Bußgeld *n*; ~ **instructions** Verwaltungsvorschriften *fpl*

**administratively**, auf dem Verwaltungswege *m*

**administrator**, Verwalter *m*; *(leitender)* Verwaltungsbeamter *m*; *(vom Gericht bestimmter)* Erbschaftsverwalter *m*; *Br* Konkursverwalter *m*; ~ **of a bankrupt estate** Konkursverwalter *m*

**admiralty law**, Seerecht *n*

**admission**, Zulassung *f*, Zutritt *m*; Aufnahme *f* (to in); Zugeben *n*, Zugeständnis *n*; **application for** ~ Zulassungsgesuch *n*, Aufnahmegesuch *n*; **conditions for** ~ Aufnahmebedingungen *fpl*; **conditions for** ~ **to the stock exchange** Börsenzulassungsbedingungen *fpl*; ~**free** Eintritt frei; ~ **of guilt** Schuldgeständnis *n*; ~ **of liability** Anerkennung *f* der Haftung; ~ **of a partner** Aufnahme e-s Teilhabers; ~ **of a p. into hospital** Aufnahme *f* jds in ein Krankenhaus; ~ **of securities to the stock exchange** Börsenzulassung *f* von Wertpapieren; ~ **of shares to quotation** Zulassung von Aktien zur Börsennotierung; ~ (as member) **to the stock exchange** Börsenzulassung *f (von Personen)*

**admit**, *v* zulassen; aufnehmen; zugeben, gestehen; **to** ~ **a claim** e-m Anspruch stattgeben; e-e Forderung anerkennen; **to** ~ **a mistake** e-n Fehler zugeben; **to** ~ **as a partner** als Teilhaber aufnehmen; **it** ~**s of no excuse** es lässt sich nicht entschuldigen

**admittance**, Eintritt *m*, Zutritt *m*; Zulassung *f*; **no** ~ Eintritt verboten; **no** ~ **except on business** Unbefugten ist der Zutritt verboten; **to refuse** ~ Eintritt verbieten

**admitted**, ~ **claim** anerkannter Anspruch *m*; ~ **to official stock exchange quotation** zum öffentlichen Börsenhandel zugelassen; **to be** ~ **as attorney** *Am* (**as solicitor** *Br*) als Anwalt zugelassen werden

**admonitory letter**, Mahnbrief *m*

**adolescent**, Jugendlicher *m*

**adopt**, *v* annehmen; adoptieren; **to ~ the budget** den Haushaltsplan verabschieden; **to ~ a resolution** e-n Beschluss fassen, e-e Entschließung annehmen; **~ed child** Adoptivkind *n*; **the Council ~ed a directive** *(EU)* der Rat verabschiedete e-e Richtlinie

**adoption**, Adoption *f*, Annahme *f* (als Kind); Annahme *(e-s Plans etc.)*; **formal ~ of a decision** förmliche Verabschiedung *f* e-s Beschlusses; **~ order** *(gerichtl.)* Adoptionsbeschluss *m*

**ADR**, → American Depositary Receipts

**adulterate**, *v* verfälschen; beimischen; **to ~ food** Lebensmittel verfälschen; **to ~ wine** Wein panschen (oder verschneiden)

**adulteration**, Verfälschung *f*, verfälschtes Produkt *n*; **~ of food** Verfälschung von Nahrungsmitteln; Nahrungsmittelfälschung *f*; **~ of wine** Weinfälschung *f*

**ad valorem**, dem Werte nach; **customs duty ~** Wertverzollung *f*; **~ duty** Wertzoll *m*

**advance**, Fortschritt *m*; Darlehen *n*, Kredit *m*; Vorauszahlung *f*, Vorschuss *m*, Vorschusszahlung *f*, Bevorschussung *f*; Erhöhung *f*, Steigen *n (der Preise, Kurse)*; **by way of ~** vorschussweise, als Vorschuss

**advance, in ~** im Voraus, vorzeitig; pränumerando; **fees paid in ~** Honorarvorschuss *m*; **money in ~** Vorauszahlung *f*; **to make a payment in ~** im Voraus zahlen; **to order in ~** vorausbestellen; **to send one's luggage in ~** sein Gepäck voraussenden

**advance – decline**, technische Maßzahl *m* zur Messung der Markttiefe *(Anzahl der Aktien, die über ihren vorherigen Schlusskursen gehandelt werden, minus Anzahl der Aktien, die unter ihren vorherigen Schlusskursen gehandelt werden)*

**advance, economic ~** wirtschaftlicher Fortschritt *m*; **freight ~** Frachtvorschuss *m*; **interest ~** Zinsvorauszahlung *f*; **non-refundable ~s** nichtrückzahlbare Vorschüsse *mpl*; **reimbursement of an ~** Rückzahlung *f* e-s Vorschusses; **~ account** Vorschusskonto *n*; **~ against goods** Vorschuss auf Waren, Warenlombard *m*; **~ against securities** Effektenlombard *m*; **~ against security** Lombardkredit *m*; **~ bill** vor Lieferung ausgestellter Wechsel *m*; **~ booking** Vorverkauf *m*; **~ corporation tax** (ACT) *Br (auf ausgeschüttete Gewinne)* vorausgezahlte Körperschaftsteuer *f*; **~ fee** Gebührenvorschuss *m*; **~ financing** Vorfinanzierung *f*; **~ fixing of the subsidy** Festsetzung *f* der Beihilfe im Voraus; **~ free of interest** zinsloses Darlehen *n*; **~freight** vorausbezahlte Fracht *f*; **~s from customers** *Am (Bilanz)* Anzahlungen *fpl* von Kunden; **~ in price(s)** Preissteigerung *f*; Preiserhöhung *f*; Kurssteigerung *f*; **~ in profits** Gewinnsteigerung *f*; **~ notice** Voranzeige *f*; **~ of money** Vorschuss *m*; **~ of** (or **on**) **salary** Gehaltsvorschuss *m*; **~ on costs** (or **expenses**) Kostenvorschuss *m*; **~ on current account** Kontokorrentkredit *m*; **~ on fees** → fee 1.; **~ on freight** Frachtvorschuss *m*; **~ on goods** Warenlombard *m*; **~ on an offer** Mehrgebot *n*; **~ on securities** Effektenlombard *m*, Wertpapierkredit *m*; **~ on the share market** Aufwärtsbewegung *f* am Aktienmarkt; **~s on the succeeding budget** Haushaltvorgriffe *mpl*; **~ on wages** Lohnvorschuss *m*; **~ order** Vorbestellung *f*

**advance payment**, Voraus(be)zahlung *f*, Vorschusszahlung *f*; Anzahlung *f*; **~ on taxes** Steuervorauszahlung *f*; **to ask for an ~** um Vorschuss bitten; **to make an ~** e-n Vorschuss zahlen

**advance, ~ performance** Vorausleistung *f*; **~ repayment** vorzeitige Rückzahlung *f*; **~ sale** Vorverkauf *m*; **~ tax payment** Steuervorauszahlung *f*; **~ ticket sale** Kartenvorverkauf *m*; **~s to vendors** (or **suppliers**) *Am (Bilanz)* geleistete Anzahlungen für Lieferungen

**advance, to ask for an ~** um Vorschuss bitten; **to grant an ~** e-n Vorschuss bewilligen; **to make an ~** (or **~s**) (ein) Darlehen geben; *Am* Vorschuss zahlen, bevorschussen; **prices are on the ~** die Preise sind im Steigen begriffen

**advance**, *v (Geld)* vorschießen, Vorschuss leisten, bevorschussen; *(Preis)* erhöhen, steigern; *(im Preis, Kurs)* steigen; anziehen; vorwärts kommen; *(Meinung, Anspruch)* vorbringen; **to ~ the date of the meeting from … to …** den Termin für die Sitzung vordatieren von … auf …; **to ~ money** Geld vorschießen; **to ~ money on securities** Wertpapiere beleihen (od. lombardieren); **to ~ a p. in office** jdn befördern; **to ~ in price** im Preise (od. Kurs) steigen; **to ~ the price** den Preis (od. Kurs) heraufsetzen; **prices ~ sharply** die Preise (od. Kurse) ziehen stark an; **to ~ a p. a month's salary** jdm ein Monatsgehalt vorschießen; **stock market prices continue to ~** die Aktienkurse steigen weiter

**advanced**, fortschrittlich, fortgeschritten; **~ age** vorgerücktes Alter *n*; **~ amount** Höhe *f* des Darlehens; **~ freight** im voraus bezahlte Fracht; **~ price** erhöhter (od. heraufgesetzter) Preis *m*; **~ training** Weiterbildung *f*; **~ views** moderne Ansichten *fpl*

**advancement**, Förderung *f*; Beförderung *f*; *(ErbR)* Vorausempfang *m*

**advancing prices**, steigende Preise (od. Kurse) *mpl*

**advantage**, Vorteil *m*, Nutzen *m*; **to the best ~** auf das Vorteilhafteste; **with the intent to gain ~** in gewinnsüchtiger Absicht *f*; **pecuniary ~** Vermögensvorteil *m*; **to execute an order to the best ~** e-n Auftrag bestens ausführen; **to grant ~s** Vorteile gewähren; **to sell to ~** mit Gewinn verkaufen; **to take ~ of sb.** jdn übervorteilen; **to take ~ of sth.** etw. ausnützen, Vorteil ziehen aus etw.; von etw. profitieren; **to take undue ~** (of sth.) (etw.) ausnützen

**advantageous**, vorteilhaft, günstig

**adventure**, Abenteuer *n*; gewagtes Unternehmen *n*; Spekulation(sgeschäft) *f(n)*

**adventurer**, **commercial adventurer** Spekulant *m*

**adversary**, Gegner *m*; Prozessgegner *m*

**adverse**, ungünstig, nachteilig (to für); gegnerisch, feindlich (gesinnt); **~ balance** Unterbilanz *f*; **~ balance of trade** passive Handelsbilanz *f*; **~ budget** Defizithaushalt *m*; **~ lawyer** Gegenanwalt *m*; **~ party** Gegenpartei *f*; **~ possession** Ersitzung *f (von Land)*; **~ trading conditions** schlechter Geschäftsgang *m*; **~ witness** feindlicher Zeuge *m*; **~ working conditions** ungünstige Arbeitsbedingungen *fpl*; **to have ~ effect on** sich nachteilig auswirken auf

**advertise**, *v (öffentl.)* anzeigen; inserieren, annoncieren (for nach); Reklame *f* machen (od. werben) für; **to ~ for sth.** etw. durch Inserat suchen; **to ~ sth. for sale** etw. durch Inserat zum Verkauf anbieten; **to ~ one's goods** für seine Waren werben

**advertisement**, Anzeige *f*, Bekanntmachung *f*; Inserat *n*, Annonce *f*; Reklame *f*; Werbung *f*; **notice by ~** öffentliche Bekanntmachung *(durch die Zeitung)*; **want ~** Suchanzeige *f*; **~ columns** Anzeigenteil *m*; **~ rates** Anzeigentarif *m*; **~ of a sale** Verkaufsanzeige *f*; **~ of a vacant post** Stellenanzeige *f*; Ausschreibung *f* e-r Stelle; **to put an ~ in a paper** ein Inserat aufgeben, inserieren; **to insert an ~ under a box number** unter Chiffre inserieren

**advertiser**, Inserent *m*; Werbungtreibender *m*

**advertising**, Anzeige *f*; Werbung *f*, Reklame *f*; **false ~** unwahre Werbung; **foreign ~** Auslandswerbung *f*; **misleading ~** irreführende Werbung; **poster ~** Plakatwerbung *f*; **~ adviser** Werbeberater *m*; **~ agency** Werbeagentur *f*; Anzeigenannahme *f*; **~ agent** Werbeagent *m*; **~ appeal** Zugkraft *f* e-r Werbung; Werbekraft *f*; **~ appropriation** *(bewilligter)* Werbeetat *m*; **~ art** Werbegraphik *f*; **~ artist** Werbegraphiker *m*; **~ brochure** Werbebroschüre; **~ budget** Werbeetat *m*; **~ campaign** Werbefeldzug *m*; **~ consultant** Werbeberater *m*; **~ copy** Werbetext *m*; **~ designer** Werbegraphiker *m*; **~ effect** Werbewirkung *f*; **~ expenditure** Werbeaufwand *m*; **~ expenses** Werbekosten *pl*; **~ gift** Werbegeschenk *n*; **~ hoarding** Anschlagtafel *f*; **~ industry** Werbewirtschaft *f*; **~ leaflet** Werbeprospekt *m*; **to be in the ~ line** im Werbefach *n* tätig sein; **~ magazine** Werbe(fach)-zeitschrift *f*; **~ man** Werbefachmann *m*; **~ manager** Werbeleiter *m*, Leiter e-r Werbeabteilung; **~ material** Werbematerial *n*; **~ materials** Werbeschriften *fpl*; **~ medium** (*pl* **media**) Werbeträger *m*; **~ mix** Werbe-Mix *m*; **~ pack** Werbepackung *f*; **~ pillar** Anzeigensäule *f*, Litfasssäule *f*; **unfair ~ practices** unlautere Werbung *f*; **~ price** Werbepreis *m*, Einführungspreis *m*; **~ prohibition** Werbeverbot *n*; **~ rates** Anzeigentarif *m*; **~ result** Werbeerfolg *m*; **~ schedule** Terminplanung *f* e-s Werbefeldzugs; **~ slogan** Werbeslogan *m*, Werbeschlagwort *n*; **~ space** Anzeigenraum *m*; Reklamefläche *f*, Werbefläche *f*; **~ spot** Werbespot *m*; **~ supplement** Werbebeilage *f*; **~ text** Werbetext *m*; **~ time** Werbezeit *f*

**advice**, Rat *m*, Beratung *f*; Benachrichtigung *f*; Avis *n*, Anzeige *f*; **as per ~** laut Avis; **expert advice** fachkundige Beratung; **legal ~** → legal; **piece of ~** Ratschlag *m*; **preliminary ~** Voravis *n*, Voranzeige *f*; **advice note** Versandanzeige *f*; **~ of collection** Inkassoanzeige *f*; **~ of credit** Gutschrift(sanzeige) *f*; **~ of deal** *Br (Börse)* Ausführungsanzeige *f*; **~ of debit** Lastschriftanzeige *f*; **~ of delivery** Avis der Lieferung; *(Post)* Rückschein *m*; **~ of dispatch** Versandanzeige *f*; **~ of fate** Scheckdeckungsanzeige *f*, Bezahltmeldung *f*; **~ of loss** Schadensanzeige *f*; Verlustanzeige *f*; **~ of payment** Bezahltmeldung *f*; Zahlungsanzeige *f*; **~ of receipt** Empfangsanzeige *f*; **~ of shipment** Versandanzeige *f*; **to give ~ to sb.** jdn beraten; **to take ~ from sb.** sich von jdm beraten lassen

**advise**, *v* (jdn) beraten; benachrichtigen; avisieren, anzeigen; **~ of collection** Inkassoanzeige *f*; **to ~ a company on a merger** ein Unternehmen über e-e Fusion beraten; **to ~ a draft** e-e Tratte avisieren; **to ~ a letter of credit** Akkreditiv *n* anzeigen; **to ~ shipment** den Versand anzeigen

**advise fate**, sofortige Auskunft über Deckung *(für e-n Scheck)* geben (Scheckdeckungsanfrage)

**advised, as ~** wie angezeigt; **ill-~** schlecht beraten; **well-~** gut beraten

**adviser**, Berater *m*; **financial ~** Finanzberater *m*; **legal ~** Rechtsberater *m*

**advising**, Avisierung *f*; **~ bank** avisierende Bank *f*

**advisory**, beratend; **~ agreement** Beratungsvertrag *m*; **~ body** Beratungsgremium *n*; **in an ~ capacity** in beratender Eigenschaft *f*; **~ contract** Beratungsvertrag *m*; **~ council** Beirat *m*; **~ opinion** Rechtsgutachten *n*

**advocate**, *Scot* Rechtsanwalt *m*; **~ General** Generalanwalt *m (am Gerichtshof der EU)*

**aerial**, Luft-; *Br* Antenne *f*; **communal ~ system** Gemeinschaftsantennenanlage *f*; **~ advertising** Luftreklame *f*; Himmelsschrift *f*

**aerocab**, Lufttaxi *n*

**aerohotel**, *Am* Flugplatzhotel *n*

**aeronautical industry**, Luftfahrtindustrie *f*

**aeronautics**, Luft- und Raumfahrt *f*

**aerospace**, Luft- und Weltraum *m*; **~ industry** Raumfahrtindustrie *f*

**affair**, Angelegenheit *f*, Sache *f*; **~s** Geschäfte *npl*; **business ~** geschäftliche Angelegenheit *f*

**affect**, *v*, **the rise in prices will ~ us all** die Preissteigerung wird uns alle betreffen

**affected, indirectly affected** mittelbar betroffen

**affection value**, Liebhaberwert *m*

**affiant**, Aussteller *m* e-s → affidavit

**affidavit**, Affidavit *n*; *(schriftl.)* eidesstattliche Erklärung *f*; **to swear an ~** e-e schriftl. eidesstattliche Erklärung abgeben; **to take an ~** ein Affidavit entgegennehmen

**affiliate**, nahestehende Gesellschaft *f*; Konzerngesellschaft *f*; *Am* Zweigfirma *f*, Filiale *f*

**affiliate**, *v* angliedern; *(als Mitglied)* aufnehmen; **to ~ to** (or **with**) sich anschließen an; sich zusammenschließen mit

**affiliate program**, *(EDV)* Marketing-Methode *f* zur Vermarktung von Internetseiten durch die Nutzung von Partnerseiten *(Oft werden Prämien pro geworbenen Besucher gezahlt)*

**affiliated, ~ company** nahestehende Gesellschaft *f*; Konzerngesellschaft *f*; **~ enterprises** verbundene Unternehmen *npl*; **~ group** (or **corporations**) *Am* Konzern *m*; **~ interest** Konzernbeteiligung *f*; **~ society** Zweiggesellschaft *f*

**affiliation**, Angliederung *f*; Aufnahme *f* als Mitglied; *(gerichtl.)* Feststellung *f* der *(außerehelichen)* Vaterschaft *f*; **application of ~** Aufnahmeantrag *m*; **~ case** Unterhaltssache *f*; **~ fees** Mitgliedsbeiträge *mpl*; **~ order** Unterhaltsverfügung *f (im Vaterschaftsprozess)*; **~ proceedings** Vaterschaftsprozess *m*

**affirm**, *v* bestätigen, bekräftigen; e-e eidesstattliche Versicherung abgeben

**affirmation**, Bestätigung *f*, Bekräftigung *f*; eidesstattliche Versicherung *f*; **to make an ~** an Eides Statt versichern

**affirmative**, bejahend; **~ actions** *Am* Maßnahmen *pl* zur Sicherstellung der Gleichbehandlung von Arbeitnehmern *(bes. von Frauen od. von Schwarzen)*; **~ vote** Ja-Stimme *f*; **to answer in the ~** bejahen

**affix**, *v* anheften, beifügen; *(Siegel, Stempel)* aufdrücken; **~ed customs seals** angelegte Zollverschlüsse *mpl*

**affluence**, Reichtum *m*, Wohlstand *m*

**affluent society**, Wohlstandsgesellschaft *f*

**afford**, *v* sich leisten (können)

**affordability index**, Kaufkraft Index *m*
**affreightment**, (See-)Frachtvertrag *m*
**AFL/CIO**, → American Federation of Labor
**afloat**, schuldenfrei, liquide
**afloat**, schwimmend; auf See; **goods ~** schwimmende (od. unterwegs befindliche) Waren *fpl*
**African, Caribbean and Pacific States**, Staaten in Afrika, im Karibischen Raum und im Pazifischen Ozean (→ ACP States)
**African Development Bank**, (ADB) Afrikanische Entwicklungsbank *f*
**after**, **the week ~ next** die übernächste Woche; **on and ~ January 1** vom 1. Januar ab
**after**, **~-acquired** nachträglich erworben; **~ costs** nachträgliche Kosten *pl*; **~ date bill** Datowechsel *m*; **~ effect** Nachwirkung *f*, Folgeerscheinung *f*
**after hours**, nach Büroschluss *m*; nach Ladenschluss *m*; nach Geschäftsschluss *m*; Nachbörse *f*; nachbörslich; **~ dealing** nachbörslicher Handel *m*; **~ prices** nachbörsliche Kurse *mpl*
**after**, **~-market** → secondary market; **~ sales service** Kundendienst *m*; **~-sight bill** Nachsichtwechsel *m*; **~-tax income** Einkommen *n* nach Abzug der Steuern
**against all risks**, (a.a.r.) *(Transportvers.)* gegen alle Gefahren
**age**, Alter *n*; **of ~** volljährig, mündig; **30 years of ~** 30 Jahre alt
**age**, **full ~** Volljährigkeit *f*, Mündigkeit *f*; **of full ~** volljährig, mündig
**age**, **old ~** hohes Alter; **required ~** erforderliches Alter; **~ allowance** *Br (Steuer)* Freibetrag *m (für Personen über 65 Jahren)*; **~ group** Altersklasse *f*, Jahrgang *m*; **~ limit** Altersgrenze *f*; **~ of entitlement to pension** (or **~ of retirement**) Pension(ierung)salter *nf*; **to be of ~** mündig sein; **to come of ~** mündig werden; **what is his ~?** wie alt ist er?
**age**, *v*, **to ~ receivables** Forderungen nach Fälligkeiten aufgliedern
**aged fail** Kontrakt *m* zwischen Makler und Händler, der nach 30 Tagen noch nicht ausgeführt worden ist
**agency**, Vertretung *f*, Stellvertretung *f*; Handelsvertretung *f*; Bevollmächtigung *f*, Vollmacht *f*; Agentur *f*, Geschäftsstelle *f*; Behörde *f*, Dienststelle *f*; **commercial ~** Handelsvertretung *f*; **commercial ~ contract** Handelsvertretervertrag *m*; **general ~** Generalvertretung *f*; Hauptagentur *f*; Generalvollmacht *f*; **international ~s** internationale Behörden *fpl* (od. Einrichtungen *fpl*); **joint ~** Gesamtvertretung *f*; **public ~** Behörde *f*; **special ~** Vertretung für bestimmte Waren; Sondervollmacht *f*; **sub ~** → sub; **~ agreement** (or **contract**) Handelsvertretervertrag *m*, Geschäftsbesorgungsvertrag *m*; Vertrag zwischen e-r Werbeagentur und Auftraggeber; **~ commission** (or **fee**) Vertreterposition *f*; **sole and exclusive ~ (right)** Alleinvertretung(srecht) *(f(n) (des Handelsvertreters)*; **~ selling** Vertrieb *m* e-r Anleihe *(für den Emittenten)*; **to set up an ~** e-e Agentur gründen
**agenda**, Tagesordnung *f*; **item on the ~** Punkt *m* der Tagesordnung; **to be on the ~** auf der Tagesordnung stehen; **to delete from the ~** von der Tagesordnung absetzen
**agent**, (Handels-)Vertreter *m*, Agent *m*; (Stell-)Vertreter *m*; Beauftragter *m*, Bevollmächtigter *m*; *(Außenhandelsfinanzierung)* Korrespondenzbank *f*; **general ~** Generalvertreter *m*; handelsrechtlicher Vertreter mit umfassender Vollmacht; Generalbevollmächtigter *m*; **managing ~** *(mit umfassenden Vollmachten versehener)* Geschäftsführer *m*; **sole ~** Alleinvertreter *m*; **special ~** Handelsvertreter für bestimmte Zwecke *(mit Ausschließlichkeitsrecht für ein Gebiet)*; Sonderbevollmächtigter *m*; **statutory ~** gesetzlicher Vertreter; **sub agent** → sub; **~ (bank)** *(bei Euro-Konsortialkrediten)* Verwalter *m* und Abwickler *m* nach Unterzeichnung; **~'s commission** Vertreterprovision *f*; **~ for collection** Inkassobevollmächtigter *m*; Einzugsbeauftragter *m*; **~ middleman** Makler *m*; Kommissionär *m*; **~ of necessity** Geschäftsführer *m* ohne Auftrag; **~'s territory** Vertretergebiet *n*; Verkaufsgebiet *n* e-s Vertreters; **~ wholesaler** *(im Namen des Unternehmens tätiger)* Handelsvertreter *m*; **to act as ~** jdn vertreten; in fremdem Namen handeln; **to appoint an ~** e-n Vertreter bestellen; **to be an ~ for a firm** e-e Firma vertreten; **to order goods through an ~** Waren über e-n Vertreter bestellen
**agent**, *(EDV)* Programm *n*, das für den Menschen Informationen sucht, Transaktionen ausführt oder mit anderen ~ oder Menschen kommuniziert
**aggravate**, *v* erschweren, verschärfen

**aggravated risk**, erhöhtes Risiko *n*
**aggravating circumstances**, erschwerende Umstände *mpl*
**aggregate**, **~ amount** Gesamtbetrag *m*; **~ demand** Gesamtbedarf *m*; Gesamtnachfrage *f*; **~ monetary demand** Gesamtgeldbedarf *m*; **~ supply** Gesamtangebot *n*; **~ value** Gesamtwert *m*
**aggregate**, *v*, **to ~** sich belaufen (to auf)
**aggregation of periods of insurance**, Zusammenrechnung *f* der Versicherungszeiten
**agio**, Agio *n*, Aufgeld *n*
**agiotage**, Agiotage *f*; Ausnutzung *f* von Kursschwankungen an der Börse
**agrarian**, **~ exports** Agrarexporte *mpl*; **~** Bodenreform *f*; **improvement of agrarian reform structure** Agrarstrukturverbesserung *f*
**agree**, *v* übereinstimmen; sich einigen (on or about über); vereinbaren, abmachen; **to ~ about the price** sich über den Preis einigen
**agreed**, abgemacht, einverstanden; **~ price** vereinbarter Preis *m*; **~ price fixing** Preisabsprache *f*; **as ~ (upon)** wie vereinbart; **we have ~ upon the price** wir haben uns über den Preis geeinigt; **unless otherwise ~** soweit nichts anderes vereinbart ist
**agreement**, Vertrag *m*; Abkommen *n*, Übereinkommen *n*; Übereinstimmung *f*; Vereinbarung *f*, Abmachung *f*, Absprache *f*; **according to ~** (or **as per ~**) vertragsgemäß, vertraglich; laut Abmachung; **commercial ~** Handelsabkommen *n*; **contractual ~** vertragliche Vereinbarung *f*; **contrary to ~** vertragswidrig; **express ~** ausdrückliche Abmachung *f*; **in ~ with** im Einvernehmen mit; **~ as to the fees** Honorarvereinbarung *f*; **~ between undertakings** Unternehmensabsprache *f*; **~ corporation** *Am* auf Außenhandelsfinanzierung und andere internationale Geschäfte beschränkte Bank *f*; **~ for a loan** Anleiheabkommen *n*; **~ for sale and purchase (of land)** *Br* (Grundstücks-)Kaufvertrag *m*; **~ in restraint of trade** Vereinbarung wettbewerbsbeschränkenden Inhalts; **~ in writing** schriftliche Vereinbarung, schriftlicher Vertrag; **~ of consolidation** Fusionsvertrag *m*; **~ of purchase and sale** *Am* (Grundstücks-)Kaufvertrag *m*; **~ on the order** Übereinstimmung über die Bestellung
**agreement, to adhere to an ~** e-e Abmachung einhalten; **to come to an ~** zu e-r Einigung kommen; **to enter into an ~** e-n Vertrag schließen; e-e Vereinbarung (od. Absprache) treffen; **to reach an ~** ein Einvernehmen erzielen; **to reach an ~ on the price** sich über den Preis einigen; **to terminate an ~** ein Abkommen außer Kraft setzen
**agricultural**, landwirtschaftlich, Agrar-; **~ aid** Agrarbeihilfe; **utilized ~ areas** landwirtschaftlich genutzte Fläche *f*; **~ bank** → land bank; **~ commodities** landwirtschaftliche Erzeugnisse *npl* (od. Grundstoffe *mpl*); **~ credit** Agrarkredit *m*; **~ expenditure** Agrarausgaben *pl*; **~ exports** Agrarexporte *mpl*; **~ fair** Landwirtschaftsmesse *f*; **~ holding** *(EU)* landwirtschaftlicher Betrieb *m*; **~ imports** Agrareinfuhren *fpl*; **~ income** Agrareinkommen *n*; **~ land** Ackerbauland *n*; **~ levy** *(EU)* Agrarabschöpfung *f*; **~ loan** Agrarkredit *m*; **~ machinery** landwirtschaftliche Maschinen *fpl*; **~ market** Agrarmarkt *m*; **~ market organization** *(EU)* Agrarmarktordnung *f*; **~ occupation** Tätigkeit *f* in der Landwirtschaft; **~ output** Gesamtproduktion *f* der Landwirtschaft
**agricultural policy**, Agrarpolitik *f*; **common ~** (CAP) *(EU)* gemeinsame Agrarpolitik (GAP)
**agricultural population**, Landbevölkerung *f*
**agricultural price**, **agricultural prices** Agrarpreise *mpl*; **agricultural price support policy** *(EU)* Agrarpreisstützungspolitik *f*; **differences in agricultural prices** Agrarpreisunterschiede *mpl*
**agricultural produce**, Agrarerzeugnisse *npl*; **goods processed from ~** landwirtschaftliche Verarbeitungserzeugnisse *npl*
**agricultural**, **~ production** landwirtschaftliche Erzeugung *f*; **~ property** landwirtschaftlicher Grundbesitz *m*; **~ research** Agrarforschung *f*; **in the ~ sector** im Agrarbereich *m*; **~ stabilizers** *(EU)* Agrarstabilisatoren *mpl*; **~ statistics** Agrarstatistik *f*; **~ stocks** Agrarlagerbestände *mpl*; **reform of ~ structure** Agrarstrukturreform *f*; **~ subsidies** Agrarsubventionen *fpl*; **~ support prices** Agrarstützpreise *mpl*; **~ surplus** Agrar-

überschuss *m*; ~ **trade** Agrarhandel *m*; ~ **worker** Arbeitnehmer in der Landwirtschaft; Landarbeiter *m*
**agriculture**, Landwirtschaft *f*; **to be engaged in ~** in der Landwirtschaft beschäftigt (od. tätig) sein
**agrifood**, *(EU)* Agrarnahrungsmittel *npl (Nahrungsmittel aus der Landwirtschaft, die nach dem internationalen Warenverzeichnis für den Außenhandel bestimmt werden)*
**agronomist**, Agronom *m*
**aground**, gestranded; auf Grund gelaufen
**ahead, in the period ~** in der kommenden Zeit; **to plan ~** für die Zukunft planen
**AI** → Artificial intelligence
**aid**, Hilfe *f*; *(finanzielle)* Unterstützung *f*; Beihilfe *f*; **application for ~** Beihilfeantrag *m*; **Community ~** *(EU)* Gemeinschaftsbeihilfe *f*; **economic ~** Wirtschaftshilfe *f*; **emergency ~** Soforthilfe *f*; **financial ~** finanzielle Hilfe, Beihilfe; **legal ~** → legal; **national ~** *(EU)* einzelstaatliche Beihilfe; **recipient of ~** Beihilfeempfänger *m*; **volume of ~** Umfang *m* der Hilfe
**aid, ~ to developing countries** Entwicklungshilfe *f*; ~ **fund** Hilfsfonds *m*, Unterstützungsfonds *m*; ~ **to investment** Investitionsbeihilfe *f*; ~ **scheme for farmers** *(EU)* Beihilferegelung *f* für Landwirte; **to grant ~** Beihilfe gewähren
**aid**, *v* helfen; **to ~ sb. with money** jdm mit Geld aushelfen
**aided recall**, gestützte Erinnerung *f*
**ailing company**, sich in Schwierigkeiten befindliches Unternehmen *n*
**air**, Luft *f*; **by ~** auf dem Luftweg; per Flugzeug
**air**, ~ **bill of lading** *Am* Luftfrachtbrief *m*; ~ **broker** Luftfrachtmakler *m*; ~ **bus** Luftbus *m (Kurzstreckenverkehrsflugzeug)*; ~ **cargo** Luftfracht *f*; ~ **carrier** Luftfrachtführer *m*; Lufttransportgesellschaft *f*; ~ **charter agreement** Luftchartervertrag *m*; **~-conditioned** mit Klimaanlage; ~ **conditioning (plant)** Klimaanlage *f*; ~ **consignment note** (ACN) *Br* Luftfrachtbrief *m*; ~ **controller** Fluglotse *m*
**aircraft**, Flugzeug(e) *n(pl)*; **~s** *(Börse)* Flugzeugwerte *mpl*; **commercial ~** Verkehrsflugzeug(e) *n(pl)*; **jet ~** Düsenflugzeug *n*; **mail ~** Postflugzeug *n*; **privately-owned ~** Privatflugzeug *n*; **supersonic ~** Überschallflugzeug *n*; ~ **accident** Flugzeugunglück *n*; **scheduled ~ departure time** planmäßige Abflugzeit *f*; ~ **exhaust fumes** Flugzeugabgase *npl*; ~ **factory** Flugzeugfabrik *f*; ~ **hull insurance** Flugzeug-Kaskoversicherung *f*; ~ **industry** Flugzeugindustrie *f*; ~ **maintenance** Flugzeugwartung *f*; ~ **manufacturer** Flugzeughersteller *m*; ~ **mortgage** Pfandrecht *n* an Luftfahrzeugen; ~ **noise abatement** Flugzeuglärmbekämpfung *f*; ~ **register** Luftfahrzeugrolle *f*
**air**, ~ **crew** Flugzeugbesatzung *f*; ~ **disaster** Flugzeugabsturz *m*; ~ **fares** Flugpreise *mpl*; ~ **field** Flugplatz *m*
**airfreight**, Luftfracht *f*; ~ **bill** Luftfrachtbrief *m*; ~ **rates** Luftfrachttarif *m*
**air**, ~ **freighter** Frachtflugzeug *n*; ~ **lane** Flugstrecke *f*, Flugroute *f*; ~ **letter** Luftpostbrief *m*
**airlift**, *v*, **to ~ goods** Waren auf dem Luftweg befördern
**airline**, Flugstrecke *f*; Luftverkehrsgesellschaft *f*; **~s** *(Börse)* Luftfahrtwerte *mpl*; **regular ~s** Linienfluggesellschaften *fpl*; ~ **carrier** Lufttransportunternehmen *n*; ~ **fare** Flugpreis *m*; ~ **network** Flugliniennetz *n*
**airliner**, Verkehrsflugzeug *n*; **commercial ~** Linienflugzeug *n*
**airmail**, Luftpost *f*; ~ **edition** Luftpostausgabe *f (für Zeitungen etc.)*; ~ **fee** Luftpostgebühr *f*
**air**, ~ **parcel** Luftpostpaket *n*; ~ **passage** Flug *m*
**air pocket**, plötzliche Kursschwäche *f* aufgrund negativer Nachrichten
**air pollution**, Luftverunreinigung *f*; **prevention of ~** Reinhaltung *f* der Luft; **transboundary ~** → transboundary; ~ **by gases from engines** Luftverschmutzung *f* durch Abgase von Kraftfahrzeugmotoren
**airport**, Flugplatz *m*, Flughafen *m*; **alternate ~** Ausweichflughafen *m*; **construction of a new ~** Neubau *n* e-s Flughafens; **customs ~** Zollflughafen *m*; **development of an ~** Ausbau *m* e-s Flughafens; ~ **bus** Zubringerbus *m*; ~ **of delivery** (or **departure**) Abgangsflughafen *m*; ~ **shop** Verkaufsstelle *f* e-s Flughafens; ~ **terminal** Flughafengebäude *n*
**air quality standards**, Qualitätsnormen *fpl* der Luft
**air services, international commercial**

**air services** internationaler gewerblicher Fluglinienverkehr *m*; → non-scheduled air services
**air**, ~ **shipment** Luftversand *m*; ~ **space** Luftraum *m*; ~ **speed** Fluggeschwindigkeit *f*; ~ **staff** Flugpersonal *n*; ~ **ticket** Flugkarte *f*, Flugschein *m*; ~ **tight** luftdicht (verschlossen); ~ **tourism** Flugtourismus *m*; ~ **traffic control** Flugsicherung *f*; ~ **traffic controller** Fluglotse *m*, Flugverkehrsleiter *m*; ~ **transport** Luftverkehr *m*; Beförderung *f* auf dem Luftwege; ~ **transport costs** Luftfrachtkosten *fpl*; ~ **travel** (or **trip**) Flug *m*; ~ **travel(l)er** Flugreisender *m*
**airway**, Flugstrecke *f*; Luftverkehrslinie *f*; *(Bergwerk)* Wetterstrecke *f*; ~ **bill** Luftfrachtbrief *m*
**air**, **to be on the** ~ *(im Rundfunk)* gesendet (od. gehört) werden; **to go** (or **travel**) **by** ~ per Flugzeug reisen; fliegen; **to put a program(me) on the** ~ *(im Fernsehen od. Rundfunk)* senden
**a.k.a.** = also known as; alias
**alarm device**, Alarmanlage *f*
**alcohol**, **addicted to** ~ alkoholsüchtig; **consumption of** ~ Alkoholverbrauch *m*; ~ **abuse** Alkoholmissbrauch *m*; ~ **blood test** Alkoholblutprobe
**alcoholic**, Alkoholiker(in) *m(f)*; ~ **drinks** alkoholische Getränke *npl*; **non-~ drinks** alkoholfreie Getränke *npl*
**algorithm**, Algorithmus *n*
**alibi**, **to prove one's alibi** sein Alibi nachweisen
**alien**, Ausländer(in) *m(f)*; ausländisch; fremd; **resident** ~ im Inland ansässiger Ausländer; **undesirable** ~ unerwünschter (od. lästiger) Ausländer; **~'s labo(u)r permit** Arbeitserlaubnis *f* für Ausländer; **~'s residence permit** Aufenthaltsgenehmigung *f* für Ausländer
**alienate**, *v* veräußern; übertragen; entfremden; **to** ~ **customers** Kunden verärgern, Kunden abwerben
**alienation**, Veräußerung *f*; Übertragung *f*
**align**, *v* ausrichten (on nach); angleichen: **non-~ed countries** blockfreie Länder *npl*
**alignment**, Ausrichtung *f*; Angleichung *f* (to an); **price** ~ Preisangleichung *f*
**alimony**, Unterhalt(sbetrag) *m*; **claim for** ~ Unterhaltsanspruch *m*; **entitled to** ~ unterhaltsberechtigt
**all-commodity rates**, Einheitsfrachtraten *fpl*
**all-in**, alles einschließend; Gesamt-; ~ **cost** Gesamtkosten *pl*; ~ **leasing** → leasing; ~ **price** Gesamtpreis *m*
**alligator spread**, Geld-Brief-Spanne *m* beim Optionskauf, die so groß ist, dass der Investor keinen Gewinn machen wird, selbst wenn sich der Markt in die erwartete Richtung bewegt
**all**, **~-purpose** für jeden Zweck, Allzweck-; **~-risks insurance** Gesamtversicherung *f*, kombinierte Versicherung *f*; ~ **sales final** kein Umtausch; **~-stage tax** Allphasensteuer *f*; **~-time high** *(Börse)* Höchstkurs *m*; **~-time low** *(Börse)* Niedrigstkurs *m*
**allege**, *v* anführen; behaupten; *(bei Gericht)* vorbringen; **~d** angeblich
**allied**, ~ **company** Konzerngesellschaft *f*; ~ **industries** verwandte Industrie *fpl*
**allocate**, *v* zuteilen, zuweisen; aufteilen; umlegen (to auf); **to** ~ **funds** Mittel zuweisen (to an); **to** ~ **materials** Material bereitstellen; **to** ~ **orders** Aufträge zuteilen; **to** ~ **quotas** Quoten zuteilen (od. aufteilen); **to** ~ **to the reserves** den Rücklagen zuführen; **to** ~ **profits** *(SteuerR)* Gewinne zurechnen
**allocation**, Zuteilung *f*, Zuweisung *f*; Bereitstellung *f*; Aufteilung *f*; Umlage *f* (to auf); ~ **of costs** Kostenaufteilung *f*; Kostenumlage *f*; ~ **of funds** Zuweisung von Mitteln *(für bestimmten Zweck)*; ~ **of a quota** Zuteilung e-r Quote; ~ **to reserves** Zuführung *f* an die Rücklagen; ~ **to the lowest tender** Vergebung *f* an das niedrigste Angebot
**allot**, *v* zuteilen, zuweisen; **~ted appropriations** zugewiesene Mittel *pl*
**allotment**, Zuteilung *f*, Zuweisung *f*; Repartierung *f*; *Br* Schrebergarten *m*, Kleingarten *m*; ~ **letter** *Br* (**certificate of** ~ *Am*) Zwischenschein *m (über Zuteilung von Aktien)*; ~ **of securities** Zuteilung von Wertpapieren; ~ **price** Zuteilungskurs *m*
**allottee**, Zuteilungsempfänger *m*
**allow**, *v* erlauben; bewilligen, zuerkennen; **to** ~ **for** berücksichtigen; in Anrechnung bringen; **to** ~ **5 % for cash payment** bei Barzahlung 5 % in Abzug bringen; **to** ~ **a claim** e-n Anspruch anerkennen; **to** ~ **a credit** e-n Kredit geben (od. einräumen); **to** ~ **4 % interest on deposits** Einlagen

mit 4 % verzinsen; **to ~ a period** (or **time**) e-e Frist einräumen; **to ~ a p. a sum** jdm e-e Summe aussetzen; **to ~ for sums paid in advance** Anzahlungen in Anrechnung bringen

**allowable**, zulässig; *(steuerlich)* absetzbar; **~ deduction** steuerlich absetzbarer Betrag *m*

**allowance**, Bewilligung *f*, Zuerkennung *f*; ausgesetzte Summe *f*, *(geldliche)* Zuwendung *f*; Beihilfe *f*; (Preis-)Nachlass *m*, Rabatt *m*; *Br* (Steuer-)Freibetrag *m*; Wertberichtigung *f*; zulässige Abweichung *f*; **annual ~** jährlicher Freibetrag *m*; jährlicher Abschreibungsbetrag *m*; **capital ~** Abschreibung *f (von Anlagewerten)*; **daily ~** Tagesgeld(er) *n(pl)*; *parl* Diäten *pl*; **monthly ~** Monatszuschuss *m*, Monatswechsel *m*; **~ for depreciation** Abschreibungsbetrag *m*; **~ for doubtful accounts** Wertberichtigung *f* auf dubiose Forderungen; **~ for possible loan losses** *Am (Bilanzrecht)* allgemeine Bewertungsreserve *f*; Verlustrückstellung *f*; **~ of a credit** Einräumung *f* e-s Kredits; **~ of British taxes as credit against German taxes** Anrechnung *f* von britischen auf deutsche Steuern; **~ of a discount** Gewährung *f* e-s Rabatts; **~ of interest** Vergütung *f* von Zinsen; **~ on the price** Preisnachlass *m*; **to make ~ for** berücksichtigen

**alongside**, (s/s.) längsseits *(e-s Schiffes)*

**aloof**, **buyers are holding ~** die Käufer nehmen e-e abwartende Stellung ein

**Alpha stocks**, *Br* die 60 am lebhaftesten gehandelten Aktien *fpl*

**alter**, *v* ändern, abändern, verändern; **to ~ a cheque (check)** e-en Scheck fälschen

**alteration**, (Ab-, Ver-)Änderung *f*; **subject to ~s** Änderungen vorbehalten; **~ of bid** Angebotsänderung *f*; **~ of a contract** Vertragsänderung *f*; **~ of the statutes** Satzungsänderung *f*; **~ to a building** Umbau *m*; **to make ~s** Änderungen vornehmen

**alternate**, abwechselnd; stellvertretend; *Am* Vertreter *m*, Ersatzmann *m*; **~ deposit** Gemeinschaftsdepot *n* (*jeder Einzelne ist verfügungsberechtigt*; *opp. joint deposit*); **~ director** *Br* stellvertretender Direktor *m*

**alternative**, Alternative *f*; alternativ; **~ claim** wahlweiser Anspruch *m*; **~ drawee** Alternativbezogener *m*; **~ offer** Alternativangebot *n*; **~ practioner** Heilpraktiker *m*

**alumin(i)um foil**, **amalgamate**, *v* Aluminiumfolie *f* verschmelzen; sich zusammenschließen; fusionieren

**amalgamation**, Verschmelzung *f*; Zusammenschluss *m*; Fusion *f*

**amateur value**, Liebhaberwert *m*

**ambush advertising**, hinterhältige Werbung *f*

**amend**, *v* (ab)ändern, ergänzen, verbessern; **the Act as ~ ed on …** das Gesetz in der Fassung von …

**amending budget**, Berichtigungshaushalt *m*

**amendment**, (Ab-)Änderung *f*, Ergänzung *f*; Berichtigung *f*; **to make ~s** Abänderungen *fpl* vornehmen

**amenities**, Annehmlichkeiten *fpl*; **public ~** öffentliche Erholungsanlagen *fpl*

**American**, **~ Bar Association** amerikanische Anwaltsvereinigung *f*; **~ Depositary Recepts** (ADRs) Amerikanische Depotzertifikate *npl (für im Depot befindliche ausländische Aktien ausgestellte Aktienzertifikate)*; **~ Express** großer amerikanischer Reisescheck- und Finanzkonzern *m*; **~ Federation of Labor and Congress of Industrial Organizations** (AFL/CIO) Dachverband *m* der amerikanischen Gewerkschaften; **~ Institute of Certified Public Accountants** (AICPA) Verband *m* der amerikanischen Wirtschaftsprüfer; **~ rails** *(Börse)* amerikanische Eisenbahnwerte; **~ Stock Exchange** (AMEX) *(zweitgrößte)* amerikanische Wertpapierbörse *f (in New York)*

**American Standard Code for Information Interchange**, 7 bit Schlüssel *m* zur Kodierung des Standardzeichensatzes

**amicable settlement**, gütliche Beilegung *f*; Vergleich *m*

**amortizable**, abschreibbar

**amortization**, Amortisation *f*, (allmähliche) Tilgung *f*; Abschreibung *f*; **~ fund** Tilgungsfonds *m*; **~ loan** Tilgungsanleihe *f*; **~ mortgage** Tilgungshypothek *f*; **~ payment** Tilgungsleistung *f*; **~ quota** (or **rate**) Tilgungsrate *f*; Abschreibungssatz *m*; **~ schedule** (or **table**) Tilgungsplan *m*

**amortize**, *v* amortisieren, *(allmählich)* tilgen; abschreiben

**amount**, Betrag *m*; Summe *f*; Höhe *f*; **(payment) in one ~** (Zahlung *f*) in einer

Summe, auf einmal; ~ **advanced** Höhe *f* des Darlehens; ~ **brought forward** Vortrag *m*; ~ **carried forward** Übertrag *m*; ~ **credited** Gutschrift *f*; ~ **due** geschuldeter Betrag *m*; ~ **due** fälliger Betrag *m*; **~s due to banks** Verbindlichkeiten *fpl* gegenüber Banken; ~ **in cash** Kassenbestand *m*; ~ **in dispute** Streitwert *m*; ~ **in figures** Betrag in Zahlen; ~ **insured** Versicherungssumme *f*; ~ **invoiced** Rechnungsbetrag *m*; ~ **of assets** Vermögenshöhe *f*; ~ **of the bill** Rechnungsbetrag *m*; Wechselsumme *f*; ~ **of investment** Anlagebetrag *m*; ~ **of loss** Schadenssumme *f*; Höhe des Schadens; ~ **of output** Produktionsmenge *f*; ~ **of the rent** Mietbetrag *m*; Höhe der Miete; ~ **of security** Kautionssumme *f*; ~ **of space** Anzeigenraum *m*; Regalfläche *f (in e-m Laden)*; ~ **stated** *(Bilanz)* Wertansatz *m*

**amount**, *v* sich belaufen (to auf); betragen

**amounting to**, in Höhe von; im Betrage von

**ample**, reichlich; genügend; **a house with ~ accommodation** ein geräumiges Haus *n*; **Euro 100 will be ~ for my needs** 100 Euro werden für meinen Bedarf völlig ausreichen

**analyse**, *v* analysieren, zergliedern; *(genau)* untersuchen

**analysis**, Analyse *f*, Zergliederung *f*; Untersuchung *f*; **cost** ~ Kostenanalyse *f*; **market** ~ Marktanalyse *f*; ~ **certificate** Analysenbeschreibung *f*; ~ **of cyclical trends** (or **of the economic situation**) Konjunkturanalyse *f*; ~ **sheet** Bilanzanalyse *f*

**analyst**, Bilanzanalytiker *m*; Börsenfachmann *m*

**anchorage**, Ankerplatz *m*; Ankergebühr *f*

**anchor tenant**, Hauptmieter *m*, der andere Mieter anzieht; Absatzmagnet *m*

**ancillary**, ergänzend, untergeordnet; Neben-; Hilfs-; ~ **agreement** Nebenabrede *f*; ~ **industries** Zulieferbetriebe *mpl*; ~ **papers** Beiakten *fpl*; ~ **services** Nebenleistungen *fpl*; ~ **supplier** Zulieferer *m*; ~ **undertaking** Nebenbetrieb *m*

**animal**, Tier *n*; **keeper of ~s** Tierhalter *m*; **liability for ~s** Tierhalterhaftung *f*; ~ **breeding** Tierzucht *f*; ~ **experiment** Tierversuch *m*; ~ **feed** (or **feedingstuffs**) Futtermittel *n(pl)*; ~ **feed additives** Futtermittelzusätze *mpl*; ~ **husbandry** Viehzucht *f*, Tierzucht *f* (cattle, sheep, horses, *etc.*)

**animation**, Animation *f*

**ankle bitter**, Aktie *f* mit einer Marktkapitalisierung von weniger als 500 $ Millionen

**annex**, Anlage *f*; Nebengebäude *f*, Dependance *f*

**anniversary celebration**, Jubiliäumsfeier *f*

**annotate**, *v* mit Anmerkungen versehen

**announcement**, Bekanntgabe *f*; Anzeige *f*; ~ **of sale** Verkaufsanzeige *f*

**annual**, jährlich; Jahres-; **semi-~** halbjährlich; ~ **account** jährliche Rechnung *f*; ~ **accounting documents** Jahresabschlussunterlagen *fpl*

**annual accounts**, Jahresabschluss *m*; **adoption and audit of the ~** Feststellung *f* und Prüfung *f* des Jahresabschlusses

**annual**, ~ **allowance** → allowance; ~ **audit** Jahresabschlussprüfung *f*; ~ **contribution** Jahresbeitrag *m*; ~ **financial statement** Jahresabschluss *m*; ~ **general meeting** (AGM) Hauptversammlung *f (e-r AG)*; ~ **holiday** *Br* Jahresurlaub *m*; ~ **improvement factor** (AIF) produktivitätsgebundene Lohnsteigerung *f*; ~ **interest rate** Jahreszinssatz *m*; ~ **output** Jahresproduktion *f*; ~ **report** Jahresbericht *m*; ~ **return** jährliche Rendite *f*; *Br* Jahresbericht *m (e-r AG)*; jährliche Steuererklärung *f*; ~ **vacation** *Am* Jahresurlaub *m*; ~ **work unit** *(AWU) (EU)* Jahresarbeitseinheit (JAE) *f*

**annualized percentage rate**, (APR) auf Jahresbasis umgerechneter Zinssatz *m*

**annuitant**, Rentenempfänger(in) *m(f)*

**annuity**, *(jährl.)* Rente *f*; Jahreszahlung *f*; *Am* Annuität *f*; Jahresgebühr *f*; **old age ~** Altersrente *f*; ~ **bond** Annuitätenanleihe *f*; ~ **certain** Zeitrente *f*; ~ **charge** Rentenschuld *f*; ~ **insurance** Rentenversicherung *f*; ~ **mortgage** Annuitätenhypothek *f*; **to commute an ~ into a lump sum** e-e Rente durch e-e Kapitalabfindung ablösen; **to receive an ~** e-e Rente beziehen; **to settle an ~ on a p.** jdm e-e Rente aussetzen

**annul**, *v* für ungültig (od. nichtig) erklären, annullieren, aufheben; **to ~ a marriage** e-e Ehe aufheben

**annulment**, Nichtigerklärung *f*, Ungültigkeitserklärung *f*, Annullierung *f*, Aufhebung *f*; ~ **of marriage** Aufhebung der Ehe

**Ansaphone**, *coll GB* automatischer Anrufbeantworter *m*

**answer**, Antwort *f*, Erwiderung *f*; **early ~** baldige Antwort; **in ~ to your letter** in Beantwortung Ihres Schreibens; **~ to an action** Klagebeantwortung *f*; **an ~ is requested** um Antwort wird gebeten

**answer**, *v* (be)antworten, erwidern (to auf); **to ~ by return of post** postwendend antworten; **to ~ for a debt** für e-e Schuld einstehen; **to ~ in writing** schriftlich antworten; **to ~ a summons** e-r Vorladung Folge leisten; **to ~ the (tele)phone** sich am Telefon melden; **to ~ to expectations** den Erwartungen entsprechen

**answering machine**, *tel* automatischer Anrufbeantworter *m*

**answering service**, *com* Fernsprechauftragsdienst *m*

**antecedent**, vorhergehend; früher (to als); **~ debt** früher eingegangene Schuld *f*

**antedate**, *v* rückdatieren; **to ~ an order** e-n Auftrag zeitlich vorziehen

**antenuptial settlement**, vor Eheschließung abgeschlossener Ehevertrag *m*

**anti-cartel**, kartellfeindlich

**anticipate**, *v* vorwegnehmen, im voraus tun; im Voraus bezahlen; **to ~ a bill** e-n Wechsel vor Verfallzeit einlösen; **to ~ a payment** vorzeitig *(vor Fälligkeit)* zahlen; **to ~ one's salary** Gehaltsvorschuss nehmen

**anticipated**, **~ acceptance** vor Fälligkeit bezahltes Akzept *n*; **~ need** voraussichtlicher Bedarf *m*; **~ payment** Zahlung vor Fälligkeit; Vorschuss *m*; **~ profit** erwarteter (od. imaginärer) Gewinn *m*; **~ repayment** vorzeitige Rückzahlung *f*

**anticipating your early reply**, in Erwartung Ihrer baldigen Antwort

**anticipation**, Vorwegnahme *f*; Vorauszahlung *f*; **by ~** im Voraus; **in ~ of** im Vorgriff auf; **thanking you in ~** Ihnen im Voraus dankend; **~ of payment** Zahlung vor Fälligkeit, Vorauszahlung *f*

**anticipatory**, vorwegnehmend; im Voraus; *(PatR)* neuheitsschädlich; **~ breach of contract** Vertragsverletzung *f* durch vorzeitig erklärte Erfüllungsverweigerung; Vertragsaufsage *f*; **~ credit** → packing credit

**anticompetitive behavio(u)r**, wettbewerbswidriges Verhalten *n*

**anticyclical economic policy**, antizyklische Wirtschaftspolitik *f*

**antidumping**, **antidumping duty** Antidumpingzoll *m*; **antidumping proceedings** Antidumpingverfahren *n*

**antifraud provisions**, Vorschriften *fpl* zur Bekämpfung des Betruges

**anti-freeze**, Frostschutzmittel *n*

**anti-inflation measures**, inflationsbekämpfende Maßnahmen *fpl*

**antioxydants**, (or **antioxydant agents**) Antioxydantien *pl*

**anti-pollution**, umweltschonend, umweltfreundlich

**anti-subsidy proceedings**, Antisubventionsverfahren *n*

**antitrust**, **~ infringements** *Am* Kartellverstöße *mpl*; **~ law** *Am* Kartellgesetz; Kartellrecht *n*; **~ policy** *Am* Kartellpolitik *f*; **~ proceedings** *Am* Kartellverfahren *n*

**anxious**, bemüht, bestrebt; besorgt; **he was ~ about the non-arrival of the consignment** er war besorgt wegen des Nichteintreffens der Sendung

**any other business**, (A.O.B.) sonstige Tagesordnungspunkte *mpl*

**any-interest date**, Optionsklausel *f* bei kommunalen Anleihen, die dem Ausgeber bei jeder fälligen Zinszahlung Rückkaufrechte einräumt

**any-or-all bid**, Übernahmeangebot *n* für einen beliebigen Teil oder alle ausstehenden Aktien zu einem festen Preis

**apart**, **~ from** abgesehen von; **to live ~** getrennt leben *(Eheleute)*

**apartment**, Appartement *n*; Zimmer *n*; *Am* Etagenwohnung *f*

**apparel industry**, *Am* Bekleidungsindustrie *f*

**apparent**, **~ alteration** offensichtliche Änderung *f*; **~ authority** Anscheinsvollmacht *f*; **~ defect** offensichtlicher Mangel *m*

**appeal**, Rechtsmittel *n* (Berufung *f*, Beschwerde *f* etc.); Appell *m*, Aufruf *m*; Anziehungskraft *f* (to customers auf Kunden); Beschwerde *f*, Einspruch *m*; **general ~** *com* allgemeiner Anklang *m*; **~ against an assessment** Einspruch *m* gegen e-n Steuerbescheid; **~ to arbitration** Anrufung *f* e-s Schiedsgerichts; **to lodge an ~** Einspruch erheben; **to make an ~** e-n (Spenden- *etc.*) Aufruf richten (to an)

**appeal**, *v* ein Rechtsmittel *n* (Berufung,

Beschwerde etc.) einlegen (against, from gegen); appellieren, sich bittend wenden (to an); **to ~ to** Anklang finden bei, ansprechen; gefallen, zusagen

**appealable**, berufungsfähig; beschwerdefähig

**appear**, *v* scheinen; erscheinen; **to ~ by one's lawyer** sich durch seinen Anwalt vertreten lassen; **to ~ on the record** in den Akten vermerkt sein

**appearance**, 1. Erscheinen *n*, Auftreten *n*; Aussehen *n*, äußerer Eindruck *m*; **public ~** Auftreten in der Öffentlichkeit *f*; **~ of the goods** Aussehen der Ware; **~ of mine gas** Auftreten von Grubengas

**appearance**, 2. Erscheinen *n* (in court vor Gericht); (Klage-)Einlassung *f*; **~ in person** persönliches Erscheinen *n*

**appliance**, Gerät *n*; **household ~s** Haushaltsgeräte *npl (Waschmaschine etc.)*

**applicable law**, anwendbares Recht *n*

**applicant**, Antragsteller *m*; Bewerber *m*; *(EU)* Kläger *m*; Zeichner *m (von Effekten)*; **~ country** *(EU)* beitrittsuchendes Land *n*; Bewerberland *n*; **~ for a credit** Kreditantragsteller *m*; Akkreditiv-Auftraggeber *m*; **~ for a job** Bewerber um e-e Stelle; Stellungsuchender *m*; **~ (for a patent)** Patentanmelder *m*; **~ for shares** Aktienzeichner *m*

**application**, Anftrag *m*, Gesuch *n*; Bewerbung *f*; Anmeldung *f*; Patentanmeldung *f*; Zeichnung *f (von Aktien)*; Anwendung *f*, Verwendung *f*; **letter of ~** Bewerbungsschreiben *n*; **new ~** Neuanmeldung *f*; **pending ~** schwebende Anmeldung *(e-s Patents)*; **time of ~** Zeitpunkt *m* der Anmeldung; **time for ~** Anmeldefrist *f*; **~ blank** Antragsformular *n*; Zeichnungsformular *n*; **~ fee** Anmeldegebühr *f*; **~ for a concession** Konzessionsgesuch *n*; **~ for a credit** Kreditantrag *m*; **~ for extension of time** Fristgesuch *n*; **~ for listing** Antrag *m* auf Börsenzulassung *f* **~ for membership** Beitrittsgesuch *n*; **~ for a patent** Patentanmeldung *f*; **~ for payment** Zahlungsaufforderung *f*; **~ for a position** Stellenbewerbung *f*; **~ form** Anmeldeformular *n*; **~ list** Zeichnungsliste *f*; **~ of profits** Gewinnverwendung *f*; **~ rights** Bezugsrechte *npl*; **to file an ~ (with)** e-n Antrag einreichen (bei); ein Gesuch richten (an); **to make an ~ for shares** Aktien zeichnen

**application**, *(EDV)* Anwendung *f*; **~ development** Entwicklung *f* von Anwendungen; **~ service provider** Anbieter *m* von → Hosting services für Anwendungen

**applied**, **~ art** Kunstgewerbe *n*; **~ economics** angewandte Wirtschaftswissenschaften *pl*; **~ tariff rate** angewandter Zollsatz *m*

**apply**, *v* beantragen (for sth. etw.); sich wenden (to an); anwenden; Anwendung finden, anwendbar sein; **to ~ for a credit** Kredit beantragen; **to ~ for information** um Auskunft bitten; **to ~ for a patent** ein Patent anmelden; **to ~ for payment** zur Zahlung auffordern; mahnen; **to ~ for permission** Genehmigung einholen; **to ~ for shares** Aktien zeichnen; **to ~ to a court** ein Gericht anrufen; **this law ~s to** dieses Gesetz findet Anwendung auf

**appoint**, *v* ernennen; bestellen; anstellen; festsetzen, anberaumen; **to ~ an agent** e-n Vertreter bestellen; **to ~ a committee** e-n Ausschuss einsetzen; **to ~ a time for the next meeting** e-n Termin für die nächste Sitzung anberaumen

**appointed**, **~ by the articles** satzungsmäßig bestellt; **~ date** festgesetzter Termin *m*

**appointment**, Ernennung *f*; Einsetzung *f*; Bestellung *f*; Anstellung *f*; Stelle *f*, Posten *m*; Verabredung *f*; **business ~** geschäftliche Verabredung; **fixed** (or **permanent**) **~** feste Anstellung; **by special ~ to Her Majesty** *Br* Königlicher Hoflieferant *m*; **~ book** Terminkalender *m*; **~ for a meeting** Anberaumung *f* e-r Sitzung; **~ of a guardian** Bestellung e-s Vormunds *m*; **~ of an heir** Einsetzung e-s Erben, Erbeinsetzung *f*; **~ of a trustee** Einsetzung (od. Ernennung) e-s Treuhänders; **to break an ~** e-e Verabredung nicht einhalten; **to get a good ~** e-e gute Stelle bekommen; **to hold an ~t** e-n Posten innehaben; **to make an ~ with sb.** sich mit jdm verabreden

**apportion**, *v (verhältnismäßig)* verteilen, aufteilen; umlegen; **to ~ the costs** die Kosten umlegen (to auf); **to ~ the profit** den Gewinn verteilen (od. aufteilen)

**apportioned contract**, Sukzessivlieferungsvertrag *m*

**apportionment**, *(verhältnismäßige)* Verteilung *f*, Aufteilung *f*; Umlegung *f*; Umlage *f*; ~ **of contract** Sukzessivlieferungsvertrag *m*; ~ **of costs** Kostenumlage *f*

**appraisal**, Schätzung *f*, Bewertung *f*; geschätzter Wert *m*; **staff** ~ Personalbeurteilung *f*; ~ **clause** Schätzklausel *f*; ~ **interview** Beurteilungsgespräch *n (mit e-m Mitarbeiter)*; ~ **of damage** Schadensschätzung *f*; ~ **report** Gutachten *n* e-s Schätzers; **to make an** ~ schätzen, bewerten

**appraise**, *v* schätzen, bewerten, taxieren; **~d value** Taxwert *m*

**appraiser**, Taxator *m*, Schätzer *m*; gerichtlich bestellter (Wert-)Sachverständiger *m*

**appreciable fall in prices**, spürbarer Preisrückgang *m*

**appreciate**, *v* schätzen, zu würdigen wissen; im Wert (od. Preis) steigen; ~ **in value** an Wert zunehmen; **we would ~ a rapid response** für baldige Antwort wären wir dankbar; **~d securities** im Werte gestiegene Wertpapiere *npl*

**appreciation**, Schätzung *f*, Würdigung *f*; **speculation on** ~ *(Börse)* Haussespekulation *f*; ~ **in prices** Steigen *n* der Preise; Kursanstieg *m*; ~ **in value** Wertsteigerung *f*, Wertzuwachs *m*; Zuschreibung *f*;

**apprentice**, Lehrling *m*, Auszubildender *m* (Azubi); **infant** ~ minderjähriger Lehrling

**apprentice**, *v* in die Lehre (od. Ausbildung) geben; **~d** in der Ausbildung befindlich

**apprenticeship**, Lehre *f*, Lehrzeit *f*; Ausbildung(szeit) *f*; Lehrstelle *f*; **articles of** ~ Lehrvertrag *m*; Berufsausbildungsvertrag *m*; **to serve one's** ~ seine Lehrzeit (od. Ausbildung) durchmachen

**approach**, Zugang *m*, Zufahrt *f*; Einstellung *f* (to zu); Herangehen *n* (to an); Vorgehensweise *f*; ~ **to inflation** Art, der Inflation zu begegnen; ~ **road** Autobahnzubringer *m*

**approach**, *v* sich wenden an, herantreten an; sich nähern; **to ~ a customer** mit e-m Kunden Kontakt aufnehmen; **when traffic is ~ing** bei Gegenverkehr

**appropriate**, angemessen, geeignet (to, for für); zweckmäßig; **where** ~ gegebenenfalls; **for ~ action** zur weiteren Veranlassung; **at the ~ time** zur gegebenen Zeit

**appropriate**, *v* sich aneignen; *(Geld für bestimmten Zweck)* zuweisen, bestimmen, bewilligen; **to ~ goods to the contract** die Ware konkretisieren *(zur Erfüllung des Vertrages)*

**appropriated**, ~ **retained earnings** zweckgebundene Rücklagen *fpl*; ~ **funds** *(für bestimmten Zweck)* bereitgestellte Mittel *pl*

**appropriation**, Aneignung *f*, Inbesitznahme *f*; (Zweck-)Bestimmung *f*; Verwendung *f*; (für bestimmten Zweck bestimmter od. bewilligter) Geldbetrag *m*; **~s** *(im Haushaltsplan bewilligte od. bereitgestellte)* Mittel *pl*; Rücklagen *fpl*; **cancelled ~s** gestrichene Mittel *pl*; **increase of ~s** Erhöhung *f* der Mittel; **request for ~s** Mittelanforderung *f*; **transfer of ~s** Mittelübertragung *f*; ~ **account** *Br (Bilanz)* Gewinnverteilungskonto *n*; **~s for commitments** *(EU)* Mittel *pl* für Verpflichtungen; **~s for payments** *(EU)* Mittel *pl* für Zahlungen; **~s in the budget** (or **budgetary ~s**) *(im Haushaltsplan)* veranschlagte Mittel *pl*; Ansätze *mpl* des Haushaltsplans; Mittelansätze *mpl*; ~ **of funds** Mittelzuweisung *f*; Bewilligung *f* (od. Bereitstellung *f*) von Mitteln *(für bestimmten Zweck)*; ~ **of payments** Zweckbestimmung *f* von Zahlungen; ~ **of profits** Verwendung *f* des Gewinns *m*; ~ **(of surplus)** *Am (Bilanz)* Rücklagen *fpl*; ~ **to a debt** Anrechnung *f (e-r Zahlung)* auf e-e Schuld; ~ **to the reserve** Zuweisung *f* zur Rücklage; **to exceed the limit of ~s** die *(bewilligten)* Mittel überschreiten; **to increase the ~s** die Mittel erhöhen

**approval**, Genehmigung *f*, Zustimmung *f*; Beifall *m*; Sichtvermerk *m*; **on** ~ zur Ansicht; auf Probe; **goods on** ~ Waren zur Ansicht; **sale on** ~ Kauf auf Probe; **subject to** ~ vorbehaltlich der Genehmigung; **to be subject to sb.'s** ~ jds Genehmigung bedürfen; **to give one's** ~ Genehmigung erteilen; **to meet with** ~ Beifall (od. Anklang) finden *(z. B. Ware)*

**approve**, *v* genehmigen; zustimmen; prüfen und für richtig befinden; mit Sichtvermerk versehen; **to ~ an account** die Richtigkeit e-r Rechnung anerkennen

**approved**, genehmigt; zugelassen; anerkannt; **read and** ~ vorgelesen und genehmigt; **to be ~ of** Anklang finden

**approximate**, *v* annähern, angleichen; **to ~ the prices progressively** *(EU)* die Preise schrittweise einander angleichen

**approximation**, Annäherung *f*, Angleichung *f*; ~ **of the municipal laws** *(EU)*

Angleichung der innerstaatlichen Rechtsvorschriften

**appurtenance(s)**, Zubehör *n*; (to land) Grundstückszubehör *n*; Schiffszubehör *n*

**aptitude test**, Eignungsprüfung *f*

**Arab Cooperation Council**, (Egypt, Iraq, Jordan and the Yemen Arab Republic) Arabischer Kooperationsrat *m* (Ägypten, Irak, Jordanien und die Arabische Republik Jemen)

**arbiter**, Schiedsrichter *m*

**arbitrage**, Arbitrage *f*; **~ in bullion**, Goldarbitrage *f*; **~ calculation** Arbitrage-Rechnung *f*; **~ clause** Arbitrageklausel *f*; **currency ~** Devisenarbitrage *f*; **~ dealings** Arbitragegeschäfte *npl*; **~ operations** internationales Zinsgefälle *n*; **~ in securities** Effektenarbitrage *f*; **~ support points** Arbitrage-Interventionspunkte *fpl*; **~ transactions** Arbitragegeschäfte *npl*

**arbitral**, schiedsrichterlich; **arbitral award** Schiedsspruch *m*; **~ body** Schiedsstelle *f*; **~ jurisdiction** Schiedsgerichtsbarkeit *f*; **~ proceedings** Schiedsverfahren *n*; **~ settlement** schiedsgerichtliche Beilegung *f*

**arbitrary**, willkürlich; in das Ermessen gestellt; **~ assessment** (Einkommen-)Steuerveranlagung *f* auf Grund von Schätzung; **~ decision** Ermessensentscheidung *f*; **~ price** willkürlicher Preis *m*

**arbitrate**, *v* schiedsrichterlich entscheiden; *(durch Schiedsspruch)* schlichten

**arbitration**, Schieds(gerichts)verfahren *n*; Schiedsgerichtsbarkeit *f*; *(Börse)* Arbitrage(geschäft) *f(n)*; **board of ~** Schiedskommission *f*, Schiedsstelle *f*; **commercial ~** Handelsschiedsgerichtsbarkeit *f*; **costs of ~** Kosten *pl* des Schiedsverfahrens; **ICC ~ Rules** → ICC; **~ agreement** Schiedsvereinbarung *f*; Schiedsabrede *f*; **~ award** Schiedsspruch *m*

**arbitration clause**, Schiedsklausel *f*; **insertion of an ~ in the contract** Aufnahme *f* e-r Schiedsklausel in den Vertrag; **Standard clause** → Standard

**arbitration**, **~ costs** Schiedsgerichtskosten *pl*; **~ proceedings** Schieds(gerichts)verfahren *n*

**arbitration**, **to have recourse to ~** das Schiedsverfahren in Anspruch nehmen; das Schiedsgericht anrufen; **to settle disputes by ~** Streitigkeiten auf schiedsrichterlichem Wege regeln; **to submit to ~** sich e-m Schiedsverfahren unterwerfen; **to submit a dispute to ~** e-n Streitfall e-m Schiedsgericht unterbreiten; **to agree to submit to ~ by the ICC** das Schiedsverfahren der IHK vereinbaren

**arbitrator**, Schiedsrichter *m*; Schiedsmann *m*; **to appoint an ~** e-n Schiedsrichter ernennen (od. bestellen)

**archive**, Archiv *n*

**argue**, *v* vorbringen, geltend machen

**argument**, Argument *n*; Meinungsverschiedenheit *f*; **~s of the parties** Parteivorbringen *n*; **factual ~s** Beweisausführungen *fpl*; **legal ~s** Rechtsausführungen *fpl*; **this ~ will not hold** dieses Argument ist nicht stichhaltig

**arithmetical average**, arithmetisches (od. einfaches) Mittel *n*

**armament**, **armaments industry** Rüstungsindustrie *f*; **armament race** Wettrüsten *n*

**arm's length**, **at ~** auf rein geschäftlicher Basis *(ohne Rücksicht auf ein etwa bestehendes Vertrauensverhältnis)*; **permanent establishment dealing at ~ with its principal enterprise** *(intern. SteuerR)* Betriebsstätte *f*, die gegenüber dem Stammhaus wirtschaftlich selbstständig ist; **~ pricing** unabhängige Preisfindung *f*; Marktpreisfindung *f*

**arms**, Waffen *fpl*; **~ conversion** Umstellung *f* von Waffenherstellung auf andere Produkte; **~ industry** Rüstungsindustrie *f*; **~ race in space** Wettrüsten *n* im Weltraum

**arrange**, *v* regeln; (an)ordnen; vereinbaren, abmachen; sich vergleichen

**arrangement**, Regelung *f*; (An)ordnung *f*; Vereinbarung *f*, Abmachung *f*; Vergleich *m*; **compulsory ~** Zwangsvergleich *m*; **special ~** Sondervereinbarung *f*; **to enter into** (or **make**) **an ~** e-e Vereinbarung treffen; e-n Vergleich schließen

**array of goods**, Warensortiment *n*

**arrears**, Rückstände *mpl*; **payment of salary in ~** Gehaltsnachzahlung *f*; **share subscriptions in ~** ausstehende Zahlungen auf Aktien; **~ of correspondence** Briefschulden *fpl*; **~ of taxes** Steuerrückstände *mpl*; **to be in ~ with one's rent** mit seiner Miete im Rückstand (od. Verzug) sein; **to have ~ of work** Arbeitsrückstände haben

**arrest**, ~ **(of a person)** Verhaftung *f*, Festnahme *f*; Haft *f*; ~ (**of a ship** or **of goods**) (Sicherungs-)Beschlagnahme *f*
**arrest**, *v* verhaften, festnehmen; **to ~ a ship** ein Schiff mit Arrest *m* belegen
**arrival**, Ankunft *f*; Eingang *m (von Post, Waren)*; **book of ~** Eingangsbuch *n*; **~ of goods** Wareneingang *m*; **~ of mail** Posteingang *m*; **we should like to know when we can count on the ~ of the consignment** wir bitten um Mitteilung, wann wir mit der Ankunft der Ware rechnen können
**arrive**, *v* ankommen; eingehen; einlaufen *(Schiff)*; landen *(Flugzeug)*; **to ~ at the conclusion of an agreement** zu e-m Vertragsabschluss *m* kommen; **to ~ safely** sicher (od. unversehrt) ankommen
**arson**, Brandstiftung *f*
**art**, Kunst *f*; Fach(gebiet) *n*; Fachkenntnis *f*; **~s and crafts** Kunstgewerbe *n*; **prior ~** *(PatR)* Stand *m* der Technik; **those skilled in the ~** Fachleute *pl*, Fachwelt *f*; **term** (or **word**) **of ~** Fachausdruck *m*; **~ dealer** Kunsthändler *m*; **~ designer** Werbegraphiker *m*, Gebrauchsgraphiker *m*; **~ director** künstlerischer Leiter *m (auf dem Gebiet der Werbung)*; Gestaltungsleiter *m*; **~ exhibition** Kunstausstellung *f*; **~ object** Kunstgegenstand *m*; **~ trade** Kunsthandel *m*; **European ~ treasures** europäisches Kulturgut *n*; **~ work** künstlerische Arbeit *f (auf dem Gebiet der Werbung)*
**article**, Artikel *m*; Ware(nposten) *f(m)*; Abschnitt *m (e-s Vertrages etc.)*; **~s** Vertragsbestimmungen *fpl*; **~ in favo(u)r** (or **in great demand**) beliebter Artikel; **high class ~s** Qualitätswaren *fpl*; **newspaper ~** Zeitungsartikel *m*; **ship's ~s** Heuervertrag *m*
**articles of association**, Satzung *f (e-r Kapitalgesellschaft)*; **according to the ~** satzungsgemäß
**article**, **~ of average quality** Durchschnittsware *f*; **~ of consumption** Konsumgut *n*; **~ of daily use** Gebrauchsgegenstand *m*; **~s of employment** Anstellungsvertrag *m*; **~ of high quality** hochwertiger Artikel *m*; **~s of incorporation** *Am* Gründungsurkunde *f*, Satzung *f (e-r Kapitalgesellschaft)*; **~ of manufacture** Fabrikerzeugnis *n*; **~ of merchandise** Handelsware *f*; **~s of partnership** Gesellschaftsvertrag *m (e-r Personengesellschaft)*; **~ of quick sale** Verkaufsschlager *m*; **~s wanted** „Kaufgesuche" *npl (in Zeitungen)*
**article**, *v* in die Ausbildung (od. Lehre) geben (to bei)
**articled clerk**, Rechtsreferendar(in) *m (f)*; Anwaltsreferendar(in); (trainee solicitor)
**articulated lorry**, Sattelschlepper *m*
**artificial**, künstlich; **~ intelligence**, künstliche Intelligenz *f*; **~ manure** Kunstdünger *m*; **~ person** juristische Person *f*; **~ resins and plastic materials** Kunststoffe *pl*
**artisan**, Handwerker *m* (der Reparaturen ausführt)
**artist**, Künstler *m*; Graphiker *m*
**asap**, = **as soon as possible**; so schnell wie möglich
**as far as ... is concerned**, was ... anbetrifft
**as from** (, or **of**) **January 1** ab 1. Januar
**as if and when**, per Erscheinen *(der Wertpapiere)*
**as is**, ohne Mängelgewähr *f*
**as of**, mit Wirkung von; **~ right** von Rechts wegen
**as per**, laut, gemäß; **~ account** → account 1.; **~ advice** laut Avis (od. Anzeige)
**as the law stands**, nach geltendem Recht *n*
**ascertain**, *v* feststellen, ermitteln; **to ~ the costs** die Kosten ermitteln (od. errechnen); **~ed defects** festgestellte Mängel *mpl*; **~ed goods** bestimmte *(besonders ausgesuchte)* Waren *fpl*
**ascertainment**, Feststellung *f*, Ermittlung *f*; **~ of profits** Ermittlung des Gewinns
**ASCII** → American Standard Code for Information Interchange
**Asian Development Bank**, Asiatische Entwicklungsbank *f*
**aside**, beiseite; **to put money ~** Geld auf die hohe Kante legen
**ask**, *v*, **to ~ after** sich erkundigen nach; **to ~ a p.'s permission** um jds Erlaubnis bitten; **to ~ the price** nach dem Preis fragen; sich nach dem Preis erkundigen; **to ~ a price for sth.** für etw. e-n Preis fordern
**asked**, *(Börse)* Brief *m (Angebot)*; Briefkurs *m*; **~ and bid** *(Börse)* Brief und Geld; **~ price** (or **quotation**) *(Börse)* Briefkurs *m*
**ASP**, → Application service provider
**aspirin** → Australian stock price indexed notes

**assassin**, **search for ~s** Fahndung *f* nach Attentätern

**assassination**, Attentat *n*; *(politischer)* Mord *m*

**assemble**, *v* (sich) versammeln; zusammensetzen, montieren

**assembly**, 1. Versammlung *f*; **General ~ of the United Nations** UNO-Vollversammlung *f*; **unlawful ~** Zusammenrottung *f*, Auflauf *m*

**assembly**, 2. Montage *f*; Aufstellen *n (e-r Maschine)*; Zusammensetzung *f (von Maschinenteilen)*; 2 od. mehr Teile, die zu e-r Maschine zusammengesetzt werden; **sub-~** Montagestück *n*; **~ charges** Kosten *pl* für die Montage; **~ line** Fließband *n*; **~ line production** Fließbandfertigung *f*; Serienproduktion *f*; **~ man** Monteur *m*; **~ shop** Montagehalle *f*

**assent**, Zustimmung *f*; **mutual ~** Willensübereinstimmung *f*; Konsens *m*; **with one ~** einstimmig

**assented stock**, *Br* Aktien, deren Inhaber der Aufgabe ihres Aktienbesitzes im Tausch gegen andere Aktien zugestimmt haben (→ takeover bid)

**assent**, *v* zustimmen, beipflichten

**assert**, *v* geltend machen, vorbringen; bestehen auf; **to ~ a contractual claim** ein Recht aus e-m Vertrage geltend machen

**assertion of a claim**, Geltendmachung *f* e-s Anspruchs

**assess**, *v* (ab-, ein)schätzen; bewerten, festsetzen, berechnen; *(zur Steuer)* veranlagen, besteuern; **to ~ a building** ein Gebäude abschätzen; den Einheitswert e-s Gebäudes feststellen; **to ~ the damages at £ 100** den Schadensersatz auf 100 £ festsetzen

**assessable**, **~ income** steuerpflichtiges Einkommen *n*; **~ stock** *Am* nachschusspflichtige Aktien *fpl*

**assessed**, **~ price** Taxpreis *m*; **~ tax** veranlagte Steuer *f*; **~ value** geschätzter Wert *m*, Schätzwert *m*; *(für Steuerzwecke)* Einheitswert *m*

**assessment**, (Ab-, Ein-)Schätzung *f*; Bewertung *f*; Festsetzung *f*; Berechnung *f*; (Steuer-)Veranlagung *f*; **basis of ~** Bemessungsgrundlage *f*; **notice of ~** → notice 1.; **rate of ~** → rate; **stock ~** → stock 1.; **tax levied by way of ~** im Veranlagungsweg *m* erhobene Steuer; **~ basis** (Steuer-)Bemessungsgrundlage *f*; **~ bond** *Am* Kommunalobligation *f*; **~ district** Steuerbezirk *m*; **~ of damage** Schadenfeststellung *f*; **~ of performance** Einschätzung *f* des Leistungsgrades; **~ of profit** Gewinnberechnung *f*; **~ of taxes** Steuerveranlagung *f*; **~ on property** Veranlagung zur Vermögensteuer; **~ on income** Veranlagung zur Einkommensteuer

**assessor**, Taxator *m*; **loss assessor** Schadenregulierer *m*

**asset**, Vermögensgegenstand *m*, Vermögenswert *m*; Wirtschaftsgut *n*; *(Bilanz)* Aktivposten *m*; → capital ~; **financial ~ formation** Geldvermögensbildung *f*; **fixed ~** Anlagegegenstand *m*; **net ~ value** → net; **real ~** unbeweglicher Vermögensgegenstand *m*; **~ account** Aktivkonto *n*; Bestandskonto *n*; **~ additions** Anlagenzugänge *mpl*; **~-building savings** vermögenswirksames Sparen *n*; **~ deal** *(Unternehmenskauf)* Kauf *m* der Einzelwirtschaftsgüter *(der Zielgesellschaft)*; **~ disposal** Veräußerung *f* von Vermögenswerten; **~-equity swap** Schuldenswap *m*; **~ management** Vermögensverwaltung *f*; **~ mix** Anlagen-Mix *n (Aktien und Anleihen)*; **~ stripping** Aufkauf *m* e-s Unternehmens und anschließender gewinnbringender Verkauf *m* einzelner Anlagen; **~ valuation** Anlagenbewertung *f*; **~ value** Vermögenswert *m*

**assets**, Vermögen(swerte) *n(mpl)*; Wirtschaftsgüter *npl*; (Kapital-)Anlagen *fpl*; Aktiva *npl*; Nachlass *m*; **capital ~** → capital; **company's ~** → company; **fixed ~** → fixed; **free ~** frei verfügbare Guthaben *npl*; **intangible ~** → intangible; **tangible ~** → tangible

**assets (held) abroad**, Auslandsvermögen *n*

**asset-backed security**, durch Vermögenswert besichertes Wertpapier *n*

**assets and liabilities**, Aktiva und Passiva; **statement of ~** Vermögens- und Schuldenaufstellung *f*; Vermögensbilanz *f*

**assets**, **~ brought into a business** in e-e Firma eingebrachtes Vermögen *n*; **~ in (foreign) currency** Devisenguthaben *n*; **~ in kind** Sachwerte *mpl*; **~ in kind brought** in Sacheinlage *f*; **~ of an estate** Nachlassgegenstände *mpl*; **~ of a bankrupt** Konkursmasse *f*; **~ of a company** Gesellschaftsvermögen *n*; ~

on current account Kontokorrentguthaben *n*; ~ **receivable** Forderungen *fpl*; Debitoren *mpl*; ~ **side** *(Bilanz)* Aktivseite *f*; **to enter on the ~ side** (of the balance sheet) aktivieren; ~ **valuation** Anlagenbewertung *f*; **the ~ cover the liabilities** die Aktiva decken die Verbindlichkeiten

**assign**, *(Forderung)* übertragen, abtreten; zuweisen, zuteilen; festsetzen, bestimmen; **to ~ a day for trial** e-n (Verhandlungs-)Termin festsetzen; **to ~ a debt** e-e Forderung abtreten; **to ~ rooms to sb.** jdm Räume zuweisen; **to ~ work to sb.** jdm Arbeit zuweisen (od. zuteilen)

**assignable**, abtretbar, übertragbar

**assignee**, Zessionar *m*; Abtretungsempfänger *m*

**assignment**, (Forderungs-, Rechts-)Übertragung *f*, Abtretung *f*, Zession *f*; Zuweisung *f*, Zuteilung *f*; Festsetzung *f*, Bestimmung *f*; **deed of ~** Abtretungsurkunde *f*; ~ **abroad** Auslandseinsatz *m*; ~ **by way of security** Abtretung sicherheitshalber; ~ **in blank** Blankozession *f*; ~ **of a claim** (or **debt**) Forderungsabtretung *f*; ~ **of interest** (in a firm) Anteilsübertragung *f*; ~ **of lease** Mietabtretung *f*, Pachtabtretung *f*; ~ **of a patent** Patentübertragung *f*; ~ **of property** Vermögensübertragung *f*; ~ **of wages** Lohnabtretung *f*; ~ **prohibition** Abtretungsverbot *n*; **to make an ~** übertragen, abtreten, zedieren

**assignor**, Abtretender *m*, Zedent *m*

**assistance**, Hilfe *f*, Unterstützung *f*; **judicial ~** → judicial; **mutual ~ between Member States** *(EU)* gegenseitige Amtshilfe *f* zwischen Mitgliedstaaten; **national** (or **public**) ~ staatliche Fürsorge *f*; Sozialhilfe *f*; **to render** ~ Hilfe leisten

**assistant**, Assistent(in) *m(f)*; Hilfs-, stellvertretend; **principal** ~ Direktionsassistent; **(shop)** ~ Ladenangestellte(r) *f(m)*, Verkäufer(in) *m(f)*; ~ **driver** Beifahrer *m (Lkw)*; ~ **manager** stellvertretender Leiter *m*

**assist**, *v* helfen, unterstützen; **~ed person** *Br* Partei *f*, der Prozesskostenhilfe gewährt ist; Empfänger(in) *m(f)* von Sozialhilfe

**associate**, Teilhaber(in) *m(f)*, Gesellschafter(in) *m(f)*; Sozius *m*; Kollege *m*, Kollegin *f*; ~ **expert** beigeordneter Sachverständiger *m*; ~ **(member)** assoziiertes Mitglied *n*

**associate**, *v* (sich) verbinden (with mit); sich assoziieren; **~d African States, Madagascar and Mauritius** (AASMM) *(EU)* Assoziierte Afrikanische Staaten, Madagaskar und Mauritius; **~d company** → related company; **~d enterprises** (wirtschaftlich) verbundene Unternehmen *npl*; **~d overseas countries and territories** *(EU)* assoziierte überseeische Länder *npl* und Gebiete *npl*; **~d trade marks** verbundene Warenzeichen *npl*

**association**, 1. Vereinigung *f*; Verband *m*; Verein *m*; **non-profit ~** → non; **trade association** → trade; ~ **agreement** *Am* Tarifvertrag *m*; ~ **for Computing Machinery** (ACM) Internationale Vereinigung *f* von Computerfachleuten; ~ **of British Chambers of Commerce** Verband *m* der britischen Handelskammern; ~ **of enterprises** Unternehmensvereinigung *f*; ~ **of South-East Asian Nations** Verband *m* der südostasiatischen Nationen (ASEAN)

**association**, 2. Assoziierung *f*; Assoziation *f*; ~ **agreement** Assoziierungsabkommen *n*

**assort**, *v* sortieren; assortieren, nach Warenarten ordnen; **to ~ a cargo** e-e Ladung *(aus verschiedenen Sorten)* zusammenstellen

**assorted**, sortiert, assortiert; **well-~ stock** gut assortiertes Warenlager *n*

**assortment**, Sortiment *n*, Warenauswahl *f*; **large ~** große Auswahl *f*; ~ **for selection** Auswahlsendung *f*; ~ **of samples** Musterkollektion *f*

**assume**, *v* annehmen, übernehmen; *(als wahr)* annehmen; **to ~ a debt** die Schuld *(e-s anderen)* übernehmen; **to ~ the expenses** die Kosten übernehmen; für die Kosten aufkommen; **to ~ the management of a business** die Leitung e-s Geschäfts übernehmen; **to ~ a new name** e-n neuen Namen annehmen; **to ~ a risk** → risk

**assumption**, Annahme *f*, Übernahme *f*; Vermutung *f*; **on the ~ that** unter der Voraussetzung dass; ~ **of a debt** Schuldübernahme *f*; ~ **of expenses** Kostenübernahme *f*; ~ **of risk** Risikoübernahme *f*, Gefahrenübernahme *f*

**assurance**, 1. Versicherung *f*; *bes. Br* (Lebens-)Versicherung *f*; ~ **benefits** Versicherungsleistungen *fpl*; ~ **payable at death** Todesfallversicherung *f*

**assurance**, 2. Zusicherung *f*, Zusage *f*; **to give the definite ~ that** fest versichern, dass
**assure**, *v* versichern; zusichern; *bes. Br (Leben)* versichern
**assured**, **~ market** sicherer (Absatz-) Markt *m*; **~ (person)** (Lebens-)Versicherter *m*
**assurer**, (Lebens-)Versicherer *m*
**asylum**, Asyl(recht) *n*; *Am* (Pflege-)Heim *n*; **grant of ~** Asylgewährung *f*; **person asking for asylum** Asylbewerber *m*; **right to ~** Asylrecht *n*; **to ask for political ~** um politisches Asyl bitten
**at**, **~ the age of 20** im Alter von 20; **~ arm's length** → arm; **~ best** bestens; **~ my expense** auf meine Kosten; **~ issue** streitig; zur Diskussion; **~ large** ausführlich; im Allgemeinen; in der Gesamtheit; **~ a loss** mit Verlust; **~ market** *(Börse)* bestens; billigst; **~ maturity** bei Fälligkeit; **~ par** zu pari, zum Nennwert; **~ sight** bei Sicht; nach Vorlage; **~ work** bei der Arbeit
**Atlantic & Pacific**, *(A & P) Am* Firma, die in ganz USA Lebensmittelgeschäfte unterhält
**atmosphere**, **there is a pleasant atmosphere in our firm** in unserem Betrieb herrscht ein angenehmes Klima *n*
**atmospheric pollution**, Luftverschmutzung *f*
**atomic**, **~ bomb** Atombombe *f*; **~ energy** Atomenergie *f*; **European ~ Energy Community** → European; **International ~ Energy Agency** → International; **~ fallout** Atomstaub *m*, radioaktiver Niederschlag *m*; **~ power** Atomkraft *f*; **~ test** Atomtest *m*
**attach**, *v* pfänden; beschlagnahmen; beifügen, anheften (to an); anhängen, kuppeln *(von Wagen etc.)*; **to ~ a debt** e-e Forderung pfänden (lassen); **to ~ a document to a letter** e-m Brief e-e Urkunde beifügen; **to ~ the earnings of a defaulter** *Br* den Verdienst e-s säumigen (Unterhalts-)Zahlers pfänden; **to ~ a label to the luggage** an das Gepäck e-n Gepäckzettel anhängen
**attached**, **please find ~ the document** anliegend wird die Urkunde übersandt; **~ documents** beigefügte Unterlagen *fpl*; **~ file**, angehängt Datei *f*; **~ goods** gepfändete Waren *fpl*; **~ hereto** anliegend
**attaché**, **commercial ~** Handelsattaché *m*
**attachment**, Pfändung *f*; *(gerichtl.)* Beschlagnahme *f*; Arrest *m*; **~ of an annuity** Pfändung e-r Rente; **~ of a debt** Forderungspfändung *f*; **~ of property** Vermögensbeschlagnahme *f*; **~ of wages** Lohnpfändung *f*; **~ order** Pfändungsbeschluss *m*; **the claim for ... is not subject to ~** der Anspruch für ... kann nicht gepfändet werden
**attachment** *(EDV)* → Attached file
**attempt**, Versuch *m*; Attentat *n*; **abandonment of an ~** Rücktritt *m* vom Versuch; **escape ~** Fluchtversuch *m*
**attend**, *v* besuchen, teilnehmen an; **to ~ on** *(jdn)* bedienen; *(jdn)* pflegen; **to ~ to** erledigen, besorgen, sich einsetzen für; **to ~ to a p.'s affairs** jds Angelegenheiten besorgen; **~ to the collection of a bill** das Inkasso e-s Wechsels besorgen; **to ~ to customers** Kunden bedienen; **to ~ to a machine** e-e Maschine bedienen; **to ~ to orders** Aufträge erledigen
**attendance**, Besuch *m*; Anwesenheit *f*; Bedienung *f*; Wartung *f (e-r Maschine)*; **large ~** große Besucherzahl *f*; **medical ~** ärztliche Behandlung *f*; **~ list** Anwesenheitsliste *f*; **~ of witnesses** Erscheinen *n* von Zeugen
**attendant**, Bediensteter *m*; Aufseher *m*; *Am* Sachbearbeiter *(z. B. e-r Bank)*; abhängig; begleitend; **cost ~ on ...** mit ... verbundene Kosten *pl*
**attend**, **are you being ~ ed to?** *(im Geschäft)* werden Sie bedient?; **well ~** gut besucht
**attending**, **Dr. X is ~ me** Dr. X behandelt mich
**attention**, Aufmerksamkeit *f*; **(for the) ~ of** zu Händen von (z. Hd. v.); **~ to a petition** Erledigung *f* e-s Gesuchs; **due ~** gebührende Beachtung *f*; **for immediate ~** zur sofortigen Veranlassung; **prompt ~ to an order** sofortige Erledigung *f* e-s Auftrags; **to draw a p.'s ~ to** jdn aufmerksam machen auf; **to give one's best ~ to orders** Aufträge bestens ausführen; **to give a matter prompt ~** e-e Sache schnell erledigen; **to give a matter one's special ~** sich eingehend mit e-r Sache befassen
**attest**, *v (als Zeuge)* bestätigen; bezeugen
**attestation**, Bestätigung *f*; Zeugenvermerk *m*; **~ clause** Zeugenformel *f*; **~ of authenticity** Echtheitsbescheinigung *f*;

**~ of a will** Bestätigung *f* der Testamentsunterschrift *(durch Zeugen)*
**attested**, **~ will** von Zeugen unterschriebenes Testament *n*
**attesting**, **~ witness** Unterschriftszeuge *m*; Zeuge *m* der Errichtung e-r Urkunde
**attitude**, Haltung *f*; Einstellung *f*; **bearish ~** *(Börse)* Baissehaltung *f*; **to assume a firm ~** e-e feste Haltung einnehmen
**attorney**, Bevollmächtigte(r) *f(m)*; *Am* Anwalt *m*, Anwältin *f*; **letter of ~** *(schriftl.)* Vollmacht *f*; Vollmachtsurkunde *f*; **power of ~** → power 1.; **~ at law** *Am* Rechtsanwalt *m*, Rechtsanwältin *f*; **~s' fees** *Am* Anwaltsgebühren *fpl*; **~ -in fact** vertraglich ermächtigter Stellvertreter *m*, Bevollmächtigter *m*; **~'s (retaining) lien** *Am* Zurückbehaltungsrecht *n* des Anwalts; **to consult an ~** *Am* e-n Anwalt zuziehen
**attornment**, Fortsetzung *f* des Pacht- (od. Miet-)verhältnisses *(mit dem neuen Eigentümer)*
**attract**, *v*, **to ~ customers** Kunden heranziehen (od. locken); **to ~ interest** Interesse erwecken
**attractive**, attraktiv, anziehend; **~ offer** günstiges (verlockendes) Angebot *n*
**attributable**, **~ profit** zuzurechnender Gewinn *m*; **no fault is ~ to him** → fault
**attribute**, *v* zuschreiben, zurechnen; zurückführen (to auf); **to ~ profits** Gewinne zurechnen
**attrition**, Abnutzung *f*, Verschleiß *m*
**auction**, *(öffentl.)* Versteigerung *f*, Auktion *f*; **sale at** (or **by**) **~** Versteigerung *f*; **~ fees** Auktionsgebühren *fpl*; **~ of a pledge** Pfandversteigerung *f*; **to attend an ~** e-e Auktion besuchen; **to purchase at** (or **by**) **~** ersteigern; **to sell at** (or **by**) **auction** versteigern
**auction (off)**, *v* versteigern
**auctioneer**, Auktionator *m*
**audience**, Audienz *f*; Anhörung *f*, Gehör *n*; Hörer(schaft) *pl(f)*, Leser(schaft) *pl(f)*; Publikum *n*
**audio**, **~compression**, Komprimierung *f* von Tondaten; **~-lingual methods** Methoden *fpl* der Spracherlernung durch Sprachlabor und Tonbandgerät; **~-typist** Phonotypistin *f*; **~-typing** Schreiben mit Diktiergerät; **~-visual equipment** AV-Geräte *npl*; **~-visual media** audio-visuelle Medien *pl*; **~-visual piracy** Bild- und Tonpiraterie *f*
**audit**, Buchprüfung *f*; Revision *f*; Wirtschaftsprüfung *f*; **(annual) ~** (Jahres-)Abschlussprüfung *f*; **cash ~** → cash; **external ~** → external; **internal ~** → internal; **~ certificate** Bestätigungsvermerk *m* des Abschlussprüfers; **~ Committee** *Am (AktienR)* Prüfungsausschuss *m*; **~ fees** (Buch-, Wirtschafts-)Prüfungsgebühren *fpl*; **~ of the annual accounts** Prüfung *f* des Jahresabschlusses; **~ of security deposits** Depotprüfung *f*; **~ qualification** Einschränkung *f* des Bestätigungsvermerks des Wirtschaftsprüfers; **~ reported** Prüfungsbericht *m*, Revisionsbericht *m*; **to undertake the ~ of the accounts** die Rechnungsprüfung vornehmen
**audit**, *v (Rechnungen, Bücher)* prüfen; **person authorized to ~ accounts** Rechnungsprüfer *m*, Abschlussprüfer *m*
**audited**, **~ accounts** geprüfter Abschluss *m*; **~ voucher** geprüfter Beleg *m*; **to have the books ~** die Bücher prüfen lassen
**auditing**, (Buch-, Rechnungs-)Prüfung *f*; Revision *f*; Kontrolle *f*; **industrial ~** Wirtschaftsprüfung *f*; **~ company** (or **firm**) Prüfungsgesellschaft *f*
**auditing of accounts**, Rechnungsprüfung *f*; Buchprüfung *f*; **persons responsible for ~** mit der Rechnungsprüfung beauftragte Personen
**auditing of the annual accounts of companies**, Prüfung *f* des Jahresabschlusses von Gesellschaften
**auditing standards**, Buchprüfungsrichtlinien *fpl*; **in accordance with generally accepted ~** entsprechend den Grundsätzen ordnungsmäßiger Buchprüfung *f*
**auditor**, Buchprüfer *m*, Wirtschaftsprüfer *m*; Rechnungsprüfer *m*; **Court of ~s** *(EU)* Rechnungshof *m*; **~ (of annual accounts)** Abschlussprüfer *m*; **~'s certificate** Bestätigungsvermerk *m (des Abschlussprüfers)*; **~'s report** Prüfungsbericht *m*
**augment**, *v*, **to ~ one's income** sein Einkommen vermehren (od. vergrößern)
**aunt millie**, unwissender Investor *m*
**austerity**, *(selbstauferlegte)* Einschränkung *f*; Konsumbeschränkung *f*
**australian stock price riskless indexed notes**, Nullkouponanleihe *f* deren Rückzahlungsverpflichtung den Nennwert plus den prozentualen Anstieg des Australi-

schen Aktienindex über ein vordefiniertes Niveau umfasst

**authentic**, echt, authentisch; ~ **news** glaubwürdige Nachrichten *fpl*; ~ **signature** echte Unterschrift *f*; ~ **text** maßgeblicher (od. verbindlicher) Text *m*

**authenticate**, *v (Echtheit)* bestätigen; beglaubigen; **~d copy** beglaubigte Abschrift *f*

**authenticity of a signature**, Echtheit *f* e-r Unterschrift

**author**, Autor *m*, Verfasser *m*; **index of ~s** Autorenverzeichnis *n*; **~'s right** Autorenrecht *n*, Urheberrecht *n*

**authorities**, Behörden *fpl*, Dienststellen *fpl*; (Rechts-)Quellen *fpl*; **legal** ~ Präzedenzentscheidungen *fpl*; **to quote one's** ~ seine Quellen angeben

**authority**, Behörde *f*; Vollmacht *f*; Befugnis *f*, Ermächtigung *f*; Quelle *f*; Autorität *f*; **by virtue of my** ~ auf Grund meiner Ermächtigung; **competent** ~ zuständige Behörde; **express** ~ ausdrücklich erteilte Vollmacht; **governmental** ~ Regierungsbehörde *f*; **on good** ~ glaubwürdig, aus guter Quelle *f*; **terminated** ~ erloschene Vollmacht; ~ **to collect debts** Inkassobefugnis *f*; ~ **to conclude contracts** Vollmacht zum Abschluss von Verträgen *mpl*; ~ **to negotiate** Verhandlungsvollmacht *f (Außenhandelsgeschäft)* Negoziierungskredit *m*; ~ **to purchase** *(Exporthandel)* Ankaufsermächtigung *f (Form des Negoziierungskredits)*; ~ **to sell** Verkaufsvollmacht *f*; ~ **to sign** Zeichnungsberechtigung *f*, Unterschriftsvollmacht *f*; **to act within the scope of one's** ~ im Rahmen seiner Vollmacht handeln; **to have** ~ ermächtigt (od. befugt) sein; **to quote as** ~ als Quelle angeben

**authorization**, Ermächtigung *f*, Bevollmächtigung *f*; *(vorherige)* Genehmigung *f*; **subject to** ~ genehmigungspflichtig

**authorized**, ermächtigt, bevollmächtigt, befugt; **duly** ~ gehörig befugt; ~ **agent** bevollmächtigter Vertreter *m*; ~ **capital** *(in der Satzung)* autorisiertes *(zur Ausgabe genehmigtes)* Kapital *n*; ~ **clerk** zugelassener Gehilfe *m* e-s Börsenmaklers (broker); ~ **dealer** Vertragshändler *m*; zugelassener Devisenhändler *m*; ~ **receiving agent** Empfangsbevollmächtigter *m*; ~ **recipient** → recipient; ~ **shares** → authorized capital, ~ **stock** *Am* → authorized capital; ~ **to represent** vertretungsberechtigt; ~ **to sign** zeichnungsberechtigt

**auto intermediary**, Kfz-Zwischenhändler *m*

**automate**, *v* automatisieren; **~d teller machine** (ATM) Bankautomat *m*

**automated bond system**, automatisiertes Anleihensystem *n (Computersystem der NYSE, das An- und Verkaufsgebote für nicht aktiv gehandelte Anleihen registriert)*

**automated order system**, automatisches Ordersystem *n*

**automatic**, automatisch; **fully** ~ vollautomatisch; ~ **cash dispenser** automatischer Kassentresor *m*; ~ **debit transfer** automatische Abbuchung *f*, Lastschriftverfahren *n*; ~ **gaming machine** Spielautomat *m*; ~ **machine** Automat *m*; ~ **machine selling** Verkauf *m* durch Automaten; ~ **stay** Verbot *n* an Gläubiger eines insolventen Unternehmens, auf ihre Kreditsicherheiten zuzugreifen; ~ **teller** *Am* Geldautomat *m*; ~ **transfer service** automatischer Verrechnungsdienst *m*; ~ **vending machine** Verkaufsautomat *m*

**automation**, Automatisierung *f*; Automation *f*; **office** ~ Automatisierung der Büroarbeit

**automobile**, *bes. Am* Auto *n*, Kraftfahrzeug *n*; ~ **insurance** Kraftfahrzeugversicherung *f*; ~ **market** Kraftfahrzeugmarkt *m*; ~ **shares** *Am* Auto(mobil)aktien *fpl*

**automotive**, ~ **industry** *Am* Autoindustrie *f*; ~ **supplies** *Am* Kraftfahrzeugzubehör *n*

**autopsy, to conduct an** ~ e-e Obduktion *f* vornehmen

**auxiliary**, Neben-, Hilfs-; ~ **materials** Hilfsstoffe *mpl*; ~ **personnel** Hilfspersonal *n*

**avail**, Erlös *m*, Gewinn *m*

**avail**, *v* nützen, helfen; **to ~ oneself of a right** von e-em Recht Gebrauch machen

**availability**, Verfügbarkeit *f*; Vorhandensein *n*

**available**, verfügbar (to für); vorhanden, vorrätig; gültig; ~ **funds** verfügbare (od. flüssige) Mittel *pl*; **nearest ~ market** nächst erreichbarer Markt *m*; **ticket ~ for 2 months** Fahrkarte *f* mit 2-monatiger Gültigkeit; **ticket ~ on this day** am heutigen Tag gültige Karte *f*

**availment**, Inanspruchnahme *f (e-s Kredits)*

**average**, 1. Durchschnitt *m*; durchschnittlich; *Am* Durchschnittskurs *m*; Aktienindex *m*; **above the ~** überdurchschnittlich; **below the ~** unterdurchschnittlich; **on the ~** durchschnittlich, im Durchschnitt; **~ age** Durchschnittsalter *n*; **~ consumption** durchschnittlicher Verbrauch *m*; **~ cost** (AVCO) Durchschnittskosten *pl*; **~ due date** mittlerer Fälligkeitstermin *m*; **~ earnings** durchschnittlicher Verdienst *m*; **of ~ kind and quality** von mittlerer Art und Güte; **~ life** durchschnittliche Nutzungsdauer *f*; **~ maturity** durchschnittliche Laufzeit *f*; **~ price** Durchschnittspreis *m*; Durchschnittskurs *m*

**average quality**, Durchschnittsqualität *f*; **fair ~** → fair

**average rate**, *(Devisen)* Durchschnittskurs *m*; **~ of interest** durchschnittlicher Zinssatz *m*

**average**, *v* den Durchschnitt berechnen von; im Durchschnitt betragen; **to ~ down** (or **up**) zur Erzielung e-s Durchschnittskurses Wertpapier zusätzlich kaufen *(wenn der Kurs fällt)* oder verkaufen *(wenn der Kurs steigt)*; **to ~ as expected** den erwarteten Durchschnitt erzielen

**averaging**, regelmäßiger Einsatz e-s gleichhohen Betrages für den Erwerb bestimmter Aktien

**average**, 2. Havarie *f*, Seeschaden *m*; **~ adjuster** Schadenregulierer *m*; **adjustment of ~** → adjustment; **case of average** Havariefall *m*; **free from all ~** frei von jeder Havarie

**average, general ~** große Havarie, Havarie-Grosse *f*; **general ~ statement** Dispache *f* der großen Havarie

**average, gross ~** → general average; **particular ~** besondere Havarie *f*, Partikularhavarie *f*; **petty ~** kleine Havarie *f*, Teilschaden *m*; **ship under ~** havariertes Schiff *n*

**average**, **~ accustomed** Havarie wie üblich; **~ adjuster** Dispacheur *m*; **~ adjustment** Dispache *f*, Schadensberechnung *f (bei Seeschäden)*; **~ charges** (or **expenses**) Havariegelder *npl*; **~ statement average** → adjustment; **to adjust the ~** die Havarie aufmachen; **to recover ~** Ersatz für Havarie erhalten

**aviation, civil ~** zivile Luftfahrt *f*; **commercial ~** Verkehrsluftfahrt *f*; **~ insurance** Flugzeugversicherung *f*

**avoid**, *v* vermeiden; anfechten; **to declare a contract ~ed** e-n Vertrag für aufgehoben (od. nichtig) erklären; **to ~ losses** Verluste vermeiden; **to ~ double taxation** Doppelbesteuerung vermeiden; **to ~ taxes** Steuern *(legal)* umgehen

**avoidable**, vermeidbar; anfechtbar; aufhebbar

**avoidance**, Vermeidung *f*; Anfechtung *f*; Aufhebung *f*, Nichtigerklärung *f*; **~ of taxes** Steuervermeidung *f*, *(erlaubte)* Steuerumgehung *f*

**avoirdupois**, (avdp.) Handelsgewicht *n*

**await**, *v* erwarten, warten auf; **~ing your answer** in Erwartung Ihrer Antwort; **~ your orders** Ihren Aufträgen entgegensehend

**award**, 1. Zuerkennung *f*; Vergabe *f*; zuerkannte Belohnung *f* (od. Strafe *f*); Zuschlag *m*; Preis *m*; Prämie *f*; **~ of a contract** Auftragsvergabe *f (bei Ausschreibung)*; **~ of damages** Zuerkennung *f* von Schadenersatz; **~ of public works contracts** Vergabe *f* öffentlicher Bauaufträge *(bei Ausschreibung)*

**award**, 2. Schiedsspruch *m*; **recognition and enforcement of a foreign ~** Anerkennung *f* und Vollstreckung *f* e-s ausländischen Schiedsspruchs; **to make an ~** e-n Schiedsspruch fällen; **the ~ was made** der Schiedsspruch ist ergangen; **to rely upon the ~** den Schiedsspruch geltend machen

**award**, *v* zuerkennen; zusprechen; verleihen; vergeben; **to ~ the contract** *(bei Ausschreibungen)* den Auftrag vergeben; Zuschlag erteilen; **he was ~ed £ 100 by way of damages** ihm wurden 100 £ als Schadensersatz zuerkannt; **he was ~ed the first prize** ihm wurde der erste Preis verliehen

**awarding, contract ~ company** ausschreibendes Unternehmen *n*, Auftraggeber *m*; **~ of concessions** Vergebung *f* von Konzessionen; **~ of public supply contracts** Vergabe *f* öffentlicher Lieferaufträge

**awareness, ~ Advertising** Werbung *f* für ein Produkt od. e-e Dienstleistung, die im betreffenden Land (noch) nicht erworben werden kann; **~ of Europe** Europa-Bewusstsein *n*

**away on business**, geschäftlich verreist

**axe, he got the ~** *colloq.* er wurde entlassen
**axe to grind**, Investoreninteresse *n* an einem Wertpapier demonstriert durch Kauf, Kauforder oder Kaufanfrage

# B

**baby bonds**, *Am* kleingestückelte Schuldverschreibungen *fpl (bis zu 100 $)*
**back**, ~ **bill** Aufstellung *f* von rückständigen Zahlungen; ~ **bond** Anleihe *f* mit garantiertem Zins, die e-e Optionsanleihe ablöst; ~ **charges** Rückspesen *pl*; ~ **duty** *Br* rückständige Steuer *f*; ~ **freight** Rückfracht *f*; ~ **interest** rückständige Zinsen *pl*; ~ **order** noch nicht erledigter Auftrag *m*; ~ **pay** Lohnnachzahlung *f*; Lohnrückstand *m*; ~ **taxes** rückständige Steuern *fpl*; **~-to-back-credit** Gegenakkreditiv *n*
**backbone**, *(EDV)* Basisnetz *n*, Hauptleitung *f*
**back**, *v (finanziell)* unterstützen; stützen; **to ~ a bill** e-n Wechsel auf der Rückseite *(also nicht als Aussteller od. Annehmer)* unterzeichnen
**backdate**, *v* zurückdatieren
**backdating**, Rückdatierung *f*
**backdoor financing**, Finanzierung *f* unter Umgehung der gesetzgebenden Körperschaften; ~ **lending** Kredite *mpl* der Bank von England an die "discount houses" zu Marktsätzen; ~ **operation** Stützung *f* des britischen Geldmarktes, i. e. Bank von England kauft Schatzwechsel; ~ **revaluation** Quasi-Aufwertung *f*
**backer**, Hintermann *m*; Geldgeber *m*, Förderer *m*
**background, collecting background about a firm** Beschaffung *f* von Informationen über e-e Firma
**backing**, *(Börse)* Stützungskäufe *mpl*; **financial ~** finanzielle Unterstützung *f* ~ **a bill** Indossierung *f* e-s Wechsels; ~ **of currency** Stützung *f* der Währung
**backload**, Rückfracht *f*
**backlog**, Rückstand *m*; ~ **of (unfilled) orders** Auftragsrückstand *m*; Auftragsbestand *m*; **reduction of order ~s** Abbau *m* der Auftragsrückstände; ~ **gain** Auftragsbestandszunahme *f*
**back office/room**, Verwaltungszentrum *n*; *(wird vom Kunden nicht betreten)*
**back-order**, *v* zur späteren Auslieferung vormerken
**back-to-back**, von zwei Seiten; ~ **credit**, Gegenakkreditiv, wechselseitige Kredite *mpl* zwischen zwei multinationalen Unternehmen im gleichen Gastland; ~ **guarantee** Rückbürgschaft *f*, Rückgarantie *f*; ~ **hedge** Gegensicherungsgeschäft *n*; ~ **loan** Parallelkredit *m (wechselseitige Kredite mpl zwischen zwei multinationalen Unternehmen in verschiedenen Ländern)*
**backroom bidding**, Verhandlungen hinter den Kulissen in Bezug auf z. B. mergers and acquisitions
**backtracking**, *v* zurückverfolgen
**back-up**, ~ **facility** Deckungsfazilität *f*; ~ **issue** *(Börse)* Nachemission *f*
**backward integration**, Rückwärtsintegration *f (in vorgelagerte Produktionsstufen)*
**backwardation**, *Br (Börse)* Depot *m (Vergütung im Prolongationsgeschäft)*; Aufpreis *m* der Kassaware gegenüber der Terminware; ~ **rate** Prolongationsgebühr *f*
**backwardness**, Rückstand *m*
**bad**, schlecht; ~ **business** schlechtes Geschäft *n*; ~ **cheque (check)** ungedeckter Scheck *m*
**bad debt**, uneinbringliche (od. zweifelhafte) Forderungen *f*; ~ **reserve** Rückstellung *f* für zweifelhafte Forderungen
**bad, ~ faith** → faith; **I am £ 50 to the ~** ich habe e-n Verlust von 50 £
**badly, ~ off** schlecht situiert; **to be ~ in want of** dringend benötigen
**bag**, Sack *m*; Beutel *m*; Tasche *f*; Behälter *m*; ~ **cargo** Sackgut *n*
**bag**, *v* einsacken, in Säcke verpacken; **~ged grain** Getreide *n* in Säcken; ~ **ging machine** Verpackungsmaschine *f (für Sackabfüllungen)*
**baggage**, (Reise-)Gepäck *n*; **liability for loss, delay, or damage to ~** Haftung *f* für Verlust, verspätete Auslieferung od. Beschädigung von Gepäck *(im Flugverkehr)*; ~ **check** Gepäckschein *m*; ~ **claim** *(Luftverkehr)* Gepäckausgabe *f*
**bail**, Kaution *f*, Sicherheitsleistung *f*; Bürge *m*
**bail out**, rettende Finanzspritze *f (für Unternehmen)*

**bail**, *v (Waren)* hinterlegen; **to ~ a p. (out)** durch Sicherheitsleistung jds Freilassung aus der Haft bewirken; **to ~ goods to a carrier** Waren e-m Frachtführer übergeben

**bailee**, Verwahrer *m*; Frachtführer *m*; **~ clause** Gewahrsamsklausel *f*

**bailiff**, *Br* Gerichtsvollzieher *m*; Gutsverwalter *m*

**bailor**, Hinterleger *m*

**balance**, 1. *(allgemein)* Bilanz *f*; **assets of a ~** Aktivkonten *npl* e-r Bilanz; **striking of a ~** Bilanzziehung *f*; Aufstellung *f* e-r Bilanz; **to strike a ~** die Bilanz ziehen

**balance sheet**, (B/S) *(aufgestellte)* Bilanz *f*; **abstract** (or **extract**) **of ~** Bilanzauszug *m*; **assets of a ~** Aktivkonten *npl* e-r Bilanz; **audited ~** geprüfte Bilanz; **closing ~** Schlussbilanz *f*; **comprehensive ~** Gesamtbilanz *f*; **first** (or **opening**) **~** Eröffnungsbilanz *f*; **interim ~** Zwischenbilanz *f*; **liabilities of a ~** Passivkonten *npl* e-r Bilanz; **tax ~** Steuerbilanz *f*; **value as shown in the ~** Bilanzwert *m*; **~ account** Bilanzkonto *n*; **~ after merger** Fusionsbilanz *f*; **~ analysis** Bilanzanalyse *f*; **~ audit** Bilanzprüfung *f*; Abschlussprüfung *f*; **~ auditor** Bilanzprüfer *m*; Abschlussprüfer *m*; **~ date** Bilanzstichtag *m*; **~ deficit** Verlustabschluss *m*; **~ figures** Bilanzzahlen *fpl*; **~ item** Bilanzposten *m*; **~ rate of exchange** Wechselkurs *m* am Bilanzstichtag; **~ ratio** Bilanzkennzahl *f*; **~ total** Bilanzsumme *f*; **to draw up** (or **prepare**) **the ~** die Bilanz aufstellen, bilanzieren

**balance**, 2. *(Volkswirtschaft)* Bilanz *f*; **foreign exchange ~** Devisenbilanz *f*; **~ of capital transactions** Kapital(verkehrs)-bilanz *f*; **~ of current and long-term transactions** *Br* Bilanz der laufenden Posten und des langfristigen Kapitalverkehrs; **~ of goods and services** (or **~ on current transactions**) Leistungsbilanz *f*; Bilanz der Waren- und Dienstleistungsbewegung; **~ of monetary movements** *Br* Bilanz der Devisen- und kurzfristigen Kapitalbewegungen

**balance of payments**, (BOP) Zahlungsbilanz *f*; **equilibrated ~** ausgeglichene Zahlungsbilanz; **~ deficit** Zahlungsbilanzdefizit *n*; Passivsaldo *n* der Zahlungsbilanz; **temporary balance of payments difficulties** vorübergehende Zahlungsbilanzschwierigkeiten *fpl*; **~ in deficit** defizitäre Zahlungsbilanz; **~ in disequilibrium** unausgeglichene Zahlungsbilanz; **~ on current account** Bilanz der laufenden Posten; Leistungsbilanz *f*; **~ surplus** Zahlungsbilanzüberschuss *m*; Aktivsaldo *n* der Zahlungsbilanz; **the annual ~ surplus on current account** der jährliche Zahlungsbilanzüberschuss bei den laufenden Posten; **to move the ~ into surplus** die Zahlungsbilanz aktivieren

**balance**, **~ of invisible payments** Bilanz der unsichtbaren Leistungen; **~ of service transactions** Dienstleistungsbilanz *f*

**balance of trade**, Handelsbilanz *f*; **~ in merchandise** *(EU)* Warenverkehrsbilanz *f*; **~ in services** *(EU)* Dienstleistungsbilanz *f*; **deficit in the ~** → deficit 2.; **favo(u)rable ~** aktive Handelsbilanz; **surplus in the ~** → surplus 2.; **the ~ closed with a(n export) surplus** die Handelsbilanz schloss mit e-m Aktivsaldo ab

**balance of transfer payments**, Bilanz der unentgeltlichen Leistungen

**balance**, balance on current account Leistungsbilanz *f*; balance on goods and services Handels- und Dienstleistungsbilanz *f*

**balance**, 3. Saldo *m*; Rest(betrag) *m*; Guthaben *n* (with bei); Gleichgewicht *n*; **bank ~** Bankguthaben *n*; Kontostand *m* bei der Bank; **counter ~** Gegensaldo *m*; **credit ~** → credit; **debit ~** → debit; **new ~** neuer Saldo; **on ~** per Saldo; alles in allem (genommen); **payment of the ~** Restzahlung *f*; **preceding ~** alter Saldo; **sufficient ~** ausreichendes Guthaben *n*; **~ brought forward** Saldovortrag *m (aus letzter Rechnung)*; **~ carried forward** Saldovortrag *m (auf neue Rechnung)*; **~ due** geschuldeter Restbetrag *m*; Debetsaldo *m*; **~s in foreign currency with banks abroad** Guthaben in fremder Währung bei Banken im Ausland; **~ in hand** Kassenbestand *m*; **~ in your favo(u)r** Saldo zu Ihren Gunsten; **~ notification** Saldomitteilung *f*; **~ of an account** Restbetrag e-r Rechnung; **~ of accounts** Rechnungsabschluss *m*; **~ of debt** Restschuld *f*; **~ of invoice** Rechnungssaldo *m*; **~ of markets** Marktgleichgewicht *n*; **~ of purchase price** Restkaufgeld *n*; **~ of supply and demand** Gleichgewicht *n* von Angebot und

Nachfrage; ~ **on an account** Kontenstand *m*; ~ **on giro account** *Br* Postgiroguthaben *n*; ~**s outstanding** Forderungen *fpl*; ~ **reconciliation** Saldenabstimmung *f*, ~ **to be paid within 10 days** Restbetrag innerhalb von 10 Tagen zahlbar; **to settle the** ~ den Saldo ausgleichen; **to strike a** ~ den Saldo ziehen; *fig* e-n Ausgleich finden; **a ~ of ... is shown** als Saldo ergibt sich ein Betrag von ...

**balance**, *v* saldieren, ausgleichen; ausgeglichen sein; **to ~ an account** ein Konto saldieren; bilanzieren; **the account ~s** die Rechnung stimmt; **to ~ the budget** den Haushalt ausgleichen; **to ~ the cash** Kassenabschluss *m* machen; **to ~ supply and demand** Angebot und Nachfrage ins Gleichgewicht bringen

**balanced**, ~ **budget** ausgeglichener Etat *m*; ~ **fund** gemischter Fonds *m*; aus Aktien und Obligationen bestehender (Investment-)Fonds *m*; ~ **inventory** ausgeglichener *(für den Produktionsplan ausreichender)* Lagerbestand *m*

**balancing**, Saldieren *n*; Ausgleich *m*; ~ **amount** Ausgleichsbetrag *m*; **balancing item** Restposten *m*; ~ **of an account** Rechnungsabschluss *m*; ~ **of portfolio** Risikoausgleich *m*; ~ **the cash account** Kassenabschluss *m*

**bale**, Ballen *m*; **bale goods** Ballenware *f*

**bale**, *v* in Ballen verpacken

**ballast**, Ballast *m*; Schotter *m*; **discharge of** ~ Ablassen *n* von Ballast; ~**ing** Ballasteinnahme *f*; Beschotterung *f*

**balloon**, *v* Kurse in die Höhe treiben

**ballot**, *(geheime)* Wahl *f*; Wahlzettel *m*, Stimmzettel *m*; **election by** ~ geheime Wahl *f*; **at the first** ~ im ersten Wahlgang *m*; **invalid** ~ ungültiger Stimmzettel *m*; **second** ~ zweiter Wahlgang *m*; Stichwahl *f*; **to vote by** ~ in geheimer Wahl (od. durch Stimmzettel) abstimmen

**ballot**, *v* abstimmen, wählen

**ballpoint pen**, Kugelschreiber *m*

**ballpark figure**, grobe Schätzung *f*

**ballyhoo**, *colloq.* aufdringliche Reklame *f* (od. Werbung *f*)

**Baltic Exchange**, (Baltic Mercantile and Shipping Exchange) Britische Schifffahrts-, Luftfahrt- und Getreidebörse *f*

**ban**, *(amtl.)* Verbot *n*, Sperre *f*; **building** ~ Bauverbot *n*; **driving** ~ *Br* Entzug *m* des Führerscheins; **supply** ~ Lieferverbot *n*; ~ **on agreements** Kartellverbot *n*; ~ **on competition** Wettbewerbsverbot *n*; ~ **on imports** Importverbot *n*; ~ **on restrictive practices** Kartellverbot *n*; **under a** ~ verboten; **to impose a ~ on** ein Verbot verhängen über

**ban**, *v (amtl.)* verbieten; e-e Sperre verhängen über; **to ~ from the market** das Inverkehrbringen untersagen

**BAN** → bank anticipation note

**bandwidth**, Bandbreite *f*

**bang**, *v*, **to ~ the market** den Markt durch Baisseverkäufe drücken

**banger**, Baissespekulant *m*

**bank**, Bank *f*; Bankhaus *n*; (Spiel-)Bank *f*; **commercial** ~ Geschäftsbank *f*, allgemeine Bank *f*; **country** ~ *Br* Provinzbank *f*; ~ **acceptance** Bankakzept *n*; ~ **account** Bankkonto *n*; ~ **advance** Bankdarlehen *n*; ~ **assets** Vermögenswerte *mpl* e-r Bank; ~ **balance** Kontostand *m* bei e-r Bank; ~ **balance sheet** Bankbilanz *f*; ~ **bill** Bankwechsel *m*; *Am* Banknote *f*; ~ **bond** Bankschuldverschreibung *f*; ~ **charges** Bankspesen *pl*; ~ **clearings** Banken-Clearings *pl*; Gesamtheit *f* die e-m Clearinghaus zum Inkasso eingereichten Schecks; ~ **clerk** Bankangestellte(r) *f(m)*; ~ **code number** Bankleitzahl *f*; ~ **counter** Bankschalter *m*; ~ **crash** → bank failure; ~ **credit** Bankkredit *m*; ~ **credit card** *(von e-r Bank ausgegebene)* Kundenkreditkarte *f*; ~ **credit transfer** Banküberweisung *f*; ~ **customers** Bankkundschaft *f*; ~ **debit** Kontobelastung *f*; ~ **deposits** Bankeinlagen *fpl*; ~ **draft** Bankscheck *m*; von e-r Bank auf e-e andere gezogener Scheck *m*; ~ **failure** Bankkrach *m*, Bankzusammenbruch *m*; ~ **for International Settlements** (B.I.S.) Bank für Internationalen Zahlungsausgleich; ~ **giro** Banküberweisung *f* im bargeldlosen Zahlungsverkehr; ~ **giro system** Girosystem *n* der Banken

**bank anticipation note**, von Staaten oder Kommunen ausgegebene Wertpapiere *npl* zur Vorfinanzierung von Projekten, die langfristig durch die Vergabe von Anleihen finanziert werden sollen

**bank guarantee**, Bankbürgschaft *f*; ~ **guarantee for a bill of exchange** Aval *m*

**bank**, ~ **identification number** *Am* Bankleitzahl *f*; ~ **interest** Bankzinsen *pl*;

~'s **liquidity ratio** Liquiditätsgrad *m* e-r Bank; ~ **loan** Bankkredit *m*; ~ **loans and overdrafts** *Br (Bilanz)* Bankverbindlichkeiten *fpl*; ~**'s mandate** Bankvollmacht *f*; ~ **merger** Bankenfusion *f*; ~ **money** Giralgeld *n*, Buchgeld *n*; ~**note** Banknote *f*; Geldschein *m*; **foreign ~notes** Banknoten *fpl* in fremder Währung; **~notes in circulation** Banknotenumlauf *m*; ~ **of issue** Notenbank *f*; ~ **overdraft** Überziehung *f*; ~ **paper** Bankwechsel *m*; ~ **rate** Diskontsatz *m*; ~ **records** Bankbelege *mpl*; ~ **reference** Bankauskunft *f*; ~ **Return** *Br* Ausweis *m* der Bank of England; ~ **robbery** Bankraub *m*, Banküberfall *m*; ~**-roll** Bündel *n* Banknoten; *(jds)* Bargeld *n*; ~ **settlement** Bankabrechnung *f*; ~ **statement** Kontoauszug *m*; ~ **teller** (Bank →)Kassierer *m*; ~ **transfer** Banküberweisung *f*, Giroüberweisung *f*; ~ **underwriting syndicate** Bankübernahmekonsortium *n*; ~ **vault** Banktresor *m*; **to have** (or **keep**) **an account with a** ~ ein Konto bei e-r Bank haben; **to pay an amount through the** ~ e-n Betrag durch die Bank überweisen; **to withdraw money from the** ~ Geld von der Bank abheben

**bank**, *v (Geld)* auf die Bank legen; **where do you ~?** Wo haben Sie Ihr Bankkonto?

**bankable**, ~ **bill** diskontierbarer Wechsel *m*; ~ **securities** bankmäßige Sicherheiten *fpl*

**banker**, Bankier *m*; **my ~s** meine Bank; **~'s acceptance** *Am* Bankakzept *n*; **~'s advance** Bankkredit *m*; **~'s bill** Bankwechsel *m*; **~'s bond** → bond 3.; **~'s commission** Bankierbonifikation *f*; **~'s correspondent** Bankverbindung *f*; **~'s deposit rate** Zinssatz *m* für Bankeinlagen; **~'s draft** → bank draft; **~'s duty of secrecy** Bankgeheimnis *n*; **~'s order** Zahlungsauftrag *m (Dauerauftrag)* an e-e Bank; **~'s reference** Bankauskunft *f*

**banking**, Bankwesen *n*; Bankgeschäfte *npl*; **branch** ~ → branch; **retail** ~ → retail; **wholesale** ~ → wholesale; ~ **and finance** Bank- und Finanzwesen *n*; ~ **charges** Bankspesen *pl*; ~ **circles** Bankkreise *mpl*; ~ **commission** Bankprovision *f*; ~ **customs** Bankusancen *fpl*; Bankgepflogenheiten *fpl*; ~ **facilities** Bankdienstleistungen *fpl*; ~ **failure** → bank failure; ~ **hours** Schalterstunden *fpl* e-r Bank; ~ **line** Bankfach *n*; ~ **operations** Bankgeschäfte *npl*; ~ **practices** Bankusancen *fpl*; ~ **security** bankmäßige Sicherheit *f*; ~ **services** Bankdienstleistungen *fpl*; ~ **syndicate** Bankenkonsortium *n*; ~ **transactions** Bankgeschäfte *npl*

**bankrupt**, Konkursschuldner *m*, Gemeinschuldner *m*; im Konkurs (befindlich); bankrott; **creditor to a** ~ Konkursgläubiger *m*; **discharge of a** ~ → discharge; **undischarged** ~ → undischarged; **~'s assets** (or **estate**) Konkursmasse *f*; **to be adjudged (a)** ~ für zahlungsunfähig erklärt werden *(mit nachfolgender Konkurseröffnung)*; **to become (a)** ~ in Konkurs geraten

**bankruptcy**, Konkurs *m*; Bankrott *m*; **act of** ~ Konkurshandlung *f*; Konkursgrund *m*; **adjudication of** ~ Konkurseröffnung(sbeschluss) *f(m)*; **debt provable in** ~ anzumeldende Konkursforderung *f*; **dividend in** ~ Konkursquote *f*; **national** ~ Staatsbankrott *m*; **petition in** ~ → petition; **trustee in** ~ Konkursverwalter *m*; **to be faced with** ~ vor dem Bankrott stehen

**bankruptcy**, ~ **Act** *Br* Konkursordnung *f*; ~ **Code** *Am* Konkursordnung *f*; ~ **law** Konkursrecht *n*; ~ **notice** *(gerichtl.)* Zahlungsaufforderung *f* mit Konkursandrohung; ~ **petition** → petition (in bankruptcy)

**bankrupty proceedings**, Konkursverfahren *n*; **to institute** ~ den Konkurs *m* eröffnen

**banner**, Werbespruchband *n*; ~ **headline** Schlagzeile *f* für die ganze Breite e-r Zeitung

**banner**, *(EDV)* Banner *m (Werbemittel im Internet in Form eines Bildbanners)*; ~ **exchange** Marktplatz *m*, auf dem Unternehmen Werbebanner handeln, bestellen oder platzieren können

**bar**, Schranke *f*; Hindernis *n*; Ausschluss *m*; Barren *m (Gold, Silber)*; **the** ~ die Anwaltschaft; ~ **Association** *Am* (~ **council** *Br*) Anwaltsverein *m*; ~ **code** *(EDV)* Strichcode *m*; ~ **to liability** Haftungsausschluss *m*

**Barclaycard**, *Br* Kreditkarte *f* der Barclays Bank

**bare**, ~ **majority** knappe Mehrheit *f*; ~ **necessities of life** das Nötigste zum Leben; **I ~ly know him** ich kenne ihn kaum

**bareboat charter**, Chartern *n* (od. Miete *f*) e-s Schiffes ohne Bemannung und mit Betriebskosten

**bare-hull charter**, Chartern *n* (od. Miete *f*) e-s Luftfahrzeugs ohne Besatzung

**barefoot pilgrim**, schlecht informierter Investor *m*, der sein Kapital am Aktienmarkt verloren hat

**bargain**, Vereinbarung *f (nach Verhandlung)*; Kauf *m*; Geschäft *n*; (Ergebnis der) Verhandlung *f* zwischen Tarifpartnern; Gelegenheitskauf *m*, Sonderangebot *n*; das billig Gekaufte; *(Londoner Börse)* einzelner Abschluss *m*; **bad ~** schlechtes Geschäft *n*; **chance ~** Gelegenheitskauf *m*; **conclusion of a ~** Geschäftsabschluss *m*; **~ basement** Abteilung *f* mit Sonderangeboten *(in Warenhäusern)*; **~ counter** Verkaufstisch *m* mit Sonderangeboten; Effektenschalter *m*; **~s done** zustandegekommene Geschäfte; *(Börse)* vollzogene Umsätze *mpl*; *(auf Kurszettel)* bezahlt; **~ for account** *(Börse)* Termingeschäft *n*; **~ for cash** *(Börse)* Barabschluss *m*; **~ hunter** jd, der Sonderangebote sucht; Effektenspekulant *m (der sich nur für die billigsten Papiere interessiert)*; **~ money** Draufgeld *n*; **~ price** besonders günstiger Preis *m*; **~ sale** → sale

**bargain**, *v* handeln, feilschen; vereinbaren *(nach Verhandlung)*, aushandeln; verhandeln (with sb. for or over sth. mit jdm wegen od. über etw.); **to ~ for** rechnen mit; **to ~ collectively** e-n Tarifvertrag aushandeln

**bargaining, collective ~** → collective; **pay** (or **wage**) **~** tarifliche Lohnverhandlungen *fpl*; **~ agreement** Tarifvertrag *m*; **~ position** Verhandlungsposition *f*; **~ power** Verhandlungsstärke *f*; Verhandlungsvollmacht *f*; **~ representative** Verhandlungsvertreter *m*

**barge**, Schleppkahn *m*, Schute *f*, Leichter *m*

**barred by limitation**, verjährt

**barrel**, Fass *n*, Tonne *f*

**barren**, unfruchtbar; unproduktiv; **~ money** totes Kapital *n*

**barrier**, Schranke *f*; Hindernis *n*; Schlagbaum *m*; **customs ~s** Zollschranken *fpl*; **to remove trade ~s** Handelshemmnisse *npl* beseitigen

**barring**, abgesehen von; ausgenommen

**barrister**, *Br (plädierender)* Rechtsanwalt *m*; **~'s fees** Anwaltshonorar *m*

**barter**, Tausch *m*; **~ deal** → transaction; **~ offer** Tauschangebot *n*; **~ transaction** Tauschgeschäft *n*; Kompensationsgeschäft *n*; **to trade by ~** Tauschhandel betreiben

**barter**, *v* tauschen, Tauschhandel betreiben

**barterer**, Tauschhändler *m*

**bartering**, Tauschhandel *m*; Tauschgeschäft *m*; Kompensationsgeschäft *n*; **~ object** Tauschgegenstand *m*

**base**, Basis *f*, Grundlage *f*; **fixed ~** *(DBA)* feste Einrichtung *f*; **~ company** Basisgesellschaft *f (für den ihr unterstellten Kreis von Gesellschaften in anderen Ländern)*; **~ date** Basisdatum *n (Startpunkt für e-e Indexberechnung)*; **~ fee** Grundgebühr *f*; **~ period** Basiszeitraum *m*; **~ rate** *Br* Eckzins *m (der Banken)*; *Am* Kreditzins *m (für erste Adresse)*; Grundlohnsatz *m*; **~ stock** Grundvorrat *m*, eiserner Bestand *m*

**base**, *adj* falsch, unecht; **~ coin** falsche Münze *f*, Falschgeld *n*; **~ metals** unedle Metalle, Nichtedelmetalle *npl*; **~ metal goods** Eisen-, Blech- und Metallwaren *fpl*; **~ motives** niedrige Beweggründe *mpl*

**basement**, **~ garage** Tiefgarage *f*; **~ shop** Kellerladen *m*

**BASIC**, *(EDV)* → Beginners All-purpose Symbolic Instruction Code

**Basic Input Output System**, *(EDV)* Programm *n*, das noch vor dem Betriebssystem geladen wird, um die verfügbaren Geräte zu initialisieren

**basic**, **~ needs** Grundbedürfnisse *npl*; **~ pay** Grundlohn *m*, Ecklohn *m*; **~ period** *(Special Drawing Rights)* Zuteilungsperiode *f*; **~ price** Grundpreis *m*, Basispreis *m*; *(von der Regierung des Einfuhrlandes festgesetzter)* Richtpreis *m*; **~ quota** Grundkontingent *n*; **~ rate** Grundsatz *m*, Grundprämie *f*; Ecklohn *m*; **~ rate of interest** Eckzins *m*; Leitzins *m*; **~ standards** Grundnormen *fpl*; **~ term** Grundmietzeit *f (beim Leasing)*; **~ wage** Grundlohn *m*, Ecklohn *m*

**basing-point system**, Frachtberechnungsverfahren *n* von e-r einheitlichen Versandbasis aus

**basis**, Basis *f*; Grundlage *f*; **gold ~** Goldbasis *f*; **~ of allocation** Schlüssel *m* für

Aufteilung der (Gemein-)Kosten; **~ of assessment** Steuerbemessungsgrundlage *f*; **~ of existence** Existenzgrundlage *f*; **~ point** 1/100 eines Prozents *(Devisenkurs, Zinssatz etc.)*

**basket**, **basket of commodities** Warenkorb *m*; **basket of currencies** Währungskorb *m* ( → Ecu)

**batch**, Serie *f*; Schub *m*; Stapel *m*; Warenposten *m*; **~ processing** *(EDV)* Stapelverarbeitung *f (von Daten)*; **~ production** Serien(an)fertigung *f*

**beacon, traffic ~** *Br* Verkehrszeichen *n (für Fußgänger)*

**bear**, Baissier *m*; Spekulant *m* auf Kursrückgang; **~ account** Baisseposition *f*; **~ covering** Deckungskäufe *mpl* der Baissepartei; **bear engagement** Engagement *n* der Baissepartei; **~ hug** Übernahmeangebot *n* ohne offizielle Vorverhandlungen; **~ market** Baissemarkt *m*; Markt mit fallenden Kursen; **~ operation** Baissespekulation *f*; **bear sale** Leerverkauf *m*; **~ seller** Baissespekulant *m*, Leerverkäufer *m*; Fixer *m*; **to sell a ~** auf Baisse spekulieren; **the market is all ~s** es herrscht Baissestimmung *f* an der Börse

**bear**, *v* tragen, bringen, überbringen; *(Börse)* auf Baisse spekulieren, fixen; **to ~ the costs** die Kosten tragen; **to ~ interest** Zinsen tragen; **to ~ the market** e-e Baisse herbeiführen; **to ~ the name** den Namen führen; **to ~ witness** bezeugen; **the firm could not ~ increasing research costs** die Firma konnte die steigenden Forschungskosten nicht verkraften

**bearer**, Inhaber *m*; Überbringer *m*; **~ bond** Inhaberschuldverschreibung *f*; **~ cheque (check)** Überbringerscheck *m*; **~ clause** Überbringerklausel *f*; **~ of a bill** Wechselinhaber *m*; **~ scrip** Zwischenschein *m*; **~ security** Inhaberpapier *n*; **~ share** Inhaberaktie *f*; **to make out to ~** auf den Inhaber ausstellen

**bearing**, auf Baisse spekulierend; **~ 3 %** dreiprozentig; **~ even date** gleichen Datums; **~ interest** verzinslich (at mit)

**bearish**, **~ market** → bear market; **~ operation** Baissespekulation *f*; **~ tendency in prices** Kursabschwächung *f*; **a ~ tendency prevailed in the market** es herrschte Baissetendenz *f* am Markt

**beat**, *v*, **to ~ down prices** Preise herunterhandeln (od. drücken); **to ~ a rival** e-n Konkurrenten übertreffen; **to ~ the gun** Aktien zu einem günstigen Preis erwerben *(durch schnelle Reaktion auf Marktveränderungen)*

**become**, *v*, **to ~ due** fällig werden

**bed and breakfast**, (b & b) Übernachtung *f* und Frühstück *n*; **~ deal** Verkauf *m* von Aktien am Börsentagsende und Rückkauf am nächsten Morgen *(um aus steuerlichen Gründen Kapitalverlust od. -gewinn festzustellen)*

**beef and veal**, **export of beef and veal** Rindfleischexport *m*; **beef and veal preserves** Rindfleischkonserven *fpl*

**beer tax**, Biersteuer *f*

**beet producer**, Zuckerrübenbauer *m*

**before**, **the day ~ yesterday** vorgestern; **~ hours** Vorbörse *f*; vorbörslich; **~ dealings** vorbörslicher Handel *m*

**beg**, *v*, **to ~ a favo(u)r of sb.** jdn um e-n Gefallen bitten; **to ~ leave** um Erlaubnis bitten

**beggar-my-neighbo(u)r policy**, Abschieben *n* wirtschaftlicher Lasten auf Handelspartner

**Beginners All-purpose Symbolic Instruction Code**, *(EDV)* eine Programmiersprache *f*

**behalf**, **on ~ of** im Namen von; zugunsten von; **to act on one's own ~** im eigenen Namen handeln

**behavio(u)r**, **good ~** Wohlverhalten *n*; **~ on the market** Verhalten *n* auf dem Markt; **~ research** *(Marktforschung)* Verhaltensforschung *f*

**behindhand**, **to be behindhand with the rent** mit der Miete *f* im Rückstand *m* sein

**belated payment**, verspätete Zahlung *f*

**belief**, Glaube *m*, Überzeugung *f*; **to the best of one's knowledge and ~** nach (jds) bestem Wissen *n* und Gewissen *n*

**belong**, *v* (zu)gehören; **to ~ to a club** Mitglied *n* e-s Klubs sein; **the book ~s to me** das Buch gehört mir

**belongings**, Habe *f*, Habseligkeiten *fpl*

**below**, unten; unter; nachstehend; **~ the average** → average 1.; **~ cost** unter Selbstkosten; **~ ground** unter Tage; **~ par** unter pari, unter dem Nennwert

**benchmark**, *(EDV)* Bezugspunkt *m*; **~ figure** Eckwert *m*

**beneficial**, vorteilhaft, nützlich (to for); **~ interest** faktisches (wirtschaftliches) Eigentumsrecht *n (z. B. des Begünstigten im Treuhandverhältnis)*; **~ owner** wirtschaftlicher Eigentümer *m (im Ggs. zum trustee)*; Nutzungsberechtigter *m*; **~ ownership** wirtschaftliches Eigentum *n (im eigenen Interesse)*

**beneficiary**, Begünstigter *m*, Treuhandbegünstigter *m*; Leistungsempfänger *m*; (Empfangs-, Bezugs-)Berechtigter *m*; Nutzungsberechtigter *m*, Nutznießer *m*; *(durch Vermächtnis etc.)* Bedachter *m*; **~ country** *(EU) (durch Zollpräferenzen etc.)* begünstigtes Land *n*; **~ under a credit** Akkreditivbegünstigter *m*; **~ under a will** Testamentserbe *m*

**benefit**, Vorteil *m*, Nutzen *m*; (Versicherungs-)Leistung *f*; Rechtswohltat *f*; **entitlement to ~ (s)** Leistungsanspruch *m*; **financial ~** Vermögensvorteil *m*; **to the general ~** zum allgemeinen Nutzen (od. Wohl); **immediate ~** sofortige Versicherungsleistung *f*; **insurance ~** Versicherungsleistung; **~ fund** Unterstützungsfonds *m*; Versicherungsfonds *m* auf Gegenseitigkeit; **~s in cash** Barleistungen *fpl*; **~s in kind** Sachleistungen *fpl*; **~ society** → society; **for the ~ of third parties** zugunsten Dritter; **to be entitled to receive ~** e-n Leistungsanspruch haben; **to derive a ~** e-n Vorteil (od. Nutzen) ziehen (from aus); **to draw a ~** e-e Rente beziehen

**benefit**, *v* begünstigen, Nutzen bringen; Nutzen ziehen (from, by aus); **he will ~ by the change** die Änderung wird ihm zugute kommen; **to ~ under a will** durch ein Testament begünstigt sein

**Benelux countries**, Benelux-Länder *npl* (Belgien, Niederlande, Luxemburg)

**benevolent**, **~ association** Wohltätigkeitsverein *m*; **~ fund** Unterstützungsfonds *m*; **~ society** *Br* → friendly society

**benzene**, Benzol *n*; **products containing ~** benzolhaltige Produkte *npl*

**bequeath**, *v (testamentarisch)* vermachen, hinterlassen *(bes. bewegl. Sachen od. Geld)*; **to ~ a legacy** ein Vermächtnis aussetzen

**bequest**, Vermächtnis *n*; letztwillige Zuwendung *f*; **to make a ~ to sb.** jdm etw. vermachen

**Berne Convention**, Berner (Verbands-) Übereinkunft *f* (zum Schutze von Werken der Literatur und Kunst)

**berth**, Ankerplatz *m*, Liegeplatz *m (e-s Schiffes)*, (Schlaf-)Koje *f (im Schiff)*; Bett *n (im Schlafwagen)*; **customs ~** Zollandungsplatz *m*; **discharging ~** Löschplatz *m*; **loading on the ~** (or **~ freighting**) Stückgutbefrachtung *f*; **shared ~** 2-Bett-Abteil *n*; **~ for oil-fuel bunkering** Tankanlage *f* für Öl; **~ ticket** *(Bahn)* Bettkarte *f*

**best**, **at ~** *(Börse)* bestens, bestmöglichst; **at the ~ possible asked** bestens *(beim Verkauf)*; **at the ~ possible bid** bestens *(beim Kauf)*; **~ bidder** Meistbietender *m*, Höchstbietender *m*; **~ buy** besonders günstiger Einkauf *m*; **~ order** *(Börse)* Bestauftrag *m*; **~ seller** Bestseller *m*, vielverlangtes Buch *n*; **to the ~ of one's knowledge and belief** → belief

**bestow**, *v* geben, schenken; *(Titel etc.)* verleihen

**beta**, *(EDV)* Vorveröffentlichung *f* eines Programmes zu Testzwecken

**betrayal of trade secrets**, Verrat *m* von Geschäftsgeheimnissen

**better-off**, **the ~** die Bessersituierten *pl*

**betterment**, Wertzuwachs *m*, Wertsteigerung *f*; **~ levy** *Br* Steuer *f* auf Wertsteigerung von Grundbesitz

**betting**, **~ office** Wettannahme(stelle) *f*; **~ slip** Wettschein *m*

**beverage**, **alcoholic ~** alkoholische Getränke *npl*; **~ container** Getränkeverpackung *f*; **~ industry** Getränkeindustrie *f*

**beware**, Vorsicht, Achtung!; **~ of counterfeits** (or **imitations**) vor Nachahmungen wird gewarnt; **~ of trespassing!** Betreten *n* verboten!

**beyond**, **~ dispute** zweifellos, unstreitig; **~ expectation** wider Erwarten; **to live ~ one's means** über seine Verhältnisse leben

**biannual**, zweimal jährlich; halbjährlich

**bias**, Voreingenommenheit *f*, Befangenheit *f*

**bid**, *(bei Auktionen)* Gebot *n*; *(bei Ausschreibungen)* Angebot *n*; Preisangebot *n*; Lieferungsangebot *n*; Kostenanschlag *m*; *(Börse)* Geld(kurs) *n(m)*; **~ and asked** *(Börse)* Geld und Brief; **~ and offer prices** Geld- und Briefkurse *mpl*; **~-ask spread** *(Börse)* Spanne *f* zwischen Geld und Brief; **~ bond** Bietungsgarantie *f*; **~ price** *(bei Auktionen)* gebotener Preis *m*; *(Börse) (vom Käufer gebotener)* Geldkurs *m*; Rückkaufskurs *m (für Fondsanteile)*; **~ rate** *(im Interbankenhandel)* Ankaufs(-

zins)satz *m*; **counter ~** Gegenangebot *n*; **first ~** Erstgebot *n*; **higher ~** höheres Gebot; **lower ~** niedrigeres Gebot; **offers and ~s** *(Warenterminbörse)* Verkaufs- und Kaufgebote *pl*; **sham ~** Scheingebot *n*; **to make a higher ~** höher bieten; **to make** (or **offer**) **a ~** ein Gebot abgeben; bieten; **to solicit ~s** *Am* ausschreiben

**bid**, *v (bei Auktionen)* bieten, ein Gebot *n* abgeben; *(bei Ausschreibungen)* ein Angebot *n* unterbreiten; **to ~ for a contract** sich um e-n *(ausgeschriebenen)* Auftrag bewerben; **to ~ off** den Zuschlag *m* erteilen; **to ~ up** *(durch Bieten)* in die Höhe treiben, hochtreiben; **the goods were ~ up** der Preis der Waren wurde hochgetrieben

**bidder**, Bieter *m*, Bietender *m*; *Am (bei Ausschreibungen)* Submittent *m*, Bewerber *m*; **highest ~** Meistbietender *m*; **mock** (or **sham**) **~** Scheinbieter *m*; **no ~s** keine Kaufinteressenten *mpl*; **to knock down to the highest ~** dem Höchstbietenden den Zuschlag erteilen

**bidding**, *(bei Auktionen)* Bieten *n*, Abgabe *f* von Geboten; *(bei Ausschreibungen)* Abgabe *f* von Angeboten; Unterbreitung *f* e-s Übernahmeangebots; **~ group** Bietungskonsortium *n*

**"Big Bang"**, „Großer Knall" (Stichtag: 27.10.1986. Umstellung der Londoner Börse: Aufhebung der personengebundenen Mitgliedschaft und Einführung eines elektronischen Handelssystems; Liberalisierung und Umstrukturierung des Finanzplatzes London)

**big**, groß; **~ bill** hohe Rechnung *f*; **~ Board** New Yorker Börse; **~ Four** die vier englischen Großbanken *(Barclays, Lloyds, Midland, National Westminster)*

**big business**, Großbetrieb(e) *m(pl)*; Großindustrie *f*; **~ business firms** große Wirtschaftsunternehmen *fpl*

**big, ~ customer** Großkunde *m*; **~ entrepreneur** Großunternehmer *m*; **~ firm** Großunternehmen *n*; **~ seller** sich schnell verkaufendes Produkt *n*; Verkaufsschlager *m*; **~ shot** „hohes Tier" *n*; **~-ticket-leasing** → leasing 2; **~ uglies** bei Investoren unbeliebte Aktien *fpl (typischerweise von großen Industriefirmen der Stahl- und Chemiebranche)*

**bilateral**, bilateral, zweiseitig; **~ credit facility** *(intern. Währungspolitik)* zweiseitige Kreditbeziehung *f*

**bilk(er)**, Zechpreller *m*

**bilking**, Zechprellerei *f*

**bill**, 1. Schein *m*, Zettel *m*; Rechnung *f*, Faktura *f*; Liste *f*; Verzeichnis *n*; Plakat *n*; *Am* Banknote *f*; **~ board** *Am* Anschlagbrett *n*; Reklametafel *f*; **~ board advertising** *Am* Plakatwerbung *f*; **~ head** Rechnungsformular *n*; **~ of costs** Gebührenrechnung *f (des solicitor)*; **~ of debt** Schuldschein *m*, Schuldanerkennung *f*; **~ of delivery** Lieferschein *m*; **~ of entry** Zolleinfuhrschein *m*, Zolldeklaration *f*; **~ of expenses** Spesenrechnung *f*; **~ of fees** Honorarrechnung *f*; **~ of health** Gesundheitspass *m (für auslaufendes Schiff)*; **~ of lading** Konnossement *m*, Seefrachtbrief *m*; *(Binnenschifffahrt)* Ladeschein *m*; **~ contract** Stückgutvertrag *m*; **to make out a ~** ein Konnossement ausstellen

**bill**, **~ of loading** → bill of lading; **~ of materials** Stückliste *f*; **~ of parcels** Faktura *f*, spezifizierte Warenrechnung *f*; **~ of sale** (B/S) Verkaufsurkunde *f (über bewegl. Sachen)*; **~ of sight** vorläufige *(schriftl.)* Zollangabe *f*; **~ of store** *Br (zollfreie)* Wiedereinfuhrgenehmigung *f*; **~ of sufferance** *Br* Zollpassierschein *m*; **~ to make out a bill** e-e Rechnung ausstellen; **to post** (or **stick**) **~s** Zettel ankleben; Plakate anschlagen; **to receipt a ~** e-e Rechnung quittieren

**bill**, 2., **~ (of exchange)** Wechsel *m*, Tratte *f*; **action on a ~** Wechselklage *f*; **addressed ~** Domizilwechsel *m*; **bearer of a ~** Wechselinhaber *m*; **collateral ~** Lombardwechsel *m*; **commercial ~** Handelswechsel *m*; Warenwechsel *m*; **cross ~** Gegenwechsel *m*; Rückwechsel *m*; **dishono(u)red ~** notleidender Wechsel *m*; **domestic ~** Inlandswechsel *m*; **domiciled ~** Domizilwechsel *m*; **duplicate ~** → duplicate; **finance ~** Finanzwechsel *m*; **first ~** Primawechsel *m*; **foreign ~** im Ausland zahlbarer Wechsel *m*, Auslandswechsel *m*; **holder of a ~** Wechselinhaber *m*, Wechselgläubiger *m*; **person liable on a ~** Wechselverpflichteter *m*; **local ~** Platzwechsel *m*; **prescription of a ~** Wechselverjährung *f*; **protest of a ~** Wechselprotest *m*; **second ~** Sekundawechsel *m*, zweite Wechselausfertigung *f*; **sight ~** Sichtwechsel *m*; **sole ~** → sole; **surety for (payment of) a ~** Wechselbürgschaft *f*; Wechselbürge *m*; **time ~** → time; **trade ~** Handelswechsel *m*; Warenwechsel *m*; **~ account** Wechselrechnung *f*; **~ after date** Datowechsel *m*; **~ after sight** Nachsichtwechsel *m*; **~ at sight** Sichtwechsel *m*; **~ at usance** Usowechsel *m*; **~ book** Wechselbuch *n*, Wechselkopierbuch *n*; **~ broker** Wechselmakler *m*; **~ brokerage** Wechselkurtage *f*; **~ claim** Wechselforderung *f*; **~ collection** Wechselinkasso *n*, Wechseleinzug *m*; **~ commitments** Wechselobligo *m*; **~ cover** Deckung *f* für e-n Wechsel; **bill currency** Wechsellaufzeit *f*; Wechselwährung *f*; **~ debt** Wechselschuld *f*; **~ discounting** Wechseldiskontierung *f*; **~ due** fälliger Wechsel *m*; **~ for collection** Inkassowechsel *m*; **~ forgery** Wechselfälschung *f*; **~ form** Wechselformular *n*; **~ given as security** Kautionswechsel *m*; **~ guarantee** Wechselbürgschaft *f*; **~ guarantor** Wechselbürge *m*; **~ holder** Wechselinhaber *m*; **~ holdings** Wechselbestand *m*; **~s in a set** Wechsel *mpl* in mehrfacher Ausfertigung; **~s in circulation** in Umlauf befindliche Wechsel *mpl*; **~ in suspense** notleidender Wechsel *m*; **~ jobber** Wechselreiter *m*, Wechselspekulant *m*; **~ jobbing** Wechselreiterei *f*; **~ of exchange** *(gezogener)* Wechsel *m*, Tratte *f*; **~ on demand** Sichtwechsel *m*; **bill on goods** Warenwechsel *m*; **~ or note** gezogener oder eigener Wechsel *m*

**bills payable**, (B.P., b.p.) zu zahlende Wechsel *mpl*, Wechselverbindlichkeiten *fpl*, Passivwechsel *mpl*; **~ account** Konto *n* Wechselverbindlichkeiten; **~ book** (or **journal**) Wechselverfallbuch *n*, Wechseljournal *n*; **bills and notes payable** *(Bilanz)* Wechselschulden *fpl*

**bills portfolio**, Wechselportefeuille *n*, Wechselbestand *m*

**bill rate**, Wechseldiskontsatz *m*

**bills receivable**, (B.R., b.r.) einzulösende Wechsel *mpl*, *(ausstehende)* Wechselforderungen *fpl*; Aktivwechsel *mpl*; **~ account** Konto *n* Wechselforderungen; **~ book** (or **journal**) Wechselbuch *n*, Wechseljournal *n*; **~ register** *(Bankwesen)* Wechseleingangsbuch *n*; Wechseljournal *n*

**bill**, **~ surety** Wechselbürge *m*; **~ trader** Händler *m* in Schatzwechseln; **to anticipate a ~** e-n Wechsel vor Fälligkeit einlösen; **to cash a ~** e-n Wechsel einlösen; **to collect a ~** e-e Wechselforderung einziehen; **to cover a ~** Deckung für e-n Wechsel anschaffen; **to discharge a ~** e-n Wechsel einlösen; **to draw a ~** e-n Wechsel ausstellen (od. ziehen) (on auf); **entitled to draw ~s** wechselfähig; **to hono(u)r a ~** e-n Wechsel einlösen (od. bezahlen); **to make out a ~** e-n Wechsel ausstellen; **the ~ matures** der Wechsel wird fällig (on am); **to meet** (or **pay**) **a ~** e-n Wechsel bezahlen; **to pay by means of ~s** mit Wechseln bezahlen; **to sue on a ~** Zahlung e-s Wechsels einklagen

**Bill**, 3. Gesetzesentwurf *m*, Gesetzesvorlage *f*; **to pass a ~** ein Gesetz verabschieden

**bill**, *v* fakturieren, in Rechnung stellen; e-e Rechnung ausfertigen; *(durch Anschlag)* bekanntgeben

**billing**, Fakturierung *f*, Rechnungsschreibung *f*; **~ clerk** Fakturist *m*; **~ currency** Wechselwährung *f*; **~ error** Fakturierungsfehler *m*; **~ machine** Fakturiermaschine *f*

**billion**, *Am (manchmal auch Br)* Milliarde *f*; *Br* Billion *f*

**binary**, *(EDV)* binär; **~ digit** Bit *m (kleinste Dateneinheit mit einem binären Wert von 0 oder 1)*

**bind**, *v* binden; sich verpflichten; **to ~ oneself by contract** sich vertraglich verpflichten; **to ~ sb. as an apprentice** jdn in die Lehre (od. Ausbildung) geben (to bei); **to ~ someone over** jdn durch Bürgschaft verpflichten

**binder**, vorläufige Versicherungspolice *f*

**binding**, bindend, verbindlich, zwingend; **conditions ~ upon sb.** jdn bindende Auflagen *fpl*; **legally ~** rechtsverbindlich; **~ offer** verbindliches Angebot *n*; **~ wire** Bindedraht *m*; **we consider our offer ~ until ...** wir halten uns an unser Angebot gebunden bis ...

**BIOS**, *(EDV)* → Basic Input Output System

**biotechnology**, Biotechnologie *f*, Genforschung *f*

**bipartite**, in doppelter Ausfertigung *f (von Urkunden)*; zweiteilig

**bit**, → Binary digit

**black**, schwarz; **~ box** *colloq.* Flugschreiber *m*; **~ economy** Schattenwirtschaft *f*; **to be in the ~** *colloq.* in den schwarzen Zahlen sein

**black**, *v* boykottieren; **to ~ out** verdunkeln; streichen *(durch die Zensur)*

**black list**, schwarze Liste *f*; **to enter the name on the ~** den Namen auf die schwarze Liste setzen

**black-list**, *v (jdn)* auf die schwarze Liste setzen; **~ed** auf der schwarzen Liste

**blackmail**, Erpressung *f*; erpresstes Geld *n*

**blackmail**, *v* erpressen

**blackmailer**, Erpresser *m*

**black market**, schwarzer Markt *m*; Schwarzhandel *m*; **~ operations** (or **transactions**) Schwarzmarktgeschäfte *npl*

**black market**, *v* Schwarzhandel treiben

**black marketeer**, Schwarzhändler *m*

**black marketing**, Schwarzhandel *m*, Schleichhandel *m*

**blame**, Tadel *m*; Schuld *f*; **to take the ~** die Schuld auf sich nehmen

**blame**, *v*, **to ~ sb. for** jdn tadeln wegen; jdm die Schuld geben an; **the seller is to ~** die Schuld liegt beim Verkäufer

**blank**, unbeschrieben, leer, blanko; **~ acceptance** Blankoakzept *n*, Blankoannahme *f*; **~ advance** Blankovorschuss *m*; **~ bill** Blankowechsel *m*; **~ cheque (check)** Blankoscheck *m*; **~ endorsement** Blankoindossament *n*; **~ (form)** nicht ausgefülltes Formular *n*; **to endorse in ~** mit e-m Blankoindossament versehen; **to sign in ~** blanko unterschreiben

**blanket**, Gesamt-; alles einschließend; generell; **~ clause** Generalklausel *f*; **~ mortgage** Gesamthypothek *f*; **~ policy** Pauschalpolice *f*, Globalpolice *f*

**blend**, Mischung *f* (verschiedener Sorten); Verschnitt *m* (Wein)

**blend**, *v* (ver)mischen; *(Wein)* verschneiden

**blind**, blind; **~ alley** Sackgasse *f*; **merchandise made by ~ persons** Blindenware *f*

**block**, Block *m*; Hindernis *n*; **~ exemption** Gruppenfreistellung *f*; **~ floating** Gruppenfloating *n*; **~ letters** Blockschrift *f*; **~ of flats** *Br* Wohnblock *m*; **~ of shares** (or **stocks**) Aktienpaket *n*; **~ trading** *(Börse)* Pakethandel *m*; *Am* Börsengeschäft *n* von über 10.000 Aktien

**block**, *v* blockieren, sperren; hemmen, hindern; **~ed account** gesperrtes Konto *n*, Sperrkonto *n*; **~ed credit** eingefrorener Kredit *m*; **~ed credit balance** gesperrtes Guthaben *n*; **~ed securities** Sperrstücke *npl*

**blockade**, Blockade *f*; **to lift the ~** die Blockade aufheben

**blocking**, Sperre *f*; Sperrung *f*; **~ minority** Sperrminorität *f*; **~ note** Sperrvermerk *m*; **~ of an account** Kontensperre *f*; **~ of property** Vermögenssperre *f*; **~ period** Sperrfrist *f*; *(bei der Emission von Wertpapieren)* Lieferungssperre *f*

**blood**, Blut *n*; **related by ~** blutsverwandt; **~ group test** Blutgruppenuntersuchung *f*; **~ alcohol level** Blutalkoholgehalt *m*; **~ test** Blutprobe *f*

**blotter**, Journal *n* zum Eintrag von chronologischen od. Tagestransaktionen

**blow-out**, rascher Verkauf *m* aller Aktien bei Emission neuer Wertpapiere

**blue**, **~ chips** *(Börse)* erstklassige Aktien *fpl*; Spitzenwerte *mpl*; **~ chip rate** → prime rate; **~-collar worker** Arbeiter *m*; **~-eyed boys** vom Management begünstigte Mitarbeiter; **~ print** Lichtpause *f*; Plan *m*; Entwurf *m*; **~ Sky Laws** *Am* Gesetze gegen betrügerischen Wertpapierhandel; **~ sky securities** wertlose Wertpapiere *pl*

**board**, 1. Behörde *f*, Amt *n*, Stelle *f*; Ausschuss *m*, Direktorium *n*; *Br* Ministerium *n*; **~ member** Mitglied *n* des Verwaltungsrats; **~ of arbitration** Schiedsstelle *f*; **~ of Customs and Excise** *Br* Behörde für Zölle und Verbrauchsteuern

**board of directors**, (Gremium der) Direktoren *mpl*; Vorstand *m*; Verwaltungsrat *m* (höchstes Aufsichts- und Kontrollorgan der angloamerikanischen Aktiengesellschaft; überwacht die Geschäftsführung des Management und entscheidet in Grundsatzfragen); **to be on the ~** Mitglied des Verwaltungsrats sein

**Board of Governors**, Gouverneursrat *m*; **~ (of the Federal Reserve System)** *Am* Bundesbankrat *m*

**board**, **~ of Inland Revenue** *Br* Oberste Steuerbehörde *m*; **~ of management** (or **managers**) Vorstand *m*; **~ of trustees** Treuhänderausschuss *m*, Kuratorium *n*

**board**, 2. Bord *m (e-s Schiffes od. Flugzeuges)*; **delivery of the goods on ~ the vessel** Verbringung der Ware an Bord des Schiffes; **on ~ B/L** Bordkonnossement *n*

**board**, 3. Verpflegung *f*, Pension *f*; **accommodation and ~** Unterkunft *f* und

Verpflegung; **allowance for ~** Verpflegungsgeld *n*; **~ and lodging** Wohnung *f* und Verpflegung

**boarder**, Pensionsgast *m*; Internatsschüler *m*

**boarding, boarding house** *Br* Pension *f*; **boarding school** Internat *n*

**Bo Derek stock**, qualitativ hochwertige Aktien *fpl*

**bodily injury**, Körperverletzung *f*; *(Vers.)* Personenschaden *m*

**body**, Körper *m*; Person *f*; Körperschaft *f*; Gremium *n*, Organ *n*, Stelle *f*; Leiche *f*; Gesamtheit *f*; **official ~ies** amtliche Stellen *fpl*; **parent ~** Stammorgan *n*; **public ~** Behörde *f*; öffentlich-rechtliche Körperschaft *f*; **~ copy** Haupttext *m (e-r Anzeige)*; **~ corporate** juristische Person *f*; **~ of a deed** wesentlicher Teil *m* e-r Urkunde; **~ of laws** Gesetzessammlung *f*; **~ of a motor-car** Karosserie *f* e-s Autos; **~ of workers** Gesamtheit der Arbeiter; Arbeiterschaft *f*; **~ search** Leibesvisitation *f*; **~ styling** Karosseriegestaltung *f*; **to resign as** (or **in**) **a ~** geschlossen zurücktreten

**bogus**, falsch, unecht; Schwindel-; **~ firm** Schwindelfirma *f*, Scheinfirma *f*; **~ transactions** Schwindelgeschäfte *npl*, Scheingeschäfte *npl*

**boilerplate**, Standardkonditionen *fpl* und Klauseln *fpl*

**bomb**, Bombe *f*; **~ threat** Bombendrohung *f*; **to plant a ~** e-e Bombe *(versteckt)* anbringen

**bombing**, **terror ~** (Terror-)Bombenanschläge *mpl*

**bona fide**, in gutem Glauben, gutläubig; **~ creditor** gutgläubiger Forderungsinhaber *m*; **~ holder** gutgläubiger Inhaber *m (e-s Wertpapiers)*; **to act ~** in gutem Glauben handeln

**bonanza**, *colloq.* unerwartet hoher Gewinn *m*; ergiebige Geldquelle *f*

**bond**, 1. *(festverzinsl.)* Wertpapier *n*; Obligation *f*, Schuldverschreibung *f*; Anleihe *f*; Pfandbrief *m*; **~s** Rentenwerte *pl*; **assumed ~** *Am* Obligation, für deren Zins- und Tilgungszahlungen ein anderes Unternehmen die Garantie übernommen hat; **bearer ~** Inhaberschuldverschreibung *f*; **corporate** (or **corporation**) **~s** *Am* → corporate; **currency ~s** Fremdwährungsschuldverschreibungen *fpl*; Obligationen in ausländischer Währung; **debenture ~s** → debenture 1.; **external** (or **foreign**) **~** ausländische Schuldverschreibung; **government ~s** Staatsanleihen *fpl*, Staatspapiere *npl*; **income ~s** → income; **industrial ~s** Industrieobligationen *fpl*; **mortgage ~** Pfandbrief *m*; **municipal ~s** *Am* Kommunalobligationen *fpl*; **state ~** *Am* Anleihe e-s Einzelstaates; **~ broker** auf Obligationen spezialisierter Börsenmakler *m*; **~ capital** Anleihekapital *n*; **~ coupon** Anleihekupon *m*; **~ creditor** Obligationsgläubiger *m*; Pfandgläubiger *m*; Anleihegläubiger *m*; **~ dealer** auf Rentenwerte spezialisierter Börsenhändler *m*; **~ debtor** Obligationsschuldner *m*; Pfandbriefschuldner *m*; Anleiheschuldner *m*; **~ discount** Obligationsdisagio *n*; Anleihedisagio *n*; **~ dividend** Dividende *f* in Form eigener Obligationen; **~ fund** *(Investmentfonds)* Rentenfonds *m*; **~ holder** Obligationsinhaber *m*; Pfandbriefgläubiger *m*; Anleihegläubiger *m*; **~ holding** Besitz *m* (od. Bestand *m*) an Obligationen (od. Pfandbriefen, Anleihen); **~ interest** Obligationszinsen *pl*, Anleihezinsen *pl*; **~ interest accrued** Stückzinsen *pl*; **~ issue** Emission *f* von Schuldverschreibungen, Anleiheemission *f*; **~ market** Rentenmarkt *m*, Markt der festverzinslichen (Wert-)Papiere; Pfandbriefmarkt *m*; Anleihemarkt *m*; **~s payable** Verpflichtungen *fpl* aus ausgegebenen Obligationen (od. Anleihen); **~ premium** Obligationsagio *n*; Pfandbriefagio *n*; **~ price** Rentenkurs *m*; Kurs der festverzinslichen (Wert-)Papiere; **~ redemption** (or **retirement**) Tilgung *f* von Schuldverschreibungen (od. Anleihen); **~ trading** Handel *m* in festverzinslichen Wertpapieren (Obligationen, Pfandbriefen, Anleihen); **~ warrant** Optionsschein *m* zum Bezug von Anleihen; **~ with warrants** Optionsanleihe *f*; **~ yield** Anleiherendite *f*; **to call ~s for redemption** Obligationen zur Tilgung aufrufen; **to issue ~s** Obligationen (etc.) ausgeben; **to redeem ~s** Obligationen tilgen (od. zurückzahlen)

**bond**, 2. Schuldschein *m*; Verpflichtungsschein *m*; **to enter into a ~** e-n Verpflichtungsschein ausstellen, e-e schriftliche Verpflichtung eingehen

**bond**, 3. Kaution *f*; Sicherheitsleistung *f*; *(schriftl.)* Garantieerklärung *f*, Garantieschein *m*; **banker's ~** Bankgarantie *f*; **bid**

~ Bietungsgarantie *f*; **to furnish a ~** Kaution stellen; Sicherheit leisten

**bond**, 4. *bes. Br* Zollverschluss *m*; **in ~** unter Zollverschluss, unverzollt; **goods out of ~** verzollte Waren; **release from ~** Zollfreigabe *f*; **~ note** Zollbegleitschein *m*; **to take goods out of ~** Waren verzollen

**bond**, *v* 1. durch Obligation(en) sichern; mit Obligation(en) belasten; **~ed debt** Obligationsschuld *f*, Anleiheschuld *f*

**bond**, *v* 2., **~ed goods** Waren unter Zollverschluss *m*; Zollagergut *n*; **~ed warehouse** Zollspeicher *m*, Zoll(gut)lager *n*

**boning**, *v* überzogene Preisforderungen stellen

**bonos mores**, contra bonos mores gegen die guten Sitten

**bonus**, Bonus *m*, Sondervergütung *f*; Extradividende *f*; Prämie *f*; Gratifikation *f*; *(VersR)* Dividende *f*; **cost-of-living ~** Teuerungszulage *f*; **no-claims ~** *(Kfz-Vers.)* Schadenfreiheitsrabatt *m*; **~ issue** Ausgabe *f* von Gratisaktien; **~ scheme** *(EU)* Prämienregelung(-splan) *f(m)*; **~ share** (or **stock**) Gratisaktie *f*, Zusatzaktie *f*; **incentive ~ system** Prämiensystem *n (zur Leistungssteigerung)*

**book**, Buch *n*; **account ~** Kontobuch *n*; **audit(ing) of the ~s** Buchprüfung *f*; **in closing our ~s** beim Abschluss unserer Bücher; **order ~** → order 2.; **~ claim** Buchforderung *f*; **~ debt** Buchschuld *f*; **~ depreciation** bilanzielle Abschreibung *f*; **~ entry** Buchung *f*; **book fair** Buchmesse *f*; **~ inventory** Buchinventur *f*; Buchwert *m* der Lagerbestände; **~ issue** Ausgabe *f* von Gratisaktien; **~ loss** Buchverlust *m*; **~s of account** Geschäftsbücher *npl*; Bücher der Buchhaltung; **~ of invoices** Fakturenbuch *n*; **~ of remittances** Überweisungsbuch *n*; **~ profit** Buchgewinn *m*; **~ seller** Buchhändler *m*; **~ transfer** Umbuchung *f*; **~ value** Buchwert *m*, buchmäßiger Wert; **total ~ value of assets** buchmäßiges Vermögen *n (e-r Gesellschaft)*; **to close the ~s** die Bücher abschließen; **to enter in the ~s** buchen; **to inspect the ~s** die Bücher einsehen; **to keep ~s** Bücher führen; **the ~s have been kept in proper manner** (or **properly**) die Bücher sind ordnungsmäßig geführt; **as shown by the ~s** buchmäßig; **to take out of the ~s** abbuchen

**book**, *v* buchen; *(Polizei)* aufschreiben; (vor)bestellen; **to ~ cargo space** Frachtraum belegen; **to ~ one's flight** e-e Flugkarte bestellen; **to ~ a hotel room** ein Hotelzimmer bestellen; **to ~ one's luggage** sein Gepäck aufgeben; **to ~ an order** e-e Bestellung vormerken; **goods ~ed to be forwarded** zur Beförderung aufgegebene Güter; **the hotel is ~ed up** das Hotel ist ausverkauft

**booking**, Buchung *f*; Eintragung *f*; (Vor-)Bestellung *f*; **freight ~** Belegung *f* von Frachtraum; **~ item** Buchungsposten *m*; **~ voucher** Buchungsbeleg *m*; **to cancel a ~** e-e Reservierung abbestellen

**book(-)keeper**, Buchhalter *m*

**book(-)keeping**, Buchhaltung *f*, Buchführung *f*; **double entry ~** doppelte Buchführung *f*; **electronic ~** elektronische Buchführung; **proper ~** ordnungsgemäße Buchführung; **single entry ~** einfache Buchführung; **tabular ~** amerikanische Buchführung; **~ department** Buchhaltung(sabteilung) *f*; **~ entry** Buchführung(sposten) *f(m)*; **to make ~ entries** buchen; **~ records** Buchungsunterlagen *fpl*; **~ voucher** Buchhaltungsbeleg *m*, Buchungsbeleg *m*

**booklet**, Werbebroschüre *f*

**bookmaker**, *(bei Pferderennen etc.)* Buchmacher *m*

**bookmark**, *(EDV)* Lesezeichen *n (Datei in der bereits besuchte Internetseiten festgehalten werden)*

**boom**, Hochkonjunktur *f*; wirtschaftlicher Aufschwung *m*; Geschäftsaufschwung *m*; *(Börse)* Hausse *f*; Stimmungsmache *f*; **curb on the ~** Konjunkturbremse *f*; **domestic ~** inländische Hochkonjunktur *f*; **persistent ~** anhaltender Boom *m*; **stock market ~** Aktienhausse *f*

**boom conditions**, Haussebedingungen *fpl*; **~ prevail** es herrscht Haussekonjunktur *f*

**boom-like upward movement of share prices**, hausseartige Kurssteigerungen *fpl*

**boom market**, Haussemarket *m*

**boom mentality, shares are in a boom mentality** Aktien haussieren

**boom, ~ period** Periode *f* des wirtschaftlichen Aufschwungs; **~ profit** Konjunkturgewinn *m*; **~ years** Jahre der Hochkonjunktur, Aufschwungjahre *npl*; **to curb the ~** die (Hoch-)Konjunktur eindämmen; **to experience a ~** sich in e-r Hochkonjunktur befinden

**boom**, *v* in die Höhe gehen *(Preise, Kurse)*; e-n Aufschwung haben, florieren; **~ing industry** aufblühende Industrie *f*; **~ing price** schnell ansteigender Preis; haussierender Kurs; **to be ~ing** e-n schnellen Aufschwung nehmen; florieren; **business is ~ing** das Geschäft geht glänzend

**boost**, Erhöhung *f*, Steigerung *f*, Förderung *f*; Reklame *f*

**boost**, *v* erhöhen, steigern, in die Höhe treiben; ankurbeln; fördern; Reklame machen für; **to ~ investments** die Investitionen erhöhen; **to ~ prices** die Preise (od. Kurse) in die Höhe treiben; **to ~ the sale** den Absatz steigern

**boosting**, Preistreiberei *f*; künstliches Hochtreiben *n* von Kursen; **~ the appropriations** Aufstockung *f* der Mittel; **~ the economy** Ankurbelung *f* der Wirtschaft

**boot**, einen Computer (wieder-) starten (*während des Bootens wird das → Basic Input Output System und das Betriebssystem geladen*)

**bootstrap financing**, interne Finanzierungsmaßnahmen *fpl*

**border**, **incident at the ~** Grenzzwischenfall *m*; **~ check** Grenzkontrolle *f*

**border crossing**, Grenzübergang *m*; **~ point** Grenzübergangsstelle *f*; **~ trade** grenzüberschreitender Warenverkehr *m*; **to close a ~** e-n Grenzübergang sperren

**border**, **~ region** Grenzgebiet *n*; **~ station** Grenzbahnhof *m*; **~ traffic** Grenzverkehr *m*; **to cross the ~** über die Grenze gehen

**bordereau**, Bordereau *n*, Verzeichnis *n* (z. B. eingelieferter Wertpapiere)

**borough**, Stadt *f*, Stadtbezirk *m*

**borrow**, *v* borgen, leihen, entleihen, ausleihen; **to ~ money** Geld leihen (od. aufnehmen); Kredit aufnehmen; **to ~ money on the security of real property** Hypothekarkredit *m* aufnehmen; **to ~ on a policy** e-e Police beleihen; **to ~ on securities** Effekten lombardieren

**borrowed**, **~ article** geliehene Sache *f*; **~ capital** Fremdkapital *n*; **~ funds** Fremdmittel *pl*, Kreditmittel *pl*; **~ money** geliehenes Geld *n*; fremde Gelder, Fremdmittel *pl*

**borrower**, Entleiher *m*; Darlehensnehmer *m*; Kreditnehmer *m*; **first-class ~** *(Geldmarkt)* erste Adresse

**borrower's note**, Schuldschein *m*; **loan against ~** Schuldscheindarlehen *n*

**borrowing**, Aufnehmen *n* von Geld; Darlehensaufnahme *f*, Kreditaufnahme *f* (from bei); Anleihe *f*; **cost of ~** Kreditkosten *pl*; **~s** aufgenommene Kredite *mpl*; **~ authority** Vollmacht *f* zur Kreditaufnahme; **~ country** Schuldnerland *n*; **~ limit** Verschuldungsgrenze *f*; Kreditgrenze *f*; **~ need** Kreditbedarf *m*; **~ policy** Kreditpolitik *f*; **~ powers** *Br* Kreditaufnahme-Befugnis *f*; **~ rate** Kreditzinssatz *m*; Darlehenszinssatz *m*; **~ requirement** Kreditbedarf *m*, Fremdmittelbedarf *m*; Finanzierungsbedarf *m*

**boss**, *colloq.* Chef *m*; Meister *m*; Vorarbeiter *m*

**Boston Matrix**, Vierfelder-Portfolio-Matrix *f*; ( → cash cows; → dogs; → question marks; → stars)

**both ends**, **to make ~ meet** Einnahmen und Ausgaben in Übereinstimmung bringen

**both sides of industry**, Tarifpartner *mpl*, Sozialpartner *mpl*

**Both to Blame Collision Clause**, Klausel „beiderseitiges Verschulden" *(bei Kollision von Schiffen)*

**bottle**, Flasche *f*; **expendable** (or **nonreturnable**) **~** Einwegflasche *f*; **~ bank** Flaschencontainer *m*

**bottle(-)neck**, *fig* Engpass *m (z. B. in der Produktion)*; **to remove ~s** Engpässe beseitigen

**bottom**, Boden *m (e-r Kiste, e-s Fasses etc.)*; niedrigster Stand *m*, Tiefstand *m (von Kursen, Preisen)*; *(Aufschrift auf Kisten)* unten; **~ price** niedrigster Preis *m (od. Kurs m)*; **~ quality** schlechteste Qualität *f*; **to get to the ~ of a matter** e-r Sache auf den Grund gehen

**bottom line**, Bilanz *f*; Abschluss *m*

**bottom out**, *v* tiefsten Stand erreichen

**bottom-up information**, Informationsfluss *m* von unten nach oben

**bottom-up management**, partizipative Unternehmensführung *f*

**bought**, gekauft; **~ by auction** ersteigert; **~ ledger** Einkaufsbuch *n*; **~ and sold note** Schlussnote *f*, Schlussschein *m (des Maklers)*

**bounce**, *v*, **the cheque ~d** *colloq.* der Scheck ist geplatzt

**bound**, gebunden, verpflichtet; **~ by contract** vertraglich verpflichtet; **~ for**

bestimmt (od. unterwegs) nach *(von Schiffen)*; **homeward** ~ auf der Rückfahrt (befindlich); **outward** ~ auf der Hinfahrt (befindlich); **we are ~ by our offer until ...** wir sind an unser Angebot bis zum ... gebunden

**boundary**, Grenze *f*; ~ **crossing** Grenzübergang *m*; ~ **dispute** Grenzstreitigkeit *f*; ~ **line** Grenzlinie *f*; ~ **marking** Grenzbezeichnung *f*

**bounty**, Prämie *f*; ~ **(on exports)** Exportprämie *f*; **~-fed** subventioniert

**bourse**, Börse *f* (bes. in Paris)

**bovine animals, adult** ~ ausgewachsene Rinder *npl*

**box**, Kasten *m*, Kiste *f*, Schachtel *f*; **cardboard** ~ Karton *m*; **cash** ~ Geldkassette *f*

**box number**, Chiffrenummer *f*; **to insert an advertisement under a** ~ unter Chiffre inserieren

**box**, ~ **office** Theaterkasse *f*; Konzertkasse *f*; ~ **strapping wire** Kistenverschnürungsdraht *m*

**box**, *v*, **to ~ (up)** in Kisten (od. Kartons etc.) verpacken

**boycott**, Boykott *m*; **to put sb.'s goods under a** ~ jds Waren mit Boykott belegen (od. boykottieren)

**boycott**, *v*, **to ~ sb.** den Boykott über jdn verhängen

**BPR** = **business process reengineering** Geschäftsprozessreorganisierung *f*

**bracket**, Gruppe *f*, Stufe *f*; **tax** ~ Steuerklasse *f*; ~ **tariff** Margentarif *m (im Güterkraftverkehr)*

**brain**, Gehirn *n*; ~ **drain** Abwanderung *f* von Fachkräften; ~ **industry** Wissenschaftsindustrie *f*; ~ **trust** Beraterstab *m*; ~ **trustee** *Am* Mitglied *n* e-s brain trust; Unternehmensberater *m*

**brake**, Bremse *f*; **to put the ~s on production** die Produktion bremsen

**branch**, Zweig *m*; Zweigstelle *f*, Filiale *f*; Nebenstelle *f*; Branche *f*; **local** ~ *(örtl.)* Zweigstelle *f*, Filiale *f*; **main** ~ Hauptfiliale *f*, Hauptstelle *f*; ~ **bank** Filialbank *f*; Bank mit Zweigstellen; ~ **bank manager** Filialbankleiter *m*; ~ **banking** Filialbanksystem *n*; ~ **establishment** Zweigniederlassung *f*, Filiale *f*; ~ **house** Filiale *f*; ~ **line** Nebenlinie *f (der Bahn)*; ~ **manager** Filialleiter *m*; ~ **network** Filialnetz *n*; ~ **of a bank** Bankfiliale *f*; ~ **of industry** Industriezweig *m*; ~ **office** Zweigstelle *f*, Zweigniederlassung *f*; Filiale *f*; ~ **shop** (or **store**) Zweiggeschäft *n*

**branch out**, *v (Geschäft, Firma etc.)* sich ausbreiten; vom Thema abschweifen

**brand**, (Handels-)Marke *f*; Fabrikzeichen *n*; **an excellent ~ of coffee** e-e ausgezeichnete Sorte Kaffee; **house** (or **private**) ~ Eigenmarke *f*; **a firm's own** ~ Hausmarke *f* e-r Firma; ~ **comparison** Markenvergleich *m*; ~ **image** *(beim Konsumenten bestehendes)* Markenbild *n (e-s Produkts)*; ~ **leader** Markenführer *m*; ~ **loyalty** Markentreue *f*; ~ **manager** Vertriebsleiter *m (für bestimmte Markenartikel)*; ~ **name** Markenname *m (für bestimmte Klasse von Artikeln)*; ~ **name goods** Markenartikel *mpl*; ~ **new** ganz neu, fabrikneu; ~ **piracy** Markenpiraterie *f*; ~ **policy** Markenpolitik *f*; ~ **preference** Markenbevorzugung *f*

**brand awareness**, Markenbewusstsein *n*

**brand loyalty**, Markentreue *f*

**brand stretching**, das Herausbringen neuer Produkte unter einem bereits existierenden Markennamen

**brand switching**, Markenwechsel *m*

**brand**, *v* mit e-m Zeichen versehen; *(durch Werbung)* zum Markenartikel entwickeln; **~ed goods** Markenware *f*, Markenartikel *mpl*

**breach**, Bruch *m*; Verletzung *f*; ~ **of the Community's regulations** *(EU)* Verstoß *m* gegen die Gemeinschaftsverordnungen; ~ **of conditions** Nichteinhaltung *f* der Bedingungen; ~ **of condition (of a contract)** *Br* Verletzung e-r wesentlichen Vertragsbestimmung; ~ **of confidence** Vertrauensbruch *m*

**breach of (a) contract**, Vertragsbruch *m*; Vertragsverletzung *f*; **to commit a** ~ vertragsbrüchig werden; e-n Vertrag nicht erfüllen; **to rely on the** ~ sich auf e-e Vertragsverletzung berufen

**breach of duty**, Pflichtverletzung *f*; **in** ~ pflichtwidrig

**breach**, ~ **of professional secrecy** Bruch *m* des Berufsgeheimnisses; ~ **of trust** Verletzung *f* der Pflichten des Treuhänders; Untreue *f*; Vertrauensbruch *m*; ~ **of warranty** → warranty

**break**, Bruch *m*; Unterbrechung *f*; Pause *f*; ~ **bulk cargo** *Am* Stückgut *n (einzelne Frachtstücke)*; ~ **in the market** Preiseinbruch *m*; ~ **(in prices)** Preissturz *m*, Kurssturz *m*, Kurseinbruch *m*

**break**, *v* brechen; **to ~ an arrangement** e-e Abmachung nicht einhalten; **to ~ bulk** → bulk; **to ~ a contract** vertragsbrüchig werden; **to ~ cost increases** Kostenerhöhungen auffangen; **to ~ one's journey** seine Reise unterbrechen; **to ~ new ground** *fig* neues Gebiet erschließen; etw. Neues bringen; **to ~ a seal** ein Siegel erbrechen

**breakable**, zerbrechlich; **~s** zerbrechliche Waren *fpl*

**breakage**, Bruch(schaden) *m*; Entschädigung für Bruchschaden, Refaktie *f*; **allowance for ~** Refaktie; **insured against ~** gegen Bruchschaden versichert; **~ clause** Bruchklausel *f*; **~ of customs seals** Aufbrechen *n* der Zollverschlüsse; Verschlussverletzung *f*

**breakdown**, Zusammenbruch *m*; Scheitern *n*; Betriebsstörung *f*; Panne *f (e-s Autos)*; Aufgliederung *f*, Aufteilung *f*, Aufschlüsselung *f*; **machinery ~** Maschinenschaden *m*, Maschinendefekt *m*; **~ lorry** *Br* Abschleppwagen *m*; **~ of appropriations** Aufschlüsselung der Mittel; **~ of expenses** Aufgliederung der Unkosten; **~ of negotiations** Scheitern der Verhandlungen; **~ of prices** Preisaufgliederung *f*; **~ of stocks** Aufgliederung der Bestände

**break down**, *v* zusammenbrechen, scheitern; aufgliedern, aufschlüsseln; **to ~ expenditure** die Ausgaben aufgliedern; **the car broke down** das Auto hatte e-e Panne; **the electricity supply broke down** die Elektrizitätsversorgung brach zusammen

**break-even**, **~ analysis** Analyse *f* zur Ermittlung von Gewinnschwellen; **~ chart** Gewinnschwellen-Diagramm *n*; **~ point** Rentabilitätsgrenze *f*, Gewinnschwelle *f*; Ertragsschwelle *f*; **~ price** Selbstkostenpreis *m*, bei dem kein Gewinn erzielt wird

**break even**, *v* sich (gerade) noch finanziell rentieren; ohne Verlust arbeiten; Gewinnschwelle erreichen; **we hope to ~ in the first year** *colloq.* wir hoffen, im ersten Jahr genug zu verdienen, um die Auslagen zu decken

**break-in requirements**, Eingewöhnungsbedingungen *fpl* (in Bezug auf neue Mitarbeiter od. Maschinen)

**breaking**, Bruch *m*; **~ and entering** Einbruch *m*; **~ bulk** Löschen *n* der Ladung; Zerlegen *n* der Ware in einzelhandelsgerechte Mengen; **~-in** Eingewöhnung *f*; Einbruch *m*; **~-in costs** Anlaufkosten *pl* e-r Maschine; **~-in period** Anlaufzeit *f*; **~ off of relations** Abbruch *m* der Beziehungen; **~ one's word** Wortbruch *m*; **~ out of a fire** Ausbruch *m* e-s Feuers; **~ strength** Bruchfestigkeit *f*; **~ up obsolete vessels** Abwracken *n* veralteter Schiffe; **~ up of cartels** Entkartellisierung *f*

**breakoff**, Abbruch *m*

**break open**, *v* aufbrechen

**breakthrough**, Durchbruch *m*

**break up**, Abbruch *m (z. B. e-r Sitzung)*; **~ of a conglomerate** Entflechtung *f* e-s Konzerns; **~ value** Liquidationswert *m*; Schrottwert *m*

**break up**, *v* auflösen, aufteilen; **to ~ a ship** ein Schiff abwracken

**breathalyser**, Atemteströhrchen *n*

**breath test**, Atemprobe *f (für Autofahrer)*

**breed**, *v*, **to ~ stock** Vieh züchten

**breweries**, *(Börse)* Brauereiaktien *pl*

**bribe**, Bestechung(sgeld) *f(n)*; **taking a ~** passive Bestechung *f*; **to give a ~** bestechen (wollen); **to take a ~** sich bestechen lassen

**bribe**, *v* bestechen; **attempt to ~** Bestechungsversuch *m*

**bribery**, Bestechung *f*; **attempt at ~** Bestechungsversuch *m*; **to practise ~** bestechen

**bricks and mortar**, *(EDV) colloq.* Bezeichnung für ein traditionelles Unternehmen **bridge loan**, *Am* → bridging loan

**bridge**, *v* überbrücken; **to ~ the gap in the market** die Marktlücke schließen

**bridging**, **~ financing** Überbrückungsfinanzierung *f*; **~ loan** Überbrückungskredit *m*, Zwischenkredit *m*

**brief**, Mandat *n (e-s Anwalts)*; *Am* Schriftsatz *m*; **to hold a ~ for** als Anwalt *(Br barrister)* auftreten für; **to take a ~** e-e Rechtssache übernehmen

**brief**, *v (jdn)* informieren (on über); *(jdn)* einweisen (on in); **to ~ a lawyer** den Fall e-m Anwalt übergeben

**briefing**, Unterrichtung *f*, Einweisung *f*

**bring**, *v* bringen; **to ~ about** zuwege bringen; **to ~ an action against a p.** → action; **to ~ down a price** e-n Preis herabdrücken; **to ~ forward** *(Buchhaltung)* vortragen (from von); *(Beweise)* vorbringen; **to ~ into a business** in ein

Geschäft einbringen; **to ~ up to date** auf den neuesten Stand bringen

**brisk**, **~ demand** lebhafte Nachfrage *f*; **trade is ~** der Handel ist rege; die Geschäfte gehen gut; **to sell ~ly** reißenden Absatz finden

**British**, **~ Bank Bills** (BBB) britische kurzfristige Geldmarktpapiere *npl*; **~ Funds** britische Staatspapiere *npl* (British government stocks, gilt-edged securities); **~ Institute of Management** (BIM) Britisches Betriebswirtschaftsinstitut *n*; **~ nationality** britische Staatsangehörigkeit *f*; **~ Rail** (BR) britische *(staatliche)* Eisenbahngesellschaft *f*; **~ subject** britischer Staatsangehöriger *m*; **~ Telecom** britische Fernmelde- und Telekommunikationsgesellschaft *f*; **~ Tourist Authority** britisches Fremdenverkehrsamt *n*; **~ Treasure Bills** (BTB) britische kurzfristige Schatzwechsel *mpl*

**broad**, breit, weit; **~ market** aufnahmefähiger Markt *m*; **in ~ outline** in groben Zügen; **~ly speaking** allgemein gesprochen; **in the ~est sense** im weitesten Sinne

**broadband**, *(EDV)* Breitband *n*

**broadcast**, Rundfunksendung *f*, Rundfunkübertragung *f*, Rundfunkansprache *f*; **radio and television ~s** Rundfunk- und Fernsehsendungen *fpl*; **~ advertising** Rundfunkwerbung *f*

**broadcast**, *v* (durch Rundfunk od. Fernsehen) übertragen, senden

**broadcasting**, Radio *n* und Fernsehen *n*; **~ fees** Rundfunkgebühren *fpl*; **~ right** Senderecht *n*; **~ time** Sendezeit *f*

**broadsheet**, großformatige Drucksache *f*

**broadside**, großer Faltprospekt *m*

**broke, he has gone ~** *Br colloq.* er hat Pleite gemacht

**broken**, zerbrochen, zerrüttet; unvollkommen; **~ account** umsatzloses Konto *n*; **~ down** aufgeschlüsselt *(z. B. Rechnung)*; **~-period interest** Stückzinsen *pl*; **~ rice** Bruchreis *m*

**broker**, Makler *m*, Wertpapierhändler *m*; Versicherungsmittler *m*; **bill ~** Wechselmakler; **inside ~** amtlich zugelassener Makler; **investment ~** Makler für Anlagewerte; **outside ~** nicht zur *(offiziellen)* Börse zugelassener Makler; **real estate ~** *Am* Grundstücksmakler; **securities ~** Effektenhändler *m*; **unofficial ~** Freiverkehrsmakler; **~ commission** (or **fee**) Maklergebühr *f*; **~'s loan** Maklerkredit *m*

**brokerage**, Maklergebühr *f (bei Börsengeschäften)*, Courtage *f*; Maklergeschäft *n*; **~ firm** (or **house**) Maklerfirma *f*

**brought**, **~ forward** (bt. forw.) Vortrag *m (aus letzter Rechnung)*; **~-in capital** eingebrachtes Kapital *n*

**browse**, *v* blättern, schmökern, überfliegen *(beschreibt das Betrachten von Internetseiten)*

**browser**, Browser *m (Der ~ dient zur Darstellung von Internetseiten. Der bekannteste ~ ist Microsoft's Internet Explorer.)*

**bubble wrap**, Blisterverpackung *f*

**bucket shop**, Winkelbank *f*; Winkelbörse *f*; *(auch)* Reisebüro *n*, das sehr billige Flugkarten anbietet

**budget**, Haushaltsplan *m*, Etat *m*; (Staats-) Haushalt *m*; Finanzplan *m (e-s Unternehmens)*; **according to the ~** etatmäßig; **advertising ~** Werbeetat *m*; **amending ~** Nachtragshaushaltsplan *m*; **Community ~** *(EU)* Gemeinschaftshaushalt *m*; **draft ~** Entwurf *m* des Haushaltsplans; **financial ~** Finanzplan *m (e-s Unternehmens)*; **general ~** Gesamthaushaltsplan *m*; **manpower ~** Personalplan *m (e-s Unternehmens)*; **national ~** *(EU)* einzelstaatlicher Haushalt *m*; **not included in the ~** außeretatmäßig; **overhead ~** Gemeinkostenbudget *n (e-s Betriebes)*; **production ~** Produktionsplan *m (e-s Unternehmens)*; **procurement ~** Beschaffungsplan *m (e-s Unternehmens)*; **regular ~** ordentlicher Haushalt *m*; **sales ~** Absatzplan *m (e-s Unternehmens)*; **supplementary ~** Nachtragshaushalt *m*; **~ account** Haushaltskonto *n (bei e-r Bank für monatliche Überweisungen für Gas, Strom etc.)*; **~ appropriations** im Haushaltsplan bewilligte (od. bereitgestellte) Mittel *pl*; **~ cut** Etatkürzung *f*, Etatabstrich *m*; **~ deficit** Haushaltsdefizit *n*; **~ discharge** Haushaltsentlastung *f*; **~ discipline** Haushaltsdisziplin *f*; **~ economies** Haushaltseinsparungen *fpl*; **~ estimates** Haushaltsansätze *mpl*; **~ funds** Haushaltsmittel *pl*; **~ item** Etatposten *m*; **~ preparation** Haushaltsaufstellung *f*, Budgetaufstellung *f*; **~ stringency** Mittelbeschränkung *f*; **~ surplus** Haushaltsüberschuss *m*; **to draw up** (or **prepare**) **the ~** den Haushaltsplan aufstellen; **to enter in the ~** etatisieren; **to exceed the ~** den Etat überschreiten; **to include in the ~** in den Haushaltsplan aufnehmen

**budgetary**, etatmäßig, Haushalts-; **extra-~ expenditure** außerplanmäßige Ausgaben *fpl*; **~ accounting** Finanzplanung *f*; **~ appropriations** Haushaltsbewilligungen *fpl*; **~ deficit** Haushaltsdefizit *n*; **~ economies** Budgeteinsparungen *fpl*; **~ estimate** Haushaltsvorschlag *m*; **~ expenditure** Haushaltsausgaben *fpl*; **~ funds** (or **means**) Haushaltsmittel *pl*; **~ imbalance** Haushaltungsgleichgewicht *n*; **within the ~ limits** innerhalb der budgetären Grenzen *fpl*; **~ overspending** Haushaltsüberschreitung *f*; **~ planning** Haushaltsplanung *f*, Finanzplanung *f*; **~ policy** Haushaltspolitik *f*; **~ regulations** Haushaltsbestimmungen *fpl*

**budgeted cost**, Plankosten *pl*, Sollkosten *pl*

**budgeting**, Budgetaufstellung *f*, Budgetierung *f*; Haushaltsaufstellung *f*; Finanzplanung *f*; Liquiditätsplanung *f*

**buffer stock**, Marktausgleichslager *n (für Rohstoffe)*; Rohstoff-Ausgleichslager *n*; **~ sales** Ausgleichslagerverkäufe *mpl*

**bug**, Wanze *f*, kleines (verborgenes) Mikrofon *n* (zum Abhören); *sl.* Fehlerquelle *f* (z. B. in e-m Computer)

**bug**, *v*, **to ~ a p.** *colloq.* jds Telefon „anzapfen" *(ein Mikrofon anbringen)*; **~ged** mit Abhörvorrichtung *f* versehen

**bugging device**, Abhörvorrichtung *f*, Wanze *f*

**build**, *v* bauen; **to ~ in** einbauen (→ built in); **to ~ up** aufbauen, aufstocken (→ built up); **to ~ up a business** ein Geschäft aufbauen; **to ~ up stocks** Vorräte anlegen; Lager auffüllen

**builder**, Bauunternehmer *m*; **~'s estimate** Baukostenvoranschlag *m*

**building**, **new ~** Neubau *m*; **industrial ~s** Industriebauten *fpl*; **occupied ~** bewohntes Gebäude *n*; **office ~** Bürohaus *n*; **public ~** öffentliches Gebäude *n*; **~ and civil engineering** Hoch- und Tiefbau *m*; **~ and loan association** *Am* Bausparkasse *f*; **~ contractor** Baufirma *f*; **~ costs** Baukosten *pl*; **~ craftsman** Bauhandwerker *m*; **~ estimate** Baukostenvoranschlag *m*; **~ funds** Baugelder *npl*; **~ industry** Bauindustrie *f*; **~ land** Baugrundstück *n*; **~ lease** *(erbbaurechtsähnlicher)* Baupachtvertrag *m*; **~ licen|ce (~se)** Baugenehmigung *f*; **~ loan** Baudarlehen *n*

**building material**, Baumaterial *n*; **~s industry** Baustoffindustrie *f*

**building**, **~ permit** Baugenehmigung *f*; **~ plot** Bauplatz *m*, Bauparzelle *f*; **~ prices** Baupreise *mpl*

**building project**, Bauvorhaben *n*; **financing of a ~** Baufinanzierung *f*

**building**, **~ regulations** Bauvorschriften *fpl*; **~ restriction** Baubeschränkung *f*; **~ site** Bauplatz *m*, Baustelle *f*

**building society**, *Br* Bausparkasse *f*; **investor with a ~** Bausparer *m*

**building**, **~ trade** Baugewerbe *n*, Bauwirtschaft *f*; **~ under construction** im Bau befindliches Haus *n*

**built**, gebaut; **~-in furniture** Einbaumöbel *pl*; **~-in obsolescence** geplantes Veralten *n*; **~-on** bebaut; **~-up area** bebautes Gebiet *n*; *(Verkehr)* geschlossene Ortschaft *f*

**bulge**, rascher Kursanstieg *m*

**bulk**, Bulk, *(ungeteilte)* große Menge *f*; Masse *f*, Massengut *n*; Hauptteil *m* (of an); Gesamtheit *f*; Umfang *m*; (Schiffs-)Ladung *f*; **dry ~** Schüttgut *n*; **in ~** als Massengut *n*; unverpackt, geschüttet; **goods in ~** lose (od. unverpackte) Waren; Ware in Schüttung; **to buy in ~** in großen Mengen kaufen; e-n Großeinkauf tätigen; **liquid ~** Flüssigladung *f*; **~ buying** Großeinkauf *m*, Masseneinkauf *m*, Einkauf *m* großer Mengen; **~ cargo** Massengutladung *f*, Schüttgutladung *f*, lose Ladung *f*; **~ carrier** Massengutfrachter *m*, Frachtschiff *n* zur Beförderung loser Massengüter; **~ consumer** Großverbraucher *m*; **~ freight** Fracht(-kosten) *f(pl)* für Massengüter; **~ goods** lose (od. unverpackte) Waren; Massengüter, Schüttgut *n*; **~ grain** loses Getreide *n*; **~ loading** Schüttgutverladung *f*; **~ of the imports** der größte Teil der Einfuhr; **~ of world trade** wesentlicher Teil *m* des Welthandels; **~ order** Großauftrag *m*; **for ~ orders** bei Abnahme größerer Mengen; **~ price** Mengenpreis *m*; **~ purchase** Großeinkauf *m*; **~ purchaser** Großabnehmer *m*, Großeinkäufer *m*; **~ sale** (or **selling**) Verkauf in Bausch und Bogen; Massenverkauf *m*; **~ shipment** Massenversand *m*; **~ transfer** Übertragung *f* von Sachgesamtheiten; **~ transport**

Massengutverkehr *m*; ~ **wine** nicht abgefüllter Wein *m*; **to break** ~ *(Ware)* in kleinere Mengen umgruppieren; mit dem Löschen der Ladung beginnen; **to ship in** ~ in loser Schüttung verladen

**bulky**, ~ **cargo** sperrige Ladung; ~ **goods** Sperrgut *n*; Schüttgut *n*; lose (od. unverpackte) Waren *pl*; ~ **waste** sperrige Abfälle *mpl*

**bull**, *(Börse)* Haussier *m*, Haussespekulant *m*; ~ **account** Hausseposition *f*; ~ **and bear bond** Anleihe *f*, deren Rückzahlungskurs an e-n Aktienindex gebunden ist; ~ **buying** Haussekauf *m*; ~ **campaign** Kurstreiberei *f*; ~ **engagement** Engagement *n* der Haussepartei; ~ **market** Markt mit steigenden Kursen, Hausse(markt) *f(m)*; ~ **operation** Haussespekulation *f*; ~ **purchase** Haussekauf *m*; ~ **speculation** Haussespekulation *f*; ~ **transaction** Haussegeschäft *n*; **to buy a** ~ auf Hausse kaufen (od. spekulieren)

**bull**, *v*, **to** ~ **(the market)** auf Hausse kaufen (od. spekulieren); die Kurse in die Höhe treiben

**bulldog bond market**, *Br* Kapitalmarkt *m* für Pfund Sterling Auslandsanleihen

**bullet loan**, Anleihe *f*, die am Ende der Laufzeit in e-r Summe zurückgezahlt wird

**bulletin**, Bulletin *n*, amtliche Bekanntmachung *f*; ~ **of the European Communities** Bulletin der Europäischen Gemeinschaften

**bulletin board**, schwarzes Brett *n*

**bullion**, *(ungemünztes)* Edelmetall *n*; Goldbarren *m*, Silberbarren *m*; ~ **market** Edelmetallmarkt *m*; ~ **trade** Edelmetallhandel *m*

**bullish**, steigend, in Hausse; ~ **market** haussierender Markt *m*; ~ **mood** Haussestimmung *f*; **shares are in a** ~ **mood** Aktien haussieren; ~ **price rise** hausseartige Kurssteigerung *f*; ~ **stocks** haussierende Kurse *mpl*; ~ **tendency** Haussebewegung *f*

**bumper crop**, *colloq.* Bombenernte *f*, Rekordernte *f*

**buoyancy**, steigendes Anziehen *n (der Kurse od. Preise)*

**buoyant**, steigend, anziehend *(Kurse, Preise)*; fest *(Börse)*; ~ **demand** lebhafte Nachfrage *f*

**burden**, Last *f*; Auflage *f*; Gemeinkosten *pl*; Tonnengehalt *m (e-s Schiffes)*; ~ **of debts** Schuldenlast *f*

**burden of proof**, Beweislast *f*; ~ **lies** (or **rests**) **with the seller** die Beweislast trifft den Verkäufer

**burden**, ~ **of taxation** Steuerlast *f*; **~-sharing** Lastenteilung *f*

**burdensome**, belastend

**burglar**, Einbrecher *m*; **~-proof** einbruchsicher

**burglary**, Einbruch(sdiebstahl) *m*; **to commit** ~ einbrechen

**burgle**, *v* einbrechen

**burial**, Beerdigung *f*; ~ **insurance** Sterbeversicherung *f*

**burn-out turnaround**, völlige Neustrukturierung *f* mit rabiater Umschichtungsfinanzierung

**burn rate**, Gemeinkostendeckung *f*, Eigenkapitalanteil *m*, der zur Deckung der Gemeinkosten verbraucht wird

**bus**, (Auto-)Bus *m*, Omnibus *m*; **airport** ~ Zubringerbus *m*; **carriage of passengers by ~es and coaches** Personenverkehr *m* mit Omnibussen; **regular** ~ **services** Linienverkehr *m* mit Omnibussen; ~ **line** (or **route**) Omnibuslinie *f*; ~ **schedule** Omnibusfahrplan *m*

**bushel**, Bushel *n*, Scheffel *m* (Trockenhohlmaß bes. für Getreide und Früchte; *Br* 36,37 l, *Am* 35,24 l)

**business**, Geschäft(e) *n(pl)*; (Geschäfts-)Betrieb *m*; Unternehmen *n*; Handel *m*; Gewerbe *n*; Angelegenheit *f*; **any other** ~ (A.O.B.) *(Tagesordnung)* Sonstiges *n*, Verschiedenes *n*; **big** ~ → big; **course of** ~ Geschäftsgang *m*; **current** ~ laufende Geschäfte *pl*; **decline in** ~ Geschäftsrückgang *m*; **discontinuance of (a)** ~ Geschäftsaufgabe *f*; **domestic** ~ Inlandsgeschäft *n*; **dull** ~ flaues Geschäft; **flourishing** ~ blühendes Geschäft; gutgehendes Geschäft; **foundation of a** ~ Geschäftsgründung *f*; **increase in** ~ Geschäftszunahme *f*

**business to business**, *(EDV)* ~ bezeichnet Geschäftsbeziehungen *pl* zwischen Unternehmen

**business to consumer**, *(EDV)* ~ bezeichnet Geschäftsbeziehungen *pl* zwischen Unternehmen und Konsumenten

**B-2-B**, → Business to Business

**B-2-C**, → Business to Consumer

**business angel**, privater Finanzgeber *m* für Start-up Unternehmen

**business**, **large** ~ gute Geschäfte; **to do a large ~ in** gute Geschäfte machen mit

**business**, **line of** ~ → line 1.; **no ~ done** *(Börse)* ohne Umsatz

**business**, **on** ~ geschäftlich, in geschäftlichen Angelegenheiten; **to be away on ~** geschäftlich unterwegs (od. verreist) sein; **to travel on** ~ geschäftlich reisen; Geschäftsreisen machen

**business**, **paying** ~ rentables Geschäft *n*; **share in a** ~ → share 1.; **skilled in** ~ geschäftstüchtig; **slack** (or **slow**) ~ flaues (od. ruhiges) Geschäft; nicht gutgehendes Geschäft; **small** ~ → small; **terms** (and **conditions**) **of** ~ Geschäftsbedingungen *fpl*; **transfer of** ~ → transfer 1.

**business accounts harmonized data bank**, (BACH) *(EU)* Datenbank *f* über die Rechnungslegung von Unternehmen (BACH)

**business activity**, Geschäftstätigkeit *f*; Geschäftsverkehr *m*; **(state of)** ~ Konjunktur(lage) *f*; **fluctuation in** ~ Konjunkturschwankung *f*; **to slow down excessive** ~ die Konjunktur dämpfen

**business**, ~ **acumen** Geschäftssinn *m*; ~ **administration** Betriebswirtschaft(slehre) *f*; ~ **adviser** Wirtschaftsberater *m*; ~ **affair** geschäftliche Angelegenheit *f*; ~ **agent** Handelsvertreter *m*; ~ **analyst** Konjunkturanalytiker *m*; ~ **and investment capital** Umlauf- und Anlagevermögen *n*; ~ **appointment** geschäftliche Verabredung *f*; ~ **assets** Geschäftsvermögen *n*; ~ **associate** Geschäftspartner *m*; ~ **call** Geschäftsbesuch *m*; *(telefonischer)* geschäftlicher Anruf *m*; Dienstgespräch *n*; ~ **car** Geschäftswagen *m*, Dienstwagen *m*; ~ **climate** Konjunkturklima *n*; ~ **college** *Am* Handelsschule *f*; ~ **columns** Wirtschaftsteil *m (e-r Zeitung)*; ~ **combination** Firmenzusammenschluss *m*; ~ **comeback** Wiederanziehen *n* der Konjunktur; ~ **commitments** geschäftliche Verpflichtungen *fpl*; ~ **community** Geschäftswelt *f*; ~ **concern** Geschäftsunternehmen *n*; ~ **conference** geschäftliche Besprechung *f*

**business connection**, befreundete Firma *f*; **to be in ~ with** in Geschäftsverbindung stehen mit; **to break off** ~ Geschäftsbeziehungen lösen; **to maintain numerous ~ abroad** über zahlreiche Geschäftsbeziehungen mit dem Ausland verfügen

**business**, ~ **consultant** Betriebsberater *m*, Unternehmensberater *m*; ~ **consulting** Unternehmensberatung *f*; ~ **contract** Geschäftsvertrag *m*; ~ **cooperation** Unternehmenskooperation *f*; ~ **cooperation centre** (BCC) *(EU)* Basis *f* für Unternehmenskooperation; ~ **criminality** Wirtschaftskriminalität *f*; ~ **cycle** Konjunkturzyklus *m*, Konjunkturverlauf *m*; ~ **data** Geschäftsunterlagen *pl*; ~ **day** Geschäftstag *m*; **(~) deal** Geschäftsabschluss *m*, abgeschlossenes Geschäft *n*; ~ **dealings** geschäftliche Transaktionen *fpl*; Geschäftsverkehr *m*; ~ **decline** Geschäftsrückgang *m*; Konjunkturrückgang *m*; ~ **designation** Geschäftsbezeichnung *f*

**business difficulties**, **to experience** ~ geschäftliche Schwierigkeiten haben

**business dispute**, **to settle a** ~ e-e geschäftliche Streitigkeit beilegen

**business documents**, **to inspect and examine** ~ geschäftliche Unterlagen einsehen

**business**, ~ **done** *(tatsächlich getätigter)* Börsenabschluss *m*; Umsatz(betrag) *m*; ~ **earnings** Geschäftsgewinn *m*, Unternehmensertrag *f*; ~ **economics** *Br* Betriebswirtschaft(slehre) *f*; ~ **economist** *Br* Betriebswirt *m*; ~ **engineer** *Am* Unternehmensberater *m*; ~ **enterprise** geschäftliches (od. gewerbliches) Unternehmen *n*; ~ **entertainment** Bewirtung *f* von Geschäftsfreunden; ~ **equipment** Geschäftseinrichtung *f*; ~ **espionage** Wirtschaftsspionage *f*; ~ **executive** betriebliche Führungskraft *f*; Geschäftsführer *m*; Unternehmensleiter *m*; ~ **expenses** Geschäftsausgaben *fpl*; ~ **failure** Geschäftszusammenbruch *m*, Insolvenz *f*; ~ **finance** Finanzwirtschaft *f (e-s Unternehmens)*; ~ **fittings** Geschäftseinrichtung *f*; ~ **gifts** Geschenke *npl* an Geschäftsfreunde; Werbegeschenke *npl*; ~ **goal** Unternehmensziel *n*; ~ **hazard** *(allgemeines)* Unternehmerwagnis *n*

**business**, ~ **income** → income; ~ **in futures** *(Börse)* Termingeschäft(e) *n(pl)*; ~ **in securities** Effektenhandel *m*; ~ **interest** Geschäftsinteresse *n*; Geschäftsbeteiligung *f*; ~ **inventory** Geschäftsinventar *n*, Betriebsinventar *n*; ~ **investment policy** betriebliche Investitionspolitik *f*; ~ **knowledge** Geschäftskenntnisse *fpl*; ~ **law** Handelsrecht *n*; ~ **leader** Wirtschaftsführer *m*; ~ **liability insurance** Betriebshaftpflichtversicherung *f*; ~ **licen|ce (~se)** Konzession *f* zur Ausübung e-s Gewerbes; ~ **loan** Geschäftskredit *m*; ~ **loss** Geschäftsverlust *m*; ~ **magnate** Großindustrieller *m*

**businessman**, Geschäftsmann *m*; **independent** ~ selbstständiger Gewerbetreibender *m*

**business**, ~ **management** Geschäftsführung *f*, Betriebsführung *f*, Unternehmensführung *f*; ~ **manager** Geschäftsführer *m*, Betriebsführer *m*; kaufmännischer Direktor *m*

**businessmen and -women**, Geschäftsleute *pl*; Geschäftswelt *f*; ~ **engaged in international trade** (or **world of international** ~) internationale Geschäftswelt *f*

**business**, ~ **merger** Zusammenlegung *f* von Geschäften; ~ **name** Firmenname *n*, Firma *f*; ~ **negotiation** geschäftliche Verhandlung *f*; ~ **objective** Unternehmensziel *n*; ~ **on fixed terms** Fixgeschäft *n*; ~ **on joint account** Konsortialgeschäft *n*; ~ **operations** geschäftliche Transaktionen *fpl*; Geschäftsbetrieb *m*; ~ **outlook** Geschäftsaussichten *fpl*; ~ **paper** Wirtschaftszeitung *f*; ~ **partner** Geschäftspartner *m*; ~ **planning** betriebliche Vorausplanung *f*; ~ **policy** Betriebspolitik *f*, Unternehmenspolitik *f*

**business practices**, Geschäftspraktiken *pl*, geschäftliche Gepflogenheiten *fpl*; **fraudulent** ~ betrügerisches Geschäftsgebaren *n*

**business**, ~ **premises** Geschäftsgrundstück *n (mit Nebengebäuden)*; Geschäftsräume *mpl*; gewerbliche Räume *mpl*; ~ **profit** Geschäftsgewinn *m*; Gewinn aus Geschäfts- (od. Gewerbe)betrieb; ~ **property** Geschäftsgrundstück *n*; Betriebsvermögen *n*; ~ **prospects** Geschäftsaussichten *fpl*; **for** ~ **purposes** für geschäftliche Zwecke *mpl*; ~ **recession** Rezession *f*; ~ **records** Geschäftsunterlagen *fpl*

**business process reengineering**, → BPR

**business relations**, Geschäftsverbindungen *fpl*, Geschäftsbeziehungen *fpl*; **to be in (to enter into) business relations with** in Geschäftsverbindung stehen (treten) mit; **to break off** ~ Geschäftsbeziehungen abbrechen; **to entertain numerous** ~ **abroad** über zahlreiche Geschäftsverbindungen mit dem Ausland verfügen

**business**, ~ **reply card** Werbeantwortkarte *f*; ~ **revival** Geschäftsbelebung *f*, Konjunkturbelebung *f*; ~ **risk** Geschäftsrisiko *n*; ~ **section** Wirtschaftsteil *m (e-r Zeitung)*; ~ **services** *(EU)* Dienstleistungen *fpl* für Unternehmen *n*

**business**, ~ **situation** Geschäftslage *f*; ~ **skill** Geschäftstüchtigkeit *f*; ~ **standing** Ansehen *n* e-s Geschäfts; ~ **start-up** Gründung *f* von Unternehmen; Firmenneugründung *f*; ~ **success** Geschäftserfolg *m*; ~ **survey** Konjunkturbefragung *f*; ~ **torts** unerlaubte Handlungen im Geschäftsverkehr; ~ **trainee** kaufmännischer Lehrling *m*; Auszubildender *m* als Kaufmann; ~ **transaction** Geschäft(svorfall) *n(m)*; ~ **transfer** Betriebsübergang *m*; ~ **travel(l)er** Geschäftsreisender *m*; ~ **trip abroad** Auslands-Geschäftsreise *f*; **on a** ~ **trip** geschäftlich verreist; ~ **tycoon** Großindustrieller *m*; ~ **usage** Handelsbrauch *m*; ~ **volume** Geschäftsvolumen *n*; ~ **world** Geschäftswelt *f*; ~ **year** Geschäftsjahr *n*; **to carry on a** ~ ein Geschäft führen (od. betreiben); ein Geschäft weiterführen; geschäftlich tätig sein; **to close down a** ~ ein Geschäft schließen; **he is doing** ~ **with** er steht in Geschäftsverbindung mit; **to establish** (or **found**) **a** ~ ein Geschäft eröffnen (od. gründen); **to go about one's** ~ seinen Geschäften nachgehen; **to go into** ~ Kaufmann werden; **to manage a** ~ ein Geschäft führen; **to participate in a** ~ sich an e-m Geschäft (finanziell) beteiligen; **to set up** (or **start**) **a** ~ ein Geschäft eröffnen; **to transact** ~ **on one's own or another's account** für eigene oder für fremde Rechnung Geschäfte machen

**bust**, **to go** ~ *colloq.* pleite gehen

**busy**, beschäftigt; geschäftig; *Am tel* besetzt; ~ **day** arbeitsreicher Tag; ~ **season** Hauptsaison *f*; ~ **traffic** lebhafter Verkehr *m*

**butter**, **stored** ~ eingelagerte Butter *f*; **storage** ~ Lagerbutter *f*; ~ **stocks** Buttervorräte *mpl*; Butterbestände *mpl*; ~ **surplus** Butterüberschuss *m*

**buy**, ~ **back** Rückkauf *m*; Form *f* e-s →

barter deal, bei dem Produktionsmittel gegen noch zu produzierende Güter getauscht werden; **~-out** Unternehmenskauf *m* durch e-e Gruppe, die Managementmitglieder einschließt; **management ~-out** → management

**buy**, *v*, **to ~ sb. sth.** jdm etw. kaufen; **inclination to ~** Kauflust *f*; **no obligation to ~** kein Kaufzwang *m*; **order to ~** *(Börse)* Kaufantrag *m*, Kauforder *f*

**buy**, *v*, **to ~ and sell on commission** Kommissionhandel betreiben; **to ~ an insurance** sich versichern lassen; **to ~** *Br* **by** (*Am* **at**) **retail** *(Waren)* in kleinen Mengen (od. im Einzelhandel) kaufen; **to ~ by sample** nach Muster kaufen; **to ~** *Br* **by** (*Am* **at**) **wholesale** *(Waren)* im Großhandel (od. en gros) kaufen; **to ~ back** zurückkaufen; **to ~ cheap** billig kaufen; **to ~ firm** fest kaufen; **to ~ for the account** *Br* auf Termin kaufen; **to ~ for a rise** auf Hausse kaufen; **to ~ for the settlement** *Br* auf Termin kaufen; **to ~ forward** auf Termin kaufen; **to ~ in** sich eindecken mit; *(auf Auktionen)* zurückkaufen, selbst ersteigern; **to ~ long** auf Hausse kaufen (od. spekulieren); **to ~ on credit** auf Kredit kaufen; **to ~ on a fall** auf Baisse spekulieren; **to ~ on hire purchase** (or **on the instal[l]ment plan**) auf Abzahlung kaufen; **to ~ on the never-never** *Br sl.* auf Stottern kaufen; **to ~ out** auskaufen; abfinden; **to ~ out a partner** e-n Teilhaber abfinden; **to ~ subject to inspection** auf Besicht kaufen; **to ~ up** aufkaufen

**buyer**, Käufer *m*; Einkäufer *m*; **buyers** *(Börse)* Geld *n*; **chief ~** Einkaufschef *m*; **intending** (or **prospective**) **~** Kaufinteressent *m*; Reflektant *m*; **undisclosed ~** ungenannter Käufer; **wholesale ~** Großeinkäufer *m*; **buyer category** Käufergruppe *f*; **~ credit** Beschaffungskredit *m*; Bestellerkredit *m*; **~'s guide** Bezugsquellennachweis *m*; **~' market** Käufermarkt *m (gekennzeichnet durch sinkende Preise)*; **~'s option** *Br* Käuferoption *f*; **at ~'s option** *(Börse)* nach Käufers Wahl; **~s over** *Br (Börse)* mehr Nachfrage als Angebot; mehr Geld als Brief; **~s' strike** Käuferstreik *m*; **~ up** Aufkäufer *m*

**buying**, Kauf *m*, Ankauf *m*, Einkauf *m*; Beschaffung *f (Wareneinkauf)*; **bulk ~** → bulk; **favo(u)rable opportunity of ~** günstigeKaufgelegenheit *f*; **~ and selling** Ein- und Verkauf *m*; **~ agent** Einkaufsvertreter *m*; Einkäufer *m*; Einkaufskommissionär *m*; **~ attention** *(Börse)* Käuferinteresse *n*; **~ behavio(u)r** Einkaufsverhalten *n*; **~ commission** Einkaufsprovision *f*; **~ costs** → purchasing costs; **~ decision** Kaufentscheidung *f*; **~ for a rise** Kauf auf Hausse; **~ group** Einkaufsgemeinschaft *f*; **~ habits** Kaufgewohnheiten *fpl*; **~ hedge** Absicherung *f* des Käufers

**buying-in**, Ankauf *m*; Eindeckung *f*; *(Börse) (zwangsweise)* Eindeckung *(von Effekten)*; **~ price** Ankaufspreis *m*

**buying**, **~ incentive** Kaufanreiz *m*; **~ interest** Kaufinteresse *n*; **~ long** *Am* Haussekauf *m*; **~ mood** Kaufstimmung *f*; **~ motive** Kaufmotiv *n*, Kaufanlass *m*; **~ order** *(Börse)* Kaufauftrag *m*; **~ out of a partner** Auszahlung *f* (od. Abfindung *f*) e-s Teilhabers; **~ outright** *Am (Börse)* Kauf per Kasse gegen sofortige Lieferung; Kassakauf *m*; **~ power** Kaufkraft *f*; **~ price** Kaufpreis *m*; **~ public** Anlagepublikum *n*; **~ rate** *(Devisen)* Ankaufskurs *m*; Geldkurs *m*; **~ source** Einkaufsquelle *f*, Bezugsquelle *f*; **~ up** Aufkauf *m*

**buzz words**, Modewörter *n pl*

**by-bidder**, Scheinbieter *m* (zur Höhertreibung des Preises bei Auktionen)

**by(e)-laws**, Satzung *f*; Geschäftsordnung *f*; *Br* städtische Verordnung

**by**, **~ mistake** aus Versehen; **~ rail** mit der Eisenbahn; **~ water** zu Wasser; **to be back ~ Monday** *(spätestens)* bis Montag zurück sein

**by(-)pass**, Umleitung *f (Straße)*

**by-product**, Nebenprodukt *n*

**bystander**, unbeteiligter Dritter *m*

# C

**C++**, *(EDV)* eine Programmiersprache *f*

**C-2-C**, *(EDV)* → Consumer to Consumer

**CAD**, *(EDV)* → Computer aided design

**cab**, Taxi *n*; **~ driver** Taxifahrer *m*; **to call** (or **order**) **a ~** ein Taxi bestellen

**cable**, Kabel *n*; **by ~** telegrafisch; **~ gram** Kabeltelegramm *n*, überseeisches Telegramm *n*; **~ order** Kabelauftrag *m*; **~ television** Kabelfernsehen *n*; **~ transfer** telegrafische Überweisung *f*

**cabotage**, Kabotage *f*; Küstenschifffahrt *f*

**calculate**, *v* rechnen, berechnen, errechnen, kalkulieren; **to ~ the costs** die Kosten berechnen; **to ~ on** rechnen mit, sich verlassen auf

**calculation**, Berechnung *f*, Kalkulation *f*; **basis of ~** Berechnungsgrundlage *f*; **faulty ~** Fehlkalkulation *f*; **at the lowest ~** bei niedrigster Kalkulation; **~ of interest** Zinsberechnung *f*; **~ of prices** Preiskalkulation *f*; **~ of profits** Rentabilitätsberechnung *f*; Gewinnkalkulation *f*; **to make a close ~** genau kalkulieren

**calendar**, Kalender *m*, Verzeichnis *n*; *Am* Terminkalender *m*

**calibrate**, *v* eichen

**calibration**, Eichung *f*

**call**, 1. Aufruf *m*; Abruf *m*; (Nach-)Zahlungsaufforderung *f (an Aktienzeichner)*; Einlösungsaufforderung *f (an Obligationäre)*; Kündigung *f (von Effekten)*; *(kurzer)* Besuch *m*; **at ~** auf Verlangen; **on ~** auf Abruf, jederzeit kündbar *(Geld)*; **subject to ~** täglich kündbar *(Geld)*; **~ date** Kündigungstermin *m*; **~ deposits** Sichteinlagen *pl*; **~ for bids** öffentliche Ausschreibung *f*; **~ for funds** Einforderung *f* von Geldern; **~ letter** Einzahlungsaufforderung *f*; **~ loan** *Br* jederzeit kündbares Darlehen *n*; **~ money** Callgeld *n*, tägliches Geld *n (von Banken an andere Finanzierungsinstitute ausgeliehenes Geld, das täglich kündbar ist)*; **~-off** Abruf *m*; **~ on shares** Aufforderung *f* zur Leistung der Einlagen auf gezeichnete Aktien; **~ price** (redemption price) Rücknahmekurs *m*; **~ provision** Bestimmung *f*, wonach die Obligationen jederzeit zurückgezahlt werden können; **~ rate** Tagesgeldsatz *m*; **call right** Kündigungsrecht *n*; **~ slip** Vertreterbericht *m*; **to be on ~** auf Abruf zur Verfügung stehen; **to make a ~ on shares** Einzahlung *f* der Einlagen auf gezeichnete Aktien verlangen; **to make** (or **pay**) **a ~** e-n Besuch machen

**call**, 2. *(Börse)* Kaufoption *f*; Vorprämie *f*; **giver for the ~** Käufer *m* e-r Vorprämie; **~ holder** Inhaber *m* e-r Kaufoption; **~ of more** Nochgeschäft *n*; **~ option** Kaufoption *f*, Vorprämie *f*; **~ price** Kündigungskurs *m (Kurs, zu dem ein Wertpapier bei Kündigung zurückgenommen werden kann)*; **~ purchaser** Erwerber *m* e-r Kaufoption; **to give for the ~** e-e Vorprämie kaufen; **to pay a ~** e-e Einzahlung auf Aktien leisten; **to take for the ~** e-e Vorprämie verkaufen

**call**, 3. Telefongespräch *n*; **local ~** Ortsgespräch *n*; **long distance ~** *Am* Ferngespräch *n*; **national ~** *Br* Ferngespräch *n*; **~ -box** Telefonzelle *f*; **~ back** *Am* automatischer Rückruf *m*; **~ charge indicator** *Br* Gebührenanzeiger *m*

**call**, *v* rufen, nennen; aufrufen; abrufen; zur Einzahlung (od. Nachzahlung) auffordern; kündigen; **to ~ bonds** Obligationen abrufen; **to ~ a case** e-e Sache *(bei Gericht)* aufrufen; **to ~ a meeting** e-e Sitzung einberufen; **to ~ the meeting of shareholders** die Hauptversammlung einberufen; **to ~ an option** ein Prämiengeschäft eingehen; **to ~ a strike** e-n Streik ausrufen

**call**, *v*, **to ~ at a port** e-n Hafen anlaufen; **to ~ for** *(etw.)* anfordern; **to ~ for payment** zur Zahlung auffordern; **to ~ in** *(Schulden)* einfordern, einziehen; *(Kredit etc.)* kündigen; *(Sachverständigen etc.)* hinzuziehen; **to ~ off** abrufen; **to ~ off a strike** e-n Streik abbrechen; **to ~ on a p.** (to do sth.) jdn auffordern (etw. zu tun); **to ~ on the capital market** sich des Kapitalmarktes bedienen; den Kapitalmarkt in Anspruch nehmen; **to ~ up** aufrufen, einfordern; *tel* anrufen; **to ~ up funds** Mittel abrufen; **to ~ upon a p.** → to call on a p.; **I ~ upon Mr. X (to speak)** ich erteile Herrn X das Wort

**callable**, abrufbar; kündbar *(Effekten)*; **~ bond** Tilgungsanleihe *f*; **~ loan** kündbarer Kredit *m*

**call centre**, Sammelstelle *f* für Anrufe

**called, an article much ~ for** ein sehr begehrter Artikel *m*; **~ up capital** *(von Aktionären)* eingefordertes Kapital *n*

**calling**, Beruf *m*; Aufforderung *f*; Einberufung *f (e-r Versammlung)*; **~ of the case** Aufruf *m* der Sache *(bei Gericht)*; **~ in** Einziehung *f*; Kündigung *f (von Effekten etc.)*

**calming down of demand**, Beruhigung *f* der Nachfrage

**camera, in ~** unter Ausschluss der Öffentlichkeit

**camouflage**, Tarnung *f*

**campaign**, Feldzug *m*; Aktion *f*; **advertising ~** Reklame-, Werbefeldzug *m*; **bear ~** Angriff *m* der Baissepartei; **sales ~** Verkaufsaktion *f*; **~ against pollution**

**of the environment** Bekämpfung *f* der Umweltverschmutzung

**can**, *v* eindosen; **~ned goods** Konserven *fpl*; **~ning industry** Konservenindustrie *f*

**cancel**, *v* für ungültig erklären, streichen, annulieren; stornieren; *(Special Drawing Rights)* aus dem Verkehr ziehen, einziehen; **to ~ a contract** e-n Vertrag aufheben; vom Vertrag zurücktreten; **to ~ a licen|ce (~se)** e-e Lizenz widerrufen; **to ~ a meeting** e-e Tagung absetzen; **to ~ an order** e-n Auftrag streichen (od. stornieren); *(etw.)* abbestellen

**cancellation**, Ungültigkeitserklärung *f*; Streichung *f*, Annullierung *f*; Stornierung *f*; Löschung *f*; **~ notice** Löschungsvermerk *m*; **~ of a contract** Aufhebung *f* e-s Vertrages; Rücktritt *m* vom Vertrag; **~ of an entry** Löschung e-r Eintragung; **~ of execution** Aufhebung *f* der Zwangsvollstreckung; **~ of a licen|ce (~se)** Widerruf *m* e-r Lizenz; **~ of an order** Stornierung *f* (od. Rückgängigmachung *f*) e-s Auftrags; **~ of shares** Kaduzierung *f* von Aktien; **~ of a trademark** Löschung *f* e-s Warenzeichens

**cancelled**, **~ cheque (check)** annullierter Scheck *m*; **until ~** bis auf Widerruf

**c & f**, (cost and freight) ... (named port of destination) Kosten und Fracht ... (benannter Bestimmungshafen)

**candidate**, Kandidat *m*, Anwärter *m*; **~ for a post** Bewerber *m* um e-e Stelle; **to stand as a ~** kandidieren

**canon**, Regel *f*, Richtschnur *f*; **~s of professional ethics** standesrechtliche Regeln

**canvass**, *(persönliche)* Werbung *f*; *(MMF)* Erhebung *f* im Hause

**canvass**, *v (an der Wohnungstür um Kunden)* werben; **to ~ (for) a newspaper** für e-e Zeitung werben; **to ~ orders** Aufträge hereinholen

**CAP**, → Common Agricultural Policy *(EU)*

**cap**, Begrenzung *f* nach oben; Zinsobergrenze *f (bei variabler Verzinsung e-r Schuld)*; **~ rate of interest** Maximalzinssatz *m*

**cap**, *v*, **~ped floaters** Geldmarktpapiere *npl* mit variablem, aber nach oben begrenztem Zinssatz

**capable of absorbing**, aufnahmefähig *(Markt)*

**capacity**, 1. Fähigkeit *f*; Geschäftsfähigkeit *f*; Rechtsfähigkeit *f*; Eigenschaft *f*; **in his ~ as** in seiner Eigenschaft als; **contractual ~** Vertragsfähigkeit *f*, Geschäftsfähigkeit *f*; **legal ~** → legal; **in an unofficial ~** inoffiziell, nicht amtlich

**capacity**, 2. Kapazität *f*; Fassungsvermögen *n*; Leistungsfähigkeit *f*; Tragfähigkeit *f*, Ladefähigkeit *f (e-s Schiffes)*; **employment of ~** Kapazitätsausnutzung *f*; **~ expansion of ~** Kapazitätsausweitung *f*; **financial ~** finanzielle Leistungsfähigkeit *f*; **increase in ~** Kapazitätserhöhung *f*; **plant ~** betriebliche Leistungsfähigkeit; **production ~** Produktionskapazität *f*; **purchasing ~** Kaufkraft *f*; **reduction in ~** Kapazitätsverringerung *f*; **spare** (or **unused**) **~** ungenützte Kapazität; **~ for innovation** Innovationsfähigkeit *f*; **~ utilization** Auslastung *f* der Kapazitäten; **to work at full ~** mit voller Kapazität arbeiten

**capital**, Kapital *n*, Vermögen *n*; **amount of ~** Kapitalbetrag *m*, Kapitalhöhe *f*; **borrowed ~** Fremdkapital *n*; **circulation ~** Umlaufkapital, Betriebskapital *n*; **fixed ~** Anlagekapital *n*; **invested ~** angelegtes Kapital, Anlagekapital; **lack of ~** Kapitalmangel *m*; **provider of ~** Kapitalgeber *m*; **raising of ~** Kapitalaufnahme *f*; **risk ~** haftendes Kapital; **~ account** Kapitalkonto *n*; Kapital(verkehrs)bilanz *f*; **~ accumulation** Kapitalbildung *f*; **~ allowance** steuerliche Abschreibung *f*; **~ and payments** Kapital- und Zahlungsverkehr *m*; **~ appreciation** Vermögenszuwachs *m*; **~ appropriation** Investitionsbewilligung *f*; **~ asset** Vermögensgegenstand *m*, Gegenstand *m* des Anlagevermögens; **~ assets** Kapitalanlagen *fpl*; Kapitalvermögen *n*; **~ brought in** eingebrachtes Kapital; **~ budgeting** Investitionsrechnung *f*; **~ budgeting decision** Investitionsentscheidung *f*; **~ consolidation** Kapitalkonsolidierung *f*; **~ contributed by a partner** Kapitaleinlage *f* e-s Gesellschafters; **~ contribution** Einbringung *f* von Kapital; Kapitaleinlage *f (in e-e Personengesellschaft)*; **~ cover** Kapitaldeckung *f*; **~ demand** Kapitalbedarf *m*; **~ dilution** Kapitalverwässerung *f*; **~ drain** Kapitalabfluss *m*; Abfluss von Kapital ins Ausland; **~ duty** *Br* Aktien-Stempelsteuer *f*; **~ equipment** Kapitalausstattung *f*

**capital expenditure**, Kapitalaufwand *m*; Investitionsaufwendungen *pl*, Investitionsausgaben *fpl*; **~ decision** Investitionsentscheidung *f*; **government ~** Investitionen *fpl* der öffentlichen Hand; **~ planning** Investitionsplanung *f*

**capital**, **~ flight** Kapitalflucht *f*; **~ flow** Kapitalstrom *m*; **~ formation** Kapitalbildung *f*, Vermögensbildung *f*; **~ from outside sources** Fremdkapital *n*

**capital gain**, Veräußerungsgewinn *m*, Gewinn aus der Veräußerung von Vermögen; **~s tax** *Am* Kapitalertragssteuer *f*

**capital gearing/leverage ratio**, Nettofremdkapitalquote *f*; *(Nettoverbindlichkeiten in % des Sachvermögens, verwertet zu Anschaffungskosten)*

**capital goods**, Investitionsgüter *npl*; **~ requirement** Investitionsgüterbedarf *m*

**capital**, **~ growth** Kapitalzuwachs *m*; **~ impairment** Verminderung *f* des Kapitals; **~ increase** Kapitalerhöhung *f*, Kapitalaufstockung *f*; **~ inflow** Kapitalzufluss *m*; **~ in hand** verfügbares Kapital; **~ injection** Kapitalzuführung *f*; **~ intensive enterprise** anlageintensives Unternehmen *n*; **~ interest** Kapitalbeteiligung *f*; **~ invested** Kapitaleinsatz *m*

**capital investment**, *(langfristige)* Kapitalanlage *f*; Investition(en) *f(pl)*; **~ on inventories** Lagerinvestitionen *fpl*; **to realize ~s** Investitionen durchführen

**capital**, **~ levy** Vermögensabgabe *f*; **~ liabilities** langfristige Verbindlichkeiten *fpl*; **~ link** Kapitalverflechtung *f*; **~ loss** Kapitalverlust *m*

**capital market**, Kapitalmarkt *m* (*Markt für langfristiges Geld*; *Ggs. Geldmarkt*); **eligible for the ~** kapitalmarktfähig; **to draw on the ~** den Kapitalmarkt in Anspruch nehmen

**capital market efficiency**, Kapitalmarkteffizienz *m*

**capital outflow**, Kapitalabfluss *m*; **to check** (or **slow down, limit**) **the ~** den Kapitalabfluss drosseln

**capital**, **~ outlay** Investitionsausgaben *fpl*; **~ output ratio** Kapitalkoeffizient *m*; **~ procurement** Kapitalbeschaffung *f*

**capital project(s)**, Investitionsvorhaben *n*; **misconceived ~** Fehlinvestition(en) *f(pl)*

**capital**, **~ raising** Kapitalaufnahme *f*; **~-raising market** Handelsplatz *m* für die Beschaffung von Kapital; **~ rating** Kapitalbewertung *f*; finanzielle Bewertung *f* *(e-s Unternehmens)*; **~ ratio** Eigenkapitalquote *f*; **~ recovery** Kapitalrückfluss *m*; **~ redemption** Kapitalrückzahlung *f*; **~ redemption reserve** → reserve 1.; **~ reduction** Kapitalherabsetzung *f*; **~ reorganization** Neuordnung *f* der Kapitalverhältnisse; **~ requirement** Kapitalbedarf *m*; **~ reserve** Kapitalrücklage *f*; **~ resources** Kapitalausstattung *f*; Eigenmittel *pl (e-s Unternehmens)*; **~ return** Kapitalverzinsung *f*; **~ spending** Investitionen *fpl*; **~ stock** *Am* Aktienkapital *n*, Grundkapital *n (e-r AG)*; **~ stock in treasury** Aktien *fpl* im Eigenbestand; **~ subscribed** gezeichnetes Kapital *n*; **~ subscription** Kapitaleinlage *f (e-s Gesellschafters)*; **~ surplus** → surplus 3.; **~ tax** *(DBA)* Vermögensteuer *f*; **~ tie-up** Kapitalbindung *f*; **~ transactions** Kapitalverkehr *m*; ~ transfers *(EU)* Vermögensübertragungen *fpl*; **~ turnover** Kapitalumschlag *m*; **~ venture** Kapitalbeteiligung *f*; **~ yield** Kapitalertrag *m*; **to endow with ~** mit Kapital ausstatten; **to furnish ~** Kapital beschaffen; **to invest ~** Kapital anlegen; **to lack ~** nicht genug Kapital haben; **to mobilize ~** Kapital flüssig machen; **to procure ~** Kapital beschaffen; **to provide oneself with ~** sich mit Kapital versorgen; **to raise ~** Kapital aufbringen; **to take up ~** Kapital aufnehmen; **to touch the ~** das Kapital angreifen

**capital**, **venture ~** → venture capital

**capitalism**, Kapitalismus *m*

**capitalist**, Kapitalist *m*

**capitalization**, Kapitalisierung *f*; Kapitalausstattung *f*; Aktivierung *f*; **~ issue** Ausgabe *f* von Gratisaktien; **~ of the goodwill** Aktivierung *f* des Goodwill; **~ share** Gratisaktie *f*

**capitalize**, *v* kapitalisieren, mit Kapital ausstatten; aktivieren; **~d income value** Ertragswert *m*; **~d value** kapitalisierter Wert *m*, Kapitalwert *m*

**captain of industry**, Großindustrieller *m*

**caption**, Kopf *m (e-r Urkunde)*; Rubrum *n*

**captive**, Unternehmen *n* für den Eigenbedarf e-r Muttergesellschaft; **~ finance company** konzerneigene Finanzierungsgesellschaft *f*; **~ leasing company** herstellereigene Leasinggesellschaft *f*

**capture**, Beschlagnahme *f*; Prise *f*; **~ of a thief** Festnahme *f* (od. Ergreifung *f*) e-s Diebes

**car**, Auto *n*, Kraftfahrzeug *n*; *Am* Waggon *m*; **hire ~** Mietauto *n*; **leased ~** *Am* Mietauto *n*; **used ~** Gebrauchtwagen *m*; **used ~**

dealer Gebrauchtwagenhändler *m*; **(used) ~ lot** Verkaufsstelle *f* von Gebrauchtwagen

**car**, **~ accessories** Autozubehör *n*; **~ accident** Autounfall *m*; **~ allowance** Kilometergeld *n*; **~ breakdown insurance** Pannenversicherung *f*; **~ crash** Autozusammenstoß *m*; **~ dealer** Autohändler *m*; **~ documents** *Br* Wagenpapiere *npl*; **~ dump** Autofriedhof *m*; **~ exhaust emissions** Abgasemissionen *fpl*; **~ hire** Automiete *f*; **~ hire firm** *Br* Autovermietung *f*; **~ insurance** *Br* Kraftfahrzeugversicherung *f*; **~ jacking** Raubüberfall *m* auf Autofahrer *(um ihnen ihr Fahrzeug zu entwenden)*; **~ lease** *Am* Autovermietung *f*; **~ market** Kraftfahrzeugmarkt *m*; **~ owner** Kraftwagenhalter *m*; **~ park** *Br* Parkplatz *m*; **~ pool** Fahrgemeinschaft *f*; *Br* Wagenpark *m*; **~ registration** *Br* Zulassung *f* e-s Kraftfahrzeugs; **~ rental** Autovermietung *f*; **~ sharing** gemeinsame Nutzung *f* e-s Autos; **~ tax** *Br* Kraftfahrzeugsteuer *f*; **~ wash plant** Waschanlage *f (für Autos)*; **to drive a ~** ein Auto fahren; **to go by ~** im Auto fahren; **to hire** (or **rent**) **a ~** ein Auto mieten; **to hire out a ~** ein Auto vermieten

**carat**, Karat *n*, Goldfeingehalt *m*

**carbon**, **~ copy** Durchschlag *m*, Kopie *f*; **~ paper** Kohlepapier *n*

**carcinogenic substances**, krebserzeugende Stoffe *mpl*

**card issuer**, Herausgeber *m* von Kreditkarten

**cardboard**, **~ box** Pappkarton *m*; **~ engineer** Verpackungsfachmann *m*; **corrugated ~** Wellpappe *f*

**card-index**, Kartei *f*, Kartothek *f*; **to file cards in the ~** Karten in die Kartei einordnen; **to keep a ~** e-e Kartei führen; **to set up a ~** e-e Kartei anlegen

**care**, Sorge *f*, Pflege *f*; Obhut *f*; Betreuung *f*; **~ of** (c/o) per Adresse, zu Händen von (z. Hd. v.); **due ~** gebührende (od. gehörige) Sorgfalt *f (wie in eigenen Angelegenheiten)*; **easy care** pflegeleicht; **glass, (handle) with ~** Vorsicht, Glas!; **lack of ~** Mangel *m* an Sorgfalt; **medical ~** → medical; **ordinary ~** verkehrsübliche Sorgfalt; **reasonable ~** angemessene Sorgfalt; **~ manager** *Br* Sozialhilfeleiter *m*; **~ of a car** Pflege *f* e-s Wagens; **~ of a child** Sorge *f* für die Person des Kindes; **~ of materials** Materialpflege *f*; **to exercise** (or **take**) **~** Sorgfalt anwenden; **take ~!** Vorsicht! *(z. B. Aufschrift auf Kisten)*; **to take ~** sorgen (of für)

**career**, Karriere *f*, Laufbahn *f*; **~ guidance** Berufsberatung *f*

**careful**, sorgfältig; vorsichtig; **to drive ~** vorsichtig fahren

**careless driving**, fahrlässiges Fahren *n*

**caretaker**, Hausverwalter *m*; Hausmeister *m*

**cargo**, (Schiffs-, Flugzeug-)Ladung *f*; Fracht(-gut) *f(n)*; **floating ~** → floating; **general** (or **mixed**) **~** Stückgutladung *f*; Stückgüter *npl*; **~ book** Ladebuch *n*; **~ handling** Ladungshandhabung *f*; Ladungsumschlag *m*; **~ helicopter** Frachthubschrauber *m*; **~ hold** Laderaum *m*; **~ insurance** Frachtversicherung *f*; **~ lien** Ladungspfandrecht *n*; **~ liner** Linienfrachtschiff *n*; **~ list** Ladeverzeichnis *n*; **~ policy** Frachtversicherungspolice *f*; **~ rates** Frachtraten *fpl*; **~ sharing** Ladungsverteilung *f*; **~ shipping** Frachtschifffahrt *f*; **~ space** Frachtraum *m*, Laderaum *m*; **~ steamer** Frachtdampfer *m*; **to discharge** (or **unload**) **~** Ladung löschen, Entladen; **to take on ~** Ladung aufnehmen, einladen

**carload**, *Am* Waggonladung *f*; **~ freight** Wagenfracht(gut) *f(n)*; **~ lot** (c.l.) Waggonladung *f*; **~ minimum weight** *Am* Mindestgewicht *n* für e-e Ladung zur → carload rate; **~ rate** (c.l.-rate) *Am* Waggonfrachtrate *f (ermäßigter Frachttarif)*; **less-than-~freight** (or **lot, rate**) → less

**carloadings**, *Am* Waggonladungen *fpl*

**Carnet Tir**, Zollbegleitscheinheft *n* (des internationalen Straßengüterverkehrs)

**carriage**, Transport *m*, Beförderung *f*, Fracht *f*; Transportkosten *pl*; Frachtgebühr *f*, Frachtkosten *pl*; *Br* Eisenbahnwagen *m*, Abteil *n*; **conditions of ~** Beförderungsbedingungen *fpl*; **contract of ~** (Stückgut-)Frachtvertrag *m*; **~ by air** Lufttransport *m*, Luftbeförderung *f*; **~ by rail** Beförderung *f* mit der Eisenbahn; **~ by rail, road and inland waterway** Eisenbahn-, Straßen- und Binnenschiffsverkehr *m*; **carriage by sea** Beförderung auf dem Seewege; Seetransport *m*; **~ charges** Fracht(kosten) *f(pl)*; **~ forward** *Br* Frachtkosten per Nachnahme; **~ inwards** Eingangsfracht *f*

**carriage of goods**, Beförderung von

Waren; Gütertransport *m*; *(Seefrachtgeschäft)* Verladung *f*; ~ **between Member States** *(EU)* innergemeinschaftlicher Güterverkehr *m*; ~ **by inland waterways** Güterverkehr *m* der Binnenschifffahrt; ~ **by land** Binnengüterverkehr *m*; ~ **by rail** Eisenbahngüterverkehr *m*; ~ **by road** Güterkraftverkehr *m*; Beförderung von Waren mit Lastkraftwagen (Lkw); Straßengüterverkehr *m*; **to effect an insurance in respect of the** ~ e-e Transportversicherung abschließen

**carriage**, ~ **paid** (c/p) Fracht *(vom Absender)* bezahlt; frachtfrei; ~ **paid delivery** frachtfreie Lieferung *f*; ~ **of parcels** Paketbeförderung *f*; ~ **of passengers** Beförderung von Personen

**carried**, ~ **forward** Vortrag *m (auf neue Rechnung)*; **item** ~ **forward** Vortragsposten *m*; **person** ~ **over** *Br (Börse)* Reportgeber *m*

**carrier**, Beförderer *m*; Spediteur *m*; Frachtführer *m*; Luftfrachtführer *m*; *(Seefracht)* Verfrachter *m*; Verkehrsunternehmer *m*; Luftverkehrsgesellschaft *f*; Frachtschiff *n*; **common** ~ Beförderungsunternehmer *m*; *(gewerbsmäßiger)* Frachtführer *m*; Transportunternehmen *n*; *Am* Verkehrsunternehmen *n*; **inland waterway** ~ Binnenschifffahrtsunternehmen *n*; **private** ~ Gelegenheitsspediteur *m*; **~'s charges** Transportkosten *pl*; Speditionsgebühren *fpl*; **~'s liability** Transporthaftung *f*; ~ **of goods by waterway** Binnenschiffverkehrsunternehmer *m*; **~'s receipt** Ladeschein *m*; Spediteurbescheinigung *f*

**carry**, *v* tragen; befördern, transportieren; *(Gesetz)* verabschieden; *Am (Ware)* führen; **to ~ as an asset** unter den Aktiva ausweisen; **to ~ (by sea)** verfrachten; **to ~ forward** *(auf neue Rechnung)* vortragen; **to ~ forward one's losses** *(SteuerR)* die (Betriebs-)Verluste mit den Gewinnen späterer Jahre verrechnen; **to ~ goods** Waren befördern; *Am* Waren führen; **to ~ insurance** *Am* versichert sein; **to ~ interest** Zinsen bringen, verzinslich sein; **to ~ on a business** ein Geschäft (weiter)führen; geschäftlich tätig sein; **to ~ on a trade** ein Gewerbe ausüben; **to ~ out** durchführen, ausführen; **to ~ over** *(Buchführung)* übertragen; *Br (Börse)* prolongieren; **to ~ to reserves** den Rücklagen zuführen; **to ~ warrants** mit Optionsscheinen ausgestattet sein

**carry**, **~-back** steuerliche Verlustrückbeziehung *f (durch Verrechnung mit Gewinnen der Vorjahre)*; **~-forward** steuerlicher Verlustvortrag *m*; **~-over** *Br (Börse)* Prolongation *f*, Report *m*

**carrying**, Beförderung *f*, Transport *m*; ~ **capacity** Tragfähigkeit *f*, Ladefähigkeit *f*; ~ **charges** Transportkosten *pl*, Speditionskosten *pl*; Lagerhaltungskosten *pl*; ~ **over business** *Br (Börse)* Prolongationsgeschäft *n*, Reportgeschäft *n*; **person ~ over** *Br* Reportnehmer *m*

**cart**, *v* anrollen; **~ed goods** Rollgut *n*

**cartage**, Abfuhrkosten *pl*, Transportkosten *pl*; Rollgeld *n*

**cartel**, Kartell *n*; **compulsory** ~ Zwangskartell *n*; **efficiency** ~ Rationalisierungskartell *n*; **marketing** ~ Absatzkartell *n*; **regional** ~ Gebietskartell *n*; **supervision of ~s** Kartellaufsicht *f*; ~ **agreement** Kartellabsprache *f*; ~ **authority** Kartellbehörde *f*; **~-like agreement** kartellähnliche Vereinbarung *f*; ~ **participation** Kartellbeteiligung *f*; ~ **termination** Kartellkündigung *f*; **to join a ~** e-m Kartell beitreten

**cartelize**, *v* kartellieren, in Kartellen zusammenfassen

**cartload**, Fuhre *f*, Wagenladung *f*

**case**, 1. Fall *m*; (Rechts-)Sache *f*, Rechtsstreit *m*; **civil** ~ Zivilsache *f*, Zivilprozess *m*; **criminal** ~ Strafsache *f*, Strafprozess *m*; **in ~ of need** notfalls; ~ **worker** Sozialarbeiter(in) *m(f)*; **as the ~ may be** je nach Sachlage, je nachdem; **this ~ is handled by ...** Sachbearbeiter ist ...; **to have a good ~** das Recht auf seiner Seite haben; **to lose one's ~** seinen Prozess verlieren; **should the ~ occur** gegebenenfalls; **to state one's ~** seinen Fall vortragen; **to win one's ~** seinen Prozess gewinnen, obsiegen

**case**, 2. Kasten *m*, Behälter *m*, Kiste *f*; **tin-lined** ~ mit Blech ausgeschlagene Kiste

**case**, *v* in Kisten verpacken

**cash**, *Kasse f*; bares Geld *n*, Bargeld *n*; gegen Kasse, bar; **for ~** gegen Barzahlung; **for cash only** nur gegen Barzahlung; **dealings for ~** *(Börse)* Kassageschäfte *npl*; **(for) prompt ~** (gegen) sofortige Bezahlung; **in ~** in bar, per Kasse; **compensation in ~** Barvergütung *f*; **loose ~** → loose; **net ~** → net; **out of ~**

nicht bei Kasse; **petty ~** → petty; **proceeds in ~** Barerlös *m*; **prompt** (or **spot**) **~** sofortige Bezahlung *f*; **ready ~** bares Geld, Bargeld; **receipt in ~** Bareinnahme *f*, Einnahme in bar; **remuneration in ~** Vergütung in bar; **terms strictly ~** nur gegen Barzahlung; **~ account** Kontokorrentkonto *n*; Kassakonto *n*; **~ advance** Barvorschuss *m*; **~ against documents** (c.a.d.) *(Außenhandel)* Kasse gegen Dokumente (Lieferung gegen Nachnahme); **~ and bank balances** verfügbare Mittel *pl (e-s Unternehmens)*; **~ and bank deposits** *(Bilanz)* flüssige Mittel *pl* und Bankguthaben *n*; **~ and carry** „barzahlen und mitnehmen"; Selbstabholung *f* gegen Kasse; **~ assets** Kassenbestand *m*; Barvermögen *n*; liquide Mittel *pl*; **~ at bank** Bankguthaben *n*; **~ at maturity** Barzahlung *f*, bei Fälligkeit; **~ audit(ing)** Kassenprüfung *f*, Kassenrevision *f*; **~ balance** Bestand *m* an flüssigen Mitteln; Kassenbestand *m*; **~ benefits** *(Sozialvers.)* Geldleistungen *pl*; **~ book** Kassenbuch *n*; **~ box** Kasse *f (Behälter)*; **~ budget** Finanzplan *m*; Liquiditätsplan *m*; **~ commodity** Kassa-Ware *f*; **~ contribution** Geldeinlage *f*; **~ counting machine** Geldzählmaschine *f*; **~ credit** Barkredit *m*; Kontokorrentkredit *m*; **~ customer** Barzahlungskunde *m*; **~ dealings** *(Börse)* Kassageschäfte *npl*; **~ deficit** Kassendefizit *n*, Kassenfehlbetrag *m*; **~ demand** Liquiditätsbedarf *m*; **~ deposit** Bareinlage *f*; **~ desk** Kasse *f (im Laden)*; Kassenschalter *m*; Zahlstelle *f*; **~ disbursements** Kassenausgänge *mpl*; **~ discount** Barzahlungsrabatt *m*, Skonto *m*; **~ dispenser** Geld(ausgabe)automat *m*; Bankomat *m*; **~ dividend** Bardividende *f*; **~ down** gegen Barzahlung; in bar; **~ flow** Cashflow *m*, Kapitalfluss *m* (od. Geldstrom *m*) *(die Summe von Reingewinn, Abschreibungen und Rückstellungen e-s Unternehmens)*; **~ forecasting** Liquiditätsplanung *f*; **~ funds** Barmittel *pl*; **~ holding** Kassenbestand *m*; **~ in bank(s)** Bankguthaben *n*; **~ indemnity** Entschädigung *f* in bar; **~ inflow** Geldeingang *m*; **~ infusion** Geldspritze *f*; **~ in** (or **on**) **hand** Barbestand *m*, Kassenbestand *m*; verfügbares Bargeld *n*; **~ journal** Kassenbuch *n*

**cash cow**, ein Produkt das über einen längeren Zeitraum guten Gewinn erzielt, seinen Marktanteil behält, aber kein Wachstum bringt ( → Boston Matrix)

**cash management**, Finanzmanagement *n (das optimale Finanztransaktionen vornimmt und die Liquidität von Unternehmen steuert)*; **~ system** elektronisches System *n*, nach dem Banken dem Finanzmanagement e-s Unternehmens Informationen geben

**cash**, **~ margin** Bareinschuss *m*; **~ market** *(Börse)* Kassamarkt *m*; **~ office** Kasse *f*; **~ on current account(s)** laufendes Guthaben *n*; **~ on delivery** *Br* zahlbar bei Lieferung (Lieferung gegen Nachnahme) ( → C.O.D.); **~ on hand** Kassenbestand *m*; **~ operations** *(Börse)* Kassageschäfte *npl*; **~ order** Zahlungsanweisung *f*; **~ outflows** Geldabgänge *mpl*, Zahlungsausgänge *mpl*; **~ over(s)** Kassenüberschuss *m*; **~ payment** Zahlung *f* in bar; **~ payments** Kassenausgänge *mpl*; **~ planning** Liquiditätsplanung *f*; **cash position** → cash balance; **~ price** Preis bei Barzahlung; *(Börse)* Kassakurs *m*, Kurs bei Barzahlung; **~ price** Geldpreis *m*; **~ purchase** Barkauf *m*; *(Börse)* Kassakauf *m*; **~ quotation** *(Effektenbörse)* Kassakurs *m*; **~ ratio** Liquiditätskennzahlen *pl*; **~ receipts** Kasseneingänge *mpl*; Bareinnahmen *fpl*; **~ register** Registrierkasse *f*; **~ remittance** Barüberweisung *f*; **~ requirements** Geldbedarf *m*; Liquiditätsbedarf *m*; **~ reserve** Barreserve *f*; **~ sale** Barverkauf *m*; Verkauf gegen bar; Handkauf *m*; *(Börse)* Kassageschäft *n*; **~ sales only** Verkauf nur gegen bar; **~ settlement** Barabfindung *f*; **~ short(s)** Kassenfehlbetrag *m*; **~ statement** Kassenbericht *m*; **~ surrender value** Rückkaufswert *m* e-r Versicherungspolice; **~ system** Barzahlungssystem *n*; **~ tender offer** Übernahmeangebot *n* gegen Barzahlung; **~ terms** Barzahlungsbedingungen *fpl*; **~ terms only** nur gegen Barzahlung; **~ transaction** Bargeschäft *n (Börse)* Kassageschäft *n*; **~ transactions** Bargeldtransaktionen *fpl*; **~ value** Barwert *m*; **~ voucher** Kassenbeleg *m*; **~ withdrawal** Barentnahme *f*; Barabhebung *f*; **~ with order** (c.w.o.) zahlbar bei Auftragserteilung; **to be in charge of the ~** die Kasse führen; **to be out of ~** nicht bei Kasse sein; kein Geld haben; **to make up the ~** Kasse(nsturz) *f(m)* machen; **to pay ~**

**down** (or **in** ~) bar bezahlen; **to raise ~** (Bar-)Geld aufbringen; **their terms are ~ only** sie verkaufen nur gegen bar

**cash**, *v* kassieren; zu Geld machen; *(Scheck etc.)* einlösen; **to ~ up** Kasse machen

**cashier**, Kassierer *m*; *Br* Kassenbeamter *m*; *Am* oberster Bankbeamter *m*; **~'s check** *Am* Bankscheck *m (den e-e Bank auf sich selbst zieht)*

**cashless**, **~ money transfers** bargeldloser Zahlungsverkehr *m*; **~ payment** bargeldlose Zahlung *f*

**casing**, Überzug *m*, Hülle *f*; Verpackung *f (als Behältnis)*

**cask**, *(kleines)* Fass *n*; Tonne *f*; **~s and cases** Rollgut *n*

**cast**, *v (Stimme)* abgeben; **to ~ away** (or **off**) wegwerfen; **ballots** (or **votes**) **~** abgegebene Stimmen *fpl*; **~ing vote** ausschlaggebende Stimme *f*

**casual**, **~ customer** Gelegenheitskunde *m*; **~ order** Gelegenheitsauftrag *m*; **~ labo(u)r** Gelegenheitsarbeit *f*; Gelegenheitsarbeiter *m(pl)*

**casualty**, Unglücksfall *m*; Todesfall *m*; **civilian ~s** Verluste *mpl* der Zivilbevölkerung; **~ figures** Zahlen über Todesfälle im Straßenverkehr; **~ insurance** Schadenversicherung *f*; *Am* Unfallversicherung *f*

**catalogue**, Katalog *m*, Verzeichnis *n*, Liste *f*; **fair ~** Messekatalog *m*; **price ~** Preisliste *f*; **~ sales** Verkauf nach Katalog; Versandhausverkäufe *mpl*

**catalyst**, Katalysator *m*

**catalytic converter**, (Auto-)Katalysator *m*

**catch**, (Fisch-)Fang *m*; Fangmenge *f*; **by-~es** Beifänge *mpl*; **total allowable ~es** → total; **~ limitation** Fangbeschränkung *f*; Beschränkung *f* der Fangmengen; **~ quotas** Fangquoten *fpl*; **~ quota arrangement** Fangquotenregelung *f* ( → total allowable ~es)

**catch**, *v*, **to ~ fish** Fische fangen; **to ~ in the (very) act** auf frischer Tat ertappen; **to ~ up** aufholen

**catching**, **~ bargain** *Br* Darlehen *n* zu unfairen Bedingungen auf späteren Erbanteil; **~ of fish** Fischfang *m*

**category**, Kategorie *f*, Gruppe *f*, Klasse *f*, Gattung *f*; **in the food ~** im Bereich der Ernährungsgüter; **~s of fruit** Obstsorten *fpl*; **~ of goods** Warengruppe *f*; Güteklasse *f*; **~s of income** Einkommensarten *fpl*; **~ of risks** *(VersR)* Gefahrenklasse *f*; **by ~s of trade** nach Branchengruppen *fpl*

**cater**, *v* Lebensmittel etc. liefern; **to ~ for a party** e-e Party mit kaltem Buffet etc. beliefern

**caterer**, Lebensmittellieferant *m*; Lieferant *m* von Fertigmahlzeiten, Menus etc.

**catering**, Großverpflegung *f*; Verpflegung im Betrieb; Lieferung von Fertigmahlzeiten; **self-~ accommodation** Wohnung *f (im Urlaub)* mit Selbstversorgung; **~ establishment** Betrieb, der Speisen und Getränke liefert; **~ (industry)** → catering trade; **~ for parties** Belieferung *f* von Parties; **~ for ships** Bordversorgung *f* von Schiffen; **~ trade** Gaststättengewerbe *n*

**CATS**, *Am* (Certificates of Accrual on Treasury Securities) *(durch Salomon Brothers emittierte)* Nullcoupon-Anleihen *fpl* des US-Schatzamtes nach Trennung der Coupons vom Mantel

**cattle**, Vieh *n*, Rindvieh *n*; **~ breeder** Viehzüchter *m*; **~ dealer** Viehhändler *m*; **~ stealing** Viehdiebstahl *m*; **~ trade** Viehhandel *m*

**cause**, Ursache *f*, Grund *m*; Rechtssache *f*; Prozess *m*; **common ~** gemeinsame Sache *f*; **direct ~** unmittelbare Ursache; **good ~** wichtiger Grund; **reasonable ~** triftiger Grund; **~ list** *Br* Terminkalender *m*; **~ of action** Klagegrund *m*; **there is a good ~** ein wichtiger Grund liegt vor; **to plead a ~** e-e Sache *(vor Gericht)* vertreten; **to show ~** seine Gründe *pl* angeben

**caution**, Vorsicht *f*; Warnung *f*; *(polizeiliche)* Verwarnung *f*; *Scot* Kaution *f*, Bürgschaft *f*; Bürge *m*

**caution**, *v* warnen; *(strafend)* verwarnen; belehren (of über)

**caveat**, Warnung *f*; Vorbehalt *m*; Einspruch *m*; **~ emptor** Mängelausschluss *m* des Verkäufers; **to enter** (or **file**) **a ~** Einspruch einlegen

**CCT**, GZT ( → Common Customs Tariff); **alignment of the British tariffs with the ~** Angleichung *f* des britischen Tarifs an den GZT; **collection of ~ duties** Erhebung der Zölle des GZT; **suspension of ~** Aussetzung des GZT; **tariff headings of the ~** Tarifstellen des GZT; **~ nomenclature** Schema *n* des Gemeinsamen Zolltarifs; **~ rates** Sätze des GZT; **~ tariff No.** Nr. des Gemeinsamen Zolltarifs; **to suspend temporarily ~ du-**

**ties** die Zollsätze des GZT zeitweilig aussetzen

**cease and desist order**, *Am* Verfügung auf Unterlassung

**cease**, *v* aufhören mit, einstellen; **to ~ to exist** aufhören zu bestehen; wegfallen; erlöschen; eingehen; **to ~ farming** → farming; **to ~ payments** Zahlungen einstellen *(Bank)*; **to ~ trading** den Geschäftsbetrieb einstellen

**cede**, *v* abtreten, zedieren

**ceiling**, Höchstgrenze *f*; Plafond *m*; **up to the credit ~** bis zur Höchstgrenze des Kredits; **~ price** Höchstpreis *m*; Höchstkurs *m*

**cellular telephone**, mobiles Telefon *n*; Handy *n*

**CEO** → chief executive officer

**censorship**, Zensur *f*; **subject to ~** zensurpflichtig

**census**, Erhebung *f*; Zählung *f*; Volkszählung *f*; **Bureau of the ~** *Am* Statistisches Bundesamt *n*; **~ of production** Produktionszensus *m*

**center**, *Am* → centre

**Central American Common Market**, (CACM) Mittelamerikanischer Gemeinsamer Markt (Gemeinsamer Markt von 5 mittelamerikanischen Ländern – El Salvador, Guatemala, Honduras, Nicaragua und Costa Rica)

**central**, **~ bank** Zentralbank *f*, Notenbank *f* ( → national central banks); **~ government** *(EU)* Zentralstaat *m*; **~ management and control** *Br (SteuerR)* zentrale Geschäftsführung *f* und Steuerung *f (e-r Gesellschaft)*; **~ office** Zentrale *f*; **~ rate** *(EU)* Leitkurs *m*

**central processing unit**, Prozessor *m* eines Computers

**centre**, *Br* Mittelpunkt *m*, Zentrum *n*; **~s for European Business Information** EU-Beratungsstellen *fpl* für Unternehmer; **~ of commerce** Handelszentrum *n*; **centre of vital interests** *(DBA)* Mittelpunkt der Lebensinteressen

**ceramics industry**, keramische Industrie *f*

**cereal**, Getreide-; **~s** Getreide *n*; **home-grown ~s** inländisches Getreide; **imported ~s** eingeführtes Getreide; **products processed from ~s** Getreideverarbeitungserzeugnisse *npl*; **~ prices** Getreidepreise *mpl*; **~ substitutes** Getreideaustauscherzeugnisse *npl*

**certificate**, 1. Schein *m*, Bescheinigung *f*; Zertifikat *n*; **~ of acceptance** Abnahmebescheinigung *f*; **~s of Accrual on Treasury Securities** → CATS; **~ apprenticeship** Lehrbrief *m*; **~ of birth** Geburtsurkunde *f*; **~ of clearing inwards** Zolleinfuhrschein *m*; **~ of clearing outwards** Zollausfuhrschein *m*; **~ of compliance** Unbedenklichkeitsbescheinigung *f*; **~ of death** Sterbeurkunde *f*; **~ of deposit** (CD) Einlagenzertifikat *n (über von Banken ausgegebene kurz- od. mittelfristige Schuldverschreibungen, die am Geldmarkt gehandelt werden)*; **~ of employment** Arbeitsbescheinigung *f*; **~ of existence** Lebensbescheinigung *f*; **~ of good conduct** Führungszeugnis *n*; **~ of good delivery** *(Börse)* Lieferbarkeitsbescheinigung *f*; **~ of health** Gesundheitsattest *n*; **~ of identification** *(Zoll)* Nämlichkeitsbescheinigung *f*; **~ of incorporation** Gründungsurkunde *f (e-r Kapitalgesellschaft)*; **~ of indebtedness** Schuldschein *m*; **~ of inspection** Beschaffenheitszeugnis *n*; **~ of insurance** Versicherungsschein *m*; **~ of manufacture** → certificate of origin; **~ of marriage** Heiratsurkunde *f*; **~ of measurement** *(Schiff)* Messbrief *m*; **~ of naturalization** Einbürgerungsurkunde *f*; **~ of no objection** Unbedenklichkeitsbescheinigung *f*; **~ of origin** Ursprungszeugnis *n*, Provenienzzertifikat *n*; **~ of ownership** → certificate of title; **~ of permission to work a mine** Mutungsschein *m*; **~ of pledge** Pfandschein *m*; **~ of posting** Posteinlieferungsschein *m*; **~ of protest** *(WechselR)* Protesturkunde *f*; **~ of quality** Qualitätszertifikat *n*; **~ of quantity** Mengenbescheinigung *f*; **~ of receipt** Empfangsbescheinigung *f*; **~ of redemption** Tilgungsbescheinigung *f*; **~ of registration** Registrierungsbescheinigung *f*; *(polizeiliche)* Meldebescheinigung *f*; **~ of registry** Schiffszertifikat *n (für Seeschiffe)*; Schiffsbrief *m (für Binnenschiffe)*; **~ of shipment** Ladeschein *m*; Verschiffungsbescheinigung *f*; **~ of stock** *Am* Aktienzertifikat *n*; **~ of tax deposits** Bescheinigung *f* über Steuervorauszahlungen; **~ of title** Eigentumsbescheinigung *f*; **~ of weight** Gewichtsbescheinigung *f*; **to issue** (or **make out**) **a ~** e-e Bescheinigung ausstellen; **to take out a ~** sich e-e Bescheinigung ausstellen lassen

**certificate**, 2., **(investment)** ~ Investmentzertifikat *n*, Investmentanteil *m*; ~ **buyer** Investmentkäufer *m*; ~ **holder** Zertifikatsinhaber *m*, Anteilseigner *m (e-s investment trust)*

**certificated**, staatlich zugelassen (od. anerkannt); *Br* Diplom-; ~ **bankrupt** *Br* rehabilitierter Konkursschuldner *m*

**certification**, Bescheinigung *f*; Beglaubigung *f*; Bestätigung *f*; ~ **of a check** *Am* Bestätigung e-s Schecks *(als gedeckt durch die Bank)*; ~ **(trade) mark** Gütermarke *f*, Gütezeichen *n*

**certified**, bescheinigt, bestätigt; *Am* Diplom-; ~ **accountant** → accountant; ~ **copy** beglaubigte Abschrift *f*; ~ **public accountant** → accountant

**certify**, *v* bescheinigen, bestätigen; beglaubigen; **to ~ a cheque (check)** e-n Scheck *(als gedeckt)* bestätigen

**cessation**, Aufhören *n*; Beendigung *f*; Einstellung *f*; ~ **of business** Einstellung des Geschäftsbetriebes; Geschäftsaufgabe *f*; ~ **of farming** Einstellung der landwirtschaftlichen Tätigkeit; ~ **of operations** Betriebseinstellung *f*; ~ **of payments** Zahlungseinstellung *f*

**cesser**, Aufhören *n*, Ablauf *m*; ~ **clause** Cesser-Klausel *f (Ende der Haftung des Befrachters nach Abladung)*

**cession**, Abtretung *f*; Überlassung *f*, Übertragung *f*

**chain**, Kette *f*; Folge *f*, Reihe *f*; ~ **banking** *Am* Kettenbanksystem *n*; Banken mit vielen Zweigstellen; ~ **contract** Kettenvertrag *m*; ~ **(of shops or stores)** Ladenkette *f*; ~ **of title** lückenlose Kette von Eigentumsnachweisen; ~ **store** Filialgeschäft *n*; Kettenladen *m*

**chair**, Vorsitz *m*; Präsidium *n*; **with Mr. X in the ~** unter dem Vorsitz von Herrn X; **to be in the ~** den Vorsitz haben; vorsitzen

**chair**, *v* den Vorsitz führen

**chairman**, Vorsitzender *m*; Präsident *m*; Obmann *m (e-s Schiedsgerichts)*; **deputy ~** stellvertretender Vorsitzender; **with Mr. X as ~** unter dem Vorsitz von Herrn X; **~ of the board (of directors)** board-Vorsitzender; Vorsitzender des Verwaltungsrats; **to act as ~** den Vorsitz führen

**chairmanship**, Vorsitz *m*; **under the ~** unter dem Vorsitz (of von)

**challenge**, Herausforderung *f*; Bestreitung *f*; Anfechtung *f*; große (od. schwierige) Aufgabe *f*; **to meet a ~** e-r großen Aufgabe gerecht werden

**challenge**, *v* herausfordern; bestreiten; anfechten; *(Richter, Geschworene etc.)* ablehnen

**chamber of commerce**, Handelskammer *f*

**chance**, Zufall *m*; Chance *f*, Aussicht *f* (of auf); **by ~** zufällig; ~ **bargain** Gelegenheitskauf *m*; ~ **customer** Gelegenheitskunde *m*; ~ **factor** *(Statistik)* Zufallsmoment *n*; **~s of profit** Gewinnchancen *fpl*; ~ **purchase** Gelegenheitskauf *m*; **to stand a good ~** gute Aussichten haben

**chancellor**, Kanzler *m*; *Am univ* Rektor *m*; ~ **of the Exchequer** *Br* Schatzminister *m*; Finanzminister *m*

**change**, Änderung *f*, Abänderung *f*, Veränderung *f*; Wechsel *m*; Kleingeld *n*, Wechselgeld *n*; ~ *Br* Börse *f*; **no ~ given** kein Wechselgeld; **structural ~** Strukturwandel *m*; **(small) ~** Kleingeld *n*; **subject to ~** freibleibend; **~ dispenser** Wechselautomat *m*; **~-giving machine** Münzwechsler *m*; **~ in demand** Bedarfswandel *m*; **~ in ownership** Eigentumswechsel *m*, Besitzwechsel *m*; **~ in prices** Preisänderung *f*; **~ in the staff** Personalwechsel *m*; **~ of domicile** Wohnsitzverlegung *f*; **~ of name** Namensänderung *f*; **~ of position** Stellungswechsel *m*; **~ of requirement** Bedarfswandel *m*, Nachfragewandel *m*; **~-over** Umstellung *f* (to auf); **to bring about a ~** e-e Änderung herbeiführen; **to get (give) ~** Wechselgeld herausbekommen (herausgeben); **can you give me ~ for £ 5?** Können Sie mir auf 5 Pfund herausgeben? **I have no ~ about me** ich habe kein Kleingeld bei mir

**change**, *v* (ab-, ver)ändern; wechseln; **to ~ the goods** die Ware umtauschen; **to ~ hands** in andere Hände übergehen; **to ~ hands at** gehandelt werden zu; **to ~ money** Geld wechseln; **to ~ over** umstellen (to auf)

**channel**, Kanal *m*; *fig* Weg *m*; **through diplomatic ~s** auf diplomatischem Wege; **through official ~s** auf dem Dienstwege; **~ of communication** Nachrichtenweg *m*; **~ of distribution** Absatzweg *m*; **~ of trade** Handelsweg *m*, Absatzweg *m*

**channel**, *v* steuern, in bestimmte Richtung lenken; **undisclosed ~ling of profits**

*(SteuerR)* verdeckte Entziehung von Gewinnen

**character**, Charakter *m*; Eigenschaft *f*; *(guter)* Ruf *m*; (Arbeits-)Zeugnis *n*; **~ certificate** (or **reference**) Führungszeugnis *n*; **to give the employee a good ~** dem Angestellten ein gutes Zeugnis ausstellen

**characeristic**, *(charakteristisches)* Kennzeichen *n*; **personal ~s** persönliche Eigenschaften *fpl*

**characterized by**, gekennzeichnet durch

**charge**, Last *f*; (Vermögens-, Grundstücks-) Belastung *f*; *Br* Hypothek *f*; *(Testament)* Auflage *f*; Gebühr *f*; in Rechnung gestellter Betrag *m*; Beschuldigung *f*; Obhut *f*, Sorge *f* (of für); anvertraute Person *f*, anvertrautes Gut *n*; **~s** *(in Rechnung gestellte)* Gebühren *fpl*, Kosten *pl*, Spesen *pl*; **account of ~s** Gebührenaufstellung *f*; **after deduction of all ~s** nach Abzug aller Lasten; **all ~s included** sämtliche Spesen inbegriffen; **bank ~s** Bankspesen *pl*, Bankgebühren *pl*; **creation of a ~** *Br* Bestellung *f* e-r Hypothek; **encumbered with a ~** belastet; mit e-r Auflage beschwert; **exemption from ~s** Gebührenfreiheit *f*; **free of ~s** gebührenfrei, spesenfrei; **legal ~s** *Br* Anwaltsgebühren *fpl*; **social ~s** → social; **usual ~s** übliche Kosten; **~ account** Kundenkreditkonto *n*; Abzahlungskonto *n (bei Teilzahlungen)*; **~s and expenses** Kosten und Auslagen; **~ by way of legal mortgage** *Br* Hypothek *f*; **~s collect** unfrei, unfrankiert; **~s (to be) collected** Nachnahmegebühren *fpl*; **~ customer** Kreditkunde *m*, Teilzahlungskunde *m*; **~s (to be) deducted** abzüglich der Spesen; **~ for delivery** Zustellgebühr *f*; **no ~ for delivery** frei Haus; **~s forward** *Br* per Nachnahme; **~ on land** Grundstücksbelastung *f*; **~ sale** Kreditverkauf *m*; **to be in ~ of** beauftragt sein mit; *(etw.)* leiten; **to give into a p.'s ~** in jds Obhut geben; **to give sb. in ~** jdn der Polizei übergeben; **to levy ~s** Gebühren erheben; **a ~ is made** e-e Gebühr wird erhoben; **to make ~s against sb.** Beschuldigungen *fpl* gegen jdn erheben; **to take ~ of** die Leitung übernehmen von; die Sorge übernehmen für

**charge**, *v* berechnen, in Rechnung stellen; belasten; beauftragen (with mit); beschuldigen; anklagen; **to ~ against** anrechnen auf, verrechnen mit; **to ~ a p. with doing** jdn beschuldigen, getan zu haben; **to ~ a p. with an important task** jdn mit e-r wichtigen Aufgabe beauftragen; **to ~ sb.'s account** jds Konto belasten; jdm in Rechnung stellen; *(in e-m Geschäft)* anschreiben; **to ~ carriage** die Fracht berechnen; **to ~ the defendant with knowledge** geltend machen, dass der Beklagte gewusst hat; **to ~ fees** Gebühren berechnen; **to ~ interest** Zinsen berechnen; **to ~ property** Grundbesitz belasten; **we don't ~ you for packing** für Verpackung berechnen wir Ihnen nichts

**chargeable**, anrechenbar, zu berechnen, zu verantworten; steuerpflichtig; **~ accounting period** *Br (SteuerR)* Bemessungszeitraum *m*; **~ goods** abgabepflichtige Waren *fpl*; **~ weight** frachtpflichtiges Gewicht *n*; **the costs of repair are ~ on X** die Reparaturkosten sind X in Rechnung zu stellen; **to be ~ with sth.** mit etw. zu belasten sein; sich zu verantworten haben wegen etw.

**charged**, **property ~ as security for a debt** als Sicherheit für e-e Schuld belasteter Grundbesitz *n*; **to be ~** beschuldigt (od. angeklagt) sein; beauftragt sein (with mit); **he ~ me 2 dollars for it** er berechnete mir 2 Dollar dafür; **the buyer will be ~ with the carriage** die Transportkosten gehen zu Lasten des Käufers; **the expenses are to be ~ to** die Kosten gehen zu Lasten von

**chargee**, *Br* Hypothekengläubiger *m*

**charging**, **~ the cost of delivery** unter Berechnung der Lieferkosten; **~ lien** Sicherungspfandrecht *n*; **~ of a property** Belastung *f* e-s Grundstücks

**chargor**, *Br* Hypothekenschuldner *m*

**charitable**, karitativ, wohltätig, gemeinnützig; **~ contributions** Beiträge *mpl* für karitative Zwecke; **~ foundation** gemeinnützige Stiftung *f*; **~ gifts** karitative Schenkungen *fpl* (od. Zuwendungen *fpl*); **~ organization** karitativen Zwecken dienende Einrichtung *f*; Hilfswerk *n*

**charities**, gemeinnützige (od. karitative) Einrichtungen *fpl* (od. Institutionen *fpl*)

**charity**, Wohltätigkeit(sorganisation) *f*; karitative Stiftung *f*; **~ event** Wohltätigkeitsveranstaltung *f*

**charm price**, optischer Preis *m*, Blickfangpreis *m*

**chart**, Börsenschaubild *n*; graphische

Darstellung *f*; Tabelle *f*; Seekarte *f*; **organization ~** Organisationsplan *m*; **price ~** Kursdiagramm *n*

**charter**, 1. Urkunde *f (durch die ein Privileg verliehen wird)*; Konzession(surkunde) *f*; Gründungsurkunde *f (e-r juristischen Person)*; Satzung *f*; **bank ~** Bankkonzession *f*; **to grant a ~** e-e Konzession erteilen

**charter**, 2. Charter *f (hinsichtlich e-s Schiffes od. Flugzeuges)*; **head ~** Hauptfrachtvertrag *m*; **time ~** Zeitfrachtvertrag *m*; Zeitcharter *f*; **voyage ~** Reisecharter *f*; **~ airline** Charterfluggesellschaft *f*; **~ fees** Chartergebühren *fpl*; **~ flight** Charterflug *m*; **~ money** Schiffsmiete *f*, Flugzeugmiete *f*; **~ operation** Chartergeschäft *n*; **~ party** (C/P) Charterparty, (Urkunde über) Chartervertrag *m*; **~ rates** Chartersätze *mpl*; **to take on ~** chartern

**charter**, *v (Konzession)* erteilen; durch Charter gründen (→ *charter 1.*); *(Flugzeug, Schiff)* chartern, mieten, befrachten; verchartern, vermieten

**chartered**, **~ accountant** *Br* Wirtschaftsprüfer *m*; **~ aircraft** (or **plane**) Charterflugzeug *n*; **~ freight** → freight; **~ Surveyors** Immobilienfachleute *pl*

**charterer**, Charterer *m*, (Schiffs- od. Flugzeug-)Mieter *m*; Befrachter *m*; **~'s freight** Mietbetrag für gemietetes Schiff od. Flugzeug

**chartering**, Chartern *n*, Mieten *n*; Vermietung *f*; Befrachtung *f*; **~ broker** Befrachtungsmakler *m*; **~ conditions** Charterbedingungen *fpl*

**chat**, *v* Unterhaltung *f*, Plauderei *f*; sich unterhalten; **~ room** *(EDV)* virtueller Treffpunkt *m* für Unterhaltungen

**chattel**, bewegliche Sache *f*; **~s** bewegliches Vermögen *n*; Mobilien *pl*; **~ interest** Recht an beweglichen Sachen; **~ mortgage** Mobiliarhypothek *f (entspricht der deutschen Sicherungsübereignung)*; **~ mortgagee** Pfandgläubiger *m*, Sicherungsnehmer *m*; **~ mortgagor** Pfandgeber *m*; Sicherungsgeber *m*; **~ personal** zum persönlichen Gebrauch bestimmtes bewegliches Vermögen *n (Hausrat, Juwelen, Auto etc.)*

**cheap**, billig, preiswert; minderwertig, schäbig; **~ labo(u)r** billige Arbeitskräfte *fpl*; **~ quality** minderwertige Qualität *f*; **~ supplies** Billiglieferungen *fpl*; **to buy (get, sell) sth. ~ly** (or *colloq.* **on the ~**) etw. billig kaufen (bekommen, verkaufen); **this is going ~** dies ist billig zu haben

**cheapen**, *v* billiger werden, (sich) verbilligen

**cheaper**, **to become cheaper** billiger werden

**cheat**, Schwindler *m*, Betrüger *m*; Schwindel *m*; Betrügerei

**cheat**, *v* schwindeln, betrügen; **to ~ the Customs** die Zollbehörde betrügen

**check**, 1. *bes. Am* Scheck (s. cheque); **blank ~** *Am* Blankoscheck *m*; **cashier's ~** *Am* Bankscheck *m*; **counter ~** *Am* Kassenscheck *m (Abhebungsformular)*; **~ book money** *Am* Giralgeld *n*, Buchgeld *n*; **~ clearance** *Am* Scheckverrechnungsverkehr *m*; **~ credit** *Am* Scheckgutschrift *f*; Kontokorrentkredit *m*; **~ currency** *Am* Buchgeld *n*, Giralgeld *n*; **~ for deposit only** *Am* Verrechnungsscheck; **~ forgery** Scheckfälschung *f*; **~ fraud** Scheckbetrug; **~ identification card** *Am* Scheckkarte *f*; **~ protecting device** *Am* Apparat *m* zur Verhütung von Fälschungen

**check**, 2. Hemmung *f*, Drosselung *f*; Kontrolle *f*, Überprüfung *f*; (Prüfungs-)Haken *m*; *Am* Garderobenmarke *f*; *Am* Gepäckschein *m*; **~ account** Gegenrechnung *f*; Kontrollkonto *n*; **~ book** Kontrollbuch *n*; **~ clock** Stechuhr *f*, Kontrolluhr *f*; **~-in** *(Luftverkehr)* Abfertigung *f*; **~ list** Kontrollliste *f*; **~ mark** Kontrollzeichen *n*; Kontrollstempel *m*; **~ number** Kontrollnummer *f*; **~ off** *Am* Einbehaltung *f* der Gewerkschaftsbeiträge; **~ on business climate** (or **condition**) Konjunkturtest *m*; **~ on delivery** Abnahmekontrolle *f*; **~ out** Ausgangskasse *f (im Selbstbedienungsladen)*; **~ over** Nachprüfung *f*; **~ point** (Grenz-)Kontrollstelle *f*; **~ slip** Kontrollzettel *m*; **~ test** Gegenprobe *f*; **~ up** Kontrolle *f*; Nachprüfung *f*; Gesundheitsuntersuchung *f*; **~ weighing** Nachprüfung *f* des Gewichts; **to put ~ marks on** ankreuzen, anhaken; **to put a ~ on production** die Produktion drosseln

**check**, *v* kontrollieren, (nach)prüfen, abhaken; kollationieren; drosseln, bremsen, dämpfen; **to ~ baggage** *Am* Gepäck aufgeben; **to ~ the bank statements** die Kontoauszüge vergleichen; **to ~ a bill** e-e Rechnung prüfen; **to ~ imports** die Einfuhr drosseln; **to ~ in** *(im Hotel od. zur*

*Arbeit)* anmelden; *(mit der Stechuhr)* stechen; **to ~ investments** Investitionen bremsen; **to ~ off names on a list** Namen auf e-r Liste abhaken; **to ~ out** *(das Hotel)* verlassen; **to ~ production** die Produktion drosseln; **to ~ the quality** die Qualität prüfen; **to ~ the weight** das Gewicht prüfen, nachwiegen

**checkable**, kontrollierbar, nachprüfbar

**checking**, Kontrolle *f*, Nachprüfung *f*; Drosselung *f*, Dämpfung *f*; *Am* Scheck-; **subject to ~** kontrollpflichtig; **~ account** *Am* Girokonto *n*; Kontokorrentkonto *n*; **~ deposits** Sichteinlagen *fpl*; **~ excessive economic activity** Dämpfung der Konjunktur; **~ of accounts** Rechnungsprüfung *f*; **~ of baggage** *Am* Gepäckaufgabe *f*; **~ of goods** Warenkontrolle *f*; **~ of quality** Qualitätsprüfung *f*

**chemical**, **~s** chemische Erzeugnisse *fpl*; Chemikalien *pl*; *(Börse)* Chemiewerte *pl*; **manufacture of ~s and ~ products** chemische Industrie *f*; **products of the ~ industry** Erzeugnisse der chemischen Industrie; **toxic ~s** giftige Chemikalien; **~ pollutants** chemische Schadstoffe *mpl*; **~ processing** chemische Verfahrenstechnik *f*

**cheque**, *Br* Scheck *m*; **a ~ for $ 100** ein Scheck auf (od. über) 100 $; **bad ~** ungedeckter Scheck; **blank ~** Blankoscheck *m*; **cancelled ~** entwerteter Scheck; **cashed ~** eingelöster Scheck; **certified ~** *(durch die Bank)* bestätigter Scheck; **crossed ~** *Br (durch 2 parallele Striche)* gekreuzter Scheck *(wird in der Bundesrepublik wie ein Verrechnungsscheck behandelt)*; **dishono(u)red ~** nicht eingelöster Scheck; **drawee of a ~** Scheckbezogener *m*; **drawer of a ~** Aussteller *m* e-s Schecks; **holder of a ~** Scheckinhaber *m*; **marked ~** bestätigter Scheck; **open ~** Barscheck *m*; **pay ~** Gehaltsscheck *m*; **payment by ~** Scheckzahlung *f*; **stopped ~** gesperrter Scheck; **uncrossed ~** Barscheck *m*; **~ account** Kontokorrentkonto *n*, Girokonto *n*; **~ accounted for** abgerechneter Scheck; **~ and bill transaction** Scheck- und Wechselverkehr *m*; **~ book** Scheckheft *n*; **~ clearing system** Scheckverrechnungsverkehr *m*; **~ collection** Inkasso *n* von Schecks; **~ cover** Scheckdeckung *f*; **~ embargo** Schecksperre *f*; **~ for collection** Scheck zum Inkasso; **~ for deposit only** Verrechnungsscheck *m*; **~ form** Scheckformular *n*; **~ forgery** Scheckfälschung *f*; **~ fraud** Scheckbetrug *m*; **~ (guarantee) card** Bankkundenkarte *f*; **~s in hand** Scheckbestand *m*; **~ money** Buchgeld *n*; Giralgeld *n*; **~ trading** *Br* Kreditscheckverfahren *n (bei Teilzahlungsfinanzierung)*; **~ transactions** Scheckverkehr *m*; **~ without cover** ungedeckter Scheck; **to cash a ~** e-n Scheck einlösen; **to collect a ~** e-n Scheck einziehen; **to draw a ~** e-en Scheck ausstellen; **to stop a ~** e-n Scheck sperren

**chief**, Chef *m*; hauptsächlich, Haupt-; **~ accountant** Hauptbuchhalter *m*; **~ agency** Generalvertretung *f*; **~ buyer** Chefeinkäufer *m*; **~ clerk** Bürovorsteher *m*; **~ creditor** Hauptgläubiger *m*; **~ engineer** leitender Ingenieur *m*; **~ executive (officer)** Unternehmensleiter *m*; Generaldirektor *m*; **~ financial officer** Finanzvorstand *m* **~ manager** Hauptgeschäftsführer *m*; **~ of a department** Abteilungsleiter *m*; **~ product** Hauptprodukt *n*

**child**, Kind *n*; **illegitimate ~** nichteheliches Kind; **legitimate ~** eheliches Kind; **~ allowance** Steuerfreibetrag *m* für Kinder; **~ benefit** Kindergeld *n*; **child labo(u)r** Kinderarbeit *f*; **~ maintenance** Kindesunterhalt *m*

**Chinese wall**, Informationssperre *f* zwischen Abteilungen e-s Unternehmens mit dem Zweck, vertrauliche Informationen zu schützen

**chlorine**, **containing ~** chlorhaltig; **~ content** Chlorgehalt *m*; **~ free** chlorfrei

**chlorinated water**, gechlortes Wasser *n*

**chlorofluorcarbons**, Fluorchlorkohlenwasserstoffe *mpl* (FCKWs)

**choice**, Wahl *f*, Auswahl *f*, Sortiment *n*; Auslese *f*; auserlesen; **wide** (or **good**) **~** große Auswahl; **~ articles** (or **goods**) ausgesuchte Ware(n), Qualitätsware(n) *f(pl)*; **~ brand** vorzügliche Sorte *f*; **~ fruit** auserlesene Früchte *fpl*; **~ goods** auserlesene (od. ausgesuchte) Waren; **~ of one's career** (or **occupation, profession**) Berufswahl *f*; **~ quality** erlesene Qualität *f*; **to make a careful ~** sorgfältig wählen, e-e sorgfältige Auswahl treffen; **this shop has a large ~ of fruit** dieser Laden hat e-e große Auswahl an Früchten;

**to take one's ~** seine Wahl treffen, nach Belieben wählen

**choose**, *v* (aus)wählen, aussuchen, Auswahl treffen (from or out of aus); **to ~ carefully** e-e sorgfältige Auswahl treffen; **he has chosen well** er hat gut gewählt; **there are several articles to ~ from** mehrere Artikel stehen zur Auswahl

**chore**, täglich zu erledigende Arbeit *f*; ermüdende (od. langweilige) Arbeit *f*

**Christmas bonus**, Weihnachtsgratifikation *f*

**churn out**, *v colloq.* am laufenden Band produzieren

**churn rate**, Maßzahl *f* für den Verlust von Kunden innerhalb einer bestimmten Zeitspanne

**CIF**, **cif** (cost, insurance, freight) ... (named port of destination) (Verlade-)Kosten, Versicherung, Fracht (benannter Bestimmungshafen); **~ airfreight** cif per Luftfracht; **~ landed** cif einschließlich Löschen, Leichterung und Verbringen an Land; **~ price** cif-Preis; ~ values *(EU)* cif-Werte *mpl*; **~ with customs duties** cif verzollt; **to be delivered** ~ als cif-Lieferung

**CIF & C**, (cost, insurance, freight and commission) (Verlade-)Kosten, Versicherung, (See-)Fracht und (Vertreter-)Provision

**CIF & E**, (cost, insurance, freight and exchange) (Verlade-)Kosten, Versicherung, (See-)Fracht und Wechseldiskont *(für die Exportrate)*

**CIFCI**, **cifci** (cost, insurance, freight, commission, interest) (Verlade-)Kosten, Versicherung, Fracht, (Vertreter-)Provision und Zinsen

**cigarette**, **brand** (or **make**) **of cigarettes** Zigarettenmarke *f*

**cipher**, Ziffer *f*; Chiffre *f*, Geheimschrift *f*; **in ~** chiffriert; **~ telegram** verschlüsseltes Telegramm *n*

**cipher**, *v* chiffrieren, verschlüsseln

**circle**, Kreis *m*; **in business ~s** in Geschäftskreisen; **in well-informed ~s** in gut informierten Kreisen; **~ of readers** Leserkreis *m*

**circular**, vervielfältigtes Rundschreiben *n*; **~ letter** Rundschreiben *n*; Umlauf *m*; **letter of ~** Reisekreditbrief *m*; **~ tour** Rundreise *f*

**circularization**, Einholung *f* von Saldenbestätigungen

**circulate**, *v* umlaufen, im Umlauf sein; in Umlauf setzen

**circulating**, **~ assets** Umlaufvermögen *m*; **~ capital** Umlaufkapital *n*, Betriebskapital *n*

**circulation**, Umlauf *m*; Verkehr *m*; Auflage (nziffer) *f*; **average ~** Durchschnittsauflage *f*

**circulation**, **in ~** in Umlauf (befindlich); **bringing forged bank notes in ~** Inverkehrbringen *n* falschen Geldes; **currency in ~** umlaufende Zahlungsmittel *pl*; Geldumlauf *m*

**circulation**, **in free ~** im freien Verkehr; **free ~ of goods** freier Warenverkehr *m*; **release of goods for free ~** *(EU)* Überführung *f* von Waren in den zollrechtlich freien Verkehr; **to put into free ~** *(Waren)* in den freien Verkehr überführen

**circulation**, **minimum ~** Mindestauflage *f*; **money withdrawn from ~** aus dem Verkehr gezogenes Geld *n*; **wide ~** hohe Auflage *f*; **~ of bills** Wechselumlauf *m*, Wechselverkehr *m*; **~ of capital** Kapitalverkehr *m*; **~ of goods** Warenverkehr *m*; **~ of money** Geldumlauf *m*; **~ of notes and coin** Bargeldumlauf *m*; **to be in ~** in Umlauf sein, umlaufen; **to be out of ~** nicht mehr im Umlauf sein; **to withdraw coins from ~** Münzen aus dem Verkehr ziehen, Münzen einziehen

**circumstanced**, **to be well-~** in guten Verhältnissen leben

**circumstances**, Umstände *mpl*, Sachlage *f*; Vermögensverhältnisse *pl*; **in easy** (or **good**) **~** in guten Verhältnissen; **financial** (or **pecuniary**) **~** Vermögensverhältnisse *pl*; **in reduced** (or **straitened**) **~** in beschränkten Verhältnissen; **~ beyond the control of the seller** vom Verkäufer nicht zu vertretende Umstände; **~ of a case** Umstände e-s Falles; **~ arise** Umstände treten ein; **that depends on the ~** das hängt von den Umständen ab; **to live in secure** (or **assured**) **~** in gesicherten Verhältnissen leben

**circumvent**, *v* umgehen; vereiteln

**citation**, Zitat *n*, Anführung *f*; Ladung *f*, Vorladung *f*; **~ of an authority** Anführung e-r *(maßgeblichen)* Vorentscheidung

**cite**, *v* anführen, zitieren; (vor)laden

**citizen**, Staatsangehörige(r) *f(m)*, Staatsbürger(in) *m(f)*; **~ of the Community** *(EU)* Gemeinschaftsbürger *m*; **~ of the Union** *(EU)* Unionsbürger *m*

**citizenship**, Staatsangehörigkeit *f*, Staatsbürgerschaft *f*; ~ **of the Union** *(EU)* Unionsbürgerschaft *f*; **to be admitted to ~** eingebürgert werden; **to deprive a p. of ~** jdm die Staatsangehörigkeit aberkennen; **to renounce one's ~** die Staatsangehörigkeit aufgeben

**city**, Großstadt *f*, (große Stadt) *f*; **the ~** *Br* Handels- und Finanzzentrum von London; die Londoner Geschäftswelt; ~ **editor** *Br* Wirtschaftsredakteur *m*; *Am* Lokalredakteur *m*; ~ **manager** *Am* Oberstadtdirektor *m*; ~ **site** Großstadt-Grundstück *n*

**civic**, bürgerlich; staatsbürgerlich; ~ **authorities** Stadtverwaltung *f*; Gemeindeverwaltung *f*; ~ **duties** (or **obligations**) Bürgerpflichten *fpl*, staatsbürgerliche Pflichten *fpl*

**civil**, bürgerlich, zivil; zivilrechtlich; ~ **action** Zivilklage *f*, Zivilprozess *m*; ~ **commotion** Aufruhr *m*; ~ **engineering** Tiefbau *m*; ~ **liability** zivilrechtliche Haftung *f*; ~ **procedure** Zivilprozess *m*

**civil rights**, (Staats-)Bürgerrechte *pl*; **to be deprived of ~** der bürgerlichen Ehrenrechte für verlustig erklärt werden

**civil**, ~ **servant** (Staats-)Beamter *m*; ~ **service** Staatsdienst *m*, öffentlicher Dienst *m*; Berufsbeamtentum *n*; ~ **status** Personenstand *m*

**claim**, (Rechts-)Anspruch *m*; Forderung *f*; Beanstandung *f*; Beschwerde *f*, Reklamation *f*; Mängelrüge *f*; Versicherungsanspruch *m*, Schaden(sfall) *m*; Patentanspruch *m*; *(BergR)* Mutung *f*; **alternative ~** wahlweiser Anspruch; **amount of a ~** Höhe *f* e-r Forderung; **contract ~** Forderung aus Vertrag; **disputed ~** strittige Forderung; **enforceable ~** einklagbare Forderung; **forfeited ~** verfallener Anspruch; **prior ~** älterer Anspruch; **small ~** → small; **stale ~** verjährter Anspruch; **statement of ~** → statement; **subsequent ~** späterer Anspruch; **time-limit for ~s** Rügefrist *f*; **tort ~** Anspruch aus unerlaubter Handlung; **wage ~** Lohnforderung *f*; ~ **against the estate** Forderung gegen den Nachlass; Konkursforderung *f*; ~ **(s) adjuster** *(VersR)* Schadenregulierungsbeamter *m*; ~ **for allowance** *Br* Antrag *m* auf (Steuer-)Freibetrag; ~ **for compensation for loss of clientele** Ausgleichsanspruch *m* des Handelsvertreters *(bei Vertragskündigung)*; ~ **for damages** Schadenersatzanspruch *m*; ~ **for interest** Zinsforderung *f*; ~ **for maintenance** Unterhaltsanspruch *m*; ~ **for money** Geldforderung *f*; ~ **in tort** Schadenersatzanspruch *m* aus unerlaubter Handlung; ~ **letter** Beschwerdebrief *m*; ~ **(s) notification** Schadenanzeige *f*, Schadenmeldung *f*; ~ **of ownership** Eigentumsanspruch *m*; ~ **of recourse** Regressanspruch *m*; ~ **(s) reserve** *(VersR)* Rückstellung *f* für Schadensfälle; **~s settlement** Befriedigung *f* von Ansprüchen; *(VersR)* Schadenregulierung *f*; **to admit a ~** e-e Forderung anerkennen; **a ~ has arisen** ein Anspruch ist entstanden; **to collect a ~** e-e Forderung beitreiben (od. einziehen); **to file** (or **lodge, make**) **a ~** e-n Anspruch anmelden (od. erheben); beanstanden; rügen; reklamieren; **to file a ~ in court** e-n Anspruch einklagen; **to give notice of a ~** *(VersR)* e-n Schaden anmelden; **to lay ~ to** Anspruch erheben auf; **to make a ~ in respect of a defect** e-n Mangel rügen; **to reject a ~** e-n Anspruch (od. e-e Reklamation) zurückweisen

**claim**, *v* beanspruchen, fordern; reklamieren; behaupten; **to ~ damages** Schadenersatz verlangen

**claimant**, Anspruchsteller *m*, Antragsteller *m*; Kläger *m*; Reklamant *m*; Anmelder *m (e-s Patents)*; *(VersR) (anspruchstellender)* Geschädigter *m*

**class**, Klasse *f*; Kategorie *f*; Interessengruppe *f*; **evening ~es** Abendkurse *mpl*; **middle ~ (es)** Mittelstand *m*; ~ **action** Klage *f* e-r Interessengruppe *(z. B. e-r Aktionärsgruppe)*; Gruppenklage *f*; ~ **bond** Serienanleihe *f*; ~ **of consumers** Verbraucherschicht *f*; ~ **of goods** Warengruppe *f*; **~es of income** Einkommensarten *fpl*; ~ **of risks** *(VersR)* Gefahrenklasse *f*; ~ **of shares** (or **stocks**) Aktiengattung *f*; ~ **rate** Gruppenfrachttarif *m*

**classification**, Klassifikation *f*, Klassifizierung *f*, Einreihung *f*, Einstufung *f* Einteilung *f*; Ein-, Aufgliederung *f*; **security ~** Geheimhaltungseinstufung *f*; **tariff ~** zolltarifliche Einstufung *f*; ~ **certificate** Klassifikationsattest *n (für Schiffe)*; ~ **of costs** Kostenaufgliederung *f*; ~ **of goods** Warenklasseneinteilung *f*; Tarifierung *f* von Waren; ~ **of goods under subheadings of the Common Customs Tariff**

*(EU)* Einreihung von Waren in Tarifstellen des Gemeinsamen Zolltarifs; **~ of patents** Patentklassifikation *f*; Klasseneinteilung *f* der Patente; **~ rating** Tarifeinstufung *f*; **~ register** (Schiffs-)Klassenregister *n*

**classified**, **~ advertisement** Kleinanzeige *f*; **~ directory** Branchenadressbuch *n*; **~ information** Verschlusssache *f*; unter Geheimschutz stehende Information *f*; **~ report** Geheimbericht *m*

**classify**, *v* klassifizieren; *(in Klassen)* einteilen, einstufen; ein-, aufgliedern; **to ~ goods** Waren in Klassen einteilen; **to ~ goods in customs tariffs** Waren in Zolltarife einteilen

**clause**, Klausel *f*; Bestimmung *f*; Nebenbedingung *f*; **competition ~** Wettbewerbsklausel *f*; **penal ~** Strafbestimmung *f*; **testamentary ~** Testamentsbestimmung *f*; **~ excluding competition** Wettbewerbsverbotsklausel *f*; **~ of an agreement** (or **a contract**) Vertragsklausel *f*; **~ providing for the fixing of prices** Preisfestsetzungsklausel *f*; **~ reserving errors** Irrtumsvorbehalt *m*

**claw back**, *v* zurückfordern

**clean**, **~ acceptance** vorbehaltsloses Akzept *n*; **~ and documentary collections** einfache und dokumentäre Inkassi *npl*; **~ bill of lading** reines Konnossement *n (ohne einschränkenden Vermerk)*; **~ bond** *Am* Inhaberschuldverschreibung *f*; **~ credit** nicht durch Dokumente gesicherter Kredit *m*; **~ draft** Tratte *f* ohne Dokumente; ~ → float; **~ payment** *(internationaler Zahlungsverkehr)* Bezahlung gegen offene Rechnung; **to be ~** keine Vorbehalte *mpl* aufweisen

**clean**, *v* reinigen, säubern; **to ~ sb. out** *sl.* jdn schröpfen; **to ~ up a balance sheet** e-e Bilanz bereinigen

**cleaner**, Raumpfleger(in) *m(f)*; **(dry) ~s** Reinigung(sanstalt) *f*

**cleaning**, **dry ~** chemische Reinigung *f*

**clean-up sale**, Ausverkauf *m*

**clear**, klar; netto; ohne Abzug; Netto-; **~ amount** Nettobetrag *m*; **~ days** volle Tage; **~ estate** lastenfreier Grundbesitz *m*; **~ income** Nettoeinkommen *n*; **~ loss** Nettoverlust *m*, reiner Verlust *m*; **~ of encumbrances** lastenfrei; **~ profit** Reingewinn *m*; **~ road** freie Straße *f*

**clear**, *v* befreien, freimachen; räumen; ausverkaufen; als Reingewinn erzielen; *(im Clearing)* verrechnen; verzollen (lassen), zollamtlich abfertigen; *(von e-m Verdacht)* entlasten; **to ~ £ 50** 50 Pfund als Reingewinn erzielen; **to ~ an account** e-e Rechnung bezahlen; **to ~ a cheque (check)** e-n Scheck *(im Clearing)* verrechnen; **to ~ expenses** genug verdienen, um die Kosten zu decken; **to ~ goods** Waren räumen, ausverkaufen; **to ~ goods through customs** Waren verzollen; **to ~ in(wards)** *(Schiff)* einklarieren; **to ~ off a debt** e-e Schuld abtragen (od. tilgen); **to ~ out the stock** das Lager räumen; **to ~ out(wards)** *(Schiff)* ausklarieren; **to ~ a port** *(nach Zollabfertigung)* aus dem Hafen auslaufen; **to ~ a shop** ausverkaufen; **to ~ up** aufklären; aufräumen

**clearance**, 1. Räumung *f*; Begleichung *f*; Tilgung *f (e-r Schuld)*; Genehmigung *f*; **~ item** Abrechnungsposten *m*; **~ of accounts** Rechnungsabschluss *m*; Begleichung von Rechnungen; **~ of stocks** Lagerräumung *f*; **~ procedure** *(EU)* Negativattest-Verfahren *n* (→ negative clearance); **~ sale** Räumungsverkauf *m*, Ausverkauf *m*

**clearance**, 2. Zollabfertigung *f*, Verzollung *f*; Auslaufgenehmigung *f (e-s Schiffes)*; **~ certificate** Zoll(abfertigungs)schein *m (e-s Schiffes)*; **~ charges** Zollabfertigungsgebühren *pl*; **~ for entry** Einfuhrverzollung *f*; **~ in(wards)** Einklarierung *f*; **~ on exportation** Ausfuhrabfertigung *f*; **~ out(wards)** Ausklarierung *f*; **~ papers** Zollpapiere *npl*

**clearing**, Clearing *n*, Verrechnung(sverkehr) *f(m)*; Abrechnung(sverkehr) *f(m)*; Verzollung *f (e-r Schiffsladung)*; **cheque (check) ~ system** Scheckverrechnungssystem *n*; **international ~** internationaler Verrechnungsverkehr *m*; **~ account** Verrechnungskonto *n*; **~ agreement** Verrechnungsabkommen *n*; **~ assets** Clearingguthaben *n*; **~ balance** Verrechnungssaldo *n*; **~ bank** *Br* Clearingbank *f*, Geschäftsbank; Mitglied *n* des Londoner Bankers Clearing House; **~ certificate** Zollabfertigungsschein *m*; **~ cheque (check)** Verrechnungsscheck *(im Clearing)*; **~ claim** Clearingforderung *f*; **~ currency** Verrechnungswährung *f*; **~ debt** Clearingschuld *f*; **~ goods for exportation** Zollabfertigung *f* der Ware zur Ausfuhr; **~ house** Clearinghaus *n*,

Verrechnungsstelle *f*; Abrechnungsstelle *f*; **~ House Automated Payment System** (CHAPS) *Br* Londoner automatisiertes Interbanken-Abrechnungssystem *n*; **~ House Interbank Payment System** (CHIPS) New Yorker automatisiertes Interbanken-Abrechnungssystem *n*; **~ item** Verrechnungsposten *m*; **~ of goods** Räumungsverkauf *m*; **~ payment** Einzahlung *f* im; **~ rate** Verrechnungskurs *m*; **~ receivables** Clearing-Forderungen *pl*; **~ sale** Räumungsverkauf *m*; **~ sheet** *(Börse)* Abrechnungsbogen *m*; **~ system** Verrechnungssystem *n*; **~ transactions** Clearinggeschäfte *npl*

**clemency**, Gnade *f*; **petition for ~** Gnadengesuch *n*

**clerical**, **~ employees** Büroangestellte *pl*; **~ equipment** Bürobedarf *m*; **~ mistake** Schreibfehler *m*; **~ staff** Büropersonal *n*; Schreibkräfte *fpl*; **~ work** Büroarbeit *f*; **~ worker** Büroangestellter *m*; Schreibkraft *f*

**clerk**, Büroangestellte(r) *f(m)*; kaufmännische(r) Angestellte(r) *f(m)*; Schreibkraft *f*; Sekretär *m*; Protokollführer *m*; *Am* Verkäufer(in) *m(f)*; **bank ~** Bankangestellte(r) *f(m)*; **chief** (or **head**) **~** Bürovorsteher *m*; **managing ~** Disponent *m*; Geschäftsführer *m*; **unsalaried ~** Volontär *m*

**click rate**, *(EDV)* Klickrate *f*, *(Anzahl der Klicks auf einem Werbebanner innerhalb einer bestimmten Zeitspanne)*

**clicks and mortar**, Bezeichnung für ein Unternehmen, das sowohl traditionelle, als auch internetbasierte Geschäftsfelder verbindet

**click-through rate**, → Click rate

**client**, Kunde *m*, Kundin *f*; Klient(in) *m(f)*; Mandant(in) *m(f)*

**client**, *(EDV)* Anwendung, die mit einem → Server kommuniziert

**clientele**, Kundschaft *f*; Mandantenstamm *m*; Patientenkreis *m*; **bank ~** Bankkundschaft *f*; **contractual ~** Vertragskundschaft *f (des Handelsvertreters)*; **regular ~** Stammkundschaft *f*

**climate**, **business** (or **economic**) **~** Konjunkturklima *n*; **~ change** Klimaänderung *f*

**clock**, Uhr *f*; **time ~** Kontrolluhr *f (für Arbeitszeit)*; **trade in ~s and watches** Uhrenhandel *m*; **~ card** Stechkarte *f*; **~ stamp** Eingangsstempel *m (mit Zeitangabe)*

**clock in/out**, *v* einstechen/ausstechen

**close**, Schluss *m*, Ende *n*; abgeschlossener Grundbesitz *m*; **at ~ of business** bei Geschäftsschluss; **at the ~ of the year** am Jahresende; **~ of the business year** Schluss des Geschäftsjahres; **~ of the stock exchange** Börsenschluss *m*

**close**, *adj* abgegrenzt; eng, dicht; knapp; **~ calculation** genaue Kalkulation *f* (od. Berechnung *f*); **~ collaboration** enge Zusammenarbeit *f*; **~ (ly held) company** (*Am* **corporation**) personenbezogene Kapitalgesellschaft (mit beschränkter Haftung); *(etwa)* Familien-GmbH; **~ election** knappe Wahl *f*; **~ price** scharf kalkulierter Preis *m*; **~ season** (Jagd-) Schonzeit *f*; **~ to the market** marktnahe; **~ translation** wortgetreue Übersetzung *f*; **~ vote** knappes Abstimmungsergebnis *n*

**close**, *v* schließen; abschließen; beenden; **the shop ~s at ...** der Laden schließt um ...; **to ~ an account** e-e Rechnung (od. ein Konto) abschließen; ein Konto auflösen; **to ~ bankruptcy proceedings** das Konkursverfahren einstellen; **to ~ a bargain** ein gutes Geschäft abschließen; **to ~ a deal** ein Geschäft abschließen; **to ~ a position** glattstellen

**close down**, *v (Betrieb)* stilllegen; *(Geschäft)* schließen (od. aufgeben); **the firm has ~ for the holidays** die Firma ist während der Betriebsferien geschlossen; **to ~ production slowly** die Produktion langsam auslaufen lassen

**close**, *v*, **to ~ a road** e-e Straße *(für den Verkehr)* sperren; **to ~ up a shop** ein Geschäft *(für immer)* schließen

**closed**, geschlossen, gesperrt; **temporarily ~** vorübergehend geschlossen; **~ market** *(durch e-n Monopolisten)* geschlossener Markt *m*; **~ to motor traffic** für Kraftfahrzeuge gesperrt

**closed end**, **~ fund** geschlossener Investmentfonds *m (mit von vornherein festgelegter Emissionshöhe)*; **~ investment company** Investmentgesellschaft mit festgelegter und nicht variabler Emissionshöhe; **~ order** Auftrag mit Preisbegrenzung

**closed**, **~ season** *Am* (Jagd-)Schonzeit *f*; **~ session** nicht öffentliche Sitzung *f*; **~ shop** gewerkschaftspflichtiger Betrieb *m*; **~ transaction** abgeschlossener Geschäftsvorfall *m*; **to declare the meet-**

**ing** ~ die Sitzung für geschlossen erklären; **the shops are ~ on Sundays** die Läden sind sonntags geschlossen

**closely, to be ~ connected with sb.** mit jdm in enger Verbindung stehen

**closeness**, ~ **of relationship** Nähe *f* der Verwandtschaft; ~ **of a translation** Genauigkeit *f* e-r Übersetzung

**closer, to qualify for ~ consideration** in die engere Wahl kommen

**closest price**, äußerster Preis *m*

**closing**, Schließen *n*; Schluss *m*; Abschluss *m*; **in ~ our books** beim Abschluss unserer Bücher; **on ~ the contract** bei Vertragsabschluss *m*; **early ~ (day)** früher Ladenschluss *m*; nachmittags geschlossen

**closing**, ~ **account** Abschlusskonto *n*; ~ **agent** Abschlussagent *m*; ~ **balance sheet** Abschlussbilanz *f*; ~ **bid and asked prices** *(Börse)* letzte Geld- und Briefkurse *mpl*; ~ **date** Schlusstag *m*, letzter Termin *m*; ~ **date for application** letzter Bewerbungstermin *m*

**closing down**, ~ **of broadcasting** Sendeschluss *m*; ~ **of an enterprise** Betriebsaufgabe *f*, -stilllegung *f*, -schließung *f*; ~ **sale** Totalausverkauf *m*

**closing**, ~ **entry** Abschlussbuchung *f*; ~ **for cargo** Verladeschluss *m*; ~ **hours** Ladenschlusszeiten *fpl*; Geschäftsschluss *m*; ~ **inventory** Abschlussinventur *f*; Endwarenbestand *m*; ~ **of an account** Rechnungsabschluss *m*; Kontenabschluss *m*; Kontoauflösung *f*; ~ **of bankruptcy proceedings** Einstellung *f* des Konkursverfahrens; ~ **of books** Abschluss *m* der Bücher; ~ **of a business** Geschäftsaufgabe *f*; ~ **of a road** Straßensperre *f*; ~ **of a session** Schluss *m* e-r Sitzung; ~ **of the stock exchange** Börsenschluss *m*; ~ **of subscription** Zeichnungsschluss *m*; ~ **of a transaction** Geschäftsabschluss *m*; ~ **payment** Abschlusszahlung *f*; ~ **price** *(Börse)* Schlusskurs *m*; ~ **quotation** Schlusskurs *m*; ~ **rate** *(Devisen)* Schlusskurs *m*; ~ **rate of exchange** Wechselkurs *m* am Bilanzstichtag; ~ **stock** Schlussbestand *m*, Lagerendbestand *m (am Ende des Jahres)*; ~ **time** Geschäftsschluss *m*, Ladenschluss *m*; *Br* Polizeistunde *f*

**closure**, Schließung *f*, Stillegung *f (e-s Betriebes)*; Verschluss(vorrichtung) *m(f)*; Ende *n*, Schluss *m*; **aid for ~** Schließungsbeihilfe *f*; **partial or permanent ~** teilweise oder dauernde Stilllegung *f*; **workers hit by the ~ of a colliery** von der Stilllegung e-r Zeche betroffene Arbeitnehmer *mpl*; ~ **of the account** Kontoabschluss *m*; ~ **of ports** Schließung von Häfen; ~ **of a session** Schluss e-r Sitzung

**clothing**, Bekleidung(sgegenstand) *f(m)*; Kleidung *f*; **article of ~** Kleidungsstück *n*; **ready-made ~** Konfektion *f*; ~ **accessories** Bekleidungszubehör *n*; ~ **industry** Bekleidungsindustrie

**clout**, Einfluss *f*; Macht *f*; Stärke *f*

**club**, Klub *m*, Verein *m*; ~ **dues** Vereinsbeitrag *m*; ~ **facilities** Klubeinrichtungen *pl*; ~ **funds** Klubkasse *f*; ~ **rules** Vereinssatzung *f*

**clubbing offer**, Angebot *n* der Abonnementsverbilligung beim Bezug zweier oder mehrerer Zeitschriften

**CNE**, → Coefficient of non-erasure

**coach**, (Omni-)Bus *m (für Fernverkehr)*; Reisebus *m*; Eisenbahnwagen *m*; **regular services by ~ and bus** Linienverkehr *m* mit Kraftomnibussen; **through ~** Kurswagen *m*; ~ **tour** Busreise *f*

**coal**, Kohle(n) *f(pl)*; **allowance ~** (or **free ~ for miners**) Deputatkohle *f*; **pit ~** Steinkohle *f*; **processing ~** Kohleaufbereitung *f*; **shortage of ~** Kohleknappheit *f*; **storage of ~** Kohlelagerhaltung *f*; ~ **consumption** Kohleverbrauch *m*; ~ **deposits** Kohlevorkommen *n*; ~ **dump** Kohlenhalde *f*; **~-fired power station** Kohlekraftwerk *n*

**coal, iron, and steel**, ~ **industry** Montanindustrie *f*; ~ **shares** Montanwerte *pl*

**coal**, ~ **market situation** Lage auf dem Kohlenmarkt *m*; ~ **mine** Kohlenbergwerk *n*, Zeche *f*; ~ **mining (industry)** Kohlenbergbau *m*; ~ **output** Kohlenförderung *f*; ~ **pit** Kohlenzeche *f*; ~ **stock** Kohlenvorrat *m*; **coal stocks** Kohlenhalden *pl*; ~ **supply** Kohlenversorgung *f*; Kohlenvorrat *m*; ~ **treatment** Kohlenveredelung *f*; **to mine** (or **extract**) ~ Kohle abbauen (od. fördern); **to stock ~** Kohle auf Halde legen

**coarse grains**, → grain

**coast**, Küste *f*; **along the ~** entlang der Küste; **off the ~** küstennah; ~ **guard** Küstenwache *f*, Küstenpolizei *f*

**coastal**, ~ **fishing** (or **fishery**) Küstenfischerei *f*; ~ **shipping** Küstenschifffahrt *f*;

~ **traffic** Küstenhandel *m*, Küstenverkehr *m*; ~ **waters** Küstengewässer *pl*
**coaster**, Küstenfahrer *m*; Küstendampfer *m*
**coasting**, Küstenschifffahrt *f*; ~ **(trade)** Küstenhandel *m*
**co-beneficiary**, Mitbegünstigte(r) *f(m)*
**cocoa products**, Kakaoerzeugnisse *pl*
**co-creditor**, Mitgläubiger(in) *m(f)*
**C.O.D.**, *(Zahlungsklausel im Handelsverkehr)* (cash on delivery, *Am* collect on delivery) zahlbar bei Lieferung; gegen Nachnahme; ~ **charges** Nachnahmegebühren *fpl*; ~ **consignment** Nachnahmesendung *f*; ~ **fee** Nachnahmegebühr *f*; ~ **parcel** Paket per Nachnahme; ~ **shipment** Nachnahmesendung *f*; **to send** ~ per Nachnahme senden
**code**, Code *m*, (Chiffrier-)Schlüssel *m*; (Ehren-)Kodex *m*; Gesetzbuch *n*; **Commercial** ~ → commercial; ~ **date** Datumsangabe *f (bei Lebensmitteln)*; ~ **number** *Br* Bankleitzahl *f*; Kernzahl *f*; ~ **of conduct** Verhaltenskodex *m*
**code**, *v* kodieren, chiffrieren; **~d telegram(me)** verschlüsseltes Telegramm *n*
**co-debtor**, Mitschuldner *m*
**co-defendant**, Mitbeklagter *m*; Mitangeklagter *m*
**Codest**, → Commitee for the European Development of Science and Technology
**codetermination (of labo(u)r)**, Mitbestimmung(srecht) *f(n)* (der Arbeitnehmer); ~ **arrangement** Mitbestimmungsregelung *f*
**codicil**, Kodizil *n*; (Testaments-)Nachtrag *m*
**codification**, Kodifikation *f*; Kodifizierung *f*
**codified law**, kodifiziertes Recht *n*
**coding**, *(EDV)* Codierung *f*; Chiffrierung *f*, Verschlüsselung *f*
**coefficient**, ~ **of equivalence**, Ausgleichskoeffizient *m*; ~ **of non-erasure** (CNE)*(EU) (Prozentualer Anteil der garantierten Lieferungen an den Gaslieferungen insgesamt)*
**coercion**, Zwang *m*; Nötigung *f*; ~ **of officials** Beamtennötigung *f*
**coercive measures**, Zwangsmaßnahmen *fpl*
**coffee**, Kaffee *m*; **decaffeinated** ~ koffeinfreier Kaffee; **green** ~ Rohkaffee; **ground** ~ gemahlener Kaffee; **raw** (or **unroasted**) ~ ungebrannter Kaffee; **roasted** ~ gerösteter Kaffee; **trade in** ~ Kaffeehandel *m*; ~ **stocks** Kaffeevorräte *mpl*
**cofinancing**, Mitfinanzierung *f*, Kofinanzierung *f*
**cofounder**, Mitbegründer *m*
**cogent**, zwingend, überzeugend
**cognate**, (Bluts-)Verwandter *m*; (bluts-) verwandt; *fig* verwandt
**cognizant**, unterrichtet; zuständig (of für)
**cognovit note**, → note
**co-guardian**, Mitvormund *m*; Gegenvormund *m*
**cohabit**, *v* als Eheleute zusammenleben; in wilder Ehe zusammenleben
**cohabitation**, eheliche Lebensgemeinschaft *f*; Zusammenleben *n* (als Eheleute)
**coheir**, Miterbe *m*
**coheiress**, Miterbin *f*
**cohesion, economic** ~ wirtschaftlicher Zusammenhalt *m*; ~ **funds** *(EU)* → structural funds
**coin**, Münze *f*, Geldstück, Metallgeld *n*; **base** (or **counterfeit**) ~ Falschgeld *n*; **small** ~ Kleingeld *n*; **~-box** *Br* Telefonzelle *f*; **~-changer** Münzwechsler *m*; **~-operated television** Münzfernsehen *n*; **~-sorting machine** Geldsortiermaschine *f*; **to counterfeit ~s** Münzen fälschen; **to mint** (or **strike**) **~s** Münzen prägen
**coin**, *v (Münzen)* prägen, schlagen
**coinage**, Prägen *n*; gemünztes Geld *n*
**coined gold**, gemünztes Gold *n*
**cold call**, unangemeldeter Besuch *m*
**cold storage**, Kühlhauslagerung *f*; ~ **butter** Lagerbutter *f*; **cold storage plant** Kühlanlage *f*; ~ **vessel** Schiff mit Gefrieranlage *f*; **to keep in** ~ im Kühlhaus lagern
**coldstore**, *v* im Kühlhaus lagern, kühl lagern
**collaboration**, Zusammenarbeit *f*, Mitarbeit *f*
**collapse**, Zusammenbruch *m*; **danger of** ~ Einsturzgefahr *f*; **financial** ~ finanzieller Zusammenbruch; ~ **of a building** Einstürzen *n* e-s Gebäudes; ~ **of the economy** Zusammenbruch der *(gesamten)* Wirtschaft; ~ **of prices** Preissturz *m*; Kurssturz *m*; Preisverfall *m*
**collapse**, *v* zusammenbrechen; einstürzen; stürzen *(Preise, Kurse)*
**collar**, Zinsober- bzw. untergrenze *f (bei Euroanleihe mit variabler Verzinsung)*
**collateral**, Sicherungsgegenstand *m*; Sicherheit *f (für Kredit)*; *Br* zusätzliche Si-

cherheit; Neben-; zusätzlich; **acceptable** (or **eligible**) **as** ~ beleihbar, lombardfähig; **banking** ~ Banksicherheit *f*; **commodity** ~ **advance** Warenlombard *m*; **credit against** ~ **(security)** Lombardkredit *m*; **furnishing of** ~ Sicherheitsleistung *f*; **lending on** ~ Gewährung e-s Lombardkredits; **loan on** ~ Lombardkredit *m*; **loan without** ~ Kredit ohne Sicherheit; **rate for loans on** ~ Lombardsatz *m*; ~ **acceptance** Avalakzept *n*; ~ **advance** Lombardkredit *m*; ~ **agreement** Nebenabrede *f*; ~ **assignment** Abtretung *f* sicherheitshalber; ~ **circumstances** Nebenumstände *mpl*; ~ **contract** Nebenvertrag *m*; ~ **credit** Lombardkredit *m*; ~ **damage** Nebenschaden *m*; ~ **insurance** zusätzliche Versicherung *f*

**collateral loan**, Lombardkredit *m*, Lombarddarlehen *n (kurzfristiges Darlehen auf Grund hinterlegter Wertpapiere)*; ~ **business** Lombardgeschäft *n*; **rate on ~s** Lombardsatz *m*, Lombardzinsfuß *m*

**collateral**, ~ **mortgage bond** (Hypotheken-)Pfandbrief *m*; ~ **note** → note; **~l securities** beliehene (od. lombardierte) Wertpapiere *npl*

**collateral security**, durch Hinterlegung geleistete Sicherheit *f*; zusätzliche Sicherheit *f*, Nebensicherheit *f*; **credit against** ~ Lombardkredit *m*

**collateral**, ~ **trust bonds** *Am* durch Verpfändung von *(dem Ausgeber gehörende)* Effekten e-s anderen Unternehmens gesicherte Schuldverschreibungen *fpl*; ~ **trust certificates** *Am* Wertpapiere e-s Investment Trust; **admitted to serve as** ~ zum Lombardverkehr zugelassen; **to furnish** (or **give**) ~ Sicherheit leisten; **to give securities as** ~ Effekten beleihen lassen; **to lend on** (or **against**) ~ lombardieren

**collect**, *Am* Nachnahme; ~ **on delivery** *Am* zahlbar bei Lieferung (Lieferung gegen Nachnahme) ( → C.O.D.)

**collect**, *v (Forderungen)* einziehen; das Inkasso vornehmen; eintreiben, beitreiben; (ein)sammeln; abholen; **to** ~ **a bill** e-n Rechnungsbetrag kassieren; das Inkasso e-s Wechsels besorgen; **to** ~ **a fine** e-e Geldstrafe beitreiben; **to** ~ **information** Erkundigungen einziehen; **to** ~ **money** Geld kassieren; Geld *(für karitative Zwecke etc.)* sammeln; **to** ~ **orders** Aufträge sammeln; **to** ~ **stamps** Briefmarken sammeln; **to** ~ **taxes** Steuern einziehen

**collected**, **amounts** ~ eingezogene Beträge *mpl*; ~ **dividend** abgehobene Dividende *f*; **to have the amount** ~ **through a collection agency** den Betrag durch e-e Inkassostelle einziehen lassen

**collecting**, ~ **agency** Inkassostelle *f*, Inkassobüro *n*; ~ **agent** Inkassovertreter *m*; ~ **at source** Steuererhebung *f* an der Quelle; ~ **banker** *Am* Inkassobank *f*; ~ **charges** Inkassogebühren *fpl*; Abholgebühren *fpl*; ~ **commission** Inkassoprovision *f*; ~ **power** Inkassovollmacht *f*

**collection**, Einziehung *f*, Einzug *m (von Forderungen)*; Inkasso *m*; Eintreibung *f*; Abholung *f*; Sammlung *f*; Kollektion *f*, Zusammenstellung *f*; **banks concerned with a** ~ mit e-m Inkasso befasste Banken; **bill for** ~ Inkassowechsel *m*; **charge for** ~ Abholgebühr *f*; **charges for** ~ Inkassogebühren *fpl*, Einzuggebühren *fpl*; **cheque (check)** ~ Inkasso von Schecks; **conditions for** ~ Inkassobedingungen *fpl*; **documents sent for** ~ Inkassopapiere; **documentary** ~ dokumentäres Inkasso; **for** ~ zum Inkasso; zur Einziehung; **ICC Uniform Rules for ~s** → ICC; **order for** ~ Inkassoauftrag *m*; **ready for** ~ abholbereit; **stamp** ~ Briefmarkensammlung; **street** ~ Straßensammlung *f*; **time for** ~ Abholfrist *f*; ~ **advice** Inkassoaviso *n*; ~ **agency** Inkassostelle *f*, Inkassobüro *n*; ~ **agent** Inkassovertreter *m*; ~ **at source** Steuererhebung *f* an der Quelle; ~ **authority** Inkassovollmacht *f*; ~ **by the customer** Selbstabholung *f*; ~ **charges** Inkassogebühren *fpl*, Einzugsgebühren *fpl*; ~ **commission** Inkassoprovision *f*; ~ **currency** Inkassowährung *f*; ~ **department** Inkassoabteilung *f*; ~ **fees** Inkassogebühren *fpl*; ~ **for charitable purposes** Sammlung zu wohltätigen Zwecken; ~ **letter** Mahnbrief *m*; ~ **of data** Erfassung *f* von Daten; ~ **of documents** Dokumenteninkasso *n*; ~ **of fees** Einziehung von Gebühren; ~ **of freight charges** Frachtinkasso *n*; ~ **of goods** Abholung *f* der Waren; ~ **of outstanding debts** Einziehung von Außenständen; ~ **of patterns** Musterkollektion *f*; ~ **of premiums** *(VersR)* Beitragseinziehung *f*; ~ **of refuse** Müllabfuhr *f*; ~ **of samples**

Musterkollektion *f*; ~ **of statistics** statistische Erhebungen *fpl*; ~ **of taxes** Erhebung *f* (od. Einziehung *f*) von Steuern; ~ **order** Inkassoauftrag *m*; Einzugsauftrag *m*; ~ **sticker** Aufklebezettel *m* mit Zahlungsaufforderung; ~ **teller** Schalterbeamter *m* für den Inkassoverkehr; **to attend to** (or **effect**) **the ~ of a bill** das Inkasso e-s Wechsels besorgen; **the ~ brought in Euro 1,000** die Sammlung ergab 1.000 Euro; **to deposit** (or **present**) **cheques (checks) for ~** Schecks zum Inkasso einreichen; **to give a bill to a ~ agency for ~** e-e Rechnung dem Inkassobüro zum Einzug übergeben; **to put a sample ~ together** e-e Musterkollektion zusammenstellen; **to undertake the ~ of a bill (of exchange)** das Inkasso e-s Wechsels übernehmen (od. besorgen)

**collective**, kollektiv, gemeinsam; Gesamt-; ~ **account** Sammelkonto *n*

**collective agreement**, Tarifvertrag *m*, Gesamtarbeitsvertrag *m*; **according to the terms of a ~** tariflich; **conclusion of a ~** Tarifabschluss *m*; **fixed by ~** tariflich festgesetzt; **parties to a ~** Tarifpartner *mpl*; **termination of the ~ (by notice)** Tarifkündigung *f*

**collective bargaining**, Tarif(vertrags)verhandlungen *fpl*; ~ **agreement** → collective agreement; ~ **autonomy** Tarifautonomie *f*

**collective**, ~ **bill of lading** Sammelkonnossement *n*; ~ **consignment** Sammelladung *f*; ~ **deposit (of securities)** Sammeldepot *n*; Sammelverwahrung *f*; ~ **farm** Kolchose *f*; ~ **farming** kollektiv betriebene Landwirtschaft *f (bes. in sozialistischen Ländern)*; ~ **households** *(EU)* gemeinsame Haushalte *mpl*; ~ **insurance** Gruppenversicherung *f*; ~ **order** Sammelauftrag *m*; ~ **ordering** Sammelbestellung *f*; ~ **passport** Sammelpass *m*; ~ **piecework** Gruppenakkord *m*; ~ **power of attorney** Gesamtvollmacht *f*; ~ **redundancies** Massenentlassungen *fpl*; ~ **Reserve Unit** (C.R.U.) *(internationales WährungsR)* kollektive Reserveeinheit *f*; ~ **wage agreement** Tarifvertrag *m*

**collectively agreed**, tarifgemäß, Tarif-; ~ **wage** Tariflohn *m*; ~ **working hours** tarifliche Arbeitszeit *f*; **payment above the ~ rate** übertarifliche Bezahlung *f*

**collector**, (Zoll-, Steuer-, Geld-)Einnehmer *m*; Sammler *m*; **debt ~** Inkassobeauftragter *m*; **stamp ~** Briefmarkensammler *m*; ~ **of customs and excise** *Br* Zollamt *n*; **~'s item** Sammlerstück *n*; **~'s value** Liebhaberwert *m*

**collide**, *v* kollidieren, zusammenstoßen; im Widerspruch stehen (with zu); **the cars ~ed head on** die Autos stießen frontal zusammen

**colliding interests**, widerstreitende Interessen *npl*

**colliery**, Kohlenbergwerk *n*, (Kohlen-)Zeche *f*; ~ **explosion** Grubenexplosion *f*; ~ **price** Zechenpreis *m*

**collision**, Kollision *f*; Zusammenstoß *m*; Widerstreit *m*; ~ **at sea** Schiffszusammenstoß *m*; **Regulations for Preventing ~s at Sea** Seestraßenordnung *f*; ~ **insurance** *Am* Kaskoversicherung *f*; ~ **of interests** Interessenkollision *f*; **to come into ~ with** kollidieren mit

**collude**, *v* in heimlichem Einverständnis handeln

**collusion**, Kollusion *f*; geheime *(unerlaubte)* Verabredung *f*; sittenwidrige Absprache *f*; Verdunkelung *f*; **risk of ~** Verdunkelungsgefahr

**collusive**, verabredet, abgesprochen; ~ **agreement** heimliche Absprache *f*; ~ **tendering** *(bei Ausschreibungen)* Preisabsprache *f* bei der Abgabe von Angeboten

**colo(u)r**, Farbe *f*; Vorwand *m*, Anschein *m*; **~s** Fahne *f*; *(Schiff)* Flagge *f*; **under the ~ of law** mit dem Anschein des Rechts; **under the ~ of office** unter dem Vorwand e-r Amtshandlung; ~ **prejudice** Rassenvorurteil *n*

**colo(u)rable**, angeblich, fingiert; vorgetäuscht; ~ **transaction** Scheingeschäft *n*

**colo(u)rants in foodstuffs**, Farbstoffe *mpl* in Lebensmitteln

**colo(u)red**, farbig; gefärbt; beschönigt

**colo(u)ring**, ~ **agents** Farbstoffe *mpl*; ~ **matter for use in food** Lebensmittelfarbstoffe *mpl*

**COLT** → continuously offered longer-term securities

**column**, **advertisement ~s** Anzeigenteil *m (e-r Zeitung)*; **commercial ~s** Wirtschaftsteil *m (e-r Zeitung)*; ~ **of figures** Zahlenreihe *f*; ~ **of vehicles** Fahrzeugkolonne *f*

**co(-)management**, Mitbestimmung(s-recht) *f(n)*
**combat**, *v*, **to ~ unemployment** die Arbeitslosigkeit bekämpfen
**combination**, Kombination *f*; Unternehmenszusammenschluss *m*; Kartell *n*; *Am* Konzern *m*; **price ~** Preiskartell *n*; **~ in restraint of trade** Zusammenschluss *m* zur Beschränkung des Wettbewerbs
**combine**, Unternehmenszusammenschluss *m*; Verband *m*, Kartell *n*; *Br* Konzern *m*; **buyers' ~** Einkaufskartell *n*; **~ of producers** Erzeugerverband *m*
**combine**, *v* verbinden; (sich) vereinigen; zusammenwirken
**combined**, gemeinsam, gemeinschaftlich; **~ action** gemeinsames Vorgehen *n*; **~ aerial** Gemeinschaftsantenne *f*; **~ bill of lading** Sammelladungs-Konnossement *n*; **~ Certificate of Value and of Origin** *Br (Ausfuhrhandel)* kombiniertes Wert- und Ursprungszeugnis *n*; **~ income** gemeinsames Einkommen *n (der Eheleute)*; **~ rail/road carriage of goods** (kombinierter Güterverkehr *m* Schiene/Straße
**combustibles**, feuergefährliche Güter *npl*
**combustion**, **large ~ plants** Großfeuerungsanlagen *fpl*
**come**, *v* kommen; **to ~ down in price** mit dem Preis heruntergehen (to auf); **to ~ for** kommen wegen; abholen; **to ~ from** herkommen von, stammen aus
**come in**, *v* eingehen *(Geld, Aufträge, Ware)*; *(als Partner)* eintreten; hereinkommen, eintreffen *(Ware)*; aufkommen *(Mode)*; **money is ~ing in badly** das Geld kommt schlecht herein
**come**, *v*, **to ~ into force** in Kraft treten; **to ~ into property** ein Vermögen erben; **to ~ into vogue** in Mode kommen
**come**, **to ~ of age** volljährig werden; **to ~ on** vorwärts kommen, Fortschritte machen; **to ~ on offer** angeboten werden (at mit)
**come out**, *v*, **to ~** erscheinen, veröffentlicht werden; **to ~ out (on strike)** in Streik treten, streiken
**come to**, *v* sich belaufen auf, ausmachen; **to ~ an agreement** zu e-r Einigung kommen, sich einigen; **to ~ know** kennen lernen; **to ~ terms** sich einigen, zu e-m Vergleich kommen, sich vergleichen; **his earnings ~ more than ... a year** seine Einkünfte belaufen sich auf mehr als ... im Jahr; **his plans came to nothing** seine Pläne hatten keinen Erfolg
**come up**, *v*, **to ~ to expectations** den Erwartungen entsprechen; **to ~ with sb.** jdn einholen; jdm gleichkommen; **to ~ with sth.** mit etw. herauskommen, etw. auf den Markt bringen
**to come within the terms of a contract**, unter die Bestimmungen e-s Vertrages fallen
**Comext**, *(EU)* Comext *(Eurostat-Datenbank für den Extra- und Intra-EU-Handel)*
**comfort**, Komfort *m*; Trost *m*, Erleichterung *f*; **flat with all modern ~s** Komfortwohnung *f*; **the hotel has every modern ~** das Hotel hat allen Komfort
**comfortable**, komfortabel; **~ income** ausreichendes Einkommen *n*; **to live in ~ circumstances** in guten Verhältnissen leben
**coming**, künftig, kommend; **~ in of goods** Wareneingang *m*; **~ in of orders** Eingang *m* von Aufträgen; **~ of age** Erreichung *f* der Volljährigkeit; **~ out of a book** Erscheinen *n* e-s Buches; **~-out price** Begebungskurs *m (neuer Aktien)*
**command economy**, Zentralverwaltungswirtschaft *f*; zentralisiertes Wirtschaftssystem *n*
**command**, *v*, **to ~ the market** den Markt beherrschen; **to ~ a high price** e-n hohen Preis erzielen
**commence**, *v* anfangen, beginnen; **to ~ business** den Geschäftsbetrieb aufnehmen; **to ~ duty** den Dienst antreten; **the term ~s** die Frist beginnt
**commencement**, **~ of business** Inbetriebnahme *f* des Geschäfts; Geschäftsbeginn *m*; **~ of operations** Inbetriebsetzung *f (z. B. e-s Bergwerks)*; **~ of service** Dienstantritt *m*
**commencing salary**, Anfangsgehalt *n*
**commendatory letter**, Empfehlungsschreiben *n*
**commensurate with**, entsprechend, angemessen
**comment**, Erklärung *f*, Stellungnahme *f* (on zu); Bemerkung *f*, Kritik *f* (on an); **no ~!** Kein Kommentar!; **no ~ (required)** Kommentar *m* überflüssig
**commerce**, Handel *m*; Handelsverkehr *m*, Wirtschaftsverkehr *m*; **chamber of ~** Handelskammer *f*; **Department of ~** *Am* Handelsministerium *n*; **domestic ~** Binnenhandel *m*; **foreign ~** Außenhandel *m*

**commercial**, Handels-, Wirtschafts-, Geschäfts-; kaufmännisch, geschäftlich, gewerblich; kommerziell; Werbesendung *f* *(Radio, Fernsehen)*; Werbespot *m*; **~s** Werbekurzfilme *mpl*

**commercial activity**, wirtschaftliche Betätigung *f*; kaufmännische Tätigkeit *f*; **to be engaged in ~** kaufmännisch tätig sein

**commercial**, **~ advertising** geschäftliche Werbung *f*; Geschäftsreklame *f*; **~ agency** → agency; **~ agent** Handelsvertreter *m*; **~ arbitration** Handelsschiedsgerichtsbarkeit *f*; **~ art** Werbegraphik *f*; Gebrauchsgraphik *f*; **~ artist** Werbegraphiker *m*, Gebrauchsgraphiker *m*; **~ balance sheet** Handelsbilanz *f*; **~ bank** Geschäftsbank *f*; **~ banking** Einlagen- und Kreditgeschäft *n*; **~ bill (of exchange)** Handelswechsel *m*; Warenwechsel *m*; **~ bookkeeping** kaufmännische Buchführung *f*; **~ broadcasting** Werbesendung *f (Fernsehen, Radio)*; **~ broker** Handelsmakler *m*; **~ building** gewerblich genutztes Gebäude *n*; **~ causes** *(gerichtl.)* Handelssachen *fpl*; **in ~ circles** in Geschäftskreisen; **~s Code** Handelsgesetzbuch *n* (HGB); **~ college** Handels(hoch)schule *f*; **~ columns** Wirtschaftsteil *m (e-r Zeitung)*; **~ credit** *(kurzfristiger)* Handelskredit *m*, Warenkredit *m*; **~ credit company** Kundenkreditbank *f*; **~ credit information** Kreditauskunft *f*; **~ custom** Handelsbrauch *m*, Geschäftsbrauch *m*; **~ debt** Schuld *f* aus Warenlieferungen; **~ delinquency** Wirtschaftskriminalität *f*; **~ designation** Geschäftsbezeichnung *f*; **~ directory** Handelsadressbuch *n*; **~ discount** handelsüblicher Rabatt *m*; **~ dispute** Handelsstreitigkeit *f*; **~ documents** Handelspapiere *npl*; **~ domicile** Geschäftssitz *m*; **~ economy** (or **efficiency**) Wirtschaftlichkeit *f (e-s Betriebes)*; **~ executive** kaufmännischer Angestellter *m* in leitender Stellung; **~ English** Handelsenglisch *n*; **~ firm** (or **house**) Handelsfirma *f*; **~ goods vehicles** Güterfahrzeuge *npl*; **~ grades** Handelssorten *pl*; **~ hotel** Hotel *n* für Geschäftsreisende; **~ instrument** Handelspapier *n*; **~ intercourse** Handelsverkehr *m*, Wirtschaftsverkehr *m*; **~ invoice** Handelsfaktura *f*, Handelsrechnung *f*; **~ law** Handelsrecht *n*; *(gerichtl. anerkanntes)* Handelsgewohnheitsrecht *n*; **~ letter of credit** (CLC) Handelskreditbrief *m*; *(bes. Form des unwiderruflichen, nicht bestätigten)* Akkreditiv(s); **~ loading** raumsparende Verladung *f*; **~ loan** *(kurzfristiger)* Warenkredit *m*; **~ loss** wirtschaftlicher Schaden *m*; **~ management** kaufmännische Geschäftsführung *f*; **~ marine** Handelsmarine *f*; **~ men and women** Kaufleute *pl*; **~ motor vehicle** Nutzkraftfahrzeug *n*; **~ navigation** Handelsschifffahrt *f*; **~ negotiations** Geschäftsverhandlungen *fpl*; **~ paper** Handelspapiere *npl*, kurzfristige Geldmarktpapiere *npl (bes. Wechsel und Solawechsel)*; **~ papers** *(Post)* Geschäftspapiere *npl*

**commercial policy**, **common ~** *(EU)* gemeinsame Handelspolitik *f* (od. Wirtschaftspolitik)

**commercial practice**, **according to ~** nach Handelsbrauch (od. Geschäftsbrauch)

**commercial practices**, **standard ~** übliche kaufmännische Geschäftspraktiken *pl*

**commercial**, **~ profit** Geschäftsgewinn *m*; **~ property** gewerblich genutzter Grundbesitz *m*; **~ rates** handelsübliche Sätze *mpl*; **~ register** Handelsregister *n*; **~ relations** wirtschaftliche Beziehungen *fpl*; Handelsbeziehungen *fpl*; **~ representative** Handelsvertreter *m*; **~ risk** wirtschaftliches Risiko *n*, Unternehmerwagnis *n*; **~ road vehicles** Nutzfahrzeuge *npl*; **~ sample** Warenmuster *n*; **on a ~ scale** gewerbsmäßig; **~ services** gewerbliche Leistungen *fpl*; **~ shipping** Handelsschifffahrt *f*; **~ size** handelsübliche Größe *f*; **~ sponsor** Rundfunkwerbung betreibende Firma *f*; **~ standardization** Warennormung *f*

**commercial stocks**, **to build up ~** Handelsbestände anlegen

**commercial**, **~ television** Werbefernsehen *n*; **~ trainee** Trainee *m*; als Kaufmann Auszubildender *m*; **~ training** kaufmännische Ausbildung *f*; **~ transactions** Wirtschaftsverkehr *m*

**commercial travel(l)er**, (Reise-)Vertreter *m*; Geschäftsreisender *m*; Handlungsreisender *m*; **~'s samples** Musterkollektion *f* e-s Vertreters

**commercial**, **~ treaty** Handelsvertrag *m*; **~ undertaking** gewerbliches Unternehmen *n*; kaufmännischer Betrieb *m*; **~ value** Handelswert *m*, Marktwert *m*; **~**

**vehicle** Nutzfahrzeug *n*; ~ **venture** Geschäftsunternehmen *n*; Geschäftsspekulation *f*; ~ **vocation** kaufmännischer Beruf *m*

**commercialism**, Kommerzialismus *m*; Geschäftstüchtigkeit *f*

**commercialist**, Geschäftsmann *m*

**commercialization**, Kommerzialisierung *f*

**commercialize**, *v* kommerzialisieren, kaufmännisch verwerten (od. ausnutzen)

**commercially viable**, wirtschaftlich existenzfähig

**commission**, 1. Kommission *f*, Ausschuss *m*; Bestellung *f*, Auftrag *m*; Provision *f*; Courtage *f (des Börsenmaklers)*; Begehung *f*, Verübung *f (e-r strafbaren Handlung)*; *Scot* Vollmacht *f*; *Am* Rechtshilfeersuchen *n*; **accepting** ~ Akzeptprovision *f*; **agent's** ~ Vertreterprovision *f*; **bankers** ~ Bankprovision *f*; **border** ~ Grenzkommission *f*; **buying** ~ Einkaufskommission *f*; Einkaufsprovision *f*; **by way of** ~ als Provision; **claim for** ~ Provisionsanspruch *m*; **economic** ~ Wirtschaftskommission *f*; **final** ~ Abschlussprovision *f*; **free of** ~ provisionsfrei; **guarantee** ~ Bürgschaftsprovision *f*

**commission, in** ~ ermächtigt, beauftragt; in Dienst gestellt *(Schiff)*; **to put in(to)** ~ *(Schiff)* in Dienst stellen

**commission, joint** ~ gemischte Kommission; **liable to** ~ provisionspflichtig; **no** ~ keine Provision

**commission, on** ~ in Kommission (in eigenem Namen für fremde Rechnung); kommissionsweise; gegen Provision; **goods on** ~ Kommissionswaren *fpl*; **purchase on** ~ Kommissionseinkauf *m*; **sale on** ~ Kommissionverkauf *m*; Verkauf *m* gegen Provision; **stock on** ~ Kommissionslager *n*; **transaction on** ~ Kommissionsgeschäft *n*

**commission, on the** ~ in der Kommission; zum Ausschuss gehörig; **rate of** ~ Kommissionssatz *m*; Provisionssatz *m*; **salesman** ~ Vertreterprovision *f*; **selling** ~ Verkaufsprovision *f*; **settlement** (or **statement**) **of** ~**s** Provisionsberechnung *f*; Provisionsaufstellung *f*

**commission**, ~ **account** Provisionskonto *n*; Provisionsrechnung *f*; ~ **agent** Kommissionär *m*; ~ **allowed to an agent** Vertreterprovision *f*; **on a** ~ **basis** in Kommission; auf Provisionsbasis; ~ **broker** *Am (Börse)* Makler auf Provisionsbasis; ~ **business** Kommissionsgeschäft *n*, Kommissionshandel *m*; ~ **buyer** Einkaufskommissionär; ~ **for collection (of bills)** Inkassoprovision *f*; ~ **for examination of witnesses** *Am* Rechtshilfeersuchen *n*; ~ **house** *Am (Börse)* Maklerfirma *f*; ~ **merchant** Kommissionär *m*; ~ **on guarantee** Avalprovision *f (beim Avalkredit)*; ~ **on overdraft** Überziehungsprovision *f*; ~ **on sale** Verkaufsprovision *f*; Umsatzprovision *f*; ~ **on turnover** Umsatzprovision *f*; ~ **rate** Provisionssatz *m*; **to be subject to a** ~ e-r Provision unterliegen; **to buy and sell on** ~ Kommissionsgeschäfte machen; **to carry out a** ~ e-n Auftrag ausführen; **to charge a** ~ e-e Provision berechnen; **to draw a** ~ Provision beziehen; **to entrust sb. with a** ~ jdm e-n Auftrag erteilen; **to establish a** ~ e-e Kommission bilden; **to sell on** ~ gegen Provision verkaufen; in Kommission verkaufen; **to take goods in** ~ Waren in Kommission nehmen; **your** ~ **depends on the amount of the turnover** Ihre Provision richtet sich nach dem Umsatz

**Commission**, 2. *(EU)* Kommission *f*; **President of the** ~ Kommissionspräsident *m*; ~ **departments** Dienststellen *fpl* der Kommission; ~ **draft** Kommissionsentwurf *m*; ~ **official** Beamter *m* der Kommission; ~ **proposal** Kommissionsvorschlag *m*

**commission**, *v* beauftragen, in Auftrag geben; *(Schiff)* in Dienst stellen

**commissioner**, Beauftragter *m*; leitender Beamter *m*; Kommissar *m*; **government** ~ Regierungsbeauftragter *m*; ~ **for oaths** *Br (dem deutschen Notar ähnliche)* Urkundsperson *f*; ~ **of Customs and Excise** *Br* Leiter *m* der Zoll- und Verbrauchsteuerbehörde; ~ **of Patents** *Am* Präsident *m* des Patentamtes

**commit**, *v* anvertrauen; *(strafbare Handlung)* begehen; *(in e-e Anstalt)* einweisen; **to** ~ **oneself** sich verpflichten; sich festlegen (to auf); sich engagieren (towards für); **to** ~ **to prison** in das Gefängnis einliefern

**committed**, verpflichtet, festgelegt, gebunden; **appropriations** ~ gebundene (Haushalts-)Mittel *pl*

**commitment**, Verpflichtung *f*, Verbindlichkeit *f*; Engagement *n*; Begehung *f (e-r strafbaren Handlung)*; Einweisung *f (in e-e*

*Anstalt)*; Bindung *f*; ~ **fee** Bereitstellungsprovision *f (für Kredite)*; **advance** ~ Kreditzusage *f*; **business ~s** geschäftliche Verpflichtungen *fpl*; **European** ~ europäisches Engagement *n*; **financial** ~ finanzielle Verpflichtung; Finanzierungszusage *f*; **foreign exchange** ~ Devisenengagement *n*; **job** ~ berufliches Engagement *n*; **supply** ~ Lieferverpflichtung; **without any** ~ unverbindlich; ~ **appropriation** *(EU)* Verpflichtungsermächtigung *f*; ~ **for future delivery** Terminengagement *n*; ~ **of funds** Mittelbindung *f*; ~ **provision** Bereitstellungsprovision *f*; **to enter into** (or **incur, undertake**) **a** ~ e-e Verpflichtung eingehen; **to limit the amount of one's ~s** den Betrag seiner *(finanziellen)* Verpflichtungen begrenzen; **to meet one's ~s** seine Verpflichtungen erfüllen

**committee**, Ausschuss *m*, Kommitee *n*; **advisory** (or **consultative**) ~ beratender Ausschuss; **Advisory ~ on Programme Management** (ACPM) Beratender Programmausschuss (BPA); **education** ~ Ausschuss für Bildungsfragen; **executive** ~ geschäftsführender Ausschuss; **mixed** ~ gemischter Ausschuss; **on the** ~ im Ausschuss; **permanent** (or **standing**) ~ ständiger Ausschuss; **Scientific and Technical Research** ~ (CREST) Ausschuss für Wissenschaftliche und Technische Forschung (AWTF); **steering** ~ Lenkungsausschuss *m*; **sub** ~ Unterausschuss *m*; **technical** ~ Fachausschuss *m*; **working** ~ Arbeitsausschuss m; ~ **for Commerce and Distribution** (CCD) *(EU)* Ausschuss für Handel und Vertrieb (AHV); ~ **for the European Development of Science and Technology** (Codest) *(EU)* Ausschuss für die europäische Entwicklung von Wissenschaft und Technologie; ~ **meeting** Ausschusssitzung *f*; ~ **of creditors** Gläubigerausschuss *m*; ~ **of experts** Sachverständigenausschuss *m*; ~ **of four** Viererausschuss *m*; ~ **of inquiry** Untersuchungsausschuss *m*; ~ **of inspection** *Br (KonkursR)* Gläubigerausschuss *m*; ~ **of the Regions** *(EU)* Ausschuss *m* der Regionen; ~ **of Senior Officials in the Field of Scientific and Technical Research** Ausschuss hoher Beamter für die wissenschaftliche und technische Forschung; **to be on the** ~ dem Ausschuss angehören; **to establish** (or **set up**) **a** ~ e-n Ausschuss bilden; **to sit on a** ~ in e-m Ausschuss sitzen

**commodities**, Waren *pl*, Güter *pl*; Rohstoffe *pl*, Grundstoffe *pl*; **agricultural** ~ landwirtschaftliche Grundstoffe; **household** ~ Haushaltswaren *pl*; **trading in** ~ Rohstoffhandel *m*; ~ **Committee** Warenausschuss *m*, Grundstoffausschuss (*z. B. der* → UNCTAD)

**commodity**, Ware *f*, (Handels-)Artikel *m*; Rohstoff *m*, Grundstoff *m*; **export** ~ Exportware *f*; **import** ~ Importware *f*; ~ **advance** Warenlombard *m*; ~ **agreement** Rohstoff-, Grundstoff-, Warenabkommen *n*; ~ **broker** Warenmakler *m*; ~ **Classification for Foreign Trade Statistics** Warenverzeichnis *n* für die Außenhandelsstatistik; ~ **coverage** Waren-(etc.)bedarfsdeckung *f*; ~ **credit** Warenkredit *m*; ~ **exchange** (Comex) Warenbörse *f*; ~ **Exchange** (New York) die führende internationale Rohstoff- und Warenterminbörse *f*; ~ **forward exchange** Warenterminbörse *f*; ~ **futures** Warentermingeschäfte *npl*; ~ **futures exchange** Warenterminbörse *f*; ~ **Futures Trading Commission** (CFTC) *Am* Aufsichtsbehörde *f* für die Warenterminbörsen; ~ **grade** Warensorte *f*; ~ **loan** Warenkredit *m*; ~ **market** Rohstoffmarkt *m*; ~ **marketing** Warenabsatz *m*; ~ **papers** Verschiffungsdokumente *pl*; ~ **prices** Rohstoffpreise *mpl*; ~ **rate** Vorzugstarif *m (im Luftfrachtverkehr)*; ~ **trade** Warenhandel, Rohstoffhandel *m*

**common**, Gemeindeland *n*; ~ **(s)** *Am (öffentl.)* Park *m*; **right of** ~ gemeinschaftliches Nutzungsrecht *n* an Grundbesitz

**common**, gemeinschaftlich, gemeinsam; allgemein; **to act in** ~ gemeinsam vorgehen; **to hold in** ~ gemeinsam besitzen

**common**, ~ **Agricultural Market** *(EU)* Gemeinsamer Agrarmarkt *m*; ~ **Agricultural Policy** (CAP) *(EU)* Gemeinsame Agrarpolitik *f* (GAP); **it is a ~ belief** es wird allgemein geglaubt; ~ **carrier** → carrier; **by ~ accord** einvernehmlich; ~ **commercial policy** gemeinsame Handelspolitik *f*; **by ~ consent** mit allgemeiner Zustimmung; ~ **Customs Tariff** *(EU)* Gemeinsamer Zolltarif *m* (GZT); ~ **External Tariff** *(EU)* gemeinsamer Außenzolltarif *m*; ~ **fund** gemeinsamer Fonds *m*; gemeinsame Kasse *f*; ~ **Fund**

**for Commodities** Gemeinsamer Fonds *m* für Rohstoffe; **~ground** Gemeindeland *n*; gemeinsame Basis *f*

**common law**, Richterrecht *n* (das in Gerichtsentscheidungen letzter Instanz niedergelegt ist)

**Common Market**, *(EU)* gemeinsamer Markt *m*; **internal ~** gemeinsamer Binnenmarkt *m*

**common, ~ Nomenclature of Industrial Products** (NIPRO) Gemeinsames Verzeichnis *n* der Industriellen Erzeugnisse (NIPRO); **~ nuisance** → nuisance; **~ policy** *(EU)* gemeinsame Politik *f*; **~ price** üblicher Preis *m*; **~ property** gemeinschaftliches Eigentum *n* (od. Vermögen *n*)

**common stock**, *Am* Stammaktie(n) *f(pl)*; **~ fund** *Am* Investmentfonds *m*, der sich nur aus Stammaktien zusammensetzt; **~ holder** *Am* Stammaktionär *m*; **~ warrant** Bezugsrechtschein *m* auf Aktien

**common transit**, *(EU)* gemeinsames Versandverfahren *n*

**commonly accepted**, allgemein gültig

**commotion**, Aufruhr *m*; **civil ~s** innere Unruhen *fpl*

**communicate**, *v* in Verbindung stehen, sich in Verbindung setzen (with mit)

**communication**, Mitteilung *f*, Nachricht *f*; Verbindung *f*; Kommunikation *f*; Informationswesen *n*; Verkehr(sweg, -verbindung) *m(m, f)*; **~s** Nachrichtenverkehr *m*; Verkehrswesen *n*; Post- und Fernmeldewesen *n*; **confidential ~** vertrauliche Mitteilung *f*; **means of ~** Nachrichtenmittel *npl*; Verkehrsmittel *npl*; **official ~s** amtlicher Nachrichtenverkehr *m*; **postal ~** Postverbindung *f*, Postverkehr *m*; **~ lines** (or **routes**) Verkehrsverbindungen *fpl*; **~ media** Kommunikationsmittel *pl*; Werbeträger *pl*; **~ satellite** Fernmelde-, Nachrichtensatellit *m*

**community**, *(EDV)* → internet community

**community**, 1. Gemeinschaft *f*; Gemeinwesen *n*; Gemeinde *f*; *Am* Gütergemeinschaft *f*; **the ~** die Allgemeinheit; **conjugal ~** eheliche (Lebens-)Gemeinschaft *f*; **working ~** Arbeitsgemeinschaft *f*; **~ action** Bürgerinitiative *f*; **~ by undivided shares** Gemeinschaft *f* nach Bruchteilen; **~ care** *Br* Sozialfürsorge *f*; **~ charge** *Br* Gemeindesteuer *f*; **~ of heirs** Erbengemeinschaft *f*; **~ of interests** Interessengemeinschaft *f*; **~ of property** (between spouses) eheliche Gütergemeinschaft *f*; **~ service** Arbeit *f* im sozialen Bereich; **~ worker** *Br* Sozialarbeiter *m*

**Community**, 2. *(EU)* Gemeinschaft *f* (kurz für → European ~) (Begriffe, die mit der Europäischen Gemeinschaft und der Europäischen Union zu tun haben, sind meistens unter → EU gegeben); Gemeinschafts ~

**Community, countries both inside and outside the ~** Mitgliedstaaten *mpl* der EU und Drittländer *npl*; **non-~ country** Drittland *n*; **non-~ currency** Drittlandswährung *f*; **throughout the ~** gemeinschaftsweit; **~ agreement** Gemeinschaftsvereinbarung *f*; **the ~ and its staff** die Gemeinschaft und ihre Bediensteten; **~ bodies** Gemeinschaftsgremien *npl*; **~ citizen** Gemeinschaftsbürger *m*; **~ competence** Gemeinschaftszuständigkeit *f*; **~ institutions** Einrichtungen *fpl* od. Organe *npl* der Gemeinschaft ( → EU institutions)

**Community law**, Gemeinschaftsrecht *n*; **national or ~** einzelstaatliches od. gemeinschaftliches Recht *n*

**Community, ~ policy on the environment** Umweltpolitik *f* der Gemeinschaft; **~ R&D policy** → EU R & D policy; **~ R&TD policy** → EU R & TD policy; **~ research** gemeinschaftliche Forschung *f*

**commutation**, Austausch *m*; Umwandlung *f*; Ablösung *f (durch Geld)*; Pendeln *n*; **~ debt** Ablösungsschuld *f*; **~ of an annuity** Ablösung e-r Rente; **~ right** Umwandlungsrecht *n*; **~ ticket** *Am* Abonnementskarte *f*; Zeitkarte *f*

**commute**, *v* austauschen; umwandeln; *(durch Geld)* ablösen; *(durch Ablösung)* abfinden; pendeln; **to ~ an annuity** e-e Rente ablösen; **to ~ a prison sentence** e-e Freiheitsstrafe in e-e Geldstrafe umwandeln

**commuter**, Pendler *m*; Berufsverkehrsteilnehmer *m*; **~ traffic** Berufsverkehr *m*

**compact disc**, Kompakt Disk *f*, CD *f* *(Speichermedium für Daten insbesondere Audiodaten)*

**company**, Gesellschaft *f*; *bes. Br* Kapitalgesellschaft *f*; Unternehmen *n*; **affiliated ~** nahestehende Gesellschaft, Konzerngesellschaft *f*; **associated ~s** verbundene Gesellschaften *fpl*; **close ~** → close; **controlled ~** beherrschte Gesellschaft; Tochtergesellschaft; **controlling ~** herrschendes Unternehmen *n*, Muttergesellschaft *f*; **incorporated ~** → incorporated; **joint stock ~** → joint stock; **legal forms of ~s** Gesellschaftsformen *fpl*; **private limited ~** *Br (etwa)* Gesellschaft mit beschränkter Haftung, GmbH; **public limited ~** (plc) *Br* Aktiengesellschaft *f*, AG; **subsidiary ~** Tochtergesellschaft *f*; **trading ~** Handelsgesellschaft *f*; **unlimited ~** (Kapital-)Gesellschaft mit unbeschränkter Haftung

**company**, **~ acquisition** Unternehmenskauf *m*; **~s Act** (CA) *Br* Gesetz *n* über Kapitalgesellschaften, Aktiengesetz *n*; **~ agreement** Gesellschaftsvertrag *m*; **~ assets** Betriebsvermögen *n*; **~ branches** Zweigniederlassungen *fpl* von Kapitalgesellschaften; **~ car** Firmenwagen *m*; **~ charter** Satzung *f* der Gesellschaft; **~ concentration** Unternehmenszusammenschluss *m*; **~ development** Unternehmensentwicklung *f*; **~ equity** Gesellschaftskapital *n*; **~ financing** Unternehmensfinanzierung *f*; **~ funds** Gesellschaftsmittel *pl*; **~'s goal** Unternehmenszweck *m*; **~ law** Gesellschaftsrecht *n*; *Br* Aktienrecht *n*; **~ Law Directive** Gesellschaftsrichtlinie *f*; **~ lawyer** Wirtschaftsjurist *m*; **at ~ level** auf Unternehmensebene *f*; **~ limited by guarantee** *Br* Gesellschaft mit beschränkter Nachschusspflicht; **~ limited by shares** *Br* Aktiengesellschaft *f* (public limited company); GmbH (private [limited] company); **~ loss** Unternehmensverlust *m*; **~ management** Unternehmensführung *f*; **~ meeting** Hauptversammlung *f* *(e-r AG)*; Gesellschafterversammlung *f* *(e-r GmbH)*; **~ merger** Unternehmenszusammenschluss *m*; **~ officers** leitende Angestellte *m/fpl* e-s Unternehmens; **~ pension scheme** betrieblicher Pensionsplan *m*; **~ planning** Unternehmensplanung *f*; **~'s profits** Gesellschaftsgewinne *mpl*; Unternehmensergebnis *n*; **~ representative** Firmenvertreter *m*; **~ research** Unternehmensforschung *f*; **~ residence** *Br* Sitz *m* e-r (Kapital-)Gesellschaft; **~ seal** Firmensiegel *n*; **~ secretary** *Br* oberster Verwaltungsbeamter *m* e-r Gesellschaft; **~ securities** *Br* (equities and fixed interest stocks) Unternehmenspapiere *npl*; **~ seniority** Betriebszugehörigkeit *f*; **~ surrender agreement** Betriebsüberlassungsvertrag *m*; **~ survivors' pension** betriebliche Hinterbliebenenrente *f*; **~ tax** Gesellschaftsteuer *f*; **~ union** *Am* Betriebsgewerkschaft *f*; **to form** (or **set up**) **a ~** e-e Gesellschaft gründen; **to wind up a ~** die Liquidation e-r Gesellschaft herbeiführen

**Company Memorandum** → Memorandum

**comparable goods**, vergleichbare Waren *fpl*

**comparative**, vergleichend; **~ advertising** vergleichende Werbung *f*; **~ balance sheet** Vergleichsbilanz *f*; **~ law** Rechtsvergleichung *f*; **~ negligence** *Am* Mitverschulden *n*; **~ statement** Vergleichsübersicht *f*; **~ value** Vergleichswert *m*

**compare**, *v* vergleichen; gleichsetzen (to mit); *(Schriften)* kollationieren; **to ~ the accounts** die Konten abstimmen; **not to be ~d with** nicht zu vergleichen mit

**comparison**, Vergleich *m*; **by** (or **in**) **~ with** im Vergleich mit; **~ between enterprises** Betriebsvergleich *m*

**compassionate allowance**, Gnadengehalt *n*; freiwillige Rente *f (an Angehörige)*

**compatability**, Verträglichkeit *f*; **~ with the environment** Umweltverträglichkeit *f*

**compatible**, **~ with Community law** *(EU)* mit dem Gemeinschaftsrecht vereinbar; **not ~ with** nicht vereinbar mit

**compel**, *v*, **to ~ a p.** jdn zwingen; **to ~ sth.** etw. erzwingen, abnötigen

**compensate**, *v* entschädigen, ersetzen, Ersatz geben (for für); wiedergutmachen; abfinden; ausgleichen

**compensation**, Entschädigung *f*; Ersatz(-leistung) *m(f)*; Schadenersatz *m*; Wiedergutmachung *f*; Ausgleich *m*; *Am* Vergütung *f*; Abfindung *f*; **(amount of) ~** Entschädigungssumme *f*; Abfindungssumme *f*; Ausgleichsbetrag *m*; **liable to pay ~** entschädigungspflichtig; **money ~** Entschädigung in Geld; **workmen's ~** → workmen; **~ for improvements** Ersatz *m* für werterhöhende Aufwendungen; **~ for loss of office** Abfindung bei Entlassung; **~ for pain and suffering** Schmerzensgeld *n*; **~ fund** Ausgleichsfonds *m*; *Br* Kompensationsfonds *m (Fonds der Londoner Börse für den Schutz der Anleger)*; **~ insurance** → workmen's compensation insurance; **~ of employees** *(EU)* Bruttoarbeitsentgelt *n*; **~ transaction** Kompensationsgeschäft *n*; **to award ~**

e-e Abfindung zugestehen; **a ~ is effected** ein Ausgleich ist erfolgt; **to be entitled to appropriate** (or **reasonable**) ~ Anspruch auf angemessene Entschädigung haben; **to make ~ in kind** Schadenersatz in natura leisten

**compensatory**, Entschädigungs-; ausgleichend; **monetary ~ amount** *(EU)* Währungsausgleichsbetrag *m*; **~ damages** Schadenersatz *m* in Höhe des nachgewiesenen Schadens; **~ financing of export fluctuations** *(IMF)* Ausgleichsfinanzierung *f* von Ausfuhrschwankungen; **~ price** *(EU)* Ausgleichspreis *m*

**compete**, *v* konkurrieren, in Wettbewerb stehen (od. treten); sich mitbewerben (for um); **to ~ with** den Wettbewerb aufnehmen mit; **to ~ against** (or **with**) **sb.** jdm Konkurrenz machen; **to ~ in a contest** sich an e-m Wettbewerb beteiligen; **able to ~** konkurrenzfähig; **we cannot ~ with these prices** mit diesen Preisen können wir nicht konkurrieren

**competence**, Kompetenz *f*, Fähigkeit *f*, Befähigung *f*; Befugnis *f*; Zuständigkeit *f*; *(finanzielles)* Auskommen *n*; **certificate of ~** Befähigungsnachweis *m*; **legal ~** Geschäftsfähigkeit *f*; **to exceed one's ~** seine Befugnisse überschreiten; **to fall within the Union's ~** *(EU)* in die Zuständigkeit der Union fallen; **to have ~** zuständig sein

**competent**, kompetent, fähig, befähigt; befugt; zuständig; **~ court** zuständiges Gericht *n*; **~ man** Fachkraft *f*; **~ person** zuständige Person *f*; sachkundige Person *f*; **~ to contract** geschäftsfähig; zum Vertragsabschluss befugt

**competing**, konkurrierend; **firms ~ against** (or **with**) **one another** miteinander konkurrierende Firmen *fpl*; **not ~** außer Konkurrenz; **~ brands** Konkurrenzmarken *fpl*; **~ goods** Konkurrenzwaren *fpl*; **~ offer** Konkurrenzangebot *n*; **~ products** Konkurrenzerzeugnisse *npl*; **to be ~ on the market** auf dem Markt miteinander in Wettbewerb stehen

**competition**, Wettbewerb *m*; Konkurrenz *f*; Preisausschreiben *n*; **the ~ between firms** die Konkurrenz der Firmen untereinander; **able to meet ~** konkurrenzfähig; **agreement restricting ~** wettbewerbsbeschränkende Absprache *f*; Wettbewerbsabrede *f*; **ban on ~** Wettbewerbsverbot *n*; **clause restricting ~** Wettbewerbsklausel *f*; **conditions of ~** Wettbewerbsverhältnisse *pl*; Wettbewerbsbedingungen *fpl*; **destructive ~** ruinöser Wettbewerb; **effective ~** wirksamer Wettbewerb; **fair ~** lauterer Wettbewerb; **freedom of ~** Wettbewerbsfreiheit *f*; **imperfect ~** unvollkommener Wettbewerb; **opportunities of ~** Wettbewerbsmöglichkeiten *fpl*; **perfect ~** vollkommener Wettbewerb; **prohibition of ~** Wettbewerbsverbot *n*; **restriction on ~** Wettbewerbsbeschränkung *f*; **severe ~** scharfe Konkurrenz; **unfair ~** unlauterer Wettbewerb; **without ~** ohne Konkurrenz, konkurrenzlos; **~ clause** Konkurrenzklausel *f*; **~ contest** Preisausschreiben *n*; **~ policy** Wettbewerbspolitik *f*; **~ rules** Wettbewerbsregeln *fpl*; **to be able to meet ~** wettbewerbsfähig sein; **to be in ~ with** in Wettbewerb stehen mit; **to defy all ~** im Wettbewerb nicht zu schlagen sein; **to engage in unfair ~** unlauteren Wettbewerb treiben; **to face stiff ~** es mit e-r scharfen Konkurrenz zu tun haben; **he has gone over to the ~** er ist zur Konkurrenz übergegangen; **to meet (with) keen ~** e-r scharfen Konkurrenz begegnen; **to restrain ~** den Wettbewerb beschränken

**competitive**, auf Wettbewerb eingestellt; im Wettbewerb stehend; konkurrenzfähig; Konkurrenz-; **anti-~** wettbewerbsfeindlich; **non-~ bid** nicht wettbewerbskonformes Angebot *n*; **~ ability** (or **capacity**) Wettbewerbsfähigkeit *f*, Konkurrenzfähigkeit *f*; **~ advantage** Wettbewerbsvorteil *m*; **~ behavio(u)r** Wettbewerbsverhalten *n*; **~ bidding** Mitabgabe *f* von Geboten *(bei Ausschreibung e-r Emission)*; **~ clause** Konkurrenzklausel *f*; **~ disadvantage** Wettbewerbsnachteil *m*; **~ drive** Konkurrenzkampf *m*; **~ economy** Wettbewerbswirtschaft *f*; **~ edge** Wettbewerbsvorteil *m*; **~ firm** Konkurrenzfirma *f*; **~ market** Wettbewerbsmarkt *m*; **~ offer** Konkurrenzangebot *n*; **~ position in the market** Wettbewerbsstellung *f* auf dem Markt; **~ practices** Wettbewerbshandlungen *fpl*; **unfair ~ practices** unlauterer Wettbewerb *m*; **~ pressure** Wettbewerbsdruck *m*; **~ price** Konkurrenzpreis *m*; wettbewerbsfähiger Preis *m*; **~ restraint** Wettbewerbsbeschränkung *f*; ~ **undertakings** konkurrierende Unternehmen

**competitively, to be ~ priced** im Preis konkurrenzfähig sein, preislich konkurrieren können

**competitiveness**, Konkurrenzfähigkeit *f*, Wettbewerbsfähigkeit *f*

**competitor**, Konkurrent *m*; Mitbewerber *m*; Konkurrenzfirma *f*; **without ~s** konkurrenzlos; ~ **countries** Konkurrentenländer *npl*; **~'s goods** Konkurrenzerzeugnisse *npl*; **to buy from the ~** bei der Konkurrenz kaufen

**compilation of data**, Sammlung *f* von Unterlagen

**compile**, *v* zusammenstellen; **to ~ records** Akten anlegen

**compiler**, *(EDV)* Programm, das eine Programmiersprache in Maschinensprache umwandelt

**complain**, *v* sich beschweren (of, about über); beanstanden, bemängeln, reklamieren; Anzeige erstatten; **to ~ about defects** Mängel beanstanden; **to ~ about non-consignment** e-e Sendung anmahnen

**complainant**, Beschwerdeführer *m*

**complaint**, Beschwerde *f*, Beanstandung, Reklamation *f*; Mängelrüge *f*; *(VersR)* Schadenanzeige *f*; Klage *f*, Klageschrift *f*; **~s, if any** eventuelle Beschwerden *pl*; **cause of ~** Beschwerdegrund *m*; **justified ~** berechtigte Reklamation *f*; **letter of ~** Beschwerdeschreiben *n*; **upon your ~** auf Ihre Beschwerde hin; **well-founded ~** begründete Beschwerde; ~ **about quality** Mängelrüge wegen Qualität; Qualitätsrüge *f*; **~s book** Beschwerdebuch *n*; **~s department** Beschwerdeabteilung *f (e-r Firma)*; ~ **filed with the Commission** *(EU)* an die Kommission gerichtete Beschwerde, ~ **of defects** Mängelrüge *f*; ~ **procedure** Beschwerdeverfahren *n*; **to examine the client's ~** die Beschwerde des Kunden prüfen; **to file** (or **lodge**) **a ~** e-e Beschwerde einreichen; sich beschweren (with bei); Mängelrüge erheben; e-e Anzeige erstatten; **to investigate a ~** e-e Beanstandung überprüfen; **to make a ~ in writing** schriftlich Beschwerde einlegen; schriftlich beanstanden; **to redress a ~** e-r Beschwerde abhelfen; **to reject a ~** e-e Beschwerde zurückweisen; **to state in writing the ~s and the reasons therefore** Beanstandungen schriftlich mit Begründung niederlegen; **the ~ is unfounded** die Beschwerde ist unbegründet

**complementary**, komplementär, sich gegenseitig ergänzend; ~ **goods** Komplementärgüter *pl*

**complete**, *v* beenden, abschließen; **to ~ a contract** e-en Vertrag erfüllen; **to ~ a form** ein Formular ausfüllen; **to ~ one's work** seine Arbeit abschließen

**complete**, *adj* vollständig; ~ **delivery** Gesamtlieferung *f*; ~ **edition** vollständige (ungekürzte) Ausgabe *f*; ~ **success** voller Erfolg *m*

**completion**, Beendigung *f*, Abschluss *m*; Ablauf *m*; Fertigstellung *f*; **(up)on ~ of** nach Ablauf (od. Abschluss) von; **with the ~ of the 21st year** mit der Vollendung des 21. Lebensjahres; ~ **of a contract** Erfüllung *f* e-s Vertrages; ~ **of the internal market** *(EU)* Vollendung *f* des Binnenmarktes; ~ **of a matter** Erledigung *f* e-r Angelegenheit; ~ **of a purchase** Kaufabschluss *m*; ~ **of sentence** Beendigung der Strafverbüßung; ~ **of service** Ablauf der Dienstzeit; ~ **on schedule** fristgemäße Fertigstellung *f*

**compliance**, Einhaltung *f*, Befolgung *f*; **declaration of ~** *Br* Erklärung, dass die Gründungsvorschriften beachtet sind; **in ~ with** gemäß, in Übereinstimmung mit; **in ~ with your wishes** wunschgemäß; **non-~** Nichteinhaltung *f (z. B. e-r First)*; ~ **with a condition** Erfüllung *f* e-r Bedingung; ~ **with a law** Beachtung *f* e-s Gesetzes

**compliant**, nachgiebig

**complicated business deal**, komplizierter Geschäftsabschluss *m*

**compliments, with the ~ of the season** mit den besten Wünschen für das Fest; **to give him my ~** grüßen Sie ihn von mir; empfehlen Sie mich ihm

**complimentary subscription**, kostenloses Abonnement *n*

**comply with**, *v* handeln gemäß, befolgen; einhalten; **failure to ~ with** Nichtbefolgung *f*, Nichteinhaltung *f*; **to ~ with the conditions** die Bedingungen erfüllen; **to ~ with the order** dem Auftrag entsprechen; **to ~ with regulations** Vorschriften befolgen; **to ~ with a time-limit** e-e Frist einhalten

**component part**, Einzelteil *n*, Zubehörteil *m (bes. e-s Kraftfahrzeugs)*

**composite**, zusammengesetzt, gemischt; ~ **advertisement** Sammelanzeige *f*; ~ **entry** Sammelbuchung *f*; ~ **insurance company** Kompositversicherer *m*; ~ **rate of depreciation** Gruppenabschreibung *f*, zusammengefasste Abschreibung für mehrere Wirtschaftsgüter

**composition**, Zusammensetzung *f*; Vergleich *m*, Vergleichssumme *f*; **by way of** ~ durch Vergleich; **compulsory** ~ Zwangsvergleich *m*; **offer of** ~ Vergleichsvorschlag *m*; ~ **by deed of arrangement** außergerichtlicher Gläubigervergleich *m*; ~ **deed** *(schriftl.)* Vergleichsvereinbarung *f*; ~ **in bankruptcy** Zwangsvergleich *m*; ~ **(with creditors) made by a company** (or **partnership**) **to avoid bankruptcy** Gesellschaftsvergleich *m*; ~ **proceedings** Vergleichsverfahren *n*; **to agree to accept a** ~ sich vergleichen; **to arrive at a** ~ zu e-m Vergleich kommen; **to make a** ~ (with one's creditors) zu e-m Vergleich kommen, sich vergleichen

**compound**, zusammengesetzt; ~ **arbitrage** Mehrfacharbitrage *f*; ~ **duty** Mischzoll *m*; ~ **feedingstuffs** Mischfutter(mittel) *n*; ~ **glass** Verbundglas *n*; ~ **interest** Zinseszinsen *pl*; ~ **network** Verbundnetz *n (von Versorgungsbetrieben etc.)*; ~ **tariff** gemischter (od. kombinierter) Zolltarif *m*

**compound**, *v* e-n Vergleich schließen; **to** ~ (with sb. for sth.) *(Streit, Bezahlung e-r Schuld etc.)* durch Vergleich erledigen; **to** ~ **for a tax** *(nach Vereinbarung)* e-e Steuerpauschale zahlen

**compounding**, Aufzinsung *f*

**compounding of claims**, vergleichsweise Forderungsbefriedigung *f*

**comprehensive**, umfassend; global; ~ **agreement** Globalabkommen *n*; ~ **balance sheet** Gesamtbilanz *f*; ~ **car insurance** *Br* Gesamtkraftfahrzeugversicherung *f*; ~ **policy** kombinierte Versicherung *f*

**comprise**, *v* umfassen, bestehen aus; enthalten

**compromise**, *(bes. außergerichtlicher)* Vergleich *m*; Kompromiss *m*; ~ **and settlement** Vergleich *m*; ~ **proposal** Kompromissvorschlag *m*; Vergleichsvorschlag *m*; **to make a** ~ sich vergleichen; **to settle a dispute by effecting a** ~ e-n Streit durch Vergleich erledigen

**compromise**, *v* sich vergleichen; **~d settlement** im Vergleichswege erfolgte Regelung *f*

**Comptroller**, → Controller; ~ **of the Currency** *Am* für die → National Banks zuständiger Bankenaufsichtsbeamter *m*

**compulsion**, Zwang *m*; **under** ~ unter Zwang, gezwungen

**compulsorily**, ~ **insured** pflichtversichert; **to purchase land** ~ *Br* Grundbesitz enteignen *(gegen Entschädigung)*

**compulsory**, zwingend, Zwangs-; obligatorisch; ~ **acquisition** *Br* Enteignung *f*; ~ **arbitration** Zwangsschlichtung *f*; ~ **attendance** Zwangsvorführung *f (von Zeugen)*; ~ **composition** Zwangsvergleich *m*; ~ **contribution** Pflichtbeitrag *m*; ~ **disclosure** Offenlegungspflicht *f*; ~ **expenditure** *(EU)* obligatorische Ausgaben (OA) *fpl*; ~ **insurance** → insurance; ~ **licen|ce (~se)** Zwangslizenz *f*; ~ **liquidation** Zwangsliquidation *f*; ~ **portion** (of testator's estate) Pflichtteil *m*; ~ **purchase** *Br* Enteignung *f (von Grundbesitz)*; ~ **retirement** Zwangspensionierung *f*; Amtsenthebung *f*; ~ **winding-up** (of a company) Zwangsliquidation *f*

**computation**, Berechnung *f*, Errechnung *f*, Kalkulation *f*; Überschlag *m*, Schätzung *f*; **basis of** ~ Berechnungsgrundlage *f*; ~ **of a benefit** Berechnung e-r Rente; ~ **of cost** Kostenberechnung *f*, Kostenanschlag *m*; ~ **of interest** Zinsberechnung *f*; ~ **of time-limits** Berechnung von Fristen, Fristberechnung *f*

**compute**, *v* berechnen, errechnen, kalkulieren; überschlagen, schätzen; **to** ~ **interest** Zinsen berechnen; **to** ~ **the profit** den Gewinn errechnen

**computer**, Computer *m*; **invoicing and accounting** ~ Fakturier- und Abrechnungscomputer *m*; **mini-~** Kleincomputer *m*; **personal** ~ (PC) Personalcomputer *m* (PC)

**computer-aided**, Bezeichnung für Programme für das Entwerfen von Gebäuden und Produkten. ~-Programme ermöglichen eine dreidimensionale Darstellung von Entwürfen; ~ **engineering** (CAE) computergestützte Ingenieurtätigkeiten; ~ **manufacturing** (CAM) computergestützte Fertigung *f*; ~ **planning** (CAP) computergestützte Planung *f*; ~ **quality**

**assurance** (CAQ) computergestützte Qualitätssicherung *f*; ~ **testing** (CAT) computergestütztes Testsystem *n (für Qualitätssicherung)*

**computer**, ~**-assisted work** Arbeit *f* mit Computer; ~**-based** auf Computerbasis *f* (durchgeführt); ~**-controlled** computergesteuert; ~ **department** Datenverarbeitungsabteilung *f*; ~**-integrated manufacturing** (CIM) computer-integrierte Fertigung *f*; ~ **mail** elektronische Post *f*; ~ **manufacturer** Computerhersteller *m*; ~ **network** Computerverbund *m*; ~ **outage** Computerausfall *m*; ~ **science** Informatik *f*; ~ **screen** Computerbildschirm *m*; ~ **trading** computergestützter Börsenhandel *m*; ~ **usage costs** Kosten *pl* für die Inanspruchnahme e-s Computers; ~ **virus** Computervirus *n(m)*; **to equip with** ~ mit Computer ausstatten

**computerization**, Computerisierung *f*

**computerize**, *v* computerisieren; mit Computer ausstatten; mit Hilfe e-s Computers errechnen; ~**d data recording** rechnergestützte Aufzeichnung *f* der Daten; ~**d numeric control** (CNC) numerische (Maschinen-)Steuerung *f* durch Rechner od. Handeingabe (Programmierung); ~**d payroll accounting** elektronische Lohn- und Gehaltsabrechnung *f*

**computing centre (computing center)**, Rechenzentrum *n*

**con**, *v colloq.* betrügen

**conceal**, *v* verbergen, verheimlichen; verschleiern; **to ~ one's assets** seine Vermögenslage verschleiern; **to ~ a defect** e-n Fehler verschweigen; **to ~ evidence** Beweismaterial unterdrücken; ~**ed assets** verschleierte Vermögenswerte *pl*; unsichtbare Aktiva (z. B. goodwill)

**concealment**, Verbergen *n*; Verheimlichung *f*; Verschweigen *n*; **fraudulent** ~ arglistiges Verschweigen; **material** ~ Verschweigen e-s wesentlichen Umstandes; ~ **of documents** Urkundenunterdrückung *f*; ~ **of foreign assets** Verheimlichung von ausländischen Vermögenswerten

**concede**, *v* einräumen, gewähren, zugestehen; **to ~ as true** als wahr anerkennen

**concentration**, Konzentration *f*, (Unternehmens-)Zusammenschluss *m*; Zusammenballung *f*; ~ **of markets** Zusammenballung *f* von Absatzgebieten; **area of (industrial)** ~ Ballungsgebiet *n*; **company** ~ Unternehmenszusammenschluss *m*; **monitoring of ~s** Überwachung *f* von Unternehmenszusammenschlüssen

**conception**, Vorstellung *f*, Auffassung *f* (of von)

**concern**, Unternehmen *n*; Betrieb *m*; Angelegenheit *f*, Sache *f*; Besorgnis *f*; Wichtigkeit *f*, Belang *m*; Interesse *n*; **big** ~ großes Unternehmen *n*, Großbetrieb *m*; **business** ~ Handelsunternehmen *n*, Geschäftsbetrieb *m*; **financial ~s** Finanzangelegenheiten *fpl*; **giving rise to** ~ besorgniserregend; **major** ~ Hauptanliegen *n*; **matter of official** ~ Dienstsache *f*, amtliche Sache *f*; **prime** ~ Hauptanliegen *n*; **question of common** ~ Frage *f* von allgemeinem Interesse; **serious** ~ ernste Besorgnis *f*; **to be a matter of** ~ besorgniserregend sein; **they expressed** ~ sie gaben ihrer Besorgnis Ausdruck; **to have a ~ in a business** Anteil *m* an e-m Geschäft haben

**concern**, *v* betreffen, angehen; **to whom it may** ~ an alle, die es angeht

**concerned, the goods** ~ die betreffenden Waren *pl*; **the parties** ~ die betreffenden Personen *pl*; die Beteiligten *pl*; die Interessierten *pl*; **to be ~ about** besorgt sein um

**concerning**, betreffend, bezüglich; ~ **him** was ihn betrifft (od. anbelangt)

**concerted action**, konzertierte Aktion *f*; einvernehmliches Vorgehen *n*, **to take** ~ abgestimmte Maßnahmen *fpl* ergreifen

**concerted practices**, aufeinander abgestimmte Verhaltensweisen *fpl*; verabredete Praktiken *pl*; **concerted practices over prices** konzertiertes Preisverhalten *n*

**concerted prices**, abgestimmte Preise *mpl*

**concession**, Konzession *f*; Zugeständnis *n*; *(GATT)* Zollzugeständnis *n* (→ schedule of concessions); *(behördl.)* Zulassung *f*; commercial concessions Handelszugeständnisse *npl*; **mining** ~ Bergwerkskonzession *f*

**concession, oil** ~ Erdölkonzession *f*; **to get the ~ to drill for oil** die Konzession für Erdölbohrungen erhalten

**concession, to apply for a** ~ um e-e Konzession nachsuchen; **to award** (or **grant**) **a** ~ e-e Konzession erteilen; **to**

**hold a concession** e-e Konzession besitzen; **to withdraw a ~** e-e Konzession entziehen; ein Zugeständnis zurücknehmen

**concessionaire**, Konzessionsinhaber *m*

**concessionary**, **loan at ~ rates** zinsverbilligtes Darlehen *n*

**conciliation**, Schlichtung *f (bes. durch Schiedsspruch)*; Versöhnung *f*; **attempt at ~** Schlichtungsversuch *m*; **ICC ~ Rules** → ICC; **optional ~** freiwillige Schlichtung *f*; **request for ~** Schlichtungsantrag *m*; **Rules of ~ and Arbitration** (of the International Chamber of Commerce) Vergleichs- und Schiedsgerichtsordnung *f* (der Internationalen Handelskammer); **~ board** Schlichtungsstelle *f*

**conciliation process**, Schiedsgerichtsverfahren *n*; **to have recourse to ~** ein Schlichtungsverfahren in Anspruch nehmen

**conciliator**, Schlichter *m*

**conciliatory**, konziliant

**conclude**, *v* schließen; abschließen; **to ~ by saying** abschließend bemerken; **to ~ a contract** e-n Vertrag schließen; **to ~ a sale** e-n Verkauf abschließen; **to ~ one's studies** seine Studien abschließen; **to be ~d** Schluss folgt

**conclusion**, Schluss *m*; Abschluss *m*; Schlussfolgerung *f*; Schlussplädoyer *n*; **after the ~ of business** nach Beendigung der Besprechung (od. Tagung etc.); **at the ~ of his speech** am Ende seiner Rede; **in ~** abschließend; **~ of a contract** Abschluss e-s Vertrages; **~ of a deal** Geschäftsabschluss *m*; **~ of a session** Schluss e-r Sitzung; **to bring to a speedy ~** zum schnellen Abschluss bringen; **to come to the ~** zum Schluss kommen; **to jump to ~s** voreilige Schlüsse *mpl* ziehen

**conclusive evidence**, schlüssiger Beweis *m*

**concrete**, Beton *m*

**concrete**, *adj* konkret, gegenständlich, greifbar; **~ proposal** konkreter Vorschlag *m*

**concrete**, *v*, **to ~ a road** e-e Straße betonieren

**concur**, *v (mit jdm)* übereinstimmen; *(von Ereignissen)* zusammenfallen

**concurrence**, Übereinstimmung *f*; Zustimmung *f*; *(zeitliches)* Zusammentreffen *n*; **with the ~ of** unter Mitwirkung *f* von; **to act in ~ with** gemeinschaftlich vorgehen mit

**concurrent**, übereinstimmend; nebeneinander bestehend, gleichzeitig; **~ condition** Zug um Zug zu erfüllende Bedingung *f*; **~ contracts of service** nebeneinander bestehende Arbeitsverträge *mpl*

**concurrently**, gleichzeitig (with mit); Zug um Zug

**condemn**, *v* verurteilen; missbilligen; für unbrauchbar (od. unbewohnbar) erklären

**condemned**, abbruchreif; **the meat was ~ as unfit for human consumption** das Fleisch wurde für die menschliche Ernährung als unbrauchbar erklärt

**condemnation**, Verurteilung *f*; Missbilligung *f*; Unbrauchbarerklärung *f*; *Am* Enteignung *f*

**condense**, *v* zusammenfassen, straffen; **balance sheet in a ~d form** zusammengefasste Bilanz *f*; **~d course** Schnellkurs *m*

**condition**, Bedingung *f*; Voraussetzung *f* (of für); *Br* wesentliche Vertragsbestimmung *f*; Auflage *f*; Lage *f*, Zustand *m*, Beschaffenheit *f*; Personenstand *m*; **~s** Verhältnisse *pl*; Konditionen *pl*; **in a bad ~** in schlechtem Zustand; schlecht erhalten; **basic ~** Grundbedingung *f*; **credit ~s** Kreditbedingungen *pl*; **under difficult ~s** unter schwierigen Verhältnissen *pl*; **express ~** ausdrückliche Bedingung *f*; **financial ~ (s)** → financial; **in a good ~** in gutem Zustand; gut erhalten; **on ~ that** vorausgesetzt dass; **on no ~** unter keiner Bedingung; **on this ~** unter dieser Bedingung; **operating ~ (s)** → operating; **in perfect ~** in einwandfreiem Zustand; **under the same ~s** unter den gleichen Voraussetzungen; **social ~s** soziale Verhältnisse; **subject to the ~s** vorbehaltlich der Bedingungen; **working ~s** Arbeitsbedingungen; **~s agreed upon** vereinbarte Bedingungen; **~ of business** Geschäftslage *f*; **~s of business** Geschäftsbedingungen; **~s of carriage** Beförderungsbedingungen; **~s of competition** Wettbewerbsbedingungen; **~s of delivery** Lieferbedingungen; **~s of employment** Beschäftigungsbedingungen; Anstellungsbedingungen; **~s of payment** Zahlungsbedingungen; **~ of a road** Zustand *m* e-r Straße; **~s of a sale** Verkaufsbedingungen; **~ of the vehicle**

Beschaffenheit *f* des Fahrzeugs; **~ precedent** Vorbedingung *f*; Voraussetzung *f*; aufschiebende Bedingung; **~ subsequent** auflösende Bedingung; **to attach a ~ to the grant of a loan** die Gewährung e-s Darlehen von e-r Bedingung abhängig machen; **to comply with** (or **fulfil**) **a ~** e-e Bedingung erfüllen; **to impose ~s** Bedingungen auferlegen; Auflagen machen; **to keep to** (or **observe**) **~s** Bedingungen einhalten; **to make it a ~** es zur Bedingung machen; sich ausbedingen; **to make the ~s rigorous** die Bedingungen verschärfen; **a ~ occurs** e-e Bedingung tritt ein

**condition**, *v* bedingen, zur Bedingung machen; in den gewünschten Zustand bringen; **~ed** bedingt; konditioniert, beschaffen; **~ed offer** bedingtes Angebot *n*; **well ~ed** in gutem Zustand *m*; **to be ~ed by** bestimmt werden von

**conditional**, **~ (up)on** bedingt durch, abhängig von; **~ acceptance** bedingte Annahme *f*; **~ agreement** an Bedingungen geknüpftes Abkommen *n*; **~ order** bedingter Auftrag *m*; **~ sale** Verkauf *m* unter Eigentumsvorbehalt, Vorbehaltskauf *m*

**condolence**, Beileid *n*; **to offer sb. one's ~** jdm sein Beileid aussprechen

**condominium**, *Am* Eigentumswohnung *f*, Wohnungseigentum *n (Stockwerkseigentum)*

**condonation**, Verzeihung *f*

**conduct**, Führung *f*, Leitung *f*; Verhalten *n*, Betragen *n*; **certificate of (good) ~** Führungszeugnis *n*; Leumundszeugnis *n*; **good ~** gute Führung *f*; **professional ~** standesgemäßes Verhalten *n*; **~ of account** Kontoführung *f*; **~ of business** Führung der Geschäfte, Geschäftsführung *f*; **~ of negotiations** Führung der Verhandlungen, Verhandlungsführung *f*

**conduct**, führen, leiten; **to ~ oneself** sich benehmen (od. betragen); **to ~ a meeting** e-e Versammlung leiten; **to ~ negotiations** Verhandlungen führen

**conducted tour**, Gesellschaftsreise *f (mit Reiseleiter)*

**Confederation of British Industry**, (CBI) Spitzenverband *m* britischer Unternehmen und Unternehmerverbände

**confer**, (cf.) vergleiche (vgl.)

**confer**, *v*, **to ~ sth. (up)on a p.** jdm etw. verleihen, übertragen; **to ~ with sb. on** (or **about**) **sth.** mit jdm etw. besprechen; mit jdm e-e Unterredung haben über etw.; **to ~ authority on a p.** jdn ermächtigen, jdn bevollmächtigen; **to ~ with one's counsel** sich mit seinem Anwalt besprechen

**conference**, 1. Konferenz *f*; Tagung *f*; Besprechung *f*; **at the ~** auf der Konferenz; **business ~** geschäftliche Besprechung; **member of a ~** Konferenzteilnehmer *m*; **~ on International Economic Cooperation** (CIEC) *(EU)* Konferenz über die internationale wirtschaftliche Zusammenarbeit (KIWZ); **UN ~ on Trade and Development** → UNCTAD; **~ interpreter** Konferenzdolmetscher *m*; **~ participants** Konferenzteilnehmer *mpl*; **to hold a ~** e-e Konferenz abhalten; sich besprechen, konferieren

**conference**, 2. Konferenz *f (kartellartiger Zusammenschluss von Linienreedereien)*; **~ rates** Konferenzfrachtraten *fpl*; **~ ships** Schiffe der Konferenzlinien; **~ terms** Konferenzbedingungen *fpl*

**confess**, *v* ein Geständnis ablegen, gestehen; *(förmlich)* anerkennen

**confession**, Geständnis *n*; *(förml.)* Anerkenntnis *n*; **to make a ~** ein Geständnis ablegen; geständig sein

**confide**, *v*, **to ~ sth. to a p.** jdm etw. anvertrauen (od. vertraulich mitteilen); **to ~ in sb.** auf jdn vertrauen

**confidence**, Vertrauen *n*; **climate of confidence** Vertrauensklima *n*; **information given** (or **received**) **in strict confidence** streng vertrauliche Mitteilung *f*; **lack of confidence** Mangel *m* an Vertrauen; **confidence man** (or **trickster**) *(gewerbsmäßiger)* Schwindler *m*; Hochstapler *m*; **confidence trick** Hochstapelei *f*; **all replies treated in confidence** die Antwort wird vertraulich behandelt; **to be in sb.'s confidence** jds Vertrauen genießen; **to have confidence in sb.** zu jdm Vertrauen haben

**confidential**, vertraulich; **private and ~** streng vertraulich; **~ agent** Vertrauensmann *m*; **~ clerk** → confidential secretary; **~ communication** vertrauliche Mitteilung *f*; **~ relationship** Vertrauensverhältnis *n*; **~ secretary** Privatsekretär(in) *m(f)*; **to treat information strictly ~ly** e-e Auskunft streng vertraulich behandeln

**configuration**, Gestalt(ung) *f*; Form *f*; **~ of goods** äußere Gestaltung e-r Ware
**confine**, *v* begrenzen, beschränken; einsperren; inhaftieren
**confinement**, Begrenzung *f*, Beschränkung *f*; Haft *f*; Unterbringung *f (in e-r Anstalt)*
**confirm**, *v* bestätigen; bekräftigen; genehmigen; **to ~ an order** e-n Auftrag bestätigen; **to ~ a statement** e-e Aussage bekräftigen; **to ~ a telephone message by letter** e-e telefonische Mitteilung schriftlich bestätigen; **~ed (letter of) credit** bestätigtes Akkreditiv *n*
**confirmation**, Bestätigung *f*; Bekräftigung *f*; **~ of balances** Saldenbestätigung *f*; **~ of an order** Auftragsbestätigung *f*; **~ of signature** Unterschriftsbeglaubigung *f*
**confirming house**, *Br* Handelsunternehmen, das Exportgeschäfte abwickelt und finanziert
**confiscate**, *v* konfiszieren, einziehen, beschlagnahmen; **to ~ smuggled goods** geschmuggelte Waren beschlagnahmen
**confiscation**, Konfiszierung *f*, Einziehung *f*, Beschlagnahme *f*; **liable to ~** konfiszierbar; **notice of ~** Einziehungsbescheid *m*; **~ of property** Einziehung des Vermögens
**conflict**, Konflikt *m*, Streit *m*, Kollision *f*; **labo(u)r ~** arbeitsrechtliche Streitigkeit *f*; Arbeitskampf *m*; **~ of interests** Interessenkollision *f*
**conflict**, *v* kollidieren (with mit); im Widerspruch zueinander stehen; **the accounts ~** die Konten stimmen nicht überein
**conflicting**, **~ agreement** entgegenstehende Vereinbarung *f*; **~ interests** kollidierende Interessen *pl*; **~ laws** einander widersprechende Gesetze *npl*
**conform**, *v* übereinstimmen (with mit); sich anpassen (to an); **failure to ~ with the contract** Vertragswidrigkeit *f*; **the goods do not ~ with the contract** die Ware ist nicht vertragsgemäß
**conformity**, Übereinstimmung *f*; **certificate of ~** *(EU)* Konformitätsbescheinigung *f*; **in ~ with the contract** vertragsgemäß; **in ~ with your order** gemäß Ihrem Auftrag; **lack of ~ of the goods** Vertragswidrigkeit *f* der Waren; **not in ~ with the contract** vertragswidrig; **rate of interest in ~ with the market** marktgerechter Zinssatz *m*; **~ of the goods with the contract** Vertragsgemäßheit *f* der Waren
**confuse**, *v* verwechseln; vermischen; verwirren; *(irrtümlich)* vertauschen
**confusion**, Verwechslung *f*; Vermischung *f*; **likelihood** (or **risk**) **of ~** Verwechslungsgefahr *f*
**congest**, *v* überfüllen; **to ~ the market** den Markt überschwemmen
**congested**, überfüllt; **~ area** Ballungsgebiet *n*; **street ~ with traffic** durch den Verkehr verstopfte Straße *f*
**congestion**, Überfüllung *f*; (Verkehrs-)Stauung *f*; **traffic ~** Verkehrsstau *m*, Verkehrsstockung *f*; **~ of a port** Verstopfung *f* e-s Hafens; **~ surcharge** Zuschlag *m* wegen Überfüllung des Hafens
**conglomerate**, *Am* Mischkonzern *m*
**conglomeration of assets**, Anhäufung *f* von Vermögenswerten
**congratulation**, **to offer sb. one's ~s** jdm seine Glückwünsche *mpl* aussprechen
**congratulatory telegram(me)**, Glückwunschtelegramm *n*
**congress**, Kongress *m*, Tagung *f*; **to attend a ~** an e-m Kongress teilnehmen
**con man**, Betrüger *m*, Hochstapler *m*
**connect**, *v* verbinden; in Zusammenhang stehen; *(von Zügen)* Anschluss haben
**connected**, verbunden; **~ by marriage** verschwägert; **to be effectively ~ with** in tatsächlichem Zusammenhang stehen mit; **to be ~ in business with** in Geschäftsverbindung stehen mit; **to be well ~ in business** über gute Geschäftsverbindungen verfügen
**connection**, Verbindung *f*; Beziehung *f*; Zusammenhang *m*; Anschluss *m*; **~s** Kundenkreis *m*, Kundschaft *f*; **business ~** befreundete Firma *f*; **business ~s** Geschäftsverbindungen *fpl*, Geschäftsbeziehungen *fpl*; **business with first-rate ~s** Geschäft *n* mit erstklassigem Kundenkreis; **direct ~ to** *(Verkehr)* direkte Verbindung *f* nach; **foreign ~s** Auslandsbeziehungen *fpl*; **railway ~** Bahnverbindung *f*, Bahnanschluss *m*; **wide ~s** große Kundschaft *f*; **~ by air** Flugverbindung *f*; **~ by sea** Schiffsverbindung *f*; **to enter into ~ with sb.** mit jdm in Verbindung treten; **to have good ~s** gute Beziehungen haben; **to miss one's ~** seinen Anschluss versäumen

**connexion**, *Br* → connection
**connoisseur**, Sachkenner *m*
**conquer**, *v*, **to ~ foreign markets** ausländische Märkte erobern
**conscience money**, *Br* anonyme Steuernachzahlung *f*
**conscious**, bewusst; **~ly parallel business behavio(u)r** bewusst gleichlautendes Geschäftsverhalten *n*
**consecutive**, aufeinander folgend; zusammenhängend; **2 ~ months** 2 aufeinander folgende Monate *mpl*; **~ quotation** *(Börse)* fortlaufende Notierung *f*; **~ly numbered** fortlaufend numeriert
**Consensus (interest) rates**, *(OECD Übereinkunft)* Mindestzinssätze *mpl*
**consent**, Zustimmung *f*, Einwilligung *f*; **by common ~** einstimmig; **by mutual ~** in gegenseitigem Einvernehmen *n*; **express ~** ausdrückliche Zustimmung; **implied ~** stillschweigende Zustimmung; **prior ~** vorherige Zustimmung; **to give one's ~** seine Einwilligung geben; seine Zustimmung erteilen; **to obtain sb.'s ~** jds Zustimmung erhalten
**consent**, *v*, **to ~ to sth.** etw. zustimmen, seine Zustimmung zu etw. geben
**consequence**, Folge *f*; **legal ~** Rechtsfolge *f*; **~s of war** Kriegsfolgen *fpl*
**consequential**, folgend; mittelbar; **~ damage** (or **loss**) mittelbarer Schaden *m*, Folgeschaden *m*
**conservation**, Erhaltung *f*; Schutz *m*; Naturschutz *m*; Konservieren *n*, Haltbarmachen *n (von Früchten etc.)*; **~ area** Naturschutzgebiet *n*; **~ of energy** Energieerhaltung *f*; **~ of the environment** Umweltschutz *m*; **~ of fish stocks** Erhaltung *f* der Fischbestände
**conservationist**, Naturschützer *m*, Umweltschützer *m*
**conservative estimate**, vorsichtige Schätzung *f*
**conserve**, Eingemachtes *n*
**conserve**, *v* erhalten, bewahren; **to ~ energy** Energie sparen; **to ~ fruit** Früchte einmachen
**consider**, *v* in Betracht ziehen, erwägen; berücksichtigen; halten für; **time to ~** Bedenkzeit *f*; **to ~ sb. to be a swindler** jdn für e-n Betrüger halten; **to ~ buying a car** den Kauf e-s Wagens in Erwägung ziehen; **to ~ necessary** für notwendig erachten; **to ~ a p. for a position** jdn für e-n Posten in Betracht ziehen
**consideration**, 1. Betrachtung *f*, Erwägung *f*; Berücksichtigung *f*; Rücksicht *f*; **after due ~** nach reiflicher Überlegung *f*; **in ~ of the circumstances** unter Berücksichtigung der Umstände; **on further ~** bei weiterer Überlegung *f*; **to give a matter careful ~** e-e Angelegenheit sorgfältig überlegen; **to leave sth. out of ~** etw. unberücksichtigt lassen; **to take into ~** in Betracht ziehen, berücksichtigen; **the proposal is under ~** der Vorschlag wird erwogen
**consideration**, 2. Gegenleistung *f*, Entgelt *n*; (Kauf-)Preis *m*; **adequate ~** angemessene Gegenleistung; **for valuable ~** entgeltlich; gegen Zahlung; **without ~** unentgeltlich; **~ for sale** Verkaufspreis *m*; **~ in money** Gegenleistung in Geld; **to give ~ for sth.** für etw. Gegenleistung erbringen (od. zahlen)
**consign**, *v* versenden, übersenden; *(Überseehandel)* konsignieren; *Scot (Geld)* hinterlegen; **to ~ by rail** per Bahn versenden; **to ~ to sb.'s care** jdm anvertrauen
**consignee**, (Waren-, Fracht-)Empfänger *m*; *(Überseehandel)* Konsignatär *(Vertreter im Einfuhrland, dem Waren in Konsignation übersandt worden sind)*; **~ pays carriage** Empfänger zahlt die Fracht
**consigner**, → consignor
**consignment**, Versendung *f*, Versand *m*; (Waren-, Fracht-)Sendung *f*; *(Überseehandel)* Konsignation *f*, Konsignationsware *f*; **collective** (or **mixed**) **~** Sammelladung *f*
**consignment, on ~** auf dem Konsignationswege; in Kommission, in Konsignation (*zum Verkauf für Rechnung des Ausführers gegen mit dem → consignee vereinbarte Provision*); **business on a ~ basis** Konsignationsgeschäft *n*; **goods on ~** Konsignationswaren *pl*; **to take goods on ~** Waren in Konsignation (od. Kommission) nehmen
**consignment**, **small ~s** Kleinsendungen *fpl*; Stückgut *n*; **store on ~** Konsignationslager *n*; **~ account** Konsignationskonto *n*; **~ for approval** Ansichtssendung *f*; **~ for choice** Auswahlsendung *f*; **~ goods** Konsignationswaren *pl*; **~ in part** Teilsendung *f*; **~ note** Frachtbrief *m*; *(Flussladegeschäft)* Ladeschein *m*; **~ of goods** Warenversand *m*; Warensendung *f*; **~ of samples** Mustersendung *f*; **~ of**

**valuables** Wertsendung *f*; ~ **stock** Konsignationslager *n*
**consignor**, (Waren-, Fracht-)Absender *m*, Versender *m*; *(Überseehandel)* Konsignant *m (Versender von Konsignationsware)*
**consistence**, Konsistenz *f*; Dicke *f (e-r Flüssigkeit)*
**consistent**, ~ **with para 2** gemäß § 2; ~ **buying** regelmäßige (od. stetige) Käufe *mpl*
**consolidate**, *v* konsolidieren; (be)festigen, sichern; *(Schulden)* fundieren; zusammenlegen; **to ~ companies** Gesellschaften zusammenlegen (od. fusionieren); **to ~ floating debts** schwebende Schulden konsolidieren (od. in fundierte Schulden umwandeln); **to ~ goods** Sammelladung *f* zusammenstellen; **to ~ one's influence** seinen Einfluss festigen; **to ~ mortgages** Hypotheken zusammenschreiben; **to ~ shares** Aktien zusammenlegen
**consolidated**, ~ **(annual) accounts** *Br* konsolidierter Konzernabschluss *m*; ~ **annuities** *Br* konsolidierte Staatsanleihen *fpl*; ~ **balance sheet** konsolidierte Bilanz *f*, Konzernbilanz *f*; ~ **bond** konsolidierte Anleihe *f*; ~ **cargo** Sammelladung *f*; Sammelgut *n*; ~ **debt** konsolidierte (od. fundierte) Schuld *f*; ~ **delivery system** gemeinsames Auslieferungssystem *n* mehrerer Unternehmen; ~ **Fund** *Br* Konsolidierter Staatsfonds *m (Staatsausgaben und Steuereinnahmen)*; ~ **funds statement** konsolidierte Kapitalflussrechnung *f*; ~ **group accounts** Konzernabschluss *m*; ~ **income statement** gemeinsame Gewinn- und Verlustrechnung *f (für die Mitglieder e-s Konzerns)*; ~ **loan** konsolidierte Anleihe *f*; ~ **mortgage** *Am* Gesamthypothek *f*; ~ **profit and loss account** konsolidierte Gewinn- und Verlustrechnung *f*; ~ **sales** Konzernumsatz *m*; ~ **shareholders' equity** Vermögenslage *f* des Konzerns; ~ **shipment** *Am* Sammelladung *f*; ~ **stocks** *Br* → consols; ~ **worth** *Am* Vermögenslage *f* des Konzerns
**consolidation**, Konsolidierung *f*, Konsolidation *f*; Befestigung *f*, Sicherung *f*; Zusammenfassung *f* der Abschlüsse mehrerer Unternehmen; Zusammenlegung *f*; Fusion *f*; Unternehmenszusammenschluss *m (durch Neugründung)*; ~ **loan** Konsolidierungsanleihe *f*; ~ **methods** Konsolidierungsmethoden *fpl (für die Zusammenfassung der Abschlüsse mehrerer Unternehmen)*; ~ **of banks** Bankenfusion *f*; ~ **of companies** Unternehmenszusammenschluss *m*; ~ **of debts** Konsolidierung von Schulden *(Umwandlung schwebender in fundierte Schulden)*; ~ **of a company's loans** Konsolidierung der Anleihen e-r Gesellschaft; ~ **of one's position** Festigung seiner Stellung; ~ **of shares** Zusammenlegung von Aktien; ~ **profit** Fusionsgewinn *m*
**consolidator**, Sammelladungsspediteur *m*
**consols**, *Br* konsolidierte (od. fundierte) Staatsanleihen *fpl*; Staatsrenten *fpl*
**consortium**, Konsortium *n*; *Br* eheliche Lebensgemeinschaft *f*; ~ **banking operation** Bank-Konsortialgeschäft *n*
**conspicuous**, ~ **consumption** Geltungskonsum *m*; ~ **traffic signs** gut sichtbare Verkehrszeichen *npl*
**conspiracy**, Verschwörung *f*; *Am (gegen den Wettbewerb gerichtete)* Absprache *f*; *(geheime)* Preisabsprache *f*
**conspire**, *v* sich verschwören; sich zu strafbarem Handeln verabreden
**constant**, beständig, konstant; unaufhörlich, fortwährend; ~ **complaints** unaufhörliche Beschwerden *fpl*; ~ **prices** konstante Preise
**constituent part**, Bestandteil *m*
**constitute**, *v* ernennen, einsetzen; errichten, gründen; ausmachen, darstellen; **to ~ a quorum** beschlussfähig sein
**constitution**, Errichtung *f*, Gründung *f*; Beschaffenheit *f*; Satzung *f (e-s Verbandes, Vereins etc.)*; ~ **of the soil** Beschaffenheit des Bodens
**constrain**, *v* zwingen, nötigen
**constraint**, Zwang *m*; **under ~** zwangsweise
**construct**, *v* bauen, errichten; **he wants to get a house ~ed** er möchte sich ein Haus bauen
**construction**, 1. Bau *m*, Gebäude *n*; Erbauen *n*, Errichtung *f*; Konstruktion *f*, Bauart *f*; **fault of ~** Baufehler *m*; **housing ~** Wohnungsbau *m*; **stage of ~** Bauabschnitt *m*; **type of ~** Bauart *f*; **under ~** im Bau befindlich; **year of ~** Baujahr *n*; ~ **activity** Bautätigkeit *f*; ~ **ancillary trade** Bauhilfsgewerbe *n*; ~ **and civil engineering** Hoch- und Tiefbau *m*; ~ **costs** Baukosten *pl*; ~ **cost estimate** Bau-

kostenvoranschlag *m*; ~ **drawing** Bauzeichnung *f*, Bauplan *m*; ~ **engineer** Bauingenieur *m*; ~ **financing** Baufinanzierung *f*; ~ **industry** Bauindustrie *f*, Baugewerbe *n*; ~ **loan** Baukredit *m*; ~ **of Europe** Aufbau *m* Europas; ~ **project** Bauvorhaben *n*; ~ **site** Baustelle *f*; **the house is of very solid** ~ das Haus ist sehr solide gebaut

**construction**, 2. Auslegung *f*; **liberal** ~ weite Auslegung; **strict** ~ enge Auslegung

**constructive**, konstruktiv, aufbauend; Bau-; fingiert, unterstellt; auszulegen als; ~ **assent** als erteilt angenommene Zustimmung *f*; ~ **condition** unterstellte Bedingung *f*; ~ **dismissal** Kündigung *f* des Arbeitnehmers *(infolge des Verhaltens des Arbeitgebers)*; ~ **dividends** verdeckte Gewinnausschüttungen *fpl*; ~ **fraud** Betrug *m* kraft gesetzlicher Vermutung; ~ **notice** → notice ~ **total loss** fingierter Totalverlust *m*; ~ **trust** fingiertes Treuhandverhältnis *n*; ~ **works** Bauarbeiten *fpl*

**construe**, *v* auslegen ( → construction 2.)

**consular**, ~ **certificate** konsularische Bescheinigung *f*; ~ **fees** Konsulargebühren *pl*; ~ **invoice** Konsulatsfaktura *f*; ~ **visa** Konsulatssichtvermerk *m*

**consult**, *v* sich beraten, sich ins Benehmen setzen (with mit); befragen, um Rat fragen; **to ~ an expert** e-n Sachverständigen zu Rate ziehen

**consultancy**, ~ **agreement** Beratungsvertrag *m*; ~ **services** Beratungsleistungen *fpl*

**consultant**, Berater *m*

**consultation**, Beratung *f*, Rücksprache *f* (on über); Befragung *f*; Konsultation *f*; ~ **procedure** *(EU)* Konsultationsverfahren *n*

**consultative**, beratend; ~ **body** Beratungsgremium *n*, Beratungsstelle *f*; **in a ~ capacity** in beratender Eigenschaft *f*; ~ **Committee of Accountancy Bodies** (CCAB) *Br* Beratender Ausschuss *m* der Wirtschaftsprüfer-Organe

**consulting**, ~ **engineer** technischer Berater *m*; ~ **fee** Beratungshonorar *n*; ~ **firm** Beratungsfirma *f*; **after ~...** nach Anhörung des/der ...

**consumable**, verbrauchbar; ~ **goods** Verbrauchsgüter *pl*; ~ **supplies** (or **stores**) Hilfs- und Betriebsstoffe *pl*

**consume**, *v* verbrauchen; verschwenden; **the car ~s little petrol** (*Am* **gasoline**) das Auto verbraucht wenig Benzin

**consumer**, Verbraucher *m*, Konsument *m*; Nachfrager *m*; **~s** Verbraucherschaft *f*; **bulk** (or **large-scale**) ~ Großverbraucher *m*; **ultimate** ~ Endverbraucher *m*; ~ **advertising** Verbraucherwerbung *f*; ~ **association** Verbraucherverband *m*; ~ **behavio(u)r** Verbraucherverhalten *n*; ~ **buying habits** Kaufgewohnheiten *pl* der Verbraucher; ~ **capacity** Abnahmefähigkeit *f* der Verbraucher; ~ **category** Verbrauchergruppe *f*; ~ **company** Unternehmen *n* der Konsumgüterindustrie; ~ **contest** Verbraucherwettbewerb *m*; **~s Consultative Committee** (CCC) *(EU)* Beratender Verbraucherausschuss *m* (BVA); **~s' cooperative (society)** Konsumgenossenschaft *f*; Konsumverein *m*; ~ **counsel(l)ing** Verbraucherberatung *f*, Kundenberatung *f*; ~ **credit** Konsumentenkredit *m*, Konsum(tiv)kredit *m*; ~ **decision** Verbraucherentscheidung *f*; ~ **demand** Konsumentennachfrage *f*; ~ **dissatisfaction** Unzufriedenheit *f* des Verbrauchers; ~ **durables** langlebige Konsumgüter *pl*, Gebrauchsgüter *pl* *(Kraftwagen, Fernsehapparate etc.)*; ~ **economics** Verbraucherwirtschaft *f*; ~ **education** Verbrauchererziehung *f*

**consumer to consumer**, *(EDV)* Geschäftsbeziehung zwischen *Konsumenten (~-Geschäftsmodelle beschreiben Unternehmen, die durch das Ermöglichen von ~-Geschäftsbeziehungen Geld verdienen)*

**consumer electronics**, Unterhaltungselektronik *f* (radios, television sets, video recorder); ~ **market** Markt *m* für Erzeugnisse der Unterhaltungselektronik

**consumer**, ~ **expenditure** Verbraucherausgaben *pl*; **~s' expenditure deflator** *Br* Index *m* der Verbraucherpreise; ~ **financy company** *Am* Teilzahlungsbank *f*; ~ **friendly** verbraucherfreundlich

**consumer goods**, Konsumgüter *pl*, Verbrauchsgüter *pl*; **industrial** ~ gewerbliche Konsumgüter; ~ **industry** (or **industry producing** ~) Konsumgüterindustrie *f*

**consumer**, ~ **guidance** Verbraucheraufklärung *f*; ~ **habits** Verbrauchsgewohnheiten *fpl*; ~ **hedging** Absicherung *f* des Verbrauchers; ~ **information** Aufklärung *f* des Verbrauchers; ~ **inquiry** Verbraucherbefragung *f*; ~ **loan** Konsumkredit *m*; ~ **loan company** Teilzahlungskreditinstitut *n*; ~ **market** Verbrauchermarkt *m*; ~ **need** Verbraucherbedürfnis *n*; ~ **non-durables** Verbrauchsgüter *pl*; ~ **of electricity** Stromverbraucher *m*; ~ **of gas** Gasverbraucher *m*; ~ **oriented** verbraucherorientiert; ~ **outlay** Verbraucherausgaben *pl*; ~ **price** Verbraucherpreis *m*; ~ **price index** (CPI) *Am* Preisindex *m* für die Lebenshaltung; ~ **protection** Verbraucherschutz *m*; ~ **purchasing behavio(u)r** Kaufverhalten *n* des Käufers; **to meet ~s' requirements** den Forderungen *fpl* der Verbraucher entsprechen; ~ **research** Marktforschung *f*; ~ **sales resistance** Käuferwiderstand *m* der Konsumenten; ~ **satisfaction** Verbraucherbefriedigung *f*; ~ **sovereignty** Konsumentensouveränität *f*; ~ **spending** Verbraucherausgaben *fpl*; **at the ~ stage** auf der Konsumentenstufe *f*; ~ **subsidy for butter** *(EU)* Verbraucherbeihilfe *f* für Butter; **~s' surplus** Konsumentenrente *f*; ~ **survey** Verbraucherumfrage *f*

**consumerism**, Konsumerismus *m*; Konsumverhalten *n*

**consuming**, ~ **area** Verbrauchsgebiet *n*; **oil ~-country** Erdölverbraucherland *n*; **producing and ~ countries** Erzeuger- und Verbraucherländer *npl*

**consumption**, Verbrauch *m*, Konsum *m*; **additional** ~ Mehrverbrauch *m*; **annual** ~ Jahresverbrauch *m*; **articles of** ~ Konsumartikel *pl*, Verbrauchsgüter *pl*; **country of** ~ Verbrauchsland *n*; **daily** ~ Tagesverbrauch *m*; **decrease** (or **drop**) **in** ~ Verbrauchsrückgang *m*; **domestic** ~ Inlandsverbrauch *m*; **excess** ~ übermäßiger Verbrauch *m*; **expansion of** ~ Ausweitung *f* des Verbrauchs; **final** ~ Endverbrauch *m*; **fit for human** ~ für die menschliche Ernährung geeignet; **for ~ on the premises** zum Verzehr *m* an Ort und Stelle; **for use and** ~ zum Gebrauch und Verbrauch; **home** (or **internal**) ~ Inlandsverbrauch *m*; **increase in** ~ Verbrauchssteigerung *f*; **level of** ~ Verbrauchsstand *m*; **one's own** ~ Eigenbedarf *m*; **per capita** ~ Verbrauch pro Kopf; **personal** (or **private**) ~ Eigenverbrauch *m*, Selbstverbrauch *m*; **producing for** ~ verbrauchsorientiert; **rate of** ~ Verbrauchsrate *f*; **ready for** ~ verbrauchsfertig; **shift in** ~ Verbrauchsverlagerung *f*; **unfit for human** ~ für die menschliche Ernährung ungeeignet; ~ **capacity** Konsumkraft *f*, Kaufkraft *f* e-r Verbraucherschicht; ~ **control** Verbrauchslenkung *f*; ~ **economy** Verbrauchswirtschaft *f*; ~ **goods** Verbrauchsgüter *pl*, Konsumgüter *pl*; ~ **of current** Stromverbrauch *m*; ~ **of gas** Gasverbrauch *m*; ~ **ratio** Konsumquote *f*; ~ **trend** Verbrauchsrichtung *f*, Konsumtrend *m*; ~ **unit** Verbrauchseinheit *f*; **to curb** (or **reduce**) **the** ~ den Verbrauch einschränken; ~ **increases** der Verbrauch nimmt zu (by um)

**contact**, Kontakt *m*, Verbindung *f*; ~ **with other cargoes** Berührung *f* mit anderen Ladungen; **to enter into ~ with a firm** mit e-r Firma Verbindung aufnehmen

**container**, Container *m*, Großbehälter *m*; **approved** ~ zugelassener Container; **type-series** ~ Seriencontainer *m*; ~ **carriage** Beförderung *f* in Containern; ~ **leasing** → leasing; ~ **on chassis** Container, der auf Chassis *n* befördert wird; ~ **terminal** Containerhafen *m*, Containerbahnhof *m*; ~ **traffic** Containerverkehr *m*; ~ **transshipment station** Container-Umschlagbahnhof *m*; **carried in ~s** in Containern befördert; **to lift a** ~ e-n Container anheben; **to load animals in ~s** Tiere in Containern verladen

**containerize**, *v* containerisieren, in Containern transportieren; auf Transport in Containern umstellen

**containment of production**, Eindämmung *f* der Produktion

**contaminate**, *v* verunreinigen, verschmutzen *(bes. radioaktiv)* verseuchen

**contamination**, **environmental** ~ Umweltverschmutzung *f*; **water** ~ Verschmutzung *f* der Gewässer; ~ **by toxic products** Kontamination *f* (od. Verseuchung *f*) durch Giftstoffe

**contango**, *Br (Börse)* Report *m*; **payer of a** ~ Reportgeber *m*; ~ **business** Reportgeschäft *n*; ~ **day** Reporttag *m*; ~ **rate** Reportsatz *m*, Prolongationsgebühr *f* *(des Haussier)*

**contemporaneous**, gleichzeitig; ~ **performance** Erfüllung *f* Zug um Zug

**contempt of court**, Missachtung *f* des Gerichts

**contend**, *v* kämpfen; streiten; sich bewerben, wetteifern; behaupten, geltend machen

**content**, Inhalt *m*; Gehalt *m*; **~s** Inhalt *m*; Hausrat *m*; **declaration** (or **list, statement**) **of ~s** Inhaltserklärung *f (e-r Warensendung)*; **gold ~** Goldgehalt *m*; **insurance of ~s** Hausratversicherung *f*

**content provider**, *(EDV)* Lieferant *m* von Inhalten wie Nachrichten, Bilder, Videos oder Musik

**contest**, *v* streiten (über); bestreiten, anfechten; sich bewerben um; **to ~ a claim** e-n Anspruch bestreiten; **to ~ a will** ein Testament anfechten

**contestation**, Anfechtung *f*; Behauptung *f*

**contiguous**, benachbart; angrenzend; **~ waters** Küstengewässer *pl*

**Continent**, **the ~** *Br* Europäisches Festland *n*

**continental**, kontinental; **~ orders** *Br* Aufträge vom *(europäischen)* Kontinent

**contingencies**, möglicherweise eintretende Ereignisse *npl*; unvorhergesehene Ausgaben *fpl*; Eventualverbindlichkeiten *fpl*; **~ reserve** Rückstellung *f* für Eventualverbindlichkeiten

**contingency**, zufälliges Ereignis *n*; möglicher Fall *m*; möglicher Bedarfsfall *m*; Bedingung *f*; **~ contract** bedingter Vertrag *m*; **~ fee** *Am* Erfolgshonorar *n*; **~ fund** Fonds *m* für unvorhergesehene Ausgaben; Reservefonds *m*; **~ insured for** das versicherte Risiko; **~ planning** Vorausplanung *f* für den Bedarfsfall; **~ reserve** → reserve 1.; **a ~ comes to pass** e-e Bedingung tritt ein

**contingent**, Kontingent *n*, Quote *f*; **annual ~** Jahreskontingent *n*; **to fix a ~** kontingentieren

**contingent**, *adj* Eventual-, eventuell; ungewiss; abhängig (upon von); bedingt (upon durch); **~ bequest** von e-r Bedingung (od. e-m Ereignis) abhängiges Vermächtnis *n*; **~ claim** Eventualanspruch *m*; **~ fee** *Am* Erfolgshonorar *n*; **~ liabilities** Eventualverbindlichkeiten *fpl*; **~ liability** Eventualhaftung *f*; Eventualverbindlichkeit *f*; **~ loss** eventueller Verlust *m*; **~ order** *(Börse)* gekoppelter Auftrag *m*

**continuance**, Dauer *f*; Fortdauer *f*, Fortbestehen *n*; **~ of a firm** Weiterbestand *m* e-r Firma; **~ of validity** Gültigkeitsdauer *f*

**continuation**, Fortsetzung *f*; Fortbestand *m*; Weiterführung *f*; *Br (Börse)* Prolongation *f*; **~ bill** *Br* Prolongationswechsel *m*; **~ clause** Verlängerungsklausel *f*; **~ day** Reporttag *m*; **~ of a business** Weiterführung *f* e-s Geschäfts; **~ of pay** Lohnfortzahlung *f*; **~ of wage payments** Lohnfortzahlung *f*; **~ rate** *Br* Prolongationssatz *m*, Reportsatz *m*

**continue**, *v* fortsetzen, fortdauern; weiterführen; beibehalten; *Br (Börse)* in Report nehmen, prolongieren; **to ~ a business** ein Geschäft fortführen; **to ~ in demand** weiter gefragt sein; **to ~ in existence** fortbestehen; **to ~ one's journey** seine Reise fortsetzen; **to ~ to pay wages** Löhne weiterzahlen

**continued**, **~ interest** fortbestehendes Interesse *n*; **~ use** Weiterbenutzung *f*; **~ wage payment** Lohnfortzahlung *f*; **to be ~** Fortsetzung folgt

**continuing**, andauernd, fortgesetzt; **~ account** Kontokorrentkonto *n*; **~ crisis** andauernde Krise *f*; **~ damages** fortlaufende Schadensersatzleistung *f*; **~ guarantee** fortlaufende Kreditbürgschaft *f*

**continuity**, Kontinuität *f*, Fortdauer *f*; **~ of jobs** Fortbestand *m* der Arbeitsplätze; **~ of life** fortdauernder Bestand *m (e-s Unternehmens)*

**continuous**, fortdauernd, ununterbrochen; **~ audit** laufende Rechnungsprüfung *f*; **~ manufacturing** Serienfertigung *f*, Fließfertigung *f*; **~ performance** *(Kino)* Dauervorstellung *f*

**continuously offered longer-term securities**, von der Weltbank kontinuierlich ausgegebene Anleihen *fpl* mit fixer, variabler oder Nullkuponverzinsung

**contra**, *v* gegenbuchen, stornieren

**contra**, **~ account** Gegenkonto *n*; **~ entry** Gegenbuchung *f*; **~ item** Gegenposten *m*

**contraband**, Konterbande *f*; Schmuggelware *f*; **~ trade** Schmuggelhandel *m*

**contract**, 1. Vertrag *m*; Vertragsurkunde *f*; **action under a ~** Klage aus Vertrag; **as per ~** laut Vertrag; **bound by ~** vertraglich verpflichtet; **breach of ~** Vertragsbruch *m*; **by private ~** unter der Hand, freihändig; **conclusion of a ~** Abschluss *m* e-s Vertrages; **contrary to (the terms of) a ~** vertragswidrig; **draft ~** Vertragsentwurf *m*; **expiration of a ~** Ablauf *m* e-s Vertrages; **liable under a ~** vertraglich verpflichtet; **party to a ~** Vertragspartei *f*; **provisions of a ~** Vertragsbestimmungen *fpl*; **simple ~** einfacher *(nicht unter Siegel abgeschlossener)*

Vertrag; **standard form ~s** Standardverträge *pl*; **term of a ~** Vertragsdauer *f*; **terms of a ~** Vertragsbestimmungen *fpl*; Wortlaut *m* des Vertrages; **violation of a ~** Vertragsverletzung *f*; **~ action** Klage *f* aus Vertrag; **~ claim** vertraglicher Anspruch *m*; **~ debt** Vertragsschuld *f*, vertraglich geschuldete Leistung *f*; **goods of the ~ description** vertragsgemäße Waren; **~ for delivery** Liefervertrag *m*; **~ for (the) sale of goods** Kaufvertrag *m* über bewegliche Sachen, Warenkaufvertrag *m*; **~ for sale of land** Grundstückskaufvertrag *m*; **~ for work and materials** Werklieferungsvertrag *m*; **~ guarantee (guaranty)** Vertragsgarantie *f*; **~ hire** *Br* Vermietung *f* von Kraftfahrzeugen *(Leasing ohne spätere Anrechnung des Marktzeitwertes)*; **~ in writing** schriftlicher Vertrag *m*; **~ note** *(Börse)* Schlussnote *f*; Schlussschein *m*; **~ of apprenticeship** Berufsausbildungsvertrag *m*; **~ of carriage** Transportvertrag *m*; **~ of employment** Dienstvertrag *m*, Arbeitsvertrag *m*; **~ of hire** Mietvertrag *m (über bewegl. Sachen)*; **~ of limited duration** befristeter Vertrag; **~ of loan** Darlehensvertrag *m*; **~ of partnership** Gesellschaftsvertrag *m*; **~ of sale** Kaufvertrag *m*; **~ of service** Dienstvertrag *m*; Arbeitsvertrag *m*; **~ penalty** Vertragsstrafe *f*; **~ price** vertraglich vereinbarter Preis *m*; **~ processing** Lohnveredelung *f*; **~ termination** *Am* Tarifkündigung *f*; **~ terms** Vertragsbedingungen *fpl*; **~ territory** Vertragsgebiet *n*; **to annul a ~** e-n Vertrag annullieren (od. für nichtig erklären); **to conclude a ~** e-n Vertrag schließen; **to draw up a ~** e-n Vertrag aufsetzen; **to prolong a ~** e-n Vertrag verlängern; **to sue on a ~** aus e-m Vertrag klagen; **to violate a ~** e-n Vertrag verletzen

**contract**, 2. Submission *f*, Ausschreibung *f*; Auftrag *m (bei Ausschreibung)*; Akkord *m (vereinbarter Stücklohn)*; **awarding** (or **placing**) **of ~s** Auftragsvergabe *f*; **by ~** durch Ausschreibung, *Am* im Akkord; **public ~s** öffentliches Auftragswesen *n*; **public supply ~s** öffentliche Lieferaufträge *mpl*; **~ awarder** Auftraggeber *m (bei Ausschreibungen)*; **~ by tender** Ausschreibung *f*; **~ placing authority** auftraggebende Behörde *f*; **~ price** Ausschreibungspreis *m*; **~ work** *Am* Akkordarbeit *f*; **~ worker** selbstständiger Beschäftigter *m*; **to award the ~** den Auftrag vergeben; Zuschlag *m* erteilen; **to receive the ~** Zuschlag *m* erhalten; **to tender for a ~** sich um e-n *(ausgeschriebenen)* Auftrag bewerben; **to work by ~** im Akkord arbeiten

**contract**, *v* kontrahieren, e-n Vertrag schließen; vertraglich abmachen; **to ~ a credit** Kredit aufnehmen; **to ~ debts** Schulden machen; **to ~ for** sich vertraglich verpflichten; **to ~ for the sale of goods** Kaufverträge über bewegl. Sachen abschließen; **to ~ for work** Arbeit *(im Werkvertrag)* übernehmen (od. vergeben); **to ~ liabilities** Verpflichtungen eingehen; **to ~ loans** Anleihen *fpl* aufnehmen; **to ~ out** vertraglich ausschließen; (sich) freizeichnen (of von); **to ~ out work** Arbeit(en) *fpl* vergeben

**contracting**, vertragschließend; schrumpfend; **~ party** Vertragspartei *f*, Kontrahent *m*; **~ profits** schrumpfende Gewinne *pl*; **~ state** Vertragsstaat *m*

**contraction**, Kontraktion *f*, Zusammenziehung *f*, Schrumpfung *f*; (Konjunktur-) Abschwung *m*; **~ of credit** Kreditschrumpfung *f*

**contractor**, Kontrahent *m*, Vertragschließender *m*; (Groß-)Lieferant *m*; *(bei Ausschreibungen)* Auftragnehmer *m*; Unternehmer *m (im Werkvertrag)*; **~s' all risk insurance** Bauleistungsversicherung *f*; **~ loan** Unternehmerkredit *m*; **building ~** Bauunternehmer *m*; **government ~** Betrieb *m* mit Staatsaufträgen; **main ~** Hauptlieferant *m*; **~'s estimate** Baukostenvoranschlag *m*

**contractual**, vertraglich, vertragsmäßig; **~ capacity** Vertragsfähigkeit *f*, Geschäftsfähigkeit *f*; **~ claim** Anspruch *m* aus Vertrag; **~ obligation** vertragliche Verpflichtung *f*; **~ penalty** Vertragsstrafe *f*; **~ period** Vertragsdauer *f*; **~ product** Vertragsprodukt *n*; **~ territory** Vertragsgebiet *n*; Vertreterbezirk *m*; **~ wages** Tariflohn *m*; *Am* Akkordlohn *m*

**contradict**, *v* widersprechen; in Widerspruch stehen zu

**contrary**, Gegenteil *n*; gegenteilig; entgegengesetzt; **in the absence of any agreement to the ~** mangels gegenteiliger Abmachung; **~ to one's duty** pflichtwidrig; **~ to one's knowledge** wider besseres Wissen

**contravene**, *v* zuwiderhandeln; *(Gesetz, Pflicht etc.)* verletzen; **to ~ the provisions** gegen die Vorschriften verstoßen

**contravention**, Zuwiderhandlung *f*; Übertretung

**contribute**, *v* beitragen; spenden; *(Kapital in e-e Firma)* einbringen; *(Geld)* nachschießen *(bei Liquidation e-r Gesellschaft)*; **to ~ cash** e-e Bareinlage leisten; **to ~ to a present** sich an e-m Geschenk beteiligen; **to ~ to a success** zum Erfolg beitragen; **~d capital** eingebrachtes Kapital *n*

**contribution**, 1. Beitrag *m*; (Geld-)Spende *f*; Schadenanteil *m*; Nachschuss *m*; **compulsory ~** Pflichtbeitrag *m*; **employee's ~** Arbeitnehmeranteil *m*; **employer's ~** Arbeitgeberanteil *m*; **liability to pay ~** Beitragspflicht *f*; Nachschusspflicht *f*; **liable to ~** beitragspflichtig; nachschusspflichtig; **payment of ~** Beitragsleistung *f*; **subject to ~** → liable to contribution; **~s in cash and in kind** Sach- und Geldspenden *fpl*; **~ margin** Deckungsbeitrag *m*; **~ rate** Beitragssatz *m*; **~ to the expenses** Unkostenbeitrag *m*; **~ to funeral expenses** Sterbegeld *n*; Beitrag zu Bestattungskosten; **to make a ~ to a newspaper** e-n Beitrag zu e-r Zeitung leisten

**contribution**, 2. (Kapital-)Einlage *f*, Einbringung *f (in e-e Firma)*; **initial ~** Stammeinlage *f*; **~ in kind** Sacheinlage *f*; **contributions (capital ~, property ~) made by the partners** von den Gesellschaftern geleistete Einlagen; **limited partners are liable to their ~** Kommanditisten sind bis zur Höhe ihrer Einlage haftbar

**contributor**, Beitragleistender *m*; Spender *m*; Mitarbeiter *m (bei e-r Zeitung)*

**contributory**, Beitragspflichtiger *m*; nachschusspflichtiger Gesellschafter *m*

**contributory**, *adj* mitwirkend; beitragspflichtig; nachschusspflichtig; **~ mortgage** für mehrere Gläubiger bestellte Hypothek *f*; **~ negligence** → negligence; **~ pension** beitragspflichtige Pension *f*; **to be ~** auf Beiträgen beruhen *(z. B. Sozialleistungen)*

**control**, Kontrolle *f*, Aufsicht *f* (of über); Steuerung *f*; Überwachung *f*; Beherrschung *f (z. B. durch ein Unternehmen)*; **economic ~** Wirtschaftslenkung *f*; **facts beyond his ~** Tatsachen *fpl*, die ihm nicht zur Last gelegt werden; **foreign exchange ~** Devisenbewirtschaftung *f*; **price ~** Preiskontrolle *f*, Preisüberwachung *f*; **rent ~** Überwachung *f* der Mietpreise; **~ by foreign capital** Überfremdung *f*; **~ contract** Beherrschungsvertrag *m*; **~ of the market** Beherrschung *f* (od. Regulierung *f*) des Marktes; Absatzlenkung *f*; **~ of mergers** Fusionskontrolle *f*

**control**, *v* kontrollieren, überwachen; steuern; beherrschen; leiten, lenken; **to ~ the accounts** die Rechnungen prüfen; **to ~ a company** e-e Gesellschaft beherrschen; **to ~ traffic** den Verkehr regeln

**controlled**, **~ company** beherrschte (od. abhängige) Gesellschaft *f*; Tochtergesellschaft *f*; **~ economy** gelenkte Wirtschaft *f*, Planwirtschaft *f*; **~ price** gebundener Preis *f*, Stopppreis *m*; **to be ~ by** unter Aufsicht stehen von

**controller**, Controller *m*; Leiter *m* des Rechnungs- und Finanzwesens; Leiter e-r Abteilung e-r großen Organisation; **~s** Steuerungsleute *pl* im Unternehmen

**controlling**, **C~** Controlling *n*, (Unternehmens-)Steuerung *f* durch Planung und Kontrolle; **~ account** Gegenrechnung *f*; **~ company** beherrschende Gesellschaft *f*; Muttergesellschaft *f*; **~ influence** beherrschender Einfluss *m (e-s Unternehmens)*; **~ interest** → interest 1; **~ shareholder (stockholder)** Mehrheitsaktionär *m*

**controversy**, Kontroverse *f*, Streitfrage *f*; Streit *m*

**convene**, *v* sich versammeln; *(Versammlung)* einberufen

**convenience**, Bequemlichkeit *f*, Annehmlichkeit *f*; **for accounting ~** zur Erleichterung der Buchhaltung; **at your earliest convenience** baldmöglichst, sowie es Ihnen passt; **flat** *Br* (**apartment** *Am*) **with all modern ~s** Wohnung mit allem Komfort *m*; **~ foods** Fertiggerichte *npl*; **~ goods** Waren für den laufenden Verbrauch (*die nahe der Wohnung gekauft werden*; *opp. shopping goods*); **~ of operation** leichte Bedienungsweise *f*; **~ store** Nachbarschaftsladen *m*, **to pay at one's ~** nach Belieben bezahlen; zahlen, wenn es einem passt

**convenient**, passend, geeignet, bequem; **~ly situated** bequem gelegen

**convening of the general meeting**, Einberufung *f* der Hauptversammlung

**convention**, Versammlung *f*; Kongress *m*; Übereinkommen *n*, Abkommen *n*; → Berne ~; **commercial convention** Handelsabkommen; → Paris ~; **tax ~** Steuerabkommen *n*; **~ country** Verbandsland *n (ein der Pariser oder Berner Übereinkunft angeschlossenes Land)*; **~ on the Law of the Sea** Seerechtsübereinkommen *n*; **~ priority** Verbandspriorität *f*

**conventional**, vertraglich; herkömmlich, üblich; **~ heir** *Am* Vertragserbe *m*; **~ penalty** Vertragsstrafe *f*; **~ rate of interest** üblicher Zinssatz *m*; **~ tariff** Vertragstarif *m*

**convergence**, *(EU)* Konvergenz *f*; **~ criteria** *(EU)* Konvergenzkriterien *pl*

**conversion**, Konversion *f*; Konvertierung *f (Umwandlung der Schuldbedingungen e-r Anleihe durch Umwandlung in e-e neue)*; Umwandlung *f*; unrechtmäßiger Gebrauch *m* fremden Eigentums; **fraudulent ~** betrügerische Entziehung *f* von Sachen; Veruntreuung *f*; **~ loan** Konvertierungsanleihe *f*; Umstellungsdarlehen *n*; **~ of dairy cattle herds** → dairy; **~ of debts** Umschuldung *f*; Umstellung *f (z. B. e-s Betriebes)*; Umgründung *f (e-s Unternehmens)*; Umtausch *m (e-r Kategorie Wertpapiere in e-e andere)*; Umbau *m*; **~ of foreign currencies** Umrechnung *f* ausländischer Währungen; **~ of a house** Umbau *m* e-s Hauses; **conversion of a loan** Umwandlung *f* e-r Anleihe *(in e-e Konvertierungsanleihe)*; **~ of production** Umstellung der Produktion; **~ offer** Konversionsangebot *n*; Umtauschangebot *n*; **~ premium** *(EU)* Umstellungsprämie *f*; **~ price** Konvertierungskurs *m*; Umrechnungskurs *m*; **~ project** Umstellungsvorhaben *n*; **~ rate** *(Devisenmarkt)* Umrechnungskurs *m*; **~ right** Umtauschrecht *n*; **~ to one's own use** unrechtmäßige Verwendung *f* für sich selbst; Veruntreuung; **~ to unleaded petrol** Umstellung *f* auf bleifreies Benzin

**convert**, *v* konvertieren, umwandeln; umstellen; *(Kategorie Wertpapiere in e-e andere)* umtauschen; *(ausländische Währung)* umrechnen; umbauen; verarbeiten (into zu); *(fremdes bewegl. Vermögen)* unrechtmäßig aneignen (od. verwenden); **to ~ club funds to one's own use** Vereinsgelder unterschlagen; **to ~ a firm** e-e Firma umwandeln; **to ~ into capital** kapitalisieren; **to ~ into cash** zu Geld machen, flüssig machen; **to ~ into another currency** in e-e andere Währung umrechnen; **to ~ a loan** e-e Anleihe umwandeln ( → conversion)

**convertibility**, Konvertibilität *f*; Konvertierbarkeit *f*

**convertible**, konvertierbar, umwandelbar; umtauschbar; **~ bond** Wandelschuldverschreibung *f*; Wandelanleihe *f*; **freely ~ currency** frei konvertierbare Währung *f*; **~ debenture** Wandelschuldverschreibung *f*

**convey**, *v* befördern; *(Nachrichten)* übermitteln; *(bes. Grundeigentum)* übertragen, übereignen, auflassen

**conveyance**, Beförderung *f*, Transport *m*; Beförderungsmittel *n*; Übertragung *f*; Grundstücksübertragung *f*; Auflassung *f*; **(deed of) ~** Übertragungsurkunde *f*; **fraudulent ~** (Vermögensveräußerung zur) Gläubigerbenachteiligung *f*; **public (means of) ~** öffentliches Verkehrsmittel *n*; **risk of conveyance** Transportgefahr *f*; **~ by aircraft** Lufttransport *m*; **~ by sea** Beförderung auf dem Seewege; **~ of property** Vermögensübertragung *f*

**conveyancer**, Spezialanwalt *m* für Grundstücksübertragungen

**conveyancing**, Grundstücksübertragung *f*

**conveyor belt**, Fließband *n*, Förderband(anlage) *n(f) (zum Laden und Löschen von Massengut)*; **~ belt production** Fließbandfertigung *f*

**cook the books**, *colloq. v (Bilanz, Rechnung)* frisieren; verschleiern

**cooling off**, **~ the economy** Konjunkturabkühlung *f*; **~ the overheated foreign exchange market** Abkühlung *f* des überhitzten Devisenmarktes

**cookie**, *(EDV)* Information *f*, die auf einem → Client zurückgelassen wird, mit der es dem → Server möglich ist einen Nutzer wieder zu erkennen

**cooling off period**, Wartezeit *f (z. B. bei Streiks)*; Bedenkzeit *f*; **the purchaser must be allowed a ~ of 7 days** der Käufer kann vom Vertrag innerhalb von 7 Tagen zurücktreten

**co-op**, *Br* → cooperative society

**cooperate**, *v* zusammenarbeiten; mitwirken; beitragen (to zu)

**cooperation**, Zusammenarbeit *f*; Kooperation *f*; Mitwirkung *f*; **fiscal ~** Zusammenarbeit in Steuersachen; **forms of ~** Kooperationsformen *fpl*; **~ agreement** Kooperationsvereinbarung *f*, Kooperationsabkommen *n*; **(European) ~ in the field of scientific and technical research** (COST) *(EU)* (europäische) Zusammenarbeit auf dem Gebiet der wissenschaftlichen und technischen Forschung (COST); **~ negotiation** Kooperationsverhandlung *f*

**cooperative**, (*Br* **~ society**) Genossenschaft *f*; **agricultural ~** landwirtschaftliche Genossenschaft *f*; **consumer's ~** → consumer; **credit ~** Kreditgenossenschaft *f*; **farmers' cooperative** s. agricultural → cooperative; **marketing ~** Absatzgenossenschaft *f*; **producers' ~** Produktionsgenossenschaft *f*; **trade and industrial ~** Erwerbs- und Wirtschaftsgenossenschaft *f*

**cooperative**, *adj* genossenschaftlich; zusammenarbeitend; **International ~ Alliance** (ICA) Internationaler Genossenschaftsbund *m*; **~ advertising** Gemeinschaftswerbung *f*; **~ association** *Am* Genossenschaft *f*; **~ bank** genossenschaftliches Kreditinstitut *n*; **~ buying association** Einkaufsgenossenschaft *f*; **~ credit union** Kreditgenossenschaft *f*; **~ marketing association** Absatzgenossenschaft *f*; **~ society** *Br* (Verbraucher-) Genossenschaft *f*; **~ store** (co-op) Konsumvereinsladen *m*

**coordinate**, *v* koordinieren, aufeinander abstimmen

**coordinate**, *adj* koordiniert, gleichgestellt, gleichgeordnet

**coordination**, Koordinierung *f*, Gleichstellung *f*, Gleichschaltung *f*; **~ of interest** Abstimmung *f* der Interessen

**co-owner**, Miteigentümer *m*, Mitinhaber *m*; **~ of a ship** Partenreeder *m*

**co-ownership**, Miteigentum *n*; **~ of ships** Partenreederei *f*

**copartner**, Teilhaber *m*, Mitinhaber *m*; *Br* Angestellter *m* mit Anteil am Geschäftsgewinn *(neben dem Gehalt od. Lohn)*

**copartnership**, Teilhaberschaft *f*; *Br* (System der) Gewinnbeteiligung *f* der Arbeitnehmer

**cope**, *v*, **to ~ with sth.** mit e-r Sache fertig werden; **to ~ with sb.'s competition** gegen jds Konkurrenz aufkommen; jds Konkurrenz gewachsen sein

**copious supply**, reichlicher Vorrat *m*

**copper**, **~s** Kupfermünzen *fpl*; *(Börse)* Kupferwerte *pl*; **~ shares** Kupferaktien *fpl*

**copy**, Kopie *f*, Abschrift *f*, Durchschrift *f*; Werbetext *m*; **carbon ~** Durchschlag *m*; **certified copy** beglaubigte Abschrift; **file ~** Durchschlag *m* für die Akten, Ablegestück *n*; **official ~** Ausfertigung *f*; **rough ~** Entwurf *m*, Konzept *n*; **top ~** Original *n*; **true copy** gleichlautende Abschrift; **~ account** (or **invoice**) Abschrift e-r Rechnung, Rechnungsdurchschlag *m*; **~ of a bill** Wechselkopie *f*; **~ of a testimonial** Zeugnisabschrift *f*; **~ testing** Testen *n* von Werbetexten auf ihre Wirkung; **~-writer** Werbetexter *m*; **to have a ~ made** e-e Abschrift machen lassen

**copyright**, Urheberrecht *n*; urheberrechtlich geschützt; **~ in designs** Musterschutz *m*; **~ infringement** Urheberrechtsverletzung *f*; **~ notice** *Am* Copyright-Vermerk *m*; **~ period** Schutzfrist *f*; **~ royalties** Lizenzgebühren *fpl* für Urheberrechte

**copyright**, *v* urheberrechtlich schützen

**cordless telephone**, schnurloses Telefon *n*

**core business**, Hauptgeschäftsbereich *m*

**core competence** → core business

**core period**, Kernzeit *f* (bei gleitender Arbeitszeit)

**co-responsibility levy**, *(EU)* Mitverantwortungsabgabe *f* (MVA)

**corn**, Getreide *n*, Korn *n*; *Am* Mais *m*; *Br bes.* Weizen *m*; **~ broker** Getreidemakler *m*; **~ exchange** Getreidebörse *f*

**corner**, *(Börse) (spekulative)* Ankäufergruppe *f*; Schwänze *f*; Aufkauf *m*; **~ in wool** Aufkauf des gesamten Angebots an Wolle

**corner**, *v* aufkaufen, aufschwänzen; **to ~ the market** den Markt *(zu spekulativen Zwecken)* aufkaufen

**corporate**, körperschaftlich; *Am* Gesellschafts-, Unternehmens-, Firmen-; **~ account** *Am* Gesellschaftskonto *n*; **~ accounts** Jahresabschluss *m* e-s Unternehmens; **~ acquisition** *Am* Unternehmenskauf *m*; **~ articles** *Am* Satzung *f (e-r AG)*; **~ assets** Vermögen(swerte) *npl* e-r Körperschaft; *Am* Gesellschaftsvermögen *n*; **~ banking** Firmenkundengeschäft *n*; **~ body** Körperschaft *f*, juristische Person *f*; **~ bonds** Schuldverschreibungen *fpl* e-r AG; Industrieobligationen *fpl*; ~ **culture**, Firmenphilosophie *f*; ~ **customer** Firmenkunde *m*; ~ **donation** *Am* Firmenspende *f*; ~ **equity** Gesellschaftskapital *n*; ~ **financing** *Am* Unternehmensfinanzierung *f*; ~ **headquarters** *Am* Firmensitz *m*; ~ **identity** (CI) Erscheinungsbild *n* (od. Vorstellungsbild *n*) e-s Unternehmens; ~ **image** → corporate identity; ~ **income** *Am* Unternehmensgewinn *m*; ~ **income tax** Körperschaftsteuer *f*; ~ **law** *Am* Aktienrecht *n*; ~ **liability** *Am* Haftung *f* e-r AG; ~ **name** Name *m* e-r juristischen Person; *Am* Firmenname *m (e-r AG)*; ~ **opportunity** Geschäftschance *f* des Unternehmensführers zu seinem eigenen Vorteil *(als Interessenkonflikt)*; ~ **profit** *Am* Unternehmensgewinn *m*; ~ **property** *Br* Gemeindevermögen *n*; *Am* Gesellschaftsvermögen *n*; ~ **raider** Unternehmensaufkäufer *m*; ~ **seal** *Am* Firmensiegel *n*; ~ **statement** *Am* Bilanz *f* e-r AG; ~ **stock** *Am* Aktien e-r AG; ~ **underwriting** *Am* Übernahme *f* von Industrieschuldverschreibungen; ~ **veil** → veil

**corporation**, Körperschaft *f*, juristische Person *f*; *bes. Am* (Kapital-)Gesellschaft *f (AG od. GmbH)*; *Br* Stadtverwaltung *f*; **alien** ~ *Am* ausländische Gesellschaft; **business** ~ *Am* Kapitalgesellschaft *f*; **close** ~ → close; **municipal** ~ → municipal; **private** ~ *Am* privatrechtliche Körperschaft; **public** ~ → public; ~ **bonds** → corporate bonds; ~ **charter** *Am* Gründungsurkunde *f (e-r AG)*; ~ **counsel** Syndikus *m*, Justitiar *m*; ~ **income tax** *Am* Körperschaftsteuer *f*; **corporation law** *Am* Aktienrecht *n*, Aktiengesetz *n*; ~ **loan** *Br* Kommunalanleihe *f*; ~ **property** → corporate property; ~ **stock** *Br* Kommunalobligationen; *Am* Aktienkapital *n*; ~ **tax** *Br* Körperschaftsteuer *f*; *Am* Gesellschaftsteuer *f*; ~ **under private (public) law** Körperschaft des privaten (öffentlichen) Rechts

**correct**, *v* berichtigen, korrigieren; **to ~ the deficiencies** die Mängel beheben

**correct**, *adj* richtig; in Ordnung; **to find the invoice** ~ die Rechnung für richtig befinden

**correcting entry**, Berichtigungsbuchung *f*

**correction**, Berichtigung *f*; Korrektur *f*; **subject to** ~ ohne Gewähr; unter Irrtumsvorbehalt *m*; **to make ~s** Verbesserungen *fpl* vornehmen

**correctness, to certify the correctness of the data** die Richtigkeit der Angaben bescheinigen

**correspond**, *v* korrespondieren; **to ~ with the sample** dem Muster entsprechen, mit dem Muster übereinstimmen

**correspondence**, Korrespondenz *f*, Briefwechsel *m*; Übereinstimmung *f*; Geschäftsverbindung *f*; ~ **course** Kurs *m* im Fernunterricht; **to go through one's ~** die *(eingegangene)* Post durchsehen; **to have a lot of ~ to deal with** viel Post zu erledigen haben

**correspondent**, *(auswärtiger)* Geschäftsfreund *m*; Korrespondent *m*; **banker's ~ (abroad)** (ausländische) Bankverbindung *f*; befreundetes Kreditinstitut *n* (im Ausland); ~ **(bank)** Korrespondenzbank *f*

**corresponding clerk**, Korrespondent *m*

**corrugated cardboard**, Wellpappe *f*

**corrupt**, *adj* korrupt, bestechlich; ~ **practices** korrupte Praktiken *pl (bes. Angebot und Annahme von Bestechungen)*

**corruption of witnesses**, Zeugenbestechung *f*

**cosmetic products**, kosmetische Mittel *npl*

**co-sponsorship**, Beteiligung *f (mehrerer Werbungtreibender)* an e-r Werbesendung

**COST**, → European cooperation in the field of scientific and technical research

**cost**, Kosten *pl*; Selbstkosten *pl*; *(zu zahlender)* Preis *m*; Aufwand *m*; *Br (Bilanz)* Anschaffungs- und Herstellungskosten *pl*; **~s** Kosten *pl*, Spesen *pl*; **actual** ~ tatsächlich entstandene Kosten, Istkosten *pl*; **at** ~ zum Selbstkostenpreis *m*; zum Anschaffungspreis *m*; **at a ~ of** mit e-m Kostenaufwand *m* von; **at great** ~ mit hohen Kosten; **at little** ~ mit geringen Kosten; **at one's own** ~ auf eigene Kosten; **at the ~ of** auf Kosten von; **below cost** unter Selbstkosten; unter Einkaufspreis *m*; **capital** ~ Kapitalaufwand *m*; **computation of** ~ Kostenberechnung *f*; **estimate of** ~ Kostenvoranschlag *m*; **excess cost** Mehrkosten *pl*; **free of** ~ kostenfrei, kostenlos; **inclusive of ~ (s)** einschließlich der Kosten; **invoice cost** → invoice; **less the ~ (s)** abzüglich der Kosten; **at the lowest**

**possible** ~ kostenoptimal; **reimbursement of** ~ Kosten(rück)erstattung *f*; **running** ~ laufende Kosten; **unit** ~ Stückkosten *pl*; **variable** ~ variable Kosten; **with ~s** (to applicant, defendant etc.) kostenpflichtig; **without regard to** ~ ohne Rücksicht auf die Kosten; ~ **account** Kostenkonto *n*; ~ **accountant** Kostenrechner *m*; Betriebskalkulator *m*; ~ **accounting** Kostenrechnung *f*, Betriebskalkulation *f*; ~ **allocation** Kostenaufteilung *f*; ~ **analysis** Kostenanalyse *f*; ~ **and freight** (C & F) Kosten und Fracht *f* *(Incoterms 1980)*; ~ **apportionment** Kostenverteilung *f*; Kostenumlage *f*; **~-aware** kostenbewusst; ~ **basis** Selbstkostenpreis *m*; **~-benefit analysis** Kosten-Nutzen-Analyse *f (für langfristige Investitionsentscheidungen des Staates)*; **~-benefit ratio** Kosten-Nutzen-Verhältnis *n*

**costbook**, Kalkulationsbuch *n*; *Br* Kuxbuch *n*; ~ **(mining) company** *Br (bergrechtl.)* Gewerkschaft *f*

**cost**, ~ **breakdown** Kostenaufgliederung *f*; ~ **calculation** Kostenberechnung *f*; ~ **centre (coster)** Kostenstelle *f*; ~ **comparison** Kostenvergleich *m*; **~-conscious** kostenbewusst; ~ **control** Kostenkontrolle *f*; Kostenlenkung *f*; **~-covering** kostendeckend; ~ **cutting** Kostensenkung *f*; **~-cutting** *adj* kostensenkend; ~ **data** Kostenunterlagen *pl*; **~-effective** kostenwirksam; **~-effectiveness analysis** Kosten-Wirksamkeitsanalyse *f* (KWA) *(Hilfsmittel für die Beurteilung öffentlicher Vorhaben)*; ~ **equalization** Kostenausgleich *m*; ~ **escalation risk** Risiko *n* der Preissteigerung; ~ **estimate** Kostenvoranschlag *m*

**cost increase**, Kostensteigerung *f*; **wave of ~ increases** Kostenwelle *f*; **to absorb ~ increases** Kostenerhöhungen *fpl* auffangen

**cost**, **~s incurred by the seller** dem Verkäufer entstandene Kosten; **~-induced** kostenbedingt

**cost, insurance and freight** (cif) Kosten, Versicherung, Fracht *(Incoterms 1980)*

**cost**, ~ **of acquisition** Anschaffungskosten *pl*; ~ **of borrowing** Kreditkosten *pl*; ~ **of capital** Kapitalkosten *pl*; ~ **of carriage** Transportkosten, Frachtkosten *pl*; ~ **of collection** Inkassokosten, Einziehungskosten; ~ **of construction** Baukosten; ~ **of the contract** Kosten des Vertragsabschlusses; ~ **of credit** Kreditkosten; ~ **of debt** Fremdkapitalkosten; ~ **of delivery** Lieferkosten; ~ **of distribution** Vertriebskosten; ~ **of equity** Eigenkapitalkosten; ~ **of financing** Finanzierungskosten; ~ **of inventory** Lagerkosten *pl*; ~ **of issue** Emissionskosten; ~ **of labo(u)r** Lohnkosten; ~ **of litigation** Prozesskosten

**cost of living**, Lebenshaltungskosten *pl*; **adjustment of earnings to the** ~ Anpassung *f* des Arbeitsentgelts an die Lebenshaltungskosten; ~ **allowance** (or **supplement**) Teuerungszulage *f*; ~ **index** Preisindex für die Lebenshaltung

**cost**, ~ **of maintenance** Unterhaltungskosten; Instandhaltungskosten; ~ **of materials** Materialkosten; ~ **of operations** Betriebskosten; ~ **of packing** Verpackungskosten; ~ **of production** Produktionskosten; Herstellungskosten, Fertigungskosten; ~ **of removal** Transportkosten *pl*; ~ **of repair** Reparaturkosten; ~ **of replacement** Wiederbeschaffungskosten; ~ **of sales** Herstellungskosten der verkauften Ware; ~ **of sales and other operating expenses** *Am (Bilanz)* Wareneinsatz- und Betriebsaufwand *m*; ~ **of storage** Lagerkosten; ~ **of wages** Lohnkosten

**cost or market whichever is lower**, Anschaffungs- oder Marktpreis *m*, je nachdem, welcher niedriger ist *(Niederstwertprinzip)*

**cost**, ~ **overrun** Kostenüberschreitung *f*; ~ **per unit** Stückpreis *m*, Stückkosten; ~ **plus pricing** Ermittlung *f* des Verkaufspreises durch Gewinnzuschlag auf die Herstellungskosten

**cost per thousand impressions**, *(EDV)* Kosten eines → Banner nach dem Tausend → page impressions abgerechnet

**cost price**, Selbstkostenpreis *m*; (Netto-) Einkaufspreis *m*; Einstandspreis *m*; **to sell below** ~ unter den Selbstkosten verkaufen

**cost**, **~-push inflation** Kosteninflation *f*; ~ **recording** Kostenerfassung *f*; ~ **recovery** Kostendeckung *f*; **~-reducing investment** Rationalisierungsinvestition *f*; ~ **reduction** Kostensenkung *f*; ~ **restraint** Kosteneindämmung *f*; ~ **saving** Kosteneinsparung *f*; kostensparend; ~ **sharing** Kostenteilung *f*; Kostenbeteiligung *f*; ~ **sheet** Kostenbogen *m*, Kostenaufstellung *f*; ~ **unit** Kostenträger *m*; ~ **variance** Kostenabweichung *f*; **to apportion the ~s** die Kosten verteilen (od. umlegen); **to bear** (or **defray**) **the ~s** die Kosten tragen; **the ~s are born** (or **shall be met**) **by X** die Kosten trägt X; **to calculate the ~s** die Kosten berechnen; **to cover the ~s** die Kosten decken; **to incur ~s** Kosten verursachen; **to be ordered to pay the ~s** zur Zahlung der (Prozess-)Kosten verurteilt werden

**cost**, *v* kosten; kalkulieren, Kosten berechnen; **to ~ a great deal** teuer sein

**costed at**, mit e-m Kostenanschlag von

**costermonger**, *Br* Straßenhändler *m (bes. für Obst und Gemüse)*

**costing**, Kostenberechnung *f*, Kalkulation *f*; **job** ~ Auftragskostenrechnung *f*; **marginal** ~ Grenzkostenrechnung *f*; **single unit** ~ Einzelkalkulation *f*; ~ **clerk** Kostenrechner *m*; ~ **procedure** Kalkulationsverfahren *n*; ~ **supplement** Zuschlag *m* in der Kostenrechnung

**costing little money**, billig

**costly**, kostspielig; teuer

**cottage industry**, Heimindustrie *f*

**cotton**, Baumwolle *f*; ~ **exchange** Baumwollbörse *f*; ~ **futures market** Baumwollterminbörse *f*; ~ **textiles** Baumwollspinnstoffe *mpl*

**council**, 1. Rat *m*; **municipal** ~ Stadtrat *m*, Gemeinderat *m*; **works** ~ Betriebsrat *m*; ~ **estate** *Br* Siedlung *f* mit Sozialwohnungen; ~ **flat** *Br (gemeindeeigene)* Sozialwohnung *f*; ~ **of Europe** Europarat *m*; ~ **of the Stock Exchange** *Br* Börsenrat *m (Börsenvorstand)*; ~ **tax** *Br* Gemeindesteuer *f*, Gemeindeabgabe *f*; ~ **tenant** *Br* Mieter e-r Sozialwohnung; ~ **tower block** Hochhaus mit Sozialwohnungen

**Council**, 2. *(EU)* Rat *m* (→ European Council); **President of the** ~ Präsident des Rates, Ratspräsident *m*; ~ **Decision** Ratsbeschluss *m*; ~ **Directive** Ratsrichtlinie *f*; ~ **meeting** Ratstagung *f*; ~ **Regulation** Ratsverordnung *f*

**counsel**, *Br* Rechtsanwalt *m* (barrister); *Am* Rechtsberater, Rechtsbeistand *m*; Beratung *f*; **corporation** ~ *Am* Syndikus *m*; **~'s fees** Anwaltsgebühren *fpl*; **to give ~ to sb.** jdm Rat erteilen; **to take** ~ sich beraten lassen; **to take ~'s opinion** ein Rechtsgutachten *n* einholen

**counsel**, *v (jdn)* beraten; *(jdm)* raten, Rat erteilen

**counsel(l)ing**, Beratung *f*; **financial** ~ Beratung in Finanzfragen

**counsel(l)or**, Berater *m*; Rechtsanwalt *m*

**count**, Zählung *f*; Zahl *f*, Endzahl *f*; Rechnung *f*; Anklagepunkt *m*; **to keep ~ of** genau (zusammen)zählen

**count**, *v* zählen, (be)rechnen; **to ~ again** nachzählen; **to ~ in** einrechnen, mitzählen; **to ~ on an increase in salary** mit e-r Gehaltserhöhung rechnen; **to ~ over** durchzählen; **to ~ over again** nachzählen; **to ~ up** zusammenzählen; **to ~ upon** zählen auf, (sicher) rechnen mit; **to ~ (up) one's money** sein Geld zählen; **to ~ wrong** sich verzählen

**countable**, (ab)zählbar, berechenbar

**counter**, 1. Schalter *m*; Ladentisch *m*; Zähler *m*; **check-in** ~ (Abfertigungs-) Schalter *m (am Flughafen)*; **over the** ~ → over; **paying** ~ Zahlschalter *m*, Kassenschalter *m (z. B. e-r Bank)*; ~ **cash** tägliche Kasse *f*, Tageskasse *f*; ~ **cheque (check)** Kassenscheck *m*; ~ **requirements** Zahlungsanforderungen *fpl* am Kassenschalter; ~ **sales** Verkauf *m* über den Ladentisch; Ladenverkauf *m*; **to sell under the** ~ unter dem Ladentisch *(heimlich)* verkaufen

**counter**, 2. Gegen-; ~ **account** Gegenkonto *n*; **~-balance** *v* ein Gegengewicht bilden zu; ausgleichen, kompensieren; **to ~-balance each other** sich gegenseitig aufheben; ~ **bid** Gegenangebot *n*; ~ **bond** Rückbürgschaft *f*

**counterclaim**, Gegenanspruch *m*, Gegenforderung *f*; Widerklage *f*; **to put forward a** ~ e-e Widerklage erheben; **to raise** (or **set up**) **a** ~ e-e Gegenforderung geltend machen

**counterclaim**, *v* e-en Gegenanspruch geltend machen; e-e Widerklage erheben

**countercyclical**, antizyklisch; ~ **measures** konjunkturdämpfende Maßnahmen *fpl*

**counter**, **~-entry** Gegeneintragung *f*; **~-evidence** Gegenbeweis *m*

**counterfeit**, Fälschung *f*; Falschgeld *n*; ~ **of a banknote** Fälschung e-r Banknote

**counterfeit**, *adj* nachgemacht, gefälscht; ~ **antiques** nachgemachte (od. unechte) Antiquitäten *pl*; ~ **banknote** gefälschte Banknote *f*; falscher Geldschein *n*; ~ **goods** nachgeahmte Waren *pl*; ~ **money**

Falschgeld *m*; **coining of ~ money** (or **making of ~ coins**) Falschmünzerei *f*
**counterfeiter**, Fälscher *m*; Falschmünzer *m*
**counterfeiting**, Nachahmung *f*, Fälschung *f*; **~ coins** Falschmünzerei *f*; **~ of documents** Urkundenfälschung *f*
**counterfoil**, (Kontroll-)Abschnitt *m*; Coupon *m*; Talon *m*; **~ receipt book** Quittungsblock *m*
**counterinflationary**, anti-inflationär
**countermand**, Widerruf *m*; Abbestellung *f*; Annulierung *f*; **~ of an order** Stornierung *f* e-s Auftrages; **~ of payment** Schecksperre *f*
**countermand**, *v* widerrufen; abbestellen; annulieren; **to ~ an order** e-n Auftrag stornieren; **to ~ payment** e-n Scheck sperren
**countermanded, until ~** bis auf Widerruf
**counter, ~ offer** Gegenangebot *n*; **~ order** Auftragsstornierung *f*, Abbestellung *f*
**counterpart**, Gegenstück *n*; Duplikat *n*; zweite Ausfertigung *f (e-r Urkunde)*; **counterpart funds** Gegenwertmittel *pl*
**counter-performance, to make counter-performance** die Gegenleistung erbringen
**counter, counter-proposal** Gegenvorschlag *m*; **counter purchase** Kompensationsgeschäft *n*; **counter-question** Gegenfrage *f*; **counter-sample** Gegenprobe *f*; **counter-security** Rückbürgschaft *f*; Rückbürge *m*
**countersign**, *v* gegenzeichnen
**countersignature**, Gegenzeichnung *f*, Mitunterschrift *f*
**counterstatement**, Gegenerklärung *f*; Gegenaufstellung *f*
**countertrade (arrangement)**, Kompensationsgeschäft *n*
**countervailing, ~ charge** Ausgleichsabgabe *f*; **~ credit** Gegenakkreditiv *n*; **~ duty** Ausgleichszoll *m*; **~ measures** Ausgleichsmaßnahmen *fpl*
**countervalue**, Gegenwert *m*
**country**, Land *n*, Heimatland, Staat *m*; **agricultural ~** Agrarstaat *m*; **consumer ~** Verbraucherland *n*; **donor ~** Geberland *n*; **host country** Gaststaat *m*; **in the ~** auf dem Land; **into the ~** aufs Land; **member country** Mitgliedstaat *m*; **out of the ~** im Ausland; **producing ~** Erzeugerland *n*; **recipient ~** Empfängerland *n*; **receiving ~** Aufnahmeland *n*; **supplier ~** Lieferland *n*; **third ~** *(EU)* Drittland *n*; **~ bank** *Br* Provinzbank *f*; **~ benefiting from preference** präferenzbegünstigtes Land *n*; **~ branch** *Br* Provinzfiliale *f*, Zweigstelle *f* in der Provinz; **~ in surplus** Überschussland *n*; **~ of origin** (or **provenance**) Herkunftsland *n*; **~ of purchase** *(Zoll)* Einkaufsland *n*; **~ providing asylum** Aufnahmeland *n (für Asylanten)*
**county**, *Br* Grafschaft *f*; *Am* (Land-)Kreis *m*; Bezirk *m*; **~ stocks** *Br* Kommunalobligationen
**coupon**, Kupon *m*, Coupon *m*, Zinsschein *m*, Dividendenschein *m*; Gutschein *m*, Abschnitt *m*; **detached ~** abgetrennter Kupon *m*; **dividend ~** Dividendenschein *m*, Gewinnanteilschein *m*; **overdue ~** → overdue; **~ account** Kuponabrechnung *f*; **~ bond** *Am* Inhaberschuldverschreibung *f* mit Zinsschein; **~ book** *Br (Postsparkasse)* Sparbuch *n*; **~ rate** Zinssatz *m* für festverzinsliche Wertpapiere; **~ sheet** Kuponbogen *m*; **~-stripping** *Am* Begebung *f* von Tranchen eigener Zerobonds durch US-Banken
**courier service**, Kurierdienst *m*
**course**, Lauf *m*, Verlauf *m*, Gang *m*; Kurs *m (Fahrtrichtung)*; Kursus *m*; **in the ~ of** im Verlaufe von; **in the ~ of the discussion** im Laufe (od. Verlauf) der Besprechung; **plan in ~ of execution** in der Ausführung begriffener Plan *m*; **in the ~ of preparation** in Vorbereitung (befindlich); **in the ordinary ~ (of events)** normalerweise; **~ of action** Handlungsweise *f*; **~ of business** Geschäftsgang *m*; Geschäftsverkehr *m*; **~ of the business cycle** Konjunkturverlauf *m*; **~ of commerce** Handelsverkehr *m*; **~ of economic activity** Konjunkturverlauf *m*; **~ of inflation** Inflationsentwicklung *f*; **~ of instruction** Lehrgang *m*; **~ of manufacture** Herstellung *m*; **~ of prices** Preisentwicklung *f*; **~ of procedure** Verfahrensgang *m*; **~ of production** Produktionsgang *m*; **to act in the ordinary ~ of one's business** im Rahmen des üblichen Geschäftsverkehrs handeln; **to attend** (or **take**) **a ~** an e-m Kursus teilnehmen; **payment is made in due ~** die Zahlung ist ordnungsgemäß erfolgt; **to wait and see what ~ events take** den weiteren Verlauf der Dinge abwarten; **the**

**ship is off her right** ~ das Schiff weicht vom Kurs ab

**court**, Gericht *n*; Gerichtshof *m*; **by order of the** ~ auf Anordnung des Gerichts; **commercial** ~ Handelsgericht *n*; **in court** im Gericht; vor Gericht; **in and out of** ~ gerichtlich und außergerichtlich; **inferior** ~ unteres Gericht; **lower** ~ unteres Gericht *n*; Vorinstanz *f*; **in open** ~ in öffentlicher Verhandlung *f*; **ordinary** ~ ordentliches Gericht *n*; **out of** ~ außergerichtlich; **special** ~ Sondergericht *n*; **superior** ~ höheres Gericht *n*; ~ **fees** *Br* Gerichtskosten *pl*; ~ **of arbitration** Schiedsgerichtshof ( → *ICC Court of Arbitration*); ~ **of Auditors** *(EU)* Rechnungshof *m*; ~ **of Justice** *(EU)* Gerichtshof *m*; **to go before a** ~ vor Gericht gehen, klagen; **to bring the matter before the** ~ **of Justice** *(EU)* den Gerichtshof anrufen; **to settle a case out of** ~ e-e Sache außergerichtlich beilegen; **to take a matter to** ~ e-e Sache vor Gericht bringen

**courtesy**, Höflichkeit *f*, Entgegenkommen *n*; **by** ~ **of** mit freundlicher Genehmigung *f* von

**covenant**, *(e-e Verpflichtung schaffender, in e-r Urkunde niedergelegter)* Vertrag *m*; Vertragsklausel *f*; *(vertragl.)* Zusicherung *f*; Versprechen *n* regelmäßiger Zahlungen an e-e karitative Organisation, e-n Trust etc.; **full** ~ **deed** *Am* Grundstücksübertragungsurkunde *f (mit bestimmten Zusicherungen)*; **negative** (or **restrictive**) ~ Vereinbarung *f* über Unterlassungspflichten; vertragliches Unterlassungsversprechen *n*; ~ **in restraint of trade** Konkurrenzklausel *f*

**covenant**, *v (vertragl.)* vereinbaren, zusichern; sich *(vertragl.)* verpflichten

**cover**, Deckung *f*, Sicherheit *f*; Versicherungsschutz *m*; (Brief-)Umschlag *m*; **additional** ~ weitere Deckung; **cash** ~ Bardeckung *f*, Barsicherheit *f*; **eligible as** ~ deckungsfähig; als Deckung in Frage kommend; **extent of** ~ Umfang *m* des Deckungsschutzes; **for want of** ~ mangels Deckung; **gold** ~ Golddeckung *f*; **loan serving as** ~ Deckungsdarlehen *n*; **limit of** ~ Deckungsgrenze *f*; **protection** ~ Schutzumschlag *m*; **provision of** ~ Deckungsanschaffung *f*; **provisional** ~ vorläufiger Deckungsschutz *m*; **under** ~ **of** unter dem Vorwand; **under the same** ~ beiliegend; **under separate** ~ getrennt; mit gleicher Post; **without** ~ ohne Deckung, ungedeckt; ~ **address** Deckadresse *f*; ~ **funds** Deckungsmittel *pl*; ~ **note** *Br (VersR)* Deckungszusage *f*; ~ **ratio** Deckungsverhältnis *n*

**cover**, *v* decken, sichern; umfassen; *(Presse, Rundfunk)* berichten über; *(als Vertreter etc.) (Gebiet)* bereisen, bearbeiten; *(Strecke)* zurücklegen; ~ **ratio** *(EU)* Deckungsquote *f (Verhältnis der Ausfuhren zu den Einfuhren)*; **to** ~ **a bill** Deckung für e-n Wechsel anschaffen; **to** ~ **the cost** die Kosten decken; **the receipts do not** ~ **the outlay** die Einnahmen decken die Auslagen nicht; **to** ~ **the requirements** den Bedarf decken; **to** ~ **one's requirements** sich eindecken; **to** ~ **a risk** ein Risiko decken

**coverage**, Deckung *f*, Versicherungsschutz *m*; erfasster Bereich *m*; Verbreitung *f (e-r Zeitung)*; Berichterstattung *f*; ~ **capital** Deckungskapital *n*; **to have** ~ *Am* versichert sein

**covered**, **issue** ~ **several times over** mehrfach überzeichnete Anleihe *f*; ~ **by contract** vertraglich abgesichert; ~ **forward** kursgesichert durch ein Termingeschäft; ~ **job** pflichtversicherte Tätigkeit *f*; ~ **market** überdachter Markt *m*, Markthalle *f*; ~ **worker** *Am* (sozial)versicherter Arbeitnehmer *m*; **to be** ~ **for theft** gegen Diebstahl versichert sein; **to be** ~ **in full by the insurance** voll durch die Versicherung gedeckt sein; **this cheque (check) is** ~ für diesen Scheck ist Deckung vorhanden

**covering**, Deckung *f*; Deckungskäufe *mpl*; ~ **the exchange risk** Kurssicherung *f*; ~ **the expenses** Kostendeckung *f*; ~ **funds** Deckungsmittel *pl*; ~ **letter** Begleitschreiben *n*; ~ **purchase** Deckungskauf *m*; ~ **sale** Deckungsverkauf *m*; ~ **transaction** Deckungsgeschäft *n*

**CPU**, → Central Processing Unit

**Crack**, *(EDV)* Programm oder Daten, die die unrechtmäßige Nutzung eines kommerziellen Programms erlaubt

**cracker**, Person *f*, die → Cracks schreibt

**craft**, Handwerk *n*; Boot *n*, Schiff *n*; **customs** ~ Zollboot *n*; **pleasure** ~ Wassersportfahrzeuge *npl*; ~ **activities** handwerkliche Tätigkeiten *fpl*; ~ **etc. clause** Leichter- etc. Klausel; ~ **guild** Handwerkerinnung *f*; ~ **industry** Handwerk *n*; ~ **union** Gewerkschaft *f (für ein Handwerk)*; **to practise a** ~ ein Handwerk ausüben

**craftsman**, Handwerker *m*; **master** ~ Handwerksmeister *m*

**crash**, Zusammenstoß *m*, Aufprall *m*; Absturz *m (e-s Flugzeuges)*; finanzieller Zusammenbruch *m*; **bank** ~ Bankkrach *m*; **market** ~ Börsenkrach *m*; ~ **damage** Blechschaden *m*; ~ **landing** Bruchlandung *f*; ~ **program(me)** Sofortprogramm *n*

**crash**, *v* zusammenstoßen *(von Fahrzeugen)*; abstürzen *(Flugzeug)*

**crate**, Lattenkiste *f*, (Latten-)Verschlag *m*

**crate**, *v* in e-r Lattenkiste verpacken

**crawling peg**, (Wechselkurs-)Stufenflexibilität *f (System der Wechselkurs-[Paritäts-]Veränderung nach e-em festen [wöchentlichen] Prozentsatz)*

**create**, *v* schaffen, ins Leben rufen; (be-)gründen; **to** ~ **a fashion** e-e Mode aufbringen; **to** ~ **new jobs** neue Arbeitsplätze schaffen; **to** ~ **money** Geld schöpfen; **to** ~ **a mortgage** e-e Hypothek bestellen

**created, newly** ~ **company** neu gegründete (Handels-)Gesellschaft *f*

**creation**, Schaffung *f*, Hervorbringung *f*; Begründung *f*, Gründung *f*; (Geld-, Kunst-, Mode- etc.) Schöpfung *f*; **employment** (or **job**) ~ Arbeits(platz)beschaffung *f*; **latest ~s** neueste Modeschöpfungen *fpl*; ~ **of bank deposits** Giralgeldschöpfung *f*; ~ **of credit** Kreditschöpfung *f*; ~ **of reserves** Rücklagenbildung *f*

**creative accounting**, Bilanzkosmetik *f*, Bilanzfrisur *f*

**credentials**, Empfehlungsschreiben *n*, Referenzen *fpl*

**credibility**, Glaubwürdigkeit *f*; **to establish the** ~ **of the costs** die Kosten glaubhaft machen

**credible**, glaubhaft; glaubwürdig

**credit**, 1. Kredit *m*; Habensaldo *m*, Habenseite *f (e-s Kontos)*; Akkreditiv *n*; Kreditwürdigkeit *f*; Zahlungsziel *n*; Gutschrift *f*; **acceptance** ~ Rembourskredit *m*; **advice of** ~ Gutschriftsanzeige *f*; **advice of the** ~ **opened** Nachricht *f* des eröffneten Akkreditivs; **amount of the** ~ Höhe *f* des Kredits; Akkreditivbetrag *m*; **at one month's** ~ auf 1 Monat Ziel; **availability of** ~ Verfügbarkeit *f* von Kredit; **availment of** ~ Inanspruchnahme *f* von Kredit; **bank** ~ Bankkredit *m*; **beneficiary of a** ~ Begünstigter *m* e-s Akkreditivs; **blank** ~ Blankokredit *m*; **book** ~ Buchkredit *m*; **cash** ~ Barkredit *m*; **commercial** ~ kurzfristiger Geschäftskredit *m*, Warenkredit *m*; **conditions of a** ~ Kreditbedingungen *fpl*; Akkreditivbedingungen *fpl*; **confirmation of the** ~ Akkreditivbestätigung *f*; **consumer** ~ Verbraucherkredit *m*; **demand for** ~ Kreditnachfrage *f*; Kreditbedarf *m*; **excess of** ~ Kreditüberschreitung *f*; **extension of** ~ Kreditverlängerung *f*; **farm** ~ → farm; **instal(l)ment** ~ Teilzahlungskredit *m*; **interim** ~ Zwischenkredit *m*; **irrevocable** ~ unwiderrufliches Akkreditiv *n*; **joint** ~ Konsortialkredit *m*; **letter of** ~ → letter; **limited** ~ Kredit in begrenzter Höhe; **long-term** ~ langfristiger Kredit; **notice of withdrawal of** ~ Kreditkündigung *f*; **obtaining** ~ **by false pretences** Kreditbetrug *m*

**credit, on** ~ auf Kredit (od. Ziel); **sale on** ~ Kreditverkauf *m*; **purchase on** ~ Kauf auf Kredit, Kreditkauf *m*, Zielkauf *m*

**credit, open** ~ offener Kredit, Kontokorrentkredit *m*; **opening of a** ~ → opening; **personal** ~ Personalkredit *m*; **real estate** ~ Immobiliarkredit *m*; **revocable** ~ widerrufliches Akkreditiv *n*, **revolving** ~ → revolving; **short-term** ~ kurzfristiger Kredit; **source of** ~ → source; **standing** ~ laufender Kredit; **tax** ~ → credit 2.; **terms of** ~ → terms 2.; **thirty days'** ~ 30 Tage Ziel; **tightening of** ~ Kreditverknappung *f*; **to the** ~ **of our account** zur Gutschrift *f* auf unser Konto; **trade** ~ Warenkredit *m*; **transferable** ~ übertragbares Akkreditiv *n*; **unlimited** ~ unbeschränkter Kredit; **unused** ~ nicht in Anspruch genommener Kredit; **used** ~ in Anspruch genommener Kredit

**credit**, ~ **abuse** Kreditmissbrauch *m*; ~ **accommodation** Zurverfügungstellung *f* von Kredit; ~ **account** *Br* Abzahlungskonto *n (bei Teilzahlungen)*; Kundenkreditkonto *n*; Akkreditivkonto *n*; ~ **advice** Gutschriftsanzeige *f*; ~ **agency** *Br* Kreditauskunftei *f*; ~ **agreement** Kreditvertrag *m*; ~ **allocation** Kreditvergabe *f*; ~ **applicant** Kreditantragsteller *m*; Akkreditiv-Auftraggeber *m*; ~ **application** Kreditantrag *m*; Akkreditivauftrag *m*; ~ **approval** Kreditzusage *f (bes. im Export)*; ~ **arrangement** Kreditvereinbarung *f*

**credit balance**, Habensaldo *n*, Aktivsaldo *n*; Guthaben *n*; ~ **at the bank** Bankguthaben *n*; **the amount of my ~ has increased** (or **grown**) mein Guthaben ist angewachsen (to auf); **to maintain a ~** ein Guthaben unterhalten; **to show a ~** ein Kreditsaldo aufweisen; aktiv abschließen

**credit**, ~ **barometrics** Kreditmaßstäbe *mpl*; ~ **bill** Finanzierungswechsel *m*; ~ **broker** Finanzmakler *m*; ~ **bureau** *Am* Kreditauskunftei *f*; ~ **business** Kreditgeschäft *n (e-r Bank)*; ~ **buying** Kreditkauf *m*; ~ **by way of bank guarantee** Avalkredit *m*; ~ **capacity** Kreditfähigkeit *f*; ~ **card** Kreditkarte *f*; ~ **ceiling** Kreditplafond *m*; ~ **collateral** Kreditsicherheit *f*; ~ **commitment** Kreditengagement *n*; ~ **company** Kundenkreditgesellschaft *f*; ~ **conditions** Kreditbedingungen *pl*; Akkreditivbedingungen *pl*; ~ **contraction** Kreditschrumpfung *f*; ~ **control** *(staatl.)* Kreditüberwachung *f*; ~ **cost** Kreditkosten *pl*; ~ **customer** Kreditkunde *m*; ~ **demand** Kreditbedarf *m*; ~ **department** Kreditabteilung *f*; ~ **entry** Habenbuchung *f*, Gutschrift *f*; ~ **expansion** Kreditausweitung *f*; ~ **framework** Kreditrahmen *m*; ~ **granted** zugesagter Kredit; ~ **granted by suppliers** Lieferantenkredit *m*; ~ **grantor** Kreditgeber *m*; ~ **guarantee** Kreditbürgschaft *f*; ~ **in blank** Blankokredit *m*; ~ **in current account** Kontokorrentkredit *m*; ~ **information** Kreditauskunft *f*; ~ **inquiry** Anfrage *f* wegen Kreditwürdigkeit; Bitte *f* um Kreditauskunft; ~ **instruction** Akkreditivauftrag *m*; ~ **interest** Habenzinsen *pl*, Passivzinsen *pl (e-r Bank)*; ~ **investigation** Untersuchung *f* der Kreditfähigkeit; Kreditprüfung *f*; ~ **item** Gutschrift *f*, Habenposten *m*; ~ **limit** Kreditlimit *n*, Kreditgrenze *f*; ~ **line** Kreditlinie *f*, Kreditrahmen *m*; ~ **loss** Kreditausfall *m*; ~ **losses** Ausfälle durch uneinbringliche Forderungen; ~ **manager** Leiter der Abteilung Kreditzusage; ~ **management** Kreditmanagement *n*; ~ **margin** Kreditgrenze *f*; ~ **memo(randum)** *Am* Gutschriftsanzeige *f*; ~ **note** Gutschriftsanzeige *f*, Gutschein *m*; ~ **offer** Kreditangebot *n*; ~ **on easy terms** Kredit zu günstigen Bedingungen; ~ **on goods** Warenkredit *m*; ~ **on joint account** Metakredit *m*; ~ **on landed property** Immobiliarkredit *m*; ~ **overdraft** Kreditüberschreitung *f*, ~ **period** Laufzeit *f* e-s Kredits; ~ **purchase** Kreditkauf *m*; Zielkauf *m*; ~ **rating** Einschätzung *f* der Kreditfähigkeit; ~ **ratio** *(Kapitalmarkt)* Verhältnis von Eigen- zu Fremdkapital; ~ **reference agency** Kreditauskunftei *f*; ~ **report** Kreditauskunft *f*; ~ **requirement** Kreditbedarf *m*; ~ **resources** Kreditquellen *fpl*

**credit restriction**, Kreditrestriktion *f*; **measures of ~** kreditpolitische Restriktionsmaßnahmen *fpl*

**credit risk**, Kreditrisiko *n*; **to assume the ~** das Delkredere übernehmen

**credit sale**, Kreditverkauf *m*, Abzahlungsverkauf *m*; **~s book** Anschreibbuch *n*

**credit secured by collateral**, Realkredit *m*

**credit side**, Habenseite *f*; **to make an entry on the ~** auf der Habenseite verbuchen; erkennen

**credit**, ~ **situation** Kreditlage *f*; ~ **squeeze** → squeeze; ~ **standards** Kreditrichtlinien *fpl*; ~ **standing** → credit status

**credit status**, Kreditwürdigkeit *f*; Bonität *f*; ~ **investigation** Überprüfung *f* der Kreditwürdigkeit; Kreditprüfung *f*

**credit**, ~ **stringency** Kreditknappheit *f*; ~ **terms** Kreditbedingungen *fpl*; Akkreditivbedingungen *fpl*; ~ **tightness** Kreditverknappung *f*; ~ **transactions** Kreditverkehr *m*; ~ **transfer** Banküberweisung *f*; ~ **undertaking** Kreditzusage *f*; ~ **union** Kreditgenossenschaft *f*; ~ **verification** Überprüfung *f* der Kreditwürdigkeit; ~ **voucher** Einzahlungsbeleg *m*; ~ **worthiness** Bonität *f*; **to advise a ~** ein Akkreditiv avisieren; **to be in ~ at the bank** Bankkredit *m* haben; **to buy on ~** auf Kredit (od. Ziel) kaufen; **to call in a ~** e-n Kredit kündigen; **to confirm a ~** ein Akkreditiv bestätigen; **to enter an amount to a p.'s ~** jdm e-n Betrag gutschreiben; **to establish a ~** → to open a credit; **the ~ expires** das Akkreditiv läuft ab; **to give notice of withdrawal of a ~** e-n Kredit kündigen; **to grant a ~** e-n Kredit bewilligen (od. einräumen); **to grant sb. a three-month ~** jdm 3 Monate Ziel gewähren; **to increase a ~** e-n Kredit erhöhen; **we issue this ~ in your favo(u)r** wir eröffnen dieses Akkreditiv zu Ihren Gunsten;

**payment is to be made by irrevocable confirmed ~ in our favo(u)r at the … bank** Zahlung soll durch ein unwiderrufliches bestätigtes Akkreditiv zu unseren Gunsten bei der … Bank erfolgen; **to obtain ~** Kredit bekommen; **to open a ~** e-n Kredit eröffnen; ein Akkreditiv erstellen; **to pass an amount to a p.'s ~** jdm e-n Betrag gutschreiben; **place** (or **put**) **it to my ~** schreiben Sie es mir gut; **to prolong** (or **renew**) **a ~** e-n Kredit (od. ein Akkreditiv) verlängern; **to repay the ~** den Kredit zurückzahlen (od. tilgen); **to sell sth. on ~** etw. auf Kredit (od. Ziel) verkaufen; **to take up a ~** e-n Kredit aufnehmen; **to tighten the ~** die Kreditschraube anziehen; **to use a ~** e-n Kredit in Anspruch nehmen; **the ~ is valid until …** das Akkreditiv ist gültig bis …

**credit**, 2. Anrechnung(sbetrag) *f(m)*; *(von der Steuer)* abzugsfähiger Betrag *m*; (Steuer-)Gutschrift *f*; **~ against tax** Steueranrechnung *f*

**credit, tax ~** Steueranrechnung *f*; Steuergutschrift *f*; **foreign tax ~** Anrechnung *f* von im Ausland gezahlten Steuern; **limitation of the tax ~** (or **maximum limit to which tax ~ may be made**) Höchstgrenze *f* für die Steueranrechnung; **to be eligible for a tax ~** zur Steueranrechnung berechtigt sein; e-e Steuergutschrift in Anspruch nehmen können

**credit, to allow ~ for tax paid abroad against sb.'s domestic tax** jdm für seine inländische Einkommensteuer die im Ausland gezahlte Steuer anrechnen; **~ is allowed against US tax for the German tax paid** die deutsche Steuer wird auf die amerikanische Steuer angerechnet

**credit**, *v* kreditieren, gutschreiben; *(Buchhaltung)* erkennen; anrechnen (against auf); **to ~ an account** ein Konto erkennen; **to ~ an amount to a p.'s account** e-n Betrag e-m Konto gutschreiben; **to ~ a customer with £ 5** (or **to ~ £ 5 to a customer**) e-m Kunden 5 £ gutschreiben; **to ~ taxes** *(DBA)* Steuern anrechnen (against auf)

**creditable tax, maximum amount of foreign ~** Höchstbetrag *m* der anrechenbaren ausländischen Steuern

**credited, amount ~** Gutschrift *f*; **the accounts are ~** die Konten werden erkannt; **foreign taxes are ~ against the domestic taxes** ausländische Steuern werden auf die inländischen Steuern angerechnet

**crediting of interest**, Gutschrift *f* der Zinsen, Zinsgutschrift *f*

**creditor**, Gläubiger *m*; Habenseite *f*; **~s** Kreditoren *mpl*; **arrangement with one's ~s** Gläubigervergleich *m*; **bankrupt's ~** Konkursgläubiger *m*; **board** (or **committee**) **of ~s** Gläubigerausschuss *m*; **bond ~** Obligationsgläubiger *m*, Pfandbriefinhaber *m*; **list of ~s** Gläubigerverzeichnis *n*; **meeting of ~s** Gläubigerversammlung *f (im Konkurs)*; **~ by endorsement** Girogläubiger *m*; **~ country** Gläubigerland *n*; **~'s delay in acceptance** Gläubigerverzug *m*; **~ interest rate** Habenzinssatz *m*; **~s' ledger** Kreditorenbuch *n*; **~ limit** *(Bankwesen, Währungspolitik)* Gläubigerlimit *n*, Limit *n* für die Gläubigerländer; **~ of an estate** Nachlassgläubiger *m*; **~s' petition** Konkurseröffnungsantrag *m* der Gläubiger; **~s ranking equally** gleichrangige Gläubiger; **to pay off** (or **satisfy**) **one's ~s** seine Gläubiger befriedigen

**creeping inflation**, schleichende Inflation *f*

**creeping takeover**, *Am* schleichende Übernahme *f*

**crew**, Mannschaft *f*; Arbeitsgruppe *f*; **~ list** Mannschaftsliste *f*; Musterrolle *f*

**criminal**, Verbrecher *m*; verbrecherisch, kriminell; **~ injuries compensation** *Br* Entschädigung *f* für Opfer von Gewaltverbrechen

**criminal record**, Strafregister *n*; **to have a ~** vorbestraft sein

**criminality**, Kriminalität *f*; **business** (or **white collar**) **~** Wirtschaftskriminalität *f*

**crisis**, Krise *f*; **affected** (or **hit**) **by the ~** von der Krise betroffen; **in the event of a ~** im Krisenfall *m*; **financial ~** Finanzkrise *f*; **industry prone to ~** *(pl)* krisenanfällige Industrie *f*; **~ management** Krisenmanagement *n*; **to experience a serious economic ~** e-e schwere Wirtschaftskrise durchmachen; **the ~ is continuing** die Krise hält an

**criterion**, Kriterium *n*, Kennzeichen *n*; **valuation ~a** Bewertungsmaßstäbe *mpl* *(z. B. für Aktien)*

**critical, ~ circumstances** kritische Umstände *mpl*; **~ date** entscheidender Zeitpunkt *m*

**CRM**, → Customer Relationship Management

**crook**, *colloq.* Schwindler *m*, Gauner *m*

**crop**, Ernte *f*, Ernteertrag *m*; eingebrachtes Getreide *n*; **growing** (or **standing**) **~** noch auf dem Feld stehendes Getreide *n*; Früchte auf dem Halm; **~ acreage** Feldfrucht-Anbaufläche *f*; **~-dusting** Ernte-Schädlingsbekämpfung *f (vom Flugzeug aus)*; **~ failure** Ernteausfall *m*, Missernte *f*; **~ hail insurance** Ernte-Hagelversicherung *f*; **~ rotation** Fruchtwechsel *m*; **~ yield** Ernteertrag *m*; **to get the ~s in** die Ernte einbringen

**cross**, Kreuzzeichen *n (als Unterschrift)*; quer, entgegengesetzt; Gegen-; wechselseitig; **~ acceptance** Wechselreiterei *f*; **~ action** Widerklage *f*; **~ appeal** Anschlussberufung *f*; **~ bill** Rückwechsel *m*, Gegenwechsel *m*; **~-border** grenzüberschreitend; **~-border group clearing** grenzüberschreitendes Konzernclearing *n*; **~-border leasing** → leasing; **~-border workers** Grenzgänger *pl*; **~-check** *v* gegenprüfen; **~ claim** Gegenanspruch *m*; **~-dealing** *(Devisenhandel)* Usancenhandel *m*; **~-elasticity of demand (supply)** Kreuzelastizität *f* der Nachfrage (des Angebots); **~-elasticity of prices** Kreuzpreiselastizität *f*; **~-entry** Gegeneintragung *f*, Gegenbuchung *f*; **~-examination** Kreuzverhör *n*; **~-examine** *v* ins Kreuzverhör nehmen; **~-exchange** *Br* Wechselarbitrage *f (über mehrere Plätze)*

**cross-frontier**, grenzüberschreitend; **~ broadcasts** grenzüberschreitende Rundfunk- (od. Fernseh)sendungen *fpl*; **~ road haulage of goods** *(EU)* grenzüberschreitender Güterkraftverkehr *m*

**cross**, **~-liability** gegenseitige Haftung *f*; **~-licen|ce (~se)** wechselseitige Lizenz *f*; **~-licensing** gegenseitige Lizenzerteilung *f*; **~ rate** *(Devisenhandel)* Usancenkurs *m*; **~-reference** Querverweis(ung) *m(f)*; **~ trade** *(Börse)* Kompensationsgeschäft *n*; Kompensierung e-s Kaufs mit e-m Verkauf *(zwei miteinander in Verbindung stehende Makler treten als Käufer bzw. als Verkäufer auf)*

**cross**, *v* (sich) kreuzen; **to ~ out** streichen; **to ~ the frontier** die Grenze überschreiten

**crossed cheque**, → cheque

**crossing**, *Br* Kreuzvermerk *m (auf e-m Scheck)*; Übergang *m*; Überqueren *n (der Straße)*; **~ of borders** Grenzübertritt *m*; **frontier ~** Grenzübergang *m*

**crowded**, voll, überfüllt

**crown**, **~ estates** *Br* Staatsdomänen *fpl*; **~ jewel strategy** Veräußerung *f* erfolgreicher Betriebsteile, um das Konzept eines an e-r Übernahme Interessierten zu verderben; **~ property** *Br* fiskalisches Eigentum *n*

**crude**, unverarbeitet, roh; **~ metal** Rohmetall *n*

**crude oil**, Rohöl *n*; **sources of ~ oil** Rohölquellen *fpl*; **~ oil pipelines** Rohrleitungen für Rohöl; **~ oil supply** Rohöllieferung *f*; **to produce ~ oil** Erdöl fördern

**crude**, **~ rubber** Rohkautschuk *m*; **~ steel equivalent** *(EU)* Rohstahläquivalent *n*; **~ steel production** Rohstahlerzeugung *f*; **~ sugar** Rohzucker *m*

**cruelty**, Grausamkeit *f*; Misshandlung *f*; **~ to animals** Tierquälerei *f*

**cruise**, Vergnügungsreise zur See, Kreuzfahrt *f*

**crumble**, *v* abbröckeln; **shares ~ further** die Aktien bröckelten weiter ab

**crumbling**, **~ of (share) prices** Abbröckeln *n* der Kurse; **~ prices** abbröckelnde Kurse *mpl*

**cryptographic**, kryptographisch

**cryptography**, Kryptographie *f*

**crystallization**, Umwandlung *f* e-r schwebenden in e-e feste Schuld

**cubic capacity**, Rauminhalt *m*; *(Auto)* Hubraum

**culminate**, *v* den Höhepunkt erreichen

**culmination of his career**, Höhepunkt *m* seiner Laufbahn

**culpable**, schuldhaft; **~ neglect** schuldhafte Vernachlässigung *f*

**cultivable**, anbaufähig *(Land)*

**cultivate**, *v* anbauen; *(Boden)* bearbeiten, bestellen; kultivieren, *(Land)* urbar machen

**cultivation**, Anbau *m*; Bestellung *f*; Urbarmachung *f*; **restriction on ~** Anbaubeschränkung *f*; **~ of cereals** Getreideanbau *m*

**cultural**, **~ events** kulturelle Veranstaltungen *fpl*; **~ property** (or **assets**) Kulturgüter *npl*

**culture**, Kultur *f*; Zucht *f*; **fruit ~** Obstbau *m*; **pearl ~** Perlenzucht *f*

**culturist**, Züchter *m* (von Perlen, Seidenraupen etc.)

**cum**, ~ **all** mit allen Rechten; ~ **dividend** mit *(der nächsten)* Dividende; ~ **new** (or ~ **rights**) mit Bezugsrecht *(auf neue Aktien)*; ~ **warrant** mit Optionsschein

**cumbersome parcels**, sperrige Pakete *npl*

**cumulate**, *v* (an)häufen, kumulieren

**cumulative**, kumulativ, (sich) anhäufend, zusätzlich; **tax calculated on a ~ multistage tax system** kumulative Mehrphasensteuer *f*; ~ **dividend** kumulative *(zur Nachzahlung berechtigende)* Dividende *f*; ~ **fund** thesaurierender Fonds *m*; ~ **legacy** zusätzliches Vermächtnis *n*; ~ **preference shares** *Br* (~ **preferred stock** *Am*) kumulative Vorzugsaktien *pl*; ~ **voting share** Mehrstimmrechtsaktie *f*

**curator**, Verwalter *m*; Pfleger *m*; Museumsdirektor *m*

**curb**, 1. *Am* Freiverkehr(sbörse) *m(f)*; **on the** ~ außerbörslich; ~ **broker** *Am* Freiverkehrsmakler *m*; ~ **market** *Am* Freiverkehrsbörse *f*; Nachbörse *f*; ~ **stock** *Am* am Freiverkehrsmarkt notierte Aktie *f*

**curb**, 2. Beschränkung *f*, Drosselung *f*; **import ~s** Einfuhrbeschränkungen *fpl* (on für)

**curb**, *v* dämpfen, bremsen; drosseln; **to ~ consumption** den Verbrauch einschränken; **to ~ the expenditure** die Ausgaben drosseln (od. eindämmen); **to ~ inflation** die Inflation bremsen

**curbing**, Dämpfung *f*; ~ **the boom** Konjunkturbremse *f*; ~ **costs** Kostendämpfung *f*; ~ **domestic demand** Eindämmung *f* der Inlandsnachfrage

**cure**, *v*, **to ~ a defect** e-n (Rechts-)Mangel heilen

**currency**, Währung *f*; (in Umlauf befindliches) Geld *n*; Laufzeit *f*, Gültigkeitsdauer *f*; **(foreign)** ~ ausländische Währung, Valuta *f*; Devisen *pl* ( → foreign); **adjustable** ~ elastische Währung; **common** ~ gemeinsame Währung *f*; **currency depreciated** ~ abgewertete Währung; **dollar ~ in circulation** umlaufende Dollarnoten *fpl*; **domestic** ~ Landeswährung *f*; **(foreign)** ~ → foreign; **gold** ~ Goldumlauf *m*; **hard** ~ s. strong → currency; **home** ~ inländische Währung; **legal** ~ gesetzliche Währung; **national** ~ *(EU)* Landeswährung *f*; **soft** ~ weiche (od. schwache) Währung

**currency**, **strong** ~ starke Währung; **countries having a strong** ~ währungsstarke Länder

**currency**, ~ **account** Fremdwährungskonto *n*; ~ **adjustment** Wechselkursberichtigung *f*; ~ **arbitrage** Devisenarbitrage *f*; ~ **assets** Devisenguthaben *n*; ~ **basket** Währungskorb *m*; ~ **bill** Wechsel in ausländischer Währung, Devisenwechsel *m*; ~ **bond** Schuldverschreibung *f* in ausländischer Währung; Fremdwährungsanleihe *f*; ~ **clause** Fremdwährungsklausel *f*; ~ **control** Devisenkontrolle *f*; ~ **conversion** Währungsumrechnung *f*; ~ **dealings** Devisenverkehr *m*; ~ **exemptions** devisenrechtliche Befreiungen *fpl*; ~ **fluctuations** Wechselkursschwankungen *fpl*; ~ **futures (contract)** Devisenterminkontrakt *m*; **futures trading** Handel *m* in Devisenterminkontrakten, Devisenterminhandel *m*; ~ **hedging** Devisensicherung *f*; Wechselkurssicherung *f*; ~ **holdings** Devisenbestände *pl*; ~ **in circulation** umlaufende Zahlungsmittel *pl*; Geldumlauf *m*; ~ **of bank notes** Banknotenumlauf *m*; ~ **of a bill** Laufzeit *f* e-s Vertrages; ~ **of money** Geldumlauf *m*; ~ **of payment** Zahlungswährung *f*; ~ **offence (currencies)** Devisenvergehen *n*; ~ **option** Währungsoption *f*; Devisenoption *f*; ~ **parity** Währungsparität *f*; ~ **profiteer** Devisenschieber *m*; ~ **rate** Devisenkurs *m*; ~ **reform** Währungsreform *f*; ~ **regulations** Devisenbestimmungen *fpl*; ~ **reserves** Devisenreserven *fpl*; Währungsreserven *fpl*; ~ **restrictions** Devisenbeschränkungen *fpl*; ~ **smuggler** Devisenschmuggler *m*; Devisenschieber *m*; ~ **speculation** *(Devisen)* Kursspekulation *f*; ~ **swap** Währungsswap *m*; ~ **trade** Devisenhandel *m*; ~ **translation** Währungsumrechnung *f*; ~ **value** Devisenwert *m*

**current**, Strom *m*; **generation of ~** Stromerzeugung *f*; ~ **trade currents** Handelsströme *mpl*; ~ **consumption** Stromverbrauch *m*; **~-saving** stromsparend

**current**, *adj* umlaufend, kursierend; laufend; üblich, gängig, marktgängig; gegenwärtig, derzeitig

**current account**, 1. laufende Rechnung *f*; laufendes Konto *n*, Kontokorrentkonto *n*; Girokonto *m*; ~ **account with a bank** laufendes Bankkonto *n*; ~ **account ad-**

**vance** Kontokorrentkredit *m*; ~ **account balance** Guthaben *n* auf Kontokorrentkonto; ~ **account deposits** Einlagen *fpl* auf Kontokorrentkonten; ~ **account credit** (or **loan**) Kontokorrentkredit *m*; **interest rates for ~ account credit** Kontokorrentkreditzinsen *pl*; ~ **account transactions** Kontokorrentverkehr *m*

**current account**, 2. *(Zahlungsbilanz)* Leistungsbilanz *f*; Bilanz *f* der laufenden Posten; ~ **balances** Leistungsbilanzsalden *pl*; ~ **deficit** Leistungsbilanzdefizit *n*; ~ **surplus** Leistungsbilanzüberschuss *m*; ~ **transactions** *(EU)* Leistungsbilanztransaktionen *fpl*

**current**, ~ **articles** gängige Ware *f*; ~ **assets** Umlaufvermögen *n*; ~ **balance** derzeitiger Saldo *m*, gegenwärtiges Guthaben *n*

**current business**, laufende Geschäfte *npl*; ~ **expenses** laufende Betriebsausgaben *fpl*; **to deal with** ~ die laufenden Geschäfte führen

**current**, ~ **catalog(ue)** derzeitig gültiger (Verkaufs-)Katalog *m*; ~ **condition of the market** gegenwärtige Marktlage *f*; ~ **cost** laufende Kosten *pl*; Wiederbeschaffungskosten *pl*; ~ **cost accounting** *Am* Rechnungslegung *f* zum Tageswert; *Br* Gegenwartsbewertung *f*; ~ **demand** laufende Nachfrage *f*; ~ **deposits** Kontokorrenteinlagen *fpl*; ~ **on the exchange** börsengängig; ~ **expenditure** laufende Ausgaben *fpl*; ~ **issue** letzte Nummer *f (e-r Zeitschrift)*

**current liabilities**, laufende *(bes. kurzfristige)* Verbindlichkeiten; kurzfristiges Fremdkapital *n*; **to meet** ~ die laufenden Verpflichtungen begleichen; den laufenden Verbindlichkeiten nachkommen

**current**, ~ **market value** *(derzeitiger)* Marktwert *m*; *(derzeitiger)* Börsenkurs *m*; ~ **money** gängiges (od. gültiges) Geld *n*; ~ **payments** laufende Zahlungen *fpl*; ~ **price** Marktpreis *m*; Tageskurs *m*; ~ **price list** zur Zeit gültige Preisliste *f*; ~ **quality** gängige Qualität *f*; ~ **quotation** laufende Notierung *f*; ~ **rate (of exchange)** gegenwärtiger Kurs *m*; Tageskurs *m*; ~ **ratio** *Am* Verhältnis von Umlaufvermögen zu kurzfristigen Verbindlichkeiten *(für Kreditwürdigkeitsprüfung)*; ~ **report** umlaufendes Gerücht *n*; ~ **receivables** innerhalb eines Jahres fällig werdende Forderungen *fpl*; ~ **risks** laufende Risiken *npl*; ~ **securities** Wertpapiere *npl* des Umlaufvermögens; ~ **transactions** laufende Geschäfte *npl*; ~ **value** Zeitwert *m*; Gegenwartswert *m*; Marktwert *m*; ~ **yield** laufende Rendite *f*

**curriculum vitae**, Lebenslauf *m*

**cursor**, *(EDV)* Eingabezeiger *m*, Positionsanzeiger *m*, Cursor *m*

**cursory inspection**, flüchtige Prüfung *f*

**curtail**, *v* kürzen; beschränken, drosseln; **to ~ demand** die Nachfrage drosseln; **to ~ one's expenses** seine Ausgaben einschränken; **to ~ production** die Produktion drosseln (od. herabsetzen)

**curtailment**, Kürzung *f*; Beschränkung *f*; Drosselung *f*; ~ **of dividends** Dividendenherabsetzung *f*

**cushion**, ~ **bond** Hochcouponanleihe *f*, die oberhalb des Tilgungspreises gehandelt wird; ~ **of orders on hand** Auftragspolster *n*

**cushion**, *v fig* (vor nachteiligen Folgen) schützen; dämpfen

**custodian**, *(amtl.)* Verwahrer *m*; Vermögensverwalter *m*; Treuhänder *m*; Hinterlegungsstelle *f*; ~ **bank** *Am* Depotbank *f*; ~ **fee** *Am* Depotgebühr *f*

**custodianship**, Verwaltung *f*; *Am* Verwaltung von Effekten *(durch die Bank)*; ~ **account** *Am* Depotkonto *n*; ~ **business** *Am* Depotgeschäft; ~ **receipt** *Am* Depotschein *m*

**custody**, Verwahrung *f*; Aufbewahrung *f*; Haft *f*; Sorgerecht *n (der Eltern)*; **in** ~ *Am* im Depot *n*; **official** ~ amtliche Verwahrung; **protective** ~ Schutzhaft *f*; **safe** ~ → safe; ~ **account** Depot *n*; ~ **account charges** Depotgebühren *fpl*; ~ **agreement** Verwahrungsvertrag *m*; *Am* Depotvertrag *m*; ~ **bill of lading** Lagerhaltungs-Konnossement *n*; ~ **fee** Aufbewahrungsgebühr *f*; *Am* Depotgebühr *f*; ~ **of the child** Sorge *f* für die Person des Kindes; ~ **of the goods** Verwahrung der Ware; ~ **of records** Aufbewahrung von Akten; ~ **receipt** Verwahrungsbescheinigung *f*; *Am* Depotschein *m*; **to be (held) in** ~ sich in (Untersuchungs-)Haft befinden; **to deliver the goods into the ~ of a carrier** *Br* die Ware e-m Spediteur übergeben; **to hold sth. in** ~ etw. in Verwahrung haben; **to leave sth. in sb.'s** ~ jdm etw. zur Aufbewahrung geben; in Verwahrung geben; **to take in** ~ in Verwahrung nehmen

**custom**, 1. (Handels-, Orts-)Brauch *m*; Usance *f*; Handelsgewohnheit *f*; Kundschaft *f*; **in accordance with the ~** handelsüblich; **in accordance with local ~** ortsüblich; **banking ~** Bankusance *f*; **business ~** Geschäftsgebrauch *m*; Geschäftsusance *f*; **large ~** großer Kundenkreis *m*; viel Kundschaft *f*; **little ~** wenig Kundschaft *f*; **local ~** Orts(ge)-brauch *m*, Platzgebrauch *m*; **loss of ~** Verlust *m* an Kundschaft; **maritime ~** See(manns)brauch *m*; **mercantile ~** Handelsbrauch *m*; **recognized ~** anerkannter Handelsbrauch *m*; **stock exchange ~** Börsenusance *f*; **trade custom** Handelsbrauch *m*, Usance *f*; **~-built** auf Bestellung *(nach Angaben des Bestellers speziell)* angefertigt; **~-built car** Auto in Sonderanfertigung; **~-made** nach Maß angefertigt, Maß-; auf Bestellung (od. nach Kundenangaben) angefertigt *(kleinere Gegenstände)*; **~ of merchants** *(gerichtl. anerkanntes)* kaufmännisches Gewohnheitsrecht *n*; **~ of the port** Hafenusance *f*; **~ of the realm** *Br* Landesbrauch *m*; **~ of (the) trade** Handelsbrauch *m*; **~-tailored suit** *Am* Maßanzug *m*; **I shall withdraw my ~ from this shop** ich werde in diesem Laden nicht mehr kaufen; **to take one's ~ to ...** bei ... einkaufen

**custom**, 2. Zoll *m* (→ customs)

**customary**, **~ in the trade** handelsüblich; **~ law** Gewohnheitsrecht *n*; **~ risks** handelsübliche Risiken *npl*

**customhouse**, Zollamt; **~ broker** Zollagent *m*; **~ clearance** Zolldeklaration *f*; **~ entry** Verzollung *f*; **~ receipt** Zollquittung *f*

**customer**, Kunde *m*, Kundin *f*; *(beim Werkvertrag)* Besteller *m*, Auftraggeber *m*; **~s** Kundschaft *f*, Kundenkreis *m*; **call on a customer** Kundenbesuch *m*; **chance ~** Gelegenheitskunde *m*, Laufkunde *m*; **long-standing ~** langjähriger Kunde; **regular ~** Stammkunde *f*, Stammgast *m*; **body of regular ~s** Kundenstamm *m*; **soliciting of ~s** Kundenwerbung *f*; **~ advisory service** Kundenberatung(sdienst) *f(m)*; **~ allowance** Kundenrabatt *m*; **~'s bill** Kundenwechsel *m*; **~-conscious** kundenbewusst; **~ country** Abnehmerland *m*; **~ credit card** *(vom Einzelhändler ausgegebene)* Kundenkreditkarte *f*; **~ credit status** Kreditwürdigkeit *f* des Kunden; **~ default** → default; **~s' deposits** Kundenanzahlungen *fpl*; Kundeneinlagen *fpl*; **~ file** Kundenkartei *f*; **~'s loan** Kundenkredit *m*, Darlehen *n* an Kunden; **~ loyalty** Kundentreue *f*; **~'s man** *Am colloq.* Anlageberater *m (e-s Effektenmaklers)*; **~ needs** Bedarf *m* der Kunden; **~'s order** Kundenauftrag *m*; **~ order control** Auftragssteuerung *f*; **~s' payments on account** Kundenanzahlungen *fpl*; **~ rating** Beurteilung *f* der Kreditwürdigkeit e-s Kunden; **~ register** Kundenliste *f*; **~'s security department** Depotabteilung *f*; **(~) service** Kundendienst

**customer relationship management**, Methode oder Denkkonzept zum Management von Kundenbeziehungen

**customer's specification**, **manufacture to ~** Einzelanfertigung *f*

**customer**, **~'s statement** Kontoauszug *m*; **~'s wishes** Kundenwünsche *mpl*; **~'s woman** *Am colloq.* Anlageberaterin *f (e-s Effektenmaklers)*; **to alienate ~s** Kunden abwerben (od. ausspannen); **to attract ~s** Kunden anlocken (od. gewinnen); **to draw away ~s** Kunden abwerben

**Customization**, Anpassung von Produkten und Dienstleistungen an die Bedürfnisse einzelner Nachfrager

**customize**, *v* sich den Kundenwünschen anpassen

**customs**, Zoll *m*, Zölle *pl*; **the ~** die Zollbehörde *f*; **~ account** Zollrechnung *f*; **~ agent** Zollagent *m*; **~ and excise** Zölle und Verbrauchsteuern *fpl*; **~ airport** Zollflughafen *m*; **~ area** Zollgebiet *n*; **~ authorities** Zolldienststellen *fpl*; **~ barrier** Zollschranke *f*; **~ berth** Zollandungsplatz *m*; **~ broker** Zollspediteur *m*; **~ charges** Zollgebühren *fpl*; **~ check** Zollkontrolle *f*; **~ classification** Zolltarifierung *f*; **~ clearance** Zollabfertigung *f*, Verzollung *f*; **~ cleared** verzollt; **~ code** Zollkodex *m (EU)* für den Handel mit Drittländern; **~ control** Zollkontrolle *f*; **~ Cooperation Council** Rat *m* für die Zusammenarbeit auf dem Gebiet des Zollwesens (RZZ); **~ custody** Zollgewahrsam *m*; **~ debenture** Zollrückschein *m*; **~ debt** Zollschuld *f*; **~ declaration** Zollerklärung *f*, Zollanmeldung *f*; Zollinhaltserklärung *f (bei Paketen ins Ausland)*; **~ documents** Zollpapiere *mpl*; **~**

drawback Zollrückvergütung *f (bei Wiederausfuhr)*
**customs duties**, Zollgebühren *fpl*, Zölle *pl*; ~ **and charges having equivalent effect** *(EU)* Zölle und Abgaben gleicher Wirkung; **taxes of equivalent effect to** ~ *(EU)* Abgaben mit zollgleicher Wirkung; ~ **of a fiscal nature** Finanzzölle *mpl*; ~ **on imports** Einfuhrzölle *mpl*; **increase of** ~ Zollerhöhung *f*; **reduction in** ~ Zollsenkung *f*; **to collect** ~ Zölle einziehen; **to levy** ~ Zölle erheben
**customs duty**, Zoll *m*; **exempt from** ~ zollfrei; **relief from** ~ Zollbefreiung *f*; ~ **rate** Zollsatz *m*
**customs enclave**, Zollanschlussgebiet *n*
**customs entry**, Zollanmeldung *f (Antrag auf Zollabfertigung)*; *Br* Einfuhrerklärung *f*; ~ **for free goods** Anmeldung *f* zollfreier Waren; ~ **for warehousing** Anmeldung für Waren unter Zollverschluss
**customs**, ~ **examination** Zollrevision *f*; Zollbeschau *f*; ~ **exclave** Zollausschlussgebiet *n*; ~ **exempt** vom Zoll befreit; ~ **facilities** Zollerleichterungen *fpl*; ~ **fine** Zollstrafe *f*; **to attend to the** ~ **formalities** die Zollformalitäten *fpl* erledigen; ~ **fraud** Zollbetrug *m*
**customs frontier**, Zollgrenze *f*; **territory outside the** ~ Zollausland *n*; **territory within the** ~ Zollinland *n*
**customs**, ~ **inspection** → customs examination; ~ **investigation** Zollfahndung *f*; ~ **invoice** Zollfaktura *f*; ~ **laws and regulations** Zollvorschriften *fpl*; ~**-locked** unter Zollverschluss *m*
**customs office**, Zollstelle *f*, Zollamt *n*; ~ **en route** Durchgangszollstelle *f*; ~ **of departure** Abgangszollstelle *f*; ~ **of destination** Bestimmungszollstelle *f*; ~ **of entry** *(EU)* Eingangszollstelle *f*
**customs**, ~ **officer** Zollbeamter *m*; ~ **penalty** Zollstrafe *f*; ~ **permit** Zollabfertigungsschein
**customs purposes, for** ~ **only** nur für Zollzwecke; **value of goods for** ~ Zollwert *m* von Waren
**customs**, ~ **receipt** Zollquittung *f*; ~ **receipts** Zolleinnahmen *fpl*; ~ **regulations** Zollvorschriften *pl*
**customs seal**, Zollverschluss *m*; **goods under** ~ Zollverschlusswaren *fpl*; **to affix** ~**s** Zollverschlüsse *pl* anlegen
**customs**, ~ **sealed goods** Waren unter Zollverschluss; ~ **shed** Zollschuppen *m*; ~ **store** Zollspeicher *m*; ~ **stamp** Stempel *m* der Zollstelle
**customs surveillance**, Zollüberwachung *f*; ~ **zone** Zollgrenzbezirk *n*
**customs tariff**, Zolltarif *m*; **Common** ~ *(EU)* Gemeinsamer Zolltarif (→ CCT); ~ **rate** Zollsatz *m*; ~ **reduction** Zollsenkung *f*
**customs territory**, Zollgebiet *n*
**customs transit, goods in** ~ Zollversandgut *n*; ~ **procedure** Zollgutversandverfahren *n*
**customs**, ~ **union** Zollunion *f*; ~ **value** Zollwert *m*; ~ **violation** Zollzuwiderhandlung *f*; ~ **warehouse** Zollager *n*; ~ **warehousing** Zollgutlagerung *f*; ~ **warrant** Zollauslieferungsschein *m*; **to clear through the** ~ verzollen; **to pass through the** ~ durch den Zoll gehen; **to smuggle sth. through the** ~ etw. durch den Zoll schmuggeln
**cut**, Schnitt *m*; Kürzung *f*, Abstrich *m*, Verringerung *f*; Schliff *m (e-s Edelsteines, Glases)*; *(Kleidung)* Schnitt *m*; Stück *n*, Länge *f (Stoff)*; **cold** ~ **(of meat)** Aufschnitt *m*; **power** ~ Stromabschaltung *f*, Stromsperre *f*; **public spending** ~ Einschränkung *f* der öffentlichen Ausgaben; **salary** ~ Gehaltssenkung *f*
**cutback**, Kürzung *f*; Einschränkung *f*, Reduzierung *f*; ~ **(in business activity)** Betriebseinschränkung *f*; ~ **(in production)** Produktionseinschränkung *f*, Produktionsdrosselung *f*; ~ **in staff** Verkleinerung *f* der Belegschaft; Personalabbau *m*
**cut**, ~**-duty rates** herabgesetzte Zollsätze *mpl*; ~ **flowers** Schnittblumen *fpl*; ~ **glass** geschliffenes Glas *n*; ~ **in the dividend** Dividendenkürzung *f*; ~ **in expenses** Verringerung *f* der Ausgaben; Ausgabenkürzung *f*; ~ **in prices** Preisherabsetzung *f*, Preissenkung *f*; ~ **in production** Produktionsdrosselung *f*
**cutoff**, Abschaltung *f*, Sperre *f (von Elektrizität, Gas)*; ~ **date** Stichtag *m*
**cut price**, → cut-rate price; **sale at** ~**s** Verkauf zu herabgesetzten Preisen; ~ **butter** Sozialbutter *f*; ~ **competition** Preiswettbewerb *m*; ~ **competitor** Wettbewerber *m*, der die Preise unterbietet; ~ **imports** Billigpreiseinfuhren *fpl*
**cut-rate**, ~ **airfare** Billigflugpreis *m*; ~ **price** Werbepreis *m*; Schleuderpreis *m*; Reklamepreis *m*

**cut-throat**, **~ competition** ruinöser (od. existenzgefährdender) Wettbewerb *m*; **~ price** Kampfpreis *m*

**cut**, *v* kürzen, senken, herabsetzen, reduzieren; *(Edelsteine)* schleifen; **to ~ back** Kosten reduzieren; **to ~ expenses** die Unkosten vermindern; **to ~ off** *(Zufuhr etc.)* abschneiden; *(Telefonverbindung)* unterbrechen; *(Kupon etc.)* abtrennen; **to ~ one's losses** seine Verluste vermindern; **to ~ out a competitor** e-n Konkurrenten vom Markt verdrängen; **to ~ the price by Euro 20** den Preis um Euro 20,– heruntersetzen; **to ~ (down) production** die Produktion einschränken (od. drosseln); **to ~ sb.'s salary** jds Gehalt kürzen; **to ~ short** abbrechen, kurz unterbrechen; **to ~ taxes** Steuern senken

**cutting**, Schneiden *n*; Herabsetzung *f*, Senkung *f*; **newspaper ~** Zeitungsausschnitt *m*; **~ back on staff** Personalabbau *m*; **~ expenses** Verringerung *f* der Ausgaben; **we succeeded in ~ him down by £ 10** es gelang uns, von ihm e-e Preisermäßigung von 10 £ zu erhalten

**cybercash**, elektronisches Geld *n*

**cyberspace**, Umschreibung für das → Internet

**cycle**, 1. Zyklus *m*; Reihe *f (inhaltlich zusammengehöriger Werke)*; **business ~** Konjunkturzyklus *m*; **course of the business ~** Konjunkturverlauf *m*; **economic** (or **trade**) **~** Konjunkturzyklus *m*; **~-induced** konjunkturbedingt

**cycle**, 2. Fahrrad *n*; **~ theft insurance** Fahrraddiebstahlversicherung *f*; **~ track** Fahrradweg *m*

**cyclical**, zyklisch, regelmäßig wiederkehrend; konjunkturell, konjunkturbedingt; **~ budgeting** zyklischer Budgetausgleich *m*; **~ course** Konjunkturverlauf *m*; **~ decline** konjunktureller Rückgang *m*; **~ difficulties** konjunkturelle Schwierigkeiten *fpl*

**cyclical fluctuations**, Konjunkturschwankungen *fpl*; **sensitive to ~** konjunkturempfindlich; **to cope with ~ in demand** den konjunkturbedingten Schwankungen der Nachfrage gerecht werden

**cyclical**, **~ imbalance** konjunkturelles Ungleichgewicht *n*; **~ influence** Konjunktureinfluss *m*; **~ overheating** Konjunkturüberhitzung *f*; **~ phase** Konjunkturphase *f*; **~ policy** Konjunkturpolitik *f*; **~ price increase** konjunkturbedingte Preiserhöhung *f*; **for ~ reasons** aus konjunkturellen Gründen *mpl*; **cyclical recovery** konjunkturelle Erholung *f*

**cyclical trend**, Konjunkturtendenz *f*; **sensitive to the cyclical trend** konjunkturabhängig; **upswing in the cyclical trend** Konjunkturaufschwung *m*

**cyclical**, **~ unemployment** konjunkturbedingte Arbeitslosigkeit *f*; **~ upswing** (or **upturn**) Konjunkturaufschwung *m*, Konjunkturanstieg *m*

**cyclically induced**, konjunkturbedingt

# D

**dabble**, *v (Börse)* dilettantisch spekulieren

**dabbler**, *(Börse)* kleiner Spekulant *m*

**daily**, täglich, Tages-; **~ allowance** Tagegeld *n*; **~ benefit insurance** *(Krankenvers.)* Tagegeldversicherung *f*

**dail|y balance**, tägliches Saldo *n*; **interest on ~ies** Tageszinsen *pl*

**daily**, **~ compensation** Tagegeld *n (Krankengeld bei Verdienstausfall)*; **~ consumer needs** täglicher Konsumbedarf *m*; **~ consumption** Tagesverbrauch *m*; **~ earnings** Tagesverdienst *m*; **~ help** Putzfrau *f*, Raumpflegerin *f*; **~ living** Lebensunterhalt *m*; **~ money** tägliches Geld *n*; **~ Official List** *Br* Amtliches Börsenkursblatt *n*; **~ price** Tageskurs *m*; **~ rate** Tagessatz *m*; **~ receipts** Tageseinnahmen *fpl*; **~ requirement** Tagesbedarf *m*; **~ shipment** Tagesversand *m*; **~ shopping** täglicher Einkauf *m*; **~ time record sheet** Tagesarbeitszeitzettel *m*; **~ turnover** Tagesumsatz *m*; **~ articles of ~ use** Gebrauchsgegenstände *mpl*

**dairy**, Milchwirtschaft *f*, Molkerei *f*

**dairy cattle**, Milchkühe *fpl*; **conversion of ~ herds to meat production** Umstellung *f* von Milchkuhbeständen auf Bestände zur Erzeugung von Fleisch

**dairy farm** Molkerei *f*; **~ farmer** Milcherzeuger *m*; **~ farming** (or **industry**) Milchwirtschaft *f*; **~ marketing year** *(EU)* Milchwirtschaftsjahr *n*; **~ produce** (or **products**) Milcherzeugnisse *npl*, Molkereierzeugnisse *npl*; **~ quotas** Milchquoten *fpl*; **~ surpluses** Milchüberschüsse *mpl*

**dairying**, Milchwirtschaft *f*
**daisy chain**, künstliche Marktaktivität *f*
**damage**, Schaden *m*; Beschädigung *f* (cf. damages); **actual** ~ tatsächlicher Schaden; **consequential** ~ Folgeschaden *m*; **considerable** ~ beträchtlicher Schaden; **criminal** ~ strafbare Sachbeschädigung *f*; **direct** ~ unmittelbarer Schaden; **extensive** ~ Schaden größeren Ausmaßes; **extent of** ~ Umfang des Schadens; **irreparable** ~ nicht wiedergutzumachender Schaden; **minimal** ~ Bagatellschaden; **minor** ~ geringfügiger Schaden; ~ **nominal damage** (ledigl.) nomineller Schaden; **pecuniary** ~ Vermögensschaden; **proof of** ~ Schadensnachweis *m*; **special** ~ konkreter Schaden; ~ **by sea** Seeschaden *m*, Havarie *f*; ~ **(caused) by game** Wildschaden *m*; ~ **(caused) by radiation** Strahlungsschaden *m*; ~ **(caused) by water** Wasserschaden *m*; ~ **claim** Schadenersatzanspruch *m*; ~ **incurred** entstandener Schaden; ~ **in transit** Beschädigung während des Transports; ~ **limitation** Schadensbegrenzung *f*; ~ **suffered by X** dem X entstandener Schaden; ~ **survey** Schadenbesichtigung *f*; Havariebesichtigung *f*; ~ **sustained** erlittener Schaden; ~ **to agricultural land** (or **farmland**) Flurschaden *m*; ~ **to forests** Waldschaden *m*; ~ **to the goods** Beschädigung der Ware; ~ **to property** Sachschaden *m*, Sachbeschädigung *f*; ~ **to reputation** Rufschaden *m*; **the** ~ **amounts to** der Schaden beläuft sich auf; **to be liable for** ~ schadenersatzpflichtig sein; **to bear the** ~ den Schaden tragen; **to inflict** ~ Schaden zufügen; ~ **occurred** Schaden ist entstanden; **to suffer** ~ (at sea) Schaden erleiden; Havarie erleiden
**damage**, *v* (be)schädigen; **to** ~ **sb.** jdm Schaden zufügen; **to** ~ **a car** ein Auto beschädigen
**damageable**, leicht zu beschädigen
**damaged**, beschädigt; **badly** (or **severely**) ~ schwer beschädigt; **sea-**~ havariert; **owner of a sea-**~ **ship** Havarist *m*; **slightly** ~ leicht beschädigt; ~ **in transit** unterwegs beschädigt; ~ **pieces** beschädigte Stücke *(e-r Lieferung)*; **the shipment arrived in a** ~ **condition** die Lieferung kam beschädigt an; **the ship was** ~ das Schiff hat Havarie erlitten
**damages**, Schadensersatz(summe) *m(f)*; **action for** ~ Schadensersatzklage *f*; **claim for** ~ Schadensersatzanspruch *m*; **liability for** ~ Schadensersatzpflicht *f*; **liable for** (or **in**) ~ schadensersatzpflichtig; **measure of** ~ Höhe *f* des Schadensersatzes; **nominal** ~ nomineller Schadensersatz; **punitive** ~ Strafe einschließender Schadensersatz; **quantum of** ~ Betrag *m* des Schadensersatzes; **to award** ~ Schadensersatz zusprechen; auf Schadensersatz erkennen; **to bring an action for** ~ Schadensersatzklage *f* einreichen; **to claim** ~ Schadensersatz beanspruchen; **to obtain** (or **recover**) ~ Schadensersatz erhalten, entschädigt werden; **to pay** ~ Schadensersatz leisten
**damaging to health**, gesundheitsschädlich
**damped sales expectations**, gedämpfte Absatzerwartung *f*
**dampening of demand**, Dämpfung *f* der Nachfrage
**danger**, Gefahr *f*; **imminent** ~ drohende Gefahr; ~ **bonus** (or **money**) Gefahrenzulage *f*; ~ **of breakage** Bruchgefahr *f*; ~ **of collapse** Einsturzgefahr *f*; ~ **of inflation** Inflationsgefahr *f*; ~ **to life** Lebensgefahr *f*; **to be exposed to a** ~ e-r Gefahr ausgesetzt sein
**dangerous**, gefährlich; **carriage of** ~ **goods** Transport *m* gefährlicher Güter; ~ **drugs** Rauschgifte *npl*
**dangerous substances, classification, packing and labelling of** ~ Einstufung *f*, Verpackung *f* und Kennzeichnung *f* gefährlicher Stoffe (od. Schadstoffe)
**data**, 1. Angaben *fpl*, Unterlagen *pl*; **brief** ~ kurze Angaben; **personal** ~ Personalien *pl*; **personal** ~ **and testimonials** Bewerbungsunterlagen *pl*; ~ **of sales** Verkaufsziffern *fpl*
**data**, 2. *(EDV)* Daten *fpl*; **blocking of** ~ Sperrung *f* von Daten; **deletion of** ~ Datenlöschung *f*; **exchange of** ~ **carriers** Datenträgeraustausch (DTA) *m*; **trade electronic** ~ **interchange systems** (Tedis) elektronischer Datentransfer *m* für kommerzielle Zwecke; ~**bank** (or ~**base**) Datenbank *f*; ~ **carrier** (or **medium**) Datenträger *m*; ~ **collection** (or **gathering**) Datenerfassung *f*, Datenerhebung *f*; ~ **collection platform** (DCP) *Br* Datensammelstelle *f*; ~ **decoding** Datenentschlüsselung *f*; ~ **exchange service** Datenaustauschdienst *m* (Da-

tex); ~ **feed** Dateneingabe *f*; ~ **file** Datei *f*; ~ **input** Dateneingabe *f*; ~ **interchange** Datenaustausch *m*; ~ **misuse** Datenmissbrauch *m*; ~ **output** Datenausgabe *f*

**data processing**, (dp) *(elektronische)* Datenverarbeitung *f*; **remote** ~ Datenfernverarbeitung *f*; ~ **accessories** Datenverarbeitungszubehör *n*; ~ **center** Datenverarbeitungszentrum *n*, Rechenzentrum *n*; ~ **equipment** datenverarbeitende Geräte *pl*; ~ **installation** Datenverarbeitungsanlage *f*

**data**, ~ **processor** datenverarbeitende Maschine *f*; ~ **protection** Datenschutz *m*; ~ **recording** Datenaufzeichnung *f*; ~ **security** Datensicherung *f*; ~ **stock** Datenbestand *m*; ~ **storage** Datenspeicherung *f*; ~ **telecommunication** Datenfernverbindung *f*; ~ **transmission** Datenübertragung *f*; ~ **transmission network** Datenübermittlungsnetz *n*; **to block** ~ Daten sperren; **to collect** ~ Daten erfassen; **to erase** ~ Daten löschen; **to grant access to** ~ Daten zugänglich machen; **to process** ~ Daten verarbeiten; **to store** ~ Daten speichern

**data**, *(EDV)* Daten *pl*; ~ **compression** Datenkompression *f*; ~ **mart** eine singulär Subjektorientierte Datenbank *f*; ~ **mining** Datenanalyse *f* in einer Datenbank; ~ **transfer rate** Datentransferrate *f*; ~ **type** Datentyp *m*; ~ **warehouse** integrierte, subjektorientierte Datenbank *f* zur Entscheidungshilfe

**database**, Datenbank *f*; ~ **management system** Datenbankmanagementsystem *n*

**date**, Datum *n*, Zeitangabe *f*, Zeitpunkt *m*; *colloq.* Verabredung *f*; **as per** ~ bis zum heutigen Tag; **at an early** ~ bald, in nächster Zeit; **at the earliest possible** ~ zum frühesten möglichen Zeitpunkt; **at a later** ~ zu e-m späteren Zeitpunkt; **bearing** ~ datiert (vom); **closing** ~ Schlusstag *m*, letzter Termin *m (z. B. bei e-r Ausschreibung)*; **due** ~ Fälligkeitsdatum *n*, Verfalltag *m*; **final** ~ letzter Termin *m*; **fixed** ~ Termin *m*; **later date** späterer Termin; **latest** ~ letzter Termin *m*; **of even** ~ vom gleichen Tag, gleichen Datums; **of this** ~ vom heutigen Datum; **out of** ~ veraltet; **to** ~ bis auf den heutigen Tag; **today's** ~ heutiges Datum *n*; **up to ~, up-to-~** → up; **without** ~ undatiert; ~ **as per postmark** Datum des Poststempels; ~ **book** Terminbuch *n*; ~ **of accounts** Bilanzstichtag *m*; ~ **of a bill** Fälligkeit *f* e-s Wechsels; ~ **of delivery** Liefertermin *m*; ~ **of expiry** Verfalltag *m*; ~ **of invoice** Rechnungsdatum *n*; ~ **of issue** Emissionstag *m*; Datum der Ausstellung; ~ **of maturity** Fälligkeitstermin *m*; Verfalltag; ~ **of payment** Zahlungstermin *m*; ~ **of receipt** Eingangsdatum *n*, Empfangsdatum *n*; ~ **of shipment** Versandtag *m*; ~ **stamp** Datumsstempel *m*; Datumsangabe *f (bei Lebensmitteln)*; **to fix a** ~ e-n Zeitpunkt (od. Termin) festsetzen (od. anberaumen); **to have a ~ with** *colloq.* verabredet sein mit; **to keep a** ~ e-e Frist einhalten; **to make a ~ with** *colloq.* sich verabreden mit; **to postpone sth. to a later** ~ etw. auf e-n späteren Termin verschieben

**date**, *v* datieren; Zeit festsetzen für; **to mis~** falsch datieren

**dated**, ~ **January 1** vom 1. Januar; ~ **and signed** mit Datum und Unterschrift versehen; ~ **securities** Wertpapiere *mpl* mit festem Rückzahlungstermin

**datum**, gegebene (od. angenommene) Größe *f* (od. Tatsache *f*); ~ **quantity** Referenzmenge *f*, Bezugsmenge *f*

**dawn rate**, *Br* frühmorgentlicher Ankauf *m* e-r Beteiligung an e-m Unternehmen vor Übernahmeangebot

**day**, Tag *m*; Termin *m*; **account** ~ Abrechnungstag *m*; **clear ~s** volle Tage *pl*; **in the course of the** ~ im Laufe des Tages; **earnings of the** ~ Tageseinnahmen *fpl*; **fixed** ~ festgesetzter Tag, Termin; **on a given** ~ an e-m bestimmten Tag; **the other** ~ neulich; **every other** ~ alle 2 Tage; jeden zweiten Tag; **pay** ~ → pay; **sales of the** ~ Tagesumsatz *m*; **(in) these ~s** heutzutage, in der heutigen Zeit

**day, to this** ~ bis auf den heutigen Tag; bis heute; **this ~ fortnight** heute in (od. vor) 14 Tagen; **this ~ week** heute in (od. vor) einer Woche; **this ~ month** heute in (od. vor) einem Monat

**day**, ~ **book** Journal *n*, Grundbuch *n (der Buchführung)*; ~ **labo(u)rer** Arbeiter *m* im Tageslohn; ~ **letter** *Am* Brieftelegramm *n*; ~ **of date** Tag der Datumsangabe; ~ **of death** Todestag *m*; ~ **of delivery** Liefertag *m*, Ablieferungstermin *m*; ~ **of entry** Einklarierungstag *m*; **~s of grace** Nachfrist *f*; *(WechselR)* Respekttage *mpl*; ~ **of issue** Ausgabetag, Erscheinungstag *m*; ~ **of maturity** Fälligkeitstag, Verfalltag *m*; ~ **of payment** Zahltag *m*

**day off**, (dienst)freier Tag *m*; **to get a ~** einen Tag freibekommen; **to take a ~** einen Tag frei nehmen

**day**, ~ **order** Börsenauftrag *m*, der nur einen Tag Gültigkeit hat, Tagesauftrag *m*

**day**, **~'s pay** Tageslohn *m*, Schichtlohn *m*; **~'s rate** Tagessatz *m*; Tageskurs *m*; ~ **release** bezahlter Arbeitstag zur beruflichen Fortbildung

**days' sight**, Tage nach Sicht; **payable 30** ~ zahlbar 30 Tage nach Sicht

**day**, **~'s supply** Tagesvorrat *m*; ~ **ticket** *Br* Tagesrückfahrkarte *f*

**day-to-day business**, **to manage** (or **dispatch, deal with**) ~ die laufenden Geschäfte führen

**day-to-day loan**, → day-to-day money

**day-to-day-money**, Tagesgeld *n (Leihgeld zwischen Banken)*; **rates for ~** Tagesgeldsätze *mpl*

**day-to-day operations**, tägliche Routinearbeit *f*

**day**, **to appoint** (or **fix**) **a** ~ e-n Termin festlegen; **the shops are open throughout the** ~ (or **all ~ long**) die Geschäfte sind den ganzen Tag über geöffnet

**DB**, → Database

**DBMS**, → database management system

**dead**, tot; *com* still, flau; ~ **account** umsatzloses Konto *n*; ~ **article** unverkäufliche Ware *f*, Ladenhüter *m*; ~ **assets** nicht realisierbare Vermögenswerte *mpl*

**dead bargain**, spottbilliger Preis

**dead**, ~ **capital** totes (od. ertragloses) Kapital *n*; ~ **certainty** völlige Gewissheit *f*; ~ **commodity** unverkäufliche Ware *f*, Ladenhüter *m*

**dead-end**, nicht weiterführend; Sackgasse *f*; *fig* totes Gleis *n*; ~ **job** Arbeit ohne Aufstiegsmöglichkeit; ~ **station** Sackbahnhof *m*; **to come to** (or **reach**) **a** ~ in e-e Sackgasse geraten; **he has a ~ job** beruflich steckt er in e-r Sackgasse

**dead**, ~ **engine** ausgefallene Maschine *f*; ~ **files** abgelegte Akten *pl*; ~ **freight** Leerfracht, Fehlfracht, Fautfracht *f (Vergütung für unbenutzten Schiffraum)*; ~ **head** *sl.* Inhaber *m* e-r Freikarte; blinder Passagier *m*; Leerfahrt *f*; ~ **letter** nicht zustellbarer Brief *m*; nicht mehr angewandtes Gesetz *n*

**deadline**, äußerster Termin *m*; *(äußerste)* Frist *f*; Anzeigenschluss *m*; **delivery ~** Liefertermin *m*; **set ~** festgesetzter Termin; **within the specified ~** innerhalb e-r bestimmten Frist; ~ **for application** Anmeldeschluss *m*; ~ **for loading** Ladeschluss *m*; ~ **for transposition** (of a directive) *(EU)* Umsetzungsfrist *f*; **to fix** (or **set**) **a** ~ e-e Frist setzen, befristen; **to give the debtor a ~ for payment** dem Schuldner e-e (äußerste) Frist zur Zahlung setzen; **to (fail to) meet a** ~ e-n Termin (od. e-e Frist) (nicht) einhalten; **the ~ was met** die Frist ist eingehalten worden

**dead**, ~ **load** Eigengewicht *n*, Leergewicht *n*; ~ **loan** uneinbringliche Kreditforderung *f*

**deadlock**, *fig* Stillstand *m*, Stockung *f*; **to come to a** ~ auf e-n toten Punkt gelangen, ergebnislos verlaufen

**dead**, ~ **loss** Totalverlust *m*; ~ **market** flauer (od. umsatzschwacher) Markt *m*; ~ **money** totes Kapital *n*; ~ **season** tote Saison *f*, geschäftslose Zeit; ~ **security** wertlose Sicherheit *f*; ~ **stock** unverkäufliche Waren *pl*; totes Inventar *n*, ~ **time** *(durch Betriebsstörungen bedingte)* Verlustzeit *f*; Wartezeit *f*

**deadweight**, Eigengewicht *n*, Leergewicht *n*; ~ **carrying capacity** (or **tonnage**) Schwergutladefähigkeit *f (e-s Seeschiffs nach Abzug von ™l, Proviant etc.)*

**deal**, *(abgeschlossenes)* Geschäft *n*; (Geschäfts-)Abschluss *m*; *(Werbung)* besonderes Angebot; **~s** *(Börse)* Abschlüsse *pl*; **cash ~** Bargeschäft *n*; **a good ~** ziemlich viel; e-e ganze Menge; **a great ~** sehr viel; **private ~s** private Abmachungen *fpl*; **I cannot close the ~ at this price** ich kann das Geschäft nicht zu diesem Preis abschließen; **to conclude foreign currency ~s** Devisengeschäfte abschließen; **the ~ is done** *colloq* das Geschäft ist abgeschlossen; der Handel ist perfekt; **to make a ~** ein Geschäft abschließen

**deal**, *v* handeln; **to ~ at arm's length with a p.** mit jdm auf rein geschäftlicher Basis verhandeln *(ohne vorhergehendes Vertrauensverhältnis)*; **to ~ in sth.** mit etw. handeln; **to ~ in foodstuffs** Lebensmittel führen; **to ~ in securities** mit Wertpapieren handeln; **to ~ with sb.** mit jdm in Geschäftsbeziehung stehen; bei jdm kaufen; **to ~ with sth.** sich mit etw. befassen; etw. erledigen; **to ~ with the correspondence** die Korrespondenz erledigen; **to ~ with an order** e-n Auftrag ausführen

**dealer**, Händler *m*; Wertpapierhändler *m*, Eigenhändler *m*; Drogenhändler *m*; **authorized ~** Vertragshändler *m*; **exclusive ~** → exclusive; **foreign exchange ~** Devisenhändler *m*; **money ~** Geldwechsler *m*, Devisenhändler *m*; **retail ~** Einzelhändler *m*; **wholesale ~** Großhändler *m*; **~'s allowance** Händlerprovision *f*; **~'s brand** Händlermarke *f*; **~'s buyer** Wiederverkäufer *m*; **~'s discount** Händlerrabatt *m*; **~ on his own account** Eigenhändler *m*; **~ in securities** Effektenhändler *m*, Wertpapierhändler *m*; **~'s margin** Händlerspanne *f*

**dealership agreement**, Vertriebsvertrag *m*

**dealing**, Handel (in mit); Geschäft *n*; Abschluss *m*; Verhaltensweise *f*; *(Börse)* Effektenhandel *m*; **business ~s** Geschäftsverkehr *m*; geschäftliche Transaktionen *fpl*; **fair ~** redliches Verhalten *n*; anständiges Geschäftsgebaren *n*; **forward ~** *(Börse)* Termingeschäft *n*; **~ before official hours** Vorbörse *f*; **~s for the account** (or **settlement**) *Br (Börse)* Termingeschäfte *npl*; **~s for cash** *(Börse)* Bargeschäfte *npl*; **~ for a fall** *(Börse)* Baissespekulation *f*; **~ for a rise** *(Börse)* Haussespekulation *f*; **~ forward** *(Börse)* Terminhandel *m*; **~s in foreign exchange** Devisenhandel *m*; **~ in futures** *(Börse)* Terminhandel *m*; **~ in real estate** Immobilienhandel *m*; **~ in shares** Aktienhandel *m*; **to have ~s with a p.** mit jdm in Geschäftsverbindung stehen (od. geschäftlich zu tun haben)

**dealt, to be ~ in** gehandelt werden

**dear**, teuer; **~ money** teures Geld *n*; **~ money policy** Hochzinspolitik *f*; **to sell sth. ~** etw. teuer verkaufen

**dearer, to become ~** sich verteuern; **everything is getting ~** alles wird teurer

**dearly, to pay ~** teuer bezahlen

**death**, Tod *m*; **accidental ~** Unfalltod *m*; **cause of ~** Todesursache *f*; **certificate of ~** Sterbeurkunde *f*; **closed because of ~** wegen Todesfall geschlossen; **crude ~ rate** *(EU)* rohe Sterbeziffer *f*; **in the event of ~** im Todesfalle *m*; **proof of ~** Nachweis *m* des Todes; **register of ~** Sterberegister *n*; **~ duty** (or **tax**) *Am* Erbschaftsteuer *f*; **to notify a ~** e-n Todesfall anzeigen; **~ occurred** der Tod ist eingetreten; **~s in road accidents** *(EU)* Tote *pl* bei Straßenverkehrsunfällen *mpl*

**debar**, *v* ausschließen (from von)

**debarkation**, Ausschiffung *f*; Landung *f*

**debase**, *v* im Werte mindern, verschlechtern

**debate**, Debatte *f*; Diskussion *f*; Beratung *f*; **~ on social affairs** Sozialdebatte *f*; **to be allowed to speak in ~** das Wort erhalten; **to speak in ~** das Wort ergreifen

**debenture**, Schuldverschreibung *f*, Obligation *f*; Schuldschein *m*; Rückzollschein *m*; **bearer ~** Inhaberschuldverschreibung *f*; **mortgage ~** Pfandbrief *m*; **~ bond** *Am (ungesicherte)* Schuldverschreibung *f*; **~ capital** Erlös *m* aus dem Verkauf von Schuldverschreibungen; Anleihekapital *n*; **~ goods** Rückzollgüter *fpl*; **~ holder** Inhaber *m* e-r Schuldverschreibung; Obligationär *m*, Anleihegläubiger *m*; **~ in foreign currency** Fremdwährungsschuldverschreibung *f*; **~ income bond** Obligation *f*, deren Verzinsung von den Einnahmen der Gesellschaft abhängt; **~ loan** Schuldscheindarlehen *n*; **~ stocks** *Br* Schuldverschreibungen *fpl*; Anleihen *fpl*; *Am* Vorzugsaktien *fpl*; **~ yield** Rendite *f* e-r Schuldverschreibung

**debit**, Debet *n*, Soll *n*, Sollseite *f (e-s Kontos)*; Lastschrift *f*; **~ advice** Lastschriftanzeige *f*; **~ and credit** Soll und Haben *n*

**debit balance**, Debetsaldo *n*, Sollsaldo *n*; Verlustabschluss *m*; **interest on ~s** Sollzinsen *pl*; **to show a ~** passiv abschließen

**debit, ~ card** Plastikkarte, mit der der Kunde am Kassenterminal zahlen kann *(z. B. Euroscheck-Karte)*; **~ entry** Sollbuchung *f*; **~ interest** Sollzinsen *pl*; **~ item** Debetposten *m*; **~ life insurance** *Am* Kleinlebensversicherung *f*; **~ memo** (or **note**) Lastschriftanzeige *f*; **~ rate** Sollzinssatz *m*

**debit side**, Sollseite *f*; **to make an entry** (or **to enter**) **on the ~** im Soll buchen; belasten

**debit, ~ to an account** Belastung *f* e-s Kontos; **(automatic) ~ transfer** Einzugsverfahren *n (für Rechnungen)*

**debit, to pass an amount to the ~ of an account** ein Konto mit e-m Betrag belasten

**debit**, *v* debitieren, *(e-e Person od. ein*

*Konto)* belasten; **to ~ a person with £ 10** jdm 10 £ in Rechnung stellen; 10 £ für jdn anschreiben; **to ~ directly** abbuchen *(im Einzugsverfahren)*

**debit(ing), direct ~** Abbuchung *f* (auf Grund e-r Einziehungsermächtigung)

**debris**, Schutt *m*

**debt**, Schuld *f*; Forderung *f*; Fremdkapital *n*; **acknowledgement of ~** Schuldanerkenntnis *n*; **action on a ~** Einklagung *f* e-r Forderung; **assumption of ~** Schuldübernahme *f*; **bad ~s** dubiose (od. zweifelhafte) Forderungen *fpl*; **bank ~s** Bankschulden *fpl*; **bill ~** Wechselschuld *f*; **business ~s** Geschäftsschulden *fpl*; **collection of ~ts** Einziehung *f* von Forderungen; **cost of ~** Kosten des Fremdkapitals; **external** (or **foreign**) **~s** Auslandsschulden *pl*; **in ~** in den roten Zahlen *fpl*; verschuldet; **internal ~s** Inlandsschulden *pl*; **liability for ~s** Schuldenhaftung *f*; **long-term ~** langfristige Schuld; **national** (or **public**) **~** Staatsschuld *f*; **oppressive ~s** drückende Schulden *pl*; **petty debts** → petty; **principal ~** Hauptschuld *f*; **running into ~** Verschuldung *f*; **statute-barred ~** verjährte Forderung *f*; **suit for a ~** *Am* Einklagung *f* e-r Forderung; **supplier ~s** Lieferantenschulden *fpl*; **total ~** Gesamtschuld *f*; **~s abroad** Auslandsschulden *fpl*; **~ adjustment** Umschuldung *f*; **~ assumption** Aufnahme *f* von Fremdkapital; **~ burden** Schuldenlast *f*; **~ capital** Fremdkapital *n*; **~ ceiling** Kreditgrenze *f*

**debt certificates, IBRD-~ certificates** Schuldverschreibungen *fpl* der Weltbank

**debt, ~ collecting agency** Inkassobüro *n*; **~ conversion** Umschuldung *f*, Schuldumwandlung *f*; **~ counselling** Finanzierungsberatung *f*; **~ due to** Forderung des (der); **~ enforcement** Beitreibung *f* e-r Forderung; **~-equity ratio** Verhältnis *n* von Fremdkapital zu Eigenkapital; Verschuldungsgrad *m* **~ equity swap** Schuldenswap *m*; **~ financing** Fremdfinanzierung *f*; Aufnahme *f* von Fremdmitteln *pl*; **~ interest** Schuldzinsen *pl*; **~ issue** Emission *f* von Schuldverschreibungen; **~ limit** Verschuldungsgrenze *f*; **~ load** Schuldenlast *f*; **~ management** Schuldenmanagement *n*, Handhabung *f* von (Staats-)Schulden; **~s of a business enterprise** Geschäftsschulden *pl*; **~s of the estate** Nachlassschulden *pl*; **~ owed by A to B** Forderung des B an A; **~s owing and accruing** gegenwärtige und künftige Forderungen *pl*; **~ provable in bankruptcy** anmeldbare Konkursforderung *f*; **~s receivable** Außenstände *pl*; **~ redemption (plan)** Schuldentilgung(splan) *f(m)*; **~ remission** Schuldenerlass *m*; **~ rescheduling** Umschuldung *f*; **~ service** Schuldendienst *m*; **~ stocks** Schuldenbestand *m (e-s Landes)*; **~ supplier** Fremdkapitalgeber *m*; **~ swap** Schuldenswap *m*; **~ waiver** Forderungsverzicht *m*, Schuldenerlass *m*; **to assign a ~** e-e Forderung abtreten; **to be (involved) in ~** verschuldet sein; **to contract** (or **incur**) **~s** Schulden machen; **to get into ~** sich verschulden; **to recover a ~** e-e Forderung beitreiben (od. einziehen); **to remit a ~ to sb.** jdm e-e Schuld erlassen; **to run into ~** in Schulden geraten; Schulden machen; **to settle ~s** Schulden begleichen

**debtor**, Schuldner *m*; Kreditnehmer *m*; *(Buchführung)* Debet *n*, Soll *n*; **~s** *(Bilanz)* Forderungen *fpl*; **bill ~** Wechselschuldner *m*; **joint ~** → joint; **sundry ~s** *(Bilanz)* verschiedene Forderungen *fpl*; **trade ~s** → trade; **~ account** Debetkonto *n*; **~ and creditor** Soll und Haben; **~'s assets** Konkursmasse *f*; **~ by endorsement** Giroschuldner *m*; **~ country** Schuldnerland *n*; verschuldetes Land *n*; **~'s delay** Schuldnerverzug *m*; **~ interest rate** Sollzinssatz *m (der Banken)*; **~ on mortgage** Hypothekenschuldner *m*; **~'s property** Schuldnervermögen *n*

**debug**, *v colloq. (bes. technische)* Störungen beseitigen; Fehler beheben; Abhörgerät (bug) beseitigen

**debugger**, Programm *n* zur Fehlerbehebung

**decapitalization**, Grundkapitalsenkung *f*

**decartel(l)ization**, Entflechtung *f*, Entkartellisierung *f*

**decartel(l)ize**, *v* entkartellisieren, entflechten

**decay, to fall into ~** in Verfall geraten

**decayed**, verfallen; **~ circumstances** zerrüttete (Vermögens-)Verhältnisse *pl*

**deceased**, der (die) Verstorbene; **~'s estate** Nachlass *m*

**deceased**, *adj* verstorben

**decedent**, *Am* der (die) Verstorbene; **~'s estate** *Am* Nachlass *m*

**deceit**, arglistige Täuschung *f*; Irreführung *f*; Betrug *m*
**deceive**, *v* täuschen; irreführen; betrügen
**deceiver**, Betrüger *m*, Schwindler *m*
**decelerate**, *v* (sich) verlangsamen
**deceleration**, Verlangsamung *f*; **~ in price rises** Nachlassen *n* des Preisanstiegs
**deception**, Täuschung *f*, Irreführung *f*
**deceptive**, täuschend, irreführend; trügerisch; **~ mark** irreführendes (Waren-)Zeichen *n*; **~ packing** (or **packaging**) Mogelpackung *f*
**decide**, *v* entscheiden (for or in favo(u)r of für od. zugunsten; against gegen); sich entscheiden; beschließen, den Beschluss fassen; **to ~ (up)on concerted action** gemeinsames Vorgehen beschließen
**decimal currency**, Dezimalwährung *f*
**decimalization (of the currency)**, *Br* Übergang *m* (der Währung) auf das Dezimalsystem
**decision**, Entscheidung *f*; Beschluss *m*; Urteil *n*; **according to the ~ of** laut Beschluss von; **false ~** Fehlentscheidung *f*; **final ~** endgültige Entscheidung *f*; **power of ~** Entscheidungsbefugnis *f*; Entschlusskraft *f*; **taking of ~s** Beschlussfassung *f*; **by unanimous ~** durch einstimmigen Beschluss; **~ complained of** angefochtene Entscheidung
**decision making**, Fällen *n* von Entscheidungen; Beschlussfassung *f*
**decision-making**, **workers' participation in company ~** Beteiligung *f* der Arbeitnehmer an Unternehmensentscheidungen; **~ authority** (or **power**) Entscheidungsbefugnis *f*; **~ body** *(EU)* Beschlussorgan *n*; **~ bodies** Entscheidungsgremien *npl*; **to have a ~ power** entscheidungsbefugt sein
**decision**, **~ of the majority** Mehrheitsbeschluss *m*; **to arrive at a ~** zu e-r Entscheidung kommen; **to give a ~ on a case** in e-r Sache entscheiden; **to make** (or **reach, take**) **a ~** e-e Entscheidung treffen, entscheiden; e-n Beschluss fassen, beschließen; **to submit for ~** zur Entscheidung vorlegen; **the ~ was up to him** die Entscheidung lag bei ihm
**decisive**, entscheidend, ausschlaggebend; **~ date** Stichtag *m*
**deck cargo**, (or **load**) Deckladung *f*
**declarant**, der (die) Erklärende; Anmelder *m*
**declaration**, Erklärung *f*; Zollerklärung *f*; Anmeldung *f*; *(VersR)* Angabe *f* des Wertes; **customs ~** → customs; **freight ~** Zollanmeldung *f* der Ladung; **statutory ~** → statutory; **~ for Community transit** *(EU)* Anmeldung zum gemeinschaftlichen Versandverfahren *n*; **~ in lieu of an oath** eidesstattliche Versicherung *f*; **~ inwards** (Zoll-)Einfuhrerklärung *f*; **~ of contents** Inhaltsangabe *f*; **~ of death** Todeserklärung *f*; **~ of dividend** Festsetzung *f* der Dividende; **~ of income** Einkommensteuererklärung *f*; **~ of intention** Absichtserklärung *f*; *Am* Erklärung des Einwanderers, dass er amerikanischer Staatsbürger werden will; **~ of legitimacy** Ehelichkeitserklärung *f*; **~ of options** Prämienerklärung *f*; **~ of property** Vermögenserklärung *f*; **~ of solvency** Liquidationserklärung *f (bei Gesellschaftsauflösung)*; **~ of trust** Begründung *f* e-s Treuhandverhältnisses; **~ of value** Wertangabe *f*; **~ outwards** (Zoll-)Ausfuhrerklärung *f*; **to make a ~** e-e Erklärung abgeben
**declare**, *v* erklären; aussagen; *(Wert, Einkommen etc.)* angeben; anmelden; verzollen, zur Verzollung anmelden; **goods to ~** zollpflichtige Waren *fpl*; **nothing to ~** nichts zu verzollen; **to ~ sth. at the customs** etw. beim Zoll angeben; **to ~ sth. forfeited** etw. für verfallen erklären; **to ~ sth. null and void** etw. für (null und) nichtig erklären; **to ~ a dividend** e-e Dividende festsetzen; **to ~ one's income** sein Einkommen *(für Steuerzwecke)* angeben; **to ~ oneself a bankrupt** seinen Konkurs anmelden; **to ~ oneself insolvent** sich für zahlungsunfähig erklären; **to ~ a trust** ein Treuhandverhältnis begründen; **to ~ the value** den Wert angeben
**declared**, *(offen)* erklärt; deklariert; **wrongly ~ cargo** falsch deklarierte Ladung *f*; **~ distribution of profits** offene Gewinnausschüttung *f*; **~ dividend** festgesetzte Dividende *f*; **~ reserves** *(in der Bilanz)* ausgewiesene Reserven *fpl*; **~ value** Wertangabe *f*
**decline**, Abnahme *f*; Rückgang *m*; Niedergang *m*; Ablehnung *f*; **economic ~** wirtschaftlicher Niedergang; **~ in business** Geschäftsrückgang *m*; **~ in consumption** Verbrauchsrückgang *m*; **~ in demand** Nachfragerückgang *m*; **~ in earnings** Ertragsminderung *f*; **~ in or-**

**ders** Rückgang der Bestellungen; **~ in peak activity** Abklingen *n* der Hochkonjunktur

**decline in prices**, Preisrückgang *m*; Sinken *n* der Preise; Preisverfall *m*; *(Börse)* Kursrückgang *m*, Nachgeben *n* der Kurse; **to experience a** ~ e-n Preis- (od. Kurs-)rückgang erleiden

**decline**, **~ in prosperity** Abnahme des Wohlstandes; **~ in quotations** Rückgang der Kurse; **~e in sales** Rückgang des Umsatzes; **~ in tax receipts** Verminderung *f* der Steuereinnahmen; **~ in unemployment** Abnahme der Arbeitslosigkeit; **~ in value** Wertminderung *f*; **~ of the dollar** Rückgang *m* des Dollar; **~ of an offer** Ablehnung *f* e-s Angebots; **to be on the** ~ im Rückgang begriffen sein; **prices are on the** ~ die Kurse geben nach

**decline**, *v* abnehmen, zurücknehmen, sich vermindern; fallen; ablehnen; *(Börse)* nachgeben; **to ~ acceptance** die Annahme verweigern; **to ~ an invitation** e-e Einladung absagen; **to ~ an offer** ein Angebot ablehnen; **to ~ with thanks** dankend ablehnen; **prices ~d** die Preise gingen zurück; die Kurse fielen (od. bröckelten ab)

**declining**, **~ balance depreciation** degressive Abschreibung *f*, Buchwertabschreibung *f*; **~ market** fallende Kurse *mpl*; **~ output** rückgängige Leistung *f*; **~ production** zurückgehende Produktion *f*; **~ business is** ~ das Geschäft geht zurück; **exports are** ~ die Ausfuhr nimmt ab

**decode**, *v* entschlüsseln; dechiffrieren

**decoder**, Dekodierungsgerät *n*

**deco(u)lorize**, *v* entfärben; bleichen

**decommission**, *v*, **to ~ nuclear installations** kerntechnische Anlagen stillegen

**decomposition**, Zersetzung *f*, Zerfall *m*

**deconcentrate**, *v* entflechten

**deconcentration**, *Am* Dekonzentration *f*, Entflechtung *f*

**decontaminate**, *v* dekontaminieren, entgiften

**decontamination**, Dekontaminierung *f*, Entgiftung *f*

**decontrol**, *v* die Kontrolle aufheben; nicht mehr bewirtschaften

**decorate**, *v* dekorieren, ausschmücken; *(Wände, Türen etc.)* streichen, tapezieren etc. (lassen); Schönheitsreparaturen *fpl* vornehmen; **to ~ a window** ein Schaufenster dekorieren

**decorative repairs**, **interior ~** Schönheitsreparaturen *fpl*

**decorator**, Dekorateur *m*; Tapezierer *m*; **interior** ~ Innenarchitekt *m*

**decrease**, Verminderung *f*, Abnahme *f*, Rückgang *m*; Herabsetzung *f*; **~ in business** Geschäftsrückgang *m*; **~ in business activity** Konjunkturabschwung *m*; **~ in demand** Nachfragerückgang *m*; **~ in income** Einkommensrückgang *m*; **~ in price** Preisrückgang *m*; Preisherabsetzung *f*; **~ in sales** Abnahme des Absatzes, Absatzschrumpfung *f*; **~ in share prices** Kursrückgang *m*, Kursschwächung *f*; **~ in value** Wertminderung *f*

**decrease**, *v* (sich) vermindern, abnehmen; herabsetzen; *(Preise, Kurse)* zurückgehen, fallen; **the prices have ~d** die Kurse sind gefallen; **sales have ~d** der Absatz ist zurückgegangen

**decree**, Verordnung *f*, Verfügung *f*

**decryption**, Entschlüsselung *f*

**dedicate**, *v* widmen; zur öffentlichen Benutzung überlassen; einweihen; **~ed road infrastructure for vehicle safety in Europe** (Drive) spezielle Straßeninfrastruktur *f* für die Verkehrssicherheit in Europa

**dedication**, Widmung *f*; Einweihung *f*

**deduct**, *v (Betrag, Summe)* abziehen, abrechnen; einbehalten; *(von der Steuer)* absetzen; **to ~ from an account** abbuchen; **to ~ from the wages** vom Lohn abziehen (od. einbehalten); **to ~ the purchase price of a machine as depreciation** den Anschaffungspreis e-r Maschine abschreiben; **deducted** abzüglich; **tax ~ed** nach Abzug der Steuern

**deductible**, *Am* (Abzugs-)Franchise *f*, Selbstbehalt *m*

**deductible**, *adj* abzugsfähig; *(von der Steuer)* absetzbar; **to be ~** abgezogen (od. abgesetzt) werden können

**deducting**, abzüglich; **~ your commission** unter Abzug Ihrer Provision; **after ~ the expenses** nach Abzug der Kosten

**deduction**, 1. Abzug *m*; Einbehaltung *f*; Nachlass *m*, Rabatt *m*; Schlussfolgerung *f*; **~ from the price** Preisnachlass *m*, Rabatt *m*; **~ from salary** Gehaltsabzug *m*; **to allow a** ~ e-n Abzug *(vom Preis)* gewähren

**deduction**, 2. *(Einkommensteuer)* Abzug *m*; Absetzung *f (von der Steuer)*; **standard ~** *Am* Pauschalabzug *m (für Sonderausgaben)*; **statutory ~s** gesetzliche Steuerabzüge *mpl*; **~ (of tax) at source** Steuerabzug *m* an der Quelle; **~ for depletion** Absetzung für Substanzverringerung; **~ for depreciation** Absetzung für Abnutzung; **~ for expenses** Absetzung für Betriebsausgaben

**deed**, *(gesiegelte)* Urkunde *f*; *(förmlicher)* Vertrag *m*; Tat *f*, Handlung *f*; **by ~** in förmlicher Weise; **deed liable under a ~** vertraglich verpflichtet; **~ of arrangement** *Br (schriftl.)* Vergleichsvereinbarung *f*; **~ of assignment** Abtretungsurkunde *f*, Übertragungsurkunde *f*; **~ of donation** (or **gift**) Schenkungsurkunde *f*; **~ of partnership** Gesellschaftsvertrag *m*; **~ of purchase** Kaufvertrag *m*; **~ of title** Grundstücksübertragungsurkunde *f*; **~ of transfer** (Eigentums-)übertragungsurkunde *f*; **~ of trust** → trust deed

**deem**, *v* halten für, ansehen als; **to ~ sth. necessary** etw. für notwendig halten

**deep**, **~ discount bonds** *(Börse)* stark abgezinste Schuldverschreibungen *fpl*; **~-freeze** (or **freezer**) Tiefkühlschrank *m*; **~-freeze compartment** Tiefkühlfach *n*

**deep-freeze**, *v (Lebensmittel)* tiefkühlen

**deep-frozen food**, Tiefkühlkost *f*

**deep-load line**, Tiefladelinie *f*

**deep-sea**, Hochsee-, Tiefsee-; **~ drilling** Tiefseebohrung *f*; **~ fishery** Hochseefischerei *f*; **~ fishing vessel** Hochseefangschiff *n*; **~ fleet** Hochseeflotte *f*; **~ floor** Tiefseeboden *m*; **~ mining** Tiefseebergbau *m*

**deep-water berth**, Liegeplatz *m* für Hochseeschiffe

**de-escalate**, *v* sinken

**deface**, *v* verunstalten; unkenntlich (od. unleserlich) machen; *(Briefmarken)* entwerten

**de facto company**, faktische Gesellschaft *f*

**defamation**, Ehrverletzung *f*; Diffamierung *f*; beleidigende Äußerung *f*; **~ of a competitor's reputation** Anschwärzung *f*

**defamatory**, beleidigend, verleumderisch; diffamierend; **~ statement** beleidigende Äußerung *f*; üble Nachrede *f*

**defame**, *v* beleidigen; verleumden

**default**, Nichterfüllung *f (e-r rechtl. od. Zahlungsverpflichtung)*; Verzug *m*; Zahlungsverzug *m*; Unterlassung *f*; Ausbleiben *n (im Termin)*; **customer ~** Zahlungsverzug e-s Kunden; **in ~** säumig, in Verzug (befindlich); **in ~ of agreement** mangels e-r Übereinkunft; **in ~ whereof** widrigenfalls; **in case of ~** im Verzugsfalle *m*; bei Unterlassung; bei Nichterscheinen; **in the event of ~ in payment** im Falle des Zahlungsverzuges; **interest for ~** Verzugszinsen *pl*; **upon ~** bei Verzug; **~ damages** Verzugsentschädigung *f*; **~ fee** Säumnisgebühr *f*; **~ in delivery** Lieferverzug *m*; **~ in taking delivery** Annahmeverzug *m*; **~ interest** Verzugszinsen *pl*; **~ of acceptance** Annahmeverzug *m*; **~ of the debtor** Schuldnerverzug *m*; **~ of payment** Ausbleiben *n* der Zahlung; **to be in ~** im Verzug sein; **to be in ~ of one's obligations** seinen Verpflichtungen nicht nachgekommen sein; **to make ~ in payment** in Zahlungsverzug geraten; **to make ~ in payment of an instal(l)ment** mit e-r Rate in Verzug geraten

**default**, *v (Verpflichtungen)* nicht erfüllen; in (Zahlungs-)Verzug geraten; *(vor Gericht)* nicht erscheinen; **to ~ on a debt** e-e Schuld nicht bezahlen

**defaulted**, **~ mortgage** in Verzug befindliche Hypothek *f*; überfällige Hypothek; **the buyer ~ in payment** der Käufer ist in Zahlungsverzug geraten

**defaulter**, säumiger Zahler *m*; zum Termin nicht Erschienener *m*; *Br (Börse)* Insolvent *m*

**defaulting**, säumig; in (Zahlungs-)Verzug (befindlich); zahlungsunfähig

**defeat**, *v* annullieren, aufheben; vereiteln; besiegen, zu Fall bringen; **to ~ one's creditors** den Gläubigeranspruch vereiteln; seine Gläubiger benachteiligen

**defect**, Fehler *m*, Mangel *m*; **apparent ~** offener (od. sichtbarer) Mangel; **complaint of ~s** Mängelrüge *f*; **hidden ~** verborgener Mangel; **free from ~ (s)** mangelfrei, fehlerfrei; **latent ~** verborgener Mangel; **patent ~** offener (od. erkennbarer) Mangel; **removal of a ~** Beseitigung *f* e-s Mangels; **~s in material** Materialfehler *mpl*; **~ in title** Rechtsmangel *m*; **~ in workmanship** Mängel *mpl* in der Bearbeitung; **~ of form** Formmangel *m*, Formfehler *m*; **~ of quality** Sachmangel *m*; **to be liable for ~s** für Mängel haften; **to complain**

**about a ~** e-n Mangel beanstanden; **to discover a ~** e-n Mangel entdecken; **to notify a ~** e-n Mangel anzeigen (od. rügen); **to remove ~s** Mängel beseitigen; **the ~ is due to** der Mangel beruht auf

**defective**, fehlerhaft, mangelhaft, schadhaft; **liability for ~ products** Haftung für fehlerhafte Produkte *npl*; **non-~** fehlerfrei; **~ condition of the goods** mangelhafter Zustand *m* der Waren; **~ design** fehlerhafte Konstruktion *f*; **to replace ~ parts** schadhafte Teile *pl* auswechseln

**defectively designed product**, fehlerhaft konstruiertes Produkt *n*

**defectiveness**, Mangelhaftigkeit *f*

**defence**, 1. Verteidigung(svorbringen) *f(n)*; Einrede *f*, Einwendung *f*; **good ~** begründete Einrede; **~ against speculative capital inflows** Abwehr *f* spekulativer Geldzuflüsse; **~ of fraud** Einrede der Arglist; **~ of nonperformance** Einrede des nichterfüllten Vertrages; **~ of set-off** Einrede der Aufrechnung; **to put forward** (or **set up**) **a ~** e-e Einrede vorbringen (od. geltend machen)

**defence**, 2. *mil* Verteidigung *f*; **~ contractor** Rüstungslieferant *m*; **~ economy** Wehrwirtschaft *f*; **~ expenditure** Verteidigungsausgaben *pl*; **~ plant** Rüstungsbetrieb *m*; **~ shares** Rüstungsaktien *pl*

**defendant**, *(Zivilprozess)* Beklagte(r) *f(m)*

**defender**, erste Alternative *f* bei Ersatzinvestitionen

**defense**, *Am* → defence

**defensive**, defensiv, abwehrend; **~e stocks** *Am* risikoarme Aktien *fpl (von Unternehmen, die wenig konjunkturempfindlich sind)*

**defer**, *v* aufschieben, verschieben, zurückstellen; stunden; **to ~ payment** die Zahlung hinausschieben; e-e Frist zur Zahlung gewähren; **to ~ until further notice** bis auf weiteres zurückstellen

**deferment**, Aufschiebung *f*, Verschiebung *f*; Zurückstellung *f (z. B. vom Militärdienst)*; *(Bilanz)* Abgrenzung *f*; **~ of payment** Zahlungsaufschub *m*

**deferral**, Aufschub *m*

**deferred**, **~ and accrued items** Abgrenzungsposten *mpl*; **~ annuity** aufgeschobene Rente *f*; **~ bonds** *Am* Obligationen *fpl* mit aufgeschobener Verzinsung; **~ delivery** *(Börse)* aufgeschobene Lieferung *f*; **~ demand** zurückgestellter Bedarf *m*; Konsumverzicht *m*; **~ dividend** Dividende *f* mit aufgeschobener Fälligkeit; **~ expense** *(Bilanz)* transitorische Aktiva *pl*; **~ income** *(Bilanz)* transitorische Passiva *pl (vereinnahmte, aber noch nicht verdiente Erträge)*; **~ items** *(Bilanz)* transitorische Posten *pl*; **~ payment** Zahlungsaufschub *m*; aufgeschobene Zahlung *f*; Ratenzahlung *f*; **~ payment credit** Akkreditiv *n* mit hinausgeschobener Zahlung; **~ payment price (instalments)** Ratenkaufpreis *m*; **~ shares** (or **stocks**) Nachzugsaktien *pl*; **~ taxes** latente Steuern *fpl*; **payment on ~ terms** Ratenzahlung *f*; **to buy a car on the ~ payment plan** *Am* ein Auto auf Abzahlung kaufen

**deficienc|y**, Mangel *m*; Ausfall *m*, Defizit *n*; Manko *n*, Fehlbetrag *m*, Unzulänglichkeit *f*; **~ guarantee** Ausfallbürgschaft *f*; **~ in the proceeds** Minderertrag *m*; **~ in receipts** Mindereinnahme *f*; **~ in title** Rechtsmangel *m*; **~ in weight** Fehlgewicht *n*; **~ of food** Mangel an Nahrungsmitteln; **to find out ~ies** Mängel *pl* feststellen; **to make good a ~** ein Defizit decken

**deficient**, mangelhaft, unzureichend; **~ amount** Fehlbetrag *m*; **~ delivery** unzureichende Lieferung *f*; **~ in mineral resources** arm an Bodenschätzen; **to be ~ in** Mangel haben an; etw. nicht in genügendem Maße besitzen

**deficit**, 1. Defizit *n*, Fehlbetrag *m*; Ausfall *m*; **cash ~** Kassendefizit *n*, Kassenfehlbetrag *m*; **in ~** defizitär; **~ account** Verlustkonto *n*; **~ countries** defizitäre Länder *npl*; **~ financing** Defizitfinanzierung *f*; Finanzierung *f* durch Staatsverschuldung; **~ guarantee** (*Am* **guaranty**) Ausfallbürgschaft *f*; **~ in taxes** Steuerausfall *m*; **~-ridden** defizitär; unter Defizit leidend; **~ spending** → deficit financing; **the ~ declined** das Defizit ging zurück; **the ~ rose** das Defizit stieg; **to meet** (or **make up**) **a ~** ein Defizit decken; **to run up a ~** ein Defizit anwachsen lassen; **to show a ~** ein Defizit aufweisen; mit e-m Defizit abschließen

**deficit**, 2. Defizit *n*, Passivsaldo *n*; **external ~** Passivsaldo der Zahlungsbilanz; **export ~** Außenhandelsdefizit *n*; **~ in the BOP** Passivsaldo *n* der Zahlungsbilanz, Zahlungsbilanzdefizit *n*; **~ in the balance of trade** Passivsaldo *n* der Handelsbilanz, Handelsbilanzdefizit *n*; ~ **in the balance on services** Defizit der Dienstleistungsbilanz; ~ **on foreign trade** Außenhandelsdefizit *n*; ~ **on trade and services** Passivsaldo im Waren- und Dienstleistungsverkehr; **to show a** ~ ein Passivsaldo aufweisen; **the trade balance is in** ~ die Handelsbilanz ist passiv

**defile**, *v* verschmutzen; **rivers ~d by waste from factories** durch Fabrikabfälle verschmutzte Flüsse *mpl*

**definite**, bestimmt, präzis, klar; **for a ~ period** für e-e bestimmte Zeit; **the matter is ~ly settled** die Angelegenheit ist endgültig erledigt; **the price is ~ly too high** der Preis ist entschieden zu hoch

**deflation**, Deflation *f*; **monetary** ~ Verringerung *f* der Geldmenge; ~ **period** Deflationsperiode *f*

**deflationary**, deflationistisch, deflatorisch; ~ **gap** deflatorische Lücke *f*; ~ **pressure** Deflationsdruck *m*; **to have ~ effects** deflatorische Auswirkungen *fpl* haben

**deflection of trade**, Handelsverlagerung *f*; **risk of** ~ Gefahr *f* der Verlagerung der Handelsströme

**defoliate**, *v*, **to ~ forests** Bäume durch chemische Mittel entblättern

**deforest**, *bes. Am* abholzen

**defraud**, *v* betrügen; hintergehen; hinterziehen; **to ~ the customs** Zoll hinterziehen; **to ~ the revenue** *Br* Steuern hinterziehen; **with intent to** ~ in betrügerischer Absicht *f*

**defraudation**, Betrug *m*; Hinterziehung *f*; ~ **of the customs** Zollhinterziehung *f*

**defrauded purchaser**, betrogener Käufer *m*

**defrauder**, Betrüger *m*; **tax** ~ Steuerhinterzieher *m*

**defray**, *v*, **to ~ the cost** die Kosten tragen (of sth. für etw.); **to ~ sb.'s expenses** jds Auslagen bestreiten; jdn freihalten

**defrayal of the expenses**, Bestreitung *f* der Ausgaben

**defunct**, ~ **company** erloschene Gesellschaft *f*; ~ **undertaking** untergegangenes Unternehmen *n*

**defy**, *v*, **to ~ all competition** im Wettbewerb nicht zu schlagen sein

**degree**, Grad *m*; Rang *m*; Stufe *f*; Ausmaß *n*; Verwandtschaftsgrad *m*; akademischer Grad *m*; **by ~s** stufenweise, nach und nach; **to a high** ~ in hohem Maße; ~ **of activity** Beschäftigungsgrad *m (von Industrien)*; ~ **of disablement** Grad der Invalidität; ~ **of priority** Dringlichkeitsstufe *f*; ~ **of risk** Gefahrenstufe *f*; ~ **of utilization** Auslastungsgrad *m*; **to take one's** ~ e-n akademischen Grad erlangen

**degressive**, degressiv, sich stufenweise vermindernd; ~ **depreciation** degressive Abschreibung *f*

**dehydrated**, ~ **fodder** künstlich getrocknetes Futter *n*, Trockenfutter *n*; ~ **food** Trockennahrungsmittel *n*; ~ **vegetables** Trockengemüse *n*

**delay**, Verzögerung *f*; Aufschub *m*; Verzug *m*; Verspätung *f (Flugzeug etc.)*; **creditor's** ~ Gläubigerverzug *m*; **damage caused by** ~ Verzugsschaden *m*; **debt** ~ Zahlungsverzug *m*; Nichtzahlung *f*; **debtor's** ~ Schuldnerverzug *m*; **request for ~ (of payment)** Stundungsgesuch *n*; **without** ~ unverzüglich; **without undue** ~ ohne schuldhaftes Zögern *n*; ~ **in accepting delivery** Annahmeverzug *m*; ~ **in delivery** Lieferverzug *m*, Lieferverzögerung *f*; ~ **in meeting a time-limit** Fristüberschreitung *f*; ~ **in** (or **of**) **payment** Zahlungsverzug *m*; Zahlungsaufschub *m*; ~ **in the payment of the purchase price** nicht rechtzeitige Zahlung *f* des Kaufpreises; ~ **in performance** Leistungsverzug *m*; ~ **in reply** verspätete Antwort *f*; **to be in** ~ in Verzug sein; **we ask you to forgive the ~ in executing** (or **filling**) **your order** wir bitten Sie, den Lieferverzug zu entschuldigen; **to grant a** ~ e-n Aufschub gewähren; **to grant a ~ of payment** die Zahlung stunden

**delay**, *v* aufschieben, verzögern

**delayed**, ~ **acceptance** verspätete Annahme *f*; ~ **delivery** verspätete Lieferung *f*; *Am (Börse)* verzögerte Lieferung *f (7 Tage nach Abschluss des Geschäfts)*

**del credere**, Delkredere *n*; ~ **account** Delkrederekonto *n*; ~ **commission** Delkredereprovision *f*; ~ **liability** Delkrederehaftung *f*; ~ **risk** Delkredererisiko *n*; **to assume the** ~ das Delkredere übernehmen

**delegate**, *v* delegieren, abordnen; *(Befugnisse)* übertragen; **to ~ authority to a p.** jdm Vollmacht erteilen; **to ~ one's authority** jdn unterbevollmächtigen, jdm Untervollmacht erteilen

**delegation**, Delegierung *f*, Delegation *f*;

trade ~ Handelsdelegation *m*; **~ of authority** Vollmachtsübertragung *f*
**delete**, *v* streichen, löschen; **to ~ from the agenda** von der Tagesordnung absetzen; **to ~ from the list** von der Liste streichen
**deliberate**, (wohl)überlegt; absichtlich, vorsätzlich; **~ misrepresentation** bewusst falsche Darstellung *f*
**deliberation**, Überlegung *f*, Beratung *f* (on über); **after careful ~** nach reiflicher Überlegung; **time for ~** Bedenkzeit *f*
**delinquency**, Pflichtvergessenheit *f*; **tax ~** *Am* verspätete Zahlung *f* der Steuer
**delinquent**, Täter *m*, Delinquent *m*; säumig; zahlungsunwillig; **~ customer** Kunde *m* mit Zahlungsrückständen
**deliver**, *v* (ein-, ab-, aus)liefern; aushändigen, übergeben; andienen; **offer to ~** Lieferungsangebot *n*; **to ~ a copy** e-e Abschrift erteilen; **to ~ goods** Waren (aus)liefern; **to ~ a judgement** ein Urteil erlassen; **to ~ an opinion** ein Gutachten abgeben; **to ~ over** übergeben; **to ~ subsequently** nachliefern; **to ~ a telegram** ein Telegramm zustellen; **to ~ up** herausgeben; **to ~ within the time stipulated** fristgerecht liefern
**deliverable**, lieferbar, zu liefern
**delivered**, (ab-, aus)geliefert; **quantity (to be)** ~ Liefermenge *f*; **when ~** nach (erfolgter) Lieferung *f*; **~ at frontier** (DAF) geliefert Grenze (benannter Lieferort an der Grenze) *(Incoterms 1980)*; **~ duty paid** (DDP) geliefert verzollt (benannter Bestimmungsort im Einfuhrland) *(Incoterms 1980)*; **~ free house** (or **domicile**) Lieferung frei Haus; **~ free at station** Lieferung frei Bahnhof; **~ price** Preis frei Haus; **~ pricing** Preisstellung frei Haus; **to be ~ by hand** durch Boten abgegeben werden; **to be ~ in 3 weeks** mit 3-wöchentlicher Lieferfrist *f*; in 3 Wochen lieferbar
**delivery**, (Ein-, Ab-, Aus-)Lieferung *f*; Übergabe *f*, Aushändigung *f*; Andienung *f*; (Post-)Zustellung *f*; **actual ~** tatsächliche Übergabe *f*; **bill of ~** Lieferschein *m*; **by ~** durch Übergabe; **cash** *Br* (**collect** *Am*) **on ~** zahlbar bei Lieferung; gegen Nachnahme; **charges collected on ~** unter Nachnahme der Kosten; **conditions of ~** Lieferbedingungen *fpl*; **contract for ~** Liefervertrag *m*; **default of ~** Lieferverzug *m*; **delayed ~** verspätete Lieferung; **difficulties in ~** Lieferschwierigkeiten *fpl*; **express ~** *Br* Eilzustellung *f*; **free ~** frei Haus; **guarantee in respect of ~** Liefergarantie *f*; **immediate ~** sofortige Lieferung; **notice of ~** Empfangsbestätigung *f*; **on ~** bei Lieferung; nach Ablieferung; gegen Aushändigung; **period of** (or **for**) **~** → period; **place of ~** → delivery place; **short ~** Minderlieferung *f*; unvollständige Lieferung; **special ~** *Am* Eilzustellung *f*; **terms of ~** Liefer(ungs)bedingungen *fpl*; **time of ~** Lieferzeit *f*, Lieferfrist *f*; **upon ~** → on delivery; **~ area** Lieferbezirk *m*; **~ at call** Lieferung auf Abruf; **~ by instal(l)ments** Lieferung in Raten; Sukzessivlieferung *f*; **~ by rail** Lieferung per Bahn; Bahnversand *m*; **~ charge** Zustellgebühr *f*; **~ clause** Lieferklausel *f*; **~ contract** Liefervertrag *m*; **~ cost(s)** Lieferkosten *pl*, Versandkosten *pl*
**delivery date**, Liefertermin *m*; **earliest ~** frühester Liefertermin; **to adhere to** (or **keep**) **the ~** den Liefertermin einhalten
**delivery**, **~ department** Versandabteilung *f*; **~ expenses** → delivery cost(s); **~ fee** Zustellgebühr *f*; **~ in accordance with the terms of the contract** vertragsgemäße Lieferung; **~ in arrears** rückständige Lieferung; **~ man** Austräger *m*, Lieferant *m*; **~ note** Lieferschein *m*, Begleitschein *m*; **~ notice** Lieferanzeige *f*; **~ of goods** Warenlieferung *f*; Auslieferung *f* von Waren; Warenzustellung *f*; Übergabe *f* von Waren *(bei Kauf)*; **~ of substitute goods** Ersatzlieferung *f*; **~ of telegrams** Telegrammzustellung *f*; **~ offer** Lieferungsangebot *n*; **~ on call** Lieferung auf Abruf; **~ order** Auslieferungsschein *m*; **~ over four weeks** über vier Wochen verteilte Lieferung
**delivery period**, Lieferzeit *f*, Lieferfrist *f*; **on expiration** (*Br auch* **expiry**) **of the ~** nach Ablauf der Lieferfrist
**delivery**, **~ place** Lieferort *m*; Ablieferungsort *m*; **~ problems** Lieferschwierigkeiten *fpl*
**delivery promise**, Lieferversprechen *n*; **to keep the ~** das Lieferversprechen einhalten
**delivery quota**, Lieferquote *f*, Ablieferungssoll *n*
**delivery schedule**, Lieferplan *m*; **to adhere to the ~ as indicated** die angegebene Lieferzeit einhalten
**delivery**, **~ terms** Lieferbedingungen *fpl*; ~

**ticket** *(Börse)* Schlusszettel *m*; ~ **time** Lieferzeit *f*, Lieferfrist *f*; ~ **truck** *Am* (**van** *Br*) Lieferwagen *m*; ~ **verification** Wareneingangsbescheinigung *f* (WEB); ~ **weight** Liefergewicht *n*; Gewicht *n* bei Lieferung; ~ **to addressee** Aushändigung *f* an den Empfänger; ~ **to addressee in person** eigenhändig zu übergebende Lieferung; ~ **is due** die Lieferung ist fällig; **to adhere to the time of** ~ die Lieferfrist einhalten; **to be in default of** ~ in Lieferverzug *m* sein; **to effect** ~ die Lieferung vornehmen; **to pay on** ~ bei Lieferung zahlen; **to take ~ of the goods** die Waren annehmen (od. abnehmen); **to refuse to take ~ of the goods** die Annahme der Ware verweigern

**Delta**, (development of European learning through technological advance) Delta (Entwicklung europäischer Lernsysteme durch Nutzung des technischen Fortschritts); ~ **programme** Programm Delta

**demand**, Verlangen *n*, Forderung *f* (for nach); Ersuchen *n*; Anforderung *f*; Bedarf *m*, Nachfrage *f* (for nach); Sicht-; **article in** ~ gefragter Artikel *m*; **article in great** ~ beliebter Artikel *m*; **borrowing** ~ Kreditbedarf *m*; **brisk** ~ lebhafte Nachfrage *f*; **capital** ~ Kapitalbedarf *m*; **consumer** ~ Verbrauchernachfrage *f*; **continuing** ~ anhaltende Nachfrage; **curbing the** (or **dampening of**) ~ Nachfragedämpfung *f*; **current** ~ laufende Nachfrage; **domestic** ~ Inlandsnachfrage *f*; **drop in** ~ → drop; **excessive** ~ Übernachfrage *f*; übertriebene Forderung *f*; **external** (or **foreign**) ~ Auslandsnachfrage *f*; Auslandsbedarf *m*; **great** (or **heavy**) ~ starke Nachfrage; **home** ~ Inlandsnachfrage, inländischer Bedarf; **in** ~ begehrt, gefragt *(Ware)*; **not much in** ~ wenig gefragt; **increase in** ~ Zunahme *f* der Nachfrage; Steigerung *f* des Bedarfs; **increased** ~ verstärkte Nachfrage; erhöhter (od. steigender) Bedarf; **internal** ~ s. home → demand; **low** ~ geringe Nachfrage; **measures to stimulate** ~ Nachfragebelebung *f*; **on** ~ auf Anforderung (od. Verlangen); bei Vorlage, bei Sicht; **overall** ~ Gesamtnachfrage *f*; **rise in** ~ Nachfrageanstieg *m*; **slack** (or **sluggish**) ~ schwache Nachfrage; **strong** ~ starke Nachfrage; **supply and** ~ Angebot und Nachfrage; **total** ~ Gesamtnachfrage *f*; **world** ~ Weltnachfrage *f*, Weltbedarf *m*; ~ **account** Kontokorrentkonto *n*; ~ **balances** Sichtguthaben *n*; ~ **bill** Sichtwechsel *m*; ~ **creation** Bedarfsschöpfung *f*; Nachfrageschöpfung *f*; ~ **deposits** Sichteinlagen *pl*; Giralgeld *n*; ~ **draft** Sichtwechsel *m*, Sichttratte *f*; ~ **curve** Nachfragekurve *f*; ~ **for capital** Kapitalbedarf *m*; Kapitalnachfrage *f*; ~ **for credit** Kreditnachfrage *f*; ~ **for higher wages** Forderung nach höheren Löhnen; ~ **for labo(u)r** Nachfrage nach Arbeitskräften; ~ **for payment** Zahlungsaufforderung *f*, Mahnung *f*; ~ **for return** Rückforderung *f*; ~ **from abroad** Auslandsnachfrage *f*; ~ **instrument** *Am* Sichtpapier *n*, Sichtwechsel *m*; ~ **loan** *Am* täglich kündbares Darlehen *n*; ~ **note** Sichtwechsel *m*; ~ **price** *(Börse)* Sichtkurs *m*; **~-pull inflation** nachfrageinduzierte Inflation *f*; ~ **rate** *(Devisenmarkt)* Sichtkurs *m*; ~ **restraint** Nachfragedrosselung *f*; ~ **shift** Nachfrageverlagerung *f*; **to be much in** ~ sehr gefragt (od. gesucht) sein; **these goods are in great (little)** ~ diese Waren sind sehr (wenig) gefragt; **the ~ continued to rise** die Nachfrage ist weiter gestiegen; **the ~ declined** die Nachfrage ist zurückgegangen; **the ~ exceeds the supply** die Nachfrage übersteigt das Angebot; ~ **for ... is growing** die Nachfrage nach ... steigt; **to meet the** ~ den Bedarf decken; die Nachfrage befriedigen; **we spare no efforts to meet the ~s of our customers** wir geben uns alle Mühe, die Ansprüche unserer Kunden zu befriedigen; ~ **outstrips supply** die Nachfrage ist größer als das Angebot; **to press one's ~s for higher wages** auf höheren Lohn drängen; ~ **went up** die Nachfrage ist gestiegen

**demand**, *v* fordern, verlangen; anfordern; beanspruchen; **to ~ sb.'s address** jdn nach seiner Adresse fragen; **to ~ an explanation** e-e Erklärung verlangen; **to demand help** um Hilfe bitten; **to ~ payment** Zahlung verlangen; die Zahlung anmahnen; **I have ~ed payment twice already (from you)** ich habe Sie bereits zweimal zur Zahlung aufgefordert

**demarcation**, Abgrenzung *f*

**demarketing**, Anti-Marketing *n* (z. B. Nichtraucherkampagne)

**demeano(u)r**, Benehmen *n*, Verhalten *n*

**demerge**, *v* entfusionieren

**demise**, Verpachtung *f*, Vermietung *f*; Übertragung *f*; Tod *m*
**demise**, *v* verpachten, vermieten; übertragen
**demographic statistics**, Bevölkerungsstatistik *f*
**demolish**, *v (bes. Gebäude)* abreißen, abbrechen; demolieren, zerstören
**demolition**, Abbruch *m*; Abriss *m*; Demolierung *f*, Zerstörung *f*; **due for ~** abbruchreif; **~ order** Abbruchverfügung *f*; **~ works** Abbrucharbeiten *fpl*
**demonetization**, Demonetisierung *f*, Außerkurssetzung *f (alter Münzen)*
**demonetize**, *v (Münzen)* außer Kurs setzen
**demonstrate**, *v (in anschaulicher Weise)* darlegen; vorführen; demonstrieren; **to ~ a new car** ein neues Auto vorführen
**demonstrating project**, Demonstrationsvorhaben *n*
**demonstration**, Darlegung *f*, Vorführung *f*; Demonstration *f*; **~ car** Vorführwagen *m*
**demonstrator**, Vorführer *m*; Demonstrant *m*
**demote**, *v* degradieren; niedriger einstufen
**demount**, *v Am* demontieren; zerlegen; ausbauen
**demounting**, *Am* Demontage *f*
**demur**, *v (förml.)* Einwendungen machen (at, to gegen); **to ~ to a demand** e-e Forderung beanstanden
**demurrage**, Überliegezeit *f*; *(Bahn)* Überstandzeit *f*; **~e** (**charges** or **costs**) (Über-)Liegegeld *n (für verzögertes Auslaufen e-s Schiffes)*; *(Bahn)* (Waggon-)Standgeld *f*; **~ rate** (Über-)Liegegeldsatz *m*; **to be on ~** die Liegezeit überschritten haben
**denationalization**, (Re-)Privatisierung *f*
**denationalize**, *v (verstaatlichte Industrie)* (re)privatisieren
**denaturalization**, Ausbürgerung *f*
**denaturalize**, *v* ausbürgern
**denature**, *v* denaturieren; vergällen, ungenießbar machen
**denaturing**, Denaturierung *f*; Vergällung *f*; **method of ~** Vergällungsverfahren *n*; **~ facilities** Denaturierungseinrichtungen *fpl*; **~ operations** Denaturierung *f*; **~ premium** *(EU)* Denaturierungsprämie *f*
**denial**, Bestreiten *n*; Verweigerung *f*; abschlägiger Bescheid *m*, Absage *f*; **official ~** Dementi *n*; **~ of a claim** Bestreiten e-s Anspruchs; **~ of responsibility** Ablehnung *f* der Verantwortung; **to issue a ~** ein Dementi herausgeben; **to meet with a ~** abschlägig beschieden werden
**denigrate**, *v* verunglimpfen, anschwärzen
**denominate**, *v* (be)nennen, bezeichnen; *(Wertpapiere)* stückeln
**denomination**, Bezeichnung *f*; Kategorie *f*; Stückelung *f (von Wertpapieren)*; **~s** Stücke *npl*, Abschnitte *mpl*; **in the ~ of £ 100** *(Wertpapiere)* in der Stückelung von 100 £; **in ~s of** in Stücken zu; **share ~** Aktienstückelung *f*; **~ of goods** Warenbenennung *f*; **to subdivide shares into smaller ~s** Aktien zu kleineren Nennwerten unterteilen
**denominational value**, Nennwert *m*
**denounce**, *v (jdn)* denunzieren, *(jdn)* anzeigen; *(Staatsvertrag)* kündigen
**density**, Dichte *f*; **~ of development** Bebauungsdichte *f*; **~ of traffic** Verkehrsdichte *f*
**dent**, **~ in sales** Umsatzrückgang *m*; **the car has many ~s** das Auto hat viele Beulen
**denunciation**, Denunziation *f*; Anzeige *f*
**deny**, *v* bestreiten, verneinen, in Abrede stellen; nicht anerkennen; dementieren; **to ~ a liability** die Haftung verneinen; **to ~ a motion** e-n Antrag abweisen; **to ~ all responsibility** jede Verantwortung ablehnen; **to ~ one's signature** seine Unterschrift nicht anerkennen
**depart**, *v* abfahren; abweichen (from von)
**department**, Abteilung *f (e-s Betriebes, Warenhauses)*; Dienststelle *f*; Regierungsstelle *f*; Ministerium *n*; → government ~; → head of a ~; **personnel ~** Personalabteilung *f*; **~ of Commerce** *Am* Wirtschaftsministerium *n*; **~ of Trade and Industry** *Br* Wirtschaftsministerium *n*
**department store**, Warenhaus *n*, Kaufhaus *n*; **~t store branch** Filiale *f* e-s Warenhauses; **~ store group** Warenhauskonzern *m*
**departmental**, Abteilung-; Ministerial-; **~ burden** Abteilungsgemeinkosten *pl*; **~ costing** Abteilungskostenrechnung *f*; **~ head** (or **manager**) Abteilungsleiter *m*; Disponent *m*; **~ markup** Branchenhandelsspanne *f*; **~ order** Ministerialerlass *m*; **~ store** *Br* Warenhaus *n*
**departure**, Abfahrt *f*, Abgang *m*; Abflug *m*; Abweichung *m*; **office of ~** Abgangszollstelle *m*; **place of ~** Abfahrtsort *m*, Abflugsort *m*; **~ of a vessel** Auslaufen *n* e-s Schiffes

**depend**, *v* abhängen (on von); bedingt sein (on durch); sich verlassen (on auf); **it ~s on the circumstances** es hängt von den Umständen ab; es ist durch die Umstände bedingt; **he ~s upon his parents** er ist von seinen Eltern abhängig

**dependant**, *bes. Br* (abhängiger od. unterhaltsbedürftiger) (Familien-)Angehörige(r) *f(m)*; **~s** (of deceased person) Hinterbliebene *pl*; **payments to ~s** Hinterbliebenenbezüge *pl*

**dependence**, Abhängigkeit *f*; Vertrauen *n* (on auf); **drug ~** Drogenabhängigkeit *f*

**dependent**, *bes. Am* → dependant

**dependent**, *adj* abhängig (on von); bedingt (on durch); **~ employment** abhängige (nicht selbstständige) Beschäftigung *f*; **~ on imports** importabhängig; **~ personal services** *(DBA)* unselbstständige Arbeit *f*; **~ relative** unterhaltsbedürftiger Angehöriger *m*; **~ spouses and children** unterhaltsberechtigte Ehegatten und Kinder *pl*; **to be financially ~ on** finanziell abhängen von

**depending**, **~ on whether** je nachdem ob; **~ on the market conditions** konjunkturbedingt

**depletable**, abschreibbar

**deplete**, *v* erschöpfen; abschreiben

**depleted supplies**, erschöpfte Vorräte *mpl*

**depletion**, Erschöpfung *f*; Substanzverringerung *f*; Substanzverzehr *m*; Abschreibung *f (auf Anlagevermögen, das e-m Substanzverzehr unterliegt)*; **~ allowance** *(SteuerR)* Absetzung *f* für Substanzverringerung (such as in respect of oil and gas wells, mineral deposits and timber z. B. hinsichtlich Öl- und Gasquellen, Mineralvorkommen und Waldbeständen); **~ of inventories** Lagerabbau *m*; **~ of stocks** Erschöpfung der Bestände

**deploy**, *v (Arbeitskräfte)* einsetzen; *(Raketen)* aufstellen, stationieren

**deponent**, Aussteller *m* e-s → affidavit; unter Eid aussagender Zeuge *m* ( → deposition)

**deport**, *v (Ausländer)* abschieben, deportieren

**deportation**, Ausweisung *f*, Landesverweisung *f*

**depose**, *v* schriftl. eidliche Erklärung abgeben

**deposit**, Einzahlung *f*, eingezahlter Betrag *m*; (Geld-)Einlage *f*; Guthaben *n (bei e-r Bank)*; Anzahlung *f*, angezahlter Betrag *m*; Draufgabe *f (in e-m Grundstückskaufvertrag)*; Hinterlegung *f*, hinterlegter Betrag *m*; hinterlegte Sicherheit *f*, Kaution *f*; Verwahrung *f*, Aufbewahrung *f*; Depot *n*; Lager(stätte) *n(f)*, Abbaustätte *f*, Vorkommen *n (z. B. von Öl)*; **~s** Depositengelder *pl*, Einlagen *pl*; *Br* Spareinlagen *pl*; **account ~s** Kontoguthaben *n*; **as** (or **by way**) **of ~** als Anzahlung; **bank ~** Bankeinlage *m*; Giralgeld *n*; **certificate of ~** → deposit certificate; **collective ~** Sammeldepot *n*; **contract of ~** Verwahrungsvertrag *m*; **demand ~** *Am* Sichteinlagen *pl*; **derivative ~s** → derivative; **fixed ~s** Festgelder *pl*; Termineinlagen *pl*; **general ~** Sammelverwahrung *f*; Sammeldepot *n*; **(guarantee) ~** hinterlegte Sicherheit *f*, Kaution *f*; **(initial) ~** Anzahlung *f (beim Abzahlungsvertrag)*; **joint ~** gemeinsames Depot *n*; **major ~** Hauptlagerstätte *f*; **mineral ~** Mineralvorkommen *n*; **minimum ~** Mindesteinlage *f*; **3 months' ~s** Einlagen *pl* mit e-r Laufzeit von 3 Monaten; **ninety-day ~s** Dreimonatsgelder *npl*; **omnibus ~** Sammeldepot *n*

**deposit**, **on ~** in (od. zur) Verwahrung; im Depot; **interest on ~s** Habenzinsen *pl (der Banken)*; **kept on ~** depotverwahrt; **sum on deposit** hinterlegter Betrag *m*, Hinterlegungssumme *f*

**deposit**, **primary ~s** → primary; **public ~s** Einlagen der öffentlichen Hand; **safe ~** → safe; **saving ~s** Spareinlagen *fpl*; **security ~** Wertpapierdepot *n*, Effektendepot *n*; **sight ~** Sichteinlage *f*; **special ~s** *Br (von der Bank of England eingeforderte)* Mindestreserven *pl*; **specific ~** Sonderdepot *n*; **term** *Br* (**time** *Am*) **~s** Termineinlagen *fpl*, befristete Einlagen; **thrift ~s** *Am* Spareinlagen *fpl*; **~ account** Einlagenkonto *n*; *Br* Sparkonto *n*; **~ accounts** Termineinlagen *fpl*; **~s and withdrawals** Einzahlungen *fpl* und Abhebungen *fpl*; **~s at a bank** Bankeinlagen *fpl*; Bankguthaben *n*; **~s at call** Sichteinlagen *fpl*, täglich fällige Geldeinlagen *fpl*; **~s at notice** Einlagen mit Kündigungsfrist; Kündigungsgelder *npl*; **~s at short notice** kurzfristig kündbare Einlagen; **~t audit** Depotprüfung *f*; **~ banking** Depositgeschäft *n*; Einlagengeschäft *n*; **~t capital ratio** Verhältnis *n* zwischen Einlagen und Eigenkapital *(e-r Bank)*; ~ **certificate** Hinterlegungsschein *m*; Depotbescheinigung *f (e-r Bank)*; ~ **charge** Verwahrungsgebühr *f*; ~ **currency** *Am* → deposit money; ~ **department** Depositenabteilung *f*; ~ **facilities** Einlagemöglichkeiten *fpl*; ~ **fee** Depotgebühr *f*; ~ **guarantee system** Einlagensicherungssystem *n (der Kreditinstitute)*; ~ **holding** Depotbestand *m*; ~ **insurance** Einlagenversicherung *f*; Depotversicherung *f*; ~ **money** Buchgeld *n*, Giralgeld *n*; ~ **of cash** Hinterlegung von Bargeld; ~ **of a security** Stellung *f* e-r Kaution; Sicherheitshinterlegung *f*; ~ **of securities** Verwahrung von Wertpapieren; Effektendepot *n*; ~ **of a sum of money** Hinterlegung e-s Geldbetrages; **~s of tin** Vorkommen von Zinn; ~ **of title-deeds** *Br* Hinterlegung von Eigentumsurkunden *(als Hypothekenbestellung)*; **~ts on current accounts** Kontokorrenteinlagen *fpl*; Guthaben auf Kontokorrentkonten; ~ **passbook** Depositenbuch *n*

**deposit protection**, Einlagenschutz *m* (od. Einlagensicherung *f*); ~ **Board** *Br* Einlagensicherungsausschuss *m*; ~ **fund** *Br* Einlagensicherungsfonds *m (der Banken)*

**deposit**, ~ **rate** Zinssatz *m* für Depositengelder (od. *Br* Spareinlagen); ~ **receipt** Depotschein *m*; Hinterlegungsschein *m*; ~ **safe** Safe *n (in e-r Bank)*; ~ **slip** *Br* Einzahlungsbeleg *m*; **~s subject to notice** kündbare Einlagen; ~ **warrant** Hinterlegungsschein *f*; **~s with fixed period** befristete Depositen *pl*; **to allow 3 % on ~s** Einlagen mit 3 % verzinsen; **(the amount of) my ~ has increased** mein Guthaben ist angewachsen (to auf); **to make** (or **pay**) **a ~** e-e Einzahlung machen; e-n Betrag hinterlegen; **to place on ~** deponieren; **to take ~s** Einlagen entgegennehmen; **to withdraw ~s** Einlagen abheben; **to withdraw securities from a ~** Effekten aus e-m Depot nehmen

**deposit**, *v (Geld auf das eigene Konto)* einzahlen; anzahlen; hinterlegen, in Verwahrung geben, deponieren; **to ~ in court** *(Geld)* bei Gericht hinterlegen; **to ~ a sum as guarantee** e-n Betrag als Kaution hinterlegen; **to ~ securities in safe custody** *Br* Wertpapiere in ein Depot geben; **to ~ waste** Abfall *m* ablagern

**depositary**, Verwahrer *m*; ~ **bank** Depotbank *f*

**deposited**, **amount ~ as a guarantee** als Sicherheit (od. Kaution) hinterlegter Betrag *m*; **securities ~ under wrapper** Streifbanddepot *n*; ~ **funds** Einlagen *fpl*

**depositing**, ~ **as security** Hinterlegung *f* als Sicherheit(sleistung); ~ **of securities** Hinterlegung von Wertpapieren

**depositor**, Einzahler *m (in e-e Bank)*; Einleger *m*; Deponent *m*, Hinterleger *m*; **savings bank ~** Spareinleger *m*

**depository**, Hinterlegungsstelle *f*; Verwahrer *m*; Aufbewahrungsort *m*; Lagerstelle *f*; ~ **institution** *Am* Kreditinstitut *n*

**depot**, Depot *n*; Lager(haus) *n*; *Am* Bahnhof *m*

**depreciable**, abschreibbar, absetzbar; abnutzbar; ~ **cost** abschreibbare Kosten *pl*; Abschreibungssumme *f*

**depreciate**, *v* an Wert verlieren, im Wert sinken; im Wert herabsetzen, niedriger bewerten; *(Währung)* abwerten; *(Wertminderungen in Bilanz sowie von der Steuer)* abschreiben; **perishable goods ~ rapidly** verderbliche Waren verlieren schnell an Wert

**depreciated**, ~ **amount** Abschreibung(sbetrag) *f(m)*; **the currency has ~** die Währung wurde niedriger bewertet; **fixed assets that can be ~** abschreibungsfähige Anlagegüter *npl*

**depreciation**, Wertminderung *f*, Wertverlust *m*, Entwertung *f*; Herabsetzung *f (im Wert etc.)*; Abschreibung *f*; Absetzung *f* für Abnutzung (AfA); Abwertung *f (e-r Währung)*; Fallen *n* von Kursen; **accelerated** ~ *(steuerbegünstigte)* vorzeitige Abschreibung *f*; **accrued ~** → accrued; **book ~** → book; **building ~** Abschreibung auf Gebäude; ~ **account** Abschreibungskonto *n*; ~ **allowance** Abschreibungsbetrag *m*; ~ **base** Abschreibungsgrundlage *f*; Abschreibungssumme *f*; ~ **clause** Entwertungsklausel *f*; ~ **due to wear and tear** verbrauchsbedingte Abschreibung; ~ **expense** Abschreibungsaufwand *m*; ~ **for cost accounting purposes** kalkulatorische Abschreibung; ~ **for tax purposes** steuerliche Abschreibung; ~ **for wear and tear** Absetzung für Abnutzung (AfA); ~ **fund** Abschreibungsrücklage *f*; ~ **in prices** Preisrückgang *m*; ~ **in value** Wertminderung *f*; ~ **method** Abschreibungsmethode *f*; ~ **of assets** Vermögensverfall *m*; ~ **of the currency** Währungsabwertung *f*; Geldentwertung *f*; ~ **of the dollar** Dollarabwertung *f*; ~ **of the Ecu** Wertverlust *m* der Ecu; ~ **of inventories** Abschreibung auf Warenbestände; ~ **of plant and equipment** Abschreibung auf Betriebsanlagen; ~ **on account of obsolescence** Abschreibung wegen *(technischer)* Überalterung; ~**n on fixed assets** Abschreibung *f* auf Sachanlagen; ~ **on premises** Abschreibung auf Gebäude; ~ **on replacement value** Abschreibung vom Wiederbeschaffungswert; ~ **rate** Abschreibungssatz *m*; ~-**related** abschreibungsabhängig; ~ **reserve** Wertberichtigung *f*; **to allow a** ~ e-e Abschreibung zulassen; **to allow for** ~ die Wertminderung berücksichtigen; **to deduct as** ~ abschreiben; **to make a** ~ e-e Abschreibung vornehmen; **to write off** ~ die Wertminderung abschreiben

**depressed**, flau; gedrückt; ~ **area** Notstandsgebiet *n*; ~ **industries** daniederliegende Industriezweige *mpl*; ~ **market** gedrückte (od. flaue) Börse *f*; ~ **state of the market** Flaute *f* auf dem Markt; **business is in a** ~ **state** der Handel liegt danieder; **share prices are** ~ die Aktienkurse sind flau

**depressing**, **to have a** ~ effect on the prices auf die Preise drücken

**depression**, Depression *f*; **(cyclical)** ~ Konjunkturtief *n*; **(economic)** ~ Wirtschaftskrise *f*; **year of** ~ Flautejahr *n*

**deprivation**, ~ **of civil rights** Aberkennung *f* der bürgerlichen Ehrenrechte; ~ **of pension** Aberkennung *f* des Ruhegehalts

**deprive**, *v*, **to** ~ **sb. of a right** jdm ein Recht aberkennen (od. entziehen)

**depth**, **in** ~ gründlich, sehr eingehend

**deputize**, *v*, to deputize a p. jdn abordnen; jdn zum Stellvertreter ernennen; **to** ~ **for a p.** jdn vertreten

**deputy**, Abgeordneter *m*; Stellvertreter *m*; stellvertretend; Vize-; **acting as** ~ in Vertretung; ~ **manager** stellvertretender Leiter *m* (od. Geschäftsführer *m*); **to act as** ~ **for sb.** jdn vertreten

**derating**, *Br* Befreiung *f* von der Kommunalsteuer

**derelict**, verlassen, aufgegeben, herrenlos; abbruchreif; *(treibendes)* Wrack *n*; ~ **house** verlassenes (und abbruchreifes) Haus *n*

**dereliction**, Eigentumsaufgabe *f*; ~ **of duty** Pflichtverletzung *f*

**deregistration**, Löschung *f* im Register

**deregulate**, *v* deregulieren; einschränkende Bestimmung *f* aufheben

**deregulation**, Deregulierung *f*; Liberalisierung *f*

**derequisition**, *v* Beschlagnahme *f* aufheben

**derisive offer**, lächerliches *(nicht ernst zu nehmendes)* Angebot *n*

**derivative**, abgeleitet, nicht originär; ~ **action** Klage des Aktionärs an Stelle der Gesellschaft; ~ **deposits** *Am* durch Kreditgewährung der Banken geschaffene Depositen *(denen keine Einzahlung zugrunde liegt, opp. primary depostis)*; ~**e trading** *(Börse)* Handel *m* in Derivativen *(Terminhandel, Optionshandel, Margin-Kauf etc.)*

**derive**, *v*, **to** ~ **a benefit from** Nutzen ziehen aus

**derived**, ~ **demand** abgeleitete Nachfrage *f*; **to be** ~ **from** herrühren (od. stammen) von

**derogate**, *v*, **to** ~ **from sth.** etw. beeinträchtigen, mindern; abweichen von

**derogating from**, abweichend von

**derogation**, Beeinträchtigung *f*, Minderung *f*; **in** ~ **of** in Abänderung von

**derogatory**, beeinträchtigend, nachteilig; ~ **to sb.'s reputation** abträglich für jds Ruf

**descend**, *v*, **to** ~ **into a mine** in e-e Grube (ein-)fahren; **to** ~ **to** *(durch Erbfolge)* übergehen auf; **to** ~ **to particulars** auf Einzelheiten zu sprechen kommen

**descendant**, Nachkomme *f*, Abkömmling *m*

**descended**, **to be** ~ **from** abstammen von

**descending**, **in the** ~ **line** in absteigender Linie *f*

**descent**, Abstammung *f*; *(gesetzl.)* Erbfolge *f*; Übergang *m (von Grundbesitz auf Grund von gesetzl. Erbfolge)*; Einfahrt (into a mine in ein Bergwerk); **of French** ~ von französischer Herkunft *f*; **of legitimate** ~ von ehelicher Abstammung; **to take land by** ~ Grundbesitz erben

**describe**, *v* beschreiben, bezeichnen

**description**, Beschreibung *f*, Bezeichnung *f*; Art *f*, Sorte *f*; **by** ~ nach Beschreibung (od. Angabe); **current** ~ gangbare Sorte; **full** (or **detailed**) ~ genaue Beschreibung;

**goods by ~** Waren nach Beschreibung *(z. B. durch e-en Katalog)*; **goods of the contract ~** vertragsgemäße Waren *f*; **purchase by ~** Kauf *m* nach Warenbeschreibung *(z. B. e-s Katalogs)*; **~ of the contents** Bezeichnung des Inhalts; Inhaltsangabe *f*; **~ of goods** Beschreibung der Ware; Warenbezeichnung *f*; **specified ~ is endorsed** genaue Beschreibung liegt bei; **to fit the ~** der Beschreibung entsprechen

**desert**, *v* verlassen, im Stich lassen; desertieren

**design**, 1. Absicht *f*, Plan *f*; Planung *f*; **whether by accident or by ~** ob zufällig oder beabsichtigt; **in the ~ stage** im Stadium *n* der Planung

**design**, 2. Muster *n (geschmacklicher od. technischer Art)*; Design *n*, Modell *n (bes. für industriell gefertigte Gegenstände)*; Konstruktion *f*; Entwurf *m*; **error in ~** Konstruktionsfehler *m*; **faulty ~** fehlerhafte Konstruktion; **industrial ~** gewerbliches Muster; industrielle Formgebung *f*; **latest ~** letztes Modell; **ornamental ~n** Geschmacksmuster *n*; **protection of registered ~s** *Br* (Geschmacks-)Musterschutz *m*; **Register of ~s** *Br* Geschmacksmusterrolle *f*; **registered ~** *Br* eingetragenes (Geschmacks-) Muster *n*; **registration of a ~** Eintragung *f* e-s Musters; **~ drawing** Konstruktionszeichnung *f*; **~ of car** Automodell *f*; **~ defect** Konstruktionsfehler *m*; **~ patent** *Am* (Geschmacks-)Musterpatent *n*

**design**, *v* zeichnen, entwerfen; planen, beabsichtigen

**designate**, *v* bezeichnen, kennzeichnen; ernennen, bestimmen; **to ~ an heir** e-n Erben bestimmen; **he ~d X as his successor** er bestimmte X zu seinem Nachfolger

**designation**, Bezeichnung *f*, Kennzeichnung *f*; Benennung *f*, Bestimmung *f*; **~ of origin** Herkunftsbezeichnung *f*

**designer**, Designer *m*, Formgestalter *m (industrieller Erzeugnisse)*; (Muster-) Zeichner *m*; Konstrukteur *m*; **fashion ~** Modezeichner *m*

**desist**, *v* Abstand nehmen (from von); aufhören

**desk**, Schreibtisch *m*; **information ~** Auskunft *f*; **pay ~** Kasse(nschalter) *f(m)*; **(reception) ~** *(Hotel)* Empfang(sschalter) *m*; **~ jobber** Streckenhändler *m*, Großhändler *m* ohne eigenes Lager; **~ work** Schreibtischarbeit *f*, Büroarbeit *f*

**desk-top copier**, Tischkopierer *m*

**despatch**, → dispatch

**destabilize**, *v* destabilisieren

**destabilization**, Destabilisierung *f*

**destination**, Bestimmungsort *m*; **customs office of ~** Bestimmungszollstelle *f*; **port of ~** Bestimmungshafen *m*; **~ station** Bestimmungsbahnhof *m*

**destitute**, mittellos, verarmt; notleidend

**destitution**, Mittellosigkeit *f*; *(bittere)* Armut *f*

**destocking**, Abbau *m* der Lagerbestände; Lagerabbau *m*

**destroy**, *v* zerstören, vernichten

**destruction**, Zerstörung *f*, Vernichtung *f*; **~ of fruit and vegetables** Vernichtung von Obst und Gemüse; **~ or loss of the goods** Untergang *m* oder Verlust *m* der Sache

**destructive**, zerstörend, vernichtend; **~ to health** gesundheitsschädlich

**desuetude, to fall into ~** außer Gebrauch kommen

**detach**, *v* abtrennen, ablösen; **to ~ coupons** Kupons abtrennen

**detached house**, freistehendes Haus *n*

**detail**, Einzelheit *f*; **~s can be obtained from** Näheres ist zu erfahren bei; **~s shall be regulated by** das Nähere regelt sich durch

**detailed**, **~ account** genaue *(spezifizierte)* Abrechnung *f*; **~ offer** eingehendes (ins einzelne gehende) Angebot *n*; **~ statement** detaillierte (od. genaue) Erklärung *f*

**detain**, *v* zurückhalten, vorenthalten; aufhalten; **to ~ goods** Waren zurückbehalten

**detained**, in (Untersuchungs-)Haft, inhaftiert

**detective**, Detektiv *m*; **~ agency** Detektei *f*

**detention**, Zurückhaltung *f*, Vorenthaltung *f*

**detergent(s)**, Haushaltsreinigungsmittel *n(pl)*, Waschmittel *n(pl)*

**deteriorate**, *v* (sich) verschlechtern, verderben *(Lebensmittel)*; **prices ~ further** die Kurse gaben weiter nach; **quality ~d** die Qualität hat sich verschlechtert

**deterioration**, Verschlechterung *f*, Verderb *m*; Wertminderung *f*; **~ in prices** Preisverfall *m*; **~ of the economic situation** Verschlechterung der Wirtschaftslage; **~ of quality** Qualitätsverschlechterung *f*

**determination**, Bestimmung *f*, Festsetzung *f*; Feststellung *f*; Entscheidung *f*; Ablauf *m*, Beendigung *f*, Ende *n*; **~ of damages** Festsetzung des Schadensersatzes; **~ of defect** Fehlerfeststellung *f*; **~ of a frontier** Festlegung *f* (od. Bestimmung) e-r Grenze; **~ of a lease** Ende e-s Miet- (od. Pacht-)verhältnisses; **~ of the value for customs purposes** Ermittlung *f* des Zollwertes; **to come to a ~** zu e-r Entscheidung kommen; e-n Entschluss *m* fassen

**determinative influence**, bestimmender Einfluss

**determine**, *v* bestimmen, festsetzen; feststellen; entscheiden (über); ablaufen, zu Ende gehen; beenden; **to ~ the date for a meeting** das Datum für e-e Sitzung festsetzen; **to ~ the price** den Preis festsetzen; **to ~ the profits** *(SteuerR)* die Gewinne ermitteln

**determined**, entschlossen; **the price is ~ by supply and demand** der Preis wird durch Angebot und Nachfrage bestimmt

**detour**, Umweg *m*; Umleitung *f (des Verkehrs)*

**detriment**, Nachteil *m*, Schaden *m*; **without ~ to** ohne Schaden für

**detrimental**, nachteilig, abträglich; **~ consequences** nachteilige Folgen *fpl*; **to be ~ to** schaden

**devaluation**, Abwertung *f*; Entwertung *f*; **currency ~** Währungsabwertung *f*; **monetary ~** (or **~ of money**) Geldentwertung *f*; **~ of pound sterling** Pfundabwertung *f*

**devalue**, *v* abwerten; entwerten

**develop**, *v* entwickeln; weiterbilden, ausbauen; *(Bauland etc.)* erschließen; bebauen; **to ~ oil fields** Ölvorkommen erschließen; **to ~ relations** Beziehungen ausbauen

**developed**, entwickelt; **least ~ countries** am wenigsten entwickelte Länder *npl*; **less ~ country** Entwicklungsland *n*; **~ country** Industrieland *n*; **highly ~ country** hochindustrialisiertes Land *n*; **~ land** *Br* bebautes (od. erschlossenes) Grundstück *n*

**developer**, Bauunternehmer *m*

**developing**, **~ country** Entwicklungsland *n*; **aid to ~ countries** Entwicklungshilfe *f*

**development**, Entwicklung *f*; Weiterbildung *f*, Ausbau *m*; Erschließung *f*; Bebauung *f*; **housing ~** Wohnsiedlung *f*; → sustainable ~; **~ aid** Entwicklungshilfe *f*; **~ area** *Br* Notstandsgebiet *(mit hoher Arbeitslosenziffer)*; Fördergebiet *n*; **~ cooperation** Entwicklungszusammenarbeit *f*; **~ expense** Entwicklungskosten *pl*; Erschließungsaufwand *m*; **(initial) ~ expenses** Anlaufkosten *pl (bis zur Aufnahme der Produktion)*; **~ loan** Entwicklungsdarlehen *n*; Entwicklungskredit *m*; Entwicklungsanleihe *f*; **~ plan** Bebauungsplan *m*; **~ project** Entwicklungsvorhaben *n*; Bauvorhaben *n*; **~ volunteer** (or **worker**) Entwicklungshelfer *m*

**deviation**, Abweichung *f*; **in ~ from Art. 1** abweichend von Art. 1; **mean ~** *(Statistik)* durchschnittliche Abweichung; **~ clause** Abweichungsklausel *f (dem Lieferer zugestandene Abweichungen)*; Toleranzklausel *f*; Wegabweichungsklausel *f*; **~ from quality** Qualitätsabweichung *f*

**device**, Vorrichtung *f*, Gerät *n*, Apparat *m*; Erfindung *f*; Vorhaben *n*, Plan *m*; Trick *m*; **fraudulent ~** betrügerischer Trick; **national ~** Hoheitszeichen *n*; **safety ~** Sicherheitsvorrichtung *f*

**devise**, letztwillige Verfügung *f (über Grundbesitz)*; **by ~ or descent** auf Grund testamentarischer oder gesetzlicher Erbfolge *f*; **to take land by ~** Grundbesitz *m* (auf Grund letztwilliger Verfügung) erben

**devise**, *v (über Grundbesitz)* letztwillig verfügen; *(Grundbesitz)* vermachen; planen

**devolution**, Übergang *m* (on auf); Übertragung *f*; Anfall *m (e-r Erbschaft)*; **~ of estate** Vermögensübergang *m (z. B. auf den Nachlassverwalter od. Konkursverwalter)*; **~ of property** Vermögensübergang *m*; **~ upon death** (Eigentums-) Übergang von Todes wegen

**devolve**, *v* übergehen (on auf); übertragen; *(im Wege der gesetzl. Erbfolge)* anfallen

**dial**, *v tel (Nummer)* wählen; **direct ~ling** Durchwahl *f*; **~ling code** *Br* Vorwählnummer *f*, Ortsnetzkennzahl *f*; **national ~ling** *Br* Selbstwählfernverkehr *m*

**diary**, Terminkalender *m*; Tagebuch *n*

**dictaphone**, (or **dictating machine**) Diktiergerät *n*

**dictation**, **left after ~** nach Diktat *n* verreist

**diet(etic) foods**, Diätlebensmittel *pl*

**differ**, *v* sich unterscheiden, abweichen (from von); **to ~ from sb.** verschiedener Meinung sein; **to ~ in price** im Preis verschieden sein; **the prices ~** die Preise sind verschieden; **the samples ~ from each other** die Muster weichen voneinander ab

**difference**, 1. Differenz *f*, Unterschied *m*; **~ in price(s)** Preisunterschied *m*; Kursunterschied *m*; **~s of national tax systems** *(EU)* Unterschiede *pl* in den einzelstaatlichen Steuersystemen

**difference**, 2. Meinungsverschiedenheit *f*; **~s** Differenzen *fpl*; **settlement of ~s** Beilegung *f* von Streitigkeiten; **to settle a ~** e-e Streitigkeit beilegen

**different**, verschieden(artig); abweichend (from von)

**differential**, **interest-rate ~** Zinsunterschied *m*, Zinsgefälle *n*; **price ~** Preisunterschied *m*, Preisgefälle *n*; **wage ~** Lohnunterschied *m*, Lohngefälle *n*; **~ cost** Grenzkosten *pl*; **~ duty** Differenzialzoll *m*; **~ piece-rate** Differenzial-Stücklohn *m*; **~ price** unterschiedlicher Preis *m*; diskriminierender Preis *m*; **~ tariff** Differenzial(zoll)tarif *m*, Staffeltarif *m*

**difficult**, schwierig, schwer; **~ trading** schlechter Geschäftsgang *m*

**difficult|y**, Schwierigkeit *m*; **~ies in delivery** Lieferschwierigkeiten *fpl*; **~ies in selling** Absatzschwierigkeiten *fpl*; **to get into financial ~ies** in finanzielle Schwierigkeiten geraten; **to meet with ~ies** auf Schwierigkeiten stoßen

**digital**, digital; **~ camera** Digitalkamera *f*; **~ certificate** digitales Zertifikat *n* zur Verschlüsselung von digitalen Informationen; **~ certificate authority** Organisation *f*, die berechtigt ist digitale Zertifikate und Verschlüsselungsschlüssel zu vergeben; **~ signature** digitale Unterschrift *f*; **~ subscriber line** *DSL (~ ist eine Zugangstechnologie zum Internet mit hohen Datentransferraten.)*; **~ versatile disc** DVD *f (Speichermedium für Daten insbesondere Videos)*

**digital computer**, *(EDV)* Digitalrechner *m*, Rechner *m*

**dilapidated**, baufällig, abbruchreif

**dilapidation**, Baufälligkeit *f*; Verfall *m*; **list of ~s** *Br* Liste notwendiger Reparaturen *fpl*

**dilatory**, dilatorisch, hinauszögernd; **~ payer** säumiger Zahler *m*; **~ plea** dilatorische Einrede *f*

**diligence**, Fleiß *m*; Sorgfalt *f*; **due ~** *(etwa)* die im Verkehr erforderliche Sorgfalt; **ordinary ~** gewöhnliche (od. übliche) Sorgfalt *(wie in eigenen Angelegenheiten)*; **reasonable ~** genügende (od. angemessene) Sorgfalt; **~ of a prudent businessman** Sorgfalt e-s ordentlichen Kaufmanns

**dilute**, *v* verdünnen, verwässern; **to ~ labo(u)r** ungelernte Arbeiter *(als Facharbeiter)* einsetzen

**dilution**, Verdünnung *f*, Verwässerung *f*; **~ of equity**, Verwässerung *f* des Aktienkapitals *n*

**diminished**, **~ receipts** verminderte Einnahmen *fpl*; **~ responsibility** verminderte Zurechnungsfähigkeit *f*

**diminishing return(s)**, abnehmender Ertrag *m*

**diminution**, Verringerung *f*; Abnahme *f*; **~ in profits** Gewinnschrumpfung *f*; **~ in taxes** Abnahme der Steuern; **~ of expense** Kostenverringerung *f*

**dinks** *(sl.)* = double income no kids, kinderloser Doppelverdiener(in)

**dip**, Geschäftsrückgang *m*; *Am sl.* Taschendieb *m*

**dip**, *v*, **to ~ the headlights of a car** die Scheinwerfer abblenden; **to ~ deeply into one's purse** *colloq.* tief in die Tasche greifen

**diploma**, **to hold a ~** ein Diplom haben

**diplomacy**, Diplomatie *m*; **to act with ~** diplomatisch vorgehen

**diplomatic**, **~ agencies abroad** diplomatische Vertretungen *fpl* im Ausland; **~ agent** diplomatischer Vertreter *m*; Diplomat *m*; **through ~ channels** auf diplomatischem Wege *m*; **~ exchange** (or **intercourse**) diplomatischer Verkehr *m*; **~ privilege** diplomatische Immunität *f*; **~ relations** diplomatische Beziehungen *fpl*

**direct**, direkt, unmittelbar; **order placed ~ly** Direktbestellung *f* (with bei); **~ advertising** Direktwerbung *f (durch Briefe, an Haushalte verteilte Werbeblätter etc.)*; **~ borrowing** direkt aufgenommener Kredit *m*; **~ channel**, direkter Absatzkanal *m*; **~ cost** Einzelkosten *pl*; **~ costing** Grenzkostenrechnung *f*; **~ damage** unmittelbarer Schaden *m*; **~ debit(-ing)** Lastschriftverfahren *n*; Abbuchungsverfahren *n*; Einzugsverfahren *n*; **~ debit order** Einzugsauftrag *m*; **~ debit transactions** Lastschriftverkehr *m*; **~ debit transfer** Lastschrifteinzug *m*; **~ exchange** *(Devisen)* fester Umrechnungskurs *m*; **~ financing** Barfinanzierung *f*; **~ insurance** Direktversicherung *f*; **~ insurer** Erstversicherer *m*; **~ investment** Direktinvestition *f*; **~ labo(u)r (cost)** Fertigungslöhne *pl*; **~ leasing** Direkt-Leasing *n (durch den Hersteller e-s Wirtschaftsgutes direkt)*; **~ lending** direkt gewährter Kredit *m*

**direct mail**, **~ advertising** Postversandwerbung *f*; Postwurfsendung *f*; **~ marketing** Verkaufsmethode *f* durch Postwurfsendungen; **~ selling** Versandhandel *m*

**direct**, **~ marketing** Direktabsatz *m*; **~ material** Einzelmaterial *n*; Einzelkostenmaterial *n*; Materialeinzelkosten *pl*; **~ offering** *(Effektenhandel)* Direktemission *f*; freihändiger Verkauf *m*; **~ overheads** Fertigungsgemeinkosten *pl*; **~ quotation** Preisnotierung *f (von Wechselkursen)*; **~ sale** (or **selling**) Direktverkauf *m*; Verkauf ohne Zwischenhändler; **~ shipment** Direktlieferung *f*; **~ taxes** direkte Steuern *fpl*; **~ transactions** Direktgeschäfte *npl*; **~ universal suffrage** *(EU)* Direktwahl *f*

**direct**, *v* anordnen, anweisen; *(im Testament)* bestimmen; den Weg weisen; *(Verkehr)* regeln; *(Brief, Paket etc.)* adressieren (to an); **to ~ an enterprise** ein Unternehmen leiten

**directed economy**, gelenkte Wirtschaft *f*, Planwirtschaft *f*

**direction**, Anordnung *f*, Weisung *f*; Leitung *f*; Führung *f*; Lenkung *f*; Richtung *f*; Adresse *f*, Anschrift *f*; **by ~ of** auf Anordnung von; **~s for use** Gebrauchsanweisung *f*; **~ indicator** Winker *m (e-s Autos)*; **~ of consumption** Verbrauchslenkung *f*; **~ of a firm** Leitung *f* e-r Firma; **~ of traffic** Verkehrsregelung *f*; **to give ~s** Weisungen *pl* erteilen

**directive**, 1. Richtlinie *f*

**Directive**, 2. *(EU)* Richtlinie *f (must be incorporated into national law by the Member States)*; **adoption of a ~** Verabschiedung *f* e-r Richtlinie; **Draft ~** Entwurf *m* e-r Richtlinie; → services ~; → waste ~; **the council enacted** (or **issued**) **a ~** der Rat erließ e-e Richtlinie; **to transpose a ~** e-e Richtlinie umsetzen; **failure to transpose a ~** Nichtumsetzung *f* e-r Richtlinie

**director**, Direktor *m*; board-Mitglied *n* (Mitglied des board of directors); **managing ~** → managing; **marketing ~** → marketing; **~-general** Generaldirektor *m*; **~s of a company** Geschäftsleitung *f* e-r Gesellschaft; **~r of Public Prosecutions** *Br* Leiter *f* der Anklagebehörde

**directorate**, Direktorium *n*

**directors' fees**, Vergütung *f* der board-Mitglieder; Verwaltungsratsbezüge *pl*; **taxation of ~** *(DBA)* Besteuerung *f* von Aufsichtsrats- und Verwaltungsratsvergütungen

**directors'**, **~ meeting** board-Sitzung *f*; **~ percentage of profits** Tantieme *f* der Verwaltungsratsmitglieder; **~ report** *Br (AktienR)* Geschäftsbericht *m* der Direktoren

**directorship**, Direktorenposten *m*

**directory**, Dateiordner *m*

**directory**, 1. Namensverzeichnis *n*; Adressbuch *n*; Fernsprechbuch *n*; **trade ~** Branchenadressbuch *n*

**directory**, 2. *adj* anweisend, richtunggebend; **~ provision** Sollvorschrift *f*

**dirt**, **~-cheap goods** spottbillige Waren *pl*; **~-cheap price** sehr niedriger Preis *m*; **~ float** → float 2.; **~ pay** Schmutzzulage *f*

**disability**, Unfähigkeit *f*; Geschäftsunfähigkeit *f*; Prozessunfähigkeit *f*; Arbeits-, Dienst-, Erwerbsunfähigkeit *f*; Behinderung *f*; **partial ~** Teilerwerbsunfähigkeit *f*; **permanent ~** dauernde Erwerbsunfähigkeit; **persons under ~** geschäftsunfähige Personen; **temporary ~** vorübergehende Erwerbsunfähigkeit; **total ~** Vollerwerbsunfähigkeit *f*; **~ allowance** *Br* Erwerbsunfähigkeitsrente *f*; **~ degree** Grad *m* der Erwerbsunfähigkeit; **~ insurance benefit** *Am* Rente *f* wegen Erwerbsunfähigkeit; Invaliditätsrente *f*; **~ pension** Erwerbsunfähigkeitsrente *f*; **children are under a special ~** Kinder sind beschränkt geschäftsfähig

**disabled**, arbeits-, dienst-, erwerbsunfähig; (körper)behindert; geschäftsunfähig; **seriously ~** schwer behindert; **seriously ~ (person)** Schwerbehinderte(r) *f(m)*; **~ bond** ungültig gewordene Obligation *f (infolge von Diebstahl, Verlust etc.)*; **~ ex-service man** Kriegsbeschädigter *m*; **~ person** Arbeits-, Dienst-, Erwerbsunfähiger *m*; Behinderter *m*; Geschäftsunfähiger *m*; **to fill jobs with ~ (persons)** Arbeitsplätze mit Behinderten besetzen

**disablement**, Arbeits-, Dienst-, Erwerbsunfähigkeit *f*; Invalidität *f* ( → disability); **~ benefit** Erwerbsunfähigkeitsrente *f*; **~**

**insurance** Invaliditätsversicherung *f*; ~ **pension** *Br* Arbeitsunfallrente *f*
**disadvantage**, Nachteil *m*, Schaden *m*; **to sell at a** ~ mit Verlust *m* verkaufen; **to suffer** ~ benachteiligt werden
**disadvantaged**, benachteiligt
**disagio**, Disagio *n*; Abschlag *m*
**disagree**, *v* nicht übereinstimmen; in Widerspruch stehen, sich widersprechen; *(Nahrung, Klima)* nicht bekommen (with sb. jdm)
**disagreement**, Meinungsverschiedenheit *f*; Widerspruch *m*; **in the event of** ~ falls keine Einigung *f* zustande kommt
**disallow**, *v* zurückweisen; nicht gelten lassen; **to ~ a debt** e-e Forderung nicht anerkennen
**disappearance**, Verschwinden *n (z. B. von Urkunden)*
**disapproval**, **to express** ~ Missbilligung *f* äußern
**disarmament**, Abrüstung *f*
**disassemble**, *v (Maschinen etc.)* demontieren; auseinander nehmen
**disaster**, Unglück *n*, Katastrophe *f*; ~ **area** Katastrophengebiet *n*; ~ **relief** Katastrophenhilfe *f*; **aid for ~ victims** Katastrophenhilfe *f*
**disband**, *v* auflösen
**disbar**, *v* aus der Anwaltschaft ausschließen
**disburse**, *v (Geld)* auslegen, verauslagen; auszahlen
**disbursement**, Auslage *f*, verauslagter Betrag *m*; Auszahlung *f*; Bezahlung *f* mit Bargeld oder Scheck; ~ **voucher** Ausgabenbeleg *m*; **to recover one's ~s** seine Auslagen vergütet bekommen
**disc**, Schallplatte *f*; **~-recording** Schallplattenaufnahme *f*
**discharge**, Befreiung *f (von Verpflichtungen)*; Schulderlass *m (des Gemeinschuldners)*; Entlastung *m*; Erfüllung *f (e-r Verpflichtung)*; Tilgung *f*, Rückzahlung *f*; Begleichung *f (e-r Schuld)*; (Dienst-)Entlassung *f*; Freilassung *f*, Entlassung *f*; Entladen *n*, Ausladen *n*, Löschen *n (e-r Schiffsladung)*; **time allowed for** ~ Entladefrist *f*; Löschfrist *f*; ~ **from custody** Entlassung aus der Haft; ~ **from liability** Befreiung von der Haftung; ~ **from office** Amtsenthebung *f*; Dienstentlassung *f*; ~ **of a bankrupt** Entlastung e-s Gemeinschuldners; ~ **of cargo** Löschen der (Schiffs-)Ladung; ~ **of a contract** Vertragserfüllung *f*; ~ **of dangerous substances** Ableitung *f* gefährlicher Stoffe; ~ **of a debt** Tilgung e-r Schuld; ~ **of duties** Erfüllung von Pflichten; ~ **of a mortgage** Erlöschen *n* e-r Hypothek; ~ **of oil** Ablassen *n* von Öl; ~ **of seamen** Abmusterung *f* von Seeleuten; ~ **overside** Ausladen über Schiffsseite; ~ **of waste into the sea** Ableitung *f* von Abfällen ins Meer; **to give** (or **grant**) **sb. a** ~ jdm Entlastung erteilen; jdn entlasten
**discharge**, *v (von Verpflichtungen)* befreien; entlasten; *(Verpflichtung)* erfüllen; *(Schuld)* tilgen, rückzahlen, begleichen; *(aus dem Dienst)* entlassen; *(Ladung)* löschen, ausladen; **to ~ a bill** e-n Wechsel einlösen; **to ~ a consignment of wine** e-e Sendung Wein entladen; **to ~ sb. from employment** jdn entlassen; **to ~ one's liabilities** seinen Verpflichtungen nachkommen; **to ~ sb. of an obligation** jdn aus e-r Verpflichtung entlassen; **to ~ oil** Öl ablassen; **to ~ a patient from hospital** e-n Patienten aus dem Krankenhaus entlassen
**discharged**, **until ~ in full** bis zur völligen Schuldentilgung *f*; ~ **bankrupt** entlasteter Gemeinschuldner *m*; **to be ~ from liability** von der Haftung befreit sein; **a bill is** ~ ein Wechsel ist eingelöst (od. erloschen); **as soon as the cargo is** ~ sobald die Ladung gelöscht ist
**discharging**, ~ **expenses** Löschkosten *pl*, Entladekosten *pl*; ~ **place** Löschplatz *m*
**disciplinary**, disziplinarisch; ~ **action** Disziplinarmaßnahme(n) *fpl*; ~ **transfer** Strafversetzung *f*
**disclaim**, *v* nicht anerkennen; verzichten auf; ablehnen; **to ~ a claim** e-en Anspruch aufgeben; **to ~ an audit option** *(als Buchprüfer)* den Bestätigungsvermerk versagen; **to ~ liability** die Haftung ablehnen; **to ~ responsibility** die Verantwortung ablehnen
**disclaimer**, Verzichterklärung *f*; Nichtanerkennung *f*; Ablehnung *f*; ~ **of liability** Haftungsausschluss *m*; ~ **of onerous property** *(Konkurs)* Ausschlagung *f* e-s lästigen Vermögens; ~ **of responsibility** Ablehnung der Verantwortung; ~ **of one's share in an estate** Ausschlagung *f* e-r Erbschaft
**disclose**, *v* offenlegen; öffentlich darlegen; **duty to** ~ Offenlegungspflicht *f*; **duty to** ~

**the annual accounts** Publikationspflicht *f*; **failure to ~** Unterlassung, (etw.) offenzulegen; **to ~ a business secret** ein Geschäftsgeheimnis preisgeben; **to ~ defects** Mängel aufdecken; **to ~ documents** Urkunden offenlegen; **to ~ a fraud** e-n Betrug aufdecken; **to ~ one's status** seine geschäftliche Lage *(als Konkursschuldner)* offenlegen

**disclosure**, Offenlegung *f*, Auskunft(erteilung) *f*; Preisgabe *f*; **financial ~** Offenlegung der finanziellen Lage; **fraudulent non-~** arglistiges Verschweigen *n*; **~ of information** Weitergabe *f* von Informationen; **~ requirement** Publizitätserfordernisse *npl*; Offenlegungspflicht *f*

**discontinuance**, Unterbrechung *f*; Einstellung *f*; **~ of business** Geschäftsaufgabe *f*; **~ of farming** Einstellung der landwirtschaftlichen Tätigkeit; **~ of operations** Einstellung des Betriebs; **~ of payments** Einstellung der Zahlungen

**discontinue**, *v* unterbrechen; einstellen; **to ~ one's business** sein Geschäft aufgeben; **to ~ production** die Produktion einstellen

**discontinued**, **we have ~ this article** wir führen diesen Artikel nicht mehr; **the production of this article has been ~** die Produktion dieses Artikels ist ausgelaufen

**discount**, 1. Diskont *m*; Abzinsungsbetrag *m*; **~ts** Diskonten *pl*, inländische Wechsel *mpl*; **~ bank** Diskontbank *f*, diskontierende Bank *f*; **~ bill** Diskontwechsel *m*; **~ bond** Disagio-Anleihe *f*; **~ broker** Wechselmakler *m*; **~ business** Diskontgeschäft *n*; **~ charges** Diskontspesen *pl*; **~ commission** Diskontprovision *f*; **~ credit** Diskontkredit *m (zur Beschaffung liquider Mittel durch Einreichung von Wechseln)*; **~ earned** Diskonterlös *m*; **~ factor** Diskontierungsfaktor *m*, Abzinsungsfaktor *m*; **~ holdings** Bestand *m* an Diskonten; **~ house** *Br* Bank *f*, die sich besonders mit dem Diskontgeschäft befasst; **~ market** Diskontmarkt *m*; **~ of a bill** Wechseldiskont *m*; **~ period** Diskontierungszeitraum *m*; **~ promise** Diskontzusage *f*

**discount rate**, Diskontsatz *m*; Abzinsungssatz *m*; **reduction of the ~** Diskontsenkung *f*; **rise in the ~** Diskonterhöhung *f*; **~ policy** Diskontpolitik *f*

**discount window**, *Am* Rediskontierungsstelle *f*. („Fenster" bei e-r → Federal Reserve Bank, bei der Banken kurzfristigen Kredit zum Diskontsatz erhalten können)

**discount**, **to give a bill on ~** e-n Wechsel diskontieren lassen; **to take a bill on ~** e-n Wechsel diskontieren

**discount**, 2. Skonto *m*, Preisnachlass *m* bei Barzahlung; Rabatt *m (z. B. bei Bezug größerer Mengen)*; **3 % ~ for cash** bei Barzahlung 3 % Rabatt; **cash ~** Barzahlungsrabatt *m*, Skonto; **dealer ~** Händlerrabatt *m*; **extra ~** Sonderrabatt *m*; **less discount** abzüglich Skonto; **quantity ~** Mengenrabatt *m*; **retail ~** Einzelhändlerrabatt *m*; **special ~** Sonderrabatt *m*; **trade ~** Rabatt für Wiederverkäufer; **wholesale ~** Großhandelsrabatt *m*; **~ allowed** (or **granted**) gewährter Skonto; **~ allowed by supplier** Lieferantenskonto *m*; **~ allowed to customer(s)** Kundenskonto *m*; **~ deduction** Skontoabzug *m*; **~ ticket** Rabattmarke *f*; **to allow ~ for cash** bei Barzahlung Skonto gewähren, skontieren; **to pass on a ~** e-n Preisnachlass gewähren; **to sell the goods at a ~** Waren unter dem Marktpreis (billiger) verkaufen *(weil sie wenig gefragt sind)*; **there is a ~ of 3 %** von diesem Betrag gehen 3 % Skonto ab

**discount**, 3. *(Börse)* Disagio *n*, Abschlag *m*; **bond ~** Obligationsdisagio *n*, Pfandbriefdisagio *n*; **issue at a ~** Unterpariemission *f*; **~ shares** *(z. B. durch Unterpari-emission)* unzureichend einbezahlte Aktien

**discount**, *v* diskontieren (e-e später fällig werdende Forderung [bes. Wechsel] unter Abzug von Zinsen ankaufen); abzinsen; abziehen; nicht mitrechnen

**discountable bill**, diskontfähiger Wechsel *m*

**discounted**, **amount ~** Abzinsungsbetrag *m*; **~ bill** Diskontwechsel *m*; **~ cash flow** Barwert *m* aller künftiger Einnahmen und Ausgaben e-r Unternehmung oder e-r Investition; **to get a bill ~** e-n Wechsel diskontieren lassen

**discounting**, Diskontierung *f (von Wechseln)*; Abzinsung *f*; **~ rate** Abzinsungssatz *m*

**discover**, *v* entdecken, ausfindig machen; offenlegen; Auskunft geben

**discovery**, Entdeckung *f*; Offenlegung *f*;

Auskunfterteilung *f*; *(erzwingbare)* Beweisermittlung *f* durch die Parteien; **duty of ~** Auskunftspflicht *f (z. B. des Konkursschuldners)*; **~ of debtor's property** Offenlegung des Schuldnervermögens; **~ of a defect** Entdeckung e-s Mangels; **a bankrupt is bound to make full ~ of his assets** ein Konkursschuldner ist verpflichtet, sein Vermögen offen darzulegen

**discredit**, *v* in schlechten Ruf bringen; anzweifeln; **to ~ sb.** jdn diskreditieren, jds Ansehen schaden

**discrepancy**, Diskrepanz *f*, Widerspruch *m*; **~ in an invoice** Unstimmigkeit *f* in e-r Rechnung; **~ in weight** Gewichtsabweichung *f*; **~ note** Fehlmengenmitteilung *f*

**discretion**, Ermessen *n*; Diskretion *f*; **according to sb.'s ~** nach jds Ermessen; **at sb.'s ~** nach jds Belieben *n*; **exercise of ~** Ausübung *f* des Ermessens; **professional ~** berufliche Schweigepflicht *f*; **to assure ~** Diskretion zusichern; **to be within sb.'s ~** in jds Ermessen liegen

**discretionary**, im Ermessen stehend, beliebig; **~ clause** Kannvorschrift *f*; **~ decision** Ermessensentscheidung *f*; **~ income** frei verfügbares Einkommen *n*; **~ powers** Ermessensbefugnisse *fpl*; unbeschränkte Befugnisse *fpl*

**discriminate**, *v*, **to ~ against sb.** jdn benachteiligen; **to ~ between** unterschiedlich behandeln

**discriminating duty**, Differenzialzoll *m*

**discrimination**, Diskriminierung *f*, unterschiedliche Behandlung *f*; **non~** Gleichbehandlung *f*; **racial ~** Rassendiskriminierung *f*; **tax ~** Steuerdiskriminierung *f*

**discriminatory**, (or **discriminative**) unterschiedlich; benachteiligend; **~ terms** unterschiedliche *(meist benachteiligende)* Bedingungen *fpl*; **~ treatment** diskriminierende Behandlung *f*; **non-~ tax treatment** steuerliche Gleichbehandlung *f*

**discussion**, Diskussion *f*, Besprechung *f*; **preliminary ~** Vorbesprechung *f*; **to be under ~** zur Diskussion stehen; **the question is still under ~** die Frage wird noch besprochen

**disease**, Krankheit *f*; **industrial** (or **occupational**) **~** Berufskrankheit *f*

**diseconomies of scale**, Größennachteile *mpl*

**disembarkation**, Ausschiffung *f*

**disencumber**, *v* von Belastungen freimachen; entschulden

**disencumberment**, Entschuldung *f*

**disequilibrium**, gestörtes Gleichgewicht *n*; **foreign trade and/or payments ~** gestörtes außenwirtschaftliches Gleichgewicht; **~ in the balance of payments** Unausgeglichenheit *f* der Zahlungsbilanz; **to eliminate economic ~s** wirtschaftliche Ungleichgewichte *npl* beseitigen

**disguised**, **~ dividends** *(SteuerR)* versteckte Gewinnausschüttung *fpl*; **~ unemployment** versteckte Arbeitslosigkeit *f*

**dishonest**, unehrlich, unreell

**dishonesty**, Unehrlichkeit *f*, Unredlichkeit *f*

**dishwasher**, (electric) dishwasher Geschirrspülmaschine *f*

**dishono(u)r**, **~ by nonacceptance** Akzeptverweigerung *f (e-s Wechsels)*; **~ by nonpayment** Zahlungsverweigerung *f (e-s Wechsels)*

**dishono(u)r**, *v (Wechsel, Scheck)* nicht einlösen, zurückweisen

**dishono(u)red**, **~ bill** nicht eingelöster Wechsel *m*; **~ cheque (check)** nicht eingelöster Scheck *m*

**disincentive**, Abschreckungsmittel *n*, lähmender Faktor *m*

**disinclination**, **~ to buy** Kaufunlust *f*; **~ to invest mangels** Anlagebereitschaft *f*

**disinclined**, abgeneigt; **~ for work** arbeitsunlustig

**disinfectant**, Desinfektionsmittel *n*

**disinflation**, Desinflation *f*

**disinherit**, *v* enterben

**disinheritance**, Enterbung *f*

**disintermediation**, Ausschaltung von Zwischenstufen, z. B. des Handels in vertikalen Vertriebssystemen durch direkten Zugang der Letztnachfrager zum jeweiligen Anbieter oder Produzenten über elektronische Medien

**disintermediation**, 2. Disintermediation *f*

**disinvestment**, Desinvestition *f*; Zurückziehung *f* von Anlagekapital

**dislocation of markets**, Marktzerrüttung *f*

**dismantle**, *v* demontieren, abbauen, abbrechen; *(Schiff)* abtakeln; verschrotten; **~ an engine** e-e Maschine auseinandernehmen; **to ~ tariffs** Zölle abbauen

**dismantling**, Demontage *f*, Abbau *m*, Abbruch *m*; Verschrottung *f*; **~ of trade barriers** Abbau der Handelsschranken

**dismiss**, *v* entlassen; abberufen; abweisen, zurückweisen; **to ~ a claim** e-n Anspruch zurückweisen; **~ an employee** e-n Angestellten entlassen; **to ~ a motion** e-n Antrag ablehnen; **to ~ with costs** *(Klage)* kostenpflichtig abweisen; **to ~ without notice** fristlos entlassen

**dismissed, to be** (or **get**) ~ entlassen werden

**dismissal**, Entlassung *f*; Abberufung *f (von e-m Posten)*; Abweisung *f*, Zurückweisung *m*; **protection against ~** Kündigungsschutz *m*; **unfair ~** sozial ungerechtfertigte Entlassung; **~ pay** Entlassungsabfindung *f*; **~ without notice** fristlose Entlassung; **~ with prior notice** Entlassung mit vorheriger Kündigung

**disorderly conduct**, ordnungswidriges Verhalten *n*

**disparage**, *v* verunglimpfen, herabsetzen; **to ~ the competitor's goods** die Ware(n) des Konkurrenten anschwärzen

**disparagement**, Verunglimpfung *f*, Herabsetzung *f*; Anschwärzung *f (des Konkurrenten und seiner Ware)*; **trade ~** Verleumdung *f* im geschäftlichen Verkehr

**disparity**, Disparität *f*, Ungleichheit *f*; **salary ~ies** Besoldungsunterschiede *mpl*; **~ in price** Preisverschiedenheit *f*, Preisunterschied *m*

**dispatch**, Versendung *f*, Versand *m*, Absendung *f*; Abfertigung *f*; schnelle Erledigung *f*; Beschleunigung *f*; (Presse-)Nachricht *f*; **advice of ~** Versandanzeige *f*; **country of ~** Versandland *n*; **hours of ~** Abfertigungszeit *f*; **mode of ~** Versandart *f*; **ready for ~** versandfertig; **with utmost ~** eiligst; **~ by rail** Bahnversand *m*; **~ clerk** Expedient *m*; Abfertigungsbeauftragter *m*; **~ goods** *Am* Eilgut *n*; **~ money** *(von der Reederei dem Befrachter gezahltes)* Eilgeld *n (für Einsparung von Ladezeit)*; **~ note** Versandanzeige *f*; Paketkarte *f*; **~ of goods** Warenversand *m*; **~ order** Versandauftrag *m*; Eilauftrag *m*

**dispatch**, *v* versenden, absenden; abfertigen; schnell erledigen; **to ~ a telegram** ein Telegramm aufgeben

**dispatcher**, Absender *m*, Versender *m*; Expedient *m*

**dispatching**, Versand *m*; **~ station** Abgangsbahnhof *m (für Waren)*

**dispensable**, entbehrlich

**dispense**, *v*, **to ~ drugs** Arzneien verabreichen; **to ~ with** verzichten auf

**dispersal**, (or **dispersion**) Streuung *f*; Auflockerung *f*; **~ of assets** Anlagenstreuung *f*

**displacement**, Verschiebung *f*, Verdrängung *f*; **~ of funds** anderweitige Kapitalverwendung *f*; **light ~** Leertonnage *f*; **load ~** Ladetonnage *f*

**display**, Display *n*, (Waren-)Auslage *f*; Ausstellung *f (e-r Ware)*; Aufwand *m*, Prunk *m*; **fashion ~** Modenschau *f*; **interior ~** Warenauslage in e-m Geschäft; **a well-arranged window ~** e-e geschickt angeordnete Schaufensterauslage *f*; **~ advertising** Schlagzeilenwerbung *f*; **~ case** Vitrine *f*; **~ of prices** Preisauszeichnung *f*; **~ poster** Plakat *n* zum Aushang; **~ screen** *(EDV)* Bildschirm *m*; **to be on ~** ausgestellt sein; **to put sth. on ~** etw. ausstellen

**display**, *v (Waren)* auslegen, ausstellen; zeigen, erkennen lassen; *(Druck)* hervorheben; **to ~ prices** Preise auszeichnen (od. angeben)

**displayed**, **goods ~** ausgestellte Waren *pl*; Ausstellungsgüter *pl*; **to be ~ for sale** ausliegen *(Waren)*

**displayer**, Entwerfer *m* von (Schaufenster-)Dekorationen

**displease**, *v* missfallen

**disposable**, verfügbar; wegwerfbar; **~s** Wegwerfwaren *pl*; **~ funds** (frei) verfügbares Vermögen *n*; **~ income** verfügbares Einkommen *n*; **~ package** Einmalpackung *f*; **~ products** Wegwerfwaren *pl*

**disposal**, Verfügung *f* (of über); Veräußerung *f*, Verkauf *m*; Erledigung *f*; Beseitigung *f*; **~s** *(Bilanz)* Abgänge *pl*; **(atomic waste) ~** Entsorgung *f*; **refuse ~** Müllabfuhr *f*; **ultimate waste ~** Endlagerung *f (von radioaktiven Abfällen)*; **~ of business affairs** Erledigung geschäftlicher Angelegenheiten; **~ of fixed assets** *(Bilanz)* Anlageabgänge *mpl*; **~ of property** Verfügung über Vermögen; **~ of waste oils** Altölbeseitigung *f*; **to be at sb.'s ~** jdm zur Verfügung stehen

**dispose of**, *v* verfügen (über); veräußern; verkaufen; erledigen; beseitigen; **difficult (easy) to ~** schwer (leicht) zu verkaufen; **to ~ sth. by will** über etw. letztwillig (od. testamentarisch) verfügen; **to ~ one's business** sein Geschäft verkaufen; **to ~ a matter** e-e Sache erledigen (od. regeln); **to ~ refuse** (or **waste**) Abfälle beseitigen (od. entsorgen)

**disposing**, **capable of ~** verfügungsfähig; testierfähig; **to be of sound and ~ mind** *Am* in vollem Besitz der Geisteskräfte sein; testierfähig sein

**disposition**, Verfügung *f* (of über); Veräußerung *f*, Verkauf *m*; Anordnung *f*; Bestimmung *f*, Verwendung *f*; Neigung *f*, Veranlagung *f*; **~ by will** → disposition on death; **~ of furniture** (in a room) Anordnung *f* von Möbeln; **~ of profits** Gewinnverwendung *f*; **~ of property** Verfügung über Vermögen; **~ on death** Verfügung von Todes wegen, letztwillige Verfügung

**dispossess**, *v*, **to ~ sb.** (of sth.) jdm den Grundbesitz entziehen; jdn zur Räumung zwingen

**dispossession**, Entziehung *f* des Grundbesitzes; Räumung *f*

**dispute**, Streit *m*; Debatte *f*; **beyond ~** unstreitig; **industrial ~** Arbeitsstreitigkeit *f*; **settlement of ~s** Streitbeilegung *f*; **to refer a ~ to arbitration** e-n Streit(fall) e-r schiedsgerichtlichen Entscheidung unterbreiten; **the ~ is settled** der Streit ist beigelegt

**dispute**, *v* streiten; in Zweifel ziehen, anfechten; **to ~ a will** ein Testament anfechten

**disputed**, **~ election** angefochtene Wahl *f*; **to be ~** strittig sein; bestritten werden

**disqualification**, Disqualifizierung *f*; Ausschluss *m*; Aberkennung *f* der Fähigkeit; Unfähigkeit *f*; **~ (from driving)** Führerscheinentzug *m*

**disqualif|y**, *v* disqualifizieren, ausschließen; für unfähig erklären; unfähig machen (for zu); **to ~ from driving** *Br* den Führerschein entziehen; **to ~ from promotion** von der Beförderung ausschließen; **he was ~ied from driving** ihm wurde der Führerschein entzogen

**disregard**, *v* nicht beachten, ignorieren

**disrepair**, **to be in ~** baulich in schlechtem Zustand *m* sein

**dissatisfaction**, mangelnde Zufriedenheit *f*; **consumer ~** Unzufriedenheit *f* der Verbraucher

**dissatisfied**, **to be ~ with one's salary** mit seinem Gehalt nicht zufrieden sein

**dissect**, *v*, **to ~ an account** ein Konto aufgliedern

**dissemination**, Verbreitung *f*

**dissent**, Nichtübereinstimmung *f* (from mit); Meinungsverschiedenheit *f*

**dissent**, *v* anderer Meinung sein (from als); nicht zustimmen

**dissenting opinion**, abweichende Meinung *f*

**dissimilar conditions**, ungleiche Bedingungen *fpl*

**dissipate**, *v* verschwenden, vergeuden; **to ~**

**dissolution**, **~ of a company** Auflösung *f* e-r (Kapital-)Gesellschaft

**dissolve**, *v*, **to ~ a fund** e-n Fonds auflösen; **to ~ a partnership** e-e (Personen-)Gesellschaft auflösen

**distance**, Entfernung *f*, Strecke *f*; Distanz *f*; **within easy ~** bequem zu erreichen; **~ education** Fernunterricht *m*; **~ freight** Distanzfracht *f*; **~ learning**, Fernunterricht *m*, Fernstudium *n* **~ selling** Versandhandel *m*

**distinction**, Unterscheidung *f*; Unterschied *m*; **without ~** unterschiedslos; **to draw** (or **make**) **a ~** e-n Unterschied machen

**distinctive**, kennzeichnend, charakteristisch; **~ mark** unterscheidungskräftiges Warenzeichen *n*

**distinguish**, *v* unterscheiden; **to ~ oneself** sich auszeichnen; **adapted to ~** *(WarenzeichenR)* unterscheidungskräftig

**distort**, *v*, **to ~ competition** den Wettbewerb verzerren (od. verfälschen); **to ~ facts** Tatsachen verdrehen

**distortion of competition**, Wettbewerbsverzerrung *f*, Wettbewerbsverfälschung *f*

**distrain**, *v* (bewegl. Sachen besonders als Sicherheit für die Mietzahlung) in Besitz nehmen; mit Beschlag belegen

**distraint**, Inbesitznahme *f*; Beschlagnahme *f*

**distress**, 1. Inbesitznahme *f*; Beschlagnahme *f*; **to levy (a) ~ (on)** s. to distrain

**distress**, 2. Not(lage) *f*; **port of ~** Nothafen *m*; **ship in ~** Schiff in Seenot *f*; **~ selling** Notverkauf *m*; **~ signal** Notsignal *n*; **to be in great ~ for money** in großer Geldnot *f* sein

**distressed**, **~ area** Notstandsgebiet *n*; **~ company** in Not geratene Firma *f*; **~ condition** Notlage *f*

**distributable profit**, ausschüttbarer Gewinn *m*

**distribute**, *v* verteilen, austeilen; *(Ware)* vertreiben, absetzen; *(Dividende, Ge-*

*winne)* ausschütten; **to ~ an estate** e-n Nachlass *(an die Erben)* verteilen

**distributing agency**, Vertriebsagentur *f*

**distribution**, Verteilung *f*, Austeilung *f*; Vertrieb *m*, Absatz *m*; Ausschüttung *f*; **capital ~** Kapitalausschüttung *f*; **channels of ~** Vertriebswege *mpl*, Absatzwege *mpl*; **exclusive ~** Alleinvertrieb *m*; **film ~** Filmverleih *m*; **final ~n** Schlussverteilung *f*; **profit available for ~** ausschüttungsfähiger Gewinn *m*; **~ agency** Vertriebsagentur *f*; **~ agreement** Vertriebsabsprache *f*, Vertriebsvereinbarung *f*; **exclusive ~ agreement** Alleinvertriebsvereinbarung *f*; **~ cost** (or **expense**) Vertriebskosten *pl*, Absatzkosten *pl*; **~ department** Vertriebsabteilung *f*, Verkaufsabteilung *f*; **~ in bulk** Großvertrieb *m*; **~ key** Verteilerschlüssel *m*; **~ manager** Vertriebsleiter *m*; **~ network** Vertriebsnetz *n*; **~ of bankrupt's estate** Verteilung *f* der Konkursmasse; **~ of dividend** Dividendenausschüttung *f*; **~ of a deceased's estate** Nachlassaufteilung *f*; Erbschaftsteilung *f*; **~ of profit(s)** Gewinnverteilung *f*, Gewinnausschüttung *f*; **~ of risk** Risikoverteilung *f*; **~ plan** Absatz-, Vertriebs-, Verkaufsplan *m*

**distributive**, verteilend, austeilend; **~ costing** Vertriebskostenrechnung *f*; **~ share** Anteil *m*; *Am (gesetzl.)* Erbteil *n*; **~ trades** Handel *m* (und Vertrieb *m*); **persons employed in the ~ trades** Arbeitnehmer *mpl* des Handels

**distributor**, Eigenhändler *m*; Vertriebsstelle *f*; **~s** Vertriebsgesellschaft *f (für Investmentanteile)*; **sole ~** Alleinvertreter *m*; **~'s discount** Händlerrabatt *m*; **to be sole ~** den alleinigen Vertrieb haben

**distributorship agreement**, Einzelhändlervertrag *m*

**district**, Gebiet *n*; Bezirk *m*; **residential ~** Wohngebiet *n*; **~ heating** Fernheizung *f*; **~ manager** Bezirks(verkaufs)leiter *m*; **~ office** Bezirksagentur *f*; **~ sales** Verkäufe *mpl* innerhalb e-s Vertreterbezirks; **to be travelling in a ~** (or **to work a ~**) e-n Bezirk geschäftlich bereisen

**disturbance**, Störung *f*; **monetary ~s** Währungsunruhen *fpl*; **political ~s** politische Unruhen *pl*; **~ of the market** Marktstörung *f*

**disuse, in ~** außer Gebrauch

**disused**, außer Gebrauch (gekommen)

**divergence**, Auseinandergehen *n*, Abweichung *f*; **~ between discount rates** Diskontgefälle *n*; **~ from the price** Preisabweichung *f*

**divergent national policies**, *(EU)* divergierende (od. voneinander abweichende) einzelstaatliche Politiken *fpl*

**diversification**, Diversifikation *f*, Diversifizierung *f*; Erweiterung *f* des Produktionsprogramms; **broad ~ (in manufacturing)** breites Produktionsprogramm *n*; **~ of investments** Anlagenstreuung *f (um das Risiko zu verteilen)*; **~ of shareholding** Streuung *f* des Aktienbesitzes; **~ project** Diversifikationsvorhaben *n*

**diversified**, verschiedenartig angelegt *(Wertpapiere)*; abwechslungsreich gestaltet; aufgefächert; gestreut; **~ company** diversifiziertes Unternehmen *n (mit Tätigkeit in verschiedenen Sparten)*; **~ group** Mischkonzern *m*; **~ investment company** Investmentgesellschaft *f* mit breiter Anlagestreuung; **~ portfolio** gut sortiertes Portefeuille *n*; **~ production programme** breitgefächertes Produktionsprogramm *n*; **broadly ~ shareholding** breitgestreuter Aktienbesitz

**diversify**, *v* diversifizieren; Produktionsprogramm *(e-s Unternehmens)* erweitern; *(Wertpapiere)* verschiedenartig anlegen; streuen; **decision how to ~** Diversifizierungsentscheidung *f*; **to ~ one's product lines** sein Warensortiment verschiedenartig gestalten; **to ~ trade** den Handel auffächern

**diversifying amalgamation**, Fusion *f* von Firmen mit verschiedener Produktion

**diversion**, Umleitung *f*; **traffic ~ because of road repairs** Verkehrsumleitung *f* wegen Straßenarbeiten

**diversity**, Verschiedenheit *f*; **~ of opinion** Meinungsverschiedenheit *f*; **to be engaged in a wide ~ of activities** sich mit den verschiedenartigsten Geschäften befassen

**divert**, *v* ablenken; *(Geld etc.)* abzweigen; zerstreuen, unterhalten; **to ~ sb. from his purpose** jdn von seinem Vorhaben abbringen; **to ~ customers from competitors** Kunden von Wettbewerbern abziehen; **to ~ traffic** den Verkehr umleiten

**divest**, *v* abstoßen, ausgliedern, verkaufen

**divestment**, *(Investitionen)* Verkauf *m*; Veräußerung *f*; *(Geschäft)* Abstoßung *f*

**divestiture**, *Am (AntitrustR)* Entflechtung *f*; Auflösung *f (e-r Fusion)*

**divide**, *v* teilen; einteilen; aufteilen; verteilen; trennen; **to ~ sth. equally** (or **into equal shares**) etw. in gleiche Teile teilen; **to ~ markets** Märkte aufteilen; **to ~ profits** Gewinne (auf)teilen; **they ~d the profit between** (or **among**) **themselves** sie teilten sich den Gewinn untereinander; **a wall ~s two houses** e-e Mauer trennt zwei Häuser; **to ~ up the work** die Arbeit einteilen

**divided**, (ein-, auf)geteilt; verteilt; getrennt; **~ opinions** geteilte Meinungen *fpl*; **the meeting is ~ on the question of** die Versammlung ist verschiedener Meinung über

**dividend**, Dividende *f*; Konkursquote *f*; *(VersR)* Bonus *m*, Gewinnanteil *m*; **accrual of ~s** Dividendenanfall *m*; **additional ~** Zusatzdividende; **bond ~** Dividende in Form von Schuldverschreibungen; **cash ~** Bardividende; **cashed** (or **collected**) **~** abgehobene Dividende; **cum ~** mit Dividende; **cumulative ~** kumulative Dividende; **declared ~** erklärte (od. festgesetzte) Dividende; **deferred ~** Dividende mit aufgeschobener Fälligkeit; **ex ~** ohne *(die nächste)* Dividende; **final ~** Schlussdividende; **interim ~** Zwischendividende, Abschlagsdividende; **noncumulative ~** nicht kumulative (nicht nachzahlungspflichtige) Dividende; **notice of ~** Dividendenbekanntmachung *f*; **passed ~** ausgefallene Dividende; **preference dividend** Vorzugsdividende; **property ~** Sachwertdividende; **quarterly ~** Vierteljahresdividende; **scrip ~** → scrip; **share** (*Am* **stock**) **~** Dividende in Form von Gratisaktie(n); **~-bearing securities** Dividendenpapiere *npl*, Dividendenwerte *pl*; **~ check** *Am* Dividendenscheck *m*; **~ collection** Dividendeninkasso *n*; **~ coupon** Dividendenschein *m*, Coupon *m*; **~ cover** Dividendendeckung *f (Verhältnis zwischen Reingewinn [net earnings] e-s Unternehmens zu den Dividendenzahlungen)*; **~ due date** Dividendentermin *m*; **~ guarantee** Dividendengarantie *f*; **~ income** Dividendeneinkünfte *pl*; **~ (payable) in kind** Sachdividende *f*; **~ limitation** Begrenzung *f* der Höhe der Dividende *(durch die Regierung)*; **~ mandate** Anweisung *f* e-s Aktionärs, die Dividende an e-n Dritten zu zahlen *(z. B. an e-e Bank)*; **~s net** *Br* Dividende abzüglich Steuern; **~ note** Dividendenabrechnung *f*; **~ off** *Am* ohne *(die nächste)* Dividendenzahlung *f*; **~ on** *Am* einschließlich Dividende; **~ on account** Abschlagsdividende *f*; **~ per share** Stückdividende; **~-price ratio** Verhältnis der Dividende zum Kurs e-r Aktie; **~s receivable** Dividendenforderungen *fpl*; **~ receiver** (or **recipient**) Empfänger *m* e-r Dividende; **~ reinvestment** Wiederanlegung *f* der Dividende; **~ reserve fund** Dividendenrücklage *f*; **~ restraint** → dividend limitation; **~ warrant** Dividendenschein *m*; Coupon *m*; **to be in receipt of a ~** e-e Dividende beziehen; **to collect a ~** e-e Dividende abheben; **to declare a ~** e-e Dividende erklären (od. beschließen); **to distribute a ~** e-e Dividende ausschütten; **to draw ~s** Dividenden beziehen; **the next ~ is expected to amount to 5 %** die nächste Dividende wird auf 5 % geschätzt; **to pass a ~** → pass *v*

**division**, Teilung *f*, Verteilung *f*, Aufteilung *f*; Abteilung *f (e-r Behörde od. e-s Gerichts)*; Sparte *f*, Teil *m* des Produktionsprogramms *(e-s Unternehmens)*; Uneinigkeit *f*, Spaltung *f*; **export ~** Exportabteilung *f*; **~ into shares** Stückelung *f*; **~ of an estate** Erbteilung *f*, Nachlassteilung *f*; **~ of labo(u)r** Arbeits(auf)teilung *f*; **~ of markets** Marktaufteilung *f*

**divisional**, Teilungs-; Abteilungs-; **~ currency** Kleingeld *n*, Wechselgeld *n*; **~ head** (or **manager**) Abteilungsleiter *m*; **~ sales manager** Verkaufsleiter *m* für e-e bestimmte Sparte

**D&J**, halbjährliche Zins- und Dividendenzahlungen im Dezember und Juni

**DM**, DM, Deutsche Mark *f*;

**do**, *sl.* Schwindel *m*; *Br colloq.* Feier *f*, Festlichkeit *f*

**do**, *v*, **to ~ away with** abschaffen; **to ~ badly** schlechte Geschäfte machen; **to ~ business with** in Geschäftsverbindung stehen mit; **to ~ the correspondence** die Korrespondenz erledigen; **to ~ the messages** Wege besorgen; **to ~ sb.** *sl.* jdn betrügen, jdn „übers Ohr hauen“; **to ~ the shopping** die Einkäufe machen; **to ~ well** gute Geschäfte machen; erfolgreich sein; *(geschäftlich)* gut voran kommen; **to ~ with** zu tun haben mit; auskommen mit;

brauchen können; **to ~ without** auskommen ohne; entbehren; nicht brauchen

**dock**, Dock *n*, Kai *m*; Hafenanlage *f*; **repair ~** Reparaturdock *n*; **~ receipt** Kaiempfangsschein *m*; **~ strike** Hafenarbeiterstreik *m*; **~ warrant** *Br* Docklagerschein *m*; **~ worker** Hafenarbeiter *m*; **~ yard** Werft *f*

**dock**, *v* ins Dock bringen (od. gehen); **to ~ the wages** die Löhne kürzen

**docker**, Hafenarbeiter *m*

**docket**, (Register mit) Inhaltsangabe; Auszug *m*; Etikett *n*; Liste *f* gelieferter Waren; *Br* Zollquittung *f*

**docket**, *v* mit Inhaltsvermerk versehen; *(Waren)* etikettieren

**docking fees**, Liegegebühren *fpl (Schiff)*

**doctor**, Doktor *m*; Arzt *m*; **choice of a ~** Arztwahl *f*; **company ~** Werksarzt *m*; **woman ~** Ärztin *f*; **~'s bill** Arztrechnung *f*; **~'s certificate** ärztl. Attest *n*; **~-patient privilege** Arztgeheimnis *n*; **~'s practice** Arztpraxis *f*; **to consult the ~** den Arzt konsultieren; **to send for the ~** den Arzt holen lassen (od. rufen)

**doctor**, *v*, **to ~ accounts** Abrechnungen manipulieren; **to ~ the balance sheet** die Bilanz „frisieren"; **to ~ wine** Wein verfälschen (od. panschen)

**document**, Dokument *n*, Urkunde *f*, Schriftstück *n*; **~s** *(Außenhandelsgeschäft)* Dokumente *npl (Faktura, Versicherungsschein, Konnossemente etc.)*; **cash against ~s** Kasse gegen Dokumente *pl*; **commercial ~s** Geschäftspapiere *pl*; **(relevant) ~s** Unterlagen *pl*; **single ~ for the movement of goods** *(EU)* Einheitsdokument *n* für den Warenverkehr; **supported by ~s** urkundlich belegt; **supporting ~s** Belege *mpl*, Unterlagen *fpl*; **~s against acceptance** (D/A) Dokumente gegen Akzept; **~s against cash** (D/C) Dokumente gegen Barzahlung; **~s against payment** (D/P) Dokumente gegen Zahlung; **~ of title** Urkunde über e-n Rechtsanspruch; Eigentumsurkunde *f*; **~s of title (to goods)** Traditionspapiere *npl*; Dispositionspapiere *npl*; **~ privileged from production** nicht vorlegungspflichtige Urkunde; **~ reader** Belegleser *m*; **to draw up a ~** e-e Urkunde aufsetzen (od. abfassen); **to execute a ~** e-e Urkunde errichten; **to give inspection of a ~** Einsicht in e-e Urkunde gestatten; **to hand over the ~s** Dokumente übergeben; **to present** (or **submit**) **~s** Urkunden vorlegen (od. einreichen); **to support by ~s** urkundlich belegen

**document**, *v* urkundlich belegen; **~ed evidence** urkundlicher Beleg *m*

**documentary**, **~ acceptance credit** Rembourskredit *m*; Trassierungskredit *m*; **~ bill** Dokumententratte *f*; **~ collection** Dokumenteninkasso *n*

**documentary credit**, Dokumentenakkreditiv *n*; **beneficiary of a ~** Begünstigter *m* e-s Dokumentenakkreditivs; **confirmed ~** bestätigtes Dokumentenakkreditiv; **~ applicant** Akkreditiv-Auftraggeber *m*; **in ~ operations all parties concerned deal in documents and not in goods** im Dokumentenakkreditiv-Geschäft befassen sich alle Beteiligten mit Dokumenten und nicht mit Waren; **we hereby issue** (or **open**) **in your favo(u)r this ~** wir eröffnen hiermit dieses Dokumentenakkreditiv zu Ihren Gunsten

**documentary**, **~ draft** Dokumententratte *f*; **~ evidence** Urkundenbeweis *m*; urkundlicher Beleg *m*; **~ (film)** Dokumentarfilm *m*; **~ letter of credit** Dokumentenakkreditiv *n*; **~ remittance** dokumentäre Rimesse *f*; **~ stamp tax** *Am* Urkundenstempelsteuer *f (z. B. auf Wechseln, Testamenten)*

**documentation**, Dokumentation *f*, schriftliche Unterlagen *fpl*

**dodge**, *v* umgehen, ausweichen; Tricks anwenden; **to ~ taxes** Steuern umgehen

**dog**, Produkt mit geringem Marktanteil und schwachem Wachstum ( → Boston Matrix)

**doing business**, Ausübung *f* der Geschäftstätigkeit *f*; **a firm ~ in ...** *Am* e-e Firma, die in der ... Branche (od. Stadt) tätig ist; **he was ~ with** er stand in Geschäftsverbindung mit

**do-it-yourself work**, Eigenfertigung *f*

**dole**, *Br colloq.* Arbeitslosenunterstützung *f*; **~ queue** Arbeitslosenschlange *f*

**dollar**, ($) Dollar *m*; **~ acceptance** *Am* auf Dollar lautender Wechsel *m*; **~ balance** Dollarguthaben *n*; **~ bloc** Dollarblock *m (Gruppe der Länder, deren Währung an den Dollar gebunden ist)*; **~ bonds** Dollaranleihen *fpl*; **~ drain** Dollarabfluss *m*; **~ exchange** in Dollar zahlbarer Wechsel *m*; **~s in circulation** umlaufende Dollarnoten *fpl*; **~ investment** Dollaranlage *f*; **~**

**loan** Dollaranleihe *f*; ~ **parity** Dollarparität *f*; ~ **pool** *Br* (the total amount of US dollars and dollar securities held by people residing in Britain) Gesamtbetrag *m* der US-Dollar und Wertpapiere in Dollar im Besitz von in Großbritannien dauernd Ansässigen; ~ **rate (of exchange)** Dollarkurs *m*; ~ **sales** *Am* Unsatz(entwicklung) *m(f)* in Dollar; ~ **shortage** Dollarknappheit *f*; ~ **stocks** *Br* US oder kanadische Wertpapiere *npl*; ~ **support** Dollarstützung *f*

**domain**, (staatl.) Grundbesitz *m*; Domäne *f*; *fig* Gebiet *n*, Bereich *m*; **public** ~ öffentliches Eigentum *n*, Gemeingut *n*

**domain name**, Internetadresse *f* im weitesten Sinn (*Bei der Internetadresse www.ebs.de ist ebs der* ~.)

**domestic**, 1. Familien-; Haus(halts)-; **law of ~ relations** *Am* Familienrecht *n*; ~ **appliance** Haushaltsgerät *n*; ~ **help** Hausgehilfin *f*; ~ **life** Familienleben *n*; ~ **management** Haushaltsführung *f*; ~ **needs** Haushaltsbedarf *m*; ~ **staff** Haushaltspersonal *f*; ~ **system of industry** Heimindustrie *f*; ~ **wastes** Haushaltsabfälle *mpl*; ~ **work** Haus(halts)arbeit *f*

**domestic**, 2. inländisch, Inlands-; Binnen-; Landes-; ~ **and export business** Inlands- und Auslandsgeschäft *n*; ~ **and foreign enterprises** inländische und ausländische Unternehmen *npl*; ~ **and foreign trade and payments** Binnen- und Außenwirtschaft *f*; ~ **balance** binnenwirtschaftliches Gleichgewicht *n*; ~ **bill** Inlandswechsel *m*; ~ **bond** Inlandsanleihe *f*; ~ **boom** Hochkonjunktur *f* im Inland; ~ **building** Wohnhaus *n*; ~ **commerce** *Am* Binnenhandel *m*; ~ **consumption** Inlandsverbrauch *m*; ~ **credit expansion** (DCE) inländische Kreditausweitung *f*; ~ **currency** Landeswährung *f*

**domestic customer**, inländischer Kunde *m*; **order from a** ~ Inlandsauftrag *m*

**domestic demand**, Binnennachfrage *f*, Inlandsnachfrage *f*; Inlandsbedarf *m*; **increase in the** ~ Anstieg *m* der Inlandsnachfrage

**domestic**, ~ **domicile** Sitz *m* im Inland; ~ **economic activity** Inlandskonjunktur *f*; ~ **economy** Binnenwirtschaft *f*; ~ **equities** britische Wertpapiere *npl*; ~ **Equity Market** Britischer Wertpapiermarkt *m* (→ *listed market*, → *unlisted securities market*); ~ **goods** einheimische Waren *pl*; ~ **industry** einheimische Industrie *f*; ~ **investments** Inlandsinvestitionen *fpl*; ~ **law** innerstaatliches Recht *n*; Landesrecht *n*; ~ **liabilities** Inlandsverbindlichkeiten

**domestic market**, Inlandsmarkt *m*, Binnenmarkt *m*; **supply of the** ~ Inlandsbelieferung *f*

**domestic order**, inländischer Auftrag *m*, Binnenauftrag *m*; **inflow of ~s** Auftragseingänge *mpl* aus dem Inland

**domestic**, ~ **price** Inlandspreis *m*; ~ **products** Landeserzeugnisse *npl*, einheimische Erzeugnisse *npl*; ~ **production** Inlandsproduktion *f*, Inlandserzeugung *n*; ~ **public loan stock** *Br* inländische öffentliche Anleihe *f*; ~ **sales** Inlandsabsatz *m*; ~ **securities** Inlandswerte *pl*

**domestic source**, income from domestic sources inländische Einkünfte *pl*

**domestic**, ~ **state of business** Binnenkonjunktur *f*; domestic tariff Binnentarif *m*

**domestic trade**, Binnenhandel *m*; ~ **and payments** Binnenwirtschaft *f*

**domestic**, ~ **transport** Inlandstransport *m*; ~ **workers** Hausangestellte *pl*

**domestically, transaction concluded** ~ im Inland abgeschlossenes Geschäft *n*

**domicil(e)**, Domizil *n*; Wohnsitz *m*; Sitz *m* *(e-s Unternehmens)*; Zahlstelle *f (e-s Wechsels)*; **fiscal** ~ steuerlicher Wohnsitz *m*; **legal** ~ **of a company** Sitz e-r Handelsgesellschaft; **tax** ~ steuerlicher Wohnsitz *m*; ~ **commission** Domizilprovision *f*; ~ or **business location** Wohn- od. Geschäftssitz *m*; ~ **note** Domizilvermerk

**domiciled**, wohnhaft; zahlbar gestellt *(von Wechseln)*; **enterprise ~ within the country** Unternehmen mit Sitz *m* im Inland; ~ **bill** Domizilwechsel *m*; Zahlstellenwechsel *m*; ~ **company** Domizilgesellschaft *f*; **to be ~ in** e-n Wohnsitz haben in

**domiciliated bill**, → domiciled bill

**domiciliation**, Domizilierung *f*, Zahlbarstellung *f (e-s Wechsels)*

**dominant firm**, marktbeherrschendes Unternehmen *n*; Marktführer *m*

**dominant position, abuse of a** ~ Missbrauch *m* e-r beherrschenden Stellung; ~

**in the market** marktbeherrschende Stellung *f*
**domination of the market**, Marktbeherrschung *f*
**donate**, *v* schenken, spenden; **to ~ money to the Red Cross** Geld für das Rote Kreuz spenden; **to ~ a prize** e-n Preis stiften
**donation**, Schenkung *f*; (Geld-)Spende *f*; **account of ~s** Spendenkonto *n*; **by way of ~** schenkungsweise; **deed of ~** Schenkungsurkunde *f*; **on-the-spot ~** spontane Geldspende *f*; **~ of blood** Blutspende *f*; **~ to political parties** Parteienspende *f*
**donator**, Schenker *m*
**done**, geschehen, ausgefertigt; erledigt; *(Börse)* gehandelt; **~ in duplicate** in zweifacher Ausfertigung *f*
**donee**, Beschenkter *m*, Schenkungsempfänger *m*; Treuhandbegünstigter *m*; **~ country** Empfängerland *n*
**donor**, Schenkungsgeber *m*, Schenker *m*; Kapitalgeber *m*; Treuhandgeber *m*; **~ countries** Geberländer *npl*
**door-to-door**, **~ carriage** Haus-zu-Haus-Beförderung *f*; **~ dealings** Haustürgeschäfte *npl*; **~ selling** ambulanter Verkauf *m*; Haustürgeschäft *n*
**doorstep selling**, Haustürgeschäfte *npl*
**door, the bank closes its ~s** die Bank stellt ihre Zahlungen ein
**dormant**, **~ account** unbewegtes Konto *n*; umsatzloses Konto *n*; **~ capital** totes Kapital *n*; **~ partner** stiller Gesellschafter *m*; **~ partnership** stille Gesellschaft *f*; **to lie ~** unverzinslich sein; ruhen
**dossier**, Aktenstück *n*, schriftl. Vorgang *m*; Personalakte *f*
**dot**, Mitgift, Aussteuer *f*
**double**, doppelt, zweifach; **~ accident benefit** *Br* doppelte (Versicherungs-) Leistung *f* bei Unfalltod; **~ advantage** doppelter Vorteil *m*; **~-bill** *v* doppelten Betrag in Rechnung stellen; **~ bottom** äußerster Tiefstand *m* des Marktes (od. der Börse); **~-bottomed** doppelbödig; **~-check** *v* doppelt (über)prüfen; **~-cross** *v colloq.* täuschen, hintergehen, betrügen; **~ eagle** *Am* 20-Dollar-Goldstück *n*; **~ earnings** Doppelverdienst *m*; **~ employment** Doppelbeschäftigung *f*
**double entry**, **~ bookkeeping** doppelte Buchführung *f*; **to keep books by ~** doppelte Buchführung haben
**double indemnity**, → indemnity
**double insurance**, Doppelversicherung *f*; **to be overinsured by ~** durch Doppelversicherung überversichert sein
**double**, **~ option** *(Börse)* Stellage *f*; **~-page spread** doppelseitige Anzeige *f*
**double the price**, **at ~** zum doppelten Preis *m*; **to pay ~** doppelt so viel bezahlen
**double**, **~ receipt** Doppelquittung *f*; **~-sized package** Doppelpackung *f*; **~ standard** Doppelwährung *f*; **~ the sum** doppelte (od. zweifache) Summe
**double taxation**, Doppelbesteuerung *f*; **avoidance of ~** Vermeidung *f* der Doppelbesteuerung; ~ Doppelbesteuerungsabkommen *n* (DBA)
**double taxation relief**, Anrechnung *f* der ausländischen auf die inländische Steuer; **taxes eligible for ~** anrechenbare (ausländische) Steuer *f*
**double**, *v* (sich) verdoppeln; **to ~ one's income** sein Einkommen verdoppeln; **prices have ~d** die Preise sind um das Doppelte gestiegen
**doubt**, Zweifel *m*, Bedenken *npl*; **beyond** (or **without**) ~ ohne Zweifel, zweifellos; **in case of ~** im Zweifelsfalle *m*; **reasonable ~** begründeter Zweifel; **~s have arisen** Zweifel sind entstanden; **to raise ~s** Bedenken geltend machen; **there is no ~** es besteht kein Zweifel
**doubt**, *v* zweifeln (whether, if ob); bezweifeln
**doubtful**, zweifelhaft; **~ debts** dubiose Forderungen *fpl*, Dubiosen *pl*; **~ debts provision** Rückstellung *f* für Dubiosen
**Dow Jones Industrial Average**, (DJIA) *Am* aus Kursen von 30 bedeutenden Industrieaktien gebildeter Aktienindex *m*
**down**, *v*, **to ~ tools** die Arbeit niederlegen, streiken
**down, £ 50 ~, the balance by instal(l)ments** 50 £ bar, der Rest in Raten
**down and out**, *colloq. (finanziell)* heruntergekommen
**down, to pay cash** (or **money**) ~ bar bezahlen
**down, to bring the prices ~** die Preise drücken; e-e Preissenkung bewirken; **the factory was closed ~** die Fabrik wurde stillgelegt; **to get ~ to business** sich an die Arbeit machen; **you must pay $ 1 ~** Sie müssen 1 Dollar anzahlen
**downgrade**, *v* niedriger einstufen; niedriger bewerten

**downhill**, **to go ~** (allmählich) bergab gehen, sich verschlechtern *(Geschäfte, Finanzen etc.)*

**download**, herunterladen *v* von Dateien aus dem Internet

**down-market**, **the shop has moved ~** das Geschäft verkauft billigere Waren von geringerer Qualität als vorher

**down payment**, Anzahlung *f*; *Br* Barzahlung *f*; **as a ~** als Anzahlung; **to make a ~** anzahlen

**downright**, **a ~ lie** e-e glatte Lüge *f*

**downstairs merger**, Fusion *f* der Muttermit der Tochtergesellschaft

**downswing**, **cyclical ~** Konjunkturabschwung *m*

**downtick**, leichter Kursabfall *m*, Aktie *f* mit leicht fallender Tendenz

**downtime**, betrieblich bedingte Verlustzeit *f*; **machine ~** (Maschinen-)Stillstandszeit *f*, Ausfallzeit *f*

**downtown**, *bes. Am* Geschäftszentrum *n*; **~ store** in der Innenstadt gelegenes Geschäft *n*

**downtrend**, Abwärtsbewegung *f*; **~ of exports** Abschwächung *f* der Ausfuhr

**downturn**, **~ in economic activity** Konjunkturabschwung *m*; **~ in prices** rückläufige Preis- (od. Kurs-)entwicklung *f*

**downward movement**, **~ of prices** rückläufige Preis- (od. Kurs-)bewegung *f*; **~ of shares** Fallen *n* der Aktien

**downward tendency**, **~ in oils** fallende Tendenz *f* der Aktien der Erdölindustrie; **~ of exports** Abschwächung *f* der Ausfuhr; **to show a ~ of economic activity** sich konjunkturell abschwächen

**dowry**, Mitgift *f*, Aussteuer *f*

**draft**, 1. *(gezogener)* Wechsel *m*, Tratte *f*; Zahlungsanweisung *f*; **bank ~** (Bank-) Scheck *m*; **demand** (or **sight**) **~** Sichtwechsel *m*; **time draft** Nachsichtwechsel *m*; **~ts and checks in hand** *Am (Bilanz)* Wechsel- und Scheckbestand *m*; **~ at sight** Sichttratte *f*; **~ book** Wechsel(kopier)buch *n*; **~ collection** Wechselinkasso *n*; **~ credit** Trassierungskredit *m*, Rembourskredit *m*; **~s receivable** *Am (Bilanz)* Wechselforderungen *fpl*; **to draw** (or **make out**) **a ~ on sb.** e-n Wechsel auf jdn ziehen; **the ~ will fall** (or **become**) **due on** der Wechsel wird fällig am

**draft**, 2. Entwurf *m*; **alternative ~** Gegenentwurf *m*; **first** (or **rough**) **~** erster Entwurf; Konzept *n*; **~ budget** Haushaltsentwurf *m*; **~ contract** Vertragsentwurf *m*; **~ letter** Entwurf e-s Briefes; **~ regulation** *(EU)* Entwurf e-r Verordnung

**draft**, 3. *Am* starke Inanspruchnahme *f*, Belastung *f* (on für)

**draft**, *v* entwerfen; **to ~ a contract** e-n Vertrag aufsetzen (od. abfassen)

**drain**, (Kapital-)Abfluss *m*; **~ (on) starke Inanspruchnahme** *f*; **brain ~** Abzug *m* von Fachkräften ins Ausland; **foreign ~ of capital** Kapitalabfluss nach dem Ausland; **great ~ on the purse** schwere finanzielle Belastung *f*

**drainage**, Bodenentwässerung *f*; **irrigation and ~** Be- und Entwässerung *f*; **town ~ system** städtische Kanalisation *m*; **~ operations** Entwässerungsarbeiten *fpl*

**drapery**, *Br* Textilwaren *fpl*

**draw**, Ziehung *f (in der Lotterie)*; *(etw.)* Zugkräftiges *n*; **box office ~** Kassenschlager *m*

**draw**, *v* ziehen; beziehen, empfangen; **to ~ a bill** e-n Wechsel ausstellen; **to ~ a bill on sb.** e-n Wechsel auf jdn ziehen; **to ~ a cheque (check)** e-n Scheck ausstellen; **to ~ a comparison** e-n Vergleich anstellen; **to ~ customers** Kunden anziehen (od. anlocken); **to ~ an income** ein Einkommen beziehen; **to ~ interest** Zinsen abwerfen; **to ~ the line at** *colloq.* nicht mehr mitmachen bei; **to ~ a lot** ein Los ziehen; **to ~ sth. by lot** etw. auslosen; **to ~ money** Geld abheben; **to ~ money from a business** Geld aus e-m Geschäft ziehen; **to ~ a pension** e-e Pension beziehen; **to ~ a good prize (in the lottery)** e-n Lotteriegewinn machen; **to ~ the first prize** das große Los gewinnen; **to ~ profit** Vorteil ziehen (from aus); **to ~ samples** Muster ziehen; Proben entnehmen

**draw**, *v*, **to ~ away customers** Kunden abwerben; **to ~ in a bill** e-n Wechsel einlösen; **to ~ in a loan** e-n Kredit kündigen; **to ~ on an account** von e-m Konto abheben; **to ~ on the** → IMF auf den IWF ziehen; **to ~ on the reserves** die Reserven in Anspruch nehmen; **to ~ out a session** e-e Sitzung ausdehnen; **to ~ up a contract** e-n Vertrag aufsetzen; **to ~ up an estimate** e-n Kostenanschlag machen; **to ~ up a list** e-e Liste aufstellen; **to ~ up a statement of ac-**

**count** e-e Abrechnung machen; **to ~ upon an account** vom Konto abheben
**drawback**, Zollrückvergütung *f (bei Wiederausfuhr)*; Rückzoll *m*
**drawee**, Bezogener *m*; Trassat *m*; **~ bank** bezogene Bank *f*
**drawer**, Aussteller *m*, Trassant *m*
**drawing**, Ziehung *f (e-s Wechsels)*; Ausstellung *f (e-s Schecks)*; Abhebung *f (von Geld)*; Entnahme *f (von Geld, Proben)*; Zeichnung *f*; Auslosung *f (von Obligationen)*; **bonds redeemable by ~** durch Auslosung tilgbare Obligationen; **private ~s** Privatentnahmen *fpl*; **workshop ~** Konstruktionszeichnung *f*; **~ account** Kontokorrentkonto *n*; Privatkonto *n (e-s Gesellschafters)*; Spesenkonto *n*; **~ and redrawing** (of bills) Wechselreiterei *f*; **~ authorization** *(Exporthandel)* Ermächtigung *f*, Wechsel zu ziehen; **~ by lots** Auslosung *f*; **~ credit** Dispositionskredit *f*; **~ date** Auslosungstermin *m*; **~ in cash** Barentnahme *f*; **~ of a bond** (for redemption) Auslosung *f* e-r Anleihe; **~ on current account** Abhebung vom Girokonto; **~s on the** → IMF Ziehungen auf den IWF; **~ price** Auslosungskurs *m*; **~ right** Abhebungsbefugnis *f*; *(IWF)* Ziehungsrecht *n*; **to redeem bonds by ~** Obligationen durch Auslosung tilgen
**drawing up**, **~ of the balance sheet** Aufstellung *f* der Bilanz; **~ of the minutes** Aufnahme *f* des Protokolls
**drawn, bank ~ upon** bezogene Bank *f*; **non-~ profit** nicht entnommener Gewinn *m*; **~ bond** ausgeloste Obligation *f*; **~ by lot** ausgelost; **~ out session** ausgedehnte Sitzung *f*; **current accounts can be ~ upon at any time** vom Girokonto kann jederzeit abgehoben werden
**dredge**, Bagger *m*; *(Fischerei)* Schleppnetz *n*
**dredge**, *v* (aus)baggern; **to ~ for** mit dem Schleppnetz fischen
**dress**, (Damen-)Kleid *n*; Kleidung *f*; **~ circle** *Br* erster Rang *m (im Theater)*; **~ designer** Modezeichner *f*; **~maker** (Damen-)Schneider(in) *m(f)*
**dress**, *v* (sich) anziehen; *(Erze, Häute)* aufbereiten; **to ~ a (shop-)window** ein Schaufenster dekorieren
**dressing**, **window ~** Schaufensterdekoration *f*; Bilanzverschleierung *f*; **~ plant** Aufbereitungsanlage *f*
**dried**, **~ egg** Eipulver *n*; **~ fodder** Trockenfutter *n*; **~ fruit** Backobst *n*
**drift**, *v*, **the prices ~ed back** die Kurse gaben nach; **~ing away of customers** Abwandern von Kunden; **the firm is ~ing towards bankruptcy** die Firma treibt dem Konkurs zu
**drill**, Bohrmaschine *f*, Bohrer *m*; Erdölbohrer *m*
**drill up**, *v* Bohrungen vornehmen
**drilling**, Bohrung *f (nach Öl etc.)*; **~ company** Bohrunternehmen *n*; **~ rig** Bohrinsel *f*; **~ test** Bohrversuch *m*
**drink**, Getränk *n*; alkoholisches Getränk *n*; **food and ~** Speisen *fpl* und Getränke *npl*; **soft ~s** alkoholfreie Getränke *npl*; **~ dispenser** (or **~ vending machine**) Getränkeautomat *m*; **to be under the influence of ~** unter dem Einfluss von Alkohol stehen
**drinking water**, **production of ~** Trinkwassergewinnung *f*; **quality of ~** Trinkwasserqualität *f*; **~ supply** Trinkwasserversorgung *f*
**Drive**, → dedicated road infrastructure for vehicle safety in Europe
**drive**, (Spazier-)Fahrt *f*; Aktion *f*, (Werbe-) Feldzug *m*; *Am (Börse)* Baisseangriff *m*; **fund-raising ~** (Geld-)Sammelaktion *f*; **sales ~** Aktion zur Verkaufsförderung *f*; **he lacks ~** ihm fehlt Unternehmungsgeist
**drive**, Laufwerk *n*
**drive-in**, **~ counter** Autobank *f*; **~ restaurant** Gaststätte *f* für Autofahrer mit Bedienung am Auto
**drive**, *v (ein Auto)* fahren, lenken; **fit** (or **able**) **to drive** fahrtüchtig; **inability to ~** Fahruntüchtigkeit *f*
**drive yourself rental**, Wagenvermietung *f (für Selbstfahrer)*
**driver**, Fahrer *m*; **~** (of a motor vehicle) Kraftfahrer *m*; **learner ~** Fahrschüler *m*; **reckless ~** rücksichtsloser Fahrer; **~ behavio(u)r** Fahrverhalten *n*; **driver's license** *Am* Führerschein *m*; **~'s mate** Beifahrer *m*; **~'s test** *Am* Fahrprüfung *f*
**driving**, Fahren *n (e-s Kfz)*; **accident-free ~** unfallfreies Fahren; **careless ~** unachtsames Fahren
**driving ability**, Fahrtüchtigkeit *f*; **impairment (loss) of ~ due to consumption of alcohol** Fahruntüchtigkeit *f* infolge Genusses von Alkohol
**driving**, **~ ban on** *Br* **lorry** (*Am* **truck**) **traffic** Fahrverbot *n* für den Lastkraft-

wagenverkehr; ~ **experience** Fahrpraxis *f*; ~ **instruction** Fahrunterricht *m*; ~ **into a property (from a road)** Einfahren *n* in ein Grundstück (aus e-r Straße)

**driving licen|ce (~se)**, *Br* Führerschein *m*; **to revoke the** ~ den Führerschein entziehen; **to suspend the** ~ den Führerschein zeitweilig entziehen

**driving**, **daily ~ period** tägliche Lenkzeit *f* *(des Fahrers)*; ~ **pool** Fahrgemeinschaft *f*; ~ **regulations** Fahrvorschriften *fpl*; ~ **test** *Br* Fahrprüfung *f*; **he does the ~ himself** er fährt selbst

**droop**, *v*, **chemicals ~ed** die Chemieaktien gaben nach

**drop**, Fallen *n*, Sinken *n (Preise, Kurse)*, Rückgang *m*; ~ **in consumption** Rückgang des Verbrauchs; ~ **in demand** Nachfragerückgang *m*; ~ **in production** Produktionsrückgang *m*; ~ **in profits** Gewinnrückgang *m*; ~ **in sales** Umsatzrückgang *m*; ~ **shipment** *Am* Direktlieferung *f*; Streckengeschäft *n*; ~ **shipper** *Am* Streckenhändler *m*

**drop**, *v* fallen, sinken, zurückgehen *(Kurse, Preise)*; fallen lassen, aufgeben; **to ~ sb. a line** jdm ein paar Zeilen schreiben; **to ~ foreign aid** die Wirtschaftshilfe einstellen; **to ~ a line** → line 1.; **to ~ a meeting** e-e Sitzung ausfallen lassen; **to ~ the option** die Option verfallen lassen; **to ~ a proposal** e-n Vorschlag nicht weiter verfolgen; **to ~ in quality** in der Qualität zurückgehen

**drop**, *v*, **to ~ in** unerwartet vorbeikommen; **the practice of the doctor has ~ped off** die Praxis des Arztes ist zurückgegangen; **to ~ out** ausfallen, ausscheiden

**drop lock bond**, Anleihe *f*, die mit einem variablen Zins begeben, aber später in eine Festzinsanleihe umgewandelt wird, wenn der Zins unter einen festgelegten Satz fällt; ~ **loan** mittelfristiger, variabel verzinslicher Kredit mit Ablöseautomatik *(wird in Schuldverschreibung umgewandelt, wenn Zinsen unter festgelegtes Niveau fallen)*

**dropped, not to be ~!** nicht stürzen!; **the correspondence** ~ die Korrespondenz schlief ein; **demand** ~ die Nachfrage ist zurückgegangen (od. ließ nach); **the price has** ~ der Preis ist heruntergegangen; **the receipts ~ by half** die Einnahmen gingen um die Hälfte zurück; **sales ~ heavily** der Absatz ging stark zurück; **the subject was** ~ das Thema wurde fallen gelassen

**dropping**, ~ **of the load** Herabfallen *n* der Ladung; ~ **price** fallender Preis *m*

**drought-hit countries**, von der Dürre heimgesuchte Länder *npl*

**drug**, Droge *f*, Rauschgift *n*; Medikament *n*; **drugs** Suchtstoffe *pl*; **addicted to ~s** drogensüchtig; **illicit ~ dealing** unerlaubter Handel *m* mit Rauschgift; **required prescription** ~ rezeptpflichtige Droge *f*; **search for ~s by the police** Rauschgiftrazzia *f*; **taking ~s** Rauschgiftnahme *f*

**drug abuse**, Drogenmissbrauch *m*; **fight against** ~ Rauschgiftbekämpfung *f*

**drug**, ~ **addict** Rauschgiftsüchtiger *m*; ~ **addicted** drogenabhängig; ~ **addiction** Drogensucht *f*, Drogenabhängigkeit *f*; ~ **dealer** Drogenhändler *m*; ~ **dependence** Drogenabhängigkeit *f*; **~s on prescription** verschreibungspflichtige Medikamente *npl*; ~ **runner** (or **trafficker**) Rauschgifthändler *m*; ~ **search** Rauschgiftfahndung *f*; ~ **smuggling** Rauschgiftschmuggel *m*; ~ **taker** Fixer *m*; ~ **trafficking** Rauschgifthandel *m*; Drogenhandel *m*; unerlaubter Verkehr *m* mit Suchtstoffen; ~ **use** Rauschgifteinnahme *f*; **to break the ~ habit** aufhören, Rauschgifte zu nehmen; entwöhnen

**drugged meat**, Fleisch *n* drogenbehandelter Tiere

**drum up**, *v*; **to ~ business** Geschäfte anbahnen; **to ~ customers** Kunden auftreiben; **to ~ support for sb./sth.** Unterstützung für jdn/etw suchen/organisieren

**drunk driving**, *Am* → drunken driving

**drunken driving**, Trunkenheit *f* am Steuer

**drunken driver**, betrunkener Fahrer *m*

**dry**, trocken; **keep** ~ vor Feuchtigkeit schützen; **~-clean** *v* chemisch reinigen; **~-cleaning** chemische Reinigung *f*; ~ **goods** Textilwaren *pl*, Kurzwaren *pl*; ~ **weight** Trockengewicht *n*

**DSL**, → digital subscriber line

**DTP**, → desktop publishing

**dual**, ~ **banking** *Am* duales Banksystem *n*; ~ **capacity** Doppelfunktion *f*; ~ **currency loan** Doppelwährungsanleihe *f*; ~ **distribution** zweigleisiger Vertrieb *m* *(über Händler od. eigene Vertriebsfilialen)*; ~ **listing** Notierung *f* e-r Aktie an zwei Börsen; ~ **national** Doppelstaater *m*; ~

**nationality** Doppelstaatsangehörigkeit *f*; **~ parliamentary mandate** *(EU)* Doppelmandat *n*; **~ purpose fund** Investmentfonds *m* mit zwei Anlagezielen *(Wachstum und Einkommen)*; **~ resident corporation** (DRC) *Am* doppelt ansässige Gesellschaft *f*

**dub**, *v* synchronisieren

**dub up**, *v colloq.* unfreiwillig zahlen

**dubious**, dubiös, fragwürdig; zweifelhaft; **~ claim** unsichere Forderung *f*; **~ firm** zweifelhafte Firma *f*

**dud cheque (check)**, ungedeckter Scheck *m*

**due**, geschuldet, zu zahlen; fällig, gehörig, gebührend, ordnungsmäßig; planmäßig ankommend *(Zug etc.)*; **over ~** überfällig; **when ~** bei Fälligkeit, bei Verfall; **balance due** geschuldeter Restbetrag *m*; **date on which the loan falls ~** Fälligkeitstermin *m* des Darlehens; **debt ~** fällige Forderung *f*; **debts ~ and owing** Aktiva *pl* und Passiva *pl*; **interest due** fällige Zinsen; **rent ~** fällige Miete *f*; **sum ~** geschuldeter Betrag *m*; **~ attention** gebührende Aufmerksamkeit *f*; **~ bill** fällige Rechnung *f*; **~ at call** täglich fällig; **with ~ care** mit gebührender Sorgfalt; **after ~ consideration** → consideration 1.; **~ course of law** ordnungsgemäßer Verfahrensablauf *m*

**due course, in ~** zur gehörigen (od. richtigen) Zeit; im üblichen Geschäftsverlauf *f*; ordnungsgemäß; **holder in ~** → holder

**due date**, Fälligkeitsdatum *n*, Verfalltag *m*; **average ~** mittlerer Verfallstag *m*; **from the ~** von Eintritt *m* der Fälligkeit an; **on ~** fristgemäß; **~ of claim** Fälligkeitstag *m* der Versicherungssumme; **the issue can be called before the ~** die Anleihe kann vorzeitig gekündigt werden

**due, ~ diligence** → diligence; **in ~ form** in gehöriger Form *f*; **in ~ form and time** form- und fristgerecht; **~ from banks** Guthaben *n* bei Banken; **~ notice** ordnungsgemäße Kündigung *f*; **~ payment** fristgerechte Zahlung *f*; **~ process of law** ordnungsmäßiges Gerichtsverfahren *n*; **in ~ time** → time

**due to banks**, Bankschulden *fpl*; Verbindlichkeiten *fpl* gegenüber Banken; **~ on sight** Bankenkreditoren *mpl* auf Sicht; **~ on time** Bankenkreditoren *mpl* auf Zeit

**due, to be ~** fällig sein; **to be ~ to sb.** jdm geschuldet werden; **to be ~ to negligence** auf Fahrlässigkeit zurückzuführen sein; **the train is ~ at ...** der Zug soll um ... ankommen; **the train is ~ to leave at ...** der Zug soll um ... abfahren; **to become** (or **fall**) **~** fällig werden; **the bill will fall ~ on** der Wechsel wird fällig am

**dues**, Gebühren *pl*, Abgaben *pl*; *Am* Mitgliedsbeiträge *mpl*; **market ~** Marktgebühren *pl*, Standgebühren *pl*; **union ~** Gewerkschaftsbeiträge *pl*; **~-paying member** Beitrag zahlendes Mitglied *n*

**dull**, *(Handel, Börse)* flau, lustlos; *(Waren)* wenig gefragt; langweilig; **~ period** Flaute *f*; **~ sale(s)** schleppender Absatz *m*; **~ season** stille (od. tote) Saison *f*; **trade is ~** der Handel liegt darnieder

**dullness**, Flaute *f*, Lustlosigkeit *f*; **~ in orders** Auftragsflaute *f*; **~ in sales** Absatzflaute *f*; **~ of business** Geschäftsstille *f*; **~ of the market** Börsenflaute *f*

**duly**, ordnungsgemäß, gehörig; rechtzeitig; **~ authorized** ordnungsgemäß bevollmächtigt; **I ~ received your letter** ich erhielt Ihr Schreiben rechtzeitig

**dummy**, Leerpackung *f*, Attrappe *f (in Schaufenstern etc.)*; Blindmuster *n*; Ausstellungsmuster *n*; Strohmann *m*; Schein-; fingiert; **publisher's ~** Blindband *m*; **~ activity** Scheintätigkeit *f*; **~ company** Scheingesellschaft *f*, Strohgesellschaft *f*; **~ (package)** Schaupackung *f*, Attrappe *f*; **~ shareholder** vorgeschobener Aktionär *m*; **~ transaction** Scheingeschäft *n*

**dump**, Müllabladeplatz *m*; Schutthalde *f*, Abladeort *m*; *(Bergbau)* Halde *f*; **ammunition ~** Munitionslager *n*

**dump**, *v* 1. *(Schutt)* abladen, auskippen; *(Abfallstoffe)* ins Meer einbringen (od. versenken)

**dump**, *v* 2. *(Waren)* zu Schleuderpreisen ins Ausland verkaufen; Dumping betreiben

**dumping**, 1. Abladen *n*, Entladen *n (von Schutt etc.)*; **no ~ here** Schuttabladen *n* verboten; **~ ground** Müllabladeplatz *m*, Deponie *f*; **~ of harmful substances from ships and aircraft** Einbringen *n* von Schadstoffen durch Schiffe und Luftfahrzeuge; **~ of waste at sea** Einbringen *n* von Abfällen ins Meer; Verklappung *f* von Abfällen; **~ operations carried out by ships** Einbringung *f* von Abfallstoffen durch Schiffe

**dumping**, 2. Dumping *n*; **~ (of exports)** Export *m* zu Schleuderpreisen; **to practise ~** Dumping betreiben

**dun**, *v* dringend zur Zahlung auffordern, mahnen
**dunning**, Mahnung *f*; **~ letter** Mahnschreiben *n*
**duopoly**, Duopol *n* (Marktbeherrschung von nur 2 Verkäufern)
**duopsony**, Duopson *n* (Markbeherrschung von nur 2 Käufern)
**duplicate**, Duplikat *n*, Zweitschrift *f*; **in ~** in zweifacher Ausfertigung *f*; **~ bill** Wechselduplikat *f*; **~ consignment note** Frachtbriefdoppel *f*; **~ (copy)** Zweitschrift *f*; **~ (of a) document** zweite Ausfertigung *f* e-r Urkunde; **~ invoice** Rechnungsdoppel *n*; **~ of exchange** Wechselduplikat *f*; **~ receipt** Quittungsdoppel *n*; **to make out in ~** doppelt ausfertigen
**duplicate**, *v* ein Duplikat herstellen; vervielfältigen; **~d entry** Doppelbuchung *f*
**durability of goods**, Haltbarkeit *f* (od. Dauerhaftigkeit *f*) von Gütern
**durable**, haltbar; dauerhaft; **~s** (or **~ consumer goods**) langlebige Konsumgüter *pl*, Gebrauchsgüter *pl*; **non-~ consumer goods** (or **non-~s**) kurzlebige Konsumgüter *pl*, Verbrauchsgüter *pl*; **semi-~s** (or **semi-~ consumer goods**) beschränkt haltbare Konsumgüter *pl*
**duration**, Dauer *f*; Laufzeit *f*; **of indefinite ~** unbefristet; **of limited ~** von begrenzter Dauer; **~ of a bill** Laufzeit e-s Wechsels; **~ of a contract** Laufzeit e-s Vertrages; Vertragsdauer *f*; **~ of a lease** Mietzeit *f*, Pachtzeit *f*; **~ of an offer** Gültigkeitsdauer *f* e-s Angebots; **~ of stay** Aufenthaltsdauer *f*; **~ of unemployment** Dauer der Arbeitslosigkeit; **to extend the ~ of validity** die Gültigkeitsdauer *f* verlängern
**duress**, Zwang *m*, Nötigung *f*
**Dutch**, **~ auction** Niederländische Auktion *f (unter allmählicher Herabsetzung des Anbietungspreises)*; **~ guilder** niederländischer Gulden *f*; **to go ~** jeder für sich bezahlen
**dutiable**, zollpflichtig; abgabenpflichtig; **~ goods** Zollgut *f*; **to declare ~ goods** zollpflichtige Waren anmelden; **~ value** Zollwert *m*; **~ weight** Zollgewicht *n*
**duty**, 1. Zoll *m*, Abgabe *f*, Gebühr *f*; Steuer *f*; **ad valorem ~** Wertzoll *m*; **basic ~** Ausgangszollsatz *m*; **conventional ~** Vertragszollsatz *m*; **countervailing ~** Ausgleichszoll *m*; **customs ~** Zoll *m* (→ customs); **differential ~** Differentialzoll *m*; **evasion of ~** Zollhinterziehung *f*; **excise ~** → excise; **exempt from ~** zollfrei, abgabenfrei; gebührenfrei; **goods chargeable with a ~** zu verzollende Waren; **liable to ~** zollpflichtig; abgabenpflichtig; gebührenpflichtig; **price inclusive of ~** Preis einschließlich Zoll; **protective ~** Schutzzoll *m*; **raising of ~ies** Zollerhöhung *f*; **the applied rate of ~** der angewandte Zollsatz *m*; **reduction of ~ies** Zollermäßigung *m*; **remission of ~ies** Zollerlass *m*; **stamp ~** Stempelsteuer *f* ( → stamp); **~ assessment** Zollfestsetzung *f*; **~ies for consignee's account** Zölle gehen zu Lasten des Empfängers
**duty-free**, zollfrei, abgabenfrei; **~ entry** zollfreie Einfuhr *f*; **~ shop** zollfreier Laden *m (bes. im Flughafen)*; **to grant ~ importation** die Einfuhr zollfrei zulassen
**duty**, **~ on exports** Ausfuhrzoll *m*; **~ paid** verzollt; **~ per article** Stückzoll *m*
**duty**, **~ suspension** Zollaussetzung *f*; **duty unpaid** unverzollt; **to charge ~ies** Zölle erheben; **to lower the ~ies** die Zölle senken; **to raise the ~ies** die Zölle erhöhen; **the goods are subject to a ~** die Waren unterliegen e-m Zoll
**duty**, 2. Pflicht *f*; Dienst(pflicht) *m(f)*; **in accordance with one's ~ies** pflichtgemäß; **allocation of ~ies** Zuweisung *f* von Pflichten; **breach of ~** Pflichtverletzung *f*; **contrary to ~** pflichtwidrig; **in performing one's ~ies** in Ausübung seiner *(dienstlichen)* Pflichten; **off ~** außer Dienst *m*, dienstfrei; **on ~** im Dienst *m*, diensthabend; **violation of one's ~** Pflichtverletzung *f*; **~ car** Dienstwagen *m*; **~ of care** Sorgfaltspflicht *f*; **~ of disclosure** Auskunftspflicht *f*; Publizitätspflicht *f*; **~ to report** Meldepflicht *f*; **~ to take care** Sorgfaltspflicht *f*; **to come off ~** aus dem Dienst kommen; **to enter upon one's ~ies** seinen Dienst antreten; **to go on ~** in den Dienst gehen; **to perform one's ~ies** seine Pflichten erfüllen
**dwelling**, Wohnung *f*; **separate ~** abgeschlossene Wohnung; **~ house** Wohnhaus *n*; **owner-occupied ~ house** Eigenheim *n*
**dwindling**, **~ of assets** Vermögensverfall *m*; **~ of stocks** Lagerschrumpfung *f*
**dyeing**, Färbung *f (von Textilien)*; **~ plant** Färberei *f*

**dying declaration**, Erklärung *f* auf dem Sterbebett

# E

**EAEC-Treaty**, EAG-Vertrag *m* → European Atomic Energy Community
**eagle**, *Am* Zehn-Dollar-Goldmünze *f*
**EAN**, → European article number
**E. and O.E.**, (errors and omissions excepted) Irrtum *m* vorbehalten
**earlier date, to deliver at an earlier date** zu e-m früheren Termin liefern
**earliest**, **at the** ~ am frühesten; **at your** ~ **convenience** sobald wie möglich; ~ **date of completion** frühester Termin *m* für die Fertigstellung; ~ **delivery date** frühester Liefertermin *m*; ~ **possible** frühest möglich
**early**, früh(zeitig); ~**-bird price** Einführungspreis *m*, Werbepreis *m*; ~ **closing** früher Ladenschluss *m*; ~ **measures** frühzeitige Maßnahmen *fpl*; ~ **payment** vorzeitige Zahlung *f*; ~ **redemption** vorzeitige Tilgung *f*; ~ **reply** → reply; ~ **retirement** Frühverrentung *f*; vorzeitige Pensionierung *f*; vorzeitiger Ruhestand *m*; ~ **retirement scheme** Vorruhestandsregelung *f*; ~ **season** Vorsaison *f*; **shops close** ~ **on Saturday** samstags ist früher Ladenschluss *m*; Samstag Nachmittag sind die Geschäfte geschlossen; **to settle one's debts** ~ seine Schulden vorzeitig bezahlen; **he is** ~ **with his rent** er zahlt seine Miete vor Fälligkeit
**earmark**, Kennzeichen *m*
**earmark**, *v* kennzeichnen; für bestimmten Zweck bereitstellen
**earmarked**, ~ **asset** zweckgebundener Vermögenswert *m*; ~ **for exportation** für die Ausfuhr vorgesehen; ~ **funds** für bestimmten Zweck bereitgestellte Mittel *pl*; zweckgebundene Mittel *pl*; ~ **gold** im Sonderdepot für fremde Rechnung verwahrtes Gold *n (das, um Transportkosten zu sparen, nicht versandt wird)*
**earmarking**, Kennzeichnung *f*; Bereitstellung *f* für bestimmten Zweck; Zweckbestimmung *f*
**earn**, *v* verdienen, erwerben; **to** ~ **interest** Zinsen (ein)bringen; **to** ~ **a poor salary** (or **poor wages**) schlecht verdienen
**earned income**, Arbeitseinkommen *f*; Einkommen *n* aus Erwerbstätigkeit; **concealed** (or **masked**) ~ **income** verschleiertes Arbeitseinkommen
**earned surplus**, → surplus 3.
**earner**, **wage** ~ Lohnempfänger *m*
**earnest money**, Draufgabe *f*, Handgeld *n*
**earning**, ~ **assets** ertragbringende Aktiva *pl* (*e-r Bank*; *Obligationen und Darlehen*); ~ **capacity** Ertragsfähigkeit *f (e-s Unternehmens)*; Erwerbsfähigkeit *f*; ~ **conditions** Einkommensverhältnisse *pl*; ~ **power** Ertragskraft *f (e-s Unternehmens)*; **limit of** ~ **power** Ertragsgrenze *f*; **wage** ~ **employment** → wage
**earnings**, Einkommen *n*, Einkünfte *pl*; Verdienst *m*; Gewinn *m*, Ertrag *m*; **accumulated** ~ angesammelter *(nicht ausgeschütteter)* Gewinn; **company** ~ Gesellschaftsgewinn *m*; **gross** ~ Bruttoverdienst *m*; Bruttogewinn *m*; **hourly** ~ Stundenverdienst *m*; ~ **in industry** *(EU)* Verdienst *m* in der Industrie *f*; **industrial** ~ gewerbliche Einkünfte; **net** ~ Nettoverdienst *m*; Nettogewinn *m*; **professional** ~ → professional; **retained** ~ thesaurierter (od. einbehaltener) Gewinn; ~ **base** *Br* Basis *f*, auf der ein gewerbetreibender Steuerzahler besteuert wird (i. e. on sales, not on receipt of money); ~ **before interest and taxes** (Ebit) Gewinn vor Abzug von Zinsen und Steuern; ~ **from exports** Exporteinnahmen *pl*; ~ **from operations** Betriebsgewinn *m*; ~ **gain** Gewinnzuwachs *m*; ~ **per share** Gewinn(entwicklung) je Aktie
**earnings position**, **worsening of the** ~ **position** Verschlechterung *f* der Ertragslage
**earnings**, ~ **prospects** Ertragsaussichten *pl*; ~**-related** verdienstbezogen, einkommensbezogen; ~ **report** Ertragsbericht *m*; ~ **reserve** Gewinnrücklage *f*; ~ **retention** Thesaurierung *f* von Gewinnen (Selbstfinanzierung *f*); ~ **statement** Gewinn- und Verlustrechnung *f*; Erfolgsrechnung *f*; ~ **value** Ertragswert *m*; ~ **yield** (of a company) Ertrag *m* per Stammaktie (nach Steuern im Prozentsatz des Kurses)
**earth summit**, Umweltgipfel *m*
**ease**, Leichtigkeit *f*; ~ **of money** Geldflüssigkeit *f*; ~ **of operation** leichte Bedienungsweise *f*

**ease**, *v* erleichtern; auflockern; nachgeben, abbröckeln *(Kurse)*
**easement**, Grunddienstbarkeit *f*
**easiness on the money market**, Flüssigkeit *f* auf dem Geldmarkt
**easing**, Erleichterung *f*; Auflockerung *f*; Abbröckelung *f (der Kurse)*; **~ of checks on persons at frontiers** Abbau *m* der Personenkontrollen an Grenzen; **~ of controls** Erleichterung der Kontrollen; **~ of credit** Krediterleichterung *f*; **~ of cyclical conditions** Konjunkturentspannung *f*; **~ of imports** Erleichterung von Einfuhren; **~ of restrictive measures** Lockerungsmaßnahmen *pl*; **~ share prices** abbröckelnde Kurse *mpl*
**easily**, **~ saleable** leicht verkäuflich; **to be ~ worked (up)** sich leicht verarbeiten lassen
**easy**, leicht, mühelos; ruhig, flau *(Markt)*; wenig gefragt *(Ware)*; **~ care** pflegeleicht *(Kleidung)*; **in ~ circumstances** in guten Verhältnissen; **~ handling of a machine** leichte Bedienung *f* e-r Maschine; **~ market** Markt *m* mit großem Warenangebot *n (weil es wenig Käufer gibt)*; **~ money policy** Niedrigzinspolitik *f*; **~ profit** müheloser Gewinn *m*; **to be on ~ street** *colloq.* wohlhabend sein; **~ style** flüssiger Stil *m*; **~ terms** günstige Zahlungsbedingungen *fpl (bei Ratenzahlungskauf)*; **~ to sell** leicht verkäuflich; **~ to survey** übersichtlich; **prices are ~** die Preise sind niedrig; **the shares are ~** die Aktien sind wenig gefragt
**eat into reserves**, *v* Rücklagen angreifen
**e-banking**, → electronic banking
**e-brand**, → electronic brand
**e-business**, → electronic business
**EC**, EG → European Community
**echelons of authority**, Hierarchiestufen *f pl*
**eco**, **~ farming** ökologische Landbewirtschaftung *f*; **~ label** Umweltzeichen *n*
**ecological**, ökologisch, umweltbewusst
**ecological balance, to restore the ~** das ökologische Gleichgewicht wiederherstellen
**ecological**, **~ damage** Umweltschaden *m*; **~ farming** umweltbewusste Landwirtschaft *f*
**ecologically**, **~ friendly** umweltfreundlich; **~-oriented** umweltbewusst
**ecologist**, Ökologe *m*
**ecology**, Ökologie *f*; **~ symbol** Umweltzeichen *n*
**e-commerce**, → electronic commerce
**economic**, wirtschaftlich; rentabel; volkswirtschaftlich
**economic activity**, Wirtschaftstätigkeit *f*, Konjunktur *f*; **checking excessive ~** Konjunkturdämpfung *f*; **decrease of ~** Konjunkturrückgang *m*; **increase in ~** Konjunkturanstieg *m*; **low point of ~** Konjunkturbaisse *f*; **measures for stimulating ~** konjunkturanregende Maßnahmen *fpl*; **overheating of ~** Konjunkturüberhitzung *f*; **recovery of ~** wirtschaftlicher Wiederaufschwung *m*; **slowdown in** (or **weakening of**) **~** Abschwächung *f* der Konjunktur; **trend of ~** Konjunkturverlauf *m*; **upturn in ~** Wiederbelebung *f* der Wirtschaftstätigkeit; **to exert a stimulating effect on ~** konjunkturanregend wirken; **to stimulate ~** die Konjunktur ankurbeln; **to slow down ~** die Konjunktur bremsen (od. eindämmen)
**economic**, **~ adviser** Wirtschaftsberater *m*; **~ agreement** Handelsabkommen *n*; **~ aid** Wirtschaftshilfe *f*; **E~ and Currency Union** *(EU)* Wirtschafts- und Währungsunion *f*; **E~ and Financial Committee** *(EU)* Wirtschafts- und Finanzausschuss *m*; **E~ and Monetary Union** (EMU) *(EU)* WWU *(Wirtschafts- und Währungsunion f)* **E~ and Social Committee** *(EU)* Wirtschafts- und Sozialausschuss *m*; **E~ and Social Council** (Ecosoc) Wirtschafts- und Sozialrat *m (der Vereinten Nationen)*; **~ boom** Wirtschaftsaufschwung *m*, Konjunkturaufschwung *m*; **~ branch** Wirtschaftszweig *m*; **~ cohesion** wirtschaftlicher Zusammenhalt *m*; **E~ Commission for Europe** (ECE) Wirtschaftskommission *f (der Vereinten Nationen)* für Europa; **~ condition** Wirtschaftslage *f*; Konjunktur *f*
**economic crisis**, Wirtschaftskrise *f*; **to face an ~** mit e-r Konjunkturkrise zu kämpfen haben
**economic**, **~ cycle** Konjunkturzyklus *m*; **~ date** Wirtschaftsdaten *pl*, wirtschaftliche Angaben *fpl*
**economic demand**, **overall** (or **total**) **~** gesamtwirtschaftliche Nachfrage *f*
**economic development**, wirtschaftliche Entwicklung *f*; **promotion of ~** Wirtschaftsförderung *f*

**economic difficulties**, wirtschaftliche Schwierigkeiten *fpl*; **solution of** ~ Lösung *f* der konjunkturellen Schwierigkeiten

**economic**, ~ **downturn** Konjunkturabschwung *m*; ~ **efficiency** wirtschaftliche Leistungsfähigkeit *f*; **internal** ~ **equilibrium** binnenwirtschaftliches Gleichgewicht *n*; ~ **espionage** Wirtschaftsspionage *f*; **international** ~ **exchange** zwischenstaatlicher Wirtschaftsverkehr *m*; ~ **expansion** → expansion

**economic fluctuations**, Konjunkturschwankungen *fpl*; **sensitive to** ~ konjunkturempfindlich

**economic**, ~ **forces** wirtschaftliche Kräfte *fpl*; ~ **forecast** Konjunkturprognose *f*; ~ **geography** Wirtschaftsgeographie *f*; ~ **goods** Wirtschaftsgüter *pl*

**economic growth**, Wirtschaftswachstum *n*; **rate of** ~ wirtschaftliche Wachstumsrate *f*; **restimulating** ~ **growth** Wiederankurbelung *f* des Wirtschaftswachstums

**economic**, ~ **imbalance** konjunkturelles Ungleichgewicht *n*; ~ **impact** wirtschaftliche Auswirkung *f*; ~ **indicator** Konjunkturindikator *m*, Konjunkturbarometer *n*; ~ **integration** wirtschaftliche Eingliederung *f*; **economic issues** Wirtschaftsfragen *fpl*; ~ **law** Wirtschaftsrecht *n*; ~ **life** wirtschaftliche Nutzungsdauer *f*; ~ **low** Konjunkturtief *n*; ~ **migrant** Wirtschaftsflüchtling *m*; ~ **mismanagement** Misswirtschaft *f*; ~ **negotiations** Wirtschaftsverhandlungen *fpl*; ~ **offen|ces (~ses)** Wirtschaftsstraftaten *fpl*; ~ **order quantity** (EOQ) optimale Bestellmenge *f*

**economic outlook**, Konjunkturaussichten *pl*; **improvement (worsening) of** ~ Verbesserung *f* (Verschlechterung *f*) der Konjunkturaussichten

**economic**, ~ **pattern** Wirtschaftsstruktur *f*; ~ **period** Wirtschaftsperiode *f*; Konjunkturperiode *f*; ~ **planning** Wirtschaftsplanung *f (durch den Staat)*

**economic policy**, Wirtschaftspolitik *f*, Konjunkturpolitik *f*; **measures of** ~ wirtschaftspolitische Maßnahmen *fpl*; **in terms of** (or **relating to**) ~ wirtschaftspolitisch; konjunkturpolitisch; ~ **objectives** wirtschaftspolitische Ziele *npl*

**economic**, ~ **power** Wirtschaftsmacht *f*; ~ **project** Wirtschaftsvorhaben *n*; ~ **recovery** wirtschaftliche Erholung *f*, Konjunkturaufschwung *m*

**economic relations**, Wirtschaftsbeziehungen *pl*; **international** ~ Weltwirtschaftsbeziehungen *fpl*; **to establish** ~ Wirtschaftsbeziehungen herstellen

**economic**, ~ **report** Wirtschaftsbericht *m*; Konjunkturbericht *m*; ~ **revival** Wiederbelebung *f* der Wirtschaft; Erholung *f* der Konjunktur; ~ **sabotage** Wirtschaftssabotage *f*; ~ **sanctions** Wirtschaftssanktionen *fpl*; ~ **science** Wirtschaftswissenschaften *fpl*; ~ **self-sufficiency** Autarkie *f*

**economic situation**, Wirtschaftslage *f*; Konjunktur(lage) *f*; **deterioration (improvement) of the** ~ Verschlechterung *f* (Verbesserung *f*) der Wirtschaftslage; **poor** ~ schlechte Wirtschaftslage; **slack** ~ ungünstige Konjunkturlage; **world** ~ Weltkonjunktur *f*

**economic state of affairs, in the present** ~ bei der gegenwärtigen Konjunktur *f*

**economic**, ~ **status** finanzielle Lage *f*; ~ **strength** Wirtschaftskraft *f*; ~ **structure** Wirtschaftsgefüge *n*; ~ **summit** Wirtschaftsgipfel *m*; ~ **survey** Wirtschaftsübersicht *f*; Wirtschaftsbericht *m*; ~ **system** Wirtschaftssystem *n*, Wirtschaftsordnung *f*; ~ **terms** Wirtschaftsbegriffe *mpl*; **in** ~ **terms** wirtschaftlich gesehen; ~ **territory** *(EU)* Wirtschaftsgebiet *n*

**economic trend**, wirtschaftliche Entwicklung *f*; Konjunkturentwicklung *f*; **change** (or **break**) **in the** ~ Konjunkturumschwung *m*; **decline** (or **slackening**) **of the** ~ Konjunkturabkühlung *f*; **depending on the** ~ konjunkturbedingt

**economic**, ~ **undertaking** Wirtschaftsunternehmen *n*; ~ **union** Wirtschaftsunion *f*; Wirtschaftseinheit *f*; ~ **upswing** (or **upturn**) wirtschaftlicher Aufschwung *m*; Konjunkturaufschwung *m*, Konjunkturanstieg *m*; ~ **value** wirtschaftlicher Wert *m*; ~ **viability** wirtschaftliche Lebensfähigkeit *f*; ~ **working life** wirtschaftliche Nutzungsdauer *f*

**economical**, sparsam, wirtschaftlich; rationell; ~ **housekeeping** sparsame Wirtschaftsführung *f*; ~ **management** sparsames Wirtschaften *n (in e-m Betrieb)*; ~**ly sound enterprise** wirtschaftlich gesundes Unternehmen *n*; **the**

machine works ~ly die Maschine arbeitet wirtschaftlich; **they live ~ly** sie leben sparsam

**economics**, Wirtschaftswissenschaft *f*; Volkswirtschaft(slehre) *f*; **business ~** Betriebswirtschaft(slehre) *f*; **international** (or **world**) **~** Weltwirtschaft *f*

**economics**, Einsparungen *fpl*; Sparmaßnahmen *fpl*; **external ~** externe (Betriebs-)Einsparungen *(die die Gesamtheit e-r bestimmten Industrie betreffen)*; **internal ~** interne (Betriebs-)Einsparungen *(die nur eine Einheit betreffen, z. B. e-e Fabrik, e-n landwirtschaftlichen Betrieb)*

**economies of scale**, Größenvorteile *mpl*; Wirtschaftlichkeit *f* großer Mengen; Lehre *f*, dass mit wachsender Stückzahl *(pro Produktionseinheit)* die Kosten sinken; Kostenersparnisse *pl* durch optimale Betriebsvergrößerung

**economies of scope**, Umfangsvorteile *mpl*, Produktmengenvorteile *mpl*

**economist**, Wirtschaftswissenschaftler *m*; **business ~** Betriebswirt *m*; **(political) ~** Volkswirt *m*

**economize**, *v* sich einschränken, sparen, einsparen; sparsam umgehen (on mit); **to ~ on fuel oil** sparsam mit Heizöl umgehen

**economy**, Wirtschaft *f (e-s Landes)*; Volkswirtschaft *f*; Wirtschaftlichkeit *f*, Sparsamkeit *f*; **controlled ~** gelenkte Wirtschaft, Planwirtschaft *f*; **internal ~** Binnenwirtschaft *f*; innerbetriebliche Rationalisierung *f*; **national ~** (gesamte) Volkswirtschaft *f*; **political ~** Volkswirtschaft(slehre) *f*; **for reasons of ~** aus Ersparnisgründen *mpl*; **underground ~** Schattenwirtschaft *f*; **~ class** Touristenklasse *f*; **~-drive** Sparaktion *f*; **~ priced** vergleichsweise preisgünstig

**Ecu, ECU** → European Currency Unit (Ecu ist eine Korbwährung [basket currency], die sich aus den Währungen der EU-Mitgliedsstaaten zusammensetzt)

**Ecu, ~ assets** (or **holdings**) Guthaben *npl* in Ecu; **~ basket** Ecu-Währungskorb *m*; **~ central rate** Ecu-Leitkurs *m*; **~ clearing system** Ecu-Verrechnungssystem *n*; **to convert ~ into a national currency** Ecu in e-e Landeswährung umrechnen

**EDF funds**, EEF-Mittel → European Development Fund

**Edge Act corporation**, *Am* Tochterbank *f* (e-r amerikanischen Bank) (mit dem Ziel, Auslandstransaktionen durchzuführen)

**edge**, Vorteil *m*; → competitive edge

**edge**, *v*, **prices ~d up** die Kurse stiegen langsam

**edible**, essbar, genießbar; **~ oils and fats** Speisefette *npl*

**edit**, *v* (Buch etc.) herausgeben; (Zeitung, eingesandten Text) redigieren

**edition**, Auflage *f*, Ausgabe *f*; **bilingual ~** zweisprachige Ausgabe; **revised ~** neu bearbeitete Auflage; **this ~ is out of print** diese Auflage ist vergriffen

**editor**, Herausgeber *m*; Redakteur *m*; **~s** Redaktion *f (Personal)*

**editorial writer**, Leitartikler *m*

**educate**, *v* erziehen, unterrichten; **to ~** umschulen

**education**, Erziehung *f*; Bildung(swesen) *f(n)*; Ausbildung *f*; **cooperation in ~** *(EU)* Zusammenarbeit auf dem Bildungssektor *m*; **equal opportunities in ~** gleiche Bildungschancen *fpl*; **in the field of ~** im Bereich des Bildungswesens; **further ~** Weiterbildung *f*, Fortbildung *f*; **higher ~** höhere Schulbildung *f*

**education program(me), temporary release of workers for participation in an ~** zeitweilige Freistellung *f* von Arbeitnehmern zur Teilnahme an e-m Bildungsprogramm

**educational**, **~ advertising** belehrende Werbung *f*; **~ expenses** Kosten der Berufsausbildung *f*; **~ leave** Bildungsurlaub *m*; **~ opportunities** Bildungschancen *fpl*

**EEA countries**, *EEA* → European Economic Area *(EU)* EWR-Länder *npl*

**efface**, *v* löschen, ausstreichen, tilgen

**effect**, Wirkung *f*, Folge *f*; Kraft *f*, Gültigkeit *f*; Inhalt *m*; ( → effects); **coming into ~** Inkrafttreten *n*; **equivalent ~** → equivalent; **legal effect** Rechtswirkung *f*; **a letter to the ~ that** ein Brief des Inhalts, dass; **~s of the oil crisis** Auswirkungen *fpl* der Ölkrise; **to come into ~** in Kraft treten; **to have an ~ on** wirken auf; **to take ~** in Kraft treten

**effect**, *v* bewirken; ausführen; zustande bringen; **to ~ a payment** Zahlung leisten; **to ~ a policy of insurance** e-e Versicherung abschließen; **to ~ one's purpose** sein Ziel erreichen; **to ~ service** zustellen

**effective**, effektiv, tatsächlich; wirksam; rechtswirksam; mit Wirkung (vom); erfolgreich; **immediately** ~ mit sofortiger Wirkung; ~ **area** Nutzfläche *f*; **effective as of** mit Wirkung vom; ~ **connection to the permanent establishment** tatsächliche Zugehörigkeit *f* zur Betriebsstätte; ~ **demand** effektive Nachfrage *f*; ~ **interest yield** Effektivverzinsung *f*; ~ **management** *(DBA)* tatsächliche Geschäftsleitung *f*; ~ **output** Nutzleistung *f*; ~ **selling** erfolgreiche Verkaufstätigkeit *f* *(die zum Abschluss führt)*; ~ **yield** Effektivrendite *f*; **to become** ~ in Kraft treten; **to cease to be** ~ außer Kraft treten

**effectiveness**, Wirksamkeit *f*; **advertising** ~ Werbewirkung *f*; **managerial** ~ wirksame Betriebsführung *f*

**effects**, Sachbesitz *m*; persönliche Habe *f*; *(Bank)* Guthaben *n*; **no** ~ keine Deckung *(Scheckvermerk)*; **personal** ~ Gegenstände *mpl* des persönlichen Gebrauchs; **to leave no** ~ nichts hinterlassen

**efficiency**, Effizienz *f*; Wirksamkeit *f*; Leistungsfähigkeit *f*; Nutzungswert *m*; **commercial** ~ Wirtschaftlichkeit *f*; **considerations of** ~ Effizienzerwägungen *fpl*; **operating** ~ betriebliche Leistungsfähigkeit *f*; **productive** ~ Produktionsfähigkeit *f*; ~ **bonus** Leistungszulage *f*; ~ **control** Wirtschaftlichkeitslenkung *f*; ~ **engineer** (or **expert**) Rationalisierungsfachmann *m*; ~ **rating** Leistungsbewertung *f*; Einstufung *f* in Leistungsklassen; ~ **ratio** Wirtschaftlichkeit *m*

**efficient**, leistungsfähig, tüchtig; wirtschaftlich, rationell; effizient; ~ **operation** wirtschaftliche Betriebsführung *f*; ~ **secretary** tüchtige Sekretärin *f*; ~ **working process** rationelle Arbeitsweise *f*

**effluent**, **industrial** ~ Industriewasser *n*, Fabrikabwasser *n*

**EFTA**, → European Free Trade Association

**EFTPOS**, → Electronic Funds Transfer at Point of Sale

**EIB**, EIB → European Investment Bank; ~ **loan** Darlehen *n* der EIB; **from** ~ **resources** aus Mitteln *pl* der EIB

**efflux**, Abfluss *m*; ~ **of funds** Mittelabflüsse *mpl*; ~ **of gold** Goldabfluss *f*; ~ **of liquidity** Liquiditätsabfluss *m*

**effort**, Bemühung *f*, Anstrengung *f*; **research** ~ Forschungsarbeit(en) *f(pl)*; **sales promotion** ~**s** Anstrengungen *pl* zur Absatzförderung

**eject**, *v* (Mieter) zur Räumung zwingen (z. B. weil er keine Miete zahlte)

**ejectment**, **action of ejectment** *Am* Räumungsklage *f*

**elapse of period**, Fristablauf *m*

**elasticity**, ~ **of demand** Nachfrageelastizität *f*; ~ **of substitution** Substitutionselastizität *f*; ~ **of supply** Angebotselastizität *f*

**election**, Wahl *f*; **board** ~ Wahl des Verwaltungsrates; **right of** ~ Wahlbefugnis *f*; **right to stand for** ~ passives Wahlrecht *n*; **to stand for** ~ kandidieren

**electric power**, ~ **consumption** Stromverbrauch *m*; ~ **cost** Stromkosten *pl*; ~ **industry** Elektrizitätswirtschaft *f*; ~ **supply** Stromversorgung *f*

**electrical**, ~**s** *(Börse)* Elektrowerte *pl*; ~ **appliances** Elektrogeräte *npl*

**electrical engineering**, Elektrotechnik *f*; ~ **industry** elektrotechnische Industrie *f*; ~ **products** elektrotechnische Erzeugnisse *npl*

**electrical**, ~ **equipment** elektrische Apparate *mpl*; ~ **household appliances** Elektro-Haushaltsgeräte *npl*; ~ **shares (or stocks)** Elektrowerte *pl*; ~ **supply shop (or store)** Elektrogeschäft *n*

**electricity**, ~ **consumption** Stromverbrauch *m*; ~ **(consumption) meter** Stromzähler *m*; ~ **demand** Elektrizitätsbedarf *m*; ~ **distributor** Stromversorgungsunternehmen *n*; ~ **rate** (or **tariff**) Stromtarif *m*; ~ **supply** Stromversorgung *m*; **failure of the** ~ **supply** Stromausfall *m*

**electronic**, elektronisch; ~ **banking** die Nutzung von Bankdienstleistungen durch elektronische Medien wie das → Internet; ~ **brand** Marke im → Internet; ~ **business** Genereller Begriff um Geschäftsprozesse zu beschreiben, die elektronisch ausgeführt werden oder in einer digitalen Umgebung, wie dem → Internet, stattfinden. ~ **commerce** elektronische Geschäftsabwicklung über öffentliche oder private Netzwerke; ~ **cash** → cybercash; ~ **community** → Internet community; ~ **embezzlement** elektronische Manipulation(en) *f(pl)* ~ **mail** elektronische Post *f*; ~ **procurement** Einkauf *m* mit Hilfe elektronischer Systeme sowie des → Internets; ~ **purse** virtuelle bzw. elektronische Brieftasche *f*; ~ **retailing** Verkauf *m* von Produkten an Letztnachfrager durch die Nutzung elektronischer Medien vor allem des → Internets; ~ **wallet** → electronic purse

**electronic funds transfer**, (EFT) elektronischer Zahlungsverkehr *m (ohne Belege)*; ~ **at point of sale** (EFTPOS) elektronische Abbuchung *f* am POS-Terminal

**electronic**, ~ **mail** elektronische Post *f*; ~ **terminal** elektronisches Eingabegerät *n*

**elephant**, großer institutioneller Anleger *n (Versicherung, Pensionskasse)*

**eligibility**, Fähigkeit *f*, Eignung *f*, Qualifikation *f*; Erfüllung *f* der Voraussetzungen; ~ **for office** Qualifikation für ein Amt

**eligible**, geeignet, qualifiziert; in Frage kommend; wählbar; ~ **as collateral for a loan** beleihbar; ~ **bank** *Br* anerkannte Bank *f (deren Akzepte bei der Bank of England rediskontfähig sind)*; ~ **bill** rediskontfähiger Wechsel *m*; ~ **for investment in premium reserve stock** deckungsstockfähig; ~ **for a pension** pensionsberechtigt; ~ **for reelection** wieder wählbar; ~ **for tax relief** steuerbegünstigt; ~ **investment** mündelsichere Anlage *f*; ~ **liabilities** *Br* geeignete reservepflichtige Einlagen *fpl (als Mindestreservesatz e-r Bank)*; ~ **paper** *Br* rediskontfähiger Wechsel *m*; ~ **reserve assets** *Br* Liquiditätsreserven *pl* der commercial banks; gesetzliche Mindestreserven *pl*; ~ **securities** mündelsichere Wertpapiere *npl*; ~ **to draw on the** → IMF die Voraussetzungen erfüllend, auf den IWF zu ziehen; ~ **to vote** wahlberechtigt; **to be** ~ **for** in Frage kommen für

**eliminate**, *v* beseitigen, ausschalten; **to** ~ **competition** die Konkurrenz ausschalten; **to** ~ **obstacles** Hindernisse beseitigen

**elimination**, Beseitigung *f*, Ausschaltung *f*; ~ **of an account** Auflösung *f* e-s Kontos; ~ **of pollution** Abbau *m* der Umweltbelastung; ~ **of wholesalers** Ausschaltung *f* des Großhandels

**e-mail**, → electronic mail

**emanate**, *v*, **to** ~ **from** herrühren (od. ausgehen) von

**embargo**, Embargo *n (Verbot der Ausfuhr od. Einfuhr bestimmter Waren etc.)*; Sperre *f*; **capital** ~ Kapitalembargo *n*, Verbot *n* der Kapitalausfuhr *f*; **gold** ~ Goldembargo *n*; ~ **on exports** Exportembargo *n*; Ausfuhrverbot *n*; **to be subject to an** ~ e-m Embargo unterliegen; **to be under an** ~ mit Embargo belegt sein; **to put an** ~ **on** ein Embargo legen auf

**embark**, *v* an Bord gehen, sich einschiffen; *(Waren)* an Bord e-s Schiffes verladen; **to** ~ **upon a new business undertaking** in ein neues Geschäftsunternehmen einsteigen

**embarkation**, Einschiffung *f*; Verladung *f*

**embarrassed, to be financially** ~ in Geldschwierigkeiten sein, in Geldverlegenheit sein

**embarrassing situation**, peinliche Lage *f*

**embarrassment, financial** ~ Geldschwierigkeiten *fpl*

**embezzle**, *v* unterschlagen, veruntreuen

**embezzlement**, Unterschlagung *f*, Veruntreuung *f*

**emblements**, Ernte(ertrag) *f(m)*; Früchte *fpl* auf dem Halm

**embody**, *v* aufnehmen, einfügen; **to** ~ **a clause in a contract** e-e Klausel in e-n Vertrag aufnehmen

**emend**, *v (Texte)* verbessern, korrigieren

**emergency**, Notlage *f*, Notfall *m*; Notstand *m*; **port of** ~ Nothafen *m*; **state of** ~ Ausnahmezustand *m*; **in times of** ~ in Notzeiten *fpl*; ~ **accommodation** Notunterkunft *f*; ~ **action** Sofortmaßnahme *f*, Dringlichkeitsmaßnahme *f*; ~ **aid** Soforthilfe *f*; Katastrophenhilfe *f*; ~ **decree** Notverordnung *f*; ~ **food aid** Nahrungsmittelsoforthilfe *f*; ~ **fund** Sicherheitsfonds *m*; Rücklage *f* für den Notfall; ~ **landing** Notlandung *f*; ~ **number** Notruf *m*; ~ **program(me)** Sofortprogramm *n*; ~ **relief** Notstandshilfe *f*; ~ **repair** unbedingt notwendige Reparatur *f*; ~ **sale** Notverkauf *m*; ~ **service** Notdienst *m*; Bereitschaftsdienst *m*; ~ **slaughter** Notschlachtung *f*; ~ **stocks** Sicherheitsvorräte *pl*; ~ **telephone** Notruftelefon *n*; **to meet an** ~ e-m Notstand abhelfen

**emerging**, ~ **countries** Entwicklungsländer *npl*; ~ **market** Entwicklungsmarkt *m*

**emigrants**, *(EU)* Auswanderer *mpl*

**emigrate**, *v* auswandern

**emigration**, Auswanderung *f*; ~ **of a company** Sitzverlegung *f* e-r Gesellschaft ins Ausland

**eminent domain**, *Am* Enteignungsrecht *n (des Staates)*; **to take land by eminent** ~ *Am* enteignen

**emission**, Emission *f*; Ausgabe *f (von Banknoten etc.)*; Ausströmen *n*; **noise** ~ Lärmemission *f*; **noxious ~s from mo-**

**tor vehicles** Schadstoffemissionen *fpl* von Kraftfahrzeugen; **~ standards** Emissionsnormen *fpl*

**emit**, *v* emittieren, ausgeben *(von Wertpapieren)*; ausströmen (lassen)

**emoluments**, Einkünfte *pl*, Bezüge *pl*

**emoticon**, *(EDV)* seitlich gestellte Gesichter, die Emotionen ausdrücken. Das bekannteste Beispiel ist der smiley :-).

**employ**, **out of ~** ohne Beschäftigung, stellenlos; **to be in sb.'s ~** bei jdm beschäftigt (od. angestellt) sein; **to enter the ~ of** Dienst antreten (od. Beschäftigung aufnehmen) bei

**employ**, *v* beschäftigen, anstellen; gebrauchen, verwenden

**employed**, 1., **~ (person)** Beschäftigte(r) *f(m)*; Arbeitnehmer(in) *m(f)*; **employers and ~** Arbeitgeber und Arbeitnehmer; **number of persons ~** Beschäftigtenzahl *f*; **self-~** Selbstständige(r) *f(m)*; selbstständig (tätig); **on a self-~ basis** als Selbstständige(r); **to be ~** angestellt (od. beschäftigt) sein (with bei)

**employed**, 2., **~ capital** investiertes Kapital *n*; **to be ~** gebraucht (od. verwendet) werden

**employee**, Arbeitnehmer(in) *m(f)*; Angestellte(r) *f(m)*; **executive ~** leitende(r) Angestellte(r); **~s' amenities** Sonderleistungen *pl* für Arbeitnehmer *(billige Mahlzeiten, Einrichtungen für Sport etc.)*; **~ benefits** (freiwillige) Sozialleistungen *pl*; **~'s contribution** Arbeitnehmeranteil *m (zur Sozialversicherung)*; **~ discount** Angestelltenrabatt *m*; **~s' meeting** Betriebsversammlung *f*; **~s' participation (in management)** Mitbestimmung *f* der Arbeitnehmer; **~s' pension fund** Pensionsfonds *m* der Arbeitnehmer; **~ rating** Personalbeurteilung *f*; **~s' representatives** Arbeitnehmervertreter *mpl*; **~ shareholding** Mitbeteiligung *f* der Arbeitnehmer; **~ share scheme** *Br* Belegschaftsaktienplan *m*; **~ stock ownership** *Am* Beteiligung *f* der Arbeitnehmer am Aktienkapital der Firma

**employer**, Arbeitgeber *m*; Unternehmer *m*; **workers' and ~s' representatives** Sozialpartner *pl*; **~s and employed** Arbeitgeber *pl* und Arbeitnehmer *pl*; **~s' association** Arbeitgeberverband *m*; Unternehmerverband *m*; **~s' contribution** Arbeitgeberanteil *m (zur Sozialversicherung)*; **~-employee relationship** Arbeitsverhältnis *n*; **~ group** Unternehmergruppe *f*; **~s' liability** Arbeitgeber-, Unternehmerhaftpflicht *f*; **~'s liability insurance** Betriebshaftpflichtversicherung *f (für Unfälle)*

**employment**, Beschäftigung *f*; Anstellung *f*; *(nicht selbstständige)* Arbeit *f*; Angestellten-, Arbeitsverhältnis *n*; Verwendung *f*; **casual ~** gelegentliche Beschäftigung; **conditions of ~** Beschäftigungsbedingungen *fpl*, Angestelltenbedingungen *fpl*; **contract of ~** Arbeitsvertrag *m*, Dienstvertrag *m*; **date of first ~** Einstellungstermin *m*; **full ~** Vollbeschäftigung *f*; **full-time ~** ganztägige Beschäftigung; **out of ~** stellenlos; **part-time ~** Teilzeitbeschäftigung *f*; **permanent ~** Dauerbeschäftigung *f*; **person seeking ~** Arbeitsuchender *m*; **place of ~** Arbeitsplatz *m*; **regular ~** regelmäßige Beschäftigung *(als Angestellter)*; **self-~** selbstständige Tätigkeit *f*; **side-line ~** Nebenbeschäftigung *f*; **temporary ~** vorübergehende Beschäftigung; Zeitarbeit *f*; **without ~** arbeitslos; **~ agency** (or **bureau**) *(private[s])* Stellenvermittlung(sbüro) *f(n)*; **~ contract** Arbeitsvertrag *m*, Dienstvertrag *m*; **~ creation** Arbeitsbeschaffung *f*; **~ exchange** Arbeitsamt *n*; **~ figures** Beschäftigungszahlen *fpl*; **~ freeze** Einstellungssperre *f*; **~ growth** Beschäftigungszuwachs *m*; **~ interview** Einstellungsgespräch *n*; **~ law** Arbeitsrecht *n*; **~ level** Beschäftigungsstand *m*; **~ market** Stellenmarkt *m*; Arbeitsmarkt *m*; **~ of capacity** Kapazitätsausnutzung *f*; **~ of capital** Anlage *f* des Kapitals; **~ office** Arbeitsamt *n*; **~ on trial** Anstellung *f* auf Probe; **~ opportunities** Beschäftigungsmöglichkeiten *fpl*; **~ outlook** Beschäftigungsaussichten *pl*; **~ permit** Arbeitserlaubnis *f*; **~ policy** Beschäftigungspolitik *f*; **~ rate** *(EU)* Erwerbsquote *f*; **~ records** *Am* Arbeitspapiere *npl*; **~ situation** Beschäftigungslage *f*; **~ subsidies** *(EU)* Beschäftigungsbeihilfen *fpl*; **to be in ~** beschäftigt (od. angestellt) sein (with bei); **to be out of ~** stellenlos (od. arbeitslos) sein; **to enter into a contract of ~** ein Arbeitsverhältnis eingehen; **to give sb. ~** jdn einstellen; **to look for** (or **seek**) **~** Beschäftigung suchen; **to terminate the ~** das Arbeitsverhältnis beendigen (od. kündigen)

**emporium**, Handelszentrum *n*; großes Einzelhandelsgeschäft *n*
**empowered, to be ~** ermächtigt (od. befugt) sein (zu tun)
**empties**, Leergut *n*; leere Container *pl*; **~ returned** Leergut zurück
**emptor**, Käufer *m*
**empty**, leer; leer stehend; **~ bottles are not taken back** leere Flaschen werden nichtzurückgenommen; **~ run** (or **trip**) Leerfahrt *f*
**EMS**, → European Monetary System
**EMU**, → Economic and Monetary Union
**emulsifiers**, Emulgatoren *pl*
**en bloc**, im Ganzen; in Bausch und Bogen
**encash**, *v* einziehen (Inkasso); (Wechsel, Scheck) einlösen
**encashment**, Einziehung *f*, Inkasso *n*; Einlösung *f*; **bill for ~** Wechsel zum Inkasso; **~ credit** Überziehungskredit *m*
**encipher**, *v* verschlüsseln, chiffrieren
**enclose**, *v* einlegen, beifügen; **to ~ in parentheses** einklammern
**enclosed**, in der Anlage, anbei; **please find ~** in der Anlage senden wir Ihnen
**enclosure**, Anlage *f*, Beilage *f*; eingezäuntes Grundstück *n*
**encode**, *v* codieren
**encounter**, *v (unerwartet)* begegnen; **to ~ difficulties** auf Schwierigkeiten stoßen
**encourage**, *v* ermutigen, fördern; **to ~ investments** Investitionen fördern; **to ~ sales** den Absatz fördern
**encroach**, *v (unberechtigt)* eindringen, übergreifen; eingreifen (upon on); **to ~ upon one's capital** sein Kapital angreifen; **to ~ on one's income** seine Einnahmen im Voraus ausgeben; **to ~ upon sb.'s time** jds Zeit übermäßig in Anspruch nehmen
**encroachment**, Übergriff *m*, Eingriff *m*; *(NachbarR)* Überbau *m*
**encryption**, Verschlüsselung *f*
**encumber**, *v* belasten
**encumbered, ~ with mortgage** hypothekarisch belastet; **to be ~ with debts** verschuldet sein
**encumbrance**, Last *f*; Belastung *f*; **~ with debts** Schuldenlast *f*; **~ with a mortgage** Hypothekenbelastung *f*; **creation of ~s on land** Belastung e-s Grundstücks
**encumbrancer**, Hypothekengläubiger *m*
**end**, Schluss *m*, Ende *n*; Zweck *m*; **in the ~** schließlich; **private ~s** Privatzwecke *mpl*; **to this ~** zu diesem Zweck; **towards the ~ of this month** gegen Ende dieses Monats; **year-~** Jahresultimo *m*; **~-consumer** Endverbraucher *m*; **~-month account** *(Börse)* Ultimoabrechnung *f*
**end of month**, Monatsende *n*, Ultimo *m*; **~ account** Ultimoabrechnung *f*; **~ following** das dem Verkaufstag folgende Monatsende; **~ maturity** Ultimofälligkeit *f*; **~ settlement** Ultimoabrechnung *f*; **~ settlement loan** Ultimogeld; **securities to be delivered at the ~** Ultimoeffekten *pl*
**end, ~ products** Fertigwaren *pl*; **~-of-season sale** Saisonschlussverkauf *m*
**end of year**, Jahresultimo *m*; **~ adjustment** Rechnungsabgrenzung *f*; **~ balance** Jahresabschluss *m*
**end, to achieve one's ~ (s)** sein Ziel erreichen; **to come to an ~** zu Ende gehen, *(zeitlich)* enden; zu Ende gehen
**end**, *v* aufhören, enden; beenden, zu Ende bringen
**endeavo(u)r**, *v*, **to ~ to do sth.** sich bemühen, etw. zu tun
**endorsable**, indossierbar
**endorse**, *v (Wechsel, Scheck)* indossieren, girieren; seinen Namen auf der Rückseite *(e-r Urkunde)* schreiben; beipflichten, bestätigen; **to ~ in blank** blanko indossieren; **to ~ a** (*Br* **driving**, *Am* **driver's**) **licen|ce (~se)** e-e Strafe auf dem Führerschein vermerken
**endorsed**, mit Indossament versehen; mit e-m Vermerk *(auf e-r Urkunde)* versehen; **~ by a bank** bankgiriert
**endorsee**, Indossatar *m*, Girat *m*
**endorsement**, Indossament *n*, Giro *n*; Vermerk *m (auf e-r Urkunde)*; Bestätigung *f*; **accommodation ~** Gefälligkeitsindossament; **blank ~** Blankoindossament; **collection** (or **procuration**) **~** Vollmachtsindossament; **irregular ~** nicht vorschriftsmäßiges Indossament; **qualified ~** eingeschränktes Indossament; **restrictive ~** einschränkendes Indossament *(z. B. durch Weitergabeverbot)*; **subsequent ~** nachfolgendes Indossament; **transferable by ~** indossabel; **~ liabilities** Indossamentsverbindlichkeiten *pl*; **~ on a policy** Nachtrag *m* zu e-r Police; **~ without recourse** Indossament ohne Regress; **to transfer by ~** durch Indossament übertragen
**endorser**, Indossant *m*, Girant *m*

**endow**, *v* (für etw.) e-e bestimmte Geldsumme aussetzen, dotieren; *(mit Vermögenswerten)* ausstatten; stiften

**endowment**, Ausstattung *f* mit Vermögenswerten, Dotation *f*; Stiftung *f*; Stiftungskapital *n*; **~ assurance** *Br* (**insurance** *Am*) Versicherung *f* auf den Todes- und Erlebensfall

**endurance test**, Haltbarkeitsprüfung *f*

**energy**, Energie *f*; **~ balance sheets** *(EU)* Energiebilanzen *fpl*; **demand for ~** Energiebedarf *m*; **dependence on imported ~** Abhängigkeit *f* von Energieeinfuhr; **expenditure of ~** Energieaufwand *m*; **generation of ~** Erzeugung *f* von Energie; **hydraulic ~** Wasserkraft-Energie; **industrial activities linked to ~** energieabhängige industrielle Tätigkeit *fpl*; **market for ~** Energiemarkt *m*; **nuclear ~** Kernenergie *f*; **common policy on ~** gemeinsame Energiepolitik *f*; **primary ~** Primärenergie *f*; **production of ~** Energieerzeugung *f*; **source of ~** → source; **supply of ~** Energieversorgung *f*; **use** (or **utilization**) **of ~** Energienutzung *f*; **waste of ~** Energieverschwendung *f*

**energy consumption**, Energieverbrauch *m*; **drop in ~** Rückgang *m* im Energieverbrauch; **gross ~** *(EU)* Bruttoenergieverbrauch *m*; **low ~** niedriger Energieverbrauch; **reduction of ~** Verringerung *f* des Energieverbrauchs; **total ~** Gesamtenergieverbrauch *m*

**energy conservation**, Energieeinsparung *f*; **~ measures** Energiesparmaßnahmen *fpl*

**energy crisis, hit by the ~** von der Energiekrise *f* betroffen

**energy, ~ demand** Energiebedarf *m*

**energy dependence**, Energieabhängigkeit *f*; **national ~** *(EU)* nationale Energieabhängigkeit *f*

**energy, ~industry** Energiewirtschaft *f*; **~ intensity** *(EU)* Energieintensität *f*; **~-intensive industries** energieintensive Industriezweige *mpl*; **~ needs** Energiebedarf *m*; **Community ~ policy** *(EU)* gemeinschaftliche Energiepolitik *f*; **~ production** Erzeugung *f* von Energie; **~ research** Energieforschung *f*, Forschung im Energiebereich

**energy resources, development of ~** Erschließung *f* von Energieressourcen; **management of ~** Bewirtschaftung *f* von Energieressourcen

**energy saving**, Energieeinsparung *f*, Einsparung *f* des Energieverbrauchs; **~ measure** Energieeinsparungsmaßnahme *f*

**energy, ~ shortage** Energieknappheit *f*; **~ situation** energiewirtschaftliche Lage *f*

**energy source**, Energiequelle *f*; Energieträger *m*; **conversion to alternative ~s** Umstellung *f* auf alternative Energieträger; **primary ~s** primäre Energieträger *pl*; **to develop** (or **open up**) **~s** Energiequellen erschließen

**energy storage**, Energiespeicherung *f*

**energy supply**, Energieversorgung *f*; Energieangebot *n*; **adequate ~** ausreichende Energieversorgung; **~ and demand** Energieangebot *n* und -nachfrage *f*; **~ crisis** Versorgungskrise *f* im Energiebereich; **to ensure ~** die Energieversorgung sichern

**energy, to save** (or **conserve**) **~** Energie einsparen

**enforce**, *v* erzwingen, durchsetzen; geltend machen; einklagen; vollstrecken; **to ~ an argument** ein Argument geltend machen; **to ~ a claim** e-n Anspruch durchsetzen; e-e Forderung einklagen; **to ~ a judgment** aus e-m Urteil vollstrecken; **to ~ payment of a sum of money** e-n Geldbetrag (gerichtlich) beitreiben

**enforceable**, erzwingbar, durchsetzbar; (ein)klagbar; vollstreckbar; **legally ~** im Rechtsweg durchsetzbar; (ein)klagbar; **~ claim** (ein)klagbarer Anspruch *m*; **a contract is ~** aus e-m Vertrag kann geklagt werden

**enforcement**, Erzwingung *f*, Durchsetzung *f*; Geltendmachung *f*; Vollstreckung *f*; **~ of a claim** Geltendmachung (od. Einklagung *f*) e-s Anspruchs; **~ of payment of a fine** Beitreibung *f* e-r Geldstrafe; **to claim ~ of an award** Vollstreckung e-s Schiedsspruchs beantragen

**engage**, *v* (sich) verpflichten; sich einlassen (in auf); einstellen, engagieren; **to ~ capital in a business** Kapital in e-m Geschäft investieren; **to ~ an employee** e-n Angestellten einstellen; **to ~ a gear** *(Auto)* e-n Gang einschalten; **to ~ in an advertising campaign** e-e Werbekampagne unternehmen; **to ~ in negotiations** in Verhandlungen eintreten; **to ~ in a transaction** sich auf ein Geschäft einlassen; **to ~ oneself for 2 years**

**abroad** sich auf 2 Jahre ins Ausland verpflichten; **to ~ a room in a hotel** ein Zimmer in e-m Hotel bestellen

**engaged**, verpflichtet; angestellt; beschäftigt (in mit); **~ room** *Br* bestelltes (od. reserviertes) Zimmer *n*; **~ signal** *tel* Besetztzeichen *n*; **~ in a trade** gewerbetreibend; gewerblich tätig; **the line is ~** *Br tel* die Leitung ist besetzt; **my time is fully ~** meine Zeit ist voll in Anspruch genommen; **to be ~** beschäftigt (od. nicht abkömmlich) sein; **to be ~ in business** geschäftlich tätig sein; **he ~ not to compete** er verpflichtet sich, keinen Wettbewerb zu treiben

**engagement**, Verpflichtung *f*; Engagement *n*; Börsenengagement *n*; Einstellung *f*; Verabredung *f*; **bear ~** *(Börse)* Engagement der Baissepartei; **bull ~** *(Börse)* Engagement der Haussepartei; **contractual ~** vertragliche Verpflichtung; **without ~** *Am* freibleibend, ohne Obligo, unverbindlich; **~ book** Terminkalender *m*; **~ of first gear** *(Auto)* Einschaltung *f* des ersten Ganges; **~ of seamen** Anmusterung *f* von Seeleuten; **we herewith advise this credit without any ~ on our part** wir avisieren Ihnen hiermit dieses Akkreditiv ohne jede Verbindlichkeit unsererseits; **to have an ~** e-e Verabredung haben; verabredet sein; **to fail to meet one's ~s** seinen Verpflichtungen nicht nachkommen

**engine**, Maschine *f*, Motor *m*; **~ capacity** Motorleistung *f*; **~ damage** (or **failure**) Maschinenschaden *m*; **~-trouble** Motorstörung *f*

**engineer**, Ingenieur *m*, Techniker *m*; **civil ~** Tiefbauingenieur *m*; **business ~** *Am* Betriebsberater *m*; **electrical ~** Elektrotechniker *m*; **process ~** Arbeitsmethodeningenieur; **works ~** Betriebsingenieur

**engineering**, Ingenieurwesen *n*; Maschinenbau *m*; Technik *f*; technisch; **~s** Maschinenbauwerte *pl*; **civil ~** Tiefbau *m*; **electrical ~** Elektrotechnik *f*; **light ~** Feinmechanik *f*; **marine ~** Schiffsbau *m*; **railway ~** Eisenbahnbau *m*; **~ data** technische Daten *pl*; **~ deficiency** technischer Mangel *m*; **~ department** technische Abteilung *f*; Konstruktionsbüro *n*; **~ facilities** technische Einrichtungen *fpl*; **~ graduate** Diplomingenieur *m*; **~ insurance** Maschinenversicherung *f*

**engineering process**, technisches Verfahren *n*; **state of the ~** jeweiliger Stand *m* der Technik

**en gros**, in großen Mengen

**enhance**, *v* erhöhen; *(Wert)* in die Höhe treiben

**enhancement in value**, Wertsteigerung *f*

**enjoy**, *v* genießen; **to ~ a privilege** bevorrechtigt sein

**enjoyment**, Genuss *m*; **~ of peaceful possession** ungestörter Besitz *m*

**enlarge**, *v* erweitern, vergrößern

**enlarged Community**, *(EU)* erweiterte Gemeinschaft *f*

**enlargement**, Erweiterung *f*, Vergrößerung *f*; **~ of capacity** Kapazitätserweiterung *f*; **~ of the Community** *(EU)* Erweiterung der Gemeinschaft

**enquire**, *v* → inquire *v*

**enquiry**, → inquiry

**enrich**, *v* bereichern; anreichern; **to ~ oneself** sich bereichern

**enrichment**, Bereicherung *f*; Anreicherung *f*; **unjust ~** ungerechtfertigte Bereicherung; **~ of uranium** Anreicherung von Uran

**enrol(l)**, *v* sich einschreiben lassen; *univ* sich immatrikulieren; **to ~ sb. as a member of a society** jdn als Mitglied e-r Gesellschaft aufnehmen; **to ~ oneself in a society** e-r Gesellschaft als Mitglied beitreten

**enrol(l)ment**, Einschreibung *f*; Aufnahme *f* (als Mitglied); *univ* Immatrikulation *f*

**ensue**, *v* folgen; sich ergeben (from aus)

**ensuing**, **the ensuing consequences** die sich daraus ergebenden Folgen

**entail**, zur Folge haben; **to ~ large expenses** hohe Ausgaben nach sich ziehen

**enter**, *v* betreten; eintreten in; einschreiben, eintragen; (ver)buchen; **to ~ an amount to the credit of an account** e-n Betrag e-m Konto gutschreiben; **to ~ (by air)** *(in ein Gebiet)* einfliegen; **to ~ a claim for damages** e-n Schadensersatzanspruch anmelden; **to ~ a country** in ein Land einreisen; **to ~ a firm** in e-e Firma eintreten; **to ~ goods with the Customs** Waren zollamtlich deklarieren; **to ~ in the minutes** im Protokoll eintragen; **to ~ into an agreement** (or **contract**) e-n Vertrag schließen; **to ~ into a conversation with sb.** mit jdn in e-e Unterhaltung eintreten; **to ~ into details** auf Einzelheiten eingehen; ins einzelne gehen; **to ~ into a lease** e-n Miet- (od. Pacht)vertrag abschließen; **to ~ into pecuniary obligations** finanzielle Verpflichtungen eingehen (od. übernehmen); **to ~ into trade relations** Handelsbeziehungen aufnehmen; **to ~ the port** in den Hafen einlaufen; **to ~ a protest** Protest erheben; **to ~ a society** in e-e Gesellschaft eintreten; Mitglied e-r Gesellschaft werden; **to ~ the United States** in die Vereinigten Staaten einreisen; **to ~ upon an estate** e-e Erbschaft antreten

**entering, at the time of ~ into the company** bei Eintritt *m* in die Gesellschaft; **~ an employment** (or **a position**) Antritt *m* e-r Stellung; **~ in a list** Eintragung *f* in e-e Liste; **~ into obligations** Übernahme *f* von Verpflichtungen; **~ a port** Anlaufen *n* e-s Hafens

**enterprise**, Unternehmen *n*; Betrieb *m*; Unternehmung *f*; Unternehmungslust *f*, Wagnis *n*; **business** (or **commercial**) **~** geschäftliches (od. gewerbliches) Unternehmen; Wirtschaftsunternehmen *n*; **domestic ~** inländisches Unternehmen; **free ~** freies Unternehmertum *n*; **industrial ~** Industrieunternehmen *n*; Wirtschaftsbetrieb *m*; gewerbliches Unternehmen, Gewerbebetrieb *m*; **a man of great ~** ein Mann mit viel Unternehmungsgeist *m*; **private ~** Privatunternehmen *n*, Privatbetrieb *m*; **profit of the ~** Unternehmensgewinn *m*; **publicly owned ~** staatliches Unternehmen, Betrieb *m* der öffentlichen Hand; **small and medium-sized ~s** (SMEs) Klein- und Mittelbetriebe *mpl*; **size of the ~** Unternehmensgröße *f*; **spirit of ~** Unternehmensgeist *m*; **state-owned ~** → state 2.; **trading enterprise** Handelsunternehmen *n*; **~ policy** Unternehmenspolitik *f*; **to carry on an ~** ein Unternehmen betreiben; **to found an ~** ein Unternehmen gründen; **the ~ failed** die Unternehmung scheiterte

**enterprise density**, *(EU)* Unternehmensdichte *f*

**enterprise resource planning**, Der Ausdruck ~ beschreibt verschiedene Anwendungen für alle möglichen Teile eines Unternehmens. Das bekannteste Produkt für ~-Software ist SAP R/3

**enterpriser**, → entrepreneur

**enterprising**, unternehmend, unternehmungslustig; **~ spirit** Unternehmungsgeist *m*

**entertain**, *v* als Gast empfangen, gastlich bewirten; unterhalten; **to ~ business connections** Geschäftsbeziehungen unterhalten; **to ~ doubts** Zweifel hegen; **to ~ a great deal** oft Gäste haben; **to ~ an offer** e-m Angebot näher treten; **to ~ a proposal** e-m Vorschlag näher treten; **to ~ a risk** ein Risiko übernehmen

**entertaining one's guests**, Gästebewirtung *f*

**entertainment**, Unterhaltung *f*; *(gastl.)* Bewirtung *f*; **cost of business ~** Kosten der Bewirtung von Geschäftsfreunden; **~ allowance** Aufwandsentschädigung *f*; **~ electronics** Unterhaltungselektronik *f*; **~ expenses** Bewirtungskosten *pl*; **~ industry** Vergnügungsindustrie *f*; **~ tax** Vergnügungssteuer *f*

**entice**, *v*, **to ~ sb.'s customers away** jds Kunden abwerben

**enticement of customers**, Abwerbung *f* von Kunden

**entire**, ganz; uneingeschränkt; **~ consent** uneingeschränkte Zustimmung *f*; **~ length** ganze Länge *f*; **~ sum** volle Summe *f*, voller Betrag *m*

**entities, public entities** *(EU)* öffentliche Stellen *fpl*

**entitled**, berechtigt; **party** (or **person**) **~** Berechtigte(r) *f(m)*; **~ to a commission** provisionsberechtigt; **~ to damages** schadenersatzberechtigt; **~ to dividends** dividendenberechtigt; **~ to maintenance** unterhaltsberechtigt; **~ to participate in profit** gewinnberechtigt; **~ to a pension** pensionsberechtigt; **~ to (share in) an estate** erbberechtigt; **~ to sign** zeichnungsberechtigt; **to be ~ to** Anspruch haben auf

**entitlement**, Berechtigung *f*; **~ to benefits** *(VersR)* Leistungsanspruch *m*

**entity, legal ~** juristische Person *f*

**entrance**, Eintritt *m*; Eingang *m*; Einfahrt *f*; **no ~** keine Einfahrt; Eintritt verboten; **~ examination** Aufnahmeprüfung *f*; **~ fee** Eintrittsgeld *n*; Aufnahmegebühr *f*; **~ money** Eintrittsgeld *n*; **~ upon an estate** Antritt e-r Erbschaft

**entreat**, *v (förmlich)* bitten

**entrepôt**, Lagerplatz *m*, Stapelplatz *m*; Handelszentrum *n*

**entrepreneur**, Unternehmer *m*; **~'s profit** Unternehmergewinn *m*

**entrepreneurial**, unternehmerisch; **~ ac-**

**tivity** Unternehmertätigkeit *f*; ~ **spirit** Unternehmergeist *m*

**entrepreneurship**, Unternehmertum *n*

**entrust**, *v*, **to ~ sb. with a task** jdn mit e-r Aufgabe betrauen; **to ~ a task to a p.** jdm e-e Aufgabe anvertrauen

**entry**, Eintritt *m*; Eintreten *n*; Beitritt *m*; Einreise *f*; Eintrag(ung) *m(f)*; Buchung *f*; Buchungsposten *m*; Zollanmeldung *f*, Zolldeklaration *f*; **adjustment** ~ Berichtigungsbuchung *f*; **bookkeeping** ~ Buchungsposten *m*; **closing** ~ Schlusseintragung *f*; Abschlussbuchung *f*; **credit** ~ Gutschrift *f*; **cross-~** Gegenbuchung *f*; **(customs)** ~ Zollanmeldung *f* (→ customs); **date of** ~ Buchungsdatum *n*; **debit** ~ Lastschrift *f*; **false** ~ falsche Eintragung, gefälschte Eintragung; **import** ~ Einfuhrdeklaration *f*; **no ~, residents only** nur Anliegerverkehr *m*; **place of** ~ Eingangsort *m (für Ware im Durchfuhrverkehr)*; **refusal of** ~ Einreiseverbot *n*; **reversing** ~ Stornobuchung *f*; **supplementary** ~ Nachtragsbuchung *f*; **wrong** ~ falsche Buchung (od. Eintragung); ~ **and departure** Einreise *f* und Ausreise *f*; Einlaufen *n* und Auslaufen *n (e-s Schiffes)*; ~ **clearance** Einfuhrverzollung *f*; ~ **date** Buchungsdatum *n*; ~ **declaration** Einfuhrzollerklärung *f*; ~ **documents** Einreisepapiere *npl*; ~ **for home use** (or **home consumption**) Anmeldung *f* von *(zollpflichtigen)* Waren für den Inlandsverbrauch; ~ **for warehousing** (or **storage**) Anmeldung *f* für Waren unter Zollverschluss; ~ **into business** Eintritt *m* in das Geschäftsleben; ~ **into the Common Market** *(EU)* Beitritt *m* zum Gemeinsamen Markt; **upon ~ into a country** bei der Einreise in ein Land; ~ **into force of the contract** Inkrafttreten *n* des Vertrags; ~ **into service** Dienstantritt *m*; ~ **inwards** *(Zoll)* Einfuhrdeklaration *f*; ~ **number** Buchungsnummer *f*; ~ **outwards** *(Zoll)* Ausfuhrdeklaration *f*; ~ **permit** Einreiseerlaubnis *f*; ~ **terms** *(EU)* Eintrittsbedingungen *fpl*; **to adjust an** ~ e-e Eintragung berichtigen; **to cancel an** ~ e-e Eintragung streichen; **to pass a customs ~ of goods** Waren zur Verzollung anmelden

**envelope**, Briefumschlag *m*; **commercial** ~ Geschäftsumschlag *m*; **reply-paid** ~ Freiumschlag *m*; **window** ~ (or **envelope with transparent panel**) Fensterbriefumschlag *m*; ~ **addressing agency** Adressenbüro *n*

**environment**, Umwelt *f*; **action by the Community relating to the** ~ (ACE) Gemeinschaftliche Umweltaktionen (GUA); **beneficial to the** ~ umweltfreundlich; **chemical substances in the** ~ Umweltchemikalien *pl*; **conservation of the** ~ Erhaltung *f* der (natürlichen) Umwelt; **danger to the** ~ Umweltgefährdung *f*; **deterioration of the** ~ Umweltverschmutzung *f*; **detrimental to the** ~ umweltfeindlich; **endangering the** ~ umweltgefährdend; **improvement of the** ~ Umweltverbesserung *f*; **modification of the** ~ Umweltveränderung *f*; **protection of the** ~ Umweltschutz *f*; **measures for the protection of the** ~ Umweltschutzmaßnahmen *fpl*; **quality of the** ~ Umweltqualität *f*; ~ **compatability** Umweltverträglichkeit *f*

**environmental**, umweltbedingt; ~ **accidents** Umweltunfälle *mpl*; ~ **aids** Umweltschutzbeihilfen *fpl*; ~ **auditing** Umweltprüfung *f*; ~ **control** Umweltschutz *m*; ~ **damage** Umweltschaden *m*

**environmental education**, Umwelterziehung *f*; **Foundation for ~ in Europe** (FEEE) Stiftung *f* für Umwelterziehung in Europa

**environmental**, ~ **ethics** Umweltethik *f*; ~ **impact assessment** (EIA) Umweltverträglichkeitsprüfung (UVP) *f*

**environmental hazard**, Umweltgefahr *f*; **to be an** ~ die Umwelt gefährden

**environmental influences**, Umwelteinflüsse *pl*; **impairment caused by** ~ Umweltschaden *m*

**environmental**, ~ **monitoring** Umweltüberwachung *f*; ~ **pollution** Umweltverschmutzung *f* (→ pollution); ~ **protection** Umweltschutz *m*; **E~ Quality Standards** (EQS) Umweltqualitätsnormen *fpl*; ~ **research** Umweltforschung *f*; ~ **stamp of approval** *(EU)* Umweltgütesiegel *n*; ~ **testing** Prüfung *f* der Widerstandsfähigkeit gegen Umwelteinflüsse; ~ **verifier** Umweltprüfer *m*

**environmentalist**, Umweltschützer *m*

**environmentally**, ~ **conscious** umweltbewusst; ~ **favo(u)rable (or friendly)** umweltfreundlich; ~ **oriented production** umweltverträgliche Produktion *f*

**environs**, Umgebung *f (e-r Stadt etc.)*; **in the ~** in der weiteren Umgebung

**epidemic disease**, Epidemie *f*, Seuche *f*; **combatting of ~s** Bekämpfung *f* von Epidemien; Seuchenbekämpfung *f*; **outbreak of an ~** Ausbruch *m* e-r Epidemie

**e-procurement**, → electronic procurement

**EPS**, → earnings per share, Gewinn je Aktie *(der geschätzte Gewinn wird durch die Anzahl der ausgegebenen Aktien dividiert)*

**e-purse**, → electronic purse

**equal**, gleich, gleichgestellt; gewachsen (to sth. e-r Sache); **on an ~ footing with sb.** jdm gleichgestellt; **in ~ numbers** gleich an Zahl; **~ opportunity** Chancengleichheit *f*; **in ~ parts** zu gleichen Teilen

**equal priority**, **creditors of ~** gleichrangige Gläubiger *mpl*

**equal**, **of ~ rank** gleichrangig; **~ representation between workers and employers** paritätische Vertretung *f* der Arbeitgeber und Arbeitnehmer; **in ~ shares** zu gleichen Teilen *pl*; **of ~ size** (or **~ in size**) von gleicher Größe *f*; **on ~ terms** gleichberechtigt; **~ treatment** Gleichbehandlung *f*; **of ~ value** gleichwertig; **to be ~** gleichen, gleich sein; **to be ~ to the situation** der Lage gewachsen sein; **to put on an ~ footing** gleichstellen

**equality**, Gleichheit *f*; **~ in codetermination** paritätische Mitbestimmung *f*; **~ of opportunity** Chancengleichheit *f*; **~ of pay** Lohngleichheit *f*; **committee with ~ representation** paritätisch besetzter Ausschuss *m*; **~ of rights** Gleichberechtigung *f*; **~ of treatment** Gleichbehandlung *f*

**equalization**, Ausgleich *m*, Gleichmachung *f*; **financial ~** Finanzausgleich *m*

**equalize**, *v* ausgleichen, gleichstellen; **to ~ wages** die Löhne gleichstellen

**equally**, **~ entitled** gleichberechtigt; **to participate ~ in the profits** gleichen Anteil am Gewinn haben; **to treat ~** gleich behandeln

**equated**, gleichgestellt

**equated interest**, Staffelzinsen *pl*, gestaffelte Zinsen *pl*

**equation**, Ausgleich *m*; **~ of payments** durchschnittlicher Zahlungstermin *m*

**equilibrium**, Gleichgewicht *n*; **balance of payments in ~** ausgeglichene Zahlungsbilanz *f*

**equip**, *v* ausrüsten, ausstatten

**equipment**, Ausrüstung *f*, Ausstattung *f*; *(Maschinen etc.)* Anlage *f*; Gerät(e) *n(pl)*; Hardware *(e-r EDV-Anlage)*; *(Eisenbahn)* rollendes Material *n*; **camping ~** Camping-Ausrüstung *f*; **leased ~** Mietsache *f (im Leasing)*; **mobile ~** fahrbares Gerät *n*; **office ~** Büroeinrichtung *f*; **shop ~** Ladenausstattung *f*; **~ and livestock** lebendes und totes Inventar *n (e-s landwirtschaftlichen Betriebes)*; **~ leasing** → leasing; **~ records** Verzeichnis *n* der Einrichtungsgegenstände; **~ replacement** Ersatz *m* von *(unbrauchbar gewordenen)* Betriebseinrichtungen

**equitable**, billig, gerecht; auf equity-Recht beruhend; **if ~** soweit dies der Billigkeit entspricht; **just and ~** recht und billig; **~ interest** durch → equity (equity 2.) geschütztes Recht; **~ owner** Eigentümer *m* nach → equity-Recht (equity 2.); wirtschaftlicher Eigentümer *m*; **~ price** fairer Preis *m*

**equitably**, billigerweise

**equities**, Dividendenpapiere *npl*; *(industrielle)* Aktien *pl*, Stammaktien *pl*; Beteiligungsrechte *pl*; **domestic ~** inländische Wertpapiere *pl*; **foreign ~** ausländische Wertpapiere *pl*

**equity**, 1. Eigenkapital *n*; Aktienkapital *n*; Wert *m (e-s Grundstücks od. Geschäftsanteils)* nach Abzug aller Belastungen; **buying of the ~** Kauf *m* der Anteilsrechte *(e-s anderen Unternehmens)*; **cost of ~** Eigenkapitalkosten *pl*; **debt-~ ratio** Verhältnis *n* von Fremdkapital zu Eigenkapital; Verschuldungskoeffizient *m*; **shareholders' ~** Eigenkapital e-r AG

**equity borrowing**, Kreditaufnahme *f*

**equity capital**, Eigenkapital *n (e-s Unternehmens)*; Beteiligungskapital *n*; **foreign ~ capital** ausländisches Beteiligungskapital; **increase in the ~ capital** Kapitalerhöhung *f*; **~ capital formation** Eigenkapitalbildung *f*

**equity**, **~ capitalization** Eigenkapitalausstattung *f*; **~/debt ratio** Verhältnis von Eigenkapital zum Fremdkapital; **~ dilution** Verwässerung *f* des Aktienkapitals; **~ financing** Beteiligungsfinanzierung *f*; Eigenfinanzierung *f*; **~ fund** Aktien(investment)fonds *m*; **~ holder** Aktieninhaber *m*; **~ holding** Aktienbesitz

**equity interest**, Aktienbeteiligung *f*; **sale of an ~** Beteiligungsveräußerung *f*

**equity**, **~ investment** Anlage *f* in Aktien; **~ kicker** bei Fremdfinanzierung eingeräumte Wandelrechte in Eigenkapitalanteile *fpl*; **~-linked policy** aktiengebundene Versicherungspolice *f*; **~ market** Aktienmarkt *m*; **~ participation** Kapitalbeteiligung *f*; **~ position** Eigenkapitalverhältnisse *pl*; Eigenkapitaldecke *f*; **~ price** Aktienkurs *m*; **~ securities** Dividendenpapiere *pl*; (Stamm-)Aktien *pl*; **~ shareholder** Aktionär *m*; **~ supplier** Eigenkapitalgeber *m*; **~ trading** Aktienhandel *m*; **~ warrant** Aktienbezugsrechtsschein *m*

**equity**, 2. Billigkeit *f*; equity-Recht *n (in equity sind bestimmte Rechtsbehelfe zusammengefasst, die das Common Law nicht kennt)*; **claim in ~** Anspruch *m* nach equity-Recht; **~ of redemption** Auslösungsrecht *n* des Hypothekenschuldners *(nach Ablauf der Frist)*

**equivalent**, gleichwertig, gleichbedeutend; *(dem Verglichenen)* entsprechend; **duties and charges having ~ effect** *(EU)* Zölle und Abgaben gleicher Wirkung; **measures having ~ effect** Maßnahmen gleicher Wirkung

**equivocal**, zweideutig; fragwürdig; **~ transactions** fragwürdige Geschäfte *npl*

**erase**, *v* ausradieren; *(Tonband)* löschen

**erasure**, Ausradieren *n*, Löschung *f*; ausradierte Stelle *f*

**ERDF**, → European Regional Development Fund; **allocation of ~ resources** Zuweisung *f* der EFRE-Mittel; **~ grants** EFRE-Zuschüsse *mpl*

**e-retailing**, → electronic retailing

**erect**, *v* errichten, aufstellen; montieren

**erection**, Errichtung *f*, Aufstellung *f*; Montage *f*; Bau *m*; Gebäude *n*; **cost of ~** Montagekosten *pl*; **~ shop** (or **hall**) Montagehalle *f*

**ergonomics**, Ergonomie *f*

**ERM**, → Exchange Rate Mechanism

**ERP**, → enterprise resource planning

**errand**, Botengang *m*, Geschäftsgang *m*; Besorgung *f*; **to go on ~s for sb.** für jdn Besorgungen *pl* machen

**errata**, (Druck-)Fehlerverzeichnis *n*

**erroneous**, falsch, fehlerhaft; **~ credit entry** irrtümliche Gutschrift

**error**, Fehler *m*, Irrtum *m*, Versehen *n*; **clerical ~** Schreibfehler *m*; **elimination** (or **removal**) **of ~s** Beseitigung *f* von Fehlern; **entry cancelled in ~** versehentlich gelöschte Eintragung *f*; **payment made in ~** irrtümlich gezahlter Betrag *m*; **source of an ~** Fehlerquelle *f*; **without (any) ~s** fehlerfrei; **~s and omissions excepted** (E. & O.E.) Irrtümer *mpl* und Auslassungen *fpl* vorbehalten; **~ detection** *(Computer)* Fehlersuche *f*; **~ in calculation** Rechenfehler *m*, Berechnungsfehler *m*; **~ indicator** *(Computer)* Fehleranzeige *f*; **~ in posting** Buchungsfehler *m*; **~ of conversion** Umrechnungsfehler *m*; **~ probability** Fehlerwahrscheinlichkeit *f*; **an ~ has occurred** ein Fehler ist unterlaufen

**erosion of assets in real terms**, Substanzaushöhlung *f*

**ESA**, → European System of integrated economic Accounts

**escalation**, Eskalation *f*; **~ clause** → escalator clause

**escalator clause**, *(in e-m Vertrag)* Indexklausel *f*, Wertsicherungsklausel *f*

**escape**, Flucht *f*; Ausströmen *n*, Entweichen(lassen) *n*; **oil ~** Ausströmen *n* von Öl; **~ clause** Ausweichklausel *f*, Rücktrittsklausel *f*; **to have a narrow ~** mit knapper Not davonkommen

**escape**, *v* flüchten; entgehen; ausströmen *(von Gas, Öl etc.)*; **to ~ across the border** über die Grenze fliehen

**escheat**, *v Am (dem Staat)* anheimfallen; *(als Heimfallsgut)* einziehen

**escrow**, **~ account** Treuhandkonto *n*; **~ agreement** Treuhandvertrag *m*

**escrow**, zu treuen Händen *(bis zur Erfüllung e-r Bedingung)* hinterlegte Urkunde *f*; **money held in ~** treuhänderisch verwaltetes Geld *n*; **~ holder** Treuhänder *m*; **to give in ~** *(e-m Dritten)* zu treuen Händen übergeben

**espionage**, Spionage *f*; **industrial ~** Werkspionage *f*, Wirtschaftsspionage *f*; **to commit ~** Spionage treiben

**Esprit**, → European strategic programme for research and development in information technology

**essence**, (das) Wesentliche; Extrakt *m*; **~ of a contract** wesentliche Vertragserfordernisse *npl*; **time is of the ~** Fristeinhaltung *f* ist wesentlich (für die Vertragserfüllung)

**essential**, wesentlich; unbedingt erforderlich (to für); **~s** (or **~ goods**) lebenswichtige Güter *pl*; **~s of a contract**

wesentliche Vertragserfordernisse *npl*; ~ **qualities** wesentliche Eigenschaften *fpl*

**essentially**, im Wesentlichen, in der Hauptsache

**Esspros**, → *European system of integrated social protection statistics*

**establish**, *v* gründen, errichten; einrichten; nachweisen, beweisen; **to ~ oneself** sich etablieren, sich selbstständig machen *(als Geschäftsmann)*; e-e Existenz aufbauen; **to ~ an agency** e-e Vertretung einrichten; **to ~ a claim** e-n Anspruch glaubhaft machen; **to ~ connections** Beziehungen herstellen; **to ~ an enterprise** ein Unternehmen gründen; **to ~ good relations** gute Beziehungen herstellen; **to ~ order** Ordnung schaffen; **to ~ a record** e-n Rekord aufstellen; **to ~ one's residence** seinen Wohnsitz begründen

**established**, *(seit längerer Zeit)* bestehend; **well-~ firm** gut eingeführte Firma *f*; **well-~ on the market** auf dem Markt gut eingeführt; **~ institutions** feststehende Einrichtungen *fpl*; **established law** bestehendes (od. geltendes) Recht *n*; **~ shares** Standardaktien *pl*; **he ~ himself in banking** er wurde ein erfolgreicher Bankier; **it is ~ practice** es ist üblich

**establishment**, Gründung *f*, Errichtung *f*; Einrichtung *f*; (Geschäfts-)Unternehmen *n*, (großer) Betrieb *m*; Niederlassung *f*; Personalbestand *m*; **the E~** das Establishment; die herrschende Gesellschaftsschicht; **branch ~** Zweigniederlassung *f*; **business** (or **commercial**) **~** Geschäftsbetrieb *m*; geschäftliche (od. gewerbliche) Niederlassung *f*; **industrial ~** Industrieunternehmen *n*; **main ~** Hauptniederlassung *f*; **manufacturing ~** Fabrikationsbetrieb *m*; Fabrikanlage *f*; **mercantile ~** Handelsniederlassung *f*; Handelsfirma *f*; **permanent ~** → permanent; **principal ~** Hauptbetrieb *m*; **large private ~** großer Privathaushalt *m*; **subsidiary ~** Nebenbetrieb *m*; **~ of a business** Geschäftsgründung *f*; **~ of the Common Customs Tariff** *(EU)* Aufstellung *f* des Gemeinsamen Zolltarifs; **~ of a company** Gründung e-r Gesellschaft; **~ of a credit** Eröffnung *f* e-s Akkreditivs; **~ of enterprises abroad** Errichtung von Unternehmen im Ausland; **~ of a partnership** Begründung *f* e-s Gesellschaftsverhältnisses; **~ of a practice** Errichtung e-r Praxis *(als Arzt etc.)*; **~ of a society** Gesellschaftsgründung *f*; **this firm has an ~ in ...** diese Firma hat e-e Niederlassung in ...

**estate**, 1. (Gesamtheit des) Vermögen(s); Nachlass *m*; **bankrupt's ~** Konkursmasse *f*; **debts of the ~** Nachlassschulden *pl*; **liabilities of the ~** Nachlassverbindlichkeiten *pl*; **personal ~** bewegliches Vermögen *n*, Mobiliarvermögen *n*; **real ~** unbewegliches Vermögen, Immobilien *pl*; **separate ~** Privatvermögen *n (des Gesellschafters)*; **settling of ~s** Nachlassabwicklung *f*; **total ~** Gesamtmasse *f*; Gesamtnachlass *m*; **trust ~** Treuhandvermögen *n*; **~ accounting** Nachlassrechnungslegung *f*; **~ inventory** Nachlassverzeichnis *n*; **~ planning** Planung *f* der Nachlassabwicklung; **~ tax** *Am* Erbschaftsteuer *f*; **to disclaim an ~** e-e Erbschaft ausschlagen; **to settle** (or **wind up**) **an ~** e-n Nachlass abwickeln; **to succeed to an ~** e-e Erbschaft antreten

**estate**, 2. *(dingl.)* Recht an Grundbesitz; Eigentumsrecht *n*, Besitzrecht *n*; Grundeigentum *n*, Grundbesitz *m*; (Land-)Gut *n*; **(housing) ~** Wohnsiedlung *f*; **joint ~** Miteigentum *n* an Grundbesitz; **large ~** großes Landgut *n*; Großgrundbesitz *m*; **~ administrator** Vermögensverwalter *m*; **~ agency** Immobilienbüro *n*; **~ agent** Immobilienmakler *m*, Grundstücksmakler *m*; **~ for life** Grundbesitz *m* auf Lebenszeit; **~ manager** (Guts- etc.) Verwalter *m*

**estimate**, Schätzung *f*, Voranschlag *m*, Kostenvoranschlag *m*; **the E~s** *Br* Haushaltsvoranschlag *m*; **building ~** Baukosten(vor)anschlag *m*; **official ~** amtliche Schätzung *f*; **rough ~** grobe Schätzung *f*, Überschlag *m*; **~ of cost** Kostenvoranschlag *m*; **~ of profit** Gewinnberechnung *f*, Ertragsschätzung *f*; **the cost came to double the ~** die Kosten beliefen sich auf das Doppelte des Voranschlags; **to exceed one's ~** seinen (Kosten-)Voranschlag überschreiten; **to make a rough ~ of the cost** e-n ungefähren Kostenanschlag machen

**estimate**, *v* schätzen, veranschlagen; bewerten; **to ~ roughly** ungefähr abschätzen; überschlagen; **the supplier ~s a delay of 3 weeks** der Lieferant rechnet mit e-r Verzögerung von 3 Wochen; **to ~ the damage at £ 10** den Schaden mit 10 £ bewerten (od. auf 10 £ abschätzen); **to ~**

**the sum of £ 500 for this project** für dieses Projekt die Summe von 500 £ veranschlagen; **to overestimate** → over; **to under~** → under

**estimated**, **~ cost** geschätzte Kosten *pl*; Sollkosten *pl*; **~ damage** geschätzter Schaden *m*; **~ receipts** geschätzte Einnahmen, Solleinnahmen *fpl*; **~ time of arrival** (ETA) voraussichtlicher Ankunftstermin *m*; **~ time of departure** (ETD) voraussichtlicher Abfahrtstermin *m*; **~ value** Schätzungswert *m*; **~ weekly consumption** voraussichtlicher wöchentlicher Verbrauch *m*

**estimating clerk**, Vorkalkulator *m*

**estoppel**, (Rechts-)Verwirkung *f*; Hinderung *f*; **partnership by ~** *Br* Gesellschaft kraft Rechtsscheins

**ethics**, Ethik *f*, Moral *f*; **advertising ~** Werbeethik *f*; **business ~** Geschäftsmoral *f*; **high standards of advertising ~** hohes sittliches Niveau *n* in der Werbung; **~ of the (legal, medical etc.) profession** Berufsethos *n* (e-s Anwaltes, Arztes etc.)

**EU**, → European Union

**EU**, **countries both inside and outside the ~** Mitgliedstaaten *mpl* der EU und Drittländer *npl*; **non-~ country** Drittland *n*; **suppliers outside the ~** nicht der EU angehörende Lieferer *mpl*; **~ aid** EU-Beihilfe *f*; **~ appropriations** EU-Mittel *npl*; **~ bodies** EU-Gremien *npl*; **~'s borrowing and lending activities** Anleihe- und Darlehenstätigkeiten *fpl* der EU; **~ branch** EU-Filiale *f*; **EU budget** EU-Haushalt *m*; **~ citizen** Europäischer Unionsbürger *m*; **~ Council** EU-Rat *m* (→ European Council); **~ Directive** EU-Richtlinie *f*

**EU export**, **~ certificate** EU-Ausfuhrbescheinigung *f*; **~ and import declaration** EU-Ausfuhr- und Einfuhranmeldung *f*

**EU frontiers, external ~** Außengrenzen *fpl* der EU; **internal ~** Binnengrenzen *fpl* der EU

**EU**, **~ institutions** Einrichtungen *fpl* od. Organe *npl* der Europäischen Union *(European Parliament, Council, Commission, Court of Justice, Court of Auditors)*; **~'s internal borders** Binnengrenzen *fpl* der EU; **~ Internal Market** EU-Binnenmarkt *m*

**EU law**, EU-Recht *n*; **~ and national law** EU-Recht und einzelstaatliches Recht *n*; **to comply with the ~** das EU-Recht einhalten

**EU legislation, precedence of ~ over national legislation** Vorrang *m* der EU-Rechtsvorschriften gegenüber den einzelstaatlichen Rechtsvorschriften *fpl*

**EU**, **~ loan** EU-Anleihe *f*; **~ market** EU-Markt *m*; **~ monitoring of imports** EU-Überwachung *f* der Einfuhren; **~ national** EU-Bürger *m*; **~ project** EU-Vorhaben *n*; **~ R & D policy** (research and development) FuE-Politik *f* der EU; **~ R & TD policy** (research and technology development) FTE-Politik *f* der EU; **~ resources** EU-Mittel *npl*; **~ staff** EU Bedienstete *pl*; **~ standards** EU-Normen *fpl*; **~ structural fund** EU-Strukturfonds *m*

**EU surveillance, to be subject to ~** der EU-Überwachung *f* unterworfen sein

**EU**, **~ tariff quota** EU-Zollkontingent *n*; **~ tendering (procedure)** EU-Ausschreibung *f*; **~ transit (procedure)** EU-Versandverfahren *n*; **~ waters** EU-Gewässer *npl*; **to accede to** (or **join**) **the ~** der EU beitreten; **to move within the ~** innerhalb der EU zu- und abwandern

**Euratom**, → European Atomic Energy Community; **~ bond** Euratom-Anleihe *f*; **~ Classified Information** (ECI) Euratom-Verschlusssachen *pl*; **to issue ~ loans** Euratom-Anleihen auflegen

**EUREKA**, → European Research Coordination Agency

**Euro**, *(EU)* Euro

**Eurobarometer**, *(EU)* Eurobarometer *n*

**Eurobond**, Euro-Anleihe *f (Anleihe am Euro-Kapitalmarkt)*; **~s market** Euro-Anleihemarkt *m*; Euro-Bondmarkt *m*

**Eurocapital market**, Euro-Kapitalmarkt *m* (der langfristige Teil des Euromarktes)

**Eurocard**, Eurocard *f*, europäische Zahlungskarte *f*

**Eurochemic**, → European Company for the Chemical Processing of Irradiated Nuclear Fuels

**Eurocheque**, Euroscheck *m*

**Eurocommercial paper**, (ECP) kurzfristiges ausländisches (nicht börsengängiges) Geldmarktpapier, das am Euromarkt von erstklassigen großen Unternehmen emittiert wird

**Eurocrat**, Eurokrat *m*, leitender Europa-Beamter *m*, Beamter der EU

**Eurocredit market**, Euro-Kreditmarkt *m*;

**borrowing in the ~** Euro-Kreditaufnahme *f*

**Eurocurrencies**, (or **Eurocurrency funds**) Eurodevisen *fpl*

**Eurocurrency**, Eurowährung *f (Guthaben außerhalb des Währungslandes)*; **~ credit** Eurowährungskredit *m*; **~ market** Euro(-geld)markt *m (für Bankguthaben der wichtigsten konvertierbaren Währungen der Welt)*; **~ medium-term financing** mittelfristige Eurowährungsfinanzierung *f*; **to borrow on the ~ market** Mittel am Eurowährungsmarkt aufnehmen

**Eurodollar**, Eurodollar *m (gehalten bei Banken außerhalb der USA)*; **~ borrowing** Kreditaufnahme *f* am Euro-Dollarmarkt; **~ deposits** Euro-Dollareinlagen *pl*; **~ market** Euro-Dollarmarkt *m*; **~ rate (of interest)** Euro-Dollarzinssatz *m*; **~ term lending** Euro-Dollardarlehen *n* mit befristeter Laufzeit

**Euroequities**, international gehandelte Aktien *fpl*

**Euro issue**, (of bonds) Euroemission *f*

**Euromarket**, Euromarkt *m*; **~ funds** Euromarktmittel *pl*; **~ interest rates** Euro(zins)sätze *mpl*, Eurozinsen *mpl*

**Euromoney market**, Euro-Geldmarkt *m (kurzfristiger Euromarkt)*

**Euronet**, → European data network

**Euronote**, kurzfristige Schuldverschreibung *f* am Euromarkt *(bis 6 Monate)*

**European**, europäisch; **extra-~** außereuropäisch; **intra-~** innereuropäisch; **non-~** nicht europäisch

**European Act, Single ~** *(EU)* Einheitliche Europäische Akte

**European**, **~ Agency for the Evaluation of Medical Products** Europäische Agentur *f* für Arzneimittelzulassung; **~ Agreement Concerning the International Carriage of Dangerous Goods by Road** Europäisches Übereinkommen *n* über die Internationale Beförderung gefährlicher Güter auf der Straße; **~ Agricultural Guidance and Guarantee Fund, Guidance Section** *(EU)* Europäischer Ausrichtungs- und Garantiefonds *m* für die Landwirtschaft, Abteilung Ausrichtung; **~ Arbitration Convention** Europäisches Schiedsübereinkommen *n*; **~ article number (EAN)** europäische Artikelnummer *f (für den Nahrungsmittelbereich)*; **~ Association of Advertising Agencies (EAAA)** Europäischer Werbeagenturverband *m*; **~ Atomic Energy Community (Euratom)** Europäische Atomgemeinschaft *f*; **~ Bureau of Consumers' Union (BEUC)** Europäische Verbrauchervereinigung *f*; **~ Central Bank (ECB)** *(EU)* Europäische Zentralbank (EZB) *f*; **~ Central Inland Transport Organization (ECITO)** Europäische Binnentransport-Organisation *f*; **~ Centre for Public Enterprises (CEEP)** Europäische Zentrale *f* der öffentlichen Wirtschaft; **~ Clothing Manufacturers' Association** Europäische Vereinigung *f* der Bekleidungsindustrie; **~ Coal and Steel Community (ECSC)** Europäische Gemeinschaft für Kohle und Stahl (Montanunion)

**European Commission**, *(EU)* Europäische Kommission *f* ( → Commission 2.); **~ for the Control of Foot-and-Mouth Disease** Europäische Kommission *f* zur Bekämpfung der Maul- und Klauenseuche

**European Commissioner**, *(EU)* Europäischer Kommissar *m*

**European Committee**, **~** for Electronical **Standardization (CENELEC)** Europäisches Komitee *n* für elektronische Normung; **~ for Standardization (CEN)** Europäisches Komitee *n* für Normung

**European Communities**, (EC) Europäische Gemeinschaften (EG) *fpl* (European Coal and Steel Community [Montanunion] and European Atomic Energy Community [Euratom]) (*Die früher zu den European Communities gehörende European Economic Community ist ab 1.11.1993 durch die → European Community ersetzt. Die EG existiert noch als wirtschaftlicher Teil der EU.*)

**European Community**, Europäische Gemeinschaft *f* (neuer Begriff für European Economic Community; übernommen 1.11.1993 von der → European Union)

**European Company**, (SE) (= Societas Europae) *(geplante)* Europäische Aktiengesellschaft (SE) *f*; **~ Statute** Satzung *f* der Europäischen Aktiengesellschaft

**European**, **~ Confederation of Trade Unions** Europäischer Gewerkschaftsbund *m* (EGB); **~ on Establishment** Europäisches Niederlassungsabkommen *m*; **~ on International Commercial Arbitration** Europäisches Übereinkommen über die internationale Handelsschiedsgerichtsbarkeit; ~ **on Social and Medical Assistance** Europäisches Fürsorgeabkommen *n*; ~ **in the field of scientific and technical research (COST)** europäische Zusammenarbeit *f* auf dem Gebiet der wissenschaftlichen und technischen Forschung (COST); ~ **Society** Europäische Genossenschaft *f*

**European Council**, Europäischer Rat *m* (ER) *(Regierungschefs der EU-Länder)* (→ Council 2.)

**European**, ~ **Court of Auditors** (Europäischer) Rechnungshof *m*; ~ **Court of Justice** (ECJ) Europäischer Gerichtshof (EuGH) *m*; ~ **Court Reports** (ECR) Sammlung *f* der Rechtsprechung des Gerichtshofs der EU

**European**, ~ **Currency Unit** (→ Ecu) Europäische Währungseinheit (EWE) *f*; ~ **Data Network** Europäisches Datenübermittlungsnetz *n* (Euronet); ~ **Development Fund** (EDF) Europäischer Entwicklungsfonds (EEF) *m*; ~ **Directive on Product Liability** (EU) Europäische Produktionsrichtlinie *f*; ~ **Eco-Label** Europäisches Umweltzeichen *n*; ~ **Economic Area** (EEA) Europäischer Wirtschaftsraum (EWR) *m (EU und EFTA)*

**European Economic Community**, Europäische Wirtschaftsgemeinschaft (EWG) *f (am 1.11.1993 durch → European Community ersetzt)*

**European**, ~ **Economic Interest Grouping** (EEIG) Europäische wirtschaftliche Interessenvereinigung (EWIV) *f*; ~ **election** Europawahl *f*; ~ **Emergency Health Card** Europäischer Notfallausweis *m*; ~ **Energy Data Base** (EEDB) Europäische Energie-Datenbank (EEDB) *f*; ~ **Environment Agency** Europäische Umweltagentur *f (Kopenhagen)*; ~ **Free Trade Association** (EFTA) Europäische Freihandelsassoziation *f*; ~ **Funds** Europäische Fonds *mpl* (→ European Agricultural Guidance and Guarantee Fund, → European Regional Development Fund, → European Social Fund); ~ **Guarantee Fund** (EGF) Europäischer Garantiefonds *m*; ~ **highspeed rail network** Europäisches Hochgeschwindigkeitsnetz *n*; ~ **Investment Bank** (EIB) Europäische Investitionsbank *f* (EIB); ~ **Investment Fund** (EIF) Europäischer Investitionsfonds *m*; ~ **law** Europarecht *n*

**European market**, **Single** ~ europäischer Binnenmarkt *m*

**European**, ~ **Monetary Institute** (EMI) *(EU)* Europäisches Währungsinstitut (EMI) *n*; ~ **Monetary System** (EMS) *(EU)* Europäisches Währungssystem *n*, ~ **Monitoring Centre for Drugs and Drug Addiction** Europäische Beobachtungsstelle *f* für Drogen und Drogensucht; ~ **Nuclear Energy Agency** Europäische Kernenergie-Agentur *f*; ~ **Options Exchange** (EOE) Europäische Optionsbörse *f*; ~ **Organization for Nuclear Research** (CERN) Europäische Organisation *f* für kernphysikalische Forschung

**European Parliament**, Europäisches Parlament *n*

**European patent**, europäisches Patent *n*; **grant of the** ~ Erteilung *f* des europäischen Patents; ~ **application** europäische Patentanmeldung *f*; ~ **Convention** Europäisches Patentübereinkommen *n*; ~ **Office** Europäisches Patentamt *n*; ~ **specification** europäische Patentschrift *f*

**European**, ~ **Plant Protection Organization** Europäische Pflanzenschutzorganisation *f*; ~ **Police Office** (Europol) Europäische Polizeizentrale *f* (Europol) *(Den Haag)*; ~ **Productivity Agency** Europäische Produktivitätszentrale *f*; ~ **Regional Development Fund** (ERDF) *(EU)* Europäischer Fonds für Regionale Entwicklung (EFRE); ~ **Research Coordination Agency** (EUREKA) Europäische Behörde *f* für Koordinierung in der Forschung; ~ **single market** europäischer Binnenmarkt *m*; ~ **Social Budget** *(EU)* Europäisches Sozialbudget *n*; ~ **Social Fund** (ESF) Europäischer Sozialfonds *m*; ~ **Society for Opinion and Marketing Research** (ESOMAR) Europäische Gesellschaft *f* für Meinungs- und Marktforschung; ~ **Space Agency** Europäische Weltraumagentur *f*; ~ **Strategic Programme for Research and Development in Information Technology** (Esprit) Europäisches Strategieprogramm *n* für Forschung und Entwicklung auf dem Gebiet der Informationstechnologie (Esprit)

**European System**, ~ **of Central Banks** (ESCB) *(EU)* Europäisches System *n* der Zentralbanken (ESZB); ~ **of Integrated Economic Accounts** *(EU)* Europäisches System *n* volkswirtschaftlicher Gesamtrechnungen (ESVG); **~ of integrated social protection statistics** (Esspros)*(EU)* Essos *(Europäisches System der Integrierten Sozialschutzstatistik)*; **~ for the International Clearing of Vacancies and Applications for Employment** (SEDOC) *(EU)* Europäisches System *n* für den internationalen Ausgleich von Stellenangeboten und Stellengesuchen

**European Telecommunications, ~ Satellite Organization** (EUTELSAT) Europäische Fernmeldesatellitenorganisation *f*; **~ Standards Institute** (ETSI) Europäisches Institut *n* für Telekommunikationsnormung

**European, ~ Training Foundation** Europäische Stiftung *f* für Berufsbildung; **~ Translation Centre** Europäisches Übersetzungszentrum *n*; **~ Travel Operators** (ETO) europäische Reisebüroleiter *mpl*; **~ unification process** Europäischer Einigungsprozess *m*

**European Union**, *(EU)* Europäische Union *f (EU) (seit 1.11.1993 Nachfolgerin der Europäischen Gemeinschaften)*; **Treaty on ~** Vertrag *m* über die Europäische Union, EU-Vertrag *m* ( → Maastricht Treaty); **Member states of the ~** EU-Mitgliedstaaten *mpl* (Belgien, Bulgarien, Dänemark, Deutschland, Estland, Finnland, Frankreich, Griechenland, Irland, Italien, Lettland, Litauen, Luxemburg, Malta, Niederlande, Österreich, Polen, Portugal, Rumänien, Schweden, Slovakei, Slowenien, Spanien, Tschech. Republik, Ungarn, Vereinigtes Königreich, Zypern); **countries both inside and outside the ~** Mitgliedstaaten *mpl* und Drittländer *npl*; **suppliers outside the ~** nicht der EU angehörende Lieferer *mpl*

**European, ~ Union of Paper Board and Packaging Wholesalers** Europäische Vereinigung *f* des Großhandels für Papier, Pappe und Verpackung; **~ Venture Capital Association** (EVCA) Europäische Vereinigung *f* für Risikokapital

**Europeanization**, Europäisierung *f*

**europeanize**, *v* europäisieren

**Eurosceptic**, *Br* Euroskeptiker *m*, Eurozweifler *m*

**Eurosterling**, Eurosterling *m*, Europfund *n* *(gehalten im europäischen Geldmarkt außerhalb Großbritanniens)*

**EUTELSAT**, → European Telecommunications Satellite Organization

**evacuate**, *v* evakuieren; räumen; verlagern

**evacuation**, Evakuierung *f*; Räumung *f*; Verlagerung *f*

**evade**, *v* ausweichen; umgehen; **to ~ (customs) duties** Zoll hinterziehen (od. verkürzen); **to ~ the law** das Gesetz umgehen; **to ~ (paying) taxes** Steuern hinterziehen

**evading payment of one's bill**, Zechprellerei *f*

**evaluate**, *v* abschätzen, bewerten, den Wert bestimmen; *(Statistiken etc.)* auswerten

**evaluation**, Abschätzung *f*, Bewertung *f*, Wertbestimmung *f*; **stock ~** Bewertung des Lagerbestandes (od. der Vorräte); **~ of consumption** Verbrauchsschätzung *f*; **~ of evidence** Beweiswürdigung *f*

**evasion**, Ausweichung *f*; Umgehung *f*; **fiscal** (or **tax**) **~** *(unerlaubte)* Steuervermeidung *f*, Steuerhinterziehung *f*, Steuerverkürzung *f*; **~ of customs duties** Zollhinterziehung *f*; **~ of responsibility** Sichentziehen *n* der Verantwortung

**even**, eben, gerade; gleich; gleichmäßig; glatt, quitt; **an ~ account** e-e glatte Rechnung *f*; **your letter of ~ date** Ihr Schreiben gleichen Datums; **an ~ dozen** genau ein Dutzend; **~ lot** *Am* Aktienpaket *n* mit durch 100 teilbarem Nennwert; **~ money** glatter Betrag *m*, runde Summe *f*; **~-numbered houses** Häuser mit gerader Nummer; **~ or odd** gerade oder ungerade; **~-running quality** gleichmäßige Qualität *f*; **on ~ terms** unter gleichen Bedingungen *fpl*; **to break ~** ohne Gewinn oder Verlust abschneiden

**even up**, *v* ausgleichen; *(Börse)* glattstellen

**evening up**, *(Börse)* Glattstellung *f*

**event**, Ereignis *n*; Fall *m*; Geschäftsvorfall *m*; **~ insured** Versicherungsfall *m*; **in any ~** auf alle Fälle, jedenfalls; **in the ~ of a loss** im Falle e-s Schadens (od. Verlusts); **in the usual course of ~s** im normalen (Ver-)Lauf der Ereignisse; **after the happening of a specified ~** nach Eintritt e-s bestimmten Ereignisses; **social ~s** Veranstaltungen *fpl*

**evergreen clause**, Verlängerungsklausel *f*; **~ contract** Vetrag *m* mit automatischer Verlängerung

**every, ~ day** alle Tage, täglich; **~ two days**

(or ~ **other day**) alle zwei Tage, jeden zweiten Tag; **in ~ way** in jeder Hinsicht

**evict**, *v (Mieter, Pächter)* heraussetzen; Zwangsräumung betreiben; **the tenant was ~ed for not paying the rent** der Mieter wurde wegen Nichtbezahlung der Miete herausgesetzt

**eviction**, Heraussetzung *f (e-s Mieters, Pächters)*; zwangsweise Räumung *f*; **~ order** Räumungsbefehl *m*; *Am* Räumungsurteil *n*; **~ proceedings** Räumungsverfahren *n*

**evidence**, Beweis(e) *m(pl)*; Beweismittel *n*, Nachweis *m*; **documentary ~** Urkundenbeweis, Beweis durch Urkunden; **for lack** (or **want**) **of ~** mangels Beweises; **fresh ~** neues Beweismaterial *n*; **hearing of ~** Beweisaufnahme *f*; **in ~ of the fact that** als Beweis dafür, dass; **taking of ~** Beweisaufnahme *f*; **~ collection** (or **collection of physical ~**) Spurensicherung; **~ of a debt** Beweis für e-e Forderung; **~ of ownership** Eigentumsnachweis *m*; **~ of qualification** Befähigungsnachweis *m*; **~ of value** Wertnachweis *m*; **to adduce** (or **furnish**) **~** den Beweis (od. Nachweis) erbringen; **to produce ~** den Beweis (od. Nachweis) erbringen; **to provide ~** nachweisen; **to refuse to give ~** die Aussage verweigern; **to take ~** Beweis aufnehmen

**evidence**, *v* beweisen; nachweisen; **to ~ by vouchers** durch Belege nachweisen

**ex**, ohne, ausschließlich; ehemalig; ab … (*als Handelsklausel*: → Incoterms); **~ all** (x.a.) ohne alle Rechte; **~ bonus** (x.b.) (or **~ capitalization** [ex cap]) ausschließlich Gratisaktien; **~ claim** → ex rights; **~ coupon** (of a bond) (ex cp.) ohne (Zinsen auf den) Kupon; **~ div.** (x.d.) ex (od. ohne) Dividende (exD); **~ drawing** (of a bond) ex (od. ohne) Ziehung; **~ factory** (Preis) ab Fabrik; **~ farm price** Preis ab Hof; **~ gratia** freiwillig; **~ gratia payment** Kulanzzahlung *f*; **~ interest** (ex int., x.in.) ohne Stückzinsen; **~ new** (ex n., x.new) *Br* ohne Bezugsrecht *(auf neue Aktien)*; **~ officio** von Amts wegen; **~ parte** einseitig, auf einseitigen Antrag; **~ quay (duty paid)** ab Kai (verzollt); **~ quay (duty on buyer's account)** ab Kai (unverzollt); **~ rights** (x.r.) ohne Bezugsrecht *(auf neue Aktien)* (exB); **~ scrip** ausschließlich Gratisaktien; **~ stock** (x stk, X stk) vom *(gegenwärtigen)* Lager; **~ warehouse** (ex wse, X whse) ab Lagerhaus; **~ works** (X wks, EXW) (ex factory, ex mill, ex plantation, ex warehouse etc.) ab Werk (→ Incoterms 1980)

**exacerbate**, *v* verschärfen; verschlimmern

**exact**, genau; **~ particulars** genaue Einzelheiten *pl*; **~ payment** pünktliche Zahlung *f*

**exact**, *v*, **to ~ payment** Zahlung einfordern; **to ~ a sum of money** e-n Geldbetrag beitreiben

**exacting**, hohe Anforderungen stellend; **~ customer** anspruchsvoller Kunde *m*

**exaction of a sum due**, Betreibung *f* e-s geschuldeten Betrags

**exaggerate**, *v* übertreiben; zu hoch ansetzen

**exaggerated claim**, zu hoch angegebener Versicherungsanspruch *m*

**exaggeration of loss**, Schadensübertreibung *f*

**examination**, Prüfung *f*; Examen *n*; Besichtigung *f*; Untersuchung *f*; (Zeugen-) Vernehmung *f*; Verhör *n*; *(Zoll)* Beschau *f*; **on closer ~** bei näherer Besichtigung *f*; **customs ~** Zollrevision *f*, Zollbeschau *f*; **entrance ~** Aufnahmeprüfung *f*; **final ~** Abschlussprüfung *f*; **medical ~** ärztliche Untersuchung *f*; **public ~** *Br* öffentliche Vernehmung *f* des Konkursschuldners; **viva voce ~** mündliche Prüfung *f*; **~ of accounts** Rechnungsprüfung *f*; **~ of the goods** Besichtigung (od. Beschau *f*) der Waren; Warenkontrolle *f*; **~ of title** Prüfung der Eigentumsverhältnisse; **~ under oath** eidliche Vernehmung *f*; **to admit to an ~** zu e-r Prüfung zulassen; **to have an ~ made** sich ärztlich untersuchen lassen; **to make an ~ (of)** *(etw.)* besichtigen; **to sit for** (or **take**) **an ~** sich e-r Prüfung unterziehen; ein Examen machen

**examine**, *v* prüfen; untersuchen, besichtigen; **to rexamine** erneut prüfen; **to ~ the goods** die Waren prüfen (od. besichtigen); **to ~ sth. superficially (thoroughly)** etw. flüchtig (gründlich) prüfen

**examined**, (exd) geprüft; **to be ~ orally (in writing)** mündlich (schriftlich) geprüft werden

**examiner**, Prüfer *m*, Prüfungsbeamter *m*; **board of ~s** Prüfungsausschuss *m*

**excavate**, *v* ausgraben; baggern

**exceed**, *v* überschreiten, hinausgehen über; übertreffen; **to ~ sb.'s expectations** jds Erwartungen übertreffen; **to ~**

**the credit limit** das Kreditlimit überschreiten; **to ~ demand** die Nachfrage übersteigen; **to ~ the speed limit** die zulässige Höchstgeschwindigkeit überschreiten; **to ~ the sum of £ 100** über die Summe von 100 £ hinausgehen

**exceeding**, hinausgehend über; mehr als; **not ~ € 100** nicht mehr als (od. höchstens) 100 €; **a period not ~ four months** Höchstdauer *f* von 4 Monaten; **a sum ~ € 100** e-e Summe über 100 €; **~ quotas** Quotenüberschreitung *f*; **~ the time limit** Fristüberschreitung *f*

**exceedingly**, überaus, außerordentlich

**excelsior**, *Am* Holzwolle *f*

**except**, außer dass; **~ as otherwise provided** sofern nicht etwas anderes bestimmt ist

**excepted**, ausgenommen (from von); **errors and omissions ~** Irrtümer und Auslassungen vorbehalten; **~ perils** von der Versicherung ausgeschlossene Gefahren *fpl (für die der Beförderer nicht haftet)*; **~ perils clause** Freizeichnungsklausel *f*

**exception**, Ausnahme *f*; Einwendung *f* (to gegen); Einrede *f*; **by way of ~** ausnahmsweise; **management by ~** Management *n* nach Ausnahmeprinzipien *npl*; **to take ~ to** Einwendungen machen gegen; Anstoß *m* nehmen an

**exceptional**, ausnahmsweise, außergewöhnlich; **in ~ cases** in Ausnahmefällen *mpl*; **~ expenses** außerordentliche Aufwendungen *fpl*; **~ price** Ausnahmepreis *m*, Sonderpreis *m*; **~ tariff** Ausnahmetarif *m*, Sondertarif *m*

**exceptionally cheap**, außergewöhnlich billig

**excess**, Überschuss *m*, Überhang *m*; Übermaß (of an); Überschreitung *f*; *Br (Vers.)* Selbstbehalt *m*, (Abzugs-)Franchise *f*; **without ~** *(Vers.)* ohne Franchise; **~ amount** zu viel bezahlter Betrag *m*; **~ baggage** Übergepäck *n*; **~ capacity** Überkapazität *f*; **~ cash** Überschussbetrag *m*; **~ charge** Gebührenzuschlag *m*; **~ demand** Übernachfrage *f*, Nachfrageüberhang *m*; **~ export** Ausfuhrüberschuss *m*; **~ fare** *(Eisenbahn)* Zuschlag *m*; **~ freight** Überfracht *f*; **~ insurance** *Br* Selbstbehalt *m*, Franchise *f*; **~ liquidity** Überliquidität *f*, Liquiditätsüberhang *m*; **~ luggage** → excess baggage; **~ of assets over liabilities** Überschuss der Aktiven über die Passiven; **~ of credit** Kreditüberschreitung *f*; **~ of imports over exports** Einfuhrüberschuss *m*; **~ of liabilities over assets** Überschuldung *f*; **~ of supply over demand** Angebotsüberhang *m*; **~ profit** Übergewinn *m*; **~ profit tax** Steuer *f* auf Übergewinne; **~ quantity** zuviel gelieferte Menge *f*; **~ supply** Überangebot *n (e-r Ware)*; **~ weight** Übergewicht *n*

**excessive**, übermäßig, übertrieben hoch; **~ bill** überhöhte Rechnung *f*; **~ boom** überhöhte Konjunktur *f*; **~ demand** Übernachfrage *f*; **~ price** überhöhter Preis *m*, Überpreis *m*; **~ purchasing power** Kaufkraftüberhang *m*; **~ supply of money** Geldüberhang *m*; **~ valuation** Überbewertung *f*

**excessively high price**, übermäßig hoher Preis *m*

**exchange**, 1. Tausch *m*, Austausch *m*, Umtausch *m*, Eintausch *m*, Tauschgeschäft *n*; **by way of ~** auf dem Tauschwege, im Tausch; **in ~ for** im (Aus-)Tausch gegen, für; **goods for ~** Tauschwaren *pl*; **offer for ~** Tauschangebot *n*; **~ advertisement** Tauschanzeige *f*; **~ deal** Tauschgeschäft *n*; **~ of accommodation** Wohnungstausch *m*; **~ of goods** Güteraustausch *m*; Warenverkehr *m*; **~ of information** Informationsaustausch *m*; **~ of knowledge** Erfahrungsaustausch *m*; **~ of opinion** Meinungsaustausch *m*; **~e of services** Austausch von Dienstleistungen; Dienstleistungsverkehr *m*; **~ of shares** Aktientausch *m (zwischen 2 od. mehr Gesellschaften)*; **~ offering** Umtauschangebot *n (bei Wertpapieren)*; **~ parts** Austauschteile *npl*; **~ privilege purchase** Kauf auf Umtausch; **~ student** Austauschstudent *m*; **~ term** Umtauschfrist *f*; **~ value** Tauschwert *m*; **to give in ~ for** in Tausch geben für (od. gegen)

**exchange**, 2. Devisen *pl* (→ foreign exchange); (fremde) Währung *f*; **foreign ~ for travel(l)ing** Reisedevisen *pl*; **goods yielding ~** devisenbringende Waren *pl*; **holdings of ~** Bestände *mpl* an Devisen; **(increased) need of ~** (gesteigerter) Devisenbedarf *m*; **rate of ~** → exchange rate; **countries short of ~** devisenschwache Länder; **~ adjustment** (Wechsel-)Kursanpassung *f*; **~ against us** ungünstiger (Wechsel-)Kurs *m*; **~ ar-**

**bitrage** Devisenarbitrage *f*; **~ assets** Devisenguthaben *n*; **~ broker** Devisenmakler *m*; **~ calculation** (Wechsel-) Kursberechnung *f*; **~ clause** (Wechsel-) Kursklausel *f*

**exchange control**, Devisenkontrolle *f*, Devisenbewirtschaftung *f*; **~ regulations** Devisenkontrollbestimmungen *fpl*

**exchange dealer**, Devisenhändler *m*

**exchange deals, to effect ~ in London** Abschlüsse *mpl* in Devisen auf London tätigen

**exchange**, **~ difference** *(Devisen)* Kursunterschied *m*; **~ difficulties** Devisenschwierigkeiten *fpl*; **E~ Equalization Account** *Br* Währungsausgleichsfonds *n (bei der Bank of England)*; **~ fees** Gebühren *fpl* bei Devisengeschäften; **~ for forward delivery** Termindevisen; **~ for spot delivery** Kassadevisen; **~ futures** Devisentermingeschäfte *npl*; **~ holdings** Devisenbestände *pl*; **~ jobber** *Br* Devisenhändler *m (gewöhnlich e-e Bank)*; **~ inflows** Devisenzuflüsse *mpl*; **~ list** (Devisen-)Kurszettel *m*; **~ loss** (Wechsel-) Kursverlust *m*; **~ market** Devisenmarkt *m*; **~ of the day** Tageskurs *m*; **~ outflow** Devisenabfluss *m*; **~ parity** (Wechsel-) Kursparität *f*; **~ proceeds** Deviseneinnahmen *pl*; **~ profit** (Wechsel-)Kursgewinn *m*; **~ purchase** Devisenankauf *m*

**exchange rate**, (Wechsel-, Devisen-, Umrechnungs-)Kurs *m*; **alteration** (or **change**) **of the ~** Änderung *f* des Wechselkurses; **at the ~ of** zum Kurse von; **at the current ~** zum Tageskurs *m*; **at the present ~** zum gegenwärtigen Kurs *m*; **below the ~** unter dem Kurs; **favo(u)rable exchange rate** günstiger Kurs; **fixed ~** fester (Wechsel-)Kurs *m*; **floating the ~** Freigabe *f* des Wechselkurses; **fluctuating ~** schwankender Wechselkurs *m*; **with a high ~** valutastark (hoher Wechselkurs); **with a low ~** valutaschwach (niedriger Wechselkurs); **margin of the ~** Bandbreite *f* des Wechselkurses; **mean ~** Durchschnittskurs *m*; **multiple ~** multipler Wechselkurs; **official ~** amtlicher Kurs, offizieller Kurs; **pegged ~** festgelegter Wechselkurs; **readjustment of ~s** Neuanpassung *f* der Wechselkurse; **stable ~ relations** stabile Wechselkursbeziehungen *fpl*; **~ adjustment** Wechselkursanpassung *f*; **~ differentials** Kursgefälle *pl*; **~ fluctuations** Wechselkursschwankungen *fpl*; **~ guarantee** Wechselkursgarantie *f*; **~ hedging** Wechselkurssicherung *f*; **~ mechanism** (ERM) Wechselkursmechanismus *m (des → European Monetary System)*; **~ quotation** Devisenkursnotierung *f*; **~ stability** Wechselkursstabilität *f*; **the ~ has advanced (depreciated)** der Kurs ist gestiegen (gefallen); **to establish new ~s** neue Wechselkurse festsetzen; **to float** (or **free**) **the ~** den Wechselkurs freigeben

**exchange**, **~ regulations** Devisenbestimmungen *fpl*; **~ report** (Wechsel-) Kursbericht *m*; **~ reserves** Devisenreserven *pl*

**exchange risk**, (Wechsel-)Kursrisiko *n*; **to eliminate the ~** das Kursrisiko ausschalten

**Exchange Stabilization Fund**, *Am* Währungsausgleichsfonds *m*

**exchange**, **~ stringency** Devisenknappheit *f*; **~ transactions** Devisengeschäfte *npl*; **~ transfer risk** Konvertierungsrisiko *n*; **~-yielding** devisenbringend

**exchange**, 3. Börse *f*; **commodity ~** Warenbörse *f*; **corn exchange** Getreidebörse *f*; **cotton ~** Baumwollbörse *f*; **marketable on the ~** börsengängig; börsenfähig; **stock ~** Wertpapierbörse *f*; Effektenbörse *f* ( → *stock 1.*); **~ arbitration tribunal** Börsenschiedsgericht *n*; **~ dealings** Börsengeschäfte *npl*; **~ listing** (or **quotation**) Börsennotierung *f*; **~ operations** (or **transactions**) Börsengeschäfte *npl*; **~ seat** Börsenmitgliedschaft *f*; **~ trading** Börsenhandel *m*

**exchange**, 4. **(telephone ~)** Fernsprechamt *n*, Zentrale *f*

**exchange**, *v* (aus-, ein-, um)tauschen; **to ~ sth. with sb. (for)** mit jdm. etw. tauschen (gegen); **to reserve to oneself the right to ~** sich den Umtausch vorbehalten

**exchanged, to be ~** umgetauscht werden; **no goods ~** Umtausch nicht gestattet

**exchequer, the E~** *Br* Staatskasse *f*, Fiskus *m*; Geldmenge *f*; **~ bill** *Br* Schatzwechsel *m*; **~ bond** *Br (langfristige)* Schatzanweisung *f*

**excise**, Verbrauchsteuer *f*; **~ duties** *(EU)* Verbrauchsabgaben *fpl*; **~ duty** *Am* Verbrauchsteuer *f*; **~ duty on oil products** Mineralölverbrauchsteuer *f*; **~ licen|ce (~se)** *Br* Schankkonzession *f*; **~ tax** *Am* Umsatzsteuer *f (für bestimmte Güter)*

**excisable**, verbrauchsteuerpflichtig
**exclude**, *v* ausschließen; **to ~ liability** die Haftung ausschließen
**excluded**, ausgeschlossen; **any further claim ~** unter Ausschluss weiterer Ansprüche
**excluding**, (excl.) ausschließlich
**exclusion**, Ausschließung *f*, Ausschluss *m*; **to the ~ of** unter Ausschluss von; **~ of liability** Haftungsausschluss
**exclusive**, ausschließlich; Allein-; **~ of** abgesehen von; **~ agency** Alleinvertretung *f*; **~ agent** Alleinvertreter *m*; **~ agreement** Ausschließlichkeitsvereinbarung *f*; **~ dealer** Alleinvertriebshändler *m*; **~ dealing contract** Ausschließlichkeitsvertrag *m (Bezugsbindung von Abnehmern)*; **~ distribution** Alleinvertrieb *m*; Exklusivvertrieb *m*; **~ distribution agreement** Alleinvertriebsvereinbarung *f*; **~ manufacturing right** Alleinherstellungsrecht *n*; **~ purchasing agreement** Alleinbezugsvereinbarung *f*; **~ representation** Alleinvertretung *f*
**exclusive right**, Alleinberechtigung *f*; **~ of sale** (or **to sell**) Alleinverkaufsrecht *n*; **to have the ~ to do sth.** allein berechtigt sein, etw. zu tun
**exclusive**, **~ sale** Alleinverkauf *m*, Alleinvertrieb *m*; **~ use** ausschließliche Benutzung *f*
**exclusively, to be ~ entitled to do sth.** allein berechtigt sein, etw. zu tun; **to occupy oneself ~ with** sich ausschließlich beschäftigen mit
**exculpatory clause**, Freizeichnungsklausel *f*
**excuse, in ~ for** als Entschuldigung für; **reasonable ~** ausreichende Entschuldigung *f*; **to be absent without ~** unentschuldigt fehlen
**excuse**, *v* entschuldigen; **~ me for not having written earlier** verzeihen Sie, dass ich erst heute schreibe
**execute**, *v* ausführen, durchführen; **to ~ a contract** e-n Vertrag erfüllen; e-n Vertrag *(rechtsgültig)* ausfertigen; **to ~ a deed** e-e Urkunde ausfertigen; **to ~ an order** e-n Auftrag ausführen (od. erledigen); **to ~ a will** ein Testament *(rechtsgültig)* errichten
**executed**, **~ contract** erfüllter Vertrag *m*; **~ sale** erledigter Verkauf *m*
**execution**, 1. Ausführung *f*, Durchführung *f*; *(rechtsgültige)* Ausfertigung *f (e-r Urkunde)*; **~ of a contract** Ausfertigung e-s Vertrages; Vertragserfüllung *f*; **~ of an order** Auftragserledigung *f*; **~ of a plan** Durchführung e-s Plans; **~ of a policy** Ausstellung *f* e-r (Versicherungs-)Police; **the ~ of your order will take about one month** die Ausführung Ihres Auftrags wird etwa 1 Monat in Anspruch nehmen
**execution**, 2. Pfändung *f*, Zwangsvollstreckung *f*; Vollstreckung *f*; **by way of ~** im Wege der Zwangsvollstreckung; **liable** (or **subject**) **to ~** pfändbar; der Zwangsvollstreckung unterliegend; **~ creditor** Vollstreckungsgläubiger *m*; **~ debtor** Vollstreckungsschuldner *m*; **~ levied (up)on real property** Zwangsvollstreckung in Grundbesitz; **~ is levied against** die Zwangsvollstreckung findet statt gegen; **to take out an ~ against** jdn pfänden lassen
**executive**, Exekutive *f*; Unternehmensleiter *m*, leitender Angestellter *m*; Führungskraft *f*; **business ~** leitender Angestellter *m*; **chief ~** Unternehmensleiter *m*; **corporate ~** *Am* Direktor *m* (od. leitender Angestellter *m*) *(e-r AG)*; **junior ~s** jüngere (od. untergeordnete) Führungskräfte *fpl*; **senior ~s** höhere (od. gehobene) Führungskräfte *fpl*; **top ~** oberste Führungskraft *f (Spitze der Geschäftsleitung)*; **woman ~** weibliche Führungskraft *f*; Unternehmensleiterin *f*; **E~ Information System** Informationssystem *n* für leitende Angestellte
**executive**, *adj* ausführend, vollziehend; leitend, geschäftsführend; **~ board** Vorstand *m*; **~ committee** geschäftsführender Ausschuss *m*; Vorstand *m*; Führungsgremium *n*; **~ development** Weiterbildung *f* von Führungskräften; **~ director** geschäftsführender Direktor *m*; aktives Mitglied *n* des → board of directors; **~ employee** leitende(r) Angestellte(r) *f(m) (e-s Unternehmens)*; **~ expenses** Geschäftsführungskosten *pl*; **~ functions** Führungsaufgaben *fpl*; **~ management** *Am* Unternehmensleitung *f*; **~ officer** leitende(r) Angestellte(r) *f(m) (e-s Unternehmens)*; *Am* Führungskraft *f*; **~ payroll** *Am* Gehalt *n* der leitenden Angestellten; **~ personnel** → executive staff; **~ preparation** Ausbildung *f* von Führungskräften; **~ salaries** → executive payroll; **~ search** Suche *f* nach Führungskräften; **~ secretary** *Am* Ge-

schäftsführer *m*; ~ **staff** Angestellte *pl* in gehobener Stellung; ~ **training** Ausbildung *f* von Führungskräften

**executor**, *(durch Testament eingesetzter)* Erbschaftsverwalter *m* (personal representative)

**executory**, noch ausstehend (od. zu erfüllend); ~ **agreement** noch zu erfüllender Vertrag *m*; ~ **gift** Schenkungsversprechen *n*

**executrix**, (durch ein Testament eingesetzte) Erbschaftverwalterin f

**exempt**, *v* befreien, freistellen (from von); ausnehmen; **to ~ income or capital from tax** *(DBA)* Einkünfte oder Vermögen von der Besteuerung ausnehmen; **to ~ sb. from work** jdn von der Arbeit freistellen

**exempt**, *adj (von e-r Verpflichtung)* befreit; ausgenommen (from von); **tax** ~ *bes. Am* steuerfrei; ~ **amount** *Am* (Steuer-)Freibetrag *m*; ~ **from compulsory insurance** nicht versicherungspflichtig; ~ **from execution** nicht der Zwangsvollstreckung unterliegend; unpfändbar; ~ **from fees** gebührenfrei; ~ **from postage** portofrei; ~ **from taxes** steuerfrei; ~ **supplies** *Br* steuerbefreite Leistungen *fpl*; ~ **taxable persons** Steuerpflichtige, die von der Steuer befreit sind

**exempted**, ~ **from VAT** von der Mehrwertsteuer befreit; ~ **goods** *(von der Preisbindung)* freigestellte Waren *pl*

**exemption**, Befreiung *f*; Freistellung *f*; *Am* (Steuer-)Freibetrag *m*; **~s** pfändungsfreie Gegenstände *mpl*; **old age** ~ *Am* Altersfreibetrag *m*; **tax** ~ → tax; **exemption clause** Freistellungsklausel *f*; ~ **from customs duties** Zollfreiheit *f*; ~ **from execution** Unpfändbarkeit *f*; ~ **from liability** Haftungsausschluss *m*; ~ **from postage** Portofreiheit *f*; ~ **from taxation** Freistellung von der Steuer; Steuerbefreiung *f*; ~ **provisions** Ausnahmebestimmungen *fpl*; **to deduct personal ~s** *Am* persönliche Freibeträge absetzen; **to qualify for ~ from taxation** die Voraussetzungen für Freistellung von der Steuer haben

**exercise**, Ausübung *f*; ~ **of influence** Geltendmachung *f* von Einfluss; ~ **of an option** Ausübung e-s Optionsrechts; ~ **of a profession** (or **trade**) Berufsausübung *f*; ~ **price** Basispreis *m (Kurs, zu dem e-e [Kauf-, Verkaufs]Option ausgeübt werden kann)*

**exercise**, *v*, **to ~ care** Sorgfalt anwenden; **to ~ one's option** sein Wahlrecht (od. Optionsrecht) ausüben; **to ~ an option** *(Börse)* e-e Option ausüben (od. erklären); **to ~ one's right** sein Recht ausüben (od. geltend machen)

**exert**, *v*, **to ~ pressure** Druck ausüben

**exhaust**, Auspuff *m*, Abgas *n*; **European standards for ~ gases** Europäische Abgasnormen *pl*; **noxious ~s** schädliche Abgase *pl*; ~ **fumes of vehicles** Abgase *pl* von Fahrzeugen

**exhaust emissions from motor vehicles**, Schadstoffemissionen *fpl* von Kraftfahrzeugen

**exhaust**, *v* erschöpfen, *(völlig)* aufbrauchen; **to ~ the soil** Raubbau treiben; **to ~ a subject** ein Thema erschöpfend behandeln

**exhausted**, ~ **coal pit** abgebaute Kohlenzeche *f*; ~ **quota** vollverbrauchtes Kontingent *n*; **our stocks are ~** unsere Vorräte sind erschöpft

**exhaustion**, Erschöpfung *f*; **wasteful ~** Raubbau *m*; ~ **of natural resources** Erschöpfung (od. vollständiger Abbau) von Bodenschätzen; ~ **of quotas** Ausschöpfung *f* der Quoten

**exhibit**, Beweisstück *n*; Ausstellungsstück *n*

**exhibit**, *v* ausstellen; *(Urkunde etc.)* als Beweis vorlegen; **to ~ goods at a fair** Waren auf e-r Messe ausstellen

**exhibition**, Ausstellung *f*; Vorlage *f (e-r Urkunde)*; *Br* (Jahres-)Stipendium *n*; **industrial ~** Industrieausstellung *f*; **motor ~** Automobilausstellung *f*; ~ **catalogue** Ausstellungskatalog *m*; ~ **goods** Ausstellungsgüter *pl*; ~ **management** Ausstellungsleitung *f*; ~ **space** Ausstellungsfläche *f*; **to be on ~** ausgestellt werden

**exhibitor**, Aussteller *m*; ~ **at a fair** Messeaussteller *m*, Messebeschicker *m*

**exigent**, **to be ~ of sth.** etw. dringend brauchen

**Eximbank**, → Export-Import Bank

**exist**, *v* existieren; vorhanden sein, bestehen; **to cease to ~** aufhören zu bestehen; eingehen *(Firma)*

**existed**, **the firm has ~ for many years** die Firma besteht seit vielen Jahren

**existing**, bestehend, gegenwärtig; **~ practices** Gepflogenheiten *fpl*
**exit**, Ausgang *m*; Ausreise *f*; Austritt *m (im Durchfuhrverkehr)*; **~ customs office** Ausgangszollstelle *f*; **~ point** Autobahnausfahrt *f*; *(Zoll)* Ausfuhrort *m*; **~ visa** Ausreisevisum *n*
**exodus**, **~ from the country** Landflucht *f*; **~ of capital** Kapitalabwanderung *f*, Kapitalflucht *f*
**ex officio**, → ex
**exonerate**, *v* entlasten, befreien; **to ~ sb. from responsibility** jdn von der Verantwortung entbinden; **to ~ oneself** sich entlasten
**exoneration**, Entlastung *f*, Befreiung *f*; **~ clause** Freizeichnungsklausel *f*
**exorbitant**, übertrieben; **~ demand** übertriebene Forderung *f*; **~ price** überhöhter Preis *m*, Wucherpreis *m*
**expand**, *v* expandieren; (sich) erweitern, (sich) ausdehnen; **to ~ capacity** die Kapazität erwietern; **to ~ trade relations** die Handelsbeziehungen erweitern (od. ausbauen); **foreign trade has ~ed** der Außenhandel hat sich erweitert
**expansion**, Expansion *f*, Ausdehnung *f*, Erweiterung *f*
**expansion, economic ~** wirtschaftliche Ausweitung *f*; **policy to check economic ~** expansionsdämpfende Politik *f*; **to promote economic ~** die Wirtschaftsexpansion fördern
**expansion, industrial ~** Industrieausweitung *f*; **~ of business** Geschäftsausweitung *f*; Geschäftserweiterung *f*; **~ of capacity** Kapazitätserweiterung *f*; **~ of the economy** Konjunkturaufschwung *m*; **~ of the market** Marktausweitung *f*; **~ of product range** Sortimentausweitung *f*; **~ of exports slackened** die Ausfuhrerweiterung hat sich abgeschwächt
**expansion of trade**, **the ~ gathered speed (eased off)** die Ausweitung des Handels hat sich beschleunigt (abgeschwächt)
**expansion project**, Erweiterungsvorhaben *n*
**expatriate**, jd, der außerhalb seines eigenen Landes lebt; **~ assignment** *(EU)* Auslandseinsatz *m*
**expatriate**, *v*, **to ~ oneself** auswandern
**expatriation allowance**, *(EU)* Auslandszulage *f*
**expectancy**, Anwartschaft *f* (on auf); **estate in ~** Erbanwartschaft *(auf Land)*; **life ~** Lebenswahrscheinlichkeit *f*; **pension ~** Anwartschaft auf e-e Pension
**expectant**, **~ heir** Erbanwärter *m*; **~ right** Anwartschaftsrecht *n*
**expectation**, Erwartung *f*; **~ of life** Lebenserwartung *f*; **the samples have not come up to our ~s** die Proben haben unsere Erwartungen nicht erfüllt
**expected**, **~ sales** erwarteter Umsatz *m*; **~ useful life** voraussichtliche Nutzungsdauer *f*; **it can reasonably be ~ that** es besteht berechtigte Aussicht, dass
**expedient**, **to think sth. ~** etw. für zweckmäßig befinden
**expediently**, zweckmäßigerweise
**expedite**, *v*, **to ~ delivery** die Lieferung beschleunigen
**expediter**, Terminverfolger *m*, Terminüberwacher *m*
**expediting**, Terminüberwachung *f*
**expedition**, Beschleunigung *f*, Eile *f*; Expedition *f*
**expel**, *v* ausschließen, hinauswerfen; **to ~ sb. from the trade union** jdn aus der Gewerkschaft ausschließen
**expend**, *v (Geld)* ausgeben; *(Arbeit etc.)* aufwenden (on auf); aufbrauchen
**expendable**, verbrauchbar; **~ bottle** Einwegflasche *f*; **~ package** Einwegpackung *f*
**expenditure**, Ausgabe(n) *f(pl)*; Aufwand *m*, Aufwendungen *pl*; Kosten *pl*; **account of ~** Ausgabenrechnung *f*; **additional ~** Mehrausgaben *pl*; **administrative ~** Verwaltungskosten *pl*; **allocation of ~** Kostenumlage *f*; **allowance for special ~** Aufwandsentschädigung *f*; **at great ~** mit großem Kostenaufwand *m*; **calculation of ~** Kostenberechnung *f*; **capital ~** → capital; **government ~** Staatsausgaben *pl*; **heavy** (or **large**) **~** große Ausgaben *pl*; **non-compulsory ~** (NCE) *(EU)* nichtobligatorische Ausgaben (NO); **non-recurring ~** einmalige Ausgabe(n) *f(pl)*; **obligatory ~** *(EU)* obligatorische Ausgaben *pl*; **operating ~** Betriebsausgaben *pl*; **overall ~** Gesamtausgaben *pl*; **public ~** → public; **revenue and ~** Einnahmen *pl* und Ausgaben *pl*; **sharp rise in ~** starker Ausgabenanstieg *m*; **total ~** Gesamtausgaben *pl*; **~ cut** Ausgabenkürzung *f*; **~ incurred** entstandene Ausgaben; **~ on business** Geschäftskosten *pl*; **~ on food** Ernährungsaufwand *m*; **~ on**

**investment** Investitionsaufwendungen *fpl*, Investitionsausgaben *fpl*; ~ **on labo(u)r** Arbeitsaufwand *m*; ~ **on personnel** Personalausgaben *pl*; ~ **on refunds** *(EU)* Erstattungsausgaben *pl*; ~ **on rent** Ausgaben für Miete; **to keep a book on one's** ~ über seine Ausgaben Buch führen; **to restrain** ~ Ausgaben drosseln

**expense**, (Geld-)Ausgabe *f*, Auslage *f*; Aufwand *m*; **~s** Ausgaben *pl*, Auslagen *pl*, Spesen *pl*; **account of ~s** Auslagenrechnung *f*; **actual ~s** tatsächliche Auslagen *pl*; Barauslagen *pl*; **administrative ~s** Verwaltungskosten *pl*; **advanced ~s** (or **advance for ~s**) Kostenvorschuss *m*; **at an ~ of** mit e-m Aufwand von; **at the ~ of** auf Kosten von; **at one's own** ~ auf eigene Kosten; **at public** ~ auf Staatskosten *pl*; **bill of** ~ Spesenrechnung *f*; **business ~s** Geschäftskosten *pl*; **cash ~s** bare Ausgaben *pl*; Barauslagen *pl*; **collection ~s** Inkassospesen *pl*; **covering of ~s** Kostendeckung *f*; **current ~s** laufende Ausgaben *pl*; **direct** ~ Einzelkosten *pl*; **factory** ~ Fertigungsgemeinkosten *pl*; **general ~s** allgemeine Kosten; Gemeinkosten *pl*; **indirect** ~ Gemeinkosten *pl*; **non-recurring** ~ einmalige Ausgabe *f*; **operating ~s** Betriebskosten *pl*, betriebliche Aufwendungen *pl*; **petty ~s** kleine Ausgaben; **postage ~s** Portoauslagen *pl*, Portospesen *pl*; **rate of ~s** Spesensatz *m*; **reimbursement of ~s** Erstattung *f* der Auslagen; Kostenerstattung *f*; Spesenvergütung *f*; **sundry ~s** Ausgaben für Verschiedenes; sonstige Ausgaben; **unforeseen ~s** unvorhergesehene Ausgaben; **working ~s** Betriebskosten *pl*; ~ **account** Aufwandskonto *n*; Spesenkonto *n*; Konto *n* für Geschäftsausgaben; ~ **advanced** Kostenvorschuss *m*, Spesenvorschuss *m*; ~ **allowance** Aufwandsentschädigung *f*; ~ **(s) book** Ausgabenbuch *n*; ~ **category** *Br* Kostenarten *fpl (im Handel)*; **~s covered** Kosten gedeckt, kostenfrei; **~s deducted** nach Abzug der Kosten; **~s for travel and subsistence** Reise- und Aufenthaltskosten *pl*; **~s incurred by X** dem X entstandene Kosten (od. Spesen); dem X erwachsene Ausgaben; ~ **item** Ausgabeposten *m*; **~s of management** Verwaltungskosten *pl*; **~s of medical treatment** Kosten ärztlicher Behandlung; **~s of production** Herstellungskosten *pl*; ~ **of repair** Reparaturaufwand *m*; **~s of sale** Vertriebskosten *pl*; Verkaufsaufwand *m*; Verkaufsspesen *pl*; ~ **sheet** Spesenabrechnung *f*; ~ **voucher** Ausgabenbeleg *m*; **to account for one's ~s** über seine Spesen abrechnen; **to charge to** ~ als Aufwand verbuchen; **the ~s are to be charged to ...** die Kosten gehen zu Lasten von ...; **to be entitled to reimbursement of ~s** Anspruch auf Erstattung der Kosten haben; **to be reimbursed one's ~s** seine Auslagen erstattet bekommen; **to break down ~s** Kosten aufgliedern; **we are debiting you with £ 10 for ~s** an Spesen belasten wir Sie mit 10 £; **~s were incurred** Kosten (od. Aufwendungen) sind entstanden; **to involve ~s** Kosten zur Folge haben; **to limit** (or **restrict**) **the ~s** die Ausgaben einschränken; **to meet the ~s** die Kosten tragen (od. bestreiten); **to spare no ~s** keine Auslagen scheuen

**expensive**, teuer; ~ **life style** aufwendiger Lebensstil *m*; **to become more** ~ sich verteuern

**experience**, Erfahrung *f*; **business** ~ Geschäftserfahrung *f*; **according to** (or **from**) ~ erfahrungsgemäß; **from lack of** ~ aus Mangel an Erfahrung; **many years'** ~ vieljährige Erfahrung; ~ **in the trade** Branchenerfahrung *f*; ~ **of office work** Büroerfahrung *f*; **our** ~ **with this firm has been disappointing** wir haben mit dieser Firma schlechte Erfahrungen gemacht

**experience**, *v*, **to** ~ **a loss** e-n Verlust erleiden; **to** ~ **a rise in prices** e-e Preiserhöhung erfahren; **to** ~ **a serious economic crisis** e-e schwere Wirtschaftskrise durchmachen

**experienced**, erfahren, sachkundig, versiert; ~ **in business** geschäftserfahren; ~ **in the trade** branchenkundig

**experiment**, Versuch *m*, Experiment *n*; **series of ~s** Versuchsreihe *f*; ~ **on animals** Tierversuch *m*; **to carry out** (or **make**) **an** ~ e-n Versuch machen

**experimental**, ~ **drilling** Versuchsbohrung *f*; ~ **plant** Versuchsanstalt *f*

**expert**, Experte *m*, Sachverständiger *m*, Gutachter *m*; **associate** ~ beigeordneter Sachverständiger; **financial** ~ Finanzexperte *m*; ~ **knowledge** Fachwissen *n*;

~ **opinion** (or **report**) Sachverständigengutachten *n*; ~ **workman** Facharbeiter *m*; **to be advised by an** ~ von e-m Fachmann beraten werden; **to ask for an** ~ **opinion** ein Gutachten einholen

**expert**, *adj* fachmännisch, sachverständig; ~ **advice** fachkundiger Rat *m*; ~ **witness** sachverständiger Zeuge *m*

**expertise**, Sachkenntnis *f*

**expiration**, Ablauf *m*, Erlöschen *n*, Ende *n*, Verfall *m* ( → expiry); ~ **date** Verfalltag *m*; ~ **of the lease** Ablauf der Miete (od. Pacht); ~ **of a patent** Ablauf (od. Erlöschen) e-s Patents; ~ **of a period** Fristablauf *m*; **on the** ~ **of** nach Ablauf von

**expire**, *v* ablaufen, erlöschen; verfallen; **a claim ~s** ein Anspruch erlischt; **the period** (or **time-limit**) **~s** die Frist läuft ab; **to allow the period to** ~ die Frist ablaufen lassen; **one month before the period ~s** ein Monat vor Ablauf der Frist

**expired**, ~ **patent** erloschenes Patent *n*; **the passport has** ~ der Pass ist abgelaufen

**expiry**, *bes. Br* Ablauf *m*, Erlöschen *n*, Ende *n*, Verfall *m* ( → expiration); **date of** ~ Datum *n* des Ablaufs, Verfalltag *m*; ~ **of an agreement** (or **a contract**) Ablauf e-s Vertrages; Ablauf der Versicherung *(Ende des Versicherungsschutzes)*

**explanation**, Erklärung *f*, Erläuterung *f*; **satisfactory** ~ **of** befriedigende Erklärung für

**explanatory notes**, Erläuterungen *fpl*

**explicit**, deutlich, ausdrücklich; ~ **or implicitly** ausdrücklich oder stillschweigend

**exploit**, *v* verwerten, auswerten; ausnutzen; *(Erz, Kohle etc.)* gewinnen; **to** ~ **a market situation** e-e Marktsituation ausnutzen; **to** ~ **natural resources** Bodenschätze abbauen (od. gewinnen); **to** ~ **a patent** ein Patent verwerten

**exploitation**, Verwertung *f*, Auswertung *f*; Gewinnung *f*, Abbau *m*; Ausnutzung *f*; **commercial** ~ gewerbliche Verwertung *f*; **patent** ~ **agreement** Patentverwertungsvertrag *m*; **wasteful** ~ Raubbau *m*; ~ **of a licen|ce (~se)** Lizenzverwertung *f*; ~ **of new sources of energy** Nutzung *f* neuer Energiequellen; ~ **of a patent** Patentverwertung *f*; ~ **right** Verwertungsrecht *n*

**exploration**, Erforschung *f*, Nachforschung *f*; *(BergR)* Schürfung *f*

**exploratory talks**, Sondierungsgespräche *npl*

**explosion**, **mine** ~ Grubenexplosion *f*; ~ **of fire-damp** Schlagwetterexplosion *f*; **~-hazard** Explosionsgefahr *f*

**explosive**, Sprengstoff *m*; ~ **charge** Sprengladung *f*; ~ **effect** Sprengwirkung *f*; ~ **substances** explosionsgefährliche Stoffe *mpl*

**export**, Export *m*, (Waren-)Ausfuhr *f*; **~s** Exporte *pl*, Exportwaren *fpl*; Exportgüter *pl*; **common arrangement for ~s** *(EU)* gemeinsame Ausfuhrregelung *f*; **cartel promoting ~s** Exportkartell *n*; **chief ~s** Hauptausfuhrgüter *pl*; **claim arising from ~s** Exportforderung *f*; **clause prohibiting ~s** Exportklausel *f*; **commodities for** ~ Exportwaren *pl*; **decline** (or **decrease**) **in ~s** Ausfuhrrückgang *m*; **deterioration of ~s** Ausfuhrverschlechterung *f*; **embargo on ~s** Exportembargo *n*, Ausfuhrsperre *f*; **expansion of ~s** Ausfuhrerweiterung *f*; **increase in ~s** Ausfuhrsteigerung *f*; **industrial** ~ Ausfuhr von gewerblichen Waren; **invisible ~s** → invisible; **merchandise** ~ *Am* Warenexport *m*; **opportunities for** ~ Ausfuhrmöglichkeiten *fpl*; **outlook for exports** Ausfuhraussichten *fpl*; **shrinkage of ~s** Ausfuhrschrumpfung *f*; **visible ~s** → visible; **voluntary** ~ **restraint** Exportselbstbeschränkung *f*; ~ **advertising** Exportwerbung *f*; ~ **agency** Exportvertretung *f*; ~ **agent** Exportvertreter *m*; Ausfuhragent *m*; ~ **aid** Exportbeihilfe *f*; ~ **arrangement** Ausfuhrregelung *f*; ~ **ban** Exportverbot *n*; ~ **bounty** Exportprämie *f*; **export cargo** Exportladung *f*; ~ **certificate** Ausfuhrbescheinigung *f*; ~ **clearance** Ausfuhrabfertigung *f*; ~ **commission agent** Exportkommissionär *m*; ~ **consignment** Ausfuhrsendung *f*

**export credit**, Ausfuhrkredit *m*; ~ **guarantee** (*Am* **guaranty**) Exportkreditgarantie *f*; Ausfuhrgarantie *f*, Ausfuhrbürgschaft *f*; **E~ s Guarantee Department** (ECGD) *Br* Exportkreditgarantieabteilung *f*; ~ **insurance** Exportkreditversicherung *f*

**export**, ~ **declaration** *(Zoll)* Ausfuhrerklärung *f*, Ausfuhranmeldung *f*; ~ **dealer** Exporthändler *m*, Exporteur *m*; ~ **deficit** Exportdefizit *n*; Passivsaldo *m* im Außenhandel; ~ **documents** Ausfuhrdokumente *npl*; ~ **drive** Aktion *f* zur Exportförderung; ~ **duties** Ausfuhrabgaben *fpl*; ~ **duty** Ausfuhrzoll *m*; ~ **earnings** Ausfuhrerlöse *mpl* (→ Stabex)

**export expansion slackened**, die Ausfuhrexpansion hat sich abgeschwächt

**export**, ~ **figures** Ausfuhrziffern *pl*; ~ **financing** Exportfinanzierung *f*; ~ **firm** Exportfirma *f*; ~ **fluctuations** Ausfuhrschwankungen *fpl* (→ compensatory financing); **to carry out** ~ **formalities** Zollförmlichkeiten *fpl* erfüllen; ~ **freeze** Ausfuhrsperre *f*; ~ **gold point** Goldausfuhrpunkt *m*; ~ **guarantee** Exportgarantie *f*, Exportbürgschaft *f*

**Export-Import Bank**, (Eximbank) *Am* staatl. Exportfinanzierungsinstitut *n (in Washington)*

**export**, ~**s in excess of imports** Exportüberschuss *m*; ~ **incentives** Exportanreize *mpl*

**export levy**, *(EU)* Exportabschöpfung *f*; ~ **on sugar** Abschöpfung *f* bei der Ausfuhr von Zucker

**export**, ~ **licen|ce (~e)** *Br* Ausfuhrgenehmigung *f (für bestimmte Waren)*; ~ **loan** Exportkredit *m*; ~ **loss** Ausfuhrausfall *m*, Ausfuhrverlust *m*; ~ **manager** Leiter *m* der Exportabteilung; ~ **marketing** Export-Marketing *n*; ~ **merchant** Exportkaufmann *m*, Exporteur *m*; ~-**minded** exportfreudig; ~ **of grain** Getreideausfuhr *f*

**export order**, Exportauftrag *m*; Auslandsbestellung *f*; **backlog of unfilled** ~**s** Bestand *m* an unerledigten Exportaufträgen

**export**, ~-**oriented** exportorientiert; ~ **permit** Ausfuhrgenehmigung *f*; ~ **premium** Ausfuhrprämie *f*; Exportbonus *m*; ~ **prohibition** Exportverbot *n*; ~ **promotion** Exportförderung *f*; Förderung der Ausfuhr; ~ **quantity** Ausfuhrmenge *f*; ~ **quota** Exportquote *f*; Ausfuhrkontingent *n*; ~ **rebate** (or **refund**) *(EU)* Ausfuhrerstattung *f*; ~ **regulations** Ausfuhrbestimmungen *fpl*; ~ **requirement** Exportbedarf *m*; ~ **restitution** *(EU)* Ausfuhrerstattung *f*; ~ **restraint** Ausfuhrbeschränkung *f*

**export restriction, to relax** ~**s** Exportbeschränkungen *fpl* lockern

**export**, ~ **revenue** Exporterlöse *mpl*; ~ **sales** Verkäufe *mpl* im Ausland; ~ **share** Exportanteil *m*; ~ **shipment** Exportsendung *f*; ~ **shortfall** Exportausfall *m*; Mindererertrag *m* des Exports

**export situation**, **worsening of the** ~ Ausfuhrverschlechterung *f*

**export**, ~ **specie point** Goldausfuhrpunkt *m*; ~ **specification** *Br* Zollausfuhrerklärung *f*; ~ **subsidy** *(EU)* Exportsubvention *f*, Exportbeihilfe *f*; ~ **surety** Exportbürgschaft *f*

**export surplus**, Ausfuhrüberschuss *m*; **the** ~ **declined** der Ausfuhrüberschuss ging zurück (to auf)

**export**, ~ **surveillance** Ausfuhrüberwachung *f*, ~ **tariff** Ausfuhrzoll(tarif) *m*; ~ **trade** Ausfuhrhandel *m*, Exportwirtschaft *f*

**export transaction**, (das einzelne) Exportgeschäft; **closing of an** ~ Exportabschluss *m*

**export volume**, Ausfuhrmenge *f*

**export**, ~**s are declining** (or **falling**) die Ausfuhr nimmt ab (od. geht zurück); ~**s rose** die Ausfuhr stieg (by um); **to subsidize** ~**s** die Ausfuhr subventionieren

**export**, *v* exportieren, ausführen; **to r**~ wieder ausführen

**exportable**, exportgeeignet, exportfähig

**exported goods**, Exportgüter *pl*, Ausfuhrgüter *pl*

**exporter**, Exporteur *m*; ~**'s credit** Exportkredit *m*

**exportation**, Export *m*, Ausfuhr *f*; **destined for** ~ zur Ausfuhr bestimmt

**exporting country**, Exportland *n*

**expose**, *v (Waren)* ausstellen, auslegen; *(e-r Gefahr etc.)* aussetzen; aufdecken

**exposition**, Darlegung *f*; *bes. Am* Ausstellung *f*, Messe *f*

**exposure**, Ausstellung *f (von Ware)*; Aussetzung *f*, ausgesetzt sein *n*; Aufdeckung *f*; Risiko *n*; ~ **hazard** Bestrahlungsrisiko *n*; ~ **management** Risikomanagement *n*; ~ **of a plot** Aufdeckung e-r Verschwörung

**express**, 1. Eil-, Schnell-; Express-; **by** ~ als Eilgut; durch Eilboten; **delivery by** ~ *Br* Eilzustellung *f (von Briefen und Paketen)*; **goods sent by** ~ *Br* Eilfracht *f*, Eilgut *n*; **sending parcels (by)** ~ Eilbeförderung *f* von Paketen; ~ **delivery** Eilzustellung *f*, ~ **delivery fee** Eilzustellungsgebühr *f*; ~ **dry cleaning** Schnellreinigung *f*; ~ **items** *(Post)* Eilsendungen *fpl*; ~ **letter** *Br* Eilbrief *m*; ~ **offer** Eilangebot *n*; ~ **order** Eilauftrag *m*; ~ **parcel** Eilpaket *n*, Paket *n* mit Eilzustellung; ~

**road** Schnellstraße *f*; ~ **service** Schnelldienst *m*; ~ **way** *Am* Schnell(verkehrs)straße *f*

**express**, 2. ausdrücklich; ~ **agreement** ausdrückliche Vereinbarung *f*; ~ **permission** ausdrücklich erteilte Erlaubnis *f*; ~ **warranty** ausdrückliche Zusicherung *f*; vertragliche Gewährleistung *f*; **it was his ~ wish** es war sein ausdrücklicher Wunsch

**expressly or implicitly agreed upon**, ausdrücklich oder stillschweigend vereinbart

**express**, *v* ausdrücken, äußern; durch Eilboten senden; **to ~ goods** Waren als Eilfracht senden; **to ~ the hope** der Hoffnung Ausdruck geben; **to ~ a letter** e-n Brief als Eilbrief senden; **to ~ one's satisfaction** sich befriedigend äußern

**expressed in foreign currency**, auf ausländische Währung lautend

**expropriate**, *v* enteignen

**expropriation**, Enteignung *f*

**expulsion**, Ausschließung *f (e-s Mitglieds)*; Ausweisung *f*, Landesverweisung *f*

**expunge**, *v* streichen (from a book aus e-m Buch); löschen

**exquisite**, vortrefflich, ausgezeichnet

**extend**, *v* erweitern, verlängern; prolongieren; gewähren; **to ~ over** sich erstrecken über; **to extend to** sich erstrecken auf; **to ~ a balance** e-n Saldo in e-e andere Spalte (column) übertragen; **to ~ a bill of exchange** e-n Wechsel prolongieren; **to ~ a building** ein Gebäude ausbauen; **to ~ a contract by one year** e-n Vertrag um ein Jahr verlängern; **to ~ a credit** e-n Kredit (od. ein Akkreditiv) verlängern; e-n Kredit gewähren; Kreditverlängerung gewähren; **to ~ one's holidays for a few days** seinen Urlaub um einige Tage verlängern; **to ~ an invitation to sb.** jdn einladen; **to ~ a loan** ein Darlehen verlängern; **to ~ a passport** e-n Pass verlängern; **to ~ the time for payment** die Zahlungsfrist verlängern; stunden; **to ~ trade** den Handel erweitern (od. ausbauen)

**extended**, ~ **credit** prolongierter Kredit *m*; ~ **family** Großfamilie *f*; ~ **term** verlängertes Zahlungsziel *n*; **the delivery time will be ~ by 2 weeks** die Lieferzeit verlängert sich um 2 Wochen

**extension**, Erweiterung *f*; Verlängerung *f*; Prolongation *f*; Erweiterungsbau *m*, Anbau *m*; *tel* Nebenanschluss *m*; **factory ~** Fabrikerweiterung *f*; Betriebserweiterung *f*; **further ~** weitere (od. erneute) Verlängerung; **implied ~ of** (the duration or period of) **a contract** stillschweigende Verlängerung e-s Vertrages; ~ **agreement** Stundungsvereinbarung *f*; ~ **course** Fortbildungslehrgang *m*; ~ **(line)** *tel* Nebenanschluss *m*; ~ **of business** Geschäftserweiterung *f*; ~ **of credit** Kreditgewährung *f*; Kreditverlängerung *f*; ~ **of the fishery limits** Erweiterung der Fischereigrenzen; ~ **of one's holidays** Urlaubsverlängerung *f*; Nachurlaub *m*; ~ **of a loan** → extension of credit; ~ **of a patent** Verlängerung e-s Patents; ~ **of a plant** Betriebserweiterung *f*; Betriebsvergrößerung *f*; ~ **project** Ausbauvorhaben *n*; Erweiterungsvorhaben *n*; ~ **request** Verlängerungsantrag *m*

**extension of time**, Fristverlängerung *f*; Nachfrist *f*; ~ **of time for payment** Verlängerung der Zahlungsfrist; Zahlungsaufschub *m*; **to grant ~ of time** Fristverlängerung gewähren; **to request ~ of time** um Fristverlängerung nachsuchen

**extension of trade relations**, Ausweitung *f* der Handelsbeziehungen

**extensive**, extensiv; umfassend; ~ **damage** → damage; ~ **interpretation** extensive Auslegung *f*; ~ **repairs** umfangreiche Reparaturen *fpl*

**extent**, Umfang *m*; Länge *f*, Größe *f*, Höhe *f*; Grad *m*; **in debt to the ~ of £ 100** verschuldet in Höhe von 100 £; **to a certain ~** bis zu e-m gewissen Grade; **to a great ~** in hohem Grade; **to the same ~** in gleichem Umfang; ~ **of cover** Umfang des Versicherungsschutzes; ~ **of damage** Schadenshöhe *f*; ~ **of liability** Schadensumfang *m*

**extenuating circumstances**, mildernde Umstände *mpl*

**exterminate**, *v* vernichten, ausrotten

**external**, Außen-; Auslands-; außerbetrieblich; außenwirtschaftlich; *(EU)* außergemeinschaftlich; **Common E~ Tariff** (CET) *(EU)* gemeinsamer Zolltarif *m* nach außen; gemeinsamer Außenzolltarif *m*; ~ **assets** Auslandsanlagen *fpl*; Vermögenswerte *mpl* im Ausland; ~ **audit(ing)** außerbetriebliche Revision *f*; ~ **balance** außenwirtschaftliches Gleichgewicht *n*; **external bill (of exchange)** *Am* Auslandswechsel *m*; ~ **bond** Auslandsschuldverschreibung *f*; ~ **borders of the countries of the EU** Außengrenzen *fpl* der Länder der EU; ~ **claims** Auslandsforderungen *fpl*; ~ **credit transactions** Kreditverkehr *m* mit dem Ausland; ~ **debts** Auslandsschulden *pl (des Staates)*; ~ **deficit** Zahlungsbilanzdefizit *n*; Passivsaldo *m* der Zahlungsbilanz; ~ **demand pull** ausländischer Nachfragesog *m*; ~ **duty** Außenzoll *m*; **for ~ economic considerations** aus außenwirtschaftlichen Gründen *mpl*; ~ **economic policy** Außenwirtschaftspolitik *f*; ~ **financing** Fremdfinanzierung *f*; ~ **frontiers** *(EU)* Außengrenzen *fpl*; ~ **indebtedness** Auslandsverschuldung *f*; ~ **loan** Auslandsanleihe *f*; ~ **make up** äußere Aufmachung *f (von Waren)*; ~ **market** Auslandsmarkt *m*; ~ **payments transactions** Zahlungsverkehr *m* mit dem Ausland; ~ **policy** Außenpolitik *f*; **for ~ purposes** für außerbetriebliche Zwecke *mpl*; ~ **rate of duty** Außenzollsatz *m*; ~ **relations** auswärtige Beziehungen *fpl*, Außenbeziehungen *fpl*; ~ **recources** Fremdmittel *pl*; ~ **safeguard(s)** außenwirtschaftliche Absicherung *f*; ~ **surplus** Zahlungsbilanzüberschuss *m*

**external trade**, Außenhandel *m*; Transithandel *m*; ~ **and payments equilibrium** außenwirtschaftliches Gleichgewicht *n*; ~ **and service transactions** Waren- und Dienstleistungsverkehr *m* mit dem Ausland; ~ **relations** Außenhandelsbeziehungen *fpl*; ~ **statistics** Außenhandelsstatistik *f*; ~ **surplus** Außenhandelsüberschuss *m*

**external value of a currency**, Außenwert *m* e-r Währung

**exterritorial**, exterritorial

**extinct**, erloschen; ~ **company** nicht länger bestehende Gesellschaft; **the obligations are ~** die Verbindlichkeiten sind erloschen

**extinction**, Erlöschen *n*; Auslöschung *f*; ~ **of a debt** Tilgung *f* e-r Schuld

**extinctive prescription**, Verjährung *f*

**extinguish**, erlöschen, zum Erlöschen bringen; auslöschen; **to ~ a debt** e-e Schuld tilgen; **to ~ a fire** ein Feuer löschen; **the right is ~ed** das Recht ist erloschen

**extinguishment**, Erlöschen *n* (e-s Rechts od. e-r Verpflichtung)

**extort**, *v* erpressen; **to ~ money from sb.** von jdm Geld erpressen

**extortion**, Erpressung *f*; ~ **of fees** Gebührenüberhebung *f*

**extortionate demand**, erpresserische Forderung *f*

**extra**, extra, besonders; zusätzlich; **~s** Extrakosten *pl*, Nebenkosten *pl*; **packing** (charged) ~ Verpackung extra; ~ **allowance** Sondervergütung *f*; **~-budgetary expenditure** außerplanmäßige Ausgaben *fpl*; ~ **charge** (Preis-)Aufschlag *m*; Zuschlag *m*; **~-Community** *(EU)* außergemeinschaftlich; **~-Community trade** *(EU)* Handel *m* mit Drittländern; ~ **costs** Sonderkosten *pl*; ~ **discount** Sonderrabatt *m*; ~ **dividend** Sonderdividende *f*;~ **duty** Zollaufschlag *m*; ~ **equipment** Sonderausstattung *f*; **~-EU flows** *(EU)* Extra-EU-Ströme *mpl (Transaktionen zwischen EU- und Drittländern)*; ~ **fare** Zuschlag *m*; ~ **freight** Frachtaufschlag *m*; ~ **hours** Überstunden *pl*; ~ **income** Nebeneinkommen *n*; ~ **luggage** *(zuschlagpflichtiges)* Übergepäck *n*; **~-marital** außerehelich; **~-mural studies** *(etwa)* Volkshochschule *f*; ~ **pay** Extrazahlung *f (z. B. für Nachtarbeit)*; ~ **price** Aufpreis *m*; ~ **quality** besondere Qualität *f*; ~ **shift** Sonderschicht *f*; ~ **work** Extraarbeit *f*; **to charge ~ for sth.** etw. extra berechnen

**extract**, Auszug *m* (from aus); Extrakt *m*; **beef ~** Fleischextrakt *m*; ~ **of account** Kontoauszug *m*

**extract**, *v* herausziehen; e-n Auszug machen (from aus); *(Bergbau)* fördern, gewinnen; **to ~ coal** Steinkohle fördern; **to ~ money from sb.** aus jdm Geld herausziehen

**extraction**, Herkunft *f*; *(Bergbau)* Förderung *f*; Gewinnung *f*; ~ **of gold** Goldgewinnung *f*; **place of ~ of natural resources** Stätte *f* der Ausbeutung von Bodenschätzen; ~ **of oil** Förderung von Öl

**extractive industry**, Grundstoffindustrie *f* (Kohlenbergbau, eisenschaffende Industrie etc.)

**extradite**, *v (Verbrecher etc.)* ausliefern

**extradition**, Auslieferung *f*

**extraneous**, von außen (kommend); fremd; betriebsfremd; ~ **perils** *(Vers.)* Sondergefahren *fpl*

**extranet**, das ~ *n* ist eine Erweiterung des

→ Intranets durch die Öffnung des Netzwerkes für Kunden und Lieferanten

**extraordinary**, außerordentlich, ungewöhnlich; ~ **depreciation** außerordentliche Abschreibung *f*; ~ **expenses** außerordentliche Aufwendungen *fpl*; ~ **general meeting** (EGM) *Br* außerordentliche Hauptversammlung *f (e-r AG)*; ~ **resolution** *Br* (Gesellschafter-)Beschluss *m* mit 3/4-Mehrheit

**extrinsic**, von außen; unwesentlich; ~ **value** äußerer Wert

**eye**, **~-catcher** (or **appeal**) Blickfang *m*; **~-catching** Aufmerksamkeit *f* erregend, Blickfang-; ~ **witness** Augenzeuge *m*

**e-zine**, elektronisches Magazin (*Magazin, das nur über das → Internet publiziert wird.*)

# F

**fabric**, Stoff *m*; Struktur *f*; Gebäude *n*; ~ **of society** soziale Struktur *f*

**fabricate**, *v* fabrizieren, herstellen; fälschlich erfinden; **~d account** gefälschte Rechnung *f*; **~d fact** erfundene falsche Tatsache *f*

**face**, Vorderseite *f*; Außenseite *f (z. B. e-s Stoffes)*; (das) Äußere; Anschein *m*; **on the ~ of it** äußerlich (gesehen); allem Anschein nach; **documents which appear on their ~ to be in accordance with the conditions of a credit** Dokumente, die ihrer äußeren Aufmachung nach den Akkreditivbedingungen entsprechen

**face amount**, Nennwert *m*, Nennbetrag *m*; ~ **certificate company** *Am* Investment-Gesellschaft mit Nennbetrag-Zertifikaten

**face to face**, ~ **interview** *(MMF)* Befragung *f* in e-m persönlichen Gespräch; **to bring two persons ~** zwei Personen gegenüberstellen *(z. B. in e-r Fernsehsendung)*

**face-lift**, *com* Verschönerung *f*, besseres Aussehen *n (z. B. e-s Ladens, e-r Packung)*

**face value**, Nennwert *m*, Nominalwert *m*

**face**, *v* gegenüberstehen, stehen vor; *(mutig)* entgegentreten; hinausgehen auf *(Richtung)*; *(mit Mauerputz)* verputzen, verkleiden; **to ~ altered circumstances** vor veränderten Umständen stehen; **to ~ competition** der Konkurrenz begegnen; **to ~ no competition** keine Konkurrenz haben; **the window ~s the street** das Fenster geht nach der Straße hinaus

**faced**, **to be ~ with** konfrontiert werden mit; **to be ~ with a problem** e-m Problem gegenüberstehen

**facilitate**, *v* erleichtern; **to ~ the terms of payment** Zahlungserleichterungen gewähren

**facilities**, Möglichkeiten *fpl*, Erleichterungen *fpl*; Fazilitäten *fpl*, Kreditfazilitäten *fpl*; Anlagen *fpl*, Einrichtungen *fpl*; ~ **for payment** Zahlungsmöglichkeiten *fpl (durch Scheck, bar etc.)*; **credit ~** Kreditfazilitäten *fpl*; **idle ~** stillliegende Betriebsanlagen *fpl*; **IMF credit ~** Möglichkeiten der Kreditaufnahme beim → IMF; **shopping ~** Einkaufsmöglichkeiten *fpl*; **sports ~** Sportanlagen *fpl*; **transport ~** Transportmöglichkeiten *fpl*

**facility**, Fazilität *f*, Kreditrahmen *m (für Banken)*; Möglichkeit *f*; *Am* (Betriebs-)Anlage *f*; ~ **agreement** Kreditvertrag *m*; ~ **pricing** Festsetzung *f* der Kreditkonditionen; **bilateral ~** *(intern. Währungspolitik)* zweiseitige Kreditbeziehung *f*; **credit ~ of up to £ 1,000** Kreditmöglichkeit *f* bis zu 1.000 £

**facsimile**, ~ **signature** Faksimileunterschrift *f*; ~ **stamp** Faksimilestempel *m*

**fact**, Tatsache *f*; **~s (of the case)** Sachverhalt *m*, Tatbestand *m*; **as a matter of ~** tatsächlich; **considering the ~ that** in Anbetracht der Tatsache, dass; **established ~** feststehende Tatsache *f*; **in ~ and in law** in tatsächlicher und rechtlicher Hinsicht; **recognized ~** anerkannte Tatsache

**fact-finding**, Feststellung *f* des Sachverhalts; ~ **meeting** Informationssitzung *f*

**fact, to confront sb. with accomplished ~s** jdn vor vollendete Tatsachen stellen; **to deny a ~** e-e Tatsache leugnen; **to distort the ~s** die Tatsachen entstellen; **to establish a ~** e-e Tatsache feststellen

**factitious**, künstlich hervorgerufen (z. B. Nachfrage durch übertriebene Werbung)

**factor**, 1. Faktor *m*, Umstand *m*; **cost ~** Kostenfaktor *m*; **safety ~** Sicherheitsfaktor *m*; ~ **of production** Produktionsfaktor *m*

**factor**, 2. Factor *m*, Factoring-Institut *n*,

Bank od. Gesellschaft, die das Factor-Geschäft betreibt ( → factoring system); **F~s Chain International** (FCI) Internationale Vereinigung von Factoring-Instituten; **factor cost** Faktorkosten *pl*

**factor**, 3. *Br* (Verkaufs-)Kommissionär *m* (*der als Provision e-e → factorage erhält*); **~'s lien** Pfandrecht *n* des Kommissionärs am Kommissionsgut

**factorage**, Provision *f* des Kommissionärs ( → factor 3.); Entgelt *n* des Factor ( → factor 2.)

**factoring**, Factoring(geschäft) *n (Ankauf von kurzfristigen Kundenforderungen der Lieferanten)*; **~ client** Factoring-Kunde *m*, Anschlusskunde *m*; **~ company** Factoring-Gesellschaft *f*; **~ system** Absatzfinanzierungssystem *n* (*bei dem ein Dritter* [→ factor 2.] *die Forderungen aus Warenlieferungen e-s Unternehmers ankauft und in der Regel das Kreditrisiko übernimmt*)

**factory**, Fabrik(anlage, -gebäude) *f(n)*; **~ agreement** Betriebsvereinbarung *f*; **~ closure** Stilllegung *f* e-r Fabrik; Betriebsstilllegung *f*; **~ committee** Betriebsrat *m*; **~ cost** Herstellungskosten *pl*; **~ expenses** Fertigungsgemeinkosten *pl*; **~ extension** Fabrikausbau *m*; **~-hand** Fabrikarbeiter *m*; **~ inspection** Gewerbeaufsicht *f*; **~ (-made) goods** Fabrikwaren *fpl*; **~ management** Fabrikleitung *f*, Betriebsleitung *f*; **~ overheads** Fertigungsgemeinkosten *pl*; **~ outlet**, Fabrikladen *m*; **~-owned** fabrikeigen; **~-owned dwelling** Betriebswohnung *f*; **~ owner** Fabrikbesitzer *m*, Fabrikant *m*; **~ premises** Fabrikgebäude *n*; **~ price** Preis ab Fabrik, Fabrikpreis *m*; **~ site** Fabrikgelände *n*; **~ wharf** fabrikeigene Kaianlage *f*; **~ worker** Fabrikarbeiter(in) *m(f)*; **~ yard** Fabrikhof *m*; **to establish** (or **set up**) **a ~** e-e Fabrik errichten

**factual constraint**, Sachzwang *m*

**facultative**, fakultativ, wahlfrei

**faculty**, Fähigkeit *f*; Vermögen *n*; *univ* Fakultät *f*; **F~ of Advocates** *Scot* Anwaltskammer *f*; **~ of speech** Redegewandtheit *f*

**fail, without fail** ganz bestimmt (od. gewiss)

**fail**, *v* nicht tun, unterlassen, versäumen; fehlen, mangeln; ausfallen *(Maschinen, Strom etc.)*; scheitern, keinen Erfolg haben; *(im Examen)* durchfallen; zahlungsunfähig werden, Bankrott machen; „pleite gehen"; **a condition ~s** e-e Bedingung tritt nicht ein; **the crop ~ed** die Ernte fiel schlecht aus; **the firm has ~ed** die Firma machte bankrott; **the plan ~ed** der Plan scheiterte; **the supplies ~ed** die Vorräte gingen zu Ende; **to ~ in business** geschäftlich scheitern; **he ~ed in his duty** er vernachlässigte seine Pflichten; **to ~ in an examination** im Examen durchfallen; **to ~ in a suit** e-n Prozess verlieren; **to ~ to appear** *(im Termin)* nicht erscheinen; **to ~ to comply with a request** e-e Bitte nicht erfüllen; **to ~ to perform a contract** e-n Vertrag nicht erfüllen

**failing company**, wirtschaftlich notleidendes Unternehmen *n*; Gesellschaft, die sich in Schwierigkeiten befindet

**failing**, in Ermangelung von, mangels; **~ Mr. X** im Falle des Ausbleibens von Herrn X; **~ heirs** bei Nichtvorhandensein von Erben; **~ prompt settlement of your account** falls Ihre Rechnung nicht sofort bezahlt wird; **~ proof to the contrary** bis zum Beweis des Gegenteils; **~ a purchaser** in Ermangelung e-s Käufers; **~ special agreement** in Ermangelung e-r besonderen Vereinbarung; **~ this** anderenfalls; **~ which** widrigenfalls

**failure**, Unterlassung *f*, Versäumnis *n*; Ausbleiben *n*; Fehlschlag *m*; Scheitern *n*, Misserfolg *m*; Zahlungseinstellung *f*; Insolvenz *f*; Zusammenbruch *m (e-s Unternehmens)*; Versager *m*, verkrachte Existenz *f*; **action for ~ to act** *(EU)* Untätigkeitsklage *f*; **bank(ing) ~** Bankkrach *m*, Bankzusammenbruch *m*; **commercial ~** geschäftlicher Zusammenbruch *m*; **crop f~** Missernte *f*; **current ~** Ausfall *m* des Stroms; **engine ~** Maschinenausfall *m*; **~ in an examination** Versagen *n* (od. Misserfolg *m*) in e-r Prüfung; **~ of crop** Missernte *f*; **~ of an enterprise** Zahlungsunfähigkeit *f* (od. Zusammenbruch *m*) e-s Unternehmens; **~ of an instal[l]ment** Ausbleiben e-r Rate; **~ of issue** Kinderlosigkeit *f*; (Sterben) ohne Erben; **~ of a marriage** Scheitern *n* e-r Ehe; **~e of title** Nichtverschaffung *f* des Eigentums durch den Verkäufer wegen Rechtsmangels; **~ to comply (with)** Nichteinhaltung *f*, Nichtbefolgung *f*; **~ to file a return** Nichteinreichung *f* der Steuererklärung; **~ to implement Directives** *(EU)* Nichtumsetzung *f* von

Richtlinien; **~ to maintain** Unterlassung der Instandhaltung; **~ to pay** Nichtzahlung *f*; **~ to perform an obligation** Nichterfüllung *f* e-r Verpflichtung; **~ to take delivery** Nichtabnahme *f*; **he was a complete ~** er hat völlig versagt; **to turn out to be a ~** sich als Fehlschlag erweisen

**Fannie Mae**, *Am* Börsenausdruck *m* für Federal National Mortgage Association

**fair**, Markt *m*; Messe *f*; Ausstellung *f*; Basar *m*; **agricultural ~** Landwirtschaftsausstellung *f*; **antiques ~** Antiquitätenmesse *f*; **autumn ~** Herbstmesse *f*; **electrical goods ~** Elektromesse *f*; **fancy ~** Wohltätigkeitsbasar *m*; **Frankfurt Book F~** Frankfurter Buchmesse *f*; **furs ~** Rauchwarenmesse *f*; **industrial ~** (Industrie-)Messe *f*; Industrieausstellung *f*; **management of a ~** Messeleitung *f*; **sample ~** Fachmesse *f*; **stand** (or **stall**) **at a ~** Messestand *m*; **summer ~** Sommermesse *f*; **trade ~** Fachmesse *f*; **world ~** Weltausstellung *f*; **~ attendance** Messebesuch *m*; **~ catalog(ue)** Messekatalog *m*; Ausstellungsverzeichnis *n*; **fair goer** Messebesucher *m*; **~ ground** Messegelände *n*; Ausstellungsgelände *n*, **~ pass** Messeausweis *m*; **~ site** → fair ground; **~ visitor** Messebesucher *m*; Ausstellungsbesucher *m*; **to exhibit goods at a ~** Waren auf e-r Messe ausstellen; **to hold a ~** e-e Messe abhalten; **to open a ~** e-e Messe eröffnen; **to participate in a ~** (or **to send goods to a ~ for display**) e-e Messe beschicken; **the ~ takes place** die Messe findet statt; **to visit a ~** e-e Messe besuchen

**fair**, fair, anständig, redlich, reell, kulant; gerecht, billig; angenehm, annehmbar *(Preis etc.)*; leidlich gut, mittelmäßig; **by ~ means** auf redliche Weise; **true and ~ view** → true; **~ average quality** (f.a.q.) gute Durchschnittsqualität *f*; Handelsgut *n* mittlerer Art und Güte; **~ business** leidlich gute Geschäfte *npl*; **~ (and reasonable) compensation** angemessene Entschädigung *f*; **~ competition** redlicher Wettbewerb *m*

**fair condition**, annehmbare Bedingung *f*; **the goods arrived in a ~** die Waren kamen in leidlich gutem Zustand an

**fair, ~ copy** Reinschrift *f*; **F~ Credit Reporting Act** *Am* Gesetz *n*, das die faire Auskunft über persönliche Verhältnisse von Kreditnehmern sichern soll; **~ damages** angemessene Entschädigung *f*; **~ deal** faire Handlungsweise *f*; **~ dealing** redliches Verhalten *n*; anständiges Geschäftsgebaren *n*; **~ handwriting** gut leserliche Handschrift *f*; **~ hearing** rechtliches Gehör *n*; **~ market price** marktgerechter Preis *m*; **~ market value** (FMV) Marktwert *m*; Verkehrswert *m*; **~ practices** anständiges Geschäftsgebaren *n*; **~ presentation** *Am* angemessene Darstellung *f*; **~ price** angemessener Preis *m*; **~ return(s)** angemessener Ertrag *m*; **~ share** gerechter Anteil *m*; **~ terms** annehmbare Bedingungen *fpl*

**fair trade**, Preisbindung *f* der zweiten Hand; *(im internationalen Handel)* auf Gegenseitigkeit beruhendes Abkommen *n* zwischen 2 Ländern, auf bestimmte Waren keinen Einfuhrzoll zu erheben; **F~ Acts** *Am* Gesetze zur Legalisierung der Preisbindung der zweiten Hand; **~ agreement** Vereinbarung *f* über Preisbindung der zweiten Hand

**fair trading**, lauterer Handel *m*; *Am* preisbindend; **Office of ~** *Br* Amt für Verbraucherschutz; **~ Act** *Br* Kartellgesetz *n* und Verbraucherschutzgesetz *n*

**fair, ~ value** angemessener Wert *m*; **to give a person ~ warning** jdn rechtzeitig warnen; **to play ~** sich anständig verhalten

**fairness**, Fairness *f*, Anständigkeit *f*, anständiges Verhalten *n*; Kulanz *f*; **~ in commercial transactions** Lauterkeit *f* im Handel(sverkehr); **~ of competition** Wettbewerbslauterkeit *f*

**faith**, Vertrauen *n*; Glaube *m*; Versprechen *n*; **bad ~** Bösgläubigkeit *f*; Unredlichkeit *f*; **purchaser in bad ~** bösgläubiger (od. unredlicher) Käufer *m*; **breach of ~** Vertrauensbruch *m*; **good ~** guter Glaube, Gutgläubigkeit *f*; Treu und Glauben; **contrary to good ~** entgegen den Geboten von Treu und Glauben; **purchaser in good ~** gutgläubiger (od. redlicher) Käufer *m*; **rights acquired in good ~** gutgläubig erworbene Rechte *npl*; **to act in good ~** in gutem Glauben (od. nach Treu und Glauben) handeln; **to keep (break) ~ with sb.** loyal (illoyal) zu jdm sein

**faithfully, yours ~** *Br* hochachtungsvoll *(als Briefschluss)*

**fake (up)**, *v* fälschen; *(Bilanz)* verschleiern

**fall**, Fallen *n*, Sinken *n*, Sturz *m*, Rückgang *m*; *Am* Herbst *m*; **~ in consumption** Verbrauchsrückgang *m*; **~ in orders** Auftragsrückgang *m*; **~ in output** Leistungsrückgang *m*; *(Bergwerk)* Förderungsrückgang *m*; **~ in prices** Preisrückgang *m*, Preisverfall *m*; Preissturz *m*; Baisse *f*; **~ in stocks** Rückgang der Lagervorräte; **~ in stock prices** Aktienkursrückgang *m*; **~ out of bed** schwerer Kursverlust *m*; **to go for a ~** *(Börse)* auf Baisse spekulieren

**fall-off in demand**, Rückgang *m* der Nachfrage

**fall-out**, radioaktiver Niederschlag *m*; **~ rate** Ausfallrate *f*

**fall**, *v* fallen, sinken, heruntergehen *(Preise, Kurse)*; **to ~ across a broad front** auf breiter Front fallen *(Aktienkurse)*; **to ~ back upon** zurückgreifen auf; **to ~ behind with one's rent** mit seiner Miete im Rückstand sein; **to ~ due** fällig werden; **to ~ from favo(u)r** nicht gefragt sein; **to ~ in** einstürzen; **the roof fell in** das Dach stürzte ein; **to ~ in value** an Wert verlieren; **to ~ in with** übereinstimmen mit; **to ~ into decay** (or **disrepair**) verfallen; **to ~ into disuse** außer Gebrauch kommen; **to ~ off** zurückgehen, abfallen, sich vermindern; **to ~ off in quality** in der Qualität abfallen; **to ~ on a Sunday** auf e-n Sonntag fallen; **the expenses fell on him** er hatte die Unkosten zu tragen; **to ~ out** sich ereignen; **to ~ out of** herausfallen aus; **to ~ out of use** außer Gebrauch kommen; **to ~ short** knapp werden; nicht reichen *(Vorräte)*; **to ~ short of** zurückbleiben hinter, nicht entsprechen; **to ~ through** misslingen; **to ~ to** fallen an; **to ~ to sb.'s share** jdm (anteilsmäßig) zufallen; **the profit ~s to him** der Gewinn entfällt auf ihn; **to ~ under a law** unter ein Gesetz fallen; **to ~ upon** fallen auf; **the responsibility fell upon him** er hatte die Verantwortung zu tragen; **to ~ within an agreement** unter e-n Vertrag fallen

**fallen angels**, einstmals hochrangige Bonds *mpl*, die im Rating unter Investment Grade fallen

**fallen building clause**, *(VersR)* Einsturzklausel *f*

**falling**, Fallen *n*, Sinken *n*; fallend, sinkend; **bill ~ due on** am ... fällig werdender Wechsel *m*; **payments ~ due** fällig werdende Zahlungen *fpl*

**falling market**, on a falling market bei fallenden Kursen *mpl*

**falling off**, Verminderung *f*, Abnahme *f*, Rückgang *m*; **~ off in sales** Absatzrückgang *m*; Umsatzrückgang *m*; **~ off in value** Abnahme *f* des Wertes; Wertminderung *f*; **~ off of business** Geschäftsrückgang *m*; **~ off of internal demand** Nachlassen *n* der Inlandsnachfrage; **~ off of orders** Rückgang der Aufträge; **demand is ~ off** die Nachfrage nimmt ab; **to show a slight ~ off** e-n leichten Rückgang aufweisen

**falling**, **~ production** abnehmende (od. zurückgehende) Produktion *f*; **exports are ~** die Exporte gehen zurück

**fallow**, brach(liegend); **~ land** Brachland *n*, brachliegendes Land *n*; **to let the field lie ~** das Feld brachliegen lassen; **to lie ~** brachliegen *(Felder)*

**fallowing of cultivated land**, Brachlegung *f* bebauter Böden

**false**, falsch, unrichtig; unecht, gefälscht; **~ accounting** falsche Abrechnung *f*; **~ advertising** unwahre (trügerische) Werbung *f*; **~ alarm** blinder Alarm *f*; **~ bottom** doppelter Boden *m*; **~ claim** unberechtigter Anspruch *m*; **~ coin** falsche (od. gefälschte) Münze *f*; Falschgeld *n*; **~ conclusion** falsche Schlussfolgerung *f*; **~ decision** Fehlentscheidung *f*; **~ declaration** *(Zoll)* Falschmeldung *f*; **~ evidence** falsche Aussage *f*; **~ imprisonment** ungesetzliche Haft *f*; Freiheitsberaubung *f*; **~ indications of origin on goods** falsche Herkunftsangaben *fpl* an Waren; **~ key** Nachschlüssel *m*; **~ label(l)ing** falsche Etikettierung *f (von Waren)*; **~ money** gefälschtes Geld *n*; **~ papers** falsche (od. gefälschte) Papiere *npl*; **~ pretences** → pretences; **~ representation** → representation; **~ return** falscher Bericht *m*; unrichtige Steuererklärung *f*

**false statement**, **to make a ~ statement** e-e falsche Erklärung abgeben

**false**, **~ suspicion** falscher Verdacht *m*, **~ trade description** falsche Warenbezeichnung *f*; **~ weight** falsches (od. unrichtiges) Gewicht *n*; **to play sb. ~** falsches Spiel mit jdm treiben; jdn hintergehen (od. betrügen); **to turn out to be ~**

(or **to prove ~**) sich als falsch herausstellen

**falsehood**, **injurious ~** *Br* geschäftsschädigende falsche Behauptung(en) *f(pl)*; Anschwärzung *f (des Konkurrenten od. seiner Ware)*

**falsification**, Fälschung *f*, Verfälschung *f*; **~ of accounts** Fälschung von (Geschäfts-)Büchern; Kontenfälschung *f*; **~ of the balance sheet** Bilanzfälschung *f*

**falsify**, *v* fälschen, verfälschen; **to ~ accounts** Bücher (etc.) fälschen *(durch e-n Angestellten)*

**familiar**, vertraut (with mit); **to get ~ with** sich einarbeiten in; **to make sb. ~ with his new job** jdn in seine neue Stelle einarbeiten

**family**, Familie *f*; **member of the ~** Familienmitglied *n*; **~ allowance** Kindergeld *n*; Familienbeihilfe *f*; **~ benefits** *(EU)* Familienleistungen *fpl*; **~ brand** Dachmarke *f (für mehrere Produktmarken)*; **~ business** Familienbetrieb *m*; **~ credit** staatlicher Zuschuss *m* an einkommensschwache Familien; **~ doctor** Hausarzt *m*; **~ farm** landwirtschaftlicher Familienbesitz *m*; **~ holdings** landwirtschaftliche Familienbetriebe *mpl*; **~ hotel** familienfreundliches Hotel *n (mit bes. Service und niedrigeren Preisen für Kinder)*; **~ law** Familienrecht *n*; **~-owned enterprise** Familienbetrieb *m*; **~ provision** Unterhaltsregelung *f* zu Lasten des Nachlasses; **for ~ reasons** aus familiären Gründen *mpl*; **~ settlement** Vereinbarung *f* zur Regelung der erbrechtlichen Vermögensverhältnisse e-r Familie; **~ size (package)** Haushaltsgroßpackung *f*, Großpackung *f*; **~ undertaking** Familienbetrieb *m*; **~ workers** *(unbezahlt)* mitarbeitende Familienangehörige *mpl*

**famine**, Hungersnot *f*

**fancy**, **~ goods** Modewaren *pl*; **~ price** Phantasiepreis *m*, Liebhaberpreis *m*; **~ stocks** *Am* unsichere Spekulationspapiere *npl*

**FAO**, → Food and Agricultural Organization

**f.a.o.**, (for [the] attention of) zu Händen von (z. Hd. v.)

**FAQ**, → frequently asked questions

**fare**, Fahrpreis *m*; Fahrgast *m* e-s Taxi; Essen *n*; **air-~** Flugpreis *m*; **bill of ~** Speisekarte *f*; **bus-fare** Buspreis *m*; **rail~** (or **train~**) Bahnpreis *m*; **single ~** einfacher Fahrpreis *m*; **steamer ~** Schiffspassage *f*; **ticket at full ~** Fahrkarte *f* zu vollem Preis; **~ dodger** Schwarzfahrer *m*; **~-free tariff** Null-Tarif*m*; **~ increase** Fahrpreiserhöhung *f*; Flugpreiserhöhung *f*; **~ reduction** Fahrpreissenkung *f*, Flugpreissenkung *f*; **~ stage** Teilstrecke *f*

**farewell**, **~ address** Abschiedsansprache *f*; **~ present** Abschiedsgeschenk *n*; **to make one's ~** sich verabschieden

**farm**, (Bauern-, Guts-, Pacht-)Hof *m*; landwirtschaftlicher Betrieb *m*; Farm *f*; landwirtschaftlich; **chicken ~** Hühnerfarm *f*; **collective ~** Kolchose *f*; **dairy ~** Meierei *f*; **ex ~ price** Preis *m* ab Hof; **fur ~** Pelztierfarm *f*; **home ~** selbstbewirtschafteter Hof *m*; **leased ~** → lease *v*; **model ~** Mustergut *n*; **oyster ~** Austernfarm *f*; **poultry ~** Geflügelfarm *f*; **~ accountancy** landwirtschaftliche Buchführung *f*; **~-bailiff** *Br* Gutsverwalter *m*, Inspektor *m*; **~ building** landwirtschaftliches Gebäude *n*; **~ cooperatives** landwirtschaftliche Genossenschaften *fpl*; **~ costs** landwirtschaftliche Betriebskosten *pl*; **~ credit** Agrarkredit *m*; **~ equipment** landwirtschaftliche Geräte *npl*; **~ hand** Landarbeiter(in) *m(f)*; **~ implements** landwirtschaftliche Geräte *npl*; **~ imports** Agrareinfuhren *fpl*; **~ income** landwirtschaftliche Einkünfte *pl*; **~ land** Agrarland *n*, landwirtschaftlich genutzte Fläche *f*; **~ labo(u)rer** Landarbeiter(in) *m(f)*; **~ labo(u)r force** *(EU)* landwirtschaftliche Arbeitskräfte *fpl*; **~ labo(u)r input** *(EU)* landwirtschaftlicher Arbeitseinsatz *m*; **~ lease** → farming lease; **~ loan** *Am* Agrarkredit *m*; **~ manager** Verwalter *m* e-s Hofes (od. Gutes)

**farm price**, Agrarpreis *m*; **~s are fixed in Ecu** *(EU)* die Agrarpreise werden in Ecu festgesetzt

**farm**, **~ produce** Agrarerzeugnisse *npl*, landwirtschaftliche Erzeugnisse *npl*; **~ rent** Pacht(zins) *f(m)*; **~ retirement scheme** landwirtschaftliches Rentensystem *n*; **~ stead** Bauernhof *m*; **~ stock** landwirtschaftliches Inventar *n*; Viehbestand *m*; **~ tenancy** Pacht *f* e-s Hofes; Landpacht *f*; **~ worker** Landarbeiter *m*; **to let a ~ to a tenant** e-n Hof verpachten; **to manage** (or **operate**) **a ~** e-n Hof bewirtschaften

**farm**, *v (Land)* bebauen, bewirtschaften; Landwirtschaft betreiben; **to ~ out** verpachten; *(Arbeit)* an andere vergeben

**farmer**, Landwirt *m*, Bauer *m*; Farmer *m*; **fruit ~** Obstbauer *m*; **sheep ~** Schafzüchter *m*; **small ~** Kleinbauer *m*; **~s' cooperative** landwirtschaftliche Genossenschaft *f*

**farming**, Landwirtschaft *f*; Agrarwirtschaft *f*; landwirtschaftliche Tätigkeit *f*; **~ and breeding** Ackerbau *m* und Viehzucht *f*; **cessation of ~** Einstellung *f* der landwirtschaftlichen Tätigkeit; **dairy ~** Milchwirtschaft *f*; **encouragement to cease ~** *(EU)* Förderung der Einstellung der landwirtschaftlichen Tätigkeit; **fur ~** Pelztierzucht *f*; **hill ~** → hill; **poultry ~** Geflügelzucht *f*; **stock ~** Viehzucht *f*; **~ lease** landwirtschaftliche Pacht *f*; **~ of the land** Bodenbewirtschaftung *f*; **~ stock** landwirtschaftliches Inventar *n*; **to cease farming** Tätigkeit in der Landwirtschaft aufgeben; **to be engaged in ~** Landwirtschaft betreiben

**f.a.s., fas ~** → free alongside ship; **~ price** fas-Preis *m*, Preis frei Verschiffungshafen

**fashion**, Mode *f*; **in ~** modern; **the latest ~** die neueste Mode; **out of ~** unmodern; **~ articles** (or **goods**) Modewaren *pl*; **~ designer** Modeschöpfer *m*; **~ industry** Modeindustrie *f*; **~ journal** (or **magazine**) Modejournal *n*, Modezeitschrift *f*; **~ parade** (or **show**) Modenschau *f*; **to be in ~** modern sein; gefragt sein; **to come into ~** in Mode kommen; **to go out of ~** aus der Mode kommen

**FAST**, → Forecasting and Assessment in Science and Technology

**fast**, schnell; fest; haltbar; **~ breeder reactor** (FBR) Schneller Brüter *m*; **~ colo(u)r** echte Farbe *f*; **~ food restaurant** Schnellimbiss-Restaurant *n*; **~ freight** *Am* Eilfracht *f*; **~ sellers** (or **~ selling goods**) schnell verkäufliche Artikel *mpl*; **~ train** Eilzug *m*;

**fat**, **~ cat client** reicher Privatkunde *m*; **edible oils and ~s** Speisefette *npl*; **~ cattle** Mastvieh *n*; **~ content of full milk** Fettgehalt *m* der Vollmilch; **~ soil** fruchtbarer Boden *m*; **~ type** Fettdruck *m*

**fatal**, **~ injury** tödliche Verletzung *f*; **~ poisoning cases** Vergiftungsfälle *mpl* mit tödlichem Ausgang; **the number of ~ accidents has substantially declined** die Zahl der tödlichen Unfälle ist beträchtlich zurückgegangen

**fate**, **~ of a collection** Stand *m* des Inkasso; **~ of goods** Schicksal *n* der Ware

**fatigue**, Ermüdung *f*; Arbeitsermüdung *f*; **symptom of ~** Ermüdungserscheinung *f*; **~ indicator** Materialermüdungsanzeiger *m*; **~ limit** Ermüdungsgrenze *f*

**fault**, Fehler *m*, (Sach-)Mangel *m*; Schuld *f*, Verschulden *n*; **the party at ~ in an accident** der Schuldige e-s Unfalls; **to a ~** im Übermaß; zu sehr; **whether or not sb. was at ~** verschuldensunabhängig; **without ~ on the part of the seller** ohne Verschulden des Verkäufers; **~ of construction** Konstruktionsfehler *m*; **no ~ is attributable to him** ihn trifft kein Verschulden; **to be at ~** Schuld haben, schuldig sein; **it is my ~** es ist meine Schuld; **to find ~** bemängeln; etw. auszusetzen haben (with an); **to have ~s** mit Mängeln behaftet sein; **to impute the ~ to sb.** jdm die Schuld beimessen; **the ~ lies with the seller** die Schuld liegt beim Verkäufer

**faultiness**, Fehlerhaftigkeit *f*, Mangelhaftigkeit *f*

**faultless**, fehlerfrei, ohne Mängel

**faultlessness in material**, Fehlerfreiheit *f* im Material

**faulty**, fehlerhaft; schadhaft, defekt; **~ design** Fehlkonstruktion *f*; **~ material** fehlerhaftes Material *n*; **~ packaging** mangelhafte Verpackung *f*; **~ workmanship** mangelhafte Arbeit(sausführung) *f*

**favo(u)r**, Gunst(bezeigung) *f*, Wohlwollen *n*; Gefallen *m*; **balance in your ~** → balance 3.; **in ~ of** zugunsten von; für; **out of ~** nicht mehr beliebt (with bei); **to be in sb.'s ~** in jds Gunst stehen; bei jdm gut angeschrieben sein; **this article is in special ~** dieser Artikel erfreut sich großer Beliebtheit *f*; **these shares are in ~** diese Aktien sind beliebt (od. gefragt); **to do sb. a ~** (or **to do a favo(u)r for sb.)** jdm e-n Gefallen tun; **to grant special ~ to sb.** jdn besonders wohlwollend behandeln

**favo(u)rable**, vorteilhaft, günstig; *(Bilanz)* aktiv; **~ answer** zustimmende Antwort *f*; **~ consideration** wohlwollende Prüfung *f*; **~ offer** günstiges Angebot *n*; **~ opinion** befürwortende Stellungnahme *f*; **at a ~ price** preisgünstig; **on ~ terms** zu günstigen Bedingungen *fpl*

**favo(u)rably situated**, günstig gelegen

**favo(u)red, less-~ areas** weniger begünstigte (od. benachteiligte) Gebiete *npl*;

**most-~ nation clause** Meistbegünstigungsklausel *f*
**fax**, *v colloq.* telekopieren, faxen
**feasibility study**, Projektstudie *f*
**featherbedding**, Überbesetzung *f* mit Arbeitskräften
**feature**, Kennzeichen *n*, Merkmal *n*; **distinctive ~** Unterscheidungsmerkmal *n*; **special ~** Besonderheit *f*; **special ~s** wichtige Ereignisse *npl*; **~ advertisement** besonders wirksame Werbung *f*; **~s of the goods** Merkmale *pl* der Waren; **to make a special ~ (of)** sich spezialisieren auf
**featured**, Sonderangebot *n*
**federal**, Bundes-; bundesstaatlich; **at ~ level** auf Bundesebene; **~ agency** *Am* Bundesbehörde *f*; **F~ Communications Commission** (FCC) *Am* bundesstaatliche Fernmelde- und Fernsehbehörde *f*; **F~ Deposit Insurance Corporation** (FDIC) *Am* Bundesversicherungsanstalt *f* für Einlagen bei Kreditinstituten; **~ estate tax** *Am* Bundeserbschaftsteuer *f*; **~ expenditure** Bundesausgaben *fpl*; **~ funds** *Am* Guthaben *n* bei e-r Federal Reserve Bank; **~ grant** *Am* Bundeszuschuss *m*; **F~ Home Loan Banks** *Am* (12) Zentralbanken *fpl* der Bausparkassen; **F~ Intermediate Credit Banks** (FICB) *Am* (12) Bundesbanken für Zwischenkredite an die Landwirtschaft; **F~ Land Bank** Bundes-Agrarkreditbank *f*; **F~ Maritime Commission** (FMC) *Am* oberste Bundesbehörde *f* für das Schifffahrtswesen; **F~ National Mortgage Association** *Am* Bundeshypothekenvereinigung *f*; **F~ Power Commission** *Am* Bundesbehörde *f* für die Energiewirtschaft; **F~ Republic of Germany** (FRG) Bundesrepublik *f* Deutschland (BRD)
**Federal Reserve**, **~ Banks** *Am* (12) Bundeszentralbanken *fpl*; **~ Board** *Am* Zentralbankrat *m*; **~ System** (FRS) *Am* Zentralbankensystem *n*
**federal**, **~ savings and loan association** *Am* Bundessparkasse *f*; **F~ Savings and Loan Insurance Corporation (FSLIC)** *Am* Bundesversicherungsanstalt für Bausparkasseneinlagen; **~ Securities** *Am* Staatspapiere *npl*; **F~ Securities Act** *Am* Bundeswertpapiergesetz *n*; **~ spending** *Am* Bundesausgaben *fpl*; **~ subsidy** Bundessubvention *f*; **F~ Trade Commission** *Am* Kartellbehörde *f* *(überwacht die Einhaltung bestehender Wettbewerbsregeln, stellt Wettbewerbsregeln [trade practice rules] auf)*
**federally**, **~ financed** durch Bundesmittel finanziert; **~ owned** im Bundeseigentum stehend
**federation**, Verband *m*; **economic ~** Wirtschaftsverband *m*; **~ of employers** Arbeitgeberverband *m*
**Fedwire**, *Am* automatisiertes Clearing- und Informationssystem *n* des → Federal Reserve System
**fee**, 1. Gebühr *f*; Honorar *n*; **additional ~** Zusatzgebühr *f*; **advance on ~s** Gebührenvorschuss *m*; Honorarvorschuss *m*; **against payment of an appropriate ~** gegen e-e angemessene Gebühr; **annual ~** Jahresgebühr *f*; **architect's ~** Architektenhonorar *n*; **arbitration ~s** Schiedsgerichtskosten *pl*; **auction** (or **auctioneer's**) **~s** Auktionsgebühren *fpl*; **claim for a ~** Honorarforderung *f*; **collection ~** Inkassogebühr *f*; **court ~s** Gerichtskosten *pl*; **directors' ~** → director; **doctor's fee** Arzthonorar *m*; **excessive ~** übermäßig hohe Gebühr; **exemption from ~s** Gebührenfreiheit *f*; **expert's ~** Sachverständigengebühr *f*; **flat ~** Pauschalgebühr *f*; Pauschalhonorar *n*; **for a ~** gegen ein Honorar; **illegal ~s** unstatthafte Gebühren *pl*; **payment of a ~** Gebührenzahlung *f*; Honorarzahlung *f*; **professional ~** Honorar *n*; **remission of ~s** Gebührenerlass *m*; **school ~s** Schulgeld *n*; **~s agreement** Honorarvereinbarung *f*; **~ for registration** *(Post)* Einschreibegebühr *f*; **~s paid in advance** Gebührenvorschuss *m*, Honorarvorschuss *m*; **to be subject to a ~** gebührenpflichtig sein; **to levy ~s** Gebühren erheben
**fee**, 2. Eigentumsrecht *n* an Grundbesitz; **~ simple** unbeschränktes Grundeigentum *n*; **~ tail** erbrechtlich gebundenes Grundeigentum *n*
**feeble-minded**, geistesschwach
**feed**, (Vieh-)Futter *n*; **lack of ~** Futtermangel *m*; **for use as ~** für Futterzwecke; **~ grain** Futtergetreide *n*
**feedback**, *(EDV)* Rückkoppelung *f*
**feeder**, *(Verkehr)* Zubringer *m*, **~ bus** Zubringerbus *m*; **~ road** Zubringerstraße *f*, Zufahrtstraße *f*; **~ vessel** *(im Containertransport)* Zubringerschiff *n*
**feeding**, Fütterung *f (von Vieh)*; **~ stuff**

Futtermittel *n*; **compound ~ stuff** Mischfuttermittel *n*, **shortage of ~ stuff** Futtermangel *m*

**feel-good factor**, Hochgefühl, Faktor (optimistische Stimmung des Publikums über die Wirtschaft)

**feign**, *v* vortäuschen, simulieren; **~ed contract** Scheinvertrag *m*

**fellow**, Kamerad *m*; Kollege *m*; **~ citizen** Mitbürger(in) *m(f)*; **~ company** Schwestergesellschaft *f*; **~ countryman** Landsmann *m*; **~ employee** Arbeitskollege *m*; **~ heir** Miterbe *m*; **~ lodger** Mitbewohner *m*; **~ partner** Mitgesellschafter *m*, **~ servants** Arbeitskollegen *mpl*, gemeinsame Arbeitnehmer *mpl*; **~ unionist** *Am* Mitglied *n* der gleichen Gewerkschaft; **~ worker** Mitarbeiter *m*, Kollege *m*

**felon**, (Schwer-)Verbrecher *m*

**felony**, Verbrechen *n*

**female operative**, (Fabrik-)Arbeiterin *f*

**fence**, Zaun *m*; *sl.* Hehler *m*; **~ month** (or **season**) Schonzeit *f*

**ferrous**, Eisen-; **non-~** → non

**ferry**, Fähre *f*; **train ~** Trajekt *n*; **~ dues** Fährgeld *n*

**ferry**, *v* (mit der Fähre) übersetzen; (Auto etc. im Flugzeug) überführen

**fertile**, fruchtbar *(Land, Boden)*

**fertilize**, *v* düngen

**fertilizer**, Düngemittel *n*; **chemical** (or **manufactured**) ~ chemisches Düngemittel; Kunstdünger *m*; **compound potash ~s** kalihaltige Mischdüngemittel *pl*; **manufacturer of nitrogenous ~** Stickstoffdünger-Hersteller *m*; **~ industry** Düngemittelindustrie *f*

**fetch**, *v* holen, abholen; **to ~ a high price** e-n hohen Preis erzielen

**few dealings**, wenig Geschäfte *npl*

**fiat**, Ermächtigung *f*; formelle Erlaubnis *f*; **~ money** Papiergeld *n* ohne Golddeckung

**Fibor**, (Frankfurt Interbank Offered Rate) Frankfurter Interbanken Angebotssatz *m*

**fibre**, (*Am* **fiber**) Faser *f*, Spinnfaser *f*; **manmade ~s industry** Kunststoffindustrie *f*; **synthetic and artificial ~s** synthetische und künstliche Spinnfasern *pl*

**fiction**, Fiktion *f*; **legal** ~ Rechtsvermutung *f*

**fictitious**, fingiert; Schein-; **~ account** fingiertes Konto *n*; **~ assets** fiktive Aktiva *pl* (on the assets side of a balance sheet); **~ bargain** Scheingeschäft *n*; **~ bill** Kellerwechsel *m*; **~ business name** vorgetäuschter Firmenname *m*; **~ contract** Scheinvertrag *m*, **~ dividend** Scheindividende *f*; **~ name** Deckname *m*, Pseudonym *n*; **~ payee** vorgetäuschter Zahlungsempfänger *m*; **~ person** erdichtete (od. fingierte) Person *f*; juristische Person *f*; **~ profit** Scheingewinn *m*; **~ purchase** Scheinkauf *m*; **~ transaction** Scheingeschäft *n*

**fiddle**, *v*, **to ~ one's expense account** seine Spesenrechnung „frisieren" (od. fälschen)

**fidelity**, Treue *f*, Redlichkeit *f*; Ehrlichkeit *f*; Genauigkeit *f*; **contractual ~** Vertragstreue *f*; **~ bond** Kautionsversicherung *f*; **~ insurance** Vertrauensschadenversicherung *f*; **~ rebate** Treuerabatt *m*

**fiduciary**, Treuhänder *m*; treuhänderisch, fiduziarisch; **~ bond** Kautionsverpflichtung *f*; **in a ~ capacity** als Treuhänder, treuhänderisch; **~ circulation** *Br* ungedeckter Notenumlauf *m*; **~ contract** Treuhandvertrag *m*; **~ loan** Kredit *m* ohne Sicherheit *(im Vertrauen auf die Redlichkeit des Kreditnehmers)*; **~ management** Treuhandverwaltung *f*; **~ relationship** Vertrauensbeziehung *f*; Treueverhältnis *n*, **~ transactions** Treuhandgeschäfte *npl*

**field**, Feld *n*, Acker *m*; Gebiet *n*, Bereich *m*; **in the ~** im Außendienst; **in this ~** auf diesem Gebiet; **coal ~** Kohlengebiet *n*; **collaborator in the ~** Mitarbeiter *m* im Außendienst; **in the economic ~** auf wirtschaftlichem Gebiet; **gold ~** Goldfeld *n*, **oil ~** Erdölfeld *n*; **~d assignment** Außeneinsatz *m*; **~ audit** Außenprüfung *f*; **~ damage** Flurschaden *m*; **~ executive** leitender Angestellter e-r Außenstelle; **~ force** → field staff; **~ inventories** Außenlager *n (Auslieferungslager bes. e-s Verkaufsbüros)*; **~ investigation** → field research; **~ of action** Arbeitsgebiet *n*; **~ of law** Rechtsgebiet *n*; **~ office** Außenstelle *f*; Filiale *f*; **~ personnel** im Außendienst tätiges Personal *n*; **~ representative(s) wanted** Mitarbeiter für den Außendienst gesucht; **~ research** *(MMF)* Feldforschung *f*, Primärforschung *f (Durchführung von Interviews an Ort und Stelle)*; **~ sales manager** Außenstellenleiter *m*; **~ service** Außendienst *m* (außerhalb der Zentralstelle); **~ staff** im Außendienst tätiger Mitarbeiterstab *m*; **~**

**survey** Marktforschung *f*; ~ **work** Außendienst *m*; **field workers** → field staff

**fierce competition**, scharfe Konkurrenz *f*

**fifo**, (first-in-first-out) „zuerst eingekauft, zuerst verbraucht" (*Methode der Bewertung der Warenbestände*; *cf. hifo, lifo*)

**fifty-fifty**, *colloq.* halb und halb, zu gleichen Teilen; **to go ~ with sb.** mit jdm zu 50 % teilen

**fight**, ~ **against drugs** Drogenbekämpfung *f*; ~ **for the market** Kampf *m* um den Markt; **to make a ~ for** kämpfen um

**fighting brand**, Kampfmarke *f* (zur Ausschaltung der Konkurrenz)

**figure**, Zahl *f*, Ziffer *f*; Persönlichkeit *f*; Bildzeichen *n*; **at a high ~** teuer; **at a low figure** billig; **column of ~s** Zahlenreihe *f*; **words and ~s differ** der Betrag in Buchstaben und Worten ist verschieden; **~s for the previous year** Vorjahreszahlen *fpl*; **to sell at a high ~** teuer verkaufen

**file**, 1. Ordner *m*; Aktenbündel *n*; **active ~es** noch nicht erledigte Akten *fpl*; **card ~** Kartei *f*; **dead ~s** erledigte Akten *pl*; **inspection of ~s** Akteneinsicht *f*; **master ~** Zentralkartei *f*; **on ~** bei den Akten; abgelegt; **file card** Karteikarte *f*; **~ copy** Durchschlag *f* für die Akten; **~ folder** Schnellhefter *m*; **~ index** Aktenverzeichnis *n*; **~ number** Aktenzeichen *n*, **~ punch** Locher *m*; **~ tab(s)** Reiter *m(pl)*; **to insert a document in the ~** ein Schriftstück zu den Akten nehmen; **to place** (or **put**) **on** ~ zu den Akten nehmen

**file**, 2. *(EDV)* Datei *f (in e-m Speicher zusammengestellte Daten)*; **master ~** Stammdatei *f*; **payroll ~** *Am* Lohndatei *f*; **~ identification** Dateibezeichnung *f*; **~ processing** Dateiverarbeitung *f* **~ transfer protocol** ein Protokoll, dass den Austausch von Dateien steuert

**file**, *v* zu den Akten nehmen; einordnen; *(Schriftgut)* ablegen; einreichen (with bei); **to ~ an application** e-n Antrag (od. ein Gesuch) einreichen; **to ~ away** zu den Akten nehmen; ablegen; **to ~ a bankruptcy petition** Antrag auf Konkurseröffnung stellen; **to ~ a claim** beanstanden, reklamieren; **to ~ documents in due time** Unterlagen rechtzeitig einreichen; **to ~ incorrectly** falsch ablegen; **to ~ (away) letters** Briefe ablegen; **to ~ a proof of claim** e-e Konkursforderung anmelden; **to ~ a suit** *Am* Klage einreichen (od. erheben)

**filed**, **letters ~ in alphabetical order** in alphabetischer Reihenfolge abgelegte Schreiben; **to be ~** zu den Akten (z.d.A.)

**filing**, (Akten- etc.) Ablage *f*; Einordnung *f*; Einreichung *f*; *(PatR)* Anmeldung *f*; **~ basket** Ablegekorb *m*; **~ box** (or **case**) Karteikasten *m*; **~ clerk** Registrator *m*; **~ date** Einreichungs- (od. Abgabe)termin *m*; Anmeldetag *m*; **~ department** Registratur *f*; **~ fee** *(PatR)* Anmeldegebühr *f*; **~ of an application** Antragstellung *f*; *(PatR)* Einreichung der Anmeldung; **~ of records** Aktenablage *f*; **~ tray** Ablegekorb *m*; **~ under subjects** Ablage (od. Einordnung) nach Sachgebieten

**filiation proceedings**, *Am* und *Scot* Vaterschaftsprozess *m*

**fill or kill**, *(Börse)* Anweisung *f*, e-e Option auszuüben oder aufzugeben

**fill**, *v* füllen; sich füllen *(Raum)*; *(Amt, Stelle)* einnehmen, besetzen; **to ~ in** *(Formular etc.)* ausfüllen; **to ~ a need** e-m Bedürfnis (od. Erfordernis) entsprechen; **to ~ an order** *Am* e-n Auftrag ausführen; **to ~ up a form** ein Formular ausfüllen; **to ~ up a petrol tank** e-n Benzintank auffüllen

**filled**, besetzt *(Stelle)*

**filling station**, Tankstelle *f*

**film**, **~ adaptation** Filmbearbeitung *f*; **~ distributors** Filmverleih *m*; **~ producer** Filmhersteller *m*

**filthy**, schmutzig;

**final**, End-, Schluss-; endgültig; **F~ Abandonment Premium** (FAP) *(EU)* Prämie *f* für die endgültige Aufgabe; **~ accounts** Schlussabrechnung *f (e-s Unternehmens)*; Jahresabschluss *m*; **~ agricultural output** *(EU)* landwirtschaftliche Enderzeugung *f*; **~ amount** Endbetrag *m*; **~ assembly** Endmontage *f*; **~ commission** Abschlussprovision *f*; **~ consumer** Endverbraucher *m*; **~ dividend** Schlussdividende *f*; *(KonkursR)* Schlussquote *f*; **~ examination** Abschlussprüfung *f*; **~ instalment** letzte Rate *f*; **~ inventory** Endbestand *m (e-s Lagers)* **~ invoice** endgültige Rechnung *f*; **~ judgment** Endurteil *n*; rechtskräftiges Urteil *n*; **~ notice** letzte Mitteilung *f* (od. Mahnung *f*) *(ehe Klage auf Zahlung erhoben wird)*; **~ offer** letztes Angebot *n*; **~ payment** Restzahlung *f*, Abschlusszahlung *f*; **~ port** Bestimmungshafen *m*; ~

**price** Endpreis *m*; ~ **product** Endprodukt *n*; ~ **products** *Am* Konsumgüter *pl*; ~ **quotation** *(Börse)* Schlusskurs *m*; ~ **reminder** letzte Mahnung *f*; ~ **report** Schlussbericht *m*; ~ **result** Endergebnis *n*; ~ **settlement** Schlussabrechnung *f*; ~ **stage** Endstadium *n*; ~ **storage of radioactive waste** Endlagerung *f* radioaktiver Abfälle; ~ **utility** Grenznutzen *m*

**finance**, Finanzwesen *n*; Finanz-, Geld-; ~ **(s)** Finanzen *pl*; Finanzierungsmittel *pl*; **business** ~ Geschäftsfinanzen; **expert in** ~ Finanzexperte *m*; **high** ~ Hochfinanz *f*; **public** ~ öffentliche Finanzen; öffentliches Finanzwesen *n*; Staatsfinanzen *pl*; **F~ Bill** *Br parl* Haushaltsvorlage *f*; ~ **bill** Finanzwechsel *m*; ~ **broker** Finanzmakler *m*; ~ **charges** Finanzierungskosten *pl*; ~ **committee** Finanzausschuss *m*; ~ **company** Finanzierungsinstitut *n*; *Br* Kundenkreditbank *f*; **F~ House** *Br* Teilzahlungskreditinstitut *n*; ~ **leasing** → leasing; ~ **market** Kapitalmarkt *m*; ~ **receivables** Forderungen *fpl* aus Teilzahlungskreditgeschäften; ~ **stamp** Effektenstempel *m*; ~ **syndicate** Finanzierungskonsortium *n*; **to grant ~e (s) to an enterprise** e-m Unternehmen Geldmittel zur Verfügung stellen; **his ~s are good** seine Finanzen stehen gut

**finance**, *v* finanzieren, Kapital beschaffen für; Geldgeschäfte machen; **to ~ ad interim** zwischenfinanzieren

**financed**, ~ **with borrowed funds** fremdfinanziert; ~ **with one's own resources** eigenfinanziert

**financial**, finanziell, Finanz-; geldlich; ~ **accountant** Finanzbuchhalter *m*; ~ **accounting** Rechnungslegung *f*; Finanzbuchhaltung *f*; ~ **accounts** Bücher der Finanzbuchhaltung; ~ **adjustment** Finanzausgleich *m*, ~ **advice** Finanzberatung *f*; ~ **adviser** Finanzberater *m*

**financial affairs**, finanzielle Angelegenheiten *fpl*; **to submit a statement of ~** e-n Finanzstatus vorlegen

**financial**, ~ **agent** Finanzierungsmakler *m*; ~ **aid** finanzielle Hilfe *f*; ~ **arrangement** finanzielle Vereinbarung *f*; ~ **assets** Finanzanlagen *fpl (z. B. Beteiligungen)*; ~ **backer** finanzieller Hintermann *m*, Geldgeber *m*; ~ **backing** finanzielle Unterstützung *f*; ~ **benefits** finanzielle Vorteile *mpl*; ~ **budget** Finanzplan *m (e-s Unternehmens)*; ~ **burden** finanzielle Belastung *f*; ~ **capacity** Finanzkraft *f*; ~ **cent|re (~|er)** Finanzplatz *m*, Finanzzentrum *n*; ~ **circumstances** Finanzverhältnisse *npl*; ~ **collapse** finanzieller Zusammenbruch *m*; ~ **column** Handelsteil *m*, Wirtschaftsteil *m (e-r Zeitung)*; ~ **commitment** finanzielle Verpflichtung *f*; ~ **compensation** Finanzausgleich *m*; Abfindung *f*; ~ **condition** finanzielle Lage *f*; Finanzlage *f*; ~ **conditions** finanzielle Voraussetzungen *fpl*; ~ **conduct** Finanzgebaren *n*; ~ **contribution** finanzieller Beitrag *m*; ~ **corporations** *Am* Banken und Versicherungen; ~ **counsel(l)ing** Finanzberatung *f*; ~ **demands** finanzielle Anforderungen *fpl*

**financial difficulties, to get into ~** in finanzielle Schwierigkeiten *fpl* geraten

**financial distress**, Zahlungsschwierigkeiten *fpl*, Insolvenz *f*

**financial**, ~ **duty** Finanzzoll *m*; ~ **engineering** Finanzierungstechnik *f*; ~ **equalisation** Finanzausgleich *m*; ~ **expenses** Finanzaufwendungen *fpl*; ~ **expert** Finanzsachverständiger *m*; ~ **failure** finanzieller Zusammenbruch *m*

**financial flow**, Finanzstrom *m*; ~ **statement** Finanzflussrechnung *f*

**financial**, ~ **forecasting** Finanzvorhersage *f*; Finanzplanung *f*; ~ **funds** finanzielle Mittel, Finanzen *pl*

**financial futures**, Finanztermingeschäfte *npl*, Finanzterminkontrakte *mpl (Termingeschäfte an der Wertpapierbörse)*; ~ **market** Finanzterminmarkt *m*; ~ **option** Option *f* auf e-n Finanzterminkontrakt

**financial**, ~ **gap** Finanzierungslücke *f*; ~ **group** (of companies) Finanzkonzern *m*; ~ **incentive** finanzieller Anreiz *m*; ~ **institution** Finanz(ierungs)institut *n*, Geldinstitut *n* (commercial banks, insurance companies etc.); ~ **instrument** Finanzierungsinstrument *n*

**financial interest**, finanzielles Interesse *n*; finanzielle Beteiligung *f*; **to hold a ~ in** finanziell beteiligt sein an; **to take a ~ in a firm** sich finanziell an e-r Firma beteiligen

**financial**, ~ **intermediary** Kapitalvermittler *m*; ~ **interpenetration** finanzielle Verflechtung *f*; ~ **investment** Finanzinvestition *f*; ~ **leasing** → leasing; ~ **leverage** Ausmaß *n* der Verschuldung e-r Unternehmung; ~ **loan** Finanzkredit *m*; ~ **market** Finanzmarkt *m*, Kreditmarkt *m*

**financial means**, finanzielle Mittel *pl*, Finanzen *pl*; **to be far beyond sb.'s ~** jds finanzielle Mittel weit übersteigen

**financial**, **~ needs** Finanzbedarf *m*; **~ news** Börsenbericht *m*

**financial obligations**, **to meet one's ~** seinen finanziellen Verpflichtungen *fpl* nachkommen

**financial**, **~ planning** Finanzplanung *f*; **~ policy** Finanzpolitik *f (e-s Unternehmens)*

**financial position**, finanzielle Lage, Finanzlage *f*; **statement of changes in the ~** Bewegungsbilanz *f*; **to be in a bad ~** finanziell schlecht gestellt sein

**financial power**, Finanzierungskraft *f*

**financial**, **~ pressure** Geldknappheit *f*; **for ~ reasons** aus finanziellen Gründen *mpl*; **~ records** Finanzunterlagen *fpl*; **F~ Regulations** *(EU)* Haushaltsordnung *f*, Haushaltsvorschriften *fpl*; **~ rehabilitation** finanzielle Sanierung *f*

**financial requirement(s)**, Finanzbedarf *m*; **planning of ~** Finanzbedarfsplanung *f*

**financial**, **~ resources** finanzielle Mittel *pl (e-s Unternehmens)*

**financial sector**, *(EU)* finanzieller Sektor *m*

**financial services**, Finanzdienstleistungen *fpl*; **F~ Act** 1986 *Br* Gesetz *n* über das Wertpapiergeschäft

**financial situation**, Finanzlage, finanzielle Lage *f*; **improvement of the ~** finanzielle Sanierung *f*

**financial sources**, **to open up** (or **tap**) **~** Finanzquellen *fpl* erschließen

**financial standing**, finanzielle Lage *f*; Zahlungsfähigkeit *f*; **good** (or **sound**) **~** Bonität *f*

**financial statement**, Finanzbericht *m*; Rechnungsabschluss *m*; *Am* (Jahres-)Abschluss *m*; **~s** (Handels-)Bilanz *f*; **yearly audit of ~s** *Am* Jahresabschlussprüfung *f*

**financial straits**, **in ~** in finanzieller Bedrängnis *f*; **to be in dire ~** in großer Geldnot *f* sein

**financial**, **~ strength** Finanzkraft *f*, Kapitalkraft *f*; **~ structure** finanzielle Struktur *f*

**financial support**, Finanzhilfe *f*; **to give sb. ~** jdn finanziell unterstützen

**Financial Times**, (FT) Londoner finanzielle und wirtschaftliche Zeitung; **~ Actuaries Share Indices** *Br* von der Financial Times herausgegebene Reihe von 54 britischen Aktienindizes; **~ Industrial Ordinary Share Index** von der Financial Times herausgegebener Aktienindex für 30 erstklassige Unternehmen

**financial**, **~ transaction** Finanztransaktion *f*; Geldgeschäft *n*, **in ~ troubles** in finanziellen Schwierigkeiten *fpl*; **~ undertaking** Finanzierungszusage *f*; **~ world** Finanzwelt *f*; **~ year** *Br* Haushaltsjahr *n*, Rechnungsjahr *n* (der öffentlichen Haushalte); Geschäftsjahr *n* (→ fiscal year)

**financially**, **~ independent** finanziell unabhängig; **~ profitable** finanziell rentabel; **~ strong** finanzstark; **~ viable** finanziell lebensfähig; **~ weak** finanzschwach; **to gain ~** aus etw. finanziellen Gewinn erzielen

**financier**, Finanzier *m*, Finanzexperte *m*

**financing**, Finanzierung *f*; **direct ~** Direktfinanzierung *f*; **eligible for ~** finanzierungsfähig; **interim ~** Zwischenfinanzierung *f*; **internal ~** Selbstfinanzierung *f (e-s Unternehmens)*; **preliminary ~** Vorfinanzierung *f*; **self-~** Eigenfinanzierung *f*; Selbstfinanzierung *f*; **~ by raising capital** Fremdfinanzierung *f*; **~ charges** Finanzierungskosten *pl*; **~ commitment** Finanzierungszusage *f*; **~ difficulties** Finanzierungsschwierigkeiten *fpl*; **~ funds** Finanzierungsmittel *pl*; **~ house** *Br* Teilzahlungsbank *f*; **~ of capital expenditure** Investitionsfinanzierung *f*; **~ of exports** Exportfinanzierung *f*; **~ of sales** Absatzfinanzierung *f*; **~ plan** Finanzierungsplan *m*; **~ requirements** Finanzierungsbedarf *m*; **~ share** Finanzierungsanteil *m*; **~ treasury bond** Finanzierungsschatz *m*; **~ with borrowed funds** Fremdfinanzierung *f*

**find**, Fund *m (das Gefundene)*; **to report the ~ to the owner** dem Eigentümer den Fund anzeigen

**find**, *v* finden; *(für Recht)* befinden, erkennen; aufbringen, beschaffen (→ found); **to ~ sth. correct** etw. für richtig befinden; **to ~ employment for sb.** jdm e-e Stelle beschaffen; **to ~ for sb.** zu jds Gunsten entscheiden; **to ~ for the defendant** die Klage abweisen; **to ~ a market** Absatz finden; **to ~ work for sb.** jdm Arbeit vermitteln

**finder**, (of lost property) Finder *m*; **~s' reward** Finderlohn *m*

**finding**, Fund *m*; Ergebnis *n (e-r Untersuchung)*; **~ of facts** Feststellung *f* von Tatsachen; **~ of means** Beschaffung *f* von Geldmitteln; ~ **out deficiencies** Feststellung *f* von Mängeln

**fine**, Geldstrafe *f*; Geldbuße *f*; **(administrative ~)** Bußgeld *n*; Ordnungsstrafe *f (in Geld)*; **heavy** ~ hohe Geldstrafe; **parking** ~ → parking; **subject to a** ~ e-r Geldstrafe unterliegend; **a** ~ **imposed on a p.** jdm auferlegte Geldstrafe; **to be punishable by a** ~ **not exceeding ...** mit e-r Geldstrafe bis ... zu bestrafen sein; **to levy a** ~ e-e Geldstrafe auferlegen; **to revoke** (or **remit**) **a** ~ e-e Geldstrafe erlassen

**fine**, *v* zu e-r Geldstrafe verurteilen; *(jdm)* e-e Geldstrafe auferlegen; e-e Geldbuße verhängen; **to** ~ **sb. £ 5** jdn mit e-r Geldstrafe von 5 £ bestrafen

**fine**, ~ **bank bill** → fine trade bill; ~ **ceramics** Feinkeramik *f*; ~ **gold** Feingold *n*; **fine leather** feines Leder *n*; ~ **mechanical industry** feinmechanische Industrie *f*; ~ **trade bill** erstklassiger Handelswechsel *m*; ~ **tuning** Feinsteuerung *f (der Konjunkturpolitik)*; ~ **wire** feiner (od. dünner) Draht *m*

**fingerprint**, Fingerabdruck *m*

**finish**, letzter Schliff *m*; Fertigbearbeitung *f*; Ausführung(sart) *f*; Appretur *f (e-s Stoffes)*; Politur *f*; **special** ~ Sonderausführung *f*; **standard** ~ Standardausführung *f*

**finish**, *v* beenden, fertigstellen; den letzten Schliff geben; polieren; *(Stoff)* appretieren; *(Produkt)* veredeln

**finished**, ~ **and semi-~ industrial products** gewerbliche Fertigwaren *pl* od. Halberzeugnisse *pl*; ~ **goods** (or **products**) Fertigware(n), Fertigfabrikate, Fertigerzeugnisse *pl*; ~ **goods inventory** Bestand *m* an Fertigwaren; **stock of** ~ **goods** Fertigwarenlager *n*; ~ **part** Fertigteil *n*

**finishing**, Fertigstellung *f*, Fertigbearbeitung *f*, letzter Schliff *m*; Appretur *f*; Veredelung *f*; ~ **industry** Veredelungsindustrie *f*

**fire**, Feuer *n*; **cause of** ~ Brandursache *f*; **damage** (or **loss**) **(caused) by** ~ Brandschaden *m*; **forest** ~ Waldbrand *m*; **mine** (or **pit**) ~ Grubenbrand *m*; **outbreak of** ~ Ausbruch *m* des Feuers; ~ **appliances** Feuerlöschgeräte *npl*; ~ **combatting** Brandbekämpfung *f*; ~ **damage insurance** Brandschadenversicherung *f*; ~ **damp** *(Bergbau)* schlagende Wetter *pl*; ~ **exit** Notausgang *m*; ~ **extinguisher** Feuerlöscher *m (Apparat)*; ~ **extinguishing costs** (Feuer-)Löschkosten *pl*; ~ **hazard** Feuergefahr *f*; ~ **insurance** Feuerversicherung *f*; ~ **office** *Br* Feuerversicherungsanstalt *f*; ~ **peril** Feuergefahr *f*; ~ **prevention** Feuerverhütung *f*; ~ **protection** Brandschutz *m*; ~ **raising** *Br* Brandstiftung *f*; ~ **resistant safe** feuersicherer Tresor *m*; **to be on** ~ in Brand stehen, brennen; **to catch** ~ Feuer fangen, in Brand geraten; **to insure the house against** ~ das Haus gegen Feuer versichern; **to set** ~ **to sth.** (or **to set sth. on** ~) etw. in Brand setzen

**fire**, *v* in Brand setzen, anzünden; *(Sprengladung)* zünden; **to** ~ **sb.** *colloq.* jdn „feuern", jdn *(fristlos)* entlassen

**firewall**, Firewall *f* (Eine ~ ist ein Programm oder ein Gerät, dass einzelne Computer oder Netzwerke nach außen abschirmt, um die Sicherheit der Daten zu gewährleisten.)

**firing**, *Am (Br sl.)* (fristlose) Entlassung *f*

**firm**, Firma *f*, Unternehmen *n*; **commercial firm** Handelsfirma *f*; **large** ~ Großunternehmen *n*; **member of a** ~ Firmenmitglied *n*; Teilhaber *m*; **old-established** ~ alteingesessene Firma; **small and medium-sized** ~**s** Klein- und Mittelbetriebe *mpl*; kleine und mittlere Unternehmen (KMU) *npl*; **at the** ~**'s expense** auf Geschäftskosten

**firm name**, (or **firm's name**) Firmenname *m*; Firmenbezeichnung *f*; **change of a** ~ Firmenänderung *f*; **retention of a** ~ Firmenfortführung *f*; ~ **plate** Firmenschild *n*; **to sign the** ~ firmieren

**firm**, ~**'s representative** Firmenvertreter *m*; **to enter** (or **join**) **a** ~ in e-e Firma eintreten; **to establish** (or **found, set up**) **a** ~ e-e Firma gründen

**firm**, *adj* fest; **on** ~ **account** auf feste Rechnung; ~ **bargain** → firm deal; ~ **deal** fester Abschluss *m*; Fixgeschäft *n*; **to make a** ~ **deal** fest abschließen; ~ **market** fester Markt *m* (*mit ausgewogenem Angebot und Nachfrage*; *opp. soft market*); ~ **offer** festes *(verbindliches)* Angebot *n*; ~ **order** feste Bestellung *f*; fester Auftrag *m*; ~ **price** fester Preis *m* (od. Kurs *m*); ~ **sale** fester Verkauf *m* ( → sale); ~ **underwriting** Erstübernahme *f*; **to become** ~ sich festigen; **prices are getting** ~ die Preise werden fester; **to make** ~ (be)festigen; **the prices remain**

~ die Preise bleiben fest; die Preise halten sich

**firm**, *v* fest werden, sich festigen; **prices are ~ing up** die Preise (od. Kurse) ziehen an

**firmness of the market**, Festigkeit *f* des Marktes (od. der Börse)

**first**, erst; zuerst, an erster Stelle; **~s** Waren erster Qualität; **~ bid** Erstgebot *n*; **~ board** erste Kursnotierung *f*; **~ call** erste Zahlungsaufforderung *f (an Aktienzeichner)*

**first-class**, **~ quality** erstklassige Qualität *f*; **~ securities** erstklassige Wertpapiere *npl*

**first**, **~ cost** Gestehungskosten *pl*, Anschaffungskosten *pl*; **~ gear** *(Auto)* erster Gang *m*; **~-half profits** Gewinne *mpl* des ersten halben Jahres; **~-in, ~-out** (method of inventory) → fifo; **to buy (at) ~-hand** aus erster Hand kaufen; **~ instalment** erste Rate *f*, Anzahlung *f (in Verbindung mit e-m Teilzahlungsgeschäft)*; **~ lien** erstrangiges Pfandrecht *n*; **~ mortgage** erste (od. erststellige) Hypothek *f*; **~ mortgage bond** *Am* durch erste Hypothek gesicherte Schuldverschreibung *f*; **~ of exchange** erste Wechselausfertigung *f*; **~ offering** Erstausgabe *f (von Investmentanteilen)*; **~ open water** Verschiffung erst bei eisfreiem Wasser; **~ option** Vorhand *f (Vorkaufsrecht)*

**first come first served**, wer zuerst kommt, mahlt zuerst

**first-mover advantage**, Vorteil *m* des ersten Anbieters in einem neuen Markt

**first order**, Erstauftrag *m*; **~ goods** *Am* Konsumgüter *pl*

**first**, **~ premium** Erstprämie *f*; **~ ranking** an erster Stelle, erststellig; **~-rate quality** erstklassige Qualität *f*; **~ right of purchase** Vorkaufsrecht *n*, **~-stage financing** Finanzierung *f* der Markteinführung von neuen Produkten; **business is ~ rate** das Geschäft ist ausgezeichnet

**fiscal**, fiskalisch; Finanz-; Steuer-; **~ administration** Finanzverwaltung *f*; **~ authorities** Finanzbehörden *pl*, Steuerbehörden *pl*; **~ avoidance** (legale) Steuerumgehung *f*; **~ burden** Steuerlast *f*; steuerliche Belastung *f*; **~ charges** Steuerlasten *pl*; *(Bilanz)* Steueraufwendungen *pl*; **~ concession** steuerliche Begünstigung *f*; **~ court** Finanzgericht *n*; **~ domicile** steuerlicher Wohnsitz *m*; **~ duty** Fiskalzoll *m*; Finanzzoll *m*; **~ equity** Steuergerechtigkeit *f*; **fiscal evasion** Steuerhinterziehung *f*, Steuerverkürzung *f*; **~ immunity** Steuerfreiheit *f*; **~ investigation** steuerliche Ermittlung *f*; **~ jurisdiction** Steuerhoheit *f*; **~ measures** fiskalische Maßnahmen *fpl*; **~ monopoly** Finanzmonopol *n*; **~ offe|nces (~ses)** Steuer- und Zollvergehen *pl*; **~ period** Rechnungsperiode *f*; **~ policy** Fiskalpolitik *f*; **~ privileges** steuerliche Vorrechte *npl*; **~ report** Finanzbericht *m*, Geschäftsbericht *m*; **~ year** Rechnungsjahr *n*, Haushaltsjahr *n (Am vom 1. Okt. bis 30. Sept.)*; Steuerjahr *n*

**fish**, Fisch(e) *m(pl)*; **abounding in ~** fischreich *(Gewässer)*; **canned ~** Fischkonserven *fpl*; **catching (of) ~** Fischfang *m*; **freshwater ~** Süßwasserfisch(e); **kinds of ~** Fischarten *fpl*; **processing of ~** Fischzubereitung *f*; **sea ~** Seefisch(e); **~ breeder** Fischzüchter *m*; **~ breeding** (or **culture**) Fischzucht *f*; **~ canning industry** Fischkonservenindustrie *f*; **~ dealer** (or **fish monger**) Fischhändler *m*; **~ farm** Fischzucht *f*; **~ merchant** Fischhändler *m*; **~ preparing factory** Fischzubereitungsfabrik *f*; **~ processing industry** fischverarbeitende Industrie *f*; **~ sales** Fischabsatz im

**fish stocks**, Fischbestände *mpl*; **deep-sea ~** Fischbestand *m* in der Hochsee; **conservation (exploitation) of ~** Erhaltung *f* (Ausbeutung *f*) der Fischbestände; **to conserve** (or **maintain**) **~** Fischbestände erhalten

**fish**, *v* Fischfang betreiben

**fisheries, common ~ policy** *(EU)* gemeinsame Fischereipolitik *f*; **Community ~ regulations** *(EU)* Fischereiverordnungen *fpl* der Gemeinschaft; **~ agreement** Fischereiabkommen *n*; **in the ~ sector** in der Fischereiwirtschaft *f*

**fishery**, Fischfang *m*; Fischerei *f*; Fischereigebiet *n*; **deep-sea ~** Hochseefischerei *f*; **freshwater** (or **inshore, river**) **~** Binnenfischerei *f*; **sea ~** Seefischerei *f*; **~ agreement** Fischereiabkommen *n*; **~ products** Fischereierzeugnisse *npl*

**fishery resources**, **conservation and management of ~ by the establishment of quotas** Erhaltung *f* und Bewirtschaftung der Fischbestände durch

Aufstellung von Fangquoten; **to manage ~** Fischbestände bewirtschaften

**fishing**, Fischerei *f*; Fischfang *m*; **commercial ~** Handelsfischerei *f*; **~ agreement** Fischereiabkommen *n*; **~ ban** Fangverbot *n*; **~ boat** (or **craft**) Fischerboot *n*; Fischereifahrzeug *n*; **~ fleet** Fischereiflotte *f*; **~ gear** (or **appliances**) Fischereigeräte *npl* (und -vorrichtungen *fpl*); **~ ground** Fischgrund *m*; Fanggebiet *n*; **~ harbo(u)r** Fischereihafen *m*; **~ industry** Fischereiwirtschaft *f*; **~ licen|ce (~se)** *Br* Fischereischein *m*, Angelschein *m*

**fishing limit**, Fischereigrenze *f*; **to extend the ~ to 200 miles** *(EU)* die Fischereigrenzen auf 200 Meilen ausdehnen

**fishing**, **~ permit** *Am* Fischereierlaubnis *m*; **~ quota** Fischereiquote *f*; **~ resources** → fishery resources; **~ right** Fischereirecht *n*; **~ vessel** Fischereifahrzeug *n*; **~ zone** Fischereizone *f*; **~ year** *(EU)* Fischwirtschaftsjahr *n*; **to earn one's living by ~** seinen Lebensunterhalt durch Fischfang verdienen

**fit**, *v* anbringen, ausstatten, montieren; (gut) sitzen; *(jdm)* passen; **to ~ in** einfügen, einbauen; **to ~ into** hineinpassen; **to ~ (on)** anprobieren; **to ~ out** ausrüsten, ausstatten; **to ~ together** zusammenfügen, montieren; **to ~ up** *(Maschinen)* aufstellen, montieren; **to ~ (up) an office** ein Büro einrichten; **to ~ with** versehen (od. versorgen) mit

**fit**, *adj* passend, geeignet; tüchtig, fähig; **~ for consumption** zum Verzehr geeignet, essbar; **~ for duty** dienstfähig; **~ for a position** für e-e Stellung geeignet; **~ for work** arbeitsfähig; **~ to eat** genießbar; zu essen; **~ to live in** bewohnbar; **~ to plead** verhandlungsfähig *(vor Gericht)*; **~ to travel** reisefähig

**fitment**, Einrichtungsgegenstand *m*

**fitness**, Tauglichkeit *f*; Eignung *f*; **~ for use**, Gebrauchseignung *f*

**fitted**, **~ (up)** eingerichtet, ausgestattet, montiert; **~ up with modern comforts** mit allem Komfort ausgestattet

**fitter**, Monteur *m*; Installateur *m*; **car ~** Autoschlosser *m*; **electrical ~** Installateur für Elektroanlagen

**fitting**, Aufstellung *f*, Montage *f*; Installation *f*; **~s** Einrichtung(sgegenstände) *f(pl) (e-s Geschäfts etc.)*; **office ~s** Büroeinrichtung *f*; **shop ~s** Ladeneinrichtung *f*

**five**, fünf; **~-day week** Fünftagewoche *f*; **~-digit** (or **figure**) fünfstellig; **~ times the amount** fünffacher Betrag *m*; **~-year plan** Fünfjahresplan *m*

**fivefold**, fünffach; **trade increased ~** der Handel hat sich verfünffacht

**fix**, *v (Zeit, Preis etc.)* festsetzen, festlegen, bestimmen; *(Termin)* anberaumen; befestigen, festmachen; **to ~ a date** e-n Termin festsetzen (od. anberaumen); **to ~ fees** Gebühren festsetzen; **to ~ a hearing** e-n (Gerichts-)Termin anberaumen; **to ~ a limit** ein Limit (fest)setzen; **to ~ a price** e-n Preis (od. Kurs) festsetzen; e-n Preis *(unter Wettbewerbern)* absprechen; **to ~ a quota** ein Kontingent (od. e-e Quote) festsetzen; (etw.) kontingentieren

**fixed**, bestimmt, fest; feststehend; **~ advance** Festzinskredit *m*; **~ allowance** Fixum *n*

**fixed asset**, Anlagegegenstand *m*, Gegenstand *m* des Anlagevermögens; **~ depreciation** Abschreibung *f* auf Sachanlagen

**fixed assets**, Sachanlagen *pl*; Anlagevermögen *n*; **expenditure on ~** Investitionsaufwand *m*

**fixed base**, *(DBA)* feste Einrichtung *f*; **to maintain a ~** e-e feste Einrichtung unterhalten

**fixed capital**, festliegendes Kapital *n*, Anlagekapital *n*; **~ formation** (or **investment**) Anlageinvestitionen *pl*

**fixed**, **~ charge** feste Belastung *f (e-s bestimmten Objekts, z. B. e-s Hauses)*; **~ charges** feste (Geschäfts-)Kosten *pl*; **~ contract price** vertraglich festgesetzter Preis *m*; **~ costs** feste Kosten; Fixkosten *pl*; **~ credit** auf e-e bestimmte Summe lautender Kredit *m*; **~ date** (or **day**) fester Termin *m*; **~-date bill** Datawechsel *m*; Nachsichtwechsel *m*; **~ deposits** Festgeldeinlagen, Termineinlagen *pl*; **~-duration contract of employment** befristeter Arbeitsvertrag *m*; **~ exchange rate** fester Wechselkurs *m*; **~ expenses** feststehende Ausgaben *fpl (Miete, Heizung etc.)*; **~ fund** Investmentfonds *m* mit feststehendem Effektenbestand; **~ income** feste (feststehende) Einkünfte *pl*; **~-interest loan** Festzinskredit *m*; **~-interest market** Rentenmarkt *m*; **~-interest securities** festverzinsliche Wertpapiere *npl*; **~ investment** Anlageinvestition *f* (capital goods, not consumer goods); ~ **liabilities** langfristige Verbindlichkeiten *fpl*; ~ **limits** (or **margins**) **of the exchange rate** feste Bandbreiten *fpl* des Wechselkurses; ~ **minimum sum** Fixum *n*; ~ **parities** feste Paritäten *fpl*; **variable or ~ payments** veränderliche oder feste Zahlungen *fpl*; ~ **place of business** *(DBA)* feste Geschäftseinrichtung *f*; ~ **price** Festpreis *m*; gebundener Preis *m*; ~ **rate (of exchange)** fester Wechselkurs *m*; **~-selling price** festgesetzter Verkaufspreis *m*, gebundener Preis *m*; ~ **term deposit** Festgelder *npl*, Termineinlagen *fpl*; ~ **term loan** Kredit *m* mit fester Laufzeit; ~ **trust** Investmenttrust *m* mit unveränderlichem Effektenbestand; **~-yield securities** festverzinsliche Wertpapiere *npl*

**fixer**, *colloq.* geschickter Börsenspekulant *m*; Fixer *m*

**fixing**, Festsetzung *f*, Bestimmung *f*; Fixing *n*, offizielle Kursfestsetzung *f (bes. für Gold)*; ~ **the (amount of) damages** Festsetzung des Schadenersatzes; ~ **of prices** Preisfestsetzung *f*; ~ **of a time-limit** Festsetzung e-r Frist

**fixture**, Zubehör *n*; ~ **(s)** Grundstücksbestandteil(e) *n(pl) (bewegl. Sachen, die mit dem Grund und Boden verbunden sind)*; (fest) eingebaute Anlagen *fpl*, Einbauten *pl*; **~s and fittings** Einbauten *pl*; Betriebs- und Geschäftsausstattungsgegenstände *mpl*; **trade** ~ dem gewerblichen Zweck (od. Betriebszweck) dienende(s) Zubehör (od. Einbauten)

**flag**, 1. Fahne *f*, Flagge *f*; **cheap ~s** → flags of convenience; **house** ~ Reedereiflagge *f*; **yellow** ~ Quarantäneflagge *f*; **~s of convenience** billige Flaggen, Billigflaggen *(z. B. der Staaten Panama, Liberia und Honduras)*; ~ **of distress** Notflagge *f*; **to fly a** ~ e-e Flagge führen; **to fly the ~ of a Member State** *(EU)* unter der Flagge e-s Mitgliedstaates fahren; **to hoist the** ~ die Flagge hissen (od. aufziehen)

**flag**, 2. Platte *f*, Fliese *f*; **to lay with ~s** mit Platten auslegen

**flag**, *v* nachlassen, abflauen; beflaggen; mit Plattensteinen belegen

**flagging**, nachlassend, sinkend; ~ **sales** Absatzflaute *f*

**flagship store**, Hauptgeschäft *n*; größter und wichstigster Laden innerhalb einer Geschäftskette; meist angesehener Laden

**flammable solids and liquids**, leicht entzündliche Stoffe *mpl* und Flüssigkeiten *fpl*

**flanking measures**, flankierende Maßnahmen *fpl*

**flare**, *v*, **inflation ~s up again** die Inflation flammt wieder auf

**flaring advertisement**, übertriebene Werbung *f*; sensationell aufgemachte Anzeige *f*

**flash**, **(news)** ~ kurze Nachricht *f* (per Radio, Telefon, Telegramm, Fernschreiber)

**flash**, eine Art der digitaler Animation *f*

**flat**, *bes. Br* Etagenwohnung *f*; **freehold** ~ Eigentumswohnung *f*; **self-contained** ~ abgeschlossene Wohnung *f*; **to let (take) a** ~ e-e Wohnung vermieten (mieten)

**flatlet**, kleine Wohnung

**flat**, *adj* flach; *(Börse)* flau, lustlos; ohne Zinsen; pauschal, Einheits-; ~ **bond** Anleihe, bei der die Zinsen im Kurs eingeschlossen sind; ~ **broke** *colloq.* abgebrannt; ~ **calculation** pauschale Berechnung *f*; ~ **car** *Am* offener Güterwagen *m*; ~ **cost** → prime cost; ~ **credit** zinsloser Kredit *m*; ~ **denial** glatte Absage *f*; ~ **fee** Pauschalgebühr *f*; Pauschalhonorar *n*; ~ **glass** Flachglas *n*; ~ **market** lustlose Börse *f*; ~ **price** Einheitspreis *m*; ~ **product** Flachzeug *n*; ~ **property** *Br* Wohnungseigentum *n (Stockwerkeigentum)*

**flat rate**, einheitlicher Satz *m*, Pauschalsatz *m*; Grundgebühr *f*

**flat-rate**, ~ **amount** Pauschbetrag *m*; **on a ~ basis** pauschal; ~ **contribution** *Br (Sozialvers.)* einheitlicher Beitrag *m*; ~ **guarantee** *(EU) (beim gemeinschaftl. Verband vorgesehenes System der)* Pauschalsicherheit *f*

**flat-screen**, Flachbildschirm *m*

**flat sum**, Pauschalbetrag *m*

**flatly, to refuse sth.** ~ etw. entschieden ablehnen

**flaw**, Fehler *m*, fehlerhafte Stelle *f*; Defekt *m*; Mangel *m*

**flawless**, fehlerfrei

**fledgling firm/company**, junges Unternehmen *n*

**fleece**, *v (jdn)* beschwindeln; **he was ~d of his money** er wurde *(durch Schwindel)* um sein Geld gebracht

**fleet**, Flotte *f*; **merchant** ~ Handelsflotte *f*; **motor vehicle** ~ (or ~ **of cars**) Kraftfahrzeugpark *m*; Wagenpark *m*; ~ **leasing** → leasing 2.

**flexible**, flexibel, elastisch; anpassungsfähig; ~ **exchange rate** flexibler Wechselkurs *m*; ~ **fund** *Am* Investmentfonds *m*, dessen Wertpapierbestand auswechselbar ist; ~ **trust** Investmenttrust *m* mit wechselndem Effektenbestand; ~ **working hours** gleitende Arbeitszeit

**flextime**, flexible Arbeitszeit *f*

**flick through**, *v* rasch durchblättern

**flight**, Flucht *f*; Flug *m*; **connecting** ~ Flugverbindung *f (Anschlussflug)*; **long-distance** ~ Langstreckenflug *m*; **low-level ~s** Tiefflüge *mpl*; **non-scheduled** ~ nicht fahrplanmäßiger Flug, Bedarfsflug *m*; **nonstop** ~ Flug ohne Zwischenlandung; ~ **capital** Fluchtkapital *n*; ~ **of capital** Kapitalflucht *f*; ~ **recorder** Flugschreiber *m*; ~ **ticket** Flugschein *m*

**flimsy**, Durchschlagpapier *n*

**fling**, *v*, **to** ~ **money about** mit Geld um sich werfen

**float**, 1. schwebende Einzugswerte *pl* (bes. Summe der im Einzug befindlichen Schecks); *Br* kleine Kasse *f*

**float**, 2., **clean** ~ sauberes Floaten *n* (freie Wechselkursbewegung e-r Währung); **dirt** ~ schmutziges Floaten *n* (durch Interventionen der Notenbank e-s Landes)

**float**, *v* floaten *(durch Freigabe des Wechselkurses frei schwanken)*; in Gang bringen, gründen; **to** ~ **a company** e-e Gesellschaft gründen; **to** ~ **the exchange rate** den Wechselkurs freigeben; **to** ~ **a loan** e-e Anleihe auflegen

**floating**, → flotation

**floater**, Kurzname *m* für → floating rate note; *Br* erstklassiges Inhaberpapier *n*; Gründer *m* e-r Gesellschaft; ~ **policy** → floating policy

**floating**, 1. Floaten *n (freies Pendeln der Wechselkurse ohne Eingreifen der Zentralbank)*; floatend, wechselkursveränderlich; ~ **exchange rates** frei schwankende Wechselkurse *mpl*

**floating**, 2. schwebend; in Umlauf befindlich; ~ **assets** (or **capital**) Umlaufvermögen *n*; ~ **cargo** schwimmende *(unterwegs befindliche)* Ladung *f*; ~ **charge** *Br* schwebende Belastung *f (am Gesamtunternehmen)*; ~ **currency** freischwankende Währung *f (deren Wechselkurs freigegeben ist)*; ~ **debt** *Br* kurzfristige Staatsschuld *f (z. B. Treasury bills)*; ~ **expenses** Gründungskosten *pl*; ~ **liability** kurzfristige Verbindlichkeit *f*; ~ **lien** Sicherungsrecht *n* an e-m Vermögensgegenstand mit wechselndem Bestand; ~ **policy** *(Vers.)* Abschreibepolice; laufende Police *f*; ~ **rate note** (FRN) Euro-Anleihe *f* mit variabler Verzinsung *(die alle 3 od. 6 Monate an die aktuellen Geldmarktsätze angepasst wird)*; ~ **securities** in Umlauf befindliche Wertpapiere *npl*

**flood**, Flut *f*, Überschwemmung *f*; **high water** ~ Hochwasser *n*; ~ **danger** Hochwassergefahr *f*; ~ **of orders** hoher Auftragseingang *m*

**flood**, *v* überschwemmen, überfluten; **applications ~ed in** Anträge liefen in großen Mengen ein

**floor**, Fußboden *m*; Stockwerk *n*; Börsensaal *m*; untere Grenze *f (von Preisen od. Zinsen)*; **on the first** ~ (*Am* **on the second** ~) im ersten Stock; **shop** ~ → shop; **wages** ~ Mindestlohn *m*; ~ **and ceiling prices** Niedrigst- und Höchstpreise *mpl*; ~ **broker** *Am* Börsenmakler *m*, der Aufträge für andere Makler ausführt; ~ **member** Börsenmitglied *n*; ~ **price** Niedrigstpreis *m (Börse)* Mindestkurs *m*; ~ **trader** *Am* Börsenmitglied, das für eigene Rechnung spekuliert; ~ **walker** *Am* Ladenaufsicht *f (in e-m Warenhaus)*

**flop**, *colloq.* Pleite *f*

**floricultural products**, Waren *pl* des Blumenhandels

**flotation**, Gründung *f* e-r Handelsgesellschaft; Kapitalaufnahme *f (durch Emission von Aktien od. Schuldverschreibungen)*; Auflegung *f (e-r Anleihe)*

**flotsam**, Treibgut *n*, treibendes Wrackgut *n*

**flourish**, *v* florieren, blühen; **business is ~hing** das Geschäft geht gut

**flow**, Fluss *m*, Strom *m*; Zufluss *m*; **return** ~ Rückfluss *m*; **trade ~s** Handelsströme *mpl*; ~ **chart** (or **diagram**) Programmablaufplan *m*; ~ **heater** Durchlauf(wasser)erhitzer *m*; ~ **of costs** Kostenstrom *m*; ~ **of funds** Geldstrom *m*, Kapitalfluss *m*; ~ **of goods** Güterstrom *m*, Warenfluss *m*; ~ **of information** Informationsfluss *m*; ~ **of materials** Materialfluss *m*; ~ **of money** Geldstrom *m*; ~ **of new orders** Flut *f* neuer Aufträge; ~ **of tourists** Touristenstrom *m*; ~ **of work** Arbeitsablauf *m*; ~ **production** Fließfertigung *f*; **~-through credit** Weiterleitungskredit *m*, durchlaufender Kredit *m*

**flow**, *v* fließen; **to ~ back** zurückfließen; **to ~ in** zahlreich eingehen *(z. B. Aufträge)*; **to ~ out** abfließen *(z. B. Gelder)*; **to ~ to** zufließen

**fluctuate**, *v* fluktuieren, schnell wechseln, schwanken *(Preise, Kurse etc.)*

**fluctuation**, Fluktuation *f*, Schwankung *f*; **cyclical ~s** → cyclical; **exchange rate ~s** Wechselkursschwankungen *fpl*; **price ~s** Preisschwankungen, Kursschwankungen *fpl*; **seasonal price ~s** jahreszeitlich bedingte Preisschwankungen *fpl*; **~ margin of the exchange rates** Schwankungsbreite *f* der Wechselkurse; **~s of currency** Währungsschwankungen *fpl*

**fluid fertilizers**, Flüssigdünger *m*

**fluoridation**, Fluorierung *f (des Trinkwassers)*

**flurry**, plötzliche, starke und kurzzeitige Kursbewegung *f*, **~ of new activities** Emissionsstoß *m*

**flush, to be ~** *colloq.* gut bei Kasse sein

**fly**, *v*, **to ~ in** *(Lebensmittel etc.)* einfliegen; **to ~ over** überfliegen; **to ~ through** durchfliegen

**fly back**, wertloser Scheck m

**FOB, fob** → free on board; **~ airport** fob Flughafen *(Incoterms 1980)*; **sales are made ~ point of shipment** Verkäufe erfolgen fob Versandort; **~ values** *(EU)* fob-Werte *mpl*

**fodder**, Futter(mittel) *n (für Vieh)*; **cultivation of ~** Futteranbau *m*; **dried ~** Trockenfutter *n*; **shortage of ~** Futterknappheit *f*; **~ cereals** Futtergetreide *n*

**foil**, Folie *f*; **~-wrapped** in Folie eingewickelt

**foist**, *v*, **to ~ sth. on sb.** jdm etw. *(e-n nutzlosen Artikel etc.)* andrehen

**fold**, *v*, **please don't ~** bitte nicht knicken; **to ~ up a paper** e-e Zeitung zusammenlegen; **to ~ (up)** *colloq.* zusammenbrechen

**folder**, Dateiordner *m*

**folio**, (Folio-)Blatt *n*; Folioformat *n*; Seitenzahl *f*

**follow**, *v*, **to ~ instructions** Anweisungen befolgen; **to ~ a trade** ein Gewerbe ausüben (od. betreiben)

**follow-up**, **~ conference** Folgekonferenz *f*; **~ costs** Folgekosten *pl*; **~ financing** Anschlussfinanzierung *f*; **~ letter** Erinnerungsschreiben *m*; **~ order** Anschlussauftrag *m*; Nachbestellung *f*

**follow up**, *v* nachfassen

**font**, Schrift *f*, Schriftart *f*, Schriftsatz *m*

**food**, Nahrung *f*; Nahrungsmittel *pl*, Lebensmittel *pl*; **~s** → food shares; **animal ~** tierische Nahrung *f*; **lack of ~** Lebensmittelmangel *m*; **patent ~s** Markennahrungsmittel; **vegetable ~** pflanzliche Nahrungsmittel; **~ additives** Lebensmittelzusätze *mpl*, Zusatzstoffe *mpl* für Lebensmittel *(cf. colo(u)rants, preservatives, emulsifiers, antioxydants)*; **F~ and Agricultural Organization** (FAO) Organisation *f* für Ernährung und Landwirtschaft; **~ aid** Nahrungsmittelhilfe *f*; **~, beverages and tobacco industry** Nahrungs- und Genussmittelindustrie *f*; **~ control** Lebensmittelüberwachung *f*; **~ industry** Nahrungsmittelindustrie *f*; **~ label** Lebensmitteletikett *n*; **in the ~ line** in der Lebensmittelbranche *f*; **~ processing** Lebensmittelverarbeitung *f*; **~ products** Erzeugnisse *npl* der Ernährungsindustrie; **~ quality control** Lebensmittelkontrolle *f*; **~ requirement** Nahrungsmittelbedarf *m*; **~ science** Nahrungsmittelwissenschaft *f*; **~ security** Ernährungssicherheit *f*; **~ shares** Aktien *fpl* der Nahrungsmittelindustrie; **~ shortage** Lebensmittelknappheit *f*; **~ situation** Ernährungslage *f*; **~ stocks** Vorräte *mpl* an Lebensmitteln; **~ stuff(s)** Nahrungsmittel *pl*, Lebensmittel *pl*; **~ supplies** Nahrungsmittelvorräte *pl*; **~ supply** Nahrungsmittelversorgung *f*; Nahrungsmittelzufuhr *f*; **~ value** Nährwert *m*

**foot**, Fuß *m*; (*als Längenmaß*: 12 inches = 30,5 cm); **~ and mouth disease** Maul- und Klauenseuche *f*; **~ball pools** Fußballtoto *n*

**foot**, *v*, **to ~ a bill** *colloq.* e-e Rechnung bezahlen; **to ~ up a column of figures** e-e Zahlenreihe addieren

**footing**, Grundlage *f*, Basis *f*; Addition *f* e-r Zahlenreihe; **on an equal ~** gleichberechtigt; paritätisch; **to be on a good ~ with sb.** zu jdm in guten Beziehungen stehen

**Footsie**, *Br* Spitzname für FT-SE stock index, von der → Financial Times und der Stock Exchange herausgegebener Aktienindex *(der auf den Kursen der 100 größten britischen Unternehmen basiert)*

**FOR/FOT**, → free on rail/free on truck

**for**, **~ account only** *Br* nur zur Verrechnung *(Scheckvermerk)*; **~ the account** *(Börse)* Abrechnung erfolgt am nächsten Abrechnungstag (account day); **~ and on behalf of** in Vertretung von; **~ the benefit of** zugunsten von; **~ deposit only** *Am* nur zur Verrechnung *(Scheckvermerk)*; **~ the present** im Augenblick, vorläufig; **~ sale** zu verkaufen; **for some days** einige Tage lang; **~ a term** *Am* ganz kurzfristige Effektenanlage *f*

**force**, Gewalt *f*; Kraft *f*; Belegschaft *f*; **by ~ of** vermittels; **in ~** in Kraft, gültig; **coming into ~ of a contract** Inkrafttreten *n* e-s Vertrages; **labo(u)r ~** Arbeitskräfte *pl*, Belegschaft *f*; **legal ~** Rechtskraft *f*; **sales ~** Verkaufspersonal *n*; **~ majeure** höhere Gewalt *f*; **~ of circumstances** Macht *f* der Verhältnisse; **to be in ~** in Kraft sein, gelten; **to cease to have ~** außer Kraft treten; **to put in ~** in Kraft setzen; **to use ~** Gewalt anwenden

**force**, *v* (er)zwingen; **to ~ down prices** Preise drücken; **to ~ up prices** Preise in die Höhe treiben

**forced**, **~ call** Anlaufen *n* e-s Nothafens; **~ heir** *Am* pflichtteilsberechtigter Erbe *m*; **~ landing** Notlandung *f*; **~ sale** Zwangsversteigerung *f*; **~ savings** Zwangssparen *n*

**forcing up prices**, Preistreiberei *f*

**forecast**, Vorhersage *f*, Prognose *f*; Vorschau *f*; **financial ~** Finanzvorhersage *f*; **profit ~** Gewinnprognose *f*; **sales ~** → sales; **~ of requirements** Bedarfsschätzung *f*

**forecast**, *v* vorhersagen, voraussehen

**forecasting**, **business ~** Konjunkturprognose *f*; **F~ and Assessment in the Field of Science and Technology** (FAST) *(EU)* Vorausschau *f* und Bewertung *f* auf dem Gebiet der Wissenschaft und Technologie

**foreclose**, *v* ausschließen; **to ~ a mortgage** e-e Hypothek (od. ein Pfandrecht) gerichtlich für verfallen erklären; *Am* aus e-r Hypothek die Zwangsvollstreckung betreiben

**foreclosure**, gerichtliche Verfallerklärung *f* *(e-r Hypothek)*; *Am* Zwangsvollstreckung *f* *(in Grundbesitz)*; Marktverstopfung *f*

**forged signature**, gefälschte Unterschrift *f*

**foreign**, ausländisch; auswärtig; Auslands; **~ account** Auslandskonto *n*; **~ affairs** auswärtige Angelegenheiten *fpl*; **~ agency** Auslandsvertretung *f*; **~ agent** Auslandsvertreter *m*; **~ aid** Auslandshilfe *f* (money, goods and services); **~ assets** Vermögenswerte *mpl* im Ausland; Auslandsaktiva *npl*; **~ base** Auslandsstützpunkt *m*; **~ bill** Auslandswechsel *f*, im Ausland zahlbarer Wechsel; **~ bond** ausländische Schuldverschreibung *f*; Auslandsanleihe *f*; **~ bond issue** Emission *f* e-r Auslandsanleihe; **~ branches** Auslandsfilialen *fpl*; **~ business** Auslandsgeschäft *n*; **~ business company** im Ausland tätige Gesellschaft *f*; **~ capital** Auslandskapital *n*; **~ commerce** *Am* Außenhandel *m*; **~ connections** Auslandsbeziehungen *fpl*; **~-controlled** überfremdet; **~ correspondence clerk** Fremdsprachenkorrespondent(in) *m(f)*; **F~ Credit Insurance Corporation** (FCIC) Auslandskreditversicherungsgesellschaft *f* von ungefähr 50 privaten amerikanischen Versicherern

**foreign currency**, ausländische Währung *f*, Fremdwährung *f*; Devisen *pl*; Valuta *f*; **expressed in ~** auf ausländische Währung lautend; **~ account** Fremdwährungskonto *n*; Währungskonto *n*, Devisenkonto *n*; **~ balances** Fremdwährungsguthaben *n*; Währungsguthaben *n*; **~ bill** Fremdwährungswechsel *m*, **~ bond** Fremdwährungsschuldverschreibung *f*; Valuta-Anleihe *f*; **~ borrowing** Kreditaufnahme *f* in ausländischer Währung; **~ cheque (check)** Fremdwährungsscheck *m*; **~ clause** Valutaklausel *f*; Währungsklausel *f*; **~ coupon** Valutakupon *m*, in ausländischer Währung zahlbarer Kupon; **~ credit** Fremdwährungskredit *m*, Valutakredit *m*; **~ debt** Fremdwährungsschuld *f*, Valutaschuld *f*; Auslandsschulden *fpl*; **~ insurance** Fremdwährungsversicherung *f*; **~ investment** Auslandsinvestition *f*; **~ liabilities** Fremdwährungsverbindlichkeiten *fpl*; **~ loan** → foreign currency credit; **~ market** Devisenbörse *f*; **~ purchases** Devisenkäufe *mpl*; **~ reserves** Devisenreserven *fpl*, Devisenrücklagen *fpl*; **~ sales** Devisenverkäufe *mpl*; **~ securities** Valutapapiere *npl*; **in ~ terms** in ausländischer Währung *f*; **~ transaction** Valutageschäft *n*; **~ translation** Fremdwährungsumrechnung *f*

**foreign**, **~ debts** Auslandsschulden *fpl*; **~ demand** Auslandsnachfrage *f*; **~ deposits** Guthaben *n* (od. Einlagen *pl*) von

Ausländern; ~ **dialling code** Auslandsvorwahl *f*; ~ **entities** ausländische Rechtsträger *mpl*; ~ **equity market** *Br* Markt *m* für ausländische Wertpapiere (Aktien)

**foreign exchange**, Devisen *pl*; **allocation of ~** Devisenzuteilung *f*; **buying and selling of ~** Ankauf *m* und Verkauf *m* von Devisen; **demand for ~** Devisennachfrage *f*; ~ **direct investment program** US-Kapitalkontrollprogramm *n*; **glut of ~** Devisenschwemme *f*; **scarcity of ~** Devisenmangel *m*; **short of ~** devisenschwach *(Land)*; ~ **arbitrage** Devisenarbitrage *f*; ~ **balance** Devisenbilanz *f*; ~ **balances** Fremdwährungsguthaben *n*; ~ **broker** Devisenmakler *m*; ~ **control** Devisenbewirtschaftung *f*; ~ **cushion** Devisenpolster *n*; ~ **dealer** Devisenhändler *m*; ~ **dealings** Devisenhandel *m*; ~ **deposits** Fremdwährungseinlagen *fpl*; ~ **dumping** Währungsdumping *n*; ~ **earnings** Devisenerlöse *mpl*; ~ **efflux** Devisenabfluss *m*; Devisenabflüsse *pl (ins Ausland)*

**foreign exchange futures**, Devisentermingeschäft *npl*; ~ **market** Devisenterminmarkt *m*

**foreign exchange**, **~e holdings** Devisenbestände *mpl*; *(IMF)* Währungsreserven *pl*; ~ **inflow** (or **influx**) Devisenzufluss *m*; Devisenzuflüsse *pl*; ~ **list** (Devisen-) Kurszettel *m*; ~ **loss** Devisenverlust *m*; ~ **market** Devisenmarkt *m*; ~ **notes** Banknoten *pl* in fremder Währung; ~ **offset (agreement)** Devisenausgleich(sabkommen) *m(n)*; ~ **operations** Devisengeschäfte *npl*; ~ **outflow** → foreign exchange efflux; ~ **profiteer** Devisenschieber *m*; ~ **quotation** Devisennotierung *f*; ~ **rate** Devisenkurs *m*; ~ **receipts** Deviseneinnahmen *fpl*; ~ **regulations** Devisenbestimmungen *fpl*; ~ **repatriation** Devisenrückfluss *m (ins Inland)*; ~ **reserves** Devisenreserven *fpl*; *(IMF)* Währungsreserven *pl*; ~ **return** → foreign exchange repatriation; ~ **risk** Fremdwährungsrisiko *n*; ~ **spot dealings** Devisenkassahandel *m*; ~ **statement** Devisenabrechnung *f*; ~ **surplus** Devisenüberschuss *m*; ~ **trading** Devisenhandel *m*; ~ **transactions** Devisengeschäfte *npl*

**foreign**, ~ **goods** Auslandswaren *fpl*; **~-held** in ausländischem Besitz; ~ **income** Auslandseinkommen *n*; ~ **indebtedness** Auslandsverschuldung *f*; ~ **interests** ausländische Beteiligungen *fpl*; ~ **investments** Investitionen *fpl* im Ausland; ~ **issue** Auslandsemission *f*, ausländische Emission *f*; ~ **issues** ausländische Werte *pl*; ~ **judgment** → judgment; ~ **labo(u)r** ausländische Arbeitskräfte *fpl*; Fremdarbeiter *mpl*; ~ **lending** Auslandskreditgewährung *f*; ~ **liabilities** Auslandsverbindlichkeiten *fpl*; ~ **liquidation** Glattstellungen *fpl* im Ausland *(z. B. bei Börsenverlusten)*; ~ **loan** Auslandsanleihe *f*; Auslandskredit *m*; ~ **losses** Auslandsverluste *mpl*; **~-made** im Ausland hergestellt; ~ **make** Auslandsfabrikat *n*; ~ **market value** ausländischer Marktwert *m (der Ware) (Marktwert im Ausfuhrland)*; ~ **money order** Auslandspostanweisung *f*; Postanweisung auf das Ausland; ~ **national** ausländischer Staatsangehöriger *m*; ~ **note** ausländischer eigener Wechsel *m*; ~ **notes and coin** Sorten *pl*; ausländische Banknoten *pl* und Münzen *pl*; ~ **order** Auslandsbestellung *f*; Auslandsauftrag *m*; **goods of ~ origin** Waren ausländischer Herkunft; **~-owned firm** Firma *f* in ausländischem Besitz; ~ **paper** → foreign securities; ~ **payments transactions** Zahlungsverkehr *m* mit dem Ausland; ~ **product** Auslandserzeugnis *n*; ~ **property** ausländisches Vermögen *n*; ~ **relations** Auslandsbeziehungen *fpl*; ~ **sales** Auslandsverkäufe *mpl*; Auslandsabsatz *m*; ~ **sales figures** Außenhandelszahlen *fpl*; ~ **securities** ausländische Wertpapiere *npl*; Auslandswerte *pl*; ~ **sojourn** Aufenthalt *m* im Ausland; ~ **source employment income** Arbeitseinkommen *n* im Ausland; ~ **station** *(Radio)* Auslandssender *m*; ~ **stocks** ausländische Wertpapiere *pl*; Auslandswerte *pl*; ~ **subsidiaries** Auslandstöchter *fpl*; ~ **tax** im Ausland gezahlte Steuer *f*; ~ **tax credit** Gutschrift *f* für im Ausland entrichtete Steuern; Anrechnung *f* ausländischer Steuern

**foreign trade**, Außenhandel *m*; ~ **and payments** Außenwirtschaft(sverkehr) *f(m)*; ~ **and service transactions** Waren- und Dienstleistungsverkehr *m* mit dem Ausland; ~ **equilibrium** Außenhandelsgleichgewicht *n*; außenwirtschaftliches Gleichgewicht *n*; ~ **deficit**

Außenhandelsdefizit *n*; Passivsaldo im Außenhandel; **~ financing** Exportfinanzierung *f*; **~ relations** Außenhandelsbeziehungen *fpl*; **~ statistics** Außenhandelsstatistik *f*; **~ surplus** Außenhandelsüberschuss *m*; **~ tax credit** Anrechnung *f* für im Ausland gezahlte Steuer; **~ trend** Außenhandelsentwicklung *f*; **~ zone** Freihandelszone *f (Zollausschlussgebiet)*; **~ has increased** der Außenhandel hat zugenommen

**foreign**, **~ travel** Auslandsreisen *n*; Reisen *n* ins Ausland; **~ worker** Fremdarbeiter *m*, Gastarbeiter *m*

**foreigner**, Ausländer(in) *m(f)*; Fremde(r) *f(m)*

**foreman**, Obmann *m (e-r Jury)*; Vorarbeiter *m*; **(shop) ~** Werkmeister *m*;

**foremen**, *Am* unterste Führungsschicht *f* (cf. middle management, top management)

**forensic medicine**, Gerichtsmedizin *m*

**forest**, Wald *m*, Forst *f*; **~ economics** Forstwirtschaft *f*; **~ fire** Waldbrand *m*

**foreseeable, in the ~e future** in absehbarer Zukunft *f*

**forestall**, *v*, **to ~ a competitor** e-m Konkurrenten zuvorkommen; **to ~ the market** den Markt *(spekulativ)* aufkaufen; durch Aufkauf den Markt beherrschen

**forestaller**, Aufkäufer *m*

**forestalling**, Kauf *m* von Waren auf dem Weg zum Markt; Vorwegkauf *m*

**forfait**, *v* forfaitieren

**forfaiter**, Forfaiteur *m*

**forfaiting**, (Außenhandelsfinanzierung) Forfaitierung *f* (Ankauf von Wechseln od. Forderungen aus Exportgeschäften, unter Verzicht auf das Regressrecht gegenüber dem Verkäufer); **~ house** Forfaiteur *m*

**forfeit**, Verwirklichung *f*; Einbuße *f*; verwirktes Pfand *n*; verwirkt, verfallen; **~ (money)** Reugeld *n (bei Vertragsrücktritt)*

**forfeit**, *v* verwirken; verlieren, einbüßen; **to ~ a right** e-s Rechtes verlustig gehen; **to ~ a security** e-e Kaution einbüßen, e-e Kaution verfallen lassen; **to ~ shares** Aktien kaduzieren; **the surety ~s** die Kaution verfällt

**forfeit**, *adj* verwirkt, verfallen

**forfeited**, **~ claim** verfallener Anspruch *m*; **~ right** verwirktes Recht *n*; **to declare ~** für verwirkt (od. verfallen) erklären; *(Aktien)* kaduzieren

**forfeiture**, Verwirkung *f*, Verlust *m*, Einbuße *f*; Verfall *m*; *(sofortige)* Einziehung *f*; Reugeld *n*; **goods liable to ~** *(Zoll)* der Beschlagnahme unterliegende Waren *fpl*; **~ of the imported goods** *(Zoll)* Einziehung der Importwaren; **~ of licen|ce (~se)** *Br* Führerscheinentzug *m*; **~ of a pension** Verwirkung des Pensionsanspruchs; **~ of shares** Kaduzierung *f* von Aktien; **to involve the ~ of property** die Einziehung des Vermögens zur Folge haben

**forge**, *v* fälschen, verfälschen; **to ~ coins** Münzen verfälschen; falschmünzen

**forged**, **~ cheque (check)** gefälschter Scheck *m*; **~ trademark** nachgemachtes Warenzeichen *n*

**forger**, Fälscher *m*; **~ (of documents)** Urkundenfälscher *m*

**forgery**, Fälschung *f (e-r Urkunde, Unterschrift etc.)*; **bill ~** Wechselfälschung *f*; *Am* Banknotenfälschung *f*; **~-proof identity card** fälschungssicherer Personalausweis *m*

**forgive**, *v*, **to ~ a debt** e-e Schuld erlassen

**forklift**, Gabelstapler *m*

**form**, 1. Form *f*; **defect of ~** Formfehler *m*, Formmangel *m*; **in due ~** formgerecht; **requirement of ~** Formvorschrift *f*; **~ of business organization** Unternehmensform *f*

**form**, 2. Formular *n*, Vordruck *m*; Formblatt *n*; **application ~** Antragsformular *n*; **bill ~** Wechselvordruck *m*; **book of ~s** Formularbuch *n*; **order form** Bestellschein *m*; **receipt ~** Quittungsformular *n*; **letter** Formbrief *m*; **to fill in** (or **complete**) **a ~** ein Formular ausfüllen

**form**, *v* bilden, gründen; **to ~ a company** e-e Gesellschaft gründen

**formal**, formal; formell, offiziell; **~ contract** förmlicher (od. formbedürftiger) Vertrag *m*; **~ defect** Formfehler *m*; **~ notice** förmliche Anzeige *f*; **~ requirement** Formerfordernis *n*

**formalit|y**, Förmlichkeit *f*; Formvorschrift *f*; **to comply with ~ies** die Formvorschriften erfüllen

**format**, Format *n*; Schema *n*

**formation**, Bildung *f*, Gründung *f*; **~ expenses** Gründungskosten *pl*; **~ of a company** Gründung e-r Gesellschaft; **~ (of a company) by non-cash contribution** Sachgründung *f*; **~ of a contract** Abschluss *m* e-s Vertrages, Vertragsabschluss *m*; **~ of prices** Preisbildung *f*; **~ of property** Eigentumsbildung *f (der Ar-*

*beitnehmer)*; **~ of a reserve fund** Rücklagenbildung *f*

**formula**, Formel *f*; **~ timing** Analyse *f* hinsichtlich der Entwicklungszyklen einzelner Wertpapiere

**fortnightly**, vierzehntägig, halbmonatlich; **f~ settlement** *(Börse)* Medioabrechnung *f*

**fortuitous event**, zufälliges Ereignis *n*

**fortune, to go** (or **run**) **through one's ~** sein Vermögen durchbringen; **to succeed to a ~** ein großes Vermögen erben

**forum**, Forum *n*; Gremium *n*; Gerichtsstand *m*; **choice of ~** Gerichtsstandswahl *f*; **~ domicilii** Gerichtsstand des Wohnsitzes

**forward**, auf Zeit; in Zukunft zu bezahlen (od. liefern); *(Börse)* Termin-; **(brought) ~** *(Buchhaltung)* Übertrag *m*; **(carried) ~** *(Buchhaltung)* Vortrag *m*; **carrying your charges ~** unter Nachnahme Ihrer Spesen; **from this day ~** von heute an; **freight ~** Fracht gegen Nachnahme; **rate three months ~** Terminkurs per drei Monate

**forward**, **~ business** Termingeschäft *n*; **~ buyer** Terminkäufer *m*; **~ buying** Vorratskauf *m*; *(Börse)* Terminkauf *m*; **~ commodities** Terminware(n) *f(pl)*; **~ contract** Terminabschluss *m*; **~ contracts in foreign currencies** Terminverträge *mpl* in fremder Währung; **~ covering of the rate** Kurssicherung *f* durch Devisentermingeschäft *n*; **~ currency** Termindevisen *pl*; **~ dealing** Terminhandel *m*; **~ delivery** Terminlieferung *f*; **~ discount** Terminabschlag *m*; **~ dollar** Termindollar *m*

**forward exchange**, Termindevise(n) *f(pl)*; **~ cover** (or **guarantee**) Kurssicherung *f* durch Devisentermingeschäft *npl*; **~ trading** Devisenterminhandel *m*; **~ market** Devisenterminmarkt *m*; **~ rate** Devisenterminkurs *m*; **~ transaction** Devisentermingeschäft *n*

**forward**, **~ market** Terminmarkt *m*; **~ order** Terminauftrag *m*; **~ price** *(Warenbörse)* Terminkurs *m*; Kurs *m* für Termingeschäfte; **~ premium** *(im Devisenterminhandel)* Report *m*, Terminaufschlag *m*; **~ program(me)** Vorausschätzungsprogramm *n*; **~ purchase** Terminkauf *m*; **~ quotation** Terminkurs *m*, Terminnotierung *f*; **~ rate agreement** (FRA) → future rate agreement; **~ rate (of exchange)** *(Devisen)* Terminkurs *m*; **~ sale** Terminkauf *m*; **~ securities** Terminpapiere *npl*; **~ seller** Terminverkäufer *m*; **~ speculation** Terminspekulation *f*; **~ sterling** Terminpfund *n*; **~ trading** Terminhandel *m*; **~ transaction** Termingeschäft; **~ transactions in securities** Wertpapier-Terminhandel *m*

**forward, to buy ~** auf Termin kaufen; e-n Terminkauf tätigen; **to look ~ to a th.** e-r Sache entgegensehen; sich auf etw. freuen; **to make a ~ transaction** ein Termingeschäft abschließen; **to sell ~** auf Termin verkaufen

**forward**, *v* absenden, befördern; nachsenden; **to ~ goods to sb.** an jdn Waren (ab-)senden; **to ~ goods by rail** Waren mit der Bahn versenden; **to ~ a parcel to a new address** ein Paket an e-e neue Anschrift nachsenden; **do not ~** nicht nachsenden; **please ~** bitte nachsenden

**forward**, *v* weiterleiten *(EDV)*

**forwarded, goods to be ~** Speditionsgüter *pl*; **to be ~** bitte nachsenden

**forwarder**, Spediteur *m*; **~'s receipt** Spediteurempfangsschein *m*

**forwarding**, Spedition *f*; Absendung *f*, Beförderung *f*; Nachsendung *f*; **date of ~** Versanddatum *n*; **mode of ~** Versendungsart *f*; **~ address** Nachsendeanschrift *f*; **~ advice** Versandanzeige *f*; **~ agency** Speditionsfirma *f*; **~ agent's certificate of receipt** (FCR) Spediteur-Übernahmebescheinigung *f*; **~ charges** Versandkosten *pl*; Speditionsgebühren *pl*; **~ clerk** Expedient *m*; **~ expenses** Versandkosten *pl*; **~ instructions** Versandvorschriften *fpl*; **~ merchant** *Am* Spediteur *m*; **~ note** Versendungsschein *m*; Frachtbrief *m*; **~ office** Speditionsbüro *n*; **~ of goods** Güterbeförderung *f*; **~ order** Speditionsauftrag *m*; **~ route** *(Güterverkehr)* Beförderungsweg *m*; **~ station** Versandbahnhof *m*

**foster**, *v* pflegen, fördern

**fot**, → free on truck

**foul**, unsauber, schmutzig; unredlich; **~ bill of lading** unreines Konnossement *n (mit Vorbehalten)*; **to fall ~ of a ship** in Kollision mit e-m Schiff geraten

**foul**, *v* verschmutzen; *(Schiff)* rammen, zusammenstoßen mit

**found**, *v* gründen, errichten; stiften ( → founded)

**found**, gefunden; befunden; **~ object** Fundsache

**foundation**, Gründung *f*, Errichtung *f*; Stiftung *f*; *(durch Stiftung errichtete)* Anstalt *f* (etc.); *fig* Grundlage *f*; **company ~** Gesellschaftsgründung *f*; **deed of ~** Stiftungsurkunde *f*; **~ of a business** Gründung e-s Geschäfts; **~ charter** Gründungsurkunde *f*

**founded, well ~** gut begründet; **~ on contract** auf Vertrag beruhend, vertraglich; **to be ~ on** beruhen auf

**founder**, Gründer *m*; Stifter *m*; **~s' preference rights** Gründerrechte *npl*; **~s' shares** Gründeraktien *fpl*; Gründeranteile *npl*

**foundry**, Gießerei *f*

**four, with ~ days' validity** mit viertägiger Gültigkeit; **~-digit** (or **figure**) vierstellig; **~-fold** vierfach; **~-lane** vierspurig; **~r storeyed** (*Am* **~ storied**) vierstöckig

**fourth class mail**, *Am* Paketpost *f*

**Fourth Directive**, (EU) Vierte Richtlinie *f* (Rechnungslegungsvorschriften für Unternehmen)

**fractional, ~ amount** Teilbetrag *m*; **~ currency** (or **money**) Scheidemünze *f*; **~ reserve banking** Banksystem *n*, in dem nur ein Teil der Kundeneinlagen als Zentralbankgeld gehalten wird; **~ shares** *(Börse)* Spitzen *pl*

**fragile**, zerbrechlich; **~, (handle) with care** Vorsicht, zerbrechlich!; **~ parcel** Paket *n* mit zerbrechlichem Inhalt

**frame**, *(EDV)* Rahmen *m*, Teil eines → Browserfensters; einzelnes Bild in einer Videofrequenz

**franchise**, Franchise *f* ( → franchising); *Am* Konzession *f*; Alleinverkaufsrecht *n*; *(Vers.)* Franchise *f*, Selbstbeteiligung *f*; **~ agreement** Franchisevertrag *m*; **~ candidate** Franchisebewerber *m*; **~ contract** Franchisevertrag *m*

**franchised, ~ dealer** konzessionierter Händler *m*; **~ firm** franchisiertes Unternehmen *n*; Franchisenehmer *m*

**franchisee**, Franchisenehmer *m*

**franchising**, Franchising *n* (Vertriebsform im Einzelhandel, bei der der Franchisenehmer bestimmte Produkte oder Dienstleistungen auf eigene Rechnung, aber nach dem vom Franchisegeber vorgeschriebenen Modell gegen Zahlung e-r Lizenzgebühr verkauft); **~ agreement** Franchisevertrag *m*; **~ firm** → franchisor

**franchisor**, Franchisegeber *m*

**franked, ~ investment income** (FII) steuerfreie Kapitalerträge *mpl (die von der ausschüttenden Gesellschaft versteuert werden)*; **~ letter** frankierter Brief *m*

**Frankfurt interbank offered rate**, → Fibor

**franking machine**, Frankiermaschine *f*

**fraud**, Betrug *m*; Betrügereien *fpl*; arglistige Täuschung *f*; *(Zoll)* Schmuggel *m*; **attempted ~** Betrugsversuch *m*; **fiscal ~** Steuerhinterziehung *f*; **obtaining credit by ~** Kreditbetrug *m*; **~ on creditors** Gläubigerbenachteiligung *f (Verfügung über Vermögen des zahlungsfähigen Schuldners)*; **to combat ~** Betrug bekämpfen; **to commit a ~** e-n Betrug begehen; betrügen; **to obtain by ~** durch Betrug erlangen; erschleichen; **to prevent ~** *(DBA)* Hinterziehung *f (von Steuern)* verhindern

**fraudulent**, betrügerisch; arglistig; **~ bankruptcy** betrügerischer Bankrott *m*; **~ concealment** arglistiges Verschweigen *n*; **~ conversion** → conversion; **~ conveyance** → conveyance; **~ misrepresentation** → misrepresentation; **~ practices** betrügerische Machenschaften *fpl*; **f~ preference** (of a creditor) Gläubigerbegünstigung *f*; **~ trading** betrügerische Betriebsfortführung *f*

**fraudulently, ~ concealed defect** arglistig verschwiegener Mangel *m*; **~ obtained** betrügerisch erlangt

**Freddie Mac**, *Am* Börsenausdruck für Federal Home Loan Mortgage Corporation

**free**, frei (*als Handelsklausel* [ → *Incoterms*]; *Kosten und Gefahren hat bis zur Übergabe der Ware der Verkäufer zu tragen*); kostenlos; zugänglich; **~ allowance of luggage** Freigepäck *n*; **~ alongside ship** (fas) frei Längsseite Seeschiff (benannter Verschiffungshafen) *(Incoterms 1980)*; **~ assets** frei verfügbare Guthaben *npl*; **~ at Union frontier price** *(EU)* Preis frei Grenze der Union; **~ at the port of unloading** frei Entladehafen; **~ balance** zinsloses Guthaben *n*; **~ banking** kostenlose Führung *f* e-s Bankkontos; **~ board and lodging** freie Wohnung und Verpflegung; freie Station *f*; **~ buyer's address** frei Haus; **~ carrier** (FRC) (named point) frei Frachtführer (benannter Ort) *(Incoterms 1980)*; **in ~ circulation** → circulation; **~ collective bargaining** Tarifvertragsfreiheit *f*; **~ competition**

freier Wettbewerb *m*; ~ **copy** Freiexemplar *n*; ~ **currency** frei konvertierbare Währung *f*; ~ **delivered** frei (franko) Bestimmungsort; ~ **delivery** Lieferung frei Haus; ~ **discharge** (f.d.) kostenloses Entladen (od. Löschen); ~ **dispatch** (f.d.) frei von Vergütung für gesparte Lade- od. Löschzeit (Eilgeld); ~ **enterprise (system)** freie Marktwirtschaft *f*; ~ **entry** zollfreie Einfuhr *f*; ~ **fares** Nulltarif *m*; ~ **flight** Freiflug *m*; ~ **food** *(EU)* kostenlose Nahrungsmittel *pl*; ~ **from debt** schuldenfrei; ~ **from defect(s)** mangelfrei, fehlerfrei; ~ **from general average** frei von großer Havarie *(nicht gegen große Havarie versichert)*; ~ **from particular average** (FPA) frei von Teilhavarie (*nicht gegen Beschädigung versichert*; *Schadenersatzanspruch nur bei Totalverlust oder genau bezeichneten Schadensarten*); ~ **from taxes** steuerfrei

**free gift**, Zugabe *f*; ~ **coupon** Gutschein *m*

**free**, ~ **inspection invited** kein Kaufzwang *m*; ~ **items** spesenfreie Inkassi *pl*

**freelance**, Freiberufler(in) *m(f)*; ~ **person** Angehöriger *m* der freien Berufe; ~ **profession** freier Beruf *m*, freie Berufe *mpl*

**free**, ~ **list** (Zoll-)Freiliste *f*; Verzeichnis *n* zollfreier Gegenstände; ~ **loan** unverzinsliches Darlehen *n*

**free market**, offener Markt *m*; *Br (Börse)* Freiverkehrsmarkt *m*; ~ **economy** freie Marktwirtschaft *f*; ~ **price** Freiverkehrskurs *m*

**free movement**, Freizügigkeit *f*; ~ **of capital** (within the Union) *(EU)* freier Kapitalverkehr *m*; ~ **of goods** *(EU)* freier Warenverkehr *m*; ~ **of persons** *(EU)* freier Personenverkehr *m*; Freizügigkeit *f* der Personen; ~ **of services** *(EU)* freier Dienstleistungsverkehr *m*; ~ **of workers** Freizügigkeit der Arbeitnehmer

**free**, ~ **of capture and seizure** (F.C.S.) frei von Aufbringung und Beschlagnahme *(Ausschluss des Kriegsrisikos)*; ~ **of charges** gebührenfrei, kostenlos; gratis; ~ **of interest** zinsfrei, zinslos, unverzinslich; ~ **of premium** prämienfrei; ~ **of tax** steuerfrei; ~ **on aircraft** frei an Bord des Flugzeugs; ~ **on board** (FOB, fob) frei an Bord (benannter Verschiffungshafen) *(Incoterms 1980)*; ~ **on rail/free on truck** (for/fot) frei (franko) Waggon (benannter Abgangsort) *(Incoterms 1980)*; ~ **on truck** *Am* frei Lkw; ~ **pass** Freifahrtschein *m*; ~ **port** Freihafen *m*; ~ **reserves** freie Rücklagen *fpl*; ~ **sample** Gratisprobe *f*, Zugabe *f*; **free-spending** ausgabenfreundlich; ~ **station** frei Bahnhof; ~ **subscription** Gratisabonnement *n*; ~ **surplus** freie Rücklagen *fpl*; ~ **ticket** Freifahrtkarte *f*

**free trade**, Freihandel *m*; freier Warenverkehr *m*; ~ **agreement** Freihandelsabkommen *n*; ~ **area** Freihandelszone *f*

**free**, ~ **trial** Gratisprobe *f*, kostenlose Warenprobe *f*; ~ **zone** Freihafen *m*, Zollfreigebiet *n*

**freedom**, Freiheit *f*; ~ **of association** Vereinigungsfreiheit *f*; Koalitionsfreiheit *f*; ~ **of choice of occupation** freie Berufswahl *f*; ~ **of competition** Wettbewerbsfreiheit *f*

**freedom of establishment**, Niederlassungsfreiheit *f*; **to abolish restrictions on** ~ Beschränkungen der Niederlassungsfreiheit aufheben

**freedom**, ~ **of movement** Freizügigkeit *f*; ~ **of movement for workers** Arbeitnehmerfreizügigkeit *f*; ~ **of provision of services** *(EU)* Dienstleistungsfreiheit *f*; ~ **of trade** Gewerbefreiheit *f*; ~ **to choose an occupation** Berufsfreiheit *f*; ~ **to prospect** Schürffreiheit *f*

**freedom to provide services**, Dienstleistungsfreiheit *f*; **lawyers'** ~ *(EU)* freier Dienstleistungsverkehr *m* für Rechtsanwälte

**freehold**, *(freies)* Grundeigentum *n*; ~ **flat** *Br* Eigentumswohnung *f*; ~ **land and buildings** *Br (Bilanz)* bebaute und unbebaute Grundstücke *npl*; ~ **owner** Grundstückseigentümer *m*; ~ **property** *(eigener)* Grundbesitz *m (opp. leasehold property)*

**freeholder**, Grundeigentümer *m*

**freely convertible**, frei konvertierbar

**freeware**, *(EDV)* kostenlose Programme *pl* oder Anwendungen *pl*

**freeway**, *Am* Autobahn *f*

**freeze**, Einfrieren *n (der Preise, Löhne etc.)*; **anti-**~ Frostschutzmittel *n*; **credit** ~ Kreditsperre *f*; **export** ~ Ausfuhrsperre *f*; **price** ~ Preisstopp *m*; **rent** ~ Mietstopp *m*

**freeze**, *v* einfrieren (lassen); *(Kredit etc.)* sperren; **to** ~ **wages** Löhne stoppen, Lohnstopp durchführen

**freezer**, Tiefkühltruhe *f*

**freezing room**, Gefrierraum *m*

**freight**, (frt) Fracht *f (Br bes. See- und Luftfracht)*; Frachtgut *n*; Ladung *f*; Frachtgebühr *f*, Frachtkosten *pl*; **advance ~** Frachtvorauszahlung *f*; **air ~** Luftfracht *f*; **by ~** als Fracht(gut); **chartered ~** Mietpreis *m (für gemietetes Schiff od. Flugzeug)*; **dead ~** → dead; **distance ~** Distanzfracht *f*; **fast ~** *Am* Eilgut *n*; **homeward ~** *Br* Rückfracht *f*; **lump sum ~** Pauschalfracht *f*; **ocean ~** *Am* (Über-) Seefracht *f*; **outward ~** *Br* Hinfracht *f*; abgehende Fracht; **rail(road) ~** *Am* Bahnfracht *f*; **rate of ~** Frachtrate *f*, Frachtsatz *m*; **return ~** Rückfracht *f*; **~ absorption** Übernahme *f* der Frachtkosten *(durch den Verkäufer)*; **~ account** Frachtkonto *n*; Frachtrechnung *f*; **~ and carriage** *Br* Land- und Seefracht *f*; **~ and demurrage** Fracht- und Liegegeld *n*; **~ at destination** Fracht zahlbar am Bestimmungsort; **~ bill** *Am* Frachtbrief *m*; **~ booking** Belegung *f* von Frachtraum; **~ broker** Frachtmakler *m*; **~ car** *Am* Güterwagen *m*; **~/carriage paid to ...** frachtfrei (benannter Bestimmungsort) *(Incoterms 1980)*; **~, carriage and insurance paid to ...** (CIP) frachtfrei versichert (benannter Bestimmungsort) *(Incoterms 1980)*; **~ carrier** Frachtflugzeug *n*; **~ charges** Frachtkosten *pl*; **~ collect** *Am* Fracht per Nachnahme; **~ declaration** *(Zoll)* Anmeldung *f* der Ladung; **~ depot** *Am* Güterbahnhof *m*; **~ elevator** *Am* Lastenaufzug *m*; **~ equalization** Frachtgleichstellung *f*; **~ exchange** Frachtbörse *f*; Schifferbörse *f*; **~ forward** *Br* Fracht gegen Nachnahme; **~ forwarder** *Am* Güterspediteur *m*; **~ forwarding office** Frachtannahme *f*

**freight haulage**, Güterkraftverkehr *m*; **driver of a ~ vehicle** Fahrer *m* e-s Güterkraftfahrzeugs

**freight**, **~ insurance** Frachtversicherung *f*; **~ inwards** Frachtkosten für eingehende Waren

**freightliner**, *Br* Container-Expresszug *m*; **~ terminal** *Br* Container-Umschlagstelle *f*

**freight**, **~ movement certificate** *(EU)* Warenverkehrsbescheinigung *f*; **~ note** *Br* Frachtrechnung *f*; **~ office** *Br* Güterabfertigung *f (e-r Schiffsgesellschaft)*; **~ out and home** Hin- und Rückfracht *f*; **~ outwards** Frachtkosten für ausgehende Waren; **~ paid** Fracht bezahlt, frachtfrei; **~ plane** Frachtflugzeug *n*; **~ prepaid** (frt. ppd.) Fracht vorausbezahlt; **~ pro rata** Distanzfracht *f*

**freight rates**, Gütertarif *m*, Frachttarif *m*; **increase of ~** Frachterhöhung *f*; **reduction in ~** Frachtermäßigung *f*

**freight**, **~ receipt** Frachtempfangsbescheinigung *f*; **~ reduction** Frachtermäßigung *f*; **~ release** (F.R.) Frachtfreigabe *f (nach Bezahlung der Fracht)*; **~ respite** Frachtstundung *f*; **~ space** Frachtraum *m*; **~ subsidy** Frachtbeihilfe *f*; **~ tariff** *Am* Frachttarif *m*, Gütertarif *m*; **~ traffic** Frachtverkehr *m*, Güterverkehr *m*; **~ train** Güterzug *m*; **~ transport** Güterverkehr *m*; **~ yard** *Am* Güterbahnhof *m*; **to charge ~** Fracht berechnen; **to send sth. by ~** etw. als Frachtgut senden; **our prices are inclusive ~** wir berechnen die Preise einschließlich Fracht

**freight**, *v* (Schiff, Flugzeug) befrachten; bes. *Am* (Fahrzeug jeder Art) beladen; (Güter) befördern

**freightage**, Frachtkosten *pl*; Fracht(gut) *f(n)*; **extra ~** Frachtzuschlag *m*

**freighter**, Befrachter *m*; Frachtschiff *n*; Frachtflugzeug *n*

**freighting**, Befrachtung *f*; Beförderung *f (von Gütern)*; **~ ad valorem** Befrachtung nach dem Wert; **~ by the case** Stückgutbefrachtung *f*; **~ by contract** Pauschalfracht *f*; **~ on measurement** Maßfracht *f*; **~ on weight** Befrachtung nach dem Gewicht; **~ per head** (of cattle) Befrachtung nach der Stückzahl (von Vieh)

**frequency**, Häufigkeit *f*; **~ discount** Mengenrabatt *m (z. B. bei mehreren Anzeigen)*

**frequently asked questions**, Internetseite, die die am häufigsten gestellten Fragen *pl* zu einer Webseite oder den Produkten eines Anbieters zusammenfasst

**fresh**, frisch, neu; **~ buying** *(Börse)* Zukäufe *mpl*; **~ credit** neuer Kredit *m*; **~ from the factory** fabrikneu; **to break ~ ground** etw. ganz Neues unternehmen; **~ issue** Neuemission *f*; **~ money** zusätzliches Kapital *n (bes. loan capital)*; **~ meat** Frischfleisch *n*

**freshwater**, **~ fishery** Binnenfischerei *f*; **~ and marine pollution** Verschmutzung *f* der Binnengewässer und des Meeres

**frictional unemployment**, friktionelle (od. vorübergehende) Arbeitslosigkeit *f*

**friend**, **business** ~ Geschäftsfreund *m*; **next** ~ Prozesspfleger *m*
**friendly**, ~ **arbitrator** Vermittler *m*, Schlichter *m*; ~ **firm** befreundete Firma *f*; ~ **neutrality** wohlwollende Neutralität *f*; ~ **society** *Br* Versicherungsverein *m* auf Gegenseitigkeit; Unterstützungskasse *f*, Sterbekasse *f*; ~ **suitor** ein an e-r Übernahme Interessierter, der sich durch Kooperationsgespräche dem Zielunternehmen freundschaftlich nähert
**fringe**, ~ **benefits** *(zu Lohn od. Gehalt)* zusätzliche Leistungen *(des Arbeitgebers)*; ~ **parking** Parken am Stadtrand
**from**, **(as)** ~ **January 1** vom 1. Januar ab; ~ **now on** von jetzt ab
**front money**, Anfangskapital *n*
**front-end**, ~ **fee** Bankgebühr *f* für Beteiligung an Euro-Krediten; ~ **finance** Zusatzfinanzierung *f*; ~ **loading of repayments** hoher realer Schuldendienst *m* zu Beginn der Laufzeit eines Darlehens
**frontier**, Grenze *f*; **Union's internal and external ~s** *(EU)* Außen- und Binnengrenzen der Union; **cross-~** → cross; ~ **adjustment** Grenzausgleich *m*; ~ **check** (or **control**) Grenzkontrolle *f*, Grenzüberwachung *f*; ~ **commuter** Grenzgänger *m*
**frontier crossing**, Grenzübergang *m*, Grenzüberschreitung *f*; ~ **point** Grenzübergangsort *m*; ~ **worker** → frontier worker
**frontier**, ~ **customs office** Grenzzollstelle *f*; ~ **formalities** Grenzformalitäten *pl*; **~-free Europe** grenzfreies Europa *n*; ~ **pass** Grenzausweis *m*; ~ **traffic** Grenzverkehr *m*; ~ **worker** Grenzarbeitnehmer *m*, Grenzgänger *m*
**frost**, ~ **damage insurance** Frostschadenversicherung *f*; ~ **resistant** frostbeständig *(Material)*
**frozen**, eingefroren; blockiert; Gefrier-; ~ **account** blockiertes (od. gesperrtes) Konto *n*; ~ **assets** festliegende Vermögenswerte *mpl*; ~ **cargo** Gefrierladung *f*; ~ **debts** eingefrorene Forderungen *fpl*; ~ **fish** Gefrierfisch *m*; ~ **food** tiefgekühlte Lebensmittel *pl*, Tiefkühlkost *f*
**FRS**, → Federal Reserve System
**fruit**, Früchte *fpl*, Obst *n*; ~ **(s)** *fig* Ergebnis *n*, Ertrag *m*; **abounding in** ~ obstreich; **canned** ~ → preserved fruit; **categories of** ~ Obstsorten *fpl*; **cultivation of** ~ Obstbau *m*; **fresh** ~ rohes Obst *n*; **glut of** ~ Obstschwemme *f*; **kind** (or **sort**) **of** ~ Obstsorte *f*; **preserved** ~ eingemachtes Obst; Obstkonserven *fpl*; **products processed from** ~ Verarbeitungserzeugnis *n* aus Obst; **tinned** ~ → preserved fruit; **wall** ~ Spalierobst *n*; ~ **and vegetable processing industries** obst- und gemüseverarbeitende Industrien *fpl*; ~ **crop** Obsternte *f*; ~ **dealer** Obsthändler(in) *m(f)*; ~ **farmer** (or **grower**) Obstbauer *m*, Obstzüchter *m*; ~ **farming** (or **growing**) Obstbau *m*; Obstzucht *f*; ~ **plantation** Obstplantage *f*; ~ **stand** Oststand *m*; ~ **trade** Obsthandel *m*; ~ **vendor** Obstverkäufer *m*; ~ **wholesaler** Obstgroßhändler *m*; **to grow** ~ Obst anbauen
**fruiterer**, Obsthändler *m*
**frustrated contract**, Vertrag *m*, dessen Erfüllung unmöglich geworden ist
**frustration**, Vereitelung *f*, Verhinderung *f*, ~ **of contract** *(objektive)* Unmöglichkeit *f* der Vertragserfüllung; Wegfall *m* der Geschäftsgrundlage
**FT-SE-100 Index**, Aktienindex *m* der Financial Times ( → Footsie)
**FTP**, → file transfer protocol
**fudge**, *v colloq.* betrügen; pfuschen; **to** ~ **the accounts** die Konten fälschen
**fuel**, Brennstoff *m*, Treibstoff *m*, Kraftstoff *m*; **nuclear ~s** Kernbrennstoffe *mpl*; **solid ~s** feste Brennstoffe *pl*; ~ **consumption** Kraftstoffverbrauch *m*; ~ **gas** Heizgas *n*; ~ **gauge** Benzinanzeiger *m* *(Auto)*; ~ **oil** Heizöl *n*; ~ **requirements** Brennstoffbedarf *m*; ~ **supply** Brennstoff-(etc.)versorgung *f*; ~ **tank** Treibstoffbehälter *m*
**fuel**, *v* mit Brennstoff versehen; tanken
**fugitive**, Flüchtling *m*; flüchtig
**fulfil**, *v* erfüllen; ausführen; **to** ~ **an order** e-e Anordnung ausführen
**fulfilment**, Erfüllung *f*; Ausführung *f*; **place of** ~ Erfüllungsort *m*; ~ **of a contract** Vertragserfüllung *f*
**full**, voll, ganz; ausführlich; ~ **(up)** voll besetzt *(Hotel)*
**full**, **in** ~ völlig, vollständig; im ganzen; **capital paid in** ~ voll eingezahltes Kapital *n*; **in** ~ **and final payment** als endgültige Abfindung *f*
**full**, ~ **address** volle Adresse *f*; ~ **age** → age; **full amount** voller Betrag *m*; ~ **consent** volles Einverständnis *n*; ~ **convertibility** unbeschränkte Konvertierbarkeit *f*; ~ **cost** Vollkosten *pl*; ~

**costing** Vollkostenrechnung *f*; ~ **cost principle** Vollkostenprinzip *n*; ~ **coverage** voller Versicherungsschutz *m*

**full discharge, receipt in** ~ Schlussquittung *f*, endgültige Quittung *f*

**full**, ~ **disclosure** vollständige Offenlegung *f*; ~ **economic price** echter *(nicht subventionierter)* Preis *m*

**full employment**, Vollbeschäftigung *f*; **to restore** ~ Vollbeschäftigung wiederherstellen

**full**, ~ **fare ticket** Fahrkarte *f* zum vollen Preis; ~ **liability** volle Haftung *f*; ~**-line forcing** Zwang *m* zur Abnahme e-s ganzen Sortiments; ~ **load** ganze Ladung *f*; ~ **member** Vollmitglied *n*; ~ **net** ohne jeden Nachlass *m (vom Preis)*; ~ **page ad(vertisement)** ganzseitige Anzeige *f*; ~**-paid shares** voll eingezahlte Aktien *fpl*; ~ **particulars** genaue Einzelheiten *fpl*; Näheres *n*; ~ **pay** voller Lohn *m*; volles Gehalt *n*; ~ **power(s)** Vollmacht *f*; ~ **redemption** vollständige Tilgung *f*; ~ **repayment** Rückzahlung *f* in voller Höhe; ~ **set of bills of lading** voller Satz *m* der Konnossemente

**full-time**, ganztägig, Ganztags-; ~**-time employees** (or **workers**) Vollzeitbeschäftigte *pl*; ~**-time employment** Ganztagsbeschäftigung *f*; Vollzeitbeschäftigung *f*; ~**-time job** Ganztagsarbeit *f*, ganztägige Stelle *f*; **to be in** ~**-time work** in Ganztagsarbeit stehen; **to work** ~**-time** ganztägig arbeiten

**full**, ~ **tracked vehicle** Raupenfahrzeug *n*; ~**-truck load** *Br* ganze Waggonladung *f*; ~ **weight** volles Gewicht *n*

**fully**, voll, vollständig; ~ **booked** ausverkauft (od. besetzt); ~ **deductible** voll abzugsfähig; ~ **liable** voll haftbar; ~ **negotiable promissory note** umlauffähiger Solawechsel *m*; ~**-paid share** voll eingezahlte Aktie *f*; ~ **paidup policy** prämienfreie Versicherung *f*; **to be** ~ **rewarded** reichlich belohnt sein; ~ **subscribed loan** vollständig gezeichnete Anleihe *f*; ~ **written off** voll abgeschrieben

**function**, *v* funktionieren; **smooth** ~**ing** reibungsloses Funktionieren *n*

**functional**, ~ **agent** → functional middleman; ~ **clothing** Berufskleidung *f*; ~ **discount** Funktionsrabatt *m*; Händlerrabatt *m*; ~ **management** fachliche Führungskraft *f*; ~ **middleman** *Am* Zwischenhändler *m (der Käufe od. Verkäufe vermittelt)*; ~ **organization** funktionale Organisation *f* (*opp. line organization*; → line 2.)

**Fund**, → European Funds; → International Monetary Fund; **the** ~**s** *Br* → British Funds; ~ **holder** *Br* Inhaber *m* von Staatspapieren

**fund**, 1. Fonds *m*; ~**s** Gelder *npl*, (Geld-) Mittel *pl*; **assets of a** ~ Fondsvermögenswerte *pl*; **available** ~**s** verfügbare (od. flüssige) Mittel *pl*; **company's** ~ Gesellschaftsvermögen *n*; **contribution to a** ~ Fondsbeitrag *m*; **endowment** ~ Stiftungsfonds *m*; **for lack of** ~**s** aus Mangel an Mitteln; **formation of a** ~ Fondsgründung *f*; **in** ~**s** bei Kasse; **insufficient** ~**s** ungenügende Deckung *f* *(für Wechsel od. Scheck)*; **liquid** ~**s** flüssige Mittel; **loan** ~**s** Kreditmittel; **no** ~**s** *(Scheckvermerk)* keine Deckung; **out of** ~**s** nicht bei Kasse; mittellos; **pension** ~ Pensionsfonds *m*; Pensionskasse *f*; **public** ~**s** öffentliche Mittel *pl*; *Br* Staatsschulden *fpl*, fundierte Staatspapiere *pl* (→ national debt); **redemption** ~ Tilgungsfonds *m*; **reserve** ~ → reserve 1.; **resources of a** ~ Fondsmittel *pl*; **sinking** ~ Tilgungsfonds *m*, Amortisationsfonds *m*; **special** ~ Sonderfonds *m*; **substantial** ~**s** erhebliche Geldmittel; **trust** ~**s** (Mittel des) Treuhandvermögen(s); **want of** ~**s** Kapitalmangel *m*; **for want of** ~**s** mangels Deckung *f*; ~**s (flow) statement** Kapitalflussrechnung *f*; ~**'s income** Fondserträge *mpl*; ~**s of a society** Vereinskasse *f*; ~**-raising** Geldbeschaffung *f*; ~**-raising campaign** (Geld-)Sammelaktion *f*; ~ **resources** Fondsmittel *pl*; **to be in** ~**s** gut bei Kasse sein; **to constitute a** ~ e-n Fonds errichten; **to fix the level of the** ~ die Höhe des Fonds festsetzen; **to have recourse to public** ~**s** öffentliche Mittel in Anspruch nehmen; **to make** ~**s available** Mittel bereitstellen; **to raise** ~**s** Geldmittel aufbringen; e-e Geldsammlung veranstalten; **to set up a** ~ e-n Fonds errichten

**fund**, 2. **(investment fund)** (Investment-) Fonds *m*; **balanced** ~ → balanced; **bond** ~ Rentenfonds *m*; **closed-end** ~ → closed-end; **commodity** ~ Investmentfonds, dessen Vermögen in Waren oder Edelmetall-Zertifikaten angelegt ist; **cumulative** ~ Thesaurierungsfonds *m*;

**distribution of the ~** Fondsausschüttung *f*; **dual purpose ~** Investmentfonds mit zwei Anlagezielen *(Wachstum und Einkommen)*; **equity ~** Aktienfonds *m*; **fixed ~** → fixed; **flexible ~** → flexible; **growth stock ~** Wachstumsaktienfonds *m*; **hedge ~** Investmentfonds mit hoch spekulativer Anlagepolitik; **income ~** Einkommensfonds *m (mit höchstmöglicher Ausschüttung)*; Renditefonds *m*; **leverage ~** → leverage; **mixed ~** gemischter Fonds *(Aktien und Rentenwerte)*; **open-end ~** → open-end; **property** (or **real estate**) **~** Immobilienfonds *m*; **restricted ~** Spezialfonds *m* (*dessen Anteile e-m bestimmten Erwerberkreis vorbehalten sind*; *z. B. Versicherungsgesellschaften*); **security-based ~** Wertpapierfonds *m*; **share ~** Aktienfonds *m*; **~ assets** Fondsvermögen *n*; **~s (flow) statement** Kapitalflussrechnung *f*; **~-linked life insurance** fondsgebundene Lebensversicherung *f*; **~ of funds** Dachfonds *m*; **~ open to the general public** Publikumfonds *m*

**fund**, *v* finanzieren; kurzfristige in langfristige Schulden umwandeln; **to ~ one's money** *Br* sein Geld in Staatspapieren anlegen

**fundamental**, grundlegend; wesentlich (to für); **~ analysis** auf Fundamentaldaten beruhende Aktienanalyse *f*; **~ change** grundlegende Änderung *f*; **~ research** Grundlagenforschung *f*; **~ rights** Grundrechte *npl*

**funded**, **~ debt** fundierte Schulden *fpl*; langfristige Verpflichtungen *fpl*; *Br* Staatsanleihen ohne festen Rückzahlungstermin (Consols etc.); **~ pension plan** finanziell sichergestellter Pensionsplan *(z. B. durch Hinterlegung von Kapital [funds] bei e-m Treuhänder)*; **~ property** *Br* Besitz an Staatspapieren

**funding**, Finanzierung *f*; Fundierung *f*, Umwandlung *f* von kurzfristigen in langfristige Schulden *(z. B. durch Ausgabe e-r neuen Anleihe)*; **~ loan** Fundierungsanleihe *f*

**funeral**, **~ benefit** Sterbegeld *n*; **~ expenses** Begräbniskosten *pl*

**fungible**, **~s** (or **~ things**) vertretbare Sachen *fpl*, Gattungssachen *fpl*

**fur**, **~ dealer** Pelzhändler *m*, Rauchwarenhändler *m*; **~ farming** Pelztierzucht *f*; **~ products** Pelzwaren *fpl*

**furnish**, *v* versehen, versorgen (with mit); verschaffen; ausstatten, möblieren; **to ~ sb. with capital** jdm Kapital verschaffen; **to ~ documents** Urkunden beibringen; **to ~ evidence** Beweis(e) erbringen; **to ~ a house** ein Haus einrichten; **to ~ information** Auskunft erteilen

**furnished**, **~ room** möbliertes Zimmer *n*; *Br* **to let** (*Am* **to rent**) **~** möbliert vermieten

**furnishing**, **~** Einrichtung(sgegenstände) *f(mpl)*; Möbel *pl*; **~ fabrics** Möbel(bezugs)stoffe *mpl*; Dekorationsstoffe *mpl*; **~ of copies** Erteilung *f* von Abschriften

**furniture**, Möbel *pl*; **domestic ~** Wohnungseinrichtung *f*; **office ~** Büroeinrichtung *f*; **piece of ~** Möbelstück *n*; **~ and fittings** Betriebs- und Geschäftsausstattung *f*; **~ and fixtures** *Am* Betriebs- und Geschäftseinrichtung *f*; **furniture factory** Möbelfabrik *f*; **~ of a ship** Schiffsausrüstung *f*; **~ van** Möbelwagen *m*; **~e warehouse** Möbellager *n*

**further**, *v* fördern, unterstützen

**further**, *adj* weiter; **in the ~ course of events** im weiteren Verlauf; **~ education** Weiterbildung *f*, Fortbildung *f*; **~ margin** Nachschuss(zahlung) *m(f)*; **until ~ notice** bis auf weiteres; **~ orders** weitere Aufträge *mpl*; **~ processing** weitere Verarbeitung *f*; **~ to our letter** im Anschluss an unser Schreiben; **~ transport** Weiterbeförderung *f*

**fusion**, Fusion *f*, Verschmelzung *f*, Unternehmenszusammenschluss *m*

**future**, 1. Zukunft *f*; (zu)künftig; **claims to ~ profits** zukünftige Gewinnansprüche *mpl*; **~ right** Anwartschaft *f*; **the firm has no ~** die Firma hat keine Zukunft

**future**, 2. *(Börse)*, **~ commodity** Terminware *f*

**future delivery**, Terminlieferung *f*; **sale for ~** Terminverkauf *m*; **securities traded for ~** Terminpapiere *npl*; **to buy (sell) for ~** per Termin kaufen (verkaufen)

**future rate agreement**, (FRA) Zinsterminkontrakt *m* (der Kauf von FRAs schützt vor steigenden, der Verkauf von FRAs vor sinkenden Zinsen)

**futures**, *(Börse)* Terminkontrakte *mpl*, Termingeschäfte *npl*, Terminwaren *fpl (an dem futures market gehandelte Waren, Devisen, Geldmarktpapiere etc.)*; **dealing in ~** Termingeschäft *n*; **speculation in ~** Terminspekulation *f*; **trading in security**

~ Terminhandel *m* in Wertpapieren; ~ **contract** Terminkontrakt *m*; ~ **exchange** Terminbörse *f*; ~ **hedge** Absicherung *f* durch Terminkontrakte; ~ **market** Terminkontraktmarkt *m*; ~ **option** Option *f* auf e-n Terminkontrakt; ~ **price** Terminkontraktkurs *m*; ~ **quotation** Terminnotierung *f*; ~ **trading** Terminkontrakthandel *m*

# G

**G/A clause**, Große Havarieklausel *f* (s. general → average 2.)
**gadget**, Kleingerät *n*
**gage**, Pfand *n*
**gain**, Gewinn *m*; Kursgewinn *m*; Vorteil *m*; **capital ~** → capital; **short-term ~s** Vorteile *mpl* in der nahen Zukunft; **top ~s** *(Börse)* Spitzengewinne *mpl*; ~ **from sale** Veräußerungsgewinn *m*; **~s on securities** Wertpapiergewinne *mpl*; ~ **sharing** Gewinnbeteiligung *f* der Arbeitnehmer *(Prämienlohnsystem)*; **to yield ~s** Gewinne einbringen (od. abwerfen)
**gain**, *v* gewinnen; *(Kurse)* sich verbessern, anziehen
**gainful**, gewinnbringend, einträglich; ~ **employment** Erwerbstätigkeit *f*
**gainfully**, ~ **employed (person)** Erwerbstätige(r) *f(m)*; ~ **employed** erwerbstätig, in bezahlter Stellung (od. Arbeit)
**gallon**, Gallone *f*, Hohlmaß *n* (*Br* 4,54 l, *Am* 3,78 l)
**galloping inflation**, galoppierende Inflation *f*
**galvanized iron**, verzinktes Eisenblech *n*
**gamble**, Glücksspiel *n*; Spekulation *f*
**gamble**, *v (um Geld)* spielen; Risiko *n* auf sich nehmen *(in der Hoffnung auf e-n Gewinn)*; *(Börse)* spekulieren; **to ~ for a fall (rise)** auf Baisse (Hausse) spekulieren
**gambler**, Spieler *m*; *(Börse)* Spekulant *m*
**gambling**, Glücksspiel *n*; ~ **debt** Spielschuld *f*; ~ **in futures** *(Börsentermingeschäft)* Differenzgeschäft *n*
**game**, 1. Spiel *n*; **management ~s** Planspiele *npl* für Unternehmensführung; ~ **theory** (method of business analysis) Spieltheorie *f* (Spiel-Methode der Analysierung von geschäftlichen Problemen)
**game**, 2. Wild *n*; ~ **licen|ce (~se)** Jagdschein *m*; ~ **tenant** Jagdpächter *m*
**gaming machine**, Geldspielautomat *m*
**gang**, (Arbeits-)Gruppe *f*, Abteilung *f*; *(meist verbrecherische)* Bande *f*; ~ **of smugglers** Schmugglerbande *f*
**gap**, Lücke *f*; ~ **in the law** Gesetzeslücke *f*; ~ **in supply** Angebotslücke *f*; **to bridge the ~ in the market** die Marktlücke schließen
**garage**, Garage *f*; *Br* Autowerkstatt *f*; ~ **rent** Garagenmiete *f*
**garbage**, *Am* Müll *m*; ~ **disposal** Müllbeseitigung *f*
**garment industry**, Bekleidungsindustrie *f*
**garnish**, *v (Forderung beim Drittschuldner)* pfänden; garnieren (verzieren); **to ~ wages** *Am* den Lohn pfänden
**garnishee**, Drittschuldner *m*; Pfändungsschuldner *m*
**garnishment**, *bes. Am* Forderungspfändung *f*; ~ **of wages** *Am* Lohnpfändung *f*
**gas**, Gas *n*; *Am* Benzin *n*; **long-distance ~ supply** Gasfernversorgung *f*; **natural ~** Erdgas *n*; **synthetic natural ~** (SNG) künstliches Erdgas *n*; **natural ~ deposit** Erdgasvorkommen *n*; **natural ~s supplies** Erdgasversorgung *f*; ~ **bill** Gasrechnung *f*; ~ **heating** Gasheizung *f*; ~ **level** *Am* Benzinstand *m*; ~ **meter** Gaszähler *m*; ~ **pipeline** Erdgas(fern)leitung *f*; ~ **station** *Am* Tankstelle *f*; ~ **supply** Gasversorgung *f*; **to have run out of ~** *Am* kein Benzin mehr haben
**gasoline**, *Am* Benzin *n*
**GATT**, → General Agreement on Tariffs and Trade *(Nachfolgeorganisation ist WTO)*
**gateway**, *(EDV)* Gateway *m (Ein ~ ist ein Netzwerkpunkt, der als Eingang zu einem anderen Netzwerk dient.)*
**gauger's certificate**, Eichschein *n*
**Gazette**, *Br* Amtsblatt *n*, Staatsanzeiger *m*
**GB**, → Gigabyte
**gear**, *(Auto)* Gang *m*
**geared to**, eingestellt auf; eng verbunden mit
**gearing**, *Br* Verhältnis zwischen Fremdkapital (bonds and preferred shares) und Eigenkapital (equity) *(e-s Unternehmens)*; Verschuldungsgrad *m (e-r Firma)*; → capital gearing/leverage ratio
**gear up**, *v* ausbauen; erweitern; sich rüsten für
**general**, ~ **acceptance** uneingeschränktes Akzept *n*; ~ **account** Hauptkonto *n*; ~

**accounting** Rechnungswesen *n*; ~ **Accounting Office** *Am* Rechnungshof *m*; ~ **agency** → agency; ~ **agent** → agent; **G~ Agreement on Tariffs and Trade** (GATT) Allgemeines Zoll- und Handelsabkommen *n* ( → GATT); **G~ Arrangements to Borrow** Allgemeine Kreditvereinbarungen *fpl*; ~ **Assembly** → assembly 1.; ~ **average** → average 2.; ~ **bill of lading** Sammelkonnossement *n*; ~ **budget** Gesamthaushaltsplan *m*; ~ **business** *(auf Tagesordnung)* Verschiedenes *n*; ~ **business conditions** Allgemeine Geschäftsbedingungen (AGB); ~ **cargo** Stückgut(ladung) *n(f)*; ~ **cargo rates** (GCR) allgemeine (Luft-)Frachtraten *fpl*; ~ **clause** Generalklausel *f*; ~ **conditions of trade** Allgemeine Geschäftsbedingungen *fpl*; ~ **cost** Gemeinkosten *pl*; gewöhnlich vorkommende Kosten; ~ **credit line** Kreditrahmen-Kontingent *n*; ~ **creditor** nicht bevorrechtigter Gläubiger *m*; ~ **deposit** Sammeldepot *n*; ~ **economic situation** Gesamtwirtschaftslage *f*; ~ **endorsement** Blankoindossament *n*; ~ **expenses** Gemeinkosten *pl*; ~ **goods** Stückgut *n*; ~ **ledger** Hauptbuch *n*; ~ **legacy** Gattungsvermächtnis *n*; ~ **level of prices** allgemeines Preisniveau *n*; ~ **liability insurance** *Am* allgemeine Haftpflichtversicherung *f*; ~ **lien** allgemeines Pfandrecht *n*; ~ **listing** Notierung *f* e-r Aktie an mehreren Börsen; ~ **management trust** → flexible trust; general manager leitender Angestellter *m*; Geschäftsführer *m*; *Am* Generaldirektor *m*; **G~ Medical Council** *Br* Ärztekammer *f*; ~ **meeting** → meeting; ~ **mortgage bond** Anleihe, die durch e-e Gesamthypothek gesichert ist; ~ **obligation bonds** *Am* Kommunalobligationen *fpl*; ~ **operating expenditure** allgemeine Betriebskosten *pl*; ~ **operating reserve** Dispositionsreserve *f*; ~ **partner** unbeschränkt haftender Gesellschafter *m*; Komplementär *m*; ~ **power (of attorney)** Generalvollmacht *f*; ~ **practitioner (GP)** praktischer Arzt *m*; Hausarzt *m*; ~-**purpose** Mehrzweck-; ~ **representation** Generalvertretung *f*; ~ **reserves** offene Rücklagen *fpl*; ~*m*; ~ **revenue sharing** vertikaler Finanzausgleich *m*; ~ **store** Gemischtwarenhandlung *f*; **G~ System of Preferences (GSP)** *(EU)* Allgemeines Präferenzsystem *n* (APS); ~ **tariff** Einheitstarif *m*; ~ **terms and conditions** Allgemeine Geschäftsbedingungen *fpl*; ~ **view** Gesamtüberblick *m*

**generalized**, **G~ System of Preferences** (GSP) *Am* System *n* der Vorzugszölle

**generally accepted accounting principles**, (GAAP) *Am* Grundsätze *mpl* ordnungsgemäßer Rechnungslegung (bzw. Bilanzierung)

**general packet radio service**, Paketbasierte Mobilfunktechnologie *f (~ wird als die zweieinhalbe Generation (2,5G) bezeichnet, weil es eine Weiterentwicklung der zweiten Generation (2G) ist, aber noch nicht die Anforderungen für die dritte Generation (3G) der Mobilfunktechnologie erfüllt)*

**generic goods**, Gattungssachen *f pl*

**generic name**, Gattungsbezeichnung *f*

**generic brand name**, ein Markenname, der als Bezeichnung für das Produkt selbst gilt; z. B. Tempo für Taschentücher

**genetic engineering**, Gentechnik f; Genmanipulation *f*

**genetic**, ~ **heritage** Erbanlagen *fpl*; ~ **research** Genforschung *f*

**Geneva Conferences on the Law of the Sea**, Genfer Seerechtskonferenzen *fpl*

**gentlemen's agreement**, Gentlemen's Agreement *n*; Vereinbarung nach Treu und Glauben

**genuineness of a signature**, Echtheit *f* e-r Unterschrift

**German**, deutsch; ~ **mark** Deutsche Mark (DM); ~ **Options and Financial Futures Exchange** (Goffex) Deutsche Terminbörse *f* (DTB)

**Germany**, Deutschland; **Federal Republic of** ~ Bundesrepublik Deutschland

**get**, *v* erhalten, bekommen, erlangen; lassen, veranlassen; **to ~ dearer** teurer werden; **to ~ down to business** zur Sache kommen; **to ~ in** *(Aufträge)* hereinholen; *(Waren)* hereinbekommen; **to ~ into debt** in Schulden geraten; **to ~ orders** Aufträge bekommen; **to ~ out of business** sein Geschäft aufgeben; **to ~ out of debt** Schulden loswerden; **to ~ used to** sich gewöhnen an; **to ~ value for money** etw. für sein Geld bekommen

**get(-)up**, *(äußere)* Ausstattung *f*, Aufmachung *f (z. B. von Waren)*

**ghosting**, illegale Manipulation *f* von Aktienpreisen durch einen oder zwei Primärhändler

**giant**, riesig (groß); **~-size pack** Großpackung *f*; Haushaltspackung *f*; **~ tanker** Großraumtanker *m*

**gift**, Schenkung *f*; Geschenk *n*; Begabung *f*; **free ~** Zugabe *f*; **~ advertising** Werbung *f* mit Zugaben; **~ and estate tax** *Am* Schenkungs- und Erbschaftsteuer *f*; **~ article** Geschenkartikel *m*; **~ (by will)** Vermächtnis *n*; **~ certificate** *Am* Gutschein *m (für Geschenkzwecke)*; **~ of money** Geldgeschenk *n*; **~ parcel** Geschenkpaket *n*; *(Zoll)* Geschenksendung *f*; **~ tax** Schenkungsteuer *f* (*Br* → inheritance tax); **to make a ~ of sth. to sb.** jdm etw. schenken (od. vermachen)

**gift**, *v* schenken; **to ~-wrap** als Geschenk verpacken

**gigabyte**, Gigabyte *n* (*Ein ~ entspricht 1.024 → Megabyte*)

**gilt-edged**, **~ market** *Br* Markt *m* für Staatspapiere; **~ market maker** (GEMM) *Br* Wertpapierhändler *m* für Staatspapiere; **~ securities** (or **stocks**) *Br* (mündelsichere) Staatspapiere *npl*

**gilts**, *Br* → gilt-edged securities; **~ market** → gilt-edged market

**gin and tonic brigade**, *colloq.* mittleres Management *n* (ohne große Aussichten ins Top Management zu kommen)

**Ginnie Mae**, *Am* Börsenausdruck *m* für → Government National Mortgage Association *(die von der Bundesregierung garantierte Wertpapiere emittiert)*

**giro**, Giro (Überweisung im bargeldlosen Zahlungsverkehr); **~ account** Girokonto n

**Girobank**, (plc) *Br (jetzt privatisierte)* Girobank *f (mit Büroräumen in der Post)*; **~ account** *Br* Girobankkonto *n*; **~ service** *Br* Girobankdienst *m*, -verkehr *m*

**giro**, **~ cheque** *Br* Giroscheck *m*; **~ clearing operations** *(bei Banken)* Giroverkehr *m*; **~ standing order** Girodauerauftrag *m*; **~ transfer** Giroüberweisung *f*; **~ transfer device** Girozettel *m*

**give**, *v*, **to ~ and bequeath** *(jdm etw.)* vermachen; **to ~ for the call** *Br (Börse)* Vorprämie *f* kaufen; **to ~ for the put** *Br (Börse)* Rückprämie *f* verkaufen; **to ~ in payment** in Zahlung geben; **to ~ notice** Nachricht geben; kündigen (→ notice 1. und 2.); **to ~ on stock** *Br (Börse)* in Report geben; **to ~ an order** (for goods) e-n Auftrag erteilen; **to ~ out work** Arbeit vergeben; **to ~ way** *(von Preisen, Kursen)* nachgeben; **to ~ way to sb.** jdm die Vorfahrt lassen

**give the floor to sb.**, *v* jdm das Wort erteilen

**give the go ahead to sb.**, *v* jdm grünes Licht geben

**giveaway**, Zugabe *f*; **at ~ price(s)** zu Schleuderpreisen

**give way!**, Vorfahrt beachten!

**given**, **at the ~ price** zum festgesetzten Preis; **~ under my hand** von mir unterschrieben

**giver**, **~ for a call** *Br* Käufer *m* e-r Vorprämie; **~ for a put** Verkäufer *m* e-r Rückprämie; **~ of an option** *Br (Börse)* Prämienkäufer *m*, Optionsgeber *m*

**glamour shares**, (or **stocks**) stark gefragte Aktien mit spekulativem Charakter

**glass**, Glas *n*; **shatter-proof ~** splitterfreies Glas; **under-~ horticulture** Unterglasgartenbau *m*; **~, (handle) with care** Vorsicht, Glas! **~ ware** Glaswaren *pl*

**glitch**, Panne *f*; Fehler *m*

**global**, global, Gesamt-; weltweit, umfassend; pauschal; **~ credit** Rahmenkredit *m*; **~ data** Gesamtangaben *fpl*; **~ economy** Weltwirtschaft *f*; **~ warming** globale Erwärmung *f* (→ *greenhouse effect*)

**globalization**, Globalisierung *f*

**global system for mobile communication**, Mobilfunktechnologie *f (~ ist eine Mobilfunktechnologie der zweiten Generation (2G). Sie findet Verwendung in den meisten Mobilfunknetzen in Europa und Asien sowie in einigen der USA)*

**gloomy forecast**, düstere Prognose *f*

**glut**, Überangebot *n*, Schwemme *f*; **wheat ~** Weizenschwemme *f*; **~ of fruit** Obstschwemme *f*; **~ on the market** Überschwemmung *f* des Marktes; Marktschwemme *f*; **~ of money** Geldschwemme *f*; Geldüberhang *m*

**glutted market**, überschwemmter (od. übersättigter, nicht mehr aufnahmefähiger) Markt *m*

**GNP**, **gnp** → gross national product; **~ increased** das Bruttosozialprodukt (BSP) hat sich erhöht

**goals of the firm**, Unternehmensziele *npl*

**go-between**, Vermittler *m*

**go-go fund**, Investmentfonds *m*, der durch aggressive Politik e-n großen Kapitalzuwachs sucht

**go-slow**, Bummelstreik

**go**, *v*, **to ~ ahead** vorwärts kommen, Fortschritte machen; **to ~ bad** schlecht werden *(Nahrungsmittel)*; **to ~ bankrupt** Konkurs machen; **to ~ a bear** *Br* auf Baisse spekulieren; **to ~ between** vermitteln zwischen; **to ~ a bull** *Br* auf Hausse spekulieren; **to ~ bust** pleite gehen; **to ~ down** an Qualität verlieren; schlechter werden; fallen, sinken *(Preise, Kurse)*; untergehen *(Schiff)*; **to ~ for a fall** auf Baisse spekulieren; **to ~ for little** für wenig wertvoll gehalten werden; **to ~ for a rise** auf Hausse spekulieren; **to ~ into a business** in ein Geschäft einsteigen (od. eintreten); **to ~ into the red** rote Zahlen schreiben; **to ~ long** Wertpapiere kaufen; **to ~ off** *(Ware)* weggehen, Absatz finden; *(Lebensmittel)* schlecht werden; **the goods went off quickly** die Ware fand schnellen Absatz (od. verkaufte sich schnell); **to ~ off slowly** sich schlecht verkaufen; langsamen Absatz haben; **to ~ out of business** das Geschäft aufgeben; **to ~ out of fashion** aus der Mode kommen; **to ~ out of print** vergriffen sein; **to ~ short** Wertpapiere (leer)verkaufen; **to ~ slow** *Br* in Bummelstreik treten; **to ~ to expense** sich in Unkosten stürzen; **prices are ~ing up** die Preise (od. Kurse) steigen; **to ~ without** auskommen ohne

**God**, **act of ~** höhere Gewalt *f*

**godfather offer**, großzügiges Übernahmeangebot *n*

**going concern**, laufender Geschäftsbetrieb *m*; gut gehendes Unternehmen *n* *(von dem anzunehmen ist, dass es nicht zahlungsunfähig wird und fortdauert)*; **~ price** Tageskurs *m*; **~ private** Aktienrückkauf *m* vom Publikum; **~ value** aktueller Unternehmenswert *m*

**going-out-of-business sale**, *Am* Totalausverkauf *m (wegen Geschäftsaufgabe)*

**going rate**, gegenwärtiger Satz *m (für Löhne, Zinsen etc.)*; Marktpreis *m*, Marktwert *m*

**going**, **to be ~ cheap** billig zu haben sein; **to set ~** in Gang bringen

**gold**, Gold *n*; **bar ~** Gold in Barren, Barrengold *n*; **coined ~** gemünztes Gold; **false ~** unechtes Gold; **fine ~** Feingold; **ingot ~** Barrengold; **pure ~** reines Gold; **standard ~** Münzgold *n*; **~ backing** Golddeckung *f*; **~ bar** Goldbarren *m*; **~ bond** Goldanleihe *f*

**gold bullion**, Barrengold *n*; **~ standard** Goldkernwährung *f*

**gold card**, Goldkarte *f* (Kreditkarte für höhere Einkommensgruppen)

**gold coin**, Goldmünze *f*, Goldstück *n*; **~ and bullion** Münz- und Barrengold *n*; Goldbestände *mpl*; **~ standard** Goldmünzwährung *f*

**gold cover**, Golddeckung *f*; **lifting** (or **removal, abolition**) **of ~** Aufhebung *f* der Golddeckung

**gold**, **~ currency** Goldwährung *f*; **~ deposit** Goldvorkommen *n*; **~ digger** Goldgräber *m*; **~ embargo** Goldausfuhrverbot *n*; **~ equities** Goldaktien *fpl*; **~ exchange standard** Golddevisenwährung *f*; **~ export point** Goldausfuhrpunkt *m*; oberer Goldpunkt *m*; **~ hoarding** Goldhortung *f*; **~ holdings** Goldbestand *m*; **~ importing point** Goldeinfuhrpunkt *m*; unterer Goldpunkt *m*; **~ ingot** Goldbarren *m*

**gold market**, **splitting of the ~ into a free and an official market** Spaltung *f* des Goldmarktes in e-n freien und e-n offiziellen Markt; **two-tier ~** gespaltener (od. zweigeteilter) Goldmarkt *m*

**gold**, **~ medal** Goldmedaille *f*; **~ mine** Goldgrube *f*, Goldbergwerk *n*; **~ mining** Goldbergbau *m*; **~ outflow** Goldabfluss *m*; **~ parity** Goldparität *f*; **~ piece** Goldstück *n*; **~ point** Goldpunkt *m*; **~ premium** Goldagio *n*; **~ production** Goldgewinnung *f*; **~ rate** Goldkurs *m*; **~ reserve** Goldreserve *f*, Goldbestand *m*; **~ shares** Goldaktien *fpl*; **~ specie** gemünztes Gold; **~ specie standard** Goldumlaufwährung *f*; **~ standard** Goldwährung *f*, Goldstandard *m*; **~ stock** Goldbestand *m*; **~ tranche** Goldtranche *f*

**gold value**, Goldwert *m*; **~ guarantee** *(IMF)* Goldwertgarantie *f*; **maintenance of ~** Erhaltung *f* des Goldwertes; **to carry a ~e guarantee** goldwertgesichert sein

**golden**, **~ bank rule** goldene Bankregel *f* *(über Liquidität)*; **~ handcuffs** bedingte Anspornvorteile *mpl*, die den Zweck haben, Unternehmensleiter an die Firma zu binden; **~ handshake** hohe Abfindung *f* *(an Arbeitnehmer in hoher Stellung bei Entlassung)*; **~ parachute** *Am* Abfindung *f* von Spitzenmanagern nach e-r Übernahme; **~ share** *Br* von der Regierung zurückgehaltener Anteil *m (mit Veto usw.)* an e-m privatisierten Unternehmen

**good**, gut; kreditfähig, sicher; gültig; **~ commercial paper** diskontfähiger Wechsel *m*; **~ debt** sichere Forderung *f*; **~ delivery** *(Börse)* lieferbar; **~ fair average** (g.f.a.) gute Durchschnittsqualität *f*; **~ faith** → faith; **good for nothing** wertlos; **~ merchantable quality** handelsübliche Qualität *f*; **~ middling** gute Durchschnittsqualität *f*

**good offices, to secure the ~ of the ICC** die guten Dienste *pl* der IHK (Intern. Handelskammer) in Anspruch nehmen

**good, in ~ repair** in gutem (baulichem) Zustand *m*, **~ seller** gut gehende Ware *f*; **~ this week** *(Börse)* für eine Woche gültiges Kurslimit *n*, **in ~ time** rechtzeitig; **~ title** hinreichender Rechtstitel *m*; **~ until cancel(l)ed order** *(Börse)* bis auf Widerruf gültiger Auftrag *m*; **to make ~ the defect** den Mangel beseitigen; **to make ~ a loss** e-n Schaden ersetzen

**goods**, Ware(n) *f(pl)*; *Br* Fracht(gut) *f(n)*; **ascertained ~** bestimmte Ware *(beim Spezieskauf)*; **assortment of ~** Warensortiment *n*; **bill on ~** Warenwechsel *m*; **boxed ~** in Kisten verpackte Waren; **carriage of ~** → carriage; **consumer ~** Gebrauchsgüter, Konsumgüter; **domestic ~** einheimische Waren; **dutiable ~** Zollgut *n*; **duty-free ~** zollfreie Waren; **general ~** Stückgut *n*; **heavy ~** Schwergut *n*; **high-quality ~** erstklassige Ware; Güter des gehobenen Bedarfs; **high-priced ~** teuere Ware; **inferior-quality ~** minderwertige Ware; **price-maintained ~** preisgebundene Waren; **sale of ~** Warenabsatz *m*; *(bei Buchungen)* Warenausgang *m*; **trade in ~** Warenhandel *m*; **~ account** Warenrechnung *f*; **~ agent** *Br* Bahnspediteur *m*; **~ and capital movement** Waren- und Kapitalverkehr *m*; **~ and chattels** bewegliches Vermögen *n*; **~ and service transactions** Waren- und Dienstleistungsverkehr *m*; **~ controller** Warenprüfer *m*; **~ declaration** Warenanmeldung *f (zur Verzollung)*; Zollanmeldung *f*; **~ depot** *Br* Güterschuppen *m*; **~ for trans(s)hipment** Umladegüter *pl*; **~ free of duty** *(Zoll)* Freigut *n*; **~ haulage operator** Güterverkehrsunternehmer *m*; **~ in bond** unter Zollverschluss liegende Waren; **~ in process** unfertige Erzeugnisse *npl*; **~ in stock** Lagerbestand *m*, Warenbestand *m*; **~ in transit** Transitgüter *pl*; **~ inspection** Warenkontrolle *f*; **~ issuing department** Warenausgabe *f*; **~ lift** *Br* Lastenaufzug *m*; **~ office** Güterabfertigung *f (auf dem Bahnhof)*; **~ on commission** Kommissionsware *f*; **~ on hand** Lagerbestand *m*; Warenbestand *m*; **~ on sale or return** Kommissionsware *f*; **~ out of bond** verzollte Waren; **~ prepacked** Lebensmittel *pl* in Fertigpackungen; **~-producing industry** produzierendes Gewerbe *n*; **~ quota** Warenkontingent *n*; **~ rates** Gütertarif *m*; **~ received** Wareneingang *m*; **~ returned** Retouren *pl, (an den Verkäufer)* zurückgesandte Waren; **~ shed** *Br (Eisenbahn)* Güterschuppen *m*; **~ shelf** Ladenregal *n*; **~ station** *Br* Güterbahnhof *m*; **~ tariff** Gütertarif *m*; **~ test** Warentest *m*

**goods traffic**, Warenverkehr *m*; *Br* Güterverkehr *m*, Frachtverkehr *m*; **~ across the border** grenzüberschreitender Warenverkehr; **~ by rail** Eisenbahngüterverkehr *m*

**goods train**, *Br* Güterzug *m*; **goods sent by ~** *Br* Frachtgut *n*; **goods sent by fast ~** *Br* Eilfracht *f*; Expressgut *n*

**goods transport**, *Br* Güterverkehr m; Güterbeförderung *f*; **~ by road** *Br* Güterkraftverkehr *m*; Straßengüterverkehr *m*; **long-distance ~** *Br* Güterfernverkehr *m (auf der Straße)*; **short-distance ~** *Br* Güternahverkehr *m*; **shorthaul domestic ~** *Br* innerstaatlicher Güternahverkehr *m*

**goods, ~ turnover** Warenumsatz *m*; **~ van** Güterwagen *m*; **~ vehicle** Lieferwagen *m*; **heavy ~ vehicle** Lastkraftwagen *m*

**goods wagon, covered (open) ~** *Br* gedeckter (offener) Güterwagen *m*

**goods, to buy bulk or packed ~** die Ware lose oder verpackt kaufen; **to dispatch ~** Güter versenden; **to insure ~ in transit** Waren auf dem Transport versichern; **to mark the ~** die Waren auszeichnen; **to order ~** Waren bestellen; **to pass ~ in transit** Waren durch ein Land führen; **to send ~ by** (or **in**) **parcels** Waren stückweise versenden; **to take up a loan on ~** *(als Kreditnehmer)* Waren beleihen

**goodwill**, Goodwill *m, (ideeller)* Firmenwert *m*, Geschäftswert *m*; **customer ~** Ansehen *n (e-r Firma)* bei der Kundschaft; **~ written off** Goodwill-Abschreibung *f*

**govern**, *v* regieren; lenken, leiten, bestimmen; **to be ~ed by a law** unter ein Gesetz fallen

**governing**, **~ board** (or **body**) Direktion *f*, Vorstand *m*; Verwaltungsrat *m*; **~ market trends** marktbestimmende Entwicklungen *fpl*

**government**, Regierung *f*; Staats-; **local ~** → local; **~ aid** staatliche Unterstützung *f*; **~ annuity** *Br* Staatsrente *f*; **~ bonds** Staatspapiere *npl*; Staatsanleihen *fpl*; **~ borrowing** Kreditaufnahme *f* des Staates; **~ broker** *Br* hoher Beamter *m* der Bank of England, der Staatspapiere kauft und verkauft

**government contract**, Regierungsauftrag *m*; **awarding of ~** Vergabe *f* von staatlichen Aufträgen *(bei Ausschreibungen)*

**government**, **~ contractor** Staatslieferant *m*; **~ debt** Staatsschuld *f*; **~ department** *Br* Ministerium *n*; Regierungsstelle *f*; **~ employee** Staatsbediensteter *m*, Beamter *m* des mittleren Dienstes; **~ expenditure** Staatsausgaben *fpl*; **~ funds** staatliche Mittel *pl*; Staatspapiere *npl*; **on ~ funds** auf Staatskosten *pl*; **~ grant** staatlicher Zuschuss *m*, Subvention *f*; **~ liability** Amtshaftung *f*; **~ loan** Staatsanleihe *f*; **~ monopoly** Staatsmonopol *n*; **G~ National Mortgage Association** (Ginnie Mae) *Am* bundesstaatliche Hypothekenkreditanstalt *f*; **~ official** Staatsbeamter *m*; **~ order** Staatsauftrag *m*; öffentlicher Auftrag *m*; **~-owned** staatseigen; **~ ownership** Staatseigentum *n*; **~ procurement** öffentliches Beschaffungswesen *n*; **~ property** Staatseigentum *n*; **~ representatives** Regierungsvertreter *mpl*; **~ revenue** Staatseinnahmen *fpl*; **~ securities** *Br* Staatspapiere *npl*, Staatsanleihen *fpl* (bonds, Exchequer bills, etc.); **~ spending** Staatsausgaben, öffentliche Ausgaben *fpl*; **~ stocks** *Br* → government securities

**governmental**, staatlich, Staats-; **~ agency** *Am* Regierungsstelle *f*; **~ facilities** staatliche Einrichtungen *fpl*; **~ purchases of supplies** Beschaffungskäufe *mpl* der Regierung

**Governor**, **Board of ~** → board; Präsident **~ of the Bank of England** *m* der Bank von England

**GPRS**, → General packet radio service

**grab**, *v* erobern; **~ a chunk of the market** Marktanteil erobern

**grace**, Gnade *f*; Gnadenfrist *f*, Nachfrist *f*; **by way of ~** auf dem Gnadenweg; **days of ~** → day; **period of ~** → grace period

**grace period**, rückzahlungsfreie Zeit *f*; Nachfrist *f*; **a two-year ~** e-e Nachfrist von zwei Jahren; *(bei e-m Darlehen)* zwei tilgungsfreie Jahre *npl*

**grade**, (Güte-)Klasse *f*, Sorte *f*; Qualität *f*; Grad *m*; **~ A** erste Qualität; **~ B** zweite Qualität; **commodity ~** Warensorte *f*; **first** (or **high**) **~** erstklassig; prima; **low ~** geringwertig, von minderer Qualität; **~ label(l)ing** Güteklassenbezeichnung *f*; **~ of quality** Güteklasse *f (e-r Ware)*; **business is on the up ~** mit dem Geschäft geht es bergauf; die Geschäfte bessern sich

**grade**, *v* eingruppieren; (nach Qualität, Sorte od. Größe) einstufen, sortieren; (Gehälter, Steuern etc.) staffeln

**graded**, **~ by size** nach Größe sortiert; **~ goods** in Güteklassen (etc.) eingestufte (od. sortierte) Waren

**grading**, Eingruppierung *f*; Einstufung *f*, Sortierung *f*; Staffelung *f*; **~ of premiums** Beitragsstaffelung *f*

**graduate**, *v* in Grade einteilen; abstufen, staffeln; promovieren

**graduated**, **~ bond** Staffelanleihe *f (mit veränderlichem Zinsfuß)*; **~ interest** Staffelzinsen *pl*; **~ price** gestaffelter Preis, Staffelpreis *m*; **~ tariff** Staffeltarif *m*

**graduation**, Abstufung *f*, Staffelung *f*

**graft**, Korruption *f*; Schmiergeld(er) *n(pl)*

**grain**, Getreide *n* (wheat Weizen, maize [corn] Mais, oats Hafer, rye Roggen, barley Gerste, rice Reis, pulses Hülsenfrüchte, seeds Saatgut); **bagged ~** Getreide in Säcken; **bulk ~** loses Getreide; **coarse ~s** Getreidesorten *fpl* geringerer Qualität; Futtergetreide *n*; **standing ~** Getreide auf dem Halm

**grain**, **~ cargo** Getreideladung *f*; **~ crop** Getreideernte *f*; **~ elevator** Getreideheber *m*; **~ exchange** Getreidebörse *f*; **~ exporting country** Getreideausfuhrland *n*; **~ futures** *(Börse)* Getreidetermingeschäfte *npl*; **~ futures market** Terminmarkt *m* für Getreide; **~ growing** Getreide(an)bau *m*; **~ growing country** Getreideland *n*

**grain**, **~ marketing year** *(EU)* Getreidewirtschaftsjahr *n*; **~ merchant** Getreidehändler *m*; ~ **shipment** Getreidelieferung *f*; ~ **storage** Getreidelagerhaltung *f*; ~ **terminal** Getreideumschlagstelle *f*; **the ~ is coming on well** das Getreide steht gut; **to grow ~** Getreide anbauen

**granary**, Getreidesilo *m*

**grand**, *colloq. Br* £ 1,000; *Am* 1.000 $

**grandfathering**, Besitzstandsregelung *f*, Verschachtelung *f (im Effekten- und Emissionsbereich)* ~ **clause** Besitzstandsklausel *f*

**grand total**, Endsumme *f*

**grange**, Gutshof *m*; Getreidesilo *m*

**grant**, Bewilligung *f*, Gewährung *f*; Erteilung *f*; (staatl.) Zuschuss *m*, Subvention *f*; Stipendium *n*; Übertragung *f (von Grundbesitz)*; *Br* zweckgebundener Staatszuschuss *m* an Kommunalbehörden (local government authorities); **~s** *(nicht rückzahlbare)* Finanzhilfen *fpl (bes. an andere Staaten zur Entwicklung ihrer Wirtschaft)*; **~-aided** staatlich subventioniert; **~-in-aid** innerstaatliche Finanzzuweisungen *fpl* (*Br staatl. Beträge für bestimmte Zwecke an die kommunale Selbstverwaltung*; *Am Bundeszuschüsse an Einzelstaaten*); ~ **of delay** (for payment) Stundung *f*; ~ **of a concession** Konzessionserteilung *f*; ~ **of a loan** Gewährung e-s Darlehens; ~ **of money** Bewilligung von Geld; ~ **of a patent** Erteilung e-s Patents; **to receive a ~** e-n Zuschuss erhalten

**grant**, *v* bewilligen, gewähren, erteilen; *(Grundbesitz)* übertragen; **to ~ a charter** e-e Konzession erteilen; **to ~ a claim** e-e Beanstandung anerkennen; **to ~ credit** Kredit bewilligen; **to ~ a discount** Rabatt gewähren; **to ~ a delay** → delay; **to ~ a divorce** auf Scheidung erkennen; **to ~ a patent** ein Patent erteilen; **to ~ a pension** e-e Pension bewilligen; **to ~ permission** Erlaubnis erteilen; **to ~ a request** e-m Gesuch stattgeben

**grantee**, **grantee of credit** Kreditnehmer *m*; **grantee of a licen|ce (~se)** Lizenznehmer *m*; **grantee of real estate** Grundstückskäufer *m*

**granting**, ~ **of credit** Einräumung *f* e-s Kredits; Kreditgewährung *f*; ~ **of a licen|ce (~se)** Lizenzerteilung *f*; ~ **of a loan** Bewilligung *f* e-s Darlehens; Kreditgewährung *f*; **granting of a patent** Patenterteilung *f*

**grantor**, **grantee of credit** Kreditgeber *m*; **grantor of a licen|ce (~se)** Lizenzgeber *m*; **grantor of a power of attorney** Vollmachtgeber *m*

**grapevine**, Gerüchteküche *f*

**graph**, grafische Darstellung *f*, Schaubild *n*

**graphic**, ~ **arts** Grafik *f*; ~ **artist** Gebrauchsgrafiker *m*

**grateful**, **we would be ~ for** wir wären Ihnen dankbar für

**gratis**, gratis, unentgeltlich, kostenlos; ~ **copy** Freiexemplar *n*

**gratuitous**, unentgeltlich, umsonst; unaufgefordert; grundlos; ~ **article** Zugabe *f*; ~ **service** unentgeltliche Dienstleistung *f*; kostenloser Kundendienst *m*

**gratuity**, Geldgeschenk *n*; Gratifikation *f*; Trinkgeld *n*; Abfindungssumme *f (für Angestellte)*

**graveyard market**, Baissemarkt *m*, in dem Verkäufer erhebliche Verluste hinnehmen müssen. Potenzielle Käufer ziehen es vor, liquide zu bleiben, anstatt zu investieren

**gravy**, *colloq.* leicht verdientes Geld *n*

**gray market**, *Am* grauer Markt *m*

**grazing-land**, Weideland *n*

**grease**, Schmierfett *n*, Schmiermittel *pl*; *sl.* Schmiergeld *n*

**great**, **a ~ deal** e-e Menge, sehr viel; ~ **landowner** Großgrundbesitzer *m*

**green**, ~ **back** *colloq.* US-Dollar *m*; ~ **card** grüne Versicherungskarte *f*; **~grocer** Obst- und Gemüsehändler *m*; **~grocery** Obst- und Gemüsehandlung *f*

**greenhouse**, Gewächshaus *n*; ~ **effect** Treibhauseffekt *m*; ~ **gases (GHGs)** *(EU)* Treibhausgase *npl* ~ **horticulture** Gewächshausgartenbau *m*

**green light**, **to give sb. the** ~ jdm grünes Licht geben *(zur Durchführung e-s Plans)*

**Green Paper on the development of the common market for telecommunications services and equipment**, „Grünbuch" *n* über die Entwicklung des gemeinsamen Marktes für Telekommunikationsdienstleistungen und -geräte

**green policy**, Umweltpolitik *f*

**green rates**, (EU) grüne Kurse *mpl* (für die Umrechnung der in der gemeinsamen Agrarpolitik verwendeten Ecu in Landeswährung)

**grey market**, *Br* grauer Markt *(inoffizieller Handel)*

**grid**, Raster *n*

**grid theory**, Gittertheorie *f*; (in jeder Organisation drei interagierende Faktoren: Personal, Produktion, Leitungshierarchie)

**grievance**, Beschwerde(grund) *f(m)*; Arbeitsstreitigkeit(en) *f(pl)*; ~ **procedure** Schlichtungsverfahren *n (zur Beilegung von Tarifstreitigkeiten)*; **to adjust ~s** Beschwerden beilegen; **to present ~s** Beschwerden vorbringen

**grind down**, *v* herunterhandeln

**grocer**, Lebensmittelhändler *m*; **~r's shop** (or *Am* **store**) Lebensmittelgeschäft *n*

**groceries**, Lebensmittel *pl*

**grocery (trade)**, Lebensmittelhandel *m*

**groceteria**, *Am colloq.* Laden *m* mit Selbstbedienung

**gross**, 1. Gros *n* (12 Dutzend, 144 Stück); **in the** ~ im ganzen, in Bausch und Bogen; **to sell by the** ~ per gros (od. grosweise) verkaufen

**gross**, 2. Brutto-, Roh-; Gesamt-; ~ **adventure** Bodmerei *f*; ~ **amount** Bruttobetrag *m*; **gross amount sold** Bruttoabsatz *m*; ~ **assets** Bruttovermögen *f*; **gross average** → average 2.; **gross debt** Gesamtschuld *f*; ~ **domestic fixed capital formation** Bruttoinlandsinvestitionen *fpl*; ~ **domestic product** (GDP) Bruttoinlandsprodukt *n* (BIP); ~ ~ ~ **at market prices** (GDPmp) *(EU)* Bruttoinlandsprodukt *n* zu Marktpreisen *mpl* (BIPMP); ~ ~ ~ **in purchasing power parities** (PPPs) *(EU)* Bruttoinlandsprodukt *n* in Kaufkraftparitäten *fpl* (KKP); ~ **earnings** Bruttoverdienst *m*; ~ **estate** Bruttonachlass *m*; ~ **fixed capital formation** Bruttoanlageinvestitionen *fpl*

**gross income**, Bruttoeinkommen *n*, Roheinkommen *n*; Bruttoertrag *m*, Rohertrag *m*; ~ **derived from business** gewerbliches Roheinkommen; ~ **margin** Bruttoverdienstspanne *f*; **to have a ~ of $ 1,000** 1.000 Dollar brutto verdienen

**gross**, ~ **interest** Bruttozins *m*; ~ **interest return** Bruttoverzinsung *f*; ~ **investment** Bruttoinvestition *f*; ~ **invoice value** Bruttofakturenwert *m*; ~ **leasing** → leasing 2.; **gross loss** Bruttoverlust *m*; ~ **margin** (Waren-) Bruttogewinn *m*; Bruttogewinnspanne *f*; ~ **national income** Bruttovolkseinkommen *n*; ~ **national product** (GNP) Bruttosozialprodukt (BSP) *n*; ~ **pay** Bruttolohn *m*; **~s proceeds** Bruttoertrag *m*

**gross profit**, Bruttogewinn *m*; ~ **profit on sales** → gross margin

**gross**, ~ **purchase price** Bruttoeinkaufspreis *m*; ~ **receipts** Bruttoeinnahmen *fpl*; ~ **register ton** (GRT) Bruttoregistertonne *f*; ~ **return** Bruttorendite *f*; ~ **revenue** Bruttoertrag *m*; ~ **sales** Bruttoumsatz *m*; ~ **selling price** Bruttoverkaufspreis *m*; ~ **sum** Gesamtsumme *f*; ~ **takings** Bruttoeinnahmen *fpl*; ~ **terms** (g.t.) Laden *n* und Löschen *n* geht zu Lasten des Schiffes; ~ **tonnage** Bruttotonnengehalt *m*; ~ **trading profit** Warenrohgewinn *m*; ~ **value added at market prices** *(EU)* Bruttowertschöpfung *f* zu Marktpreisen *mpl*; ~ **weight** Bruttogewicht *n*; ~ **working capital** Umlaufvermögen *n*; ~ **yield** Bruttoertrag *m*, Bruttorendite *f*

**gross**, 3. grob; ~ **error** (or **mistake**) grober Fehler *m*; ~ **negligence** grobe Fahrlässigkeit *f*

**gross**, *v* e-n Bruttoertrag abwerfen, e-n Bruttogewinn von ... erzielen

**ground**, 1. (Grund und) Boden *m*; Gebiet *n*; **building** ~ Bauplatz *m*, Baugelände *n*; **fertile** ~ fruchtbarer Boden *m*; ~ **rent** *(etwa)* Erbbauzins *m*; ~ **water** Grundwasser *n*

**ground**, 2. Grund *m*, Veranlassung *f*; **on the ~ of** wegen; **statement of ~s** Begründung *f*; ~ **for divorce** Ehescheidungsgrund *m*; ~ **for giving notice** Kündigungsgrund *m*

**group**, 1. Gruppe *f*; **occupational** ~ Berufsgruppe *f*; ~ **advertising** Gemeinschaftswerbung *f*; ~ **annuity** *Am* Betriebsrente *f*; ~ **banking** *Am* Filialbankwesen *n*; ~ **buying** Sammeleinkauf *m*; ~ **depreciation** Pauschalabschreibung *f*; ~ **discount** Mengenrabatt *m*; ~ **exemption** Gruppenfreistellung *f*; ~ **financing** Gemeinschaftsfinanzierung *f*; ~ **head** *(Werbung)* Leiter *m* e-r Kontaktgruppe; ~ **insurance** Kollektivversicherung *f*; ~ **of banks** Bankenkonsortium *n*; **G~ of Eleven** Elfergruppe *(Zehnergruppe und die Schweiz)*; **G~ of Five** Fünfergruppe *f (USA, Bundesrepublik Deutschland, Japan, Großbritannien und Frankreich)*; **G~ of Seven** Siebener Gruppe *(außer den G5-Ländern noch Kanada und Italien)*; **G~ of Ten** Zehnergruppe *(außer den G7-Ländern noch Belgien, die Niederlande, Schweden)*; ~ **piecework** Gruppenakkordarbeit *f*; ~ **practice** Gemeinschaftspraxis *(mehrerer Ärzte)*; ~ **rate** Pauschalsatz *m*

**group**, 2. Konzern *m*; **big** ~ Großkonzern *m*; **company of the** ~ Konzernunternehmen *n*; **company heading the** ~ Konzernspitze *f*; **department store** ~ Warenhauskonzern *m*; **outside the** ~ konzernfremd

**group accounting**, Rechnungslegung *f* von Konzernen

**group accounts**, Konzernabschluss *m*, Konzernbilanz *f*; **to draw up** ~ den Konzernabschluss aufstellen

**group**, ~ **annual report** Konzernlagebericht *m*; ~**'s assets, liabilities and results** Vermögens- und Ertragslage *f* des Konzerns; ~ **auditor** Konzernabschlussprüfer *m*; ~ **balance sheet** Konzernbilanz *f*; ~ **companies** Konzerngesellschaften *fpl*; verbundene Unternehmen *npl*; ~ **delivery** Konzernlieferung *f*; ~ **enterprise** Konzernunternehmen *n*; ~ **liabilities** Konzernverbindlichkeiten *fpl*; ~ **management** Konzernleitung *f*

**group member** Konzernmitglied *n*; **the company is a** ~ die Gesellschaft gehört e-m Konzern an

**group**, ~ **of firms** (or **undertakings**) Unternehmensgruppe *f*; ~ **relationship** Konzernverhältnis *n*; ~ **results** Ertragslage *f* des Konzerns; ~ **turnover** Konzernumsatz *m*

**group**, *f*, **to** ~ **shares** Aktien zusammenlegen

**groupage**, Sammelladung *f*

**groupware**, Programme *pl*, die das Arbeiten in Gruppen durch den Einsatz von moderner Kommunikationstechnologie erleichtern.

**grow**, *v*, **to** ~ **fruit** Obst anbauen; **to** ~ **in fashion** in Mode kommen; **to** ~ **less** sich vermindern

**growing**, Anbau *m*; **fruit** ~ Obstbau *m*; **growing crop** Ernte auf dem Halm; ~ **crop insurance** Ernteversicherung *f*; ~ **profit** steigender Gewinn *m*

**growth**, Anwachsen *n*, Wachstum *n*, Zuwachs *m*; **balanced and sustained** ~ ausgewogenes und anhaltendes Wachstum *n*; **economic** ~ Wirtschaftswachstum *n*; ~ **fund** *(Investmentfonds)* Wachstumsfonds *m*; Thesaurierungsfonds *m*; ~ **in productivity** Produktivitätszuwachs *m*; ~ **in sales** Absatzzunahme *f*; ~ **in value** Wertzuwachs *m*; ~ **of business** Geschäftszunahme *f*; ~ **of capital** Kapitalzuwachs *m*; ~ **of demand** Nachfragesteigerung *f*; Wachstum der Nachfrage; ~ **of exports** Exportwachstum *n*; ~**-oriented** auf Wachstum ausgerichtet, wachstumsorientiert; ~ **prospects** Wachstumsaussichten *fpl*; **annual** ~ **rate** Wachstumsrate *f*; ~ **shares** (or **stocks**) Wachstumsaktien, Wuchsaktien *fpl*; ~ **stock fund** *Am* Wachstumsaktien-(Investment)Fonds *m*; ~ **will slow down** das Wachstum wird sich verlangsamen

**grubbing**, **premium for the** ~ **of apple trees** *(EU)* Prämie *f* für Rodung von Apfelbäumen

**GSM**, → Global system for mobile communication

**GSP**, → General System of Preferences, → Generalized System of Preferences; ~ **beneficiary countries** *(EU)* durch das APS begünstigte Länder; ~ **rate** APS Zollsatz *m*

**guarantee**, Garantie *f*, Bürgschaft *f*, Kaution *f*; Aval *m*; Garantienehmer *m*; **absolute** ~ selbstschuldnerische Bürgschaft; **bank guarantee** → bank; **credit** ~ Kreditbürgschaft *f*; **credit by way of** ~ Avalkredit *m*; **period** (or **term**) **of** ~ Garantiefrist *f*; **provisions for** ~**s** Garantierückstellungen *fpl*; **without our** ~ ohne Obligo *n*; ~ **account** Avalkonto *n*; ~ **bond** schriftl. Garantieerklärung *f*, Garantieschein *m*; ~ **business** Garantiegeschäft *n* *(e-s Kreditinstituts)*; ~ **card** Scheckkarte *f*; ~ **certificate** Garantieschein *m*; ~ **clause** Klausel *f* über die Garantieleistung; ~ **commission** Avalprovision *f*; ~ **commitment** Garantieübernahme *f*; Avalobligo *n*; ~ **credit** Avalkredit *m*; Bürgschaftskredit *m*; Kautionskredit *m*; ~ **deposit** Kaution *f*; ~ **fund** *Br (Börse)* Garantiefonds *m (für zahlungsunfähiges Börsenmitglied)*; ~ **indebtedness** Bürgschaftsschuld *f*; ~ **insurance** *Br* Kautionsversicherung *f*; ~ **mark** *Br* Gütezeichen *n*, ~ **(of a bill of exchange)** Aval *m*, Wechselbürgschaft *f*; ~ **of a deposit** Einlagesicherheit *f*; ~ **of payment** Zahlungsgarantie *f (selbstschuldnerische Bürgschaft)*; ~ **system** Kautionssystem *n*; ~ **threshold** Garantieschwelle *f*; **to assume a** ~ e-e Garantie übernehmen; **to be** ~ **for** einstehen (od. bürgen) für; **to enter into a** ~ e-e Bürgschaft übernehmen; **the** ~ **(period) has expired** die

Garantie ist abgelaufen; **to furnish** (or **give**) **a ~** Garantie leisten; bürgen
**guarantee**, *v* garantieren, bürgen, gewährleisten; avalieren; **to ~ a bill (of exchange)** Wechselbürgschaft leisten; **to ~ a cashier** für e-n Kassierer bürgen; **to ~ (to pay) sb.'s debts** für jds Schulden bürgen
**guaranteed**, garantiert; avaliert; **~ base rate** garantierter Grundlohn *m*; **~ bill (of exchange)** avalierter Wechsel *m*; **~ bond** garantierte Anleihe *f*; **~ genuine** garantiert echt; **~ prices** *Br* garantierte Mindestpreise *mpl (für Agrarprodukte)*; **~ stock(s)** Aktien mit Dividendengarantie
**guarantor**, Bürge *m*, Garantiegeber *m*; Avalist *m*; **joint ~** Mitbürge *m*, Solidarbürge; **to be(come) a ~** e-e Bürgschaft eingehen, für jdn bürgen
**guaranty**, *bes. Am* Garantie *f*, Bürgschaft *f*, Kaution *f* (→ guarantee); **~ bond**, Garantieerklärung *f*; **continuing ~** Dauergarantie *f*; **~ for a loan** Bürgschaft für ein Darlehen; **~ insurance** Kautionsversicherung *f*; **~ of collection** *Am* Ausfallbürgschaft *f*; **~ of payment** → guarantee of payment
**guard lock**, Sicherheitsschloss *n*
**guardian**, Vormund *m*; Pfleger *m*; **to appoint a p. ~** jdn zum Vormund bestellen
**guardianship**, Vormundschaft *f*; Pflegschaft *f*
**guerrilla marketing**, innovative, unkonventionelle, kreative Werbeaktivitäten *f pl*
**guesstimate**, *sl.* grobe Schätzung *f*
**guest**, Gast *m*; **~ house** Fremdenheim *n*, Pension *f*; **~ worker** Gastarbeiter *m*
**guidance**, Führung *f*, Leitung *f*; Orientierung *f*, Richtlinie *f*; **vocational ~** Berufsberatung *f*; **~ of agricultural production** *(EU)* Ausrichtung *f* der landwirtschaftlichen Erzeugung ( → European Agricultural Guidance and Guarantee Fund); **~ of the economy** Konjunkturlenkung *f*
**guide**, (Fremden-)Führer *m*; Reiseführer *m*; *(Buch)* Leitfaden *m*; **~ price** *(EU)* Orientierungspreis *m*
**guided tour**, Gesellschaftsreise *f*
**guiding principle**, Leitlinie *f*
**guiding rule**, Richtlinie *f*
**guild**, Gilde *f*, Zunft *f*, Innung *f*
**guilder**, Gulden *m* (Währungseinheit in den Niederlanden)
**guilt**, Schuld *f*; **admission** (or **confession**) **of ~** Schuldgeständnis *n*; **to admit** (or **confess**) **one's ~** seine Schuld zugeben
**guilty**, schuldig; **to plead ~** sich schuldig bekennen
**guise, under the ~ of** unter dem Vorwand (od. Deckmantel) von
**gummed**, **~ label** gummiertes Etikett *n*, Aufkleber *m*; **~ strip** (or **tape**) Klebestreifen *m*
**gun**, Schusswaffe *f*; **~ licen|ce (~se)** *Br* Waffenschein *m*; **~ runner** Waffenschmuggler *m*
**gun, ~ jumping** Handel *m* mit Wertpapieren auf Basis nichtöffentlicher Informationen; **~ slinger** aggressiver Portfolio-Manager *m*
**gunning for stocks**, *Am* Börsenmanöver *n* der Baissepartei
**gyp**, *colloq. v* betrügen
**gyp out of**, *colloq. v* betrügen um

# H

**haberdasher**, Kurzwarenhändler *m*; *Am* Inhaber *m* e-s Herrenartikelgeschäfts
**habit**, Gewohnheit *f*; *sl.* Süchtigkeit *f*; **buying ~s** Einkaufsgewohnheiten *fpl*; **~-forming** süchtig machend *(Drogen)*; **~ survey** Untersuchung *f* von Verbrauchergewohnheiten
**habitation**, fit for habitation bewohnbar
**habitual**, gewohnheitsmäßig; **~ narcotics user** langjähriger Rauschgiftsüchtiger *m*; **~ residence** gewöhnlicher Aufenthaltsort *m*
**hack away**, *v* reduzieren, abbauen
**hacker**, Hacker *m (Ein ~ ist ein Person, die in fremde Computer bzw. Netzwerke eindringt)*
**hacking**, *v* hacken *(Der Begriff ~ beschreibt das illegale Eindringen* **haggle**, *v*, **to ~ about the price** um den Preis feilschen
**hail**, damage caused by hail Hagelschaden *m*
**hairdressing salo(o)n**, Friseursalon *m*
**half**, Hälfte *f*; halb; **by ~** um die Hälfte; **two pounds and a ~** (or **two and a ~ pounds**) zweieinhalb Pfund (2 1/2 Pfund); **~ the amount** die Hälfte des Betrages; **~ brokerage** (or **commission**) *(Börse)*

halbe Provision *f*; **~-commission man** Vermittlungsagent *m* e-s Effektenmaklers; **~ the cost** die Hälfte der Kosten
**half-day**, halbtägig, halbtags; **~ job** Halbtagsarbeit *f*; **~ worker** Halbtagsarbeitskraft *f*
**half**, **~ a dozen** ein halbes Dutzend (6 Stück); **~ eagle** *Am* Fünfdollarstück *n*; **~ fare ticket** Fahrkarte *f* zum halben Preis
**half-finished**, halbfertig, zur Hälfte fertig; **~ products** Halbwaren *pl*
**half-holiday**, halber Tag frei; freier Nachmittag *m*
**half-hourly**, halbstündlich, jede halbe Stunde; **~ bus service** halbstündlicher Omnibusverkehr *m*
**half-interest**, Beteiligung *f* zur Hälfte; **to have a ~ in an enterprise** an e-m Unternehmen zur Hälfte beteiligt sein
**half**, **~-monthly** halbmonatlich, monatlich zweimal; **~-page advertisement** halbseitige Anzeige *f*; **~ pay** halbes Gehalt *n*; *mil* Wartegeld *n*
**half**, **at ~ the price** zum halben Preis *m*; **children pay ~-price** Kinder zahlen (nur) die Hälfte
**half**, **~ quarter day** Mitte *f* des Quartals, Quartalsmedio *n* (*Br* 8.2., 9.5., 11.8., 11.11.); **~ stock** Aktie *f* mit e-m Nennwert von 50 $; **~ (of) the sum** die halbe Summe; **~-time** halbe Arbeitszeit *f*; Kurzarbeit(szeit) *f*
**half-way**, auf halbem Wege; halb; **~ measures** halbe Maßnahmen *fpl*; **to meet sb. ~** jdm auf halbem Wege entgegenkommen
**half-yearly**, halbjährlich; zweimal jährlich; **~ account** Halbjahresrechnung *f*; **~ instal(l)ment** Halbjahresrate *f*
**half**, **to bear ~ the costs** die Kosten zur Hälfte tragen
**hallmark**, Feingehaltsstempel *m (bei Edelmetallen)*
**halves, to go ~** gleichmäßig teilen
**hammer**, Hammer *m*; **fall of the ~** Zuschlag *m*; **to bring to the ~** versteigern lassen; **to come under the ~** versteigert werden
**hammer**, *v*, **to ~ sb.** jdn für zahlungsunfähig erklären; **to ~ the market** durch Leerverkäufe die Kurse drücken
**hammering**, *Br* Bekanntgabe *f (in der Londoner Börse früher durch Hammerschlag)* der Zahlungsunfähigkeit e-r Mitgliedsfirma der Londoner Börse
**hand**, Hand *f*; Arbeiter(in) *m(f)*; Unterschrift *f*; **at first ~** aus erster Hand; direkt (bezogen); **by ~** mit der Hand, durch Boten; **cash in ~** Barbestand *m*, Kassenbestand *m*; **goods on ~** Warenbestand *m*, Warenlager *n*; **note of ~** Schuldschein *m*, eigener Wechsel *m*; **order in ~** vorliegender Auftrag *m*; **under one's ~ and seal** eigenhändig unterschrieben und gesiegelt; **~ and seal** Unterschrift und Siegel *n*; **~ bag snatching** Handtaschenraub *m*; **~ bill** Reklamezettel *m*; Werbeprospekt *m*; **~-crafted goods** handwerkliche Waren *pl*; **~-made** mit der Hand gearbeitet; **~-operated** mit der Hand betrieben, handbetätigt; **~-out** Pressemitteilung *f*, Erklärung *f*; Spende *f*; **~ sale** Verkaufsabschluss *m* durch Handschlag; **~-to-hand-circulation** Bargeldumlauf *m*; **~-to-mouth buying** Hand-Mundkauf *m (ohne Lagerhaltung)*; unmittelbare Bedarfsdeckung *f*; **~-to-mouth existence** unsichere Existenz *f*
**hands-off policy**, interventionsfreie Wirtschaftspolitik *f*
**hands-on management**, straffe Unternehmensleitung *f*
**hands-on training**, intensive Ausbildung *f*
**handwriting**, Handschrift *f*; **~ expert** Schriftsachverständiger *m*
**hand**, **to be at ~** nahe bevorstehen; zur Verfügung stehen, vorhanden sein; **to be in ~** in Bearbeitung sein; **to change ~s** (or **to pass into other ~s**) in andere Hände übergehen; **to put in ~** *(etw.)* in Arbeit nehmen; **to sign in one's own ~** eigenhändig unterschreiben
**hand**, *v* aushändigen; **to ~ in** einreichen; **to hand on** weitergeben; **to ~ out** aushändigen; **to ~ over** übergeben; **to ~ over a telegram** ein Telegramm aufgeben
**handicapped**, behindert; **~ (person)** Behinderte(r) *f(m)*
**handicraft**, (Kunst-)Handwerk *n*; **~s** handgearbeitete Waren *fpl*; **~ business** (or **enterprise**) Handwerksbetrieb *m*; **to carry on a ~** ein Handwerk betreiben
**handle**, *v* handhaben, hantieren mit; behandeln, sich befassen mit, bearbeiten; *(Maschine)* bedienen; *(Ladung)* umschlagen; **to ~ the affairs of** (or **for**) **sb.** jds Geschäfte besorgen; **to ~ imported goods** mit (od. in) Importwaren handeln; Importwaren führen; **to ~ large orders**

große Aufträge bearbeiten; **to ~ sth. with care** etw. vorsichtig behandeln; **~ with care, glass!** Vorsicht, Glas!

**handled**, this case is being handled by ... Sachbearbeiter ist ...

**handling**, Handhabung *f*; Behandlung *f*, Bearbeitung *f*; Bedienung(sweise) *f*; Umschlag *m (der Ladung)*; Abwicklung *f*; **cargo ~ installation** Frachtverladeeinrichtung *f (e-s Flugzeugs)*; **claims ~** Schadensabwicklung *f*; **freight ~** Frachtumschlag *m*; **proper ~** richtige (od. sachgemäße) Behandlung; **~ charges** Bearbeitungsgebühren *pl*, Umschlagsgebühren *fpl*; **~ of business** Geschäftsbesorgung *f*; **~ of goods** Umschlag von Gütern; **~ of stolen goods** Hehlerei *f*; **~ of a machine** Bedienung *f* e-r Maschine; **~ plants** Umschlagsanlagen *fpl*

**hang**, *v* hängen; **to ~ in the balance** in der Schwebe (od. unentschieden) sein; **to ~ over** überhängen *(z. B. Zweige)*; **to ~ up** *(Telefonhörer)* auflegen

**to hang on to**, *v* festhalten an; behalten; nicht aufgeben

**happening**, **~ of the accident** Unfallereignis *n*; **~ of the event insured** Eintritt *m* des Versicherungsfalles

**harbo(u)r**, Hafen *m*; **~ dues** Hafengebühren *pl*; **~ of refuge** Nothafen *m*, Zufluchtshafen *m*; **~ regulations** Hafenordnung *f*; **to call at a ~** e-n Hafen anlaufen

**hard**, **~ cash** Hartgeld *n*, Metallgeld *n*; **~ coal mining** Steinkohlenbergbau *m*; **~ currency** harte Währung *m*; **~ drinks** scharfe Getränke *npl*; **~ drugs** starke Drogen *fpl (z. B. Heroin)*; **~-earned money** schwer verdientes Geld *n*; **~-fought market** hart umkämpfter Markt *m*; **~ goods** langlebige Konsumgüter *pl*, Gebrauchsgüter *pl*; **~ loan** *(internationaler Handel)* Kredit, der in der Währung des Kreditgebers zurückzuzahlen ist; **~ money** Bargeld *n*

**hard-pressed**, hart bedrängt; stark in Anspruch genommen; **to be ~ for money** in schweren Geldnöten sein

**hard**, **~-sell price cutting** aggressive Verkaufsmethode *f* mit Preisunterbietung; **~ sell(ing)** aggressive Verkaufsmethode *f*; **~ to sell** schwer verkäuflich; **hard up** *colloq.* knapp bei Kasse; arm; **~-wearing** strapazierfähig; **to sell ~** sich schwer verkaufen lassen

**hard disc drive**, Festplatte *f*

**harden**, *v* fester werden; steigen, anziehen *(Preise, Kurse)*; **prices ~ed** die Kurse zogen an

**hardship**, Härte *f*; Unzumutbarkeit *f*; **~ allowance** Härtebeihilfe *f*; **in cases of ~p** in Härtefällen; **undue ~** unbillige Härte; **to relieve ~** Härten mildern

**hardware**, 1. Hardware *f (Bezeichnung für die physischen Elemente eines Computers)*

**hardware**, 2. Eisenwaren *pl (für den Haushaltsgebrauch)*; **harm**, Schaden *m*; **bodily ~** Körperverletzung *f*; **to cause ~ to sb.** jdm Schaden zufügen; jdm schaden

**harmful substances**, Schadstoffe *mpl*

**harmless**, to hold harmless schadlos halten

**harmonization**, **~ of customs duties** *(EU)* Zollharmonisierung *f*; **~ of legislation** *(EU)* Rechtsangleichung *f*

**harmonize**, *v* harmonisieren, (miteinander) in Übereinstimmung bringen; angleichen; **to ~ national legislation** *(EU)* einzelstaatliche Rechtsvorschriften angleichen

**Harmonized Commodity Description and Coding System**, *(EU)* Harmonisiertes System *n* zur Bezeichnung und Codierung der Waren; **~ Indices of Consumer Prices** (HICPs) *(EU)* harmonisierte Verbraucherpreisindizes *mpl*

**harness**, **in ~** in der täglichen Arbeit

**harvest**, Ernte *f*; Ernteertrag *m*; **bad** (or **poor**) **~** schlechte Ernte; Missernte *f*; **bumper ~** Rekordernte *f*; **~ prospects** Ernteaussichten *fpl*; **to bring** (or **gather**) **in the ~** die Ernte einbringen

**haul**, Transport *m*; Transportweg *m*; **long ~** Güterfernverkehr *m*; **short ~** Güternahverkehr *m*

**haul**, *v (Güter)* transportieren, befördern

**haulage**, Transport *m*, Beförderung *f (von Gütern)*; Beförderungskosten *pl*; **commercial ~** gewerblicher Güterverkehr *m*; **road ~** Güterkraftverkehr *m*; Straßengüterverkehr *m*; **international road ~** grenzüberschreitender Güterkraftverkehr; **long-distance road ~** Güterfernverkehr *m*; Fernlastverkehr *m*; **short-distance road ~** Güternahverkehr *m*; **~ contractor** Güterkraftverkehrsunternehmer *m*; Rollfuhrunternehmer *m*; Spediteur *m*

**haulier, (road) ~** → haulage contractor

**have**, *v colloq.* betrügen

**hawker**, Straßenhändler *m*, Hausierer *m*; **~'s licen|ce (~se)** Reisegewerbekarte *f*

**hawking**, Straßenverkauf *m*; Reisegewerbe *n*

**hazard**, Gefahr *f*, Risiko *n*, Wagnis *n*; Glücksspiel *n*, **business ~** *(allgemeines)* Unternehmerwagnis *n*; **exposed to ~** e-r Gefahr ausgesetzt; **~ bonus** Gefahrenzulage *f*

**hazardous**, gefährlich, riskant, gewagt; **~ goods** gefährliche Güter *pl*; **~ speculation** gewagte Spekulation *f*; **~ waste** gefährliche Abfälle *mpl*

**head**, Kopf *m*; Leiter *m*, Chef *m*; Überschrift *f*, Titelkopf *m*; Haupt-, Ober-; Stück *n* *(Vieh)*; **at the ~ of the list** am Kopf der Liste; **~ agent** Generalvertreter *m*, Hauptvertreter *m*; **~ clerk** Bürovorsteher *m*; **~ foreman** Betriebsleiter *m*; **~ hunter** Kopfjäger *m*; Personalberater *m* für Suche nach Führungskräften; **~ hunting** Suche *f* nach Führungskräften; **~line** Schlagzeile *f*; **~s of (an) agreement** Hauptpunkte *mpl* e-s Vertrages; **~ of a department** Abteilungsleiter *m*; *Am* Minister *m*; **~ of household** Haushaltsvorstand *m*; **~ of the sales department** Verkaufsleiter *m*; **H~s of State or Government** Staats- oder Regierungschefs *mpl*

**head office**, Hauptverwaltung *f*, Hauptsitz *m*; Zentrale *f*; **undertakings whose ~s are outside the Union** *(EU)* Unternehmen *pl*, die ihren Sitz außerhalb der Union haben

**head-on**, **~ collision** Frontalzusammenstoß *m*; **the cars collided ~** die Wagen stießen frontal zusammen

**head**, **~ phones** Kopfhörer *mpl*; **~ quartered in** mit Hauptsitz in

**headquarters**, Zentrale *f*; **change of ~** Sitzverlegung *f*

**headstart**, Vorsprung *m*

**head**, *v*, **to ~ the firm** an der Spitze der Firma stehen

**headed letter-paper**, Briefpapier *n* mit gedrucktem Kopf

**heading**, **bill ~** Kopf *m* e-r Rechnung; **~s of the customs tariff** Positionen *fpl* des Zolltarifs

**health**, Gesundheit *f*; **bill of ~** Gesundheitspass *m*; **dangerous** (or **injurious**) **to ~** gesundheitsschädlich; **National H~ Service** *Br* Staatlicher Gesundheitsdienst *m*; **public ~** Gesundheitswesen *n*; Volksgesundheit *f*; **for reasons of ~** aus Gesundheitsgründen *mpl*; **~ authority** Gesundheitsamt *n*; **~ care** Gesundheitspflege *f*, Gesundheitsfürsorge *f*; **~ care reform** Gesundheitsreform *f*; **~-endangering products** gesundheitsgefährdende Erzeugnisse *npl*; **~ food** Reformhaus-Nahrungsmittel *pl*; Biokost *f*; **~ food shop** (*Am* **store**) Reformhaus

**health insurance**, Krankenversicherung *f*; **~ certificate** Krankenschein *m*; **~ contribution** Krankenversicherungsbeitrag *m*; **~ fund** (or **scheme**) Krankenkasse *f*;

**health, ~ protection standards** Gesundheitsschutznormen *fpl*; **~ regulations** Gesundheitsvorschriften *fpl*; **~ service** Gesundheitsdienst *m*

**heap**, *v*, **to ~ up riches** Reichtümer ansammeln

**hear**, *v*, **to ~ the parties** die Parteien anhören (od. vernehmen)

**hearing**, Anhörung *f*, Vernehmung *f*; mündliche Verhandlung *f*; Termin *m*; **~ of witnesses** Zeugenvernehmung *f*

**hearsay**, **by ~** vom Hörensagen

**heat**, Wärme *f*, Hitze *f*; **~ distribution network** Fernheizungsnetz *n*

**heat**, *v (Raum)* heizen; **capable of being ~ed** heizbar

**heater**, **electric ~** elektrisches Heizgerät *n*; **water ~** Heißwasserbereiter *m*

**heating**, Heizung *f*; **gas ~** Gasheizung *f*; **oil heating** Ölheizung *f*; **~ expenses** Heizungskosten *pl*; **~ grid** Fernheizungssystem *n*

**heavily**, **~ damaged** schwer beschädigt; **to be ~ in debt** stark verschuldet sein

**heaviness of the market**, Gedrücktheit *f* des Marktes

**heavy**, schwer; **~ buyer** Großabnehmer *m*, Großeinkäufer *m*; **~ car** schweres Auto *n*; **~ consumer** Großverbraucher *m*; **~ current** Starkstrom *m*; **~ demand** starke Nachfrage *f*; **~ expenses** große (drückende) Kosten *pl*; **~ fine** hohe Geldstrafe *f*; **~ fuel oil** schweres Heizöl *n*; **~ goods** Schwergut *n*; **~ goods vehicle** (schwerer) Lkw *m*; **~ indebtedness** starke Verschuldung *f*; **~ industrials** Aktien der Schwerindustrie; **~ industry** Schwerindustrie *f*; **~-laden** schwerbeladen; **~ lift** *(Seefracht)* Schwergut *n*; **~-lift ship** Schwergutschiff *n*; **~ market** gedrückter Markt *m*; **~ orders** große Aufträge *mpl*; **~ soil** schwerer Boden *m*; **~ taxation** hohe Besteuerung *f*; **~ trading** lebhafter Handel *m*; ~ **type** Fettdruck *m*; ~ **work** Schwerarbeit *f*

**hedge**, *(Börse)* Hedgegeschäft *n*, Deckungsgeschäft *n*; Absicherung *f* (against gegen); **buying** ~ Kaufhedge *n (Sicherungskauf auf Termin im Warentermingeschäft)*; **future** ~ Terminsicherung *f*; **selling** ~ Verkaufshedge *n (Sicherungsverkauf auf Termin im Warentermingeschäft)*; ~ **fund** → fund 2.; ~ **operation** (or **transaction**) Hedgegeschäft *n*, (Kurs-) Sicherungsgeschäft *n* ( → hedging); ~ **sales** Sicherungsverkäufe *mpl*

**hedge**, *v* sich gegen Preisschwankungen *(durch Abschluss e-s Warentermingeschäfts)* oder Kursschwankungen *(durch Abschluss e-s Devisentermingeschäfts)* absichern; Sicherungsgeschäft *n* abschließen; **to ~ against inflation** sich gegen die Inflation absichern; **to ~ a rate** den Kurs sichern

**hedging**, Hedgegeschäft *n*, (Kurs-)Absicherung *f*; Abschluss *m* e-s Warentermingeschäfts *(zum Zwecke der Ausschaltung von Preisrisiken)*; Abschluss *m* e-s Devisentermingeschäfts *(zum Zwecke der Kurssicherung)*; ~ **a rate** *(Devisen)* Kurssicherung *f*

**heir**, Erbe *m*; **expectant** ~ Erbanwärter *m*; **joint heirs** Miterben *pl*; **in default of ~s** bei Nichtvorhandensein von Erben; **legal** ~ gesetzlicher Erbe; **testamentary** ~ testamentarischer Erbe; **to appoint** (or **make**) **sb. one's** ~ jdn als Erben einsetzen; **to be ~ to sb.** jdn beerben, jds Erbe sein

**helicopter**, Hubschrauber *m*

**help**, Hilfe *f*; **domestic** (or **household**) ~ Haushaltshilfe *f*; **temporary** ~ Aushilfe *f*; **home ~ wanted** *(Zeitung)* Haushaltshilfe gesucht

**henceforth**, von nun an, künftig

**hereafter**, von jetzt an, in Zukunft, künftig

**hereditary**, erblich, vererblich; ~ **disease** Erbkrankheit *f*; ~ **share** *Am* gesetzlicher Erbteil *m*

**hereinafter**, nachstehend, im folgenden; **as ~ provided** gemäß den nachfolgenden Bestimmungen

**hereinbefore**, vorstehend

**herewith**, hiermit; **enclosed** ~ anliegend, beifolgend

**heritable**, vererbbar, vererblich

**heritage**, (kulturelles) Erbe *n*; Erbgut *n*; Erbschaft *f*

**herring**, **ban on ~ fishing** Heringsfangverbot *n*; **fishing of ~ stocks** Befischung *f* der Heringsbestände

**hidden**, geheim, verborgen; ~ **assets** versteckte Vermögenswerte *mpl*; ~ **damage** äußerlich nicht erkennbare Beschädigung *f*; ~ **defect** verborgener Mangel *m (beim Kauf)*; ~ **economy** Schattenwirtschaft *f*; ~ **inflation** versteckte Inflation *f*; ~ **offer** verstecktes Angebot *n (in e-r Anzeige)*; ~ **reminder** versteckte Mahnung *f*; ~ **reserves** stille Rücklagen *fpl*

**hides and skins**, Häute *fpl* und Felle *npl*

**hierarchy of needs**, Präferenzordnung *f*

**hifo**, (highest-in-first-out) „am teuersten eingekauft – zuerst verbraucht" (*Methode der Bewertung des Vorratsvermögens*; *cf. fifo, lifo*)

**high**, *(Börse)* Höchstkurs *m*; hoch; teuer; **a new ~** ein neues Hoch *(in der Konjunktur)*; ~ **bid** hohes Gebot *n*; **to make a ~ bid** hoch bieten; **~-class goods** erstklassige Waren *fpl*; ~ **coupon security** hochverzinsliches Wertpapier *n*; **~-definition television** (HDTV) hochauflösendes Fernsehen *n* (HDTV); **to a ~ degree** in hohem Maße; **~-duty goods** hochverzollte Waren *pl*; ~ **farming** intensive Bewirtschaftung *f*; ~ **finance** Hochfinanz *f*; ~ **flyers** Aktien *fpl* mit hohem Kursanstieg und mit überdurchschnittlichem Kurs-Gewinn-Verhältnis; ~ **gearing** hoher Fremdkapitalanteil *m*; **~-grade** hochwertig, erstklassig; ~ **interest rate policy** Hochzinspolitik *f*; **with a ~ load** hochbeladen; ~ **percentage** hochprozentig; ~ **potentials** Elitestudenten *mpl*; **~-powered salesman** Verkäufer *m* mit aggressiven Verkaufsmethoden, energischer Verkäufer *m*

**high flyer**, Spitzenunternehmen *n*

**high pressure**, ~ **advertising** in rascher Folge wiederholte Werbung *f*; ~ **salesmanship** aggressive Verkaufsmethoden *fpl*; ~ **selling** Hochdruckverkauf *m*

**high**, **~-priced** hoch im Preis (od. Kurs); teuer; **(of) ~ quality** hochwertig

**high-quality**, ~ **goods** Qualitätswaren *pl*; ~ **product** Qualitätserzeugnis *n*

**high rate of interest**, **to borrow at a ~** zu hohen Zinsen Darlehen aufnehmen

**high-rise**, ~ **(building)** Hochhaus *n*; ~ **office building** Bürohochhaus *n*

**high**, ~ **road** Haupt(verkehrs)straße *f*; ~

**sea(s)** offenes Meer *n*; hohe See *f (außerhalb der Hoheitsgrenze)*

**high standing, of ~** von hohem Ansehen *n*; **personalities of ~** in industrial and commercial circles hervorragende Persönlichkeiten *fpl* des Wirtschaftslebens

**high tech(nology)**, Hochtechnologie *f*, Spitzentechnologie *f*; **~ market** High-Tech-Markt *m*; **~ projects** Spitzentechnologievorhaben *npl*

**high treason**, Hochverrat *m*

**highway**, Landstraße *f*, Fern(verkehrs)-straße *f*; **express ~** *Am* Schnellverkehrsstraße *f*, Autobahn *f*; **H~ Code** *Br* Straßenverkehrsordnung *f*; **~ transportation** *Am* Güterkraftverkehr *m*

**high, ~ yielders** hochverzinsliche Wertpapiere *npl*; **~-yield shares** Aktien mit hoher Rendite; **~-yielding** hohe Erträge bringend; ertragsstark

**high, to be ~** hoch stehen *(Preise, Kurse)*; **to buy at a ~ price** teuer kaufen; **to charge too ~ a price** e-n zu hohen Preis berechnen; **to pay ~** teuer bezahlen

**higher, ~ bid** höheres Gebot *n*, Mehrgebot *n*; **to make a ~ bid** höher bieten, überbieten

**higher education**, Hochschulwesen *n*; **~ diploma** Hochschuldiplom *n*

**highest, ~ amount** Höchstbetrag *m*; **~ bid** Höchstgebot *n*; **~ bidder** Höchstbietender *m*

**highest level**, Höchststand *m*; **to reach the ~** den Höchststand erreichen

**highest, ~ offer** Höchstangebot *n*; **~ salary** Höchstgehalt *n*; **to sell at the ~ price** zum Höchstpreis verkaufen

**highly, ~ qualified** hoch qualifiziert; **~ salaried** hoch bezahlt *(Gehalt)*; **~ taxed** hoch besteuert; **~ topical** hoch aktuell

**highway robbery**, Straßenraub *m*

**hijack**, *v (Flugzeug)* entführen; *(Fahrzeug)* überfallen und ausrauben

**hijacking**, Flugzeugentführung *f*

**hike up**, *v* erhöhen; **~** interest rates die Zinssätze anheben

**hill farming**, Landwirtschaft *f* in Hügelgebieten

**hint**, Tipp *m*, Börsentipp *m*

**hire**, Miete *f (von bewegl. Sachen)*, Mieten *n*; Mietpreis; Arbeitslohn *m*; **car~-service** *Br* Mietwagenverleih *m*; **contract of ~** Mietvertrag *m*

**hire, for ~** zu vermieten; **furniture for ~** Möbel zu vermieten

**hire, on ~** zu vermieten, mietweise; **bicycles for ~** Fahrräder zu vermieten; **to let (out) on ~** vermieten; **to take a car on ~** ein Auto mieten

**hire car**, *Br* Mietauto *n*, Mietwagen *m*

**hire purchase**, *Br* Teilzahlungskauf *m*, Ratenzahlungskauf *m*; Mietkauf *m*; **on ~** auf Abzahlung; **~ account** Abzahlungskonto *n*; **~ agreement** Teilzahlungsvertrag *m*, Ratenzahlungsvertrag *m*; Mietkaufvertrag *m*; **~ deal** Abzahlungsgeschäft *n*; **~ finance company** *Br* Kundenkreditbank *f*; **~ loan** Abzahlungskredit *m*; **~ price** Preis *m* bei Ratenzahlung; **~ sale** Verkauf *m* auf Abzahlung; **to buy on ~** auf Abzahlung kaufen

**hire**, *v (bewegl. Sachen)* mieten; anstellen, einstellen; **to ~ (out)** vermieten; **to ~ and fire** *Am* einstellen und entlassen; **to ~ an attorney** *Am* e-n Anwalt nehmen; **to ~ a gardener** e-n Gärtner einstellen; **to ~ out a temporary worker** e-n Leiharbeitnehmer verleihen (od. e-m Entleiher überlassen)

**hired, ~ article** Mietobjekt *n*; **~ labo(u)r** Leiharbeitnehmer *m*; **~ vehicle** Mietfahrzeug *n*

**hirer**, Mieter *m*, Vermieter *m (e-r bewegl. Sache)*; **~ and ~-out** *(Arbeitnehmerüberlassung)* Entleiher *m* und Verleiher *m*

**hiring**, Mieten *n (von bewegl. Sachen)*; *Am* Anstellung *f*, Einstellung *f*; **~ (out)** Vermietung *f*; **firm ~ out temporary workers** Verleihungsunternehmen *n (Arbeitnehmerüberlassung)*; **~ and firing** Einstellung *f* und Entlassung *f*; **~ charge** Mietgebühr *f*; **~ rate** *Am* Einstellungsquote *f*

**historic(al) cost**, ursprüngliche Kosten, Anschaffungs- und Herstellungskosten *pl*; **~ cost accounting** Istkostenrechnung *f*

**history, business (or company) ~** Firmengeschichte *f*

**hit, sales ~** Verkaufsschlager *m*; **~ and run driving** Fahrerflucht *f*; **~ parade** Schlagerparade *f*

**hit**, Treffer *m*, Schlag *m*, Stoß *m* (*Maßzahl für die Anzahl der Besucher einer Internetseite. Anzahl der Anfragen nach Daten auf einem → web server für eine spezifische Webseite.*)

**hit**, *v* schlagen, treffen; **he was hard ~ by his financial losses** er wurde durch seine finanziellen Verluste hart getroffen

**hit a low**, *v* Tiefstand erreichen

**hit the headlines**, *v* Schlagzeilen machen
**hitch-hike**, *v* (or **to hitch a ride**) per Anhalter fahren
**hive off**, *v* ausgrunden (separate part of a company and start a new firm)
**hoard**, *v* horten, hamstern; thesaurieren
**hoarder**, Hamsterer *m*
**hoarding**, Hortung *f*, Hamstern *n*; Thesaurierung *f*; *Br* Plakatwand *f*, Reklamefläche *f*; ~ **purchase** Hamsterkauf *m*; ~ **of money** Geldhortung *f*
**hoax**, Schwindelei *f*; (Zeitungs-)Ente *f*
**hock**, *sl.* Pfand *n*; **in** ~ verpfändet, verschuldet
**hoist**, (Lasten-)Aufzug *m*; (Lade-)Kran *m*
**hoist**, *v (Ladung)* (an)heben; **to ~ the dividend** die Dividende erhöhen
**hold**, Schiffsraum *m*, Laderaum *m*; **~'s volume** Ladefähigkeit *f*; **the cargo is stowed in the** ~ die Ladung ist im Laderaum *(des Schiffes)* verstaut
**hold**, *v* innehaben, besitzen; verwahren; *(Versammlung etc.)* abhalten; *(Amt)* bekleiden; die Ansicht vertreten; *(richterlich)* entscheiden; **to ~ at disposal** zur Verfügung halten; **buyers ~ back** die Käufer halten sich zurück; **to ~ back the rising prices** die Preissteigerungen eindämmen; **to ~ a conversation** e-e Unterredung führen; **to ~ (prices) down** (Preise) niedrig halten; **to ~ good** *(noch)* gelten, zutreffen; gültig bleiben; **to ~ the market** den Markt stützen *(kaufen od. verkaufen, um die Preise zu halten)*; **to ~ a meeting** → meeting; **to ~ on to** festhalten; das Eigentum nicht aufgeben; **to ~ an offer open** ein Angebot aufrecht erhalten; **to ~ oneself out as a partner** sich als Gesellschafter ausgeben; **to ~ over** verschieben, aufschieben; *(Zahlung)* stunden; *(nach Ablauf der Mietzeit)* Räumung verzögern; **to ~ over bills** Wechsel *(wegen Formfehler)* am Einlieferungstag nicht einlösen; **to ~ a position** e-e Stellung innehaben; **to ~ the purse** die Kasse führen; **to ~ responsible** verantwortlich machen; **to ~ shares** Aktien besitzen; **to ~ up** *(jdn od. etw.)* aufhalten; überfallen (und ausrauben)
**holder**, Inhaber *m*, Besitzer *m*; **actual** ~ gegenwärtiger (od. tatsächlicher) Besitzer *m*; **former** ~ früherer (od. vorhergehender) Inhaber; **joint ~ (of a share)** Mitinhaber (e-r Aktie); **~ in due course** *(kraft guten Glaubens)* legitimierter Inhaber; redlicher Inhaber *(e-s Wechsels, Schecks)*; **~ in good faith** gutgläubiger Inhaber; **~ of an account** Kontoinhaber; **~ of a bill (of exchange)** Inhaber e-s Wechsels; **~ of a licen|ce (~se)** Inhaber e-r Lizenz; Konzessionsinhaber; **~ of a pension** Rentenempfänger *m*; Pensionsberechtigter *m*; **~ of record** *Am (im Aktienbuch der Gesellschaft)* eingetragener Aktionär *m*; **~ on trust** Treuhänder *m*; **to be made out in the name of the ~** auf den Inhaber lauten
**holding**, Besitz *m*, Grundbesitz *m*; landwirtschaftlicher Betrieb *m*; Bestand *m* *(bes. an Effekten)*, Guthaben *n*; (Geschäfts-)Beteiligung *m*; Anteil *m* (in bei); Verwahrung *f*; **agricultural** ~ *Br* Pachtland *n*, Pachtgut *n*, Pachthof *m*; **amount of the** ~ Höhe *f* der Beteiligung; **bond** ~ → bond 1.; **the company's** ~ Effektenbestand *m* der Gesellschaft; **family** ~ landwirtschaftlicher Familienbetrieb *m*; **financial** ~ finanzielle Beteiligung *f*; **foreign ~s** Auslandsbesitz *m*; **gold** ~ Goldbestand *m*; **permanent** ~ dauernde Beteiligung *f*; **small** ~ landwirtschaftlicher Kleinbetrieb *m*; **~ company** Holdinggesellschaft *f*, Obergesellschaft *f*, Dachgesellschaft *f*; **~ gains** Wertsteigerung *f* des Effektenbestandes; **~ in other firms** Beteiligung an anderen Firmen; **~ of capital** Kapitalbesitz *m*; **~ of cash balances** Kassenhaltung *f*; **~s of foreign exchange** Devisenbestände *mpl*; **~ of securities** Wertpapierbesitz *m*, -bestand *m*; **~-out partner** Scheingesellschafter *m*; **~ over** Inbesitzbehalten *n (nach Vertragsablauf)*; **to have a financial ~ in** finanziell beteiligt sein an; **to have a large ~ of oil shares** e-n großen Bestand an Ölaktien haben; **to have a ~ in a company** an e-r Gesellschaft beteiligt sein
**holiday**, Feiertag *m*; **~ (s)** *Br* Urlaub *m*, Ferien *pl*; **bank** ~ *Br* Bankfeiertag *m*; **four weeks' ~ with pay** vierwöchiger bezahlter Urlaub; **official ~s** gesetzliche Feiertage *mpl*; **on holiday** in Urlaub; **~ flat** (or **home**) Ferienwohnung *f*; **~ maker** *Br* Urlaubsreisender *m*, Urlauber *m*; **~ pay** Urlaubsgeld *n*; **~ trip** Urlaubsreise *f*; **to go on** ~ in Urlaub fahren; **to take a** ~ Urlaub nehmen
**holograph will**, eigenhändig geschriebenes Testament *n*

**home**, Heim *n*, Wohnung *f*; Heimat(land) *f(n)*; Heim *n*, Anstalt *f*; inländisch, Inlands-; **at ~ and abroad** im In- und Ausland; **away from ~** nicht zu Hause; verreist; **~ address** Heimatanschrift *f*; **~ banking** Abwicklung *f* von Bankgeschäften von privaten Haushalten aus unter Einsatz der Teleinformatik; **~ bound** → homeward bound; **~ computer** Heimcomputer *m*; **~ consumption** Inlandsverbrauch *m*; **~ country** Heimatland *n*; **~ demand** Inlandsnachfrage *f*; **~ economics** Haushaltswirtschaftslehre *f*; **~ financing** Wohnungsbaufinanzierung *f*; **~ freight** *Br* Rückfracht *f*; **home-grown** selbst angebaut; **~-grown industry** einheimische Industrie *f*; **~ help** *Br* Haushaltshilfe *f*; **~ improvements loan** Darlehen *n* zur Instandsetzung der Wohnung; **~ industry** inländische (od. einheimische) Industrie *f*; Heimindustrie *f*; **~ less** obdachlos; **~ loan** Wohnungsbaudarlehen *n*; **H~ Loan Bank** *Am* Bausparkasse *f*; **~-made** selbstgemacht, hausgemacht

**homebanking**, das Benutzen von Bankdienstleistungen von Zuhause aus. Hierzu werden verschiedene Kommunikationstechnologien wie das Telefon oder das Internet verwendet.

**home market**, Inlandsmarkt *m*, inländischer Markt *m*, Binnenmarkt *m*; **supply of the ~** Inlandsbelieferung *f*

**homepage**, Homepage *f (Der Ausdruck ~ beschreibt 1. nur die Eingangsseite einer Webseite. Er wird aber auch 2. zur Umschreibung der gesamten Webseite verwendet.)*

**home, H~ Office** *Br* Innenministerium *n*; **~ office** Zentrale *f*; **~ order** Inlandsauftrag *m*; **~ owner** Hausbesitzer *m*; **~ port** Heimathafen *m*; **~ produce** (or **products**) inländische (od. einheimische) Erzeugnisse *npl*; **~-produced** im Inland erzeugt *(nicht eingeführt)*; **~ production** Inlandserzeugung *f*; **~ sales** Inlandsverkäufe *mpl*; Inlandsumsatz *m*; **~ securities** *Br* inländische Wertpapiere *npl*; Inlandswerte *pl*; **home service** Inlandsdienst *m*; **~ stead** Heimstätte *(f (Am die unter Vollstreckungsschutz steht)*; Siedlungsland *n*; **~ trade** *Br* Binnenhandel *m*

**homeward**, **~ bound** auf der Heimfahrt befindlich *(Schiff)*; auf dem Rückflug; **~ freight** *Br* Ladung *f* für die Heimfahrt; Rückfracht *f*; **~ journey** (or **voyage**) *Br* Heimreise *f*, Rückfahrt *f*

**home, ~work** Heimarbeit *f*; **~worker** Heimarbeiter *m*; **~working** Heimarbeit *f*

**homeophatic medicines**, homöopathische Arzneimittel *pl*

**homicide**, Tötung *f (e-s Menschen)*; Totschlag *m*; **negligent ~** (or **~ caused by negligence**) fahrlässige Tötung; **~ with malice aforethought** Mord *m*

**honest**, ehrlich, anständig, redlich; reell

**honorarium**, Honorar *n*

**honorary**, ehrenamtlich; **in an ~ capacity** ehrenamtlich; **~ member** Ehrenmitglied *n*; **~ office** (or **post, position**) Ehrenamt *n*

**hono(u)r**, Ehre *f*, Auszeichnung *f*; **act of ~** Ehreneintritt *m (für e-n notleidenden Wechsel)*; **acceptance for ~** Ehrenannahme *f*, Ehrenakzept *n*; **in ~ bound** moralisch verpflichtet; **debt of ~** Ehrenschuld *f*; **payment for ~** Ehrenzahlung *f (für e-n notleitenden Wechsel)*

**hono(u)r**, *v (Wechsel, Scheck)* honorieren, einlösen, bezahlen; **please ~ the following cheque to the debit of ...** wir bitten um Einlösung des auf Sie gezogenen Schecks zu Lasten des Kontos der (... Bank) *(Banken-Orderscheck für den internationalen Zahlungsverkehr)*

**hook-up**, übernommene (Radio-)Sendung *f*

**horizontal**, **~ agreement** horizontale Absprache *f*; **~ combination** (or **integration**) horizontaler Zusammenschluss *m (von Unternehmen)*; **~ restraints** horizontale Wettbewerbsbeschränkungen *fpl*; **~ (trade) union** Fachgewerkschaft *f*

**hormone**, **use of ~s** Verwendung *f* von Hormonen; **~ residues in meat** hormonelle Rückstände *mpl* im Fleisch

**horse trading**, Kuhhandel *m*

**horticultural products**, Gartenbauerzeugnisse *npl*

**horticulture**, Gartenbau *m*

**hospital**, Krankenhaus *n*; **mental ~** psychiatrische Klinik *f*; **~ costs** (or **expense**) Krankenhauskosten *pl*; **to be taken to ~** in ein Krankenhaus eingeliefert werden

**hospitalization**, Krankenhauseinweisung *f*; Krankenhausaufenthalt *m*; **referral slip for ~** Einweisungsschein *m (in ein Krankenhaus)*

**hospitalize**, *v* in ein Krankenhaus einweisen; **to be ~d** im Krankenhaus liegen

**host**, 1. Host *m* (*Der Begriff ~ hat mehrere Bedeutungen. 1. Aus der Sicht eines Unternehmens oder einer Person mit einer Webseite ist ein ~ der → web server, der die Internetseiten bzw. die Anwendung bereithält. 2. Wird der Begriff ~ für Unternehmen verwendet, die die in 1. beschriebene Funktion anbieten. 3. Das → internet protocol spezifiziert einen ~ als einen Computer, der eine zweiseitige Verbindung zu anderen Computern des Netzwerks aufrechterhält.*)

**host**, 2. Gastgeber *m*; Gastwirt *m*; **~ country** Gastland *n*, Aufnahmeland *n*

**hostage**, Geisel *f*; **to take ~s** Geiseln nehmen

**hosting**, → hosting service

**hosting service**, das zur Verfügungstellen *n* von Speicherkapazitäten auf einem → Server. Der Betreiber eines ~ wird als → Host bezeichnet.

**hostile**, **~ bid** (or **offer**) feindliches Übernahmeangebot *n*; **~ takeover** feindliche (nicht einvernehmliche) Übernahme *f (e-s Unternehmens)*

**hot**, heiß; **~ bill** kurzfristig fällig werdender Wechsel *m*; **~ cargo** Erzeugnisse e-s Betriebes, dessen Arbeiter streiken; **~-house produce** Treibhauserzeugnisse *npl*; **~ issues** Spekulationswerte *mpl*; **~ money** heißes Geld *n*, Fluchtgeld *n*; **~ seller** Verkaufsschlager *m*

**hot spot**, *(EDV)* Hot spot *m (Beschreibt viel besuchte Orte wie Bahnhöfe, Innenstädte od. Flughäfen. Sie sind bei der Entwicklung von Mobilfunknetzen besonders wichtig.)*

**hot up**, *v* verschärfen (e. g. price war, competition)

**hotel**, Hotel *n*; **list of ~s** Hotelverzeichnis *n*; **~ accommodation** Hotelunterbringung *f*; **~ and restaurant business** Gaststättengewerbe *n*; **~ bill** Hotelrechnung *f*; **~ expenses** Hotelkosten *pl*; **~ keeper** (or **proprietor**) Hotelbesitzer *m*, Hotelier *m*; **~ trade** Hotelgewerbe *n*; **to book** (or **to reserve**) **a ~ room** ein Hotelzimmer bestellen; **the ~ is booked up** das Hotel ist voll besetzt; **~ open all the year round** Hotel ganzjährig geöffnet

**hotelier**, Hotelier *m*

**hour**, Stunde *f*; **after ~s** → after; **before ~rs** → before; **by the ~** stundenweise; **~s absent** Fehlstunden *pl*; **~s worked** (geleistete) Arbeitsstunden; **~s of work** Arbeitszeit; **to reduce working ~s** die Arbeitszeit verkürzen

**hourly**, stündlich; **~-earnings** Stundenverdienst *m*; **~ paid workers** Zeitlohner *pl*; **~ wage(s)** Stundenlohn *m*

**house**, Haus *n*; Handelshaus *n*; **the H~** *Br colloq.* die (Londoner) Börse; **on the ~** auf Kosten der Firma *(etc.)*; **~ advertising** Eigenwerbung *f (e-r Agentur)*; **~ agent** Wohnungsmakler *m*, Immobilienmakler *m*; **~ bill** Filialwechsel *m*; **~ brand** Eigenmarke *f*, Hausmarke *f*; **~ breaker** Einbrecher *m*; *Br* Abbruchunternehmer *m*; **~ building** Hausbau *m*; **~ delivery** Lieferung frei Haus; **~ flag** Reedereiflagge *f*

**household**, Haushalt *m*; **head of the ~** Haushalt(ung)svorstand *m*; **~ appliances** Haushaltsgeräte *npl*; **~ consumption** *(EU)* Verbrauch *m* der privaten Haushalte *mpl*; **~ equipment** (or **effects**) Hausrat *m*; **~ expenses** Haushaltskosten *pl*; **~ help** Haushaltshilfe *f*; **~ rubbish** Hausmüll *m*; **~ utensils** Haushaltsgeräte *npl*; **to manage the affairs of a ~** e-n Haushalt führen

**housekeeper**, Haushälterin *f*, Wirtschafterin *f*

**housekeeping**, Haushaltsführung *f*, Wirtschaftsführung *f*; **~ money** Haushaltsgeld *n*

**house**, **~ maintenance** Gebäudeinstandhaltung *f*; **~-owner** Hauseigentümer *m*, Hausbesitzer *m*; **~ physician** Anstaltsarzt *m*; **~ property** Hausbesitz *m*

**house-to-house**, **~ advertising** an der Haustür verteiltes Werbematerial *n*; **~ collection** Haussammlung *f*; **~ distribution** Postwurfsendung *f*; **~ selling** Türverkauf *m*

**house**, **~-work** Hausarbeit *f*; **~ wrecker** *Am* Abbruchunternehmer *m*

**house, to keep ~** (or **to run the ~**) **for sb.** jdm den Haushalt führen

**housing**, Wohnungswesen *n*; Wohnungsbeschaffung *f*; Wohnungsbau *m*; **land for ~** Grund und Boden für Wohnungsbau; **low-cost ~** billige Wohnung(en) *f(pl)*; Sozialwohnung(en) *f(pl)*; **~ allowance** Wohnungsgeldzuschuss *m*, Wohngeld *n*; **~ association** *Br* Wohnungsgenossenschaft *f*; **~ demand** Wohnungsnachfrage *f*; **~ estate for workmen** Industriewohnsiedlung *f*; **~ financing** Woh-

nungsbaufinanzierung *f*; ~ **loan** Wohnungsbaudarlehen *n*; ~ **market** Wohnungsmarkt *m*; **for ~ purposes** für Wohnzwecke; ~ **shortage** Wohnungsmangel *m*; Wohnungsknappheit *f*; ~ **supply** Wohnungsangebot *n*
**hovercraft**, Luftkissenfahrzeug *n*
**HTML**, → Hypertext markup language
**http**, → Hypertext transfer protocol
**huge**, riesig; ~ **profits** riesige Gewinne *mpl*
**hull insurance**, (Schiffs-, Flugzeug-)Kaskoversicherung *f*; ~ **underwriter** Kasversicherer *m*
**human**, menschlich; ~ **capital** Humankapital *n (Arbeitsvermögen) n*; **fit for ~ consumption** für den menschlichen Verbrauch geeignet; ~ **engineering** *Am* Arbeitsplatz und Arbeitsablaufgestaltung *f*; ~ **relations** innerbetriebliche Mitarbeiterbeziehungen *fpl*
**human resources**, Humanvermögen *n*; menschliches Potenzial *n (der Arbeitskräfte)*; ~ **department** Personalabteilung *f*; ~ **planning** Personalplanung *f*
**human rights**, Menschenrechte *npl*; **European Commission On ~ Human Rights** Europäische Kommission für Menschenrechte
**humanitarian aid**, humanitäre Hilfe *f*
**humanization of work**, Humanisierung *f* der Arbeit(swelt)
**humid storage**, feuchte Lagerung *f*
**hundredweight**, (cwt) Zentner *m* (*Br* 112 Pfund bzw. 50,80 kg, *Am* 100 Pfund bzw. 45,36 kg)
**hunger**, **problem of ~ in the world** Welthungerproblem *n*
**hunting**, jagen *n*, Jagd-; → head ~; **legacy ~** Erbschleicherei; ~ **licen|ce (~se)** Jagdschein *m*; **to go ~** auf die Jagd gehen
**husband**, Ehemann *m*; ~ **and wife** Eheleute *pl*; **ship's ~** Korrespondentenreeder *m*
**husbandry**, Wirtschaftsführung *f*; Bewirtschaftung *f*; **animal ~** Viehzucht *f*
**hush money**, Schweigegeld *n*
**hydraulic energy**, Wasserkraft *f*
**hydrocarbons**, Kohlenwasserstoffe *mpl* (oil and natural gas)
**hydroelectric power plant**, Wasserkraftwerk *n*
**hygiene**, **industrial ~** Betriebshygiene *f*; **personal ~** Körperpflege *f*
**hype**, übertriebene Werbung *f*
**hype**, *v*, **to ~ sth.** intensiv werben für etw.
**hyperinflation**, galoppierende Inflation *f*
**hyperlink**, Hyperlink *m (Verknüpfung einer Internetseite mit einer anderen durch ein Textfeld (hypertext), ein Bild oder durch ein anderes Element. Durch Anklicken eines ~.)*
**hypermarket**, Verbrauchergroßmarkt *m*
**hypertext markup language**, Standard Entwicklungssprache *f* für die Entwicklung von Internetseiten. Sie ist die Basis für viele weiterentwickelte Sprachen wie z. B. dynamic HTML (dHTML)
**hypertext transfer protocol**, Standard Protokoll *n* für Übertragung von Internetseiten.
**hypothecate**, *v* verpfänden; **to have securities ~** Wertpapiere lombardieren (od. beleihen) lassen
**hypothecation**, Verpfändung *f*; Lombardierung *f (vonWertpapieren)*; ~ **value** Beleihungswert *m*

# I

**ibels**, (interest-bearing eligible liabilities) verzinsliche mindestreservepflichtige Verbindlichkeiten *fpl*
**IBRD**, → International Bank for Reconstruction and Development
**ICC**, → International Chamber of Commerce; **(Standard) ~-Arbitration Clause** (Standard-)Schiedsklausel *f* der IHK; **~-Arbitration Rules** IHK-Schiedsgerichtsordnung *f*; **~-Consiliation Rules** IHK-Vergleichsordnung *f*; ~ **Court of Arbitration** IHK-Schiedsgerichtshof *m*; ~ **National Committee** IHK-Landesgruppe *f*; ~ **Rules of Conciliation and Arbitration** Vergleichs- und Schiedsordnung *f* der IHK (v. 1.1.1988); ~ **Uniform Rules for Collections** IHK-Einheitliche Richtlinien *fpl* für Inkassi
**icon**, Symbol *n*
**identifiable**, identifizierbar, feststellbar
**identification**, Identifizierung *f*; *(Zoll)* Nämlichkeit *f*; **certificate of ~** Nämlichkeitsbescheinigung *f*; **means of ~n** Nämlichkeitsmittel *pl*; ~ **card** Personalausweis *m*; ~ **mark** Nämlichkeitszeichen *n*; ~ **paper** Personalausweis *m*

**identify**, *v* identifizieren; **to ~ oneself** sich ausweisen
**identity**, Identität *f*; Gleichheit *f*; *(Zoll)* Nämlichkeit *f*; **of known ~** von Person bekannt; **proof of ~** Nachweis *m* der Identität; Personalausweis *m*; **~ card** (or **certificate**) Personalausweis *m*; **~ check** Personenkontrolle *f*; **to prove one's ~** sich ausweisen
**idle**, untätig; stilliegend, nicht in Betrieb; **~ balances** *(auf laufendem Konto zinslos liegendes)* gehortetes Geld *n*; **~ capital** totes Kapital *n*; **~capacity**, ungenutzte Kapazität *f*; **~ plant** stilliegende Anlage *f*; **~ plant expenses** Stillstandskosten *pl*; **~ time** Stillstandszeit *f*, Wartezeit *f*; **to lie ~** nicht in Betrieb sein, stilliegen; nicht arbeiten *(Kapital)*
**I.F.**, → insufficient funds
**iffy proposition**, unsichere Sache *f*
**if undelivered return to**, falls unzustellbar, zurück an
**ignore**, *v* nicht kennen; unbeachtet lassen
**ill**, krank; schlecht; **~-conditioned goods** Waren *pl* in schlechtem Zustand; **~-timed** zur unrechten Zeit, ungelegen; **to fall** (or **be taken**) **~** krank werden; **to be certified ~** krank geschrieben werden
**illegal**, illegal, gesetzwidrig, rechtswidrig; **~ contracts** rechtswidrige Verträge *mpl*
**illegitimate**, unrechtmäßig; nichtehelich
**illicit**, unerlaubt, verboten; **~ sale of narcotic drugs** verbotener Verkauf *m* von Rauschgiften; **~ trade** Schwarzhandel *m*; **~ work** Schwarzarbeit *f*
**illiquid**, nicht flüssig
**illiquidity**, Illiquidität *f*; Mangel *m* an flüssigen Mitteln
**illness**, Krankheit *f*; **on account of ~** (or **owing to ~**) krankheitshalber
**illuminated advertising**, Leuchtreklame *f*, Lichtwerbung *f*
**illusory profit**, Scheingewinn *m*
**illustrated (news)paper**, (or **magazine**) Illustrierte *f*
**image**, Image *n*, Vorstellungsbild *n (von e-m Unternehmen od. Produkt)*; **~ building**, Imagepflege *f*; **~ consultant**, Image-Berater *m*; **~ creation** Imagegestaltung *f*
**imaginary profit**, imaginärer Gewinn *n*
**imbalance**, Ungleichgewicht *n*; **regional ~s** *(EU)* regionale Ungleichgewichte *pl*; **~ in the market** Marktungleichgewicht *n*; **to eliminate ~s** Störungen des Gleichgewichts beseitigen
**IMF**, → International Monetary Fund; **~ quota** Quote *f* des IWF
**imitation**, Nachahmung *f*, Nachbildung *f*; **~ leather** Kunstleder *n*; **~ products** Nachahmungserzeugnisse *npl*
**immaterial**, immateriell; unwesentlich, unerheblich; **~ fact** unwesentliche Tatsache *f*
**immediate**, unmittelbar, direkt; sofort, umgehend; **~ action** Sofortmaßnahme *f*; **~ action is required** es muss sofort gehandelt werden; **~ annuity** sofort beginnende Rente *f*; **~ delivery** sofortige Lieferung *f*; **~ notice** sofortige Kündigung *f*; **~ occupation** → occupation; **~ order** *(Börse)* nur für einen Tag gültiger Auftrag *m*; **~ possession** → possession; **~ reply** umgehende Antwort *f*
**immediately**, **~ available** funds sofort verfügbare Gelder *npl*; **~ deliverable** sofort lieferbar; **~ effective** mit sofortiger Wirkung; **to become ~ effective** sofort in Kraft treten
**immigrant**, Einwanderer *m*, Zugewanderter *m*; **~ remittances** Überweisungen *fpl* von Zugewanderten *(an ihre Familie)*
**immigration**, Einwanderung *f*, Zuwanderung *f*; **measures restricting ~** Einwanderungsbeschränkungen *fpl*; **~ quota** (or **rate**) Einwanderungsquote *f*
**imminent danger**, (or **peril**) drohende Gefahr *f*; **in case of ~** bei Gefahr im Verzug
**immobilization**, Festlegung *f (von Geld)*; Einziehung *f (von Metallgeld)*; **~ of liquid funds** Liquiditätsbindung *f*; **~ of vessels** Stillegung *f* von Schiffen
**immobilize**, *v*, **to ~ coins** Metallgeld aus dem Verkehr ziehen; **to ~ funds** Mittel binden; **to ~ money** Geld festlegen
**immoral**, unmoralisch, sittenwidrig; **~ contract** Vertrag gegen die guten Sitten
**immovable property**, (or **immovables**) unbewegliches Vermögen *n*, Immobilien *pl*
**immunity**, Immunität *f*, Befreiung *f*; **diplomatic ~** diplomatische Immunität *f*; **~ from taxes** Steuerfreiheit *f*; **to withdraw ~** die Immunität aufheben
**IMP**, → integrated Mediterranean programme
**impact**, Stoßkraft *f*; **economic ~** wirtschaftliche Auswirkung(en) *f(pl)*; **~ of an**

**advertisement** Werbewirksamkeit *f* e-r Anzeige
**impair**, *v* beeinträchtigen, schädigen, vermindern; **~ing coins** Münzverringerung *f*
**impairment**, Beeinträchtigung *f*, Schädigung *f*, Minderung *f*
**impartial**, unparteiisch; unbefangen
**impasse**, Sackgasse f
**impeach**, *v* in Zweifel ziehen; **to ~ a document** die Echtheit e-r Urkunde bestreiten
**impecunious**, mittellos, arm
**impede**, *v* (be)hindern; **to ~ competition** den Wettbewerb behindern; **to ~ imports** die Einfuhr erschweren
**impedement**, **to remove ~s to trade** Handelshindernisse *npl* beseitigen
**impending loss**, drohender Verlust *m*
**imperfect competition**, unvollkommener Wettbewerb *m*
**impersonal**, **~ accounts** Sachkonten *npl*; **~ ledger** Sachkontobuch *n*; **~ taxes** Sachsteuern, Objektsteuern, Realsteuern *fpl*
**impersonate**, *v* sich *(fälschlich)* ausgeben als
**impetus**, Antrieb *m*, Impuls *m*
**implement**, Gerät *n (Werkzeug, Maschinen etc.)*; **farm ~s** landwirtschaftliche Geräte *pl*; **~s of trade** Handwerksgeräte *npl*
**implement**, *v* ausführen, durchführen; **to ~ a Directive into national law** *(EU)* e-e Richtlinie in nationales Recht umsetzen; **to ~ a guarantee** e-r Garantiepflicht nachkommen; e-e Garantie in Anspruch nehmen; **to ~ a project** ein Vorhaben durchführen; **~ing regulation** Durchführungsverordnung *f*
**implementation**, Ausführung *f*, Durchführung *f*; **~ of the common commercial policy** *(EU)* Durchführung der gemeinsamen Handelspolitik; **~ of a contract** Erfüllung *f* e-s Vertrags; **~ of Directives** *(EU)* Umsetzung *f* von Richtlinien
**implication**, *(stillschweigende)* Folgerung *f*; **the contract was renewed by ~** der Vertrag wurde stillschweigend verlängert
**implicit**, stillschweigend; mit einbegriffen; **~ agreement** stillschweigend getroffene Vereinbarung *f*; **~ extension of a contract** stillschweigende Verlängerung *f* e-s Vertrages; **~ price index**, GDP, *(EU)* impliziter BIP-Preisindex *m*; **~ly agreed upon** stillschweigend vereinbart
**implied**, stillschweigend (angenommen oder eingeschlossen); **~ agreement** stillschweigende Vereinbarung *f*; **~ authority** *(aus den Umständen)* vermutete (tatsächliche) Vollmacht *f*; **~ condition** stillschweigend mit eingeschlossene Bedingung *f*; **~ contract** durch konkludentes Verhalten geschlossener Vertrag *m*; sich aus den Umständen ergebender Vertrag *m*; **~ licene (~se)** stillschweigend vereinbarte Lizenz *f*; **~ obligation** gesetzlich vermutete Verpflichtung *f*; **~ terms** stillschweigend mit eingeschlossene Vertragsbedingungen *fpl*; **~ trust** *(als beabsichtigt)* vermutetes Treuhandverhältnis *n*; **~ warranties** stillschweigende Zusicherungen *fpl*
**import**, Import *m*, Einfuhr *f*; **~s** Einfuhrartikel *mpl*, Einfuhrgüter *pl*; **consumer ~s** eingeführte Verbrauchsgüter *pl*; **decline of ~s** Einfuhrrückgang *m*; **dependence on ~s** Einfuhrabhängigkeit *f*; **embargo on ~s** → import embargo; **growth of ~s** Zunahme *f* der Einfuhren; **invisible ~s** → invisible; **non-quota ~s** nichtkontingentierte Importe; **promotion of ~s** Importförderung *f*; **rise in ~s** Importzunahme *f*, Importsteigerung *f*; **visible ~s** → visible; **~ agency** Importvertretung *f*; **~ agent** Importvertreter *m*; **~ and export duties** *(EU)* Eingangs- und Ausfuhrabgaben *fpl*; **~ and export list** *Br (von der Regierung einmal im Jahr veröffentlichte)* Liste *f* der Tarifierung (classification) aller Waren *(für Zollanmeldung)*; **~ arrangement** Einfuhrregelung *f*; **~ ban** Einfuhrverbot *n*; **~ certificate** *(EU)* Einfuhrlizenz *f*; **~ commission agent** Einfuhrkommissionär *m*; **~ commodities** Importwaren *pl*; **~ control** Einfuhrkontrolle *f*, Einfuhrüberwachung *f*; **~ customs declaration** Einfuhrzollanmeldung *f*; **~ dealer** Einfuhrhändler *m*; **~ documents** Einfuhrpapiere *npl*
**import dut|y**, Einfuhrzoll *m*; **import ~ies or charges having equivalent effect** Einfuhrzölle *pl* od. -abgaben gleicher Wirkung; **goods exempt from import ~** einfuhrzollfreie Waren *pl*; **to be chargeable with import ~** Einfuhrzoll unterliegen
**import**, **~ embargo** Einfuhrverbot *n*, Einfuhrsperre *f*; **~ entry** Einfuhrdeklaration *f*; **~ financing** Importfinanzierung *f*; **~ gold point** Goldeinfuhrpunkt *m*; **~ incentive**

Einfuhranreiz *m*; **~s in excess of exports** Einfuhrüberschuss *m*; **~ levy** *(EU)* Einfuhrabgabe *f*; **import licen|ce (~se)** Einfuhrgenehmigung *f*; **~ mark(-)up** Aufschlag *m* auf den Einfuhrpreis; **~ merchant** Importkaufmann *m*, Importeur *m*; **~ of goods** (or **merchandise**) Wareneinfuhr *f*; **~ permit** Einfuhrerlaubnis *f*; **~ prohibition** Einfuhrverbot *n*; **~ pull** Importsog *m*; **~ quota** Importquote *f*, Einfuhrkontingent *n*; **~ reduction** Einfuhrrückgang *m*; **~ relief** Einfuhrerleichterung *f*; **~ requirements** Einfuhrbedarf *m*

**import restriction**, Einfuhrbeschränkung *f*, Importrestriktion *f*; **to relax (tighten) ~s** Einfuhrbeschränkungen lockern (verschärfen)

**import subsidies** Importsubventionen *fpl*; **~ suction** Importsog *m*; **~ surplus** Importüberschuss *m*; **~ surveillance** Einfuhrüberwachung *f*; **~ tariff** Einfuhrzoll *m*; **~ trade** Einfuhrhandel *m*; **~ transaction** *(das einzelne)* Importgeschäft *n*; **~ volume** Einfuhrmenge *f*; **to cut** (or **limit, reduce, restrict, slow down**) **~s** Import drosseln; **~s declined by ...** die Einfuhr ging zurück um ...; **~s have increased** die Einfuhr ist gestiegen; **to place ~s under surveillance** die Einfuhr überwachen

**import**, *v* importieren, einführen; **pressure to ~** Einfuhrsog *m*; **to ~ a vehicle temporarily** ein Fahrzeug zum vorübergehenden Aufenthalt einführen

**imported commodities**, (or **goods**) Importwaren *pl*, Einfuhrgüter *pl*

**importation**, Einfuhr *f*, Import *m*; **common rules for ~** *(EU)* gemeinsame Einfuhrregeln *fpl*; **temporary ~ papers** Zollpapiere *pl* für die vorübergehende Einfuhr; **to grant duty-free ~** zur Einfuhr zollfrei zulassen

**importer**, Importeur *m*

**importing**, **~ country** Importland *n*; **~-house (or firm)** Importfirma *f*

**impose**, *v (Steuer, Strafe etc.)* auferlegen; *(Last)* aufbürden; *(Strafe)* verhängen; **to ~ conditions** Bedingungen auferlegen; **to ~ an obligation** e-e Verpflichtung auferlegen; **to ~ a tax on sth.** etw. mit e-r Steuer belegen, etw. besteuern

**imposition**, Auferlegung *f*, Verhängung *f*; **~ of a fine** Verhängung e-r Geldstrafe; **~ of taxes** Besteuerung *f*

**impossibility of performance**, Unmöglichkeit *f* der Erfüllung (od. Leistung)

**imposter**, Betrüger *m*, Schwindler *m*

**imposture**, Betrug *m*, Schwindel *m*

**impound**, *v* in amtliche Verwahrung nehmen

**impoverish**, *v* arm machen; *(Boden)* erschöpfen, aussaugen; **to be ~** verarmen

**impracticable**, undurchführbar, praktisch unmöglich

**impress**, *v (Siegel)* aufdrücken; Eindruck machen

**imprison**, *v* inhaftieren; **to be ~** im Gefängnis sitzen; **~ without trial** ohne Prozess inhaftiert

**improper**, ungehörig; unzulässig; unvorschriftmäßig; **~ use** unzulässiger Verbrauch *m*; **amount improperly refunded** zu Unrecht erstatteter Betrag *m*

**improve**, *v (sich)* (ver)bessern; *(Gehalt)* aufbessern; *com* veredeln; *(Land)* meliorieren; *Am (Land)* erschließen; steigen, anziehen *(Preise, Kurse)*; **to ~ the financial situation of an enterprise** ein Unternehmen sanieren; **to ~ one's situation** seine Lage verbessern; **to ~ in value** im Wert steigen

**improved**, **~ and un~ real property** *Am* bebaute und unbebaute Grundstücke *npl*; **some shares ~ slightly** einige Aktien stiegen leicht

**improvement**, Besserung *f*, Verbesserung *f*; Veredelung *f (von Waren)*; *Am* Erschließung *f (von Land)*; **~ industry** Veredelungswirtschaft *f*; **~ in pay** Besoldungsverbesserung *f*; **~ in prices** Anziehen *n* der Kurse (od. Preise); Kurserholung *f*; **~ in value** Werterhöhung *f*; **~ of buildings** *(werterhöhende)* bauliche Verbesserungen *pl*; **~ of the (financial) situation of a firm** Sanierung *f* e-r Firma; **~ (of land)** Bodenverbesserung *f*, Melioration *f*; **~ proposal** Verbesserungsvorschlag *m*

**impugn**, *v* anfechten, bestreiten

**impulse**, **~ buying** Impulskauf *m*, Spontankauf *m*; **~ goods** spontan gekaufte Waren *pl*

**impute**, *v* zurechnen, zur Last legen, unterstellen

**imputed**, **~ costs** kalkulatorische Kosten *pl*; **~ negligence** *Am* zurechenbare Fahrlässigkeit *f*; **~ notice** zurechenbare Kenntnis *f (e-s Dritten)*

**in**, **~ accordance with** gemäß; **~-and-**

**out** *Am* Kauf *m* und Verkauf *m (e-s Wertpapiers)* innerhalb e-r sehr engen Zeitspanne; **~ autre droit** im Namen Dritter; **~ bond** unter Zollverschluss; unverzollt; **~ camera** unter Ausschluss der Öffentlichkeit; **~ debt** verschuldet, in den roten Zahlen; **~ dozens** dutzendweise; **~ due course** → due course; **~ fashion** in Mode; **~ lieu of** an Stelle von; **~ life** bei Lebzeiten; **~ number** an Zahl; **~ price** preislich; **~ reply to** als Antwort auf; **~ search of** auf der Suche nach; **~ short** kurz (gesagt); **~ specie** in natura; in Metallgeld; **~ stock** vorrätig; **~ time** zur rechten Zeit; rechtzeitig; **~ transitu** unterwegs; **~ turn** der Reihe nach

**inability**, Unfähigkeit *f*, Unvermögen *n*; **~ to pay** (due debts) Zahlungsunfähigkeit *f*; Insolvenz *f*

**inactive**, untätig; *com* flau, umsatzschwach; **~ account** umsatzloses (od. ruhendes) Konto *n*; **~ capital** brachliegendes Kapital *n*; **~ market** lustloser Markt *m*

**inadequate**, unangemessen; unzulänglich; **~ resources** nicht ausreichende (Hilfs-,Geld-) Mittel *pl*

**inadmissible**, unzulässig

**inalienable**, unveräußerlich, unübertragbar

**inanimate**, flau, unbelebt

**inapplicable**, nicht anwendbar (to auf)

**inappreciable**, unmerklich, unerheblich

**inaugural lecture**, Antrittsvorlesung *f*

**inboard**, im Schiffsraum befindlich; Innen-

**inbound**, auf der Heimfahrt *(Schiff)*

**Inc.**, → incorporated

**incalculable**, unberechenbar

**incapable**, unfähig, ungeeignet; **~ of managing one's own affairs** unfähig, seine eigenen Angelegenheiten zu besorgen; geschäftsunfähig; **~ of working** arbeitsunfähig

**incapacitated**, arbeitsunfähig; geschäftsunfähig; rechtsunfähig

**incapacity**, Unfähigkeit *f*; **~ (for work)** Arbeitsunfähigkeit *f*; **(legal)** ~ Geschäftsunfähigkeit *f*; Rechtsunfähigkeit *f*; **in the event of his legal** ~ falls er seine Geschäftsfähigkeit verliert

**incendiarism**, Brandstiftung *f*

**incendiary**, Brandstifter *m*; **~ loss** durch Brandstiftung verursachter Schaden

**incentive**, Anreiz *m*; **buying ~** (or **incentive to buy**) Kaufanreiz *m*; **tax ~s** steuerliche Anreize *pl*; **wage ~ system** leistungsbezogenes Lohnsystem *n*; **~ bonus** Leistungsprämie *f*; **~ for saving** Sparanreiz *m*; **~ measures** Fördermaßnahmen *fpl*; **~ pay** (or **wage**) Leistungslohn *m*

**inception**, Beginn *m*; Versicherungsbeginn *m*

**inch**, Zoll *m* (2,54 cm)

**inch up**, *v* langsam steigen

**Inchmaree clause**, *Br* Inchmaree-Klausel (Seeversicherungsklausel, die Gefahren deckt, die nicht „perils of the sea" sind, z. B. Schaden an der Ladung des im Hafen liegenden Schiffes, Fahrlässigkeit des Kapitäns od. der Matrosen, versteckte Mängel in der Maschinerie od. im Schiffsrumpf)

**inchoate**, angefangen, unfertig; **~ instrument** noch nicht vollständig ausgefülltes → negotiable instrument *(z. B. Wechsel)*

**incidence**, Inzidenz *f*, Eintritt *m (e-s Ereignisses)*, Häufigkeit *f*; **tax ~** Steuerinzidenz *f*, (letzter) Steueranfall *m*; **~ of loss** *(Vers.)* Schadenhäufigkeit *f*

**incident to**, verbunden mit, zugehörig

**incidentals**, Nebenausgaben *pl*, Nebenkosten *pl*

**incidental**, beiläufig; Neben-; **expenses ~ to ...** die bei ... entstehenden Kosten; **~ earnings** Nebenverdienst *m*; **~ expenses** Nebenausgaben *pl*, Nebenkosten *pl*; **to be ~ to** gehören zu, verbunden sein mit

**incinerating plant**, Müllverbrennungsanlage *f*

**incite**, *v* anstiften; aufhetzen

**inclination**, Neigung *f*; **~ to buy** Kauflust *f*; **~ to invest** Anlagebereitschaft *f*; **~ to sell** Verkaufsneigung *f*, Abgabeneigung *f*

**inclined to buy**, kauflustig

**include**, *v* einschließen, einbeziehen; **to ~ in a bill** auf e-e Rechnung setzen; **to ~ sb. in one's will** jdn in seinem Testament bedenken

**included**, **freight charges are ~ in the price** die Fracht ist im Preis einbegriffen; **postage ~** inklusiv Porto

**including**, einschließlich; **from Monday (up) to and ~ Friday** von Montag bis Freitag einschließlich; **~ postage and packing** einschließlich Porto und Verpackung; **prices not ~ package** Preise ausschließlich Verpackung

**inclusive**, einschließlich; **an all ~ price** ein

alles einschließender Preis; **~ price** Pauschalpreis *m*; Inklusivpreis *m*; **~ terms** *(im Hotel etc.) (Preis)* ohne Nebenkosten; **our prices are ~ of freight** wir berechnen die Preise einschließlich Fracht

**income**, Einkommen *n*, Einkünfte *pl*; Ertrag *m*, Erträge *mpl*; **assessable ~** zu versteuerndes Einkommen; **big ~** großes Einkommen; **business ~** Geschäftseinnahmen *pl*; gewerbliches Einkommen; Unternehmensgewinn *m*; **earned ~** → earned; **fixed ~** festes Einkommen; **gross ~** → gross; **large ~** hohes Einkommen; **low ~** niedriges Einkommen; **medium ~** mittleres Einkommen; **net income** → net; **small ~** geringes Einkommen; **trade or business ~** Einkünfte aus Gewerbebetrieb; **transfer ~** → transfer; **unearned ~** → unearned; **~ account** Ertragskonto *n*; **~ aid** Einkommensbeihilfe *f*; **~ and expenditure account** Gewinn- und Verlustrechnung *f* (of a non-trading organization); **~ bond** (or **debenture**) Gewinnschuldverschreibung *f*; **~ bracket** Einkommensgruppe *f*; **~ derived by an enterprise** Einkünfte e-s Unternehmens; **~ differentials** Einkommensunterschiede *mpl*; **~ distribution** Einkommensverteilung *f*; **~ earned on ...** Erträge aus ...; **~-earner** Einkommensbezieher *m*; **~ elasticity of demand** Einkommenselastizität *f* der Nachfrage; **~ engineering** *Am* Aufstellung *f* des Budgets; **~ from capital** Kapitalertrag *m*; **~ from employment** Einkünfte aus nicht selbstständiger Arbeit; **~ from farming and forestry** Einkünfte aus Land- und Forstwirtschaft; **~ from immovable property** Einkünfte aus unbeweglichem Vermögen; **~ from independent (personal) services** Einkünfte aus selbstständiger Arbeit; **~ from investments** Erträge aus Kapitalanlagen; Erträge aus Beteiligungen; **~ from operations** Betriebsgewinn *m*; **~ from patents** *(EU)* Patenteinnahmen *fpl*; **~ from self-employment or employment** Einkommen aus selbstständiger oder unselbstständiger Arbeit; **~ fund** → fund 2.; **~ in kind** Naturaleinkommen *n*; **~ inequalities** Einkommensungleichheiten *fpl*; **~ item** Einnahmeposten *m*; Ertragsposten *m*; **~ level** Einkommenshöhe *f*; **~ maintenance** Einkommenssicherung *f*; **~ return** Rendite *f*; **~ statement** *Am* Gewinn- und Verlustrechnung *f*; Erfolgsrechnung *f*; **~ stock** *Br* Wertpapiere mit hoher Rendite; **~ subsidies** *(EU)* Einkommensbeihilfen *fpl (an bestimmte Gruppen von Landwirten)*; **~ support** *Br* Sozialhilfe *f*; **~ support for farmers** Einkommensbeihilfe *f* für Landwirte

**incomes policy**, Einkommenspolitik *f*

**income tax**, Einkommensteuer *f*; **exempt from ~** einkommensteuerfrei; **liable to ~** einkommensteuerpflichtig; **to file one's ~ return** seine Einkommensteuer-Erklärung abgeben

**income, to derive** (or **draw**) **an ~** ein Einkommen beziehen; **to exceed** (or **outrun**) **one's ~** über seine Verhältnisse leben; **to have a fixed** (or **regular**) **~** ein festes Einkommen haben; **to make a return of one's ~** sein Einkommen angeben; seine Einkommensteuer-Erklärung abgeben

**incoming**, eingehend, einlaufend; **~s** Geldeingänge *mpl*; **~ goods** eingehende Waren, Wareneingang *m*; **~ invoice** Eingangsrechnung *f*; **~ orders** einlaufende Bestellungen *fpl*; Auftragseingang *m*; **~ partner** eintretender Teilhaber *m*; **~ payments** Zahlungseingänge *mpl*; **~ tenant** neuer Mieter (od. Pächter) *m*

**incompatibility with Community Law**, Gemeinschaftsrechtswidrigkeit *f*

**incompatible with Community Law**, *(EU)* unvereinbar mit dem Gemeinschaftsrecht

**incompetent**, unfähig; nicht zuständig; *Am* unzurechnungsfähig

**incomplete**, unvollständig; **~ business year** Rumpfwirtschaftsjahr *n*

**inconsistent**, unvereinbar (with mit); einander widersprechend

**inconvenienced, to be ~** in Unannehmlichkeiten versetzt werden

**inconvertible**, nicht konvertierbar

**incorporate**, *v* e-e juristische Person (*Am* Aktiengesellschaft) gründen; als juristische Person eintragen (lassen); aufnehmen (into in); *Br* eingemeinden; **to ~ into national law** *(EU)* in nationales Recht umsetzen

**incorporated**, (Inc.) *Am* als Aktiengesellschaft amtlich eingetragen

**incorporated, ~ accountant** *Br* Wirtschaftsprüfer *m*; **~ company** *Br* rechtsfähige (Handels-)Gesellschaft *f*; *Am* Aktiengesellschaft *f*

**incorporation**, Gründung *f* (e-r → corporation); Gesellschaftsgründung *f*; amtliche Eintragung *f*; Eingliederung *f*; Aufnahme *f* (into in); *Br* Eingemeindung *f*; → articles of ~; → certificate of ~; **~ of EU directives into German national law** Umsetzung *f* von EU-Richtlinien in deutsches nationales Recht

**incorporator**, Gründer *m*, Gründungsmitglied *n*

**incorporeal**, nicht körperlich; immateriell; **~ right** Immaterialgüterrecht *n (z. B. Urheberrecht)*

**incorruptible**, unbestechlich

**Incoterms**, (International Commercial Terms) Internationale Regeln für die Auslegung von Handelsklauseln (Lieferklauseln) (*wichtig für die Verteilung der Kosten auf Käufer und Verkäufer und Gefahrenübergang*; → ex works, → cif, → fas, → fob etc.); **the basis of the contract is to be ~ 1980** der Vertrag beruht auf den Incoterms 1980

**increase**, Zunahme *f*, Wachstum *n*, Steigerung *f*, Erhöhung *f*, Aufstockung *f*; **on the ~** im Zunehmen, wachsend; **~ in appropriations** Aufstockung der Mittel; **~ in business activity** Konjunkturaufschwung *m*; **~ in consumption** Verbrauchssteigerung *f*; **~ in demand** wachsende Nachfrage *f*; **~ in the discount rate** Diskonterhöhung *f*; **~ in imports** Einfuhrzunahme *f*; **~ in investment** Zunahme der Investitionen; **~ in orders** Auftragssteigerung *f*; Zunahme der Aufträge; **~ in premiums** Anhebung *f* der Prämien; **~ in price(s)** Preissteigerung *f*, Preiserhöhung *f*; Preisanhebung *f*; **~ in sales** Absatzzunahme *f*; **~ in share prices** Kursanstieg *m*; **~ in value** Wertsteigerung *f*; **~ in wages** Lohnsteigerung *f*, Lohnerhöhung *f*; **~ in weight** Gewichtszunahme *f*; **~ of capital** Kapitalerhöhung *f*; **~ of duties** Zollerhöhung *f*; **~ of receipts** Mehreinnahme *f*; **~ of rent** Mieterhöhung *f*; **~ of taxes** Steuererhöhung *f*; **~ of unemployment** Zunahme der Arbeitslosigkeit

**increase**, *v* zunehmen, sich erhöhen, (an)steigen; steigern, erhöhen, anheben, aufstocken; **to ~ a credit** e-n Kredit erhöhen; **to ~ exports** die Ausfuhr steigern; **to ~ in price** im Preise steigen, teurer werden; **to ~ prices adequately** die Preise angemessen erhöhen; **to ~ quotas** Kontingente erhöhen; Quoten aufstocken; **to ~ (the) sales** den Absatz steigern; **to ~ taxes** die Steuern erhöhen

**increased**, **~ competition** verstärkter Wettbewerb *m*; **~ consumption** erhöhter Verbrauch *m*; **~ export** gesteigerte Ausfuhr *f*, Exportsteigerung *f*; **~ production** erhöhte Produktion *f*, Produktionszunahme *f*; **exports ~** die Ausfuhr ist gestiegen; **share prices ~ strongly** die Aktien zogen kräftig an

**increasing**, **~ costs** zunehmende Kosten, Verteuerung *f*; **~ demand** steigende Nachfrage *f*; **~ production** zunehmende Produktion *f*

**increment**, Wertzuwachs *m*; **(salary) ~** (Betrag der) Gehaltserhöhung *f*

**incremental cost**, Grenzkosten *pl*

**incrementally developing defect**, *(Produkthaftung)* Entwicklungsfehler *m*

**incumbent**, obliegend; **obligations ~ on sb.** jdm obliegende Verpflichtungen *fpl*

**incumbrance**, → encumbrance

**incur**, *v* sich zuziehen; **to ~ debts** Schulden machen; **to ~ expenses** Kosten auf sich nehmen; **to ~ a loss** e-n Verlust erleiden; **to ~ obligations** Verpflichtungen eingehen; **to ~ a penalty** sich strafbar machen; **to ~ a risk** sich e-r Gefahr aussetzen

**incurred, damage ~** entstandener Schaden *m*; **expenses actually ~** tatsächlich entstandene Ausgaben *fpl*

**incurable disease**, unheilbare Krankheit *f*

**indebted**, verschuldet; *(zu Dank)* verpflichtet; **to be ~ to sb.** jdm etw. schulden; **to become ~** verschulden

**indebtedness**, Verschuldung *f*; Schulden(last) *pl(f)*; **acknowledgment of ~** Schuldanerkenntnis *f*; **amount of ~** Höhe *f* der Verschuldung; Schuldbetrag *m*; **bank ~** Bankverschuldung *f*; **certificate of ~** Schuldschein *m*, Schuldanerkenntnis *n*

**indefeasible claim**, unentziehbarer Anspruch *m*

**indefinite**, unbestimmt; **for an ~ period (of time)** für unbestimmte Zeit; zeitlich unbegrenzt; **of ~ duration** unbefristet

**indemnification**, Schadloshaltung *f*, Sicherstellung *f*; Entschädigung *f*; Abfindung *f*

**indemnify**, *v (jdn)* sicherstellen (against,

from gegen); *(von der Haftung)* freistellen; entschädigen; abfinden; **to ~ sb. for a loss** jdn für e-n Verlust entschädigen

**indemnity**, (Versprechen der) Schadloshaltung *f*; (Haftungs-)Freistellung *f*; Entschädigung *f*, Schadensersatz *m*; Abfindung *f*; *(Börse)* Prämiengeschäft *n*; **cash ~** → cash; **double ~** doppelte Versicherungssumme *f* bei Unfalltod; **letter of ~** → letter; **monetary ~** Geldabfindung *f*; **~ against liability** Haftungsfreistellung *f*; **~ bond** Ausfallbürgschaft *f*; Garantieerklärung *f*; **~ insurance** Schadenversicherung *f*; **to pay ~ for damage** für Schaden Ersatz leisten

**indent**, Auslandsauftrag *m*; Einkaufsauftrag *m* des Importeurs an seinen Kommissionär (commission agent)

**indent**, *v* Auslandsauftrag erteilen (on sb. for sth.)

**indenture**, Vertrag *m*; **~ (of apprenticeship)** Lehrvetrag *m*; **to be bound by ~** in der Lehre (od. Berufsausbildung) sein; **to take up one's ~** seine Lehre antreten, in ein Ausbildungsverhältnis eintreten

**independent**, unabhängig, selbstständig; **~ activity** selbstständige Tätigkeit *f*; **~ contractor** selbstständiger Unternehmer *m*; **~ means** private Mittel *pl*, Privatvermögen *n*; **~ of imports** importunabhängig; **~ outlet** unabhängige Verkaufsstelle *f*; **~ personal services** *(DBA)* selbstständige Arbeit; **~ television** privates (Werbe-)Fernsehen *n*; **~ union** *Am (von der AFL/CIO)* unabhängige Gewerkschaft *f*

**indeterminate**, unbestimmt; **~ bonds** *Am* Anleihen ohne bestimmtes Fälligkeitsdatum

**index**, Index *m (Maß für die Entwicklung wirtschaftlicher Daten)*; (Namens-, Sach-) Verzeichnis *n*; Register *n*; **construction cost ~** Baukostenindex *m*; → consumer price ~; → cost of living ~; → share price ~; **~-based currency** Indexwährung *f*; **~ card** Karteikarte *f*; **~ clause** Indexklausel *f*; Wertsicherungsklausel *f*; **~ futures** Index-Terminkontrakte *mpl*

**index-linked**, indexgebunden, Index-; **~ bond issue** Indexanleihe *f*; **~ loan** Indexanleihe *f*; **~ pension** Indexrente *f*, dynamische Rente *f*; **~ price** Indexpreis *m*; **~ wage** Indexlohn *m*

**index**, **~-linking** Indexbindung *f*, Indexierung *f*; **~ number** Indexzahl *f*, Indexziffer *f*; **~ of retail prices** *Br* Preisindex für die Lebenshaltung; **~ of total gains from trade** Index des gesamten Handelsgewinns; **~-tied wages** Indexlöhne *mpl*

**index**, *v* indexieren; mit Register versehen; **~ed bond** Indexanleihe *f*, indexgebundene Anleihe *(zum Schutz gegen Geldentwertung)*

**indexation**, (or **indexing**) Indexbindung *f*, Indexierung *f*

**indicate**, *v* anzeigen, angeben; **to ~ a time-limit** e-e Frist angeben

**indication**, Hinweis *m*, Angabe *f*; **misleading ~** irreführende Bezeichnung *f*; **~ of origin** Herkunftsangabe *f*; **~ of price** Preisangabe *f*; **~ of references** Angabe von Referenzen

**indicative**, **~ ceiling** *(EU)* Richtplafond *m*; **~ price** Richtpreis *m*

**indicator**, Indikator *m*, Anzeigegerät *n*; **business ~** Konjunkturindikator *m*; **call-charge ~** *Br tel* Gebührenanzeiger *m*; **traffic ~** *(Auto)* Fahrtrichtungsanzeiger *m*, Blinker *m*; **lagging ~** Indikator *m*, der der Geschwindigkeit der ökonomischen Aktivitäten eines Landes hinterherhinkt

**indigence**, Bedüftigkeit *f*

**indigenous production**, einheimische Produktion

**indigent**, mittellos, arm, bedürftig

**indirect**, indirekt, mittelbar; **~ arbitrage** indirekte Devisenarbitrage *f (führt den Ausgleich über e-e dritte Währung herbei)*; **~ cost** (or **expenses**) Gemeinkosten *pl*; **~ damage** mittelbarer Schaden, Folgeschaden *m*; **~ labour** Fertigungsgemeinkosten *pl*; **~ material** Materialgemeinkosten *pl*; **~ quotation** Mengennotierung *f*, Mengenkurs *m*; **~ parity** indirekte Parität *f* ( → cross rate); **~ production cost** Fertigungsgemeinkosten *pl*; **~ selling** indirekter Vertrieb *m*; Verkauf durch Mittelsmann; **~ tax** indirekte Steuer *f*

**individual**, Einzelperson *f*; natürliche Person *f*; einzeln, Einzel-; **private ~** Privatperson *f*; **~ accounts** Einzelabschluss *m (e-r Konzerngesellschaft)*; **~ assets** Privatvermögen *n (e-s Gesellschafters)*; **~ bargaining** Einzeltarifverhandlung *f*; **~ consumer** Einzelverbraucher *m*; **~ demand** Nachfrage *f* e-s einzelnen Verbrauchers; **~ earnings** pro-Kopf-Einkommen *n*; **~ employment contract** Einzelarbeitsvertrag *m*; **~ insurer** Einzelversicherer *m*; ~ **investment** Einzelinvestition *f*; **the ~ Member States** *(EU)* die einzelnen Mitgliedstaaten *mpl*; ~ **order** Einzelauftrag *m*; ~ **piecework** Einzelakkordarbeit *f*; ~ **production** Einzelanfertigung *f*; ~ **proprietorship** *Am* Einzelfirma *f*

**individually and collectively**, einzeln und insgesamt

**indoor**, ~ **staff** im Innendienst tätiges Personal *n*; ~ **work** Innendienst *m*

**indorsable**, → endorsable

**indorse**, *v* → endorse *v*

**indorsee**, → endorsee

**indorsement**, → endorsement

**indorser**, → endorser

**induce**, *v* induzieren, bewirken; veranlassen, verleiten; herbeiführen

**induced**, ~ **consumption** induzierter Konsum *m (Verbrauchssteigerung herbeigeführt durch erhöhte Investitionen)*; ~ **investment** → investment

**inducement**, Veranlassung *f*, Beweggrund *m*; Anreiz *m*; ~ **to buy** Kaufanreiz *m*

**induction**, Einführung *f (in ein Amt)*

**industrial**, *adj* industriell, gewerblich; ~ **accident** Arbeitsunfall *m*; ~ **accounting** industrielles Rechnungswesen *n*; ~ **action** Arbeitskampf(-maßnahmen) *mpl (strike, go-slow etc.)*; ~ **administration** Betriebswirtschaft *f*; ~ **advertising** Industriewerbung *f*; ~ **affairs** gewerbliche Wirtschaft *f*; ~ **agreement** Tarifvertrag *m*; ~ **and provident societies** *Br* (Erwerbs- und Wirtschafts-)Genossenschaften *fpl*; ~ **association** Wirtschaftsverband *m*; ~ **assurance** *Br* Kleinlebensversicherung *f*; ~ **bank** *Br* Teilzahlungsbank *f*; ~ **bonds** Industrieobligationen *fpl*; ~ **circles** Industriekreise *mpl*; ~ **code** Gewerbeordnung *f*; ~ **collateral** *Am* Sicherheit *f* durch Hinterlegung von Industrieaktien; ~ **commodities** Güter *pl* der gewerblichen Wirtschaft; Industriewaren *pl*; ~ **concern** Industrieunternehmen *n*; ~ **consultant** Betriebsberater *m*; ~ **cooperative** gewerbliche Genossenschaft *f*; ~ **country** Industrieland *n* ~ **demand** gewerblicher Bedarf *m*; ~ **design** gewerbliches Muster *n*; Formgestaltung *f (industrieller Erzeugnisse)*; ~ **development certificate** *Br* staatl. Erlaubnis zum Bau e-r neuen Fabrik (*wobei Bauten in* → *development areas begünstigt werden*); ~ **disablement benefit** Betriebsunfallrente *f*; ~ **disease** Berufskrankheit *f*; ~ **dispute** Arbeitsstreitigkeit *f*; ~ **engineering** Betriebstechnik *f*; Fertigungsplanung *f*; ~ **equities** Industrieaktien *pl*; ~ **espionage** Industriespionage *f*; ~ **estate** Industriegelände *n*; Industriegebiet *n*; ~ **hygiene** Betriebshygiene *f*; ~ **injury** Betriebsunfall *m*, Arbeitsunfall *m*; ~ **innovation** industrielle Innovation *f*; ~ **interest** Industriebeteiligung *f*; ~ **leader** Wirtschaftsführer *m*; ~ **life insurance** Kleinlebensversicherung *f*; ~ **loan** Industriedarlehen *n*; ~ **management** Unternehmensführung *f*; ~ **manufactures** gewerbliche Fertigwaren *pl*; ~ **output** Industrieproduktion *f*; ~ **partnership** Gewinnbeteiligung *f* der Arbeitnehmer; ~ **plant** Industrieanlage *f*, Werk(sanlage) *n(f)*; ~ **pollution** Verschmutzung *f* durch die Industrie; **for ~ processing** zur industriellen Verarbeitung *f*; ~ **products** gewerbliche Erzeugnisse *npl* (od. Waren); ~ **profits** gewerbliche Gewinne *mpl*

**industrial property**, gewerbliches Eigentum *n*; **protection of ~** gewerblicher Rechtsschutz *m*

**industrial**, ~ **refuse** Gewerbeabfall *m*; ~ **relations** Beziehungen zwischen den Sozialpartnern; Beziehungen zwischen Arbeitgebern und Arbeitnehmern; **I~ Research and Development Advisory Committee** (IRDAC) Beratender Ausschuss *m* für industrielle Forschung und Entwicklung; **~-revenue bonds** *Am* Kommunalanleihen *fpl* zur Finanzierung (privater) industrieller Projekte; ~ **safety** Betriebssicherheit *f*; ~ **secret** Betriebsgeheimnis *n*; ~ **shares** (or **stocks**) Industrieaktien *pl*; ~ **tariff** Zolltarif *m* für gewerbliche Waren; ~ **trader** Industriekaufmann *m*; ~ **tribunal** *Br* Arbeitsgericht *n*; ~ **union** Industriegewerkschaft *f*; ~ **vocation** gewerblicher Beruf *m*; ~ **waste** Industriemüll *m*, Industrieabfälle *mpl*

**industrially used**, industriell genutzt

**industrialist**, Industrieller *m*

**industrialize**, *v* industrialisieren

**industrialized country**, Industrieland *n*; **newly ~** (NIC) Schwellenland *n*

**industrialized**, **newly ~ nations** aufstrebende Industrienationen *fpl*

**industrials**, Industrieaktien *fpl*, Industrieschuldverschreibungen *fpl*

**industries**, Industrie(n) *f(pl)*; Industriezweige *mpl*; **big ~** Großindustrie *f*; **federation of ~** Industrieverband *m*

**industry**, Industrie *f*; Wirtschaftszweig *m*, Branche *f*; **basic ~** Grund(stoff)industrie *f*; **branch of ~** Industriezweig *m*; **brewing ~** Brauwirtschaft *f*; **building ~** Bauindustrie *f*, Bauwirtschaft *f*; **capital goods ~** Investitionsgüterindustrie *f*; **china ~** Porzellanindustrie; **clothing ~** Bekleidungsindustrie; **coal, iron and steel ~** Montanindustrie; **construction ~** Baugewerbe *n*; **electrical engineering ~** elektrotechnische Industrie; **engineering ~** Maschinenbauindustrie; **finishing ~** Veredelungsindustrie; **footwear ~** Schuhindustrie; **furniture ~** Möbelindustrie; **heavy industry** Schwerindustrie; **infant ~** junge Industrie; **large-scale ~** Großindustrie; **light ~** Leichtindustrie; **local ~** ortsansässige Industrie; **metal processing ~** metallverarbeitende Industrie; **mining ~** Montanindustrie; Bergbau *m*; **plastics ~** Kunststoffindustrie; **processing ~** Verarbeitungsindustrie; Veredelungsindustrie; **small-scale ~** Kleinindustrie; handwerklicher Kleinbetrieb *m*; **service ~** Dienstleistungsgewerbe *n*; **~ and trade** gewerbliche Wirtschaft *f*; **~ sales** Absatz *m* (od. Umsatz *m*) der Industrie; Branchenumsatz *m*; **~-wide** in der ganzen Industrie geltend

**ineffective**, unwirksam, ungültig; **to become ~** außer Kraft treten

**ineffectual**, wirkungslos

**inefficient**, (leistungs)unfähig; unrationell; **~ enterprise** leistungsschwaches Unternehmen *n*

**inelastic demand**, unelastische Nachfrage *f*; starker Bedarf *m*

**ineligible**, nicht geeignet (od. qualifiziert); nicht wählbar; **~ paper** *Am* nicht diskontfähiger Wechsel *m*

**inequality**, Ungleichheit *f*; **~ in** (or **of**) **prices** Ungleichheit der Preise

**inequitable**, unbillig, ungerecht

**inequity**, Unbilligkeit *f*, Ungerechtigkeit *f*

**inertia selling**, Versendung *f* unbestellter Waren (in einigen Ländern muss der Empfänger sie zurücksenden oder bezahlen)

**infancy**, Minderjährigkeit *f*; *fig* Anfang(sstadium) *m(n)*; **industry in its ~** Industrie *f* in ihren Anfängen

**infant**, Minderjährige(r) *f(m)*; **~ industry** junge Industrie *f*; **~ industry duty** Erziehungszoll *m*

**in-feeding**, Versorgung *f* mit Gütern und Dienstleistungen innerhalb e-s Betriebes

**infer**, *v* folgern, den Schluss ziehen, entnehmen (from aus)

**inference**, Folgerung *f*, Schluss *m*; **wrong ~** Fehlschluss *m*

**inferior**, geringwertig; *(im Wert)* geringer (to als); untergeordnet; **goods ~ to sample** Waren, die minderwertiger sind als das Muster; **~ court** unteres Gericht *n*; **of ~ quality** von schlechter Qualität *f*; **~ quality goods** minderwertige Waren; **to be ~ to** abfallen gegen

**inflammables**, feuergefährliche Stoffe *mpl*

**inflammable cargo**, feuergefährliche Ladung *f*

**inflate**, *v* aufblähen; **to ~ the currency** den Geldumlauf (übermäßig) steigern

**inflated stocks**, zu hoher Lagerbestand *m*

**inflation**, Inflation *f*; **concealed ~** verdeckte Inflation; **cost-push ~** Kosten(-druck)inflation; **credit ~** Kreditinflation; **creeping ~** schleichende Inflation; **demand-pull ~** Nachfragesog-Inflation; **galloping ~** galoppierende Inflation; **impact of ~** Auswirkungen der Inflation; **pace of ~** Inflationstempo *n*; **pent-up ~** zurückgestaute Inflation; **persistent ~** anhaltende Inflation; **high rate of ~** hohe Inflationsrate *f*; **resurgence of ~** Wiederaufleben *n* der Inflation; **runaway ~** Hyperinflation; **suppressed ~** *(durch Preiskontrollen etc.)* gestoppte Inflation; **symptoms of ~** Anzeichen *npl* für e-e Inflation; **wage-push ~** lohninduzierte Inflation; **~ accounting** inflationsbereinigte Rechnungslegung *f*; **~-adjusted** inflationsbereinigt; **~ differential** Inflationsgefälle *n*; **~ fear** Inflationsangst *f*; **~ hedge** Absicherung *f* gegenüber der Inflation; **~-hit** von der Inflation betroffen; **~ rate** Inflationsrate *f*; **to combat ~** die Inflation bekämpfen; **to curb ~** die Inflation bremsen; **to encourage** (or **promote**) **~** die Inflation fördern

**inflationary**, **anti-~ measures** antiinflationäre Maßnahmen *fpl*; **~ gain** (or **profit**) Inflationsgewinn *m*; **~ gap** inflatorische Lücke *f*; **~ hedge** → inflation hedge; **~ spiral** Inflationsspirale *f*; **~ tendencies** (or **trends**) inflatorische Tendenzen *fpl*

**inflict**, *v*, **to ~ damage (up)on sb.** jdm Schaden zufügen

**inflow**, Zufluss *m*, Zustrom *m*; **dollar ~s** Dollarzuflüsse *mpl*; **~ of deposits** Einlagenzuflüsse *mpl*; **~ of foreign funds** Zufluss von Auslandsgeldern; Devisenzufluss *m*; **~ of orders** Auftragseingang *m*; **to curb the ~ of capital** den Kapitalzufluss eindämmen
**influence**, Einfluss *m*; **undue ~** unzulässige Beeinflussung *f*
**influx**, Zufluss *m*, Zustrom *m*; **~ of foreign exchange** Devisenzufluss *m*; **~ of orders** Auftragszufluss *m*
**inform**, *v* benachrichten, informieren; **to ~ against sb.** jdn *(bei der Polizei)* anzeigen; jdn denunzieren
**informed, to keep sb. ~** jdn auf dem laufenden halten
**informal**, formlos; informell; **~ interview** Stegreif-Interview *n*
**informatics**, Informatik *f*
**information**, Information *f*, Auskunft *f*, Nachricht *f*, Mitteilung *f*; (Straf-)Anzeige *f*; *(EDV)* Daten *pl*; **credit ~** Kreditauskunft *f*; **for your ~** zu Ihrer Kenntnis(nahme) *f*; **further ~ may be obtained from** Näheres ist zu erfahren bei; **liability to furnish ~** Auskunftspflicht *f*; **request for ~** Ersuchen *n* um Auskunft; **supply of ~** Auskunfterteilung *f*; **~ according to banking practice** bankmäßige Auskunft *f*; **~ agreement** Preismeldevereinbarung *f*; **~ bureau** (or **office**) Auskunft(sstelle) *f*; Auskunftei *f*; **~ (electronic) superhighway** Datenautobahn; **~ obligation** Auskunftspflicht *f*; **~ sciences** Informatik *f*; **~ services** Informationsdienste *mpl*; **~ storage** Datenspeicherung *f*; **~ technology** (I.T.) Informationstechnologie *f* (I.T.); **to collect ~ about a firm** Auskunft über e-e Firma einholen; **to disclose confidential ~** vertrauliche Mitteilungen weitergeben; **to furnish** (or **give**) **~** Auskunft erteilen; **to lodge ~** *Br* (Straf-) Anzeige erstatten; **to obtain the requested ~** die gewünschte Auskunft erhalten
**informative labelling**, informatorische Etikettierung *f*
**infraction**, Verletzung *f*, Verstoß *m (Gesetz, Vertrag)*
**infrastructure**, Infrastruktur *f*; **investments in ~** Infrastruktur-Investitionen *fpl*; **traffic ~s** Verkehrwege *mpl*; **transport ~** Verkehrsinfrastruktur *f*; **~-financing credit** Infrastrukturkredit *m*; **~ projects carried out by public authorities** öffentliche Infrastruktur-Vorhaben *npl*
**infringe**, *v* verletzen, verstoßen gegen; **to ~ a patent** ein Patent verletzen
**infringement**, Verletzung *f*; Verstoß *m* (of gegen); **of a contract** Vertragsverletzung *f*; **~ of a trade mark** Verletzung e-s Warenzeichens; **~ procedure** *(EU)* Verstoßverfahren *n*; **(patent) ~ proceedings** (Patent-)Verletzungsverfahren *n*
**infringer**, Verletzer *m (e-s Patents etc.)*
**infringing product**, Erzeugnis, das ein Patent verletzt
**infusion**, cash infusion Geldspritze *f*
**ingoing tenant**, neuer Mieter (od. Pächter)
**ingot**, Barren *m* (bes. aus Gold od. Silber)
**inherent**, anhaftend, innewohnend; sich aus der Rechtsnatur ergebend; **~ defect** innerer Fehler *m*, innewohnender Mangel *m*
**inherit**, *v* erben; **to ~ jointly** gemeinsam erben
**inheritance**, Erbschaft *f*; Erbe *n*; **~ tax** *Am* Erbschaftsteuer *f*; *Br (seit 1986)* Erbschaft- und Schenkungsteuer *f*; **accrued ~** angefallene Erbschaft; **certificate of ~** Erbschein *m*; **share in an ~** *Am* Erbteil *m*; **to enter upon an ~** e-e Erbschaft antreten; **to take sth. by ~** etw. erben
**in-house**, betriebseigen; **~ consumption** Eigenverbrauch *m (e-s Unternehmens)*; **~ lawyer** (or **counsel**) Rechtsberater *m* e-s Unternehmens, Syndikus *m*, Justitiar *m*
**initial**, *v* abzeichnen, paraphieren
**initial**, *adj* Anfangs-; **~ advertising** Einführungswerbung *f*; **~ allowance** *Br* Sonderabschreibung *f (bei Neuanschaffungen)*; **~ bid** Anfangsgebot *n (bei Auktionen)*; **~ campaign** Einführungsaktion *f*; **~ capital** Anfangskapital *n*, Gründungskapital *n*; **~ contribution** Stammeinlage *f*; **~ cost** Anschaffungskosten *pl*; **~ deposit** Anzahlung *f*; *(Börse)* Einschuss *m*; **~ development expenses** → development; **~ expenditure** Anfangsausgabe *f*; **~ expenses** Anfangskosten *pl*; *(Vers.)* Abschlusskosten *pl*; **~ export quota** Exportausgangsquote *f*; **~ financing** Erstfinanzierung *f*; **~ offering** Erstausgabe *f (von Investmentanteilen)*; **~ offering price** Ausgabekurs *m*; **~ order** Erstauftrag *m*; Einführungsauftrag *m*; **~ period** Anlaufzeit *f*; **~ public offering** Erstemission *f (von Wertpapieren)*; Akti-

enneuemission *f*; ~ **salary** Anfangsgehalt *n*; **in the ~ stage** im Anfangsstadium *n*; ~ **stock** Anfangsbestand *m*; ~ **value** Anschaffungswert *m*
**initially, it may be ~ assumed** es kann davon ausgegangen werden
**initiate**, *v* anfangen, einleiten; *(jdn)* einführen (into in); *(jdn)* aufnehmen (into in); **to ~ business relations** Geschäftsverbindungen einleiten
**initiation of a project**, Inangriffnahme *f* e-s Vorhabens
**initiative**, Initiative *f*; Gesetzesinitiative *f*; Entschlusskraft *f*; **to take the ~** die Initiative ergreifen
**inject**, *v*, **to ~ capital** Kapital zuführen
**injection of capital**, Kapitalspritze *f*
**injunction**, einstweilige Verfügung *f*; **to apply for an ~** Antrag auf Erlass e-r einstweiligen Verfügung stellen
**injure**, *v* verletzen; schädigen, beeinträchtigen
**injured**, ~ **person** Verletzter *m*; Geschädigter *m*; **to be severely ~ in an accident** bei e-m Unfall schwer verletzt sein
**injurious**, ~ **falsehood** *Br* Anschwärzung *f*; ~ **to health** gesundheitsschädlich
**injury**, Verletzung *f*; Schaden *m*, Schädigung *f*; **industrial ~** Betriebsunfall *m*, Arbeitsunfall *m*; **material ~** erheblicher Schaden; **personal ~** Körperverletzung *f*; Personenschaden *m*; ~ **benefits** (Versicherungs-)Leistungen *fpl* bei Arbeitsunfall; **injury test** Prüfung *f* der Schädigung; ~ **to competition** Wettbewerbsschädigung *f*; ~ **to person** Personenschaden *m*; ~ **to property** Sachschaden *m*; ~ **to sb.'s reputation** Rufschädigung *f*
**inland**, Inland *n*; inländisch, einheimisch; ~ **bill (of exchange)** *Br* Inlandswechsel *m*; ~ **commodities** einheimische Waren *pl*; **for ~ consumption** zum Verbrauch im Inland; ~ **marine insurance** *Am* Binnentransportversicherung *f*; *Br* Flusstransportversicherung *f*; ~ **market** Binnenmarkt *m*; ~ **navigation** Binnenschifffahrt *f*; ~ **port** Binnenhafen *m*; ~ **produce** Landeserzeugnisse *npl*
**inland revenue**, *Br* Steuereinnahmen *fpl* *(ohne Einfuhrzölle)*; ~ **revenue stamp** *Br* Steuerstempelmarke *f*
**Inland Revenue**, *Br (etwa)* Finanzamt *n*; **Board of ~** *Br* Steuerbehörde *f (für direkte Steuern)*; ~ **inspection** *Br* Betriebsprüfung *f* durch das Finanzamt
**inland**, ~ **sea** Binnenmeer *n*; ~ **trade** Binnenhandel *m*, inländischer Handel *m*; ~ **transport** Binnenverkehr *m*; Landverkehr *m*; ~ **transportation insurance** Binnentransportversicherung *f*; ~ **waters** Binnengewässer *pl*
**inland waterway**, Binnenwasserstraße *f*; **carriage of goods by ~s** Binnenschiffsgüterverkehr *m*; **rail, road and ~ transport** Eisenbahn-, Straßen- und Binnenschiffsverkehr *m*; ~ **B/L** → bill of lading; ~ **industry** Binnenschifffahrt *f*; **~s traffic** Binnenschiffsverkehr *m*; ~ **vessels** Binnenschiffe *npl*
**inn**, Gaststätte *f*, Gasthof *m*
**inner reserves**, stille Rücklagen *fpl*
**innocent**, unschuldig; gut gläubig; ~ **false declaration** irrtümlich *(schuldlos gemachte)* falsche Angabe *f*; ~ **person** *(im Verkehr)* Unbeteiligter *m*; ~ **purchaser** gutgläubiger Erwerber *m*
**innovate**, *v* Neuerungen einführen
**innovation**, Innovation *(neue Produktionsverfahren, Produkte etc.)*; Neuerung *f*; **promotion of ~** Innovationsförderung *f*; ~ **financing** Innovationsfinanzierung *f*; **~-oriented policy** innovationsorientierte Politik *f*; ~ **strategy** Innovationsstrategie *f*
**innovative**, innovationsfreudig
**innovator**, jd, der Neuerungen erfindet (bes. hinsichtlich der Verbesserung von Produkten und Produktionsverfahren)
**inoculation, preventive ~** Schutzimpfung *f*
**inofficial**, → unofficial; ~ **market** Freiverkehr(smarkt) *m*
**inoperative clause**, ungültige Klausel *f*
**in-patient**, stationär behandelter Patient *m*
**in-plant**, innerbetrieblich
**input**, Einsatz *m (von Arbeit, Energie, Kapital etc.)*; *(EDV)* Eingabe *f*; **~s** Produktionsfaktoren *mpl*; ~ **data** *(EDV)* Eingabedaten *pl*; ~ **file** *(EDV)* Eingabedatei *f*
**input-output**, ~ **analysis** Input-Output-Analyse *f* (Darstellung der ökonomischen Aktivitäten der verschiedenen Industriezweige e-r Volkswirtschaft); ~ **device** (EDV) Eingabe-Ausgabegerät *n*
**input tax**, *Br (Umsatzsteuer)* Vorsteuer *f*
**inquire**, *v*, **to ~ (about) the price** sich nach dem Preis erkundigen; **to ~ after goods in a shop** in e-m Laden nach Waren fragen; ~ **at the office** im Büro zu erfragen; **to ~ into sb.'s financial position** jds Finanzlage untersuchen

**inquired**, **much ~ after** sehr gefragt (od. gesucht)

**inquir|y**, Anfrage *f* (to an); Nachfrage *f* (about nach); Erkundigung *f*; Untersuchung *f*; **board** (or **commission**) **of ~** Untersuchungsausschuss *m*; **credit ~** → credit; **letter of ~** *(schriftl.)* Auskunftersuchen *n*; **(up)on ~** auf Anfrage (of bei); **~ about price** Preisanfrage *f*; **~ office** Auskunft(stelle) *f*, Auskunftei *f*; **to address an ~ to** e-e Anfrage richten an; **in reply to your ~ we inform you** in Beantwortung Ihrer Anfrage teilen wir Ihnen mit; **to conduct** (or **hold**) **an ~** e-e Untersuchung durchführen; **to make ~ies** Erkundigungen einziehen

**insane**, **to certify a person ~** jdn *(amtlich)* für geisteskrank erklären

**inscribed stock**, *Br* Schuldbuchforderungen *fpl* (auf britische Staats- und Kommunalanleihen, über die keine Zertifikate ausgestellt werden)

**insecurity**, **job ~** → job; **~ in share prices** Kursunsicherheit *f*

**insert**, *v* einfügen; inserieren; **to ~ a clause in a contract** e-e Klausel in e-n Vertrag aufnehmen

**insert(s)**, Beilage *f*

**insertion**, Einfügung *f*; Inserat *n*; **~ of a clause** Aufnahme *f* e-r Klausel *(in e-n Vertrag)*; **~ order** Anzeigenauftrag *m (mit Plazierungsangabe)*

**inshore fishing**, Küstenfischerei *f*

**inside**, **~ buyer** in die Gesellschaftsinterna eingeweihter Käufer *f*; **~ the Community** *(EU)* innerhalb der Gemeinschaft; **~ director** *Am* im Unternehmen tätiger Direktor *m (e-r AG)*; *(etwa)* Vorstandsmitglied *n*; **~ the firm** betriebsintern; **~ information** Kenntnis(se) *f(pl)* unternehmensinterner Vorgänge; Nachricht *f* aus erster Hand

**insider**, Eingeweihter *m*; Person, die Informationen über ein Unternehmen aus diesem bezieht; **~ dealings** (or **trading**) Insidergeschäft *n*; (illegaler) Aktienhandel *m* aufgrund vertraulicher Insider-Informationen; **~ securities** Insiderpapiere *pl*

**insolvency**, Insolvenz *f*, Zahlungsunfähigkeit *f*; **~ of an estate** Überschuldung *f* e-s Nachlasses; **~ proceedings** Insolvenzverfahren *n*

**insolvent**, zahlungsunfähiger Schuldner *m*; insolvent, zahlungsunfähig; überschuldet; **~ estate** überschuldeter Nachlass *m*

**inspect**, *v* besichtigen, einsehen; *(sorgfältig)* prüfen; **to ~ the damage** den Schaden prüfen; **to ~ the files** die Akten einsehen; **to ~ the goods** die Ware beschauen

**inspection**, Besichtigung *f*, Einsichtnahme *f*; Prüfung *f*, Kontrolle *f*; **certificate of ~** Beschaffenheitszeugnis *n (bes. bei verderblichen Waren)*; **consignment for ~** Ansichtssendung *f*; **customs ~** Zollrevision *f*; **free ~ invited** kein Kaufzwang; **purchase subject to ~** Kauf zur Ansicht; **right of ~ of tax authorities** Steueraufsicht *f*; **~ of documents** Einsicht *f* in Urkunden; **~ of files** (or **records**) Akteneinsicht *f*; **~ of goods** Besichtigung *f* (od. Beschau *f*) der Waren; **~ of incoming goods** Eingangswarenkontrolle *f*; **~ of the luggage** *(Zoll)* Gepäckkontrolle *f*; **~ ticket** Kontrollzettel *m*; **to be available for ~** zur Einsicht einliegen; **to be open to public ~** öffentlich ausliegen; eingesehen werden können; **to buy sth. without previous ~** etw. unbesehen kaufen

**Inspector of Taxes**, *Br* Finanzamtsleiter *m (der die Steuerveranlagung vornimmt)*; **Office of the ~** *Br* Finanzamt *n*

**instability**, **economic ~** mangelnde wirtschaftliche Stabilität *f*

**install**, *v* installieren, einrichten, einbauen; *(in ein Amt)* einführen; *(Messestand etc.)* aufstellen

**installation**, Installation *f*, Einbau *m*, Einrichtung *f*; *(technische)* Anlage *f*; Einführung *f*, Einsetzung *f (in ein Amt)*; **port ~s** Hafeneinrichtungen *fpl*

**installed**, **permanently ~** fest eingebaut; **retroactively ~** nachträglich eingebaut

**instalment**, (*Am* **installment**) (Teilzahlungs-)Rate *f*; Ratenzahlung *f*, Teilzahlung *f*; Tranche *f*; **arrears of ~** Ratenrückstände *mpl*; **by ~s** in Raten; ratenweise; **delivery by ~s** Teillieferung *f*; **first ~** erste Rate *f*; Anzahlung *f*; **monthly ~** Monatsrate *f*; **~ bonds** serienweise rückzahlbare Obligationen *fpl*; **~ buying** Abzahlungskauf *m*; **~ contract** Teillieferungsvertrag *m*; Ratenkaufvertrag *m*; **~ credit** Teilzahlungskredit *m*; **~ credit company** *Br* Kundenkreditbank *f*; **~ debt** in Raten rückzahlbare Schuld *f*; **~ due** fällige Rate; **~ financing** Teilzahlungsfinanzierung *f*; ~ **in arrears** rückständige Rate; ~ **loan** Ratenkredit *m*; ~ **on account** Vorauszahlung *f*; **on the ~ plan** in Raten, auf Abzahlung; ~ **purchase agreement** *Am* Ratenkaufvertrag *m*; ~ **terms** Abzahlungsbedingungen *fpl*; **to be in arrears with an** ~ mit e-r Rate im Rückstand sein; **to buy on the ~ plan** auf Abzahlung kaufen; **to keep up the ~s** die Ratenzahlungen einhalten; **to pay in full or by ~s** im ganzen oder in Raten (be)zahlen; **to pay the first** ~ anzahlen *(bei Ratenzahlungen)*; **to repay money in annual or other agreed ~s** Geld in jährlichen oder anderweitig vereinbarten Raten zurückzahlen

**instance**, Beispiel *n*; Fall *m*; Instanz *f*; Ansuchen *n*, dringende Bitte *f*; **for** ~ zum Beispiel (z. B.); **in a given** ~ in e-m Einzelfall; **higher** ~ höhere Instanz; **lower** ~ untere Instanz

**instance**, *v* als Beispiel anführen

**instant**, (inst.) sofortig; gegenwärtig, laufend; *(von Nahrungsmitteln)* schnell *(ohne Vorbereitung)* zubereitet (od. genießbar); **on the 10th** ~ am 10. dieses Monats; ~ **coffee** *(in heißem Wasser)* löslicher Kaffee *m*; Pulverkaffee *m*; ~ **dismissal** sofortige Entlassung *f*

**instant messaging**, Programme *pl* für schriftliche Unterhaltungen in Echtzeit

**instigate**, *v*, **to ~ a strike** zum Streik anstiften (od. aufhetzen)

**instigation**, Anstiftung *f*, Aufhetzung *f*

**institute**, Institut *n*; Einrichtung *f*; **I~ of London Underwriters** Vereinigung von Londoner Versicherungsgesellschaften, die das Seeversicherungsgeschäft betreiben

**Institute Cargo Clauses**, Klauseln über Abschluss von Versicherungsverträgen über Ladungen ( → Bailee clause, → „Both to Blame Collision" clause, → craft etc. clause, → deviation clause, → G/A clause, → strikes, riots and civil commotions clause, → warehouse-to-warehouse clause)

**institute**, *v* einleiten; errichten, gründen; **to ~ bankruptcy proceedings** das Konkursverfahren eröffnen; **to ~ an inquiry** e-e Untersuchung einleiten; **to ~ a society** e-e Gesellschaft gründen

**institution**, Einrichtung *f*; Institut *n*, Anstalt *f*; Errichtung *f*; Einleitung *f*; **charitable** ~ karitative Einrichtung *f*; **credit** ~ Kreditanstalt *f*; **social ~s** soziale Einrichtungen *fpl*; **~s common to the European Union** gemeinsame Organe *npl* für die Europäische Union; ~ **of legal proceedings** Einleitung e-s Gerichtsverfahrens; ~ **under public law** öffentlichrechtliche Anstalt *f*

**institutional**, ~ **advertising** Firmenwerbung *f*; Goodwill-Werbung *f*; ~ **care** Anstaltspflege *f*; ~ **investors** institutionelle Anleger *mpl*; Kapitalsammelstellen *fpl*

**institutionalize**, *v* in e-r Anstalt unterbringen

**instruct**, *v* anweisen, Weisung geben; informieren; unterrichten; **as ~ed** weisungsgemäß; **authority to** ~ Vollmacht *f*, Weisungen zu erteilen

**instruction**, Weisung *f*, Anweisung *f*; Unterricht *m*; **as per** ~ weisungsgemäß; **official ~s** Dienstvorschriften *fpl*; **operating ~s** Bedienungsvorschriften *fpl*; **private** ~ Privatunterricht *m*; **shipping ~s** Versandvorschriften *fpl*; **~s for use** Gebrauchsanweisung *f*; **to give ~s** Weisungen erteilen

**instrument**, Urkunde *f*; Gerät *n*; **commercial** ~ Handelspapier *n*; **electrical** ~ elektrisches Gerät *n*; **international ~s** internationale Vertragswerke *npl*; **measuring** ~ Messgerät *n*; **negotiable** ~ → negotiable; ~ **of assignment** Zessionsurkunde *f*; ~ **of debt** Schuldurkunde *f*; ~ **of payment** Zahlungsmittel *m*; ~ **of transfer** Übertragungsurkunde *f*; ~ **(payable) to bearer** Inhaberpapier *n*; ~ **(payable) to order** Orderpapier *n*

**instrumental**, ~ **industries** Produktionsgüterindustrie *f (bes. Maschinen, Schiffe, Fahrzeuge)*; **to be ~ to** beitragen zu, mitwirken bei

**instrumentality**, through the instrumentality of durch Vermittlung von

**insufficiency of assets**, mangelnde Deckung *f (e-s Schecks)*

**insufficient**, unzulänglich, ungenügend; ~ **funds** ungenügende Deckung *f (bei Wechseln)*

**insulate oneself from**, *v* sich abschotten gegen

**insulated**, ~ gut isoliert; ~ **wagon (or van)** Kühlwagen *m*

**insulating**, **covered with ~ material** isoliert; ~ **tape** Isolierband *n*

**insulation**, **thermal** ~ Wärmeisolierung *f*

**insult**, *v* beleidigen; beschimpfen

**insurable interest**, versicherbares Interesse *n*

**insurance**, Versicherung *f*; **accident** ~ Unfallversicherung *f*; **additional** ~ Zusatzversicherung, Nachversicherung; **annuity** ~ Rentenversicherung; **automobile** ~ *Am* Kraftfahrzeugversicherung; **baggage** ~ Gepäckversicherung; **builder's risk** ~ Bauhaftpflichtversicherung; **burglary** ~ Einbruchsdiebstahlversicherung; **business interruption** ~ Versicherung gegen Betriebsunterbrechung *f*; **car** ~ *Br* Kraftfahrzeugversicherung; **cargo** ~ Frachtversicherung; **cattle** ~ Viehversicherung; **coinsurance** Mitversicherung; **collateral** ~ Nebenversicherung; **collective** ~ Gruppenversicherung, Kollektivversicherung; **collision** ~ *Am* Kaskoversicherung; **compulsory** ~ Pflichtversicherung; **compulsory ~ against civil liability in respect of motor vehicles** obligatorische Haftpflichtversicherung für Kraftfahrzeuge; **concurrent fire** ~ gleichzeitige Feuerversicherung *(bei mehreren Gesellschaften)*; **consequential losses** ~ Folgeschadenversicherung; Gewinnverlustversicherung; **contract of** ~ Versicherungsvertrag; **conveyance** ~ Transportversicherung; **credit** ~ Kreditversicherung; **crop** ~ Ernteversicherung; **currency of an** ~ Laufzeit *f* e-r Versicherung; **deposit** ~ Einlagenversicherung; **employer's liability** ~ → employer; **exempt from** ~ versicherungsfrei; **freight** ~ Frachtversicherung; **general conditions of** ~ allgemeine Versicherungsbedingungen *fpl*; **health** ~ Krankenversicherung; **liability** ~ Haftpflichtversicherung; **life** ~ → life; **livestock** ~ Viehversicherung; **luggage** ~ *Br* Gepäckversicherung; **marine** (or **maritime**) ~ See(transport)versicherung; **mutual** ~ Versicherung auf Gegenseitigkeit; **optional continued** ~ freiwillige Weiterversicherung; **over~** Überversicherung; **property** ~ Sachversicherung; **subsequent** ~ Nachversicherung; **supplementary** ~ Zusatzversicherung; **under~** Unterversicherung; **voluntary** ~ freiwillige Versicherung; **~ against loss on exchange** Kursverlustversicherung; **~ against transport risks** Transportversicherung; **~ agency** Versicherungsagentur *f*; **~ agent** Versicherungsvertreter *m*; **~ benefit** Versicherungsleistung *f*; **~ broker** Versicherungsmakler *m*; **~ carrier** Versicherungsträger *m*; Versicherungsunternehmen *n*, Versicherer *m*; **~ certificate** Versicherungszertifikat *n*

**insurance company**, Versicherungsgesellschaft *f*; **mutual** ~ Versicherungsverein *m* auf Gegenseitigkeit (VVaG); **~ operating in the United States** in USA tätige Versicherungsgesellschaft

**insurance**, **~ contract** Versicherungsvertrag *m*; **~ cover(age)** Versicherungsschutz *m*; **~ dodger** pflichtwidrig nicht versicherter Fahrer *m*; **~ en route** Transportversicherung; **~ expenses** Versicherungskosten *pl*; **~ fraud** Versicherungsbetrug *m*; **~ holder** Versicherungsnehmer *m*; **~ industry** Versicherungswirtschaft *f*; **~ in foreign currency** Fremdwährungsversicherung *f*; **~ intermediary** Versicherungsmakler *m*; **~ money** Versicherungssumme *f*; **~ note** vorläufiger Versicherungsschein *m*; **~ of crops** Ernteversicherung *f*; **~ (of goods) in transit** Gütertransportversicherung; **~ of stocks** Lagerversicherung; **~ on a building** Gebäudeversicherung; **~ on contents** Hausratsversicherung; **~ on hull and appurtenances** (Schiffs-) Kaskoversicherung

**insurance period**, Versicherungsdauer *f*; **to add together ~s completed in the various Member States** *(EU)* Versicherungszeiten in den verschiedenen Mitgliedstaaten zusammenrechnen

**insurance policy**, Versicherungspolice *f*; **to take out an** ~ e-e Versicherung abschließen; sich versichern lassen

**insurance**, **~ portfolio** Versicherungsbestand *m*; **~ premium** Versicherungsprämie *f* ( → premium 2.); **~ rate** Versicherungssatz *m*, Prämiensatz *m*; **~ regulation** Versicherungsaufsicht *f*; **~ shares** Versicherungsaktien; **~ term** Versicherungsdauer *f*; **~ underwriter** Versicherer *m*; **to apply for** (or **propose**) **an** ~ e-e Versicherung beantragen; **to effect an (additional)** ~ e-e (Nach-)Versicherung abschließen; **to make out an ~ contract** e-n Versicherungsvertrag ausstellen; **to settle an ~ claim** e-n Versicherungsanspruch regulieren

**insure**, *v* versichern; **to ~ goods in transit** Waren auf dem Transport versichern

**insured**, **the** ~ der (die) Versicherte

**insured**, versichert; **risk ~ for** (or **against**) versicherte Gefahr *f*; **subject matter ~** Versicherungsgegenstand *m*; versicherte Sache *f*; **sum ~** Versicherungssumme *f*; **value ~** Versicherungswert *m*; **~ against third party liability** haftpflichtversichert; **~ letter** *Br* Wertbrief *m*; **by ~ parcel** *Br* als Wertpaket *n*; **the loss ~ for** (or **against**) **occurs** der Versicherungsfall tritt ein

**insurer**, Versicherer *m*; **individual ~** Einzelversicherer *m*

**intact**, unberührt, unverletzt; **to keep one's capital ~** sein Kapital nicht anrühren

**intangible**, **~s** (or **~ assets**) nicht greifbare Aktiva *pl*, immaterielle Vermögenswerte *pl (Patentrechte, Goodwill etc.)*; **~ damage** immaterieller Schaden *m*

**integral**, **~examination** *(Zoll)* Gesamtbeschau *f*; **~ part** (wesentlicher) Bestandteil *m*

**integrated**, integriert, umfassend; **~ economy** Verbundwirtschaft *f*; **I~ Mediterranean Programme** (IMP) *(EU)* Mittelmeerprogramm (IMP) *n*; **~ services digital network** (ISDN) dienstintegrierendes digitales Fernmeldenetz

**integration**, Integration *f*; Zusammenschluss *m*; Eingliederung *f*; **~ in the world economy** Eingliederung in die Weltwirtschaft; **horizontal ~** horizontale Integration *(Zusammenschluss mehrerer Unternehmen der gleichen Produktionsstufe)*; **progressive ~** schrittweise Eingliederung *(z. B. e-r einzelstaatlichen Landwirtschaft in den Common Market)*; **vertical ~** vertikale Integration *(Zusammenschluss mehrerer Unternehmen verschiedener Produktionsstufen)*; **vocational ~ of the disabled** berufliche Eingliederung der Behinderten; **~ measures** Eingliederungsmaßnahmen *fpl*

**integrity**, Integrität *f*, Redlichkeit *f*

**intellectual property**, geistiges Eigentum *n*

**intelligence**, **~ department** Auskunftabteilung *f (e-r Bank)*; **~ quotient** Intelligenzquotient *m*

**intend**, *v* beabsichtigen, planen; **~ed for export** für den Export bestimmt; **~ed shipment** geplanter Versand *m*; **~ing purchaser** Kaufinteressent *m*

**intensive**, **wage ~** lohnintensiv; **~ agriculture** intensive Landwirtschaft *f*

**intent**, Absicht *f*, Vorsatz *m*; Wille *m*; **fraudulent ~** betrügerische Absicht; **to all ~s and purposes** in jeder Hinsicht; praktisch, im Endeffekt; **with ~ to profit** in gewinnsüchtiger Absicht

**intention**, Absicht *f*, Vorsatz *m*, Wille *m*; **~ of the parties** Parteiwille *m*; **~ to deceive** Täuschungsabsicht *f*; **~ to sell** Verkaufsabsicht *f*

**intentional(ly)**, absichtlich, vorsätzlich

**inter alia**, unter anderem (u. a.)

**interactive marketing**, interaktives Marketing *n*

**Inter-American Development Bank**, (IADB) Interamerikanische Entwicklungsbank *f*

**interbank**, zwischen Banken; **~ dealings** → interbank transactions; **~ market** Interbankenmarkt *m*; **~ rate** → LIBOR; **~ transactions** *(Eurogeldmarkt)* Interbankgeschäfte *npl*

**interbourse securities**, *Am* international gehandelte Wertpapiere *npl*

**interbrand competition**, Wettbewerb *m* zwischen den Markenwaren verschiedener Fabrikanten

**intercede**, *v*, **to ~ for sb.** sich für jdn einsetzen

**intercept**, *v (Post etc.)* abfangen; *(Telefongespräch)* abhören

**interchange**, Austausch *m*

**interchangeable**, **~ items** → fungibles; **~ parts** auswechselbare Teile *npl (z. B. e-r Maschine)*

**intercity payments**, Fernzahlungsverkehr *m*; **~ transfer procedure** Fernüberweisungsverfahren *n*

**intercoastal trade**, Küstenhandel *m*

**intercom(munication) (system)**, Haussprechanlage *f*

**intercompany**, zwischengesellschaftlich, zwischenbetrieblich, konzernintern; Schachtel-; **~ participation** Schachtelbeteiligung *f*; **~ profit** konzerninterner Gewinn *m*; **~ sales** konzerninterne Umsätze *mpl*; Verkäufe zwischen Konzerngesellschaften; Innenumsätze *mpl*

**intercorporate**, *Am* → intercompany; **~ privilege** *Am* Schachtelprivileg *n (zur Vermeidung von Doppelbesteuerung)*

**intercourse**, Verkehr *m*; **commercial** (or **economic**) **~** Wirtschaftsverkehr *m*

**interdependence**, gegenseitige Abhängigkeit *f*; → trade ~

**interdependent**, gegenseitig abhängig

**interdict**, (amtl.) Verbot *n*; *Scot* einstweilige Verfügung *f*

**interest**, 1. Interesse *n*; Recht *n*, Anrecht *n* (in auf); *(finanzielle)* Beteiligung *f*; Anteil *m* (in an); **~s** Personengruppen *fpl (mit gemeinsamem Interesse)*; Anteile *mpl*, Beteiligungen *fpl*; **business ~** Geschäftsbeteiligung *f*; Geschäftsanteil *m*; **business ~s** Geschäftswelt *f*; **capital ~** Kapitalanteil *m*; **conflict of ~s** Interessenkollision *f*; **controlling ~** ausschlaggebender Kapitalanteil *m (e-s Gesellschafters)*; maßgebliche Beteiligung *f*; Mehrheitsbeteiligung *f*; **financial ~** finanzielle Beteiligung; **insurable ~** versicherbares Interesse; **in the ~ of all concerned** im Interesse aller Beteiligter; **landed ~s** Großgrundbesitz(er) *m*; **legitimate ~** berechtigtes Interesse; **life ~** → life; **majority ~** Mehrheitsbeteiligung *f*; **moneyed ~s** Finanzwelt *f*; **partner's ~** Anteil *m* (od. Beteiligung *f*) e-s Teilhabers; Gesellschaftsanteil *m*; **pecuniary ~** finanzielles Interesse, Vermögensinteresse; **~-cap** Maximalverzinsung *f* e-r → floating rate note; **~ group** Interessengruppe *f*; **~ in a firm** *(finanzielle)* Beteiligung an e-r Firma; Firmenanteil *m*; **~ in land** Anteil *m* (od. Recht *n*) an Grundbesitz; **~ in the profits** Gewinnanteil *m*; Gewinnbeteiligung *f*; **~ in subsidiaries** Anteile an Tochtergesellschaften; **~ of consumers** Verbraucherinteresse *n*; **to acquire an ~ in a firm** e-e Beteiligung an e-r Firma erwerben; **to attend to sb.'s ~s** jds Interessen wahrnehmen; **to have an ~ in an enterprise** an e-m Unternehmen beteiligt sein; **to hold a 10 % ~** e-e zehnprozentige Beteiligung besitzen; **to impair sb.'s ~s** jds Interessen beeinträchtigen; **there is little ~ in this article** für diesen Artikel besteht wenig Interesse; **he sold his ~ in the company** er hat seinen Gesellschaftsanteil verkauft; **to take an ~ in an enterprise** sich für ein Unternehmen interessieren; sich an e-m Unternehmen *(finanziell)* beteiligen

**interest**, 2. Zins *m*, Zinsen *pl*; **amount of ~** Zinsbetrag *m*; **arrears of ~** rückständige Zinsen; **at ~** gegen Zinsen; **bearing ~** verzinslich; **bearing no ~** unverzinslich; **bond ~** Obligationenzinsen; **burden of ~** Zinslast *f*; **calculation of ~** Zinsberechnung *f*; **compound ~** Zinseszinsen; **contract ~** vereinbarte Zinsen; **conventional ~** üblicher Zinssatz *m*; **credit ~** Habenzinsen; **crediting of ~** Zinsgutschrift *f*; **current ~** laufende Zinsen; **customary ~** landesüblicher Zins; **debit ~** Sollzinsen; **due date of ~** Zins(zahlungs)termin *m*; **equated ~** Staffelzinsen; **exact ~** *Am* Zinsen auf der Basis von 365 Tagen; **fixed-~ bearing** fest verzinslich; **free of ~** zinsfrei, ohne Berechnung von Zinsen; unverzinslich; **graduated ~** gestaffelte Zinsen; **high ~** hohe Zinsen; **less ~** abzüglich der Zinsen; **level of ~** Zinsniveau *n*; **low ~** niedrige Zinsen; Niedrigzins; **low-~** zinsbillig, zinsgünstig; **ordinary ~** → simple; **outstanding ~** rückständige Zinsen; **rate of ~** → interest rate; **simple ~** gewöhnliche Zinsen *(vom Kapital, keine Zinseszinsen)*; **statutory ~** gesetzliche Zinsen; **terms of ~** Zinsbedingungen *fpl*; **usurious ~** Wucherzinsen; **yielding ~** verzinslich; **yielding no ~** unverzinslich; **~ account** Zinskonto *n*; **~ agreed upon** vereinbarte Zinsen; **~ amount** Zinsbetrag *m*; **~ arbitrage** Zinsarbitrage *f*; **~ balance** Zinssaldo *m (der täglichen Kostenrechnung zugrundeliegender Kontensaldo)*; **~-bearing** verzinslich; zinstragend; **~ charge(s)** Zinsbelastung *f*; **~ clause** Zinsklausel *f*; **~ coupon** Zinskupon *m*, Zinsschein *m*; **~ crediting** Zinsgutschrift *f*; **~ date** Zinstermin *m*; **~ debt** Zinsschuld *f*; **~ differential** Zinsgefälle *n*; **~ due** fällige Zinsen; **~ (due) date** Zins(fälligkeits)termin *m*; **~ earned** Ertragszinsen; **~ earnings** Zinsertrag *m*; **~ equalization tax** *Am* Zinsausgleichssteuer *f (auf Käufe ausländischer Wertpapiere)*; **~ expense** Zinsaufwand *m*; **~ for default** (or **for late payment**) Verzugszinsen; **~-free** zinslos, unverzinslich; **~ in arrears** rückständige Zinsen; **~ in black** Habenzinsen; **~ income** Zinseinnahmen *fpl*, Zinsertrag *m*; **~ in red** Sollzinsen; **~ loss** Zinsverlust *m*; **~ margin** Zinsspanne *f*; **~-minded** zinsbewusst; **~ on arrears** Verzugszinsen; **~ on bank loans** Bankzinsen; **~ on capital** Kapitalzinsen; **~ on credit balances** Habenzinsen; **~ on current account** Kontokorrentzinsen; **~ on debit balances** Sollzinsen; **~ on deposits** Einlagezinsen; Zinsen auf Bankeinlagen; **~ on loans** Darlehenszinsen; **~ on mortgage** Hypothekenzinsen; **~ on principal** Kapitalzinsen

**interest payable**, Zinsverbindlichkeiten *fpl*; Passivzinsen; **~ annually** jährlich zahlbare Zinsen

**interest**, **~ payment** Zinszahlung *f*; Verzinsung *f*; **~ profit** Zinsgewinn *m*

**interest rate**, Zinssatz *m*, Zinsfuß *m*; **fluctuations of the ~** Zinsschwankungen *fpl*; **increase in** (or **raising of**) **~s** Zinsanstieg *m*, Zinserhöhung *f*; **legal ~** gesetzlicher Zinssatz; **reduction of the ~** Zinsherabsetzung *f*, Zinssenkung *f*; **rise in the interest rate** Zinsanstieg *m*; **rising ~s** steigende Zinssätze *mpl*; **steadying of the ~** Zinsstabilisierung *f*; **~ adjustment** Zinsanpassung *f*; **~ differentials** Zinsunterschiede *mpl*; Zinsgefälle *n*; **~ escalation clause** Zinsgleitklausel *f*; **~ futures (contract)** Zinsterminkontrakt *m*; **~-minded investor** zinsbewusster Anleger *m*; **~ on borrowings** Fremdkapitalzinssatz *m*; **~ structure** Zinsgefüge *n*; **~ subsidy** Zinsvergütung *f*; Zinszuschuss *m*; **~ swap** Zinsswap *m*; **to pay a high ~** hohe Zinsen zahlen; **to raise (reduce) the ~** die Zinsen erhöhen (senken)

**interest**, **~ rebate** Zinsermäßigung *f*; **~ receivable** Zinsforderungen *fpl*; Aktivzinsen *pl*; **~ return** Zinsertrag *m*; Verzinsung *f*; **~ service** Zinsendienst *m*; **~ sheet** Zinsbogen *m*; **~ statement** Zinsenaufstellung *f*; **~-subsidized loan** Darlehen *n* mit Zinssubvention *f*; Zinszuschuss *m*; **~ subsidy on loans** Zinsvergütung *f* für Darlehen; **~ terms** Zinsbedingungen *fpl*; Zinsausstattung *f*; **~ voucher** (or **warrant**) Zinsabschnitt *m*, Zinsschein *m*; **~ accrues** (or **is due**) **from** die Zinsen laufen ab; **to calculate the ~** die Zinsen berechnen; **to bear** (or **carry**) **~** Zinsen bringen; sich verzinsen; **to charge ~** Zinsen berechnen (od. in Rechnung stellen); **to pay 6 % ~ on a loan** 6 % Zinsen für e-n Kredit bezahlen; **to place money on ~** (or **to put out money at ~**) Geld verzinslich anlegen; **to yield high ~** hohe Zinsen bringen; hochverzinslich sein

**interested**, **~ parties** Beteiligte *pl*; Interessenten *pl*; **~ witness** parteiischer Zeuge *m*; **to be ~ in a business** an e-m Geschäft interessiert sein; an e-m Geschäft (finanziell) beteiligt sein

**interfactory comparisons**, Betriebsvergleiche *mpl*

**interfere**, *v* sich einmischen (in in); **to ~ with** stören, *(etw.)* beeinträchtigen; kollidieren mit; **to ~ with sb.'s invention** mit jds Erfindung kollidieren

**interference**, Einmischung *f*; Störung *f*, Beeinträchtigung *f*; Kollision *f*; **government ~** staatl. Eingriff *m* in das Wirtschaftsleben; **~ with advantageous relations** *Am* Geschäftsstörung *f*

**interfering patent**, kollidierendes Patent *n*

**interfirm**, **~ agreement** Vereinbarung *f* zwischen Unternehmen; **~ comparison** zwischenbetrieblicher Vergleich *m*

**intergovernmental**, **~ agreement** Regierungsabkommen *n*; **~ bodies** zwischenstaatliche Gremien *npl*; **I~ Committee on Science and Technology for Development (ICSTD)** zwischenstaatlicher Ausschuss *m* für Wirtschaft und Technik im Dienste der Entwicklung; **~ cooperation** Zusammenarbeit *f* der Regierungen

**interim**, einstweilig, vorläufig; Zwischen-; **~ account** Zwischenkonto *n*; **~ accounts** Zwischenabschluss *m*; **~ aid** Überbrückungshilfe *f*; **~ audit** Zwischenprüfung *f* *(des Rechnungsabschlusses)*; **~ balance sheet** Zwischenbilanz *f*; **~ bill** Zwischenrechnung *f*; **~ bonus** Zwischendividende *f*; **~ certificate** Zwischenschein *m*; **~ dividend** Zwischendividende *f*, Abschlagsdividende *f*; **~ financing** Zwischenfinanzierung *f*; **~ injunction** einstweilige Verfügung *f*; **~ loan** Zwischenkredit *m*; **~ order** Zwischenverfügung *f*; **~ receipt** Zwischenquittung *f*; **~ report** Zwischenbericht *m*; **~ share** Aktienpromesse *f*; Zwischenschein *m*; **~ statement** Zwischenbilanz *f*

**interindustry cooperation**, *Am* unternehmerische Zusammenarbeit *f (Erfahrungsaustausch, gemeinsame Werbung etc.)*

**interinstitutional relations**, *(EU)* Beziehungen *fpl* zwischen den Organen der Gemeinschaft

**interior**, Inneres *n*; Innen-; binnenländisch; **~ decorative repairs** Schönheitsreparaturen *fpl*; **~ designer** Innenarchitekt *m*; **~ display** (Waren-)Auslage *f* innerhalb des Ladens; ~ **waterway** Binnenwasserstraße *f*

**interlacing of capital**, Kapitalverflechtung *f*

**interlibrary loan**, *(Bibliothek)* auswärtiger Leihverkehr *m*

**interlinked**, ~ **directorship** *Br* → interlocking directorates; ~ **economy** Verbundwirtschaft *f*

**interlinking**, → interlocking

**interlocking**, (Überkreuz-)Verflechtung *f*, Verschachtelung *f*; ~ **directorates** personelle Verflechtung innerhalb des board of directors mehrerer Konzerngesellschaften; ~ **of capital** Kapitalverflechtung *f*

**interlocutor**, Gesprächspartner *m*

**interlocutory injunction**, einstweilige Verfügung *f*

**intermarket trading system**, *Am (Börse)* Handelssystem *n*, das elektronisch alle US-Wertpapiermärkte miteinander verbindet

**intermediary**, Vermittler *m*; Zwischenhändler *m*; Zwischenstelle *f*; **to act as** ~ vermitteln; ~ **bank** zweitbeauftragte oder eingeschaltete Bank *f*

**intermediate**, Schlichter *m*; ~ **account** Zwischenabrechnung *f*; ~ **bill** Zwischenrechnung *f*; ~ **broker** Zwischenmakler *m*; ~ **credit** Zwischenkredit *m*; ~ **financing** Zwischenfinanzierung *f*; ~ **forwarding agent** Zwischenspediteur *m*; ~ **maturity** Zwischentermin *m*; ~ **products** Zwischenprodukte *npl*; Halberzeugnisse *npl*; ~ **sale** Zwischenverkauf *m*; ~ **size** Zwischengröße *f*; **intermediate term credit** mittelfristiger Kredit *m*

**intermediation**, Geldanlage *f* über Banken oder andere Finanzinstitute

**intermittent**, unterbrochen, nicht ständig; ~ **manufacturing** *Am* Herstellung *f* nach Kundenbestellung

**internal**, inländisch; Innen-; intern; betriebsintern; ~ **account** Inlandskonto *n*; ~ **affairs of a firm** innere (od. innerbetriebliche) Angelegenheiten e-r Firma; ~ **arrangements** interne Abmachungen *fpl*; ~ **audit(ing)** betriebsinterne Revision *f*, Innenrevision *f*; ~ **bonds** Inlandsschuldverschreibungen *fpl*; ~ **border** *(EU)* → internal frontier; ~ **commerce** *Am* Binnenhandel *m*, ~ **common market** *(EU)* gemeinsamer Binnenmarkt *m*; ~ **consumption** Inlandsverbrauch *m*; Selbstverbrauch *m*; ~ **control** innerbetriebliche (od. interne) Kontrolle *f*; ~ **currency** Inlandswährung *f*; ~ **(customs) duty** Binnenzoll *m*

**internal demand**, Inlandsnachfrage *f*; **drop in** ~ Rückgang der Binnennachfrage

**internal**, ~ **economic equilibrium** binnenwirtschaftliches Gleichgewicht *n*; ~ **financing** Innenfinanzierung *f*; Selbstfinanzierung *f (e-s Unternehmens)*; ~ **frontier** *(EU)* Binnengrenze *f (zwischen zwei Mitgliedsstaaten)*, innergemeinschaftliche Grenze *f*; ~ **issue** Inlandsemission *f*; ~ **law** innerstaatliches Recht *n*; ~ **loan** Inlandsanleihe *f*

**internal market**, Inlandsmarkt *m*, Binnenmarkt *m*; **demand on the ~ market** Inlandsnachfrage *f*

**internal**, ~ **navigation** Binnenschifffahrt *f*; ~ **organization** innere Organisation *f (e-s Unternehmens)*; ~ **packaging** Innenverpackung *f*; ~ **prices in the country of exportation** *(Zoll)* Binnenpreise des Ausfuhrlandes; ~ **pricing** innerbetriebliche Preisfestsetzung *f*; ~ **rate of return** (IRR) interner Zinsfuß *m (Effektivverzinsung e-r Investition)*; **enterprises' ~ resources** eigene Finanzierungsmittel von Unternehmen

**internal revenue**, *Am* Steuereinnahmen *(des Bundes, ohne Zölle)*; ~ **Rinternal revenue Code** (IRC) *Am* (Bundes-)Steuergesetz *n*; ~ **Rinternal revenue Service** (IRS) *Am* (Bundes-)Steuerverwaltung *f*

**internal**, ~ **rules** Geschäftsordnung *f*; ~ **tariff** Binnenzoll *m*; ~ **trade** Binnenhandel *m*; ~ **waters** Binnengewässer *pl*, innerstaatliche Gewässer *pl*

**international**, international, zwischenstaatlich; ~ **Advertising Association** (IAA) Internationaler Werbeverband *m*; **I~ Air Transport Association** (IATA) Internationaler Luftverkehrsverband *m*; **I~ Association for the Protection of Industrial Property** (IAPIP) Internationale Vereinigung *f* zum Schutz des gewerblichen Eigentums; **I~ Atomic Energy Agency** (IAEA) Internationale Atomenergie-Organisation *f*; **I~ Bank for Reconstruction and Development** (IBRD) (World Bank) Internationale Bank für Wiederaufbau und Entwicklung; **I~ Banking Facilities** (IBFs) Bankniederlassungen *fpl (in den USA, in denen nur Gebietsfremde finanzielle Mittel in jeder beliebigen Währung anlegen oder aufnehmen können)*; **I~ Business Machines Corporation** (IBM) Amerikas und der Welt größter Hersteller *m* von Datenverarbeitungsanlagen; **I~ Chamber of Commerce** (ICC); Internationale Handelskammer (IHK) *f*; **I~ Chamber of Shipping** (ICS) Internationale Schifffahrtskammer *f*; **I~ Civil Aviation Organization** Internationale Zivilluftfahrt-Organisation *f*; **~ classification of goods** internationale Warenklasseneinteilung *f*; **I~ Code of Signals** Internationales Signalbuch *n*; **I~ Commercial Terms** → Incoterms; **I~ Commodity Agreement** Internationales Warenübereinkommen *n*; **I~ Commodity Body** Internationales Rohstoffgremium *n*; **~ Confederation of Free Trade Unions** (ICFTU) *(antikommunistischer)* Internationaler Bund Freier Gewerkschaften; **I~ Court of Justice** (ICJ) Internationaler Gerichtshof *m*; **~ Development Association** (IDA) Internationale Entwicklungsorganisation *f*; **~ economic order** Weltwirtschaftsordnung *f*; **I~ Energy Agency** internationale Energieagentur *f* (IEA); **~ exchange market** internationaler Devisenmarkt *m*; **~ exhibition** Weltausstellung *f*; **I~ Fiscal Association** (IFA) Internationale Vereinigung *f* für Steuerrecht; **I~ Fund for Agricultural Development** Internationaler Agrarentwicklungsfonds *m*; **~ group** internationaler Konzern *m*; **I~ Health Regulations** Internationale Gesundheitsvorschriften *fpl*; **~ import certificate** Internationale Einfuhrbescheinigung *f*; **I~ Labour Organization** (ILO) Internationale Arbeitsorganisation *f*

**international law**, internationales Recht *n*; Völkerrecht *n*; **private ~** internationales Privatrecht *n* (IPR); **public ~** Völkerrecht *n*; **public ~ of the sea** Seevölkerrecht *n*

**international**, **I~ Maritime Organization** Internationale Seeschifffahrts-Organisation *f*; **I~ Maritime Satellite Organization** (INMARSAT) Internationale Seefunksatelliten-Organisation *f*; **I~ Monetary Fund** (IMF) Internationaler Währungsfonds *m*; **~ money and capital transactions** internationaler Geld- und Kapitalverkehr *m*; **~ money order** (IMO) Auslandspostanweisung *f*; **I~ Oil Pollution Compensation Fund** Internationaler Fonds zur Entschädigung für Ölverschmutzungsschäden; **~ passenger and goods transport** → passenger; **~ placing of shares** internationale Aktienplazierung *f*; **~ reply coupon** internationaler (Rück-)Antwortschein *m*; **I~ Resources Bank** Internationale Rohstoffbank *f*; **~ road** signs internationale Verkehrszeichen *npl*; **~ sale of goods** internationaler Warenkauf *m* (→ United Nations Convention on Contracts for the I~ Sale of Goods); **I~ Sanitary Regulations** Internationale Gesundheitsvorschriften *fpl*; **~ securities** (or *Am* **stocks**) international gehandelte Wertpapiere *npl*; **I~ Securities Regulatory Organization** → Isro; **I~ Shipping** Federation (ISF) Internationaler Reederverein m; **I~ Standard Classification of Education** (ISCED) *(EU)* ISCED *(Internationale Standardklassifikation für das Bildungswesen)*; **I~ Standardization Organization** (ISO) internationaler Normenausschuss *m*; **I~ Stock Exchange** (Londoner) Internationale Wertpapierbörse *f*; **I~ Tin Council** (ITC) Internationaler Zinnrat *m*; **I~ Union for the Conservation of Nature and Natural Resources** (IUCN) *(EU)* IUCN *(Internationale Union für die Erhaltung der Natur und der natürlichen Hilfsquellen)*

**international trade**, internationaler Handel m; **I~ T~ Commission** (ITC) *Am* Bundesbehörde *f* für den Außenhandel; **~ unionism** internationales Gewerkschaftswesen *n*; **shipping engaged in ~** internationale Handelsschifffahrt *f*; **Standard I~ T~ Classification** → standard; **United Nations Commission on I~ T~ Law** → UNCITRAL

**international**, **~ travel** grenzüberschreitender Reiseverkehr *m*; **~ usage** internationaler Brauch *m*

**internationally**, in internationaler Hinsicht f; **~ active enterprise** international tätiges Unternehmen *n*

**internet**, Internet *n* (*Verbund von globalen Computernetzwerken*; *„Das Netzwerk der Netzwerke"*); **~ community** Gemeinschaft *f* im Internet mit gemeinsamen, ähnlichen Interessen; **~ protocol** Internetprotokoll *n* (*Um Informationen über das Internet von einem Computer zu einem anderen zu schicken, muss die Informa-*

*tion in Pakete unterteilt werden und jedes einzelne Paket mit der → IP-address des Zielcomputers versehen werden. Das ~ formatiert die Pakete und teilt sie der → IP-address zu.*); ~ **protocol address** IP-Adresse *f (die ~ identifiziert Computer im Internet.)*; ~ **service provider** Anbieter von Internetzugängen; ~ **telephony** Technologie zum Telefonieren über Internetverbindungen

**interoffice trading**, Telefonverkehr *m*, außerbörsliche Geschäfte *npl*

**interpose a bank**, *v* eine Bank einschalten

**intra-EU flows**, *(EU)* Intra-EU-Ströme *mpl (Transaktionen von EU-Ländern mit anderen Mitgliedstaaten)*

**intra-group capital flows**, konzerninterne Kapitalströme *mpl*

**intranet**, Das ~ *n* ist ein firmeninternes Netzwerk, dass auf der Internettechnologie beruht.

**Intrastat**, *(EU)* Intrastat *(System zur Erhebung statistischer Daten über den Warenverkehr zwischen EU-Mitgliedstaaten)*

**intrinsic value**, innerer Wert *m*, intrinsischer Wert, Substanzwert

**inventory**, Lagerbestand *m*, Inventar *n*; **to take** ~ Inventur machen; Inventur aufnehmen; **ABC ~ control system** Lagerhaltung nach ABC Klassifikation *f*; **administration of** ~ Lagerwirtschaft *f*

**investment**, Investition *f*; **asset** ~ Anlagebestand *m*; ~ **account** Anlagebestandskonto *n*; ~ **advisor** Anlageberater *m*; ~ **company** Kapitalanlagegesellschaft *f*; ~ **fund** Investmentfond *m*; ~ **goods** Investitionsgüter *fpl*; ~ **incentive** Investitionsanreiz *m*; ~ **of money** Geldanlage *f*; ~ **portfolio** Anlageportfeuille *n*

**invitation for public subscription**, Auflegung *f* zur öffentlichen Zeichnung; ~ **to subscribe** Zeichnungsangebot *n*

**IP**, → internet protocol

**IP-address**, → internet protocol address

**IPO**, → initial public offering

**ISBN**, → International Standard Book Number

**ISCED**, → International Standard Classification of Education

**ISP**, → internet service provider

**issue**, *v* ausstellen, emittieren, auflegen; ~ **on tap** als Daueremission begeben

**issue**, Begebung *f*, Emission *f* von Wertpapieren; ~ **at a discount** unter-pari Emission *f*; ~ **at a premium** über-pari Emission f; ~ **at par** Pari-Emission *f*; ~ **broker** Emissionsmakler *m*; ~ **debtor** Emissionsschuldner *m*; ~ **level** Kursniveau *n*; ~ **price** Ausgabekurs *m*, Emissionskurs *m*, Abgabekurs *m*, Ausgabepreis *m*; ~ **prospectus** Emissionsprospekt *m*, Zeichnungsprospekt *m*, **vanilla** ~ Ausgabe *f* von Wertpapieren ohne besondere Vertragsmerkmale

**issuer**, Emittent *m*

**issuing activity**, Emissionstätigkeit *f*; ~ **bank** Emissionsbank *f*, krediteröffnende Bank *f*, ~ **bank's commission** Konsortialmarge *f*; ~ **business** Emissionsgeschäft *n*; ~ **company** Emittent *m*, emittierende Gesellschaft *f*; ~ **group** Begebungskonsortium *n*, Platzierungskonsortium *n*, Verkaufsgruppe *f*; ~ **house** Emissionshaus *n*

**issuer bank**, Ausgabebank *f* einer Kreditkarte

**IT**, → Information Technology

**itinerary**, Reiseroute *f*, Reiseplan *m*

**IUCN**, → International Union for the Conservation of Nature and Natural Resources

**Ivy League**, Eliteuniversitäten US *fpl*

# J

**jack up**, *v*, **to ~ prices** *colloq.* Preise in die Höhe treiben

**jail**, Gefängnis *n*

**jam**, Stauung *f*, Stockung *f*; Blockiertsein *n (e-r Maschine)*; **traffic** ~ Verkehrsstockung *f*; Stau *m*; ~ **in the money market** Klemme *f* am Geldmarkt

**janitor**, Hausmeister

**January sales**, Winterschlussverkauf *m*

**jargon**, Fachsprache *f*

**jaywalker**, unachtsamer Fußgänger *m*

**jeopardize**, *v*, **to ~ the financial position** die finanzielle Lage gefährden

**jeopardy, to put in jeopardy** in Gefahr bringen

**jerry-built**, schlecht und billig gebaut

**Jet**, (Joint European Torus) *(EU)* Versuchsreaktor *m* zur Nutzung der Kernfusion als neue Energiequelle

**jet plane**, Düsenflugzeug *n*

**jetsam**, über Bord geworfene Ladung *f*; Seewurf *m*

**jettison**, *v (Güter)* über Bord werfen

**jewel(le)ry insurance**, Schmuckversicherung *f*

**JIT** = **just-in-time**; ~ **production** JIT-Produktion *f*; ~ **purchasing** beständelose Beschaffung *f*; fertigungssynchrone Beschaffung *f*

**job**, Arbeit *f*; Arbeitsplatz *m*; Tätigkeit *f*; Stelle *f*, Stellung *f*; Stück *n* Arbeit; (Fertigungs-)Auftrag *m*; *(EDV)* Job *m*, Programmkette *f*; ~ **assessment**, Arbeits(-platz)bewertung *f*; **by the** ~ stückweise, im Akkord; **full-time** ~ Ganztagsbeschäftigung *f*; **odd** ~ → odd; **off-the-~training** Ausbildung (od. Weiterbildung) außerhalb des Arbeitsplatzes

**job**, **on-the-~ accident** Betriebsunfall *m*; **on-the-~ training** Ausbildung *f* am Arbeitsplatz; innerbetriebliche Weiterbildung *f* von Mitarbeitern; **to be trained on the** ~ am Arbeitsplatz (innerbetrieblich) ausgebildet werden

**job**, **permanent** ~ Dauerstellung *f*; Dauerarbeitsplatz *m*; **person with two ~s** Doppelverdiener *m*; **rush job** eiliger Auftrag *m*; ~ **ad** *colloq.* Stellenanzeige *f*; ~ **application** Bewerbung *f* um e-e Stelle; Stellengesuch *n*; **~s at stake** auf dem Spiele stehende Arbeitsplätze *mpl*; ~ **centre** *Br* Arbeitsamt *n*; **job change** Berufswechsel *m*; ~ **creating** arbeits(-platz)schaffend; ~ **creation** Schaffung *f* von Arbeit(splätzen); Arbeitsplatzbeschaffung *f*; ~ **description** Tätigkeitsbeschreibung *f*; ~ **evaluation** Arbeits(-platz)bewertung *f*; **with no ~ experience** berufsunerfahren; ~ **goods** Ramschware(n), Ausschussware(n) *f(pl)*; ~ **hopping** häufiger Stellenwechsel *m*; ~ **insecurity** Arbeitsplatzunsicherheit *f*; ~ **interview** Einstellungsgespräch *n*; Bewerbungsgespräch *n*; **~less** ohne Stelle, arbeitslos, ~ **loss** Arbeitsplatzverlust *m*; ~ **lot** Partieware(n) *f(pl)*; ~ **mobility** Arbeitsplatzmobilität *f*; ~ **offer** Stellenangebot *n*; ~ **order** Arbeitsauftrag *m*; Fabrikationsauftrag *m*; ~ **order costing** Auftragskostenrechnung *f*; ~ **placement** Arbeitsvermittlung *f*; ~ **preservation** Erhaltung *f* von Arbeitsplätzen; ~ **processing** Lohnveredelung *f*; *(EDV)* Job-Verarbeitung *f*; ~ **production** Einzelanfertigung *f* (to a customer's specification); ~ **prospects** Berufsaussichten *fpl*; ~ **rate** Akkordrichtsatz *m*; ~ **rating** Arbeits(platz)bewertung *f*; ~ **rotation** Arbeitsplatztausch *m*; systematischer Arbeitsplatzwechsel *m*; ~ **satisfaction** berufliche Befriedigung *n*; ~ **search** Arbeitssuche *f*; ~ **security** Sicherheit *f* des Arbeitsplatzes *(gegen Entlassungen)*; ~ **seeker** Stellungsuchender *m*; **young ~ seekers** arbeitssuchende Jugendliche *pl*; ~ **sharing** Arbeitsplatzteilung *f*; ~ **shop** *Am* Betrieb mit Einzelfertigung (Fertigungsauftrag); ~ **shop sequencing** Reihenfolgeplanung *f (der zu bearbeitenden Aufträge)*; ~ **shortage** Mangel *m* an Arbeitsplätzen; ~ **specification** → description; ~ **switch** Stellenwechsel *m*; ~ **ticket** Arbeitslaufzettel *m*; ~ **time** Auftragszeit *f*; ~ **title** Stellenbezeichnung *f*; ~ **training** Berufsausbildung *f*; ~ **vacancies** offene Stellen *fpl*; ~ **wage** Akkordlohn *m*, Stücklohn *m*; ~ **work** Akkordarbeit *f*, Stückarbeit *f*; ~ **worker** Akkordarbeiter *m*; **to apply for a** ~ sich um e-e Stelle bewerben; **to be out of a** ~ stellenlos (od. arbeitslos) sein; **to do ~ work** im Akkord arbeiten; **to fill a** ~ e-n Arbeitsplatz besetzen; **to hold a** ~ e-n Arbeitsplatz (od. e-e Stelle) haben; **to look for a** ~ Arbeit suchen; **to sell as a ~ lot** im Ramsch verkaufen; partienweise verkaufen; **to work by the** ~ im Akkord arbeiten

**job**, *v (Börse)* als Makler tätig sein; Gelegenheitsarbeiten machen; im Akkord arbeiten; Schiebungen machen; **to ~ off** Ramschware billig verkaufen; **to ~ out** *(Arbeit)* im Akkord vergeben; **to ~ in bills** Wechselreiterei betreiben; **he ~bed his brother into a well-paid post** er lancierte seinen Bruder in e-e gut bezahlte Stellung

**jobber**, *Br* Wertpapiergroßhändler *m* (*seine Tätigkeit wird jetzt von e-m → market maker durchgeführt*); **bill** ~ Wechselreiter *m*; **exchange** ~ → exchange 2.; **~'s turn** *Br* Kursgewinn *m* des Effektenhändlers

**jobbing**, Großhandel *m*; Börsenspekulation *f*

**jobless**, arbeitslos, ohne Stellung

**join**, *v* (sich) verbinden; beitreten, eintreten in; **to ~ a club** in e-n Klub eintreten; **to ~ a company** e-r Gesellschaft *(als Gesellschafter)* beitreten; **to ~ the European Union** der Europäischen Union beitreten; **to ~ a firm as partner** in e-e Firma als Teilhaber eintreten

**join forces**, *v* zusammenarbeiten
**joining**, Beitritt *m*, Eintritt *m* in
**joint**, gemeinsam, gemeinschaftlich; zur gesamten Hand; Mit-
**joint account**, Gemeinschaftskonto *n*; gemeinsame Rechnung *f*; Metakonto *n*; **business on ~** Gemeinschaftsgeschäft *n*; Konsortialgeschäft *n*; Metageschäft *n*; **for** (or **on**) **~** für (od. auf) gemeinsame Rechnung; a metà; **credit given on ~** Metakredit *m*
**joint**, **~ action** gemeinsames Vorgehen *n*; **~ advertising** Gemeinschaftswerbung *f*, Verbundwerbung *f*
**joint and several**, gemeinsam, gesamtschuldnerisch; **~ bond** von zwei oder mehr Schuldnern garantierte Schuldverschreibung *f*; **~ credit** Konsortialkredit *m*; **~ creditor** Gesamtgläubiger *m*; **~ debtor** Gesamtschuldner *m*; **~ guarantee** (*Am* **guaranty**) Solidarbürgschaft *f*; **~ liability** gemeinsame *(gesamtschuldnerische)* Haftung *f*, Solidarhaftung *f*; **to be jointly and severally liable** gemeinsam *(gesamtschuldnerisch)* haften
**joint**, **~ annuity** Überlebensrente *f*; **~ attorney** Mitbevollmächtigter *m*; **~ bank account** Oder-Konto *n*; **~ cargo** Sammelladung *f*; **~ committee** gemeinsamer (od. paritätischer) Ausschuss *m*; **~ contracting party** Mitkontrahent *m*; **~ creditor** Mitgläubiger *m (zur gesamten Hand)*; **~ custody** gemeinsames Sorgerecht *n*; **~ debtor** Mitschuldner *m*, gemeinsamer Schuldner *m*; **~ deposit** Gemeinschaftsdepot *n*; **~ estate** gemeinsames Eigentum *n*; Miteigentum *n (zur gesamten Hand)*; gemeinsamer Besitz *m*; **~ financing** Gemeinschaftsfinanzierung *f*; **~ guarantee (guaranty)** gemeinsame Garantie *f*; Mitbürgschaft *f*; **~ heir** Miterbe *m*; **~ holder** Mitinhaber *m*; **~ liability** gemeinsame *(gesamtschuldnerische)* Haftung *f*; Mithaftung *f*; **~ life policy** Versicherung *f* auf verbundene Leben; **~ management** gemeinsame Leitung *f*; Mitbestimmung(srecht) *f(n) (der Arbeitnehmer)*; **~ marketing** Gemeinschaftsbetrieb *m*; **~ owner** Miteigentümer *m*, Mitinhaber *m*; (of a ship) Mitreeder *m*, Partenreeder *m*; **~ ownership** Miteigentum *n*, Mitinhaberschaft *f*; Mitreederei *f*; **~ power of attorney** Gesamtvollmacht *f*; **~ product** Kuppelprodukt *n*; **~ property** Miteigentum *n*, gemeinschaftliches Eigentum (od. Vermögen) *n*; **J~ Research Centre** (JRC) *(EU)* Gemeinsame Forschungsstelle *f*; **~ return** gemeinsame Steuererklärung *f (von Ehegatten)*; **~ tenancy** gemeinsames Eigentum *n*; Miteigentum *n (zur gesamten Hand)*; Mitbesitz *m*; gemeinsame Pacht *f*; **~ tenant** *(gesamthänderisch gebundener)* Miteigentümer *m*; Mitbesitzer *m*; **~ transaction** Metageschäft *n*; **~ undertaking** Gemeinschaftsunternehmen *n*; **~ use** gemeinsame Benutzung *f*; Mitbenutzung *f*; **~ venture** (JV) Gemeinschaftsunternehmen *n* (GU); Gelegenheitsgesellschaft *f*; **~ will** gemeinschaftliches Testament *n*
**jointly**, **~ acquired property** gemeinsam erworbenes Vermögen *n*; **~ guilty of** mitschuldig an; **to be ~ and severally liable** → joint and several; **we promise ~** wir versprechen gemeinsam (zur gesamten Hand)
**jot down**, *v* aufschreiben
**journal**, 1. *(Buchhaltung)* Journal *n*, Tagebuch *n*, Grundbuch *n*; Zeitschrift *f*; **~ entry** Journalbuchung *f*; **cash ~** Kassenbuch *n*; **ledgertype ~** amerikanisches Journal, Tabellenjournal *n*; **sales ~** → sales; **subsidiary ~** Hilfsjournal *n*
**journal**, 2. Zeitschrift *f*; **trade ~** Fachzeitschrift *f*
**journeyman**, Geselle *m*; **to pass the ~'s examination** die Gesellenprüfung bestehen
**joy-riding**, unbefugte Benutzung *f* e-s Pkw; Schwarzfahrt *f*
**jubilee**, (Geschäfts-)Jubiläum *n*
**judgment**, Urteil *n*, gerichtliche Entscheidung *f*; **foreign ~** Urteil e-s ausländischen (*Am* auch einzelstaatlichen) Gerichts
**judicial**, richterlich, gerichtlich; **~ and extra~** gerichtlich und außergerichtlich; **~ sale** Zwangsversteigerung *f*; **~ trustee** gerichtlich bestellter Treuhänder *m*
**juggle**, *v (betrügerisch)* manipulieren; „frisieren"
**juggernaut merger**, Großfusion *f*
**jumble sale**, Ramschverkauf *m (bes. für wohltätige Zwecke)*; Flohmarkt *m*
**jumbo jet**, Großraumflugzeug *n*
**jumbo loan**, Großkredit *m*; **~ issue** Großemission *f*
**jump**, **price ~s** Preissprünge *mpl*, Kurssprünge *mpl*; **~ in exports** *(plötzlicher)*

Exportanstieg *m*; ~ **in sales** *(plötzlicher)* Anstieg des Verkaufs (od. Umsatzes)
**jump**, *v*, **to ~ (up)** plötzlich steigen, emporschnellen; **the prices ~ed** die Preise (od. Kurse) gingen sprunghaft in die Höhe
**jumpy market**, Markt *m* mit Schwankungen *fpl*
**junction**, **road ~** Straßenkreuzung *f*; **railway ~** Eisenbahnknotenpunkt *m*
**Junior**, (Jnr., Jr.) *(nachgestellt nach e-m Namen)* junior (jr. jun.)
**junior**, jünger; untergeordnet; ~ **bonds** *Am* nachrangige Schuldverschreibungen *fpl*; ~ **executives** untere Führungskräfte *fpl*; ~ **issue** Ausgabe *f (von Obligationen)* geringeren Ranges; ~ **mortgage** nachrangige Hypothek *f*; ~ **partner** jüngerer Teilhaber *m*; ~ **staff** Nachwuchskräfte *fpl*
**junk**, Altmaterial *n*; ~ **bonds** *Am* hochverzinsliche Ramschpapiere *npl*, die mit hohem Risiko belastet sind *(meist zur Finanzierung von Übernahmen)*; ~ **food**, Schnellgerichte *n pl*; ~ **heap** *Am sl.* Autofriedhof *m*; ~ **mail** unerwünschte Reklamesendung *f (die weggeworfen wird)*; ~ **shop** Altwarenhandlung *f*; ~ **value** Schrottwert *m*
**junker**, *sl.* Rauschgiftsüchtiger *m*; *Am sl.* ausrangiertes Auto *n*
**junkie**, *sl.* Rauschgiftsüchtiger *m*; Rauschgifthändler *m*
**juridical person**, juristische Person *f*
**jurisdiction**, Gerichtsbarkeit *f*; Zuständigkeit *f*; **fiscal ~** Steuerhoheit *f*; **foreign ~** ausländische Gerichtsbarkeit; **undertakings within the ~ of the Union** *(EU)* Unternehmen, die der Zuständigkeit der Union unterstehen; **to come** (or **fall**) **under the ~of** unter die Zuständigkeit fallen von; **to have exclusive ~** ausschließlich zuständig sein; **the court lacked ~** das Gericht war nicht zuständig
**jurisdictional**, ~ **amount** *Am* Streitwert *m*; ~ **dispute** Zuständigkeitsstreit *m*
**jurisprudence**, Jurisprudenz *f*; Rechtswissenschaft *f*; **comparative ~** vergleichendes Recht *n*; **medical ~** Gerichtsmedizin *f*
**juror**, Geschworener *m*; Schöffe *m*
**jury**, die Geschworenen *pl*; **to be/sit/ serve on a ~** auf der Geschworenenbank sitzen
**just**, gerecht; ~ **and equitable** recht und billig; ~ **cause** triftiger Grund *m*; ~ **compensation** angemessene Entschädigung *f*; ~ **reward** gerechter Lohn *m*
**justice**, **Court of J~** *(EU)* Gerichtshof *m (der Europäischen Union)*
**justifiable**, zu rechtfertigen, vertretbar
**justification**, Rechtfertigung *f*
**justify**, *v* (sich) rechtfertigen
**justified**, ~ **claim** begründeter Anspruch *m*; **the action was found to be ~** *(EU)* die Klage wurde als begründet anerkannt
**just-in-time**, → JIT
**jute products**, Juteerzeugnisse *npl*
**juvenile**, Jugendliche(r) *f(m)*; jugendlich; ~ **cases** Jugendsachen *fpl*; ~ **delinquency** Jugendkriminalität *f*; ~ **delinquent** (or **offender**) jugendlicher Täter *m*
**juxtaposition of receipts and expenses**, Gegenüberstellung *f* der Einnahmen und Ausgaben

# K

**kaffirs**, *(Börse)* südafrikanische Bergwerksaktien *fpl (bes. Gold)*
**kangaroo court**, Scheingericht *n*; illegales Gericht *n*
**kangaroos**, *(Börse)* australische Bergwerksaktien *fpl*
**KB**, → Kilobyte
**k.d.**, → knocked down
**keen**, scharf; ~ **competition** scharfer Wettbewerb *m*, harte Konkurrenz *f*; ~ **demand** lebhafte Nachfrage *f*
**keep**, (Lebens-)Unterhalt *m*, Kosten für Unterkunft und Verpflegung; (Vieh-)Futter *n*
**keep**, *v* halten; aufbewahren; führen; sich halten *(Lebensmittel)*; **to ~ accounts** (or **books**) Bücher führen; **to ~ an account with a bank** ein Konto bei e-r Bank haben; **to ~ an animal** ein Tier halten; **to ~ an appointment** e-e Verabredung einhalten; **to ~ the cash** die Kasse führen; **to ~ down costs** Kosten niedrig halten; ~ **dry!** vor Nässe schützen!; **to ~ goods in stock** Waren auf Lager haben; **to ~ house for sb.** jdm den Haushalt führen; **to ~ in repair** instandhalten; **to ~ a list** e-e Liste führen; **to ~ out of debt** sich schuldenfrei halten; **to ~ pace with** Schritt halten mit; **to ~ a shop** e-n Laden führen; **to ~ up prices** die Preise hochhalten; **to ~ a vehicle** (sich) ein Fahrzeug

halten; **to ~ well** sich gut halten *(Lebensmittel)*

**keep up with (the competition)**, *v* Schritt halten mit (der Konkurrenz)

**keeper**, Inhaber *m*, Besitzer *m*; Verwahrer *m*; **hotel keeper** Hotelinhaber *m*; **~ of an animal** Tierhalter *m*; **~ of a car** Fahrzeughalter *m*

**keeping**, Verwahrung *f*; Gewahrsam *m*; **for safe ~** zur sicheren Aufbewahrung; **~ of files** Aufbewahrung *f* (od. Führung *f*) von Akten; **~ of a motor vehicle** Halten *n* e-s Kraftfahrzeugs; **~ in stock** Lagerung *f*; **~ the books** Führung *f* der Bücher

**keiretsu**, Netzwerk *n* japanischer Firmen, die um eine bedeutende Bank organisiert sind

**kerb, on the ~** *Br* außerbörslich; **~ market** *Br* Freiverkehr(smarkt) *m*; inoffizielle Börse *f*; Nachbörse *f*; **~ prices** *Br* nachbörsliche Kurse *mpl*

**key**, Schlüssel *m*; Kennziffer *f*; **~ currency** Leitwährung *f*; **~ customer** wichtiger Kunde *m*; **~ date** Stichtag *m*; **~ industry** Schlüsselindustrie *f*; **~ interest rate** Leitzins(satz) *m*; **~ job** Schlüsselstellung *f*; **~ personnel** unentbehrliche Angestellte *pl*; **~ position** Schlüsselstellung *f*; **~ products** Schlüsselerzeugnisse *npl*; **~ rate** Leitzins *m*; **~ to a cipher** Codeschlüssel *m*

**key accounts**, Großkunde *m*; Schlüsselkunde *m*

**key**, *v*, **to ~ an advertisement** e-e Anzeige mit e-r Kennziffer versehen

**key in**, *v* eingeben **kickback**, Schmiergeld(er) *n(pl)*

**kick it out**, *v*, eine Position ohne Berücksichtigung des Preises liquidieren

**kick off**, *v* beginnen; den Anfang machen, **~ a meeting** eine Besprechung beginnen

**kidnap**, *v* entführen; Menschenraub *m* begehen

**kidnapping**, Entführung *f*

**killer bee**, Investmentbank *f*, die Strategien zur Abwehr von Übernahmeangeboten entwickelt *(GB)*

**killing**, hoher Spekulationsgewinn *m*

**kilobyte**, Kilobyte *n* (*Ein ~ entsprechen 1.024 → Byte.*)

**kin**, (Bluts-)Verwandtschaft *f*; Verwandte *m(f)*; **the next of ~** der (die) nächste(n) Verwandte(n) *m(pl)*; **~ to** verwandt mit

**kind**, Art *f*; Sorte *f*; **equal in ~ and quality** von gleicher Art und Güte; **in ~** in natura; **in cash or in ~** in bar oder in Sachleistung(en); **payment** (or **performance**) **in ~** Naturalleistung *f*, Sachleistung *f*; **of the same ~** gleichartig

**kite**, Kellerwechsel *m*, Gefälligkeitswechsel *m*; ungedeckter Scheck *m*; **~ flying** Wechselreiterei *f*; Scheckreiterei *f*; **to fly a ~** e-n Kellerwechsel (od. ungedeckten Scheck) ausstellen

**kitty**, gemeinsame Kasse *f*

**knock-down price**, *(bei Auktionen)* Mindestpreis *m*

**knock down**, *v (Haus)* abreißen; *(Maschine für den Transport)* zerlegen; *(auf Auktion)* Zuschlag erteilen; *(Preis)* drücken; *(jdn)* überfahren

**knocked down**, zerlegt; **completely ~** (CKD) vollständig in Einzelteile zerlegt

**knock-for-knock agreement**, eine ad hoc Vereinbarung zwischen Autoversicherungsgebern, bei kleineren Schadensfällen auf Schadenersatz zu verzichten

**knocking copy**, herabsetzender Werbetext *m*

**knock-on financing**, Anschubfinanzierung *f*

**knock-out**, **~ agreement** (illegale) Vereinbarung *f* e-r Gruppe von Händlern, bei e-r Auktion nicht mitzubieten *(sodass einer von ihnen ein Objekt zu e-m niedrigen Preis erhält)*; **~ option** Option *f*, die bei Ende der Laufzeit wertlos verfällt, sofern der Preis des Basisobjekts ein bestimmtes Preisniveau erreicht hat; **knock-out (sale)** Scheinauktion *f*

**knot**, Knoten *m* (Seemeile je Stunde)

**know**, *v* wissen, kennen, erfahren; **to come to ~** erfahren

**know-how**, Know-how *n*, Erfahrungswissen *n*; **assignment of ~** Know-how-Abtretung *f*; **exchange of ~** Know-how-Austausch; **industrial ~** praktische Betriebserfahrung *f*; **technical ~** technisches Fachwissen *n*

**knowingly**, wissentlich; bewusst

**knowledge**, Kenntnis(se) *f(pl)*; Wissen *n*; **contrary to one's ~** wider besseres Wissen; **expert ~** Sachkenntnis *f*, Fachkenntnisse *pl*; **to the best of one's ~ and belief** → belief; **~ of (the) goods** Warenkenntnis(se); **~ of (the) line of business** Branchenkenntnis(se)

**knowledge management**, Wissensmanagement *n*

# L

**label**, Etikett *n*, Anhängezettel m; price ~ Preiszettel *m*; retailers own ~ Hausmarke f; stick-on ~ Aufklebezettel *m*; lie-on ~ Anhänger *m*; self-adhesive ~ selbsthaftendes Etikett; to attach ~s to the luggage Gepäckzettel *mpl* am Gepäck anbringen

**label**, *v* mit Etikett (etc.) versehen; **to ~ prices** Preise auszeichnen

**label(l)ing**, Etikettierung *f*; Kennzeichnung *f*; **uniform EU-~** einheitliche EU-Etikettierung; **~ of food-stuffs** Etikettierung von Lebensmitteln; **~ requirements** Kennzeichnungsvorschriften *fpl*

**labo(u)r**, Arbeit *f*; Arbeitskräfte *pl*; Arbeiterschaft *f*, Arbeiter *pl*; **casual ~** → casual; **foreign ~** → foreign; **free ~** gewerkschaftlich nicht organisierte Arbeitskräfte; **indirect ~** → indirect; **manual ~** körperliche Arbeit; **organized ~** gewerkschaftlich organisierte Arbeitnehmer; **semi-skilled ~** angelernte Arbeiter *pl*; **skilled ~** gelernte Arbeiter, Facharbeiter *pl*; **unskilled ~** ungelernte Arbeiter *pl*, Hilfsarbeiter *pl*; **~ agreement** *Am* Tarifvertrag *m*; **~ arbitration** Schlichtung *f* von Arbeitsstreitigkeiten; **~ bank** *Am* Gewerkschaftsbank *f*; **~ bargaining** *Am* Tarifverhandlungen *fpl*; **~ contract** Tarifvertrag *m*; **~ copartnership** *Br* Gewinnbeteiligung *f* der Arbeitnehmer

**labo(u)r cost**, Arbeitskosten *pl*, Lohnkosten *pl*; **unit ~** Lohnkosten je Produkteinheit

**labo(u)r**, **~ demand** Nachfrage *f* nach Arbeitskräften; **~ dispute** arbeitsrechtliche Streitigkeit *f*; **~ exchange** *Br (früher:)* Arbeitsamt *n*; **~ force** Arbeitskräfte *pl*; Arbeitnehmerschaft *f*, Belegschaft *f*; **~ ~ survey** (LFS) *(EU)* Arbeitskräfteerhebung *f*; **~ hoarding** Horten *n* von Arbeitskräften; **~ intensive** arbeitsintensiv; **~ leader** Gewerkschaftsführer *m*; **~-management relations** Beziehungen *fpl* zwischen Arbeitgebern und Arbeitnehmern; **~ market** Arbeitsmarkt *m*; **~ migration** Arbeitskräftewanderung *f*; **~ mix** Verhältnis *n* zwischen der Zahl von Arbeitern und Angestellten; **~ negotiations** Verhandlungen *fpl* zwischen den Tarifpartnern; **~ piracy** Abwerbung *f* von Arbeitskräften; **~ policy** Arbeitsmarktpolitik *f*; **~ recruitment** Anwerbung *f* von Arbeitskräften; **~ relations** Arbeitgeber-Arbeitnehmerbeziehungen *fpl*; **~ requirement** Bedarf *m* an Arbeitskräften

**labo(u)r saving**, Einsparung *f* von Arbeitskräften; arbeitsparend; **~ investments** Arbeitskräfte sparende Investitionen *fpl*

**labo(u)r**, **~ shortage** Arbeitermangel *m*, Mangel *m* an Arbeitskräften; **~ situation** Arbeitsmarktlage *f*; **~ standards** Arbeitsnormen *fpl*; **~ stoppage** Arbeitseinstellung *f*; **~ supply** Angebot *n* an Arbeitskräften; **~ surplus** Überschuss *m* an Arbeitskräften; **~ turnover** Personalveränderungen *fpl* e-r Firma *(während e-r bestimmten Zeit)*; **~ union** *Am* Gewerkschaft *f*; **to import ~** ausländische Arbeitskräfte heranziehen; **to procure ~** Arbeit beschaffen; Arbeitskräfte beschaffen

**laboratory animals**, Versuchstiere *npl*

**labo(u)rer**, *(bes. ungelernter)* Arbeiter *m*; **agricultural ~** Landarbeiter *m*

**lack**, Fehler *n*, Mangel *m* (of an); **~ of capacity** (to contract etc.) mangelnde Geschäftsfähigkeit *f*; **~ of capital** Kapitalmangel *m*; **~ of conformity** (of the goods with the contract) Vertragswidrigkeit *f* *(infolge von Sachmangel)*; **~ of demand** mangelnde Nachfrage *f*; **for ~ of evidence** mangels Beweises; **~ of funds** (or **means**) Mangel an Mitteln; **~ of liquidity** Liquiditätsklemme *f*; **~ of manpower** Mangel an Arbeitskräften; **~ of orders** Mangel an Aufträgen; **~ of sales** Absatzmangel *m*; **~ of staff** Personalmangel *m*; **~ of work** Arbeitsmangel *m*

**ladder strategy**, Zusammenstellung *f* eines Anleihenportfolios *(jeweils gleiche Anteile in Anleihen mit unterschiedlichen Laufzeiten)*

**lade**, *v (Schiff)* beladen; *(Waren)* auf Schiff verladen, aufladen

**lading**, **lading charges** Ladekosten *pl*; **~ port** Verladehafen *m*, Versandhafen *m*; **bill of ~** → bill 1.

**lag**, Verzögerung *f*, Zurückbleiben *n*; **~ in development** Entwicklungsrückstand *m*; **~ in investment** Stagnation *f* der Investitionen; **time ~** zeitlicher Abstand *m*; Verzögerung *f*

**lag**, *v* verzögern; **to ~ behind one's competitors** hinter seinen Konkurrenten zurückbleiben

**laisser-passer**, Passagierschein *m*
**lake**, (Binnen-)See *m*; **by ~** auf dem Binnenwege
**lamb**, *Am* unerfahrener Börsenspekulant *m*
**lame duck**, lebensunfähiges Unternehmen *n (das von staatlicher Beihilfe abhängig ist)*; zahlungsunfähiger Börsenspekulant *m*
**LAN**, → Local area network
**land**, Land *n*, Grund und Boden *m*; Grundstück *n*; Grundbesitz *m*; **~ agent** Grundstücksmakler *m*; *Br* Gutsverwalter *m*
**land and buildings**, Grundstücke *npl* und Bauten; **~, real estate** *(Bilanz)* unbebaute und bebaute Grundstücke *npl*
**land, by ~** auf dem Landweg; **by ~ and sea** zu Lande und zu Wasser; **carrier by ~** Frachtführer *m*; **development of ~** Erschließung *f* von Bauland; **interest in ~** → interest 1.; **parcel** (or **piece**) **of ~** Grundstück *n*, Parzelle *f*; **title to ~** → title; **~ and chattels** Grundeigentum *n* und bewegliche Sachen; **~s and tenements** Grundbesitz *(Land und Gebäude)*; **~ appraisal** Bodenbewertung *f*; **~ bank** Agrarkreditbank *f*, Hypothekenbank *f*; **~ bonds** *Am* landwirtschaftliche Pfandbriefe *mpl*; **~, buildings, plant and machinery** *(Bilanz) Br* Sachanlagen *pl*; **~ certificate** *Br* Abschrift *f* des Grundbuchblattes; **~ charge** Grundstücksbelastung *f*; **~ compensation** Entschädigung *f* für enteigneten Grundbesitz; **~ consolidation** Flurbereinigung *f*; **~ credit company** *Am* Bodenkreditanstalt *f*; **~ development** Erschließung *f* von Baugelände; **~ grant** *Am (staatl.)* Landzuweisung *f*; **~ holder** Grundbesitzer *m*; Pächter *m*; **~ improvement** Bodenverbesserung *f*, Melioration *f*; **~ jobber** Grundstücksspekulant *m*; **~ jobbing** Grundstücksspekulation *f*; **~ law** Grundstücksrecht *n*; **~locked (country)** (Land) ohne Zugang *m* zur See; **~ locked region** eingeschlossenes Gebiet *n*
**landlord**, Hausbesitzer *m*, Hauswirt *m*; Vermieter *m*; Verpächter *m*; Gastwirt *m*; **~ and tenant** Vermieter *m* und Mieter *m*; Verpächter *m* und Pächter *m*; **~ and tenant relationship** Mietverhältnis *n*; Pachtverhältnis *n*
**landmark**, Grenzstein *m*, Grenzzeichen *n*; *fig* Wendepunkt *m*; *(SeeR)* Landmarke *f*; **~ decision** Grundsatzentscheidung *f*, **removal of a ~** Grenzverrückung *f*
**land, ~ on lease** Pachtland *n*; **~ owner** Grundeigentümer *m*, Grundbesitzer *m*; Gutsbesitzer *m*; **~ price** Grundstückspreis *m*, Baulandpreis *m*; **~ records** *Am* Grundstücksregister *n*; **~ reform** Bodenreform *f*; **~ register** *Br* Grundbuch *n*; **~ registration** Eintragung *f* von Grundbesitz in das Grundbuch; **L~ Registry** *Br* Grundbuchamt *n*; **~ revenue** Grundstückseinkünfte *pl*; **~ risk** *(Vers.)* Landtransportrisiko *n*; **~ speculation** Grundstücksspekulation *f*; **~ speculator** Grundstücksspekulant *m*; **~ steward** *Br* Gutsverwalter *m*; **~ surveying** Landvermessung *f*; **~ transfer tax** Grunderwerbsteuer *f*; **~ value** Bodenwert *m*, Grundstückswert *m*; **to hold ~** Land besitzen
**land**, *v* landen, anlegen *(von Schiffen)*; *(Ladung)* löschen, ausladen; **to ~ the catches** den (Fisch-)Fang anlanden
**land** *v* **~ a job**, Stelle erhalten
**landed, on ~ basis** einschließlich Löschen, Leichtern und Verbringen an Land; **~ estate** (or **property**) Grundbesitz *m*, Grundeigentum *n*; Landbesitz *m*; **~ proprietor** Grundeigentümer *m*, Grundbesitzer *m*; **~ terms** Bedingungen *fpl* franco Entladung
**landing**, Landen *n*, Landung *f*; Löschung *f (e-r Ladung)*; Anlandverbringung *f*; **~ certificate** Löschbescheinigung *f*; **~ charges** Löschkosten *pl*; **~ order** (or **permit**) Landeerlaubnis *f*; Löscherlaubnis *f*; **~ site** Landeplatz *m*; **to effect a ~** landen
**landscape**, Landschaft *f*; **~ engineer** Landschaftsgestalter *m* **lane**, Fahrbahn *f*; **~ hopper** Kolonnenspringer *m*; **to get into the left (right) ~** sich links (rechts) einordnen
**language**, Sprache *f*; **business** (or **commercial**) **~** Geschäftssprache *f*; **official ~** Amtssprache *f*; **~ laboratory** Sprachlabor *n*
**languishing trade**, stockender (od. stagnierender) Handel *m*
**lapse**, Erlöschen *n*; Verfall *m*, Heimfall *m*, Verlauf *m*, Ablauf *m*; *(kleiner)* Fehler *m* (od. Irrtum *m*); **~ of time** Zeitablauf *m*; **to plead ~ of time** die Einrede der Verjährung erheben
**lapse**, *v* erlöschen, verfallen, hinfällig wer-

den; heimfallen; ablaufen, außer Kraft treten

**large**, groß; ~ **business** → business; ~ **concern** großes Unternehmen *n*, Großbetrieb *m*; ~ **corporations** *Am* Großindustrie *f*; ~ **income earner** Großverdiener *m*; ~ **industrial concerns** Großindustrie *f*; ~ **landed property** Großgrundbesitz *m*; ~ **loan** Großkredit *m*; ~ **order** große Bestellung *f*; großer Auftrag *m*; **~-scale consumer** Großverbraucher *m*; **~-scale enterprise** (or **establishment**) Großunternehmen *n*, Großbetrieb *m*; **~-scale loan** Großkredit *m*; **~-scale manufacture** (or **production**) Großherstellung *f*; Massenherstellung *f*; Serienherstellung *f*; **~-scale marketing** Großvertrieb *m*

**laser scanning**, elektronisches Belegelesen *n*

**lash**, (= lighter aboard ship) Transportmethode *f*, bei der genormte Leichter an Bord seegehender Schiffe genommen werden

**last**, ~ **bid** letztes Gebot *n*; **~-day money** Ultimogeld *n*; **~-t-in, first-out** → lifo; ~ **instal(l)ment** letzte Rate *f*; ~ **quotation** *(Börse)* Schlussnotierung *f*; **as a ~ resort** als letztes Mittel *n*; **court of ~ resort** Gericht *n* letzter Instanz; ~ **will (and testament)** letztwillige Verfügung *f*, Testament *n*

**lasting growth**, dauerhaftes Wachstum *n*

**late**, spät, verspätet; *(kürzlich)* verstorben; ehemalig, früher; **the ~ 1980s** Ende der achtziger Jahre; ~ **closing Saturday** verkaufsoffener (od. langer) Samstag *m*; ~ **dealings** Abschlüsse *mpl* gegen Schluss der Börsensitzung; ~ **of** ehemals wohnhaft in; **to be ~ in paying** verspätet zahlen

**later**, **not ~ than** nicht später als

**latent**, ~ **defect** versteckter Mangel *m*; ~ **reserves** stille Reserven *fpl*

**lateral integration**, horizontale Integration *f*

**lateral thinking**, unkonventionelles Problemlösen *n*

**latest**, **at the ~ on** spätestens am; ~ **fashion** letzte Mode *f*

**Latin-American Integration Association**, (LAIA) Lateinamerikanische Integrations-Assoziation *f*

**laughing out loud**, Internetsprache für: schallend lachen *v*

**launch**, Markteinführung *f* (e-s Produkts); Gründung *f* (e-s Unternehmens)

**launch**, *v* in Tätigkeit setzen, starten; vom Stapel laufen lassen; *(Rakete)* abschießen; **to ~ a new article** e-n neuen Artikel einführen; **to ~ a drive** e-e Aktion starten; **to ~ an enterprise** ein Unternehmen anfangen; **to ~ a loan** e-e Anleihe auflegen (od. begeben); **to ~ (on the market)** auf den Markt bringen

**launched**, **to be ~** vom Stapel laufen

**launching**, Start *m*; Auf-den-Markt-Bringen *n*; Abschuss *m (e-r Rakete)*; Stapellauf *m (e-s Schiffes)*; ~ **aid** Starthilfe *f*; ~ **costs** Anlaufkosten *pl*; ~ **of new products** Einführung *f* neuer Produkte; ~ **strategy**, Einführungsstrategie *f*

**launder money**, *v* Geldwaschen

**laundering**, Geldwäsche *f* (illegales Geld durch e-n Dritten legitimieren lassen)

**law**, Recht *n*; Gesetz *n*; **according to ~** gesetzmäßig, von Rechts wegen; **contrary to ~** rechtswidrig, gesetzeswidrig; **domestic ~** innerstaatliches Recht; Heimatrecht *n*; **established ~** bestehendes (od. geltendes) Recht; **federal ~** Bundesgesetz *n*; Bundesrecht *n*; **in ~ and in fact** rechtlich und tatsächlich; **international ~** internationales Recht, Völkerrecht *n*; **national ~** inländisches Recht; Landesrecht *n*; ~ **firm** Anwaltssozietät *f*; ~ **in force** geltendes Recht; **L~ List** *Br* Anwaltsverzeichnis *n*; ~ **merchant** Handelsrecht *n*; ~ **of agency** Recht der Stellvertretung; ~ **of property** Sachenrecht *n*; ~ **of succession** Erbrecht *n*; ~ **of tenancy** Mietrecht *n*; **L~ Society** *Br* Anwaltsverein *m*; **to go to ~** den Rechtsweg beschreiten; klagen

**lawful**, gesetzlich, rechtmäßig; ~ **holder** rechtmäßiger Inhaber *m*; ~ **representative** rechtmäßiger Vertreter *m*

**lawsuit**, Zivilprozess *m*; **to carry on a ~** e-n Prozess führen; prozessieren

**lawyer**, Rechtsanwalt *m*; **~'s fees** Anwaltsgebühren *fpl*; **~'s opinion** *Am* Anwaltsgutachten *n*; **firm of ~s** Anwaltssozietät *f*; **to confer with one's ~** sich mit seinem Anwalt besprechen; **to consult a ~** e-n Anwalt zu Rate ziehen; **to engage (the services of) a ~** sich e-n Anwalt nehmen

**lay**, 1. Laien-; **~man** Laie *m*; Nichtjurist *m*

**lay**, 2., ~ **days** Liegetage *mpl*, Ladezeit *f* *(e-s Schiffes im Hafen)*

**lay**, *v* legen; vorbringen; **to ~ aside** *(Geld)* zurücklegen; **to ~ claim** Anspruch erheben (to auf); **to ~ down** hinlegen; *(Posten)* niederlegen; **to ~ down a time-limit** e-e Frist setzen; **to ~ in provisions** sich mit Vorräten eindecken; **to ~ in a stock** sich e-n Vorrat anlegen (of an); **to ~ off** *(vorübergehend)* entlassen; **to ~ out** *(Geld)* vorschießen, auslegen; *(Waren)* auslegen; **to ~ out a garden** e-n Garten anlegen; **to ~ up** *(Schiff)* stillegen

**layer**, Schicht *f*; **~ of management** Führungsebene *f*

**laying up**, **~ arrangement** Stilllegungsregelung *f*; **~ fund for inland waterway vessels** *(EU)* Stilllegungsfonds *m* für die Binnenschifffahrt

**layout**, 1. Layout *n*, (Entwurf von) Text- und Bildgestaltung *f*; **~-man** Layouter *m*

**layout**, 2. Anlage *f*; Anordnung *f*; **balance sheet ~** Bilanzgliederung *f*; **workplace ~** Arbeitsplatzgestaltung *f*

**laytime**, Liegezeit *f (im Hafen)*

**lead**, 1. Leitung *f*, führende Rolle *f*; Vorsprung *m* (over vor); **~ manager** Konsortialführer(in) *m(f) (e-r Emission)*, federführende Bank *f*; **~ management** Federführung *f*

**lead**, 2. Blei *n*; Plombe *f*; **low-~** bleiarm; **~ content of** *Br* **petrol** (*Am* **gas**) zulässiger Bleigehalt *m* im Benzin; **~-free petrol** (*Am* **gas**) bleifreies Benzin *n*

**lead user**, Erster Kunde *m*, anhand dessen Bedürfnissen ein Produkt entwickelt wird. ~ werden häufig in den Entwicklungsprozess mit einbezogen.

**leaded and unleaded petrol**, (*Am* **gas**) bleihaltiges und bleifreies Benzin *n*

**leader**, Führer *m*; Leitartikel *m*; **~s** *(Börse)* Spitzenwerte *pl*; **~ of industry** Wirtschaftsführer *m*; **~ writer** Leitartikler *m*

**leadership qualities**, Führungsqualitäten *fpl*

**leading**, **~ article** Leitartikel *m*; **~ case** Präzedenzfall *m*; **~ indicators** vorauslaufende Indikatoren *mpl*; **~ insurance** Erstversicherung *f*; **~ price** Richtpreis *m*; **~ question** Suggestivfrage *f*; **~ shares** *(Börse)* Spitzenwerte *pl*; **~ underwriter** Erstversicherer *m*

**leaflet**, (Kurz-)Prospekt *m*; Merkblatt *n*; Werbeblatt *n*

**leak**, undichte Stelle *f*

**leakage**, Leckage *f*, Ausfließen *n*; Durchsickern *n (von Nachrichten)*

**lean enterprise**, schlankes Unternehmen *n*

**leaning**, Neigung *f*, Tendenz *f*

**lean years**, magere Jahre *n pl*

**leap**, **~ frogger** Kolonnenspringer *m*; **~ frogging appeal** Sprungrevision *f*

**leap**, *v*, **rents have ~t up** die Mieten sind sprunghaft gestiegen

**LEAS-Europe**, europäischer Dachverband *m* von nationalen Leasing-Verbänden *(Sitz Brüssel)*

**lease**, 1. Mietvertrag *m*, Pachtvertrag *m*; Miete *f*, Pacht *f*; Vermietung *f*, Verpachtung *f*; **building ~** → building; **commercial ~** geschäftsmäßiger Mietvertrag *m*; **conclusion of a ~** → signing of a lease; **farming ~** Pachtvertrag *m*; **(full) service ~** Full-Service-Leasing *(der Leasing-Geber übernimmt Wartung, Reparaturen, Versicherungen usw.)*; **gross ~** Brutto-Leasing *n* ( → (full) service lease); **long ~** langfristiger Miet- (od. Pacht)vertrag *m*; **net ~** Netto-Leasing *n (der Leasing-Nehmer ist für Nebenleistungen verantwortlich)*; **on ~** zur Miete; zur Pacht; **operating ~** Operating-Leasing *n (der Vertrag kann unter Einhaltung einer bestimmten Frist gekündigt werden)*; **real estate ~** Immobilienpacht *f*; **renewal of a ~** Mietverlängerung *f*; Pachtverlängerung *f*; **signing of a ~** Abschluss *m* e-s Miet- (od. Pacht)vertrages; **sub ~** → sub; **tax ~** steuerbegünstigtes Leasing *n*; **term of (a) ~** Mietzeit *f*; Pachtzeit *f*; Dauer *f* e-s Miet- (od. Pacht)vertrages; **terms of a ~** Bestimmungen *fpl* e-s Miet- (od. Pacht-) vertrages; **~ for life** Pacht auf Lebenszeit; **~ for a term of years** Pacht auf Zeit; **~ of operating facilities** Betriebsüberlassungsvertrag *m*; **~-purchase agreement** (or **~ with option to purchase**) Mietkauf *m*; **to enter into a ~** e-n Miet- (od. Pacht)vertrag abschließen; **the ~ expires** die Miete (od. Pacht) läuft ab; **to grant a ~** vermieten, verpachten; **to hold a farm on ~** e-n Hof in Pacht haben; **to take on ~** mieten, pachten; **to terminate** (or **give notice of termination of**) **a ~** e-n Miet- (od. Pacht)vertrag kündigen

**lease**, 2. Leasing ( → leasing); **~-back** Verkauf *m* und anschließende Rückmietung von dem Käufer

**lease**, *v* mieten, pachten; vermieten, verpachten; leasen

**leased**, **~ farm** gepachteter Hof *m*; ver-

pachteter Hof *m*; ~ **land** Pachtland *n*; ~ **property** Mietgegenstand *m*
**leasehold**, Mietbesitz *m*, Pachtbesitz *m*; ~ **estate** Pachtgut *n*; ~ **improvements** Werterhöhungen *fpl* des gemieteten (od. gepachteten) Grundbesitzes; ~ **land** Pachtland *n*; ~ **property** gemieteter (od. gepachteter) Grundbesitz *m*
**leaseholder**, Mieter *m*; Pächter *m*
**leasing**, 1. Mieten *n*, Vermieten *n*; Pachten *n*, Verpachten *n*
**leasing**, 2. Leasing *n (Vermietung von Industrieanlagen, Investitions- und Konsumgütern)*; **all-in** ~ Dienstleistungs-Leasing; **big-ticket-**~ Leasing von Großobjekten *(Schiffe, Flugzeuge, Kraftwerke etc.)*; **capital goods** ~ Investitionsgüter-Leasing *n*; **container** ~ Leasing von Containern zum Transport von Gütern; **crossborder** ~ grenzüberschreitendes Leasing *(wobei Leasing-Nehmer und Leasing-Geber ihren Geschäftssitz in verschiedenen Staaten haben)*; **equipment** ~ Ausrüstungs-Leasing *(Vermietung beweglicher Investitionsgüter)*; **finance** (or **financial**) ~ Finanzierungs-Leasing; langfristige Vermietung von Investitionsgütern; **fleet** ~ Fleet- (od. Flotten-)Leasing *n (10 od. mehr Kraftfahrzeuge)*; **individual** ~ Einzel-Leasing *n (weniger als 10 Kraftfahrzeuge)*; **long** ~ Leasing über 4 Jahre hinaus; **maintenance** ~ Leasing unter Einschluss der laufenden Wartung; Dienstleistungsleasing *n*; **medical** ~ Leasing von medizinisch-technischen Geräten an Ärzte und Krankenhäuser; **personnel** ~ mietweise Überlassung *f* von Arbeitnehmern; **plant** ~ Vermietung kompletter Betriebsanlagen; **revolving** ~ Austausch-Leasing; **sales-aid** ~ Verkaufsförderungs-Leasing *n*; **second-hand** ~ Leasing von gebrauchten Gütern; **short** ~ Leasing-Vertrag, dessen Laufzeit unter 4 Jahren liegt; ~ **agreement** Leasing-Vertrag *m*; ~ **object** Leasing-Objekt *n (Wirtschaftsgut, das der Leasing-Geber dem Leasing-Nehmer mietweise überlässt)*; ~ **rental** Leasingzins *m*
**least developed countries**, (LLDCs) am wenigsten entwickelte Länder *npl*
**least-favoured region**, am stärksten benachteiligtes Gebiet *n*
**leather**, Leder *n*; **imitation** ~ Kunstleder *n*; ~ **articles** Lederwaren *pl*
**leave**, Erlaubnis *f*; Urlaub *m*; Abschied *m*; **absence without** ~ unerlaubtes Fernbleiben *n*, **annual** ~ Jahresurlaub *m*; **application for** ~ Urlaubsgesuch *n*; **on** ~ beurlaubt; **prolongation of** ~ Urlaubsverlängerung *f*; ~ **of absence** *(längerer)* Sonderurlaub *m*; **to grant** ~ beurlauben; **to take one's** ~ seinen Urlaub nehmen; sich verabschieden
**leave**, *v* belassen; verlassen, ausscheiden; hinterlassen; vermachen, vererben; abfahren; **to** ~ **it to sb.** jdm anheimstellen; **to** ~ **sth. to a p.** jdm etw. hinterlassen; **to** ~ **one's employment** seine Stelle aufgeben; **to** ~ **a firm** aus e-r Firma ausscheiden; **to** ~ **a port** auslaufen *(Schiff)*; **to** ~ **a profit** e-n Gewinn abwerfen; **to** ~ **word** e-e Nachricht hinterlassen
**leaving**, **we regret his** ~ **our firm** wir bedauern sein Ausscheiden aus unserer Firma
**lectern**, Vortragspult *n*
**ledger**, Hauptbuch *n (in der doppelten Buchführung)*; **creditors'** ~ Kreditorenbuch *n*; **customers'** ~ Debitorenbuch *n*; **impersonal** ~ Sachkontenbuch *n*; **personal** ~ Privatkontenbuch *n*; **plant** ~ Betriebsanlagenbuch *n*; **property** ~ Sachanlagenbuch *n*; **purchases** ~ Kreditorenbuch *n*; **subsidiary** ~ Nebenbuch *n*, Hilfsbuch *n*
**left**, ~ **at station till called for** bahnlagernd; ~ **luggage office** *Br* Gepäckaufbewahrung(sstelle) *f*; ~ **till called for** postlagernd
**left-hand traffic**, Linksverkehr *m*
**leg**, langanhaltender Börsentrend *m*
**legacy**, Vermächtnis *n*, Legat *n*; **pecuniary** ~ Vermächtnis in Geld; **to bequeath** (or **leave**) **a** ~ **to a p.** jdm ein Vermächtnis aussetzen
**legal**, gesetzlich, rechtmäßig; ~ **action** gerichtliche Schritte *pl*; ~ **advice** Rechtsberatung *f*; ~ **assistance** Rechtshilfe *f*; **to take** ~ **advice** sich juristisch beraten lassen
**legal capacity**, Geschäftsfähigkeit *f*; Rechtsfähigkeit *f*; **having** ~ geschäftsfähig; rechtsfähig; **of limited** ~ beschränkt geschäftsfähig
**legal**, ~ **charge** *Br* Hypothek *f*; ~ **charges** Rechtskosten *pl*, *Br* Anwaltsgebühren *pl*; ~ **disability** Geschäftsunfähigkeit *f*; ~ **entity** juristische Person *f*; ~ **incapacity** Geschäftsunfähigkeit *f*; ~ **instruments**

*(EU)* Rechtsakte *pl (Regulations, Directives, Decisions etc.)*; ~ **investment** *Am* mündelsichere Kapitalanlage *f*; ~ **person** juristische Person *f*; ~ **portion** *Am* gesetzlicher Erbteil *m*; ~ **position** Rechtslage *f*; ~ **profession** Anwaltsberuf *m*; Juristen(beruf) *pl(m)*; ~ **protection** Rechtsschutz *m*; ~ **rate (of interest)** gesetzlich zugelassener Höchstzinssatz *m*; ~ **reserves** → reserve; ~ **security** Rechtssicherheit *f*; ~ **situation** Rechtslage *f*; ~ **status** Rechtsstellung *f*; ~ **tender** *(Geld zulässig als)* gesetzliches Zahlungsmittel *n*; ~ **term** juristischer (Fach-)Ausdruck *m*

**legalize**, *v* legalisieren; *(Urkunde amtlich)* beglaubigen

**legally**, ~ **binding** rechtsverbindlich; ~ **effective** rechtswirksam; ~ **valid** rechtsgültig

**legatee**, Vermächtnisnehmer *m*; Testamentserbe *m*; **sole** ~ Universalerbe *m*, **specific** ~ Vermächtnisnehmer e-r bestimmten beweglichen Sache

**legator**, Vermächtnisgeber *m*; Testator *m*; Erblasser *m*

**legislation**, Gesetzgebung *f*; Gesetze *npl*; **precedence of Community over national** ~ *(EU)* Vorrang *m* der Gemeinschafts- über die einzelstaatlichen Rechtsvorschriften

**legitimate**, *v* legitimieren, für gesetzmäßig erklären

**legitimate**, *adj* gesetzmäßig, rechtmäßig; berechtigt; ~ **complaint** berechtigte Reklamation *f*; ~ **descent** eheliche Abstammung *f*; ~ **doubt** berechtigter Zweifel *m*; ~ **offspring** eheliche Abkömmlinge *pl*

**legitimately, to be** ~ **interested** ein berechtigtes Interesse haben

**leisure**, Freizeit(gestaltung) *f*

**lemon**, Investition *f* mit schlechter Renditeentwicklung

**lend**, *v* leihen, verleihen, ausleihen; Darlehen (od. Kredit) geben; **to** ~ **money** Geld verleihen; **to** ~ **money on goods** *(als Kreditgeber)* Waren beleihen (od. lombardieren); **to** ~ **money on an insurance policy** e-e Versicherungspolice beleihen; **to** ~ **money on securities** *(als Kreditgeber)* Wertpapiere beleihen (od. lombardieren); **to** ~ **on collateral (security)** lombardieren; **to** ~ **on mortgage** Hypothekendarlehen geben

**lender**, Verleiher *m*, Ausleiher *m*; Darlehensgeber *m*; Kreditgeber *m*; ~ **(of money)** Geldgeber *m*; ~ **of last resort** Geldgeber der letzten Instanz *(Br Bank of England als Geldgeber gegenüber den führenden discount houses)*

**lending**, Ausleihung(en) *f(pl)*; Darlehensgewährung *f*, Kreditgewährung *f*; **ban on** (or **stoppage of**) ~ Kreditsperre *f*; **international** ~ internationaler Kreditverkehr *m*; Auslandskreditgeschäft *n*; **long-term** ~ Gewährung *f* langfristiger Kredite; ~ **against collateral** Gewährung *f* e-s Lombardkredits; ~ **business** Kreditgeschäft *n*; Aktivgeschäft *n (e-r Bank)*; ~ **country** kreditgebendes Land *n*, Gläubigerland *n*; ~ **fee** Leihgebühr *f*; ~ **for exports** Exportkredit *m*; ~ **limit** Beleihungsgrenze *f*; ~ **on goods** Warenbeleihung *f*, Warenlombardierung *f*; ~ **on securities** Effektenbeleihung *f*, Effektenlombardierung *f*; ~ **operation** Darlehensgeschäft *n*; ~ **rate** Zinssatz *m* für Ausleihungen; Sollzinssatz *m (der Banken)*; ~ **right** Verleihrecht *n*; ~ **stop** Kreditsperre *f*; ~ **to foreigners** Auslandskredit(e) *m(pl)*

**length**, Länge *f*; **arm's** ~ → arm; ~ **of credit** Kreditlaufzeit *f*; ~ **of residence** Aufenthaltsdauer *f*, ~ **of service** Dienstzeit *f*, Dienstalter *n*

**less**, weniger, abzüglich; ~ **charges** nach Abzug der Kosten; ~ **developed countries** (LDC) Entwicklungsländer *npl*; ~ **discount** abzüglich Skonto; **~-favo(u)red regions** benachteiligte Gebiete *npl*

**less-than-carload**, ~ **freight** *Am* Stückgutfracht *f*; ~ **lot** *Am* Stückgut *n*; ~ **rate** *Am* Stückgütertarif *m*

**less-than-container load**, (LCL) Teil-Containerladung *f*

**less-than-truckload**, *Am* Lkw-Stückgutladung *f*

**lessee**, Mieter *m*, Pächter *m*; Leasingnehmer *m*

**lessor**, Vermieter *m*, Verpächter *m*; Leasinggeber *m*; **~'s lien** Vermieterpfandrecht *n*

**let**, *v* lassen, zulassen; überlassen; vermieten; verpachten; **house to** ~ Haus zu vermieten; **to** ~ **a farm to a tenant** e-n Hof verpachten; **to** ~ **out on hire** *(bewegl. Sachen)* vermieten

**letter**, Brief *m*; Schreiben *n*; Buchstabe *m*;

**business** ~ Geschäftsbrief *m*; **by** ~ brieflich, schriftlich; **circular** ~ Rundschreiben; **covering** ~ Begleitschreiben *n*; **dead** ~ → dead; **draft** ~ Briefentwurf *m*; **express** ~ Eilbrief *m*; **incoming** ~ eingehender Brief; **official** ~ amtliches Schreiben; **outgoing** ~ ausgehender Brief; **prepaid** ~ frankierter Brief; **registered** ~ eingeschriebener Brief; **sender of a** ~ Absender *m* e-s Schreibens; **special delivery** ~ *Am* Eilbrief; **unpaid** ~ unfrankierter Brief; ~ **balance** Briefwaage *f*; ~ **box company** Briefkastenfirma *f*; ~ **demanding payment** Mahnbrief *m*; ~ **head(ing)** gedruckter Briefkopf *m*; ~ **of acknowledgement** Bestätigungsschreiben *n (für erhaltenen Auftrag)*; ~ **of advice** Avis *n*; Benachrichtigungsschreiben *n*; ~ **of allotment** → allotment letter; ~ **of application** Bewerbungsschreiben *n*; *Br* Antrag *m* auf Zuteilung von Wertpapieren; ~ **of appointment** Anstellungsschreiben *n (des Arbeitgebers)*; ~ **of attorney** Vollmacht *f*; ~ **of authority** Akkreditivermächtigung *f*; ~ **of complaint** Beschwerdebrief *m*; ~ **of confirmation** Bestätigungsschreiben *n (für erteilten Auftrag)*; ~ **of consignment** Frachtbrief *m*

**letter of credit**, (L/C, l/c) Akkreditiv *n*; Kreditbrief *m*; **application for a** ~ Akkreditiv-Auftrag *m*; **commercial** ~ Handelsakkreditiv *n (bes. Form des unwiderrufl. nicht bestätigten Akkreditivs)*; **confirmed (irrevocable)** ~ bestätigtes (unwiderrufl.) Akkreditiv; **holder of a** ~ Inhaber e-s Akkreditivs (od. Kreditbriefs); **revolving** ~ revolvierendes (sich erneuerndes) Akkreditiv; **travel(l)er's** ~ Reisekreditbrief *m*; **unconfirmed (revocable)** ~ unbestätigtes (widerrufliches) Akkreditiv; ~ **opening** Krediteröffnung *f*; **to establish** (or **issue, open**) **a** ~ ein Akkreditiv eröffnen

**letter**, ~ **of deposit** → memorandum of deposit; ~ **of dismissal** Kündigungsschreiben *n*; ~ **of hypothecation** Verpfändungsbescheinigung *f (des Exporteurs an seine Bank)*; ~ **of indemnity** *(Außenhandel)* Indemnitätsbrief *m*; (Urkunde über) Entschädigungsgarantie *f*; ~ **of inquiry** Auskunftsersuchen *n*; ~ **of intent** schriftliche Absichtserklärung *f*; ~ **of licen|ce (~se)** Stundungsvereinbarung *f (zwischen Gläubigern und Schuldnern)*; ~ **of lien** *Br (bei Auslandsgeschäften)* Pfandschein *m (des Importeurs für Bank, die das Geschäft finanziert)*; ~ **of recommendation** Empfehlungsschreiben *n*; ~ **of regret** Mitteilung *f* über die Nichtzuteilung von Bezugsrechten; ~ **of renunciation** Verzichtsschreiben *n* betreffend die Ausübung von Bezugsrechten; ~ **of rights** Bezugsrechtsangebot *n*; ~ **of sympathy** Beileidsschreiben *n*; ~ **paper** Briefpapier *n*; ~ **to be called for** postlagernder Brief *m*; ~ **to follow** Brief folgt; ~ **to the editor** Leserbrief *m*

**letters**, *(amtl.)* Schreiben *n*; ~ **of guardianship** *Am* Urkunde über die Bestellung e-s Vormunds; ~ **of request** (to examine witnesses) *Br* Rechtshilfeersuchen *n*; ~ **requesting payment** Mahnbriefe *pl*; ~ **rogatory** *Am* Rechtshilfeersuchen

**letting**, Vermietung *f*; Verpachtung *f*; ~ **(accommodation) agency** Zimmernachweis *m*; ~ **(out) of contracts** *Am* Auftragsvergabe *f*; **conclusion of a** ~ Abschluss *m* e-s Mietvertrages

**level**, Stand *m*, Niveau *n*; (gleiche) Höhe *f*; **at Community** ~ *(EU)* auf Gemeinschaftsebene *f*; **at international** ~ auf internationaler Ebene; **at national** ~ *(EU)* auf einzelstaatlicher Ebene; **highest** ~ Höchststand *m (Preise, Kurse etc.)*; **lowest** ~ niedrigster Stand *(Preise, Kurse etc.)*; **on a** ~ **with** in gleicher Höhe mit; auf gleicher Stufe mit; ~ **of demand** Höhe der Nachfrage; ~ **of employment** Beschäftigungsstand *m*; ~ **of incomes** Einkommensniveau *n*; ~ **of management** Führungsebene *f*; ~ **of output** Produktionsstand *m*; ~ **of performance** Leistungsstand *m*; ~ **of prices** *(allgemeines)* Preisniveau *n*, Preisstand *m*; Kursstand *m*; ~ **of production** Produktionsstand *m*

**level premium**, *(Vers.)* gleichbleibende Prämie *f*

**level**, *v (Unterschiede)* ausgleichen, gleichmachen; **to** ~ **down** nach unten ausgleichen; **demand ~s off** die Nachfrage schwächt sich ab; **to** ~ **up** nach oben ausgleichen

**levelling price**, *(EU)* Ausgleichpreis *m*

**lever**, **~ed firm** verschuldete Firma *f (die Fremdkapital aufgenommen hat)*; **the firm ~s itself** die Firma verschuldet sich *(nimmt Fremdkapital auf)*

**leverage**, *(bei kreditmäßig finanzierten In-*

*vestitionen entstehende)* Hebelwirkung *f (auf die Ertragskraft des Eigenkapitals)*; *Am* Verhältnis *n* zwischen Fremdkapital und Eigenkapital; **high ~** hoher Verschuldungsgrad *m (e-r Firma)*; **~ effect** Hebelwirkung *f*; **~ fund** Investmentfonds *m* mit starkem Spekulationsmoment *(durch Schuldenaufnahme zur Gewinnerzielung)*; **to have a high ~** in hohem Maße fremdfinanziert sein

**leveraged, highly ~** vorwiegend mit Fremdkapital finanziert; **~ buyout** (LBO) Übernahme *f* e-s Unternehmens mit massiver Kreditfinanzierung *(wobei Aktiva des zu übernehmenden Unternehmens als Sicherheit dienen)*; **~ firm** verschuldete Firma *f*

**levied**, charge levied on Umlage auf

**levy**, 1. Erhebung *f*, Eintreibung *f (von Steuern, Zöllen etc.)*; Abgabe *f*; Umlage *f*; Pfändung *f*; **property ~** Vermögensabgabe *f*; **~ of execution** Durchführung *f* der Zwangsvollstreckung; **~ rate** Umlagesatz *m*; **~ upon property** Pfändung in das Vermögen

**levy**, 2. *(EU)* Abschöpfung *f (Abgabe im Rahmen der EU-Agrarpolitik)*; **amount of the ~** Abschöpfungsbetrag *m*; Höhe *f* der Abschöpfung; **~ on exports (imports)** Ausfuhr(/Einfuhr)abgaben *fpl*; **to impose ~ies** Abschöpfungen erheben; **to reduce ~ies progressively** Abschöpfungsbeträge schrittweise abbauen

**levy**, *v (Steuern, Zölle etc.)* erheben, eintreiben; umlegen; pfänden; **to ~ customs duties** Zölle erheben; **to ~ (a) distress** (on) → to distrain; **to ~ a duty** (on) mit Zoll belegen; **to ~ execution** → execution; **to ~ a fine** e-e Geldstrafe auferlegen; **to ~ a tax** e-e Steuer erheben; besteuern

**levying of fees**, Gebührenerhebung *f*

**liabilities**, Verbindlichkeiten *fpl*, Verpflichtungen *fpl*; Passiva *pl*; **assets and ~** Aktiva *pl* und Passiva *pl*; **current ~** → current; **deferred ~** langfristige Verbindlichkeiten; **foreign ~** Auslandsverbindlichkeiten; **~ exceeding assets** Überschuldung *f*; **~ of a balance sheet** Passivkonten e-r Bank; **~ side** *(Bilanz)* Passivseite *f*; **to discharge** (or **meet**) **one's ~** seinen Verpflichtungen nachkommen; **to enter on the ~ side** (of a balance sheet) passivieren

**liability**, Verbindlichkeit *f*, Verpflichtung *f*; Schuld *f*; Haftung *f*, Haftpflicht *f*; **absolute ~** s. strict → liability; **contingent ~** Eventualverbindlichkeit *f*; Eventualhaftung *f*; **exclusion of** (or **exemption from**) **~** Haftungsausschluss *m*; **exempt from ~** von der Haftung befreit; **extent of l~** Umfang *m* der Haftung; **fixed ~** langfristige Verbindlichkeit; **free from ~** ohne Obligo; unverbindlich; **legal ~** gesetzliche Haftpflicht; **limited ~** beschränkte Haftung; **personal ~** → personal; **secondary ~** Nachhaftung *f*; **strict ~** Gefährdungshaftung, verschuldensunabhängige Haftung; **tax ~** Steuerpflicht *f*, Steuerschuld *f*; **~ account** Passivkonto *n*; **~ based on fault** Verschuldenshaftung *f*; **~ bond** Haftungserklärung *f*; **~ certificate** Vollständigkeitserklärung *f (bei Wirtschaftsprüfung)*; **~ for animals** Tierhalterhaftung *f*; **~ for breach of duty** Haftung für Verletzung e-r Pflicht; **~ for compensation** (Schadens-)Ersatzpflicht *f*; **~ for contributions** Beitragspflicht *f*; Nachschusspflicht *f*; **~ for damages** Schadenersatzpflicht *f*; Haftung auf Schadenersatz; **~ for debts** Schuldenhaftung; **~ for defects** Haftung für Mängel; Mängelhaftung *f*; **~ for loss** Haftung für Fahrlässigkeit; **~ for negligence** Haftung für Fahrlässigkeit; **~ for waste** Abfallhaftung *f*; **~ insurance** Haftpflichtversicherung *f*; **~ of an official** Amtshaftung *f*; **~ of drawer** *(WechselR)* Ausstellerhaftung *f*; **~ of the estate** Nachlassverbindlichkeit *f*, Nachlassschuld *f*; **~ of hotel-keepers** Haftung der Gastwirte; **~ on a bill** Wechselhaftung *f*; **~ on a guarantee** Haftung aus e-r Garantie; **~ reserves** → reserve 1.; **~ risk** Haftungsrisiko *n*; **~ to indemnify** Schadenersatzpflicht *f*; **~ to insure** Versicherungszwang *m*; **~ to make an additional contribution** Nachschusspflicht *f*; **~ to pay customs duties** Zollpflicht *f*; **~ to provide maintenance** Unterhaltspflicht *f*; **to assume ~** die Haftung übernehmen; **to be discharged from ~** von der Haftung befreit sein; **to be under a ~** verpflichtet sein; **to contract a ~** e-e Verpflichtung eingehen; Haftung übernehmen; **to disclaim a ~** e-e Haftung ablehnen; **to incur a ~** e-e Verpflichtung eingehen; haftbar sein; **to limit ~** die Haftung beschränken

**liable**, verantwortlich; haftbar, haftpflichtig;

~ **(to)** ausgesetzt, unterworfen; **jointly ~** gemeinsam haftbar; **jointly and severally ~** gesamtschuldnerisch haftbar; **personally ~** persönlich haftbar; **severally ~** einzeln haftbar; **~ for compensation** schadenersatzpflichtig; **~ for** (or **in**) **damages** schadenersatzpflichtig; **~ for defects** für Mängel haftbar; **~ to account** rechenschaftspflichtig; **~ to contribution** beitragspflichtig; nachschusspflichtig; **~ to duty** zollpflichtig; **~ to execution** der Zwangsvollstreckung unterliegend; **~ to a fee** gebührenpflichtig; **~ to maintain** unterhaltspflichtig; **~ to pay** zahlungspflichtig; **~ to recourse** regresspflichtig; **~ to a tax** steuerpflichtig; **to be ~ for** haften (od. haftbar sein) für; **to be ~ to prosecution** sich strafbar machen; **to hold a p. ~** jdn haftbar (od. verantwortlich) machen; **this price is ~ to a discount** von diesem Preis geht ein Rabatt ab

**libel**, *(schriftl.)* Beleidigung *f* (od. Verleumdung *f*); Ehrverletzung *f (durch Druck, Bild etc.)*; Schmähschrift *f*; **trade ~** Anschwärzung *f*; **~ of goods** *Am* → slander of goods

**libel**, *v (schriftl.)* beleidigen (od. verleumden)

**libel(l)ous**, beleidigend; verleumderisch; **~ statement** beleidigende Äußerung *f*

**liberal**, liberal; **~ interpretation** weite (od. erweiternde) Auslegung *f*; **~ profession** freier Beruf *m*

**liberalization**, **~ of capital movements** Liberalisierung *f* des Kapitalverkehrs; **~ of trade** Liberalisierung *f* des Handels

**liberalize**, *v* liberalisieren (von Einschränkungen freimachen)

**liberty**, Freiheit *f*; Sonderrecht *n*, Privileg *n*; **~ies clause** (termination of contract of affreightment) Sonderrechtsklausel *f* (Ende des Frachtvertrags); **~ of contract** Vertragsfreiheit *f*; **~ of movement** Freizügigkeit *f*; **~ of the press** Pressefreiheit *f*; **~ of trade** Gewerbefreiheit *f*; **I take the ~** ich erlaube mir

**LIBID**, (London Interbank Bid Rate) Londoner Interbanken-Ankaufszinssatz *m* (*für Einlagen bzw. → certificates of deposit*)

**LIBOR**, (London Interbank Offered Rate) Londoner Interbanken-Angebotssatz *m* (der Zinssatz, den Banken am Londoner Eurogeldmarkt für kurzfristige Einlagen anderer Banken bieten, und dadurch der Richtsatz für Euroanleihen)

**licen|ce, (~se)** *(amtl.)* Erlaubnis *f* (od. Genehmigung *f*); Erlaubnisschein *m*; Konzession *f (zur Ausübung e-s Gewerbes)*; Lizenz *f*; **building ~** Baugenehmigung *f*; **compulsory ~** Zwangslizenz *f*; **cross-~ agreement** Lizenzabkommen *n* auf Gegenseitigkeit ( → cross); **driver's** *Am* (**driving** *Br*) ~ Führerschein *m*; **exclusive ~** ausschließliche Lizenz *f*; **export ~** Ausfuhrgenehmigung *f*; **grantor of a ~** Lizenzgeber *m*; **hack ~** *Am* Taxikonzession *f*; **holder of a ~** Inhaber *m* e-r Lizenz (od. Konzession); **import ~** Einfuhrgenehmigung *f*; **manufacturing ~** Herstellungslizenz *f*; **off ~** *Br* Schankkonzession *f* über die Straße; **on ~** *Br* Schankkonzession *f* im eigenen Betrieb; **requiring a ~** konzessionspflichtig; **royalty-free ~** gebührenfreie Lizenz; **sub-~** Unterlizenz *f*; **subject to (a) ~** lizenzpflichtig; konzessionspflichtig; **term of a ~** Lizenzdauer *f*; **terms of a ~** Lizenzbestimmungen *fpl*; **trading ~** Handelserlaubnis *f*; Gewerbekonzession *f*; **~ agreement** Lizenzvertrag *m*; **~ application** Genehmigungsantrag *m*; **~ fee** Konzessionsgebühr *f*; Lizenzgebühr *f*; *Br* (for a receiver) Fernsehgebühr *f*; *Am* (einzelstaatl.) Steuer *f (z. B. Gewerbesteuer, Kraftfahrzeugsteuer)*; **~ holder** Inhaber *m* e-r Lizenz (od. Konzession); **~ number** Autonummer *f*; **~ of right** *Br* Zwangslizenz *f*; **~ subject to a royalty** gebührenpflichtige Lizenz; **~ tax** *Am* → licence fee; **~ to manufacture** Herstellungslizenz *f*; **~ to operate** Zulassung *f* zum Geschäftsbetrieb; Konzession *f*; **~ to practise medicine** Approbation *f* als Arzt; **~ to use** Benutzungslizenz *f*; **to apply for a ~** e-e Lizenz beantragen; **to exploit a ~** e-e Lizenz verwerten; **to grant** (or **issue**) **a ~** e-e Genehmigung (od. Konzession, Lizenz) erteilen; **to grant a ~ under a patent** e-e Patentlizenz erteilen; **to hold a ~** e-e Konzession (od. Lizenz) innehaben; die Zulassung haben; **the ~ is subject to a withdrawal** die Lizenz kann entzogen werden; **to take out a ~** sich e-e Konzession (od. Lizenz) beschaffen; e-n Erlaubnisschein *(Jagdschein, Führerschein)* erwerben

**licen|se, (~ce)** *v* e-e Konzession erteilen, konzessionieren, behördlich genehmigen;

e-e Lizenz erteilen, lizensieren; *(amtlich)* zulassen

**licensed**, **~ car** zugelassenes Auto *n*; **~ dealer** *Br* Wertpapierhändler auf eigene Rechnung; **~ deposit-taking institution** *Br* Einlagen-Bank *f (zweitrangiges Bankinstitut, das durch den Banking Act von 1979 gegründet wurde)*; **~ undertaking** konzessioniertes Unternehmen *n*; **~ victualler** *Br* Gastwirt *m* mit Schankkonzession; **to be ~** Konzession (od. Lizenz) haben; zugelassen sein

**licensee**, Lizenznehmer *m*; Konzessionsinhaber *m*

**licensing**, Lizenzerteilung *f*; Konzessionserteilung *f*; *(amtl.)* Zulassung *f*; **cross-~** → cross; **~ agreement** Lizenzvereinbarung *f*; **~ of motor vehicles** Zulassung *f* von Kraftfahrzeugen

**lie**, *v*, **to ~ fallow** brach liegen; **to ~ idle** → idle; **the fault ~s with him** er trägt die Schuld

**lien**, Zurückbehaltungsrecht *n*; Pfandrecht *n*; **artisan's ~** Zurückbehaltungsrecht des Handwerkers; **banker's ~** *Br (besonderes)* Zurückbehaltungs- und Verwertungsrecht der Banken; **carrier's ~** Pfandrecht des Frachtführers; **special** (or **specific**) **~** Pfandrecht an e-r bestimmten Sache; **~ on shares** Pfandrecht an Aktien; **to create a ~** ein Pfandrecht bestellen; **to enforce a ~** ein Pfandrecht verwerten (od. geltend machen)

**lienee**, Pfandschuldner *m*, Verpfänder *m*

**lienor**, Pfandgläubiger *m*; Zurückbehaltungsberechtigter *m*

**lieu**, **in lieu of** an Stelle von, anstatt

**life**, Leben *n*; Laufzeit Gültigkeitsdauer *f*; Nutzungsdauer *f*; Lebensdauer *f*; **business ~** Geschäftsleben *n*; **economic ~** Wirtschaftsleben *n*; **for ~** lebenslänglich, auf Lebenszeit; **professional life** Berufsleben; **~ annuity** Leibrente *f*; lebenslängliche Rente *f*; **~ assurance** *Br* Lebensversicherung *f*; **~ assurance directive** *(EU)* Lebensversicherungsdirektive *f*; **~ contract** Vertrag *m* auf Lebenszeit; **~ expectancy** Lebenserwartung *f*; *(z. B. von e-r Maschine vermutete od. erwartete)* Nutzungsdauer *f*; **~ income** Einkommen *n* auf Lebenszeit

**life insurance**, Lebensversicherung *f*; **industrial ~** *Am* Kleinlebensversicherung; **ordinary ~** *Am* Großlebensversicherung; Lebensversicherung auf den Todesfall; **~ policy** Lebensversicherungspolice *f*; **~ with profits** *Br* Lebensversicherung mit Gewinnbeteiligung; **to take out a ~** e-e Lebensversicherung abschließen

**life**, **~ interest** auf Lebensdauer beschränktes Nutzungsrecht *n*; lebenslänglicher Nießbrauch *m*; **~ membership** lebenslängliche Mitgliedschaft *f*; **~ of an agreement** (or **a contract**) Laufzeit e-s Vertrages, Vertragsdauer *f*; **~ of a lease** Laufzeit e-s Miet- (od. Pacht)vertrages; **~ of a letter of credit** Gültigkeitsdauer e-s Akkreditivs; **~ of a patent** Patentdauer *f*; Laufzeit *f* e-s Patents; **~ office** *Br* Lebensversicherungs-Gesellschaft *f*; **~ pension** Pension *f* auf Lebenszeit; **~ policy** → policy 1.; **~ tenure** lebenslängliche Anstellung *f*

**lifeless**, *(Börse)* lustlos, matt

**LIFFE**, → London International Financial Futures Exchange

**lifo**, (last-in-first-out) „zuletzt eingekauft, zuerst verbraucht" (*Methode der Bewertung der Warenbestände*; *cf. fifo, hifo*)

**lift**, **to give sb. a ~** jdm e-e Mitfahrgelegenheit im Auto geben, jdn mitfahren lassen

**lift van**, Möbeltransportbehälter *m (für Umzüge über See)*

**lift**, *v* aufheben, beseitigen; *(Ladung)* (an-)heben; stehlen; Plagiat begehen; **„~ here"** „hier anheben"; **~-onlift-off** *(Container-Verkehr)* Beladung und Entladung der Schiffe durch Kräne; **to ~ articles in a supermarket** Gegenstände in e-m Supermarkt stehlen; **to ~ a ban** ein Verbot aufheben; **to ~ a load** e-e Ladung hochheben; **to ~ the seizure** die Beschlagnahme aufheben

**light**, Licht *n*, **in the ~ of** angesichts von; **~ dues** Leuchtfeuergebühren *pl*

**light**, *adj* leicht; unbeladen, leer; **~ cargo** Leichtgut *n*; **~ engineering** Leichtmaschinenbau *m*; **~ goods** Leichtgut *n*; **~ goods vehicle** leichtes Nutzfahrzeug *n*; **~ industries** Leichtindustrie *f*; **~ punishment** milde Strafe *f*; **~ taxation** geringe Besteuerung *f*; **~ trading** *(Börse)* schwache Umsatztätigkeit *f*; **~ weight** Mindergewicht *n*, Untergewicht *n*

**lighten**, *v* erleichtern; *(Schiff)* (ab)leichtern, teilweise entladen, **~ up** *v*, Aktien- oder Bondposititonen in einem Portfolio teilweise verkaufen, um Kapitalgewinne zu realisieren oder die liquiden Mittel zu erhöhen

**lighter**, Leichter *m*, Schute *f*

**lighter aboard ship**, → LASH

**lighterage**, Ableichtern *n*, Leichterung *f*; **~ (charges)** Leichterungskosten *pl*

**lighter hire**, Leichtermiete *f*

**lighting installations on motor vehicles**, Beleuchtungseinrichtungen *fpl* für Kraftfahrzeuge

**lignite mining industry**, Braunkohlenbergbau *m*

**like**, gleich; **~ grade and quality** gleiche Beschaffenheit und Güte; **~ product** gleichartiges Erzeugnis *n*

**LIMEAN**, London Interbank Mean Rates arithmetisches Mittel *n* von Geld- und Briefkurs ( → LIBID und → LIBOR) am Londoner Markt für Interbankgeschäfte

**limit**, Limit *n*; äußerster Preis, der für den Kauf od. Verkauf von Wertpapieren vorgesehen ist (Kurslimit); obere Grenze für die Beanspruchung e-s Kredits (Kreditlimit); **debt ~** Verschuldungsgrenze *f*; **(office) ~** *(vom Versicherer übernommener)* Höchstbetrag *m*; Deckungsgrenze *f*; **speed ~** Geschwindigkeitsgrenze *f*; **time ~** → time; **~ of credit** Kreditlimit *n*, Kreditgrenze *f*; **~ of indemnity** *(Vers.)* Haftungsgrenze *f*; **~ order** → limited order; **to be bound to a ~** an ein Limit gebunden sein; **to exceed the ~** das Limit überschreiten; **to fix** (or **set**) **a ~** ein Limit festsetzen; **to go beyond the ~** das Limit überschreiten; **to go to the ~** bis an die Grenze gehen (das Äußerste wagen)

**limit**, *v* limitieren, begrenzen, einschränken; ein Limit vorschreiben; **to ~ a price** ein Preislimit setzen

**limitation**, 1. Begrenzung *f*, Beschränkung *f*; Kontingentierung *f*; **~ of authority** Vollmachtsbeschränkung *f*; **~ of dividends** Dividendenbegrenzung *f*; **~ of imports** Einfuhreinschränkung *f*; **~ of output** (or **production**) Produktionsbegrenzung *f*, Produktionseinschränkung *f*

**limitation**, 2. Verjährung *f*; **period of ~** → limitation period; **~ of a claim** Anspruchsverjährung *f*; **~ of time** Verjährung *f*; **~ period** Verjährungsfrist *f*; **to be barred by ~** verjährt sein

**limited**, limitiert, begrenzt, beschränkt; **~ credit** Kredit in begrenzter Höhe; **~ dividend** limitierte Dividende *f*; **contract of ~ duration** befristeter Vertrag *m*; **~ guarantee** (or **guaranty**) befristete Garantie *f*; **subject to ~ income tax liability** beschränkt einkommensteuerpflichtig; **~ in time** zeitlich begrenzt; befristet; **of ~ legal capacity** beschränkt geschäftsfähig

**limited liability**, beschränkte Haftung *f* (od. Haftpflicht *f*); **~ company** *Br* Gesellschaft mit beschränkter Haftung ( → Ltd.)

**limited**, **~ market** enger (od. begrenzt aufnahmefähiger) Markt *m*; **~ order** *(Börse)* limitierter Auftrag *m (für den Ankauf und Verkauf von Wertpapieren)*; **~ partner** beschränkt haftender Gesellschafter *m*, Kommanditist *m*; **~ partnership** → partnership; **~ premium** *(Vers.)* abgekürzte Prämienzahlung *f*; **~ price** Limitpreis *m*; Kurslimit *n*

**limitedness of the market**, Marktenge *f*

**limping standard**, hinkende Währung *f*

**line**, 1. Linie *f*; Verkehrslinie *f*; Verwandtschaftslinie *f*; *tel* Leitung *f*; Anschluss *m*; *(Vers.)* Höchstbetrag *m*, Zeichnungsgrenze *f*; Arbeitsgebiet, Tätigkeitsfeld *n*; Branche *f*; Posten *m*, Partie *f (Waren)*; Artikel *m*; **~ (s)** Grundsatz *m*; Richtlinien *fpl*; Art und Weise *f*; **ascending ~** aufsteigende Linie; **assembly ~** Fließband *n*; **building ~** Fluchtlinie; **a cheap ~** e-e billige *(zweitklassige)* Partie *(Waren)*; ein billiger Artikel *m*; **collateral ~** Seitenlinie *f*; **along commercial ~s** nach kommerziellen Gesichtspunkten; **extension ~** *tel* Nebenanschluss *m*; **in the food ~** in der Lebensmittelbranche *f*; **general ~ wholesaler** Sortimentsgroßhändler *m*; **knowledge of the ~** Sachkenntnis(se) *f(pl)*; **~ navigation** Linienschifffahrt *f*; **~ of business** Geschäftszweig *m*, Branche *f*; **~ of cars** Autokolonne *f*; **~ of commerce** *Am* Wirtschaftszweig *m*; **~ of communication** Nachrichtenweg *m*; Verkehrsverbindung *f*; **~ of credit** Kreditlinie *f*; **~ of goods** Warensortiment *n*; **~ of industry** Industriezweig *m*; **~ of manufacture** Fabrikationszweig *m*; **~ of production** Produktionszweig *m*; **~ production** Serienfertigung *f*; **~ service** Linienverkehr *m (Schiffe)*; **to be in ~ with** entsprechen; **to carry** (or **deal in**) **a ~** e-n Artikel führen; **to come on ~** in Betrieb gehen; **to discontinue** (or **drop**) **a ~** e-n Artikel *(Warengattung)* fallenlassen; **to drop sb. a ~** jdm ein paar Zeilen schreiben; **to run a ~** ein Sortiment führen; **to take a strong ~** energisch vorgehen; **the ~ is engaged** *Br* (**busy** *Am*) *tel* die Leitung ist besetzt

**line**, 2. Linie *f*, Linienkräfte *pl*; **~ and staff** *(verantwortliche)* Betriebsführung *f* und *(nur)* beratende Mitarbeiter; **~ activity** Linientätigkeit *f*; **~ duties** Linienaufgaben *fpl*; **~ organization** Linienorganisation *f*; **~ position** Linienstelle *f*

**line up**, *v* anstehen

**lineal**, in gerader Linie (verwandt)

**linear programming**, lineare Programmierung *f* (od. Planungsrechnung *f*)

**liner**, Passagierschiff *n*, Linienschiff *n*; **cargo ~** Linienfrachtschiff *n*; **~ freighting** Stückgutbefrachtung *f*; **~ service** Liniendienst *m*; **~ terms** Bedingungen, die nur für die Linienschifffahrt gelten; **~ transport** Beförderung *f (von Waren)* auf Schiffen regulärer Schifffahrtslinien

**link**, (Binde-)Glied *n*, Verbindungsstück *n*; **~ to gold** Bindung *f* an das Gold

**link**, Verbindung *f* → Hyperlink

**linked**, **index-~** indexgebunden; **~ companies** verbundene Gesellschaften *fpl*; **~ orders** gekoppelte Aufträge *mpl*; **~ transaction** Kopplungsgeschäft *n*

**Linux**, *EDV* Ein → Open source Betriebssystem basierend auf → Unix

**liquefaction of solid fuels**, Verflüssigung *f* fester Brennstoffe

**liquid**, flüssig, liquid; **~ assets** flüssige Mittel *pl*; **~ debt** fällige Forderung *f*; **~ fuels** flüssige Brennstoffe *mpl*; **banks' ~ reserves** Liquiditätsreserven *fpl* der Banken

**liquidate**, *v (Unternehmen)* liquidieren, auflösen; in Liquidation gehen; *(Schulden)* bezahlen; *(Börse)* glattstellen; *(Sachwerte)* flüssig machen; *(Schuldbetrag od. Schadenersatz)* festsetzen; **to ~ a business** ein Geschäft auflösen

**liquidated**, **~ claim** *(der Höhe nach)* bestimmte Forderung *f*; bezifferte Forderung *f*; **~ damages** im voraus der Höhe nach bestimmter Schadenersatz *m*; Konventionalstrafe *f*

**liquidation**, Liquidation *f*, Auflösung *f*; Abwicklung *f*; *Br* Konkurs *m (e-r Kapitalgesellschaft)*; Bezahlung *f*, Tilgung *f (von Schulden)*; *(Börse)* Glattstellen *f*; Flüssigmachung *f (von Sachwerten)*; **compulsory ~** zwangsweise Liquidation; **inventory ~** *Am* Lagerabbau *m*; **professional ~** *(Börse)* Glattstellung durch den Berufshandel; **voluntary ~** freiwillige Liquidation; **~ balance sheet** Liquidationsbilanz *f*; **~ of a fund** Auflösung e-s Fonds; **~ of reserves** Auflösung der Rücklagen; **~ proceeds** Liquidationserlös *m*; **~ sale** Liquidationsverkauf *m*; **~ value** Liquidationswert *m*; **the firm has gone into ~** die Firma ist in Konkurs geraten

**liquidator**, Liquidator *m*, Abwickler *m*; *Br* Konkursverwalter *m*

**liquidity**, Liquidität *f*; flüssige Mittel *pl*; **decrease in ~** Abnahme *f* der Liquidität; **degree of ~** Liquiditätsgrad *m*; **efflux of ~** Liquiditätsabfluss *m*; **excess ~** Überliquidität; **expansion** (or **extension**) **of ~** Erweiterung *f* der Liquidität; **increase in ~** Zunahme *f* der Liquidität; **influx** (or **inflow**) **of ~** Liquiditätszufluss *m*; **lack of liquidity** Liquiditätsknappheit *f*; **maintenance of ~** Liquiditätserhaltung *f*; **outflow of ~** Liquiditätsabfluss *m*; **reduction in ~** Liquiditätsverminderung *f*; **strain on ~** Liquiditätsanspannung *f*; **withdrawal of ~** Liquiditätsentzug *m*; **~ audit** Liquiditätsprüfung *f*; **~ drain** Liquiditätsentzug; **~ margin** Liquiditätsspielraum *m*; **~ planning** Liquiditätsplanung *f*; **~ policy** Liquiditätspolitik *f*; **~ position** Liquiditätslage *f*; **~ preference** Liquiditätspräferenz *f*; **~ pressure** Liquiditätsbelastung *f*; **~ ratio** Liquiditätskoeffizient *m*; **~ requirement** Liquiditätsbedarf *m*; **~ reserves** Liquiditätsreserven *fpl*; **~ shortage** Liquiditätsverknappung *f*; **~ squeeze** Liquiditätsklemme *f*, Liquiditätsengpass *m*; **~ statement** Liquiditätsausweis *m*

**liquids for human consumption**, flüssige Lebensmittel *pl*

**liquor**, alkoholisches Getränk *m*, Alkohol *m* *(bes. Branntwein und Whisky)*; **~s** Spirituosen *pl*; **~ excise** *Am* Alkoholsteuer *f*; **~ licen|ce (~se)** Schankkonzession *f*

**list**, Liste *f*; Verzeichnis *n*, Aufstellung *f*; *Br (Börse)* Kursblatt *n*; *Am (Börse)* Liste der zum Börsenhandel zugelassenen Wertpapiere; *Br* Terminkalender *m*; **annual ~** Jahresverzeichnis *n*; **cargo ~** Ladeverzeichnis *n*; **Official L~** → official; **~ of articles** Warenliste; **~ of assets** Vermögensverzeichnis *n*; Nachlassverzeichnis *n*; *(KonkursR)* Masseverzeichnis *n*; **~ of commodities** Warenliste *f*, Warenverzeichnis *n*; ~ **of creditors of a bankrupt** Konkurstabelle *f*; ~ **of foreign exchange** (Devisen-)Kurszettel *m*; ~ **of orders** Bestelliste *f*; ~ **of persons present** Anwesenheitsliste *f*; Teilnehmerverzeichnis *n*; ~ **of prices** Preisliste *f*; Kursblatt *n*; ~ **of (stock exchange) quotations** Kursblatt *n*; ~ **of securities** Wertpapierverzeichnis *n*; **to be on the ~** auf der Liste stehen; **to compile** (or **draw up**) **a ~** e-e Liste (od. ein Verzeichnis) aufstellen; **to keep a ~** e-e Liste führen; **to put on a ~** auf e-e Liste setzen

**list**, *v* in e-e Liste eintragen; *(Wertpapiere)* zum Börsenhandel zulassen; notieren; *Am (das zu versteuernde Vermögen)* aufstellen; **to ~ property with a broker** *Am* e-n Makler beauftragen, Grundbesitz zu verkaufen (od. zu vermieten)

**listed**, ~ **company** börsennotierte Gesellschaft *f*; **the ~ goods** die im Verzeichnis aufgeführten Waren; ~ **market** *Br* Markt *m* mit notierten Papieren *(für etablierte Unternehmen)*; ~ **securities** zum Börsenhandel zugelassene (od. börsennotierte) Wertpapiere *npl*; **companies ~ on the stock exchange** börsennotierte Gesellschaften *fpl*; **to be ~** in e-r Liste geführt werden

**listing**, Börsenzulassung *f*; Börseneinführung *f*; Notierung *f*; **first day of ~** (Börsen-)Einführungstag *m*; **indirect ~** indirekte Kodierung *f*; ~ **application** Antrag *m* auf Börsenzulassung; ~ **commission** (Börsen-)Einführungsprovision *f*; ~ **particulars** Börsenprospekt *m*; ~ **procedure** (Börsen-)Zulassungsverfahren *n*; ~ **prospectus** (Börsen-)Einführungsprospekt *m*; ~ **requirements** *(Börse)* Zulassungsvorschriften *fpl*

**literal**, buchstäblich, wörtlich

**literary**, literarisch; ~ **piracy** Plagiat *n*; **literary property** *(urheberrechtlich geschütztes)* geistiges Eigentum *n*

**litigious claim**, strittige Forderung *f*

**little business**, wenig Geschäfte

**live**, *v* leben, wohnen; **to ~ apart** getrennt leben *(Eheleute)*; **to ~ on one's capital** von seinem Kapital leben

**live**, *adj* lebend(ig); ~ **animals** lebende Tiere *npl*; **live transmission** Direktübertragung *f*; **live weight** Lebendgewicht *n*

**livelihood**, Lebensunterhalt *m*; **ability to earn one's ~** Erwerbsfähigkeit *f*; **to earn** (or **gain**) **one's ~** seinen Lebensunterhalt verdienen; **to have one's ~** sein Auskommen haben

**lively**, lebhaft

**livestock**, lebendes Inventar *n*; Vieh(bestand) *n(m)*; **lease of ~** Viehpacht *f*; ~ **and equipment used in agricultural and forestry** *(DBA)* lebendes und totes Inventar land- und forstwirtschaftlicher Betriebe; ~ **breeding** Tierzucht *f*; ~ **epidemics** Tierseuchen *fpl*; ~ **feed** Tierernährung *f*; ~ **insurance** Viehversicherung *f*

**living**, Leben *n*; Wohnen *n*; Lebensunterhalt *m*; Existenz *f*; lebend; ~ **abroad** Wohnen im Ausland; ~ **allowance** Unterhaltszuschuss *m*; ~ **area** Wohnfläche *f*; ~ **conditions** Lebensbedingungen *fpl*; ~ **expenses** Lebensunterhalt *m*, Lebenshaltungskosten *pl*; ~ **standard** Lebensstandard *m*; ~ **wage** Mindestlohn *m*, Existenzminimum *n*; **to earn** (or **make**) **one's ~** seinen Lebensunterhalt verdienen; **capable of earning one's ~** erwerbsfähig; **to meet the ~ expenses** den Lebensunterhalt bestreiten

**Lloyd's**, Londoner Versicherungsgemeinschaft *f*, internationale Versicherungsbörse *f* und Weltzentrum *n* für Schifffahrtsnachrichten; ~ **agent** *Br* Havarie-Kommissar *m* der Lloyd's Versicherer; ~ **broker** Lloyd's Versicherungsmakler *m*; ~ **List** *Br* Lloyd's Liste *f (Schiffsnachrichtenblatt n)*; ~ **name** Lloyd's Name *m (Einzelversicherer, der Mitglied e-s Lloyd's Konsortium ist)*; ~ **underwriter** → Lloyd's name

**LME**, → London Metal Exchange

**load**, Last *f*, Ladung *f*; Belastung *f*; **additional ~** Beiladung *f*; **financial ~** finanzielle Belastung; **permissible ~** (zulässige) Höchstbelastung; **useful ~** Nutzlast *f*; **work ~** Arbeitslast *f*; ~ **capacity** Ladefähigkeit *f*, Tragfähigkeit *f*; ~ **less than a wag(g)on** Stückgut(sendung) *n(f)*; ~ **limit** Belastungsgrenze *f*; ~ **line** Ladelinie *f (e-s Schiffes)*; ~ **of a ship** Schiffsladung *f*; ~ **regulations** Belastungsvorschriften *fpl*; ~ **ton miles** (LTM) *(Flugzeug)* ausgelastete (od. beförderte) Tonnenmeilen *fpl*

**load**, *v* laden, beladen, aufladen, verladen; **to ~ cargo** Fracht einladen, e-e Ladung aufnehmen; Fracht verladen; **to ~ a ve-**

**hicle** ein Fahrzeug beladen; **to ~ on a wag(g)on** auf e-n Waggon laden

**loader**, Verlader *m*, Auflader *m*

**loading**, Beladung *f*, Aufladung *f*, Verladung *f*; Aufschlag *m (zu Verwaltungskosten)*

**loading and unloading**, Laden *n* und Entladen *n* (od. Löschen *n*); Be- und Entladen *n*; **~ of delivery vans in front of shops** Be- und Entladen von Lieferwagen vor Geschäften

**loading**, **~ berth** Ladestelle *f*, Ladeplatz *m*; **~ capacity** Ladefähigkeit *f*; **~ charges** (or **costs**) Verladekosten *pl*; **~ device** Ladeeinrichtung *f*; **~ instructions** Beladungsvorschriften *fpl*; **~ limit** Belastungsgrenze *f*; **~ of goods** Einladen *n* von Gütern; Güterverladung *f*; **~ on the berth** Stückgutbefrachtung *f*; **~ plant** Verladeanlage *f*; **~ port** Verladehafen *m*; **~ ramp** Laderampe *f*; **~ space** *(verfügbarer)* Laderaum *m*

**loan**, 1. Darlehen *n*, Kredit *m*; **application for a ~** Kreditantrag *m*; **bank ~** Bankdarlehen *n*, Bankkredit *m*; **bridging ~** Überbrückungskredit *m*; **call ~** → call 1.; **collateral ~** → collateral; **debtor of a ~n** Darlehensschuldner *m*; **interest on ~** Darlehenszinsen *pl*; **interim ~** Zwischenkredit *m*; **mortgage ~** Hypothekendarlehen *n*; **purchase money ~** Warenbeschaffungskredit *m*; **redemption of a ~** Tilgung *f* e-s Darlehens; **reduced interest ~** zinsverbilligtes Darlehen; **term ~** Darlehen für e-e bestimmte Zeit; **term of a ~** Laufzeit *f* e-s Darlehens; **terms of a ~** Darlehensbedingungen *fpl*; **~ accommodation** Kreditgewährung *f*, **~ account** Darlehenskonto *n*; **~ against securities** Lombardkredit *m*; **~ agreement** Kreditvertrag *m*, Kreditabkommen *n*; **~ amount** Kreditbetrag *m*; **~ approval** Kreditzusage *f*; **~ at call** kurzfristiges *(täglich kündbares)* Darlehen; **~ at interest** verzinsliches Darlehen; **~ at notice** kündbares Darlehen; **~ broker** Finanzmakler *m*; **~ business** Lombardgeschäft *n*; **~ capital** Fremdkapital *m*; **~ charges** Darlehenskosten, Kreditgebühren *pl*; **~ company** Finanzierungsgesellschaft *f*; **~ creditor** Kreditgeber *m*; **~ demand** Kreditnachfrage *f*; **~ extension** Kreditverlängerung; Kreditgewährung *f*; **~ falling due** fällig werdendes Darlehen; **~ financing** Kreditfinanzierung *f*; **~ for the purpose of investment** Investitionskredit *m*; **~ fund** Darlehensmittel *pl*; **~ (granted) for a period of 10 years** Darlehen mit e-r Laufzeit von 10 Jahren; **~ guarantee** Kreditbürgschaft *f*; **~ insurance** Kreditversicherung *f*; **~ interest** Darlehenszinsen, Kreditzinsen *pl*; **~ liabilities** Darlehensverbindlichkeiten *pl*; **~ loss** Kreditausfall *m*; **~ obtained abroad** Auslandskredit *m*; **~ offer** Kreditangebot *n*; **~ on collateral** Lombardkredit *m*; **~ on current account** Kontokorrentkredit *m*; **~ on goods** (or **merchandise**) Warenlombard *m*; **~ on landed property** Bodenkredit *m*; **~ mortgage** Hypothekenkredit *m*; **~ on securities** Effektenlombard *m*; **~ portfolio** Darlehensbestand *m*; **~ rate** Darlehenszinssatz *m*; **~ shark** Kredithai *m*; **~ society** *Br* Kreditgenossenschaft *f*; **~ to promote investments** Investitionskredit *m*; **~ value** Beleihungswert *m*; **to contract** (or **raise**) **a ~** ein Darlehen (od. Kredit) aufnehmen; **to grant a ~** ein Darlehen gewähren; **to recall a ~** ein Darlehen kündigen; **to repay a ~** ein Darlehen zurückzahlen (od. tilgen); **to take (up) a ~** ein Darlehen (od. Kredit) aufnehmen

**loan**, 2. Anleihe *f*; **domestic ~** Inlandsanleihe; **external** (or **foreign**) **~** Auslandsanleihe; **government ~** Staatsanleihe; **issue of a ~** Ausgabe *f* (od. Begebung *f*) e-r Anleihe; **municipal ~** Kommunalanleihe *f*; **~ agreement** Anleihevertrag *m*; **~ allotment** Anleihezuteilung *f*; **~ debtor** Anleiheschuldner *m*; **~ guarantee** Anleihebürgschaft *f*; **~ holder** Anleihegläubiger *m*; **~s in circulation** in Umlauf befindliche Anleihen; **~ interest** Anleihezinsen *pl*; **~ interest rate** Anleihezinssatz *m*; **~ price** (or **quotation**) Anleihekurs *m*; **~ proceeds** Anleiheerlös *m*; **~ redemption** Anleihetilgung *f*; **~ stock** *Br* Anleihekapital *n*; festverzinsliche Wertpapiere *npl*; **~ subscriber** Anleihezeichner *m*; **~ syndicate** Anleihekonsortium *n*; **~ terms** Anleihebedingungen *fpl*; **to float** (or **launch**) **a ~** e-e Anleihe begeben (od. auflegen); **to place a ~** e-e Anleihe unterbringen; **to raise ~s** Anleihen aufnehmen; **to redeem a ~** e-e Anleihe tilgen; **to subscribe to a ~** e-e Anleihe zeichnen

**loan**, 3. Leihe *f*, Verleihen *n*; Leihgabe *f (für*

*Ausstellungen)*; **as a ~** leihweise, als Leihgabe; **on ~** leihweise, geliehen; **~ for use** (Gebrauchs-)Leihe; **to put out on ~** verleihen

**local**, örtlich; Orts-; ortsansässig; Kommunal-; **locals** Ortsansässige *pl*; **~ agent** Bezirksvertreter *m*; Platzvertreter *m*; **~ authorities** Ortsbehörden, Kommunalbehörden *pl*; **~ authority loans** *Br* Kommunalanleihen *fpl*; **~ bill** *Br* Platzwechsel *m*; **~ bond** *Br* Kommunalobligation *f*; **~ bonus** Ortszuschlag *m (zum Gehalt)*; **~ branch** Zweigstelle *f*, Filiale *f*; **~ call** *tel* Ortsgespräch *n*; **~ charges** Platzspesen *pl*; **~ cheque (check)** Platzscheck *m*, **~ conditions** örtliche Verhältnisse *pl*, Platzbedingungen *pl*; **~ council** Gemeinderat *m*, Stadtrat *m*; **~ currency** Inlandswährung *f*, Landeswährung *f*; **~ custom** Orts(ge)brauch *m*; **~ draft** Platzwechsel *m*

**local government**, Gemeindeverwaltung *f*, Kommunalverwaltung *f*; **~ stock** *Br* Kommunalobligationen *pl*

**local**, **~ industry** ortsansässige Industrie *f*; **~ manager** *Br* Bezirksdirektor *m*; **~ newspaper** Lokalzeitung *f*; **~ purchase** Platzkauf *m*; **~ rates** *Br* kommunale Abgaben *fpl*; **~ services** Kommunalleistungen *pl*; **~ staff** ortsansässiges Personal *n*; **~ traffic** Ortsverkehr *m*; Nahverkehr *m*; **~ transaction** Platzgeschäft *n*; **~ usage** Orts(ge)brauch *m*, Platzusance *f*; **~ union** *Am* örtl. Gewerkschaft *f*; **~ wage** ortsüblicher Lohn *m*

**local area network**, Netzwerk *n* von lokal verbundenen Computern, die sich typischerweise eine Datenleitung teilen.

**locate**, *v* lokalisieren, ausfindig machen; *(Platz)* bestimmen; **to be ~d** liegen, gelegen (od. belegen) sein

**location**, Ort *m*, Platz *m*; Standort *m (e-r Industrie)*; *Am* genaue Festlegung *f* des Ortes *(z. B. e-s mining claim)*; **~ choice** Standortwahl *f*; **~ of stores** Lagerstandort *m*; **(industrial) ~ policy** Standortpolitik

**lock**, Schloss *n*; Verschluss *m*; Schleuse *f*; **~ box** *Am* Schließfach *n*; **~ charges** Schleusengeld *n*

**lock**, *v* verschließen; absperren, versperren; **to ~ out** *(Arbeiter)* aussperren

**locker**, *(Bahnhof)* Schließfach *n*

**locking up of capital**, Festlegung *f* von Kapital

**lock-out**, Aussperrung *f (der Arbeiter)*

**lock-up**, **~ garage** abschließbare Garage *f*; **~ of capital** Festlegung *f* von Kapital

**loco**, (mit Ortsbezeichnung) ab …; **~ price** Preis für e-n bestimmten Ort (bei Beförderung der Ware an e-n anderen Ort muss Käufer Kosten und Gefahr tragen)

**loco citato**, (loc. cit.) am angegebenen Ort *(e-s Buches)* (a.a.O.)

**locust control**, Heuschreckenbekämpfung *f*

**lodge**, *v* einreichen (with bei); hinterlegen; *(zeitweilig)* wohnen; *(als Mieter, Gast)* aufnehmen, unterbringen; **to ~ an appeal** ein Rechtsmittel *(Berufung etc.)* einlegen; **to ~ a complaint** → complaint; **to ~ a document** e-e Urkunde einreichen; **to ~ securities** Effekten hinterlegen

**lodger**, (Zimmer-, Unter-)Mieter *m*; zahlender Gast *m*

**lodging**, Wohnung *f*, Unterkunft *f*; Einreichung *f*; Einlegung *f (e-s Rechtsmittels)*; **~s** möbliertes Zimmer *n*; **~ allowance** Wohnungsgeldzuschuss *m*; **~ bureau** Zimmernachweis *m*; **~-house** Pension *f*, Fremdenheim *n*

**lodgment**, Hinterlegung *f* (von Dokumenten bei Gericht)

**log(-)book**, Logbuch *n*, Schiffstagebuch *n*, Bordbuch *n*

**login**, Anmeldungsname *m*

**login**, *v* anmelden; einwählen

**logistics**, Logistik *f*

**loiter**, *v* bummeln, *(bei der Arbeit)* säumig sein; herumlungern

**LoL**, → Laughing out loud

**lolly**, *sl.* Moneten *pl*

**lombard**, **~ loan** Lombarddarlehen *n*, Lombardkredit *m*; **~ rate** Lombardsatz *m*; **L~ Street** Londoner Banken-Hauptstraße *f*

**Lomé Convention**, Lomé-Abkommen *n* *(zwischen der EU und den → ACP countries)*

**London**, **~ Commodity Exchange** (LCE) Londoner Warenbörse *f*; **~ Gazette** *Br* Amtsblatt *n*; **~ Interbank Bid Rate** → LIBID; **~ Interbank Mean Rate** → LIMEAN; **~ Interbank Offered Rate** → LIBOR; **~ International Financial Futures Exchange** (LIFFE) Londoner Internationale Finanzterminbörse *f*; **~ Metal Exchange** (LME) Londoner Metallbörse *f*

**long**, *Am (Börse)* Haussier *m*; eingedeckt

mit Wertpapieren, die in Erwartung e-r Kurssteigerung gekauft sind; lang, langfristig; **~s** Langläufer *pl*, langfristige Anleihen, Wertpapiere mit längerer Laufzeit; *Br* Staatspapiere *npl* mit e-r Laufzeit ab 15 Jahren; **~ account** *Am* Hausseengagement *n*; **~ bill** → long-dated bill; **~ credit** langfristiger Kredit *m*

**long-dated**, langfristig; **~ bill** (or **paper**) langfristiger Wechsel *m (mit Laufzeit von mindestens 3 Monaten)*; **~ securities** Langläufer *pl*

**long-distance**, **~ call** Ferngespräch *n*; **~ goods transport** *Br* Güterfernverkehr *m (auf der Straße)*; **~ hauling** *Am* Güterfernverkehr *m*; **~ road haulage** *Br* Fernlastverkehr *m*; ~ Fernverkehr *m*

**long**, **~ dozen** 13 Stück; **~ draft** → long bill; **~ end of the market** Markt *m* für Langläufer; **~ firm** Schwindelfirma *f*; **~ gilt yield** Rendite *f* langfristiger Staatspapiere; **~ haul** *Am* Güterfernverkehr *m*; **~, heavy or bulky articles** Sperrgut *n*; **~ hundred** 120 Stück; **~ loads** Langgut *n*; **~ position** → position 1.; **~-range planning** langfristige Planung *f*; **~shoreman** Hafenarbeiter *m*; Stauer *m*; **~ side** *Am* Haussepartei *f*; **~-tap stock** *Br* laufend ausgegebene langfristige Schatzanweisungen *fpl*

**long-term**, langfristig; **~ investment** langfristige Kapitalanlage *f*; **~ loan** langfristiges Darlehen *n (mehr als 5 Jahre)*; **~ planning** Langfristplanung *f*; **~ unemployed** Langzeitarbeitslose *pl*

**long**, **to be ~ on cash** flüssig sein; **to be ~ on the market** mit Effekten hinreichend eingedeckt sein *(um bei steigenden Kursen mit Gewinn zu verkaufen)*

**look**, *v*, **to ~ after** sehen nach, sich kümmern um; **to ~ after a p.'s interests** jds Interessen wahrnehmen; **to ~ forward (to)** entgegensehen, sich freuen (auf); **to ~ over** durchsehen

**lookback option**, Option **f**, die es dem Käufer erlaubt, den Basispreis aus irgendeinem während der Laufzeit aufgetretenen Preis des Basisobjekts zu wählen

**looking**, **~ for a job (or for work)** arbeitsuchend; **~ forward to a favo(u)rable reply** in Erwartung e-r günstigen Antwort; **~ forward to your order** Ihrem Auftrag entgegensehend

**lookup service**, Linkverzeichnis *n (Ein ~ ist eine Webseite die wie ein Telefonbuch für Internetadressen funktioniert.)*

**looking up**, **business is ~** das Geschäft bessert sich

**loophole in the law**, Gesetzeslücke *f*

**loose**, lose, unverpackt; **~ cash** Münzgeld *n*, Kleingeld *n*; **~ combination** *Am* Kartell *n*; **~-leaf book** Loseblattbuch *n*; Ringbuch *n*; **~ or in packages** lose oder verpackt

**loot**, *colloq.* Geld *n*

**loot**, *v* plündern; **~ing** Plünderung *f*

**loro account**, Lorokonto *n*; **credit balance on ~** Loroguthaben *n*

**lorry**, *Br* Last(kraft)wagen *m*, Lastauto *n* (Lkw); **~ driver** Lkw-Fahrer *m*; **~ trailer** Lkw-Anhänger *m*; **~ truck** *Am* Sattelschlepper *m*

**lose**, *v* verlieren; einbüßen; **to ~ customers** Kunden verlieren; **to ~ influence** Einfluss verlieren; **to ~ a right** e-s Rechtes verlustig gehen; **to ~ in value** an Wert verlieren

**lose track of**, *v* aus dem Auge verlieren; den roten Faden verlieren

**losing**, verlustbringend; unrentabel; **~ bargain** (or **business**) Verlustgeschäft *n*; **~ party** unterliegende Partei *f*

**loss**, Verlust *m*, Schaden *m*; Einbuße *f*, Ausfall *m*; Untergang *m*; Schwund *m*; (Versicherungs-)Schaden *m*, Schadensfall *m*; **~es** *(Bilanz)* Abgänge *pl*; **amount of ~** Schadenbetrag *m*, Schadenhöhe *f*; **ascertainment of ~** Feststellung *f* des Schadens; **at a loss** mit Verlust; **book ~** buchmäßiger Verlust; **capital ~** Kapitalverlust *m*; **corporate ~** *Am* Firmenverlust; **credit ~** Kreditausfall *m*; **in case of ~** bei Eintritt des Versicherungsfalles; **involving a ~** verlustbringend; **natural** (or **normal**) ~ natürlicher Schwund *m*; **partial ~** Teilverlust *m*, Teilschaden *m*; **total ~** Totalverlust *m*, Totalschaden *m*; **~ adjustment** Schadenregulierung *f*; **~ advice** Schadenanzeige *f*; **~ assessment** Schadenabschätzung *f*; Schadenfeststellung *f*; **~ brought forward from previous years** Verlustvortrag *m*; **~ by fire** Brandschaden *m*; **~ by leakage** (Gewichts-)Verlust durch Auslaufen; **~ carryback** Verlustrücktrag *m (auf die Vorjahre)*; *(steuerlich)* absetzbarer Verlust; **~ carryforward** Verlustvortrag *m (auf die Folgejahre)*; **~ compensation** Verlustausgleich *m*; **~ from sale** Veräußerungsverlust *m*; **~ in price** Preisverlust, Kursverlust; **~ in sales** Absatzeinbuße *f*; **~ in transit** (Gewichts-)Verlust auf dem Transport; **~ in value** Wertverlust, Werteinbuße *f*; **~ in weight** Gewichtsverlust; **~ leader** Lockartikel *m*; Lockvogel-Angebot *n*; **~-making business** unrentables Unternehmen *n*; **~ of earnings** Verdienstausfall *m*; **~ of franchise** Verlust der Konzession; **~ of income** Einkommensverlust; **~ of interest** Zinsverlust; **~ of markets** Verlust von Absatzgebieten; **~ of orders** Verlust an Aufträgen; Auftragsausfall *m*; **~ of ownership** Eigentumsverlust; **~ of pay** Lohnausfall *m*; **~ of profits** Gewinnausfall *m*, Gewinneinbuße *f*; **~-of-profit insurance** Gewinnverlustversicherung *f (bei Betriebsunterbrechung)*; **~ of property** Vermögensschaden *m*; Eigentumsverlust; **~ of rent** Mietausfall *m*; **~ of the goods** Untergang *m* (od. Verlust) der Ware

**loss of use, claim compensation for ~** *(of a damaged car etc.)* Nutzungsausfallbegehren *n*

**loss, ~ of wages** Lohnausfall *m*; **~ on exchange** (Wechsel-)Kursverlust *m*; **~es on receivables** Debitorenverluste *mpl*; **~ on securities** Kursverlust; **~ ratio** Schadenquote *f*; **~ reserve** Schadenreserve *f*; Rückstellung *f* für laufende Risiken; **~ settlement** Schadenregulierung *f*; **to assess the ~** den Schaden abschätzen; **to be liable for a ~** für e-n Schaden haftbar sein; **the ~ falls upon X** den Schaden trägt X; **to incur heavy ~es** schwere Verluste erleiden; **to make good** (or **make up for**) **a ~** e-n Verlust (od. Schaden) ersetzen; **to meet with a ~** e-n Schaden erleiden; **a ~ occurred** ein Verlust ist eingetreten; **to sell at a ~** mit Verlust verkaufen; **to share in ~es** sich am Verlust beteiligen; **to suffer a ~** e-n Schaden erleiden (→ to suffer)

**lost**, verloren, abhanden gekommen, in Verlust geraten; **~ profit(s)** entgangener Gewinn *m*; **~ package** verloren gegangenes Paket *n*

**lost property**, verlorene Sache *f*; Fundsache *f*; **keeping (of) ~** Fundunterschlagung *f*; **~ office** Fundbüro *n*; **finder of ~** Finder *m*; **finding of ~** Fund *m*

**lost, to get ~** verloren gehen, abhanden kommen; **the goods have been ~** die Ware ist untergegangen

**lot**, Los *n*; Partie *f*, Posten *m (Waren)*; *(auf Auktion verkaufter)* Posten *m*; Stück Land, Parzelle *f*; **building ~** Bauplatz *m*; **by (drawing) ~s** durch das Los; **in ~s** partienweise, in Partien; **round ~** *Am (Börse)* volle 100 Aktien; **sale by ~** Partieverkauf *m*; **to divide into ~s** *(Land)* in Parzellen aufteilen, parzellieren; **to draw securities by ~** Wertpapiere auslosen; **to sell in small ~s** in kleinen Posten verkaufen

**lot**, *v* verlosen; in Parzellen aufteilen

**lottery**, Lotterie *f*, Verlosung *f*; **~ bond** Losanleihe *f*, Lotterieanleihe *f*; Prämienanleihe *f*; **~ drawing** Losziehung *f*, Verlosung *f*; **~ prize** Lotteriegewinn *m*; **~ sampling** Zufallsauswahl *f*

**low**, *(Börse)* Tief(stand) *n(m)*

**low**, *adj* niedrig; tief; billig

**low ball**, Angebot *f*, das unter dem wahren Wert eines Vermögensgegenstandes liegt

**low cost**, billig; **goods of ~** billige Waren *pl*

**low-cost**, **~ housing** Sozialwohnungen *fpl*; **~ imports** Billigeinfuhren *fpl*

**low**, **~ demand** geringe Nachfrage *f*; **~-duty goods** niedrig verzollte Waren *pl*; **~-emission car** abgasarmes Auto *n*; **~-grade** minderwertig, von minderer Qualität; **~ income** niedriges Einkommen *n*; **~ income countries** einkommensschwache Länder *npl*; **~ in price** billig

**low interest**, niedrige Zinsen *pl*; **~ credit** Kredit zu niedrigen Zinsen; **~ loan** zinsgünstiges Darlehen *n*; **~ yielding** niedrig verzinslich

**low**, **~-polluting motor cars** schadstoffarme Kraftfahrzeuge *npl*; **~-price countries** Niedrigpreisländer *npl*

**low-priced**, niedrig im Preise, billig; **~ goods** preiswerte Waren *pl*; **~ offers** Billigangebote *npl*; **~ shares** niedrig bewertete Aktien *fpl*

**low-quality goods**, Waren minderer Qualität

**low-rate**, **~ articles** Waren, die e-m geringen Zoll unterliegen; **~d shares** niedrig bewertete Aktien *pl*

**low**, **~-value goods** geringwertige Waren *pl*; **~-waste** abfallarm; **~-yielding** ertragsschwach; **to be ~** niedrig stehen; **to be in ~ water** *colloq.* sehr wenig Geld haben; **to run ~** knapp werden

**lower**, *v (Preise, Kosten)* herabsetzen; sinken, fallen; **to ~ customs duties** Zölle

senken; **to ~ the discount rate** den Diskontsatz senken
**lowering**, **~ of prices** Preissenkung *f*; **~ the rent** Herabsetzung *f* der Miete
**lower**, niedriger, tiefer; **~ bid** niedrigeres Gebot *n*; **~ court** unteres Gericht *n*; **~ instance** niedrigere Instanz *f*, Vorinstanz *f*; **the ~ paid** die Bezieher niedrigerer Einkommen; **~-priced** verbilligt; **~ tender** → lower bid
**lowest**, **~ bid** geringstes Gebot *n*; **~ price** niedrigster Preis (od. Kurs) *m*; **~ yield** Mindestertrag *m*
**loyalty discount**, Treuerabatt *m*; **~premium**, Treueprämie *f*
**Ltd.**, (nach dem Namen e-r limited liability company) mit beschränkter Haftung
**lucrative**, lukrativ, gewinnbringend, einträglich
**lucrum cessans**, entgangener Gewinn *m*
**luggage**, *bes. Br* Gepäck *n*; **left-~ office** *Br* Gepäckaufbewahrung *f*; **~ check** (or **receipt**) Gepäckschein *m*; **~ insurance** Gepäckversicherung *f*; **to register one's ~** sein Gepäck aufgeben
**lull**, Geschäftsstille *f*
**lumber**, Bauholz *n*, Nutzholz *n*; **~ trade** Holzhandel *m*
**lump sum**, einmalige Summe *f*, Pauschalbetrag *m*; **on a ~ basis** pauschal; **~ charge** Pauschalsatz *m*, **~ contract** Festpreisauftrag *m*; **~ freight** Pauschalfracht *f*; **~ payment** einmalige Zahlung *f*, Pauschalzahlung *f*; **~ price** Pauschalpreis *m*; **~ settlement** Vergleich *m* durch Zahlung e-r Pauschalsumme; Pauschalabfindung *f*
**lunacy**, Geisteskrankheit *f*
**luncheon voucher**, (l.v.) *Br* Essensgutschein *m*, Essensbon *m*
**lure away**, *v* locken; **to ~ sb. from a company to another company** jdn von einer Stelle weglocken
**luxurious**, luxuriös
**luxury**, Luxus *m*; **~ies** Luxus, Luxuswaren *fpl*; **luxury and semi-~ goods** (or **products**) Güter des gehobenen Bedarfs; **~ articles** Luxusartikel *mpl*; **~ trade** Handel *m* mit Luxusgütern

# M

**M & A** = mergers and acquisitions, Fusionen *f pl* und Akquisitionen *f pl*
**Maastricht Treaty**, (Treaty on → European Union) Vertrag von Maastricht (Vertrag über die Europäische Union) *(ratifiziert 1993)*
**machine**, Maschine *f*; Apparat *m*; **~s and equipment** *(Bilanz)* Maschinen *pl* und Geräte *pl*; **~ downtime** Maschinenstillstandszeit *f*; **~-made** maschinell hergestellt; Maschinen-; **~ time** Maschinenlaufzeit *f*; **~ tools industry** Werkzeugmaschinenindustrie *f*; **~-written** mit Schreibmaschine geschrieben
**machinery**, Maschinerie *f*; Maschinen(anlagen) *fpl*; *fig* Apparat *m*; **administrative ~** Verwaltungsapparat *m*; **manufacture of ~** Maschinenbau *m*; **office ~** Büromaschinen *fpl*; **~ and equipment** Maschinen *pl* und maschinelle Anlagen *fpl*; **~ breakdown insurance** Maschinenbetriebsversicherung *f*
**macroeconomic**, makroökonomisch
**made**, gemacht, hergestellt, angefertigt; **German-~ article** deutsches Fabrikat *n*; **~ to measure** nach Maß gearbeitet, Maß-; **~ to order** auf Bestellung angefertigt
**Madrid Trade Marks Agreement**, Madrider Markenabkommen *n*
**magazine**, Zeitschrift *f*
**magistrate**, Richter *m* (für Straf- und gewisse Zivilsachen niedriger Ordnung); *Am* Verwaltungsbeamter *m*
**magnetic strip**, Magnetstreifen *m* (Kreditkarte) (enthält verschlüsselte Angaben zur Kontoverbindung)
**maiden name**, Mädchenname *m*, Geburtsname *f (der Frau)*
**mail**, Post *f*; Postsendung(en) *f(pl)*; Postsache(n) *f(pl)*; **air ~** Luftpost *f*, **by ~** per Post; **by return ~** postwendend; **by today's ~** mit der heutigen Post; **first-class ~** Briefpost *f*, **fourth-class ~** *Am* Paketpost *f*, **registered ~** Einschreibesendung *f*, **second-class ~** *Br* billige Briefpost *f*; *Am* Zeitungspost *f*, **third-class ~** *Am* Drucksachen *fpl*; **~ circular** Postwurfsendung *f*; **~ delivery** Postzustellung *f*; **~ handling** Postbearbeitung *f*
**mail order**, Bestellung *f (von Waren)* durch

Postversand; **~s** *(Börse)* Versandhauswerte *pl*; **~ advertising** Versandhauswerbung *f*; **~ business** Versandgeschäft *n*; **~ catalogue** Versandhauskatalog *m*; **~ delivery** Versandlieferung *f*; **~ firm** Versandhaus *n*, Versandgeschäft *n*; **~s for purchase and sale** *(Börse)* briefliche Kauf- und Verkaufsaufträge *mpl*; **~ sale** (or **selling**) Verkauf *m* im Versandhandel; Versandverkauf *m*; **~ trade** Versandhandel *m*; **~ transfer** briefliche Auszahlung *f* *(internationaler Zahlungsauftrag von Kundenbank zu ihrer Korrrespondenzbank im Ausland)*

**mail**, **~ received** eingegangene Post; **~ robbery** (or **theft**) Postdiebstahl *m*; **to dispose of** (or **do**) **one's ~** seine Post erledigen

**mail**, *v bes. Am* bei der Post aufgeben; mit der Post versenden

**mailing**, *bes. Am* Aufgabe *f* bei der Post; Postversand *m*; **~ address** Postanschrift *f*; **~ charges** (or **fees**) Postgebühren *pl*; **~ index** Adressenkartei *f*; **~ list** Adressenliste *f*

**mailing list**, Anwendung, die → e-mails an eine Vielzahl an Personen verschickt

**maim**, *v* verstümmeln; **~-ing** Verstümmelung *f*

**main**, hauptsächlich, Haupt-; **~ bidder**, Hauptanbieter *m*; **~ branch** Hauptfiliale *f*, Hauptstelle *f*; **~ contractor** Hauptlieferant *m*; **~ products** Haupterzeugnisse *npl*; **~ road** Hauptverkehrsstraße *f*; **~ supplier** Hauptlieferant *m*

**mainly**, hauptsächlich

**mainstay business**, Grundgeschäft *n*

**maintain**, *v* erhalten, aufrechterhalten; instandhalten, warten; unterhalten, mit Lebensunterhalt versehen; behaupten; geltend machen; (sich) *(im Preis, Kurs)* halten; **to ~ an action** e-n Prozess führen; **to ~ a child** ein Kind unterhalten; **to ~ competitiveness** die Wettbewerbsfähigkeit erhalten; **to ~ the contrary** das Gegenteil behaupten; **to ~ the deliveries** die Lieferungen aufrechterhalten; **to ~ in good condition or repair** in gutem Zustand erhalten; **to ~ one's position** seine Stellung behaupten; **to ~ prices** Preise einhalten; Preise beibehalten

**maintained**, **~ prices** gebundene Preise; **to be ~** unterhalten werden, Unterhalt beziehen; sich *(im Preis, Kurs)* halten; **prices on the stock market have been barely ~** am Aktienmarkt haben sich die Kurse nur knapp behauptet

**maintenance**, 1. Erhaltung *f*; Aufrechterhaltung *f*; Beibehaltung *f*; Instandhaltung *f*; Wartung *f (von Maschinen etc.)*; **current ~** laufende Instandhaltung *f*; **expense for ~** Erhaltungsaufwand *m*; **inventory ~** Erhaltung des Lagerbestandes; **resale price ~** Preisbindung *f* der zweiten Hand; **~ charges** (or **cost**) Instandhaltungskosten; Wartungskosten *pl*; **~ contract** Wartungsvertrag *m*; **~ of liquidity** Liquiditätserhaltung *f*; **~ of a patent** Aufrechterhaltung e-s Patents; **~ reserve** Rückstellung *f* für Instandhaltungskosten; **~ works** Instandhaltungsarbeiten *pl*; Wartungsarbeiten *pl*

**maintenance**, 2. (Lebens-)Unterhalt *m*; Alimente *pl*; **amount of ~** Unterhaltsbetrag *m*; **award of ~** Zuerkennung *f* (od. Gewährung *f*) von Unterhalt; **claim for ~** Unterhaltsanspruch *m*; Unterhaltsforderung *f*; **liability to provide ~** Unterhaltspflicht *f*; **reasonable ~** angemessener Unterhalt; **recovery of ~** Geltendmachung *f* des Unterhaltsanspruches, **separate ~** *Am* Unterhalt bei Getrenntleben der Ehegatten; **~ allowance** Unterhalts(zahlung) *m(f)*; **~ claim** → claim for **maintenance**; **~ leasing** → leasing 2.; **~ obligation** Unterhaltspflicht *f*; **suitable to a p.'s station in life** standesgemäßer Unterhalt; **to award** (or **grant**) **~** Unterhalt zuerkennen; **to be responsible for ~** unterhaltspflichtig sein; **to claim ~** Unterhalt fordern; **to provide (~) for a p.** jdm Unterhalt gewähren

**major**, Mündiger *m*, Volljähriger *m, univ. Am* Hauptfach *n*

**major**, *adj* größer; volljährig, mündig; **~ accident** schwerer Unfall *m*; **~ companies** Großunternehmen *npl*; **~ consumer** Großverbraucher *m*; **~ damage** Großschaden *m*; **~ producing countries** Haupterzeugerländer *npl*; **~ repair** größere Reparatur *f*

**major road**, Haupt(verkehrs)straße *f*; Vorfahrtstraße *f*; **~ ahead** Vorfahrt beachten

**major shareholder**, Hauptaktionär *m*

**majority**, 1. Volljährigkeit *f*, Mündigkeit *f*; **declaration of ~** Volljährigkeitserklärung *f*; **to attain** (or **reach**) **one's ~** volljährig werden

**majority**, 2. Mehrheit *f*; **absolute ~ of the**

**votes cast** absolute Mehrheit der abgegebenen Stimmen; **large** ~ große Mehrheit; **narrow** ~ knappe Mehrheit; **requisite** ~ erforderliche Mehrheit; **three-quarters** ~ Dreiviertelmehrheit *f*; **two-thirds** ~ Zweidrittelmehrheit *f*; ~ **decision** Mehrheitsentscheidung *f*; ~ **of shares** Aktienmehrheit *f*; ~ **of votes** Stimmenmehrheit *f*; **~-owned subsidiary** Tochtergesellschaft *f*, deren Aktienkapital zu mehr als 50 % der Muttergesellschaft gehört; ~ **participation** Mehrheitsbeteiligung *f*; ~ **resolution** Mehrheitsbeschluss *m*; ~ **shareholder** Besitzer *m* der Aktienmehrheit, Hauptaktionär *m*; ~ **shareholding** Mehrheitsbeteiligung *f*; to **adopt a decision by a ~ vote** mit Mehrheit entscheiden; **to own a ~ interest in** mit Mehrheit beteiligt sein an; **the required ~ was not obtained** die erforderliche Mehrheit wurde nicht erzielt

**make**, Fabrikat *n*, Erzeugnis *n*; Marke *f*; Machart *f*; **foreign** ~ ausländisches Fabrikat; **one's own** ~ eigenes Fabrikat; **standard** ~ Normalausführung *f*

**make**, *v* machen, herstellen; bewirken, verursachen, **to ~ a contract** e-n Vertrag schließen; **to ~ good a defect** e-n Mangel beseitigen; **~ a killing**, großen Erfolg haben; **to ~ good a loss** e-n Schaden ersetzen; **to ~ known** *(etw.)* bekannt geben, zur Kenntnis bringen; **to ~ a profit** e-n Gewinn erzielen

**make out**, *v* ausstellen; ausfindig machen; **to ~ an account** e-e Rechnung ausstellen; **to ~ a bill** e-e Rechnung (od. e-n Wechsel) ausstellen; **to ~ a cheque (check)** e-n Scheck ausstellen (for £ 10 über 10 £); **to ~ out an invoice** e-e Rechnung ausstellen (for über)

**make over**, *v* abtreten; übertragen (to auf)

**make up**, *v* 1. *(Bilanz, Liste etc.)* aufstellen; *(Warenproben etc.)* zusammenstellen; **to ~ an account** ein Konto (od e-e Rechnung) abschließen; **to ~ statistics** Statistiken aufstellen

**make up**, *v* 2.; **to ~ (for)** ausgleichen; ersetzen; wiedergutmachen; *(Fehlendes)* ergänzen; **to ~ (for) the deficit** den Fehlbetrag decken (od. ergänzen); **to ~ (for) a loss** e-n Schaden ersetzen

**make up**, *v* 3., **to ~ one's mind** sich entschließen

**maker**, Hersteller *m*, Fabrikant *m*; Aussteller *m (e-s Wechsels, Schecks)*; **~'s number** Fabriknummer *f*

**making**, Herstellung *f*, Fertigung *f*; **~ a market** → market maker ( → market 2.)

**making up**, 1.; **~ the accounts** Kontenabschluss *m*; **~ the balance sheet** Bilanzaufstellung *f*; **~ the cash** Kassenabschluss *m*; **~ for losses** Verlustausgleich *m*

**making up**, 2. *Br (Börse)*, **~ day** Reporttag *m*; **~ price** Abrechnungskurs *m (von Effekten)*; Liquidationskurs *m (im Termingeschäft)*

**maladjustment**, Missverhältnis *n*; schlechte Anpassung *f*; **~ of prices** Preisschere *f*

**maladministration**, schlechte Verwaltung *f*; Misswirtschaft *f*

**mala fide**, in bösem Glauben, bösgläubig; **~ purchaser** bösgläubiger Käufer *m*

**male**, männlich; **~ child** Knabe *m*; **~s and females** männliche und weibliche Personen *fpl*

**malfeasance**, rechtswidriges Verhalten *n*

**malice**, böse Absicht *f*, Böswilligkeit *f*; **express** ~ ausdrückliche böse Absicht; **implied** ~ vermutete böse Absicht

**malicious**, in böser Absicht, böswillig; **~ damage** in böser Absicht zugefügter Schaden; **~ injuries to property** böswillige Sachbeschädigung *f*; **~ falsehood** böswillige Unwahrheit *f*, Anschwärzung *f*; **~ mischief** *Am* und *Scot* Sachbeschädigung *f*

**mall**, überdachtes Einkaufszentrum *n*

**malnutrition**, Unterernährung *f*

**malpractice**, Vernachlässigung *f* der beruflichen Sorgfaltspflicht; ärztlicher Kunstfehler *m*; **~ insurance** Berufshaftpflichtversicherung *f*

**man**, Mensch *m*; Mann *m*; **~-hour** Arbeitsstunde *f (eines Mannes)*; **~ in the street** Durchschnittsbürger *m*; **~-made fibres industry** Chemiefaserindustrie *f*; **~ of straw** Strohmann *m*

**man**, *v* (Schiff) bemannen; **to ~, equip and supply** *(Schiff)* ausrüsten

**manage**, *v* führen, leiten, verwalten; Geschäfte führen; *(Gut)* bewirtschaften; es einrichten; **to ~ a p.'s affairs** jds Angelegenheiten besorgen; **to ~ a farm** e-n Hof bewirtschaften; **to ~ on one's pay** mit seinem Gehalt auskommen; **to ~ a property** (or **real estate**) Grundbesitz verwalten; **to ~ property** Vermögen verwalten

**manageable**, handhabbar

**managed**, **~ currency** manipulierte (od. gesteuerte) Währung *f*; **~ economy** Planwirtschaft *f*; **~ fund** → flexible fund

**management**, Leitung *f*, Verwaltung *f*, Führung *f (e-s Unternehmens)*; Geschäftsführung *f*, Betriebsführung *f*; Unternehmensführung *f*; leitende Angestellte *pl*, Verwaltungsspitze *f (e-s Unternehmens)*; Direktion *f*; Bewirtschaftung *f*; **board of ~** Verwaltungsrat *m*, Vorstand *m*; **business ~** Geschäftsführung *f*, Betriebsführung *f*; **commercial ~** kaufmännische Geschäftsführung; **effective ~ (DBA)** tatsächliche Geschäftsleitung; **junior** (or **lower**) **~** unteres Management, untere Führungskräfte *fpl*; **middle ~** mittlere Führungskräfte; **place of ~** Ort *m* der Geschäftsleitung; **time ~** Terminplanung *f*; Zeitplan *m*; **top ~** oberes Management *n*, obere Führungskräfte *fpl*; Unternehmensspitze *f*; **~ ability** Eignung *f* als Führungskraft; **~ advisory service** Unternehmensberatung *f*; **~ and labo(u)r** Betriebsführung *f* und Arbeitskräfte *pl*; Sozialpartner *pl*; **~ and (trade) union** Sozialpartner *pl*; **~ appraisal** (or **audit**) Prüfung und Bewertung e-s Management; **~ body** Führungsgremium *n*; **~ buyin** Unternehmenskauf *m* durch Management-Experten außerhalb der Gesellschaft; **~ buyout** (MBO) Unternehmenskauf *m* durch das Management der Gesellschaft; **~ by delegation** Unternehmensführung durch Delegierung von Kompetenzen an Mitarbeiter; **~ by exception** dezentralisierte Unternehmensführung; **~ by objectives** zielorientierte Unternehmensführung; **~ by results** ergebnisorientierte Unternehmensführung; **~ company** *Br* Gesellschaft, die einen oder mehrere → unit trusts verwaltet; **~ consultancy** Unternehmensberatung *f*; **~ consultant** Unternehmensberater *m*; **~ expenses** Geschäftsführungskosten, Verwaltungskosten *pl*; **~ fee** Verwaltungsgebühr *f*; **~ game** (Unternehmens-) Planspiel *n*; **~ group** Konsortium *n*; **~ information system** Management-Informationssystem *n* (MIS); **~ leadership** Unternehmensführung *f*; **~of the fair** Messeleitung *f*; **~ of a fund** Fondsverwaltung *f*; **~ of innovation** Innovationsmanagement *n*; **~ of land** Bodenbewirtschaftung *f*; **~ of a program(me)** Durchführung e-s Programms; **~ of property** Vermögensverwaltung *f*; **~ of radioactive waste** Bewirtschaftung radioaktiver Abfälle; **~ of securities** Verwaltung von Wertpapieren; **~ planning** Unternehmensplanung *f*; **~ ratio** *Am* Anzahl leitender Angestellter auf 100 Beschäftigte; **~ report** Lagebericht *m*; **~ scheduling** Terminplanung *f*; **~ services** *Br* Abteilung, die die Unternehmensleitung berät; **~ shares** Aktien *fpl* im Besitz der Unternehmensführung; **~-staff relations** Management-Belegschaftsbeziehung *fpl*; **~ style** Führungsstil *m*; **~ team** Führungsgruppe *f*; **~ techniques** Management-Techniken *pl*; **~ trainee** Führungsnachwuchskraft *f*; **~ training** Ausbildung *f* von Führungskräften; **~ trust** flexibler (Investment-)Trust; **the business is under new ~** das Geschäft steht unter neuer Geschäftsführung; **to take over the ~** die Geschäftsführung übernehmen

**manager**, Geschäftsführer *m*, Betriebsführer *m*; leitender Angestellter *m (e-s Unternehmens)* Manager *m*; Leiter *m*; **~s** Führungskräfte *fpl*; Direktion *f*; Geschäftsleitung *f*; Konsortialführer, **bank ~** Bankdirektor *m (e-r Filiale)*; **branch ~** Filialleiter *m*; **commercial ~** wirtschaftlicher Leiter; **departmental ~** Abteilungsleiter *m*; **general ~** → general; **personnel ~** Personalchef *m*; **sales ~** Verkaufsleiter *m*; **technical ~** technischer Direktor *m*; **~'s in SMEs** KMU-Führungskräfte *fpl*

**manageress**, Geschäftsführerin *f*, Betriebsführerin *f*; leitende Angestellte *f (e-s Unternehmens)*

**managerial**, managermäßig; Leitungs-; Führungs-; **~ employee** leitende(r) Angestellte(r) *f(m)*; **~ grid** Verhaltensgitter *n (Kombination von Führungsstilen)*; **~ behavio(u)r** Leitungsverhalten *n*; **in a ~ capacity** in leitender Stellung; **~ disease** Managerkrankheit *f*; **~ economics** allgemeine Betriebswirtschaftslehre *f*; **at ~ level** auf Führungsebene *f*; **~ personnel** Führungskräfte *fpl*

**managerial position**, leitende Stellung *f*; **to be active in a ~** leitend tätig sein

**managerial**, **~ qualities** Führungsqualitäten *fpl*; **~ staff** Führungskräfte *fpl*; **~**

**task** Führungsaufgabe *f*; **~ task group** Führungsgruppe *f (mit besonderem Aufgabenbereich)*

**managing**, leitend, geschäftsführend; **~ agent** *(mit umfassenden Vollmachten versehener)* Geschäftsführer *m*; **~ board** Vorstand *m*; **~ board member** Vorstandsmitglied *n*; **~ clerk** Disponent *m*; Geschäftsführer *m*; **~ director** geschäftsführender Direktor *m*; Generaldirektor *m*; **~ directors** Geschäftsführung *f*; Vorstand *m*; **~ owner** (of a ship) Korrespondentenreeder *m*; **~ partner** geschäftsführender Teilhaber *m* (od. Gesellschafter *m*); **~ underwriter** Konsortialführer *m*

**mandamus**, (**order of ~**, *Am* **writ of mandamus**) Gerichtsbefehl *m* zur Vornahme oder Unterlassung e-r Handlung; **interlocutory ~** *Br* einstweilige Verfügung *f*

**mandatary**, Beauftragter *m*, Bevollmächtigter *m*, Mandatar *m*

**mandate**, Auftrag *m*; Vollmacht *f*; Mandat *n (e-s Abgeordneten)*; **account** (or **third party**) **~** Kontovollmacht *f*

**mandator**, Auftraggeber *m*; Mandant *m*; Vollmachtgeber *m*

**mandatory**, obligatorisch, vorgeschrieben, zwingend; **~ disclosure** Passivierungspflicht *f*; **~ injunction** → injunction; **~ or optional** obligatorisch oder fakultativ; **~ provision** Mussvorschrift *f*; **~ quota** Zwangsquoten *fpl*

**man-hours worked**, geleistete Arbeitsstunden *fpl*

**manifest**, Manifest *n*, Ladeliste *f (auf e-m Schiff od. Flugzeug für die Zollbehörde)*; Kundgebung *f*; **inward ~** Zolleinfuhrerklärung *f*; **outward ~** Zollausfuhrerklärung *f*; **passenger ~** → passenger

**manifest**, *v* darlegen, kundtun; *(in der Ladeliste)* aufführen

**manifold paper**, *(dünnes)* Durchschlagpapier *n (für Schreibmaschine)*

**manipulate**, *v* manipulieren, *(gezielt)* beeinflussen; handhaben

**manipulation**, Manipulation *f*, *(unfaire)* Beeinflussung *f*; Handhabung *f*; **fraudulent ~** betrügerisches Geschäftsgebaren *n*; **~ on the stock exchange** Börsenmanipulation *f*

**manner**, Art und Weise *f*; **manner's** Manieren *pl*; **business ~'s** Geschäftsgebaren *n*; **~ of calculation** Berechnungsart *f*

**manning**, Personalbestand *m*; **~ table** Stellenbesetzungsplan *m*

**manor house**, *(großes)* Gutshaus *n*, Herrenhaus *n*

**manpower**, *(verfügbare)* Arbeitskräfte *pl*; Personal *n*; **~ cut** Abbau *m* von Arbeitskräften; **~ deficit** Arbeitskräftemangel *m*, Personalmangel *m*; **~ establishment** Personalbestand *m*; **~ planning** Arbeitskräfteplanung *f*, Personalplanung *f*; **~ requirement** Arbeitskräftebedarf *m*, Personalbedarf *m*; **~ surplus** Arbeitskräfteüberschuss *m*; **~ training program(me)** *(vom Staat subventioniertes)* Programm *n* zur Schulung ungelernter Arbeiter

**manual**, Handbuch *n*, Leitfaden *m*

**manual**, manuell, mit der Hand; **heavy ~ labo(u)r** schwere körperliche Arbeit *f*

**manufacture**, Fabrikation *f*, Herstellung *f (in e-r Fabrik)*; Fertigung *f*; Fabrikat *m*, *(fabrikmäßig hergestelltes)* Erzeugnis *n*; **~s** Fabrikwaren *pl*, Fertigwaren *pl*; gewerbliche Erzeugnisse *npl*; **course of ~** Fabrikationsgang *m*; **foreign ~** ausländisches Fabrikat *n*; **goods in process of ~** in Herstellung befindliche Waren; **home** (or **inland**) **~** einheimisches Erzeugnis *n*, inländisches Fabrikat *n*; **method of ~** Herstellungsverfahren; **place of ~** Herstellungsort *m*; **semi-~s** Halbfabrikate *npl*; **serial ~** Serienherstellung *f*; **supervision of ~** Fertigungskontrolle *f*; **year of ~** Herstellungsjahr *n*, Fertigungsjahr *n*; **~ to customer's specification** Einzelanfertigung *f*; **~ to measure** Maßanfertigung *f*

**manufacture**, *v* (fabrikmäßig) herstellen, fertigen; verarbeiten (into zu); **to ~ goods to specification** Waren nach Angaben (an)fertigen

**manufactured**, **~ articles** (or **goods**) Fabrikwaren *fpl*, Fabrikate *npl*, Fertigwaren *pl*; **~ products** Industrieerzeugnisse *npl*; **~ resignment** Rücktritt *m* wegen „Hinausekeln" *n (von Mitarbeitern)*

**manufacturer**, Fabrikant *m*, Hersteller *m*; Industrieller *m*; **~'s agent** Industrievertreter *m*; **~'s brand** Fabrikmarke *f*; **~'s guarantee** Herstellungsgarantie *f*; **~'s liability** Produzentenhaftung *f*; **~'s price** Fabrikpreis *m*; **~'s product** Firmenerzeugnis *n*

**manufacturing**, Fabrikation *f*, Herstellung *f (in e-r Fabrik)*, Fertigung *f*; Produktion *f*;

Industrie-; ~ **agreement** Herstellungsvertrag *m*; ~ **branch** Industriezweig *m*; ~ **cost** Herstellungskosten *pl*; Fabrikationskosten *pl*; ~ **defect** Fabrikationsfehler *m*; ~ **enterprise** Fabrikationsbetrieb *m*, ~ **expense** Fertigungsgemeinkosten *pl*; ~ **facilities** Fabrikationsanlagen *fpl*; ~ **industry** verarbeitende Industrie *f*, Fertigungsindustrie *f*; ~ **licen|ce (~se)** Herstellungslizenz *f*; ~ **monopoly** Alleinherstellungsrecht *n*; ~ **overhead(s)** Fertigungsgemeinkosten *pl*; ~ **plant** Fabrikanlage *f*; ~ **price** Herstellungspreis *m*; ~ **process** Herstellungsverfahren *n*; ~ **right** Herstellungsrecht *n*, Fabrikationsrecht *n*; ~ **secret** Fabrikationsgeheimnis *n*; ~ **sector** Fertigungssektor *m*; ~ **technology** Fertigungstechnologie *f*

**margin**, 1. Rand *m*, Abstand *m*; **to write in the ~** Randbemerkung machen

**margin**, 2. Marge *f*, Spanne *f*, Handelsspanne f; (Effektengeschäft) Einschuss *m* (vom Auftraggeber für Wertpapierkauf auf Kreditbasis eingezahlter Betrag); (bei Termingeschäften) (als Sicherheit zu hinterlegender) Einschuss *m* (des Käufers); Beleihungsgrenze *f* (beim Effektenkauf); (bei Arbitrage) Kursunterschied *m*; **buying on ~** Effektenkauf *m* mit Einschuss; **commercial ~ per item** Artikelspanne *f*, Stückspanne *f*, (Waren-)Einzelspanne *f*; **contribution ~** → contribution; **credit ~** Kreditspielraum *m*; **gross** *v* (Waren-) Bruttogewinn *m* Rohgewinn *m*; **net ~ (of an enterprise)** Reingewinn *m*; **profit ~** Gewinnspanne *f*; ~ **account** Effekten-Kreditkonto *n* (auf das Wertpapierkäufer den Einschuss zahlt); Terminkontraktkonto *n*; ~ **buying** Margin-Kauf *m* (Kauf von Wertpapieren auf Kreditbasis); ~ **call** Aufforderung zur Zahlung e-s Nachschusses (als Sicherheit des broker); ~ **of credit** Kreditspielraum; ~ **of the exchange rate** (or ~ **of fluctuation**) Bandbreite *f*; Schwankungsbreite *f*; ~ **of interest** Zinsspanne *f*; ~ **of preference** Präferenzspanne *f*; ~ **of profits** Gewinnspanne *f*; ~ **rate** (Effektengeschäft) Kreditgebühr *f*

**margin requirement**, Mindesteinzahlungserfordernis *n*; **to set ~s** die Höhe der Einschusspflicht beim Kreditkauf von Wertpapieren bestimmen *(Grenze, bis zu der Aktien und Vorzugsaktien bar bezahlt werden müssen)*

**margin**, ~ **rules** *(Börse)* Kreditbeschränkungsregeln *fpl*; ~ **safety** Sicherheitsmarge *f*, Sicherheitsspanne *f (z. B. bei Aktienbewertung)*; ~ **trading** → margin buying; **to buy on ~** *(Effekten)* auf Einschluss kaufen; **leave a ~** e-n Spielraum gewähren; Gewinn abwerfen; **the ~ between buying and selling rates has widened (narrowed)** die Spanne (Marge) zwischen Kauf- und Verkaufskursen hat sich vergrößert (verengt)

**marginal**, marginal; Rand-, Grenz-; auf der Grenze liegend, knapp kostendeckend; ~ **buying** Marginkauf *m*; ~ **call** → margin call; **marginal case** Grenzfall *m*; ~ **cost** Grenzkosten *pl*; ~ **costing** Grenzkostenrechnung *f*; ~ **earnings** Grenzertrag *m*; ~ **enterprise** Grenzbetrieb *m*, unrentabler Betrieb ~*m*; ~ **income** Deckungsbeitrag *m*; Grenzkostenergebnis *n*; ~ **land** Grenz(ertrags)boden *m*; ~ **profit** knapper Gewinn *m*; ~ **purchaser** unschlüssiger Käufer *m*; ~ **rate of taxation** Grenzsteuersatz *m*; ~ **relief** *Br* Ermäßigung *f* der Einkommensteuer *(wenn das Einkommen etwas über der Steuergrenze liegt)*; ~ **revenue** *Am* Grenzeinnahmen *pl*, Grenzerlös *m (Differenz zwischen Umsatz und variablen Kosten)*; ~ **undertaking** Grenzbetrieb *m*; unrentabler Betrieb *m*; ~ **utility** Grenznutzen *m*; ~ **yield** Grenzertrag *m*

**marine**, Marine *f*; See-, Meeres-, Schiffs-; **mercantile** (or **merchant**) ~ Handelsmarine *f*; ~ **accident** Seeunfall *m*; ~ **bill of lading** Seefrachtbrief *m*; ~ **engineering** Schiffsmaschinenbau *m*; ~ **hull insurance** Schiffskaskoversicherung *f*

**marine insurance**, See(transport)versicherung *f*; **inland ~** Binnentransportversicherung *f*; ~ **broker** Seeversicherungsmakler *m*

**marine**, ~ **loss** Verlust *m* auf See; ~ **peril** See(transport)gefahr *f*

**marine pollution**, Meeresverschmutzung *f*; **to prevent and control ~** Meeresverschmutzung verhüten und bekämpfen

**marine**, ~ **rate** Prämiensatz *m* der Seetransportversicherung; ~ **registry** *Br* Schiffsregisteramt *n*; ~ **resources** Meeresresourcen *pl*, Meeresschätze *pl*; ~ **risk** See(transport)gefahr *f*; ~ **station** Hafenbahnhof *m*; ~ **stores** Vorräte *pl* an Schiffsbedarf; Schiffsgegenstände *mpl*; ~ **transport** Seetransport *m*, Beförderung *f* auf dem Seewege; **~ underwriter** Seeversicherer *m*

**marital**, ehelich; **~ relations** eheliche Beziehungen *fpl*; **~ rights and duties** eheliche Rechte *pl* und Pflichten *pl*; **~ status** Familienstand *m*

**maritime**, See-, Schifffahrts-; **~ arbitration** Seeschiedsgerichtsbarkeit *f*; **~ casualty** Seeunfall *m*; **~ commerce** Seehandel *m*, Überseehandel *m*; **~ contract of affreightment** Seefrachtvertrag *m*; **~ disputes** Seerechtsstreitigkeiten *fpl*; **~ fishing** Seefischerei *f*; **~ freight** Seefracht *f*; **~ insurance** Seetransportversicherung *f*; **~ lien** Schiffspfandrecht *n*; **~ mortgage** Schiffshypothek *f*; **~ pollution** Meeresverschmutzung *f*; **~ port** Seehafen *m*; **~ risk** See(transport)gefahr *f*; **~ safety** Sicherheit *f* auf See; **~ science** Meereswissenschaft *f*; **~ search and rescue** Such- und Rettungsdienst auf See; **~ shipping** Seeschifffahrt *f*; **~ trade** Seehandel *m*, Überseehandel *m*; **~ traffic** Seeverkehr *m*

**mark**, Kennzeichen *n*; Auszeichnung *f (an Waren)*; Preiszettel *m*; *(Börse)* Notierung *f*; Kursfestsetzung *f*; (Handels- od. Fabrik-) Marke *f*; Bezeichnung *f*, Markierung *f (e-s Packstücks)*; **certification ~** Verbandszeichen *n*, Gütermarke *f*; **check ~** Kontrollzeichen *n*; **collective ~** *Am* Verbandszeichen *n*; **deceptive ~** irreführendes (Waren-)Zeichen *n*; **service ~** *Am* Diensleistungsmarke *f*; **~ of origin** Herkunftszeichen *n*; **~ of quality** Gütezeichen *n*

**mark(-)down**, Preisnachlass *m*, niedrigere Auszeichnung *f (e-r Ware)*; *(Börse)* Kursabschlag *n*; **~ (on selling price)** Handelsabschlag *n*; *(bei Markenartikeln)* Handelsrabatt *m*; **a 10 % ~** ein 10%iger Preisnachlass *m*

**mark(-)up**, Preiserhöhung *f*, Preisaufschlag *m*; höhere Preisauszeichnung *f (e-r Ware)*; *(Börse)* Kursaufschlag *m*; **~ (on purchase price)** Handelsaufschlag *m*; Kalkulationsaufschlag *m*; **~ pricing** Gewinnkalkulation *f*

**mark**, *v* kennzeichnen, bezeichnen, markieren, beschriften; *(Waren)* auszeichnen; *(Börse) (Kurs)* notieren, festsetzen; **to ~ down** vormerken; im Preis herabsetzen; mit e-m niedrigeren Preis auszeichnen; *(Börse) (Kurs)* niedriger notieren; **to ~ up** im Preis heraufsetzen, aufschlagen; mit e-m höheren Preis auszeichnen; *(Börse)* höher notieren

**marked**, **~-down price** herabgesetzter Preis *m*; **~ price** ausgezeichneter Preis *m*; festgesetzter *(Kurs) m*; **~-up price** heraufgesetzter Preis *m*; **the packages should be ~ distinctly** die Kollis sind deutlich zu beschriften

**market**, 1. Markt *m*; Marktplatz *m*; Absatzgebiet *n*; Nachfrage *f* (for nach); *colloq.* Marktpreis *m*; Börse (→ market 2.); **active ~** lebhafter Markt; **agricultural ~** Agrarmarkt *m*; **black ~** schwarzer Markt; **brisk ~** lebhafter Markt; **commodity ~** Warenmarkt, Rohstoffmarkt *m*; **Common M~** *(EU)* Gemeinsamer Markt *(der Mitgliedstaaten der EU)*; **control of the ~** → control; **covered ~** Markthalle *f*; **domestic ~** Binnenmarkt *m*; Inlandsmarkt *m*; **export ~** Exportmarkt *m*; **gap in the ~** Marktlücke *f*; **in the ~** auf dem Markt *(zum Verkauf)*; **inactive ~** lustloser Markt; **internal ~** *(EU)* Binnenmarkt *m*; **international ~** Weltmarkt *m*; **labo(u)r ~** Arbeitsmarkt *m*; **on the ~** auf dem Markt *(zum Verkauf)*; **open ~** → open; **position on the ~** Marktstellung *f*; **property** (or **real estate**) **~** Immobilienmarkt *m*; **receptive ~** aufnahmebereiter Markt; **share of the ~** Marktanteil *m*; **sharing the ~** Marktaufteilung *f*; **stagnant ~** tagnierender Markt; Absatzstockung *f*; **steady ~** fester Markt; **weekly ~** Wochenmarkt *m*; **~ access** Marktzugang *m*; **~ appraisal** Marktbewertung *f*; **~ arrangement** Marktabrede *f*; **~ balance** Marktgleichgewicht *n*, **~ behavio(u)r** → market conduct

**market condition(s)**, Marktlage *f*, Marktverhältnisse *pl*; Marktkonstellation *f*; Konjunktur *f*; **depending on ~** konjunkturbedingt; **in conformity with ~ s** marktgerecht

**market**, **~ conduct** Marktverhalten *n*, Verhalten *n* auf dem Markt; **~ control** Marktbeherrschung *f*; **~ day** Markttag *m*; **~ dealer** Händler *m* auf dem Markt; **~ demand** Marktnachfrage *f*, Gesamtnachfrage *f (Nachfrage aller Verbraucher)*, **~ disruption** Marktzerrüttung *f*; **~ disturbance** Marktstörung *f*; **~ dominance** Marktbeherrschung *f*

**market dominating position**, marktbeherrschende Stellung *f*; **firm in a ~** marktbeherrschende Firma *f*; **to abuse**

**(acquire) a ~** e-e marktbeherrschende Stellung missbrauchen (erwerben)
**market economy**, Marktwirtschaft *f*
**market equilibrium, restoration of the ~** Wiederherstellung *f* des Marktgleichgewichts
**market fluctuation**, Marktschwankung *f*; **price changes are subject to ~s** durch Preisschwankungen bedingte Preisänderungen behalten wir uns vor
**market**, **~ forces** Marktkräfte *fpl*; **~ forecast** Marktvorausschätzung *f*, Marktprognose *f*; **~ gap** Marktlücke *f*; **~ garden** *Br* (Handels-)Gärtnerei *f*; **~ hours** Marktstunden *fpl*; **~ imbalance(s)** Marktungleichgewicht *n*; **~-induced** marktbedingt; **~ investigation** Marktbeobachtung *f*; **~ investigator** Marktbeobachter *m*; **~ knowledge** Marktkenntnisse *fpl*; **~ leader** Marktführer *m* → ~ 2.; **market maker** → market 2.; **~ model** Marktmodell *n*; **~ needs** Marktbedürfnisse *npl*; **~ niche** Marktnische *f*; **~s of the Community and non-member countries** *(EU)* Märkte *mpl* innerhalb und außerhalb der Gemeinschaft
**market**, **~-oriented prices** marktorientierte (od. marktgerichtete) Preise *mpl*; **~ outlet** Verkaufsstelle *f*; **~ outside the Community** *(EU)* dritter Markt; **~ overt** *bes. Br* offener Markt; **~ participant** Marktteilnehmer *m*; **~ penetration** Marktdurchdringung *f*; **~ performance** Marktleistung *f*
**market price**, Marktpreis *m*; **actual ~** derzeitiger Marktpreis; **current ~s** geltende Marktpreise *mpl*; **fair ~** marktgerechter Preis *m*; **usual ~** marktgängiger Preis *m*
**market**, **~ promotion** Absatzförderung *f*; **~ prospects** Marktaussichten *fpl*; **~ proximity** Marktnähe *f*; **~ rate (of discount)** *Br* Diskontsatz *m* der Geschäftsbanken; **~ rates of interest** *Am* Geldmarktzinssätze *mpl*; **~ regulation** Marktordnung *f*; **~ report** Marktbericht *m*
**market requirements**, Marktbedürfnisse *npl*; **appropriate to the ~** den Markterfordernissen entsprechen
**market**, **~ research** Marktforschung *f*; **~ rigger** Aktienschwindler *m*; **~ saturation** Marktsättigung *f*; **~ share** Marktanteil *m*
**market sharing**, Marktaufteilung *f*; **~ agreement** Marktaufteilungsvereinbarung *f*; **~ ring** Gebietskartell *n*
**market**, **~ situation** Marktlage *f*; **~ stability** Marktstabilität *f*; **~ stand** (or **stall**) Markt(verkaufs)stand *m*; **~ standstill** Absatzstockung *f*; **~ strategy** Marktstrategie *f*; **~ structure** Marktstruktur *f*; **~ supply** Marktbeschickung *f*, Marktbelieferung *f*; **~ surveillance** Marktüberwachung *f*; **~ survey** Marktuntersuchung *f*; **~ target price** Marktrichtpreis *m*
**market terms, on the usual ~** zu den marktüblichen Bedingungen *fpl*
**market**, **~ territory** Marktgebiet *n*; **~-test** *v* auf dem Markt erproben; **~ tightness** Marktenge *f*; **~ trend** Markttendenz *f*, Marktentwicklung *f*, Entwicklung *f* der Marktlage
**market value**, Marktwert *m*; **fair ~** Verkehrswert *m*, **foreign ~** → foreign; **present ~** Zeitwert *m*
**market, to be in the ~** auf dem Markt sein, zum Verkauf angeboten werden; als Käufer auftreten (for für); **to come into** (or **on**) **the ~** auf den Markt kommen; **to command the ~** den Markt beherrschen; **to congest the ~** den Markt überschwemmen; **to conquer the ~** den Markt erobern; **to divide the ~** den Markt aufteilen; **to find no ~** keinen Absatz finden; **to glut the ~** den Markt überschwemmen; **to hold a ~** e-n Markt abhalten; **to introduce into the ~** auf den Markt bringen (einführen); **to meet with a ready ~** guten Absatz finden; **to open up new ~s** neue Märkte erschließen; **to put on the ~** auf den Markt bringen; **to put sb. out of the ~** jdn vom Markt verdrängen; **to supply the ~** den Markt beliefern (od. beschicken); **to throw on the ~** auf den Markt werfen
**market**, 2. Börse *f*; Börsen-, Kurs-; **after hours ~** Nachbörse *f*; **at the ~** bestens, zum Börsenkurs; **bear ~** Markt mit fallenden Kursen, Baisse(markt) *f(m)*; **bond ~** Rentenmarkt *m*; **bull ~** Markt mit steigenden Kursen, Hausse(markt) *f(m)*; **depressed ~** gedrückte Börse; **dull ~** lustlose *(Börse)*; **fall in the ~** Baisse *f*; **forward** (or **futures**) **~** Terminmarkt; **official ~** amtlicher Börsenmarkt *m*; **over-the-counter ~** → over; **sagging market** schwache Börse; **spot ~** Kassamarkt *m*; **strong ~** feste Börse; **unofficial ~** Freiverkehr *m*; **~ average**

Durchschnittskurs *m*; ~ **before official hours** Vorbörse *f*; ~ **capitalization** Börsenkapitalisierung *f (Börsenwert e-r Kapitalgesellschaft)*; ~ **crash** Börsenkrach *m*; ~ **day** Börsentag *m*; ~ **dullness** Börsenflaute *f*; ~ **exchange rate** Marktkurs *m*; ~ **loor** Börsensaal *m*; ~ **in the shares** (or ~ **in ... shares**) Markt für *(bestimmte)* Aktien; ~ **leaders** führende Börsenwerte *mpl*; Spitzenreiter *mpl*; ~ **loss** Kursverlust *m*; ~ **maker** Wertpapierhändler, der an der Londoner Börse ständig sowohl Ankaufs- wie Verkaufspreise quotiert; ~ **of issue** Emissionsmarkt *m*; ~ **order** unlimitierter Börsenauftrag *m*; Bestensauftrag *m*; ~ **price** Börsenkurs *m*; ~ **profit** Kursgewinn *m*; ~ **quotation** Kursnotierung *f*; ~ **rate** Börsenkurs *m*; ~ **report** Börsenbericht *m*, Kursbericht *m*; ~ **rigging** Kurstreiberei *f*; (betrügerische) Kursmanipulation *f*; ~ **sentiment** Börsenstimmung *f*; ~ **slump** Kurssturz *m*, Baisse *f*; ~ **supply** Marktbelieferung *f*; ~ **syndicate** Börsenkonsortium *n*; ~ **theories** Börsentheorien *fpl*; ~ **timing** Investitionsstrategie f, die bei der Vorhersage, dass die Renditeentwicklung auf den Aktienmärkte besser als auf den Rentenmärkten ausfällt, den Anteil an Aktien im Portfolio aufstockt; ~ **tip** Börsentip *m*; ~ **tone** (Börsen-)Stimmung *f*; ~ **transactions** Börsengeschäfte *npl*; ~ **value** Kurswert *m*, Börsenwert *m*

**market**, *v* auf e-m Markt kaufen oder verkaufen, auf den Markt bringen, in den Verkehr bringen; vermarkten

**marketable**, *(gut)* verkäuflich, gangbar; absatzfähig; börsengängig; ~ **article** gängiger Artikel *m*; **easily ~ assets** leicht verwertbare Aktiva *npl*; ~ **goods** marktgängige (od. leicht verkäufliche) Waren *pl*; ~ **shares** börsenfähige (od. marktgängige) Aktien *pl*; ~ **value** Marktwert *m*; Verkaufswert *m*

**marketing**, Marketing *n*; Absatz(wesen *n*, -wirtschaft *f*, -planung *f*); Inverkehrbringen *n*; Vertrieb *m*; Vermarktung *f*; ~ **agreement** Marktabsprache *f*, Vertriebsvereinbarung *f*; ~ **area** Absatzgebiet *n*; ~ **association** Marketing-Verband *m*, absatzwirtschaftlicher Verband *m*; ~ **channels** Absatzwege *mpl*; ~ **conditions** Vermarktungsbedingungen *fpl*; ~ **consultant** Marketing-Berater *m*; Absatzberater *m*; ~ **cooperative** Absatzgenossenschaft *f*; ~ **costs** Absatzkosten *pl*, Vertriebskosten *pl*, Vermarktungskosten *pl*; ~ **cycle** Marketing-Zyklus *m (Planung, Ausführung und Kontrolle des Marketing)*, ~ **director** Marketing-Direktor *m*, Leiter der Vertriebsabteilung; ~ **executives** Führungskräfte *fpl* im Marketing; ~ **expert** → marketing consultant; ~ **(field) survey** Marktforschung *f* an Ort und Stelle; ~ **intermediaries** Absatzmittler *mpl*; ~ **manager** → ~ director; **guerrilla ~** → guerrilla marketing; ~ **mix** Marketing-Mix *n (verschiedene Marketing-Aktivitäten e-s Unternehmens)*; ~ **of securities** Inverkehrbringen *n* von Wertpapieren; ~ **policy** Marketing-Politik *f*, Absatzpolitik *f*, Vertriebspolitik *f*; ~ **possibilities** Absatzmöglichkeiten *fpl*; ~ **premium** *(EU)* Vermarktungsprämie *f*; ~ **research** Absatzforschung *f*; ~ **standards** *(EU)* Vermarktungsnormen *fpl*; ~ **techniques** Absatztechniken *pl*; ~ **year** *(EU)* Wirtschaftsjahr *n*

**marking**, Kennzeichnung *f*; Bezeichnung *f*, Aufschrift *f*, Markierung *f*; Auszeichnung *f (von Waren)*; *Br* (Kurs-)Notierung *f*; ~ Börsenumsätze *pl*; **price** ~ Preisauszeichnung *f*; ~ **clerk** *Br* Kursmakler *m*; ~ **to market** tägliche Abrechnung *f (bei Terminkontrakten)*; ~ **out** Grenzziehung *f*; Vermarkung *f*

**marriage**, Ehe *f*; **by** ~ angeheiratet; **civil** ~ standesamtliche Trauung *f*; **connected by** ~ verschwägert; **foreign** ~ Eheschließung im Ausland; **related by** ~ verschwägert; ~ **portion** Mitgift *f*

**married**, verheiratet; Ehe-; ~ **allowance** *Br* persönlicher (Steuer-)Freibetrag *m (für Eheleute)*; ~ **put** Verkaufsoption *f*, die zur selben Zeit wie das Basisobjekt gekauft wird, um den für das Basisobjekt gezahlten Preis abzusichern

**marshal**, *v* ordnen, zusammenstellen; *(feierl.)* (hinein)geleiten; **to ~ assets** e-n Verteilungsplan aufstellen *(zur Verteilung der Aktiva aus e-m Nachlass od. e-r Konkursmasse)*

**marshalling**, **marshalling area** Containerdepot *n*; **marshalling yard** Rangierbahnhof *m*

**mass**, Masse *f*; **means of ~ communication** Massenkommunikationsmittel *pl*; ~ **dimissals** Massenentlassungen *fpl*

**mass customization**, Produktion von Leistungen für einen großen Absatzmarkt, wobei die unterschiedlichen Bedürfnisse eines jeden Nachfragers dieser Produkte Berücksichtigung finden und in standardisierter Form in den Produktionsprozess einfließen. Modularisierung der Produkte ist hierfür eine wichtige Vorraussetzung.

**mass-market**, *v* in großen Massen auf den Markt bringen

**mass**, ~ **media** Massenmedien *pl (Fernsehen, Radio, Presse)*; ~ **meeting** Massenversammlung *f*

**mass-produce**, *v* in Massen (od. Serien) herstellen; **~d article** Massenartikel *m*, Serienartikel *m*

**mass**, ~ **production** Massenproduktion *f*; Massenfertigung *f*; Serienfertigung *f*; ~ **unemployment** Massenarbeitslosigkeit *f*

**Massachusetts trust**, *Am (einzelstaatlich verschieden geregelter)* gesellschaftsähnlicher Zusammenschluss *m*

**master**, Dienstherr *m*, Geschäftsherr *m*; (Handwerks-)Meister *m*; Kapitän *n (e-s Handelsschiffes)*; ~ **and crew** Kapitän *m* und Mannschaft *f*; ~ **and servant** Geschäftsherr *n* und Angestellter; **M~ Card** *(von Banken gegründetes)* internationales Zahlungssystem *n*; **~'s certificate** Kapitänspatent *n*; ~ **craftsman** (Handwerks-)Meister *m*; ~ **data** *(EDV)* Stammdaten *pl*; ~ **file** Stammkartei *f*; *(EDV)* Stammdatei *f*; ~ **plan** Gesamtkonzeption *f*; ~ **policy** Rahmenpolice *f*; ~ **scheduling** Gesamtplanung *f*

**match monopoly**, Zündwarenmonopol *n*

**match**, *v* gleich sein mit, passen zu *(Qualität, Farbe etc.)*; entsprechen; **the quality does not ~ our expectations** die Qualität entspricht nicht unseren Erwartungen; **to ~ output to demand** die Produktion der Nachfrage anpassen; **to ~ the sample** mit dem Muster übereinstimmen

**matched order**, *Am* Börsenauftrag *m* auf Kauf und Verkauf desselben Wertpapiers

**matching**, Ausgleich *m (z. B. Aktiva gegen Passiva)*; ~ **duty** Ausgleichszoll *m*

**matching the sample**, dem Muster entsprechend

**mate**, Ehegatte *m*; (Arbeits-)Kamerad *m*; (Handwerks-)Geselle *m*; Maat, Steuermann *m*; **~'s certificate** Steuermannspatent *n*; **~'s receipt** Steuermannsempfangsschein *m*

**material**, 1. Material *n*, Stoff *m*; Baustoff *m*; Werkstoff *m*; ~ **(s)** Unterlagen *pl*; **bill of materials** Stückliste *f*; **building ~s** Baustoffe *pl*; **cost of ~s** Materialkosten *pl*; Stoffkosten *pl*; **defect in the ~** Materialfehler *m*; direct ~ → direct; **indirect ~** → indirect; ~ **and supplies** Roh-, Hilfs- und Betriebsstoffe *pl*; ~ **consumption** Materialverbrauch *m*; **~s control** Material(bestands)kontrolle *f*; ~ **costs** Materialkosten *pl*; Sachkosten *pl*; **~s expenditure** Materialaufwand *m*; **~s handling** Materialbewegung *f (innerhalb e-s Unternehmens)*, ~ **s management** Materialwirtschaft *f*; ~ **needs** (or **requirements**) Materialbedarf *m*; **~s overheads** Materialgemeinkosten *pl*; ~ **planning** Materialplanung *f*; ~ **procurement** Materialbeschaffung *f*; ~ **requirements planning** (MRP) Materialbedarfsplanung *f*; **~s requisition** Materialanforderung *f*; ~ **stores** Materiallager *n*; ~ **testing** Materialprüfung *f*; ~ **withdrawal** Materialentnahme *f*

**material**, 2. *adj* wesentlich, erheblich; materiell; Sach-; ~ **assets** Sachwerte *pl*; ~ **concealment** → concealment; ~ **damage** erheblicher Schaden *m*; Sachschaden *m*; ~ **error** wesentlicher Fehler *m*; ~ **interest** wesentliche Beteiligung *f*; ~ **item** *(Bilanz)* Posten *m* von Bedeutung; ~ **misrepresentation** unrichtige Angabe(n) über e-n wesentlichen Punkt; **at the ~ time** zu der betreffenden Zeit

**maternity**, ~ **allowance** (or **benefit**) Mutterschaftsgeld *n*, ~ **leave** Mutterschaftsurlaub *m*; ~ **protection** Mutterschutz *m*

**mathematics of finance**, Finanzmathematik *f*

**Matif SA**, französische Terminbörse *f*

**matrix**, Matrix

**matter**, Angelegenheit *f*, Sache *f*; ~ **at** (or **in**) **hand** vorliegende Sache *f*; ~ **at** (or **in**) **issue** Streitsache *f*, Streitgegenstand *m*; ~ **in controversy** Streitgegenstand *m*; ~ **of consequence** wichtige Angelegenheit *f*; ~ **of course** Selbstverständlichkeit *f*; ~ **of official concern** Dienstsache *f*; amtliche Sache *f*

**matter**, *v*, **the price does not ~** auf den Preis kommt es nicht an

**matrix**, Matrix *f*; **Boston ~** → Boston Matrix

**mature**, *adj* fällig; reif; **after ~ consideration** nach reiflicher Überlegung;

**mature market**, gesättigter Markt *m*
**mature**, *v* fällig werden; **the loan ~s over 7 years** die Anleihe hat e-e Laufzeit von 7 Jahren
**matured**, fällig; **well** ~ gut abgelagert; ~ **bill** fälliger Wechsel *m*
**maturing on**, fällig werdend am
**maturity**, Fälligkeit *f*, Verfall(tag) *m*; fällige Tilgungsrate *f*; Laufzeit *f*; **at** ~ bei Fälligkeit, bei Verfall; **deposits with ~ies of 3 months** Einlagen *pl* mit e-r Laufzeit von 3 Monaten; **on** ~ → at maturity; **prior to** ~ vor Fälligkeit; **with a** ~ **of** fällig am; ~ **age** *(Vers.)* Endalter *n*; ~ **date** Fälligkeitsdatum *n*; ~ **index** (or **tickler**) *Am* Terminkalender *m*; **to pay a bill of exchange at** ~ (or **at its maturity date**) e-n Wechsel bei Fälligkeit zahlen; ~ **stage**, Reifephase *f* (im Produktlebenszyklus *m*)
**maximation of profits**, Gewinnmaximierung *f*
**maximize**, *v* maximieren
**maximum**, Maximum *n*, Höchstmaximum; ~ **amount** Maximalbetrag *m*, Höchstbetrag *m*; ~ **carrying capacity** Höchsttragfähigkeit *f*; ~ **limit** Höchstgrenze *f*; ~ **load** Höchstbelastung *f*; ~ **loan value** Beleihungsgrenze *f (bei Wertpapieren)*; ~ **output** Höchstleistung *f*; Höchstproduktion *f*; ~ **price** Höchstpreis *m*; ~ **quota** Höchstkontingent *n*; ~ **rate** Höchstsatz *m*; (Devisen) Höchstkurs *m*; ~ **speed** Höchstgeschwindigkeit *f*; ~ **wage(s)** Höchstlohn *m*, Spitzenlohn *m*; ~ **yield** Höchstertrag *m*
**m-banking**, → Mobile banking
**m-business**, → Mobile business
**m-commerce**, → Mobile commerce
**megabyte**, Megabyte *n* (*Ein ~ entspricht 1.024 → Kilobyte.*)
**mean**, Mittelwert *m*; mittlere(r, -s), durchschnittlich; geizig; ~ **income** mittleres Einkommen *n*; ~ **price** Durchschnittspreis *m*; ~ **rate (of exchange)** Mittelkurs *m*; ~ **spot rate** Kassamittelkurs *m*; ~ **value** Durchschnittswert *m*
**meaning**, Sinn *m*, Bedeutung *f*; **within the** ~ **of this law** im Sinne dieses Gesetzes
**means**, 1. (Geld-)Mittel *pl*; **ample** ~ reichliche Mittel; **available** ~ verfügbare Mittel; **beyond one's** ~ unerschwinglich; **of limited** ~ minderbemittelt; **within one's** ~ erschwinglich; **without** ~ unbemittelt; ~ **of livelihood** Existenzmittel *pl*; ~ **of subsistence** Unterhaltsmittel *pl*; ~ **test** Bedürftigkeitsprüfung *f*; **to be of independent** ~ finanziell unabhängig sein; **to live beyond one's** ~ über seine Verhältnisse leben
**means**, 2. (Hilfs-)Mittel *pl*; ~ **of carriage** Transportmittel; ~ **of communication** Nachrichtenmittel, Kommunikationsmittel; ~ **of conveyance** Beförderungsmittel; ~ **of evidence** Beweismittel; ~ **of production** Produktionsmittel; ~ **of redress** Rechtsbehelfe *mpl*; ~ **of transport(ation)** Transportmittel; Verkehrsmittel
**measure**, Maß *n*, Maßeinheit *f*; Maßnahme *f*, Maßregel *f*; **coercive** ~ Zwangsmaßnahme *f*; **economy** ~ Sparmaßnahme *f*; **made to** ~ nach Maß angefertigt (od gearbeitet); **preventive** ~ vorbeugende Maßnahme; **weights and ~s** Maße *pl* und Gewichte *pl*; ~ **of damages** Höhe *f* des Schadenersatzes; ~ **of precaution** Vorsichtsmaßnahme *f*; **to take (appropriate) ~s** (geeignete) Maßnahmen ergreifen (od. treffen)
**measure**, *v* messen, bemessen; **~d day rate** Tagesakkordsatz *m*; **~d daywork system** (MDS) System der entsprechenden höheren Bezahlung für überdurchschnittliche Leistung der ganzen Fabrik
**measurement**, Messen *n*, Messung *f*; Maß *n*; **certificate of** ~ Messbrief *m*; ~ **goods** sperrige Güter *pl*; Sperrgut *n*; ~ **of a ship** Schiffsvermessung *f*
**meat**, Fleisch *n*; ~ **inspection** Fleischbeschau *f*; ~ **packer** Fleischverarbeitungsfirma *f*; ~ **packing** Fleischverarbeitungsindustrie *f*; ~ **preserves** Fleischkonserven *fpl*; ~ **products** Fleischwaren *fpl*
**mechanic**, Handwerker *m*; Maschinenschlosser *m*; **~'s lien** → lien
**mechanical**, mechanisch, maschinell, Maschinen-; ~ **breakdown** Maschinenschaden *m*; ~ **engineering** Maschinenbau *m*
**mechanize**, *v* mechanisieren
**mechanized**, **accounting** Maschinenbuchführung
**media**, Medien *npl*, Werbeträger *mpl*, Reklamemittel *npl* (→ medium), **advertising** ~ Werbemittel *npl*; ~ **advertising** Werbung *f* durch Medien; ~ **policy** Medienpolitik *f*; ~ **research** Medienforschung *f*
**mediate**, *v* vermitteln, schlichten

**mediation**, Vermittlung *f*, Schlichtung *f*; **offer of ~** Vermittlungsvorschlag *m*; **~ committee** Vermittlungsausschuss *m*; Schlichtungsausschuss *m*

**mediator**, Vermittler *m*, Schlichter *m*

**medical**, ärztlich; **~ bill** Arztrechnung *f*; **~ board** Gesundheitsamt *m*; **~ care** ärztliche Betreuung *f*; **~ check-up** Vorsorgeuntersuchung *f*; **~ doctor's application for establishment** Niederlassungsantrag *m* für Ärzte; **~ examination** ärztliche Untersuchung *f*; **~ expenses** Arztkosten *pl*; **~ fee(s)** ärztliches Honorar *n*; **~ leasing** → leasing 2.; **~ opinion** ärztliches Gutachten *n*; **~ payments coverage** *Am* (Auto-)Insassenversicherung *f*; **~ practitioner** praktischer Arzt *m*

**medical prescription, subject to ~** verschreibungspflichtig

**medical**, **~ service** Gesundheitsdienst *m*; **~ specialist** Facharzt *m*

**Medicare**, *Am* staatliche Krankenversorgung *f* für Rentner

**medium**, 1. Mittel *n*; Werbemittel *n*, Reklamemittel *n*; Vermittlung *f*; **~ of payment** Zahlungsmittel *n*

**medium**, 2., **~s** mittelfristige Wertpapiere *npl* (bes. gilt-edged securities, rückzahlbar nach 5 bis 15 Jahren; cf. longs, shorts); **~ and longterm** mittel- und langfristig; **~ and small(-scale) enterprises** Mittel- und Kleinbetriebe *npl*; **~-dated securities** mittelfristige Wertpapiere *npl*; **~ income** mittleres Einkommen *n*; **~ price** Durchschnittspreis *m*; **~ price range** mittlere Preislage *f*; **~-priced goods** Waren der mittleren Preislage; **~ quality goods** Waren mittlerer Qualität; **~-scale industrial ventures** mittlere Industrievorhaben *npl*; **~-sized car** Wagen *m* der Mittelklasse; **~-sized concern** (or **enterprise**) mittleres (od. mittelgroßes) Unternehmen *n*; **~-term credit** mittelfristiger Kredit *m*; **~-term loan** mittelfristiges Darlehen *n (1 bis 5 Jahre)*; **~-term note** (MTN) Schuldverschreibung *f* mit mittlerer Laufzeit; **~-term planning** mittelfristige Planung *f*

**meet**, *v* (sich) treffen; begegnen; entgegenkommen; zusammenkommen; tagen, *(Verpflichtung etc.)* nachkommen; **to ~ at regular intervals** in regelmäßigen Abständen tagen; **to ~ a bill** e-n Wechsel einlösen; **to ~ (with) keen competition** e-r scharfen Konkurrenz begegnen; **able to ~ competition** konkurrenzfähig; **to ~ a customer** e-m Kunden entgegenkommen; **to ~ the deadline** den Termin einhalten; **to ~ the demand** die Nachfrage befriedigen; den Bedarf decken; die Forderung erfüllen; **to ~ the payments** die (Raten-)Zahlungen einhalten; **to ~ sb.'s wishes** jds Wünschen entsprechen; **to ~ with an accident** e-n Unfall haben; verunglücken; **to ~ with losses on the stock exchange** Verluste an der Börse erleiden; **to ~ with purchasers** Käufer finden; **to ~ with a ready market** (or **sale**) guten Absatz finden; **to ~ with a refusal** → refusal; **the conference ~s** die Konferenz tagt; **to make both ends ~** sein Auskommen haben

**meeting**, (Zusammen-)Treffen *n*; Tagung *f*; Versammlung *f*; Sitzung *f*; **annual general ~** *Br* (ordentl.) Hauptversammlung *f (e-r AG)*, **company ~** → company; **extraordinary general ~** *Br* außerordentliche Hauptversammlung *f (e-r AG)*; **ordinary general ~** (ordentl.) Hauptversammlung *f (e-r AG)*; **to address the ~** das Wort ergreifen; **to attend a ~** an e-r Versammlung (od. Sitzung) teilnehmen; **to call** (or **convene, convoke**) **a ~** e-e Sitzung einberufen; **to hold a ~** e-e Sitzung abhalten; tagen

**me-too-products**, Eigenentwicklung *f*

**mega deal**, Großgeschäft n

**meliorate**, *v* (sich) verbessern; *(Boden)* meliorieren

**melioration**, Verbesserung *f*; Melioration *f*

**member**, Mitglied *n*; **founder ~** Gründungsmitglied *n*; **full ~** ordentliches Mitglied; **life ~** Mitglied auf Lebenszeit; **original ~** Gründungsmitglied *n*; **paying ~** zahlendes (od. förderndes) Mitglied; **~ as of right** Mitglied kraft Rechts (od. kraft Amtes); **~ bank** *Am* Mitgliedsbank des → Federal Reserve System; **~ of a company** Aktionär *m*; Gesellschafter *m*; **~ of the staff** Mitarbeiter *m*; **~ state** Mitgliedstaat *m*; **to become a ~** Mitglied werden

**membership**, Mitgliedschaft *f*; Zugehörigkeit *f*; **admission to ~** Aufnahme *f* als Mitglied; **application for ~** Beitrittsgesuch *n*; **compulsory ~** Zwangsmitgliedschaft *f*; **conditions of ~** Aufnahmebedingungen *fpl*; **to admit to ~** als Mitglied aufnehmen; **to collect ~ dues** (or **fees**) Mitgliedsbeiträge *mpl* einziehen *n*; **to withdraw from** ~ als Mitglied ausscheiden; als Mitglied austreten (of aus)

**memo**, Aktenvermerk *m*; *(internal)* ~ innerbetriebliche Mitteilung *f*; ~ **book** Notizbuch *n*; ~ **pad** Notizblock *m*

**memorandum**, (memo) Vermerk *m*, Notiz *f*; ~ **and articles of association** *Br* Gründungsurkunde *f* und Satzung *f (e-r Kapitalgesellschaft)*; ~ **for file** Aktenvermerk *m*; ~ **invoice** Proformarechnung *f*; ~ **of agreement** schriftlich abgefasster Vertrag *m*; ~ **of association** *Br* Satzung *f*, Statut *n (e-r Kapitalgesellschaft)*; ~ **of deposit** Urkunde *f* über erfolgte Hinterlegung *(z. B. von Aktien als Sicherheit für ein Bankdarlehen)*; ~ **of insurance** vorläufige Deckungszusage *f*; ~ **of partnership** Gesellschaftsvertrag *m*, ~ **of understanding** Absichtserklärung *f*

**memorial**, Denkmal *n*, Ehrenmal *n*; Bittschrift *f*; ~ **publication** Festschrift *f*; **to submit a** ~ e-e Eingabe machen

**memorize**, *v* auswendig lernen; sich einprägen

**memory**, Gedächtnis *n*; *(EDV)* Speicher *m*; **to the best of my** ~ soweit ich mich erinnern kann

**menace**, *v* bedrohen

**mental**, ~ **deficiency** Geistesschwäche *f*; ~ **disease** Geisteskrankheit *f*

**mental disorder**, Geisteskrankheit *f*; Geistesschwäche *f*; **suffering from (a)** ~ geisteskrank, geistesschwach

**mental**, ~ **home** (or **hospital**) psychiatrische Klinik *f*; ~ **patient** Geisteskranke(r) *f(m)* ~ **reservation** geheimer Vorbehalt *m*; ~ **work** geistige Arbeit *f*

**mention**, *v* erwähnen; ~**ed above** (or a**bove-~ed**) oben erwähnt; **hereinafter ~ed** (or **under-~ed**) unten erwähnt, nachstehend

**mercantile**, kaufmännisch; Handels-; ~ **agency** Auskunftei *f*; ~ **agent** (Verkaufs-) Kommissionär *m*; ~ **credit** Warenkredit *m*; ~ **credit agency** Auskunftei *f*; ~ **custom** Handelsbrauch *m*; ~ **law** Handelsrecht *n (gerichtl. anerkanntes kaufmännisches Gewohnheitsrecht)*; ~ **marine** *Br* Handelsmarine *f*; ~ **paper** → commercial paper; ~ **practice** Handelsbrauch *m*; ~ **transaction** Handelsgeschäft *n*

**merchandise**, (Handels-)Ware(n) *f(pl)*; Handelsgut *n*; ~ **account** Warenkonto *n*; ~ **allowance** Warenrabatt *m*; ~ **balance** *Am* Handelsbilanz *f*; ~ **broker** Warenmakler *m*; ~ **credit** Warenkredit *m*; Lieferantenkredit *m*; ~ **export** Warenexport *m*; ~ **for export** Exportware *f*; ~ **imports** Warenimporte *mpl*; ~ **in bond** Waren unter Zollverschluss; ~ **in transit** Transitware(n) *f(pl)*; ~ **inventory** Warenbestand *m*; ~ **mark** *Br* Warenzeichen *n*; ~ **marking** Warenauszeichnung *f*; ~ **stock** Warenbestand *m*; Warenlager *n*; ~ **trade balance** *Am* Handelsbilanz *f*; ~ **turnover** Lagerumschlag *m*

**merchandise**, *v* Handel treiben, *(Ware)* kaufen und verkaufen

**merchandiser**, beratender Verkäufer *m*

**merchandising**, Verkaufsförderung *f*, verkaufsfördernde Maßnahmen *fpl (Intensivierung des Vertriebes im Hinblick auf e-n raschen Verkauf unter Einschaltung besonderer Werbemaßnahmen)*; ~ **(policy)** Verkaufspolitik *f*, Absatzpolitik *f*

**merchant**, (Groß-)Kaufmann *m*, (Groß-) Händler *m* (*Br* bes. hinsichtlich Geschäften mit dem Ausland); *Am* Einzelhändler *m*, Ladeninhaber *m*; **~ts** Kaufleute *pl*; ~ **bank** *Br* Merchant Bank (spezialisiert auf Finanzierung von Handel und Industrie, einschließlich der Emission von Aktien und Anleihen und des Akzeptkreditgeschäfts); *Am* Großkundenbank *f*; ~ **fleet** Handelsflotte *f*; **~man** Handelsschiff *n*; ~ **marine** (or **navy**) Handelsmarine *f*; ~ **prince** Wirtschaftsführer *m*; ~ **service** Handelsschifffahrt *f*; ~ **ship** (or **vessel**) Kauffahrteischiff *n*, Handelsschiff *n*; ~ **shipper** *Br* Warenhändler *m* (oft für überseeische Importhäuser); ~ **shipping** Br Handelsschifffahrt *f*; ~ **wholesaler** im eigenen Namen handelnder Großhändler *m* (od. handelndes Handelsunternehmen *n*)

**merchantable**, für den Verkauf geeignet; marktgängig; **of** ~ **quality** von marktgängiger Qualität *(Qualitätsbezeichnung für Waren mittlerer Güte)*

**merchanting**, ~ **trade** *Br* Transithandel *m*; ~ **transactions** *Br* Transithandelsgeschäfte *npl*

**mercury**, **discharge of** ~ **at sea** Ableitung von Quecksilber ins Meer

**merge**, *v* aufgehen (in in); (sich) verschmelzen; sich vereinigen, fusionieren

**merger**, Fusion *f (durch Aufnahme)*; Unternehmenszusammenschluss *m*; Zusammenlegung *f*, Verschmelzung *f*; *(SchuldR)* Konfusion *f*; **bank** ~ Bankenfusion *f*; **conglomerate** ~ *Am* Mischkonzern *m (Fusion branchenfremder Firmen)*; **horizontal** ~ horizontaler Zusammenschluss *m*; Fusion von Gesellschaftern innerhalb derselben Industrie; **readiness for** ~ Fusionsbereitschaft *f*; **vertical** ~ vertikaler Zusammenschluss; Zusammenschluss von Gesellschaften mit verschiedenen Produktionsstufen *(z. B. Lederfabrikant und Schuhfabrik)*; ~ **agreement** Fusionsvertrag *m*; **~s and acquisitions** Fusionen *fpl* und Übernahmen *fpl* von Unternehmungen; ~ **balance sheet** Fusionsbilanz *f*; ~ **clearance** *Am* Billigung *f* der Konzentration; ~ **control** Fusionskontrolle *f*; ~ **offer** Fusionsangebot *n*; ~ **profit** Fusionsgewinn *m*; ~ **rules** *(EU)* Fusionskontrollverordnung *f*; **M~ Treaty** *(EU)* Fusionsvertrag *m*

**merger of equals**, Zusammenschluss *m* gleichrangiger Partner

**merit**, (das) Verdienst, (das) Berechtigte; ~ **bonus** Leistungszulage *f*; ~ **goods** meritorische Güter *pl*; ~ **increase** Leistungszulage *f*; ~ **rating** Leistungsbeurteilung *f*

**meritocratic**, auf Leistung ausgerichtet

**meritocracy**, Leistungsgesellschaft *f*

**merits, to dismiss a claim on the** ~ e-n Anspruch als unbegründet abweisen

**message**, Nachricht *f*, Mitteilung *f*; **to run ~s** Botengänge *mpl* machen

**Messrs.**, (Messieurs) (Form der Anschrift an e-e Firma [bes. e-e Personengesellschaft] od. an e-e Person)

**metal**, Metall *n*; **base** ~ unedles Metall; **non-ferrous ~s** Nichteisenmetalle *pl*, NE-Metalle *pl*; **precious** ~ Edelmetall *n*; ~ **goods** Eisen-, Blech- und Metallwaren *pl* (EBM); ~ **processing** Metallverarbeitung *f*; ~ **scrap** Metallabfälle *mpl*; ~ **strapping** Bandeisenverschluss *m*; ~ **working industry** metallverarbeitende Industrie

**metallurgical industry**, Hüttenindustrie *f*

**meter, to read a** ~ e-n Zähler ablesen

**metes and bounds**, *Am* Grenzlinien *fpl (e-s Grundstücks)*

**method**, Methode *f*, Verfahren *n*; ~ **of calculation** Berechnungsart *f*; ~ **of manufacture** Herstellungsverfahren *n*; ~ **of payment** Zahlungsweise *f (cash, cheque etc.)*; **M~s Time Measurement** (MTM) Verfahren der Systeme vorbestimmter Zeiten

**metric**, ~ **system** metrisches (Maß- und Gewichts-)System *n*; ~ **ton** metrische Tonne *f* (1.000 kg)

**metropolis**, Hauptstadt *f*, Metropole *f*

**metropolitan**, hauptstädtisch; ~ **country** Mutterland *n*

**mezzanine capital**, Mischfinanzierung aus Eigen- und Fremdkapitalbestandteilen *f*

**MFA**, → Multifibre Arrangement; **non-~ products** nicht unter das Multifaserabkommen fallende Waren; ~ **textiles** unter das Multifaserabkommen fallende Textilien

**micro-**, **~-economics** Mikroökonomie *f*; **~-electronics** Mikroelektronik *f*; **~-pollutants** Mikroschadstoffe *mpl*; **~-project** Kleinstvorhaben *n*

**micropayment**, sehr kleine Zahlung *f (Der Begriff ~ wird für Beträge von bis ca. 5 Euro verwendet.)*

**middleman**, Zwischenhändler *m*; Mittelsperson *f*; **~'s business** Zwischenhandel *m*; **~'s profit** Zwischenhandelsgewinn *m*; **to eliminate the middlemen** den Zwischenhandel ausschalten

**middle**, ~ **management** mittlere Führungskräfte *fpl*, mittlere Unternehmensführung *f*; ~ **market price** *(Börse)* Durchschnittskurs *m*; ~ **rate (of exchange)** *(Devisen)* Mittelkurs *m*

**middleware**, Middleware *f* ( *→ Hardware und → Software zum Betreiben eines Programmes auf anderem Computermodell*)

**middling**, Mittelsorte *f*; **~s** Waren mittlerer Qualität, **good** ~ gute Durchschnittsqualität *f*

**mid-month**, Medio *m* (der 15. des Monats); **bill due at** ~ Mediowechsel *m*; **money market loan due at** ~ Mediogeld *n*; **transaction for ~ settlement** Mediogeschäft *n (an den deutschen Börsen nicht möglich)*; ~ **settlement** Medioabrechung *f*; *(Börse)* Medioliquidation *f (Abrechnung e-s Termingeschäfts an Medio)*

**mid-year settlement**, Halbjahresabrechnung *f*

**migrant**, Zuwanderer *m*

**migrant**, zu- und abwandernd; ~ **workers** Wanderarbeitnehmer *mpl*; aus- und einwandernde Arbeitnehmer *mpl*; ~ **work-**

**ers in the Community** *(EU)* in die Gemeinschaft eingewanderte Arbeitskräfte *fpl*
**migrate**, *v* abwandern, zuwandern
**migration**, Wanderung *f*; Abwanderung *f*; Zuwanderung *f*; **domestic ~** Zuwanderung aus dem Inland; **international ~** Zuwanderung aus dem Ausland; **net ~** *(EU)* Wanderungssaldo *m*
**migratory policy**, Zu- und Abwanderungspolitik *f*
**mile, international nautical ~** internationale Seemeile *f* (1852 m) *(für See- und Luftfahrt)*
**mileage allowance**, Meilengeld *n*; *(entspricht)* Kilometergeld *n (für Reisespesen)*
**military**, **~ facilities** militärische Anlagen *fpl*; **~ pay** Wehrsold *m*
**milk**, Milch *f*; **supply of ~** Milchversorgung *f*; **~ industry** Milchwirtschaft *f*; **~ marketing year** *(EU)* Milchwirtschaftsjahr *n*; **to reduce ~ surpluses** Milchüberschüsse *mpl* abbauen
**mill**, Mühle *f*; Spinnerei *f*; Fabrik *f*; **rolling ~** Walzwerk *n*; **saw ~** Sägewerk *n*; **~ manager** Fabrikdirektor *m*
**milling industry, products of the ~ industry** Müllereierzeugnisse *npl*
**millionaire**, Millionär *m*
**mind, of sound ~** → sound; **state of ~** Geisteszustand *m*; **to my ~** meines Erachtens
**mine**, Bergwerk *n*; Zeche *f*; Mine *f*; **~s** Bergwerksaktien *pl*, Montanwerte *pl*; **coal ~** Kohlenzeche *f*; **risk of ~s** Minengefahr *f*; **share in a ~** Kux *m*; **~ clearance** Minenräumung *f*; **~ workers** Arbeiter *pl* des Kohlenbergbaus; **to be engaged in working ~s** Bergbau betreiben
**miner**, Bergarbeiter *m*; Grubenarbeiter *m*; **~s' association** Knappschaft *f*; **~s' insurance** Knappschaftsversicherung *f*; **~s' strike** Bergarbeiterstreik *m*
**mineral deposits**, Mineralvorkommen *n*; **working ~** Abbau *m* von Mineralvorkommen
**mineral oil**, Mineralöl *n*; Erdöl *n*; **~ combine** Mineralölkonzern *m*; **~ extraction** Mineralölgewinnung *f*; **~ industry** Mineralölwirtschaft *f*; **~ processing** Mineralölverarbeitung *f*; **~ processor** Mineralölverarbeiter *m*
**mineral resources**, mineralische Rohstoffe *mpl*, Bodenschätze *pl*; **right of prospect for and to exploit ~** Recht *n*, die Bodenschätze zu fördern und auszubeuten
**minimal**, **~ amount** geringfügiger Beitrag *m*; **~ damage** Bagatellschaden *m*; **~ rate** Mindestsatz *m*
**minimize**, *v*, **to ~ a loss** e-n Schaden so niedrig wie möglich halten
**minimum**, **~ amount** Mindestbetrag *m*; **~ claim** Mindestforderung *f*; **~ commercial quantity** handelsübliche Mindestmenge *f*; **~ deposit** Mindesteinlage *f*; **~ income** Mindesteinkommen *n*; **~ income guaranted to the agent by the principal** dem Handelsvertreter vom Unternehmer garantierte Mindestvergütung *f*; **~ inventory** Mindestbestand *m*; **~ lending rate** (MLR) *Br* Mindestzins *m (der Bank of England an die Diskontbanken von 1973 bis 1981)*; **~ order** Mindestauftrag *m*; **~ par value of shares** Mindestnennbetrag *m* der Aktien; **~ pay** Mindestlohn *m*
**minimum price**, Mindespreis *m*; Mindestkurs *m*; **~ for the sale of ...** Mindestverkaufspreis für ...
**minimum**, **~ quantity** Mindestmenge *f*; **~ rate** Mindest(lohn)satz *m*; *(Devisen)* Mindestkurs *m*
**minimum reserve**, **~s** Mindestreserven *fpl*; **subject to the ~ requirement** mindestreservepflichtig
**minimum**, **~ retail price** Mindestladenpreis *m*; **~ sales** Mindestumsatz *m*; **~ selling price** Mindestverkaufspreis *m*; **to meet ~ standards** Mindestanforderungen *fpl* genügen; **to maintain ~ stocks of oil** Mindestvorräte *fpl* an Öl halten; **~ subscription** *(Börse)* Mindestzeichnung *f*; **~ turnover** Mindestumsatz *m*; **~ wages** Mindestlöhne *mpl*; **~ yield** Mindestrendite *f*
**mining**, Bergbau-; Montan-; **mining claim** Mutung *f*
**mining company**, Bergwerksgesellschaft *f*; bergrechtliche Gewerkschaft *f*; **member of a ~** Gewerke *m*; **shares in a ~** Kuxe *mpl*
**mining concession, application for ~** Mutung *f*
**mining**, **~ disaster** Grubenunglück *n*; **~ industry** Montanindustrie *f*; Bergbau *m*; **~ law** Bergrecht *n*; **~ licen|ce (~se)** Bergbaukonzession *f*; **~ market** Montanmarkt *m*, Markt der Montanwerte; **~**

partnership *Am (bes. Form e-r)* Bergwerksgesellschaft *f*; ~ **right** Abbaurecht *n*; ~ **shares** (or **stocks**) Bergwerksaktien *pl*, Montanwerte *pl*; Kuxe *mpl*
**ministerial**, ministeriell; Minister-; untergeordnet; Verwaltungs-; geistlich; **at ~ level** auf Ministerebene; ~ **order** *Br* Verordnung *f*; ~ **services** an Weisungen gebundene Verwaltungsdienste *mpl*
**ministry**, Ministerium *n*; **M~ of Transport (test)** *(etwa)* TÜV
**minor**, Minderjähriger *m*; minderjährig; unbedeutend, geringfügig; ~ **damage** geringfügiger Schaden *m*; ~ **defect** kleinerer Mangel *m*; ~ **loss** Kleinschaden *m*, Bagatellschaden *m*; ~ **sum** Betrag *m* geringer Höhe
**minority**, Minderjährigkeit *f*; Minderheit *f*; ~ **holding** (or **interest**) Minderheitsbeteiligung *f*; ~ **shareholders** Minderheitsaktionäre *mpl*; ~ **shareholding** Minderheitsbeteiligung *f*; ~ **vote** Stimmenminderheit *f*
**mint**, Münze *f*; Münzstätte *f*; **~-mark** Münzzeichen *n*; ~ **par of exchange** Münzparität *f*
**mint**, *v*, **to ~ coins** Münzen prägen (od. schlagen); **~ing** Münzprägung *f*; **minting cost** Prägekosten *pl*
**mintage**, geprägtes Geld *n*; Münzgebühr *f*
**minute**, Vermerk *m*; **to make a ~ of sth.** etw. vermerken (od. notieren)
**minutes**, Protokoll *n*; ~ **of the meeting** Sitzungsprotokoll *n*; ~ **of the proceedings** Verhandlungsprotokoll *n*; **to draw up the ~** (das) Protokoll aufnehmen; **to keep** (or **take**) **the ~** (das) Protokoll führen
**misaddress**, *v* falsch adressieren
**misapplication**, falsche Anwendung *f*; widerrechtliche Verwendung *f*, Veruntreuung *f (von Geld)*
**misapply**, *v* widerrechtlich verwenden; **to ~ public funds** öffentliche Gelder veruntreuen (od. unterschlagen)
**misappropriate**, *v* widerrechtlich aneignen (od. verwenden); unterschlagen
**misappropriation**, widerrechtliche Aneignung *f* (od. Verwendung *f*); Unterschlagung *f*
**misbranded goods**, falsch bezeichnete Waren *pl*
**miscalculate**, *v* falsch (be)rechnen, sich verkalkulieren
**miscalculation**, falsche (Be-)Rechnung *f*; Fehlkalkulation *f*; Rechenfehler *m*
**miscarriage**, Misslingen *n*; Verlorengehen *n (e-r Postsendung)*; Fehlgeburt *f*; **to procure a ~** abtreiben
**miscellaneous**, verschieden(artig) gemischt; ~ **expenses** verschiedene (sonstige) Aufwendungen *fpl*; ~ **goods** verschiedenartige Waren *pl*; ~ **items** Verschiedenes *n*; ~ **market** Markt *m* für verschiedene Werte
**mischief**, Übelstand *m*; Schaden *m*; **public ~** grober Unfug *m*
**misconceived capital project**, Fehlinvestition *f*
**misconduct**, schlechtes Benehmen *v*; Fehlverhalten *n*; **professional ~** standeswidriges Verhalten *n*
**misconstrue**, *f* falsch auslegen
**misdate**, *v* falsch datieren
**misdescription**, falsche Beschreibung *f*; falsche Angaben *fpl (in e-m Vertrag)*
**misdirect**, *v (Brief)* falsch adressieren; *(jdn)* falsch unterrichten
**MISEP-System**, (Mutual Information System on Employment Policies) System zur gegenseitigen Information über die Beschäftigungspolitiken in Europa
**misfeasance**, unrichtige (od. Schaden verursachende) Ausführung *f* e-r *(an sich rechtmäßigen)* Handlung; nachlässige Ausführung *f* e-r Vertragsleistung
**misfile**, *v* falsch ablegen
**mishandle**, *v* schlecht handhaben, falsch behandeln
**misinform**, *v* falsch informieren
**misinterpretation**, falsche Auslegung *f*
**misinvestment**, Fehlinvestition *f*
**mislabel**, *v* mit falschem Etikett versehen, falsch bezeichnen
**mislaid property**, verlegt (od. abhanden gekommene) Sache *f*
**misleading**, ~ **advertising** irreführende (od. täuschende) Werbung *f*; ~ **the buyer** Irreführung *f* des Käufers
**mismanagement**, schlechte Verwaltung *f*; Misswirtschaft *f*, schlechte Wirtschaft *f*
**mismatched interest rates**, Zinsinkongruenz *f*
**misnomer**, falsche Benennung *f*; unrichtige Bezeichnung *f*
**misplace**, *v*, **to ~ files** Akten verlegen (od. an die falsche Stelle legen)
**misprint**, Druckfehler *m*

**misrepresent**, *v* falsch darstellen; unrichtig angeben
**misrepresentation**, falsche Angaben *fpl*, unrichtige Tatsachenerklärung *f (bei Vertragsabschluss)*; Ausgeben *n* e-r fremden Ware als eigene; **fraudulent ~** in betrügerischer Absicht (od. arglistig) abgegebene unrichtige Tatsachendarstellung *f*; arglistige Täuschung *f (durch Vorspiegelung falscher Tatsachen)*; **innocent ~** schuldlos gemachte falsche Angaben; **negligent ~** fahrlässig abgegebene falsche Tatsachenerklärung *f*; **wilful ~** vorsätzlich falsche Angaben
**misrouted, (document)** Irrläufer *m*
**miss**, *v* versäumen, verfehlen
**missed profit**, entgangener Gewinn *m*
**missile**, Rakete(ngeschoss) *f(n)*
**missing**, fehlend, abwesend; vermisst, verschollen, **~ items** fehlende (Post-) Sendungen *fpl*; **~ parts** fehlende Teile *npl*
**mission**, 1. Auftrag *m*, Mission *f*; **trade ~** Handelsmission *f*; **on special ~** in besonderer Mission
**mission**, 2. Mission *f*, ständige Vertretung *f* im Ausland; **head of the ~** Missionschef *m*
**mistake**, Irrtum *m*; Fehler *m*; Versehen *n*; **by ~** aus Versehen; **clerical ~** Schreibfehler *m*; **~ in calculation** Rechenfehler *m*; **~ in the inducement** Motivirrtum *m*; **~ of fact** Tatsachenirrtum *m*; **~ of law** Rechtsirrtum *m*; **to be due to a ~** auf e-m Irrtum beruhen
**mistaken**, irrtümlich, falsch; **~ identity** Personenverwechslung *f*; **~ investment** Fehlinvestition *f*; **to be ~** sich irren
**mitigate**, *v* mildern, mäßigen; **to ~ damages** den Schadensersatz herabsetzen
**mitigating circumstances, to allow ~** mildernde Umstände zubilligen
**mitigation**, Milderung *f*; **~ of damages** Herabsetzung *f* des Schadenersatzes; **~ of a sentence** Herabsetzung *f* e-r Strafe; Strafmilderung *f*
**mix of goods**, *(Preisindexberechnung)* Warenkorb *m*
**mixed**, gemischt, vermischt; **~ assortment** gemischtes Sortiment *n*; **~ cargo** (*Am* **~ carload**) gemischte Ladung *f*, Stückgutladung *f*; Stückgüter *pl*; **~ cargo rate** *Br* (*Am* **~ carload rate**) Stückgütertarif *m*; **~ committee** gemischter Ausschuss *m*; **~ credit** (or **loan**) Mischkredit *m (von Hilfe und Handelsfinanzierung für Entwicklungsländer)*; **~ enterprises** gemischtwirtschaftliche Unternehmen *npl (private Wirtschaft und öffentliche Hand)* **~ financing** Mischfinanzierung; **~ fund** → fund 2., **~ tariff** Mischzoll *m*
**MLR**, → minimum lending rate
**mob spread**, Zinsunterschied *m*, zwischen einem US-Schatzbrief und einer Kommunalanleihe mit gleicher Laufzeit
**mobbing**, *Am (Fachjargon für)* Psychoterror *m* am Arbeitsplatz
**mobile**, mobil, schnell, wendig; schnurloses Handtelefon *n*; Mobiltelefon *n*, Handy *n*; **~ banking** die Nutzung von Bankdienstleistungen mit mobilen Endgeräten; **~ business** Geschäftsbeziehungen, die durch die Nutzung mobiler Endgeräte ermöglicht werden; **~ commerce** → mobile business; **~ network** Mobilfunknetz *n*
**mobile shop**, Verkaufswagen *m*
**mobility of labo(u)r**, (or **manpower**) Mobilität *f* der Arbeitskräfte
**mobilize**, *v*, **to ~ capital** Kapital flüssig machen
**mock**, **~ auction** Scheinauktion *f*; **~ purchase** Scheinkauf *m*
**mode**, **~ of conveyance** Beförderungsart *m*; **~ of payment** Zahlungsweise *f*
**model**, Muster *n*; Modell *n*; **latest ~** neuestes Modell; **M~ Act** *Am* Mustergesetz *n*; **~ contract** Mustervertrag *m*; **~ farm** landwirtschaftlicher Musterbetrieb *m*
**modem, (modulator/demodulator)** Modem *n* (*Ein ~ ist ein Gerät, um einen Computer mit dem → Internet zu verbinden.*)
**modernization**, Modernisierung *f*; **requiring ~** modernisierungsbedürftig; **~ aid** Modernisierungsbeihilfe *f*; **to undergo ~** modernisiert werden
**modernize**, *v* modernisieren; **efforts to ~** Modernisierungsbestrebungen *fpl*
**modest**, **to be ~ in one's requirements** bescheidene Ansprüche haben
**modification**, (Ab-)Änderung *f*; **subject to ~s** Änderungen vorbehalten; **~ of the terms of the contract** Änderung der Vertragsbedingungen
**modify**, *v* modifizieren, abändern, einschränken
**molecular biology**, Molekularbiologie *f*
**monetarist**, Monetarist *m*
**monetary**, Geld-; Währungs-; Münz-; monetär, geldlich; **~ agreement** Wäh-

rungsabkommen *n*; ~ **assets** Geldvermögen *n*; ~ **authorities** Währungsbehörden *fpl*; ~ **base** monetäre Basis *f*, Geldbasis

**monetary capital**, Geldkapital *n*; **formation of** ~ Geldkapitalbildung *f*

**monetary**, ~ **claim** Geldforderung *f*; **M~ Committee** *(EU)* Währungsausschuss *m*; ~ **compensatory amount** (MCA) *(EU)* Währungsausgleichsbetrag *m* (WAB); ~ **crisis** Währungskrise *f*; ~ **economy** Geldwirtschaft *f*; ~ **gold** Münzgold *n*; ~ **holdings** Geldbestände *mpl*; ~ **matters** Geldangelegenheiten *fpl*; ~ **policy** Währungspolitik *f*; ~ **reform** Währungsreform *f*; ~ **reserves** Währungsreserven *fpl (der Zentralnotenbanken)*; ~ **restraint** monetäre (od. geldliche) Einschränkung *f* (od. Beschränkung *f*); ~ **reward** Belohnung *f* in Geld; ~ **sovereignty** Währungshoheit *f*; ~ **stability** Geldwertstabilität *f*; ~ **standard** Währungseinheit *f*; Münzfuß *m*; ~ **stock** gesamter Geldbestand *m (e-s Landes)*; ~ **system** Währungssystem *n*; ~ **unit** Währungseinheit *f*; Münzeinheit *f*, ~ **wealth formation** Geldvermögensbildung *f*

**monetize**, *v (Münzen)* prägen; in Umlauf setzen

**money**, Geld *n*; Münze *f*; **advance of** ~ Vorschuss *m*; **amount of** ~ Geldbetrag *m*; **bank** ~ *Am* Giralgeld *n*, Buchgeld *n*; **call** ~ tägliches Geld *n*; **cheap** ~ billiges Geld; **creation of** ~ Geldschöpfung *f*, Geldbeschaffung *f*; **day-to-day** ~ Tagesgeld *n*; **dealing for** ~ *(Börse)* Kassageschäft *n*; **dear** ~ → dear; **demand for** ~ Geldnachfrage *f*; **foreign** ~ ausländische Zahlungsmittel *pl*; **hard** ~ Metallgeld *n*; **immobilized** ~ festgelegtes Geld; **little** ~ wenig Geld; **ready** ~ Bargeld, passendes Geld; **three-month** ~ Dreimonatsgeld *n*; **time** ~ befristetes Darlehen *n*, Festgeld; ~ **at call** tägliches Geld; ~ **at short notice** Geld mit kurzfristiger Kündigung; ~ **box** Sparbüchse *f*; ~ **broker** Kreditmakler *m (für große kurzfristige Kredite)*; ~ **capital** Geldkapital *n*; ~ **circulation** Geldumlauf *m*; ~ **claim** Geldforderung *f*; ~ **compensation** Barabfindung *f*; Geldentschädigung *f*; ~ **creation** Geldschöpfung *f*, Geldschaffung *f*; ~ **debt** Geldschuld *f*; ~ **demand** Geldnachfrage *f*; ~ **due** ausstehendes Geld

**money**, ~ **holdings** Geldbestände *mpl*; ~ **in account** *Br* Giralgeld, Buchgeld; ~ **in advance** Vorauszahlung *f*; ~ **in circulation** Geldumlauf *m*; ~ **in hand** zur Verfügung stehendes Geld; ~ **in trust** anvertrautes Geld; ~ **income** Geldeinkommen *n*; ~ **inflows from abroad** Geldzuflüsse *mpl* aus dem Ausland; ~ **launderer** Geldwäscher *m*; ~ **laundering** Geldwäsche *f*; ~ **lender** *(gewerbsmäßiger)* Geldverleiher *m*; ~ **letter** *Am* Wertbrief *m*; ~ **loan** Geldkredit *m*; **~-maker** Geldverdiener *m*; **~-making** Gelderwerb *m*; gewinnbringend

**money market**, Geldmarkt *m* (*Markt für kurzfristige Geldgeschäfte unter Kreditinstituten*; *Ggs. Kapitalmarkt*); **securities eligible for the** ~ geldmarktfähige Papiere *npl*; **strain in** (or **tightening of**) **the** ~ Anspannung *f* am Geldmarkt; ~ **bill** Geldmarktwechsel *m*; ~ **certificates (of deposit)** *Am* Geldmarktzertifikate *npl (deren Verzinsung an die Schatzwechselrate gekoppelt ist)*; ~ **dealings** Geldmarktgeschäfte *npl*; ~ **deposit accounts** (MMDA) Geldmarktkonten *npl* amerikanischer Geschäftsbanken, über die limitiert mit Schecks verfügt werden kann; ~ **indebtedness** Geldmarktverschuldung *f*; ~ **mutual fund** *Am* Geldmarktfonds *m (dessen Vermögen in kurzfristigen Geldmarktpapieren angelegt wird)*; ~ **papers** (or **securities**) Geldmarktpapiere *pl*, Geldmarkttitel *mpl*; ~ **rates** Geldmarktsätze *mpl*

**money**, ~ **matter** Geldangelegenheit *f*; **~-obsessed** geldbesessen; ~ **of judgment** die e-m Urteil zugrundeliegende (Landes-)Währung *f*; ~ **on call** s. call → ~

**money order**, (M.O.) *(von dem Empfänger an seinem Postamt einzulösende)* Postanweisung *f*; **international** ~ (I.M.O.) Auslandspostanweisung *f*, Postanweisung auf das Ausland; ~ **form** Zahlkarte *f*; ~ **telegram** telegrafische Geldüberweisung *f*; **trade charge** ~ *Br* Nachnahmepostanweisung

**money**, ~ **owed** (or **owing**) geschuldetes Geld; ~ **placed abroad** im Ausland angelegtes Geld; ~ **refund offer** Geld-Rückerstattungsangebot *n*; ~ **scarcity** Geldknappheit *f*; ~ **shop** Teilzahlungs-Kreditinstitut *n*; ~ **squeeze** Geldklemme *f*; ~ **stock** *Am* gesamter Geldbestand *(e-s Landes)*

**money supply**, Geldmenge *f*, Geldvolumen *n*; Geldangebot *n (am Geldmarkt)*; Geldversorgung *f (der Wirtschaft)*; **contraction of ~ ~** Geldverknappung *f*; **excess ~** Geldüberhang *m*; **growth in the ~** Geldmengenwachstum *n*; **~ control** Geldsteuerung *f*; **~ target** Geldmengenziel *n*; **to regulate the ~** die Geldmenge regeln

**money transaction**, Geldgeschäft *n*; **international ~s** internationaler Geldverkehr *m*

**money transfer**, Geldüberweisung *f*; **~s** Zahlungsverkehr *m*

**money wage**, Nominallohn *m*

**money, to advance ~** Geld vorstrecken (od. vorschießen); **to borrow ~** Geld leihen (od. aufnehmen), **to invest ~** Geld anlegen; **to lend ~** Geld (aus)leihen; **to make ~** Geld verdienen; **to raise** (or **take up**) **~** Geld aufnehmen; **to refund ~** Geld zurückerstatten; **to remit** (or **transfer**) **~** Geld überweisen; **to turn one's ~ to good account** sein Geld gut anlegen; **to withdraw ~** Geld abheben

**moneyed**, Geld-, Finanz-; vermögend; **~ capital** Kapitalvermögen *n*; **~ corporation** *Am* Gesellschaft, die bankmäßig Geschäfte betreibt *(Bank, Versicherungsgesellschaft)*; the **~ interests** die Finanzwelt *f*

**monger, fish ~** Fischhändler *m*; **iron ~** *Br* Eisenhändler *m*

**monitor**, *v* abhören; überwachen, kontrollieren, beobachten

**monitoring**, **~ equipment** Abhöranlage *f*; **~ of imports** Einfuhrüberwachung *f*; **~ of the market** Marktbeobachtung *f*

**monkey**, *colloq.* 500 Pfund (500 £); 500 Dollar (500 $)

**Monopolies and Mergers Commission**, *Br* Kartellbehörde *f*

**monopolist**, Monopolist *m*

**monopolistic**, monopolistisch, marktbeherrschend; Monopol-; **~ competition** monopolistische Konkurrenz *f*; **~ position** Monopolstellung *f*; **improper use of ~ power** Monopolmissbrauch *m*; **~ price** Monopolpreis *m*; **to discourage ~ business practices** monopolistische Geschäftspraktiken bekämpfen

**monopol|y**, Monopol *n*; **commercial ~** wirtschaftliches Monopol; **fiscal ~** Finanzmonopol; **government ~** Staatsmonopol; **improper use of ~ies** Monopolmissbrauch *m*; **legal ~** gesetzliches Monopol; **manufacturing ~** Alleinherstellrecht *n*; **~ abuse** Monopolabsprache *f*; **~ enterprise** marktbeherrschendes Unternehmen; **~-like market position** monopolähnliche Marktstellung *f*; **~ price** Monopolpreis *m*; **~ profit** Monopolgewinn *m*; **to grant a ~** ein Monopol verleihen (od. vergeben); **to hold a ~** ein Monopol haben

**monopsony**, Nachfragemonopol *n*

**month**, Monat *m*; **calendar ~** Kalendermonat *(e.g. Jan 2 to Feb 2)*; **current ~** laufender Monat; **for ~s** monatelang; **one-~ money** (or **loan**) Monatsgeld *n*; **one ~'s notice** Kündigungsfrist *f* von einem Monat; **this day ~** heute in einem Monat; **a ~'s credit** Einmonatkredit *m*; **~ order** *Am* für e-n Monat gültiger Wertpapierauftrag *m*; **a ~'s pay** Monatsgehalt *n*; **~ under review** Berichtsmonat *m*; **to give a ~'s notice** mit vierwöchiger Frist kündigen; **to pay by the ~** monatlich bezahlen

**monthly**, monatlich; **semi-~** halbmonatlich; **~ account** monatliche Rechnung *f*; **~ accounts** Monatsabschluss *m*; **~ balance sheet** Monatsbilanz *f*; **~ bill** Monatsrechnung *f*; **~ earnings** Monatsverdienst *m*; **~ periodical** monatlich erscheinende Zeitschrift *f*; **~ report** Monatsbericht *m*; **~ return** Monatsausweis *m (e-r Bank)*; **~ settlement** Monatsabschluss *m*; **~ statement** Monatsaufstellung *f*

**mood of the market**, Börsenstimmung *f*

**moonlight**, *v colloq.* e-r Nebenbeschäftigung nachgehen

**moral**, moralisch; **of good ~ character** charakterlich einwandfrei; **~ hazard** *(Vers.)* subjektives Risiko *n*

**morality**, Sittlichkeit *f*, sittliches Verhalten *n*; **accepted principles of ~** gute Sitten *pl*

**morals, against good ~** gegen die guten Sitten

**moratorium**, Moratorium *n*

**mores, (transaction) contra bonos ~** gegen die guten Sitten (verstoßendes Rechtsgeschäft *n*)

**morning loan**, *Am* Darlehen *n* für Börsenmakler zur Durchführung seiner Geschäfte während des Tages

**Morris Plan bank**, *Am* Bank für Verbraucherkredite *(für Lohnempfänger)*

**mortality**, **infant** ~ *(EU)* Säuglingssterblichkeit *f*; ~ **rate** Sterblichkeitsziffer *f*; ~ **table** Sterblichkeitstafel *f*

**mortgage**, Hypothek *f*, Grundschuld *f*; *(besitzloses)* Pfandrecht *n*; **aggregate** ~ Gesamthypothek *f*; **aircraft** ~ Hypothek an Luftfahrzeugen; **amortization** ~ Tilgungshypothek; **by way of a** ~ hypothekarisch; durch Verpfändung; **contributory** ~ für mehrere Gläubiger bestellte Hypothek; **first** ~ **bonds** durch erste Hypothek gesicherte Pfandbriefe *mpl*; **general** ~ Gesamthypothek *f*; Pfandrecht am gesamten Vermögen; **on** ~ hypothekarisch; **property subject to a** ~ mit e-r Hypothek belasteter Grundbesitz *m*; ~ **bond** hypothekarisch gesicherte Schuldverschreibung *f*; (Hypotheken-) Pfandbrief *m*; ~ **certificate** Hypothekenbrief *m*; ~ **credit** Hypothekenkredit *m*; ~ **creditor** Hypothekengläubiger *m*; ~ **debenture** *f* **mortgagebond** ~ **debt** Hypothekenschuld *f*; ~ **deed** Hypothekenbrief *m*; ~ **encumbrance** Hypothekenbelastung *f*; ~ **interest** Hypothekenzinsen *pl*; ~ **lending** Gewähung e-s Hypothekenkredits; ~ **loan** hypothekarisch gesichertes Darlehen *n*; Hypothekenkredit *m*; ~ **note** hypothekarisch gesicherter Schuldschein *m*; ~ **of real property** (Grundstücks-)Hypothek *f*; ~**s payable** *(Bilanz)* Hypothekenschulden *pl*; ~ **rate** Hypothekenzinssatz *m*; ~**es receivable** *(Bilanz)* Hypothekenforderungen *pl*; ~ **redemption** Hypothekentilgung *f*; ~ **term** Laufzeit *f* e-r Hypothek; **to call in a** ~ e-e Hypothek kündigen; **to create a** ~ e-e Hypothek bestellen; **to discharge a** ~ e-e Hypothek löschen; **to encumber with** ~**s** mit Hypotheken belasten; **to hold a** ~ Hypotheken- (od. Pfand-)gläubiger sein; **to lend on** ~ Darlehen gegen Hypothek geben; **to raise a** ~ e-e Hypothek aufnehmen (on auf); **to redeem a** ~ e-e Hypothek tilgen (od. ablösen); **to take out** (or **up**) **a** ~ e-e Hypothek aufnehmen (on auf)

**mortgage**, *v* e-e Hypothek bestellen; hypothekarisch belasten; *(bewegl. Sachen)* verpfänden; **to** ~ **an estate** e-n Grundbesitz mit e-r Hypothek belasten

**mortgaged**, ~ **property** (mit Hypothek) belasteter Grundbesitz *m*; verpfändetes Vermögen *n*; **the house is heavily** ~ das Haus ist stark belastet

**mortgagee**, Hypothekengläubiger *m*; Pfandgläubiger *m*

**mortgagor**, Hypothekenschuldner *m*; Pfandschuldner *m*

**most-favoured nation**, ~ **nation clause** Meistbegünstigungsklausel *f*; ~ **nation tariff rate** Meistbegünstigungszollsatz *m*; **to accord** ~ **nation treatment** Meistbegünstigung gewähren

**MOT**, → Ministry of Transport

**motion**, 1. Bewegung *f*; **time and** ~ **study** Zeit- und Bewegungsstudium *n*; ~ **picture industry** Filmindustrie *f*; **study** Bewegungsstudie *f*; ~ **time analysis** (MTA) System vorbestimmter Zeiten (SvZ); **to set in** ~ in Gang bringen

**motion**, 2. Antrag *m* *(in e-r Versammlung od. an das Gericht durch e-e Partei od. den Anwalt)*; **cross-**~ Gegenantrag *m*; **to abandon a** ~ e-n Antrag zurückziehen; **to adopt a** ~ e-n Antrag annehmen; **the** ~ **was carried** (or **passed**) der Antrag ging durch (od. wurde angenommen); **to deny a** ~ e-n Antrag ablehnen; **to grant a** ~ e-m Antrag stattgeben; **to present** (or **propose**) **a** ~ e-n Antrag *(in e-r Versammlung)* stellen; **to reject a** ~ e-n Antrag ablehnen

**motivation research**, *(Marktforschung)* Motivforschung *f*

**motive**, Beweggrund *m*; ~**s of self-interest** eigennützige Beweggründe *mpl*

**motor**, Motor *m*; Auto *n*; ~**s** *(Börse)* Auto(mobil)aktien *pl*, Kfz-Werte *pl*; ~ **accident** Autounfall *m*; ~ **cade** Autokolonne *f*

**motor-car**, *bes. Br* Auto *n*, Pkw; Kraftfahrzeug *n* (Kfz); *colloq.* Wagen *m*; ~ **industry** *Br* Kraftfahrzeugindustrie *f*; ~ **insurance** *Br* Kraftfahrzeugversicherung *f*

**motor**, ~ **coach** Omnibus *m (für Fernverkehr)*; ~ **industry** *Br* Automobilindustrie *f*, Kraftfahrzeugindustrie *f*

**motor insurance**, *Br* Kraftfahrzeugversicherung *f*; ~ **assessor** Schadensregulierer *m*; ~ **rates** *Br* Kfz-Versicherungsgebühren *fpl*

**motor**, ~ **rates** *Br* Kfz-Versicherungsgebühren *fpl*; ~ **shares** (*Am* **stocks**) Auto(mobil)aktien *fpl*; ~ **traffic** Autoverkehr *m*; ~ **truck** *Am* Lastkraftwagen *m*

**motor vehicle**, Kraftfahrzeug *n*, Kfz; **commercial** ~ Nutzfahrzeug *n*; **owner of a** ~ Kraftfahrzeughalter *m*; ~ **missions**

Schadstoffemissionen *fpl*; ~ **exhaust fumes** Auspuffgas *n*; ~ **liability insurance** Kfz-Haftpflichtversicherung *f*; ~ **licen|ce (~se)** *Br (schriftl. jährl.)* Erlaubnis *f*, das Fahrzeug zu benutzen; ~ **licen|ce (~se) duty** *Br* Kraftfahrzeugsteuer *f*; ~ **manufacturer** Autohersteller *m*; ~ **operator** Kraftfahrer *m*; ~ **passenger insurance** *Br* Insassenversicherung *f*; ~ **repair** Kraftfahrzeugreparatur *f*; ~ **tax** Kraftfahrzeugsteuer *f*; **to operate a** ~ *Am* ein Kraftfahrzeug führen; **to own a** ~ ein Kraftfahrzeug halten

**motoring**, ~ **accident** Autounfall *m*; ~ **offence** *Br* (Kfz-)Verkehrsdelikt *n*

**motorist**, Kraftfahrer, Autofahrer *m*

**motorway**, *Br* Autobahn *f*; ~ **entry** Autobahnzufahrt *f*; ~ **exit** Autobahnausfahrt *f*

**mount up**, *v* anlaufen *(Schulden)*

**mountain**, **butter** ~ *(EU)* Butterberg *m*

**move**, Schritt *m*, Maßnahme *f*; Umzug *m*

**move**, *v* sich bewegen; umziehen; **to** ~ **down(wards)** fallen, sich abwärts bewegen *(Kurse, Preise)*; **to** ~ **in(to)** einziehen; **to** ~ **out of a house** aus e-m Haus ausziehen; **to** ~ **up(wards)** sich aufwärts bewegen *(Preise, Kurse)*; **to** ~ **within the Community** *(EU)* innerhalb der Gemeinschaft zu- und abwandern; **the shares ~d up** die Aktien stiegen (od. zogen an)

**movement**, Bewegung *f*; *(Börse)* Kursbewegung *f*; **free** ~ (of capital, goods, persons, workers) → free; **freedom of** ~ Freizügigkeit *f*; **upward** ~ Aufwärtsbewegung *f*; Steigen *n (Kurse, Preise)*; ~ **certificate** *(EU)* Warenverkehrsbescheinigung *f*; ~ **s in** an account Kontobewegungen *fpl*; ~ **of capital** Kapitalverkehr *m*; ~ **of goods** Warenverkehr *m*~ **of services** *(EU)* Dienstleistungsverkehr *m*

**moving**, Umzug *m*; **employed persons** ~ **within the Community** *(EU)* Arbeitnehmer, die innerhalb der Gemeinschaft zu- und abwandern; ~ **expenses** Umzugskosten; ~ **into surplus** Aktivierung *f (der Zahlungsbilanz etc.)*; ~ **party** Antragsteller *m*; ~ **violation** *Am* Verkehrsverletzung

**mug**, *v sl.* überfallen und berauben

**mugging**, Überfall *m (auf der Straße)*; Straßenraub *m*

**mulct**, Geldstrafe *f*, Buße *f*

**mulct**, *v* mit e-r Geldstrafe belegen

**multi-channel management**, Das Führen von mehreren Vertriebskanälen. Meistens ist einer der Kanäle das → Internet.

**multicorporate enterprise**, *Am* Konzern *m*

**multi-currency credit line**, Kreditlinie *f*, die in unterschiedlichen Währungen beansprucht werden kann

**multidealership**, (to sell competing products) Mehrmarkenvertrieb *m* (um Erzeugnisse von Wettbewerbern zu verkaufen)

**Multifibre Arrangement**, Multifaserabkommen *n*

**multi-lane road**, mehrspurige Straße *f*

**multilateral**, **M~ Investment Guarantee Agency** (MIGA) Multilaterale Investitions-Garantie-Agentur *f*; ~ **trade negotiations** (MTN) multilaterale Handelsverhandlungen *fpl*

**multilingual**, mehrsprachig

**multinational**, ~ **enterprise** (MNE) multinationales Unternehmen *n*; ~ **partnership** (MNP) multinationale Partnerschaft *f*

**multinationals**, multinationale Unternehmen *npl*, Multis *pl*

**multiple**, vielfach, mehrfach; *Br* Kettenladen *m* (→ multiple shop or store); ~ **basing point system** *Am* kollektive Frachtsatzberechnung *f*, Preisortsystem *n*; ~ **branch bank** Bank *f* mit mehreren Zweigstellen; ~ **certificate** Zertifikat *n* für mehr als eine Aktie; Globalzertifikat *n*; ~ **copy bookkeeping system** Durchschreibebuchführung *f*; ~ **exchange rate** multipler (od. gespaltener) Wechselkurs *m*; ~ **family dwelling** Mehrfamilienhaus *n*; ~ **listing** Notierung *f* e-r Aktie an mehreren Börsen; ~ **management** mehrfache Führungskräfte *fpl (Methode der Heranbildung des Nachwuchses von Führungskräften)*; ~ **national** Mehrstaater *m*; **~-office bank** Filialbank *f*; ~ **option facility** (MOF) Rahmenkreditzusage von Banken, die die Inanspruchnahme unterschiedlicher Finanzierungsinstrumente oft auch in verschiedenen Währungen erlaubt; ~ **pack** Mehrstückpackung *f*; ~ **production** Serienherstellung *f*; ~ **shop** (or **store**) Kettengeschäft *n*, Filialgeschäft *n (unter der gleichen Leitung in verschiedenen Orten)*; ~ **taxation** mehrfache Besteuerung *f (durch mehrere Staaten)*; ~ **voting share** Mehrstimmrechtsaktie *f*

**multiply**, *v* vervielfachen; multiplizieren; **orders are ~ing** die Bestellungen häufen sich
**multi-product group**, Mischkonzern *m*
**multipurpose**, Mehrzweck-
**multi-stage**, **~ group** mehrstufiger Konzern *m*; **~ tax** Mehrphasensteuer *f*
**multi-stor(e)y**, **~ building** Hochhaus *n*; **~ car park**Parkhochhaus *n*
**municipal**, städtisch, Kommunal-; Gemeinde-; **~ authorities** kommunale Behörden *fpl*; **~ bonds** kommunale Anleihen (od. Schuldverschreibungen) *fpl*; **~ code** Gemeindeordnung *f*; Satzung *f* e-r Gemeinde; **~ council** Stadtrat *m*; Gemeinderat *m*; **~ loan** Kommunalanleihe *f*; **~ rates** Kommunalabgaben *fpl*, Kommunalsteuern *fpl*; **~ revenue bonds** Kommunalanleihen *fpl*; **~ services** städtische Einrichtungen *fpl*; **~ tax** Gemeindesteuer *f*
**mushroom enterprise**, Spekulationsbetrieb *m*
**mutiny**, Meuterei *f*
**mutual**, gegenseitig, wechselseitig; **by ~ agreement** in gegenseitigem Einvernehmen *n*; **~ administrative assistance** gegenseitige Amtshilfe *f*; **~ agreement procedure** *(DBA)* Verständigungsverfahren *n*; **~ aid** gegenseitige Hilfe *f*; **~ assistance** → assistance; **~ company** Versicherungsverein *m* auf Gegenseitigkeit (VVaG); **~ credits** gegenseitige Gutschriften *fpl*; **~ fault** beiderseitige Schuld *f*; **~ fund** *Am* Investmentfonds mit unbeschränkter Emissionshöhe; **~ fund certificate** *Am* Investmentzertifikat *n*; **~ insurance company** (or *Br* **~ office**) Versicherungsverein *m* auf Gegenseitigkeit; **~ obligation**, gegenseitige Verpflichtung *f*; **~ savings bank** *Am* gemeinnützige (genossenschaftähnliche) Sparkasse *f*; **~ society** Gegenseitigkeitsgesellschaft *f*; **on ~ terms** auf Gegenseitigkeit; **~ testament** (or **will**) gegenseitiges Testament *n*; **~ trust** gegenseitiges Vertrauen *n*

# N

**nadir**, Tiefstpunkt *m*
**NAFTA**, (North American Free Trade Agreement) Nordamerikanisches Freihandelsabkommen *n (zwischen den USA, Kanada und Mexiko)*
**nail**, **payment on the ~** sofortige Zahlung *f*
**nail down**, *v* unter Dach und Fach bringen
**naked debenture**, *Br* ungesicherte Schuldverschreibung *f*; **~ option** nicht abgesicherte Option *f*, **~ warrant** Variante *f* des klassischen Optionsscheins *(wird eigenständig emittiert und verbrieft ein eigenständiges Optionsrecht, das an der Börse gehandelt wird)*; **~ position** ungesicherte Position *f*
**name**, Name *m*; **assumed ~** angenommener Name, Pseudonym *n*; **by the ~ of** unter dem Namen von, namens; **corporate ~** *Am* Firmenname *(e-r Kapitalgesellschaft)*; **full ~** Vor- und Zuname; **trade ~** → trade; **~ brand** Markenartikel *m*; **N~ Day** *Br* Tag vor dem Abrechnungstag (account day, → account 3.), an dem die → tickets eingereicht werden; **~ of the company** Firmenname *m (e-r Kapitalgesellschaft)*; **~-ticket** *Br* → ticket; **to be made out in the ~ of the holder** auf den Inhaber lauten
**name**, *v* nennen, benennen; **to ~ the price** den Preis angeben; **~d** benannt
**narcotic**, Rauschgift *n*; **~ addict** Rauschgiftsüchtige(r) *m(f)*; **~ drugs** Rauschgifte *npl*, Suchtstoffe *mpl*; **~ trafficking** Rauschgifthandel *m*
**narrow**, **~ majority** knappe Mehrheit *f*; **~ market** enger (od. begrenzter) Markt *m*
**narrowing of profit margins**, Einengung *f* der Gewinnspannen
**NASA**, → National Aeronautics and Space Administration
**nation**, Nation *f*, Volk *n*; **~-wide** das ganze Land umfassend, allgemein; **~-wide advertising** überregionale Werbung *f*
**national**, *adj* national; National-, Landes-, Staats-; *Am* Bundes-; *(EU)* einzelstaatlich; **~ accounts** volkswirtschaftliche Gesamtrechnung *f*; **~ advertising** Werbung *f* im ganzen Land; **N~ Aeronautics and Space Administration** (NASA) *Am* (Bundes-)Behörde *f* für Luft- und Raumfahrt; **~ and Community** *(EU)* einzel-

staatlich und gemeinschaftlich; **~ assistance** *Br* Sozialhilfe *f*; **N~ Association of Securities Dealers** (NASD) *Am* Nationaler Verband *m* der im → over-the-counter market tätigen Wertpapierhändler; **~banks** *Am (unter Bundesaufsicht stehende)* Nationalbanken *fpl*; **~ brand** *Am* Schutzmarke *f (e-s Artikels, der im ganzen Land verkauft wird)*; **~ budget** Staatshaushalt *m*; *(EU)* einzelstaatlicher Haushalt *m*; **~ call** *Br* Ferngespräch *n*; **~ central banks** (of the Member States) *(EU)* nationale Zentralbanken *fpl*; **~ court** *(EU)* einzelstaatliches Gericht *n*; **~ debt** Staatsschuld *f*; **N~ Debt Commissioners** *Br* Staatsschuldenverwaltung *f*; **N~ Economic Development Council** (NEDC) *Br* Regierungsstelle zur Untersuchung der Wirtschaftsentwicklung *(auf dem öffentl. und privaten Sektor)*; **~ economy** Volkswirtschaft *f*; **~ executive** *Br* Hauptvorstand *m (e-r Gewerkschaft usw.)*; **~ expenditure** Staatsausgaben *fpl*; **N~ Farmers' Union** *Br* Wirtschaftsverband *m* der Bauern; **~ frontier** Landesgrenze *f*; **N~ Futures Association** (NFA) *Am* Aufsichtsorgan *n* für den Terminhandel

**national**, **N~ Health Service** *Br* Staatlicher Gesundheitsdienst *m*; **~ income** Volkseinkommen *n*

**national insurance**, *Br* Sozialversicherung *f* ( → Social Security); **~ benefits** Leistungen *fpl* der Sozialversicherung; **~ contributions** Sozialversicherungsbeiträge *mpl*

**national**, **~ issue** Inlandemission *f*; **N~ Labor Relations Board** *Am* Bundesamt zur Regelung der Streitigkeiten zwischen den Sozialpartnern; **~ law** *(EU)* einzelstaatliches Recht *n*; **on ~ level** *(EU)* auf einzelstaatlicher Ebene *f*; **~ organization** *Am* Bundesorganisation *f*; **~ ownership** Staatseigentum *n*

**national product**, Sozialprodukt *n*; **gross ~** (GNP) Bruttosozialprodukt *n*; **net ~** (NNP) Nettosozialprodukt *n*

**national**, **N~ Savings Bank** *Br* Staatl. Sparkasse *f*; **~ savings certificates** *Br* Staatl. Sparkassengutscheine *pl*, Sparobligationen *pl*; **N~ Savings Stock Register** *Br* Liste *f* von Staatspapieren, die auf dem Postamt gekauft werden können; **~ team** Ländermannschaft *f*; **~ treatment** Inländerbehandlung *f*; **N~ Union of Mineworkers** (NUM) Britische Bergarbeitergewerkschaft *f*; **~ waters** Eigengewässer *pl*, Binnengewässer *pl*; **~ wealth** Volksvermögen *n*

**nationality**, Nationalität *f*; Staatsangehörigkeit *f*; **double** (or **dual**) **~** doppelte Staatsangehörigkeit; **~ mark** Staatsangehörigkeitszeichen *n (e-s Flugzeugs)*; **to acquire a ~** e-e Staatsangehörigkeit erwerben; **to deprive a p. of his ~** jdm die Staatsangehörigkeit aberkennen

**nationalization**, Verstaatlichung *f*

**nationalize**, *v* verstaatlichen; **~d undertaking** *Br* verstaatlichtes Unternehmen *n*, Staatsbetrieb *m*

**native**, **~-born** eingeboren, gebürtig; **~ country** Heimatland *n*, Geburtsland *n*, Vaterland *n*; **~ labo(u)r** einheimische Arbeitskräfte *fpl*; **~ product** Landesprodukt *n*

**natural**, **~ disaster** Naturkatastrophe *f*; **~ gas** Erdgas *n* ( → gas); **during** (or **for**) **his ~ life** auf Lebenszeit; **~ loss** natürlicher Schwund *m*; **~ or legal person** natürliche oder juristische Person *f*; **~ produce** Naturalien *pl*; **~ resources** natürliche Resourcen *pl*; Bodenschätze *mpl*

**natural logarithm**, Logarithmus *m* zur Basis *e*; natürlicher Logarithmus *m*

**naturalized**, **~ American citizen** eingebürgerter Amerikaner *m*; **~ British subject** eingebürgerter britischer Staatsangehöriger *m*

**nature**, **~ conservation** Naturschutz *m*, **~ of goods** Beschaffenheit *f* der Waren; **~ reserve** Naturschutzgebiet *n*

**nautical mile**, international nautical mile → mile

**naval**, Schiffs-, See-; Marine-; **~ architect** Schiffsbauingenieur *m*

**navigable river**, schiffbarer Fluss *m*

**navigation**, Schifffahrt *f*; **air** (or **aerial**) **~** Luftfahrt *f*; **commercial ~** Handelsschifffahrt; **inland ~** Binnenschifffahrt, Flussschifffahrt; **marine navigation** Seeschifffahrt; **regular ~** Linienschifffahrt

**navvy**, Erdarbeiter *m*, Straßenbauarbeiter (etc.)

**navy**, (Kriegs-)Marine *f*

**nearby (futures) contract**, Terminkontrakt *m* kurz vor Fälligkeit

**near money**, Quasigeld *n*, geldnahe Anlagen *fpl*

**nearest accessible market**, nächst zugänglicher Markt *m*

**nearest month**, Verfallsdatum *n* einer Option oder eines Futures, das zum derzeitigen Datum das nächste ist

**nearly related**, nahe verwandt

**necessaries** *or* **necessities**, Lebensbedürfnisse *pl*; lebensnotwendige Güter *pl*

**necessary**, notwendig; **to take the ~ steps** die erforderlichen Schritte ergreifen

**necessity**, Notwendigkeit *f*; Not(stand) *f(m)*; **agent of ~** durch zwingende Gründe als ermächtigt anzusehender Vertreter *m*; Geschäftsführer *m* ohne Auftrag; **in case of ~** erforderlichenfalls

**Neddy**, → National Economic Development Council

**need**, Bedarf *m*; Mangel *m* (of an); Not *f*; **borrowing ~** Kreditbedarf *m*; **consumer ~s** Bedarf der Verbraucher; **for one's own ~** für den Eigenbedarf; **in case of ~** im Notfall, **proof of ~** Bedürftigkeitsnachweis *m*; **state of ~** Notlage *f*; **~ for capital** Kapitalbedarf *m*; **~ of (foreign) exchange** Devisenbedarf *m*; **if ~ be** im Bedarfsfall; **to be in ~ of money** Geld brauchen; **to meet the ~s** den Bedarf decken; den Bedürfnissen gerecht werden

**need**, *v*; **to ~ sth. urgently** etw. dringend benötigen

**needs**, benötigt; **when ~s** im Bedarfsfall

**negate**, *v* verneinen, ablehnen; entgegenstehen; **to ~ the liability** die Haftung verneinen

**negative**, negativ, verneinend; **~ answer** abschlägige Antwort *f*; **~ assets** negative Wirtschaftsgüter *pl*; **~ audit certificate** negativer Prüfungsvermerk *m*; **~ capital account** negatives Kapitalkonto *n*

**negative certification, to grant a ~** ein Negativattest erteilen

**negative**, **~ clearance** Negativattest *n*; **~ covenant** Unterlassungsversprechen *n*; **~ equity**, Hypothekenschuld *f*, die größer ist als der Wert des Hauses; **~ interest** Negativzins *m*; **~ pledge** Unterlassungsverpflichtung *f*; **~ pledge clause** Negativklausel *f (bes. in Anleihekonditionen)*; Nichtbesicherungsklausel *f*; **~ trade balance** Passivsaldo *m* im Außenhandel; **~ vote** Nein-Stimme *f*; **to answer in the ~** verneinen

**neglect**, Vernachlässigung *f*; Versäumnis *n*; **~ to provide maintenance** Vernachlässigung der Unterhaltspflicht

**neglect**, *v* vernachlässigen, versäumen; **to ~ one's duties** seine Pflichten vernachlässigen

**neglected, motor shares were ~** Autoaktien wurden wenig gehandelt

**negligence**, Fahrlässigkeit *f*; fahrlässiges Verhalten *n*; Verschulden *n*, **action for ~** Schadensersatzklage *f* wegen fahrlässiger Schädigung

**negligent**, fahrlässig; **grossly ~** grob fahrlässig

**negotiability**, Begebbarkeit *f*, Indossierbarkeit *f*, Übertragbarkeit *f (von Wertpapieren)*

**negotiable**, *(durch Übergabe od. Indossament)* begebbar, übertragbar; negozierbar; **~ certificate of deposit** an Order od. auf den Inhaber ausgestelltes certificate of deposit ( → certificate 1.); **~ instrument** begebbares (od. übertragbares) Wertpapier *n* (od. Handelspapier) (banknotes, certain cheques etc.); **~ on the stock exchange** börsenfähig; **~ order of withdrawal** *Am* übertragbare Zahlungsanweisung *f* ( → NOW account); **~ securities** begebbare Wertpapiere *npl*; **~ warehouse receipt** Orderlagerschein *m*

**negotiate**, *v* verhandeln (über), aushandeln; begeben, übertragen; **authority to ~** → authority; **to ~ a bill of exchange** e-n Wechsel begeben (od. übertragen); **to ~ a contract** e-n Vertrag aushandeln, über e-n Vertragsabschluss verhandeln; **to ~ a draft** *(Außenhandel)* e-e Tratte ankaufen (od. diskontieren); **to ~ a loan** e-e Anleihe *(im Wege der festen Übernahme durch e-e Bank)* begeben; **to ~ a price** über e-n Preis verhandeln, e-n Preis aushandeln; **to ~ a sale** über e-n Verkauf verhandeln; e-n Verkauf durch Verhandlung zustandebringen; **to ~ the terms of a contract** die Vertragsbedingungen aushandeln

**negotiating**, **~ bank** *(beim Akkreditiv)* einlösende Bank *f*; **~ party** Verhandlungspartner *m*; **~ power** Verhandlungsvollmacht *f*; **~ round** Verhandlungsrunde *f*; **~ skill** Verhandlungsgeschick *n*

**negotiation**, Verhandlung *f*, Aushandlung *f*; Begebung *f*, Übertragung *f*; Negotiation *f*; **advice of ~** Negoziierungsanzeige *f*; **by way of ~** auf dem Verhandlungswege; **open to ~s** zu Verhandlungen bereit; **successful conclusion of ~s** erfolgreicher Abschluss *m* der Verhandlungen;

**tariff ~s** Zollverhandlungen *fpl*; **trade ~s** Wirtschaftsverhandlungen *fpl*; **~ credit** *(Auslandsgeschäft)* Negoziierungskredit *m*; **~ of a bill (of exchange)** Begebung *f* (od. Übertragung *f*) e-s Wechsels; **~ of a draft** *(Außenhandel)* Ankauf *m* (od. Diskontierung *f*) e-r Tratte; **~ of a loan** Begebung *f* e-r Anleihe *(im Wege der festen Übernahme durch e-e Bank)*; **~ technique** Verhandlungstechnik *f*; **to carry on** (or **conduct**) **~s** Verhandlungen führen; **to enter into** (or **take up**) **~s** in Verhandlungen (ein)treten; Verhandlungen aufnehmen

**negotiator**, Unterhändler *m*; Verhandlungsführer

**neighbo(u)ring property**, Nachbargrundstück *n*

**NEO**, → nonequity option

**neon sign advertising**, Neonlichtwerbung *f*

**nest-egg**, *colloq.* Notpfennig *m*, Spargroschen *m*

**net**, 1. Kurzform für das → Internet

**net**, 2. netto, rein, nach allen Abzügen; **(payment) 30 days ~** (Zahlung) innerhalb von 30 Tagen netto; **(strictly) ~** (Zahlung) rein netto; **~ amount** Nettobetrag *m*; **~ appreciation** Nettowertsteigerung *f*; **~ assets** Nettovermögen *n*, Reinvermögen *n*; Eigenkapital *n*; **~ asset value** Nettovermögenswert *m*; Substanzwert *m (e-s Unternehmens)*; **~ asset value per unit** *Br* Inventarwert *m* per Anteil an e-m → unit trust; **~ avails** Nettoerlös *m*; Reinertrag *m*; **~ balance** Reinertrag *m*; **~ barter terms of trade** Nettoaustauschverhältnis *n*; **~ book value** Nettostückwert *m (nach Berücksichtigung von Abschreibungen)*

**net capital**, **~ exports** Nettokapitalexport *m*; **~ formation** Nettokapitalbildung *f*; **short-term capital transactions with EU countries changed from a deficit (~ exports) of ... to a surplus (~ imports) of ...** der kurzfristige Kapitalverkehr mit den EU-Ländern schlug von e-m Passivsaldo (Nettokapitalexport) von ... in e-n Aktivsaldo (Nettokapitalimport) von ... um

**net**, **~ cash** netto Kasse ohne Abzug; **net contributor** Nettozahler *m*; **~ credit requirements** Nettokreditbedarf *m*; **~ creditor limit position** *(Bankwesen, intern. Währungspolitik)* Netto-Überschussposition *f*; **~ currency outflow** Nettodevisenabfluss *m*; **~ current assets** Nettoumlaufvermögen *n*; **~ earnings** Nettoverdienst *m*; Reinertrag *m*; **~ external assets** Nettoauslandsvermögen *n*; **~ external indebtedness** Nettoauslandsverschuldung *f*; **~ fixed assets** Nettoanlagevermögen *n*; **~ (foreign) exchange position** Nettodevisenposition *f*; **~ gain** Reingewinn *m*; **~ holdings** Nettobestand *m*; **~ income** Nettoeinkommen *n*; Reingewinn *m*; **~ income percentage of sales** Umsatzrendite *f*, Umsatzrentabilität *f*; **~ indebtedness** Nettoverschuldung *f*; **~ interest return** Nettoverzinsung *f*; **~ investment** Nettoinvestition *f*; **~ lendings** Nettokreditgewährung *f*; **~ loss** Nettoverlust *m*; **~ loss for the year** Jahresfehlbetrag *m*, **~ margin** Nettogewinn(spanne) *m(f)*; **~ margin of an enterprise** Betriebsergebnis *n*; **~ national product** → national; **~ operating loss** Nettobetriebsverlust *m*; **~ operating profit** Nettobetriebsgewinn *m*; **~ output** Nettoproduktion *f*; **net pay** Nettolohn *m*; **~ present value method** (NPV method) Kapitalwertmethode *f (der Investitionsrechnung)*; **~ price** Nettopreis *m*; **~ price transactions** *(Börse)* Nettogeschäfte *npl*; **~ proceeds (of sale)** Nettoerlös *m*; Reinertrag *m*; **~ profit after (before) taxes** Nettogewinn *m* nach (vor) Steuerabzug; **~ purchase price** Nettoeinkaufspreis *m*; **~ receipts** Nettoeinnahmen *fpl (nach Abzug der Unkosten)*; **~ register tonnage** (NRT) Nettoregistertonnage *f (e-s Schiffes)*; **~ reproduction rate** Nettoproduktionsrate (NRR); **~ return** Nettoverzinsung *f*; **~ salary** Nettogehalt *m*; **~ sales** Nettoumsatz(erlöse) *m(pl)*; **~ sales price** Nettoverkaufspreis *m*; *(Börse)* Nettoverkaufskurs *m*; **~ security gain** Nettoertrag *m* aus Wertpapiergeschäften; **~ surplus** Reingewinn *m*; **~ turnover** Nettoumsatz *m*; **~ United Kingdom rate** *Br* Steuersatz nach Abzug der Anrechnung für Doppelbesteuerung; **~ value added** Nettowertschöpfung *f*; **~ value of goods** Nettowarenwert *m*; **~ value of tangible assets** Substanzwert *m (e-s Unternehmens)*; **~ weight** Eigengewicht *n*; **~ worth** *Am* Eigenkapital *n (e-s Unternehmens)*; **~ worth of a group** Vermögenslage *f* e-s Konzerns; **~ yield** Nettorendite *f*; Reinertrag *m*

**netiquette**, Verhaltenskode für → internet communities, Unterhaltungsforen und → E-Mail Kommunikation

**netizen**, (network citizen) verantwortlicher Bewohner bzw. Benutzer des → Internets

**net out**, *v (Bankwesen)* saldieren

**netting**, Verrechnung *f* von Forderungen und Verbindlichkeiten

**network**, Netz *n*; **branch ~** (or **~ of branch offices**) Filialnetz *m*; **~ (planning) technique** Netzplantechnik *f* (NPT)

**networking**, Kontaktknüpfen *n*

**net worth**, Eigenkapital *n*

**neutral**, **~ money** neutrales Geld *n*; **~ status** Neutralität *f*; **to remain ~** neutral bleiben

**never-never**, **to buy sth. on the ~** *colloq.* etw. auf Abzahlung kaufen

**new**, neu; **brand-~** brandneu, fabrikneu; **~ borrowing** Neuverschuldung *f*; **~ business** neue Geschäfte *npl*; *(Vers.)* neue Abschlüsse *mpl*; **~ construction** Neubau *m*; **~ departure** *fig* neuer Weg *m*; Neuorientierung *f*; **~ establishment** Geschäftsneugründung *f*; **~ foundation** Neugründung *f*

**new economy**, new economy *f (Oberbegriff für die gesamte ökonomische Wertschöpfungskette, die sich integrierter, elektronischer Informations- und Kommunikationstechnologie bedient)*

**new issue**, Neuemission *f*; **~ (s)** junge Aktien *fpl*; **~ business** Neuemissionsgeschäft *n*; **~ market** Neuemissionsmarkt *m*; Primärmarkt *m*

**new markets, to open ~** neue Absatzmärkte erschließen

**new**, **~ order** Neubestellung *f*; **~ planting** Neubepflanzung *f*; **~ public borrowing** Neuverschuldung *f* der öffentlichen Hand; **~ shares** (or *Am* **stocks**) junge Aktien *fpl*; **~ world order** *(pol)* neue Weltordnung *f*

**New York**, **~ Futures Exchange** (NYFE) New Yorker Terminbörse *f*; **~ Interbank Offered Rate** (NIBOR) Interbanken-Angebotssatz *m* am Finanzplatz New York; **~ Stock Exchange** (NYSE) New Yorker Wertpapierbörse *f*

**newly**, **~ built** *Br* **flat** (*Am* **apartment**) Neubauwohnung *f*; **~ founded** neu gegründet; **~ industrialized countries** (NIC) Schwellenländer *npl*; **~ issued shares** junge Aktien *fpl*

**news**, Nachrichten *pl*; **business ~** Handelsnachrichten, Börsennachrichten *pl (e-r Zeitung)*; **~ agency** Nachrichtenagentur *f*; Zeitungsverkaufsstelle *f*; **~ broadcast** Nachrichtensendung *f*; **~ conference** Pressekonferenz *f*; **~ item** Pressenotiz *f*

**newsgroup**, Diskussionsforum *n (In ~s werden zu einem bestimmten Themenbereich öffentliche Diskussionen im → Internet geführt. Sie funktionieren ähnlich wie schwarze Bretter. Man schreibt Mitteilungen ( → post) und man erhält Antworten, die eine Reaktionskette bilden ( → Thread).)*

**newspaper**, Zeitung *f*; **financial ~** Börsenblatt *n*; **subscriber to a ~** Zeitungsabonnent *m*; **to advertise in a ~** in e-r Zeitung inserieren; **to subscribe to** (or **take**) **a ~** e-e Zeitung abonnieren (od. halten)

**news**, **~ print** Zeitungsdruckpapier *n*; **~ stand** Kiosk *m*, Zeitungsstand *m*

**niche strategy**, Nischenstrategie *f*

**nifty fifty**, 50 populärsten Aktien *fpl* institutioneller Investoren

**night**, Nacht *f*; **~ charge** Nachttarif *m*; **~ duty** Nachtdienst *m*; **~ safe** Nachttresor *m (e-r Bank)*; **~ time working periods** Nacharbeitszeit *f*

**nil**, **~ rate of duty** *(Zoll)* Nullsatz *m*; **~ tariff** Nulltarif *m*

**NIMEXE**, → Nomenclature of Goods for the External Trade Statistics of the Community and Statistics of Trade between Member States; **~ nomenclature** NIMEXE-Warenverzeichnis *n*

**ninety days loan**, Dreimonatsgeld *n*

**no**, **~ account** kein Konto *(Scheckvermerk der Bank bei fehlender Deckung)*; „**~ advice**" kein Avis *(Vermerk der Bank auf zurückgehenden Wechsel, wenn Avis des Akzeptanten fehlt)*; **~ change given** Geld abgezählt bereit halten; **~-claims discount** (or **bonus**) *Br* Schadenfreiheitsrabatt *m*; „**~ funds**" *(Scheckvermerk)* keine Deckung; **~ goods exchanged** Umtausch nicht gestattet; **~-load funds** Fonds *pl* ohne Ausgabeaufschlag *m*; **~ orders** (N.O.) keine Aufträge *mpl*; **~-par-value-share** Aktie ohne Nennwert; Quotenaktie *f*; **~ thoroughfare** keine Durchfahrt

**nob spread**, notes over bond spread,

Zinsunterschied *m* zwischen kurz- und langfristigen US-Schatzanweisungen
**nod, on the ~** *colloq.* auf Kredit
**noise**, Lärm *m*; **disturbing ~** ruhestörender Lärm; **~ abatement** Lärmbekämpfung *f*; **~ pollution** Lärmbelästigung *f*
**noisy advertising**, marktschreierische Werbung
**nomenclature**, Nomenklatur *f*; Namensverzeichnis *n*; Benennungssystem *n*; **(tariff) ~** Zolltarifschema *n*; **~ for the classification of goods in customs tariffs** Zolltarifschema für die Einreihung der Waren in die Zolltarife; **N~ of Goods for the External Trade Statistics of the Community and Statistics of Trade between Member States** (NIMEXE) *(EU)* Warenverzeichnis *n* für die Statistik des Außenhandels der Gemeinschaft und des Handels zwischen ihren Mitgliedstaaten
**nominal**, nominal, (nur) dem Namen nach; nominell; auf e-n Nennwert lautend; **~ accounts** Sachkonten *npl*; Erfolgskonten *npl*; **~ assets** fiktive Aktiva *pl (e-r Bilanz)*; **~ capital** nominelles (geringfügiges) Kapital *n*; *Br* Nominalkapital *n*; ausgewiesenes Grundkapital *n (e-r AG)*; Stammkapital *n (e-r GmbH)*; **~ damages** (nur) nomineller Schadenersatz *m*; **~ fine** unbedeutende Geldstrafe *f*; **~ par** Nennwert *m*; **~ partner** nomineller Gesellschafter *m (ohne aktive Beteiligung)*; **~ price** nomineller (nur genannter) Kurs *m (ohne Umsatz)*; **~ value** Nominalwert *m*, Nennwert *m*
**nominate**, *v* ernennen; *(zur Wahl od. für ein Amt)* vorschlagen (od. aufstellen)
**nomination**, Ernennung *f*; Nominierung *f*; Vorschlag *m (zur Wahl od. für ein Amt)*
**nominee**, *(für ein Amt etc.)* Vorgeschlagener *m*; vorgeschobene Person *f*; Strohmann *m*; Bank, auf deren Namen Aktien registriert werden *(um die Übertragung von Wertpapieren zu vereinfachen)*; **~ shareholding** für e-n Dritten eingetragener Aktienbesitz *m*
**non, ~ acceptance** Nichtannahme *f*, Annahmeverweigerung *f*; **~ active status** einstweiliger Ruhestand *m*; **~ aged** minderjährig
**nonagricultural, ~ products** Nichtagrarerzeugnisse *npl*; **~ working force** nicht in der Landwirtschaft tätige Arbeitskräfte *fpl*
**non, ~assented bonds** Obligationen *fpl* ohne Zustimmung zu e-m Reorganisationsplan; **~assessable stock** *Am* nicht nachschusspflichtige Aktien; **~assignable** nicht übertragbar; **~business assets** Nichtgeschäftswerte *mpl*; **~business day** arbeitsfreier Tag *m*; Feiertag *m*; **~callable bond** unkündbare Anleihe *f*, **~ calling period** Kündigungssperrfrist *f*
**noncash**, bargeldlos; **~ assets** Sachwerte *pl*
**noncollectable**, nicht eintreibbar
**noncommercial**, nicht gewerblich; **small consignments of a ~ character** Kleinstsendungen *fpl* ohne Handelswert; **~ quantities** nicht zum Handel geeignete Mengen
**non-Community**, *(EU)* außergemeinschaftlich; **~ goods** Nichtgemeinschaftswaren *fpl*; **~ country** *(EU)* Drittland *n*
**non, ~ competing** konkurrenzlos; **~competition clause** Konkurrenzklausel *f*; **~competitive bid** nicht wettbewerbsfähiges Angebot *n*
**noncompliance, (with)** Nichtbeachtung *f*, Nichtbefolgung *f*; **in case of ~** bei Nichtbefolgung; **~ with the terms of delivery** Nichteinhaltung *f* der Lieferfrist
**non, ~ compos mentis** geisteskrank; unzurechnungsfähig; **~ compulsory expenditure** (NCE) *(EU)* nicht obligatorische Ausgaben (NOA) *fpl*; **~conforming goods** nicht vertragsgemäße Waren *fpl*
**noncontractual, ~ goods** nicht vertragsgemäße Waren *fpl*; **~ liability** außervertragliche Haftung *f*
**noncontributory**, nicht beitragspflichtig, beitragsfrei; **~ benefits** *(Sozialvers.)* beitragsunabhängige Leistungen *fpl*
**non, ~cumulative** *Br* **preference shares** (*Am* **preferred stock**) nicht kumulative Vorzugsaktien *(noch nicht ausgeschüttete Dividenden werden nicht nachgezahlt)*; **~current liabilities** langfristige Verbindlichkeiten *fpl*; **~deductible expenses** nicht abzugsfähige Ausgaben *(des Steuerpflichtigen)*; **~ disclosure** Nichtoffenbarung *f*, Nichtoffenlegung *f*; Unterlassen *(e-r Mitteilung od. Anzeige)*; **~discrimination** Nichtdiskriminierung *f*, Gleichbehandlung *f*; **~distinctive marks** nicht unterscheidungskräftige Warenzeichen *npl*; **~drawn profit** nicht entnom-

mener Gewinn *m*; ~**durables** kurzlebige Wirtschaftsgüter *pl*; ~**EU Countries** Nichtmitgliedstaaten *mpl* der EU; ~**essentials** nicht lebensnotwendige Güter; ~**exclusive licen|ce (-se)** einfache Lizenz *f*; ~**executive director** nicht in der Unternehmensleitung aktiv tätiger Direktor *(e-s board of directors)*; ~**feasance** Nichterfüllung *f (e-r rechtl. Verpflichtung)*; ~**ferrous metals** NE-Metalle *pl*; ~**foods** Nichtlebensmittel *pl*; ~**fulfilment** Nichterfüllung *f*

**nonequity option**, nicht Aktienoption *f*

**nongovernmental**, nichtstaatlich; ~ **organization** (NGO) Nichtregierungsorganisation *f* (NRO)

**non**, ~-**incorporated EC directives** nicht umgesetzte EU-Richtlinien *fpl*; ~**inflationary** inflationsfrei; ~**interest-bearing** zinslos, unverzinslich; ~**leverage fund** Investmentfonds *f*, der kein Fremdkapital zum Kauf von Anlagen einsetzt; ~**liability** Haftungsausschluss *m*; **list of** ~**liberalized goods** Negativliste *f*; ~**life insurance** Sachversicherung *f*; ~**marketable** nicht gangbar, nicht börsenfähig; ~-**market services** *(EU)* nicht marktbestimmte Dienstleistungen *fpl*

**nonmarketing**, Nichtvermarktung *f*; ~ **premium** *(EU)* Prämie *f* für die Nichtvermarktung

**non**, ~**material damage** immaterieller Schaden *m*; ~**member country** *(EU)* Drittland *n*; ~**member state** Nichtmitgliedstaat *m*; ~**member transit countries** Transit-Drittländer *npl*; ~**metallic minerals** Steine und Erden *pl*

**nonnational**, Gebietsfremder *m*; ~ **labo(u)r** ausländische Arbeitskräfte *pl*

**non**, ~**negotiable** nicht übertragbar, nicht begebbar; ~**observance** Nichtbefolgung *f*, Nichtbeachtung *f*; ~**occupational accident** Nichtbetriebsunfall *m*; ~**official** nicht amtlich; inoffiziell

**nonoperating**, nicht in Betrieb befindlich, betriebsfremd; ~ **expense** betriebsfremder Aufwand *m*; ~ **revenue** betriebsfremde Erträge *mpl*

**non**, ~**operational vehicle** betriebsunfähiges Fahrzeug *n*; ~**originating product** *(Zoll)* Nichtursprungsware *f*

**nonparticipating**, *(VersR, GesellschaftsR)* ohne Gewinnbeteiligung *f*; ~ **country** Nichtteilnehmerland *n*

**non**, ~**payment** Nicht(be)zahlung *f*; ~**pecuniary damage** Nichtvermögensschaden *m*; ~**performance** Nichterfüllung *f*; Nichtleistung *f*; ~**performing loan** *Am* notleidender Kredit *m*; ~**preferential debt** nicht bevorrechtigte Konkursforderung *f*; ~**preferential trade agreement** *(EU)* nichtpräferenzielles Handelsabkommen *n*; ~-**price competition** außerpreislicher Wettbewerb *m (bei dem nicht der Preis sondern Qualität, Verpackung, Service etc. maßgeblich ist)*; ~**priority carriageway** Fahrbahn *f* ohne Vorfahrt

**nonprofit**, ~ **(making)** nicht auf Gewinn gerichtet; gemeinnützig; ~ **(making) association** Idealverein *m*; ~ **(making)** organization Organisation *f* ohne Erwerbscharakter; gemeinnützige Organisation *f*; ~ **policy** Lebensversicherung *f* ohne Gewinnberechtigung

**non**, ~**quota** nicht kontingentiert; quotenfrei; ~**quoted** *(Börse)* nicht notiert; ~**recourse financing** Finanzierung *f* ohne Regressmöglichkeit; Forfaitierung *f* (→ forfaiting)

**nonrecurrent**, (or **nonrecurring**) nicht wiederkehrend, einmalig; ~ **expenditure** einmalige Ausgabe *f*; ~ **gains** Gewinne *mpl* aus der einmaligen Veräußerung von Anlagevermögen; ~ **income** einmalige (außerordentliche) Erträge *mpl*

**nonrefundable**, (or **nonrepayable**) **advances** nicht rückzahlbare Vorschüsse *mpl*

**nonresidence**, Nichtansässigkeit *f*; *(Devisen)* Ausländereigenschaft *f*; *(Handelsgesellschaft)* Fehlen *n* des (Haupt-)Geschäftssitzes in dem Staat, in dem die Gesellschaft inkorporiert ist

**nonresident**, Nichtansässiger *m*, jd., der nicht (dauernd) wohnhaft ist (in); Gebietsfremder *m* (früher Devisenausländer *m*); Steuerausländer *m*

**nonresident**, *adj* nicht (dauernd) ansässig; außerhalb (od. im Ausland) wohnhaft; steuerausländisch; gebietsfremd; ~ **alien** im Ausland ansässiger Ausländer *m*; *Am* Ausländer *m* ohne ständigen Wohnsitz in den USA; Steuerausländer *m*; ~ **company** *Br* Gesellschaft *f* ohne (Haupt-) Geschäftssitz in Großbritannien; ~ **shareholder** auswärtiger Aktionär *m*

**nonreturnable package**, Einwegpackung *f*

**nonscheduled**, ~ **air services** nicht

planmäßiger Luftverkehr *m*; ~ **flight** Nichtlinienflug *m*, Bedarfsflug *m*

**non**, ~ **sensitive products** nicht empfindliche Waren *fpl*; ~ **specialists** Nichtfachleute *pl*; **nonstop** durchgehend (*Zug*; *Flug*); ~**support** *Am* Verletzung *f* der Unterhaltspflicht; ~**tariff barriers** (NTB) nicht zollbedingte Handelsschranken *fpl*; ~**taxable** steuerfrei; ~**trader** Nichtkaufmann *m*; ~**trading partnership** Gesellschaft *f* des bürgerlichen Rechts

**nonunion**, nicht gewerkschaftlich organisiert, keiner Gewerkschaft angehörig; ~**shop** gewerkschaftsfreier Betrieb *m*; ~ **worker** (or ~**ist**) Nichtmitglied *n* e-r Gewerkschaft

**non**, ~**use** Nichtgebrauch *m*, ~**voting** nicht stimmberechtigt; ~**voting shares** stimmrechtslose Aktien *fpl*; ~**warranty** Haftungsausschluss *m*

**normal**, normal; ~ **cost** Normalkosten *pl*; ~ **costing** Normalkostenrechnung *f*; ~ **distribution** *(Statistik)* Normalverteilung *f*; ~ **loss** natürlicher Schwund *m*; ~ **overhead(s)** Normalgemeinkosten *pl*; ~ **price** Normalpreis *m*; ~ **rate** Normalsatz *m*; ~ **tax** Basissteuer *f* der amerikanischen Einkommensteuer

**North American Free Trade Agreement**, → NAFTA

**North See oil**, Nordseeöl *n*

**nosedive**, *v* stark fallen; ~ **in sales** Umsatzverfall *m*

**nostro**, ~ **accounts** Nostrokonten *npl*; ~ **commitments** Nostroverpflichtungen *fpl*; ~ **securities** Nostroeffekten *pl*

**not**, ~ **binding offer** freibleibendes Angebot *n*; ~ **earlier than** frühestens; ~ **later than** spätestens; ~ **less than** wenigstens; ~ **negotiable** nicht übertragbar; nur zur Verrechnung; ~ **provided for** (n.p.f.) keine Deckung *(Bankvermerk auf Scheck)*; ~ **subject to call** nicht kündbar *(Effekten)*; ~ **sufficient (funds)** (n.s., n.s.f.) keine Deckung *(Bankvermerk auf Scheck)*; ~**-to-order clause** Rektaklausel *f*, Klausel *f* „nicht an Order" *(auf Wechsel od. Scheck)*

**notarial**, notariell, Notariats-; ~ **acknowledgement** notarielle Beglaubigung *f*; ~ **charges** Notariatsgebühren *fpl*; ~ **charges not to be incurred** ohne Kosten (Vermerk auf Wechsel); ~ **fees** Notariatsgebühren *pl*; ~ **protest certificate** *Am* Protesturkunde *f*; ~ **ticket** *(auf nicht eingelöstem Wechsel)* Notariatsgebühren *pl*

**notarially certified**, notariell beglaubigt

**notary (public)**, Notar *m*; **power of attorney attested by ~ (public)** notariell beglaubigte Vollmacht *f*; ~ **(public)'s fees** Notariatsgebühren *pl*

**notation**, Anmerkung *f*

**note**, Notiz *f*, Vermerk *m*; schriftl. Mitteilung *f*; Banknote *f*; Schuldschein *m*; Solawechsel *m*, Eigenwechsel *m*; *(kurze, nicht förmliche)* Rechnung *f*; ~**s** Anhang *m (z. B. zum Jahresabschluss)*; **advice** ~ Benachrichtigungsschreiben *n*; **bank** ~ Banknote *f*; **bond** ~ Zollbegleitschein *m*; **bills and ~s** Wechsel *mpl*; **bills or ~s** gezogene oder eigene Wechsel; **borrower's ~ against ad rem security** dinglich gesicherter Schuldschein *m*; **broker's** ~ Schlussnote *f*; Schlussschein *m*; **cognovit** ~ *Am* eigener Wechsel *m* mit Unterwerfungsklausel; **collateral** ~ *Am* durch Sicherheiten gedeckter Schuldschein *m*; **confirmation note** Bestätigungsschreiben *n*; **delivery** ~ Lieferschein *m*; **promissory** ~ → promissory; ~**s and coins in circulation** Bargeldumlauf *m*; ~ **book** Notizbuch *n*; ~ **broker** *Am* Wechselmakler *m*; ~ **circulation** (Bank-)Notenumlauf *m*; ~ **issuance facility** (NIF) Fazilität *f* zur revolvierenden Plazierung von Euronotes durch ein → tender panel; ~ **of blocking** Sperrvermerk *m*; ~ **of expenses** Auslagenrechnung *f*; Spesenrechnung *f*; ~ **of fees** Gebührenrechnung *f*; ~ **of hand** Schuldschein *m*; ~ **of protest** Vormerkung *f* zum (Wechsel-)Protest; ~**s payable** *Am (Bilanz)* Wechselschulden *pl*; Verbindlichkeiten *pl* aus Schuldscheinen; ~**s receivable** *Am (Bilanz)* Wechselforderungen *pl*; Forderungen *fpl* aus Schuldscheinen; ~**s to the accounts** Anmerkungen *fpl* (od. Anhang *m*) zum Jahresabschluss

**note**, *v* notieren, aufschreiben; **to ~ a (protest of a) bill** e-n notariellen Vermerk über die Nichtannahme od. Nichtzahlung e-s Wechsels machen

**noted bill**, protestierter Wechsel *m*

**notice**, 1. Mitteilung *f*, Bekanngabe *f*; Anzeige *f*; Kenntnis(nahme) *f*; Kenntnis *f* (od. Kennenmüssen *n*) der Rechte Dritter; **actual** ~ tatsächliche Kenntnis; **advance** ~ Voranzeige *f*; **consignment** ~ Versandanzeige *f*; **constructive ~** zurechenbare Kenntnis *f (der Rechte Dritter)* (Kennenmüssen); **official ~** amtliche Mitteilung *f*; **purchaser without ~** gutgläubiger Erwerber *m*; **until further ~** bis auf weiteres; **without ~** ohne vorherige Ankündigung; *(auch)* gutgläubig; **~ board** schwarzes Brett *n*; Anschlagtafel *f*; **~ convening the meeting** Einberufung *f* zur Hauptversammlung; **~ from the buyer** Anzeige des Käufers; **~ given to the buyer** Anzeige an den Käufer; **~ of arrival** Eingangsbestätigung *f*; Ankunftsmeldung *f (e-s Schiffe im Hafen)*; **~ of assessment** Steuerbescheid *m*; *(Zoll)* Feststellungsbescheid *m*; **~ of assignment** Abtretungsanzeige *f*; **~ of birth** Geburtsanzeige *f*; **~ of consignment** Anzeige über die Absendung; **~ of death** Todesanzeige *f*; **~ of defect(s)** Mängelanzeige *f*, Mängelrüge *f*; **~ of dishono(u)r** Notanzeige *f (Benachrichtigungspflicht des Wechsel- od. Scheckinhabers bei Unterbleiben der Annahme od. Zahlung)*; **~ of dismissal** Entlassungsschreiben *n*; **~ of loss** Schadenanzeige *f*; Verlustanzeige *f*; **~ (of meeting)** Einberufung *f* der Versammlung, Einberufungsschreiben *n*; **~ of opposition** Einspruchseinlegung *f*, Einspruchsschrift *f*; **~ of protest** Mitteilung *f* über Wechselprotest; **~ of readiness** Lade- (od. Lösch)bereitschaftsandienung *f*; **~ of rejection** Ablehnungsbescheid *m*; **~ of rights** Bezugsrechtsankündigung *f*; **~ of withdrawal** Austrittserklärung *f*; Rücktrittsanzeige *f* ( → notice 2.); **~ to pay** Zahlungsaufforderung *f*; **to give ~ of** bekannt geben, mitteilen, anzeigen; *Am (vertragswidrige Beschaffenheit der Ware)* rügen; **duty to give ~ (of)** Anzeigepflicht *f*; **to give ~ of claim** *(VersR)* den Schaden anmelden; **the buyer gives ~ of the defect** der Käufer zeigt den Mangel *f*; **to give ~ of one's withdrawal** *(from a club etc.)* seinen Austritt erklären; **to be given ~ of** Kenntnis erlangen von; **to take ~** zur Kenntnis nehmen, beachten

**notice**, 2. Kündigung *f*; **at ~** kündbar; **loan at ~** kündbares Darlehen *n*; **at a month's ~** mit monatlicher Kündigung; **at short ~** kurzfristig kündbar; **due ~** ordnungsmäßige Kündigung; **a fortnight's ~** 14tägige Kündigung; **monthly ~** monatliche Kündigung

**notice**, **period of ~** Kündigungsfrist *f*; **agreed period of ~** vereinbarte Kündigungsfrist; **legal** (or **statutory**) **period of ~** gesetzliche Kündigungsfrist; **the period of ~ expires** die Kündigungsfrist läuft ab; **to observe the period of ~** die Kündigungsfrist einhalten

**notice**, **reasonable ~** angemessene Kündigung; **right to give ~** Kündigungsrecht *n*; **subject to ~** kündbar; **subject to a month's ~** mit monatlicher Kündigungsfrist; **term of ~** Kündigungsfrist *f*

**notice**, **employees under ~** gekündigte Arbeitnehmer *pl*

**notice**, **without ~** fristlos; **to terminate (employment etc.) without ~** fristlos kündigen; **~ of cancellation** Kündigung *f*, Rücktritt *m*; **~ of denunciation of a treaty** Kündigung e-s Vertrages; **~ of redemption of securities** Kündigung von Wertpapieren

**notice of withdrawal**, Kündigung(serklärung) *f*; **~ of bonds** Kündigung von Obligationen; **~ of credit** Kreditkündigung *f*

**notice**, **~ period** Kündigungsfrist *f*; **~ to quit** Kündigung *(des Mieters, Pächters)*; Räumungsaufforderung *f*; **~ to terminate (agreement, employment, lease)** Kündigung (e-s Vertrages, Dienstverhältnisses, Miet- od. Pachtvertrages); **to give an employee ~ of termination of his services** e-m Angestellten kündigen; **to give ~ to quit** *(Mieter, Pächter)* kündigen; **to give one week's ~** mit wöchentlicher Frist kündigen; **by giving three months' ~** mit vierteljähriger Kündigungsfrist; **he was given ~ to quit** ihm wurde *(die Wohnung)* gekündigt; **to hand in one's ~** seine Kündigung einreichen

**notifiable**, meldepflichtig, anzeigepflichtig

**notification**, Anzeige *f*, Benachrichtigung *f*; Notifizierung *f*; Zustellung *f*; **~ duty** Mitteilungspflicht *f*; **~ of claim** (or **loss**) Schadenanzeige *f*; **~ of defects** Mängelanzeige, Mängelrüge *f*

**notify**, *v (förml.)* mitteilen, benachrichtigen, anzeigen; **obligation to ~** Anzeigepflicht *f*; **to ~ a death** e-n Todesfall anmelden; **to ~ a defect** e-n Mangel anzeigen (od. rügen)

**notifying bank**, avisierende Bank *f*

**noting (a bill)**, notarieller Vermerk *m* zwecks nachfolgender Protestaufnahme

**notional value**, imaginärer Wert *m*
**notions**, *Am* Kurzwaren *fpl*
**notorious**, offenkundig
**notwithstanding**, ungeachtet; abweichend von; ~ **the provisions** in Abweichung von den Vorschriften
**Nouveau Marché**, Börsensegment *n* der Pariser Börse *(an dem nur innovative Wachstumsunternehmen gehandelt werden)*
**novation**, Novation *f*, Schuldumschaffung *f*
**novel**, *(PatR)* (völlig) neu
**novelties**, Modeartikel *mpl*
**novelty**, Neuheit *f*; **search as to** ~ *(PatR)* Neuheitsrecherche *f*; Prüfung *f* der Neuheit; **to be detrimental to** ~ *(PatR)* neuheitsschädlich sein
**novice**, Neuling *m*, Anfänger *m*
**NOW account**, *Am* verzinstes Sparkonto, über das mit → negotiable orders of withdrawal verfügt werden kann
**noxious**, schädlich; ~ **emissions from motor vehicles** Schadstoffemissionen *pl* von Kraftfahrzeugen
**nuclear**, ~ **accident** Atomunfall *m*; ~ **arms limitation** Begrenzung *f* der Atomwaffen; ~ **fission energy** Energie *f* aus Kernspaltung; **~-free zone** atomwaffenfreie Zone *f*; ~ **fuels** Kernbrennstoffe *mpl*; ~ **incident** nukleares Ereignis *n*; ~ **industry** Kern(energie)industrie *f*; ~ **installations** Kernanlagen *fpl*; ~ **power plant** Atomkraftwerk *n*; ~ **power station** Kernkraftwerk *n*; **~-powered** kernkraftbetrieben; atomgetrieben; ~ **reactor** Kernreaktor *m*; ~ **research** Kernforschung *f*; ~ **ship** Atomschiff *n*; ~ **site** Kernenergieanlage *f*; ~ **test ban** Verbot *n* von Kernwaffenversuchen; ~ **waste** Atommüll *m*; ~ **waste dump** nukleares Endlager *n*
**nuclear weapons**, Kernwaffen *fpl*; **to prevent the proliferation of** ~ die Verbreitung *f* von Kernwaffen verhindern
**nuisance**, Belästigung *f*, Störung *f*; **attractive** ~ *Am* Gefahrenquelle *f* für Kinder; **common** ~ → public nuisance; **private** ~ (Besitz-)Störung *f* des Einzelnen *(bes. vom Nachbargrundstück aus)*; **public** ~ Störung der Allgemeinheit; öffentliches Ärgernis *n*; **to abate a** ~ e-e Störung beseitigen
**null**, nichtig, ungültig; ~ **and void** null und nichtig
**nullification**, Ungültigmachung *f*; Annulierung *f*
**nullify**, *v* ungültig machen, für nichtig erklären
**nullity**, Ungültigkeit *f*, Nichtigkeit *f*
**number**, Nummer *f*; Zahl *f*; Anzahl; **invoice** ~ Rechnungsnummer *f*; **reference** ~ Aktenzeichen *n*; **serial** ~ laufende Nummer; ~ **of employees** Personalstand *m*; **~-plate** *(Auto, Haus)* Nummernschild *n*
**number**, *v* nummerieren, zählen; sich belaufen auf; **consecutively ~ed** fortlaufend nummeriert; **~ed account** Nummernkonto *n*
**numeral**, Zahl *f*, Ziffer *f*, Nummer *f*
**nuncupative will**, mündlich *(vor Zeugen)* erklärte einstweilige Verfügung *f*
**nurse**, *v (Kind od. Kranke)* pflegen; **to ~ a business** ein Geschäft wieder hochbringen; **to ~ stocks** Wertpapiere in Erwartung höherer Kurse nicht verkaufen
**nursery**, ~ **(garden)** Baumschule *f*; **~man** Baumschulgärtner *m*
**nursing**, Krankenpflege *f*; ~ **staff** Pflegepersonal
**nutritional**, ~ **labelling of foods** Nährwertkennzeichnung *f*; ~ **level** Ernährungsstand *m*
**nurture**, *v* aktiv unterstützen

# O

**oath**, Eid *m*; **false** ~ Meineid *m*
**oath, on** ~ eidlich, unter Eid; **to make a statement on** ~ e-e Erklärung unter Eid abgeben
**oath**, **under** (or **upon**) ~ eidlich, unter Eid; ~ **of allegiance** Treueid *m*; **to take an** ~ e-n Eid leisten, schwören; *(etw.)* beeidigen
**obiter dictum**, gelegentliche Äußerung *f*, beiläufige Bemerkung *f*
**object**, Gegenstand *m*; Zweck *m*; Ziel *n*; **price is no** ~ der Preis spielt keine Rolle, **salary no** ~ Gehalt Nebensache; **with the ~ of gain** in gewinnsüchtiger Absicht; ~ **found** Fundsache *f*; **~s of a company** Ziele *npl* e-r Gesellschaft; Gegenstand *m* e-s Unternehmens
**object**, *v* Einspruch erheben (to gegen); **to ~ to** beanstanden; **to ~ to defects** Mängel rügen
**objection**, Einspruch *m*, Einwand *m*; Ein-

wendung *f*; Einrede *f*; Beschwerde *f*; **to allow an** ~ e-m Einspruch stattgeben; **to make** (or **raise**) **an** ~ e-n Einwand machen, Einspruch erheben; e-e Einrede geltend machen; beanstanden

**objectionable**, ~ **goods** nicht einwandfreie Waren *fpl*; **to be** ~ zu beanstanden sein

**objective**, Ziel *n*; **~s of the firm** Unternehmensziele *npl*

**objet d'art**, (kleiner) Kunstgegenstand *m*

**obligation**, Verpflichtung *f*; Verbindlichkeit *f*; Pflicht *f*; **business** ~ Geschäftsverbindlichkeit; **contractual** ~ vertragliche Verpflichtung; vertragliches Schuldverhältnis *n*, **discharge of an** ~ Erfüllung *f* e-r Verpflichtung; **financial** ~ finanzielle Verpflichtung; **fulfilment** (or **performance**) **of an** ~Erfüllung *f* e-r Verpflichtung; **implied** ~ → implied; **no** ~ **to buy** kein Kaufzwang; ~ **binding sb.** jdn bindende Auflage; ~ **incurred** eingegangene Verpflichtung; ~ **in kind** Gattungsschuld *f*; ~ **to accept (the) goods** Annahmeverpflichtung *f*; ~ **to contract** Kontrahierungszwang *m*; ~ **to disclose** Auskunftspflicht *f*; ~ **to maintain** Unterhaltspflicht *f*; ~ **to pay** Zahlungsverpflichtung *f*; ~ **to supply** Belieferungspflicht *f*; ~ **under a contract** vertragliche Verpflichtung; **to assume** (or **enter into**) **an** ~ e-e Verpflichtung übernehmen; **to discharge one's ~s** seine Verpflichtungen erfüllen; seinen Verpflichtungen nachkommen; **to incur an** ~ e-e Verpflichtung eingehen (od. übernehmen), **to meet** (or **perform**) **an** ~ e-r Verpflichtung nachkommen; **to observe one's ~s** seine Verpflichtungen einhalten

**obligatory**, obligatorisch; bindend; zwingend vorgeschrieben; ~ **disposition** Mussvorschrift *f*; ~ **insurance** Pflichtversicherung *f*

**oblige**, *v*, **you would greatly** ~ **us** Sie würden uns sehr zu Dank verpflichten; **to** ~ **a p.** jdm gefällig sein, jdm helfen

**obliged**, **we should be extremely** ~ wir würden Ihnen außerordentlich dankbar sein

**obligee**, Gläubiger *m*

**obliging**, verbindlich, zuvorkommend, kulant

**obligor**, Schuldner *m*

**obliterate**, *v* auslöschen; unkenntlich machen

**obscene publications**, pornographische Veröffentlichungen *fpl*

**observance**, Beobachtung *f*; Befolgung *f*, Einhaltung *f*; ~ **of a time-limit** Einhaltung e-r Frist

**observation**, Beobachtung *f*, Bemerkung *f*; ~ **of the market** Marktbeobachtung *f*; ~ **period** Beobachtungszeitraum *m*

**observe**, *v* beobachten; befolgen, einhalten; **to** ~ **one's obligations** seine Verpflichtungen einhalten

**observer status**, **to participate with** ~ als Beobachter teilnehmen

**obsolescence**, *(technische od. wirtschaftliche)* Überalterung *f*, Veralterung *f*; **planned** ~ geplante Überalterung

**obsolete**, veraltet, überaltert; außer Gebrauch; überholt; ~ **inventories** Ladenhüter *pl*

**obstacles to trade**, Handelshindernisse *npl* (od. -hemmnisse *npl*)

**obstruct**, *v* hindern, hemmen; versperren; *(Verkehr)* behindern

**obstruction**, Hindernis *n*; Behinderung *f*, Versperrung *f*; ~ **of traffic** Behinderung des Verkehrs

**obtain**, *v* erhalten, bekommen; **to** ~ **the contract** *(bei Ausschreibungen)* den Auftrag erhalten; **to** ~ **goods** Waren beziehen; **to** ~ **an order** e-n Auftrag erhalten; **to** ~ **a price** e-n Preis erzielen

**obtainable**, erhältlich, zu bekommen

**obtaining**, ~ **credit by false pretences** Kreditbetrug *m*; sich mit der Beschaffung von **to concern oneself with** (or **to be engaged in**) ~ **orders** Aufträgen befassen

**obvious**, offensichtlich, klar

**occasion**, Gelegenheit *f*; Ursache *f*; Grund *m*; **if** ~ **arises** gegebenenfalls; **as** ~ **may require** je nach Bedarf; **on the** ~ **of** anlässlich

**occasion**, *v* verursachen, veranlassen

**occasional**, zufällig; gelegentlich; ~ **customer** Laufkunde *m*; ~ **employment** gelegentliche Beschäftigung *f*; ~ **purchase** Gelegenheitskauf *m*; ~ **vacancy** gelegentlich freiwerdende Stelle *f*

**occupant**, Besitzer *m*, Inhaber *m*, Bewohner *m (e-r Wohnung)*; Insasse *m (e-s Fahrzeugs)*

**occupation**, 1. Besitz *m*, Innehabung *f*; Bewohnen *n*; Besitzergreifung *f*; *mil* Besetzung *f*, Besatzung *f*; **to enter into**

**immediate** ~ *Br* e-e Wohnung sofort beziehen

**occupation**, 2. Beruf *m*, (derzeitige berufliche) Beschäftigung *f* (od. Tätigkeit *f*); **choice of** ~ Berufswahl *f*; ~ **of a professional nature** Tätigkeit *f* in e-m freien (od. akademischen) Beruf; **to take up an** ~ e-n Beruf ergreifen

**occupational**, ~ **accident** Berufsunfall *m*; ~ **choice** Berufswahl *f*; ~ **classification** Berufszugehörigkeit *f*; ~ **disability** Berufsunfähigkeit *f*; ~ **disease** Berufskrankheit *f*; ~ **group** Berufsgruppe *f*; ~ **hazard** mit dem Beruf verbundene Gefahren *fpl*; ~ **invalidity pension** Rente *f* wegen Berufsunfähigkeit; ~ **pension** Betriebsrente *f*, Firmenrente *f*; ~ **pension scheme** betriebliche Altersversorgung *f*; ~ **pensioner** Bezieher *m* e-r Firmenrente; ~ **retraining** (or **settlement**) Berufsumschulung *f*; ~ **training** Berufsausbildung *f*

**occupied**, belegt *(Zimmer, Platz)*; ~ **building** bewohntes Gebäude *n*; **to be ~ by** bewohnt werden von; **my time is fully** ~ meine Zeit ist sehr in Anspruch genommen

**occupier**, Bewohner *m*, (Wohnungs-)Inhaber *m*; **~'s liability** Haftplicht *f* des Bewohners e-s Grundstücks *(gegenüber Personen, die das Grundstück betreten)*

**occupy**, *v* innehaben, besitzen; *(jdn)* beschäftigen; **to ~ a house** ein Haus bewohnen; **to ~ a post** e-e Stellung bekleiden

**occur**, *v* vorkommen, sich ereignen; **should the case** ~ sollte der Fall eintreten; **a condition ~s** e-e Bedingung tritt ein; **a loss ~red** ein Schaden ist entstanden

**occurrence**, Vorkommen *n*, Ereignis *n*; ~ **of a condition** Eintritt e-r Bedingung; ~ **of event insured against** (or **for**) Eintritt des Versicherungsfalls; ~ **of a vacancy** Freiwerden *n* e-r Stelle

**ocean**, Ozean-, See-; ~ **bill of lading** Übersee-Konnossement *m*, Seefrachtbrief *m*; ~ **carriage** Seefrachtkosten *pl*; ~ **carrying trade** Hochseeschifffahrt *f*; ~ **dumping** Verklappung *f*; Verbringen *n* von Abfällen auf hoher See; ~ **freight** (Über-)Seefracht *f*; **~-going tug** Hochseeschlepper *m*; ~ **lane** Schifffahrtsroute *f*; ~ **liner** Ozean-Linienschiff *n*; ~ **shipment** (or **transport**) Überseetransport *m*; ~ **trade** *Am* Überseehandel *m*

**odd**, ungerade; einzeln; gelegentlich; **ten pounds** ~ etwas über 10 Pfund; ~ **job** gelegentliche Arbeit *f*, Gelegenheitsarbeit *f*; **~-job man** Gelegenheitsarbeiter *m*

**odd lot**, ungerade Menge *f*; Auktionsposten *m*; Börsenauftrag *m* über weniger als 100 Aktien oder über e-e nicht durch 100 teilbare Anzahl von Aktien; ~ **broker** Makler *m* in kleinen (od. ungeraden) Effektenabschnitten; ~ **index** Aktienindex *m* für ~s

**odd**, ~ **month** Monat mit 31 Tagen; **~-numbered houses** Häuser *npl* mit ungeraden Zahlen; ~ **size** Zwischengröße *f*, nicht normierte Größe *f*

**odds**, (Gewinn-)Chancen *fpl*; einzelne Stücke *pl*; Reste *pl*; ~ **and ends** Reste *pl*, Ramschwaren *pl*

**oddments**, Reste *pl*, Restbestände *pl*; Ramschwaren *pl*

**odious debts**, anrüchige Schulden *pl*; Regimeschulden *pl*

**OECD**, → Organisation for Economic Cooperation and Development

**off**, Kursrückgang *m*; ~ **a bit** leicht gefallener oder zurückgegangener Kurs *m*

**off-board**, ~ **market** ungeregelter Freiverkehr *m*; Telefonverkehr *m*; ~ **securities** amtlich nicht notierte Werte *pl*, Freiverkehrswerte *pl*

**off**, ~ **duty** dienstfrei; **~-floor trading** außerbörslicher Handel *m*, Freiverkehr *m*; ~ **limits** *Am* Zutritt verboten

**offmarket**, ~ **purchase** Kauf *m* außerhalb der *(Börse)*; **to be traded** ~ *(Börse)* in ungeregeltem Freiverkehr gehandelt werden

**off peak periods**, Zeiten geringer Belastung *(Verkehr, Strom etc.)*

**off season**, außerhalb der Saison; tote Saison; ~ **allowance** (for early orders) Frühbezugsrabatt *m*

**off**, **~-the-job training** Ausbildung *f* außerhalb des Arbeitsplatzes *(in Lehrwerkstätten)*; **~-the-peg suit** *Br* Anzug von der Stange; **~-stream investment** → investment, ~ **time** Freizeit *f*; **to have two days** ~ zwei Tage frei haben

**offen|ce**, **(~se)** Straftat *f*, strafbare Handlung *f*; Vergehen *n*; **currency** ~ Devisenvergehen *n*; **customs** ~ Zollvergehen *n*; **economic** ~ Wirtschaftsstraftat *f*;

**minor** ~ geringfügige Straftat *f*, Bagatelldelikt *n*
**offend**, *v* verletzen, kränken, **to ~ against the law** gegen das Gesetz verstoßen
**offense**, *Am* → offence
**offensive**, offensiv *(z. B. Anlagepolitik)*; **~ trade** anstößiges *(genehmigungspflichtiges)* Gewerbe *n*
**offer**, Angebot *n*, Offerte *f*; *(Börse)* Brief(-kurs) *m*; **binding ~** festes Angebot *n*; **counter-~** Gegenangebot *n*; **firm ~** festes Angebot; **nonbinding ~** freibleibendes Angebot; **on ~** zu verkaufen; im Angebot; **special ~** Sonderangebot *n*, **~ and acceptance** Angebot *n* und Annahme *f*; **~ for sale** Verkaufsangebot *n*; *(Börse)* Angebot e-r Emissionsbank, Neuemissionen zu kaufen; **~ for sale by tender** Ausschreibung *f* e-r Emission im Tenderverfahren; **~ for subscription** Zeichnungsangebot *n*; **~ of compromise** Vergleichsangebot *n*; **~ of employment** Stellenangebot *n*; **~ of services** Angebot von Dienstleistungen; **~ rate** Briefkurs *m*; **~ sample** Angebotsmuster *n*; **~ subject to prior sale** Zwischenverkauf vorbehalten; **~s to be sent to** ... Angebote erbeten an; **~ to pay** Zahlungsangebot *n*; **to ask for** (or **request**) **an ~** ein Angebot erbitten; **the ~ is not binding until confirmed** das Angebot ist freibleibend bis zur Bestätigung; **we consider our ~ binding until ...** wir halten uns an unser Angebot gebunden bis ...; **to decline** (or **refuse**) **an ~** ein Angebot ablehnen; **to entertain an ~** e-m Angebot nähertreten; **to invite ~** Angebote einholen; **to make an ~** anbieten; **we are pleased to make you the following ~** wir erlauben uns, Ihnen folgendes Angebot zu machen; **to reject an ~** ein Angebot ablehnen
**offer**, *v* anbieten, Angebot machen; offerieren; andienen; **to ~ for sale** zum Verkauf anbieten; **to ~ a loan for subscription** e-e Anleihe zur Zeichnung auflegen; **to ~ a price** ein Preisangebot machen
**offered**, **~ (price)** *(Börse)* Brief *m*, Briefkurs *m*; **~ price** Preisangebot *n*; **~ rate** *(im Interbankenhandel)* Verkaufs(zins)satz *m*
**offeree**, Empfänger *m* e-s Angebots
**offering**, **~ price** Einführungspreis *m*; Emissionskurs *m*; *(bei Investmentanteilen)* Ausgabekurs *m*; **~ terms** Emissionsbedingungen *fpl*
**offeror**, Anbieter *m*, Bieter *m*; Offerent *m*
**office**, 1. Amt *n*; Amtstätigkeit *f*; Behörde *f*; **~ copy** amtliche Abschrift *f*; Ausfertigung *f*; **O~ of the Collector of Taxes** *Br* Finanzamt *n*; **O~ of Fair Trading** *Br* Amt für Verbraucherschutz und Wettbewerb; **to assume an ~** ein Amt übernehmen; **to enter upon (an) ~** ein Amt (od. den Dienst) antreten; **to hold (an) ~** ein Amt innehaben (od. bekleiden); amtieren; **to take ~** ein Amt antreten (od. übernehmen); **to vacate an ~** aus e-m Amt ausscheiden
**office**, 2. Amtsraum, Büro *n*, Geschäftsstelle *f*; *Br* Versicherungsgesellschaft *f*; **branch ~** Filiale *f*, Zweigbüro *n*; **central ~** Zentrale *f*; **principal ~** Hauptsitz *m (e-r Gesellschaft)*; **open-plan ~** → open-plan office; **~ accommodation** Büroräume *pl*; **~ cleaning** Büroreinigung *f*; **~ development** Bürobauten *pl*; **~ expenditure** Bürokosten *pl*; **~ floater** *Am* Versicherung *f* der Büroeinrichtung; **~ furniture** Büroeinrichtung *f*; Büromöbel *pl*; **~ hands** Büropersonal *n*; **~ hours** Bürostunden *fpl*; **~ machinery** Büromaschinen *fpl*; **~ manager** Bürovorsteher *m*; **~ of payment** *Br (Post)* Auszahlungsstelle *f*; **~ premises** Büroräume *mpl*; **~ rent** Büromiete *f*; **~ supplies** Bürobedarf *m*; **~ tower** Bürohochhaus *n*; **~ work** Büroarbeit *f*
**officer**, Beamter *m*, Beamtin *f*; leitende(r) Angestellte(r) *f(m)*; **customs ~** Zollbeamter; **local government ~** *Br* Kommunalbeamter; **~s of a corporation** *Am* leitende Angestellte *pl* (od. Vorstand *m*) e-r AG; **~ of a society** Vorstandsmitglied *n* e-s Vereins
**official**, Beamter *m*; Funktionär *m*; **customs ~** Zollbeamter *m*; **~s of the Community** EU-Beamte *mpl* der Gemeinschaft
**official**, *adj* amtlich, dienstlich; offiziell; **~ act** Amtshandlung *f*; **~ assistance** Amtshilfe *f*; **~ business** dienstliche Angelegenheit *f*; Dienstsache *f*; **O~ Business** *Am* Dienstpost *f*; **~ call** *tel* Dienstgespräch *n*; **in one's ~ capacity** in amtlicher Eigenschaft; dienstlich; **through ~ channels** auf dem Dienstwege; **~ close** Börsenschluss *m*; **~ copy** Ausfertigung *f*; **~ dealings** *(Börse)* amt-

licher Handel *m*; ~ **duty** Amtspflicht *f*; Dienstpflicht *f*; ~ **emoluments** Dienstbezüge *pl*

**official external reserves**, *(EU)* amtliche Währungsreserven *fpl*

**official hours**, Amtsstunden *pl*; Börsenstunden *pl*, Börsenzeit *f*; **after** ~ nachbörslich; **before** ~ vorbörslich; **price before** ~ vorbörslicher Kurs *m*

**official**, ~ **instructions** Dienstvorschriften *fpl*; ~ **liability** Amtshaftung *f*

**Official Jounal of the European Union**, Amtsblatt *n* der Europäischen Union

**Offical List**, *Br* Amtliches Kursblatt *n*; *Am* Liste *f* der börsenfähigen Aktien; **to admit to the** ~ *Br* zum amtlichen Börsenhandel zulassen

**official**, ~ **listing** amtliche Notierung *f*; Börsenzulassung *f*; ~ **price list** *(Börse)* amtliches Kursblatt *n*; ~ **quotation** amtlicher Kurs *m*, amtliche Notierung *f*; ~ **rate (of exchange)** amtlicher Wechselkurs *m*; ~ **receiver** *Br* Konkursverwalter *m*; ~ **residence** Amtssitz *m*; Dienstwohnung *f*; ~ **statement** amtliche Verlautbarung *f*; ~ **stock exchange listing** Zulassung *f* von Wertpapieren zur amtlichen Notierung; ~ **support** *Br (Währung)* Stützungskäufe *mpl* durch die Bank von England, ~ **tour** Dienstfahrt *f*; ~ **trip** Dienstreise *f*; ~ **use** Dienstgebrauch *m*

**officially listed securities**, an der Börse zugelassene Wertpapiere *pl*

**officiate**, *v* amtieren, ein Amt versehen

**officio**, **ex officio** von Amts wegen, kraft Amtes

**offline**, vom → Internet getrennt sein

**offline**, *(EDV)* rechnerunabhängig

**offset**, Verrechnung *f*, Aufrechnung *f*; Ausgleich *m*; ~ **account** Verrechnungskonto *n*; ~ **dollar** Verrechnungsdollar *m*

**offset**, *v* aufrechnen, verrechnen (against mit); ausgleichen; **to** ~ **claims and liabilities** Forderungen und Verbindlichkeiten gegeneinander aufrechnen

**offsetting**, ~ **entry** Gegenbuchung *f*; ~ Kompensationsgeschäft *n*

**offshore**, vor der Küste gelegen, in Küstennähe; ~ **offshore banking** offshore-Bankgeschäft *n*; **offshore center** offshore-Bankplatz *m*; **offshore captive** unternehmenseigene Gesellschaft *f* im Ausland; ~ **companies** *Br* Gesellschaften *fpl*, deren → central management and control außerhalb des Landes liegt; ~ **financial cent|res (~ers)** Offshore-Finanzplätze *mpl (international ausgerichtete Finanzplätze, die für ausländische Anleger besondere Vorteile bieten)*; ~ **funds** Offshore-Investmentfonds *m (mit Sitz in e-r Steueroase)*; Exotenfonds *m*; ~ **market** Fremdwährungsmarkt *m (umfasst alle Geld- und Kreditgeschäfte in e-r Währung außerhalb ihres Geltungsbereichs als gesetzliches Zahlungsmittel)*; ~ **orders** *Am* Offshore-Aufträge *mpl (von den USA finanzierte, jedoch außerhalb der USA vergebene Aufträge)*

**off the floor**, **to deal** ~ außerbörslich handeln

**oil**, Öl *n*, Erdöl *n*, Mineralöl *n*; Olivenöl *n*; **~s** Erdölaktien *pl*; **fuel** ~ Heizöl *n*; **need for** ~ Ölbedarf *m*; **waste** ~ Altöl *n*; ~ **consumption** Ölverbrauch *m*; ~ **demand** Erdölnachfrage *f*; ~ **depending** erdölabhängig; ~ **deposits** Ölvorkommen *n*; Erdöllagerstätten *fpl*; ~ **drilling** Ölbohrung *f*; ~ **exploration** Erdölsuche *f*; ~ **extraction** Erdölförderung *f*; Erdölgewinnung *f*; ~ **extraction platform** Erdöl-Bohrinsel *f*; ~ **futures market** Ölterminmarkt *m*; ~ **industry** Ölwirtschaft *f*; ~ **inventories** (or **stocks**) Erdölvorräte *mpl*; ~ **pipeline** Ölfernleitung *f*

**oil pollution**, Ölverschmutzung *f*; ~ **casualties** Ölverschmutzungsunfälle *mpl*; **International O~ Compensation Fund** → international

**oil**, ~ **producing country** ölerzeugendes Land *n*; Ölförderland *n*; ~ **products** Erdölerzeugnisse *npl*; **~rig** Ölbohrinsel *f*; ~ **shares** Erdölaktien *pl*; ~ **shortage** Erdölknappheit *f*, ~ **shut-off** Einstellung *f* der Erdölförderung; ~ **slick** Ölteppich *m*; ~ **spills** ins Meer abgelassene Ölreste *mpl (von Schiffen)*; ~ **supplies** Öllieferungen *fpl*; ~ **supply situation** Erdölversorgungslage *f*; ~ **well** Ölquelle *f*; **to prospect for** ~ nach Öl bohren

**oil**, *v colloq.* bestechen

**oily waste**, ölhaltige Abfälle *mpl*

**old age**, (hohes) Alter *n* **provision for** ~ **age** Altersversorgung *f*; ~ **age exemption** *Am* Altersfreibetrag *m*; ~ **age pension** Altersrente *f*

**old**, ~ **established firm** (alt)eingesessene Firma *f*; ~ **people's home** Altersheim *n*; ~ **stock** Ladenhüter *m*

**oligopolist**, Oligopolist *m*

**oligopolistic**, oligopolistisch

**oligopoly**, Oligopol *n*
**Ombudsman**, *(EU)* Bürgerbeauftragter *m*
**omission**, Auslassung *f*; Unterlassung *f*; **errors and ~s excepted** → error
**omit**, *v* auslassen, unterlassen, übergehen; **to ~ a dividend** e-e Dividende ausfallen lassen
**omnibus**, Omnibus; Sammel-; **~ account** Sammelkonto *n*; Gemeinschaftskonto *n*; **~ order** Sammelbestellung *f*; **O~ Trade and Competitiveness Act** *Am* Gesetz *n* über Handel und Wettbewerbsfähigkeit
**on**, **~ account** → account 1.; **~ account of** wegen; **~ an average** im Durchschnitt; **~ call** auf Abruf; **~-carrier** Weiterbeförderer *m*; **~-coming traffic** Gegenverkehr *m*; **~ cost** *Br* Gemeinkosten *pl*; **~ credit** → credit 1.; **~line** *(EDV)* rechnerabhängig; **~line information** Sofortauskunft *f*; **~-margin purchase** *Am* Kauf von Wertpapieren gegen Kredit; **~ the job** → job; **~ or after April 1** ab 1. April; **~ or before April 1** bis zum (od. spätestens am) 1. April; **~ the spot transaction** an Ort und Stelle ausgeführtes Geschäft *n*
**one-line store**, Spezialgeschäft *n*, Fachgeschäft *n*
**one-man**, **~ business** Einmannbetrieb *m*; Einzelunternehmen *n*; Einzelfirma *f*; **~ company** (*Am* **corporation**) Einmanngesellschaft *f*
**one-off**, **~ production** Einzelfertigung *f*; **~ payment** einmalige Zahlung *f*
**one-point arbitrage**, einfache Arbitrage *f*
**one**, **~ person plc** Einpersonen-AG *f*; **~ shop-shopping** Allfinanz *f (umfassendes Angebot von Finanzdienstleistungen durch Kreditinstitute, Versicherungen, Nichtbanken)*; **~-price store** Einheitspreisgeschäft *n*; **~-stop banking** Finanz-Supermarkt *m*; **~-stop finance package** Finanzierung *f* aus einer Hand **~-time payment** einmahlige Zahlung *f*; **~-way package** Wegwerfpackung *f*; **~-way receptables** Einwegbehälter *pl*; **~-way street** Einbahnstraße *f*; **~-year planning** Jahresplanung *f*
**onerous**, lästig, drückend *(Bedingungen etc.)*, **~ property** belasteter Grundbesitz *m*
**one-to-one marketing**, Eins-zu-eins-Marketing *(Der Begriff ~ beschreibt Marketingaktivitäten, für die der Anbieter in einen direkten Kommunikationsprozess mit einem einzelnen Nachfrager tritt.)*
**online**, mit dem → Internet verbunden sein; **~ retailing** → e-retailing
**onus of proof**, Beweislast *f*; **the ~ lies on the defendant** die Beweislast trifft den Beklagten
**onward**, **for ~ transmission** zur Weiterleitung
**Opec**, → Organization of Petroleum Exporting Countries
**open**, offen; öffentlich; zugänglich (to für); **~ account** offene (unbezahlte) Rechnung *f*; laufendes Konto *n*, Kontokorrentkonto *n*; **~-cast mining** Tagebau *m*; **~ cheque** *Br* Barscheck *m*; **~ competition** freier Wettbewerb *m*; **~ credit** offener Kredit *m*; Kontokorrentkredit *m*; **~-end fund** (*Am* **~-end mutual fund**) offener Anlagefonds *m*, Investmentfonds *m* mit unbeschränkter Emission von Anteilen; **~ items** offenstehende Beträge *mpl*; **~ land** Freiland *n*; **~ learning system** Fernunterrichtssystem *n*; **~ market** offener Markt *m*
**open-market**, Offenmarkt-; **~ economy** offene Marktwirtschaft *f*; **~ operations** Offenmarktgeschäfte *npl*; *(Wertpapierhandel durch Zentralbanken)*; **~ policy** Offenmarktpolitik *f* (O.M.P.)
**open-plan office**, Großraumbüro *n*
**Open Network Provision (ONP)**, offener Netzzugang *m* (ONP)
**open**, **~ order** noch nicht ausgeführter Auftrag *m*; *Am* auf Widerruf gültiger Börsenauftrag *m*; **~-plan office** Großraumbüro *n*; **~ policy** → policy 1.
**open price**, Preis freibleibend; **~ agreement** Preismeldevereinbarung *f*; **~ system** (OPS) Preisinformationssystem *n*
**open**, **~ season** Jagdzeit *f*; **~ shop** Betrieb *m* ohne Gewerkschaftspflicht; **~ spaces** unbebautes Gelände *n*; **~ to bribery** bestechlich; **~ to the public** der Öffentlichkeit zugänglich; **~ working** *(Bergbau)* Tagebau *m*
**open source**, *(EDV)* Programm dessen → source code für die Benutzung oder Veränderung veröffentlicht ist *(~ ist eine Bezeichnung für von der Open Source Initiative (OSI) akkreditierte Programme)*
**open**, *v* eröffnen; **to ~ a business** ein Geschäft eröffnen; e-n Betrieb aufnehmen; **to ~ negotiations** Verhandlungen einleiten; **to ~ a shop** e-n Laden eröffnen (od. aufmachen); **the shop ~s at 9 a. m.** der Laden macht um 9 Uhr morgens auf

**opening**, ~ **balance sheet** Eröffnungsbilanz *f*; ~ **bank** Bank, die ein Akkreditiv eröffnet; ~ **capital** Anfangs-, Grund-, Stammkapital *n*; **an ~ for trade** e-e günstige Gelegenheit für den Handel; ~ **inventory** Eröffnungsinventur *f*; (Lager-) Anfangsbestand *m*; ~ **of a business** Geschäftseröffnung *f*; ~ **of a credit** Eröffnung *f* e-s Kredits (od. Akkreditivs); ~ **of a (new) market** Markterschließung *f*; ~ **price** (or **rate**) Eröffnungskurs *m*; ~ **stock** Anfangsbestand *m*; ~ **talks** einleitende Besprechungen *fpl*; ~ **up of the markets** Öffnung *f* der Märkte; **our firm has an ~ for a secretary** in unserer Firma ist die Stellung e-r Sekretärin zu besetzen

**operate**, *v* arbeiten, in Betrieb sein; *(Maschine)* bedienen; *(Betrieb, Geschäft)* führen, leiten, betreiben; sich auswirken (als); funktionieren; **to ~ at a deficit** (or **loss**) mit Verlust arbeiten; **to ~ at a profit** mit Gewinn arbeiten; **to ~ for a fall** auf Baisse spekulieren; **to ~ for a rise** auf Hausse spekulieren; **to ~ an undertaking** ein Unternehmen betreiben

**operating**, Betriebs-; in Betrieb; **not ~** außer Betrieb; **smooth ~** reibungsloses Funktionieren *n*; ~ **assets** Betriebsvermögen *n*; ~ **capital** Betriebskapital *n*; **necessary ~ capital** betriebsnotwendiges Kapital *n*; ~ **cash reserve** Betriebsmittelrücklage *f*; ~ **concern** in Betrieb befindliches Unternehmen *n*; ~ **condition** betriebsfähiger Zustand *m*; ~ **conditions** Betriebsverhältnisse *pl*; ~ **cost** → operating expenses; ~ **credit** Betriebskredit *m*; ~ **director** Betriebsleiter *m*; ~ **expenses** Betriebsausgaben *pl*, Betriebsaufwendungen *pl*; ~ **fund** Betriebsfonds *m*; ~ **funds** Betriebsmittel *pl*; ~ **income** Betriebsertrag *m*; ~ **instructions** Betriebsanleitung *f*; Bedienungsvorschriften *fpl*; ~ **loss** Betriebsverlust *m*; ~ **margin** Betriebshandelsspanne *f*; ~ **overheads** Betriebsgemeinkosten *pl*; ~ **profit** Betriebsgewinn *m*; ~ **receipts** Betriebseinnahmen *pl*; ~ **result** Betriebsergebnis *n*; ~ **statement** Betriebsergebnisrechnung *f*; Gewinn- und Verlustrechnung *f*; ~ **supplies** Betriebsstoffe *pl*; ~ **system**, Betriebssystem *n*

**operation**, Arbeit(svorgang) *f(m)*; Betrieb *m*; Geschäft *n*; Transaktion *f*; Geschäftstätigkeit *f*; (Aus-)Wirkung *f*; Kraft *f*, Geltung *f*; Bedienung *f (e-r Maschine)*; **bear ~** Baissespekulation *f*; **bull ~** Haussespekulation *f*; **by ~ of law** kraft Gesetzes; **financial ~** Finanztransaktion *f*; **out of ~** außer Betrieb; **~s audit** → management audit; ~ **authorization** Betriebsgenehmigung *f*; ~ **in futures** *(Börse)* Termingeschäft *n*; ~ **manager** *Am* Betriebsleiter *m*; ~ **of a business** Betrieb e-s Geschäfts; ~ **of facilities** Betrieb von Anlagen; **~s on the stock exchange** Börsentransaktionen *pl*, Börsengeschäfte *pl*; **~s research** (or) Unternehmensforschung *f (mathematische Methode zur Vorbereitung von Unternehmensentscheidungen)*; **to be in ~** in Kraft sein, gelten; in Betrieb (od. in Gang) sein; **to begin (cease) ~s** die Geschäftstätigkeit aufnehmen (einstellen); **to come into ~** in Kraft treten; **to put in(to) ~** in Kraft setzen; in Betrieb (od. Gang) setzen; **~ was discontinued** der Betrieb wurde eingestellt

**operational**, Betriebs-, betrieblich; operativ; ~ **accounting** Betriebsabrechnung *f*; ~ **budget** *(EU)* Funktionshaushaltsplan *m*; ~ **deficit** Betriebsdefizit *n*; ~ **efficiency** Wirtschaftlichkeit *f (e-s Betriebes)*; ~ **loss** Betriebsverlust *m*; ~ **planning** betriebliche Planung *f*; ~ **profit** Betriebsgewinn *m*; ~ **requirements** betriebliche Erfordernisse *pl*; ~ **research** (or) → operations research

**operative**, Arbeiter *m*

**operative**, *adj* (rechts)wirksam; ~ **words** rechtsbegründende Worte *npl (in e-m Vertrag)*; **to become ~** in Kraft treten, wirksam werden

**operator**, Bedienungsperson *f (e-r Maschine)*; Unternehmer *m*; Börsenspekulant *m*; **~'s license** *Am* Führerschein *m*; ~ **of a motor vehicle** Kraftfahrzeugführer *m*

**opinion**, Meinung *f*, Ansicht *f*, Stellungnahme *f*; Gutachten *n*; *Am* Urteilsbegründung *f*; **difference of ~** Meinungsverschiedenheit *f*; **expert ~** Sachverständigengutachten *n*; **legal ~** (allgemeine) Rechtsauffassung *f*; Rechtsgutachten *n*; **public ~** öffentliche Meinung; **reasoned ~** → reasoned; **the ~ delivered by** die Stellungsnahme des; ~ **poll** (or **research, survey**) Meinungsforschung *f*; Meinungsumfrage *f*; ~ **pollster** Meinungsforscher *m*; **to be of** (or **hold**)

**the ~ that** der Meinung sein, dass; **to call in an ~** ein Gutachten einholen; **to give** (or **render**) **an ~** ein Gutachten erstatten; begutachten; **to give** (or **deliver**) **one's ~** seine Stellungnahme abgeben

**opponent**, Gegner *m*; Gegenpartei *f*; gegnerisch

**opportunity**, (günstige) Gelegenheit *f*; Möglichkeit *f*; **~ cost** Opportunitätskosten *pl*; **~ies for export** Ausfuhrmöglichkeiten *fpl*; **to avail oneself of** (or **take**) **an ~** e-e Gelegenheit ergreifen; **should the ~ arise** gegebenenfalls

**oppose**, *v* sich widersetzen; widersprechen; Einspruch (od. Widerspruch) erheben; **to ~ a patent application** gegen e-e Patentanmeldung Einspruch erheben

**opposing**, **~ lawyer** Gegenanwalt *m*; **~ party** Gegenpartei *f*, Prozessgegner *m*

**opposition**, Widerstand *m* (to gegen); Gegensatz *m*; Widerspruch *m*; Einspruch *m*; **~ proceedings** *(PatR)* Einspruchsverfahren *n*; *(WarenzeichenR)* Widerspruchsverfahren *n*; **to give notice of ~ to a patent granted** Einspruch gegen die Erteilung e-s Patents einlegen

**oppressive debts**, drückende Schulden *pl*

**opt**, *v* optieren, sich entscheiden (for für); **right to ~** Optionsrecht *n*

**optical industry**, optische Industrie *f*

**optimal solution**, optimale Lösung *f*

**optimize**, *v* optimieren

**optimizing**, Optimierung *f*

**optimum**, **~ economic life** optimale Nutzungsdauer *f*; **~** life optimale Lebensdauer *f*; **~ size**, optimale (Betriebs-) Größe *f*;

**option**, 1. Recht *n* (od. Möglichkeit *f*), etw. zu wählen; Wahlmöglichkeit *f*; (freie) Wahl *f*; Option *f*, Optionsrecht *n*; **~ contract** Optionsvertrag *m*; **first ~** Vorhand *f (beim Verkauf)*; **stock ~** *Am* Aktienbezugsrecht *n*; **~ of repurchase** Rückkaufsmöglichkeit *f*; **to abandon one's ~** sein Optionsrecht aufgeben; **to exercise one's ~** sein Optionsrecht ausüben; **to take up an ~** ein Bezugsrecht ausüben

**option**, 2. *(Börse)* Option *f*; **buyer's** (or **call**) **~** Kaufoption *f*; **seller's** (or **put**) **~** Verkaufsoption *f*; **~ bargain** Optionsgeschäft *n*; Prämiengeschäft *n*; **~ bond** Optionsanleihe *f*; **~ buyer** Optionskäufer *m*; **~ contract** Optionskontrakt *m*; **~ dealer** Optionshändler *m*; **~ dealing** Optionsgeschäft *n*; **~ exchange** Optionsbörse *f*; **~ money** Optionsprämie *f*; **~ price** Optionspreis *m*; Prämienkurs *m*; **~ seller** Stillhalter *m*; **~ stock** Optionspapiere *pl*; Prämienwerte *pl*; **~ to double** Nochgeschäft *n*; **~ to purchase** Kaufoption *f*; **~s trading** Optionshandel *m*, Handel mit Optionen; **~ writer** Optionsverkäufer *m*; **to abandon an ~** e-e Option nicht ausüben; **to exercise an ~** e-e Option ausüben; **to grant an ~** e-e Option gewähren

**option**, **stock/share ~** Anrecht *n* auf Belegschaftsaktien

**optional**, fakultativ, wahlfrei; **~ bond** Optionsanleihe *f*; Optionsschuldverschreibung *f*; **~ conciliation** freiwillige Schlichtung *f*; **~ equipment** (wahlfreie) Extraausstattung *f (gegen Aufpreis)*; **~ retirement** freiwillige Pensionierung *f*; **to leave it ~ with a p.** jdm freistellen

**oral agreement**, mündliche Vereinbarung *f* (od. Absprache *f*); mündlicher Vertrag *m*

**orchestrate**, *v* koordinieren; organisieren

**order**, 1. Ordnung *f*; Reihenfolge *f*; Rangfolge *f*; **in ~ of** in der Reihenfolge von; **out of ~** in Unordnung; außer der Reihe; **~ of business** Tagesordnung *f*

**order of distribution**, Verteilungsordnung *f*; **statutory ~** gesetzliche Erbfolge *f*

**order**, **~ of precedence** (or **rank**) Rangordnung *f*, Rangfolge *f*; **~ of priority** → priority; **~ of succession** Erbfolgeordnung *f*; **to arrange in proper ~** einordnen; **the meeting is called to ~** die Sitzung ist hiermit eröffnet; **to put one's affairs in ~** seine Angelegenheiten in Ordnung bringen

**order**, 2. Bestellung *f*, Auftrag *m*; Order *f*; Börsenauftrag *m*; **additional ~** Nachbestellung *f*; **advance ~** Vorbestellung *f*; **as per ~** laut (od. gemäß) Bestellung; **by ~ and for account of** im Auftrag und für Rechnung von; **filled ~** erledigter Auftrag *m*; **firm ~** fester Auftrag; feste Bestellung; **incoming ~** Auftragseingang *m*; **large ~** große Bestellung; **new ~** Neubestellung *f*; **permanent ~** Dauerauftrag *m*; **placing an ~** → placing; **repeat ~** Nachbestellung *f*; **standing ~** Dauerauftrag *m*; **stock exchange ~** Börsenauftrag *m*; **to ~** auftragsgemäß, nach Bestellung; **~ at best** *(Börse)* Auftrag *bestens (ohne Kursangabe erteilter Auftrag)*; **~ book** Auftragsbuch *n*; Auftragsbestand *m*; ~

**confirmation** Auftragsbestätigung *f*; ~ **for collection** Inkassoauftrag *m*; ~ **for goods** Warenbestellung *f*; ~ **form** Bestellschein *m*, Bestellzettel *m*; ~ **given** erteilter Auftrag; ~ **list** Bestelliste *f*; ~ **number** Auftragsnummer *f*; **~s on hand** vorliegende Aufträge, Auftragsbestand *m*; ~ **pad** Bestellblock *m*; ~ **processing** Auftragsbearbeitung *f*; Bestellabwicklung *f*; ~ **quantity** Bestellmenge *f*; ~ **(s) received** Auftragseingang *m*; ~ **shortage** Auftragsmangel *m*; ~ **situation** Auftragslage *f*; ~ **to buy** Kaufauftrag *m*; **to acknowledge an** ~ e-n (erhaltenen) Auftrag bestätigen; **to be on order** bestellt sein; **to cancel an** ~ e-n Auftrag annullieren (od. stornieren); *(etw.)* abbestellen; **to execute** (or **fill**) **an** ~ e-n Auftrag ausführen (od. erledigen); **we shall give your ~ our best attention** wir werden Ihren Auftrag bestens besorgen; **to make to** ~ nach Bestellung anfertigen; **to place an ~ with a p.** jdm e-n Auftrag erteilen; bei jdm e-e Bestellung aufgeben; **to renew** (or **repeat**) **the** ~ nachbestellen; **to take an** ~ e-e Bestellung annehmen (for auf)

**order**, 3. Befehl *m*, Anordnung *f*, Weisung *f*; gerichtl. Entscheidung *f* (od. Verfügung *f*); **by ~ of** auf Befehl (od. Anordnung) von; ~ **for costs** Kostenfestsetzungsbeschluss *m*; ~ **for payment** *(gerichtl.)* Zahlungsanordnung *f*; ~ **for possession** *Br (gerichtl.)* Räumungsbefehl *m*; ~ **for removal from the Court Register** *(EU)* Streichungsanordnung *f*; **O~ in Council** *Br* (Regierungs-)Verordnung *f*; ~ **not to pay** Zahlung gesperrt *(Scheckvermerk)*; ~ **of adjudication** Konkurseröffungsbeschluss *m*; ~ **of execution** Anordnung der Zwangsvollstreckung; ~ **of sale** Zwangsverkauf *m*; ~ **to pay** Zahlungsanweisung *f*; ~ **to quit** *Br (gerichtl.)* Räumungsbefehl *m*; **to make an** ~ e-e Anordnung (od. Verfügung) erlassen

**order**, 4. Order *(wertpapiermäßige Zahlungsanweisung)*; **instrument to** ~ Orderpapier *n*; **payable to** ~ an Order zahlbar; ~ **bill (of exchange)** Orderwechsel *m*; ~ **bill of lading** Orderkonnossement *n*; ~ **cheque (check)** Orderscheck; **to be made out to** ~ an Order lauten; **pay to ~ of X** zahlen Sie an Order des X

**order**, *v* befehlen, anordnen, anweisen; verfügen; bestellen, ordern

**ordered**, **as** ~ laut Bestellung; laut Anordnung

**orderly**, **O~ Market Arrangement** (OMA) Selbstbeschränkungsabkommen *n (für Export)*; ~ **marketing** freiwillige Exportbeschränkung *f*

**ordinarily**, **person ~ skilled in the art** Durchschnittsfachmann *m*

**ordinary**, gewöhnlich, üblich, gebräuchlich; ~ **activities** gewöhnliche Geschäftstätigkeit *f*; ~ **capital** Stammaktienkapital *n*; ~ **care** verkehrsübliche Sorgfalt *f*; ~ **course of business** üblicher Geschäftsverlauf *m*; ~ **court** ordentliches Gericht *n*; ~ **creditor** nicht bevorrechtigter Gläubiger *m*; Massegläubiger *m*; ~ **debt** nicht bevorrechtigte Schuld *f*; ~ **diligence** → diligence; ~ **dividend** Dividende *f* auf Stammaktien; ~ **interest** → interest 2.; ~ **life assurance** *Br* (**insurance** *Am*) Großlebensversicherung *f*; ~ **partner** → active partner; ~ **partnership** (gewöhnl.) offene Handelsgesellschaft *f*; **of ~ quality** von durchschnittlicher Qualität *f*; ~ **repairs** gewöhnliche (regelmäßig notwendig werdende) Reparaturen *fpl*; ~ **resolution** → resolution; ~ **shares** *Br* Stammaktien *pl (ohne Vorrechte)*; ~ **shareholder** Inhaber *m* von Stammaktien; ~ **useful life** betriebsgewöhnliche Nutzungsdauer *f*

**ordnance factory**, Munitionsfabrik *f*

**ore**, ~ **mining** Erzbergbau *m*; ~ **processing** Erzaufbereitung *f*

**organization**, Organisation *f*, Einrichtung *f*; ~ **and method department** *Br* Abteilung *f (e-r Behörde od. e-s großen Betriebs)* für zweckmäßige Organisation der Arbeit; ~ **chart** Organisationsplan *m*; ~ **cost** (or **expenses**) Organisationskosten, Gründungskosten *pl (e-s Unternehmens)*; **O~ for Economic Cooperation and Development** (OECD) Organisation für wirtschaftliche Zusammenarbeit und Entwicklung; **O~ of Petroleum Exporting Countries** (Opec) Organisation der erdölexportierenden Länder

**organizational**, ~ **changes within the undertaking** Änderungen *fpl* in der Unternehmensorganisation (od. in der organisatorischen Struktur e-s Unternehmens); ~ **purpose** Unternehmenszweck *m*, Geschäftszweck *m*

**organizational structure**, Organisationsform *f*

**organize**, *v* organisieren; einrichten, veranstalten; gründen; **~ labo(u)r** gewerkschaftlich organisierte Arbeiterschaft *f*

**orientation phase**, Anregungsphase *f*

**origin**, Ursprung *m*, Herkunft *f*; Provenienz *f*; **certificate of ~** Ursprungszeugnis *n*, Herkunftsbescheinigung *f (e-r Ware)*; **country of ~** Herkunftsland *n*; **false indications of ~ on goods** falsche Herkunftsangaben *fpl* an Waren; **goods of foreign ~** Waren ausländischer Herkunft; **~ of goods** Warenursprung *m*

**original**, Original *n*, Urschrift *f*; **in the ~** im Original, urschriftlich

**original**, *adj* ursprünglich; **~ assets** Anfangsvermögen *n*; **~ capital** Anfangskapital *n*, Gründungskapital *n*; **~ cost** Anschaffungs- oder Herstellungskosten *pl*; **~ investment** Erstbeteiligung *(e-s Gesellschafters)*; **~ invoice** Originalrechnung *f*; **~ member** Gründungsmitglied *n*; **~ price** Anschaffungspreis *m*; **~ subscriber** Erstzeichner *m*; **~ vote** Urabstimmung *f*

**originate**, *v* herstammen (in aus); **to ~ sth.** der Urheber von etw. sein

**originating**, **~ products** Ursprungserzeugnisse *mpl*; **products ~ in . . .** Erzeugnisse mit Ursprung in . . .

**orphan**, Waise *f*; **~'s benefit** (or **pension**) Waisenrente *f*, **~ stock** Aktie *f* mit geringer Analystenabdeckung

**OS**, → Operating system

**ostensible**, **~ authority** Anscheinsvollmacht *f*; **~ partner** Scheingesellschafter *m*

**OTC**, → over-the-counter market; **outside the ~ market** außerhalb des amtlichen Börsenhandels

**other**, **~ assets** *(Bilanz)* sonstige Aktiva *pl*; **any ~ business** (AOB) *(Tagesordnung)* Verschiedenes *n*; **every ~ day** → day; **~ investments** sonstige Anlagewerte *pl*

**otherwise**, **unless ~ agreed** falls nichts anderes vereinbart ist

**oust**, *v*, **to ~ a rival from his position** e-n Rivalen aus seiner Stellung herausdrängen; **to ~ from the market** vom Markt verdrängen

**ouster**, zwangsweise Entfernung *f* (e-r Person aus dem Amt, e-s Mieters etc.)

**outage cost**, Kosten, die durch e-n technisch verursachten Betriebsausfall entstehen

**outbid**, *v* überbieten, höher bieten; **to ~ one another** sich gegenseitig überbieten

**outbound vessel**, auslaufendes Schiff *n*

**outcome of negotiations**, Ausgang *m* der Verhandlungen

**outdoor**, **~ advertising** Außenwerbung *f*; **~ service** Außendienst *m*; **~ staff** im Außendienst tätiges Personal *n*

**outer space**, Weltraum *m* ( → space 2.)

**outfit**, Ausrüstung *f (Kleidung etc.)*

**outflow**, Abfluss *m*; **foreign exchange ~** Devisenabfluss *m (ins Ausland)*; **~ of deposits** Einlagenabgänge *mpl*; **~ of funds** Mittelabfluss *m*

**outgoing**, **~ goods** ausgehende Waren *pl*, Warenausgang *m*; **~ partner** ausscheidender Gesellschafter *m*; **~ tenant** ausziehender Pächter *m*

**outgoings**, Ausgaben *pl*, Auslagen *pl*

**outlays**, Auslagen *fpl* (on für); Ausgaben *fpl*; **professional ~** *(SteuerR)* Werbungskosten *pl*

**outlet**, Verkaufsstelle *f*; Absatzmarkt *m*; Absatzgebiet *n*; Kunde *m*, Abnehmer *m*; **possible ~s** Absatzmöglichkeiten *fpl*; **retail ~** Verkaufsstelle *f*

**outline**, Umriss *m*; Entwurf *m*; **~ conditions** Rahmenbedingungen *fpl*; **~ regulation** Rahmenverordnung *f*

**outlook**, **business ~** Geschäftsaussichten *fpl*; **~ for profits** Gewinnaussichten *fpl*

**outnumber**, *v* zahlenmäßig übertreffen

**out**, **~ of cash** nicht bei Kasse; **~ of court** außergerichtlich; **~-of-date** veraltet; **~ of fashion** unmodern; **~-of-pocket expenses** Barauslagen *pl*; Spesen *pl*; **~ of print** vergriffen; **~ of stock** nicht am Lager, nicht vorrätig; ausgegangen; **~-of-town bill** Distanzwechsel *m*; **~-of-town customers** auswärtige Kunden *mpl*, Landkundschaft *f*; **~ of work** arbeitslos

**outperform**, *v* an Leistung übertreffen

**outplacement**, *Am* Herausplatzierung *f* (von Führungskräften) *(faire Trennung und Finden e-r neuen Aufgabe)*

**outport**, Außenhafen *f*

**output**, Produktion(smenge) *f*, Ausstoß *m*, *(mengenmäßiger)* Ertrag *m*; *(Bergbau)* Förderung *f*, Fördermenge *f*; (Arbeits-, Produktions-)Leistung *f*; *(EDV)* Ausgabe *f (von Daten)*; **fall in ~** Produktionsrückgang *m*; **growth in ~** Produktionswachstum *n*; **increase in** ~ Produktionsanstieg *m*; **level of** ~ Produktionsstand *m*; ~ **capacity** Produktionskapazität *f*; Leistungsfähigkeit *f (e-r Maschine)*; ~ **capital ratio** Kapitalproduktivität *f*; ~ **contract** Vertrag *m*, der zum Aufkauf der gesamten Produktion des Verkäufers verpflichtet; ~ **figures** Produktionszahlen *fpl*; ~ **gap** Produktionslücke *f*; ~ **of coal** Kohleförderung *f*; ~ **of labo(u)r** Arbeitsleistung *f*; ~ **per day** Tagesleistung *f*; **(Bergbau)** Tagesförderung *f*; ~ **per hour** Ausstoß *m* je Arbeitsstunde; Stundenleistung *(e-s Arbeiters, e-r Maschine)*; ~ **rate** Ausstoßziffer *f*; **target** Produktionsziel *n*; Leistungssoll *n*; ~ **tax** *(von e-r steuerpflichtigen Person)* geschuldete Umsatzsteuer *f*

**outright**, völlig, gänzlich; klar; ~ **denial** glatte Ablehnung *f*; ~ **need** absolute Notwendigkeit *f*; ~ **operation** (or **transaction**) *(im Devisenhandel)* Outright-Termingeschäft *n*; Solotermingeschäft *n (ohne Kassagegengeschäft)*; **to buy a house** ~ ein Haus fest kaufen (ohne Ratenzahlung)

**outrun**, *v*, **to** ~ **one's credit** seinen Kredit überziehen

**outsell**, *v*, **to** ~ **one's rivals** mehr als seine Konkurrenten verkaufen

**outside**, ~ **capital** Fremdkapital *n*; ~ **director** *(meist unternehmensfremdes)* Aufsichtsratmitglied *n*; ~ **fincancing** Fremdfinanzierung *f*; ~ **funds** Fremdmittel *pl*

**outside market**, (ungeregelter) Freiverkehr *m*; *(EU)* dritter Markt *m*; ~ **securities** Freiverkehrswerte *pl*

**outside shareholder**, konzernfremder Gesellschafter *m*; **~s' interests** konzernfremde Anteile *mpl*

**outside**, **the parcel was damaged on the** ~ das Paket war äußerlich beschädigt

**outsider**, Außenseiter *m*; Betrieb, der sich an marktregelnden Vereinbarungen nicht beteiligt

**outsize**, Übergröße *f*; ~ **freight** übergroße Ladung *f*

**outsourcing**, Externbeschaffung *f*, Beschaffung *f* von außerhalb

**outstanding**, ausstehend, offenstehend; hervorragend; ~ **account** offenstehende Rechnung *f*; ~ **achievement** überragende Leistung *f*; ~ **cheque** noch nicht zur Einlösung vorgelegter Scheck; ~ **debts** Außenstände *pl*; ~ **delivery** ausgehende Lieferung *f*; ~ **loan** noch nicht zurückgezahltes Darlehen *n*; ~ **order** unerledigter Auftrag *m*; ~ **payment** ausstehende Zahlung *f*; ~ **shares** in Umlauf befindliche Aktien *pl*; ~ **wage payments** Lohnrückstände *pl*

**outturn**, → output

**outvote**, *v*, **to** ~ **a p.** jdn überstimmen

**outward**, auswärts, nach außen; ~ **appearance** äußere Aufmachung *f (e-r Ware)*; **~-bound vessel** auslaufendes Schiff *n*; ~ **freight** Hinfracht *f*; ~ **mail department** Postversandabteilung *f*, Expedition *f*; ~ **processing** → processing; ~ **voyage** Hinfahrt *f*

**outwork**, Heimarbeit *f*

**outworker**, Heimarbeiter *m*

**overall**, einschließlich allem; Gesamt-; global; ~ **account** Gesamtrechnung *f*; ~ **costs** Gesamtkosten *pl*; ~ **economic demand** gesamtwirtschaftliche Nachfrage *f*; ~ **growth rate** gesamtwirtschaftliche Wachstumsrate *f*; ~ **outlook** Gesamtaussichten *pl*; ~ **quota** Globalkontingent *n*; **rate** Pauschalsatz *m*; ~ **sales** Gesamtumsatz *m*; ~ **settlement** Gesamtregelung *f*; ~ **spending** Gesamtausgaben *fpl*

**over applied for**, überzeichnet

**overbid**, *v* überbieten

**overcapacity**, Überkapazität *f*

**overcapitalize**, *v* überkapitalisieren

**overcarry**, *v* Güter über den Bestimmungshafen hinaus befördern

**overcharge**, zu hohe Berechnung *f*; zu hoch berechneter Betrag *m*; zu hohe Belastung *f*; Überladung *f*

**overcharge**, *v* zu viel berechnen; überladen, zu hoch belasten

**overdraft**, Überziehung *f (e-s Kontos)*; überzogener Betrag *m*; ~ **commission** Überziehungsprovision *f*; ~ **facility** Überziehungskredit *m*; ~ **loan** Überziehungskredit *m*; Kontokorrentkredit *m*; ~ **of credit** Kreditüberziehung *f*; ~ **rate** Zinssatz *m* für überzogene Konten; **to have an** ~ (with one's bank) sein Konto überzogen haben

**overdraw**, *v (Konto, Kredit)* überziehen; **to be ~n** sein Konto überzogen haben

**overdrawing**, Kontoüberziehung *f*

**overdue**, überfällig *(Zahlung, Ankunft etc.)*; **when** ~ nach Verfall *(e-s Wechsels)*; ~ **bill** abgelaufener (od. verfallener) Wechsel *m*;

~ **coupon** notleidender Coupon *m*; ~ **interest** rückständige Zinsen *pl*
**overemployment**, Überbeschäftigung *f*; ~ **of production capacities** Überbeanspruchung *f* der Produktionskapazitäten
**overestimate**, *v* überbewerten; zu hoch einschätzen
**overexploitation**, (unconsidered) ~ Raubbau *m*
**over-extension**, zu hohe Kreditgewährung *f*
**overfish**, *v* zu stark ausfischen, überfischen
**overfishing**, Überfischung *f*
**overhaul**, *v* überholen, gründlich nachsehen
**overhead**, ~ **(s)** (or ~ **cost,** ~ **expenses**) Gemeinkosten; ~ **distribution** Gemeinkostenumlage *f*; ~ **rate** Gemeinkostensatz *m*
**overheating**, **cyclical** ~ Konjunkturüberhitzung *f*
**overindebtedness**, Überschuldung *f*
**overinsurance**, Überversicherung *f*
**overinvestment**, Überinvestition *f*
**overissue**, Überemission *f*, zu hohe Ausgabe *f (von Wertpapieren)*
**overlap**, *v* sich überschneiden
**overlapping of (social security) benefits**, Überschneidung *f* von (Sozialversicherungs-) Renten
**overlever**, *v*, **the firm is ~ed** die Firma hat zu viel Fremdkapital aufgenommen
**overleveraged company**, mit zu hohem Fremdkapital arbeitende Unternehmung *f*
**overload**, *v* überbelasten, überladen
**overmanning**, Überbesetzung *f* (mit Arbeitskräften)
**overnight money**, Tagesgeld *n*
**overpay**, *v* zu hoch bezahlen, über(be-)zahlen
**overpayment**, Überzahlung *f*, zu viel gezahlter Betrag *m*
**overpriced**, zu teuer; überbewertet *(Aktien)*
**overproduce**, *v* überproduzieren
**overproduction**, Überproduktion *f*
**override**, *v* außer Kraft setzen, sich hinwegsetzen über *(z. B. ein Veto)*
**overrule**, *v* verwerfen, zurückweisen, außer Kraft setzen; **to ~ an objection** e-n Einspruch zurückweisen
**overrun**, **budget** ~ Haushaltsüberschreitung *f*
**overrun**, *v* **to ~ costs** Kosten überschreiten
**oversea(s)**, Übersee-; überseeisch; Auslands-; ~ **agent** Auslandsvertreter *m*; ~ **company** *Br* ausländische Gesellschaft, die in England e-e Niederlassung hat; **~s Countries and Territories** (OCT) überseeische Länder und Gebiete (ÜLG); ~ **investment** Auslandsinvestitionen *pl*; ~ **market** überseeischer Markt *m*; ~ **orders** Bestellungen *fpl* aus Übersee; **oversea(s) trade** Überseehandel *m*; Auslandshandel *m*
**overseer**, Aufseher *m*
**oversell**, *v* über den Bestand verkaufen; mehr verkaufen, als man liefern kann
**overside**, Überbord-; ~ **delivery** Überbord-Auslieferung *f*
**oversize**, Übergröße *f*
**overspend**, *v* zu viel ausgeben
**overstaffed**, *(personell)* überbesetzt
**overstated**, zu hoch angegeben; überbewertet
**overstay**, *(Zeit, Urlaub)* überschreiten
**overstock**, *v* überbevorraten; **to ~ the market** den Markt überschwemmen
**overstraining of the economy**, Überforderung *f* der Wirtschaft
**oversubscribed loan**, überzeichnete Anleihe *f*
**oversubscription**, Überzeichnung *f*
**oversubsidised**, übermäßig subventioniert
**oversupply**, Überangebot *n*
**overtake**, *v* überholen
**overtaking prohibited**, Überholverbot *n*
**overtax**, *v* zu hoch besteuern
**over-the-counter**, (OTC) im Freiverkehr, außerbörslich; ~ **business** Schaltergeschäft *n*, Tafelgeschäft *n*; ~ **dealer** Freiverkehrshändler *m*; ~ **market** Freiverkehrsmarkt *m (außerbörslicher Effektenhandel)*; Telefonverkehr *m*; ~ **quotation** Freiverkehrskurs *m*; Notierung *f* im Freiverkehr, ~ **sale** Schalterverkauf *m*; ~ **trading** Freiverkehr *m*; **to trade** ~ im Freiverkehr handeln
**overtime**, Überstunden *fpl*; ~ **allowance** (or **pay**) Vergütung *f* für Überstunden, **to do** (or **work**) ~ Überstunden machen
**overtrading**, Geschäftstätigkeit *f* oberhalb der durch das Betriebskapital gesetzten Grenzen *(z. B. Halten unnötig großer Vorräte, zu hohe Investitionen etc.)*
**overvaluation**, Überbewertung *f*

**overvalue**, *v* überbewerten, zu hoch bewerten
**overweight**, Übergewicht *n*, zu hohes Gewicht
**overwhelmed with orders**, mit Aufträgen überhäuft
**owe**, *v* schulden, schuldig sein; verdanken
**owing**, schuldig, geschuldet; **amounts still ~** noch geschuldete Beträge *mpl*; **~ to** infolge von
**own**, *adj* eigen; **at one's ~ expense** (or **for one's ~ account**) auf eigene Rechnung; **house of one's ~** eigenes Haus *n*; **~ brand** Hausmarke *f*; **~ capital** Eigenkapital *n*; **~ consumption** Eigenverbrauch *m*; **~ costs** Selbstkosten *pl*; **~ financing** Eigenfinanzierung *f*; **~ funds** Eigenmittel *pl*; **~ insurance** Selbstversicherung *f*; **~ make** (or **manufacture**) eigenes Fabrikat *n*; **~ resources** Eigenmittel, eigene Mittel *pl*; **~ risk** *(VersR)* Selbstbehalt *m*; **for one's ~ use** zum eigenen Gebrauch
**own**, *v* Eigentum haben an, Eigentümer sein von; *(als Eigentümer)* besitzen, innehaben
**owned, jointly ~** in gemeinsamen Eigentum (befindlich); **to be ~ by** sich im Eigentum befinden von; gehören zu
**owner**, Eigentümer *m*; Inhaber *m*; **co-~** Miteigentümer; **lawful ~** rechtmäßiger Eigentümer (od. Inhaber); **~'s equity** Eigenkapital *(e-s Unternehmens)*; **~-occupied house** Eigenheim *n*; vom Eigentümer bewohntes Haus *n*; **~-occupier** Eigenheimbesitzer *m*; **~ of an account** Kontoinhaber *m*; **~ of a business** Geschäftsinhaber *m*; **~ of** *Br* **a car** (*Am* **an automobile**) Autobesitzer *m*; **~ of a factory** Fabrikbesitzer *m*; **~ of a firm** Firmeninhaber *m*; **~ of a house** Hauseigentümer *m*, Hausbesitzer *m*; **~ of a ship** Reeder *m* (Seeschifffahrt); Schiffseigner *m* (e-s Binnenschiffes); **~-operated farm** selbstbewirtschaftetes Gut *n*
**ownership**, Eigentum *n* (of an); **acquisition of ~** Eigentumserwerb *m*; **creation of ~** Eigentumsbildung *f (in der Hand der Arbeitnehmer)*; **public ~** Staatseigentum *n*; **~ in undivided shares** Eigentum nach Bruchteilen; **to acquire (the) ~** Eigentum erwerben; **to pass into the ~ (of)** (als Eigentum) übergehen auf; in das Eigentum von ... übergehen; **to transfer ~** Eigentum übertragen
**ozone layer**, Ozonschicht *f*; **gap in the ~** Ozonloch *n*

# P

**P2P**, → Peer-to-peer
**pack**, Ballen *m*, Bündel *n*; Packung *f*; Gesamtzahl *f* der in e-r Saison hergestellten Konserven; **~ of cigarettes** Packung Zigaretten; **1 ~ of wool** 1 Pack Wolle (240 lbs., 108,86 kg)
**pack**, *v* (ein-, ver-, ab)packen; *(Fleisch, Früchte)* eindosen; **to ~ goods in a box** Waren in e-r Kiste verpacken
**packed, ~ as usual in trade** handelsüblich verpackt; **~ for exportation by sea** seemäßig verpackt; **~ for railway (railroad) transportation** bahnmäßig verpackt
**package**, Paket *n*; Packstück *n*, Packung *f*; Kollo *n*, Frachtstück *n*, Warenballen *m*; *(vormontierte)* Anlage *f*, Einbauteil *m*; **~s** Kolli *npl*; **express ~** *Am* Eilpaket; **package deal** Verhandlungspaket; **~ insert** *Am* Packungsbeilage *f*; **~ leaflet** Packungsbeilage *(bei Arzneimitteln)*; **~ solution** (of problems) Paketlösung *f*; **~ tour** Pauschalreise *f*; **to send the ~ collect** *Am* das Paket per Nachnahme senden
**packaged, ~ foods** abgepackte Lebensmittel *pl*; **~ goods** verpackte Waren *pl*; Fertigpackung *f*
**packaging**, Verpackung *f*; Aufmachung *f (der Ware)*; **~ engineering** Verpackungstechnik *f*; Entwurf *m* von (Ver-) Packungen; **~ material** Verpackungsmaterial *n*; **~waste** Verpackungsabfall *m* (od -müll *m*)
**packer**, Packer *m*, Verpacker *m*; Packmaschine *f*; *Am* Konservenhersteller *m*
**packet**, 1. Paket *n*, Packung *f*; *Br* Päckchen *n*; **~ solution** Paketlösung *f*
**packet**, 2. *(EDV)* Datenpaket *n (Dateneinheit, die über jedes Paketbasierte Netzwerk zwischen verschiedenen Endgeräten verschickt wird)*; **~-switched network** Paketbasiertes Netzwerk *n (In einem ~ werden Datenpakete zwischen Sender*

*und Empfänger ausgetauscht, um Informationen zu versenden.)*

**packing**, Verpackung *f*; **~s** Umschließung *f (e-r Ware)*; **defective ~** mangelhafte Verpackung; **price inclusive of ~** Preis einschließlich Verpackung; **~ agent** Verpacker *n*; **at cost** Verpackung zum Selbstkostenpreis; **~ charges** (or **cost**) Verpackungskosten; **~ credit** *bes. Br (im Dokumentenakkreditivverkehr)* Versandbereitstellungskredit *m*; Akkreditivbevorschussung *f*; **~ extra** Verpackung extra; **~ included** einschließlich Verpackung; Verpackung frei; **~ industry** *Am* Konservenindustrie *f*; **~ insert** Packungsbeilage *f*; **~ list** Packliste *f*; Versandliste *f*; **~ slip** (or **ticket**) Packzettel *m*; **~ unit** Verpackungseinheit *f*; **to charge for ~** die Verpackung in Rechnung stellen; **~ charges will be invoiced** die Verpackung geht zu Ihren Lasten; **no charge for ~** Verpackung wird nicht berechnet

**padding**, Füllmaterial *n*

**page**, → web page; **~ impression** Messzahl der Sichtkontakte beliebiger Nutzer einer Internetseite oder eines elektronischen Werbemittels; **~ view** → page impression

**page**, *v*, **to ~ sb.** jdn ausrufen lassen

**paid**, bezahlt; **~ bill** (of exchange) eingelöster Wechsel *m*; **~, buyers** (*Kurs*zusatz) bezahlt und Geld (bG, bzG); **~ holidays** bezahlter Urlaub *m*; **~-in** eingezahlt; **~ in advance** vorausbezahlt; **~-off creditor** abgefundener Gläubiger *m*; **~-out dividend** ausgezahlte Dividende *f*; **~, sellers** *(Kurszusatz)* bezahlt und Brief (bB, bzB); **~ up capital** *(von den Aktionären)* voll eingezahltes Kapital *n*

**pain**, compensation *Am* (damages *Br*) **for ~ and suffering** Schmerzensgeld *n*

**pain**, **~ threshold**, Schmerzgrenze *f* (z. B. Inflation)

**paint the tape**, *v*, illegale Marktmanipulation *f* indem Händler eigene Wertpapiere kaufen und verkaufen um hohe Handelsaktivität vorzutäuschen und so Interesse anderer Investoren zu erregen

**pairoff**, Rückkauf *m* veräußerter Wertpapiere

**pallet**, Palette *f*

**palm off**, *v*, **to ~ off on a p.** *colloq.* jdm etw. andrehen

**pamphlet**, Faltblatt *n*; Prospekt *m*; kleine Broschüre *f*

**panel**, Liste *f* (od. Gruppe *f*) von Personen *(für bestimmte Aufgaben)*; Gremium *n*, Auschuss *m*; Geschworenenliste *f*; **~ doctor** Kassenarzt *m*; **~ envelope** Fensterbriefumschlag *m*

**panic buying**, Angstkäufe *mpl*, Panikkauf *m*

**paper**, 1. Papier *n*; Wertpaier *n*; Schriftstück *n*, (Text e-s) Vortrag(s), Aufsatz *m*; **~s** *(amtl.)* Papiere *npl*, Unterlagen *pl*, Akten *pl*; **bundle of ~s** Aktenbündel *n*; **on ~** schriftlich; **~-book** broschiertes Buch *n*; **~ clip** Büroklammer *f*; **~ consumption** Papierverbrauch *m*; **~ currency** Papierwährung *f*; **~ factory** (or **mill**) Papierfabrik *f*; **~ money** Papiergeld *n*, Banknoten *fpl*; **~ processing industry** papierverarbeitende Industrie *f*; **~ products** Papierwaren *pl*; **~ profit** rechnerischer (od. noch nicht realisierter) Gewinn *n*; **~ recycling** Papierrückgewinnung *f*; **~ standard** Papierwährung *f*; **~ title** unechte Eigentumsurkunde *f*

**paper**, 2. Zeitung *f*; **~s and periodicals** Zeitungen *pl* und Zeitschriften *fpl*; **financial ~** Handelsblatt *n*, Börsenblatt *n*; **to take** (or **subscribe to**) **a ~** e-e Zeitung halten

**paperhanger**, Scheckbetrüger *m*

**par**, **above ~**über pari, über dem Nennwert; **at ~** al pari, zum Nennwert; **below ~** unter pari, unter dem Nennwert; **issue at ~** Pariemission *f*

**par**, **~ of exchange** (or **~ exchange rate**) Parikurs *m*; **~ rate** Parikurs *m*

**par value**, Nennwert *m*, Nominalwert *m*; **~ share** Aktie mit Nennwert; **no ~ share** nennwertlose Aktie, Quotenaktie *f*

**parafiscal**, steuerähnlich

**paradox**, **~ of thrift** Sparparadox *n*; **~ of value** Wertparadox *n*

**paragraph**, Absatz *m*; **sub-~** Unterabschnitt *m*, Buchstabe *m*

**parallelism**, **conscious ~ of action** *Am* bewusstes gleichgerichtetes Verhalten *n (der Wettbewerber)*

**paramount**, **Community law is ~** Gemeinschaftsrecht *n* hat Vorrang

**parcel**, (Post-)Paket *n*; *Am* Päckchen *n*; Menge *f*, Partie *f*, Posten *m (Ware)*; Stück Land, Parzelle *f*, Grundstück *n*; **air ~** Luftpaket; **bill of ~s** → bill 1.; **by ~ post** als Postpaket; **by** (or **in**) **~s** stückweise, in kleinen Posten; **COD ~** Nachnahmepaket *n*; **express ~** Eilpaket *n*; **~ delivery**

Paketzustellung *f*; ~ **goods** Stückgüter *pl*; ~ **mailing form** Paketkarte *f*; ~ **of goods** Partie *f* Waren; ~ **of shares** Aktienpaket *n*; ~ **post** Paketsendung *f*; *Br* Paketpost *f*

**parcel**, *v*, **to ~ (out)** parzellieren; *(Land)* in Parzellen aufteilen

**pare**, *v* kürzen; (ab)schneiden; ~ **workforce** Personal *n* abbauen

**pared down**, abgespeckte Version *f*

**parent**, Elternteil *n*; Stamm-; **~s and subsidiaries** *Am* herrschende und abhängige Gesellschaften *fpl*; ~ **company** Muttergesellschaft *f*, Obergesellschaft *f*; ~ **firm** Stammhaus *n*; ~ **store** Hauptgeschäft *n (mit mehreren Filialen)*; **~-subsidiary relationship** Mutter-Tochtergesellschaft *f*; ~ **undertaking** Mutterunternehmen *n*

**parental custody**, elterliche Sorge *f*

**pari passu**, **creditors ranking** ~ gleichrangige Gläubiger *mpl*

**Paris**, **Club of** ~ Pariser Club *m* (für die Umschuldung [debt rescheduling] überschuldeter Länder); Gruppe von 10 Industrieländern (Belgien, Deutschland, Frankreich, Großbritannien, Italien, Japan, Kanada, Niederlande, Schweden, USA); ~ **Convention** Pariser (Verbands-)Übereinkunft (zum Schutz des gewerblichen Eigentums)

**parity**, 1. Parität *f*, Gleichheit *f*; ~ **of votes** Stimmengleichheit *f*

**parity**, 2. Parität *f (der Währungen)*, **dollar** ~ Dollarparität *f*; **gold** ~ Goldparität *f*; **monetary** ~ Währungsparität *f*~ **change** Paritätsänderung *f*; ~ **clause** Paritätsklausel *f*; ~ **of exchange** (Wechsel-) Kursparität *f*; ~ **point** Paritätspunkt *m*; ~ **table** Paritätstabelle *f*; **the ~ of the franc was maintained** die Parität *(der Wechselkurs)* des Franc wurde aufrechterhalten

**parking**, Parken *n*; **curb** ~ Parken neben dem Gehsteig; **overtime** ~ Überschreiten *n* der Parkzeit; ~ **ban** Parkverbot *n*; **parking disc** Parkscheibe *f*; ~ **facilities** Parkmöglichkeiten *fpl*; ~ **fine** Geldbuße *f* wegen falschen Parkens; ~ **lot** *Am* Parkplatz *m*; ~ **meter** Parkuhr *f*; ~ **offender** Parksünder *m*; ~ **ticket** Strafzettel *m* für falsches Parken

**parol**, (nur) mündlich; schriftlich ohne Siegel; ~ **agreement** mündliche Vereinbarung *f*; ~ **contract** formloser Vertrag *m*

**parry**, *v*, **to ~ cost increases** Kostenerhöhungen auffangen

**part**, Teil *m*; Partei *f*, Seite *f*; **(component)** ~ Bestandteil *m*; **in** ~ teilweise; auf Abschlag; **in equal ~s** zu gleichen Teilen; **on the ~ of** seitens, von Seite; ~ **damage** Teilschaden *m*; ~ **delivery** Teillieferung *f*; **~-exchange** *Br* (Kauf unter) Inzahlungnahme *f*; **to give in ~-exchange** in Zahlung geben; ~ **loads** Stückgüter *npl*; ~ **load traffic** Stückgutverkehr *m*; ~ **order** Teilauftrag *m*; **to take his ~** seine Partei ergreifen

**part owner**, Miteigentümer *m*; ~ **(of a ship)** Parteninhaber *m*

**part ownership**, Miteigentum *n*; ~ **(of a ship)** Partenreederei *f*

**part**, ~ **payment** Teilzahlung *f*, Ratenzahlung *f*; Anzahlung *f*; ~ **performance** teilweise Erfüllung *f*, Teilleistung *f*; ~ **shipment** Teillieferung *f*, Teilversand *m*

**part-time**, Teilzeit-; ~ **employees** (or **workers**) Teilzeitbeschäftigte *mpl*; ~ **work** Teilzeitarbeit *f (Halbtagsarbeit, Kurzarbeit)*

**part**, **~-timer** Halbzeitbeschäftigter *m*; ~ **truck load** *Br* Teilwaggonladung *f*; **to form ~ of a contract** Bestandteil e-s Vertrages sein

**partake**, *v*, **to ~ of the profits** am Gewinn teilnehmen

**partial**, teilweise, Teil-; parteiisch, voreingenommen; ~ **acceptance** Teilakzept *n*; ~ **amount** Teilbetrag *m*; ~ **delivery** Teillieferung *f*; ~ **disability** teilweise Arbeitsunfähigkeit *f*, Teilinvalidität *f*; ~ **equilibrium** partielles Gleichgewicht *n*; ~ **loss** Teilschaden *m*, Teilverlust *m*; ~ **payment** Teilzahlung *f*, Ratenzahlung *f*; ~ **shipment** Teilverladung *f*

**participant**, Teilnehmer *m*, Teilhaber *m* (in an); *(Special Drawing Rights)* Teilnehmerland *n*

**participate**, *v* teilnehmen, teilhaben, e-n Anteil haben (in an); **to ~ in the expenses** sich an den Kosten beteiligen; **to ~ in a loss (profit)** am Verlust (Gewinn) beteiligt sein; **to ~ in a tender** sich an e-r Ausschreibung beteiligen

**participating**, beteiligt, gewinnbeteiligt; ~ **bond** Gewinnobligation *f*, Gewinnschuldverschreibung *f*; ~ **certificate** Genussschein *m*; ~ **debenture** → participating bond; ~ **preference shares** *Br* (~ **preferred stock** *Am*) Vorzugsaktien *fpl* mit zusätzlicher Dividendenberechtigung *f*; ~ **rights** Gewinnbeteiligungsrechte *npl*, Genussrechte *npl*

**participation**, Beteiligung *f*, Teilnahme *f* (in an); **intercompany** ~ Schachtelbeteiligung *f*; **one-third-**~ Drittelbeteiligung *f*; **workers' ~ in management** Mitbestimmung *f der Arbeitnehmer*; ~ **in an enterprise** Beteiligung an e-m Unternehmen; ~ **in a meeting** Teilnahme an e-r Versammlung ~ **in profits** Gewinnbeteiligung *f*; ~ **in a syndicate** Konsortialbeteiligung *f*; ~ **loan** Konsortialkredit *m*; ~ **right** Genussrecht

**particular**, besonders; einzeln; ~ **average** → average 2.; ~ **fund** besonders bezeichneter Fonds *m*; ~ **partnership** Gelegenheitsgesellschaft *f*; ~ **place** bestimmter Ort *m*

**particulars**, Einzelheiten *fpl*, nähere Angaben *fpl*; Näheres *n*; **for further ~s apply to** Näheres zu erfragen bei; **personal** ~ Personalbeschreibung *f*; **statement of** ~ nähere Angaben *fpl*; **with full** ~ mit allen Einzelheiten *fpl*; ~ **of an account** einzelne Posten *mpl* e-r Abrechnung; ~ **of the risk** *(VersR)* Gefahrenmerkmale *npl*; **to furnish** ~ Einzelheiten (od. Näheres) angeben

**partition**, Teilung *f*, Aufteilung *f*; Grundstücksteilung *f*; ~ **of property among heirs** Erbschaftsteilung *f*, Erbauseinandersetzung *f (unter Miterben)*

**partition**, *v* teilen, aufteilen; abschotten

**partitioning**, ~ **the market** Marktaufteilung *f*; ~ **off the market** Marktabschottung *f*

**partly**, ~ **furnished** teilmöbliert; **~-paid shares** teileingezahlte Aktien *fpl*

**partner**, Teilhaber *m*; Gesellschafter *m*; Sozius *m*; Partner *m*; **co-**~ Mitgesellschafter *m*, Teilhaber *m*; **~'s contribution** Gesellschaftereinlage *f*; **~s' current account** Privatkonto *n* des Gesellschafters; ~ **in joint account** Teilhaber auf gemeinsame Rechnung; **~'s interest** (or **share**) Gesellschafteranteil *m*; **~s' resolution** Gesellschafterbeschluss *m*; **to enter** (or **join**) **a firm as** ~ e-r Firma als Teilhaber beitreten

**partnership**, Personengesellschaft *f*; *(etwa)* offene Handelsgesellschaft *f*; Sozietät *f (von Anwälten, Ärzten)*; Partnerschaft *f*; **general** ~ offene Handelsgesellschaft (OHG); **limited** ~ Kommanditgesellschaft *f* (KG); **professional** ~ Sozietät; **special** ~ Gelegenheitsgesellschaft *f*; **trading** ~ Handelsgesellschaft *f*; ~ **agreement** (or **articles**) Gesellschaftsvertrag *m*; Sozietätsvertrag *m*; ~ **assets** Gesellschaftsvermögen *n*; ~ **deed** Gesellschaftsvertrag *m*; Sozietätsvertrag *m*; ~ **funds** Gesellschaftskapital *n*; ~ **insurance** Teilhaberversicherung *f*; ~ **interest** Gesellschaftsanteil *m*; Beteiligung *f* an e-r Personengesellschaft; ~ **property** Gesellschaftsvermögen *n*; ~ **shares** Gesellschaftsanteile *mpl*; **to be in ~ with sb.** mit jdm assoziiert sein; **to take a p. into** ~ jdn als Gesellschafter (od. Teilhaber) aufnehmen; sich mit jdm assoziieren

**party**, Partei *f*; Person *f*, Beteiligte(r) *f(m)*; **contracting** ~ vertragschließende Partei; ~ **concerned** Beteiligter, Betroffener; Interessent *m*; ~ **entitled** Berechtigter; ~ **in breach** vertragsbrüchige Partei; ~ **in default** in Verzug befindliche Partei; ~ **in interest** Beteiligter; ~ **liable** haftende Partei; Verpflichteter; ~ **line** *tel* gemeinsamer Anschluss *m*; ~ **ticket** Sammelfahrschein *m*; ~ **to a bill** (of exchange) Wechselbeteiligter; ~ **to a contract** Vertragspartei *f*, Kontrahent *m*

**pass**, Ausweis(karte) *m(f)*; Passierschein *m*; *Am* Dauerkarte *f*, Jahresbillet *n*; **(free)** ~ Freikarte *f*; **~-book** Sparkassenbuch *n*; *Am* Anschreibebuch *n*; *Br* Zollscheinheft *n*; ~ **sheet** Kontoauszug (im **~-book**); *Br* Grenzübergangsschein *m* für Kraftfahrzeuge

**pass**, *v* übergehen (to auf); vorbeigehen, vorbeifahren; durchgehen, durchkommen; *(Prüfung)* bestehen; **to ~ a bill** ein Gesetz verabschieden; **to ~ a car** ein Auto überholen; **to ~ the customs** durch den Zoll gehen; den Zoll passieren; **to ~ a decision** e-e Entscheidung fällen; **to ~ a dividend** e-e Dividende ausfallen lassen; keine Dividende zahlen; **to ~ an examination** ein Examen bestehen; **to ~ a forged cheque (check)** e-n gefälschten Scheck in den Verkehr bringen; **to ~ for** gelten als; **to ~ into other hands** in andere Hände übergehen; **to ~ off as** *(bes. fälschlich)* ausgeben als; **to ~ on** weitergeben, weiterleiten; abwälzen (to auf); **to ~ regulations** Vorschriften erlassen; **to ~ to a p.'s account** jdm in Rechnung stellen; **to ~ to a p.'s credit** jdm gutschreiben

**passage**, Passage *f*; Durchgang *m*,

Durchfahrt *f*; Reise *f* mit Schiff oder Flugzeug; Überfahrt *f*; **air ~** Flug *m*; **by ~ of time** durch Zeitablauf; **~ of the risk** Übergang *m* der Gefahr; **to book one's ~** seine Schiffskarte (od. Flugkarte) lösen

**passed dividend**, ausgefallene Dividende *f*

**passenger**, Passagier *m*; Fluggast *m*, Fahrgast *m*; Luftreisender *m*; Insasse *m* e-s Fahrzeugs; Schiffsreisender *m*; **carriage of ~s** Personenbeförderung *f*; **international ~ and goods transport** grenzüberschreitender Personen- und Güterverkehr *m*; **~ and goods services by road** Personen- und Güterkraftverkehr *m*; **~-cargo ship** Kombischiff *n*; **~ contract** Personenbeförderungsvertrag *m*; **~ manifest** Liste der Passagiere e-s Schiffs oder Flugzeugs; **~ rates** Personentarif *m*; **~ traffic** Personenverkehr *m*; **~ transport operator** Personenkraftverkehrsunternehmer *m*

**passing, no ~** Überholen *n* verboten

**passing, ~ forward of taxes** Steuerüberwälzung *f*; **~ of a dividend** Dividendenausfall *m*; **~ of ownership** Eigentumsübergang *m*; **~ of (the) risk** Gefahrübergang *m*

**passing off**, Ausgeben *n* seiner eigenen Ware(n) als die e-s anderen; Nachahmung *f* von Produkten durch Wettbewerber

**passing trade**, Laufkundschaft *f*

**passive**, passiv; untätig; nicht zinstragend; **~ balance (of trade)** passive Handelsbilanz *f*; **~ bond** unverzinsliche Anleihe *f*; **~ debt** nicht zinstragende Forderung *f*; **~ investment management** Kauf *m* eines gut diversifizierten Portfolios, das einen breiten Marktindex repräsentiert *(ohne den Versuch, falsch bepreiste Wertpapiere auszusortieren)*

**passport**, (Reise-)Pass *m*; **holder of a ~** Passinhaber *m*; **valid ~** gültiger Pass; **~ inspection** Passkontrolle *f*; **~ photo** Passbild *n*; **the ~ has expired** der Pass ist abgelaufen; **to take out a ~** sich e-n Pass beschaffen

**password**, Passwort *n*

**past, ~ due** überfällig; **~ due bill** verfallener Wechsel *m*; **~ jobs** bisherige Tätigkeiten *fpl*

**patent**, Patent *n*; **expired ~** erloschenes (od. abgelaufenes) Patent; **~ foods** Markennahrungsmittel *pl*; **~ medicine** Markenmedizin *f*; **P~ Office** Patentamt *n*; **~ pending** Patent angemeldet; **to apply for a ~** ein Patent anmelden

**patent**, *adj* offen, offenkundig; **~ defect** offener (od. erkennbarer) Mangel *m*

**patent**, *v* patentieren; (sich) patentieren lassen; **~ed** patentiert, durch Patent geschützt

**patentable**, patentfähig, patentierbar

**patentee**, Pantentinhaber *m*

**paternity, to deny ~** die *(außereheliche)* Vaterschaft bestreiten

**path-dependent option**, pfadabhängige Option *f*

**patient**, Patient(in) *m(f)*; **(mental) ~** *Br* Geisteskranke(r) *f(m)*

**patrol**, (Polizei- etc.) Streife *f*, Runde *f*

**patron**, Gönner *m*, Mäzen *m*; (regelmäßiger) Kunde *m*; **for ~s only** (Parken) nur für Kunden

**patronage**, finanzielle Unterstützung *f*; Mäzenatentum *n*; *colloq.* Kundschaft *f*; **~ discount** Treuerabatt; **~ refund** *Am* Kundenrabatt *m*

**patronize**, *v* finanziell unterstützen; **to ~ a shop** regelmäßig in e-m Geschäft kaufen; in e-m Geschäft Stammkunde sein

**pattern**, Muster *n*, Warenprobe *f*; Struktur *f*; **assortment** (or **collection**) **of ~s** Musterkollektion *f*; **by ~** nach Muster (od. Probe); **wide choice of ~s** große Musterauswahl *f*; **~ book** Musterbuch *n*; **~ card** Musterkarte *f*; **pattern designer** Musterzeichner *m*; **~ of trade** Struktur des Handels; **~ parcel** Mustersendung *f*; **~ sample** (Verkaufs-)Muster *n*, Probestück *n*; **to correspond to ~** dem Muster entsprechen

**pawn**, Pfand *n*; Pfandsache *f*; **goods in ~** verpfändete Sachen *fpl*

**pawnbroker**, Pfandleiher *m*; **~'s business** Pfandleihe *f*

**pawn, ~broking** Pfandleihe *f*; **~ shop** Leihhaus *n*, Pfandleihanstalt *f*; **~-ticket** Pfandschein *m*; **to give in ~** verpfänden; **to lend on ~** gegen Pfandbestellung Darlehen gewähren; **to take out of ~** ein Pfand auslösen

**pawn**, *v* verpfänden; *(Wertpapiere)* lombardieren

**pawnee**, Pfandnehmer *m*; Pfandgläubiger *m*

**pawning**, Verpfändung *f*; Pfandbestellung *f*; Lombardierung *f*

**pawner** *or* **pawnor**, Pfandgeber *m*, Verpfänder *m*

**pay**, Bezahlung *f*; Lohn *m*, Gehalt *n*; Sold *m*; **gross ~** Bruttolohn *m*; **in the ~ of** beschäftigt bei; **net ~** (or **take-home ~**) Nettolohn *m*; **without pay** unbezahlt; **~ back period** → pay off period; **~ bill** *Br* Zahlungsanweisung *f*; **~ check** *Am* Lohnscheck *m*, Gehaltsscheck *m*; **~ claim** Lohnforderung *f*; **~-day** (Lohn-, Gehalts-)Zahltag *m*; *Br (Börse)* Abrechnungstag *m*; **~ differentials** Lohnunterschiede *mpl*; **~ envelope** Lohntüte *f*; **~ load** Nutzlast *f*; Belastung *f (e-s Unternehmens)* durch Lohnkosten; **~ negotiator** Lohnunterhändler *m*; **~ offer** Lohnangebot *n*; **~ off period** *Am* Kapitalrückflussdauer *f*; Amortisationsdauer *f (Zeitabschnitt, in dem sich e-e Investition bezahlt macht)*; **~ packet** Lohntüte *f*; **~-phone** *Am* Münzfernsprecher *m*; **~ plan** *Am* Besoldungsordnung *f*; **~ records** Lohnunterlagen *pl*; **~ rise** Lohnerhöhung *f*, Gehaltserhöhung *f*; **~ roll** → payroll; **~ slip** *Br* Lohnzettel *m*; **P~ TV** Abonnement-Fernsehen *n*; **pay voucher** Zahlungsanweisung *f*

**pay-per-view**, Internetangebot *n*, für dessen Ansicht bzw. Benutzung der Nutzer bezahlen muss

**pay**, 1. *v* (be)zahlen; *(Wechsel, Scheck)* einlösen; **ability to ~** Zahlungsfähigkeit *f*, Solvenz *f*; **failure to ~** Nichtzahlung *f*; **inability to ~** Zahlungsunfähigkeit *f*; **notice** (or **request**) **to ~** Zahlungsaufforderung *f*; **unable to ~** zahlungsunfähig; **to ~ a bill** e-e Rechnung bezahlen; e-n Wechsel einlösen; **to ~ by instal(l)ments** in Raten bezahlen; **to ~ cash** bar (be)zahlen; **to ~ a cheque (check)** e-n Scheck einlösen; **to ~ damages** Schadensersatz leisten; **to ~ down** anzahlen, e-e Anzahlung leisten; **to ~ duty** Zoll bezahlen (on auf), verzollen; **to ~ in** einzahlen; **to ~ in advance** im voraus bezahlen, Vorauszahlung leisten; **to ~ into an account** auf ein Konto einzahlen; **to ~ into court** Geld bei Gericht hinterlegen; **to ~ off bonds** Obligationen einlösen; **to ~ off one's debts** seine Schulden abbezahlen; **to ~ off a mortgage** e-e Hypothek tilgen; **to ~ on account** anzahlen, Anzahlung leisten; **to ~ poorly** schlecht zahlen; **to ~ promptly** umgehend bezahlen; **to ~ punctually** (or **on time**) pünktlich zahlen; **to ~ retrospectively** nachzahlen; **to ~ up** *(Aktien)* voll einzahlen; **to ~ one's way** seinen Lebensunterhalt verdienen; **to ~ well** gut zahlen; **it ~s well** es macht sich gut bezahlt; es rentiert sich

**pay**, 2. zahlen Sie!; **~ as you earn system** *Br* (**~ as you go system** *Am*) System der Steuererhebung vom laufenden Lohn od. Gehalt; Lohn- (od. Gehalts)steuerabzug *m*; **~ cash** *(beim Scheck)* zahlen Sie an mich

**payable**, zahlbar; fällig; rentabel, lohnend; **~s** → accounts payable; **mortgages ~** Hypothekenschulden *pl*; **~ bill** fälliger Wechsel *m*; **~ by instal(l)ments** in Raten zahlbar; **~ in advance** im voraus zahlbar; **~ in arrears** postnumerando zahlbar; **~ on delivery** zahlbar bei Lieferung; **~ on demand** *(Wechsel)* zahlbar bei Sicht; **~ on receipt** zahlbar bei Empfang; **~ when due** bei Fälligkeit zahlbar; **the bill has become ~** der Wechsel ist abgelaufen

**payback period**, Rückzahlungsperiode *f (bei Investitionsprojekten)*

**PAYE**, → pay as you earn system (pay 2.)

**payee**, Zahlungsempfänger *m*; **~ (of a bill of exchange)** Wechselnehmer *m*, Remittent *m*

**paying, not ~** unrentabel; **~ agency business** Zahlstellengeschäft *n*; **~ agent** Zahlstelle *f*; **~ bank(er)** auszahlende Bank *f*; **~ concern** rentables Unternehmen *n*; **~-in** Einzahlung *f*; **~-in slip** *Br* Einzahlungsbeleg *m*; **~ off creditors** Befriedigung *f* von Gläubigern; **~ off a mortgage** Tilgung *f* e-r Hypothek; **~ out** Auszahlung *f*; **to be ~** rentabel sein

**payment**, Zahlung *f*, Bezahlung *f*; Einzahlung *f*, Auszahlung *f*; Einlösung *f (e-s Wechsels)*; **~s** Zahlungsverkehr *m*; **additional ~** zusätzliche Zahlung, Nachzahlung *f*; Nachschuss *m*; **balance of ~s** Zahlungsbilanz *f* ( → balance 2.); **cashless ~** bargeldlose Zahlung; **conditions of ~** Zahlungsbedingungen *fpl*; **confirmation of ~** Zahlungsbestätigung *f*; **current ~s** laufende Zahlungen; **demand for ~** Zahlungsaufforderung *f*; Mahnung *f*; **documents against ~** → cash against documents; **down ~** → down; **due ~** ordnungsgemäße Bezahlung; **facilities for ~** Zahlungsmöglichkeiten *fpl (bar, durch Scheck etc.)*; **failing ~** mangels Zahlung; **in lieu of a ~** an Zahlungs Statt; **lump sum ~** Pauschalzahlung *f*; **money ~s** Geldrente *f*; **peri-**

odical (or **regular**) **~s** Geldrente *f*; **place of ~** Zahlungsort *m*; **refusal of ~** Zahlungsverweigerung *f*; **request for ~** Zahlungsaufforderung *f*; **suspension of ~** Zahlungseinstellung *f*; **term of ~** Zahlungsfrist *f*; **terms of ~** Zahlungsbedingungen *fpl* ( → terms 2.); **time for ~** Zahlungsfrist *f*; **upon ~ of** gegen Zahlung von; **~s agreement** Zahlungsabkommen *n*; **~ appropriation** *(EU)* Zahlungsermächtigung *f*; **~ arrears** Zahlungsrückstände *pl*; **~ before due date** vorzeitige Zahlung; **~ before maturity** Zahlung vor Fälligkeit; **~ behavio(u)r** Zahlungsmoral *f*; **~ bill** zur Zahlung *(nicht zum Akzept)* vorgelegter Wechsel *m*; **~ by ...** Zahlung bis ...; **~ by instal(l)ments** Ratenzahlung *f*; **~ by results** Leistungslohn *m*, Akkordlohn *m*; **~ card** Zahlungskarte *f (von Banken zum bargeldlosen Zahlungsverkehr)*; **~ countermanded** Zahlung gesperrt *(Schecksperre)*; **~s deficit** Zahlungsbilanzdefizit *n*; **~ due** fällige Zahlung; **~ facility** Zahlungserleichterung *f*; **~ for hono(u)r** → hono(u)r; **~ habits** (or **practices**) Zahlungsgewohnheiten *pl*; **~ in advance** Vorauszahlung *f*; Vorschuss *m*

**payment in arrears**, rückständige Zahlung *f*; **interest on ~** Verzugszinsen *pl*

**payment**, **~ in due course** Einlösung *f (e-s Wechsels)* bei Fälligkeit; **~ in instal(l)ments** ratenweise Abzahlung *f*; **~ in kind** Sachleistung *f (Bezahlung in Waren oder Dienstleistung)*; **~ in part** Teilzahlung *f*, Abschlagszahlung *f*; **~ into court** Hinterlegung *f (e-s Geldbetrages)* bei Gericht; **~ medium** Zahlungsmittel *n*; **~ of dues** Beitragszahlung *f*; **~ of duty** Verzollung *f*; **~ on account** Anzahlung *f*; Abschlagzahlung *f*; Akontozahlung *f*; **~ on receipt of goods** → cash on delivery; **~ order** Zahlungsanweisung *f*; Zahlungsauftrag *m*; **~ received** eingegangene Zahlung; **~ stopped** Zahlung gesperrt *(Schecksperre)*; **~ supra protest** Zahlung nach Wechselprotest ( → dishono(u)red bill); **~s surplus** Zahlungsbilanzüberschuss *m*; **~ terms** Zahlungsbedingungen *fpl*; **~ to suppliers on account** Lieferantenanzahlungen *fpl*

**payment transactions**, Zahlungsverkehr *m*; **external** (or **foreign**) **~** (or **~ with foreign countries**) Zahlungsverkehr mit dem Ausland

**payment**, **~ when due** Zahlung bei Fälligkeit; **~ with order** Zahlung bei Auftragserteilung; **~s within the time allowed** termingerechte Zahlungen *fpl*; **to be in arrears with one's ~s** mit seinen Zahlungen in Verzug sein; **to effect (a) ~** Zahlung leisten; **to give in ~** in Zahlung geben; **to make (a) ~** Zahlung leisten; bezahlen; **to meet the ~s** die (Raten-) Zahlungen einhalten; **to refuse ~** Zahlung verweigern; **to request ~** Zahlung fordern; **to sue for ~** auf Zahlung klagen; **to suspend ~s** Zahlungen einstellen

**payout**, Auszahlung *f*, Ausschüttung *f*; Dividendenauszahlung *f*; **~ ratio** Gewinnausschüttungsquote *f*

**payroll**, Lohnliste *f*, Gehaltsliste *f*; (Gesamtbetrag der) Löhne und Gehälter; **~ accounting** Lohn- und Gehaltsabrechnung *f*; **~ deductions** Abzüge vom Lohn od. Gehalt; **~ overhead(s)** Lohngemeinkosten *pl*; **~ records** Lohn- und Gehaltsunterlagen *pl*; **~ tax** Sozialversicherungsbeiträge *mpl (des Arbeitgebers)*

**PDA**, → Personal digital assistant

**PE**, → priceearning ratio (price 2.)

**peace**, Friede(n) *m*; *(innerstaatl.)* öffentliche Sicherheit und Ordnung *f*; **~time economy** Friedenswirtschaft *f*; **to break the ~** die öffentliche Ordnung und Sicherheit stören

**peaceful**, friedlich; **~ solution of the conflict** friedliche Lösung *f* des Konflikts; **~ use of atomic energy** friedliche Verwendung *f* der Atomenergie

**peak**, Höchststand *m*; Hoch *n (am Aktienmarkt)*; **decline in ~ activity** Abklingen *n* der Hochkonjunktur; **~ consumption** Spitzenverbrauch *m*; **~ demand** Spitzenbedarf *m*; **~ hours** Hauptverkehrszeit *f*; **~ level** Höchststand *m (Preise, Kurse)*; **~ of demand** Bedarfsspitze *f*; **~ output** Höchstproduktion *f*; **~ price** Höchstpreis *m*; Höchstkurs *m*; **~ sales** Spitzenverkaufszahlen *fpl*; **~ wage** Spitzenlohn *m*

**peak**, *v* in die Höhe schnellen

**peanut**, **~s** Kleinigkeiten *pl*; Hungerlohn *m*; **~ refinery** Erdnussraffinerie *f*

**pecking-order (of capital structure)**, Hackordnung *f*; Reihenfolge *f* der Finanzierungsmaßnahmen

**peculate**, *v (bes. öffentliche Gelder)* unterschlagen, veruntreuen

**peculation**, Unterschlagung *f*, Veruntreuung *f*

**peculiar characteristics**, besondere Eigenschaften *fpl*

**pecuniary**, pekuniär, finanziell; Geld-; **for ~ reward** gegen Entgelt; **non-~ damage** Nichtvermögensschaden *m*, ideeller Schaden; **~ advantage** Vermögensvorteil *m*; **~ assistance** finanzielle Unterstützung *f*; Geldhilfe *f*; **~ benefit** Vermögensvorteil *m*; **~ circumstances** Vermögensverhältnisse *pl*; **~ claim** Geldforderung *f*; **~ compensation** Entschädigung *f* in Geld; **~ considerations** finanzielle Erwägungen *fpl*; **~ damage** Vermögensschaden *m*; **~ detriment** Vermögensnachteil *m*; **~ interest** finanzielles Interesse *n*; finanzielle Beteiligung *f*; **~ loss** finanzieller Verlust *m*; **~ penalty** Geldstrafe *f*; **~ resources** Geldmittel *pl*

**peddle**, *v* hausieren, Reisegewerbe betreiben

**peddler**, *Am* → pedlar; **~'s license** *Am* Reisegewerbekarte *f*

**peddling**, Hausieren *n*; Reisegewerbe *n*

**pedestrian precinct**, Fußgängerzone *f*

**pedlar**, *bes. Br* Hausierer *m*; Reisegewerbetreibender *m*; **~'s licen|ce (~se)** *Br* Reisegewerbekarte *f*

**peer**, Gleichrangiger: **~ group** Gleichrangigengruppe *f*; **~ group pressure** Druck *m* durch Gleichaltrige *pl*

**peer-to-peer network**, Netzwerk *n* aus Computern, die untereinander Daten austauschen

**peg**, **system of the adjustable ~** System *n* der fallweise veränderbaren Parität; **system of the crawling ~** → crawling peg

**peg**, *v (Preise, Kurse, Löhne)* stützen (od. unverändert halten)

**pegged rates of exchange**, gestützte (od. künstlich gehaltene) Devisenkurse *mpl*

**pegging**, **price ~** Preisstützung *f*; Kursstützung *f*, **~ of exchange rate** Stützung *f* des Wechselkurses

**penal**, **~ clause** Strafklausel *f* (in e-m Vertrag); **~ duty** Strafzoll *m*; **~ interest** *Am* Verzugszinsen *pl*

**penalty**, Strafe *f, bes.* Geldstrafe *f*; Vertragsstrafe *f*, Konventionalstrafe *f*; **customs ~** Zollstrafe *f*; **fiscal ~** Steuerstrafe *f*; **forbidden under ~ of a fine** bei Geldstrafe verboten; **on** (or **under**) **~ of** bei (Androhung) e-r Strafe von; **~ bond** Versprechen *n* e-r Konventionalstrafe, **~ clause** → penal clause; **~ duty** Strafzoll *m*; **~ envelope** *Am* frankierter Dienstumschlag *m*; **a person is** (or **makes himself**) **liable to a ~ of** £ **20** jd ist mit e-r Geldstrafe von 20 £ zu bestrafen

**pending**, schwebend; anhängig; während; bis zu; **~ debts** ungeregelte Schulden *pl*; **~ delivery** bis zur Lieferung; **~ final decision** bis zur endgültigen Entscheidung; **~ payment** bis zur Bezahlung; **~ (the) negotiations** während der Dauer der Verhandlungen

**penetrate**, *v*, **to ~ the market** den Markt durchdringen; auf dem Markt vordringen

**penny**, (*pl.* pence) Br penny (1/100 e-s Pfundes); **~ stocks** *Am* (spekulative) Kleinaktien (die zu einem Kurs von 1 Dollar gehandelt werden)

**pension**, Pension *f*; Ruhegehalt *n*; Rente *f*; **~ clawback** Auflösung *f* von Pensionsrückstellungen; **contributory ~** beitragspflichtige Pension; **eligible for** (or **entitled to**) **a ~** pensionsberechtigt; **holder of a ~** Pensionsempfänger *m*; **old age ~** Altersrente *f*; **retirement ~** → retirement; **right to future ~ benefits** Pensionsanwartschaft *f*; **widow's ~** Witwenpension *f*, Witwenrente *f*; **~ account** Pensionskonto *n*; **~ claim** Pensionsanspruch *m*, Rentenanspruch *m*; **~ commitment** Pensionszusage *f*; Versorgungszusage *f*; **~ expense** Aufwendungen *fpl* für Altersversorgung; **~ from social security** Sozialversicherungsrente *f*; **~ fund** Pensionsfonds *m*, Pensionskasse *f*; **~ obligations** Verbindlichkeiten aus Altersgeldzusagen; **~ payment** Pensionszahlung *f*, Rentenzahlung *f*; **~ payments** Pensionsbezüge *pl*; Versorgungsbezüge *pl*; **~ pool** *Am* gemeinsame Pensionskasse *f* mehrerer Arbeitgeber

**pension reserve**, Rückstellung *f* für Pensionsverpflichtungen; **transfer to the ~** Zuführung *f* zur Pensionsrückstellung

**pension**, **~ right** Pensionsberechtigung *f*; Ruhegehaltsanspruch *m*; **to draw a ~** e-e Pension (od. Rente) beziehen; **to retire on a ~** sich pensionieren lassen; **to settle a ~ on sb.** jdm e-e Pension aussetzen

**pension off**, *v (jdn)* pensionieren, in den Ruhestand versetzen

**pensionable**, pensionsfähig, pensionsberechtigt; **~ age** Pensionsalter *n*, Rentenalter *n*

**pensioner**, Pensionär *m*; Ruhegehaltsempfänger *m*; Rentenempfänger *m*, Rentner *m*; Versorgungsempfänger *m*

**pent-up**, aufgestaut; **~ demand** Nachfragestau *m*, Nachholbedarf *m*

**penultimate year**, vorletztes Jahr *n*

**per**, **~ account rendered** laut aufgestellter Rechnung; **~ annum** (p. a.) pro Jahr, jährlich

**per capita**, pro Kopf *(der Bevölkerung)*; **~ income** pro Kopf Einkommen *n*

**per cent**, (p. c., %) Prozent, prozentig; **a five ~ increase in prices** e-e fünfprozentige Preiserhöhung *f*; **interest at three** ~ dreiprozentige Zinsen *pl*; **to bear 3 ~ interest** mit 3 % verzinslich sein

**percentage**, Prozentsatz *m*; Prozent(e) *m(pl)*; (prozentualer) Gewinnanteil *m (z. B. Provision, Tantieme)*; *colloq.* Gewinn *m*; **large** (or **high**) **~** hoher Prozentsatz; **low** ~ niedriger Prozentsatz; **~ margin** Prozentspanne *f*; **~ of profits** prozentualer Anteil *m* am Gewinn; Tantieme; **~ of recovery** Konkursdividende *f*; **~ quotation** Prozentkurs *m*; **~ return on sales** Umsatzrendite *f*; **what ~ were you offered** wie viel Prozent sind Ihnen angeboten worden; **to yield a ~** Prozente abwerfen

**per contra**, **entry ~** (or **~ entry**) Gegenbuchung *f*

**per diem**, (p. d.) pro Tag; **~ allowance** *Am* Tagegeld *n*

**peremptory provison**, zwingende Vorschrift *f*, Mussvorschrift *f*

**perfect**, **~ competition** vollkommener Wettbewerb *m*; **~ entry** vollkommene Zollerklärung *f* (→ bill of sight); **~ market** Markt mit vollkommenem Wettbewerb

**perform**, *v* 1. erfüllen, leisten, verrichten; **to ~ a contract** e-n Vertrag erfüllen; **to ~ one's duty** seine Pflicht erfüllen; **to ~ one's obligations** seinen Verpflichtungen nachkommen

**perform**, *v* 2. aufführen, vortragen, darbieten

**performance**, 1. Erfüllung *f*, Leistung *f*; Ausführung *f*; Wertentwicklung *f* e-s Investmentfonds *(als Leistung des Managements)*; **contemporaneous ~** Erfüllung Zug um Zug; **failure of ~** (or **non-~**) Nichterfüllung *f*; **place of ~** Erfüllungsort *m*

**performance, specific** ~ (of a contract) vertragsmäßige Erfüllung

**performance**, **~ appraisal** Leistungsbewertung *f*; **~ bond** (or *Br* **guarantee**) Vertragserfüllungsgarantie *f*; Leistungsgarantie *f*; **~ fund** Investmentfonds, der möglichst hohen Wertzuwachs *(nicht möglichst hohe Ausschüttungen)* anstrebt; **~ in kind** Naturalleistung *f*; Sachleistung *f*; **~ level** Leistungsgrad *m*; **~-linked** leistungsbezogen; **~ of a contract** Erfüllung e-s Vertrages; **~ of services** Erbringung *f* von Dienstleistungen; **~ rating** Leistungsbeurteilung *f*; **~-related pay** Leistungslohn *m*; **to effect ~** Leistung erbringen; **to rate sb.'s ~** jds Leistung beurteilen; **to refuse ~** Leistung verweigern

**performance**, 2. Aufführung *f*, Vorstellung *f*

**per head**, → per capita

**peril**, Gefahr *f*, Risiko *n*; **excepted ~s** → excepted; **imminent ~** drohende Gefahr; **marine** (or **maritime**) **~ s** See(transport)gefahren *fpl*; **~s insured for** (or **against**) versicherte Gefahren *fpl*; **~s of the sea** Seerisiken *npl*, Gefahren der See

**period**, Periode *f*, Zeitabschnitt *m*; Frist *f*; Dauer *f*; **credit ~** Laufzeit *f* e-s Kredits; **expiration** (or **expiry**) **of a ~** Zeitablauf *m*; Fristablauf *m*; **extension of a ~** Verlängerung *f* e-r Frist, Fristverlängerung *f*; **for a three months' ~** auf die Dauer von 3 Monaten; **running of a ~** Lauf *m* e-r Frist; **within a reasonable ~** innerhalb e-r angemessenen Frist; **~ for delivery** Lieferfrist *f*; **~ for exchange** Umtauschfrist *f*; **~ for making a claim** Rügefrist *f*; **~ for objection** Einspruchsfrist *f*; **~ (allowed) for payment** Zahlungsziel *n*; **~ for presentation** Verlegungsfrist *f*; **~ of assessment** Veranlagungszeitraum *f (für Steuer)*; **~ of delivery** Lieferfrist *f*; **~ of disability** Dauer der Arbeitsunfähigkeit

**period of grace**, zusätzliche Frist *f*, Nachfrist *f*; tilgungsfreie Jahre *npl*; **a 5-year ~** e-e tilgungsfreie Zeit von 5 Jahren; **length of the ~** Dauer der Nachfrist

**period**, **~ of guarantee** Garantiefrist *f*; **~ of insurance** Versicherungsdauer *f*

**period of limitation**, Verjährungsfrist *f*; **to be subject to a ~ of 5 years** in 5 Jahren verjähren

**period, ~ of a loan** Laufzeit e-r Anleihe; **~ of one month** Monatsfrist *f*; **~ of notice** Kündigungsfrist *f* ( → notice 2.); **~ of prescription** → prescription; **~ of tenancy** Mietdauer *f*; **~ (of time)** Zeitraum *m*, Periode *f*, Frist *f*; ~ **of transition** Übergangszeit *f*; ~ **of validity** Gültigkeitsdauer *f*; ~ **of warranty** Gewährleistungsfrist *f*; ~ **to run** Laufzeit *f*; ~ **under review** Berichtszeitraum *m*; **to fix** (or **set**) **a** ~ e-e Frist setzen; *(etw.)* befristen; **the ~ has expired** die Frist ist abgelaufen

**periodical**, Zeitschrift *f*

**periodical**, *adj* periodisch, regelmäßig wiederkehrend; ~ **contribution** laufender Beitrag *m*

**peripheral region**, Randgebiet *n*

**perish**, *v* umkommen; zugrunde gehen; *(von Lebensmitteln)* verderben; **the goods have ~ed** die Ware ist untergegangen

**perishable**, ~ **cargo** leichtverderbliche Ladung *f*; ~ **foods** leicht verderbliche Lebensmittel *pl*, Lebensmittel von begrenzter Haltbarkeit

**perishables**, leicht verderbliche (od. nicht haltbare) Waren *(bes. Lebensmittel)*

**perks**, → perquisites

**permanent**, ständig, dauern; fest; ~ **appointment** ~ → employment; ~ **assets** feste Anlagen *fpl*; Anlagevermögen; ~ **debts** *Br* fundierte (langfristige öffentliche) Schulden *pl*; ~ **disability** dauernde Erwerbsunfähigkeit *f*; ~ **employment** Dauerstellung *f*, feste Anstellung *f*

**permanent establishment**, *(DBA)* Betriebsstätte *f*; **to attribute profits to a ~** e-r Betriebsstätte den Gewinn zurechnen; **to be connected with a ~** zu e-r Betriebsstätte gehören

**permanent**, ~ **funds** eiserner Bestand *m*; ~ **holding** dauernde Beteiligung *f*; ~ **investment** Daueranlage *f*; langfristige Anlage *f*; ~ **job** Dauerarbeitsplatz *m*; ~ **ly utilised land** *(EU)* dauerhaft genutzte Fläche *f (Fläche, die als Dauergrünland oder für Dauerkulturen genutzt wird.)*

**per mensem**, pro Monat, monatlich

**permissible**, zulässig, erlaubt; ~ **expenses** *(von der Steuer)* abzugsfähige Unkosten *pl*; ~ **load** (zulässige) Höchstbelastung *f*

**permission**, Erlaubnis *f*, Genehmigung *f*; **subject to ~** genehmigungsbedürftig; ~ **to do business** Erlaubnis zum Geschäftsbetrieb; **to ask sb.'s ~** jdn um Erlaubnis bitten; jds Genehmigung einholen; **to get ~** Erlaubnis erhalten; **to give** (or **grant**) ~ Erlaubnis erteilen, genehmigen

**permissive**, zulässig, erlaubt; ~ **provision** Kannvorschrift *f*

**permit**, *(schriftl.)* Erlaubnis *f*; *bes. Br* Konzession *f*; **customs ~** Zollabfertigungsschein *m*; **export ~** Ausfuhrerlaubnis *f*; **import ~** Einfuhrerlaubnis *f*; **residential** (or **residence**) ~ → residence; **work ~** Arbeitserlaubnis *f*; **to require a ~** genehmigungsbedürftig sein

**permit**, *v* erlauben, gestatten; zulassen

**permitted by law**, gesetzlich zulässig

**perpetrate**, *v (strafbare Handlung)* begehen, verüben

**perpetration**, Begehung *f*, Verübung *f*

**perpetual**, dauernd; fortwährend; unkündbar; ~ **annuity** lebenslängliche Rente *f*; ~ **bond** Annuitätenanleihe *f*; ~ **inventory** laufende (od. permanente) Inventur *f*

**perpetuity**, unbegrenzte Dauer *f*; lebenslängliche Rente *f*

**perquisites**, Nebeneinkünfte *pl (zum Gehalt)*

**persistent demand**, anhaltende Nachfrage *f*

**person**, Person *f*; **body of ~s** Personenmehrheit *f*; **young ~** Jugendlicher *m*; ~ **carried over** *Br (Börse)* Reportgeber *m*; ~ **carrying over** *Br (Börse)* Reportnehmer *m*; **~s in gainful employment** erwerbstätige Personen *pl*; ~ **injured** Verletzter *m*, Geschädigter *m*; ~ **liable for tax** Steuerpflichtiger *m*; ~ **making a complaint** Beschwerdeführer *m*; ~ **of full age** Volljähriger *m*; ~ **of independent means** finanziell Unabhängiger *m*

**personal**, persönlich; Privat-; ~ **accident insurance** private Unfallversicherung *f*; ~ **account** Privatkonto *n*; Kundenkonto *n*; ~ **allowance** *Br (SteuerR)* persönlicher Freibetrag *m*; ~ **and property damage** Personen- und Sachschaden *m*; **in one's ~ capacity** persönlich; ~ **check** Personenkontrolle *f*; ~ **cheque** Scheck *m* e-r Privatperson *(nicht e-r Firma)*; ~ **computer** (PC) Personal-Computer *m*; ~ **consumption** Eigenverbrauch *m*; ~ **credit** Personalkredit *m*; Kleinkredit *m (e-r Bank)*; ~ **damage** Personenschaden *m*; ~ **data** personenbezogene Daten *pl*; Personalien *pl*; ~ **data file** Datei *f* mit personenbezogenen Daten; ~ **drawings** Privatentnahmen *fpl*; Privatabhebungen *fpl*; ~ **effects** Gegenstände *mpl* des persönlichen Gebrauchs; ~ **identifica-**

**tion number** (PIN) Personenkennzahl (PK), persönliche Geheimzahl *f (für Geldautomaten)*, ~ **identity card** Personalausweis *m*; ~ **injury** Personenschaden *m*, Körperverletzung *f*

**personal liability**, persönliche Haftung *f*; ~ **insurance** Privathaftpflichtversicherung *f*; **to incur** ~ persönlich haften

**personal**, ~ **loan** Personalkredit *m*; Kleinkredit *m*; ~ **particulars** Personalien; ~ **property** bewegliches Vermögen *n*; beweglicher Nachlass *m*; ~ **requirement(s)** Eigenbedarf *m*; ~ **right** Persönlichkeitsrecht *n*; ~ **services** → service 1.; ~ **use** *(MietR)* Eigenbedarf *m*

**personal digital assistant**, *(EDV)* PDA *m (Computer im Taschenformat)*

**personality**, Persönlichkeit *f*

**personally liable partner**, persönlich haftender Gesellschafter *m*

**personate**, *v* sich *(fälschlich)* ausgeben für

**personnel**, Personal *n*, Belegschaft *f*; **number of** ~ Personalbestand *m*; ~ **accounting** Personalbuchhaltung *f*; ~ **costs** Personalkosten *pl*; **additional** ~ **costs** Personalnebenkosten *pl*; ~**-dependent costs** personalabhängige Kosten; ~ **expenditure** Personalaufwand *m*; ~ **index** Personalkartei *f*; ~ **management** Personalwirtschaft *f*; ~ **manager** Personalleiter *m*, Personalchef *m*; ~ **officer** Personalreferent *m*; ~ **rating** Leistungsbeurteilung *f*; ~ **records** Personalakten *pl*; **to engage** ~ Personal einstellen; **to dismiss** ~ Personal entlassen

**pertain**, *v* gehören (to zu); betreffen, sich beziehen (to auf)

**pertinent**, zur Sache gehörig; sachdienlich; einschlägig; ~ **information** sachdienliche Angaben *fpl*; ~ **literature** einschlägige Literatur *f*

**perversion**, Entstellung *f*, Verdrehung *f (der Wahrheit)*; ~ **of justice** Rechtsbeugung *f*

**pesticide residues**, Rückstände *mpl* von Schädlingsbekämpfungsmitteln

**petition**, Eingabe *f*, Gesuch *n*; *(förml.)* Antrag *m*; Klage(schrift) *f*; Konkursantrag *m*; ~ **for respite** Fristgesuch *n*; ~ **for winding up** → winding up petition; ~ **(in bankruptcy)** Antrag *m* auf Konkurseröffnung, Konkursantrag *m*; **to file a** ~ e-n Antrag (od. Klage) einreichen; Konkurseröffnung beantragen *(seitens des Gläubigers)*; **to file one's (own)** ~ den Konkurs anmelden *(seitens des Schuldners)*; **to grant a** ~ e-m Antrag stattgeben; **to refuse a** ~ ein Gesuch abschlägig bescheiden

**petition**, *v (schriftl.)* ersuchen, beantragen; bitten

**petrochemical**, ~ **industry** petrochemische Industrie *f*; ~ **products** Erzeugnisse *npl* der Erdölchemie

**petrodollar**, Petrodollar *m (der Erdölländer)*

**petrol**, *Br* Benzin *n*; **lead-free** ~ bleifreies Benzin; **leaded** ~ bleihaltiges Benzin; ~ **bill** Benzinrechnung *f*; ~ **consumption** Benzinverbrauch *m*; ~ **gauge** Benzinstandanzeiger *m*; ~ **station** Tankstelle *f*

**petroleum**, Erdöl *n*, Mineralöl *n*; ~ **exporting countries** Erdöl-Exportländer *npl* ( → Organization of Petroleum Exporting Countries); ~ **products** Mineralölerzeugnisse *npl*; ~ **production** Erdölgewinnung *f*

**petty**, klein, geringfügig, unbedeutend; ~ **amount** Bagatellbetrag *m*; ~ **average** → average 2.; ~ **case** Bagatellsache *f*; ~ **cash** Kasse für kleine Auslagen; Portokasse *f*; Handkasse *f*; ~ **damage** Bagatellschaden *m*; ~ **debts** geringfügige Schulden *fpl*; ~ **expenses** kleine Ausgaben (od. Spesen); ~ **larceny** (or **theft**) Bagatelldiebstahl *m*; ~ **trader** kleiner Geschäftsmann *m*

**PGP**, → pretty good privacy

**pharmaceutical**, ~**s** Arzneimittel *pl*; pharmazeutische Erzeugnisse *npl*; ~ **industry** pharmazeutische Industrie *f*, Pharma-Industrie *f*; ~ **products** Arzneimittel *npl*

**pharmacist**, Apotheker *m*

**phase out**, *v*, **to** ~ **production** die Produktion langsam einstellen (od. auslaufen lassen)

**philanthropical**, ~ **activities** Wohlfahrtstätigkeit *f*; ~ **purposes** wohltätige Zwecke *pl*

**phone**, *colloq.* Telefon *n*; ~ **booth** Telefonzelle *f*; ~ **box** Fernsprechzelle *f*

**phosphate**, ~ **fertilizers** Phosphatdüngemittel *npl*; ~**-free detergents** phosphatfreie Waschmittel *npl*

**photocopier**, Fotokopiergerät *n*

**photocopy**, Fotokopie *f*

**photocopy**, *v* fotokopieren

**Photostat**, (Markenname für) Fotokopiermaschine *f*
**phototelegraphy service**, Bildfunkdienst *m*
**phut, to go ~** *sl.* zusammenbrechen; zahlungsunfähig werden
**physical**, physisch, körperlich; **~ aptitude** körperliche Eignung *f*; **~ assets** Sachanlagevermögen *n*; **~ capital maintenance** Substanzerhaltung *f*; **~ condition** Gesundheitszustand *m*; **~ depreciation** kalkulatorische Abschreibung *(bedingt durch Wertverzehr)*; **~ injury** Körperverletzung *f*; **~ inventory** Warenbestandsaufnahme *f*; **~ life** Lebensdauer *f*; wirtschaftliche Nutzungsdauer *f*; **~ stocktaking** Warenbestandsaufnahme *f*
**physically handicapped**, körperbehindert
**picket**, Streikposten *m*, Streikwache *f*
**picket**, *v* Streikposten aufstellen (vor); als Streikposten stehen
**pickpocket**, Taschendieb *m*
**pickpocketing**, Taschendiebstahl *m*
**pick-up**, **~ in orders** Auftragszunahme *f*; **~ (of prices)** Kurserholung *f*
**pick up**, *v* sich erholen; *(Fahrgäste)* aufnehmen (od. abholen); **business has ~ed up** die Geschäftslage hat sich gebessert; **trading on the stock exchange ~ed up** das Geschäft an der Börse erholte sich
**picture, trade in ~s** Bilderhandel *m*; **a fair and true ~ is given** ein den tatsächlichen Verhältnissen entsprechendes Bild *n* wird vermittelt ( → true and fair view)
**piece**, Stück *n*; **by the ~** stückweise; im Akkord; **~ goods** Stückwaren, Schnittwaren *fpl*; **~ meal** stückweise, einzeln; **~meal financing** stufenweise Finanzierung *f*; **~ number** Stückzahl *f*; **~ of evidence** Beweisstück *n*, Beleg *m*; **~ of land** (or **ground**) Stück Land, Parzelle *f*; **~ of money** Geldstück *n*
**piece-rate**, Akkord(lohn)satz *m*; Stück(-lohn)satz *m*; **payment by ~s** Akkordlohn *m*, Stücklohn *m*; **work at ~s** nach Akkord bezahlte Arbeit *f*; **~ ticket** Akkordzettel *m*
**piece wages**, Akkordlohn *m*, Stücklohn *m*
**piece(-)work**, Akkordarbeit *f*; **~ pay** Akkordlohn *m*, Stücklohn *m*; **to do ~** im Akkord arbeiten
**piece(-)worker**, Akkordarbeiter *m*
**piece, to pay by the ~** im Akkord bezahlen; **to work by the ~** im Akkord arbeiten
**pier**, Kai *m*, Pier *m*; Anlegestelle *f*
**pierage**, Kaigeld *n*
**pigeonhole**, Ablegefach *n*, Brieffach *n*
**pigeonhole**, *v* in ein Fach legen, ablegen; zurückstellen
**piggyback transport**, Huckepackverkehr *m*
**pile**, Haufen, Stapel *m*; **~ of goods** Warenstapel *m*; **~-up** Massenauffahrunfall *m*; **to make ~s of money** *colloq.* haufenweise Geld machen
**pile**, *v*, **to ~ up** anhäufen, stapeln, sich stauen *(Verkehr)*
**pilfer**, *v* klauen
**pilferage**, geringfügiger Diebstahl *m*
**piling up of work**, Anhäufung *f* der Arbeit
**pilot**, Pilot *m*; Lotse *m*; Flugzeugführer *m*, Flugpilot *m*; Versuchs-; **~ experiment** Modellversuch *m*; **~ plant** Versuchsbetrieb *m*; **~ product** Leiterzeugnis *n*; **~ project** Pilotvorhaben *n*; **~ scheme** Versuchsprojekt *n*; **~ study** Pilotstudie *f*, Leitstudie *f*
**pilotage**, Lotsen *n*; Lotsengeld *n*
**PIN**, → personal identification number; **~ code** PIN-Code *m (persönlicher Code bei Verwendung e-r Kontokarte)*
**pinched, to be ~ (for money)** *colloq.* knapp mit Geld sein
**pink form issue**, *Br* Emission *f*, bei der Aktionären ein Vorzugskurs angeboten wird
**pioneering**, bahnbrechend
**pipeline**, Pipeline *f*, Rohrleitung *f (für Gas, Erdöl)*; geheime Informationsquelle *f*
**piracy**, Piraterie *f*; Plagiat *n*; Raubdruck *m*; **labo(u)r ~** Abwerbung *f* von Arbeitskräften; **literary ~** Plagiat *n*; **~ of a design** *(unzulässige)* Nachahmung *f* e-s Musters; **~ of trade-marks** Markenpiraterie *f*
**pirate**, Pirat *m*; Plagiator *m*; **radio** (or **wireless**) **~** Schwarzsender *m*
**pirate**, *v* ein Plagiat begehen; *(Arbeitskräfte)* abwerben; **to ~ a trademark** ein Warenzeichen nachahmen
**pirated edition**, Raubdruck *m*
**pit**, Zeche *f*, Schacht *m*; *(Börse)* Maklerstand; **~ closure** Zechenschließung *f*; **~ coal mining** Steinkohlenbergbau *m*; **~-head price** Preis ab Schacht; **~-head stocks** Haldenbestände *mpl*; **~ trader** *Am* Makler *m (für eigene Rechnung)*

**pitch**, Stand *m* (e-s Straßenhändlers); *Br* (Börse) Maklerstand *m*
**pittance**, **to work for a ~** für sehr wenig Geld arbeiten
**pixel (picture element)**, Pixel *n*, Bildschirmpunkt *m (Ein ~ ist die kleinste programmierbare Farbeinheit der graphischen Darstellung eines Computerbildschirms oder eines Computerbildes.)*
**placard**, *v* durch Anschlag bekannt machen
**place**, Platz *m*, Ort *m*; Stelle *f*; **customary in a ~** ortsüblich; **permanent ~** Dauerstellung *f*; **~ of birth** Geburtsort *m*; **~ of business** Geschäftssitz *m*, geschäftliche (od. gewerbliche) Niederlassung *f*; Betriebsstätte *f*; **~ of consignment** Versendungsort *m*; **~ of delivery** Liefer(ungs)ort *m*; **~ of deposit** Hinterlegungsort *m*; **~ of discharge** Ausladeort *m*, Löschplatz *m*; **~ of employment** Arbeitsplatz *m*; **~ of issue** → issue 1.; **~ of manufacture** Herstellungsort *m*; Fabrikationsstätte *f*; **~ of payment** Zahlungsort *m*; **~ of performance** Erfüllungsort *m*, Leistungsort *m*; **~ of work** Arbeitsplatz *m*
**place**, *v* stellen, legen; *(Wertpapiere)* platzieren (od. unterbringen); **to ~ a contract** *(bei Ausschreibungen)* e-n Auftrag vergeben; **to ~ goods** Waren absetzen (od. verkaufen); **to ~ an insurance** e-e Versicherung abschließen; **to ~ a loan** e-e Anleihe unterbringen (od. placieren); **to ~ money at interest** Geld verzinslich anlegen; **to ~ on the file** zu den Akten nehmen; **to ~ an order with a p.** jdm e-n Auftrag erteilen; **to ~ to sb.'s credit** jdm gutschreiben; **to ~ to sb.'s debit** jdn belasten; **to ~ workers** Arbeitnehmer vermitteln (od. unterbringen)
**placement**, *Am* Unterbringung *f* (od. Vermittlung *f*) *(von Arbeitskräften)*; *Am* Unterbringung *f* (od. Platzierung *f*) *(von Wertpapieren)*; **job ~** *Am* Stellenvermittlung *f*; **~ agency** *Am* Stellenvermittlung *f*, Arbeitsvermittlung *f*; **~ of shares** Aktienplazierung *f*; **~ service** *Am* Arbeitsvermittlung *f*
**placing**, Platzierung *f* (od. Unterbringung *f*) *(von Wertpapieren)*; **~ agreement** Platzierungsvertrag *m*; **~ funds** Mittelbereitstellung; **~ memorandum** vertrauliches Dokument *n* bei Privatplatzierungen, das einem Konsortium und dessen Kunden alle relevanten Informationen über den Schuldner und die Plazierung gibt; **~ of an advertisement** Aufgabe *f* e-r Anzeige; **~ an order** Aufgabe e-r Bestellung; Auftragserteilung *f*; Vergabe *f* e-s Auftrags; **~ securities with the public** Unterbringung (od. Platzierung) von Wertpapieren bei dem Publikum
**plagiarism**, Plagiat *n*
**plain bonds**, ungesicherte Obligationen *pl*
**plan**, *v* planen, entwerfen; **~ned economy** Planwirtschaft *f*; **~ned target** Planziel *n*
**plane**, *colloq.* Flugzeug *n*; **~ fare** Flugpreis *m*; **~ hire service** Flugzeugvermietung *f*; **~ ticket** Flugschein *m*
**planning**, Planung *f*; **economic ~** Wirtschaftsplanung *f (durch den Staat)*; **estate ~** → estate 1.; **long-range ~** langfristige Planung; **management ~** Unternehmensplanung *f*; **short-range ~** kurzfristige Planung; **state ~** → economic planning; **~ permission** (behördl.) Baugenehmigung *f*; **~, programming, budgeting system** (PPBS) PPBS-System *n* der Budgetplanung; Programmbudget *n*; **in the ~ stage** in der Planung befindlich
**plant**, 1. (Fabrik-, Betriebs-)Anlage *f*; Fabrik *f*; Betriebsstätte *f*; Betriebseinrichtung *f*; **chemical ~** chemische Fabrik; **construction of ~s** Anlagenbau *m*; **inside and outside the ~** inner- und außerbetrieblich; **~ and machinery** Betriebseinrichtung und Maschinen; **~ accounting** Anlagenbuchhaltung *f*; **~ breakdown** Betriebsstörung *f*; **~ capacity** Betriebskapazität *f*; **~-conditioned** betrieblich bedingt; **~ engineering** Anlagenbau *m*; **~-expanding investments** Betriebserweiterungsinvestitionen *pl*; **~ expansion** Betriebserweiterung *f*; **~ installations** Betriebseinrichtungen *fpl*; **~ leasing** → leasing 2.; **~-oriented** betriebsgerichtet; **~ sales** Verkäufe *mpl* von Betriebsanlagen; **~ shutdown** Betriebsstillegung *f*; **~ site** Fabrikgrundstück *n*; **~ size** Betriebsgröße *f*
**plant**, 2. Pflanze *f*; **~ breeding** Pflanzenzüchtung *f*; **~ nursery** Gartenbaubetrieb *m*; **~ varieties** Pflanzensorten *fpl*; **~ variety protection** Sortenschutz *m*
**plant**, *v* anbauen; gründen, errichten
**plantation**, Anpflanzung *f*
**plastic**, **~s** Kunststoffe *mpl*; **~ bag** (or **carrier**) Plastikbeutel *f*, -tüte *f*; **~ bottle**

Plastikflasche *f*; **~s industry** Kunststoffindustrie *f*; **~ money** Plastikgeld *n (z. B. Kreditkarte)*; **~s processing industry** kunststoffverarbeitende Industrie *f*; **~s producing industry** kunststofferzeugende Industrie *f*; **~ products** Kunststofferzeugnisse *npl*, -waren *pl*

**plate**, **number ~** Nummernschild *n (e-s Autos)*; **~-glass insurance** Scheibenglasversicherung *f*

**platform**, **(oil drilling) ~** Bohrinsel *f*

**play**, *v*, **to ~ the market** an der Börse spekulieren

**plc**, → public limited company

**plea**, Einrede *f*, Einwendung *f*; Bitte *f*, Gesuch *n*; Entschuldigung *f*; **~ of the statute of limitation** Einrede der Verjährung; **to put in a ~** e-e Einrede vorbringen (od. geltend machen)

**plead**, *v (als Entschuldigung)* vorbringen; geltend machen; **to ~ against** Einspruch erheben gegen; **to ~ a** → prescription; **to ~ the statute of limitation** die Einrede der Verjährung geltend machen

**pleading**, Schriftsatz *m*

**please**, *v* ansprechen, gefallen; **this customer is hard to ~** dieser Kunde ist schwer zu befriedigen

**pleased**, **we are ~ to make the following offer** wir erlauben uns, Ihnen folgendes Angebot zu machen; **we would be ~ to receive your order** wir würden uns über Ihren Auftrag freuen

**pledge**, *(vertragl.)* Pfandrecht *n*; (Faust-) Pfand *n*; Pfandgegenstand *m*; *(feierl.)* Versprechen *n*; **holder of a ~** Pfandgläubiger *m*, Pfandnehmer *m*; **realization** (or **sale**) **of the ~** Pfandverwertung *f*, Pfandverkauf *m*; **to be in ~** verpfändet sein; **to give in ~s. to put in** → pledge; **to hold in ~** als Pfand haben; **to put in ~** *(etw.)* verpfänden, als Pfand geben; **to redeem a ~** ein Pfand einlösen

**pledge**, *v* verpfänden, in Pfand geben; *(feierl.)* versprechen, zusichern; **to ~ one's husband's credit for necessaries** die Kreditwürdigkeit des Ehemannes durch Geschäfte innerhalb des häuslichen Wirkungskreises versprechen; **to ~ one's gold watch** seine goldene Uhr verpfänden; **to ~ securities with a bank for payment of a loan** Effekten bei e-r Bank zur Bezahlung e-s Darlehens lombardieren lassen

**pledged**, **~ article** Pfandsache *f*; **~ bill** (as security for a loan) Pensionswechsel *m*; **~ securities** beliehene (od. lombardierte) Wertpapiere *npl*; **to redeem ~ goods** gepfändete Waren einlösen

**pledgee**, Pfandgläubiger *m*, Pfandnehmer *m*

**pledger**, (or **pledgor**) Pfandschuldner *m*, Pfandgeber *m*

**pledging**, Pfandbestellung *f*, Verpfändung *f*; Lombardierung *f (von Wertpapieren)*

**plenipotentiary**, Bevollmächtigte(r) *f(m)*; bevollmächtigt

**Plimsoll line**, (or **mark**) Ladelinie *f*

**plot**, Grundstück *n*, Parzelle *f*; **building ~** Baugrundstück *n*, Bauplatz *m*

**plough back**, *v (Gewinne)* im Geschäft (od. Unternehmen) belassen; *(Gewinne)* reinvestieren

**ploughing back of profits**, Reinvestierung *f* von Gewinnen; Gewinnthesaurierung *f*

**plow back**, *v Am* → plough back *v*

**ploy**, Taktik *f*

**plug-in**, *(EDV)* Plug-in *n* (*Zusatzprogramm oder -funktionalität z. B. eines* → *Browsers*)

**plug-in-telephone**, umsteckbarer Telefonapparat *m*

**plum job**, sehr angenehme Stellung *f*

**plummet**, *v* stark fallen *(Preise, Kurse)*

**plunge of prices**, Preissturz *m*, Kurssturz *m*

**plunge**, *v* stark fallen *(Preise, Kurse)*; rücksichtslos spekulieren; **to ~ into debt** sich in Schulden stürzen

**ply**, *v (von Schiffen, Bussen etc.)* regelmäßig fahren; **to ~ a business** ein Geschäft betreiben; **to ~ for hire** nach Fahrgästen Ausschau halten *(Taxi)*

**poach**, *v* wildern

**poacher**, Wilddieb *m*

**poaching**, (Jagd-, Fisch-)Wilderei *f*; Wildern *n*; **labo(u)r ~** *colloq.* Abwerbung *f* von Arbeitskräften

**P.O. box**, Postschließfach *n*

**pocket**, Tasche *f*; **out-of-~ expenses** Barauslagen *fpl*; **~ money** Taschengeld *n*; **~ picking** Taschendiebstahl *m*; **to be in ~** sich bereichern; Gewinn haben; **to be £ 10 in ~** *(aus e-m Geschäftsabschluss)* 10 £ gewonnen haben; **to be £ 10 out of ~** *(aus e-m Geschäftsabschluss)* 10 £ verloren haben; **to put into one's ~** gewinnen

**point**, Punkt *m*; **case in ~** vorliegender Fall

m; **to the ~** zur Sache gehörig, sachdienlich; **~ at issue** strittiger Punkt *m*; entscheidende Frage *f*; **~ of entry** Grenzübergangsstelle *f*; **~ of fact** Tatfrage *f*; **~ of law** Rechtsfrage *f*; **~ of purchase** Einkaufsort *m*

**point of sale**, *(EDV)* Verkaufspunkt *m*; **~ advertising** Werbung *f* am Verkaufsort; **~ banking** bargeldloser Einkauf *m (elektronisches Bezahlen an der Ladenkasse)*

**point-of-sale system**, (POS System) elektronisches Kassensystem *n (Möglichkeit, bargeldlos per → PIN Code einzukaufen)*

**point, ~ of view** Gesichtspunkt *m*, Standpunkt *m*; **~ rating** Punktbewertung *f*; **to decline 3 ~s** *(Börse)* um 3 Punkte fallen; **to rise 2 ~s** *(Börse)* um 2 Punkte steigen

**poison pills**, Anti-Übernahmebeteiligungstaktik *f*; Möglichkeiten, die Firmenübernahmepläne e-s → raider zu durchkreuzen *(z. B. durch Ausgabe von Vorzugs- oder Mehrstimmrechtsaktien)*

**poisonous, ~ substances** Giftstoffe *mpl*; **suspected of being ~** giftverdächtig

**police**, Polizei *f*; **~ authority** Polizei(behörde) *f*; **~ custody** Polizeigewahrsam *m*; **~ raid** Razzia *f*; **~ record** Strafregister *n*; **under ~ surveillance** unter Polizeiaufsicht

**policing**, Polizeieinsatz *m*

**policy**, 1. Police *f*; Versicherungsschein *m*; **additional ~** Nachtragspolice *f*; **blank ~** Policenformular *n*; **expired ~** abgelaufene Police; **free ~** prämienfreie Police; **lapsed ~** verfallene Police

**policy, life ~** Lebensversicherungspolice *f*; **to take out a life ~** e-e Lebensversicherung abschließen

**policy, life of a ~** Laufzeit *f* e-r Police; **marine** (or **maritime**) **~** Seeversicherungspolice; **open ~** offene Police, Police ohne Wertangabe; **paid-up ~** prämienfreie Police; **standard ~** Normalpolice *f*, Einheitspolice *f (mit gesetzl. festgelegtem Inhalt)*; **subsequent ~** Nachtragspolice *f*; **terms of the ~** Versicherungsbedingungen *fpl*; **with profit ~** gewinnberechtigte Versicherung; **~ book** Policenregister *n*; **~ drafting** Policenausfertigung *f*; **~ (-)holder** Policeninhaber *m*, Versicherungsnehmer *m*; **~ loan** Policendarlehen *n*; **~ made out to order** Orderpolice *f*; **~ number** Versicherungsnummer *f*; **~ of insurance** Versicherungsschein *m*, Police *f*; **~ provisions** Bestimmungen des Versicherungsvertrages; **to issue a ~** e-e Police ausstellen; **to take out a ~** e-e Versicherung abschließen, sich versichern lassen

**policy**, 2. Politik *f*; Richtlinie *f*; **agricultural ~** Agrarpolitik; **business ~** Betriebspolitik; Geschäftstaktik *f*; **commercial ~** Wirtschaftspolitik; **currency ~** Währungspolitik; **cyclical ~** Konjunkturpolitik; **financial** (or **fiscal**) **~** Finanzpolitik; **general ~** allgemeine Richtlinie *f*; **public ~** → public; **tariff ~** Zollpolitik; **trade ~** Handelspolitik

**political**, politisch; **common ~ action** gemeinsames politisches Vorgehen *n*; **~ economist** Volkswirt *m*; **~ economy** Volkswirtschaft *f*; **~ group** Fraktion *f*; **~ science** Politologie *f*; **~ subdivision** Gebietskörperschaft *f*

**politico, ~-economic** wirtschaftspolitisch; **~-social** sozialpolitisch

**poll**, Wahl *f*; Wählerliste *f*; Stimmenzählung *f*; Abstimmung *f*; *(MMF)* Umfrage *f*, Befragung *f*; **public opinion ~** Meinungsbefragung *f*; **~-taker** Meinungsforscher *m*; **~ tax** Kopfsteuer; **to take a ~** wählen; abstimmen; e-e Meinungsforschung anstellen

**poll**, *v* wählen; abstimmen; *(Stimmen)* erhalten; *(MMF)* befragen

**pollutant**, Schadstoff *m*; **atmospheric ~s** Luftschadstoffe *pl*; **chemical ~s** chemische Schadstoffe *pl*; Abgase *npl*; **non-~** umweltfreundlich; **~ emissions** Schadstoffemissionen *fpl*; **~ (product)** umweltbelastendes Erzeugnis *n*

**pollute**, *v (Umwelt etc.)* verschmutzen

**polluter**, Umweltverschmutzer *m*; **„~ pays" principle** Verursacherprinzip *n*

**polluting**, umweltverschmutzend; **non-~** umweltfreundlich

**pollution**, (Umwelt-)Verschmutzung *f*

**pollution and nuisance**, Verschmutzung und Belastungen *fpl* der Umwelt; **reduction (prevention) of ~** Verminderung *f* (Verhütung *f*) der Umweltbelastungen

**pollution, air ~** Verunreinigung *f* der Luft; Luftverschmutzung *f*; **anti-~ costs** Kosten *pl* des Umweltschutzes; **anti-~ investments** Umweltschutzinvestitionen *pl*; **anti-~ measures** zur Bekämpfung der Umweltverschmutzung getroffene

Maßnahmen *fpl*; **anti-~ regulations** Umweltschutzvorschriften *fpl*; **campaign against ~** Bekämpfung *f* der Umweltverschmutzung; **firms causing heavy ~** die Umwelt stark verschmutzende Unternehmen; **environmental ~** Umweltverschmutzung *f*; **freshwater and marine ~** Verschmutzung der Binnengewässer und des Meeres; **industrial ~** Umweltverschmutzung durch die Industrie; **industries causing ~** umweltschädigende Industrien *fpl*; **~ control** Umweltschutz *m*; Umweltüberwachung *f*; **~ from ships** (Meeres-)Verschmutzung durch Schiffe; **~ level** Verschmutzungsgrad *m*; **~ of the air** Verunreinigung *f* der Luft; **~ of the (high) sea** Verschmutzung der See; **to prevent (reduce) ~** Verschmutzungen verhindern (vermindern)

**polymetallic nodules of the deep sea bed**, polymetallische Knollen *fpl* des Tiefseebodens

**polypoly**, Polypol *n*

**pool**, Pool *n*; Kartell *n*, (meist als) Gewinnverteilungskartell *n*; Zusammenfassung *f* von Beteiligungen am gleichen Unternehmen; Versicherungspool *n*; **bear ~** Baissespekulantengruppe *f*; **bull ~** Haussespekulantengruppe *f*; **(football) ~s** Toto *n*; **purchasing ~** Einkaufsgemeinschaft *f*; **typing ~** Schreibsaal *m*; **~ selling** Verkauf *(mehrerer Firmen)* im Rahmen e-s Kartells; **~ syndicate** Poolkonsortium *n*

**pool**, *v* poolen; zu e-m Kartell zusammenschließen, kartellieren; *(Gewinne)* zusammenlegen und verteilen; zusammenfassen; **to ~ accounts** Konten zusammenlegen; **to ~ expenses** Unkosten aufteilen; **to ~ funds** Gelder zusammenlegen; **to ~ orders** Aufträge zusammenfassen

**pooling**, Poolung *f*, Poolbildung *f*; Zusammenlegung *f*; Zusammenfassung *f*; **~ agreement** Gewinnpoolungsvertrag *m*; **~ of profits** Gewinnpoolung *f*, Zusammenlegung *f* und Verteilung *f* der Gewinne; **~ of risk** gemeinsame Übernahme *f* des Risikos

**poor**, arm, dürftig; gering, schlecht; **~ business** schlechtes Geschäft *n*; **~ condition** schlechter Zustand *m*; **goods in ~ demand** wenig gefragte Waren *pl*; **~ quality** schlechte Qualität *f*; **~ sale** schlechter Absatz *m*

**pop-up**, → pop-up window

**pop-up window**, Werbefenster *n*, das bei Besuch einer bestimmten Internetseite automatisch in einem eigenen Fenster erscheint.

**popular**, **~ article** beliebter Artikel *m*; **to be very ~** sehr beliebt (od. gefragt) sein

**popularity**, **to gain in ~** an Beliebtheit zunehmen

**polulation**, **working ~** erwerbstätige Bevölkerung *f*; **~ census** Volkszählung *f*; **~ density** *(EU)* Bevölkerungsdichte *f*

**population increase**, **natural ~** *(EU)* natürliches Bevölkerungswachstum *n*

**port**, Hafen *m*; **domestic ~** Inlandshafen, Binnenhafen; **free ~** Freihafen; **home ~** Heimathafen; **inland port** → domestic ~; **inner port** Innenhafen; **lading ~** Verladehafen; **maritime port** Seehafen; **outer ~** Außenhafen; **shipping port** Versandhafen; **~ approach** Hafenzufahrt *f*; **~ arrived from** letzter Verladehafen *m*; **~ authority** Hafenbehörde *f*; **~ bill of lading** Hafenkonnossement *n*; **~ charges** Hafengebühren *pl*; **~ development** Hafenausbau *m*; **~ dues** → ~ charges; **~ entrance** Hafeneinfahrt *f*; **~ facilities** Hafenanlagen *pl*; **~ of call** (p.o.c.) Anlaufhafen; **~ of clearance** (Zoll-)Abfertigungshafen; **~ of delivery** Löschhafen; **~ of departure** Abgangshafen; **~ of destination** Bestimmungshafen; **~ of discharge** Löschhafen, Ausladehafen; **port of distress** Nothafen; **port of entry** Eingangshafen; Zoll(abfertigungs)hafen; **~ of refuge** Nothafen; **~ of registry** Heimathafen; **~ of shipment** Verladehafen, Versandhafen; **~ of transshipment** Umschlaghafen; **~ regulations** Hafenordnung; **~ toll** *Am* Hafengebühr *f*; **to call at** (or **enter**) **a ~** in e-n Hafen einlaufen, e-n Hafen anlaufen; **to leave a ~** aus e-m Hafen auslaufen

**portal**, Portal *n* (*~e sind Webseiten, die als Eingangstor zum Internet dienen und Inhaltsverzeichnisse* ( → *Lookup service*) *anbieten.)*

**portal site**, → portal

**porter**, Gepäckträger *m*; Portier *m*

**portfolio**, Portefeuille *n*, Wertpapierbestand *m (e-r Firma od. Person)*; Aktenmappe *f*; **investment ~** Effektenportefeuille *n*; Wertpapierbestand *m*; **transfer of ~** Bestandsübertragung *f*; **~ buy** Anlagekäufe *mpl*; **~ investments** Portefeuille-Investitionen *pl*; **~ management** Portefeuilleverwaltung *f (bes. An- und Verkauf von Wertpapieren)*; **~ manager** Portefeuilleverwalter *m*; **~ of bills** Wechselportefeuille *n*; **~ of securities** Wertpapierbestand *m*; **~ selection** Portefeuille-Auswahl *f*; **~ switching** (or **restructuring**) Portefeuille-Umschichtung *f*; **~ turnover** Wertpapierumsatz *m* (*e-r Investmentgesellschaft*; *An- und Verkauf von Wertpapieren*)

**portion**, Teil *m*, Anteil *m*; Portion *f*; Erbteil *m*; Aussteuer *f*, Mitgift *f*; **~ of the cost** Kostenanteil *m*; **~ of a loan** Teilbetrag *m* e-r Anleihe, Tranche *f*; **~ of profits** Gewinnanteil *m*; **to grant a ~** *(Kind)* ausstatten

**portion**, *v* einteilen; als Anteil zuweisen; **to ~ (off)** aussteuern

**POS**, → point-of-sale system; **~ terminal** Ladenkassenterminal *n*

**position**, 1. Lage *f*, Zustand *m*; Stand *m*; *(Börse)* Position *f*; **bear ~** Baisseposition; **bull ~** Hausseposition; **cash ~** Kassenlage *f*; **competitive ~** Wettbewerbslage *f*, Konkurrenzfähigkeit *f*; **creditor ~** Gläubigerlage *f*; **factual ~** Sachlage *f*; **financial ~** Finanzlage *f*; **legal ~** Rechtslage *f*

**position**, **long ~** *(Börse)* reichliche Eindeckung *f* mit bestimmten Werten; Hausse-Engagement *n*; **to have al long ~** e-e Option gekauft haben

**position**, **short ~** *(Börse)* Baisse-Engagement *n*; **to have a short ~** e-e Option verkauft haben (Stillhalter e-r Option sein)

**position**, 2. Stelle *f*, Stellung *f*; **change of ~** Stellenwechsel *m*; **holder of a ~** Stelleninhaber *m*; **~ available** (or **offered**) Stellenangebot *n*; **to apply for a ~** sich um e-e Stelle bewerben; **to hold a ~** e-e Stelle innehaben

**possess**, *v* besitzen, innehaben; **to ~ oneself of a th.** etw. in Besitz nehmen

**possessed**, **to be ~ (of)** im Besitz sein (von), etw. in Besitz haben

**possession**, Besitz *m*, Innehabung *f*; Besitzgegenstand *m*; **~s** Besitzungen *fpl*; **faulty ~** fehlerhafter Besitz; **in full ~ of his faculties** in vollem Besitz seiner geistigen Kräfte

**possession**, **house for sale with immediate ~** sofort beziehbares Haus *n*

**possession**, **lawful ~** rechtmäßiger Besitz *m*; **taking ~ (of)** Inbesitznahme *f*; Besitzergreifung *f*; **vacant ~** sofort beziehbar *(Haus)*; **to abandon ~** den Besitz aufgeben; **to be in ~** im Besitz sein, besitzen, innehaben

**possessor**, Besitzer *m*, Innehaber *m*

**possessory**, besitzend; besitzrechtlich; **~y lien** Zurückbehaltungsrecht *(des Gläubigers bis zur Bezahlung der Schuld)*

**possibility of recourse**, Rückgriffsmöglichkeit *f*

**possible**, **at the best ~ price** bestmöglich

**post**, 1. Stand *m (in e-r Wertpapierbörse)*; Buchungsposten *m*; Posten *m*, Stelle *f*, Stellung *f*; **established ~** Planstelle *f*; **trading ~** Handelsplatz *m*; Handelsniederlassung *f*; **P~ Exchange** (PX) *Am* Kaufhaus für US-Streitkräfte; **to get a ~** e-e Stelle bekommen

**post**, 2. Post *f*, Postamt *n*; Postsachen *pl*; **by ~** mit der Post; **by return of ~** postwendend; **parcel ~** Paketpost *f*; **registered ~** eingeschriebene Post; **~ code** *Br* Postleitzahl *f*; **~ mark** Poststempel *m*

**post**, 3. *(EDV)* posten *v* (*einen Beitrag in eine* → *Newsgroup schreiben*) **post office**, Postamt *n*; **~ office box** Postschließfach *n*; **~ office savings bank** Postsparkasse *f*; **~ office savings book** Postsparbuch *n*

**post paid**, frankiert

**post**, 4. nach-; **~ balance sheet event** Ereignis *n* nach dem Bilanzstichtag

**post-clearance**, **~ recovery of customs duties** Nacherhebung *f* von Zöllen; **to impose ~ duties** Zölle nachträglich erheben

**post**, **~-date** *v (Scheck etc.)* vordatieren, mit späterem Datum versehen; **~-entry** nachträgliche Eintragung *f* (od. Buchung *f*); nachträgliche Zollerklärung *f*, Nachverzollung *f*; **~ mortem** nach dem Tode; **~ mortem (examination)** Obduktion *f*, Leichenschau *f*; **~ nuptial** nachehelich, nach der Eheschließung; **~ script** (PS) Nachschrift *f*; **~-tax yield** Rendite *f* nach Steuern

**post**, *v (Post)* zur Post bringen, in den Briefkasten tun; *(e-e Eintragung)* verbuchen; *(in das Hauptbuch)* übertragen; *(Eintragung von e-m auf ein anderes Konto)* übertragen; *(Plakate)* ankleben, anschlagen; **to ~ (up)** öffentlich bekanntgeben; **to keep a p. ~ed** jdn auf dem Laufenden halten

**post no bills**, Plakatankleben verboten
**postage**, Porto *n*; **evasion of ~** Portohinterziehung *f*; **exemption from ~** Portofreiheit *f*; **liable to ~** portopflichtig; **ordinary ~** einfaches Porto; **return ~** Rückporto; **~-due** Nachgebühr *f*, Strafporto; **~ envelope** *Am* Freiumschlag *m*; **~-free** freigemacht, frankiert; **~ machine** (or **meter**) Frankiermaschine *f*; **~ rates** Portogebühren *pl*; **~ stamp** Briefmarke *f*; **~ stamp for reply** Rückporto *n*; **~ to be collected** unter Portonachnahme *f*; **~ underpaid** ungenügend frankiert
**postal**, postalisch, Post-; **~ address** Postanschrift *f*; **~ charges** Postgebühren *pl*; **~ delivery** Postzustellung *f*, Zustellung *f* durch die Post; **~ franking machine** Frankiermaschine *f*; **~ item** Postsache *f*; **~ money order** Postanweisung *f (für kleinere Beträge)*; **~ packet** Postpaket *n*; **~ rates** Postgebühren *pl*; **~ receipt** Posteinlieferungsschein *m*; **~ remittance** Postüberweisung *f*
**postal savings**, Postsparguthaben *n*; **~ (depository) office** *Am* Postsparkasse *f*
**postal**, **~ vote** Briefwahl *f*; **~ wrapper** Streifband *n*; **~ zone number** *Am* Postleitzahl *f*
**poste restante**, postlagernd
**poster**, Werbeplakat *n*; **~ advertising** Plakatwerbung *f*; **~ pillar** Anschlagsäule *f*, Litfasssäule *f*
**posting**, Einlieferung *f* von Postsendungen; Postaufgabe *f*; Verbuchung *f*; Anschlagen *(von Plakaten)*; **certificate of ~** Posteinlieferungsschein *m*; **ledger ~** Übertragung *f (der Buchungen)* vom Journal in das Hauptbuch
**postpone**, *v* verschieben, hinausschieben; verlegen; **to ~ to a later date** auf e-n späteren Termin verlegen
**postponement**, Verschiebung *f*; Aufschub *m*; **~ of a meeting** Verlegung *f* e-r Sitzung; **~ of payments** Hinausschiebung *f* der Zahlungen
**pot**, Teil *m* einer Neuemission, den konsortialführenden Bank zum Verkauf an institutionelle Investoren zurückbehält
**potash**, **~ fertilizer** Kalidünger *m*; **~ mine** Kalibergwerk *n*
**potential**, **economic ~** Wirtschaftspotenzial *n*; **sales ~** Absatzmöglichkeit(en) *f(pl)*; **the business is showing great ~** das Geschäft hat gute (Wachstums-) Möglichkeiten
**potential**, *adj* potenziell, möglich, denkbar; **~ customer** möglicher Kunde *m*; **~ market** potentieller Markt *m*
**pottery**, keramische Erzeugnisse *npl*; **~ industry** keramische Industrie *f*
**poultry**, Geflügel *n*; **~ breeding** (or **farming**) Geflügelzucht *f*; **~ farm** Geflügelfarm *f*; **~ farming products** Erzeugnisse der Geflügelwirtschaft
**pound**, 1. Pfund *n (Gewichtseinheit)*
**pound**, 2. *Br* Pfund *n (Währungseinheit)*; **~ sterling** (£stg, UK£) Pfund Sterling; **fall of the ~** Pfundsturz *m*; **forward ~** *(Börse)* Terminpfund *m*; **~ recovery** Pfunderholung *f*
**poundage**, *Br* Gebühr *f* für Einzahlung von Postanweisungen; Bezahlung *f* pro Pfund Gewicht; Gebühr (od. Provision) per Pfund Sterling
**poverty**, Armut *f*; **certificate of ~** Mittellosigkeitszeugnis *n*; **~ line** Armutsgrenze *f*; **below the ~ line** unter dem Existenzminimum
**power**, 1. Befugnis *f*; Ermächtigung *f*; Vollmacht *f*; **borrowing ~** Befugnis zur Kreditaufnahme; **buying ~** Kaufkraft *f*; **collecting ~** Inkassovollmacht *f*; **economic ~** Wirtschaftskraft *f*; **excess of ~s** Überschreiten *n* der Befugnisse; **express ~** ausdrücklich erteilte Vollmacht; **full ~ (s)** Vollmacht *f*; **general ~** Generalvollmacht *f*; **particular** (or **special**) **~** Sondervollmacht *f (für bestimmten Zweck)*; **substitute ~ (s)** Untervollmacht *f*; **within the scope of his ~s** innerhalb der Grenzen seiner Befugnisse
**power of attorney**, (P/A) (schriftl.) Vollmacht *f*; Vollmachtsurkunde *f*; **general ~** Generalvollmacht *f*; **limited ~** beschränkte Vollmacht; **permanent ~** Dauervollmacht *f*; **special ~** Sondervollmacht, Einzelvollmacht *f*; **to execute a ~** e-e Vollmacht ausstellen; **to hold a ~** e-e Vollmacht besitzen; Vollmacht haben
**power**, **~ of discretion** Ermessensbefugnis *f*; **~ of disposal** Verfügungsbefugnis *f*; **~ of distress** Beschlagnahmebefugnis *f*; **~ of sale** Veräußerungsbefugnis *f (z. B. Pfandveräußerung)*; **~ to contract** Abschlussvollmacht *f*; **~ to negotiate** Verhandlungsvollmacht *f*; **~ to represent** Vertretungsbefugnis *f*, Vertretungsvollmacht *f*; **~ to sign** Unterschriftsvollmacht *f*; **to invest a p. with ~**

jdn mit Vollmacht versehen, jdn bevollmächtigen

**power**, 2. Macht *f*, Autorität *f*; **~s that be** maßgebliche Stellen *pl*, Obrigkeit *f*; **economic ~** Wirtschaftsmacht *f*; **world ~** Weltmacht *f*

**power**, 3. *(elektrischer)* Strom *m*; Energie *f*; Leistung *f (e-r Maschine)*; **~ bill** Stromrechnung *f*; **~ blackout** Stromausfall *m*; **~ consumption** Stromverbrauch *m*; **~ cut** Stromabschaltung *f*; **~ economy** (or **industry**) Energiewirtschaft *f*; **~ rate** Stromtarif *m*; **~ station** Kraftwerk *n*; E-Werk *n*; **~ supply** Stromversorgung *f*

**power shopping**, *(EDV)* Nachfragebündelung *f* im → Internet, durch den Zusammenschluss identischer Kaufwünsche mehrerer Nachfrager

**practice**, Praxis *f (bes. e-s Anwalts, Arztes)*; Brauch *m, (ständige)* Übung *f*; Ausübung *f*; Verfahren *n*; **~s** Praktiken *pl*; Usanz *f*; Gepflogenheiten *pl*; **banking ~s** Bankusancen *fpl*; **business ~s** Geschäftspraktiken *pl*; **commercial ~** Handelsbrauch *m*; **common ~** allgemein übliches Verfahren; **established ~** bestehender Brauch; **in ~** in der Praxis; tatsächlich; **law ~** Anwaltspraxis *f*; **medical ~** Arztpraxis *f*; **sharp ~s** unfaire Verhaltensweisen; **to put into ~** praktisch verwerten; **to start a professional ~** e-e Praxis aufmachen

**practise**, *v (Beruf)* ausüben; praktizieren; **licen|ce (~se) to ~ medicine** ärztliche Approbation *f*; **to ~ bribery** bestechen; **to ~ economy** sparsam sein; **to ~ medicine** als Arzt seine Praxis ausüben

**practitioner, general ~** (GP) praktischer Arzt; **legal ~** *(praktizierender)* Rechtsanwalt *m*; **~ in advertising** Werbefachmann *m*

**pratique, certificate of ~** Anlauferlaubnis *f*; Bescheinigung, die e-m Schiff das Anlaufen erlaubt (sofern ein Gesundheitspass (clean bill of health) vorgelegt ist oder die Quarantänevorschriften befolgt sind)

**pre-accession aid**, *(EU)* Vorbeitrittshilfe *f*

**preacquisition**, vor Erwerb e-r Beteiligung; vor Übernahme *(e-s Unternehmens)*

**preaudit**, Vorprüfung *f*

**preauthorized**, **~ credit** *Am (etwa)* Lastschriftverfahren *n*; **~ debit** *Am (etwa)* Dauerauftrag *m*; **~ payment** Zahlung *f* im Abbuchungsverfahren

**precaution**, Vorsicht(smaßregel) *f*, Vorsorge *f*

**precautionary measures**, Vorsichtsmaßnahmen *fpl*

**precede**, *v* vorangehen, den Vorrang haben

**precedence**, Vorrag *m*; Vorfahrt *f*; **order of ~** Rangordnung *f*, Rangfolge *f*; **~ of Community over national legislation** → legislation; **to have ~ over** *(rangmäßig)* vorgehen

**precedent**, Präzedenzfall *m*; *(richtungweisender)* Musterfall *m*; **to overrule a ~** sich über e-n Präzedenzfall hinwegsetzen

**preceding**, vorhergehend; **~ endorser** Vormann *m*; **~ year** Vorjahr *n*

**precinct, shopping ~** Einkaufzone *f (mit Kraftfahrverbot)*; **pedestrian ~** Fußgängerzone *f*

**precision**, **~ engineering** feinmechanische Industrie *f*; **~ instruments** feinmechanische Geräte *npl*

**precious metal**, Edelmetall *n*; **~ futures** Terminkontrakt *m* auf Edelmetalle

**preclusion**, term of preclusion Ausschlussfrist *f*

**preconcert**, *v* vorher verabreden (od. abmachen)

**precondition**, Voraussetzung *f*

**predate**, *v* rückdatieren; **~ing of orders** Vorziehen *n* von Bestellungen

**predatory**, räuberisch; **~ exploitation** Raubbau *m*; **~ price-cutting** ruinöse Preisunterbietung *f*

**predecease**, *v* früher sterben als

**predecessor**, Vorgänger *m*; **~ in business** Geschäftsvorgänger *m*

**predetermined cost**, vorkalkulierte Kosten

**preempt**, *v bes. Am* auf Grund e-s Vorkaufsrechts erwerben

**preemption, (right of) ~** Vorkaufsrecht *n*; *Am* Bezugsrecht *n (des Aktionärs)*

**preemptive**, **~ bid** Prioritätsangebot *n*; **~ right** Vorkaufsrecht *n*; Bezugsrecht *n (des Aktionärs)*; **~ shares** Bezugsaktien *pl*

**preestimate**, vorherige Schätzung *f*; (Kosten-)Voranschlag *m*

**prefab**, *Br colloq.* Fertighaus *n*

**prefabricate**, *v (serienmäßig)* vorfertigen; **~d house** Fertighaus *n*

**prefabrication**, *(serienmäßige)* Vorfertigung *f*

**prefer**, *v* vorziehen, bevorzugen; geltend machen; *(jdn)* befördern; **to ~ a claim** e-e

Forderung geltend machen; **to ~ one creditor over others** e-n Gläubiger bevorzugt befriedigen

**preference**, Präferenz *f*; Vorzug *m*, Bevorzugung *f*; **country benefiting from ~** → country; **(fraudulent) ~ of creditors** Gläubigerbegünstigung *f*; **tariff ~s** Zollpräferenzen *pl*; **~ bonds** *Br* Prioritätsobligationen *pl*; **~ dividend** Vorzugsdividende *f*; **~ freight** zu Vorzugsbedingungen beförderte Fracht *f*; **~ margin** Präferenzspanne *f*; **~ offer** Vorzugsangebot *n*, Sonderangebot *n*; **~ shares** Vorzugsaktien *pl*, Prioritätsaktien *pl*; **~ shareholder** Inhaber *m* von Vorzugsaktien; **to give ~ to an order** e-e Bestellung bevorzugt berücksichtigen, e-n Auftrag vorziehen; **to be given ~** bevorzugt sein

**preferential**, bevorrechtigt, bevorzugt; Vorzugs-; präferenzbegünstigt; **~ amounts** Präferenzbeträge *mpl*

**preferential arrangements**, Präferenzabmachungen, -regelungen *fpl*; **to give imports the benefit of ~** Waren präferenzbegünstigt einführen

**preferential, ~ benefits** Präferenzvergünstigungen *fpl*; **~ countries** präferenzbegünstigte Länder *npl*; **~ creditor** bevorrechtigter Gläubiger *m*; **~ debt** bevorrechtigte Forderung *f*; **~ dividend** Vorzugsdividende *f*; **~ duty** Präferenzzoll *m*; **~ exports** Präferenzausfuhren *fpl*; **~ offer** Präferenzangebot *n*, Vorzugsangebot; **~ payments** bevorrechtigte (Aus-)Zahlungen *fpl*; **~ price** Vorzugspreis *m*; **~ rate** Präferenzzollsatz *m*; **~ right** Vorzugsrecht *n*; **~ satisfaction** vorzugsweise Befriedigung *f*

**preferential system, products benefiting from the ~** unter die Präferenzregelung fallende Waren

**preferential tariff**, Präferenzzoll *m*, Vorzugszoll

**preferential tax treatment, to be subject to ~** steuerlich begünstigt sein

**preferred**, bevorrechtigt, bevorzugt; **~ creditor** bevorrechtigter Gläubiger *m*; **~ debt** bevorrechtigte Forderung *f*; **~ dividend** Vorzugsdividende *f*; **~ risk plan** *Am (Kfz-Vers.)* Schadenfreiheitsrabatt *m*; **~ stock** *Am* Vorzugsaktien *pl*; **~ stockholder** *Am* Inhaber *m* von Vorzugsaktien

**prefinance**, *v* vorfinanzieren

**prejudice**, Vorurteil *n*; Beeinträchtigung *f*, Benachteiligung *f*, Nachteil *m*; **to the ~ of** zum Nachteil (od. Schaden) von; **without ~ (to)** ohne Schaden für ein bestehendes Recht (od. Anspruch); unbeschadet; ohne Obligo *n*; **~ to sb.'s rights** Beeinträchtigung jds Rechte; **to sustain financial ~** wirtschaftliche Nachteile erleiden

**prejudice**, *v* beeinträchtigen, benachteiligen; voreinnehmen

**prejudiced, to be ~** benachteiligt werden; voreingenommen (od. befangen) sein

**prejudicial**, nachteilig, schädlich (to für)

**preliminary**, vorläufig, einleitend; Vor-; **~ advice** Voranzeige *f*; **~ answer** vorläufiger Bescheid *m*; **~ audit** Vorprüfung *f* *(e-s Rechnungsabschlusses)*; **~ contract** Vorvertrag *m*; **~ cost** Gründungs- und Organisationskosten *pl (e-r Handelsgesellschaft)*; **~ decision** Vorabentscheidung *f*; **~ discussion** Vorbesprechung *f*; **~ draft budget** Haushaltsvoranschlag *m*; **~ estimate** (Kosten-)Voranschlag *m*; **~ examination** Vorprüfung *f*; Aufnahmeprüfung *f*; Voruntersuchung *f*; **~ expenses** → ~ cost; **~ financing** Vorfinanzierung *f*; **~ injunction** *Am* einstweilige Verfügung *f*; **~ inquiry** Voruntersuchung *f*

**preliminary ruling, to refer a question to the European Court of Justice for a ~** e-e Rechtsfrage dem Europäischen Gerichtshof zur Vorabentscheidung vorlegen

**preliminary talks**, Vorbesprechungen *fpl*

**premature repayment**, vorzeitige Rückzahlung *f*

**premarket**, Vorbörse *f*; **~ price** vorbörslicher Kurs *m*

**premises**, Grundstück *n (mit Gebäuden)*; Räumlichkeiten *pl*; Wohnräume, Geschäftsräume *mpl*; das Obenerwähnte; **bank ~** Bankgebäude *n*; **business ~** Geschäftsräume *mpl*; **on the ~** auf dem Grundstück; im Gebäude; an Ort und Stelle

**premium**, 1. Prämie *f*; Belohnung *f*, Extrazahlung *f*; staatl. Zuschuss *m (z. B. Exportprämie)*; Zugabeartikel *m*; *(dem Vermieter gezahlter)* Abstand *m*; *(Börse)* Agio *n*, Aufgeld *n*; *(Termingeschäft)* Report *m*, Kursaufschlag *m*; **at a ~** über pari; **Final Abandonment P~** (FAP) *(EU)* Prämie für die endgültige Aufgabe; **issue (of shares) at a ~** Überpari-Emission *f*; **recipient of a ~** *(EU)* Prämienempfänger *m*; **selling with ~s** *Am* Verkauf mit Zugabe; Prämienregelung *f*; **Temporary Abandonment P~** (TAP) *(EU)* Prämie für die vorübergehende Aufgabe; **~ bond** *Br* Prämienanleihe, Losanleihe *f*; **~ for the call** *(Börse)* Vorprämie *f*; **~ for investments** Investitionsprämie *f*; **~ for the put** *(Börse)* Rückprämie *f*; **~ offer** Angebot *n* mit Zugabe; **~ on gold** Goldagio *n*; **~ on issue** Emissionsagio *n*; **~ on redemption** Tilgungsagio *n*; **~ payment** Lohnzuschlag *m*; **~ paid to producers** *(EU)* Erzeugerprämie *f*; **~ price** Kurs *m* über dem Nennwert; **~ reserve** Agiorücklage *f*; **~ selling** Verkauf *m* mit Zugaben; **~ (bonus) wage system** Prämienlohnsystem *n*; **to be at a ~** über pari stehen; sehr gesucht sein; **to place a ~ on** prämieren; **to sell at a ~** mit Aufgeld verkaufen, mit Gewinn verkaufen

**premium**, 2. (Versicherungs-)Prämie *f*, Beitrag *m*; **additional ~** Zuschlagsprämie; **annual ~** Jahresprämie; **collection of ~s** Prämieneinziehung *f*, Beitragseinziehung *f*; **exemption from payment of ~** Beitragsbefreiung *f*; **first ~** Erstprämie; **fixed ~** feste Prämie; **flat rate ~** Pauschalprämie; **free from ~** prämienfrei; **gross ~** Bruttoprämie; **increase of the ~** Prämienerhöhung *f*; **level ~** gleichbleibende (od. konstante) Prämie; **limited ~** abgekürzte Prämienzahlung *f*; **net ~** Nettoprämie; **quarterly ~** Vierteljahresprämie; **reduction of the ~** Beitragsermäßigung *f*; **renewal ~** Folgeprämie; Erneuerungsprämie; **return ~** Rückgabeprämie; **semi-annual ~** Halbjahresprämie; **single ~** Einmalprämie; **supplementary ~** Zuschlagsprämie; **tabular ~** Tarifprämie; **~ due** ausstehende Prämie, Sollprämie; **~ due date** Fälligkeit *f* der Prämie; **~ rate** Prämiensatz *m*; **~ rebate** Prämienrabatt *m*, Beitragsermäßigung *f*; **to assess** (or **fix**) **the ~** die Prämie festsetzen; **to raise the ~** die Prämie erhöhen

**premium**, 3. von besonders guter Qualität (und deshalb teurer); **~ gas(oline)** *Am* Superbenzin *n*; **~ price** Spitzenpreis *m*

**preoccupied with**, vornehmlich beschäftigt sein mit

**prepacked goods**, Waren *pl* in Fertigpackungen

**prepackages**, Fertigpackungen *fpl*

**prepaid**, vorausbezahlt; frankiert; **~ expense** *(Bilanz)* transitorische Aktiva *pl* *(Ausgaben e-s Geschäftsjahres, die Aufwand des folgenden Geschäftsjahres sind)*; Rechnungsabgrenzungsposten *m*; **~ income** *(Bilanz)* transitorische Passiva *pl*

**preparation**, Vorbereitung *f*; Aufbereitung *f* *(von Rohstoffen)*; **~ of annual accounts** Aufstellung *f* von Jahresabschlüssen

**prepare**, *v* vorbereiten; *(Bilanz etc.)* aufstellen; *(Rechnung etc.)* ausstellen; *(Vertrag, Urkunde)* aufsetzen

**prepay**, *v* vorausbezahlen; vor Fälligkeit zahlen

**prepayable**, vorauszahlbar

**prepayment**, Voraus(be)zahlung *f*; vorzeitige Zahlung *f*; **~ of rent** Mietvorauszahlung *f*; **~ of taxes** Steuervorauszahlung *f*

**prepayments**, Vorauszahlungen *fpl*; Rechnungsabgrenzungsposten *m*

**preproduct**, Vorerzeugnis *n*, Vorprodukt *n*

**prerequisite**, Voraussetzung (of für)

**prerogative**, Vorrecht *n*; **royal ~** *Br* (Königl.) Hoheitsrecht *n*

**prescribe**, *v* vorschreiben; auf Grund von Ersitzung beanspruchen

**prescribed, as ~** vorschriftsmäßig; **within the ~ period** fristgemäß; **~ by law** gesetzlich vorgeschrieben; **~ dividend** verfallene *(nicht rechtzeitig abgehobene)* Dividende *f*

**prescribed right to income and maximum equity**, Zertifikat *f*, das dem Halter Recht auf Dividenden, jedoch nicht auf Kapitalgewinn eines Wertpapiers einräumt

**prescription**, 1. Vorschrift *f*; Ersitzung *f*; Verjährung *f*; **barred by ~** verjährt; **period of ~** Verjährungsfrist *f*; Ersitzungsfrist *f*; **~ of claim** Anspruchsverjährung *f*; **to acquire by ~** ersitzen; **to become invalid** (or **void**) **by ~** verjähren; **to plead ~** Ersitzung (od. Verjährung) geltend machen

**prescription**, 2. Rezept *n*; **(required) ~ drugs** verschreibungspflichtige Arzneimittel *pl*

**presence, your ~ is requested** Sie werden gebeten, zu erscheinen

**present**, anwesend, zugegen; gegenwärtig; vorliegend; laufend; **of the ~ month** diesen Monats; **by these ~ts** durch diese Urkunde *f*; **know all men by these ~s** hiermit wird allen kundgetan

**present, those (here) ~** die Anwesenden *pl*

**present**, **the ~ agreement** dieser Vertrag; **~ and future property** gegenwärtiges und künftiges Vermögen *n*

**present price**, Tagespreis *m*; **at ~ present prices** *(Börse)* bei dem gegenwärtigen Kursstand

**present value**, Gegenwartswert *m*, Tageswert *m*, Barwert *m*

**present**, *v* einreichen, vorlegen; überreichen, übergeben, schenken; **to ~ sb. to sb.** jdn jdm vorstellen; **to ~ an account** e-e Rechnung einreichen; **to ~ a bill of exchange** e-n Wechsel *(zum Akzept od. zur Zahlung)* vorlegen; **to ~ (imported) goods** *(Zoll)* Waren gestellen

**presented**, **when ~** bei Vorlage

**presentation**, Einreichung *f*, Vorlage *f* *(bes. e-s Wechsels, Schecks)*; Aufmachung *f*, Ausstattung *f (e-r Ware)*; **~ copy** Freiexemplar *n*; **~ of the balance sheet** Bilanzvorlage *f*; **~ of documents** Einreichung von Urkunden; **~ of foodstuffs** Aufmachung *f* von Lebensmitteln; **~ of goods to the customs office** Gestellung *f* der Waren beim Zollamt; **~ period** Vorlegungsfrist *f*

**presenting**, **the ~ bank** die vorlegende Bank *(z. B. beim Inkassoauftrag)*

**presentment**, Vorlegung *f (e-s Wechsels od. Schecks)*; **~ of a case** Darstellung *f* e-s Falles

**preservation**, Erhaltung *f*, Aufbewahrung *f*; Konservierung *f*, Haltbarmachung *f (von Lebensmitteln)*; **~ of property** Erhaltung *f* des Vermögens; **~ of records** Aufbewahrung von Akten; **~ of trade secrets** Wahrung *f* von Betriebsgeheimnissen

**preservative**, Konservierungsmittel *n*; **~s authorized for use in foodstuffs** konservierende Stoffe, die in Lebensmitteln verwendet werden dürfen

**preserve**, *v* erhalten; haltbar machen; aufbewahren; **to ~ jobs** Arbeitsplätze erhalten (od. sichern); **to ~ records** Akten aufbewahren

**preserved**, **~ food** Konserven *fpl*; **badly (well) ~** schlecht (gut) erhalten

**preside**, *v*, **to ~ at** den Vorsitz führen bei

**Presidency**, *(EU)* Präsidentschaft *f*; Vorsitz *m*

**president**, Präsident *m*; *Am* (General-)Direktor *m (e-s Unternehmens)*; **P~-in-office of the Council** *(EU)* amtierender Ratspräsident *m*

**presiding**, **with Mr. X ~** unter dem Vorsitz von Herrn X

**press**, Presse *f*; Zeitungswesen *n*; Druck *m*; **~ agency** Presseagentur *f*, Nachrichtenbüro *n*; **press conference** Pressekonferenz *f*; **~ cutting** Zeitungsausschnitt *m*; **~ item** Zeitungsnotiz *f*; **~ release** Pressemitteilung *f*; **~ report** Pressemeldung *f*, Pressebericht *m*

**press**, *v*, **to ~ for** drängen auf

**pressed**, **to be ~ for money** Geld dringend nötig haben

**pressing**, **~ business** dringende Geschäfte *npl*; **~ orders** eilbedürftige Aufträge *mpl*

**pressure**, Druck *m*; **inflationary ~** Inflationsdruck *m*; **money market ~** Druck auf den Geldmarkt; **~ group** *(organisierte)* Interessengruppe *f*; **~ for money** Geldknappheit *f*; **~ of business** Drang *m* der Geschäfte; **prices came under ~** die Preise gerieten unter Druck

**prestige advertising**, Prestigewerbung *f*, Repräsentativwerbung *f*

**presumption**, Vermutung *f*, Annahme *f*; **~ of death** Todesvermutung *f*; **~ of fact** Tatsachenvermutung *f*; **~ of ownership** Eigentumsvermutung *f*

**presumptive**, mutmaßlich

**pretax**, **~ deduction** Vorsteuerabzug *m*; **~ income** Einkommen *n* vor Abzug der Steuern; **~ profit** Vorsteuer-Gewinn *m*

**preten|ce**, **~se** Vorspiegelung *f*, Vorgeben *n*; **under false ~s** unter Vorspiegelung falscher Tatsachen; **obtaining credit by false ~s** Kreditbetrug *m*

**pretermitted**, *(im Testament)* übergangen

**pretty good privacy**, asymmetrisches Verschlüsselungsverfahren

**prevail**, *v* (vor)herrschen, maßgeblich sein; **to ~ on the market** sich auf dem Markt durchsetzen

**prevailing**, (vor)herrschend, üblich; **in the ~ conditions** unter den gegebenen Bedingungen *pl*; **~ opinion** herrschende Meinung *f*; **~ price** gegenwärtiger Preis *m*; Marktpreis *m*; **~ rate** geltender Lohntarif *m*

**prevent**, *v* verhindern, verhüten

**prevention**, Verhinderung *f*, Verhütung *f*; **~ of accidents** Unfallverhütung *f*; **~ of hardship** Vermeidung *f* von Härten; **~ of loss** Schadensverhütung *f*

**preventive**, verhütend, vorbeugend; **~ maintenance** vorbeugende Instandhaltung *f*; ~ **measures against fraud** vorbeugende Maßnahmen gegen Betrug; **P~ Service** *Br* Zollfahndungsdienst *m*, Küstenschutzdienst *m*

**previous**, vorübergehend, früher; ~ **holder** früherer Inhaber, Vorbesitzer *m*; ~ **illness** *(Vers.)* altes Leiden *n*; ~ **speaker** Vorredner *m*; ~ **year** Vorjahr *n*

**previously convicted**, vorbestraft

**price**, 1. Preis *m*; **acceptable** ~ annehmbarer Preis; **agreed** ~ vereinbarter (od. abgemachter) Preis; **asked** (or **asking**) ~ geforderter Preis; **average** ~ durchschnittlicher Preis; **bargain** ~ besonders niedriger Preis; **basis** (or **basic**) ~ Grundpreis; **cash** ~ Barpreis *m*; Preis bei Barzahlung; **ceiling** ~ Höchstpreis; **close** ~ scharf kalkulierter Preis; **common** ~ üblicher Preis; **consumer** ~ → consumer; **contract** ~ vertraglich vereinbarter Preis, Vertragspreis; **cost** ~ → cost; **current** ~ Tagespreis, Marktpreis; **customary** ~ üblicher Preis; **delivered** ~ Preis frei Haus; **excessive** ~ Überpreis; **exorbitant** ~ Wucherpreis; **fair** ~ angemessener Preis; **fall-back** ~ → reserve ~; **falling** ~ sinkender Preis; **farm ~s** Agrarpreise; **firm** ~ fester Preis; **fixed** ~ Festpreis; gebundener Preis; **forward** ~ Preis für künftige Lieferung; **in bond** ~ Preis *(für Ware aus Zollager)* einschließlich Zollgebühren und Verladegebühren; **list** ~ Listenpreis, Katalogpreis; **maintained** ~ (vertikal) gebundener Preis; **marked** ~ ausgezeichneter Preis; **mean** ~ mittlerer Preis; **preferential** ~ Vorzugspreis; **producer** ~ Erzeugerpreis; **purchase** ~ Kaufpreis; **reasonable** ~ angemessener Preis; **recommended (retail)** ~ empfohlener Preis, Richtpreis; **reduced** ~ herabgesetzter (od. ermäßigter) Preis; **reserve** ~ → reserve; **retail** ~ Einzelhandelspreis; **rising** ~ steigender Preis; **ruling** ~ gegenwärtiger Preis, Marktpreis; **sale** ~ Verkaufspreis; *(auch)* Sonderpreis *(in e-m Laden)*; **stable** ~ stabiler Preis; **street** ~ → street; **suggested** ~ empfohlener Preis; **trade** (or **wholesale**) ~ Großhandelspreis; **what is the ~ of?** wieviel kostet?

**price adjustment**, Preisangleichung *f*; ~ **levy** *(EU)* Abschöpfungsbetrag *m*

**price**, ~ **advance** Preisanstieg *m*, Preissteigerung *f*; ~ **advantage** preislicher Vorteil *m*; ~ **agreed upon** vereinbarter Preis; ~ **agreement** Preisabsprache *f*; ~ **board** Preistafel *f*; ~ **boost** *colloq.* Preisauftrieb *m*; ~ **by the piece** Stückpreis *m*; ~ **calculation** Preiskalkulation *f*; ~ **ceiling** *(amtl. festgesetzte)* obere Preisgrenze *f*, Höchstpreis *m*

**price change**, Preisänderung *f*; **adjusted for** ~ preisbereinigt

**price**, ~ **collapse** Preissturz *m*; ~ **comparison** Preisvergleich *m*; ~ **concession** Preiszugeständnis *n*; **~-conscious** preisbewusst; ~ **control** Preiskontrolle *f*, Preisüberwachung *f*; ~ **curbing** preisdämpfend; ~ **cut** Preissenkung *f*, Preisherabsetzung *f*; ~ **cutting** Preisunterbietung *f*; **~-cutting article** Preisbrecher *m*; ~ **decline** Preisrückgang *m*; ~ **deduction** Preisnachlass *m*; ~ **demand** Preisforderung *f*; ~ **determining** preisbestimmend; ~ **deviation** Preisabweichung *f*; ~ **difference** (or **differential**) Preisunterschied *m*, Preisgefälle *n*; ~ **differentiation** Preisdifferenzierung *f*; ~ **discounting** Preisnachlässe *mpl*; ~ **discrimination** Preisdiskriminierung *f*; ~ **distortion** Preisverzerrung *f*; ~ **drop** Sinken *n* der Preise; ~ **elasticity** Preiselastizität *f (von Angebot od. Nachfrage)*; ~ **escalation clause** Preisgleitklausel *f*; ~ **expectation** Preisvorstellung *f*; ~ **fixing** Preisfestsetzung *f*; Preisabsprache *(zwischen Wettbewerbern)*; ~ **floor** Mindestpreis *m*; untere Preisgrenze *f*; ~ **formation** Preisbildung *f*, ~ **freeze** Einfrieren *n* der Preise; Preisstopp *m*; ~ **gap** Preisschere *f*; ~ **inclusive of duty** Preis einschließlich Zoll

**price increase**, Preissteigerung *f*, Preiserhöhung *f*, Preisanhebung *f*; ~ **rate** Preissteigerungsrate *f*, Teuerungsrate *f*; **to curb ~s** den Preisauftrieb bremsen

**price index**, Preisindex *m*; **consumer** ~ → consumer; **retail** ~ (RPI) → retail; **wholesale** ~ (WPI) Index *m* der Großhandelspreise

**price**, ~ **indication** Preisangabe *f*; **~-induced** preisbedingt; ~ **in effect at the time of dispatch** zur Zeit des Versandes gültiger Preis; ~ **inquiry** Preisanfrage *f*; ~ **inspection** → price surveillance; ~ **jump** Preissprung *m*; **price label** Preisetikett *n*; ~ **label(l)ing** Preisauszeichnung *f*; ~ **leader** Preisführer *m*; ~ **leadership** Preisführerschaft *f*; **~less** unbezahlbar; ~ **level** Preisniveau *n*, Preisstand *m*; ~ **list**

Preisliste *f*; Preisverzeichnis *n*; **~-maintained goods** preisgebundene Waren; **~ maintenance** → resale ~ maintenance; **~ management** Preismanagement *n*; **~ margin** Preisspanne *f*; **~ mark** Preisauszeichnung *f*; **~ markdown** niedrigere Auszeichnung *f (e-r Ware)*; **~ mechanism** Preismechanismus *m*; **~ of delivery** Lieferpreis, Bezugspreis; **~proposal** Preisvorschlag *m*; **~ range** Preisspanne *f*; **~ reduction** Preisermäßigung *f*; **~-regulating effect** preisregulierende Wirkung *f*; **~ regulation(s)** Preisregelung *f*; **~-related** preisbezogen; **~ relative** Preismessziffer *f (z. B. für Bauleistungen)*; **~ ring** Preiskartell *n*

**price rise**, Preiserhöhung *f*, Preissteigerung *f*; **tending to check ~s** preisdämpfend

**price**, **~ sensitive** preisempfindlich, preisreagibel; **~ setting** Preisfestsetzung *f*; **~ slashing** Preisschleuderei *f*; **~ spread** Preisspanne *f*; **~ structure** Preisgefüge *f*, Preisaufgliederung *f*; **~ subject to adjustment** (or **revision**) Gleitpreis *m*; **~ subject to change without notice** Preisänderung vorbehalten; **~ supplement** Preisaufschlag *m*; **~ support measures** Preisstützungsmaßnahmen *fpl*; **~ surveillance** Preisaufsicht *f*, Preisüberwachung *f*; **~ tag** (or *Am* **ticket**) Preisschild *n*, Preiszettel *m*; **~ theory** Preistheorie *f*; **~ trend** Preisentwicklung *f*, Preistendenz *f*

**price uptrend**, Preisauftrieb *m*; **dampening the inflationary ~** Dämpfung *f* des inflatorischen Preisauftriebs

**price variation**, Preisabweichung *f*; **~ clause** Preisgleitklausel *f*

**price war**, Preiskampf *m*; **~-price** Kampfpreis *m*

**price without engagement**, Preis freibleibend

**price**, 2. *(Börse)* Kurs *m*; **asked ~** Briefkurs (B); **at the ~ of** zum Kurse von; **at the current ~** zum Tageskurs; **average ~** Durchschnittskurs; **bid ~** Geldkurs (G); **buying ~** Ankaufskurs, Geldkurs; **call ~** → call 2.; **cash ~** Kassakurs; **closing ~** Schlusskurs; **collapse of ~s** Kurssturz *m*; **~ conversion** Wandelpreis *m*; **demand ~** Sichtkurs; **difference in ~s** Kursunterschied *m*; **fall in ~s** Fallen *n* der Kurse; **favo(u)rable ~** günstiger Kurs; **firm ~s** feste Kurse; **forward ~** → forward; **low ~** niedriger Kurs; **maximum ~** Höchstkurs; **minimum ~** Mindestkurs; **official ~** amtlicher Kurs; **official ~ list** Kurszettel *m*; **opening ~** Eröffungskurs; **put ~** → put; **spot ~** → spot 2.; **steadiness of ~s** Kursbeständigkeit *f*; **unfavo(u)rable ~** ungünstiger Kurs; **weakness of ~s** Kursabschwächung *f*; **~ adjustment** Kurskorrektur *f*; **~ advance** Kurssteigerung *f*; **~ after (official) hours** nachbörslicher Kurs; **~ appreciation** Kurssteigerung *f*; **~ asked** Briefkurs (B); **~ before (official) hours** vorbörslicher Kurs; **~ bid** Geldkurs (G); **~ calculation** Kursberechnung *f*; **~ decline** Kursrückgang *m*; **~ difference** Kursunterschied *m*; **~ drop** Kursfall *m*; **~-earnings ratio** (P/E, PER) Kurs-Gewinn-Verhältnis (KGV) *n*; **sudden ~ fall** Kurseinbruch *m*; **~ fixing** Kursfestsetzung *f*; **~ for the account** *Br* Terminkurs; **~ for cash** Kassakurs; **~ for the settlement** *Br* Terminkurs; **~ fluctuations** Kursschwankungen *fpl*; **~ gain** Kursgewinn *m*; **~ improvement** Kursbesserung *f*; **~ increase** Kursanstieg *m*; **~ intervention** Kursintervention *f*; **~ jump** Kurssprung *m*; **~ level** Kursniveau *n*, Kursstand *m*; **~ limit** Kurslimit *n*; **~ loss** Kursverlust *m*; Kurseinbuße *f*; **~ management** Kurspflege *f*; **~ margin** Kursspanne *f*; **~ movement** Kursbewegung *f*, Kursentwicklung *f*; **~s negotiated** bezahlt (bz., bez.; Kurszusatz); **~ nursing** Kurspflege *f*; **~ of issue** Ausgabekurs, Emissionskurs; **~ offered** Briefkurs; **~ quotation** Kursnotierung *f*; **~ rally** Kurserholung *f*; **~ regulation** Kursregulierung *f*; **~ rigging** Kursmanipulation *f*; **~ risk** Kursrisiko *n*; **~-sensitive information** preisempfindliche Informationen *fpl (über ein Unternehmen)*; **~ stabilization** Kursstabilisierung *f*; **~ structure** Kursgefüge *n*; **~ support** Kursstützung *f*; **~-supporting purchases** Kursstützungskäufe *mpl*; **declining ~ trend** rückläufige Kursbewegung *f*

**price**, 1. und 2., **to advance in ~** im Preis (od. Kurs) steigen; **the ~ advanced** der Preis zog an; **to agree on the ~** sich über den Preis einigen; **to ask the ~** sich nach dem Preis erkundigen; **~s crumbled** die Kurse bröckelten ab; **to cut the ~** den Preis herabsetzen; **~s are on the decline** die Kurse geben nach; **~s have**

**eased off** die Kurse haben nachgegeben (od. sind abgebröckelt); **to fall in ~** im Preise (od. Kurs) fallen; **to fetch a high ~** e-n hohen Preis erzielen; **~s are firm** die Kurse sind fest; **~s are firming** (or **hardening**) die Preise (od. Kurse) ziehen an; **~s jumped** die Preise (od. Kurse) gingen sprunghaft in die Höhe; **to go down in ~** im Preis (od. Kurs) fallen; sich verbilligen; **to go up in ~** im Preis (od. Kurs) steigen; sich verteuern; **~s are going up** die Preise (od. Kurse) steigen; **to increase ~s** Preise erhöhen (od. anheben); **to limit a ~** ein Preislimit setzen; **to lower the ~** den Preis herabsetzen (od. senken); **the ~ moved up** s. the → ~ increased; **to negotiate a ~** e-n Preis aushandeln; **to quote ~s** Preise angeben; Kurse angeben; Kurse notieren; **to raise ~s** Preise erhöhen (od. heraufsetzen); **to realize a ~** e-n Preis erzielen; **~s recovered their old level** die Preise (od. Kurse) erreichten ihr altes Niveau wieder; **~s remain steady** die Preise (od. Kurse) halten sich; **to reduce a ~** e-n Preis herabsetzen; **~s are rising** die Preise (od. Kurse) steigen; **to set a ~ on** e-n Preis setzen auf; **to suggest a ~** e-n Preis empfehlen; **to support a ~** e-n Preis (od. Kurs) stützen; **to undercut sb.'s ~s** jds Preise unterbieten

**price**, *v* **to ~ goods** Waren mit e-m Preis auszeichnen; **to ~ oneself out of the market** durch überhöhten Preis die Kundschaft vertreiben; **to ~ sb. out of the market** jdn konkurrenzunfähig machen

**priced**, mit Preis(angabe) versehen; **high-~** hoch im Preis; **low-~** niedrig im Preis; **~ catalogue** Katalog *m* mit Preisangabe

**pricey**, *colloq.* teuer

**pricing**, Preisfestsetzung *f*; Preisauszeichnung *f*; **~ factors** preisbestimmende Faktoren *mpl*

**prima facie evidence**, Beweis *m* des ersten Anscheins; **to establish ~ for a claim** e-n Anspruch glaubhaft machen

**primage**, Primage *f*, Frachtzuschlag *m*

**primarily, to be ~ liable** primär haften; **it is ~ a matter of** es kommt in erster Linie darauf an

**primary**, hauptsächlich, Haupt-, primär; an erster Stelle stehend; **~ capital** primäres Eigenkapital *n*; **~ commodities** Grundstoffe; Rohstoffe *mpl*; **~ contractor** Hauptlieferant *m*; **~ customer** Hauptkunde *m*; **~ dealers** *Am* Primärhändler *mpl (Finanzinstitute, die bevollmächtigt sind, neue Staatspapiere direkt vom US Treasury zu kaufen)*; **~ demand** Primärbedarf *m*; vordringlicher Bedarf *m*; **~ deposits** *Am* direkte *(durch Einzahlungen, nicht durch Kredite geschaffene)* Einlagen *fpl*; **~ energy** Primärenergie *f*; **~ industry** Grundstoffindustrie *f*; **~ market** Primärmarkt *m*, Markt für Neuemissionen; **~ obligation** primäre Verpflichtung *f*, Hauptverpflichtung *f*; **~ obligor** Hauptschuldner *m*; **~ producing countries** Rohstoffländer *npl*; **~ products** Rohstoffe, Grundstoffe *pl*; Hauptprodukte *(e-s Landes)*; Fertigwaren-Vorerzeugnisse *pl*; **~ production** Urproduktion *f*; **~ reserves** *(Währungspolitik)* Primärreserven *fpl*

**PRIME**, → prescribed right to income and maximum equity

**prime**, hauptsächlich, Haupt-; erstklassig

**prime (bankers') acceptance**, **~s** Privatdiskonten *pl (Akzepte erster Banken)*; **~ market** Privatdiskontmarkt *m*; **dealing on the ~ market** Privatdiskonthandel *m*; **~ rate** Privatdiskontsatz *m*, Zinssatz *m* für erstklassige Bankakzepte

**prime**, **~ bill** erstklassiger Wechsel *m*; **~ borrower** erste Schuldneradresse *f*; **~ cost** Gestehungskosten, Herstellungskosten; **~ investment** erstklassige Kapitalanlage; **~ paper** Primapapiere, erstklassige Geldmarktpapiere *npl*; **~ rate** Zinssatz *m* großer amerikanischer Geschäftsbanken für erstklassige Kreditnehmer; **~ time** Hauptsendezeit *f* (von Fernseher/Radio) **~ trade bill** *Br* erstklassiger Handelswechsel

**priming the pump**, → pump priming

**principal**, Kapital(summe) *n(f)*; Geschäftsherr *m*; Chef *m*; *(vom Handelsvertreter)* vertretener Unternehmer *m*; Auftraggeber *m*; *(Börse)* Eigenhändler *m*; **~ and agent** Auftraggeber *m* und Beauftragter *m*; **~ and interest** Kapital und Zinsen; **~ of a firm** Firmeninhaber *m*, Chef *m*; **to invade the ~** *Am* das Kapital angreifen

**principal**, *adj* hauptsächlich, Haupt-; **~ amount** Kapitalbetrag *m (ohne Zinsen)*; Hauptbetrag *m*; **~ claim** Hauptforderung *f*; **~ company (of a group)** Konzernspitze *f*; **~ creditor** Hauptgläubiger *m*; **~ debtor** Hauptschuldner *m*; **~ imports**

Haupteinfuhrwaren *fpl*; **~ office** Hauptsitz *m (e-r Gesellschaft)*; Zentrale *f*; **~ place of business** Hauptgeschäftssitz *m*; **~ representative** Hauptvertreter *m*; **~ shareholder** Hauptaktionär *m*; **principal sum** Hauptsumme *f*; **~ underwriter** Konsortialführerin *f*

**principle**, Prinzip *n*, Grundsatz *m*; **generally accepted ~** allgemein anerkannter Grundsatz; **on ~** grundsätzlich; **~s of proper accounting** Grundsätze ordnungsmäßiger Buchführung; Bilanzierungsgrundsätze *mpl*; **~ of** → proportionality; **~ of** → subsidiarity

**printed**, **~ advertising** Drucksachenwerbung *f*; **~ advertising matter** Werbedrucksache *f*; **~ form** Vordruck *m, (vorgedrucktes)* Formular *n*; **~ matter** Drucksache(n) *f(pl)*

**printing**, Druck *m*; **~ order** Druckauftrag *m*; **~ plant** Druckerei *f*

**prior**, früher, älter (to als); **~ art** Stand *m* der Technik; **~ charge** vorrangige Belastung *f (hinsichtlich Verzinsung und Rückzahlung)*; **~ claim** vorrangiger Anspruch *m*; **~ creditor** *(im Konkursverfahren)* bevorrechtigter Gläubiger *m*; **~ endorser** Vormann *m*; **~ holder** Vorbesitzer *m*; **~ mortgage** im Rang vorgehende Hypothek *f*; **~ preferred stock** *Am* Sondervorzugsaktien *fpl*

**prior sale**, **subject to ~** Zwischenverkauf vorbehalten

**prior**, **~ tax** Vorsteuer *f*; **~ use** vorherige Benutzung *f*; Vorbenutzung *f*

**priorities**, Prioritäten *fpl*, Prioritätsobligationen *fpl*; bevorrechtigte Forderungen *fpl*

**priority**, Priorität *f*, Vorrang *m*, Vorrecht *n*; Rangfolge *f (mehrerer Forderungen)*; Dringlichkeit(sstufe) *f*; *Am* Vorfahrtsrecht *n*; **creditor by ~** bevorrechtigter Gläubiger *m*; **having ~** bevorrechtigt; **loss of ~** Rangverlust *m*; **of equal ~** gleichrangig; **of top ~** von höchster Dringlichkeit

**priority**, **order of ~** Rangordnung *f*; **creditor next in order of ~** im Rang nachstehender Gläubiger *m*; **order of special ~** Auftrag *m* von besonderer Dringlichkeit

**priority**, **with ~ over** mit Vorrang vor

**priority**, **~ bonds** Prioritätsobligationen *fpl*, Prioritäten *pl*; **~ claim** Prioritätsanspruch *m*; bevorrechtigte (Konkurs-)Forderung *f*; **~ date** Prioritätsdatum *n*; **~ list** Dringlichkeitsliste *f*; **~ notice** *Br* Vormerkung *f*; **~ of a claim** Vorrang e-s Anspruchs; **~ of creditors** Rangordnung *f* der (Konkurs-)Gläubiger; **~ of date** zeitlicher Vorrang; **~ of debts** Rangfolge von (Konkurs-)Forderungen; **~ road ahead** *Am* Vorfahrt beachten; **~ shares** Prioritätsaktien, Vorzugsaktien *fpl*; **~ works** vorrangig auszuführende Arbeiten *fpl*; **to be given ~** Vorrang erhalten; **to give ~ (to)** den Vorrang geben; **to give ~ to an order** e-e Bestellung vorziehen; **to give high ~ (to)** besonderen Vorrang (od. Dringlichkeit) geben; **to handle an order with ~** e-n Auftrag vorrangig behandeln (od. ausführen); **to have ~ over** *(im Rang)* vorgehen, den Vorrang haben vor; Vorfahrt haben vor

**privacy**, Geheimhaltung *f*; Intimsphäre *f*; **invasion of ~** Verletzung *f* der Intimsphäre; **(right to) personal ~** Persönlichkeitsrecht *n*

**private**, privat, nicht öffentlich; **in ~** geheim, unter vier Augen; **~ account** Privatkonto *n (e-s Unternehmers)*; **~ accounting** Privatbuchführung *f*; **~ and confidential** vertraulich; **~ arrangement** *(außergerichtl.)* Vergleich *m*; **~ assets** Privatvermögen *n*; **~ bank** Privatbank *f*; **~ box** Postschließfach *n*; **brand** Hausmarke *f*; Eigenmarke *f*; **~ business** Privatangelegenheit *f*; Privatwirtschaft *f*; **~ car** *Br* Personenkraftfahrzeug *n*; **~ carrier** privater Frachtführer *m*; Gelegenheitsspediteur *m*; **~ company** *Br (etwa)* Gesellschaft mit beschränkter Haftung (GmbH); **~ consumption** Selbstverbrauch *m*, Eigenverbrauch *m*; **~ corporation** *Am* → corporation; **~ document** Privaturkunde *f*; *(auch)* „nur für den Dienstgebrauch"; **~ enterprise** Privatunternehmen *n*; **~ enterprise (system)** (freie) Marktwirtschaft *f*; **~ income** Privateinkommen *n*; **~ individual** Privatperson *f*; **~ investors** private Anleger *mpl*; **~ judging** *Am* privates Schlichtungsverfahren *n*; **limited company** → ~ company; **~ means** private Mittel *pl*, Privatvermögen *n*; **~ placing** *Br* (**placement** *Am*) Privatplatzierung *f (von Effekten)*; **~ property** Privatbesitz *m*; Privatvermögen *n*; Privatgrundstück *n*; **~ sale** freihändiger Verkauf, Verkauf *m* unter der Hand; **~ secretary** Privatsekretär(in) *m(f)*; **~ sector (of the economy)** → sector; **~**

siding privater Gleisanschluss *m*; ~ **undertaking** Privatunternehmen
**private treaty, sale by** ~ freihändiger Verkauf *m (nicht durch Auktion)*
**privately**, privat, als Privatperson; unter der Hand; ~ **privatization**, Privatisierung *f*
**privilege**, Privileg *n*, Vorrecht *n*, Sonderrecht *n*; Vergünstigung *f*; Aussage- und Zeugnisverweigerungsrecht *n*; *Am* Prämiengeschäft *n*; **commercial** ~ Konzession *f*; **special** ~ Sonderrecht *n*; **tax** ~ Steuervergünstigung *f*; ~ **tax** *Am* Steuer für konzessionspflichtige Betriebe; **to enjoy a** ~ ein Vorrecht genießen; bevorrechtigt sein; **to raise the claim of ~from inspection of documents** beanspruchen, keine Einsichtnahme in Urkunden gewähren zu brauchen
**privileged**, privilegiert, bevorrechtigt; unter das Berufsgeheimnis fallend; ~ **communication** vertrauliche Mitteilung *f*; Berufsgeheimnis *n*; ~**creditor** bevorrechtigter Gläubiger *m*; ~ **debt** bevorrechtigte (Konkurs-)Forderung *f*; ~ **from distress** nicht pfändbar; ~ **from production** nicht vorlegungspflichtig
**prize**, Preis *m*, (Lotterie-)Gewinn *m*; Prämie *f*; Prise *f*; **cash** ~ Geldpreis *m*; **first** ~ großes Los *n*; ~ **competition** Preisausschreiben *n*, ~ **drawing** Auslosung *f*, Verlosung *f*; ~**-giving** Preisverleihung *f*; **to award a** ~ e-n Preis verleihen; prämiieren; **to make a** ~ **(of)** als Prise aufbringen
**pro**, ~ **rata** → pro rata; ~ **tem** → pro tem
**probability**, Wahrscheinlichkeit *f*; ~ **calculus** Wahrscheinlichkeitsrechnung *f*
**probable**, wahrscheinlich, mutmaßlich; ~ **duration of life** *(VersR)* wahrscheinliche Lebensdauer *f*
**probate**, gerichtl. Testamentsbestätigung *f*; gerichtl. Prüfung *f* und Anerkennung *f* e-s Testaments; ~ **copy (of a will)** *(vom Gericht erteilte)* Abschrift *f* e-s Testaments; **to take out ~ of a will** sich ein Testament gerichtlich bestätigen lassen
**probation**, Probezeit *f*; Strafaussetzung *f* zur Bewährung; **on** ~ auf Probe; **to be employed on** ~ auf Probe angestellt sein
**probationary**, auf Probe angestellt; Probe-; *(StrafR)* bedingt freigelassen; ~ **employment** Probearbeitsverhältnis *n*; ~ **period** Probezeit *f*; Bewährungsfrist *f*
**procedure**, Verfahren *n*; Vorgehen *n*; **civil** ~ Zivilprozess *m*; **criminal** ~ Strafprozess *m*; **rules of** ~ → rule; ~ **for arbitration** Schiedsverfahren *n*
**proceed**, *v* vorgehen, verfahren; **to ~ against a p.** gegen jdn *(gerichtlich)* vorgehen; *(jdn)* verklagen; **to ~ (to)** sich begeben nach; *(zu etw.)* schreiten, beginnen (zu tun); **to ~ to the agenda** zur Tagesordnung übergehen; **to ~ to business** zur Arbeit schreiten; **to ~ with** fortfahren mit; *(etw.)* anfangen (od. in Angriff nehmen)
**proceedings**, Verfahren *n*, Vorgehen *n*; Prozess *m*, Gerichtsverfahren *n*; Protokoll *n*; **bankruptcy** ~ Konkursverfahren *n*; **civil** ~ Zivilprozess *m*, Verfahren *n* in Zivilsachen; **criminal** ~ Strafprozess *m*, Strafverfahren *n*
**proceedings, legal** ~ Gerichtsverfahren *n*, Prozess *m*; **to institute** (or **take**) **legal** ~ e-n Prozess anstrengen, gerichtlich vorgehen
**proceedings, party to the** ~ Prozesspartei *f*; **stay of** ~ Einstellung *f* des Verfahrens; **to institute** (or **start**) ~ das Verfahren einleiten
**proceeds**, Erträge *m*, Erlös *m*; **gross** ~ Bruttoertrag *m (vor Abzug der Kosten)*; **net** ~ Nettoertrag *m (nach Abzug der Kosten)*; **sale proceeds** Verkaufserlös *m*; ~ **from capital** Kapitalertrag *m*; ~ **from export(s)** Exporterlös *m*; ~ **from sale of bonds** Anleiheerlös *m*; ~ **in cash** Barerlös *m*; ~ **of collection** Inkassoerlös *m*
**process**, 1. (Arbeits-)Verfahren *n*, Prozess *m*; Ablauf *m*, Verlauf *m*; **in** ~ im Gange; **in one** ~ in einem Arbeitsgang; **goods in** ~ Halbfabrikate *npl*, Halberzeugnisse *npl*; **in ~ of construction** im Bau (befindlich); **in ~ of time** im Laufe der Zeit; **industrial** ~ industrielles Herstellungsverfahren *n*; **operating** (or **working**) ~ Arbeitsverfahren *n*; **secret** ~ Geheimverfahren *n*; ~ **chart** Arbeitsablaufdiagramm *n*; ~ **control** Fertigungskontrolle *f*; ~ **engineering** Verfahrenstechnik *f*; ~ **inspection** Fertigungsüberwachung *f*
**process of manufacture**, Herstellungsverfahren, Fertigungsverfahren *n*; Fabrikationsprozess *m*; **in** ~ in Herstellung (befindlich)
**process patent**, Verfahrenspatent *n*
**process, the order is in** ~ der Auftrag ist in Arbeit
**process**, 2. Verfahren *n*; gerichtliche Ver-

fügung *f*; **service of ~** Zustellung *f* der Klageschrift

**process**, *v* bearbeiten, (weiter)bearbeiten, veredeln; *(jdn)* gerichtlich belangen; **to ~ data** Daten aufbereiten (od. auswerten); **to ~ orders** Aufträge bearbeiten

**processed**, **~ fruit and vegetables** verarbeitetes Obst *n* und Gemüse *n*; Verarbeitungserzeugnisse *npl* aus Obst und Gemüse; **~ product** weiterverarbeitetes Erzeugnis *n*; Veredelungserzeugnis *n*

**processing**, Bearbeitung *f*, (Weiter-)Verarbeitung *n*; Veredelung *f*; Fertigung *f*; **contract ~** Lohnveredelung *f*; **data ~** Datenverarbeitung *f*; **inward ~** aktiver Veredelungsverkehr *m*; **order ~** Auftragsabwicklung *f*; **outward ~** passiver Veredelungsverkehr *m*; **stage of ~** Verarbeitungsstufe *f*; **~ cost** Fertigungskosten *pl*; Veredelungskosten *pl*; **~ country** Veredelungsland *n*; **~ documents** Fertigungsunterlagen *fpl*; **~ enterprise** Verarbeitungsbetrieb *m*, Veredelungsbetrieb *m*; **~ fee** Bearbeitungsgebühr *f*; **~ fee,** Bearbeitungsgebühr *f* **~ industry** verarbeitende Industrie *f*, Veredelungsindustrie *f*; **~ of the order** Auftragsbearbeitung *f*; **~ of products** Produktveredelung *f*; **~ traffic** Veredelungsverkehr *n*

**processor**, 1. *(EDV)* Prozessor *m*, → CPU (Central Processing Unit)

**processor**, 2. (Weiter-)Verarbeiter *m*

**procuration**, Besorgung *f*, Verschaffung *f*; Vollmacht *f*; Vertretung *f*; **per ~** in Vollmacht, in Vertretung; **~ of a loan** Beschaffung e-s Darlehens; **~ fee** Gebühr *f* für die Beschaffung e-s Darlehens

**procurator**, Bevollmächtigter *m*

**procure**, *v* (sich) beschaffen, besorgen, verschaffen; **easy (difficult) to ~** leicht (schwer) zu beschaffen; **to ~ acceptance** Akzept einholen; **to ~ evidence** Beweise beibringen; **to ~ funds** sich Mittel beschaffen; *(jdm)* Mittel verschaffen; **to ~ goods** Waren beschaffen

**procurement**, Beschaffung *f*; **government ~** öffentliches Beschaffungswesen *n*; **~ cost** Beschaffungskosten *pl*; **~ market** Beschaffungsmarkt *m*; **~ of capital** Kapitalbeschaffung *f*

**procuring a breach of contract**, Verleitung *f* zum Vertragsbruch

**produce**, *(landwirtschaftl.)* Erzeugnis(se) *n(pl)*; Produkt(e) *n(pl)*; Ertrag *m*; **net ~** Reinertrag *m*; **~ broker** Warenmakler *m*; **~ exchange** Warenbörse *f*, Produktbörse *f*; **~ loan** Warenkredit *m*; **produce market** Warenmarkt *m*; **~ of the soil** Bodenertrag *m*; **~ trade** Produktenhandel *m*

**produce**, *v* erzeugen, hervorbringen; vorlegen, beibringen; *(Gewinn)* erzielen, einbringen; **to ~ a certificate** e-e Bescheinigung vorlgen; **to ~ documents** Urkunden vorlegen (od. beibringen); **to ~ evidence** Beweis antreten

**producer**, Produzent *m*, Hersteller *m* Erzeuger *m*; **~ advertising** Herstellerwerbung *f*; **~ and consumer** Erzeuger und Verbraucher; **~s' association** *(EU)* Erzeugerverband *m*; **~s' brand** Fabrikmarke *f*; **~s' cooperative** Produktionsgenossenschaft *f*; **~ countries** Erzeugerländer *npl*; **~ goods** Produktionsgüter *pl*; **~ goods industry** Produktionsgüterindustrie *f*; **~ hedging** Absicherung *f* des Produzenten; **~ groups** Erzeugergemeinschaften *fpl*; **at ~ level** auf Erzeugerebene *f*; **~'s liability** Produzentenhaftung *f*; **~ of component parts** Zulieferer *m*; **~ of waste** Abfallerzeuger *m*

**producer price**, Erzeugerpreis *m*; **agricultural ~** Erzeugerpreis landwirtschaftlicher Produkte; **industrial ~** Erzeugerpreis gewerblicher Produkte; **~ index** *Am* Erzeugerpreisindex *m*

**producer**, **~ subsidies** Erzeugersubventionen *fpl*; **~s' surplus** Produzentenrente *f*; **at the ~ stage** auf der Erzeugerstufe; **~ target price** Erzeugerrichtpreis *m*

**producing**, **~ capacity** Produktionsfähigkeit *f*; **~ country** Erzeugerland *n*; Förderland *n (z. B. Erdöl)*; **~ industry** produzierendes Gewerbe *n*; **~ Member State** *(EU)* Erzeugermitgliedstaat *m*

**product**, Produkt *n, (industrielles)* Erzeugnis *n*; Fabrikat *n*; **by-~** Nebenprodukt *n*, Nebenerzeugnis *n*; **defective ~s** fehlerhafte Produkte *pl*; **disposable ~s** Wegwerfgüter *pl*; **end-~** Fertigprodukt *n*; Fertigerzeugnis *n*; **finished ~** Fertigfabrikat *n*; **foreign ~** ausländisches Fabrikat; **joint ~** Kuppelprodukt *n*; **manufactured ~** Fabrikat *n*; **pilot ~** Leiterzeugnis *n*; **~ abandonment** Produktaufgabe *f*; **~ advertising** Produktwerbung *f*; **~ analysis** Produktanalyse *f*; **~ assortment** Sortiment *n*; **~ costing** Stückkostenkalkulation *f*; **~ defect** Produktfehler *m*; ~ **design** Produktgestaltung *f*; ~ **differentiation** Produktdifferenzierung *f*; ~ **diversification** Produktdiversifikation *f*; ~ **engineering** Fertigungstechnik *f*; ~ **knowledge** Produktkenntnis(se) *f(pl)*; ~ **launch** Produkteinführung *f*; ~ **liability** Produkthaftung *f*, Produzentenhaftung *f (Haftung für fehlerhafte Produkte)*; ~ **liability Directive** *(EU)* Produkthaftungsrichtlinie *f*; ~ **line** Produktgruppe *f*; ~ **manager** Produktmanager *m (zuständig für ein bestimmtes Produkt od. e-e Produktgruppe)*; ~ **mix** Produkt-Mix *n (Sortiment innerhalb e-s Fabrikationsprogramms)*; **~s originating in** Waren mit Ursprung in; ~ **placement** Markteinführung *f*; ~ **range** Produktpalette *f*; ~ **requirement planning** Produktbedarfsplanung *f*; ~ **research** Produktforschung *f*; ~ **safety** Produktsicherheit *f*; ~ **specification** Produktbeschreibung *f*; **(comparative)** ~ **test** (vergleichender) Warentest *m*

**production**, Produktion *f*, Erzeugung *f*, Fertigung *f*; **batch** ~ Serienproduktion, Serienfertigung; **conversion of** ~ Umstellung *f* der Produktion; **decrease in** ~ Produktionsrückgang *m*; **domestic** ~ Inlandsproduktion, einheimische Erzeugung; **factors of** ~ Produktionsfaktoren *mpl*; **increase in** ~ Produktionszunahme *f*, Produktionsanstieg *m*; **line of** ~ Produktionszweig *m*; **means of** ~ Produktionsmittel *pl*; **rise in** ~ Steigerung *f* der Produktion; **shortfall in** ~ Produktionsausfall *m*; **surplus** ~ Überproduktion *f*; ~ **aid** Produktionsbeihilfe *f*; ~ **bonus** Leistungsprämie *f*; ~ **capacity** Produktionskapazität *f*; ~ **car** Serienwagen *m*; ~ **census** Produktionszensus *m*; ~ **certificate** Produktionsbescheinigung *f*; ~ **changeover** Produktionsumstellung *f*; ~ **coefficient** Produktionskoeffizient *m*; ~ **control** Produktionslenkung *f*; Fertigungsüberwachung *f*; Fertigungssteuerung *f*; ~ **cost** Produktionskosten, Herstellungskosten *pl*; Fertigungskosten *pl*; ~ **cost cent|re (~er)** Fertigungskostenstelle *f*; ~ **cycle** Fertigungszeit *f*; ~ **engineering** Fertigungstechnik *f*; ~ **facilities** Produktionsanlagen *fpl*; ~ **figures** Produktionsziffern *fpl*; ~ **flow** Produktionsablauf *m*; ~ **goods** → capital goods; ~ **in bulk** Massenproduktion *f*; ~ **index** Produktionsindex *m*; ~ **industries** produzierendes Gewerbe *n*; ~ **level** Produktionsstand *m*; ~ **levy** Produktionsabgabe *f*; ~ **line** Fließband *n*; ~ **management** Produktionsmanagement *n (Planung und Steuerung der Produktion)*; ~ **method (of depreciation)** Mengenabschreibung *f*, leistungsabhängige Abschreibung *f*; ~ **of documents** Urkundenvorlage *f*; ~ **order** Fertigungsauftrag *m*; ~ **overheads** Fertigungsgemeinkosten *pl*; ~ **piracy** Produktpiraterie *f*; ~ **plan** Produktionsplan *m*; ~ **planning** Produktionsplanung *f*; Fertigungsplanung *f*; ~ **planning and control** Produktionsplanung *f* und -steuerung *f*, Fertigungsplanung *f* und -steuerung *f*; ~ **plant** Fertigungsstätte *f*; ~ **potential** Produktionspotenzial *m*; ~ **process** Produktionsverfahren *n*; ~ **program(me)** Produktionsprogramm *n*; ~ **project** Produktionsvorhaben *n*; ~ **promoting** produktionsfördernd; ~ **quota** Produktionsquote *f*; Erzeugungsquote *f*; ~ **range** Produktionssortiment *n*; ~ **ratio** Produktivitätskennzahl *f*; ~ **restriction** Produktionsbeschränkung *f*; ~ **scheduling** → ~ planning; ~ **sequence** Fertigungsablauf *m*; ~ **subsidies** Erzeugerbeihilfen *fpl*; ~ **surplus** Produktionsüberschuss *m*; ~ **switch** Produktionsumstellung *f*, ~ **target** Produktionsziel *n*; ~ **tax** Produktionssteuer *f*, Fabrikationssteuer *f*; ~ **technology** Produktionstechnik *f*; **to check** (or **curb**) ~ die Produktion drosseln; **to increase** ~ die Produktion steigern; **to reduce** ~ die Produktion einschränken; **to take up** ~ die Produktion aufnehmen

**productive**, produktiv, ergiebig, ertragsfähig, rentabel; ~ **assets** zinsbringendes Vermögen *n*; ~ **capacity** Ertragsfähigkeit *f*; ~ **capital** gewinnbringendes Kapital *n*; ~ **enterprise** rentables Unternehmen *n*; ~ **resources (of a country)** Produktionsfaktoren *mpl (Boden und Arbeit)*

**productivity**, Produktivität *f*, Ergiebigkeit *f*, Rentabilität *f*; **increase in** ~ Produktivitätssteigerung *f*; **marginal** ~ Grenzproduktivität *f*; **pension adapted to** ~ **changes** Produktivitätsrente *f*; ~ **agreement** *Br* Produktivitätsvereinbarung *f (Vereinbarung der höheren Leistung für bessere Bezahlung zwischen Arbeitgebern und -nehmern)*; ~ **growth** Produktivitätswachstum *m*; **to increase** ~

die Produktivität steigern; **advances in ~ slowed down** der Produktivitätsfortschritt hat sich verlangsamt

**profession**, *(freier od. akademischer)* Beruf *m*; **the learned ~s** die akademischen Berufe; **~ or vocation** *Br (Einkommensteuer)* freie und sonstige selbstständige Berufe; **to exercise a ~** e-n Beruf ausüben

**professional**, Berufs-, beruflich, freiberuflich; Angehöriger *m* der freien Berufe; *(berufsmäßiger)* Börsenspekulant *m*; Profi(spieler) *m*; **~ aptitude** berufliche Eignung *f*; **~ association** (or **body**) Berufsverband *m*; **~ earnings** Einkünfte aus freien (od. akademischen) Berufen; **~ expenditure** → ~ outlays; **~ experience** Berufserfahrung *f*; **~ fee** Honorar *n*; **~ income** Einkommen *n* aus freiberuflicher Tätigkeit; **~ indemnity insurance** Berufshaftpflichtversicherung *f*; **~ journal** (or **magazine**) Fachzeitschrift *f*; **~ liability insurance** Berufshaftpflichtversicherung *f*; **~ liquidation** → liquidation; **~ negligence** Fahrlässigkeit *f* im Beruf *(z. B. Arzt)*; **~ outlays** *(SteuerR)* Werbungskosten *pl*; **~ partnership** Sozietät *f*; **~ person** Angehöriger *m* der freien Berufe; **~ profit-taking** *(Börse)* Gewinnmitnahme durch den Berufshandel; **~ secrecy** Berufsgeheimnis *n*

**professional services**, freiberufliche Dienstleistungen *pl*; **income derived in respect of ~ services** *(DBA)* Einkünfte aus freiem Beruf

**professional**, **~ traders** (or **trading**) *(Börse)* Berufshandel *m*; **~ training** Berufsausbildung *f*, Fachausbildung *f*; **~ workers** Angehörige *pl* gehobener Berufe; **to exercise a ~ activity** e-e Berufstätigkeit ausüben

**professionally qualified**, beruflich qualifiziert

**proficiency**, Tüchtigkeit *f*; **~ pay** Leistungszulage *f*

**profit**, Gewinn *m* Profit *m*; Ertrag *m*; **~s** Früchte *fpl (e-r Sache od. e-s Rechts)*; **actual ~** tatsächlich erzielter Gewinn; **after tax ~** Gewinn nach Steuerabzug; **appropriation of ~s** Gewinnverwendung *f*; **at a profit** mit Gewinn; **book ~** buchmäßiger Gewinn; **business ~** Geschäftsgewinn; Gewinn aus Geschäfts- od. Gewerbebetrieb; Unternehmensgewinn; **clear ~** Reingewinn, Nettogewinn; **commercial ~** gewerblicher Gewinn; **company ~** Gesellschaftsgewinn; **determination of ~** Gewinnermittlung *f*; **distributed ~** ausgeschütteter Gewinn; **drawn ~** entnommener Gewinn; **drop in ~s** Gewinnrückgang *m*; **easy ~** müheloser Gewinn; **gross ~** Bruttogewinn, Rohgewinn; **growing ~** steigender Gewinn; **industrial ~** gewerblicher Gewinn; **interest in the ~** Gewinnbeteiligung *f*; Gewinnanteil *m*; **loss in ~s** Gewinneinbuße *f*; **lost ~** entgangener Gewinn; **making of ~s** Gewinnerzielung *f*; **net ~** Reingewinn; **nonprofit organization** → non; **operating ~** Betriebsgewinn; **outlook for ~s** Gewinnaussichten *fpl*; **pretax ~** Gewinn vor Steuerabzug; **prospective ~** voraussichtlicher Gewinn, zu erwartender Gewinn; **realized ~** erzielter Gewinn; **realization of ~s** Gewinnerzielung *f*; **retained ~** nicht ausgeschütteter (od. einbehaltener) Gewinn; **rise in ~s** Gewinnanstieg *m*; **share in** (or **of**) **(the) ~s** Gewinnanteil *m*; Gewinnbeteiligung *f*; **small ~** geringer Gewinn; **year of small ~s** gewinnschwaches Jahr *n*; **taxable ~** steuerpflichtiger Gewinn; **tax-exempt ~** steuerfreier Gewinn; **transfer of ~** Gewinnabführung *f*; **windfall ~** unerwarteter Gewinn

**profit and loss**, **~ and loss account** (P. & L. a/c) Gewinn- und Verlustrechnung *f* (GuV-Rechnung); Ergebnisrechnung *f*, Ertragsbilanz *f*; Gewinn- und Verlustkonto *m*; **~ and loss pooling agreement** Gewinnübernahmevertrag *m*; **~ and loss statement** *Am* → ~ and loss account

**profit**, **~available for distribution** ausschüttungsfähiger Gewinn *m*; **~ brought forward** Gewinnvortrag *m*; **~ contribution** Deckungsbeitrag *m*; **~ distribution** Gewinnausschüttung *f*; **~ drawing** Gewinnentnahme *f*; **~ earning** gewinnbringend, rentabel; **~ expectation** Gewinnerwartung *f*; **~ forecast** Gewinnprognose *f*; **~ from business** Gewinn aus Geschäftsbetrieb, **~ from operations** Betriebsgewinn; **~ from sales** Veräußerungsgewinn; **~ graph** → break-even chart

**profit-making**, gewinnabwerfend; **to operate on a ~ basis** e-n Erwerbszweck verfolgen

**profit**, **~ margin** Gewinnspanne *f*; **~-minded** gewinnbewusst, gewinnorientiert; ~ **of the group** Konzerngewinn *m*; ~ **on sales** Umsatzrendite *f*; ~ **on securities** Gewinn aus der Veräußerung von Wertpapieren; ~ **opportunity** Gewinnchance *f*; **~-oriented** auf Gewinnerzielung ausgerichtet

**profits or remuneration arising from the exercise of a profession or employment**, *(DBA)* Gewinne und Vergütungen aus freiberuflicher oder unselbstständiger Tätigkeit

**profit**, ~ **participating certificate** Gewinnanteilschein *m*; Genussschein *m*; ~ **participation right** Genussrecht *n*; ~ **percentage** Umsatzrendite *f*, Umsatzrentabilität *f*; ~ **pool** Gewinngemeinschaft *f*; ~ **pooling contract** Gewinngemeinschaftsvertrag *m*; ~ **prospects** Gewinnaussichten *pl*; ~ **ratio** Gewinnquote *f*; **profit-related** gewinnbezogen; ~ **retention** Einbehaltung *f* von Gewinnen; Thesaurierung *f*; **~-seeking** Gewinnstreben *n*; auf Gewinn gerichtet; ~ **setback** Gewinnrückgang *m*; ~ **share** Gewinnanteil *m*

**profit sharing**, Gewinnbeteiligung *f (bes. der Arbeitnehmer)*

**profit-sharing bond**, Gewinnschuldverschreibung

**profit**, ~ **shifting** Gewinnverlagerung *f*; ~ **situation** Gewinnlage *f*; ~ **slump** Gewinneinbuße *f*; ~ **squeeze** Gewinndruck *m*; **~-taking** *(Börse)* Gewinnmitnahme *f*, Gewinnrealisierung *f*; **~-transfer agreement** Gewinnabführungsvertrag *m*; ~ **utitilization** Gewinnverwendung *f*; ~ **yielding** ertragbringend; **to derive** (or **draw**) **~s** Gewinne erzielen; Nutzen ziehen (from aus); **to distribute ~s** Gewinne verteilen (od. ausschütten); **to leave a** ~ e-n Gewinn abwerfen; **to make** (or **realize**) **a** ~ e-n Gewinn erzielen; **to show a** ~ mit Gewinn abschließen; **to siphon off** (or **skim off**) **~s** Gewinne abschöpfen; **to take ~s** *(Börse)* Gewinne mitnehmen, Gewinne realisieren; **to yield a** ~ e-n Gewinn abwerfen

**profitability**, Rentabilität *f*; **firm's** ~ Ertragslage *f* des Unternehmens; ~ **calculation** Wirtschaftlichkeits(be)rechnung *f*

**profitable**, gewinnbringend, gewinnversprechend; rentabel

**profiteer**, Geschäftemacher *m*, Profitmacher *m*

**profiteering**, Schiebertum *n*; Preistreiberei *f*

**pro-forma invoice**, Proformarechnung *f*, Scheinrechnung *f*

**Programme Evaluation and Review Technique**, (PERT) Methode zur Planung und Überwachung von Projekten *(Programm der Netzplantechnik)*

**program(me) management**, Durchführung *f* e-s Programms

**programmer**, *(EDV)* Programmierer *m*

**programming**, Programmieren *n*, Programmgestaltung *f*

**programming language**, Programmiersprache *f*

**prognosis**, **market** ~ Voraussage *f* der Marktentwicklung

**progress**, Fortschritt(e) *m(pl)*; Gang *m*; **in** ~ im Gange; unfertig; im Bau befindlich; **negotiations in** ~ schwebende Verhandlungen *fpl*; **work in** ~ Halbfabrikate *npl*; in Ausführung befindliche Arbeit *f*; ~ **billing** Zwischenrechnung *f*; ~ **chaser** Terminjäger *m*; ~ **control** Terminüberwachung *f (Überwachung des planmäßigen Verlaufs der Arbeit)*, ~ **of affairs** Gang *m* der Geschäfte; ~ **payment** Teilzahlung *f*, Zwischenzahlung *f (für den beendeten Abschnitt e-r Bauarbeit)*; ~ **report** Tätigkeitsbericht *m*; Bericht über den (bisher erreichten) Stand der Angelegenheiten; **to be in** ~ in Arbeit sein; im Gange sein *(Verhandlungen etc.)*

**progression**, Progression *f*, Steigerung *f*

**progressive**, progressiv, stufenweise fortschreitend; ~ **depreciation** progressive Abschreibung *f*

**prohibited**, ~ **area** Sperrzone *f*; ~ **by law** gesetzlich verboten; ~ **goods** Schmuggelwaren *f*

**prohibition**, Verbot *n*, Untersagung *f*; *Am* Prohibition *f (gesetzl. Alkoholverbot)*; **import** ~ Einfuhrverbot *n*; ~ **of issue** Emissionssperre *f*; ~ **on advertising** Werbeverbot *n*; ~ **on exportation** Ausfuhrverbot *n*

**prohibitive**, ~ **cost** unerschwinglich hohe Kosten *pl*; ~ **tariff** Prohibitivzoll *m*, Schutzzoll *m*

**project**, Projekt *n*, Vorhaben; **investment** ~ Investitionsvorhaben *n*; ~ **financing** Projektfinanzierung *f*; **~-linked** projektgebunden; ~ **management** Projektplanung *f* und -durchführung *f*; ~ **manager** Projekt-Manager *m (mit außergewöhnli-*

*chen Vorhaben betraute Führungskraft)*; **~ scheduling** Projektplanung *f*; **to carry out a major ~** ein größeres Vorhaben ausführen
**project**, *v* planen; hinausragen *(Ladung)*
**proliferation**, Non-Proliferation Treaty Atomwaffensperrvertrag *m*
**prolong**, *v*, **to ~ a bill** e-n Wechsel prolongieren; **to ~ a licene (~se)** e-e Lizenz verlängern
**prolongation**, Prolongation *f*, Verlängerung *f*; **business ~** *(Börsentermingeschäft)* Prolongationsgeschäft *n*; **~ of (the time allowed for) payment** Zahlungsaufschub *m*, Stundung *f*
**promise**, Versprechen *n*, Zusage *f*; **public ~ of a reward** Auslobung *f*; **~ of credit** Kreditzusage *f*; **~ to make a gift** Schenkungsversprechen *n*; **~ to pay** Zahlungsversprechen *n*; **to keep a ~** ein Versprechen (od. Zusage) halten
**promise**, *v* versprechen, zusichern
**promisee**, Versprechensempfänger *m*
**promising**, vielversprechend; aussichtsreich *(z. B. Beruf)*
**promisor**, Versprechensgeber *m*
**promissory note**, (P/N) Eigenwechsel *m*, Solawechsel *m*; Schuldschein *m*
**promote**, *v* fördern, unterstützen; *(Gesellschaft)* gründen; werben für; durch Werbung *(Verkauf e-s Artikels)* fördern; *(jdn)* befördern; **to ~ a product** für ein Erzeugnis werben; **to be ~d** *(in e-e höhere Stelle)* befördert werden
**promoter**, Förderer *m*; Gründer *m (e-s Unternehmens)*; **~s' shares** Gründeraktien *pl*
**promoting syndicate**, *Br* Gründungskonsortium
**promotion**, 1. Förderung *f*, Unterstützung *f*, Gründung *f (e-r Handelsgesellschaft)*; Werbung *f*, Reklame *f*; **project deserving ~** förderungswürdiges Vorhaben *n*; **sales ~** Absatzförderung *f*; **special ~s** Sonderveranstaltungen *fpl (des Einzelhandels)*; **~ expenses** Gründungskosten *pl*; **~ manager** *Am* Werbeleiter *m*; **~ money** (*den → promoters für ihre Dienstleistungen gezahlte*) Gründungskosten; **~ of employment** Beschäftigungsförderung *f*; **~ of investments** Förderung von Investitionen
**promotion**, 2. Beförderung *f*; **~ by selection** Beförderung außer der Reihe; **~ by seniority** Beförderung nach dem Dienstalter; **to be next in line for ~** als Nächster zur Beförderung anstehen
**promotional**, Werbe-, Reklame-; **~ campaign** Werbefeldzug *m*; **~ device** Werbemittel *n(pl)*; **~ expense** Werbekosten *pl (bes. für e-e neue Ware)*; **~ gift** (or **item**) Werbegeschenk *n*; **~ selling** Werbeverkauf *m*
**prompt**, Zahlungsziel *n*; umgehend, sofort; **~s** *(Warenbörse)* sofort lieferbare Waren *fpl*; Bargeschäft *n*; *(Börse)* Kassageschäft *n*; **~ cash** Barzahlung *f (innerhalb weniger Tage nach Lieferung)*; **~ day** *Br (Börse)* Abrechnungstag *m*; Fälligkeitstermin *m*; **~ net cash** sofort bar ohne Abzug; **~ note** *(dem Importeur kurz vor dem Zahlungstermin zugesandte)* Mahnung *f*; **~ payer** pünktlicher Zahler *m*; **~ reply** sofortige Antwort *f*; **~ settlement business** *(Warenbörse)* Promptgeschäft *n*; **your ~ attention would oblige us** für baldige Erledigung wären wir dankbar
**promptly, please deal with this ~** bitte erledigen Sie dies sofort; **to pay ~** pünktlich zahlen
**proneness to crises**, Krisenanfälligkeit *f*
**pronouncement of judgment**, Urteilsverkündung
**proof**, Beweis *m* (of für); Nachweis *m*; **burden of ~** → burden; **documentary ~** Urkundenbeweis *m*; **failing** (or **lack of**) **~** mangels Beweises; **in ~ of** zum Nachweis von; **~ (in bankruptcy)** Anmeldung *f* e-r Konkursforderung; **~ admitted** angemeldete Konkursforderung anerkannt; **~ of ability** Befähigungsnachweis *m*; **~ of authenticity** Beweis der Echtheit; **~ of authority** Nachweis der Vertretungsbefugnis; **~ of damage** Schadensnachweis *m*; **~ of debt** Anmeldung e-r Konkursforderung; **~ of identity** Identitätsnachweis *m*; **~ of loss** Schadennachweis *m*; **~ of origin**, Herkunftsnachweis *m*; **~ of need** Bedürftigkeitsnachweis *m*; **~ of qualification** Befähigungsnachweis *m*; **~ of title** Nachweis des Eigentumsrechts (→ title-deed); **~ rejected** angemeldete Konkursforderung zurückgewiesen; **to furnish** (or **give**) **~** Beweis liefern, beweisen; Nachweis erbringen (of für)
**proof**, sicher; **fire-~** feuerfest; **water-~** wasserdicht
**proofread**, *v* Korrektur lesen
**propensity**, Neigung *f*; **low ~ to import** geringe Importneigung; **~ to consume**

Konsumneigung; ~ **to import** Importneigung *f*; ~ **to invest** Investitionsneigung; ~ **to save** Neigung zum Sparen, Sparfreudigkeit *f*; ~ **to purchase** Kauflust *f*, Kaufbereitschaft *f*

**proper**, richtig, ordnungsgemäß; passend, geeignet, angemessen; eigentlich; ~ **authority** zuständige Behörde *f*; ~ **care** nötige (od. erforderliche) Sorgfalt *f*; **through the ~ channels** auf dem Dienstwege; **in the ~ form** in ordnungsmäßiger Form, formgerecht; **at the ~ time** zur richtigen (od. passenden) Zeit

**propert|y**, Eigentum *n*; Vermögen, Vermögensgegenstand *m*; Vermögenswert(e) *m(pl)*; Grundstück *n*; **~ies** Immobilien *pl*; **administration of ~** Vermögensverwaltung *f*; **business ~** Geschäftsgrundstück *n*; **company ~** Gesellschaftsvermögen *n*; **foreign ~** Auslandsvermögen *n*; **freehold ~** → freehold; **immovable ~** unbewegliches Vermögen; Immobilien *pl*; **industrial ~** → industrial; **items of ~** Vermögensgegenstände *mpl*; **leasehold ~** → leasehold; **movable ~** bewegliches Vermögen; beweglicher Nachlass *m*; **private ~** → private; **public ~** → public; **real ~** → real; ~ **account** Anlagenkonto *n*, ~ **accounting** Anlagenbuchhaltung *f*; ~ **adjustment order** *Br* Verfügung des Vermögensausgleichs *(nach Scheidung)*; ~ **administration** *Br* Häuserverwaltung *f*; Vermögensverwaltung *f*; ~ **administrator** Vermögensverwalter *m*; *Br* Hausverwalter *m*; ~ **assets** Vermögenswerte *mpl*; ~ **charges** Grundstückslasten *pl*; ~ **company** Immobiliengesellschaft *f*; ~ **damage** Sachschaden *m*; ~ **dealer** *Br* Grundstücksverkäufer *m*; ~ **development** Grundstückserschließung *f*; ~ **dividend** Sachwertdividende *f*; ~ **estate** Grundbesitz *m*; ~ **firm** *Br* Immobilienfirma *f*; ~ **fund** Immobilienfonds *m (e-r Investmentgesellschaft)*; ~ **held on trust** Treuhandvermögen *n*; ~ **income** Einkommen *n* aus Kapitalvermögen *n*; ~ **insurance** Sachversicherung *f*; Immobilienversicherung *f*; ~ **law** Sachenrecht *n*, Liegenschaftsrecht *n*; ~ **ledger** Anlagebuch *n*; ~ **levy** Vermögensabgabe *f*; ~ **limit** Grundstücksgrenze *f*; ~ **loss** Vermögensverlust *m*; Sachschaden *m*; ~ **management** Vermögensverwaltung *f*; *Br* Grundstücksverwaltung *f*; Hausverwaltung *f*; ~ **market** *Br* Grundstücksmarkt *m*; Immobilienmarkt *m*; ~ **owner** Grundstückseigentümer *m*, Hauseigentümer *m*; ~ **prices** *Br* Grundstückspreise *mpl*; ~ **right** Vermögensrecht *n*; ~ **speculator** Grundstücksspekulant *m*; ~ **statement** Vermögensaufstellung *f*; ~ **subject to a mortgage** mit e-e Hypothek belasteter Grundbesitz *m*; ~ **tax** Vermögensteuer *f*; **to be liable to the extent of one's ~** mit seinem ganzen Vermögen haften; **to come into ~** Vermögen erben; **to manage ~** *Br* Grundbesitz verwalten; **to transfer ~** Eigentum (od. Vermögen) übertragen

**proportion**, (*verhältnismäßiger*) Anteil *m*; Verhältnis *n*; ~ **of costs** Kostenanteil *m*; ~ **of profits** Gewinnanteil *m*

**proportional**, verhältnismäßig; anteilsmäßig; ~ **share** verhältnismäßiger Anteil *m*, Quote *f*

**proportionality, principle of ~** Verhältnismäßigkeitsgrundsatz *m*

**proposal**, Vorschlag *m*; Antrag *m*; Versicherungsantrag *m*; ~ **for amendment** Änderungsvorschlag *m*; ~ **for a composition** (or **settlement**) Vergleichsvorschlag *m*; ~ **form** *(VersR)* Antragsformular *n*; **to submit ~s** Vorschläge unterbreiten

**propose**, *v* vorschlagen; beantragen

**proposer**, Antragsteller *m*

**propound**, *v*, **to ~ a will** *Br* auf gerichtl. Testamentsbestätigung klagen

**proprietary**, e-m Eigentümer gehörig; Eigentums-; gesetzlich (od. patentrechtlich) geschützt; ~ **account** Eigenkapitalkonto *n*; ~ **article** Markenartikel *m*; ~ **capital** Eigenkapital *n*; ~ **company** Holdinggesellschaft *f*, Dachgesellschaft *f*; ~ **goods** Markenwaren *fpl*; ~ **interest in a business enterprise** Geschäftsanteil *m*; ~ **medicine** gesetzlich geschütztes Arzneimittel *n*

**proprietor**, Eigentümer *m*; Inhaber *m*; **landed ~** Grundeigentümer *m*, Grundbesitzer *m*; **sole ~** → sole; ~ **of a firm** Firmeninhaber *m*; ~ **of a trade mark** Inhaber *m* e-s Warenzeichens

**proprietorship**, Eigentum *n*, Eigentumsrecht *n*; *Am* Eigenkapital *n*; **sole ~** *Am* → sole

**pro rata**, verhältnismäßig, anteilmäßig; **on a ~ basis** anteilmäßig; ~ **amount** anteilmäßiger Betrag *m*; ~ **freight** Distanzfracht *f*

**prorate**, anteilmäßig aufteilen; umlegen

**pros and cons, to weigh the ~** die Gründe für und wider abwägen

**prosecute**, *v* betreiben; *(gerichtlich)* verfolgen; **to ~ a claim** e-n Anspruch verfolgen; e-e Forderung einklagen; **to ~ one's studies** seine Studien betreiben (od. fortsetzen)

**prospect**, Aussicht *f*; voraussichtlicher (od. möglicher) Kunde *m*; Schürfstelle *f*; **business ~s** Geschäftsaussichten *pl*; **cyclical ~s** (or **~s of the market**) Konjunkturaussichten *fpl*; **~s of a job** Berufsaussichten *pl*; **~s of profit** Gewinnaussichten *pl*; **to have in ~** in Aussicht haben; **offering good ~s** aussichtsreich; **offering no ~s** aussichtslos

**prospect**, *v* prospektieren, schürfen; **to ~ for oil** nach Öl bohren

**prospecting permit**, Schürferlaubnis *f*

**prospective**, in Aussicht stehend; voraussichtlich; **~ buyer** (Kauf-)Interessent *m*, möglicher Käufer *m*, Reflektant *m*; **~ damages** Ersatz *m* für zukünftigen Schaden; **~ profit** zu erwartender (od. voraussichtlicher) Gewinn *m*

**prospectus**, Prospekt *m*; *(Börse)* Emissionsprospekt; **publication of the ~** Prospektveröffentlichung *f*; **~ liability** Prospekthaftung *f*

**prosper**, *v* prosperieren; im Wohlstand leben; florieren; **business is ~ing** das Geschäft geht gut

**prosperity**, Prosperität *f*, Wohlstand *m*; *(Konjunkturzyklus)* Aufschwung *m*; **~ phase** Hochkonjunktur *f*

**prosperous**, **~ business** blühendes (od. gut gehendes) Geschäft *n*; **~ year** günstiges Jahr *n*

**protect**, *v* schützen; **to ~ a p.'s interests** jds Interessen sicherstellen

**protected by law**, gesetzlich geschützt

**protecting duty**, Schutzzoll *m*

**protection**, Schutz *m*; Protektion *f*; Versicherungsschutz *m*; **duration of ~** Schutzdauer *f*; **legal protection** Rechtsschutz *m*; **territorial ~** Gebietsschutz *m (e-s Händlers)*; **~ against dismissal** Kündigungsschutz; **~ from execution** Vollstreckungsschutz; **~ money** *(erpresstes)* Schutzgeld *n*; **~ of consumers** Verbraucherschutz; **~ of the countryside** Landschaftsschutz; **~ of the environment** Umweltschutz, **~ of industrial property** gewerblicher Rechtsschutz, **~ of the investors** Anlageschutz; **~ of young people at work** Jugendarbeitsschutz; **~ of third parties acting in good faith** Schutz gutgläubiger Dritter; **to afford ~** Schutz gewähren

**protectionism**, Protektionismus *m*, Schutzzollsystem *n*

**protectionist**, Protektionist *m*; Anhänger *m* des Schutzzollsystems

**protective**, **P~ Certificate for proprietary medicines** *(EU)* Schutzzertifikat *n* für Arzneimittel; **~ clause** Schutzklausel *f*; **~ custody** Schutzhaft *f*; **~ duty** Schutzzoll *m*; **~ measures** Schutzmaßnahmen *fpl*; **~ stock** kursunempfindliche, risikoarme Aktien *fpl*; **~ system** Schutzzollsystem *n*; **~ tariff** Schutzzoll *m*

**protein products**, eiweißhaltige Erzeugnisse *npl*

**pro tem**, (pro tempore) gegenwärtig, vorübergehend

**protest**, 1. Einspruch *m*, Protest *m*; Verwahrung *f*; **payment under ~** Bezahlung *f* unter Vorbehalt; **ship's ~** Seeprotest *m*, Verklarung *f*; **to enter** (or **make**) **a ~** Protest erheben; Verwahrung einlegen

**protest**, 2. (Wechsel-)Protest *m*; **past due ~** zu spät erhobener Protest; **supra ~** → supra; **waiver of ~** Verzicht *m* auf Protest; **~ certificate** Protesturkunde *f*; **~ charges** Protestkosten *pl*; **~ for nonacceptance** Protest mangels Annahme; **~ for nonpayment** Protest mangels Zahlung; **to draw up** (or **make**) **a ~ (of a bill of exchange)** Protest aufnehmen (od. erheben)

**protest**, *v* protestieren, sich verwahren (against gegen); *(Wechsel)* zu Protest gehen lassen

**protested**, **~ bill (of exchange)** protestierter Wechsel *m*; **to have the bill ~** den Wechsel zu Protest gehen lassen; **a bill is ~** ein Wechsel ist zu Protest gegangen

**protesting**, Protestaufnahme *f*, Protesterhebung *f*; **expenses for ~** Protestkosten *pl*; **time for ~** Protestfrist *f*

**protocol**, Protokoll *n*; Niederschrift *f*

**protract**, *v* verlängern, hinziehen

**provable**, beweisbar; **~ debt** anmeldbare (Konkurs-)Forderung *f*

**prove**, *v* beweisen, nachweisen; sich erweisen (als); *(Konkursforderung)* nachweisen (od. anmelden); **to ~ against the estate of a bankrupt** seine Forderung zur Konkursmasse anmelden; **to ~ a damage** e-n Schaden nachweisen; **to ~**

**a debt** e-e Forderung nachweisen; e-e Forderung *(im Konkurs)* anmelden; **to ~ one's identity** sich ausweisen; **to ~ true** sich als wahr erweisen; **to ~ a will** ein Testament als gültig bestätigen lassen

**provide**, *v* bestimmen; vorsehen; versorgen, versehen (with mit); (be)liefern; bereitstellen; **to ~ for** sorgen für; Vorsorge treffen für; **to ~ cover** Deckung anschaffen; **to ~ security** Sicherheit leisten; **to ~ services** Dienstleistungen erbringen; **to ~ with acceptance** *(Wechsel)* mit Akzept versehen; **to ~ with capital** mit Kapital versehen; **the contract ~s** der Vertrag bestimmt (od. sieht vor); **unless the contract ~s otherwise** sofern im Vertrag nicht etwas anderes bestimmt ist

**provided**, **~ (for)** vorgesehen; **except as otherwise ~** soweit nichts anderes bestimmt ist; **not otherwise ~ for** nicht anderweitig vorgesehen

**provided (that)**, unter der Bedingung (od. vorausgesetzt) (dass)

**provident**, *(für die Zukunft)* vorsorgend; **~ fund** *Br (bes. für Altersversorgung der Arbeitnehmer vorgesehener)* Unterstützungsfonds *m*; Unterstützungskasse *f*; **~ society** *Br (Erwerbs- und Wirtschaft-)* Genossenschaft *f*; Unterstützungsverein *m*

**provider**, Versorger *m*; Ernährer *m*; Lieferant *m*; **~ of services** Dienstleistungserbringer *m*

**proving**, **~ a debt** Forderungsanmeldung *f* *(im Konkurs)*; **~ a will** *(formelle)* Testamentsbestätigung *f (durch das Gericht)*

**provision**, Versorgung *f* (of mit); Vorsorge *f*; Beschaffung *f*, Bereitstellung *f*; Bestimmung *f*, Klausel *f*; Rückstellung *f*, Rücklage *f*; **~s** Lebensmittel *pl*; **legal ~** gesetzliche Bestimmung; **penal ~** Strafbestimmung; **~ dealer** → ~ merchant; **~ for bad debts** Wertberichtigung *f* auf uneinbringliche Forderungen; **~ for contingencies** Rückstellung für unvorhergesehene Ausgaben; **~ for depreciation** *(Bilanz)* Wertberichtigung *f* auf das Anlagevermögen; **~ for doubtful debts** *(Bilanz)* Wertberichtigung *f* auf zweifelhafte Forderungen; Delkredererückstellung *f*; **~ for guarantee** Garantierückstellung; **~ for old age** Altersversorgung *f*; **~ for pensions** Pensionsrückstellung; **~ for taxation** Steuerrückstellung; **~ industry** Lebensmittelindustrie *f*; **~ merchant** Lebensmittelhändler *m*; **~ of capital** Beschaffung (od. Bereitstellung) von Kapital; **~s of the Community** *(EU)* gemeinschaftsrechtliche Bestimmungen; **~ of a contract** Vertragsbestimmung; **~ of cover** Deckungsanschaffung *f*; **~ of credit** Bereitstellung von Kredit; **~ of funds** Bereitstellung von Mitteln; **~ of housing** Wohnungsbeschaffung *f*; **~ of security** Bestellung *f* e-r Sicherheit; **~ of services** Erbringung von Dienstleistungen; **~s of a will** Bestimmungen e-s Testaments; **to make ~s** Rückstellungen bilden; **to make ~ for cover** Deckung anschaffen

**provisional**, vorläufig, einstweilig, provisorisch; **~ cover** vorläufige Deckungszusage *f*; **~ driving licence** *Br* (**~ driver's license** *Am*) Führerschein *m* auf Probe; **~ injunction** einstweilige Verfügung *f*; **~ invoice** vorläufige Rechnung *f*; **~ receipt** Interimsquittung *f*

**proviso**, Klausel *f*; Vorbehalt *m*; **with the ~ that** unter der Bedingung, dass; **~ clause** Vorbehaltsklausel *f*

**prox., on the 2nd ~** am 2. des nächsten Monats

**proxy**, Vollmacht *f* für Stimmrechtsausübung; Bevollmächtigter *m (zur Stimmabgabe)*, Stimmrechtsvertreter *m*; Stellvertreter *m (auf Grund e-r Vollmacht)*; **by ~** in Vertretung; **voting by ~** Stimmrechtsausübung *f* durch **~**; **~ fight** *Am* Stimmrechtskampf *m (von Aktionärsgruppen)*; **~ for exercising voting rights** Vollmacht *n* zur Ausübung des Stimmrechts; **~ holder** *(zur Stimmrechtsausübung)* Bevollmächtigter; **~ vote** stellvertretend abgegebene Stimme *f*; **~ voting right** Vollmachtsstimmrecht *n*; **to appoint** (or **authorize**) **a ~ (to vote)** e-n Bevollmächtigten *(zur Stimmabgabe)* ernennen

**prudent man**, vorsichtig (od. einsichtig) handelnder Mensch *m*; **~ rule** *Am* Standard *m* für Anlagebeschränkungen zugunsten bestimmter geschützter Vermögen

**prune**, *v* beschneiden; kürzen; **~ staff** das Personal reduzieren

**psychology**, **occupational ~** Berufspsychologie *f*

**public**, Öffentlichkeit *f*; **going ~** Gang *m* an die Börse; **in ~** öffentlich; **not open to**

**the** ~ unter Ausschluss *m* der Öffentlichkeit

**public**, öffentlich; ~ **account** *Br* Bankkonto für staatliche Gelder; ~ **accountant** Wirtschaftsprüfer *m*; ~ **assistance** Sozialhilfe *f*; ~ **auction** öffentliche Versteigerung *f*, Zwangsversteigerung *f*; ~ **authorities** Behörden *fpl*; ~ **bodies** Körperschaften des öffentlichen Rechts; öffentliche Stellen *pl*; ~ **bonds** Anleihen *fpl* der öffentlichen Hand, Staatspapiere *pl*; ~ **borrowing** Kreditaufnahme *f* der öffentlichen Hand; ~ **buying** *(Börse)* Publikumskäufe *mpl*; ~ **call** Kursfestsetzung *f* durch Zuruf; ~ **call box** *Br* öffentlicher Fernsprecher *m*; ~ **carrier** Spediteur *m*; Publikumsgesellschaft *f*; ~ **company (limited by shares)** *Br* → ~ limited company

**public contracts**, öffentliches Auftragswesen *n*; **award of** ~ Vergabe *f* öffentlicher Aufträge *(bei Ausschreibungen)*

**public**, ~ **corporation** öffentlich-rechtliche Körperschaft *f*; *Br* wirtschaftliches Unternehmen *n* der öffentlichen Hand; ~ **debt** Staatsschuld *f*; ~ **employment** Beschäftigung *f* (od. Anstellung *f*) im öffentlichen Dienst (od. Staatsdienst); ~ **enterprise** staatliches Unternehmen *n*; ~ **entities** *(EU)* öffentliche Stellen *fpl*; ~ **examination** → examination; ~ **expenditure** öffentliche Ausgaben, Staatsausgaben *fpl*; **at the** ~ **expense** auf Staatskosten *pl*; ~ **funds** → fund 1.; ~ **goods** öffentliche Güter *npl*; ~ **health** Volksgesundheit *f*; ~ **health office** Gesundheitsamt *n*; ~ **holiday** gesetzlicher Feiertag *m*; ~ **house** *Br* Gastwirtschaft *f*; ~ **image** öffentliches Ansehen *n*; ~ **interest** öffentliches Interesse *n*; ~ **investment** Investitionen *fpl* der öffentlichen Hand; ~ **invitation to tender** öffentliche Ausschreibung *f*; ~ **issue** öffentliches Zeichnungsangebot *n*

**public**, ~ **liability insurance** Betriebs-Haftpflichtversicherung *f*; ~ **(limited) company** (plc) *Br* Aktiengesellschaft *f* (AG); ~ **listing** Börsennotierung *f*; ~ **loan** Staatsanleihe *f*; ~ **means** öffentliche Mittel *pl*; ~ **mischief** grober Unfug *m*; ~ **money** öffentliche Gelder *npl*, Staatsgelder *pl*; ~ **mortgage bank** öffentlich-rechtliche Grundkreditanstalt *f*; ~ **notice procedure** Aufgebotsverfahren *n*; ~ **nuisance** öffentliches Ärgernis *n*; ~ **offering** öffentliches Zeichnungsangebot *n*

**public opinion**, öffentliche Meinung *f*; ~ **poll** Meinungsumfrage *f*; ~ **research** Meinungsforschung *f*, Demoskopie *f*

**public**, ~ **order** öffentliche (Sicherheit und) Ordnung; ~ **ownership** öffentliches Eigentum; Staatseigentum *n*

**public policy**, ordre public; Allgemeinwohl *n*; öffentliche Ordnung *f*; **advertising contrary to** ~ sittenwidrige Werbung

**public**, ~ **procurement** öffentliches Auftragswesen *n*; ~ **property** Eigentum *n* der öffentlichen Hand, Staatseigentum *n*; ~ **purchases** Käufe *mpl* der öffentlichen Hand

**public relations**, Öffentlichkeitsarbeit *f* *(e-s Unternehmens etc.)*; Kontraktpflege *f*; ~ **man** (PR-man) Public Relations-Fachmann, Reklamefachmann

**public**, ~ **revenue** Staatseinkünfte *pl*; ~ **sale** öffentliche Versteigerung *f*, Auktion *f*; ~ **sector borrowing** Kreditaufnahme *f* der öffentlichen Hand; ~ **sector borrowing requirement** (PSBR) Kreditbedarf *m* der öffentlichen Hand; ~ **securities** Staatspapiere *npl*

**public service**, öffentlicher Dienst, Staatsdienst *m*; *Am* Bereitstellung *f* von Versorgungsdiensten ( → public utilities); ~ **vehicle** (P.S.V.) Fahrzeug für den öffentlichen Verkehr *(Taxi, Bus etc.)*

**public**, ~ **spending** öffentliche Ausgaben, Staatsausgaben *pl*; ~ **supply contract** öffentlicher Liefervertrag *m*

**public transport**, öffentliche Verkehrsmittel *npl*; ~ **transport undertaking** öffentliches Verkehrsunternehmen *n*

**public utilit|y**, ~**ies** Versorgungsbetriebe *mpl*; Versorgungswerte *pl*, Tarifwerte *pl*; **public** ~ **bonds** Obligationen der Versorgungsbetriebe; **public** ~ **company** Versorgungsbetrieb *m*; **public** ~ **shares** (*Am* **stocks**) Versorgungswerte *pl*; **public** ~ **services** Versorgungsdienstleistungen *pl (Gas, Elektrizität, Wasser etc.)*

**public**, ~ **warehouse** öffentliches Lagerhaus *n*; ~ **works** öffentliche (Bau-)Arbeiten *pl*; ~ **works contract** öffentlicher Bauauftrag *m*

**publicly owned**, staatseigen; in öffentlichem Besitz (befindlich); ~ **enterprise** Unternehmen *n* der öffentlichen Hand; Staatsbetrieb *m*

**publication**, Veröffentlichung *f*, Bekanntmachung *f*; **new ~** Neuerscheinung *f*; **printed ~** öffentliche Druckschrift *f*; **~ of a book** Herausgabe *f* (od. Erscheinen) e-s Buches

**publicity**, Publizität *f*, Öffentlichkeit *f*; Werbung *f*, Reklame *f*; Werbewesen *n*; **~ agency** Werbeagentur *f*; **~ appeal** Werbekraft *f*; **~ campaign** Werbeaktion *f*, Werbefeldzug *m*; **~ department** Werbeabteilung *f*; **~ expenses** Werbungskosten *pl*; **~ manager** Werbeleiter *m*; **~ material** Werbematerial *n*; **~ offer price** Werbepreis *m*; **~ sales** Werbeverkauf *m*; **to conduct a ~ campaign** e-n Werbefeldzug führen

**publish**, *v* veröffentlichen; bekanntmachen, öffentlich bekannt geben; *(Buch)* verlegen

**published, just ~** soeben erschienen

**publisher**, Verleger *m*; **~ s** Verlag *m*

**publishing house**, Verlag(shaus) *m(n)*

**publicize**, *v* bekanntgeben, werben

**puff**, *colloq.* übertriebene Anpreisung *f*

**puffing advertisement**, übertriebene (od. marktschreierische) Werbung *f*

**pull**, Zugkraft *f*, Sog *m*; *colloq.* persönlicher Einfluss *m*; **import ~** Importsog *m*; **~ of demand from abroad** Nachfragesog *m* aus dem Ausland

**pull**, *v* ziehen; **to ~ down** *(Gebäude)* abreißen; *(Preise, Kurse)* drücken; **to ~ in money** *colloq.* schnell Geld verdienen

**pump priming**, Initialzündung *f* (Ankurbelung der Wirtschaft)

**punch**, Locher *m*

**punched-card system**, *(EDV)* Lochkartenverfahren *n*

**punctual, ~ delivery** pünktliche Lieferung *f*; **to pay ~ly** pünktlich zahlen

**punishable**, strafbar; **to be ~ by fine** mit Geldstrafe zu bestrafen sein

**punitive damages**, Strafe einschließender Schadensersatz *m*

**punter**, *(Börse)* Spekulant *m*

**purchase**, Kauf *m*, Ankauf *m*, Einkauf *m*; Erwerb *m*; Kaufobjekt *n*; **additional ~** Zukauf *m*; **bulk ~** Großeinkauf *m*; **cash ~** Barkauf; *(Börse)* Kassakauf; **chance ~** Gelegenheitskauf; **compulsory ~** *Br* Enteignung *f*; **covering ~** Deckungskauf; **credit ~** Kreditkauf; **fictitious ~** Scheinkauf; **forward ~** Terminkauf; **hire ~** *Br* Mietkauf, Teilzahlungskauf; **~ according to sample** Kauf nach Muster; **~s account** Wareneinkaufskonto *n*; **purchases book** Wareneingangsbuch *n*; **~ by description** Kauf nach Angabe; **~ by instal(l)ment** Teilzahlungskauf, Ratenkauf; **~ commitment** Kaufverpflichtung *f*, Abnahmeverpflichtung *f*; **~ contract** Kaufvertrag; *(Börse)* Schlussnote *f*; **~s day book** → ~ book; **~ decision** Kaufentscheidung *f*; **~ for cash** → cash ~; **~ for future delivery** *(Warenbörse)* Terminkauf *m*; **~ for a rise** Kauf auf Hausse; **~ for value without notice** gutgläubiger Erwerb *m* gegen Entgelt; **~ group** (Emissions-)Übernahmekonsortium *n*; **~ in bulk** Großeinkauf; **~ (s) invoice** Eingangsrechnung *f*

**purchase money**, Kaufpreis *m*, Kaufsumme *f*; **~ loan** Warenbeschaffungskredit *m*; **~ mortgage** *Am* Restkaufgeldhypothek *f*

**purchase, ~ obligation** Bezugsverpflichtung *f*; **~ of land** Grundstückserwerb *m*; **~ of goods in replacement** Deckungskauf *m*; **~ offer** Kaufangebot *f*; **~ on approval** Kauf auf Probe; **~ on call** Kauf auf Abruf; **~ on credit** Kreditkauf; **~ on margin** Wertpapierkauf gegen Kredit; **~ on trial** Kauf auf Probe; **~ option** Kaufoption *f*

**purchase order**, Kaufauftrag *m*; Einkaufsauftrag *m*; Bestellung *f*; **~ from abroad** *(Börse)* Kauforder *f* aus dem Ausland

**purchase possibilities**, Einkaufsmöglichkeiten *fpl*

**purchase price**, Kaufpreis *m*; Einkaufspreis *m*; Anschaffungspreis *n*; **balance of ~** Restkaufgeld *n*; **claim for ~** Kaufpreisforderung *f*; **to abate the ~** → abate *v*

**purchase, ~ quota** Einkaufskontingent *n*; **~s return book** Rückwarenbuch *n*, Retourenjournal *n*; **to conclude** (or **make, effect**) **a ~** e-n Kauf machen (od. abschließen)

**purchase**, *v* kaufen, einkaufen, ankaufen; *(käuflich)* erwerben; beziehen; **to ~ at auction** ersteigern; **to ~ compulsorily** *Br (Grundbesitz)* enteignen; **to ~ forward** *(Börse)* auf Termin kaufen

**purchaser**, Käufer *m*; Einkäufer *m*; Erwerber *m*; **bona fide** (or **innocent**) **~** gutgläubiger Erwerber; **~ pattern** Käuferverhalten *n*; **to meet with ~s** Käufer finden

**purchasing**, Kauf *m*; Einkauf *m*; Erwerb *m*;

Anschaffung *f*; ~ **agent** → buying agent; ~ **budget** Anschaffungsplan *m (e-s Unternehmens)*; ~ **capacity** Kaufkraft *f*; ~ **cooperative** Einkaufsgenossenschaft *f*; ~ **costs** *(vom Käufer zu tragende)* Bezugskosten *pl*; ~ **decision** Einkaufsentscheidung *f*

**purchasing department**, Einkaufsabteilung *f*; **head of** ~ Einkaufsleiter *m*

**purchasing**, ~ **manager** Einkaufsleiter *m*; ~ **office** Einkaufsbüro *n*; ~ **officer** Einkäufer für *(zur Produktion benötigtes)* Material; ~ **order** Kaufauftrag *m*; ~ **patterns** Kaufgewohnheiten *fpl*; ~ **planning** Einkaufsplanung *f*

**purchasing power**, Kaufkraft *f*; **excessive** ~ Kaufkraftüberhang *m*; ~ **of the euro** *(EU)* Kaufkraft *f* des Euro *m*; ~ **parity** Kaufkraftparität *f*; ~ **standards** *(EU)* Kaufkraftstandards *mpl*

**purchasing**, ~ **possibilities** Kaufmöglichkeiten *fpl*; **at the** ~ **rate of exchange** zum Ankaufskurs; ~ **syndicate** Konsortium *(für Wertpapieremissionen)*

**pure**, ~ **alcohol** reiner Alkohol *m*; ~ **competition** vollkommener Wettbewerb *m*; ~ **premium** Nettoprämie *f* ~ **play,** reines Internetunternehmen

**purity standard**, Reinheitsgebot *n*

**purpose**, Absicht *f*, Zweck *m*; **all-~** Allzweck-; **for advertising ~s** zu Werbezwecken; **on** ~ absichtlich; **to the** ~ zweckdienlich; **~-built** für e-n bestimmten Zweck gebaut; **~-oriented** zweckgebunden

**purse**, Portemonnaie *n*; Geld(summe) *n(f)*, Geldgeschenk *n*; Geldpreis *m*; *Am* Handtasche *f*

**pursuant to**, gemäß, nach; ~ **to the contract** vertragsgemäß

**pursue**, *v (Plan etc.)* verfogen; betreiben; fortfahren; **to** ~ **one's business** seinen Geschäften nachgehen; **to** ~ **a professional** (or **trade**) **activity** e-e berufliche Tätigkeit ausüben; **to** ~ **a trade** ein Gewerbe betreiben

**purvey**, *v* (bes. Lebensmittel) liefern

**purveyor**, Lieferant *m (bes. von Lebensmitteln)*

**push**, Stoß *m*; aufdringliche Werbung *f*; *colloq.* Antrieb *m*; Schwung *m*; Energie *m*; *colloq.* Entlassung *f*, ~ **boat** Schubboot *n*; ~ **money** Verkäuferprämie *f* für Ladenhüter; **to give sb. the** ~ jdn entlassen

**push**, *v (jdn)* drängen *(etw. zu kaufen)*; intensiv werben; Reklame machen; *colloq.* mit Rauschgift handeln; **to** ~ **goods** Waren aufdrängen; **to** ~ **sb. off the market** jdn vom Markt drängen; **to** ~ **up** *(Preise od. Kurse)* hochtreiben

**pushed**, **to be** ~ *(an Geld, Zeit etc.)* knapp sein

**pushing**, **share-~** Aufdrängen *n* wertloser Aktien

**put**, *(Börse)* Verkaufsoption *f*; Rückprämie *f*; **giver for a** ~ Verkäufer e-r Rückprämie (Stillhalter); **taker for a** ~ Käufer *m* e-r Rückprämie

**put and call**, Stell(age)geschäft *n*; **seller of a** ~ Stellagegeber *m*; ~ **price** Stellkurs *m*

**put**, ~ **option** Rückprämie *f*; Verkaufsoption *f*; ~ **price** Rückprämienkurs *m*; **to give for the** ~ Rückprämie verkaufen; **to take for the** ~ Rückprämie kaufen

**put**, *v* setzen, stellen, legen; *(Börse)* anbieten, liefern, **to** ~ **by** *(Geld)* beiseitelegen; **to** ~ **in play** zum Spekulationsobjekt *n* machen; **to** ~ **down** aufschreiben, niederschreiben; **to** ~ **down on tape** auf Tonband aufnehmen; **to** ~ **forward** vorbringen

**put**, *v*, **to** ~ **money into a bank** Geld auf e-e Bank legen; **to** ~ **capital into a business** Kapital in ein Geschäft stecken; **to** ~ **into circulation** in Umlauf setzen

**put off**, *v* aufschieben; **to** ~ **one's creditors** seine Gläubiger hinhalten

**put on**, *v*, **to** ~ **on the file** zu den Akten nehmen; **to** ~ **on the market** auf den Markt werfen

**put out**, *v*, **to** ~ **money at interest** Geld verzinslich anlegen

**put**, *v*, **to** ~ **to a p.'s account** jdm etw. berechnen (od. in Rechnung stellen); **to** ~ **a p. to expense** jdm Kosten verursachen

**put up**, *v* aufstellen, errichten; **to** ~ **capital** Kapital aufbringen; **to** ~ **for auction** zur Versteigerung bringen, versteigern; **to** ~ **funds** Geld aufbringen; **to** ~ **the price** den Preis heraufsetzen; **to** ~ **for sale** zum Verkauf anbieten (od. bringen)

**pyramid selling**, Schneeballsystem *n*

**pyramiding**, *(Börse)* ständiger Zukauf bestimmter Aktien bei steigendem Kurs

# Q

**quadruplicate**, vierfach(e Ausfertigung *f*)
**quadruple**, *v* vervierfachen
**qualification**, Qualifikation *f*, Befähigung *f*; Berechtigung *f*; Vorbedingung *f*, Voraussetzung *f* (for für); Einschränkung *f*, Vorbehalt *m*; **audit ~** → audit; **certificate of ~** Befähigungsnachweis *m*; **subject to ~s** Änderungen vorbehalten; **with the ~** mit der Einschränkung, **~ for dividend** Dividendenberechtigung *f*; **~ for pension** Pensionsberechtigung *f*; **~ shares** *Br* Pflichtaktien *pl (der Mitglieder des Verwaltungsrats e-r AG)*; **professional ~** berufliche Eignung *f*; **to hold the ~** die (berufl.) Voraussetzungen haben
**qualified**, qualifiziert, geeignet; berechtigt; eingeschränkt; **~ acceptance** Annahme unter Vorbehalt; *(WechselR)* bedingtes Akzept *n*; **~ as to time** zeitlich beschränkt; **~ audit certificate** eingeschränkter Bestätigungsvermerk *m (des Wirtschaftsprüfers)*; **~ endorsement** eingeschränktes Indossament *n*, Indossament ohne Obligo; **~ for dividend** dividendenberechtigt; **~ majority** qualifizierte Mehrheit *f*; **~ report** eingeschränkter Bericht *m (des Wirtschaftsprüfers)*
**qualify**, *v* qualifizieren, befähigen; die nötigen Voraussetzungen erfüllen, in Frage kommen (for für); *(e-e Erklärung)* einschränken; Anspruch haben (for auf)
**qualifying**, **~ certificate** Berechtigungsnachweis *m*; **~ examination** Eignungsprüfung *f*; **~ period** *(VersR)* Wartezeit *f*, Karenzzeit *f*; **~ shares** → qualification shares
**quality**, Qualität *f*, Beschaffenheit *f*; Güte *f*; **agreed ~** vereinbarte Qualität; **average ~** Durchschnittsqualität; **bottom ~** schlechteste Qualität; **choice ~** erste Qualität; **complaint regarding the ~** Qualitätsrüge *f*; **deviation from ~** Qualitätsabweichung *f*; **difference in ~** Qualitätsunterschied *m*; **external ~** äußere Beschaffenheit; **guaranteed ~** zugesicherte Eigenschaft *f (der verkauften Sache)*; **high ~ goods** Güter *pl* des gehobenen Bedarfs; Qualitätswaren *pl*; **keeping ~** Haltbarkeit *f (von Lebensmitteln)*; **commodities of like ~** qualitativ gleiche Waren; **low-~ goods** Erzeugnisse geringer Qualität; **medium ~** mittlere Qualität; **merchantable ~** marktgängige (od. handelsübliche) Qualität; **poor ~** schlechte Qualität; **promised ~** zugesicherte Eigenschaft; **satisfactory ~** → merchantable **quality**; **seal of ~** Gütesiegel *n*; **superior ~** vorzügliche Qualität; **undertaking as to ~** → undertaking 2.; **goods of uniform ~** Waren von einheitlicher Güte; **variation in ~** Qualitätsunterschied *m*; **~ as per sample** Qualität laut Muster; **~ assurance** Qualitätssicherung *f*; **~ bonus** Qualitätsprämie *f*; Güteprämie *f*; **~ category** (or **class**) Güteklasse *f*; **~ characteristic** Qualitätsmerkmal *n*, Güteeigenschaft *f*; **~ check** (or **control**) Qualitätskontrolle *f*; **~ deterioration** Qualitätsverschlechterung *f*; **~ failure** Qualitätsmangel *m*; **~ goods** Qualitätswaren *pl*; **~ grade** Qualitätsstufe *f*; **~ label** Gütezeichen *n*; **~ of life** Lebensqualität *f*; **~ of material** Materialqualität *f*; **~ of Service**, Standard *m* zur Sicherung der Servicequalität
**quality product** Qualitätserzeugnis *n*; **~ protection** Qualitätssicherung *f*; **~ rating** Qualitätseinstufung *f*; **~ requirements** Qualitätsanforderungen *fpl*; **~ standards** Qualitätsnormen *fpl*; Gütenormen *fpl*; **~ test** Qualitätsprüfung *f*; **to assess the ~** die Qualität bewerten; **the ~ cannot be beaten** die Qualität ist unübertroffen; **to complain about the ~** die Qualität beanstanden; **~ deteriorated** die Qualität hat sich verschlechtert; **to improve the ~** die Qualität verbessern; **to judge the ~ of the goods** die Qualität der Ware beurteilen; **the ~ does not meet our customers' requirements** die Qualität genügt den Anforderungen unserer Kunden nicht
**quantitive**, quantitativ, mengenmäßig; **~ restrictions on imports** Einfuhrbeschränkungen *fpl*
**quantity**, Quantität *f*, Menge *f*; Anzahl *f*; **certificate of ~** Mengenbescheinigung *f*; **deficiency in ~** fehlende Menge; **in terms of ~** mengenmäßig; **on purchase of large ~ies** bei Abnahme größerer Mengen; **~ adjustment** Mengenanpassung *f*; **~ buyer** Großabnehmer *m*; **~ buying** Mengenkauf *m*; **~ consumed** Verbrauch(smenge) *m(f)*; **~ deviation** Mengenabweichung *f*; **~ discount** Men-

genrabatt *m*; **~ fixing** Mengenfixierung *f*; **~ies imported** Importmengen *fpl*; **~ index** Mengenindex *m*; **~ of goods** Warenmenge; **~ ordered** bestellte Menge; **~ rebate** Mengenrabatt *m*, **~ surveyor** *Br* Baukostensachverständiger *m*; **~ variance** Mengenabweichung *f*

**quantum**, **~ of damages** Betrag *m* des Schadensersatzes

**quarry**, Steinbruch *m*; **~ing industry** Industrie der Steine und Erden

**quarter**, Viertel *n*; Vierteljahr *n*, Quartal *n*; Stadtviertel *n*; *Am* 25-cent-Stück *n*; **business ~** Geschäftsviertel *n*; **financial ~s** Finanzkreise *mpl*; **residential ~** Wohnviertel *n*; **~ day** Quartalstag *m*; *Br* Mietzahltag *m*; **~'s instalment** Vierteljahresrate *f*; **~ page advertisement** viertelseitige Anzeige *f*; **~'s payment** Quartalszahlung *f*

**quarterage**, Vierteljahreszahlung *f* (4-mal im Jahr)

**quarterly**, Vierteljahresschrift *f*; vierteljährlich; **~ accounts** Quartalsabrechnungen *pl*; **~ dividend** Quartalsdividende *f*; **~ statement** Vierteljahresbericht *m*; **~ statement of accounts** Quartalsabschluss *m*

**quash**, *v* aufheben, für ungültig erklären

**quasi**, Quasi-, Schein-; **~-contract** vertragsähnliches Schuldverhältnis *n*; **~ manufacturer** Quasihersteller *m*; **~-money** → near money; **~-partnership** Scheingesellschaft *f*, Scheinsozietät *f*

**quay**, Kai *m*; **~ dues** Kaigebühren *fpl*; **~ receipt** Kaiempfangsschein *m*

**quayage**, Kaigeld *n*, Kaigebühren *pl*

**queer street**, **to be in ~** *colloq.* in finanziellen Schwierigkeiten sein

**question**, **it is not a ~ of price** auf den Preis kommt es nicht an

**questionable**, **~ practices** fragwürdige Praktiken *pl*; **it is ~ whether** es ist fraglich, ob

**question marks**, Produkte, die noch nicht Gewinn bringend sind, einen relativ kleinen Marktanteil haben, aber evtl. hohes Wachstum versprechen → Boston Matrix

**questionnaire**, Fragebogen *m*; **to fill in a ~** e-n Fragebogen ausfüllen

**quick**, schnell; **~ assets** *Am* flüssige Mittel *pl*; leicht realisierbare Aktiva *pl*; **~ (asset) ratio** *Am* → acid test ratio; **~ money** schnell flüssig zu machendes investiertes Geld *n*; **~ return** schneller Ertrag *m*; **to sell ~ly** guten Absatz finden, sich gut verkaufen

**quid pro quo**, Gegenleistung *f*

**quiet**, ruhig; *(Börse)* lustlos, mit wenig Geschäften

**quinquennial**, fünfjährig, alle fünf Jahre

**quintal**, Quintal *n*

**quit**, *v (Arbeitsplatz)* aufgeben, verlassen; verzichten auf; räumen, ausziehen *(Mieter)*; **notice to ~** Kündigung *f (e-s Miet- od. Arbeitsverhältnisses)*

**quittance**, *Am* Schuldenerlass *m*

**quorum**, Quorum *n*; beschlussfähige Mitgliederzahl *f*; Beschlussfähigkeit *f*; **forming a ~** beschlussfähig; **to be without a ~** beschlussunfähig sein; **to form a ~** Beschlussfähigkeit haben; **a ~ of the Council is not present** *(EU)* der Rat ist nicht beschlussfähig

**quota**, Quote *f, (verhältnismäßiger)* Anteil *m*; Kontingent *n*; **allocation of a ~** Kontingentierung *f*; **compliance with a ~** Einhaltung *f* e-r Quote; **export ~** Exportquote *f*; Ausfuhrkontingent *n*; **foreign exchange ~** Devisenkontingent *m*; **global ~** Globalkontingent *n*; **increase in the ~** Quotenheraufsetzung *f*; Erhöhung *f* e-s Kontingents; **product subject to a ~** unter ein Kontingent fallendes Erzeugnis *n*; **production ~** Erzeugungsquote *f*; **reduction of a ~** Quotenherabsetzung *f*; Kürzung *f* e-s Kontingents; **~ allotment** Quotenzuteilung *f*; **~ arrangement** Quotenregelung *f*; **~ charges** Quotenkosten *pl*; **~ fixing** Kontingentierung *f*; **~ goods** kontingentierte Waren; **~ increase in the** → IMF Aufstockung *f* der Quote beim IWF

**quota restriction**, Kontingentierung *f*; **goods under ~** kontingentierte Waren; **to abolish ~ on a product** die Kontingentierung e-r Ware aufheben

**quota rules for imports**, Vorschriften für Kontingentierung von Importen

**quota sampling**, Quotenauswahl *f*

**quota share**, Quotenanteil *m*; *(bei Rückversicherung)* Quote *f*; **~ reinsurance** Quotenrückversicherung *f*

**quota**, **to allocate ~s** Quoten zuteilen; **to charge to** (or **count against**) **a ~** auf e-e Quote anrechnen; **to comply with ~s** Quoten einhalten; **to exceed ~s** Quoten überschreiten; **to extend a ~** ein Kontingent erweitern; **to fix a ~ for** *(etw)* kontingentieren; e-e Quote festsetzen für;

**to increase ~s** Quoten erhöhen (od. aufstocken)

**quotation**, 1. Preisangabe *f*; Preisangebot *n*; Anführung *f*, Zitat *n*; **to ask for a ~** ein Preisangebot verlangen; **to invite ~s** Preisangebote einholen; **to submit a ~** ein Preisangebot machen

**quotation**, 2. *(Börse)* Notierung *f*, Feststellung (od. Festsetzung) von Kursen; Kurs *m*; **admission to ~** Zulassung *f (von Wertpapieren)* zur Börse; **application for ~** *Br* Antrag *m* (*e-r → public company*) auf Zulassung zur Börse; **closing ~** Schlussnotierung; **cash ~** Kassakurs *m*; **daily ~** Tageskurs *m*; **exchange ~** Börsennotierung; **indirect ~** *(Devisenkurs)* Mengennotierung; **list of ~s** *Br* Kursblatt *n*; **market ~** Kursnotierung; **note appended to ~** Kurszusatz *m*

**quotation**, **official ~** amtliche Notierung, amtlicher (Börsen-)Kurs; **to apply for official ~** *Br* Zulassung zur Börse beantragen

**quotation**, **percentage ~** Prozentkurs; **price ~** Kursnotierung; **rise in ~s** Hausse *f*; **share** (or **stock**) **~** Kursnotierung; Aktienkurs; **stock exchange ~** Börsenkurs; Kursangabe *f*; **unit ~** Stücknotierung; **unofficial ~** Notierung im Freiverkehr; **~ board** Kurs(anzeige)tafel *f*; **Q~s Committee of the (London) Stock Exchange** *Br* Börsenzulassungsausschuss *m*; **~ for forward delivery** Terminnotierung; **~ of the day** Tageskurs *m*; **~ of (foreign) exchange rates** Devisennotierung; **~ of prices** Kursnotierung; **~ of shares** (or **stocks**) Notierung von Aktien; **~ on a foreign market** Auslandsnotierung *f*; **~ ticker** *Am* Börsenfernschreiber *m*; **to have shares admitted for ~** Aktien zum Börsenhandel zulassen; **the ~s weakened** die Kurse schwächten ab

**quote**, *v* notieren, amtlichen Börsenkurs (od. Warenpreis) festsetzen; anführen, zitieren; **to ~ a price** e-n Kurs notieren; ein Preisangebot machen, e-n Preis angeben (od. nennen)

**quoted**, **~ company** börsennotierte Gesellschaft *f*; **~ flat** ohne Zinsen notiert; **~ investments at cost** *Br* börsengängige Wertpapiere zum Anschaffungspreis; **~ list** *Br* amtl. Kurszettel *m*; **~ prices** notierter Kurs; angegebener Preis, Preisangebot *n*; **officially ~ securities** amtlich notierte Wertpapiere; **~ shares** (börsen)notierte Aktien; **~ value** Kurswert *m*; **to be officially ~ on the stock exchange** zum amtlichen Handel zugelassen sein; **how are the shares ~?** wie hoch steht der Kurs?

# R

**race**, (Wett-)Rennen *n*; Rasse *f*; **armament ~** Wettrüsten *n*; **~ discrimination** Rassendiskriminierung *f*

**rack**, Regal *n (für Lebensmittel)*; **~ jobber** *Am* Regal-Großhändler, der Einzelhandelsbetriebe mit Warengruppen *(außer Lebensmitteln)* beliefert

**racket**, *colloq.* Schiebergeschäft *n*, Erpressung *f*

**racketeer**, Schieber *m*, Erpresser *m*

**radiation**, Strahlung *f*; **(person) occupationally exposed to ~** beruflich strahlenexponiert(e Person *f*); **~ hazard** Strahlengefahr *f*; **~ injury** Strahlenschädigung *f*, Strahlungsschaden *m*; **~ protection** Strahlenschutz *m*

**radioactive substances**, **maximum permissable amount of ~** höchstzulässige Menge von radioaktiven Stoffen

**radioactive waste**, **storage and reprocessing of ~** Lagerung *f* und Aufarbeitung *f* von radioaktiven Abfällen

**radioactivity**, **level of ~** Gehalt *m* an Radioaktivität

**radio**, **~ advertising** Rundfunkwerbung *f*; **~ broadcasting** Rundfunksendung *f*; **~ commercial** Radio-Werbesendung *f*; **~ fees** Rundfunkgebühren *pl*; **~ message** Funkspruch *m*; **~paging** Funkrufsystem *n*; **~station** Radiosender *m*; **~ telephony** Sprechfunk *m*

**raid**, Überfall *m*, gezielter Versuch *m* e-r Firmenübernahme *(z. B. durch Aufkauf von Aktien)*; **bank ~** Banküberfall *m*, Bankraub *m*; **(police) ~** Polizeirazzia *f*; **~ on the reserves** Angreifen *n* der Reserven

**raid**, *v* e-e Razzia durchführen in; **to ~ the market** Kurse durch Verkäufe drücken

**raider**, angreifender Übernahmespekulant *m* (→ raid)

**rail**, **carriage of goods by ~** Gütertransport *m* per Bahn; Eisenbahngüterverkehr *m*; **dispatch by ~** Bahnversand *m*; **free on ~** frei Waggon *(Abgangsbahnhof)*; frei Bahn; **~ goods carried by ~** mit der Bahn beförderte Waren; **~ and water terminal** Umschlagsplatz *m*; **~ car** Eisenbahnwagen *m (meist Frachtwagen)*; **~ carriage** Bahntransport *m*; **~ connection** Eisenbahnverbindung *f*; **~ freight** Bahnfracht *f*

**rail/road carriage of goods, combined ~ of goods** Huckepackverkehr *m*

**railroad**, *Am* Eisenbahn *f*; **~s** *Am* Eisenbahnwerte *pl*; **~ bill of lading** *Am* (Bahn-)Frachtbrief *m*; **~ bonds** *Am* Eisenbahnobligationen *pl*; **~ car** *Am* Eisenbahnwagen *m*, Waggon *m*

**railroad freight**, *Am* Bahnfracht *f*; **~ rates** *Am* Gütertarif *m*

**railroad, ~ rates** *Am* Eisenbahntarif *m*; **~** *Am* Eisenbahnaktien *pl*

**rails**, *(Börse)* Eisenbahnwerte *pl*

**railway**, *bes. Br* Eisenbahn *f*; **~s** Eisenbahnwerte *pl*; **~ bonds** *Br* Eisenbahnobligationen *pl*; **~ carriage** Eisenbahnwagen *m*, Waggon *m*; **~ connection** *Br* Bahnverbindung *f*, Bahnanschluss *m*; **~ consignment note** *Br* (Bahn-)Frachtbrief *m*; **~ goods traffic** *Br* Eisenbahn-Güterverkehr *m*; **~ guide** Kursbuch *n*; **~ passenger transport** *Br* Eisenbahn-Personenverkehr *m*; **~ rates** *Br* Eisenbahntarif *m*; **~ shares** *Br* Eisenbahnaktien *pl*; **~ traffic** *Br* (Eisen-)Bahnverkehr *m*

**rain, acid ~** saurer Regen *m*

**raise**, *bes. Am* (Gehalts-, Lohn-)Erhöhung *f*

**raise**, *v* erheben; erhöhen, steigern; *(Geld)* aufbringen; **to ~ capital** Kapital aufnehmen; **to ~ the discount rate** den Diskontsatz erhöhen; **to ~ a credit** e-n Kredit aufnehmen; e-n Kredit erhöhen; **to ~ funds** Gelder aufbringen; Mittel aufnehmen; **to ~ the limit** das Limit erhöhen; **to ~ a loan** ein Darlehen (od. e-e Anleihe) aufnehmen; **to ~ money** Geld aufbringen; Geld aufnehmen; **to ~ a mortgage** e-e Hypothek aufnehmen; **to ~ prices** die Preise erhöhen (od. heraufsetzen); **to ~ a tax** e-e Steuer erheben; e-e Steuer erhöhen

**raising, ~ of duties** Zollerhöhung *f*; **~ of prices** Preiserhöhung *f*

**rake in profits**, *v* hohe Gewinne einstreichen

**rake-off**, *colloq.* Gewinnanteil *m*

**rally, (price) ~** Kurserholung *f*

**rall|y**, *v* sich erholen, anziehen *(Preise, Kurse)*; **the market ~ied** die Kurse wurden wieder fester

**ramnification, a company with worldwide ~s** e-e Gesellschaft mit weltweiten Verzweigungen

**ramp**, → racket

**R&D**, FuE ( → research and development), **Community ~ policy** *(EU)* FuE-Politik der Gemeinschaft

**R&TD**, → research and technological development

**random**, Zufalls-; **~ access** *(EDV)* direkter Zugriff *m* zu Speicherstellen; **on a ~ basis** stichprobenweise; **~ numbers** *(Statistik)* Zufallszahlen *fpl*; **~ sample** Stichprobe *f*; **~ sampling** Zufallsauswahl *f*; **~ spot check** Stichprobe *f*; **~ variable** Zufallsvariable *f*; **~ walk** Zufallsweg *m*; **to take ~ samples** (or **to test at ~**) Stichproben machen

**randomized strategy**, randomisierte Strategie *f* (führt in den Entscheidungsprozess ein Zufallselement ein)

**range**, Auswahl *f*, Palette *f*, Sortiment *n*; Bereich *m*; Spannweite *f*, Schwankung(sbreite); *(Außenhandel)* Reihe von Häfen, für die gleiche Frachtraten vereinbart sind; **broad ~ of products** breite Palette *f* von Produkten; **salary ~** Gehaltsspanne *f*; **~ of goods** (Waren-)Sortiment *n*; **~ of goods offered** Angebotspalette *f*; **~ of patterns** (or **samples**) Musterkollektion *f*; **~ of prices** Preisspanne *f*; **~ of** → skills

**range**, *v* einreihen, einordnen; sich erstrecken; schwanken; **to ~ from ... to ...** reichen von ... bis ...

**rank**, Rang *m*, Stand *m*; Dienstgrad *m*; **of equal ~** ranggleich; **prior ~** älterer Rang; **~ of a mortgage** Rang e-r Hypothek

**rank**, *v* rangieren; einordnen, einreihen; **to ~ after** im Rang nachgehen; **to ~ before** im Rang vorgehen, bevorrechtigt sein; **to ~ first** an erster Stelle stehen; **to ~ for dividend** *Br* dividendenberechtigt sein; **to ~ third** an dritter Stelle stehen; **to ~ with** den gleichen Rang haben wie

**ranking**, Rangfolge *f*, Rangordnung *f*; **equally ~ creditors** gleichrangige Gläubiger *mpl*; **~ first** erststellig; **~ in priority to** mit Vorrang vor; **~ of creditors** Rangfolge der Gläubiger; **~ pari passu with** gleichrangig mit

**ransom**, Lösegeld *n*; **a king's ~** sehr hoher Preis *m*, sehr hoher Geldbetrag *m*

**rat(e)able**, abschätzbar, zu bewerten; einteilsmäßig; *Br* (kommunal)abgabepflichtig; steuerpflichtig; **~ freight** Distanzfracht *f*; **~ property** *Br* steuerpflichtiger Grundbesitz; **~ value** *Br* Steuerwert *m (von Grundbesitz)*, Einheitswert *m*

**rate**, *(fester)* Satz *m*; Fracht(satz *m*) *f*; Zinssatz *m*; Zoll(satz) *m*; Gebühr *f*; Tarif *m*; (Devisen-)Kurs *m*; Versicherungsprämie *f*; (Verhältnis-)Ziffer *f*, Quote *f*; Geschwindigkeit *f*; **~s** *Br* Gemeindesteuern *fpl (für gewerblich genutzten Grundbesitz)*; **annual ~** *(Vers.)* Jahresprämie *f*; **birth ~** Geburtenziffer *f*; **blanket ~** Pauschalsatz *m*; **cable ~** Kabelkurs *m*; **at the current ~** zum Tageskurs; **death ~** Sterblichkeitsziffer *f*; **discount ~** Diskontsatz *m*; **dollar ~** Dollarkurs *m*; **first ~** ausgezeichnet, erstklassig; **flat ~** Einheitssatz *m*, Pauschalsatz *m*; **gas ~** *Am* Gastarif *m*; **hourly ~** Stunden(lohn)satz *m*; **interest ~** Zinssatz *m*; **local ~s** Gemeindesteuern *fpl*; **mortgage ~** Hypothekenzinssatz *m*; **option ~** *Br (Börse)* Prämiensatz *m*; **piece ~** Akkord(lohn)satz *m*, Stück(-lohn)satz *m*; **second ~** zweitklassig; **tax ~** Steuersatz *m*; **third ~** minderwertig; **time ~s** Zeitlöhne *mpl*; **(wage) ~** Lohnsatz *m*; **water ~** Wassergeld *n*; **~s and taxes** *Br* Kommunal- und Staatssteuern *fpl*; **~ asked** Briefkurs *m*; **~ card** Anzeigenpreisliste *f*; **~ cutting** Frachtunterbietung *f*, Tarifsenkung *f*; *Am* Lohnkürzung *f*; **~-fixing** Festsetzung von Gebühren (od. Tarifen od. Lohnsätzen); Kursfestsetzung *f*; **~ for advances on securities** Lombardsatz *m*; **~ gain** Kursgewinn *m*; **~-hedged** *(Devisen)* kursgesichert **~ hedging** Kurssicherung *f*; **~s in force** geltende Tarife; **~-making** Gebührenfestsetzung *f*; *Am* Tarifbestimmung *f*; **~ of assessment** Veranlagungssatz *m*, Steuersatz *m*; Hebesatz *m*; **~s of assistance** Beihilfesätze *mpl*; **~ of building** Bautempo *n*; **~ of charges** Gebührensatz *m*; **~ of commission** Provisionssatz *m*; **~ of contribution** Beitragssatz *m*; **~ of the day** Tageskurs *m*; **~ of depreciation** Abschreibungssatz *m*; **~ of discount** Diskontsatz *m*; **~ of duties** Zollsatz *m*; **~ of exchange** Wechselkurs *m*, Devisenkurs *m*; **~ of fees** Gebührensatz *m*; **~ of growth** Wachstumsrate *f*; **~ of increase** Zuwachsrate *f*; Steigerungsrate *f*; **~ of inflation** Inflationsrate *f*

**rate (of interest)**, Zinssatz *m*, Zinsfuß *m s. interest rate*, → *interest 2.)*; **at a favo(u)rable ~** zinsgünstig; **at a high (low) ~** zu hohen (niedrigen) Zinsen

**rate**, **~ of issue** Emissionskurs *m*; **~ of levy** Abschöpfungssatz *m*; **~ of option** *Br (Börse)* Prämiensatz *m*; **~ of pay** Lohnsatz *m*; **~ of price increase** Preissteigerungsrate *f*; **~ of production** Produktionshöhe *f*, Produktionsziffer *m*; **~ of redemption** (or **repayment**) Tilgungsrate *f*

**rate of return(s)**, Verzinsung *f* der Investitionen *(e-s Unternehmens)*; interner Ertragssatz *m (Rendite des eingesetzten Kapitals)*; **internal ~)** → internal; **required ~** Mindestrendite *f (Mindestverzinsung des investierten Kapitals)*

**rate**, **~ of turnover** Umschlaggeschwindigkeit *f*; **~ of wages** Lohnsatz *m*; **~payer** *Br* (Kommunal-)Steuerzahler *m*; **~ per hour** Stundensatz *m*; **~ regulation** Gebührenordnung *f*; *Am* Tarifregelung *f (privater Unternehmungen)*; Tarifierungsaufsicht *f*; **~-setting ~** → fixing; **to fix ~s** Gebühren (od. Tarife, Löhne) festsetzen

**rate**, *v* (ein-, ab)schätzen; bewerten; einstufen; *Br* besteuern, zur (Kommunal-) Steuer veranlagen; **to ~ a ship** ein Schiff klassifizieren; **to ~ up** *(VersR)* in e-e höhere Prämiengruppe einstufen

**ratification**, Genehmigung *f*, Bestätigung *f*; Ratifikation *f*, Ratifizierung *f*

**ratify**, *v* genehmigen, bestätigen; ratifizieren

**rating**, Einschätzung *f*, Krediteinschätzung *f*; Bewertung *f (Am auch von Effekten)*; Bonitätsbewertung *f (des Schuldners)*; Leistungsbewertung *f*; Tariffestsetzung *f*; *Br* Heranziehung *f* zur (Kommunal-)Steuer; **capital ~** Kapitalbewertung *f*; finanzielle Bewertung *(e-s Unternehmens)*; **credit ~** Einschätzung der Kreditfähigkeit; **efficiency ~** → efficiency; **investment ~** Anlagebewertung *f*; **TV-~** Einschaltquote *f*; **~ agency** Rating Agentur *f (Beurteilung und Einstufung der Kreditwürdigkeit von internationalen Schuldnern durch Buchstaben und/oder Zahlen)*; **~ area** *Br* Steuerbezirk *m*; **~ of premiums** Festsetzung *f* der (Versicherungs-)Prämien; **~ of staff** Beurteilung des Personals

**ratio**, Verhältnis(zahl) *n(f)*; Kennzahl *f*;

**banks' liquidity** ~ Liquiditätsgrad *m* der Banken; **dividend-price** ~ → dividend; **inventory turnover** ~ Umschlagshäufigkeit *f* der Vorräte; **loss** ~ Schadenquote *f*; **operating** ~ Betriebskoeffizient *m*; **price-earnings** ~ → price 2.; **work capital** ~ *Am* Liquiditätskoeffizient *m*; ~ **of profit to sales** Umsatzrendite *f*; ~ **of working expenses** Betriebskoeffizient *m*

**ration**, *v* rationieren, zuteilen; bewirtschaften; **~ed goods** kontingentierte Waren

**rationalization**, Rationalisierung *f*; **investments undertaken for ~ purposes** (or **for capital expenditure on ~**) Rationalisierungsinvestitionen *fpl*

**rationalize**, *v* rationalisieren, zweckmäßiger (od. rationeller) gestalten

**raw**, roh, unbearbeitet

**raw material**, Rohmaterial *n*, Rohstoff *m*; **requirement of ~s** Rohstoffbedarf *m*; **scarcity of ~s** Rohstoffknappheit *f*; **~s and supplies** Roh-, Hilfs- und Betriebsstoffe *mpl*; **~s inventory** Rohstoffbestände *mpl*; ~ **stocks** Rohstoffvorräte *mpl*; ~ **supply** Rohstoffversorgung *f*

**re**, (in Geschäftsbriefen) betrifft; (im Prozess) in Sachen

**reach**, *(EDV)* Reichweite *f (Anzahl der Menschen, die einem Werbebanner ausgesetzt werden)*

**reach**, *v* erreichen; gelangen; **to ~ an agreement** e-e Vereinbarung treffen; e-e Einigung erzielen; sich einigen (on über); **to ~ a high price** e-n hohen Preis erzielen; **the goods must ~ you not later than ...** die Sendung muss spätestens am ... bei Ihnen eintreffen

**reached**, **if no agreement is** ~ kommt keine Einigung zustande

**reacquire**, *v* wiedererlangen, zurückerwerben

**read**, **approved and signed**, vorgelesen, genehmigt und unterschrieben

**readaptation**, **vocational** ~ berufliche Wiederanpassung *f*; Umschulung *f*

**readership**, Leserkreis *m*

**readily**, ~ **sal(e)able goods** gängige Waren; **the goods sell** ~ die Ware geht schnell ab (od. verkauft sich schnell)

**readiness**, Bereitschaft *f*; **notice of** ~ Anzeige *f* von der Ladebereitschaft *(des Schiffes)*; ~ **to deliver** Lieferbereitschaft *f*; ~ **to invest** Anlagebereitschaft *f*; ~ **to make decisions** Entscheidungsfreude *f*

**readjust**, *v* neuordnen, neuregeln; sanieren

**readjustment**, Neuordnung *f*, Neuregelung *f*; Sanierung *f*; ~ **of exchange rates** Neuanpassung *f* der Wechselkurse

**ready**, bereit; verfügbar; schnell, sofortig; **the** ~ *colloq.* bares Geld *n*; ~ **assets** verfügbare Vermögenswerte *pl*; ~ **cash** bares Geld, Bargeld *n*; **for ~ cash** gegen sofortige Bezahlung; ~ **for delivery** lieferbar, auf Abruf; ~ **for dispatch** versandbereit; ~ **for occupancy** schlüsselfertig; ~ **for occupation** *(Wohnung)* bezugsfertig; ~ **for operation** betriebsbereit

**ready-made clothes**, Konfektionsware *f*

**ready market**, **to find** (or **meet with**) **a** ~ schnellen Absatz finden

**ready money**, Bargeld *n*; passendes Geld *n*; ~ **business** Bargeldgeschäft *n*, Kassageschäft *n*; **to pay in** ~ bar bezahlen

**ready sale**, schneller (od. leichter) Absatz *m*; **goods with a** ~ leicht verkäufliche Ware *f*

**ready to spend**, ausgabefreudig

**real**, wirklich, effektiv; Sach-; ~ **account** Sachkonto *n*, Bestandskonto *n*; ~ **action** dingliche Klage *f*; ~ **assets** Immobiliarvermögen *n*; Sachvermögen; ~ **burden** *Scot* Grundstücksbelastung *f*; ~ **capital** Realkapital *n*, Sachkapital *n*; ~ **contract** *Am* Vertrag *m* über Grundbesitz

**real estate**, Immobilien *pl*, unbewegliches Vermögen *n*; Grundbesitz *m*, Grundstück(e) *n(pl)*; ~ **agent** Grundstücksmakler *m*, Immobilienmakler *m*; ~ **and buildings** Grundstücke und Gebäude *npl*; ~ **broker** Immobilienmakler *m*; ~ **credit** Immobiliarkredit *m*; ~ **credit institution** Realkreditinstitut *n*; ~ **development** Grundstückserschließung *f*; ~ **firm** Immobilienfirma *f*; ~ **investment trust** (REIT) *Am* Immobilienfonds *m*; ~ **investments** Immobilieninvestitionen *pl*; ~ **lawyer** *Am* Anwalt *m*, der sich vorwiegend mit Grundstückssachen befasst; ~ **lease** Immobilienpacht *f*; ~ **loan** *Am* Hypothekenkredit *m*; ~ **market** Grundstücksmarkt *m*; ~ **price** *Am* Grundstückspreis *m*; ~ **tax** *Am* Grundsteuer *f*; ~ **transaction** Grundstücksgeschäft *n*; ~ **value** *Am* Grundstückswert *m*; **to trade in** ~ Immobiliengeschäfte machen

**real**, ~ **income** effektives Einkommen *n*,

Realeinkommen *n*; **~ interest** Realzins *m* *(nomineller Zinssatz abzüglich der Inflationsrate)*; **~ investment** Realinvestition *f*; **~ time**, Echtzeit *f*

**real option**, Realoption *f*; **~ valuation** Investitionsbewertung *f* mit dem Realoptions-Ansatz

**real property**, unbewegliches Vermögen *n*; **~ company** *Am* Immobiliengesellschaft *f*; **~ credit** Immobiliarkredit *m*

**real**, **~ resources** *(Volkswirtschaft)* Güter- und Dienstleistungen *pl*; **~ security** Realsicherheit *f*; **~ taxes** Realsteuern *fpl*, **~ time** *(elektronische)* Echtzeit *f*; **~ value** Sachwert *m*, Realwert *m*, effektiver Wert *m*

**realignment of exchange rates**, Neufestsetzung *f* von Wechselkursen

**realizable**, realisierbar; verwertbar; **~ profit** erzielbarer Gewinn *m*

**realization**, Realisierung *f*; Verwertung *f*; Veräußerung *f*, Verkauf *m*; Liquidation *f*; *(Börse)* Glattstellung *f*; **~ account** Liquidationskonto *n (e-r Gesellschaft)*; **~ of gain** Gewinnrealisierung *f*; **~ of a pledge** Pfandverwertung *f*, Pfandverkauf *m*; **~ of profits** Gewinnerzielung *f*; *(Börse)* Gewinnrealisierung *f*; **~ sale** Liquidationsverkauf *m*; *(Börse)* Verkauf *m* zwecks Glattstellung

**realize**, *v* realisieren; verwerten; veräußern, verkaufen, flüssig machen; liquidieren; *(Börse)* glattstellen; **to ~ one's assets** sein Vermögen flüssig machen; **to ~ large profits** hohe Gewinne erzielen

**realized profit**, erzielter Gewinn *m*

**reallocate**, *v* neu verteilen, neu zuteilen; *(Arbeiter)* umplazieren; **to ~ import quotas** Einfuhrkontingente neu zuteilen

**reallocation**, Neuverteilung *f*

**realtor**, *Am* Grundstückmakler *m*

**realty**, → real estate; **~ transfer tax** *Am* Grunderwerbssteuer *f*

**reanimate**, *v*, **to ~ trade** den Handel wieder in Gang bringen

**reappointment**, Wiederernennung *f*, Wiedereinstellung *f*

**reappraise**, *v* neu bewerten

**rearrange**, *v* neu ordnen, neu regeln

**rear**, **~-end collision** Auffahrunfall *m*; **~view mirror** Rückspiegel *m (von Kraftfahrzeugen)*

**reason**, Grund *m*; Vernunft *f*; **by reason of** auf Grund von; **for ~s of health** aus gesundheitlichen Gründen; **serious** (or **weighty**) **~s** schwerwiegende Gründe; **to give ~s for a decision** e-e Entscheidung begründen

**reasonable**, vernünftig, angemessen; zumutbar; **within a ~ (period of) time** innerhalb e-r angemessenen Frist; **~ care** angemessene Sorgfalt *f*; **~ doubt** begründeter Zweifel *m*; **~ (period of) notice** angemessene Kündigungsfrist *f*; **~ price** angemessener Preis *m*

**reasoned opinion**, mit Gründen versehene Stellungnahme *f*

**reassess**, *v* neu festsetzen; neu veranlagen

**reassure**, *v* erneut versichern; rückversichern

**rebate**, Rabatt *m*, (Preis-)Nachlass *m*; Rückvergütung *f*; **quantity ~** Mengenrabatt *m*; **tax ~** Steuernachlass *m*; **to demand a ~** e-n Preisnachlass verlangen; **to grant a ~** e-n Rabatt gewähren

**rebuilding**, Wiederaufbau *m*; Umbau *m*

**rebut**, *v* widerlegen

**rebuy**, *v* zurückkaufen

**recall**, **aided ~** → aided recall

**recall**, Zurückrufung *f*; (Auf-)Kündigung *f* *(von Kapital, Kredit)*; **~ of defective products** Rückruf *m* von fehlerhaften Produkten; **~ test** Gedächtnis-Test *m*

**recall**, *v*, **to ~ goods** Waren zurückrufen; **to ~ a loan** ein Darlehen kündigen

**recapitalization**, Neufinanzierung *f (durch Änderung der Kapitalstruktur e-r Gesellschaft)*; Sanierung *f*; **~ balance sheet** Sanierungsbilanz *f*

**recapitalize**, *v* neu finanzieren; sanieren

**recapitulation**, Zusammenfassung *f*

**recapturing the market**, Wiedereroberung *f* des Marktes

**recapture clause**, Kündigungsklausel *f* in einem Leasing-Vertrag

**recede**, *v* zurückgehen, nachgeben *(Preise, Kurse)*; **the shares ~d a point** die Aktien gingen um einen Punkt zurück

**receding prices**, fallende Preise *mpl*; zurückgehende (od. nachgebende) Kurse *mpl*

**receipt**, Empfang *m*, Eingang *m*; Empfangsbestätigung *f*, Quittung *f*; **accountable ~** Rechnungsbeleg *m*; **acknowledgement of ~** Empfangsbestätigung *f*; **advice of ~** Empfangsanzeige *f*; **as per ~** laut Quittung; **block ~ pad** Quittungsblock *m*; **cash ~** Kassenquittung; **certificate of ~** Empfangsbescheinigung *f*; **date of ~** Eingangsdatum *n*; **duplicate ~** Quittungsdoppel *n*; **in ~ of your letter of ...** im Besitz Ihres Schreibens vom ...; **interim ~** vorläufige Quittung; **on ~ of your order** nach Eingang (od. bei Empfang) Ihrer Bestellung; **valid ~** (rechts)gültige Quittung; **~s and payments account** *Br* Einnahmen-Ausgaben-rechnung *f*; **~ book** Quittungsbuch *n*; **~ for the balance** Quittung über den Restbetrag, Schlussquittung *f*; **~ form** Quittungsformular *n*; **~ in full discharge** Schlussquittung *f*; **~ in due form** ordnungsgemäße Quittung; **~ in part** Teilquittung *f*; **~ of deposit** Depotschein *m*; **~ of goods** Warenannahme *f*; **~ stamp** Eingangsstempel *m*; Quittungsstempel *m*; **~ voucher** Empfangsbescheinigung *f*; **~ with consideration for payment stated** Quittung mit Angabe des Zahlungsgrundes; **to give a ~** quittieren; **we acknowledge ~ of the remittance** wir bestätigen den Eingang der Überweisung; **to give sb. a ~ for** jdm e-e Quittung ausstellen über; **we are looking forward to the ~ of your orders** wir sehen Ihren Aufträgen entgegen; **to take ~** in Empfang nehmen

**receipts**, Einnahmen *pl*; **current ~** laufende Einnahmen; *Am (Bilanz)* Umlaufvermögen *n*; **daily** (or **day's**) **~** Tageseinnahmen; **decrease in ~** Einnahmerückgang *m*; **net ~** Nettoeinnahmen; **total ~** Gesamteinnahmen; **~ and expenditure** Einnahmen und Ausgaben; **the expenses balance the ~** die Ausgaben und Einnahmen decken sich; **the ~ do not cover the outlay** die Einnahmen decken die Auslagen nicht; **the expenditure exceeds the ~** die Ausgaben übersteigen die Einnahmen; **to make ~ balance the expenses** die Einnahmen und Ausgaben in Übereinstimmung bringen

**receipted bill**, quittierte Rechnung *f*

**receivable**, ausstehend, noch zu fordern; zulässig; **~s** Forderungen *pl*; **accounts ~** → accounts; **bills ~** → bills

**receivables**, Forderungen *fpl*, Debitoren *mpl*

**receive**, *v* erhalten, empfangen, in Empfang nehmen; *(Geld)* einnehmen; **to ~ dividends** Dividenden beziehen; **to ~ in evidence** als Beweismittel zulassen; **to ~ a salary** ein Gehalt beziehen; **to ~ stolen goods** Diebesgut an sich bringen, Hehlerei begehen

**received**, *(Betrag)* erhalten; **orders ~** eingegangene Bestellungen; **when ~** nach Erhalt; bei Empfang; **~ for shipment** zur Beförderung übernommen *(aber noch nicht verladen)*; **~ for shipment B/L** Übernahmekonnossement *n*; **~ stamp** Eingangsstempel *m*

**receiver**, Empfänger *m*; Einnehmer *m*, Einzieher *m*; Zwangsverwalter *m*; Konkursverwalter *m*; Liquidator *m*; Hehler *m*; **official ~** *Br (vorläufiger)* Konkursverwalter *m*; **~ and manager**, *Br* Vermögensverwalter mit Geschäftsführungsbefugnis; **~ country** (IMF) Empfängerland *n*; **~ in bankruptcy** Konkursverwalter *m*; **~ of customs** Zolleinnehmer *m*; **~ of stolen goods** Hehler *m*; **~ of taxes** *Am* Steuereinnehmer *m*

**receivership**, Zwangsverwaltung *f*; Konkursverwaltung *f*; Vermögensverwaltung *f*; *Br* Vormundschaft *f* für das Vermögen e-s wegen Geisteskrankheit Entmündigten

**receiving**, Empfang *m*; **~ order** *Br* Konkurseröffnungsbeschluss *m*; **~ report** (Waren-)Eingangsmeldung *f*; **~ slip** (or **ticket**) (Waren-)Eingangsschein *m*; **~ state** Empfangsstaat *m*; **~ (of) stolen goods** Hehlerei

**receptacle**, Behälter *m*

**reception**, Aufnahme *f*; *(offizieller)* Empfang *m*; **~ clerk** Empfangschef *m*; **to give** (or **hold**) **a ~** e-n Empfang geben

**receptive market**, aufnahmefähiger (od. aufnahmebereiter) Markt *m*

**receptiveness**, **the ~ of the market declined** die Aufnahmefähigkeit des Marktes ging zurück

**recession**, Rezession *f*, Konjunkturabschwung *m*; Konjunkturflaute *f*, **anti~ policy** Politik der Konjunkturbelebung; **bottom of ~** konjunkturelle Talsohle *f*; **period of ~** Rezessionsphase *f*; **year of ~** Flautejahr *n*; **~-induced** rezessionsbedingt

**recipient**, Empfänger *m*; Überweisungsempfänger *m*; **authorized ~** Empfangsberechtige(r) *f(m)*; **~ countries** Empfängerländer *npl*; **~ of aid** Beihilfeempfänger *m*; **~ of a benefit** Bezieher e-r Rente; Leistungsempfänger *m*; **~ of a loan** Darlehensnehmer *m*

**reciprocal**, gegenseitig; wechselseitig; **~ insurance** Versicherung auf Gegenseitigkeit; ~ **participation** wechselseitige Beteiligung *m*; ~ **protection of investments** gegenseitiger Schutz *m* von Kapitalanlagen; ~ **will** gegenseitiges Testament *n*; **to grant ~ treatment** Gegenseitigkeit gewähren

**reciprocity**, Gegenseitigkeit *f*; **based (up)on ~** auf Gegenseitigkeit beruhend; **subject to ~** unter der Voraussetzung der Gegenseitigkeit

**reckless**, rücksichtslos; grob fahrlässig; ~ **driving** rücksichtsloses Fahren *n*; ~ **spending** leichtfertige (od. unbesonnene) Geldausgabe *f*

**recklessness**, Rücksichtslosigkeit *f*; Leichtfertigkeit *f*; grobe Fahrlässigkeit *f*

**reckon**, *v* berechnen, errechnen, ausrechnen; **to ~ in** einkalkulieren; **to ~ up the bill** den Gesamtbetrag der Rechnung ausrechnen

**reckoning**, Berechnung *f*; Rechnung *f (in e-m Hotel etc.)*

**reclaim**, *v* zurückfordern; *(Land)* urbar machen

**reclamation**, Rückforderung *f*; Urbarmachung *f* (od. Gewinnung *f*) von Land

**reclassification**, Neueinstufung *f*; Umgruppierung *f (Höherstufung od. Herabstufung e-s Arbeitnehmers)*; Neuklassifizierung *f (e-s Schiffes)*

**reclassify**, *v* neu einstufen, umgruppieren; *(Schiff)* neu klassifizieren

**recognition**, Anerkennung *f*; *(Geschäftsbücher)* Verbuchung *f*; **mutual ~ of diplomas** gegenseitige Anerkennung von Diplomen; ~ **test** *(Meinungsforschung)* Wiedererkennungstest *m (für Werbemittel)*

**recognize**, *v* anerkennen; verbuchen; *(in der Bilanz)* ausweisen; **to ~ a claim** e-n Anspruch anerkennen; **I ~ Mr. X** *Am* ich erteile Herrn X das Wort

**recognized bank**, *Br* anerkannte Bank *f*

**Recognized Investment Exchange**, (RIE) *Br* Anerkannte Investmentbörse *f*

**recommendable investment**, empfehlenswerte Kapitalanlage *f*

**recommendation, on the ~ of** auf Empfehlung von; **letter of ~** Empfehlungsschreiben *n*

**recommended price**, empfohlener Preis *m*; Richtpreis *m*

**recommission**, *v (Schiff)* wieder in Dienst stellen

**recompense**, *(Zahlung als)* Belohnung *f*; Entschädigung *f*

**reconcile**, *v* versöhnen; in Einklang bringen; **to ~ accounts** Konten abstimmen; **to ~ national and Community interests** *(EU)* die einzelstaatlichen Interesssen mit denen der Gemeinschaft in Einklang bringen; **to ~ with one another** aufeinander abstimmen

**reconciliation**, Versöhnung *f*; Abstimmung *f (von Konten)*; Anerkenntnis *n (des Rechnungsabschlusses)*; ~ **statement** Saldenabstimmung *f*

**recondition**, *v* wiederinstandsetzen, aufarbeiten

**reconsign**, *v (Waren an neue Adresse)* weitersenden

**reconstruct**, *v* wiederaufbauen; umbauen; sanieren

**reconstruction**, Wiederaufbau *m*; Umbau *m*; ~ **of a company** Sanierung *f* e-r Gesellschaft; ~ **loan** Wiederaufbaudarlehen *n*; Sanierungskredit *m*; ~ **syndicate** Sanierungskonsortium *n*

**record**, Aufzeichnung *f*; Protokoll *n*; Aktenstück *n*; Register *n*; Vorgeschichte *f*, Ruf *m*; Rekord *m*; Höchstleistung *f*; Schallplatte *f*; **debt of ~** gerichtlich festgestellte Forderung *f*; **of ~** eingetragen; **off the ~** außerhalb des Protokolls, inoffiziell; im Vertrauen; **on ~** schriftlich niedergelegt; protokolliert; bei den Akten; **personal ~** Lebenslauf *m*; **public ~** öffentliche Urkunde *f*; ~ **attendance** Rekordbesuch *m*; ~ **date** *Am* Stichtag der Registrierung der Aktionäre *(für Dividendenauszahlung etc.)*; ~ **industry** Schallplattenindustrie *f*; **R~ Office** *Br* Staatsarchiv *n*; *Am* Grundbuchamt *n*; ~ **sales** Rekordumsatz *m*; ~ **sheet** Personalakte *f*; **to appear** (or **to be**) **on the ~** in den Akten vermerkt sein; aktenmäßig feststehen; **to keep a ~ of one's expenses** seine Auslagen aufschreiben; **to keep a ~ of the proceedings** Protokoll führen; **to place** (or **put**) **on ~** zu Protokoll nehmen (od. geben); zu den Akten nehmen (od. geben); **to reach a ~ price** e-n Rekordpreis erzielen

**records**, 1. Aufzeichnungen *fpl*; Akten *pl*; (Geschäfts-)Unterlagen *pl*; Belege *mpl*; **accounting ~** Buchungsunterlagen; **books and ~** Bücher und Geschäftspapiere; **inspection of the ~** Akteneinsicht *f*; **inventory ~** (Buchhaltungs-)Aufzeichnungen über Bestände; **it appears by** (or **from**) **the** ~ es geht aus den Akten hervor; **to consult** ~ Akten heranziehen (od. einsehen); **to keep** ~ Akten (od. Aufzeichnungen) führen; **to request** ~ Akten anfordern

**records**, 2. *Am* Daten *pl*; **access to** ~ Zugang zu den Daten; **to store** ~ Daten speichern

**record**, *v* aufzeichnen; *(in ein Register)* eintragen, registrieren; protokollieren, zu Protokoll nehmen, ausweisen; **to** ~ **contracts** Verträge abfassen; **to** ~ **in the minutes** im Protokoll vermerken (od. aufnehmen); **to** ~ **a mortgage** *Am* e-e Hypothek eintragen; **to** ~ **the requirements** den Bedarf schriftlich angeben; **to** ~ **on tape** auf Tonband aufnehmen; ein Tonband besprechen

**recorded**, ~ **broadcast** Übertragung vom Band; ~ **by a notary** notariell beurkundet; ~ **delivery** *Br* (Post-)Zustellung *f* gegen Empfangsbestätigung; Einschreiben *n*; **to have sth.** ~ etw. zu Protokoll geben

**recorder**, Protokollführer *m*, Registerführer *m*; Recorder *m (Gerät)*

**recording**, Aufzeichnung *f*; Eintragung *f*; Registrierung *f*; Protokollierung *f*; Verbuchung *f*; **sound** ~ Tonaufnahme *f*

**record keeping provisions**, Aufzeichnungsvorschriften *fpl*

**recoup**, *v* entschädigen; sich schadlos halten; *Am* mindern; **to** ~ **one's losses** seine Verluste wieder einbringen

**recoupment**, Entschädigung *f*, Schadloshaltung *f*; *Am* Minderung *f*

**recourse**, Regress *m*, Rückgriff *m (bes. durch Inanspruchnahme der Wechsel-Verpflichteten)*; Zuflucht *f*; **liable to** ~ regresspflichtig; **without** ~ ohne Regress, ohne Obligo; ~ **cause** *(WechselR)* Angstklausel *f*; ~ **claim** Regressanspruch *m*; ~ **debtor** Rückgriffsschuldner *m*; ~ **to a credit** Inanspruchnahme *f* e-s Kredits; ~ **to the endorser** Rückgriff auf den Indossanten; ~ **to a party liable on a bill** Wechselregress *m*; ~ **to a prior party** Sprungregress *m*; **to have** ~ **against sb.** bei jdm Regress nehmen; **to have** ~ **to the capital market** den Kapitalmarkt in Anspruch nehmen

**recover**, *v* 1. wiedererlangen, zurückerhalten; *(Forderungen)* eintreiben, einziehen; *(durch Urteil)* zugesprochen bekommen; **to** ~ **damages** Schadensersatz *(auf Grund e-s Urteils)* erhalten; **to** ~ **one's expenses** seine Auslagen erstattet bekommen; **to** ~ **fees** Gebühren beitreiben; **to** ~ **one's losses** seine Verluste ersetzt bekommen

**recover**, *v* 2. erholen; ansteigen, anziehen *(Preise, Kurse)*; **demand ~ed** die Nachfrage hat sich belebt; **the stock market ~ed** die Aktienbörse erholte sich; **the shares ~ed sharply** die Aktien zogen kräftig an

**recoverable**, ~ **at law** einklagbar; ~ **costs** erstattungsfähige Kosten *pl*; ~ **debt** beitreibbare Forderung *f*

**recovery**, 1. Wiedererlangung *f*, Wiederbeschaffung *f*; Einziehung *f*, Eintreibung *f*; Beitreibung *f*; Ersatz(leistung *f*) *m*; **capital** ~ Kapitalrückfluss *m*; ~ **of accounts receivable** Beitreibung *f* von Außenständen; ~ **of damages** Erlangung *f* von Schadenersatz; ~ **of debts** Einziehung von Forderungen

**recovery**, 2. Erholung *f*; Belebung *f*, (Wirtschafts-)Aufschwung *m*; Ansteigen *n* Anziehen *n*; **economic** ~ Wirtschaftsbelebung *f*; wirtschaftlicher (Wieder)Aufschwung *m*;**phase of economic** ~ konjunkturelle Erholungsphase *f*; ~ **in business** (or **of economic activity**) Konjunkturbelebung *f*; ~ **of prices** Ansteigen (od. Anziehen) der Preise (od. Kurse); Kurserholung *f*; ~ **of share prices** Erholung der Aktienkurse

**recreation(al) activities**, Freizeitgestaltung *f*

**recruit**, *v (Arbeitskräfte)* einstellen, anwerben

**recruitment**, ~ **advertising** *(in Zeitung)* Stellenangebote *pl*; ~ **agency** Stellenvermittlung *f*; ~ **of labo(u)r** Einstellung (od. Anwerbung *f*) von Arbeitskräften; *(in Zeitung)* Stellenangebote *pl*; ~ **procedure** Einstellungsverfahren *n*

**rectification**, Richtigstellung *f*; Berichtigung *f*

**rectify**, *v* richtigstellen, berichtigen; **to** ~ **an entry** e-e Eintragung berichtigen

**recuperation of prices**, Steigen *n* der Preise (od. Kurse)

**recurrent**, *(regelmäßig)* wiederkehrend; **non~ expenditure** einmalige Ausgabe *f*

**recurring**, → recurrent

**recyclable waste**, verwertbare Abfälle *pl*

**recycle**, *v (in den Wirtschaftskreislauf)* zurückführen; *(Abfälle)* wiederverwenden

**recycling**, Wiederverwendung *f (von Altmaterial)*; **capital** ~ Rückschleusung *f* des Kapitals *(der ölexportierenden Länder)*; ~ **of petrodollars** Rückführung *f* der Petrodollar *(in die Wirtschaft der Industriestaaten)*; ~ **of waste** Rückführung der Abfallstoffe *(in den Wirtschaftskreislauf)*; Wiederverwendung von Abfällen

**red clause**, (rot gedruckte) Klausel *f* beim Dokumentenakkreditiv *(durch die e-e Bank ermächtigt wird, dem Exporteur e-n Vorschuss auf das Akkreditiv zu zahlen)*; ~ **credit** Akkreditivbevorschussung *f*

**red herring**, Ablenkungsmanöver *n*; *Am* Vorankündigung *f* des Prospektes *(e-r Wertpapieremission)*, ~ **prospectus** *Am* vorläufiger *(noch nicht genehmigter)* Emissionsprospekt *m*

**red**, ~ **tape** Bürokratismus *m*, Amtsschimmel *m*; **to be in the** ~ *colloq.* in den roten Zahlen sein; **to go into the** ~ in die roten Zahlen geraten

**redecorate**, *v (Räume)* neu streichen, tapezieren *(etc.)*; **to** ~ **the interior rooms** die Innenräume renovieren

**redecoration**, Renovierung *f*

**redeem**, *v* zurücknehmen, zurückkaufen; rückzahlen; tilgen, ablösen, einlösen; **to** ~ **an annuity** e-e Rente ablösen; **to** ~ **a bond** e-e Schuldverschreibung tilgen; **to** ~ **investment certificates** Anteilscheine *(e-s Investmentfonds)* zurücknehmen; **to** ~ **a mortgage** e-e Hypothek tilgen; **to** ~ **a pledged watch** e-e verpfändete Uhr einlösen; **to** ~ **preferred stock** *Am* Vorzugsaktien zurückkaufen

**redeemable**, rückkaufbar; rückzahlbar; tilgbar, ablösbar; einlösbar; ~ **bond** rückzahlbare (od. kündbare) Obligation *f*; Tilgungsanleihe *f*; ~ **by drawings** auslosbar; ~ **goods** einlösbare (gepfändete) Güter; ~ **loan** Tilgungsanleihe *f*; kündbares Darlehen *n*; ~ **preference shares** *Br (durch die Gesellschaft)* rückkaufbare Vorzugsaktien; ~ **stock** *Br* → stock 1.

**redemption**, Rückkauf *m (von Aktien od. Anteilen)*; Rückzahlung *f*, Tilgung *f*, Ablösung *f*; Einlösung *f*; **bonds called for** ~ zur Tilgung aufgerufene Obligationen; **call for** ~ Tilgungsaufforderung *f*; **equity of** ~ → equity 2.; **person liable for** ~ Rückzahlungspflichtiger *m*; **right of** ~ Ablösungsrecht *n*; **subject to** ~ tilgbar; **suspension of** ~ **payments** Tilgungsaussetzung *f*; **years free from** ~ tilgungsfreie Jahre *npl*; ~ **agreement** Tilgungsabkommen *n*; ~ **before due date** Rückzahlung vor Fälligkeit; ~ **commitments** Tilgungsverpflichtungen *fpl*; ~ **date** Tilgungstermin *m*; Einlösungstermin *m*; Rückzahlungsdatum *n*; ~ **discount** Rückkaufsdisagio *n*; ~ **financing** Ablösungsfinanzierung *f*; ~ **fund** Ablösungsfonds *m*; Tilgungsfonds *m*; ~ **in instal(l)ments** Rückzahlung in Raten; ~ **instal(l)ment** Tilgungsrate *f*; ~ **loan** Ablösungsanleihe *f*; Tilgungsanleihe *f*; ~ **mortgage** Tilgungshypothek *f*; ~ **offer** Rückkaufsangebot *n*; ~ **payments** Tilgungsleistungen *fpl*; ~ **plan** Tilgungsplan *m*; ~ **premium** Rückzahlungsagio *n*; ~ **price** Rücknahmekurs *m*, Rückkaufkurs *m*; ~ **reserve** Tilgungsrücklage *n*; ~ **schedule** Tilgungsplan *m*; ~ **terms** Rückzahlungsbedingungen *pl*; ~ **value** Rückzahlungswert *m*; ~ **yield** Effetivverzinsung *f (e-s festverzinslichen Wertpapiers)*

**redeploy**, *v* umgruppieren, umstrukturieren

**redeployment of labo(u)r**, Umgruppierung *f* der Arbeitskräfte

**redevelopment**, Sanierung *f (von Gebäuden)*

**redirect**, *v* umleiten; *(Post)* umadressieren, nachsenden

**redirection**, Umleitung *f*

**rediscount**, Rediskont *m*; ~ quota Rediskontkontingent *m*; ~ **rate** Rediskontsatz *m*

**rediscount**, *v* rediskontieren

**rediscountable bill**, rediskontierbarer Wechsel *m*

**rediscounting of a bill of exchange**, Rediskontierung *f* e-s Wechsels

**redistribution**, Neuverteilung *f*, Umverteilung *f*, ~ **of wealth** Vermögensumverteilung *f*

**redlining**, willkürlicher Ausschluss *m* von Bankkunden

**redraft**, neuer Entwurf *m*; Rückwechsel *m*

**redraw**, *v* e-n Rückwechsel ziehen (on auf); **drawing and ~ing** Wechselreiterei *f*

**redress**, Abhilfe *f*; Wiedergutmachung *f*; Entschädigung *f*; **legal** ~ Rechtsschutz *m*

**redress**, *v* Abhilfe schaffen, wiedergutmachen, entschädigen

**reduce**, *v* herabsetzen, ermäßigen, senken; vermindern, kürzen; **to** ~ **one's business** seinen Betrieb verkleinern; **to** ~ **the capital** das Aktienkapital herabsetzen; **to ~ consumption** den Verbrauch einschränken; **to ~ cost** Kosten senken; **to ~ one's expenses** seine Ausgaben einschränken; **to ~ in value** entwerten; **to ~ overcapacities** Überkapazitäten abbauen; **to ~ (the) staff** das Personal vermindern

**reduced, „and R~"** *Br* mit herabgesetztem Grundkapital (→ reduction of capital); **goods ~ in price** *(im Preise)* zurückgesetzte Waren; **~ assessment** niedrigere Bewertung *f*; **~ cost** verminderte Kosten; **~ fare** ermäßigter Fahrpreis *m*; **~ interest loan** zinsverbilligtes Darlehen *n*; **~ price** herabgesetzter (od. ermäßigter) Preis *m*; **~ rate** ermäßigter Satz

**reducing profits**, gewinnmindernd

**reduction**, Herabsetzung *f*, Ermäßigung *f*, Senkung *f*; Verminderung *f*; Kürzung *f*; Abbau *m*; Abzug *m*, Rabatt *m*; **cost ~** Kostensenkung *f*; **import ~** Einfuhrrückgang *m*; **no ~s** feste Preise; **~ in prices** Preissenkung *f*; **~ in the purchase price** Herabsetzung des Kaufpreises, Minderung *f*, **~ in (the rate of) duties** Senkung der Zollsätze; **~ in (the rate of) interest** Zinssenkung *f*; **~ in the (freight) rate** Frachtermäßigung *f*, Frachtsenkung *f*; **~ in salary** Gehaltskürzung *f*; **~ in taxation** Steuerabbau *m*; **~ in value** Wertminderung *f*, Entwertung *f*; **~ in yield** Ertragsrückgang *m*; **~ of capital** *Br* (**capital stock** *Am*) Herabsetzung des Grundkapitals (Kapitalherabsetzung *f*); **~ of coal stocks** Abbau der Kohlenhalden; **~ of debt** (or **indebtedness**) Schuldenabbau *m*; **~ of discount rates** Diskontsenkung *f*; **~ of dividend** Dividendenkürzung *f*; **~ of excess liquidity** Abbau der Überliquidität; **~ of fees** Gebührenermäßigung *f*; **~ of motor vehicle (pollutant) emissions** Verringerung *f* der Schadstoffemissionen von Kraftfahrzeugen; **~ of staff** Personalverringerung *f*, Personalabbau *m*; **~ of stocks** Lagerabbau *m*; **to allow a ~** *(vom Preise)* ablassen; Rabatt geben; **to sell at a ~** mit Rabatt verkaufen

**redundanc|y**, Entlassung *f (wegen Beschäftigungsmangel)*; **collective ~ies** Massenentlassungen *fpl*; **~ pay(ment)** *Br* Entlassungsabfindung *f*

**redundant**, überflüssig, **to be ~** am Arbeitsplatz nicht mehr benötigt werden; **to become ~** arbeitslos werden; **to make workers ~** Arbeiter *(wegen Beschäftigungsmangel)* entlassen

**reeducate**, *v* umschulen

**reeducation**, Umschulung *f*

**reelect**, *v* wiederwählen

**reelection**, Wiederwahl *f*

**reemploy**, *v* wieder einstellen, wieder anstellen

**reengagement**, Wiedereinstellung *f*

**re-engineering**, *(Oberbegriff für)* innerbetrieblicher Strukturwandel *m*

**reentry**, Wiedereinreise *f*; Wiedereintritt *m*

**reestablish**, *v*, **to ~ the market equilibrium** das Marktgleichgewicht wiederherstellen; **to ~ good relations** gute Beziehungen wiederherstellen

**reestablishment**, Wiederherstellung *f*

**reexchange**, Rückrechnung *f* (beim Wechsel- und Scheckrückgriff)

**reexport**, Wiederausfuhr *f (eingeführter Waren)*, **~s** wiederausgeführte Waren *pl*

**reexport**, *v* wiederausführen

**reexportation**, **split ~** *(Zoll)* Teilwiederausfuhr *f*

**Ref.**, **ref.**, *(in Geschäftsbriefen)* Bezug *m*; **your ~** Ihr Aktenzeichen *n*

**refer**, *v* verweisen (to an); sich beziehen (to auf); **to ~ back** zurückverweisen; **~ to drawer** (R/D) zurück an den Aussteller *(e-s nicht eingelösten Schecks)*; **to ~ a p. to a former employer** seinen letzten Arbeitgeber als Referenz angeben

**referee**, Schiedsrichter *m*; **~ in case of need** Notadressat *m*

**reference**, Verweisung *f* (to an); Bezugnahme *f* (to auf); Referenz *f*, Empfehlung *f*; **with ~ to** mit Bezug(nahme) auf; **bank ~** Bankauskunft *f*; Bankreferenz *f*; **work of ~** Nachschlagewerk *n*; **~ bank** *(für Eurokreditsatz)* Referenzbank *f*; **~ in case of need** Notadresse *f (im Falle e-s notleidenden Wechsels)*; **~ initials** Diktatzeichen *n*; **~ inquiry** Referenzanfrage *f*; **~ (number)** Aktenzeichen *n*, Geschäftszeichen *n* (→ ref.); **~ period** Referenzperiode *f*; **~ price** Referenzpreis *m*, Bezugspreis *m*; **~ value** Referenzwert *m*; **~ to arbitration** Verweisung an ein Schiedsgericht; **to have ~ to** sich beziehen auf; **to have excellent ~s** ausgezeichnete Empfehlungen haben; **to quote as a ~** als Referenz anführen; **to take up sb.'s ~s** über jdn Referenzen einholen

**referring, in ~ to your letter of ... I**

**would like to inform you** mit Bezug (od. bezugnehmend) auf Ihr Schreiben vom ... teile ich Ihnen mit
**refinance**, *v* refinanzieren
**refinancing**, Refinanzierung *f* (Beschaffung von Mitteln, bes. durch Neuemissionen, um damit Fremdkapital, z. B. bonds oder debentures, zurückzahlen zu können)
**refinery**, Raffinerie *f*
**reflation**, Reflation *f*
**refloat**, *v* wieder in Gang bringen, sanieren
**reflux of capital**, Rückfluss *m* von Kapital
**reform**, Reform *f*; **agrarian ~** Bodenreform *f*; **currency ~** Währungsreform *f*
**reforward**, *v* weiterbefördern
**refresher course**, Fortbildungslehrgang *m*
**refrigerated**, gekühlt *(Ware, Ladung)*; **~ ware-house** Kühlhaus *n*
**refrigerating plant**, Kühlanlage *f*
**refrigerator truck**, *Am* Tiefkühl-Lkw
**refuge, port of ~** Nothafen *m*
**refugee**, *(EU)* Flüchtling *m*
**refund**, (Rück-)Erstattung *f*, Rückzahlung *f*; rückerstatteter Betrag *m*; **contribution ~** Beitragserstattung *f*; **liable to ~** rückerstattungspflichtig; **rate of ~** Erstattungssatz *m*; **tax ~** Steuerrückvergütung *f*; **~ claim** Erstattungsanspruch *m*; **~ of expenses** Auslagenerstattung *f*; **~ offer** Angebot *n* der Rückerstattung des Kaufpreises; **~ of VAT** Rückerstattung der Mehrwertsteuer; **~ procedure** Erstattungsverfahren *n*
**refund**, *v* zurückerstatten, zurückzahlen; refinanzieren; umschulden; **to ~ costs** Kosten erstatten; **to ~ taxes** Steuern rückerstatten
**refundable advances**, rückzahlungspflichtige Vorschüsse *mpl*
**refunding**, Rückerstattung *f*, Rückzahlung *f*; Refinanzierung *f* (→ refinancing); Umschuldung *f*; **~ bond** Refundierungsanleihe *f*; neue Emission *f* von Obligationen zur Refinanzierung (→ refinancing); **~ of bonds** Umwandlung *f* fälliger Obligationen in neu fundierte Obligationen; **~ of a loan** Umschuldung e-r Anleihe
**refurnish**, *v*, **to ~ one's house** sich neu einrichten
**refusal**, Verweigerung *f*, Ablehnung *f*; abschlägiger Bescheid *m*; **right of first ~** Vorkaufsrecht *n*; **~ of an invitation** Absage *f* e-r Einladung; **~ of an offer** Ablehnung e-s Angebots; **~ to accept** Annahmeverweigerung *f*; **~ to give evidence** Aussageverweigerung *f*; **~ to pay** Zahlungsverweigerung *f*; **~ to perform** Leistungsverweigerung *f*; **~ to supply information** Auskunftverweigerung *f*; **~ to take delivery of the goods** die Annahme der Ware verweigern; **to meet with a ~** abschlägig beschieden werden
**refuse**, Abfall *m*, Müll *m*; Ausschussware *f*; **industrial ~** Industrieabfall; **~ chute** Müllschlucker *m*; **~ collection** (or **disposal**) Müllabfuhr *f*; **~ dump** Schuttabladeplatz *m*; **~ incinerator** Müllverbrennungsanlage *f*
**refuse**, *v* verweigern, ablehnen, versagen; **to ~ an offer** ein Angebot ablehnen; **to ~ payment** Zahlung verweigern; **to ~ a request** ein Gesuch ablehnen; **to ~ to take delivery of the goods** die Annahme der Ware verweigern
**refutable**, widerlegbar
**regain**, *v*, **to ~ a market** e-n Markt wiedergewinnen
**regard, with ~ to** in Hinsicht auf, hinsichtlich; **without ~ to cost** ohne Rücksicht auf die Kosten
**regardless of**, ohne Rücksicht auf
**regional**, regional, gebietsmäßig; **supra~** überregional; **~ aid** Regionalbeihilfe *f*; **~ commercial agent** Gebietsvertreter *m*; **~ development** regionale Entwicklung *f*; **~ economic policy** regionale Wirtschaftspolitik *f*; **~ manager** Bezirksdirektor *m*; **~ representative** Bezirksvertreter *m*; **~ sales manager** Bezirksverkaufsleiter *m*
**register**, Register *n*, Verzeichnis *n*; **cash ~** Registrierkasse *f*; Kontrollkasse *f*; **ship's ~** Schiffsregister *n*; **~ of aircraft** Luftfahrzeugrolle *f*; **~ of births, marriages and deaths** Personenstandsbücher *npl*; **R~ of Business Names** *Br* Firmenregister *n*; **~ of charges** *Br* Register der Belastungen *(e-s Unternehmens)*; **~ of companies** *Br* Gesellschaftsregister *n*; **~ of cooperative societies** Genossenschaftsregister *n*; **~ of corporations** *Am* Gesellschaftsregister *n*; **~ of craftsmen** Handwerksrolle *f*; **~ of debenture holders** *Br* Liste der Schuldverschreibungsinhaber; **~ of deeds** *Am* Grundbuchamt *n*; **R~ of Designs** *Br* Geschmacksmusterrolle *f*; **R~ of Members** *Br* Aktienbuch *n*, Verzeichnis der Aktio-

näre; ~ **office** Registratur *f*; *Br* Standesamt *n*; **R~ of Patents** Patentrolle *f*; ~ **of trade marks** (Waren-)Zeichenrolle *f*; **R~ of Vital Statistics** *Am* Personenstandsbücher *pl*; ~ **ton** Registertonne *f*; **to be struck off the** ~ im Register gelöscht werden; **to enter** (or **record**) **in the** ~ in das Register eintragen, registrieren; **to keep a** ~ ein Register führen

**register**, *v* eintragen, einschreiben; *(Post)* einschreiben (lassen); sich eintragen (lassen); sich anmelden; *(Gepäck)* aufgeben; **to ~ a car** ein Auto zulassen; **to ~ one's car** sein Auto anmelden; **to ~ a company** e-e Gesellschaft in das Gesellschaftsregister eintragen (lassen); **to ~ for a course** sich für e-n Kursus einschreiben; **to ~ for a fair** sich zu e-r Messe anmelden; **to ~ at a hotel** sich in e-m Hotel anmelden; **to ~ a letter** e-n Brief einschreiben lassen; **to ~ luggage** *Br* Gepäck aufgeben

**registered**, eingetragen; gesetzlich geschützt; *(in Verbindung mit Effekten)* auf den Namen lautend; *(Post)*„Einschreiben"; ~ **baggage** aufgegebenes Reisegepäck *n*; ~ **bond** Namensschuldverschreibung *f*; ~ **capital** Grundkapital *n*, Nominalkapital *n*; ~**certificate** Namenspapier *n*; ~ **check** *Am* Bankscheck *m*; ~ **company** eingetragene Gesellschaft *(bes. Aktiengesellschaft)*; ~ **debenture** Namensschuldverschreibung *f*; ~ **design** → design 2.; ~ **holder** *Br* eingetragener Inhaber *m* (von ~ *securities*); ~ **name** *Br* eingetragener Firmenname *m*; ~ **office of a company** eingetragener Gesellschaftssitz *m*; Sitz e-r Gesellschaft; ~ **representative** *(Börse)* (besonders qualifizierter) Angestellter *m*; *Am* amtlich zugelassener Vertreter *m* e-s Maklers; ~ **securities** Namenspapiere *npl*; ~ **shares** Namensaktien *fpl*; ~ **trade mark** eingetragenes *(gesetzlich geschütztes)* Warenzeichen *n*; ~ **trader** Wertpapierhändler *m*, der auf eigenen Namen handelt; **the company is ~ in** . . . die Gesellschaft hat ihren Sitz in ...

**registrable**, eintragungsfähig

**registrar**, Registerführer *m*; *Br* Standesbeamter *m*; **R~ of Companies** *Br* Führer *m* des Gesellschaftsregisters; **R~ of the Court of Justice** *(EU)* Kanzler *m* des Gerichtshofs; **~'s office** Registratur *f*; Geschäftsstelle *f*; *Br* Standesamt *n*

**registration**, Registrierung *f*, Eintragung *f*; Anmeldung *f*; **application for** ~ Eintragungsantrag *m*; **certificate of** ~ Eintragungsbescheinigung *f*; *Br* Kraftfahrzeugbrief *m*; **subject to** ~ eintragungspflichtig; anmeldepflichtig; ~ **certificate** Registrierungsbescheinigung *f*; *Br* Kraftfahrzeugbrief *m*; ~ **fee** Eintragungsgebühr *f*; Anmeldegebühr *f*; *(Post)* Einschreibegebühr *f*; ~ **number** Eintragungsnummer *f*; (Auto-)Zulassungsnummer *f*; ~ **of companies** Eintragung *f* von Gesellschaften *(ins Handelsregister)*; ~ **of luggage** *Br* Gepäckaufgabe *f*

**registration of a motor vehicle**, Registrierung (od. Zulassung *f*) e-s Kraftfahrzeugs; **to apply for** ~ ein Kraftfahrzeug anmelden; **to cancel** ~ ein Kraftfahrzeug abmelden

**registration**, ~ **of title (to land)** Grundbucheintragung *f*; ~ **of a trade** Gewerbeanmeldung *f*; ~ **of trade marks** Eintragung von Warenzeichen; ~ **statement** *Am* Registrierungsangaben *(bei Beantragung der Börsenzulassung)*; **to cancel a** ~ e-e Eintragung löschen; **to cancel one's** ~ sich abmelden

**registry**, Registerbehörde *f*, Registratur *f*; Eintragung *f*, Registrierung *f*; **certificate of** ~ → certificate; **Land R~** *Br* Grundbuchamt *n*; **port of** ~ Heimathafen *m*

**regrade**, *v* neu einstufen, umgruppieren

**regressive**, rückläufig, nicht progressiv; ~ **supply** Marktlage, in der die angebotene Menge in dem Maße zunimmt, wie der Preis zurückgeht

**regression analysis**, *(Statistik)* Regressionsanalyse *f*

**regret**, **letter of** ~ → letter

**regret**, *v* bedauern; **we ~ to inform you** zu unserem Bedauern müssen wir Ihnen mitteilen; **we ~ to state** mit Bedauern stellen wir fest

**regrouping of investments**, Umschichtung *f* von Anlagen

**regular**, *Am* Normalbenzin *n*

**regular**, regelmäßig, ständig; ordnungsgemäß, ~ **agent** ständiger Vertreter *m*; ~ **course of business** normaler Geschäftsablauf *m*; ~ **customer** Stammkunde *m*, fester Kunde *m*; Stammgast *m*; ~ **delivery of fuel oil** regelmäßige (od. laufende) Lieferung *f* von Heizöl *(zu bestimmten wiederkehrenden Zeiten)*; ~ **employment** feste Anstellung *f*; ~ **in-**

come festes Einkommen *n*; ~ **member** ordentliches Mitglied *n*; ~ **place of business** Betriebsstätte *f*; ~ **premium** laufende Prämie *f*; ~ **rate** üblicher Lohnsatz *m*; ~ **size** (of goods) normale Größe *f*; ~ **staff** ständiges Personal *n*; ~ **time** Normalarbeitszeit *f*; ~ **workforce** Stammbelegschaft *f*

**regulate**, *v* regulieren, regeln, ordnen; **to ~ traffic** den Verkehr regeln

**regulated over-the-counter market**, geregelter Freiverkehr *m*

**regulation**, Verordnung *f*; Vorschrift *f*; Regelung *f*; Regulierung *f*; *(allgemeine)* Bestimmung *f*; **according to ~s** vorschriftsmäßig; **building ~s** Bauvorschriften *fpl*; **contrary to ~s** vorschriftswidrig; **currency** (or **exchange**) **~s** Devisenbestimmungen; **factory ~s** Betriebsordnung *f*; **laws and ~s** Gesetze und sonstige Rechtsvorschriften; **price ~s** Preisvorschriften; **~ of the market** Marktregulierung *f*; **~ of payments** Regelung des Zahlungsverkehrs; **~ of trade between two countries** Regelung des Handels zwischen zwei Ländern; **the Council adopted** (or **approved**) **a ~** *(EU)* der Rat verabschiedete e-e Verordnung; **to comply with ~s** Vorschriften befolgen (od. einhalten)

**regulatory**, regelnd, regulierend; ~ **body** Aufsichtsbehörde *f*, Verwaltungsbehörde *f*

**rehabilitate**, *v (in den vorigen Stand)* wiedereinsetzen; wiedereingliedern; *(Unternehmen)* sanieren

**rehabilitation**, Wiedereinsetzung *f (in den vorigen Stand)*; Wiedereingliederung *f (in den Beruf)*; Sanierung *f (e-s Unternehmens)*

**rehypothecation**, *Am* Weiterverpfändung *f*

**reignite inflation**, *v* Inflation *m pl* wieder anheizen

**reimbursable**, erstattungsfähig

**reimburse**, *v* zurückzahlen, rückerstatten; **liable to ~** (rück)erstattungspflichtig; **to ~ sb. the costs of the journey** jdm die Reisekosten erstatten; **to be ~d (for) one's expenses** (or **to have one's expenses ~d**) seine Ausgaben erstattet bekommen

**reimbursement**, Rückzahlung *f*, (Rück-) Erstattung *f*; ~ **credit** Trassierungskredit *m*; Rembourskredit *m*; **~ of expenses** Erstattung der Auslagen; **~ of taxes** Rückzahlung von Steuern; ~ **recourse** Remboursregress *m*

**reimport**, *v (ausgeführte Waren)* wieder einführen

**reinstate**, *v* wiedereinsetzen; wieder in Kraft setzen; *(entlassene Arbeitnehmer)* wieder einstellen; **to ~ an insurance** e-e Versicherung wieder in Kraft setzen

**reinstatement**, Wiedereinsetzung *f (in den vorigen Stand, ein Amt etc.)*; Wiederinkraftsetzung *f*; Wiedereinstellung *f (e-s entlassenen Arbeitnehmers)*

**reinsurance**, Rückversicherung *f*; **excess ~** Exzedenten-Rückversicherung *f*; **to take out a ~** e-e Rückversicherung abschließen

**reinsure**, *v* (sich) rückversichern; in Rückversicherung nehmen; **~d** Rückversicherter *m*

**reinsurer**, Rückversicherer *m*

**reinvest**, *v* reinvestieren, wiederanlegen

**reinvestment**, Reinvestition *f*, Wiederanlage *f*; ~ **discount** Wiederanlagerabatt *m*

**reinvigoration of the market**, Wiederbelebung *f* des Marktes

**reject(s)**, Ausschussware *f*

**reject**, *v* zurückweisen; ablehnen; **to ~ a claim** e-n Anspruch (od. e-e Reklamation) zurückweisen; **to ~ the goods** die Annahme der Ware verweigern; **to ~ a request** ein Gesuch abschlägig bescheiden

**rejected goods**, beanstandete Ware, nicht abgenommene Ware

**rejection**, Zurückweisung *f*, Ablehnung *f*; Annahmeverweigerung *f*; **~ of an offer** Ablehnung *f* e-s Angebots

**rekindle**, *v* wieder entfachen, erneut anheizen *(z. B. Inflation)*

**relapse**, *v*, **shares ~d** die Aktien sind wieder gefallen

**related**, verbunden; verwandt (to mit); ~ **companies** verbundene Unternehmen *npl*; ~ **measures** flankierende Maßnahmen *fpl*

**relation**, Beziehung *f* (with zu); Verwandte *m(f)*; **business ~s** Geschäftsverbindungen *fpl*; **commercial ~s** wirtschaftliche Beziehungen, Handelsbeziehungen; **external** (or **foreign**) **~s** auswärtige Beziehungen; **industrial ~s** → industrial; **labo(u)r ~s** Arbeitgeber-Arbeitnehmerbeziehungen; **public ~s** → public; **to enter into ~s with** in (Geschäfts-)Verbindung treten mit; **to keep up** (or **maintain**) **business ~s with** Ge-

schäftsverbindung unterhalten mit; **to strengthen ~s** Beziehungen vertiefen
**relational database**, relationale Datenbank *f*
**relationship**, Verhältnis *n* (to zu); Beziehung *f*; Verwandtschaft *f*; **contractual ~** Vertragsverhältnis *n*; **legal ~** Rechtsverhältnis *n*
**relative**, Verwandte(r) *f(m)*, Angehörige(r) *f(m)*; **~ by marriage** Verschwägerte(r) *f(m)*
**relative**, *adj* relativ; **supply is ~ to demand** das Angebot hängt von der Nachfrage ab
**relax**, *v* lockern; **to ~ restrictions** Beschränkungen abbauen; **to ~ rules** Bestimmungen lockern
**relaxation of the credit squeeze**, Erleichterung *f* der Kreditbeschränkung
**release**, Entbindung *f* (from von); Entlastung *f*; Freigabe *f*; Verzicht(leistung) *m(f)*, Verzichterklärung *f*; Erlass *m*; **freight ~** Freigabe der Fracht *(nach Bezahlung der Frachtkosten)*, **general ~** Verzicht auf alle gegenwärtigen und künftigen Ansprüche; **~ from bond** Zollfreigabe *f*; **~ from liability** Freistellung *f* von der Haftung; **~ of a blocked account** Freigabe *f* e-s gesperrten Kontos; **~ of a debt** Erlass e-r Schuld; **~ of goods into free circulation** Überführung *f* von Waren in den zollrechtlichen freien Verkehr; **~ of hidden reserves** Auflösung *f* stiller Reserven; **~ of mortgage** Löschung *f* e-r Hypothek; **to give** (or **grant**) **~** Entlastung erteilen
**release**, *v (von e-r Verpflichtung)* entbinden; entlasten; *(etw.)* freigeben; freistellen (from von); verzichten auf; **to ~ the debtor from his debts and liabilities** den Schuldner von seinen Schulden und Verpflichtungen entbinden *(im Vergleichsverfahren)*; **to ~ from a guarantee** aus e-r Garantieverpflichtung erlassen; **to ~ funds** *(gesperrte)* Gelder freigeben; **to ~ a mortgage** e-e Hypothek löschen
**released deposit**, freigegebene Kaution *f*
**relevant**, relevant, wichtig, erheblich, zutreffend; **~ documents** zweckdienliche Unterlagen *fpl*; **~ in law** rechtserheblich; **~ provision** einschlägige Bestimmung *f*; **please mark with a cross what is ~** Zutreffendes *n* bitte ankreuzen
**reliable**, zuverlässig, kreditwürdig; **from a ~ source** aus zuverlässiger Quelle *f*
**relicen|ce (~se)**, *v*, **to ~ a vehicle which had been withdrawn from traffic** ein aus dem Verkehr gezogenes Fahrzeug wieder zum Verkehr zulassen
**relief**, Abhilfe *f*, Entlastung *f*; Unterstützung *f*; *Am* staatliche Hilfe; Steuerermäßigung *f*; *Br* Steuerfreibetrag *m*; **child ~** *Br* Freibetrag für Kinder; **double taxation ~** Befreiung *f* von der Doppelbesteuerung; **earned income ~** *Br* Freibetrag für Arbeitseinkünfte; **public ~** *Am* Sozialhilfe *f*; **~ consignment** Hilfssendung *f*; **~ for tax purposes** Steuererleichterung *f*; **~ from customs duties** Zollbefreiungen *fpl*; **~s from duty** Zollbefreiungen *fpl*; **~ fund** Hilfsfonds *m*, Unterstützungsfonds *m*; **~ measures** Hilfsmaßnahmen *fpl*; **to be on ~** *Am* Sozialhilfe beziehen
**relieve**, *v* unterstützen, helfen; entlasten; **to ~ hardship** Härten mildern; **to ~ traffic congestion** den Verkehr entlasten
**relinquish**, *v* aufgeben, verzichten auf; überlassen; **to ~ a job** e-e Stelle aufgeben; **to ~ one's shares to a partner** seine Anteile e-m Teilhaber überlassen
**relinquishment**, **~ of possession** Besitzaufgabe *f*
**reload**, *v* wieder verladen, umladen; *(Güter)* umschlagen
**reloading**, Wiederverladung *f*; Umladung *f*; Umschlag *m (von Gütern)*
**relocate**, *v* verlagern, verlegen; *(Arbeitskraft)* versetzen
**relocation**, Verlagerung *f*; Verlegung *f*; Versetzung *f*; Umsiedlung *f*; Umzug *m*; **~ assistance** Umzugsbeihilfe *f (bei Versetzung)*, **~ expenses** Umzugskosten *pl*; **~ of the (place of) business** Geschäftsverlegung *f*
**rely**, *v* sich verlassen (on auf); sich berufen (on auf); **to ~ upon an award** e-n Schiedsspruch geltend machen
**remain**, *v* bleiben, übrig bleiben; **to ~ firm** fest bleiben, sich halten *(Preise)*
**remainder**, Rest *m*, Restbetrag *m*, Restbestand *m*; **~ of the term** Restlaufzeit
**remainderman**, Anfallsberechtiger *m*
**remaining**, **~ balance** verbleibender Restbetrag *m*; **~ book value** Restbuchwert *m*; **~ debt** Restschuld *f*; **~ delivery** Restlieferung *f*; **~ life** Restlaufzeit *f*
**remargin**, *v Am (Börse)* nachschießen

**rembrandt market**, Auslandmarkt *m* in den Niederlanden

**remed|y**, Rechtsbehelf *m*; Rechtsschutz *m*; **~ of fineness** zulässige Abweichung *f* vom Feingehalt; **~ies of the unpaid seller against the buyer** Rechtsbehelfe des Verkäufers gegen den nichtzahlenden Käufer

**remedy**, *v* abhelfen, Abhilfe schaffen; **to ~ a defect** e-n Mangel beheben (od. beseitigen)

**remember**, *v* sich erinnern; **to ~ a p. in one's will** jdn in s-m Testament bedenken

**remind**, *v* erinnern; mahnen; **to ~ sb. to pay** (or **settle**) **an account** jdn an die Bezahlung e-r Rechnung erinnern

**reminder**, Erinnerung *f*; Mahnung *f*; *(höflicher)* Mahnbrief *m*; **in spite of repeated ~** trotz wiederholter Mahnung; **~ advertising** *(MMF)* Erinnerungswerbung *f*; **~ item** Merkposten *m*; **~ value** *(Bilanz)* Erinnerungswert *m*

**remission**, **~ of a debt** Erlass *m* e-r Schuld; Forderungsverzicht *m*; **~ of fees** Gebührenerlass *m*; **~ of a tax** Steuererlass *m*

**remit**, *v (Geld)* überweisen, übersenden; Überweisung vornehmen; weiterleiten; *(Strafe etc.)* erlassen; **to ~ a bill for collection** e-n Wechsel zum Inkasso übersenden, **to ~ a debt** e-e Schuld erlassen

**remittance**, (Geld-)Überweisung *f*; Geldsendung *f*; überwiesene Summe *f*; Rimesse *f*; **cash ~** Barüberweisung *f*; **documentary ~** dokumentierte Rimesse; **order for ~** Überweisungsauftrag *m*; **~ abroad** Überweisung ins Ausland; **~ slip** Einzahlungsschein *m*; **please let us have your ~ of** . . . wir bitten um Überweisung von ...; **to send a ~** e-e Zahlung durch Überweisung vornehmen

**remittee**, Empfänger *m* (e-r Sendung von Geld, Wechseln, Schecks)

**remitter**, Übersender *m (e-r Überweisung)*; Einzahler *m*; jd, der Geld überweist

**remitting bank**, überweisende Bank *f*; Einreicherbank *f (beim Inkassoauftrag)*

**remnants**, Reste *mpl*; **sale of ~** Resteverkauf *m*

**remodel**, *v* neu gestalten, umbauen

**remodelling of business premises**, Geschäftsumbau *m*

**remote**, entfernt; **~ control** *(Fernsehen)* Fernbedienung *f*; **~ damage** entfernter *(nicht zurechenbarer)* Schaden *m*; **~ parties** *(WechselR)* mittelbar Beteiligte *pl*

**remotely related**, entfernt verwandt

**removal**, Fortschaffen *n*, Beiseiteschaffen *n*; Beseitigung *f*; Abstellung *f*, Behebung *f*; Entlassung *f*; *Br* Umzug *m*, Auszug *m*; **~ bond** Zollbürgschaft *f*; **~ costs** (or **expenses**) *Br* Umzugskosten *pl*; **~ from office** Entfernung *f* aus dem Amt, Dienstentlassung *f*; **~ from the agenda** Absetzung *f* von der Tagesordnung; **~ from the stock exchange list** Absetzung von der amtlichen Notierung; **~ from the Trademark Register** Löschung *f* in der (Waren-)Zeichenrolle; **~ goods** *Br* Umzugsgut *n*; **~ of business** Geschäftsverlegung *f*; **~ of customs barriers** Beseitigung *f* von Zollschranken; **~ of a director** Abberufung *f* e-s Direktors; **~ of goods** Beiseiteschaffen *n* von Waren; **~ of a restriction** Aufhebung e-r Beschränkung; **~ without notice** fristlose Entlassung *f*

**remove**, *v* fortschaffen, beiseiteschaffen; abstellen, beheben; entlassen, absetzen; **to ~ a business** ein Geschäft verlegen; **to ~ defects** Mängel beheben; **to ~ from the agenda** von der Tagesordnung absetzen; **to ~ from the market** aus dem Verkehr ziehen; **to ~ a p. from office** jdn aus dem Amt entfernen, jdn aus dem Dienst entlassen

**remunerate**, *v* vergüten, entlohnen, bezahlen

**remuneration**, Vergütung *f*, (Arbeits-)Entgelt *n*, Gehalt *n*; Honorar *n*; **fixed ~** Fixum *n*; **for ~** gegen Entgelt; **without ~** unentgeltlich; **~ for services rendered** Vergütung für geleistete Dienste; **~ from a profession** Einkünfte aus freiberuflicher Tätigkeit

**remunerative**, einträglich, ergiebig, gewinnbringend; **~ business** rentables Geschäft *n*; **~ investment** gewinnbringende Kapitalanlage *f*; **~ job** lohnende Tätigkeit *f*

**render**, *v*, **to ~ an account** Rechenschaft ablegen (of über); Rechnung (vor)legen; **to ~ assistance** Hilfe leisten, **to ~ information** Auskunft geben; **to ~ a p. liable** jdn. haftbar machen; **to ~ services** Dienst leisten, Dienstleistungen erbringen

**rendered**, **account ~** *(zur Prüfung und Bezahlung)* vorgelegte Rechnung *f*

**rendering**, **~ (of) accounts** Rechnungslegung *f*; **~ of services** Erbringung *f* von Dienstleistungen

**renew**, *v* erneuern, verlängern; *(Wechsel)* prolongieren; **to ~ a credit** e-n Kredit verlängern; **to ~ the lease** den Mietvertrag erneuern (od. verlängern); **to ~ an order** e-e Bestellung erneuern, nachbestellen; **we must ~ our supplies of oil** wir müssen unseren Vorrat an Öl wieder auffüllen

**renewable water resources**, *(EU)* erneuerbare Wasserressourcen *fpl*

**renewal**, Erneuerung *f*, Verlängerung *f*; *(Wechsel)* Prolongation *f*; **~ bill** Prolongationswechsel *m*; **~ bonus** *(Vers.)* Erneuerungsprämie *f*; **~ certificate** Erneuerungsschein *m (bei Wertpapieren)*; Talon *m*; **~ charge** Prolongationsgebühr *f*; **~ clause** Verlängerungsklausel *f*; **~ of contract** Vertragsverlängerung *f*, Vertragserneuerung *f*; **~ of an order** Auftragserneuerung *f*, Nachbestellung *f*; **~ of tenancy** Mietverlängerung *f*; **~ premium** Folgeprämie *f*; **to grant a ~ of a bill** e-n Wechsel prolongieren

**renounce**, *v* aufgeben, verzichten auf; **to ~ one's citizenship** (or **nationality**) seine Staatsangehörigkeit aufgeben; **to ~ one's claim to a share in the profits** auf seinen Anspruch auf e-n Gewinnanteil verzichten; **to ~ one's share in an estate** e-e Erbschaft ausschlagen

**renovate**, *v* renovieren

**renovation**, Renovierung *f*; **~ work** Instandsetzungsarbeiten *pl*; **closed during ~** während Renovierung geschlossen

**rent**, Miete *f*, Pacht *f*; Mietzins *m*, Pachtzins *m*; **allowance for ~** Wohnungsgeld(zuschuss) *n(m)*; **fair rent** angemessene Miete; **for ~** *Am (Haus, Zimmer)* zu vermieten; **a month's** (or **monthly**) **~** Monatsmiete *f*; **~ agreed upon** vereinbarte Miete; **~ collection** Einziehung *f* der Miete (od. Pacht); **~ due** schuldige (od. fällige) Miete (od. Pacht); **~ free** mietfrei, pachtfrei; **~ freeze** Mietstopp *m*; **~ insurance** Mietausfallversicherung *f*; **~ paid in advance** Mietvorauszahlung *f*; **~s payable** Mietaufwendungen *pl*; **~s receivable** (or **~ receipts**) Mieteinnahmen *pl*; **~ subsidy** (or **supplement**) Mietbeihilfe *f*; Mietzuschuss *m*; **~ tribunal** *Br* Mietgericht *n*; **to be in arrears with one's ~** mit seiner Miete (od. Pacht) in Verzug sein; **to increase** (or **raise**) **the ~** die Miete (od. Pacht) erhöhen; **~s have gone down** die Mieten sind heruntergegangen

**rent**, *v* mieten, pachten; vermietet (od. verpachtet) werden; *(auch)* vermieten, verpachten; **to ~ out** vermieten, verpachten; **to ~ an apartment** *Am* e-e Wohnug (ver)mieten; **to ~ a flat** *Br* e-e Wohnung mieten; **the building ~s at £ 200,000 a year** das Gebäude wird für 200.000 £ im Jahr vermietet

**rental**, Miete *f*, Mietzins *m*; Pacht(zins) *f/m*; Pachtbetrag *m*; Vermietung *f (von Grundbesitz)*; *Br tel* Grundgebühr *f*; **~s** Mieteinnahmen *pl*, Pachteinnahmen *pl*; Mietkosten *pl*; **car ~** Automiete *f*; **leasing ~** Leasingzins *m*; **television ~** *Br* Miete für Fernsehgeräte; **~ allowance** Wohnungsgeldzuschuss *m*; **~ car** Mietwagen *m*; **~ charge** *Br tel* Grundgebühr *f*; **~ contract** Mietvertrag *m*; **~ expense** Mietaufwand *m*; **~ fee** Mietgebühr *f*; **~ income** Mietertrag *m*; **~ property** Mietwohngrundstück *n*; **~ vacancy** leerstehendes Mietobjekt *n*; **~ value** Mietwert *m*, Pachtwert *m*

**rented**, **~ car** Mietwagen *m*; **~ flat** *Br* Mietwohnung *f*

**renter of a safe**, Mieter *m* e-s Safe

**rentes**, *Fr* Staatsanleihen *pl*, Staatspapiere *pl* (*etwa entsprechend den → Consols*)

**renunciation**, Verzicht(leistung) *m(f)*; Ablehnung *f*; **letter of ~** *Br* Verzichtsschreiben *n* betr. die Ausübung von Bezugsrechten; **~ of agency** Widerruf *m* des Vertretungsverhältnisses *(seitens des agent)*; **~ of (future) inheritance** Erbverzicht *m*; **~ of membership** Aufgabe *f* der Mitgliedschaft; **~ of a succession** *Am* Ausschlagung *f* e-r Erbschaft **~ period** Frist *f* für die Ablehnung der Bezugsrechtsausübung

**reopen**, *v* wieder eröffnen, wieder in Betrieb nehmen

**reorder**, Nachbestellung *f*

**reorder**, *v* nachbestellen

**reorganization**, Reorganisation *f*, Umstrukturierung *f*, Umstellung *f*; (finanzielle) Sanierung *f* (Änderung in der Kapitalstruktur e-s Unternehmens); *Am* Vergleich *m* (e-s zahlungsunfähigen Unternehmens zur Abwendung des Konkurses), *Am* Vergleichs- bzw. Sanierungsverfahren *n*; **~ bond** in Verbindung mit e-r Unternehmenssanierung angegebene Schuldverschreibung *f*; ~ **of a business** Betriebsumstellung *f*; ~ **of working time** Neugestaltung *f* der Arbeitszeit; ~ **program(me)** Sanierungsprogramm *n*

**reorganize**, *v* reorganisieren, umstrukturieren, umgründen, umstellen; sanieren

**repack**, *v* umpacken

**repair**, Reparatur *f*; Instandsetzung *f*; **~s** Reparaturarbeiten *fpl*; **beyond** ~ nicht mehr reparierbar; **in good** ~ in gutem *(baulichen)* Zustand; gut erhalten; **major ~s** größere Reparaturen; **minor ~s** kleinere Reparaturen; **in need of** ~ reparaturbedürftig; **out of** ~ in schlechtem *(baulichen)* Zustand; **poor** ~ schlecht ausgeführte Reparatur; **running ~s** laufende Reparaturen; **state of** ~ baulicher Zustand *m*; **under** ~ in Reparatur (befindlich); ~ **cost(s)** Reparaturkosten; ~ **covered by the guarantee** unter die Garantie fallende Reparatur; **to carry out a** ~ e-e Reparatur vornehmen; **to keep in (good)** ~ instand halten; **to need ~s** reparaturbedürftig sein; **to put in** ~ instand setzen

**repair**, *v* reparieren, instand setzen

**reparation**, Entschädigung *f*; Ersatz *m*; Wiedergutmachung *f*

**repatriate**, *v* repatriieren; in die Heimat zurückführen; **to ~ foreign investments** Auslandsanlagen in das Inland zurückführen

**repatriation**, Repatriierung *f*; Rückführung *f* von im Ausland angelegten Werten in das Herkunftsland; ~ **of capital** Rückführung von Kapital in das Inland

**repay**, *v* zurückzahlen, rückerstatten; nochmals zahlen; **liable to** ~ rückzahlungspflichtig; **to ~ gradually** nach und nach zurückzahlen; **to ~ a mortgage debt** e-e Hypothek zurückzahlen (od. tilgen)

**repayable advances**, rückzahlbare Vorschüsse *mpl*

**repayment**, Rückzahlung *f*, Rückerstattung *f*; Tilgung *f*; **anticipated** ~ vorzeitige Rückzahlung; ~ **deadline** Rückzahlungsfrist *f*; ~ **deferral** Tilgungsstreckung *f*; ~ **of debts** Rückzahlung von Schulden, Schuldentilgung *f*

**repeal**, Aufhebung *f* (od. Außerkraftsetzung *f*) *(e-s Gesetzes etc.)*

**repeal**, *v (Gesetz etc.)* außerkraftsetzen, aufheben

**repeat**, ~ **ad(vertisement)** Wiederholungsanzeige *f*; **~-order** Nachbestellung *f*; Anschlussauftrag *m*; **to place a ~-order** nachbestellen

**repeat**, *v*, **to ~ an order** nachbestellen

**repeated order**, wiederholter Auftrag *m*

**repetitive work**, regelmäßig wiederkehrende Arbeit *f*, Routinearbeit *f*

**RPI**, → Retail Price Index

**replace**, *v (etw. od. jdn)* ersetzen; **to ~ coal by oil** Kohle durch Öl ersetzen

**replaced**, **parts** ~ ersetzte (od. ausgewechselte) Teile *npl*

**replacement**, Ersatz *m*, Ersatzleistung *f*; Wiederbeschaffung *f*; Ersatz(person) *m/(f)*; Vertretung *f*; **holiday** ~ Urlaubsvertretung *f*; **parts supplied in** ~ gelieferte Ersatzteile *npl*; **(procurement of)** ~ Ersatzbeschaffung *f*; **provision for ~ of inventories** Rückstellung *f* für die Auffüllung des Lagerbestandes; **purchase of goods in** ~ Deckungskauf *m*; **replacement car** Ersatzwagen *m*; ~ **clause** Wiederherstellungsklausel *f*; ~ **cost** Wiederbeschaffungskosten *pl*; ~ **delivery** Ersatzlieferung *f*; ~ **demand** Ersatzbedarf *m*; ~ **goods** Ersatzwaren *pl*; ~ **investment** Ersatzinvestition *f*; ~ **of inventories** Auffüllung des Lagerbestandes; ~ **(part)** Ersatzteil *n*; ~ **price** Wiederbeschaffungspreis *m*; ~ **reserve** Rücklage für Ersatzbeschaffungen; ~ **value** Wiederbeschaffungswert *m*; Ersatzwert *m*; **the buyer has bought goods in** ~ der Käufer hat e-n Deckungskauf vorgenommen

**replanting**, Wiederbepflanzung *f*

**repledge**, *v* weiter verpfänden

**replenish**, *v (Lager etc.)* wieder auffüllen, ergänzen; **to ~ one's reserves** seine Reserven wieder auffüllen

**replenishment of stock**, Auffüllung *f* des Lagerbestandes, Lagerergänzung *f*; ~ **of stock order** Nachbestellung *f*

**replevin**, Anspruch auf Herausgabe e-r *(entzogenen)* beweglichen Sache

**replevy**, *v* (entzogene Sache im → replevin-Verfahren) herausgeben od. wiedererlangen

**reply**, Antwort *f*; Antwortschreiben *n*; Replik *f*; **business ~ card** Werbeantwortkarte *f*

**reply**, **early** ~ baldige Antwort; **we would be obliged by (your letting us have) an early** ~ für baldige Antwort wären wir Ihnen dankbar

**reply**, **immediate ~** umgehende Antwort; **in ~ to your letter** in Beantwortung Ihres Schreibens; **in ~ please quote ...** bei Beantwortung bitte *(Aktenzeichen)* angeben; **interim** (or **provisional**) ~ Zwischenbescheid *m*; **international ~ coupon** internationaler Antwortschein *m*; **looking forward to receiving your ~** Ihrer Antwort entgegensehend; **to make a ~** antworten, erwidern

**reply**, *v* antworten, erwidern; **~ing to your letter** in Beantwortung Ihres Schreibens

**repo**, → repurchase agreement

**report**, Bericht *m*; *(Meinung von Fachleuten)* Gutachten *n*; *Br* Zolldeklaration *f*; **annual ~** → annual; **auditor's ~** Bestätigungsvermerk *m* des Abschlussprüfers; **company's ~** s. directors' → ~; **damage ~** Schadenmeldung *f*; **directors' ~** Geschäftsbericht *m* des → board of directors; **monthly ~** Monatsbericht *m*; **month under ~** Berichtsmonat *m*; **period under ~** Berichtszeitraum *m*; **progress ~** → progress; **~ report** (Waren-) Eingangsmeldung *f*; **to bring a ~ up to date** e-n Bericht auf den neuesten Stand bringen; **to prepare a ~** e-n Bericht machen (od. abfassen); **to submit a ~** e-n Bericht einreichen; **there shall be included in the ~** der Bericht soll enthalten

**report**, *v* berichten, Bericht erstatten; (sich) melden; *(in der Bilanz)* ausweisen, bilanzieren; **to ~ an accident** e-n Unfall melden; **to ~ on an annual audit** für den Jahresabschluss *(als auditor)* den Bestätigungsvermerk erteilen; **to ~ for work** sich zur Arbeit melden; **he ~ed an income of £ ...** er gab sein Einkommen mit £ ... an; **to ~ progress** über den Stand der Angelegenheit berichten; **to ~ to sb.** jdm *(disziplinarisch)* unterstehen, jdm. unterstellt sein

**reported profit**, ausgewiesener Gewinn *m*, Bilanzgewinn *m*

**reporter**, Berichterstatter *m*

**reporting**, Berichterstattung *f*; Rechnungslegung *f*; Meldung *f*; **~ date** Bilanzstichtag *m*; **~ period** Berichtszeitraum *m*; Bilanzierungszeitraum *m*

**represent**, *v* vertreten; darstellen, schildern; wiedervorlegen; **to ~ and warrant** ausdrücklich erklären, zusichern; **to ~ oneself as (an) expert** sich als Sachverständigen ausgeben

**represented by counsel**, durch e-n Anwalt (*Br* barrister) vertreten

**representing X**, als Vertreter für X

**representation**, Vertretung *f*, Stellvertretung *f*; Darstellung *f*, Schilderung *f*; Vorhaltung *f*; **diplomatic ~** diplomatische Vertretung; **false ~s** falsche Angaben *fpl*; Erregung e-r irreführenden Vorstellung; **fraudulent ~** Vorspiegelung falscher Tatsachen; **power of ~** Vertretungsbefugnis *f*; **~ abroad** Auslandsvertretung *f*; **~ allowance** Aufwandsentschädigung *f*; **~ of a design** Darstellung e-s Musters; **to make ~s** Vorhaltungen machen

**representative**, Vertreter *m*, Stellvertreter *m*; Repräsentant *m*; **authorized ~** bevollmächtigter Vertreter; **employees' ~** Arbeitnehmervertreter; **foreign ~** Auslandsvertreter; **lawful ~** rechtmäßiger *(ordnungsgemäß bevollmächtigter)* Vertreter; **sales ~** (Handels-)Vertreter; **statutory ~** gesetzlicher Vertreter; **~ abroad** Auslandsvertreter

**representative**, *adj* (stell)vertretend, repräsentativ; **in a ~ capacity** als Vertreter; **~ market** repräsentativer Markt *m*; **~ office** Repräsentanz *f*; **~ rates** *(EU)* repräsentative Kurse ( → green rates)

**repressed inflation**, zurückgestaute Inflation *f*

**reprice**, *v* e-n neuen Preis festsetzen

**reprimand**, Verweis *m*; Verwarnung *f*

**reprimand**, *v (dienstlich)* Verweis erteilen; *(jdn)* verwarnen

**reprint**, Neudruck *m*; Nachdruck *m*

**reprise**, Wiederanstieg *(der Börsenkurse)*

**reprivatization**, Reprivatisierung *f*

**reprivatize**, *v* reprivatisieren

**reprocessing of irradiated nuclear fuel**, Wiederaufbereitung *f* bestrahlter Kernstoffe

**reproduction**, Reproduktion *f*; Wiedergabe *f*; Vervielfältigung *f*; **~ cost** Wiederherstellungskosten *pl*

**repudiate**, *v* zurückweisen, nicht anerkennen; **to ~ a debt** e-e Schuld nicht anerkennen

**repudiation of a contract**, Nichtanerkennung *f* e-s Vertrages, Ablehnung *f* der Vertragserfüllung

**repurchase**, Rückkauf *m*; Rücknahme *f* *(z. B. von Investmentanteilen)*; **sale with option of ~** Verkauf *m* mit Rückkaufsrecht; **~ agreement** (repo) Rückkaufvereinbarung *f*; Pensionsgeschäft *n (Ver-*

*äußerung von Wertpapieren für e-e bestimmte Zeit unter Übernahme der Rückkaufsverpflichtung)*; ~ **agreement operation** liquiditätszuführendes Pensionsgeschäft *n*; ~ **company** Rückkaufgesellschaft *f*; ~ **discount** Rückkaufdisagio *n*; ~ **obligation** (of its own currency of a member country of IMF) Rückkaufverpflichtung *f* (der eigenen Währung e-s Mitgliedlandes des IWF); ~ **offer** Rückkaufangebot *n*; ~ **price** Rückkaufpreis *m*; Rücknahmepreis *m*; ~ **rates for money market paper** Rücknahmesätze *mpl* für Geldmarktpapiere

**repurchase**, *v* (zu)rückkaufen

**reputable firm**, angesehene Firma *f*

**reputation**, (guter) Ruf *m*, Ansehen *n*; Image *n*; **business** ~ geschäftliches Ansehen; **defamation of a competitor's** ~ Anschwärzung *f*; **world-wide** ~ Weltruf *m*; **to enjoy a good** ~ e-n guten Ruf haben; hohes Ansehen genießen; **to injure a p.'s** ~ jds. Ruf schädigen

**repute**, Ruf *m*, Ansehen *n*

**reputed**, scheinbar, angeblich; berühmt; ~ **ownership** *(KonkursR)* anscheinendes Eigentum *n*; **ill (well)** ~ von schlechtem (gutem) Ruf

**request**, Bitte *f*, Ersuchen *n*, Anforderung *f*; Nachfrage *f*; Antrag *m*, Gesuch *n*; **by** (or **on**) ~ auf Anforderung, auf Bitte (od. Wunsch); **in great** ~ stark gefragt; **in little** ~ wenig gefragt; ~ **for an extension of time** Antrag *m* auf Fristverlängerung; ~ **for information** Bitte *f* um Auskunft; Auskunftsverlangen *n*; ~ **for a loan** Kreditantrag *m*; ~ **for material** Materialanforderung *f*; ~ **for payment** Zahlungsaufforderung *f*, Mahnung *f*; ~ **for respite** Stundungsgesuch *n*; ~ **note** Antrag *m* auf Genehmigung zur Anlandbringung verderblicher Waren vor zollamtlicher Abfertigung; **to be in** ~ gefragt sein, verlangt werden; **to grant a** ~ ein Gesuch bewilligen, e-m Antrag stattgeben; **to make a** ~ **for records** Akten anfordern; **to make an urgent** ~ **for payment** dringend zur Zahlung auffordern; **to refuse** (or **reject**) **a** ~ ein Gesuch ablehnen; e-n Antrag abschlägig bescheiden

**request**, *v* bitten, ersuchen, anfordern; beantragen; **to** ~ **information** um Auskunft bitten

**requested, as** ~ wie gewünscht

**require**, *v* verlangen, fordern; erfordern; bedürfen, brauchen; **to** ~ **the seller to deliver substitute goods** vom Verkäufer Ersatzlieferungen verlangen

**required**, erforderlich; (zu kaufen) gesucht; **as (and when)** ~ wie gewünscht; nach Bedarf; **if** ~ wenn nötig; falls erforderlich; **the time** ~ die erforderliche Zeit; ~ **accounting principles** Grundsätze *mpl* ordnungsgemäßer Buchführung (GoB); **within the** ~ **deadline** fristgerecht; ~ **reserve** → reserves

**requirement**, Forderung *f*, Verlangen *n*; Erfordernis *n*; Voraussetzung *f*, Bedingung *f*; **~s** Bedarf *m*; **alterations in ~s** Bedarfsänderungen *fpl*; **anticipated ~s** voraussichtlicher Bedarf; **domestic ~s** Inlandsbedarf; **labo(u)r ~s** Bedarf an Arbeitskräften; **legal ~s** gesetzliche Voraussetzungen; **personal ~s** persönlicher Bedarf, Eigenbedarf *m*; ~ **contract** *Am* Vertrag *m*, der zur Deckung des gesamten Bedarfs des Käufers verpflichtet; **~s estimate** Bedarfsschätzung *f*; ~ **of raw materials** Rohstoffbedarf *m*; **~s planning** Bedarfsplanung *f*; **to comply with** (or **meet**) **the ~s** den Erfordernissen genügen; die Voraussetzungen erfüllen; **to cover the ~s** den Bedarf decken; **please, let us know your ~s** bitte teilen Sie uns Ihren Bedarf mit

**requisite capital**, erforderliches Kapital *n*

**requisition**, Anforderung *f*; (förml.) Ersuchen *n*; **materials** ~ Materialanforderung *f (aus e-m Lager)*; **purchase** ~ Materialanforderung *f (aus e-m Geschäft)*; ~ **form** Bestellzettel *m*; *Br* Auftragszettel *m (für money order)*

**rerate**, *v* neu bewerten, neu einstufen

**reroute**, *v* umleiten

**resale**, Wiederverkauf *m*, Weiterverkauf *m*; ~ **of goods by unpaid seller** Deckungsverkauf *m*; ~ **price** Wiederverkaufspreis *m*; ~ **price maintenance** *(RPM)* Preisbindung *f* der zweiten Hand, vertikale Preisbindung *f*; ~ **value** Wiederverkaufswert *m*

**reschedule**, *v* umschulden; durch Umschuldung ablösen

**rescheduling, debt** ~ Umschuldung *f*; ~ **agreement** Schuldenkonsolidierungsabkommen *n*; ~ **loan** Umschuldungskredit *m*; ~ **of loans** Kreditumschuldung *f*

**rescind**, *v* aufheben, rückgängig machen, annullieren; **to** ~ **a contract** e-n Vertrag durch Rücktritt aufheben, von e-m Vertrag zurücktreten; e-n Vertrag anfechten; **to ~ a sale** e-n Kauf rückgängig machen

**rescission**, Aufhebung *f*, Rückgängigmachung *f*, Annullierung *f*; Anfechtung *f*; **~ of a sale** Rückgängigmachung e-s Kaufs; Wandelung *f*

**rescue**, Rettung *f*, Bergung *f*; Sanierung *f*; **~ of goods lawfully distrained** Pfandbruch *m*, Verstrickungsbruch *m*

**research**, Forschung *f*; Nachforschung *f*; **business ~** Konjunkturforschung; **energy ~** Forschung im Energiebereich; **Joint R~ Centre** → joint; **market ~** Marktforschung; **operational ~** *Br* (**operations ~** *Am*) Unternehmensforschung; **~ and development** (R & D) Forschung und Entwicklung (FuE); **~ and technological development** (R & TD) Forschung und technologische Entwicklung *f*; **~ appropriations** *(bewilligte)* Forschungsmittel *pl*; **~ establishment** (or **institute**) Forschungsinstitut *n*; **~ grant** (or **scholarship**) Forschungsstipendium *n*; **~ project** Forschungsvorhaben *n*; **~ results** Forschungsergebnisse *npl*

**resell**, *v* wiederverkaufen, weiterverkaufen; e-n Deckungsverkauf vornehmen ( → resold)

**reseller**, Wiederverkäufer *m*

**reservation**, Vorbehalt *m*, Vorbehaltsklausel *f (in e-m Vertrag)*; *bes. Am* Reservierung, Platzbestellung *f*, Buchung *f*; **mental ~** geheimer Vorbehalt, Mentalreservation *f*; **subject to one ~** vorbehaltlich einer Einschränkung; eine Einschränkung ist zu machen; **with ~** unter Vorbehalt, vorbehaltlich; **without ~** vorbehaltlos; ohne Bedenken; **~ clause** Vorbehaltsklausel *f*; **~ of a hotel room** Bestellung e-s Hotelzimmers; **~ of ownership** (or **title**) Eigentumsvorbehalt *m*; **~ of priority** Rangvorbehalt; **~ of title** Eigentumsvorbehalt *m*; **to state one's ~s** seine Vorbehalte geltend machen

**reserve**, 1. Reserve *f*, Rücklage *f*, Rückstellung *f*; Vorbehalt *m*; Währungsreserve *f*; Zentralbankreserve *f*, **capital ~** Kapitalrücklage *f* (*nicht verfügbar für Dividendenzahlung*; *s. revenue* → ~); **capital redemption ~ (fund)** *Br* Rücklage für den Rückkauf von Vorzugsaktien ( → *redeemable preference shares*); **contingency ~** Rückstellung für Eventualverbindlichkeiten; **creation of ~s** Reservenbildung *f*, Rücklagenbildung *f*; **declared** (or **disclosed**) **~s** offene Rücklagen; **dissolution of ~s** Reservenauflösung *f*, Rücklagenauflösung *f*; **emergency ~** Notstandsrücklage *f*; **extraordinary ~s** außerordentliche Rücklagen; **hidden ~s** stille Rücklagen; **legal ~s** gesetzliche Rücklagen

**reserve**, **legal (bank) ~s** gesetzliche Mindestreserven; **legal ~ ratio** *Am* gesetzlicher Mindestreservesatz *m*; **the member banks are required to keep** (or **maintain**) **legal ~s** die Mitgliedsbanken (*des* → *FRS*) sind verpflichtet, *(in e-m bestimmten Verhältnis zu ihren Einlagen)* Mindestreserven zu halten

**reserve**, **liability ~s** Rückstellungen *(für Verbindlichkeiten)*; **replacement ~** Rücklage für Ersatzbeschaffung; Erneuerungsrücklage

**reserve**, **required (bank) ~s** *Am* (*von den Mitgliedsbanken des* → *FRS*) geforderte Mindestreserven; **increase in required ~s** Erhöhung der geforderten Mindestreserven; **revaluation ~** Neubewertungsrücklage *f*; **revenue ~s** Ertragsrücklage *f*, Gewinnrücklage *f* (*die im Ggs. zur capital ~ für Dividendenzahlungen verfügbar ist*); **secret ~s** stille Rücklagen; **statutory ~s** satzungsgemäße Rücklagen; **valuation ~** → valuation; **visible ~s** offene Rücklagen; **voluntary ~s** freiwillige Rücklagen *fpl*; **~ appropriation** Zuweisung *f* an die Rücklage; **~ asset** Reserve(bestand) *f(m)*; **~ assets ratio** *Br* Mindestreservesatz *m*; **~ balances** Rücklagen; **~ currency** Reservewährung *f*; **~ for bad debts** Delkredererückstellung *f*; Wertberichtigung *f* für zweifelhafte Forderungen; **~ for contingent liabilities** Rückstellung für Eventualverbindlichkeiten; **~ for depletion** Rückstellung für Substanzverlust; **~ for depreciation** Rückstellung für Abschreibungen; **~ for doubtful debts** Werberichtigung für zweifelhafte Forderungen; **~ for plant expansion** *Am* Rücklage für Betriebserweiterung; **~ for purchase of treasury stock** *Am* Rücklage für den Ankauf eigener Aktien; **~ for redemption** Tilgungsrücklage *f*; **~ for redemption of preferred stock** *Am* Rücklage für den Rückkauf von Vorzugsaktien; **~ for sinking fund** Tilgungsrücklage *f*; **~ for (future) taxation** Rückstellung für Steuern

**reserve fund**, Rücklage *f*; **to transfer to the ~ fund** der Rücklage zuweisen

**reserve**, **~ liability** Nachschusspflicht *f*; **~ position in the** → IMF Reserveposition *f* im IWF; **~s provided for by the articles of association** satzungsmäßige Rücklagen; **~ ratio** *Am* Mindestreservesatz *(s. legal reserve ratio)*; **~ requirements** *Am* Mindestreserveanforderungen *fpl* (*s. required ~ s*); **~ stock** Reservelager *n*; eiserner Bestand *m*; **~ unit** Reserveeinheit *f*; **to cancel ~s** ( → IMF) Reserven einziehen (od. aus dem Verkehr ziehen); **to create** (or **form**) **~s** Reserven (od. Rücklagen) bilden; **to draw on the ~s** Reserven in Anspruch nehmen

**reserve**, 2. Vorbehalt *m*; Zurückhaltung *f*; **under ~ (of)** vorbehaltlich; **without ~** ohne Vorbehalt (od. Bedenken); **~ in ordering** Zurückhaltung bei der Auftragserteilung; **~ price** Mindestpreis *m*

**reserve**, *v* vorbehalten; sich vorbehalten; reservieren; (vor)bestellen; **to ~ the property pending payment** sich bis zur Zahlung das Eigentum vorbehalten

**reserved, all rights ~** alle Rechte vorbehalten; **goods ~ for the customer** für den Kunden zurückgelegte Waren

**reserving due payment**, Eingang fristgerechter Zahlung vorbehalten

**resettlement**, Umsiedlung *f*; Ansiedlung *f*; Wiedereingliederung *f*; **occupational ~** Wiedereingliederung *f* in das Berufsleben

**reship**, *v* wiederverladen; weitersenden; *(von e-m Schiff auf ein anderes)* umladen

**reshipment**, Wiederverladung *f*; Weiterverladung *f*; Umladung *f*

**reside**, *v (ständig)* wohnen, seinen Wohnsitz haben; ansässig sein

**residence**, Wohnsitz *m*; *(ständiger)* Aufenthalts(ort) *m*; Ansässigkeit *f*; **change of ~** Wohnsitzwechsel *m*; **company ~** Gesellschaftssitz *m*; **conjugal ~** ehelicher Wohnsitz; **ordinary ~** *Br* steuerlicher Wohnsitz; **state of ~** *(DBA)* Wohnsitzstaat *m*; **~ of a company** Sitz *m* e-r Gesellschaft; **~ in a house** Bewohnen *n* e-s Hauses; **~ permit** Aufenthaltsgenehmigung *f*; **to move one's ~** seinen Wohnsitz verlegen; **to take up ~** ansässig werden

**resident**, Person mit *(ständigem)* Wohnsitz (of in); ansässige Person *f*; Gebietsansässiger *m*; *Br* in Großbritannien ansässige *(natürliche)* Person, *Am (natürliche)* Person mit Wohnsitz in den USA; Steuerinländer *m*; Insasse *m (e-s Heimes)*; **~s only** *(Straßenschild)* nur Anliegerverkehr; **company being a ~ of** ... in ... ansässige Gesellschaft *f*; **permanent ~s of** Personen mit ständigem Wohnsitz in; **to be a long-term ~** langjährig ansässig sein, **to be a ~ of a state** in e-m Staate ansässig sein

**resident**, *adj* wohnhaft; ansässig; steuerinländisch; **~ alien** *Am* ansässiger *(steuerpflichtiger)* Ausländer *m*; **~ buyer** ortsansässiger Käufer *m*; **U.K. ~ company** Gesellschaft mit Sitz in Großbritannien (und Nordirland); **~ foreign corporation** *Am* ausländische Gesellschaft *f* mit Sitz in desn USA; **~ (taxpayer)** inländischer *(unbeschränkt)* Steuerpflichtiger *m*; Steuerinländer *m*; **~ producer units** *(EU)* gebietsansässige produzierende Einheiten *fpl*; **to be ~ abroad** im Ausland ansässig sein; **to be ~ or established** seinen Wohn- und Geschäftssitz haben

**residential area**, Wohngebiet *n*

**residential building**, Wohngebäude *n*; **non-~** Nichtwohngebäude *n*, gewerblich genutztes Gebäude *n*

**residential**, **~ construction** Wohnungsbau *m*; **~ district** (or **quarter**) Wohngebiet *n*, Wohnviertel *n*

**residing**, ansässig, wohnhaft; **persons ~ in the Member States** *(EU)* in den Mitgliedstaaten ansässige Personen *fpl*

**residual**, Rest-; **~ amount** Restbetrag *m*; **~ debt** Restschuld *f*; **~ item** Restposten *m*; **~ purchase price financing** Kaufpreisfinanzierung *f*; **~ value** Restwert *m*

**residuary**, restlich, übrig; **~ beneficiary** (Testaments-)Erbe *m* des Restnachlasses; **~ estate** Restnachlass *m*

**residue**, Rest *m*, Restbetrag *m*; restlicher Nachlass *m* ( → residuary estate)

**resign**, *v* verzichten auf; aufgeben; **to ~ an agency** e-e Vertretung niederlegen; **to ~ a claim** auf e-e Forderung verzichten; **to ~ (from) one's job** seine Stellung aufgeben; **to ~ as a member of an association** aus e-m Verein austreten; **to ~ from office** ein Amt niederlegen; **a member ~s** ein Mitglied scheidet aus

**resignation**, Verzicht(leistung) *m(f)* (of auf); Rücktritt(serklärung) *m(f)*; Amtsniederlegung *f*; **letter of ~** Kündigungsschreiben *n*; Entlassungsgesuch *n*

**resins**, artificial resins (and plastic materials) Kunststoffe *mpl*
**resistance**, Widerstand *m*; Zurückhaltung *f (beim Kauf)*; **~ line** Widerstandslinie *f* (i. e. in Aktienkursdiagrammen); **~ to fracture** Bruchfestigkeit *f*; **~ to wear and tear** Verschleißfestigkeit *f*
**resistant**, widerstandsfähig
**resold, the (unpaid) seller has resold the goods** der Verkäufer hat e-n Deckungsverkauf vorgenommen
**resolution**, Beschluss(fassung) *m(f)*; **Council ~** *(EU)* Entschließung des Rats; **directors' ~** Aufsichtsratsbeschluss *m*; **extraordinary ~** *Br (auf Hauptversammlung)* außerordentlicher Beschluss *(mit ¾ Mehrheit gefasst)*; **ordinary ~** *Br (auf Hauptversammlung)* mit einfacher Mehrheit gefasster Beschluss; **special ~** *(auf Hauptversammlung)* mit ¾ Mehrheit und mindestens 21 Tage Ankündigungsfrist gefasster Beschluss; **to adopt** (or **pass) a ~** e-n Beschluss fassen; e-e Entschließung annehmen; **the Council adopted a ~** *(EU)* der Rat verabschiedete e-e Entschließung
**resolve**, *v* beschließen; sich entschließen; **~d that** (es wurde) beschlossen, dass
**resort**, Zuflucht *f*; Inanspruchnahme *f*; **health ~** Kurort *m*; **court of last ~** Gericht *n* letzter Instanz; **~ advertising** Fremdenverkehrswerbung *f*; **~ to a court** Anrufung *f* e-s Gerichts; **~ to the share market** Beanspruchung *f* des Aktienmarktes; **to have ~ to** zurückgreifen auf
**resort**, *v*, **to ~ to arbitration** schiedsrichterliche Entscheidung in Anspruch nehmen; **to ~ to a fund** auf e-n Fonds zurückgreifen; **to ~ to the surety** sich an den Bürgen halten
**resources**, 1. Ressourcen *fpl*, Hilfsquellen *fpl*; Mittel, Geldmittel *fpl*; Finanzmittel *pl*; **Community's ~** *(EU)* Mittel der Gemeinschaft; **credit ~** Kreditquellen *fpl*; **financial ~** finanzielle Mittel; **human ~** Arbeitskräftepotential *n*; **own ~** Eigenmittel; **real ~** Güter- und Dienstleistungen; **~ from a fund** Mittel aus e-m Fonds; **to open up new ~** neue Hilfsquellen erschließen
**resources**, 2. *(ungenutzte)* Schätze *pl*; **conservation of the biological ~ of the sea** Erhaltung *f* der biologischen Schätze des Meeres; **mineral ~** mineralische Rohstoffe, Bodenschätze (→ mineral); **natural ~** Naturschätze; **place of extraction of natural ~** Stätte *f* der Ausbeutung von Bodenschätzen
**respected firm**, angesehene Firma *f*
**respite**, Aufschub *m*, Zahlungsaufschub *m*, Stundung *f*; **to grant a ~** e-e Frist einräumen; *(Zahlung)* stunden
**respondent**, *(Meinungsforschung)* Auskunftsperson *f*, Befragte(r) *f(m)*; **~ bank** Korrespondenzbank *f*
**responsibility**, Verantwortung *f*; Verantwortlichkeit *f*; Haftung *f*; **to assume** (or **take) ~** die Verantwortung übernehmen; **to be absolved from all ~** von aller Verantwortung befreit sein; **the ~ lies with** die Verantwortung liegt bei
**responsible**, verantwortlich; haftbar; verantwortungsvoll; **~ position** Vertrauensposten *m*; **to be ~** verantwortlich sein (for für); haften
**rest**, Rest *m*; Kontenabschluss *m*; *Br* Rücklage *f* e-r Bank *(bes. der Bank of England)*; **quarterly ~s** Vierteljahresabschlüsse *pl*
**rest periods for lorry drivers**, Ruhezeiten *fpl* der Fahrer von Lastkraftwagen
**rest**, *v*, **to ~ upon** beruhen auf; **the responsibility ~s with** die Verantwortung liegt bei
**restaurant**, Restaurant *n*, Gaststätte *f*, Lokal *n*; **hotel and ~ business** Gaststättengewerbe *n*; **~ car** Speisewagen *m*
**restimulate**, *v*, **to ~ economic growth** das Wirtschaftswachstum wiederankurbeln
**restitution**, Rückerstattung *f*, Rückgabe *f*, Herausgabe *f (bes. gestohlener Gegenstände)*; Wiederherstellung *f (e-s früheren Rechtszustandes)*; Wiedergutmachung *f*; **liable tomake ~** rückerstattungspflichtig; **to make ~ (of)** rückerstatten, zurückgeben; wiederherstellen; wiedergutmachen
**restock**, *v* Lager wieder auffüllen
**restoration**, Rückgabe *f*, Rückerstattung *f*; Restaurierung *f*, Wiederinstandsetzung *f*; Wiederherstellung *f*; **closed during ~s** während der Restaurierung geschlossen; **~ of possession** Wiedereinräumung *f* des Besitzes; **~ to the previous position** Wiedereinsetzung *f* in den vorigen Stand
**restore**, *v* zurückgeben, rückerstatten; restaurieren, wiederinstandsetzen; wiederherstellen; **to ~ the balance between**

**supply and demand** das Gleichgewicht zwischen Angebot und Nachfrage wiederherstellen
**restow**, *v (Ladung)* neu verstauen
**restrain**, *v* beschränken, einschränken; hindern; **to ~ the boom** die Konjunktur dämpfen; **to ~ competition** den Wettbewerb beschränken; **to ~ imports** die Einfuhr einschränken; **to ~ production** die Produktion drosseln; **to ~ trade** den Wirtschaftsverkehr beschränken
**restraint**, Beschränkung *f*, Einschränkung *f*; Hinderung *f*; Zurückhaltung *f*; **Voluntary R~ Agreement** (VRA) freiwilliges Selbstbeschränkungsabkommen *n*; **voluntary ~ in consumption** Konsumverzicht *m*; **~ in placing orders** Zurückhaltung *f* bei der Auftragserteilung; **~ of competition** Wettbewerbsbeschränkung *f*
**restraint of trade**, Beschränkung des Wirtschaftsverkehrs; Wettbewerbsbeschränkung *f*; **combination in ~** Kartell *n*
**restraint on disposal**, Verfügungsbeschränkung *f*
**restrict**, *v* beschränken, einschränken; **to ~ one's borrowings** seine Kreditaufnahmen einschränken; **to ~ production** die Produktion drosseln
**restricted**, beschränkt, eingeschränkt; **~ data** *Am* unter Geheimschutz stehende Angaben; **~ district** *Am* Stadtbezirk *m* mit Baubeschränkung; **~ fund** → fund 2.; **~ hour tariff** *Br* verbilligter Stromtarif *m* während bestimmter Zeiten (→ off-peak); **~ market** eng begrenzter Markt *m (zur Verhinderung des Wettbewerbs)*, **~ matter** *Am* nur für den Dienstgebrauch; **~ securities** *Am* nur beschränkt handelbare Wertpapiere *npl*; **~ transferability (of shares)** Vinkulierung *f* (von Aktien)
**restriction**, Beschränkung *f*, Einschränkung *f*; *Am* Baubeschränkung *f*; **credit ~** Kreditrestriktion *f*; **currency ~** Devisenbeschränkung *f*; **quantitative ~s** mengenmäßige Beschränkungen *pl*; **~ of expenditure** Einschränkung der Ausgaben; **~ of output** (or **production**) Produktionsbeschränkung *f*, Produktionsdrosselung *f*; **~ on competition** Wettbewerbsbeschränkung *f*; **~ on cultivation** Anbaubeschränkung *f*; **~ on imports** Einfuhrbeschränkung *f*; **to be subject to ~s** Beschränkungen unterliegen; **to impose (remove) ~s** Beschränkungen auferlegen (beseitigen)
**restrictive**, beschränkend, einschränkend, restriktiv; **~ agreement** *Br* Kartell *n*; **~ covenant** → covenant; **~ credit policy** restriktive Kreditpolitik *f*; **~ effect on competition** wettbewerbsbeschränkende Wirkung *f*; **~ endorsement** Rektaindossament *n*
**restrictive measures**, einschränkende Maßnahmen *fpl*; **easing of ~** Lockerungsmaßnahmen
**restrictive practices**, wettbewerbsbeschränkende Verhaltensweisen (od. Geschäftspraktiken) *fpl*; **~ agreement** Kartellvertrag *m*; **R~ Court** *Br* Kartellgericht
**restrictive trade practices**, → restrictive practices
**restrictive trading agreement**, *Br* wettbewerbsbeschränkende Absprache *f*, Kartellabsprache *f*
**restructuration**, Restrukturierung *f*
**restructure**, *v (Unternehmen)* umstrukturieren, sanieren; *(Kredit)* umschulden
**restructuring**, Umstrukturierung *f*; Umschuldung *f*
**resubmission**, Wiedervorlage *f*
**resubmit**, *v*, **to be ~ted** wiedervorgelegt werden
**result**, Ergebnis *n*, Folge *n*; **assessment of ~s** Ergebnisbeurteilung *f*; **company ~s** Unternehmensergebnis *n*; **trading ~s** Betriebsergebnis *n*; **~ from participation** Beteiligungsgewinn *m*; **~s of the group** Ertragslage *f* des Konzerns; **~ of operations** Betriebsergebnis *n*
**result**, *v* sich ergeben, herrühren (from aus); **to ~ in a loss** e-n Verlust ergeben; mit Verlust abschließen
**resume**, *Am* Lebenslauf *m*
**resume**, *v (Verhandlungen etc.)* wieder aufnehmen; *(Amt etc.)* wieder übernehmen; zusammenfassen, resümieren; **to ~ payments** die Zahlungen wieder aufnehmen
**resumption**, Wiederaufnahme *f*; Wiederannahme *f*; **~ of business** Wiederaufnahme der Geschäftstätigkeit; **~ of dividends** Wiederaufnahme der Dividendenzahlungen; **~ of work** Wiederaufnahme der Arbeit
**resurgence of exports**, Wiederanstieg *m* der Ausfuhren
**retail**, Einzelhandel *m*; **at** (or **by**) **~** im Einzelhandel, in kleinen Mengen; **~**

**banking** Bankgeschäft(e) mit Einzelkunden; ~ **business** Einzelhandelsgeschäft *n*; ~ **chain** Einzelhandelskette *f*; ~ **cooperative** Konsumgenossenschaft *m*; ~ **credit** *Am* Kundenkredit *m*; ~ **(credit) card** *Am* Kundenkreditkarte *f*; ~ **customers** *(Bank)* Privatkunden *mpl*; ~ **dealer** Einzelhändler *m*; ~ **deposits** Einlagen *fpl* von Privatkunden; ~ **discount** Einzelhändlerrabatt *m*; ~ **distributive society** *Br* → ~ cooperative; ~ **establishment** Einzelhandelsbetrieb *m*; **at ~ level** auf Einzelhandelsstufe; ~ **margin** Einzelhandelsspanne *f*; ~ **outlet** *Br* Einzelhandelsgeschäft *n*; Kleinverkaufsstelle *f*

**retail price**, Einzelhandelspreis *m*, Ladenpreis *m*; **R~ Index** (RPI) Preisindex *m* für die Lebenshaltung

**retail**, ~ **sale** Einzelhandelsverkauf *m*; **~l sales** Einzelhandelsumsatz *m*; ~ **shop** Einzelhandelsgesellschaft *n*; **at the ~ stage** auf der Einzelhandelsstufe *f*; ~ **trade** Einzelhandel *m*; ~ **turnover** Einzelhandelsumsatz *m*

**retail**, *v* im Einzelhandel verkaufen; **to ~ at** e-n Ladenpreis haben von; **to be ~ed at £ 100** mit 100 £ verkauft werden

**retailer**, Einzelhändler *m*

**retailing**, Einzelhandel *m*

**retain**, *v* zurückbehalten, einbehalten; thesaurieren; sich vorbehalten; **to ~ a lawyer** sich e-n Anwalt nehmen; e-n Anwalt bestellen *(durch Zahlung e-s Vorschusses)*; **to ~ profits** Gewinne einbehalten (od. thesaurieren)

**retained**, ~ **earnings** einbehaltene Erträge (od. Gewinne) *mpl*; ~ **profit** nicht ausgeschütteter (od. thesaurierter) Gewinn *m*; *(Bilanz)* Gewinnvortrag *m*

**retainer**, *(etwa)* Anwaltsbestellung *f (durch Zahlung e-s Vorschusses)*; Anwaltsvorschuss *m*

**retaliation**, Vergeltungs(maßnahme) *f*

**retaliatory**, ~ **duty** Vergeltungszoll *m* Retorsionszoll *m*; ~ **measures** Vergeltungsmaßnahmen *fpl*

**retention**, Zurückbehaltung *f*, Einbehaltung *f*; *(Vers.)* Selbstbehalt *m*; **one copy for your ~** ein Exemplar zum dortigen Verbleib; **right of ~** Zurückbehaltungsrecht *n*; ~ **in office** Belassung *f* im Dienst; ~ **money** einbehaltener Betrag *m*; ~ **of earnings** Gewinneinbehaltung *(durch ein Unternehmen) (Selbstfinanzierung)*; ~ **of taxes** Einbehaltung von Steuern; ~ **of title** Eigentumsvorbehalt *m*; ~ **of wages** Einbehalten *n* vom Lohn, Lohneinbehaltung; ~ **period** Aufbewahrungsfrist *f*

**retire**, *v* zurückziehen, einziehen, aus dem Verkehr ziehen; in den Ruhestand treten, in Pension gehen; in den Ruhestand versetzen; *(jdn)* pensionieren; sich zurückziehen, ausscheiden; **to ~ a bill** e-n Wechsel vor Fälligkeit einlösen; **to ~ bonds** Obligationen (tilgen und) aus dem Verkehr ziehen; **to ~ from an association** aus e-m Verein austreten; **to ~ from a firm** aus e-r Firma ausscheiden; **to ~ a loan** e-e Anleihe tilgen; **to ~ on a pension** sich pensionieren lassen; in Pension gehen; **to ~ sb. temporarily** jdn in den einstweiligen Ruhestand versetzen

**retired**, zurückgetreten, ausgeschieden; pensioniert, im Ruhestand befindlich

**retirement**, Einziehung *f*, Einlösung *f*, Rückzahlung *f*, Tilgung *f*; Ausscheiden *n*; Austritt *m*; Pensionierung *f*, (Versetzung in den) Ruhestand *m*; **~s** Abgänge *mpl (des Anlagevermögens)*; **compulsory ~** Zwangspensionierung *f*; **early ~** vorzeitige Pensionierung (→ early); ~ **age** Rentenalter *n*; ~ **annuity** Rentenversicherung *f*; ~ **benefits** Pensionsbezüge *pl*; Leistungen *fpl* e-r Altersversicherung; ~ **fund** Pensionsfonds *m*; ~ **of a bill** vorzeitige Einlösung *f* e-s Wechsels; ~ **of a credit** Tilgung e-s Kredits; ~ **of a loan** Rückzahlung *f* (od. Tilgung) e-r Anleihe; ~ **of a partner** Ausscheiden e-s Teilhabers; ~ **pay** Ruhegehalt *n*

**retirement pension**, Pension *f*; *Br (staatl.)* Altersrente *f*; ~ **(scheme)** Altersversorgung *f*; **entitelement to a ~** Ruhegehaltsanspruch *m*; **expectancy** Anwartschaft *f* auf e-e Pension

**retirement price**, Rückzahlungskurs *m*

**retiring partner**, ausscheidender Teilhaber *m*

**retool**, *v* mit neuen Werkzeugen versehen

**retract**, *v* (Versprechen etc.) zurücknehmen; (Zeugenaussage, Geständnis etc.) widerrufen

**retrain**, *v*, **to ~ workers** Arbeiter umschulen

**retraining**, Umschulung *f*; **training and ~** Ausbildung *f* und Weiterbildung *f*

**retransfer**, Rückübertragung *f*; Rücküberweisung *f (von Geld)*

**retransfer**, *v* rückübertragen; *(Geld)* rücküberweisen
**retrench**, *v (Ausgaben)* kürzen; *(Personal)* abbauen; sich einschränken, sparen
**retrenchment**, Kürzung *f*, Einschränkung *f*; Verkleinerung *f*; **~ of employees** Personalabbau *m*; **~ of a plant** Betriebsverkleinerung *f*; **~ of salary** Gehaltskürzung *f*
**retroactive, with ~ effect** (or **~ly**) mit rückwirkender Kraft, rückwirkend; **~ tax payment** Steuernachzahlung *f*; **~ wage increase** rückwirkende Lohnerhöhung *f*
**retrograde movement**, rückgängige Bewegung *f (z. B. von Kursen)*
**retrospective**, retrospektiv, rückblickend; **~ taxation** Nachversteuerung *f*; **to pay ~ly** nach(be)zahlen
**return**, 1. Ertrag *m*, Rendite *f*, Verzinsung *f*; **annual ~** → annual; **gross return** Bruttoertrag *m*; **rate of ~** → rate; **rent ~** Mietertrag *m*; **yielding a ~** ertragreich, rentabel; **~ on capital employed** → ~ on investment; **~ on equity** Rendite des Eigenkapitals; **~ on investment** (ROI) Kapitalrendite *f*, Rendite *f* des investierten Kapitals; **~ on securities** Wertpapierrendite *f*; **~s to scale** Skalenertrag *m*; Niveaugrenzprodukt *m*; **to bring** (or **yield**) **a ~** Ertrag bringen; sich rentieren; sich verzinsen; **to get a good ~ on an investment** aus e-r Anlage e-e gute Rendite bekommen; **to have poor ~s** geringen Ertrag haben; wenig einnehmen
**return**, 2. Bericht *m*; Aufstellung *f*, Übersicht *f*; (Bank-)Ausweis *m*; Steuererklärung *f*; **annual ~** *Br* Jahresbericht *m (e-r AG)*; jährliche Steuererklärung; **consolidated ~** *Am* Konzernbilanz *f*; **income tax ~** Einkommensteuererklärung *f*; **joint tax ~** gemeinsame Steuererklärung *(der Ehegatten)*; **monthly ~** Monatsbericht *m (e-r Bank)*; **to file a (tax) ~** e-e Steuererklärung abgeben
**return**, 3. Rückgabe *f*, Rückerstattung *f*; Rücklieferung *f*, Rücksendung *f*; Rückfahrt *f*; Rückkehr *m*; **~s** Retouren *pl*, *(an den Verkäufer)* zurückgesandte Waren; nicht eingelöste Wechsel (od. Schecks), **by ~ of post** mit umgehender Post, postwendend; **sale or ~** Verkauf *m* mit Rückgaberecht; **~s book** Retourenbuch *n*, Buch für zurückgesandte Waren; **~ cargo** Rückfracht *f*, Rückladung *f*; **~ copies** *(Buchhandel)* Remittenden *pl*; **~ fare** *Br* Preis für Hin- und Rückfahrt; **~ flight** *Br* Hin- und Rückflug *m*; **~ freight** Rückfracht *f*; **~s inwards** *(vom Kunden)* zurückgenommene Waren *pl*; **~ journey** Rückfahrt; **~ of empties** Rücksendung von Leergut; **~ of fees** Gebührenrückerstattung *f*; **~ outwards** *(an den Lieferanten)* zurückgesandte Waren *pl*; **~ passage** → ~ voyage; **~ postage** Rückporto *n*; **~ privilege** Rückgaberecht *n*; **~ remittance** Rücküberweisung *f*; **~ ticket** *Br* Rückfahrkarte *f*; **~ voyage** *Br* Rückfahrt *f (zur See)*
**return**, *v* zurückgeben, zurücksenden; rückerstatten, zurückzahlen; zurückkehren; *(Gewinn)* einbringen (od. abwerfen); berichten, angeben, erklären; **to ~ a bill unpaid** e-n Wechsel unbezahlt zurückgehen lassen; **~ to sender** *(Post)* an den Absender zurück
**returned, ~ cheque (check)** Rückscheck *m*; **~ empties** zurückgesandtes Leergut *n*; **~ goods** Retouren *pl*; *(Zoll)* Rückwaren *pl*; **~ letter** unzustellbarer Brief *m*; **~ shipment rate** *Am* verbilligter Frachtsatz *m* für Leergut
**returnable, ~s** (or **returnable bottles**) Pfandflaschen *fpl*; **non ~s** Wegwerfflaschen *fpl*
**reunification of Germany**, (03.10.1990) Wiedervereinigung *f* Deutschlands
**reusable**, wieder verwendbar
**reuse**, Wiederverwendung *f*
**revaluation**, Aufwertung *f*; Neubewertung *f*; **~ loss** Aufwertungsverlust *m*; **~ of assets** Neubewertung von Anlagevermögen; **~ of currency** Aufwertung der Währung; **~ reserve** Neubewertungsrücklage *f*; **~ surplus** aus Höherbewertung von Anlagegütern entstandene Rücklagen; Aufwertungsrücklage *f*
**revalue**, *v* aufwerten; neu bewerten
**revealed preferences**, bekundete Präferenzen
**revenue**, Einnahmen *pl*, Einkünfte *pl*; Ertrag *m*; Erträge *mpl*; **loss of ~** Einnahmeausfall *m*; **source of ~** Einnahmequelle *f*; **~ accounts** Ertragskonten *npl*; **~ and expense account** Erfolgskonto *n*; **~-earning** gewinnbringend, einträglich; **~ reserve** → reserve 1.; **~ sharing** Beteiligung *f (der Arbeitnehmer)* am Unternehmensgewinn
**revenue**, 2. Staatseinnahmen *pl*, Staatseinkünfte *pl (aus inländischen Steuern und*

*Abgaben)*; **customs ~** Zolleinnahmen *pl*; **inland ~** *Br* → inland; **internal ~** *Am* → internal; **public ~** Staatseinkünfte, Einkünfte der öffentlichen Hand; **~ and expenditure** (Staats-)Einnahmen und Ausgaben *fpl*; **~ bond** *Am* Kommunalobligation *f*; **~ duties** Finanzzölle *pl*; **~ expenditure** erfolgswirksame Aufwendungen *pl*; **~ frauds** *(Zoll)* Schmuggelunwesen *n*; **~ from tax** Steueraufkommen *n*; **~ offence (revenuese)** Steuerstraftat *f*; Zollstraftat *f*; **~ office** Zollamt *n*; **~ receipts** Steuereinnahmen *pl*; **~ stamp** Steuermarke *f*; Banderole *f*; **~ tariff** Finanzzoll *m*; **to defraud the ~** Steuern hinterziehen

**reversal**, Storno *m*, Rückbuchung *f*; Umschwung *f*; **~ in the trend** Tendenzumkehr *f*; **~ on an entry** Stornierung *f* e-r Buchung

**reverse**, **on the ~** umstehend; **~ entry** Stornobuchung *f*; **~ split** *Am* Zusammenlegung *f* von Aktien; **~ takeover** *Br* Übernahme e-r größeren durch e-e kleinere Gesellschaft; Übernahme e-r public company ( → company) durch e-e private company ( → company); Übernahme mit der Absicht, die Geschäftsführung der übernommenen Gesellschaft einzusetzen; **~ yield gap** negatives Renditengefälle *n* (→ yield gap)

**reverse**, *v* stornieren, rückbuchen; umstoßen; *(Urteil der unteren Instanz)* aufheben; *Br* rückwärts fahren

**reversing entry**, Stornobuchung *f*

**reversion**, Rückfall(srecht) *m(n)*; Anwartschaft(srecht) *f(n) (auf Grundbesitz)*; **~ (of nationalized enterprises) to private ownership** *Br* Reprivatisierung *f*

**reversionary**, **~ annuity** Rente *f* auf den Überlebensfall; Überlebensrente *f*

**review**, Bericht *m*, Übersicht *f*; Rezension *f*; Überprüfung *f*, Nachprüfung *f*; **book ~** Buchbesprechung *f*; **market ~** Börsenbericht *m*, Marktbericht *m*; **period under ~** Berichtszeitraum *m*; **to be subject to ~** der Nachprüfung unterliegen

**review**, *v* rezensieren, besprechen; überprüfen, nachprüfen

**revise**, *v* durchsehen, nachprüfen; formal abändern

**revised arrangement**, Neuregelung *f*

**revision**, Durchsicht *f*; Abänderung *f*; **~ of prices** Abänderung der Preise

**revitalization of the capital market**, Wiederbelebung *f* des Kapitalmarktes

**revitalize**, *v*, **to ~ the economy** die Wirtschaft wieder ankurbeln

**revival**, Wiederbelebung *f*, Wiederaufschwung *m*; Wiederinkraftsetzung *f*; **~ of business** Geschäftsbelebung *f*, Geschäftsaufschwung *m*; **~ of demand** Nachfragebelebung *f*; **~ of economic activity** Belebung der Konjunktur; **~ of exports** Ausfuhrbelebung *f*; **~ of the market** Wiederbelebung (od. Erholung) des Marktes

**revive**, *v* wiederaufleben (lassen); **there was ~d activity on the stock exchange** an der Aktienbörse belebte sich das Geschäft; **the demand will shortly ~** die Nachfrage wird bald wieder einsetzen

**reviving**, **the trade was ~** der Handel belebte sich

**revocable**, widerruflich

**revocation**, Widerruf *m*; Zurücknahme *f*; Aufhebung *f*; **~ of an authority** Widerruf e-r Vollmacht; **~ of a licen|ce (~se)** Zurücknahme e-r Konzession; Lizenzentzug *m*; **~ of a gift** Schenkungswiderruf *m*; **~ of an offer** Zurücknahme e-s Angebots; **~ of the purchase contract** Rückgängigmachung *f* des Kaufvertrags

**revoke**, *v* widerrufen, zurücknehmen, entziehen; **to ~ the driving licen|ce (~se)** den Führerschein entziehen; **to ~ an offer** ein Angebot zurücknehmen; **to ~ an order** e-n Auftrag (od. e-e Bestellung) zurücknehmen

**revoked**, until revoked bis auf Widerruf

**revolving**, **~ credit** revolvierender Kredit *m*; **~ fund** Fonds, dem Geld laufend entnommen und wieder zugeführt wird; **~ letter of credit** revolvierendes *(sich automatisch erneuerndes)* Akkreditiv *n*; **~ underwriting facilities** (RUFs) kurzfristige, bis 3 Monate laufende Wertschriften *fpl* (→ Euronotes), deren Plazierung auf dem Markt ganz dem → lead manager überlassen bleibt und die nach Ablauf in der Regel zur Zeichnung angeboten werden

**reward**, Belohnung *f*; *fig* Lohn *m*; **due ~** angemessene Belohnung; **public offer of a ~** Auslobung *f*; **to advertise** (or **promise**) **a ~** e-e Belohnung aussetzen

**rework**, *v* umarbeiten, nachbearbeiten

**rid**, *v*, **to ~ oneself of debts** sich von Schulden befreien
**rider**, Anhang *m (zu e-r Urkunde)*; Allonge *f*
**rig**, **drilling ~** Bohrinsel *f*
**rig**, *v*, **to ~ the market** e-e *(künstliche)* Kurssteigerung hervorrufen, Kurse manipulieren
**rigged bid**, Scheinangebot *n*
**rigging the market**, Kurstreiberei *f*, Kursmanipulation *f*, betrügerische Kursbeeinflussung *f*
**right**, **all ~s reserved** alle Rechte vorbehalten
**right**, **as of ~** von Rechts wegen; **member as of ~** Mitglied *n* kraft Amtes; **to meet as of ~** automatisch zusammentreten
**right**, **by ~ of** kraft, auf Grund von; **~ of establishment** Niederlassungsrecht *n*; **~ of first refusal** Vorkaufsrecht; **~ of residence** Aufenthaltsrecht *n*; **~ of retention** Zurückbehaltungsrecht; **~ of voting** Stimmrecht, Wahlrecht; **~ of way** Vorfahrtsrecht; **~ to claim for damages** Schadenersatzanspruch *m*; **~ to give notice** Kündigungsrecht; **~ to terminate employments** Kündigungsrecht *n*; **~ to vote** Stimmrecht; (aktives) Wahlrecht *n*
**rights**, Bezugsrecht *npl* auf neue (junge) Aktien; **ex rights** ohne Bezugsrechte; **with ~** mit Bezugsrechten; **~ issue** Bezugsrechtsausgabe *f*; **~ letter** *Br* → rights offering; **~ offering** Bezugsrechtsangebot *n*; **~ market** (of the stock exchange) Markt *m* der Bezugsrechte; **~ quotation** Bezugsrechtsquotierung *f*; **~ trading** Bezugsrechtshandel *m*
**rightful**, rechtmäßig; **~ claimant** Anspruchsberechtigter *m*
**ring**, Börsenstand *m*; **the ~** *Br* die Buchmacher *mpl*; **price ~** Preiskartell *n*
**riot**, Aufruhr *f*, Krawall *m*; **~s** Unruhen *pl*
**ripe for development**, baureif
**ripple effect**, Ansteckungseffekt *m*
**rise**, Steigen *n*, Ansteigen *n*; Erhöhung *f*; **(pay) ~** *Br* Lohnerhöhung *f*, Gehaltserhöhung *f*; **~ in costs** Steigen der Kosten, Kostenanstieg *m*; **~ in demand** Anstieg der Nachfrage; **sharp ~ in expenditures** starker Ausgabenanstieg *m*; **~ in exports** Exportsteigerung *f*; **~ in income** Einkommensanstieg *m*; **~ in the market** Hausse *f*; **~ in output** Produktionszunahme *f*; **~ in** (or **of**) **prices** Ansteigen der Preise, Preisanstieg, Preiserhöhung *f*; Kursanstieg *m*; **~ in sales** Absatzerhöhung *f*, Absatzsteigerung *f*; **~ in** (or **of**) **shares** Steigen der Aktien; **~ in** (or **of**) **wages** Anstieg der Löhne; Lohnerhöhung *f*; **to be on the ~** im Preise (od. Kurs) steigen, zunehmen; **to operate for a ~** *(Börse)* auf Hausse spekulieren; **substantial ~s were secured** beträchtliche Kurssteigerungen wurden erzielt
**rise**, *v* steigen, anziehen, in die Höhe gehen *(Preise, Kurse)*; **the market has ~n** die Kurse sind gestiegen
**rising**, ansteigend; aufwärtsstrebend; **~ fashion** aufkommende Mode *f*; **in a ~ market** bei anziehenden Kursen; **prices are ~** die Preise (od. Kurse) steigen (od. ziehen an); **to hold back the ~ prices** die Preissteigerung eindämmen
**risk**, Risiko *n*, Gefahr *f*; versicherte Person *f*, versicherter Gegenstand *m*; **accident ~** Unfallrisiko *n*; **all ~s policy** Universal (auto)versicherung *f*; **at consignor's ~** auf Gefahr des Absenders; **at one's own ~** auf eigene Gefahr; **at receiver's ~** auf Gefahr des Empfängers; **at seller's ~ and expense** auf Gefahr und Kosten des Verkäufers; **attended with ~** mit Gefahr verbunden; **bearing the ~** Gefahrtragung *f*; **category** (or **class**) **of ~** Gefahrenklasse *f*; **commercial ~** wirtschaftliches Risiko, Unternehmerwagnis *n*; **cover on ~s** Deckung *f* von Risiken; **customary ~s** handelsübliche Risiken *pl*; **distribution of ~** Risikoverteilung *f*; **exchange (rate) risk** Kursrisiko; **fire ~** Brandgefahr *f*; **for your account and ~** auf Ihre Rechnung und Gefahr; **increased ~** erhöhtes Risiko; **insurable ~** versicherbares Risiko; **passing of the ~** Gefahrübergang *m*; **prepared to take a ~** risikofreudig; **prices ~** Kursrisiko; **voluntary assumption of ~** Handeln auf eigene Gefahr; **~ assumption** Risikoübernahme *f*; **~averse** risikoscheu; **~ capital** Risikokapital, haftendes Kapital; **~ cover** Risikodeckung *f*; **~ covered** gedecktes Risiko, versichere Gefahr; **~ distribution** Risikoverteilung *f*; **~ hedging** Risikoabsicherung *f*; **~ mark-up** Risikozuschlag *m*; **~ money** Fehlgeld *m*, Mankogeld *n (des Kassierers)*; **~ of carriage** Transportrisiko *n*; **~ of loss** Gefahr des Untergangs (od. Verlustes); **~ paper** *(shares etc.)* Risikopapier *n*; **~ premium** Risikoprämie *f*; **~ rating** Risikobewertung *f*; **~ spreading** Risikoverteilung *f*; **~ sub-**

**scribed** versicherte Gefahr; ~ **taking** Risikoübernahme *f*, Gefahrtragung *f*; **to assume a** ~ die Gefahr auf sich nehmen; ein Risiko übernehmen; **the goods are at buyer's** ~ der Käufer trägt die Gefahr; **to incur** (or **take**) **a** ~ ein Risiko eingehen (od. übernehmen); **the ~ passes to the buyer** die Gefahr geht auf den Käufer über; **the goods shall be deemed to be at the ~ of the purchaser** der Käufer hat die Gefahr zu tragen; **to put sb. at ~** jdn e-m Risiko aussetzen; **to underwrite a ~** e-e Versicherung übernehmen

**risky speculation**, gewagte (od. riskante) Spekulation *f*

**rival**, Mitbewerber *m*, Konkurrent *m*; ~ **firm** Konkurrenzfirma *f*; ~ **product** Konkurrenzerzeugnis *n*

**rivalry**, Konkurrenz *f*, Wettbewerb *m*; **to enter into ~ with a firm** mit e-r Firma in Wettbewerb treten

**river**, Fluss *m*; **down** ~ stromabwärts; **up** ~ stromaufwärts; ~ **bill of lading** Ladeschein *m*; ~ **craft** Flussfahrzeug *n*; ~ **pollution** Flussverschmutzung *f*

**road**, (Land-)Straße *f*; **~s** *(See)* Reede *f*; **access** ~ Zufahrtstraße *f*; **by-~** Nebenstraße *f*, **in** (or **on**) **the** ~ auf der (Land-) Straße; **main** ~ Hauptverkehrsstraße *f*; **major** ~ → major; **transport of goods by** ~ *Br* Güterverkehr *m* mit Lastkraftwagen; ~ **accident** Verkehrsunfall *m*; ~ **and inland waterway transport** Straßen- und Binnenschiffsverkehr *m*; ~ **building** (or **construction**) Straßenbau *m*; ~ **carriage** Güterkraftverkehr *m*; ~ **freight services** Güterkraftverkehr *m*; ~ **freight vehicles** Fahrzeuge *npl* des Güterkraftverkehrs

**road haulage**, (of goods) Güterkraftverkehr *m*; Güterverkehr mit Lkw; **long-distance** ~ Fernlastverkehr *m*; ~ **operator** Güterkraftverkehrsunternehmer *m*; ~ **vehicles** Güterkraftfahrzeuge *npl*

**road haulier**, *Br* Güterkraftverkehrsunternehmer *m*

**road network**, Straßennetz *n*

**road passenger transport**, Personenkraftverkehr *m*; ~ **operator** Personenkraftverkehrsunternehmer *m*; **~, rail and inland waterway transport** Straßen-, Schienen- und Binnenschiffsverkehr *m*

**road safety**, Sicherheit *f* im Straßenverkehr; Verkehrssicherheit *f*; ~ **training** Verkehrserziehung *f*; **to meet the demands of** ~ der Verkehrssicherheit genügen

**road signs**, (Straßen-)Verkehrszeichen *npl*

**roadstead**, Reede *f*

**road**, ~ **traffic** Straßenverkehr *m*; ~ **traffic speed limit** Tempolimit *n* im Straßenverkehr; ~ **transport** Straßenverkehr *m*; *Br* Güterverkehr *m* mit Lastkraftwagen; ~ **transport operator** Kraftverkehrsunternehmer *m*; ~ **under repair** Straße mit Baustellen; ~ **usage tax** (or **toll**) Straßenbenutzungsgebühr *f*; ~ **user** Verkehrsteilnehmer *m*

**road vehicle**, **commercial** ~ gewerbliches Straßenfahrzeug *n*

**roadworthiness**, Verkehrstauglichkeit *f*

**roar**, *v*, **to do a ~ring business** *colloq.* glänzende Geschäfte machen

**robber economy**, Raubbau *m*

**robbery**, Raub(überfall) *m*; **bank** ~ Bankraub *m*, Banküberfall *m*; **insurance against** (or **for**) ~ Beraubungsversicherung *f*; **mail** ~ Postdiebstahl *m*

**rock-bottom price**, niedrigster Preis *m*

**rocket**, Rakete *f*; **launching of ~s** Abschuss *m* von Raketen

**rocket**, *v* hochschnellen *(Preise)*; haussieren *(Wertpapiere)*

**ROI calculation**, Rentabilitätsberechnung *f* → return on investment

**roll**, Liste *f*, Verzeichnis *n*; *Br* Anwaltsliste *f*; **~-back** *Am* Zurücknahme *f* von Preiserhöhungen *(durch Regierungsmaßnahme)*; **~-call** Namensaufruf *m*; **~-call vote** namentliche Abstimmung *f*

**roll**, *v* rollen; **to be ~ed not tilted** nicht kanten sondern rollen

**rolling**, ~ **capital** Betriebskapital *n*; ~ **cargo** Rollgut *n (auf dem Straßen- od. Schienentransport)*; **~-mill** Walzwerk *n*; ~ **stock** *(Eisenbahn)* rollendes Material *n*

**ro(ll-on)/ro(ll-off)**, Roro- (Schiffsausrüstung für direkte Aufnahme von Straßenfahrzeugen über Rampen)

**roll out**, Markteinführung *f*

**rollover credit**, (Euromarkt) Rollover-Kredit *m* (mittel- bis langfristiger Kredit mit flexiblem Zinssatz, der an die Interbanksätze gekoppelt ist; → LIBOR)

**Romalpa clause**, *Br* Eigentumsvorbehaltsklausel *f* der Lieferanten

**room**, Raum *m*; Zimmer *n*; **furnished** ~ möbliertes Zimmer; **vacant** ~ freies Zimmer, ~ **and board** Kost und Logis; ~

**clerk** *Am (Hotel)* Empfangschef *m*; **~s to let** Zimmer zu vermieten
**room-hunting**, to be room-hunting auf Zimmersuche sein
**room, to book** (or **reserve**) **a (hotel)** ~ ein (Hotel-)Zimmer bestellen; **to let furnished ~s** möblierte Zimmer vermieten; **to rent a** ~ ein Zimmer (ver)mieten
**room to negotiate**, Verhandlungsspielraum *m*
**root crop**, Hackfrucht *f*
**roster**, Dienstplan *m*; Namensverzeichnis *n*
**rot**, *v* verderben *(Lebensmittel)*
**rotate**, *v* turnusmäßig wechseln; **to ~ crops** im Fruchtwechsel anbauen
**rotating shift**, Wechselschicht *f*
**rotation**, turnusmäßiger Wechsel *m*; **job ~** *Am* Arbeitsplatzaustausch *m*; **~ in office** turnusmäßiger Amtswechsel *m*; **~ of crops** Fruchtwechsel *m*; **~ of ports** Reihenfolge *f* der Häfen *(in der Häfen angelaufen werden)*; **to retire in ~** turnusmäßig ausscheiden
**rouble**, Rubel *m* (russische Währungseinheit)
**rough**, roh, ungefähr; **~ average** ungefährer Durchschnitt *m*; **~ balance sheet** Rohbilanz *f*; **~ calculation** ungefähre Berechnung *f*; Überschlag *m*; **~ copy** Entwurf *m*, Konzept *n*; **~ guess** grobe Schätzung *f*
**roundabout**, *Br* Kreisverkehr *m*
**round, ~ lot** 100 Stück e-r Aktie od. ein Vielfaches davon; **~ sum** auf- (od. ab-) gerundeter Betrag *m*, glatter Betrag *m*; **~ trip** Rundreise *f*; *Am* Hin- und Rückfahrt *f*
**round**, *v*, **to ~ off an amount** e-n Betrag abrunden; **to ~ up an amount** e-n Betrag aufrunden
**roundsman**, *Br* Lieferant *m*, Austräger *m*
**roundwood production**, *(EU)* Rundholzerzeugung *f*
**route**, Route *f*, Weg *m*, Strecke *f*; **en ~** unterwegs; **forwarding ~** Beförderungsweg *m (Güterverkehr)*; **to travel by the shortest (fastest) ~** auf dem kürzesten (schnellsten) Weg reisen
**router**, Router *m (Netzwerkgerät bzw. Computer, der Datenpakete von einem Netzwerk in ein anderes übergibt)* **routing**, Reihenfolge *f* der Arbeitsgänge; **~ order** Anweisung *f* des Empfängers an seinen Lieferanten hinsichtlich des Beförderungsweges; **~ symbol** Bankleitzahl *f* (BLZ)
**routine**, Routine *f*; üblich; **~ business** laufende Geschäftsangelegenheiten *fpl*; **~ expenditure** übliche Ausgaben *fpl*; **~ work** Routinearbeit(en) *f(pl)*
**royalty**, (meist **~ies**) (Autoren-)Tantieme *f*, Honorar *n*; *(bes. PatentR)* Lizenzgebühr *f*; Bergwerksabgaben *fpl*, Pacht *f*; **copyright ~ies** Lizenzgebühren für Urheberrecht; **licen|ce (~se) subject to ~** gebührenpflichtige Lizenz *f*; **oil ~ies** von e-r Erdölgesellschaft dem Grundeigentümer bezahlte Vergütung; **subject to payment of ~ies** lizenzpflichtig; **~-free licen|ce (~se)** gebührenfreie Lizenz *f*; **~ies in respect of operation of mines** *(DBA)* Vergütungen *fpl* für die Ausbeutung von Bergwerken
**RRP**, *Br* → recommended retail price
**rubber**, (Natur-)Kautschuk *m*; Gummi *n*; **~s** → ~ shares; **~ check** *Am sl.* ungedeckter Scheck *m*; **~ industry** Gummiindustrie *f*; **~ shares** Gummiaktien *pl*, Gummiwerte *pl*; **~ stamp** Gummistempel *m*
**rubber-stamp**, *v (etw.)* automatisch (od. routinemäßig) behandeln
**rubbish**, Altmaterial *n*, Müll *m*, Schutt *m*; Abfall, Abfälle *pl*; **clearance of ~** Entrümpelung *f*; **~ collection** Müllabfuhr *f*
**rubble**, Trümmer *pl*, Schutt *m*
**RUF**, → revolving underwriting facility
**ruinous, ~ competition** ruinöser Wettbewerb *m*; **~ price** Schleuderpreis *m*; **~ sale** Verkauf *m* mit Verlust
**rule**, Regel *f*, Vorschrift *f*; Richtlinie *f*; **as a ~** in der Regel; **common ~s** Richtlinien *fpl*; **foreign ~** Fremdherrschaft *f*; **formal ~s** Formvorschriften *fpl*; **general ~** allgemeine Regel, Norm *f*; **~ of thumb**, Faustregel *f*; **~s and regulations of a bank** allgemeine Geschäftsbedingungen *fpl* e-r **Bank**; **R~s of Conciliation and Arbitration** (of the International Chamber of Commerce) Vergleichs- und Schiedsordnung *f* (der Internationalen Handelskammer); **R~s of Exchange** Börsenordnung *f*; **~s of good husbandry** Regeln der ordnungsgemäßen Bewirtschaftung; **~s of the road** *Am* Verkehrsregeln *fpl*; **~s on competition** Wettbewerbsregeln *fpl*; **to draw up the ~s of procedure** die Geschäftsordnung aufstellen
**rule**, *v* regeln, anordnen; liegen *(z. B. Preise)*; **to ~ off an account** ein Konto abschließen; **to ~ out** ausschließen; **prices ~d high** die Preise lagen hoch

**ruling**, *adj* geltend, bestehend; **~ price** derzeit geltender Preis, Tagespreis, Marktpreis *m*

**rummage**, Ramsch *m*, Ausschuss *m*; **~ sale** Ramschverkauf *m*

**run**, Zustrom *m (von Kunden)*; starke Nachfrage *f* (on nach); Tendenz *f*; **in the long ~** auf lange Sicht; auf die Dauer; langfristig; **~ down of staff** Einschränkung *f* (od. Reduzierung) des Personals; **~ on a bank** Ansturm *m (von Gläubigern)* auf e-e Bank; **~-up of prices** Steigen *n* der Preise (od. Kurse); **~-up in shares** Aktienhausse *f*; **there was a great ~ on this article** dieser Artikel war sehr gefragt

**run**, *v (Wechsel, Zinsen etc.)* laufen; *(Geschäft etc.)* betreiben; gelten, in Kraft sein; *(Text, Brief)* lauten; *(Fahrzeug)* verkehren; **period to ~** Laufzeit *f*; **a well-~ business** ein gut geführtes Geschäft; **to ~ a factory** e-e Fabrik leiten; **to ~ a risk** ein Risiko eingehen; Gefahr laufen

**runaway**, **~ industry** Fluchtindustrie *f*; Industrie *f*, die einige oder alle Betriebsteile in Länder mit billigeren Arbeitskräften, niedrigeren Steuern etc. verlagert; **~ inflation** galoppierende Inflation *f*; **~ prices** schnell steigende Preise *mpl*

**run down**, *v* verringern; **to ~ the goods of a competitor** die Ware e-s Konkurrenten anschwärzen; **to ~ prices** die Preise drücken; **the cyclist was ~ by a lorry** der Radfahrer wurde von e-m Lkw überfahren

**rundown**, **in a ~ condition** in heruntergekommenem Zustand; **~ enterprise** heruntergewirtschaftetes Unternehmen *n*

**run**, *v*, **to ~ into debt** in Schulden geraten, **he ran the firm into debt** er stürzte die Firma in Schulden; **to ~ into heavy selling** sich schwer verkaufen lassen, **to ~ into money** *colloq.* ins Geld gehen (od. laufen); it **~s into three figures** es geht in die Hunderte

**run**, *v*, **to ~ low** knapp werden *(Vorrat etc.)*; **our stock has ~ low** unser Vorrat ist knapp geworden

**run**, *v*, **to ~ off** ablaufen *(Wechsel etc.)*, **to ~ on time** fahrplanmäßig verkehren *(Züge etc.)*

**run**, *v*, **to ~ out** ablaufen *(Pacht, Pass etc.)*; zu Ende gehen, auslaufen, ausgehen *(Vorräte etc.)*; **I have ~ out of this article** dieser Artikel ist mir ausgegangen

**run**, *v*, **to ~ over 7 years** e-e Laufzeit von 7 Jahren besitzen

**run**, *v*, **to ~ short** knapp werden; *(Waren)* nicht (mehr) vorrätig haben; **I have ~ short of money** mir ist das Geld ausgegangen

**run up**, *v (Schuld)* anwachsen lassen, *(Kurse, Preise)* in die Höhe treiben; steigen; anziehen; **to ~ an account at** (or **with**) **a store** in e-m Geschäft anschreiben (und die Schuld anwachsen) lassen; **to ~ a deficit** ein Defizit anwachsen lassen

**run**, *v*, **the bill has 3 months to ~** die Laufzeit des Wechsels beträgt 3 Monate; **the bus ~s every hour** der Bus verkehrt stündlich; **I cannot afford to ~ a car** ich kann mir ein Auto nicht leisten; **the period (of time) begins to ~** die Frist beginnt zu laufen

**runner**, sich schnell verkaufendes Produkt *n*; Verkaufsschlager *m*

**running**, Leitung *f*, Führung *f*; Laufzeit *f*; Betrieb *m*; **empty ~** Leerlauf *m*

**running**, **~ account** laufendes Konto *n*; laufende Rechnung *f*; Anschreibekonto *n*; **~ account credit** Überziehungskredit *m*; **~ cost** laufende Kosten, Betriebskosten *pl*; **~ days** laufende Kalendertage *mpl*

**running down**, Zusammenstoß *m*; Anschwärzung *f (der Ware des Konkurrenten)*; **~ clause** *(Schiff)* Kollisionsklausel *f*

**running**, **~ engagements** laufende Verpflichtungen *fpl*; **~ expenses** laufende Ausgaben *fpl*; **~-in expenses** Anlaufkosten; **~ interest** Stückzinsen *pl*; **~ into debt** Verschuldung *f*; **~ number** laufende Nummer *f*; **~ of an account** Kontoführung *f*; **~ of the business** Geschäftsbetrieb *m*; **~ of a period (of time)** Lauf *m* e-r Frist; **in ~ order** betriebsfertig, **~ repairs** laufende Reparaturen *fpl*; **~ yield** laufende Verzinsung *f*

**rural**, ländlich; **~ district** Landbezirk *m*; **~ exodus** Landflucht *f*; **~ township** *Am* Landgemeinde *f*

**rush**, (Geschäfts-, Verkehrs-)Andrang *m*; **~ hour(s)** Hauptverkehrszeit(en) *f(pl)*; Stoßzeit(en) *f(pl)*; **~-hour traffic** Verkehr *m* in der Spitzenzeit; Stoßverkehr *m*; **~ of buyers** Käuferansturm *m*; **~ of orders** Flut *f* von Aufträgen; **~ delivery** Eilzustellung *f*; **~ order** eiliger Auftrag *m*

# S

**sabbatical (year)**, Urlaubsjahr *n*; *(bezahlter)* Bildungsurlaub *m*
**sabotage**, **economic** ~ Wirtschaftssabotage *f*; **to commit** ~ Sabotage begehen
**sack**, *colloq.* **to get the** ~ entlassen werden; **to give a p. the** ~ jdn entlassen
**sacrifice**, Verlust *m*; *(SeeversR)* Aufopferung *f*; **to sell at a** ~ mit Verlust verkaufen
**sacrified goods**, *(SeeversR)* aufgeopferte Güter *pl*; spottbillige Waren
**safe**, Safe *n*, Tresorfach *n*; **hirer of a** ~ Mieter e-s Safe; **keeping in the** ~ Aufbewahrung *f* im Safe; **night** ~ Nachttresor *m*; **to hire** (or **rent**) **a** ~ einen Safe mieten
**safe custody**, Verwahrung *f*; Aufbewahrung *f*; *Br* Depotverwahrung *f*; ~ **account** Depotkonto *n*; ~ **charge** (or **fee**) Depotgebühr *f*; ~ **of securities** Wertpapierverwahrung *f*; ~ **receipt** Depotschein *m*; **to hold in** ~ sicher verwahren; **to put securities in** ~ Wertpapiere in Depotverwahrung geben
**safe deposit**, Tresor *m*, Stahlkammer *f*; ~ **box** Tresorfach *n*; Schließfach *n*, Safe *n*; ~ **fee** Aufbewahrungsgebühr *f*; ~ **vault** *Am* Stahlkammer *f*
**safeguard**, Schutz *m*, Sicherung *f*; ~ **clause** Schutzklausel *f*
**safeguard**, *v* schützen, sichern; **to ~ sb.'s interests** jds Interessen wahrnehmen
**safeguarding**, ~ **duty** Schutzzoll *m*; ~ **of data** Datenschutz *m*; ~ **of jobs** Sicherung *f* der Arbeitsplätze
**safekeeping**, (sichere) Aufbewahrung *f* (od. Verwahrung); **fee for** ~ Aufbewahrungsgebühr *f*; **obligation of ~ of books** Aufbewahrungspflicht *f* für Handelsbücher; **to entrust** (or **put in store**) **for** ~ zur Aufbewahrung geben; **would you kindly take these things into ~?** Würden Sie bitte diese Sachen für mich aufbewahren?
**safety**, Sicherheit *f*; **industrial** ~ Sicherheit bei der Arbeit, Betriebssicherheit *f*; **road** ~ → road; ~ **at the workplace** Sicherheit am Arbeitsplatz; ~ **belt** Sicherheitsgurt *m*; ~ **bond** Sicherheitsleistung *f*, Kaution *f*; ~ **of traffic** Verkehrssicherheit *f*; ~ **precautions** Sicherheitsvorkehrungen *fpl*; ~ **standards** *(AtomR)* Sicherheitsnormen *fpl*; ~ **stock** eiserner Bestand *m*; ~ **stocks** Sicherheitsbestände *pl*
**sag**, *v* sinken, nachgeben, abschwächen
**sagging**, ~ **market** abgeschwächter Markt; ~ **prices** sinkende Kurse (od. Preise)
**sailing**, Abfahrt *f*, Auslaufen *n (e-s Schiffes)*; **time of** ~ Abfahrtszeit *f*
**sailors' pay**, Heuer *f*
**salable**, → saleable
**salaried**, bezahlt, besoldet; ~ **staff** Gehaltsempfänger *pl*; *(ein Gehalt beziehende)* Angestellte *pl*
**salary**, Gehalt *n*; Besoldung *f*; **basic** ~ Grundgehalt *n*; **commencing** ~ Anfangsgehalt; **fixed** (or **regular**) ~ festes Gehalt; **initial** (or **starting**) ~ Anfangsgehalt; **top level** ~ Spitzengehalt; ~ **account** Gehaltskonto *n*; ~ **advance** Gehaltsvorschuss *m*; ~ **and other emoluments** Gehalt und andere Bezüge; ~ **asked for** Gehaltsanspruch *m*; ~ **bracket** Gehaltsklasse *f*; ~ **by agreement** Gehalt nach Vereinbarung; ~ **cut** Gehaltssenkung *f*, Gehaltskürzung *f*; ~ **differentials** Gehaltsunterschiede *mpl*; ~ **earner** Gehaltsempfänger *m*; ~ **increase** Gehaltserhöhung *f*; ~ **records** Gehaltsunterlagen *pl*; ~ **rise** Gehaltserhöhung *f*; ~ **scale** Besoldungsgruppe *f*; ~ **slip** Gehaltszettel *m*; ~ **subject to negotiation** Gehalt nach Vereinbarung; **to anticipate one's** ~ Gehaltsvorschuss nehmen; **to receive part of one's ~ in advance** Gehaltsvorschuss bekommen
**sale**, Verkauf *m*, Veräußerung *f*, Vertrieb *m*; Absatz *m*; Ausverkauf *m*; Versteigerung *f*, Auktion *f*; **after-~s service** Kundendienst *m*; **all ~s final** kein Umtausch; **bargain** ~ Verkauf zu herabgesetzten Preisen; Ausverkauf von Sonderangeboten; **bring and buy** ~ *(etwa)* Basar *m*; **cash** ~ Barverkauf *m*; *(Börse)* Kassagegeschäft *n*; **charge** ~ Kredit(ver)kauf; **clearance** ~ Räumungsverkauf *m*; **closing-down** ~ (Total-)Ausverkauf *m*; **conditional** ~ Verkauf unter Eigentumsvorbehalt; **contract of** ~ Kaufvertrag *m*; **credit** ~ Kreditverkauf, Abzahlungsverkauf; **direct** ~ Direktverkauf, Verkauf ohne Zwischenhändler; Privatabsatz *m (von Wertpapieren)*; **end-of-season** ~ Saisonabschlussverkauf; **firm** ~ fester Verkauf *(ohne Eigentumsvorbehalt)*; Verkauf zu festen Preisen; **for** ~ zum Verkauf,

zu verkaufen; **forced** ~ Zwangsversteigerung *f*; **hire-purchase** ~ Verkauf auf Abzahlung; **jumble** ~ Ramschverkauf; **on** ~ zum Verkauf, zu verkaufen; → point of ~ system; **private** ~ Verkauf unter der Hand, freihändiger Verkauf; **public** ~ öffentliche Versteigerung *f*, Auktion *f*; **ready** ~ schneller (od. leichter) Absatz *m*; **retail** ~ Einzelhandelsverkauf; **rummage** ~ Ramschverkauf; **short** ~ *(Börse)* Blankoverkauf, Leerverkauf; **(end of) summer** ~ Sommerschlussverkauf *m*; ~ **and lease back** *(Leasing-Vertrag)* Verkauf mit anschließender Rückmiete

**sale and purchase**, **agreement of ~ (of land)** *Br* (Grundstücks-)Kaufvertrag *m*

**sale as is**, → ~ with all faults

**sale**, ~ **at cost price** Verkauf zum Selbstkostenpreis *m*; ~ **by description** Verkauf nach Beschreibung; ~ **by lot** Partieverkauf *m*; ~ **by order of the court** gerichtliche Versteigerung *f*; ~ **by private contract** freihändiger Verkauf *(meist beweglicher Sachen)*; ~ **by private treaty** freihändiger Verkauf (*von Grundbesitz*; *opp. sale by auction*); ~ **by sample** Verkauf nach Proben (od. Muster); ~ **by tender** Verkauf auf dem Submissionswege; ~ **catalogue** Auktionsliste *f*; ~ **commission** Verkaufsprovision *f*; ~ **contract** Kaufvertrag *m*; ~ **engineer** fachlich qualifizierter Verkäufer *m*; ~ **ex bond** Verkauf ab Zollager; ~ **for the account** (or ~ **for the settlement**) *Br (Börse)* Terminverkauf *m*; ~ **for future delivery** *(Börse)* Terminverkauf *m*; ~ **for prompt delivery** Verkauf zur sofortigen Lieferung; ~ **goods** Ausverkaufsware(n) *f(pl)*; ~ **invoice** Verkaufsrechnung *f*; ~ **lot** Auktionspartie *f*; ~ **note** Schlussnote *f*, Schlussschein *m (des Maklers)*

**sale of goods**, Waren(ver)kauf *m*, Warenabsatz *m*; **international** ~ internationaler Warenkauf → United Nations Convention on Contracts for the International Sale of Goods

**sale of land**, Grundstücks(ver)kauf *m*; **contract** (or **agreement**) **for the** ~ Grundstückskaufvertrag *m*

**sale**, ~ **of pledge** Pfandverkauf *m*; ~ **of property** Vermögensveräußerung *f*; ~ **of real property** Grundstücksverkauf *m*; ~ **of services** entgeltliche Leistung *f* von Diensten; ~ **of specific goods** Spezieskauf *m*; ~ **of unascertained goods** Gattungskauf *m*; ~ **on approval** Verkauf zur Probe

**sale on commission**, Verkauf auf Kommissionsbasis; **merchandise for** ~ Kommissionsware *f*

**sale on credit**, Kreditverkauf *m*, Verkauf auf Ziel

**sale or return**, Verkauf mit Rückgaberecht; **on** ~ zur Ansicht

**sale**, ~ **price** Verkaufspreis *m*; Ausverkaufspreis; ~ **proceeds** Verkaufserlös *m*; ~ **ring** *(bei e-r Auktion)* Käuferring *m*; ~-**room** → sales-room; ~ **under execution** Zwangsversteigerung *f*; ~ **value** Veräußerungswert *m*; ~ **with all faults** tel quel-Kauf *m (Käufer hat die Ware so zu nehmen, wie sie ausfällt)*; ~ **with option to repurchase** Verkauf mit Rückkaufsrecht; ~ **with reservation of ownership** Kauf unter Eigentumsvorbehalt; **to be on** ~ zu verkaufen sein; **to conclude** (or **effect**) **a** ~ e-n Verkauf abschließen (od. tätigen); **to find no** ~ keinen Absatz finden

**saleable**, verkäuflich, absetzbar, gangbar

**sales**, Verkäufe *mpl*; Absatz *m*, Vertrieb *m*; Umsatz *m*; Ausverkauf *m*; *(Börse)* Abschlüsse *mpl*; **annual** ~ Jahresumsatz *m*; **domestic** ~ Inlandsabsatz *m*; Inlandsverkäufe *mpl*; **export** ~ Exportverkäufe *mpl*; Absatz *m* im Ausland; **foreign** ~ Auslandsabsatz; **gross** ~ Bruttoumsatz; **home** ~ *Br* → domestic **sales**; **impulse** ~ Spontanverkäufe; **increase in** ~ Zunahme *f* des Absatzes; Umsatzzunahme *f*; **net** ~ Nettoumsatz *m*; **poor** ~ schlechter Absatz; **rise in** ~ Steigen *n* des Absatzes, Absatzerhöhung *f*; Umsatzsteigerung *f*; **total** ~ Geamtabsatz *m*; Gesamtumsatz *m*; ~ **account** Warenausgangskonto *n*; ~ **agent** Verkaufsagent *m*; ~ **agreement** Verkaufsvereinbarung *f*; Vertriebsvereinbarung *f*; Kaufvertrag *m*; ~ **allowance** Preisnachlass *m* bei Verkauf *(bes. bei Sachmangel)*; ~ **analysis** Verkaufsanalyse *f*; ~ **area** Verkaufsgebiet *n*; Absatzgebiet *n*; ~ **assistant** Ladenangestellte(r) *f(m)*; ~ **book** → ~ day book; ~ **budget** Absatzplan *m (e-s Unternehmens)*; ~ **call** Vertreterbesuch *m*; ~ **charge** Abschlussgebühr *f*; Ankaufsgebühr *(bei Investmentanteilen)*; ~ **clerk** *Am* Verkäufer(in) *m(f)*; ~ **commission** Verkaufsprovision *f*; Abschlussprovision *m*; ~ **control** Absatzkontrolle *m*; Absatzregelung *m*; ~

**day book** Warenausgangsbuch *n (in das täglich die Warenverkäufe auf Kredit eingetragen werden)* ~ **decline** Absatzrückgang *m*; ~ **department cost centre (~er)** Vertriebskostenstelle *f*; ~ **development** Absatzentwicklung *f*

**sales difficulties, to have to fight** ~ mit Absatzschwierigkeiten zu kämpfen haben

**sales**, ~ **drive** Aktion *f* zur Verkaufsförderung; Absatzkampagne *f*; ~ **drop** Absatzrückgang *m*; ~ **efforts** Absatzbemühungen *fpl*; ~ **estimate** Umsatzschätzung *m*; ~ **executive** Verkaufsleiter *m*; ~ **expectation** Absatzerwartung *f*; ~ **figures** Absatzziffern *fpl*, Verkaufszahlen *fpl*; ~ **finance company** Kundenkreditbank *f*; Teilzahlungsinstitut *n*; ~ **fluctuations** Absatzschwankungen *fpl*; ~ **force** *Am* Verkaufspersonal *n*; Verkaufsaußendienst *m*; ~ **forecast** Verkaufsvoraussage *f*; Absatzprognose *f*; ~ **girl** Verkäuferin *f*; ~ **guarantee** Absatzgarantie *f*; ~ **hit** Verkaufsschlager *m*; ~ **increase** Zunahme *f* des Umsatzes; Umsatzsteigerung *f*; ~ **index** Umsatzindex *m*; ~ **invoice** Verkaufsrechnung *f*; ~ **journal** → ~ day book; ~ **lady** Verkäuferin *f*; ~ **ledger** Debitorenbuch *n*

**salesman**, Verkäufer *f*; **travelling** ~ Geschäftsreisender *m*

**sales**, ~ **manager** Verkaufsleiter *m*, Leiter *m* der Verkaufsabteilung; ~ **manship** Verkaufstechnik *f*, Verkaufsgewandtheit *f*; ~ **market** Absatzmarkt *m*

**sales mix**, Absatzmix; Verteilung der einzelnen Verkaufsmaßnahmen (z. B. Vertretereinsatz, sales promotion etc.) auf die gesamten Verkaufsanstrengungen e-s Unternehmens *(nach Berechnung des Verhältnisses des Verkaufs einzelner Typen zum Gesamtumsatz)*

**sales**, ~ **office** Verkaufsbüro *n*; ~ **(of securities)** *(Börse)* Abgaben *fpl*; ~ **order** *(Börse)* Kaufauftrag *m*; ~ **opportunity** Absatzmöglichkeit *f*; Absatzchance *f*; ~ **opposition** → ~ resistance; ~ **outlet** Verkaufsstelle *f*; ~ **patter** Redefluss *m* beim Verkauf; ~ **personnel** Verkaufspersonal *n*; ~ **plan(ning)** Absatzplan(ung) *m(f)*; ~ **policy** Absatzpolitik *f*; ~ **possibilities** Absatzmöglichkeiten *fpl*; ~ **potential** Absatzpotential *n*

**sales pressure, to be under** ~ *(Börse)* unter Abgabedruck stehen

**sales**, ~ **price** Verkaufspreis *m*; ~ **proceeds** Umsatzerlöse *mpl*; ~ **profit** Veräußerungsgewinn *m*; ~ **prohibition** Verkaufsverbot *n*; ~ **promoter** Verkaufsförderer *m*; Vertriebskaufmann *m (mit besonderen Kenntnissen auf dem Gebiet der Marktbeeinflussung)*

**sales promotion**, Absatzförderung *f (Verfahren zur Auftragserlangung)*; ~ **drive** Verkaufsförderungsaktion *f*

**sales**, ~ **prospects** Absatzaussichten *fpl*; ~ **publicity** Verkaufswerbung *f*; ~ **quantities** Absatzmengen *fpl*; ~ **quota** Absatzkontingent *n*, Verkaufsquote *f*; ~ **rate** Abschlusskurs *m (bei Wertpapiertermingeschäften)*; ~ **receipts** Verkaufserlös *m*; ~ **record** Absatzrekord *m*; ~ **reduction** Rückgang *m* des Verkaufs (od. Absatzes); ~ **representative** Vertreter; ~ **resistance** Kaufunlust *f*, mangelndes Kaufinteresse *n*; ~ **result** Verkaufsergebnis *f*; ~ **return** Absatzertrag *m*

**sales returns**, Retouren *pl*; ~ **book** Retourenbuch *n*

**sales**, ~ **revenue** Verkaufserlös *m*, Umsatzerlös *m*; ~ **revival** Absatzbelebung *f*; ~**-room** Verkaufsraum *m*; Auktionslokal *n*; ~ **slip** Kassenzettel *m*; ~ **slump** *(plötzlicher)* Umsatzrückgang *m*; ~ **staff** Verkaufspersonal *n*; ~ **talk** Verkaufsgespräch *n*; ~ **target** Verkaufsziel *n*; ~ **tax** *Am* Umsatzsteuer *f*; ~ **techniques** Verkaufstechniken *fpl*; ~ **value** Verkaufswert *m*; ~ **volume** Umsatzvolumen *n*; ~**woman** Verkäuferin *f*; ~ **amount to** der Umsatz beläuft sich auf; ~ **declined heavily (slightly)** der Absatz (od. Umsatz) ging stark (leicht) zurück; **several ~ were effected** *(Börse)* mehrere Abschlüsse wurden getätigt; **to have good ~** e-n guten Umsatz (od. Absatz) haben; **to promote ~** den Umsatz fördern; **very few ~ took place** *(Börse)* es kamen sehr wenig Abschlüsse zustande

**salt away**, *v* zurücklegen, sparen

**salutation**, Anrede *f (in einem Brief)*

**salvage**, 1. Bergung *f*, Rettung *f*; Bergelohn *m*; geborgenes Gut *n*; ~ **charges** Bergungskosten *pl*; Rettungskosten *pl*; ~ **money** Bergungslohn *m*, Rettungslohn *m*; ~ **value** Bergungswert *m*; Restwert *m*

**salvage**, 2. Altmaterialverwertung *f*; ~ **value** Schrottwert *m*

**salvaged property**, Bergungsgut *n*

**salvaging operations**, Bergungsarbeiten *fpl*

**same**, **goods of the ~ quality** Waren gleicher Qualität

**sample**, 1. Muster *n*, (Waren-)Probe *f*; **according to** (or **as per, by**) **~** nach Muster (od. Probe); **set of ~s** Musterkollektion *f*; **up to** ~ der Probe entsprechend; **~ advertising** Werbung *f* mit Warenproben; **~ book** Musterkatalog *m*; **~ collection** Musterkollektion *f*; **~ consignment** Ansichtssendung *f*; **~ fair** Mustermesse *f*; **~ for inspection** Ansichtsmuster *n*; „**~, no commercial value**" *(Post)* Muster ohne Wert; **~ not for sale** unverkäufliches Muster; **~ of goods** Warenprobe *f*; **~ on approval** Ansichtssendung *f*; **~ packet** *(Post)* Mustersendung *f*; **~ rate** *(Post)* Tarif *m* für Mustersendungen; **~-taking** Musterziehung *f*; **to assort ~s** Muster zusammenstellen; **to attach** (or **supply**) **~s (to an offer)** bemustern; **to draw** (or **take**) **~s** Muster ziehen; Proben entnehmen; **to include some ~s with the offer** dem Angebot einige Muster beifügen; **the goods must be up to ~** die Waren müssen dem Muster entsprechen

**sample**, 2. *(MMF, Statistik)* (Erhebungs-)Auswahl *f*; Stichprobe *f*; **random ~** (Zufalls-)Stichprobe *f*; **representative ~** repräsentative Stichprobe, **~ audit** Stichprobe bei Rechnungsprüfung; **~ mean** Stichprobenmittelwert *f*; **~ survey** Repräsentativerhebung *f*; Stichprobenerhebung *f*; **to take ~s** Stichproben machen

**sample**, *v* Proben entnehmen; Muster ziehen; bemustern; **~d offer** bemustertes Angebot *n*

**sampler**, Musterzieher *m*

**sampling**, Probenahme *f*; Musterziehung *f*; Bemusterung *f*; Werbung *f* durch Verteilung von Mustern; *(MMF, Statistik)* Stichprobenverfahren *n*, Auswahlverfahren *n*; **~ error** Stichprobenfehler *m*; **~ offer** unverbindliche Bemusterung *f*

**samurai bonds**, Samurai Bonds *pl* (in Japan begebene, auf Yen lautende Anleihen ausländischer Schuldner)

**sanction, to impose ~s** Sanktionen verhängen (on gegen)

**sandwich board**, Plakat ( → sandwich man)

**sandwichman**, Plakatträger *m*

**sanitary**, Gesundheits-, sanitär; **~ facilities** sanitäre Anlagen *fpl*; **~ regulations** Gesundheitsvorschriften *fpl*

**sans recours**, ohne Obligo

**satellite**, **~ office** *(von e-r Stelle der gleichen Organisation geführte)* Zweigstelle *f*; **~ television** Satellitenfernsehen *n*; **~ town** Trabantenstadt *f*; **~ transmission** Satellitenübertragung *m*

**satiate**, *v*, **the market is ~d** der Markt ist gesättigt

**satisfaction**, Befriedigung *f*; Tilgung *f*, Bezahlung *f (e-r Schuld)*; Erfüllung *f (e-r Verpflichtung)*; **job ~** *Am* Arbeitsfreude *f*; **~ by payment of a lump sum** Kapitalabfindung *f*; **~ of a claim** Befriedigung e-s Anspruchs; Erfüllung e-r Forderung; **~ of demand** Bedarfsbefriedigung *f*; **~ of mortgage** *Am* Hypothekenlöschung *f*; **to establish** (or **show**) **to the ~ of** zufriedenstellenden Nachweis erbringen, glaubhaft machen; **the consignment met with our** ~ (or **turned out to our ~**) die Sendung ist zu unserer Zufriedenheit ausgefallen; **the order will be executed to your entire ~** der Auftrag wird zu Ihrer vollen Zufriedenheit erledigt

**satisfactory**, zufriedenstellend, befriedigend; **~ profitability** befriedigende Rentabilität *f*; **the patterns turned out ~ily** die Muster sind zufriedenstellend ausgefallen

**satisfy**, *v* befriedigen, zufriedenstellen; *(Schuld)* tilgen, bezahlen, *(Verpflichtung)* erfüllen; **to ~ a claim** e-n Anspruch befriedigen; e-e Forderung erfüllen; **to ~ the court that** das Gericht davon überzeugen, dass; **to ~ one's creditors** seine Gläubiger befriedigen; **to ~ the demand** die Nachfrage befriedigen; **to ~ oneself as to the solvency of a customer** sich über die Zahlungsfähigkeit e-s Kunden vergewissern

**satisfying the foreign demand**, Befriedigung *f* der ausländischen Nachfrage

**saturated market**, gesättigter Markt *m*

**saturation**, **~ of the market** Sättigung *f* des Marktes; **~ point** Sättigungspunkt *m*

**saucer**, Untertasse *f* in der Chartanalyse (i. e. Wertpapier, dessen Kurs ein Minimum erreicht hat und nun wieder ansteigt)

**save as you earn** (SAYE), *Br* Sparsystem *n* mit regelmäßigen vom Lohn abgezogenen Beträgen und steuerfreier Prämie

**save**, *v* retten; (ein)sparen; Ersparnisse

machen, **to ~ expense** Kosten (ein-) sparen; **to ~ money** Geld sparen
**save**, prep ausgenommen; **~ as provided in paragraph 1** vorbehaltlich Absatz 1; **~ for** abgesehen von
**saver's tax-free amount**, Sparerfreibetrag *m*
**saving**, 1. Sparen *n*, Ersparnis *f*, Einsparung *f* (of an); **~s** Ersparnisse *pl*
**saving**, **~ of labo(u)r** Arbeitsersparnis *f*; Einsparung *f* von Arbeitskräften; **~ through the acquisition of securities** Wertpapiersparen *n*; **~ through building and loan associations** *Am* Bausparen *n*; **to draw on one's ~s** auf seine Ersparnisse zurückgreifen
**savings account**, Sparkonto *n*; **saving through ~s** Kontensparen *n*
**savings**, **~ and loan association** *Am* Sparkasse *f*; *(etwa)* Bausparkasse *f*; **~ balance** Sparguthaben *n*
**savings bank**, Sparkasse *f*; **mutual ~** *Am* genossenschaftsähnliche Sparkasse
**savings**, **~ bonds** *Br (staatl.)* Sparfonds *pl*; *Am* Geldmarkttitel *m* mit e-r Laufzeit von 3 bis 5 Jahren; **~ certificate** *Br (staatl.)* Sparbrief *m*; **~ deposits** Spareinlagen *pl*; **~ formation** Ersparnisbildung *f*; **~ promotion** Sparförderung *f*; **~ ratio** Sparquote *f*
**saving**, 2. sparend; **cost-~** kostensparend; **labo(u)r-~** arbeitssparend
**scab**, *colloq.* Streikbrecher *m*
**scale**, Skala *f*; Tabelle *f*, Tarif *m*; Umfang *m*; **on the collectively agreed ~** tarifgemäß; **on a large ~** in großem Maße; **on a limited ~** beschränkten Umfangs; **on a small ~** in kleinem Maße; **pay ~** Lohnskala *f*; Lohngruppe *f*; **sliding ~** → sliding; **~ buying** *Am (spekulativer)* Ankauf *m* von Wertpapieren; **~ economies** → economies of; **~ of charges** (or **fees**) Gebührentabelle *f*; Gebührenordnung *f*; **~ of preferences** Präferenzordnung *f* *(Hierarchie der Bedürfnisse)*; **~ of wages** Lohntarif *m*; **to sell on a ~** *Am (Börse)* seine Verkäufe über e-e Hausseperiode verteilen
**scale**, *v*, **to ~ down** *(Börse)* repartieren; *(Löhne etc.)* heruntersetzen; **to ~ up the fund** den Fonds aufstocken; **to ~ up prices** Preise hochtreiben, **all wages were ~d up by 10 %** alle Löhne wurden um 10 % erhöht
**scalp**, *v (Börse) colloq.* mit kleinen Gewinnen spekulieren
**scalper**, Spekulant *m* in Terminkontrakten
**scam**, *colloq.* Betrug *m*
**scan**, *v* überfliegen
**scanner**, Scanner *m* (von Bedeutung für Kosten- und Sortimentskontrolle im Einzelhandel)
**scarce**, knapp; **~ articles** (or **commodities, goods**) Mangelwaren *pl*, knappe Waren *pl*; **to become ~** knapp werden
**scarcity**, Knappheit *f*, Mangel *m*; **~ of labo(u)r** Mangel an Arbeitskräften; **~ of money** Geldknappheit *f*; **~ of raw materials** Rohstoffknappheit *f*; **~ value** Seltenheitswert *m*
**scare**, Panik *f*; **~ purchasing** Angstkäufe *mpl*
**scatter diagramme**, Streudiagramm *n*
**schedule**, Liste *f*, Verzeichnis *n*, Aufstellung *f*; Anhang *m (bes. zu e-m Gesetz od. e-r Urkunde)*; (Arbeits-, Zeit-)Plan *m*; Fahrplan; **income tax ~** *Br* Einkommensteuergruppe *f*; **on ~** planmäßig; fahrplanmäßig; fristgemäß; **production ~** Produktionsplan *m*; **~ of the bankrupt's creditors** Konkurstabelle *f*; **S~ of Concessions** *(GATT)* Zollzugeständnisliste *fpl*; **~ of fees** Gebührenverzeichnis *n*; **~ of investments** Verzeichnis *n* der Anlagenwerte; **~ of property** Vermögensverzeichnis *n*; **~ of work** Arbeitsplan *m*; **to compile a ~** ein Verzeichnis aufstellen
**schedule**, *v (in e-e Liste)* eintragen, verzeichnen; *(als Anhang)* beifügen; ansetzen, festlegen, planen, vorsehen (for für)
**scheduled**, **as ~** planmäßig, fahrplanmäßig; **~ air service** planmäßiger Luftverkehr *m*; Linienflugverkehr *m*; **~ creditor** *Br* eingetragener Konkursgläubiger *m*; **~ departure** fahrplanmäßige Abfahrt *f*; **~ price** Listenpreis *m*; **~ repayment** planmäßige Rückzahlung *f (e-s Kredits)*; **~ work** Terminarbeit *f*; **to be ~ for** eingesetzt (od. geplant) sein für; **the meeting is ~ for** die Sitzung ist anberaumt für
**scheduler**, **production ~** Produktionsprogrammierer *m*
**scheduling**, Planung *f*; Fertigungsplanung *f*; Terminplanung *f*
**scheme**, Plan *m*, Entwurf *m*; Schema *n*; **~ of arrangement** (or **composition**) Vergleichsvorschlag *m (zur Abwendung des Konkurses)*

**Scientific and Technical Research Committee**, (CREST) Ausschuss für Wissenschaftliche und Technische Forschung (CREST)
**scientific management**, wissenschaftliche Betriebsführung *f*
**SCM**, → supply chain management
**scoop**, 1. *colloq.* großer Gewinn *m*
**scoop**, 2. Knüller *m (Nachricht)*
**scope**, Bereich *m*, Rahmen *m*, Umfang *m*; **within the ~ of** im Rahmen von; **~ of agent's authority** Umfang der Vertretungsbefugnis; **~ of application** Anwendungsbereich *m*; Geltungsbereich *m*; **~ of audit** Prüfungsumfang *m*; **~ of coverage** Deckungsumfang *m*; **~ of duties** Aufgabenkreis *m*; **~ of power (of attorney)** Umfang *m* der Vollmacht; **to come within the ~ of a law** unter ein Gesetz fallen
**scorched earth policy**, Politik *f* der verbrannten Erde, Abwehr eines Übernahmeangebots, indem Unternehmen für potenziellen Käufer unattraktiv gemacht wird
**score**, Rechnung *f*, Zeche *f*; **to run up a ~** Schulden machen, anschreiben lassen
**score**, *v* auf Rechnung setzen, anschreiben; **to ~ a price gain** e-n Kursgewinn verzeichnen
**scrap**, Schrott *m*, Abfall *m*, Ausschuss *m*; **~ dealer** Schrotthändler *m*; **~ exports** Schrottausfuhr *f*; **~ iron** Alteisen *n*; Schrott *m*; **~ market** Schrottmarkt *m*; **~ metal** Altmetall *n*, Schrott *m*; **~ paper** Altpapier *n*; **~ scales** Schrottverkäufe *pl*; **~ trade** Schrotthandel *m*; **~ value** Schrottwert *m*
**scrap**, *v* verschrotten; **to ~ a ship** ein Schiff abwracken
**scrapping**, **~ firm** Abwrackfirma *f*; **~ premium** *(EU)* Abwrackprämie *f*, Schrottprämie *f*
**scratch pad**, *Am* Notizblock *m*
**screen**, Fernsehschirm *m*; Filmleinwand *f*; **~ rights** Verfilmungsrechte *npl*
**screening**, Überprüfung *f*; Aussonderung *f* ungeeigneter Bewerber; **~ test** *Am* Ausleseprüfung *f*
**screw-up**, *colloq.* Fehler *m*
**screw-up**, *v colloq.* Fehler machen
**scrip**, Scrip *m*, Interimsschein *m (für neu ausgegebene Wertpapiere)*; Schuldschein *m* für fällige, aber nicht bezahlte Zinsen; **~ dividend** Dividende *f* in Form von Zwischenscheinen; **~ holder** Inhaber *m* e-s Scrip; **~ issue** Ausgabe *f* von Gratisaktien
**scrutineer**, Wahlprüfer *m*
**scrutinize**, *v* genau prüfen
**SDRs**, → Special Drawing Rights; **allocation of ~** Zuteilung *f* von Sonderziehungsrechten
**sea**, **accident at ~** Seeunfall *m*; **by ~** auf dem Seeweg; **carriage by ~** Beförderung *f* auf dem Seewege, Seetransport *m*; **distress at ~** Seenot *f*; **~ and land carriage** See- und Landtransport *m*
**seabed**, Meeresboden *m*; **~ mining** Tiefseebergbau *m*
**seaborne**, auf dem Seeweg befördert; **~ trade** Überseehandel *m*
**sea**, **~-damaged** seebeschädigt, havariert; **~farers** Seeleute *pl*; **~ freight** Seefracht *f*; **~-going ship** (or **vessel**) Seeschiff *n*, Ozeandampfer *m*; **~ mark** Seezeichen *n*, Schifffahrtszeichen *n*; **~ passage** Seereise *f*; Überfahrt *f*; **~ peril** Seegefahr *f*; **~-proof packing** → worthy packing; **~ protest** Verklarung *f*; **~ route** Seeweg *m*, Seeschifffahrtsstraße *f*; **~ waybill** Seefrachtbrief *m*; **in ~worthy condition** in seetüchtigem Zustand *m*; **~worthy packing** seemäßige Verpackung *f*, Exportverpackung *f*; **to carry by ~** auf dem Seeweg befördern
**seal**, Siegel *n*; *(Zoll)* Plombe *f*, Verschluss *m*; **common** (*Am* **corporate**) **~** Firmensiegel *n*; **customs ~** Zollverschluss *m*; **under ~** gesiegelt; **given under my hand and ~** von mir eigenhändig unterschrieben und gesiegelt; **~ of quality** Gütesiegel *n*; **to affix a ~** ein Siegel anbringen, (ver)siegeln; *(Zoll)* e-n Verschluss anlegen; **to break a ~** ein Siegel erbrechen; *(Zoll)* e-n Verschluss erbrechen; **to set one's ~ to** versiegeln
**seal**, *v* (ver)siegeln; *(Zoll)* plombieren, verplomben
**sealed**, versiegelt, gesiegelt; plombiert; **non-~** ohne Zollverschluss; **~ off** abgeschottet; **~ tender** Submissionsangebot *n* in versiegeltem Umschlag; **~ vehicle** plombiertes Fahrzeug *n*
**seamen's wages**, Seemannsheuer *f*
**SEAQS**, → Stock Exchange Automated Quotation System
**search**, Suche *f*; Durchsuchung *f*; Haussuchung *f*; Recherche *f*; **body ~** Leibesvisitation *f*; **in ~ of a job** arbeitsuchend; **~ for accommodation** Wohnungssuche *f*;

~ **warrant** *(amtlicher)* Durchsuchungsbefehl *m*
**search engine**, Suchmaschine *f* (*Eine ~ wird im → Internet dazu verwendet, Informationen und Webseiten zu lokalisieren.*)
**search**, *v* suchen, durchsuchen; **to ~ a house** e-e Haussuchung vornehmen; **to ~ for a job** e-e Stelle suchen
**searcher**, Untersucher *m*; Prüfer *m*; Zollfahnder *m*
**search string**, *(EDV)* Suchbegriff *m*
**season**, Jahreszeit *f*, Saison *f*; **dull** (or **dead**) ~ tote Saison; **end-of-~ sale** Saisonschlussverkauf *m*; **high** ~ Hochsaison; **in the off** ~ außerhalb der Saison(monate); **peak** ~ Hochsaison, Hauptsaison; ~ **ticket** Abonnementskarte *f*, Zeitkarte *f*; Dauerkarte *f*
**seasonal**, Saison-; saisonüblich; jahreszeitlich bedingt; ~ **adjustment** Saisonbereinigung *f*; ~ **allowance** Frühbezugsrabatt *m*; ~ **business** Saisongeschäft *n*; Saisonbetrieb *m*; ~ **demand** saisonbedingte Nachfrage *f*; ~ **employment** Saisonbeschäftigung *f*; ~ **factors** saisonbedingte Faktoren *mpl*; ~ **food** saisonabhängige Nahrungsmittel *pl*; **on ~ grounds** saisonbedingt
**seasonal influences**, Saisoneinflüsse *mpl*; **subject to** ~ saisonabhängig
**seasonal**, ~ **job** Saisonarbeitsplatz *m*; ~ **labo(u)r** Saisonarbeiter *mpl*; ~ **loan** Saisonkredit *m*
**seasonal price**, Saisonpreis; ~ **fluctuations** jahreszeitlich bedingte Preisschwankungen *fpl*; ~ **increase** Saisonaufschlag *m*; ~ **rates** Saisonsätze *mpl*; ~ **reduction** Saisonabschlag *m*
**seasonal**, ~ **sale** Saisonschlussverkauf *m*; **in line with the ~ trend** saisonüblich; ~ **unemployment** saisonbedingte Arbeitslosigkeit *f*; ~ **variation** Saisonschwankung *f*; ~ **work** Saisonarbeit *f*; ~ **worker** Saisonarbeiter *m*
**seasonally adjusted**, saisonbereinigt
**seasoned**, **well-~** gut abgelagert; ~ **securities** Standardpapiere *npl*
**seat**, Sitz *m (e-r Behörde, e-s Ausschusses etc.)*; Platz *m*; Mitgliedschaft *f*; *parl* Mandat; **reserved** ~ reservierter Platz *m*; **reserved ~ ticket** Platzkarte *f*; **transfer of the** ~ Sitzverlegung *f*; ~ **belt** Sicherheitsgut *m*; ~ **on the exchange** Börsenmitgliedschaft *f*; ~ **reservation** Platzreservierung *f*; **to have a ~ on a committee** e-m Ausschuss angehören
**second**, **~s** Waren zweiter Güte, zweite Wahl *f*; **~-class** zweitklassig, zweiten Ranges; ~ **copy** zweite Ausfertigung *f*; **~-half profits** Gewinne *mpl* aus der zweiten Hälfte des Geschäftsjahres
**second-hand**, aus zweiter Hand; gebraucht; ~ **car** *Br* Gebrauchtwagen *m*; ~ **car dealer** Gebrauchtwagenhändler *m*; ~ **goods** Gebrauchtgegenstände *mpl*; ~ **leasing** → leasing 2.; **~-shop** Zweite-Hand-Geschäft *n (in dem gebrauchte Kleidung etc. verkauft wird)*
**second**, ~ **issue** *(Wertpapieremission)* zweite Serie *f*; ~ **line shares** *(Börse)* Nebenwerte *pl*; ~ **mortgage** zweite Hypothek *f*; ~ **of exchange** Sekundawechsel *m (zweite Wechselausfertigung)*; **~-rate goods** zweitklassige Waren
**secondarily liable**, **to be ~ liable** sekundär haften, zweitverpflichtet sein
**secondary**, sekundär, an zweiter Stelle stehend, nachrangig; ~ **bank** Depositenbank *f*, die keine clearing bank ist; ~ **boycott** indirekter Boykott *m*; ~ **capital market** *Br* Sekundärmarkt *m (bietet den Anlegern die Möglichkeit, mit ihren Wertpapieren zu handeln)*; ~ **credit** Gegenakkreditiv *n*; ~ **debtor** zweiter Schuldner *m*; ~ **industry** verarbeitende Industrie *f*; ~ **liability** subsidiäre Haftung *f*; ~ **market** Sekundärmarkt *m (für bereits im Umlauf befindliche Wertpapiere)*; ~ **product** Nebenprodukt *m*; ~ **residence** Zweitwohnsitz *m*
**secrecy**, Verschwiegenheit *f*; Geheimhaltung *f*; **bank** ~ Bankgeheimnis *n*; **bound to observe** ~ zur Geheimhaltung verpflichtet; **in strict** ~ streng geheim; ~ **of inventions** Geheimhaltung *f* von Erfindungen; ~ **of letters** Briefgeheimnis *n*; ~ **of manufacture** Fabrikationsgeheimnis *n*; **to impose ~ on** unter Geheimschutz stellen
**secret**, Geheimnis *n*; **business** ~ Geschäftsgeheimnis, Betriebsgeheimnis; **manufacturing** ~ Fabrikationsgeheimnis; **professional** ~ Berufsgeheimnis; **to disclose a** ~ ein Geheimnis preisgeben
**secret**, geheim; ~ **account** Geheimkonto *n*; ~ **defect** geheimer Mangel *m*; ~ **drawer** Geheimfach *n*; ~ **partner** *Am* stiller Gesellschafter *m*; ~ **reserves** stille Rücklagen *fpl*

**secretary**, Sekretär(in) *m(f)*; Schriftführer *m*; Geschäftsführer *m (e-s Vereins etc.)*; **company** ~ *Br* ranghöchster Angestellter e-r Kapitalgesellschaft; **personal** (or **private**) ~ Privatsekretär(in) *m(f)*; **S~ of the Treasury** *Am* Finanzminister *m*

**section**, Abschnitt *m*, Absatz *m*; Paragraph *m*; Gruppe *f*; **sub-~** Ziffer *f*; **to contract in several ~s** *(Börse)* in verschiedenen Effektengruppen Abschlüsse tätigen

**sectional**, ~ **furniture** Anbaumöbel *pl*; ~ **interests** Lokalinteressen *npl*

**sector**, Sektor *m*, Bezirk *m*; **private ~ (of the economy)** privater Sektor (der Wirtschaft), Privatwirtschaft *f*; **public ~ (of the economy)** öffentlicher Sektor (der Wirtschaft) (state-owned enterprises) ( → public); ~ **account** Unterkonto *n*; ~ **leader** Branchenführer *m*; ~ **of industry** Industriezweig *m*

**secure existence**, sichere Existenz *f*

**secure**, *v* sichern; sich *(etw.)* sichern, sich verschaffen; **to ~ oneself against losses** sich gegen Verluste absichern; **to ~ a credit** sich e-n Kredit verschaffen; für e-n Kredit Sicherheit stellen; **to ~ a creditor** e-n Gläubiger sicherstellen; e-m Gläubiger Sicherheit bieten; **to ~ interests** Beteiligungen erwerben; **to ~ a good job** sich e-e gute Stelle sichern (od. verschaffen); **to ~ an order** e-n Auftrag erhalten

**secured**, gesichert, sichergestellt; ~ **creditor** gesicherter Gläubiger *m*, bevorrechtigter Konkursgläubiger *m*; ~ **loan** gesichertes Darlehen *n*; Lombardkredit *m*; ~ **note** *(durch Hinterlegung von Wertpapieren)* gesicherter Schuldschein *m*; ~ **transactions** Sicherungsgeschäfte *npl*

**securities**, Effekten *pl*, Wertpapiere *npl*; Stück *pl*; Valoren *pl*; **admission of ~ to official stock exchange listing** Zulassung *f* von Wertpapieren zur amtlichen Notierung an e-r Wertpapierbörse; **bearer** ~ Inhaberpapiere *pl*; **category of** ~ Wertpapierart *f*; **fixed-interest** ~ fest verzinsliche Wertpapiere, Rentenwerte *pl*; **foreign** ~ ausländische Wertpapiere, Auslandswerte *pl*, **forward** ~ Terminpapiere *pl*; **gilt-edged** ~ mündelsichere Wertpapiere; **government** ~ Staatspapiere *pl*; **high-grade** ~ erstklassige Wertpapiere; **listed** ~ börsengängige Wertpaiere; **long-dated** ~ → longs; **marketable** ~ börsengängige Wertpapiere; **quoted** ~ s. listed → ~; **registered** ~ Namenspapiere *pl*; **senior** ~ mit Vorrechten ausgestattete Wertpapiere; **short-dated** ~ → shorts; **trading in** ~ Wertpapierhandel *m*

**securities account**, Wertpapierkonto *n*, Depotkonto *n*; ~ **statement** Depotauszug *m*

**Securities and Exchange Commission**, (SEC) *Am* Börsenaufsichtsbehörde *f*

**Securities and Investments Board**, (SIB) *Br* Wertpapier- und Investitionsbehörde *f (Aufsichtsbehörde)*

**securities**, **S~ Association Ltd** *Br* Überwachungsorganisation *f* des Wertpapiermarktes; ~ **bought over-the-counter** Tafelpapiere *npl*; ~ **business** Effektengeschäft *n (e-r Bank)*; ~ **code number** Wertpapierkennummer *f*; ~ **collateral loan** Lombardkredit *m*; ~ **dealer** Wertpapierhändler *m (bes. im Freiverkehr)*; ~ **dealings** Wertpapierhandel *m*; ~ **dealt for cash** Kassapapiere *npl*; ~ **department** Effektenabteilung *f*; ~ **exchange** Wertpapierbörse *f*; **in the ~ field** im Wertpapierbereich *m*; ~ **gains** Gewinne *mpl* aus Wertpapiergeschäften; ~ **holder** Inhaber *m* von Wertpapieren; ~ **holdings** Wertpapierbestand *m*; ~ **investment** Anlage *f* in Wertpapieren; ~ **issue** Wertpapieremission *f*; ~ **lending** leihweise Überlassung *f* von Wertpapieren; ~ **lodged as collateral** lombardierte Wertpapiere; ~ **losses** Verluste *mpl* aus Wertpapiergeschäften; ~ **market** Wertpapiermarkt *m*; ~ **portfolio** Wertpapierbestand *n*; ~ **prices** Effektenkurse *mpl*; ~ **traded for cash** Kassapapiere; ~ **traded for future delivery** Terminpapiere; ~ **trading** Wertpapierhandel *m*; ~ **trading statement** Börsenabrechnung *f (der Banken)*; ~ **transfer** Wertpapierübertragung *f*; ~ **transfer tax** *Am* Börsenumsatzsteuer *f*; **to advance money on ~** Wertpapiere beleihen (od. lombardieren) *(Bank)*; **to hold ~** Wertpapiere besitzen; **to invest one's money in ~** sein Geld in Wertpapieren anlegen; **to place ~ with the public** Wertpapiere beim Publikum unterbringen; **to quote ~ on the stock exchange** Wertpapiere an der Börse notieren; **to subscribe for ~** Wertpapiere zeichnen; **to take up a loan on ~** *(als Kreditnehmer)* Wertpapiere lombardieren lassen; **to transfer ~** Wertpapiere übertragen

**securitization**, wertpapiermäßige Unterlegung *f* von Kreditforderungen (Vermehrung von Fremdkapital durch die Ausgabe von Wertpapieren anstatt durch Kredite von Banken od. anderen Kreditinstituten. Auch Umwandlung von Bankforderungen in marktfähige Wertpapiere)

**securitize**, *v* wertpapiermäßig unterlegen

**security**, 1. Wertpapier *n* (→ securities); **~ analyst** Anlageberater *m*; **~-based investment fund** Wertpapierfonds *m (e-r Investmentgesellschaft)*; **~ code number** Wertpapierkennummer *f*; **~ deposit** Wertpapierdepot *n*; **~ deposit account** Depotkonto *n*; **~ futures** Wertpapierterminhandel *m*; **~ holdings** Wertpapierbestand *m*, **~ issue business** Emissionsgeschäft *n*; **~ market line (SML)** Wertpapierlinie *f* (repräsentiert den Zusammenhang zwischen erwarteter Rendite und dem Marktrisiko); **~ prices** Effektenkurse *mpl*; **~ purchase** Wertpapier(an)kauf *m*, Wertpapiererwerb *m*; **~ trading** Wertpapierhandel *m*; **~ transactions** Wertpapiergeschäfte *npl*; **~ yield** Wertpapierrendite *f*

**security**, 2. Sicherheit *f*; Sicherheitsleistung *f*; Bürgschaft *f*; Kaution *f*; Bürge *m*; **able to furnish** (or **provide**) **~** kautionsfähig; **amount of the ~** Höhe *f* der Sicherheitsleistung (od. Kaution); **liable to give ~** kautionspflichtig; **provision of ~** Sicherheitsleistung *f*; Kautionsstellung *f*; **sufficient ~** ausreichende Sicherheit; **~ firm** Bewachungsinstitut *n*; **~ for costs of proceedings** Sicherheitsleistung für Prozesskosten

**security interest**, *Am* Sicherungsrecht *n*; **purchase money ~** *Am* zur Sicherung e-s Kaufpreisanspruchs bestelltes Sicherungsrecht

**security**, **~ of employment** Arbeitsplatzsicherheit *f*; **~ of supply** Versorgungssicherheit *f*; **~ transaction** *Am* Sicherungsgeschäft *n*; **to furnish** (or **give, provide**) **~** Sicherheit leisten; Kaution stellen; bürgen

**sedentary fishery**, sedentäre Fischerei *f* (Austern-, Perlen-, Korallenfischerei)

**seedcapital**, Startkapital *n*; Gründungskapital *n*

**seeds**, Saatgut *n*

**seek**, *v* suchen; erbitten; **to ~ sb.'s advice** jds Rat erbitten, sich beraten lassen; **to ~ employment** e-e Stelle suchen; **to ~ information** Auskünfte einholen

**seen and approved**, gesehen und genehmigt

**segment**, Segment *n*, Teilstück *n*; Sparte *f*

**segmentation of the balance sheet**, Bilanzunterteilung *f*

**segregate**, *v* absondern, trennen; abschotten

**segregation**, Absonderung *f*, Trennung *f*; **~ of markets** Marktabschottung *f*

**seizable**, beschlagnahmefähig; pfändbar

**seize**, *v* in Besitz nehmen; beschlagnahmen; pfänden; **to ~ property** Vermögen beschlagnahmen (od. einziehen)

**seized**, **~ property** beschlagnahmtes Vermögen *n*; **the court is ~ of an action** das Gericht ist mit e-r Klage befasst

**seizure**, Inbesitznahme *f*; *(behördl.)* Beschlagnahme *f*; Pfändung *f*; vorläufige Festnahme *f*, Verhaftung *f*; **exempted** (or **protected**) **from ~** von der Beschlagnahme (od. Pfändung) ausgenommen, **goods under ~** gepfändete Waren; **liable to ~** der Beschlagnahme (od. Pfändung) unterliegend; **order of ~** Beschlagnahmeverfügung *f*; **~ of crops** Pfändung der Früchte auf dem Halm; **~ of imports on which no customs duty has been paid** Beschlagnahme von Einfuhrartikeln, für die kein Zoll gezahlt ist; **~ of property** Vermögensbeschlagnahme *f*, Vermögenseinziehung *f*; **to be protected from ~** der Beschlagnahme (od. Pfändung) nicht unterworfen sein; **to be subject to ~** der Beschlagnahme (od. Pfändung) unterliegen; **to carry out the ~** die Beschlagnahme durchführen

**select**, *v* auswählen, aussuchen

**select**, *adj* exklusiv, auserlesen; **~ committee** engerer Ausschuss *m*, Sonderausschuss *m*

**selected goods**, Waren erster Wahl

**selection**, Auswahl *f*, Auslese *f*; **assortment for ~** Auswahlsendung *f*; **large ~** große Auswahl; **~ interview** Vorstellungsgespräch *n*; **to present for ~** zur Auswahl vorlegen

**selective**, selektiv; Auswahl-; **~ advertising** gezielte Werbung *f*; **~ distribution** (or **selling**) Vertrieb *m* durch ausgewählte Händler; **~ driver plan** *Am* Schadenfreiheitsrabattsystem, **~ strike** Teilstreik *m*

**self**, **~-assessment** Selbstveranlagung *f*; **~-catering holiday** Ferien mit Selbstversorgung; **~-contained flat** *Br* abgeschlossene Wohnung *f*; **~ defen|ce (~se)** Notwehr *f*; **~-dependent** → self sufficient

**self-employed**, selbstständig; freiberuflich; **the ~** die Selbstständigen *pl*; **~ person** selbstständig Erwerbstätiger *m*; Selbstständiger *m*; **~ occupation** selbstständige Erwerbstätigkeit *f*; **to take up an activity as a ~ person** e-e selbstständige Erwerbstätigkeit aufnehmen

**self-employment or employment**, selbstständige oder unselbstständige Tätigkeit *f*

**self**, **~-financed** eigenfinanziert; **~-financing** Selbstfinanzierung *f*, Eigenfinanzierung *f*; **~-government** Selbstverwaltung *f*; **~-help** Selbsthilfe *f*; **~-insurance** Selbstversicherung *f*, Eigenversicherung *f*; **~-liquidating credit** (or **loan**) sich selbst deckender Kredit; **~-mailer** Werbedrucksache *f* mit Rückantwort; **~-management** Selbstbewirtschaftung *f* *(e-s Hofes)*; **~-regulatory organization** (SRO) *Br (Börse)* selbstregulierende Organisation *f*

**self-restraint**, Selbstbeschränkung *f*; **voluntary ~-restraint agreement** Selbstbeschränkungsabkommen *n*; **~-restraint declaration** Selbstverpflichtungserklärung *f*

**self-service**, Selbstbedienung *f*

**self-sufficiency**, Selbstversorgung *f*, Eigenversorgung *f (e-s Landes)*; Autarkie *f*; **aid to promote ~-sufficiency** Hilfe *f* zur Selbstversorgung; **food ~-sufficiency** Nahrungsmittel-Selbstversorgung *f*

**self**, **~-sufficient** (or **supporting**) sich selbst versorgen könnend; autark; **to become ~** den Eigenbedarf decken

**sell-by-date**, Verfallsdatum *n*

**sell**, *v* verkaufen, veräußern; sich verkaufen lassen, Absatz finden ( → sold); **to ~ at a loss** mit Verlust verkaufen; **to ~ at a profit** mit Gewinn verkaufen; **to ~ badly** sich schwer verkaufen (lassen); schlechten Absatz finden; **to ~ a bear** auf Baisse spekulieren; fixen; **to ~ by auction** versteigern; **to ~ by sample** nach Muster (od. Probe) verkaufen; **to ~ fast** schnellen Absatz finden; **to ~ for cash** gegen Barzahlung verkaufen; **to ~ for future delivery** auf Termin verkaufen; **to ~ hard** sich schwer verkaufen (lassen); **to ~ off** ausverkaufen; *(Börse)* glattstellen; **to ~ on commission** in Kommission verkaufen, gegen Provision verkaufen; **to ~ on credit** auf Kredit (od. Ziel) verkaufen; **to ~ over the counter** im Freiverkehr verkaufen; **to ~ poorly** s. to → ~ badly; **to ~ privately** unter der Hand *(ohne Makler)* verkaufen; **to ~ rapidly** reißend Absatz finden; **to ~ readily** sich gut verkaufen lassen; **to ~ short** *(Börse)* ohne Deckung verkaufen; Leerverkäufe abschließen; fixen; **to ~ s.o. short** jdn betrügen; **these goods do not ~** diese Ware findet keinen Absatz; **the article ~s well** der Artikel verkauft sich gut (od. findet guten Absatz)

**seller**, Verkäufer *m*, Veräußerer *m*; **good ~** gutgehende Ware *f*, Verkaufsschlager *m*; **~s** *Br (Kurszettel)* Brief; **~s and buyers** *(Kurszettel)* Brief (Angebot) und Geld (Nachfrage); **~'s liability** Haftung *f* des Verkäufers; **~'s lien** Zurückbehaltungsrecht *n* des Verkäufers *(an der verkauften Sache bis zur Bezahlung des Kaufpreises)*; **~'s market** Verkäufermarkt *m (gekennzeichnet durch steigende Preise)*; **~ of an option** Stillhalter *m*; **~'s option** (bei *Termingeschäften*) Verkaufsoption *f*; **~s over** mehr Brief als Geld; **~'s rate** Briefkurs *m*

**selling**, Verkauf *m*, Absatz *m*, Vertrieb *m*; **~ agent** Verkaufsagent *m*, (Verkaufs-)Vertreter *m*; **~ below cost price** Verkauf unter Selbstkosten; **~ brokerage** Verkaufsprovision *f*; **~ campaign** Verkaufsaktion *f*; **~ commission** Verkaufsprovision *f*; **~ costs** Verkaufskosten, Vertriebskosten *pl*; **~ difficulties** Verkaufsschwierigkeiten *fpl*; **~ expenses** Vertriebsaufwand *m*; **~ for a fall** Verkauf auf Baisse; **~ group** Plazierungskonsortium *n (bei e-r Emission)*; **~ hedge** Absicherung *f* des Verkäufers; **~ licence (~se)** Verkaufslizenz *f*; **~ off** Ausverkauf *m*; **~ off public assets** *Br* Privatisierung *f*; **~ order** *(Börse)* Verkaufsauftrag *m*, Verkaufsorder *f*; **~ out** *(Börse)* Zwangsverkauf *m (wenn gekaufte Effekten nicht fristgemäß bezahlt sind)*; **~ point** Verkaufsargument *n*; **~ pressure** Abgabedruck *m*; **~ price** Verkaufspreis *m*; *(Börse)* Verkaufskurs *m*; **~ rate** *(Devisen)* Verkaufskurs *m*, Briefkurs *m*; **~ short** → short sale

**semi**, **~-annual account** Halbjahresrechnung *f*; Halbjahresabschluss *m*; **~-annual report** Halbjahresbericht *m*; **~-automatic** halbautomatisch; **~-durable goods** Konsumgüter *pl* von beschränkter Lebensdauer; **~-finished products** Halbfabrikate *npl*; Halberzeugnisse *npl*; **~-fixed fund** Investmentfonds *m*, dessen Effektenbestand begrenzt ausgewechselt werden kann; **~-manufactured goods** Halbfabrikate *pl*, Halbfertigwaren *pl*; **~-official market** geregelter Freiverkehr *m*; **~-skilled labo(u)r** angelernte Arbeitskräfte *pl*; **~-trailer** Sattelanhänger *m*

**send**, *v* senden, versenden, schicken; **to ~ cash on delivery** (c.o.d.) gegen Nachnahme (ver)senden; **to ~ for** abholen lassen, schicken nach; **to ~ in** einreichen; **to ~ on** weiterschicken; *(Brief)* nachsenden; **to ~ out accounts** Rechnungen versenden (od. herausgehen lassen); **to ~ sb. packing** *colloq.* jdn hinauswerfen; **to ~ prices up** die Preise hochtreiben

**sender**, Absender *m*, Versender *m*; Befrachter *m*; **~ of a money order** Einzahler *m* e-r Postanweisung

**sending**, Versendung *f*, Versand *m*; **~ of goods** Warenversand *m*; **~ station** Versandstation *f*

**Senior**, (Sen., Sr.) *(nachgestellt nach e-m Namen)* senior (sen.)

**senior**, älter, rangälter, dienstälter; **~ citizens** Senioren *pl*; **~ civil servant** höherer Beamter *m*; **~ clerk** Bürovorsteher *m*; Hauptbuchhalter *m*; **~ debts** vorrangige (bevorrechtigte) Verbindlichkeiten *pl*; **~ executive** leitender Angestellter *m*; obere Führungskraft *f*; **~ executive position** gehobene Führungsposition *f*; **~ in rank** ranghöher; **~ official** höherer Beamter *m*; **~ partner** vorrangiger Gesellschafter *m*; Seniorpartner *m*

**seniority**, höheres Dienstalter *n*; Länge der Betriebszugehörigkeit; **in order of ~** nach dem Dienstalter; **job ~** Dienstalter *n*; **pay ~** *Br* Besoldungsdienstalter *n*; **~ allowance** (or **pay**) Dienstalterzulage *f*

**sensation**, **to cause a ~** Aufsehen erregen

**sensitive**, empfindlich, reagibel; **products ~ to market influences** marktreagible Produkte *npl*; **~ products** empfindliche Waren *fpl*; **~ to cyclical fluctuations** konjunkturempfindlich

**sensitivity**, **degree of ~ of products** Empfindlichkeitsgrad *m* von Waren

**sentimental value**, Liebhaberwert *m*

**separate**, getrennt, gesondert; **under ~ cover** in besonderem Umschlag; mit gleicher Post; **~ account** Sonderkonto *n*; **~ assessment** getrennte Steuerveranlagung *f (von Ehegatten)*, **~ custody of securities** Einzelverwahrung *f*; **~ estate** (or **property**) Sondervermögen *n*; Privatvermögen *n (e-s Gesellschafters)*; **~ return** getrennte Steuererklärung *f*

**separate**, *v* (sich) trennen; aussondern

**separately**, **to charge ~** gesondert berechnen; **to invoice ~** getrennt in Rechnung stellen; **to sell ~** einzeln verkaufen

**separation**, Trennung *f*; Abgang *m (von Arbeitnehmern)*; Getrenntleben *n (von Eheleuten)*, **~ of property** *(Güterstand der)* Gütertrennung *f*; **~ rate** *(monatl.)* Abgangsrate *f (der Arbeitnehmer)*

**sequence**, Reihenfolge *f*; **according to the order of ~** turnusmäßig; **in ~** aufeinanderfolgend; **~ of operations** Arbeitsfolge *f*

**sequester**, *v* → sequestrate

**sequestrate**, *v* sequestrieren, zwangsverwalten

**sequestration**, Sequestration *f*, Zwangsverwaltung *f*

**sequestrator**, Zwangsverwalter *m*

**serial**, Serien-, serienmäßig; **~ bond** Serienanleihe *f*; **~ loan** (serienweise emittierte) Obligationsanleihe *f*; **~ manufacture** (or **production**) Serienherstellung *f*; Reihenfertigung *f*; **~ number** Seriennummer *f*, laufende Nummer *f*

**series**, Serie *f*; *(Radio, Fernsehen)* Sendereihe *f*; **in ~** serienweise; **~ discount** *(Anzeige)* Wiederholungsrabatt *m*; **~ production** → serial production

**serious**, **~ injury** schwere Verletzung *f*; **~ offer** ernstgemeintes Angebot *n*

**seriously disabled**, schwerbehindert

**servant**, Arbeitnehmer *m*; Bediensteter *m*; Angestellte(r) *f(m)*; Hausangestelle(r) *f(m)*; **civil ~** (Staats-)Beamter *m*; **domestic ~** Hausangestellte(r) *f(m)*; Hausgehilfin *f*; **public ~** Beamter *m*; Angestellter *m* des öffentlichen Dienstes; **~s of the Community** Bedienstete *pl* der EU

**serve**, *v* dienen, Dienst leisten; bedienen; im Dienst sein, angestellt sein (with bei); dienlich sein, nützen; **to ~ as collateral for a loan** als Sicherheit für e-n Kredit dienen; **to ~ a customer** e-n Kunden bedienen; **to ~ on a committee in** e-m Ausschuss tätig sein, **to ~ a citation on** (or **upon**) **a person** jdm e-e Ladung zustellen; **to ~ the purpose** den Zweck erfüllen

**served**, **are you being ~?** werden Sie schon bedient?

**server**, Computer *m*, der einen oder mehrere Anwendungen verschiedenen → Clients zur Verfügung stellt; **~ application** Anwendungen *pl* für → Server

**service**, Dienst *m*; Dienstleistung *f*; Kundendienst *m*; Versorgung(sdienst) *f(m) (Gas, Elektrizität, Wasser etc.)*; Verkehr(sdienst) *m*; **services** Dienstleistungen *fpl*; Dienstleistungsgewerbe *n*; Dienstleistungsverkehr *m*; **air ~** Luftverkehr *m*; **conditions of ~** Arbeitsbedingungen *fpl*; **contract of ~** Dienstvertrag *m*, Werkvertrag *m*; **entering the ~** Dienstantritt *m*; **goods ~s transactions** Waren- und Dienstleistungsverkehr *m*; **loan ~** Anleihedienst *m*; **passenger ~** Personenverkehr *m*

**service**, **personal ~s** persönliche Dienstleistungen *fpl*; **personal ~ business** *Am* Dienstleistungsgewerbe *n*; **dependent personal ~s** *(DBA)* unselbstständige Arbeit *f*; **independent personal ~s** *(DBA)* selbstständige Arbeit

**service**, **purchase of ~s** entgeltliche Inanspruchnahme *f* von Diensten; **regular ~** Linienverkehr *m*; **sale of ~s** entgeltliche Leistung *f* von Diensten; **supplier of ~s** Erbringer *m* von Dienstleistungen; **use of ~s** Inanspruchnahme *f* von Dienstleistungen; **~ abroad** Auslandsdienst *m*; **~ agency** Dienstleistungsagentur *f*; **~ area** *(public utilities)* Versorgungsgebiet *n*; *(Rundfunk)* Sendebereich *m*; **~ balance** Dienstleistungbilanz *f*; **~ charge** Bearbeitungsgebühr *f*; Bedienungsgeld *n*; Kontoführungsgebühr *f*; **~ club** gemeinnütziger Verein *m*; **~ contract** Dienstleistungsvertrag *m*; Wartungsvertrag *m*; **~ credit** *Am* Überziehungskredit *m*; **~ department** Kundendienstabteilung *f*; **~ enterprise** Dienstleistungsbetrieb *m*, -unternehmen *n*; **~ fee** Bearbeitungsgebühr *f*; **~ flats** *Br* Apartmenthotel *n*; **~ industry** Dienstleistungsgewerbe *n*; **~ in return** Gegendienst *m*; **~ instructions** Dienstanweisung *f*; Bedienungsanweisung *f*; **~ life** Lebensdauer *f (e-r Sache)*; Nutzungssache *f*; **~ mark** Dienstleistungsmarke *f*; **~ market** Dienstleistungsmarkt *m*; **~ of a loan** Anleihedienst *m*; **~s provided to other countries** *(Außenhandel)* aktive Dienstleistungen; **~ provider** Dienstleistungserbringer *m*; **~ regulations** Dienstordnung *f*; **~s rendered** (or **performed**) geleistete Dienste; erbrachte Dienstleistungen; **~s rendered from other countries** passive Dienstleistungen; **~ station** Tankstelle *f* mit Reparaturwerkstatt; **~ (to customers)** Kundenbedienung *f*; Dienst am Kunden; **~ trade** Dienstleistungsgewerbe *n*, **~ transactions** (with foreign countries) Dienstleistungsverkehr *m (mit dem Ausland)*; **~ undertaking** Dienstleistungsbetrieb *m*; **~ vehicle** Dienstfahrzeug *n*; **to enter ~** den Dienst antreten; **to get quick ~** schnell bedient werden; **to render** (or **perform**) **~s** Dienste leisten; Dienstleistungen erbringen

**service**, *v (Fahrzeug etc.)* warten; **to ~ a loan** e-e Anleihe bedienen

**serviceable**, **in ~ condition** in gebrauchsfähigem Zustand

**servicing**, Wartung *f*; Kundendienst *m*; **~ a loan** Bedienung e-r Anleihe; **~ of debts** Bezahlung der fälligen Zinsen e-r Schuld; **~ of securities** Verwaltung *f* von Wertpapieren

**serving**, Bedienung *f*; Zustellung *f*; Verbüßung *f (e-r Freiheitsstrafe)*

**session**, Sitzung *f*; Tagung *f*; Börsensitzung *f*; **closed ~** nichtöffentliche Sitzung; **regular ~** ordentliche Sitzung; **the committee is in ~** die Kommission tagt; der Ausschuss hält e-e Sitzung ab

**set**, *(zusammengehöriger)* Satz *m*; Serie *f*; Kollektion *f*; **bills (drawn) in a ~** Wechsel *mpl* in einem Satz *(in mehrfacher Ausfertigung)*; **~ of bills (of exchange)** Satz Wechsel; **~ of furniture** Möbelgarnitur *f*; **~ of samples** Musterkollektion *f*

**set**, bestimmt, festgesetzt; feststehend; **at a ~ date** zu e-m bestimmten Termin; **within the ~ period** fristgemäß; **~ percentage** bestimmter Prozentsatz *m*

**set**, *v* setzen, legen; festsetzen, bestimmen; **to ~ a day** e-n Termin anberaumen; **to ~ a period (of time)** e-e Frist (fest-) setzen; *(etw.)* befristen; **to ~ a price** e-n Preis setzen auf

**set**, *v*, **to ~ apart** aussondern; **to ~ aside** außer Kraft setzen; aussondern; **to ~**

aside land Flächen stillegen; **to ~ a claim aside** e-n Anspruch zurückweisen; **to ~ money aside** Geld beiseitelegen

**set-aside**, (of agricultural land) *(EU)* Flächenstillegung *f (in der Landwirtschaft)*

**setback**, Rückgang *m*, Rückschlag *m*, Einbruch *m*; **business ~** Konjunktureinbruch *m*; **~ in production** Produktionsrückgang *f*

**set down**, *v* niederschreiben; **to ~ a meeting** e-n Sitzungstermin anberaumen (for auf)

**set forth**, *v* darlegen, erklären; vorbringen; **to ~ reasons** Gründe vorbringen, begründen

**set free**, *v (Kapital)* flüssig machen

**set-off**, Anrechnung *f* e-r Gegenforderung, Aufrechnung *f*; Ausgleich *m* (against für); **to claim a ~** e-e Aufrechnung geltend machen

**set off**, *v* anrechnen (against auf); aufrechnen (against mit); verrechnen; **to ~ a claim in an action** die Aufrechnung e-s Anspruchs im Prozess geltend machen

**set out**, *v* darlegen, aufzeigen; **to ~ on a journey** e-e Reise machen

**set-top box**, Umwandler *m*, der ein digitales Signal in ein analoges umwandelt, die von handelsüblichen Fernsehern unterstützt werden. Eine ~ dient also zum Empfang von digitalem Fernsehen.

**set up**, *v (Geschäft etc.)* gründen, errichten; **to set oneself up** e-e Existenz aufbauen; sich selbstständig machen; **to set oneself up in business** ein eigenes Geschäft gründen; **to ~ a claim** e-e Forderung geltend machen

**setting a time limit**, Fristsetzung *f*

**setting-up**, **~ of an enterprise** Gründung *f* e-s Unternehmens; **~ of a reserve** Bildung *f* e-r Rücklage; **~ time** Einrichtezeit *f*; Anlaufzeit *f*; Rüstzeit *f*

**settle**, *v* regeln, ordnen; bezahlen, begleichen; *(Schaden)* regulieren; vereinbaren; sich einigen auf; *(Streit)* beilegen, schlichten; sich niederlassen, sich ansiedeln; **will you ~ for all of us?** wollen Sie für uns alle bezahlen?; **to ~ an account** e-e Rechnung bezahlen; ein Konto ausgleichen (od. glattstellen); saldieren; **to ~ accounts with** abrechnen mit; **to ~ one's accounts** seine Abrechnung machen; **to ~ an annuity on a person** jdm e-e Jahresrente aussetzen; **to ~ the average** die Dispache aufmachen; **to ~ a balance** e-n Saldo ausgleichen; **to ~ by arbitration** schiedsrichterlich beilegen; **to ~ by compromise** durch Vergleich erledigen; **to ~ debts** Schulden bezahlen; **to ~ a dispute** e-e Streitigkeit beilegen; sich vergleichen; **to ~ a dispute out of court** e-n Streit außergerichtlich beilegen; **to ~ an estate** e-e Erbmasse (od. Konkursmasse) aufteilen; **to ~ for sth.** sich mit etw. abfinden; **to ~ in** einziehen in *(e-e neue Wohnung)*; **to ~ a matter amicably** e-e Sache gütlich regeln; **to ~ out of court** außergerichtlich regeln; **to ~ payments in dollars** Zahlungen in Dollar durchführen; **to ~ a price** e-n Preis absprechen (od. abmachen); **to ~ property on a p.** über Vermögen zugunsten e-r Person verfügen; **to ~ a sum of money on a p.** jdm e-e Geldsumme aussetzen (od. vermachen); **to ~ the terms** die Bedingungen vereinbaren; **to ~ with one's creditors** sich mit seinen Gläubigern einigen (od. vergleichen)

**settled**, fest, bestimmt; erledigt; bezahlt; **~ abode** fester Wohnsitz *m*; **~ account** bezahlte Rechnung *f*; *(als richtig anerkannte)* Abrechnung *f*; **~ by the contract** vertraglich geregelt; **~ price** abgemachter Preis *m*

**settlement**, 1. Regelung *f*; Bezahlung *f*, Begleichung *f*; Abrechnung *f*; Verrechnung *f*; Ausgleich *m*; Abfindung *f*; Beilegung *f (von Streitigkeiten)*, Schlichtung *f*; Vergleich *m*; Siedlung *f*; *Br (Börse)* Liquidation *f* (→ settlement 2.); **cash ~** Geldabfindung *f*, Barabfindung *f*; **compulsory ~** Zwangsvergleich *m*; **conclusion of a ~** Abschluss *m* e-s Vergleichs; **failing prompt ~ of your account** → failing; **final ~** Schlussabrechnung *f*; **fortnightly ~** 14tägige Abrechnung *f*; **full and final ~** endgültige und abschließende Beilegung *f*; **in ~ of our account** zum Ausgleich unseres Kontos; **in ~ of all claims** zur Abfindung aller Ansprüche; **in full and final ~** als endgültige Abfindung; **lump sum** (or **global**) **~** pauschale Abfindung *f*; **mid-month ~** Medioabrechnung *f*; **monthly ~** monatliche Abrechnung; **quarterly ~ of accounts** vierteljährliche Bezahlung von Rechnungen; **periodical ~** periodische Abrechnung; **private ~** gütliche Erledigung *f (e-r Sache)*; *(außergerichtl.)* Vergleich; **proposal for a ~** Vergleichsvorschlag *m*; **sum in**

**full ~ of all claims** Abfindungssumme *f*; **terms of ~** Vergleichsbedingungen *fpl*; **~ account** Verrechnungskonto *n*; **~ by arbitration** schiedsgerichtliche Beilegung *f*; **~ by will** testamentarische Verfügung *f*, durch die Vermögen in e-m Trust festgelegt wird; **~ in cash** Geldabfindung *f*, Barabfindung *f*, Kapitalabfindung *f*; **~ in court** gerichtlicher Vergleich *m*; **~ of an account** Bezahlung *f* e-r Rechnung; Abrechnung *f*; Verrechnung *f*; **~ of average** Dispache *f*; **~ of a claim** Schadenregulierung *f*; **~ of debts** Bezahlung *f* von Schulden; Schuldenregelung *f*; **~ of an invoice** Begleichung *f* e-r Rechnung; **~ of transactions** Ausgleich des Zahlungsverkehrs ( → Bank for International Settlements); **~ out of court** außergerichtlicher Vergleich; **to accept a ~** sich abfinden lassen; **to carry on negotiations for a ~** Vergleichsverhandlungen führen; **to come to** (or **reach**) **a ~** zu e-m Vergleich kommen; **the ~ failed** der Vergleich scheiterte; **to pay sb. a sum of money in ~ of his claim** jdn abfinden; **to reach a ~** zu e-r Regelung gelangen

**settlement**, 2. *Br (Börse)* Liquidation *f (Abwicklung der Termingeschäfte)*; **buying for the ~** Terminkauf *m*; **end month ~** Ultimoliquidation *f*; **special ~** Sonderliquidation *f (für neu eingeführte Werte)*; **~ account** Liquidationskonto *n*; **~ day** *(Börsen-)*Abrechnungstag *m*, Liquidationstermin *m*; **settlement note** Abschlussrechnung *f*; **~ of time bargains** Skrontation *f*; **~ period** Abrechnungszeit *f*; **~ price** Liquidationskurs *m*, Abrechnungskurs *m*; **to sell for the ~** auf Termin verkaufen

**settling**, **~ day** → settlement day; **~ of an account** Bezahlung *f* e-r Rechnung; **~ of differences** Streitbeilegung *f*

**setup**, **~ cost** Gründungskosten; Anlaufkosten *pl*; **~ time** Rüstzeit *f*

**several**, einzeln, gesondert, getrennt; **joint and ~** → joint; **~ debtor** Einzelschuldner *m, (einzelner)* Mitschuldner *m*; **~ liability** Einzelhaftung *f*, Individualhaftung *f*

**severally, to be ~ liable** gesondert (od. einzeln) haften

**severalty**, Bruchteilseigentum *n*

**severance**, Trennung *f*; **~ pay** Entlassungsabfindung *f*; **~ tax** *Am* Steuer auf die Konzession zur Förderung und Nutzung natürlicher (mineralischer) Rohstoffe

**severe reprimand**, strenger Verweis *m*

**sewage**, Abwässer *pl*; Kloakenwasser *m*; **use of ~ sludge in agriculture** Verwendung *f* von Klärschlamm in der Landwirtschaft; **~ disposal facilities** Anlagen zur Abwasserbeseitigung *f*; **~ farm** Rieselfeld *n*; **~ treatment plant** Kläranlage *f*

**sewerage**, Kanalisation *f*; Abwasserwirtschaft *f*

**sexual haressment**, sexuelle Belästigung *f* am Arbeitsplatz

**shade**, *v* geringfügig zurückgehen; *(Kurse)* nachgeben

**shadow**, **~ economy** Schattenwirtschaft *f*; **~ factory** Ausweichfirma *f*; **~ price** Schattenpreis *m*

**shady financier**, *colloq.* zweifelhafter Finanzier *m*

**shakeout**, Personalabbau *m*; mäßiger Rückgang *m* der Konjunktur *(fallende Preise, steigende Arbeitslosigkeit)*; *Am (Börse)* Verdrängung *f* der schwächeren Spekulanten aus dem Aktienmarkt

**shakeup**, Umorganisation *f*; **capital ~** Reorganisation *f* (od. Sanierung *f*)

**shaky**, finanziell unbefriedigend

**sham**, Schwindel *m*, Schein-; **~ bid** Scheingebot *n*; **~ contract** Scheinvertrag *m*, fingierter Vertrag *m*; **~ dividend** Scheindividende *f*, fiktive Dividende *f*; **~ transaction** Scheingeschäft *n*

**share**, 1. Teil *m*, Anteil *m*, Beteiligung *f* (in an); **capital share** Kapitalanteil *m*; **in equal ~s** zu gleichen Teilen; **lawful ~** rechtmäßiger Anteil; **proportional ~** Quote *f*; **right to ~** Anteilsrecht *n* (in an); **~ and ~ alike** zu gleichen Teilen; **~ cropper** *Am* Pächter, der Pacht mit Ernteanteil bezahlt; **~ holding** Beteiligung *f*, Anteil *m*; **~ in a business** Geschäftsanteil *m*; Anteil an e-m Geschäft; **~ in the capital** Kapitalanteil *m*; **~ in the estate** Erb(an)teil *m*; Anteil an e-m Nachlass; **~ in the loss** Anteil am Verlust, Verlustanteil *m*

**share in**, (or **of**) **the profits** Gewinnanteil *m*; Beteiligung am Gewinn; **to be entitled to a ~ in** gewinnanteilberechtigt sein

**share**, **~ in a ship** Schiffspart *m*, Anteil e-s Mitreeders; **~ of the market** Marktanteil *m*; **~-the-work plan** → work sharing; **to give sb. a ~ in one's business** jdn an seinem Geschäft beteiligen; **~ under an intestacy** gesetzlicher Erbteil *m*; **to go ~s with sb.** mit jdm *(Gewinn, Verlust,*

*Kosten etc.)* teilen (od. zu gleichen Teilen tragen); **to have** (or **take**) **a ~ in** teilhaben an, beteiligt sein an; **he has a ~ in** er hat e-n Anteil an; e-r ist Teilhaber von

**share**, 2. Aktie *f*; (Gesellschafts-)Anteil *m*; Geschäftsanteil *m (z. B. des Gesellschafters e-r GmbH)*; Genossenschaftsanteil *m*; Investmentanteil *m*; **alpha ~s** *Br* umsatzstärkste Aktien *fpl*; **applicant for ~s** *Br* Aktienzeichner *m*; **assignment of ~s** Abtretung *f* von Geschäftsanteilen; **bank ~s** Bankaktien; **bearer ~s** Inhaberaktien; **bonus ~** Gratisaktie *f*; **common ~** Stammaktie; **cumulative preference ~** kumulative Vorzugsaktie; **deferred ordinary ~** Nachzugsaktie *f*; **directors' ~** → qualification ~; **domestic ~s** inländische Aktien; **established ~s** Standardaktien; **forfeited ~** kaduzierte Aktie; **founders' ~** Gründeraktie; **full-paid ~** voll eingezahlte Aktie; **growth ~** Wuchsaktie; **industrial ~s** Industriewerte *pl*; **interim ~** Zwischenschein *m*, Aktienpromesse *f*; **investment ~** Investmentanteil *m*; **irredeemable preference ~** nicht rückkaufbare Vorzugsaktie; **issue of ~s** Ausgabe von Aktien; **listed ~s** (börsen)notierte Aktien; **low-priced ~s** (low par value) Kleinaktien *fpl*; **mining ~s** Montanwerte, Kuxe *mpl*; **motor ~s** Autoaktien; **multiple voting ~** Mehrstimmrechtsaktie; **new ~s** junge Aktien; **non-voting ~s** stimmrechtslose Aktien; **ordinary ~s** Stammaktien; **participating preference ~** Vorzugsaktie mit zusätzlicher Dividendenberechtigung; **partly-paid ~** teileingezahlte Aktie; **personal ~** Namensaktie; **preference ~** Vorzugsaktie; **preferred ordinary ~** *(hinsichtlich Dividendenzahlung)* bevorrechtigte Stammaktie; **qualification ~** → qualification; **quoted ~s** (börsen)notierte Aktien; **redeemable preference ~** rückkaufbare Vorzugsaktie; **registered ~** Namensaktie; **shipping ~s** Schifffahrtswerte; **subscription ~** *Br (durch regelmäßige Einzahlungen erworbener)* Bausparkassenanteil; **subscription to ~s** Zeichnung *f* von Aktien; **surrender of ~s** *Br* Rückgabe *f* von Aktien an die Gesellschaft; **transfer of ~s** Aktienübertragung *f*; **unquoted ~** nicht notierte Aktie; **voteless ~** stimmrechtslose Aktie; **voting ~** stimmberechtigte Aktie; **~s acquisition** Aktienerwerb *m*; **~ allotment** Aktienzuteilung *f*; **~s and bonds** Aktien und Obligationen; **~s application** Aktienzeichnung *f*; **~ block** Aktienpaket *n*; **~ broker** Wertpapiermakler

**share capital**, Aktienkapital *n*, Grundkapital *n*; **increase in ~ capital** Kapitalerhöhung *f*

**share**, **~ certificate** Aktienzertifikat *n*; Anteilschein *m*; **~ denomination** Aktienstückelung *f*; **~ exchange offer** Angebot *n* e-s Aktienaustauschs; **~ fund** *(Investmentfonds)* Aktienfonds *m*

**shareholder**, Aktionär *m*; Anteilseigner *m*; **controlling** (or **majority**) **~** Mehrheitsaktionär *m*; **major ~** Großaktionär *m*; **minority ~** Minderheitsaktionär *m*; **ordinary ~** Inhaber von Stammaktien; **registered ~** Inhaber *m* von Namensaktien; **~s' equity** *(Bilanz)* Eigenkapital *n*; **~s present or represented** erschienene oder vertretene Aktionäre; **~s' meeting** Hauptversammlung *f* e-r AG; Gesellschafterversammlung *f*; **~ of record** im Aktienbuch eingetragener Aktionär; **~s' register** Aktionärsregister *n*

**shareholding**, Aktienbesitz *m*; Anteilsbesitz *m*; **~s** Aktienbestände *mpl*; **~ in a company** Beteiligung *f* an e-r Gesellschaft; **to have a 51 % ~ in** ein Aktienpaket von 51 % haben bei

**share**, **~ in a mining company** Kux *m*; **~ in a partnership** Anteil an e-r Personengesellschaft; Gesellschaftsanteil *m*; **~ index** Aktienindex *m*; **share investment** Geldanlage *f* in Aktien; **~ issue** (or **offering**) Aktienemission *f*, Aktiengesellschaft *f*; **~s issued** ausgegebene Aktien; **~ ledger** *Br* → share register; **~ list** *Br* (Aktien-)Kurszettel *m*; **~s on hand** Aktienbestand *m*; **~ option** Aktienoption *f*; *Br* Option *f* auf Belegschaftsaktien; **~ ownership** Aktienbesitz *m*; **~ placing** Aktienplazierung *f*, Unterbringung *f* von Aktien; **~ portfolio** Aktienportefeuille *n*, Aktienbestand *m*; **~ premium** Aktienagio *n*

**share price**, Aktienkurs *m*; **~ index** Aktienindex *m*

**share prices**, Aktienkurse *mpl*, Börsenkurse *mpl*; **decrease in ~** Kursabschwächung *f*; **fall** (or **drop**) **in ~** Kursrückgang *m*; **increase in ~** Kursanstieg *m*; **insecurity in ~** Kursunsicherheit *f*; **trend in ~** Aktienkursentwicklung *f*; **~ firm up** (or **become firm**) → ~ move up;

~ **are high** die Aktienkurse stehen hoch; ~ **increased further** die Aktienkurse zogen weiter an; ~ **were maintained** die Aktienkurse hielten sich; ~ **move up** die Aktienkurse werden fester; ~ **rose sharply** die Aktienkurse stiegen haussseartig; ~ **rose widely** die Aktienkurse stiegen auf breiter Front; ~ s**trengthened** die Aktienkurse stiegen; ~ **weakened** die Aktienkurse gaben nach

**share**, ~ **purchase** Aktienkauf *m*; **~-pushing** Aufdrängung *f* von *(oft wertlosen)* Aktien *(durch Werbung)*; ~ **quotation** Kursnotierung *f*; **~s quoted on the stock exchange** börsennotierte Aktien; ~ **rating** Bewertung *f* e-r Aktie; ~ **register** *Br* Aktienbuch *n*; ~ **speculator** Aktienspekulant *m*; ~ **split** Aktiensplit *m*, Aktienaufteilung *f*; ~ **subscribed** gezeichnete Aktie; ~ **subscriber** Aktienzeichner *m*; **~s traded over the counter** im Freiverkehr gehandelte Aktien; ~ **transfer** Aktienübertragung *f*; ~ **warrant** Aktienbezugsrechtsschein *m*; **to admit ~s for official trading** Aktien zum amtlichen Handel zulassen; **the ~s advanced** (or **rose**) **from ... to ...** die Aktien stiegen von ... auf ...; **to allot ~s** Aktien zuteilen; **to apply for ~s** *Br* Aktien zeichnen; **the ~s are at a premium** die Aktien stehen über pari; **the ~s are stationary** die Aktien sind fest geblieben; **to be short of ~s** mit Aktien nicht genügend eingedeckt sein, **to deal** (or **trade**) **in ~s** mit Aktien handeln; **to lend money on ~s** Aktien lombardieren; **to purchase a ~ in an enterprise** sich an e-m Unternehmen beteiligen, **the ~s remain steady at ...** die Aktien stehen fest auf ...; **the ~s showed an uneven** (or **irregular**) **tendency** → tendency; **the ~s slipped back** (or **fell**) **from ... to ...** die Aktien fielen von ... auf ...; **the ~s slumped ten points** die Aktien fielen um zehn Punkte; **to subscribe for ~s** Aktien zeichnen

**share**, *v (etw.)* teilen; teilhaben (in an); **to ~ and ~ alike** gleich teilen; **to ~ in the cost** sich an den Kosten beteiligen; **to ~ the cost** Kosten teilen (od. gemeinsam tragen); **to ~ (in) the profits and losses** am Gewinn und Verlust beteiligt sein

**sharing**, Teilung *f*, Verteilung *f*, Aufteilung *f*; Beteiligung *f*; ~ **the market** Marktaufteilung *f*; ~ **of profit** Gewinnaufteilung *f*; Gewinnbeteiligung *f*

**shark**, *colloq.* Schwindler *m*, Wucherer *m*; ~ **repellents** Abwehrmaßnahmen *fpl* gegen Übernahmen

**sharp**, scharf; ~ **practices** skrupellose Praktiken *pl*; ~ **slump in prices** starker Kurssturz *m*

**shatter-proof glass**, splitterfreies Glas *n*

**shed**, Schuppen *m (im Hafen)*

**shed**, *v*, **to ~ jobs** Mitarbeiter entlassen

**sheep farming**, (*Am* **raising**) Schafzucht *f*

**sheet**, Blatt *n*, Bogen *m*; **cost** ~ Kostenaufstellung *f*

**shelf**, (Waren-)Regal *n*; **~-life** Lagerfähigkeit *f*, Haltbarkeit *f*; ~ **registration** *Am* Vorausregulierung *f* von Anleihen (*bei der → Securities and Exchange Commission, um diese jederzeit verfügbar zu machen*); ~ **space** Regalfläche *f*

**shell**, (Firmen-)Mantel *m*

**shelter**, *v*, **to ~ income from tax** steuersparende Maßnahmen ergreifen

**shift**, Schicht *f*; Veränderung *f*, Verschiebung *f*, Verlagerung *f*; **day** ~ Tagesschicht *f*; **extra** ~ Sonderschicht *f*; **night** ~ Nachtschicht *f*; **split** ~ nicht durchgehende (od. unterbrochene) Schicht; ~ **differential** Schichtzulage *f*; ~ **in demand** Bedarfsverlagerung *f*, Nachfrageänderung *f*; ~ **in supply** Angebotsverlagerung *f*, Angebotsänderung *f*; ~ **premium** Schichtzulage *f*; **to drop ~s** Feierschichten einlegen

**shift**, *v* (sich) verändern, verschieben, verlagern; **the cargo ~ed** die Ladung verschob sich; **prices have ~ed** die Preise haben sich geändert; **to ~ a risk** ein Risiko abwälzen; **to ~ a tax** e-e Steuer überwälzen (od. abwälzen) *(bes. vom Verkäufer auf den Käufer)*

**shifting**, ~ **of cargo** Verschiebung *f* der Ladung; ~ **of investments** Anlageumschichtung *f*; ~ **of risk** Risikoabwälzung *f*; ~ **of tax incidence** Steuerüberwälzung *f*, Steuerabwälzung *f*

**ship**, Schiff *n*; **cargo** ~ Frachtschiff *n*; **casualty to a** ~ Schiffsunfall *m*; **clean** ~ nicht (mehr) in Quarantäne befindliches Schiff; **general** ~ Frachtschiff, das nicht gechartert wurde (*und deshalb jedem → shipper zur Verfügung steht*); **merchant** ~ Handelsschiff; **nuclear** ~ atomgetriebenes Schiff; **operation of a** ~ Betrieb *m* e-s Schiffes; **passenger** ~ Passagierschiff *n*; ~ **agent** Schiffsagent *m (e-r Reederei)*; ~**'s articles** Heuervertrag *m*; ~ **breaker** Schiffsverschrotter *m*; ~ **broker** Schiffsmakler *m*; ~ **builder** Schiffsbauunternehmer *m*; ~ **building (industry)** Schiffbau *m*; ~**'s certificate** → certificate of registry; ~ **chandler** Lieferant *m* für Schiffsbedarf; ~**'s company** Schiffsbesatzung *f*; ~ **conversion** Umbau *m* von Schiffen; ~**'s days** Liegetage *pl*; **(~'s) hold** Schiffsraum *m*, Laderaum *m*; ~**'s husband** Korrespondentenreeder *m*; ~ **in distress** Schiff in Seenot; ~**'s inventory** Schiffsinventar *n*; ~ **load** Schiffsladung *f*; ~ **loading facilities** Schiffsladevorrichtungen *fpl*; ~**'s manifest** Schiffmanifest *n*

**ship mortgage**, Schiffshypothek *f*; ~ **bank** Schiffshypothekenbank *f*, Schiffspfandbriefbank *f*; ~ **bond** Schiffspfandbrief *m*

**shipowner**, *(Seeschifffahrt)* Reeder *m*; *(Binnenschifffahrt)* Schiffseigner *m*, **liability of ~s** Reederhaftung *f*; **~s' office** Reederei *f*

**ship**, ~**'s papers** Schiffspapiere *pl*; ~**'s protest** Seeprotest *m*, Verklarung *f*; ~**'s register** Schiffsregister *n*; Schiffsregisterbrief *m*; ~**'s stores** Schiffsvorräte *pl*, Vorräte an Bord; ~ **under construction** in Bau befindliches Schiff; ~ **under way** in Fahrt befindliches Schiff

**shipwreck**, Schiffbruch *m*, Schiffsuntergang *m*; Schiffswrack; **salvage of a ~** Bergung *f* e-s Schiffswracks

**ship**, ~ **wright** Schiffbaumeister *m*; ~ **yard** Werft *f*

**ship**, *v* verschiffen, absenden, versenden, zum Versand bringen, an Bord nehmen (od. bringen), verladen *(bes. Am auch für Landtransporte)*; *(Überseeverkehr)* abladen, befrachten; *(Seeleute)* anmustern, heuern; **to ~ in bulk in** loser Schüttung verladen

**shipment**, 1. Verschiffung *f*, Versand *m*, Verladung *f (auf Schiffen, Am auf Transportmitteln jeder Art)*, **advice of ~** Versandanzeige *f*; **partial** ~ Teilverladung *f*; **place of** ~ Verladeort *m*; **port of** ~ Verladehafen *m*, Versandhafen *m*; **ready for** ~ zur Verladung bereit; ~ **as less then carload lot** *Am* Stückgutversand *m*; ~ **made by post** Postversand *m*

**shipment**, 2. Schiffsladung *f*; (Schiff-)Sendung *f*; *Am* Ladung *f*, (Waren-)Sendung *f*; **collective** ~ Sammelladung *f*

**shipped**, abgesandt; **short** ~ → short; ~ **B/L** Bordkonnossement *n*

**shipper**, Absender *m*, Verlader *m*, Ablader *m*; Spediteur *m*; *(Überseeverkehr)* Befrachter *m*; ~**'s manifest** Schiffsmanifest *n*; ~**'s papers** Versandpapiere *pl*

**shipping**, Verschiffung *f*, Absendung *f*, Versendung *f*, Versand *m*; Verladung *f (auch für Landtransporte)*; Spedition *f*; (See-, Handels-)Schifffahrt *f*; Schiffe *npl* (e-s Landes), **Community ~ procedure** *(EU)* gemeinschaftliches Versandverfahren *n*; **merchant** ~ Handelsschifffahrt *f*; ~ **accidents** Unfälle *mpl* im Seeverkehr; ~ **advice** Versandanzeige *f*; ~ **agency** Schiffsagentur *f*; (Seehafen-)Speditionsgeschäft *n*; ~ **(and forwarding) agent** *Br* Schiffsagent *m*; (Seehafen-)Spediteur *m*; ~ **and forwarding receipt** Spediteur-Übernahmebescheinigung *f*; ~ **articles** Heuervertrag *m*; ~ **bill** Ladeverzeichnis *n* *(für Waren, die aus dem → bonded warehouse wiederausgeführt werden sollen)*; ~ **business** Reederei *f*; Seetransportgeschäft *n*; ~ **charges** Verladekosten *pl*, Verschiffungskosten *pl*; ~ **clerk** Expedient *m*; ~ **commissioner** *Am* → ~-master; ~ **company** Schifffahrtsgesellschaft *f*, Reederei *f*; **S~ Conference** Schifffahrtskonferenz *f (kartellartiger Zusammenschluss verschiedener Linienreedereien)*; ~ **date** Versandtag *m*, Verladetermin *m*; ~ **department** Versandabteilung *f*; ~ **documents** Verschiffungsdokumente, Verladedokumente *pl*; Versandpapiere *pl*; ~ **exchange** Schifffahrtsbörse *f*, Frachtbörse *f*; ~ **instructions** Versandvorschriften *fpl*; ~ **invoice** Versandrechnung *f*; ~ **line** Schifffahrtslinie *f*; Linienreederei *f*; **~-master** *Br* Seemannsamtsleiter *m*; ~ **news** Schifffahrtsberichte *mpl*; ~ **note** *Br* Schiffszettel *m*, Verladeschein *m*; ~ **operator** Reeder *m*; ~ **order** Versandauftrag *m*; *Br colloq.* jeder größere Auftrag *m*; ~ **port** Versandhafen *m*; ~ **shares** Schifffahrtswerte *pl*; ~ **space** Schiffsraum *f (für Fracht)*; ~ **specification** *(Zoll)* Aufstellung *f* der auszuführenden Waren; ~ **weight** Verschiffungsgewicht *n*, Versandgewicht *n (e-r Ware)*

**shockproof packing**, stoßfeste Verpackung *f*

**shoestring**, **to start a business on a ~** ein Geschäft mit e-m sehr kleinen *(ungenügenden)* Kapital beginnen
**shogun bonds**, in Japan aufgelegte Auslandsanleihen *fpl (die nicht auf Yen lauten)*
**shop**, Laden *m*, Geschäft *n*; Werkstatt *f*, Werkhalle *f*; Betrieb *m*; **closed ~** gewerkschaftspflichtiger Betrieb *m*; **open ~** Betrieb ohne Gewerkschaftspflicht; **~ agreement** Einzeltarifvertrag *m*; **~ assistant** Verkäufer(in) *m(pl)*; **~ audit** Ladeninventur *f*; **~ book** *Am* Geschäftsbuch *n*, Journal *n*; **~ breaking** Ladeneinbruch *m*; **~ buying** *(Börse)* Käufe des Berufshandels; **~ chairman** *Am* → ~ steward; **~ closing hours** Ladenschlusszeiten *fpl*; **~ committee** *Am* Betriebsrat *m*; **~ fitter** Ladenausstatter *m*; **~ fittings** Ladeneinrichtung *f*; Ladenausstattung *f*
**shop floor**, Hauptfläche *f* e-s Fabrikationsbetriebes (od. e-r Werkstatt); Arbeitsplatz *m*; Verkaufsfläche *f*; Belegschaft *f*; **to rise from the ~** als einfacher Arbeiter zu e-r verantwortungsvollen Stellung aufsteigen
**shop**, **~ front** Schaufenster *n*; **~ girl** *Br* Verkäuferin *f*; **~ hours** Geschäftszeit *f*; **~ keeper** Ladeninhaber *m*; **~keeping** Kleinhandel *m*; **~lifter** Ladendieb *m*; **~lifting** Ladendiebstahl *m*; **~ premises** Ladenräume, Geschäftsräume *mpl*; **~ rent** Ladenmiete *f*; **~ selling** *(Börse)* Verkäufe des Berufshandels; **~ sign** Ladenschild *n*; **~-soiled goods** angeschmutzte (od. angestaubte) Ware(n) *f(pl)*; **~ space** Ladenfläche *f*; **~ steward** gewerkschaftlicher Vertrauensmann e-s Betriebes; **~ till** Ladenkasse *f*; **~walker** Empfangschef *m*, Abteilungsleiter *m (in e-m Warenhaus)*; **~ window** Schaufenster *n*; **~-worn goods** → ~-soiled goods; **to close down a ~** ein Geschäft schließen; **to keep a ~** e-n Laden führen; **to lease** (or **rent**) **a ~** e-n Laden (ver)mieten; **to set up ~** ein Geschäft eröffnen; **to talk ~** fachsimpeln
**shopping basket**, Einkaufskorb *m (Funktionalität vieler Internetseiten, die Waren verkaufen, um einzelne Produkte bis zum endgültigen Kauf zu sammeln)*
**shopping cart**, → Shopping basket
**shopper**, Einkäufer(in) *m(f)*
**shopping**, einkaufen *n*; Einkäufe *mpl*; **~ area** Einkaufsgegend *f*; **~ behavio(u)r** Kaufverhalten *n*; **~ cent|re (~er)** Einkaufszentrum *n*; **~ goods** *Am* Konsumgüter *pl*, bei deren Auswahl und Kauf der Kunde kritische Vergleiche anstellt *(Qualität, Preis, Aussehen etc.*; *opp. convenience goods*); **~ habits** Einkaufsgewohnheiten *fpl*; **~ street** Geschäftsstraße *f*; **to do one's ~** Besorgungen machen; **to go ~** Einkäufe machen
**short**, Fehlbetrag *m*, Defizit *n*; *Am (Börse)* Baissier, Baissespekulant *m*; Leerverkäufer *m*; Fixer *m*; Leerverkauf *m (Verkauf ohne Deckung)*; kurz, kurzfristig; **~s** Kurzläufer *pl*, Wertpapiere mit kurzer Laufzeit; ohne Deckung verkaufte Wertpapiere od. Waren; **~ account** Baisseengagement *n*; Kundenkonto *n* bei e-m Makler für Leerverkäufe
**shortage**, Mangel *m*, Knappheit *f* (of an); Mangellage *f*; Fehlmenge *f*; Fehlbetrag *m*, Manko *n*; **food ~** Lebensmittelknappheit *f*; **~ in the cash** Kassenfehlbetrag *m*; **~ in weight** Untergewicht *n*; **~ of cash** Bargeldknappheit *f*; **~ of foreign exchange** Devisenmangel *m*; **~ of goods** Knappheit an Waren; **~ of jobs** Mangel an Arbeitsplätzen; **~ of material** Materialmangel *m*; **~ of staff** Personalmangel *m*
**short**, **~ amount** Minderbetrag *m*; **~ balance** Unterbilanz *f*; **~ bill** → ~-dated bill; **~-change** *v* zu wenig Wechselgeld herausgeben; **~ covering** Deckungskauf *m*; **~ credit** kurzfristiger Kredit *m*; **~-dated bill** Wechsel *m* auf kurze Sicht, kurzfristiger Wechsel *m*; **~ delivery** unvollständige Lieferung *f*; **~ deposits** Einlagen mit kurzfristiger Kündigung; **~-distance goods transport** *Br* Güternahverkehr *m*; **~ end of the market** Markt *m* für Kurzläufer
**shortening**, **~ of working hours** Verkürzung *f* der Arbeitszeit; **prices are ~** die Preise gehen zurück
**short entry**, *(Zoll)* Unterdeklarierung *f*
**shortfall**, Fehlbetrag *m*, Fehlmenge *f*; Ausfall *m*; (Angebots-)Verknappung *f*; **export ~** Minderbetrag *m* des Exports; **~ in demand** Nachfrageausfall *m*; **~ in production** (or **output**) Produktionsausfall *m*; **~ in receipts** Mindereinnahmen *fpl*; Einnahmeausfall *m*; **~ in tax revenue** Steuerausfall *m*
**short gilts**, kurzfristige Staatspapiere *npl*
**shorthand**, Stenographie *f*; **~ note(s)** Stenogramm *n*; **~ typist** Stenotypist(in)

*m(f)*; **to take down in ~** Stenogramm aufnehmen; stenographieren
**short-handed**, **to be ~** Mangel *m* an Arbeitskräften haben
**short haul**, *Am* Güternahverkehr *m*; *(Luftverkehr)* Kurzstrecken-; Nahverkehrs-, Nah-; **~ goods transport** *Br* Güternahverkehr *m*
**short**, **~ interest** Baissenengagement *n*; **~ leasing** → leasing; **on the ~-list** auf der Auswahlliste; **~-list** *v* in die engere Wahl ziehen; **~-lived fixed assets** kurzlebige Anlagegüter *pl*; **~ market** Baissemarkt *m*; **~ note** kurzfristiger Schuldschein *m*
**short message system**, Kurzmitteilung *f*; Kommunikationsservice *m* zwischen elektronischen Medien auf Basis des → GSM (Global system for mobile communication) –Mobilfunkstandards.
**short notice**, **delivery at ~** kurzfristige Lieferung *f*
**short of**, knapp an; **~ cash** (or **money**) nicht bei Kasse, knapp an Geld; **to run ~** knapp werden an
**short**, **~ position** → position 1.; **~-range planning** kurzfristige Planung *f*; in **the ~ run** auf kurze Sicht; **~ sale** Leerverkauf, Blankoverkauf *m*, Windhandel *m*; **~ seller** Leerverkäufer *m*, Fixer *m*; **~ selling** → short sale; **~ side** Baissepartei *f*
**shortship**, *v* zu geringe Ladung zum Versand bringen; **~ped** Konnossementsvermerk *m* über fehlendes Frachtgut
**short supply**, **goods in ~** Mangelware(n) *f(pl)*; **to be in ~** beschränkt lieferbar sein
**short-term**, **~ borrowing** kurzfristige Kreditaufnahme *f*; **~ capital** für kurze Zeit aufgenommenes Kapital *n*; **~ capital gains** *Br* Spekulationsgewinne *mpl*; **~ credit** kurzfristiger Kredit *m*; **~ deposits** Einlagen mit kurzfristiger Kündigung; **~ lendings** kurzfristige Ausleihungen *fpl*; **~ liabilities** kurzfristige Verbindlichkeiten *fpl*; **~ money** Kurzzeitgeld *n (kurzfristiges Darlehen)*; **~ partnership** Gelegenheitsgesellschaft *f*
**short-time**, **~ work(ing)** Kurzarbeit *f*; **~ worker** Kurzarbeiter *m*; **to work ~** kurzarbeiten
**short weight**, Mindergewicht *n*
**short**, **to be ~ of liquid assets** liquiditätsbeengt sein; **to go ~ of money** knapp an Geld sein; **to sell ~** ohne Deckung verkaufen, fixen
**show**, Schau *f*, Darbietung *f*; Auslage *f*; Ausstellung *f*; **motor ~** Auto(mobil)ausstellung *f*; **on ~** zur Besichtigung; **~ biz** *colloq.* → show business; **~ business** Unterhaltungsindustrie *f*; **~card** Werbeplakat *n*; **~case** Vitrine *f*; **~piece** Schaustück *n*, Paradestück *n*, **~-room** Ausstellungsraum *m*; Verkaufs(außen)lager *m*; **~window** Schaufenster *n*
**show**, *v* zeigen; aufweisen; dartun, beweisen; **to ~ a balance** e-n Saldo aufweisen; **to ~ a loss** e-n Verlust aufweisen; **to ~ reasons** Gründe angeben
**shown**, **as ~ by the books** buchgemäß
**shrink**, *v* (zusammen)schrumpfen; *(Textilien)* einlaufen; vermindern
**shrinkage**, **profit ~** Gewinnschrumpfung *f*; **~ in value** Wertminderung *f*; **~ of exports** Exportschrumpfung *f*
**shrinking**, **~ of prices** Preisherabsetzung *f*; **the foreign trade surplus is ~** der Überschuss im Außenhandel schrumpft; **the supplies are ~** die Vorräte nehmen ab
**shunter**, *Br* (Börse) Arbitrageur *m* (in London und anderen britischen Börsen)
**shutdown**, Betriebseinstellung *f*; Betriebsstillegung *f*; **~ time** Rüstzeit *f (nach Arbeitsschluss)*
**shut down**, *v*, **they have ~ their factory** sie haben ihre Fabrik stillgelegt
**shutoff**, **oil ~** Einstellung *f* von Öllieferungen
**shut up**, *v*, **to ~ shop** *colloq.* ein Geschäft aufgeben; seine Tätigkeit einstellen
**shuttle**, **~ bus** Zubringerbus *m*; **~ service** Pendelverkehr *m (Eisenbahn)*; **~ train** Pendelzug *m*
**sick**, krank; **~ leave** Krankenurlaub *m*; **~ pay** Krankengeld *n*; **to be on ~ leave** wegen Krankheit beurlaubt sein
**sickness**, Krankheit *f*; **owing to ~** krankheitshalber; **~ allowance** *Am* Krankengeld *n*; **~ benefit** *Br* Krankengeld *n*; **~ insurance** Krankenversicherung *f*
**side**, Seite *f*; Partei *f*; **both ~s of industry** Sozialpartner *mpl*; **this ~ up** oben (nicht stürzen); **~ building** Nebengebäude *n*; **~ line** Nebenartikel *m*; **~ line (employment)** Nebenbeschäftigung *f*
**siding**, Nebengleis *n*; Anschlussgleis *n*
**sight**, Sicht *f*; Vorzeigung *f*; **after ~** nach Sicht; **at ~** bei Sicht, bei Vorlegung; **due at ~** fällig bei Sicht; **on ~** bei Sicht; **~ bill** Sichtwechsel *m*; **~ deposits** Sichteinlagen *fpl*; **~ draft** Sichttratte *f*; **~ funds**

Sichtgelder *pl*; ~ **liabilities** Sichtverbindlichkeiten *fpl*; ~ **rate** Sichtkurs *m*; **to be in** ~ in Sicht sein; **to obstruct the driver's** ~ die Sicht des Fahrers behindern

**sign**, Zeichen *n*; Kennzeichen *n*; Schild *n*; **road** (or **traffic**) ~ Verkehrszeichen *n*; **shop** ~ Ladenschild *n*, **stop** ~ Haltesignal *n*; ~ **board** Ladenschild *n*, Firmenschild *n*

**sign**, *v* unterzeichnen, unterschreiben, **authority to** ~ Zeichnungsberechtigung *f*, Unterschriftsvollmacht *f*; **authorized to** ~ zeichnungsberechtigt; **to** ~ **for** (or **on behalf of**) **the firm** für die Firma zeichnen; **to** ~ **for the goods** den Empfang der Waren quittieren; **to** ~ **in full** mit vollem Namen unterschreiben; **to** ~ **a lease** e-n Miet-(od. Pacht)vertrag abschließen; **to** ~ **off** kündigen; **to** ~ **on** *(jdn)* einstellen; sich einstellen (od. anheuern) lassen; **to** ~ **personally** eigenhändig unterschreiben

**signal**, Signal *n*, Zeichen *n*; **code of** ~**s** Flaggensignalsystem *n*; **International Code of S**~**s** Internationales Signalbuch *n*; **off** ~ Entwarnung *f*; **on**-~ Warnsignal *n*; ~ **of distress** Notsignal *n*

**signatory**, ~ **of a contract** Unterzeichner *m* e-s Vertrages; ~ **state** Unterzeichnerstaat *m*, Signatarstaat *m*

**signature**, Unterschrift *f*; **attestation of** ~ Unterschriftsbeglaubigung *f*; **counter** ~ Gegenzeichnung *f*; **facsimile** ~ Faksimileunterschrift *f*; **forged** ~ gefälschte Unterschrift; **genuine** ~ echte Unterschrift; **list of authorized** ~**s** Unterschriftenverzeichnis *n*; **unauthorized** ~ ohne Ermächtigung vorgenommene Unterschrift; ~ **by procuration** Unterschrift in Vollmacht; ~ **card** Unterschriftenkarte *f (des Bankkunden)*; ~ **on a bill** Wechselunterschrift *f*; **to attest** (or **certify**) **a** ~ e-e Unterschrift beglaubigen; **to above** ~ **is certified herewith** die Richtigkeit obiger Unterschrift wird hiermit beglaubigt; **to put** (or **set**) **one's** ~ **to** seine Unterschrift setzen unter, unterschreiben

**signed, sealed and delivered**, unterschrieben, gesiegelt und ausgehändigt

**signer of a contract**, Unterzeichner *m* e-s Vertrages

**significant amount**, erheblicher Betrag *m*

**signing**, Unterzeichnung *f*, ~ **of a lease** Abschluss *m* e-s Miet- od. Pachtvertrages; ~ **power** Unterschriftsvollmacht *f*

**silent partner**, stiller Gesellschafter *m*

**silk**, Seide *f*; **artificial** ~ Kunstseide *f*

**silver**, Silber *n*; ~ **bullion** Barrensilber *n*; ungemünztes Silber; ~ **coin** Silbermünze *f*; ~ **coin and bullion** (Bank-)Silberbestand *m*; ~ **cutlery** Silberbestecke *npl*; ~ **standard** Silberwährung *f*

**similar**, ähnlich, gleichartig; ~ **quality** ähnliche Qualität *f*

**similarity**, Ähnlichkeit *f*, Gleichartigkeit *f*

**simple**, einfach; ~ **bond** hypothekarisch nicht gesicherte Schuldverschreibung *f*; ~ **contract** formloser (nicht unter Siegel abgeschlossener) Vertrag *m*; ~ **debenture** → ~ bond; ~ **interest** einfache Zinsen

**simulate**, *v* simulieren; *(techn.)* im Modell nachbilden

**simulated**, ~ **account** Proforma-Rechnung *f*; ~ **contract** Scheinvertrag *m*; ~ **sale** Scheinverkauf *m*

**simultaneous**, gleichzeitig; ~ **interpretation** Simultandolmetschen *n*

**sincerely**, **Yours** ~ *(Briefunterschrift)* mit freundlichen Grüßen

**sine die**, auf unbestimmte Zeit

**single**, einzig, einzeln; ledig; ~ **administrative document** *(Zoll)* Einheitspapier *n*; ~ **allowance** persönlicher Freibetrag *m*; ~ **basing point system** *Am* System *n*, nach dem die Frachtkosten für jeden Käufer von e-m bestimmten Ort aus berechnet werden; ~ **bond** Schuldschein *m* ohne Zahlungsbedingungen; ~ **capacity system** Einfachfunktionssystem *n*; ~ **currency** einheitliche Währung *f*; ~ **entry bookkeeping** einfache Buchführung *f*; **S**~ **European Act** (SEA) Einheitliche Europäische Akte *f* (EEA); **S**~ **European Currency** Europäische Einheitswährung *f*; **S**~ **European Market** Europäischer Binnenmarkt *m*; ~ **fare** Fahrpreis *m* (nur) für Hinfahrt; ~ **flight** *Br* einfacher Flug *m (ohne Rückflug)*; ~ **insertion** einmalige Anzeige *f*; ~ **item calculation** Einzelkalkulation *f*; ~ **liability** *Am* nur auf das eingebrachte Kapital beschränkte Haftung *(e-s Gesellschafters)*; ~**-line store** Spezialgeschäft *n*, Fachgeschäft *n*; **S**~ **Market** *(EU)* Binnenmarkt *m*; ~**-member company** Einmanngesellschaft *f*; ~**-member private limited company** *(EU)* Gesellschaft *f* mit beschränkter Haftung mit e-m einzigen Gesellschafter; ~ **option** einfache Option *f*; ~ **premium**

Einmalprämie *f*; ~ **proprietorship** *Am* Einzelfirma *f*, Einzelunternehmen *n*

**single**, ~ **taxpayer** alleinstehender Steuerpflichtiger *m*; ~ **tender procedure** freihändige Vergabe *f (von Bauaufträgen)*; ~ **ticket** *Br* einfache Fahrkarte *f*; ~ **trader** Einzelkaufmann *m*; ~**-unit production** Einzelfertigung *f*; ~**-use goods** Verbrauchsgüter *pl*

**sink estate**, soziale Wohnsiedlung *f* mit sozial Benachteiligten

**sink**, *v (im Wert, Preis)* abnehmen, *(den Preis etc.)* herabsetzen; **to ~ a debt** e-e Schuld tilgen; **to ~ money** Geld *(sehr fest)* anlegen

**sinking**, **prices are** ~ die Preise fallen; die Kurse geben nach

**sinking fund**, (Schulden-)Tilgungsfonds *m*, Amortisationsfonds *m*; ~ **bond** Amortisationsobligation *f (deren Rückzahlung nach e-m Tilgungsplan erfolgt)*; ~ **instal(l)ment** Tilgungsrate *f*; ~ **loan** Tilgungsanleihe *f*; ~ **mortgage loan** Tilgungshypothek *f*, Amortisationshypothek *f*; ~ **payment** Tilgungszahlung *f*; ~ **requirements** Rückzahlungsverpflichtungen *fpl*; ~ **reserve** Tilgungsrücklage *f*; ~ **table** Tilgungsplan *m*

**siphoning-off profits**, Gewinnabschöpfung *f*

**sister**, ~ **state** *Am* Einzelstaat *m*

**sit**, *v* sitzen; zur Sitzung zusammentreten, tagen; **to ~ for an examination** ein Examen machen; **to ~ in camera** unter Ausschluss der Öffentlichkeit verhandeln; **to ~ on a committee** e-m Ausschuss angehören

**SITC** → Standard International Trade Classification

**sitdown strike**, Sitzstreik *m*

**site**, Lage *f (e-s Grundstücks)*, Sitz *m*, Standort *m (e-r Industrie)*; Bauplatz *m*, Baustelle *f*; ~ **(erection) site** Aufstellungsort *m (e-r Maschine)*; **exhibition ~** Messeplatz *m*; ~ **planning** Standortplanung *f*; ~ **selection** Standortwahl *f*

**site**, *v* ansiedeln, errichten

**siting policy**, Standortpolitik *f*

**situated**, gelegen; befindlich; **badly** ~ *(finanziell)* schlecht gestellt; *(örtlich)* schlecht gelegen

**situation**, Lage *f*; Stellung *f*; **economic ~** Wirtschaftslage *f*; **the ~ of a company** die Geschäftslage e-r Gesellschaft; ~ **on the labo(u)r market** Arbeitsmarktlage *f*; ~ **report** Lagebericht *m*; ~**s vacant** Stellenangebote *npl*; ~**s wanted** Stellengesuche *npl*; **the ~ has improved appreciably** die Lage hat sich spürbar gebessert

**six-monthly report**, Halbjahresbericht *m*

**sizable demand**, nennenswerter Bedarf *m*

**size**, Größe *f*; **commercial ~** marktgängige Größe; **information on ~** Größenangabe *f*; **odd** ~ nicht normierte Größe, Zwischengröße *f*; **standard ~** Normalgröße *f*; ~ **category** Größenklasse *f*; ~ **of an enterprise** Größe e-s Unternehmens, Betriebsgröße *f*; ~ **of the turnover** Höhe *f* des Umsatzes

**sized**, **similar-~ firm** Firma *f* von ähnlicher Größe; **standard-~** von normaler Größe

**sizing**, Größensortierung *f (z. B. von Obst)*

**skeleton**, ~ **agreement** (or **contract**) Rahmenvertrag *m*; ~ **bill** Blankowechsel *m*; ~ **collective agreement** Manteltarifvertrag *m*; ~ **key** Dietrich *m*

**skid mark**, Bremsspur *f*

**skill**, **range of ~s** Spektrum *n* an Fähigkeiten und Kenntnissen; ~ **in purchasing** Geschicklichkeit *f* beim Einkauf

**skilled**, geschickt, erfahren; **man ~ in the art** Fachmann *m*; ~ **craft(s)** Handwerk *n*; ~ **in business** geschäftstüchtig; ~ **labo(u)r** gelernte Arbeiter, Facharbeiter *mpl*; **semi-~ labo(u)r** angelernte Arbeiter *mpl*; ~ **personnel** Fachpersonal *n*; ~ **worker** Facharbeiter *m*

**skim**, *v* abschöpfen; flüchtig lesen; **to ~ milk** Milch entrahmen

**skimming off of purchasing power**, Kaufkraftabschöpfung *f*

**skins and hides**, Häute *fpl* und Felle *npl*

**sky**, ~**jacker** Luftpirat *m*; ~**jacking** Luftpiraterie *f*; ~**rocket** *v* emporschnellen, rapide steigen *(Preise, Kurse)*; ~**-sign** hohe Lichtreklame *f*

**slack**, flau, lustlos; ~ **business** schlecht gehendes Geschäft *n*; ~ **demand** schwache Nachfrage *f*; ~ **hours** schwache Verkehrszeit *f*; ~ **period** tote Saison *f*; ~ **time in business** Geschäftsflaute *f*; **business is** ~ der Geschäftsgang ist schleppend

**slacken**, *v* nachlassen *(z. B. Nachfrage)*; abflauen; sich abschwächen; **the export orders have ~ed off** die Exportaufträge haben sich abgeschwächt

**slackening**, **cyclical** ~ (or ~ **of economic activity**) Konjunkturabschwächung *f*, konjunkturelle Abschwächung *f*; ~ **demand** Nachlassen der Nachfrage *f*; ~ **of orders** Nachlassen *n* der Aufträge; ~ **of speed** Verminderung *f* der Geschwindigkeit; ~ **share prices** abbröckelnde Kurse *mpl*; ~ **tendency** Abschwächungstendenz *f*, **industrial production is ~ off** die Industrieproduktion ist rückläufig

**slackness**, Flaute *f*, Nachlassen *n*; ~ **in sales** Absatzflaute *f*; ~ **of business** Geschäftsflaute *f*, Geschäftsstockung *f*

**slander**, *(mündl.)* Beleidigung *f*; Verleumdung *f*; üble Nachrede *f*; ~ **of goods** Anschwärzung *f (durch Herabsetzung der Qualität fremder Waren)*; ~ **of a competitor's title** Anschwärzung *f* des Konkurrenten

**slander**, *v* beleidigen, verleumden

**slanderous**, beleidigend, verleumderisch

**slash**, *v*, **to ~ prices** Preise stark herabsetzen (oder drastisch reduzieren)

**slaughter**, **~house** Schlachthof *m*; ~ **inspection** Fleischbeschau *f*; ~ **premium** *(EU)* Schlachtprämie *f*

**slaughter**, *v (Vieh)* schlachten; *(Börse)* mit Verlust verkaufen, verschleudern *(von Wertpapieren)*

**sleeper**, Schlafwagen *m*; Schlafwagenzug *m*

**sleeping**, ~ **car** Schlafwagen *m*; ~ **partner** stiller Gesellschafter *m*

**slide**, Absinken *n (der Kurse)*

**sliding**, gleitend; ~ **parity** stufenflexibler Wechselkurs *m*; ~ **peg** → crawling peg; ~ **rate of interest** gestaffelter Zinssatz *m*; ~ **scale of wages** gleitende Lohnskala *f*; **~-scale price** Staffelpreis *m*; **~-scale tariff** Gleitzoll *m*

**slight**, ~ **damage** geringfügiger (od. leichter) Schaden; ~ **decline in prices** geringe Abschwächung *f* der Kurse

**slightly**, ~ **damaged** leicht beschädigt; ~ **firmer** *(Börse)* geringfügig fester

**slim down**, *v* verkleinern, abspecken

**slim margin**, niedrige Gewinnspanne *f*

**slip**, Slip *m*, Formularstreifen *m (für Weitergabe von Börsenaufträgen durch die Banken)*; Zettel *m*, Beleg *m*; **pay ~** Lohnzettel *m*; **paying-in ~** *Br* (**deposit ~** *Am*) Einzahlungsbeleg *m*

**slip**, *v*, **the shares ~ped back** die Aktien fielen

**slogan**, Werbespruch *m*; Schlagwort *n*

**sloganeer**, *colloq.* Werbetexter *m*

**slot machine**, (Spiel-, Verkaufs-)Automat *m*

**slow**, langsam; säumig *(im Bezahlen)*; ~ **assets** nur langsam realisierbare Vermögenswerte; ~ **business** schlecht gehendes Geschäft *n*; **business was ~** das Geschäft verlief schleppend; **to go ~** *(als Protest)* langsam arbeiten; in Bummelstreik treten

**slowdown**, Verlangsamung *f*, Arbeitsverlangsamung *f*; Nachlassen *n*; ~ **(strike)** *Am* Bummelstreik *m*; **business ~** (or ~ **in economic activity**) Konjunkturrückgang *m*; ~ **in the growth** Wachstumsverlangsamung *f*; ~ **in inflation** Abschwächung *f* der Inflation; ~ **in investments** Nachlassen der Investitionstätigkeit; ~ **of demand** Nachlassen der Nachfrage; ~ **of sales** Absatzrückgang *m*

**slow down**, *v* Geschwindigkeit verringern; abschwächen, drosseln; **to ~ the dollar outflow** den Dollarabfluss drosseln; **business has ~ed down** die Geschäftslage hat sich verschlechtert; **the economy ~s down** die Konjunktur flaut ab

**slowing**, ~ **down in business** Geschäftsrückgang *m*; ~ **the price rise** preisdämpfend

**slow-selling goods**, schwer absetzbare Ware *f*

**sluggish**, flau, stagnierend

**sluggishness**, **economic ~** konjunkturelle Flaute *f*; ~ **of orders** Auftragsflaute *f*

**sluice-gate price**, Einschleusungspreis *m*

**slum**, Slum *m*, Elendsviertel *n*

**slump**, *(plötzl.)* Preis- od. Kurssturz *m*; Baisse *f*; *(starker)* Konjunkturrückgang *m*; Absatzkrise *f*, Wirtschaftskrise *f*; ~ **in trade** Geschäftsflaute *f*; **~-proof** krisenfest

**slumpflation**, Verbindung von slump (reduced economic activity) mit Inflation (rising prices)

**slump**, ~ **in earnings** starker Ertragsrückgang *m*; ~ **in sales** Umsatzrückgang *m*, Absatzflaute *f*; ~ **in trade** Geschäftsrückgang *m*; ~ **on the bond market** Rentenbaisse *f*; **~-proof** krisenfest

**slump**, *v* plötzlich fallen, sinken; **to ~ to** fallen auf

**slush**, ~ **fund** *colloq.* Bestechungsfonds *m*; ~ **money** Schmiergeld *n*

**smacker**, *colloq. Br* Einpfundnote *f*; *Am* ein Dollar

**small**, ~ **ads** Kleinanzeige *f*; ~ **advance(s)** Kleinkredit *m*; ~ **and medium-sized enterprises** (SMEs) Klein- und Mittelbetriebe (KMB) *mpl*; kleinere und mittlere Unternehmen *npl*
**small business**, Kleinunternehmen *n*; Klein- und Mittelbetriebe *mpl*; mittelständische(s) Unternehmen *n(pl)*; gewerblicher Mittelstand *m*; **~es** Kleinbetriebe *mpl*
**small change**, Kleingeld *n*, Wechselgeld *n*
**small claim, to pursue a** ~ e-e Bagatellklage anstreben
**small consignments**, **exemption for** ~ Steuerbefreiungen für Kleinsendungen; ~ **of a non-commercial character** Kleinsendungen *fpl* ohne Handelswert
**small**, ~ **debts** geringfügige Schulden *fpl*; ~ **denomination** kleine Stückelung *f*; ~ **holder** Kleinbauer *m*; ~ **holding** *Br* landwirtschaftlicher Kleinbetrieb *m*; ~ **income relief** Steuererleichterung *f* für kleine Einkommen; ~ **loan** Kleinkredit *m*; ~ **producer** Kleinerzeuger *m*; ~ **profit** geringer Gewinn *m*; **~-scale artisan firm** kleiner Handwerksbetrieb *m*; **~-scale industry** Kleinindustrie *f*; ~ **share** Kleinaktie *f*; ~ **shareholder** Kleinaktionär *m*; ~ **trader** Kleinhändler *m*
**smart**, geschickt; geschäftstüchtig
**smartcard**, Plastikkarte wie eine Kreditkarte mit eingebautem Mikrochip, der Informationen über den Eigentümer speichert.
**smash**, Zusammenbruch *m*, Bankrott *m*; **~-and-grab raid** Schaufenstereinbruch *m*
**SME**, → small and medium-sized enterprise; ~ **managerial staff** KMU-Führungskräfte *fpl*
**sms**, → short message system
**smuggle**, *v* schmuggeln; **~d goods** Schmuggelware *f*
**smuggler**, Schmuggler *m*
**smuggling**, **drug** ~ Rauschgiftschmuggel *m*
**snag**, *colloq.* Schwierigkeit *f*
**snatch**, *v*, **to** ~ **purses** *Am* (or **handbags** *Br*) Handtaschen fortreißen
**sniffing**, *v* schnüffeln *v (Der Begriff ~ beschreibt den Einsatz von Überwachungsprogrammen, um Zugangsdaten für fremde Computer oder Netzwerke zu gewinnen.)*
**soar**, *v* emporschnellen, (sprunghaft) steigen (Ausgaben, Kurse, Preise etc.)
**social**, sozial; gesellschaftlich; ~ **accounting** volkswirtschaftliche Gesamtrechnung *f*; ~ **advancement** sozialer Fortschritt *m*; ~ **assistance** Sozialhilfe *f*; ~ **benefits** soziale Erträge, volkswirtschaftliche Erträge *mpl*; ~ **charges** Sozialabgaben *pl*; Soziallasten *pl*; ~ **conditions** soziale Verhältnisse *pl* (od. Gegebenheiten); ~ **contributions** *(EU)* Sozialbeiträge *mpl*; ~ **costs** soziale Kosten, volkswirtschaftliche Kosten; ~ **events** *(gesellschaftliche)* Veranstaltungen *fpl*; ~ **expenditure** Sozialausgaben *fpl (des Staates)*; ~ **facilities** soziale Einrichtungen *fpl*; **in the** ~ **field** im sozialen Bereich; **company** ~ **functions** betriebliche Veranstaltungen *fpl*; ~ **insurance** Sozialversicherung *f*; ~ **integration of handicapped persons** gesellschaftliche Eingliederung *f* der Behinderten; ~ **legislation** Sozialgesetzgebung *f*; ~ **overhead capital** Sozialkapital *n*; ~ **plan** Sozialplan *m*; ~ **progress** sozialer Fortschritt *m*;
**social protection**, *(EU)* Sozialschutz *m*; ~ **benefits** Sozialschutz, Leistungen *fpl*; ~ **expenditure** Sozialschutz, Ausgaben *fpl*; ~ **receipts** Sozialschutz, Einnahmen *fpl*
**social**, **reform** Sozialreform *f*; ~ **returns** → social benefits; ~ **sciences** Sozialwissenschaften *fpl*
**social security**, Sozialversicherung *f*; soziale Sicherheit *f*; ~ **benefit** Sozial(versicherungs)rente *f*; ~ **benefits** Sozial(versicherungs)leistungen *fpl*
**social security contribution**, Sozialversicherungsbeitrag *m*; **subject to** ~ sozialversicherungspflichtig
**social security**, ~ **funds** *(EU)* Sozialversicherungsträger *m*; ~ **payments** Sozialversicherungszahlungen *fpl*; ~ **pension** Sozial(versicherungs)rente *f*; ~ **taxes** *Am* Sozialversicherungsbeiträge *mpl*
**social services**, Sozialleistungen *pl (des Staates)*; *(staatl.)* soziale Einrichtungen *pl*; **state expenditure on** ~ Sozialausgaben *pl*, Sozialleistungen *pl* des Staates
**social**, ~ **welfare (allowance)** *Am* Sozialhilfe *f*; ~ **work** Sozialhilfe *f*; ~ **worker** Sozialarbeiter *m*
**socialism**, Sozialismus *m*
**socialization**, Sozialisierung *f*, Vergesellschaftung *f*
**socialize**, *v* sozialisieren; *(Industriebetriebe)* verstaatlichen

**socially insured**, sozialversichert
**society**, Gesellschaft *f*; *(nicht rechtsfähiger)* Verein *m*; Vereinigung *f*, Verband *m*, **benefit ~** Versicherungsverein *m* auf Gegenseitigkeit; Unterstützungsverein *m*; **building ~** *Br* Bausparkasse *f*; **friendly ~** → friendly; **(industrial and) provident ~** *Br* (Erwerbs- und Wirtschafts-)Genossenschaft *f*; **to enter a ~** e-r Gesellschaft als Mitglied beitreten
**Society for Worldwide Interbank Financial Telecommunications**, (SWIFT) *(von Banken aus rund 50 Ländern geschaffenes)* computergesteuertes Nachrichtenübermittlungssystem *n* zur Beschleunigung des internationalen Zahlungsverkehrs
**socio**, **~-economic** sozioökonomisch; **~-political** gesellschaftspolitisch
**SOFFEX**, → Swiss Options and Financial Futures Exchange AG
**soft currency**, weiche Währung *f*; **~ currency country** währungsschwaches Land *n*
**soft**, **~ drink** alkoholfreies Getränk *n*; **~ goods** kurzlebige Konsumgüter *npl*, Textilwaren *pl*; **~ loan** zinsgünstiger Kredit *m (an Entwicklungsländer)*; **~ market** Markt mit stärkerem Angebot als Nachfrage und daher sinkenden Preisen *(opp. firm market)*; nachgebender Markt *m*; **~ money** Banknoten *fpl*; **~ sell** *colloq.* → ~ selling; **~ selling** Verkaufstechnik *f* mit unaufdringlicher Werbung; **~ terms of payment** günstige Zahlungsbedingungen *fpl*; **(computer) ~ware** *(EDV)* Software *f*; Programmausrüstung *f*
**soften**, *v* sich abschwächen *(Kurse)*; **prices ~ed** die Kurse bröckelten ab
**software**, *(EDV)* Begriff für Programme *f* und Anwendungen *f*; **~ architecture** Architektur *f* bzw. Struktur *f* von Software
**soil**, (Erd-)Boden *m*; **~ conditions** Bodenverhältnisse *pl*; **~ improvement** Melioration *f*; **~ pollution** Bodenverunreinigung *f*; **~ structure** Bodenbeschaffenheit *f*; **~ utilization** Bodennutzung *f*; **~ working** Bodenbearbeitung *f*; **to exhaust the ~** Raubbau betreiben
**sojourn**, *v* sich vorübergehend aufhalten
**sola**, → sole bill
**solar**, **~ energy** Solarenergie *f*; **~ power station** Solarkraftwerk *n*
**sold**, verkauft; *colloq.* betrogen; **~ note** Schlussnote *f*, Schlussschein *m*; **to be ~** zu verkaufen; **to be ~ out** ausverkauft sein; nicht mehr auf Lager sein
**sole**, allein; ledig; **~ agency** Alleinvertretung *f*; **~ agent** Alleinvertreter *m*, Handelsvertreter mit Ausschließlichkeitsrecht für ein Gebiet; **~ and exclusive agency (rights)** Alleinvertretung(srecht) *f(n) (des Handelsvertreters)*; **~ arbitrator** Einzelschiedsrichter *m*; **~ bill** Solawechsel *m*, Eigenwechsel *m*; **~ contributor contract** Alleinvertriebsvertrag *m*; **~ heir** Alleinerbe *m*; **~ manufacturer** Alleinhersteller *m*; **~ owner** Alleineigentümer *m*, Alleininhaber *m*; **~ proprietor** Einzelunternehmer *m*, Inhaber *m* e-r Einzelfirma; **~ proprietorship** *Am* Einzelfirma *f*, Einzelunternehmen *n*; einzelkaufmännisches Unternehmen *n*; **~ representative** Alleinvertreter *m*; **~ right to sell** Alleinverkaufsrecht *n*, Alleinvertriebsrecht *n*; **~ trader** Einzelkaufmann *n*; Einzelunternehmer *m*; **to be ~ agent** die Alleinvertretung haben
**solicit**, *v* bitten, nachsuchen; sich bemühen um; **to ~ customers** Kunden werben; **to ~ offers** Angebote einholen, sich um Angebote bemühen; **to ~ subscripitons by advertising** Abonnenten durch Annoncieren werben; **to ~ tenders** *Am* ausschreiben
**solicitation**, Ersuchen *n*, Bitte(n) *f(n)*; **s~ of customers** Kundenwerbung *f*; **~ of membership** Mitgliederwerbung *f*; **~ of orders** Einholung *f* von Aufträgen
**solicitor**, *Br* Anwalt *m*; *Am* (Abonnenten- etc.) Werber *m*; *Am* Inhaber *m* e-s Inkassobüros; **adverse ~** Gegenanwalt *m*; **~'s bill** *Br* Rechnung *f* des Anwalts; **~'s office** *Br* Anwaltsbüro *m*; **to consult a ~** *Br* e-n Anwalt zuziehen
**solid**, fest, haltbar; **a ~ business firm** e-e finanziell gesunde Firma *f*; **~ fuels** feste Brennstoffe *mpl (coal, wood)*; **~ furniture** haltbare Möbel *pl*; **~ waste** feste Abfälle *mpl*
**solution of the conflict**, Lösung *f* des Konflikts
**solvency**, Solvenz *f*, Zahlungsfähigkeit *f*; **to satisfy o.s. as to the ~ of a customer** sich über die Zahlungsfähigkeit e-s Kunden vergewissern
**solvent**, solvent, zahlungsfähig
**sophisticated technology**, hochentwickelte Technik *f*
**sort**, Sorte *f*; Qualität *f*

**sort (out)**, *v* sortieren, ausscheiden **~ ing machine** Sortiermaschine *f*
**sought after**, *com* gesucht, gefragt
**sound**, Ton *m*; Geräusch *n*; **permissible ~ level** zuverlässiger Geräuschpegel *m*; **~ and television transmission** *Br* Rundfunk und Fernsehen; **~-proof** schalldicht; **~ records** Tonaufzeichnungen *fpl*; **~ recording device** Tonaufnahmegerät *n*; **~ reproducing instrument** Tonwiedergabegerät *n*
**sound**, *adj* gesund; fehlerfrei, unbeschädigt; stichhaltig; kreditfähig; **a (financially) ~ business** e-e finanziell gesunde Firma *f*; **~ accounting practices** ordnungsmäßige Buchführung *f*; **~ cargo** unversehrte Ladung *f*; **~ claim** begründeter Anspruch *m*; **~ delivered** gesund (od. unversehrt) ausgeliefert *(Ware)*; **of ~ mind** zurechnungsfähig; **being of ~ mind and memory** *Am* testierfähig; **~ standing** Bonität *f*; **~ value** voller Wert *m* *(in unbeschädigtem Zustand)*; Gesundwert m
**sound**, *v*, **to ~ the market** den Markt erkunden
**soundness**, Gesundheit *f*; Fehlerfreiheit *f* *(beim Kauf)*; Bonität *f*; **examination of (financial) ~** Bonitätsprüfung *f*; **to restore financial ~** sanieren
**source**, Quelle *f*; Herkunft *f*; **~s** Quellenverzeichnis *n*; **capital from outside ~s** Fremdkapital *n*; **collection at ~** Steuererhebung *f* an der Quelle; **foreign ~ income** Einkommen *n* aus ausländischen Quellen; **state of ~** *(DBA)* Quellenstaat *m*; **tax deducted at ~** Quellensteuer *f*
**source, ~s and application of funds statement** *Am* Kapitalflussrechnung *f*; **~ materials** *(AtomR)* Ausgangsstoffe *mpl*; **~ of credit** Kreditquelle *f*
**source of energy**, Energiequelle *f*; Energieträger *m*; **exploitation of new ~s** Nutzbarmachung *f* neuer Energiequellen
**source, ~ of error(s)** Fehlerquelle *f*; **~ of funds** Mittelherkunft *f*; **~ of revenue** Einnahmequelle *f*; **~ of supply** Bezugsquelle *f*; Versorgungsquelle *f*; **to deduct tax at ~** die Steuer im Abzugswege an der Quelle erheben; **to name the ~** die Quelle angeben; **to tap** (or **open up**) **new ~s of credit** neue Kreditquellen erschließen
**source code**, *(EDV)* Quelltext *m* eines Programms in Form einer Programmiersprache, bevor es mit einem → Compiler übersetzt wird
**sovereign**, *Br* Goldmünze zu 1 £
**sovereign territory**, Hoheitsgebiet *n*
**sovereignty**, Souveränität *f*, Hoheitsgewalt *f*; **monetary ~** Währungshoheit *f*; Münzhoheit *f*; **~ of the air** Lufthoheit *f*
**space**, 1. Raum *m*; Zwischenraum *m*; Schiffsraum *m*; Ausstellungsraum *m*; Anzeigenraum *m*; **cargo ~** Laderaum *m*; **housing ~** Wohnraum *m*; **open ~s** nicht bebautes Gelände *n*; **~ rate** Anzeigentarif *m (in Zeitungen)*; **~ rental** Platzmiete *f (bei Ausstellungen)*; **to book ~** Schiffsraum bestellen
**space**, 2. Weltraum *m*; **outer ~** Weltraum(gebiet) *m(n)*; **~ debris** (or **litter**) Weltraummüll *m*; **~ flight** (Welt-)Raumflug *m*; **~ object** Weltraumgegenstand *m*; **~ platform** *(bewohnbare)* Raumstation *f*; **~ research** (Welt-)Raumforschung *f*; **~ shuttle** Raumtransporter *m*; (Welt-) Raumfähre *f*; **~ travel** (Welt-)Raumfahrt *f*; **~ traveller** (Welt-)raumfahrer *m*; **S~ Treaty** Weltraumvertrag *m*; **~ tug** *Am* Raumtransporter *m*, Raumfähre *f*; **~ vehicle** Raumfahrzeug *n*
**spam**, ungewünschte → e-mail
**spamming**, das Verschicken von unerwünschten → e-mails
**spare money**, überschüssiges Geld *n*, Notgroschen *m*
**spare part**, Ersatzteil *n*; **stock of ~s** Ersatzteillager *n*; **to stock ~s** Ersatzteile auf Lager haben
**spare time**, Freizeit *f*; **~ work** (or **job**) Nebentätigkeit *f*
**spare**, **~** *Br* **tyre** (*Am* **tire**) Ersatzreifen *m*; **~ wheel** Reserverad *n*
**spate of orders**, Auftragsstrom *m*
**speech recognition**, Spracherkennung *f* *(Technologie, die es Computern ermöglicht, gesprochene Sprache zu erkennen und zu verarbeiten)*
**speak**, *v* sprechen; das Wort ergreifen; **granting (withdrawal) of the right of ~** Erteilung *f* (Entziehung *f*) des Wortes; **to ask (leave) to ~** sich zu Wort melden; **I call upon Mr. X to ~** ich erteile Herrn X das Wort
**speaking clock**, *tel* Gesprächsuhr *f*
**special**, besonders, Sonder-, Spezial-; **~ account** Sonderkonto *n*; **~ advance account** Kreditsonderkonto *n*; **~ agency** → agency; **~ agent** → agent; **~ agree-**

**ment** Sondervereinbarung *f*; ~ **area** Notstandsgebiet *n*; ~ **assessment** Sonderumlage *f*; ~ **bargain** Sonderangebot *n*; ~ **business** besonderer Tagesordnungspunkt *m*; ~ **carrier** Spediteur für den Transport bestimmter Gegenstände; ~ **crossing** *Br* besondere Scheckkreuzung *f (der Scheck kann nur bei der bezeichneten Bank eingelöst werden)*; ~ **damage** konkreter Schaden *m*; ~ **delivery** *(Post)* Eilzustellung *f*; ~ **deposits** *Br* (von den clearing banks bei der Bank of England zu haltende) Sondereinlagen *pl*; ~ **dividend** Sonderdividende *f*

**Special Drawing Rights**, Sonderziehungsrechte *pl*, „Papiergold" *(Kredit- und Rechnungseinheit des Internationalen Währungsfonds)*; **cancellation of ~** Einziehung *f* von Sonderziehungsrechten; **to allocate ~** Sonderziehungsrechte zuteilen

**special**, ~ **endorsement** Vollindossament *n*; ~ **events** Sonderveranstaltungen *fpl*; ~ **feature** Besonderheit *f*; ~ **finish** Sonderausführung *f*; ~ **handling parcel** *Am* Schnellpaket *n*; ~ **lien** Pfandrecht an e-r bestimmten Sache; ~ **make** Sonderanfertigung *f*; ~ **manager** *Br* Liquidator *m* e-r Gesellschaft; ~ **manufacture** Sonderanfertigung *f*; ~ **meeting (of shareholders)** außerordentliche Hauptversammlung *f*; ~ **offer** Sonderangebot *n*; ~ **partner** beschränkt haftender Gesellschafter *m*; Kommanditist *m*; ~ **partnership** Gelegenheitsgesellschaft *f*; ~ **power (of attorney)** Sondervollmacht *f*; ~ **rate** Sondertarif *m*; ~ **reserve** Sonderrücklage *f*; ~ **resolution** *(auf Hauptversammlung)* mit ¾ Mehrheit und mindestens 21 Tagen Ankündigungsfrist; ~ **session** außerordentliche Sitzung *f*; ~ **training** Sonderausbildung *f*, Fachausbildung *f*

**specialist**, Spezialist *m*, Fachmann *m*; *Am (Börse)* Makler für fremde und eigene Rechnung, der auf bestimmte Wertpapiere spezialisiert ist; **medical ~** Facharzt *m*; ~ **knowledge** (or **know-how**) Fachwissen *n*

**specialities**, *Br (Börse)* Spezialwerte *pl*

**speciality**, Besonderheit *f*; Spezialgebiet *n*

**specialization**, Spezialisierung *f*

**specialize**, *v* (sich) spezialisieren (in auf), einzeln aufführen

**specialized**, ~ **agencies** Sonderorganisationen *fpl (der Vereinten Nationen)*; ~ **fair** Fachmesse *f*; ~ **trade** Fachhandel *m*; ~ **training** Fachausbildung *f*

**specialty**, Spezialität *f*; Spezialartikel *m*; ~ **(contract)** gesiegelter Vertrag *m*; ~ **gifts** Werbegeschenke *npl*; ~ **goods** Spezialartikel *npl (die besondere Kaufanstrengungen erfordern, z. B. Stereoanlagen)*; ~ **shop** Spezialgeschäft *n*

**specie**, Hartgeld *n*, Münzgeld *n*; ~ **point** Goldpunkt *m*

**species**, Art *f (bes. Tiere, Pflanzen)*; **protection of ~** Artenschutz *m*

**specific**, bestimmt; kennzeichnend; ~ **amount** bestimmter Betrag *m*; ~ **bequest** bestimmte letztwillige Zuwendung *f*; ~ **capital** zweckgebundenes Kapital *n*; ~ **cost** Einzelkosten *pl*, direkte Kosten *pl*; ~ **deposit** zweckgebundene Einlage *f*; ~ **duty** spezifischer Zoll *m* (Stück-, Maß- und Gewichtszoll); ~ **legacy** Vermächtnis *n*; ~ **lien** Pfandrecht *n* an e-r bestimmten Sache; ~ **offer** bestimmtes Angebot *n*; ~ **performance** (of a contract) → performance 1.; ~ **reserve** Sonderrücklage *f*; ~ **tariff** → ~ duty

**specification**, genaue Beschreibung *f*, nähere Angabe *f* (od. Bezeichnung *f*); Patentschrift *f*; *Br* Ausfuhrerklärung *f*; **building ~s** Baubeschreibung; **goods not up to ~** nicht den Angaben entsprechende Waren; **job ~** Arbeitsbeschreibung *f*; **manufacture to customer's ~** Einzelanfertigung *f*; ~ **of debts** Schuldenaufstellung *f*; ~ **of expenses** Kostenaufstellung *f*; ~ **of the goods** Beschreibung der Ware, Warenangabe *f*

**specified**, **purchase of ~ goods** Stückkauf *m*, Spezieskauf *m*; **within the period ~** innerhalb der gesetzten Frist; ~ **account** spezifizierte Rechnung *f*; ~ **date** bestimmter Zeitpunkt *m*; **in ~ instal(l)ments** in festgesetzten Raten

**specify**, *v* spezifizieren, einzeln aufführen, näher angeben

**specifying the amount**, unter Angabe des Betrages

**specimen**, Muster *n*, Probe(stück) *f(n)*; ~ **copy** Probeexemplar *n*; Ansichtsexemplar *n*; ~ **signature** Unterschriftsprobe *f*

**speculate**, *v* spekulieren; **to ~ for a fall** auf Baisse spekulieren; fixen; **to ~ in land** Grundstücksspekulation betreiben

**speculation**, Spekulation *f*; **bad** (or **wrong**) ~ Fehlspekulation *f*; ~ **for a fall**

Baissespekulation; **~ for a rise** Hausse-spekulation; **~ in futures** Terminspekulation; **~ in land** (or **real estate**) Grundstücksspekulation, Bodenspekulation; **~ in shares** Aktienspekulation; **the wave of ~ has declined** die Spekulationswelle ist abgeebbt

**speculative**, spekulativ, Spekulations-; **~ buying** Spekulationskäufe *mpl*; *(Börse)* Meinungskäufe *mpl*

**speculative funds**, Spekulationsgelder *npl*; **~ that have poured into a country from abroad** spekulativ in ein Land eingeströmte Auslandsgelder

**speculative**, **~ gain** Spekulationsgewinn *n*, Spekulationswert *m*; **~ investment** spekulative Anlage *f*; **~ purchases** → speculative buying; **~ securities** Spekulationspapiere *pl*; **~ selling** Spekulationsverkäufe *mpl*; *(Börse)* Meinungsverkäufe *mpl*; **~ transactions** Spekulationsgeschäfte *npl*

**speculatives**, Spekulationspapiere *npl*

**speculator**, Spekulant *m*; **land** (or **property**) **~** Grundstücksspekulant *m*

**speech**, Rede *f*, Ansprache *f*; **counsel's ~** *Br* Anwaltsplädoyer *n*; **opening ~** Eröffnungsansprache *f*; **to deliver** (or **make**) **a ~** e-e Rede halten

**speed**, Geschwindigkeit *f*; **high** (or **increased**) **~** erhöhte Geschwindigkeit; **~ limit** Geschwindigkeitsbegrenzung *f*; **~ometer** *(Kfz)* Geschwindigkeitsmesser *m*; Tachometer *m*; **~-up of production** Produktionsbeschleunigung *f*; **to drive at a ~ of ...** mit e-r Geschwindigkeit von ... fahren; **monetary expansion gathered ~** die monetäre Expansion hat sich beschleunigt; **to increase (to reduce) ~** die Geschwindigkeit erhöhen (vermindern)

**speed up**, *v*, **to ~ work** die Arbeit beschleunigen

**speeding**, **fined £ 20 for speeding** mit e-r Geldstrafe von 20 £ wegen zu schnellen Fahrens bestraft

**speeding up delivery**, Beschleunigung *f* der Lieferung

**spending**, Ausgabe(n) *f(pl)*; **consumer ~** Verbraucherausgaben; **government ~** Staatsausgaben; **~ capacity** Kaufkraft *f*; **~ cut** Ausgabenkürzung *f*; **~ money** Taschengeld *n*; **~-power** Kaufkraft *f*; **~ spree** *colloq.* Einkaufsbummel *m*

**spendthrift**, Verschwender *m*; **~ trust** Trust bei Verschwendungssucht *f* des Begünstigten

**sphere**, **~ of activity** Tätigkeitsbereich *m*, Wirkungskreis *m*; **~ of duties** Aufgabenbereich *m*

**spinoff**, Übertragung *f* der Aktien e-r Gesellschaft auf die neu gegründete Tochtergesellschaft und Verteilung deren Anteile an die Aktionäre der Muttergesellschaft; Nebenprodukt *n*; Nebenergebnis *n*

**split**, (Auf-)Teilung *f*, Spaltung *f*; (Aktien-, Investmentanteil-)Split *m*; **reverse ~** *Am* Zusammenlegung *f* von Aktien; **stock ~** *Am* (Aktien-)Split; **~ consignment** Warensendung, die am Bestimmungsort an verschiedene Empfänger verteilt wird; **~ issues** Aufteilung einer oder mehrerer Wertpapieremissionen innerhalb des Emissionskonsortiums; **~-off** *Am* Umtausch *m* von Aktien e-r Muttergesellschaft in Aktien e-r Tochtergesellschaft; **~ order** *(Börse)* Auftrag *an* e-n Broker, Wertpapiere zu verschiedenen Kursen zu kaufen oder zu verkaufen; **~ price** unterschiedlicher Preis *m (auf verschiedenen Märkten)*; **~ quotation** Kursnotierung *f* in Bruchteilen; **~ rate of exchange** gespaltener Wechselkurs *m*; **~ reexportation** Teilwiederausfuhr *f*; **~ shares** Split-Aktien *fpl*; **~ (-)up** Aufspaltung *f*, Auflösung *f*; *Am* Aktiensplit *m*; *Am* Umtausch von Aktien der Muttergesellschaft in Aktien von Tochtergesellschaften *(mit anschließender Auflösung der Muttergesellschaft)*

**split**, *v* (auf)teilen, spalten, splitten; **to ~ the difference** den Differenzbetrag teilen *(z. B. zwischen dem geforderten und angebotenen Preis)*; **to ~ shares (stocks)** Aktien splitten; **to ~ up** *(in kleinere Beträge)* zerlegen, aufspalten

**splitting**, (Auf-)Teilung *f*, Spaltung *f*; Splitting *n (für Einkommenbesteuerung von Eheleuten)*; Teilung e-s Anteilspapiers *(Aktie, Investmentpapier)*, wenn der Kurs erheblich gestiegen ist; *(Transportrisiko)* Absplittern *n*; **~ of the market** Marktspaltung *f*

**spoilage of foodstuffs**, Verderb *m* von Lebensmitteln

**spoiled goods**, **spoilt goods**, verdorbene Waren

**sponsor**, Förderer *m*, Geldgeber *m*, Schirmherr *m*; Firma od. Privatperson, die gegen Finanzierung e-r Radio- od. Fernsehsendung Werbung betreiben darf; Gründerfirma *f* e-s Investmentfonds; Konsortialführer *m*

**sponsor**, *v* fördern, eintreten für; Rundfunk- od. Fernsehprogramm finanzieren und dafür Werbung betreiben; **to ~ a loan** die Garantie für e-n Kredit übernehmen

**sponsored**, gefördert; unter der Schirmherrschaft stehend; **~ program(me)** von e-m Sponsor finanziertes (Fernseh-, Rundfunk-)Programm

**sponsorship**, Unterstützung *f*, Förderung *f*

**sporting**, **~ news** Sportnachrichten *fpl*; **~ rights** Jagdrecht *n*

**spot**, 1. Ort *m*, Platz *m*; *(Radio, Fernsehen)* Werbesendung *f*; **~ announcement** Werbedurchsage *f* an Ort und Stelle; **~ check** Prüfung *f* an Ort und Stelle; *(unerwartete)* Kassenprüfung *f*; Stichprobe *f*; **~ (film)** Werbekurzfilm

**spot**, 2. *(Börse)* sofort lieferbar; sofort zahlbar; **~s** Lokowaren *pl*; **~ business in foreign exchange** Devisenkassageschäft *n*; **~ cash** sofortige Bezahlung; **~ commodities** Lokowaren *pl*; **~ dealings** → ~ transactions

**spot delivery**, sofortige Lieferung *f (gegen Kasse)*; **to sell for ~** loko verkaufen

**spot exchange**, Kassadevisen *pl*; **~ dealing** Devisenkassahandel *m*; **~ market** Devisenkassamarkt *m*; **~ rate** Devisenkassakurs *m*; **~ transactions** Devisenkassageschäft *npl*

**spot goods**, Lokowaren *pl*

**spot market**, Kassamarkt *m*; Lokomarkt *m*; **securities quoted on the ~** Kassawerte *pl*

**spot**, **~ payment** sofortige Zahlung *f*; **~ price** *(Effekten)* Kassakurs *m*; *(Waren)* Spotkurs *m*, Lokopreis *m (sofortige Lieferung)*; **~ purchase** Lokokauf *m*; **~ rate** *(Devisenmarkt)* Kassakurs *m*; **~ sale** Verkauf am Kassamarkt *(gegen sofortige Bezahlung)*; **~ selling rate of the dollar** Abgabekurs *m* für Kassa-Dollar; **on ~ terms** per Kassa; **~ transactions** *(Devisen und Wertpapiere)* Kassageschäfte *npl*; *(Warenbörse)* Lokogeschäfte *npl*, Spotgeschäfte *npl*; Effektivgeschäfte *npl*; **to buy (sell) ~** per Kasse kaufen (verkaufen)

**spread**, (Kurs-, Zins-)Spanne *f*; Bandbreite *f*; Differenz *f* zwischen zwei Zahlen od. Prozenten; Differenz *f* zwischen Geldkurs und Briefkurs; Stellage(geschäft) *f(n)* (→ straddle); Provision *f* im Konsortialgeschäft; Aufschlag *m* auf e-n bestimmten Kreditzinssatz; gleichzeitiger Kauf *m* und Verkauf *m* e-s Optionskontraktes; **~ between the intervention points** (or **~ of exchange rates**) Bandbreite *f (des Wechselkurses)*; Schwankungsbreite *f*; **~ of interest rates** Zinsspanne *f*; **~ of risk** Risikostreuung *f*

**spread**, *v* verbreiten, streuen; sich ausbreiten; **to ~ investments** Anlagen verteilen

**spreading risks**, Risikostreuung *f*

**spring fair**, Frühjahrsmesse *f*

**SPRINT**, → strategic programme for innovation and technology transfer

**spurt**, **price(s) ~** plötzliches Steigen *n* der Preise; plötzliches Anziehen der Kurse; **upward ~s** Kurssprünge *mpl*

**spurt**, *v (Börse)* plötzlich steigen

**spying**, **industrial ~** Industriespionage *f*

**squad**, **fraud ~** *Br* Sondereinheit *(der Polizei)* gegen Wirtschaftsverbrechen; **~-car** Funkstreifen(wagen) *f(m)*

**squander**, *v* verschwenden, *(Zeit)* vergeuden

**square**, *v (Börse)* glattstellen; **to ~ accounts** Konten ausgleichen

**square**, **~ deal** *(für beide Parteien)* faire Abmachung *f*; **~ treatment** anständige Behandlung *f (e-s Angestellten)*

**squat**, *v* sich widerrechtlich niederlassen

**squatter**, Ansiedler *m* ohne Rechtstitel; Hausbesetzer *m*

**squeeze**, Druck *m*, Einengung *f*; *(von der Regierung auferlegte)* Restriktionen *fpl*; *colloq. (vorübergehende)* Geldknappheit *f*; Klemme *f*; **bear ~** *(Börse)* Zwang *m* zu Deckungskäufen; **credit ~** Kreditrestriktion *f (seitens der Regierung)*; Kreditklemme *f*; **liquidity ~** Liquiditätsklemme *f*; **pay ~** *(den Arbeitgebern auferlegte)* Beschränkung *f* der Lohnerhöhungen; **~ on profit** Druck *m* auf den Gewinn

**squeeze**, *v*, **to be ~d out of the market** vom Markt verdrängt werden

**Stabex**, *(EU)* → stabilization of export earnings

**stability**, Stabilität *f*, Beständigkeit *f*, Dauerhaftigkeit *f*; **currency ~** Währungsstabilität *f*; **exchange rates ~** Wechselkursstabilität; **~ of prices** Preisstabilität *f*; Kursstabilität *f*; **~ of value** Wertbeständigkeit *f*; **~ of the value of money** Geldwertbeständigkeit *f*

**stabilization**, Stabilisierung *f*; **price ~** Preisstabilisierung *f*; Kursstabilisierung *f*; **system of ~ of export earnings** *(of certain commodities exported to the European Union)*; (Stabex) System zur Stabilisierung der Exporterlöse *(bestimmter Rohstoffe in die Europäische Union)*; **~ of the market** Marktstabilisierung *f*, Marktberuhigung *f*; **~ policy** Stabilisierungspolitik *f*

**stabilize**, *v* stabilisieren, festigen

**stable**, fest, gleichbleibend, stabil; **~ income** festes Einkommen *n*; **~ price** stabiler (od. fester) Preis *m*; **of ~ value** wertbeständig; **~ value clause** Wertsicherungsklausel *f*

**stacking**, Stapelung *f*

**staff**, 1. Personal *n*, Angestellte *pl*, Belegschaft *f*; **change in the ~** Personalwechsel *m*; **clerical ~** Büropersonal *n*; Schreibkräfte *pl*; **Union and its ~** *(EU)* Union und ihre Bediensteten; **cutting back on ~** Personalabbau *m*; **managerial ~** Geschäftsleitung *f*, Betriebsleitung *f*; **number** (or **strength**) **of the ~** Personalbestand *m*; **reducing ~** Personalabbau *m*; **salaried staff** Angestellte *pl*; **technical ~** Fachpersonal *n*; **~ amenities** Gemeinschaftseinrichtungen *fpl (e-s Betriebes)*; **~ bonus** Extrazahlung *f*, Gratifikation *f*; **~ costs** Personalkosten *pl*; **~ cut** Personaleinschränkung *f*; **~ department** Personalabteilung *f*; **~ discount** Angestelltenrabatt *m*; **~ expenditure** Personalaufwand *m*; **~ manager** Personalchef *m*; **~ member** Mitarbeiter *m*; **~ of a firm** Betriebsangehörige *pl*; **~ officer** Leiter *m* der Personalabteilung; **~ outing** Betriebsausflug *m*; **~ pension scheme** Angestellten-Pensionskasse *f*; **~ rating** Personalbeurteilung *f*; **~ recruitment** Personaleinstellung *f*; **~ reduction** Personalabbau *m*, Verringerung *f* des Personalbestandes; **~ regulations** Dienstordnung *f*; Personalstatut *n (z. B. der UN)*; **S~ Regulations** *(EU)* Beamtenstatut *n*; **~ representation** Personalvertretung *f*; **~ representative** Vertreter *m* des Personals; **~ requisition** Personalanforderung *f*; **~ shares** Belegschaftsaktien *pl*; **~ shortage** Personalmangel *m*; **~ turnover** Personalwechsel *m*; **to employ** (or **engage**) **~** Personal einstellen; **to dismiss ~** Personal entlassen

**staff**, 2. Stab *m*, Stabskräfte *pl* (*beratende Mitarbeiter, meist ohne Weisungsbefugnis*; *opp. line*); **~ division** Stabsabteilung *f*; **~ duties** Stabsaufgaben *fpl*; **~ organization** Stabsorganisation *f*, **~ personnel** Stabspersonal *n*; **~ position** Stabsstelle *f*; **~ responsibilities** → ~ duties; **~ responsibility** Verantwortungsbereich *m* e-r Stabskraft; **~ work** Stabsarbeit *f*

**staff**, *v* mit Personal versehen; **an under ~ed office** e-e Dienststelle mit zu wenig Personal

**staffer**, *Am* Mitarbeiter *m*

**staffing**, Personalplanung *f*; **~ level** Personalbestand *m*; **~ schedule** *Am* Stellenbesetzungsplan *m*

**stag**, *Br* Konzertzeichner *m* (Spekulant, der bei Neuemissionen Aktien zum besten Preis zeichnet mit der Absicht, sie schnell mit Gewinn zu verkaufen)

**stag**, *v*, **to ~ in new issues** in Neuemissionen spekulieren, Neuemissionen zeichnen *(in der Absicht, sie so bald wie möglich mit Gewinn zu verkaufen)*

**stage**, 1. Stadium *n*, Stufe *f*, Abschnitt *m*; Teilstrecke *f*; **~ by ~** stufenweise; **fare ~** Teilstrecke *f*, Tarifgrenze *f*; **in the initial ~** im Anfangsstadium; **~ of production** Produktionsstufe *f*; **~ reached in the proceedings** Stand *m* des Verfahrens; **to proceed by ~s** schrittweise vorgehen

**stage**, 2. Bühne *f*; Theater *n*; **~ right** Aufführungsrecht *n*

**stagflation**, Stagflation *f (Stagnation und Inflation)*

**stagger**, *v* staffeln; **~ed prices** gestaffelte Preise, Stufenpreise *mpl*

**stagging**, *Br* Konzertzeichnung *f* ( → stag)

**stagnancy**, → stagnation

**stagnant**, stagnierend, stockend, still, flau; **~ market** lustlose Börse *f*

**stagnate**, *v* stagnieren, stocken, darniederliegen *(Handel etc.)*

**stagnation**, Stagnation *f*, Stillstand *m (der wirtschaftl. Entwicklung etc.)*; Flaute *f*; **~ in demand** Stagnieren *n* der Nachfrage; **~ of business** Geschäftsstockung *f*; **~ of the market** Marktflaute *f*; **~ of sales** Absatzstockung *f*

**stake**, (Kapital-)Beteiligung *f*; (Kapital-) Einlage *f (in e-e Gesellschaft)*; Wetteinsatz *m*; **to acquire a 50 % ~ in the firm** e-e

Beteiligung von 50 % an der Firma erwerben

**stakeholder**, treuhänderischer Verwahrer *m* (von e-r Geldsumme für eine od. mehrere Personen)

**stake out**, *v* abstecken

**stale**, veraltet; nicht mehr frisch *(Lebensmittel)*; ~ **bill** verfallener Wechsel *m*; ~ **cheque (check)** abgelaufener Scheck *m*; ~ **claim** verjährter Anspruch *m*; ~ **market** lustlose Börse

**stalemate situation**, Stillstand *m*; Pattsituation *f*

**stall**, Verkaufsstand *m*, Marktstand *m*; *Br* Zeitungskiosk *m*; Box *f (in e-m Stall)*; ~ **money** Standgeld *n*; **to transport animals in ~s** Tiere in Boxen transportieren

**stallage**, Standgeld *n*; Marktgeld *n*

**stamp**, (Brief-)Marke *f*; Stempel *m*; Stempelmarke *f*; **date** ~ Tagesstempel *m*, Eingangsstempel *m*; **deed** ~ Urkundensteuerstempel *m*; **fee** ~ Gebührenmarke *f*; **firm** ~ Firmenstempel *n*; **impressed** ~ eingedruckter Stempel, Prägestempel *m*; **postage** ~ Briefmarke *f*, Postwertzeichen *n*; **receipt**~ Quittungsstempel (-marke) *m(f)*; **revenue** ~ Steuermarke *f*, Banderole *f*; **rubber** ~ → rubber; **signature** ~ Unterschriftsstempel; **trading** ~ Rabattmarke *f*; ~ **collection** Briefmarkensammlung *f*; ~ **date** Datumsangabe *f (bei Lebensmitteln)*

**stamp duty**, Stempelsteuer *f*; *Br* Börsenumsatzsteuer *f*; **exempt from** ~ stempelsteuerfrei; **liable to** ~ stempelsteuerpflichtig; ~ **on bills of exchange** Wechselsteuer *f*; ~ **on securities** Effektensteuer *f*, Wertpapiersteuer *f*

**stamp**, ~ **note** *Br* Zollfreigabeschein *m (zur Verladung von Waren auf ein Schiff)*; ~ **slot machine** Briefmarkenautomat *m*; ~ **tax** *Am* Stempelsteuer *f*

**stamp**, *v* stempeln; *(Post)* frankieren, freimachen; **~ed signature** gestempelte Unterschrift *f*; Namensstempel *m*; **to get a deed ~ed** für e-e Urkunde die Stempelsteuer bezahlen

**stamping of share certificates**, Abstemplung *f* von Aktien

**stand**, (Verkaufs-, Messe-)Stand *m*; Zeitungsstand *m*; (Verkaufs-)Regal *n*; Zeugenstand *m*; Haltung *f*, Stellungnahme *f*; **fair** ~ Messestand *m*; **market** ~ Marktstand *m*; **taxi** ~ Taxistand *m*; **to adopt a common** ~ e-e gemeinsame Haltung einnehmen

**stand**, *v*, **to ~ bail for a p.** → bail; **to ~ by the terms of a contract** sich an die Vertragsbestimmungen halten; **to ~ one's ground against the competition** sich gegen die Konkurrenz behaupten; **to ~ the loss** den Schaden tragen; **to ~ on one's right** auf seinem Recht bestehen; **to ~ surety for a p.** Bürgschaft (od. Sicherheit) leisten für jdn; **our offer ~s until ...** unser Angebot ist gültig bis

**standard**, Standard *m*, Maßstab *m*; Richtlinie *f*; Norm *f*, Regel *n*; (Leistungs-Qualität-)Niveau *n*, (internationaler) Maßstab *m* für die Qualität e-r Ware; Qualitätsmuster *n*; Typenmuster *n*; Währung *f*; Standard *m* (gesetzlicher Feingehalt der Münzen); Holzmaß *n* (1 St. = 4,67 m$^3$); *(in der Betriebsorganisation)* Vorgabe *f*; Normal-, Durchschnitts-, Muster-, Einheits-; maßgebend; **above** ~ überdurchschnittlich; **American ~s Association** Amerikanischer Normenverband *m*; **below** ~ unter dem Durchschnitt; **British S~s Institution** Britischer Normenverband *m*; **by European ~s** nach europäischen Richtlinien; **cotton** ~ Standard-Baumwollqualität *f*; **credit ~s** Kreditrichtlinien *fpl*; **established ~s** anerkannte Normen *pl*; **EU ~s** EU-Normen *fpl*; **generally accepted auditing ~s** Grundsätze *mpl* ordnungsgemäßer Durchführung von Abschlussprüfungen; **gold** ~ Goldwährung *f* ( → gold); **international ~s** internationale Richtlinien *pl*; **metallic** ~ Metallwährung *f*; **performance** ~ Leistungsniveau *n*, **product ~s** Warennormen *pl*; **professional ~s** berufsethische Grundsätze *mpl*; **up to** ~ den Anforderungen entsprechend; ~ **accounting practices** Grundsätze ordnungsmäßiger Buchführung; ~ **agreement** → standard contract; **S~ & Poor's 500 Stock Index** *Am (auf 500 Industrie-, Versorgungs- und Eisenbahnwerten beruhender)* Aktienindex *m*; ~ **bank terms** bankübliche Bedingungen *fpl*; ~ **business conditions** allgemeine Geschäftsbedingungen *fpl*; ~ **clause** Standardklausel *f*; ~ **coin** Münze *f* mit gesetzlich vorgeschriebenem Feingehalt; ~ **conditions** allgemeine Bedingungen *fpl*; ~ **contract** Standardvertrag *m*, Einheitsvertrag *m*, Mustervertrag *m*; ~ **cost** Standardkosten *pl*; Vorgabekosten *pl*; ~ **cost accounting** Standardkostenrechnung *f*; ~ **costing** Standardkalkulation *f*; Plankostenrechnung *f*; ~ **costing rate** Standardkostensatz *m*; ~ death rate (SDR) *(EU)* standardisierte Sterbeziffer *f*; ~ **design** Einheitsmodell *n*; ~ **deviation** *(Statistik)* Standardabweichung *f*; ~ **earnings** Tarifverdienst *m*; ~ **fire policy** Einheitsfeuerversicherungspolice *f*

**standard form**, Einheitsformular *n*; ~ **contract** Standardvertrag *m*; ~ **contract conditions** allgemeine Geschäftsbedingungen; ~ **of accounts** Kontenrahmen *m*

**standard**, ~ **gold** Münzgold *n*; ~ **grade** Einheitssorte *f*; ~ **hourly wage** Tarifstundenlohn *m*; **S~ ICC Arbitration Clause** → ICC; ~**s in industry** Tarifnormen *pl*; ~ **interest** üblicher Zinssatz *m*; **S~ International Trade Classification** Internationales Warenverzeichnis *f* für den Außenhandel; ~ **make** Normalausführung *f*; ~ **mark** Feingehaltsstempel *m*; ~ **of living** Lebensstandard *m*

**standards of quality**, Qualitätsnormen *fpl*; **to correspond to the** ~ den Qualitätsnormen entsprechen; **to establish** ~ Qualitätsnormen festlegen

**standard**, ~**s of safety** Sicherheitsnormen *fpl*; ~ **of value** Wertmesser *m*, Wertmaßstab *m*; ~ **overheads** Standardgemeinkosten *fpl*; ~ **policy** Einheitspolice *f*; ~ **price** Standardpreis *m*, fester Verrechnungspreis *m*; ~ **quality** Standardqualität *f*, handelsübliche Qualität *f*

**standard rate**, Einheitssatz *m*, Normalsatz *m*; Tariflohn *m*; **payments in excess of** ~ übertarifliche Zahlungen *fpl*

**standard**, ~**s setting** Normenfestlegung *f*; ~ **size** Standardgröße *f*; ~ **stocks** Standardwerte *mpl*; ~ **tariff** Einheitstarif *m*; ~ **terms** einheitliche Bedingungen *fpl*; ~ **testing** Normenkontrolle *f*; ~ **thank-you note** Bedanken *n* mit Standardbrief; ~ **time** Vorgabezeit *f (für Arbeit)*; ~ **value** Standardwert *m*, Einheitswert *m*

**standardization**, Standardisierung *f*, Vereinheitlichung *f*, Normung *f*; **commercial** ~ Warennormung *f*; **International S~ Organization** (ISO) Internationaler Normenausschuss *m*; ~ **bodies** Normungsorganisationen *fpl*; ~ **of products** Normung der Erzeugnisse

**standardize**, *v* standardisieren, vereinheitlichen, normen; *(industrielle Artikel)* typisieren

**standardized**, genormt; ~ **tenancy contract** Einheitsmietvertrag *m*

**standby**, Beistand *m*, Bereitschaft *f*; ~ **arrangement** Beistandsabkommen *n*, Vereinbarung *f* über e-n Beistandskredit *(an Mitgliedsstaaten des IWF bei Zahlungsbilanzschwierigkeiten e-s Mitgliedlandes)*; ~ **credit** Beistandskredit *m*; ~ **fee** Bereitstellungsgebühr *f*; ~ **service** Bereitschaftsdienst *m*; ~ **tariff** *(Flugzeug)* Warteliste *f*

**standing**, Stellung *f*, Ansehen *n*, Ruf *m*; Bonität *f*; Dauer *f*; **business** ~ geschäftliches Ansehen *n*; **credit** ~ Kreditwürdigkeit *f*; **financial** ~ finanzielle Lage *f*; **general** ~ allgemeine Lage *f (e-s Unternehmens)*; **of long** ~ langjährig; **firm of long** ~ seit langem bestehende Firma *f*; **sound** ~ Bonität *f*; **to be of good** ~ angesehen sein; **to be of 10 years'** ~ seit 10 Jahren bestehen; **to enjoy high** ~ hohes Ansehen genießen

**standing and parking prohibited**, Halten und Parken verboten

**standing**, *adj* stehend; (be)ständig; fest; ~ **body** ständiges Organ *n* (od. Gremium *n*); ~ **credit** laufender Kredit *m*; ~ **crop** Ernte auf dem Halm; ~ **customer** Dauerkunde *m*; ~ **invitation to tender** Dauerausschreibung *f*; ~ **order** Dauerauftrag *m*; laufender Auftrag *m*; ~ **rule** feststehende Regel *f*; **the vehicle is** ~ das Fahrzeug hält

**standstill**, Stillstand *m*; **payment** ~ Zahlungsmoratorium *n*; ~ **agreement** Stillhalteabkommen *n*, Moratorium *n*; ~ **credit** Stillhaltekredit *m*; ~ **in sales** Absatzstockung *f*

**stannary**, *Br* Zinngrube *f*, Zinnbergwerk *n*

**staple**, Haupt-, Stapel-; ~ **commodities** (or **products**) Haupthandelsartikel *mpl (e-s Landes)*; Stapelwaren *pl*

**stapling machine**, Heftmaschine *f*

**star**, Produkt, das eine hohe Wachstumsrate und einen großen Marktanteil hat, wird später zu einer cash cow ( → Boston Matrix)

**start**, *v* starten, in Angriff nehmen; gründen; **to ~ a business** ein Geschäft eröffnen (od. aufmachen); **to ~ from the fact** von der Tatsache ausgehen; **to ~ negotiations** Verhandlungen aufnehmen; **to ~ on**

**a job** mit e-r Arbeit anfangen; **to ~ working** mit der Arbeit anfangen

**starting**, **~ aid** Starthilfe *f*; **~ capital** Anfangskapital *n*; **~ costs** Anlaufkosten *pl*; **~ date** Einstellungstermin *m*; **~ difficulties** Anlaufschwierigkeiten *fpl*; **~ period** Anlaufzeit *m*; **~ price** Eröffnungspreis *m (bei Auktionen)*; Anfangskurs *m*; **~ salary** Anfangsgehalt *n*

**start-up**, Ingangsetzung *f*; **business ~** Gründung *f* von Unternehmen, Firmengründung *f*; **~ expenses** Anlaufkosten *pl*; **~ period** Anlaufzeit *f*

**starve**, *v* Hunger leiden; verhungern; verhungern lassen

**starving countries**, Länder, in denen Hunger herrscht

**stash**, *v*, **to ~ money** Geld heimlich ansammeln

**state**, 1. Zustand *m*, Lage *f*; **~ of an account** Kontostand *m*; **~ of affairs** Vermögens- und Finanzlage *f (e-s Unternehmens)*; Stand der Dinge, Sachlage *f*, **~ of the art** *(PatR)* Stand *m* der Technik; **~ of business** Geschäftslage *f*; **the present ~ of the economy** die gegenwärtige Konjunktur *f*; **~ of the market** Marktlage *f*; **~ of mind** Geisteszustand; **~ of repair** baulicher Zustand *m*; **~ of the results of a company** Ertragslage *f* e-r Gesellschaft; **~ of the road** Zustand *m* der Straße

**state**, 2. Staat *m*; *Am bes.* Einzelstaat *(der USA)*; **~ aid** staatliche Unterstützung *f* (od. Beihilfe *f*); **~-aided** (or **backed**) staatlich unterstützt; **~ bank** *m (Deutschland)* Landesbank *f*; **~ bond** *Am* Anleihe *f* e-s Einzelstaates; **~-chartered bank** *Am* einzelstaatlich zugelassene Bank *f*; **~-controlled** unter staatlicher Aufsicht *f*; **~ enterprise** staatliches Unternehmen *n*; **~ grant** staatlicher Zuschuss *m*; **~ health (services)** staatl. Gesundheitsfürsorge *f*; **~ holding** Staatsbeteiligung *f*; **~ indebtedness** Staatsverschuldung *f*; **~ intervention in industry** staatlicher Eingriff *m* in das Wirtschaftsleben

**stateless**, staatenlos; **~ person** Staatenloser *m*

**state**, **~ of residence** Wohnsitzstaat *m*; **~ of source** *(DBA)* Quellenstaat; **~-owned** staatseigen, in Staatseigentum (befindlich); **~-owned enterprise** staatliches Unternehmen *n*, Staatsunternehmen *n*; **~-run** vom Staat unterhalten; **~ securities** *Am* Wertpapiere der Einzelstaaten; **~ spending** Staatsausgaben *fpl*; **~ subsidy** staatliche Beihilfe *f*; **~-supported** staatl. unterstützt; **~ trading countries** Staatshandelsländer *npl*

**state**, *v* angeben, darlegen, erklären; festsetzen; *(im Jahresabschluss)* ausweisen; **to ~ an account** e-e Rechnung spezifizieren; **to ~ the average** die Dispache aufmachen; **to ~ one's expenses** über seine Spesen abrechnen; **to ~ facts** Tatsachen angeben (od. vorbringen); **to ~ full particulars** genaue Einzelheiten angeben; **to ~ in detail** eingehend berichten

**stated, at the ~ time** zur festgesetzten Zeit; **by ~ instal(l)ments** in festgesetzten Raten; **~ accounts** anerkannter Rechnungsabschluss *m*; **~ capital** *Am (in der Bilanz)* ausgewiesenes Grundkapital; **~ date** angegebenes Datum *n*; **~ meeting** satzungsgemäße Sitzung *f* (des board of directors); **~ sum of money** bestimmter Geldbetrag

**statement**, Erklärung *f*, Darlegung *f*, Angabe *f*; Bericht *m*; Aufstellung *f*; Kontoauszug *m*; **annual ~** Jahresaufstellung *f*; Jahresabschluss *m*; Jahresbericht *m*; **as per ~ enclosed** laut anliegender Aufstellung; **false ~** falsche Angabe; falsche Aufstellung; **financial ~** → financial; **income ~** *Am* Gewinn- und Verlustrechnung *f*; **interest ~** Zinsaufstellung *f*; **monthly ~** monatliche Aufstellung *f*, Monatsausweis *m (e-r Bank)*; **operating ~** *Am* Betriegsergebnisrechnung *f*; **sworn ~** eidliche Erklärung *f*; **~ analysis** Bilanzanalyse *f*; **~ by witness** Zeugenaussage *f*; **~ of account** Rechnungsauszug *m*; *(Bank)* Kontoauszug *m*; Rechenschaftsbericht *m*; **~ of affairs** Finanzstatus *m*; Vermögensaufstellung des Konkursschuldners; **~ of affairs of a company** *Br* Vermögensaufstellung *f* e-r Gesellschaft im Abwicklungsverfahren; **~ of assets and liabilities** Aufstellung der Aktiva und Passiva; **~ of average** Havarie *f*, Dispache *f*; **~ of changes in financial position** *Am* Finanzflussrechnung *f*; **~ of claim** Klageschrift *f*; **~ of condition** Finanzstatus *m*; *Am* Bilanz *f*; **~ of damage** Schadensaufstellung *f*; **~ of deposited securities** Depotaufstellung *f*; Depotauszug *m*; **~ of earned surplus**

*Am* Gewinnverwendungaufstellung *f*; **~ of earnings** *Am* Gewinn- und Verlustrechnung *f*; **~ of expenses** Aufgabenaufstellung *f*, Spesenaufstellung *f*; Spesenabrechnung *f*; **~ of facts** Sachverhalt *m*; (Darlegung des) Tatbestand(es); **~ of financial position** (or **condition**) *Am* Finanzstatus *m*; Bilanz *f*; **~ of income** Einkommensaufstellung *f*; Ertragsrechnung *f*; **~s of net assets** Vermögensaufstellung *f*; **~ of operating results** *Am* Betriebsergebnisrechnung *f*; **~ of prices** Preisverzeichnis *n*; **~ of retained earnings** *Am* Gewinnverwendungsaufstellung *f*; **~ of source and application of funds** finanzwirtschaftliche Bilanz *f*, **S~s of Standard Accounting Practice** (SSAP) *(vom britischen Berufsstand formulierte)* Grundsätze ordnungsmäßiger Rechnungslegung; **~ under oath** beeidigte Aussage *f*; **to draw up a ~** e-e Aufstellung machen; **to make a ~** e-e Angabe machen; e-e Erklärung abgeben

**station**, Stellung *f*, Rang *m*; Stelle *n*; Bahnhof *m*, Station *f*; **according to one's ~ in life** standesgemäß; **filling ~** *Br* Tankstelle *f*; **goods ~** *Br* Güterbahnhof *m*; **police ~** Polizeiwache *f*; **~ in life** soziale Stellung; **~ manager** Bahnhofsvorsteher *m*; **~ of destination** Bestimmungsbahnhof *m*

**stationary**, stillstehend, stagnierend; stationär; **~ demand** stagnierende Nachfrage *f*; **~ prices** stabile Preise *mpl*; **the prices are ~** die Preise halten sich

**stationer**, Schreibwarenhändler *m*

**statistical**, **~ data** statistische Angaben (od. Unterlagen) *fpl*; **~ evaluation** statistische Auswertung *f*; **~ inquiry** statistische Erhebung *f*

**statistically adjusted**, statistisch bereinigt

**statistics**, Statistik(en) *f(pl)*; statistische Angaben (od. Unterlagen) *fpl*; **to compile ~** Statistiken zusammenstellen

**status**, Status *m*; Stellung *f*; Rechtsstellung *f (bestimmter Personen)*; **financial ~** Finanzlage *f*, Vermögenslage *f*; **marital ~** Familienstand *m*; **social ~** gesellschaftliche Stellung *f*; **~ inquiry agency** Auskunftei *f*; **~ of aliens** Ausländereigenschaft *f*; **~ of property rights between husband and wife** ehelicher Güterstand *m*; **~ symbol** Statussymbol *n*

**statute**, Gesetz *n*; **~s** Satzung *f*; according **to the ~s** satzungsgemäß; **contrary to the ~s** satzungswidrig; **~-barred debt** verjährte Forderung *f*; **to become ~-barred** verjähren

**statute of limitations**, Verjährungsgesetz *n*; Verjährung(sfrist) *f*; **extension of the ~** Verlängerung *f* der Verjährungsfrist; **running of the ~** Lauf der Verjährungsfrist; **to fall under the ~** verjähren

**statutes of a university**, Satzung e-r Universität

**statutory**, gesetzlich; satzungsmäßig; **~ agency** gesetzliche Vertretung(smacht) *f*; **~ agent** gesetzlicher Vertreter *m*; **~ books** (of a company) *Br* gesetzlich vorgeschriebene Geschäftsbücher *npl*; **~ declaration** *Br* schriftl. eidesstattliche Versicherung *f*; **~ dividend** satzungsmäßige Dividende *f*; **~ forced share** *Am* Pflichtteil *m*; **~ liability** gesetzliche Haftung *f*; **~ lien** gesetzliches Pfandrecht *n*; **~ meeting** *(gesetzlich vorgeschriebene)* Gründungsversammlung *f (e-r AG)*; **~ period of notice** gesetzliche Kündigungsfrist *f*; **~ reserves** gesetzliche Rücklagen *fpl*; satzungsgemäße Rücklagen *fpl*; **~ right of succession** gesetzliches Erbrecht *n*; **~ undertakers** *Br (privat betriebene)* Gesellschaft *f* der öffentlichen Versorgung

**stave off**, *v* abwenden *(Akquisition)*

**stay**, Aufenthalt *m*; Aussetzung *f (e-s Verfahrens)*; **~ abroad** Auslandsaufenthalt *m*

**stay**, *v* sich *(vorübergehend)* aufhalten; *(Verfahren)* einstellen

**steadiness**, Festigkeit *f (der Kurse, Preise)*; **~ of prices** Kursbeständigkeit *f*

**steady**, fest, beständig, stabil; **~ demand** gleichbleibende Nachfrage *f*; **~ increase** beständige Zunahme *f*; **~ market** feste Börse *f*; **~ prices** feste (od. stabile) Preise *mpl*; feste Kurse *mpl*

**steal**, *v* stehlen

**stealing**, **~ by finding** Fundunterschlagung *f*; **~ a car** Autodiebstahl *m*

**steel**, Stahl *m*; **~s** Stahlaktien *pl*; **~ consumption** Stahlverbrauch *m*; **~ demand** Stahlnachfrage *f*; **~ industry** (Eisen- und) Stahlindustrie *f*; **~ output** Stahlproduktion *f*;

**steel trade**, *(EU)* Stahlhandel *m*; **indirect ~** indirekter Stahlhandel

**steel using industry** stahlverarbeitende Industrie *f*; **stal vault** Stahlkammer *f*

**steep price**, *colloq.* sehr hoher Preis *m*

**steerage**, (für Passagiere e-s Schiffes preisgünstigeres) Zwischendeck n
**steering committee**, Lenkungsausschuss *m*
**stencil**, Matritze *f*
**stenographer**, Stenograf(in) *m(f)*
**step**, Stufe *f*, Schritt *m*; **appropriate ~s** geeignete Schritte (od. Maßnahmen); **by ~s** schrittweise
**step-up in production**, Erhöhung *f* der Produktion, Produktionssteigerung *f*
**step up**, *v* erhöhen, ankurbeln; **exports were ~ped up** die Ausfuhren sind gestiegen
**sterling**, *Br* Sterling *m*; **~ account** Konto *n* in Sterling; Pfundkonto *n*; **~ balances** Sterlingguthaben *n*; **~ bill** auf engl. Pfund lautender Wechsel *m*; **~ invoice** in engl. Pfund zahlbare Rechnung *f*; **~ loan** Pfund-Anleihe *f*; **~ (note)** Sterlingdevise *f*
**stevedore**, Schauermann *m*, Stauer *m*; Schiffsbelader *m*; Hafenarbeiter *m*
**stevedoring**, Stauen *n*, Verstauung *f (der Ladung)*
**steward**, (Haus-)Verwalter *m*; **land ~** *Br* Gutsverwalter *m*; **shop ~** → shop
**stewardship**, Verwaltung *f*; Verwalteramt *n*
**stick**, *v* befestigen, ankleben; **~ no bills** *Br* Plakate ankleben verboten
**sticker**, Aufklebezettel *m*; *colloq.* Ladenhüter *m*; **price ~** Preiszettel *(an Waren)*
**stickiness**, *(EDV)* Ausdruck für die Verweildauer und Rückkehrrate eines Besuchers bzw. Benutzers auf einer Webseite.
**stick-on-label**, Aufklebezettel *m*, Etikett *n*
**stiff**, **~ competition**, scharfer Wettbewerb *m*; **~ conditions** ungewöhnlich harte Bedingungen *fpl*; **~ price** ungewöhnlich hoher Preis *m*
**stiffen**, *v* fester werden, anziehen *(Preise, Kurse)*
**stiffening of prices**, Anziehen *n* der Kurse
**stimulate**, *v*, **to ~ business activity** die Wirtschaft ankurbeln; **to ~ consumption** den Verbrauch anregen; **to ~ demand** die Nachfrage beleben
**stimulation**, Anregung *f*, Antrieb *m*; **~ of the economy** Konjunkturanregung *f*; Ankurbelung *f* der Konjunktur; **~ of investment activity** Belebung *f* der Investitionstätigkeit
**stimulus**, Reiz *m*, Anreiz *m*; Impuls *m*; **~ to sales** Absatzbelebung *f*
**sting**, *v*, **to ~ sb. (for sth.)** *colloq.* von jdm e-n zu hohen Preis verlangen; jdm etw. abknöpfen
**stipend**, Gehalt *n*
**stipendiary**, bezahlt, besoldet
**stipulate**, *v* ausbedingen, vereinbaren; **to ~ by contract** vertraglich festlegen; **to ~ for sth.** auf etw. bestehen, etw. zur Bedingung machen; **to ~ the terms** die Bedingungen festsetzen; **to ~ a time of** (or **for**) **delivery** e-e Lieferfrist festsetzen
**stipulated**, **as ~** wie vereinbart; **at the date** (or **time**) **~** zur vereinbarten Zeit; **at the place ~** am vereinbarten Ort; **within the ~ time** innerhalb der vereinbarten Zeit; fristgemäß; **~ damages** *(für den Fall des Vertragsbruchs)* festgelegter Schadenersatz *m*; Vertragsstrafe *f*; **~ premium** Vertragsprämie *f*; **s~ quality** vereinbarte Qualität *f*
**stipulation**, Abmachung *f*, Vereinbarung *f*; Bestimmung *f*, Klausel *f*; Bedingung *f*; **by stipulation** einverständlich; **on the ~ of** unter der Bedingung, dass . . .; **~ as to time** Zeitbestimmung *f*; **~ in restraint of trade** Konkurrenzklausel *f*; **~ of conditions** Festlegung *f* von Bedingungen; **~ of a contract** Vertragsbestimmung *f*; Vertragsbedingung *f*; **~ to the contrary** gegenteilige Bestimmung; **to insert an express ~ in a deed** e-e ausdrückliche Bestimmung in e-n Vertrag aufnehmen
**stitched**, broschiert
**stock**, 1. *bes. Am* Aktie *f*; *Am* Aktien *fpl (e-r bestimmten Gesellschaft)*; Aktienkapital *n*; *Br* Grundkapital *n*, Anleihekapital *n*, Gesamtbetrag *m* e-r Anleihe; Effekten *pl*; Obligationen *pl*; **~s** *Am* Aktien *pl (verschiedener Gesellschaften)*; **advancing ~s** steigende Aktien; **assented ~** → assented; **assessable ~** nachschusspflichtige Aktien; **bearer ~** *Am* Namensaktien; **block of ~s** *Am* Aktienpaket *n*; **capital ~** Aktienkapital *n*; Grundkapital *n*; **class of ~s** *Am* Aktiengattung *f*; **common ~** *Am* Stammaktien; **corporate ~** *Am* Aktien; **corporation ~** *Br* Kommunalobligationen *pl*; **curb ~** *Am* im Freiverkehr gehandelte Aktien; **dealing in ~s** *Am* Aktienhandel *m*; **debenture ~** → debenture; **declining ~s** *Am* fallende Aktien; **exchange of ~** Aktientausch *m*; **gilt-edged ~** *Br* mündelsichere Staatspapiere *pl*; **government ~** *Br* → government securities; **growth ~** *Am* Wachstumsaktien *pl*; **guaranteed ~** *Am*

Aktien mit Dividendengarantie; **income ~** *Br* Wertpapiere mit hoher Rendite; **inscribed ~** → inscribed; **irredeemable ~** → irredeemable; **listed ~** *Am* zum Börsenhandel zugelassene Aktien; **loan ~** → loan 2.; **motor ~** *Am* Auto(mobil)aktien; **no par ~** *Am* nennwertlose Aktien, Quotenaktien; **option ~** Optionspapiere *pl*; **preferred ~** *Am* Vorzugsaktien; **prior preferred ~** *Am* Sondervorzugsaktien; **redeemable ~** *Br* rückkaufbare Werte *pl* (*z. B. government stock*; → *redemption date*); **Treasury ~** → Treasury; **unlisted ~** nicht an der Börse notierte Aktien; **voting ~** *Am* Stimmrechtsaktien; **~ acquisition** Aktienerwerb *m*; **~ adventure** *Br* Effektenspekulation *f*; **~ allotment** *Am* Aktienzuteilung *f*; **~s and shares** Börsenpapiere; Wertpapiere, Effekten *pl*; **~ assessment** *Am* Aufforderung *f* zu Nachschusszahlungen auf Aktien; **~ average** *Am* Aktienindex *m*

**stock**, **~ broker** Börsenmakler *m*, Effektenmakler *m*; **~ broking** Effektenhandel *m*; Maklergeschäft *n (Am nur in Aktien)*; **~ business** Effektengeschäft *n (Am nur in Aktien)*; **~ certificate** Aktienzertifikat *n*; **~ corporation** *Am* Kapitalgesellschaft *f*, Aktiengesellschaft *f* (AG); **~ department** *Br* Wertpapierabteilung *f (e-r Bank)*; **~ dividend** *Am* Dividende in Form von Gratisaktien

**stock exchange**, Wertpapierbörse *f*; **Council of the ~** *Br* Börsenvorstand *m*, **closing of the ~** Börsenschluss *m*; **International ~** *Br* Name *m* der Londoner Börse; **listed on the ~** zum Börsenhandel zugelassen; **~ account** Börsenbericht *m*; **~ Automated Quotation System** → SEAQS system *Br* elektronisches Kursinformationssystem *n (Computersystem zur Angabe von Aktienkursen)*; **~ clearing house** *Br* Abrechnungsstelle für Wertpapiergeschäfte *npl*; **~ customer** Börsenbesucher *m*; **~ Daily Official List** (SEDOL) *Br* amtliches Kursblatt *n (der Londoner Börse)*; **~ dealers operating for their own account** Börsenkulisse *f*; **~ dealings** Börsengeschäfte *npl*; **~ hit** Börsenhit *m*; **~ hours** Börsenstunden *pl*; Börsensitzung *f*; **~ intelligence** *Br* Börsennachrichten *pl (in e-r Zeitung)*; **~ introduction** *Br* Einführung *f* von Effekten *(an der Londoner Börse)*; **~ list** Kursblatt *n*; **~ listing** Börsennotierung *f*; **~ money broker** (SEMB) Geldmakler *m* für britische Staatspapiere; **~ operations** Börsengeschäfte *npl*; **~ operator** Börsenspekulant *m*, Börsianer *m*; **~ price** Börsenkurs *m*

**stock exchange quotation**, Börsenkurs *m*; Kursangabe *f*; **list of ~ quotations** *Br* Kursblatt *n*

**stock exchange**, **~ regulations** Börsenordnung *f*; **~ report** Börsenbericht *m*; **~ sales** Börsenumsätze *mpl*; **~ securities** börsengängige Wertpapiere *npl*; **~ settlement** Börsenabrechnung *f*; **~ supervision** Börsenaufsicht *f*; **~ tip** Börsentip *m*; **~ trader** Börsenhändler *m*; **~ trading** Börsenhandel *m*; **~ transactions** → ~ operations; **~ turnover tax** Börsenumsatzsteuer *f*; **to be on the ~** Börsenmitglied sein

**stock flotation**, *Am* Aktienemission *f*

**stockholder**, *bes. Am* Aktionär *m*; Anteilseigner *m, Br* Effekteninhaber *m*; **common ~** *Am* Stammaktionär *m*; **majority ~** Besitzer *m* der Aktienmehrheit; **minority ~** Minderheitsaktionär *m*; **preferred ~** *Am* Vorzugsaktionär *m*; **~ employee** *Am* Belegschaftsaktionär *m*; **~'s equity** *Am* Eigenkapital *(e-r AG)*; **~'s ledger** *Am* Aktienbuch *f*; **~s' meeting** *Am* Hauptversammlung *f (der Aktionäre)*; **~ of record** *Am (im Aktienbuch)* eingetragener Aktionär *m*; **~ relations** Aktionärspflege *f*

**stock**, **~ holding** *Am* Aktienbesitz *m*; **~ index** Aktienindex *m*; **~ index futures** (SIF) Terminkontrakte *mpl* auf e-n Aktienindex; **~ insurance company** *Am* Versicherungsgesellschaft *f* auf Aktien; **~ jobber** *Br* Effektenhändler *m* (*jetzt* → *market maker genannt*); **~ jobbing** Effektenhandel *m*; Börsenspekulation *f*, Agiotage *m*; **~ ledger** *Am* Aktienbuch *n*; **~ list** *Am* (Aktien-)Kurszettel *m*; **~ loan** Effektenkredit *m*, Effektenlombard *m*

**stock market**, Wertpapiermarkt *m*, Effektenmarkt *m*; *Am* Aktienbörse *f*; **~ boom** Aktienhausse *f*; **~ decline** Aktienkursrückgang *m*; **~ news** Börsenberichte *mpl (in Zeitungen)*; **~ order** Börsenauftrag *m*; **~ rating** Börsenbewertung *f*

**stock**, **~ master** elektronisch gesteuertes Gerät *n* für Erfragung von Wertpapierinformationen; **~ option** *Am* Aktienoption *f*; Bezugsrecht auf neue Aktien; **~ owner**

*Am* Aktionär *m*; **~ ownership** *Am* Aktienbesitz *m*; **~ portfolio** *Am* Aktienbestand *m*; **~ premium** *Am* Aktienagio *n*; **~ prices** *Am* Aktienkurse *mpl* (→ share prices); **~-purchase warrant** *Am* Aktienoptionsschein *m*; **~ quotation** *Am* Aktiennotierung *f*; **~ redemption** Rückkauf *m* der (eigenen) Aktien; **~ register** *Am* Aktienbuch *n*; **~ rights** *Am* Bezugsrecht *n* auf Aktien; **~ speculator** *Am* Aktienspekulant *m*; **~ split** *Am* Aktiensplit *m*; **~ subscription** *Am* Aktienzeichnung *f*; **~ taken in** *Br* in Report genommene Effekten; **~ ticker** Börsenfernschreiber *m*; **~ trading** *Am* Aktienhandel *m*; **~ transactions** Wertpapiergeschäfte *npl*

**stock transfer**, *Am* Aktienübertragung *f*; *Br* Wertpapierübertragung *f*; **~ tax** *Am* Börsenumsatzsteuer *f (für Aktien)*

**stock**, **~ valuation** Bewertung *f* von Wertpapieren; *Am* Aktienbewertung *f*; **~ warrant** *Am* Aktienbezugsrechtsschein *m*; Optionsschein *m* auf den Bezug von Aktien; **~ watering** *Am* Kapitalverwässerung *f*; **to hold ~ (s)** Aktien (*Br* Wertpapiere) besitzen

**stock**, 2. Vorrat *m*, Bestand *m*; Lagerbestand *m*; Warenbestand *m*; Vieh(bestand) *n(m)*; (Waren-)Lager *n*; **addition to ~** Lagerzugang *m*; **closing ~** Schlussbestand *m*; **dead ~** totes Inventar *n*; unverkäufliche Ware *f*; **farm~** Viehbestand *m*

**stock**, **in ~** auf Lager, vorrätig; **goods in ~** Warenbestand *m*, Lagerbestand *m*; **keeping in ~** Lagerung

**stock**, **opening ~** Anfangsbestand *m*; **out of ~** nicht (mehr) vorrätig; **withdrawal from ~** Lagerentnahme *f*; **~ account** Bestandskonto *n*; **~ accounting** Lagerbestandsbuchführung *f*; **~ articles** stets vorrätige Artikel *mpl*; **~ audit** Warenbestandsprüfung *f*; **~ book** Lagerbuch *n*; **~ breeder** Viehzüchter *m*; **~ building** Lageraufbau *m*; Lagerbildung *f*; **~ car** Serienwagen *m*; *Am* Viehwagen *m*; **~ change** Lager(bestands)änderung *f*; **~ clearance** Lagerräumung *f*; **~ clerk** Lagerist *m*; Lagerverwalter *m*; **~ control** Lager(bestands)kontrolle *f*; **~ evaluation** Bewertung *f* des Lagerbestandes; **~ farm** Viehzuchtbetrieb *m*; **~ farming** Viehzucht *f*; **~-intensive** vorratsintensiv; **~-in trade** Warenbestände *mpl*, Warenvorrat *m*; **~ keeper** Lagerist *m*, Lagerverwalter *m*; **~-keeping** Lagerhaltung *f*; **~ ledger** Lagerbuch *n*; **~ level** Höhe *f* des Lagerbestandes; **~ list** Bestandsliste *f*; **~ market** Viehmarkt *m*; **~ movements** Lagerbewegungen *fpl*; **~ of cattle** Viehbestand *m*; **~ of goods** (or **merchandise**) Warenlager *n*; Lagerbestand *m*; **~ of raw materials** Bestand an Rohstoffen; **~ on commission** Kommissionslager *n*; **~ on hand** Lagerbestand *m*, Waren auf Lager; **~-out costs** Fehlmengenkosten *pl*; **~ order** Lagerauftrag *m*; **~pile** *(staatl.)* Vorratslager *n (bes. für Rohstoffe)*

**stockpile**, *v* Vorräte ansammeln

**stockpiling**, Bildung *f* von Vorratslagern *(bes. durch den Staat)*; Bevorratung *f*; **~ plan** Bevorratungsplan *m*; **~ policy** Vorratspolitik *f*

**stock**, **~ record card** Lagerbestandskarte *f*; **~ reduction** Lagerabbau *m*; **~ replenishment** Lagerauffüllung; **~ room** Lager(raum) *n(m)*; **~taking** Lagerbestandsaufnahme *f*, Inventur *f*; **~taking sales** Inventurausverkauf *m*; **~ turnover** Lagerumschlag *m*; **~ valuation** Lagerbestandsbewertung *f*; **~ warrant** Lagerschein *m*; **to carry ~** Warenbestände haben; **to clear the ~** das Lager räumen; **to cut the ~** die Lagerbestände verringern; **~ increased** die Lagerbestände nahmen zu; **to keep in ~** auf Lager halten; **to lay in a ~** sich e-n Vorrat anlegen (of an); **~s are low** die Vorräte sind gering; **to put into ~** einlagern; **to reduce the ~** das Lager abbauen; **to replenish the ~** das Lager wieder auffüllen; **to take ~** Bestand aufnehmen; Inventur machen

**stock**, *v (Ware)* auf Lager haben, vorrätig haben, führen; lagern; **to ~ up** sich eindecken; bevorraten

**stocked**, auf Lager, vorrätig, **to be well-~ in** großen Vorrat haben an

**stocking**, Lagerung *f*; **~ up** Bevorratung *f*

**stockist**, *Br* Fachhändler *m*

**stolen property**, Diebesgut *n*

**stony-broke**, *colloq.* völlig ohne Geld, pleite

**stop**, Stopp *m*, Sperre *f*, Sperrung *f*; **price~** Preisstop *m*; **wage ~** Lohnstopp *m*; **~-go policy** Ankurbeln und Bremsen der Wirtschaftspolitik; Deflations- und Inflationspolitik *f*; **~ light** Stopplicht *n*; **~ lights** *(Fahrzeug)* Bremsleuchten *pl*; **~-loss-order** *(Börse)* Verlustbegrenzungsauftrag *m* (*bei fallenden Kursen, sobald ein be-*

*stimmter Kurs unterschritten ist; e-e stop-loss-order kann auch bei e-m Leerverkauf [short sale] erteilt werden, falls der Kurs e-e bestimmte Höhe übersteigt*); **~ order** Schecksperre *f*; *(Börse)* Verkaufsauftrag *m* (→ ~ loss order) oder Kaufauftrag *m* (→ ~ order to buy); **~ order to buy** *(Börse)* Kaufauftrag *m (zur Sicherung e-s Kursgewinns bei steigenden Kursen, sobald ein bestimmter Kurs erreicht ist)*; **~ (payment) order** (Anordnung der) Schecksperre *f (durch Bankkunden)*; **~ price** Stoppkurs *m*; Stoppreis *m*

**stop**, *v* stoppen, einstellen; *(Strom, Wasser, Maschine etc.)* abstellen; *(Scheck)* sperren; **to ~ an account** ein Konto sperren; **to ~ business** den Betrieb einstellen; **to ~ a car** ein Auto anhalten; **to ~ over** die Fahrt unterbrechen; **to ~ payments** die Zahlungen einstellen; **to ~ (payment of) a cheque (check)** e-n Scheck sperren lassen; **to ~ selling** den Verkauf einstellen; **to ~ one's subscription to a newspaper** e-e Zeitung abbestellen; **to ~ working** die Arbeit niederlegen (od. einstellen)

**stoppage**, Anhalten *n*, Sperre *f*; Einstellung *f*; **~ in transitu** Anhalten von auf dem Transport befindlichen *(verkauften)* Waren; **~ of credit** Kreditsperre *f*; **~ of pay** Einbehaltung *f* des Lohnes; **~ of payment** Zahlungseinstellung *f*; **~ of traffic** Verkehrsstockung *f*; **~ of work** Arbeitseinstellung *f*, Arbeitsniederlegung *f*

**stopped cheque (check)**, gesperrter Scheck *m*

**stopping of a cheque (check)**, Schecksperre *f*

**storable**, lagerfähig *(Waren)*; *(EDV)* speicherbar

**storage**, Lagern *n*, Lagerung *f*, Lagerhaltung *f*; Lagergeld *n*; Lagerraum *m*; *(EDV)* Speicher *m*; **cold ~** Kühllagerung *f*; **cold ~ butter** Lagerbutter *f*; **final** (or **permanent**) **~ of radioactive waste** Endlagerung *f* radioaktiver Abfälle; **goods in ~** Lagergut *n*; eingelagerte Güter *npl*; **goods held** (or **kept**) **in cold ~** kühl gelagerte Waren; **month of ~** Lagermonat *m*; **private ~** private Lagerhaltung *f*; **suitable for ~** lagerfähig; **underground ~** unterirdische Lagerung; **~ agencies** Einlagerungsstellen *fpl*; **~ agency bill** Vorratsstellenwechsel *m*; **~ aid** *(EU)* Lagerhaltungsbeihilfe *f*; **~ business** Lagerbetrieb *m*; **~ capacity** Lagerfähigkeit *f*, Lagerkapazität *f*; **to levy ~ charges** Lagergebühren erheben; **~ contract** Lager(haltungs)vertrag *m*; **~ costs** Lagerkosten *pl*, Kosten der Lagerhaltung; **~ facilities** Lagereinrichtungen *fpl*, Einrichtungen für die Lagerhaltung; **~ insurance** Lagerversicherung; **~ life** Lagerfähigkeit *f*, Haltbarkeitsdauer *f*; **~ loss** Lagerverluste *mpl*; **~ of data** *(EDV)* Speichern *n* von Daten; **~ of goods** Güterlagerung *f*, Warenlagerung *f*; **~ period** Lagerdauer *f*; Einlagerungszeitraum *m*; **~ shed** Lagerschuppen *m*; **~ shelves** Lagerregale *npl*; **~ space** Lagerraum *m*; **to place** (or **put**) **into** ~ einlagern; **to take out of** ~ auslagern

**store**, Vorrat *m*; Lager *n*; Lagerbestand *m*; Lagerhaus *n*; Speicher *m*; *bes. Am* Laden *m*, Geschäft *n*; **~s** *(eingelagerte)* Vorräte *pl*; Magazin *n*; Kaufhausaktien *pl*; **department ~** Warenhaus *n*; Kaufhaus *n*; **in** ~ auf Lager; **ship's** ~ Schiffsvorräte *mpl*, Schiffsproviant *m*; **~s accounting** Lagerbuchhaltung *f*; **~ book** Lagerbuch *n*; **~ credit** Anschreibenlassen *n (beim Kaufmann)*; **~ house** Lagerhaus *n*, Speicher *m*; **~ keeper** Lagerhalter *m*, Lagerverwalter *m*; *Am* Ladeninhaber *m*; **~ ledger** Lagerjournal *n*; **~s ledger clerk** Lagerbuchhalter *m*; **~ price** Ladenpreis *m*; **~ rental** *Am* Ladenmiete *f*; **~s requisition** Materialanforderung *f*

**store-room, to deposit goods in a ~** die Waren in e-m Lagerraum einlagern

**store, to put in ~** (ein)lagern; **to take out of ~** dem Lager entnehmen

**store**, *v* auf Lager nehmen; (ein)lagern, aufbewahren; speichern; *(Schiff)* verproviantieren; **to ~ improperly** unsachgemäß lagern

**stored, safely ~** gut aufbewahrt; **~ data** gespeicherte Daten *pl*; **~ goods** Lagergut *n*, (ein)gelagerte Güter *pl*

**stow**, *v* (Ladung) (ver)stauen (im Laderaum des Schiffes)

**stowage**, Stauen *n*, Stauung *f*, Verstauung *f*; Stauraum *m*; gestaute Güter *pl*; Staukosten *pl*; **broken ~** Stauverlust *m (infolge schlechter Staunutzung)*; **(im-)proper ~** (un)richtige Stauung

**stower**, Stauer *m*

**straddle**, *(Wertpapierbörse)* kombiniertes Optionsgeschäft *n*; Stellagegeschäft *n*

**straight**, gerade, unmittelbar; *colloq.* redlich; ~ **bill of lading** auf den Namen ausgestelltes Konnossement *n*; ~ **bonds** Festzinsanleihen *fpl*, festverzinsliche Schuldverschreibungen *fpl (ohne Wandel- od. Optionsklauseln)*, ~ **ife insurance** Lebensversicherung *f* auf den Todesfall; ~**-line depreciation** lineare Abschreibung *f*; Abschreibung in gleichen Jahresbeträgen; ~**-line rate** *Am* linearer Abschreibungssatz *m*; ~**-line redemption** Rückzahlung *f* in gleichen Raten

**straights**, → straight bonds

**strain**, Spannung *f*; Anspannung *f*, Beanspruchung *f*; **economic ~s** konjunkturelle Spannungen; **financial ~** finanzielle Beanspruchung; ~ **in the money market** Anspannung am Geldmarkt; ~ **on credit** Kreditanspannung *f*; Kreditbeanspruchung *f*; ~ **on liquidity** Liquiditätsanspannung *f*

**strained**, ~ **relations** gespannte Beziehungen *fpl*; ~ **situation on the labo(u)r market** angespannte Lage *f* am Arbeitsmarkt

**straits**, **in financial ~** in finanziellen Schwierigkeiten

**stranded goods** (*or* **property**), Strandgut *n*

**strap of the customs seal**, Band *n* für den Zollverschluss

**strategic programme for innovations and technology transfer**, (SPRINT) strategisches Programm *n* für Innovation und Technologietransfer

**strategy**, **company ~** Unternehmensstrategie *f*

**straw**, ~ **bid** *colloq.* Scheingebot *n*

**straw poll/vote**, Probeabstimmung *f*

**stray customer**, Gelegenheitskunde *m*

**stream**, **to come on ~** in Gang kommen; in Produktion gehen

**streamer**, Plakatstreifen *m (Werbung)*

**streaming video**, *(EDV)* Video *n*, das Stück für Stück von einem Anbieter gesendet wird und so schon beim Herunterladen angesehen werden kann.

**streamline**, *v* rationalisieren, vereinfachen; modernisieren

**street**, Straße *f*; **in the ~** *Br* nach Börsenschluss; ~ **broker** *Am* freier Makler *m*; ~ **customer** Laufkunde *m*; ~ **collection** Straßensammlung *n*; ~ **dealings** nachbörslicher Handel *m*; ~ **market** Freiverkehr *m*; Nachbörse *f*; ~ **price** Freiverkehrskurs *m*; *Br* nachbörslicher Kurs *m*; Kurs an der Nachbörse; ~ **trader** Straßenhändler *m*

**strength**, Kraft *f*, Stärke *f*; *(Börse)* Festigkeit; **competitive ~** Wettbewerbsfähigkeit *f*; **economic ~** Wirtschaftskraft *f*; **prices show greater ~** die Kurse haben sich gefestigt

**strengthen**, (ver)stärken; *(Börse)* sich festigen; **the dollar ~ed** der Dollar festigte sich; **share prices ~ed** die Aktienkurse befestigten sich (od. tendierten fester)

**stress**, Gewicht *n*, Druck *m*; Nachdruck *m*; Stress *m*; Überlastung *f*; ~ **of competition** Wettbewerbsdruck *m*

**strict**, streng, genau; **in ~ confidence** streng vertraulich; ~ **interpretation** strenge Auslegung *f*; ~ **liability (in tort)** verschuldensunabhängige Haftung *f*; Gefährdungshaftung *f*; ~ **observance** strenge Befolgung *f*; ~ **price** knapp kalkulierter Preis *m*

**strike**, Streik *m*, Ausstand *m*; **all-out~** Vollstreik *m*; **avoidance of ~** Streikabwendung *f*; **ban on ~s** Streikverbot *n*; **buyers' ~** Käuferstreik *m*; **general ~** Generalstreik *m*; **protest ~** Proteststreik; **quickie ~** *bes. Am* Kurzstreik; **secondary ~** mittelbarer Streik; **selective ~** Punktstreik *m*, Teilstreik *m*; **sitdown ~** Sitzstreik; **sympathy ~e** Sympathiestreik; **unofficial ~** *Br* gewerkschaftlich nicht genehmigter Streik; **warning ~** Warnstreik; **wave of ~s** Streikwelle *f*; **wildcat ~** wilder Streik; ~ **ballot** Urabstimmung *f*; ~ **benefits** *(von der Gewerkschaft gezahlte)* Streikgelder *pl*; ~**-bound factory** bestreikte Fabrik *f*; ~**-breaker** Streikbrecher *m*; ~ **fund** Streikfonds *m*, Streikkasse *f*; ~ **hit** bestreikt; ~ **notice** Streikankündigung *f*; ~ **pay** → ~ benefits; ~**-prone** streikanfällig; **~s, riots and civil commotions** Streike, Aufruhr und bürgerliche Unruhen; ~ **picket** Streikposten *m*; ~ **threat** Streikdrohung *f*; ~ **vote** Urabstimmung *f*; **to be on ~** streiken, ausständig sein; **to call a ~** e-n Streik ausrufen; **to call off a ~** e-n Streik abbrechen; **to go on ~** in den Streik treten

**strike price**, *(bei Optionen)* Basispreis *m*

**strike**, *v* streiken

**strike**, *v*, **to ~ a balance** den Saldo ziehen, saldieren; **to ~ a bargain** e-n Handel abschließen, handelseinig werden; **to ~ a**

dividend e-e Dividende ausschütten; **to ~ off the register** im Register löschen; **to ~ off 3 %** 3 % abziehen; **to ~ oil** auf Öl stoßen; **to ~ out** ausstreichen, durchstreichen

**striker**, Streikender *m*; Ausständiger *m*

**striking**, **~ a balance** Saldierung *f*; **~ off the register** Löschung *f* im Register; **~ price** *(bei Optionen)* Basispreis *m*

**string**, Schnur *f*; **purse ~s** Finanzkontrolle *f*

**stringency**, Strenge *f*; Knappheit *f*; **~ on the money market** Verknappung *f* am Geldmarkt

**stringent**, streng; *(Geldmarkt)* knapp, angespannt

**strip packing**, Durchdrückpackung *f*

**strip**, *v* entladen *(Container)*

**stripped treasury zero bonds**, *Am* Nullcoupon-Anleihen *fpl* nach Trennung der Coupons *(Zinsscheine)* vom Mantel

**strong**, **financially ~** kapitalstark; **~ argument** zwingendes Argument *n*, **~ box** Geldkassette *f*; Safe *n*; **~ currency** starke Währung *f*; **~-currency countries** währungsstarke Länder *npl*; **~ market** feste Börse *f*; **~ room** (Bank-)Tresor *n*, Stahlkammer *f*

**struck factory**, *Am* bestreikte Fabrik *f*

**structural**, strukturell, Struktur-; Bau-, baulich; **~ adjustment** Strukturanpassung *f*; **~ alterations** strukturelle Änderungen *fpl*; Umbau *m*; **~ change** Strukturänderung *f*, Strukturwandel *m*; **~ deficiencies** strukturelle Mängel *mpl*; **~ fault** Baufehler *m*; **~ fund** *(EU)* Strukturfonds *m*; **~ grants** *(EU)* Strukturzuschüsse *mpl*; **~ imbalances between countries in the Community** *(EU)* strukturelle Ungleichgewichte *npl* zwischen den Ländern der Gemeinschaft; **~ improvement** Strukturverbesserung *f*; **~ inadequacies** Strukturmängel *mpl*; **~ policy measures** strukturpolitische Maßnahmen *fpl*; **~ project** Strukturvorhaben *n*; **expenditure for ~ purposes** Strukturausgaben *fpl*; **~ unemployment** strukturelle Arbeitslosigkeit *f*

**structure**, Struktur *f, (gegliederter)* Aufbau *m*; Gefüge *n*; Bauwerk *n*; **agricultural ~ policy** Agrarstrukturpolitik *f*; **economic ~** Wirtschaftsstruktur *f*; **countries with weak economic ~** strukturschwache Länder *npl*; **improvement of farming ~** Strukturverbesserung *f* in der Landwirtschaft; **market ~** Marktstruktur *f*; **price ~** Preisgefüge *n*; **whole ~ of interest rates** Gesamtgefüge *n* der Zinssätze; **~ of agriculture** Agrarstruktur *f*; **~ of an organization** Aufbau e-r Organisation

**stub**, (Scheck-)Kontrollabschnitt *m*; Talon *m*

**stuff**, *v* füllen, beladen *(z. B. Container)*

**stuffer**, *Am* Reklamebeilage *f*

**stump up**, *v colloq. (freiwillig)* Geld bezahlen

**stunt**, **publicity ~** Werbetrick *m*

**style**, Stil *m*; Benennung *f*, Bezeichnung *f*; **~ (of a firm)** Firmenbezeichnung *f*, Firmenname *m*; **business ~** Geschäftsstil *m*; **the latest ~ side** letzte Mode; **under the ~ of** unter dem Namen von, unter der Firma; **to be out of ~** nicht mehr gefragt sein, nicht mehr in Mode sein, **to go under the ~ of** den Firmennamen … führen

**styling**, (industrielle) Formgebung *f*; Endgestaltung *f (e-s Produkts)*; **body ~** Karosseriegestaltung *f*

**styrofoam**, Schaumstoff *m*

**sub**, **~account** Unterkonto *n*; **~agency** Untervertretung *f*; Unterbevollmächtigung *f*; Nebenstelle *f*; **~agent** Untervertreter *m*; Unterbevollmächtigter *m*; Subagent *m*

**subber**, *colloq.* → subcontractor

**sub**, **~branch** Nebenzweigstelle *f*; **~contract** Nebenvertrag *m*, Untervertrag *m*; Vertrag mit e-m Unterlieferanten; Zuliefervertrag *m*

**subcontract**, *v* e-n Untervertrag (od. Zuliefervertrag) abschließen; e-n Auftrag weitergeben

**subcontracting**, Abschluss e-s Untervertrages (od. Zuliefervertrages); Zulieferung *f*; **~ agreement** Zuliefervertrag *m*; **~ industry** Zulieferindustrie *f*; **~ order** Zulieferauftrag *m*

**subcontractor**, Unterlieferant *m*, Zulieferer *m*; **delivery by ~** Zulieferung *f*; **orders to ~s** Zulieferaufträge *mpl*

**subdivide**, *v* unterteilen, *(in kleinere Teile)* aufteilen

**subdivision**, Unterteilung *f*; *Am* Aufteilung in Parzellen

**subgroup**, Teilkonzern *m*; **~ accounts** Teilkonzernabschluss *m*

**subheading**, *(Zoll)* Tarifstelle *f*; **classification of goods in the** → CCT **~ nos.** *(EU)* Einreihung von Waren in die Tarifnummern des GZT

**subject**, Gegenstand *m*; Staatsangehöriger *m*; **British ~** britischer Staatsbürger *m*; **~ catalogue** Sachkatalog *m*; **~ index** Sachverzeichnis *n*
**subject matter**, Gegenstand *m*; **~ matter insured** versicherte Sache *f*; **~ matter of the contract** Vertragsgegenstand *m*, **~ matter of (a) sale** Verkaufsgegenstand *m*, Kaufgegenstand *m*
**subject**, **~ of rights and duties** Träger *m* von Rechten und Pflichten
**subject**, **~ to** abhängig von, vorbehaltlich; **~ to alterations** Änderungen vorbehalten; **~ to approval** (or **authorization**) genehmigungspflichtig; **~ to call** *(Einlagen)* täglich kündbar; **~ to change without notice** freibleibend; **~ to (a) commission** provisionspflichtig; **~ to the conditions** vorbehaltlich der Bedingungen; **~ to contract** vorbehaltlich e-s Vertragsabschlusses; **~ to duty** zollpflichtig; **~ to execution** der Zwangsvollstreckung unterliegend; **~ to a fee** gebührenpflichtig; **~ to notice** → notice 2.; **~ to prior sale** Zwischenverkauf vorbehalten; **~ to retail price maintenance** preisgebunden; **~ to taxation** steuerpflichtig; der Steuer unterliegend; **~ to termination** kündbar; **~ to the terms of a contract** vorbehaltlich der Bestimmungen des Vertrages; **to be ~ to the statute of limitation** der Verjährung unterliegen
**sublease**, Untermiete *f*; Unterpacht *f*
**sublease**, *v* untervermieten; unterverpachten
**sublessee**, Untermieter *m*; Unterpächter *m*
**sublessor**, Untervermieter *m*, Unterverpächter *m*
**sublet**, *v* untervermieten, unterverpachten
**sublicence**, **(~se)** Unterlizenz *f*
**sublicensee**, Unterlizenznehmer *m*
**sublicenser (-or)**, Unterlizenzgeber *m*
**submarginal**, nicht mehr rentabel
**submission**, Unterwerfung *f* (to unter); Einreichung *f*, Vorlegung *f*, Vorlage *f*; **~ of documents** Vorlage von Urkunden; **~ of a party** Vorbringen e-r Partei; **~ of a request** Einreichung e-s Gesuchs; **~ of samples** Vorlegung von Mustern; **~ to arbitration** *(schriftl.)* Schiedsvereinbarung *f*; **~ to an award** Unterwerfung unter e-n Schiedsspruch
**submit**, *v* (sich) unterwerfen; einreichen, vorlegen; **to ~ a dispute to arbitration** e-n Streitfall der schiedsgerichtlichen Entscheidung unterbreiten; **to ~ documents** Unterlagen einreichen; **to ~ for decision** sich mit e-r Entscheidung abfinden; **to ~ an offer** ein Angebot unterbreiten; **to ~ vouchers** Belege einreichen
**suboffice**, Nebenstelle *f*; Zweigstelle *f*
**subordinate**, Untergebener *m*; untergeordnet, nachgeordnet; **boss-~ relationship** *bes. Am* Verhältnis zwischen Chef und Mitarbeitern; **~ authority** nachgeordnete Behörde *f*
**subordinate**, *v* unterordnen, nachordnen; **~d debenture** nachrangige Schuldverschreibung *f*; **~d mortgage** nachrangige Hypothek *f*; **~d position** untergeordnete Stellung *f*
**subordination**, Nachordnung *f*, Nachstellung *f*; Rangnachfolge *f*
**subparagraph**, Unterabsatz *m*
**subparticipation**, Unterbeteiligung *f*
**subpurchaser**, Käufer *m* aus zweiter Hand, mittelbarer Käufer *m (Produzentenhaftung)*
**subrogate**, *v* in jds Rechte einsetzen (od. eintreten); **to be ~d** an die Stelle treten
**subscribe**, *v* unterschreiben; *(Aktien, Anleihen etc.)* zeichnen; *(Summe)* zeichnen, spenden *(z. B. für karitativen Zweck)*; Mitgliedsbeitrag *m (für Verein etc.)* zahlen; *(Buch)* subskribieren; **offer to ~** Bezugsangebot *n*; **right to ~ to new shares** Bezugsrecht *n* auf junge Aktien; **to ~ for a loan** e-e Anleihe zeichnen; **to ~ for shares** Aktien zeichnen; **to invite to ~ for shares** Aktien zur Zeichnung auflegen; **to ~ a policy** e-e Versicherung übernehmen; **to ~ to a club** seinen Mitgliedsbeitrag für e-n Klub bezahlen; **to ~ to a health insurance** sich bei e-r Krankenkasse anmelden; **to ~ to a newspaper** e-e Zeitung abonnieren
**subscribed**, **amount subscribed** Zeichnungsbetrag *m*; **fully ~** voll gezeichnet; **~ capital** gezeichnetes Kapital *n*; **~ risk** *(von der Versicherung)* übernommene Gefahr *f*; **~ shares** gezeichnete Aktien, **the loan was ~ several times over** die Anleihe war mehrfach überzeichnet
**subscriber**, Unterzeichner *m* (to a document e-r Urkunde); Zeichner *m (von Wertpapieren)*; Zeichner *m*, Spender *m (e-r Summe)*; Subskribent *(e-s Buches)*;

Fernsprechteilnehmer *m*; **International S~ Dialling** (abbr ISD) *Br* Selbstwählfernverkehr *m* mit bestimmten Ländern in Europa; **list of ~s** Zeichnungsliste *f*; **telephone ~** Fernsprechteilnehmer *m*; **~ for shares** Zeichner von Aktien; **~ to a newspaper** Abonnent *m* (od. Bezieher *m*) e-r Zeitung

**subscribing member**, **~ member** förderndes Mitglied *n*

**subscription**, Unterzeichnung *f*, Unterschrift *f*; Zeichnung *f (bei der Emission von Aktien od. Obligationen)*; gezeichneter Betrag *m*; Zeichnung *f (e-r Geldsumme)*; Zeichnungsbetrag *m*, Spende *f*; (Mitglieds-)Beitrag *m*; Abonnement *n*; **amount of the ~** Zeichnungsbetrag *m*; **annual ~** Jahresbeitrag *m*; Jahresabonnement *n*; **date of ~** Zeichnungsdatum *n*; **minimum ~** *(Börse)* Mindestzeichnung *f*; **outstanding ~** ausstehender (Mitglieds-) Beitrag; **~ agent** *Am* Abonnentenwerber *m*; **~ fee** → ~ price; **~ for shares** Zeichnung von Aktien; **~ form** Zeichnungsformular *n*; Zeichnungsschein *m*; **~ in excess** Überzeichnung *f*; **~ ledger** *Am* Aktienzeichnungsbuch *n*; **~ list** Zeichnungsliste *f*; **~ offer** Zeichnungsangebot *n*; **~ period** Zeichnungsfrist *f*; **~ price** Abonnementspreis *m*, Bezugspreis *m*; Subskriptionspreis *m*; Bezugsrechtskurs *m*; **~ rental** *Br tel* Grundgebühr *f*

**subscription right(s)**, Bezugsrecht *n*; **bonds with ~ right(s)** Bezugsobligationen *pl*; **exercise of ~ right(s)** Bezugsrechtsausübung *f*; **person entitled to exercise a ~ right(s)** Bezugsberechtigter *m (für junge Aktien)*; **proceeds from the sale of ~ right(s)** Bezugsrechtserlöse *mpl*; **trading of ~ right(s)** Bezugsrechtshandel *m*

**subscription**, **~ to a loan** Anleihebezeichnung *f*; **~ to shares** (or **stocks**) Zeichnung von Aktien; **~ warrant** Bezugsrechtsschein *m*, Berechtigungsschein *f* für Bezug neuer Aktien; **to be offered for ~** zur Zeichnung ausliegen; **the ~ expires on ...** das Abonnement läuft ab am ...; **to invite ~ for shares** Aktien zur Zeichnung auflegen; **to issue for public ~** zur öffentlichen Zeichnung auflegen; **to offer a loan for ~** e-e Anleihe zur Zeichnung auflegen; **to pay one's ~ to a club** seinen Mitgliedsbeitrag für einen Club bezahlen; **to raise the ~** den Beitrag erhöhen; **to renew a ~** ein Abonnement erneuern; **to stop one's ~** seine Zeitung abbestellen; **to take out a ~** ein Abonnement nehmen

**subsection**, Unterabschnitt *m*, Ziffer *f*

**subsequent**, (nach)folgend (to auf); später (to als); Nach-; **~ additions** *(Bilanz)* Zugänge *mpl*; **~ application** *(PatR)* Nachanmeldung *f*; **~ assessment** Nachveranlagung *f*; **~ checking** Nachkontrolle *f*; **~ condition** auflösende Bedingung *f*; **~ delivery** Nachlieferung *f*; **~ holder** nachfolgender Inhaber *m*; **~ indorser** nachfolgender Indossant *m*, Nachmann *m*; **~ insurance** Nachversicherung *f*; **~ mortgage** *(im Rang)* nachstehende Hypothek *f*; **~ owner** nachfolgender Inhaber *m*; **~ payment** Nachzahlung *f*, nachträgliche Zahlung *f*; Nachschuss *m*

**subsequently**, **to deliver ~** nachliefern

**subsidiarity**, Subsidiarität *f*; **principle of ~** Subsidiaritätsprinzip *n*

**subsidiary**, 1. **~ (company)** Tochtergesellschaft *f*; **domestic ~ies of foreign enterprises** inländische Tochtergesellschaften ausländischer Unternehmen; **income from ~ies** Erträge aus Beteiligungen an Tochtergesellschaften; **sub-~** Enkelgesellschaft *f*; **wholly-owned ~** zu 100 % im Besitz der Muttergesellschaft befindliche Tochtergesellschaft

**subsidiary**, 2. subsidiär, untergeordnet; Hilfs-, Neben-; **~ account** Hilfskonto *n*; **~ activity** Nebentätigkeit *f*; **~ books of account** Hilfsbücher *npl*; **~ costs** Nebenkosten *pl*; **~ earnings** Nebenverdienst *m*; **~ occupation** Nebenbeschäftigung *f*

**subsidization**, Subventionierung *f*

**subsidize**, *v* subventionieren, durch *(zweckgebundene)* öffentliche Mittel unterstützen

**subsidized**, **loan at ~ rates** zinsverbilligtes Darlehen *n*; **~ housing** Sozialwohnungen *fpl*

**subsid|y** Subvention *f*, *(zweckgebundener staatlicher)* Zuschuss *m*; *(staatliche)* Beihilfe *f*; **agricultural ~** Agrarsubvention; **export ~** Exportsubvention; **reduction of ~ies** Subventionsabbau *m*; **rent ~** Mietzuschuss *m*; **system of ~ies** *(EU)* Subventionsregelung *f*; **(economic) ~ fraud** Subventionsbetrug *m*; **to grant ~ies** Subventionen gewähren

**subsistence**, (Lebens-)Unterhalt *m*; Auskommen *n*; Versorgung *f*; **reasonable ~** angemessener Unterhalt; **~ aid for refugees** Unterhaltshilfe *f* für Flüchtlinge; **~ allowance** (or **money**) Tagegelder *(für Dienst- od. Geschäftsreisen)*; **~ level** Existenzminimum *n*

**subsoil**, Untergrund *m*

**substance**, Substanz *f*; Stoff *m*; Geld *n*, Vermögen *n*; **man of ~** vermögender Mann *m*; **~ abuse** Alkohol-, Drogen- usw. Missbrauch *m*

**substandard**, unterdurchschnittlich, unter der Norm; **~ goods** Partiewaren *pl*; **~ quality** unter der Norm liegende Qualität *f*

**substantial**, wesentlich, erheblich, beträchtlich; vermögend; **~ damages** Schadenersatz *m* für tatsächlich eingetretenen Schaden; **~ evidence** hinreichender Beweis *m*; **~ improvement** wesentliche Verbesserung *f*; **~ reason** triftiger Grund *m*; **~ risk** erhebliches Risiko *n*

**substantiate**, *v* substantiieren, begründen

**substantiation**, Begründung *f*

**substantive**, wesentlich; selbstständig; **~ requirements** materielle Voraussetzungen *fpl*

**substitute**, Substitut *n*, Ersatz(mittel) *m(n)*; Vertreter *m*, Stellvertreter *m*; Ersatzmann *m*; Ersatz-; **~s** (or **substitute goods**) Substitutionsgüter *pl*; **cereal ~s** Substitutionserzeugnisse *pl* für Getreide; **~ delivery** (or **delivery of ~ goods**) Ersatzlieferung *f*; **to require the seller to deliver ~ goods** vom Verkäufer Ersatzlieferungen verlangen

**substitute**, *v* an die Stelle setzen (od. treten) (for von); **to ~ for a p.** jdn vertreten; **to ~ oil for coal** Kohle durch Öl ersetzen

**substituted**, **~ contract** neuer Vertrag *m*, Novationsvertrag *m*; **~ debtor** Übernehmer *m* e-r Schuld; **~ heir** *Am* Ersatzerbe *m*; **~ performance** Ersatzleistung *f*; **~ service** Ersatzzustellung *f*

**substitution**, Substitution *f*; Ersatz *m*, Ersetzung *f*; (Stell-)Vertretung *f*; **in ~ for** als Ersatz für; an Stelle von; **~ of coal for oil** Ersetzung von Erdöl durch Kohle; **~ of one debtor for another** Schuldübernahme *f*; **~ of an heir** Einsetzung *f* e-s Ersatzerben

**subtenancy**, Untermiete *f*; Unterpacht *f*

**subtenant**, Untermieter *m*; Unterpächter *m*

**subunderwriter**, Unterversicherer *m*

**subvention**, Subvention *f* (→ subsidy)

**subway**, *Am* U-Bahn *f*; *Br* Unterführung *f* *(für Fußgänger)*

**succeed**, *v* nachfolgen (to auf); Erfolg haben; erfolgreich sein; **entitled to ~ (to an estate)** erbberechtigt; **to ~ in business** geschäftlich erfolgreich sein; **to ~ to a p.'s estate** (or **property**) jdn beerben; Vermögen erben; **to ~ X** die Nachfolge von X antreten

**success**, Erfolg *m*; **~ in business** Geschäftserfolg *m*; **~ rate** Erfolgsquote *f*; **we wish your enterprise the best possible ~** wir wünschen Ihrem Unternehmen besten Erfolg

**successful**, erfolgreich; **~ party** obsiegende Partei *f*

**succession**, Folge *f*, Reihenfolge *f*; Nachfolge *f*; Erbfolge *f*; **by way of ~** im Wege der Erbfolge; **in ~** nacheinander; **in ~ to** als Nachfolger von; **order of ~** Erbfolgeordnung *f*; **testate ~** testamentarische Erbfolge; **vacant ~** herrenloser Nachlass *m*; **~ by inheritance** *Am* Erbfolge *f*; **~ duty** *Am* Erbschaftssteuer *f*; **~ in office** Amtsnachfolge *f*; Nachfolge *f* in ein Amt; **~ in title** Rechtsnachfolge *f*; **~ of crops** Fruchtfolge *f*; **~ on intestacy** gesetzliche Erbfolge *f*; **(automatic) ~ to the estate** Erbanfall *m*; **~ to the ownership interests in a partnership** Nachfolge in Anteile an Personengesellschaften; **~ to property** Vermögensnachfolge *f*

**successive**, aufeinanderfolgend; **~ delivery** Sukzessivlieferung *f*

**successively, to deliver ~** nach und nach liefern

**successor**, Nachfolger *m*; **legal ~** (or **~ in title**) Rechtsnachfolger *m*; **~ company** Nachfolgegesellschaft *f*; **~ in** (or **to**) **an office** Amtsnachfolger *m*; **~ to X** Nachfolger von X; **to appoint a ~** e-n Nachfolger berufen

**sue and labo(u)r clause**, Klausel *f* über Schadenabwendung und Schadenminderung

**sue**, *v* klagen, prozessieren; **to ~ for (the recovery of) a debt** e-e Forderung einklagen; **to ~ under a contract** aus e-m Vertrag klagen; **to ~ upon a claim** e-n Anspruch einklagen

**suffer**, *v* (er)leiden; zulassen, erlauben; **to ~ a loss** e-n Verlust (od. Schaden) erleiden;

**to ~ a loss in exchange** e-e Kurseinbuße erleiden; **to ~ a loss of sales** e-e Einbuße im Absatz erleiden
**sufficiency**, genügende Menge *f*
**sufficient**, genügend, ausreichend; **~ evidence** hinreichender Beweis *m*; **~ funds** ausreichendes Guthaben *n (beim Scheck)*; **~ quantity** genügende Menge *f*
**sufficiently, to be ~ provided with credit** über genügend Kredit verfügen
**suggested**, **~ price** empfohlener Preis *m*; Richtpreis *m*; **~ retail price** empfohlener Ladenpreis *m*
**suggestion**, Vorschlag *m*, Anregung *f*; Beeinflussung *f*; **~ selling** Verkauf *m* durch Kundenbeeinflussung
**suit**, *v*, **this quality does not ~ me** diese Qualität gefällt mir nicht; **to be ~ed for sale** sich für den Verkauf eignen
**suitability of the soil**, Bodeneignung *f*
**suitable**, passend, geeignet; **the articles are ~ for the market** die Waren sind für den Markt geeignet
**sum**, Summe *f*, Betrag *m*; **even ~** runde Summe; **flat ~** Pauschalbetrag *m*; **in ~** in wenigen Worten; **~ assured** → ~ insured; **~ borrowed** Darlehenssumme *f*; **~ due** fälliger Betrag; geschuldeter Betrag; **~ exceeding** Betrag von mehr als; **~ in dispute** Streitwert *m*; **~ insured** Versicherungsbetrag *m*, Versicherungssumme *f*; **~-of-the-years-digits method of depreciation** *Am (SteuerR)* Abschreibung *f* nach der Summe der Jahreszahlen, digitale Abschreibung *f*; **~ total** Gesamtbetrag *m*, Gesamtsumme *f*; Endbetrag *m*, Endsumme *f*
**sum up**, *v* zusammenfassen; zusammenzählen
**summarize**, *v* zusammenfassen
**summary**, *(kurze)* Übersicht *f*; zusammenfassende Darstellung *f*
**summary**, *adj* summarisch, kurz (zusammengefasst); kurz und bündig; Schnell-; **~ dismissal** fristlose Entlassung; **~ report** zusammenfassender Bericht *m*
**summarily, to be dismissed ~** fristlos entlassen werden
**summer sale**, Sommerschlussverkauf *m*
**summing up**, Zusammenfassung *f*, Übersicht *f*; Schlussplädoyer *n*
**summit**, **earth ~** Umweltgipfel *m*; **~ meeting** Gipfeltreffen *n*
**summon**, *v* laden, vorladen; *(Aktionäre etc.)* einberufen
**summoning shareholders, to a general meeting** Einberufung *f* der Hauptversammlung
**summons**, Ladung *f*, Vorladung *f*; **~ to pay** Mahnung *f*
**sumptuous living**, aufwendige Lebenshaltung *f*
**Sundays and public holidays**, Sonn- und Feiertage *mpl*
**sundries**, Verschiedenes; verschiedene kleine Artikel; diverse Ausgaben; **~ account** Konto „Verschiedenes"
**sundry**, **~ creditors** sonstige Verbindlichkeiten *pl*; **~ debtors** sonstige Forderungen *pl*; **~ expenses** sonstige Ausgaben, Ausgaben für Verschiedenes; außerordentliche Aufwendungen *pl*; **~ items** Verschiedenes
**superannuate**, *v* in den Ruhestand versetzen, pensionieren; in den Ruhestand treten; pensioniert werden
**superannuated**, pensioniert; *colloq.* zu alt *(für Arbeit od. Gebrauch)*; überaltert; veraltet; unmodern
**superannuation**, Pensionierung *f*; Altersrente *f*; Pension *f*; **entitled to ~** pensionsberechtigt; **~ fund** Pensionskasse *f*
**supercargo**, Kargador *m* (zur Überwachung der Ladung während der Seefahrt und des Verkaufs am Bestimmungsort)
**superdividend**, Superdividende *f*; Überdividende
**superette**, *Am (kleiner)* Selbstbedienungsladen *m*
**superfine**, extrafein
**superintendence**, Überaufsicht *f*, Betriebsleitung *f*
**superintendent**, Aufsichtsbeamter *f*; Betriebsleiter *m*; Abteilungsleiter *m*
**superior**, Vorgesetzter *m*
**superior**, *adj* höher(stehend); vorgesetzt; höherwertig; **~ articles** Qualitätsware(n) *f(pl)*; **~ authority** vorgesetzte Behörde *f*; **~ goods** höherwertige Güter *pl*; **~ in quality to** von besserer Qualität als
**supermarket**, Supermarkt *m*; großes Lebensmittelgeschäft *n* mit Selbstbedienung
**supersede**, *v* außer Kraft setzen, ersetzen (durch); an die Stelle treten von
**super sinker bond**, Anleihe *f* mit im Verhältnis zum Koupon kurzer Laufzeit (der Koupon entspricht dem einer langfristigen Anleihe, die Laufzeiten sind aber in der Regel zwischen 3 und 5 Jahren)

**supersonic airliner**, Überschallverkehrsflugzeug *n*
**supervise**, *v* beaufsichtigen; **duty to ~** Aufsichtspflicht *f*
**supervision**, Aufsicht *f*, Aufsichtsführung *f*, Beaufsichtigung *f*, Kontrolle *f*; **subject to ~** aufsichtspflichtig; **~ of manufacture** Fertigungskontrolle *f*
**supervisor**, Aufsichtsperson *f*, Aufseher *m*; leitender Angestellter *m*
**supervisory**, Aufsichts-, Kontroll-; **~ authority** Aufsichtsbehörde *f*; **~ board** Aufsichtsrat *m*; **~ body** Aufsichtsorgan *n*, Kontrollorgan *n*; **~ personnel** (or **staff**) leitende Angestellte *pl*
**supplement**, Ergänzung *f*, Nachtrag *m*; (Zeitungs)Beilage *f*, **commercial ~** Handelsbeilage *f*
**supplementary**, Ergänzungs-, Nachtrags; Zusatz-; **~ agreement** zusätzliche Vereinbarung *f*; **~ allowance** *Br* Sozialhilfe *f*; **~ budget** Nachtragshaushaltsplan *m*; **~ charge** Gebührenzuschlag *m*; Preisaufschlag *m*; Mehrpreis *m*; Zuschlag *m (z. B. im Zug)*; **~ costs** Zusatzkosten; kalkulatorische Kosten; **~ entry** Nachtragsbuchung *f*; **~ estimates** Nachtragshaushalt *m*; **~ files** Beiakten *pl*; **~ financing** Nachfinanzierung *f*; **~ insurance** Zusatzversicherung *f*, Nachversicherung *f*; **~ load** Beiladung *f*; **~ order** Nachbestellung *f*; **~ pension** *Br* ergänzende Rente *n*; **~ provisions** Ergänzungsbestimmungen *fpl*; **~ tax** Nachsteuer *f*; **~ ticket** Zuschlagskarte *f (Bahn)*; **~ volume** Ergänzungsband *m*
**supplier**, Lieferant *m*, Lieferer *m*, Zulieferant *m*; **~'s bill** Lieferantenwechsel *m*; **~ country** Lieferland *n*; **~ credit** Lieferantenkredit *m*; **~'s discount** Lieferantenskonto *n*; **~'s ledger** Lieferantenbuch *n*; **~ of goods** Warenlieferant *m*; **~ of services** Erbringer *m* von Dienstleistungen; **~s outside the EU** nicht der EU angehörende Lieferer; **~'s price** Lieferantenpreis *m*
**supplies**, Lieferungen *fpl*; Vorräte pl; *(Bilanz)* Hilfs- und Betriebsstoffe *pl*; *parl* Haushaltsgelder *pl*; **operating ~** Betriebsstoffe *pl*; **withholding ~ of goods** (from a dealer) Lieferverweigerung *f*; **~ of wheat** Weizenlieferungen *fpl*; **to obtain one's ~ from X** sich von X beliefern lassen; **the ~ are shrinking** die Vorräte nehmen ab
**supply**, 1. Lieferung *f*, Belieferung *f*, Anlieferung *f*; Versorgung *f*; Beschaffung *f*; Vorrat *m* (of an); Ersatzmann *m*; **essential ~** lebenswichtiger Bedarf *m*; **in short ~** knapp; **market ~** Marktbelieferung *f*; Marktbeschickung *f*; **money ~** → money; **month's ~** Monatsbedarf *m*; **source of ~** Bezugsquelle *f*; **water ~** Wasserversorgung *f*; **~ agreement** Lieferabkommen *n*; **~ bottleneck** Versorgungsengpass *m*; Lieferengpass *m*; **~ chain**, Versorgungskette *f*, Wertschöpfungskette *f, (Gesamtheit aller Marktaktivitäten und Produktionsverfahren, die zur Beschaffung, Produktion und zum Absatz von Produkten und Dienstleistungen notwendig sind)*; **~ commitment** Lieferverpflichtung *f*; **~ contract** Liefervertrag *m*; **~ difficulties** Versorgungsschwierigkeiten *fpl*; **~ market** Beschaffungsmarkt *m*; **~ of energy** Energieversorgung *f*; **~ of fuel** Kraftstoffvorrat *m*; **~ of goods** Warenlieferung *f*; **~ of information** Erteilung *f* von Auskünften; **~ management** Teilpolitik der Managementpolitik, deren Aktivitäten auf die → supply chain gerichtet sind; **~ of the market** Belieferung *f* des Marktes; Marktversorgung *f*; **~ of raw materials** Rohstoffversorgung *f*; **~ possibilities** Liefermöglichkeiten *fpl*; **~ price** Lieferpreis *m*; **~ requirements** Versorgungsbedarf *m*; **~ restrictions** Lieferbeschränkungen *fpl*; **~ situation** Versorgungslage *f*
**supply**, 2. Angebot *n*; **capital ~** Kapitalangebot *n*; **decrease of** (or **in**) **~** Angebotsabnahme *f*; **elasticity of ~** Angebotselastizität *f*; **excess(ive) ~** Überangebot *n*; **excess of ~ over demand** Angebotsüberhang *m*; **increase in** (or **of**) **~** Angebotszunahme *f*
**supply and demand**, Angebot und Nachfrage; **the prices are regulated by ~** die Preise richten sich nach Angebot und Nachfrage
**supply**, **~ of credit** Kreditangebot *n*; **~ of foreign exchange** Devisenangebot *n*; **~ of labo(u)r** Arbeitsangebot *n*; Angebot an Arbeitskräften; **~ of money** Geldangebot *n (am Geldmarkt)*; **~ of shares** Angebot an Aktien; **~ orientation** Angebotsorientierung *f*; **~ price** Angebotspreis *m*; **~ shortage** Angebotsverknappung *f*; **the demand exceeds the ~** die Nachfrage übersteigt das Angebot; **the ~ meets the**

**demand** das Angebot entspricht der Nachfrage

**supply**, *v* liefern, beliefern; versorgen, beschaffen, versehen (with mit); **to ~ the capital** das Kapital beschaffen; etw. finanzieren; **to ~ the deficiency** den Fehlbetrag ausgleichen; **to ~ a document** e-e Urkunde beschaffen; **to ~ evidence** Beweismaterial beibringen; **to ~ information** Auskunft erteilen; **to ~ the market** (with goods) den Markt beliefern (od. beschicken)

**supplying**, **~ customers** Kundenversorgung *f*; **~ firm** Lieferfirma *f*

**support**, Unterstützung *f*; Stützung *f*; (Lebens-)Unterhalt *m*; (Grundstücks-)Abstützung *f*; **dollar ~** Dollarstützung *f*; **in ~ of** als Beleg für; **liability for ~** *Am* Unterhaltspflicht *f*; **price ~** Kursstützung *f*; **vouchers in ~ of an account** Belege *mpl* für e-e Rechnung; **~ action** Stützungsaktion *f*; **~ buying** → support purchases; **~ claim** *Am* Unterhaltsforderung *f*; **~ commitments** Stützungsverpflichtungen *fpl*; **~ measures** Stützungsmaßnahmen *fpl*; **~ of prices** Preisstützung *f*; **~ points** *(im Devisenhandel)* Interventionspunkte *mpl*; **~ price** Stützungspreis *m (bes. für landwirtschaftl. Erzeugnisse)*; **~ purchases** (of securities) Stützungskäufe *mpl*; Interventionskäufe *mpl*; **to give ~ to** stützen; unterstützen; **to receive financial ~** finanziell unterstützt werden

**support**, *v* unterstützen; unterhalten, ernähren; *(Preise)* stützen; *(Kurse)* durch Käufe stützen; **to ~ by documents** mit Urkunden belegen; **to ~ a cause** für e-e Sache eintreten; **to ~ a currency** e-e Währung stützen; **to ~ sb. financially** jdn finanziell unterstützen; **to ~ oneself** seinen Unterhalt selbst verdienen

**supported**, **~ price** Stützungspreis *m*; Stützungskurs *m*; **the shares were ~** die Aktien wurden durch Käufe gestützt

**supporting**, **~ documents** Belege *mpl*; Unterlagen *fpl*; **~ purchases** *(Börse)* Stützungskäufe *mpl*, Interventionskäufe *mpl*

**suppress**, *v* unterdrücken; abschaffen, aufheben; verheimlichen; **to ~ a document** e-e Urkunde unterdrücken; **to ~ the truth** die Wahrheit verschweigen; **to ~ a will** ein Testament unterschlagen

**suppressed inflation**, zurückgestaute Inflation *f*

**suppression**, Unterdrückung *f*; Verheimlichung *f*; **~ of crime** Verbrechensbekämpfung *f*; **~ of documents** Urkundenunterdrückung *f*; **~ of facts** Verschweigung *f* von Tatsachen

**supranational**, supranational, übernational

**supra protest**, **acceptance ~** *(WechselR)* Ehrenannahme *f* nach Protest; **payment ~** Ehrenzahlung *f* nach Protest (→ dishono(u)red bill)

**supraregional**, überregional

**surcharge**, Aufschlag *m*, Zuschlag *m*; *(Post)* Nachgebühr; Steuerstrafe *f*; Frachtaufschlag *m (für Mehrkosten in bestimmten Bestimmungshäfen)*; Überbelastung *f*; **items subject to ~** *Br* nachgebührenpflichtige Sendungen *fpl*; **~s for late payment** Verzugszinsen *pl*

**surcharge**, *v* aufschlagen; mit Zuschlag *(Nachgebühr, Steuerstrafe etc.)* belegen; überlasten

**surety**, Sicherheit(sleistung) *f*, Garantie *f*, Bürgschaft(sleistung) *f*, Kaution(szahlung) *f*; Bürge *m*, Garantiegeber *m*; **co~** Mitbürge *m*; **counter ~** Rückbürge *m*, Rückbürgschaft *f*; **~ bond** *(schriftl)* Bürgschaftserklärung *f*; **~ company** *Am* Kautionsversicherungsgesellschaft *f*; **~ deed** Bürgschaftsurkunde *f*; **surety for a ~** Rückburgschaft *f*; **~ for (payment of) a bill** Wechselbürge *m*; Wechselbürgschaft *f*; **~ insurance** Kautionsversicherung *f*; **to** (or **become, stand**) **~ for** Bürgschaft leisten für, bürgen für; **the ~ shall be forfeited** die Kaution verfällt; **to offer a ~** e-n Bürgen stellen

**suretyship**, Bürgschaft *f*; **contract of ~** Bürgschaftsvertrag *m*; **to enter into a ~** e-e Bürgschaft eingehen

**surface**, Oberfläche *f*; **~ marking** Fahrbahnmarkierung *f*; **~ transport** Transport zu Lande od. See *(Ggs. Lufttransport)*; **~ working** Tagebau *m*

**surf**, *v* surfen (*ungezieltes Suchverhalten eines Nutzers des* → *Internet*)

**surge**, Auftrieb *m*, Anstieg *m*; **price ~** Preisauftrieb *m*; **~ in demand** *(sprunghafter)* Nachfrageanstieg *m*

**surpass**, *v*, **to ~ an order** e-n Auftrag überschreiten

**surplus**, 1. Überschuss *m*; Gewinn *m*; *(VersR)* Exzedent *m*; überschüssig; **agri-**

**cultural** ~ landwirtschaftliche Überschüsse *pl*; **consumer's** ~ Konsumentenrente *f*; **export** ~ Ausfuhrüberschuss *m*; **external** ~ → surplus 2.; ~ **account** Gewinnkonto *n*; ~ **accumulation** Gewinnansammlung *f*; ~ **area** Überschussgebiet *n*; ~ **assets** Liquidationswert *m* e-r Gesellschaft; ~ **brought forward** Gewinnvortrag *m*; ~ **capacity** Überkapazität *f*; ~ **country** Überschussland *n*; ~ **demand** Übernachfrage *f*; ~ **dividend** Superdividende *f*; Überdividende *f*; ~ **in the cash** Kassenüberschuss *m*; ~ **interest income** Zinsmehrertrag *m*; ~ **of assets over liabilities** Überschuss der Aktiven über die Passiven; Bilanzüberschuss *m*; ~ **of imports** Importüberschuss *m*; ~ **of receipts** Mehreinnahmen *fpl*; ~ **production** Überschussproduktion *m*; ~ **products** Überschusserzeugnisse *npl*; ~ **profit** Mehrgewinn *m*, Übergewinn *m*; ~ **purchasing power** überschüssige Kaufkraft *f*

**surplus stocks**, Überschussbestände *mpl*; **to reduce the** ~ den Überschuss abbauen

**surplus**, 2. Aktivsaldo *m*; Überschuss *m*; **current account** ~ Leistungsbilanzüberschuss *m*; **external** ~ Aktivsaldo der Zahlungsbilanz; **foreign trade** (or **export**) ~ Außenhandelsüberschuss *m*; **trade** ~ Aktivsaldo im Außenhandel, Handelsbilanzüberschuss *m*; ~ **in the balance of payments** (or **BOP**) Aktivsaldo der Zahlungsbilanz, Zahlungsbilanzüberschuss *m*; ~ **in the balance of trade** Aktivsaldo der Handelsbilanz, Handelsbilanzüberschuss *m*; ~ **in the service balance** (or ~ **on services**) Überschuss der Dienstleistungsbilanz; ~ **on foreign trade** Außenhandelsüberschuss *m*; ~ **on trade and services** Aktivsaldo im Waren- und Dienstleistungsverkehr; **the balance of trade closed with a** ~ die Außenhandelsbilanz schloss mit e-m Aktivsaldo ab; **to show a** ~ e-n Aktivsaldo aufweisen

**surplus**, 3. *Am (AktienR)* Reingewinn *m* und Rücklagen *fpl* aller Art; **appropriated** ~ den Rücklagen zugewiesener Gewinn; zweckgebundene Rücklagen; **capital** ~ Rücklagen, die nicht aus Jahresüberschüssen stammen; **earned** ~ unverteilter Reingewinn, thesaurierter Gewinn; **paid-in** ~ Gewinn *m (Rücklagen)* durch über den Nennwert hinaus ausgegebene Aktien; **reduction** ~ aus Kapitalherabsetzungen entstandene Rücklagen; **revaluation** ~ aus Höherbewertung von Anlagegütern entstandene Rücklagen; **unappropriated** ~ unverteilter Reingewinn *m*; einbehaltener Gewinn *m*; ~ **account** *Am* Rücklagenkonto *n*; ~ **fund** *Am* Rücklagenfonds *m*

**surrender**, Rückgabe *f*, Herausgabe *f*; Verzicht *m*, Aufgabe *f*; *(VölkerR)* Auslieferung *f (VersR)* Rückkauf *m*; **compulsory** ~ *Scot* Enteignung *f*; ~ **charge** Gebühr *f* bei Aufgabe e-r Versicherung; ~ **facility** Rückkaufsmöglichkeit *f (e-r Versicherungspolice)*; ~ **of documents** Herausgabe (od. Übergabe *f*) von Urkunden; ~ **of patent** Verzicht auf ein Patent; ~ **of a policy** Aufgabe (od. Rückkauf) e-r Police; ~ **of profits** Abführung *f* von Gewinnen; ~ **of shares** *Br* Rückgabe von Aktien an die Gesellschaft; ~ **value** Rückkaufswert *m (e-r Versicherungspolice)*

**surrender**, *v* zurückgeben, herausgeben; verzichten, aufgeben; *(Täter)* übergeben, ausliefern; **to** ~ **a lease** auf ein Miet- (od. Pacht)recht verzichten; räumen; **to** ~ **a patent** auf ein Patent verzichten; **to** ~ **a policy** e-e Versicherungspolice vorzeitig aufgeben (od. rückkaufen); **to** ~ **to the police** sich der Polizei stellen; **to** ~ **profits** Gewinne abführen

**surreptitious**, heimlich; betrügerisch; ~ **removal of goods** heimliches Beiseiteschaffen *n* von Waren

**surrogate**, Surrogat *n*, Ersatz *m*; ~ **mother** Leihmutter *f*

**surtax**, zusätzliche Steuer *f*

**surveillance**, Überwachung *f*, Kontrolle *f*; **Community** ~ **of imports** *(EU)* gemeinschaftliche Einfuhrüberwachung *f*; **(electronic)** ~ **device** Abhöranlage *f*; ~ **satellite** Aufklärungssatellit *m*; **to place imports under** ~ Einfuhren überwachen

**survey**, Überblick *m*; Besichtigung *f*; Begutachtung *f*; Vermessung *f (e-s Grundstücks)*; *(MMF)* Umfrage *f*, Erhebung *f*; **consumer** ~ Verbraucherumfrage *f*; **damage** ~ Schadensbesichtigung *f*; **field** ~ Primärerhebung *f* an Ort und Stelle; **market** ~ Marktforschung *f*; **Ordance S**~ *Br* amtliche Landvermessung *f*; **readership** ~ Leserumfrage *f*; **special** ~ genaue Prüfung *f* und Bericht *m* über die

Beschaffenheit e-s Schiffes; ~ **fees** Gebühren *fpl* für Begutachtung; ~ **report** Sachverständigengutachten *n*

**survey**, *v* überblicken; besichtigen, begutachten; *(Land)* vermessen

**surveying a property**, *Br* Grundstücksvermessung

**surveyor**, Aufsichtsbeamter *m*; Sachverständiger *m*, Gutachter *m (bes. für Beschaffenheit von Schiffen, Ladungen, Flugzeugen, Gebäuden etc.)*; Landvermesser *m* Geodät *m*; **land~** Vermessungsbeamter *m*; **Lloyd's** ~ *Br* von Lloyd's beauftragter Gutachter; **~'s certificate** Besichtigungsschein *m*; ~ **of customs** Zollbeamter *m*; **~'s office** Hochbauamt *n*

**surviving dependants**, Hinterbliebene *pl*; ~ **provision** Hinterbliebenenversorgung *f*

**survivor's benefit**, Hinterbliebenenrente *f*

**survivorship annuity**, Rente *f* für den Überlebenden (z. B. *Ehegatten*)

**suspect, a loan has become** ~ e-e Anleihe ist notleidend geworden

**suspected bill of health**, Gesundheitspass *m (für ein Schiff)* mit dem Vermerk, dass Gefahr von Infektionskrankheiten (etc.) besteht

**suspend**, *v* einstellen, aussetzen; *(vorübergehend)* aufheben; **to ~ business operations** den Geschäftsbetrieb einstellen; **to ~ the CCT duties** *(EU)* die Zollsätze des Gemeinsamen Zolltarifs aussetzen; **to ~ from office** *(jdn)* suspendieren; **to ~ licen|ce (~se)** e-e Lizenz *(zeitweilig)* außer Kraft setzen; *Am* e-n Führerschein *(zeitweilig)* einziehen; **to ~ payments** Zahlungen einstellen; **to ~ work** die Arbeit einstellen, mit der Arbeit aussetzen

**suspended, to be** ~ ruhen *(Rechte, Pflichten)*; dienstenthoben sein

**suspense**, Ungewissheit *f*; Schwebe *f*; Ruhen *n (e-s Rechts, e-r Frist)*; ~ **account** Interimskonto *n*, Zwischenkonto *n*; ~ **entry** Interimsbuchung *f*, Zwischenbuchung *f*; vorläufige Buchung *f*; **to be in ~** in der Schwebe sein; ruhen *(Rechte, Fristen)*

**suspension**, Einstellung *f*; Aussetzung *f*; *(einstweilige)* Aufhebung *f*; ~ **(from office)** *(vorläufige)* Dienstenthebung *f*, Beurlaubung *f*; ~ **of a driver's license** *Am (zeitweilige)* Entziehung *f* des Führerscheins; ~ **of execution** Aussetzung der Zwangsvollstreckung; ~ **of imports** Aussetzung der Einfuhren; ~ **of the insurance benefits** Ruhen *n* der Versicherungsleistungen; ~ **of nuclear tests** Einstellung der Atomwaffenversuche; ~ **of payments** Zahlungseinstellung *f*; ~ **of possession** *(einstweilige)* Besitzaufgabe *f*; ~ **of proceedings** Aussetzung des Verfahrens; ~ **of production** Einstellung der Produktion; ~ **of quotation** Aussetzung der Kursnotierung; ~ **of work** *(vorübergehende)* Arbeitseinstellung *f*

**suspensive effect**, aufschiebende Wirkung *f*

**suspicion**, Verdacht *m*; **there are reasonable grounds for** ~ es bestehen hinreichende Verdachtsgründe

**sustain**, *v* bestätigen; erleiden, aushalten, ertragen; **to ~ competition** der Konkurrenz standhalten; **to ~ a family** e-e Familie unterhalten; **to ~ an industrial injury** e-n Arbeitsunfall erleiden; **to ~ a loss** e-n Schaden (od. Verlust) erleiden

**sustained**, ununterbrochen, anhaltend; ~ **unemployment** anhaltende Arbeitslosigkeit *f*

**sustainable development**, nachhaltige Entwicklung *f*

**sustenance**, Nährwert *m*

**swag**, *colloq.* gestohlene Sachen

**swap**, Tausch *m*; Swap *m (Tauschoperationen im Devisenhandel)*; **currency ~** Währungsswap; **debt** (= debt equity ~) **equity ~** Schuldenswap; **financial ~** Finanzswap; **interest rate ~** Zinsswap; ~ **agreement** Swap-Abkommen *n (zur Kursstabilisierung der Währungen)*; ~ **commitment** Swap-Engagement *n*; ~ **dealer** Swap-Händler *m*; ~ **facility** Swapmöglichkeit *f*; ~ **offer** Umtauschangebot *n*; ~ **rate** Swap-Satz *m (Unterschied zwischen Devisenkassa- und Devisenterminkurs)*

**swap transaction**, Swapgeschäft *n (Verbindung e-s Devisenkassageschäfts mit e-m Devisen-Termingeschäft zur Kurssicherung)*; **to engage in ~s** Swapgeschäfte vornehmen

**swap**, *v* tauschen; *(Börse)* ein Wertpapier gegen ein anderes tauschen; swappen *(Vornahme von Tauschoperationen am Devisenterminmarkt)*

**swaption**, Option *f* auf Ausübung e-s Swaps

**swear**, *v* schwören; **to ~ an oath** e-n Eid leisten; **to ~ a p. in** jdn vereidigen
**swearing**, Schwören *n*; Eidleistung *f*; **~ in** Vereidigung *f*
**sweat**, *v*, **to ~ one's workers** seine Arbeiter ausbeuten *(schlechte Arbeitsbedingungen, geringer Lohn)*
**sweated**, **~ goods** von ausgebeuteten Arbeitnehmern erstellte Waren; für e-n Hungerlohn hergestellte Waren; **~ labo(u)r** ausgebeutete (schlecht bezahlte) Arbeitnehmer *pl*
**sweatshop**, Ausbeuterbetrieb *m*
**sweetener**, zusätzlicher Anreiz *m*; Beschwichtigungsmittel *n*; **artificial ~s in foods** Süßstoffe *mpl* in Lebensmitteln
**SWIFT**, → Society for Worldwide Interbank Financial Telecommunications
**swindle**, Schwindel *m*, Betrug *m*; **insurance ~** Versicherungsbetrug *m*
**swindle**, *v*, **to ~ sb. out of money** Geld von jdm erschwindeln
**swindler**, Schwindler *m*, Betrüger *m*
**swing**, 1. *(im bilateralen Handelsverkehr)* Swing *m*, Kreditspielraum *f*; **~ credit** *(zinsloser)* Überziehungskredit *m (kurzfristiger Kredit an kapitalschwache Einfuhrländer)*; **~ line facility** Fazilität, die dem Kreditnehmer die Liquiditätsbeschaffung erleichtert; kurzfristiger Überziehungskredit *m*
**swing**, 2. Spielraum *m*, Auf und Ab, **short ~ profit** *Am* gesetzlich verbotener Gewinn, den ein leitender Angesteller e-r AG durch An- und Verkauf bzw. Ver- und Ankauf von Aktien seiner Gesellschaft innerhalb von weniger als sechs Monaten erzielt; **~s of the dollar** Dollarschwankungen *fpl*; **~ shift** *Am* Schicht *f* von 16 bis 24 Uhr
**Swiss Options and Financial Futures Exchange AG**, (Soffex) Schweizer Börse *f* für Optionen und Finanzterminkontrakte
**switch**, Wechsel *m*, Umlenkung *f*; Übergang *m*; *(Außenhandel)* Switchgeschäft *n (Warengeschäft, das aus devisenwirtschaftl. Gründen über ein drittes Land geleitet wird)*; *(Effektenhandel)* → switching; **~ order** *Am* Auftrag für den Kauf od. Verkauf e-s Wertpapieres und e-n Verkauf od. Kauf e-s anderen bei e-m bestimmten Kursunterschied zwischen beiden Papieren
**switch**, *(EDV)* Switch *m (Netzwerkgerät um verschiedene Teile eines Netzwerkes miteinander zu verbinden)*
**switch**, *v* überwechseln (to zu), sich umstellen (to auf); umlenken, umleiten; *(Außenhandel)* ein Switch-Geschäft machen, „switchen"; *(Wertpapiere)* austauschen (→ switching); **to ~ out of shares into bonds** von Aktien in Obligationen umsteigen; **to ~ over to new methods** sich auf neue Methoden umstellen
**switchboard**, Schalttafel *f*; Telefonzentrale *f*
**switching of securities**, Austauschen *m* von Wertpapieren innerhalb e-s Effektenbestandes (Portefeuille-Umschichtung)
**sworn**, vereidigt, beeidigt; **~ evidence** beeidigte Zeugenaussage *f*; **~ expert** vereidigter Sachverständiger *m*; **~ statement** eidliche Versicherung *f*; Erklärung *f* unter Eid; **to be ~ in** vereidigt werden
**SWOT analysis**, (strengths, weaknesses, opportunities and threats) SWOT-Analyse *(eine Methode, um die strategische Marktlage einer Firma einzuschätzen)*
**sympathetic strike**, **sympathy strike**, Sympathiestreik *m*
**sympathy**, **to extend to sb. one's ~** jdm sein Beleid aussprechen
**symbol**, **distinctive ~** Firmensignet *n*
**syndic**, Syndikus *m*
**syndicate**, Konsortium *n*; Nachrichtenagentur *f*; **banking ~** Bankenkonsortium *n*; **member of a ~** Konsorte *m*; **member bank of a ~** Konsortialbank *f*; **participation in a ~** Konsortialbeteiligung *f*; **underwriting ~** Emissionskonsortium, Übernahmekonsortium; **~ agreement** Konsortialvertrag *m*; **~ business** Konsortialgeschäft *n*; **~ holdings** Konsortialbeteiligungen *fpl*; **~ manager** Konsortialführer *m*, führende Bank e-s Konsortiums; **~ operation** Konsortialgeschäft *n*; **~ profit** Konsortialgewinn *m*; **~ quota** Konsortialquote *f*; **~ share** Konsortialanteil *m*
**syndicated loan**, **~** Konsortialkredit *m*
**synthesize**, *v* künstlich herstellen
**synthetic fibres**, **(~ fibers)** Chemiefasern *fpl*, Kunstfasern *fpl*; **~ industry** Chemiefaser-Industrie *f*
**system**, System *n*; **accounting ~** Buchführungssystem *n*; **currency ~** Wäh-

rungssystem *n*; **legal ~** Rechtssystem *n*, Rechtsordnung *f*; **road ~** Straßennetz *n*
**systematic risk**, firmenspezifisches Risiko *n*, diversifizierbares Risiko *n*

# T

**tab**, Schildchen *n*, Etikett *f*, *sl.* Rechnung *f*
**table**, Tabelle *f*, Verzeichnis *n*; **conversion ~** Umrechnungstabelle *f*; **interest ~** Zinstabelle *f*; **redemption table** Tilgungsplan *m*; **T~ A** *Br* Muster *n* der Satzung (Articles of Association) e-r AG; **~ of fees** Gebührentabelle *f*
**table**, *v*, **to ~ a motion** *Br* e-n Antrag stellen; *Am* e-n Antrag zurückstellen
**tabular**, **in ~ form in** Tabellenform, tabellarisch; **~ bookkeeping** amerikanische Buchführung *f*
**tachograph**, Tachograph *m*, Fahrtenschreiber *m*
**tachometer**, Tachometer *m*, Geschwindigkeitsmesser *m*
**tacit**, **~ agreement** stillschweigende Vereinbarung *f*; **~ approval** stillschweigende Genehmigung *f*; **~ renewal of a contract** stillschweigende Vertragsverlängerung *f*
**tack**, *v* anhängen (to an)
**tackle**, *v* in Angriff nehmen (z. B. Problem)
**tag**, Anhänger *m*, Anhängezettel *m*; **price ~** Preiszettel *m*, Preisschild *n*
**tag**, *v* mit Anhänger versehen; *(Preis)* auszeichnen
**tailback**, Stau *m* (bes. auf Autobahn)
**tailor-made**, maßgeschneidert, nach Maß angefertigt
**take**, **~-away meals** Fertigmahlzeiten *pl* (zum Mitnehmen); **~-home pay** Nettolohn *m*; **~-in transaction** *(Börse)* Kostgeschäft *n*, Reportgeschäft *n*
**take**, *v* nehmen, abnehmen, entgegennehmen; **to~ a cash discount** Skonto *n* in Anspruch nehmen; **to ~ away** wegnehmen; **to ~** (the goods) **back** (die Ware) zurücknehmen; **to ~ delivery** (of) die Lieferung entgegennehmen; abnehmen, in Empfang nehmen; **to ~ down** aufschreiben, notieren; **to ~ effect** in Kraft treten; **to ~ for** *(jdn) (oft irrtümlich)*; halten für; **to ~ for the call** e-e Vorprämie verkaufen; **to ~ in** *Br (Börse) (Wertpapiere)* hereinnehmen, in Prolongation (od. Kost) nehmen; *(Waren)* hereinnehmen; *(Ladung)* einnehmen; **to ~ information** Informationen (od. Auskunft) einholen; **to ~ an interest in a firm** sich an e-r Firma *(finanziell)* beteiligen; **to ~ into consideration** in Betracht ziehen; **to ~ an inventory** ein Inventar aufstellen; **to ~ legal advice** sich juristisch beraten lassen; **to ~ the minutes** das Protokoll aufnehmen; **to ~ notice of** Kenntnis nehmen von; beachten; **to ~ an oath** e-n Eid leisten; schwören; **to ~ off** wegnehmen; *(Skonto, Rabatt)* abziehen; abfliegen, starten; **to ~ off the market** *(Waren)* aus dem Verkehr ziehen; **to ~ a day off** sich einen Tag freinehmen; **to ~ on** *(Arbeitskräfte)* einstellen; **to ~ on cargo** Ladung einnehmen; **to ~ on credit** auf Kredit kaufen, anschreiben lassen; **to ~ a bill on discount** e-n Wechsel diskontieren; **to ~ an order** e-e Bestellung (od. e-n Auftrag) annehmen
**take out**, *v*, **to ~ a(n insurance) policy** e-e Versicherung abschließen; **to ~ money from the bank** Geld von der Bank abheben; **to ~ a mortgage** e-e Hypothek aufnehmen; **to ~ of circulation** stilllegen *v*; **to ~ a patent** sich patentieren lassen
**take over**, *v*, **to ~ a company** e-e Gesellschaft übernehmen (→ takeover), **to ~ sb.'s debts** jds Schulden übernehmen; **to ~ the goods** die Waren übernehmen, **to ~ a job** e-e Arbeit übernehmen
**take**, *v*, **to ~ profits** *(Börse)* Gewinne mitnehmen; **to ~ stock** Inventur machen; den Bestand aufnehmen; **to ~ to pieces** auseinandernehmen; **to ~ under a will** aufgrund e-s Testamentes erben
**take up**, *v* übernehmen, aufnehmen; **to ~ a loan** ein Darlehen (od. Kredit) aufnehmen, **to take a matter up with sb.** mit jdm e-e Angelegenheit besprechen; **to ~ money** Geld aufnehmen; **to ~ a profession** e-n Beruf ergreifen
**takeover**, Übernahme *f*; (e-r AG durch Erwerb ihrer Aktien); **~ agreement** Übernahmevertrag *m*; **~ battle** Übernahmeschlacht *m*; **~ bid** Übernahmeangebot *n* *(bes. an die Aktionäre e-r Gesellschaft gerichtetes Angebot, ihre Aktien durch Tausch od. Kauf zu veräußern)*; **~ code** *Br* (City Code on Takeovers and Mergers) Regeln *fpl* des → Takeover Panel für die

Übernahme von Unternehmen; **~ of a business** Geschäftsübernahme; **~ of a firm** Firmenübernahme; **T~ Panel** *Br (City of London's Panel on Takeovers and Mergers)* Kontrollorgan *n* für Übernahme und Fusionen; **~ tussle** → takeover battle; **reverse ~** → reverse

**taker**, Abnehmer *m*, Käufer *m*; **~ for a call** Verkäufer e-r Vorprämie; **~ for a put** Käufer e-r Rückprämie; **~ of an option** Prämiennehmer *f*, Optionsnehmer *m*; **~out of a patent** Patentinhaber *m*

**taking delivery**, Abnahme *f* e-r Lieferung; **default in ~ delivery** Abnahmeverzug *m*; **time for ~ delivery** Abnahmefrist *f*; **to be late in ~ delivery** die Ware verspätet abnehmen

**taking**, **~ effect** Inkrafttreten *n*; **~ for a call** Verkauf *m* e-r Vorprämie; **~ an inventory** Inventur *f*, Bestandsaufnahme *f*; **~ an oath** Eidesleistung *f*; **~ of evidence** Beweiserhebung *f*; **~ out a life insurance** (*Br* **assurance**) Abschluss *m* e-r Lebensversicherung; **~ possession** Besitzergreifung *f*, Besitznahme *f*; **~ samples** Musterziehung *f*; Entnahme *f* von Proben; **~ stock** Aufnahme *f* des Lagerbestandes; **~ up of capital** Kapitalaufnahme *f*; **~ up a loan** Kreditaufnahme *f*; **taking up work** Arbeitsantritt *m*

**takings**, Einnahmen *fpl*; **the day's ~** die Tageseinnahmen

**Talisman**, *Br (Börse)* rechnergestütztes Abrechnungssystem *n* für Wertpapiere, das Büros auf der ganzen Welt umfasst

**talk**, Gespräch *n*; Besprechung *f*; Vortrag *m*; **economic ~s** Wirtschaftsgespräche *npl*; **preliminary ~** Vorbesprechung *f*; **to give a ~** e-n Vortrag halten (on über)

**tally**, Gegenstück *n*; (Schiffs-)Ladeliste *f*; Etikett *n*, Kennzeichen *n (z. B. auf Kisten)*; **~ clerk** *(Seefrachtgeschäft)* Ladungskontrolleur *m*; **~man** Tallyman *m*, Ladungskontrolleur *m*; Verkäufer von billigen oder minderwertigen Waren auf Abzahlung; **~ shop** Laden *m* e-s **~man**; **~ trade** *colloq.* Abzahlungsgeschäft *n*

**tally**, *v* übereinstimmen mit; kontrollieren, abhaken; ab-, nachzählen; *(Waren)* etikettieren

**talon**, Talon *m*, Erneuerungsschein *m*

**tamper**, *v*, **to ~ with** unerlaubte Änderungen vornehmen an, fälschen; zu bestechen versuchen; **to ~ with the accounts** die Bücher *(der Buchhaltung)* fälschen

**tandem stock option**, Tandem-Aktienoption *f (das Ausübungsrecht einer Option beeinflusst das Ausübungsrecht einer anderen Option)*

**tangible**, **~s** (or **~ assets**) materielle Vermögenswerte *pl*, Sachgüter *pl*; **~ fixed assets** Sachanlagen *pl*

**tanker**, Tanker *n*, Tankschiff *n*; **super ~** Großraumtanker; **~ owner** Tankreeder *m*; **~ plane** Tankflugzeug *n*

**tanned**, gegerbt *(Leder)*

**tanning material**, Gerbstoff *m*

**tap**, **on ~** jederzeit verfügbar; **~ bills** *Br (laufend ausgegebene)* Schatzwechsel *mpl*; **~ issue** vom Treasury laufend ausgegebene Schatzwechsel *mpl* und Staatsschuldverschreibungen *fpl (unter Ausschaltung der Börse)*; **~ issuers** Daueremittenten *mpl*; **~ stock** (*durch den → government broker laufend emittierte*) Regierungsanleihe *f*

**tap**, **wire ~** Einrichtung *f* zum Abhören von Telefongesprächen

**tap**, *v* anzapfen; erschließen; **to ~ a line** ein Telefongespräch abhören

**tape**, Tape *m*; Börsenticker *m*; Tonband *n*; *(EDV)* Band *n*; **magnetic ~** Magnetband *n*; **~ abbreviations** Börsenabkürzungen *fpl*; **~s for radio or television broadcasting** Bänder *npl* für Rundfunk- od. Fernsehsendungen; **~ library** *(EDV)* Bandarchiv *n*; **~ machine** Börsenfernschreiber *m*; **~ price** telgraphisch mitgeteilter Börsenkurs *m*; **~ quotation** *(Börse)* Ticker-Notierung *f*; **~ recorder** Tonbandgerät *n*; **~ recording** (Ton-) Bandaufnahme *f*; **to put on ~** auf Tonband aufnehmen

**tape**, *v* auf Tonband aufnehmen

**tapped**, **my telephone is being ~** mein Telefon wird abgehört

**tapping**, **wire ~** Abhören *n* von Telefongesprächen; **~ electric power** Entziehen *n* von elektrischem Strom

**tare**, Tara *f*, Verpackungsgewicht *n*; **actual ~** wirkliche Tara; **customary ~** Usotara; **customs tare** Zolltara; **~ deduction** Abzug *m* für Taragewicht

**target**, Ziel *n*; Produktionsziel *n*, Soll *n*; **~ company** Zielgesellschaft *f*, Gesellschaft, deren Übernahme geplant ist (→ takeover); **~ country** Zielland *n*; **~ date**

Stichtag *m*; **planned** ~ Plansoll *n*; **to reach the** ~ das Soll erfüllen
**target price**, Richtpreis *m*; **basic** ~ Grundrichtpreis; **national** ~ einzelstaatlicher Richtpreis
**target**, *v*, **to** ~ als Zielgruppe ansprechen
**targeted production**, Produktionsziel *n*
**tariff**, 1. Zoll *m*, Zolltarif *m*; **ad valorem** ~ Wertzoll *m*; **agricultural** ~ Agrarzoll; **compound** ~ gemischter Zolltarif; **counter-vailing** ~ Ausgleichszoll; **customs** ~ Zolltarif; **export** ~ Ausfuhrzoll(-tarif); **differential** ~ Differentialzoll; **import** ~ Einfuhrzoll(tarif); **internal** ~ Binnenzoll(tarif); **multiple** ~ Mehrfachzoll; **preferential** ~ Vorzugszoll(tarif); **protective tariff** Schutzzoll *m*; **revenue** ~ Finanzzoll *m*; **sliding-scale** ~ Gleitzoll *m*; **T~ Act** *Am* Zollgesetz *n*; ~ **adjustment** Zolltarifangleichung *f*; ~ **agreement** Zollabkommen *n*; ~ **barriers** Zollschranken *fpl*; ~ **change** Zolltarifänderung *f*; ~ **classification** zolltarifliche Einstufung *f*; Tarifierung *f*; ~ **concessions** Zollzugeständnisse *npl*; ~ **cut** Zollsenkung *f*; ~ **discrimination** benachteiligende Zollbehandlung *f*; ~ **dismantling** Zollabbau *m*; **~-fed** durch Zölle geschützt
**tariff headings**, (Zoll-)Tarifpositionen *fpl*; ~ **headings of the Common Customs T~** → CCT
**tariff**, ~ **increase** Zollerhöhung *f*; ~ **information** Zollauskunft *f*; ~ **legislation** Zollgesetzgebung *f*; ~ **negotiations** Zoll(tarif)verhandlungen *fpl*; ~ **nomenclature** Zolltarifschema *n*; ~ **policy** Zollpolitik *f*
**tariff preferences**, **Community** ~ Gemeinschaftszollpräferenzen *fpl* der EU; **to abolish** ~ Zollpräferenzen aufheben
**tariff**, **~-protected** durch Zölle geschützt; ~ **protection** Schutz *m* durch Zölle
**tariff quotas**, Zollkontingente *npl*; **Community** ~ *(EU)* Gemeinschaftszollkontingente *npl*
**tariff**, ~ **rate** Zollsatz *m*; ~ **reduction** Zollherabsetzung *f*; Zollsenkung *f*; ~ **regulations** Zollbestimmungen *fpl*; **~-ridden** mit hohen Zöllen belastet; ~ **subheadings** Tarifstellen *fpl*; ~ **suspension** Zollaussetzung *f*; ~ **treatment** zolltarifliche Behandlung *f*
**tariff wall**, **abolition of ~s** Beseitigung *f* der Zollschranken
**tariff**, **to decrease the ~s** die Zölle senken; **to increase the ~s** die Zölle erhöhen
**tariff**, 2. Tarif *m*; Gebührenverzeichnis *n*; Preisliste *f*; **electricity** ~ Stromtarif; **freight** (or **goods**) ~ Gütertarif *m*, Frachttarif; **gas** ~ Gastarif; **graduated** ~ Staffeltarif; **hotel** ~ *Br* Zimmerpreis in e-m Hotel; **(insurance)** ~ Versicherungstarif; **non-~** außertariflich; **off-peak** ~ *Br* (Strom-)Tarif für Zeiten geringer Belastung; **passenger** ~ Personentarif; **railway** ~ Eisenbahntarif; ~ **agreement** Tarifabsprache *f*; ~ **category** Tarifklasse *f*; ~ **increase** Tariferhöhung *f*, Anhebung *f* der Tarife; ~ **in force** gültiger Tarif; ~ **making** am Tariffestsetzung *f*; ~ **negotiation** Tarifverhandlung *f*; ~ **of charges** Gebührenverzeichnis *n*; ~ **raising** Tariferhöhung *f*; ~ **reduction** ~ Tarifermäßigung *f*, Tarifsenkung *f*; **to fix the** ~ den Tarif festsetzen; tarifieren
**tariffication**, Tarifierung *f*, Tariffestsetzung *f*
**task**, Aufgabe *f*, Arbeit *f*; ~ **force** Sonder-Arbeitsgruppe *f*; ~ **work** → piece-work
**taste**, **for every** ~ für jeden Geschmack; **change in** ~ Geschmackswandel *m*
**tax**, Steuer *f*; **accrued ~es** *(Bilanz)* rückständige Steuern *pl*; **ad valorem** ~ Wertsteuer; **advance payment on ~es** Steuervorauszahlung *f*; **after-~ profit** Gewinn *m* nach Abzug von Steuern; **assessed** ~ veranlagte Steuer; **avoidance of ~es** Steuervermeidung *f*, *(erlaubte)* Steuerumgehung *f*; **capital** ~ *(DBA)* Vermögensteuer *f*; **capital gains** ~ Kapitalertragsteuer *f*; **collection of ~es** Erhebung (od. Einziehung *f*) von Steuern; → corporation ~; **death** ~ *Am* Erbschaftsteuer; **deduction of** ~ **at source** Steuerabzug *m* an der Quelle; **deferred** ~ latente Steuer, **degressive** ~ degressive Steuer; **determination of the** ~ Festsetzung *f* der Steuer; **direct** ~ direkte Steuer; **estate tax** *Am* Erbschaftsteuer; **evaded** ~ hinterzogene Steuer; **exempt from ~es** steuerfrei; **graded** ~ gestaffelte Steuer; **heavy** ~ hohe Steuer; **hidden** ~ verschleierte Steuer; **imposition of ~es** Besteuerung *m*; **income** ~ Einkommensteuer; **indirect** ~ indirekte Steuer; **inheritance** ~ Erbschaftsteuer; **input** ~ *Br (Mehrwertsteuer)* Vorsteuer; **land** ~ Grundsteuer *f*; **liable to ~es**

steuerpflichtig; **payroll** → payroll; **progressive ~** progressive Steuer; **property ~** Vermögensteuer; **proportional ~** Proportionalsteuer *f*; **real estate ~** Grundsteuer; **regressive ~** regressive Steuer; **sales tax** Umsatzsteuer; **social security ~es** *Am* Sozialversicherungsbeiträge *mpl*; **stock transfer ~** *Am* Börsenumsatzsteuer; **turnover ~** *Am* Umsatzsteuer; **value added ~** *(VAT)* Mehrwertsteuer; **wealth ~** Vermögensteuer; **withholding ~** Quellensteuer; **~ abatement** Steuernachlass *m*, Herabsetzung *f* der Steuer; **~ accounting** Steuerbuchführung *f*; **~ accruals** *(Bilanz)* Steuerrückstellungen *fpl*; **~ adviser** Steuerberater *m*; **~ allowance** (Steuer-) Freibetrag *m*; **~ amnesty** Steueramnestie *f*; **~ anticipation certificate** *Am* Steuergutschein *m*; **~ appeal** Einspruch *m* gegen e-n Steuerbescheid; **~ approximation** Steuerangleichung *f*; **~ arrears** Steuerrückstände *pl*

**tax assessment**, Steuerveranlagung *f*; **additional ~** Steuernachforderung *f*; **~ notice** Steuerbescheid *m*; **~ period** Veranlagungszeitraum *m*

**tax**, **~ at source** Quellensteuer *f*; **~ attorney** *Am* Anwalt *m* für Steuersachen; **~ audit** Steuerprüfung *f*; **~ auditor** Steuerprüfer *m*; **~ authority** Steuerbehörde *f*; **~ avoidance** Steuerumgehung *f*; Steuervermeidung *f*; **~ base** Steuerbemessungsgrundlage *f*; **~ benefits** steuerliche Vergünstigungen *fpl*; **~ bill** Steuerbescheid *m*; **~ bracket** Steuerstufe *f*; Steuerklasse *f*; **~ burden** steuerliche Belastung *f*; **~ calculation** Selbstveranlagung *f* des Steuerpflichtigen; **~ charge** Steuerlast *f*; **~ collection** Steuereintreibung *f*; **~ concession** Steuervergünstigung *f*; **~ consultant** Steuerberater *m*; **~ convention** Steuerabkommen *n*; **~ credit** → credit 2.; **~ cut** Steuersenkung *f*; **~ declaration** Steuererklärung *f*; **~ deducted at source** Steuerabzug *m* an der Quelle; Quellensteuer *f*; **~ deductible** steuerabzugsfähig; **~ deferment** Steuerstundung *f*; **~ demand** Steuerbescheid *m*; **~ disc** *Br* Quittung *f* für bezahlte Kraftfahrzeugsteuer; **~ dodge** Steuerkniff *m (zur Umgehung der Steuer)*; **~ dodging** Steuerausweichung *f*; **~ domicile** steuerlicher Wohnsitz *m*; **~ due** geschuldete Steuer; **~ evader** Steuerhinterzieher *m*; **~ evasion** Steuerhinterziehung *f* (→ evasion)

**tax exempt**, von der Steuer befreit; **~ profit** steuerfreier Gewinn *m* **tax, ~ exemption** Steuerbefreiung *f*; **~ expenditure** Steueraufwand *m*; **fraud** Steuerbetrug *m*

**tax-free**, steuerfrei; **~ allowance** *Br* Steuerfreibetrag *m*; **~ profit** nicht zu versteuerender Gewinn *m*

**tax frontiers, to eliminate ~** Steuergrenzen *fpl* abschaffen

**tax**, **~ harmonization** *(EU)* Steuerangleichung *f*; **~ haven** Steueroase *f*; **~ impact** Steueranstoß *m*, Wirkung *f* e-r Steuer *(z. B. für ein bestimmtes Produkt)*; **~ in arrears** rückständige Steuer; **~ incentive** Steueranreiz *m*; Steuervergünstigung *f*; **~ incidence** Steuerinzidenz *f*; **~ increase** Steuererhöhung *f*; **~ investigator** Steuerfahnder *m*

**tax liability**, Steuerschuld *f*; Steuerpflicht *f*; **subject to unlimited ~** *(DBA)* unbeschränkt steuerpflichtig

**tax**, **~ load** Steuerlast *f*; **tax loss** Steuerausfall *m*; **~ on capital** Kapitalsteuer *f*; **~ on stock exchange dealing** *Br* Börsenumsatzsteuer *f* (→ stamp duty); **~ paid** versteuert *m*

**tax payable directly or by deduction**, unmittelbar oder im Abzugswege zu zahlende Steuer

**tax**, **~ payer** Steuerzahler *m*, Steuerpflichtiger *m*; **~ payer's identification number** (TIN) Kennummer *f*; **~ payment date** Steuer(zahlungs)termin *m*; **~ penalty** Steuersäumniszuschlag *m*; **~ practitioner** *Br* Steuerberater *m*; **~ prepayment** Steuervorauszahlung *f*; **~ privilege** Steuerbegünstigung *f*; **~-privileged** steuerbegünstigt; **~ proceeds** Steuerertrag *m*

**tax rate**, (geltender) Steuersatz *m*; **reduction in ~ rates** Steuersenkung *f*; **to raise ~ rates** Steuern erhöhen

**tax**, **~ rebate** Steuernachlass *m*; **~ receipts** Steuereinnahmen *fpl*; **~ reduction** Steuerermäßigung *f*, Steuersenkung *f*; **~ refund** Steuerrückerstattung *f*; **~ relief** Steuerentlastung *f*, Steuervergünstigung *f*; Steuerbefreiung *f*; *Br* Steuerfreibetrag *m*; **~ remission** Steuererlass *m*; **~ reserve certificate** Steuergutschein *m*; **~ return** Steuererklärung *f*; **~ revenue** Steuereinnahmen *fpl*, Steueraufkommen *n*; ~ **sale** *Am* Zwangsversteigerung *f* von Grundbesitz zur Eintreibung der Steuerschuld; ~ **scale** Steuertarif *m*; ~ **schedules** *Br* Einkommensteuergruppen *fpl*; ~ **shelter** *(rechtmäßige)* Steuerersparnis *f*, Schutz vor Steuern *(z. B. Abschreibungen)*; ~ **shifting** Steuerüberwälzung *f*, **~-supported** durch Steuereinnahmen finanziert; ~ **stamp** Steuermarke *f*, Banderole *f*; ~ **switching** Umschichtung *f* e-s Effektenportefeuilles aus steuerlichen Gründen; ~ **table** Steuertabelle *f*; ~ **voucher** Steuerbeleg *m*; ~ **yield** Steuerertrag *m*; **to allow British ~es as credit against Federal Republic taxes** in England gezahlte Steuern in der Bundesrepublik anrechnen; **to assess a** ~ e-e Steuer festsetzen; **to avoid ~es** Steuern umgehen; **to subject to** ~ steuerpflichtig sein; **to collect ~es** Steuern einziehen; **to credit ~es** *(DBA)* Steuern anrechnen; **to cut ~es** Steuern senken; **to deduct ~es at source** Steuern im Abzugswege erheben; **to determinate ~es** Steuern festsetzen; **to evade ~es** Steuern hinterziehen; **to exempt from ~es** von Steuern befreien; **to impose a ~ on sth.** mit e-r Steuer belegen; etw. besteuern; **to increase ~es** Steuern erhöhen; **to levy ~es** Steuern erheben; **to lower a** ~ e-e Steuer senken (od. herabsetzen); **to pay over ~es** Steuern abführen; **to raise ~es** Steuern erheben; **to reduce a** ~ e-e Steuer herabsetzen; **to refund a** ~ e-e Steuer rückerstatten

**tax**, *v* besteuern; **to ~ luxuries more heavily** Luxusartikel höher besteuern

**taxable**, besteuerbar; steuerpflichtig; ~ **base** Steuerbemessungsgrundlage *f*; Besteuerungsgrundlage *f*; ~ **capacity** Steuerkraft *f*; steuerliche Belastungsfähigkeit *f*; ~ **income** steuerpflichtiges Einkommen *n*; zu versteuerndes Einkommen *n*; ~ **pay** steuerpflichtiger Lohn *m*; ~ **profit** zu versteuernder Gewinn *m*; ~ **year** Steuerjahr *n*; **to be** ~ besteuert werden können

**taxation**, Besteuerung *f*; **double** ~ Doppelbesteuerung *f* ( → double); **exempt from** ~ steuerfrei; **high** ~ hohe Besteuerung; **increase in** ~ Steuererhöhung *f*; **light** ~ leichte Besteuerung; **multiple** ~ mehrfache Besteuerung; **reduction of** ~ Steuerermäßigung *f*; ~ **at source** Quellenbesteuerung *f*; ~ **authority** *(DBA)* Steuerbehörde *f*; ~ **equalization reserve** *Br (Bilanz)* Steuerausgleichsrücklage *f*; ~ **of buildings** Gebäudebesteuerung; ~ **of capital** *(DBA)* Besteuerung des Vermögens; ~ **of property** Vermögensbesteuerung *f*; ~ **on interest** Zinsbesteuerung *f*; ~ **provision** Rückstellung *f* für Steuern

**taxed, heavily** ~ hoch besteuert; **profit to be** ~ zu besteuernder Gewinn

**taxi**, ~ **(cab)** Taxi *n*; ~ **driver** Taxifahrer *m*; **~-meter** Fahrpreisanzeiger *m (im Taxi)*; ~ **rank** (or **stand**) Taxistand *m*; **to order a** ~ ein Taxi bestellen

**taxing**, ~ **authority** Steuerbehörde *f*; ~ **district** *Am* Steuerbezirk *m*; ~ **state** *(DBA)* besteuernder Staat *m*

**teamwork**, Gruppenarbeit *f*

**tear-open wrapper**, Aufreißpackung *f*

**teaser**, *Am sl.* Neugierde erregendes Werbemittel; ~ **interest rates** „Lock"-Zinsen *mpl* um attraktive Kunden zu werben

**technical**, technisch; fachlich, Fach-; ~ **aid** technische (Entwicklungs-)Hilfe *f*; ~ **analysis** technische Aktienanalyse *f* (Analyse auf Basis historischer Kursverläufe); ~ **bodies** Fachgremien *npl*; ~ **capability** technische Leistungsfähigkeit *f*; ~ **committee** Fachausschuss *m*; ~ **expertise** technisches Gutachten *n*; fachmännisches Können *n*; ~ **journal** Fachzeitschrift *f*; ~ **knowledge** Fachkenntnis(se) *f(pl)*; ~ **manager** technischer Direktor *m*; ~ **opinion** technisches Gutachten *n*; ~ **progress** technischer Fortschritt *m*; ~ **rally** *(Börse)* technische Erholung *f*; ~ **staff** technisches Personal *n*; Fachpersonal *n*; ~ **term** Fachausdruck *m*; ~ **training** Fachausbildung; ~ **working life** technische Nutzungsdauer *f*

**technically qualified**, fachlich geeignet

**technochemical**, chemotechnisch

**technological**, technologisch; ~ **advance** technologischer Fortschritt *m*; ~ **change** technologischer Wandel *m*; ~ **gap** technologische Lücke *f (zwischen verschiedenen Ländern)*; ~ **lead** technologischer Vorsprung *m*; ~ **progress** → ~ advance; ~ **unemployment** technologisch bedingte Arbeitslosigkeit *f*

**technology**, Technologie *f*; **high** ~ Spitzentechnologie; ~ **assessment** Abschätzen *n* der Folgen technologischer

Innovation; ~ **transfer** Technologietransfer *m*; **College of T~** Technische Hochschule *f* (T.H.)
**Tedis**, → trade electronic data interchange system
**teething troubles/problems**, Anfangsschwierigkeiten *f pl*
**telecast**, Fernsehsendung *f*
**Telecom**, → British Telecom
**telecommunication(s)**, Telekommunikation *f*, Nachrichtenübermittlung *f (durch Telegraf, Telefon, Radio od. Fernsehen)*, Fernmeldewesen *n*; ~ **equipment** Telekommunikationsgeräte *npl*; ~ **facilities** Fernmeldeanlagen *pl*; ~ **industry** Fernmeldeindustrie *f*; ~ **satellite** Fernmeldesatellit *m*; ~ **services** Telekommunikationsdienstleistungen *fpl*
**teleconference**, Telekonferenz *f*
**telecopier**, Telekopierer *m (Gerät)* ( → telefax)
**teledictating machine**, Ferndiktiergerät *n*
**telefax**, Telefax *m* ( → telecopier)
**telegram**, Telegramm *n*; **decorative ~** Schmuckblattelegramm; **greetings ~** Glückwunschtelegramm; **money order ~** telegrafische Geldüberweisung *f*; **reply by** ~ telegrafische Antwort *f*, **reply paid ~** Telegramm mit bezahlter Rückantwort; ~ **by telephone** zugesprochenes Telegramm; **delivered by mail** *Br* Brieftelegramm; ~ **in cipher** (or **in code**) chiffriertes (od. verschlüsseltes) Telegramm; ~ **in plain language** nicht chiffriertes Telegramm; **to deliver a** ~ ein Telegramm zustellen (od. austragen); **to send** (or **dispatch, hand in**) **a** ~ ein Telegramm aufgeben
**telegraphic**, telegrafisch; ~ **address** Drahtanschrift *f*; ~ **charges** Telegrammgebühren *fpl*; ~ **money order** (or **remittance**) telegrafische Geldüberweisung *f*; Drahtanweisung *f*; ~ **order** telegrafische Bestellung *f*; ~ **reply** Drahtantwort *f*; ~ **transfer** (T.T.) telegrafische Überweisung *f*; telegrafische Auszahlung *f*; ~ **transfer rate** Kabelkurs *m*
**telemarketing**, Telemarketing *n (Verkauf am Telefon)*
**telephone**, Telefon *n*, Fernsprecher *m*; **coin-operated** ~ Münzfernsprecher *m*; **plug-in** ~ umsteckbares Telefon; ~ **answering machine** Telefonanrufbeantworter *m*; Fernsprechaufnahmegerät *n*; ~ **answering service** Fernsprechauftragsdienst *m*; ~ **bill** Telefonrechnung *f*; ~ **box** Telefonzelle *f*; **telephone connection** Fernsprechverbindung *f*
**telephone directory**, Fernsprechbuch *n*; **classified** ~ Branchenfernsprechbuch *n*
**telephone**, ~ **exchange** (Fernsprech-) Zentrale *f*; ~ **kiosk** Telefonzelle *f*; ~ **rates** *Am* Fernsprechgebühren *pl*; ~ **recorder** automatischer Anrufbeantworter *m*; ~ **rental** Telefongrundgebühr *f*; ~ **tapping** Abhören von Telefongesprächen; **to inquire by** ~ telefonisch anfragen
**telephoned order**, telefonisch erteilter Auftrag *m*
**telephonist**, Telefonist(in) *m(f)*
**telephoto**, Funkbild *n*
**teleprinter**, *Br* Fernschreiber *m (Gerät)*; **T~ Exchange** fernschriftliche Übermittlung *f* von Texten ( → telex); **to operate the ~** den Fernschreiber bedienen
**teleprocessing**, Datenfernverarbeitung *f*
**teletype**, *v* fernschreiben
**teletypewriter**, *Am* Fernschreiber *m*
**televise**, *v* durch Fernsehen übertragen
**television**, Fernsehen *n*; **coin-operated** ~ Münzfernsehen; **colo(u)r ~** Farbfernsehen; **commercial ~** Werbefernsehen; **educational** ~ Bildungsfernsehen; ~ **address** Fernsehansprache *f*; ~ **advertising** Fernsehwerbung *f*; ~ **broadcasts** Fernsehsendungen *fpl*; ~ **broadcasting by satellite** Satellitenfernsehsendung *f*; ~ **rental** Miete *f* für Fernsehapparate; ~ **set** Fernsehapparat *m*, Fernseher *m*; **~shopping**, Fernsehshopping *n*; **to look at the ~** fernsehen
**telex**, Fernschreiber(teilnehmer)netz *n*; Fernschreiber *m*; Fernschreiben
**telex**, *v* telexen, ein Fernschreiben per Telex übermitteln
**teller**, (Bank-)Kassierer *m*, Kassenbeamter *m*; **automatic ~** *Am* Geldautomat *m*; **collection ~** → collection
**tel quel**, (tale quale) so wie; **~ clause** Tel-quel-Klausel *f* (internationale Handelsklausel, bes. im Überseeverkehr; der Käufer hat die Ware so zu nehmen, wie sie ausfällt); ~ **rate** Tel-quel-Kurs *m* (Devisenkurs, bei dem keine Zinsen und Spesen berechnet werden)
**temporarily closed**, vorübergehend geschlossen
**temporary**, zeitweilig, vorläufig, vorübergehend; **T~ Abandonment Premium** (TAP) *(EU)* Prämie *f* für die vorüberge-

hende Aufgabe; ~ **admission** vorübergehende *(zollfreie)* Einfuhr *f*; ~ **admission papers** Zollpapiere *pl* für die vorübergehende Verwendung; ~ **contract** befristeter Vertrag; ~ **credit** Zwischenkredit *m*; ~ **disability** vorübergehende Arbeitsunfähigkeit *f*; ~ **employee** Aushilfsangestellte(r) *f(m)*

**temporary employment**, vorübergehende Beschäftigung *f*, Zeitarbeit *f*; ~ **agency** Leiharbeitunternehmen *n*; ~ **business** gewerbsmäßige Arbeitnehmerüberlassung *f*; ~ **contract** Zeitarbeitsvertrag *m*

**temporary**, ~ **importation papers** Zollpapiere *npl* für die vorübergehende Einfuhr; ~ **injunction** *Am* einstweilige Verfügung *f*; ~ **investment** kurzfristige Kapitalanlage *f*; *(Bilanz)* Wertpapiere des Umlaufvermögens; ~ **labo(u)r** Arbeitskräfte auf Zeit

**temporary loan, worker on** ~ Leiharbeitnehmer *m*

**temporary**, ~ **receipt** Zwischenquittung *f*; ~ **restraining order** einstweilige Verfügung *f*; ~ **staff** Angestellte auf Zeit; Aushilfspersonal *n*; ~ **work** Zeitarbeit *f*

**temporary worker**, Zeitarbeitnehmer *m*; Leiharbeitnehmer *m*; **to hire out ~s** Leiharbeitnehmer verleihen

**tenancy**, Mietverhältnis *n*, Pachtverhältnis *n*; Miete *f*, Pacht *f*; **agricultural** ~ landwirtschaftliches Pachtverhältnis *n*; **farm** ~ Pacht e-s Hofes; **joint** ~ → joint; ~ **agreement** (or **contract**) Mietvertrag *m*, Pachtvertrag *m*; ~ **at will** jederzeit kündbares Miet- od. Pachtverhältnis; ~ **from month to month** monatlich laufendes Miet- od. Pachtverhältnis; ~ **in common** Miteigentum *n (an Grundbesitz)* nach Bruchteilen; ~ **of immovable property** Miete (od. Pacht) von unbeweglichem Vermögen; ~ **year** Mietjahr *n*, Pachtjahr *n*; **to enter into a** ~ e-n Miet- (od. Pacht)vertrag abschließen

**tenant**, Mieter *m*, Pächter *m*; **agricultural** (or **farm**) ~ landwirtschaftlicher Pächter; **game** ~ Jagdpächter; **incoming** ~ neuer Mieter (od. Pächter); **joint** ~ → joint; **landlord and** ~ → landlord; **outgoing** ~ ausziehender Mieter (od. Pächter); **statutory** ~ *Br* unter Kündigungsschutz stehender Mieter (od. Pächter); ~ **for life** Mieter (od. Pächter) auf (eigene od. fremde) Lebenszeit; ~ **in common** Miteigentümer *m (an Grundbesitz)* nach Bruchteilen; ~ **protection** Mieterschutz *m*; **~'s repairs** dem Mieter (od. Pächter) obliegende Reparaturen *pl*; **to let** (premises) **to a** ~ vermieten, verpachten

**tenant**, *v*, **house ~ed by students** von Studenten gemietetes Haus *n*

**tend**, *v*, **to** ~ **firmer** *(Börse)* fester tendieren; **to** ~ **the store** *bes. Am* Kunden bedienen; **prices are ~ing upwards** die Kurse tendieren nach oben

**tendenc|y**, Tendenz *f*, Neigung *f*; **bearish** ~ fallende Tendenz, Baissetendenz; **bullish** ~ steigende Tendenz, Haussetendenz; **stronger** ~ **in prices** Befestigung *f* der Kurse; **weaker** ~ **in prices** Abschwächung *f* der Kurse; ~ **for prices to increase** Preissteigerungstendenz *f*; **~ies of the market** Börsentendenz *f*; **shares showed an uneven** (or **irregular, unsteady**) ~ die Aktien tendierten uneinheitlich

**tender**, Angebot *f*; Zahlungsangebot *n*, Lieferungsangebot *n*, Leistungsangebot *n (bei Ausschreibungen)*; **acceptance of** ~ Zuschlagserteilung *f (bei Ausschreibungen)*; **by** ~ durch Ausschreibung, im Submissionswege; **highest** ~ Höchstgebot *n*; **legal** ~ gesetzliches Zahlungsmittel *n*; **limited** ~ beschränkte Vergabe *f (an e-e kleine Anzahl von Anbietern)*; **lowest** ~ Mindestgebot *n*; **placing of contracts by** ~ Submission *f (Vergabe von Arbeits- od. Lieferungsaufträgen)*; **public** ~ öffentliche Vergabe *f (an e-n unbegrenzten Anbieterkreis)*; **sealed bid** ~ *Br* Submissionsangebot *n* in versiegeltem Umschlag; **weekly** ~ *Br (Geldmarkt)* wöchentliche Auktion *f* (*die britischen Schatzwechsel werden im → tender system emittiert*); ~ **bills** *Br* wöchentlich zum Verkauf angebotene Schatzwechsel *mpl*; ~ **documents** Ausschreibungsunterlagen *fpl*; ~ **guarantee** Bietungsgarantie *f*; ~ **of documents** Vorlage *f* von Urkunden; ~ **of payment**s Zahlungsangebot *n*; ~ **of services** Anbieten *n* von Diensten; ~ **offer** *Am (AktienR)* Zeichnungsangebot *n*; Übernahmeangebot *n (Angebot an die Aktionäre, ihre Aktien zwecks Übernahme der Gesellschaft zu veräußern)*; ~ **panel** Bietungskonsortium *n*; ~ **system** *Br* Tenderverfahren *n (zur Platzierung von Wertpapieren, indem Gebote abgegeben werden und die Zuteilung an die Meistbietenden erfolgt)*; ~

**terms** Ausschreibungsbedingungen *fpl*; **to accept the ~** den Zuschlag erteilen; **to invite ~s** ausschreiben; zur Abgabe von Angeboten auffordern; **to make** (or **submit**) **a ~** sich um e-n Auftrag bewerben; *(bei e-r Ausschreibung)* ein Angebot einreichen; **to make a ~ (of)** als Zahlung (od. Leistung) anbieten; **to participate in a ~** an e-r Ausschreibung teilnehmen

**tender**, *v* anbieten, ein Angebot machen; andienen; *(bei Ausschreibungen)* ein (Leistungs-, Lieferungs-)Angebot abgeben; submittieren; **(open) invitation to ~** Ausschreibung *f*; **to ~ a bill for discount** e-n Wechsel zum Diskont einreichen; **to ~ delivery** Lieferung anbieten; **to ~ documents** Urkunden vorlegen; **to ~ evidence** Beweis antreten (od. vorbringen); **to ~ for a contract** → contract 2.; **to ~ one's services** seine Dienste anbieten

**tenderee**, *(bei Ausschreibung)* Auftraggeber *m*

**tenderer**, *(bei Ausschreibung)* Submittent *m*; Bieter *m*

**tendering**, *(bei Ausschreibungen)* Angebotsabgabe *f*; **collusive ~** heimliche Absprache *f* mehrerer Firmen; **Community ~ (procedure)** *(EU)* Gemeinschaftsausschreibung *f*

**tenement**, Wohnhaus *n*, **~ house** Mietskaserne *f (für Bewohner niedrigen Einkommens)*

**tenor**, *(wesentl.)* Inhalt *m*, Wortlaut *m*; Laufzeit *f (e-s Wechsels)*

**tension**, Spannung *f*; **cyclical ~s** konjunkturelle Spannungen *fpl*

**tentative**, **~ agreement** Vorvertrag *m*; **~ order** Probeauftrag *m*

**tenure**, Landbesitz *m*; **security of ~** Mietschutz *m*; Pachtschutz *m*; **during his ~ of office** während seiner Amtszeit

**term**, Wortlaut *m*, Ausdruck *m*; Frist *f*, Laufzeit *f*; Quartalstag *m*; Semester *n*; **business ~** kaufmännischer Ausdruck; **exact ~** genauer Wortlaut; **expired ~** abgelaufene Frist; **long-~** langfristig; **medium-~** mittelfristig; **running of a ~** Lauf *m* e-r Frist; **short-~** kurzfristig; **technical ~** Fachausdruck *m*; **~ account** Festgeldkonto *n*; **~ bill** Wechsel mit bestimmter Frist; **~ days** Fälligkeitstage *mpl*, Zahltage *mpl*; **~ deposits** Termineinlagen *pl*; **~ insurance** Risikolebensversicherung *f*; **~ loan** mittelfristiger Kredit *m*; **~ money** Termingeld *n*; **~ of acceptance** Annahmefrist *f*; **~ of a bill (of exchange)** Laufzeit e-s Wechsels; **~ of a contract** Laufzeit (od. Dauer) e-s Vertrags; Vertragsbedingung *f* (→ terms); **~ of copyright** Schutzfrist *f*; **~ of delivery** Liefer(ungs)frist *f*; **~ of a guarantee** Garantiefrist; **~ of the insurance** Versicherungsdauer *m*; **~ of a lease** Mietzeit *f*, Pachtzeit *f*; **~ of limitation** Verjährungsfrist *f*; **~ of a loan** Laufzeit e-s Darlehens; **~ of notice** Kündigungsfrist; **~ of office** Amtszeit *f*, Amtsdauer *f*; **~ of (a) patent** Patentdauer *f*; Schutzdauer (od. Laufzeit) e-s Patents; **~ of payment** Zahlungsfrist *f*, Zahlungstermin *m*; **~ of subscription** Bezugsfrist *f*; **~ of validity** Gültigkeitsdauer *f*; **term structure** Zinsstrukturkurve *f*; **to adhere to** (or **comply with**) **a ~** e-e (Zahlungs-)Frist einhalten; **to set a ~** e-e Frist setzen; **the ~ expires** die Frist läuft ab

**terms**, 1., **in ~ of** ausgedrückt in; gemessen an; in Bezug auf, hinsichtlich; **in ~ of the amount** der Höhe nach; **in ~ of dollars** in Dollar ausgedrückt (od. umgerechnet), **in ~ of value** dem Werte nach; wertmäßig; **in ~ of volume** dem Volumen (od. Umfang) nach; mengenmäßig

**terms**, 2. Bedingungen *fpl*; Bestimmungen *fpl*; Klauseln *fpl*; Zahlungsbedingungen *fpl*; **on advantageous ~** zu günstigen Bedingungen; **cash ~** Zahlungsbedingungen bei Barzahlung; **credit ~** Kreditbedingungen; **easy ~** günstige (Raten-) Zahlungsbedingungen; **fair ~** angemessene Bedingungen; **general ~ and conditions** allgemeine Geschäftsbedingungen; **inclusive ~** alles inbegriffen; **local ~** Platzbedingungen; **on mutual ~** auf Gegenseitigkeit; **peace ~** Friedensbedingungen; **standard ~ of business** allgemeine Geschäftsbedingungen *pl*; **~ inclusive** alles inbegriffen; **~ of an agreement** → terms of a contract; **~ of a composition** Vergleichsbedingungen

**terms of a contract**, Vertragsbestimmungen, Vertragsinhalt *m*; Vertragsbedingungen; **in accordance with the ~** vertragsgemäß; **contrary to the ~** vertragswidrig

**terms of credit**, Kreditbedingungen; Akkreditivbedingungen; **to be in accordance with the ~** den Akkreditivbedingungen entsprechen

**terms**, ~ **of entry** *(EU)* Beitrittsbedingungen; ~ **of issue** Emissionsbedingungen; ~ **of a lease** Bedingungen (od. Bestimmungen) e-s Miet- (od. Pacht)vertrages; Leasingbestimmungen; ~ **of a loan** Modalitäten e-r Anleihe; Darlehensbedingungen

**terms of payment**, (ToP) *(Außenhandel)* Zahlungstermine, zeitliche Zahlungsgewohnheiten *pl (Zahlungsbedingungen und -fristen im Hinblick auf die Devisenbilanz)*; *(privatwirtschaftliche)* Zahlungsbedingungen *pl*; **convenient** ~ günstige Zahlungsbedingungen; **to facilitate** ~ Zahlungserleichterungen gewähren

**terms**, ~ **of the policy** Versicherungsbedingungen; ~ **of redemption** Rückzahlungsbedingungen; Tilgungsmodalitäten *pl*; ~ **of reference** Richtlinien *pl*; Aufgabenbereich *m*; ~ **of sale** Verkaufsbedingungen *fpl*; ~ **of settlement** Vergleichsbedingungen; ~ **of tenancy** Mietbedingungen

**terms of trade**, (ToT) Preisverhältnis der Güter, die im Außenhandel ausgetauscht, d. h. exportiert und importiert werden; Austauschverhältnis *n (Verhältnis von Ausfuhr- zu Einfuhrpreisen)*

**terms**, ~ **strictly cash** nur gegen Barzahlung; ~ **strictly net cash** zahlbar sofort ohne Abzug; **to be subject to** ~ Bedingungen unterliegen; **to come to** ~ sich einigen; zu e-m Vergleich kommen, sich vergleichen; **to come within the** ~ **of a contract** unter die Bestimmungen e-s Vertrages fallen; **to comply with the** ~ die Bedingungen erfüllen; **to state the** ~ die Bedingungen angeben

**terminable**, kündbar; ~ **annuity** Zeitrente *f*; **employment** ~ **by a month's notice** monatlich kündbare Beschäftigung *f*

**terminal**, Endstation *f*; ~**s** *(EDV)* Endgeräte *npl*; **grain** ~ Getreideumschlagstelle *f*; **rail and water** ~ Umschlagsplatz *m*; ~ **charges** (Fracht-)Zustellgebühren *pl*; ~ **market** *Br* Terminmarkt *m*; Warenterminbörse *f*; ~ **payment** *Am* letzte Ratenzahlung *f*; Entlassungsabfindung *f*; ~ **price** *Br (Produktenbörse)* Preis für künftige Lieferung; ~ **(station)** Endbahnhof *m*, Sackbahnhof *m*; ~ **wage** *Am* Entlassungsabfindung *f*

**terminate**, *v* beenden; kündigen; enden, ablaufen; **to** ~ **one's contract of employment** seinem Arbeitgeber kündigen; **to** ~ **sb.'s employment without notice** jdm fristlos kündigen; **to** ~ **operation** (of a factory etc.) den Betrieb einstellen

**terminated**, ~ **authority** (or **power of attorney**) erloschene Vollmacht; **the lease has** ~ der Mietvertrag ist abgelaufen; **an offer is** ~ ein Angebot erlischt

**termination**, Beendigung *f*; Kündigung *f*; Aufhören *n*, Ende *n*; ~ **of a business** Geschäftsaufgabe *f*; ~ **of a contract** Beendigung des Vertragsverhältnisses; ~ **of the power of attorney** Erlöschen *n* der Vollmacht; ~**n of work** Einstellung *f* der Arbeit; ~ **without notice** (or **summary** ~) fristlose Kündigung *f*

**terrace(d) house**, *Br* Reihenhaus *n*

**territorial**, ~ **air space** Lufthoheitsgebiet *n*; ~ **authorities** Gebietskörperschaften *pl*; ~ **restraint** Wettbewerbsbeschränkung *f* auf ein abgegrenztes Gebiet; ~ **sea** Küstenmeer *n*; ~ **waters** Hoheitsgewässer *pl*

**territor|y**, Gebiet *n*; Staatsgebiet *n*; Hoheitsgebiet *n*; **allocation of ~ies** Aufteilung *f* von Märkten; **sales** ~ Verkaufsgebiet *n (des Vertreters)*; ~ **of a Member State** *(EU)* Hoheitsgebiet *n* e-s Mitgliedstaates

**tertiary sector**, tertiärer Sektor *m*, Dienstleistungssektor *m*

**test**, Untersuchung *f*, Prüfung *f*, Test *m*; **acceptance** ~ Abnahmeprüfung *f*; **blood** ~ → blood; **breath** ~ → breath; **check** ~ Gegenprobe *f*; **driving** ~ Fahrprüfung *f*; **product** ~ Warentest *m*; ~ **audit** stichprobenweise (Abschluss-) Prüfung *f*; **T~ Ban Treaty** Atom-Teststoppvertrag *m*; ~ **case** Musterprozess *m*; ~ **drilling** Probebohrung *f*; ~ **drive** Probefahrt *f*; ~ **of need** Bedürftigkeitsprüfung *f*; ~ **on site** (Abnahme-)Prüfung am Aufstellungsort; ~ **series** Versuchsserie *f*; ~ **weighing** *(Zoll)* Nachwiegen *n*, Gewichtskontrolle *f*; **to stand the** ~ sich bewähren

**testament**, **last Will and T~** letztwillige Verfügung *f*, Testament *n*; **mutual** ~ gegenseitiges Testament

**testamentary**, ~ **capacity** Testierfähigkeit *f*; ~ **disposition** letztwillige Verfügung *f*; ~ **heir** testamentarischer Erbe *m*; ~ **trust** durch letztwillige Verfügung errichteter Trust *m*

**testate**, **to die** ~ unter Hinterlassung e-s Testaments sterben

**testator**, Testator *m*, Erblasser *m*
**testatrix**, Erblasserin *f*
**testimonial**, Zeugnis *n*; Empfehlungsschreiben *n*
**testing**, **comparative ~ of goods** vergleichender Warentest *m*; **~ of materials** Materialprüfung *f*
**test-market**, *v* versuchsweise auf den Markt bringen
**text**, Wortlaut *m*
**textiles**, Textilien *pl*, Textilerzeugnisse *npl*; **importer of ~** Textilimporteur *m*; **international trade in ~** internationaler Handel mit Textilien ( → Multifibre Arrangement); **to deal in ~** Textilien führen
**textile**, **~ fib|re (~er)** Textilfaser *f*; **~ finishing** Textilveredelung *f*; **~ firm** Unternehmen *n* der Textilindustrie; **~ imports** Textileinfuhren *fpl*
**textile industry**, Textilindustrie *f*; **raw materials for the ~** Textilrohstoffe *mpl*
**textile**, **~ merchant** Textilkaufmann *m*; **~ mill** Textilfabrik *f*; **~ processing** Textilverarbeitung *f*; **~ products** Textilwaren *pl*; **~ supplier countries** Textillieferländer *npl*; **~ shares** Textilwerte *pl*; **~ workers** Textilarbeiter *mpl*, Arbeitnehmer der Textilindustrie
**thanking you in anticipation**, Ihnen im voraus dankend
**thanks**, **letter of ~** Dankschreiben *n*
**theft**, Diebstahl *m*; **anti-~ device** Diebstahlsicherung *f (z. B. im Auto)*; **car ~** Autodiebstahl *m*; **mail ~** Postdiebstahl *m*; **petty ~** geringer Diebstahl, Bagatelldiebstahl *m*; **~ by breaking and entering** Einbruchdiebstahl; **~ in shops** Ladendiebstahl; **~ insurance** Diebstahlversicherung *f*; **to commit ~** Diebstahl begehen
**thin market**, *(Börse)* enger Markt *m*
**third**, Drittel *n*; **two-~ majority** Zweidrittelmehrheit *f*
**third-class**, **~ category hotel** drittrangiges Hotel *n*; **~ mail** *Am* Drucksachen *fpl*; **~ quality** dritte Wahl *f*
**third countries**, *(EU)* Drittländer *npl*; **products from ~** *(EU)* Drittlandswaren *pl*
**third of exchange**, Tertiawechsel *m (dritte Wechselausfertigung)*
**third part|y**, Dritte(r) *f(m)*; *(Zivilprozess)* Nebenintervenient *m*; **~ accident insurance** Unfall-Haftpflichtversicherung *f*; **~ account** Anderkonto *n*; **~ beneficiary** begünstigter Dritter, Drittbegünstigter *m*; **~ beneficiary contract** Vertrag zugunsten e-s Dritten; **~ benefit insurance** Versicherung auf fremde Rechnung; **~ claims** Ansprüche Dritter; **~ creditor** Drittgläubiger *m*; **~ debtor** Drittschuldner *m*; **~ indemnity (insurance)** Haftpflicht(versicherung) *f*; **~ liability (insurance)** Haftpflicht(versicherung); **~ mandate** Kontovollmacht *f*; **~ order** Verbot *n (an Drittschuldner)*, dem Schuldner Zahlung zu leisten; **~ risk** Haftpflicht *f*; **~ security deposit** Anderdepot *n*; **~'s share** Fremdanteil *n*
**Thirty-Share Index**, *Br* → Financial Times Industrial Ordinary Share Index
**those present**, die Anwesenden *pl*
**thread**, *(EDV)* roter Faden *m*, Gedankengang *m (Reaktionskette von Antworten in einer → Newsgroup zu einem Kommentar oder einer Frage* **threatening letter**, Drohbrief *m*
**threat(s) to the environment**, Umweltbedrohung *f*
**three**, **~-lane** dreispurig; **~ months' bill** Dreimonatswechsel *m*; **~ per cents** dreiprozentige Papiere *npl*; **~-quarter majority** Dreiviertelmehrheit *f*
**threshold**, **threshold price** *(EU)* Schwellenpreis *m (für Agrargüter)*; **~ worker** *Am* unerfahrener Arbeiter *m*
**thrift**, Sparsamkeit *f*; **~ deposits** *Am* Spareinlagen *fpl*; **~ institutions** *Am colloq.* Thrifts; Bausparkassen, Sparkassen *fpl*
**thriving**, blühend, florierend; **business is ~** das Geschäft geht gut
**through**, **~ bill of lading** Durchkonnossement *n*; **~ coach** Kurswagen *m*; **~ freight** Durchfracht *f*; **~ put** Verarbeitungsmenge *f*; Rohstoffmenge, die e-e Fabrik in e-r bestimmten Zeit verarbeiten kann; Daten, die ein Computer in e-r bestimmten Zeit aufbereiten kann; **~ traffic** Durchgangsverkehr *m*
**throw-away society**, Wegwerfgesellschaft *f*
**tick**, Häkchen *n (Abhakzeichen)*; **on ~** *colloq.* auf Kredit, „auf Pump"
**tick off**, *v* abhaken
**ticker**, Börsenfernschreiber *m*
**ticket**, (Eintritts-, Fahr-)Karte *f*; Flugschein *m*; Zettel *m*, Preiszettel *m*; *(Börse)* s. name → ~; *(Auto)* Strafzettel *m*; **advance ~ sale** Kartenvorverkauf *m*; **air ~** Flugkarte *f*, Flugschein *m*; **circular ~** Rundreisekarte

*f*; **collective ~** Sammelfahrschein *m*; **complimentary ~** Freikarte *f*, Ehrenkarte *f*; **delivery ~** Lieferschein *m*; **name-~** *Br (Börse) (dem Wertpapierverkäufer vom Makler ausgehändigte)* Bescheinigung mit Angabe des Namens des Käufers; **reserved seat ~** Platzkarte *f*; **return ~** Rückfahrkarte *f*; **single ~** einfache Fahrkarte *f*; **~ day** *Br (Börse)* Skontrierungstag *m (Tag vor dem Abrechnungstag)*
**ticketing**, Preisauszeichnung *f*
**tickler**, *Am* Terminkalender *m*
**tide-over credit**, Überbrückungskredit *m*
**tie**, Band *n*; Bindung *f*; (Punkt-, Zahl-, Stimmen-)Gleichheit *f*; **~-in arrangement** (or **~-in sale**) Kopplungsgeschäft *n*; **~-on label** Anhänger *m*; **capital ~** Kapitalbindung *f*
**tie up**, *v*, **to ~ capital** Kapital binden; **to ~ one's money in land** sein Geld in Grundbesitz festlegen; **to ~ a parcel** ein Paket verschnüren
**tied**, **~ loan** *(internationaler Handel)* Darlehen (das an die Bedingung gebunden ist, dass ...) *(mit der Darlehenssumme getätigte Käufe, die nur in dem Kreditgeberland getätigt werden dürfen)*; **~ products** Kuppelprodukte *npl*; **~ shop** Geschäft *n* mit Bindung an e-e Lieferfirma; **~ to the index** indexgebunden
**tied up**, **~ up capital** gebundenes Kapital *n*; **capital ~ up in inventories** in Vorräten gebundenes Kapital *n*; **cost of having capital ~ up** Kapitalbindungskosten *pl*; **setting free the capital ~ up in inventories** Freisetzung *f* des in Vorräten gebundenen Kapitals
**tight credit policy**, restriktive Kreditpolitik *f*
**tight money**, knappes Geld *n*; **~ conditions** Liquidationsverknappung *f*; **~ market** angespannter Geldmarkt *m*
**tighten**, *v* enger machen, verengen; **to ~ credit** die Kreditschraube anziehen
**tightening**, **~ of credit** Kreditverknappung *f*, Kreditrestriktion *f*; **~ of the money market** Versteifung *f* auf dem Geldmarkt; **~ of the provisions** Verschärfung *f* der Bedingungen
**tightness of money**, Geldknappheit *f*
**TIGR**, → Treasury income growth receipt
**till**, Ladenkasse *f*; **~ money** Bargeld *n* e-r Bank; Kassenbestand *m*
**tilling of the soil**, Bodenbestellung *f*
**timber**, (Bau-, Nutz-)Holz *n*; **~ industry** Holzindustrie *f*; Holzwirtschaft *f*; **~ processing industry** holzverarbeitende Industrie *f*; **~ trade** Holzhandel *m*
**time**, Zeit *f*; Zeitpunkt *m*; Frist *f*; **appointed ~** Termin *m*; **at any ~** zu jeder beliebigen Zeit; **at the fixed ~** zur festgesetzten Zeit; **closing ~** Geschäftsschluss *m*; Polizeistunde *f*; **computation of ~** Zeitberechnung *f*; Fristberechnung *f*; **division of ~** Zeiteinteilung *f*; **down~** (Betriebs-)Stillstandszeit *f*, betrieblich bedingte Verlustzeit; **in due ~** rechtzeitig, fristgemäß, termingemäß; **expiration of ~** Fristablauf *m*; **extension of ~** Fristverlängerung *f*; **for the ~ being** vorläufig; für den Augenblick; zur Zeit; **for want of ~** aus Mangel an Zeit; **lapse of ~** Zeitablauf *m*; **length of ~** Zeitdauer *f*; **limited in ~** zeitlich begrenzt; befristet; **loss of ~** Zeitverlust *m*; **on ~** rechtzeitig; fahrplanmäßig; *Am* auf Abzahlung; **out of ~** verspätet, nicht fristgerecht; **standard ~** Normalzeit *f*; **waste of ~** Zeitverschwendung *f*; **within a given ~** innerhalb e-r bestimmten Zeit; fristgemäß; **within the ~ allowed** fristgerecht; **within the ~ prescribed by law** innerhalb der gesetzlichen Frist; **within a reasonable ~** innerhalb e-r angemessenen Frist; **~ account** Festgeldkonto *n*; **~ and motion study** Zeit- und Bewegungsstudie *f*; **~ bargain** *(Börse)* Termingeschäft *n*; **~-barred** verjährt; **~ bill** Nachsichtwechsel *m*; **~ buying** Kauf *m* von Sendezeiten *(bei Funk und Fernsehen)*; **~ charter** Zeitcharter *f*, Zeitfrachtvertrag *m*; **~-chartered ship** zeitgechartertes Schiff *n*; **~ charterer** Zeitbefrachter *m*; **~ clock** *(Arbeitszeit)* Stechuhr *f*; **~-conditioned** zeitbedingt; **~-consuming** zeitraubend; **~s covered** Verhältnis *n* Gewinn/Dividende; **~ deposits** Termineinlagen *fpl*, Festgeldeinlagen *fpl*; **~ deposit account** Festgeldkonto *n*, Termingeldkonto *n*; **~ draft** Nachsichtwechsel *m*; **~ fixed for payment** Zahlungstermin *m*; **~ for acceptance** *(WechselR)* Annahmefrist *f*; **~ for consideration** Bedenkzeit *f*; **~ for delivery** Lieferfrist *f*; **~ for loading** Ladezeit *f*; **~ for presentment** (of a bill of exchange) Präsentationspflicht *f*; **~ freight** Zeitfracht *f*; **~ keeping** (Arbeits-)Zeitkontrolle *f*; **~-lag** zeitliche Verzögerung *f*; **~ liabilities** befristete Verbindlichkeiten *fpl*

**time-limit**, Frist *f*; **adherence to** (or **compliance with**) **a** ~ Einhaltung *f* e-r Frist; **computation of a** ~ Fristberechnung *f*; **failure to meet a** ~ Fristüberschreitung *f*; **upon expiry of the** ~ bei Ablauf der Frist; **within the** ~ **set** fristgerecht; ~ **for claims** Rügefrist; ~ **for payment** Zahlungsfrist; **to comply with** (or **observe**) **the** ~ die Frist einhalten; **a** ~ **expires** e-e Frist läuft ab; **to fix** (or **set**) **a** ~ e-e Frist festsetzen (od. bestimmen)

**time**, ~ **loan** Darlehen *n* mit bestimmter Laufzeit; ~ **management** Terminplanung *f*, Zeitplanung *f*; ~ **money** befristetes Darlehen *n*; ~ **of arrival** Ankunftszeit *f*; ~ **of departure** Abfahrtszeit; ~ **off for study** Bildungsurlaub *m*; ~ **payment** *Am* Ratenzahlung *f*; ~ **price** Preis *m* bei Abzahlung bzw. Ratenzahlung; ~ **purchase** *(Börse)* Terminkauf *m*; ~ **rates (of wages)** Zeitlohnsätze *mpl (opp. piece rates)*, ~ **selling** *Am* Abzahlungsverkauf *m*; ~ **series** *(Statistik)* Zeitreihe *f*; **~sharing** „Zeitteilung" *(Nutzung e-r Sache [z. B. Computerzentrale, Ferienwohnung] in bestimmten Zeitabschnitten, nicht durchgängig)*; **~-sharing property** Teilzeiteigentum *n*, Anteil *m* an Ferienwohnungen; ~ **standard** Zeitvorgabe *f*; ~ **study** Zeitstudie *f*; **~table** Zeitplan *m*; Fahrplan *m*; ~ **wage(s)** Zeitlohn *m*; ~ **work** Zeitarbeit *f (nach der Zeit bezahlte Arbeit)*; ~ **worked** geleistete Arbeitsstunden *fpl*; **to allow** (or **grant**) **a** ~ e-e Frist gewähren; **to fix** (or **set**) **a reasonable** ~ e-e angemessene Frist setzen; ~ **begins** (or **starts**) **to run** die Frist *(z. B. die Verjährung)* beginnt; **the** ~ **is up** die Frist ist abgelaufen

**time**, *v*, **to** ~ **investments** den geeigneten Zeitpunkt für Anlagen suchen

**timely**, rechtzeitig; zeitgemäß, aktuell; fristgerecht

**timing**, Terminierung *f*; Wahl *f* des richtigen Zeitpunkts; Zeitwahl *f*

**TIN**, → taxpayer's identification number

**tin**, Zinn *m*; **~s** → ~ shares; **~-lined case** mit Blech ausgeschlagene Kiste *f*; ~ **shares** Zinnaktien *pl*

**tin**, *v Br* eindosen; **~ning factory** *Br* Konservenfabrik *f*

**tip**, Trinkgeld *n*; **(stock exchange)** ~ Börsentip *m*

**tip**, *v*, **no rubbish to be ~ped (out) here** Schutt darf hier nicht ausgekippt werden

**title**, Titel *m*, Bezeichnung *f*; Eigentum(srecht) *n*; Eigentumsurkunde *f*; **official** ~ Amtsbezeichnung *f*; **proof of** ~ Eigentumsnachweis *m*; **registration of** ~ **to land** *Br* Grundbucheintragung *f*; **reservation of** ~ Eigentumsvorbehalt *m*; ~ **deed** Eigentumsurkunde *f* über Grundbesitz; ~ **insurance** *Am* Versicherung *f* gegen Rechtsmängel bei Grundstückserwerb

**title**, ~ **to goods** Eigentum an Waren; ~ **to land** Grundstückseigentum *n*; Grundstücksrecht *n*; **to acquire** ~ Eigentum erwerben; **to pass** ~ Eigentum übertragen (to auf); **the** ~ **passes to** das Eigentum geht über auf

**tobacco**, **baled** ~ **varieties** Tabaksorten *fpl* in Ballen; ~ **advertising ban** Tabakwerbeverbot *n*; ~ **duty** (or **tax**) Tabaksteuer *f*; ~ **products** Tabakwaren *pl*

**to date**, bisher

**today's rate**, Tageskurs *m*

**toe** (tonne of oil equivalent), *(EU)* Tonne *f* Rohöleinheiten *fpl*

**token**, Zeichen *n*, Symbol *n*; (Metall-)Bon *m (z. B. für Essen in e-r Kantine)*; **gift** ~ *(zu Geschenkzwecken ausgestellter)* Gutschein *m*; **tax** ~ *Br* → tax disc; ~ **coin** Scheidemünze *f*; ~ **imports** symbolische Einfuhr *f*; ~ **money** Draufgeld *n*; ~ **payment** kleine Teilzahlung *f* (*als Anerkennung e-r Schuld*; → *earnest money*); ~ **strike** Warnstreik *m*

**to let**, zu vermieten

**toil**, schwere Arbeit *f*

**toll**, Gebühr *f* für Benutzung e-r Straße, Brücke, e-s Hafens etc.; Maut *f*; *Am* Gebühr für Ferngespräche; ~ **call** *Br (früher:)* Gespräche im Nahverkehr; ~ **highway** (or **road**) *Am* gebührenpflichtige Autobahn *f*

**tombstone**, Anzeige *f*, die über die wesentlichen Ausstattungsmerkmale e-r Emission und die beteiligten Banken informiert

**ton**, 1. Tonne *f (Gewicht)*; **American** ~ s. short → ~; **British** (or **English**) ~ s. long → ~; **long** ~ *Br* Tonne (1.016 kg); **metric** ~ Tonne (1.000 kg); **short** ~ *Am* Tonne (907,2 kg); **UK** ~ → long ~; **US** ~ → short ~; ~ **mile** *(entsprechend)* Tonnenkilometer (tkm)

**ton**, 2. Tonne *f (Raummaß)*; **gross register** ~ Bruttoregistertonne; **net register** ~ Nettoregistertonne

**tone of the market**, Börsenstimmung *f*; Börsenklima *n*

**tonnage**, Tonnage *f*, Tonnengehalt *n (e-s Schiffes)*; Frachtraum *m*; Tragfähigkeit *f (in Tonnen)*; **deadweight ~** Tragfähigkeit *f*, Ladefähigkeit *f*; **~ certificate** Schiffsmessbrief *m*; **~ dues** *(auf Nettoregistertonnengehalt beruhende)* Schiffsgebühren *pl (bei Eintritt od. Verlassen e-s Hafens)*; **~ measurement** (of ships) Schiffsvermessung *f*

**tool**, Werkzeug *n*; Gerät *n*; **loose** (or **small**) **~s** Kleinwerkzeug *n*; **machine ~s** Werkzeugmaschinen *fpl*; **~s of trade** Handwerkszeug *n*; **to lay down ~s** die Arbeit niederlegen

**top**, Spitze *f*; oberst, höchst; oben *(Aufschrift auf Kisten etc.)*; **~ copy** Original *n*; **~ executive** oberste Führungskraft *f (Spitze der Geschäftsleitung)*; **~ gains** *(Börse)* Spitzengewinne *mpl*; **~-grade goods** Waren erster Qualität

**top-heavy**, **~ company** in der Spitze überorganisierte Gesellschaft *f*; **~ securities** überbewertete Wertpapiere *npl*

**top-level**, **~ executive** Spitzenkraft *f*; **~ meeting** Treffen *n* auf höchster Ebene; **~ price** höchster Preis (od. Kurs); **~ salary** Spitzengehalt *n*

**top loading**, Verladeklausel *f*, nach der die Ware im Schiffsraum obenauf zu laden ist

**top management**, obere Führungskräfte *fpl*, Unternehmensspitze *f*; **~ of the group** Spitze *f* des Konzerns

**top**, **~ manager** Unternehmensleiter *m*; **~ position** Spitzenstellung *f*; **~ price** Höchstpreis *m*, Höchstkurs *m*; **~ quality** Spitzenqualität *f*; erste Wahl; **~-rated borrower** erste Adresse *f*; **~ salary** Spitzengehalt *n*; **~ sales** Spitzenumsatz; **~ secret** streng geheim; **~ side up** oben; **~ wages** Spitzenlohn *m*

**topical**, hochaktuell

**tort**, unerlaubte Handlung *f*; **business ~s** unerlaubte Handlungen im Geschäftsverkehr; **liability in ~** Haftung *f* aus unerlaubter Handlung; **property ~** Vermögensverletzung *f*; **~ claim** (or **claim in ~**) Anspruch *m* aus unerlaubter Handlung; **to commit a ~** e-e unerlaubte Handlung begehen

**tortfeasor**, *(deliktischer)* Täter *m*; unerlaubt Handelnder *m*

**tortious liability**, Haftung *f* aus unerlaubter Handlung

**tot up**, *v* zusammenzählen; **to ~ to** *colloq.* sich belaufen auf

**total**, Gesamtsumme *f*, Gesamtbetrag *m*; Gesamt-; **~ allowable catches** (of fish) (TACs) zulässige Gesamtfangmengen *fpl*; **annual ~ allowable catch** *(EU)* Jahresfangquote *f*; **~ amount** Gesamtbetrag *m*; **~ assets** Gesamtsumme *f* der Aktiva; Gesamtvermögen *n*; **~ claim** Gesamtforderung *f*; **~ cost** Gesamtkosten *pl*; **~ debt** Gesamtschuld *f*; **~ disability** vollständige Erwerbsunfähigkeit *f*; **~ expenses** Gesamtausgaben *fpl*, Gesamtaufwendungen *pl*; **~ invoice amount** Gesamtrechnungsbetrag *m*; **~ liabilities** gesamte Verbindlichkeiten *pl*; Gesamtsumme *f* der Passiva; **~ loss** Totalschaden *m*; Totalverlust *m*; Gesamtverlust *m*; **~ order book** gesamter Auftragsbestand *m*; **~ property** Gesamtvermögen *n*; **~ receipts** Gesamteinnahmen *fpl*; **~ requirements** Gesamtbedarf *m*; **~ return** Gesamtertrag *m*; **~ sales** (or **turnover**) Gesamtumsatz *m*; **~ votes cast** Gesamtstimmenzahl *f*; **~ yield** Gesamtrendite *f*

**total**, *v* sich insgesamt belaufen (to auf); im ganzen betragen

**touch**, *Br (Börse)* bester Geldkurs *m* und Briefkurs *m (für bestimmte Wertpapiere)*

**touch**, *v*, **to ~ at a port** e-n Hafen anlaufen

**tough**, strapazierfähig; (bruch)fest; zäh

**tour**, **business ~** Geschäftsreise *f*

**tourism**, Fremdenverkehr *m*, Tourismus *m*

**tourist**, Reisender *m*

**tourist accommodation**, *(EU)* Gästeunterbringung *f*; **demand for ~** Beherbergungsnachfrage *f*; **supply of ~** Beherbergungsangebot *n*

**tourist**, **advertising**, Fremdenverkehrswerbung *f*; **~ class** Touristenklasse *f*, zweite Klasse *f (im Flugzeug etc.)*; **~ exchange** Reisedevisen *pl*; **~ guide** Reiseführer *m*; **~ industry** Fremdenverkehrsindustrie *f*; **~ office** Fremdenverkehrsamt *n*; Verkehrsverein *m*; **~ traffic** Fremdenverkehr *m*

**tout**, *(aufdringlicher)* Kundensucher *m*, Kundenwerber *m*

**touting for customers**, *(aufdringliche)* Kundenwerbung *f*, Anlockung *f* von Kunden

**tow**, Abschleppen *n*, **~-line** (or **rope**) Abschleppseil *n*; **to be on ~** abgeschleppt werden

**tow**, *v* (ab)schleppen, ins Schlepptau nehmen; *(Schiff)* bugsieren; **to ~ (off) a car** e-n Wagen abschleppen

**towage**, Schleppen *n*; Abschleppen; Bugsieren *n*; **~ (charge)** Schlepplohn *m*, Bugsierkosten *pl (für ein Schiff)*

**tower block**, *Br* Hochhaus *n*

**towing**, Abschleppung *f*; Schleppschifffahrt *f*; **vessel engaged in ~** Bugsierschiff *n*; **towing charges** Abschleppkosten *pl*; **~ service** Abschleppdienst *m*; **~ vehicle** abschleppendes Fahrzeug *n*

**town**, Stadt *f*; **satellite ~** Satellitenstadt *f*; Trabantenstadt; **~ and country planning** Raumordnung *f*; **~ clearing** *(Banken)* Platzgiroverkehr *m*; **~ hall** Rathaus *n*; **~ planning authority** Stadtplanungsamt *n*, Stadtbauamt *n*; **~ property** *Br* städtischer Grundbesitz *m*

**toxic**, giftig; **~ agents** Schadstoffe *pl*; **~ chemicals** giftige Chemikalien *pl*; **~ products** (or **substances**) Giftstoffe *mpl*; Schadstoffe *mpl*; **removal of ~ waste** Beseitigung *f* giftiger Abfallstoffe (od. Giftmüll *m*)

**toxicology**, Toxikologie *f*

**toy**, **~ fair** Spielwarenmesse *f*; **~ industry** Spielwarenindustrie *f*

**trace**, Spur *f*; **no ~** unbekannt verzogen; **preserving ~s** Spurensicherung *f*

**trace**, *v* aufspüren, nachspüren, ausfindig machen

**tract (of land)**, Grundstücksparzelle *f*

**tractor**, **agricultural ~** landwirtschaftl. Traktor *m* (od. Zugmaschine *f*)

**trade**, Handel *m*, Handelsverkehr *m*, Wirtschaftsverkehr *m*; Industriezweig *m*; Branche *f*; Wertpapierhandel *m*; Gewerbe *n*, gewerbliche Tätigkeit *f*; *(praktischer od. gewerblicher)* Beruf *m*; Handwerk *n*, handwerklicher Beruf *m*; **barter ~** Tauschhandel; **custom of (the) ~** Handelsbrauch *m*, Usance *f*; **Department of T~ and Industry** *Br* Wirtschaftsministerium *n*; **domestic ~** Binnenhandel; **entrepot ~** → transit ~; **export ~** Außenhandel; **external ~** Außenhandel; **fair ~** → fair; **foreign ~** Außenhandel; **free ~** → free; **freedom of ~** Gewerbefreiheit *f*; **ilicit ~** Schleichhandel, Schwarzhandel; **import ~** Einfuhrhandel; **inland ~** → domestic; **intermediate ~** Zwischenhandel; **internal ~** Binnenhandel; **international ~** Welthandel; **itinerant ~** Wandergewerbe *n*; **overseas ~** Überseehandel; *Br* Außenhandel *m*; **rag ~** *colloq.* Handel in Kleidung; **restraint of ~** Wettbewerbsbeschränkung *f*; **retail ~** Einzelhandel; **securities ~** Wertpapierhandel; **stock-in ~** → stock 2.; **tally ~** *Br* Teilzahlungsgeschäft *n*; **telephone ~** *(Börse)* Telefonhandel; **transit ~** Transithandel; **wholesale ~** Großhandel; **~ acceptance** Warenwechsel *m*, Handelstratte *f*; **~ accounts payable (receivable)** *(Bilanz)* Verbindlichkeiten (Forderungen) aus Warenlieferungen und Leistungen; **~ agent** Handelsvertreter *m*; **~ agreement** Handelsabkommen *n*; Handelsvertrag *m*; **~ allowance** Großhandelsrabatt *m*; Rabatt *m* für Wiederverkäufer

**trade and industry**, Handel *m* und Gewerbe *n*, gewerbliche Wirtschaft *f*

**trade and payments**, **domestic and foreign ~** Binnen- und Außenwirtschaft *f*

**trade and services**, Waren- und Dienstleistungsverkehr *m*; **deficit (surplus) on ~** Passivsaldo *n* (Aktivsaldo *n*) im Waren- und Dienstleistungsverkehr

**trade and service transactions**, **external ~** Waren- und Dienstleistungsverkehr *m* mit dem Ausland

**trade and traffic**, Handel und Verkehr *m*

**trade**, **~ arrangement** Handelsregelung *f*; **~ association** Unternehmensvereinigung *f*; Unternehmerverband *m*; Wirtschaftsverband *m*

**trade balance**, Handelsbilanz *f (s. balance of trade, balance 2.)*; **adverse ~** passive Handelsbilanz; **favo(u)rable ~** aktive Handelsbilanz; **~ deficit** Passivsaldo der Handelsbilanz, Handelsbilanzdefizit *n*; **~ in merchandise** *(EU)* Handelsbilanz *f*; **~ surplus** Aktivsaldo der Handelsbilanz, Handelsbilanzüberschuss *m*

**trade barriers**, Handelsschranken *fpl*; **to reduce** (or **remove**) **~** Handelsschranken abbauen

**trade between Member States**, *(EU)* innergemeinschaftlicher Warenverkehr *m*

**trade**, **~ bill** Handelswechsel *m*, Warenwechsel *m*; **~ channels** Handelswege *mpl*; Absatzwege *mpl*; **~ charge** *Br (Post)* Nachnahmebetrag *m*; **adverse ~ conditions** schlechte Geschäftsbedingungen *fpl*; **~ connections** Handelsbeziehungen *fpl*; **~ council** *Br (örtl.)* Gewerkschaftsverband *m*; **~ credit** Warenkredit *m*, Handelskredit *m*; **~ creditors** Lieferantenverbindlichkeiten *pl*; Verbindlichkeiten aus Warenlieferungen und Leistungen; ~ **currents** Handelsströme *mpl*; ~ **custom** Handelsbrauch *m*; ~ **cycle** Konjunkturzyklus *m*; ~ **debtors** Forderungen aus Lieferungen und Leistungen

**trade deficit**, Handelsbilanzdefizit *n*; Passivsaldo im Außenhandel; **to reduce a** ~ ein Handelsbilanzdefizit abbauen

**trade**, ~ **description** Warenbezeichnung *f*; ~ **directory** Branchenverzeichnis *n*; ~ **discount** Händlerrabatt *m (für Wiederverkäufer)*, Warenskonto *m*; ~ **electronic data interchange system** (Tedis) elektronischer Datentransfer *m* für kommerzielle Zwecke; ~ **dispute** Arbeitsstreitigkeit *f*; Handelsstreitigkeit *f*; ~ **embargo** Handelsembargo *n*, Handelssperre *f*; ~ **fair** (Fach-)Messe *f (z. B. Antiquitätenmesse)*; ~ **flows** Handelsströme *mpl*; ~ **for one's own account** Eigenhandel *m*; ~ **gap** Handelsbilanzdefizit *n* (*Überschuss von → visible imports über → visible exports*); ~ **group** Branchengruppe *f*; ~ **guild** Handwerksinnung *f*; ~ **in goods** Warenhandel *m*; ~ **in services** *(EU)* Dienstleistungsverkehr *m*

**trade-in**, in Zahlung gegebene Ware; ~ **car** Eintauschwagen *m*; ~ **value** Eintauschwert *m*, Verrechnungswert *m (e-r in Zahlung gegebenen Ware)*

**trade**, ~ **inspection** Gewerbeaufsicht *f*; ~ **interdependence** gegenseitige Handelsverflechtung *f*; ~ **investments** *Br (Bilanz)* Beteiligungen *pl*; ~ **journal** Handelsblatt *n*, Handelsfachzeitschrift *f*; ~ **libel** Verleumdung *f* im Geschäftsverkehr; ~ **margin** Handelsspanne *f*

**trademark**, Warenzeichen *n*, Handelsmarke *f*; **associated ~s** verbundene Warenzeichen; **certification** ~ Gütezeichen *n*; **Community** ~ *(EU) (geplante)* Gemeinschaftsmarke *f*; **deceptive** ~ irreführendes Warenzeichen; **distinctive** ~ unterscheidungskräftiges Warenzeichen; **infringement of a** ~ Warenzeichenverletzung *f*; **lapse of a** ~ Erlöschen *n* e-s Warenzeichens; **register of ~ s** *Br* (Waren-)Zeichenrolle *f*; **registered** ~ eingetragenes Warenzeichen

**trademark**, **registration of a** ~ Eintragung *f* e-s Warenzeichens; **application for registration of a** ~ Warenzeichenanmeldung *f*, **to cancel** (or **expunge**) **the registration of a** ~ ein Warenzeichen löschen

**trademark**, ~ **holder** Warenzeicheninhaber *m*; ~ **pirate** Markenpirat *m*

**trademark**, *v Am* mit e-m Warenzeichen versehen; **~ed goods** Markenwaren *pl*

**trade**, ~ **name** Firmenname *m*; Handelsname *m*, Handelsbezeichnung *f (e-r Ware)*; ~ **negotiations** Handelsverhandlungen *fpl*; **~-off** Austausch *n (in beiderseitigem Interesse)*; ~ **or business carried on for purposes of profit** auf Gewinn gerichtete Geschäftstätigkeit *f*; ~ **paper** Warenwechsel *m*; Wirtschaftszeitung *f*; ~ **payables** → ~ creditors; ~ **policy** Außenhandelspolitik *f*

**trade practice**, **~s** Handelspraktiken *pl*; **unfair ~s** → unfair; trade practice rules *Am* Wettbewerbsregeln *fpl*

**trade**, ~ **price** Großhandelspreis *m*; Preis *m* für Wiederverkäufer; ~ **promotion** Förderung *f* des Handels, Absatzförderung *f*; ~ **protection society** *Br* Kreditschutzverein *m*; ~ **receivables** Forderungen aus Warenlieferungen und Leistungen; ~ **reference** Kreditauskunft *f*

**trade relations**, Handelsbeziehungen *fpl* (with zu); **to break off** ~ Handelsbeziehungen abbrechen; **to enter into** ~ Handelsbeziehungen aufnehmen

**trade**, ~ **representative** Geschäftsreisender *m*, Vertreter *m*; **T~ Representative** *Am (staatlicher)* Handelsbeauftragter *m*; ~ **restrictions** Handelsbeschränkungen *fpl (z. B. Festsetzung von Quoten)*; ~ **sale** Verkauf *m* an Händler *(nicht an Verbraucher)*; ~ **school** Berufsfachschule *f*; *Am* Handelsschule *f*

**trade secret**, Geschäfts-, Betriebs-, Gewerbegeheimnis *n*; **to disclose** (or **betray, reveal**) **a** ~ ein Betriebsgeheimnis preisgeben (od. verraten)

**trade**, ~ **surplus** Außenhandelsüberschuss *m*; Handelsbilanzüberschuss *m*; ~ **survey** *(MMF)* (Einzel-)Handelserhebung *f*; ~ **terms** handelsübliche Vertragsformeln *fpl (Lieferklauseln fob, fas etc.)*

**trade system** *(EU)*, **general** ~ Generalhandel *m*; **special** ~ Spezialhandel *m*

**trade union**, Gewerkschaft *f*; **T~ Congress** (TUC) britischer Gewerkschaftsdachverband *m*; ~ **contributions** Gewerkschaftsbeiträge *mpl*; ~ **membership** Gewerkschaftszugehörigkeit *f*

**trade**, ~ **unionism** Gewerkschaftswesen

*n*; ~ **unionist** Gewerkschafter *m*; Gewerkschaftsmitglied *n*; ~ **usage** Handelsbrauch *m*, Usance *f*; ~ **value** Handelswert *m*, Verkehrswert *m*; ~ **war** Handelskrieg *m*; ~ **within the Community** *(EU)* innergemeinschaftlicher Handel *m*

**trade**, **to be well up in the ~** branchenkundig sein; **to carry on ~ with** Handel treiben mit; **to carry on a ~ or business** e-e gewerbliche Tätigkeit ausüben, gewerblich tätig sein; **it is customary in the (particular) ~** es ist in der Branche üblich; **to exercise a ~** ein Gewerbe ausüben; **to follow** (or **pursue**) **a ~** ein Gewerbe (od. Handwerk) betreiben (od. ausüben); **to sell to the ~** an Wiederverkäufer verkaufen ( → trade sales)

**trade**, *v* Handel treiben (with mit); handeln (in mit); **to ~ down** zur Umsatzsteigerung billige Waren ein- und verkaufen; **to ~ in** in Zahlung geben (od. nehmen); **to ~ (in) sth. for sth.** etw. gegen etw. eintauschen; **to ~ in shares** in Aktien handeln; **to ~ off the board** außerbörslich handeln; **to ~ over the counter** im Freiverkehr handeln; **to ~ up** Waren von höherer Preislage und Qualität handeln mit dem Zweck, den Umsatz zu erhöhen

**traded options**, Optionen *fpl*, die an der Börse gehandelt werden; ~ **market** Optionsbörse *f*

**trader**, (Waren-)Händler *m*, Kaufmann *m*, Geschäftsmann *m*; *Am (Börse)* Wertpapierhändler *m*; **~s** Kaufleute *pl*; **sole ~** *Br* Einzelfirma *f*; **street ~** Straßenhändler *m*

**tradesman**, Geschäftsmann *m*; Ladeninhaber *m*

**tradesmen**, Geschäftsleute *pl*

**tradespeople**, *(kleine)* Geschäftsleute *pl*; Gewerbetreibende *pl*

**trading**, Handeln *n*; Handel *m*, Börsenhandel *m*; **insider ~** Insiderhandel *m* (*gesetzwidriger Wertpapierkauf und -verkauf durch → insiders*); **instalment ~** *Br* Teilzahlungskauf *m*; **Office of Fair T~** *Br* Amt *n* für Verbraucherschutz; **wrongful ~** *Br (Konkurs)* widerrechtliches Handeln *n*; ~ **account** Betriebsergebnisrechnung *f* (calculating the gross profit of a business), ~ **area** Absatzgebiet *n*, Verkaufsgebiet *n*

**trading arrangement**, to enter into a trading arrangement e-e Handelsabmachung treffen

**trading**, ~ **capital** Betriebskapital *n*; ~ **cent|re (~er)** Geschäftszentrum *n*; ~ **close** Börsenschluss *m*; ~ **concern** (or **enterprise**) Handelsunternehmen *n*; ~ **day** Börsentag *m*; ~ **estate** *Br* Industriegelände *n*; Industriesiedlung *f*; Industriepark *m* (warehouses and offices); ~ **floor** Börsensaal *m*; Parkett *n*; ~ **in calls** Abschlüsse *mpl* in Kaufoptionen; ~ **in futures** *(Börse)* Terminkontrakthandel *m*; ~ **in puts** Abschlüsse *mpl* in Verkaufsoptionen

**trading in securites**, Wertpapierhandel *m*; ~ **before (after) official hours** vorbörslicher (nachbörslicher) Handel *m*; ~ **without transfer of the securities** stückeloser Wertpapierverkehr

**trading**, ~ **in stocks** *Am* Aktienhandel *m*; **trading licene (~se)** Handelserlaubnis *f*; Gewerbekonzession *f*; ~ **link** Handelsverbindung *f*; ~ **loss** Betriebsverlust *m*, Geschäftsverlust *m*; ~ **on the equity** Fremdfinanzierung *f*; ~ **partner** Handelspartner *m*; ~ **partnership** Handelsgesellschaft *f*; ~ **position** Geschäftslage *f*; ~ **post** *Am* Börsenstand *m*, Maklerstand *m*; Warenumschlagplatz *m*; **unfair ~ practices** unlautere Handelspraktiken *fpl*; ~ **premises** Geschäftsräume *mpl*; ~ **profit** Betriebsgewinn *m*; ~ **prospects** Handelsaussichten *pl*; ~ **result** Betriebsergebnis *n*; ~ **session** Börsensitzung *f*; ~ **stamp** Rabattmarke *f*; ~ **stock** Warenbestand *m*, Warenvorrat *m*; ~ **transaction** Handelsgeschäft *n*; ~ **up** Anheben *n* des Niveaus des gesamten Geschäfts; ~ **volume** *(Börse)* Umsatzvolumen *n*; ~ **year** Geschäftsjahr *n*

**traffic**, *(öffentl.)* Verkehr *m*; Handel *m*, illegaler Handel *m*; **air ~** Luftverkehr; **drug ~** Rauschgifthandel *m*; **flow of ~** Verkehrsstrom *m*; **freight** (or **goods**) **~** Güterverkehr; **illegal ~** Schleichhandel *m*, Schwarzhandel *m*; **increasing ~** zunehmender Verkehr; **inland ~** Binnenverkehr; **light ~** schwacher Verkehr; **long-distance ~** Fernverkehr; **narcotics ~** Rauschgifthandel *m*; **stop for non-~ purposes** Landung *f* zu nicht gewerblichen Zwecken; **passenger ~** Personenverkehr; **road ~** Straßenverkehr; ~ **accident** Verkehrsunfall *m*; ~ **block** Verkehrsstau; ~ **buildup** Verkehrsstauung *f*; ~ **cases** Verkehrs(straf)sachen *fpl*; ~ **census** Verkehrszählung *f*; ~ **circle** *Am* Kreisverkehr *m*; ~ **congestion** Verkehrsstau *m*; ~ **control** Verkehrsüberwachung *f*, Verkehrsregelung *f*; ~ **department** Versandabteilung *f*; ~ **education** Verkehrserziehung *f*; ~ **increase** Verkehrszunahme *f*; ~ **indicator** Fahrtrichtungsanzeiger *m (e-s Autos)*; ~ **in drugs** Rauschgifthandel *m*; ~ **in goods** Warenverkehr *m*; ~ **island** Verkehrsinsel *f*; ~ **jam** Verkehrsstockung *f*, Verkehrsstau *m*; ~ **lights** Verkehrsampeln *fpl*; ~ **offender** Verkehrssünder *m*; ~ **pacer** *(bei Verkehrsampeln)* grüne Welle *f*; ~ **planning** Verkehrsplanung *f*; ~ **regulations** (Straßen-) Verkehrsvorschriften *fpl*; ~ **safety** Verkehrssicherheit *f*; ~ **signal** Verkehrszeichen *n*; ~ **situation** Verkehrslage *f*; ~ **snarl-up** Verkehrschaos *n*, Stau *m*; ~ **violation** Verletzung *f* der Verkehrsvorschriften; ~ **warden** Hilfspolizist(in) *m(f)* zur Überwachung des Parkwesens; Politesse *f*; **to obstruct** ~ den Verkehr behindern

**traffic**, *v*, **to ~ in arms** *(unerlaubt)* mit Waffen handeln

**trafficator**, Fahrtrichtungsanzeiger *m (Auto)*

**trafficker**, Händler *m* (bes. unerlaubter Handel)

**trafficking**, *(bes. unerlaubter)* Handel *m*; **drug** ~ Handel *m* mit Suchtstoffen

**trailer**, (Lkw-)Anhänger *m*; Voranzeige *f (Film od. Fernsehen)*; **~-on-flat-car transport** (TOFC transport) *Am* Huckepackverkehr *m*

**trained personnel**, geschultes Personal *n*

**trainee**, Auszubildende(r) *f(m)*; Lehrling *m*; Praktikant *m*; **business** ~ Auszubildende(r) als Kaufmann; **industrial** ~ Firmenpraktikant *m*; **management** ~ Führungsnachwuchskraft *f*

**training**, Ausbildung *f*, Schulung *f*; **advanced** ~ (Berufs-)Fortbildung *f*; **industrial ~ board** *Br (in einigen wichtigen Industriezweigen eingesetzte)* staatliche Stelle zur Überwachung der Ausbildung von Betriebsangehörigen; **management** ~ Ausbildung als Führungskraft; **manpower ~ program(me)** *(vom Staat subventioniertes)* Programm zur Schulung ungelernter Arbeiter; **re~** Umschulung *f*; **technical** ~ Fachausbildung; ~ **aid** Ausbildungsbeihilfe *f*; ~ **course** Ausbildungskurs *m*; ~ **facilities** Ausbildungsmöglichkeiten *fpl*; ~ **grant** Ausbildungsbeihilfe *f*; ~ **levy** (*vom ~ board erhobene*) Ausbildungsabgabe *f*; ~ **off the job** Ausbildung außerhalb des Arbeitsplatzes; ~ **on the job** Fortbildung *f* am Arbeitsplatz; ~ **schedule** Ausbildungsplan *m*; ~ **workshop** Lehrwerkstätte *f*

**tramp (ship or steamer)**, Trampschiff *n*, Charterschiff *n*; ~ **(ship or steamer) trade** Trampverkehr *m*

**tramping**, Trampschifffahrt, Charterschifffahrt *f*

**tranche**, Tranche *f (Teilbetrag e-r Wertpapieremission)*; ~ **of a bond issue** Tranche e-r Anleihe

**transact**, *v*, **to ~ business** Geschäfte tätigen (od. abschließen); e-e Angelegenheit erledigen; **to ~ negotiations** Verhandlungen *(bis zum Ende)* durchführen; **to ~ a sale** e-n Verkauf zustande bringen

**transacted**, **business to be ~ at a meeting** auf e-r Tagung zu erledigende Angelegenheiten

**transaction**, Geschäft *n*; Geschäftsvorfall *m*; Transaktioin *f*; Durchführung *f* (od. Abwicklung *f*) *(e-r Angelegenheit)*; **~s** Geschäfte *npl*; *(Börse)* Abschlüsse *mpl*; Umsätze *mpl*; **bear** ~ Baissespekulation *f*; **bogus** ~ Scheingeschäft *n*, Schwindelgeschäft *n*; **bull** ~ Haussespekulation *f*; **business** ~ Geschäft(svorfall) *n(m)*; **capital ~s** Kapitalverkehr *m*; **exchange ~s** Devisengeschäfte *npl*; **external ~s** Auslandstransaktionen *fpl*, Transaktionen mit dem Ausland; **fiduciary ~s** Treuhandgeschäfte *npl*; **financial** ~ Finanztransaktion *f*; **forward** ~ *(Produktenbörse)* Termingeschäft *n*

**transaction**, **third country ~s** Transitgeschäfte *pl*; ~ **for the account** *Br (Börse)* Termingeschäft *n*; ~ **for cash** Kassageschäft *n*; ~ **for future delivery** *(Produktenbörse)* Termingeschäft *n*; ~ **for the settlement** *Br (Börse)* Termingeschäft *n*; **~s in capital** Kapitalverkehr *m*; **~s in services** Dienstleistungsverkehr *m*; ~ **of business** Geschäftsverkehr *m*; ~ **on credit** Kreditgeschäft *n*; ~ **tax** *Am* Umsatzsteuer *f*; **to conclude a** ~ ein Geschäft abschließen

**transborder data flows**, (TDF) grenzüberschreitender Datenverkehr *m*

**transboundary air pollution**, grenzüberschreitende Luftverschmutzung *f*

**trans-European networks**, *(EU)* transeuropäische Netze *npl*

**transfer**, (Geld-)Überweisung *f*; *(internationaler Zahlungsverkehr)* Transfer *m*, Zahlung von e-m Währungsgebiet in ein anderes; *(rechtsgeschäftl.)* Übertragung *f*; Eigentumsübergang *m* (to auf); Verlegung *f*, Versetzung *f*; Übertragung *f* (od. Umschreibung *f*) *(von Aktien)*; *(Buchführung)* Übertrag *m*; Umbuchung *f*; **bank ~** Banküberweisung *f*; **cable ~** telegrafische Überweisung; **capital ~ tax** *Br* Schenkung- und Erbschaftsteuer *f* (*ersetzt durch* → *inheritance tax*); **instrument of ~** Übertragungsurkunde *f*; **mail ~** Banküberweisung *f* durch die Post; **money ~** Geldüberweisung *f*; **official ~s** staatliche Transferzahlungen *fpl*; **stock ~ form** *Br* Formular *n* zur Umschreibung von Wertpapieren; **suspension of ~s** Transfermoratorium *n*; **telegraphic ~** telegrafische Überweisung *f*; **~ account** Girokonto *n*; **~ abroad** Auslandsüberweisung *f*; **~ agent** Übertragungsstelle *f* für Namenspapiere; **~ agreement** Transferabkommen *n*; **~ allowance** *Am* Umzugskostenbeihilfe *f*; **~ book** (Aktien-)Umschreibungsbuch *n*; **~ business** Überweisungsverkehr *m*; **~ by death** Übergang *m* von Todes wegen; **~ by way of security** Sicherungsübereignung *f*; **~ clause** Transferklausel *f*; **~ deed** Übertragungsurkunde *f*; **~ duty** *Br* Börsenumsatzsteuer *f*; **~ economy** Transferwirtschaft *f*; **~ fee** Gebühr *f* für Übertragung von Aktien; **~ for disciplinary reasons** Strafversetzung *f*; **~ guarantee** Transfergarantie *f*; **~ income** Transfereinkommen *n*; **~ into an account** Überweisung *f* auf ein Konto; **~ of assets** Vermögensübertragung *f*; **~ of balance** Saldoübertrag *m*; **~ of a business** Übertragung *f* e-s Geschäfts; Geschäftsübergang *m*; Geschäftsverlegung *f*; **~ of cargo** Umladung *f*; **~ of a debt** Abtretung *f* e-r Forderung; **~ of an enterprise** Betriebsübergabe *f*; Betriebsverlegung *f*; **~ of funds abroad** Überweisung *f* von Geldbeträgen ins Ausland; **~ of land** Grundstücksübertragung *f*; **~ of ownership** Eigentumsübertragung *f*; Eigentumsübergang *m*; **~ of profits** Gewinnabführung *f*; **~ of property** Vermögensübertragung *f*; **~ of risk** Gefahrenübergang *m*; **~ of technology** Technologieübertragung *f*, Technologietransfer *m*; **~ of title** → ~ of ownership; **~ of an undertaking** Betriebsübergang *m*; **~ order** Überweisungsauftrag *m*; **~ payments** Transferzahlungen *fpl (des Staates)*; **~ receipt** *Br* Quittung *f* über erfolgte Übertragung (od. Umschreibung) von Aktien; **~ register** → ~ book; **~ restrictions** Transferbeschränkungen *fpl*; **~ risk** Transferrisiko *n*; **~ stamp duty** *Br* Börsenumsatzsteuer *f*; **~ tax** *Am* Vermögensübertragungssteuer *f (z. B. Erbschaft-, Schenkungsteuer)*; **~ ticket** Umsteigekarte *f*; **~ to reserves** Zuführung *f* zu Rücklagen; **to effect a ~ of shares** e-e Übertragung (od. Umschreibung) von Aktien vornehmen; **to get a ~** versetzt werden; sich versetzen lassen

**transfer**, *v (Geld)* überweisen; *(ins Ausland)* transferieren; *(Recht, Vermögen)* übertragen; *(Wertpapiere)* übertragen (od. umschreiben); versetzen, verlegen; *(Buchführung)* übertragen; **to ~ one's business** sein Geschäft verlegen (to nach); **to ~ money to an account** Geld auf ein Konto überweisen; **to ~ to reserves** den Rücklagen zuführen

**transferable**, übertragbar; transferierbar; umschreibbar *(Aktien)*; **~ loan instruments** verbriefte handelbare Kreditteile *npl*

**transferee**, Erwerber *m (durch Übertragung)*; Übernehmer *m*; Zessionar *m*; **~ company** übernehmende Gesellschaft *f*

**transference**, Übertragung *f*; Umschreibung *f*

**transferor**, Übertragender *m*; Veräußerer *m*; **~ company** übertragende Gesellschaft *f*

**transferred-charge call**, R-Gespräch *n*

**transform**, *v*, **to ~ a Directive into national law** *(EU)* e-e Richtlinie in nationales Recht umsetzen

**transformation**, Transformation *f*; Umwandlung *f*; **~ of Directives** *(EU)* Richtlinienumsetzung *f*

**transfrontier**, **~ advertising** grenzüberschreitende Werbung *f*, **~ movements of hazardous wastes** grenzüberschreitende Verbringung *f* gefährlicher Abfälle

**tranship**, *v* → trans(s)hip

**transient success**, vorübergehender Erfolg *m*

**transire**, *Br* Zollpassierschein *m (für ein Schiff)*

**transit**, Transit *m*, Durchfahrt *f*, Durchfuhr *f* *(von Waren durch ein Land auf dem Weg* *in ein drittes Land)*; Transport *m*; **Community ~ document** *(EU)* gemeinschaftlicher Versandschein *m*; **Community ~ procedure through the territory of one or more Member States** *(EU)* gemeinschaftliches Versandverfahren *n* durch das Gebiet eines oder mehrerer Mitgliedstaaten; **country of ~** Durchfuhrland *n*

**transit**, **in ~** im Transit *(ohne Zollzahlung)*; auf dem Transport, unterwegs; **damaged in ~** unterwegs beschädigt; **goods in ~** Transitgüter *pl*; durchgehende Waren; auf dem Transport befindliche Waren; **goods lost in ~** auf dem Transport verlorengegangene Waren; **loss in ~** Transportschaden *m*; (Gewichts-)Verlust *m* auf dem Transport; **merchandise in ~** Transitware *f*; **traffic in ~** Durchfuhrverkehr *m*

**transit**, **intra-Community ~ via** (or **through**) **non-member countries** *(EU)* innergemeinschaftlicher Transitverkehr *m* durch dritte Länder; **port of ~** Transithafen *m*; **~ agent** Transitspediteur, Durchfuhrspediteur *m*; **~ authorization certificate** (TAC) Durchfuhrberechtigungsschein *m*; **~ bond** Transitschein *m*; **~ cargo** Transitladung *f*; **~ charges** Transitgebühren *pl*; **~ country** Durchfuhrland *n*; **~ documents** *(EU)* Versandpapiere *npl*; **~ duty** Transitzoll *m*; **~ entry** (Zoll) Durchfuhrerklärung *f*; **~ export** Transitausfuhr *f (über ein drittes Land)*

**transit goods**, Transitgüter, Durchgangsgüter *pl*; **storehouse for ~** Transitlager *n*

**transit**, **~ number** *Am* Bankleitzahl *f (auf Schecks)*; **~ of goods** Durchfuhr *f* von Waren; **~ permit** Durchfuhrbewilligung *f*; **~ privilege** Transitvergünstigung *f (Vorzugstarif m für den Durchgangsverkehr)*; **~ rate** Transittarif *m*; **~ route** Transitweg *m*; **~ trade** Transithandel *m*, Durchfuhrhandel *m*; **~ traffic** Transitverkehr *m*, Durchgangsverkehr *m*; **~ visa** Durchreisevisum *n*, Transitvisum *n*; **to be in ~** durchgehen *(Waren)*; **to pass in ~** *(ein Land)* transitieren, im Transit durchlaufen *(Waren)*

**transit**, *v*, **to ~ goods** Waren durch ein Land führen

**transitional**, **~ loan** Überbrückungskredit *m*; **~ period** Übergangszeit *f*

**transitory**, transitorisch, vorübergehend; **~ item** *(Bilanz)* transitorischer Posten *(Rechnungsabgrenzungsposten)*

**transitu**, → stoppage in ~

**translate**, *v* übersetzen; **to ~ into another currency** in e-e andere Währung umrechnen

**translation**, Übersetzung *f*; **~ of foreign currencies** Umrechnung *f* ausländischer Währungen

**transmission**, Übertragung *f*, Übergang *m*; Übersendung *f*, Versand *m*; **~ of a claim** Forderungsübergang *m*; **~ of an enterprise to the successor** Übergang e-s Unternehmens auf den Nachfolger, **~ of foods** Versand von Waren; **~ on death** Übergang von Todes wegen

**transmit**, *v* übertragen (to auf); übersenden, versenden; übermitteln; *(Rundfunk, Fernsehen)* senden; **to ~ onward** weiterleiten (to an)

**transnational enterprise**, (TNE) multinationales Unternehmen *n*

**transnational waste removal**, *(EU)* grenzüberschreitende Abfallbeseitigung *f*

**transparent cover**, Klarsichthülle *f*

**transport**, Transport *m*, Beförderung *f*; Verkehr(swesen) *m(n)*; **air ~** → ~ by air; **marine** (or **maritime**) **~** Seetransport *m*; Beförderung *f* auf dem Seewege; **means of ~** Transportmittel *pl*, Beförderungsmittel *pl*; Verkehrsmittel *pl*; **mode of ~** Beförderungsart *f*

**transport**, **public ~** öffentlicher Verkehr *m*; **by public ~** mit öffentlichen Verkehrsmitteln; **public ~ operators** öffentliche Verkehrsbetriebe *mpl*

**transport**, **rail ~** → ~ by rail; **road ~** → ~ by road; **sea ~** s. marine → ~; **~ agency** Speditionsfirma *f*; **~ by air** Beförderung auf dem Luftwege; Lufttransport *m*; **~ (of goods) by rail** *Br* Eisenbahngüterverkehr *m*; **~ (of goods) by road** *Br* Güterverkehr *m* mit Lastkraftwagen; Straßengüterverkehr *m*; **~ by rail, road and inland waterway** Transport im Eisenbahn-, Straßen- und Binnenschiffsverkehr; **~ company** *Br* Speditionsgesellschaft *f*; **~ documents** Transportdokumente *npl*; **~ facilities** Beförderungsmöglichkeiten *fpl*; **~ industry** Transportgewerbe *n*, Verkehrswirtschaft *f*; **~ infrastructure** Verkehrsinfrastruktur *f*; **~ insurance** Transportversicherung *f*; **~ loss** Transportschaden *m*; **~ of goods** Güterbeförderung *f*; **~ planning** Verkehrsplanung *f*; **~ policy** Verkehrspolitik *f*; **~ risks insurance** Transportversicherung *f*; **~ ser-**

**vices** Transportleistungen *fpl*; **~ trade** Transportgewerbe *n*
**transport**, *v* transportieren, befördern, versenden
**transportation**, *bes. Am* Transport *m*, Beförderung *f*; Transportwesen *n*; Verkehr(swesen) *m(n)*; **highway ~** *Am* Güterverkehr *m* mit Lastkraftwagen; **means of ~** Transportmittel *pl*; Verkehrsmittel *pl*; **railroad freight ~** *Am* Eisenbahngüterverkehr *m*; **~ cost** (or **expenses**) Transportkosten *pl*; **~ risk** Transportrisiko *n*; **~ undertaking** Transportunternehmen *n*
**transpose**, *v*, **to ~ a Directive into national law** *(EU)* e-e Richtlinie in nationales Recht umsetzen; **to culpably fail to ~ a Directive** schuldhaft e-e Richtlinie nicht umsetzen
**transposition of Directives**, *(EU)* Richtlinienumsetzung *f*
**trans(s)hip**, *v (Güter)* umladen, umschlagen; umstauen *(von e-m Schiff auf ein anderes laden)*
**trans(s)hipped, goods to be ~** Umladegüter *npl*
**trans(s)hipping for**, umzuladen auf ...
**trans(s)hipment**, Umladung *f*; Umschlag *m*; **place for ~** Umschlagsplatz *m*; **port of ~** Umladehafen *m*, Umschlagshafen *m*; **~ bill of lading** Umladekonnossement *n*; **~ cargo** Umladungsgut *n*; **~ charges** Umladegebühren *fpl (Gebühren für Umschlag von Gütern von Land aufs Schiff und umgekehrt)*; **~ clause** Umladeklausel *f (im Flussfrachtgeschäft)*; **~ note** Zollbegleitschein *m*; **~ plant** Umladeanlage *f*; **~ station** Umladebahnhof *m*
**trash**, wertlose Waren *pl*, Ausschusswaren *pl*
**travel**, Reisen *n*, Reiseverkehr *m*; *(längere)* Reise *f*; **business ~** Geschäftsreise *f*; **international ~** internationaler (od. grenzüberschreitender) Reiseverkehr *m*; **~ abroad** Auslandsreise *f*; **~ agency** (or **agent**) Reisebüro *n*; **~ allowance** Reisekostenzuschuss *m*; **~ brochure** Reiseprospekt *m*; **~ expense(s)** Reisekosten *pl*, Reisespesen *pl*; **~ on official business** Dienstreise *f*
**travel**, *v* reisen; **to ~ on business** geschäftlich reisen
**travel(l)er**, Reisender *m*; **commercial ~** (Reise-)Vertreter *m*; Geschäftsreisender *m*; Handlungsreisender *m*; **~'s cheque** Reisescheck *m*; **~'s letter of credit** Reisekreditbrief *m*; **~ on commission** Provisionsreisender *m*
**travel(l)ing**, Reisen *m*; **~ allowance** Reisekostenvergütung *f*; **~ exhibition** Wanderausstellung
**travel(l)ing expenses**, Reise- und Aufenthaltskosten *pl*; **to reimburse ~ expenses** Reisekosten erstatten
**travel(l)ing, ~ on business** auf Geschäftsreise, auf Dienstreise; **~ salesman** Geschäftsreisender *m*; Handlungsreisender *m*; **~ vendor** Reisegewerbetreibender *m*
**trawling**, Schleppnetzfischerei *f*
**treason**, Landesverrat *m*; **(high) ~** Hochverrat *m*
**treasurer**, Kassenführer *m*, Kassenwart *m (e-s Vereins etc.)*; Finanzdirektor *m (z. B. des IMF)*; **~ (of a corporation)** *Am* Leiter *m* der Finanzabteilung (e-r AG); Finanzleiter *m*
**Treasury**, *Br* Finanzministerium *n*; Staatskasse *f*, Fiskus *m*; Finanzabteilung *f* e-s Unternehmens; **~ bill** *(kurzfristiger)* Schatzwechsel
**Treasury bonds**, Schatzanweisungen *fpl*; *Am (von e-r Gesellschaft zurückerworbene)* eigene Obligationen *fpl*; **non-interest hearing ~** *Am* U-Schätze *pl (unverzinsliche Schatzanweisungen)*
**Treasury, ~ certificate** *Am (kurzfristige, auf Couponbasis angebotene)* Schatzanweisung *f*; **~ Department** *Am* (Bundes-)Finanzministerium *n*; **~ income growth receipt** (TIGR) *Am* Recht *n* auf → ~ bonds (→ zerobonds); **~ note** *Br* Banknote *f*; *Am (mittelfristige)* Schatzanweisung *f*; **~ Secretary** *Am* Finanzminister *m*; **~ securities** *Am* Schatzwechsel *mpl*; **~ stock** *Br (langfristige)* Staatspapiere *npl*; *Am (zurückerworbene)* eigene Aktien; **~ warrant** Zahlungsanweisung *f* des US-Schatzamtes
**treat**, *v* behandeln; handeln (of von); verhandeln (with mit); **to ~ sb. to sth.** jdn bewirten (od. unterhalten) mit etw.
**treatment**, Behandlung *f*; **customs ~** zollrechtliche Behandlung; **medical ~** ärztliche Behandlung *f*
**treaty**, 1. Vertrag *m (zwischen Staaten)*; Rückversicherungsvertrag *m*; **commercial ~** Handelsvertrag *m*; **contrary to ~** vertragswidrig; **draft (of a) ~** Vertragsentwurf *m*; **violation of a ~** Vertrags-

verletzung *f*; **T~ of Accession** *(EU)* Beitrittsvertrag; **~ duties** Vertragszölle *mpl*; **~ of arbitration and conciliation** Schieds- und Schlichtungsvertrag; **~ of commerce** Handelsvertrag; **T~ of Friendship, Commerce and Navigation** (FCN-Treaty) *Am* Freundschafts-, Handels- und Schifffahrtsvertrag (mit der Bundesrepublik); **~ provisions** Vertragsbestimmungen *fpl*; **~ shopping** *(DBA)* Steuergestaltungsmöglichkeit *f*; **~ signator** Unterzeichner *m* e-s Vertrages; **~ violation** Vertragsverletzung *f*; **to conclude a ~** e-n Vertrag abschließen; **to denounce a ~** e-n Vertrag kündigen; **to join a ~** e-m Vertrag beitreten

**treaty**, 2. Verhandlung *f (zwischen Personen)*; **sale by private ~** freihändiger Verkauf *m* (*von Grundbesitz*; *opp. sale by auction*)

**treble damages**, dreifacher Schadensersatz *m*

**trend**, Trend *m*, (Entwicklungs-)Tendenz *f*; **cyclical** (or **economic**) **~** konjunkturelle Entwicklung *f*; **downward ~** fallende (od. rückläufige) Tendenz; **economic ~ check** Konjunkturtest *m*; Unternehmensbefragung *f*; **market ~** Markttendenz *f*; Börsentendenz *f*; **sales ~** Absatzentwicklung *f*; **upward ~** steigende Tendenz

**trend increase**, konjunktureller Anstieg *m*; **to show a ~** konjunkturell steigen (od. zunehmen)

**trend**, **~ in demand** Nachfrageentwicklung *f*; **~ in orders** Auftragsentwicklung *f*; **~ of affairs** Geschäftsgang *m*; **~ of (enterprise's) earnings** Gewinnentwicklung *f (des Unternehmens)*; **~ of interest rates** Zinsentwicklung *f*; **~ of** (or **in**) **prices** Preistendenz; Kurstendenz; **the ~ of the shares is cheerful** die Aktien tendieren freundlich; **the market ~ on the stock exchange was maintained** an der Aktienbörse war die Tendenz behauptet; **to show a firmer ~** *(Börse)* fester tendieren

**trend**, *v*, **to ~ downwards (upwards)** nach unten (oben) tendieren

**trespass**, *v* Besitz stören; **to ~ on sb.'s land** jds Grundstück widerrechtlich betreten

**trespasser**, Besitzstörer *m*; **~s will be prosecuted** *(unbefugtes)* Betreten bei Strafe verboten

**trial**, Versuch *m*, Probe *f*; mündliche (Gerichts-)Verhandlung *f*; **goods sent on ~** auf Probe gesandte Waren *pl*; Probesendung *f*; **~ balance** Probebilanz *f*; **on a ~ basis** probeweise; **~ engagement** Anstellung *f* auf Probe

**trial and error**, **to do sth by ~** etw durch Versuch und Irrtum ausprobieren

**trial order**, Probebestellung *f*; Probeauftrag *m*; **to place a ~** e-n Probeauftrag erteilen

**trial**, **~ package** Probepackung *f*; **~ period** Probezeit *f*

**triangular**, **~ deal** (or **transaction**) Dreieckgeschäft *n (im internationalen Handel)*; **~ exchange** Devisenarbitrage *f* in drei verschiedenen Währungen; **~ trade** Dreieckshandel *m*

**trickster**, Betrüger *m*; Schwindler *m*

**trigger**, *v*, **to ~ (off)** auslösen

**trim (of cargo)**, richtige Verstauung *f (der Ladung)*

**trim**, *v* reduzieren, kürzen; *(Ladung im Schiffsraum)* seemäßig verstauen

**trip**, (Vergnügungs-)Reise *f*; Autofahrt *f*; **business ~** *(kurze)* Geschäftsreise *f*

**tripartite**, in dreifacher Ausfertigung; dreiseitig; **~ agreement** Dreierabkommen *n*

**triple witching hour**, Geisterstunde *f* (Einmal im Quartal, wenn Terminkontrakte und Optionen auf Marktindizes auslaufen. An diesem Tag werden extrem hohe Umsätze getätigt, zusätzlich fluktuiert das Kursniveau sehr stark.)

**triptych**, Triptyk *n*, Zollpassierschein *m*

**tropical**, **~ and sub~ fruit** Südfrüchte *fpl*; **~ timber** tropische Hölzer *mpl*; **fit for service in ~ countries** tropentauglich

**trouble**, **labo(u)r ~s** Arbeiterunruhen *fpl*; **~ shooter** jd., der Arbeitsstreitigkeiten schlichtet oder Maschinenschäden beseitigt, Schlichter *m*

**troubled**, in Schwierigkeiten geraten

**trought**, Konjunkturtief *n*

**troy weight**, Troygewicht *n* (für Edelmetall und Edelsteine)

**truck**, 1. Tauschhandel *m*; *Am* Produkte *mpl* e-r Handelsgärtnerei *(Gemüse, Obst)*; **~ farm** Handelsgärtnerei *f*; **~ farmer** (or **gardener**) *Am* Gemüsegärtner *m*

**truck**, 2. Transportwagen *m*; *Br* offener Güterwagen *m*; Waggon *m*; *Am* Lastkraftwagen *f*, Lkw; **long-distance ~** *Am* Fernlaster *m*; **motor ~** *Am* Lastkraftwagen *m*, Lkw; **~ driver** *Am* Lkw-Fahrer *m*

**truck**, **to ship by** ~ *Am* im Lkw befördern
**truckage**, *Br* Beförderung *f* durch Güterwagen; *Am* Beförderung durch Lkw
**trucker**, *Am* Lastwagenfahrer *m*
**truckload**, *Br* Waggonladung *f*; *Am* Lkw-Ladung *f*; **less than** ~ *Am* Lkw-Stückgutladung *f*
**truck requirement**, *Br* Bedarf *m* an Waggonraum; **to meet the** ~ Waggons bereitstellen
**true and fair view**, *(Bilanz)* wahres und angemessenes Bild *(der Vermögens- und Finanzlage)*; den tatsächlichen Verhältnissen entsprechendes Bild; **to obtain a** ~ **of the financial position of a company** e-n echten Einblick in die Finanzlage e-r Gesellschaft bekommen
**true copy**, gleichlautende *(mit dem Original übereinstimmende)* Abschrift *f*; **I certify this to be a** ~ die Abschrift dieser Urkunde wird beglaubigt
**true**, ~ **heir** rechtmäßiger Erbe *m*; ~ **owner** rechtmäßiger Eigentümer; ~ **weight** genaues Gewicht *n*; ~ **yield** Effektivverzinsung *f (e-s Wertpapiers)*
**trunk**, ~ **call** *Br (früher:)* Ferngespräch *n*; ~ **line** (Eisenbahn)Hauptstrecke *f*; ~ **road** Fern(verkehrs)straße *f*
**trust**, 1. Vertrauen *n* (in auf); **in** ~ zu treuen Händen, zur Verwahrung; **money in** ~ anvertrautes Geld *n*; **on** ~ auf Kredit; **position of** ~ Vertrauensstellung *f*; ~ **card** *Br* Kreditkarte *f*; **to be based on mutual** ~ auf gegenseitigem Vertrauen beruhen; **to buy on** ~ auf Kredit kaufen; **to give** ~ Kredit geben
**trust**, 2. Trust *m (auf Marktbeherrschung gerichteter Unternehmenszusammenschluss)*; **horizontal** ~ Horizontaltrust *m*; **vertical** ~ Vertikaltrust *m*
**trust**, 3. Treuhandverhältnis *n* (Beteiligte am trust sind: Begründer (settlor), Treuhänder (trustee) und Begünstiger (beneficiary)
**trust**, treuhänderische Funktionen *fpl*; **to administer (undertake)** ~ treuhänderische Funktionen ausüben (übernehmen); **I give all my property unto my trustees upon the following** ~ ich gebe mein ganzes Vermögen meinen Treuhändern mit den folgenden Auflagen
**trust**, **breach of** ~ Verletzung der Pflichten als Treuhänder; Verletzung e-r Bestimmung des Treuhandvertrages; **charitable** ~ Trust für wohltätige (od. sonst dem Gemeinwohl dienende) Zwecke; **executed** ~ genau festgelegtes Treuhandverhältnis; ~ **executory** ~ noch festzulegendes Treuhandverhältnis; **in** ~ treuhänderisch, in treuhänderischer Verwaltung; **investment** ~ Investmentgesellschaft *f*, Kapitalanlagegesellschaft; **private** ~ privater Trust *(bei dem die Begünstigten individuell bezeichnet sind)*; **public** ~ *(meist steuerlich begünstigter)* öffentlicher Trust *(im Interesse der Allgemeinheit)*; **statutory** ~ gesetzlich begründeter Trust; ~ **account** Treuhandkonto *n*; Anderkonto *n*; ~ **agreement** Treuhandvertrag *m*; ~ **assets** Treuhandvermögen *n*, Treuhandgut *n*; ~ **company** *Br* Investmentgesellschaft *f*; *Am* Vermögensverwaltungsgesellschaft *f*; ~ **deed** Vertrag zur Trusterrichtung; Trustvertrag *m*; ~ **department** Vermögensverwaltungsabteilung *f*; ~ **estate** Treuhandvermögen *n*; ~ **fund** Treuhandgelder *pl*, Mittel des Treuhandvermögens, treuhänderisch verwaltetes Vermögen *n*; ~ **income** *(dem beneficiary zustehende)* Erträge aus e-m Trust; ~ **indenture** Treuhandvertrag *m*; ~ **instrument** Treuhandurkunde *f*; ~ **money** treuhänderisch verwaltetes Geld *n*; ~ **property** Treuhandvermögen *n*; Treuhandgut *n*; ~ **receipt** *Am* Treuhandquittung *f (besitzloses Sicherungsrecht an bewegl. Sachen)*; ~ **stock** *Am colloq.* mündelsichere Wertpapiere *npl*; ~ **unit** *Br* Anteil an e-m → unit trust; **to be subject to** (or **under**) **a** ~ treuhänderisch verwaltet werden; **to constitute** (or **create, establish**) **a** ~ ein Treuhandverhältnis begründen; **to hold property in** ~ **for sb.** für jdn Vermögen treuhänderisch verwalten
**trustee**, Treuhänder *m*; Vermögensverwalter *m*; **judicial** ~ gerichtlich ernannter Treuhänder; **private** ~ durch Privatpersonen bestellter Treuhänder; **under** ~ treuhänderisch verwaltet; ~ **in bankruptcy** Konkursverwalter *m*; **~'s certificate** *Br* Verwahrungsschein *m*; ~ **investment** mündelsichere Kapitalanlage *f*; ~ **of an estate** Nachlassverwalter *m*; ~ **securities** mündelsichere Wertpapiere *npl*; ~ **security status** Mündelsicherheit *f*
**trusteeship**, Amt *n* e-s trustee; Treuhandverwaltung *f*
**trustor**, *Am* Treugeber *m*
**truth**, Wahrheit *f*; **contrary to the** ~ wahrheitswidrig; ~ **in lending** *Am*

Wahrheit bei Kreditgeschäften *(zum Schutz von Darlehensnehmern)*; **~ of a statement** Richtigkeit *f* e-r Aussage
**try**, *v* versuchen, ausprobieren; *(gerichtlich)* verhandeln, **to ~ for a scholarship** versuchen, ein Stipendium zu bekommen
**tube**, Londoner Untergrundbahn *f*
**tug (boat)**, Schlepper *m*; Schleppdampfer *f*
**tug**, *v (Schiff)* bugsieren
**tuition fees**, Studiengebühren *fpl*
**tumble**, *v* (von Preisen, Kursen) fallen
**tumble-down**, baufällig
**turn**, Wendung *f*, Wende *f*; Umschwung *m* (in the market am Markt); Reihe(nfolge) *f*; Turnus *m*; **bank's ~** Zinsspanne *f*; **by** (or **in**) **~s** der Reihe nach, abwechselnd, turnusmäßig; **jobber's ~** *Br* Kursgewinn *m* des Effektenhändlers; **to make a ~** ein Wertpapier mit Gewinn verkaufen; **to take ~** einander ablösen
**turn**, *v* wenden; (ver)ändern, umwandeln (into in); **to ~ into money** zu Geld machen
**turn**, *v*, **vehicle about to ~ left** linksabbiegendes Fahrzeug *n*
**turn out**, *v*, **to ~ (to be)** sich erweisen als; *(in Qualität etc.)* ausfallen; **to ~ a tenant** e-n Mieter heraussetzen; **to ~ well** gut ausfallen
**turn over**, *v* umsetzen; *(Blatt, Seite)* umwenden; **to ~ per annum** e-n Jahresumsatz haben (von); **to ~ the stock** den Lagerbestand umschlagen
**turn**, *v*, **to ~ to account** verwerten
**turnaround**, Kehrtwendung *f*; Tendenzwende *f*
**turning**, Einbiegen *n (e-s Kfz)*, **~ point** Wendepunkt *m*; **~ to the left** Linksabbiegen *n*
**turnkey contract**, *Am* Bauvertrag, der die schlüsselfertige Übergabe des Gebäudes vorsieht
**turnkey solution**, schlüsselfertige Lösung *f*
**turnout**, Ausstattung *f*; Gesamtproduktion *f*; **there was a good ~ at the meeting** die Versammlung war gut besucht
**turnover**, (Geschäfts-)Umsatz *m*; Umschlag *m*; **annual ~** Jahresumsatz *m*; **capital ~** Kapitalumschlag *m*; **goods ~** Güterumschlag *m*; **gross ~** Bruttoumsatz *m*; **inventory ~** Lagerumschlag *m*; **management ~** Wechsel *m* in der Betriebsführung; **merchandise ~** Warenumsatz; **stock ~** Lagerumschlag *m*; **total ~** Gesamtumsatz *m*; **~ commission** Umsatzprovision *f*; **~ figures** Umsatzzahlen *fpl*; **~ of goods** Warenumsatz *m*; **~ of the group** Konzernumsatz *m*; **~ of the labo(u)r force** Fluktuation *f* der Arbeitskräfte; **~ rate** Umschlagshäufigkeit *f*; Umsatzhäufigkeit *f*; **~ ratio** Umschlags-Kennzahl *f*; **~ subject to tax** umsatzsteuerpflichtig; **~ taxes** Umsatzsteuern *fpl*; **to increase ~** den Umsatz steigern
**turnpike**, Schlagbaum *m*; mautpflichtige Straße *f*; *Am* gebührenpflichtige Autobahn *f*
**tutelage**, Vormundschaft *f*; Pflegschaft *f*
**TV**, **pay ~** Münzfernsehen *n*; **~ advertising** Fernsehwerbung *f*; **~ rating** Einschaltquote *f*
**two**, **~-family house** Zweifamilienhaus *n*; **~-job man** Doppelverdiener *m*; **~-lane road** zweispurige Fahrbahn *f*; **~ sides of industry** Sozialpartner *pl*; **~-thirds majority** Zweidrittelmehrheit *f*; **~-tier foreign exchange market** gespaltener Devisenmarkt *m*; **~-tier tender** zweistufiges Übernahmeangebot *n*; **~-way traffic** Gegenverkehr *m*
**tycoon**, *colloq.* Großindustrieller *m*, Industriemagnat *m*
**tying**, **~ agreement** (or **contract**) *Am* Kopplungsvertrag; *(auch)* Knebelungsvereinbarung *f*; **~ product** Kopplungsprodukt *n*; **~ up of capital** Festlegung *f* von Kapital
**type**, Art *f*, Typ *m*; Muster *n*; **~ approval system** *(EU)* Typengenehmigungsverfahren *n (für Kraftfahrzeuge)*; **~ of construction** Bauart *f*; **~ of enterprise** Unternehmensform *f*; **~ of investment** Anlageform *f*; **~s of goods** Warenarten *fpl*
**typewriter**, **electronic ~** elektronische Schreibmaschine *f*
**typing pool**, Schreibsaal *m*
**typist**, Maschinenschreiber(in) *m(f)*; **audio ~** Phonotypist(in) *m(f)*; **copy ~** Schreibkraft *f*; **shorthand ~** Stenotypist(in) *m(f)*

# U

**ubiquitous**, allgegenwärtig
**ullage**, Flüssigkeitsverlust *m*; Verlust durch Auslaufen; Flüssigkeitsmanko *n*
**ultimate**, **~ buyer** Endabnehmer *m*; **~ consumer** Endverbraucher *m*, Letztverbraucher *m*; **~ demand** Endbedarf *m*; **~ holding company** *Br* Konzernspitze *f*; **~ waste disposal** Endlagerung *f (von radioaktiven Abfällen)*
**ultimo**, (ult.) vorigen (od. letzten) Monats
**ultra vires doctrine**, Ultravireslehre (für Gesellschaften); Handlung, die mit dem in der Satzung festgelegten Zweck nicht in Einklang steht
**umbrella**, **~ authority** übergeordnete Behörde *f*; **~ bank** Zentralinstitut *n*, Zentrale *f*; **~ organization** Dachorganisation *f*
**umpire**, Obmann *m* (e-s Schiedsgerichts)
**UMTS**, → universal mobile telefone service
**UN**, → United Nations
**unable**, **~ to pay** zahlungsunfähig; **~ to work** arbeitsunfähig
**unaccepted bill**, nicht akzeptierter Wechsel *m*
**unaccommodating**, unkulant
**unaddressed**, ohne Adresse; **~ mailing** Postwurfsendung *f*
**unadulterated**, unverfälscht
**unamortized premium**, nicht abgeschriebenes Agio *n*
**unanimous vote**, einstimmig gefasster Beschluss *m*
**unanimously**, **~ agreed upon** (or **adopted**) einstimmig angenommen; **~ reelected** einstimmig wiedergewählt
**unanticipated expenses**, unvorhergesehene Ausgaben *fpl*
**unappealable**, rechtskräfig
**unappropriated**, **~ profit** (noch) nicht ausgeschütteter Gewinn *m*; **~ surplus** → surplus 3.
**unascertained goods**, Gattungssachen *pl*
**unassignable**, nicht übertragbar
**unauthorized**, nicht berechtigt (od. ermächtigt); **~ agency** Vertretung *f* ohne Vertretungsmacht; **~ use of motor vehicles** unbefugter Gebrauch *m* von Fahrzeugen
**unavailed credit**, nicht in Anspruch genommener Kredit *m*
**unavoidable**, unvermeidbar; **~ costs** feste Kosten; Fixkosten *pl*
**unbalanced budget**, unausgeglichener Haushalt *m*
**unbankable paper**, nicht diskontfähiger Wechsel *m*
**unbilled**, nicht in Rechnung gestellt
**unblock**, *v (gesperrtes)* Konto *n* freigeben
**unbundle**, *v* zerlegen
**uncallable loan**, unkündbares Darlehen *n*; unkündbare Anleihe *f*
**uncalled capital**, *(von der Gesellschaft)* noch nicht eingefordertes Kapital *n*
**uncashed cheque (check)**, nicht eingelöster Scheck *m*
**unchanged**, **the prices remain ~** die Preise bleiben unverändert
**UNCITRAL**, → United Nations Commission on International Trade Law; **~ Arbitration Rules** ~-Schiedsordnung *f*; **~ Conciliation Rules** ~-Schlichtungsordnung *f*
**unclaimed**, **~ cheque (check)** nicht eingelöster Scheck *m*; **~ dividend** nicht abgehobene Dividende *f*; **~ merchandise** nicht abgeholte Ware *f*
**unclean bill of lading**, fehlerhaftes Konnossement *n (mit Mängelvermerk, z. B. schadhafte Säcke)*
**uncleared goods**, unverzollte Waren *pl*
**uncollected goods**, nicht abgeholte Waren *pl*
**uncollectible**, nicht beitreibbar; **~ receivables** → uncollectibles
**uncollectibles**, uneinbringliche Forderungen *fpl*; **estimated ~** voraussichtlich uneinbringliche Forderungen
**uncommercial**, unwirtschaftlich
**uncommitted**, **~ amounts** noch nicht festgelegte (od. ungebundene) Beträge *mpl*; **~ lendings** nicht zweckgebundene Ausleihungen *fpl*
**uncompetitive**, nicht wettbewerbsfähig
**unconditional**, **~ acceptance** uneingeschränktes Akzept *n*; **~ acceptance of an offer** bedingungslose Annahme *f* e-s Angebots
**unconfirmed letter of credit**, unbestätigtes Akkreditiv *m*
**unconscionable contract**, sittenwidriger Vertrag *m*
**unconsolidated subsidiary**, nicht konsolidierte Tochtergesellschaft *f*

**uncontrolled economy**, freie Wirtschaft *f*
**uncovered**, ~ **cheque (check)** nicht gedeckter Scheck *m*; ~ **risk** *(durch Versicherung)* nicht gedecktes Risiko *n*; ~ **sale** *(Börse)* Leerverkauf *m*
**uncrossed cheque**, *Br* Barscheck *m*
**UNCTAD**, → United Nations Conference on Trade and Development
**uncultivated land**, Ödland *n*
**uncustomed goods**, unverzollte Waren, zollfreie Waren *pl*
**undamaged**, unbeschädigt
**undated**, nicht datiert, ohne Datum; ~ **stock** *Br* unkündbare Wertpapiere *npl*
**undeclared cargo**, nicht zur Verzollung angemeldete Ladung *f*
**undeliverable**, nicht zustellbar
**under**, ~ **age** minderjährig; ~ **bond** unter Zollverschluss; ~ **spot** unter Kassakurs *m*
**underbid**, *v (bei Versteigerung)* unterbieten
**undercapacity**, Unterkapazität *f*
**undercapitalization**, Unterkapitalisierung *f*
**undercapitalized**, nicht genügend kapitalisiert
**undercharge**, zu niedrig berechneter Betrag *m*
**undercharge**, *v* zu wenig fordern (od. berechnen)
**undercover agent**, verdeckter Ermittler *m*
**undercut**, *v*, **to ~ a competitor** e-n Konkurrenten unterbieten
**undercutting of prices**, Preisunterbietung *f*
**underemployment**, Unterbeschäftigung *f*; versteckte Arbeitslosigkeit *f*
**underestimate**, *v* zu niedrig ansetzen; unterbewerten
**underground**, Underground *Br* U-Bahn *f*; ~ **car park** *Br* Tiefgarage *f*; ~ **economy** Schattenwirtschaft *f*; ~ **engineering** Tiefbau(wesen) *m(n)*; ~ **work in mines** Untertagearbeiten *fpl* in Bergwerken; ~ **working** Untertagebau *m*
**underindustrialized area**, industriearmes Gebiet *n*
**underinsurance**, Unterversicherung *f*
**underinsure**, *v* unterversichern
**underlease**, Untermiete *f*; Untervermietung *f*
**underlying**, ~ **asset** Basisobjekt *n* Bezugsobjekt *n*; ~ **mortgage** *Am* im Rang vorgehende Hypothek *f*; ~ **transaction** zugrundeliegendes Geschäft *n*
**undermentioned**, unten erwähnt
**underpay**, *v* schlecht (od. ungenügend) bezahlen, unterbezahlen
**underpayment**, Unterbezahlung *f*; zu wenig bezahlter Betrag *m*
**underpin**, *v* stärken; unterstützen
**underprice**, *v* unter Preis anbieten; *(Aktie)* zu niedrig bewerten
**underprivileged regions**, *(EU)* benachteiligte Gebiete *npl*
**underrate**, *v* zu niedrig bewerten
**underrun**, **budget** ~ Haushaltsunterschreitung *f*
**undersell**, *v (etw.)* unter dem Wert verkaufen; **to ~ sb.** jdn unterbieten; billiger verkaufen als ein anderer
**under separate cover**, mit gleicher Post
**undersign**, *v* unterschreiben, unterzeichnen
**understaffed**, personell unterbesetzt
**understate**, *v* zu niedrig ansetzen; untertreiben
**understock**, *v* e-e zu kleine Menge auf Lager nehmen; ~ zu wenig bevorratet; zu gering eingedeckt *(mit Waren)*
**undersubscribed loan**, nicht in voller Höhe gezeichnete Anleihe *f*
**undertake**, *v (etw.)* übernehmen; *(etw.)* unternehmen; sich verpflichten (zu tun); **to ~ a business** die Besorgung e-s Geschäfts übernehmen; **to ~ the responsibility** die Verantwortung übernehmen; **to ~ a risk** ein Risiko eingehen
**undertaker**, Unternehmer *m*; Beerdigungsinstitut *n*
**undertaking**, 1. Unternehmen *n*; Unternehmung *f*; Betrieb *m*; **industrial ~** Industrieunternehmen *n*, Industriebetrieb *m*; **private ~** Privatunternehmen *n*
**undertaking**, 2. Verpflichtungserklärung *f*, Versprechen *n*; Zusicherung *f*; ~ **as to quality** Zusicherung e-r Eigenschaft *(Gewährleistung für Sachmängel)*; ~ **to pay** Zahlungsversprechen *n*, Zahlungszusage *f*; **to enter into an ~** e-e Verpflichtung eingehen
**under the rule**, *Am* (Börse) nach Börsenordnung (zwangsweise Regulierung von Effektenengagements)
**under-the-table money**, Schmiergeld *n*
**under usual reserve**, unter üblichem Vorbehalt
**underutilization of land**, ungenügende Nutzung *f* (od. Verwertung *f*) des Bodens
**undervalued currencies**, unterbewertete Währung *f*

**underwater option** = out-of-the-money option, Option *f*, die aus dem Geld ist
**underwrite**, *v* 1. **to ~ an issue** die Unterbringung e-r Emission garantieren; e-e Emission fest übernehmen
**underwrite**, *v* 2. **to ~ a policy** e-e Police *(als Versicherer)* unterzeichnen; e-e Versicherung übernehmen
**underwriter**, 1. Übernehmer *m* e-r Effektenemission *(meist Bank oder Makler)*; Emissionsbank *f*; Konsorte *m*; **managing ~** konsortialführende Bank *f*
**underwriter**, 2. Versicherer *m (bes. Seeversicherer)*; **cargo ~** Frachtenversicherer; **Lloyd's ~** *Br* Einzelversicherer, der Mitglied von Lloyd's ist; **marine ~** Seeversicherer
**underwriting**, 1. Garantie *f* für die Platzierung e-r Effektenemission; **firm ~** Festübernahme *f*; **~ agreement** Übernahmevertrag *m*; Konsortialvertrag *m*; **~ business** Konsortialgeschäft *n*; **~ group** *(das die Emission übernehmende)* Bankenkonsortium *n*; **~ prospectus** Emissionsprospekt *m*; **~ share** Konsortialquote *f*; **~ syndicate** Emissionssyndikat *n*; **~ transaction** Konsortialgeschäft *n*
**underwriting**, 2.(See-)Versicherung(sgeschäft) *f(n)*; Abschluss *m* e-s (See-)Versicherungsvertrages; **~ agent** *Br* Abschlussagent *m*; **~ contract** Versicherungsvertrag *m*; **~ group** Versicherungskonsortium *n*; **~ limit** Zeichnungsgrenze *f*; **~ member** *Br* Einzelversicherer *m (von Lloyd's)*
**undeveloped land**, *Br* nicht erschlossenes (Bau-)Gelände *n*; *(Bilanz)* unbebautes Grundstück
**undischarged**, *(Schuld)* (noch) nicht bezahlt; *(Ladung)* (noch) nicht entladen; **~ bankrupt** (noch) nicht entlasteter Gemeinschuldner *m*
**undisclosed**, geheimgehalten; **~ agency** verdeckte (od. mittelbare) Stellvertretung *f*; **~ defect** verschwiegener Mangel *m*; **~ principal** verdeckt Vertretener *m*; unbekannter Auftraggeber *m*; **~ reserves** stille Rücklagen
**undisputed claim**, unbestrittene Forderung *f*
**undistributed profit**, nicht ausgeschütteter (od. verteilter) Gewinn *m*
**undo**, *v*, **to ~ a bargain** ein Geschäft rückgängig machen; **to ~ a parcel** ein Paket öffnen
**undocumented worker**, Arbeitnehmer *m* ohne Papiere *(ohne Arbeitserlaubnis)*
**undrawn profit**, nicht entnommener Gewinn *m*
**undue**, ungehörig, ungebührlich; nicht geschuldet; **~ debt** zu hohe Forderung *f*; **without ~ delay** unverzüglich; **~ hardship** unbillige Härte *f*; **~ influence** unzulässige Beeinflussung *f*; **~ preference** Gläubigerbegünstigung *f (im Konkurs)*
**unearned**, nicht *(durch Arbeit)* verdient; **~ income** Einkommen *n* aus Vermögen; Besitzeinkommen *n*; **~ increment** unverdienter Wertzuwachs *m*; **~ premium** *(noch)* nicht verdiente Prämie *f*
**uneconomic(al)**, unwirtschaftlich, unrentabel
**unemployed**, Arbeitslose *mpl*; **~ total** Gesamtarbeitslosenzahl *f*
**unemployed**, *adj* arbeitslos, beschäftigungslos; **~ capital** totes Kapital *n*
**unemployment**, Arbeitslosigkeit *f*; **concealed ~** versteckte Arbeitslosigkeit; **cyclical ~** konjunkturelle Arbeitslosigkeit; **increasing ~** zunehmende Arbeitslosigkeit; **long-term ~** Langzeitarbeitslosigkeit *f*; **plant-conditioned ~** betrieblich bedingte Arbeitslosigkeit; **seasonal ~** saisonale Arbeitslosigkeit; **sustained ~** anhaltende Arbeitslosigkeit; **technological ~** technologische Arbeitslosigkeit; **voluntary ~** freiwillige Arbeitslosigkeit; **~ among women** Frauenarbeitslosigkeit *f*; **~ benefit** *Br* (**compensation** *Am*) Arbeitslosengeld *n*; **~ insurance** Arbeitslosenversicherung *f*; **~ rate** Arbeitslosenquote *f*; **~ increased** die Arbeitslosigkeit hat zugenommen
**unencumbered**, unbelastet, hypothekenfrei
**unenforceable contract**, uneinklagbarer Vertrag *m*
**unequal**, **~ treatment of EU nationals** Ungleichbehandlung *f* von EU-Bürgern; **to be ~ to a task** e-r Aufgabe nicht gewachsen sein
**unequal, shares showed an ~ tendency** Aktien tendierten uneinheitlich
**UNESCO**, → United Nations Educational, Scientific and Cultural Organization
**unexecuted order**, unerledigte Bestellung *f*
**unexpended appropriations**, nicht verbrauchte Mittel *pl*
**unexpired**, (noch) nicht abgelaufen

**unfair**, unbillig, unredlich, unlauter; ~ **advertising practices** unlautere Werbung *f*
**unfair competition**, unlauterer Wettbewerb *m*; **to engage in ~ ~** unlauteren Wettbewerb betreiben
**unfair**, ~ **contract terms** missbräuchliche Vertragsklauseln *fpl*; unlautere Vertragsbedingungen *fpl*; ~ **dismissal** ungerechtfertigte Kündigung *f*; ~ **labor practices** *Am* unfaire Behandlung *f* von Arbeiterfragen; ~ **terms in contracts concluded with consumers** missbräuchliche Klauseln in Verbraucherverträgen; ~ **trade practices** unlautere Handelspraktiken *pl*
**unfavo(u)rable**, ungünstig; ~ **balance of trade** passive Handelsbilanz *f*
**unfilled**, ~ **order** noch nicht erledigter Auftrag *m*; ~ **vacancies** offene Stellen *fpl*
**unfinished**, unfertig
**unfit**, untauglich, ungeeignet; ~ **for human consumption** für die menschliche Ernährung ungeeignet; ~ **for work** arbeitsunfähig
**unforeseeable**, unvorhersehbar
**unforeseen expenses**, nicht vorhergesehene Ausgaben *fpl*
**unfounded**, unbegründet
**unfunded**, ~ **debt** schwebende (Staats-) Schuld *f*; ~ **public pension system** umlagefinanziertes Altersvorsorgesystem *n*
**unfurnished room**, Leerzimmer *n*, unmöbliertes Zimmer *n*
**unification**, Unifizierung *f*, Konsolidierung *f*; Vereinheitlichung *f*
**unified**, ~ **bond** konsolidierte Anleihe *f*; ~ **control of a group** einheitliche Leitung *f* e-s Konzerns
**uniform**, einheitlich, Einheits-; ~ **basis of assessment** einheitliche Besteuerungsgrundlage *f*; **U~ Commercial Code** (UCC) *Am* Einheitliches Handelsgesetz *n*; **U~ Customs and Practices for Documentary Credits** Einheitliche Richtlinien und Gebräuche für Dokumenten-Akkreditive; ~ **delivered price** einheitlicher Lieferpreis *m*; ~ **duty** Einheitszoll *m*; ~ **EU-labelling** einheitliche EU-Etikettierung *f*; ~ **law on the sale of goods** einheitliches Kaufvertragsrecht *n*; **U~ Negotiable Instrument Law** (UNIL) *Am* Wertpapiergesetz *n (umfasst auch Wechsel- und Scheckrecht)*; ~ **price** Einheitspreis *m*; ~ **quotation** Einheitskurs *m*; ~ **system of accounts** Kontenrahmen *m*
**unilateral**, einseitig, nur auf einer Seite; ~ **contract** einseitig verpflichtender Vertrag *m*
**unimproved real property**, *Am* unbebautes Grundstück *n*
**unincorporated Association**, nicht rechtsfähige Vereinigung *f* (*z. B. e-e* → *partnership*); nicht eingetragener Verein *m*
**uninsurable risk**, nicht versicherungsfähiges Risiko *n*
**uninsured**, nicht versichert; ~ **employment** versicherungsfreie Beschäftigung *f*
**union**, 1. Vereinigung *f*, Zusammenschluss *m*; Union *f*, Verband *m*; **U~ Convention** Pariser (Verbands-)Übereinkunft *f (zum Schutz des gewerblichen Eigentums)*; **U~ of European Economic Interests** Europäische Wirtschaftliche Interessenvereinigung (EWIV) *f*
**Union**, 2. → EuropeanUnion; ~ **citizenship** Unionsbürgerschaft *f*
**union**, 3. Gewerkschaft *f*; **company** ~ *Am* Betriebsgewerkschaft; **craft** ~ Fachgewerkschaft; **labor** ~ *Am* Gewerkschaft; **national** ~ *Am* Bundesgewerkschaft; **non-union worker** Nichtgewerkschafter *m*; **trade** ~ Gewerkschaft; ~ **affiliation** Gewerkschaftszugehörigkeit *f*; ~ **card** Gewerkschaftsmitgliedskarte *f*; ~ **contract** *Am* Tarifvertrag *m*; ~ **dues** Gewerkschaftsbeiträge *mpl*; ~ **label** *Am* Gewerkschaftsetikett *n (an von Gewerkschaftsmitgliedern hergestellten Waren)*; ~ **labo(u)r** gewerkschaftlich organisierte Arbeitnehmer *mpl*; ~ **member** Gewerkschaftsmitglied *n*; Gewerkschafter *m*; ~ **membership** Gewerkschaftszugehörigkeit *f*; **U~ of Shop, Distributive and Allied Workers** (USDAW) *Br* Gewerkschaft der Angestellten des Handels; **union rate** Tarifsatz *m*, Tariflohn *m*; ~ **representative** Gewerkschaftsvertreter *m*; ~ **shop** gewerkschaftspflichtiger Betrieb *m*; ~ **steward** *Am* Betriebsobmann *m*; ~ **wages** Tariflöhne *mpl*; ~ **workers** gewerkschaftlich organisierte Arbeiter *mpl*; **to join a** ~ e-r Gewerkschaft beitreten
**unionist**, Gewerkschafter *m*
**unionized**, gewerkschaftlich organisiert
**unique user**, Anzahl *f* der Individuen, die eine Webseite innerhalb einer bestimmten Zeitspanne besuchen.

**unique visitors**, → Unique user
**unissued shares**, (or **stock**) noch nicht ausgegebene Aktien *pl*
**unit**, Einheit *f*; Stück *n*; Fondsanteil *m* (*Anteil an e-m* → unit *trust*); Betrieb *m*, Unternehmen *n*; **cost ~** Kosteneinheit *f*; **monetary ~** Währungseinheit *f*; **trust ~** *Br* Anteil an e-m → unit trust; **~ amount** Betrag pro Einheit; **~ applicant** Anteilszeichner *m*; **~ bank** *Am* Bank *f* ohne Zweigstellen; Einzelbank *f*; **~ certificate** Anteilschein *m*; **~ cost** Stückkosten *pl*; **~ holder** Anteilsinhaber *m*, Inhaber e-s Fondsanteils; **~ labo(u)r cost** Lohnstückkosten *pl* je Produktionseinheit; **~ of account** Rechnungseinheit *f*; **~ price** Stückpreis *m*; Preis pro Einheit (od. Stück); **~ production** Einzelfertigung *f*; **~ quotation** *(Börse)* Stücknotiz *f*; **~ trust** *Br* Investmentfonds *m*; **~ trust price** Kurs *m* e-s Fondsanteils
**United Kingdom**, (UK) Vereinigtes Königreich *n*
**United Nations**, (UN) Vereinte Nationen *pl*; **~ Commission on International Trade Law** Kommission *f* der Vereinten Nationen für Internationales Handelsrecht (→ UNCITRAL); **~ Conference on Trade and Development** (UNCTAD) Welthandels- und Entwicklungskonferenz der Vereinten Nationen; Welthandelskonferenz *f*; **~ Convention on Contracts for the International Sale of Goods** Übereinkommen *n* der Vereinten Nationen über Verträge über den internationalen Warenkauf (VN-Kaufrechtsübereinkommen); **~Convention on the Law of the Sea** Seerechtsübereinkommen *n* der Vereinten Nationen; **~ Development Programme** (UNDP) Entwicklungsprogramm *n* der Vereinten Nationen; **~ Economic Commission for Europe** UN-Wirtschaftskommission *f* für Europa; **~ Educational, Scientific and Cultural Organization** (UNESCO) Organisation der Vereinten Nationen für Erziehung, Wissenschaft und Kultur; **~ Environment Programme** (UNEP) Umweltprogramm *n* der Vereinten Nationen (UNEP); **~ Industrial Development Organization** (UNIDO) Organisation der Vereinten Nationen für industrielle Entwicklung
**United States (of America)**, Vereinigte Staaten von Amerika, USA; **~ citizen** (or **national**) amerikanische(r) Staatsangehörige(r) *f(m)*
**unity of Europe**, Einheit *f* Europas
**universal**, **~ agent** Generalbevollmächtigter *m*; **~ bank** Universalbank *f (die Emissions- ebenso wie Depositengeschäft anbietet)*; **U~ Copyright Convention** Welturheberrechtsabkommen *n*; **U~ Postal Union** (UPU) Weltpostverein *m*; **~ standards** (cotton) Qualitätsbezeichnung *f* für Baumwolle; **~ succession** Gesamtrechtsnachfolge *f*
**universally valid**, allgemeingültig
**universal mobile telephone service**, Mobilfunktechnologie *f (~ wird als die dritte Generation (3G) des Mobilfunks bezeichnet. Sie ist paketbasiert und verspricht Datenübertragungsraten von bis zu 2 Mega-Bit pro Sekunde.)*
**universal resource locator**, Name der Internetadresse einer Webseite im → Internet
**Unix**, *(EDV)* Betriebssystem *n*
**unjust enrichment**, ungerechtfertigte Bereicherung *f*
**unlawful**, ungesetzlich, widerrechtlich, rechtswidrig
**unleaded petrol**, *Br* bleifreies Benzin *n*
**unless**, wenn nicht; vorausgesetzt, dass nicht; **~ otherwise agreed** mangels abweichender Vereinbarung; falls nichts anderes vereinbart ist
**unlevered firm**, schuldenfreie (od. verschuldungsfreie) Firma *(die ausschließlich mit Eigenkapital finanziert ist)*
**unlimited**, unbeschränkt, unbegrenzt; **~ company** Kapitalgesellschaft *f* mit unbeschränkter Haftung; **~ credit line** Kredit in unbeschränkter Höhe; **of ~ duration** ohne zeitliche Begrenzung; **~ in time** unbefristet
**unlimited liability**, unbeschränkte Haftung *f*; **subject to ~** unbeschränkt haftbar
**unlimited, ~ order** unlimitierter (Börsen-) Auftrag *m*; **~ partner** unbeschränkt haftender Gesellschafter *m*; **~ power of attorney** Blankovollmacht *f*
**unliquidated damages**, der Höhe nach (noch) unbestimmter Schadensersatz *m*
**unlisted companies**, nicht börsennotierte Gesellschaften *fpl*
**unlisted securities**, *(an der Börse)* nicht amtlich notierte Wertpapiere; unnotierte Wertpapiere *pl*; Freiverkehrswerte *pl*; **~ Market** geregelter Freiverkehr *m*; Markt

*m* für nicht notierte Papiere; **dealer in ~** Freiverkehrshändler *m*
**unload**, *v* ent-, ab-, ausladen; *(Ladung)* löschen; **to ~ securities** Wertpapiere abstoßen
**unloading**, Abladung *f*; Löschen *n*; **~ berth** Ausladeplatz *m*, Löschplatz *m*; **~ charges** Kosten für Löschung; **~ installation** Löschanlage *f*; **~ period** Entladefrist *f*; **to do the ~** das Abladen besorgen
**unmanufactured tobacco**, Rohtabak *m*
**unmarked goods**, Waren ohne Preisangabe
**unmarketable securities**, nicht börsengängige Wertpapiere *npl*
**unmatured**, noch nicht fällig
**unobtainable**, nicht erhältlich
**unoccupied**, unbewohnt, leer stehend
**unofficial**, nicht amtlich, inoffiziell; außerdienstlich
**unofficial market**, *Br* ungeregelter Freiverkehr *m*; Telefonverkehr *m*; *(Börse)* Kulisse *f*; **to trade in the ~** im Telefonverkehr handeln
**unordered goods**, nicht bestellte Waren *fpl*
**unorganized labo(u)r**, gewerkschaftlich nicht organisierte Arbeitnehmer *mpl*
**unpaid**, unbezahlt; **~ balance** Restschuld *f*; **~ bill (of exchange)** nicht eingelöster Wechsel *m*; **~ capital** noch nicht eingezahltes (Grund-)Kapital *n*; **~ letter** unfrankierter Brief *m*; **~ position** ehrenamtliche Tätigkeit *f*; **~ seller's lien** Pfandrecht (od. Zurückbehaltungsrecht *n*) *(des Verkäufers an der verkauften Sache bis zur Bezahlung des Kaufpreises)*; **to leave a bill ~** e-n Wechsel nicht einlösen; e-e Rechnung unbezahlt lassen
**unpretentious**, anspruchslos
**unproductive wages**, Hilfslöhne *mpl*, Gemeinkostenlöhne *mpl*
**unprofitable**, unrentabel, ertraglos; **~ investment** Fehlinvestition *f*
**unqualified**, **~ acceptance** *(WechselR)* uneingeschränktes Akzept *n*; **~ audit certificate** uneingeschränkter Bestätigungsvermerk *m*
**unquoted**, **~ goods** Waren ohne Preisangabe; **~ list** Kurszettel *m* für Freiverkehrswerte; **~ securities** → unlisted securities; **~ shares (stocks)** nicht notierte Aktien; **dealing in ~ stocks** Freiverkehr *m*
**unreasonable**, unvernünftig, unangemessen; **~ price** unangemessener (od. übertriebener) Preis *m*
**unrealized**, **~ gain** unrealisierter Gewinn *m*; **~ loss** unrealisierter Verlust *m*
**unreceipted bill**, nicht quittierte Rechnung *f*
**unrecoverable debt**, nicht beitreibbare Forderung *f*
**unredeemable**, nicht rückzahlbar
**unrequested visits by agents**, unerwünschte Besuche *mpl* durch Vertreter
**unrequited current transfers**, *(EU)* einseitige laufende Übertragungen *fpl* *(Transaktionen, bei denen ein Sektor Waren/Dienstleistungen an die übrige Welt liefert, ohne dafür eine Gegenleistung zu erhalten mit Ausnahme von Produktionssteuern, Einfuhrabgaben und Subventionen.)*
**unrequited transfers**, *(EU)* einseitige Übertragungen *fpl (Geldleistungen von Privatpersonen sowie öffentliche Leistungen an das Ausland)*
**unrest, labo(u)r ~** Arbeiterunruhen *fpl*
**unrestricted**, uneingeschränkt; **for ~ marketing** zum freien Verkauf
**unrival(l)ed**, konkurrenzlos
**unsal(e)able**, unverkäuflich
**unsatisfactory, ~ demand** unbefriedigende Nachfrage *f*; **~ goods** nicht zufriedenstellende Waren *pl*
**unsatisfied**, unbezahlt, unbeglichen *(Schuld)*; nicht befriedigt *(Gläubiger)*; **~ seizure** fruchtlose Pfändung *f*
**unscheduled redemption**, außerplanmäßige Tilgung *f*
**unseaworthy ship**, seeuntüchtiges Schiff *n*
**unsecured**, ungesichert, nicht sichergestellt; **~ credit** ungesicherter Kredit *m*; Blankokredit *m*; **~ creditor** nicht sichergestellter Gläubiger *m*
**unseen**, **to buy sth. unseen** etw. ungesehen kaufen
**unsettle**, *v*, **to ~ the market** das Marktgleichgewicht stören
**unsettled**, unerledigt; nicht bezahlt; **the invoice is still ~** die Rechnung ist noch nicht bezahlt
**unship**, *v (Passagiere)* ausschiffen; *(Ladung)* ausladen (od. löschen)
**unskilled labo(u)r**, ungelernte Arbeiter *pl*; Hilfsarbeiter *pl*

**unsolds**, an den Lieferanten zurückgegebene *(nicht verkaufte)* Waren *fpl*
**unsolicited**, unerbeten, nicht verlangt; **~ goods** unaufgefordert zugesandte Waren *pl*, unbestellte Waren; **~ mailing** Zusendung *f* ohne Aufforderung des Empfängers; **~ offer** nicht verlangtes Angebot *n*
**unsound**, ungesund; **of ~ mind** geisteskrank, geistesschwach; unzurechnungsfähig
**unsteadiness**, Unbeständigkeit *f (Markt, Preise, Kurse)*
**unsteady**, unbeständig, schwankend
**unstuffing**, *Br* Entladung *f (aus dem Container)*
**unsubsidized**, nicht subventioniert, ohne staatlichen Zuschuss
**unsuccessful**, erfolglos; **all efforts were ~** alle Bemühungen blieben ohne Erfolg
**unsystematic risk**, unsystematisches Risiko *n*, Marktrisiko *n*, nicht diversifizierbares Risiko *n*
**untapped market**, wenig erschlossener Markt *m*
**untaxed**, unbesteuert, steuerfrei
**until**, **~ February 1** bis zum 1. Februar; **~ further notice** bis auf weiteres; **~ recalled** bis auf Widerruf
**unused credit**, unausgenützter Kredit, nicht in Anspruch genommener Kredit *m*
**unutilized capacity**, unausgelastete Kapazität *f*
**unvalued policy**, Police *f* ohne Wertangabe, offene Police *f*
**unwarranted, socially ~ dismissal** sozial ungerechtfertigte Kündigung; **this claim is ~** dieser Anspruch ist ungerechtfertigt
**unworkable**, nicht ausführbar; nicht praktikabel
**unworthy of credit**, unglaubwürdig
**unwrought tin**, Rohzinn *n*
**UPC**, Universal Product Code
**update, financial ~** letzter Stand der Kursnotierung
**update**, *v* auf den neuesten Stand bringen; aktualisieren
**upgrade**, *v* höher einstufen; befördern
**uphold**, *v*, **to ~ a complaint** e-r Beschwerde *f* stattgeben; **to ~ a decision** e-e Entscheidung *f* aufrechterhalten
**upkeep**, Instandhaltung *f*, Erhaltung *f*, Unterhaltung(skosten) *f(pl)*
**upload**, *v* hochladen
**upper**, **~ limit** obere Grenze *f*; **~ price limit** Höchstpreis *m*
**upright**, **~ size** Hochformat *n*; **keep ~!** nicht stürzen! *(Aufschrift z. B. auf Kisten)*
**uprooting of fruit trees**, *(EU)* Ausmerzung *f* von Obstbäumen
**upset price**, *(bei Auktionen)* Mindestpreis *m*
**upsurge**, Ansteigen *n*; **~ in the consumption (of)** Verbrauchswelle *f*; **~ in prices** *(starker)* Preisanstieg *f*, Kursanstieg *m*
**upswing**, Anstieg *m*, Aufschwung *m*; **cyclical ~** Konjunkturaufschwung *m*; **economic ~** → economic; **~ in prices** Preisanstieg *m*; Kursaufschwung *m*
**up to and including February 1**, bis einschließlich 1. Februar
**up to date**, bis heute, bis in die Gegenwart reichend; **to bring ~** auf den neuesten Stand bringen
**up-to-date**, auf dem Laufenden; zeitgemäß, modern; aktuell
**uptrend**, Aufwärtstrend *m*; **price ~** → price 1.; **~ in imports** Importbelebung *f*, Importsteigerung *f*
**upturn**, → upswing; **~ in activity** Geschäftsaufschwung *m*; **~ in demand** Belebung *f* der Nachfrage; **~ in exports** Ausfuhrsteigerung *f*
**upvalue**, *v* aufwerten, höher bewerten
**upward adjustment of rates**, Anhebung *f* der Tarife
**upward movement**, Aufwärtsbewegung *f*; **~ of prices** Steigen der Kurse
**upward price trend, to slow down the ~** den Preisauftrieb bremsen
**upward tendency**, steigende Tendenz *f*; Hausse(tendenz) *f*; **~ in prices** Preisauftrieb(stendenz) *m(f)*; Kursauftrieb *m*, nach oben gerichtete Kursbewegung *f*
**URL**, *(EDV)* → Universal resource locator
**uranium**, **extraction of uranium** Gewinnung *f* von Uran
**urban**, städtisch, Stadt-; **~ concentration** städt. Ballungsgebiet *n*; **~ transport** Stadtverkehr *m*; **~ waste** Hausabfall *m*
**urbanization**, Urbanisierung *f*; Verstädterung *f*
**urge**, *v*, **to ~ sb. to pay** jdn dringend zur Zahlung auffordern
**urgency**, Eilbedürftigkeit *f*
**urgent**, dringend, dringlich; **~ demand** dringender Bedarf *m*; **~ order** Eilauftrag *m*; **to be in ~ need of** dringend benöti-

gen; **to give ~ consideration to** vordringlich behandeln

**usage**, Brauch *m*, Handelsbrauch *m*; Usance *f*; Benutzung *f*, Gebrauch *m*; **local ~** örtlicher Brauch *m*, Ortsgebrauch *m*; **~ of trade** Handelsbrauch *m*, Usance *f*

**use**, Gebrauch *m*, Benutzung *f*, Anwendung *f*, Verwendung *f*; Nutzung *f*; Nutzungsrecht *n*; **directions for ~** Gebrauchsanweisung *f*; **for home ~** zum Verbrauch im Inland; **for one's own ~** zum eigenen Gebrauch; **for immediate ~** zum sofortigen Gebrauch; **industrial ~** gewerbliche Verwendung; **official ~** Dienstgebrauch *m*; **personal ~** *(MietR)* Eigenbedarf *m*; **prior ~** Vorbenutzung *f*; **~ and consumption** Ge- und Verbrauch; **~ and occupancy insurance** Betriebsunterbrechungsversicherung *f*; **~ of immovable property** *(DBA)* Nutzung unbeweglichen Vermögens; **~ of land** Bodennutzung *f*; **~ of proceeds** Erlösverwendung *f*; **~ of a road** Benutzung e-r Straße; **~ of a sum of money** Verwendung e-r Geldsumme; **~ value** Nutzwert *m*; **to make ~ of sth.** etw. gebrauchen (od. benutzen); etw. in Anspruch nehmen; von etw. Gebrauch machen

**use**, *v* gebrauchen, benutzen; **to use up** aufbrauchen, **to ~ a credit** e-n Kredit in Anspruch nehmen; **to ~ a sum of money** e-n Geldbetrag verwenden

**used car**, Gebrauchtwagen *m*; **~ car dealer** Gebrauchtwagenhändler *m*

**used**, **~ credit** in Anspruch genommener Kredit *m*; **~ goods** Gebrauchtwaren, Altwaren *pl*

**used up**, aufgebraucht; abgenutzt

**useful life**, Lebensdauer *f*, Nutzungsdauer *f*; **ordinary ~** betriebsgewöhnliche Nutzungsdauer *f*; **remaining ~** Restnutzungsdauer *f*

**user**, Benutzer *m*; Benutzung(srecht) *f(n)*; **previous** (or **prior**) **~** Vorbenutzer *m*; **~ cost** Benutzungskosten *pl*; **~-friendly** benutzerfreundlich

**user**, *(EDV)* **~ authentication** Benutzeridentifizierung *f*; **~ interface**, Benutzeroberfläche *f*; **~profile**, Benutzerprofil *n*

**USP**, Unique Selling Proposition (einzigartiges verkaufsförderndes Merkmal)

**usual**, üblich, gewöhnlich; **~ in banking** banküblich; **~ in trade** handelsüblich; geschäftsüblich; **at the ~ terms** zu den üblichen Bedingungen

**usurer**, Wucherer *m*

**usurious**, wucherisch; **~ interest** Wucherzinsen *pl*

**usury**, Wucher *m*; **to practise ~** Wucher treiben

**utilities**, *(Börse)* Versorgungswerte *pl*, Tarifwerte *pl (Aktien der Versorgungsbetriebe)*

**utilities**, **(public) ~** Versorgungsbetriebe *mpl (Elektrizitäts-, Gas-, Wasserwerke)*

**utility**, Nutzen *f*, Nützlichkeit *f*; **marginal ~** Grenznutzen *m*; **of public ~** gemeinnützig; **~ company** Versorgungsunternehmen *n*; **~ industry** Versorgungsindustrie *f*; **~ model** Gebrauchsmuster *n*

**utilization**, Ausnutzung *f*, Nutzbarmachung *f*; **~ of capacities** Kapazitätsauslastung *f*; **~ of a patent** Auswertung *f* e-s Patents; **~ of profits** Gewinnverwendung *f*

**utilize**, *v* (aus)nutzen, nutzbar machen; verwenden; **to ~ a credit** e-n Kredit in Anspruch nehmen

**utter**, *v*, **to ~ counterfeit money** Falschgeld *n* verbreiten (od. in Umlauf setzen)

**U-turn**, **no ~** *(Straßenverkehr)* Wenden verboten; **to make a ~** ein Auto wenden

# V

**vacancy**, freie (od. unbesetzte) Stelle *f*; Leerstehen *n ye-r Wohnung)*; Zimmer frei *(Hotel)*; **no ~** belegt *(Hotel)*; **~ rate** Prozentsatz *m* der leer stehenden *(zu vermietenden)* Wohnungen; **to advertise a ~** e-e Stelle ausschreiben; **there will be a ~** e-e Stelle wird frei; **to fill a ~** e-e Stelle besetzen

**vacant**, frei, nicht besetzt *(Stelle)*; frei, leerstehend; **situations ~** *(Zeitungsannonce)* Stellenangebote *npl*; **~ estate** herrenloser Nachlass *m*; **to be ~** zu besetzen sein; **to become ~** frei werden

**vacate**, *v (Wohnung etc.)* räumen; *(Stelle)* aufgeben; **notice to ~** Kündigung *f*; **to ~ office** aus dem Amt ausscheiden

**vacation**, Urlaub *m*, Ferien *pl*; *Br bes.* Gerichtsferien; Universitätsferien; Räumung *f (e-s Hauses)*; **~ course** Ferienkurs *m*

**vaccination**, Impfung *f*

**vacuum packed**, vakuumverpackt
**valid**, gültig, rechtsgültig; **period for which a ticket is** ~ Gültigkeitsdauer *f* e-r Fahrkarte; ~ **claim** berechtigter Anspruch *m*; ~ **contract** rechtsgültiger Vertrag *m*; ~ **until recalled** *(Börse)* bis auf Widerruf gültig; ~ **up to and including** gültig bis
**validate**, *v* gültig machen, für (rechts)gültig erklären, validieren; bestätigen
**validity**, Gültigkeit *f*, Rechtsgültigkeit *f*; Gültigkeitsdauer *f*
**valorem, ad** ~ nach dem Werte; **ad ~ duty** Wertzoll *m*
**valuable**, wertvoll, kostbar, teuer; ~ **consideration** entgeltliche Gegenleistung *f*, Gegenleistung in Geld; ~ **items** (or ~**s**) Wertsachen *pl*
**valuables**, Valoren *pl (z. B. Wertpapiere)*; Wertgegenstände *mpl*
**valuation**, Bewertung *f*, Wertbestimmung *f*; Schätzung *f*; *(Bilanz)* Wertansatz *m*; **asset** ~ Anlagenbewertung; **capital** ~ Kapitalbewertung; **inventory** (or **stock**) ~ Bestandbewertung; ~ **adjustment** Wertberichtigung *f (auf Passivseite e-r Bilanz)*; ~ **adjustment on current assets** Wertberichtigung *f* auf das Umlaufvermögen; ~ **allowances** Wertberichtigung *f*; ~ **basis** Bewertungsgrundlage *f*; ~ **charge** Wertzuschlag *m (im Luftfrachtbrief)*; ~ **criteria** Bewertungsmaßstäbe *mpl (z. B. für Aktien)*; ~ **date** Bewertungsstichtag *m*; ~ (of goods) **for customs purposes** Zollwertermittlung *f*; ~ **of an enterprise** Unternehmensbewertung *f*; ~ **of real property** *Br (alle 5 Jahre vorgenommene)* Wertbestimmung von Grundbesitz *(für Steuerzwecke)*; ~ **of shares** Bewertung von Aktien; ~ **reserve** Rückstellung *f* für Wertberichtigungen
**value**, Wert *m*; Valuta *f*; Wertstellung *f*; **actual** ~ tatsächlicher Wert; **added** ~ → ~ added; ~ **adjustment** Wertberichtigung *f*; **assessed** ~ geschätzter Wert; **book** ~ Buchwert; **damaged** ~ Wert in beschädigtem Zustand; **declaration of** ~ Wertangabe *f*; **estimated** ~ geschätzter Wert; **exchange** ~ Tauschwert; **face** ~ Nennwert, Nominalwert; **fair** ~ angemessener Wert; **fair market** ~ Verkehrswert
**value, for** ~ gegen Entgelt, entgeltlich; **purchaser for ~ without notice** gutgläubiger Erwerber
**value, good ~ (for money)** preiswert; **little** ~ geringer Wert; **loan** ~ Beleihungswert; **net asset** ~ Substanzwert *(e-s Unternehmens)*; **real** ~ effektiver Wert, Sachwert; **replacement** ~ Wiederbeschaffungswert; **scarcity** ~ Seltenheitswert; **scrap** ~ Schrottwert; **sentimental** ~ Liebhaberwert; **stable ~ clause** Wertsicherungsklausel *f*, Valutaklausel *f*; **trade-in** ~ Eintauschwert; **use** ~ Gebrauchswert; **with value as from ...** Valuta per ... (→ value date)
**value added**, Wertschöpfung *f*; ~ **tax** Mehrwertsteuer *f* (MwSt) (→ VAT)
**value**, ~ **adjustment** Wertberichtigung *f (auf der Passivseite e-r Bilanz)*; ~ **analysis** Wertanalyse *f*; ~ **at issue** Kurswert; ~ **at risk** von Banken eingesetzte Methode *f* zur Risikomessung, ~ **compensated** Valuta kompensiert *(Usance im Devisenhandel)*
**value date**, Valuta *f*; (Tag der) Wertstellung *f*; **change of** ~ Valutaänderung *f*; **stating the** ~ Valutierung *f*; **to state the** ~ valutieren
**value**, ~ **decrease** Wertminderung *f*; ~ **engineering** → ~ analysis; ~ **fluctuation** Wertschwankung *f*; ~ **for collection** Inkassowert *m*; ~ **given clause** Valutaklausel *f*; ~ **of a company as a whole** Unternehmenswert; ~ **of a loan** Kreditvaluta; ~ **of money** Geldwert, Kaufkraft *f*; ~-retaining werterhaltend; ~**-safeguarding clause** Wertsicherungsklausel *f*; ~ **shown** Wertansatz *m*; **to assess the** ~ den Wert festsetzen; **these goods are the best** ~ diese Waren sind äußerst preiswert
**value**, *v* bewerten; schätzen, taxieren (at auf); valutieren; hochschätzen
**valueless securities**, *(Börse)* Nonvaleurs *mpl*
**valuer**, Taxator *m*, Schätzer *m*
**valuta**, Valuta *f*
**van**, Lieferwagen *m*, Kleintransporter *m*; *Br (Bahn) (geschlossener)* Güterwagen *m*; **furniture** (or **removal**) ~ *Br* Möbelwagen *m*
**VaR**, → value at risk
**variable**, variabel, veränderlich, schwankend; ~ **budget** flexibler Haushaltsplan *m*; ~ **cost** (or **expense**) variable (od. veränderliche) Kosten *pl*; ~ **interest loan** Anleihe mit variabler *(mit der Laufzeit steigender)* Verzinsung; ~ **price** variabler Kurs *m*, Schwankungskurs *m*

**variable-price**, ~ **dealing** variabler Handel *m*; ~ **quotation** variable (od. fortlaufende) Notierung *f* der Kurse; ~ **securities** variable Werte

**variable rate**, variabler Zins *m*; variabler Kurs *m*

**variance**, Varianz *f*; Veränderung *f*, Abweichung *f*; Widerspruch *m*; *(Statistik)* Streuung *f*; **price** ~ Preisabweichung *f*; **quantity** ~ Mengenabweichung *f*; ~ **analysis** Varianzanalyse *f*, **to be at** ~ **with** unvereinbar sein mit; abweichen von

**variation**, Variation *f*, Veränderung *f*; Abweichung *f*; Schwankung *f*; **allowed** ~ zulässige Abweichung *f*, Toleranz *f*; **coefficient of** ~ Variationskoeffizient *m*; ~ **in prices** Preisschwankung *f*; Preisabweichung *f*; ~ **in quality** Qualitätsabweichung *f*

**variet|y**, Verschiedenartigkeit *f*; Abwechslung *f*; ~**ies of fruit** Obstsorten *fpl*; ~ **of goods** Sortiment *n*; ~ **of an offer** Vielfalt *f* e-s Angebots

**vary**, *v* variieren, verschieden sein, abweichen; verändern; **to** ~ **from the order** von der Bestellung abweichen; **prices that** ~ **with the season** Preise, die mit der Jahreszeit verschieden sind; **the samples** ~ **from each other** die Muster weichen voneinander ab

**VAT**, (valued added tax) Mehrwertsteuer *f*; **collection of** ~ Erhebung *f* der Mehrwertsteuer (MwSt); **exemption from** ~ Mehrwertsteuerbefreiung *f*; **harmonisation of** ~ Angleichung *f* der Mehrwertsteuer; **sales including** ~ Bruttoumsatzerlös *m*; **refund of** ~ Vergütung *f* der MwSt; **rise in** ~ MwSt-Erhöhung *f*; ~-**avoidance** MwSt-Umgehung *f*; ~ **burden** MwSt-Belastung *f*; ~ **Directive** *(EU)* MwSt-Richtlinie *f*; ~-**exempt** mehrwertsteuerbefreit; ~ **payments** Mehrwertsteuerzahlungen *pl*; ~ **rate** MwSt-Satz *m*; ~ **recovery** MwSt-Rückerstattung *f*; ~ **return** MwSt-Erklärung *f*; **to levy** ~ MwSt erheben; **to raise** ~ die Mehrwertsteuer erhöhen, **to recover** ~ MwSt zurückbekommen; **to be subject to** ~ der Mehrwertsteuer unterworfen sein

**vault**, Tresor *m*, Stahlkammer *f*

**vegetable**, ~-**growing** Gemüseanbau *m*; ~ **oils** pflanzliche Öle *npl*; ~ **products** pflanzliche Produkte *npl*, Waren pflanzlichen Ursprungs

**vehicle**, Fahrzeug *n*; **commercial** ~**s** Nutzfahrzeuge *npl*; **used** ~**s** Gebrauchtwagen *mpl*; ~ **and traffic laws** *Am* Verkehrsvorschriften *fpl*; ~ **categories** Fahrzeugklassen *fpl*; ~ **emission** Schadstoffemission *f* der Kraftfahrzeuge; ~ **fleet** Fuhrpark *m*; ~ **hired** Mietwagen *m*; ~ **(own damage) insurance** *Am* Fahrzeug(kasko)versicherung *f*; ~ **licence duty** *Br* Kraftfahrzeugsteuer *f*; ~ **occupants** Fahrzeuginsassen *pl*; ~ **registration document** *Br* Kraftfahrzeugbrief *m*; **to register a** ~ ein Fahrzeug anmelden

**vehicular traffic**, Fahrzeug-Verkehr *m*

**veiled balance sheet**, verschleierte Bilanz *f*

**velocity (of circulation) of money**, Umlaufgeschwindigkeit *f* des Geldes

**vendee**, Käufer *m* (bes. von Grundbesitz)

**vending machine**, Verkaufsautomat *m*

**vendor**, Verkäufer *m*; ~**'s country** Verkäuferland *n*; ~**'s lien** Zurückbehaltungsrecht *n* des Verkäufers an der veräußerten Sache; ~**'s mortgage** *Br* Restkaufgeldhypothek *f*

**vendor managed inventory**, Managementtechnik, bei der die Vorräte und das Lager eines Unternehmens von seinen Lieferanten gesteuert werden.

**venture**, Wagnis *n*; (gewagtes) Unternehmen *n*; **business** ~ geschäftliches Vorhaben *n*; **joint** ~ → joint; **real estate** ~ Grundstücksspekulation *f*; ~ **capital** Risikokapital *n*, Wagniskapital *n*; **to start a new** ~ ein neues Unternehmen wagen

**venture capital company**, Wagniskapital-Beteiligungsgesellschaft *f*

**venue**, zuständiger Gerichtshof *m*; Gerichtsstand *m*; Treffpunkt *m*

**verbal**, ~ **agreement** mündliche Vereinbarung *f* (od. Absprache *f*); ~ **offer** mündliches Angebot *n*

**verbatim copy**, wörtliche Abschrift *f*

**verifiable**, nachprüfbar

**verification**, Bestätigung *f (der Richtigkeit)*; (Nach-)Prüfung *f*; **after** ~ nach Richtigbefund; **delivery** ~ Wareneingangsbestätigung *f*; ~ **of the cash** Kassenrevision *f*; ~ **of expenditure** Prüfung der Ausgaben; ~ **statement** *(Bank)* Saldenbestätigung *f*

**verify**, *v (Richtigkeit)* bestätigen; (nach-)prüfen; **to** ~ **the cash** die Kasse revidieren; **to** ~ **a signature** die Echtheit e-r Unterschrift nachprüfen (od. bestätigen)

**versatile**, vielseitig verwendbar
**versed in business**, geschäftserfahren
**verso**, Rückseite *f* e-r Urkunde; linke Seite *f* e-s Buches
**vertical**, ~ **combination** vertikaler Zusammenschluss *m*; ~ **group** Vertikalkonzern *m*; ~ **growth** vertikales Wachstum *n*; ~ **integration** vertikale Integration *f*; ~ **price-fixing** Preisbindung *f* der zweiten Hand; ~ **restraints of competition** vertikale Wettbewerbsbeschränkungen *fpl*; ~ **suspension filing** Vertikalregistratur *f*
**very important person (VIP)**, sehr wichtige Person
**vessel**, Schiff *n*; **cargo** ~ Frachtschiff; **cold storage** ~ Schiff mit Gefrieranlage; **factory** ~ Fischverarbeitungsschiff; **merchant** ~ Kauffahrteischiff, Handelsschiff; ~ **of inland navigation** Binnenschiff
**vest**, *v (Recht)* übertragen, verleihen; übertragen werden, übergehen (in auf); **to** ~ **a person with authority** jdm Vollmacht verleihen, **to** ~ **property in a trustee** e-m Treuhänder Vermögen übertragen
**vested**, ~ **interest** sicher begründetes Anrecht *n*; stark persönliches Interesse; ~ **right** feststehendes Recht *n*; wohlerworbenes Recht *n*; ~ **with powers** mit Vollmacht versehen
**vesting**, Übertragung *f*, Verleihung *f*
**veto**, Veto *n*, Einspruch(srecht) *m(n)*; **right of** ~ Vetorecht *n*
**veto**, *v* Veto *n* einlegen
**via**, **first** (or **1st**) ~ Erstausfertigung *f* e-s Wechsels; Primawechsel *m*
**viability**, Lebensfähigkeit *f*; Rentabilität *f*; **economic** ~ wirtschaftliche Existenzfähigkeit *f*
**viable**, lebensfähig, existenzfähig *(ohne fremde Hilfe)*; rentabel; *(praktisch)* brauchbar; **financially** ~ finanziell rentabel; ~ **enterprise** existenzfähiges Unternehmen *n*; **to be economically** ~ e-e einträgliche wirtschaftliche Tätigkeit ausüben
**vicarious**, stellvertretend; ~ **liability** Haftung *f* für fremdes Verschulden *(bes. für Verrichtungsgehilfen)*
**vice**, Vize-, stellvertretend; **~-chairman** Vizevorsitzender *m*; **~-president** Vizepräsident *f*, stellvertretender Vorsitzender *m*; **executive ~-president** *Am* stellvertretender Generaldirektor *m*
**vice versa**, umgekehrt
**vicious**, ~ **circle**, Teufelskreis *m*; ~ **price war** rücksichtsloser Preiskrieg *m*;
**victim of an accident**, Verkehrsopfer *m*
**victimized, to be** ~ unfair gemaßregelt werden; schikaniert werden
**victual**, *v* mit Lebensmitteln versorgen; Lebensmittel erhalten
**victuals**, *bes. Br* Lebensmittel *pl*; Esswaren *pl*
**video**, Video *n*; *Am* Fernsehen *n*; ~ **cassettes** Videokassetten *fpl*; ~ **conference**, Videokonferenz *f*; ~ **conferencing** Videokonferenzschaltung *f*; ~ **recorder** Videogerät *n*; ~ **tapes** Bildaufzeichnungen *fpl*; ~ **telephone** Videotelefon *n*, Bildtelefon *n*; ~ **text** *(EDV)* Bildschirmtext (Btx)
**view**, Sicht *f*, Aussicht *f* (of auf); Ansicht *f*; Meinung *f*; Absicht *f*; Augenschein(seinnahme) *m(f) (durch das Gericht)*; **in my** ~ meines Erachtens; **a true and fair** ~ *Br* ein den tatsächlichen Verhältnissen entsprechendes Bild; **to take** (or **hold**) **the** ~ den Standpunkt vertreten; der Auffassung sein (that dass)
**viewer rating**, *(Fernsehen)* Einschaltquote *f*
**viewtime**, *(EDV)* Zeitspanne, die ein Werbebanner auf einer Webseite zu sehen ist
**vintner**, Weinbauer *m*; Winzer *m*
**violate**, *v* verletzen; übertreten; **to** ~ **sb.'s privacy** jds Privatsphäre verletzen
**violation**, Verletzung *f*; Verstoß *m* (of gegen); Übertretung *f*; **frontier** ~ Grenzverletzung; **traffic** ~ → traffic; ~ **of professional secrecy** Verletzung des Berufsgeheimnisses
**VIP**, → Very Important Person
**viral marketing**, Internet-Werbung in Form eines e-mail Kettenbriefes
**virtual**, virtuell; ~ **agent** → Agent; ~ **community** → Internet community; ~ **marketplace** Markt *m*, auf dem → e-commerce (electronic commerce) stattfindet; ~ **reality** virtuelle Realität *f*; ~ **shopping cart** → Shopping cart; ~ **store** virtueller Laden, der nur im → Internet seine Waren anbietet.
**virtue, by** (or **in**) ~ **of** auf Grund von, kraft
**virus**, Computervirus *m (Ein ~ ist ein Programm, das sich selbst reproduziert, Computer befällt und auf dem befallenen*

*Computer die Programmabläufe beeinflusst oder zerstört.)*; **~-proof** *(Computer)* virussicher

**visa**, Visum *n*, Sichtvermerk *m*; **entry ~** Einreisevisum; **transit ~** Durchreisevisum; **~ charges** Visumgebühren *fpl*; **to issue a ~** ein Visum ausstellen

**Visa**, Name e-r internationalen Genossenschaft für Bankkreditkarten

**vis-a-vis third parties**, Dritten gegenüber

**visible**, sichtbar; **~ balance** Handelsbilanz *f*; **~ exports** sichtbare Ausfuhren *fpl (Waren)*; **~ imports** sichtbare Einfuhren *fpl (Waren)*; **~ items** (or **~s**) sichtbare Ein- und Ausfuhren; **~ supply** neue Regierungsanleihen *fpl*, die innerhalb der nächsten 30 Tage ausgegeben werden; **~ reserves** offene Reserven *pl*; **~ trade** Warenhandel *m*

**visit**, Besuch *m, bes. Am (behördl.)* Besuch zum Zwecke der Besichtigung od. Durchsuchung; **to pay a ~ to a customer** e-n Kundenbesuch machen

**visit**, *(EDV)* Kennwert zur Bezeichnung eines zusammenhängenden Nutzungsvorgangs einer Webseite. (*Die Kennzahl wird neben den → page impression häufig zur Bewertung von Werbung im → Internet verwendet.*)

**visit**, *v* besuchen; besichtigen, durchsuchen; **to ~ a fair** e-e Messe besuchen

**visiting card**, Visitenkarte *f*

**visitor**, Besucher *m*; Gast *m*; Kurgast *m*; Visitator *m*; Beamter, dem e-e Prüfung (od. Aufsicht) obliegt

**visualizing**, Visualisierung *f*, Ideengestaltung *f (für Werbung)*

**visual display unit**, (VDU) Bildschirmgerät *n*

**vital**, lebenswichtig; **cent|re (~er) of ~ interest** *(DBA)* Mittelpunkt der Lebensinteressen; **of ~ importance** von höchster Wichtigkeit

**vital statistics**, Bevölkerungsstatistik *f*; *Am* Standesamtswesen *n*; **bureau of ~** *Am* Standesamt *n*

**viticulture**, Weinbau *m*

**viva voce**, mündlich

**VOC**, → Volatile Organic Compound

**vocation**, Beruf *m*; **artistic ~** künstlerischer Beruf; **choice of ~** Berufswahl *f*; **commercial ~** kaufmännischer Beruf; **industrial ~** gewerblicher Beruf; **~ prospects** Berufsaussichen *fpl*

**vocational**, **~ adviser** Berufsberater *m*; **~ aptitude** berufliche Eignung *f*; **~ Association** Berufsverband *m*; **~ disease** Berufskrankheit *n*; **~ education** berufliche Vorbildung *f*; **~ guidance** Berufsberatung *f*; **~ retraining** *(berufliche)* Umschulung *f*; **~ school** Berufsfachschule *f*

**vocational training**, Berufsausbildung *f*; **further ~** berufliche Fortbildung *f*; **~ course** Berufslehrgang *m*

**voice recognition**, → Speech recognition

**void**, nichtig; **null and ~** null und nichtig; **~ contract** nichtiger Vertrag *m*; **to declare ~** für nichtig erklären

**void**, *v* ungültig machen; anfechten

**voidable**, annullierbar; vernichtbar; anfechtbar; **~ contract** anfechtbarer Vertrag *m*

**volatile organic compound** (VOC), *(EU)* flüchtige organische Verbindung *f*

**volatility**, Umschlagshäufigkeit *f*; *(Börse)* schnelle Kursschwankungen *pl*

**volume**, Band *m*; Umfang *m*, Volumen *n*; **export ~** Exportvolumen; **~ business** Mengengeschäft *n*; **~ car** Serienwagen *m*; **volume discount** Mengenrabatt *m*; **~ leader** meist gehandelte Aktie *f*; **~ of business** Geschäftsumfang; *(Börse)* Umfang der Börsenabschlüsse; **~ of credit** Kreditvolumen; **~ of money** Geldvolumen; **~ of trade** Handelsvolumen; *(Börse)* Gesamtzahl der an e-r Börse an e-m Tag verkauften Aktien; **~ of work** Arbeitsanfall *m*; **~ sales** Mengenumsatz *m*

**voluntary**, freiwillig; **~ arrangement** *Br* freiwilliger Vergleich *m (zur Abwendung des Konkurses)*, **~ bankruptcy** Konkurs(eröffnung) *m(f)* auf Antrag des Gemeinschuldners; **on a ~ basis** freiwillig; **~ chain** Zusammenschluss von Einkaufsvereinigungen; **~ contribution** freiwillig gezahlter Beitrag *m*; Spende *f*; **~ contributor** *Br* freiwillig (Sozial-)Versicherter *m*; **~ conveyance** Schenkung *f*; **~ export restraint** (VER) Exportselbstbeschränkung *f*; **~ hospital** durch Spenden unterhaltenes Krankenhaus *f*; **~ liquidation** freiwillige Liquidation *f*; **~ reserves** freie Rücklagen *pl*

**voluntary restraint**, **~ restraint agreement** Selbstbeschränkungsabkommen *n*, **~ restraint arrangement** Vereinbarung *f* über die freiwillige Beschränkung; **~ restraint of exports** Selbstbeschränkung *f* bei Ausfuhren

**voluntary**, ~ **settlement** außergerichtlicher Vergleich *m*; ~ **winding up** freiwillige Liquidation *f*

**volunteer**, Volontär *m*; jd, der seine Hilfe od Tätigkeit unentgeltlich anbietet; unentgeltlicher Besorger *m* fremder Geschäfte; Geschäftsführer *m* ohne Auftrag; *Br* Entwicklungshelfer *m*

**vostro account**, Vostrokonto *n*, Lorokonto *n*

**vote**, (Wähler-)Stimme *f*; Abstimmung *f*, Stimmabgabe *f*; **equality of ~s** Stimmengleichheit *f*; **original ~** Urabstimmung *f*; **postal ~** Briefwahl *f*; **total ~** Gesamtzahl *f* der abgegebenen Stimmen; **5 ~s against** 5 Gegenstimmen; ~ **by correspondence** schriftliche Stimmenabgabe *f*, ~ **by proxy** in Vertretung abgegebene Stimme *f*; **to cast one's ~** seine Stimme abgeben; **to take a ~** abstimmen (lassen) (on über); **the ~ resulted in** die Abstimmung ergab

**vote**, *v* abstimmen (on über); stimmen für; **to ~ by ballot** durch Stimmzettel abstimmen; **to ~ by proxy** sich bei der Wahl vertreten lassen; **to ~ sth. down** etw. niederstimmen; **a question to be ~d upon** e-e zur Abstimmung stehende Frage *f*

**voteless share**, stimmrechtslose Aktie

**voter**, Wähler(in) *m(f)*; Stimmberechtigte(r) *f(m)*

**voting**, Abstimmen *n*, Wählen *n*; Stimmabgabe *f*; Wahl *f*; **absentee ~** Briefwahl *f*; **absention from ~** Stimmenthaltung *f*; ~ **by proxy** Stimmrechtsausübung *f* durch *(bevollmächtigten)* Vertreter; ~ **member** stimmberechtigtes Mitglied *n*; ~ **paper** Stimmzettel *m*; ~ **shares** Aktien mit Stimmrecht; stimmberechtigte Aktien; ~ **trust** *bes. Am* auf das Stimmrecht *(von Aktionären)* beschränkter Trust *m*

**voucher**, Beleg *m*; Quittung *f*; Schein *m*, Gutschein *m*; Bon *m*; **booking ~** Buchhaltungsbeleg *m*; **cash ~** Kassenanweisung *f*; Kassenbeleg *m*; **expense ~** Ausgabenbeleg *m*; **gift ~** Geschenkgutschein *m*; **receipt ~** Empfangsbescheinigung *f*; ~ **audit** Belegprüfung *f*; ~ **bookkeeping** Belegbuchhaltung *f*; ~ **cheque (check)** Scheck *m* mit *(anhängendem)* Zahlungsnachweis; **~s in support of an account** Belege (od. Unterlagen) für e-e Rechnung; ~ **register** Zahlungsnachweisbuch *m*; **to hand in** (or submit) **the required ~s** die erforderlichen Unterlagen einreichen

**vouching**, Prüfung der Belege *(bes. Rechnungen)* durch den Buchprüfer zur Sicherstellung der Richtigkeit

**voyage**, Seereise *f*; Flug *m*; **foreign ~** Auslandsreise *f*, Überseereise *f*; ~ **freight** Frachtkosten für die ganze Reise; ~ **policy** Reiseversicherung *f*

**VR**, → virtual reality

**vulture fund**, Investment Fond m, der nur in Aktien insolventer Unternehmen investiert

# W

**W3C**, → world wide web consortium

**wage**, (Arbeits-)Lohn *m*; Heuer *f*; **basic ~** Grundlohn; Ecklohn *m*; **gross ~** Bruttolohn; **guaranteed ~** garantierter (Mindest-)Lohn; **hourly ~** Stundenlohn; **incentive ~** Leistungslohn; **living ~** → living wage; ~ **minimum** Mindestlohn; **net ~** Nettolohn; **piece ~** Stücklohn, Akkordlohn; **real ~** Reallohn; **standard ~** Tariflohn; Ecklohn; **time ~** Zeitlohn; **weekly ~** Wochenlohn; ~ **accounting** Lohnbuchhaltung *f*; ~ **agreement** Tarifvertrag *m*; **~s and salaries** Löhne und Gehälter; ~ **and salary earners** abhängige Erwerbstätige *pl*; Arbeitnehmer *pl*; ~ **bargaining** Lohnverhandlungen, Tarifverhandlungen *fpl*; ~ **bill** *Br* Lohnkosten *pl*; Personalaufwand *m*; ~ **check** *Am* Lohnscheck *m*; ~ **ceiling** Höchstlohn *m*; ~ **claim** (or **demand**) Lohnforderung *f*; ~ **(s) clerk** Lohnbuchhalter *m*; **~s council** *Br* Lohnausschuss *m*; ~ **curb** *(vom Arbeitgeber od. dem Staat)* erzwungene Zurückhaltung in der Lohnforderung; ~ **determination** Lohnfestsetzung *f*; ~ **differential** Lohndifferenz *f*, Lohngefälle *n*; ~ **dispute** Lohnstreit(igkeit) *m(f)*; ~ **drift** Lohndrift *m*; **~-earner** Lohnempfänger *m*; *(unselbstständiger)* Arbeitnehmer *m*; **~-earning employment** nicht selbstständige Beschäftigung *f*; ~ **floor** Mindestlohn *m*; ~ **fluctuation** Lohnschwankung *f*; ~ **freeze** Lohnstopp *m*; ~ **gap** Lohngefälle *n*; ~ **garnishment** Lohnpfändung *f*; ~ **group** Lohnklasse *f*; ~ **guideline** Lohnleitlinie *f*; ~ **incentive**

Lohnanreiz *m*, Leistungsanreiz *m*; **~ increase** (or **increment**) Lohnerhöhung *f*; Lohnsteigerung *f*; **~ indexation** Lohnindexbindung *f*; **~-index linked pension** lohnbezogene Rente *f*; **~s in kind** Naturallohn *m*; **~-intensive industry** lohnintensive Industrie *f*; **~ issue** Lohnfrage *f*; **~ leadership** Lohnführerschaft *f*; **~ level** Lohnniveau *n*, Lohnhöhe *f*; **~ loss** Lohnausfall *m*; **~ on piece-work basis** Stücklohn *m*; **~ packet** Lohntüte *f*; **~ pattern** Lohnstruktur *f*; **~ policy** Lohnpolitik *f*; **~-price spiral** Lohn-Preis-Spirale *f*; **~-push inflation** Lohninflation *f*; **~ raise** *Am* Lohnerhöhung *f*

**wage rate**, Lohnsatz *m*; Tariflohnsatz *m*; **standard ~** Tariflohnsatz *m*; **in excess of the official ~** übertariflich

**wage**, **~ ratio** Lohnquote *f*; **~ records** Lohnunterlagen *fpl*; **~ required** Lohnanspruch *m*; **~ restraint** Verhinderung des (schnellen) Steigens der Löhne; Zurückhaltung *f* in der Lohnforderung; Lohnmäßigung *f*; **~ rise** → ~ increase; **~ round** Lohnrunde *f*

**wage scale**, Lohnskala *f*; **in excess of the ~** übertariflich; **payments over and above the ~** übertarifliche Zahlungen *fpl*

**wage**, **~ schedule** (or **table**) Lohntabelle *f*; **~ settlement** Lohnregelung *f*, Lohnabschluss *m*; **~ sheet** Lohnliste *f*; **~ slip** Lohnzettel *m*; Lohnstreifen *m*; **~ spread** Lohnspanne *f*; **~ worker** → ~-earner; **to attach ~s** Löhne pfänden; **to increase ~s** die Löhne erhöhen; **to reduce ~s** die Löhne herabsetzen; **the ~s were raised** die Löhne wurden erhöht (od. angehoben); **~s are rising** die Löhne steigen

**wager**, Wette *f*, Wetteinsatz *m*

**wagering contract**, Spielvertrag *m*; Wettvertrag *m*

**wag(g)on**, (*Am* **wagon**) Wagen *m*; *Br* Güterwagen *m*, Waggon *m*; **~ load** Wagenladung *f*; *Br* Waggonladung *f*

**wagon-lit**, Schlafwagen *m*

**wait**, *v*, **to ~ (up)on sb.** jdn bedienen

**waiter**, *Br* Börsendiener *m (Londoner Börse)*

**waiting**, **~ list** Warteliste *f*; **~ period** Wartezeit *f*; Karenzzeit *f*

**waive**, *v* aufgeben, verzichten auf; **to ~ a claim** auf e-n Anspruch verzichten; **to ~ a privilege** auf e-e Vergünstigung verzichten

**waiver**, Verzicht *m* (of auf); Verzichtleistung *f*; **~ of claim** Forderungsverzicht *m*; **~ of a fee** Gebührenerlass *m*

**walk**, **~ clerk** *Br* Bankbote *m*; **~-out** *colloq.* Arbeitsniederlegung *f*, Streik *m*; **in all ~s of life** in allen Lebensbereichen, in allen Berufsschichten

**walk**, **~ off the shelves** *colloq. v* reißenden Absatz *m* finden

**wallet**, Brieftasche *f*

**wallpaper**, wertloses Wertpapier *n*

**Wall Street**, Finanzbezirk *m* von New York

**WAN**, → Wide area network

**want**, Mangel *m* (of an), Bedarf *m*; Bedürfnis *n*; **for ~ of evidence** mangels Beweises; **for ~ of funds** wegen fehlender Mittel; **returned for ~ of funds** mangels Deckung zurück; **for ~ of payment** mangels Zahlung; **~ ads** Kleinanzeigen *fpl*; **~ ad(vertisement)** Suchanzeige *f*, Kleinanzeige *f (in Zeitung)*; **~ of capital** Kapitalmangel *m*; **to be in ~ of money** Geld brauchen; **to meet a ~** e-m Bedürfnis abhelfen, ein Bedürfnis befriedigen

**want**, *v*, **to ~ for** Mangel haben an; **to ~ badly** dringend benötigen

**wanted**, verlangt; *(in Zeitungen)* gesucht, zu kaufen gesucht

**WAP**, → Wireless application protocol

**war**, **~ babies**, Aktien *fpl* von Rüstungsunternehmen; **~ chest** Kriegskasse, liquide Mittel *fpl*, die zur Durchführung bzw. Abwehr eines Übernahmeangebots vorgesehen sind

**warehouse**, Lagerhaus *n*, Speicher *m*; (Waren-)Lager *n*; **bonded** (or **customs**) **~** Zollager *n*, Zollniederlage *f*; **goods in ~** eingelagerte Waren; **removal** (or **withdrawal**) **from the ~** Lagerentnahme *f*; **safekeeping of goods in a ~** *(sichere)* Aufbewahrung *f* von Waren in e-m Lagerhaus; **storing in a (bonded) ~** (Ein-)Lagerung *f* unter Zollverschluss; **~ account** Lagerkonto *n*; **~ book** Lagerbuch *n*, Bestandsbuch *n*; **~ charges** Lagergeld *n*

**warehousekeeper**, Lagerhalter *m*; **~'s receipt** Lagerempfangsschein *m*; **~'s warrant** Lagerschein *m*

**warehouse**, **~man** → ~ keeper; **~ receipt** Lagerempfangsschein *m*; **~-to warehouse clause** *(Seevers).* von Haus zu Haus-Klausel *f (vom Verlassen des Lagers bis zum Bestimmungsort)*; **~ warrant** Lagerschein *m*; **to deposit** (or **store**) **in a**

~ in e-m Lagerhaus einlagern; **to withdraw from a** ~ dem Lager entnehmen

**warehouse**, *v (in e-m Lagerhaus)* einlagern; unter Zollverschluss einlagern; auf Lager nehmen, speichern

**warehousing**, (Ein-)Lagerung *f*; Lagergeschäft *n (Lagerung von Gütern durch Lagerhalter)*; Erwerb *m* von Aktien e-r Gesellschaft in kleinen Mengen durch Strohmänner *(zur Vorbereitung e-s Übernahmeangebots)*; ~ **cost** Lagerkosten *pl*; ~ **entry** Zolldeklaration *f* zur Einlagerung unter Zollverschluss; ~ **in bond** Lagerung unter Zollverschluss; **to enter goods for** ~ Waren zur Zollgutlagerung abfertigen

**warning**, Warnung *f*; Verwarnung *f*; Kündigung *f*; **strike** ~ Streikandrohung *f*

**warrant**, *(bei Wertpapieremissionen)* Optionsschein *m*; Bezugsrecht *n* für Aktien; Lagerschein *m (bes. Orderlagerschein)*; *(e-r Amtsperson erteilter)* schriftl. Auftrag *m* (od. Befehl *m*) *(Haftbefehl, Durchsuchungsbefehl etc.)*; **bond** ~ Anleiheoptionsschein *m*; **distress** ~ Pfändungsauftrag *m*; **dividend** ~ Dividendenschein *m*; **interest** ~ Zinsschein *m*; **option** ~ *Am* Optionsanleihe *f*, Optionsschuldverschreibung *f (die ein Bezugsrecht auf Aktien gewährleistet)*, **search** ~ Durchsuchungsbefehl *m*; **share** ~ → share 2.; **stock** ~ *Am* Aktienbezugsrechtsschein *m*; ~ **into negotiable government securities** Optionsscheine *mpl* zum Bezug von US-Treasury Bonds; ~ **issue** Optionsanleihe *f*; ~ **of attachment** Beschlagnahmeverfügung *f*; ~ **of attorney** Prozessvollmacht *f*

**warrant**, *v* zusichern, garantieren, einstehen für; rechtfertigen; **to represent and** ~ ausdrücklich erklären

**warranted**, **not** ~ ohne Gewähr; ~ **free from adulteration** *(bei Nahrungsmitteln)* Reinheit garantiert; ~ **pure** garantiert sein; ~ **qualities** zugesicherte Eigenschaften *fpl*

**warrantee**, jd, dem e-e Zusicherung gemacht wird; Garantienehmer *m*

**warrantor**, jd, der e-e Zusicherung macht; Garantiegeber *m*

**warranty**, Gewährleistung *f*, Garantie *f*; Zusicherung *f*; *(beim Versicherungsvertrag)* Zusicherung der Richtigkeit der Angaben; **breach of** ~ Gewährleistungsbruch *m*; Garantieverletzung *f*; Nichteinhaltung *f* e-r Zusicherung; **express** ~ ausdrückliche Zusicherung *f*; **non** ~ Haftungsausschluss *m*; ~ **against defect** Gewährleistung für Fehler *(Sachmängelhaftung)*; ~ **certificate** Garantieschein *m*; ~ **of fitness for a special purpose** *Am* Zusicherung *(es Verkäufers)* der Eignung für e-n besonderen Zweck; ~ **of merchantability** *Am* Zusicherung *(des Verkäufers)*, dass ein Produkt für seinen gewöhnlichen Verwendungszweck tauglich ist; ~ **of quality** Gewährleistung, dass Waren e-e bestimmte Qualität haben (Sachmängelhaftung); **to give** ~ **of the quality of the goods** die Qualität der Ware zusichern

**wash and wear**, *Br (Textilien)* pflegeleicht

**wash sale**, *Am (Börse)* Scheinkauf *m* und -verkauf *m* von Wertpapieren

**wash overboard**, *v* über Bord spülen

**waste**, Verschwendung *f*; Abfall *m*; Müll *m*; Schwund *m*; **commercial** ~ Gewerbemüll *m*; **domestic** ~ Hausmüll *m*; **dumping of ~s at sea** Einbringen von Abfällen ins Meer; **transfrontier shipment of hazardous ~s** grenzüberschreitende Verbringung *f* gefährlicher Abfälle; **poisonous** ~ Giftmüll *m*; **incineration of urban** ~ Verbrennung *f* städtischer Abfälle; **utilization of** ~ Abfallverwertung *f*; **W~ Directive** *(EU)* Abfallrichtlinie *f*

**waste disposal**, Abfallbeseitigung *f*; Entsorgung *f*; **ultimate** ~ Endlagerung *f (von radioaktiven Abfällen)*, ~ **facilities** Abfallbeseitigungsanlagen; Entsorgungsanlagen *fpl*; ~ **plants** (or **units**) Müllentsorgungsanlagen *fpl*, Müllbeseitigungsanlagen *fpl*

**waste**, ~ **disposer** Müllschlucker *m*; ~- **gas heating** Abgasheizung *f*; ~ **management** Abfallwirtschaft *f*; ~ **of energy** Energieverschwendung *f*; ~ **of money** Geldverschwendung *f*; ~ **oil** Altöl *n*

**waste paper**, Altpapier *n*; Papierabfall *m*; **to recycle** ~ Altpapier wiederverwenden

**waste**, ~ **recycling** Abfallrückgewinnung *f*; ~ **society** Wegwerfgesellschaft *f*; ~ **storage** Abfalllagerung *f*; ~ **treatment** Abfallverwertung *f*; **to be left as** ~ abfallen; **to dispose of** (or **eliminate**) ~ Abfälle beseitigen

**waste land**, Ödland *n*, Brachland *n*

**waste water** Abwasser *n*; ~ **treatment plants**, *(EU)* Abwasserbehandlungsanlagen *fpl*

**waste**, *v* verschwenden; *(Land)* vernachlässigen, verfallen lassen; **to ~ energy** Energie verschwenden
**wasteful exploitation**, Raubbau *m*
**wasting assets**, abnutzbare Wirtschaftsgüter *pl (Bergwerk, Ölquelle etc.)*
**watchdog**, Aufpasser *m*
**water**, Wasser *n*; **~s** Gewässer *pl*; **inland ~s** Binnengewässer *pl*; **territorial ~s** Hoheitsgewässer *pl*; Eigengewässer *pl*; **~borne** auf dem Wasserweg befördert; **~ charges** *Am* Wassergeld *n*; **~ consumption** Wasserverbrauch *m*; **~ damage** Wasserschaden *m*; **~ engineering** Wasserbau *m*; **~ pollution** Wasserverschmutzung *f*; **~ rate** Wassergeld *n*; **~ right** Wassernutzungsrecht *n*; **~ shortage** Wassermangel *m*; **~ supply** Wasserversorgung *f*
**watermark**, Wasserzeichen *n*
**waterway**, Wasserstraße *f*; Schifffahrtsweg *m*; **transport on inland ~s** Transport im Binnenschifffahrtsverkehr
**water, to be in deep ~s** *colloq.* in *(finanziellen)* Schwierigkeiten sein
**watered, ~ capital** verwässertes Aktienkapital *n*; **~ shares** Wasseraktien *pl*
**watering, ~ of capital** Kapitalverwässerung *f*
**way**, Weg *m*; Art und Weise *f*; **by ~ of** auf dem Weg über; zwecks, vermittels; durch; **in the ~ of business** auf dem üblichen Geschäftsweg
**way, right of ~** Wegerecht *n*; Vorfahrt(srecht) *f(n)*; **to yield right of ~** Vorfahrt lassen
**way, ~s and means** Mittel und Wege *(bes. für Bestreitung der Ausgaben, Geldbeschaffung f)*; **~ bill** Frachtbrief *m*; **to give ~** *Br* Vorfahrt beachten; **to give ~** (to oncoming traffic) ausweichen; dem Gegenverkehr die Vorfahrt lassen
**weak**, schwach; **~-currency countries** währungsschwache Länder *npl*
**weaken**, *v (Börse)* schwächer tendieren, zurückgehen; **share prices ~ed** die Aktienkurse geben nach
**weakening, ~ of economic activity** Abschwächung *f* der Konjunktur; **~ of (share) prices** Kursabschwächung *f*
**wealth**, Reichtum *m*; Vermögen *n*; **national ~** Volksvermögen *n*; **~ creation** Vermögensbildung *f*; **~ tax** Vermögenssteuer *f*; **he is a man of ~** er ist reich
**wear and tear**, Abnutzung *f*; Verschleiß *m*; **depreciation for ~** *Br (SteuerR)* Abschreibung *f* für Abnutzung; **fair ~** übliche Abnutzung; **subject to ~** abnutzbar
**wear out**, *v* sich abnutzen; verschleißen
**wearing apparel**, (nicht der Pfändung unterworfene) Kleidungsstücke pl
**weather, adverse ~ conditions** ungünstige Wetterbedingungen *fpl*
**web**, Netz *n*, → World wide web *(Ausdruck für das Internet, da es ein Netz von miteinander in Verbindung stehenden einzelnen Netzen ist)*; **~ cam** Kamera, die Bilder in das → Internet sendet; **~ community** → Internet community; **~ hosting** → Hosting service für eine Webseite; **~ mail** → e-mail (electronic mail); **~ page** Internetseite *f*, Webseite *f*; **~ server** Server *m*, der Internetseiten für den Abruf bereithält; **~ site** Sammlung von Internetseiten bzw Webseiten unter einem → domain name
**webmaster**, Webmaster *m (Person, die für einen Webserver verantwortlich ist.)*
**week**, Woche *f*; **35-hour ~** 35-Stundenwoche; **this day ~** heute in einer Woche; **two ~s' notice** 14-tägige Kündigung(sfrist) *f*; **~ day** Wochentag *m*; **~ order** *Am* für e-e Woche gültiger Börsenauftrag *m*; **to settle accounts once a ~** wöchentlich abrechnen
**weekly**, wöchentlich; Wochenzeitschrift *f*, **~ earnings** Wochenverdienst *m*; **~ magazine** Wochenzeitschrift *f*; **~ market** Wochenmarkt *m*; **~ return** Wochenausweis *m (der Bank of England)*; **~ tender** → tender; **~ wages** Wochenlohn *m*
**weigh**, *v* wiegen, schwer sein; abwägen; **to ~ out** abwiegen
**weigh bridge**, Brückenwaage *f*
**weighing, check ~** Nachwiegen *n*; **~ charges** Wiegekosten *pl*; **~ note** Wiegeschein *m*
**weight**, Gewicht *n*; **by ~** nach Gewicht; **certificate of ~** Gewichtsbescheinigung *f*; **commercial ~** handelsübliches Gewicht; **difference in ~** Gewichtsunterschied *m*; **excess weight** Übergewicht; **full ~** volles Gewicht; **gross ~** Bruttogewicht; **loss of ~ in transit** Gewichtsverlust *m* auf dem Transport; **net ~** Nettogewicht
**weight, short ~** fehlendes (od. knappes) Gewicht; **complaint about short ~** Gewichtsbeanstandung *f*

**weight**, **surplus** ~ Übergewicht *n*; **true** ~ genaues Gewicht

**weight**, ~ **allowed free** Freigewicht; **~s and measures** Maße und Gewichte; ~ **check** Gewichtsprüfung *f*, ~ **deficiency** Fehlgewicht *n*, Gewichtsmanko *n*; ~ **goods** (od. **cargo**) Schwergut *n*; ~ **limit** Gewichtsgrenze *f*, Höchstgewicht *n*; ~ **note** Wiegeschein *m*; ~ **shortage** → ~ deficiency; ~ **stamp** Wiegestempel *m*; **to be deficient in** ~ kein volles Gewicht haben; **to check the** ~ das Gewicht nachprüfen

**weighted average**, *(Statistik)* gewogener Durchschnitt(swert) *m*

**weighting**, *(Statistik)* Gewichtung *f*; ~ **(allowance)** *Br* Ortszuschlag *m*

**welfare**, Wohlfahrt *f*; Fürsorge(tätigkeit) *f*; Sozialhilfe *f*; **eligible for** ~ sozialhilfeberechtigt; **public** ~ *bes. Am* Sozialhilfe *f*; ~ **assistance** Sozialhilfe *f*; ~ **benefits** Sozialhilfeleistungen *fpl*; ~ **institutions** Wohlfahrtseinrichtungen *fpl*; ~ **organization** Hilfswerk *n*; ~ **spending** *Am* Sozialausgaben *pl*; ~ **state** Wohlfahrtsstaat *m*; ~ **system** *Am* Sozialfürsorge *f*; Wohlfahrtssystem *n*; ~ **work** Wohlfahrtspflege *f*; **industrial** ~ **work** betriebliche Sozialarbeit *f*; **to be on** ~ Sozialhilfe beziehen

**well**, **~-appointed hotel** gut ausgestattetes Hotel *m*; **~-being** Wohlstand *m*; **~-connected** mit guten Beziehungen; **~-established** etabliert; **~-founded claim** begründeter Anspruch *m*; **~-funded** kapitalkräftig; **~-known firm** bekannte (od. namhafte) Firma *f*

**well off**, wohlhabend, vermögend; gut situiert; ~ **for** gut versehen mit; **less** ~ weniger begütert

**well**, **~-priced** preisgünstig; **~-run** gut geführt *(Unternehmen)*; **the ~-to-do** die Reichen *pl*; **~-worn** abgenutzt, abgetragen; **the article sells** ~ → sell *v*

**wet**, nass, feucht; ~ **paint** frisch gestrichen

**wetted, the goods have been wetted** die Waren wurden durchnässt

**whale fishing** (*or* **whaling**), Walfang *m*

**whaler**, Walfänger *m*

**wharf**, Kai *m*; ~ **dues** Kaigeld *n*, Kaigebühren *pl*

**wharf**, *v* am Kai anlegen; *(Ladung)* löschen

**wharfage**, Kaigeld *n*

**wharfinger**, Kaibesitzer *m*, Kaimeister *m*

**wheat**, Weizen *m*; **bulk** ~ loser Weizen; **durum** (or **hard**) ~ Hartweizen; **soft** ~ Weichweizen; ~ **shipments** Weizensendungen *fpl*

**wheeler-dealer**, intrigierender Geschäftsmann *m* (od. Politiker *m*)

**when**, ~ **cashed** nach Bezahlung; ~ **issued** per Erscheinen *(der Wertpapiere)*

**whereas**, im Hinblick darauf, dass

**whisper stock**, Aktien *fpl* eines Unternehmens, um das es Übernahmegerüchte gibt

**whistle blower**, Mitarbeiter *m*, der mit Insiderwissen über ungesetzliche Handlungen eines Unternehmens an die Öffentlichkeit geht

**white-collar**, **~-collar crime** *bes. Am* Wirtschaftsverbrechen *n*; **~-collar offen|ce (~se)** Wirtschaftsstraftat *f*; ~ **worker** Angestellter *m (im Ggs. zum Arbeiter)*

**white goods**, Haushaltsgeräte *npl*

**white knight**, weißer (od. edler) Ritter *m* (jd., der ein Unternehmen vor e-r unerwünschten Übernahme rettet)

**White Paper**, Weißbuch *n (Informationsblatt)*

**who-does-what dispute**, *Br* Streit *m* über Tätigkeitsabgrenzung

**whole, as a** ~ in Bausch und Bogen; **to sell an enterprise as a** ~ ein Unternehmen als ganzes verkaufen

**whole, in** ~ **or in part** ganz oder teilweise; ~ **life insurance** (*Br auch* **assurance**) Lebensversicherung *f* auf den Todesfall; **the** ~ **of my property** mein ganzes Vermögen *n*

**wholesale**, Großhandel *m*; im großen, en gros; **by** ~ **or retail** im Groß- oder Einzelhandel; ~ **banking** Großkundengeschäft(e) *m(pl)*, Bankgeschäft(e) mit großen Unternehmen; ~ **business** Großhandelsgeschäft *n*; Großkundengeschäft *n (e-r Bank)*; ~ **buyer** Großeinkäufer *m*, Engrosabnehmer *m*; ~ **buying** Engroseinkauf *m*; ~ **cooperative society** Großeinkaufsgenossenschaft *f*; ~ **customer** Großhandelskunde *m*; Großabnehmer *m*; ~ **dealer** Großhändler *m*, Grossist *m*; ~ **discount** Großhandelsrabatt *m*; ~ **distribution** Großhandelsvertrieb *m*; ~ **enterprise** Großhandelsunternehmen *n*; ~ **firm** (or **house**) Großhandelsfirma *f*, Großhandlung *f*; ~ **fish market** Fischgroßmarkt *m*; ~ **grocer** Lebensmittelgroßhändler *m*; ~ **investor**

Großanleger *m*; **~ merchant** Großhändler *m*; **~ money market** Interbanken-Geldmarkt *m*; **~ price** Großhandelspreis *m*; **~ price index** (WPI) Index *m* der Großhandelspreise; **~ sale** Verkauf *m* im Großhandel

**wholesale trade**, Großhandel *m*; **at the ~ trade level** auf der Großhandelsstufe *f*

**wholesale**, **~ trader** Großhändler *m*, Grossist *m*; **~ turnovers** Umsätze *mpl* des Großhandels; **to buy goods ~** Waren im Großhandel kaufen

**wholesale**, *v* Großhandel treiben

**wholesaler**, Großhändler *m*, Grossist *m*

**wholesaling**, Großhandel *m*

**wholetime employment**, ganztägige Beschäftigung *f*

**wholly**, ganz, gänzlich, völlig; **~ or in part** ganz oder teilweise; **~-owned subsidiary** → subsidiary 1.

**wide**, **~ choice** große Auswahl *f*; **~ prices** Kurse mit großer Spanne zwischen Geld- und Briefkurs; **~-ranging** weitreichend

**wide area network**, *(EDV)* Typus eines Netzwerkes *n*, das Computer bzw. Netzwerke über große Entfernungen hinweg miteinander verbindet.

**widow**, Witwe *f*; **~ and orphan stock** *Am* mündelsichere Wertpapiere *pl*; **~'s benefits** *Br* Sozialversicherungsleistungen an Witwen; **~'s pension** Witwengeld *n*

**widowed**, verwitwet

**widower**, Witwer *m*

**wife**, Ehefrau *f*; **husband and ~** Eheleute *pl*

**wildcat**, **~ enterprise** unseriöses Unternehmen *n*; **~ securities** hochspekulative *(meist unsolide)* Wertpapiere *pl*; **~ strike** wilder Streik *m*

**wilful**, absichtlich, vorsätzlich; **~ deceit** arglistige Täuschung *f*

**will**, 1. Wille *m*; **at ~** nach Belieben; auf Widerruf; jederzeit kündbar; **~-call purchase** *Am* Kauf, bei dem e-e Anzahlung gemacht und die Ware zurückgelegt wird

**will**, 2. Testament *n*; **assets under a ~** Nachlass *m*; **by ~** testamentarisch; durch letztwillige Verfügung; **execution of a ~** Errichtung *f* e-s Testaments; **joint ~** gemeinschaftliches Testament; **last ~ and testament** *(formeller Ausdruck für)* Testament, letztwillige Verfügung *f*; **mutual ~** gegenseitiges Testament; **revocation of a ~** Widerruf *m* e-s Testaments; **valid ~** gültiges Testament; **to execute a ~** ein Testament *(rechtsgültig)* errichten; **to include** (or **to make provision for**) **a p. in one's ~** jdn im Testament bedenken; **to leave by ~** testamentarisch vermachen

**will**, *v* durch Testament bestimmen (od. vermachen); **to ~ one's money to a p.** jdm sein Geld vermachen

**willful**, *Am* → wilful

**willing to work**, arbeitswillig

**win**, *v* gewinnen; **to ~ back a market** e-n Markt zurückerobern

**wind up**, *v* liquidieren; abwickeln; auflösen; **to ~ one's affairs** seine Angelegenheiten zum Abschluss bringen (od. regeln); **to ~ a company** die Liquidation e-r Gesellschaft durchführen; **to ~ an estate** e-n Nachlass abwickeln

**windfall**, **~ (profit)** unerwarteter Gewinn *m* *(unerwartete Erbschaft, Steigen der Aktien etc.)*; **~ receipts** *(SteuerR)* Zufallseinnahmen *pl*

**winding up**, Liquidation *f*; Abwicklung *f*; *Br* Konkurs *m (e-r Kapitalgesellschaft)*; **voluntary ~ up** freiwillige Liquidation; **~ up of a business** Geschäftsauflösung *f*; **~ up of a fund** Auflösung e-s Fonds; **~ up period** Abwicklungszeitraum *m*; **~ up petition** Liquidationsantrag *m*; Antrag auf Eröffnung des Liquidationsverfahrens; **~ up proceedings** Liquidationsverfahren *n*; **~ up sale** Ausverkauf *m* wegen Aufgabe des Geschäfts

**windmill**, Reitwechsel *m*, Kellerwechsel *m*

**window**, **~ advertising** Schaufensterreklame *f*; **~ card** Schaufensterplakat *n*; **~ display** Schaufensterauslage *f*

**window-dress**, *v*, **to ~-dress the balance sheet** die Bilanz „frisieren"

**window dresser**, Schaufensterdekorateur *m*

**window shopping**, Schaufensterbummel *m*

**wine**, Wein *m*; **adulterated ~** verfälschter Wein; **trade in ~** Weinhandel *m*; **~ growing** Weinbau *m*; **~ import quota** *(EU)* Einfuhrkontingent *n* für Weine; **~ marketing year** *(EU)* Weinwirtschaftsjahr *n*

**WINGS**, → Warrant into Negotiable Government Securities

**winning party**, obsiegende Partei *f*

**winter sale**, Winterschlussverkauf *m*

**wipe out**, **~ competitors/rivals**, *v* Konkurrenz verdrängen

**wiper**, **windscreen** *Br* (**windshield** *Am*) ~ *(Auto)* Scheibenwischer *m*

**wire**, Draht *m*; *colloq.* Telegramm *n*; **by ~** telegrafisch; **~ answer** Drahtantwort *f*, telegrafische Antwort *f*; **~ collect** *Am* Telegramm mit bezahlter Rückantwort; **~ strapping** Drahtverschnürung *f*; **~ tapping** Abhören *n* von Telefongesprächen; **~ transfer of funds** elektronischer Zahlungsverkehr *m*; **to send a ~** → wire *v*

**wire**, *v colloq.* telegrafieren, drahten; **to ~ fate** telegrafisch Nachricht über das Schicksal e-s Wechsels (od. Schecks) geben; **to ~ refusal** abtelegrafieren

**wired glass**, Drahtglas *n*

**wireless**, Rundfunk *m*; drahtlos, Funk-; **~ listener** Rundfunkhörer *m*; **~ message** Funkspruch *m*

**wireless application protocol**, *(EDV)* Protokoll *n*, das zur Komprimierung und Übertragung von Daten zwischen dem Internet und verschiedenen mobilen Endgeräten (Mobiltelefon, → PDA) eingesetzt wird

**wish**, **to meet customers' ~es** den Wünschen der Kunden entgegenkommen

**with**, **~ reference to** (re) betrifft; **~ rights** *Br* einschließlich Bezugsrechte; **~ warrants** mit Optionsscheinen

**withdraw**, *v* 1. *(Geld)* abheben; zurücknehmen, entziehen; **to ~ coins from circulation** Münzen aus dem Verkehr ziehen; Münzen einziehen; **to ~ a credit** e-n Kredit kündigen; **to ~ data** *(EDV)* Daten aus e-m Speicher entnehmen; **to ~ deposits** Einlagen abheben; **to ~ from the market** aus dem Handel ziehen; **to ~ from the warehouse** aus dem Lager nehmen; **to ~ a licenc̦e (~se)** e-e Konzession entziehen; **to ~ money from one's account** Geld von seinem Konto abheben, **to ~ a power of attorney** e-e Vollmacht zurücknehmen; **to ~ state funds** öffentliche Geldmittel entziehen

**withdraw**, *v* 2. zurücktreten; austreten, ausscheiden (from aus); **to ~ from a contract** von e-m Vertrag zurücktreten; **to ~ from membership (of)** *(als Mitglied)* austreten (aus); **to ~ from a partnership** als Gesellschafter (od. Teilhaber) ausscheiden

**withdrawable deposits**, kündbare Einlagen *pl*

**withdrawal**, 1. (Geld-)Abhebung *f*; Zurücknahme *f*, Entziehung *f*; **deposits and ~s** Einzahlungen und Abhebungen, **~ from reserves** Entnahme *f* aus Rücklagen; **~ from stock** Lagerentnahme *f*; **~ of banknotes** Einziehung *f* von Banknoten; **~ of capital** ~ Kapitalentnahme *f*; Abzug *m* des Kapitals; **~ of credit** Zurückziehung *f* des Kredits, Kreditkündigung *f*; **~ of deposits** Abhebung *f* von Einlagen; **~ of the driving licen|ce (~se)** *Br* Entziehung der Fahrerlaubnis, Entzug *m* des Führerscheins; **~ of funds** Abhebung *f* von Geldern; **~ of a licen|ce (~se)** Lizenzentzug *m*; **~ of money** Abhebung von Geld; **~ of the notice** Rücknahme der Kündigung; **~ of an order** Zurückziehung *f* e-s Auftrags; Rückgängigmachung *f* e-r Bestellung; **~ of profits** Gewinnentnahme *f*; **~ price** Rücknahmepreis *m*; **~ warrant** *(Sparkasse)* Auszahlungsermächtigung *f*

**withdrawal**, 2. Rücktritt *m*; Ausscheiden *n*; Austritt *m*; **age of ~** *(VersR)* Austrittsalter *n*; **~ from a contract** Rücktritt *m* von e-m Vertrag; **~ from membership** Austritt als Mitglied; **~ of labo(u)r** Niederlegung *f* der Arbeit; **~ of a partner** Ausscheiden e-s Gesellschafters

**withdrawn money**, abgehobenes Geld *n*

**withhold**, *v* zurück(be)halten, einbehalten; vorenthalten; **to ~ one's assent** seine Zustimmung versagen; **to ~ a patent** ein Patent versagen; **to ~ supplies of goods from a dealer** die Belieferung e-s Händlers mit Waren verweigern; **to ~ a tax** *Am* e-e Steuer *(vom Lohn)* einbehalten; **tax withheld at source** an der Quelle einbehaltene Steuer; **tax withheld on dividends** im Abzugswege erhobene Steuer auf Dividenden

**withholding**, **~ at source** *Am* Quellenabzug *(von Steuern)*, Steuerabzug *m* an der Quelle; **~ exemption** *Am* Lohnsteuerfreibetrag *m*; **~ of tax** *Am* Steuereinbehaltung *f*; **~ of wages** Einbehaltung von Löhnen; **~ statement** *Am* Bescheinigung über einbehaltene (Lohn-)Steuer; **~ system** *Am* System *n* der Quellenbesteuerung

**withholding tax**, *Am* Quellensteuer *f*, *(vom Lohn)* einbehaltene Steuer, Abzugssteuer *f*; **~ tax on dividends** *Am* Abzugssteuer auf Dividenden; **~ tax rates** Quellensteuersätze *mpl*; **~ tax reduction** (or **exemption**) Quellensteuerermäßigung *f* (od. -befreiung *f*)

**withholding, to impose the tax by means of ~ or assessment** die Steuer im Abzugswege oder im Veranlagungswege erheben

**within, ~ the Community** *(EU)* innergemeinschaftlich; **~ or outside a company** (or **firm**) inner- oder außerbetrieblich

**without**, ohne; **~ debt** schuldenfrei; **~ delay** unverzüglich; **~ engagement** freibleibend; **~ extra charge** ohne Preisaufschlag; **~ liability** ohne Obligo; **~ notice** ohne vorherige Benachrichtigung, fristlos; **~ prejudice** → prejudice; **~ recourse** ohne Regress(möglichkeit); ohne Obligo; **~ reserve** ohne Vorbehalt *(e-s Mindestpreises bei Auktionen)*; **~ sufficient cause** ohne ausreichenden Grund

**witness expenses**, (or **fees**) Zeugengebühren *fpl*

**woman**, **~ executive** weibliche Führungskraft *f*; **~ workers** weibliche Arbeitskräfte *fpl*

**wood**, Holz *n*; **articles of ~** Holzwaren *pl*; **demand for ~** Holznachfrage *f*; **processing** (or **working**) **of ~** Holzverarbeitung *f*

**woodland**, Waldgebiet *n*, Forsten *pl*; **~ planting** Aufforstung *f*

**wood, ~ processing industry** holzverarbeitende Industrie; **~ products** Holzerzeugnisse *npl*; **~-pulp industry** Zelluloseindustrie *f*, **~-using industry** holzverarbeitende Industrie; **~ ware** Holzwaren *pl*; **~-wool** Holzwolle *f*

**word**, Wort *n*; **in ~s and figures** in Worten und Ziffern; **~ of art** Fachausdruck *m*

**wording**, Wortlauf *m*; Formulierung *f*

**word-of-mouth advertising**, Mundpropaganda *f*

**work**, Arbeit *f*; Werk *n*; → works; **arrears of ~** Arbeitsrückstand *m*; **artistic ~s** Werke der Kunst; **brain ~** geistige Arbeit; **casual ~** Gelegenheitsarbeit; **contract ~** *(im Werkvertrag)* übergebene (od. übernommene) Arbeit; **hard ~** schwere Arbeit; **home ~** Heimarbeit; **illicit ~** Schwarzarbeit; **intellectual ~** geistige Arbeit; **literary ~s** Werke der Literatur; **out of ~** arbeitslos; **physical ~** körperliche Arbeit; **piece-~** Akkordarbeit; **routine ~** Routinearbeit, tägliche Arbeit; **scientific ~** wissenschaftliche Arbeit; **short-time ~** Kurzarbeit; **time ~** nach Zeit bezahlte Arbeit; **~ creation** Arbeitsbeschaffung *f*; **~ environment** Arbeitsumfeld *n*; **~ flow** Arbeitsablauf *m*; **~ force** Arbeiterschaft *f*; Belegschaft *f*; Beschäftigtenzahl *f*; **~-in** *Br* Fortsetzung *f* der Arbeit *(als Protest, wenn Stilllegung des Betriebes droht)*; **~ incentive** Arbeitsanreiz-Maßnahme *f*; **~ in hand** laufende Arbeit *f*

**work in process**, *Am* → work in progress; **~ and finished goods** *Am* halbfertige und fertige Erzeugnisse *npl*; **~ control** *Am* Produktionskontrolle *f*

**work, ~ (s) in progress** (WiP) in Gang befindliche Arbeit; Halbfabrikate, Halberzeugnisse *npl*; unfertige Erzeugnisse *npl* (od. Leistungen *fpl*); **~ input** Arbeitseinsatz *m*; **~ load** Arbeitslast *f*; zu erledigende Arbeiten *fpl*; **~ measurement** Arbeitszeitstudie *f*; **~s of art** Kunstgegenstände *mpl*; **~ on contract** vertraglich übernommene (od. übergebene) Arbeit; **~ order** Arbeitsauftrag *m*; **~ performed at home** Heimarbeit; **~ permit** Arbeitserlaubnis *f*; **~ plan** Arbeitsplan *m*; **~ process** Arbeitsgang *m*

**workout**, außergerichtlicher Vergleich *m*

**work requirements slackened**, der Arbeitsanfall ließ nach

**work, ~ responsibility schedule** Geschäftsverteilungsplan *m*; **~ room** Arbeitsraum *m*; Werkstatt *f*; **~ sharing** Arbeitsumverteilung *f (Kurzarbeit anstelle von Entlassungen)*; **~ sheet** Arbeitsunterlage *f*; **~ shop** Werkstatt *f*; Arbeitstagung *f*; Seminar *n*; **~ simplification** Arbeitsvereinfachung *f*; **~ stoppage** Arbeitseinstellung *f*; **~ study** Arbeitsstudie *f*; **~ to rule** *Br* planmäßiges Langsamarbeiten *n*; „Dienst nach Vorschrift"; **to be in arrears with one's ~** mit seiner Arbeit im Rückstand sein; **to be out of ~** arbeitslos sein; **to find ~ for a p.** jdm Arbeit vermitteln; **to look for ~** Arbeit suchen; **to seek ~** Arbeit suchen; **to start ~** Arbeit aufnehmen

**works**, Fabrik *f*, Werk *n*, Betrieb *m*; Bauten *pl*, Anlagen *fpl*; bauliche Arbeiten *pl*; **ex ~** ab Werk; **public ~** öffentliche Bauten; öffentliche Bauarbeiten; **~ canteen** Betriebskantine *f*; **~ costs** Betriebskosten *pl*

**works council**, Betriebsrat *m*; **member of the ~** Betriebsratsmitglied *n*

**works, ~ doctor** Werkarzt *m*; **~ manager** Fabrikdirektor *m*; Betriebsleiter *m*; **~ of construction** Bauarbeiten *pl*; **~ regulations** Betriebsordnung *f*

**work**, *v* arbeiten; gehen, funktionieren *(Maschine)*; sich auswirken; **to ~ a district** e-n Bezirk geschäftlich bearbeiten (od. bereisen); **to ~ a farm** ein Gut bewirtschaften; **to ~ a mine** e-e Grube abbauen; Bergbau betreiben; **to apply for permission to ~ a mine** Mutung einlegen; muten; **to ~ a patent** ein Patent verwerten

**work**, *v*, **to ~ hard** schwer arbeiten; **to ~ off arrears** Rückstände aufarbeiten; **to ~ off a debt** e-e Schuld abarbeiten; **to ~ out a plan** e-n Plan ausarbeiten; **to ~ short time** (*Am* **short hours**) kurz arbeiten; **to ~ up** *(Holz etc.)* bearbeiten; **the machine does not ~** die Maschine geht (od. funktioniert) nicht

**workable**, praktisch durchführbar; *(Bergbau)* abbaubar; **~ competition** funktionsfähiger Wettbewerb *m*

**worker**, Arbeiter *m*; Arbeitnehmer *m*; **auxiliary ~** Hilfsarbeiter; **blue-collar ~** Arbeiter; **casual ~** Gelegenheitsarbeiter; **foreign ~** Fremdarbeiter; Gastarbeiter; **job** (or **piece**) **~** Akkordarbeiter; **skilled ~** Facharbeiter; **unskilled ~** ungelernter Arbeiter, Hilfsarbeiter; **white-collar ~** → white collar worker; **women ~s** weibliche Arbeitskräfte *fpl*; **~s' freedom of movement** Arbeitnehmerfreizügigkeit *f*; **~s' participation (in management)** Mitbestimmung *f (der Arbeitnehmer)*; **~s' pension insurance** Arbeiterrentenversicherung *f*

**working**, **~ account** → trading account; **~ assets** Umlaufvermögen *n*; **~ capital** Betriebskapital *n*; **~ capital loan** Betriebsmittelkredit *m*; **~ class** Arbeiterklasse *f*; **~ climate** Betriebsklima *n*, Arbeitsatmosphäre *f*; **~ clothes** Berufskleidung *f*; **~ day** Arbeitstag *m*, Werktag *m*; **~ documents** Arbeitspapiere *npl*; **~ expenses** Betriebskosten; **~ funds** Betriebsmittel *pl*

**working hours**, Arbeitsstunden, Dienststunden *pl*; Arbeitszeit *f*; **collectively agreed ~** tarifliche Arbeitszeit *f*; **outside (during) ~** außerhalb (während) der Arbeitszeit

**working**, **~ instruction** Arbeitsanweisung *f*; **~ language** *(offizielle)* Arbeitssprache *f*; **~ life** Berufsleben *n*; Lebensdauer *f (e-s Geräts)*; **~ (of) mines** Bergbau *m*; **~ (of) a patent** Verwertung *f* e-s Patents

**working order**, **in ~** betriebsfähig; **to be in ~** gut funktionieren

**working**, **~ papers** Arbeitspapiere *pl (Arbeitserlaubnis)*; **~ party** Arbeitsgemeinschaft *f*, Arbeitsgruppe *f*; **~ pattern** Arbeitsschema *n*; **~ population** erwerbstätige Bevölkerung *f*; **~ regulation** Betriebsordnung *f*

**working time**, Arbeitszeit *f*; **reduction and reorganization of ~** Verkürzung *f* und Neugestaltung *f* der Arbeitszeit

**working**, **to be ~** in Betrieb sein *(Fabrik etc.)*

**workman**, Arbeiter *m*, Industriearbeiter *m*

**workmen's compensation**, *bes. Am* Betriebsunfallrente *f*; **~ insurance** *bes. Am* Arbeiterunfallversicherung *f*

**World Bank**, Weltbank *f* ( → International Bank for Reconstruction and Development); **~ bond issue** Weltbankanleihe *f*

**world**, **~ consumption** Weltverbrauch *m*; **~ demand** Weltnachfrage *f*, Weltbedarf *m*; **~ economic crisis** Weltwirtschaftskrise *f*; **~ economic situation** Weltwirtschaftslage *f*; **~ economic summit** Weltwirtschaftsgipfel *m*; **W~ Food Council** Welternährungsrat *m*; **W~ Food Programme** Welternährungsprogramm; **W~ Health Organization** (WHO) Weltgesundheitsorganisation *f*; **W~ Intellectual Property Organization** (WIPO) Weltorganisation *f* für Geistiges Eigentum; **~ market price** Weltmarktpreis *m*; **~-renowned firm** weltbekannte Firma *f*; **~ sales** Weltumsatz; **W~ Trade Organization** (WTO) Welthandelsorganisation *f* (WTO)

**world-wide**, weltweit, weltumfassend; **~ reputation** Weltruf *m*; **~ turnover** Weltumsatz *m*

**world wide web**, Teil bzw. Segment des → Internets; **~ consortium** Organisation *f*, die die Standardisierung von Hypertextsprachen vorantreibt

**worn (out)**, abgenutzt; abgegriffen *(Münze)*

**worsening of trade relations**, Verschlechterung *f* der Handelsbeziehungen

**worth**, Wert *m*; **of great ~** sehr wertvoll; **of no ~** wertlos; **we give good money's ~** wir geben Ihnen für Ihr Geld Entsprechendes; wir sind preiswert

**worth**, *adj* wert; **~ the money** preiswert; **the shoes are not ~ repairing** es lohnt sich nicht, die Schuhe zu reparieren

**worthless**, wertlos

**worthy of credit**, glaubwürdig
**would-be buyer**, potenzieller Käufer *m*
**wound up**, **to be ~** sich in Liquidation befinden
**wrap**, *v* einwickeln, einpacken
**wraparound mortgage**, zweite Hypothek *f* einschließlich des Restbetrags aus der ersten Hypothek
**wrapper**, Verpackung *f*; **securities deposited under ~** Streifbanddepot *n*
**wrapping**, **~ material** Verpackungsmaterial *n*; **~ paper** Packpapier *n*
**wreck**, (Schiffs-, Auto)Wrack *n*; Schiffbruch *m*; **to suffer (ship) ~** Schiffbruch erleiden
**wreckage**, Strandgut *n*; Trümmer *pl*
**wrecked**, **~ car** Autowrack *n*, **~ cargo** (or **freight**) durch Schiffbruch verlorengegangene (od. beschädigte) Fracht *f*; Wrackgut *n*
**write**, *v* schreiben; *(als Versicherer)* Versicherungsvertrag abschließen; **to ~ back** stornieren; zurückvergüten; **to ~ a cheque (check)** e-en Scheck ausstellen; **to ~ down** *(etw.)* niederschreiben, notieren, aufschreiben; *(teilweise)* abschreiben; **to ~ off uncollectible debts** uneinbringliche Forderungen abschreiben; **to ~ out an invoice** e-e Rechnung ausschreiben; **to ~ up** höher bewerten; zuschreiben *(Buchwert erhöhen)*
**write-down**, (Teil-)Abschreibung *f*; **~ to the going concern value** Teilwertabschreibung *f*
**write-off**, Vollabschreibung *f*; Forderungsabschreibung *f*; *(als wertlos)* ausgegebene Sache *f*; **~ wreck** Totalschaden am Auto
**write-up**, Höherbewertung *f*; Zuschreibung *f*; (Zeitungs-)Bericht *m*; schriftl. Anpreisung *f*
**writer**, Versicherer *m*; **~ of a call option** Verkäufer *m* e-r Kaufoption; **~ of a put option** Verkäufer *m* e-r Verkaufsoption
**writing**, Schriftstück *n*, Schreiben *n*; **in ~** schriftlich; **~ back** Stornierung *f*; Rückvergütung *f*; **~ down** (or **off**) Abschreibung *f*
**written**, geschrieben, schriftlich; **~ confirmation** schriftliche Bestätigung *f*; **~-down value** Restbuchwert *m (nach Abzug der Abschreibungen)*; **~ off claim** abgeschriebene Forderung *f*
**wrong**, unrichtig, falsch; **to give the ~ change** Geld falsch herausgeben; **to weigh ~ly** falsch (ab)wiegen
**wrongful**, unrechtmäßig, rechtswidrig; **~ dismissal** widerrechtliche Entlassung *f*
**WWW**, → World wide web

# X

**xc**, *(Börse)* → ex capitalization
**xd**, *(Börse)* → ex dividend
**xr**, *(Börse)* → ex rights
**xenocurrency**, Fremdwährung *f*
**xenomarkets**, Fremdmärkte *mpl* (Eurodollarmarkt)
**xenophobie**, Ausländerfeindlichkeit *f*
**X-ray**, **~ examination** Röntgenuntersuchung *f*; **~ photograph** Röntgenaufnahme *f*

# Y

**Yankee**, (Börse) Aktien *fpl* amerikanischer Gesellschaften; **~ bonds** (von ausländischen Schuldnern unter Führung e-r amerikanischen Bank emittierte) US-Dollar-Obligationen fpl
**yard**, (yd.) 1. Yard *n*, Elle *f* (91,44 cm)
**yard**, 2. Hof *m*; *(eingefriedeter)* Platz *m*, Lagerplatz *m*; Werft *f*; **farm ~** Gutshof *m*; **ship ~** Werft *f*
**year**, Jahr *n*; **acounting ~** Geschäftsjahr; **company's ~** *Br* Geschäftsjahr *n*; **financial ~** → financial; **fiscal ~** → fiscal; **leap ~** Schaltjahr; **preceding** (or **previous**) **~** Vorjahr; **tax ~** *Br* Steuerjahr (6. April–5. April); **(open) throughout the ~** ganzjährig (geöffnet)
**year-end**, **~ book value** Restbuchwert *m*; **~ closure** Jahresabschluss *m*; **~ dividend** *Am* am Ende des Geschäftsjahres gezahlte Abschlussdividende *f*; **~ entry** Jahresabschlussbuchung *f*; **~ settlement** *(Börse)* Abrechnung *f* per Jahresende
**year**, **~s of grace** Freijahre *npl*, tilgungsfreie Jahre *npl*; **~ of issue** Emissionsjahr; **~ of manufacture** Herstellungsjahr; **~ of office** (or **service**) Dienstjahr; **~ under review** Berichtsjahr

**yearly**, jährlich; ~ **account** Jahres(ab-)rechnung *f*; ~ **accounts** Jahresabschluss *m*; ~ **instal(l)ment** Jahresrate *f*; ~ **output** Jahresertrag *m*; Jahresleistung *f*, ~ **receipts** Jahreseinnahmen *fpl*; ~ **requirement** Jahresbedarf *m*; ~ **settlement** Jahresabrechnung *f*

**yellow**, **~-dog contract** *Am* Anstellungsvertrag *m*, in dem ein Arbeitnehmer sich verpflichtet, keiner Gewerkschaft beizutreten; ~ **list** Liste *f* der im Freiverkehr gehandelten Schuldverschreibungen; **Y~ Pages** Gelbe Seiten *fpl*; Branchenfernsprechbuch *n*; ~ **press** Sensationspresse *f*

**yield**, Ertrag *m*, Rendite *f*; Effektivverzinsung *f (Ertrag, den ein Wertpapier bringt)*; Ausbeute *f*, Ernte *f*; **crop** ~ Ernteertrag, **current** ~ laufender Ertrag, laufende Rendite; **dividend** ~ Dividendenertrag *m*; **loan** ~ Anleiherendite *f*; **peak** ~ Ertragsspitze *f*; **reduction in** ~ Ertragsrückgang *m*; **tax** ~ Steuerertrag *m*, Steueraufkommen *n*; **variable** ~ **investment** Anlage *f* mit schwankendem Ertrag; ~ **curve** Zinsertragskurve *f (Marge zwischen kurz- und langfristigen Zinssätzen)*; ~ **gap** *Br* Renditenlücke *f* (*Unterschied zwischen dem Ertrag der Stammaktien und den → government securities*); **a good ~ of fruit** e-e gute Obsternte; ~ **on capital** Kapitalertrag *m*; ~ **on savings** Spareinlagenverzinsung *f*; ~ **on shares** Aktienrendite *f*; ~ **spread** Renditenspanne *f*; ~ **to maturity** (or **redemption**) Rückzahlungsrendite *f*; **to obtain a good** ~ e-e gute Rendite erzielen; **to produce a** ~ e-n Ertrag abwerfen

**yield, (right of way)!** *Am* Vorfahrt beachten!

**yield**, *v (Gewinn, Zinsen etc.)* bringen, abwerfen, einbringen; als Rendite ergeben; nachgeben; *Am* Vorfahrt beachten; **to ~ 4 %** sich mit 4 % verzinsen; e-e Rendite von 4 % ergeben; **to ~ high interest** hohe Zinsen bringen; **to ~ a good profit** e-n guten Gewinn abwerfen; **to ~ a return** e-n Ertrag bringen; **the transaction will ~ little** das Geschäft wird wenig abwerfen

**yielding**, **capable of ~ a return** ertragsfähig; **investments ~ 10 %** mit 10 % verzinsliche Anlagen; **profit** ~ ertragreich, gewinnbringend; ~ **a dividend of** mit e-r Dividende von; **~-interest** verzinslich; ~ **a return** rentabel; ~ **well** ertragreich

**yo-yo stock**, sehr volatile Aktie *f*

**York-Antwerp Rules**, York-Antwerpener Regeln (betreffend die Abwicklung von Havarie-grosse-Fällen)

**young people**, Jugendliche *pl*; **intra-Community exchanges for** ~ *(EU)* innergemeinschaftlicher Jugendaustausch *m*

**young upwardly mobile professionals [or persons]** (Yuppies) junge leistungsbewusste Aufsteiger *mpl*

**youth unemployment**, Jugendarbeitslosigkeit *f*

**Yuppies**, → young upwardly mobile professionals [or persons]

# Z

**zebra crossing**, *(Verkehr)* Zebrastreifen *m*

**ZEBRAS**, *Br* → zero-coupon Eurosterling bearer or registered accruing securities

**zero**, **at ~ base** auf Nullbasis; **~-base budgeting** *Am* Budgetierung *f* auf Nullbasis; ~ **(coupon) bond** Null-Coupon Anleihe *f*, abgezinste Anleihe *f*; **at ~ duty** zum Zollsatz Null; **~-coupon Eurosterling bearer or registered accruing securities** *Br* gestrippte britische £-Staatsanleihe (Nullcoupon-Anleihe); **~-duty tariff quota** *(EU)* zollfreies Zollkontingent *n*; ~ **growth** Nullwachstum *n*; ~ **rate** Nullsatz *m*; ~ **rate of duty** vollständige Zollfreiheit *f*; **~-rated** mit dem Nullsatz besteuert (od. verzollt); ~ **rating** *(VAT)* Besteuerung *f* zum Nullsatz; Mehrwertsteuerbefreiung *f*

**zip code**, *Am* Postleitzahl *f*

**zone**, Zone *f*; Bereich *n*, Gebiet *n*; *(Eisenbahn-, Post- etc.)* Zone *(für Berechnung von Fahrpreisen, Gebühren etc.)*; **postal** ~ Post(zustell)bezirk *m*; **prohibited** ~ Sperrzone *f*

**zoning**, Einteilung *f* in Zonen; ~ **laws** (or **ordinances**) *Am* Bauordnungen *fpl (die bestimmte Beschränkungen auferlegen)*

**zoom**, *v* hochschnellen *(z. B. Preise)*

# Deutsch – Englisch

# A

**à 10** € at € 10 each (or a piece)
**a meta** for joint account
**à conto** on account ( → Akontozahlung)
**AASMM** → Assoziierte Afrikanische Staaten, Madagaskar und Mauritius
**ab**, ~ **Diskont** less discount
**ab** *(Ortsbestimmung)*, ~ **Bahnhof** ex rail; ~ **Hamburg** from Hamburg; ~ **Fabrik** ex factory; ~ **hier** from here (on); loco; ~ **Kai (unverzollt)** ex quay (duties on buyer's account); ~ **Kai-Lieferung** delivery from the quay; ~ **Lager** ex store: ~ **Lager(-haus)** ex warehouse; ~ **Mühle** ex mill; ~ **Werk** ex works: **die Preise verstehen sich** ~ **Fabrik** the prices are quoted free factory
**ab** *(Zeitbestimmung)*, ~ **1. Juli** *Br* (as) from July 1; *Am* as of July 1; on or after July 1; **von morgen** ~ starting (or beginning) as of tomorrow; ~ **sofort** effective immediately; ~ **1990** beginning in 1990; from the beginning of 1990
**abändern** to alter, to change; to amend; to modify; **die Bedingungen** ~ to amend the terms; **e-e Eintragung** ~ to alter an entry; **e-n Gesetzentwurf** ~ to amend a bill; **seine Forderung** ~ to modify one's claim; **e-e Vertragsbestimmung** ~ to modify a provision of the contract
**Abänderung** *f* alteration, change; amendment; modification; **~en vorbehalten** subject to modification; **e-e** ~ **der Preise vornehmen** to undertake a revision of prices
**Abänderungsvorschlag** *m* proposal for alteration (or modification, amendment)
**Abandon** *m* abandonment; relinquishment; **~erklärung** *f* notice of abandonment; **~klausel** *f* abandonment clause
**abandonnieren** to abandon; to relinquish; **die Güter an den Versicherer** ~ to abandon the goods to the insurer
**abarbeiten** to work off; **die Rückstände der Korrespondenz** ~ to work off the arrears of correspondence
**Abbau** *m (Herabsetzung)* reduction, reducing; cutback; *(Beseitigung)* removal, elimination; *(Demontage)* dismantling; *(Entlassung)* dismissal; *(Bergbau)* working, exploitation; ~ **der ~berge** packaging waste elimination; ~ **von Arbeitskräften** reduction in workforce; manpower cut; ~ **der Arbeitslosigkeit** reducing unemployment; ~ **der Bestände** stock reduction; ~ **von Bodenschätzen** exploitation (or extraction) of mineral resources; ~ **der Handelshemmnisse** reduction (or dismantling) of trade barriers; ~ **von Spannungen** easing of tensions; ~ **von Steuervergünstigungen** retrenchment of tax privileges; ~ **der Überschüsse** reduction (or elimination) of surpluses; ~ **der Überstunden** reduction in overtime; ~ **der regionalen Ungleichgewichte** *(EU)* reducing regional disparities; ~ **der Zölle** dismantling of customs duties
**abbaubar** workable; **die Kohle ist nicht** ~ the coal cannot be worked
**abbauen** *(herabsetzen)* to reduce; *(beseitigen)* to remove, to eliminate; *(demontieren)* to dismantle; *(entlassen)* to dismiss, to make redundant ( → abgebaut); *colloq.* to give the sack (or *Br* to axe); *(vorübergehend)* to lay off; *(Kohle etc.)* to work, to mine, to exploit; **den Auftragsbestand** ~ to work off the order books; **ein Defizit** ~ to reduce a deficit; **e-e Grube** ~ to work a mine; **Lagerbestände** ~ to run down stocks; **e-n Messestand** ~ to dismantle a stand at a fair; **den Überschuss** ~ to reduce the surplus; **Zölle** ~ to dismantle tariffs
**abbaufähig** capable of being worked (or exploited)
**abberufen** to remove, to dismiss; to recall; **e-n Liquidator** ~ to remove a liquidator
**Abberufung** *f* removal, dismissal, recall; ~ **von Aufsichtsratsmitgliedern e-r AG** dismissal (or removal) of members of the supervisory board
**abbestellen** to cancel (or countermand, withdraw) an order (for goods); **die Zeitung** ~ to cancel the order for a (news)paper; to stop taking a newspaper; to stop one's subscription
**Abbestellung** *f* cancellation (or countermand[ing], withdrawal) of an order; revocation of a former order; → Zimmer~
**abbezahlen** → abzahlen
**Abbezahlung** *f* → Abzahlung
**abbrechen** to break off, to discontinue, to bring to an end, to sever; *(abreißen)* to demolish, to pull down; → Geschäftsbeziehungen ~; **e-n Streik** ~ to call off a

strike; **die Unterhaltung** ~ to break off the conversation
**Abbremsen** *n* **der Konjunktur** slowing down of economic activity
**abbröckeln** *(Börse)* to ease off; **die Konjunktur bröckelt weiter ab** the economy (or economic activity) is slowing down further; **die Kurse bröckelten ab** the (share) prices declined
**abbröckelnde Kurse** easing (or crumbling, slackening) (share) prices
**Abbröckelung** *f* **der Kurse** easing (or crumbling, slackening) of (share) prices
**Abbruch** *m (Unterbrechung)* discontinuance; breaking off, rupture; *(Haus)* demolition, pulling down; *(Maschinen etc.)* dismantling; *(Schaden)* detriment, injury, damage, prejudice; ~ **der Geschäftsbeziehungen** discontinuance (or rupture) of business relations; **den Interessen ~ tun** to be detrimental to the interests
**Abbruch~**, **~kosten** *pl* demolition costs; dismantling costs; **~unternehmer** *m Br* demolition contractor; *Am* (house-) wrecker; **~wert** *m* break-up value; scrap value
**abbuchen** to debit (an account); *(im Einzugsverfahren)* to debit directly; **e-e zweifelhafte Schuld** ~ to write off a dubious debt
**Abbuchung** *f* debiting; writing off; taking out of the books; *(im Einzugsverfahren)* direct debiting; preauthorized payment
**abdecken** to repay; to cover; to meet, to settle; **ein Defizit** ~ to make good (or make up) a deficit; **ein Risiko** ~ to cover (or hedge) a risk
**Abdeckung** *f* repayment; (provision of) cover; settlement; ~ **von Krediten** repayment (or settlement) of credits
**abdingbar** subject to contrary agreement
**abebben** → abgeebbt
**Abend~**, **~blatt** *n* evening (news)paper; **~kursus** *m* evening class (or course); **~schule** *f* night school
**aberkennen** to deprive (a p. of his right); to disallow; to withdraw; **e-n Anspruch** ~ to disallow a claim
**Aberkennung** *f* deprivation (of a right); disallowance, withdrawal; ~ **der Staatsangehörigkeit** deprivation of citizenship
**abernten** *(Felder)* to reap; *(Getreide)* to harvest, to gather
**abfahren** *(Person)* to depart, to leave, to start (nach for); *(Fahrzeug)* to leave, to start; *(Schiff auch)* to sail; *(im Auto)* to drive off; **etw.** ~ to carry (or cart) sth. away; **sich** ~ *(Reifen)* to wear (out)
**Abfahrt** *f* departure, start; *(Schiff)* sailing; **fahrplanmäßige** ~ scheduled departure
**Abfahrts~**, **~datum** *n* date (or time) of departure; *(Schiff)* sailing date; **~- und Ankunftshafen** *m* port of departure and arrival; **~ort** *Br* place of departure; **voraussichtliche ~zeit** *f (Schiff)* expected time of sailing
**Abfall** *m* waste, refuse, rubbish; scrap; *Am* trash; **zum ~ werfen** to scrap; **~behandlung** *f* waste processing; treatment of waste; **~behälter** *m* waste container; **~beseitigung** *f* waste disposal (or removal); refuse disposal; **~beseitigungsanlage** *f* disposal plant; **~bewirtschaftung** *f* waste management; **~börse** *f* waste exchange
**Abfälle** *pl* waste(s); **Einbringen von ~n ins Meer** dumping of waste at sea; **grenzüberschreitende Verbringung gefährlicher** ~ transfrontier shipment of hazardous waste; **industrielle** ~ industrial refuse (or waste); → radioaktive ~; **städtische** ~ urban waste; ~ **beseitigen** to dispose of waste; to eliminate waste; ~ **verbrennen** to incinerate waste
**abfallen** *(als Rest)* to be left; *(als Abfallprodukt)* to be left as waste; **gegenüber der Qualität** ~ to fall off in quality; to be inferior in quality
**Abfall~**, **~eimer** *m* dustbin, *Am* trash can; **~erzeugnis** *n* → ~produkt; **~lagerung** *f* waste storage; **~mengen** *pl* quantities of waste (or refuse); **~platz** *m* refuse site; dump; **~produkt** *n* waste product; by-product; spin-off product
**Abfallstoffe** *mpl* waste (material); **gefährliche ~ beseitigen** to dispose of dangerous waste
**Abfall~**, **~verwertung** *f* utilization (or recycling) of waste; **~wirtschaft** *f* waste management
**abfangen**, **e-n Brief** ~ to intercept a letter; **Kunden** ~ to entice customers away
**abfassen** to draw up, to draft, to formulate; **e-n Vertrag** ~ to draw up (or prepare) a contract
**abfertigen** to dispatch (or despatch); *(Kunden)* to attend to, *(im Laden)* to serve; **sein Gepäck zollamtlich ~ lassen** to

get (or clear) one's baggage through customs; **Güter zollamtlich ~** to clear goods

**Abfertigung** *f* dispatch (or despatch); *(Kunden)* attendance, service; **~ an der** → Grenzübergangsstelle; **~ zum freien Verkehr** *(Zoll)* clearance for home use

**Abfertigungs~**, **~gebäude** *n (Flughafen)* terminal; **~hafen** *m* port of clearance; **~schalter** *m (Flughafen)* check-in desk; **~schein** *m (Zoll)* permit

**abfinden jdn ~** to compensate (or indemnify, settle with) a p.; to pay sb. a sum of money in settlement of his claim; **sich mit e-r Entscheidung ~** to acquiesce in (or submit to) a decision; **seine Gläubiger** *(im Vergleich)* **~** to compromise with one's creditors; **e-n Teilhaber ~** to buy out a partner

**Abfindung** *f* compensation, indemnity, indemnification; settlement; **als ~** by way of compensation; **angemessene ~** adequate (or reasonable) compensation (or indemnity); **zur endgültigen ~** in full and final payment; **hohe ~** large indemnity; **zur ~ aller Ansprüche** in settlement of all claims; **~ von Gläubigern im Wege des Vergleichs** payment of creditors under a scheme of composition; **e-e ~ bekommen** to receive an indemnity, to receive a sum by way of settlement; **e-e ~ vereinbaren** to settle the amount of (the) compensation; **e-e ~ vorsehen** to provide for an indemnity; **e-e ~ zugestehen** to award compensation

**Abfindungszahlung** *m (bei Entlassung)* redundancy payment, serverance pay

**Abflachen** *n* **der Nachfrage** levelling off of demand

**Abflauen** *n*, **~ des Exports** slackening of exports; **~ des Preisauftriebs** slowdown in the price increase

**abflauen** to sag, to slacken, to drop, to go down, to slow down, to fall off; **die Geschäfte flauen ab** business is slackening; **die Konjunktur flaut ab** the economy is slowing down

**abflauende Kurse** flagging (or slackening) prices

**abfließen** *(z. B. Gelder)* to flow out

**Abflug** *m* take-off, start, departure; **~hafen** *m* airport of departure; **~ort** *m* place of take-off; **~zeit** *f* time of departure; take-off time

**Abfluss** *m* drain; efflux; outflow; **~anlage** *f* drainage; **~rohr** *n* waste (or drain) pipe; **~ von Devisen** efflux of foreign exchange, foreign exchange outflow; **~ von Kapital ins Ausland** outflow (or efflux, drain) of capital abroad; foreign drain

**Abfrage** *f (EDV)* inquiry

**Abfuhr** *f (Abfahren)* carrying away, removal, cartage; **~ von Müll** refuse (*Am* garbage) disposal; **~kosten** *pl* cartage; cost of carting; transport charges

**abführen** *(Geldbetrag)* to pay over

**abfüllen** *(in Flaschen)* to bottle; *(in Säcke)* to bag

**Abfüllung** *f* bottling; bagging

**Abgabe** *f (Abgeben)* delivery, handing over; *(Verkauf, Börse)* sale; *(Finanzabgabe)* tax, duty, levy; charge; **bei der Ausfuhr erhobene Zölle und sonstige ~n** customs duties and other taxes levied at export; → Ausgleichs~; → Export~; **~ e-s Angebots** submission (or making) of an offer ( → Angebotsabgabe); **~n bei der Einfuhr** import charges; **~ der Einkommensteuererklärung** filing the income tax return; **~ von Geboten** *(bei Auktion)* bidding; offering a price; **~ des Gepäcks** delivery of baggage (or luggage); **~n gleicher Wirkung wie Zölle** *(EU)* charges having an effect equivalent to customs duties; **~ e-s Gutachtens** giving an export opinion; **~ von Stimmen** casting of votes; **die ~n aufheben** to abolish charges; **von Zöllen und ~n befreit sein** to be exempt from duties and charges; **~n erheben** to levy duties (or charges)

**Abgabe~**, **~bereitschaft** *f* readiness to sell; **~beschränkung** *f* restriction on sales; **~druck** *m (Börse)* sales pressure; **~frist** *f* → ~termin; **Dollara~kurs** *m* dollar selling rate; **~neigung** *f* inclination to sell

**Abgabenerhebung** *f* collection of duties *(etc..)*; levying charges

**abgabenfrei** free from tax (or duty); free from charges; tax-free; duty-free; exempt from duties (or charges); **~e Einfuhr** duty-free importation; **Bescheinigung über ~s Verbringen in das Zollgebiet** duty-free entry certificate; **zur Einfuhr ~ zulassen** to grant duty-free importation

**Abgaben~**, **~freiheit** *f* exemption from duties (taxes, rates, charges); **~ordnung** *f* (German) Tax Code; **abgabenpflichtig** liable to (pay) taxes (or duties, charges, levies); **abgabenpflichtige Waren** chargeable (or dutiable) goods; **~umlage** *f* assessment

**Abgabe~**, **~preis** *m (im Einzelhandel)* selling price; **~satz** *m (Geldmarktpapiere)* selling rate; **~termin** *m* due date (for filing a tax return *etc.*), filing date

**Abgang** *m* departure; start, sailing; *(Warenversand)* dispatch; *(Verkauf)* sale; *(vom Lager)* quantity withdrawn; *(von Anlagegegenständen) (Bilanz)* retirement; *(von Arbeitnehmern)* separation; *(Gewichtsverlust)* loss of weight; **~ von der Schule** leaving school

**Abgangs~**, **~bahnhof** *m* departure station; *(für Waren)* dispatching station; **~datum** *n* **e-r Sendung** date of dispatch of a consignment; **~flughafen** *m* airport of departure; **~hafen** *m* port of sailing (or departure); **~land** *n (Zoll)* country of departure; **~ort** *(Ware)* place of departure; **monatl. ~rate** *f (der Arbeitnehmer) Am* separation rate; **~station** *f* → ~bahnhof; **~zeugnis** *n* school leaving certificate; **~zollstelle** *f* customs office of departure

**Abgas** *n*, **a~armes Auto** *n* low-emission car; **~emissionen** *fpl* car exhaust emissions

**Abgase** *pl*, **schädliche ~** noxious fumes (or gases); **~ von Fahrzeugen** exhaust gases (or fumes) of vehicles; **Verunreinigung der Luft durch ~** air pollution by exhaust fumes

**abgebaut ~ werden** *colloq.* to get the sack; **er wurde ~** he was made redundant

**abgeben** to deliver, to hand in (or over); to submit; *(Ware)* to sell, to dispose of, to let have; **billig ~** to sell cheaply (or at a low price); to bargain away; **ein Angebot ~** to make an offer; **e-e Steuererklärung ~** to file a tax return; **ein Versprechen ~** to make a promise

**abgebrochen**, **wir haben unsere Beziehungen zu dieser Firma ~** we have broken off our relations with this firm

**abgeebbt**, **die Spekulationswelle ist ~** the wave of speculation has declined

**abgefahrene Reifen** worn *Br* tyres (*Am* tires)

**abgegeben**, **~e Stimmen** votes cast (or polled); **die Mehrheit der ~en Stimmen erhalten** to receive (or poll) a majority of the votes cast

**abgegriffen** worn out

**abgehalten**, **die Tagung wurde ~ in ...** the meeting was held in ...

**abgehen** *(verkauft werden)* to sell; *(abgezogen werden)* to be deducted; *(abfahren)* to depart, to start, to leave, to sail; *(abgesandt werden)* to be dispatched (or despatched, sent, forwarded); *(abweichen)* to deviate (von from); *(Waren, Post etc.)* **~ lassen** to forward, to dispatch, to despatch; **von seiner Meinung ~** to change one's opinion; **vom Preis ~** to lower the price; **von der Schule ~** to leave school; **die Farbe geht ab** the colo(u)r comes off; **von diesem Betrag gehen 3 % Skonto ab** from this amount a discount of 3 % will be deducted; there is a discount of 3 % for cash; **die Ware geht gut (reißend) ab** the goods sell well (or readily), the goods have a ready (rapid) sale; **die Ware geht schwer ab** the goods sell badly; **die Ware wird sofort ~** the goods will be sent (or shipped) immediately; **die bestellten Waren sind heute per Bahn an Sie abgegangen** the goods ordered were sent to you today by rail

**abgehend**, **~e Fracht** *Br* outward freight; **a~e Post** outgoing mail

**abgehoben**, *(vom Konto)* **~er Betrag** withdrawn money; **~e Dividende** collected dividend; **nicht ~e Dividende** unclaimed dividend

**abgeholt** collected; called for; picked up; **das Paket wurde** *(bei der Post)* **nicht ~** the parcel went unclaimed; **die Ware wird morgen ~** the goods will be called for (*Am* picked up) tomorrow

**abgekartete Sache** *f* sl. put-up job

**abgekürzte Todesfallversicherung** *f* term insurance

**abgelagert** *(z. B. Holz)* seasoned; *(Wein)* (well-)matured; *(Ware)* seasoned; **nicht ~** unseasoned; **dieses Holz ist gut ~** this wood is well-seasoned; **dieser Wein ist nicht richtig ~** this wine has not matured properly

**abgelassen**, **aus dem Schiff ~es Öl** oil discharged from the ship

**abgelaufen** expired; **(noch) nicht ~** unexpired; **das ~e Jahr** the past (or preceding) year; **~es Patent** expired patent; **~er Wechsel** overdue bill; **die Frist ist ~** the time limit has expired; the period has ended (or came to an end); **die Miete ist ~** the lease has run out; **der Pass ist ~**

the passport has expired; **der Scheck ist ~** the cheque (check) has expired (or is void)
**abgelegen** remote, out-of-the-way; isolated
**abgelegt** filed; on file; *(alte Kleider)* discarded; **~e Akten** *pl* dead (or closed) files
**abgelehnt**, **~e Antwort** *f (bes. Meinungsforschung)* no response; **~ werden** to receive a refusal
**abgeleitet**, **~e Bilanz** *f* derived balance sheet; **~es Einkommen** *n* derived income
**abgemacht** agreed; O.K.; **~er Preis** *m* price agreed upon
**abgeneigt** disinclined; **wir sind nicht ~, den Plan anzunehmen** we are not averse to accepting the plan
**abgenommen**, **nicht ~e Waren** rejected goods; **die Produktion hat ~** production has decreased
**abgenutzt** used up; worn out; *(Kleidung)* threadbare
**abgepackte Waren** *fpl* packaged goods
**aberahmte Milch** *f* skim(med) milk
**abgerechnet** less; deducted; settled
**abgerissen**, **das alte Gebäude muss ~ werden** the old building has to be pulled down (or demolished)
**abgerundete Zahl** *f* rounded off figure (or number)
**abgesandt** dispatched, forwarded, shipped
**abgeschätzter Wert** *m* appraised value
**abgeschlossen**, **~es Konto** *n* closed account; **das ~e Geschäft bestätigen** to acknowledge (or confirm) a business deal (or business transaction); **das Geschäft ist ~** the deal is struck (or clinched); **zwischen … ~er Vertrag** *m* agreement entered into between …; **der Vertrag ist ~** the contract is concluded
**abgeschnitten werden** to be cut off (von from)
**abgeschriebene Forderung** *f* written-off claim
**abgeschwächt**, **~e Nachfrageentwicklung** *f* slackened demand trend, slower demand; **die Exportaufträge haben sich ~** export orders have slackened off
**abgesehen von** barring; excluding; apart from
**abgesetzt werden** to be sold (or marketed); to be deducted; to be removed
**abgesicherter Gläubiger** *m* secured creditor
**abgesondert**, **Recht auf ~e Befriedrigung** *(im Konkurs)* preferential right to satisfaction
**abgestempelt** stamped; cancelled *(e. g. postage stamps)*; **nicht ~** unstamped
**abgestimmt** voted; *(aufeinander)* **~e Lieferverweigerung** *f* concerted refusal to deal; **aufeinander ~e Verhaltensweisen** *fpl* concerted practices; **~es Vorgehen** *n* concerted action; coordinated approach; **~es Wachstum** *n (EU)* concerted growth; **~e Maßnahmen** *fpl* **ergreifen** to take concerted action; **es wird ~** a vote is taken
**abgetragen** *(Kleidung)* worn out, threadbare, shabby
**abgetrennter Kupon** *m* detached coupon
**abgetretene Forderung** *f* assigned debt (or claim)
**abgewertet** devalued
**abgewiesen**, **die Klage wird ~** the action is dismissed; *(EU)* the application is dismissed
**abgewirtschaftet** ruined by mismanagement
**abgewrackt**, **das Schiff wurde ~** the ship was wrecked (or broken up)
**abgezählt**, **Geld ~ bereithalten** to have the exact money ready
**abgleitende Kurse** *mpl* sliding (or slipping) prices
**abgrenzen** to draw the dividing line between; **Märkte ~** to demarcate markets; **die Rechte ~** to define the rights
**Abgrenzung** *f* delimination, demarcation; definition; *(doppelte Buchführung)* apportionment (between accounting periods); **~ des Verkaufsraumes** demarcation of the sales area
**Abgrenzungsposten** *mpl* deferred and accrued items
**abhaken** *(auf Liste) Br* to tick off, *Am* to check off; **e-n Posten** *(beim Kollationieren)* **~** to check off an entry
**Abhakezeichen** *n Br* tick; *Am* check mark
**abhalten** to hold; *(verhindern)* to keep (von from); **e-e Auktion ~** to hold an auction (→ abgehalten)
**abhandeln** to beat down; to bargain (with seller); **jdm 20 € ~** to beat a p. down by 20 euros
**abhandengekommen**, **~e Sachen** *fpl*

lost articles, lost property, **~e Wertpapiere** *npl* lost securities
**abhandenkommen** to be (or get) lost; to be missing
**abhängen** to depend (*von* [up]on); to uncouple, to take off; **geldlich ~ von** to be financially dependent on
**abhängig** dependent (von on); **~e Erwerbstätige** *pl* dependent wage and salary earners; **~e (Kapital-)Gesellschaft** controlled company (*Am* corporation); **~es Unternehmen** *n* dependent undertaking; **von ausländischen Lieferungen ~ sein** to depend (or be dependent) on foreign supplies; **von einander ~ sein** to be mutually dependent
**Abhängigkeit** *f* dependence; **übermäßige ~** overdependence; **~ von Erdöleinfuhren** dependence (up)on oil imports
**abheben** *(Geld)* to withdraw, to make a withdrawal, to draw, to take out; *(Zinsen)* to collect; *(Flugzeug)* to take (or lift) off; **Geld von seinem Konto ~** to withdraw money from one's account; **den Hörer ~** *tel* to lift the receiver; **er hob sein ganzes Geld von der Bank ab** he withdrew all his money from the bank
**Abhebung** *f*, **~ vom Konto** withdrawal (or drawing) from the account; **~ von Spareinlagen** withdrawal of savings (or *Br* deposits)
**abhelfen**, **e-m Mangel ~** to remedy a defect
**abheften** to file (letters etc.)
**abholbereit**, **die Ware ist ~** the goods are ready for collection (or ready to be picked up); the goods can be claimed
**abholen**, **Waren ~** *fpl* to call for (or collect, pick up) goods; **~ lassen** to send for; **wann soll ich Sie morgen ~?** what time shall I call for you tomorrow?; **jdn vom Flughafen ~** to (go to) meet sb. (*Am* to pick sb. up) at the airport; **abzuholen bei** to be called for at
**Abholung** *f* collection; pickup; **~ der Waren am Bahnhof** collection (or pickup) of the goods at the station; **~ vom Haus** collection at residence; **auf ~ warten** to await collection
**Abhör~**, **~anlage** *f* (od. **~vorrichtung** *f*) monitoring (or *colloq.* bugging) equipment (or installation, device); telephone tapping equipment; eavesdropping device; **~skandal** *m* wiretapping (or bugging) scandal; **~spezialist** *m* monitor
**abhören** to (act as) monitor; *(heimlich)* to eavesdrop, to tap; *colloq.* to bug; *(Telefon)* to intercept, to tap; **mein Telefon wird abgehört** my telephone is being tapped
**abholzen** *(Land)* to clear, to deforest
**abkaufen jdm etw. ~** to buy sth. from sb.
**Abklingen** *n* **der Hochkonjunktur** decline in the boom
**Abkommen** *n* agreement, arrangement, settlement; (internationales ~) agreement, convention; **~ mit seinen Gläubigern** arrangement with one's creditors; → Doppelbesteuerungs~; → Handels~; **unter ein ~ fallen** to be subject to (or governed by) an agreement; **mit seinen Gläubigern ein gütliches ~ treffen** to come to an amicable arrangement with one's creditors
**abkommen**, **vom Kurs ~** to deviate from one's course; **von seiner Meinung ~** to alter one's opinion; to change one's opinion (or view, mind); **von seinem Plan ~** to abandon one's plan; **vom Thema ~** to digress, to turn away from the main subject
**abkömmlich** dispensable; **er ist nicht ~** he is indispensable; he cannot be spared; he is busy at the moment; *colloq.* he is tied up
**abkühlen**, **sich ~** to cool off; **die Binnenkonjunktur kühlte sich ab** the domestic economy was cooling off
**Abkühlung** *f* cooling off; **~ des überhitzten Devisenmarktes** cooling off of the overheated foreign exchange market
**abkürzen** to shorten, to abbreviate; to abridge; **die Lieferfrist ~** to shorten the term of delivery ( → abgekürzt)
**Ablade~**, **~gewicht** *n* unloading weight; shipping weight; **~hafen** *m* port of discharge; **~kosten** *pl* unloading charges
**abladen** to unload, to discharge; **Schutt ~** to tip (or dump) rubbish
**Abladeort** *m* (od. **~platz** *m*) unloading place; place of discharge; port of discharge; unloading zone; *(für Schutt)* dump, dumping ground; *Br* (refuse) tip
**Ablader** *m* unloader; *(Überseeverkehr)* shipper
**Abladetermin** *m* time (or date) of unloading (or discharge)
**Abladung** *f* unloading, discharge
**Ablage** *f* rack; *(Ablegen)* filing; **~fach** *n* pigeon-hole; filing compartment; **~korb** *m* (letter) tray, basket; *(für Eingang)* in-tray;

*(für Ausgang)* out-tray; **~mappe** *f* letter file

**ablagern** to mature, to season (wood, cigars *etc.*) ( → abgelagert); **~ lassen** to improve by storage

**Ablassen** *n*, **~ von Ballast** discharge of ballast; **~ von Öl** discharge of oil

**ablassen (vom Preis) ablassen** to allow a reduction in price; to abate (or reduce) the price (of); **etw. billig ~** to sell sth. cheap(ly); **Öl ~** to discharge oil ( → abgelassen)

**Ablauf** *m* expiry, expiration; completion, termination; end; *(Abfluss)* discharge, outflow; **Geschäfts~** course of business; **reibungsloser ~ der Integration** *(z. B. EG)* smooth functioning of the process of integration; **bei ~ e-r Frist** at the expiration (expiry) of a period (or time-limit); **ein Monat vor ~ der Frist** one month before the period expires; **bis zum ~ e-r Frist von 10 Tagen** until the expiry (or expiration) of a period of 10 days; **nach ~ der Frist** after (or on) the expiry (or expiration) of the period; upon expiry of the time-limit; **vom ~ der vereinbarten Frist an** from the date of expiry of the period stipulated; **vor ~ der Frist** before the expiration of the time-limit; before the expiry of the period; **~f der Geltungsdauer** expiry of the period of validity; **bis zum ~ dieses Jahres** by the end of this year; **vor ~ dieses Jahres** before the end of this year; **~ der Pacht** expiry (or expiration) of the lease; **~ e-s Patents** lapse of a patent; **~ der Versicherung** expiry (or expiration) of the insurance policy; **bei ~ des Wechsels** at maturity of the bill; **vor ~ e-r Woche** before one week has elapsed

**ablaufen** to expire; to terminate; to run out; *(Wechsel)* to become (or fall) due; **die Frist läuft ab** the period expires; **die Frist ~ lassen** to allow the period to expire ( → abgelaufen)

**Ablauf~**, **~frist** *f* date of expiry (or expiration); (date of) maturity; due date; **~planung** *f* activity planning; operations scheduling

**ablegen** to file; *(Kleider)* to take off; to put away; **Akten ~** to file papers (or files); to pigeonhole files; **e-n Brief ~** to file a letter; **e-n Eid ~** to swear (or take) an oath; **e-e Prüfung ~** to take an examination; **Rechenschaft ~ über** to render account of; **bitte, legen Sie ab** please take off your coat ( → abgelegt)

**Ablegung** *f*, **~ e-s Eides** taking an oath; **~ e-r Prüfung** taking (of) an examination

**ablehnen** to refuse, to reject, to decline, to deny; *(missbilligen)* to disapprove; **dankend ~** to decline with thanks; **etw. entschieden ~** to refuse sth. flatly; **ein Angebot ~** to decline (or reject) an offer; **e-n Auftrag ~** to refuse to accept an order; to reject an order; **die Deckung ~** *(Vers.)* to disclaim liability; **e-e Einladung ~** to decline an invitation; **e-e Eintragung ~** to refuse registration; **e-n Geschworenen ~** to object to (or challenge) a juror; **ein Gesuch ~** to refuse a request; to dismiss a petition; **e-n Vorschlag ~** to reject a proposal; **die Zahlung ~** to refuse payment

**ablehnend**, **~e Antwort** *f* negative reply (or answer); refusal

**Ablehnung** *f* refusal, rejection, decline, denial; *(Missbilligung)* disapproval; **~ e-s Angebots** refusal (or rejection, decline) of an offer; **~ e-s Gutachters** objection to an expert; **~ e-s Richters wegen Befangenheit** disqualification (or challenge) of a judge on grounds of bias; **~ der Verantwortung** denial (or disclaimer) of responsibility; **~ der Ware** refusal of the goods

**Ablehnungsbescheid** *m* notice of rejection; negative reply

**ableichtern** to lighten

**Ableichterung** *f* lightening, lighterage; **Kosten der ~ e-s Schiffes** cost of lightening of a ship

**Ableitung** *f* **von Abfällen ins Meer** discharge of waste into the sea

**Ablese~**, **~datum** *n* meter reading date; **~fehler** *m* reading error

**ablesen**, **e-n Zähler ~** to read a meter

**ablichten** to photocopy

**Ablichtung** *f* photocopy

**abliefern** to deliver; to hand over

**Ablieferung** *f* delivery; handing over; **bei** (od. **nach**) **~** on delivery; **bis zur ~** pending delivery; **zahlbar bei ~** *Br* cash on delivery (C.O.D.), *Am* collection on delivery

**Ablieferungs~**, **~gewicht** *n* weight delivered; **~kontingent** *n* → Ablieferungssoll; **~ort** *m* place of delivery; **~schein** *m* certificate of delivery; delivery note; **~soll**

*n* delivery quota; **~tag** *m* date (or day) of delivery

**ablösbar** detachable, removable; *(Anleihe, Rente etc.)* redeemable, commutable; **nicht ~** irredeemable

**ablösen** to detach, to remove; *(Rente, Hypothek etc.)* to redeem, to commute; to pay off, to repay; *(vertreten)* to supersede, to replace; **e-e Rente ~** to commute (or redeem) an annuity; **sich ~** to become detached; **einander ~** *(bei Schichtarbeit)* to work in shifts

**Ablösung** *f* detachment, removal; *(durch Geld)* redemption, commutation; paying off, repayment; *(Vertretung)* replacement; **~ e-r öffentlichen Anleihe** redemption of a public loan; **~ e-r Rente** commutation of an annuity

**Ablösungs~**, **~anleihe** *f* redemption loan; **~finanzierung** *f* redemption (or commutation) financing; **~fonds** *n* redemption (or sinking) fund; **~recht** *n* right of redemption; **~summe** *f* sum required for redemption; redemption sum

**ABM** (Arbeitsbeschaffungsmaßnahmen) job-creation measures

**abmachen** to agree (upon), to arrange, to settle; *(vertraglich)* to stipulate; **vorher ~** to prearrange, to arrange in advance (→ abgemacht)

**Abmachung** *f* agreement, arrangement; deal; *(vertraglich)* stipulation; **ausführliche ~** express agreement; **geschäftliche ~** deal; **mündliche ~** verbal agreement; **schriftliche ~** written agreement; **e-e ~ nicht einhalten** to break an agreement; **e-e ~ treffen** to make an arrangement (über about); **e-e ~ zustande bringen** to transact a deal

**abmahnen** to warn against

**Abmahnung** *f* warning against

**Abmeldebescheinigung** *f* certificate of departure (issued by the police)

**abmelden sich ~** *(nach vorheriger Anmeldung)* to cancel (or withdraw) one's registration; **sein Auto ~** to cancel the registration of one's car; **sich polizeilich ~** to notify the police of one's change of residence

**Abmeldung** *f, (polizeiliche)* Abmeldung change of residence notice; notice of departure; **~ von Kraftfahrzeugen** *(bei vorübergehender Stillegung)* cancellation of registration of motor vehicle

**Abmessung** *f* measurement; *(Land)* survey

**abmontieren** to dismantle; to take apart; to take to pieces

**Abnahme** *f (Entgegennahme)* acceptance; taking over; taking delivery (of); *(Kauf)* purchase, buying; **bei ~ von** on purchase of; when taking (or ordering); **bei ~ größerer Mengen** in the event of large orders (or bulk buying); for larger orders; if larger quantities are taken; **bei nicht rechtzeitiger ~ der Ware durch den Käufer** if the buyer is in delay in taking delivery of the goods; **verspätete ~** delayed acceptance; **gute ~ finden** to sell well; **diese Ware findet keine ~** these goods do not sell; **sich e-e Frist für die ~ der Ware vorbehalten** to reserve a period within which to take delivery of the goods

**Abnahme~**, **~bedingungen** *fpl* terms of acceptance; **a~bereit** ready to take delivery; **~bescheinigung** *f* receipt; **~datum** *n* acceptance date; **~fähigkeit** *f* **der Verbraucher** consumer capacity; **~fahrt** *f (e-s Autos)* test-drive; **~frist** *f* time for taking delivery; deadline for acceptance; **~kontrolle** *f* acceptance control; check on (taking) delivery; **~pflicht** *f* **des Bestellers** *(beim Werkvertrag)* obligation (or duty) of the customer to take possession of the completed work; **~protokoll** *n* acceptance certificate; **~prüfung** *f* acceptance test; inspection test; **~verpflichtung** *f* obligation to take delivery; **~verweigerung** *f* refusal of acceptance, rejection; **das Recht auf ~verweigerung der Ware ausüben** to exercise the right to reject the goods; **~verzug** *m* default in taking delivery

**Abnahme** *(Verminderung)* decrease, decline, diminuation, falling off; *(Entfernung)* removal, taking off; **in der ~ begriffen sein** to be on the decline (or decrease); **~ des Absatzes** decrease in sales; **~ der Ausfuhr** decline in exports; shrinkage of exports; **~ der Geschäfte** falling off of business; **~ der Mitgliederzahl** drop (or decrease) in membership; **~ der Nachfrage** decrease in (or of) demand

**abnehmen** 1. *(entgegennehmen)* to accept, to take (over); to take delivery (of); to buy, to take; *(entfernen)* to remove, to take off; **dem Käufer zu viel Geld ~** *colloq.* to overcharge the customer; **den Hörer ~** *tel* to lift the receiver; **jdm die Verantwortung ~** to relieve a p. of his responsibility; **die Ware verspätet ~** to be late in taking delivery of the goods ( → abgenommen)

**abnehmen** 2. *(geringer werden)* to decrease, to decline, to diminish, to fall off (→ abgenommen); **die Ausfuhr nimmt ab** exports are declining (or on the decrease); **die Nachfrage nimmt ab** demand is falling off; **die Vorräte nehmen ab** the supplies are shrinking (or on the decline); **an Wert ~** to depreciate in value

**abnehmender Ertrag** *m* diminishing return

**Abnehmer** *m* buyer, purchaser; customer; recipient; *(Börse)* taker; → Groß~; **~ finden** to find buyers (or customers); to find a (good) market; **die Waren finden keine ~** the goods are unsaleable; the goods do not sell; **~ sein von** to be in the market for

**Abnehmerland** *n* buyer (or customer) country; **~ deutscher Exporte** country purchasing German exports; **~ der Gemeinschaft** *(EU)* Community's customer country *(Ggs. Lieferland)*

**abnutzbar** subject to wear and tear; depreciable

**abnutzen (sich)** ~ to wear out ( → abgenutzt)

**Abnutzung** *f* wear (and tear); depreciation; → Absetzung für ~

**Abnutzungs~**, **~erscheinung** *f* sign of wear; **~gebühr** *f* charge for wear (and tear)

**Abonnement** *n* subscription; → Zeitungs~; **ein ~ erneuern** to renew a subscription; **ein ~ nehmen** to take (out) a subscription; **das ~ erlischt** the subscription expires

**Abonnementsfahrkarte** *f* season ticket; *Am* commuter ticket; **mit ~ hin- und herfahren** to commute

**Abonnements~**, **~karte** *f (Theater etc.)* subscription ticket, season ticket; *(im Restaurant) Br* luncheon voucher; *Am* (reduced price) meal ticket; **~preis** *m* subscription price

**Abonnent** *m* subscriber (to); season-ticket holder

**Abonnenten~**, **~kartei** *f* list of subscribers; **~stamm** *m* regular subscribers; **~versicherung** *f* subscribers' insurance; **~zahl** *f* number of subscribers

**abonnieren** to subscribe (to) (*Am auch* for)

**abonniert, auf e-e Zeitung ~ sein** to be a subscriber to a newspaper; to subscribe to a newspaper

**abpacken, Waren ~** to pack (or package) goods

**Abpackung** *f* **in Kleinpackungen** packaging in small packets

**abrahmen, Milch abrahmen** to skim the milk ( → abgerahmt)

**abraten, jdm ~** to dissuade a p.

**abpassen, die Gelegenheit ~** to watch (or wait for) one's opportunity

**abrechnen** *(Abrechnung machen)* to account for, to settle the accounts; to draw up an account; *Am* to add up one's accounts; *(im Clearing)* to clear; *(abziehen)* to deduct, to make allowance (for); **mit jdm ~** *(auch fig)* to settle (or square up) accounts with sb.; **ich werde mit Ihnen zum Monatsende ~** I shall settle up with you at the end of the month; **über die Spesen ~** to deduct expenses

**Abrechnung** *f* account, accounting (über of); statement; statement of account; account stated; settling of accounts (mit with); *(Börse)* settlement; *(im Clearing)* clearing; *(des Börsenmaklers)* contract sheet; *(des Einkaufskommissionärs)* account purchase (A/P); *(des Verkaufskommissionärs)* account sales (A/S); **Erstellung** *f* **falscher ~en** false accounting; **laufende ~** running (or current) account; **laut (früherer) ~** as per account rendered (or stated); **monatliche ~** monthly account(ing) (or statement); **nach ~ der Spesen** after deducting expenses; **vierteljährliche ~** quarterly account(ing), **für Zwecke der ~** for accounting purposes; **die ~ erfolgt monatlich** the accounting will be made monthly; **e-e ~ machen** to render an account(ing); to draw up an account; to account for; (jdm) **e-e ~ vorlegen** to render an account; to lay an account (before sb.); to file a statement of one's receipts and expenses

**Abrechnungs~**, **~beleg** *m* voucher; **~kurs** *m* settlement price; making-up price; **a~pflichtig** accountable; **~saldo** *m* clearing balance; **~stelle** *f* clearing house (or office); **~tag** *m* accounting date; *(Börse)* settlement day; *Br* account day; **~verfahren** *n* way of settling accounts; clearing (system); **~verkehr** *m* clearing system; **~zeitraum** *m* accounting period; *(Börse)* settlement period; **für ~zwecke** for accounting purposes

**Abrede** *f* agreement, arrangement; **in ~ stellen** to deny; **die ~ wurde getroffen** it was agreed
**Abreise** *f* departure, starting, leaving (nach for)
**abreisen** to depart, to leave
**abreißen** *(Gebäude)* to pull down, to demolish (→ abgerissen)
**Abreiß~**, **~block** *m* tear-off pad; memo pad; **~kalender** *m* tear-off calendar
**Abriss** *m (Zusammenfassung)* compendium
**abrollen** to cart away, to transport
**Abruf** *m* call, calling (off); **Bestellung auf ~** off-the-shelf order; **lieferbar auf ~** deliverable at (or on) call; **auf ~ zur Verfügung stehen** to be on call; to be ready for delivery
**abrufbar (jederzeit) ~** callable
**abrufen** to call (off); **jdn** (von seiner Arbeit) ~ to call a. p. away; **e-n Betrag ~** to call an amount; **Daten ~** *(EDV)* to call up, retrieve data; **Obligationen ~** to call bonds; **Waren** (zur Lieferung) ~ to call for (or demand) (delivery of) goods
**Abruflager** *npl* **bei Lieferanten** call-off inventories held by suppliers
**abrunden**, **e-n Betrag ~** to round off an amount; **e-n Betrag nach oben (unten) ~** to round a figure up (down) (→ abgerundet)
**abrutschen**, **der Silberpreis rutschte weiter ab** the silver price slipped still further
**absacken** to plunge, to plummet
**absagen**, **e-e Einladung ~** to cancel an invitation
**Absatz** *m (Verkauf)* sale(s); marketing; distribution; *(Abschnitt)* paragraph; *(e-s Gesetzes)* sub-section; **~ im Einzelhandel** retail sale; **abnehmender ~** diminishing sales; **guter ~** large sale(s); **langsamer ~** slow sale(s); **schlechter ~** poor sale(s); **schleppender** (od. **schwacher**) ~ slow sale(s); **schneller ~** ready (or quick) sale(s); **guten ~ finden** (od. **haben**) to sell well (or quickly, readily); to find a ready market; to meet a ready sale; **keinen ~ finden** (od. **haben**) to be unsaleable, to find no market; **reißenden ~ finden** to find a quick sale; **schlechten ~ finden** (od. **haben**) to sell poorly, to sell with difficulty; **den ~ fördern** to promote trade (or sales); **diese Ware hat nur geringen ~** there is little demand for these goods; **schnellen ~ haben** to sell fast (or readily); **den ~ steigern** to step up sales; **der ~ ging stark zurück** sales dropped heavily
**Absatz~**, **~agentur** *f* marketing agency; **~analyse** *f* marketing analysis; **~aussichten** *fpl* sales prospects, sales outlook; sales chances; **~belebung** *f* sales revival; stimulus to sales; **~bemühungen** *fpl* sales efforts, marketing efforts; **~berater** *m* marketing consultant (or counsel); **~beschränkung** *f* sales restriction, marketing limitation; **~chancen** *fpl* → ~aussichten; **~einbuße** *f* loss (or drop) in sales; **~entwicklung** *f* sales development, sales trend; **~ergebnis** *n* sales result; **~erhöhung** *f* rise in sales; **~ertrag** *m* sales revenue; Absatzerwartung *f* sales forecast; gedämpfte Absatzerwartung *f* depressed sales expectation; absatzfähig marketable, sal(e)able; Absatzflaute *f* slackness (or dullness) in sales; period of slack sales; slump in sales
**Absatzförderung** *f* sales promotion, trade promotion, marketing; **Direktor für ~** marketing director; **planmäßige ~** sales drive; programmed marketing
**Absatzförderungs~**, **e-e ~kampagne einleiten** to launch a trade promotion campaign; **~vorhaben** *n* trade promotion project
**Absatz~**, **~forschung** *f* market (or sales) research; **~garantie** *f* sales guarantee; **~garantie für Wertpapiere übernehmen** to underwrite
**Absatzgebiet** *n* market area (or outlet); sales (or selling) area; sales territory (or district); **neue ~e** new markets, new outlets; **ein ~ erschließen** to open up a market; **ein ~ zurückerobern** to recover a market, to win back a market
**Absatzgenossenschaft** *f* marketing co(-)operative (*Br* society); **landwirtschaftliche ~** agricultural co(-)operative (*Br* society)
**Absatz~**, **~gesellschaft** *f* marketing agency; **~kampagne** *f* sales drive; **~kanal** *m* marketing (or distribution) channel; **~kennziffern** *fpl* distribution indices; **~kontingent** *n* sales (or market) quota; **~kontrolle** *f* sales control; **~kosten** *pl* distribution costs, marketing costs; **~krise** *f* sales crisis
**Absatzlage** *f* market(ing) situtation, sales situation; **schlechte ~ auf dem Stahl-**

**markt** depressed state of the steel market

**Absatz~**, **~lehre** *f* marketing; **~lenkung** *f* control of the market; **~mangel** *m* lack of sales

**Absatzmarkt** *m* sales market; outlet (for sales); **gesicherter ~** assured (or guaranteed) market; **Erschließung neuer Absatzmärkte** development of new outlets; **e-n neuen ~ erschließen** to open up a new market

**Absatz~**, **~menge** *f* sales volume; sales quantity; quantity sold; **~methoden** *fpl* marketing methods; **~möglichkeiten** *fpl* sales potential; sales possibilities; openings for the sale (of); (possible) outlets; **~organisation** *f* marketing (or sales) organization; **~plan** *m (e-s Unternehmens)* sales plan, sales budget; **~planung** *f* sales planning; market planning; *Am* marketing mix; **~politik** *f* marketing (policy); sales policy; merchandising (policy); **~prognose** *f* sales forecast; **~quote** *f* sales quota, marketing quota; **~regelung** *f* sales (or marketing) control; **~risiko** *n* marketing risk; **~rückgang** *m* (od. **~schrumpfung** *f*) sales decline, decrease in sales, slump in sales; **~schwankungen** *fpl* sales fluctuations

**Absatzschwierigkeiten** *fpl*, **mit ~ zu kämpfen haben** to have to fight sales (or marketing) difficulties

**Absatz~**, **~soll** *n* minimum sales requirement; sales required; **~statistik** *f* sales (or marketing) statistics; **~steigerung** *f* rise in sales; increase in sales (or of trade); **~stockung** *f* stagnation of sales; slackness in sales; market (or sales) standstill; **~tätigkeit** *f* marketing; **~strategie** *f* marketing strategy; **~verhalten** *n* market behavio(u)r; **~verhältnisse** *fpl* selling conditions; marketing situation; **~vorausschätzung** *f* sales forecast(ing); **~wege** *mpl* channels of distribution, marketing channels; trade channels; **~wirtschaft** *f* marketing (economy)

**absatzwirtschaftlich**, **~e Funktionen** *fpl* marketing functions; **~e Maßnahmen** *fpl* marketing operations

**Absatz~**, **~ziffern** *fpl* sales figures; **~zunahme** *f* growth in sales

**abschaffen** to abolish, to do away with; to abrogate; **Handelshemmnisse ~** to eliminate trade barriers; **stufenweise ~** to phase out; **seinen Wagen ~** to give up one's car

**Abschaffung** *f* abolition; abrogation; **~ von Subventionen** removal of subsidies; **~ der Zölle** *(EU)* abolition (or elimination) of customs duties

**abschätzen** to appraise, to assess, to estimate, to evaluate, to find out the value of; **die Höhe des Einkommens für Steuerzwecke ~** to appraise (or assess) the amount of income for purposes of taxation; **den Schaden ~** to estimate the damage; **e-n Verlust ~** to estimate a loss; **den Wert ~** to appraise (or determine) the value

**Abschätzer** *m* appraiser; *Br* valuer

**Abschätzung** *f* appraisal, assessment, estimation, evaluation; **e-e ~ vornehmen** to make a valuation (or an appraisal)

**abschicken** to send off, to forward, to dispatch; *(mit der Post) bes. Br* to post, *bes. Am* to mail

**Abschlag** *m (Preis~)* reduction (of the price); discount; *(Handels~)* markdown (on selling price); *(Effektenmarkt)* disagio, discount; *(Börse)* marking down of share prices; **auf ~** on account; in part payment; **mit ~** (Disagio) **verkaufen** *(Börse)* to sell at a discount

**abschlägige Antwort** *f* negative reply, answer in the negative; **e-e ~ erhalten** to meet with a refusal

**Abschlags~**, **~dividende** *f* dividend on account, interim dividend; **~zahlung** *f* payment on account, part(ial) payment; instal(l)ment payment, payment by instal(l)ments

**abschleppen**, **ein Kraftfahrzeug ~** to tow (off or away) a motor-vehicle; **seinen Wagen ~ lassen** to have one's car towed off; **~des Fahrzeug** *n* towing vehicle

**Abschlepp~**, **~dienst** *m* recovery service; towing service; *Am (auch)* wrecking service; **~einrichtung** *f* towing device; **~kosten** *pl* expenses for towing off a car; **~seil** *n* tow(ing) rope; **~stange** *f* tow(ing) bar (or rod); **~wagen** *m Br* breakdown lorry; *Am* towing truck, wrecker

**abschließen** to conclude, to effect; *(beenden)* to terminate, to complete; to close, to balance; *(zuschließen)* to lock up (→ abgeschlossen); **aktiv ~** to show a credit balance; **passiv ~** to show a debit balance; **ein Abkommen mit der Gemeinschaft ~** *(EU)* to sign an agreement with the Community; **seine Arbeit ~** to complete one's work; **die Bücher ~** to close (or balance) the books; **das Gepäck ~** to lock (up) the baggage (or luggage); **ein Geschäft ~** to conclude a transaction; to transact business; to make a deal (or bargain); **mit Gewinn ~** to show a profit; **ohne Gewinn oder Verlust ~** to break even; **e-n Handel ~** to make a deal; **e-n Kauf ~** to conclude (or effect, make) a purchase; **ein Konto ~** to rule off (or make up) an account; to close (or balance) an account; **e-n Verkauf ~** to conclude (or effect) a sale; **e-e Versicherung ~** to take out a policy; **e-n Vertrag ~** to enter into (or conclude, sign) a contract; **Ihr Konto schließt mit e-m Saldo von … zu Ihren Gunsten ab** your account shows a balance in your favo(u)r of …

**abschließende Bemerkung** *f* concluding remark

**Abschluss** *m (Beendigung)* conclusion, termination, completion; *(Bücher, Konten)* closing, balancing; *(Jahresabschluss)* financial statement; *(Börse)* deal, transaction, *Br* bargain; **Abschlüsse** *pl Br* accounts; *Am* financial statements; *(Börse)* transactions, deals, sales, business done; → Geschäfts~; → Jahres~; → Kassen~; → Konten~; → Konzern~; → Monats~; → Rechnungs~; → Vertrags~; **nach ~ der Ausbildung** after completion of the training; **beim ~ unserer Bücher** in closing (or balancing) our books; **~ e-s Geschäftes** conclusion of a transaction (or deal, bargain); **~ von Handelsabkommen** conclusion of trade agreements; **~ von Kaufverträgen über bewegliche Sachen** contracting (or making of contracts) for the sale of goods; **~ e-s Miet- (od. Pacht)vertrages** conclusion (or signing) of a lease; **~ der Verhandlungen** conclusion of negotiations; **~ e-s Versicherungsvertrages** conclusion of a contract of insurance; *(Seevers.)* underwriting; **zum ~ bringen** to bring to a conclusion; **ein Geschäft zum ~ bringen** to complete (or close) a transaction (or deal); **e-n ~ tätigen** to conclude a transaction; **mehrere Abschlüsse wurden getätigt** *(Börse)* several sales were effected

**Abschluss~**, **~bericht** *m* final report; **~bilanz** *f* closing balance sheet; **~buchung** *f* closing entry; year-end closing; **~inventur** *f* closing inventory; **~kosten** *pl (Vers.)* initial expenses; acquisition costs; **~kurs** *m* closing price; **~ort** *m* place where contract is made; place of contracting; **~provision** *f* sales commission; final commission; *(Vers.)* new business (or aquisition) commission; **~prüfer** *m* auditor (of annual accounts); (annual) auditor; balance sheet auditor; **~prüfung** *f* (annual) audit; (balance sheet) audit; *(Ausbildung)* final examination; finals; **~rechnung** *f* final accounts; *(Börse)* settlement note; **~stichtag** *m* date of closing the balance sheet; **~tagung** *f* final meeting; **~vertreter** *m* agent entitled to conclude a contract; **~vollmacht** *f* authority to conclude a contract; **~zahlung** *f* final payment, final instal(l)ment; **~zeugnis** *n* school leaving certificate

**Abschnitt** *m* section; *(Absatz)* paragraph; *(Kupon)* coupon; *(Kontrollzettel)* stub; counterfoil; *(Stückelung)* denomination; *(Wechsel)* bill (of exchange) ( → bundesbankfähige ~e)

**abschöpfen** to skim off; *(EU)* to levy; **überschüssige Kaufkraft ~** to skim off (or absorb) excessive purchasing power

**Abschöpfung** *f* 1. skimming off; absorption; → Gewinn~

**Abschöpfung** *f* 2. *(EU)*, **~en** *(Einfuhrabgaben auf landwirtschaftl. Erzeugnisse)* agricultural levies; **~ bei der Ausfuhr** export levy; **~en erheben** to impose (or charge) levies; **~en festsetzen** to fix levies

**Abschöpfungs~**, **~betrag** *m* price adjustment levy; **a~freie Einfuhr** *f* levy-free importation; **a~pflichtig** subject to levies; **~regelung** *f* (agricultural) levy system; **~satz** *m* price adjustment levy rate

**abschotten** to partition off; to segregate

**Abschottung** *f* **der Märkte** partitioning of markets; erection of barriers between markets

**abschreibbar** → abschreibungsfähig

**abschreiben** to depreciate; to amortize; to deplete; *(vollständig)* to write off; *(teilweise)* to write down; **den Anschaffungspreis e-r Maschine ~** to deduct the purchase price of a machine as depreciation; **uneinbringliche Forderungen ~** to write off uncollectable debts

**Abschreibungspolice** *f (Transportvers.)* floating policy

**Abschreibung** *f (auf Sachanlagen)* depreciation; *(Wertminderung vom Umlaufvermögen)* write-off; *(bes. Teilwertabschreibung)* write-down; *(auf immaterielle Vermögenswerte)* amortization; *(auf Anlagevermögen, das e-m Substanzverzehr unterliegt)* depletion; **~ auf Anlagevermögen** depreciation on fixed assets and investments; **~ auf Beteiligungen** write-down of investment in shares of associated companies; **~ auf Betriebsanlagen** depreciation of plant and equipment; **~ auf Finanzanlagen** write-down of investments; **~ auf Forderungen** write-off of uncollectable receivables; **~ auf Gebäude** depreciation on premises; **~ auf Geschäftswert** amortization of goodwill; **~ auf Sachanlagen** depreciation of fixed assets; depreciation of property, plant, and equipment; **~ auf Warenbestände** inventory depreciation; **~ auf den Wiederbeschaffungswert** amortization on replacement value; **~ auf Zugänge des Geschäftsjahres** depreciation on additions made during the business year; **ansteigende ~** accrued (or accumulated) depreciation; **außerplanmäßige ~** extraordinary (or unscheduled) depreciation; **beschleunigte ~** accelerated depreciation; → bilanzmäßige ~; **degressive ~** (~ *in fallenden Quoten*) deminishing-balance depreciation; **digitale ~** *(nach der Nutzungsdauer)* sum-of-the-years digit depreciation; **direkte ~** direct depreciation; **indirekte ~** indirect depreciation; **kalkulatorische ~** cost accounting depreciation; **leistungsabhängige ~** → Mengen~; **lineare ~** *(in gleichen Stufen)* straight-line depreciation; **planmäßige ~** ordinary (or scheduled) depreciation; **progressive ~** increasing-charge depreciation; **steuerliche ~** tax depreciation; **verbrauchsbedingte ~** depreciation due to wear and tear; **hohe ~en machen** to write off large sums; to write off heavily; **e-e ~ vornehmen** to make a depreciation; **e-e ~ zulassen** to make allowance for depreciation

**Abschreibungs~, ~aufwand** *m* depreciation expense; **~basis** *f* depreciation base; **~betrag** *m* depreciation allowance; **~dauer** *f* period of depreciation; **~ergebnis** *n* depreciation result; **a~fähig** depreciable; amortizable; **~konto** *n* depreciation account; **~korrektur** *f* adjustment for depreciation; **~methode** *f* depreciation method; **~möglichkeiten** *fpl* **für Investitionen** possibilities for writing off capital expenditure; **~plan** *m* depreciation plan; **~richtsätze** *mpl* depreciation guidelines; **~satz** *m* rate of depreciation, depreciation rate; **~vergünstigungen** *fpl* depreciation privileges; **~zeitraum** *m* depreciation period

**Abschrift** *f* copy; duplicate; → beglaubigte ~; → gleichlautende ~; **für die Richtigkeit der ~** copy certified correct; **e-e ~ beifügen** to enclose a copy; **e-e ~ für sich behalten** to retain a copy; **e-e ~ machen lassen** to have a copy made

**abschwächen, sich ~** to weaken, to ease, to slow down, to sag, to slacken; **die Kurse schwächten sich ab** prices fell off; quotations weakened (or declined, moved down, were sagging) ( → abgeschwächt)

**Abschwächung** *f* weakening, easing, slowdown, sagging, slackening, flagging; **~ der Inflation** slowdown in inflation; **~ der inflatorischen Tendenzen** lessening of inflatory tendencies; **~ von Kursen** weakening (or easing) or share prices; weaker tendency in prices; **~ der Nachfrage** slackening of demand; **~ der Wirtschaftstätigkeit** weakening of economic activity

**Abschwächungstendenz** *f* downward (or slackening, flagging) tendency (or trend)

**Abschwung** *m* downswing; downward movement; → konjunktureller ~

**absenden** to send (off); to dispatch, to forward, to consign, to ship; to post, *bes. Am* to mail; *(Geld)* to remit; **Waren mit der Bahn ~** to consign goods by rail ( → abgesandt)

**Absende~, ~ort** *m* place of dispatch; **~postamt** *n* office of dispatch

**Absender** *m* sender; forwarder; *(von Waren)* consigner (Absenderor); *(Verlader)* shipper; **an den ~ zurück** return to sender

**Absendung** *f* sending (off); dispatch(ing); *(Waren)* consignment, shipment

**absetzbar** *(verkäuflich)* sal(e)able, marketable; *(steuerlich)* allowable, deductible (from income for tax purposes); **leicht ~ sein** to find a ready market; **schwer ~** difficult to dispose of

**Absetzbarkeit** *f (von Waren)* sal(e)ability, marketability; *(steuerlich)* deductibility

**absetzen** *(verkaufen)* to sell, to dispose of, to market; *(in Abzug bringen, auch von der Steuer)* to deduct; *(Last)* to put down; *(entfernen)* to remove; **Aktien von der** → Notierung ~; **e-n Beamten ~** to remove an official; **als Betriebsausgaben ~** to deduct as business expenses; **e-n Punkt von der** → Tagesordnung ~; **e-e Tagung ~** to cancel a meeting; **sich leicht ~ lassen** *(von Waren)* to meet with (or find) a ready market; to sell readily; **sich schwer ~ lassen** to sell poorly; **sich nicht ~ lassen** to be unsal(e)able

**Absetzung** *f (e-s Betrages)* deduction; (*Streichung*; *z. B. e-s Termins*) cancellation; *(Entfernung von e-m Posten)* removal; **~ für Abnutzung** (AfA) depreciation (for wear and tear); *Am* depreciation allowance; **~ für Substanzverringerung** (AfS) depletion allowance (natural resources)

**absichern, sich ~ gegen** to cover (or guard, hedge) against; **e-n Kredit ~** to secure a loan, to provide cover for a loan

**Absicherung** *f*, **~ gegen** protection (or providing cover) against; **~ gegenüber der Inflation** inflation hedge

**Absicht** *f* intent, intention; **in gewinnsüchtiger ~** with intent to profit; → Täuschungs~

**absichtlich** deliberate

**Absinken** *n*, **~ des Dollarkurses** fall in the rate of the dollar; **~ der Investitionen** decline in investments; **~ des Lebensstandards** drop in the standard of living

**absolute Mehrheit** *f* absolute majority

**absondern** to separate, to set apart; **Gläubigerforderung** *f* **~** to treat a creditor's claim as preferential ( → abgesondert)

**Absonderung** *f* separation, setting apart; *(im Konkurs)* preferential satisfaction; **a~sberechtigt** *(im Konkurs)* entitled to preferential treatment

**abspenstig machen, jdm e-n Kunden ~** to entice away sb.'s customer

**absperren** *(Straße)* to block (off); *(durch Polizei)* to cordon (off); *(Strom, Gas etc.)* to stop, to turn off

**Absprache** *f* agreement, arrangement; **a~gemäß** as agreed upon; as arranged; **geheime ~** conspiracy; → wettbewerbsbeschränkende ~; **~ bei der Vergabe öffentlicher Aufträge** collusive tendering; **~ über Marktaufteilung** agreement concerning market sharing

**absprechen, sich mit jdm ~** to come to an agreement with sb.; **e-n Preis ~** to settle a price

**Abstand** *m* distance; interval; *(vom Mieter zu zahlen)* premium, *Br* key money

**abstellen** *(wegstellen)* to put down; **~ auf** *(ausrichten auf)* to gear to; *(Auto)* to park; *(Maschinen)* to stop; *(Motor)* to switch off; **e-n Missbrauch ~** to remedy (or put an end to) an abuse; **den Strom ~** to cut off (or disconnect) the current

**Abstellraum** *m* store-room, storage room

**Abstellung** *f* **von Angestellten** *Br* seconding (*Am* deputing) employees to

**abstempeln** to stamp; *(entwerten)* to cancel; **mit dem Datum ~** to put the date stamp on

**Abstempelung** *f* **von Aktien** stamping of share certificates

**abstimmen** to vote (*über etw.* on sth.); to ballot; **aufeinander ~** to coordinate, to reconcile with; *(Termine)* to correlate; **sich ~ mit** to align (oneself) with; to bring into agreement with; **über e-n** → Antrag ~; **geheim ~** to ballot, to vote by (secret) ballot; **Konten ~** to reconcile accounts (or balances); to make accounts agree; **wir wollen darüber ~** let us take a vote ( → abgestimmt)

**Abstimmung** *f* voting, vote; poll, ballot(-ing); *(Angleichung)* coordination, reconcilement, alignment; **durch ~** by voting, by ballot; **in geheimer ~** by secret ballot (or voting); **offene ~** open vote; vote by open ballot; **e-e zur ~ stehende Frage** a question which is to be voted upon; **~ der Interessen** coordination (or agreement, reconciliation) of interests; **~ der Konten** reconcilement (or reconciliation) of accounts; **~ der Salden** → Salden~; **die ~ ergab** the vote resulted in; **etw. zur ~ stellen** to put sth. to the vote; **sich bei der ~ vertreten lassen** to vote by proxy

**abstoppen, die Produktion ~** to stop production

**abstoßen** to get rid off; **Waren ~** to dispose of (or clear) goods; **Wertpapiere abstoßen** to unload securities

**Abstottern** *n*, **etw. auf ~ kaufen** to pay for sth. by insta(l)lments; *sl. Br* to buy sth. on tick

**abstottern** *sl*, → Abstottern kaufen

**abstreichen** → abhaken; **etw. vom Preise ~** to knock sth. off the price

**Abstrich** *m* cut, reduction, retrenchment; **~e am Haushaltsplan machen** (od. **vornehmen**) to make budget cuts (or budget economies)

**Abstrom** *m* **von ausländischen Geldanlagen** outflow of foreign money investments

**abtasten**, **den Markt ~** to sound the market

**Abteilung** *f* department; division; **innerhalb e-r ~** intradepartmental; **in ~en gliedern** to departmentalize

**Abteilungs~**, **~direktor** *m* divisional (or departmental) manager; **~gemeinkosten** *pl* departmental overheads (or burden); **~kalkulation** *f* department costing; **~kosten** *pl* department costs; **~leiter** *m* head of department; head of a division; department(al) head (or chief, manager); division(al) head (or chief, manager); **~zeichen** *n (in Geschäftskorrespondenz)* department(al) mark (or code)

**abtelefonieren** to cancel (an appointment *etc.*) by telephone

**abtelegrafieren** to cancel (an appointment *etc.*) by telegram; to wire refusal; to countermand by wire

**abtragen**, **seine Schulden ~** to pay off (or clear, discharge) one's debts ( → abgetragen)

**abträglich**, **den wirtschaftlichen Interessen ~ sein** to be detrimental (or prejudicial) to the economic interests

**abtrennen** to detach, to separate, to partition off; **e-n Kupon ~** to cut off a coupon; **e-n Scheck aus dem Heft ~** to tear a cheque (check) out of the book

**abtreten** to assign, to transfer; to cede; to make over; to convey; *(vom Amt)* to retire; to resign; **e-e Forderung ~** to assign (or transfer) a debt (or claim); **Lohnansprüche ~** to assign (future) wages ( → abgetreten)

**Abtretung** *f (von Rechten, Forderungen)* assignment, transfer; cession; making over; conveyance; **~ von Grundeigentum** conveyance of land; **~ e-s Rechts** assignment of a right

**Abtretungs~**, **~erklärung** *f* declaration of assignment; **~urkunde** *f* deed (or instrument) of assignment; **~vertrag** *m* contract of assignment

**Abwahl** *f* removal from office (by a majority vote)

**abwählen** to vote out of office

**abwälzen** to pass on, to shift; **Kosten ~ auf** to pass costs on; **das Risiko ~** to shift the risk; **die Schuld ~ auf** to shift the blame on (to)

**abwandern** to migrate (from-to); *(Landwirte)* to leave the land; **innerhalb der Gemeinschaft zu- und ~** *(EU)* to move within the Community

**abwandernd**, **zu- und ~e Selbstständige** *(EU)* self-employed migrants

**Abwanderung** *f*, **~ von Arbeitskräften** migration (or exodus) of labo(u)r; **~ von Gold** outflow of gold; **~ von Kunden** drifting away of customers; exodus of clients; **~ von Wissenschaftlern** brain drain

**Abwärme** *f*, **Nutzung von ~** waste-heat utilization

**abwarten** to await, to stand by for; **es bleibt abzuwarten** it remains to be seen

**abwärts**, **sich ~ bewegen** *(Preise, Kurse)* to move down(wards); **mit der Firma geht es ~** the firm is going downhill

**Abwärtsbewegung** *f*, **~ der Aktienkurse** downward trend of share prices; **die ~ der Zinsen bremsen** to restrain the downward movement (or downtrend) of interest rates

**Abwasser** *n* waste water, effluent; sewage; → Industrie~; **~ aus Gewerbebetrieben** trade effluent; **~ ableiten** to discharge waste water (in into)

**Abwasser~**, **~beseitigung** *f* sewage disposal; **~beseitigungsanlage** *f* sewerage plant; sewage disposal facilities; **~reinigung** *f* waste water purification; **~schlamm** *m* sewage sludges; **~wirtschaft** *f* management of waste water

**Abwehr** *f*, **~ spekulativer Geldzuflüsse** defen|ce (~se) against (or warding off) speculative capital inflows; **~zoll** protective tariff

**abweichen** to deviate (or diverge, vary, differ) (von from); **die Muster weichen voneinander ab** the samples differ (or vary) from each other

**abweichend**, **~ von §20** notwithstanding section 20; **vom Vertrag ~e Vereinbarung** *f* agreement diverging from the contract

**Abweichung** *f*, **in ~ von** in deviation from, at variance with; **mengenmäßige ~**

quantity variance; variance in quantity; **wesentliche ~** substantial deviation; **zulässige ~** allowed variation; tolerance; **zulässige ~ vom Gewicht** permitted variation in weight; *(bei Münzen)* remedy of weight; **~en** *pl* **vom Gemeinschaftsrecht** *(EU)* derogations from Community law; **e-e ~ bis zu 3 % nach oben (unten) ist gestattet** a tolerance of 3 % more (or less) is permissible

**Abweichungsklausel** *f (in internationalen Kaufverträgen)* deviation clause

**abweisen** to refuse, to reject; **die Klage ~** to dismiss the action (or case); to find for the defendant

**abwenden**, **das Konkursverfahren ~** to avert bankruptcy proceedings

**abwerben**, **jdn ~** to entice sb. away; to cause (or persuade) sb. to leave a place or person by means of promises; **jds Kunden ~** to entice sb.'s customers away; to steal (or alienate) sb.'s customers

**Abwerbung** *f*, **~ von Arbeitskräften** enticement of (or pirating) labo(u)r; labo(u)r piracy; *colloq.* labo(u)r poaching; **~ von Kunden** enticement of customers

**abwerfen** *(Ertrag, Gewinn)* to yield, to bring in, to return; **das Geschäft wird wenig ~** the transaction (or business) will yield (or pay) little; there is little profit to be expected from this transaction

**abwerten** to devalue; *Am (auch)* to devaluate; to depreciate

**Abwertung** *f* devaluation; depreciation; **~ des Dollar** devaluation of the dollar; fall in the value of the dollar; **~ e-r Währung** devaluation of a currency

**Abwertungsklausel** *f* devaluation clause

**abwesend** absent; **vorübergehend ~e Person** temporary absentee

**Abwesenheit** *f* absence; *(von der Arbeit)* absenteeism

**Abwesenheits~**, **~dauer** *f* length of absence; **~liste** *f* absentees list; **~pfleger** *m* curator of an absent person; **~rate** *f* absenteeism rate; **~zeit** *f* absence time

**abwickeln** to settle, to handle, to carry out; to transact; *(Unternehmen)* to liquidate, to wind up; to process; **e-e Bestellung ordnungsgemäß ~** to process an order properly; **ein Geschäft ~** to transact (or settle) a business; to carry through (or out) a transaction; **e-e Sache ~** to handle a matter; **e-n** → Schadensfall **~**

**Abwickler** *m* liquidator

**Abwicklung** *f* settlement, handling; transaction; *(Liquidation)* liquidation, winding up

**Abwicklungs~**, **~gesellschaft** *f* liquidating company; **~konto** *n* settlement (or liquidation) account; **~zeitraum** *m* winding-up period

**abwiegen** to weigh (out)

**abwracken**, **ein Schiff ~** to break up (or scrap) a ship

**Abwrack~**, **~firma** *(Schiffe)* firm of shipbreakers; scrapping firm; **~prämie** *f (Schrottprämie) (EU)* scrapping premium; **~schrott** *m* scrap from shipbreaking

**abzahlen** to pay off, to repay, to discharge; to pay on account; **in monatlichen Raten ~** to pay by (or in) monthly instal(l)ments; **nach und nach ~** to repay gradually

**Abzahlung** *f* paying off, repayment; payment on account; *(in Raten)* payment by (or in) instal(l)ments; **~ von Schulden** repayment of debts; **auf ~** *Br* on hire purchase; on easy terms; *Am* on a deferred basis; *Am* on time; **Kauf auf ~** *Br* hire purchase; **Verkauf auf ~** *Am* deferred payment sale; **ein Auto auf ~ kaufen** *Br* to buy a car on (the) hire-purchase (system); *Am* to buy a car on the deferred payment plan (or in instal[l]ments)

**Abzahlungs~**, **~bedingungen** *fpl* instal(l)ment terms; **~geschäft(e)** *npl* instal(l)ment business; **~kauf** *m* (od. **~verkauf** *m*) purchase (or sale) on the instal(l)ment system; instal(l)ment purchase (or sale); *Am* time selling; *Br* credit sale; *Am* conditional sale; **~konto** *n (bei Teilzahlungen)* charge account; **~kredit** *m* instal(l)ment credit (or loan); **~rate** *f* instal(l)ment; **~vertrag** *m Br* hire-purchase agreement; *Am* conditional (or instal[l]ment) (sales) contract

**abzeichnen** *(Schriftstück)* to initial

**abziehbar** deductible

**abziehen** to deduct, to take off; *colloq.* to knock off; **auf Flaschen ~** to bottle; **Kapital ~** to withdraw capital; **10 % vom Preise ~** to take (or knock) 10 % off the price, to deduct 10 % from the price; **Kunden von Wettbewerbern ~** to divert customers from competitors

**abzinsen** to discount

**Abzinsung** *f* discounting; deduction of unaccrued interest

**Abzug** *m, (e-r Summe)* deduction; *(Einbehaltung)* withholding; *(Zurücknahme)* withdrawal; *(Rabatt)* discount, rebate; **bar ohne ~** net cash; **nach ~ der Kosten** after deducting the costs; charges deducted; less charges; **nach ~ der Steuern** after taxation; taxes deducted; **Gewinn nach ~ von Steuern** after-tax profit; **nach ~ der Zinsen** less interest accrued; **ohne ~** without deduction; net; clear; **netto, ohne (jeglichen) ~** strictly net; **unter ~ von** deducting; subject to the deduction of; **unter ~ Ihrer Kosten** less (or deducting) your costs (or expenses); **zahlbar innerhalb von vier Wochen ohne ~** payment within four weeks without discount

**Abzug** *m*, **~ spekulativer Auslandsgelder** withdrawal of speculative foreign funds; **~** *(von der Steuer)* **für Geschäftsauslagen** *Br* deduction for expenses; **~ vom Lohn** deduction (or withholding) from wages; *Am* payroll deduction; **~ der Steuer an der** → Quelle; **e-n ~ von 4 % bewilligen** to allow a discount of 4 %; **Zinsen in ~ bringen** to deduct (or make deduction of) interest; **e-n ~** *(vom Preis)* **gewähren** to allow a deduction; to grant a discount

**Abzüge** *mpl*, **gesetzliche ~** statutory deductions; **~ vom steuerpflichtigen Einkommen** deductions from taxable income; *Am* income tax credit; **~ vom Geldmarkt** drains (or withdrawals) from the money market; **~ vom Lohn einbehalten** to retain (or withhold) deductions from pay

**abzüglich** deducted, deducting; less; **~ 3 % Diskont** less 3 % discount; **~ der Kosten** expenses (or charges) deducted; **Dividende ~ Steuern** *Br* dividends net

**Abzugs~**, (zulässige) **~beträge** *(für Berechnung der Steuer)* (allowable) deductions; *Am* exemptions; *(von der Steuer)* **abzugsfähige Ausgaben** *(z. B. Werbungskosten)* deductible expenses; **nicht abzugsfähig** non-deductible; **~fähigkeit** *f* (tax) deductibility

**Abzugssteuer** *f* withholding tax; **die ausländische ~ auf die veranlagte Steuer anrechnen** to credit the foreign withholding tax against the assessed tax

**Abzugsweg** *m*, **im ~e erhobene Steuer** tax withheld (or levied) at source; tax imposed by way of withholding; **die Steuer im ~e oder im Veranlagungswege erheben** to impose the tax by means of withholding or assessment

**abzweigen** *(Weg)* to branch off; *(Geld)* to set aside, to deviate; *(für bestimmten Zweck)* to earmark

**Achse** *f*, **per ~** *(Bahn)* by rail; *(Lkw)* by lorry, *Am* by truck

**Achskilometer** *m* mileage covered

**acht**, **binnen** (od. **in**) **~ Tagen** within a week; **heute in ~ Tagen** this day week; a week from today; **vor ~ Tagen** a week ago

**achten**, **auf den Verkehr ~** to pay attention to (or to watch) the traffic

**Achtung**, **~ Baustelle** danger, road work ahead; **~, halt!** attention, stop

**Acker** *m* field, arable land; **~bau** *m* agriculture, farming, husbandry; **~bau und Viehzucht** agriculture and stock farming; farming and breeding; **den ~ bestellen** to till the soil

**Addiermaschine** *f* adding machine, adder

**Additionsfehler** *m* mistake in adding up

**Ad hoc-Ausschuss**, **e-n ~ einsetzen** to establish an ad hoc committee

**administrierte Preise** *pl* administered prices

**Adressant** *m* addresser; *(von Waren)* consignor

**Adressat** *m* addressee; *(von Waren)* consignee; *(Wechselbezogener)* drawee

**Adressbuch** *n* directory

**Adresse** *f* address; direction; *(Geldmarkt)* borrower; **erste ~** *(Geldmarkt)* first-class borrower; **falsche ~** wrong address; **ohne ~** unaddressed; **ständige ~** permanent address; **unleserliche ~** illegible address

**Adressen~**, **~änderung** *f* change of address; **~aufkleber** *m* address label; **~liste** *f* list of addresses; mailing list; **~kartei** *f* mailing index; **~verlag** *m* supplier of addresses

**adressieren** to address, to direct; *(Waren)* to consign; **falsch ~** to misadress, to misdirect, to address wrongly

**Adressiermaschine** *f* addressing machine, adressograph

**Afrikanische Entwicklungsbank** *f* African Development Bank (ADB)

**AG** → Aktiengesellschaft

**AGB** → Allgemeine Geschäftsbedingungen

**Agentur** *f* agency; **e-e ~ gründen** to set up an agency

**Agentur~**, **~provision** *f* agency commission; **~vertrag** *m* agency agreement; **~vertreter** *m* agency representative

**Agenzien** *npl*, **chemische ~** chemical agents

**Agio** *n* premium; **geringes ~** small premium; **~ auf Aktien** premium on shares, share premium; **~gewinn** *m* profit from premium, profit by exchange; **~konto** *n* premium account; **~papiere** *npl* securities redeemable at a premium; **~rücklage** *f* share premium reserve

**Agiotage** *f* agiotage; stockjobbing; speculative buying or selling of shares

**Agrar~**, **~ausschöpfungen** *fpl (EU)* agricultural levies; **~ausfuhren** *fpl* agricultural (or farm, agrarian) exports; exports of agricultural products; **~ausgaben** *fpl* agricultural expenditure; **~bereich** *m* agricultural sector; **~einfuhren** *fpl* agricultural imports; **~erzeuger** *m* agricultural producer; **~erzeugnisse** *npl* farm products; agricultural products; **~erzeugung** *f* agricultural production; **~exporte** *mpl* → ~ausfuhren; **~fonds** *m* agricultural fund ( → Europäischer Ausrichtungs- und Garantiefonds für die Landwirtschaft); **~forschung** *f* agricultural research; **~handel** *m* trade in agricultural products; **~hilfe** *f* farm subsidies; agricultural aid; **~güter** *pl* agricultural products; **~konjunktur** *f* agricultural cycle; **~kosten** *pl* farm(ing) costs; **~kredit** *m* agricultural (or farm) credit; agricultural loan; **~land** *n* agricultural (or agrarian) country

**Agrarmarkt** *m* agricultural (or agrarian) market; market in agricultural products; **gemeinsame ~organisation** *f (EU)* common organization of the agricultural market

**agrarmonetär** agri-monetary

**Agrarpolitik** *f*, **gemeinsame ~** (GAP) *(EU)* common agricultural policy (CAP) *(Grundprinzipien: Einheit des Marktes, Gemeinschaftspräferenz, finanzielle Solidarität)*; **schrittweise die gemeinsame ~ entwickeln** to develop the CAP gradually

**agrarpolitische Zielsetzung** *f (EU)* agrarian policy aim

**Agrarpreis** *m*, **~e der Gemeinschaft** *(EU)* Community farm (or agricultural) prices; **~beschlüsse** *mpl* agricultural price decisions; **~festsetzung** *f (EU)* setting of farm prices; **~niveau** *n* level of agricultural prices; **~politik** *f (EU)* policy of agricultural prices; agricultural prices policy; **~statistik** *f* agricultural price statistics; **~stützung** *f (EU)* agricultural price support; **~unterschiede** *mpl (EU)* differences in agricultural prices; **~vorschläge** *mpl (EU)* agricultural price proposals; **die ~e werden in euro eingesetzt** *(EU)* farm prices are fixed in euros

**Agrar~**, **~produkt** *n* farm (or agricultural, agrarian) product (or produce); **~produktion** *f* farm (or agricultural) production; **~reform** *f* agrarian reform; **~statistik** *f (EU)* agricultural statistics

**Agrarstruktur** *f* structure of agriculture; **~politik** *f* agricultural structural policy; **~verbesserung** *f* improvement of agrarian structure

**Agrar~**, **~stützpreise** *pl (EU)* agricultural support prices; **~subvention** *f* agricultural (or farming) subsidy; **~überschüsse** *mpl* agricultural surpluses; **~verordnung** *(EU)* agricultural regulation; **~zoll** *m* duty on farm products; **~weltmärkte** *mpl* world agricultural markets; **~wirtschaft** *f* agricultural economy; farming; **~zoll** *m* duty on farm products; **~zugeständnisse** *npl (EU)* agricultural concessions

**ahnden, mit e-r Geldbuße bis ... ~** to punish by a fine up to ...

**ähnliche Qualität** *f* similar quality

**Akkord** *m* 1. agreement, settlement ( → Vergleich)

**Akkord** *m* 2. *(vereinbarter Stücklohn)* contract; **im ~** by the piece, by the job; by contract; → Einzel~; → Gruppen~, nach ~ bezahlte Arbeit work at piece rates; **im ~ arbeiten** to do piece(-)work; to work by the job; **nach ~ bezahlen** to pay by the piece; **Arbeit im ~ vergeben** to give out work by the contract (or job)

**Akkord~**, **~arbeit** *f* piece(-)work, job work; contract work; **~arbeiter** *m* piece(-) worker, job(-)worker, jobber; **~festsetzung** *f* fixing of piece rates; **~lohn** *m* piece wage, piece(-) work pay; **~lohnsatz** *m* piece(-)work rate; **~vertrag** *m* piece(-)work contract; **~zettel** *m* piece(-) work slip

**akkreditieren** to accredit; to open a credit (for an amount of ...)

**Akkreditiv** *n* letter of credit (L/C), credit; → Dokumenten~; **avisiertes ~** advised L/C; **noch nicht ausgenütztes ~** (letter of) credit not yet utilized; **bestätigtes ~** confirmed L/C; **nicht bestätigtes ~** unconfirmed L/C; **sich (automatisch) erneuerndes** (od. **revolvierendes**) **~** revolving credit; **übertragbares ~** assignable L/C; **unwiderrufliches ~** irrevocable L/C; **verfügbares ~** available L/C; **widerrufliches ~** revocable L/C; **ein ~ abändern** to modify a credit; **ein ~ annullieren** to cancel a credit; **ein ~ avisieren** to advise a credit; **Bank, bei der das ~ benutzbar ist** bank with which the credit is available; **ein ~ bestätigen** to confirm a credit; **wir eröffnen dieses ~ zu Ihren Gunsten** we issue (or open) this credit in your favo(u)r; **die das ~ eröffnende Bank** issuing (or opening) bank; **ein ~ erstellen** to establish (or issue, open) a credit; **ein ~ übertragen** to transfer a credit; **ein ~ verlängern** to prolong (or renew, extend) a credit; **Zahlung soll durch ein unwiderrufliches bestätigtes ~ zu unseren Gunsten bei der ... Bank erfolgen** payment is to be made by irrevocable confirmed credit in our favo(u)r by the ... bank

**Akkreditiv~**, **~auftrag** *m* credit application; order to open a credit; **~auftraggeber** *m* applicant for a credit; **~bedingungen** *fpl* terms (and conditions) of the credit; credit terms; **~begünstigter** *m* beneficiary (under a credit); **~bestätigung** *f* confirmation of a credit; **~betrag** *m* amount of the credit; **~eröffnung** (od. **~gestellung**) *f* opening of the credit; **~konten** *npl* credit accounts; **~ziehung** *f* drawing under L/C

**Akontozahlung** *f* payment on account; **als ~ erhalten** received on account

**AKP-Staaten** *mpl* (66 Staaten in Afrika, im Karibischen Raum und im Pazifischen Ozean) ACP-States (66 African, Caribbean and Pacific States)

**Akten** *pl* files, records; documents; **bei den ~** on file; **für die dortigen ~** for your files; **noch nicht erledigte ~** active files; **in den ~** on record; **zu den ~** (z. d. A.) to be filed; **~ ablegen** to file records; **~ anfordern** to request records; **~ einsehen** to inspect files; **~ führen** to keep records; **~ herbeiziehen** to consult files; **aus den ~ hervorgehen** to appear by (or from) the records; **ein Schriftstück zu den ~ nehmen** to file a document, include (or insert) a document in the files (or records); to shelve a document; **~ vernichten** to shred (scrap) documents; to destroy files (or records)

**Akten~**, **~ablage** *f* filing of records; **~auszug** *m* extract from files; **~bündel** *n* bundle of files; **~deckel** *m* folder, binder; **~einsicht** *f* inspection of documents (or files); **~koffer** *m* briefcase; *(etw.)* **aktenkundig machen** to place on record; **~mappe** *f* → ~tasche; **~regal** *n* shelf for documents (or records); **~stück** *n* document, file; **~tasche** *f* briefcase, document case, dispatch case; **~vermerk** *m* memo(randum); **~vernichter** *m* paper shredder; **~verzeichnis** *n* file index

**Aktenzeichen** *n* reference (number); **bei Beantwortung bitte obiges ~ angeben** when replying please quote the above reference (number); **Ihr ~** Your Ref.; **unser ~** Ref.

**Aktie** *f* share; *(Urkunde)* share certificate, *Am* stock certificate; **~n** *pl* shares, *Am* (corporate) stock(s); *(im Ggs. zu Obligationen)* equities; **Gewinn pro ~** earnings per share (eps)

**Aktien**, **~ mit Bezugsrecht** *Br* with rights shares; *Am* shares (stocks) with preemptive right; **~ ohne Bezugsrecht** *Br* ex rights shares; *Am* shares (stocks) without preemptive right; **~ der Nahrungsmittelindustrie** food shares (stocks); **~ mit Nennwert** par value shares; shares (stocks) at par value; **~ ohne Nennwert** → nennwertlose ~; **~ unter Nennwert** shares below par, discount shares; **~ und Obligationen** shares (stocks) and bonds; **~ mit hoher Rendite** high-yield shares; **~ der Schwerindustrie** heavy industry shares (stocks); **~ mit Stimmrecht** voting shares (stocks); **~ ohne Stimmrecht** non(-)voting shares (stocks)

**Aktien**, **alte ~** old (or original) shares; **amtlich eingeführte ~** officially quoted shares; *Am* listed stock(s); **ausgegebene ~** issued shares (stocks); **an Betriebsangehörige ausgegebene ~** *Br* staff shares; **börsenfähige** (od. **börsengängige**) **~** marketable shares (stocks); **börsennotierte ~** quoted shares; shares quoted on the stock exchange; listed stock(s); stock(s) listed on the stock exchange; **eigene ~** *(der Gesellschaft)* own shares; *Am* treasury shares (stock); **eingezahlte ~** paid-up shares (stocks); **voll eingezahlte ~** fully paid-up shares; **eingezogene ~** withdrawn (or redeemed) shares; **erstklassige ~** top-grade shares (stocks); blue chips; **fallende ~** falling (or declining) shares (stocks); **gängige ~** marketable shares (stocks); **an der Börse gehandelte ~** shares (stocks) traded on the stock exchange; **im** → Freiverkehr gehandelte ~; **gewinnberechtigte ~** shares (stocks) entitled to the (full) dividend; **gezeichnete ~** subscribed shares (stocks); *Br* shares applied for; **im Sammeldepot hinterlegte ~** shares (stocks) kept on collective deposit; **auf den Inhaber lautende ~** bearer shares (stocks); **inländische ~** inland shares; **junge ~** new shares, new stock(s), new issue(s); **kaduzierte ~** forfeited shares (stocks); **auf den Namen lautende ~** registered shares (stocks); **nennwertlose ~** no-par-value shares; *Am* no par stock; **notierte ~** → börsennotierte ~; **steigende ~** advancing (rising) shares (stocks); **stimmberechtigte ~** voting shares (stocks); **stimmrechtlose ~** non(-) voting shares (stocks); **teilbezahlte ~** partly paid(-up) shares (stocks); → vinkulierte ~

**Aktien, ~ abstoßen** *sl.* to unload shares (stocks); **~ zur Zeichnung auflegen** to invite subscription for shares (stocks); **~ beleihen** → ~ lombardieren; **~ besitzen** to hold shares (stocks); **~ beziehen** to subscribe for (*Br auch* to) shares (stocks); **mit ~ nicht genügend eingedeckt sein** to be short of shares; **die ~ sind gefallen** the shares have fallen (or dropped); **die ~ fielen von ... auf ...** the shares (stocks) slipped back (or fell) from ... to ...; **die ~ fielen um 10 Punkte** the shares slumped 10 points; **mit ~ handeln** to trade (or deal) in shares (stocks); **~ lombardieren** to lend money on shares (stocks); **die ~ stehen gut** the shares (stocks) are at a premium; **die ~ stehen unveränderlich auf ...** the shares (stocks) remain steady at ...; **die ~ stiegen von ... auf ...** the shares advanced (or rose) from ... to ...; **die ~ tendieren freundlich** the trend of the shares is cheerful; **~ zeichnen** to subscribe for (*Br auch* to) shares (stocks); **die ~ zogen an** the shares firmed up (or moved up); **~ zum amtlichen Handel zulassen** to admit shares (stocks) for (official) trading; **~ zurückkaufen** to repurchase shares

**Aktienabsatz** *m*, **der ~ ist leicht gestiegen (gesunken)** sales of shares (stocks) went up (went down) slightly

**Aktien~, ~abschnitt** *m* coupon, dividend warrant; **~abstempelung** *f* stamping of share (stock) certificates; **~agio** *n* share premium; **~anlage** *f* investment in shares (stock); **~aufteilung** *f* share (*Am* stock) split; **~ausgabe** *f* share issue; *Am* stock issue; **~austausch** *m* exchange of shares (stocks); **~bank** *f* joint stock bank; *Am* incorporated bank; **~besitz** *m* shareholding, stock ownership; equity holding; **~bestand** *m* shares (stocks) on hand; **~bestände** *mpl* shareholdings; *Am* stock portfolios; **~bezugsrecht** *n* right to subscribe for (*Br auch* to) new shares; stock subscription right; *(für Mitglieder der Verwaltung e-r Gesellschaft) Am* stock option; **~bezugsrechtsschein** *m Br* stock warrant

**Aktienbörse** *f* stock exchange, share market; *Am* stock market; **an der ~ belebte sich das Geschäft** there was revived activity on the stock exchange; **an der ~ war die** → Tendenz behauptet; **die ~ ist etwas freundlicher** the share market shows an upward trend

**Aktien~, ~buch** *n* register of *Br* shareholders (*Am* stockholders); share register; *Am* stock register; **~dividende** *f* share (stock) dividend; dividend on shares

**Aktieneinziehung** *f*, **Kapitalherabsetzung durch ~** capital reduction by redemption of shares

**Aktien~, ~emission** *f* issue of shares (stocks); share flotation; **~erwerb** *m* acquiring (or acquisition of) shares (stocks); **~fonds** *m (e-r Investmentgesellschaft)* share(-based) investment fund; investment fund holding shares; *Am* stock fund

**Aktiengeschäft** *n*, **das ~ ist lustlos** share trading is dull

**Aktiengesellschaft** (AG) *f Br* public limited company; joint stock company; *Am* (stock) corporation; *(geplante)* **Europäische ~** *(EU)* european company; Societas Europaea; **als ~ eingetragen** *Am* incorporated (Inc.); **e-e Firma als ~ eintragen lassen** to have a firm registered as a joint stock company; *Am* to incorporate a firm as a corporation

**Aktienhandel** *m* dealing in shares (stocks); share (stock) trading; equity trading; **~ per Computer** computer trading; **~ durch Eingeweihte** insider dealing (or trading)
**Aktien~**, **~händler** *m* dealer in shares (stocks); **~hinterlegung** *f* deposit of shares (stocks)
**Aktienindex** *m* share index; *Am* stock average; *(z. B. der New Yorker Börse)* Dow Jones Industrial Average; **der ~ fiel (stieg) um 5 Punkte** the share index went down (up) five points
**Aktieninhaber** *m* shareholder, stockholder
**Aktienkapital** *n* share capital; *Am (auch)* capital stock; *(von der Gesellschaft)* **aufgerufenes ~** called-up capital; **noch nicht aufgerufenes ~** uncalled capital; **autorisiertes** *(zur Ausgabe genehmigtes)* **~** authorized capital (*Am* capital stock); **genehmigtes, noch nicht ausgegebenes ~** unissued capital (*Am* capital stock); **verwässertes ~** watered capital; *Am (auch)* watered stock; **Verwässerung des ~s** dilution of equity
**Aktien~**, **~kategorie** *f* class of shares (stocks); **~kauf** *m* buying (or purchase) of shares (stocks)
**Aktienkurs** *m* share price, *Am* stock price; equity price; **fallende ~e** declining (or failing) share prices; **steigende ~e** rising share prices; **~zettel** *m Br* share list, *Am* stock list; **die ~e bröckelten leicht ab** share prices declined (or softened) slightly; share prices weakened a bit; **die ~e sind erholt** share prices have recovered; **die ~e gaben nach** share prices weakened; **die ~e sprangen von ... auf** share prices jumped from ... to; **die ~e stehen hoch (niedrig)** share prices are high (low); **die ~e stiegen** share prices strengthenend; **die ~e stiegen auf breiter Front** share prices advanced on a broad front
**Aktienmakler** *m* stockbroker
**Aktienmarkt** *m* share market, *Am* stock market; equity market; **es herrscht** → Unsicherheit am ~
**Aktien~**, **~mehrheit** *f* majority of shares (stocks) ( → Mehrheitsaktionär); **Übernahme** *f* **e-r ~mehrheit** takeover; **~notierung** *f* share (stock) quotation
**Aktienpaket** *n* block (or parcel) of shares (stocks); **~ mit durch 100 teilbarem Nennwert** even lot; **ein ~ von 51 % haben bei** to have a 51 % shareholding in
**Aktien~**, **~promesse** *f* interim share; **~recht** *n Br* company law; *Am* corporation law; **~register** *n* share register; **~rendite** *f* yield on shares (stocks); **~rückkauf** *m (durch die Gesellschaft)* redemption of shares (stocks); **~schwindel** *m* market-rigging; **~sparen** *n* saving through (investment in) shares (stocks); **~spekulant** *m* share (stock) speculator; **~spekulation** *f* speculation (or gambling) in shares (stocks); **~split** *n* share (stock) split; splitting; **~stückelung** *f* denomination of shares (stocks); **~tausch** *m* share (stock) exchange; *(zwischen Mutter- und Tochtergesellschaft) Am* split off; **~teilung** *f* share (stock) split; **~übertragung** *f* transfer of shares (stocks); **~umtausch** *m (z. B. bei Fusionen)* exchange of shares (stocks); **~- und Effektenbörse** *f* share (or stock) and securities market; **~- und Rentenmarkt** *m* equity and bond market; **~urkunde** *f* share (stock) certificate; **~verkäufe** *mpl* share (stock) sales; **~zeichnung** *f* subscription for (*or* to) shares (stocks); application for allotment of shares; **~zertifikat** *n* share certificate; **~zusammenlegung** *f* share consolidation; *Am* split down, reverse split; **~zuteilung** *f* allotment of shares
**Aktion** *f* campaign; *(Werbefeldzug)* drive; **abgestimmte ~** concerted action; **Verkaufs~** sales campaign, sales drive; **~ zur Aufbringung von Geldern** campaign to raise funds; **e-e ~ starten** to start (or launch) a campaign
**Aktionär** *m* shareholder, *Am (auch)* stockholder; equity holder; → Groß~; → Haupt~; → Klein~; **die ~e einberufen** to convene the shareholders; to call the shareholders together; **~ e-r Gesellschaft sein** to be a shareholder in a company
**Aktionärs~**, **~gruppe** *f* shareholder group; **~klage** *f (für sich und alle anderen Aktionäre)* derivative action; **~versammlung** *f* → Hauptversammlung; **~verzeichnis** *n* list of names of shareholders (stockholders); *Br* register of shareholders
**Aktions~**, **gemeinschaftliches ~programm** *n (EU)* Community action programme; **~radius** *m* operating range

**aktiv** active; *(Bilanz)* favo(u)rable; **~er** → Veredelungsverkehr; **~es** → Wahlrecht; **~ abschließen** to show a credit balance

**Aktiva** *npl* assets; **~ e-r Gesellschaft** *Am* corporate assets; **~ und Passiva** assets and liabilities; → antizipative ~; **festliegende ~** fixed assets; **flüssige ~** liquid (or current, floating) assets; **immaterielle ~** *(Patente etc.)* intangible assets; → transitorische ~; **verfügbare ~** available assets

**Aktiv~, ~bestand** *m* assets; **~forderungen** *fpl* active debts; accounts receivable; **~geschäfte** *npl (e-r Bank)* lending business

**aktivieren** to activate; to capitalize; to enter on the assets side (of the balance sheet); **Vermögenswerte in der Bilanz ~** to capitalize assets in the balance sheet; **den Warenverkehr mit dem Ausland ~** to activate commodity exports; **die Zahlungsbilanz ~** to move the balance of payments into surplus

**Aktivierung** *f* capitalization; carrying as assets; **~** *(der Zahlungsbilanz etc.)* moving into surplus; **a~spflichtige Werte** *mpl* items to be capitalized

**Aktiv~, ~vkonto** *n* asset account; **~konten** *npl* **e-r Bilanz** assets of a balance sheet; **~posten** *m* credit item, asset item, item on the assets side (of the balance sheet); **~posten** *m* **der Zahlungsbilanz** receipt (or credit) item in the balance of payments

**Aktivsaldo** *m* surplus, favo(u)rable balance; *(Bank)* credit balance; **~ der Handelsbilanz** surplus in the balance of trade; (balance of) trade surplus; **~ im Waren- und Dienstleistungsverkehr** surplus on trade and services; **~ der Zahlungsbilanz** surplus in the balance of payments, external surplus; **die Außenhandelsbilanz schloss mit e-m ~ ab** the balance of trade closed with a surplus

**Aktiv~, ~seite** *f (Bilanz)* assets side; receipts side; **~vermögen** *n* (total) assets; **~wechsel** *mpl* bills receivable; **~zins** *m* (Sollzins) interest receivable

**aktualisieren** to update, to bring up to date

**Aktualisierung** *f* updating, update

**Aktualität** *f* topicality

**aktuell** topical, of present interest; current; **~ werden** to become topical

**AKV-Kredite** GAB-credits ( → Allgemeine Kreditvereinbarungen)

**Akzept** *n* acceptance; **~ ehrenhalber** acceptance for hono(u)r (or by intervention); **mangels ~ zurück** returned for want of acceptance; **eingeschränktes ~** qualified acceptance; **vor Fälligkeit bezahltes ~** anticipated (*Am* rebated) acceptance; **uneingeschränktes ~** general (or unqualified) acceptance; **~ einholen** to present a bill for acceptance; **ein ~ einlösen** to hono(u)r (or meet) an acceptance; **die Tratte mit e-m ~ versehen** to accept the draft; to provide the draft with acceptance; **das ~ verweigern** to refuse acceptance; **zum ~ vorlegen** to present for acceptance

**Akzeptant** *m* accepter, acceptor; → Ehren~

**Akzeptanz** *f* **von Produkten** acceptance of products

**Akzept~, ~austausch** *m (der Banken)* exchange of acceptances; **~ebuch** *n* bills payable book; **~einholung** *f* presentation for acceptance; **~frist** *f* time for acceptance; **~geschäfte** *pl* acceptance business; bill brokerage

**akzeptieren** to accept; **e-n Wechsel blanko ~** to accept a bill in blank; **e-n Vorschlag ~** to accept a proposal

**akzeptiert** accepted; **nicht ~er Wechsel** unaccepted bill; bill dishono(u)red by non(-)acceptance; dishono(u)red bill

**Akzept~, ~konto** *n* acceptance account; **~kredit** *m* (documentary) acceptance credit; **~leistung** *f* (provision of) acceptance; **~linie** *f* acceptance line; **~obligo** *n* bills payable; **~provision** *f* acceptance commission; **~verbindlichkeiten** *pl* acceptance liabilities; bills payable

**Akzidenz~, ~arbeit** *f* (od. **~druck** *m*) jobbing work; **~drucker** *m* job printer

**Alarm** *m*, **blinder ~** false alarm; **~anlage** *f* alarm device (or system)

**Alimentenforderung** *f* claim for maintenance

**Alkohol** *m* alcohol; **~ausschank** *m* sale of alcoholic drinks; **~blutspiegel** *m* alcohol blood level; **unter ~einfluss (stehend)** under the influence of alcohol; **a~freies Getränk** *n* non-alcoholic drink; soft drink; **~gehalt** *m* **im Blut** blood alcoholic content; **a~haltige Getränke** *npl* alcoholic beverages; **a~süchtig** addicted to alcohol

**alkoholisch**, **~es Getränk** alcoholic drink (or beverage); **Handel mit ~en Getränken** liquor trade; *Br* the licensed trade

**alle**, **~ 2 Monate** bi-monthly; **~ 3 Monate** quarterly; **~ 3 Tage** every 3 days

**allein~**, **~berechtigt sein** to be exclusively entitled; **~verantwortlich sein** to be solely responsible; **~vertretungsberechtigt** holding power of sole representation; **~zeichnungsberechtigt sein** to be the only person entitled (or empowered) to sign

**Allein~**, **~aktionär** *m* sole shareholder; **~auslieferer** *m* sole distributor; **Vereinbarung über ~belieferung** → ~bezugsvereinbarung; **~berechtigung** *f* exclusive right; **~besitz** *m* sole (or exclusive) possession; **~bezugsvereinbarung** *f* exclusive purchasing arrangement; **~bezugsverpflichtung** *f* exclusive purchasing obligation; **~eigentum** *n* sole ownership; **~eigentümer** *m* sole owner; **~erbe** *m* sole heir; **~hersteller** *m* sole manufacturer; **~herstellungsrecht** *n* manufacturing monopoly; exclusive manufacturing right

**alleinig**, **~er Vertreter** *m* sole agent; **den ~en Vertrieb** *m* **haben** to be sole distributor; **berechtigt zum ~en Vertrieb sein** to have the exclusive right to sell

**Allein~**, **~inhaber** *m* sole owner, sole proprietor; **~kaufsrecht** *n* exclusive purchasing right

**alleinstehend** (person) living alone; *(unverheiratet)* single, unmarried

**Alleinverkauf** *m* exclusive sale; **~srecht** *n* exclusive selling right; sole right to sell; *Am* exclusive franchise; **~svereinbarung** *f* exclusive sales agreement

**Alleinvertreter** *m* sole representative; sole (or exclusive) agent

**Alleinvertretung** *f* sole representation; sole agency; **die ~ haben** to be sole agent; **jdm die ~ übertragen** to confer the right of sole agency upon a person; to establish sb. as sole agent

**Alleinvertretungsrecht** *n (des Handelsvertreters)* right of sole agency; sole and exclusive agency right

**Alleinvertretungsvertrag** *m* exclusive agency agreement

**Alleinvertrieb** *m* exclusive distribution (or sale); **den ~ haben** to be sole distributor(s)

**Alleinvertriebs~**, **~händler** *m* sole distributor; **~recht** *n* exclusive right of sale; sole right to sell; exclusive distribution right; **~vereinbarung** *f* exclusive distribution agreement

**allerneueste(s)** very latest

**Allfaserabkommen** *n (Vereinbarung über den internationalen Handel mit Textilien) (EU)* Multifibre Arrangement (MFA); **Waren des ~s MFA** products; **unter das ~ fallende Waren** products covered by the MFA

**Allfinanz** *f* all-in finance; **~unternehmen** *npl* bank-insurance tie-ups; marriages between banks and insurers

**allgegenwärtig** ubiquitous

**allgemein** general, universal; **im A~en** in general, generally; **~ gesprochen** generally (or broadly) speaking; in broad terms; **~ bekannte Tatsache** generally known (or well-known) fact; **~ gebräuchlich** in general use; **~ verbreiteter Irrtum** common mistake

**allgemein**, **A~e Deutsche** → Spediteurbedingungen; **A~e Geschäftsbedingungen** (AGB) general business conditions; standard form contracts; **in ~em Gebrauch** in common use; **von ~em Interesse** of general interest; **~e Kosten** *pl* general expenses; overhead(s); *(zwischen dem IWF und den Ländern des Zehnerklubs getroffene)* **A~e Kreditvereinbarungen** (AKV) *fpl (IWF)* General Arrangements to Borrow (GAB); **~e** → Lieferbedingungen; **~e Lohnerhöhung** *f* general (or across-the board) wage increase; **A~es** → Präferenzsystem; **A~e Versicherungsbedingungen** (AVB) *fpl* General Insurance Conditions; **A~es Zoll- und Handelsabkommen** *n* General Agreement on Tariffs and Trade (GATT)

**Allgemein~**, **~bildung** *f* general (or allround) education; **a~gültig** universally valid; **die ~heit** the (general) public; **~kosten** *pl* general expenses; **~mediziner** *m* general practitioner (G.P.); **a~verbindlich** generally binding; **~verhalten** *n* general conduct

**Allonge** *f (Anhang)* allonge, rider

**Allphasensteuer** *f* all-stage tax

**Allzweck** all purpose, general purpose

**al pari** *(zum Nennwert)* at par; **~ stehen** to be at par; to stand at parity

**alphabetisch geordnet** in alphabetical order, arranged alphabetically
**alt** old, aged; *(nicht frisch)* stale; **~eingeführt** long established; **~ gekauft** bought second-hand
**alt**, **~e Kunden** *mpl* old customers; clients of long standing; **die ~en Leute** the aged
**Alteisen** *n* scrap iron
**Altenteiler** *m* retired farmer
**Alter** *n* age; **erwerbsfähiges ~** working age; **pensionsfähiges** (od. **rentenfähiges**) ~ pensionable age, retirement age
**älter**, **~e Arbeitskräfte** *fpl (Lebensalter)* older workers; *(Dienstalter)* senior workers, long-service workers; **~er Kunde** *m* older customer; **~e Personen** *fpl* older persons
**alternative Energiequellen** *fpl* alternative sources of energy
**Alternativplan** *m* alternative (or contingency) plan
**Alters~**, **~aussichten** *fpl* life expectancy; **~durchschnitt** *m* average age; **~freibetrag** *m Br* age allowance; *Am* old age exemption
**Altersgrenze** *f* age limit; **er tritt nach Erreichung der ~ in den Ruhestand** he will retire upon reaching pensionable age; **die ~ erreichen** to reach the age of retirement
**Altersgruppe** *f* age bracket
**Altersheim** *n Br* old people's home; *Am* old age home; **sich in ein ~ einkaufen** to buy a place in an old age home
**Alters~**, **~hilfe** *f* **für Landwirte** farmers' old age benefits; **~klasse** *f* age group; **~rente** *f* old age pension; *Br* retirement pension; **~ruhegeld** *n* → ~rente; **~sparen** *n* saving for old age; **~versorgung** *f* provision for old age; retirement pension; **betriebliche ~versorgung** pension scheme for employees; company (or occupational) pension scheme; **~- und Hinterbliebenenversorgung** *f* old age and surviving dependants' pension; **~zulage** *f* old age supplement
**Alt~**, **~glas** *n* salvaged glass; **~gummi** *n* scrap (or salvaged) rubber
**Altmaterial** *n* junk, scrap; materials salvaged; **~ienhändler** *m* scrap merchant (junk dealer); **~verwertung** *f* salvage
**Alt~**, **~metall** *n* scrap metal; **altmodisch** old-fashioned, outmoded; **~ölbeseitigung** *f* waste oil disposal; **~ölverbrennung** *f* waste oil combustion; **~papier** *n* waste (or scrap) paper; **~papierwiederverwertung** *f* waste paper recycling
**Altwaren** *fpl* second(-)hand articles (or goods); used articles; **~händler** *m* second(-)hand dealer, junk dealer; **~laden** *m* second(-)hand job, junk shop
**Aluminium**, **~blech** *n* aluminium (*Am* aluminum) sheet (or plate); **~folie** *f* alumin(i)um foil; **~schrott** *m* alumin(i)um scrap
**ambulant**, **~e Patienten** *pl* out-patients; **~es Gewerbe** *n* → Reisegewerbe; **~er Händler** *m* itinerant trade; **~er Verkauf** *m* sales by itinerant trade; door-to-door selling
**amerikanische Buchführung** *f* tabular book-keeping
**Amortisation** *f* amortization; redemption, paying off; **~ e-r Anleihe** redemption of a loan; **~ e-r Maschine** amortization of a machine
**Amortisations~**, **~abzug** *m* amortization deduction; **~anleihe** *f* amortization loan; **~dauer** *f* period of redemption; **~fonds** *m* sinking fund; redemption fund; **~hypothek** *f* → Tilgungshypothek; **~obligation** *f* sinking fund bond; **~plan** *m* plan of redemption; amortization schedule; **~rechnung** *f (zur Ermittlung der Amortisationsdauer e-r Investition)* payback method; **~zahlung** *f* redemption payment
**amortisierbar** amortizable; redeemable
**amortisieren** to amortize; to redeem, to pay off
**Amortisierung** *f* → Amortisation
**Amt** *n (Behörde)* office, *Am* agency; *(Tätigkeit)* post, position, appointment; *(Pflicht)* official duty; *tel* exchange; **kraft seines ~es** by virtue of his office; **von ~s wegen** ex officio; officially; **sich um ein ~ bewerben** to apply for a post; to run for a position; **jdn in ein ~ einsetzen** to establish sb. in an office; **jdm im ~ folgen** to succeed sb. in office; **ein ~ innehaben** to hold an office; **sein ~ niederlegen** to lay down one's office; to retire from office; **ein ~ übernehmen** to assume an office
**Amt für amtliche Veröffentlichungen der Europäischen Gemeinschaften** Office for Official Publications of the European Communities
**amtieren** to hold office; **~d** acting; **a~der Ratspräsident** *m (EU)* President-in-office of the Council

**amtlich** official; in one's official capacity; **nicht ~** unofficial; in one's private capacity; **~ notiert** *(Börse)* officially quoted (or listed); **~ nicht notierte Aktien** unquoted (or unlisted) shares; shares not listed ( → Freiverkehr); **~er Handel** *m (Börse)* official dealings (or trading); **~er Kurs** *m* official price (or rate); **~es Kursblatt** *n (Börse)* official price list; **~e Mitteilung** *f* official communication (or information); **~e Notierung** *f* official quotation ( → Notierung); **von ~er Seite** from official quarters

**Amts~**, **~antritt** *m* entering upon one's duties; **nach (vor) seinem ~antritt** after (before) taking office; **~arzt** *m* public health officer; **amtsärztliches Zeugnis** *n* official medical certificate; **~blatt** *n* **der Europäischen Gemeinschaften** Official Journal of the European Communities; **~dauer** *f* term (of office); **~einkünfte** *pl* emoluments; **~gericht** *n* local court; **~geschäfte** *pl* official business; **~haftung** *f* liability of an official; official liability

**Amtshandlung** *f* official act; **~ der Zollbehörden** customs operation

**Amtshilfe** *f* administrative assistance (or cooperation); **gegenseitige ~ der Mitgliedstaaten** *(EU)* mutual assistance between authorities in Member States; **sich gegenseitig ~ leisten** to assist each other

**Amts~**, **~jargon** *m* official jargon; **~periode** *f* term (of office); **~person** *f* official (person); **~pflichtverletzung** *f* breach of official duty; **~raum** *m* office; **~schimmel** *m* red tape; **~sitz** *m* official residence; **~sprachen** *fpl* **der Gemeinschaften** *(EU)* official languages of the European Communities; **~stunden** *fpl* office hours; **~tätigkeit** *f* official function; **auf dem ~weg** through official channels; **~zeichen** *n tel* dialling tone; **~zeit** *f* term of office; tenure

**analog gelten** to apply mutatis mutandis

**Analyse**, **Konjunktur~** *f* economic analysis

**anbahnen** to initiate, to pave the way for; **neue Handelsbeziehungen anbahnen** to open up new trade channels

**Anbau** *m (Landwirtschaft)* cultivation; tillage; *(Gebäude)* addition (to building), annex, extension; sidebuilding; **~ von Getreide** cultivation (or growing) of cereals; **~ von Obst und Gemüse** fruit and vegetable growing

**Anbaubeschränkung** *f* restriction of cultivation, acreage restriction

**anbauen** *(Getreide etc.)* to cultivate, to grow; *(an ein Haus)* to build on (to), to add (to); **e-e Garage ~** to build a garage on to a house ( → angebaut)

**anbaufähig**, **~es Land** arable land; **nicht ~es Land** barren (or waste) land

**Anbau~**, **~fläche** *f* cultivated area, area under cultivation; acreage; **~gebiet** *n* → ~fläche; **~küche** *f* built-in kitchen unit; **~methoden** *fpl* methods of cultivation; **~verbot** *n* prohibition of the cultivation (of)

**anbei erhalten Sie** enclosed please find

**anberaumen** to appoint, to fix, to call; *bes. Am* to schedule; **e-n Termin ~** to appoint a day for a hearing (or trial)

**Anberaumung** *f* **e-r Sitzung** appointment of a meeting

**anbetrifft**, **was ... ~** as far as ... is concerned; in terms of

**anbieten** to offer, to tender ( → angeboten); **fest ~** to make a firm (or binding) offer; **Lieferung ~** to tender delivery (of the goods); **Preise ~** to quote prices; **zum Verkauf ~** to offer for sale; **wir bieten Ihnen hiermit wie folgt an** we make you the following offer; we herewith quote as follows

**Anbieter** *m* person making an offer; supplier; bidder; *(von Finanzierungsmitteln)* lender

**Anbietung** *f (von Zahlung od. Leistung)* tender

**anbrechen**, **seine Vorräte ~** to tap one's reserves; **noch nicht angebrochen** untouched

**anbringen** to affix, to attach; *(installieren)* to fit (an to); **ein Preisetikett ~** to affix a price mark (an to); **Waren ~** to find purchasers for goods

**andauernde Inflation** *f* continuous (or persistent) inflation

**ander**, **unter ~em** (u. a.) among other thins; inter al.

**Anderdepot** *n* third party security deposit

**Anderkonto** *n* third party account; *Am* trust account

**ändern** to alter, to change; *(teilweise)* to modify; **seine Ansicht ~** to change one's mind; **den Kurs ~** *(Schiff)* to alter course;

**das Programm ~** to change (or modify) the program(me)

**anderswo** elsewhere; **die Ware ~ bestellen** to order the goods elsewhere

**Änderung** *f* alteration, change; *(teilweise)* modification; **~en vorbehalten** subject to alteration; **einschneidende ~** decisive change; **~ zum Besseren (Schlechteren)** change for the better (worse); **~ der Adresse** change of address; **~ der Normen** amendment of standards; **~ e-s Planes** alteration of a plan; **~ der Preise** change (or revision) of prices; **~ der Vertragsbedingungen** change (or modification) of the terms of contract; **~ des Wechselkurses** change in the rate of exchange; **e-e ~ erfahren** to undergo a change; **e-e ~ herbeiführen** to bring about a change; **sich e-e ~ vorbehalten** to reserve the right to make an alteration (or amendment)

**Änderungs~, ~antrag** *m parl* amendment; **~vorschlag** *m* proposed modification

**anderweitig, sich die Ware ~ beschaffen** to procure the goods from another source; **den Auftrag ~ vergeben** to place the order elsewhere; **sofern nicht ausdrücklich ~e Vereinbarungen getroffen worden sind** unless otherwise expressly agreed

**andienen** to tender, to offer; to supply; **dem Käufer die Dokumente ~** to tender the documents to the buyer; to supply the buyer with the documents

**andrehen, jdm etw. ~** *colloq.* to palm sth. off on someone

**androhen, jdm die Entlassung ~** to threaten sb. with dismissal; **die Versteigerung ~** to give notice of intended auction

**aneignen, sich ~** to appropriate; **sich rechtswidrig ~** to appropriate unlawfully, to misappropriate

**Aneignung** *f* appropriation; **rechtswidrige ~** misappropriation

**anerkannt, allgemein ~e Tatsache** *f* accepted fact; **amtlich ~** officially recognized; **~e Forderung** *f* admitted claim; **gerichtlich ~e Forderung** *f* judgment debt; **~er Handelsbrauch** *f* established custom of trade; *(als einwandfrei)* **~er Wechsel** *m* approved bill

**anerkennen** to acknowledge, to admit, to allow; *(förmlich)* to recognize; **e-n Anspruch als gerechtfertigt ~** to own that a claim is justified; **als gültig ~** to admit as valid; **e-e Forderung ~** to admit (or allow) a debt; **e-e Forderung nicht ~** to disallow (or repudiate) a debt; **die Haftung ~** to acknowledge liability; **ein Kind** *(als eigenes)* **nicht ~** to disown a child; **e-n ausländischen Schiedsspruch ~** to recognize a foreign arbitral award; **e-n Vertrag nicht ~** to repudiate a contract; **die Zahlungsbedingungen ~** to accept the terms of payment

**Anerkenntnis** *n* acknowledgement, admission, allowance; **~ des Rechnungsabschlusses** *(e-r Bank)* reconcilement; reconciliation

**Anerkennung** *f* acknowledgment, admission, allowance; *(förmlich)* recognition; *(lobend)* approval; **gegenseitige ~ und Vollstreckung gerichtlicher Entscheidungen** reciprocal recognition and enforcement of judgements; **ohne ~ e-r Rechtspflicht** ex gratia; **die ~ verweigern** to refuse recognition

**anfahren** *(Auto)* to start; *(ein anderes Auto)* to run into, to collide with

**Anfall** *m* accrual; *(Erbschaft)* devolution; *(Krankheit)* attack, fit; **täglicher ~** *(von Waren)* daily amount (of supply); **~ e-r Dividende** accrual of a dividend; **~ aus der Ernte** result of the harvest; **~ von Obst auf dem Markt** amount of fruit coming on the market; **~ e-r Steuer** incidence of a tax

**anfallen** to accrue, to arise; to come to hand; to be obtained; *(Erbschaft)* to devolve (on); **~de Arbeit** *f* work arising; **~de Zinsen** *pl* accruing interest (→ angefallen)

**anfällig** prone (to), sensitive, vulnerable, susceptible (to); **~e Erzeugnisse** *npl* sensitive products

**Anfang** *m* beginning, start, outset; **ein guter ~** a promising beginning (or start); **am ~ seiner Laufbahn** at the outset of his career; **~ der 80er Jahre** in the early eighties; **~ des Monats** beginning of the month

**anfänglich** at first; originally; initially

**Anfangs~, ~bedarf** *m* initial requirement(s); **~bestand** *m (an Waren)* opening stock; initial inventory; **~betriebskapital** *n* initial working capital; **~gehalt** *n* initial salary; starting salary; **~geschwindigkeit** *f* initial speed; **~inventur** *f* opening inventory; **~kapital** *n* initial capital, start-up capital; **~kontingent** *n* initial quota; **~kosten** *pl* initial expenses; **~kurs** *m* opening price (or quotation, rate); **~lohn** *m* initial (or starting) wage (or pay); **~preis** *m* initial (or starting) price; **~schwierigkeiten** *fpl* initial problems, teething problems; **~stadium** *n* initial (or early) stage; **~stellung** *f* beginning (or first) position; **~termin** *m* commencing date; **~vermögen** *n* initial (or original) assets

**anfechtbar** (a)voidable, contestable; **~er Vertrag** *m* voidable contract

**Anfechtbarkeit wegen Irrtums** voidability due to error

**anfechten** to (a)void, to contest, to challenge; to rescind; **die Ehelichkeit e-s Kindes ~** to contest the legitimacy of a child; **die Gültigkeit e-r Wahl ~** to challenge an election; to dispute the validity of an election; **ein Testament** *(als ungültig)* **~** to contest a will; to dispute the validity of a will; **e-n Vertrag ~** to avoid a contract

**Anfechtung** *f* avoidance, contesting, challenge; rescission; **~ wegen arglistiger Täuschung** avoidance on the ground of wilful deceit; **~ wegen Irrtums** rescission on the ground of mistake; **~ e-s Testaments** contesting a will; **der ~ unterliegen** to be subject to avoidance

**Anfechtungsfrist** *f* time limit for avoiding (or contesting) (a declaration *etc.*)

**anfertigen** to make; to manufacture; **nach (genauer) Angabe ~** to manufacture to specification; **auf Bestellung ~** to make to order ( → angefertigt)

**Anfertigung** *f* making; manufacturing; **~ nach Angaben des Bestellers** made to order; → Maß~

**Anfertigungskosten** *fpl* manufacturing costs

**anfordern** to call for, to demand, to require, to request; to requisition; **Arbeitskräfte ~** to demand labo(u)r; to request personnel

**Anforderung** *f* demand, requirement, request; **~ von Material** request for material; **berufliche ~en** vocational demands; **finanzielle ~en** financial demands; **sprachliche ~en** language requirements; **den** *(gestellten)* **~en entsprechen** to meet the requirements (or standards); to answer the demands; **hohe ~en stellen** to make great demands (an jdn on sb.)

**Anfrage** *f* inquiry, enquiry; **~ wegen Kreditwürdigkeit** credit (or status) inquiry; → Preis~; **wir beziehen uns auf Ihre ~ vom** we refer to your inquiry of; **e-e ~ richten an** to address an inquiry to

**anfragen** to inquire, to make an inquiry; **telegrafisch ~** to inquire by telegram (or wire)

**Anfuhr(kosten)** *pl* cartage, (cost of) carting

**anführen, einzeln ~** to itemize; **ein Beispiel ~** to quote an example; **Gründe ~** to state (give) reasons; **als Referenz ~** to quote (or give) as a reference; **e-n Streik ~** to lead a strike

**Angabe** *f (Hinweis)* indication; *(Mitteilung)* statement; *(genaue Bezeichnung)* specification; *(Erklärung e-r Partei bei Vertragsabschluss)* representation; *(beim Zollamt)* (customs) declaration; **~n** data, information; **nach ~** *(Beschreibung)* by description; **unter ~ des Betrages** specifying the amount; **ohne ~ von Gründen** without giving reasons; **unter ~ der Gründe** stating (or setting forth) the reasons; **unter ~ des Namens und der Adresse** giving one's name and address; **~ von Preisen** indication of prices; **um ~ von Preisen wird gebeten** please quote prices; **unter ~ Ihrer Preise** quoting your prices; **nicht den ~n entsprechende Waren** goods not up to specification; **falsche ~n** false statements; misrepresentation; *(in e-m Vertrag)* misdescription; **genaue ~n** exact information (über on); **genaue ~n machen** *(über Menge, Preis etc.)* to specify precisely; **kurze ~n** brief data; **nähere ~n** (statement of) particulars; full details; specifications; **statistische ~n** statistical data; **vertrauliche ~n** confidential information; **vollständige ~n** complete data (über on); **~n machen** to make statements; **falsche ~n machen** to misrepresent; **nähere ~n machen** to give (full) details

**angebaut** in (or under) cultivation; *(an Haus)* built on to; annexed; **selbst~** *(Gemüse etc.)* home-grown

**angeben** to indicate; to state; to give; *(Wert)* to declare; **näher ~** to specify; **die Bedingungen ~** to state the terms; **Gründe ~** to give reasons; **den Preis ~**

to quote the price; **Zeugen ~** to name witnesses; **etw. beim Zoll ~** to declare sth. at the customs (→ angegeben)

**angeblich** alleged; pretended, supposed; **~ geschuldeter Betrag** allegedly owed sum

**Angebot** *n* offer; *(mit Preis)* quotation; *(von Waren, Geld)* supply; *(bei Ausschreibungen)* tender, *Am* bid; **~ an Aktien** supply of shares; **~ der Lieferung** offer to deliver; *(bei Ausschreibungen)* tender (of delivery); **~ und Nachfrage** supply and demand; **die Nachfrage ist größer als das ~** demand outstrips supply

**Angebot** *n*, **ausführliches ~** detailed offer; **bindendes ~** binding offer; **festes ~** firm offer; **freibleibendes ~** non-binding offer; *Am* offer without obligation; **günstiges ~** favo(u)rable (or attractive) offer; („Gelegenheit") bargain offer; **im ~** on offer; **laufendes ~** current supply; **letztjähriges ~** last year's offer; **niedrigstes ~** *(bei Ausschreibungen)* lowest tender (*Am* bid); **reichhaltiges ~** rich (or abundant) supply (or offer); **unverbindliches ~** not binding offer; **unverlangtes ~** unsolicited offer; **verbindliches ~** binding offer; **verlangtes ~** solicited offer; **verlockendes ~** tempting offer; **verstecktes ~** *(in e-r Anzeige)* hidden offer

**Angebot** *n*, **ein ~ abgeben** to make an offer; *(bei Ausschreibungen)* to make (or send in) a tender; *Am* to tender a bid; **ein ~ ablehnen** to reject an offer; **wir beziehen uns auf unser ~ vom ...** we refer to our offer of ...; **~e einholen** to invite offers (or quotations); *(bei Ausschreibungen)* to invite (or solicit) tenders; *Am* to invite bids; **~e einreichen** *(bei Ausschreibungen)* to submit tenders (*Am* bids); **~e sind einzureichen bis ...** tenders are invited until ...; **~e erbeten an** offers to be sent to; **ein ~ in Erwägung ziehen** to consider an offer; **das ~ ist freibleibend bis zur endgültigen Bestätigung** the offer is not binding until confirmed; **ein ~ machen** to (make an) offer (to sb.); to submit a quotation (to sb.); *(bei Ausschreibungen)* to tender for; **wir erlauben uns, Ihnen folgendes ~ zu machen** we are pleased to make (or submit to) you the following offer; **e-m ~ nähertreten** to entertain an offer; **im ~ sein** to be on offer; **ein ~ verlangen** to ask for an offer (or quotation); **Ihr ~ sagt uns zu** your offer appeals to us; **ein ~ zurückziehen** to withdraw an offer

**angeboten**, **~er Preis** offered price; price quoted; **~e Waren** goods for sale; **durch Werbung ~e Ware** advertised product; **Aktien wurden ~** shares came on offer (or on the market); **zum Verkauf ~ werden** to be offered for sale; to be in (on) the market

**Angebotsabgabe** *f (bei Ausschreibungen)* tendering, submitting tenders; *Am* bidding; **zur ~ aufgeforderter (Bau-)Unternehmer** contractor invited to tender

**Angebots~**, **~änderung** *f* change in offer (or supply), **~anforderung** *f* → ~einholung; **~annahme** *f (bei Ausschreibungen)* acceptance of tenders (or *Am* bids); **~bedingungen** *fpl* terms of an offer (or tender, *Am* bid); **~beilage** *f* enclosure to an offer; **~einholung** *f* request to submit an offer; *(bei Ausschreibungen)* invitation to tender (or *Am* to bid); **~elastizität** *f* elasticity of supply; **~engpass** *m* supply bottleneck; **~eröffnung** *f* opening of the tender; **~kurve** *f* supply curve; **~lücke** *f* gap in supply; **~menge** *f* quantity supplied; **~monopol** *n* supplier's monopoly; **~muster** *n* offer sample; **~preis** *m* price quoted in an offer, offer price; *(bei Ausschreibungen)* price stated in a tender (or *Am* bid); **~sortiment** *n* range of goods offered; product range; **~steuerung** *f* regulation of supply; **~überhang** *m* excess of supply over demand; *(Börse)* sellers over; **~verlagerung** *f* shift in supply; **~zurückziehung** *f* withdrawal of an offer (or a tender, bid)

**angebracht** appropriate; **es für ~ halten** to consider it appropriate

**angebrochene Packung** *f* package already opened

**angefallene Kosten** *pl* accrued costs

**angefertigt**, **auf Bestellung ~** made to order; **nach Kundenangaben ~** custom-made; **nach Maß ~** made to measure

**angeführt**, **die oben ~en Schriftstücke** *npl* the documents cited above

**angegeben**, **zu hoch ~** overstated; **zu niedrig ~** understated; **~es Datum** *n* stated date; **~er Preis** *m* price quoted; **~er Wert** *m* declared value; **die ~e Lieferzeit einhalten** to adhere to the delivery schedule as indicated

**angegliederte Gesellschaft** *f* affiliated company

**angehen**, **jdn um Hilfe** ~ to ask (or approach) sb. for help; **an alle, die es angeht** to (all) whom it may concern

**angehören**, **e-m Verein als Mitglied** ~ to be a member of a society

**Angehörige** *pl*, **die ~n** the relatives; **unterhaltsbedürftige** ~ dependants; ~ **der Mitgliedstaaten** *(EU)* nationals of Member States; **~r** *m* **des öffentlichen Dienstes** civil servant

**angeklagt**, ~ **sein, getan zu haben** to be charged with having done

**Angeklagter** *m* accused (on trial); defendant

**angekommen**, **der Artikel ist** *(beim Publikum)* **gut** ~ the item was well received (or had wide appeal); **die uns übersandten Waren sind gut** ~ the goods forwarded to us arrived safely; **Ihre Sendung ist soeben** ~ your consignment has just arrived (or has just come to hand)

**Angeld** *n* earnest money

**Angelegenheit** *f* matter, affair, concern, business; **~en** *pl* **der Gesellschaft** matters concerning the company; *Am* corporate matters; ~ **von äußerster Wichtigkeit** matter of the utmost concern; **dienstliche** ~ official business; **dringende** ~ urgent (or pressing) matter; **e-e** ~ **in Ordnung bringen** (od. **regeln**) to settle (or arrange) a matter

**angelegt**, **gut ~es Geld** well-invested money; **verschieden** ~ *(Wertpapiere)* diversified

**angelernte Arbeitskräfte** *fpl* semi-skilled labo(u)r (or workers)

**angemeldet**, **Patent** *n* ~ patent pending; *(beim Zoll)* **~er Wert** *m* **der Waren** declared value of the goods

**angemessen** adequate, appropriate, reasonable, fair; **innerhalb e-r ~en Frist** *f* within a reasonable (period of) time; **~er Preis** *m* fair (or reasonable) price; **~e Vergütung** *f* suitable compensation; quantum meruit

**angenommen**, **einstimmig** ~ *(Antrag)* carried unanimously; **~er Name** *m* *(Pseudonym)* assumed name

**angerechnet**, **ausländische Steuern werden auf die inländischen Steuern** ~ *(DBA)* foreign taxes are credited against the domestic; **die deutsche Steuer wird auf die amerikanische Steuer** ~ credit is allowed against U.S. tax for the German tax paid

**angereichertes Uran** *n* enriched uranium

**angeschimmelt** mo(u)ldy, covered with mo(u)ld

**angeschmutzte Ware** *f* shop-soiled goods

**angeschrieben**, **bei jdm gut ~ sein** *colloq.* to be in sb.'s good books; **schlecht ~ sein bei jdm** to be in sb.'s bad books

**angesehene Firma** *f* reputable (or respected) firm; firm of high standing (or esteem)

**angespannt** tight, strained; **die Geldmarktlage ist** ~ the money market is strained (or tight); **stark ~ sein** to be under great pressure

**angestaubte Ware** *f* shop-worn goods

**angestellt** employed, ~ **sein bei** to be employed by; to be in employment with; **fest** ~ permanently employed; established

**Angestellte(r)** *f(m)* (non-manual) employee, salaried employee; *(im Ggs. zum Arbeiter)* white-collar worker; **ältere(r)** ~ senior employee; **höhere(r)** ~ higher-grade employee; **kaufmännische(r)** ~ commercial employee; clerk; **leitende(r)** ~ executive (employee); employee with managerial functions; manager; *(e-s Unternehmens)* company executive; officer

**Angestellte** *pl* (salaried) employees; the salaried personnel (or staff); ~ **in gehobener Stellung** executive staff; ~ **im öffentlichen Dienst** government (or public) employees; officials; civil servants; ~ **auf Zeit** temporary staff

**Angestellten~**, **~einstufung** *f Am* employee rating; **~gehälter** *npl* staff salaries; **~gewerkschaft** *f* employees' union; **~rabatt** *m* staff discount; **~versicherung** *f* employees' social insurance (fund) (social security for employees); **~versicherungskarte** *f* employees' social security card

**angewandte Wirtschaftswissenschaften** *fpl* applied economics

**angewiesen** dependent, **er ist auf seinen Lohn** ~ he is dependent on his wage

**angezahlter Betrag** *m* amount paid on account; *(bei Ratenzahlungen)* down payment

**angleichen** to align, to adjust, to coordinate, to assimilate; **ein Angebot ~ an** to align an offer on; **seine Ausgaben seinem Einkommen ~** to adjust one's expenditure to one's income; **Preise ~** to align prices

**Angleichung** *f* alignment, adjustment, coordination, assimilation; **~ der mitgliedstaatlichen Rechtsvorschriften** *(EU)* adjustment (or harmonization, approximation) of Member States' legislation; **schrittweise ~ der Preise** *(der Mitgliedsländer)* **an die gemeinsamen Preise** *(EU)* gradual alignment of prices to the common prices

**angliedern** to affiliate ( → angegliedert)

**Angreifen** *n* **der Reserven** raid on the reserves

**angreifen** *(Kapital, Reserven etc.)* to draw on, to break into, to touch; **seine Vorräte ~** to break into (or tap, draw on) one's inventories; **dieses Waschmittel greift die Wäsche an** this detergent is hard on linen

**angrenzendes Grundstück** *n* adjoining estate

**Angriff** *m*, **~ der Baissepartei** bear campaign; **~ der Haussepartei** bull campaign; **in ~ nehmen** to set about, take in hand, to tackle sth.

**Angst~**, **~käufe** *mpl* panic buying; purchases motivated by fear; **~klausel** *f* „without recourse to me" clause (on bills of exchange); **~verkäufe** *mpl* panic selling

**Anhaken** *n* to tick (*Am* check) off on a list; to put check marks (on)

**Anhalten** *n*, **~ der Ware auf dem Transport** stoppage in transit; **~ des Wirtschaftsaufschwungs** continuation of the economic recovery

**anhalten** to stop; to endure, to last; **ein Auto ~** to stop a car; **die Hausse hält an** the boom market continues

**anhaltende Expansion** *f* lasting (or sustained, persistent) expansion

**Anhang** *m* appendix; *(zu e-r Urkunde)* rider

**anhängen** to affix, to add; *(e-r Partei etc.)* to adhere to; **e-n Zettel an ein Paket ~** to attach a label to a parcel

**Anhänger** *m (Anhängezettel)* tag, *Br* tie-on label; *(e-r Idee, Partei etc.)* adherent, supporter; follower; *(e-s Kfz)* trailer; **mit e-m Kraftfahrzeug verbundener ~** trailer coupled to a motor vehicle

**anhängig**, **~er Prozess** *m* pending lawsuit; **bei Gericht ~e Sachen** *fpl* cases pending before the court

**anhäufen** to accumulate; *(sammeln, hamstern)* to pile up, to hoard; **sich ~** to accumulate, to increase; **übermäßig große Vorräte ~** to stockpile

**Anhäufung** *f* accumulation; hoard; **~ von Gewinnen durch Spekulationen** *(Börse)* pyramiding

**anheben**, **hier ~** „lift here"; **Preise ~** to raise (or increase) prices

**Anhebung** *f* rise, increase; raising; **~ der Mieten** rise in rents; **~ der Tarife** raising of (or increase in) tariffs

**anheften**, **Preisschilder** *npl* **an Waren ~** to attach price tags to goods

**anheizen**, **die Konjunktur ~** to stimulate economic activity

**anheuern** *Br* to engage, *Am* to hire (for service in a ship); to sign on; **der Seemann ließ sich ~** (od. **hat sich angeheuert**) **auf die Fahrt nach ...** the seaman signed on for the voyage to ...

**Anhörung** *f* hearing; **~sverfahren** *n (EU)* consultation procedure

**Ankauf** *m* (acquisition by) purchase; purchasing, buying; **~ und Verkauf** purchase and sale; **~ und Verkauf von Devisen** buying and selling foreign exchange; **~ von Massen** purchase of goods in bulk; bulk buying **~ von Tratten** *(durch e-e Bank)* negotiation of drafts

**ankaufen** to buy, to purchase; **e-e Tratte ~** *(Außenhandel)* to negotiate a draft

**Ankaufs~**, **~ermächtigung** *f* *(Außenhandelsfinanzierung)* authority to purchase; **~kurs** *m* buying rate; **~preis** *m* buying-in price

**Anker** *m* anchor; **~gebühr** *f* anchorage dues; **vor ~ gehen** to (come to) anchor

**Anklage** *f* charge; indictment; *(formlos)* accusation

**anklagen** to charge (wegen e-r strafbaren Handlung with an offen|ce [~se]); to indict (wegen for); *(formlos)* to accuse; *Scot* to libel ( → angeklagt)

**anklammern** *(mit Büroklammern)* to clip (to)

**Anklang finden** *(z. B. Ware)* to appeal (bei to); to meet with approval

**Ankleben** *n*, **Plakat~** *n* placarding; **Zettel~** *n* bill(-)posting, bill(-)sticking; **Zettel~ verboten** stick no bills

**ankleben**, **Zettel ~** to post (or stick) bills

**ankommen** *(eintreffen)* to arrive; *(gefallen)*

to appeal; → planmäßig ~; **wir hoffen, dass die Sendung in gutem Zustand bei Ihnen ankommt** we hope that the consignment (or shipment) will reach you in good condition (or intact) ( → angekommen)

**ankommen auf** to depend on; *(von Bedeutung sein)* to matter; **es kommt allein auf ... an** the sole determining factor is; **es kommt in erster Linie darauf an** it is primarily a matter of, it is paramount; **auf den Preis kommt es nicht an** the price is not decisive; it is not the price that matters

**ankreuzen** to mark with a cross

**ankündigen** to announce; to advise; to make known; to publish; **die Sendung ~** to announce the consignment

**Ankündigung** *f* announcement; advice; notice; **ohne vorherige ~** without previous notice

**Ankündigungsschreiben** *n* announcement letter; letter of advice

**Ankunft** *f* arrival; **~ und Abfahrt** *(von Schiffen)* arrival and sailing; *(von Zügen)* arrival and departure; **gute** (od. **wohlbehaltene**) **~** safe arrival; **planmäßige ~** scheduled arrival (or time); **teilen Sie uns bitte mit, wann wir mit der ~ der Ware rechnen können** please inform us when we can count on receipt of the goods

**Ankunfts~**, **~anzeige** *f* advice of arrival; **~- und Abgangsflughafen** *m* airport of arrival (or entry) and departure; **vorgesehene ~zeit** *f* expected time of arrival (ETA)

**ankurbeln**, **die Produktion ~** to step up production; **den Verbrauch ~** to stimulate (or encourage) consumption; **die Wirtschaft ~** to stimulate business (or economic activity); to boost the economy; *sl.* to pep up (or crank up) the economy

**Ankurbelung** *f*, **~ der Wirtschaft** boosting the economy; stimulating economic activity; pump priming; **Maßnahmen zur ~ des Verbrauchs** measures to stimulate consumption

**Anlage** *f* 1. *(Kapitalanlage)* (capital) investment; invested capital; **~ in Aktien** investment in shares; **~n** *pl* **im Ausland** investments abroad; **~ mit festem Ertrag** fixed yield investment; **~ mit schwankendem Ertrag** variable yield investment; **~ in Grundbesitz** investment in real estate; **~ in Wertpapieren** investment in securities

**Anlage~**, **~abgänge** *mpl (Bilanz)* disposals (or retirements) of fixed assets; **~aufträge** *mpl* investment orders, orders to invest; capital goods order; **~bedarf** *m* investment requirement; **~bedingungen** *fpl* terms of investment; **~bedürfnis** *n* investment need; **~berater** *m* investment adviser (or counsel[l]or); *Am* security analyst; **~beratung** investment advisory service; investment counsel(l)ing; *Am* security analysis; **a~bereit** ready for investment (or to invest); **geringe ~bereitschaft** *f* disinclination to invest; **~beschränkungen** *fpl (e-r Investmentgesellschaft)* investment restrictions; **~betrag** *m* amount invested; **~entscheidung** *f* investment decision; **~erneuerung** *f* replacement of fixed assets; **~form** *f* form (or type) of investment; **~gegenstand** *m* (fixed) asset; **~gewohnheiten** *fpl* investment habits; **~grundsätze** *mpl* investment principles; **~güter** *npl* capital goods; capital equipment; fixed assets; **a~intensives Unternehmen** *n* capital intensive enterprise; **a~interessiert** interested in investment; **~investitionen** *pl* investment in fixed assets; fixed capital formation; fixed asset investment

**Anlagekapital** *n* investment capital; invested capital; *Am* stock capital; business capital; **Zurückziehung von ~** disinvestment

**Anlage~**, **~kauf** *m* investment buying; portfolio buying; **~kredit** *m* investment credit; **~mittel** *pl* funds for investment; **~möglichkeit** *f* investment opportunity

**Anlagen** *fpl* (fixed) assets; investment; **~abgänge** → Anlageabgänge; **~buchhaltung** *f (Sachanlagen)* fixed assets accounting; *(Finanzanlagen)* investment accounting; **~finanzierung** *f* investment financing; **~kartei** *f* fixed assets card index; **~konto** *n (Sachanlagen)* fixed assets account; *(Finanzanlagen)* investment account; **~streuung** *f* investment diversification; dispersal of an investment; **mit breiter ~streuung** diversified; **~wagnis** *n* investment risk; fixed assets risk; **~zugänge** → Anlagezugänge

**Anlage~**, **~papiere** *npl* investment securities; **festverzinsliche ~papiere** investment bonds; **~plan** *m* investment plan; **~programm** *n (e-r Investmentgesellschaft)* investment program(me) (*Br* scheme); **~publikum** *n* investing public, investors; **~schutz** *m* protection of the investor; **~streuung** *f* → ~nstreuung; **a~suchend** looking for a suitable investment; **a~suchendes Publikum** → ~publikum; **~titel** *m* investment security; **~vermögen** *n* fixed (or capital) assets; long-lived assets; **~verzinsung** *f* yield in invested capital; return on an investment; **~vorschlag** *m* investment recommended (by); **~wagnis** → ~nwagnis

**Anlagewert** *m* value of fixed assets; *(e-s Wertpapiers)* investment value; **~e** *(Börse)* investment securities; **immaterielle ~e** intangible assets; intangibles; **Makler für ~e** investment broker

**Anlage~**, **~ziel** *n* investment objective; **~zugänge** *mpl (Bilanz)* additions to fixed assets

**Anlage** *f* 2. *(Betriebsanlage)* plant, works; *(Beilage)* enclosure, annex, schedule; *(Anordnung)* layout; *(Einrichtung)* installation, facility; *(Grünanlage)* park; grounds; *(Neigung)* disposition; **als ~ zu diesem Brief** attached to this letter; **in der ~** enclosed (herewith); **~ zu e-r Bilanz** schedule to a balance sheet; **~ e-s Gartens** laying out a garden; **~ e-r Kartei** compiling a card-index; **~n und Maschinen** plant and machinery; **~ zu e-m Vertrag** enclosure to a contract; **(fest) eingebaute ~n** fixtures; **geistige ~n** abilities; **laut ~** as enclosed (or annexed); **öffentliche ~n** public grounds; **etw. als ~ beifügen** to enclose (or attach) sth.; **in der ~ finden Sie** enclosed please find; **in der ~ senden wir Ihnen** enclosed (or annexed hereto) we send you

**Anlandegebiete** *npl* landing areas

**anlanden, die (Fisch-)Fänge ~** to land the catches

**Anlandung** *f* landing

**Anlandverbringung** *f* landing

**Anlass** *m* occasion; cause, motive; **aus ~** on the occasion (of); → Kauf~; **es besteht ~ zu der Annahme** there is reason to believe; **er gab ~ zur Kündigung** he gave grounds for notice

**anlassen** to set going, to start; **den Motor ~** to start the engine; **das Geschäft lässt sich gut an** the business shows promise (or is promising)

**anlasten, jdm etw. ~** to charge sth. to a p.

**Anlauf** *m* start

**Anlaufen** *n* starting; *(e-s Hafens)* call; *(von Schulden)* mounting up

**anlaufen** *(Maschine)* to start (up); *(von Schulden)* to mount up, to accumulate; *(Hafen)* to call at; **die Produktion läuft an** production is getting under way; **die Produktion ~ lassen** to set (or get) production going

**Anlauf~**, **~hafen** *m* port of call; **~kosten** *pl* initial costs, starting costs; start-up costs (or expenses); *(e-r Maschine)* breaking-in costs; **~kredit** *m* credit to start a business; **~phase** *f* initial phase, start-up phase; **~schwierigkeiten** *fpl* initial (or starting) difficulties; **~zeit** *f* starting time; initial period; start-up period; **in der ~zeit** in the initial stages

**Anlege~**, **~brücke** *f* pier; **~hafen** *m* port of call

**anlegen** *(Geld)* to invest ( → angelegt); *(Fabrik etc.)* to set up, to establish; *(Geld)* **~ für etw.** to spend, to pay for sth.; **Akten ~** to compile records; **seine Ersparnisse gut ~** to invest one's savings well (or to good account); **e-n Garten ~** to lay out a garden; **Geld kurzfristig ~** to invest money short term; **Geld langfristig ~** to invest money long term; to make a long-term investment; **Geld verzinslich ~** to put out (or place) money on interest; **sein Geld in Staatspapieren ~** to invest one's money in government securities; *Br* to fund one's money; **e-e Kartei ~** to compile (or set up) a card-index; **sich e-n Vorrat ~** to lay in a stock (an of); → Zollverschlüsse ~

**Anleger** *m* investor; **großer ~** big investor; **institutioneller ~** institutional investor; **~schutz** *m* protection of investors

**Anlegestelle** *f* landing place

**Anleihe** *f* loan; bond, bond issue; **~n** *pl* **des Bundes** bonds issued by the Federal Government; **~ der Montanunion** ECSC loan; **~n der öffentlichen Hand** public authority bonds (or loans); issues of public authorities; **~ mit Umtauschrecht** convertible loan (or bond); **~n** *pl* **mit variabler Verzinsung** floating rate notes (FRN); **ausländische und inländische ~n** foreign and domestic loans (or bonds); **gezeichnete ~** subscribed loan; **nicht in voller Höhe gezeichnete ~** undersubscribed loan; **konsolidierte ~** consolidated loan; **langfristige ~** long-term loan; **neu aufgelegte ~** new loan, new bond issue; newly issued loan; **öffentliche ~** public loan; public bond issue; public authority bond (or loan); **private ~ mit e-r Laufzeit von 12 Jahren** private bond issue maturing over 12 years; **siebenprozentige ~** loan at seven per cent

**Anleihe, die ~ wurde zum Parikurs öffentlich angeboten** the bond was offered to the public at par; **e-e ~ auflegen** to issue (or float) a loan; **e-e ~ zur Zeichnung auflegen** to invite subscriptions to a loan; to offer a loan for subscription; **e-e ~ aufnehmen** to contract (or raise) a loan; **e-e ~ bedienen** to pay interest on a loan; to service a loan; **e-e ~ begeben** to float (or launch, issue) a loan; *(im Wege der festen Übernahme durch e-e Bank)* to negotiate a loan; **die ~ wurde voll gezeichnet** the issue was fully subscribed; **e-e ~ tilgen** to redeem a loan; **e-e ~ übernehmen** to take over (or acquire) a loan; **e-e ~ fest übernehmen** to underwrite a loan; **die ~ wurde überzeichnet** the loan was oversubscribed; **e-e ~ unterbringen** to place a loan; **e-e ~ zurückzahlen** to retire a loan; **die ~ zum Nennwert zurückzahlen** to redeem the issue at par

**Anleihe~, ~ablösung** *f* redemption of a loan; **~agio** *n* premium on bonds; **~aufnahme** *f* contracting (or raising) a loan; **~ausstattung** *f* terms of a loan; **~bedarf** *m* loan demand; **~bedingungen** *fpl* loan terms; **~betrag** *m* bond amount; **~dienst** *m* payment of interest on a loan; service of a loan; **~emission** *f* loan (or bond) issue; **~erlös** *m* proceeds of a loan; **~garant** *m* underwriter; **~gewährung** *f* granting of a loan; **~gläubiger** *m* loanholder; bond creditor; **Neues ~- und Darlehensinstrument der Gemeinschaft** (NGI) *n* *(EU)* New Community Borrowing and Lending Instrument (NCI); **~kapital** *n* bond (or loan) capital; debenture capital; **~konsortium** *n* loan syndicate; **~konversion** *f* loan (or bond) conversion; **~kündigung** *f* calling in a loan; **~kurs** *m* loan price; bond quotation; loan quotation; **~laufzeit** *f* term of a loan; **~mantel** *m* bond certificate; **~rendite** *f* loan (or bond) yield; **~rückzahlung** *f* bond redemption; **~schein** *m* loan certificate; **~schuld** *f* loan debt, bonded debt; **~schuldner** *m* loan (or bond) debtor; **~stückelung** *f* bond denomination; **~tilgung** *f* redemption of a loan; **~übernahmekonsortium** *n* underwriting syndicate; **~unterbringung** *f* placing of a loan; **~verschuldung** *f* bonded indebtedness; **~vertrag** *m* loan agreement; **~währung** *f* loan (or bond) currency; **~zeichner** *m* subscriber to a loan (or bond issue); **~zinssatz** *m* loan interest rate; **~zuteilung** *f* loan allotment

**Anlernling** *m* trainee; learner

**anliefern** to deliver, to supply

**Anlieferer** *m* deliverer

**Anlieferung** *f* delivery, supply

**Anliegen** *n*, **besonderes ~** (matter of) special concern

**anliegend** *(beigefügt)* enclosed (herewith), attached (hereto); *(angrenzend)* adjoining, adjacent; **~es Grundstück** adjoining property; **~ übersenden wir Ihnen** we enclose; enclosed you will find

**Anlieger** *m* abutter, abutting owner; adjoining owner; (*Straßen~*) residents, wayside owner; **~kosten** *pl* adjoining property charges; **nur ~verkehr** *m* no entry, residents only

**Anlockung** *f* **von Kunden** enticement (or touting) of customers

**anmahnen** to remind, to send a reminder; **e-e Sendung ~** to remind sb. about a consignment; to complain about non-consignment; **die Zahlung ~** to demand payment; to dun; to notify (sb.) that payment is due

**Anmahnung** *f*, **~ e-r Lieferung** (sending a) reminder for delivery (or to deliver); **~ der Zahlung** demand for payment, dun

**anmeldbar** *(im Konkurs)*, **~e Forderung** *f* provable debt

**Anmelde~, ~datum** *n* date of application (or registration); *(PatR)* filing date; **~formular** *n* application (or registration) form; **a~frei** *(Zoll)* nothing to declare; **~frist** *f* period for application (or registration); *(PatR)* filing period; **~gebühr** *f* application (or registration) fee

**anmelden** to apply for; to register; to notify, to give notice (of); *(Vermögen, Zoll)* to declare; **sich beim Arzt ~** to make an appointment with the doctor; **e-e Geburt ~** to register a birth; **e-e Gesellschaft zur Eintragung ~** to file an application to register a company; **ein Gewerbe ~** to register a trade; **sich in e-m Hotel ~** to register at a hotel; **sich zu e-m Kon-**

gress ~ to register for a congress; → Konkurs ~; **e-e** → Konkursforderung ~; **ein Kraftfahrzeug** ~ to register a vehicle; **ein** → Patent ~; **sich bei der Polizei** ~ to register with the police; **Schaden** ~ *(VersR)* to give notice of claim (or loss); **ein Kind zur Schule** ~ to put a child's name down for school; → zollpflichtige Waren ~; **seine Zahlungsunfähigkeit** ~ to declare oneself insolvent ( → angemeldet)

**Anmelde~**, **~pflicht** *f* obligation to register; **a~pflichtig** subject to registration (or notification); **a~pflichtige Waren** *(Zoll)* goods to declare

**Anmelder** *m* applicant; registrant

**Anmelde~**, **~schluss** *m* deadline (for application or registration); closing date; **~unterlagen** *pl* application documents

**Anmeldung** *m* application; registration; notification; *(Zoll etc.)* declaration; **bei der** ~ upon application; upon filing; → Konkurs~; → Patent~; → Schadens~; → Zoll~; (polizeiliche) ~ **von Ausländern** registration of aliens with the police; ~ **zur Eintragung in das Handelsregister** application for entry in the Commercial Register; ~ **der Güter zur Beförderung** *(Belegung von Frachtraum)* booking transport for goods; ~ **e-s Kraftfahrzeugs** registration of a motor-vehicle; ~ **der Ladung** *(Zoll)* freight declaration; ~ **des Schiffes** (Einfuhr) *(Zoll)* declaration of ship's particulars (inwards); ~ **zum gemeinschaftlichen Versandverfahren** *(EU)* declaration for Community transit; ~ **der Waren** (Ausfuhr) *(Zoll)* goods declaration (outwards); ~ **der Waren** (Einfuhr) *(Zoll)* goods declaration (inwards); ~ **für Waren unter Zollverschluss** (customs) entry for warehousing; ~ **zollfreier Waren** entry for dutyfree goods; **die ~ zurücknehmen** *(PatR)* to withdraw the application; **die ~ zurückweisen** *(PatR)* to refuse the application

**anmustern** → anheuern

**annähern** to approximate; to align; **die Wirtschaftspolitiken schrittweise ~** *(EU)* to approximate the economic policies progressively

**annähernde Berechnung** *f* approximation; rough estimate

**Annäherung** *f* approximation; (move towards) alignment; ~ **der Rechtsvorschriften der Mitgliedstaaten** *(EU)* alignment of legislation of Member States

**Annahme** *f* acceptance, accepting; *(e-s Kindes, e-r Meinung)* adoption; *(Empfang)* receipt; (Vermutung) assumption; **mangels ~ zurück** *(WechselR)* returned for want of acceptance; → verspätete ~; ~ **e-s Auftrags** acceptance (or taking) of an order; ~ **unter e-r Bedingung** conditional acceptance; ~ **e-r Erbschaft** acceptance of an inheritance; ~ **e-r Gesetzesvorlage** passage of (or passing) a Bill; ~ **e-r Schenkung** acceptance of a gift; ~ **der Tagesordnung** adoption of the agenda; ~ **e-s Wechsels** acceptance of a bill; **es besteht Grund zu der ~** there is reason to assume; **die ~ der Ware verweigern** to refuse to accept (or take delivery) of the goods; **die ~ e-s Wechsels verweigern** to refuse acceptance of a bill; to dishono(u)r a bill (by non-acceptance)

**Annahme~**, **a~berechtigt** entitled to accept; **~bescheinigung** *f* (certificate of) receipt; **~bestätigung** *f* acknowledgment of receipt; **~erklärung** *f* declaration of acceptance; **~frist** *f* period of time for acceptance; **~pflicht** *f* **des Käufers** buyer's obligation to take delivery

**Annahmeverweigerung** *f* refusal to accept (or to take delivery); ~ **e-s Wechsels** dishono(u)r of a bill by non-acceptance; **~srecht** *n (des Käufers)* right of rejection

**Annahmeverzug** *m* delay in accepting delivery (or performance); default of acceptance; **der Käufer befindet sich in ~** the buyer did not take delivery of the goods in (due) time

**annehmbarer Preis** *m* acceptable (or fair, reasonable) price

**annehmen** to accept, to receive; to adopt; *(Waren)* to take delivery (of); *(vermuten)* to assume, to suppose; **als erwiesen** ~ to suppose to be proved; **e-n Auftrag** (od. **e-e Bestellung**) ~ to accept (or take) an order; **e-e Einladung** ~ to accept an invitation; **ein Geschenk** ~ to accept a gift; **e-e Meinung** ~ to adopt an opinion; **e-e Sendung** ~ to accept (or take delivery of) a consignment; **e-e Sendung nicht** ~ to refuse to accept a consignment; **e-e Stelle** ~ to take a job (bei with); **e-n Vorschlag** ~ to accept (or agree to) a proposal; **e-n Wechsel nicht** ~ to dishono(u)r a bill (by non-acceptance) (→angenommen)

**Annonce** *f* advertisement; *colloq.* ad. (→Anzeige); **auf e-e ~ antworten** to answer an advertisement; **e-e ~ in e-e Zeitung setzen** to put an advertisement in a paper; to advertise in a newspaper

**Annoncen~**, **~akquisiteur** *m* advertising agent (or canvasser); adman; **~gebühren** *pl* advertising rates; **~teil** *m (e-r Zeitung)* advertising columns

**annoncieren** to advertise

**Annuität** *f* annuity; **Prinzip** *n* **der ~** principle of seniority (in connection with pay); **~enanleihe** *f* annuity bond; **~enhypothek** *f* redemption mortgage; **in gleichbleibenden ~en zu tilgende Anleihe** *f* loan redeemable by equal instal(l)ments

**annullieren** to cancel, to annul; to void, to declare null and void; **e-e Bestellung ~** to cancel an order

**annullierter Scheck** cancelled cheque; *Am* voided check

**Annullierung** *f* cancellation, annulment; nullification; **~ e-s Auftrags** cancellation of an order

**anordnen** to order, to instruct, to direct; *(gestalten)* to arrange; **die Auslagen geschmackvoll ~** to arrange the displays tastefully

**Anordnung** *f* order, instruction, direction; *(Gestaltung)* arrangement, layout; **~ der Zwangsversteigerung** order of forced sale; **laut ~** as ordered; **behördliche ~** official order (or directive); **übersichtliche ~ der Akten** clear arrangement of the files; **der ~ nicht Folge leisten** to fail to obey the order; **e-e ~ treffen** to give an instruction; to make an arrangement

**anpassen** to adjust, to adapt (to); **seine Ausgaben den Einnahmen ~** to adjust one's expenses to one's income; **die Produktion an die Nachfrage ~** to match output to demand; **die Wirtschaft den Gegebenheiten des gemeinsamen Marktes ~** *(EU)* to adapt the economy to the conditions created by the Common Market

**Anpassung** *f* adjustment, adaptation (an to); **mangelnde ~ an die Nachfrage** failure to adapt to demand; **mengenmäßige ~ der Erzeugung an die Absatzmöglichkeiten** quantitative adaptation of production to sales outlets; **wirtschaftliche ~** economic adjustment; **~ der Löhne an die steigenden Preise** adjustment of wages to rising prices; **~ von Verträgen** adaptation of contracts; **~ der Wechselkurse** adjustment of exchange rates

**Anpassungs~**, **~beihilfe** *f* **für Arbeitnehmer** adjustment assistance for workers; **a~fähig** adaptable; **~kosten** *pl (EU)* cost of redeploying workers; **~maßnahmen** *fpl (EU)* readaptation (or redeployment) measures; **~schwierigkeiten** *fpl* adaptation difficulties

**Anpflanzung** *f* plantation, cultivation; **~sverbot** *n* ban on planting

**anpreisen** to praise, to recommend; *colloq.* to boost; *(im Radio, Fernsehen) colloq.* to plug

**Anpreisung** *f* recommendation; *(aufdringlich)*, pushing

**anpumpen** *colloq.* to pump (or touch) sb. for money

**anrechenbare ausländische Steuer** *(DBA)* creditable foreign tax; tax eligible for double taxation relief

**anrechnen**, **~ auf** to credit (or charge) against, to allow as credit against; to count towards; to deduct from; **auf das Erbteil ~** to make allowance for the portion of inheritance already received; **auf den Kaufpreis ~** to deduct from the purchase price; **auf ein Kontingent ~** to charge to (or count against) a quota; **die ausländische Steuer auf die deutsche Steuer ~** to give credit for the foreign tax against the German tax

**Anrechnung** *f (Steuer)* credit (allowed); **~ ausländischer Steuern** *(DBA)* foreign tax credit; **~ e-r Zahlung auf e-e Schuld** appropriation of a payment to a debt; **e-e ~ gewähren** to allow a credit

**anrechnungsfähig** creditable; countable; *(abzugsfähig)* deductible; **~e Dienstjahre** *npl* years of service countable in computing pension payments

**Anrecht** *n* right, title, interest; claim; **ein ~ geltend machen** to assert a claim (auf to)

**Anrede** *f (Brief)* salutation

**anregen** to suggest; to stimulate; **den Konsum ~** to stimulate consumption

**Anregung** *f*, **auf ~ von** at the suggestion of

**Anreicherung** *f*, **~ von Uran** enrichment of uranium; **~sanlage** *f* enrichment plant

**Anreiz** *m* incentive, stimulus, inducement; **~ für Investitionen** incentive for investment; **~ für Kunden** appeal to customers; **finanzielle ~e** *mpl* financial incentives; **steuerliche ~e** tax incentives; fiscal stimuli; **~ für neue Investitionen schaffen** to provide a stimulus for new investment

**Anruf** *m* (telephone) call; (automatischer) **~beantworter** *m* telephone answering machine, telephone recorder; **~e** *pl* **beantworten** to answer calls; **e-n ~ entgegennehmen** to take a call; to answer the (tele)phone

**anrufen** *tel* to call (up); *bes. Br* to ring up; to (tele)phone; **den Gerichtshof (der Europäischen Gemeinschaften) ~** to bring the matter before (or refer the matter to) the Court of Justice (of the European Communities)

**Anrufung** *f* **des Arbeitsgerichts** appeal to the labo(u)r court

**ansagen** *(Rundfunk, Fernsehen)* to announce

**ansammeln** to pile (or heap) up; *(Vorräte)* to hoard, to stock (up); **(sich) ~** to accumulate; *(Personen)* to assemble, to gather; **Gewinne ~** to accumulate profits; **Reichtümer ~** to amass riches; **Reserven ~** to build up (or accumulate) reserves

**Ansammlung** *f (Kapital etc.)* accumulation; *(Vorräte)* stocking (up), hoarding; *(Menschen)* crowd, assembly

**ansässig** resident, residing, domiciled; **nicht ~** non(-)resident; **in ... ~e Gesellschaft** company being a resident of ...; **in der Bundesrepublik Deutschland ~e Person** resident in the Federal Republic of Germany; **in der Bundesrepublik Deutschland ~e Tochtergesellschaften ausländischer Firmen** foreign companies' subsidiaries residing (or located) in the F.R.G.; **in der Bundesrepublik Deutschland ~e Wirtschaftsunternehmen** enterprises domiciled in the F.R.G.; **in der Gemeinschaft ~e Personen** *(EU)* residents in the Community; **im Zollgebiet ~e Person** person domiciled in the customs territory; **im Ausland ~ sein** to be resident (or domiciled) abroad; **in e-m Staate ~ sein** to be a resident of a state, to reside in a state

**Ansässiger** *m* resident; **in der Gemeinschaft ~** *(EU)* person residing in the Community

**Ansatz** *m (angesetztes Stück)* piece added; *(Schätzung)* estimate; *(Anlauf)* start; *(Schicht)* layer, coating; **Ansätze** *pl* **des Haushaltsplans** budgetary appropriations; **Ansätze von Passivposten** valuation of liabilities; **~ e-s Preises** fixing of a price; **Ansätze für Steuereinnahmen im Haushaltsplan** estimate of tax revenue in the budget

**anschaffen** to acquire, to purchase; *(zahlen)* to provide for payment; *(Devisen)* to deliver; **sich ein Auto ~** to buy oneself a car; **Deckung für e-n Wechsel ~** to make provisions for the cover of a bill; **den Gegenwert ~** to remit the proceeds; **Gelder für den Zinsendienst ~** to provide funds for payment of interest; **sich zu viele Waren ~** to overstock oneself

**Anschaffung** *f (Kauf)* acquisition, purchase, procurement; *(von Beträgen)* remittance, provision; *(Devisen)* delivery; → Bar~; → Deckungs~; → Gegen~; **~en machen** to provide for the payment (of); **wir kaufen 10.000 Pfund ~ in London 5. März** we buy <ML>10.000 for delivery in London on March 5

**Anschaffungs~, ~darlehen** *n* personal loan, personal instal(l)ment credit; **~kosten** *pl* initial cost; historical cost; acquisition (or purchasing) cost; **~- und Herstellungskosten** initial cost and production cost; original cost; **~preis** *m (Erwerbspreis)* purchase price; (*Kaufpreis und ~nebenkosten*) price and purchasing costs; **~wert** *m* acquisition value; initial value; **zum Anschaffungswert** at cost

**Anschein** *m* appearance; **~hersteller** *m (Produzentenhaftung)* apparent producer; **~svollmacht** *f* apparent (or ostensible) authority

**Anschlag** *m (Plakat)* poster, placard, bill; *(Berechnung)* estimate, calculation; **~ am schwarzen Brett** notice on the (notice-) board (or *Am* bulletin board); → Kosten~; → Plakat~; → Terroristen~; **e-n ~ der Kosten machen** to make an estimate of the costs; **e-n ~ an e-r Mauer machen** to put a placard on a wall; to post (or stick) a bill on a wall

**Anschlagbrett** *n* notice board; *Br* (advertising) hoarding; *Am* billboard, bulletin board

**anschlagen** *(Plakat etc.)* to post, to placard; to put (placards) on a wall

**Anschlag~, ~plakat** *n* poster, bill, placard;

**~säule** *f* advertising pillar; **~tafel** *f* notice board; poster panel; *Am* bulletin board; **~wand** *f* poster panel; **~werbung** *f* advertising by poster; *Am* billboard advertising

**anschließen** *(anfügen)* to join, to add; *(verbinden)* to connect; **sich ~ an** to associate with; to rally to; **sich e-m Projekt ~** to join in a scheme

**Anschluss** *m* joining, affiliation; *(Verkehr)* connection; *Br (auch)* connexion; *tel* line, connection; **~ an Hauptversorgungsleitungen** *(Strom, Wasser etc.)* connection to mains; **im ~ an die Sitzung** following (or subsequent to) the session; **im ~ an mein gestriges Telefongespräch** referring to my call yesterday; **gemeinsamer ~** *tel* party line; **~ bekommen** *tel* to get a connection; to get through; **~ haben** *(Zug etc.)* to run in (or have) connection with

**Anschluss~**, **~auftrag** *m* follow-up order; continuation order; **~finanzierung** *f* follow-up financing; **~flugschein** *m* connection ticket; **~konkurs** *m* bankruptcy proceedings following the failure of composition proceedings; **~kunde** *m (e-r Factoring-Gesellschaft)* (factoring) client

**anschmieren**, **jdn ~** *colloq.* to cheat sb.; to bamboozle sb.

**anschnallen**, **sich** *(im Auto, Flugzeug)* **~** to fasten one's seat-belt

**Anschnallgurt** *m (im Auto, Flugzeug)* safety belt, seat-belt

**Anschreibe~**, **~buch** *n Br* credit sales book, roundsman's book; *Am* passbook; **~konto** *n* credit account

**anschreiben**, *(in e-m Geschäft)* **~** to charge to sb.'s account; **wollen Sie dies ~ lassen?** do you want this charged to your account? ( → angeschrieben)

**Anschrift** *f* address; **seine genaue ~ angeben** to give one's exact address (or one's full name and address)

**Anschrift~**, **~änderung** *f* change of address; **~enverzeichnis** *n* list of addresses

**anschuldigen** to charge (with), to accuse (of)

**Anschuldigung** *f* charge, accusation; **falsche ~** false accusation

**anschwärzen** jdn anschwärzen to blacken sb.'s character; **die Ware(n) des Konkurrenten ~** to run down (or disparage) the goods of the competitor

**Anschwärzung** *f* disparagement; injurious falsehood; running down the competitor's goods; *Am* trade libel

**anschwemmen** to wash ashore

**Ansehen** *n* reputation, standing credit; **geschäftliches ~** business standing (or reputation); **hohes ~ genießen** to enjoy a good reputation (or high standing); **von ~ kennen** to know by sight; **~ in der Öffentlichkeit genießen** to enjoy a good public reputation; **jds ~ schaden** to discredit sb.

**ansehen**, **(sich) die Ware ~** to (have a) look at (or to view) the goods; *(prüfen)* to examine (or inspect) the goods; **etw. als gegeben ~** to take sth. for granted

**ansetzen** *(Termin)* to fix (a date for), to schedule (for); *(Preis)* to fix, to quote; *(veranschlagen)* to assess, to estimate; *(in der Bilanz)* to state

**Ansicht** *f* opinion, view, mind; *com* inspection; **zur ~** on approval; on sale or return; → Kauf zur ~; **nach allgemeiner ~** according to the general opinion; **der ~ sein** to be of the opinion, to take the view; **anderer ~ sein** (wie) to differ in opinion (from); to take a different view; **ich bin leider anderer ~** I beg to differ; **Waren zur ~ senden** to send goods on approval

**Ansichts~**, **~muster** *n* sample for inspection; **~sache** *f* matter of opinion

**Ansichtssendung** *f* consignment on approval (or inspection); sample consignment; **bei unbestellter ~ keine Rücksendungspflicht** no obligation to return unsolicited samples

**ansiedeln** to settle; *(Gewerbe)* to locate

**Ansiedlung** *f* settlement; *(von Industrien)* location; **~spolitik** *f (von Industrien)* (industrial) location policy

**anspannen** to strain ( → angespannt)

**Anspannung** *f* strain, tightening; **wachsende ~ am Arbeitsmarkt** growing tightness of the labo(u)r market; **~ am Geldmarkt** strain in the money market

**ansparen** to save (up)

**Ansprache** *f* address, speech; **e-e ~ an die Versammlung richten** to address the meeting

**ansprechen** *(gefallen)* to please, to appeal (to)

**ansprechend** pleasing, attractive, appealing

**Anspruch** *m* claim, right, title (auf to); **~ aus unerlaubter Handlung** tort claim; **~**

**aus Vertrag** contractual claim; **berechtigter ~** rightful claim; **einklagbarer ~** cause of action; **geringe Ansprüche** *pl* small claims; **gesetzlicher ~** claim under an Act, statutory claim; **hohe Ansprüche** *pl* large claims; big demands; **rechtlicher ~** legal title; **unberechtigter ~** unjustified claim; **verjährter ~** statute-barred claim; **vertraglicher ~** contractual claim; **den ~ dem Grunde nach anerkennen** to admit the claim on the merits; **e-n ~ aufgeben** to give up (or abandon) a claim; **weitere Ansprüche** *pl* **sind ausgeschlossen** any further claim shall be excluded; **e-n ~ befriedigen** to satisfy a claim; to meet a demand; **wir geben uns alle Mühe, die Ansprüche unserer Kunden zu befriedigen** we spare no efforts to meet the demands of our customers; **e-n ~ bestreiten** to contest a claim; **e-n ~ durchsetzen** to enforce a claim; **~ erheben** to advance (or lodge) a claim (auf to, for); to put in (or submit) a claim (auf to, for); **ein ~ erlischt** a claim is void; **e-n ~ geltend machen** to assert a claim; **~ haben auf** to be entitled to; **sich über e-n (fremden) ~ hinwegsetzen** *colloq.* to jump a claim; **in ~ nehmen** to make use of; to make a claim on; **die Ausführung Ihres Auftrages wird etwa einen Monat in ~ nehmen** the execution of your order will take about one month; **den Kapitalmarkt in ~ nehmen** to have recourse to the capital market; **e-n Kredit in ~ nehmen** to make use of a credit, to utilize a credit; **er wurde auf** → Schadenersatz in ~ genommen; meine Zeit ist sehr in Anspruch genommen there are many claims on my time; **hohe Ansprüche stellen** to be very demanding (or exacting); **keine Ansprüche stellen** to make no demands

**Anspruchs~**, **~abtretung** *f* assignment of a claim; **~befriedigung** *f* satisfaction of a claim; **a~berechtigt** entitled to a claim; **~berechtigter** *m* rightful claimant; beneficiary; **a~los** unpretentious, modest; **~schuldner** *m* claim debtor; **~verjährung** *f* prescription of claim; **a~voller Kunde** demanding (exacting) customer; a customer hard to please

**Anstalt** *f* institution, establishment, institute; **~ des öffentlichen Rechts** public institution; institution under public law;

**anständig**, **~es Geschäftsgebaren** *n* fair dealing; **~en Gepflogenheiten** *fpl* **entsprechen** to be compatible with fair practices

**anstehen** *(Schlange stehen)* to queue (up) (for); *Am* to line up (for); **Bezahlung e-r Schuld ~ lassen** to defer payment of a debt; **zur Entscheidung ~** to be up for decision

**Ansteigen** *n* **der Preise** rise (or increase) in prices

**ansteigen** *(Preise, Kurse)* to rise, to increase; **spürbar ~** to rise markedly; **sprunghaft ~** *colloq.* to leap, to rise by leaps and bounds; **steil ~** to rocket; **die Bevölkerung ist weiter angestiegen** the population continued to increase

**ansteigend**, **rapide ~** *(Preise, Kurse)* soaring

**anstellen** *(Arbeitskräfte)* to employ, to engage; *Am* to hire; *(Geräte)* to switch on; *(Maschinen)* to start; **sich ~** *(in e-r Warteschlange)* to queue up, *Am* to line up; **e-e Berechnung ~** to make (or carry out) a calculation; **~ und entlassen** to hire and fire; **jdn aushilfsweise ~** to employ (or engage) sb. temporarily; **jdn fest ~** to give sb. a permanent position ( → angestellt)

**Anstellung** *f* employment, engagement; *Am* hiring; **~ auf Lebenszeit** life tenure; **~ im öffentlichen Dienst** public employment; **~ auf Probe** employment on trial (or on probation)

**Anstellungs Anstellungsbedingungen** *fpl* conditions (or terms) of employment; **Anstellungsvertrag** *m* contract of employment

**Anstieg** *m* rise, increase, upswing; *(steil)* up-surge; *(plötzlich)* spurt; **~ der Ausfuhr** rise in exports; **~ der Kurse** increase in (share) prices; *Am* run-up of prices; **~ der Löhne** increase in wages; **~ der Nachfrage** rise in demand; **~ der Preise** rise in prices; **im ~ begriffen sein** to be on the rise; **der konjunkturelle ~ der Industrieproduktion ist zum Stillstand gekommen** the cyclical growth of industrial production has come to a standstill

**Anstiegstempo, das ~ der Einkünfte hat sich verlangsamt (beschleunigt)** the growth rate of income slowed down (accelerated or quickened)

**anstiften** to instigate, to incite

**Anstoß** *m (Anregung)* initiative, impulse; *(Ärgernis)* offen|ce (~se); **~ erregen** to give offence (~|se); to offend; **~ nehmen** to take offence (~|se)

**anstreben** to aim at (for)

**anstreichen** to paint, to coat; *(anmerken)* to mark

**anstrengen**, **e-n Prozess ~** to bring an action (*gegen* against)

**Anstrengung** *f* effort; **~en zur Absatzförderung** sales promotion efforts; **seine ~en verdoppeln** to double one's efforts

**Ansturm** *m* rush; **~ auf e-e Bank** run on a bank; **~ auf e-n Laden** *(z. B. beim Ausverkauf)* rush on a shop;

**Ansuchen** *n*, **auf ~ von** at the request of; **e-m ~ entsprechen** to comply with a request

**Anteil** *m* share; portion; interest; *(verhältnismäßiger)* quota; proportion, contingent; **prozentualer ~** percentage; **rechtmäßiger ~** lawful share; **~ an e-r Erbschaft** share in an estate (or inheritance); **~ am Ertrag** portion of proceeds; **~ an e-m Geschäft** share (or interest) in a business; **~ am Gewinn** share in (or of) profit(s); **prozentualer ~ am Gewinn** percentage of profit(s); **~ an e-m Investmentfonds** (investment) share, (investment) certificate; *Br (auch)* unit; **~ am Markt** share in the market; **~ an e-r Personengesellschaft** share (or interest) in a partnership; **~ am Verlust** share in the loss; **~le** *pl* **ausgeben** to issue shares; **~ haben an** to have an interest (or share) in; to participate in; **gleichen ~ am Gewinn haben** to participate equally in the profit(s)

**anteilig** → anteilmäßig

**anteilmäßig** pro rata, according to the share; proportionate; *Am* proratable; **~er Betrag** *m* pro rata amount; *Am* prorated amount; **~e Fracht** *f* freight paid pro rata; **~e Kosten** *pl Am* prorated costs; **~ aufteilen** to distribute proportionally; *Am* to prorate

**Anteilpapier** *n* equity security; **Investitionen in ~en** *pl* equity investments

**Anteils~**, **~berechtigter** *m* person entitled to a share; **~bewertung** *f (Investmentfonds)* valuation of shares (or *Br* units); **~eigner** *m* shareholder; *(Investmentfonds)* certificate holder (or owner); *Br* unitholder

**Anteils~**, **~rechte** *npl* equity interests; **~schein** *m* (od. **~zertifikat** *n*) share certificate; *Br* unit certificate

**Antidumping** *n*, **~maßnahmen** *fpl* antidumping measures; protective measures against dumping; **~zoll** *m* antidumping duty

**antiquarisch** second(-)hand; **Bücher ~ kaufen** to buy books second(-)hand

**Antiquitätenladen** *m* antique shop

**antispekulative Maßnahmen** *fpl* antispeculative measures

**Antisubventionsverfahren** *n (EU)* antisubsidy procedure

**antizipativ**, **~e Aktiva** *npl (noch nicht eingenommene Erträge)* accrued assets (or income); accrued receivables; **~e Passiva** *npl (noch nicht bezahlte Aufwendungen)* accrued liabilities (or expense), accrued payables; **~e Posten** accrued items

**antizyklisch** anticyclical, countercyclical

**Antrag** *m* application, request; *(Vertragsangebot)* offer; *(in e-r Versammlung)* motion; *(VersR)* proposal; *(an das Gericht)* petition, motion, application; **auf ~ von** on application of, at the request of; on the motion of; **~ auf Abschluss e-r Versicherung** proposal of insurance; **~ auf Börseneinführung** application for listing; **~ auf** → Konkurseröffnung; **~ auf Mitgliedschaft** application for membership; **~ auf Vertagung e-r Sitzung** motion for adjournment of a meeting; **~ auf Zuteilung von Aktien** application for allotment of shares

**Antrag** *m*, **e-n ~ ablehnen** to dismiss (or reject) an application; to deny (or refuse, defeat) a motion; to reject an offer; **über e-n ~ abstimmen** to vote upon a motion; to put a motion to the vote; **e-n ~ annehmen** to accept an offer; to adopt (or agree to) a motion; **der ~ wurde mit großer Mehrheit angenommen** the motion was carried by (or with) a large majority; **e-n ~ einreichen** to file an application; to submit a request; **e-n ~ mit 10 gegen 5 Stimmen zu Fall bringen** to defeat a motion by 10 votes to 5; **e-m ~ stattgeben** *(im Prozess)* to grant a motion; **e-n ~ stellen** to make (or lodge) an application (or a request); to present a petition; to propose (or submit) a motion; **e-n ~ zurückziehen** to withdraw an application

**Antrag~**, **a~sberechtigt** entitled to make an application; **~sformular** *n* application form; proposal form; **~steller** *m* applicant; person presenting a motion; petitioner; *(Vers.)* proposer

**antreten**, **den Dienst ~** to enter upon one's duties; to enter the employment (bei of); **e-e Erbschaft ~** to enter upon an estate (or inheritance); **die Nachfolge ~ von X** to succeed X

**Antritt** *m*, **~ e-s Amtes** assumption of an office; taking up an office; **~ e-r Erbschaft** entrance upon an estate (or inheritance); **bei ~ der Fahrt** at the beginning of the journey; **vor ~ der Rückreise** before the return journey commences; **~ e-r Stellung** entering a position (or an employment)

**Antrittsbesuch** *m* first visit

**Antwort** *f* answer, reply; **in ~ auf Ihre Anfrage** in answer to (or answering) your inquiry; → abschlägige ~; **für baldige ~ wären wir Ihnen dankbar** we would be grateful for an early reply; your early reply would be appreciated; **für umgehende ~ wären wir dankbar** we would be grateful for a speedy reply; **wir erwarten Ihre ~** we look forward to your reply (or to hearing from you); **bitte geben Sie in Ihrer ~ an** please quote in your reply; **um ~ wird gebeten** r.s.v.p., an answer is requested; **wir sehen Ihrer ~ mit Interesse entgegen** we are looking forward with interest to your reply

**Antwort~**, **~brief** *m* reply letter; **(Werbe-) ~karte** *f* (business) reply card; **internationaler ~schein** *m* international reply coupon; **~schreiben** *n* → ~brief

**antworten** → bejahend ~; → postwendend ~; → verneinend ~

**anvertrauen jdm etw. anvertrauen** to entrust sth. to sb.; to entrust sb. with sth.; *(Geheimnis)* to confide sth. to sb.

**Anwachsen** *n* growth, increase; **~ der Schulden** accumulation of debts; **im ~ begriffen sein** to be on the increase

**anwachsen** *(anfallen)* to accrue; *(ansteigen)* to grow, to increase (in value); to run up; **~ lassen** to run up, to cause to grow quickly (in amount); **mein Guthaben ist auf ... angewachsen** (the amount of) my credit balance increased to ...; **die Schulden sind angewachsen** the debts ran up

**Anwalt** *m* lawyer ( → Rechtsanwalt); → Gegen~; **bei Gericht zugelassener ~** lawyer admitted to practise in court; **~ in Steuersachen** tax lawyer; **~, der in der EG seine Tätigkeit ausübt** lawyer practising in the European Communities; **als ~ für jdn auftreten** to appear as lawyer for sb.; **als ~** *(regelmäßig)* **vor Gericht auftreten** to practise in court; **vor internationalen Behörden als ~ auftreten** to practise as lawyer before international authorities; **als ~ seine Praxis ausüben** to practise as a lawyer; **sich mit seinem ~ besprechen** to confer with one's lawyer; **sich e-n ~ nehmen** to employ (or engage) a lawyer; *(nach Zahlung e-s Vorschusses)* to retain (the services of) a lawyer; *Am* to hire an attorney; **e-n ~ zu Rate ziehen** to consult a lawyer; **die Angelegenheit e-m ~ übergeben** to place the matter in the hands of a lawyer; **durch e-n ~ vertreten werden** to be represented by a lawyer

**Anwalts~**, **~büro** lawyer's office; **~gebühren** *pl* lawyer's fees; legal fees; **~honorar** *n* retainer; **~kosten** *pl* lawyer's charges; **~liste** *f* list of lawyers (admitted to practise); **~praxis** *f* practice of a lawyer, law practice, lawyer's office; **~sozietät** *f* firm of lawyers, *Am* law firm

**Anwartschaft** *f*, **~ auf e-e Pension** expectancy of a pension; **~szeit** *f (z. B. für Arbeitslosengeld)* qualifying period

**anweisen** *(anordnen)* to order, to instruct, to direct; *(überweisen)* to send, to transfer, to remit; *(zuweisen)* to assign, **e-e Bank ~, Geld zu überweisen** to instruct a bank to remit money; **Geld telegrafisch ~** to transfer money by cable ( → angewiesen)

**Anweisung** *f (Anordnung)* order, instruction, direction; *(Überweisung von Geld)* transfer, remittance; *(Zuweisung)* assignment; **der ~ gemäß** as directed; according to instructions; **kaufmännische ~** delivery (or payment) order made out by a merchant; **telegrafische ~** cable transfer; **~en befolgen** to follow (or comply with) instructions; **~en erbitten** (od. **einholen**) to ask for instructions; **genaue ~en erteilen** to give precise instructions

**anwendbar** applicable (auf to); **~es Recht** applicable law; **das Gesetz ist ~** the law applies

**anwenden** to apply; to use, to make use (of); **ein Gesetz ~** to apply a law; **Sorgfalt ~** to exercise (or use) care ( → angewandt)

**Anwendung** *f* application; use; **~ der Gemeinschaftsvorschriften** application of Community provisions; **~ von Gewalt** use of force; **falsche ~** misapplication, wrong application; **gewerbliche ~** industrial application; **zur ~ bringen** to apply; **~ finden auf** to apply to, to be applied to; **e-e Bestimmung findet ~** a provision applies

**Anwendungs~**, **~bereich** *m* scope of application; *(e-s Gesetzes)* scope of a law; **~programmierer** *(EDV)* application programmer; **~technik** *f* application engineering

**Anwerbeland** *n* recruitment country

**anwerben**, **Arbeitskräfte ~** *fpl* to recruit labo(u)r; **sich ~ lassen** to enlist

**Anwerbung** *f* **von ausländischen Arbeitskreisen** recruitment of foreign labo(u)r

**Anwesen** *n* property, premises

**anwesend** present; **~ sein** to attend; **persönlich ~ sein** to be present in person

**Anwesenheit** *f* presence; attendance (bei at); **~sliste** *f* attendance sheet; list of persons (or members) present; **~snachweis** *m* attendance record

**Anzahl** *f* number, quantity, **e-e große ~ der Kunden** a great number of customers

**anzahlen** *(vorauszahlen)* to pay on account; to make an advance payment; to pay ... in advance; *Br* to pay a deposit; *Am* to make a deposit; *(bei Teilzahlungen)* to pay down, to make a down payment; to pay a first instal(l)ment; **wir möchten Sie bitten, 1/4 des Kaufpreises des Hauses anzuzahlen** we would like you to deposit a quarter of the price of the house ( → angezahlt)

**Anzahlung** *f (Vorauszahlung)* deposit, advance payment, payment on account; *(in Verbindung mit e-m Teilzahlungsgeschäft)* down payment; part(ial) payment; first instal(l)ment; **als ~** on account; as (or by way of) deposit; as down payment; **Kauf, bei dem e-e ~ gemacht und die Ware zurückgelegt wird** *Am* will-call (purchase); **die vom Käufer geleistete ~** the advance payment (or deposit) made by the purchaser; **e-e ~ machen** (od. **leisten**) to pay (a sum) on account; to make a deposit, to make an advance payment; to make a down payment

**Anzahlungs~**, **~garantie** *f* down payment guarantee; advance payment bond; **~summe** *f* amount paid on account; deposit; advance payment; (amount paid as a) down payment

**anzapfen** *tel* to tap

**Anzeichen** *n* **e-s wirtschaftlichen Aufschwungs** sign (or indication) of an economic upswing

**Anzeige** *(Inserat)* advertisement; *colloq.* ad; *(Benachrichtigung)* notice, notification; announcement; *com* advice; *(Auskunft)* disclosure; *(Gerät)* indication; *(Strafanzeige)* information, charge, report; **laut ~** as per advice; **~ über die Absendung** notice of consignment; **~ an den Käufer** notice given to the buyer, **~ des Käufers** notice from the buyer; **~ von Mängeln** notification of defects; **~ bei der Polizei** report to the police; **~ e-s Schadens** advice of loss; notice of damage (or loss); **~ e-s Unfalls** notification of an accident; **~ des Verkäufers** notice by the seller; **~ e-s Verkaufs** announcement of a sale; **einmalige ~** single insertion; **ganzseitige ~** spread; → Klein~; **Neugier erregende ~** teaser; **zweispaltige ~** double column advertisement; **e-e ~ aufgeben** to insert an advertisement; **e-e ~ aufnehmen** to insert (or publish) an advertisement; **e-e ~ erstatten** to give notice (of sth.); to give information (of sth.); to make a report (to sb.); (*Straf~*) to report (sth.) to the police; to inform against sb.; to bring (or file) a charge against sb.; **e-e ~ in die Zeitung setzen** to put (or place) an advertisement in the newspaper

**anzeigen** *(benachrichtigen)* to notify, to give notice (of); to inform; *(avisieren)* to advise; *(Empfang)* to acknowledge; *(melden)* to report; *(bekanntgeben)* to announce; *(bei Polizei od. Staatsanwaltschaft)* to inform against sb.; *(von e-m Gerät)* to indicate; **der Behörde ~** to notify the authority (of); **den Eingang der Ware ~** to advise concerning the receipt of the goods; **der Käufer zeigt den Mangel an** the buyer gives notice of the defect; **Preise ~** to quote prices; **e-e**

**Tratte** ~ to advise a draft; **den Versand** ~ to advise shipment

**Anzeigen~**, **~abteilung** *f* advertising department; **~agentur** *f* advertising agency; **~auftrag** *m* advertising order, insertion order; **~beilage** *f* advertising supplement; **~blatt** *n* advertiser, advertising newspaper; **~blatt der Wirtschaft** industrial advertiser; **~büro** *n* advertising office (or agency); **~fachmann** *m* advertising specialist; adman; **~gebühren** *pl* advertising rates (or charges); *colloq.* ad rates; **~größe** *f* size of an advertisement; **~leiter** *m* advertisement manager; **~platzierung** *f* positioning of an advertisement; **~preisliste** *f* advertising rate list; **~raum** *m* advertisement space; **~rückgang** *m (e-r Zeitung)* advertising slump; **~schluss** *m* closing date, dead(-)line (for advertisements); **~teil** *m* advertising columns; **~tarif** *m* advertising rates; **~text** *m* advertising copy; **~werbung** *f (in der Presse)* press advertising

**Anzeigepflicht** *f* duty to give notice (of); obligation to notify (or report); **~ bei Fund** duty to report finds; **~ bei e-r Straftat** duty to report an offen|ce (~|se)

**anzeigenpflichtig** notifiable; **~e Großkredite** *mpl* large credits to be reported; **~e Straftat** *f* notifiable offen|ce (~|se)

**Anzeigetafel** *f (Börse)* quotation board

**Anziehen** *n (Preise, Kurve)* advance (in); rise, increase, stiffening; **~ der Zinsen** rising (or hardening) of interest rates

**anziehen** to advance, to rise, to increase, to firm (up), to harden; *(langsam)* to edge up; *(anlocken)* to attract; **Kunden ~** to attract customers; **die Aktien zogen an** shares moved up; share prices increased; **die Aktien zogen kräftig an** share prices increased strongly; **die Aktienkurse zogen weiter an** (share) prices increased (or strengthened) further; **die Dividendenpapiere zogen an** equities improved; **die Preise ziehen an** prices are advancing (or hardening); **die Preise werden wahrscheinlich weiter ~** prices are likely to continue to rise; **die** → Steuerschraube ~

**anziehend** attractive; **bei ~en Kursen** in a rising market

**Anziehungskraft** *f* power of attraction; **~ auf Kunden** customer appeal

**Anzug** *m* suit; **~ nach Maß** suit made to measure; **e-n ~ von der Stange kaufen** to buy a ready-made (or *Am* off-the-rack) suit

**APS** GSP *(EU)* s. allgemeines → Präferenzsystem); **durch das ~ begünstigte Länder** GSP beneficiary countries

**Apartment** *n Am* apartment; *Br* flat

**Apotheke** *f Br* chemist's shop; *Am* pharmacy

**Apparat** *m* apparatus; *(Gerät)* device; *(kleines technisches Gerät)* gadget; *fig* machinery, organization; **bleiben Sie bitte am ~** *tel* hold the line, please

**Approbation** *f* **als Arzt** licence (~se) to practise as a doctor

**äquivalente Waren** *fpl (Veredelungsverkehr)* equivalent goods, equivalents

**Äquivalenzverkehr** *m (Zoll)* setting-off with equivalent goods

**Arabische Bank für die Wirtschaftsentwicklung in Afrika** Arab Bank for Economic Development in Africa

**Arabische Erdölexportländer**, **Organisation** *f* **der Arabischen Erdölexportländer** (OAPEC)) Organization of Arab Petroleum Exporting Countries (OAPEC)

**Arbeit** *f* work; labo(u)r; *(Berufstätigkeit)* employment, occupation, job; *(mühevolle Arbeit)* effort; *(~ausführung)* workmanship; **Kapital und ~** capital and labo(u)r; **~ im Akkord** → Akkord~; **~ am Fließband** work on the assembly line; **~ in aufeinanderfolgenden Schichten** shift work; **in ~ befindliche Erzeugnisse** work in process (or progress) (w. i. p.); **geistige ~** intellectual work, brainwork; **körperliche ~** physical work; **schwere ~** hard work; **~en abschließen** to complete work; **~ annehmen** to accept employment; to agree to do a job; **~ aufnehmen** to start work; to take up employment; **er führte seine ~en zu unserer Zufriedenheit aus** he did the work (or performed the duties) entrusted to him to our satisfaction; ~ → ausschreiben; **~ bekommen** to get a job; **sich um ~ bemühen** to seek work; **~ beschaffen** to create employment; to provide work (for unemployed); **die ~ einstellen** to stop work; **~ finden** to find employment; to find (paid) work; to find a job; **etw. in ~ geben** to put work in hand; to have work started on sth.; **an die ~ gehen** to start work; **auf ~ gehen** to go out to work; **zur ~ gehen** to go to one's work; ~ **leisten** to work, to do work; **gute ~ leisten** to do good work; **sich an die ~ machen** to set to work; **jdm ~ machen** to make work for sb.; **etw. in ~ nehmen** to take sth. in hand; **bei der ~ sein** to be at work; **auf ~ sein** to be out at work; **in ~ sein** *(Sache)* to be in hand; ~ **suchen** to seek work; to look for a job; **seine ~ tun** to do one's job; ~ **übernehmen** to undertake work; to take on a job; ~ **vergeben** to give out work; *(im Werkvertrag)* to contract for work; ~ **verrichten** to do (one's) work; **jdm ~ verschaffen** to find work for sb.; **die ~ wiederaufnehmen** to restart work

**arbeiten** to work; *(schwer)* to labo(u)r, to toil; **an etw.** ~ to be engaged in sth.; to be busy with sth.; **bei jdm** ~ to be employed with sb.; **für jdn** ~ to work for sb.; → ganztägig ~; **mit jdm geschäftlich** ~ to do business with sb.; → halbtags ~; → kurz~; → schwarz ~; **schwer** ~ to work hard; → umsonst ~; **sein Geld ~ lassen** to invest one's money; **e-e Maschine ~ lassen** to operate a machine; **die Maschine arbeitet automatisch** the machine is operating automatically; **als** → Verkäufer ~

**arbeitend** working; **in e-m Unternehmen ~es Kapital** *n* capital employed in an enterprise

**Arbeiter** *m* worker, workman; blue-collar worker; *(Maschinen~)* operator, operative; *(ungelernter ~)* labo(u)rer; *pl* labo(u)r, wage-earners; ~ **und Angestellte** *pl* manual and non-manual workers; blue collar and white collar workers; **angelernter** ~ semi-skilled worker; **gelernter** ~ skilled worker; **landwirtschaftlicher** ~ farm worker; farmhand; agricultural labo(u)rer; ~ **anwerben** to recruit workers; ~ **einstellen** to employ (or engage, take on) workers; *Am* to hire workers; **ungelernte ~ als Facha~ einstellen** to dilute labo(u)r; ~ **entlassen** to dismiss workers; *(wegen Rationalisierung)* to make workers redundant

**Arbeiterin** *f* (female) worker

**Arbeiter~**, **~fahrkarte** *f* workman's ticket; **~gewerkschaft** *f* labo(u)r union; **~gewinnbeteiligung** *f* industrial partnership; **~mangel** *m* labo(u)r shortage, scarcity of workers; **~rentenversicherung** *f* workers' pension insurance fund; **a~rentenversicherungspflichtige Beschäftigung** *f* employment which is covered by the compulsory pension insurance scheme for wage-earners; **~schaft** *f* labo(u)r force; the working class(es); **~siedlung** *f Br* housing estate (*Am* housing[settlement]) for workers; **~stunde** → Arbeitsstunde; **~unfallversicherung** *f Br* industrial injuries insurance; *Am* workmen's compensation insurance; **~viertel** *n* working class quarter; **~wohnungen** *fpl Br* workers' flats; *Am* workmen's dwellings

**Arbeitgeber** *m* employer; ~ *pl* **und Arbeitnehmer** *pl* employers and employees; management and labo(u)r; **Beziehungen zwischen ~n** *pl* **und Arbeitnehmern** labo(u)r-management relations; employer-employee relations; industrial relations; **~anteil** *m (zur Sozialversicherung)* employer's contribution (or share); **~beiträge** *mpl* **zu den Sozialversicherungen** employers' contributions to social security funds; **~haftpflicht** *f* employer's liability; **~lizenz** *f (an der Erfindung des Arbeitnehmers) Am* shop right; **~verband** *m* employers' association

**Arbeitnehmer** *m* employee, employed (person); *pl* labo(u)r; wage and salary earners; staff; ~ *pl* **des Handels** persons employed in distributive trades; ~ *pl* **aus Mitgliedstaaten oder Drittländer** *(EU)* workers from member or non-member countries; **ältere** ~ *pl* older employees; **am Gewinn beteiligte** ~ *pl* profit-sharing employees; **jugendliche** ~ *pl* juvenile (or young) employees; **kaufmännischer** ~ commercial employee; **innerhalb der Gemeinschaft ab- und zuwandernde** ~ *pl (EU)* employed persons moving within the Community; ~ *pl* **einstellen und entlassen** to engage and dismiss employees; ~ *pl* **überlassen** (od. **verleihen**) to hire out temporary workers

**Arbeitnehmer~**, **~anteil** *m (zur Sozialversicherung)* employee's contribution (or share); **~anteile** *mpl (am Aktienkapital der Firma)* employees' stock; **~beiträge** *mpl* **zu den Sozialversicherungen** employees' contributions to social security funds; **~freibetrag** *m* employee's tax allowance (or exemption)

**Arbeitnehmerin** *f* woman employee, female worker

**Arbeitnehmerüberlassung** *f* hiring out a

temporary worker; **Bestimmungen über ~** temporary employment regulations; **gewerbsmäßige ~** temporary employment business

**Arbeitnehmer~**, **~verband** *m* employees' association; **~vertreter** *m* employees' (or workers') representative; staff representative

**Arbeits~**, **~ablauf** *m* flow of work, work flow, work schedule; **~ablauf im Büro** office work flow; **~amt** *n* employment office; *Br* job centre; **~analyse** *f* job analysis; **~anfall** *m* volume of work; **~angebot** *n* job offer; supply of labo(u)r; **~anweisung** *f* working instruction; instruction sheet; **~anzug** *m* working clothes; **~atmosphäre** *f* working climate; **~aufnahme**; beginning of work; **~aufsicht** *f* labo(u)r inspection, factory inspection; **~auftrag** *m* job order; work order; **~auftragsnummer** *f* job number; **~aufwand** *m* labo(u)r expended; **(Kosten des) ~aufwand(es)** labo(u)r costs; **~ausfall** *m* loss of working hours; **~ausführung** *f* workmanship; **~bedingungen** *pl* working conditions; conditions of employment

**Arbeitsbeginn** *m* commencement (or beginning) of work; starting time; **~ registrieren** *Br* to clock in; *Am* to punch the clock

**Arbeits~**, **~belastung** *f* workload; **~bereich** *m* field of action; **~bereitschaft** *f* readiness to work; **~beschreibung** *f* job description

**Arbeitsbeschaffung** *f* creation of employment (or work, jobs); **~smaßnahmen** *fpl* measures to create employment; **~sprogramm** *n* job creation program(me)

**Arbeitsbeschäftigungsgesetz** *n* Law for the Promotion of Employment

**Arbeits~**, **~bescheinigung** *f* certificate of employment; **~beschreibung** *f* job description; **~bewertung** *f* job evaluation; **~beziehungen** *pl (Beziehungen zwischen den Sozialpartnern)* industrial relations; **~blatt** *n* work sheet; **~datei** *f (EDV)* work file; **~dauer** *f* working time; **~direktor** *m* director (on board) representing the employees; **~eignung** *f* fitness for work (or employment); **~einkommen** *n* earned income; income from wages (or salaries); income from employment; **~einkünfte** *pl* **im Ausland** foreign-source employment income; **~einsatz** *m* deployment of labo(u)r; **~einstellung** *f* work stoppage; *(vorübergehend)* suspension of work; *(Streik)* walk-out; **~einteilung** *f* distribution of work; organization of work; **~entgelt** *n* remuneration (for work); **~erfahrung** *f* work experience; **~ergebnis** *n* result of work; **~erlaubnis** *f* employment (or work) permit; **a~ersparende Vorrichtung** *f* labo(u)r-saving device; **~essen** *n* working lunch (or dinner); **a~fähig** able to work; fit for work; **~fähigkeit** *f* ability to work; fitness for work; **~ehler** *m* defect in workmanship; **~fluss** *m* work flow; **~flussüberwacher** *m* work flow officer, expediter; **~förderung** *f* work (or employment) promotion; **a~freier Tag** *m* day off, (work-)free day; non-business day; **~freude** *f* pleasure in one's work; **~frieden** *m* peace in labo(u)r relations; **~gang** *m* work process; **~gebiet** *n* field of action; **~gemeinschaft** *f* working party; team (working together); **~genauigkeit** *f* accuracy in working; **~genehmigung** *f* → ~erlaubnis; **~gerät** *n* (working) implement; **~gericht** *n* labo(u)r court; *Br* industrial tribunal; **~gerichtsbarkeit** *f* labo(u)r jurisdiction; **~gesetzgebung** *f* labo(u)r legislation; **~gestaltung** *f* organization of work; *Am* industrial engineering; **~gremium** *n* working body; **~gruppe** *f* working group (or party); task force; **~hygiene** *f* hygiene (or health) at work; **a~intensiv** labo(u)r intensive; **~kamerad** *m* fellow worker; **~kampf** *m* industrial action; labo(u)r dispute; **~kleidung** *f* working clothes; **~kollege** *m* colleague; *(Arbeiter)* mate, fellow-workman; **~kolonne** *f* gang; **~kosten** *pl* labo(u)r costs

**Arbeitskräfte** *pl* labo(u)r, workers; labo(u)r force; manpower; workforce; **~ auf Zeit** contract labo(u)r; **ältere ~** older workers; **ausländische ~** foreign workers; **fehlende ~** shortage of workers; **inländische ~** domestic workers; **jugendliche ~** young (or juvenile) workers; **männliche ~** male workers; **ständige ~** permanent workers; **verfügbare ~** available workers; manpower resources; **weibliche ~** female workers; **zu wenig ~ haben** to be short-handed; **~ einstellen** to engage (or *Am* hire) workers

**Arbeitskräfte~**, **~abbau** *m* manpower cut; **~angebot** *n* labo(u)r supply; **~be-**

**darf** *m* labo(u)r (or manpower) requirements; demand for labo(u)r; **~engpass** *m* labo(u)r bottleneck; **~einsparung** *f* labo(u)r saving; **~knappheit** *f* (od. **~mangel** *m*) shortage (or scarcity) of labo(u)r; manpower shortage; **~normen** *fpl* labo(u)r standards; **~planung** *f* manpower planning; **~überangebot** *n* excess supply of labo(u)r; **~wanderung** *f* labo(u)r migration

**Arbeitslage** *f* job situation; **von der schwierigen ~ betroffene Jugendliche** young people affected by employment difficulties

**Arbeits~**, **~last** *f* workload; **~laufzettel** *m* *Br* work progress ticket; *Am* job ticket; **~leistung** *f* amount of work done; efficiency; performance; **~lenkung** *f* direction of labo(u)r; **~lohn** *m* wage(s); pay; **~löhne** *pl* labo(u)r cost (or charges); *Am* payrolls

**arbeitslos** unemployed, out of work, jobless; **~e Jugendliche** *pl* unemployed young persons; **sich ~ melden** to register (or to sign on) as unemployed; **~ werden** to become redundant

**Arbeitslose** *pl* unemployed, jobless persons; persons out of work; **gemeldete ~** registered unemployed

**Arbeitslosengeld** *n* unemployment benefit (or *Am* compensation); *colloq.* dole; **~ beziehen** to receive (or draw) unemployment benefit

**Arbeitslosen~**, **~hilfe** *f* unemployment relief (or assistance); **~quote** *f* unemployment (or *Am* jobless) rate; **~unterstützung** *f* → ~geld; **~versicherung** *f* unemployment insurance; **hohe ~zahlen** *fpl* high unemployment figures

**Arbeitslosigkeit** *f* unemployment, joblessness; **betrieblich bedingte ~** plant-conditioned unemployment; **von der ~ betroffen** affected by unemployment; **Gebiete** *npl* **mit hoher ~** areas with high unemployment; **konjunkturelle ~** cyclical unemployment; **niedriger Stand der ~** low level of unemployment; **saisonbedingte ~** seasonal unemployment; **vorübergehende ~** temporary unemployment; **zunehmende ~** increasing unemployment; **die ~ hat zugenommen** unemployment increased; **die ~ ist zurückgegangen** unemployment declined; the unemployment figure dropped

**Arbeitslosmeldung** *f* unemployed person's registration

**Arbeitsmangel** *m* lack (or shortage) of work; **jdn wegen ~ entlassen** to make a p. redundant

**Arbeitsmarkt** *m* labo(u)r (or employment, job) market; **~abgabe** *f* labo(u)r market levy; **~lage** *f* labo(u)r market (or employment) situation; **~statistik** *f* labo(u)r market statistics; **~verhalten** *n* labo(u)r market behavio(u)r

**Arbeits~**, **~medizin** industrial medicine; **~möglichkeiten** *fpl* job opportunities; possibilities of work; **schlechte ~moral** *f* poor working morale; **~niederlegung** *f* stoppage of work, work stoppage; walkout; **~norm** *f* labo(u)r standard; **~papiere** *pl* employment records; working documents; **~pause** *f* break; intermission; **~pensum** *n* work load; **das tägliche ~pensum erledigen** to do the daily amount of work allotted (or assigned); **~plan** *m* working plan (or schedule); *(e-s Unternehmens)* operation layout

**Arbeitsplatz** *m* workplace; shop floor; job, (place of) employment; **~ für ungelernte Arbeiter** unskilled job; **unmittelbar bedrohter ~** job directly at risk; **freier** (od. **unbesetzter**) **~** vacancy; job available; **e-n ~ anbieten** to offer a job; **e-n ~ bekommen** to get a job; **am ~ nicht mehr benötigt werden** to be redundant; **e-n ~ besetzen** to fill a job; **e-n ~ sichern** to ensure employment; **seinen ~ verlieren** to lose one's job

**Arbeitsplätze** *pl*, **freie ~** vacancies; **Schaffung** *f* **von ~n** job creation; *Am* job-making; creation of employment opportunities; **~ erhalten** to preserve (or maintain) jobs; **~ schaffen** to create jobs

**Arbeitsplatz~**, **~beschaffung** *f* job creation; creation of employment; **~beschreibung** *f* job description; **~bewertung** *f* job assessment (or appraisal); **a~bezogen** at shop floor level; **~erhaltung** *f* preservation of jobs; **a~schaffende Investitionen** *fpl* job- (or employment-)creating investment; **~sicherheit** *f* job (or employment) security; safety at work; **~tage** *mpl* work(ing) days; **~teilung** *f* job-sharing; **~untersuchung** *f* job analysis; **~verlust** *m* job loss; **~wahl** *f* job choice; **~wechsel** *m* job change; change of employment

**Arbeits~**, **~potenzial** *n* working potential;

**~produktivität** *f* productivity of labo(u)r; **ein ~programm** *n* **aufstellen** to draw up a work(ing) (or action) program(me); **~raum** *m* workroom, place of work; *(Büro)* office; **~räume** *pl* **(zu ebener Erde)** working quarters (situated at ground level); **~recht** *n* labo(u)r law; *Br* industrial law; **~rückstand** *m* backlog; arrears of uncompleted work; **~sachen** *fpl* labo(u)r causes

**arbeitsparend** labo(u)r-saving

**Arbeitsschluss** *m* end of work; finishing time; **den ~ registrieren** to clock out

**Arbeits~, ~schutz** *m* (statutory) protection of labo(u)r; job protection; **~sicherheit** *f* on-the-job safety; **~sicherheitsbestimmungen** *fpl* industrial safety regulations; **a~sparend** → arbeitsparend; **~sprache** *f (EU)* working language; **~stätte** *f* place of work (or employment); **~stelle** *f* place of work; **~streitigkeit** *f* industrial dispute (or *Am* conflict); *Br* trade dispute; **~studie** *f* time and motion study

**Arbeitsstunde** *f* man-hour; **ausgefallene ~n** *pl* hours of work lost, hours not worked; **Zahl** *f* **der (geleisteten) wöchentlichen ~n** number of hours worked per week

**Arbeitstagung** *f* workshop

**Arbeitstempo** *n* working speed; pace of (the) work; **schnelles ~** fast-work rate

**Arbeits~, ~überlastung** *f* excessive work load; **~überwachung** *f* job control

**Arbeitsuche** *f* search for work; job hunting

**arbeitsuchend** looking for (or seeking) work; **~e Jugendliche** young people looking for work (or seeking employment)

**Arbeitsuchende, der/die ~** person in search of a job; person looking for work; person seeking employment; job-seeker

**Arbeitsumverteilung** *f* work-sharing

**Arbeitsumwelt** *f* working environment

**arbeitsunfähig** unable to work; incapacitated (for work or from working); **~ gewordener Arbeiter** worker who has become disabled; **vorübergehend ~** temporarily incapacitated; *(vom Arzt)* **arbeitsunfähig ~ werden** to be put on the sick list

**Arbeitsunfähigkeit** *f* inability to work; disability, disablement; **dauernde (vorübergehende) ~** permanent (temporary) disability

**Arbeitsunfall** *m* industrial accident (or injury); accident at work; **~rente** *f* industrial accident pension; **Leistungen bei ~** industrial injury benefits; **Verhütung** *f* **von Arbeitsunfällen** prevention of accidents at work; **an den Folgen e-s ~s sterben** to die as a result of an accident at work

**Arbeits~, ~unterbrechung** *f* interruption of work; **~verdienst** *m* earnings; pay; **entgangener ~verdienst** loss of earnings; **~vereinfachung** *f* work simplification; **~verfahren** *n* working (or operating) process

**Arbeitsverhältnis** *n* employment (or employee-employer) relationship; **~se** *pl* working conditions; **ein ~ eingehen** to enter into an employment relationship; to enter into a contract of employment; **ein ~ lösen** to terminate an employment; **im ~ stehend** wage-earning

**Arbeits~, ~verlangsamung** *f* go-slow; systematic curtailment of output by workers; **~vermittler** *m* employment officer; *Am* placement officier; placement expert; **~vermittlung** *f* employment office (or agency); placement agency; **~verteilung** *f* assignment of activities; **~vertrag** *m* contract of employment, contract of service; **~verwaltungen** *fpl* employment authorities; **~vorbereitung** *f* work preparation; operations scheduling; **~vorgang** *m* operation; **~weg** *m* one's way to work; **~weise** *f* working method; *(e-r Maschine)* (method of) operation; **a~platzwillig** willing to work; **~woche** *f* working week

**Arbeitszeit** *f* working time, working hours, hours of work; **betriebsübliche ~** regular (or customary) working hours in the establishment; → gleitende ~; **tarifliche ~** hours of work fixed by collective agreement

**Arbeitszeit~, ~kontrolleur** *m* timekeeper; **~kontrolluhr** *f* time clock; **~verkürzung** *f* reduction in working hours (auf 35 Stunden to 35 hours a week)

**Arbeits~, ~zettel** *m (Kontrollkarte)* timesheet; **~zeug** *n* tools; gear; **~zeugnis** *n* certificate of employment; character, testimonial, reference; **~zimmer** *n* work(-)room, study; **~zufriedenheit** *f* job satisfaction; **~zuwachs** *m* increase in (the volume of) work; **~zuteilung** *f* allocation of work

**Arbitrage** *f (Börse)* arbitrage, arbitraging; *(Schiedsvereinbarung)* arbitration; → Devisen~; → Wertpapier~; → Zins~; **~be-**

**treiben** to do arbitrage dealings, to arbitrate
**Arbitrage~**, **~geschäfte** *npl* arbitrage dealings (or transactions); **~klausel** *f (Außenhandel)* arbitration clause; **~rechnung** *f* arbitrage calculation
**Arbitrageur** *m* arbitrager, arbitrageur
**Ärgernis**, **öffentliches ~** *n* public nuisance
**arglistig** malicious, fraudulent; **~e Täuschung** *f* wilful deceit; fraudulent misrepresentation; **~es Verschweigen** *n (des Verkäufers)* fraudulent concealment; **e-n Fehler** *(der verkauften Sache)* **~ verschweigen** to conceal a defect fraudulently; to keep maliciously silent with regard to a defect
**arithmetisches Mittel** *n (Statistik)* arithmetical mean (or average)
**arm** poor, needy, indigent; **~ sein an** to lack
**Armaturen** *n fpl* fittings; **~brett** *n (Auto)* instrument panel, dash-board
**Armenrecht** *n* (jetzt: Prozesskostenhilfe) legal aid (for poor persons); **Person, der das ~ bewilligt worden ist** assisted person; person receiving legal aid; **im ~ klagen** to institute proceedings as an assisted person; to sue in forma pauperis; **kraft des ~s kann die Partei Befreiung von den Gerichtskosten erlangen** by virtue of legal aid, the party can obtain exemption from court fees
**ärmlich**, **in ~en Verhältnissen leben** to live in poverty
**Armut** *f* poverty; **von ~ betroffene Gebiete** poverty-stricken areas
**Arrangement** *n*, **mit jdm ein ~ treffen** to make (or come to) an arrangement with sb.
**Arrest** *m (persönlich)* arrest; *(dingl. ~)* attachment, anticipatory seizure; **~ in ein Seeschiff** arrest of a seagoing vessel; **Gläubiger, der e-n dinglichen ~ erwirkt hat** attaching creditor; **mit ~ belegtes Schiff** arrested ship; **den ~ aufheben** to set aside the anticipatory seizure; *(Schiff)* to release the ship; **Waren mit ~ belegen** to attach goods
**Arrest~**, **~befehl** *m* order (or writ) of attachment; **~verfahren** *m* attachment procedure
**Art** *f* kind, type, sort; nature, method; **~ und Höhe der Ausgaben** type and amount of expenditure; **~ der Einkünfte** type of income; **~ der Erzeugnisse** category of products; **~ und Menge der Güter** nature and quantity of goods; **~ der Packstücke** kind of packages; **~ der Verpackung** method of packing; **~ der Versicherung** type of insurance; **~ der Waren** category (or description) of goods; **e-e neue ~ von Ware** a new line; **Ansprüche anderer ~** claims of different nature; **durchschnittliche ~** common run; **auf irgendeine ~** in some way; **von mittlerer ~ und Güte** of average kind and quality; **~ und Weise, an e-e Sache heranzugehen** the way to approach a matter
**Artikel** *m (Handels~)* article, commodity; goods, item, line; *(Vertrags~)* article, clause; *(Zeitungs~)* article; **ausgegangener ~** out-of-stock goods; → beliebter ~; **billiger ~** a cheap line; **gut eingeführter ~** well-established article; → gängiger ~; **stets vorrätige ~** *pl* stock articles; **e-n ~ führen** to stock (or carry) an article; **e-n ~ nicht mehr führen** to carry an article no longer; to be out of an article; **der ~ ist sehr gefragt** there is a great demand for (or run on) the article; **e-n ~ auf** → Lager haben
**Arzneikosten** *pl* costs of medicaments, pharmaceutical expenses
**Arzneimittel** *pl* medicines; pharmaceutical products; **~ für Tiere** veterinary pharmaceuticals; **~fabrik** *f* pharmaceutical factory; **~hersteller** *m* manufacturer of pharmaceutical products; **~vertrieb** *m* marketing of pharmaceuticals
**Arzt** *m* physician, medical practitioner, doctor; **behandelnder ~** attending physician; **praktische Ärzte und Fachärzte** general practitioners and specialists; **zugelassener ~** registered medical practitioner; **e-n ~ aufsuchen** to consult a doctor; **den ~ rufen** to send for the doctor
**Ärzte~**, **~kammer** *f Br* General Medical Council; *Am* State Medical Board of Registration; **~schaft** *f* the medical profession
**Arzt~**, **~honorar** *n* doctor's fee; **~kosten** *pl* medical costs (or expenses
**ärztlich**, **~er Betreuung** *f* **bedürfen** to be in need of medical care; **sich ~ untersuchen lassen** to undergo medical examination
**Arztrechnung** *f* doctor's (or medical) bill

**Asbest** *m* asbestos; **~verarbeitung** *f* asbestos processing; **~verwendung** *f* use of asbestos; → gesundheitliche Gefahren von ~
**Asiatische Entwicklungsbank** *f* Asian Development Bank
**Assistenzarzt** *m* assistant physician; *Am* intern
**assortieren** to assort, to arrange into different sorts
**Assoziation** *f* association; **~sabkommen** *n (EU)* Association Agreement; **~srat** *m (EU)* Association Council; **~sregelung** *f (EU)* association arrangement; **a~swillige afrikanische Entwicklungsländer** *(EU)* African developing countries desiring to conclude association agreements
**assoziieren**, **sich ~** to associate; *(geschäftlich)* to associate oneself (mit with), to enter into partnership (mit with)
**assoziiert** associated; **nicht ~** non-associated; **~e afrikanische Staaten, Madagaskar und Mauritius** *(EU)* Associated African States, Madagascar and Mauritius (AASMM); **~es Mitglied** associate (member); **~es Unternehmen** *n* associated company; **mit jdm ~ sein** to be in partnership with sb.
**Assoziierung** *f* association ( → Assoziation); **~spolitik** *(EU)* policy of association
**Asyl** *n* asylum; **a~berechtigt** entitled to be granted asylum; **~bewerber** *m* asylum seeker; **um politisches ~ bitten** to ask for political asylum
**asymmetrische Liquiditätsverteilung** *f (im Währungssystem)* asymmetric distribution of liquidity
**ATA-Übereinkommen** *n* (Zollübereinkommen über das Carnet ATA für die vorübergehende Einfuhr von Waren) ATA Convention (Customs Convention on the ATA carnet for the temporary admission of goods)
**Atem~**, **~probe** *f (für Autofahrer)* breath test; **~teströhrchen** *n* breathalyser; **~schutzgerät** *n (bei der Arbeit)* respiratory protective device
**ätherische Öle** *npl* essential oils
**atmosphärische Verschmutzung** *f* atmospheric pollution
**atomar**, **~e Abrüstung** *f* nuclear disarmament; **~e Wirtschaft** *f* economy based on nuclear energy
**Atom~**, **~anlage** *f* nuclear installation; nuclear power station; **~antrieb** *m* nuclear propulsion; **a~betrieben** nuclear-powered (or propelled); **~energiewirtschaft** *f* nuclear power industry; **~forschung** *f* nuclear research; **~gesetz** *n* Atomic Energy Law; **~industrie** *f* nuclear power industry
**Atomkraft** *f* nuclear power; **~befürworter** nuclear power advocate; **durch ~ getriebenes Schiff** nuclear-powered ship; **~gegner** *m* opponent of nuclear power; **~werk** *n* nuclear power station
**Atommüll** *m* nuclear waste, radioactive waste; **Beseitigung** *f* **von ~** nuclear waste disposal; → Wiederaufbereitungsanlage für ~; **~deponie** *f* (od. **~endlagerstätte** *f*) nuclear burial ground
**Atom~**, **~rakete** *f* nuclear missile; **~reaktor** *m* nuclear reactor; **~regen** *m* atomic fallout; **~risiko** *n* nuclear risk; **~schaden** *m* nuclear damage; **~schiff** *n* nuclear ship; **~strom** *m* electricity generated by nuclear energy; **~unfall** *m* nuclear incident
**Atomwaffen** *fpl* nuclear weapons; **a~freie Zone** denuclearized zone; **Nichtweitergabe** *f* **von ~** nuclear non(-)proliferation; **Land, das nicht in Besitz von ~ ist** non-atomic weapons country
**Atomwaffen~**, **~sperrvertrag** *m* Non(-) Proliferation Treaty; **~versuch** *m* nuclear weapons test
**Attentat** *n* attempt on sb.'s life; assassination attempt
**Attest** *n*, **ärztliches ~** medical certificate; **jdm ein ~ ausstellen** to make out a certificate for sb.
**attraktive Arbeitsbedingungen** *pl* attractive working conditions
**Attrappe** *f* dummy; **Schaufenster~** display dummy
**ätzend**, **~e Güter** *pl* corrosive goods; **~e Stoffe** *pl* corrosives
**atypischer stiller Gesellschafter** *m* non-typical sleeping (*Am* silent) partner
**audio-visuelle Medien** *pl* audio-visual media
**aufarbeiten** *(wiederinstandsetzen)* to recondition; to renovate; *(Rückstände)* to work (or clear) off (arrears); *(Polstermöbel)* to reupholster
**Aufbau** *m* construction, building up; structure; organization; **~ Europas** construction of Europe; **~ e-r Industrie** development of an industry; **~ e-r Orga-**

**nisation** structure of an organization; **~konto** *n* investment savings account

**aufbereiten** *(Rohstoffe)* to process, to dress, to prepare

**Aufbereitung** *f (von Rohstoffen)* processing, dressing, preparation; **~ von Daten** processing of data; **~ der Kohle** coal preparation; **~ bestrahlter Kernbrennstoffe** processing of irradiated nuclear fuels

**Aufbereitungs~**, **~anlage** *f* processing (or dressing) plant; **~gut** product of dressing

**aufbessern**, **jds Gehalt ~** to raise (or increase) sb.'s salary; *Am* to give sb. a raise

**aufbewahren** to keep, to preserve; to store; to deposit; **sicher ~** to keep in safe custody; **Akten ~** to keep files, to preserve records; *Am* to retain records; **Geschäftsbücher ~** to preserve business records; **Lebensmittel ~** to store supplies (or reserves); **Wertsachen bei der Bank ~ lassen** to deposit valuables with a bank; **würden Sie bitte diese Sachen für mich ~** would you kindly take these things into safekeeping for me; **die Vorgänge für e-e unbestimmte Zeit ~** to keep the records indefinitely

**aufbewahrt**, **gut ~** safely stored; in safe custody; in safekeeping

**Aufbewahrung** *f* keeping, preservation; safe custody, safekeeping; *(Lagerung)* storage; **~ von Akten** preservation (or custody) of records; **~ von Wertsachen im Tresor e-r Bank** safekeeping of valuables in a bank's strong-room; **jdm etw. zur ~ geben** to leave sth. in sb.'s custody; to deposit sth. with sb.; **sein Gepäck zur ~ geben** *Br* to leave one's luggage in the left luggage office; *Am* to check one's baggage; **in ~ haben** to hold (or keep) in custody

**Aufbewahrungs~**, **~frist** *f* preservation period; **~frist** *f* **für Geschäftsunterlagen** period for which business records must be preserved; **~gebühr** *f* charge for deposit; fee for safekeeping; **~ort** *m* depository; place of storage; **~pflicht** *f* **für Geschäftsunterlagen** obligation to preserve business records; **~vorschriften** *pl* provisions for preservation (or *Am* retention)

**Aufblähung** *f* **des Geldumlaufs** inflation of the money supply; increase in the circulation of money

**aufblühende Industrie** boom industry

**aufbrauchen** to use up, to consume

**Aufbrechen** *n* **der Zollverschlüsse** breakage of customs seals

**aufbrechen**, **ein Safe ~** to break (or force) open a safe

**aufbringen**, **Mittel ~** to raise (or put up) funds; to find (or procure) funds; **e-e Mode ~** to start (or introduce) a fashion; **ein Schiff ~** to capture (or seize) a ship

**aufdecken** *(Mängel)* to disclose, reveal; *(Straftat)* to detect

**Aufdeckung** *f* **von Mängeln** discovery (or disclosure) of deficiencies

**Aufdrängung** *f* **von** *(wertlosen)* **Aktien** share pushing

**aufdringliche Werbung** *f* push, insistent advertising

**Aufdruck** *m (auf Lebensmittelpackungen)* special label(l)ing

**aufdrücken**, **ein Siegel ~** to impress a seal; **sein Siegel ~** to set one's seal (to)

**aufeinander folgend**, **2 ~e Monate** 2 consecutive months; **Verträge über ~e Lieferungen** instal(l)ment contracts

**Aufenthalt** *m (dauernd)* residence, abode; *(vorübergehend)* stay, sojourn; *(Zug)* stop; **derzeitiger ~** whereabouts; **gewöhnlicher ~** ordinary (or habitual) residence; **vorübergehender ~** temporary stay

**Aufenthalts~**, **~beschränkung** *f* restriction of residence; **~entschädigung** *f (des Verfrachters)* damages of detention; **~erlaubnis** *f (für Ausländer)* residence permit; **~ort** *m* (place of) abode; residence; **zeitweiliger ~ort** *m* whereabouts; **~recht** right of residence; **~recht** *n* **der Staatsangehörigen der Mitgliedstaaten** *(EU)* right of nationals of the Member States to reside permanently in the territory of another Member State; **~verlängerung** *f* extension of stay

**auferlegen**, **jdm Bedingungen ~** to impose conditions on sb., **jdm e-e** → Geldstrafe ~; **jdm die Kosten ~** *(durch Urteil)* to award costs against sb.

**Auferlegung** *f* **von Bußen** imposition of fines

**auffächern** to diversify

**Auffächerung** *f* **des Vermarktungssystems** *(EU)* diversification of marketing methods

**auffahren**, **auf ein anderes Auto ~** to run into (or crash into) the rear-end of another car

**Auffahrunfall** *m* rear-end collision; **Massen~** pile-up

**auffangen**, **Kostenerhöhungen ~** to cushion the impact of cost increases; **Verluste ~** to absorb losses

**Auffang~**, **~gesellschaft** *f* rescue company; **~konsortium** *n* rescue consortium

**auffliegen** *fig*, **das Schwindelunternehmen ist aufgeflogen** the bogus firm collapsed (or exploded)

**auffordern** to request, to demand, to invite; **zu Angeboten ~** to invite offers; **jdn zur Bezahlung der Schulden ~** to demand (or request) payment of debts from sb.; **zur Einzahlung auf Aktien ~** to make a call on shares; **ich habe Sie bereits mehrere Male zur Zahlung aufgefordert** I have already requested payment from you several times; **Aktionäre zur Zeichnung ~** to invite shareholders to subscribe

**Aufforderung** *f* request, demand, invitation; **dringende ~** pressing demand; **gerichtliche ~** summons; **Zusendung** *f* **ohne ~ des Empfängers** unsolicited mailing; **~ zur Einreichung von Angeboten** invitation to tender; **~ zur Endzahlung auf teilweise eingezahlte Aktien** calling (up) the final instal(l)ment on partly paid shares; **~ zur Zahlung** demand for payment; **e-r ~ Folge leisten** to comply with a request

**Aufforstung** *f* afforestation

**aufführen** *(in e-r Liste etc.)* to list, to specify; *(Theaterstück)* to perform

**Aufführung** *f (einzelner Posten etc.)* specification, itemization; *(Theaterstück)* performance

**auffüllen** to fill up, to top up; **den Benzintank ~** to fill up the (petrol or gas) tank; **sein Lager (wieder) ~** to replenish one's stock; to replace one's inventories; to restock; **seine Reserven wieder ~** to replenish one's reserves

**Auffüllung** *f* **des Lagerbestandes** replenishment of stock(s); replacement of inventories; stockbuilding

**Aufgabe** *f (Pflicht)* duty, function; *(Arbeit)* task, job; *(Aufgeben)* giving up, abandonment, relinquishment; *(Verzicht)* renunciation (of); *(bei der Post) Br* posting, *Am* mailing; **allgemeine ~n des Betriebsrats** general duties of the works council; **politische ~n der Gemeinschaft** *(EU)* political tasks of the Communities; → Prämie für die ~ *(EU)*; **~ von Abbaustätten** *(z. B. von Zinn)* abandonment of deposits; **~ e-r Anzeige** placing (or insertion) of an advertisement; **~ e-r Bestellung** placing an order; **~ des Gepäcks** *Br* booking (or registering) of luggage; *Am* checking of baggage; **~ e-s Geschäfts** discontinuance of a business; **wegen ~ meines Geschäfts** owing to the closing down of my business; because I am going out of business; **~ der landwirtschaftlichen Tätigkeit** retirement from farming; **~ der Mitgliedschaft** renunciation of membership; **~ e-s Plans** giving up (or relinquishment of) a plan; **~ e-r Stellung** leaving one's employment; resignation of (or retirement from) a post; **~ e-s Telegramms** sending a telegram; **seine ~n erfüllen** to accomplish (or perform) one's duties (or tasks); **jdn für e-e ~ einsetzen** to assign a task to a p.; to assign a p. to a task; **e-r ~ nicht gewachsen sein** to be unequal to a task; **e-e ~ übernehmen** to take over a task; **~n übertragen** to assign duties; **~n wahrnehmen** to carry out (or perform) duties; to exercise functions

**Aufgabe~**, **~bahnhof** *m (Güterverkehr)* dispatch (or shipping) station; **~nbereich** *m* field (or scope) of duties; area (or field) of activities; **~ngebiet** *n* → ~nbereich; **~ort** *m* place of posting (or mailing); **~schein** *m (Post)* postal receipt

**aufgeben** to abandon, to give up, to relinquish; *(einstellen)* to discontinue; *(verzichten auf)* to renounce; *(bei der Post) Br* to post, *Am* to mail; **sein Abonnement ~** to give up (or drop) one's subscription; **e-e Annonce ~** to place (or insert) an advertisement; **zur Beförderung ~** to consign for transport; **e-e Bestellung ~** to give (or place) an order; **als** → Fracht ~; → Gepäck ~; **sein Geschäft ~** to give up (or discontinue) one's business; **seinen Hof ~** to give up one's farm; **seine Mitgliedschaft** *(in e-m Verein etc.)* **~** to give up one's membership; **ein Paket am Schalter ~** to hand in a parcel at the counter; **e-n Plan ~** to relinquish a project; to depart from one's plan; **e-n Posten ~** to quit a post; **seine Stellung ~** to leave one's employment; to resign (from) one's job; to give up one's position; **ein Unternehmen ~** to abandon an enterprise; to discontinue a business; **e-e**

**Warengattung** ~ to drop a line of goods; **seinen Wohnsitz** ~ to abandon one's residence

**Aufgebot** *n* public notice given by the court; **~sverfahren** *n* public notice procedure; **e-e Aktie im ~sverfahren für kraftlos erklären** to cancel the share certificate by means of public notice procedure

**aufgeführt, nachstehend ~** hereinafter stated

**aufgehen, in ein anderes Unternehmen ~** to merge (or to become merged) in another firm

**aufgelaufen, am Grunde ~** *(Schiff)* aground; **~e Kosten** accrued costs (or charges); **~e Zinsen** accrued (or accumulated) interest

**Aufgeld** *n (Agio)* premium; **mit e-m ~** at a premium

**aufgelegt, zur Zeichnung ~** offered for subscription

**aufgemacht,** → geschmackvoll ~e Auslage; **große ~e Werbeschriften** featured advertising leaflets

**aufgenommen, ~es Darlehen** loan taken; **~e Gelder und Darlehen** *(Bilanz)* borrowed funds and loans; **vorher ~** *(für Fernseh- und Rundfunksendungen)* prerecorded; **der Vorschlag ist günstig ~** the proposal is viewed favo(u)rably

**aufgeopferte Ladung** *f* sacrificed cargo

**aufgerufen** *(zur Zahlung)*, **~es Aktienkapital** *n* called up capital

**aufgerundeter Betrag** *m* approximated amount; amount brought up to a round figure

**aufgeschobene Rente** *f* deferred annuity

**aufgestauter Kapitalbedarf** *m* accumulated (or pent-up) demand for capital

**aufgetreten, ~e Mängel** *pl* defects which have appeared; **~e Schwierigkeiten** *pl* difficulties which have arisen

**aufgewendet, ~er Betrag** *m* amount spent (or expended); **~e Mühe** *f* pains taken

**aufgewertet, der € wurde ~** the € was revalued (or upvalued or appreciated)

**aufgeworfene Frage** *f* issue raised

**aufgliedern** to break down; to itemize; to classify; **Konten nach ihrer Fälligkeit ~** to age accounts

**Aufgliederung** *f* breakdown; itemization; classification; **~ der Aufgaben** breakdown of expenditure

**aufhalten, sich** *(vorübergehend)* **~** to stay, to make a stay; **den Verkehr ~** to hold up (or obstruct) the traffic

**aufheben** *(aufbewahren)* to keep, to preserve; *(abschaffen)* to abolish, to abrogate, to repeal; *(für nichtig erklären)* to void, to set aside, to cancel, to annul; to lift; *(hochheben)* to pick (up); **Bestimmungen ~** to repeal provisions; **Beschränkungen ~** to abolish (or lift) restrictions; **Briefe ~** to keep letters; **e-e Entscheidung ~** to annul a decision; **ein Gesetz ~** to abrogate (or repeal) a law; **die Kontrolle ~** to decontrol; **ein Urteil ~** to set aside a judgment; **ein Verbot ~** to lift a ban; **e-e Versammlung ~** to break up (or close) a meeting; **e-n Vertrag ~** to annul (or cancel, repeal, rescind) a contract; **e-e Verordnung ~** *(EU)* to rescind a regulation; **die** → Zensur ~; **Zölle ~** to abrogate (or eliminate) customs duties

**Aufhebung** *f (Abschaffung)* abolition, abrogation, repeal; *(Nichtigkeitserklärung)* avoidance, setting aside, cancel(l)ation, annulment; lifting; **~ von Beschränkungen** abolition of restrictions; **~ der Ehe** annulment of marriage; **~ einschränkender Bestimmungen** deregulation

**Aufhebung einer Entscheidung, Klage beim Gerichtshof auf ~ erheben** *(EU)* to bring an action before the court of justice to annul a decision; **der Kläger beantragte die ~, die die Kommission erlassen hatte** *(EU)* the plaintiff appealed for the annulment of a Commission decision

**Aufhebung** *f*, **~ e-s Gesetzes** repeal (or abrogation) of a statute; **~ der Golddeckung** lifting (or removal) of gold cover; **~ e-s Mietverhältnisses** termination of a tenancy (or lease); **~ e-s Testaments** revocation of a will; **~ e-s Urteils** reversal of a judgment; **~ e-s Vertrages** cancel(l)ation (or annulment, avoidance) of a contract; **die ~ des Vertrages erklären** to declare the contract null and void; **~ der Zölle** abolition of customs duties; *(vorübergehende)* **~ e-r Zweigniederlassung** discontinuance of a branch

**Aufhebungs~, ~grund** *m* ground for annulment (of contract, marriage *etc.*); **~klage** *f Br* petition (*Am* complaint) for annulment

**aufholen** to catch up; to make up for; to

recover; **den Rückstand auf dem Gebiete der Betriebssicherheit ~** to catch up with developments in (the field of) industrial safety; **sie holten ihre Verluste auf** they recovered their losses
**aufhören** to cease, to stop; *(vorübergehend)* to discontinue; **~ zu zahlen** to stop (or discontinue, suspend) payments (or paying); **die Nachfrage nach diesem Artikel hat aufgehört** this article is no longer in demand; **die Verkäufe hörten auf** sales stopped (or declined)
**Ankauf** *m* buying up; purchase; acquisition; *(in Monopolisierungsabsicht)* corner(ing); **~ des gesamten Angebots an Wolle** corner in wool; **~ von Getreide** grain purchases; **~ kleinerer Firmen durch e-n Konzern** acquisition of smaller firms by a group
**aufkaufen** to buy up; to purchase; to acquire; *(zu spekulativen Zwecken)* to corner
**Aufkäufer** *m* buyer-up
**aufklärende Etikettierung** *f* informative labelling
**Aufklärung** *f*, **~ des Verbrauchers** consumer information; **~swerbung** *f* educational advertising; reason-why advertising
**Aufklebeadresse** *f* address label
**aufkleben** *(Briefmarke)* to affix, to stick (on a letter); *(Etikett)* to label
**Aufkleber** *m* sticker
**Aufkommen** *n (Steuer)* yield; *(Mode etc.)* rise
**aufkommen, ~ für** to be answerable for; **für die Kosten ~** to take over (or defray) the costs; **für etwaige Reparaturen ~** to pay the costs for any repair that may occur; **gegen jds Konkurrenz ~** to cope with sb.'s competition; **e-e neue Mode ist aufgekommen** a new fashion has been introduced
**aufkommende Mode** *f* rising fashion
**aufkündigen** to give notice to terminate
**Aufladegebühren** *pl* loading charges
**aufladen, Waren auf ein Fahrzeug ~** to load goods on a vehicle
**Auflage** *f (Verpflichtung zu e-r Leistung)* obligation, imposition; burden, charge; stipulation; *(e-s Buches)* edition; *(e-r Zeitung)* circulation; **jdn bindende ~** obligation binding on sb.; **Vermächtnis unter ~** bequest subject to an obligation; **neubearbeitete ~** revised edition; **unveränderte ~** reprint, new impression; **~n machen** to impose obligations
**auflassen** to convey (by agreement)
**Auflassung** *f* conveyance (or transfer) of property (by agreement)
**Auflaufen** *n* **von Zinsen** accumulation (or accrual) of interest
**auflaufen** *(Kosten, Zinsen)* to accumulate, to accrue (→ aufgelaufen)
**auflegen, e-e Anleihe ~** to issue (or float) a loan; **Aktien zur Zeichnung ~** to invite subscription for shares, to invite to subscribe for (*or* to) shares; **den Hörer ~** *tel* to replace the receiver
**Auflegung** *f*, **~ e-r Anleihe** issue (or floating) of a loan; **~ e-r 7 %igen Anleihe** offering of a loan at 7 %; **~ von Effekten zum öffentlichen Verkauf** invitation to public subscription for securities; public offer by prospectus
**aufliefern** *(bei der Bahn)* to consign, to send, to dispatch
**Auflockerung** *f* **des Wertpapiermarktes** easing (or relaxation) of the security market
**auflösen, (sich) ~** to dissolve, to break up, to wind up, to disband; **e-n Fonds ~** to dissolve a fund; **e-e Kapitalgesellschaft ~** to wind up a company; **ein Kartell ~** to terminate a cartel; **ein Konto ~** to close an account; **e-e Personengesellschaft ~** to dissolve (or break up) a partnership; **stille Rücklagen auflösen** to liquidate hidden reserves; **e-n Verein ~** to dissolve an association; **die Versammlung löste sich auf** the meeting dispersed; **e-n Vertrag ~** to annul (or rescind) a contract
**auflösende Bedingung** *f* condition subsequent
**Auflösung** *f* dissolution, breaking up, winding up, liquidation; **~ e-s Fonds** dissolution of a fund; **~ e-r Handelsgesellschaft** winding up of a business company; **~ e-s Kontos** closing (or *Am* elimination) of an account; **~ e-r Personengesellschaft** dissolution of a partnership; **~ e-s Vertrages** annulment (or rescission) of a contract
**aufmachen** *(öffnen)* to open; *(zurechtmachen)* to arrange; **die** → Dispache ~; (→ aufgemacht)
**Aufmachung** *f (e-r Ware)* presentation; **~ von Lebensmitteln** presentation of foodstuffs

**aufmerksam**, **erlauben Sie uns, Sie darauf ~ zu machen** permit us to draw your attention (to); **wir möchten Sie ~ machen auf** please take note of

**Aufmerksamkeit** *f* attention; *(kleines Geschenk)* token, gift; **wir werden Ihrem Auftrag unsere besondere ~ widmen** we shall give (our) particular attention to your order; **~serreger** *m (Werbung)* attention getter; teaser; **~ssignal** *n (Schiff)* signal to attract attention

**Aufnahme** *f*, **~ e-r Anleihe** raising of a loan; **~ der Arbeit** taking up work; **~ e-r Arbeit im Ausland** employment taken up abroad; **(günstige) ~ e-s Artikels** *(auf dem Markt)* (favo[u]rable) acceptance of an article; **~ neuer Artikel** taking up new articles; **~ e-r Bestimmung in den Vertrag** insertion of a provision in the contract; **~ e-s Darlehens** taking (or raising) of a loan; **~ der Geschäftstätigkeit** commencement of business operations; **~ von Gesprächen** entering into talks; **~ in ein Krankenhaus** admission to hospital; **~ e-s Kredits** raising (or taking up) a credit; **~ langfristiger Kredite** long-term borrowing, borrowing at long-term; **~ e-s Landes in die EG** admission of a country to the European Communities; **~ des Lagerbestandes** taking stock; **~ neuer Mitglieder** admission of new members; **~ des Protokolls** drawing up of the minutes; **bei ~ ihrer Tätigkeit** when entering upon her duties; **~ e-s Teilhabers** admission of a partner; **die ~ in die EG beantragen** to apply for admission to (or membership in) the European Communities; **das Buch fand günstige ~** the book met with a favo(u)rable reception

**Aufnahme~**, **~antrag** *m* application for admission (or membership); **~bedingungen** *fpl* conditions for admission (or membership); **a~bereit** *(Markt)* capable of absorbing; receptive; **~bereitschaft** *f* **des Marktes** absorptive capacity of the market; degree of saturation of the market; receptivity of the market

**aufnahmefähig** *(Markt)* capable of absorbing; receptive; **nicht mehr ~er Markt** saturated (or glutted) market; **begrenzt ~er Markt** limited market; **der Markt für Baumwolle ist nicht mehr ~** there is no longer demand for cotton on the market; the cotton market is saturated

**Aufnahmefähigkeit** *f* **des Marktes** absorptive (or absorbing) capacity of the market, market capacity; **die ~ ist gewachsen (ging zurück)** receptiveness (or absorptive capacity, degree of saturation) of the market increased (declined)

**Aufnahme~**, **~gebühr** *f* entrance fee; **~gesuch** *n* application for admission (or membership); **~prüfung** *f* entrance examination; **~staat** *m* host country

**aufnehmen** to take up; to admit; to receive; **e-e Anleihe ~** to raise (or contract) a loan; **die Arbeit ~** to start work; to take up employment; **e-n Artikel** *(auf dem Markt)* **günstig ~** to find an article acceptable; **neu** *(in die Produktion)* **~** to take up new items; **e-n Artikel in e-e Zeitung ~** to insert an article in a newspaper; **auf Band a~** to tape; **den Bestand ~** to take stock; to take (or draw up) an inventory; **in ein Bestandsverzeichnis ~** to include in an inventory; **den Betrieb ~** to start operations; **Gäste ~** (können) to accommodate guests; **Geld ~** to borrow (or take up) money; **das Geschäft ~** to commence business; **e-e** *(andere)* **Gesellschaft** *(in sich)* **~** to absorb a company; **Handelsbeziehungen ~** to enter into trade relations; **e-e Klausel in den Vertrag ~** to insert a clause into the agreement; **es mit der** → Konkurrenz ~; **Ladung ~** to load (or take on) cargo; to pick up freight; **ein Land in die EG ~** to admit a country to the European Communities; **Mittel ~** to raise funds; **die Produktion ~** to take up production; **e-e Tätigkeit ~** to take up a job; to enter upon one's duties; **jdn als** → Teilhaber in e-e Firma ~; **auf Tonband ~** to tape

**Aufopferungen** *fpl* **der großen Havarie** general average sacrifices ( → aufgeopferte Ladung)

**Aufprall** *m (Unfall)* impact, collision

**Aufpreis** *m* additional price; additional (or extra) charge

**aufrechnen** to set off, to offset (mit, gegen against); **Forderungen und Verbindlichkeiten gegeneinander ~** to offset claims and liabilities

**Aufrechnung** *f* set-off, offset; **e-e ~ geltend machen** to claim a set-off

**Aufrechnungs~**, **~anspruch** *m* right of set-off; **~verbot** *n* set off prohibition

**aufrechterhalten**, **ein Angebot ~** to hold an offer open; to adhere to an offer; **die**

**Lieferungen ~** to maintain (or continue) deliveries
**Aufrechterhaltung** *f*, **~ der Mitgliedschaft** continuance of membership; **~ des alten Preisniveaus** maintaining prices at the former level
**Aufreiß~, ~band** *n (an Packungen)* rip band; **~packung** *f* tear-open wrapper
**aufrichtig bedauern** to regret sincerely
**Aufruf** *m* call, calling; appeal; **~ von Banknoten** *(zur Einziehung)* calling in of banknotes; **~ von Obligationen** *(zur Tilgung)* calling up bonds; **~ der Sache** *(bei Gericht)* calling of the case
**aufrufen** to give public notice (to); **Aktienkapital** *(zur Zahlung)* **~** to call up capital; **e-n Zeugen ~** to call a witness
**Aufruhrversicherung** *f* riot and civil commotion insurance
**aufrunden** to round up, to bring up to a round figure (→ aufgerundet)
**aufschieben** to put off, to postpone, to defer, to delay (→ aufgeschoben)
**aufschiebende Bedingung** *f* condition precedent
**Aufschlag** *m* additional (or extra) charge; mark-up; **~ auf den Einfuhrpreis** import mark-up
**aufschlagen, auf den Preis ~** to add to the price, to increase the price; to mark up
**aufschließen, Bauland ~** to develop property (or a site)
**aufschlüsseln** to break down; to classify; **e-n Betrag ~** to itemize an amount
**Aufschlüsselung** *f* break(-)down, classification; **~ der Ausgaben** break(-)down of the expenditure; **~ nach Berufen** break-down by occupation
**aufschreiben** to write (or jot) down
**Aufschrift** *f (auf Waren etc.)* label; **mit e-r ~ versehen** to label; *(Brief)* to address
**Aufschub** *m* postponement, deferment, extension (of time)
**aufschwänzen** *(Börse)* to corner
**aufschwatzen, jdm etw. ~** to talk sb. into buying sth.
**Aufschwung** *m* upswing, upturn, boom; recovery; **industrieller ~** industrial take-off; **wirtschaftlicher ~** economic recovery (or upswing, upturn); boom; **Periode des wirtschaftlichen ~s** boom period; **e-n schnellen ~ nehmen** to have a boom, to be booming; **der Dollarkurs hat e-n starken ~ erfahren** the dollar has picked up sharply
**Aufschwungs~, ~jahr** *n* boom year; **~phase** *f* upswing phase; **~tendenz** *f* boom tendency, rising tendency
**Aufsehen** *n* **erregen** to cause (or create) a sensation
**aufsehenerregend** sensational
**Aufseher** *m* supervisor, inspector; overseer; *(im Warenhaus)* shopwalker, store detective, *Am* floorwalker
**aufsetzen, e-n Brief ~** to draw up a letter; **ein Gesuch ~** to compose an application; **e-e Rechnung ~** to make out a bill; **e-n Vertrag ~** to draft a contract
**Aufsicht** *f* supervision, surveillance, control; → Preis~; **die ~ haben über** to have the control of; to supervise; **unter ~ stehen von** to be supervised (or controlled) by; **staatlicher ~ unterstehen** to be under state supervision (or control)
**Aufsichts~, ~behörde** *f* supervisory authority; control board; **~person** *f* supervisor; superintendent; **~führung** *f* supervision; **~pflicht** *f* duty of supervision; **a~pflichtig** liable to supervise
**Aufsichtsrat** *m* supervisory board (of directors); **dem ~ angehören** to be a member of the supervisory board; **der ~ überwacht die Geschäftsführung** the supervisory board supervises the management
**Aufsichtsrats~, ~mitglied** *n* member of the supervisory board; outside director; **~sitzung** *f* meeting of the supervisory board; board meeting; **~steuer** *f* tax for members of the supervisory board; **~vergütung** *f* remuneration of board members; directors' fees; **~vorsitzender** *m* chairman of the supervisory board
**aufspeichern** to store (up); to store (in a warehouse)
**aufstellen** *(aufsetzen)* to draw up, to prepare, to state; *(Maschine)* to install, to set up; *(an bestimmten Platz)* to site, to locate; *(Raketen)* to deploy; *(nominieren)* to nominate (or propose) (for an office); *(bei der Wahl)* to put sb. up as a candidate; **die Kosten ~** to state the charges; *(im einzelnen)* to itemize the costs; **e-e Liste ~** to draw up a list; **ein Programm ~** to formulate a program(me); **e-e Statistik ~** to compile statistics
**Aufstellung** *f (Erstellung)* drawing up, making up; preparation; *(Übersicht)* statement; *(Anordnung)* arrangement; *(von Atomraketen)* deployment; *(e-r Ma-*

*schine etc.)* installation, *Br* erection, *Am* setting up; *(als Kandidat)* nomination; **laut anliegender ~** as per statement (or specification) enclosed; **monatliche ~** monthly statement; **~ von Abschlüssen** preparation of annual accounts; **~ der Aktiva und Passiva** statement of assets and liabilities; **~ der Bilanz** making up the balance sheet; **~ des Haushaltsplans** drawing up the budget; **~ e-s Plans** preparation of a plan; **~ e-r Rechnung** drawing up an account; making out a bill; **~ des Vermögens und der Schulden** statement of affairs; **~ in Tabellenform** tabular statement; tabulation; **dem Vertrag e-e ~ beifügen** to append a statement to the contract; **e-e ~ machen** to draw up a statement

**Aufstellungsort** *m (e-r Maschine)* (erection) site; **die Reparaturen am ~ vornehmen** to effect repairs on (the) site

**Aufstieg** *m fig* rise; **wirtschaftlicher ~** economic advance; **gute ~smöglichkeiten haben** to have good promotion prospects

**aufstocken**, **den Fonds ~** to scale up (or increase) the fund; **die Lagerbestände ~** to build up the stocks (or inventories); **Quoten ~** to increase quotas

**Aufstockung** *f*, **~ des Kapitals** capital increase; **~ der Mittel** increase in appropriations; **~ der Quoten beim IWF** quota increase in the IMF

**aufsuchen**, **jdn ~** to call on sb.; **Kunden ~** to visit customers

**auftanken** to fill up, to refuel

**auftauen** to thaw; **Tiefkühlkost ~** to defrost deep-frozen foods

**aufteilen** to divide, to partition, to share (out); to allocate; *(anteilmäßig)* to apportion, *Am* to prorate; **die Arbeit ~** to divide up the work; **die Kosten gerecht ~** to share out the costs equitably; **den Markt ~** to divide (or partition) the market; **den Schaden ~ zwischen** to apportion the damage among

**Aufteilung** *f* division, partition, sharing (out); allocation; *(anteilmäßig)* apportionment, *Am* proration; **~ e-r Anleihe in Tranchen** splitting (or partitioning) of a loan into tranches; **~ der Arbeit** work-sharing; **~ der Fischbestände** sharing fishery resources; **~ in kleinere Mengen** breaking bulk; **Aufteilung der Quoten** allocation of quotas; **~ der Unkosten** sharing of expenses; **~ von Verkaufsgebieten** allocation (or division) of sales territories

**Auftrag** *m* order; *(bei Ausschreibungen)* contract; *(unentgeltlich nach BGB)* mandate; *(Beauftragung)* commission, agency agreement; *(Anweisung)* instruction; **im ~ von** by order of, on behalf of; **im ~ und für Rechnung von** by order and for account of; **im ~ der EWG** acting as agent of the EEC; **~ aus dem Ausland** → Auslands~; **~ aus dem Inland** → Inlands~; **erteilter ~** order given; *(bei Ausschreibungen)* contract; **noch nicht erledigter ~** back order; **e-n ~ annehmen** to accept (or take, book) an order; **e-n ~ annullieren** to cancel (or annul) an order; **e-n ~ ausführen** to execute (or carry out, fulfill) an order ( → fristgemäß, → ordnungsgemäß, → wunschgemäß); **wir werden Ihren ~ bestens ausführen** we will do our best to fulfill your order; **wir werden Ihren ~ gern ausführen** we shall be pleased to carry out your order; **leider ist es uns nicht möglich, Ihren ~ auszuführen** we regret not to be able to execute your order; **e-n ~ bearbeiten** to handle (or process) an order; **e-n** *(erhaltenen)* **~ bestätigen** to acknowledge an order; **e-n** *(erteilten)* **~ bestätigen** to confirm an order; **sich um e-n** *(ausgeschriebenen)* **~ bewerben** to tender for a contract, to send in a tender; to bid for a contract; **um weitere Aufträge bitten** to ask for further orders; to solicit further business; **e-n ~ buchen** to book (or enter) an order; **Aufträge einholen** to solicit orders; to go after orders; **Ihrem ~ entgegensehend** awaiting (or looking forward to) your order; **wir sehen Ihrem ~ entgegen** we are looking forward to the receipt of your order; **wir würden uns freuen, Ihren ~ zu erhalten** we would be pleased to receive your order; **wir versichern Ihnen, dass Ihr ~ prompt und sorgfältig erledigt wird** we assure you that your order will be carried out promptly and carefully; **jdm e-n ~ erteilen** (schriftlich, mündlich, telefonisch) to place an order with sb. (in writing, orally, by telephone); to request sb. to do sth.; **wir hoffen, dass Sie uns weitere Aufträge erteilen werden** we hope to receive further orders from you; **hiermit erteilen wir Ihnen folgenden ~** we herewith place the following order with you; **e-n ~ erwarten** to expect (or wait for) an order; **etw. bei jdm in ~ geben** to place an order with sb. for sth.; to order sth. from sb.; **in ~ gegeben** to be on order; to be commissioned; **Aufträge sammeln** to collect orders; **e-n ~ stornieren** to cancel (or countermand) an order; **e-n ~ vergeben** to place an order (with); *(bei Ausschreibungen)* to award a contract; **bisher liegt kein ~ vor** so far there is no firm order; **e-n ~ vormerken** to book (or enter) an order; **e-n ~** → vorrangig behandeln; **e-n ~ widerrufen** to cancel (countermand) an order; **e-n ~ zurückstellen** to put an order aside

**auftraggebende Behörde** *f (bei Ausschreibungen)* contract-placing authority

**Auftraggeber** *m* customer; principal; ordering party; *(bei Ausschreibungen)* contract awarder; *(für Werbesendungen)* sponsor; → Akkreditiv~; **~ und Beauftragter** principal and agent; **unbekannter ~** undisclosed principal

**Auftragnehmer** *m (Lieferant)* supplier; *(bei Ausschreibungen)* contractor; *Am* tenderer

**Auftrags~**, **a~abhängige Kosten** (job) order-related costs; **~abrechnung** *f* job order cost accounting; **~abwicklung** *f* order processing **~änderung** *f* modification of the order; **~ausführung** *f* execution (or carrying out) of the order; **~bearbeitung** *f* order processing; handlung of the order; **a~bedingt** order-related

**Auftragsbestand** *m* (**Auftragsbestände** *pl*) orders on hand; order backlog(s), backlog of orders; order book(s); **gesamter ~** total order book(s); **hohe(r) ~** large order backlog(s); full (or well-filled) order-book(s); **die ~ sind leicht gesunken (gestiegen)** the order backlogs have somewhat declined (increased)

**Auftragsbestätigung** *f (erhaltener Auftrag)* acknowledgment of an order; *(erteilter Auftrag)* confirmation of an order, order confirmation

**Auftragsbuch** *n* order book; **e-n Auftrag im ~ vermerken** to enter an order in the order book

**Auftragseinbuße** *f* loss of order(s)

**Auftragseingang** *m* (**Auftragseingänge** *pl*) order(s) received (or booked); incoming order(s); inflow of orders; **hoher ~** large number of orders; high rate of orders; rush of orders; **nach ~** upon receipt of order(s); **~ der Industrie** incoming orders of industry; new orders booked in industry; **~ der Industrie aus dem Ausland** foreign orders received by industry; **~ aus dem Inland** (inflow of) domestic orders; **zurückgehender ~** declining (or decreasing) incoming orders; **die ~ haben sich abgeschwächt** incoming orders have slackened; **die ~ sind** → rückläufig

**Auftrags~**, **~erhalt** *m* receipt of an order; **~erledigung** *f* execution of an order; **~erneuerung** *f* renewal of an order

**Auftragserteilung** *f* placing (of) an order; **bei ~** when placing the order; with order; **Kasse** (od. **zahlbar**) **bei ~** cash with order (c. w. o.)

**Auftrags~**, **~fertigung** *f* job order production; **~flaute** *f* sluggishness of orders; **~flut** *f* flood of orders; **~formular** *n* order form, order blank; **a~gemäß** as per order; according to your order; according to instruction(s); **~geschäft** *n* commission business; **~größe** *f* size of the order; **~kalkulation** *f* job order calculation; **~karte** *f* order card; **~kennzeichen** *n* job order code; **~kostenrechnung** *f* job order costing

**Auftragslage** *f* order situation (or position); orders on hand; **Verbesserung der ~** revival in orders

**Auftrags~**, **~mangel** *m* order shortage; lack of orders; **~nummer** *f* order number; **~papiere** *pl* documents accepted for collection; **~polster** *n* cushion of orders in hand; **~reserven** *pl* order backlogs; **~rückgang** *m* falling off in new orders

**Auftragsrückstand** *m* backlog of orders, arrears of unfulfilled orders; **e-n ~ aufarbeiten** to work off the backlog of orders

**Auftrags~**, **~schwund** *m* loss of orders; **~steigerung** *f* increase in orders; **~steuerung** *f* order control; **~stornierung** *f* cancellation of an order; **~überhang** *m* backlog of orders on hand; **~vergabe** *f* placing of orders; *(bei Ausschreibungen)* award of contract; **~volumen** *n* volume of orders; **öffentliches ~wesen** *n* public contracts; public procurement; **~wiederholung** *f* repetition of an order; **~zufluss** *m* influx of orders; **~zunahme** *f* pick-up in orders

**auftreten** *(im Gericht, als Künstler)* to appear; *(handeln)* to act; **vor internatio-**

**nalen Behörden** *(als Anwalt)* ~ to practise before international authorities (→ aufgetreten)

**auftreiben**, **Geld** ~ to raise (or find) money

**Auftrieb** *m* impetus, impulse; upward trend, uptrend, upturn, upsurge; *(Börse)* rally; → Kurs~; → Preis~

**Aufwand** *m* expense(s), expenditure; cost; **(unnützer) ~ an Zeit und Kosten** waste of time and money; **aktivierungspflichtiger** ~ expense to be capitalized; **betrieblicher** ~ operating expenses; **sonstiger** ~ *(Bilanz)* miscellaneous expenses; **als ~ verbuchen** to charge to expenses

**Aufwands~**, **~entschädigung** *f* expense allowance; representation allowance; **~konto** *n* expense account; **~posten** *m* expense item

**aufwärts**, **mit dem Geschäft geht es ~** business is improving (or looking up)

**Aufwärtsbewegung** *f* (od. **~sentwicklung** *f*) upward trend (or tendency); upward movement; **konjunkturelle ~** cyclical upward trend; **wirtschaftliche ~** economic upswing

**aufweisen**, **e-n Saldo von ... zu Ihren Gunsten (Lasten)** ~ to show a balance of ... to your credit (debit); **e-n Verlust ~** to show a loss

**aufwenden**, **allen Einfluss** ~ to use one's influence; **Zeit und Sorgfalt** ~ to spend (or expend) time and care (in doing sth.) (→ aufgewendet)

**aufwendig** cost-intensive; requiring a great deal of effort

**Aufwendungen** *fpl* expense(s), expenditure(s); cost(s); **~ und Erträge** expenditure and income; **außerordentliche ~** extraordinary expenses; **betriebliche ~** operating expenses; **einmalige** ~ nonrecurring expenditure; **geschäftliche ~** business expenditure; **regelmäßig anfallende** ~ regular expenses; **sonstige** ~ miscellaneous expenses; **soziale** ~ social expenditure; *(e-s Betriebes)* staff welfare expenses; **tatsächliche** ~ actual (or effective) expenses (incurred); **~ sind entstanden** expenses have been incurred; **~ erstattet bekommen** to be reimbursed one's expenses; **beträchtliche ~ machen** to incur considerable expenses (für on)

**aufwerten**, **e-e Währung** ~ to revalue (or upvalue, appreciate) a currency ( → aufgewertet)

**Aufwertung** *f* revaluation, upvaluation, appreciation; **~ssatz** revaluation rate

**aufzählen**, **Waren in der Rechnung ~** to enumerate (or itemize) goods in the invoice

**aufzeichnen** to note down, to record

**Aufzeichnung** *f*, **~en** *pl (der Buchhaltung)* records; **~ von Geschäftsvorfällen** records of business transactions; **~en über Vorräte** inventory records; **~en führen** (od. **machen**) to keep records

**Aufzeichnungspflicht** *f* obligation to keep records

**aufzinsen** to add unaccrued interest

**Aufzucht** *f* **von Vieh** breeding of cattle; raising lifestock

**Auge** *n*, **ins Auge fallen** to catch the eye

**augenblicklicher Marktwert** *m* current market value

**Augenschein**, **richterlicher** ~ *m* judicial inspection, inspection by the judge; **etw. in ~ nehmen** to inspect sth.

**Auktion** *f* sale *Br* by (*Am* at) auction; auction; **e-e ~ abhalten** to hold (or conduct) an auction; **e-e ~ besuchen** to attend an auction; **etw. zur ~ geben** to put sth. up for auction

**Auktionator** *m* auctioneer

**Auktions~**, **~gebühren** *fpl* auction fees; **~liste** *f* auction catalogue; **~lokal** *n* auction room; **~posten** *m* sales lot; auction lot

**au pair-Mädchen** *n* au pair girl

**ausarbeiten** to work out, to prepare

**Ausbau** *m* extension, enlargement; *fig* development, improvement; **~ e-r Fabrikanlage** plant extension; *(Demontage)* plant dismantling; **~ der Handelsbeziehungen** strengthening (or improvement) of trade relations; **~ der wirtschaftlichen Zusammenarbeit** developing economic cooperation

**ausbauen** to extend, to enlarge; *fig* to develop, to improve; *(demontieren)* to dismantle; **sein Geschäft** ~ to extend (or develop) one's business; **die Infrastruktur** ~ to improve infrastructure

**ausbaufähige Stellung** *f* position with good prospects

**ausbedingen** to stipulate, to make it a condition

**ausbessern** to repair, to mend ( → ausgebessert)

**Ausbesserung** *f* repair, mending; **in ~ befindlich** under repair
**ausbesserungs~**, **~bedürftig** in need of repair, out of repair; **A~kosten** *pl* cost of repair
**Ausbeute** *f* yield, output; *(Ausschüttung bei bergrechtl. Gewerkschaften)* distributable profit; dividend; **~satz** *m* rate of yield
**ausbeuten**; **seine Angestellten ~** to exploit one's employees; **Erdgas ~** to exploit (or extract) natural gas; **Fischbestände ~** to exploit fish stocks; **jds Unerfahrenheit ~** to take (unfair) advantage of sb.'s inexperience
**Ausbeuterbetrieb** *m* sweatshop
**ausbeuterisch** explotive
**Ausbeutung** *f*, **~ von Bodenschätzen** extraction (or working) of mineral resources; **~ der Meeresschätze** exploitation of the resources of the sea
**ausbezahlen**, **jdm seinen Lohn ~** to pay sb. his wages; **e-n Teilhaber ~** to buy out a partner
**ausbieten**, **zum Verkauf ~** to offer (or put up) for sale
**ausbilden** to train, to educate (→ ausgebildet, der → Auszubildende)
**Ausbildung** *f* training; education; **~ am Arbeitsplatz** on-the-job training; **~ außerhalb des Arbeitsplatzes** off-the-job training; **~ des Auszubildenden** trainee (or apprentice) instruction; **~ von Führungskräften** management (or executive) training; **~ als Kaufmann** business training; **~ des Wirtschaftsnachwuchses** training young people for industry; **betriebliche ~** training in the firm; → Fach~; **kaufmännische ~** commercial training; → Kurz~; **seine ~ abschließen** to complete one's training
**Ausbildungsbeihilfe** *f* training allowance
**Ausbildungsberuf** *m* trainee occupation; apprenticeship trade; **landwirtschaftlicher ~** trainee occupation in agriculture; **~ des Handwerks, der Industrie und des Handels** apprenticeship trade in handicrafts, industry and commerce
**Ausbildungs~**, **~betrieb** *m* training establishment (or workshop); **~dauer** *f* duration of training (or education); **~freibetrag** *m* education allowance; *Am* education exemption (deductible from the income tax); **~jahr** *n* year of training; **~kosten** *pl* cost of training (or education); **~kurs** *m* **für Führungsnachwuchskräfte** management training course; **~personal** *n* training staff; **~plan** *m* training schedule; curriculum; **~platz** *m* training place; vacancy for an apprentice (trainee); **~stand** *m* level of training; **~stätte** *f* training establishment; **~vergütung** *f* trainee compensation; **~versicherung** *f* educational endowment insurance; **~vertrag** *m* articles of apprenticeship; **seine ~zeit** *f* **durchmachen** to serve one's apprenticeship; **das ~ziel erreichen** to reach the goal of a training program(me)
**Ausbleiben** *n*, **~ der Zahlung** failure to pay; default of payment; **~ e-s Zeugen** default by a witness
**ausbleiben**, **vor Gericht ~** to fail to appear in court; **die Zahlung blieb aus** the payment was overdue
**Ausblick** *m* outlook
**ausbreiten**, **seine Waren zum Verkauf ~** to lay (or spread) out (or to display) one's goods for sale
**Ausbringung** *f* → Ausstoß
**ausbuchen** to write off; to charge off; to take out of the accounts (→ ausgebucht)
**Ausbuchung** *f* write-off
**Ausdehnung** *f* **der Fischereigrenzen** extension of fishing limits
**ausdrücklich**, **~ oder stillschweigend vereinbart** expressly or implicitly agreed upon; **~e Abmachung** *f* express agreement; **~ erteilte Erlaubnis** *f* express permission
**auseinandergehende einzelstaatliche Politiken** *fpl (EU)* divergent national policies
**auseinandersetzen**, **jdm etw. ~** to explain sth. to sb.; **sich mit seinen Gläubigern ~** to come to terms (or to compound with) one's creditors
**Auseinandersetzung** *f* argument, discussion; **~ mit Gläubigern** settlement (or composition) with one's creditors; **~ unter Miterben** partition (or division) of deceased's estate (or property) between co-heirs
**Auseinandersetzungsbilanz** *f (e-r Personengesellschaft)* apportioning balance sheet
**auserlesene Ware** *f* choice (or selected) goods
**Ausfahrt** *f* exit
**Ausfall** *m* deficiency, loss, shortage, defi-

cit; **der erlittene ~** the loss incurred (or suffered); **~ von Kunden** loss (or dropping off) of customers; **~ e-r Maschine** failure (or breakdown) of a machine; **~ in der Produktion** shortfall in production (or output); loss of production; **den ~ decken** to cover the deficit; **e-n ~ erleiden** to suffer a loss

**Ausfall~**, **~bürge** *m* deficiency guarantor; **~bürgschaft** *f* deficiency guarantee; *Am* indemnity bond

**ausfallen** *(in Qualität etc.)* to turn out; *(nicht stattfinden)* not to take place; **die Dividende ~ lassen** to pass (or omit) the dividend; **der Flug fällt aus** the flight has been cancelled; **e-e Sitzung ~ lassen** to drop a meeting; **nach jds Wunsch ~** to meet with sb.'s expectations ( → ausgefallen)

**Ausfall~**, **~muster** *n* reference (or quality) sample; **~risiko** *n (bei Zahlungsausfall)* nonpayment risk; **~straße** *f* arterial road; main traffic artery; **~stunden** *fpl* hours not worked; **~zeit** *f (Maschine)* down(-)time

**ausfertigen** to make out; *(rechtsgültig)* to execute; **e-e Urkunde doppelt ~** to execute a deed in duplicate

**Ausfertigung** *f* execution; (executed) copy; **in doppelter ~** in duplicate; **in dreifacher ~** in triplicate; **~ e-s Vertrages** execution of a contract; **e-n Wechsel in dreifacher ~ ausstellen** to draw a bill in a set of three

**ausfischen** to fish out; **zu stark ~** to overfish

**Ausflug** *m* outing, excursion; **~ aus e-m Hoheitsgebiet** *(Flugzeug)* departure from a sovereign territory;

**Ausfuhr** *f* export, exportation; export trade; **~ von gewerblichen Waren** industrial exports; **sichtbare ~** *(Waren)* visible export(s); **unsichtbare ~** *(Dienstleistungen)* invisible export(s); **vorübergehende ~** temporary export(s); **die ~en sind schnell angewachsen** exports have grown rapidly; **die ~** *(staatlich)* **fördern** to promote exports; **die ~ nimmt ab** exports are declining; **die ~en steigen an** exports are increasing (or rising); **die ~en sind gestiegen** exports increased (or were stepped up)

**Ausfuhr~**, **~abfertigung** *f (Zoll)* clearance on exportation; **~abgaben** *fpl* duties at exportation; export duties; **~abschöpfung** *f* export levy; **~agent** *m* export agent; **~anmeldung** *f (Zoll)* export declaration; *Br* entry outwards; **gemeinschaftliche ~anmeldung** *(EU)* Community export declaration (form); **~artikel** *m* export article(s), export(ed) goods; **~ausfall** *m* export loss; **~aussichten** *fpl* prospects for export; **~belebung** *f* revival of exports; **~bescheinigung** *f* certificate of exportation; export certificate; **~beschleunigung** *f* acceleration of exports; (mengenmäßige) **~beschränkung** (quantitative) restriction on exports (or limitation of exports); **~bestimmungen** *fpl* export regulations; **~bewilligung** *f* → ~genehmigung; **~bürgschaft** *f* export guarantee; **~defizit** *n* export deficit

**ausführen** to export; to carry out, to execute, to perform; **e-n** → Auftrag ~; **Geschäfte schnell ~** to dispatch business; to get through business quickly; **e-n Plan ~** to carry out a plan; to implement a scheme, to carry a scheme into effect; to realize a project ( → ausgeführt)

**ausführender Mitgliedstaat** *(EU)* exporting member state

**Ausführer** *m* exporter

**Ausfuhr~**, **~erklärung** *f (Zoll)* export declaration; entry outwards; **~erlaubnis** *f* export licence (Ausfuhrse); **~erlöse** *mpl* export earnings; export revenue; earnings (or revenue) from exports ( → Stabex); **~erlösverluste** *mpl* losses of export earnings

**Ausfuhrerstattung** *f (EU)* export refund; **Gewährung von ~en** grant of export refunds (e. g. in the fruit and vegetables sector)

**Ausfuhr~**, **~erweiterung** *f* expansion of exports; **~erzeugnisse** *npl* export(ed) goods (or products); **~forderung** *f* claim arising from exports; **~förderung** *f* export promotion, export drive; **~förmlichkeiten** *fpl* **erfüllen** to carry out export formalities; **~garantie** *f* export credit guarantee; **~gebühren** *fpl* export duties; **~genehmigung** *f* export permit (or licen|ce [~se]); **~geschäft** *n* export business; *(das einzelne)* export transaction; **~güter** *npl* export(ed) goods, products exported; exports; **~hafen** *m (Zoll)* port of exit; **~handel** *m* export trade; **~händler** *m* export merchant; **~kommissionär** *m* export commission agent; **~kontingent** *n* export quota; **~kredit** *m* export credit;

**~kreditbürgschaft** *f* export credit guarantee (guaranty); **~kreditversicherung** *f* export credit insurance; **~ladung** *f* export cargo; **~land** *n* exporting country, country of exportation

**ausführlich**, **~es Angebot** *n* detailed offer; **~ schreiben** to write in detail (or at full length)

**Ausfuhr~**, **~lieferungen** *fpl* export deliveries; **~liste** *f* export list; **~lizenz** *f (EU)* export licence, export certificate; **~markt** *m* export market; **~menge** *f* amount (or quantity) of goods exported; **~möglichkeiten** *fpl* opportunities for export; **~ort** *m* point of export(ation); *(Zoll)* exit point; **~prämie** *f* export premium; *Br* export bounty; **~preis** *m* export price; **gemeinsame ~regelung** *f (EU)* common arrangement for exports; common system applicable to exports; **~rückgang** *m* fall off (or decline, decrease) in exports; **~schein** *m* → ~erklärung; **~sperre** *f* embargo on exports; **~steigerung** *f* increase (or upturn) in exports; **~subvention** *f* export subsidy; **~tag** *m* day of exportation; **~tätigkeit** *f* export activity; **~tonnage** *f* export tonnage

**Ausfuhrüberschuss** *m* export surplus; exports in excess of imports; **der ~ ging zurück** the export surplus declined (auf to)

**Ausfuhrüberwachung** *f* export surveillance (or control)

**Ausführung** *f* carrying out, execution, performance; *(Arbeitsa~)* workmanship; *(Fertigstellung)* completion; *(~sart)* finish, model, design, **~ von Arbeiten** execution of works; **in der ~ befindliche Arbeiten** work in progress; **ausgezeichnete (schlechte)** ~ excellent (poor) workmanship; **pünktliche und sorgfältige ~ e-s Auftrags versprechen** to promise punctual and careful execution of an order; to promise to execute (or fill) an order with care

**Ausführungs~**, **~anzeige** *f (Börse)* announcement of execution; advice of deal; **~ Regulation** Implementing Regulation No …

**Ausfuhrverbot** *n* export ban, export embargo; export prohibition (für on); **~ wirtschaftlicher Art** export prohibition imposed in the interest of the national economy

**Ausfuhr~**, **~verfahren** *n* export procedure; **~verschlechterung** *f* worsening of the export situation; **~vertrag** *m* export agreement; **~vertreter** *m* export agent; **~volumen** *n* volume of exports; **~waren** *fpl* export(ed) goods; goods to be exported; exports; **~werbung** *f* export advertising; **~wirtschaft** *f* export-oriented economy; export trade; **~ziffern** *fpl* export figures

**Ausfuhrzoll** *m* export duty; customs duty on exportation; **Ausfuhrzölle und Abgaben gleicher Wirkung** *(EU)* customs duties on exports and charges having equivalent effect; **~förmlichkeiten** *fpl* customs export formalities; **~stelle** *f* customs office of exports

**ausfüllen** *(Formular etc.)* to fill in, *bes. Am* to fill out

**Ausgabe** *f (meist pl)* expense(s), expenditure, spending, outlay(s); *(Aushändigung)* giving out, handing out; *(Emission)* issue, *Am* issuance; *(Buch)* edition; *(Zeitung, Zeitschrift)* issue; number; *(EDV)* output; **~ von Investmentzertifikaten** offering of investment fund certificates; **~ von Obligationen** issue of bonds (or certificates); **~n der öffentlichen Hand** public expenditure(s); **~n für Verschiedenes** sundry expenses; **~n für Wohnungsmiete** expenditure (or outlay[s]) for rent; **beträchtliche** ~ considerable expenses; **einmalige** ~ nonrecurring expenditure; **erweiterte** ~ enlarged edition; **gekürzte** ~ abridged edition; **tatsächlich getätigte ~n** expenses actually incurred; **e-e große (Geld-)~** large outlay (for on); a great expense; **kleine ~n** petty expenses; **laufende ~n** current expenses; **tägliche ~n** daily (or routine) expenditure; **unvorhergesehene ~n** unforeseen expenses; contingencies; **verschiedene ~n** sundry expenses; **wachsende ~n** growing expenditure; *(regelmäßig)* **wiederkehrende ~n** recurring expenses; **seine ~n den Einnahmen anpassen** to proportion one's expenditure to income; **jdn mit ~n belasten** to put sb. to the expense (of); **die ~n bremsen** to curb spending; **seine ~n einschränken** to reduce (or limit, cut down, curtail) one's expenses; **~n haben** to incur expenses; **dem X erwachsene ~n** expenses incurred by X; **für X gemachte ~n** expenses incurred on behalf of X; **die ~n senken** to cut expenditure; **die ~n**

**übersteigen die Einnahmen** expenditure exceeds receipts; **jdm die ~n zurückerstatten** to reimburse sb. (for) his expenses

**Ausgabe~**, **~abschlag** *m* offering discount; **~aufschlag** *m* offering premium; **~bedingungen** *fpl* terms of issue; **~datei** *f (EDV)* output file; **~datum** *n* date of issue; **a~freudig** ready to spend; **~gerät** *n (EDV)* output device; **~gewohnheiten** *fpl* spending habits; **~kurs** *m* issue (or issuing) price; initial offering price

**Ausgaben~**, **~ansätze** *mpl* expenditure estimates; **~anstieg** *m* increase in expenditure; **~aufstellung** *f* statement of expenses; specification of expenditure; **~beleg** *m* disbursement voucher; **~buch** *n* expenses book (or ledger); petty cash book; **~bremse** *f* break on expenditure; **~einschränkung** *f* retrenchment of expenses; **~einsparung** *f* economizing on expenditure; **~erhöhung** *f* increase in expenses; **~erstattung** *f* reimbursement of expenses; **~kürzung** *f* cut in expenditure; **~schätzung** *f* estimate of expenditure; **auf der ~seite** *f* on the expenditure side; **~steigerung** *f* increase in expenditure; **~voranschlag** *m* preliminary estimate of expenditure; **~zuwachs** *m* growth of expenditure

**Ausgabe~**, **~ort** *m* place of issue; **~posten** *m* expense item; item of expenditure; **~preis** *m* issue price; *(für Investmentanteile)* offering price; **~stelle** *f* issuing office

**Ausgang** *m* exit, way out; *(Ergebnis)* result, outcome; **kein ~** no exit; **~ aus der Gemeinschaft** *(Zoll)* exit from the Community; **~ der Verhandlungen** outcome of negotiations

**Ausgänge** *mpl (KassenAusgänge)* outgoings; *(Post)* outgoing mail; *(Waren)* outgoing goods

**Ausgangs~**, **~abfertigung** *f (Zoll)* clearance outwards; **~abgaben** *fpl* export duties and taxes; **a~abgabenpflichtig** liable to export duties and taxes; **~Durchgangszollstelle** *f* office of exit en route; **~fakturenbuch** *n* sales journal; **~fracht** *f* outgoing freight; freight out; **~land** *n* country of departure; **~material** *n* primary (or source) material; **~preis** *m* initial price; **~stoffe** *mpl* primary (or source) materials; **~versand** *m (Zoll)* outward transit; **~zoll** *m* export duty; **~zollstelle** *f* exit customs office

**Ausgeben** *n*, **~ seiner Ware(n) als die e-s anderen** passing off (of one's own goods as those of another)

**ausgeben** *(Geld)* to spend, to expend, to disburse; *(aushändigen)* to give out, to hand out; *(Wertpapiere)* to issue; **sich** *(bes. fälschlich)* **~ für** to pass oneself off as

**ausgebessert**, **die Straße wird ~** the road is under repair

**ausgebildet**, **für e-n Beruf ~ werden** to be trained for a profession (or occupation, trade)

**ausgebrochen**, **ein Streik ist ~** a strike has broken out

**ausgebucht** *(z. B. Reise)* booked up, fully booked

**ausgedehnt** extensive; *(Sitzung etc.)* prolonged, drawn-out

**ausgedrückt**, **~ in Dollar** in terms of dollars; **US Dollar in € ~** US dollars expressed in €

**ausgefallen** *(Dividende)* passed; *(Vorstellung)* cancelled; **die Maschine ist ~** the engine broke down (or is out of action); **die Sendung ist zu unserer** → Zufriedenheit ~; **der Strom ist ~** there has been a power failure

**ausgeführt** exported; **wie unten im Einzelnen ~** as per particulars given below; **~e Arbeit** *f* work done; **~er Auftrag** *m* executed order

**ausgegangen** *(Ware)* out of stock; **leider ist der von Ihnen bestellte Artikel ~** we are sorry to inform you that the article ordered by you is out of stock; **mir ist das Geld ~** I am (or I have run) out of money; **die von Ihnen gewünschte Größe ist ~** we have run out of the size you required; **er ist zutreffend davon ~, dass** he correctly assumed that

**ausgegeben** *(Geld)* spent, expended; *(Wertpapiere)* issued; **~es Aktienkapital** issued capital (stock); **wenn ~** *(Börse)* when issued

**ausgeglichen**, **~es Konto** *n* balanced account; **~er Handelsverkehr** *m* balanced trade; **~e Zahlungsbilanz** *f* equilibrated balance of payment; BOP in equilibrium; **der Handel ist ~** the trade is balanced; **der Unterschied wird ~ durch** the difference is compensated by

**ausgehandelter Preis** *m* negotiated (or bargained) price

**ausgehen** *(zur Neige gehen)* to run out, to

run short, to run low ( → ausgegangen); **gut** ~ to turn out well; **leer** ~ to get nothing; ~ **von** to start (or emanate) from; **bei der Berechnung** ~ **von** to base the computation on the assumption that; **der Vorrat an ... geht aus** the stock of ... is running out ( → ausgegangen)

**ausgehende Post** *f* outgoing mail

**ausgelaufen** *(Flüssigkeit)* run out; **die Produktion dieses Artikels is** ~ the production of this article has been discontinued

**ausgelegt**, **eng (weit) ausgelegt** narrowly (broadly) interpreted; **ich habe € 20 für Sie ausgelegt** I paid € 20 on your behalf; I laid out (or disbursed) € 20 for you

**ausgeliefert** extradited; **unversehrt** ~ *(Ware)* delivered in sound condition

**ausgeloste Anleihe** *f* bond drawn

**ausgemachter Preis** *m* agreed price

**ausgeschiedener Gesellschafter** *m* ex-partner, former partner

**ausgeschlagen**, **mit Blech ~e Kiste** *f* tin-lined case

**ausgeschlossen** excluded; disqualified (von from); **~es Mitglied** *n* excluded member; **von e-r Organization** ~ **werden** to be expelled from an organization

**ausgeschriebene Stelle** *f* advertised position

**ausgeschüttet**, **~e Dividende** *f* paid-out dividend; **~er Gewinn** *m* distributed profit; **nicht ~e Gewinne** *pl* undistributed (or retained) profits

**ausgesetzt**, **~e Summe** *f (als Taschengeld etc.)* allowance; ~ **werden** *(zeitweilig)* to be suspended

**ausgestellt**, **auf den Inhaber** ~ made out to bearer; **laut ~er Rechnung** per account rendered; **die im Schaufenster ~e Ware** the goods displayed in the shop-window

**ausgesteuert werden** to have no further claim to insurance benefits

**ausgesucht** *(Ware)* choice; select(ed), exquisite; **~e Qualität** *f* choice quality; **~e Ware** *f* choice goods

**ausgewachsene Rinder** *npl* adult bovine animals, mature cattle

**ausgewiesener Gewinn** *m* reported earnings ( → Gewinnausweis)

**ausgewogenes Wirtschaftswachstum** *n* balanced economic growth

**ausgezeichnet** excellent; **~er Preis** *(auf dem Etikett) m* marked price

**Ausgleich** *m* balance, adjustment, equalization, compensation; settlement; ~ **zwischen Angebot und Nachfrage** balance between (or equation of) supply and demand; **zum ~ Ihres Kontos** in settlement of your account; in order to balance your account; **~ für erlittenen Schaden** compensation for injury (or damage) suffered; **~ der Unterschiede** levelling of differences; **ein ~ ist erfolgt** a compensation is effected; **e-n ~ schaffen zwischen Erzeugung und Verbrauch** to adjust (or equalize) production and consumption

**ausgleichen** to balance, to adjust, to equalize; to compensate (for); to settle; **e-n Fehlbetrag** ~ to make up for a shortage (or deficit); **ein Konto** ~ to settle (or balance) an account; **e-n Verlust** ~ to compensate (or make up) for a loss; **die Aktienbörse glich ihren Verlust wieder aus** the stock market recovered its loss

**Ausgleichs~**, **~abgabe** *f(EU)* countervailing duty (or charge); *(Lastenausgleich)* equalization levy; **~anspruch** *m* claim for compensation, adjustment claim; **~betrag** *m* compensatory amount; *(EU) (auch)* countervailing amount; **~buchung** *f* adjusting entry; **~entschädigung** *f* compensation; compensatory damages; **~entschädigung** *f* **für die Berggebiete und die benachteiligten Gebiete** *(EU)* compensatory allowance for mountain areas and less favo(u)red areas; **~finanzierung** *f* compensatory financing; **~fonds** *m* compensation (or equalization) fund; **~koeffizient** *m* coefficient of equivalence; **~forderung** *f* equalization claim

**Ausgleichslager** *n (für Rohstoffe)* buffer stock; **Auflösung (Errichtung) e-s ~s** liquidation (establishment) of a buffer stock; **~abgabe** *f* buffer stock contribution

**Ausgleichs~**, **~maßnahmen** *fpl* compensatory (or countervailing) measures; **a~pflichtig** liable to make compensation; **~pflichtiger** *m* party obliged to compensate

**Ausgleichsposten** *m* compensatory (or balancing) item; **~ für zugeteilte Son-**

**derziehungsrechte** contra-entry to special drawing rights allocated

**Ausgleichs~**, **~preis** *m (EU)* compensatory price; levelling price; **~vorrat** *m (EU)* buffer stock; **~zahlungen** *fpl* compensation (or adjustment) payments; *(EU) (auch)* deficiency payments; **~zoll** *m* countervailing duty; **~zulage** *(EU)* compensatory allowance

**Ausgleichung** *f* adjustment, equalization, compensation; *(ErbR)* bringing into hotchpot; **~spflicht** *f (ErbR)* hotchpot obligation

**ausgründen** to hive off (from) (and form a new company)

**aushandeln** to negotiate; **mit jdm etw. ~** to bargain with sb. for sth.; **e-n Preis ~** to negotiate a price ( → ausgehandelt)

**aushändigen** to hand over, to deliver

**Aushändigung** *f* **der Ware** handing over of the goods; **~ an die Eisenbahn** delivery of the goods into the custody of the railway (or to the railway)

**Aushang** *m* display; poster, placard(ing); **durch ~ bekanntmachen** to post (up), to placard; to make known by public notice

**Aushängeschild** *n* sign(-board)

**Aushilfe** *f* temporary help

**Aushilfs~**, **~angestellte** *f* temporary employee; **~kraft** *f* temporary (or casual) worker; **~personal** *n* temporary staff

**auskippen**, **den Müll ~** to dump (or tip) the rubbish

**Ausklarierung** *f (e-s Schiffes)* clearance outwards

**Auskommen** *n*, **sein ~ haben** to have one's livelihood

**auskommen** *(genügend haben)* to manage, to make both ends meet; **~ ohne** to dispense with; to do without (sth.); **mit seinem Gehalt ~** to manage on one's pay; **er kommt mit seinem Geld nicht aus** he cannot make both ends meet; *colloq.* the money does not go far enough

**Auskunft** *f* information; *tel Br* inquiries; *Am* information; **~ über e-e Firma** information about a firm; **auf Grund e-r ~ des X** owing to (or as a result of) information received from X; **amtliche ~** official information; **bankmäßige ~** information furnished according to bank practice; **fachliche ~** technical information; **falsche ~** false (or wrong) information; **nähere ~** more detailed information; **ungenügende ~** inadequate information; **unvollständige ~** incomplete information; **um ~ bitten** to ask for information; **über e-e Firma ~ einholen** (od. **einziehen**) to collect (or gather, seek) information about a firm; **~ einholen lassen** to have inquiries made; **die gewünschte ~ erteilen** to give (or furnish) the required information; **wir werden Ihnen gern ~ erteilen** we shall be glad (or pleased) to give you any information; **~ erteilt ...** information may be obtained from ...; **sollten Sie noch weitere ~ benötigen, wenden Sie sich bitte an uns** should you require any further information, please do not hesitate to contact us

**Auskunftei** *f* information bureau; *Am* commercial agency; credit reporting agency; *Br* credit reference agency

**Auskunft~**, **~erteilung** *f* giving information; **~geber** *m* informant

**Auskunfts~**, **~büro** *n* information bureau; *Br* inquiry office; **~ersuchen** *n* request for information; **~erteilung** *f* giving of information; provision of information; **~pflicht** *f* duty to give information; duty to inform, if requested; *(Vers.)* obligation to disclose; **~recht** *n* right to information; **~schalter** *m* information desk (or window); **~verlangen** *n* request for information

**Auslade~**, **~bahnhof** *m* unloading railway (*Am* railroad) station; **~gebühr** *f* unloading charge; **~hafen** *m* port of discharge; **~kosten** *pl* costs of unloading (or discharge)

**Ausladen** *n* **von Gütern** unloading (or discharge) of goods

**ausladen** to unload, to discharge

**Auslade~**, **~ort** *m* (od. **~stelle** *f*) place of unloading (or discharge)

**Ausladung** *f* unloading, discharge; **~ über Schiffsseite** discharge overside

**Auslage** *f (von Waren)* display; articles on display; *(ausgelegtes Geld)* expense, expenditure, disbursement; outlay (für on); **in der ~** in the (shop-)window; **geschickt angeordnete ~ e-s Schaufensters** well-arranged window display; **entstandene ~n** expenses incurred; **erstattungsfähige ~n** repayable expenses; **kleine ~n** petty expenses; **offene ~** *(der Ware)* open display; **über seine ~n abrechnen** to state (or account for) one's expenses; **seine ~n belegen** to accompany one's expenses with receipts;

**jdm die entstandenen ~n erstatten** to reimburse sb. for expenses incurred; **seine ~n erstattet bekommen** to have one's expenses reimbursed; to recover one's disbursements; **~n haben** to incur expenses; **seine ~n zurückerhalten** to recover one's outlays; **wir werden Ihnen alle Ihre ~n (zurück)erstatten** wie shall refund (or reimburse you for) all your expenses

**Auslagen~, ~aufstellung** *f* account of disbursements; **~beleg** *m* disbursement voucher; **~diebstahl** *m* shoplifting; **~erstattung** *f* reimbursement of expenses (or outlays); refunding disbursements; **~rechnung** *f* account of expenses

**auslagern** to take out of storage; to withdraw (or remove) from a warehouse

**Ausland** *n* foreign countries; foreign territory; **Aufträge aus dem ~** export orders, orders from abroad; **aus dem ~ eingeführte Waren** goods imported from abroad

**Ausland, im ~** abroad; **Geldanlagen im ~** investments abroad; funds placed abroad; **Geschäfte im ~** business transacted abroad; **Reisen im ~** travel abroad, foreign travel; **Schulden im ~** foreign debts; **Vermögenswerte im ~** external (or foreign) assets; investments abroad; **im ~ hergestellt** foreign-made; **im ~ zahlbar** payable abroad

**Ausländer** *m* foreigner; foreign national; alien; non(-)resident; **eingebürgerter ~** naturalized alien; **~depot** *n* non(-)resident securities account; **~feindlichkeit** *f* xenophobia; **~konto** *n* non(-)resident account; **~konvertibilität** non(-)resident convertibility; **~vermögen** *n* foreign-owned property; alien property

**ausländisch** foreign; alien; non(-)resident; **~er Abnehmer** *m* foreign customer; **~e Aktien** *fpl* foreign shares (or stock); **~e Arbeitskräfte** *fpl* foreign workers (or labo[u]r); *(EU)* nonnational labo(u)r; **~er Auftrag** *m* foreign (or export) order; **~e Banken** *fpl* banks abroad; **in ~em Besitz** *m* **(befindlich)** foreign-owned, owned by a foreigner; **~er Besitz deutscher Aktien** foreign ownership of German shares; **Unternehmen in ~em Eigentum** foreign-owned enterprise; **~e Einkünfte** *fpl* income from foreign sources, foreign-source income; **~e Erzeugnisse** *npl* foreign products; goods of foreign origin; **~es Fabrikat** *n* foreign make (or product); **~e Konkurrenz** *f* competition from abroad; **~e Obligationen** *fpl* foreign bonds (or debentures); **~es Obst** *n* fruit of foreign growth; fruit from abroad; **~er Staatsangehöriger** *m* foreign national; **~es Vermögen** *n* assets held abroad; **in ~er** → Währung *f* **gerechnet**; **~e Werte** *mpl* invoice amounts in foreign currency; **~e Wertpapiere** *npl* foreign securities (or paper)

**Auslands~, ~absatz** *m* foreign (or export) sales; sales in foreign markets; **~abteilung** *f* foreign department; **~akkreditiv** *n* credit in a foreign country; **~aktiva** *npl* foreign (or external) assets; **~akzept** *n* foreign acceptance; **~angebot** *n* supply from abroad

**Auslandsanlagen** *fpl* foreign (or external) assets; foreign investment(s), investment(s) abroad; **~ zurückholen** to repatriate assets abroad

**Auslands~, ~anleihe** *f* foreign bond (or loan); **~aufenthalt** *m* stay abroad; **~auftrag** *m* order from abroad; export order, foreign order; indent; **~besitz** *m* assets held abroad; non(-)resident's holding

**Auslandsbestellung** *f* export order, foreign order; order from abroad; **Abnahme der ~en** fall in foreign orders; **hoher Bestand an unerledigten ~en** large amount of unexecuted export orders; **die ~en haben abgenommen (zugenommen)** export orders decreased (increased)

**Auslands~, ~beteiligung** *f* foreign participation; **~beziehungen** *fpl* foreign (or external) relations; contacts abroad

**Auslandsbrief** *m* foreign letter; **~verkehr** *m* foreign correspondence

**Auslands~, ~einkommen** *n* foreign income, income from abroad; **~einlagen** *fpl* nonresident deposits; **~emission** *f* foreign issue; **~erzeugnis** *n* foreign product (or produce); **~fabrikat** *n* foreign make; **~filiale** *f* foreign branch; branch abroad; **~flug** foreign flight; **~forderungen** *fpl* external claims; claims against foreign debtors; foreign accounts receivable

**Auslandsgelder** *pl* foreign money (or funds); **kurzfristige ~** short-term foreign capital; short-term loans from foreign sources; **~ deutscher Unternehmen** external assets of German enterprises

**Auslandsgeschäft** *n* foreign (or international) business; *(einzelnes)* foreign (or external) transaction; **~sreise** *f* business trip abroad; **~e tätigen** to do business in foreign countries

**Auslands~**, **~gespräch** *n tel Br* international call; *Am* foreign call; **~güter** *npl* foreign goods, imported goods; deposits (or balances, funds) abraod; **~guthaben** *n* external balance(s); **~handel** *m* export trade; **~hilfe** *f* foreign economic assistance; external aid; **~investitionen** *fpl* foreign investments; investments abroad; **~kapital** *n* foreign capital; **~käufe** *mpl* foreign buying; **~konkurrenz** *f* competition from abroad; **~konto** *n* foreign (or external) account, account abroad; **~korrespondent** *m (e-r Firma, Bank etc.)* foreign correspondence clerk; correspondent (with a firm, bank, etc.) in a foreign country; **~korrespondenz** *f* foreign correspondence

**Auslandskredit** *m* foreign (or external) loan (or credit); lending to foreigners (or nonresidents); **~geschäft** *n* international lending

**Auslands~**, **~kunde** *m* customer abroad; **~kundschaft** *f* customers abroad; **~lieferungen** *fpl* export deliveries (or shipments); **~markt** *m* foreign (or overseas) market; **Beteiligung an ~messen** *fpl* participation in foreign fairs (or fairs abroad); **~nachfrage** *f* foreign demand, demand from abroad, demand on the export market; **~niederlassung** *f* branch abroad, foreign branch; **~obligo** *n* total lendings to foreign customers; **~passiva** *npl* foreign (or external) liabilities; **~porto** *n* foreign postage (rates); **~position** *f* external position

**Auslandspost** *f* foreign mail; *(außerhalb Europas)* overseas mail; **~anweisung** *f* international money order; **~karte** *f* foreign postcard

**Auslandsreise** *f* trip (or journey) abroad; **~verkehr** *m* foreign travel(s); **~versicherung** *f* foreign travel insurance

**Auslands~**, **~repräsentanz** *f* representative office abroad; **~saldo** *m* net foreign position; **~scheck** *m* foreign cheque (check); **~schifffahrt** *f* foreign shipping; **~schulden** *fpl* foreign (or external) debt (or liabilities); **~sender** *m (Radio)* foreign station; **~sendung** *f (Ware)* foreign consignment (or shipment); **~stützpunkt** *m* foreign base; **~tochtergesellschaft** *f* foreign subsidiary (company); **~überweisung** *f* transfer abroad; **~umsatz** *m* sales abroad, export sales; external turnover; **~verbindlichkeiten** *fpl* external liabilities; **~verkäufe** *mpl* foreign (or export) sales; *(Börse)* foreign selling; **~verschuldung** *f* foreign indebtedness; **~vertreter** *m* foreign representative (or agent); **~vertretung** *f* representation abroad; foreign agency; **~vorwahl** *f* foreign dialling code; **~währung** *f* foreign currency; **~ware(n)** *fpl* foreign goods; **~wechsel** *m* foreign bill (of exchange); foreign B/E; **~werbung** *f* foreign advertising; **~werte** *mpl* foreign assets; *(Wertpapiere)* foreign securities; foreign paper, foreigners; **~zahlung** *f* foreign payment, payment (received) from abroad; **~zinssätze** *mpl* interest rates abroad; **~zulage** *f* living abroad allowance; *(EU)* expatriation allowance

**auslasten**, **die Kapazität ist voll ausgelastet** the capacity is utilized to the full

**Auslaufen** *n (Flüssigkeit)* leakage; *(Schiff)* sailing, departure; **~ von Öl ins Meer** oil spill; **langsames ~ der Produktion** phasing out of production

**auslaufen** *(Flüssigkeit)* to run out, to leak; *(Farbe)* to run; *(Schiff)* to sail, to depart; *(enden)* to come to an end, to taper off; *(langsam)* to phase out; *(Vertrag)* to run out, to expire; **das Angebot läuft aus am …** the offer expires on …; **der Artikel läuft aus** the article is running out of stock; the article is being phased out; **die Produktion ~ lassen** to phase out production ( → ausgelaufen)

**auslaufend**, **~es Schiff** *n* outbound vessel; **das am … ~e Schiff** the ship leaving on …; **~er Vertrag** *m* expiring contract

**auslegen** *(Waren)* to lay out, to display (for sale); *(mit Teppich ~)* to carpet, to cover with a carpet; *(einstweilig bezahlen)* to lay out money, to advance money; *(interpretieren)* to interpret; to construe; **eng ~** to interpret strictly; **sinngemäß ~** to interpret by analogy ( → ausgelegt)

**Auslegung** *f* interpretation, construction; **enge (weite) ~** narrow (broad) interpretation; **~ von Waren** display of goods

**ausleihen**, **jdm Geld ~** to lend (*Am* to loan)

money to sb.; **sich Geld** ~ to borrow money

**Ausleihung** *f* lending, loan; **~en am Geldmarkt** making loans in the money market

**Auslese** *f (beste Ware)* flower, choice; *(von Wein)* choice (or superior) wine

**ausliefern**, **Waren** ~ to deliver goods; **e-n Verbrecher** ~ to extradite a criminal

**Auslieferung** *f* delivery, handing over; *(e-s Verbrechers)* extradition; **zahlbar bei** ~ cash (*Am* collect) on delivery (c. o. d.)

**Auslieferungs~**, **~auftrag** *m* delivery order; **~ersuchen** *n* request for delivery; **~lager** *n* warehouse from which goods can be delivered; **~ort** *m* place of delivery; **~schein** *m* delivery note

**ausliegen** *(Waren)* to be displayed for sale

**Auslobung** *f* public promise of a reward

**auslosen**, **Wertpapiere** ~ to draw securities by lot

**auslösen**, **seinen Schmuck** ~ to redeem one's jewelry (*Br auch* jewellery) from pawn (or from the pawnbroker)

**Auslosung** *f* drawing by lot; bond drawing

**Auslosungs~**, **~anleihe** *f* bond redeemable by drawings; **~anzeige** *f* notice of drawing; **~liste** *f* list of drawings; **~termin** *m* drawing date

**Auslösung** *f* **e-s Pfandes** redemption of a pledge

**ausmachen**, **e-e Miete** ~ to settle (or arrange) a rent; **die Miete macht im Jahr ... € aus** the rent comes (or amounts) to € ... a year

**ausmahlen** *(Mehl)* to extract

**Ausmerzung** *f* **von Obstbäumen** *(EU)* upprooting of fruit trees

**ausmessen** to measure out; *(Land vermessen)* to survey

**Ausnahme** *f* exception; exemption; **von ~n abgesehen** subject to certain exemptions; **in ~fällen** in exceptional cases; **~regelung** *f* exemption (provision); **~tarif** *m (Frachtsätze)* special rates; exceptional tariff; **~zustand** *m* state of emergency

**ausnahms~**, **~los** without exemption; **~weise** by way of (an) exemption

**ausnutzen** to utilize, to take advantage of; to exploit; **missbräuchlich** ~ to take undue advantage of

**Ausnutzung** *f* utilization; exploitation; **missbräuchliche** ~ improper advantage; **~ der Hilfsquellen** utilization of resources

**Ausnutzungsgrad** *m* utilization rate

**auspacken** to unpack, to unwrap; **e-e Kiste** ~ to unpack a case, to take out of a case; **beim A~ der Warensendung wurde festgestellt** on opening (or unpacking) the consignment it was discovered (that)

**ausprobieren**, **den Markt** ~ to try (out) the market

**Auspuff** *(Kfz)*, **~abgase** *npl* exhaust fumes (or gases); **~vorrichtung** *f* exhaust system

**ausrangieren**, **etw.** ~ to discard (or scrap) sth.

**ausräumen**, **Schwierigkeiten** ~ to clear away (or remove) difficulties; **e-e Wohnung** ~ *Br* to vacate a flat; *Am* to empty an apartment

**ausrechnen** to calculate, to compute

**ausreichen** to be sufficient

**ausreichend** sufficient, adequate; **über ein ~es Lager verfügen** to be well-stocked; **nicht ~e Mittel** inadequate means; **nicht ~ zur Verfügung stehen** to be in short supply

**ausrichten** to align (nach on); **neu** ~ to realign; **kann ich etwas ~?** can I take a message?

**ausrufen**, **jdn ~ (lassen)** to call a p.'s name; *(durch Lautsprecher)* to have sb. paged; **e-n Streik** ~ to call (out) a strike

**ausrüsten** to equip, to fit out; to furnish with supplies

**Ausrüster** *m* furnisher, outfitter; *(Schiff)* managing owner

**Ausrüstung** *f* equipment; outfit; **industrielle ~en** *fpl* industrial equipment; **~sgüter** *npl* machinery and equipment; **~sinvestitionen** *fpl* equipment investment; investment in (or capital expenditure on) (machinery and) equipment

**Aussage** *f* statement, declaration; *(vor Gericht)* evidence, testimony; *(schriftl. und eidl.)* affidavit, deposition; → eidliche ~; **e-e ~ machen** to make a statement; to give evidence

**aussagen** to state, to declare; *(als Zeuge)* to testify, to give evidence

**ausschalten die Konkurrenz** ~ to eliminate competition; **den** → Zwischenhandel ~

**Ausschaltung** *f* **der jahreszeitlichen**

**Schwankungen** elimination of seasonal fluctuations

**Ausscheiden** *n* withdrawal, retirement; **nach ~ aus dem Dienst** after leaving the (firm's etc.) service; **~ e-s Teilhabers** retirement of a partner; **wir bedauern sein ~ aus unserer Firma** we regret his leaving our firm

**ausscheiden** to withdraw, to retire, to leave; **aus e-r Firma ~** to retire from a firm, to leave a firm; **aus der Landwirtschaft ~** to leave farming; **als Mitglied ~** to cease to be a member; **ein Mitglied scheidet aus** a member resigns (→ ausgeschieden)

**ausscheidend** retiring, outgoing; **~er Gesellschafter** retiring partner

**ausschiffen** *(von Personen)* to disembark, to land

**Ausschiffung** *f* disembarkation; **~spapiere** *npl* landing papers

**ausschlagen** to refuse, to reject; **ein Angebot ~** to refuse to accept an offer; to reject (or turn down) an offer; **e-e Erbschaft ~** to disclaim an estate (or inheritance)

**ausschlaggebend** decisive; **~e Interessen** *npl* overriding interests; **~er Kapitalanteil** *m (e-s Gesellschafters)* controlling interest; **~e Stimme** *f* casting vote

**Ausschlagung** *f* refusal, rejection; **~ e-r Erbschaft** disclaimer of an estate (or inheritance)

**ausschließen** to exclude, to preclude, to expel; *(zeitweilig)* to suspend; (**sich** od. **etw.**) **vertraglich ~** to contract out; **von der Beförderung ~** to disqualify from promotion; **die Haftung ~** to exclude liability; **ein Mitglied aus e-m Verein ~** to expel a member from a club; **die Öffentlichkeit ~** *(Gericht)* to hear a case behind closed doors; **jdn vom Wettbewerb ~** to bar sb. from competition

**ausschließlich** exclusive (of); **~ Dividende** ex dividend (ex div.); **~ der Kosten** exclusive of costs; **~ Zinsen** ex interest (ex int.); **~e Zuständigkeit** *f* exclusive jurisdiction

**Ausschließlichkeits~**, **~abrede** *f* → ~vereinbarung; **~bindung** *f* exclusive dealing; exclusive purchase obligation; **~vereinbarung** *f* exclusive dealing arrangement; **~vertrag** *m* exclusive supply contract

**Ausschließung** *f* exclusion, expulsion; **~ e-s Richters** disqualification of a judge (from officiating in proceedings)

**Ausschluss** *m* → Ausschließung; **unter ~ weiterer Ansprüche** any further claim excluded; **unter ~ der Öffentlichkeit** in camera; behind closed doors; with the public excluded; **~frist** *f* preclusive period; term of preclusion

**Ausschmückung** *f* decoration, adornment

**ausschöpfen**, **Reserven ~** to exhaust reserves; **seine Verdienstmöglichkeiten ~** to exhaust one's earning potential

**Ausschöpfung** *f* **e-s Kontingents** exhaustion of a quota

**ausschreiben** *(zur Abgabe von Angeboten auffordern)* to invite tenders (for); to put out to tender; *Am* to advertise for bids; **international ~** to invite international tenders (for); **Arbeit ~** to give out work by contract; **den Namen (voll) ~** to write out the name in full; **e-e Rechnung ~** to write (or make) out an invoice; **e-e Stelle ~** to announce a vacancy; *(in e-r Zeitung)* to advertise a post; **e-n Wettbewerb ~** to invite public competition

**Ausschreibung** *f* invitation to tender (*Am* to bid); call for tenders (*Am* bids); contract; **öffentliche ~** public invitation to tender; *Am* public contract; **~ e-r Stelle** advertisement of a vacancy; **durch ~** by contract; by tender(ing procedure); **ein Angebot auf e-e ~ abgeben** to tender for a contract; *Am* to bid for a contract

**Ausschreibungs~**, **~bedingungen** *fpl* tender terms; **~garantie** *f* tender guarantee; *Am* bid bond; **~verfahren** *n* tender(ing) procedure

**Ausschuss** *m* committee; *(unbrauchbare Ware)* reject(s), scrap, trash; **beratender ~** advisory (or consultative) committee; **von Fall zu Fall gebildeter ~** ad hoc committee; **gemeinsamer ~** joint committee; **ständiger ~** permanent (or standing) committee; **~ für die Außenhandelsstatistik** Committee on External Trade Statistics; **~ für Außenwirtschaftsbeziehungen** *(EU)* Committee on External Economic Relations; **~ für Bildungsfragen** *(EU)* Education Committee; **~ für Entwicklungshilfe** *(OECD)* Development Assistance Committee (DAC); **~ für die europäische Entwicklung von Wissenschaft und Technologie** (Codest) Committee for the

European Development of Science and Technology (Codest); **~ für das gemeinschaftliche Versandverfahren** *(EU)* Committee on Community Transit; **~ für Handel und Vertrieb** (AHV) *(EU)* Committee for Commerce and Distribution (CCD); **~ für Handelsverhandlungen** (AHV) Trade Negotiations Comittee (TNC); **~ der Konjunktursachverständigen** *(EU)* Committee of Experts on Economic Trends; **~ für Regionalpolitik** *(EU)* Regional Policy Committee; **~ für Wissenschaft und Technik** (AWT) *(EU)* Scientific and Technical Committee (STC); **~ für wissenschaftliche und technische Information und Dokumentation** (AWTID) *(EU)* Committee for Scientific and Technical Information and Documentation (CSTID); **~ für Wissenschaftliche und Technische Forschung** (AWTF) *(EU)* Scientific and Technical Research Committee (CREST); **~ für das Zolltarifschema** Nomenclature Committee; **~ für den Zollwert** Valuation Committee; **~ für Zollbefreiungen** *(EU)* Committee on duty-free arrangements; **~ für Zollveredelungsverkehr** *(EU)* Customs Processing Arrangement Committee; **~ für Zusammenarbeit im Zollwesen** Customs Cooperation Committee; **e-m ~ angehören** to be a member of a committee; **e-n ~ bilden** to set up a committee; **der ~ tritt einmal im Monat zusammen** the committee meets once a month

**Ausschuss~**, **~arbeit** *f* committee work; **~mitglied** *n* committee member; **~quote** *f* reject quota; **~sitzung** *f* committee meeting; **~waren** *fpl* substandard (or job, waste) goods; rubbish, trash

**ausschüttbarer Gewinn** *m* distributable earnings

**ausschütten** *(Dividende, Gewinne)* to distribute ( → ausgeschüttet)

**Ausschüttung** *f* distribution; payment (of a dividend); **~ der Konkursmasse** distribution of a bankrupt's estate

**Ausschüttungs~**, **~betrag** *m* distributed amount; **a~sfähig** distributable; **~quote** *f* (dividend) payout ratio; **~sperre** *f* dividend payout restriction

**Aussehen** *n* **der Ware** appearance of the goods

**außen**, **gemeinsamer Zolltarif nach ~** *(EU)* common external tariff

**Außen~**, **~anstrich** *m (e-s Hauses)* repainting of the exterior; **~beziehungen** *fpl* external (or foreign) relations; **~bilanz** *f* external balance; **~büro** *n (e-s Unternehmens)* branch office

**Außendienst** *m* field work, field service; outside duty; **Angestellte** (od. **Mitarbeiter**) *pl* **im** ~ field staff; **Vertreter im ~** agent in the field; **~mitarbeiter** *m* field worker, sales representative

**Außen~**, **~finanzierung** *f* external (or outside) financing; **~grenzen** *fpl* **der Gemeinschaft** *(EU)* Community's external frontiers

**Außenhandel** *m* foreign (or external) trade; *Am* foreign commerce; **Binnen- und ~** inland and foreign trade

**Außenhandels~**, **~beziehungen** *fpl* foreign (or external) trade relations; **~bilanz** *f* foreign trade balance; **~defizit** *n* foreign trade (or export) deficit; external deficit; **~entwicklung** *f* development (or trend) of foreign trade; **~finanzierung** *f* foreign trade financing; **~förderung** *f* foreign trade promotion; **~geschäft** *n* foreign trade transaction; **~gleichgewicht** *n* foreign trade equilibrium (or balance); **~monopol** *n* foreign trade monopoly; **~politik** *f* external trade policy; **a~politische Beziehungen** *fpl* foreign trade policy relations; **~salden** *pl* external balances; **~statistik** *f* external trade statistics

**Außenhandelsüberschuss** *m* foreign trade (or export) surplus; exports in excess of imports; **der ~ ging zurück** the export surplus declined; **der ~ schrumpft** the foreign trade surplus is shrinking

**Außenhandels~**, **~umsatz** *m* foreign trade turnover; **~unternehmen** *n* foreign trade enterprise; **~volumen** *n* volume of foreign trade

**Außen~**, **~konto** *n* external account; **~lager** *n* field inventories; **~markt** *m* external market; **~montage** *f* field assembly; **~prüfung** *f (der Finanzbehörde)* field investigation (or audit); **~seiter** *m* outsider

**Außenstände** *pl* outstanding debts (or accounts); accounts receivable; unsettled accounts; *Am* outstandings; **uneinbringliche ~** bad debts

**Außen~**, **~stelle** *f* branch office; **gemeinsamer ~tarif** *m (EU)* common external tariff; **~umsatzerlöse** *mpl* gross income from sources outside the group (or enterprises); **~werbung** *f (im Freien)* outdoor advertising; **~wert** *m* **e-r Währung** external value of a currency

**Außenwirtschaft** *f* foreign trade and payments; **~sbeziehungen** *fpl* external trade relations; **~spolitik** *f* foreign (or external) economic policy; foreign trade and payments policy; **~sverkehr** *m* foreign trade and payments

**außenwirtschaftlich** concerning external economics (or commerce); **~e Absicherung** *f* safeguarding the economy against external influences; external safeguard(s); **~es Gleichgewicht** *n* external (or foreign trade) balance; external trade and payments equilibrium; **aus ~en Gründen** *mpl* for external economic (or commercial) considerations

**Außenzoll** *m*, **~satz** *m* external rate of duty; **gemeinsamer ~tarif** *m (EU)* Common External Tariff (CET)

**außer Betrieb** not operating, not working, out of order; **ein Fahrzeug ~ setzen** to withdraw a vehicle from service; **e-e Maschine ~ setzen** to put a machine out of action

**außerbetrieblich** external (to the firm); outside the plant; **~e Revision** *f* external audit(ing); **für ~e Zwecke** *mpl* for external (or nonbusiness) purposes

**Außerbetriebnahme** *f* **e-s Kernkraftwerks** shutdown (or decommissioning) of a nuclear power station

**außerbörslich** *(im Freiverkehr)* on the curb (*Br* kerb); *Am* over-the-counter; in the outside market; *(nicht notiert)* unlisted; *Am* off board; **~er Effektenhandel** *m* dealings outside the stock exchange; over-the-counter trade; **~er Kurs** *m* rate in the outside market; curb market price; **~er Wertpapiermarkt** *m* over-the-counter market; **~ handeln** to deal off the floor

**außer~**, **~dienstlich** unofficial, private; **~etatmäßig** extra-budgetary; **~fahrplanmäßig** unscheduled

**außergemeinschaftlich** *(EU)* extra-Community, non-Community; external; **~er Handel** *m* extra-Community trade, trade with non-member countries; **~e Länder** *npl* non-Community countries

**außergerichtlich** extra-judicial; **~er Vergleich** *m* settlement out of court; voluntary composition

**außergewöhnlich**, **~e Ausgaben** *fpl* extraordinary expenses; non(-)recurring expenditure(s); **~e Belastungen** *fpl (Einkommensteuer)* extraordinary financial burdens

**außerhalb**, **~ der Arbeitszeit** outside working hours; **Kauf ~ der Börse** off-market purchase; **innerhalb und ~ der Gemeinschaft** *(EU)* inside and outside the Community; **~ der Saison** in the off-season

**außer Kraft treten** to expire; to become ineffective; **das Gesetz tritt außer Kraft** the law expires

**Außerkurssetzung** *(Börse)* suspension of a quotation

**außerlandwirtschaftliche Tätigkeit** *f* nonagricultural activity

**äußerlich**, **das Paket war ~ unbeschädigt** the parcel was not damaged on the outside

**außerordentlich**, **~e Abschreibungen** *fpl* extraordinary depreciation; **~e Aufwendungen** *fpl* extraordinary expenses; **~e Dividende** *f* extra dividend; **~e Erträge** *mpl* extraordinary income; **~e Hauptversammlung** *f* extraordinary general meeting; special shareholders' meeting

**außerplanmäßiger Flug** *m* unscheduled flight

**äußerst**, **~e Frist** *f* final deadline; ~ → preiswert; **~er Preis** *m* minimum (or maximum) price; rock-bottom price; **~ niedrige Preise** extremely low (or minimum) prices; **~ter Termin** *m* latest possible date; deadline

**außertariflich**, **~e Zollvergünstigungen** *fpl* nontariff customs relief; **~e Zahlungen** *fpl* payments over and above the agreed rates

**außervertraglich** noncontractual

**aussetzen**, **mit der Arbeit ~** to suspend work; **die Einfuhr ~** to suspend imports; **sich e-r Gefahr ~** to incur a risk; to expose oneself to danger; **sich der Kritik ~** to subject oneself to criticism; **jdm e-e Pension ~** to settle a pension on sb.; **Zahlungen ~** to suspend payments; **den Zollsatz ~** *(EU)* to suspend (or reduce temporarily) the duty (on) (→ ausgesetzt)

**Aussetzung** *f*, **~ der Abschöpfung bei der Einfuhr von** *(EU)* suspension of the import levy on; **~ e-r Belohnung** offering a reward; **~ der Einfuhr** *(EU)* suspension of imports; **~ der Eingangsabgaben** *(Zoll)* conditional relief from import duties and taxes; **~ e-s Vermächtnisses** provision of a legacy (to a p.); **~ der Zollsätze** suspension of customs duties; **zeitweilige ~ der autonomen Zollsätze des Gemeinsamen Zolltarifs** temporary suspension of the autonomous Customs Tariff duties; **~ der Zwangsvollstreckung** suspension of legal execution

**Aussicht** *f* view; *fig* outlook, prospect, chance (auf of); **~ auf e-e gute Stelle** prospect of a good position; **~ auf e-e gute Stelle haben** to have a good job in prospect; **~en** *pl* **für die Wirtschaft** business outlook; **~en** *pl* **für die Zukunft** future prospects; chances for the future; **gute ~en haben** to stand a good chance (of); to have a fair prospect (of sth.); **e-n Auftrag in ~ stellen** to hold out prospects of an order

**aussichtslos** *(Beruf)* offering no prospects

**aussichtsreich** promising; offering good prospects

**aussondern** to separate, to set aside (for a special purpose); *(Untaugliches herausnehmen)* to eliminate

**Aussonderung** *f (KonkursR)* separation of property not owned by the bankrupt; **~sanspruch** *m* claim for recovery of one's property

**aussortieren** to sort out; to grade

**Aussortierung** *f* sorting out; grading

**ausspannen**, **Kunden ~** to alienate customers; to entice away sb.'s customers

**aussperren**, **Arbeiter ~** to lock out workers

**Aussperrung** *f* lockout

**ausspielen**, **gegeneinander ~** to play off against each other

**Ausstand** *m* strike

**ausständig sein** to be on strike

**ausstatten** to equip, to fit out; to provide (with); to furnish with (supplies, requisites, etc.); to fix the terms for (a bond issue etc.); *(aufmachen)* to get up; **mit Kapital ~** to capitalize

**Ausstattung** *f* equipment, fitting out, furnishings; *(bes. e-s Hotels)* appointments; **~ e-r Anleihe** terms of a loan; bond terms; **~ e-s Ladens** fixtures and fittings; **technische ~** technical equipment; **Wohnung mit moderner ~** flat (*Am* apartment) with all modern conveniences

**ausstechen** to clock out

**ausstehend** outstanding, overdue; **~e Forderungen** *fpl* outstanding debts; accounts receivable; **~e Lieferungen** *fpl* outstanding deliveries; shipments due; **~e Summe** *f* outstanding sum; sum which is owing (from)

**ausstellen** *(Urkunde)* to draw; *(Wechsel, Scheck)* to draw, to make out, to issue; *(bes. behördlich)* to issue; *(auf Messe etc.)* to exhibit; *(im Schaufenster)* to (put on) display, to show; **sich e-e Bescheinigung ~ lassen** to have a certificate made out (or issued); to take out a certificate; **Waren auf e-r Messe ~** to exhibit goods at a fair; **Waren zum Verkauf ~** to display goods for sale (→ ausgestellt)

**ausstellende Behörde** *f* issuing authority

**Aussteller** *m (e-s Wechsels, Schecks)* drawer; *(e-s Eigenwechsels od. e-s Gefälligkeitswechsels)* maker; *(e-r Urkunde)* maker; *(auf e-r Messe etc.)* exhibitor, *(Firma)* exhibiting firm; **an den ~** *(e-s Schecks)* **zurück** refer to drawer (R/D)

**Ausstellung** *f* making out; drawing; *(bes. behördlich)* issue; *(auf Messe etc.)* exhibition, *Am* exposition; *(im Schaufenster)* display, show; **in e-r ~ zu besichtigen sein** to be on view at an exhibition

**Ausstellungs~**, **~datum** *n* date of issue; **~dauer** *f* duration of an exhibition; **~güter** *npl* exhibits, exhibited articles; **~jahr** *n* year of issue; exhibition year; **~kasten** *m* show case; **~katalog** *m* exhibition catalog(ue); **~leitung** *f* exhibition management; fair authorities; **~ort** *m* place of issue; drawer's domicile; **~raum** *m* showroom; **~stand** *m* exhibition stand; **~stück** *n* exhibit

**Ausstoß** *m* output; **~ je Arbeitsstunde** output per hour; **Höhe des ~es** rate of output

**ausstreichen** to strike out, to delete

**Ausstreichung** *f* deletion

**ausströmen** *(Gas, Öl)* to escape

**aussuchen** to choose, to select; to pick (or single) out (→ ausgesucht)

**Austausch** *m* exchange; interchange; **~ von Auskünften** exchange of information; **~ von Fachleuten** exchange of specialists

**austauschbar** exchangeable, inter-

changeable; **~e Teile** *(e-r Maschine)* interchangeable parts
**austauschen** to exchange; to put in exchange for; to barter
**Austauschrelationen** *pl (Außenhandel)* terms of trade (T. o. T.); **warenmäßige ~** commodity terms of trade; **die Verschlechterung der ~ ausgleichen** to offset the deterioration in the terms of trade; **die ~ haben sich verbessert** the terms of trade improved
**Austausch~**, **~teile** *npl* exchange parts; **~verhältnis** *n* → ~relationen; **~volumen** *n* volume of exports and imports
**austreten**, **aus e-r Firma ~** to leave (or retire from) a firm; **aus e-r Gesellschaft ~** to withdraw from a partnership; **aus e-r Gewerkschaft ~** to resign from a (trade) union; **aus e-m Verein ~** to withdraw from an association; to cancel one's membership of an association; to resign from an association
**Austritt** *m* leaving, withdrawal, retirement; *(im Durchfuhrverkehr)* exit; **~ als Mitglied** withdrawal from membership; **~ e-s Teilhabers** retirement of a partner; **~ aus e-m Verein** resignation from (or as a member of) an association; **seinen ~ erklären** to give notice of one's withdrawal (from an association etc.)
**Austritts~**, **~erklärung** *f* notice of withdrawal; **~ort** *m (im Durchfuhrverkehr)* place of exit
**ausüben** to exercise; to practise; to carry on; **Einfluss ~** to exert (one's) influence; **ein Gewerbe ~** to carry on a trade; **e-e Tätigkeit ~** to be engaged in an activity; to carry on (or run) a business
**Ausübung** *f* exercise, practice; **~ des Anwaltsberufs** practice of law; **in der ~ seines Dienstes** in performing his duties; **~ des Ermessens** exercise of discretion; **~ e-r Geschäftstätigkeit** doing business; **~ e-r Option** exercise of an option
**Ausverkauf** *m* clearance sale, sale (at reduced prices); bargain sale; *(wegen Geschäftsaufgabe)* closing-down sale; **im ~ gekaufte Waren** goods bought in the sale; **im ~ gekaufte Waren können nicht zurückgegeben werden** sale merchandise cannot be returned
**ausverkaufen** to sell off; *Am (auch)* to sell out
**Ausverkaufspreis** *m* clearance price; bargain price; special sale(s) price
**ausverkauft** sold out; *(nicht mehr auf Lager)* out of stock; *(Theater)* full house;
**Auswahl** *f* choice, selection, assortment (an of); range (an of); *(MMF)* sample; **große ~** large selection; wide choice (or range); great variety; **kleine ~** small selection; **repräsentative ~** *(MMF)* representative sample; **e-e reiche ~ an Waren haben** to have a wide range of goods; **mehrere Artikel stehen zur ~** there are several articles to choose from; **e-e ~ treffen unter** to select from; **zur ~ vorlegen** to present for selection
**Auswahl~**, **~frage** *f (MMF)* multiple choice question; **~möglichkeit** *f* possibility of choice (or of selection); option; **~sendung** *f* consignment for choice, goods sent on approval; **~verfahren** *n (für Einstellung, z. B. bei der EG)* screening procedure; open competition
**auswandern** to emigrate; **ein- und ~de Arbeitnehmer** *mpl (EU)* migrant workers
**auswärtig**, **~e Beziehungen** *fpl* foreign (or external) relations; **~e Gäste** *mpl* guests from outside; **~e Kunden** *mpl* out-of-town customers
**auswechseln** to exchange, to interchange; **defekte Teile ~** to replace defective parts
**ausweichen** to give way (to oncoming traffic); *(Schiff)* to keep out of the way (of another ship)
**Ausweichklausel** *f (z. B. GATT)* escape clause
**Ausweis** *m* permit; *Br* identity card; *Am* identification card; *(e-r Bank)* bank return; *(Bilanz)* statement
**ausweisen** to show, to prove, to testify; *(offenlegen)* to disclose; **sich ~** to prove one's identity, to identify oneself; **jdn ~** to deport (or expel) sb.; **e-n Verlust ~** to show a loss; **Dokumente, die die Verschiffung ~** documents evidencing shipment
**Ausweis~**, **~kontrolle** *f* identity control; **~pflicht** *f* duty to disclose
**Ausweisung** *f (e-s Ausländers)* expulsion
**ausweiten** to expand, to widen; **ein Warensortiment ~** to diversify an assortment of goods
**Ausweitung** *f* expansion, widening; **wirtschaftliche ~** economic expansion; **~ der Gemeinschaft** *(EU)* enlargement of

the Community; **~ der Handelsbeziehungen** extension of trade relations

**auswerten** to evaluate, to interpret, to exploit; **Daten ~** to interpret data; **e-e Erfindung ~** to exploit an invention; **Statistiken ~** to interpret statistics

**Auswertung** *f* evaluation, interpretation, exploitation

**auswickeln** to unwrap

**auswirken, sich ~ auf** to have an effect (or influence) on; **sich nachteilig ~ auf** to have adverse effect on, to have adverse consequences for

**Auswirkung** *f* **auf** effect (or impact) on; **~en der Inflation** impact of inflation; **schädliche ~en für die Gesundheit** damaging (or harmful) effects on health

**auszahlen** to pay, to pay out, to disburse; to pay off; **jdm e-n Betrag ~** to pay sb. an amount; to pay (out) an amount to sb.; **die Dividende ~** to pay the dividend; **seine Gläubiger ~** to pay off one's creditors; **e-n Teilhaber ~** to buy out a partner

**Auszahlung** *f* payment, payment out, outpayment; disbursement; amount paid out; paying off; *(e-s Teilhabers)* buying out; **Ein- und ~en** *(e-r Bank)* receipts and payments; **~ von e-m Konto** payment out of an account; **~ der Löhne** payment of wages

**Auszahlungs~, ~betrag** *m* amount paid (out); amount payable; **~bewilligung** *f* payment authorization; **~ermächtigung** *f* authority to pay; **~kasse** *f* paying counter; **~kurs** *m* outpayment rate; **~stelle** *f* paying office; cashier(s' office)

**auszeichnen, Waren mit e-m Preis ~** to price goods; to mark (or label, ticket) goods with a price; to tag a price on goods; **diese Ware zeichnet sich durch ihre Haltbarkeit aus** this merchandize is characterized by its durability (→ ausgezeichnet)

**Auszeichnung** *f* *(von Waren)* pricing; marking with a price; **~svorschriften** *fpl* label provisions; **~szettel** *m* price ticket (or tag, label)

**ausziehen, aus e-m Haus ~** to move out of a house

**ausziehender Mieter** *m* outgoing tenant

**Auszubildender** *m* apprentice, trainee; person undergoing vocational training; **gewerblich ~** person to be trained in industry

**Auszug** *m* abstract, extract; (Konto~) statement of account; *(aus e-r Wohnung)* move (or *Br* removal); **~ aus den Akten** abstract of records; **~ aus e-r Rechnung** abstract (or extract) of an account

**autark** (economically) self-sufficient; autarchic

**Autarkie** *f* economic self-sufficiency; autarchy

**Auto** *n* car, motor-car, motor-vehicle; *Am* auto(mobile); **~ der Mittelklasse** medium-priced car; **im ~ fahren** to go (or travel) by car; **ein ~ mieten** to hire (*Am* rent) a car

**Auto~, ~abgase** *pl* car exhaust fumes; **~aktien** → ~mobilwerte; **~ausstellung** *f* *Br* motor show, *Am* automobile show

**Autobahn** *Br* motorway; *Am* freeway, speedway; **~ausfahrt** *f Br* motorway (*Am* freeway) exit; **~gebühr** *f* motorway tax; **~zufahrt** *f Br* motorway (*Am* freeway) entry

**Autobus** *m* bus; *(für Fernverkehr)* coach; **~fahrt** *f* bus ride, coach tour

**Auto~, ~ersatzteile** *npl* spare parts for cars; **~fabrik** *f* car factory; *Am* auto(mobile) factory (or plant); **~fahrer** *m* driver, motorist; **~fahrt** *f* drive; **~friedhof** *m* car dump; *Am* junk yard; **~händler** *m* car dealer; *Am* auto(mobile) dealer; **~hersteller** *m* → ~mobilhersteller; **~industrie** *f Br* motor industry; car industry; *Am* automotive industry; **~kauf** *m* car purchase; **~kino** *n* drive-in cinema (*Am* movie)); **~kosten** *pl* car (*Am* automobile) expenses

**Automat** *m* (automatic) vending machine; (coin-operated) slot machine; **~enrestaurant** *n* selfservice restaurant; *Am* automat; **~enverkauf** *m* automatic vending; sale by automatic machines

**Automatik** *f (beim Auto)* automatic gearchange; sequence of automatic operations

**Automation** *f* automation; **auf ~ umstellen** to convert to automation

**automatisch, ~e Abbuchung** *f* automatic debit transfer; **voll~ machen** to automate

**automatisieren** to automate, to automatize

**Automatisierung** *f* automation, automatization

**Automiete** *f (Gebühr)* charge for car rental (or hire)

**Automobil** *n* car; *Am* auto(mobile); **~einfuhren** *fpl* car imports; **~hersteller** *m* motor (or car) manufacturer; *Am* auto(-mobile) manufacturer, automaker; **~industrie** *f* → Autoindustrie; **~produktion** *f* output (or production) of *Br* motor-cars (*Am* automobiles); **~werte** *mpl* motor shares; *Am* automobile shares, automotive stocks

**Automodell** *n* car model (or design)

**autonome Zollsätze des Gemeinsamen Zolltarifs** (GZT) autonomous Common Customs Tariff (CCT) duties

**Auto~**, **~nummer** *f* licence (Autose) number; **~panne** *f* breakdown; *Am* car trouble; **~papiere** *npl* car (or driving) papers; **~reifen** *m Br* tyre, *Am* tire

**Autorenhonorar** *n* author's royalty

**Auto~**, **~reisezug** *(mit Schlafwagen) m* car sleeper train; **~reparaturwerkstatt** *f* car (*Am* auto) repair shop; **~schlange** *f* line of cars; **~unfall** *m* car accident; *Br* motor accident; *Am* automobile accident; **~unglück** *n* → ~unfall; **~verkehr** *m* motor traffic; **~vermietung** *f Br* car hire, *Am* renting of cars, rent-a-car; **~versicherung** *f* motor insurance; **~waschanlage** *f* car washing plant, *Am* car wash; **~werte** *mpl* → ~mobilwerte; **~wrack** *n* wrecked (or derelict) car; **Autozubehör** *n* car accessories; **~zug** *m* car train, *Am* auto train; **~zusammenstoß** *m* car crash (or collision)

**AV-Geräte** *npl* audio-visual equipment

**Aval** *m Br* guarantee (*Am* guaranty) (of a bill of exchange); **~bürge** *m* guarantor; **~höhe** *f* guarantee line

**avalierter Wechsel** *m* guaranteed bill (of exchange)

**Avalist** *m* guarantor (of a bill of exchange)

**Aval~**, **~kredit** *m* credit by way of (bank) guarantee; **~obligo** *n* guarantee commitment; **~provision** *f* (beim ~kredit) commission on guarantee

**Avis** *m* advice; **laut** ~ as per advice; **~ der Lieferung** advice of delivery

**avisieren** to advise, to notify

**avisierende Bank** *f (beim Dokumenten-Akkreditiv)* advising (or notifying) bank

**avisierte Sendung** *f* advised consignment (or shipment)

**Avisierung** *f* **e-s Akkreditivs** advising (or notification of) a credit

**Azubi** *f/m* (Auszubildende/r) trainee

# B

**Bagatell~**, **~betrag** *m* petty amount; **e-e ~klage** *f* **anstrengen** to pursue a petty claim; **~klausel** *f* franchise clause (under which insurance claims below a certain limit are not paid); **~schaden** *m* petty damage; minor loss

**Baggerschiff** *n* dredger, dredging boat

**Bahn** *f* rail; *Br* railway; *Am* railroad; **per ~ abgehen** to be dispatched by rail; **mit der ~ fahren** to go (or travel) by train; **Güter per ~ versenden** to send (or forward, dispatch, *Am* ship) goods by rail

**Bahn~**, **~anlagen** *fpl* railway installations; **~beförderung** *f* carriage (or transport) by rail; **b~brechend** pioneering; **~fahrt** *f* train trip (or journey), **~fracht** *f* rail freight; *(Kosten)* freight (charges); *Br* carriage charges; **~frachtbrief** *m Br* railway consignment note; *Am* railroad bill of lading; **~frachtsätze** *mpl* railway (*Am* railroad) rates; **b~frei** free on rail (f. o. r.); *Br* carriage paid

**Bahnhof** *m* (railway, *Am* railroad) station; **Lieferung franko** ~ delivered free (at) station

**bahnlagernd**, **Frachtgüter ~ aufgeben** to send freight to be collected at the station (or to be kept till called for)

**bahnmäßig verpackt** packed for *Br* railway transport (*Am* railroad transportation)

**Bahn~**, **~spediteur** *m* rail forwarding agent; *Br* railway carrier; *Am* railroad agent; **~tarif** *m* railway rates; *Am* railroad rates; **~transport** *m* conveyance (or carriage) by rail; railway transport; *Am* railroad transportation

**Bahnverkehr** *m* railway (*Am* railroad) traffic; **Güter im ~ befördern** to send (or ship) goods by rail

**Bahnversand** *m* forwarding (*Am* shipping) by rail; dispatch by rail

**Baisse** *f* slump; drop in prices; bear market; fall in the market; decline in quotations; **während e-r** ~ during a slump; **auf ~ spekulieren** to speculate for a fall (in prices); to bear (the market)

**Baisse~**, **~angriff** *m* bear campaign; **~engagement** *n* short account, short interest; **~manöver** *n* bear raid; **~markt** *m* bear (or short) market; **~position** *f* bear position; bear (or short) account; **~spe-**

**kulant** *m* bear; speculator for a fall; **~spekulation** *f* bear operation; speculation for a fall; selling short

**Baissestimmung** *f* bearish mood; **es herrscht e-e ~ am Markt** a bearish tendency (or mood) prevails in the market

**Baisse~, ~verkauf** *m* bear (or short) sale; **~verkäufer** *m* bear (or short) seller; **in ~zeiten** *fpl* in a period of (stock exchange) falling prices

**Baissier** *m* bear; short seller

**bald, ~möglichst** (od. **so ~ wie möglich**) as soon as possible; at your earliest convenience; at the earliest possible date; **schon ~** before long; **bitte geben Sie uns ~ Anwort** (od. **Bescheid**) please reply as soon as possible; please let us have an early reply

**baldig, für ~e Erledigung wären wir dankbar** your prompt attention would oblige us; we would appreciate your prompt attention

**Ballast** *m* ballast; **ohne ~** unballasted; **Ablassung von ~** discharge of ballast; **~ einnehmen** to take in ballast

**Ballen** *m* bale; package; **Güter in ~** bale(d) goods; **in ~ verpacken** to bale, to pack in bales

**Ballungsgebiet** *n*, (städtisches) ~ congested urban area; conurbation; urban concentration

**Band** *n* band; *(e-s Werkes)* volume; *(Metallband)* (iron) band, (metal) strip, strap, hoop; *(Förder~)* conveyor belt; *(Fließ~)* assembly line; *(aus Stoff)* ribbon; *(Ton~)* tape; *(EDV)* tape; **am laufenden ~** on the assembly line; **Produktion am laufenden ~** assembly line production; **~ für den Zollverschluss** strap of the customs seal; **etw. auf ~ aufnehmen** to record sth. on tape, to tape sth.; **auf ~ sprechen** to speak on tape

**Bandbreite** *f* margin of fluctuation; exchange rate margin; **die Wechselkurs~ überschreiten** to move outside the currency band (or exchange rate margin)

**Banderole** *f* reveneue stamp; **~nsteuer** *f* revenue stamp tax

**Bank** *f* bank, banking house (or establishment); **~ für Internationalen Zahlungsausgleich** (B.I.Z.) Bank for International Settlements (B.I.S.); **~ mit mehreren Zweigstellen** multiple branch bank; **bezogene ~** drawee bank; **einziehende ~** collecting bank; **führende ~** leading bank; **führende ~ e-s Konsortiums** syndicate manager; **die großen ~en** the big banks; **überweisende ~** remitting bank; **zwischen ~en** interbank; **Geld auf die ~ bringen** to place money in a bank, to bank money; **Geld auf e-r ~ (stehen) haben** to have (or keep) money in (or at) a bank; **Wertpapiere bei e-r ~ hinterlegen** to deposit securities with a bank; **die Wertpapiere liegen auf der ~** the securities lie (or are deposited) with the bank; **jdm Geld durch die ~ überweisen** to pay sb. by bank transfer; *Br* to pay by banker's order; **mit e-r ~ in Verbindung stehen** to bank with

**Bank~, ~abrechnung** *f* bank statement (or settlement); **~abrufverfahren** *n* automatic debit transfer system; **~adresse** *f (bes. auf Wechsel)* bank name; **~aktien** *fpl* bank shares (*Am* stock); **~aktionär** *m* bank shareholder (*Am* stockholder); **~aktiva und ~passiva** *npl* bank assets and liabilities; **~akzept** *n* banker's acceptance; **~-an-~-Kredit** *m* interbank lending; **~auftrag** *m* customer's order to bank; **~auskunft** *f* information from a bank; banker's reference; **~ausweis** *m* bank return; **~auszug** *m* bank statement; **~aval** *n* bank guarantee (*Am* guaranty); **~avis** *n* bank advice; **~-bei-~-Einlagen** *fpl* interbank deposits; **~belege** *mpl* bank vouchers; **b~bestätigter Scheck** *m* certified cheque (check); **~beteiligung** *f* banking interest; holding in a bank; **~buchhaltung** *f* bank accounting (department); **~bürgschaft** *f* **stellen** to furnish a bank guarantee (*Am* guaranty); **~darlehen** *n* bank loan, bank accommodation

**Bankdienstleistungen** *fpl* banking services; **Gebühren für ~** service charges, accommodation charges

**Bank~, ~direktor** *m* bank manager; **~diskont** *m* bank discount rate; **~einlage** *f* bank deposit; **~einzugsverfahren** *n* automatic debit transfer system

**Banken~, ~abrechnungsstelle** *f* bankers' clearing house; **~aufsicht** *f* bank supervision; **~aufsichtsbehörde** *f* banking supervisory authority; **~debitoren** *pl* due from banks; **~geldmarkt** *m* interbank money market; **~gruppe** *f* group banks; **~konsortium** *n* banking syndicate; underwriting group; **~kredite**

*mpl* bank advances; **~kreditoren** *pl* due to banks; **private ~kundschaft** *f* private bank clients (or clientele); **~liquidität** *f* bank liquidity; **~markt** *m* interbank market

**Bank~**, **~fach** *n* banking business; **b~fähig** bankable; discountable; negotiable; **~filiale** *f* branch bank; branch of a bank; **~garantie** *f* banker's guarantee (*Am* guaranty); **~gebräuche** *mpl* banking practices; **~gebühren** *fpl* bank charges; **~geheimnis** *n* banker's discretion; banker's duty of secrecy; **~geld** → Giralgeld

**Bankgeschäft** *n* banking (business); *(einzelnes)* banking operation (or transaction); **~ (e) mit dem breiten Publikum** retail banking; **~e betreiben** to engage in banking transactions; **im ~ tätig** engaged in banking

**Bankgewerbe** *n* **im ~** in the banking buisness

**Bank~**, **b~giriert** endorsed by a bank; **~gläubiger** *m* bank creditor; **~guthaben** *n* cash in bank; bank balance, balance at the bank; **~haus** *n* banking house

**Bankier** *m* banker

**Bank~**, **~kassierer** *m* (bank) teller; **~kaufmann** *m* bank clerk

**Bankkonto** *n* bank(ing) account; account with a bank; **ein ~ haben bei** to bank with, to have a bank account with; **ein ~ sperren** to block a bank account; **sein ~ überziehen** to overdraw one's bank account

**Bank~**, **~krach** *m* bank crash (or failure); **~kredit** *m* credit given by a bank; bank credit (or loan); **~kredite** *mpl* bank lending; **~kunde** *m* bank customer; **~leistungen** *fpl* banking services; **~leitzahl** *f* (BLZ) routing symbol; bank identification number; *Br* Bank code number; **~leute** *pl* bankers

**bankmäßig**, **~e Auskunft** *f* information according to bank practice; **nicht ~e Handelsgeschäfte** *npl* **von Kreditinstituten** non-banking transactions of credit institutions

**Banknote** *f* banknote, *Am (auch)* bill; **~n in fremder Währung** foreign exchange notes; **in Umlauf befindliche ~n** banknotes in circulation; **~n und Kleingeld** notes and small change; **~nausgabe** *f* issue of banknotes; **~nbündel** *n* bundle (or wad) of notes; *Am* bank roll; **~nfälscher** *m* counterfeiter (or forger) of banknotes; **~n ausgeben** to issue banknotes; **~n aus dem Verkehr ziehen** to withdraw banknotes from circulation

**Bank~**, **~obligationen** *fpl* bank bonds; **~omat** *m* cash dispenser; **~provision** *f* banker's commission; **~prüfung** *f* bank auditing; **~rate** *f* bank rate (of discount)

**Bankrott** *m* bankruptcy, failure; **betrügerischer ~** fraudulent bankruptcy; **~erklärung** *f* declaration of bankruptcy

**bankrott**, **als ~ erklärt werden** to be made bankrupt; **~ machen** to go bankrupt; to fail

**Bank~**, **~safe** *m/n* safe deposit box; **~saldenbestätigung** *f* confirmation of bank balance; **~satz** *m* → ~rate; **~schalter** *m* bank counter; *Am* bank window; **~schalterstunden** *fpl* banking hours; **~scheck** *m* bank cheque (check); bank draft; **~schießfach** *n* bank safe deposit box; **~schulden** *fpl* debts to a bank; banking indebtedness; **~schuldverschreibung** *f* bank bond; **~sparen** *n* saving at banks; **~spesen** *pl* banking charges; **~tresor** *m* bank vault; **~überweisung** *f* bank transfer, bank credit transfer; **b~üblich** usual (or customary) in banking; **~usancen** *pl* banking customs; **~verbindung** *f* banker's correspondent; bank at which an account is kept; banking connection; **ausländische ~verbindung** *(e-r ~)* banker's correspondent abroad; **im ~verkehr** *m* in banking (business); in interbank dealings; **~verschuldung** *f* debt (or indebtedness) to banks; **~vollmacht** *f* bank's mandate; **~wechsel** *m* bank bill, bank draft; bank acceptance; **~werte** *mpl* bank shares (or *Am* stock); banks; **~wesen** *n* banking; **~zinsen** *mpl* bank interest; **~zweigstelle** *f* bank branch

**bar** cash; **gegen ~** for cash; **in ~** in cash; cash down; **sofort ~ ohne Abzug** prompt net cash; **gegen ~ gehandelte Wertpapiere** securities dealt in for cash; **Verkauf nur gegen ~** cash sales only; **~ bezahlen** to pay cash down; **nur gegen ~ verkaufen** to sell for cash only

**Bar~**, **~abfindung** *f* settlement in cash; **~akkreditiv** *n* cash letter of credit; **~anforderung** *f* cash requirement; **~anschaffung** *f* remittance in cash; **~ausgaben** *fpl* cash expenditure (or expenses); **~auslagen** *fpl* cash outlays; out-of-pocket expenses; **~ausschüttung** *f* cash distribution; cash dividend; **~bestand** *m* cash in hand; *(Bilanz)* cash balance; **~betrag** *m* amount in cash; **~bezüge** *pl* remuneration in cash; **~depot** *n* cash deposit; **~depotpflicht** *f* cash deposit requirement; **~devisen** *pl* spot exchange; foreign exchange in cash; **~dividende** *f* cash dividend; **~einkauf** *m* cash purchase; **~einlage** *f* cash deposit, cash contribution; **~einnahmen** *fpl* cash receipts; **~einschuss** *m (Börse)* cash margin; **~einzahlung** *f* cash deposit; **~entnahme** *f* cash withdrawal; **~erstattung** *f* cash refund; **~freimachung** *f (Post)* bulk franking

**Bargeld** *n* cash (on hand); ready money; notes and coin; **~automat** *m* cash dispensing machine, cash dispenser; **~bestand** *m* cash holding; **b~lose Lohn- und Gehaltszahlungen** *Br* payment of wages and salaries by cheque or credit transfer; *Am* cashless wage and salary payments; **b~loser Zahlungsverkehr** *m* bank giro credit system

**Bar~**, **~geschäft** *n* cash transaction (or business); **~guthaben** *n* cash in hand; **~kauf** *m* cash purchase; **~kredit** *m* cash advance (or credit); **~liquidität** *f* cash resources; cash liquidity; **~mittel** *pl* cash resources, cash assets; liquid funds; **~preis** *m* cash price; **~rabatt** *m* cash discount; **~reserven** *fpl* cash reserves; **~umlauf** *m* currency in circulation

**Barren** *m (Gold, Silber)* bar, ingot; **Gold in ~** (od. **~gold**) gold bullion; gold in bars; **Barrensilber** *n* silver bullion

**Barscheck** *m Br* open (or uncrossed) cheque

**Bartergeschäft** *n* barter transaction

**Bar~**, **~überschuss** *m* cash surplus; **~überweisung** *f* cash transfer (or remittance); **~verkauf** *m* cash sale; **~vermögen** *n* cash assets; **~vorschuss** *m* cash advance; **~wert** *m* cash value; present value

**Barzahlung** *f* cash payment; **gegen ~** for (prompt) cash; **nur gegen ~** cash only; **~ bei Lieferung** cash on delivery (C. O. D.); **Lieferung nur gegen ~** delivery only against cash; **~ bei Auftragserteilung** cash with order (C. W. O.); **Barzahlung mit 3 % Skonto** 3 % on cash payment, cash payment with 3 % discount; **bei ~** → Skonto gewähren; **~ leisten** to pay cash

**Barzahlungs~**, **~kunde** *m* cash customer; **~preis** *m* cash price; **~rabatt** *m* (*od.* **~skonto** *m/n*) cash discount; **~verkehr** *m* cash transactions

**Basis** *f* base, basis; rank and file (of workers *etc.*); **auf der ~ von** on the basis of; **auf gesunder (solider) ~** on a sound (firm) basis; **auf der ~ der Kostenteilung** on a shared cost basis; **~gesellschaft** *f* base company operating abroad; **~industrie** *f* basic industry; **~preis** *m* base (or basic) price; *(bei Optionen)* exercise (or striking) price; **~stoffe** *pl* basic materials

**Batterielegehennen** *fpl* battery hens

**Bau** *m* construction, building; **das Haus ist im ~** the house is under construction

**Bau~**, **~aktien** *fpl* building shares (or *Am* stock); **~alter** *n* age of a building (from the date of its completion); **~arbeiten** *fpl* construction work; *(Straße)* road repairs; roadworks; **~arbeiter** *m* construction worker, roadworker, building worker; **~auftrag** *m* construction order; **öffentliche ~aufträge** *mpl* public works contracts; **~aufwand** *m* cost of construction, building costs; **~bedarf** *m* building supplies (or requisites); **~beginn** *m* start of building; **~beschränkung** *f* building restriction; **~darlehen** *n* buildung (or construction) loan

**bauen** to build, to construct

**Bauer** *m* farmer; **kleiner ~** small holder; **~nhof** *m* farm, farmstead; **~nschaft** *f* farmers

**Bau~**, **~erlaubnis** *f* → ~genehmigung; **~fach** *n* building trade; **b~fällig** dilapidated; **b~fällig werden** to fall into disrepair; **~fehler** *m* structural fault, fault in (the) construction; **~finanzierung** *f* construction financing; **~firma** *f* construction firm; firm of (building) constructors; **~gelände** *n* building ground (or site); **~geld** *n* money (or funds) for building (or construction); **~genehmigung** *f* building permit; construction licen|ce (~se); *Br* planning permission; **~geräte und ~maschinen** *pl* construction plant and equipment; **~gerüst** *n* builder's scaffold, scaffolding; **~gewerbe** *n* building (or construction) trade (or industry); **~grundstück** *n* building site; **~grunduntersuchung** *f* soil exploration;

**~handwerker** *m* workman in the building trade; construction worker; **~hauptgewerbe** *n* construction industry proper; **~herr** *m* building owner; person placing a building order; **~industrie** *f* building (or construction) industry; **~ingenieur** *m* structural engineer; civil engineer; **~investitionen** *pl* building investments

**Baujahr** *n* date of a building; **das Auto ist ~ 1984** the car is a 1984 model

**Baukosten** *pl* building (or construction) costs; cost of construction; **steigende ~** increasing (or rising) building costs; **veranschlagte ~** estimated building costs; **~voranschlag** *m* construction cost estimate; building estimate

**Bau~**, **~kredit** *m* building loan; **~land** *n* building land, building site(s); **~landerschließung** *f* site development; **~leiter** *m* manager of building operations; *Am* site supervisor

**baulich** structural; **in gutem (schlechtem) ~en Zustand** *m* in good (bad) repair

**Bau~**, **~maschinen** *fpl* construction machinery; **~material** *n* building (or construction) material

**Baumwoll~**, **~börse** *f* cotton exchange; **~fertigerzeugnisse** *npl* cotton made-up (or ready-made) articles; **~terminbörse** *f* forward cotton exchange; cotton futures market; **~textilindustrie** *f* cotton textile industry; **~waren** *fpl* cottons, cotton products

**Bau~**, **~nachfrage** *f* demand for construction work; **~nebenkosten** *pl* cost incidental to construction; **~platz** *m* construction (or building) site, plot (of land)

**Baupreis** *m* building (or construction) price (or cost); **~steigerung** *f* rise in building prices

**Bau~**, **~produktion** *f* building output; **b~reif** ready for building; **~sachverständiger** *m* quantity surveyor

**Bausch**, **in ~ und Bogen** as a whole, in (or by) the lump; by the bulk

**Bausektor** *m*, **auf dem ~** in the building (or construction) sector

**Bauspar~**, **~beitrag** *m* saver's contribution to the → ~kasse; **~darlehen** *n* saver's building (or construction) loan (from the → ~kasse; **~einlagen** *fpl* savings deposits with a → ~kasse; **~sparen** *n* saving through a → ~kasse (for home construction); **~sparer** *m* member of (or borrower from) a → ~kasse; **~kasse** *f* *Br* building society; *Am (etwa)* savings and loan association; **~vertrag** *m* building loan contract (with a → ~kasse)

**Baustelle** *f* building (or construction) site; **Straße mit ~n** *pl* road under repair

**Baustoff**, **~e** *mpl* building (or construction) materials; **~handel** *m* trade in building supplies; **~lieferung** *f* building materials delivery

**Bau~**, **~summe** *f* total building cost; **erste ~stufe** *f* first stage of construction

**Bau~**, **~tätigkeit** *f* building activity; **~tempo** *n* building speed

**Bauten** *pl* buildings; **Neu~, Um~ und Erweiterungs~** new constructions, alterations and extensions

**Bau~**, **~unternehmer** *m* (building) contractor; (property) developer; **~vorhaben** *n* building (or construction) project; **~vorschriften** *fpl* building regulations; **~werte** *mpl (Börse)* building shares, buildings; **~wirtschaft** *f* building (or construction) industry; **~zeit** *f* time (or period) of constructions; **~zinsen** *pl* building loan interest

**beachten**, **~ dass** to (take) note that; **bitte zu ~** kindly note

**Beachtung** *f* **e-s Verbots** observance of a prohibition; compliance with a prohibition

**Beamte** *pl*, **hohe ~** senior officials; **~ und sonstige Bedienstete der Europäischen Gemeinschaften** officials and other servants of the European Communities; **~ der Kommission** *(EU)* Commission officials

**Beamten~**, **~gehälter** *pl* civil servants' salaries; **die ~laufbahn einschlagen** to enter the civil services; **~statut** *n (EU)* Staff Regulations

**Beamter** *m* civil servant; official; officer; *(für lokale öffentl. Körperschaften)* local government officer; **hoher ~** senior official; **planmäßiger ~** *Br* established (*Am* career) civil servant

**beanspruchen** to claim, to demand; **Anteil am Gewinn ~** to claim a share in the profits; **Zeit ~** to require time

**Beanspruchung** *f* claim (to); **~ im Beruf** professional demands (or strains) **~ des Kapitalmarktes** recourse to the capital market; **~ e-s Rechts** claiming a right

**beanstanden** to complain about; to make (or lodge) a complaint; to object to; to disapprove; **zu ~ sein** to be objectionable

**beanstandet**, **~e Waren** *pl* non-conforming goods; rejects; **wegen e-s Fabrikationsfehlers ~e Waren** goods rejected because of a flaw; **die ~en Mängel wurden behoben** the defects which had been objected to were corrected

**Beanstandung** *f com* claim (to); complaint (about); objection (to); **~ der gelieferten Ware** notice of defect (or rejection) of goods delivered; **bei ~en bitten wir die Ware zurückzusenden** in case of complaint, please return the goods; **~en beseitigen** to adjust claims; **~en schriftlich mit Begründung niederlegen** to state in writing the complaints and the reasons therefor; **e-e ~ regeln** to settle a complaint; **e-e ~ überprüfen** to investigate a complaint

**beantragen** to apply for, to submit an application for; to make a claim for; to move

**Beantwortung** *f*, **in ~ Ihrer Anfrage vom …** in reply to your inquiry of …

**bearbeiten** *(Land)* to cultivate; *(Material)* to work, to process; *(mit der Maschine)* to machine; *(Text)* to adapt, to revise; **etw. ~** to work on sth., to deal with sth.; to process sth., to handle sth.; **e-e Angelegenheit ~** to handle a matter; **Aufträge ~** to deal with (or handle) orders; **e-n Bezirk** *(geschäftlich)* **~** to work a district; to canvass a district; **Kunden ~** to try to influence customers; **Leder ~** to dress (or process) leather

**bearbeitet** worked; processed; **~es Werk** *n* adapted work; **un~ oder ~** raw or processed

**Bearbeiter** *m* **für Kundenwerbungen** account executive (manager)

**Bearbeitung** *f* processing, working; handling; *(mit der Maschine)* machining; *(von Land)* cultivation; *(e-s Werkes für Film, Theater etc.)* adaptation; **~ e-s Auftrags** dealing with an order; processing of an order; **~ der Korrespondenz** handling of correspondence

**Bearbeitungs~**, **~gebühr** *f* handling charge; management fee; **~kosten** *pl* handling cost; **~mangel** *m* defect in workmanship; **~vorgang** *m (Veredelung)* manufacturing operation

**beaufsichtigen** to supervise

**beauftragen, jdn ~ mit** to charge (or entrust) sb. with (doing sth.); to put sb. in charge of; *(ermächtigen)* to authorize (or commission) sb. (to do sth.)

**beauftragt**, **~e Bank** *f* paying bank; **die Firma wurde ~, den Bau auszuführen** the firm received the order to construct the building

**Beauftragter** *m* agent; person authorized; **inländischer ~ des ausländischen Abnehmers** domestic agent of the foreign recipient

**bebauen** to build on; *(Boden bestellen)* to cultivate, to till

**bebaut**, **~e und un~e Grundstücke** *npl Br* developed and undeveloped land; *Am* improved and unimproved real property; **zu dicht ~** overbuilt; **nicht ~es Grundstück** *n Br* greenfield site; *Am* empty lot

**Bebauungs~**, **~dichte** *f* density of development; **~plan** *m* development plan

**bebildert** illustrated

**Bedanken mit Standardbrief** standard thank-you note

**Bedarf** *m* demand (an for); need, requirement(s), want (an of); *(Vorrat)* supply; **bei ~** in case of demand, if required; **kein Bedarf** no demand; **nach ~** as required; **~ an Arbeitskräften** labo(u)r requirement(s); manpower need; **~ an Kapital** demand for (or need of) capital; **~ der Kunden** customers' needs; **~ an Lebensmitteln** supply of food; **~ an Rohstoffen** demand for raw materials; **aufgestauter ~** pent-up demand; **dringender ~** urgent need; **finanzieller ~** financial need; **gegenwärtiger ~** present need; **gesteigerter ~** increased demand; **laufender ~** current demand (or requirements); **lebenswichtiger ~** necessities of life; essential supply; **persönlicher ~** personal requirements (or wants); **steigender ~** increased demand; **den ~ schriftlich angeben** to record the requirements; **den ~ befriedigen** to satisfy the demand; **den ~ decken** to meet the requirements; **~ haben** to be in need (an of); **bitte teilen Sie uns Ihren ~ mit** please, let us know your requirements

**Bedarfs~**, **~änderungen** *fpl* alterations in requirements; **~anstieg** *m* rise (or increase) in demand; **~artikel** *pl* requisite(s); necessaries; **~befriedigung** *f* satisfaction of demand; **~deckung** *f* coverage (or satisfaction) of wants; **~ermittlung** *f* determination of requirements;

**im ~falle** *m* if need be, when needed; as far as it is necessary; **~flug** *m* non-scheduled flight; **~güter** *pl* essential commodities; consumer goods; **lebenswichtige ~güter** *pl* necessities (of life); **~liste** *f* list of requirements; **~lücke** *f* shortfall; **b~orientiert** demand-oriented; **~planung** *f* requirement estimate; **~spitze** *f* peak of demand; **~verlagerung** *f* shift in demand; **~vorhersage** *f* forecast of requirements; **~wandel** *m* change in demand; **~zunahme** *f* increased demand

**bedauerliches Missverständnis** *n* regrettable misunderstanding

**Bedauern** *n*, **zu unserem ~ müssen wir Ihnen mitteilen** we are sorry (or we regret) to inform you; **wir sehen uns zu unserem ~ gezwungen** we regret that the circumstances require us to ...; we regret having to ...; **wir stellen mit ~ fest** we regret to state

**bedauern** to regret, to be sorry

**Bedenken** *n*, **es bestehen ~ gegen** there are reasons to question ...; the matter is subject to doubts; **~ geltend machen** to raise doubts; to state one's reservations

**Bedenkzeit** *f* time to consider; cooling-off period

**bedeutende Aufträge** *mpl* considerable (or significant) orders

**bedienen**, **jdn ~** to serve sb., to attend to sb.; *(Gerät etc.)* to operate

**Bediener** *m (e-r Maschine)* operator

**Bedienstete** *pl*, **~ der EG** employees of the European Communities; Community personnel; **die Gemeinschaft und ihre ~n** *(EU)* the Community and its staff (or employees, servants)

**bedient**, **werden Sie schon ~?** are you being served?; **schnell ~ werden** to get quick service

**Bedienung** *f* service, serving, attention; **schnelle ~** quick (or prompt) serice; **~ von Kunden** serving customers; attendance upon customers; **~ e-r Maschine** operation of a machine; **die ~ in diesem Geschäft ist gut** this shop has good service, the service in this shop is good

**Bedienungs~**, **~anweisung** *f* operating instructions; **~geld** *n* service charge; **~personal** *n (z. B. e-r Kernanlage)* operators, operating personnel

**bedingt** contingent (or conditional) (durch on); **betrieblich ~** plant conditioned; **jahreszeitlich ~** seasonal; dependent upon a particular season; **~es Angebot** *n* conditional offer; **~e Kapitalerhöhung** *f* contingent capital increase; **~es Recht** *n* contingent right; **~e Zustimmung** *f* qualified approval

**Bedingung** *f* condition; stipulation; **~en** *pl* terms; **unter der ~, dass** on condition that; with the proviso that; provided that; **unter Vereinbarung neuer ~en** under conditions newly agreed upon; **annehmbare ~en** acceptable (or accommodating) terms; **banAübliche ~en** standard bank terms; **unter den gegebenen ~en** in the prevailing conditions; **zu günstigen ~en** on advantageous terms; **Kredit zu günstigen ~en** credit on easy terms; **handelsübliche ~en** usual trade terms; **vereinbarte ~en** conditions agreed upon; **die ~en ändern** to amend the terms; **~en angeben** to state the terms; **die ~en des Kaufvertrages beachten** to observe the terms of the sales contract; **~en bekanntgeben** to make the conditions known; **wir geben Ihnen gern die ~en bekannt** we shall be glad to inform you of the terms; **~en erfüllen** to comply with (or satisfy, meet) conditions; **~en unterliegen** to be subject to terms; **teilen Sie mir bitte Ihre ~en mit** please let me know your terms; **e-e ~ stellen** to set (or impose) a condition

**bedingungslose Annahme** *f* **des Angebots** unconditional acceptance of the offer

**Bedrängnis** *f*, **in finanzieller ~** in financial difficulties (or straits, embarrassment); **in Bedrängnis~ sein** to be hard-pressed

**bedürfen** to be in need of, to require, to want; **der Annahme ~** to be subject to acceptance; **der Hilfe ~** to require assistance; **die Beschlüsse ~ der Zustimmung** the decisions require consent (or approval)

**Bedürfnis** *n* need, requirement, want; **~se** *pl* **des Marktes** requirements of the market; **~se der Entwicklungsländer** needs (or wants) of the underdeveloped countries; **~befriedigung** *f* satisfaction of a need; **ein ~ befriedigen** to satisfy (or meet) a want (or need); **wenn ein ~ besteht** if the situation so requires (or calls for it)

**bedürftige Personen** *fpl* needy (or indigent) persons
**Bedürftigkeit** *f* need, indigence; **bei ~** in case of need; **~snachweis** *m* proof of need; **~sprüfung** *f* means test
**beeidigt**, **~e Aussage** *f* statement under oath; **~er Dolmetscher** *m* sworn interpreter; **~er Wirtschaftsprüfer** *m Br* chartered accountant; *Am* certified public accountant
**Beeidigung** *f* administration of oath
**beeinflussen**, **den Markt ~** to affect (or influence) the market; to have (an) effect on the market; **Zeugen ~** to exert (secret) influence upon witnesses
**beeinträchtigen** to be prejudicial (or detrimental) (to); **die Gesundheit ~** to impair health; **den Handel zwischen zwei Staaten ~** to affect adversely trade between two states; **jds Interessen ~** to impair (or prejudice, injure) sb.'s interests; **jds Rechte ~** to interfere with sb.'s rights; **den Wert e-s Hauses ~** to detract from the value of a house; **den Wettbewerb ~** to restrain competition
**Beeinträchtigung** *f* **der Rechte** interference with (or prejudice to) the rights
**beenden** to end, to finish, to complete; **e-n Vertrag ~** to terminate a contract
**Beendigung** *f*, **~ der Arbeit** completion of the work; **~ der Besprechung** conclusion of business (at a meeting, conference etc.); **~ der Haftung** cessation of liability; **bei ~ des Vertrages** (up)on termination of the contract
**beerben**, **jdn ~** to succeed to sb.'s estate; to be sb.'s heir
**Beerdigungskosten** *pl* funeral expenses
**Befähigungsnachweis** *m* proof of qualification; certificate of (professional) competence
**befahrbar**, **von Seeschiffen ~** navigable by sea-going vessels
**befangen**, **sich für ~ erklären** to declare oneself to be prejudiced; to disqualify oneself; **~ sein** to be biased (or prejudiced)
**Befangenheit** *f* bias, prejudice; **der Richter wird abgelehnt, wenn Besorgnis der ~ besteht** the judge will be challenged (or objected to), if suspected of partiality
**befassen**, **sich mit etw. ~** to occupy (or concern) oneself with sth.; to deal with sth.
**befasst**, **die mit ... ~en Behörden** the authorities concerned with ...
**Befehls~**, **~kette** *f* (od. **~weg** *m*) chain of command
**befestigen** to append (to), to fasten (on); **sich ~** *(Preise, Kurse)* to harden, to stiffen
**Befestigung** *f*, **~ des Marktes** strengthening (or stabilization) of the market; **~ der Preise** (od. **Kurse**) hardening (or stiffening) of prices
**befinden**, **die Rechnung für richtig ~** to find (or consider) the invoice correct; **etw. für zweckmäßig ~** to think sth. expedient; **sich auf Reisen ~** to be away; **sich in e-r Strukturkrise ~** to experience a structural crisis
**Befischung** *f* **durch fremde Staaten** fishing by foreign countries inside another country's territorial waters
**befolgen** to follow, to comply with, to observe
**Befolgung** *f*, **in ~ von** in compliance with; **genaue ~** strict observance; **bei Nicht~** *f* in case of non-compliance
**befördern** *(Güter)* to carry, to transport, to convey, to forward; *(Personen)* to transport, to convey; to ship; *(in e-e höhere Stellung)* to promote; **Güter im Lkw ~** to transport goods by *Br* lorry (*Am* truck)
**Beförderer** *m* carrier; **dem ~ die Ware übergeben** to hand the goods over to the carrier
**befördert** *(Güter)* carried, transported; *(in e-e höhere Stellung)* **~ werden** to be promoted, to advance (to the position of)
**Beförderung** *f (Transport)* carriage, transport, transportation, conveyance, forwarding, shipment; *(in e-e höhere Stellung)* promotion; **Güter- und Personen~** *f* transport(ation) of goods and passengers; **~ im Eisenbahn-, Straßen- und Binnenschiffsverkehr** transport by rail, road and inland waterways; **~ nach Fähigkeit** promotion by ability; **~ von Fluggästen** carriage of (air) passengers; **~ von Frachtgut** carriage of goods; **~ zum und von dem Schiff** transit to and from the vessel; **~ von Waren zum Zollgutversand** transport of goods under customs transit; **zur ~ anstehen** to be next in line for promotion; **die ~ durch e-n Spediteur besorgen lassen** to arrange for carriage by a forwarding agent; **zur ~ übernommen** received for carriage (or shipment)

**Beförderungs~**, **~art** *f* method (or mode) of transport; **~aussichten** *fpl* prospects for promotion; **~bedarf** *m* transport requirements; **~bedarf für Fluggäste, Post und Fracht** required capacity for the transportation of air passengers, mail and cargo; **~bedingungen** *fpl* transport (*Am* transportation) conditions; carriage terms; **~dokumente** *npl (Güterkraftverkehr)* transport rates; rates for the carriage of goods by road; **~geschäfte** *npl* transport operations; transport(ation) costs; carriage; haulage; **~kosten** *pl* transport charges; cost of transport

**Beförderungsmittel** *npl* means of transport(ation) (or conveyance); transport(ation) facilities; **~ für leicht verderbliche Lebensmittel mit Kältemaschine** mechanically refrigerated equipment for carriage of perishable foodstuffs; **~ für leicht verderbliche Lebensmittel mit Wärmedämmung** insulation equipment for the carriage of perishable foodstuffs

**Beförderungs~**, **~möglichkeiten** *fpl* transport facilities; chances for promotion; **~papier** *n (Zoll)* transit (or transport) document; **~preise** *mpl* transport rates; freight and/or passenger rates; **~vermerk** *m (Post)* postal instruction; **~vertrag** *m* contract of transport(ation); *Br* contract of carriage; *Am (auch)* shipping contract; **~vorschriften** *fpl* forwarding instructions

**Beförderungsweg** *m* (transit) route; **falls die Ware auf ihrem ~ fehlläuft** in the event of goods going astray in transit

**befrachten** to freight, to affreight, to load; to charter

**Befrachter** *m* freighter; shipper; charterer

**Befrachtung** *f* freighting, affreightment, loading; chartering; *(Überseeverkehr)* shipment; **~svertrag** *m* contract of affreightment; chartering agreement

**befragen** to ask, to interrogate; to interview; *(MMF)* to poll; to carry out an interview

**Befrager** *m (MMF)* pollster; interviewer

**Befragtengruppe** *f (MMF)* panel

**Befragung** *f* interrogation; *(MMF)* opinion, poll, survey; **briefliche ~** postal survey (or interview); mail research; **direkte ~** field survey; **~ der Verbraucher** *(mit statistischer Auswertung)* marketing (field) survey; → Unternehmens~

**Befragungs~**, **~gespräch** *n (MMF)* interview; **~person** *f* interviewee

**befreien** *(von Haftung, Verbindlichkeit etc.)* to discharge (from), to relieve (of); to exonerate (from); *(behördlich)* to exempt (or free) (from); **sich von Schulden ~** to rid oneself of debts

**befreit, von der Haftung ~** discharged (or exonerated, exempt) from liability; **von der Steuer ~** tax exempt; exempt(ed) from the tax; **von aller Verantwortung ~ sein** to be absolved from all responsibility; **von e-r Verpflichtung ~ werden** to be relieved of an obligation

**Befreiung** *f (Erlass)* discharge, relief, exoneration; *(behördlich)* exemption; **~ von der Doppelbesteuerung** relief from double taxation; **teilweise oder völlige ~ von Einfuhrzöllen** partial or total exemption from import duties; **~ von der Haftung** discharge of (or exoneration from) liability; **~ von der Steuer** exemption from tax; **~ von e-r Verpflichtung** discharge (or release) from (or waiver of) an obligation; **~ erteilen** to grant exemption

**befreundete Firma** *f* friendly firm; business connection

**befriedigen, den Bedarf ~** to satisfy (or meet) the demand; **e-n Gläubiger ~** to pay off (or satisfy) a creditor; **dieser Kunde ist schwer zu ~** this customer is hard to please; **die lebhafte Nachfrage ~** to meet the brisk demand (nach for); **jds Wünsche ~** to meet (or satisfy) sb.'s wishes

**befriedigend** satisfactory (or satisfying)

**befriedigt, alle Ansprüche sind ~** all claims have been satisfied; **die Sendung hat uns nicht ~** the consignment has not given us satisfaction

**Befriedigung** *f*, **~ e-s Anspruchs** satisfaction of a claim; **~ ausländischer Nachfrage** meeting (or satisfying) foreign demand; **berufliche ~** job satisfaction; **~ äußern** to express satisfaction; **mit ~ zur Kenntnis nehmen** to note with satisfaction; to be pleased to note; **~ erlangen** to obtain satisfaction

**befristen** to set a time limit (for, on); to put a date to; to set a deadline on; **e-e Erlaubnis ~** to issue a permit for a specified period of time; **die Hilfe ~** to provide assistance for a limited period

**befristet** limited in time; for a set period;

**~es Angebot** *n* offer limited in time; **~er Anspruch** *m* claim subject to a time limit; **~er Arbeitsvertrag** *m* contract of employment for a fixed time; **~es Darlehen** *n* term loan; **~e Einlagen** *fpl Br* term deposits; *Am* time deposits; **unter 6 Monate ~e Termingelder** *npl* time deposits with maturities of less than 6 months; **~e Verbindlichkeiten** *fpl* time liabilities

**Befristung** *f* (setting a) time limit; **Termingelder mit ~en von 3–12 Monaten** time deposits with maturities of 3 to 12 months

**Befugnis** *f* power, authority, competence; **der Kommission übertragene ~se** *(EU)* powers conferred on the Commission; **jdm die ~ erteilen, etw. zu tun** to authorize sb. to do sth.; **seine ~se überschreiten** to exceed one's powers; **jdm ~se zuweisen** to confer powers upon sb.

**Befugnisübertragung** *f* transfer (or delegation) of powers

**befugt** authorized, empowered; **Sie waren hierzu nicht ~** you were not entitled to do this

**befürworten** to recommend, to speak favo(u)rably of; to second, to support

**befürwortende Stellungnahme** *f* favo(u)rable opinion (delivered by)

**begebbare Wertpapiere** *npl* negotiable instruments (or securities)

**begeben** *(Emission)* to issue, to float, to launch; *(Wechsel)* to negotiate

**Begebung** *f*, **~ e-r Anleihe** issue of a loan; bond issue; **~ von Obligationen** issue of bonds; **~ e-s Wechsels** negotiation of a bill (of exchange)

**Begebungskosten** *pl* issuing costs; negotiation fees

**begegnen**, **der Konkurrenz ~** to face competition; **Missständen ~** to counteract misuses

**begehen**, **e-e Straftat ~** to commit an offen|ce (~se)

**Begehung** *f* tour, rounds; committing of an offence; **Betriebs~** *(QM)* tour (or inspection) of a company; **vorsätzliche ~ e-r Straftat** committing an offen|ce (~se) with malice aforethought

**begehrt**, **die Waren sind sehr (wenig) ~** the goods are in great (little) demand

**Beginn** *m* beginning, commencement; **~ des Entladens** breaking bulk; **zu ~ der Verhandlung** at the beginning of the negotiation; **~ e-s Unternehmens** start of a business; **~ e-r Versicherung** commencement of an insurance

**beglaubigen**, **e-e Abschrift (Unterschrift) ~** to attest (or certify) a copy (signature)

**beglaubigt**, **~e Abschrift** *f* certified (or attested, *Am* exemplified) copy; **notarielle ~e Vollmacht** *f* power of attorney attested by a notary public; **die Abschrift (Übersetzung) dieser Urkunde wird ~** the copy (translation) of this document is certified as a true copy (translation) of the original; I certify this to be a true copy (translation) (of)

**Beglaubigung** *f* attestation, certification; **öffentliche ~** certification by a notary public; **~ e-r Übersetzung** certification of a translation

**begleichen** *(Rechnung, Schulden)* to pay, to settle; (→ beglichen)

**Begleichung** *f (e-r Schuld, Rechnung)* payment, settlement; **teilweise ~** partial payment; **vollständige ~** payment in full; **wir bitten um baldige ~ der anliegenden Rechnung** please pay the enclosed bill promptly; we request prompt payment of the enclosed bill

**Begleit~**, **~brief** *m* accompanying (or covering) letter; **~papiere** *npl* accompanying documents, documents accompanying the goods; *(Versanddokumente)* shipping documents; **~schreiben** *n* → ~brief

**beglichen**, **~e Rechnung** *f* paid (or settled) bill (or account); **die laufende Rechnung muss monatlich ~ werden** the account is to be paid monthly (or an a monthly basis)

**Begräbniskosten** *pl* funeral (or burial) expenses

**begrenzt** limited, restricted; **~ haltbar** perishable; **Kredit in ~er Höhe** limited credit; **~e Mittel** *pl* limited (or restricted) means; **die Epidemie ist örtlich ~** the epidemic is local in scope; **zeitlich ~** of limited duration, terminable

**Begriff** *m* concept; term; **im ~ sein, etw. zu tun** to be about (or going) to do sth.

**begründen** to create, to establish, to set up; *(Gründe geben für)* to give (or state) reasons (for); *erklären)* to account for; **e-n Anspruch ~** to establish a claim; **e-e Entscheidung ~** to give reasons for (or substantiate) a decision; to give a decision accompanied by reasons; **e-e Verpflichtung ~** to create an obligation; **ein Versicherungsverhältnis ~** to create an insurance relationship

**begründet**, **~er Anspruch** *m* well-founded (or justified) claim; sound claim; **~er Zweifel** *m* reasonable doubt; **seine Befürchtungen waren nicht ~** his apprehensions were unfounded (or not justified); **das Gericht erkannte diese Klage für ~ an** the court held that this action was well-founded; **die Klage wurde als ~ anerkannt** *(EU)* the action (or complaint) was found to be justified

**Begründung** *f* creation, establishment; (statement of) reasons; justification; **nähere ~** substantiation; **ohne schriftliche ~** without giving reasons in writing; **~ e-s Gesellschaftsverhältnisses** establishment of a partnership; → Beanstandungen schriftlich mit ~ niederlegen

**Begrüßungsansprache** *f* welcoming speech

**begünstigen** to favo(u)r, to benefit, to be favo(u)rable (or beneficial) to; to further, to promote; **den Ausfuhrhandel ~** to encourage (or promote) export trade

**begünstigt**, **~e Länder** *npl (durch Nahrungsmittel, Zollpräferenzen etc.) (EU)* beneficiary countries; **weniger ~e Länder** less favo(u)red countries; **~er Warenverkehr** *m (Zoll)* preferential trade; **steuerlich ~ sein** to be subject to preferential tax treatment; to enjoy tax privileges

**Begünstigter** *m* beneficiary

**Begünstigung** *f* support, encouragement; preferential treatment; **steuerliche ~** tax privilege; **~szoll** *m* preferential duty

**begutachten** to give an expert opinion (on); *(Haus etc.)* to survey; *(abschätzen)* to assess, to appraise; **den Schaden ~** to inspect and assess the damage

**Begutachtung** *f* (expert) opinion; (expert) appraisal; survey; **e-n Sachverständigen mit der ~ beauftragen** to request an expert to render an opinion; to request an opinion from an expert

**begütert**, **weniger ~** less well-off

**Begüterte, die ~n** *pl* the well-off, the well-to-do

**behalten, die (beanstandete) Ware ~** to keep the goods

**Behälter** *m* container; receptacle; *(für Wasser, Öl etc.)* tank; **~abkommen** *n* Customs Convention on Container; **~verkehr** *f* container traffic

**Behältnis** *n* → Behälter

**behandeln** to treat; *(handhaben)* to deal with, to manage, to handle; **ärztlich ~** to treat (or attend to) a patient; **unterschiedlich ~** to discriminate (between); **e-n Auftrag vorrangig ~** to treat (or handle) an order with priority; **die Ware vorsichtig ~** to handle the goods with care

**behandelt werden**, **gut (schlecht) ~** to be dealt with (or treated) well (badly); **gleich ~** to be accorded equal treatment

**Behandlung** *f* treatment; handling; **ärztliche ~** medical treatment (or attendance); **sorgfältige ~ der Ware** careful handling of the goods; **steuerliche ~** tax treatment

**behaupten** to assert, to maintain, to claim; *(zu Unrecht)* to pretend; **sich ~** *(Preise, Kurse)* to be steady, to remain firm; **sich gegen die Konkurrenz ~** to stand one's ground against the competition

**behauptet**, **am Aktienmarkt haben sich die Kurse nur knapp ~** share (or stock) prices have held up narrowly; prices on the stock market have been barely maintained; **die Rentenwerte haben sich meist gut ~** bond yields have mostly held up well

**Behauptung** *f* assertion, allegation; **e-e ~ aufstellen** to make an assertion (or a point)

**beheben, Mängel ~** to remedy defects; **Schwierigkeiten ~** to remove (or eliminate, ease) difficulties

**Behelfsgarage** *f* carport

**beherrschen**, **e-e Gesellschaft ~** to control a company; **den Markt ~** to dominate (or control) the market

**beherrschend**, **~e Beteiligung** *f* controlling interest; **~er Einfluss** *m (e-s Unternehmens)* controlling influence; **~e Gesellschaft** *f* controlling company

**beherrschte Gesellschaft** *f* controlled company

**Beherrschung** *f* domination; *(durch e-e Gesellschaf)* control; **~ e-r Fremdsprache** mastery of a foreign language

**Beherrschungs~**, **~verhältnis** *n* state of control, *Am* control; **~vertrag** *m* control agreement (or contract) (subordinating control to another company)

**behindern**, **die Einfuhr ~** to restrain imports; **den Verkehr ~** to obstruct traffic; **den Wettbewerb ~** to impede competition

**behindert**, **körperlich ~** disabled, handicapped

**Behinderte** *pl*, **körperlich und geistig ~** physically and mentally disabled (or handicapped); **Arbeitsplätze mit ~n besetzen** to fill jobs with disabled (persons)

**Behinderung** *f* hindrance, obstruction, restraint; *(mental or physical)* disability; **~ der Einfuhr** restraint on (or restriction of) imports; **~ des Verkehrs** obstruction of traffic

**Behörde** *f* public authority; board; (government) agency

**behördlich** official; **auf ~es Verlangen** *n* upon demand of a public authority

**bei** *(per Adresse)* c/o (care of); **~ Fälligkeit** at maturity; **bestellen ~ ...** to order of (or from) ...

**beibehalten** to keep (on), to maintain, to retain; **e-n Plan ~** to abide by a plan

**Beibehaltung** *f* maintenance, retention

**beibringen**, **Beweise ~** to procure evidence; **Übersetzungen ~** to provide (or furnish) translations; **jds Zustimmung ~** to procure sb.'s consent

**beiderseitige Schuld** *f* mutual fault

**Beifall** *m*, **jds ~ finden** to meet with (or find) sb.'s approval

**beifällig**, **der Vorschlag wurde ~ aufgenommen** the proposal was received with approval; the proposal was welcomed

**Beifänge** *mpl (Fisch)* by-catches

**beifolgend** enclosed (herewith); attached (hereto)

**beifügen** to add, to append, to enclose; **dem Angebot einige Muster ~** to include some samples with the offer; **die Rechnung ~** to enclose the invoice; **dem Vertrag e-e Klausel ~** to append a clause to the contract

**beigelegt**, **der Streik ist ~** the strike has been settled

**beigeschlossen** enclosed, attached; under same cover

**Beihilfe** *f* aid, assistance, grant; *(staatl.)* subsidy; allowance granted to an official by the state; *(StrafR)* aiding and abetting; **einzelstaatliche und gemeinschaftliche ~n** *(EU)* national and Community aids (or subsidies); **~n schrittweise abbauen** *(EU)* to reduce aids (or subsidies) progressively

**Beihilfe~**, **b~begünstigt** *(EU)* under subsidy; **~betrag** *m* amount of the allowance; *(EU)* amount of the subsidy; **~gewährung** *f (EU)* grant of aid (or subsidy); **~sätze** *mpl (EU)* aid rates; **~verbot** *n (EU)* ban on aid; **~vorhaben** *n (EU)* aid project

**beiladen** to add to a consignment

**Beiladung** *f* extra (or addition) freight (or cargo)

**Beilage** *f* enclosure, *bes. Am* insert; *(zu e-r Zeitung)* supplement

**beilegen** → beifügen; **e-n Streit gütlich ~** to settle a dispute by agreement (or amicably)

**Beilegung** *f*, **~ von Beschwerden** adjustment of grievances; **außergerichtliche ~ von Streitigkeiten** settlement of disputes out of court

**Beileid** *n*, **jdm sein ~ aussprechen** to offer sb. one's condolences; to extend to sb. one's sympathy

**beiliegen**, **die Rechnung liegt bei** the invoice is enclosed herewith

**beiliegend senden wir Ihnen** we are enclosing herewith

**Beirat** *m* advisory council

**beiseite legen**, **Geld ~** to set money aside

**beiseite schaffen** to remove; *(widerrechtl.)* to abstract

**Beiseiteschaffen** *n* removal; *(widerrechtl.)* abstraction; **heimliches ~ von Waren** surreptitious removal of goods

**Beistand** *m* assistance, aid; standby; *(Person)* adviser, counsel; **gegenseitiger ~** mutual assistance; **~sabkommen** *n* standby arrangement; **~skredit** *f* standby credit

**beisteuern** to contribute (to)

**Beitrag** *m* contribution; *(Mitglieds~)* fees; subscription, dues; *(Versicherungs~)* premium; **~ zu den Kosten** contribution to the costs (or expenses); **~ zu e-r Zeitung** contribution to a newspaper; **ausstehender ~** outstanding subscription; **finanzieller ~** financial contribution

**Beiträge** *pl*, **auf ~n beruhen** *(Sozialleistungen)* to be contributory; **~ erheben** to collect contributions; **er lieferte viele ~ für die Zeitung** he wrote many articles for the newspaper

**beitragen** to contribute; to join with others

in giving help; **zum Erfolg ~** to contribute to the success (of)

**Beitrags~**, **~befreiung** *f (Vers.)* waiver of premium; **~berechnung** *f* calculation of contributions (or premiums); **~einziehung** *f* collection of dues; *(Vers.)* collection of premiums; **~erhebung** *f* collection of contributions; **~erhöhung** *f* rise in (or raise of) subscription fees; *(Vers.)* increase in premiums; **~festsetzung** *f* assessment of contributions; **b~frei** noncontributory; **~höhe** *f* amount of contribution; **~klasse** *f* class of contributions

**Beitragsleistung** *f* (payment of) contribution (or subscription, dues); **mit seiner ~ im Rückstand sein** to be in arrears with the payment of one's dues (or fees)

**beitragspflichtig** liable (or subject) to contribution; **~e Pension** *f* contributory pension; *(für Versicherung)* **~e Zeit** *f* period during which premiums are due

**Beitrags~**, **~pflichtiger** *m* contributory; **~regelung** *f* contribution arrangement; **~rückerstattung** *f* refund of contributions; **~rückstände** *mpl* contributions in arrears; arrears of contributions (or premiums); **~satz** *m* contribution rate; **~staffelung** *f (Vers.)* grading of premiums; **b~unabhängige Leistungen** *(Sozialvers.)* noncontributory benefits; **~zeit** *f* period of payment of contributions, contribution period

**beitragszahlendes Mitglied** *n* fee-paying member

**beitreibbare Forderung** *f* recoverable debt

**beitreiben**, **Gebühren ~** to collect fees; **e-n Geldbetrag ~** to exact a sum of money; *(gerichtl.)* to enforce payment of a sum of money

**Beitreibung** *f* (enforced) collection; exaction; **~ e-s geschuldeten Betrages** exaction of a sum due; **~ e-r Schuld** collection of a debt; **~ von Steuern** enforced collection of taxes

**beitreten** to join; to accede (to); **der EG ~** to accede to (or become a member of) the European Communities; **e-r Gesellschaft** *(als Gesellschafter)* **beitreten** to join a company; to become a partner in a company; **die Mitgliedstaaten können e-m bei dem Gerichtshof anhängigen Rechtsstreit ~** *(EU)* the Member States may intervene in cases before the Court of Justice

**Beitritt** *m* joining; accession (to); **(Antrag auf) ~ zu der Europäischen Gemeinschaft** *(EU)* (application for) accession to the European Communities; **sich um den ~ bewerben** to make application (or to apply) for membership; *(EU)* to ask to join the European Communities

**Beitritts~**, **~akte** *f (EU)* Act of Accession; **~antrag** *m* application for accession (or to accede to); request for membership; **~bedingungen aushandeln** *(EU)* to negotiate entry terms (or conditions of accession); **~bewerber** *mpl* applicants for membership; *(EU)* → ~kandidaten; **~erklärung** *f* declaration of accession (or membership); **~gesuch** *n (EU)* application for Community membership; **~kandidaten** *mpl (EU)* countries which are candidates for entry into the European Communities; applicant countries; candidate countries

**beitrittssuchendes Land** *n (EU)* applicant country

**Beitritts~**, **~verhandlungen** *fpl (EU)* accession negotiations; **~vertrag** *m (EU)* Accession Treaty; **b~willige Länder** *npl (EU)* countries willing to accede; countries applying for membership (or accession); **nicht-b~willige Länder** *(EU)* nonapplicant countries

**Beiwerk**, **modisches ~** *n* fashion accessories

**beiziehen**, **e-n Dolmetscher** *m* **~** to call in (or request the assistance of) an interpreter

**bejahend antworten** to answer in the affirmative

**bekämpfen**, **die Arbeitslosigkei ~** to fight (or combat) unemployment

**Bekämpfung** *f*, **~ der Umweltverschmutzung** campaign against pollution of the environment; **~ des unlauteren Wettbewerbs** counteracting unfair competition

**bekannt** known; **~e Firma** *f* well-known firm

**Bekanntheitsgrad** *m* degree of fame (or notoriety, familiarity)

**bekannt machen** to publicise; to disclose; **jdn ~ mit jdm** to introduce sb. to sb.; **jdn ~ mit etw.** to acquaint sb. with sth.

**Bekanntmachung** *f* announcement; (public) notice; publication

**Beklagter** *m* defendant

**Bekleidung** *f* clothing, apparel; **~sindustrie** *f* clothing industry; *Am* garment (or apparel) industry
**bekommen, die Ware ist nicht zu ~** the goods are not to be had
**beköstigen** to board, to feed
**Beladefrist** *f* loading period; time allowed for loading
**Beladen** *n* **Be- und Entladen von Lieferwagen vor Geschäften** loading and unloading of delivery vans in front of shops
**beladen, ein Fahrzeug ~** to load a vehicle; **~es Fahrzeug** *n* laden (or loaded) vehicle; **der ~e Waggon** the loaded wagon
**Beladungsvorschriften** *fpl* loading instructions
**Beladung** *f* loading, lading; **~sfähigkeit** *f* loading capacity; **~sgrenze** *f* load limit
**Belang** *m*, **von ~ sein** to be of importance (or concern) to; **den ~en der Werbung dienen** to be in the interests of advertising
**belasten** to charge, to burden; to load; to put a burden (or load) on; *(debitieren)* to debit; **ein Grundstück mit e-r Hypothek ~** to mortgage an estate; to encumber an estate with a mortgage; **ein Konto ~** to debit (or charge) an account; **das Telefonnetz zu stark ~** to overload the telephone network
**belastet, mit e-r Hypothek** (od. **hypothekarisch**) **~** mortgaged; encumbered with a mortgage; **mit Schulden ~** encumbered (or burdened) with debts; **mit hohen Steuern ~** heavily taxed; burdened with heavy taxation; **das Haus ist stark ~** the house is heavily mortgaged
**Belastung** *f* load(ing), burden, charge; stress, strain (für on); *(Buchung im Soll e-s Kontos)* debit (entry); *(e-s Grundstücks)* encumbrance, charge; *(mit Hypothek)* mortgaging; *(vor Gericht)* incrimination; **außergewöhnliche ~en** *(Einkommensteuer)* extraordinary financial burdens; **finanzielle ~** financial burden (or load); pecuniary charge; **Zeiten geringer ~** *(Verkehr, Strom etc.)* off-peak periods; **zu hohe ~** overcharge; **hypothekarische ~** *(von Grundbesitz)* mortgaging (property); mortgage charge; **steuerliche ~** tax load (or burden); **wirtschaftliche ~** economic burden; **zulässige ~** permissible (or safe) load
**Belastungs~, ~anzeige** *f* (od. **~aufgabe** *f*) debit note (or advice), *Am* debit memo; **~fähigkeit** *f* carrying capacity; *(Steuer)* taxation capacity; **~faktoren** *mpl* load factors; **~grenze** *f* load limit; *(Grundbesitz)* limit of encumbrance(s); **~material** *n* incriminating evidence; **~probe** *f* load test; **~spitze** *f* peak load; **~vorschriften** *fpl* load regulations; **~zeuge** *m* prosecution witness
**belaufen, sich ~ auf** to amount to; to run to; **sich insgesamt ~ auf** to total up to
**beleben** to stimulate, to animate, to invigorate; to revive; **neu ~** to revitalize; **die Nachfrage ~** to stimulate demand; **die Wirtschaft ~** to invigorate the economy
**belebt, an der Aktienbörse ~e sich das Geschäft** there was revived activity on the stock exchange; transactions on the stock market revived (or quickened); **der Handel ~e sich** trade was reviving; **die Nachfrage hat sich ~** demand recovered
**Belebung** *f* stimulation, animation; revival; **wirtschaftliche ~** economic recovery; **~ der Geschäftstätigkeit** recovery in business activity; **~ der Investitionstätigkeit** stimulation of investment activity; **~ der Konjunktur** revival of economic activity; **~ der Nachfrage** recovery (or upturn) in demand
**Beleg** *m* voucher, record; *(Urkunde)* (supporting) document; *(Quittung)* receipt; *(urkundlicher ~)* documentary evidence; **als ~für** in support of; **~e für e-e Rechnung** vouchers in support of an account; **die erforderlichen ~e einreichen (vorlegen)** to present (submit) the required vouchers
**Belegbuchhaltung** *f* voucher bookkeeping; slip system accounting
**belegen** 1. to prove, to support by documents; to evidence (durch by); *(Hotel, Flug etc.)* to book, to reserve (→ belegt); **e-e Abrechnung mit Quittung ~** to accompany an account with receipts; **Frachtraum ~** to book freight; **mit e-r Steuer ~** to impose a tax (on); **mit Zoll ~** to levy a duty (on); **würden Sie bitte Ihre Auslagen ~** would you kindly furnish the receipts as evidence for your expenses
**belegen** 2. *(gelegen)* located, situated; **in den USA ~es Vermögen** property located in the United States
**Belegenheitsstaat** *m* state of situs

**Beleg~**, **~exemplar** *n* voucher copy; **~leser** *m* document reader (or handler); **~nummer** *f* voucher number; **~prüfung** *f* voucher audit; scrutiny of documents
**Belegschaft** *f* staff, workforce, labo(u)r force, personnel; **~ e-s Unternehmens** (number of) employees of an enterprise
**Belegschafts~**, **~abbau** *m* cut in the work force; manning-level reduction; **~aktien** *fpl* employee shares (*Am* stock); copartnership shares; *Br* staff shares; **~größe** *f* size of staff employed; **~versammlung** *f* staff meeting
**Beleg~**, **~stelle** *f* supporting authority; source reference; **~stück** *n* **für** document in support of
**belegt** *(Zimmer, Platz)* occupied, taken; *(Hotel)* no vacancies
**Belegung** *f* **von Frachtraum** freight booking
**belehrende Werbung** *f* educational advertising
**beleidigen** to insult, to offend; *(mündlich)* to slander; *(schriftlich)* to libel
**beleidigende Äußerungen** *fpl* slanderous (or libel[l]ous, defamatory) statements
**beleihbar** eligible as collateral; pledgeable
**beleihen** to grant a loan against collateral; **Aktien ~** to lend money on shares (stock); **e-e Police ~** to borrow on a policy; **Wertpapiere ~ lassen** to pledge securities; to give (or offer) securities as collateral (→ beliehen)
**Beleihung** *f* loan against collateral security
**Beleihungs~**, **~grenze** *f* lending limit; **~grundsätze** *mpl* lending principles; **~quote** *f* loan-to-value ratio; **~wert** *m* collateral value
**Beleuchtung** *f* lighting, illumination; **~sverhältnisse** *npl* lighting conditions
**Belieben** *n*, **nach freiem ~** without any limitations on the choice (or decision)
**beliebig**, **zu jeder ~en Zeit** at any time you like
**beliebt**, **~er Artikel** *m* article in favo(u)r; article in great demand; popular article
**Beliebtheit** *f*, **dieser Artikel erfreut sich besonderer ~** this article is or very popular (*bei* with); **an ~ zunehmen** to gain in popularity
**beliefern** to furnish, to supply, to provide (with); **sich von X ~ lassen** to obtain (or draw) one's supplies from X
**Belieferung** *f*, **~ des Marktes** supply of the market; **~ von Partys** catering for parties
**beliehene Wertpapiere** *npl* collateral (or pledged) securities
**Belohnung** *f*, **hohe ~** high reward; **der Finder wird e-e ~ bekommen** the finder will be rewarded; **e-e ~ erhalten** to receive a reward
**Belüftung** *f* ventilation
**bemängeln** to find fault with; to complain of
**Bemannung** *f* **e-s Schiffes** manning of a ship
**bemessen**, **den Schaden ~** to assess the damage
**Bemessung** *f* **der Steuer** assessment of the tax
**Bemessungsgrundlage** *f* basis for assessment; *(für Abschreibung)* depreciation base; **~ für die Erhebung der Zölle** basis upon which customs charges are calculated; **~ für die Mehrwertsteuer** basis for assessing VAT; assessment basis for VAT; **~ der Steuer** basis on which tax is imposed (or computed)
**bemustern** to sample; to supply (or attach) samples (to an offer); to take a sample
**bemustert**, **ein ~es Angebot** an offer with samples, a sample offer; die **~e Ware** the goods of which you have sent (or shown) us samples; the sampled goods
**Bemusterung** *f* supply of samples; sampling
**benachrichtigen**, **jdn ~** to inform sb., to notify sb.; *com* to advise sb.; **den Käufer unverzüglich ~, dass die Ware verladen ist** to advise the buyer without delay that the goods have been loaded
**Benachrichtigung** *f* information, notification, notice; *com* advice
**benachteiligen**, **jdn ~** to discriminate (or prejudice) sb. (against); to place sb. at a disadvantage
**benachteiligt**, **~e Aktionäre** adversely affected shareholders; **~e Gebiete** *npl* *(EU)* less-favo(u)red areas (or regions); underprivileged regions; **besonders ~e Gebiete** least favo(u)red regions; **~ werden** to suffer disadvantage; to be prejudiced (durch by)
**Benachteiligung** *f* discrimination, prejudice (against sb.); **steuerliche ~** tax disadvantage

**benannter Bestimmungshafen** *m* named port of destination
**Benehmen** *n*, **sich miteinander ins ~ setzen** to consult (with) each other
**benötigen**, **etw. dringend ~** to need sth. urgently
**benötigt** needed, required; **am Arbeitsplatz nicht mehr ~ werden** to be redundant
**benutzbar**, **wiederholt ~ sein** to be suitable for repeated use
**Benutzen** *n* **von Einrichtungen zur Lagerung** use of facilities for the purpose of storage
**benutzen** to use, to make use of, to employ
**Benutzung** *f* use; utilization; **freie ~** *(UrhR)* fair use; **unbefugte ~** unauthorized use; **gelegentliche ~ der Wohnung als Büro** occasional use of home as office
**Benzin** *n Br* petrol; *Am* gas(oline); fuel; **bleifreies ~** lead-free petrol (gas); **bleihaltiges ~** leaded petrol (gas); **~gutschein** *m* petrol (gas) coupon; **~mangel** *m* petrol (gas) shortage; lack of fuel; **~rechnung** *f* petrol (gas) bill; **~standanzeiger** *m* petrol (gas) gauge; **hoher ~verbrauch** *m* high petrol (gas) consumption; **~zapfsäule** *f (e-r Tankstelle)* (petrol or gas) pump
**Benzol** *n* benzene; **~dämpfe einatmen** to inhale benzene vapour; **b~haltige Produkte** *npl* products containing benzene; **~vergiftung** *f* benzene poisoning
**Beobachter** *m*, **als ~ teilnehmen** to participate with observer status
**beraten**, **sich mit seinem Anwalt ~** to confer with one's lawyer; **ein Unternehmen über Fusion ~** to advise a company on mergers; **gemeinsam ~** to consult together; **sich ~ lassen** to take (or seek) advice
**beraten**, **gut (schlecht) ~ sein** to be well-(ill-)advised; **~ werden** to get advice
**beratend**, **B~er Ausschuss** *m* **für industrielle Forschung und Entwicklung** (CORDI) *(EU)* Advisory Committee on Industrial Research and Development (CORDI); **B~er Programmausschuss** *m* (BPA) *(EU)* Advisory Committee on Programme Management (ACPM); **B~er Verbraucherausschuss** *m* (BVA) *(EU)* Consumer Consultative Committee (CCC); **in ~er Eigenschaft an e-r Sitzung teilnehmen** to attend a meeting in an advisory capacity
**Berater** *m* adviser, consultant, counsel(l)or; **~ für Effektenanlagen** investment adviser; → Betriebs~; → Finanz~; → Rechts~
**Beratung** *f* advice; consultation, deliberation, counsel(l)ing; **nach ~ mit** after consultation with; **ärztliche ~** medical advice; → Berufs~; → Steuer~; → Wertpapieranlage~; **in ~ sein** *(Sache)* to be under consideration
**Beratungs~**, **~dienst** *m* advisory service; **~gruppe** *f* advisory panel; **~kosten** *pl* consulting fees; **~leistungen** *fpl* consultancy services; **~stelle** *f* advice bureau; advisory body; **~vertrag** *m* advisory (or consultancy) agreement
**Beraubungsversicherung** *f* insurance against robbery
**berechenbar** calculable, computable
**berechnen** *(errechnen)* to calculate, to compute; *(in Rechnung stellen)* to invoice, to bill; *(schätzen)* to estimate; to assess; **jdm etw. ~** to put to sb.'s account; to charge sth. to sb.; **besonders ~** to charge extra; **falsch ~** to charge wrongly; to miscalculate; **jdm zu wenig (zu viel) ~** to undercharge (overcharge) sb.; **Fracht ~** to charge carriage; **die Kosten ~** to calculate the costs; to charge the costs (to sb.); **das Porto ~** to make a charge for postage (to sb.); **den Preis genau ~** to calculate the price closely; **den Schadensersatz** to calculate (or assess) the damages; **Verluste ~** to compute losses
**berechnet**, **zu hoch ~er Betrag** *m* overcharge; **zu niedrig ~er Betrag** *m* undercharge; **zu viel ~e Fracht** *f* freight overcharge; **Verpackung wird nicht ~** no charge for packing
**Berechnung** *f* calculation, computation; invoicing (or billing) (sb. for goods); **bei der ~ unserer Preise** in calculating our prices; **genaue ~** close calculation; **bei niedrigster ~** at lowest calculation; **~ e-r Frist** computation (or calculation) of a time limit; **~ der Kosten** calculation of costs; **~ e-r Provision** charging a commission; **~ e-s Versicherungsschadens** assessment of an insured damage
**Berechnungs~**, **~faktoren** *mpl* calculating factors; **~grundlage** *f* basis of computation; **~zeitraum** *m* period of computation
**berechtigen** to entitle, to authorize; to qualify (for)

**berechtigt** entitled, authorized; legitimate, rightful; **nicht ~** unauthorized; **es besteht ~e Aussicht** *f* there are legitimate expectations; it can reasonably be expected (da**ss** that); **~es** → Interesse; **~e Reklamation** *f* legitimate complaint; **die Beschwerde ist ~** the complaint is justified

**Berechtigung** *f* entitlement, authorization; right; qualification

**Berechtigungs~**, **~schein** *m* **für Bezug neuer Aktien** subscription (or stock) warrant; **~schein für später zu zahlende Dividende** scrip dividend

**Bereich** *m* area, scope, field; **im sozialen ~** in the social field

**Bereicherung** *f*, **ungerechtfertigte ~** unjust enrichment

**bereinigen** to adjust, to settle

**Bereinigung** *f* adjustment, settlement

**bereisen** *(Messen, Märkte)* to visit, to frequent; **e-n Bezirk geschäftlich ~** to travel in (or work) a district

**bereit** ready, prepared; willing; **wir sind ~, die Versandkosten zu übernehmen** we are prepared (or we offer) to pay the shipping costs

**bereitgestellte Mittel** *pl* available (or provided) funds; *(für bestimmten Zweck)* appropriated (or earmarked) funds

**bereithalten** to hold at the disposal of; to hold (or keep) in readiness; **sich ~** to stand ready

**bereitliegen**, **zur Lieferung ~** to be ready for delivery

**Bereitschaft** *f*, **in ~** on call, on standby; **fehlende ~ zu arbeiten** unwillingness to work; **~ zu Investitionen** readiness to invest

**Bereitschafts~**, **~dienst** *m* standby service; **~kosten** *pl* standby costs; **~kredit** *m (IWF)* standby credit

**bereitstehen** to be available (or ready)

**bereitstellen** to make available; to hold (or keep) ready; **Geld ~** to provide money; *(für bestimmten Zweck)* to appropriate money; to earmark money; **die Ware für den Käufer ~** to place the goods at the purchaser's disposal

**Bereitstellung** *f* provision, allocation; **~ von Mitteln** provision of funds; *(zweckgebunden)* appropriation (or earmarking) of funds

**Bereitstellungs~**, **~fonds** *m* appropriation fund; **~gebühr** *f* commitment fee; **~provision** → Kreditprovision; **~zinsen** *pl* commitment interest

**Berg** *m*, **über den ~ sein** to be over the worst; *fig* to be out of the wood

**Bergarbeiter** *m* miner; **~löhne** *mpl* miners' pay (or wages)

**Bergbau** *m* mining (industry); **~freiheit** *f* freedom to prospect; **~technik** *f* mining technology; **~unternehmen** *n* mining company

**Bergelohn** *m* salvage (money)

**bergen** to salvage, to save, to rescue

**Berggebiet** *n*, **(Hügel und) ~e** mountain areas; **Landwirtschaft in ~en** → Berglandwirtschaft

**Berg~**, **~ingenieur** *m* mining engineer; **~landwirtschaft** *f* hill-farming; **~mann** *m* miner, mine worker; **~mannsrente** *f* miner's pension; **~recht** *n* mining law; **b~rechtliche Gewerkschaft** *f* mining company

**Bergung** *f* salvage, rescue

**Bergungs~**, **~arbeiten** *fpl* salvaging operations; rescue work; **~gut** *n* salvaged property; **~kosten** *pl* salvage charges; **~vertrag** *m* salvage agreement; **~wert** *m* salvage value

**Bergwerk** *n* mine; **ein ~ betreiben** to operate a mine

**Bergwerks~**, **~aktien** *fpl* mining shares (*Am* stock); **~anteil** *m* → Kux; **~gesellschaft** *f* mining company; **~konzession** *f* mining concession

**Bericht** *m* report, statement; account; *com* advice; *(schriftl.)* **~ über e-e Versammlung** record of a meeting; *(Zeitungs~)* **~ über die politische Lage** commentary on the political situation; **eingehender ~** detailed account; **laut ~** as per advice; as advised; **mangels ~** for want of advice; **sachlicher und wahrheitsgetreuer ~** fair and accurate report; **zusammenfassender ~** condensed report; summary; **e-n ~ abfassen** to prepare a report; **e-n ~ aufstellen** to draw up a report; **e-n ~ einreichen** to file (or submit) a report; **e-n ~ erstatten** to make (or give) a report (über on); to give an account (über of); **e-n ~ prüfen und billigen** to review and approve a report

**berichten** to report, to give (or render) an account (über of); *(Zeitung)* to cover; **eingehend ~** to state in detail; to give a detailed account

**berichtende Gesellschaft** *f* reporting company
**Berichterstatter** *m* reporter, referee; *(e-r Zeitung)* corespondent; *(Radio)* commentator
**Berichterstattung** *f* reporting (über on); report (submitted by); *(Presse)* news reporting, coverage
**berichtigen** to correct, to rectify, to adjust; **e-n Fehler ~** to rectify a mistake; to correct an error (or a defect); **e-n Rechnungsbetrag ~** to correct an invoice figure
**berichtigte Bilanz** *f* corrected (or adjusted) balance sheet
**Berichtigung** *f* correction, rectification, adjustment; **~ des Aktienkapitals** adjustment of capital stock; **~ zur Verordnung Nr. ... des Rates** *(EU)* Corrigendum to Council Regulation No. ...; **~ des Vertragspreises** adjustment of contract price
**Berichtigungs~**, **~aktien** *fpl* bonus shares; scrip issue; **~buchung** *f* correction (or adjusting) entry; **~haushaltsplan** *m* amending budget; **~konto** *n* adjustment account
**Berichts~**, **~jahr** *n* year under review; **~monat** *m* month under review; **~periode** *f* period under review, reporting period
**Berichtspflicht** *f*, **~** *(der Kreditinstitute)* **gegenüber der Bundesbank** obligation to report to the German Federal Bank; **Verstoß gegen die ~** failure to comply with reporting requirements
**Berichts~**, **internes ~wesen** *n* internal reporting; **~zeit** *f* reporting period; period under review
**Berner**, **~ Übereinkunft** *f* Berne Convention; **~ Verband** *m* Berne Union
**berücksichtigen** to consider, to take account of, to take into consideration; to make allowance for; **besonders ~** to have particular regard to; **bevorzugt ~** to give preference to; **wohlwollend ~** to take into favo(u)rable consideration; **ein Angebot ~** to take an offer into consideration; **Tatsachen nicht ~** to disregard facts; **jds Wünsche ~** to give consideration to sb.'s wishes
**Berücksichtigung** *f* consideration, regard; **ohne ~** without taking into account; **ohne ~ der Kosten** regardless of expense; **ohne ~ der Tatsache** without regard for the fact; **unter ~ der Marktlage** taking into account market conditions; **unter ~ der Umstände** in consideration of the circumstances
**Beruf** *m* vocation; *(bes. akademischer)* profession; *(Gewerbe)* trade; *(derzeitige Beschäftigung)* occupation, job; **die akademischen ~e** the (learned) professions; **die** → freien ~e; **gewerblicher ~** industrial vocation; **handwerklicher ~** craft; → Haupt~; **kaufmännischer ~** commercial vocation; **künstlerischer ~** artistic vocation; → Neben~; **sozialer ~** social work; → überfüllter ~; **e-n ~ ausüben** to practise (or follow) a profession (or trade); **e-n ~ ergreifen** to take up an occupation; **s-m ~ nachgehen** to pursue one's occupation; **im ~ stehen** to be working; to have a job; **e-n ~ wählen** to choose an occupation; **den ~ wechseln** to change one's profesion (or occupation)
**berufen**, **jdn ~** to appoint (or nominate) sb.; **sich ~ auf** to plead; to refer to; **sich darauf ~, dass** to rely on the fact that; **Sie können sich auf mich ~** you may use me as reference; you may make use of my name as reference; **e-n Nachfolger ~** to appoint a successor
**beruflich** vocational; professional; occupational; **~ genutzte Räume** *npl* rooms used for the practice of a profession; **~ qualifiziert** professionally qualified; **~ tätig** → berufstätig; **~e Ausbildung** *f* educational training; vocational (or occupational) training; **~e Befähigung** *f* professional qualification; vocational skill; **~e Fortbildung** *f* further vocational (or occupational) training; **~e Mobilität** *f* occupational mobility; **~e Umschulung** *f* (vocational) retraining; **~e Vorbildung** *f* professional (or occupational, vocational) education (or training)
**Berufsausbildung** *f* professional education; vocational training; job training; **~svertrag** *m* contract of apprenticeship
**Berufs~**, **~aussichten** *fpl* job (or vocation) prospects; **~ausübung** *f* exercise of a profession (or trade); **~berater** *m* vocational adviser (or counsellor); *Am* job counselor; **~beratung** *f* vocational guidance; careers guidance; *Am* job counseling; **~bildung** *f* vocational training; **~eignung** *f* vocational aptitude; **~erfahrung** *f* professional experience; **~fachschule** *f* (full-time) vocational

school (or technical college); **~fortbildung** *f* further vocational training; **~geheimnis** *n* professional secrecy (or secret); **~genossenschaften** *fpl* insurance associations providing by way of pension for the long-term consequences of accidents at work; **~gewerkschaft** *f* trade union; **~handel** *m (Börse)* professional trading; **~händler** *m (Börse)* professional trader; **~jubiläum** *n* career anniversary; **~kleidung** *f* working clothes; functional clothing; **~krankheit** *f* industrial (or occupational) disease; **~laufbahn** *f* (vocational) career; **~leben** *n* working (or active) life; **~lehrgang** *m* vocational training course; **~risiko** *n* occupational risk; **alle ~schichten** *fpl* all walks of life; **~schulunterricht** *m* (part-time) vocational training; **be~ständige Organisation** *f* trade association; **b~tätig** working; gainfully employed; **b~tätig sein** to work; to have a job; **e-e ~tätigkeit** *f* **ausüben** to be engaged in a professional (or trade) activity; **~umschulung** *f* vocational retraining; **b~unerfahren** with no job experience; **~unfähigkeit** *f* occupational disability; **~unfall** *m* accident at work; on-the-job accident; industrial accident; **~unterschiede** *mpl* occupational differences; **~verband** *m* professional association; trade association; **~verkehr** *m* business traffic; commuter traffic; rush hour traffic; **~wahl** *f* choice of one's career; choice of occupation (or profession, trade)

**Berufung** *f (Rechtsmittel)* appeal; *(Ernennung)* appointment; **unter ~ auf** with reference to; **~ gegen ein Urteil** appeal from (or against) a judgment; **~ einlegen** to lodge (or file) an appeal; **e-r ~ stattgeben** to grant an appeal; **der ~ unterliegen** to be subject to appeal; **e-e ~ verwerfen** to dismiss an appeal

**Berufungs~**, **~beklagter** *m* respondent; *Am* appellee; **~frist** *f* time limit for filing an appeal; **~gericht** *n* appellate court; **~kläger** *m* appellant; **~sache** *f* case on appeal; **~verfahren** *n* appellate proceedings; **~verhandlung** *f* hearing of the appeal

**beruhen auf** to be based (up)on, to rest (up)on; **auf e-m Irrtum ~** to be due to a mistake; **auf Tatsachen ~** to be based on facts

**Beruhigung** *f* calming down; *(Börse)* settling down; **~ der Lohnentwicklung** slackening in the wage movement; **~ der Nachfrage** calming down of demand; decrease in demand

**berühren**, **die Rechte ~** to affect the rights

**Berührung** *f* **mit anderen Ladungen** contact with other cargoes (→ Transportrisiko)

**beschädigen** to damage, to cause damage to

**beschädigt**, **~e Stücke** *npl (e-r Lieferung)* damaged pieces; **geringfügig ~** slightly damaged; **schwer ~** badly damaged; **teilweise ~** partially damaged; **~ beschädigt** totally damaged; **die Lieferung kam ~ an** the shipment arrived in a damaged condition; **die ~e Ware zurücknehmen** to accept the return of the defective goods

**Beschädigung** *f* damage; **~ der Ware** damage to the goods; **~ während des Transports** damage in transit; **äußerlich nicht erkennbare ~** hidden damage; **gegen ~ versicherte Ware** *f* goods insured against damage

**beschaffen** to procure, to furnish, to supply; **leicht (schwer) zu ~** easy (difficult) to get (or procure); **jdm Beschäftigung ~** to find (or procure) employment for sb.; **sich Geld ~** to get money; **Kredit ~** to procure a loan; **sich e-n Pass ~** to take out a passport; **Waren ~** to procure (or supply, furnish) goods

**Beschaffenheit** *f* nature, quality, condition; **~ der Ware** nature (or quality) of goods; **äußere ~** external quality; **von gleicher ~** of the same qualiy; **von guter ~** in good condition

**Beschaffung** *f* procurement; purchase; acquisition; **~ e-s Darlehens** procurement of a loan; **~ von Geldmitteln** finding (or procurement, raising) of funds; **~ von Informationen** gathering of information; **sich mit der ~ von Aufträgen befassen** to concern oneself with (or to be engaged in) obtaining orders

**Beschaffungs~**, **~aufträge** *mpl* procurement contracts; **~güter** *mpl* procured goods; **~käufe** *mpl* **der Regierung** governmental purchase of supplies; **~kosten** *pl* procurement cost; acquisition cost; **~markt** *m* procurement market, supply market; **~politik** *f* procurement policy; **~wert** acquisition value; **öffent-**

liches **~wesen** *n* government procurement

**beschäftigen** to employ, to occupy; **sich ~ mit** to concern (or occupy) oneself with; to be working on

**beschäftigt**, **~ sein bei** to be employed with; to be in the employ of; **~ sein mit** to be concerned (or involved) with; to be working on; **ich bin sehr ~** I am very much occupied (or busy); I am absorbed in work

**Beschäftigte** *mpl* employed persons; **nicht ständig ~** those not in regular employment; **~nstatistik** *f* employment statistics; **~nzahl** *f* number of persons employed; labo(u)r force

**Beschäftigung** *f* employment; occupation; *(Ausnutzung der Kapazität e-s Betriebes)* output activity; **~ Jugendlicher** employment of young people; **gelegentliche ~** casual employment (or occupation); **regelmäßige ~** regular employment (or occupation); **nicht selbstständige ~** wage-earning employment; **vorübergehende ~** temporary employment; **~ aufnehmen** to take up employment; to enter the employ (bei of); **~ finden** to find employment (or work, a job); **~ suchen** to seek (or look for) employment; **~ vermitteln** to secure employment (for sb.)

**Beschäftigungs~**, **~anstieg** *m* increase in employment; **~aussichten** *fpl* employment outlook; chances for finding work; likelihood of getting a job; **~beihilfen** *(EU)* employment subsidies; **~dauer** *f* period (or length) of employment; **~grad** *m* capacity utilization rate; level of output (or activity); **~index** *m* employment index; **~lage** *f* employment situation; **b~los** unemployed; **~möglichkeiten** *fpl* employment (or job) opportunities; **~politik** *f* employment (or manpower) policy; **~prämie** *f (EU)* employment premium; **~rückgang** *m* decline in employment; **~sicherheit** *f* job security; **~stand** *m* level of employment; **~verhältnis** *n* employment relationship; **~zeit** *f* period of employment

**Beschau** *f* **der Waren** examination (or inspection) of the goods

**beschauen**, **die Waren ~** to examine (or inspect) the goods

**Bescheid** *m* answer, reply, information; *(amtl.)* notice, (notice of) decsion; → Steuer~; **wir werden Ihnen baldmöglichst ~ geben** we will notify you as soon as possible; we will send our reply (or decision) as soon as possible

**bescheidene Ansprüche** *mpl* **haben** to be modest in one's requirements

**bescheinigen** to certify; **den Empfang der Ware ~** to acknowledge receipt of the goods; **hiermit wird bescheinigt, dass** this is to certify (or we hereby certify) that

**Bescheinigung** *f* certificate; → Empfangs~; **~ der Ursprungsbezeichnung** *(Zoll)* certificate of designation of origin; **~ der Zollstelle** customs certificate; **~ über die Wiederausfuhr** *(Zoll)* certificate of reexportation; **~ über die Wiedereinfuhr** *(Zoll)* certificate of reimportation; **~ über zusätzliche Nämlichkeitszeichen** *(Zoll)* certificate concerning additional identification marks; **e-e ~ ausstellen** to issue (or make out) a certificate; **e-e ~ vorlegen** to present (or produce) a certificate

**beschicken**, **den Markt ~** to supply the market with goods

**Beschlagnahme** *f* attachment, seizure, seizing; distraint, distress; confiscation; *(Schiff od. Ladung)* arrest; *mil* requisition; **~ von Einfuhrartikeln, für die kein Zoll gezahlt ist** seizure of imports on which no customs duty has been paid; **~ e-r Forderung** attachment of a chose in action; **~ e-s Grundstücks** seizure of a real property; **der ~ unterliegend** liable (or subject) to seizure (or attachment, confiscation); **~ anordnen** to order seizure (or attachment, confiscation); **die ~ durchführen** to carry out the seizure

**beschlagnahme~**, **~fähig** seizable, attachable; **~frei** exempt from seizure (or attachment)

**beschlagnahmen** to attach, to seize; to confiscate; **Waren ~** to seize goods

**beschlagnahmtes Vermögen** *n* seized (or confiscated) property

**Beschlagnahme~**, **~risiko** *n* risk of seizure; **~verfügung** *f* order of seizure (or attachment); **~versicherung** *f* insurance against seizure

**beschleunigen**, **die Arbeit ~** to speed up work; **die Lieferung ~** to expedite (or accelerate) delivery; **die Produktion ~** to speed up production; **das Tempo ~** to accelerate (or increase) the speed; to speed up the pace (e. g. of production);

**der Preisanstieg wird sich weiter ~** the rise of prices will continue to accelerate

**beschleunigt**, **~es Wirtschaftswachstum** *n* accelerated economic growth; **die monetäre Expansion hat sich ~** monetary expansion gathered speed

**Beschleunigung** *f*, **mit ~** with dispatch; **~ der Lieferung** speeding up delivery

**beschließen** to resolve, to determine (on); to decide; *(beenden)* to end, to close, to finish

**Beschluss** *m* decision, resolution; → Gerichts~; **~ des Rates** *(EU)* Council decision; **durch einstimmigen ~** by unanimous decision; **e-n ~** *(in e-r Versammlung)* **durchbringen** to carry a resolution; **e-n ~ fassen** to take a decision; to pass a resolution (mit Stimmenmehrheit by a majority of votes)

**beschlussfähig** forming (or constituting) a quorum; **der Rat ist ~, wenn die Mehrheit der Mitglieder anwesend ist** *(EU)* a majority of the member of the Council shall constitute a quorum; **der Rat ist nicht ~** *(EU)* a quorum of the Council is not present

**Beschlussfähigkeit** *f* quorum; **~ haben** to form (or constitute) a quorum; **die ~ kam nicht zustande** the (necessary) quorum did not convene

**Beschluss~**, **~fassung** *f* taking of a decision; resolution; **b~unfähig sein** not to have a quorum; **~unfähigkeit** *f* lack (or absence) of a quorum

**beschmutzte Ware** *f* soiled (or dirty) goods

**beschneiden**, **Ausgaben ~** to cut (or curtail, curb) expenditure

**beschränken** to limit, to restrict, to confine; **seine Ausgaben ~** to restrict (or curtail) one's expenses; to limit expenditure; **den Geschäftsverkehr ~** to restrain trade; **wir werden uns auf diesen Artikel ~** we shall confine ourselves to this article

**beschränkt**, **~ einkommensteuerpflichtig** subject to limited income tax liability; **~ geschäftsfähig** of limited (or restricted) legal capacity; **~ haftender Gesellschafter** *m* limited partner; **~ lieferbar** in short supply; **~e Geschäftsfähigkeit** *f* limited capacity to enter into legal transactions; **~e Haftung** *f* limited liability; **~e Mittel** *pl* limited means (or resources); **~ Steuerpflichtige** *pl* persons with limited tax liability; **~e Zuteilung** *f* limited allotment

**Beschränkung** *f* restriction, limitation; restraint; → Einfuhr~; → Haftungs~; → Produktions~; **~en für Ausländer** restrictions on foreigners; **~ des Kapitalverkehrs** restriction on capital movements; **~ des Wettbewerbs** restraint on competition; **~en im Wirtschaftsverkehr** restrictions on trade; **~en auferlegen** to impose restrictions; **~en beseitigen** to remove restrictions; **~en unterworfen sein** to be subject to restrictions

**beschreiben** to describe; *(näher)* to specify; *(im einzelnen)* to detail

**Beschreibung** *f* description; *(nähere)* specification; **Ihrer ~ nach** according to your description; **nach ~** by description; **~ der Ware** description of the goods; **Waren nach ~** goods by description; **falsche ~** false description, misdescription; **der ~ entsprechen** to fit the description; **der ~ nicht entsprechen** to be not up to specification; **e-e genaue ~ liegt bei** a detailed description is enclosed

**beschriften**, **die Kollis sind deutlich zu ~** the packages should be marked distinctly

**beschuldigen**, **jdn e-r Sache ~** to blame sb. for sth.; **jdn des Diebstahls ~** to charge sb. with theft

**beschuldigt werden getan zu haben** to be charged with having done (or committed)

**Beschuldigter** *m* accused (person); defendant

**Beschuldigung** *f* charge, accusation; **~en vorbringen** to prefer (or make) charges (gegen against)

**Beschwerde** *f (Beanstandung)* complaint, claim, *(bei Arbeitsstreitigkeiten)* grievance; *(als Rechtsmittel)* appeal; **~ gegen Entscheidungen über Kosten und Auslagen** appeal against decisions concerning costs and expenses; **auf meine ~ hin** upon my complaint; **berechtigte ~** justified complaint (or grievance); **an die Kommission gerichtete ~** *(EU)* a complaint filed with the Commission; **nach Eingang der ~** on receipt of the complaint; **e-r ~ abhelfen** to remedy a complaint; to redress a grievance; **~ einlegen bei** to lodge complaints with; **~ einlegen gegen e-e Entscheidung** to appeal against a decision; **schriftlich ~ einlegen** to make a complaint in writing; **~e einreichen** to file (or lodge) a complaint (or grievance) (bei with); *(bei Gericht)* to lodge an appeal; **~n entgegennehmen** to receive complaints; to hear grievances; **~ erheben** (od. **führen**) to make (or lodge) a complaint (or to complain); to state one's grievance; **die ~ des Kunden prüfen** to examine the client's complaint (or claim); **e-e ~ vorbringen** to make a complaint; **die ~ ist unbegründet** *com* the claim is unfounded

**Beschwerde~**, **~abteilung** *f (e-r Firma)* complaints department; **~brief** *m* letter of complaint; **~buch** *n* complaints book; **~führer** *m* complainant; *(vor Gericht)* appellant; **~führung** *f* lodging a complaint; **~grund** *m* ground for complaint(s); grievance; *(vor Gericht)* ground of appeal; **~management** *n* complaints management; **~verfahren** *n* grievance (or complaints) procedure; *(vor Gericht)* appellate procedure

**beschweren**, **sich ~ über** to complain about (bei jdm to sb.); **sich über jdn ~** to lodge a complaint against sb.

**beseitigen** to remove, to eliminate; to do away with; *(abschaffen)* to abolish; **Abfälle ~** to dispose of (or discard) refuse (or rubbish); **Hindernisse ~** to eliminate (or remove) obstacles

**Beseitigung** *f* removal, elimination; abolition; **~ giftiger Abfallstoffe** disposal of toxic waste; **~ von Beschränkungen im Handelsverkehr** abolition of restrictions on trade; **~ e-s Mangels** removal of a defect; **~ von Präferenzen** elimination of preferences; **~ der Zollschranken** removal of customs barriers

**besetzen**, **e-e Stelle ~** to fill a post (or a vacancy); **in unserer Firma ist die Stellung e-r Sekretärin zu ~** our firm has a position open (or has an opening) for a secretary; **zu ~ sein** to be vacant

**besetzt** *(mit Personal)* staffed; *(Stelle)* filled; **nicht ~** *(Stelle)* vacant; **über~** overstaffed; **unter~** understaffed; **das Flugzeug ist ~** the plane is full; **das Hotel ist voll ~** the hotel is fully booked (or booked up); **die Leitung ist ~** *tel* the line is *Br* engaged (*Am* busy)

**Besetztzeichen** *n tel Br* engaged tone; *Am* busy signal

**besichern**, **e-n Kredit ~** to provide security for a loan

**Besicherung** *f* provision of security (for)

**besichtigen** to inspect, to view, to examine; *(Zustand e-s Hauses)* to survey; **die Waren ~** to examine (or inspect) the goods

**Besichtigung** *f* inspection, view, examination; survey; **~ von Sehenswürdigkeiten** sightseeing

**Besitz** *m* possession; *(von Effekten)* holding; *(Landbesitz)* property, estate; **in** → ausländischem ~; **in deutschem ~ (befindlich)** German-owned; **in öffentlichem ~ (befindlich)** publicly owned; **rechtswidriger ~** unlawful possession; **~ an Aktien** holding of shares; **~ an e-m Grundstück** possession of land; **im ~ Ihres Schreibens vom ...** in receipt of your letter of ...; **~ von Vermögen** possession of property; **den ~ aufgeben** to abandon (or relinquish) possession; **jdm ~ einräumen** to put sb. into possession; **jdm den ~ entziehen** to dispossess sb.; **in ~ gelangen von** to come into possession of; **in ~ nehmen** to take possession (of); **im ~ sein von** to be in (or have possession) of; **jdn im ~ stören** to interfere with sb.'s possession; to trespass on sb.'s property; **sich ~ verschaffen** to secure possession

**Besitz~**, **~aufgabe** *f* surrender (or relinquishment) of possession; **~einkommen** *n* unearned income, property income

**besitzen** to possess; to hold; to own; **ein großes Vermögen ~** to be in possession of (or to have) a large fortune

**Besitzentziehung** *f* dispossession

**Besitzer** *m* possessor; holder; *(Eigentümer)* owner, proprietor; **~ von Aktien** shareholder, *Am* stockholder; **~ der Aktienmehrheit** majority shareholder; **~ e-s Autos** possessor (or owner) of a car

**Besitz~**, **~ergreifung** *f* taking possession (of); seizure; **~steuern** *fpl* taxes based on possession; **~wechsel** *m* bill (or note) receivable; **~wechselbuch** *n* bills (or notes) receivable journal

**Besitzung** *f* possession; *(Landgut)* estate

**Besoldung** *f* salary, pay(ment); **~sgruppe** *f* salary scale

**Besonderheiten** *fpl* **der Arbeit** special features of the work

**besorgen** to get, to procure; to attend to, to manage; *(sich kümmern um)* to take care of, to see to; **jdm etw. ~** to provide sb. with sth.; to find sth. for sb.; **wir werden Ihren Auftrag bestens ~** we shall attend to (or carry out) your order with the greatest care; **seine Geschäfte ~** to attend to (or handle, manage) one's business; **ich habe in der Stadt viel zu ~** I have a lot to do in town; *colloq.* I have several errands to run in town; **bitte, ~ Sie mir ein Taxi** please get me a taxi

**Besorgnis** *f*, **~ der** → Befangenheit; **zur ~ Anlass geben** to give rise to concern; **tiefe ~ zum Ausdruck bringen** to express one's gravest concern

**besorgniserregend sein** to be a matter for concern; to be alarming

**Besorgung** *f* errand; procurement; attention, management, handling; **~ von Beförderungen** arrangement for transportation; **~en machen** to do one's shopping; **die ~ e-s Geschäfts für e-n anderen übernehmen** to handle (to manage) the business of another; to undertake to do sth. for sb.

**besprechen**, **mit jdm e-e Angelegenheit ~** to take a matter up with sb.; to discuss a matter with sb.; **e-n Plan ~** to discuss (or confer about) a plan

**Besprechung** *f* discussion, conference; *(e-s Buches)* review; **geschäftliche ~** business meeting (or conference); **e-e ~ abhalten mit** to have a talk (or discussion) with

**besser** better; von **~er Qualität als** of superior quality compared with; of superior quality with regard to; **der Landwirtschaft geht es jetzt ~ als im vergangenen Jahr** agriculture is (the farmers are) better off now than last year; **~ werden** to get better, to improve

**bessern**, **(sich) ~** to improve; *(Preise, Kurse)* to advance, to gain, to go up

**Bessersituierte** *pl*, **die ~n** the better-off

**Besserung** *f* improvement; *(Kurse, Preise)* advance, gain, rise; **~ des Konjunkturklimas** improvement in the economic climate; **~sschein** *m (Vergleichsverfahren)* debtor warrant

**Bestallung** *f*, **~ e-s Vormundes** appointment of a guardian; **~surkunde** *f* certificate of appointment

**Bestand** *m* stock; store; *bes. Am* inventory; *(an Effekten etc.)* holding portfolio; *(Weiterbestehen)* (continued) existence; → Lager~; → Waren~; → Wechsel~; **~ an Aktien** holding of shares; **~ an Bargeld** cash in (or on) hand; **~ an unerledigten Aufträgen** backlog of orders; **~ an Devisen** foreign exchange holding; **~ an Rohstoffen** stock of raw materials; **~ an Wertpapieren** holding (or portfolio) in securities; **~ aufnehmen** to take stock; *Am* to take inventory

**Bestände** *mpl* stock(s), supplies, *bes. Am* inventories, inventory; *(z. B. von eingelagerter Butter)* stockpile; **erschöpfte ~** depleted stocks; **~ an Auslandsaufträgen** export order books; **~ an unfertigen Erzeugnissen** work-in-process inventory (WIP); **~ an Fischen** fishing resources; **~ an Nahrungsmitteln** stocks (or supplies) of foods; **~ an Waren** stock(s) of merchandise; supplies (or stores) of goods; **~wagnis** *n* inventory risk; **die ~ auffüllen** to replenish stocks

**Bestands~**, **~abbau** *m* reduction of inventories; **~aufnahme** *f* stocktaking; *bes. Am* inventory taking; **~aufnahme machen** to take stock; *Am* to take inventory; **~bewertung** *f* inventory valuation; **~daten** *pl* inventory data; **~erfolgskonten** *npl* mixed accounts; **~erhöhung** *f* increase in inventories; inventory increase; **~höhe** *f* stock level; **~karte** *f (EDV)* master card; **~kartei** *f* inventory file; *(für Wertpapiere etc.)* holdings card index; **~konten** *npl* real accounts; **~kontrolle** *f* stock check; inventory control; **~liste** *f* stock list; inventory; **~management** *n (Immo)* portfolio management; **~meldung** *f* stock report; **~minderung** *f* decrease in inventories, inventory decrease; **~prüfung** *f* inventory audit; **~übertragung** *f (Wertpapiere)* transfer of portfolio; **~veränderungen** *fpl* changes in stock (or inventory); changes in holdings; **~verlust** *m* inventory shrinkage (or loss); **~verzeichnis** *n* stock list; inventory

**Bestandteil** *m* component part; **wesentlicher ~** integral part; *(e-s Grundstücks)* fixture; **~ e-s Vertrages sein** to form part of a contract

**bestätigen** to acknowledge; to confirm; *(Scheck) Br* to mark; *Am* to certify; *(Echtheit)* to authenticate; to verify; **ich bestätige dankend Ihren Auftrag** I confirm with thanks your order; I gratefully acknowledge your order; **e-e telefonische Bestellung** ~ to confirm a telephone order; **den Empfang e-s Briefes** ~ to acknowledge receipt of a letter; **e-e Tatsache** ~ to attest to a fact

**bestätigt**, **~es** → Akkreditiv; **~er Scheck** *m Br* marked cheque, *Am* certified check; **hiermit wird** ~ this is to certify

**Bestätigung** *f* acknowledgment; confirmation; *(der Echtheit od. Richtigkeit)* authentication, verification; ~ **e-s Auftrags** acknowledgment of an order; *(durch den Besteller)* confirmation of an order; ~ **des Eingangs e-r Bestellung** acknowledgment of an order; **um** ~ **des Empfangs wird gebeten** please acknowledge receipt; ~ **der Richtigkeit der Bilanz** certification of the correctness of the balance sheet

**Bestätigungs~**, **~schreiben** *n (für erteilten Auftrag)* letter of confirmation; *(für erhaltenen Auftrag)* letter of acknowledgment; **~vermerk** *m (des Abschlussprüfers)* auditor's certificate; report of auditor

**Bestattungskosten** *pl* funeral expenses

**Bestauftrag** *m (Börse)* best order (→ bestens)

**bestechen** to bribe, to practice bribery; to corrupt; **sich** ~ **lassen** to take a bribe

**bestechlich** bribable; corruptible

**Bestechung** *f* bribery, corruption

**Bestechungs~**, **~geld** *n* bribe (of money); **~versuch** *m* attempt to bribe

**Bestehen** *n* existence; **seit dem** ~ **der Firma** since the firm was established; **das 50-jährige** ~ **der Firma feiern** to celebrate the firm's 50th anniversary

**bestehen** to exist; ~ **auf** to insist on; ~ **aus** to consist of; **das Angebot bleibt** ~ the offer stands; **auf Bezahlung** ~ to insist on payment; **zu Recht** ~ to be justified; **die Firma besteht noch** the firm still exists; **die Firma besteht seit vielen Jahren** the firm has existed for many years; the firm was founded many years ago; **es besteht kein Zweifel** there is no doubt

**bestehend**, **seit langem ~e Firma** *f* firm of long standing; **~er** → Handelsbrauch; **~e Rechte** *npl* existing rights

**Bestell~**, **~abwicklung** *f* order processing; **~block** *m* order pad; **~buch** *n* order book; **~datum** *n* date of order; **~eingang** *m* incoming orders, inflow of orders; orders received

**bestellen** to order, to give an order (for sth., to sb.); to commission; *(im Restaurant)* to order; *(ernennen)* to appoint; *(begründen)* to create; *(vor~)* to book, to reserve; **jdm. etw.** ~ to deliver a message to sb.; **haben Sie etwas für Herrn X zu ~?** do you have any messages for Mr. X? **e-n Anzug beim Schneider** ~ to order a suit from the tailor; **den Boden** ~ to till (or cultivate) the soil; **seine Flugkarte** ~ to book one's flight; → Grüße ~; **ein Hotelzimmer** ~ to book a hotel room; **bitte**; ~ **Sie mir ein Zimmer in e-m Hotel** please have a room reserved for me in a hotel; **e-e Hypothek** ~ to create a mortgage; **ein Taxi** ~ to order a taxi; **Waren** ~ to order merchandise (or goods); **e-n Wirtschaftsprüfer** ~ to appoint an auditor (→ bestellt)

**Besteller** *m* person (or firm) ordering (goods etc.); *(Kunde)* customer

**Bestell~**, **~formular** *n* order form; *Am (auch)* order blank; **~frist** *f* deadline (for placing an order); **~karte** *f* order form; subscription form; **~kosten** *pl* ordering costs; **~liste** *f* list of orders, order list; **~menge** *f* order quantity; *(Stückzahl)* number of pieces; **optimale ~menge** economic ordering quantity (EOQ); optimum lot quantity; **~muster** *n* sample made on receipt of order; **~nummer** *f* order number; **~punkt** *m* order point; **~schein** *m* order form; *Am* want slip; **~termin** *m* ordering date; **~zettel** *m* order sheet

**bestellt** ordered, an order; *(vor~)* booked, reserved; *(ernannt)* appointed; **die Ware ist** ~ the goods are on order; **die ~e Ware ist nicht mehr lieferbar (vorrätig)** the goods you ordered are no longer available (in stock)

**Bestelltätigkeit** *f* ordering activity

**Bestellung** *f* order (auf for); purchase order; *(Vorb~)* booking, reservation; *(Ernennung)* appointment; *(von Land)* cultivation; **auf** ~ to order; **auf** ~ **von** by order of; **dringende** ~ urgent (or rush) order; **laut** ~ as ordered; as per order; **nach** ~ **angefertigt** made to order; *Am* custom-made; **postalische** ~ mail order; **sofortige** ~ **wird dringend angeraten** we urge you to place your order immediately;

**Bestellung**, ~ **auf Abruf** order on call; off-the-shelf order; ~ **e-s Anwalts** engaging (or briefing) a lawyer; ~ **aus dem Aus-**

**land** order from abroad; foreign order; **~ e-s Geschäftsleiters** appointment of a manager; **~ e-s Hotelzimmers** booking (or reservation) of a hotel room; **~ e-r Hypothek** creation of a mortgage; **~ von Theaterkarten** reservation of theatre (theater) tickets; **~ von Waren** order for goods

**Bestellung**, **von der ~ abweichen** to vary from the order; **nach ~ anfertigen** to make to order; **bei der ~ angeben** to state when ordering; **e-e ~ annehmen** to take (or accept) an order; **e-e ~ aufgeben** to place an order; **e-e ~ ausführen** to execute (or carry out) an order; to fulfill an order; **e-e ~ nachlässig bearbeiten** to handle an order carelessly; **sich um ~en bemühen** to solicit orders; **~en sind eingegangen** orders have been received; **e-e ~ entgegennehmen** to take (or accept, receive) an order; **der ~ entsprechen** to correspond to the order; **wir hoffen, Ihre ~ bald zu erhalten** we hope to receive your order soon; **wir erwarten Ihre ~** we are looking forward to your order; **e-e ~ machen** to order, to place an order (bei with); **e-e ~ stornieren** to cancel an order; **e-e ~ vormerken** to book (or enter) an order; **e-e ~** → vorziehen; **e-e ~ widerrufen** to revoke an order

**bestem**, **nach ~ Wissen und Gewissen** to the best of one's knowledge and belief

**bestens** *(Börse)* at best (price); *Am* at the market; **B~auftrag** *m* (od. **B~order** *f*) order (to buy or to sell) at best; *Am (auch)* market order; **e-n Auftrag ~ ausführen** *(Börse)* to execute an order at best

**besteuerbar** taxable; subject to taxation

**besteuern** to tax, to impose a tax on; *Br (Gebäude)* to rate; **zu ~der Gewinn** *m* profit to be taxed

**besteuert**, **hoch ~** heavily taxed; **~ werden können** to be taxable

**Besteuerung** *f* taxation; imposition of a tax; *(Gebäude) Br* rating; **geringe ~** light taxation; **hohe ~** high taxation; **~ der Einfuhr** imposition of taxes at importation; **Befreiung** *f* **von der ~** exemption from taxation; **der ~ unterliegen** to be subject to taxation

**Besteuerungs~**, **~grenze** *f* assessable limit; **~grundlage** *f* basis for taxation; taxable base; **~recht** *n* right to tax; **~satz** *m* rate of assessment

**bestimmen** *(anordnen)* to order, to determine, to decide; *(festsetzen)* to fix, to state; *(näher)* to specify; *(genau)* to define; *(bezeichnen)* to designate; *(für bestimmten Zweck)* to earmark; **jdn zu seinem Erben ~** to appoint sb. one's heir; **jds Gehalt ~** to fix (or determine) sb.'s salary; **e-n Fonds für bestimmten Zweck ~** to earmark a fund; **e-n Nachfolger ~** to designate a successor; **den Preis ~** to fix (or set, determine, state) the price; **e-n Termin ~** to fix (or set) a date

**bestimmt**, **~es Angebot** *n* specific offer; **~e Art** *f* **von Geschäften** specified type of transactions; **~e Einzelfälle** *mpl* certain particular cases; **~e Firma** *f* specific firm; **innerhalb e-r ~en Frist** *f* within a given period; within a specified period; **~er Geldbetrag** *m* stated sum of money; **ein ~er Ort** a particular place; **~er Prozentsatz** *m* set percentage; **~er Satz** *m* specified rate; **an e-m ~en Tage** *m* on a given (or certain) day; **für e-e ~e Zeit** *f* for a definite time; **soweit in § 5 nichts anderes ~ ist** except as otherwise provided in section 5; **soweit nicht ausdrücklich etwas anderes ~ ist** subject to explicit provisions to the contrary; **wir rechnen ~ mit der Ankunft der Ware** we are certain (or positive) that the goods will arrive

**Bestimmung** *f (e-s Vertrages, Testaments etc.)* provision, term; *(Festsetzung)* determination, fixing; *(Bezeichnung)* designation; *(für besonderen Zweck)* earmarking; **~en e-r Absprache** *(KartellR)* terms of an agreement; **~ e-s Gesetzes** provision of a statute; regulation; **~en e-s Konnossements** stipulations of a bill of lading; **~en des Trust** trust terms; **~en e-s Vertrages** provisions of a contract, contract provisions; **~en in e-n Vertrag aufnehmen** to embody terms in a contract; **sich an die ~en halten** to conform with the provisions; **die ~en des Gesetzes verletzen** to infringe the provisions of the statute; **gegen die ~en verstoßen** to violate the provisions

**Bestimmungs~**, **~bahnhof** *m* station of destination; **~flughafen** *m* airport of destination; **~hafen** *m* port of destination; **~land** *n* country of destination

**Bestimmungsort** *m* place (or point) of destination; **frei ~** free at destination; **die**

**Waren erreichten ihren ~** the goods reached their destination
**Bestimmungszollstelle** *f* (customs) office of destination
**Bestpreis** *m* best price, highest price
**bestrahlte Kernstoffe** *mpl* irradiated nuclear fuels
**Bestrahlung** *f* **von Lebensmitteln** irradiation of foodstuffs
**bestreiken** to strike against
**bestreikte Fabrik** *f* factory affected by a strike; strike-bound factory
**bestreiten** to contest, to dispute, to challenge; to deny; *(Ausgaben)* to defray; **die Gültigkeit e-s Testamentes ~** to dispute a will; **die Kosten ~** to defray the cost; **jds Recht ~** to challenge sb.'s right
**Bestreitung** *f*, **~ e-s Anspruchs** denial of a claim; **~ der Ausgaben** defrayal of the expenses; **~ des Lebensunterhalts** meeting living expenses; provision of maintenance
**Besuch** *m (längerer)* visit; *(kürzerer)* call; **~ bei e-m Kunden** call on a customer; **~ e-s Vertreters** call of a sales representative; **unerwünschte ~e** *pl* **durch Vertreter** unrequested visits by (or from) agents; **e-n ~ machen** to make (or pay) a call (or visit) (bei to sb.); to call on sb.; **wir sehen dem ~ Ihres Vertreters gern entgegen** we are looking forward to a visit from your representative
**besuchen, jdn ~** to visit sb.; to call on sb.; *(Schule, Versammlung etc.)* to attend; *(Kunden od. Wahlkreis für Werbung)* to canvass; *(regelmäßig)* to patronize; **e-e Auktion ~** to attend an auction; **Kunden ~** to call on (or visit) customers
**Besucher** *m* visitor, caller; **~strom** *m* influx of visitors; **~zahl** *f* attendance (figure)
**besucht, gut ~** well attended; **schlecht ~** poorly attended
**Betätigung** *f*, **wirtschaftliche ~** economic activity
**beteiligen, jdn ~ an** to give sb. a share (or an interest) in; **sich ~ an** to take a share (or an interest) in; to participate in; **sich finanziell an e-r Firma ~** to take a financial interest in a firm; to acquire a share in a firm; **sich an e-m Geschäft ~** to participate in a business; **jdn an seinem Geschäft ~** to give sb. a share (or an interest) in one's business; **sich an e-r Sammlung ~** to contribute to a collection; **sich an den Unkosten ~** to share in (or contribute to) the expenses; **sich am Verlust ~** to share in the loss
**beteiligt** participating, interested; concerned (bei od. an in); **~ sein an** to have an interest in, to participate in; to have a share in, to have a stake in; to be involved in; **zu 50 % ~ sein** to have a half share; → finanziell ~ sein; **am** → Gewinn ~ sein; **an e-m Unfall ~ sein** to be involved in an accident
**Beteiligte** *mpl* parties concerned; participants
**Beteiligung** *f* interest, share, participation (an in); shareholding (in a company); equity participation; equity interest; *(Bilanz)* investment (in shares); *Br* trade investment; **~en zum Buchwert** *(Bilanz)* investments at amortized cost; **~ an e-r Gesellschaft** interest (or shareholding) in a company; **~ am Gewinn** share in the profit; profit-sharing; **~en zwischen Konzernunternehmen** intra-group holdings; **~ an den Kosten** share in the costs; **~ an e-r Personengesellschaft** interest in a partnership; **~ als stiller Gesellschafter** participation as sleeping (or *Am* silent) partner; **~ an e-m Unternehmen** equity participation in an undertaking; → Mehrheits~; → Minderheits~; **maßgebliche ~** *(Aktienmehrheit)* controlling interest; **stille ~** sleeping (or silent) partner's interest; sleeping (or silent) partnership; **wechselseitige ~** reciprocal shareholding; **e-e 10%ige ~ an e-m Unternehmen erwerben** to acquire a 10 % interest in an enterprise
**Beteiligungs~, ~besitz** *m* shareholding; **~erträge** *mpl* income from investments; **~erwerb** *m* purchase of an equity interest; acquisition of a shareholding; **~finanzierung** *f* equity financing; **~gesellschaft** *f* associated company; holding company; **~kapital** *n* equity capital; **~rechte** *npl* equities; **~veräußerung** *f* sale of an equity interest; **~vertrag** *m* contract to participate
**betonieren** to (construct with) concrete
**Betracht, außer ~ lassen** to leave out of account; **in ~ kommend** eligible; **die in ~ kommenden Waren** the goods concerned; **in ~ ziehen** to take into account; to allow for; to consider
**beträchtliches Kapital** *n* considerable (or substantial) amount of capital
**Betrag** *m* amount, sum; **unter Angabe**

**des ~es** specifying the amount; **~ über** (od. **~ von mehr als**) **100** € a sum exceeding (or in excess of) € 100; **~ unter** (od. **von weniger als**) **100** € a sum of less than € 100; **im ~e von** to the amount of; amounting to; **~ pro Einheit** unit amount; **~ in Worten** amount in words; **~ in Zahlen** amount in figures; **anfallender ~** accruing amount; **ausstehender ~** outstanding amount; **fehlender ~** deficit, deficient amount; **geschätzter ~** estimated amount; **dem X geschuldeter ~** debt due to X; **glatter ~** round sum; **größere Beträge** *pl* larger sums (of money); **zu hoch berechneter ~** overcharge; **zu niedrig berechneter ~** undercharge; **kleinere Beträge** *pl* smaller sums (of money); **vorausbezahlter ~** sum paid in advance; **zu viel gezahlter ~** overpayment; **zu wenig gezahlter ~** underpayment; **ein Konto mit e-m ~ belasten** to charge an account with an amount; **der fällige ~ ist eingegangen** the amount owed has been received; **~ dankend erhalten** received with thanks; **e-n ~ hinterlegen** to leave a deposit

**betragen** to amount to, to come to; **im Ganzen ~** to total

**betrauen**, **jdn mit e-r Aufgabe ~** to entrust sb. with a charge

**betreffend**, **die ~en Waren** the goods concerned

**betreiben**, **e-e Fabrik ~** to run a factory; **ein Gewerbe** (od. **ein Handwerk**) **~** to pursue (or follow) a trade; **ein Unternehmen ~** to operate an undertaking (→ betrieben)

**betreten**, **e-n Laden ~** to enter a shop; *(Grundstück)* **widerrechtlich ~** to trespass

**Betreuung** *f* taking into care; (*Familien*; *nach dem neuen ~sgesetz anstelle von Entmündigung*) custody

**Betrieb** *m (Unternehmen)* business, firm, factory, plant, undertaking, establishment; *(Werkstatt)* workshop; *(Tätigkeit)* operation; running, working; **außer ~** out of order; *(Maschine)* not working; **in ~** operating, in operation; working; **große ~e** large plants (or enterprises); big business; **kleine und mittlere ~e** small and medium-sized undertakings; **Unternehmen in vollem ~e** going concern; **~ e-s Geschäfts** operation of a business; **~ der Land- und Forstwirtschaft** agriculture and forestry establishment; **~ von Luftfahrzeugen** operation of aircraft; **den ~ aufnehmen** to begin working; to open business; **den ~ einstellen** to cease working; to close down (the plant); to shut completely; **in ~ gehen** to come on line (or on stream); **in ~ nehmen** to bring into service; to start up; to put (or take) into operation; to put on stream; **ein** → Kraftwerk in ~ nehmen; **neue Produktionsstätten in ~ nehmen** to put new plants into production; **in ~ sein** *(z. B. Fabrik)* to work, to be in operation; **außer ~ setzen** to put out of action (or operation); to take out of service; to decommission

**betrieben**, **privat ~** privately operated; **staatlich ~** state operated

**betrieblich** operational, operating; **~e Altersversorgung** *f* pension scheme for employees; company pension scheme; **~e Aufwendungen** *fpl* operating expenses; **~e Erfordernisse** *npl* operational requirements; **~e Erträge** *mpl* operating income; **aus ~en Gründen** *mpl* for operational reasons; **~es Rechnungswesen** *n* accountancy; **~e Sonderzahlung** *f* bonus payment; **~e Unterlagen** *pl* business records; **~e Veranstalungen** *fpl* firm (or company) (social) functions; **~e Vorausplanung** *f* business planning

**Betriebs~**, **~abgabenrente** *f (für Landwirte) (EU)* retirement compensation; **~ablauf** *m* operational process; **~abrechnung** *f* operational accounting; **~abrechnungsbogen** (BAB) *m* expense distribution sheet; **Betriebsänderung** *f* operational change of a firm; **~angehöriger** *f/m* member of a firm; employee; worker; *pl* staff of a firm; **~anleitung** *f (Bedienungsvorschrift)* operating instructions; **~arzt** *Br* company doctor; *Am* company physician; **~aufgabe** *f* closing down of an enterprise; **~aufnahme** *f* starting operations; **~aufwand** *m* operating expense; **~ausflug** *m* staff (or works) outing; **~ausgaben** *fpl* operating (or business) expenses; **~ausstattung** *f* plant equipment; trade fixtures; **~begehung** *f (QM)* tour (or inspection) of a company; **~beihilfen** *fpl (EU)* operating aids; **~berater** *m* industrial (or business, management) consultant; **b~bereit** ready for operation; **~buchhalter** *m* internal cost accountant; **~buchhaltung** *f* internal cost accounting; **~einnahmen** *fpl* operating receipts, business receipts; **~einrichtung** *f* plant (or operating) equipment; *(Bilanz)* furniture and equipment; fixtures and fittings

**Betriebseinschränkung** *f* cutback in business activity; rundown of a firm's activity; **von der ~ e-s Unternehmens betroffene Arbeitnehmer** workers affected by the reduced activity of an undertaking

**Betriebseinstellung** *f* closing-down of a factory; cessation of operations; **~ in der Landwirtschaft** *(EU)* cessation of farming; **~sbeihilfen** *fpl (EU)* aids by way of pensions for farmers

**Betriebsergebnis** *n* operating result (or income); **~rechnung** *f* operating income statement

**Betriebserlaubnis** *f (für Kraftfahrzeuge)* operating permit; licence (Betriebserlaubnisse) to operate; *(EU)* type approval; **~bogen** *m (EU)* type approval certificate; **Antrag auf Erteilung der ~** *(EU)* application for type approval

**Betriebs~**, **~ertrag** *m* operating earnings (or income); **~erweiterung** *f* extension of a firm; **b~fähig** *(z. B. Maschine)* in working order; ready for operation; **~fähigkeit** *f* operating (or working) capacity

**Betriebsferien** *pl Br* holiday (*Am* vacation) shut-down; **das Geschäft ist wegen ~ geschlossen** the firm has closed down for the holidays

**Betriebs~**, **b~fertig** *(Kraftfahrzeuge)* ready for use (or operation); operational; **~fonds** *m* operating fund; working capital fund

**betriebsfremd** non(-)operating; **~e Aufwendungen** *fpl* non-operating expenses; **~e Erträge** *mpl* non-operating income

**Betriebs~**, **~führer** *m* → ~leiter; **~führung** *f* → ~leitung

**Betriebsgeheimnis** *n* trade (or industrial) secret; **ein ~ preisgeben** (od. **verraten**) to disclose (or reveal, betray) a trade secret

**Betriebs~**, **~gemeinkosten** *pl* operating overheads; **~gesellschaft** *f* operating company; **~gewinn** *m* operating (or trading) profit; **b~gewöhnliche Nutzungsdauer** *f* ordinary useful life; **~größe** *f* size of an enterprise; *(Landwirtschaft)* size of a holding; **~ingenieur** *m* operating (or production) engineer; **b~intern** inside the firm, intraplant; internal; inhouse; **b~interne Revision** *f* internal audit(ing); **~kalkulation** *f* cost accounting; **~kalkulator** *m* cost accountant; **~kapazität** *f* production (or plant) capacity; **~kapital** *n* working capital; capital employed

**Betriebsklima** *n* climate of industrial relations; job conditions; atmosphere at work; **gutes ~** good working climate

**Betriebskonto** *n* trading account

**Betriebskosten** *pl* working (or operating) costs (or expenses); running costs; *(Landwirtschaft)* farm costs; **~ der Agentur** cost of operating the agency

**Betriebs~**, **~leiter(in)** *m* plant manager; *Br* works manager; **~leitung** *f* management (of factory etc.); plant management

**Betriebsmittel** *npl* working (or operating) funds; resources; means of production; **~kredit** *m* working fund loan; **~rücklage** *f* operating cash reserve

**betriebsnotwendiges Kapital** *n* necessary operating capital; capital essential for the operation

**Betriebs~**, **~obleute** *pl* shop stewards; **~obmann** *m* shop steward; **~optimum** *n* firm's maximum-profit position; **~ordnung** *f* working regulations; **~pachtvertrag** *m* company lease agreement; **~prüfer** *m* tax investigator; fiscal auditor for enterprises; **~prüfung** *f* tax investigation; government tax audit; *Br* Inland Revenue inspection; *Am* tax field audit

**Betriebsrat** *m* works council; **~smitglied** *n* member of the works council; **b~spflichtiger Betrieb** *m* plant required by law to have a works council; **~swahl** *f* election of the works council

**Betriebs~**, **~räume** *mpl* workrooms; **~rente** *f* company (or occupational) pension; **~schließung** *f* closing down (of a plant etc.); plant closure; **b~sicher** safe to operate; in good working condition

**Betriebssicherheit** *f* industrial safety

**Betriebsstätte** *f* place of business; company's plant; *(intern. SteuerR)* permanent establishment; **~nvermögen** *n* assets of a permanent establishment; **zu e-r ~ gehören** to be connected with a permanent establishment; **e-r ~ den Gewinn zurechnen** to attribute profits to a permanent establishment

**Betriebs~**, **~stilllegung** *f* closing down, closure (of a factory etc.); *(vorübergehend)* discontinuance of operations (in a factory etc.); **~stillstandszeit** *f (z. B. wegen Maschinenschadens)* downtime, idle time; **~stockung** *f* interruption of work (in a factory etc.); **~stoffe** *mpl* (operating) supplies; fuels; **~störung** *f* breakdown; stoppage (due to technical defects); **~übergabe** *f* transfer of an enterprise; **~überlassungsvertrag** *m* company surrender agreement; **~übernahme** *f* takeover; **~überschuss** *m* operating surplus; **b~üblicher Beginn** *m* **der Arbeitsschicht** customary time for the beginning of the working shift; **~umstellung** *f* reorganization of a business; *(Landwirtschaft)* conversion of a farm; **b~unfähiges Fahrzeug** *n* non-operational vehicle

**Betriebsunfall** *m* industrial (or occupational) accident; **zu Schadensersatz berechtigender ~** *Br* injury qualifying for compensation; *Am* compensable injury; **~rente** *f Br* industrial injury benefit; *Am* workmen's compensation

**Betriebs~**, **~unterbrechungsversicherung** *f (z. B. nach Feuer)* interruption of business insurance; **~unterlagen** *fpl* data concerning the enterprise; **~veräußerung** *f* sale of a company (or firm); **~vereinbarung** *f* plant agreement (between employer and works council); **~verfassung** *f* works constitution; **~vergleich** *m* comparison between enterprises; intercompany comparison; **~vergrößerung** *f* extension of a plant (etc.); **~verkleinerung** *f* retrenchment of a plant (etc.); **~verlust** *m* operating loss; **~vermögen** *n* business property; assets of an enterprise; operating assets; **~versammlung** *f* employees' meeting

**Betriebsvorgänge** *mpl*, **Aufstellungen über ~ führen** to maintain operating records

**Betriebs~**, **~vorrichtungen** *fpl* plant installations; **~wirtschaft(slehre)** *f Br* business studies; *Am* business administration; **~wohnung** *f* factory-owned dwelling; company dwelling

**betrifft** (betr.) *(Geschäftsbrief)* Re:; *Am* subject

**betroffen**, **von der Kohlenkrise ~e Gebiete** regions affected by the coal crisis

**Betrug** *m* fraud; **~sversuch** *m* attempted fraud; **~ begehen** to commit fraud

**betrügen** to commit (a) fraud; to defraud; *colloq.* to con; **die Zollbehörde ~** to cheat the Customs

**Betrüger** *m* defrauder, trickster; *colloq.* con man

**Betrügerei** *f* swindling; (getting money by) deception (or cheating); fraud; fraudulent practices

**betrügerisch** fraudulent, deceitful; **in ~er Absicht** *f* with intent to defraud; fraudulently; **~e Werbung** *f* deceptive advertising

**Bettkarte** *f (Eisenbahn)* berth ticket

**beurkunden** to record (in an official document); to authenticate

**Beurkundung** *f* recording (in an official document); certification

**beurlauben** to grant (or give) leave (of absence), to suspend (from office)

**beurlaubt sein** to be on leave

**beurteilen** to judge, to consider; to estimate; **jds Leistung ~** to rate sb.'s performance; **die Qualität der Ware ~** to judge the quality of the goods

**Beurteilung** *f*, **~ der Lage** appraisal of the situation; **~ von Personal** rating of staff; employee appraisal; **~sgespräch** *n* appraisal interview

**Beutel** *m* bag; **in ~n** *pl* **verpacken** to bag

**Bevölkerung** *f* population; **abnehmende (zunehmende) ~** declining (increasing) population; **~sexplosion** *f* population explosion; **~kreise** *mpl* (od. **~schichten** *fpl*) strata of the population

**bevollmächtigen** to authorize, to grant power of attorney; to confer authority (on sb.); *(zur Stimmabgabe)* to appoint (sb.) as one's proxy

**bevollmächtigt** authorized; having power of attorney; **~er Vertreter** *m* authorized agent (or representative)

**Bevollmächtigter** *m* person authorized (or holding a power of attorney); attorney; agent; *(zur Stimmabgabe)* proxy; nominee

**Bevollmächtigung** *f* authorization; conferment of authority; *(Stimmrechtsvollmacht)* proxy

**bevorraten** to stock up, to stockpile

**Bevorratung** *f* stockkeeping; building (or provision) of stores (or supplies) (for future use); stocking up; **~spläne** *mpl* stockpiling plans; **~splanung** *f* inventory planning

**bevorrechtigt** privileged; preferential, preferred; **~e (Konkurs-)Forderung** *f* preferential (or preferred) claim; priority claim; **~er Gläubiger** *m* preferred (or preferential) creditor; **~ sein** to rank before

**bevorschussen**, **jdn ~** to advance sb. money (on)

**bevorstehend**, **~e Ankunft** *f* forthcoming arrival; **das ~e Weihnachtsgeschäft** *n* the forthcoming Christmas business (or trade)

**bevorzugen** to prefer (gegenüber for)

**bevorzugt** preferred, preferential; **~e Behandlung** *f* preferential treatment; **~er Gläubiger** *m* preferred creditor; **~e Sorte** *f* favo(u)rite brand (or kind); **e-e Angelegenheit ~ behandeln** to give a matter preferential consideration; to give priority to a matter; **e-n Auftrag ~ ausführen** to fill (or handle, treat, execute) an order with priority; to give preference (or priority) to an order; **jdn ~ befördern** to give sb. priority in promotion

**Bevorzugung** *f* (giving) priority (or preference) (to)

**bewegen**, **sich abwärts ~** *(Kurse, Preise)* to move down(wards); **sich aufwärts ~** to move up(wards)

**beweglich**, **~e Sachen** *fpl* movables, chattels; **~es Vermögen** *n* movable (or personal) property

**Bewegung** *f* movement; → Abwärts~; → Aufwärts~

**Bewegungsbilanz** *f* flow statement; statement of changes in financial position; statement of application of funds

**Beweis** *f* evidence, proof; **mangels ~es** for want of evidence; in default of evidence; **zum ~ für** as evidence that; as proof of; **~ der Echtheit** proof of authenticity; **~ des ersten Anscheins** prima facie evidence; **~ durch Urkunden** documentary evidence; **den ~ antreten** to submit evidence; to offer proof; **~ aufnehmen** to take (or hear) evidence; **e-e Urkunde zum ~ heranziehen** to refer to a document as proof; **~e** *pl* **vorbringen** to submit evidence

**Beweis~**, **~antrag** *m* motion for the submission of evidence; **~aufnahme** *f* taking (or hearing) of evidence; **die ~aufnahme anordnen** to order evidence to be taken; **~beschluss** *m* order to take evidence

**beweisen** to prove, to give evidence of

**Beweis~**, **~erhebung** *f* → ~aufnahme; **~kraft** *f* probative force; **~last** *f* burden (or onus) of proof; **~lastumkehr** *f* onus of proving the opposite; **die ~last trifft den Verkäufer** the burden of proof lies (or rests) with the seller; **~material** *n* **beibringen** to furnish (or supply) evidence; **~mittel** *n* evidence; proof; **~sicherung** preservation of evidences; perpetuation of testimony; **~stück** *n* (piece of) evidence; exhibit; **freie ~würdigung** *f* free evaluation of evidence

**bewerben**, **sich um e-e Stelle ~** to apply for a position (or job) (bei e-r Firma to a firm); **sich ~ um** *(bei Ausschreibungen)* to (submit a) tender; *(bes. Am)* to make a bid

**Bewerber** *m* applicant; *(Submittent)* tenderer, *Am* bidder; **~einstellung** personnel recruitment; **~kartei** *f* application file; **~land** *n (EU)* applicant country

**Bewerbung** *f* application (um e-e Stelle for a post or job); job application; **unverlangte (verlangte) ~** unsolicited (solicited) application; **senden Sie bitte Ihre schriftliche ~ an ...** please apply in writing to ...

**Bewerbungs~**, **~schreiben** *n* letter of application; **~unterlagen** *fpl* application papers

**bewerten** to value, to evaluate, to find out the value of; to assess, to appraise; **zu hoch ~** to assess at too high a value, to overvalue; **zu niedrig ~** to assess at too low a value, to undervalue; **die Qualität ~** to assess the quality

**Bewertung** *f* valuation, evaluation; rating; assessment, appraisal; **~ von Aktien** valuation (*Am auch* rating) of shares; **~ der Bestände** inventory valuation; **~ von Grundstücken** appraisal of real estate; **~ des Lagerbestandes** stock valuation; **~ des Vermögens** valuation of assets; **~ für Zollzwecke** customs valuation adjustment; **~sauftrag** *m* valuation order; **~sergebnis** *n* result of the valuation; **~sfreiheit** *f (bei der Einkommensteuer)* discretionary valuation; **~sgrundlage** *f* valuation basis; **~sstichtag** *m* (od. **~szeitpunkt** *m*) valuation date

**bewilligen** to allow, to grant; **Geld ~** *parl* to vote (a sum of) money; *(für bestimmten Zweck)* to appropriate money; **e-e Pension ~** to grant a pension

**bewilligte Mittel** *pl (im Haushaltsplan)* appropriations

**Bewilligung** *f* allowance, grant; *(im Haushaltsplan)* appropriation; **~ e-s Vorschusses** grant of an advance (of money)

**bewirtschaften** to manage; *(Boden)* to cultivate; *(als Zwangsmaßnahme)* to control, to ration; **Devisen ~** to control foreign exchange; **e-n Hof ~** to manage (or work) a farm; **Land ~** to cultivate land; **Lebensmittel ~** to ration food

**Bewirtschaftung** *f* management; *(von Land)* cultivation; farming; *(als Zwangsmaßnahme)* control, rationing; **staatliche ~** government control; **~ der Fischbestände** management of fishery resources; **~splan** *m* rationing scheme

**Bewirtung** *f*, **~ von Geschäftsfreunden** business entertainment; **~skosten** *pl* entertainment expenses

**bewohnen**, **ein Haus ~** to occupy a house, to live in a house

**bewohnt werden von** to be occupied by

**bewusst** aware, conscious; **~e Fahrlässigkeit** *f* wanton negligence; recklessness; **~ falsche Angaben** *fpl* **machen** to make knowingly false statements

**bezahlen** to pay, to settle; **bar ~** to pay (in) cash; to pay cash down; **auf einmal ~** to pay in a single sum; **ganz ~** to pay in full; **monatlich ~** to pay by the month; **prompt ~** to pay promptly; **teilweise ~** to pay in part; **teuer ~** to pay dearly (or at a high price); **zu teuer ~** to overpay, to pay too high a price; *(Arbeitskräfte etc.)* **ungenügend ~** to pay inadequately

**bezahlen**, **auf Abschlag ~** to pay on account; **vom Empfänger zu ~** payable by consignee; **in Raten ~** to pay in instal(l)ments; **mit Scheck ~** to pay by cheque (check); **seine Schulden ~** to settle one's debts; *(gekaufte)* **Waren ~** to pay for goods

**bezahlt** 1. paid; **zum Teil ~** partly paid; **voll ~** fully paid; **im Voraus ~** prepaid (ppd); **zu viel ~e Beträge** *mpl* overpayments; **~e Rechnung** *f* settled account; **(noch) nicht ~e Schuld** *f* undischarged debt; **es macht sich ~** it pays; **wir erlauben uns, Sie darauf aufmerksam zu machen, dass unsere Rechnung vom ... noch nicht ~ worden ist** we would like to bring to your attention that our bill dated ... has not yet been paid (or settled)

**bezahlt** 2. *(Börse)* (b, bz od. bz.) market cleared; bargains done

**Bezahltmeldung** *f* advice of fate

**Bezahlung** *f* payment, settlement; **1/2 ~ bei Auftragserteilung** one half payment on placement of order; **~ e-r Rechnung** payment of an account (or bill, invoice); **~ von Schulden** settlement of debts; **sofortige ~** prompt (or immediate) payment

**bezeichnen** to describe; to mark; to name; **Kisten ~** to mark cases; **das Schiff** *(für Lieferung der Ware)* **~** to name (or describe) the vessel; **den Zustand der Ware als mangelhaft ~** to declare the goods defective; **den Zweck näher ~** to describe the purpose more precisely

**Bezeichnung** *f* designation, description; marking; **landesübliche ~** *(der Ware)* customary commercial description; **~ des Inhalts** description of the contents; **~sweise** *f* nomenclature; system of naming

**bezetteln** to label, to tag

**beziehbar**, **sofort ~es Haus** *n* **zu verkaufen** house for sale with immediate possession

**beziehen** *(Waren)* to obtain, to get, to procure; to buy; *(Rente, Gehalt etc.)* to receive, to draw; *(Wohnung)* to move into, to occupy; *(Zeitung)* to subscribe (to); **sich ~ auf** to refer to, to relate to; **zu ~ über** *(Waren)* obtainable (or to be obtained) from; **e-e Wohnung sofort ~** *Br* to enter into immediate occupation; *Am* to enter into (or take) immediate occupancy

**Bezieher** *m (von Waren)* buyer; *(e-r Rente etc.)* recipient; *(e-r Zeitung)* subscriber

**Beziehung** *f* relation, connection; **in jeder ~** in every respect

**Beziehungen** *pl*, **~ zwischen Arbeitgebern und Arbeitnehmern** labo(u)r-management relations; **~ zu Kunden** customer relations; **~ zwischen den Organen der Gemeinschaften** *(EU)* interinstitutional relations; → Arbeits~; → Geschäfts~; **mit guten ~** having good connections; **wirtschaftliche ~** economic (or commercial) relations; **engere ~ anknüpfen** to establish closer links (or ties); **~ aufnehmen zu** to enter into relations with; **~ erweitern to** broaden (existing) relations; **~ unterhalten zu** to maintain relations with

**beziffern auf** to estimate at; **sich ~ auf** to amount to

**Bezirk** *m* district, area; **~sdirektion** *f* district (or regional) management; **~sdirektor** *m* district (or regional) manager; **~svertreter** *m* local agent

**Bezogener** *m* drawee

**Bezug** *m* 1. *(Bezugnahme)* reference; *(in Geschäftsbriefen)* Ref.; **mit ~** (od. **b~nehmend**) **auf Ihr Schreiben vom ... teile ich Ihnen mit** with reference to your letter of ... I would like to inform you; **wir nehmen ~ auf Ihr Schreiben vom ...** we refer to your letter of ...; **~sgruppe** *f* reference group; **~sjahr** *n* reference year; **~spreis** *m* reference price; **~squalität** *f* reference quality; **~swert** *m* reference value; **~zeitraum** *m (EU)* reference period

**Bezug** *m* 2. *(Beziehen), (von Waren)* buying, purchase; being supplied (with goods); *(von Gehalt, Rente etc.)* drawing, receipt; *(Zeitung)* subscription; **~ von jungen Aktien** subscription to shares of a new issue ( → ~srecht); **bei ~ dieser Waren** when buying these goods; **bei regelmäßigem ~** with a standing order

**Bezüge** *pl (Gehalt, Rente etc.)* emoluments, earnings

**Bezugs~**, **~aktien** *fpl* preemptive shares; **~angebot** *n* rights offer; **~aufforderung** *f* request to subscribe; **~bedingungen** *fpl* terms of purchase (or supply); *(junge Aktien)* terms of subscription; **b~berechtigt** *(für Rente etc.)* entitled to draw (or receive); *(für junge Aktien)* entitled to subscribe; **~berechtiger** *m* beneficiary; *(für junge Aktien)* person entitled to exercise a subscription right; **~berechtigung** *f (bei Lebensversicherung)* right of life insurance benefits; **~bindung** *f (von Käufern)* exclusive dealing contract; **~genossenschaft** *f* → Einkaufsgenossenschaft; **~kosten** *pl* purchasing (or buying, delivery) costs (e. g. transport costs, packing cost, insurance costs, to be borne by the purchaser); **~kurs** *m* subscription price; **~obligationen** *pl* bonds with subscription rights; **~preis** *m* purchase price; *(Zeitung etc.)* subscription price; **~quelle** *f* source of supply

**Bezugsrecht** *n (für neue Aktien)* right to subscribe, subscription right; rights; *Am* (stockholder's) preemptive right (to purchase newly issued shares); *Am* stock right; *Am* warrant; **mit (ohne) ~** cum (ex) rights; *Am* with (without) warrants; **ein ~ ausüben** to exercise a subscription right

**Bezugsrechts~**, **~angebot** *n* rights offering; **~ausgabe** *f* rights issue; **~ausübung** *f* exercise of subscription rights; **~emission** *f* rights issue; **~handel** *m* trading in subscription rights; **~schein** *m* subscription warrant

**Bezugs~**, **~sperre** *f* refusal to deal; **~verpflichtungen** *fpl* purchase obligations

**BGB** → Bürgerliches Gesetzbuch; **~-Gesellschaft** *f* civil-law association; non-trading partnership

**Biersteuer** *f* beer tax

**Bieten** *n (bei Auktionen)* bidding

**bieten** to (make an) offer; **bei der Auktion ~** to bid at the auction

**Bieter** *m* bidder; *(bei Ausschreibungen)* tenderer; *(bei Übernahmeangebot)* offerer; takeover bidder

**Bietungsgarantie** *f Br* tender guarantee; *Am* bid bond

**Bilanz** *f* balance; *(aufgestellte ~)* balance sheet; financial statement; net movement, net result; **~ zum 31. Dezember 19...** balance sheet as at December 31, 19...; **~ des kurzfristigen und langfristigen Kapitalverkehrs** *(Zahlungs~)* balance of short-term and long-term capital transactions; **~ der laufenden Posten** *(Zahlungs~)* balance on current account; current account; **~ der unentgeltlichen Leistungen** *(Schenkungen, Beihilfen)* *(Zahlungs~)* balance of transfer payments (grants); **~ der unsichtbaren Leistungen** *(Zahlungs~)* balance of invisible services; → Abschluss~; → Devisen~; → Dienstleistungs~; → Eröffnungs~; → Grund~; → Handels~; → Jahres~; → Kapital~; → Konzern~; → Leistungs~; → Monats~; → Probe~; → Roh~; → Schluss~; → Sonder~; → Übertragungs~; → Zwischen~; **berichtigte ~** adjusted balance sheet; **konsolidierte ~** consolidated balance sheet; **vorläufe ~** trial (or preliminary) balance sheet; **zusammengefasste ~** condensed balance sheet; **die ~ aufstellen** to draw up (or prepare) the balance sheet; **in die ~ einsetzen** to enter in the balance sheet; **in der ~ erscheinen** to be shown in the balance sheet; **die ~ „frisieren"** to window-dress (or doctor) the balance sheet; **e-e ~ ziehen** to strike a balance

**Bilanz~**, **~abschluss** *m* closing of the balance sheet; **~analyse** *f* balance sheet analysis; financial statement analysis; **~aufstellung** *f* drawing up a balance sheet; **~ausgleichsposten** *m* balance sheet adjustment item; **~auswertung** *f* balance sheet evaluation; **~bereinigung** *f* balance sheet adjustment; **~berichtigung** *f* rectification (or amendment) of the balance sheet; **~bewertung** *f* valuation of the items appearing in the balance sheet; **~buch** *n* balance sheet book; balance ledger; **~buchhalter** *m (etwa)* accountant; **~ergebnis** *n* net result; **~fälschung** *f* falsification of a balance sheet; **~frisur** *f* window-dressing; **~gewinn** *m* income for the year (shown in the balance sheet); balance sheet profit; **~gliederung** *f* presentation of the items in the balance sheet; balance sheet classification

**bilanzieren** to balance an account; to report (or state) in the balance sheet; to draw up a balance sheet

**Bilanzierungs~**, **~grundsätze** *mpl* (Grundsätze ordnungsmäßiger Bilanzierung) principles of proper accounting; accounting principles; **~methoden** *fpl* balance sheet methods; accounting methods

**Bilanz~**, **~kennzahlen** *fpl* balance sheet ratios; **~konto** *n* balance sheet account; **~kurs** *m* book value (of assets); **b~mäßig** as appearing in the balance sheet; **b~mäßige Abschreibung** *f* depreciation for financial statement purposes; **aus ~optischen Gründen** for window-dressing purposes; **~politik** *f* accounting policy; **~posten** *m* balance sheet item; **~prüfer** *m* balance sheet auditor; **~revision** *f* internal balance sheet audit; **~stichtag** *m* balance sheet date; accounting date; **~summe** *f* balance sheet total; **~vergleich** *m* balance sheet comparison; **~verlust** *m* net loss for the year (shown in the balance sheet); **~vermerk** *m* balance sheet note; **~verschleierung** *f* tampering with (or doctoring) the balance sheet; window-dressing; **~wert** *m* value of a balance sheet item; **~zahlen** *fpl* balance sheet figures; **~ziehung** *f* striking a balance

**Bild** *n* picture; illustration; **~bericht** *m* pictorial record

**bilden** to form, to set up; *(belehren)* to educate, to instruct; **e-e Rücklage ~** to set up a reserve

**Bild~**, **~funkdienst** *m* phototelegraphy service; **~ideengestalter** *m* layout-man

**Bildschirm** *m (EDV)* screen; **~gerät** *n (EDV)* visual display unit (VDU); **Bildschirmtext** *m (EDV)* video text

**Bild~**, **~telefonsystem** *n* videophone system; **~werbung** *f* pictorial advertising

**Bildung** *f* formation, setting up; education; **~ e-s Ausschusses** setting up of a committee

**Bildungs~**, **~anstalt** *f* educational establishment; **im ~bereich** *m* in the field of education; **~chancen** *fpl* educational opportunities; **~förderung** *f* promotion of education; **~lücke** *f* lack of education; **~urlaub** *m* educational leave; time off for study

**billig** cheap, low in price; costing little money; *(gerecht)* equitable, fair; **~e Flaggen** → B~flaggen; **~s Geld** *n* cheap money; easy money; **~er Preis** *m* cheap (or low, moderate) price; **~e Waren** *fpl* goods of low cost; low-priced goods; **soweit dies ~ erscheint** as far as this appears (to be) equitable; **ich bekam die Ware ~** I got the goods cheaply (or at a cheap price); **~ zu haben sein** *colloq.* to be going cheap; **etw. ~ verkaufen** to sell sth. cheaply (or at a low price)

**billiger**, **die Butter ist ~ geworden** butter has gone down in price; **~ verkaufen als jd** to undersell sb.

**billigerweise** equitably

**Billig~**, **~einfuhren** *fpl* low priced imports; *(auch)* cheap imports; **~flaggen** *fpl* flags of convenience (FOC) *(Panama, Liberia, Honduras)*; **~flaggenländer** *npl* flag of convenience states; FOC countries; **~(flug)preis** *m* cheap fare, cut-rate fare, low-price fare

**Billigkeit** *f*, **soweit dies der ~ entspricht** if (this is) equitable

**Billig~**, **~lieferungen** *fpl* cheap supplies; **~preiseinfuhren** *fpl* cut-price imports; **~preisländer** *npl* low-price countries

**billigst** *(Börse)* at best, at market

**binden** to bind; **Kapital ~** to tie (or lock up) capital; **Mittel ~** to appropriate (or earmark) funds

**bindend**, **~es Angebot** *n* binding offer; **~e Vereinbarung** *f* binding agreement

**Bindung** *f*, **vertragliche ~** contractual obligation; **~ an das Gold** link to gold

**binnen 3 Jahren** within a period of 3 years
**Binnen~**, **~auftrag** *m* domestic (or home) order; **~fischerei** *f* freshwater fishery; **~geschäft** *n* domestic business; **~gewässer** *pl* internal (or inland) waters; **~grenze** *f (EU)* internal border (common to two Member States); **~großhandel** *m* domestic wholesale trade; **~güterverkehr** *m* inland goods transport; **~hafen** *m* inland harbour (or port); **~handel** *m* domestic (or internal) trade; Binnen *Br* home trade; **im ~handel der Gemeinschaft** *(EU)* in intra-Community trade; **~konjunktur** *f* domestic economic activity; **~konnossement** *n* inland waterway bill of lading; **~länder** *npl* land-locked countries
**Binnenmarkt** *m* domestic (or inland) market; *Br* home market; *(EU)* internal market; **Europäischer ~** Single European Market; **gemeinsamer ~** *(EU)* internal common market; **~preis** *m* domestic price; **~preise** *mpl* **des Ausfuhrlandes** *(Zoll)* internal prices in the country of exportation
**Binnennachfrage** *f* domestic (or inland, internal) demand; *Br* home demand
**Binnenschifffahrt** *f* inland navigation; inland waterway shipping; inland waterway industry; **~sgüterverkehr** *m* carriage of goods by inland waterways; **~unternehmen** *n* inland waterway shipping enterprise; *Am* inland waterway carrier; **~verkehr** *m* inland waterway transport
**Binnentarif** *m* domestic tariff
**Binnenverbrauch** *m*, **die Waren für den ~ anmelden** *(Zoll)* to enter the goods for home use
**Binnenverkehr** *m* inland transport; internal traffic; **~smarkt** *m* inland transport market
**Binnen~**, **~wasserstraßen** *fpl* inland waterways; **~wirtschaft** *f* domestic economy; domestic trade and payments; **b~wirtschaftlich** relating to domestic economy; internal; **b~wirtschafliche Entwicklung** *f* domestic economic trend; **~zoll** *m Br* internal (*Am* domestic) (customs) duty; internal tariff; **~zollstelle** *f* inland customs office
**BIP-Zuwachs** *m* **von 5 %** 5 % growth in the GDP ( → Bruttoinlandsprodukt)
**bis**, **~ 1990** by 1990 (at the latest); **~ auf weiteres** (b. a. w.) until further notice; **~ einschließlich** up to and including; *Am* through; **~ zum 1. Februar** until (or by) February 1 (at the latest); **~ zu Bezahlung** pending payment; **die Geldstrafe beträgt ~ 1000** € the amount of the fine shall not exceed € 1000
**bisherige Tätigkeiten** *fpl* past jobs
**Bitte** *f*, **e-r ~ entsprechen** (od. **nachkommen**) to comply with a request
**bitten, um Aufträge ~** to solicit orders; **wir ~ um Zusendung von** we would like you to send us
**blanko**, **in ~ ausstellen** to make out in blank; **~ übertragen** to assign in blank; **~ verkaufen** *(Börse)* to sell short
**Blankoakzept** *n* acceptance in blank
**Blankoindossament** *n* blank endorsement; **mit e-m ~ versehen** to endorse in blank
**Blanko~**, **~kredit** *m* credit in blank; unsecured credit; **e-n ~scheck** *m* **ausstellen** to make out a blank cheque (or check); **~verkauf** *m (Börse)* short sale; selling short; **~vollmacht** *f* unlimited (or full) power of attorney; **~vorschuss** *m* blank advance; **~wechsel** *m* blank bill (or draft); **~zession** *f* assignment in blank
**Blauhelm** *m* blue helmet; **~einsatz** *m* blue helmet deployment (by UN troops)
**Blech** *n*, **Kiste mit ~einsatz** *m* tin-lined case; **~waren** *pl* tin goods
**Blei** *n* lead; **b~arm** low-lead; **b~freies Benzin** *n* lead-free (or unleaded) *Br* petrol (*Am* gasoline); **b~haltiges Benzin** *n* leaded *Br* petrol (*Am* gasoline); **zulässiger ~gehalt** *m* permissible lead content
**bleiben**, **~ Sie am Apparat** *tel* hold the line; **in Geltung** (od. **Kraft**) **~** to remain in force; **im Geschäft ~ mit jdm** to continue (or stay) in business with sb.; **bei seiner Meinung ~** to adhere to one's opinion
**Blickfang** *m (Werbung)* eye-catcher (or appeal)
**Blindmuster** *n (Attrappe)* dummy
**Blisterverpackung** *f* bubble wrap packaging
**Blitzstreik** *m* lightning strike
**Block** *(Schreib~, Notiz~) m* note pad; **b~freie Länder** *npl* nonaligned countries
**blühend**, **ein ~es Geschäft** a prosperous (or flourishing, thriving) business
**Blüte(zeit)** *f*, **wirtschaftliche ~** boom, period of prosperity; economic heyday
**Boden** *m* ground, soil; land, real estate;

**(nicht) ertragreicher ~** (non-)productive soil; **fruchtbarer ~** fertile soil; → Grenz~

**Boden~**, **~abtragung** *f* erosion; **~belag** *m* floor covering; **~belastungsprüfung** *f (für Container)* floor strength test; **~beschaffenheit** *f* soil structure; **~bewässerung** *f* irrigation; **~bewertung** *f* land appraisal; **~bewirtschaftung** *f* cultivation (or tilling) of the soil; farming of the land; **~bonitierung** *f* land appraisal; **~eignung** *f* land capability; suitability of the soil; **~entwässerung** *f* drainage; **~erzeugnisse** *npl* products of the soil; **~feuchtigkeit** *f* ground moisture; **~kredit** *m* loan on landed property; **~kreditinstitut** *n* real estate credit institution; **~melioration** *f* land improvement; **~nutzung** *f* soil utilization; **rationelle ~nutzung** rational land use; **~preis** *m* land price

**Bodenschätze** *mpl* natural (or mineral) resources; **das Recht, die ~ aufzusuchen und zu fördern** the right to prospect for and to exploit mineral resources

**Boden~**, **~schätzung** *f* → ~bonitierung; **~spekulation** *f* speculation in real estate; land speculation; **~untersuchung** *f* soil test; **~verbesserung** *f* land improvement; **~verhältnisse** *pl* soil conditions

**Bogen** *m* (coupon) sheet

**Bohren** *n* → Bohrung

**bohren** to drill

**Bohr~**, **~gesellschaft** *f* drilling association; **~insel** *f* oil (drilling) platform (or rig); **~schiff** *n* drilling ship

**Bohrung** *f (z. B. nach Öl)* drilling

**Bomben~**, **~ernte** *f colloq.* bumper harvest; **ein ~geschäft** *n* **machen** to do a roaring business

**Bon** *m* voucher, ticket

**Bonifikation** *f (Treuerabatt)* allowance, premium; *(Vermittlerprovision bei Emissionen)* (placing) commission

**Bonität** *f* credit standing, (sound) financial status; **~sanforderungen** *fpl* credit standards; **~seinstufung** *f* credit rating; **~sprüfung** *f* credit inquiry (or check); **jds ~ bescheinigen** to confirm sb.'s financial standing (or credit worthiness)

**Bonus** *m* bonus, premium; extra dividend

**Boom** *m*, **anhaltender ~** persistent boom

**Bord** *m (e-s Schiffes od. Flugzeugs)* board; **frei an ~** free on board (FOB); **Verbringung der Ware an ~ des Schiffes** delivery of the goods on board the vessel; **über ~ werfen** *(Ladung)* to jettison

**Bord~**, **~buch** *n (Flugzeug)* journey log book; **~empfangsschein** *m* mate's receipt; **~konnossement** *n* on board bill of lading, on board B/L; **~versorgung** *f* **von Schiffen** catering for ships; **~vorräte** *mpl* ship's (or aircraft) stores; **an ~ e-s Dampfers gehen** to go on board a steamer

**Börse** *f* exchange; market; *(in Europa, bes. Paris auch)* bourse; *(Wertpapier~)* stock exchange; stock market; *(Waren~)* commodity exchange; produce exchange; *(Devisen~)* foreign exchange market; **an** (od. **auf**) **der ~** on the exchange; **auf der heutigen ~** at today's market; **an der ~** → zugelassene Wertpapiere; **an die ~ gehen** *(Aktien emittieren und dem Anlagepublikum anbieten)* to go public

**Börsen~**, **~abrechnung** *f* stock exchange settlement; **~abschluss** *m* stock exchange transaction; *Br* bargain; business done; **~aufsicht** *f* stock exchange supervision

**Börsenauftrag** *m* stock exchange order; **nur einen Tag gültiger ~** → Tagesauftrag; **limitierter ~** limit(ed) order

**Börsen~**, **~baisse** *f* bear market; **~bericht** *m* (stock) exchange report; market report; *(in Zeitungen)* stock market news; **~bestimmungen** *fpl* stock exchange regulations; **~besuch** *m* attendance on the stock exchange; **~einführung** *f Br* stock exchange introduction; listing (on the stock exchange)

**börsenfähig** admitted to (or listed on) the stock exchange; marketable on the stock exchange; *(Gesellschaft)* qualified to trade on the stock exchange; **~e Wertpapiere** *npl* securities admitted for quotation on the stock exchange; marketable securities

**Börsen~**, **~flaute** *f* dull (or quiet) market; **b~gängig** marketable; **~geschäfte** *npl* (stock) exchange dealings (or operations); bargains; market transactions

**Börsenhandel** *m* dealing on the stock exchange; stock exchange trading; **zum amtlichen ~ zugelassen sein** to be officially quoted (or listed) on the stock exchange

**Börsen~**, **~händler** *m* stock exchange trader; **~hausse** *f* bull market; **~index** *m* stock exchange index; **~käufe** *mpl* stock exchange purchases; **~krach** *m* stock-market collapse (or crash); **~kürzel** *m* stock exchange code (or abbreviation)

**Börsenkurs** *m* stock exchange price (or quotation); market price; *(Devisen)* market rate; **steigende ~e** *pl* rising share prices; **Rückgang der ~e** decline in stock exchange prices

**Börsen~**, **~makler** *m* stockbroker; *(betrügerisches)* **~manöver** *n* market rigging; **b~notiert** quoted (or listed) (on the stock exchange); **b~notierte Wertpapiere** *npl* listed securities; **(noch) nicht b~notiert** unquoted, unlisted; **~notierung** *f* stock exchange quotation; **~papiere** *npl* stock exchange securities; **~preis** *m* stock exchange price; **~regeln** *fpl* exchange rules; **~saal** *m* market floor; **~schluss** *m* stock exchange close (of business); **bei ~schluss** *m* at closing time; **~spekulant** *m* stock exchange speculator; **~spekulation** *f* stock exchange speculation; **sich mit kleinen ~spekulationen befassen** to dabble on the stock exchange; **~stunden** *fpl* trading hours; **~tag** *m* trading day; **~termingeschäft** *n* time bargain; forward transaction (on the stock exchange); trading (or dealing) in futures; **~tipp** *m* stock exchange tip; **~umsätze** *mpl* stock exchange sales; **~umsatzsteuer** *f* stock exchange turnover tax; *Br* transfer stamp duty; **~vorstand** *m* **der Frankfurter ~** governing committee of the Frankfurt stock exchange

**Börsenwert** *m* (stock) market value; **~e** *pl* quoted (or listed) securities; **führende ~e** market leaders

**Börsen~**, **~zeiten** *fpl* trading hours; **~zettel** *m* stock list; **~zulassung** *f* admission (of securities) to quotation (or listing) on the stock exchange

**böser Glaube** *m* bad faith; mala fides

**bösgläubiger Käufer** *m* mala fide purchaser; purchaser in bad faith

**Bote** *m*, **durch ~n** by messenger, by hand

**Boykott** *m* boycott; **den ~ über jdn verhängen** to boycott sb.

**Brach~**, **~land** *n* fallow (land); **~legung** *f* **bebauter Böden** fallowing of cultivated land; **b~liegendes Geld** *n* idle money; **b~liegendes Land** *n* land lying fallow; **~zeit** *f* idle time

**Branche** *f* branch; (business) line; line of commerce; trade; industry; **in der Lebensmittel~** in the food line; **es ist in der ~ üblich** it is customary in the (particular) trade

**Branchen~**, **~gruppe** *f* trade group; **~handelsspanne** *f* departmental markup; product line markup; **~kenntnisse** *fpl* knowledge of the line (of business); **~telefonbuch** *n* Yellow Pages; classified telephone directory; **~verzeichnis** *n* trade (or classified) directory; *colloq.* Yellow Pages

**Brand** *m* fire; **b~neu** brand new; **~stiftung** *f* arson; **~ursache** *f* cause of a fire; **~verhütung** *f* fire prevention; **~versicherung** *f* fire insurance

**Branntwein** *m* (potable) spirits; **~monopol** *n* spirits monopoly; **~steuer** *f* spirits duty

**brauchen**, **Geld ~** to be in want of money; **Geld nötig ~** to be pressed for money; **wir ~ die Ware dringend** the goods are urgently needed

**Brauerei** *f* brewery; **~gewerbe** *n* (od. **B~wirtschaft** *f*) brewing industry

**Braunkohle** *f* lignite, brown coal; **~ngrube** *f* lignite mine

**BRD** → Bundesrepublik Deutschland

**Breite** *f*, **Höhe, Länge und ~ von Fahrzeug und Ladung** height, length and width of vehicle and load

**breites Sortiment** *n* wide range of goods

**breitgestreuter Aktienbesitz** *m* broadly diversified shareholding

**bremsen** to brake; *fig* to (hold in) check; to curb; **den Anstieg der Arbeitslosigkeit ~** to check the rise in unemployment; **die Inflation ~** to curb inflation

**brennbare Flüssigkeiten** *fpl* inflammable liquids

**Brennstoff** *m* fuel; **feste (flüssige) ~e** solid (liquid) fuels; **mit ~ versehen** (tanken) to fuel

**Brennstoff~**, **~bedarf** *m* fuel requirements; **~einsparungen** *fpl* fuel savings; **~kosten** *pl* fuel costs; **~verbrauch** *m* consumption of fuel; **~versorgung** *f* fuel supply

**Brief** *m* 1. letter; **ausgehende ~e** outgoing letters; **~ folgt** letter to follow; **der vorliegende ~** the letter in hand; **e-n ~ absenden** *Br* to post (*Am* to mail) a letter; **e-n ~ erhalten** to get (or receive) a letter

**Brief~**, **~block** *m* letter (or writing) pad; **~geheimnis** *n* secrecy of letters (or correspondence); **~grundschuld** *f* certificated land charge; **~hypothek** *f* certificated mortgage; **~kastenfirma** *f* letterbox company; *(gedruckter)* **~kopf** *m* letterhead

**Brief** (B) *m* 2. *(im Kurszettel)* asked; sellers; **~** *(Angebot)* **und Geld** *(Nachfrage)* sellers and buyers; **~kurs** *m* price asked; selling price; *(Devisen)* rate asked; selling rate

**brieflich** by letter; in writing

**Brief~**, **~markenautomat** *m* stamp machine; **~schluss** *m (Grußformel)* complimentary close; **~papier** *n* writing paper; **~sortiermaschine** *f* letter sorting machine; **~tasche** *f* wallet; **~umschlag** *m* envelope; **~wahl** *f* postal vote (or ballot); **~wechsel** *m* correspondence

**bringen** to bring; **Ertrag ~** to yield a return; **Geld auf die Bank ~** to put money in the bank; **in Gang ~** to set in motion; **jdn in das Krankenhaus ~** to take sb. to hospital; **auf den Markt ~** to launch, to introduce to the market; **Zinsen ~** to yield interest

**broschiertes Buch** *n* book with paper cover; paperback

**Broschüre** *f* booklet; brochure; → Werbe~

**Bruch** *m* breakage, (act of) breaking; *fig* breach, break; → Vertrags~; **~festigkeit** *f* resistance to fracture; breaking strength; **~gefahr** *f* danger (or risk) of breakage; **~landung** *f* crash landing; **~reis** *m* broken rice

**Bruchschaden** *m* (damage by) breakage; **Vergütung** *f* **für ~** indemnity for breakage; **gegen ~ versichern** to insure against breakage

**Bruchteil** *m* fraction; **~saktie** *f* fractional share; **~seigentum** *n* severalty; **~sgemeinschaft** *f* ownership in common; community by undivided shares

**Bruchzins** *m* broken interest

**Brücke~**, **~ntag** *m* bridging day (e. g. between a public holiday and weekend); **~nwaage** *f* weighbridge

**Brüter**, **Schneller ~** Fast Breeder Reactor (FBR)

**brutto** gross; **~ für netto** (bfn) *(Handelsklausel)* gross for net

**Brutto~**, **~absatz** *m* gross sales; gross amount sold; **~anlageinvestionen** *fpl* gross fixed capital formation; **~arbeitsentgelt** *n* gross wages or salary; **~aufschlag** *m* → Handelsspanne; **~betriebsgewinn** *m* gross trading profit; **~dividende** *f* gross dividend; **~einkaufspreis** *m* gross purchase price; **~einkommen** *n* gross income; **~einnahmen** *fpl* gross receipts (or earnings, takings); **~ergebnis** *n* gross operation result; earnings before taxes; **~erlös** *m* gross proceeds; **~ertrag** *m* gross receipts (or profits); gross yield; **~fakturenwert** *m* gross invoice value; **~gehalt** *n* gross salary; **~gewicht** *n* gross weight; **~gewinn** *m* gross profit; **~gewinnspanne** *f* gross profit margin; **~inlandsinvestitionen** *fpl* gross domestic fixed capital formation; **~inlandsprodukt** *n* (BIP) gross domestic product (GDP); **~investitionen** *fpl* gross capital formation; gross investment; **~lohn** *m* gross pay, gross wage(s); **~lohnsumme** *f* total gross wages (or salaries); **~miete** *f* gross rental; **~preis** *m* gross price; **~produktionswert** *m* gross (value of) output (or production); **~registertonne** *f* (BRT) gross register ton (GRT); **~rendite** *f* gross return (or yield); **~sozialprodukt** *n* (BSP) gross national product (GNP); **~tonnengehalt** *m* gross tonnage; **~umsatz** *m* gross sales; **~umsatzerlös** *m* gross sales revenue (including tax); **~verdienst** *m* gross earnings; **~verkaufspreis** *m* gross selling price; **~verlust** *m* gross loss; **~vermögen** *n* gross assets; **~verzinsung** *f* gross interest return; **~zins** *m* gross interest

**BSP** GNP ( → Bruttosozialprodukt)

**Buch** *n* book; *com* journal, ledger; **über seine Ausgaben ~ führen** to keep an account of one's expenses

**Buch~**, **~besprechung** *f* book review; **~bestände** *mpl* book inventories; **~einsicht** *f* inspection of books

**buchen** to book, to enter in the books; *(Flugreise etc.)* to book, to reserve, to make a reservation (for); **im Haben (Soll) ~** to make an entry on the credit (debit) side; to credit (debit)

**Bücher** *npl (der Buchhaltung)* books, accounts, books of account; **die ~ abschließen** to close the books; **die ~ sind ordnungsgemäß geführt** the books have been kept in a proper manner

**Buchführung** *f* bookkeeping; accounting; *(Abteilung)* accounting department; **einfache (doppelte) ~** single (double) entry bookkeeping; **elektronische ~** computerized bookkeeping; **den Grundsätzen ordnungsmäßiger ~ entsprechen** to comply with generally accepted accounting principles; **~sbelege** *mpl* bookkeeping vouchers, accounting records; **B~spflicht** *f* obligation to keep books of account (or records); **~srichtlinien** *fpl* accounting rules; **zu ~szwecken** *mpl* for accounting purposes

**Buch~, ~geld** *n* deposit money; bank money; demand deposits; **~halter** *m* book(-)keeper; accountant; **~haltung** *f* → ~führung; **~hypothek** *f* uncertificated mortgage; **~inventur** *f* book inventory; **~kredit** *m* book credit; open account credit

**buchmäßig** as shown by the books; **~e Abschreibung** *f* recorded depreciation; **~er Gewinn** *m* accounting profit; **~er Verlust** *m* accounting loss; **~ nachweisen** to evidence by book audit

**Buchprüfung** *f* audit(ing) of the books (or accounts); **~sbericht** *m* auditor's report; accountant's report; **~sgebühren** *fpl* audit fees; **~srichtlinien** *fpl* auditing standards; **e-e ~ durchführen** to make an audit

**Buchung** *f* booking, entry (in the books); posting; *(Reservierung)* booking, reservation; → Haben~; → Soll~; **~sautomat** *m* automatic accounting machine; **~sbeleg** *m* accounting voucher (or record); **~sdatum** *n* date of entry; **~sfehler** *m* false entry; **~smaschine** *f* accounting machine; **~snummer** *f* entry number; **b~spflichtig** accountable; **~sposten** *m* bookkeeping entry; **~sposten** *m* **im Journal** journal entry; **~sschluss** *m* closing date of entries; **~stag** *m* date of entry (in the books); **~sunterlagen** *fpl* accounting records; **~svorgänge** *mpl* accounting operations

**Buchwert** *m* book value; *(SteuerR)* written-down value; **~abschreibung** *f* declining balance depreciation; **den ~herabsetzen** to write down; **den ~ heraufsetzen** to write up

**Budget** *n* budget; estimates; **~aufstellung** *f* budgeting, budget preparation; **~defizit** *n* budget(ary) deficit; **~kürzung** *f* budget cut; **~überschreitung** *f* budget overrun; **~überschuss** *m* budget surplus; **~unterschreitung** *f* budget underrun

**Budgetierung** *f* budgeting

**Bulkladung** *f* bulk cargo; **flüssige ~** liquid cargo in bulk; **Öl als ~ befördern** to carry oil in bulk as cargo

**Bulletin** *n* **der Europäischen Gemeinschaften** Bulletin of the European Communities

**Bummelstreik** *m Br* go-slow (strike); *Am* slow-down; **~ machen** to go slow

**Bund** *m* association, union; *(Bündnis)* alliance; **~** *(Bundesregierung)* **und Länder** Federal and Länder Governments

**Bündel** *n* bundle; **~patent** *n* batch patent

**Bundes~, ~amt** *n* Federal Office; **~anleihe** *f* Federal loan (or bond); **~anzeiger** *m* Federal Gazette; **~aufsicht** *f* Federal supervision; **~ausgaben** *fpl* Federal expenditure (or spending); **~bahn** *f* Federal Railways

**Bundesbank** *f* (German) Federal Bank; **b~fähige Abschnitte (od. Wechsel)** *mpl* bills eligible for rediscount (or rediscountable) with the Federal Bank

**Bundesbehörde** *f*, **oberste ~** supreme Federal authority

**Bundes~, ~bürgschaft** *f* Federal guarantee; **~darlehen** *n* Federal loan; **b~eigene Grundstücke** *npl* land owned by (or belonging to) the Federal Government; **~etat** *m* Federal Budget; **~garantie** *f* Federal guarantee; **~gerichte** *npl* Federal (Supreme) Courts; **~gerichtshof** *m* (BGH) Federal Supreme Court; **b~gesetzlich geregelt** regulated (or provided for) by federal law; **~hauptkasse** *f* Federal Chief Cash Office; **~haushalt** *m* Federal Budget; **~kanzler** *m* Federal Chancellor; **~kartellamt** *m* Federal Cartel Office; **~kasse** *f* Federal Treasury; **~minister** *m* federal minister; **~mittel** *pl* federal funds; **mit ~mitteln finanziert** federally funded; **~obligationen** *fpl* Federal bonds; **~patentgericht** *n* Federal Patents Court; **~post** *f* Federal Postal Administration; Federal Post Office; **~rechnungshof** *m* Federal Audit Office; **nach ~recht** *n* under federal law; **~regierung** *f* Federal Government; **~republik** *f* **Deutschland** (BRD) Federal Republik of Germany; **~schatzanweisungen** *fpl* Federal discount paper; **~schatzbriefe** *mpl* federal savings bonds; **~schuldbuch** *n* Federal Debt Register; **~straße** *f* federal highway; **~subvention** *f* federal subsidy; **~verband** *m* **der Deutschen Industrie** (BDI) Federal Association of German Industry;

**~vermögen** *n* federal property (or funds); **~wasserstraßen** *fpl* federal waterways; **~zollblatt** *n* Federal Customs Gazette; **~zuschuss** *m* federal grant

**bündeln, die Kräfte ~** to join forces, to unite

**Bündnis** *n* alliance; **nicht durch ein ~ gebunden** non(-)aligned

**Buntmetall** *n* non(-)ferrous metal

**Bürge** *m* guarantor, surety; **selbstschuldnerischer ~** absolute guarantor; **sich an e-n ~n halten** to apply to a surety; **e-n ~n stellen** to offer a surety

**bürgen** to guarantee; to be a surety (für for)

**Bürger** *m* citizen; **~ der Gemeinschaft** *(EU)* Community citizen

**bürgerlich, der ~en Ehrenrechte** *npl* **für verlustig erklärt sein** to be deprived of civil rights; **B~es Gesetzbuch** *n* (BGB) German Civil Code; **~es Recht** *n* civil law, private law

**Bürgschaft** *f* guarantee, *Am* guaranty; surety; **~ für aufgenommene Darlehen** guarantee for loans obtained; loan repayment gurantees; → Rück~; → Wechsel~; **selbstschuldnerische ~** absolute guarantee (guaranty); **~ leisten** (für for) to be (or become, stand) surety; **die ~ für e-e Anleihe übernehmen** to guarantee a loan

**Bürgschafts~, ~erklärung** *f* declaration of guarantee (or guaranty); *(schriftl.)* surety bond; **~kredit** *m* credit by way of a bank guarantee (*Am* guaranty); **~provision** guarantee commission, delcredere commission; **~übernahme** *f* furnishing of a guarantee; **~vertrag** *m* contract of suretyship

**Büro** *n* office; bureau; **~angestellte** *pl* clerical employees; office workers (or employees, personnel); **~arbeit** *f* office (or desk) work; clerical job; *Am* white-collar work; **~ausstattung** *f* office fittings; **~automation** *f* office automation; **~bedarf** *m* office supplies **~dienst** *m* office service; **~einrichtung** *f* office furniture (or fixtures, fittings, equipment); **~gebäude** *n* office building, office block; **~handel** *m (Wertpapiere)* unofficial trading; **~hilfe** *f* office help; **~hochhaus** *n* high-rise office building; office tower; **~kräfte** *fpl* (od. **~personal** *n*) office staff (or personnel); **~maschinen** *fpl* office machines; **~räume** *mpl* office accommodation; **~reinigung** *f* office cleaning; **~tätigkeit** *f* → ~arbeit; **~stunden** *fpl* office hours; **~vorsteher** *m* office manager; senior (or chief) clerk; superintendent; **~zeit** *f* → ~stunden

**Bus** *m* bus; coach; **Reise~** *m* coach; **mit dem ~ fahren** to go (or ride) by bus; **~reise** *f* coach tour

**Buße** *f (Bußgeld)* administrative fine

**Bußgeld, ~bescheid** *m* administrative order imposing a fine; **~festsetzung** *f* fixing an administrative fine; **~ verhängen** to impose an administrative fine

**Butter** *f*, **eingelagerte ~** butter taken into stock; stored butter; **verbilligte ~** butter at reduced prices; cut-price butter; **~ aus staatlicher Lagerhaltung** butter from public stocks; **~berg** *m* butter mountain; **~bestände** *mpl* butter stocks; **~bestände in der Gemeinschaft** *(EU)* Community's butter stockpile; **~überschüsse** *mpl* butter surpluses

# C

**CAD** → computergestütztes Konstruieren

**CAM** → computergestützte Herstellung (od. Fertigung)

**CAP** → computergestützte Planung

**CAQ** → computergestützte Qualitätssicherung

**Carnet TIR** Transports Internationaux Routiers, Zollbegleitscheinheft *n (des internationalen Straßengüterverkehrs)*; **Warentransport** *m* **mit ~** transport of goods unter TIR carnet

**Chance** *f* chance, opportunity; **~ngleichheit** *f* **für Männer und Frauen** equal opportunity for men and women

**Charter** *m (Frachtvertrag)* charter; **~bedingungen** *fpl* chartering conditions

**Charterer** *m* charterer

**Charter~, ~flug** *m* charter flight; **~fluggesellschaft** *f* charter airline; **~flugzeug** *n* chartered plane; **~gebühren** *fpl* charter fees; **~kosten** *pl* charter costs; **~maschine** *f* chartered aircraft

**chartern** *(Flugzeug, Schiff)* to charter

**Charter~, ~partie** *f* charter party; **~sätze** *mpl* charter rates; **~schiff** *n* chartered ship; **~verkehr** *m* charter traffic; **~vertrag(surkunde)** *m(f)* charter party

**Chef** *m* boss; head; principal; chief;

**~buchhalter** *m* chief accountant; **~einkäufer** *m* chief buyer; **~grafiker** *m (e-r Werbeagentur)* art director; **~sekretärin** *f* personal secretary
**Chemie~**, **~faserindustrie** *f* synthetic fibres industry; **~fasern** *fpl* synthetic fibres (*Am* fibers); **~industrie** *f* chemical industry; **~werte** *(Börse) mpl* chemicals; chemical securities
**Chemikalien** *pl* chemical substances; **giftige ~** toxic chemicals
**chemisch**, **~e Erzeugnisse** *npl* chemicals, chemical products; **~e Industrie** *f* chemical industry; **~e Reinigung** *f* dry cleaning; **~e Schadstoffe** *mpl* chemical pollutants; **~e Verunreinigung** *f* chemical pollution; **chemische Werte** → Chemiewerte
**chemotechnisch** technochemical
**Chiffre** *f* cipher, code; *(in Anzeigen)* box number; *Am* key number
**chiffrieren** to cipher, to code
**chiffrierte Anzeige** *f* box number advertisement, keyed (or coded) advertisement
**chlor~**, **~frei** chlorine free; **C~gehalt** *m* chlorine content; **~haltig** containing chlorine
**cif** (cost, insurance, freight), **~ verzollt** cif with customs duties; **~ per Luftfracht** cif airfreight; **als ~-Lieferung** to be delivered cif
**CIM** → computerintegrierte Fertigung
**Clearing** *n* clearing; **~forderungen** *fpl* clearing receivables; **~geschäfte** *npl* clearing transactions; **~guthaben** *n* clearing assets; **~stelle** *f* clearing house; **~verkehr** *m* clearing transaction
**Codierung** *f* encoding; *(EDV)* coding
**Computer** *m* computer; **Arbeit mit ~n** *pl* computer-assisted work; **Kosten für die Inanspruchnahme e-s ~s** computer usage costs; **auf ~ umstellen** to computerize
**Computer~**, **~ausfall** *m* computer outage; **auf ~basis** *f* **(durchgeführt)** computer-based; **~benutzung** *f* computer use; **~betrug** *m* computer fraud; **~eindringling** *m* hacker
**computergestützt** computer-aided; **~es Bankgeschäft** *n* computer-aided banking; **~e Herstellung** *f* (od. **Fertigung** *f*) computer-aided manufacturing (CAM); **~es Konstruieren** *n* computer-aided design (CAD); **~e Planung** *f* computer-aided planning (CAP); **~e Qualitätssicherung** *f* computer-aided quality assurance (CAQ)
**Computer~**, **~hersteller** *m* computer manufacturer; **c~integrierte Fertigung** *f* computer-integrated manufacturing (CIM); **~karte** *f* anti-fraud credit card, smart card; **~kriminalität** *f* computer crime; **~missbrauch** *m* fraudulent misuse of computers; computer abuse; **~panne** *f* breakdown of the computer; **~steuerung** *f* computer control; **~verbrecher** *m* computer criminal; **~verbund** *m* computer network; **~virus** *m* computer virus
**Computerisierung** *f* computerization
**Container** *m* container; → Luftfracht~; **beladener ~** loaded container; **zugelassener ~** approved container; **Beförderung in ~n** *pl* carriage in containers; **e-n ~ anheben** to lift a container; **~ nach Normen herstellen** to construct containers to standards; **in ~n transportieren** to containerize; **den Transport auf ~ umstellen** to containerize
**Container~**, **~bahnhof** *m* container terminal; **~beförderung** *f* container carriage; **~expresszug** *m* freightliner train; **~hafen** *m* container terminal; **~schiff** *n* container ship; **~umschlagbahnhof** *m* container transhipment station; **~verkehr** *m* container transport
**Containerisierung** *f* containerization
**Controlling** *n (Steuerung durch Planung und Kontrolle)* Controlling
**Cordi** *(EU)* → Beratender Ausschuss für industrielle Forschung und Entwicklung
**COST** → Europäische Zusammenarbeit auf dem Gebiet der wissenschaftlichen und technischen Forschung
**Coupon** *m* → Kupon
**Courtage** *f* brokerage; **~rechnung** *f* brokerage statement; **~satz** *m* brokerage rate
**CREST** *(EU)* → Ausschuss für wissenschaftliche und technische Forschung
**CZT** CCT ( → Gemeinsamer Zolltarif); → Tarifnummern des CZT; vollständige oder teilweise Aussetzung der Sätze des CZT whole or partial suspension of CCT duties

# D

**DAC** → Ausschuss für Entwicklungshilfe

**Dach~**, **~fonds** *m* fund of funds; **~geschoss** *n* loft; **~gesellschaft** *f* holding company; **~marke** *f* umbrella brand; **~organisation** *f* umbrella organization, holding organization; **~terrassenwohnung** *f* penthouse

**Dampfer** *m*, steamer

**dämpfen** to damp, to check, to curb; **den Anstieg der Kosten ~** to curb (or check) the rise in costs; **sich ~d auswirken auf** to have a damping (or delaying) effect on

**Dämpfung** *f*, **~ der Konjunktur** curbing the boom; damping economic activity; **~ der Nachfrage** damp(en)ing (or slowdown) of demand

**Dank** *m*, **mit bestem ~ bestätigen wir** we acknowledge with many thanks; **mit ~ erhalten** received with thanks

**dankbar** grateful; **wir wären Ihnen ~ für** we would be grateful (or obliged to you) for; we would appreciate if you ...; **für** → baldige Erledigung wären wir dankbar

**dankend**, **Ihnen im Voraus ~** thanking you in advance

**Dankschreiben** *n* letter of thanks; letter of appreciation; thank-you letter

**darlegen**, **genau ~** to set forth (or set out) precisely

**Darlehen** *n* loan, advance, sum lent; **ein ~ mit e-r Laufzeit von 10 Jahren und e-m Zinssatz von 8 % jährlich** a loan (granted) for a period of 10 years at 8 % per annum; **längerfristig aufgenommene ~** *npl* longer-term loans; **~ zu niedrigeren Zinssatz** low-interest loan; **~ mit Zinssubventionen** *(EU)* interest-subsidized loan(s)

**Darlehen**, **aufgenommenes ~** loan taken up; **fällig werdendes ~** loan falling due; **durch Hypothek gesichertes ~** loan secured by mortgage; **täglich kündbares ~** call loan, loan at call; callable loan; *Am* demand loan; **unkündbares ~** irredeemable loan; uncallable loan; **wucherisches ~** loan at usurious interest; → zinsloses ~; → zinsverbilligtes ~; **noch nicht zurückbezahltes ~** outstanding loan

**Darlehen**, **ein ~ aufnehmen** to take up (*Am* out) a loan; to raise a loan; **ein ~ erhalten** to obtain a loan; **ein ~ gewähren** to grant (or make) a loan; to make an advance; **ein ~ tilgen** to repay a loan

**Darlehens~**, **e-n ~antrag** *m* **stellen** to apply for a loan; **~aufnahme** *f* raising a loan; **~bedingungen** *fpl* loan terms; **~bestand** *m* loan portfolio; **~betrag** *m* loan amount; **~bürgschaft** *f* guarantee of a loan; **~empfänger** *m* borrower; **~finanzierung** *f* loan financing; **~forderungen** *fpl* loan receivables; **~geber** *m* lender; **~geschäft** *n* loan transaction; lending operation; **~gesuch** *n* application for a loan; **~gewährung** *f* loan grant; making (or granting) of a loan; **~kasse** *f* loan bank; **~konto** *n* loan account; **~mittel** *pl* loan capital; **~nehmer** *m* borrower; recipient of a loan; **~rückzahlung** *f* repayment of a loan; **~schulden** *fpl* loans; **~schuldner** *m* borrower; **~summe** *f* sum of a loan; sum borrowed; amount lent; **~tätigkeit** *f (e-r Bank)* lending operations; **~verbindlichkeiten** *fpl* loan liabilities; **~vergabe** *f* lending; **~vermittler** *m* loan broker; **~vertrag** *m* loan agreement (or contract); **~zinsen** *pl* interest on loans; **~zinssatz** *m* interest rate on loans; **~zusage** *f* promise to grant a loan

**Darstellung** *f* representation, description, statement; **falsche** (od. **unrichtige**) **~** misrepresentation; **~ des Tatbestandes** statement of the facts

**Datei** *f (EDV)* file; data file; **~schutz** *m* file protection; **~verarbeitung** *f* file processing

**Daten** *pl (EDV)* data; *Am* record(s); information; **gespeicherte ~** stored data; **~ berichtigen** to correct (or adjust) data; **~ erfassen** to collect data; **~ löschen** to delete data; **~ speichern** to store data; **~ sperren** to block data; **~ verarbeiten** to process data; **~ zugänglich machen** to grant access to data

**Daten~**, **~analyse** *f* data analysis; **~aufzeichnung** *f* data recording; **~ausgabe** *f* data output; **~austausch** *m* data exchange; **~bank** *f* data base; **~bank der Europäischen Gemeinschaften** *(EU)* European Communities Data and Information (ECDIN) Bank; **~eingabe** *f* data input; **~erfassung** *f* data collection; **~erhebung** *f* data collection; data research; **~fehler** *m* data error; **~fernverarbeitung** *f* remote data processing;

teleprocessing; **~management** *n* data management; **größere ~mengen** *fpl* **speichern** to store large amounts of data; **~missbrauch** *m* data misuse; **~programm** *n* software; **~prüfung** *f* checking of data; **~schutz** *m* data privacy protection; **~sicherheit** *f* data security; **~speicherung** *f* storage of data; **~träger** *m* data medium; data carrier; **~übertragung** *f* data transfer

**Datenverarbeitung** *f* data processing (dp); **~sanlagen** *fpl* dp facilities; **~sindustrie** *f* dp industry; **~spersonal** dp personnel; **~sverfahren** *n* data processing techniques

**Datenverkehr** *m*, **grenzüberschreitender ~** transborder data flow

**datiert** dated; **falsch datiert** misdated

**Datierung** *f* dating

**Datowechsel** *m* after-date bill (of exchange)

**Datum** *n* date; **mit ~ und Unterschrift** (versehen) dated and signed; **unter Angabe des ~s** stating the date; **Briefe nach dem ~ ablegen** to file letters in order of date

**Datums~**, **~angabe** *f* date, dating; *(bei Lebensmitteln)* date stamp; **~stempel** *m* date stamp; *(Poststempel)* postmark

**Dauer** *f* duration, length of time, period; **für die ~ von** for the period of; **~ der Arbeitslosigkeit** period of unemployment; **~ der Frist** length of the period; **~ des Urlaubs** length of the *Br* holiday (*Am* vacation); **~ der Versicherung** term (or period) of the insurance

**Dauer~**, **~anlage** *f* long-term investment; **~anzeige** *f* permanent advertisement; **~arbeitsplätze** *mpl* permanent jobs; **~auftrag** *m* standing order; permanent order; *Br* banker's order; **~ausschreibung** *f* standing invitation to tender; **~emission** *f* tap issue; **~festigkeit** *f* durability

**dauerhaft** lasting; durable; **~e Gebrauchsgüter** *npl* durable goods; consumer durables; **~es Wachstum** *n* lasting growth

**Dauerhaftigkeit** *f*, **~ von Gütern** durability of goods; **~ des Wirtschaftsaufschwungs** persistence of the recovery

**Dauer~**, **~karte** *f* season ticket; **~kunde** *m* regular (or steady) customer; **~mieter** *m* permanent tenant

**dauernd**, **~e Arbeitsunfähigkeit** *f* permanent disability; **~er Aufenthalt** *m* permanent residence

**Dauer~**, **~rente** *f* permanent pension; **~schulden** *pl* permanent debts; **~stellung** *f* permanent position (or job); **Abfertigung zum ~verbleib** *m (Zollgut)* clearance for home use; **~vollmacht** *f* permanent power of attorney

**DAX** (Deutscher Aktienindex) *m* German share index

**Debet** *n* debit (side); **~anzeige** *f* debit note; **~buchung** *f* debit entry; **~posten** *m* debit item; **~saldo** *m* debit balance; balance due (or outstanding); **~zins** *m* debit interest

**Debitoren** *pl* debtors; accounts receivable; *(Bank)* lendings; **~aufstellung** *f* accounts receivable statement; **~bestand** *m* amount of accounts receivable; **~buch** *n* debtors' ledger; sales ledger; accounts receivable ledger; **~buchhaltung** *f* accounts receivable accounting; *(Abteilung)* accounts receivable department; **~geschäft** *n* lending business; **~konto** *n* debtor account; accounts receivable account; **~sätze** *mpl* lending rates; **~umschlag** *m* accounts receivable turnover; **~verluste** *mpl* bad debt losses; **~versicherung** *f* accounts receivable insurance; **~ziehung** *f* bill drawn by a bank on a debtor

**decken** to cover; *(befriedigen)* to meet, to satisfy; **die Ausgaben ~** to cover (or meet) the expenses; **die Ausgaben und Einnahmen ~ sich** the expenses balance the receipts; **die Nachfrage ~** to meet (or satsify) the demand; **zu ~der Bedarf** *m* requirement to be covered

**Deck~**, **~ladung** *f* deck load, deck cargo; **~name** *m* assumed name; pseudonym

**Deckung** *f* cover(ing); coverage; **keine ~** *(e-s Schecks)* no funds; not sufficient funds (N. S. F.); **ohne ~** without cover (or funds); *(Wertpapiere)* **ohne ~ verkaufen** to sell short; **zur ~ unserer Auslagen** to cover our expenses; **~ der Kosten** cover for expenditure; **~ der Nachfrage** meeting the demand; **~ der Risiken der Preissteigerung** guarantee against cost escalation risk; **~ e-s Verlustes** making up a loss

**Deckungsanschaffung** *f* provision of cover; remittance to provide cover; **~en der Außenhandelsbanken für Im-**

**port-Akkreditive** cover provided by foreign trade banks for import credits
**Deckungsbeitrag** *m* contribution margin; profit contribution; **~srechnung** *f* contribution costing; marginal costing
**Deckungs~**, **~bedingungen** *fpl* conditions of cover; **~bestätigung** *f* cover note; **~betrag** *m* amount of coverage; **~darlehen** *n* covering loan; **~fonds** *m* cover fund; **~forderung** *f* covering claim
**Deckungsgeschäft** *n* covering transaction; hedging; **ein ~geschäft abschließen** *(Börse)* to hedge
**Deckungs~**, **~grenze** *f* cover limit; **~kapital** *n* capital required as cover; guarantee fund
**Deckungskauf** *m* cover(ing) purchase; hedge transaction; purchase of goods in replacement; *(Börse)* short covering; **~ zur Absicherung des Kursrisikos** purchase to cover the price (or rate) risk; **der Käufer hat e-n ~ vorgenommen** the buyer has bought goods in replacement
**Deckungs~**, **~klausel** *f* cover clause; **~mittel** *pl* cover funds; **~papiere** *npl* securities pledged as collateral; **~quote** *f* cover ratio; **~rücklage** *f* → Prämienreserve; **~stock** *m* cover fund; premium reserve stock; **~umfang** *m* scope of cover; **~verhältnis** *n (Währung)* cover ratio
**Deckungsverkauf** *m* resale of goods by unpaid seller; cover(ing) resale; **der Verkäufer hat e-n ~ vorgenommen** the seller has resold the goods; **e-n ~ vornehmen** to resell goods
**Deckungszusage** *f (Vers.) Br* cover(ing) note; *Am* binder
**defekt** defective, faulty, damaged
**Defekt** *m* defect, flaw
**Defizit** *n* deficit, deficiency; shortfall; **~ der Zahlungsbilanz** balance of payments deficit; **mit e-m ~ abschließen** to show a deficit; **ein ~ ausgleichen** to make up a deficit; **ins ~ geraten** (od. **ein ~ haben**) to run a deficit
**defizitär** in deficit; **~e Leistungsbilanz** *f* current account deficit
**Defizitländer** *npl* countries running heavy deficits; deficit countries
**Deflation** *f* deflation
**deflationäre Auswirkungen** *fpl* deflationary effects
**deflationistische Maßnahmen** *fpl* deflationary measures
**degressiv**, **~e** → Abschreibung; **~e Zinsen** *pl* interest on reducing balances; **~ abschreiben** to use the diminishing balance method (of depreciation)
**Dekade** *f*, **zweite ~ des Monats Mai** second ten-day period in May
**Dekartellisierung** *f* decartelization
**Deklaration** *f* declaration; → Zoll~
**deklarieren** to declare; *(zur Verzollung anmelden)* to declare, to enter (goods at customs)
**deklariert**, **falsch ~e Ladung** *f* wrongfully declared cargo; **nicht ~e Ladung** unentered cargo
**dekorativ** ornamental, decorative
**Dekoration** *f* decoration, ornamentation; *(Schaufenster)* window-dressing
**dekorieren**, **ein Schaufenster ~** to decorate (or dress) a window
**Delegation** *f* delegation; **mitgliedstaatliche ~en** *pl (EU)* national delegations; **~sleiter** *m* leader of the delegation
**Delegierter** *m* delegate; **e-n Delegierten bestimmen** (od. **benennen**) to appoint a delegate
**Delegierung** *f* **von Aufgaben** delegation of functions
**Delikt** *n* (criminal) offen|ce (~se); *(zivilrechtlich)* tort; **~sfähigkeit** *f* responsibility for tortious acts
**Delkredere** *n* del credere, guarantee (that buyer is solvent); *(Wertberichtigung)* provision for bad and doubtful debts; **das ~ übernehmen** to assume the del credere
**Delkredere~**, **~haftung** *f* del credere liability; **~provision** *f* del credere commission; **~risiko** *n* default risk; collection risk; **~rückstellung** *f* contingency reserve; provision for doubtful debts; **~versicherung** *f* bad debts insurance; credit insurance; **~vertreter** *m* del credere agent; **~wertberichtigung** *f* allowance for doubtful accounts
**Demonstrationsvorhaben** *n* demonstration project
**Demontage** *f* dismantling
**demontieren** to dismantle; *(Maschinen etc.)* to disassemble
**denunzieren** to inform against
**Deponent** *m* depositor
**deponieren** to deposit
**Deport** *m (Börse) Br* backwardation; *(im*

*Devisenterminhandel)* forward discount; **~satz** *m* backwardation rate

**Depositen** *pl* deposits; **befristete ~** deposits with fixed period; **täglich fällige ~** deposits at call

**Depositen~**, **~bank** *f* deposit bank; **~gelder** *npl* deposits; money on deposit; **~geschäft** *n (e-r Bank)* deposit(ing) business; **~konto** *n* deposit account; **~zertifikat** *n* certificate of deposit; **~zinsen** *pl* interest on deposit

**Depot** *n (Bank)* deposit; *(allgemein)* depository; → Effekten~; → Streifband~; **die Wertpapiere befinden sich im ~ e-r Bank** the securities are in the custody of a bank; **Wertpapiere in ein ~ geben** *Br* to put securities in safe custody; *Am* to put securities in custodianship of a bank

**Depot~**, **~aufbewahrung** *f* keeping in safe custody; **~auszug** *m* statement of deposited securities; **~bank** *f* custodian bank, depositary bank; **~bestand** *m* deposit holding *(of securities etc.)*; **~buch** *n* (security) deposit ledger; **~gebühren** *fpl* safe custody charges; **~geschäft** *n* (security) deposit business; *Br* safe custody (*Am* custodianship) business; portfolio management; **~prüfung** *f* audit of security deposits; **~schein** *m* (security) deposit receipt; **~verpfändung** *f* pledging of deposited securites; **~vertrag** *m* (securities) deposit contract; *Br* contract for safe custody; **~verwahrung** *f* **von Wertpapieren** safekeeping (or custody) of securities; **~wechsel** *m* bill deposited as guarantee; collateral bill

**Depression** *f*, **das Geschäft leidet unter der anhaltenden ~** the business is suffering from the continued economic depression

**Deputat** *n* allowance in kind; **~kohle** *f* allowance coal, concessionary coal

**Deregulierung** *f* deregulation

**Designmöbel** *npl* design furniture

**Desinfektionsmittel** *n* disinfectant

**Desinflation** *f* disinflation

**Desinvestition** *f* disinvestment

**detailliert** detailed, specified, itemized

**Detergentien** *pl* detergents

**deutsch** German; **D~e Bundesbank** *f* German Federal Bank; **D~e Industrie-Normen** *pl* (DIN) German Industrial Standards; **D~er Entwicklungsdienst** *m* (DED) German Volunteer Service; **~er Gewerkschaftsbund** *m* (DGB) German Trade Union Federation; **D~er Industrie- und Handelstag** *m* (DIHT) German Industrial and Trade Association; **D~er Normenausschuss** *m* (DNA) German Standards Association; **~er Staatsangehöriger** *m* citizen of the Federal Republic of Germany; **D~es Institut für Wirtschaftsforschung** *n* (DIW) German Institute for Economic Research

**Devisen** *pl* (foreign) exchange, (foreign) currency

**Devisen~**, **~ankauf** *m* purchase of foreign exchange, exchange purchase; **~ankaufskurs** *m* buying rate; **~antrag** *m* exchange application; **~arbitrage** *f* (foreign) exchange (or currency) arbitrage; arbitration of exchange; **~ausgaben** *fpl* **von Touristen im Ausland** foreign exchange spending (or expenditure) by tourists; **~ausländer** *m* → Gebietsfremder; **~bedarf** *m* need for (foreign) exchange; **~nberater** *m* foreign exchange adviser; **~beschränkungen** *fpl* exchange restrictions; **~bestände** *mpl* (foreign) exchange holdings; **~bestimmungen** *fpl* (foreign) exchange regulations; **~bewirtschaftung** *f* (foreign) exchange control; **~bilanz** *f* foreign exchange balance; net (foreign) exchange movement; **~börse** *f* foreign exchange market; **~ bringende Waren** goods yielding foreign currency; **~einnahmen** *fpl* foreign currency (or exchange) receipts; **~engagement** *n* foreign exchange commitment; **~geschäfte** *npl* (foreign) exchange transactions; **~handel** *m* foreign exchange trading (or dealings); **~händler** *m* foreign exchange dealer (or trader); **~inländer** *m* → Gebietsansässiger; **~kassageschäft** *n* spot exchange transaction; **~kassahandel** *m* spot exchange trading; **~kassakurs** *m* spot exchange rate; **~käufe** *mpl* foreign currency purchases; **~knappheit** *f* exchange stringency; **~kontrolle** *f* (foreign) exchange control; **~kurs** *m* foreign exchange rate, rate of exchange; **~kursnotierung** *f* exchange rate quotation; **~kurszettel** *m* exchange list; **~makler** *m* foreign exchange broker; **~mangel** *m* shortage of (foreign) exchange; **~markt** *m* (foreign) exchange market; **~nachfrage** *f* demand for foreign exchange; **~notierung** *f* quotation of (foreign) exchange rates; **~option** *f* currency option;

**~pensionsgeschäft** *n* foreign exchange transaction under repurchase agreement; **~polster** *n* foreign exchange cushion; **~position** *f* foreign exchange position; **d~rechtliche Vorschriften** *fpl* exchange control regulations; **~reserven** *fpl* foreign exchange reserves; **~schmuggler** *m* currency smuggler; **d~schwach** short of foreign exchange; **~spekulation** *f* currency speculation; **d~spekulativ bedingte Auslandskäufe** *mpl* foreign buying caused by exchange speculation; **~sperre** *f* exchange embargo; **~termingeschäft** *n* forward exchange transaction; future exchange transaction; **~terminhandel** *m* dealing in forward (or future) exchange; **~terminkontrakte** *mpl* currency futures; **~terminkurs** *m* forward exchange rate; **~vergehen** *n* currency offen|ce (~se); **~verkäufe** *mpl* foreign currency sales; **~verkaufskurs** *m* selling rate; **~verkehr** *m* foreign exchange transactions; **~vorschriften** *fpl* (foreign) exchange regulations; **~wechsel** *m* bill in foreign currency; **~zuflüsse** *mpl* currency inflows; **~zuteilung** *f* allocation of foreign exchange; **~zwangswirtschaft** *f* (foreign) exchange control

**Dezentralisation** *f* decentralization

**Dezimalsystem** *n* decimal system; **Umstellung** *f* **auf das ~** decimalization

**Diät** *f* diet; **zum ~gebrauch** *m* for dietetic purposes; **~lebensmittel** *pl* dietary food (or foodstuffs); diet food

**dichter Verkehr** *m* heavy (or dense) traffic

**Diebstahl** *m* theft; larceny; **geringfügiger ~** petty theft; pilferage; → Kraftfahrzeug~; → Laden~; → Taschen~; **~ begehen** to commit theft

**Diebstahl~**, **d~sicher** burglar-proof; **~versicherung** *f* burglary insurance

**Dienst** *m* service; duty; **~ am Kunden** service (or attention) to the customer; **~ nach Vorschrift** *Br* work to rule; *Am* work according to the book; **~ nach Vorschrift machen** *Br* to work to rule; **außer ~** off duty; retired; **geleistete ~e** services rendered; **in ~ gestellt** *(Schiff)* commissioned; **öffentlicher ~** public service, civil service; **seinen ~ antreten** to take up (or enter upon) one's duties; **aus dem ~ entlassen werden** to be dismissed from one's post; **~ haben** to be on duty; **ein Schiff in ~ stellen** to commission a ship

**Dienst~**, **~alter** *n* seniority; length of service; **~antritt** *m* taking up (or entering upon) one's duties, **~anweisung** *f* working instructions

**Dienstbarkeit** *f*, **beschränkt persönliche ~** limited personal servitude

**Dienst~**, **~bezüge** *pl* emoluments; remuneration; **~eid** *m* oath of office; **d~eintegrierendes digitales Fernmeldenetz** *f* (ISDN) integrated services digital network (ISDN); **d~enthoben sein** to be suspended; **~fahrt** *f* business trip; **~fahrzeug** *n* service vehicle; company car; **d~frei** off duty; **Bruch des ~geheimnisses** *n* breach of professional secrecy; **~gespräch** *n tel* business call; official call; **~jahr** *n* year of service

**Dienstleistungen** *fpl* services; service transactions; **~ für die Allgemeinheit** community services; **aktive ~** *(Außenhandel)* services provided to other countries; **erbrachte ~** services rendered; **öffentliche ~** public services; **passive ~** *(Außenhandel)* services received from other countries

**Dienstleistungsbetrieb** *m* service company (or organisation); **gewerblicher ~** commercial service enterprise

**Dienstleistungsbilanz** *f* balance of service transactions; balance on invisible trade; services account; *Am* net position on service; **Defizit der ~** deficit in the service balance, deficit on services

**Dienstleistungs~**, **~freiheit** *f* freedom to supply services; **~gebühr** *f* service charge; **~gewerbe** *n* service industry; **~kosten** *pl* cost of services; **~marke** *f* service mark; **~sektor** *m* service sector; tertiary sector; **~unternehmen** *n* service company

**Dienstleistungsverkehr** *m* service transactions, **freier ~** *(EU)* freedom to provide services; **freier ~ für Ärzte** *(EU)* freedom to provide medical services; **~ mit dem Ausland** external services

**dienstlich** official; in the course of one's official duties; **in ~er Eigenschaft** *f* in one's official capacity; **~ verreisen** to travel on business

**Dienst~**, **~raum** *m* office; **~reise** *f* business trip; **auf ~reise** travelling on business; **~stelle** *f* office; agency; **~stellen der Kommission** *(EU)* Commission's departments; **~stunden** *fpl* business hours, office hours; **~vertrag** *m* contract of service (or employment); **~vorgesetzter** *m* superior; **auf dem ~weg** *m* through official channels; **~wohnung** *f* official residence; **~zeit** *f* hours of service; years of service; tenure of office; **~zeugnis** *n* testimonial

**Diesel~**, **~kraftstoff** *m* (od. **~öl** *n*) diesel fuel; **~motor** *m* diesel engine

**Dietrich** *m* skeleton key; picklock

**Differenzial~**, **~fracht** *f* differential (or discriminating) freight; **~tarif** *m* differential tariff; **~zoll** *m* differential duty

**Differenzhandel** *m (Börse)* buying on margin

**differieren**, **Preise ~** prices differ from each other, prices vary

**digitale** → Abschreibung

**Digital-Kommunikation** *f*, **europäische schnurlose ~** (Dect) digital European cordless telecommunications (DECT)

**Diktat** *n*, **~ aufnehmen** to take dictation; **nach ~ verreist** dictated by ... and signed in his/her absence

**Diktatzeichen** *n* reference initials; *Am* identification initials

**Diktiergerät** *n* dictating machine; dictaphone; **Fern~** teledictating machine; **Schreiben mit ~** audio-typing

**dinglich**, **~es Recht** *n* real right; *Am* property right; **~e Sicherheit** *f* real security

**Diplom** *n* diploma; **Gleichwertigkeit der ~e** *(EU)* equality of (degrees and) diplomas; **ein ~ haben** to hold a diploma

**Diplom** holding a diploma; certificated, certified; **~ingenieur** *m* certified engineer; **~kaufmann** *m* holder of a business diploma; commercial graduate; graduate in business studies; Master of Business Administration (M.B.A.); **~landwirt** *m* graduate in agriculture; holder of a diploma in agriculture

**diplomatisch**, **auf ~em Wege** *m* through diplomatic channels

**direkt** direct; **~e** → Abschreibung; **~e Kosten** *pl* direct cost; **~e Steuer** *f* direct tax; **~e Verbindung** *f (Bahn)* through connection; **Waren ~ von der Fabrik beziehen** to obtain goods direct

**Direkt~**, **~absatz** *m* direct selling; **~anlage** *f (Immo)* direct investment; **~anlandungen** *fpl* (right to) direct landings; **~bestellung** *f* order placed direct (*bei* with); **~darlehen** *n* **der Kreditinstitute** bankers' direct lending; **~einkauf** *m* direct buying (or purchasing); **~emission** *f* direct issue; **~finanzierungen** *fpl* direct financing; **~geschäfte** *npl* direct transactions; **~investitionen** *fpl* direct investments

**Direktion** *f* management; head office, directorate, administration; **~sassistent** *m* personal assistant (to the manager); **~sausschuss** *m* management (or steering) committee

**Direkt~**, **~kredite** *mpl (aufgenommen)* direct borrowings; *(gewährt)* direct lendings; **~lieferung** *f* direct (or drop) shipment

**Direktor** *m* manager; **kaufmännischer ~** commercial manager; **leitender ~** chief executive; managing director; **technischer ~** technical director

**Direktorium** *n* directorate; management committee; board; **~ des Internationalen Währungsfonds** executive directors of the IMF

**Direkt~**, **~produktrentabilität** *f* direct product profitability; **~übertragung** *f* live broadcast (or transmission); **~übertragung von Fernsehsendungen über Satellit** direct satellite television broadcasting; **~verkauf** *m* direct sale; personal selling; **~versand** *m* direct shipment; **~wahl** *f (EU)* direct election (für to); **~werbung** *f* direct advertising

**Disagio** *n* discount; **~anleihe** *f* discount bond (bearing no interest); **~darlehen** *n* loan paid out at a discount (to borrower)

**Diskont** *m* discount; **~en** *pl* discounts; domestic bills of exchange; **ein ~ geht ab** a discount is given (or allowed); **den Diskont erhöhen** to raise the discount rate

**Diskont~**, **~einreichung** *f* presentation for discount; **~erhöhung** *f* increase in the discount rate; *Br* rise in (*Am* raise of) the discount rate; **d~fähig** discountable, eligible for discount; **~festsetzung** *f* fixing of the discount rate; **~gebühr** *f* discount charge; **~geschäft** *n* discount business

**diskontieren** to discount; **~de Bank** *f* discounting bank

**diskontierter Wechsel** *m* discounted bill

**Diskontierung** *f* discounting; → Wechsel~; **zur ~ einreichen** to hand in for discount

**Diskont~**, **~kredit** *m* discount credit; **~politik** *f* discount rate policy

**Diskontprovision** *f* discount commission
**Diskontsatz** *m* bank rate, discount rate; *Am* rediscount rate; **~änderung** *f* bank rate change; **den ~ erhöhen** to increase (or raise) the discount rate; **den ~ senken** to reduce (or lower) the discount rate
**Diskont~**, **~senkung** *f* lowering of the bank rate; bank rate cut; **~spesen** *pl* discount charges; **~wechsel** *mpl* discounted bills
**Diskretion** *f*, **wir bitten Sie**, **~ zu wahren** may we ask you to treat the matter with discretion; **~ zusichern** to assure discretion
**Diskriminierung** *f* discrimination, discriminatory practices; **~sverbot** *n* ban on discrimination
**Diskussion** *f*, **zur ~ stehen** to be up for discussion
**Dispache** *f (Vers.)* statement of average; adjustment of average; **die ~ aufmachen** to state (or adjust) the average
**Dispacheur** *m* average adjuster (or stater)
**Disparität** *f*, **Verringerung der regionalen ~en** *pl (EU)* lessening of regional disparities
**Disponent** *m* managing clerk; departmental manager
**disponibel** → verfügbar
**disponieren** to dispose of; to make arrangements for
**Disposition** *f* scheduling; disposal; drawing (on an account); **~en** *pl* arrangements; planning; operations; placing an order (for); ordering; *(etw.)* **zur ~ stellen** to make available
**Dispositions~**, **~kredit** *m* overdraft facility; **~papiere** *npl* documents of title (to goods)
**Dissens** *m* lack of agreement
**Distanz~**, **~fracht** *f* pro rata freight; **~geschäft** *n* drop shipment business; **~wechsel** *m* out-of-town bill
**Distribution** *f* distribution; **~slogistik** *f* distribution logistics
**Disziplinar~**, **~maßnahmen** *fpl* disciplinary action; **~verfahren** *n* disciplinary proceedings
**diverse Ausgaben** *fpl* sundry expenses, sundries
**Diversifikation** *f* diversification; **~sentscheidung** *f* decision how to diversify; **~vorhaben** *n* diversification project
**diversifizieren** to diversify
**Dividende** *f* dividend; *(Vers.)* bonus; **mit ~** cum dividend (cum div.); *Am* dividend on; **ohne ~** ex dividend (ex div., x. d.); *Am* dividend off; **~ in Form von Gratisaktien** share (*Am* stock) dividend; **aufgelaufene ~** accumulated dividend; **ausgefallene ~** omitted (or passed) dividend; **ausgeschüttete ~** distributed dividend; **ausstehende ~** dividends receivable; **in Waren gezahlte ~** commodity dividend; **wiederangelegte ~** reinvested dividend; **e-e ~ ausschütten** to distribute (or pay) a dividend; **e-e ~ beziehen** to be in receipt of a dividend; **e-e ~ erklären** (od. **festsetzen**) to declare a dividend; **keine ~ zahlen** to pass a dividend
**Dividenden~**, **~abrechnung** *f* dividend note; **~abschnitt** *m* dividend coupon; **~ausfall** *m* passing of a dividend; **~ausschüttung** *f* dividend distribution; **~bekannmachung** *f* notice of dividend; **d~berechtigt** entitled to dividend; **nicht sofort d~berechtigte Aktien** deferred shares (or stock); **~bezieher** *m* dividend recipient; **~bogen** *m* dividend coupon sheet; **~deckung** *f* earnings cover *(i. e. the ratio of earnings to dividends)*; **~einkommen** *n* dividend income; **~erträge** *mpl* dividend income; **~forderungen** *fpl* dividends receivable; **~garantie** *f* dividend guarantee; **~inkasso** *n* collection of dividend; **~papiere** *npl* dividend-bearing securities; equities; **~rendite** *f* dividend yield; **~rückstände** *mpl* arrears of dividends; **fester ~satz** *m* fixed rate of dividend
**Dividendenschein** *m* dividend coupon; **~bogen** *m* dividend coupon sheet; **Einlösung der ~e** *pl* collection of dividends
**Dividenden~**, **~senkung** *f* dividend cut; **~steuer** *f* dividend tax; **~termin** *m* dividend due date; **~verbindlichkeiten** *fpl* dividends payable; **~verzicht** *m* waiver of dividends; **~werte** *mpl* → ~papiere; **d~zahlende Gesellschaft** *f* company paying dividends
**Dock** *n* dock; **~arbeiter** *m* docker; **~gebühren** *fpl* dock dues; **~lagerschein** *m (Kailagerschein)* dock warrant; **~quittung** *f* dock receipt
**Dokument** *n* document, deed, instrument; **~e** *pl (über Warensendung ausgestellte Urkunden)* documents; **~e gegen Akzept** documents against acceptance (D/A); **~e gegen Zahlung** documents

against payment (D/P); **~e aufnehmen** to take up documents; **nicht von ~en begleiteter Wechsel** clean bill (of exchange); **dem Käufer bei der Beschaffung von ~en behilflich sein** to render (or give) the buyer assistance in obtaining the documents; **die ~e übergeben** to hand over the documents

**Dokumentenakkreditiv** *n* documentary (letter of) credit; **wir eröffnen hiermit dieses ~ zu Ihren Gunsten** we hereby issue in your favo(u)r this documentary credit

**Dokumenten~**, **~andienung** *f* tendering of documents; **~einreichung** *f* presentation of documents; **~inkasso** *n* documentary collection; **~lenkung** *f (QM)* document control; **~tratte** *f* documentary draft (or bill)

**Dollar** *m* dollar ($); **in ~ ausgedrückt** (od. **umgerechnet**) in dollars

**Dollar~**, **~abwertung** *f* fall in the value of the dollar; devaluation of the dollar; dollar depreciation; **~anlage** *f* dollar investment; **~anleihe** *f* dollar bond; **~guthaben** *n* dollar balance; **~klausel** *f* dollar clause; **~kurs** *m* dollar rate (of exchange); **~lücke** *f* dollar gap; **~schwäche** *f* weakness of the dollar; **~schwankungen** *fpl* fluctuations of the dollar; ups and downs of the dollar

**Dolmetscher** *m*, **e-n ~ bestellen** (od. **zuziehen**) to arrange for an interpreter; to secure the services of an interpreter

**Domizil** *n* domicil(e); **~gesellschaft** *f* company domiciled abroad

**domizilierter Wechsel** *m* domiciled bill

**Domizil~**, **~provision** *f* domicile commission; **~vermerk** *m* domicile note; **~wechsel** *m* domiciled bill (of exchange)

**Doppel** *n* duplicate

**Doppelbesteuerung** *f* double taxation; **~sabkommen** *n (DBA)* Double Taxation Agreement; **Befreiung von der ~** double taxation relief; **Vermeidung der ~** avoidance of double taxation; **die ~ beseitigen** to eliminate double taxation; **~ vermeiden** to avoid double taxation

**Doppel~**, **~boden** *m* false bottom; **~brief** *m* overweight letter; **~mandat** *n (EU)* dual parliamentary mandate; **~packung** *f* double-sized package; **~quittung** *f* receipt in duplicate; duplicate receipt; **d~seitige Anzeige** *f* double-page spread

**doppelt**, **~e Buchführung** *f* double-entry bookkeeping; **~e Lebensversicherungssumme** *f* **bei Unfalltod** amount of benefit doubled in case of accidental death; **zum ~en Preis** *m* at double the price; **~ besteuertes Einkommen** *n* doubly taxed income; **~ so viel bezahlen** to pay double (or twice) as much

**Doppel~**, **~veranlagung** *f* joint (or double) assessment *(tax declaration)*; **~verdiener** *m* person with two jobs; *pl* husband and wife both earning; **~versicherung** *f* double insurance; **~zentner** *m* (dz.) double centner, quintal (100 kilograms)

**Dose** *f* tin, can; **~konserven** *fpl* tinned (or canned) foods; **in ~ einmachen** to tin, to can

**dotieren** to endow; **die Rücklagen mit ... € ~** to allocate € ... to the reserves

**Dotierung** *f* allocation; endowment

**Draht~**, **~akzept** *n* telegraphic acceptance; **~anschrift** *f* telegraphic address

**drahten** to wire

**drängen**, **~ auf** to press for, to insist on; **jdn vom Markt ~** to push sb. off the market

**drängender Gläubiger** *m* dun

**Drehbleistift** *m* automatic pencil; *Br* propelling pencil; *Am* mechanical pencil

**Dreiecks~**, **~beziehungen** *fpl* triangular relations; **~geschäft** *n* triangular transaction

**Dreier~**, **~konferenz** *f* tripartite conference; **~treffen** *n* tripartite meeting

**dreifach** threefold; **in ~er Ausfertigung** *f* in triplicate

**Drei~**, **~farbendruck** *m* three-colo(u)r print; **d~jährig** triennial; **d~mal so viel** three times as much; **~meilenzone** *f* three-mile zone; **~monatsfrist** *f* term of three months; **~monatsgeld** *n* three months' money; **~monatswechsel** *m* three months' bill; **d~spurig** three-lane; **~viertelmehrheit** *f* three-quarters majority; **d~wöchiger Urlaub** *m* three-week holiday (*Am* vacation)

**dringend** urgent, pressing; **~e Bitte** *f* urgent request; **~e Geschäfte** *npl* pressing business; **~ benötigen** to need urgently, to want badly; **~ ersuchen** to request earnestly, to urge; **~ raten** to advise strongly

**Dringlichkeit** *f* urgency; priority; **von höchster ~** of top priority; **Auftrag mit besonderer ~** order of special priority;

**aus Gründen der ~** on grounds of urgency; **~sverfahren** *n (EU)* emergency procedure

**dritt**, **~es Land** *n* → D~land; **~er Markt** *m (EU)* market outside the Community; outside market; **an ~er Stelle** *f* in the third place; **~e Wahl** *f* third-class quality; thirds; **D~e Welt** *f* Third World

**Dritt**, **~en** *pl* **gegenüber** vis-a-vis third parties; **für Rechnung e-s ~en** for the account of a third party; **Vertrag zugunsten e-s ~en** third-party beneficiary contract; **an den Waren besteht ein Recht ~er** the goods are subject to the right of a third person

**Dritt~**, **~gläubiger** *m* third-party creditor; **d~klassig** third class; **~land** *n* third country; *(EU)* non-member country; non-Community country; country outside the Community; **~landsbeziehungen** *fpl* **der Gemeinschaft** *(EU)* relations with non-member countries; **~landseinfuhren** *fpl (EU)* imports from non-member countries; **~landswaren** *fpl (EU)* products from third countries (or non-member countries)

**Drittländer** *npl*, **aus ~n** *(EU)* from outside the Community; **Arbeitnehmer aus Mitgliedstaaten oder aus ~n** *(EU)* workers from member or non-member countries; **Handel** *m* **mit ~n** *(EU)* trade with non-member countries; extra-Community trade; **~markt** *m (EU)* market in non-member countries

**Dritt~**, **d~rangiges Hotel** *n* third-class category hotel; **~schuldner** *m* third-party debtor; garnishee; **~staaten** *mpl (EU)* non-member countries; **~staatsangehöriger** *m (EU)* citizen of third state; **~währungen** *fpl (EU)* non-Community currencies

**Drogen~**, **d~abhängig** drug dependent; drug addicted; **~angebot** *n* **und ~nachfrage** *f* supply of and demand for drugs; **~bekämpfung** *f* fight against (narcotic) drugs; **d~erzeugende Länder** *npl* drug-producing countries; **~geldwäsche** *f* money laundering (especially associated with drug dealing); **~geschäft** *n* drug deal; **(illegaler) ~handel** *m* (illicit) drug trafficking; **internationaler ~handel** international drug trafficking; **~händler** *m* drug dealer; **~missbrauch** *m* drug abuse; **~sucht** *f* drugs addiction; **d~süchtig** addicted to drugs

**Drohbrief** *m* threatening letter

**drohende Verluste** *mpl* impending losses

**drosseln** to curb, to restrict, to reduce, to slow down, to check; **die Ausfuhren ~** to restrict (or check) exports; **die Ausgaben ~** to curb (or restrain) expenditure; **die Nachfrage ~** to reduce (or slow down) the demand

**Drosselung** *f*, **~ der Produktion** reduction (or curtailment, cutback) of production; **~ des Verbrauchs** reduction of consumption

**Druck** *m* 1. pressure, squeeze; **~ auf den Geldmarkt** money market pressure; **der inflatorische ~ hält an** the inflationary pressure persists; **wirtschaftlichen ~ anwenden** to exert economic pressure; **die Preise gerieten unter ~** prices came under pressure (or were depressed)

**Druck** 2. print(ing); **~auftrag** *m* printing order

**drucken** to print ( → gedruckt)

**drücken**, **~ auf** to have a depressing effect on; **Löhne ~** to bring (or force) down wages; **Preise ~** to force down prices; (stark) to knock down prices

**Drucksache** *f* printed matter (zu ermäßigter Gebühr at reduced rate); → Werbe~; **~nwerbung** *f* printed advertising; direct-mail advertising

**Dubiosen** *pl* doubtful accounts

**Dumping** *n* dumping; **~betreiben** to dump

**Dumping~**, **~bestimmungen** *fpl (z. B. des GATT)* rules on dumping; **~einfuhren** *fpl* dumped imports; **~klage** *f* anti-dumping suit

**Dumpingpraktiken** *pl* dumping practices; **Kampf gegen ~** anti-dumping action; **~ bekämpfen** to counter dumping

**Düngemittel** *n* fertilizer; **Kunst~** (chemical) fertilier(s); **Misch~** composite fertilizer(s); **natürliches ~** manure; **Kali~** potash fertilizer(s); **Phosphat~** phosphatic fertilizer(s); **Stickstoff~** nitrogenous fertilizer(s); **~industrie** *f* fertilizer industry; **~markt** *m* fertilizer market

**Düngerstreumaschine** *f* fertilizer spreader

**dünne Kapitaldecke** *f* thin capital base

**Duplikat** *n* duplicate; **~konnossement** *n* duplicate bill of lading; **~quittung** *f* duplicate receipt

**Durchbruch** *m* breakthrough

**durchdringen**, **den Markt ~** to penetrate the market

**Durchdrückpackung** *f* strip packing

**Durchfahrt** *f* passage; transit; **~ durch ein Drittland** *(EU)* transit through a non-member country

**durchfliegen** to fly through

**Durchfracht** *f* through (or transit) freight; **~konnossement** *n* through bill of lading; **~transportpapier** *n* through document of transport

**Durchfuhr** *f* transit (durch through); **bei der ~ von Waren erhobene Abgaben** charges (or duties) levied upon the transit of goods; transit duties

**Durchfuhr~**, **~beschränkung** *f* restriction on transit; **~bewilligung** *f* transit permit

**durchführen** to carry out; to implement; **Geschäfte ordnungsgemäß ~** to conduct business properly; **Maßnahmen ~** to put measures into effect; **ein Vorhaben ~** to implement (or carry out) a project; **Waren durch ein Drittland ~** to carry goods through a third country

**Durchfuhr~**, **~fracht** *f* transit freight; **~freiheit** *f* freedom of transit; **~land** *n* country of transit; **einzelstaatliches ~papier** *n (EU)* national transit document; **~spediteur** *m (EU)* transit agent

**Durchführung** *f* carrying out; implementation; **~ von Aufgaben** performance of functions; discharge of duties; **~ e-s Beschlusses** implementation of a decision; **~ der gemeinsamen Handelspolitik** *(EU)* implementation of the common commercial policy

**Durchführungsanweisungen** *fpl (QM)* standard operating procedures (SOP)

**Durchführungsbestimmungen** *fpl* implementing regulations; **der Rat erlässt die ~ zu diesem Artikel** *(EU)* the Council shall adopt provisions to implement this Article

**Durchfuhr~**, **~verbot** *n* prohibition on transit; **~verkehr** *m* traffic in transit; **~zoll** *m* transit duty

**Durchgang** *m* passage; transit; **~sfracht** *f* through freight; **~sgüter** *pl* transit goods; **~shandel** *m* transit trade; **~skonnossement** *n* through B/L; **~skonto** *n* suspense account; transit account

**Durchgangsverkehr** *m* through traffic; **Waren im ~** goods in transit; **~ durch das Hoheitsgebiet e-s Mitgliedsstaates** *(EU)* transport passing through (or transport crossing) the territory of a Member State

**Durchgangs~**, **~waren** *fpl* goods in transit; **~zoll** *m* transit duty; **~zollstelle** *f* customs office en route

**durchgehen** to go through; *(Ware)* to be in transit; *(angenommen werden)* to be carried (or adopted); to pass; **~de Waren** *fpl* goods in transit

**durchgehend** *(Zug, Flug)* non(-)stop; **~er Verkehr** *m* through traffic; **~er Wagen** *(im Zug)* through carriage (or coach)

**Durchkonnossement** *n* through bill of lading

**durchlaufender Kredit** *m* loan on a trust basis

**Durchleitgelder** *pl* transmitted funds

**durchnässt** soaked

**Durchreise** *f* journey through; **~visum** *n* transit visa

**Durchschlag** *m* (carbon) copy; **~spapier** *n* carbon paper; *Am* onion-skin paper

**Durchschnitt** *m* average; **im ~** on an average; **annähernder ~** rough average; **gewichteter ~** weighted average; **über dem ~ liegendes Einkommen** above-average income; **Firma mit e-m Umsatz, der unter dem ~ liegt** firm with below-average sales; **sich im ~ belaufen auf** to average; **im ~ ... € verdienen** to earn € ... on an average; to average € ...

**durchschnittlich** average, on (an) average; **~e Kreditlaufzeit** *f* mean length of credit; **von ~er Qualität** *f* of average (or ordinary, fair) quality; **~er Verbraucher** *m* ordinary (or average) consumer; **~ betragen** to average

**Durchschnitts~**, **~alter** *n* average age; **~ertrag** *m* average yield; **~geschwindigkeit** *f* average speed; **~kosten** *pl* average costs; **~kurs** *m* average price (or rate); **~lohn** *m* average wage; **gute ~qualität** *f* fair average quality (f. a. q.); **~rendite** *f* average yield; **~verbrauch** *m* average consumption

**Durchschreibebuchführung** *f* multiple copy bookkeeping system

**Durchschrift** *f* carbon copy

**durchsehen** to look over; **die Bücher ~** to examine (or inspect) the books

**durchsetzen**, **seine Rechte ~** to enforce one's rights

**Durchsicht** *f* looking over; examination, inspection; **wir fügen e-e Preisliste zur**

~ bei we enclose a price list for your perusal
**durchsichtig** transparent
**durchstreichen** to strike out; to cancel
**durchsuchen** to search
**Durchsuchung** *f*, ~ **von Wohnungen** search of private homes; **~sbefehl** *m* search warrant
**Durchwahlnummer** *f tel* direct dialling number
**Dürre** *f*, **anhaltende ~** persistent drought; **Auswirkungen e-r schweren ~** consequences (or effects) of a serious drought; **von der ~ betroffene Länder** countries affected by the drought
**Düsen~**, **~großraumfahrzeuge** *npl* wide-bodied jet aircraft; **~(verkehrs-) flugzeug** *n* jet liner, jet aircraft
**düstere Voraussage** *f* gloomy forecast
**Dutzend** *n* dozen; **~ware** *f* mass-produced goods; **d~weise** by the dozen
**DVA-Zubehör** *n* computer supplies (→ Datenverarbeitung)
**dynamisch** dynamic; **~e Rente** *f* wages-linked pension, earnings-linked pension

# E

**EAG-Vertrag** *m* (Vertrag zur Gründung der Europäischen Atomgemeinschaft) EAEC-Treaty (Treaty establishing the European Atomic Energy Community) (→ Euratom-Vertrag)
**EAGFL** → Europäischer Ausrichtungs- und Garantiefonds für die Landwirtschaft; **Zuschuss** *m* **aus dem ~** aid from the EAGGF
**Ebene** *f*, **auf einzelstaatlicher ~** *(EU)* at national level; **auf Gemeinschafts~** (EU) at Community level; **Treffen auf höchster ~** top-level meeting; **auf hoher ~** high level
**EBM** *f* EBM = Wirtschaftsverband Eisen, Blech und metallverarbeitende Industrie *f* tool and finished metal goods industry
**echt** genuine; authentic; *(Schmuck)* real; **~es Factoring** *n* old-line factoring
**Echtheit** *f* genuineness; authenticity; **~ e-r Unterschrift** genuineness of a signature; **~sbescheinigung** *f* certificate of authenticity; **die ~ bescheinigen** to attest the authenticity; to authenticate

**Echtzeitverarbeitung** *f (EDV)* real time processing
**Eck~**, **~beschläge** *mpl (z. B. e-s Containers)* corner fittings; **~daten** *fpl* benchmarks, key performance indicators; **~grundstück** *n* corner lot; **~lohn** *m* basic (or standard) wage; **~wert** *m* benchmark figure; **~werte** *mpl* key data; **Eckzins** *m* basic rate of interest
**Edel~**, **~metall** *n* precious metal; **~metallmarkt** *m* bullion market; **~metallterminkontrakte** *(Börse) mpl* precious metal futures;
**EDV**, EDP (→ elektronische Datenverarbeitung); **~-Anlage** *f* electronic data processing equipment; **~-Zubehör** *n* EDP accessories
**EEF**, EDF (→ Europ. Entwicklungsfonds)
**Effekten** *pl* securities; shares and bonds
**Effekten~**, **~abrechnung** *f (für den Wertpapierkunden) Br* contract note; bought or sold note; **~anlage** *f* investment in securities; **~arbitrage** *f* arbitrage in securities; **~besitzer** *m* holder (or owner) of securities; **~auftrag** *m* buying or selling order; order for dealing in securities; **~beleihung** *f* lending against securities; **~bestand** *m* holdings in securities; **~börse** *f* stock exchange; securities market; stock market; **~depot** *n* securities deposit; *Am* custodianship account; **~emission** *f* issue of securities; **~geschäft** *n (e-r Bank)* securities business; **~giroverkehr** *m* clearing system for settling transactions in securities; **~handel** *m* trading (or dealing) in securities; **~händler** *m* dealer in securities; *Br* market maker; *Am* stock dealer; **~kommissionär** *m* agent (mostly a bank) buying or selling securities in his own name, but for account of a customer; **~kredit** *m* loan on securities; **~kurs** *m* stock market price; quotation; **~lombard** *m* advance on securities; **~platzierung** *f* private *Br* placing (*Am* placement); **~portefeuille** *n* securities portfolio; **~skontro** *n* securities ledger; **~sparen** *n* saving through (investment in) securities; **~terminhandel** *m* forward transactions (or future trading) in securities; **~verwahrung** *f* (safe) custody of securities; **~verwaltung** *f* investment management, portfolio management
**effektiv**, **~e Inventur** *f* physical inventory;

**~e Lieferung** *f* actual delivery; **~er Wert** *m* real value

**Effektiv~**, **~betrag** *m* actual amount; **~geschäft** *n* spot market transaction; *(Börse)* dealing in actuals *(Ggs. Termingeschäft)*, spot market transaction; **~kosten** *pl* actual cost; **~lohn** *m* actual wage; **~rendite** *f* effective yield; **~verdienst** *m* actual earnings; **~verzinsung** *f* effective interest yield (of a bond)

**effizient** efficient

**Effizienz** *f* efficiency

**EFRE**, ERDF ( → Europäischer Fonds für regionale Entwicklung); **Zuschüsse des ~** ERDF grants

**EFTA** → Europäische Freihandelassoziation

**EGB**, ETUC ( → Europäischer Gewerkschaftsbund)

**EGKS**, ECSC ( → Europäische Gemeinschaft für Kohle und Stahl); **~-Anleihe** *f* ECSC loan; **~-Erzeugnisse** *npl* ECSC products; **~-Haushalt** *m* ECSC budget; **vereinheitlichter ~-Tarif** *m* ESCS unified tariff; **~-Umlagen** *fpl* ECSC levies; **~-Umlagesatz** *m* ECSC levy rate; **~-Umstellungsdarlehen** *n* ECSC conversion loan; **~-Vertrag** *m* ECSC Treaty; **unter den ~-Vertrag fallende Erzeugnisse** products falling within the ECSC Treaty; **~-Waren** *fpl* ECSC products

**Ehe** *f* marriage; **e-e ~ aufheben** to annul a marriage; **e-e ~ scheiden** to divorce a marriage; **e-e ~ schließen** to contract (or conclude) a marriage; to get married

**Ehe~**, **~aufhebung** *f* annulment of marriage; **~auflösung** *f* dissolution of marriage; **~gatten** *pl* spouses, husband and wife

**ehelich** conjugal, marital; legitimate; **~e Gütergemeinschaft** *f* community of property between spouses; **~es Güterrecht** *n* matrimonial property regime; **~e Lebensgemeinschaft** *f* consortium; cohabitation (of husband and wife)

**Ehe~**, **~nichtigkeit** *f* nullity of marriage; **~sachen** *fpl* matrimonial cases

**Ehescheidung** *f* divorce; **auf ~ klagen** to petition for divorce

**Ehescheidungs~**, **~grund** *m* ground for divorce; **~klage** *f* petition for divorce; **~prozess** *m* divorce suit; **~urteil** *n* divorce decree

**Ehe~**, **~schließung** *f* marriage (ceremony); **~vertrag** *m* marriage contract (or settlement)

**Ehren~**, **~akzept** *n* acceptance for hono(u)r (or by intervention); **~akzeptant** *m* acceptor for hono(u)r (or by intervention); **e~amtlich** honorary; unpaid; **~eintritt** *m* *(bei Wechselprotest)* act of hono(u)r; **e-n Wechsel e~halber zahlen** to pay a bill for hono(u)r; **~karte** *f* complementary ticket; **~zahler** *m* payer (of protested bill) for hono(u)r; **~zahlung** *f* payment for hono(u)r

**ehrlich** honest

**Ehrlichkeit** *f* honesty

**EIB-Darlehen** *n* EIB loan ( → Europäische Investitionsbank)

**eichen** to calibrate

**Eichung** *f* calibration; *(Schiff)* measurement; **~en durchführen** to carry out calibrations

**Eid** *m* oath; **e-n ~ ablegen** to make (or take an) oath; **e-n ~ abnehmen** to administer an oath; **unter ~ aussagen** to give evidence (or testify) under (*Br auch* on) oath

**eidliche Aussage** *f* statement under oath

**eidesstattliche Erklärung** (od. **Versicherung**) *f* declaration (or affirmation) in lieu of an oath; *Br* statutory declaration; *(schriftl.)* affidavit

**eidlich aussagen** to state on (or under) oath; *(als Zeuge)* to give evidence on oath

**eidliche Erklärung** *f* sworn declaration (or statement); *(schriftlich)* affidavit; **e-e ~ abgeben** to make a declaration on oath; *(schriftl.)* to swear an affidavit

**eidliche Vernehmung** *f* examination under oath

**eigen**, **~e Aktien** *pl (e-r AG)* own shares; *(zurückgekaufte)* repurchased shares; *Am* treasury stock; **~es Fabrikat** *n* own make (or manufacture); **für den ~en Gebrauch** *m* for personal (or private) use; **auf ~e Gefahr** *f* at one's own risk, **ein ~es Geschäft** *n* **haben** to be in business on one's own account; **~es Haus** *n* house of one's own; **~e Mittel** *pl* → Eigenmittel; **für ~e Rechnung** *f* on (or for) one's own account; **~er Wechsel** *m* promissory note

**Eigen~**, **~bedarf** *m* personal requirement(s) (or needs); *(e-s Landes)* home requirement(s); **~behalt** *m (Vers.)* retention; **~bestände** *pl (e-s Kreditinstituts)* own holdings; **~erzeugnis** *n* own product; company-manufactured product; **~finanzierung** *f* self-financing; equity financing; financing from own resources; **~geschäft** *n* business (or transaction) for one's own account; **~gewässer** *npl* territorial waters; **~gewicht** *n* net weight; *(e-s Containers)* tare weight

**eigenhändig**, **~ zu übergebende Sendung** delivery to addressee in person; **~ unterschreiben** to sign in person (or in one's own hand); **es Testament** *n* holographic will

**Eigen~**, **~händler** *m* trader on one's own account; dealer; *(Börse)* principal; **~heim** *n* own home; owner-occupied house

**Eigenkapital** *n* own capital, own resources; *(e-s Unternehmens)* equity capital; shareholders' (*Am* stockholders') equity; *Am (Bilanz)* net worth, proprietor's equity; **~ausstattung** *f* equity capitalization; **~basis** *f* equity capital base; **~bedarf** *m* equity requirement; **~bildung** *f* equity capital formation; **~kosten** *pl* cost of equity; **~quote** *f* equity ratio; **~rendite** *f* return on equity; **~verzinsung** *f* rate of return on equity; **Verhältnis von ~ zu Fremdkapital** debt/equity ratio

**Eigenleistung** *f* own contribution (or funding)

**Eigenmacht**, **verbotene ~** *f* unlawful private nuisance; trespass; unlawful interference

**Eigen~**, **~marke** *f* house brand; private brand; own-label brand; **~mittel** *pl* own funds (or resources); capital and reserves; **Verhältnis von Fremd- zu ~mittel** *pl* debt-equity ratio

**Eigenproduktion** *f* own production

**Eigenschaft** *f* quality; capacity; characteristic; **in beratender ~** in an advisory capacity; **persönliche ~en** personal characteristics; **im Vertrag ausdrücklich zugesicherte ~en der Ware** qualities of goods expressly guaranteed (or warranted) by the contract

**Eigenständigkeit** *f* **der Gemeinschaft** *(EU)* Community's individual standing (or independence)

**Eigentum** *n* property; ownership; title; **in ausländischem ~** foreign-owned; **fremdes ~** property of another; **öffentliches ~** public property; **privates ~** private property; **~ nach Bruchteilen** ownership in undivided shares; *(an Grundbesitz)* tenancy in common; **~ Dritter** third parties' property; **~ zur gesamten Hand** joint ownership (or tenancy); **geisteiges ~** intellectual property; **~ an Grundbesitz** ownership in (or title to) land; **Eigentum der öffentlichen Hand** public ownership (or property); **~ an Waren** ownership in (or title to) goods; **das ~ an der Ware bleibt bei dem Verkäufer** the property (or ownership) in the goods remains with the seller (→ Kauf unter ~svorbehalt); **~ erwerben** to acquire title; **das ~ geht auf den Erben über** the property passes to (or devolves upon) the heir; **das ~ an der Ware übertragen** to transfer the property in the goods; **sich bis zur Zahlung das ~ vorbehalten** to reserve the property pending payment

**Eigentümer** *m* owner; proprietor; *(von Effekten etc.)* holder; **vom ~ bewohnt** owner-occupied

**Eigentümer~**, **~grundschuld** *f* owner's land charge; **~hypothek** *f* owner's mortgage

**Eigentümerin** *f* proprietress

**Eigentums~**, **~aufgabe** *f* relinquishing of ownership; **~bildung** *f (der Arbeitnehmer)* formation of property (or capital); **~erwerb** *m* acquisition of ownership (or title); **~recht** *n* right of ownership (or property); proprietary right; title; ownership; **~übergang** *m* passing of ownership (or property); **~übertragung** *f* transfer of ownership (or property, title); **~verlust** *m* loss of ownership (or property); **~vorbehalt** *m* reservation of ownership (or title); retention of title; **~wohnung** *f Br* freehold flat; *Am* condominium apartment (or condo)

**Eigen~**, **~verbrauch** *m* personal consumption; *(e-s Unternehmens)* in-house consumption; supplies for personal use; *(durch den Landwirt und seine Familie)* farm household consumption; **~versorgung** *f (e-s Landes)* self-sufficiency; **~wechsel** *m* promissory note

**eignen**, **sich für den Verkauf ~** to be suitable for sale

**Eignung** *f* suitability; aptitude, qualification; **fachliche ~** professional qualification; **~ von Jugendlichen für e-e Arbeit** fitness of young persons for a job; **der ~ entsprechende Stelle** position according to one's aptitude; **~ von Wa-**

**ren für e-n bestimmten Zweck** fitness of goods for a particular purpose
**Eignungsprüfung** *f* aptitude test; qualifying examination
**Eil~**, **~angebot** *n* express offer; **~auftrag** *m* express (or urgent) order; rush order; **~bedürftigkeit** *f* urgency; **~beförderung** *f* sending parcels (etc.) by express; **durch ~boten** *Br* express delivery; *Am* by special delivery; **~brief** *m* express letter; *Am* special delivery letter; **Waren als ~fracht** *f* **senden** to send goods by express; *Am* to send goods fast freight; **~gebühr** *f (Post) Br* express fee; *Am* special delivery fee; **~geld** *n (für Einsparung von Ladezeit)* dispatch money; **Eilgut** *n* goods sent by express; *Am* dispatch goods; **als ~gut** *Br* by express; *Am* by fast train
**eilig**, **~er Auftrag** → Eilauftrag; **~st** with utmost dispatch
**Eil~**, **~luftfracht** *f* express air cargo; **~paket** *n* express parcel (or package)
**eilt** *(auf Briefen)* urgent
**Eilzustellung** *f* rush delivery, express delivery
**einarbeiten**, **sich ~** to get familiar with; to become acquainted with; **jdn ~** to train sb. (for a job)
**Einarbeitung** *f* orientation (in a new job); *(e-s anderen)* training (for a job)
**einbauen** to install, to fit
**einbehalten** to retain, to withhold; **~er Betrag** *m* retained sum, retention; **von den Dienstbezügen des Personals ~e Beträge** *pl* amounts deducted (*Am* withheld) from employees' salaries; **~e Gewinne** *mpl* retained earnings
**Einbehaltung** *f* **von Steuern** *Br* retention (*Am* withholding) of taxes
**einberufen** to call, to convene, to convoke; **e-e Sitzung ~** to call a meeting
**Einberufung** *f*, **~ der Hauptversammlung** calling of (or convening) a shareholders' meeting; **~sbekanntmachung** *f* notice of meeting
**Einbiegen** *n (von Kraftfahrzeugen)* turning
**einbrechen**, **in ein Haus ~** to break into a house; to burgle; *Am colloq.* to burglarize a house
**Einbrecher** *m* burglar, housebreaker
**Einbringen** *n* **von Abfällen ins Meer** dumping of waste at sea
**einbringen** to bring in; to contribute; to yield; *(Abfallstoffe ins Meer)* to dump; *(Kosten)* **wieder~** to recover; **die Ernte ~** to gather the harvest; **e-n Gewinn ~** to bring in (or yield) a profit; **Kapital in e-e Firma ~** to bring capital into a firm; to contribute capital to a firm; **das Haus bringt jedes Jahr ... € ein** the house brings in € ... each year; **ein Geschäft, das viel einbringt** a profitable business
**Einbringung** *f* contribution
**Einbruch** *m* breaking and entering; break-in; *fig* inroad; *com* break, slump, set(-) back; → Konjunktur~
**Einbruchs~**, **~alarm** *m* burglar alarm; **~diebstahl** *m* theft by breaking and entering; burglary; **~versicherung** *f* burglary insurance
**einbürgern** *(Ausländer)* to naturalize
**Einbürgerung** *f* **e-s Ausländers** naturalization of an alien
**Einbuße** *f* loss, setback, damage; **e-e ~ im Absatz erleiden** to suffer a loss of sales
**einbüßen**, **Kundschaft ~** to lose customers
**eindämmen**, **Ausgaben ~** to bring expenditure under control; to curb expenditure; **die Inflation ~** to curb (or check) inflation; **die Preissteigerung ~** to hold back the rising prices; **die Produktion ~** to curb (or contain) production
**Eindämmung** *f* **der Agrarausgaben** containment of agricultural expenditure
**eindecken**, **sich ~** to stock up, to cover one's requirements; *(Börse)* to buy ahead, to cover; **sich mit Vorräten ~** to stock up on provisions; **sich mit Waren ~** to take in a stock of goods
**eindosen** to tin (or can) (for preservation)
**einfach**, **~e Buchführung** *f* single-entry book-keeping; **~e Fahrkarte** *f Br* single ticket; *Am* one-way ticket; **~er Flug** *m (ohne Rückflug) Br* single flight; *Am* one-way flight; **~e (Stimmen-)Mehrheit** *f* simple majority (vote); **~er Mittelwert** *m* simple average
**Einfahrt** *f (in ein Land)* entry
**Einfluss** *m* influence; clout; **e~reich** influential; **ausschlaggebenden ~ haben** to control; **an ~ verlieren** to lose influence
**einfordern**, **Schulden ~** to call in debts, to demand payment of debts
**Einfrieren** *n* **der Preise** price freeze; freezing prices
**einfrieren** *fig* to freeze
**einfügen** *(z. B. in e-n Vertrag)* to insert

**Einfuhr** *f* import, importation; **~en** *pl* imported goods; **bei der ~** on importation; → abgabenfreie ~; **sichtbare Einfuhr** *(Waren)* visible import(s); **unmittelbare ~en** direct imports; **unsichtbare ~** *(Dienstleistungen)* invisible import(s); **vorübergehende ~** temporary importation; **zollfreie ~** duty-free importation; **die ~en beschränken** to limit (or restrict) imports; **~en drosseln** to curb (or reduce) imports; **die ~en sind gestiegen** imports increased; **~en überwachen** to place imports under surveillance

**Einfuhr~**, **~abfertigung** *f* clearance on importation; **~abgaben** *fpl* import duties; **~abhängigkeit** *f* dependence on imports; **~abschöpfung** *(EU)* import levy; **~anmeldung** *f* import declaration; **~anstieg** *m* increase in imports; **~artikel** *m(pl)* article(s) of importation, imported article(s); imports; **~bedarf** *m* import requirements; need for imports; **~behinderungen** *fpl* barriers to imports; **~beihilfen** *fpl* import subsidies

**Einfuhrbeschränkungen** *fpl* import restrictions; **mengenmäßige ~** quantitative restrictions on imports (or importation); **~ lockern** to relax import restrictions

**Einfuhr~**, **~bestimmungen** *fpl* import regulations; **~deklaration** *f* import declaration; **~dokument** *n (Zoll)* import document

**einführen** to introduce, to establish; *(Waren)* to import; **e-n neuen Artikel ~** to introduce (or launch) a new article; *(Effekten)* **an der Börse ~** to introduce (or list) on the stock exchange; **Waren in ein Land ~** to import goods into a country; **Waren neu in ein Land ~** to introduce goods into a country ( → eingeführt)

**Einführer** *m* importer

**Einfuhr~**, **~erklärung** *f* import declaration; *Br* bill of entry; **~erleichterungen** *fpl* import relief; **~freigabe** *f* import release; **~genehmigung** *f* import licence; **~geschäft** *n (das einzelne)* import transaction; **~güter** *npl* import(ed) goods; imports; **~handel** *m* import trade; **~händler** *m* importer; **~hemmnisse** *npl* barriers to imports; **~kommissionär** *m* import commission agent; **~kontingent** *n* import quota; **~kontingentierung** *f* imposition of import quotas; **~kredit** *m* import credit; **~land** *n* importing country; **~liste** *f* import list

**Einfuhrlizenz** *f (EU)* import licen|ce (~se) (or certificate); **e-r ~ unterworfene Erzeugnisse** products subject to an import licen|ce (~se)

**Einfuhr~**, **~mengen** *fpl* volumes (or quantities) of imports; quantities imported; **~möglichkeiten** *fpl* import possibilities; **geringe ~neigung** *f* low propensity to import; **~ort** *m* place of entry (or importation); **~papiere** *npl* import (or entry) documents; **~preis** *m* import (or entry) price; **~quote** *f* import quota

**Einfuhrregelung** *f* import regulation; **gemeinsame ~** *(EU)* common rules for importation

**Einfuhr~**, **~saison** *f* importing season; **~schleuse** *f* import sluice; **~sperre** *f* embargo on imports; **~steigerung** *f* rise in imports; **~strom** *m* flow of imports; **~subvention** *f* import subsidy; **~tag** *m* day of importation; **~überschuss** *m* import surplus; imports in excess of exports; **~überwachung** *f* monitoring (or surveillance, control) of imports; import control; **~umsatzsteuer** *f* turnover tax on imports

**Einführung** *f*, **~ in ein Amt** introduction to an office; installation; **~ e-s Artikels auf dem Markt** introduction (or launch) of an article on the market; Einführung *(von Wertpapieren)* **an der Börse** introduction (or listing) on the stock exchange; **~ neuer Erzeugnisse** launching of new products

**Einführungs~**, **~angebot** *n* introductory offer; **~auftrag** *m* initial order; **~kurs** *m* issuing (or offering) price; **~preis** *m* introductory price; (low) price introducing a product; **~programm** *n* **für Mitarbeiter** trainee program(me); **~prospekt** *m (Börse)* listing prospectus; **~provision** *f (Börse)* listing commission; **~rabatt** *m* introductory discount (or offer); **~schreiben** *n* letter of introduction; **~tag** *m (Börse)* first day of listing; **~werbung** *f* initial advertising

**Einfuhr~**, **~verbot** *n* ban on imports, import embargo; **~vertreter** *m* import agent; **~volumen** *n* volume of imports; **~waren** *fpl* import(ed) goods; import commodities; imports

**Einfuhrzoll** *m* import duty, customs duty on importation; **Einfuhrzölle** *pl* **für**

**Kohle** customs duties on imports of coal; **Einfuhrzölle** *pl* **oder Abgaben gleicher Wirkung** import duties or charges having equivalent effect; **~ unterliegen** to be chargeable with import duty

**Einfuhrzoll~**, **~zollanmeldung** *f* import customs declaration (or entry); **~zollförmlichkeiten** *fpl* customs import formalities; **e~freie Waren** *fpl* goods exempt from import duty

**einfüllen** to fill in: *(in Säcke)* to sack; *(in Flaschen)* to bottle

**Eingabe** *f* application, petition; *(EDV)* input; **e-e ~ abschlägig bescheiden** to refuse a petition

**Eingabegerät** *n (EDV)* input device

**Eingang** *m (Zutritt)* entrance, entry; *(Einlaufen)* arrival, receipt; **kein ~** no entry; **nach ~ Ihrer Bestellung** upon receipt of your order; **wir bestätigen den ~ der Überweisung** we acknowledge receipt of the remittance

**Eingangs~**, **~abfertigung** *f (Zoll)* clearance inwards; **~abgaben** *fpl* import charges, import duties and taxes; **~bestätigung** *f* acknowledgement of receipt; **~datum** *n* date of receipt; **~fracht** *f* inward freight; carriage inward; **~hafen** *m* port of entry; **~kontrolle** *f* inspection of incoming goods; **(Waren) ~meldung** *f* receiving report; **~prüfung** *f* inspection of incoming goods; **~rechnung** *f* purchase invoice; **~vermerk** *m* notice of receipt; **~zollstelle** *f (EU)* customs office of entry

**eingebaut** built-in; **fest ~** permanently installed; **nachträglich ~** retrofitted, subsequently installed; **~e Anlagen** *fpl* fixtures

**eingeben** *(Daten)* to input, to key in

**eingebrachtes Kapital** *n* contributed capital, capital brought into the firm

**eingebürgerter Ausländer** *m* naturalized alien

**eingedeckt**, **zu hoch ~** overstocked; **zu gering ~** understocked; **mit etw. ~ sein** to be sufficiently provided (or stocked) with sth.

**eingefordert**, *(von Aktionären)* **~es Kapital** *n* called up capital

**eingefroren**, **~e Guthaben** *npl* frozen assets; **~e Kredite** *mpl* frozen credits

**eingeführt, an der Börse ~** *(Effekten)* introduced (or listed) on the stock exchange; **auf dem Markt gut ~** *(Waren)* well established on the market

**eingegangen**, **~e Bestellungen** *fpl* orders received; **~e Verbindlichkeiten** *fpl* liabilities incurred; **~e** → Zahlungen; **Ihre Sendung ist bei uns ~** we (have) received your consignment (or shipment)

**eingehalten**, **die Frist ist ~** the deadline was met

**eingehen** *(Briefe, Aufträge)* to arrive, to come in; to come to hand; *(Verpflichtung)* to incur, to enter into; *(aufhören zu bestehen)* to cease to exist; *(schrumpfen)* to shrink; **auf ein Angebot ~** to accept (or agree to) an offer; **auf Einzelheiten ~** to enter (or go) into details; **Verpflichtungen ~** to incur (or assume) obligations (→ eingegangen)

**eingehend**, **~es Angebot** *n* detailed offer; **~e Begründung** *f* full reasons; **~e Gelder** *npl* incoming payments, receipts; **~e Waren** *fpl* incoming goods; **e-e Frage ~ prüfen** to examine a question (or issue) in detail

**eingeklagter Betrag** *m* amount sued for

**eingelagert**, **~e Güter** *npl* goods in storage

**eingelöster Scheck** *m* paid (or cashed) cheque (check)

**eingerechnet sein** to be included; to be taken into account

**eingeschlossen**, **im Preis ~** included in the price

**eingeschränktes Akzept** *n* qualified acceptance

**eingeschriebener Brief** *m* registered letter

**eingesehen werden können** to be open to inspection

**eingesetztes Kapital** capital employed

**eingetragen** *(im Handelsregister)* registered; incorporated; *(als Mitglied)* enrol(l)ed; **~er Sitz** *m (e-r Gesellschaft)* registered office; **~er** → Verein; **~es Warenzeichen** *n* registered trademark

**eingeweihte Kreise** *mpl* insiders, well-informed circles

**Eingeweihter** *m* insider

**eingezahlt**, **~e Beträge** *mpl* amounts paid in; *(von den Aktionären)* **~es Kapital** *n* paid-up capital

**eingezogene Forderung** *f* collected claim

**eingliedern** to integrate; to incorporate

**Eingliederung** *f* integration; incorporation; **berufliche ~ der Behinderten** vocational integration of the disabled; **~ von**

**Fremdarbeitern in den Arbeitsmarkt** integration of foreign workers in the labo(u)r market
**Eingreifen** *n* **des Staates in die Wirtschaft** state intervention in the economy
**eingreifen in** to intervene in; to interfere with
**Eingriff** *m* **der Regierung** government intervention
**einhalten**, **Bedingungen ~** to adhere to (or to observe, keep to) conditions; **die** → Lieferfrist nicht ~; **Preise ~** to maintain prices; **den Termin ~** to observe (or keep to) the (stipulated) date; to meet the deadline; **e-n Vertrag ~** to abide by an agreement, to comply with the provisions of a contract; **die Vorschriften des EWG-Vertrages ~** to follow the provisions of the EEC-Treaty
**Einhaltung** *f* **e-r Frist** observance of a time limit; meeting a deadline; **unter ~ von 3 Monaten** within (or subject to) a term of 3 months; *(Kündigung)* **ohne ~** without due notice
**Einhaltung** *f*, **~ e-r Quote** compliance with a quota; **~ von Verpflichtungen** adherence to one's obligations; **~ e-s Vertrages** compliance with (or observation of) (the provisions of) a contract (or treaty)
**einheften** to file
**einheimisch**, **~e Erzeugnisse** *npl* domestic products; home-produced (or home-grown) products; **~e Erzeugung** *f* domestic production; *Br* home production; **~es Fabrikat** *n* domestic product; *Br* home product; **~e Industrie** *f* domestic industry; *Br* home industry; **~e Waren** *fpl* domestic goods; *(EU)* national goods
**Einheit** *f*, **~t Europas** unity of Europe; **~en** *fpl* **im Messwesen** units of measurement; **Betrag pro ~** unit amount; **Preis der Ware pro ~** unit price of the goods
**Einheitliche Europäische Akte** *f* (EEA) Single European Act (SEA). Durch die ~ wird die Weiterentwicklung der Gemeinschaft geregelt (z. B. europäischer → Binnenmarkt). The Single European Act covers the development of the Community (e. g. the European internal market)
**einheitlich**, **~e Bedingungen** *fpl* standard terms; **~e EG-Etikettierung** *f* uniform EC-labelling; **Waren von ~er Güte** goods of uniform quality; **~e Leitung** *f* **e-s Konzerns** unified control of a group; **~e Preise** *mpl* uniform prices; **~e Rechtsanwendung** *f* uniform application of the law; **E~e Richtlinien und Gebräuche für Dokumentenakkreditive** Uniform Customs and Practices for Documentary Credits; **E~e Richtlinien für Inkasso von Handelspapieren** Uniform Rules for the Collection of Commercial Papers; **~e Vorschriften** *fpl (EU)* harmonized regulations; **~er Satz** *m* standard rate
**Einheits~**, **~formular** *n* standard form; **~kurs** *m* standard (or daily) quotation; **~mietvertrag** *m* standard lease (or standardized tenancy contract); **~papier** *n (im Warenverkehr zwischen der Europ. Gemeinschaft und der EFTA)* single administrative document; **~preis** *m* uniform (or unit, flat) price; **~sorte** *f* standard grade; **~tarif** *m* standard tariff; **~vertrag** *m* standard (type) contract; **~währung** *f* single currency; **~wert** *m* standard value; *(für Steuer)* assessed value; *Br* rateable value; **~zoll** *m* uniform (rate of) duty
**einholen**, **Angebote ~** to solicit (or invite) offers (or quotations); to obtain orders; **die Genehmigung ~** to seek (or apply for) permission (or consent)
**Einholung** *f*, **~ von Aufträgen** solicitation of orders; **~ von Auskünften** request for information
**einigen**, **sich über den Preis ~** to agree (or reach agreement) on the price; **sich** → gütlich ~; **sich mit seinen Gläubigern ~** to compound with one's creditors
**Einigung** *f* agreement; **~ erzielen** to reach agreement; **e-e ~ kommt zustande** an agreement is reached; **kommt keine ~ zustande** if no agreement is reached; in the event of failure to reach agreement
**einkalkulieren** to take into account
**Einkauf** *m* purchase, purchasing, buying; **~ nach Muster** purchasing by sample; **ein guter ~** a good buy
**Einkäufe** *mpl*, **größere ~** larger (or substantial) purchases; **~ machen** to make purchases, to do one's shopping
**einkaufen** to buy, to purchase; to do one's shopping; to go shopping
**Einkäufer** *m* buyer, purchaser; buying agent
**Einkaufs~**, **~abteilung** *f* purchasing department; **~abwicklung** *f* processing of purchasing orders; **~agent** *m* purchasing

agent; **~akkreditiv** *n* buying letter of credit; **~auftrag** *m* purchase order; *(des Importeurs an seinen Kommissionär) Br* indent; **~bedingungen** *fpl* terms of purchase; **~buch** *n* purchase book (or journal); invoice book; **~büro** *n* purchasing office; **~chef** *m* chief buyer; **~entscheidung** *f* purchasing decision; **~gegend** *f* shopping area; **~gemeinschaft** *f* buying group; **~genossenschaft** *f* purchasing (or wholesale) cooperative (society); **~gewohnheiten** *fpl* buying habits; **~kommission** *f* commission to purchase

**Einkaufskommissionär** *m* buying (or purchasing) agent; **Abrechnung des ~s** account purchases (A/P)

**Einkaufs~**, **~kontingent** *n* purchase quota; **~konto** *n* account of goods purchased; **~land** *n (Zoll)* country of purchase; **~leiter** *m* purchasing manager; head of purchasing department; **~liste** *f* shopping list; **~möglichkeiten** *fpl* purchase possibilities; **~planung** *f* purchasing planning

**Einkaufspreis** *m* purchase price; cost (price); **zum ~ verkaufen** to sell at cost (price)

**Einkaufs~**, **~provision** *f* buying commission; **~quelle** *f* buying source; **~rechnung** *f* purchase invoice; account for goods purchased; *(des Kommissionärs)* account purchases (A/P); **~straße** *f* shopping street; **~tipp** *m* shopping tip; **~vereinigung** *f* buying group; **~verhalten** *n* buying behavio(u)r; **~vertreter** *m* buying agent; resident buyer; **~wagen** *m* (shopping) trolley (or cart); **~warenbuch** *n* purchase(s) journal; **~zentrum** *n* shopping centre (Einkaufser)

**einklagen**, **e-e Forderung ~** to sue for a debt; to enforce a claim; **Zahlung ~** to sue for payment (→ eingeklagt)

**einklarieren** to clear in(wards)

**Einkommen** *n* income; earnings; **~ aus selbstständiger oder unselbstständiger Arbeit** income from self-employment or employment; **~ aus Erwerbstätigkeit** earned income; **~ pro Kopf der Bevölkerung** pro capita income; **~ aus Miete und Pacht** income from rent and lease; rental income; **~ aus Unternehmertätigkeit und Vermögen** income from entrepreneurship and property; **festes ~** fixed (or regular) income; **geringes ~** small income; **Bezieher höherer ~** persons on higher income; **hohes ~** large income; **mittleres ~** medium income; **niedriges ~** low income; **Bezieher niedriger ~** persons on low income; **sicheres ~** regular income; **steuerpflichtiges ~** taxable income; **verfügbares ~** disposable income; **er gab sein ~ mit ... € an** he reported an income of € ...; **ein ~ beziehen** to receive an income

**Einkommens~**, **~anstieg** *m* rise in income; **~ausfall** *m* loss of income; **~beihilfen** *fpl (an bestimmte Gruppen von Landwirten) (EU)* income subsidies; **untere ~bereiche** *mpl* lower income brackets; **~besteuerung** *f* taxation of income; **~empfänger** *m* recipient of income; **~ermittlung** *f* determination of (taxable) income; **~gruppe** *f* income bracket, income group; **~niveau** *n* level of income; **(obere, untere) ~schicht** *f* (upper, lower) income group (or bracket); **e~schwache Arbeitnehmer** *mpl* workers in the lower income brackets; **~sicherung** *f* income maintenance; **~steigerung** *f* increase (or rise) in income

**Einkommensteuer** *f* income tax; **veranlagte ~** assessed income tax; **~erklärung** *f* income tax return; **seine ~erklärung** *f* **abgeben** to file one's income tax return; **~erklärungsvordruck** *m* income tax form; **~erleichterung** *f* income tax relief; **~pflichtiger** *m* income tax payer; person liable (or subject) to income tax; **~satz** *m* rate of income tax; **~veranlagung** *f* income tax assessment; **~vorauszahlung** *f* income tax pre-payment

**Einkommensverlust** *m* loss in earnings

**Einkünfte** *pl* earnings, income; *(Bezüge)* emoluments; *com* takings, receipts; *(des Staates)* revenue; **~ aus Aktien** income from shares; **~ aus e-m freien Beruf** income from a profession; professional earnings; **~ aus Gewerbebetrieb** trade or business income; **~ aus Kapitalvermögen** income from capital; investment income; unearned income; **~ aus Land- und Forstwirtschaft** income from farming and forestry; **~ aus nichtselbstständiger Arbeit** income from employment; **~ aus Provisionen** commission earnings; **~ aus selbstständiger Arbeit** income from self-employment; **Einkünfte** *(des Staates)* **aus**

**Steuern** tax revenue; **~ aus unbeweglichem Vermögen** real estate income; income from immovable property; **~, die ein Unternehmen erzielt** income derived by an enterprise; **~ aus Vermietung und Verpachtung** income from letting (or renting) and leasing

**Einkunftsarten** *fpl* classes (or sources) of income

**Einlade~**, **~bahnhof** *m* loading station; *(für Autoreisezug)* entraining station; **~gebühren** *fpl* loading charges

**Einladen** *n* **von Gütern** loading of goods

**einladen**, **jdn ~** to invite sb.; **Fracht ~** to load cargo in; to put cargo on board (a ship)

**Einlagen** *fpl (Bankeinlagen)* deposits (bei with); deposited funds; *(e-s Gesellschafters)* contributions; amount of capital invested (in the firm by a partner); **~ auf Kontokorrentkonto** current account deposits; **~ mit Kündigungsfrist** deposits at notice; **~ mit e-r Laufzeit von 3 Monaten** deposits with maturities of 3 months; 3-months deposits; → Geld~; → Gesamt~; → Kapital~; → Sach~; → Sicht~; → Spar~; **ausstehende ~** outstanding contributions; **befristete ~** *Br* term deposits; *Am* time deposits; **kündbare ~** withdrawable deposits; deposits subject to notice; **kurzfristige ~** short-term deposits; **langfristige ~** long-term deposits; **~ abheben** to withdraw deposits; **bis zur Höhe der ~ haften** to be liable to the amount of capital contributed (by a partner) (or to the extent of one's investment); **Einzahlung der ~ auf gezeichnete Aktien verlangen** to make a call on shares

**Einlagen~**, **~abgänge** *mpl* outflow of deposits; **~geschäft** *n (der Banken)* deposit business; **~sicherung** *f* guarantee of deposit; **~sicherungsfonds** *m* deposit guarantee fund; **~überschuss** *m* surplus of deposits; **~versicherung** *f* deposits insurance; **~zertifikat** *n* certificate of deposit; **~zins** *m* interest on deposits; **~zuflüsse** *mpl* inflow of deposits

**Einlagern** *n* storage, storing

**einlagern** to store, to put in store; to place (or keep) in storage; *(in ein Lagerhaus)* to warehouse, to store in a warehouse (→ eingelagert); **unter** → Zollverschluss ~

**Einlagerung** *f* storage, storing; warehousing; admission into warehouse; **~ unter Zollverschluss** warehousing in bond; **vorübergehende ~** temporary warehousing

**Einlagerungs~**, **~datum** *n* date of entry (into storage); **~kosten** *pl* storage costs; **~kredit** *m* stockpiling loan; **~land** *n* country of warehousing; **~schein** *m* warehouse receipt; **~stellen** *fpl* storage agencies; **~zeitraum** *m* storage (or warehousing) period

**einlassen**, **sich auf Spekulationen ~** to engage in (or venture upon) speculations

**Einlaufen** *n*, **Ein- und Auslaufen e-s Schiffes** entry (or arrival) and departure of a vessel

**einlaufen** *(Aufträge)* to come in; *(Schiff)* to put in; **in den Hafen ~** to enter the port

**einlaufende Bestellungen** *fpl* incoming orders

**einlegen** to put in; *(in e-n Brief)* to enclose; **Geld ~** to deposit money; **ein Rechtsmittel ~** to lodge (or file) an appeal; to appeal

**Einleger** *m* depositor; **~schutz** *m* depository security; depositor protection

**einleiten**, **Geschäftsverbindungen ~** to initiate business relations; **e-e Untersuchung ~** to institute an inquiry

**einleitend**, **~e Besprechungen** *fpl* opening talks; **~e Schritte** *mpl* introductory steps

**Einleitung** *f* introduction; implementation; **~ e-s gerichtlichen Verfahrens** institution of legal proceedings

**einliefern** to deliver, to hand in

**Einlieferungsbescheinigung** *f (Post)* certificate of posting

**einlösen**, **gepfändete Waren ~** to redeem pledged goods; **e-n Scheck ~** to cash (or pay) a cheque (check); **seinen Schmuck ~** to redeem one's jewellery from pawn; **e-n Wechsel ~** to pay (or hono(u)r, meet) a bill; **e-n Wechsel nicht ~** to dishono(u)r a bill

**Einlösung** *f*, **~ des Akkreditivs durch die Bank** payment of the letter of credit by the bank; **~ e-r Anleihe** redemption of a loan; **~ e-s Schecks** cashing a cheque (check); **~ e-s Wechsels** payment of a bill

**Einlösungs~**, **~bedingungen** *fpl* terms of redemption; **~gewinn** *m* gain on redemption; **~kurs** *m* redemption price; **~provision** *f* payment commission

**Einmalbetrag** *m* a one-off sum

**einmalig**, **~e Abfindung** *f* lump sum settlement; **~e Ausgabe** *f* non(-)recurring expenditure; one-off expenditure; **~e Gelegenheit** *f* unique opportunity; **~e Zahlung** *f* one-off payment

**Einmal~**, **~packung** *f* disposable package; **~prämie** *f (Vers.)* single premium

**Einmann~**, **~betrieb** *m* one-man business; **~gesellschaft** *f* one-man company

**Einmischung** *f* **in** interference with; intervention in

**Einnahmen** *fpl* receipts, takings, income; *(des Staates)* revenue; **~ und Ausgaben** income and expenditure; *(des Staatshaushalts)* revenue and expenditure; **~-und Ausgabenplan** *m* cash budget, **die ~ decken die Ausgaben nicht** the receipts do not cover the outlay; **die ~ sind gut** *(z. B. Ladengeschäft)* the takings are high; **~ und Ausgaben in Übereinstimmung bringen** to make receipts balance the expenses; to make both ends meet; to balance the budget

**Einnahme~**, **~ausfälle** *mpl* revenue shortfalls (or losses); **~aussichten** *fpl* income prospects; prospects for income (or receipts); **~nbuch** *n* receipt book; **~quelle** *f* source of revenue; **~rückgang** *m* decrease in receipts (or income, revenue); **~nüberschuss** *m* surplus in receipts (or income, revenue); **~nvorausschätzungen** *fpl* revenue forecasts; **~posten** *m* income item; *(des Staates)* revenue item; **~steigerung** *f* rise in receipts (or income, revenue); **~verlust** *m* loss of income (or takings)

**einnehmen** *(Geld)* to receive, to collect; *(Ladung)* to take in; *(innehaben)* to hold; **wenig ~** to have poor returns (or a small income)

**einordnen** to arrange in proper order; to classify; *(Briefe)* to file;

**einpacken** to pack; **ein Paket ~** to wrap (or do up) a parcel; **Waren in e-e Kiste ~** to pack goods in a box (or case)

**Einpackpapier** *n* wrapping paper

**einplanen** to plan (or schedule) in

**einräumen**, **e-e Frist ~** to allow an extension of time; **e-n Kredit ~** to give a credit; **e-n Rabatt von 10 % ~** to grant a 10 % discount; **ein Zimmer ~** to put furniture into a room

**Einrechnung** *f*, **unter ~ von** including; taking into account

**Einrede** *f* plea; defen|ce (~se); objection; **begründete ~** good defen|ce (~se); **prozesshindernde ~** preliminary objection; **e-e ~ geltend machen** to set up (or put forward) a defen|ce (~se); **~ der Arglist** defen|ce (~se) of fraud; **~ der Aufrechnung** defen|ce (~se) of set-off; **~ des nichterfüllten Vertrages** defen|ce (~se) of non(-)performance; **~ der Rechtskraft** plea of res judicata; **~ der Unzuständigkeit** plea of no jurisdiction; **~ der Verjährung** plea of the statute of limitations

**einreichen** to send in, to hand in; to submit; to lodge, to file; **Belege ~** to submit vouchers; **ein** → Gesuch ~; **e-e Klage einreichen** to bring an action; **Schecks zum Inkasso ~** to deposit (or present) cheques (checks) for collection

**Einreichung** *f*, **~ von Angeboten** *(bei Ausschreibung)* submission of tenders; **~ e-s Antrags** filing of a petition; **~ der Dokumente** presentation of documents; **~sfrist** *f* period for presentation; *(bei Ausschreibungen)* tender period

**einreihen**, **Waren in Zolltarife ~** to classify goods in customs tariffs

**Einreihung** *f* **von Waren in Tarifstellen des Gemeinsamen Zolltarifs** *(EU)* classification of goods under subheadings of the Common Customs Tariff; → zolltarifliche ~

**Einreise** *f*, **bei der ~ in ein Land** upon entry into a country; **~erlaubnis** *f* entry permit

**einreisen**, **in die Vereinigten Staaten ~** to enter the United States

**einrichten** to institute, to establish; **ein Büro ~** to furnish an office; **sich neu ~** to refurnish one's home

**Einrichtung** *f* institution, establishment; furniture, furnishing; *(e-s Geschäfts od. Büros)* fittings; fixtures; **~en** *fpl* facilities; **soziale ~en** social institutions (or amenities); **ständige ~** permanent institution; **technische ~en** technical installations; **~ zur Lagerung** storage facilities

**Einrichtungsgegenstände** *mpl* pieces of furniture (or equipment); fixtures and furnishings; fittings

**Einsatz** *m (von Arbeit, Energie, Kapital)* input; *(von Personen od. Hilfsmitteln)* deployment; effort, commitment; **Kiste mit Blech~** tin-lined case

**einschätzen** to estimate, to appraise; to

rate; to assess; **etw. falsch ~** to form a false estimate of sth.
**Einschätzung** *f* assessment; **~ der Kreditfähigkeit** credit rating
**einschicken** to send in
**Einschiffung** *f* **von Reisenden** embarkation of the passengers
**einschlagen**, *(Anklang finden)* to be a success; *colloq.* to be a hit; **in Papier ~** to put (or wrap up) in paper;
**Einschlag~**, **~maschine** *f* wrapping machine; **~papier** *n* wrapping paper
**einschlägig** einschlägig, **~e Bestimmungen** *fpl* relevant provisions; **~es Geschäft** *n* specialty shop; shop carrying merchandise of the kind in question
**einschleusen** to smuggle (people) in
**Einschleusungspreis** *m (EU)* sluice-gate price (minimum price for certain imports from nonmember countries)
**einschließlich** including, inclusive (of); **~ Bedienung** inclusive of service; **~ Dividende** cum dividend; **~ Porto** postage included; **vom 1. Mai bis 1. Juli ~** from May 1 to July 1 inclusive; *Am* from May 1 through July 1; **die Preise verstehen sich ~ Versandkosten** prices (are understood to) include forwarding charges
**einschränken**, **sich ~** to economize; **seine Ausgaben ~** to limit (or restrict, cut back, reduce) one's expenses; **die Bestimmungen e-s Vertrages durch e-e Klausel ~** to qualify the terms of a contract by a clause; **die Produktion ~** to restrict (or reduce, cut back) production; **den Verbrauch ~** to curb consumption
**einschränkende Maßnahmen** *fpl* restrictive measures
**Einschränkung** *f*, **~ der Ausgaben** cutback in (or restriction of) expenditure; **~ der Einfuhr aus Drittländern** *(EU)* limitation of imports from nonmember countries; **~ des Personals** rundown of staff; **vorbehaltlich e-r ~** subject to one reservation
**„Einschreiben"** *n* „registered"; by registered *Br* post (*Am* mail)
**einschreiben**, **e-n Brief ~ lassen** to register a letter ( → eingeschrieben); **sich für e-n Kursus ~** to register for a course
**Einschuss** *m* injection (of capital), capital (or money) invested (in); *(Börse)* initial deposit, original margin; **Kauf auf ~** buying on margin; **~konto** *n* margin account; **~pflicht** *f* margin requirement
**einsehen** to inspect, to consult; *(verstehen)* to realize; **geschäftliche Unterlagen ~** to inspect business records
**einseitiges Rechtsgeschäft** *n* unilateral legal transaction
**einsenden** to send in
**einsetzen**, **sich für Änderungen ~** to advocate changes; **sich für jdn ~** to use one's influence on behalf of sb.; **Arbeitskräfte ~** to deploy labo(u)r; **jdn als Erben ~** to make sb. one's heir; **e-n Nachfolger ~** to appoint a successor; **die Nachfrage wird bald wieder ~** the demand will shortly revive; **e-n Sonderzug ~** to put on (or schedule) a special train
**Einsetzung** *f*, **~ in ein Amt** appointment to an office; installation; **~ e-s Erben** appointment of an heir; **~ e-r Klausel** *(in e-n Vertrag)* insertion of a clause
**Einsicht** *f* inspection, examination; **zur ~ in Geschäftsbücher berechtigt sein** to be entitled to inspect the books of account; **~ des Buchprüfers in Bücher** auditor's inspection of accounts; ... **liegt zur ~ aus** ... may be inspected (or is available for inspection); **~ in Akten erhalten** to obtain inspection of files; *(Möglichkeit der)* **~ in das Handelsregister haben** to have access to the commercial register
**Einsichtnahme** *f*, **Recht der ~ in die Akten** right to inspect the files
**einsparen** to save, to make economies
**Einsparung** *f* cut; **~en** *pl* economies, savings; **~ von Ausgaben** cutting expenses; economizing on expenditure; **~en** *pl* **im (Staats-)Haushalt** retrenchment in budgetary expenditures; **~en machen** to economise
**Einspruch** *m* 1. objection, protest; appeal; **~ gegen e-n Steuerbescheid** appeal against an assessment; **~ einlegen** to make (or raise) an objection; to enter a protest; to lodge an appeal; **~ erheben** to object to; to protest against; **e-m ~ stattgeben** to allow (or grant) an objection (or an appeal); **e-n ~ verwerfen** to disallow an objection; **e-n ~ zurückziehen** to withdraw an objection
**Einspruch** *m* 2. *(PatentR)* opposition; **~ gegen Erteilung e-s Patents** opposition to the grant of a patent; **~ einlegen** to

give notice of opposition (to a patent granted); **~ gegen e-e Patentanmeldung erheben** to oppose a patent application; **den ~ zurücknehmen** to withdraw the opposition; **den ~ zurückweisen** to reject the opposition

**Einspruchs~**, **~einlegung** *f* notice of opposition; **~frist** *f* period for entering an opposition; **~gebühr** *f* opposition fee; **~schrift** *f* notice of opposition; **~verfahren** *n* opposition proceedings

**Einstands~**, **~preis** *m* cost price; **~wert** *m* value at cost

**einstechen** *(mit Stechuhr)* to clock in

**einstehen für** to be liable for

**einstellen** *(aufhören)* to cease, to discontinue, to stop; *(vorübergehend)* to suspend; *(Arbeitskräfte)* to take on, to engage, to recruit; *Am* to hire; *(unterstellen)* to deposit; to leave; **die Arbeit ~** to cease (or stop) working; to discontinue work; **den Betrieb ~** to close (or shut down) the factory (etc.); to terminate operations (of factory etc.); **den Geschäftsbetrieb ~** to discontinue business; to suspend business operations; **die Herstellung von ... ~** to discontinue the manufacture of ...; **die Korrespondenz ~** to drop the correspondence; **die Lieferungen ~** to discontinue (or abandon) production; **die Produktion langsam ~** to phase out production; **das Verfahren ~** to terminate (or stay, suspend) proceedings; **den Verkauf ~** to stop selling

**Einstellung** *f (Aufhören)* cessation, discontinuance, termination; *(vorübergehend)* suspension; *(von Arbeitskräften)* engagement, recruitment; *Am* hiring, hire; attitude; **unternehmerische ~** *(Denkweise)* managerial attitude (zu to); **~ der Arbeit** stoppage (or termination, cessation) of work; **~ von Arbeitskräften** recruitment, *Am* hiring of labo(u)r; **~ von Beamten der EG** recruitment of officials of the European Communities; **~ des Betriebs** discontinuance (or termination) of operations; shutdown (of the factory etc.); **~ der landwirtschaftlichen Tätigkeit** discontinuance (or cessation) of farming; **~ von Öllieferungen** oil shutoff; **~ von Personal** recruitment; **~ der Produktion** cessation (or discontinuance, suspension) of production; **~ in die Rücklagen** allocation (or transfer) to reserves; **~ des Verfahrens** stay (or termination, discontinuance) of proceedings; **~ der Zahlungen** stoppage (or discontinuance) of payments

**Einstellungsgespräch** *n* (selection) interview

**Einstellungsprämie** *f* recruitment premium; **~ für Jugendliche** premium for recruiting young people

**Einstellungssperre** *f* employment freeze

**einstimmig** unanimous; by common consent; **~ angenommen** adopted (or agreed upon) unanimously; **~ darüber entscheiden** to decide unanimously

**Einströmen** *n* **von Kapital** inflow of capital

**einstufen** to classify; to grade, to rate; **Waren nach** → Güteklassen ~; **in e-e höhere Gehaltsgruppe ~** to put in a higher salary group

**Einstufung** *f* classification; grading, rating; **zolltarifliche ~** tariff classification; **~ der Tätigkeit** job classification

**Einstufungsänderung** *f* change in classification

**einstweilig**, **~e Anordnung** *f* temporary order; **~er Ruhestand** *m* non-active status; **~e Verfügung** *f* temporary injunction; *Am* temporary restraining order; **Antrag auf Erlass e-r ~en Verfügung stellen** to apply for an injunction

**Eintausch** *m* exchange; *colloq.* barter

**eintauschen** to exchange (gegen against); to trade in for

**einteilen** to divide (into); to classify, to grade; **Waren in Klassen ~** to classify goods

**Einteilung** *f* division (into); classification; *(Planung)* planning

**eintragen** to enter, to register, to record (→ eingetragen); *(einbringen)* to bring in, to yield; **falsch ~** to make a wrong entry, to enter wrongly; **viel ~** to be profitable; **wenig ~** to bring little in, to yield little profit; **e-e Gesellschaft ins Handelsregister ~ (lassen)** to register a company in the commercial register; **sich in e-e Liste ~ lassen** to have one's name put on a list; **als Mitglied ~** to enrol(l) as a member

**einträglich**, **ein ~es Geschäft** a profitable (or paying) business

**Eintragung** *f* entry, registration, recording; **~ e-r Hypothek** registration of (*Am* recording) a mortgage (in the land register); **~ ins Journal** entry in the journal; journalization; ~ **in e-e Liste** entering one's name on a list; **e-e ~ im Register** → löschen

**Eintragungs~**, **~bewilligung** *f (Grundbuch)* consent to entry; **e~fähig** registrable, recordable; **e~spflichtig** subject to registration; **~vermerk** *m* note of registration (or entry)

**Eintreffen** *n*, **beim ~ der Ware** upon arrival of the goods

**eintreffen** to arrive, to come in; **die Sendung muss spätestens am ... bei Ihnen ~** the goods must reach you not later than ...

**eintreibbar**, **nicht ~e Schulden** *fpl* bad debts

**eintreiben** *(Forderung, Geld etc.)* to recover, to collect; *(zwangsweise)* to exact

**Eintreibung** *f* recovery, collection; *(zwangsweise)* exaction

**eintreten** to enter; *(beitreten)* to join; *(sich ereignen)* to occur, to come to pass; *(entstehen)* to arise, to accrue; **~ für etw.** to support a cause; **~ für jdn** to intercede for sb.; to plead on behalf of sb. (bei with); **sollte der Fall ~** should the case occur; **als Gesellschafter in e-e Firma ~** to enter into (or join) a firm as partner; **für e-n Schaden ~** to accept liability for a loss; **ein Schaden tritt ein** a loss occurs; **als Teilhaber ~ bei** to enter into partnership with; **in Verhandlungen ~** to enter into negotiations

**Eintritt** *m* entry, entrance; entering, joining; *(Auftreten)* occurrence; **~ verboten** no entry (or admittance); **bei ~ e-s Ereignisses** at the occurrence of an event; **von ~ der Fälligkeit an** from the due date; **~ in e-e Firma als Teilhaber** entering (or joining) a firm as (a) partner; **~ in das Geschäftsleben** entry into business; **~ in e-n Verein** joining an association; **bei ~ des Versicherungsfalles** at the time of (or upon) occurrence of the insured event

**Eintritts~**, **~alter** *n (Vers.)* age at entry; **~datum** *n* date of joining; date of entering (or coming into) a firm; **~geld** *n* **erheben** to collect an entrance (or admission) fee; **~karte** *f* admission ticket

**Einvernehmen** *n*, **in gegenseitigem ~ der Mitgliedstaaten** *(EU)* by common agreement between the Member States; **zu e-m ~ gelangen** to reach an agreement

**einverstanden sein** to agree

**einverständliches Vorgehen** *n* concerted action

**Einverständnis** *n*, **mit jds ~** with sb.'s consent (or approval); **geheimes** (strafbares) **~** collusion

**Einwand** *m* objection (gegen to); **e-n ~ erheben** to raise an objection (gegen to); to object (to)

**einwandern** to immigrate; **Arbeitnehmer, die aus Drittländern in die EG ~** workers from nonmember countries migrating to the EC; **in die Gemeinschaft eingewanderte Arbeitskräfte** migrant workers in the Community

**einwandfrei** *(Ware)* free from defect(s), in perfect condition; **nicht ~e Waren** faulty goods

**Einweg~**, **~behälter** *mpl* one-way containers (or receptacles); **~flasche** *f* nonreturnable bottle; **~packung** *f* non-returnable (or one-way, throw-away, disposable) package

**einweisen**, **e-n Angestellten in seine Arbeit ~** to introduce an employee to his job; to give instructions to a new employee

**Einweisung** *f* (in *e-e Arbeit*) introduction, assignment;

**einwenden** to object (to); to argue (that); **es ist nichts einzuwenden gegen** there are no objections to

**Einwendung** *f* objection; defen|ce (~se), plea; **~ der Aufrechnung** defen|ce (~se) of set-off

**einwickeln** to wrap (up)

**Einwickelpapier** *n* wrapping paper, brown paper

**Einwilligung** *f* (prior) consent; **stillschweigende ~** acquiescence

**einzahlen**, **Geld bei der Bank ~** to pay in money at the bank; **auf ein Konto ~** to pay into one's account; to deposit in one's account (→ eingezahlt)

**Einzahlung** *f* payment, paying in; *(Postscheck)* inpayment; *(auf Bankkonto)* deposit; *(Einlage)* contribution; **~en und Abhebungen** *fpl* deposits and withdrawals; **~en und Auszahlungen** *fpl (e-r Bank)* receipts and payments; **e-e ~ machen** to pay a deposit; to make a deposit; *(auf Aktien)* to pay a call on shares; **e-e ~ auf Aktien verlangen** to make a call on shares

**Einzahlungs~**, **~aufforderung** *f* call letter; **~schein** *m (für Bank) Br* paying-in slip; *Am* deposit slip

**Einzel~**, **~abschreibung** *f* individual depreciation; **~akkord** *m* individual piecework; **~anfertigung** *f* manufacture to customer's specifications; manufacture to order; job work; single item production; **~angaben** *fpl* detailed statements; specification; **~arbeitsvertrag** *m* individual employment contract; **~auftrag** *m* individual order; one-off order; **~ausschreibung** *f* individual invitation to tender; **~darlehen** *n* individual loan; **~entlassungen** *fpl* individual dismissals (of workers); individual redundancies; **~fall** *m* specific case; **~fertigung** *f* one-off production; job production; **~fertigungsmaterial** *n* direct material; **~firma** *f* one-man firm; individually-owned firm; *Am* sole proprietorship; **~geschäft** *n* individual transaction

**Einzelhandel** *m* retail trade; **Groß- und ~** wholesale and retail trade; **~ betreiben** to operate a retail business; to retail; **im ~ verkaufen** to sell (goods) *Br* by (*Am* at) retail

**Einzelhandels~**, **~geschäft** *n* retail shop (or store); retail outlet; **~kette** *f* chain of retail shops; retail chain; **~preis** *m* retail price; **~preisspanne** *f* retail margin; **auf der ~stufe** at the retail stage; **~umsätze** *mpl* retail sales (or turnover); **~unternehmen** *n* retail enterprise; **~verkauf** *m* retail selling; **~verkäufe** *mpl* retail sales; **~volumen** *n* volume of retail sales; **~werbung** *f* retail advertising

**Einzelhändler** *m* retail trader, retailer; dealer

**Einzelheiten** *fpl* details, particulars; **mit allen ~** with full particulars

**Einzel~**, **~kalkulation** *f* single item calculation; **~kaufleute** *pl* sole traders; **~kaufmann** *m* sole trader; **~kosten** *pl* direct costs; **~löhne** *mpl* direct wages; direct labo(u)r (costs)

**einzeln** single, individual, separate; **~ haften** to be severally liable; **~ verkaufen** to sell separately

**einzeln**, **~e Betriebe** *mpl* **e-s Unternehmens** individual businesses of an enterprise; **die ~en Mitgliedstaaten** *mpl* the individual member states; **~e Posten** *mpl* **e-r Abrechnung** items (or particulars) of an account

**Einzel~**, **~person** *f* individual; **~preis** *m* unit price; **~risiko** *n* individual risk; **~schiedsrichter** *m* sole arbitrator

**einzelstaatlich** *(EU)* national; **~ und gemeinschaftlich** national and Community; **auf ~er Ebene** *f* at national level; **~es Gericht** *n* national court; **~er Haushalt** national budget

**einzelstaatliche Rechtsvorschriften** *(EU)* national laws (or regulations); **Vorrang der gemeinschaftlichen gegenüber den einzelstaatlichen Rechtsvorschriften** precedence of Community legislation over national legislation

**Einzelteil** *n* component; **vollständig in ~e zerlegt** completely knocked down (CKD)

**Einzel~**, **~unternehmen** *n* one-man business; sole proprietorship; *Br* sole trader; **~unternehmer** *m* sole trader; sole proprietor; **~verbraucher** *m* individual consumer; **~verkaufsstellen** *fpl* retail outlets; **~versicherer** *m* individual insurer; **~vertretung** *f* sole representation; **~verwahrung** *f* separate custody of securities; **~vorhaben** *n* individual project; **~werbung** *f (durch ein einzelnes Unternehmen)* individual advertising

**einziehen**, **Aktien ~** to redeem shares; **Auskünfte ~** to have inquiries made; **Außenstände ~** to call in outstanding debts; **Mitgliedsbeiträge ~** to collect membership dues; **Münzen ~** to withdraw coins from circulation; **e-n Wechsel ~** to collect a bill; **in e-e Wohnung ~** to move into a flat (or *Am* an apartment) (→ eingezogen)

**Einziehung** *f (von Außenständen)* calling in, collection; *(Beschlagnahme)* confiscation, forfeiture; **~ von Aktien** redemption of shares (stock); **~ des Beitrags** collection of membership dues; *(Vers.)* collection of premium; **~ der Importwaren** forfeiture of the imported goods; **~ von Steuern** collection of taxes; **~ des Vermögens** confiscation of property

**Einziehungsverfahren** *n* collection procedure

**Einzug** *m* → Einziehung; *(im Einzugsverfahren)* direct debiting; **~ in ein Büro** moving (*Am* move) into an office

**Einzugs~**, **~auftrag** *m* collection order; direct debit order; **~ermächtigung** *f* direct debit authorization; **~gebühren** *pl* collection charges; **~verfahren** *n (für*

*Rechnungen)* direct debiting; (automatic) debit transfer

**Eisenbahn** *f Br* railway; *Am* railroad; rail; **~aktien** *fpl* railway (railroad) shares (stock); rails

**Eisenbahnergewerkschaft** *f* union of railwaymen

**Eisenbahn~**, **~fracht** *f* → Bahnfracht; **~güterverkehr** *m Br* goods traffic by rail; carriage of goods by rail; *Am* freight traffic by rail(roads); **~personenverkehr** *m* railway (railroad) passenger transport; **~tarif** *m* rail(way) (railroad) tariff (or rates); **~transport** *m* rail transport; carriage (*Am* transportation) by rail; **~unternehmen** *n* railway undertaking; **~verbindung** *f* rail connection

**Eisenbahnverkehr** *m* carriage by rail; rail traffic (or transport); **Eisenbahn-, Straßen- und Binnenschiffsverkehr** *m* carriage by rail, road and inland waterway; → Warenbeförderung im ~

**Eisenbahn~**, **~wagen** *m (zur Personenbeförderung) Br* railway carriage (or coach); *Am* railroad car; **Eisenbahn~wagen für Waren** *Br* railway truck; *Am* freight car; **~werte** *pl* railway (railroad) securities; rails; **~zubehör** *n* railway (railroad) equipment

**Eisenband** *n*, **mit ~ versehene Kisten** ironbanded cases

**Eisenerz~**, **~bergbau** *m* iron ore mining; **~grube** *f* iron ore mine

**Eisen-, Blech- und Metallwaren** *pl* (EBM) metal goods

**Eisen~**, **~börse** *f* iron exchange; **~fässer** *npl* iron barrels; **~gießerei** *f* iron foundry; **~hütte** *f* ironworks; **e~schaffende Industrie** iron producing industry; **~- und Stahlindustrie** (iron and) steel industry; **e~verarbeitende Industrie** *f* iron and steel using industry; **~waren** *pl* ironware, hardware; ironmongery; **~warenhändler** *m* hardware dealer; *Br* ironmonger; **~warenhandlung** *f* hardware shop (or store); *Br (auch)* ironmonger's shop; ironmongery

**eiserner Bestand** *m* reserve stock, safety stock, base stock

**Eis~**, **e~frei halten** to keep free of ice; **~wachdienst** *m* ice patrol

**Eiweiß~**, **e~haltige Erzeugnisse** *fpl* protein products; **~stoffe** *mpl* **für Futterzwecke** proteins for use in animal feed

**EKVM** ECMT (→ Europäische Konferenz der Verkehrsminister)

**elektrisch**, **~e Apparate und Maschinen** *pl* electrical equipment; **~e Geräte** *npl* electrical appliances; **~e Haushaltsgeräte** *npl* electrical household appliances

**Elektrizitäts~**, **~bedarf** *m* electricity demand; **~erzeugung** *f* electricity generation; **~tarif** *m* electricity tariff; **~verbrauch** *m* electricity consumption; **~werk** *n* power station (or plant); **~wirtschaft** *f* electric power industry; **~zähler** *m* electricity (consumption) meter

**Elektro~**, **~branche** *f* → ~industrie; **~(fach-)geschäft** *n* electrical supply shop (or store); **~geräte** *npl* electrical appliances (or apparatus); **~geräteindustrie** *f* electrical goods industry; **~haushaltsgeräte** *npl* electrical household appliances; **~industrie** *f* electrical industry

**Elektronikindustrie** *f* electronics industry

**elektronisch**, **~e Ausrüstung** *f* electronic equipment; **~e Bankdienstleistungen** *fpl* electronic banking; **~e Datenverarbeitung** (EDV) electronic data processing (EDP); **~e Kassen** *fpl (für bargeldloses Einkaufen)* point-of-sale terminals; **~e Lohnabrechnung** *f* computerized payroll accounting; **~e Rechenanlage** *f* computer; **~er Zahlungsverkehr** *m* (EZV) electronic funds transfer (EFT)

**Elektro~**, **~technik** *f* electrical engineering; **e~technische Industrie** *f* electrical engineering industry; **~wärmgeräte** *npl* **für den Haushalt** electric heating appliances for domestic use; **~werte** *mpl (Börse)* electricals

**elterliche Sorge** *f* parental custody

**Emballage** *f* → Verpackung

**Embargo** *n* embargo; → Export~; → Import~; **mit ~ belegt sein** to be under an embargo; **ein ~ verhängen** to impose an embargo; **e-m ~ unterliegen** to be subject to an embargo

**Emission** *f* 1. *(von Wertpapieren)* issue; *Am* (auch) issuance; **~ e-r AG** company (or corporate) issue; **~ über pari** issue above par (or at a premium); **~ unter pari** issue below par (or at a discount); **nicht in voller Höhe gezeichnete ~** undersubcribed issue; **e-e ~ fest übernehmen** to underwrite an issue; **e-e ~ unterbringen** to place an issue

**Emissions~**, **~agio** *n* issue premium;

share premium; **~disagio** *n* issue discount; **~garantie** *f* underwriting; **~geschäft** *n (e-r Bank)* underwriting business; new issue business; **sich mit ~geschäften befassen** to be engaged in issuing transactions; **~gesellschaft** *f* issuing company; **~gläubiger** *m* issuing creditor; **~jahr** *n* year of issue; **~konsortium** *n* underwriting syndicate; **~kosten** *pl* cost of issue; **~kurs** *m* issue price; **~land** *n* country of issue; **~markt** *m* primary market; issue market; **~pause** *f* issue stop; **~prospekt** *m* issuing (or underwriting) prospectus; **~schuldner** *m* issue debtor; **~sperre** *f* ban on (new) issues; **~übernahme** *f* underwriting; **~verfahren** *n* method of issue; **~vergütung** *f* issuing commission

**Emission** *f* 2. emission; **~snormen** *fpl* **für Kernanlagen** emission standards for nuclear facilities

**Emittent** *m* issuer (of securities)

**emittieren** to issue

**emittierende Gesellschaft** *f* issuing company

**Empfang** *m* receipt; receiving *(offiziell)* reception; *(im Hotel)* reception desk; **nach ~ Ihres Auftrags** (up)on receipt of your order; **zahlbar bei ~** payable on receipt (or on delivery); **den ~ bestätigen** to acknowledge receipt; **e-n ~ geben** to give (or hold) a reception; **in ~ nehmen** to take receipt (or delivery)

**empfangen** to receive; *(Waren)* to take delivery; *(Gehalt)* to draw; **~ zur Verschiffung** received for shipment

**Empfänger** *m* receiver; recipient; *(e-r Frachtsendung)* consignee; *(z. B. von Beihilfe)* beneficiary; **~ unbekannt** *(Post)* address unknown; **~ e-s Angebots** offeree; **~ e-r Geldsendung** remittee; payee; **~ e-r Lieferung** recipient of a delivery; consignee

**Empfängerland** *n* recipient (or beneficiary) country

**Empfangs~**, **~anzeige** *f* advice of receipt; **~berechtigter** *m* authorized recipient; rightful consignee; beneficiary; **~bescheinigung** *f* receipt (voucher); **~bestätigung** *f* acknowledgment of receipt; **~dame** *f* receptionist; **~datum** *n* date of receipt; **~konnossement** *n* received-for-shipment bill of lading

**empfehlen** to recommend; **e-n Preis ~** to recommend a price ( → empfohlen)

**Empfehlung** *f*, **auf ~ von** on the recommendation of; **ausgezeichnete ~en haben** to have excellent references

**Empfehlungs~**, **~schreiben** *n* letter of recommendation, letter of introduction, reference

**empfindliche Waren** *fpl* sensitive products; **nicht ~ Waren** non-sensitive goods

**Empfindlichkeitsgrad** *m* **von Waren** degree of sensitivity of products

**empfohlener Ladenpreis** *m* recommended retail price

**emporschnellen** *(Preise)* to soar, to skyrocket

**Emulgatoren** *mpl* emulsifiers (for use in foodstuffs)

**End~**, **~abnehmer** *m* ultimate buyer (or taker); **~abrechnung** *f* final accounting (or settlement); **~alter** *n (Vers.)* age at expiry; **~auswertung** *f* final evaluation; **~bedarf** *m* ultimate demand; **~bestand** *m* final balance; *(Lager)* final inventory, closing stock; **~betrag** *m* final amount, sum total

**Ende** *n* end, close; conclusion; termination; **~ der Beschäftigung** termination of employment; **~ der Rede** conclusion of the speech; **bis zum ~ der Woche** by (or until) the end of the week; **~ der achtziger Jahre** the late 1980s; **dieser Artikel geht zu ~** this article is running out; **langsam zu ~ gehen** to taper off

**End~**, **~ergebnis** *n* final result; **~erzeugnis** *n* end-product; **~fälligkeit** *f* final maturity; **~fertigung** *f* finishing; **~gehalt** *n* final salary

**endgültig** definite, final; **zur ~en Abfindung** *f* in full and final settlement; **die Angelegenheit ist ~ erledigt** the matter is definitely settled

**Endkosten** *pl* final cost(s)

**Endlagerung** *f (von radioaktiven Abfällen)* ultimate waste disposal; final storage of radioactive waste; **~ ins Meer** ocean dumping

**End~**, **~montage** *f* final assembly; **~nachfrage** *f* final demand; **~preis** *m* final price; **~produkt** *n* final (or finished) product; **~station** *f* terminal; **~summe** *f* sum total; **~verbraucher** *m* final (or ultimate) consumer; **~verbraucherpreis** *m* price to the final consumer

**Energie** *f* energy; power; **~ (ein)sparen** to save (or conserve) energy

**Energie~**, **~abhängigkeit** *f* energy dependence; **~angebot** *n* energy supply; **e~arme Entwicklungsländer** *npl* energy-deficient developing countries; **~armut** *f* deficiency in energy; **~bedarf** *m* demand for energy; **~bedarfsdeckung** *f* meeting energy requirements; **e~bewusst** energy conscious; **~einfuhrabhängigkeit** *f* dependence on imported energy; **~einsparung** *f* energy saving (or conservation); energy economy; **e~erzeugendes Land** *n* energy-producing country; **~erzeugung** *f* production of energy; **e~intensive Industriezweige** *mpl* energy-intensive industries; **~knappheit** *f* energy shortage; **~kosten** *pl* energy costs; **von der ~krise** *f* **betroffen** hit by the energy crisis; **~lage** *f* energy situation; **~lücke** *f* energy gap; **~markt** *m* energy market; **rationelle ~nutzung** *f* rational use (or utilization) of energy; **gemeinschaftliche ~politik** *f (EU)* Community energy policy

**Energiepreis** *m* energy price; **~anstieg** *m* rise in energy prices

**Energiequelle** *f*, **Nutzung neuer ~n** exploitation of new energy resources (or sources of energy); **~n** *pl* **erschließen** to develop (or open up) energy sources

**Energie~**, **~rationierung** *f* energy control, energy rationing; **e~sparende Investitionen** *fpl* energy-saving investments; **~sparpolitik** *f* energy conservation policy; **~speicherung** *f* energy storage; **Umstellung auf alternative ~träger** *mpl* conversion to alternative sources of energy; **~unabhängigkeit** *f* energy independence

**Energieverbrauch** *m* energy consumption; **Drosselung des ~s** curb on (or cutback in) energy consumption; **Rückgang (Zunahme) des ~s** drop (increase) in energy consumption

**Energieversorgung** *f*, **ausreichende ~** adequate energy supply; **~slage** *f* energy supply position; **die ~ sichern** to assure (or safeguard) energy supplies

**Energieverwendung** *f* utilization of energy; **rationelle ~** conservation of energy

**Energie~**, **~wirtschaft** *f* energy industry; **e~wirtschaftliche Zusammenarbeit mit den Entwicklungsländern** cooperation with the developing countries in the field of energy

**eng** close; **~er Markt** *m* narrow (or tight) market; **mit jdm in ~er Verbindung** *f* **stehen** to be closely connected with sb.; **zur ~eren Wahl** *f* **stehen** *Br* to be shortlisted

**Engagement** *n* commitment; involvement; → Devisen~

**Engpässe** *mpl* **beseitigen** to remove bottlenecks

**en gros** wholesale; **~ gekauft** purchased in bulk; **~ kaufen** to buy wholesale

**Engros~**, **~abnehmer** *m* wholesale buyer; **~einkauf** *m* wholesale buying; **~handel** *m* wholesale trade; **~handel treiben** to wholesale; **~verkauf** *m* wholesale (disposal)

**Enkelgesellschaft** *f* second-tier subsidiary; sub-subsidiary

**entbehrlich** dispensable; superfluous

**Entdeckung** *f* **des Schadens** discovery of damage

**enteignen** to expropriate; **Grundbesitz ~** *(gegen Entschädigung) Br* to purchase land compulsorily; *Am* to condemn property

**Enteignung** *f* expropriation; *Br* compulsory purchase; *Am* condemnation

**enterben** to disinherit

**Enterbung** *f* disinheritance

**entfallen** *(nicht anwendbar sein)* to be not applicable; **der Gewinn entfällt auf** the profit falls to (or is attributable to)

**entfernt verwandt** remotely related

**entflechten** to decartelize, to deconcentrate; *Am* to divest

**Entflechtung** *f* decartelization, deconcentration; *Am* divestiture; **~ e-s Konzerns** break-up of a group

**entführen** to kidnap; *(Flugzeug)* to hijack

**Entführung** *f* kidnapping; *(Flugzeug)* hijacking

**entfusionieren** to demerge

**entgangener Gewinn** *m* lost profit

**Entgegenkommen** *n* accommodation, courtesy; concession; willingness to oblige

**entgegenkommen**, **jdm ~** to accomodate sb.; to grant (sth.) to sb.; **jdm weit ~** to make considerable concessions to sb.; **um Ihnen entgegenzukommen** in order to meet you; **jds Wünschen ~** to meet sb.'s wishes; **wir können Ihnen leider in dieser Angelegenheit nicht weiter ~** unfortunately we are not able to accommodate you further in this matter;

**ein Fahrzeug kommt entgegen** a vehicle is approaching
**entgegenkommend** accommodating
**Entgegennahme** *f*, **~ e-r Bestellung** acceptance of (or receiving, taking) an order; **die ~ der Ware verweigern** to refuse to take delivery of the goods
**entgegennehmen**, **Anweisungen ~** to take instructions; **e-n Auftrag ~** to receive (or take) an order; **die Lieferung ~** to take delivery (of); **Zahlungen ~** to receive payments
**entgegensehen**, **wir sehen Ihrem Auftrag entgegen** we are looking forward to your order; we await your order
**entgegensehend**, **Ihrem** → Auftrag ~
**entgegenstehende Vereinbarung** *f* conflicting agreement; agreement to the contrary
**Entgelt** *n* payment; remuneration; **gegen ~** against payment
**entgeltlich** → gegen Entgelt; **~licher Erwerb** *m* acquisition for a consideration; **~e oder un~e berufliche Tätigkeit** *f* occupation whether gainful or not (or whether in return for payment or not)
**entgiften** to decontaminate, to clarify
**enthalten** to contain, to include; **die Kisten ~ Obst** the cases contain fruit; **im Preis ~ sein** to be included in the price; **sich der Stimme ~** to abstain from voting
**entkartellisieren** to decartelize
**Entkartellisierung** *f* decartelization
**Entlade~**, **~beginn** *m* breaking bulk; **~frist** *f* discharging (or unloading) period; **~flughafen** *m* airport of unloading; **frei ~hafen** *m* free at the port of unloading (or discharge); **~kosten** *pl* unloading charges (or costs); **~rampe** *f* unloading platform
**entladen** to unload, to discharge; *(Schüttgut oder Abfälle)* to dump
**Entladung** *f* unloading, discharge; **~seinrichtungen** *fpl* unloading facilities
**entlassen** to dismiss, to discharge; to lay off; *colloq.* to fire; to sack; **fristlos ~** to dismiss without notice; **Arbeiter** *(wegen Beschäftigungsmangel)* **~** to make workers redundant; **~ werden** *(Arbeitnehmer)* to be made redundant
**Entlassung** *f* dismissal, discharge; *(vorübergehend)* lay-off; *colloq.* firing; *(wegen Betriebsstillegung etc.)* redundancy; **fristlose ~** dismissal without notice; **ungerechtfertigte ~** unfair dismissal; **~ aus der Haftung** release from liability; **~ mit vorheriger Kündigung** dismissal with prior notice
**Entlassungs~**, **~abfindung** *f* severance (or dismissal) payment; *Br* redundancy pay(ment); **~grund** *m* reason for dismissal; **~schreiben** *n* notice of dismissal
**entlasten** *(Schuldner)* to discharge; *(erleichtern)* to relieve, to ease; *(Geschäftsführer etc.)* to give formal approval to the actions (of); **den Angeklagten ~** to exonerate the accused; **jds Konto um e-n Betrag ~** to credit sb.'s account with a sum; **den Markt ~** to relieve congestion of the market; **das Straßennetz ~** to ease the road network
**entlasteter Gemeinschuldner** *m* discharged bankrupt
**Entlastung** *f* (formal) discharge (from responsibility); relief; exoneration; **steuerliche ~ der Einfuhren** fiscal relief for imports; **~ der verantwortlichen Stellen** (z. B. durch Abnahme des Rechnungsabschlusses) discharge (or exoneration) of the responsible authorities (e. g. by adopting the final balancing of accounts); **~ erteilen** to give (or grant) a discharge; to accept the accuracy of the accounts
**entleihen** to borrow
**Entleiher** *m* borrower; **~ von Leiharbeitnehmern** hirer of temporary workers
**entlohnen** to pay off; to remunerate
**Entlohnung** *f* payment; **~ von Arbeitnehmern** remuneration of workers; **~ nach Leistung** merit rating
**entmündigen**, **jdn ~** to place sb. under guardianship (or tutelage)
**Entmündigter** *m*, **wegen Geisteskrankheit ~** person placed under guardianship owing to mental disorder
**Entmündigung** *f* placing a p. under guardianship (*zum 1.1.1992 abgeschafft und durch die sogen.* → Betreuung *ersetzt*)
**Entnahme** *f* withdrawal, drawing; **~ aus dem Lager** withdrawal from the warehouse; **~ von Stichproben** random sampling
**entnehmen**, **Geld ~** to draw (or withdraw) money; **~ aus** to see (or infer) from
**entnommen**, **nicht ~e Gewinne** *mpl* non-drawn profits; retained profits

**entrichten** to pay; **e-n Betrag ~** to pay a contribution

**Entrichtung** *f*, **gegen ~ e-r Gebühr** against payment of a fee

**entsalzen** to desalinate

**entschädigen** to compensate, to indemnify (sb. for sth.); to reimburse

**Entschädigung** *f* compensation, indemnification; reimbursement; *(Betrag)* damages, indemnity; **Anspruch auf angemessene ~ haben** to be entitled to appropriate compensation

**Entschädigung**, **~ in Geld** pecuniary compensation; **doppelte ~ bei Unfalltod** *(Vers.)* double indemnity in case of death by accident; **~ für Verdienstausfall** compensation for loss of earnings

**Entschädigungs~**, **~anspruch** *m* claim for compensation; **e~berechtigt** entitled to (claim) damages; **~leistung** *f* compensation payment; **e~pflichtig** liable to pay compensation; **~summe** *f* amount of compensation; (quantum of) damages

**entscheiden** to decide, to determine; *(durch das Gericht)* to give judgment, to adjudge, to adjudicate, to hold; **sich ~ für** to opt for; **e-e Sache gerichtlich ~** to adjudicate (up)on a case; **das Gericht entschied über die Frage** the court decided the issue

**entscheidend** decisive, conclusive; **von ~er Bedeutung** of crucial importance; **der zu ~e Fall** the case at issue

**Entscheidung** *f* decision, determination; *(amtlich)* ruling; **~ des Rates** *(EU)* Council Decision; **richterliche ~** judicial decision; adjudication; judgment; **schiedsrichterliche ~** (arbitral) award; **zur ~ stehende Frage** *f* question at issue (or in controversy); **~en erlassen** *(EU)* to make (or *Br* take) decisions; **die ~ liegt bei ihm** the decision is up to him; **zu e-r ~ kommen** to come to (or reach) a decision; **~en treffen** to make (or *Br* take) decisions

**Entscheidungs~** decision-making; **~baum** *m* decision tree; **~befugnis** *f* power of decision; competence; **e~befugt sein** to have decision-making power; **~findung** *f* decision making; **~freude** *f* readiness to make decisions; **mangelnde ~freudigkeit** *f* lack of positive decision-making; **~gremien** *npl* decision-making bodies; **~modell** *n* decision model; **~prozess** *m* decision-making process; **~träger** *m* decision-making body (or unit); decision maker; decider; **~verfahren** *n* **des (Minister-) Rats** *(EU)* decision-making procedure of the Council of Ministers

**Entschließung** *(EU)* resolution; **~ des Rates** Council resolution; **der Rat verabschiedete e-e Entschließung** the Council adopted a resolution; **e-r ~** → zustimmen

**Entschließungsentwurf** *m* draft resolution

**Entschluss** *m*, **fester ~** firm decision

**entschlüsseln** to decode, to decipher

**entschulden** to free of debts, to disencumber

**entschuldigen**, **sich ~** to apologize; **~ Sie bitte die Verzögerung** kindly excuse the delay; **ich möchte mich ~ für** I would like to apologize for; **wir bitten, diesen Irrtum zu ~** please accept our apologies for this error; **wir bitten Sie, den Lieferverzug zu ~** we apologize for (or ask you to excuse) the delay in executing your order

**Entschuldigung** *f* apology, excuse; **wir bitten höflich um ~** we offer apologies; **indem wir wegen der Verzögerung um ~ bitten** apologizing for the delay

**Entschuldung** *f* disencumberment; debt relief

**Entseuchung** *f* decontamination

**entsorgen** to dispose of; **zu ~de Güter** *npl* goods to be disposed of

**Entsorgung** *f* waste disposal; **~sanlagen** *fpl* waste disposal facilities; **~seinstufung** *f* disposal classification; **~splanung** disposal planning

**Entspannung** *f* easing, relaxation; *pol* detente; **~ am Geldmarkt** easing of money market rates

**entsprechen**, **das Angebot entspricht der Nachfrage** supply meets the demand; **dem Muster (der Probe) ~** to correspond to (or be equal to, match) the pattern (sample); **die Qualität entspricht nicht unseren Erwartungen** the quality does not meet (or match, come up to) our expectations; **jds Wünschen ~** to meet (or comply with) sb.'s wishes

**entsprechend**, **~er Vermerk** *m* appropriate notation; notation to the effect; **Ihrem Auftrag ~** in accordance with your order; **dem Bedürfnis ~** corresponding to (or meeting) the need; **dem Muster ~**

matching the sample; **den Vorschriften ~** pursuant to the provisions; **Vorschriften ~ anwenden** to apply provisious mutatis mutandis

**entstanden**, **der Anspruch auf Versicherungsleistung ist ~ am** the right of benefit arose on; **ihm ~e Kosten** *pl* costs incurred by him; **ein Schaden ist ~** a damage occurred; **~er Schaden** *m* damage incurred; **e-e Verpflichtung ist ~** an obligation has arisen; **die Verzögerung ist ~ durch** the delay resulted from; the delay was caused by

**entstehen** to arise, to come into existence; to result from; **die dadurch ~den Kosten** the costs arising (or resulting) from; **ein Recht entsteht** a right accrues

**Entstehung** *f*, **~ e-s Anspruchs** arising of a claim; **~ der Zollschuld** creation of the customs debt

**Entwässerungsarbeiten** *fpl* drainage operations

**entwenden** to misappropriate; to embezzle

**entwerfen** to draft; to design

**entwerten** to depreciate, to make (or become) less in value; *(Briefmarken etc.)* to cancel

**Entwertung** *f* depreciation, reduction in value; cancellation

**entwickelt**; **weniger ~e Länder** *npl* less developed countries (LDCs); **am wenigsten ~e Länder** *npl* least developed countries (LLDCs)

**Entwicklung** *f* development, trend, tendency; **in ~ befindliche Länder** *npl* developing countries; **defizitäre ~** tendency towards deficit; **konjunkturelle ~** cyclical trend; **der saisonüblichen ~ entsprechen** to be in line with the seasonal development; **schrittweise ~** progressive development; **~ der Kosten und Preise** trend of costs and prices

**Entwicklungs~**, **~abteilung** *f* project planning department; **~aufwand** *m* development expense; **wirtschaftliche ~aussichten** *fpl* economic development prospects; **~fehler** *m (Produkthaftung)* incrementally developing defect; **~forschung** *f* development research; **~gebiet** *n* development area; **~gemeinkosten** *pl* development overheads; **~helfer** *m* development aid volunteer (or worker)

**Entwicklungshilfe** *f* development aid, aid to developing countries; **~darlehen** *n* (od. **~kredit** *m*) development aid loan; **~vorhaben** *n* project of aid for developing countries; **~ leisten** to provide development aid

**Entwicklungs~**, **~kosten** *pl* development costs; **~land** *n* developing country; less developed country (LDC); **ärmste ~länder** least developed countries (LLCDs); **~länder und Industrieländer** *npl* developing and developed countries; **~projekt** *n* development project

**Entwicklungsrückstand** *m* lag in development; **Gebiete, die e-n ~ aufweisen** regions which lag behind in development

**Entwicklungs~**, **~stand** *m* level of development; **~tendenz** *f* trend; **~vorhaben** *n* development project

**Entwurf** *f* draft; outline; **erster ~** rough draft; **~ und Konstruktion e-s Erzeugnisses** product engineering; **~ e-s Gesetzes** Bill; **~ des Haushaltsplans der Gemeinschaften** *(EU)* draft Community budget; **~ des Programms** draft program(me); **im ~sstadium** *n* in the draft stage; **~ e-r Verordnung** *(EU)* draft regulation

**entziehen** to deprive (sb. of sth.); to take away (from sb.); to withdraw (from sb.); **die** → Fahrerlaubnis ~; **die Konzession ~** *Br* to withdraw the licence; *Am* to revoke the license; to disfranchise; **die Vollmacht ~** to revoke the authority

**Entziehung** *f* deprivation, taking away; withdrawal; **~ von Elektrizität** abstraction of electricity (tapping electric power); **~ der Fahrerlaubnis** withdrawal of the *Br* driving licence (*Am* driver's license); *Br* disqualification (from holding a licence); **~ e-r Genehmigung** withdrawal of an authorization

**Entzug** *m* **des Führerscheins** withdrawal of the *Br* driving licence (*Am* driver's license); *Br* disqualification

**entzündlich**, **leicht ~e Stoffe** *mpl* **und Flüssigkeiten** *fpl* highly inflammable solids and liquids

**EP** → Europäisches Parlament

**Erb~**, **~anfall** *m* (automatic) succession to the estate; inheritance; **~anspruch** *m* title to an inheritance; **~anteil** *m* share in the estate; **~anwartschaft** *f* expectancy of an inheritance; **~auseinandersetzung** *f* distribution (or partition) of an estate; **~baurecht** *n* hereditary building right; **e~berechtigt** entitled to inherit, entitled to (a share in) an estate

**Erbe** *m* heir; *(Erbschaft)* *n* estate, inheritance; **gesetzlicher ~** legal (or statutory) heir; **testamentarischer ~** testamentary heir; *(von Grundbesitz)* devisee; **ohne ~** heirless; without heir(s); **jdn zu seinem ~ einsetzen** to appoint a p. one's heir

**erben** to inherit, to be heir to; **ein großes Vermögen ~** to succeed to a fortune

**Erben~**, **~gemeinschaft** *f* community of heirs; **~haftung** *f* liability of the heir for the debts of the estate

**erbeten**, **Angebote ~ an** offers to be sent to

**erbfähig** capable of inheriting (or of succeeding to property)

**Erbfolge** *f* succession (upon death); **gesetzliche ~** intestate succession

**Erbgegenstand** *m* item of the estate

**Erbin** *f* heiress

**erbitten**, **ein Angebot ~** to ask for (or request) an offer

**Erblasser** *m* testator; *(von Grundbesitz)* devisor; *(ohne letztwillige Verfügung)* intestate

**erblich** hereditary; heritable

**Erbmasse** *f* (assets of the) estate

**Erbpacht** *f* hereditary tenancy

**erbrachte Dienstleistungen** *fpl* services rendered (or performed)

**Erbrecht** *n* law of succession; right to a share in an estate; **gesetzliches ~** right of intestate succession; statutory right of succession

**erbringen** to perform, to render, to supply; **den Beweis ~** to produce proof; **hohe Zinsen ~** to yield high interest

**Erbschaft** *f* inheritance; property passing on death; **~sanfall** *m* accrual of an estate (or inheritance); **~sanspruch** *m* claim to an inheritance; **~santeil** *m* share in the inheritance; **~sausschlagung** *f* disclaimer of an estate (or inheritance); **~steuer** *f* inheritance (and gift) tax; *colloq.* death tax, death duties; **~steilung** *f* distribution (or partition) of an estate

**Erb~**, **~schein** *m* certificate of inheritance; **~stück** *n* heirloom; **~teil** *m* share in the estate (or inheritance); **gesetzlicher ~teil** *m* legal portion; intestate share; **~teilung** *f* → ~schaftsteilung; **~vertrag** *m* contract of inheritance; **~verzicht** *m* renunciation of (future) inheritance

**Erdbebenversicherung** *f* earthquake insurance

**Erdgas** *n* natural gas; **künstliches ~** synthetic natural gas (SNG); **verflüssigtes ~** liquefied natural gas (LNG); **~förderung** *f* natural gas production; **~fund** *m* natural gas discovery; **~lagerstätten** *fpl* natural gas deposits; **~leitung** *f* gas pipeline; **~lieferant** *m* supplier of natural gas; **euro-sibirische ~rohrleitung** *f* Europe-Siberia gas pipeline; **~versorgung** *f* supply of natural gas; **~vorkommen** *n* natural gas resources (or fields)

**Erdöl** *n* mineral oil; petroleum; **~ aus der Nordsee** North Sea oil; **e~abhängig** oil-dependent; **~angebot** *n* supply of oil; **~bestände** *mpl* oil supplies; **~bohrinsel** *f* oil extraction platform; oil rig; **~bohrungen** *fpl* oil drilling

**Erdölchemie** *f*, **Erzeugnisse der ~** petrochemical products

**Erdölderivate** *npl*, **Industrie der ~** oil derivation industry

**Erdöleinfuhren** *fpl*, **Abhängigkeit von ~** oil import dependence; dependence (up)on oil imports (or imported oil)

**Erdöl~**, **e~erzeugende Länder** *npl* oil producing countries; **~erzeugung** *f* oil (or petroleum) production; **e~exportierende Länder** *npl* oil (or petroleum) exporting countries; **~felder** *npl* oil fields (or deposits); **~förderland** *n* oil-producing country; **~förderung** (od. **~gewinnung**) *f* (crude) oil production (or extraction); **~gesellschaft** *f* oil company; **~knappheit** *f* oil shortage; **~leitungen** *fpl* pipelines; **~lieferung** *f* oil delivery (or supply); **~marktlage** *f* oil market situation; **~nachfrage** *f* demand for oil; **~preisanstieg** *m* rise in oil prices; **~schürfung** *f* oil exploitation; **~suche** *f* oil exploration; **~verbrauch** *m* oil consumption; **~versorgung** *f* oil supply; **~vorräte** *mpl* oil inventories (or stocks); **~werte** *mpl* *(Börse)* oil shares, oils

**Ereignis** *n* event, occurrence, incident; **ungewisses ~** contingent event, contingency

**erfahren** to learn, to hear; *adj* experienced; **geschäfts~** experienced in business; **wir haben soeben ~** we have just learned (or learnt)

**Erfahrung** *f* experience; **praktische ~** practical experience; know-how; **wir**

**haben mit dieser Firma schlechte ~en gemacht** our experience with this firm has been disappointing

**Erfahrungs~**, **~austausch** *m* exchange of know-how (or expertise); **e~gemäß** according to (or from) experience

**Erfassung** *f* **von Daten** collection of data

**Erfinder** *m* inventor; **~benennung** *f* designation of the inventor

**Erfindung** *f* invention; **patentierte ~** patented invention; **e-e ~ patentieren lassen** to take out a patent for an invention

**Erfindungs~**, **~gegenstand** *m* subject matter of the invention; **~höhe** *f* level (or degree) of invention; inventive step; **die ~höhe verneinen** to deny the inventive step

**Erfolg** *m* success, result; **alle Bemühungen blieben ohne ~** all efforts were unsuccessful; **geschäftlichen ~ haben** to be successful in business; **wir wünschen Ihrem Unternehmen besten ~** wie wish your enterprise the best possible success

**erfolgreich** successful; **geschäftlich ~ sein** to succeed in business; to do well

**Erfolgs~**, **~aussichten** *fpl* chances (or prospects) of success; **~beteiligung** *f* *(der Arbeitnehmer)* profit-sharing; **~konto** *n* profit and loss account; **~provision** *f* commission based on success; **~quote** *f* success rate; **~rechnung** *f* profit and loss statement; earnings statement; *Am* income statement

**erfolgversprechend** promising

**erforderlich, falls ~** if necessary, if required; **die ~en Schritte ergreifen** to take the necessary steps; **die ~e Zeit** the time required

**erforderlichenfalls** if necessary

**Erfordernis** *n*, **gesetzliches ~** legal requirement; **den ~sen genügen** to meet the requirements

**erfragen, zu ~ bei Herrn X** apply to Mr. X; inquire of Mr. X

**erfreuen**, **dieser Artikel erfreut sich großer Beliebtheit** this article is very popular (or in special favo[u]r) (bei with)

**erfüllen, e-n Anspruch ~** to meet a claim; **e-n Auftrag ~** to execute an order; **e-e Bedingung ~** to meet (or comply with) a condition; **seine Pflicht ~** to do (or discharge, perform) one's duty; **e-n Vertrag ~** to perform (or fulfil) a contract; **den Zweck ~** to serve the purpose

**erfüllt**, **die Bedingungen sind ~** the conditions have been complied with; **die Proben haben unsere Erwartungen nicht ~** the samples have not met (or realized) our expectations

**Erfüllung** *f* fulfil(l)ment, performance, compliance with; discharge; **~ von Aufgaben** performance of functions; **~ e-r Bedingung** compliance with a condition; **~ e-r Forderung** satisfaction of a claim; **~ e-r Pflicht** discharge of a duty; **~ e-s Vertrages** performance of a contract; **~ Zug um Zug** contemporaneous performance; **auf ~ klagen** to sue for performance

**Erfüllungs~**, **~gehilfe** *m* vicarious agent; **~ort** *m* place of performance; **~tag** *m* date of performance; *(Börse) Br* settlement day

**Ergänzung** *f* supplement; completion; *(Lagerbestände)* replenishment; **~sbestimmungen** *fpl* supplementary provisions; **~sversicherung** *f* supplementary insurance; **~swahl** *f* by(-)election; **~swerbung** *f* supplementary advertising

**ergeben** to result in, to yield; to show; **sich ~ aus** to result from, to arise out of; **e-e Rendite von 4 % ~** to yield 4 %; **es ergibt sich eindeutig aus** it can be clearly seen from

**Ergebnis** *n* result, outcome; **ein gutes ~ erzielen** to obtain a good result

**Ergebnis~**, **~abführungsvertrag** *m* profit and loss transfer agreement; **~beurteilung** *f* assessment of results; **~darstellung** *f* description of the effect; **~beteiligung** *f* profit-sharing; **e~los** without results; **~rechnung** *f* 1. statement of operating results; 2. → Erfolgsrechnung; **~übernahmevertrag** *m* profit and loss assumption (or transfer) agreement; **~verwendung** *f* appropriation of profit

**ergiebig** productive; plentiful, rich

**Erhalt** *m*, **nach ~ der Rechnung** upon receipt of the invoice

**erhalten** *(bekommen)* to receive, to obtain, to get; *(bewahren)* to preserve, to keep, to maintain; **gut ~** in a good state of preservation (or repair); well preserved; **schlecht ~** in a bad state of preservation (or repair); badly preserved; in poor condition; **als Akontozahlung ~** received on account; **e-n Auftrag ~** to obtain (or get) an order; **die Erwerbsfähigkeit ~** to preserve (or maintain) the earning capacity; **Wert ~** *(auf Wechsel)* value received; **in gutem** → Zustand ~

**erhältlich** obtainable, available

**Erhaltung** *f* preservation, maintenance; **~ der Fischbestände** conservation of fish stocks; **~ des Lagerbestandes** inventory maintenance; **~ der Ware** preservation of the goods; **Maßnahmen zur ~ der Ware treffen** to take steps to preserve the goods

**Erhaltungs~**, **~aufwand** *m* maintenance expenditure; **~kosten** *pl* cost of maintenance (or preservation); costs of keeping ... in good repair; **~zustand** *m* state of repair

**erheben** to raise; to file, to lodge; *(einziehen)* to levy, to collect; **Beanstandungen ~** to make (or raise) objections; **Beweis ~** to take (or hear) evidence; **Steuern ~** to levy (or collect) taxes

**erheblich**, **~er Einfluss** *m* significant influence; **~e Gefahr** *f* substantial danger; **~e Schulden** *fpl* considerable (or heavy) debts; **~er Wert** *m* substantial value

**Erhebung** *f (von Steuern, Zöllen)* levy, collection; *(MMF)* survey, research; **statistische ~en** *pl* statistical recording; collection of statistics; **~ von Abgaben** levying charges; **~ der Klage** → Klage~; **e-e ~ durchführen** *(MMF)* to conduct a survey

**erhobener Zoll** *m* customs duty charged

**erhoffter Gewinn** *m* expected (or anticipated) profit

**erhöhen** to raise, to increase, to advance; **sich ~** to go up, to be increased, to rise; **das Limit ~** to raise (or extend) the limit; **die Miete ~** to raise the rent; **den Preis ~** to raise (or put up, mark up) the price; **die Produktion ~** to increase production; **die Zinsen ~** to raise the interest rates

**erhöht**, **~er Preis** *m* advanced price; **~er Umsatz** *m* increased turnover; **~er Wert** *m* increased (or improved) value; **die Preise haben sich ~** prices have risen (or gone up)

**Erhöhung** *f* increase, rise, raising, advance; **~ des Gehalts** → Gehalts~; **~ der Geschwindigkeit** acceleration; **~ des Lebensstandards** rise in the standard of living; **~ der Miete** increase of (or in) rent, rent increase; **~ der Preise** increase (or advance) in prices; **~ der Produktion** step up in production

**erholen**, **sich ~** to recover, to pick up; *com* to rally; *(Kurse)* to revive; **die Aktienbörse erholt sich** the stock market recovered (or rallied); **die Bank hat das Recht, sich beim Kunden für ihre Auslagen zu ~** the bank is entitled to recover its outlay from the customer

**Erholung** *f* recovery; *com* rally; pickup; **vorübergehende ~ des Dollar** temporary recovery of the dollar; **~ der Kurse** rally of prices; **~ der Wirtschaft** recovery of the economy; upswing in industrial activity

**erinnern**, **sich ~ (an)** to remember; **jdn an die Bezahlung der Rechnung ~** to remind sb. of the payment of the bill

**Erinnerung** *f* memory; *(Mahnung)* reminder

**Erinnerungs~**, **~brief** *m* reminder; follow-up letter; **~posten** *m (Bilanz)* pro memoria item; **~werbung** *f* reminder (or follow-up) advertising; **~wert** *m (Bilanz)* reminder value

**erkannt**, **das Gericht ~e für Recht, dass** ... the court held that ...

**erkennen** to recognize; *(Buchführung)* to credit; *(richterlich)* to hold, to find; **auf Geldstrafe ~** to impose a fine; **ein Konto mit e-m Betrag ~** to credit an account with an amount

**erklären** to declare, to state; to explain; **sich bereit ~** to declare oneself ready (or willing); **eidlich ~** to declare under (or on) oath; **sich einverstanden ~** to agree (to); **für nichtig ~** to declare void, to annul

**Erklärung** *f* declaration, statement; explanation; *(bei Vertragsabschluss)* representation; → eidesstattliche ~; **einleitende ~** opening (or introductory) statement; **gemeinsame ~** joint statement; **genaue ~** detailed statement; **schriftliche ~ unter Eid** sworn statement in writing; affidavit; **unrichtige ~** false statement; *(bei Vertragsabschluss)* misrepresentation; **e-e ~ abgeben** to make a declaration (or statement)

**erkundigen**, **sich nach dem Preise ~** to inquire about the price; to ask for the price

**Erkundigungen** *fpl* **einziehen über** to make inquiries about (or into)

**erlangen** to obtain, to get; **die Zahlung ist nicht zu ~** payment cannot be obtained

**Erlangung** *f* **von Schadensersatz** recovery of damages
**Erlass** *m* decree, ordinance; issue, issuance; release, remission, waiver; **~ der Eingangsabgaben** *(Zoll)* remission of import duties and taxes; **~ von Gebühren** → Gebühren~; **~ e-s Gesetzes** enactment of a law; **~ e-r Schuld** release (or remission) of a debt; **~ e-r Vorschrift** *(EU)* enactment of a provision
**erlassen** to issue; to release, to remit, to waive; to dispense with; **die Erfüllung e-r Verpflichtung ~** to waive the performance of an obligation; **ein Gesetz ~** to enact a law; **e-e Geldstrafe ~** to remit a fine; **seine Schuld wurde ihm ~** his debt was cancel(l)ed; **e-e Strafe ~** to remit a punishment (or sentence); **e-e Verordnung ~** *(EU)* to issue (or adopt) a regulation
**erlauben** to permit; **wir ~ uns, Ihnen folgendes Angebot zu machen** we are pleased to make the following offer; we would like to submit the following quotation
**Erlaubnis** *f* permission, permit; *(amtlich)* licen|ce (~se); **mit ~ des Gerichts** by leave of the court; **~ zum Betrieb e-s Gewerbes** trade licen|ce (~se); licence (Erlaubnisse) to carry on a trade or business; **jdn um ~ bitten** to ask sb.'s permission; **die ~ erhalten** to obtain (or be given) permission (to do sth.); **~ erteilen** to grant permission; to grant a licence (Erlaubnisse)
**Erläuterung** *f* explanation; **~en** explanatory notes
**Erlebensfallversicherung** *f* endowment insurance (*Br* assurance)
**erledigen** to attend to, to deal with, to settle, to complete, to take care of; **bitte ~ Sie dies sofort** please deal with this promptly; please take care of this immediately; **jds Angelegenheiten ~** to attend to (or settle, handle) sb.'s affairs; **e-e Angelegenheit schnell ~** to give a matter prompt attention; **e-n Auftrag sorgfältig ~** to execute (or carry out, attend to) an order carefully; **Geschäfte ~** to transact business; **Geschäfte schnell ~** to attend to business promptly
**erledigt**, **~er Auftrag** executed (or filled) order; **noch nicht ~er Auftrag** outstanding (or back) order; unfilled order; **diese Frage ist erledigt** this issue is settled
**Erledigung** *f* attention, discharge, settlement, completion; **für** → baldige ~ wären wir dankbar; **schnelle und sorgfältige ~ des Auftrags** prompt and careful execution of the order; **zur weiteren ~** for further action; **~ e-s Auftrags** execution of an order; **schnelle ~ der Geschäfte** prompt attention to business; **~ e-s Gesuchs** attention to (or consideration of) a petition; **~ des Inkasso von Handelspapieren** collection of commercial paper; **~ e-r Verpflichtung** discharge of an obligation; **~ des Versandvorgangs** termination of the customs transit operation
**Erleichterung** *f* relief, facilitation, easing; **steuerliche ~** relief for tax purposes; tax concession; **zur ~ der Buchhaltung** for accounting convenience; **~ von Einfuhren** easing (or facilitation) of imports; **~en für den Reiseverkehr** facilities for travel; **~en gewähren** to give relief
**erleiden**, **e-n Verlust ~** to suffer (or sustain) a loss
**erlesene Qualität** *f* choice quality
**erlischt**, **ein Angebot ~** an offer is terminated; **ein Anspruch ~** a claim lapses (or expires); **die Erlaubnis ~** the licen|ce (~se) expires (or shall expire); **das Recht erlischt** the right expires (or is terminated)
**Erlös** *m* proceeds; revenue; → Umsatz~e; **~ aus e-r Sammlung** proceeds of a collection; **~einbuße** *f* shortfall (or decrease) in proceeds; **~konto** *n* revenue account
**erloschen** extinct, expired, terminated; **~e Firma** *f* defunct company; **~es Patent** *n* expired (or lapsed) patent; **die Forderung ist ~** the claim has expired (or has become extinct); **das Recht ist ~** the right is extinct; **die Verbindlichkeiten sind ~** the obligations have terminated (or are extinct) ( → erlischt)
**Erlöschen** *n* expiry, expiration, extinction, termination; lapse; **~ e-r Firma** extinction of a firm; **~ e-r Hypothek** discharge of a mortgage; **~ der Lizenz** termination of the licen|ce (~se); **~ e-s Patents** expiry (or lapse) of a patent; **~ des Schadensersatzanspruchs** extinction of the right (or claim) to damages; **~ e-r Ver-**

**sicherung** expiration of an insurance policy
**ermächtigen** to authorize; to empower
**Ermächtigung** *f* authorization, power
**ermangeln** to lack, to be wanting
**Ermangelung** *f*, **in ~ von besonderen Bestimmungen im Kaufvertrag** in the absence of special stipulations in the contract of sale
**ermäßigen** to reduce, to lower, to cut
**ermäßigt**, **~er Fahrpeis** *m* reduced fare; **zu ~en Preisen** *mpl* at reduced prices
**Ermäßigung** *f* reduction, lowering, cut; → Preis~
**Ermessen** *n* discretion; **nach jds ~** according to sb.'s discretion; **richterliches ~** judicial discretion; **im ~ des Gerichts liegen** to be within the discretion of the court
**Ermessens~**, **~entscheidung** *f* discretionary decision; **~missbrauch** *m* abuse of discretion
**ermitteln** to ascertain, to find out; *(finden)* to trace; *(bestimmen)* to determine; to conduct investigations
**Ermittler** *m*, **verdeckter ~** undercover agent
**Ermittlung** *f* ascertainment, determination; investigation; **polizeiliche ~** investigation by the police; **~ des steuerpflichtigen Einkommens** determination of the taxable income; **~ des Gewinns** ascertainment of profit; **~ des Zollwerts** determination of the value for customs purposes; **~en führen** to investigate, to conduct investigations
**Ermittlungsverfahren** *n* preliminary investigation
**Ernährung** *f* food; nutrition; **Sicherung der ~** safeguarding of food supplies; **~saufwand** *m* expenditure on food
**Ernährungsgüter** *npl* foods, foodstuffs; **~einfuhr** *f* import of foodstuffs, food imports; **im Bereich der ~** in the food category
**Ernährungsindustrie** *f* food industry; **Erzeugnisse der ~** food products
**Ernährungslage** *f* food situation
**Ernährungs- und Landwirtschaftsorganisation** *f (der Vereinten Nationen)* Food and Agricultural Organization (F.A.O.)
**Ernährungs~**, **~sicherheit** *f* food security; **~stand** *m* nutritional level, level of nutrition; **~wirtschaft** *f* food industry; **~wissenschaft** *f* science of nutrition
**ernennen** to appoint, to nominate
**Ernennung** *f* appointment, nomination; **~surkunde** *f* certificate of appointment
**erneuerbar** renewable
**erneuern** to renew; to renovate; **e-e Bestellung ~** to renew (or repeat) an order
**Erneuerung** *f* renewal; renovation; **~ des Abonnements** renewal of subscription; **~ e-r Police** renewal of a policy; **~srücklage** *f* renewal (or replacement) reserve; **~sschein** *m* renewal coupon, talon
**Ernte** *f* harvest, crop; **~ auf dem Halm** standing crop; **gute (schlechte) ~** good (bad or poor) crop; **sehr gute ~** bumper harvest; **die ~ einbringen** to gather the harvest
**Ernte~**, **~aussichten** *fpl* prospects for the harvest; crop prospects; **~ertrag** *m* crop yield; **~hagelversicherung** *f* crop hail insurance; **~jahr** *n* crop year
**eröffnen**, **e-e Filiale ~** to open (or set up, start) a branch; **den Konkurs ~** to institute bankruptcy proceedings; **das Verfahren ~** to initiate proceedings
**Eröffnung** *f*, **~ e-s Akkreditivs** opening (or issuing) a (letter of) credit (zu unseren Gunsten in our favour); **~ e-s Laden** opening (or setting up) a shop (store)
**Eröffnungs~**, **~bestand** *m* opening stock (or inventory); **~bilanz** *f* opening balance sheet; **~buchung** *f* opening entry; **~kurs** *m (Börse)* opening price; **~preis** *m (bei Auktionen)* starting price
**erpressen** to blackmail, to extort; **von jdm etw. ~** to blackmail sb. for sth.; to demand sth. from sb. with menace
**Erpressung** *f* blackmailing, extortion; **~sversuch** *m* attempted blackmail
**errechnen** to calculate, to compute
**erreichen**, **die Preise (od. Kurse) ~ ihren alten Stand wieder** the prices recover their old level; **die Waren ~ ihren Bestimmungsort** the goods reach their destination; **ein Ziel ~** to reach an object(ive)
**Erreichung** *f*, **bei ~ des 60. Lebensjahres** on attaining the age of sixty; at the age of sixty; **~ e-s Zieles** achievement of an objective
**errichten** to erect; to establish, to set up; **e-n Messestand ~** to install (or put up) a

fair stand; **ein Testament** ~ to make a will

**Errichtung** *f* erection; establishment, setting up; ~ **e-r Firma** setting up a firm; ~ **e-r Zweigstelle** establishment of a branch

**Errungenschaft** *f*, **soziale ~en** social achievements

**Ersatz** *m* damages, compensation, reimbursement; replacement; substitute; ~ **von Erdöl durch Kohle** substitution of coal for oil; ~ **des erlittenen Schadens verlangen** to demand compensation (or reimbursement) for the damage sustained; ~ **für die beschädigte Ware liefern** to deliver replacement for the damaged goods

**Ersatz**, **~anspruch** *m* claim for damages (or compensation, replacement); **~arbeitsplätze** *mpl* alternative jobs; **~bedarf** *m* replacement demand; **~beschaffung** *f* (procurement of) replacement; **~beschaffungsrücklage** *f* replacement reserve; **~erbe** *m* substitute heir; **~freiheitsstrafe** *f* imprisonment for failure to pay a fine; **~gut** *n (Zoll)* compensating goods; **~investitionen** *fpl* capital expenditure on replacements; **~kasse** *f* substitute private health insurance fund (or scheme); **~leistung** *f* (payment of) damages; compensation; indemnity

**Ersatzlieferung** *f* substitute (or replacement) delivery; delivery of substitute goods; **Verlangen nach** ~ demand for other goods in replacement; **~sanspruch** *m* claim for replacement (delivery); **vom Verkäufer ~ verlangen** to require the seller to deliver substitute goods

**Ersatz~**, **~mann** *m* substitute; *Am* alternate; **~pflicht** *f* obligation to pay damages (or compensation); obligation to procure replacement; **~reifen** *m* replacement *Br* tyre (*Am* tire); **~stoff** *m* substitute

**Ersatzteil** *n* spare part, replacement part; **~e** *pl* spares; **~lager** *n* stock of spare parts; spare parts warehouse; **~e auf Lager haben** to stock spare parts

**Ersatzwagen** *m*, replacement car

**Ersatz~**, **~ware** *f* replacement goods; **~wert** *m* replacement value; **~zeiten** *fpl* substitute periods

**Erscheinen** *n* appearance; publication; **persönliches ~ vor Gericht** personal appearance in (or before the) court

**erscheinen** to appear; to be published; **vor Gericht** ~ to appear in (or before the) court; **persönlich** ~ to appear in person; **Sie werden gebeten, zu** ~ your presence is requested; **erscheint der Kläger nicht ...** in case of default by the plaintiff

**erscheinend**, **monatlich ~e Zeitschrift** *f* monthly periodical

**erschließen**, **Bauland** ~ to develop (or *Am* improve) land; **e-n neuen Markt** ~ to open up a new market; **Ölvorkommen** ~ to develop (or tap) oilfields

**erschlossen** *(Bauland)* developed, *Am* improved; **wenig ~er Markt** *m* untapped market

**Erschließung** *f (von Bauland)* development; *Am* improvement; ~ **von Erdölvorkommen** development of sources of oil; **~skosten** *pl* development cost

**erschöpfte Reserven** *fpl* exhausted (or depleted) reserves

**Erschöpfung** *f*, ~ **der Bestände** depletion of stocks; ~ **der Rechtsmittel** exhaustion of legal remedies; ~ **der Vorräte** exhaustion of supplies

**erschweren**, **die Einfuhren** ~ to make imports more difficult; to impede imports

**erschwindeln**, **Geld von jdm** ~ to swindle sb. out of money

**erschwinglich** within one's means; **nicht** ~ beyond one's means

**ersetzen**, **etw. ~ durch etw.** to substitute sth. for sth.; **jdn** ~ to replace sb. (durch by); **jdm seine Auslagen** ~ to reimburse sb. (for) his expenses; **Kohle durch Öl** ~ to replace coal with oil; to substitute oil for coal; **e-n Verlust** ~ to indemnify for a loss; **die mangelhafte Verpackung durch neue** ~ to replace the defective package

**ersetzt**, **seine Unkosten ~ bekommen** to have one's expenses reimbursed; **seine Verluste ~ bekommen** to recover one's losses

**ersichtlich**, **aus der Bilanz** ~ shown in the balance sheet

**ersitzen** to acquire by adverse possession

**Ersitzung** *f* acquisition by adverse possession (or prescription); ~ **geltend machen** to plead prescription

**Ersitzungsfrist** *f* period of prescription

**Ersparnis** *f* saving(s); ~ **an Arbeitskräften** saving in labo(u)r; **auf seine ~se**

**zurückgreifen** to draw on one's savings, to dip into one's savings
**Ersparnis~**, **~bildung** *f* formation of savings; **aus ~gründen** *mpl* for reasons of economy
**erstatten** to reimburse, to repay, to refund; **Bericht ~** to make a report, to report (über on); **Steuern ~** to refund taxes
**erstattet**, **seine Auslagen ~ bekommen** to be reimbursed (for) one's expenses
**Erstattung** *f* reimbursement, repayment, refund, restitution; **im Voraus festgesetzte ~en** *(EU)* refunds fixed in advance; **~ e-r Anzeige** lodging of information (of a criminal offen|ce [~se]); **~ bei der Ausfuhr nach dritten Ländern** *(EU)* refund(s) on exports to nonmember countries; **~ bei der Ausfuhr gewähren** *(EU)* to grant export refunds
**Erstattung der Auslagen** reimbursement of expenses (incurred); **~ erhalten** to receive reimbursement (or a refund) (of one's expenses)
**Erstattung**, **~ der zu viel einbehaltenen Steuer** refund of excess tax withheld; **~ der Zölle** refund of customs duties
**Erstattungs~**, **~anspruch** *m* refund claim; **~antrag** *m* application for refund; **~ausgaben** *fpl (EU)* expenditure on refunds
**Erstattungsbetrag** *m* amount of (the) refund; **~ für die Ausfuhr von Getreide** *(EU)* export refund for cereals
**Erstattungs~**, **e~fähige Kosten** *pl* recoverable (or refundable) costs; **~gewährung** *f* grant of refund(s); **e~pflichtig** liable to reimburse; **~satz** *m* refund rate; **~verfahren** *n* (tax) refund proceedings
**Erst~**, **~auftrag** *m* first (or initial) order; **~ausgabe** *f (von Investmentanteilen)* first (or initial) offering; **~ausgabepreis** *m* initial offering price
**erste Adresse** *f* prime (or top-rated) borrower
**Ersteigerer** *m* auction buyer
**ersteigern** to buy (or purchase) *Br* by (*Am* at) auction
**erstellen**, **e-n Bericht ~** to draw up a report
**Erstellung** *f* **e-r Abrechnung** accounting
**Erstemission** *f (von Wertpapieren)* initial public offering
**Ersterwerb** *m* **von Wertpapieren** purchase of newly issued securities
**erste Wahl** *f* first (or top) quality; **Waren erster ~** top-grade goods, firsts
**Erst~**, **~finanzierung** *f* initial financing; **~gebot** *n* first bid; **e~instanzliches Gericht** *n* court of first instance
**erstklassig** first-rate, first-class; **~e Anlage** *f* prime investment; **~es Hotel** *n* first-class hotel; **~e Waren** *fpl* goods of first(-rate) quality, high-class goods; **~er Wechsel** *m* prime bill
**erststellige Hypothek** *f* first-ranking mortgage
**erstverwahrendes Kreditinstitut** *n* credit institution acting as initial depositary
**Ersuchen** *n*, **auf ~ von** at (or upon) the request of; **~ um Auskunft** request for information
**ersuchen** to request, to apply for
**erteilen**, **(jdm) e-n Auftrag ~** to place an order (with sb.); **die Genehmigung ~** to give (or grant) permission (or leave); **Zuschlag ~** *(bei Ausschreibungen)* to award the contract
**Erteilung** *f*, **~ von Auskünften** imparting of information; **~ e-s europäischen Patents** grant of a European patent; **~ e-r Vollmacht** giving (or granting) a power of attorney
**Ertrag** *m* (*pl* **Erträge**) yield(s), return(s), profit(s) (on an investment or undertaking), income, proceeds, earnings; *(produzierte Menge)* output; → Kapital~; → Minder~; **betriebliche und regelmäßige Erträge** operating and ordinary income; **betriebsfremde und außerordentliche Erträge** non-operating and extraordinary (or non-recurring) income; **Erträge aus Beteiligungen** income from investments, investment income; **~ aus Investmentanteilen** earnings from investment shares; **~ aus Kapitalanlage** return on investment (R. o. I.); **~ aus der Kapitalherabsetzung** proceeds from capital stock decrease; **~ aus festverzinslichen Wertpapieren** income from bonds (or fixed interest securities)
**ertragbringend** profit-yielding; productive; **~er Boden** productive soil (or land); fruitful (or fertile) soil
**ertraglos** non-productive; unprofitable
**ertragreich** productive; profitable; yielding well, high-yielding
**Ertrags~**, **e~abhängige Steuern** *fpl* earnings-linked taxes; **~aufteilung** *f*

earnings apportionment; **~ausfall** *m* loss of earnings; **~aussichten** *fpl* earnings prospects; **~berechnung** *f* calculation of proceeds; **~beteiligung** *f* profit-sharing; **~chancen** *fpl* chances of making a profit; **~erwartungen** *fpl* earnings expectations; **e~fähig** profitable; capable of yielding a return; **~konto** *n* income account, revenue account; **~kraft** *f (e-s Unternehmens)* earning power (or capacity); **~lage** *f* income position; earnings situation; **~lage des Konzerns** group results; **~minderung** *f* reduction in earnings; **~möglichkeit** *f* possibility of profit; **~rechnung** *f* profit and loss account; income statement; **~rückgang** *m* reduction in earnings (or yield); **e~schwach** low-yielding; yielding a low profit; **~schwelle** *f* break-even point; **~spitze** *f* peak yield; **e~stark** high-yielding; yielding a high profit; **~steigerung** *f* increase in earnings; **~steuern** *fpl* taxes on earnings; **~wert** *m* capitalized value of potential earnings; **~zinsen** *pl* interest received

**erübrigen** to save; to spare; **sich ~** to be no longer necessary, to be unnecessary

**erwachsen, die jdm ~en Kosten** the costs incurred by sb.

**Erwachsenenbildung** *f* adult education

**erwägen** to consider

**Erwägung** *f*, **nach reiflicher ~** after due consideration; **in ~ ziehen** to consider

**erwarten** to expect; **wir ~ Ihre Bestellung** we are looking forward to your order

**Erwartung** *f* expectation; **in ~ e-r günstigen Antwort** looking forward to a favo(u)rable reply; **jds ~en entsprechen** to meet sb.'s expectations

**erweisen, sich als richtig ~** to prove (to be) correct

**erweitern** to extend, to enlarge, to expand; **die Kapazität ~** to expand capacity

**erweiterte (europäische) Gemeinschaft** *f* enlarged (European) Community

**Erweiterung** *f* extension, enlargement, expansion; **~ der Gemeinschaft** *(EU)* enlargement of the Community; **~ e-s Unternehmens** extension of a firm

**Erweiterungsvorhaben** *n* extension project

**Erwerb** *m* acquisition; *(durch Arbeit)* earnings; **auf ~ gerichtete Tätigkeit** *f* gainful occupation; **nicht auf ~ gerichtet** not profit-oriented; **gutgläubiger ~** acquisition in good faith; **~ von Aktien** acquisition of shares (stock); **~ von Anteilen** purchase of shares; **~ e-r Beteiligung an e-r Personengesellschaft** acquisition of a holding in a partnership; **~ von Wertpapieren** purchase of securities

**erwerben** to acquire; to buy; *(durch Arbeit)* to earn; **käuflich ~** to acquire by purchase

**Erwerber** *m* buyer, purchaser; *(durch Übertragung)* transferee; *(Zessionar)* assignee; **~ von Grundbesitz** purchaser of real estate

**Erwerbs~, ~bevölkerung** *f* working population; **~einkommen** *n* earned income; **e~fähig** able to work; **~fähigkeit** *f* earning capacity; **~- und Wirtschaftsgenossenschaften** *fpl* trading and industrial cooperatives

**Erwerbsleben** *n* working life; **Eintritt in das ~** entry into working life

**Erwerbs~, e~los** unemployed; jobless; **~losigkeit** *f* unemployment

**Erwerbsminderung** *f* reduction in earning capacity; **Grad der ~** degree of disability

**erwerbstätig** gainfully employed

**Erwerbstätiger** *m* wage or salary earner; **selbstständig ~** self-employed (person)

**Erwerbs~, ~tätigkeit** *f (unselbstständig)* gainful (or wage-earning) employment; *(selbstständig)* self-employment; **e~unfähig** disabled

**Erwerbsunfähigkeit** *f* disability; **Teil~** partial disability; **Voll~** total disability

**Erwerbs~, e~wirtschaftlich** operating on a profit basis; **~zweck** *m* profitmaking purpose; **Vereinigung, die keinen ~zweck verfolgt** non-profitmaking association

**Erwiderung** *f*, **in ~ Ihres Schreibens** in reply (or replying) to your letter

**erwirtschafteter Gewinn** *m* earned profit

**erworbenes Recht** *n* acquired right

**erwünschte Angaben** *fpl* information requested

**Erz** *n* ore; **~bergbau** *m* ore mining; **~bergwerk** *n* (od. **~grube** *f*) ore mine; **~vorkommen** *n* deposits of ore

**erzeugen** to produce, to manufacture

**Erzeuger** *m* producer, manufacturer; **~ und Verbraucher** *m* producer and consumer; **~beihilfen** *fpl (EU)* production subsidies; **auf ~ebene** *f* at producer level; **~gemeinschaft** *f* producers' association; **~genossenschaft** *f* producers' cooperative; **~kosten** *pl* cost of production; **~land** *n* producer (or producing) country; **~markt** *m* producer market; **~mitgliedstaat** *m (EU)* producing Member State; **~mitverantwortung** *f* producer co-responsibility; **~organisation** *f (EU)* producers' organization; **~prämien** *fpl (EU)* premiums paid to producers

**Erzeuger~**, **~preis** *m* producer price; **~preis gewerblicher Produkte** industrial producer price; **~preis landwirtschaftlicher Produkte** agricultural producer price; **garantierter ~mindestpreis** *m (EU)* minimum price guaranteed to producers; **~richtpreis** *(EU)* producer target price

**Erzeuger~**, **~subventionen** *fpl (EU)* producer subsidies; **Erzeugerverband** *m (EU)* combine of producers; producers' association; **~vereinigung** *f* producer association; **~zusammenschlüsse** *mpl* producers' groupings

**Erzeugnis** *n (natürliches)* produce; *(industrielles)* product, manufacture; **~se** *pl* **aus Sonderkulturen** products from specialized crops; **ausländisches ~** foreign product (or manufacture); **einheimisches ~** → inländisches ~; **gewerbliche ~se** *pl* industrial products; manufactured goods; **industrielle ~se** *pl* industrial products, manufactures; **inländisches ~** home (or inland) manufacture; **landwirtschaftliche ~se** *pl* agricultural (or farm) produce; → pflanzliche ~se; → unfertige ~se

**Erzeugnis~**, **~einheit** *f* product unit; **~gruppe** *f (z. B. verschiedene Modelle)* product group (or line); **~planung** *f* product planning; **~werbung** *f* product advertising

**Erzeugung** *f* production; **~ von Energie** production of energy; **~skapazität** *f* production capacity; **~skosten** *pl* production costs; **~sland** *n* producer country; **~squoten** *fpl* production quotas

**Erziehung** *f* education, up-bringing; **~szulage** *f (EU)* education (or school fees) allowance

**erzielen**, **gute Ergebnisse ~** to achieve (or attain) good results; **e-n Gewinn ~** to realize a profit; **große Kursgewinne ~** to make large exchange profits; **e-n hohen Preis ~** to obtain (or get, fetch) a high price; **e-e Verständigung ~** to reach (or come to) an agreement

**erzwingen**, **Zahlung ~** to enforce payment

**ESOMAR** → Europäische Gesellschaft für Meinungs- und Marketing-Forschung

**Esprit** → Europäisches Strategieprogramm für Forschung und Entwicklung auf dem Gebiet der Informationstechnologien

**Essens~**, **~bon** *m* (od. **~gutschein** *m*, **~marke** *f*) *Br* luncheon voucher (L.V.); *Am* meal ticket

**Esswaren** *pl* comestibles; food; provisions

**etablieren**, **sich (geschäftl.) ~** to set up in business; to start a business

**Etagen~**, **~wohnhaus** *n Br* block of flats; *Am* apartment house; **~wohnung** *f Br* flat; *Am* apartment

**Etat** *m* budget; **im ~ nicht vorgesehen** not budgeted for; **unausgeglichener ~** adverse (or unbalanced) budget; **den ~ aufstellen** to draw up the budget; **den ~ ausgleichen** to balance the budget; **im ~ vorsehen** to budget for

**Etat~**, **~abstriche** *mpl* budget cuts; **~ansatz** *m* budget estimate; **~defizit** *n* deficit in the budget; **e~mäßig** budgetary; in accordance with the budget; **~mittel** *pl* budget(ary) funds; **~posten** *m* budget item

**Etikett** *n* label, ticket; → Preis~; **Anbringen von ~en** affixing labels; **auf dem ~ vermerkt** specified on the label; **selbsthaftendes ~** self-adhesive label

**etikettieren** to label, to ticket; to affix a label (to)

**Etikettiermaschine** *f* label(l)ing machine

**Etikettierung** *f* **von Lebensmitteln** label(l)ing of foodstuffs; **~vorschriften** *fpl* label(l)ing rules

**EuGH** → Europäischer Gerichtshof

**Euratom** → Europäische Atomgemeinschaft; **~anleihen** *fpl* Euratom bonds (or loans); **~verschlusssachen** *fpl* (EVS) Euratom Classified Information (ECI); **~-Versorgungsagentur** *f* Euratom Supply Agency; **~-Vertrag** *m* Euratom Treaty

**Euro~**, **~anleihen** *fpl* Eurocurrency loans, Eurobonds; **~anleihemarkt** *m* Eurocurrency loan market

**Eurobonds** *pl* (long-term loans in Eurocurrency) Eurobonds

**Eurodevisen** *pl* Eurocurrencies, Eurocurrency funds

**Eurodollar** *m* Eurodollar; **~anleihe** *f* Eurodollar loan; **~einlagen** *fpl* Eurodollar deposits; **~obligation** *f* Eurodollar bond; **Kreditaufnahme am ~markt** *m* Eurodollar borrowing

**Euro~**, **~einlagen** *fpl* Euro-deposits; **~emission** *f* Euro issue (of bonds); **~geldmarkt** *m* Euromoney market (for short-term loans)

**Eurokapitalmarkt** *m* Eurocapital market (on which transactions with medium- to long-term maturities are conducted, mainly in the form of Eurobonds)

**Eurokrat** *m (EU)* Eurocrat

**Eurokredit** *m* Eurocredit; bank loan(s) in Eurocurrencies; **~aufnahme** *f* borrowing in the Eurocredit market; **~markt** *m* Eurocreditmarket (on which banks grant loans in Eurocurrencies)

**Euromarkt** *m* Euromarket; **~darlehen** *n* loan on the Euromarket

**Euronet-DIANE** → Europäisches Fernmeldenetz

**Europagedanke** *m* European concept; **Verfechter des ~ns** European integrationist

**Europäische Atomgemeinschaft** *f* (EAG) (Euratom) European Atomic Energy Community

**Europäische Fernmelde-Satellitenorganisation** *f* European Telecommunication Satellite Organization (Eutelsat)

**Europäische Freihandelsassoziation** *f* European Free Trade Association (EFTA)

**Europäische Gemeinschaften** *fpl (EU)* European Communities (EC) ( → EWG, → EGKS, → Euratom)

**Europäische Gemeinschaft** *f* **für Kohle und Stahl** (EGKS) (Montanunion) European Coal and Steel Community (ECSC)

**Europäische Gesellschaft** *f* **für Markt- und Meinungsforschung** European Society for Opinion and Marketing Research (ESOMAR)

**Europäische Investitionsbank** *f* (EIB) European Investment Bank

**Europäische Kernenergieagentur** (EKA) European Nuclear Energy Agency

**Europäische Konferenz** *f* **der Verkehrsminister** (EKVM) European Conference of Ministers of Transport (ECMT)

**Europäische Optionsbörse** *f* European Options Exchange (EOE)

**europäische Patentanmeldung** *f*, **Einreichung der europäischen Patentanmeldung** filing of the European patent application

**Europäische Patentorganisation** *f* European Patent Organization

**europäische Patentschrift** *f* European patent specification

**Europäische Wirtschaftsgemeinschaft** *f* (EWG) European Economic Community (EEC)

**Europäische Wissenschaftsstiftung** *f* *(Sitz Straßburg)* European Science Foundation

**Europäische Zentrale** *f* **der öffentlichen Wirtschaft** European Centre for Public Enterprises (CEEP)

**Europäische Zusammenarbeit** *f* **auf dem Gebiet der wissenschaftlichen und technischen Forschung** (COST) European cooperation in the field of scientific and technical research (COST)

**Europäischer Ausrichtungs- und Garantiefonds** *m* **für die Landwirtschaft** (EAGFL) *(EU)* European Agricultural Guidance and Guarantee Fund (EAGGF)

**Europäischer** → Binnenmarkt

**Europäischer Entwicklungsfonds** *m* (EEF) *(EU)* European Development Fund (EDF); **aus den Mitteln des Europäischen Entwicklungsfonds finanziertes Vorhaben** *n* project financed from the resources of the European Development Fund

**Europäischer Fonds** *m* **für regionale Entwicklung** (EFRE) *(EU)* European Regional Development Fund (ERDF)

**Europäischer Führerschein** *m* European driving licence

**Europäischer Gerichtshof** *m* (EuGH) *(EU)* European Court of Justice (ECJ); Court of Justice of the European Communities

**Europäischer Gewerkschaftsbund** *m* (EGB) European Trade Union Confederation (ETUC)

**europäischer Notfallausweis** *m* European Emergency Health Card

**Europäischer Rechnungshof** *m (EU)* Court of Auditors of the European Communities

**Europäischer Sozialfonds** *(EU)* (ESF) European Social Fund (ESF)

**Europäischer Stillegungsfonds** *m* (für Binnenschiffahrt) European laying up fund (for inland waterway vessels)

**Europäischer Wirtschaftsraum** *m* (EWR) European Economic Area (EEA)
**Europäisches Büro** *n* **der Verbraucherverbände** (BEUC) European Bureau of Consumers' Unions (BEUC)
**Europäisches Datenübermittlungsnetz** *n* (Euronet) European data network (Euronet)
**europäisches Engagement** *n* European commitment
**Europäisches Fernmeldenetz** *n* direct information access network for Europe (Euronet-Diane)
**Europäisches Forschungsinstitut** *n* **für Raumordnung und Städteplanung** European Research Institute for Regional and Urban Planning
**Europäisches Fürsorgeabkommen** *n* European Convention on Social and Medical Assistance
**Europäisches Hochschulinstitut** *n (in Florenz)* European University Institute
**Europäisches Komittee** *n* **für Normung** (CEN) European Committee on Standardization (CEN)
**Europäisches Netz** *n* **von Unternehmens- und Innovationszentren** European Business and Innovation Centre Network (EBN)
**Europäisches Parlament** *n* (EP) *(EU)* European Parliament
**Europäisches Patent** *n* European patent; **~amt** *n* European Patent Office; **Europäisches Patentblatt** *n* European Patent Bulletin; **~register** *m* Register of European Patents; **~übereinkommen** *n* European Patent Convention; **das europäische Patent erteilen** to grant the European patent
**Europäisches Recht** *n* European law; *(EU)* Community law
**Europäisches Sozialbudget** *n (EU)* European social budget
**Europäisches Strategieprogramm** *n* **für Forschung und Entwicklung auf dem Gebiet der Informationstechnologien** (Esprit) European strategic programme for research and development in information technology (Esprit)
**Europäisches System** *n* **für die Übermittlung von Stellen- und Bewerberangeboten im internationalen Ausgleich** (Sedoc) European System for the International Clearing of Vacancies and Applications for Employment (Sedoc)
**Europäisches Währungssystem** *n* (EWS) *(EU)* European Monetary System (EMS)
**Europarat** *m (EU)* Council of Europe
**Europarecht** *n* European law, Community law
**Europawahl** *f* European election; election to the European Parliament
**europaweit** European-wide; throughout Europe
**Euro~**, **~pfund** *n* Eurosterling (deposits of sterling held outside the United Kingdom); **~sätze** *mpl* → ~zinssätze; **~scheck** *m* Eurocheque; **~sterling** *m* Eurosterling; **~-Tagesgeldsatz** *m* Eurorate for day-to-day money; **~-Terminsätze** *mpl* Eurotime deposit rates; **~währung** *f* Eurocurrency ( → ECU); **~währungskredit** *m* Eurocurrency credit; **~zins** *m* Euromarket interest; **~zinssätze** *mpl* Eurointerest rates
**e. V.** s. eingetragener → Verein
**Eventual~**, **~anspruch** *m* contingent claim; **~plan** *m* contingency plan; **Eventual~verbindlichkeit** *f* contingent liability
**eventuell** contingent; possible; **~e Beschwerden** *fpl* complaints, if any; **~er Kunde** *m* prospective customer
**E-Werk** *n* → Elektrizitätswerk
**EWG** → Europäische Wirtschaftsgemeinschaft; **~-Anleihe** *f* EEC loan; **~-Etiketten** *npl* EEC labels; **~-Vertrag** *m* EEC Treaty; **~-Waren** *fpl* EEC products
**ewige Renten** *fpl* perpetual government loans (without fixed maturity)
**EWR** EEA ( → Europäischer Wirtschaftsraum)
**EWS** EMS ( → Europäisches Währungssystem); **am ~ teilnehmende Mitgliedstaaten** *mpl (EU)* Member States participating in the EMS
**ex-Bezugsrecht** *n* (exB) ex rights (x.r.)
**ex-Dividende** *f* (exD) ex dividend (x.d.)
**Existenz~**, **~fähigkeit** *f* **der Landwirte** farmers' capacity to make a living; **~grundlage** *f* basis of existence; **~gründungen** *fpl* establishment of new businesses
**Existenzminimum** *n* subsistence (or poverty) level; **Sicherung des ~s** securing the minimum standard of subsistence; **gerade das ~ decken** to be at mere subsistence level
**Exklusiv~**, **~handel** *m* exclusive dealer-

ship; **~verkaufsrecht** *n* exclusive right of sale; **~vertrag** *m* exclusive dealing contract

**Expansion** *f* expansion; **e~sdämpfende Politik** *f* policy to check economic expansion; **e~sfreudig** expansion-minded; **~srate** *f* rate of expansion

**Expedient** *m* dispatcher; forwarding clerk; shipping clerk

**expedieren** to forward, to ship

**Expedition** *f* forwarding, shipping; *(Abteilung)* forwarding (or shipping) department

**Experte** *m* **für** expert on

**explosionsgefährliche Stoffe** *mpl* explosive substances

**Export** *m* export; exportation; **~e** *pl* exports, goods exported; **zum ~ geeignet** exportable; **~abgabe** *f* export duty; *(EU)* export levy; **~abschluss** *m* export contract; **~abteilung** *f* export department (or division); **~agent** *m* export agent; **~anreize** *mpl* export incentives; **~artikel** *mpl* export articles (or goods); goods (or articles) for export

**Exportauftrag** *m* export order; **Bestand an unerledigten Exportaufträgen** *pl* backlog of unfilled export orders

**Export~**, **~ausfall** *m* → ~verlust; **~ausgangsquote** *f* initial export quota; **~aussichten** *fpl* outlook for exports; **~bedarf** *m* export requirements; **~beihilfen** *fpl (EU)* export subsidies; **~beratungsstelle** *f* export consulting agency; **~beschränkung** *f* export restriction (or restraint); *(freiwillig)* orderly marketing; **~bestimmungen** *fpl* export regulations; **~bonus** *m* export premium; **~bürgschaft** *f* export credit guarantee; **~deklaration** *f* (od. **~erklärung** *f*) → Ausfuhrerklärung; **~embargo** *n* embargo on exports; **~erlöse** *mpl* export earnings; **~erstattung** *f* → Ausfuhrerstattung

**Exporteur** *m* exporter

**Export~**, **e~fähig** exportable; **~finanzierung** *f* export financing; **~firma** *f* export(ing) firm, exporter; **~forderung** *f* claim arising from exports; **~förderung** *f* export promotion; **e~freudig** export-minded; **~geflügel** *n* export poultry; **~genehmigung** *f* export permit; export licen|ce (~se); **~geschäft** *n* → Ausfuhrgeschäft; **~güter** *npl* → Ausfuhrgüter; **~handel** *m* export trade; **~händler** *m* export trader (or merchant)

**exportieren** to export

**Export~**, **~industrie** *f* export(ing) industry; **~kapazität** *f* export capacity; **~kartell** *n* export cartel; cartel promoting exports; **~kommissionär** *m* export commission agent; **~kontingent** *n* export quota; **~kredit** *m* export credit; lending for exports; providing finance for exports; **~kreditversicherung** *f* export credit insurance; **~land** *n* → Ausfuhrland; **~leiter** *m* export manager; head of the export department; **~lieferung** *f* export delivery (or shipment); **~makler** *m* export agent; **~möglichkeiten** *fpl* export possibilities (or potential); **~neigung** *f* propensity to export; **e~orientiert** export oriented; **~prämie** *f* export premium; *Br* bounty on exports; **~preis** *m* export price; **~quote** *f* export quota; **~restriktionen** *fpl* export restrictions (→ Ausfuhrverbot, → Embargo, → Handelshemmnisse); **~rückgang** *m* decline in exports; **~sachbearbeiter** *m* export expert; **~schrumpfung** *f* shrinkage of exports; **~selbstbeschränkung** *f* voluntary export restraint; orderly marketing; **~sendung** *f* export shipment; **~sperre** *f* embargo on exports; export freeze; **~statistik** *f* export statistics; **~steigerung** *f* increase (or upturn) in exports; **~subventionen** *fpl (EU)* export subsidies; **~tratte** *f* export draft; **~überschuss** *m* export surplus; exports in excess of imports; **~unternehmen** *n* export(ing) firm

**Exportverbot** *n* export ban; **~klausel** *f* clause prohibiting exports; **das ~ aufheben** to lift the export ban

**Export~**, **~vergütung** *f (EU)* export refund; **~verkäufe** *mpl* export sales; **~verlust** *m* export shortfall (or loss); **~versicherung** *f* export insurance; **~vertreter** *m* export agent; **~vertretung** *f* export agency; **~wachstum** *n* export growth; **~waren** *fpl* commodities for export; export(ed) goods; exports; **~werbung** *f* export advertising; **~wirtschaft** *f* → Ausfuhrwirtschaft; **~zoll** *m* → Ausfuhrzoll

**Express**, **Waren per ~ senden** to send (or ship) goods (by) express (*Am* by special delivery); to ship goods (by) express

**Expressgut** *n* goods sent (by) express; **~schein** *m* express parcels consignment note

**extensive (Land-)Wirtschaft** *f* extensive farming

**extra**, **etwas ~ berechnen** to charge sth. extra (or separately)

**Extra~**, **~ausgabe** *f* extra expense, extra; *(e-r Zeitung etc.)* extra number; **e~fein** superfine; of superior quality; **~kosten** *pl* additional costs; extras; **~preis** *m (Sonderpreis)* extra (or special, exceptional) price; **Extrazahlung** *f* bonus

**Exzedent** *m (Vers.)* surplus

# F

**Fabrik** *f* factory, plant, mill; **~abgabepreis** *m* (selling) price ex factory; factory price; **~abwasser** *n* industrial effluent; **~anlage** *f* factory (plant)

**Fabrikant** *m* manufacturer; factory-owner

**Fabrik~**, **~arbeit** *f* factory work; factory-made (or produced) article(s); **~arbeiter** *m* factory worker, factory hand

**Fabrikat** *n* make, manufacture; product; **eigenes ~** one's own make (or product); **~egruppe** *f* product group

**Fabrikation** *f* manufacturing, production; **Ware in ~** work in progress

**Fabrikations~**, **~anlagen** *fpl* manufacturing facilities; **~auftrag** *m* job order; **wegen e-s ~fehlers** *m* **beanstandete Waren** goods rejected because of a flaw (or manufacturing defect); **~gang** *m* course of manufacture; **~geheimnis** *n* manufacturing (or industrial) secret; **~gemeinkosten** *pl* → Fertigungsgemeinkosten; **~konto** *n* work-in-process account; **~kosten** *pl* manufacturing cost; **~methode** *f* method of manufacture; production technique; **~nummer** *f* serial number; **~programm** *n* manufacturing program(me); **~prozess** *m* process of manufacture, manufacturing process; **~stätte** *f* factory; place of manufacture; **~steuer** *f* → Produktionssteuer; **~zweig** *m* branch of production, line of manufacture

**Fabrik~**, **~besitzer** *m* factory owner; **~buchhaltung** *f* factory accounting; **~direktor** *m* factory (or works) manager; **~erzeugnis(-se)** *npl* article(s) of manufacture; **~gebäude** *n* factory building; **~grundstück** *n* factory site; **~hof** *m* factory yard; **~leiter** *m* factory manager; **~marke** *f* manufacturer's (trade) mark, producer's brand

**fabrikmäßig**, **~ herstellen** to manufacture, to make (sth.) in a factory; **~ hergestellt** factory-made

**Fabrik~**, **~mutterschiff** *n (Fischerei)* mother factory ship; **f~neu** straight from the factory; factory-new, brand-new; **~nummer** *f* **des Herstellers** *(Kfz)* maker's production number; serial number

**Fabrikpreis** *m* factory price *(Preis ab Werk)* price ex works; **zu ~en** *pl* at factory cost

**Fabrik~**, **~stadt** *f* factory (or industrial) town; **~verkauf** *m* factory outlet sales; **f~verpackt** factory-packed; **~waren** *fpl* factory-made goods; manufactured articles (or products)

**Fach** *n* compartment, shelf; *(Ablegefach)* pigeon(-)hole; *fig* line, province, special field; **~anwalt** *m* **für Steuerrecht** specialist in tax law; *Am* tax attorney; **~arbeiter** *m* skilled (or trained, specialized) worker; *pl* skilled labo(u)r (or manpower); **~arzt** *m* (medical) specialist; **~ausbildung** *f* technical training; **wirtschaftliches ~blatt** *n* trade journal

**Fach~**, **~gebiet** *n* special field (or line); **~geschäft** *n* specialty shop (or store); specialized dealer; *Am* single-line store; **~geschäft** *n* **für Bekleidung** retail clothing store; **~gewerkschaft** *f* craft union; **~handel** *m* specialized trade; **~kaufmann** *m (nach IHK-Prüfung)* certified (operational) specialist; **~kenntnis** *f* special (or expert) knowledge; expertise; **~kraft** *f* specialist; person with special knowledge; **~kräfte** *fpl* qualified personnel; specialist staff; **~- und Führungskräfte** *fpl* technical and managerial staff; specialist and executive personnel; **f~kundige Beratung** *f* expert advice; **~lehrgang** *m* specialized training; **~leute** *pl* experts, specialists

**fachlich**, **~ geeignet (vorgebildet)** technically (or professionally) qualified (trained); **~e Führungskraft** *f* functional manager; **~e Gruppen** *fpl* specialized groups (or sections)

**Fach~**, **~mann** *m* specialist; **~messe** *f* specialized fair, trade fair; **~personal** *n* skilled personnel (or staff); **~sprache** *f* technical language, jargon, terminology; **~verband** *m* professional association; trade association; **~wissen** *n* special knowledge; **technisches ~wissen** *n* technical know-how; **~zeitschrift** *f* professional (or technical) journal; *(der Wirtschaft)* trade magazine (or journal)

**Factoring** *n*, **~ (geschäft)** *n* (Kauf von Forderungen) factoring; **~gesellschaft** *f* factor, factoring company; **~kunde** *m* factoring client

**Fähigkeit** *f* ability, capacity; **geistige ~en** intellectual abilities

**Fahndung** *f* search, investigation; **~ nach Terroristen** search for terrorists; **~sdienste** *mpl (Zoll)* investigation services

**Fahrausweis** *m* ticket

**Fahrbahn** *f* road; carriageway, roadway; *(e-r Autostraße)* lane; **zweispurige ~** two-lane road; **~ mit Gegenverkehr** two-way carriageway

**fahren** to go, to travel; *(Auto)* to drive; *(verkehren)* to run

**Fahrer** *m* driver; **~flucht** *f* failure to stop after an accident; hit-and-run driving; **~sitz** *m* driver's seat

**Fahrerlaubnis** *f* permission to drive; *(Führerschein) Br* driving licence; *Am* driver's license; **die ~ entziehen** to disqualify sb. from driving; *(vorübergehend)* to suspend a *Br* driving licence (*Am* driver's license)

**Fahr~**, **~gast** *m* passenger; **~geld** *n* fare; **~gelegenheit** *f* transport facilities, means of transport; *(für Anhalter)* lift; **~gemeinschaft** *f* car pool

**Fahrkarte** *f* ticket; **durchgehende ~** through ticket; **einfache ~** one-way ticket, single ticket → Rück~

**fahrlässig** negligent; careless; **grob ~** grossly negligent; reckless; **~ begangene Straftat** *f* offence (fahrlässigse) committed negligently; **~e Tötung** *f* involuntary manslaughter; *Am* negligent homicide

**Fahrlässigkeit** *f* negligence; **grobe ~** gross negligence; recklessness; **sie wussten infolge grober ~ nicht ...** their lack of knowledge was caused by (or due to) gross negligence; **leichte ~** slight negligence

**Fahrlehrer** *m* driving instructor

**Fahrnis** *f* movable property, movables; chattel

**fahrplanmäßig** on time, on schedule; **~e Abfahrt** *f* scheduled departure

**Fahrpreis** *m* fare; **~ für Hin- und Rückfahrt** return ticket fare; *Am* roundtrip fare; **~ermäßigung** *f* fare reduction

**Fahrprüfung** *f Br* driving (*Am* driver's) test

**Fahrrad** *n* bicycle; *colloq.* bike; **~diebstahl** *m* bicycle theft; **~versicherung** *f* bicycle insurance; **~weg** *m* cycle track

**Fahrstreifen** *m* lane; **~wechsel** *m* changing lanes

**Fahrt** *f (Reise)* journey, voyage; *(Zug) Am* ride; *(Geschwindigkeit)* rate, speed; **~enschreiber** *m* tachograph

**Fahrtkosten** *pl* travel(ling) expenses

**Fahrverbot** *n* driving ban; **LKW-~** ban (or prohibition) on driving lorries (*Am* trucks); lorries prohibited

**Fahrzeug** *n (Land)* vehicle; *(Wasser)* vessel, craft; **entgegenkommendes ~** oncoming vehicle; **haltende oder parkende ~e** standing or parked vehicles; **miteinander verbundene ~e** coupled vehicles; **~e des Güterkraftverkehrs** road freight vehicles; **~e des öffentlichen Verkehrs** public transport vehicles

**Fahrzeug~**, **~bau** *m* vehicle construction; **~benutzer** *m* vehicle user; **~eigentümer** *m* owner of a vehicle; **~geschwindigkeit** *f* speed of the vehicle; **~kolonne** *f* convoy of vehicles; **~miete** *f* car rental; **~park** *m* (car) fleet; **~teile** *pl* vehicle parts; **bei starker Dichte des ~verkehrs** *m* when there is very dense (vehicular) traffic; **~versicherung** *f* vehicle insurance; **~werte** *mpl* motor shares, motors

**Faksimileunterschrift** *f* facsimile signature

**faktisch** de facto; real

**Faktor** *m* factor; **~einkommen** *n* factor income; **~kosten** *pl* factor cost; **~preis** *m* factor price, input price

**Faktura** *f* invoice, bill (in 2 Ausfertigungen in 2 copies)

**Fakturenbuch** *n* invoice book

**Fakturierautomat** *m* automatic billing machine

**fakturieren** to invoice, to make out an invoice; to bill

**Fakturiermaschine** *f* invoicing machine

**Fakturierung** *m* invoice clerk

**fakultativ** optional

**Fall** *m* case, event; → Todes~; **im ~e dass** in case of; in the event that; **auf jeden ~** in any case; at all events; **je nach Lage des ~es** as the case may be; **von ~ zu ~ gebildeter Ausschuss** *m* ad hoc committee; **strittiger ~** case at issue; **im vorliegenden ~e** in the present case; **e-n ~ bearbeiten** to deal with a case

**Fallen** *n* **der Aktien** fall (or downward movement) of shares

**Fällen** *n* **von Entscheidungen** decision-making

**fallen** to fall, to drop; to decline, to decrease, to go down; **~ an** to fall (up)on; to go (or come) to; **unter die Bestimmung e-s Vertrages ~** to come within the terms of a contract; **im Preise ~** to fall (or go down) in price; **(nicht) unter den Vertrag ~** (not) to be covered by the contract; **~ lassen** *(Erfindung, Plan etc.)* to abandon, to drop; **nicht ~ lassen** *(Vorsichtsmarkierung)* do not drop; **die Aktien ~** the shares are falling; the shares are on the decline

**fallend**, **~e Preise** *mpl* falling (or dropping) prices; **~e Tendenz** *f* downward tendency

**fällig** due; mature(d); payable, due for payment; **noch nicht ~er Anspruch** *m* unmatured claim; **~er Betrag** *m* amount due; **täglich ~es Geld** *n* money at (or on) call; call money; **~e Rate** *f* instal(l)ment due; **seit einem Monat ~e Rechnung** *f* invoice having become due for payment a month previously; **~er Wechsel** *m* matured (or payable) bill

**fällig**, **die Lieferung ist ~** delivery is due; **der Wechsel ist ~ am** the bill matures (or is due) on; **~ werden** to become (or fall) due, to become payable, to mature; **die Gebühr ist ~ geworden** the fee fell due; **der Wechsel wird ~ am** the bill will fall due (or matures) on

**Fälligkeit** *f* maturity; due (or payment) date; **~ e-r Zahlung** due date of a payment; **bei ~** when due; at maturity; **bei ~ der Zinsen** at the time when the interest payment falls due; **2 Tage vor ~** two days before maturity; **vor ~ zahlen** to pay before the due date; to pay ahead of schedule

**Fälligkeits~**, **~datum** *n* → ~tag; **~klausel** *f* acceleration clause; **~tag** *m* date of maturity; due date (for payment); **~tag e-s Wechsels** due date of a bill (or draft); **~termin** *m* due (or maturity) date; date for payment, deadline

**falsch** false, wrong, incorrect; **~ ablegen** to put (documents etc.) into a wrong shelf (or file); *(in betrügerischer Weise)* **~ abwiegen** to weigh wrongly; **~ adressieren** to misdirect; **~ aussagen** to give false evidence; **~ beschreiben** to describe wrongly (or incorrectly); **~ bezeichnete Ware** *fpl* misbranded goods; **Geld ~ herausgeben** to give the wrong change; **~ informieren** to misinform, to give wrong information; **~ schwören** to swear falsely; **~ verstehen** to misunderstand

**falsch**, **~e Auslegung** *f* misconstruction, misinterpretation, **~e Aussage** *f* false evidence; **~e Banknote** *f* forged (or counterfeit) (bank)note; **~e Beschreibung** *f* **des Inhalts e-r Kiste** wrong (or incorrect) description of the contents of a case; **~e Darstellung** *f* **von Tatsachen** misrepresentation; **~es Datum** *n* wrong date; **mit e-m ~en Etikett** *n* **versehen** to mislabel; **~es Geld** *n* false (or counterfeit) money; **~e Warenbezeichnung** *f* false trade description

**Falsch~**, **~anmeldung** *(Zoll)* false declaration; **~aussage** *f* false statement; **~benennung** *f (z. B. von Weinen)* misnaming; **~berechnung** *f (von Kosten)* wrong charging (of costs); **~darstellung** *f (bei Vertragsabschluss)* misrepresentation; **fahrlässiger ~eid** *m* negligent false statement under oath

**fälschen** to falsify, to forge, to counterfeit; **e-n Bericht ~** to fake a report; **die Bücher ~** to falsify the books; to tamper with the accounts; to fiddle the books; **Geld ~** to counterfeit money; **Lebensmittel ~** to adulterate food; **e-n Scheck ~** to forge (or alter) a cheque (check)

**Falsch~**, **~lieferung** *f* wrong delivery; delivery of the wrong goods; **~meldung** *f* false information; **~münzer** *m* counterfeiter; **~münzerei** *f* counterfeiting

**Fälschung** *f* falsification; forgery; counterfeiting; **Vornahme von ~en an Eintragungen** tampering with records; **~ von Geld** counterfeiting money; **~ e-r Unterschrift (e-r Urkunde)** forgery of a signature (a document); **f~ssicherer Personalausweis** *m* forgery-proof identity card

**Faltblatt** *n* pamphlet, leaflet

**Faltkarton** *m* (od. **~schachtel** *f*) folding box; collapsible carton; cardboard box

**Familien~**, **mithelfende ~angehörige** *pl* assisting family members; family members working in the enterprise; **~ange-**

legenheiten *fpl* family affairs (or matters); **~betrieb** *m* family(-run) business (or farm); **~gesellschaft** *f* family partnership; family company; **~marke** *f* family brand; **~packung** *f* family size package; **~recht** *n* law of domestic relations, family law; **~stand** *m* personal (or marital) status; **~stiftung** *f* family foundation; **~stück** *n* family heirloom; **~unterhalt** *m* maintenance (or upkeep) of a family; **~unternehmen** *n* family-owned enterprise; **~zulage** *f* family allowance

**Fang** *m (Fische)* catch; **die Fänge** *pl* **anlanden** to land the catches

**Fang~**, **~begrenzung** (od. **~beschränkung**) *f* catch limitation; **~gebiete** *npl* fishing grounds; **~geräte** *npl* **und ~vorrichtungen** *fpl* fishing gear and appliances; **neue ~gründe** *mpl* **erschließen** to explore new fishing grounds

**Fangmenge** *f* catch; **Beschränkungen der ~n** *pl* catch limits

**Fang~**, **~methoden** *fpl* catching methods; **~möglichkeiten** *fpl* fishing (or catch) possibilities; **~plätze** *mpl* → ~gebiete

**Fangquote** *f* catch (or fishing) quota; **~nregelung** *f* catch quota arrangement; **~n** *pl* **zuteilen** to allocate catch quotas

**Fang~**, **~verbot** *n* fishing ban; **~zone** *f* fishing zone

**FAO** → Ernährungs- und Landwirtschaftsorganisation

**Farb~**, **~anzeige** *f* colo(u)r advertisement; **~band** *n* typewriter ribbon; **f~echt** colo(u)r-proof; **~fernsehen** *n* colo(u)r television

**Farbenindustrie** *f* paint industry

**Färberei** *f* dying plant, dye-works

**Farbstoffe** *mpl* dye-stuffs; *(in Lebensmitteln)* colo(u)ring agents; colo(u)rants

**Faserstoff** *m* fibrous material; fibres, *Am* fibers

**Fass** *n* barrel, cask; **leere Fässer** *pl* (Leergut) empties; **in Fässer füllen** to barrel, to put in barrels

**Fass~**, **~ladung** *f* barrel cargo; **f~weise** by the barrel, in barrels

**Fassung** *f*, **das Gesetz in der ~ vom** the Act as amended on

**Fäulnis** *f*, **der ~ ausgesetzt sein** to be subject to putrefaction

**Faustregel** *m* rule of thumb

**Faustpfand** *n* pawn, pledge

**Fautfracht** *f* dead freight

**Favoriten** *mpl (Börse)* (stock market) favo(u)rites

**Fazilitäten** *fpl* facilities

**federführend** leading, responsible (for overall control or coordination); **~e Bank** *f* lead bank; lead manager

**Fehl~**, **~bedarf** *m* uncovered demand; **~bestand** *m* deficiency, shortage; shortfall; **~betrag** *m* deficit, missing amount; shortfall; **~buchung** *f* incorrect entry

**Fehlen** *n* **e-r Schiedsklausel** absence of an arbitration clause

**fehlen** to be missing, to be absent; to lack; **falls Weisungen ~** in the absence of instructions

**fehlend**, **wegen ~er Mittel** for want of funds; **~e Teile** *pl* missing parts; **~e Waren** missing items

**fehlt, es ~ uns an Personal (Arbeitern)** we are short-staffed (short-handed); **e-e Urkunde ~e** one document was missing

**Fehler** *m* error, mistake; defect, fault, flaw; **~ im Fabrikat** defect in the product; **mit ~n behaftet** defective, faulty; **kleiner ~** slight (or minor) defect; **Waren mit kleinen ~n** goods with slight flaws; **schwerer Fehler** bad mistake; **verborgener ~** hidden flaw; latent defect; **in Ihrer Rechnung ist ein ~ unterlaufen** your invoice contains a mistake (a miscalculation); you miscalculated the bill; **mir ist ein ~ unterlaufen** I made a mistake

**fehlerfreie Waren** *fpl* faultless goods; goods free from defects

**fehlerhaft** faulty, incorrect, defective, flawed; **~e Arbeitsausführung** *f* faulty workmanship

**fehlerhafte Produkte** *npl* defective products; **Haftung für ~** product liability

**fehlerhaft**, **~es Verhalten** *n* faulty behavio(u)r; **~e Waren** *fpl* faulty (or defective) goods; **~ sein** to be faulty

**Fehlerhaftigkeit** *f* **e-r Zollanmeldung** incorrectness of a customs entry

**Fehl~**, **~fracht** *f* dead freight; **~gewicht** *n* short weight, underweight; deficiency (or shortage) in weight; **~investition** *f* misinvestment, bad (or unprofitable) investment

**fehllaufen** to go astray (or wrong); **falls die Ware auf ihrem** → Beförderungsweg **fehlläuft**

**Fehl~**, **~lieferung** *f* wrong (or erroneous)

delivery; error in delivery; **~menge** *f* shortage; shortfall; **~spekulation** *f* bad (or wrong) speculation

**Feierschicht** *f* idle (or dropped) shift

**Feiertag** *m*, **gesetzlicher ~** official holiday; **~slohn** *m* holiday pay (wage paid for work done on a public [legal] holiday)

**feilschen** to bargain (um for); to haggle (over)

**feines Leder** *n* fine (or soft) leather

**Feingehalt** *m* fineness; standard; **Waren aus Gold mit vorgeschriebenem ~** gold articles of standard quality; **~sstempel** *m* hallmark, plate mark

**Feinkostgeschäft** *n* delicatessen (store)

**Fein~**, **~mechanik** *f* precision engineering; **feinmechanische Industrie** *f* precision engineering industry

**feinste Sorte** *f* choicest quality

**Feld** *n* field; **bestelltes ~** tilled field; **~arbeit** *f* field (or agricultural) work; **~schaden** *m* damage done to the field(s)

**Felle** *npl*, **rohe Felle** raw skins

**Fenster(brief)umschlag** *m* window envelope

**Ferien** *pl* holiday, vacation; **~ort** *m* holiday resort; **~sachen** *fpl (Gericht)* business which may be transacted during vacation; **~vertreter** *m* substitute during vacation

**Fern~**, **~amt** telephone exchange; *Am* trunk exchange; **~bleiben** *n* absence; *(von der Arbeit)* absenteeism; **e-r Aktion f~bleiben** not to join an action (or activity); **von der Arbeit f~bleiben** to stay away from work; **~fahrer** *m* long-distance *Br* lorry (*Am* truck) driver; **~fahrerstreik** *m Am* trucking strike; **~fischerei** *f* distant water fishing; **~frachtverkehr** *m* → Güter~verkehr; **~gas** *n* grid gas, long-distance gas; **~gespräch** *n Br* national call; *Am* long-distance call; **~heizung** *f* district heating; **f~kopieren** *(EDV)* to telecopy, to (tele)fax; **~laster** *m* long-distance *Br* lorry (*Am* truck); **~lastfahrer** *m* → ~fahrer; **~lastverkehr** *m Br* long-distance lorry traffic; long-distance haulage; *Am* long-distance trucking; **~lehrinstitut** *n* institute offering correspondence courses; correspondence school; **~lehrkurs** *m* correspondence course

**Fernmelde~**, **~anlagen** *fpl* telecommunication facilities; **~satellit** *m* telecommunications satellite; **~technik** *f* telecommunications engineering; **~wesen** *n* telecommunications

**Fernmessung** *f* telemetry

**Fernseh~**, **~anstalt** *f* television organization; **~apparat** *m* → ~er; **~aufnahme** *f* telerecording; **~empfang** *m* television reception

**Fernsehen** *n* television (TV); → hoch auflösendes ~

**Fernseher** *m* television set; televisor; *Am* video receiver

**Fernseh~**, **~gebühren** *fpl* (charge for) television licene (Fernsehse); **~gerät** *n* → ~er; **~sendung** *f* television broadcast(-ing); **~werbesendung** *f* TV commercial; **~werbung** *f* television (TV) advertising

**Fernsprech~**, **~amt** *n* telephone exchange; **~ansagedienst** *m* telephone information service; **~anschluss** *m* telephone connection; **~buch** *n* telephone directory; **~gebühren** *fpl* telephone charges; **öffentliche ~stelle** *f* public telephone; *Am* telephone booth; **~verbindung** *f* telephone connection; **~verkehr** *m* telephone communication; **~verzeichnis** *n* → ~buch; **~zelle** *f Br* call box, phone box, telephone kiosk; *Am* telephone booth

**Fern~**, **~transport** *m* long-distance haulage; **~unterricht** *m* correspondence course; **~verkehr** *m* long-distance traffic; *Am* long hauls; **~verkehrsstraße** *f Br* trunk road; *Am* highway; **~wärme** *f* district heat(ing)

**fertig**, **~ verpackte Milch** *f* pre-packaged milk; **~e Speisen** *pl* ready-to-serve food; **ein Kleid ~ kaufen** to buy a dress ready-made; **~ werden mit** to cope with

**Fertig~**, **~bauten** *pl* prefabricated buildings; **~bauteil** *n* prefabricated component (or element); **~bearbeitung** *f* finishing

**fertigen** to manufacture, to make

**Fertig~**, **~erzeugnis** *n* (od. **~fabrikat** *n*) finished product; manufactured goods; **~gericht** *n* ready-to-serve meal; convenience food; **~haus** *n* prefabricated house, prefab; **~kleidung** *f* ready-made clothes; ready-to-wear clothes; **~kost** *f* manufactured cost; **~mahlzeiten** *fpl* take-away meals

**Fertigpackungen** *fpl*, **Waren in ~** prepackaged goods; **~ mit im Voraus festgelegten Füllungen** (products) prepackaged in preestablished quantities

**Fertigprodukt** *n* finished product

**Fertigstellung** *f*, **~ e-s Auftrags** com-

pletion of an order; **~szeit** *f* time for completion
**Fertigteile** *pl* finished parts (or items)
**Fertigung** *f* manufacture, production; **industrielle ~** industrial production
**Fertigungs~**, **~ablauf** *m* production flow; **~abteilung** *f* production department; **~auftrag** *m* production (or manufacturing) order; **~dauer** *f* → ~zeit; **~einheit** *f* production unit; **~gemeinkosten** *pl* factory overhead(s); indirect manufacturing overhead(s); **~industrie** *f* manufacturing industry; **~singenieur** *m* production engineer; **~jahr** *n* year of manufacture; **~kapazität** *f* production capacity; **~kontrolle** *f* production control; process control; **~kosten** *pl* production (or manufacturing) cost; **~lager** *n* stock (or inventory) of finished goods; finished goods warehouse; **~leiter** *m* production manager; **~lenkung** *f* production control; **~löhne** *mpl* direct labo(u)r; manufacturing wages; **~material** *n* production material; **~methoden** *fpl* manufacturing methods; **~plan** *m* production plan (or schedule); **~planung** *f* production (or manufacturing) planning; **~programm** *n* production (or manufacturing) program(me); **~stätte** *f* production plant; **~steuerung** *f* production (or manufacturing) control; **~straße** *f* production line; **~technik** *f* production engineering; manufacturing technology; **~überwachung** *f* production control; process inspection; **~unternehmen** *n* manufacturing enterprise; **~verfahren** *n* production method, process of manufacture; **~zeit** *f* manufacturing time
**Fertigwaren** *fpl* finished (or manufactured) goods (or products); finished manufactures; **gewerbliche Fertig- und Halbfertigwaren** *fpl* industrial manufactures and semi-manufactures; **~lager** *n* stock of finished goods; finished goods inventory; **~-Vorerzeugnisse** *npl* products for further processing; primary products
**fest** firm, fixed, stable, steady; **~ abschließen** to make a firm deal; **~ anbieten** to make a firm (or binding) offer; **~ kaufen** to buy firm; *(Emission)* **~ übernehmen** to underwrite
**fest**, **unser Angebot ist ~ bei Abnahme bis zum ...** our offer is firm subject to acceptance by ...; **die Kurse sind ~** prices are firm; **die Preise sind ~ geworden** prices have hardened; **die Preise werden ~** prices are getting firm
**feste**, **~ Abfälle** *mpl* solid waste; **~ Anlage** *f* fixed investment; **~ Anstellung** *f* permanent post; **~ Bestellung** *f* firm order; **~ Börse** *f* strong (or steady) market; **~ Kunden** *mpl* regular customers; **~ Kosten** *pl* fixed costs; **~ Kurse** *mpl* firm prices; **~ Preise** *mpl* stable (or fixed) prices; **~ Vertretung** *f* established agency
**fester**, **die Kurse sind ~ geworden** prices have hardened; **die Preise werden ~** prices are getting firm; **~ tendieren** to show a firmer trend
**fester Abschluss** *m* firm bargain (or deal)
**fester Auftrag** *m*, **bisher liegt kein ~ vor** so far, there is no firm order
**fester Wechselkurs** *m* fixed exchange rate
**festes**, **~ Angebot** *n* firm offer; **~ Gehalt** *n* fixed salary
**Fest~**, **~auftrag** *m* firm order; **~gebot** *n* firm bid
**Festgeld** *n* fixed deposits; *Am* time deposits; **~anlage** *f* time deposit investment; **~konto** *n* fixed-term deposit account; term account; **~zinsen** *pl* interest on time deposits
**festgelegt**, **vertraglich ~** stipulated in the contract; **in Grundbesitz ~es Geld** money tied up in land
**Festgeschäft** *n* firm bargain
**festgesetzt**, **vertraglich ~e Bedingungen** *fpl* conditions agreed upon (or stipulated) in the contract; *(für Lieferung)* **~er Ort** *m* agreed (or fixed) place; **~er Preis** *m* fixed price; **~er Termin** *m* appointed date; **e-n ~en Termin einhalten** to meet a set deadline; **zur ~en Zeit** at the time stipulated
**festhalten an** to adhere to, to abide by
**festigen**, **der Dollar festigte sich** the dollar stengthened
**Fest~**, **~konto** *n* fixed account; **~kosten** *pl* fixed cost; **~kredit** *m* fixed-rate loan
**festlegen** *(bestimmen)* to set, to determine, to fix; *(vertraglich)* to stipulate; *(Geld)* to tie up, to lock up; to immobilize; **sich ~** to commit oneself
**Festlegung** *f* **von Bedingungen** fixing of the terms; *(vertraglich)* stipulation of conditions
**festliegen** to be fixed (set); **der Termin**

**der Sitzung liegt fest** the date (or time) for the meeting has been fixed (or set)
**festliegendes Kapital** *n* fixed capital
**Fest~**, **~meter** *m* solid cubic metre (Fester); **~müll** *m* solid waste; **~nahme** *f* arrest, detention; **f~nehmen** to arrest, to detain; **~netz** *n (Telekom)* cable-based (or fixed) network; **~preis** *m* fixed price, firm price; **~preisauftrag** *m* firm price order
**festsetzen** to fix, to determine, to assess; **Bedingungen ~** to fix (or establish) conditions; to stipulate the terms; **die Kosten ~** to fix the costs; **den Schaden ~** *(Vers.)* to adjust the damage; **den Schadensersatz ~** to assess the damages
**Festsetzung** *f* fixing, determination, assessment; **~ e-r Dividende** declaration of a dividend; **~ e-r Entschädigungssumme** determination (or assessment) of damages; **~ e-r Frist** fixing (or setting) of a time limit
**feststehende Regel** *f* standing rule
**feststellen** to ascertain, to find out; to determine; **den Schaden ~** to assess the damage; **wir mussten leider ~, dass** unfortunately we have discovered (or established) that
**Feststellung** *f* ascertainment, finding out; determination; *(gerichtlich)* declaration, finding; **~ des Abschlusses** approval of the *Am* financial statement (*Br* accounts); **~ von Mängeln** finding out deficiencies; **~ der Personalien** establishing the identity; **~ von Tatsachen** ascertainment (or statement) of facts; **die Kommission hat beim Gerichtshof auf ~ geklagt, dass** *(EU)* the Commission petitioned the Court of Justice to declare (that)
**Feststellungs~**, **~klage** *f* action for a declaratory judgment; **~urteil** *n* declaratory judgment
**Festübernahme** *f* firm underwriting
**festverzinslich** fixed-interest (bearing); **~e Anleihe** *f* fixed-interest loan; **~e Kapitalanlage** *f* fixed-interest investment; **~e Wertpapiere** *npl* fixed-interest securities; bonds; **Markt der ~en Wertpapiere** bond market
**Festwert** *m* standard value
**Festzins~**, **~anleihe** *f* straight bond; **~hypothek** *f* fixed-rate mortgage; **~kredit** *m* fixed-interest loan; **~satz** *m* fixed-interest rate
**Fette, tierische und pflanzliche ~** *npl* animal and vegetable fats
**Feuchtigkeit** *f*, **„vor Feuchtigkeit schützen"** „keep dry"
**Feuer** *n* fire; **~gefahr** *f* fire hazard; **f~gefährliche Ladung** *f* inflammable cargo; **~löschgerät** *n* fire extinguisher; **F~löschmittel** *n* fire extinguishing substances; **~schaden** *m* fire damage; **f~sicherer Tresor** *m* fire-resistant (or fire-proof) safe; **~versicherung** *f* fire insurance; **~wehr** *f* fire brigade; **~widerstandsfähigkeit** *f* resistance to fire
**Fibor** Frankfurt Interbank Offered Rate (short term money market interest)
**fiduziarisches Rechtsgeschäft** *n* trust transaction
**fiktiv** notional; **~e Aktiva** *npl* fictitious assets
**Filialbank** *f* branch bank; **~leiter** *m* branch bank manager; **~netz** *n* network of branch banks
**Filialbetrieb** *m* company with many branches; chain of shops; **~e** *pl* multiples
**Filiale** *f* branch; branch establishment (or house); *(e-s Geschäfts)* branch shop (or store)
**Filial~**, **~buchführung** *f* branch accounting; **~büro** *n* branch office; **~geschäft** *n* multiple shop; chain store; **~leiter** *m* branch manager; chain store manager; **~netz** *n* branch network
**Film~**, **~bearbeitung** *f* film adaptation; **~industrie** *f* film (or *Am* motion picture) industry; **~verleih** *m* film distributors; **~werbung** film (or *Am* screen) advertising
**Finanz~**, **~akzept** *n* accepted finance bill; **~amt** *n* tax office; *Br* Inland Revenue office; *Am* Internal Revenue Service; **~anlagen** *fpl (z. B. Beteiligungen)* financial assets; **~aufwendungen** *fpl* financial expenses; **~ausgleich** *m* financial equalization; *(EU)* financial compensation; **~ausschuss** *m* finance committee; **~bedarfsplanung** *f* planning of financial requirements; **~beiträge** *mpl* **der Mitgliedsstaaten** *(EU)* financial contributions of the Member States; **~berater** *m* financial adviser; **~beratung** *f* financial advice; **~buchhaltung** *f* financial accounting (department); **Bücher der ~buchhaltung** financial accounts
**Finanzen** *pl* finances; financial means
**Finanz~**, **~flussrechnung** *f* financial flow

statement; **~gericht** *n* tax court, fiscal court; **~geschäft** *n* financial transaction

**finanziell** financial; **~ beteiligt sein an** to hold a financial interest in; **~ schlecht gestellt sein** to be in a bad financial position; **~ rentabel** financially profitable; **~ unabhängig** financially independent; **jdn ~ unterstützen** to give sb. financial support; **~ zurechtkommen** to make both ends meet

**finanziell**, **~e Angelegenheit** *f* financial affair; money matter; **~er Anreiz** *m* financial incentive; **~er Beitrag** *m* financial contribution; **~e Entschädigung** *f* financial compensation; **~e Erwägungen** *fpl* pecuniary considerations; **aus etw. ~en Gewinn** *m* **ziehen** to gain financially from sth.; **~e Hilfe** *f* financial (or pecuniary) aid (or assistance); **~e Lage** *f* financial position (or standing, circumstances); **im Rahmen der ~en Möglichkeiten** *fpl* **liegen** to be within sb.'s means, **in ~e Schwierigkeiten** *fpl* **geraten** to get into financial difficulties; **~e Unterstützung** *f* financial (or pecuniary) support (or backing); **~e Vereinbarung** *f* financial arrangement; **seinen ~en Verpflichtungen** *fpl* **nachkommen** to meet one's financial obligations (or commitments)

**finanzieren** to finance; to fund; to provide capital for; *Am colloq.* to bankroll

**finanziert**, **eigen~** self-financed; financed with one's own resources; **fremd~** outside financed; financed with borrowed funds; **staatlich ~** state-funded

**Finanzierung** *f* financing; financial assistance (to); providing capital for; funding; **~ der Gründung e-s Unternehmens** start-up financing

**Finanzierungs~**, **~anteil** *m* financing share; **~bedarf** *m* borrowing requirement; **~sbeschluss** *m* financing decision; **~darlehen** *n* loan for financing purposes; **f~fähig** eligible for financing; **~geschäft** *n* financing transaction; **~gesellschaft** *f* finance company; **~hilfe** *f* financial aid (or assistance); **~instrumente** *npl* **der Gemeinschaft** financing instruments of the Community (→ ERFE, → EIB, → EAGFL, → Europäischer Sozialfonds, → Integriertes Mittelmeerprogramm, → NGI; **~konsortium** *n* finance syndicate; **~kosten** *pl* cost of financing; **~kraft** *f* financial strength; **~methode** *f* financing method; **~mittel** *pl* (financing) funds; **~plan** *m* financing plan; **~quelle** *f* source of finance; **~schatz** *m* financing treasury bond; **~technik** *f* financial engineering; **~zusage** *f* financing commitment

**Finanz~**, **~investition** *f* financial investment; investment in financial assets; **~konzern** *m* financial group (or companies); **f~kräftig** financially strong; **~kredit** *m* financial loan; **~lage** *f* financial position; *(e-s Unternehmens)* state of affairs; **~makler** *m* finance broker; **~markt** *m* financial market; **~mathematik** *f* mathematics of finance; **~ministerium** *n* Ministry of Finance; **~mittel** *pl* financial resources; funds; **~plan** *m (e-s Unternehmens)* (financial) budget; **~planung** *f* financial (or budgetary) planning; **~platz** *m* financial centre (Finanzer); **~politik** *f (e-r Firma)* financial policy; *(des Staates)* fiscal policy; **f~schwach** financially weak; **~spritze** *f* financial injection (injection of capital); **f~stark** financially strong; **e-n ~status** *m* **vorlegen** to submit a statement of financial position; **~ströme** *mpl* financial flows; **~termingeschäfte** *npl* financial futures; **~terminmarkt** *m* financial futures market; **~transaktionen** *fpl* **machen** to engage in financial transactions; **internationale ~verflechtungen** *fpl* international financial ties; **~verhältnisse** *npl* financial circumstances; **~wechsel** *m* finance bill; **die ~welt** the financial world; **das ~wesen** the finances; financial matters; **~wirtschaft** *f* public finances; **~zoll** *m* revenue duty (or tariff)

**finden**, **e-e Stelle ~** to find (or obtain) employment; to get a job; **wir ~, dass der Preis ziemlich hoch ist** we consider the price rather high

**Finder** *m* finder; **~lohn** *m* finder's reward

**Fingerabdruck** *m* finger-print

**fingiertes Konto** *n* fictitious account, pro forma account

**Firma** *f* firm, company; firm-name

**Firmen~** company-, corporate-; **~änderung** *f* change of the firm name; **~berater** *m* management consultant; **~briefkopf** *m* (firm) letterhead; **f~eigen** company-owned; owned by the firm; **~eintragung** *f* registration of a firm; **~fahrzeug** *n* company (or firm's) car; **~flugzeug** *n* company aircraft (or plane); **~fortführung** *f* retention of a firm name; **unzulässiger**

**~gebrauch** *m* unlawful use of a trade name; **~größe** *f* size of a firm; **~gründung** *f* formation (or foundation) of a firm; **~kantine** *f* firm's canteen; *Am* cafeteria; **~kauf** *m* acquisition of a firm; **~kundenbetreuung** *f* corporate customer adviser; **~name** *m* company name; **~philosophie** *f* corporate culture

**Firmenrente** *f* company pension, occupational pension; **Bezieher e-r ~** occupational pensioner

**Firmen~**, **~schild** *n* firm's name-plate; **~siegel** *n* company seal, *Am* corporate seal; **~sitz** *m* registered office of a firm; **~spende** *f* company (or corporate) donation; **~übernahme** *f* takeover (of a firm); *Am* corporate takeover; **~vermögen** *n* business assets; **~vertreter** *m* firm's representative; **~wagen** *m (Pkw)* company car; **~werbung** *f* institutional advertising; **~wert** *m* goodwill; **~zeichen** *n* trade mark; (firm's) sign; brand; **~zusammenbruch** *m* collapse of a firm; **~zusammenschluss** *m* merger

**firmieren** to sign the firm's name; **die Firma firmiert als** the firm uses the firm-name of; the firm does business under the name (or style) of

**Fisch**, **See~e** *mpl* sea fish; saltwater fish; **Süßwasser~e** *mpl* freshwater fish; **~, frisch (lebend od. nicht lebend, gekühlt oder gefroren)** fish, fresh (live or dead, chilled or frozen); **~e, zubereitet oder haltbar gemacht** prepared or preserved fish; fish preparations and preserves

**Fisch~**, **~absatz** *m* fish sales; **~arten** *fpl* species (or kinds) of fish

**Fischbestände** *mpl* fish stocks, fishery resources; **Erhaltung und Bewirtschaftung der ~ durch Aufstellung von Fangquoten** conservation and management of fishery resources by the establishment of quotas; **~ bewirtschaften** to manage fishery resources; **~ wiederauffüllen** to replenish fish stocks

**Fischdampfer** *m* trawler

**Fischerei** *f* fishing; fishery; **~betrieb** *m* fishing undertaking; **~erzeugnisse** *npl* fishery products; **~fahrzeug** *n* fishing vessel; **~flotte** *f* fishing fleet; **~geräte** *npl* fishing tackle

**Fischereigrenze** *f*, **die ~n auf 12 Seemeilen erweitern** to extend the fishing limits to 12 nautical miles

**Fischerei~**, **~industrie** *f* fishing industry; **gemeinsame ~politik** *f (EU)* common fisheries policy; **~quoten** *fpl* fishing quotas; **~irecht** *n* fishing right

**Fischerei~**, **~tätigkeit** *f* fishing acitivities (or operations); **~übereinkommen** *n* fisheries agreement; **~verordnungen** *fpl* **der Gemeinschaft** *(EU)* Community fisheries regulations; **~wirtschaftsjahr** *n (EU)* fishing year

**Fischereizone** *f*, **Schaffung e-r 200-Meilen ~** *(EU)* establishment of a 200-mile fishing zone

**Fischfang** *m* fishing; catch; **~quote** *f* fishing quota; **Beschränkung des ~s** fishing restrictions

**Fisch~**, **~großmarkt** *m* wholesale fish market; **~gründe** *mpl* fishing grounds; **~händler** *m* fish merchant; *(Einzelhandel) Br* fishmonger; *Am* fishdealer; **~handlung** *f* fish shop; *Br* fishmonger's shop; **~industrie** *f* fish processing industry; **~konserven** *fpl* prepared fish products; *Br* tinned (*Am* canned) fish; **~konservenindustrie** *f* fish canning industry; **f~reiche Gewässer** *npl* waters rich in fish; **~verarbeitung** *f* fish processing; **~wirtschaft** *f* fishing industry; *Am* fisheries; **~wirtschaftsjahr** *n (EU)* fishing year; **~zubereitungsfabrik** *f* fish (preparing) factory; **~zucht** *f* fish culture; fish farming; pisciculture; **~zuchtanstalt** *f* fish farm, hatchery

**fiskalische Besteuerung** *f* fiscal taxation, revenue-raising tax

**fiskalpolitische Maßnahmen** *fpl* measures relating to fiscal policy

**Fiskus** *m* treasury (authorities charged with the receipt and care of public revenue); exchequer; *Am* Treasury; **der Staat als ~** the state in its fiscal capacity

**fixe Kosten** *pl* fixed cost

**fixen** *(Börse)* to bear (the market); to speculate for a fall in prices; to sell short; *Am* to make a short sale

**Fixer** *m (Börse)* bear (or *Am* short) seller, speculator for a fall in prices

**Fixgeschäft** *n* 1. *com* transaction for delivery at (or by) a fixed date; 2. *(Börse)* time bargain (for a fixed date of delivery or acceptance)

**Fixum** *n* fixed minimum sum (or allowance); fixed salary

**flächendeckend** across the board; general

**Flächenstilllegung** *f* **in der Landwirtschaft** *(EU)* set-aside of farmland
**Flacherzeugnisse** *npl* flat products
**Flachs** *m* flax; **~anbau** *m* cultivation of flax; **~spinnerei** *f* flax-spinning mill
**Flagge** *f* flag; colo(u)rs; → Billig~n; **Schiffe unter ... ~** vessels flying the flag of ...; **e-e ~ führen** to fly a flag; **die ~ zeigen** to display one's flag
**flankierende Maßnahmen** *fpl* supporting measures; accompanying measures
**Flasche** *f*, **auf ~n abfüllen** to put into bottles, to bottle
**Flaschen~**, **~abfüllung** *f* bottling; **~bier** *n* bottled beer; **~hüllen** *fpl* **aus Stroh** straw envelopes for bottles; **~pfand** *n* deposit on a bottle
**flau**, **~e Börse** *f* dull (or depressed) market; *Am* sick market; **~es Geschäft** *n* dull business; **die Aktienbörse blieb ~** the stock market remained weak (or dull, stagnant); **das Geschäft ist ~** business is slack
**Flaute** *f* dullness, depression, slackness; *(stille Zeit)* dull season (or period); slack time in trade; → Börsen~, → Wirtschafts~; **unter ~ leiden** depressed; **~ auf dem Markt** depressed state (or stagnation) of the market; **~jahr** *n* slump year, year of recession
**Flechtstoffe** *mpl*, **Waren aus ~n** products made of plaited (or interwoven) materials
**Fleisch** *n* meat; **~ in Dosen** canned meat; **verarbeitetes ~** processed meat
**Fleisch~**, **~ausfuhr- und Einfuhrländer** *npl* meat exporting and importing countries; **~beschau** *f* meat inspection; **~erzeugnisse** *npl* meat (-based) products; **~importeur** *m* meat importer; **~konserven** *pl* preserved (or canned, potted, tinned) meat; meat preserves; **~verarbeitungsfabrik** *f* meat processing plant; **~versorgung** *f* meat supplies; **~waren** *fpl* meat products
**Flexibilität** *f* flexibility
**flexible**, **~ Arbeitszeit** *f* flexible working hours; flexitime; **~r Wechselkurs** *m* flexible (or floating) exchange rate
**Fließarbeit** *f* continuous operation
**Fließband** *n* assembly line, production line; **~arbeiter** *m* assembly line operator; **~fertigung** *f* assembly line production, conveyer belt production
**Fließ Fließstraße** *f* production (or assembly) line; **Fließverfahren** *n* flow process
**Floaten** *n*, (→ sauberes ~; → schmutziges ~); **~ der Wechselkurse** floating of exchange rates
**floaten** to float; **~de Währungen** *fpl* floating currencies
**florieren** to flourish; to prosper; **allmählich ~** to pick up; **~d** flourishing, thriving, booming; **das Geschäft floriert** business is booming
**flottmachen**, **das Schiff wieder ~** to refloat the ship
**Flucht** *f* flight, escape; **~gefahr** *f* danger of escape (or flight); **~gelder** *pl* (od. **~kapital** *n*) fugitive money, hot money; **~steuer** *f* tax on capital flight; tax on exported property; **~verdacht** *m* suspicion of intent to escape; **~versuch** *m* escape attempt, attempted escape
**flüchtig**, **~er Schuldner** *m* absconding debtor; **~ werden** to abscond, to escape
**Flüchtlingslager** *n* refugee camp
**Flug** *m*, **~gast** *m* passenger; **~gesellschaft** *f* airline (company)
**Flughafen** *m* airport; **~gebäude** *n* airport terminal; **f~nahe Gebiete** *npl* areas near airports; **~werbung** *f* airport advertising
**Fluglinie** *f* airline; **~nplan** *m* route schedule; **Einrichtung und Betrieb e-s planmäßigen ~nverkehrs** establishment and operation of scheduled air services; **internationalen ~nverkehr betreiben** to operate international air services
**flugplanmäßig** on schedule
**Flug~**, **~preis** *m* (air) fare; **(verbilligter) ~schein** *m* flight ticket (at reduced rates); **~sicherheit** *f* safety in flight; aviation security; **~sicherung** *f* air traffic control; **~strecke** *f* air route
**Flugtarife** *mpl* air fares; **~ im Linienverkehr** scheduled air fares
**Flugverbindung** *f* air connection; **F~en** *pl* air links
**Flugverkehr** *m* civil aviation; air transport
**Flugzeug** *n* aircraft, plane; **im ~ beförderte Passagiere** passengers carried by plane; **mit dem ~ fliegen** to go by air; **durch ~ versandt** shipped by air
**Flugzeug~**, **~abfertigung** *f* aircraft turnround; **~fabrik** *f* aircraft factory; **~industrie** *f* aircraft industry; **~ladung** *f* plane load; **~miete** *f (Vergütung)* plane charter money; **~treibstoff** *m* aircraft

fuel; **~unglück** *n* air disaster; **~vermietung** *f* plane hire service; **~werte** *pl* *(Börse)* airlines

**Fluorchlorkohlenwasserstoffe** *mpl* **in der Umwelt** (FCKW) chlorofluorocarbons (CFC) in the environment

**Fluorierung** *f* **des Wassers** fluoridation

**flukturierende Gelder** *npl* hot money (short-term capital moving rapidly between countries for speculative reasons)

**Flur~**, **~bereinigung** *f* land consolidation; reallocation of land; **~schaden** *m* field damage

**Fluss~**, **~anlieger** *m* riparian owner; **~dampfer** *m* river boat (or steamer); **~diagramm** *n* flow chart; **~fischerei** *f* river fishery

**Flüssig~**, **~dünger** *m* liquid fertilizers; **~erdgas** *n* liquefied natural gas (LNG); **~gas** *n* liquefied petroleum gas (LPG)

**flüssig**, **~e Brennstoffe** *mpl* liquid fuels; **~es Gas** → F~gas; **~ machen** to liquefy; **seine Vermögenswerte ~ machen** to realize one's assets

**flüssige Gelder** (od. **Mittel**) *npl* liquid assets (or funds); *(Bilanz)* cash in hand and at bank; **Mangel an flüssige Geldern** (od. **Mitteln**) illiquidity; cash deficiency

**Flüssigkeiten** *fpl* **in Fertigpackungen** prepackaged liquids

**Fluss~**, **~transportversicherung** *f* river transport insurance; **~verschmutzung** *f* river pollution

**Flut** *f* **von Aufträgen** rush of orders

**Flutenergie** *f* tidal power

**fob-Lieferung** *f* f.o.b. delivery

**Folge** *f* consequence, result; **nachteilige ~n** *pl* detrimental consequences; **wesentliche Nachteile zur ~ haben** to entail serious disadvantages

**Folge~**, **~auftrag** *m* follow-up order; **~investitionen** *fpl* follow-up investments; **~jahr** *n* subsequent year; **~kosten** *pl* follow-up costs

**folgen aus** to follow (or ensue) from

**folgend im folgenden** hereinafter

**Folgeschaden** *m* consequential damage (or loss)

**Folie** *f* foil; **in ~ eingewickelt** foil-wrapped; **Folienverpackung** *f* foil wrapping

**Fonds** 1. fund; **e-n ~ ausstatten mit ... €** to endow a fund with €...; **mit e-m eigenen ~ ausstatten** to endow with one's own resources; **e-n ~ errichten** to constitute (or set up) a fund

**Fonds~**, **~auflösung** *f* liquidation of a fund; **~ausschuss** *m* fund committee; **~beitrag** *m* contribution to a fund; **~börse** *f* stock exchange *(Ggs. Warenbörse)*; fixed interest securities exchange; **~errichtung** *f* setting-up of a fund; **~mittel** *pl* **in Anspruch nehmen** to use the resources (or assets) of a fund; **~vermögen** *n* fund's assets

**Fonds** 2. *(Investmentfonds)* fund; **gemischter ~** mixed fund; → Aktien~; → Immobilien~; → Publikums~; → Spezial~; → Wertpapier~

**Fonds~**, **~anteil** *m* share; *Br* unit; **~anteilschein** *m* share certificate; *Br* unit certificate; **~erträge** *mpl* fund's income; **f~gebundene Lebensversicherung** *f* (FLV) fund-linked life insurance; **~vermögenswert** *mpl* assets of a fund; **~verwaltung** *f* management of a fund

**Förder~**, **~band** *n* conveyer-belt; **~einrichtungen** *fpl* conveying facilities; **~gebiet** *n (EU)* assisted area; less favo(u)red region; **~jahr** *n (z. B. Erdöl)* year of production; **~kapazität** *f (z. B. Kohle)* productive capacity; **~kosten** *pl (Kohlenbergbau)* production cost; **~- und Verbraucherländer** *npl (z. B. Erdöl)* producing (or producer) and consuming (or consumer) countries; **staatliche ~maßnahmen** *fpl* government promotion measures; **~menge** *f (Bergbau)* output

**fordern** to claim, to demand, to request; **e-n hohen Preis ~** to ask for a high price; to charge a high price (for für); **Zahlung ~** to demand payment

**fördern** to further, to promote, to sponsor; *(Bergbau)* to produce, to extract; **den Absatz ~** to promote sales; **Investitionen ~** to encourage investment

**Forderung** *f* claim, demand, requirement; debt; **~en** *pl* debtors; debts receivable; accounts receivable; outstanding accounts; receivables; **seine ~en** debts owing (or due) to him; **~en aus Kreditgeschäften** receivables from lending transactions; **~en an Kreditinstitute** due from banks; **~en und Verbindlichkeiten** *fpl* accounts receivable and payable; receivables and payables; **~en aus Warenlieferungen und Leistungen** trade accounts receivable; **betreibbare**

~ collectable claim (or debt); **fällige ~** debt due (from sb. or to sb.); **gesichterte ~en** secured claim; → uneinbringliche ~en → verschiedene ~en; → zweifelhafte ~en; **e-e ~ gegen A abtreten an B** to cede (or assign) a claim against A to B; **e-e ~ auf gerichtlichem Wege eintreiben** to pursue a claim in court; **e-r ~ entsprechen** to meet a demand; **e-e ~ geltend machen** to assert (or set up) a claim; **die ~ geht über auf** the debt passes over to; **e-e ~ übertragen** to assign a debt

**Forderungs~, ~abschreibung** *f* write-down of uncollectable (or doubtful) receivables; **~abtretung** *f* assignment of a claim (or debt); **~ausfälle** *mpl* bad debt losses; **f~berechtigt** entitled to a claim; **~einzug** *m* collection of accounts receivable; **~pfändung** *f* attachment of a debt; **gesetzlicher ~übergang** *m* assignment of a claim by operation of law; subrogation; **~verkauf** *m* sale of accounts receivable; factoring; **~vermögen** *n (e-s Unternehmens) (Bilanz)* financial assets

**Förderung** *f* promotion, advancement; encouragement; *(Bergbau)* production, output; extraction; **~ der Ausfuhr** promotion (or encouragement) of exports; **~ des Fremdenverkehrs** development of tourism; **~ des Handels** trade promotion; **~ von Öl** production (or extraction) of oil; **~ des Wettbewerbs** stimulating competition

**Förderungs~, ~gebiet** *n* development area; **~maßnahmen** *fpl* promotional measures; **f~würdiges Vorhaben** *n* project deserving promotion; project eligible for assistance

**Forfaitierung** *f* *(Außenhandelsfinanzierung)* forfaiting; non-recourse financing, discounting without recourse

**Form** *f* form, shape; **in ordnungsgemäßer ~** in due form; **~blatt** *n* standard form; **~brief** *m* form letter

**Formalitäten** *fpl* formalities; **ohne ~** without formal procedure; **~ erfüllen** to comply with formalities

**formell** formal; **~ und materiell** in form and in fact; **~les Recht** *n* procedural law

**Form~, ~erfordernis** *n* requirement of form; **~fehler** *m* defect of form; **~freiheit** *f* freedom of form; **industrielle ~gebung** *f* industrial design; **f~gerecht** in due (or proper) form; **~gestalter** *m* designer; stylist

**förmlich** formal

**formlose Absprache** *f* informal arrangement

**Formmangel** *m* defect (or insufficiency) of form

**Formular** *n* form; *Am* blank; **ausgefülltes ~** filled-in form; **~buch** *n* book of (printed) forms; **f~mäßig** on a (standard) form

**Formvorschrift** *f* requirement (or requisite) of form; **gesetzliche ~en beachten** to observe legal formalities

**Forschung** *f* research; **~ im Energiebereich** energy research; **~ im landwirtschaftlichen Bereich** agricultural research; **~ betreiben** to be engaged in research

**Forschung und Entwicklung** (FuE) research and development (R & D); **~sbeihilfen** *(EU)* R & D aids

**Forschung und technologische Entwicklung** (FTE) research and technological development (R & TD)

**Forschungsaufgaben** *fpl* **durchführen** to carry out research projects

**Forschungs~, ~bereich** *m* field of research; **~einrichtungen** *fpl* research facilities (or institutions); **~etat** *m* research budget; **~mittel** *pl* research funds; **~programm** *n* research programme (*Am* program); **Gemeinsame ~stelle** *f* (GFS) *(EU)* Joint Research Centre (JRC); **~vorhaben** *n* research project

**Forst~, ~arbeiter** *m* forest worker; **~erzeugnisse** *mpl* forest products; **~wirtschaft** *f* forestry; **f~wirtschaftlicher Betrieb** *m* forestry establishment

**Fortbestand** *m* continued existence

**fortbestehen** to continue in existence

**Fortbildung** *f* further education; advanced training; **~ am Arbeitsplatz** training on the job; **~ von Führungskräften** further management training

**fortführen das Geschäft fortführen** to carry on the business

**Fortführung** *f* **der Geschäfte** continuation of business

**fortlaufend**, **~e Notierung** *f (Börse)* consecutive quotation; variable price quotation; **~ nummerieren** to number consecutively

**fortschreiben** to update

**Fortschreibung** *f* updating

**Fortschritt** *m* progress, advance; **tech-**

**nischer ~** technological progress; *(PatR)* advance in the art; **beträchtliche (wesentliche) ~e sind erzielt** considerable (substantial) progress has been made (or achieved)

**Fortsetzung** *f* continuation; **in ~en erscheinende Veröffentlichung** *f* serial publication

**Fortsetzungsbestellung** *f* standing order

**Fort- und Weiterbildung** *f* **der Mitarbeiter** training and development of personnel

**fotografische Artikel** *mpl* photographic articles

**Fotokopie** *f* photocopy; **~rgerät** *n* photocopier

**fotokopieren** to photocopy

**Fotoreporter** *m* photojournalist

**Fracht** *f (Frachtgut n) (per Bahn)* freight; *(per Schiff od. Flugzeug)* cargo, freight; *(Kosten)* freight; *Br* carriage; **~ bezahlt** *Br* carriage paid (C/P); **~ zu Ihren Lasten** *Br* carriage forward; **~ für Massengüter** bulk freight; **~ gegen Nachnahme** freight forward (frt fwd); *Am* freight collect; **~ vorauszahlbar** freight prepayable (or payable in advance); **als ~ aufgeben** *(per Bahn)* to send goods by rail; *Am* to book freight; *(per Schiff)* to send (or ship) goods by sea; **in dem Preise sind die Kosten für ~ enthalten** the price includes freight charges; **~ zahlt Empfänger** carriage forward

**Fracht~**, **~absender** *m* consignor; **~angebot** *n* freight offered; **~annahme** *f* freight office; **~aufschlag** *m* extra freight; *Br* additional carriage

**Frachtbasis** *f* basing point; **System der Preisangleichung mit verschiedener ~** *(EU)* system of multiple basing points

**Frachtbehälter** *m* container

**Frachtbrief** *m* consignment note; bill of lading (B/L); way(-)bill; **internationaler ~** CIM Convention internationale concernant le transport des marchandises par chemin de fer consignment note; **ein ~duplikat** *n* **andienen** to provide a duplicate consignment note (or bill of lading)

**Fracht~**, **~buch** *n* cargo book; **~empfänger** *m* consignee

**Frachten~**, **~ausgleich** *m* equalization of freight rates; **~börse** *f* freight exchange; shipping exchange

**Fracht~**, **~ermäßigung** *f* freight reduction; **~flugverkehr** *m* air freight service; **~flugzeug** *n* air freighter; freight (or cargo) plane

**frachtfrei** freight (pre)paid; *Br* carriage paid; **~ Grenze** carriage paid to frontier; **~e Lieferung** *f* delivery free of charge

**Frachtführer** *m* carrier; **gewerbsmäßiger ~** common carrier; **~haftpflicht** *f* carrier's liability; **die Waren werden durch e-n ~ befördert** the goods are shipped by a carrier

**Fracht~**, **~geschäft** *n* freight (or carrying) business; **~gut** *n* (rail) freight; *(per Schiff)* cargo, freight; **als ~gut** by freight; *Br* by goods train; *Am* by freight train; **~hilfe** *f* **für** *(EU)* subsidy for the carriage of; **~inkasso** *n* collection of freight charges; **~hubschrauber** *m* cargo helicopter

**Frachtkosten** *pl Br* carriage; freight (charges); *Am* freightage; **Ausgaben für ~** expenditure on freight (or *Br* carriage); **~ per Nachnahme** carriage forward; freight charges to be paid on delivery; **die ~ betragen** freight charges amount to

**Fracht~**, **~ladung** *f* cargo, freight; **~liniendienst** *m* cargo liner traffic; **~liste** *f* freight list; **~makler** *m* freight broker; **~maklergebühr** *f* freight brokerage; **~nachnahme** *f* freight collect; **~notierung** *f* freight quotation; **~rabatt** *m* freight discount; **~rate** *f* freight rate, *Br* carriage rate

**Frachtraum** *m* cargo (or freight) space; ship's hold; *(im Flugzeug)* cargo pit; **~ belegen** to book cargo space

**Fracht~**, **~rechnung** *f* freight account (or bill); **~satz** *m* → ~rate; **~schiff** *n* cargo ship (or vessel); freighter

**Frachtsendung** *f* consignment; *Am* (freight) shipment; **e-e ~ ist eingetroffen** a consignment has arrived

**Fracht~**, **~stück** *n* package; **~stundung** *f* deferral of freight payments; freight respite; **~tarif** *m* freight (or *Br* carriage) rates (or tariff); **~umschlag** *m* freight handling; **~unterbietung** *f* rate cutting; **~verkehr** *m* freight traffic; **~verladeeinrichtungen** *pl* freight (or cargo) handling installations; **~versicherung** *f* freight insurance; **~vertrag** *m* freight contract; *Br* contract of carriage; **~vorlage** *f (durch Spediteur)* advance (payment) of freight charges; **~zustellung** *f* freight delivery

**Frage** *f*, **~ von allgemeinem Interesse** question of common concern; *(im Prozess)* **zur Entscheidung stehende ~**

question at issue; **grundlegende ~** fundamental question; **strittige ~** issue in dispute; **in ~ kommen für** to be eligible for; to qualify for; **in ~ stellen** to question

**Fragebogen** *m* questionnaire; **e-n Fragebogen einreichen** to submit a questionnaire

**fragen, nach dem Preise ~** to inquire about the price

**Fraktion** *f* (parliamentary or political) group; **f~los** non-affiliated (not belonging to a party)

**Franchise** *f (Vertriebssystem)* franchise; franchising; *(Transportvers.) Br* excess; *Am* deductible; **~geber** *m* franchisor, franchising firm; **~nehmer** *m* franchisee, franchised firm; **~vertrag** *m* franchising agreement

**franchisierendes Unternehmen** *n* → Franchisegeber

**franchisiertes Unternehmen** *n* → Franchisenehmer

**Franken** *m*, **belgischer und luxemburgischer ~** Belgian and Luxembourg franc; **französischer ~** French franc; **Schweizer ~** Swiss franc

**frankieren, e-n Brief ~** to stamp (or prepay) a letter

**franko** carriage paid; prepaid; **~ Bestimmungsort** free delivered; **~ Fracht und Zoll** carriage and duty prepaid; **~ Kurtage** *(Börse)* free of broker's commission

**frei, ~ an Bord** *(des Schiffes im Abgangshafen)* f. o. b., FOB (free on board); **~ Bahnhof** free station; **~ Eilgeld** *(frei von Vergütung für gesparte Lade- od. Löschzeit)* free dispatch (f. d.); **~ ein und aus** *(frei Beladung und Löschung)* free in and out (f. i. o.); **~ Eisenbahn** free on rail

**frei Grenze** free frontier; **Preis ~ der Gemeinschaft** *(EU)* free-at Community-frontier price

**frei Hafen und versichert** free port and insured

**frei Haus** free buyer's address; franco domicile; delivered free at residence; no charge for delivery; **~ verzollt** free domicile duty paid; **Preis ~** delivered price

**frei, ~ Lager des Kunden** free customer's warehouse; **~ Längsseite des Schiffes** *(im Abgangshafen)* free alongside ship (FAS); **~ Schiff** free on ship (f. o. s.); **~ Waggon** free on rail (f. o. r.)

**frei, 3 Tage ~ bekommen** to get 3 days off; **in dem Hotel sind keine Zimmer ~** there are no vacancies in the hotel; **sich im Hoheitsgebiet der Mitgliedsstaaten ~ bewegen** *(EU)* to move (about) freely within the territory of the Member States (→ F~zügigkeit); **~ haben** to have (time) off; **~ werden** to become vacant; **e-e Stelle wird ~** there will be a vacancy

**freie Berufe** *mpl* liberal professions; **Angehörige der ~n freie Berufe** professional people (or classes)

**freier Güterverkehr** *m* free movement of goods

**frei, im ~en Handel** freely traded; **~er Personen-, Dienstleistungs- und Kapitalverkehr** *m (EU)* free movement of persons, services and capital (within the Community); **freie Stelle** *f* vacancy

**frei, in ~em Verkehr befindliche Waren** *(EU)* goods in free circulation; **Papiere im ~en Verkehr handeln** → Freiverkehr; *(Waren)* **in den ~en Verkehr überführen** to put into free circulation

**frei, ~er Warenverkehr** *m* free circulation of goods; **~e Wirtschaft** *f* private enterprise (system)

**Freiaktien** *fpl* bonus shares

**freiberuflich** freelance; professional; self-employed; **~e Einkünfte** *pl* professional earnings; **~ Tätiger** *m* self-employed professional man; **~e Tätigkeit** self-employment; **e-e ~e Tätigkeit ausüben** to practise (or carry on) a profession; **e-e ~e oder unselbstständige Tätigkeit ausüben** to be self-employed or employed; **~ tätig sein** *(als Journalist, Künstler etc.)* to freelance

**Freibetrag** *m (Steuer) Br* tax-free allowance; relief; *Am* (tax) exemption

**freibleibend** subject to change without notice; without obligation (or engagement); **Preis ~** open price; price subject to change without notice; **das** → Angebot ist ~

**Frei~, ~exemplar** *n* free (or complimentary) copy; **~fahrt** *f* free journey, free ride

**Freigabe** *f* release; **~ e-s gesperrten Kontos** unblocking of a blocked account; **~ von Mitteln** release of funds; **~ des Wechselkurses** floating of the exchange rate; freeing of the rate of exchange

**freigeben, jdm e-n Tag ~** to give sb. a day off; *(gesperrtes Konto)* to release, to unblock; **Dokumente gegen Zahlung ~** to release documents against payment;

**zur Veröffentlichung** ~ to release for publication; **die Waren** *(nach Zollformalitäten)* ~ to release the goods; **den Wechselkurs e-r Währung** ~ to float the exchange rate; to allow the exchange rate to float

**freigesetzte Arbeitskräfte** *fpl (z. B. durch Betriebsschließung)* redundant labo(u)r (or workers)

**Frei~**, **~grenze** *f* free quota; *(Steuer)* tax exemption limit; *(Zoll)* duty-free allowance; **~gut** *n* duty-free goods; goods in free circulation *(Ggs. Zollgut)*; **~gutveredelung** *f* processing duty-free goods

**Freihafen** *m* free-port; **~gebiet** *n* free port zone

**Freihandel** *m* free trade; *(Effektenhandel)* → Freiverkehr; **~sabkommen** *n (EU)* Free Trade Agreement; **~sbeziehungen** *fpl* free trade relations; **~szone** *f* free trade area

**freihändig**, **~er Ankauf** *m* purchase at market rates; **~e Vergabe** *f (von Bauaufträgen)* single tender procedure; **~er Verkauf** *m (nicht durch Auktion)* private sale; *Br* sale by private treaty; *(Effektenhandel)* direct offering; direct sale to the public; **~ verkaufen** *(nicht durch Auktion) Br* to sell by private treaty; *(Effekten)* to sell (securities) in the open market

**Freiheit** *f* freedom; → Gebühren~; → Gewerbe~; **~sstrafe** *f* (term of) imprisonment; prison sentence; **mit ~sstrafe bis zu einem Jahr bestraft werden** to be punished by (or to be liable to) a term of imprisonment not exceeding one year

**Freiladegleis** *n* siding with a direct loading ramp (not subject to fees)

**Freiland** *n* open land; **~tomaten** *fpl* field (or outdoor) tomatoes

**Frei~**, **~lassung** *f* release; **~liste** *f (Zoll)* free list; **f~machen** → frankieren; **~setzen** *n* **von Arbeitskräften** redundancy of labo(u)r; **f~sprechen** to acquit; **~spruch** *m* acquittal

**freistellen**, **jdm etw.** ~ to leave it to sb. (whether); to give sb. the option (or choice) (of doing); **jdn ~ von** to release (or exempt) sb. from; **e-n Arbeitnehmer ~** (für) to release an employee (to enable him to); **jdn von der Haftung ~** to indemnify sb. from liability; **von der Steuer ~** to exempt from taxation

**Freistellung** *f* release; exemption; *(von der Haftung)* indemnification; **~ vom Kartellverbot** exemption from the prohibition of restrictive practices

**Freistellungs~**, **~bescheid** *m* notice of exemption from taxation; **~bestimmungen** *fpl* exemption provisions; **~entscheidung** *f* decision granting exemption

**Freiumschlag** *m* prepaid envelope

**Freiverkehr** *m (Börse)* over-the-counter market (outside the Stock Exchange); *Br* kerb (*Am* curb) market; off-floor trading; **geregelter ~** regulated over-the-counter market; semi-official market; **ungeregelter ~** unofficial market (or dealing); **im ~ gehandelte Aktien** *fpl* shares traded in the outside market (or over-the-counter); *Am* curb stocks

**Freiverkehrs~**, **~bescheinigung** *f (Zoll)* free circulation certificate; **~börse** *f* over-the-counter market; **~händler** *m* over-the-counter dealer; **~kurs** *m* over-the-counter quotation; street price; *Br* kerb price; **~makler** *m* over-the-counter broker; **~werte** *mpl Br* outside market securities; unlisted securities; *Am* off-board securities

**Freivermerk** *m (im Frachtbrief)* note of prepayment of freight

**Freiwerden** *n* **e-r Stelle** occurrence of a vacancy

**freiwillig** voluntary; **~ gezahlter Beitrag** *m* voluntary contribution; contribution paid on a voluntary basis; **~e Exportbeschränkung** voluntary restraint of exports; orderly (export) marketing; **~e Gerichtsbarkeit** *f* non-contentious jurisdiction; **~e Ketten** *fpl* voluntary chains; **~e Versicherung** *f* voluntary (or optional) insurance; **~e Zahlung** *f* ex gratia payment

**Freizeichen** *n* (non-registrable) common trademark; *(tel)* dialling tone

**freizeichnen**, **sich ~** to contract out (of von)

**Freizeichnung** *f* exclusion of liability; **~sklausel** *f* exemption clause; *(Haftungsbeschränkung)* exculpatory clause; non(-)liability clause; *(bei Sachmängelhaftung)* nonwarranty clause

**Freizeit** *f* leisure time, spare time, time-off; **~einrichtungen** *fpl* recreational facilities; **~gestaltung** *f* recreation(al) (or leisure) activities; organized recreation; **~industrie** *f* leisure (time) industry;

**~zentrum** *n Br* amenities centre; *Am* recreation center

**Freizügigkeit** *f* freedom of movement; free movement of persons; **~ der Arbeitnehmer** free movement of workers; freedom of movement for workers; mobility of labo(u)r; **~ des Warenverkehrs** freedom of movement of goods

**fremd**, **~e Gelder** *npl (e-s Unternehmens)* outside (or borrowed) money; *(Bank)* customers deposits; **~es Grundstück** *n* land belonging to another; **ständig ~er Hilfe** *f* **bedürfen** to require the constant help of another person; **~es Kapital** *n* outside (or borrowed) capital; **~e Länder** *npl* foreign countries; **für ~e Rechnung** *f* for account of another (person); **Banknoten in ~er Währung** *f* foreign exchange notes

**Fremd~**, **~anteil** *m* third party's share; minority share; **~arbeiter** *m* foreign worker; **~beleg** *m* external voucher; **~bezug** *m* procurement from outside (the company); external procurement

**Fremdenverkehr** *m* tourism; **~samt** *n* tourist office; **~sgewerbe** *n* tourist industry (or trade); **~swerbung** *f* tourist advertising

**fremdfinanzieren** to finance from borrowed funds

**Fremdfinanzierung** *f* financing with borrowed funds (or capital); financing by raising capital; debt (or external) financing

**Fremdgelder** *pl* → fremde Gelder

**Fremdkapital** *n* borrowed capital, debt (or loan) capital; **~geber** *m* lender; **~kosten** *pl* cost of debt; **~zinssatz** *m* interest rate on borrowings; **Verhältnis von ~ zu Eigenkapital** debt-equity ratio; **Verhältnis von ~ zu Gesamtkapital** debt ratio; **vorwiegend mit ~ finanziert** highly leveraged

**Fremdlieferant** *m* outside supplier

**Fremdmittel** *pl* borrowed (or outside) funds; **~bedarf** *m* borrowing requirement; **auf ~ angewiesen sein** to depend on outside funds (or on borrowing); **e-n hohen Grad an ~ aufweisend** highly leveraged

**Fremdsprachenkorrespondent(in)** *m/f* foreign correspondence clerk

**Fremdversicherung** *f* third-party insurance

**Fremdwährung** *f* foreign currency, foreign exchange

**Fremdwährungs~**, **~anleihen** *fpl* foreign currency bonds; **~darlehen** *n* foreign currency loan; **~guthaben** *n* foreign currency balances; **~konto** *n* foreign currency account; **~schuldverschreibung** *f* foreign currency bond; **~umrechnung** *f* foreign currency translations; **~verbindlichkeiten** *pl* foreign currency insurance; **~wechsel** *m* foreign currency bill; note in foreign currency

**freuen**, **wir ~ uns über Ihr Interesse an unseren Waren** we appreciate your interest in our goods; **wir würden uns ~, Ihren Auftrag zu erhalten** we would be pleased to receive your order

**freundlich** friendly, kind; *(Börse)* cheerful, bright; **würden Sie so ~ sein, zu tun** would you mind doing; **die Aktien tendieren ~** the trend of shares is friendly (or optimistic); **die → Aktienbörse ist etwas ~er**

**Friedens~**, **~bewegung** *f* peace movement; **~forschung** *f* peace research; **~pflicht** *f* duty to maintain industrial peace; **~wirtschaft** *f* peacetime economy

**friedliche Verwendung** *f* **der Atomenergie** peaceful use of atomic energy

**frisch** fresh, new; **nicht mehr ~** *(Lebensmittel)* stale; **~ gestrichen!** wet paint!; **~e Butter** *f* fresh butter; **~e oder gekühlte Fische** *pl* fresh or refrigerated fish

**Frisch~**, **~fleisch** *n* fresh meat; **~gemüse** *n* fresh vegetables; **~obst** *n* fresh fruit

**Frische- und Größeklassen** *fpl (von Fisch)* freshness and size categories

**„frisieren"** *(Rechnung, Bilanz etc.)* to cook the books, to doctor, to window-dress

**Frist** *f* term, (fixed or limited) period of time; time-limit; **~ bis zum 30. Juni** time-limit of June 30; **~ für Kündigung** term of notice; **achttägige ~** eight-day period; period of eight days; **angemessene ~** reasonable period (of time); **äußerste ~** deadline; **gesetzliche ~** time prescribed by law; **innerhalb der gesetzten ~** within the set (or fixed) period (of time); **vereinbarte ~** time agreed upon; **vorgeschriebene ~** prescribed period (of time); **vertraglich vorgesehene ~** time provided for in the contract; → zusätzliche ~; **e-e ~ läuft ab** a time-limit (or period) expires; **die ~ beginnt** the set period (or term) begins to run; **e-e ~ einhalten** to observe a period (or time-limit); to keep a date; to meet a deadline; **e-e ~ einräumen** (od. **gewähren**) to grant a time-limit (or a respite); **e-e ~ setzen** to set (or fix) a time-limit; to set a term (or period of time); **e-e ~ verlängern** to extend a period (or deadline); to allow an extension of time; **die ~ verlängert bekommen** to get an extension of time

**Frist~**, **~ablauf** *m* lapse of time; expiry (*Am* expiration) of a term (or time-limit); maturity; **~berechnung** *f* computation of a period (or time-limit)

**fristgemäß** (od. **fristgerecht**) on time, on schedule, timely; by the set date; within the period fixed; within the deadline; **~e Zahlung** *f* due payment, payment in due time (or on due date); **e-n Auftrag ~ ausführen** to execute an order on time; **die Ware ~ liefern** to deliver the goods within the time stipulated (or on time)

**fristlos** without notice; **~e Entlassung** *f* summary dismissal; **~e Kündigung** *f* termination without notice; **~ entlassen** to dismiss without notice (or summarily); **einen Vertrag ~** → kündigen

**Frist~**, **~setzung** *f* setting of a time limit; **~überschreitung** *f* exceeding the time-limit; failure to meet the deadline; **~verlängerung** *f* extension of the time (deadline); **e-e ~verlängerung zur Zahlung erhalten** to obtain an extension of time for payment

**Frostschaden** *m* frost damage

**Frostschutzmittel** *n* anti-freeze

**Frucht~**, **~folge** *f* → ~wechsel; **-- und Gemüsehandlung** greengrocery; **f~lose Pfändung** *f* unsatisfied seizure; **~wechsel** *m* crop rotation; **im ~wechsel anbauen** to rotate crops

**Frühbezugsrabatt** *m* off-season allowance (for early orders)

**früher**, **~er Anmelder** *m (PatR)* prior applicant; **~e Anstellung** *f* previous employment; **~e Ladenschlusszeiten** *fpl* earlier closing hours; **~es Modell** *n (z. B. e-s Autos)* former model; **~ liefern** to deliver at an earlier date

**Früh~**, **~kartoffeln** *fpl* early (or new) potatoes; **~rente** *f* pension on early retirement

**frühest**, **den ~en Liefertermin** *m* **angeben** to give the earliest delivery date; **wir können ~ens in einem Monat liefern** our earliest delivery date will be in a month's time; **der Kredit ist ~ens 2 Jahre nach Gewährung rückzahlbar** the credit is repayable not earlier than 2 years after being granted

**Früh~**, **~schicht** *f* early shift; **~warnsystem** *n* early warning system

**FuE** R & D (→ Forschung und Entwicklung); **~-Programm der Gemeinschaft** *(EU)* Community R & D progamme

**Fuhre** *f (Wagenladung)* cartload, wagonload

**führen** to conduct, to lead; to manage; *(Fahrzeug)* to drive; *(Waren)* to carry, to stock; *(zur Folge haben)* to lead (to); **e-n → Artikel (nicht) mehr** ~; **Bücher ~** to keep books; **den** → Haushalt ~; **Verhandlungen** ~ to conduct negotiations

**führende Werte** *mpl (Börse)* leading shares (stocks); leaders

**Führerschein** *m Br* driving licence; *Am* driver's license; **~ auf Probe** probationary driving licence; **~entzug** *m* suspension of a driving licence; **~prüfung** *f* driving test

**Fuhrpark** *m* fleet (or pool) of vehicles

**Führung** *f* conduct; leadership; management; **~ der Bücher** keeping the books; Führung *(von Kunden durch den Betrieb)* guided tour

**Führungs~**, **~aufgabe** *f* managerial task (or function); **~befähigung** *f* managerial qualities; **~ebene** *f* level of management; **~gremium** *n* management body (or group)

**Führungskräfte** *fpl* managers, management, managerial personnel; executives, executive officers; **~ im Marketing** marketing executives; **angehende ~** management trainees; **höhere ~** senior executives; **mittlere ~** middle management; **oberste ~** top executives; **untergeordnete ~** junior executives; **weibliche ~** women executives; **Ausbildung von ~n** management (or executive) training

**Führungs~**, **~mannschaft** *f* management team; **~nachwuchskraft** *f* management trainee; young executive; **~probleme** *npl* managerial problems; **~qualitäten** *fpl* leadership qualities; **~spitze** *f* top management; **~stil** *m* management style; leadership style; pattern of leadership; **~technik** *f* management technique; **(polizeiliches) ~zeugnis** *n* certificate of good conduct; character reference

**Fuhrwerk** *n* cart; (animal-drawn) vehicle

**Fund** *m* finding (of lost property); *(~sache)* lost property; object found; **~büro** *n* lost property office; **~unterschlagung** *f* stealing by finding
**fundieren** to fund, to consolidate
**fundierte Schuld** *f* funded (or consolidated) debt
**Fundierungsanleihe** *f* funding loan
**Fünfergruppe** *f* (G 5) Group of Five *(informal economic association of USA, Japan, Germany, United Kingdom, France)*
**Fünftagewoche** *f* five-day week
**fungible Sachen** *fpl* fungible goods
**Fungizide** *npl* fungicides
**funkelnagelneu** brand new
**Funkspruch** *m* radio (or wireless) message
**Funktionär** *m* official
**Funktionieren** *n* **des Gemeinsamen Marktes** functioning (or working) of the Common Market
**funktionieren, gut ~** to be in working order; **reibungslos ~** to function smoothly
**Funktions~, f~fähiger Wettbewerb** *m* workable competition; **~haushaltsplan** *m (EU)* operational budget; **~rabatt** *m* functional discount
**Funkwerbung** *f* radio advertising
**Fürsorge** *f*, **öffentliche ~** public assistance ( → Sozialhilfe; **~amt** *n* → Sozialamt
**Fusion** *f (durch Aufnahme)* merger; *(durch Neugründung)* consolidation; *Br* amalgamation
**fusionieren** to merge; to consolidate; *Br* to amalgamate
**Fusions~, ~angebot** *n* merger offer; **~bereitschaft** *f* readiness for merger; **~bilanz** *f* merger (or consolidation) balance sheet; **~gewinn** *m* merger (or consolidation) profit; **~kontrolle** *f* merger control; **~vertrag** *m* merger (or consolidation) agreement; *(EU)* Merger Treaty
**Fuß~, ~balltoto** *n* (football) pools; **~bodenbelag** *m* floor covering; **~bodenheizung** *f* underfloor heating; **~gängerzone** *f* pedestrian precinct
**Futter** *n*, **künstlich getrocknetes ~** dehydrated fodder
**Futtergetreide** *n* feed (or fodder) grain; **~arten** *pl* (Gerste, Roggen, Mais) types of feed grain (barley, rye, maize, *Am* corn); **~menge** *f* quantity of feed grain; **~preise** *mpl* feed grain prices
**Futtermittel** *n* (animal) feed (or feedingstuff); cattle fodder (or feed); **Misch~** *n* compound feedingstuff; **~industrie** *f* fodder industry; **~kosten** *pl* cost of animal feed; **~zusätze** *mpl* animal feed additives
**Futterpflanzen~, ~anbau** *m* growing of forage crops; **~saatgut** *n* forage crop seeds
**Futter~, ~stoffe** *mpl* fodder; feed; **~trocknungsanlage** *f* plant for drying fodder
**Futterzwecke, für ~** *mpl* for animal feed(ing); for use as feed; **Getreide für ~** fodder cereals

# G

**G 5** → Fünfergruppe
**G 7** → Siebenergruppe
**Gage** *f* salary, pay; *(für Künstler)* fee
**galoppierende Inflation** *f* galloping (or runaway) inflation
**Gang** *m (Verlauf)* course; *(Auto)* gear; → Geschäfts~, in ~ befindliche Arbeit work in progress; **den Handel wieder in ~ bringen** to reanimate trade; to get trade going again; **etw. in ~ halten** *colloq.* to keep sth. going; **wieder in ~ kommen** to start up again; **in Gang setzen** to launch, to set in motion
**gängig, ~er Artikel** *m* saleable (or marketable) article; **~er Marktpreis** *m* going (or prevailing) market price; **~e Waren** *fpl* saleable goods; goods that sell easily; *(Zollwert)* goods of a kind in general supply
**ganz, ~ oder teilweise** in whole or in part; **sein ~es Vermögen** *n* the whole of one's property; **im G~en oder in Raten bezahlen** to pay in full or by instal(l)ments; **ein Unternehmen als G~es verkaufen** to sell an enterprise as a whole
**ganztätig, ~e Beschäftigung** *f* full-time employment (or job); **~ arbeiten** to work full time
**GAP** CAP ( → gemeinsame Agrarpolitik)
**Garantie** *f* guarantee, guaranty; *(Gewährleistung)* warranty; **~ e-r Effektenemission** underwriting of a shares issue; → Ausfuhr~; → Bank~; **mit 1 Jahr ~** with one-year guarantee; **die Uhr hat 1 Jahr ~** the watch is guaranteed for one year; **die ~ ist abgelaufen** the guarantee has expired; **e-e ~ geben** to give (or furnish) a

guarantee; **e-e ~ in Anspruch nehmen** to make a claim under a guarantee

**Garantie~**, **~bestimmungen** *fpl* guarantee provisions; **~erklärung** *f* guarantee bond; warranty; **~frist** *f* period of guarantee; **~geber** *m* guarantor; **~geschäft** *n* guarantee business; **~klausel** *f* warranty clause; **~konsortium** *n (für Effektenemission)* underwriting syndicate; **~nehmer** *m* guarantee

**garantieren** to guarantee, to warrant

**garantiert**, **~er Mindestlohn** *m* guaranteed minimum wage; **~ echt** guaranteed genuine; **Reinheit** *f* **~** guaranteed free from adulteration

**Garantie~**, **~rückstellungen** *fpl* provisions for guarantee; **~schein** *m* certificate of guarantee; **~schwelle** *f* guarantee threshold; **~verletzung** *f* breach of warranty

**Gartenbauerzeugnisse** *npl* horticultural products

**Gärtnerei** *f*, **(Handels-)~** *Br* market garden, nursery (garden); *Am* truck garden

**Gas** *n*, **g~beheizt** gas-fired, gas-heated; **~(fern)leitung** *f* gas pipeline; **~fernversorgung** *f* long-distance gas supply; **~herd** *m* gas cooker (or stove); **~preis** *m* gas price, gas tariff; **~werk** *n* gas(-)works

**Gastarbeiter** *m* foreign worker, guest worker

**Gästebewirtung** *f* entertaining one's guests

**Gastronomie** *f* catering (industry)

**Gaststätte** *f* restaurant; **~ngewerbe** *n* hotel and restaurant business; catering trade

**Gastwirt** *m* innkeeper; hotel-keeper; **~shaftung** *f* innkeeper's liability

**Gasversorgung** *f* gas supply

**Gattungs~**, **~kauf** *m* purchase by description; **~bezeichnung** *f (Marken)* generic brand name; **g~mäßig bezeichnete Waren** *fpl* unidentified goods; **~schuld** *f* obligation in kind; **~vermächtnis** *n* general legacy

**Gebäude~**, **~abschreibung** *f* depreciation on premises; **~besteuerung** *f* taxation of buildings; **~instandhaltung** *f* house maintenance; **~schaden** *m* damage to a building; **~versicherung** *f* insurance on a building

**Geberland** *n* donor country

**Gebiet** *n* territory, area; district; *fig* field, sphere, province; **auf wirtschaftlichem ~** in the economic field

**Gebiets~**, **~ansässiger** *(Außenwirtschaftsgesetz) m* resident; **nicht~ansässig** nonresident; **~fremder** *(mit Wohnsitz in fremdem Wirtschaftsgebiet) m* nonresident; **~** *(EU)* nonnational; **~kartell** *n* market sharing ring; **~körperschaften** *pl* regional and local authorities; political subdivisions; **~(verkaufs)leiter** *m* area (or district) manager; **~vertreter** *m* area representative; regional commercial agent

**Gebirgsgegend** *f*, **Landwirtschaft in ~en** hill farming

**Gebot** *n (bei Versteigerungen)* bid; → Höchst~; → Meist~; → Mindest~; → Abgabe von ~en; **ein ~ abgeben** to make a bid, to bid

**gebotener Preis** *m (bei Auktionen)* bid price

**Gebrauch** *m* use, usage; practice, custom; **zum eigenen ~** for one's own use; **bei normalem ~** under normal usage; **zum sofortigen ~** for immediate use; **zum täglichen ~** for daily use; **weit verbreiteter ~** common usage (or practice)

**Gebrauchs~**, **~abnahme** *f* acceptance of a completed building (after survey); **~anmaßung** *f* unauthorized use of the property of another; **~anweisung** *f* directions for use; instruction booklet; **~artikel** *m* article of daily use; **in g~fähigem Zustand** *m* in a servic(e)able condition; **g~fertig** ready for use; **~grafik** *f* commercial (or applied) art; **~grafiker** *m* commercial artist; **~güter** *npl* durable consumer goods, consumer durables

**Gebrauchsmuster** *n*, **eingetragenes ~** *Br* registered design; *Am* registered utility model; **~rolle** *f* register of utility models; **~schutz** *m* protection of a utility model

**gebrauchte Kiste** *f* used case (or box)

**Gebrauchtwagen** *m* second-hand (or used) car; **~händler** *m* second-hand (or used) car dealer; **~verkauf(splatz)** *m (m)* used car lot

**Gebrauchtwaren** *fpl* second-hand articles

**Gebühr(en)** *f(pl)* fee(s), charge(s), rate(s); **gegen e-e ~** for a fee; against payment of a fee; **e-e ~ wird erhoben** a fee is levied; a charge is made; **zu hohe ~ verlangen** to overcharge

**Gebühren~**, **~anzeiger** *m tel Br* call-charge indicator; *Am* toll charge meter; **~erhebung** *f* levying of fees; **~erhöhung** *f* increase in fees; **~erlass** *m* remission (or waiver) of fees; **g~frei** free of charge; **~freiheit** *f* exemption from charges; exemption from (payment of) fees; **~ordnung** *f* scale of fees; schedule of fees; *(Europ. PatR)* rules relating to fees; **g~pflichtig** subject to a fee (or charge); **~satz** *m* rate of charges (or fees); **~tabelle** *f* scale of charges; table of fees; **~vorschuss** *m* advance fee; *(Anwalt)* retainer; **~zuschlag** *m* excess charge

**gebunden** bound; **~es Kapital** *n* tied-up capital; **~er Preis** *m* controlled price; *(vertikal)* maintained price; **vertraglich ~** contractually bound; **wir halten uns an unser Angebot gebunden bis ...** we consider our offer binding until ...; we are bound by our offer until ...

**Geburten~**, **~beschränkung** *f* measures to reduce the birth rate; **~rückgang** *m* decline (or fall) in the birth rate; **~ziffer** *f* birth rate

**Geburts~**, **~beihilfe** *f* maternity benefit, birth benefit; **~urkunde** *f* certificate of birth (birth certificate)

**gebürtiger Amerikaner** native American; American by birth; native-born American

**gechlortes Wasser** *f* chlorinated water

**gedämpfte Absatzerwartung** *f* dampened (or depressed) sales expectations

**gedeckt**, **~er Kredit** *m* secured loan; **durch die Versicherung voll ~ sein** to be covered in full by the insurance

**gedrückte Börse** *f* depressed market

**gedrucktes Formblatt** *n* printed form

**geehrt**, **sehr ~e Herren** *mpl (im Brief)* Dear Sirs; Gentlemen

**geeignet** suitable, suited (für to, for); **persönlich und fachlich ~** personally and technically qualified; **die Waren sind für den Markt ~** the articles are suitable for the market

**Gefahr** *f* danger; hazard, peril, risk; **auf ~ und Kosten des Verkäufers** at seller's risk and expense; **für eigene Rechnung und ~** for one's own account and risk; **~ des Untergangs** (od. **Verlusts**) risk of loss; **bei ~ im Verzug** in case of imminent danger; **e-r ~ ausgesetzt sein** to be exposed to a danger (or risk); **die ~ droht** the danger threatens (or is imminent); **der Käufer hat die ~ zu tragen** the goods shall be deemed to be at the risk of the purchaser; **die ~ geht über auf** the risk passes to (or shall pass to)

**gefährden** to endanger, to cause danger to; **Arbeitsplätze ~** to put jobs at risk; **die finanzielle Lage ~** to jeopardize the financial condition (of)

**Gefährdungs~**, **~ermittlung** *f (QM)* risk analysis; **~haftung** *f* strict (or absolute) liability

**Gefahren~**, **~klasse** *f* class of risk; **~zulage** *f* danger money (or pay); hazard bonus

**Gefahr~**, **~erhöhung** *f* increase of risk; **~minderung** *f* decrease in risk; risk-cutting measure; **~tragung** *f* bearing the risk

**Gefahr~**, **~übergang** *m* passing (or passage) of risk; **~übernahme** *f* assumption of risk

**gefährlich**, **~e Abfälle** *mpl* hazardous wastes; **Fahrzeuge** *npl* **zur Beförderung g~er Güter** vehicles for carrying (or hauling) dangerous goods; **Einstufung ~er Stoffe** *pl* classification of dangerous substances

**gefallen**, **die** → Aktien sind ~

**gefallen**, **jdm ~** to apeal to a p.; **diese Qualität gefällt mir nicht** this quality does not suit me; I am not satisfied with this quality

**Gefälligkeits~**, **~akzept** *n* accommodation acceptance; **~girant** *m* accommodation endorser; **~giro** *n* accommodation endorsement; **~vereinbarung** *f* accommodation agreement; **~wechsel** *m* accommodation bill (or note); **~zeichner** *m* accommodation party (to a bill)

**gefälschter Scheck** *m Br* forged cheque; *Am* counterfeit check

**Gefängnis** *n* prison; *(Strafe)* imprisonment; **im ~ hergestellte Waren** *fpl* prison-made goods

**Geflügel** *n* poultry; **~haltung** *f* poultry farming; **~händler** *m Br* poulterer; *Am* poultry dealer; **~handlung** *f* poultry shop (or store); **~verarbeitung** *f* poultry processing; **Erzeugnisse** *npl* **der ~wirtschaft** poultry-farming products; **~zucht** *f* poultry breeding (or farming); **~züchter** *m* poultry farmer

**gefragt** *com* in demand; sought after; **stark ~ sein** to be much in demand; to be very popular; to be in great favo(u)r; **nicht mehr ~ sein** to be out of style (or of fashion); there is no longer any demand for it; **der** → Artikel ist sehr ~

**Gefrier~**, **~fisch** *m* frozen fish; **~fleisch** *n* frozen meat; **~häuser** *npl* cold storage houses; **~ladung** *f* frozen cargo; **~raum** *m* freezing room; **~schrank** *m* freezer

**gefroren**, **tief ~e Erzeugnisse** *npl* deep-frozen products (or food); **~e Lebensmittel** *pl* frozen foodstuffs

**gegebenenfalls** should the case occur; if occasion arises

**Gegen~**, **~akkreditiv** *n* back-to-back credit; **~angebot** *n* counter(-)offer; **~anspruch** *m* counterclaim; **~anschaffung** *f* return remittance; **~anwalt** *m* adverse lawyer; opposing counsel; **~beweis** *m* rebutting evidence; **~buchung** *f* contra (or offsetting) entry; **~dienst** *m* service in return; **~forderung** *f* counterclaim; **~geschäft** *n* contra business; offsetting transaction; **~konto** *n* contra account; **~kredit** *m* back-to-back loan

**Gegenleistung** *f* consideration; counter(-) performance; quid pro quo; **Fehlen** *n* **der ~** lack of consideration; **~ in Geld** (od. **geldeswerte ~**) consideration in money; valuable consideration

**Gegen~**, **~posten** *m* contra-item, set-off item; **gegenprüfen** to cross-check; **~rechnung** *f* contra account; **~saldo** *n* counterbalance

**gegenseitig** mutual; reciprocal; **sich ~ Konkurrenz machen** to compete with one another; **~e Abmachung** *f* mutual agreement; **~e Ansprüche** *mpl* mutual claims; **in ~em Einvernehmen** *n* by mutual agreement; **~e Handelsverflechtung** *f* trade interdependence; **g~er Schutz** *m* **von Kapitalanlagen** reciprocal protection of investments; **~er** → Lizenzvertrag; **~es Testament** *n* mutual (or reciprocal) will; **~er Vertrag** *m* reciprocal contract

**Gegenseitigkeit** *f* reciprocity; mutuality; **auf ~** on mutual terms; **auf ~ beruhend** based (up)on reciprocity; → Versicherungsverein *m* **auf ~**; **unter der Voraussetzung der ~** subject to reciprocity

**Gegenseitigkeits~**, **~abkommen** *n* reciprocal trade agreement; **~keitsklausel** *f* reciprocity clause

**Gegensprechanlage** *f* intercom system

**Gegenstand** *m* object; item; subject matter; **~ der Lieferung** item (to be) delivered; **Gegenstände** *pl* **des persönlichen Gebrauchs** personal effects; **~ des Unternehmens** object of the enterprise; **~ des Vertrages** subject matter of the contract

**Gegenstimme** *f*, **5 ~en und 3 Stimmenthaltungen** 5 votes against and 3 abstentions

**Gegenteil**, **das ~ beweisen** to prove the contrary

**gegenteilig**, **mangels e-r g~en Vereinbarung** *f* in the absence of any agreement of the contrary

**Gegenüberstellung** *f* **der Einnahmen und Ausgaben** comparison (or juxtaposition) of receipts and expenses

**Gegenvorschlag** *m* counter-proposal

**gegenwärtig** present, current, at present; **~e Geschäftslage** *f* present business (or trading) position; **bei dem ~en Kursstand** *m* at present prices; **~er Preis** *m* current (or ruling) price; **~er Stand** *m* present level

**Gegenwartswert** *m* present value

**Gegenwert** *m* equivalent; *(Erlös)* proceeds

**gegenzeichnen** to countersign

**gegnerischer Anwalt** *m* opposing lawyer

**Gehalt** *n* salary, pay, remuneration; content; **~ nach Vereinbarung** salary by agreement (or subject to negotiation); **festes ~** fixed (or regular) salary; **mit hohem ~** highly paid; **vereinbartes ~** salary agreed upon; **ein ~ beziehen** to draw a salary; **das ~ erhöhen** to increase the salary

**Gehalts~**, **~abrechnung** *f* salary statement; **~abzug** *m* deduction from salary; **~anspruch** *m* salary required; salary asked for; **~bescheinigung** *f* certificate of salary; **g~bezogen** earnings-related, pay-related; **~empfänger** *m* salary earner, salaried employee

**Gehaltserhöhung** *f* increase of salary; salary increase; *Br* rise (in salary); *Am* (salary) raise; **e-e ~ bekommen** to get an increase in salary; *Am* to get a raise

**Gehalts~**, **~forderung** *f* pay claim (or demand); **~grenze** *f* salary ceiling; **~gruppe** *f* salary group; **~kürzung** *f* cut in pay (or salary); **~nebenleistungen** *fpl* fringe benefits; **~neueinstufung** *f* salary reclassification; **~pfändung** *f* attachment of salary; **~unterlagen** *pl* salary records; **~unterschiede** *mpl* salary differentials; **~verbesserung** *f* improvement in pay;

~**vorschuss** *m* salary advance; ~**zahlung** *f* salary payment; ~**zettel** *m* salary slip, pay slip; **e-e** ~**zulage** *f* **beantragen** to apply for an increase in salary (or additional pay)

**gehandelt** *(Börse)* done; traded (on the stock exchange); **lebhaft** ~**e Effekten** *pl* active securities

**geheim** secret; confidential; ~**er Mangel** *m* secret (or hidden) defect; ~**er Vorbehalt** *m* mental reservation; **die Abstimmung erfolgt in** ~**er Wahl** the vote shall be by (secret) ballot

**Geheimfach** *n* secret (or special) drawer (or compartment)

**Geheimhaltung** *f* protection of confidentiality; keeping (sth.) secret; concealment (of sth.); **strengste** ~ utmost secrecy; classification; **g**~**sbedürftig** demanding secrecy; classified; **g**~**spflichtig** bound (or obliged) to observe secrecy; **Verstoß gegen die** ~**spflichten e-s Mitgliedstaates** *(z. B. Art. 194 EAG)* violation of the classification rules (or provisions) of a Member State

**Geheimkonto** *n* secret account

**Geheimnis** *n* secret; **gewerbliches** ~ industrial secret; **ein** ~ **preisgeben** to disclose a secret

**Geheimnisverrat** *m* disclosure of (business) secrets

**Geheimschutz** *m* **unter** ~ **stehende Informationen** classified information; **unter** ~ **stellen** to impose secrecy on

**gehen**, **ins Geld** ~ to run into money; **es geht in die Hunderte** it runs into three figures; **die Maschine geht nicht** the machine does not work, the machine is out of order; **der Artikel geht (nicht)** → gut; **die Geschäfte gehen** → gut

**gehoben**, **Güter des** ~**en Bedarfs** *m* luxury and semi-luxury goods; **Angestellte in** ~**er Stellung** *f* executive staff

**Gehör** *n*, **rechtliches** ~ fair hearing; due process of law

**gehören**, ~ **zu** to belong to; **wem gehört dieses Haus?** who owns this house? **dazu gehört Zeit (Geld)** this requires time (money)

**gehörige Sorgfalt** *f* due care

**geisteskrank** mentally ill (or disordered); of unsound mind

**Geisteskranker** *m* person of unsound mind, mentally disturbed person; *Br* mental patient

**Geisteskrankheit** *f* mental disorder, unsoundness of mind

**Geistesschwäche** *f* mental deficiency

**geistig Behinderte** *pl* mentally disabled

**geistiges Eigentum** *n* intellectual property

**gekennzeichnet durch** characterized by

**geklagt**, **aus dem Vertrag kann** ~ **werden** the contract is enforceable; **es wird allgemein darüber** ~ there is a general complaint

**gekoppelte Aufträge** *mpl* linked orders

**gekündigt** *(Kredit)* called; ~**e Arbeitnehmer** *pl* employees under notice; **ihm wurde** ~ *(Wohnung)* he was given notice to vacate

**gekühlt** *(Ware, Ladung)* chilled; refrigerated

**gelagert** stored; **kühl** ~**e Waren** *fpl* goods held in cold storage

**Geld** *n* money; cash; *(Börse)* bid; buyers (*Ggs. Brief*; → *Brief 2.*); **abgezähltes** ~ exact money; ~ **und Brief** *(Börse)* bid and asked; **flüssige** ~**er** *pl* available funds; **geliehenes** ~ borrowed money; **mehr** ~ **als Brief** *(Börse)* buyers over; **öffentliche** ~**er** *pl* public funds; **passendes** ~ ready money; **viel** ~ lots of money; **wenig** ~ not much money; ~ **mit kurzfristiger Kündigung** money at short notice; ~ **anlegen** to invest money; **sein** ~ **gut anlegen** to invest your money well; ~ **brauchen** to be in need of money; ~ **nötig brauchen** to be pressed for money; ~ **einfordern** to call in money; to demand payment; **ins** ~ **gehen** *colloq.* to run into money; **viel** ~ **haben** to have abundant funds; **wenig** ~ **haben** not to have much money; to have little money; **er hat kein** ~ **bei sich** he has no money on him; **um sein** ~ **kommen** to lose one's money; **zu** ~ **kommen** to get money; to come into money; **zu** ~ **machen** to turn (or convert) into cash (or money); to realize; **viel (wenig)** ~ **verdienen** to earn much (little) money; ~ **verlieren** (an) to lose money *(i. e. on a business venture)*; **mit** ~ **um sich werfen** to fling money about; ~ **aus e-m Geschäft ziehen** to draw money from a business

**Geld**~, ~**abfindung** *f* cash settlement; ~**abfluss** *m* efflux of money; ~**abflüsse** *mpl* **ins Ausland** flows of money abroad; ~**abflüsse** *mpl* **aus Deutschland** outflow of funds from Germany; ~**anforde-**

**rung** *f* demand (or request) for money; **~angebot** *n* offer of money; money supply; **~angelegenheit(en)** *f(pl)* money (or monetary) matters; **~anlage** *f* investment (of money); **~anlage bei Banken** money placed with banks; **~anlage deutscher Unternehmen im Ausland** investment abroad by German firms; **~anlagemöglichkeiten** *fpl* investment facilities; **~anleger** *m* investor; **~anweisung** *f* money order; **~aufbewahrung** *f* money storage; **~aufnahme** *f* raising funds; borrowing; **~ausgabe(n)** *f(pl)* disbursement; expenses; spending of money; **~ (ausgabe)automat** *m Br* cash dispenser; *Am* automated teller machine (ATM); **~bedarf** *m* need for money; sum required; **~beschaffung** *f* procurement of money (or funds); **~bestände** *mpl* monetary holdings; **~betrag** *m* amount of money; **~bewilligung** *f* grant of money

**Geldbuße** *f* (administrative) fine; **Höhe der ~** amount of the fine; **jdm auferlegte ~** a fine imposed on a p.; **die ~ beträgt bis 1000** € the amount of the fine shall be not more than € 1000; **e-e ~ gegen e-e Firma verhängen** to impose a fine on a firm

**Geld~**, **~darlehen** *n* money loan; **~eingang** *m* inflow of liquid funds (to a firm); **~eingänge** *mpl* incomings; receipts of money; **~einlage** *f* cash contribution; **~einwickelmaschine** *f* coin-wrapping machine; **~entwertung** *f* devaluation (or depreciation) of money; inflation; **~erwerb** *m* money(-)making; **~forderung** *f* money claim; **~geber** *m* financial backer; donor (of money); **~geschäft** *n* financial transaction; **~handel** *m* money (market) dealing; **~hilfe** *f* pecuniary aid (or assistance); **~institut** *n* financial institution; **~kapitalbildung** *f* monetary capital formation; **~kassette** *f* cash box

**Geldklemme** *f* financial straits, money squeeze; **in e-r ~ sein** to be in a tight spot (for money)

**Geld~**, **~knappheit** *f* financial pressure(s); shortage (or scarcity) of money; **~kredit** *m* money loan; **~kurs** *m (Börse)* bid price; *(Devisen)* buying rate; **~leistungen** *fpl (Sozialvers.)* cash benefits; **~mangel** *m* lack of money

**geldlich** pecuniary; financial

**Geldmarkt** *m* money market; **angespannter ~** tight money market; **Klemme am ~** difficulty (or *Am* jam) in the money market

**Geldmarkt~**, **~anlage** *f* money market investment; **g~fähige Papiere** *npl* securities eligible for the money market; **~geschäfte** *npl* money market operations; **~lage** *f* money market situation; **~papiere** *npl* money market paper (or securities); **~sätze** *mpl* money market rates; **(Tilgung der) ~schulden** *fpl* (redemption of) money market indebtedness; **~steuerung** *f* money market management; **~titel** *mpl* → ~papiere; **~wechsel** *m* money market bill; **~zinsen** *mpl* interest (rates) in the money market, money market rates

**Geldmenge** *f* money stock (or supply); **~nziel** *n* money supply target

**Geldmittel** *pl* funds; means, financial resources; **beträchtliche ~ zur Verfügung haben** to have considerable funds (or resources) available

**Geld~**, **~nachfrage** *f* demand for money; **geldnahe Vermögenswerte** *mpl* near-money assets; **in ~not** *f* **sein** to be in financial straits (or in need of money)

**Geld~**, **~politik** *f* monetary policy; **~rente** *f* annuity; periodical payment

**Geldsammlung** *f* collection of money; fund-raising; **e-e ~ veranstalten** to raise funds

**Geld~**, **~schein** *m* banknote; *Am* bill; **~schöpfung** *f* creation of money; **~schrank** *m* strong-box; safe; **in ~schwierigkeiten** *fpl* **sein** to be short of money; to be hard up; to be pressed for funds; **~sendung** *f* remittance; **~sorten** *fpl* foreign notes and coin; **~sortiermaschine** *f* coin sorting machine; **~spende** *f* donation; contribution in cash; **~spritze** *f fig* cash infusion; injection of funds

**Geldstrafe** *f* fine; pecuniary penalty; **hohe ~** heavy fine; **jdm e-e ~ auferlegen** to impose a fine on sb.; to fine sb.; **mit e-r ~ von 100 € bestraft werden** to be fined € 100; **er kann mit e-r ~ bis zu ... bestraft werden** he shall be liable to a fine not exceeding ...

**Geld~**, **~stück** *n* coin; **~summe** *f* sum of money; **~transport** *m* transport of money; **~transportversicherung** *f* cash-in-transit insurance; **~transportwagen** *m* armo(u)red car (for transporting money); **~übersender** *m* remitter; **~überweisung** *f* remittance; transfer of money; **~umlauf** *m* circulation of money; **~verdiener** *m* moneymaker; breadwinner; **internationaler ~verkehr** *m* international money transactions; **in ~verlegenheit** *f* **sein** → ~schwierigkeiten; **~verleiher** *m* moneylender; **~vermögen** *n* monetary assets; **~versorgung** *f* money supply; **~volumen** *n* money supply; volume of money; **~wäsche** *f* money laundering; **~wechselautomat** *m* change dispenser, change-giving machine

**Geldwert** *m* money value; **~sicherungsklausel** *f* value guarantee clause; **~stabilität** *f* monetary stability; **~veränderung** *f* change in the monetary value

**Geld~**, **~zählmaschine** *f* cash counting machine; **spekulative ~zuflüsse** *mpl* speculative money (or capital) inflows; **~zuflüsse aus dem Ausland** inflows of funds from abroad

**Gelegenheit** *f* occasion, opportunity; *(günstiges Angebot)* bargain offer; **e-e günstige G~ nutzen** to make use (or avail oneself of) a favo(u)rable opportunity; **e-e** *(günstige)* **~ finden (verpassen)** to get (or find) (to miss) an opportunity

**Gelegenheits~**, **~arbeiten** *fpl* odd jobs, casual jobs; **~arbeiter** *m* temporary (or casual) worker; **~auftrag** *m* casual order; **~gesellschaft** *f* short-term partnership; joint venture; **~kauf** *m* occasional purchase; *(besonders günstig)* chance purchase; bargain; **~kunde** *m* casual (or chance) customer; stray customer

**gelegentlich**, **~e Arbeiten** *fpl* **verrichten** to do odd jobs; **~e Beschäftigung** *f* occasional employment; **~ freiwerdende Stelle** *f* occasional vacancy

**gelenkte Wirtschaft** *f* (government) planned economy; controlled economy

**gelernter Arbeiter** *m* skilled worker

**geliefert** delivered

**geliehene Sache** *f* borrowed article

**gelten**, **dies gilt auch für ...** this shall also apply to ...; **die neuen Bestimmungen gelten ab ...** the new provisions shall be effective from ...; **die Genehmigung gilt als erteilt** the permit is considered to be granted; **diese Verordnung gilt unmittelbar in jedem Mitgliedstaat** *(EU)* this regulation shall be directly applicable in each Member State

**geltend**, **~e Marktpreise** *mpl* current market prices; **unter Berücksichtigung des ~en Rechts** *n* with due regard to the applicable law; **~er Tarif** *m* prevailing rate; applicable tariff; **Beanstandungen ~ machen** to put forward (or raise) objections; **e-e Forderung ~ machen** to assert (or enforce) a claim; **e-n Schaden ~ machen** to claim damages

**Geltendmachung** *f* **e-s Rechts** assertion (or enforcement) of a right

**Geltungsbereich** *m* scope; area of application; **im ~ dieses Gesetzes** in the territory in which this law is effective; **~ e-s Verbots** *(z. B. Parkverbot)* scope of a prohibition

**Geltungsdauer** *f* duration; period of validity

**gemahnt werden** to be reminded (of)

**gemäß**, **gemäß Ihrem Auftrag** in accordance (or compliance) with your order; **~ § 2** consistent with para 2

**Gemeinde** *f* municipality; local authority; *(kirchlich)* parish, parishioners; **~abgaben** *fpl Br* council taxes; rates; *Am* local taxes; **~anleihen** *fpl* municipal loans; **~betrieb** *m* municipal enterprise; **~finanzen** *pl* municipal finance; **~ordnung** *f* municipal code; *Br* by(e)-laws; *Am* ordinance; **~rat** *m* local (or municipal) council; **~steuern** *fpl* local authority taxes; **~verband** *m* association of municipalities; **~verwaltung** *f* local government

**Gemeineigentum** *n* public ownership

**gemeiner Wert** *m* fair market value

**Gemeingut** *n* **werden** to fall in the public domain

**Gemeinkosten** *pl* overhead(s); overhead expenses (or cost); *Am (auch)* burden; **~budget** *n (e-s Unternehmens)* overhead budget; **~löhne** *pl* → Hilfslöhne; **~material** *n* indirect material; **~planung** *f* overhead planning; **~satz** *m* overhead rate; **~umlage** *f* allocation of overheads; **~zuschläge** *mpl* overhead charges; **~zuschlagssatz** *m* overhead rate

**gemeinnützig** of public benefit; charitable; non-profitmaking; **~es Unternehmen** *n* non-profitmaking enterprise; **~er Verein** *m* non-profitmaking association; service club; **~en Zwecken** *mpl* **dienende Einrichtungen** institutions serving charitable purposes; non-profitmaking organizations

**gemeinsam** joint; common; collective; **~ erworbenes Vermögen** *n* jointly acquired property; ~ **finanziert** jointly financed; **Maßnahmen ~ durchführen** to carry out measures jointly; ~ (solidarisch) **haften** to be jointly and severally liable

**gemeinsam**, **~e Agrarpolitik** (GAP) *(EU)* Common Agricultural Policy (CAP); **~er Binnenmarkt** *m (EU)* internal common market; **~e Eigentümer** *mpl* joint owners; **~e Einfuhrregelungen** *fpl (EU)* common rules for import; **~er Einkauf** *m* joint purchasing (or buying); **~er Fonds** *m* common (or joint, collective) fund; **G~er Fonds** *m* **für Rohstoffe** Common Fund for Commodities; **G~e Forschungsstelle** *f* (GFS) *(EU)* Joint Research Centre (JRC); **~es Geschäft** *n* joint transaction; **~e Handelspolitik** *(EU)* common trade policy; **Angelegenheit von ~em Interesse** *n* matter of common concern; **G~e Kernforschungsstelle** *f* (EU) Joint Nuclear Research Centre; **~es Konto** *n* joint account (J/A)

**Gemeinsam**, **~er Markt** *m* (GM) *(EU)* Common Market; **auf dem ~en Markt** in the Common Market; **Waren aus dem ~en Markt** goods from Common Market countries

**gemeinsam**, **~e Marktorganisation** *f* (GMO) **für ...** *(EU)* common organization of the market in ...; **~e Maßnahmen** *fpl* joint measures; **~e Politik** *f (EU)* common policy; **~e Qualitätsnormen** *fpl (EU)* common quality standards; **für ~e Rechnung** *f* for joint account; **~es Unternehmen** *n* joint venture; **~er Verkauf** *m* joint selling; **~es Vorgehen** *n* concerted action; *(EU) (auch)* Community approach; **~e Wettbewerbsregeln** *fpl (EU)* common rules on competition

**gemeinsamer Zolltarif** *m* (GZT) Common Customs Tariff (CCT); **Aussetzung** *f* **der Sätze des GZT** suspension of CCT duties; **Einordnung von Waren in die Tarifstellen des GZT** classification of goods under CCT-subheadings; **den GZT anwenden auf** to apply the CCT to; **die Zollsätze des GZT zeitweilig aussetzen** to suspend CCT duties temporarily

**Gemeinschaft** *f* 1. community; **~ zur gesamten Hand** → Gesamthands~

**Gemeinschaft** *f* 2. *(EU)* Community ( → Europäische ~en); **außerhalb der ~** outside the Community; **innerhalb der ~** within (or inside) the Community; **die ~ und dritte Länder** Community and non-Community (or non-member) countries; **die ~ und ihre Bediensteten** Community and its staff; **in der ~ wohnend** resident in the Community; **Handel innerhalb der ~ und mit Drittländern** Community trade and trade with non-member countries; intra-Community and external trade; **nicht der ~ angehörende Lieferer** suppliers outside the Community; **Märkte innerhalb und außerhalb der ~** markets of the Community and nonmember countries; **Mitgliedstaaten der ~** Community member states; **Organe der ~** → ~sorgane; **aus der ~ austreten** to leave the Community; **der ~ beitreten** to join (or accede to) the Community; **innerhalb der ~ zu- oder abwandern** to move within the Community

**gemeinschaftlich** 1. joint, common ( → gemeinsam); **~e Rechnung** *f* joint account (J/A); **~es Testament** *n* joint will, reciprocal will; **~ handeln** to act jointly

**gemeinschaftlich** 2. *(EU)* Community; → außer~; → inner~; **~e und einzelstaatliche Aktion** *f* Community and national action; **~er Beschluss** *m* Community decision; **~e Konjunkturpolitik** *f* economic policy at Community level; **~e Maßnahmen** *fpl* Community measures; **~es und einzelstaatliches Recht** *n* Community and national law

**gemeinschaftliche Rechtsvorschriften** *fpl* Community legislation; **Vorrang der ~ gegenüber den einzelstaatlichen Rechtsvorschriften** precedence of Community over national legislation

**gemeinschaftlich**, **~e Überwachung** *f* **der Einfuhren** Community surveillance of imports; **G~e Umweltaktionen** *fpl* (GUA) Action by the Community relating to the Environment (ACE); **~es Versandverfahren** *n (einheitliches Verfahren des innergemeinschaftl. Versandverkehrs)* Community transit; procedure of internal Community transit; **~es Vorhaben** *n* Community project; **~e Wettbewerbsregeln** *fpl* Community's competition rules

**Gemeinschafts~**, 1. **~bilanz** *f* consolidated balance sheet; **~depot** *n* joint securities deposit; **~einkauf** *m* joint purchasing; **~einrichtungen** *fpl (e-s Betriebes)* staff amenities; **~finanzierung** *f*

group financing; **~forschung** *f* **der Wirtschaft** cooperative (or joint) industrial research; **~konto** *n* joint account; **~praxis** *f (mehrere Ärzte)* group practice; **~unternehmen** *n* joint venture; **~vertrieb** *m* joint marketing; **~werbung** *f* joint (or collective, cooperative, group) advertising

**Gemeinschafts~**, 2. *(EU)*, **~abkommen** *n* Community agreement; **~aktion** *f* Community action; **in ~angelegenheiten** *fpl* in Community affairs; **~anleihe** *f* Community loan; **~ausfuhren** *fpl* Community exports; **~ausführer** *mpl* Community exporters; **~ausgaben** *fpl* Community expenditure; **~ausschreibung** *f* Community tendering (procedure); **~beihilfe** *f* Community aid; **~beitrag** *m* Community contribution; **Gemeinschaftsbeschluss** *m* Community decision; **~bestimmungen** *fpl* Community provisions (or rules); **~bürger** *m(pl)* Community national(s); **~darlehen** *n* Community loan; **~ebene** *f* at national and Community level; **g~eigen** Community-owned; **auf einzelstaatlicher und ~ebene** *f* at national and Community level; **~einfuhren** *fpl* Community imports; **~entscheidungen** *fpl* Community decisions; **~erhebung** *f* Community survey; **~erzeugnisse** *npl* Community products; **~finanzierung** *f* Community financing; **~gelder** *npl* Community funds; **~gremien** *npl* Community bodies; **~haushalt** *m* Community budget; **~hersteller** *m* Community producer; **~hilfe** *f* Community aid; **~institutionen** *fpl* Community institutions

**Gemeinschaftsinstrument**, **Neues ~** *n* (NGI) (für die Aufnahme von Anleihen und die Gewährung von Darlehen) New Community (borrowing and lending) Instrument (NCI); **aus Mitteln des Neuen ~s** from NCI resources

**Gemeinschafts~**, **g~interner Handel** *m* intra-Community trade; **~kontingent** *n* Community quota; **~länder** *npl* Community countries; member countries; **von der ~liste** *f* **streichen** to delete from the Community list; *(geplante)* **~marke** *f* Community trademark; **~markt** *m* Community market; **~maßnahmen** *fpl* Community measures (or action); **~mittel** *pl* Community funds (or resources); Community appropriations; **~normen** *fpl* Community standards; **~organe** *npl* Community institutions ( → Kommission, → Rat, → Versammlung (EP), → EuGH); *(geplante)* **~patent** *n* Community patent; **~politik** *f* Community policy; **~präferenz** *f* Community preference; **~preise** *mpl* Community prices

**Gemeinschaftsrecht** *n* Community law; law of the European Communities; **materielles ~** substantive rules of Community law; **mit dem ~ unvereinbar** incompatible with Community law; **Abweichungen vom ~** derogations from Community law; **Anwendungen des ~s** application of Community law; **Vorrang des ~s vor dem einzelstaatlichen Recht** precedence of Community law over national law; **gegen das ~ verstoßen** to infringe Community law

**gemeinschaftsrechtswidrig** contrary to Community law

**Gemeinschafts~**, **~regelung** *f* Community arrangement; **~richtlinie** *f* Community directive; **~stellen** *fpl* Community authorities; **~tätigkeiten** *fpl* Community activities; **e-r ~überwachung** *f* **unterworfen sein** to be subject to Community surveillance; **~unternehmen** *n* (GU) joint venture (JV); **~verordnung** *f* Community regulation; **~versorgung** *f* Community supply; **~vorgehen** *n* Community action; **~vorhaben** *n* Community project; **~vorschriften** *fpl* Community provisions (or regulations); **~waren** *fpl* Community goods (or products); **~warenzeichen** *n* Community trademark; **g~weit** Community-wide; **~ziel** *n* Community objective; **~zollkontingent** *n* Community tariff quota

**Gemeinschuldner** *m* bankrupt

**gemeinwirtschaftlich** serving the common economic interest

**gemietet**, **~es Auto** *n* hired car, *Am* rented car; **~es Zimmer** *n* rented room

**gemischt** mixed; **~er Ausschuss** *m* joint committee; **~e Ladung** *f (Stückgüter)* mixed cargo; *Am* mixed carload; **~es Sortiment** *n* mixed assortment

**Gemischtwarenhandlung** *f* general store

**gemischtwirtschaftliches Unternehmen** *n* mixed enterprise (part publicly, part privately owned)

**gemünztes Gold** *n* coined gold

**Gemüse~**, **~anbau** *m* vegetable growing (or cultivation); **~erzeuger** *m* vegetable

grower; **~gärtnerei** *f* market gardening; *Am* truck gardening; truck farm; **~händler** *m* greengrocer; **~konserven** *fpl* preserved (or tinned, canned) vegetables
**gemusterter Stoff** *m* patterned fabric
**genau** exact, accurate; detailed; **~e Abrechnung** *f* detailed account; **~e Beschreibung** *f* full (or detailed) description; **~es Datum** *n* exact date; **~es Gewicht** *n* accurate weight
**genehmigen** to approve (of); to consent to; to allow, to permit; to authorize, to licen|ce (~se); to ratify
**genehmigtes Kapital** *n* approved capital
**Genehmigung** *f* approval; consent; permission; *(schriftl.)* permit; ratification; *(behördlich)* authorization, licen|ce (~se); **stillschweigende ~** tacit approval; **~ einholen** to apply for approval (or consent); to ask for permission; **~ erteilen** to grant (the) approval; **~ versagen** to refuse approval; **zur Prüfung und ~ vorlegen** to submit for consideration and approval
**genehmigungs~**, **~bedürftig sein** to require a permit (or official approval); to be subject to permission (or authorization); **G~erteilung** *f* granting a permit (or permission); **~pflichtig** subject to prior authorization; requiring official approval
**General~**, **~abrechnung** *f* general settling of accounts; general accounting; **~anwalt** *m (am Gerichtshof der EG)* Advocate-General; **~bevollmächtigter** *m* generally authorized agent; universal agent; **~direktion** *f* Directorate-General; **~direktor** *m* director-general; general manager; chief executive; *Am* executive director; **~police** *f* floating policy; open policy; **g~überholt werden** *(Auto)* to be given a complete overhaul; **~versammlung** *f* general meeting; **~vertreter** *m* general agent; manufacturer's agent; **~vertretung** *f* general agency (or representation); **~vollmacht** *f* general power (of attorney)
**Genossenschaft** *f Br* cooperative (society); *Am* cooperative; **eingetragene ~** registered cooperative (society); **Erwerbs- und Wirtschafts~** *f* trade and industrial cooperative, **~santeil** *m* share in a cooperative (society); **~smitglied** *n* member of a cooperative (*Br* society); **~sregister** *n* register of cooperatives
**Gentechnik** *f* genetic engineering
**genügend**, **~e Menge** *f* sufficient quantity; **nicht mehr ~ von e-m Artikel haben** to have an insufficient supply of an article; **über ~ Kredit verfügen** to be sufficiently provided with credit
**Genussmittel** *pl* (semi-)luxuries; **~industrie** *f* luxury foodstuffs industry; **Firmen des Nahrungs- und ~gewerbes** *n* firms in the food, beverages and tobacco industry
**Genuss~**, **~recht** profit participation right; **~schein** *m* participation certificate (giving a right to participate in profits, but not to a vote or share of capital)
**Gepäck** *n* luggage, *bes. Am* baggage; **~anhänger** *m* luggage (or baggage) label (or tag); **~aufbewahrung** *f* left luggage office; *Am* check room, baggage room; **~aufgabe** *f Br* registration of luggage; *Am* checking of baggage; baggage check; **~beförderung** *f* transportation of luggage (or baggage)
**Gepäckkontrolle** *f* luggage inspection at customs
**Gepäck~**, **~schalter** *m* luggage (or baggage) office (or counter, window); **~schein** *m* luggage (or baggage) ticket (or check); **~versicherung** *f* luggage (or baggage) insurance
**Gepäck aufgeben** *Br* to register luggage, *Am* to check baggage; to send luggage (*Am* baggage) in advance
**gepfändet**, **~e Forderung** *f* attached debt (or claim); **~e Waren** *fpl* attached goods, goods under seizure
**Gepflogenheiten** *fpl* practices
**geplant** planned, projected; scheduled
**geprüfte Abschlüsse** *mpl* audited accounts
**Gerät** *n* implement, appliance; (piece of) equipment; *(Handwerkszeug)* tool; **elektrische ~e** *pl* electrical appliances; **Klein~** *n* device, gadget; **Küchen~** *n* kitchen utensil (or gadget)
**geräumt**, **unser Lager ist ~** our stocks have been cleared
**Geräuschpegel** *m*, noise level
**Gerbstoff** *m* tanning material
**gerechtfertigt**, **die Beschwerde ist ~** the complaint is justified
**geregelt**, **~er** → Freiverkehr; **vertraglich ~** contractually settled (or disposed of)
**Gericht** *n* court (of law); tribunal; **einzelstaatliches ~** *(EU)* national court; **erstinstanzliches ~** court of first instance;

**ordentliches** ~ court of law (of general jurisdiction); **nicht zuständiges** ~ court having no jurisdiction; **e-e Sache vor ~ bringen** to take a matter to court

**gerichtlich** judicial, legal; ~ **und außer~** in and out of court; **~e und außer~he Schriftstücke** *npl* judicial and extra-judicial documents; **~e Entscheidung** *f* adjudication; **~er Vergleich** *m* settlement in court; **~e Verhandlung** *f* legal proceedings; **e-e Forderung auf ~em Wege** *m* **eintreiben** to enforce a claim by court action; **~ vorgehen gegen** to take legal action (or proceedings) against

**Gerichtsbarkeit** *f* jurisdiction; → freiwillige ~

**Gerichts~**, **~beschluss** *m* court order, order of the court; **~entscheidung** *f* court decision, judicial decision; judgment; **~ferien** *pl Br* vacation; *Am* recess; **Gerichtsgebühren** *pl* court fees

**Gerichtshof** *m* **(der Europäischen Gemeinschaften)** Court of Justice (of the European Communities) (CJEC); **Kanzler des ~s** Registrar of the Court of Justice; **Sammlung der Rechtsprechung des ~s** Reports of Cases before the Court of Justice; **den ~ anrufen** to bring a matter before the Court of Justice; **der ~ hat entschieden** the Court of Justice held; **beim ~ Klage erheben** to bring an action before the Court of Justice; **e-n Streit zwischen Mitgliedstaaten dem ~ unterbreiten** to bring a dispute between Member States before the Court of Justice

**Gerichts~**, **~hoheit** *f* jurisdiction; **~kosten** *pl* (legal) costs; *Am* (court) costs; **jdm die ~kosten auferlegen** to order sb. to pay the costs; **~sachverständiger** *m* court-appointed expert; **~sitzung** *f* court session

**Gerichtsstand** *m* jurisdiction; venue; forum; **~ des Wohnsitzes** forum domicilii; **~ für Streitigkeiten aus … ist London** in the event of disputes involving … the courts in London shall have jurisdiction

**Gerichtsstands~**, **~klausel** *f* choice of jurisdiction clause; **~vereinbarung** *f* stipulation as to jurisdiction

**Gerichts~**, **~verfahren** *n* legal proceedings; **~verhandlung** *f* hearing; trial; **~vollzieher** *m Br* bailiff; *Am* sheriff

**gering**, **~e Beträge** *mpl* petty cash; **Betrag von ~er Höhe** small (or minor) sum (or amount); **~e Nachfrage** *f* low (or slack) demand; **von ~er Qualität** *f* of poor (or inferior) quality; **~er Wert** *m* little value; **e-e zu ~e Menge** *f* **liefern** to deliver an insufficient quantity

**geringere Sorte** *f* inferior grade

**geringfügiger Schaden** *m* slight damage

**geringfügig**, **~ fester** *(Börse)* slightly firmer; **~er Betrag** *m* paltry (or minimal) amount; **~e Preiserhöhung** *f* slight increase in prices; **die Aktien steigen ~** the shares are moving only slightly

**geringwertig**, **~e Waren** *fpl* low-value goods; inferior goods; **~e Wirtschaftsgüter** *npl* low-value assets

**Gerücht** *n* rumour; **~eküche** *f* grapevine

**Gesamt~**, **~absatz** *m* total (or overall) sales; **~aktie** *f* → Globalaktie; **~aktiva** *pl* total assets; **~angebot** *n* total (or aggregate) supply; **~anhebung** *f* **der Preise** overall price increase; **~auftragswert** *m* total value of orders received; **~aufwendungen** *fpl* total expense(s); **~ausfuhrtonnage** *f* total export tonnage; **~aussichten** *fpl* overall outlook; **~bedarf** *m* total requirements; **~bericht** *m* general report; **~bericht** *m* **der Kommission über die Tätigkeit der Gemeinschaften** *(EU)* Comprehensive Report of the Commission on the Communities' Activities; **~bestand** *m* total amount; **~betrag** *m* sum total, aggregate amount; **~betriebsrat** *m* central works council; **~bilanz** *f* consolidated balance sheet; **~einfuhr(menge)** *f* total imports; **~einlagen** *fpl* total deposits; **~einnahmen** *fpl* total receipts; **~energieverbrauch** *m* total energy consumption; **~ergebnis** *n* overall result; **~erlös** *m* total proceeds; **~erzeugung** *f* total production; **zulässige ~fangmengen** *fpl* total allowable catches (of fish) (TACs); **~fracht(kosten)** *pl* total freight (charges); **~gewinn** *m* total profit; **~gläubiger** *m* joint and several creditor; **~gut** *n (der Ehegatten)* joint marital property

**Gesamthands~**, **~eigentum** *n* joint tenancy; **~eigentümer** *m* joint tenant; **~forderung** *f* jointly owned claim; **~gemeinschaft** *f* joint ownership; **~gläubiger** *m* joint creditor; **~schuldner** *m* joint debtor

**Gesamt~**, **~handelsbilanz** *f* overall trade balance; **~haushaltsplan** *m* general budget; **Verbraucher in ihrer ~heit** *f*

consumers as a whole; **~hypothek** *f* general (or blanket) mortgage; **~inlandsverbrauch** *m* overall domestic consumption; **~kaufpreis** *m* total purchase price; **~konzeption** *f* master plan; **zu ~kosten** *pl* **von** at a total cost of; **~lieferung** *f* complete delivery (or shipment); **~menge** *f* **der Einfuhren** total quantities of imports; **~nachfrage** *f* overall (or aggregate) demand; **~preis** *m* total price; **~prokura** *f* joint power of attorney; **~programm** *n* overall program(me); **~quittung** *f* receipt for total; **~quoten** *fpl* overall quotas

**Gesamtrechnung** *f* overall account; total invoice; → volkswirtschaftliche ~; **~sbetrag** *m* total invoice amount; invoice total

**Gesamt~**, **~rechtsnachfolge** *f* universal succession; **~rechtsnachfolger** *m* universal successor; **~rendite** *f* total yield; **~rentabilität** *f* overall profitability; **~schaden** *m* total loss; **~schuld** *f* joint and several obligation

**Gesamtschuldner** *m* joint and several debtor; **Verpflichtung als ~** joint and several liability

**gesamtschuldnerisch**, **sie haben für den Schaden ~ aufzukommen** they shall be jointly and severally liable for the damage

**Gesamt~**, **~stimmenzahl** *f* total votes cast; **~summe** *f* total amount; sum total; **~überblick** *m* general view; **~umsatz** *m* total (or aggregate) turnover; **~verband** *m* general association; **~verkehr** *m* total traffic

**Gesamtvermögen** *n* total property (or assets); **mein ~** the whole of my estate

**Gesamt~**, **~verpflichtungen** *fpl* total liabilities; joint and several liabilities; **~versicherung** *f* comprehensive insurance; **~vertrag** *m* collective agreement; **~vertretung** *f* joint representation; **~wert** *m* aggregate value; **~wirtschaft** *f* general (or overall) economy; **g~wirtschaftliche Entwicklung** *f* overall economic (or macro-economic) development; **~zahl** *f* aggregate number

**gesättigt**, **~er Markt** *m* saturated (or glutted) market; **der Markt ist ~** the market is saturated (or satiated)

**geschädigt** damaged, injured, aggrieved

**Geschäft** *n* business; deal, transaction; *(Laden)* shop, store; **gutes ~** good business; (good) bargain; **leidlich gutes ~** fairly (or reasonably) good business; **lebhaftes ~** *(Börse)* buoyant (or brisk) trading; **rentables ~** profitable business; **schlechtes ~** bad business; **schlecht gehendes ~** slack (or slow) business; **ein ~ abschließen** (od. **zum Abschluss bringen**) to conclude (or complete, engage in) a transaction; to transact business; **ein gutes ~ abschließen** to close a bargain; **ein ~ aufgeben** to go out of business; **sich mit den verschiedenartigsten ~en befassen** to be engaged in widely diverse activities; **ein ~ betreiben** to carry on (or run) a business; **~e betreiben** to be engaged in trade (or business); **illegale ~e betreiben** to conduct illegal transactions; **ein ~ eröffnen** to open a store (or *Br* shop); to start (or set up) a business; **das ~ führen** to run (or manage) the shop (or business); **die laufenden ~e führen** to attend to current business; **das ~ geht gut** business is good; trade is brisk; business is flourishing (or booming); **die ~e gehen schlecht** business is slack; **ein ~ gründen** to set up a business; **ein ~ haben** to own (or keep) a shop (or *Am* store); **~e machen** to do (or transact) business; **~e machen in** (od. **mit**) to trade (or deal) in; to do (or be doing) business with; to transact business with; **gute ~e machen** to make a good bargain; to make a good profit (with); *(Gewinne)* **wieder in das ~ stecken** to plough (*Am* plow) back into the business; **das ~ geht zurück** business is declining; **~e tätigen** to do (or transact) business; **das ~ verlief schleppend** business was slow

**Geschäftemacher** *m* profiteer

**geschäftlich** commercial; on business; **~ tätig sein** to carry on business; to be engaged in business; to do (or transact) business; **mit jdm ~ zu tun haben** to have dealings with sb.; to do business with sb.; **~ verreist** on a business trip

**geschäftlich**, **~e Besprechung** *f* business conference; **~e Erfahrung** *f* business experience; **~e Schwierigkeiten** *fpl* **haben** to experience business difficulties; **~e Verbindlichkeiten** *fpl* business obligations; **~e Werbung** *f* commercial advertising; **für ~e Zwecke** *mpl* for business purposes

**Geschäfts~**, **~ablauf** *m* course of business, **~abschluss** *m* conclusion of a deal (or transaction); **~andrang** *m* rush of business; **~anschrift** *f* (address of sb.'s) place of business; **~anteil** *m* share (or interest) in a business (or firm); *(GmbH)* share of capital; **~anzeige** *f* commercial advertisement; **~aufgabe** *f* cessation (or discontinuance) of (a) business; giving up the business; **~aufschwung** *m* revival of business; business upturn; **~ausgaben** *fpl* business expenses; **~aussichten** *fpl* business prospects (or outlook); prospects of a business; **~ausstattung** *f* furniture and fixtures; shop fittings; **~bank** *f* commercial bank; → Allgemeine ~bedingungen; **schlechte ~bedingungen** *fpl* adverse trade conditions; **~belebung** *f* upturn in business; revival in trade activity; **~belege** *mpl* business records; supporting entries; **~bericht** *m* annual (business) report; **~besorgung** *f* handling of business; **~besorgungsvertrag** *m* agency contract; **~besuch** *m* business call; **~besucher** *m* business visitor

**Geschäftsbetrieb** *m* (running of the) business; business operations; **(kaufmännischer) ~** business enterprise; **im gewöhnlichen ~** in the ordinary course of business; **Erlaubnis zum ~** permission to do business; operating licen|ce (~se); **e-n ~ ausüben** to do business; to operate a business; **den ~ einstellen** to cease trading

**Geschäftsbeziehungen** *fpl* business (or commercial) relations (or dealings, connections); **~ abbrechen** to break off business relations; **~ anknüpfen** to open up business relations; **~ ausdehnen** to extend (or enlarge) business relations; **~ herstellen** to establish business relations; **in ~ treten mit** to enter business with; **über zahlreiche ~ mit dem Ausland verfügen** to entertain numerous business relations abroad

**Geschäfts~**, **~brauch** *m* business practice (or usage); **~brief** *m* business letter; **~bücher** *npl* business records; journals; account books; **~einrichtung** *f* business equipment; **feste ~einrichtung** *f* (DBA) fixed place of business; **~entwicklung** *f* business development; trend in the business; **g~erfahren** experienced (or versed) in business; **~erfahrung** *f* experience in business; **~erfolg** *m* business success; **~eröffnung** *f* opening of a business (or shop)

**geschäftsfähig** having legal capacity; **beschränkt ~** having restricted legal capacity; **voll ~** of full legal capacity

**Geschäftsfähigkeit** *f* legal capacity; capacity to contract; **in der ~ beschränkte Person** *f* person having limited legal capacity; **mangelnde ~** lack of capacity (to contract etc)

**Geschäfts~**, **~fahrt** *f* business trip; **~flaute** *f* stagnation of business; slackness of trade; slackness of business; **~flugzeug** *n* company plane; **~frau** *f* business woman; **~freund** *m* business friend (or associate); customer; correspondent (abroad)

**geschäftsführend** managing; executive; **~er Direktor** *m* managing director; **nicht ~er Teilhaber** *m* non-active partner

**Geschäftsführer** *m* manager; managing director; managerial head; executive secretary; **~ ohne Auftrag** agent of necessity; agent without mandate (or authority)

**Geschäftsführung** *f* management; conduct of business; board of management; **~ der Gesellschaft** conduct of the company's business; **~ ohne Auftrag** agency of necessity; agency without authority; **G~skosten** *pl* executive expenses; **über seine ~ Rechenschaft ablegen** to render account of one's management

**Geschäftsgang** *m*, **im gewöhnlichen ~** in the normal course of business; **schlechter ~** difficult trading; sluggish business; **stockender ~** slackness of trade; **der ~ ist schleppend** business is slack

**Geschäftsgebaren** *n* business practices; business conduct (or methods); **betrügerisches ~** fraudulent business practices; fraudulent manipulation

**Geschäfts~**, **~gebäude** *n* (business) premises; office building; **~gebrauch** *m* commercial usage; business practice; **~gegend** *f* business quarter (or district); business (or commercial) centre; **~geheimnis** *n* business (or commercial) secret; **~geist** *m* business acumen; **~gewinn** *m* trading (or business) profit; **~grundstück** *n* business property; **~gründung** *f* establishment (or foundation) of a business; **~haus** *n* business house; firm; **~herr** *m* principal; **~inhaber** *m* owner of (a) business; business proprietor; shopkeeper; *Am* storekeeper; **~interesse** *n* business interest; **~jahr** *Br* financial (*Am* fiscal) year; **~kenntnisse** *fpl* business knowledge; **~korrespondenz** *f* business (or commercial) correspondence; **~kosten** *pl* business expense(s); **auf ~kosten** at the firm's (or company's) expense; on an expense account; **~kredit** *m* business loan; **in ~kreisen** *mpl* in commercial circles

**Geschäftslage** *f* business situation; trading position; state of (a bank's etc) affairs; *(örtlich)* location (of a shop, etc); **die ~ e-r Gesellschaft** the situation of a company; **die gegenwärtige ~** the present state of business; **die ~ hat sich gebessert** business has picked up; **die ~ hat sich verschlechtert** business has slowed down (or fallen off)

**Geschäftsleben** *n* business life; **in das ~ eintreten** to enter into business

**Geschäftsleiter** *m* manager; executive

**Geschäftsleitung** *f* management; *(e-s Unternehmens)* (board of) managers, executive board; **tatsächliche ~ e-s Unternehmens** effective management of an enterprise; **Ort der ~** place of management; **die ~ übernehmen** to take over the management

**Geschäfts~**, **~leute** *pl* business people; **g~los** *(Börse)* dull, slack; **~mann** *m* business man; **g~mäßig** businesslike; **unlautere ~methoden** *fpl* unfair business methods (or practices); **schlechte ~moral** *f* low standard of business ethics; **~niederlassung** *f* business establishment; **~nummer** *f* reference number; **~ordnung** *f* rules of procedure; **~papiere** *npl* business papers; business records; **~partner** *m* business (or trading) partner; *(ordnungsgemäße)* **~praktiken** *pl* (proper) business (or commercial) practices; **~prozess** *m* business process; **~räume** *mpl* business premises

**Geschäftsreise** *f* business trip; **auf ~** on a business trip (or travelling on business); **Auslands~** business trip abroad; **~n machen** to travel on business

**Geschäfts~**, **~reisender** *m* commercial (or business) travel(l)er; travel(l)ing salesman; **~reklame** *f* commercial advertising; **~risiko** *n* business risk; **~rückgang** *m* decline in (or of) business; **~schließung** *f* closing down a shop (or business); **bei ~schluss** *m* at close of business; **nach ~schluss** after business hours; **~schulden** *pl* business liabilities; debts of a firm (etc); **~sinn** *m* commercial acumen; business sense; **~sitz** *m* place of business; **~sprache** *f* business (or commercial) language; **~stelle** *f* (branch) office; **~stil** *m* business style; **~stille** *f* slackness in trade; lack of business; **~stockung** *f* stagnation of business; **~straße** *f* shopping street; **~stunden** *fpl* business (or office) hours; **~tagebuch** *n* journal; daybook

**Geschäftstätigkeit** *f* business activities; (business) operations; **die ~ aufnehmen** to begin operations; **die ~ einstellen** to cease (or suspend) operations

**Geschäfts~**, **~teilhaber** *m* partner; **g~tüchtig** skilled in business; **~tüchtigkeit** *f* business skill; business acumen; *(Verkaufsgewandtheit)* salesmanship; **~übernahme** *f* takeover of a business; **g~üblich** usual in trade; **~umbau** *m* reconstruction (or remodelling) of premises; **~umfang** *m* business volume; **~umsatz** *m* turnover

**geschäftsunfähig** unable to enter into (legal) transactions; legally incapacitated; *Am* incompetent; **~e Person** *f* person lacking legal capacity

**Geschäfts~**, **~unfähigkeit** *f* legal incapacity; *Am* incompetence; **~unterbrechung** *f* disruption of business; **~unterlagen** *fpl* **aufbewahren** to keep business records (or papers); **~unternehmen** *n* commercial enterprise

**Geschäftsverbindung** *f* business connections (or relations); **ausgedehnte ~en** extensive business contacts; **~en aufnehmen** → in ~ treten; **wir würden uns freuen, mit Ihnen in ~ zu kommen** we should be glad to have (or to do) business with you; **mit jdm in ~ stehen** to be connected in business with sb.; to have business connections with sb.; **in laufender ~ stehen mit** to do regular business with; **in ~ treten mit** to enter into business relations with

**Geschäftsverhandlung** *f* commercial negotiations; business discussion

**Geschäftsverkehr** *m* business transactions (or dealings); commerce; **im Rahmen des üblichen ~s** in the ordinary course of business

**Geschäfts~**, **~verlegung** *f* relocation of (the place of) business; **~verlust** *m* business (or trading) loss; **~vermögen** *n* business assets; **~viertel** *n* business quarter; business (or shopping) centre; **~volumen** *n* business volume; **Aufzeichnung von ~vorfällen** *mpl* recording of business transactions; **~wagen** *m* business car, company car; *(Lieferwagen)* delivery van; **~welt** *f* business world; business community; corporate world; world of commerce; **~wert** *m* goodwill; **~zeichen** *n* reference number; file number; **~zeit** *f* business hours; **~zusammenbruch** *m* business failure; **~zweig** *m* line (or branch) of business

**geschätzter Wert** *m* estimated value; assessed value

**Geschenk** *n* gift; **~artikelgeschäft** *n* gift shop; **~gutschein** *m* gift voucher; **~pakete** *npl* **und ~päckchen** *npl* gift parcels and packages; **~sendung** *f (Zoll)* gift parcel; **~verpackung** *f* gift wrapping

**Geschicklichkeit** *f* **beim Einkauf** skill in purchasing

**geschlossen** closed; **~er Güterwagen** *Br* goods van; box waggon; *Am* boxcar; **~er Immobilienfonds** *m* closed-end real estate fund; **~er Investmentfonds** *m* closed-end investment fund; **die Mitglieder der Kommission legen ~ ihr Amt nieder** the members of the Commission shall resign as a body

**Geschmack** *m*, **für jeden ~** for every taste

**Geschmacks~**, **~muster** *n* (registered) design; *Am* design patent; **Milch mit ~stoffen** *mpl* flavo(u)red milk; **~wandel** *m* change in taste

**geschuldet**, **~er Betrag** *m* amount (or sum) due; **dem X ~er Betrag** debt due to X; **~es Geld** *n* ~ money owed (or owing); **g~er Restbetrag** *m* balance due

**geschultes Personal** *n* trained personnel

**geschützt**, **gesetzlich ~** (ges. gesch.) protected by law; registered; **patentrechtlich ~** patented; **urheberrechtlich ~** copyrighted; **nicht mehr ~ sein** *(Patent-, Urheberrecht)* to be in the public domain

**Geschwindigkeit** *f (Kfz)* speed; **erhöhte ~** high speed (or speeding); **Höchst~** *f* maximum (or top) speed; **Mindest~** *f* minimum speed; **~sbegrenzung** *f* speed limit; **~süberschreitung** *f* exceeding the speed limit; speeding; **die ~ erhöhen** to increase speed; **mit e-r ~ von ... fahren** to drive at a speed of ...; **die ~ vermindern** to reduce speed, to slow down

**Geselle** *m* journeyman; **die ~nprüfung machen** to pass the journeyman's examination

**Gesellschaft** *f* society; association; *(Kapitalgesellschaft)* company; *Am* corporation; *(Personengesellschaft)* partnership; → stille ~; **~ mit beschränkter Haftung** (GmbH) private limited liability company; **~ des bürgerlichen Rechts** non-trading partnership; **~, die keinen Erwerbszweck verfolgt** non-profitmaking society; **~en mit Sitz in der Gemeinschaft** *(EU)* companies whose registered offices are situated in the Community; **e-r ~ als Mitglied beitreten** to enter a society; **e-r ~ als Teilhaber beitreten** to join a partnership; **e-e ~ errichten** (od. **gründen**) to form (or establish, set up) a partnership (or company)

**Gesellschafter** *m (e-r Personengesellschaft)* partner; *(e-r Kapitalgesellschaft)* shareholder, *Am* stockholder; **geschäftsführender ~** managing partner; **persönlich haftender ~** personally liable partner; **~beschluss** *m* partners' resolution; **~darlehen** *n* partner's (or shareholder's) loan; loan granted by a partner to a partnership (or of a shareholder to a company); **~einlage** *f* partner's contribution; **~versammlung** *f (e-r GmbH)* shareholders' meeting; **als ~ ausscheiden** to withdraw from partnership; **als ~ in e-e Firma eintreten** to enter (or join) a firm as partner

**Gesellschaftssteuer** *f* company tax

**Gesellschafts~**, **~anteil** *m* partner's (or shareholder's) interest; share (in a → GmbH); **~formen** *fpl* legal forms of companies; **~gründung** *f* formation of a company (or corporation); setting up (or establishment) of a society; **~kapital** *n* capital of a company (or partnership); *Am* corporate capital; **~konkurs** *m* bankruptcy of a partnership (or company); *Br* compulsory winding up (or liquidation) of a company; **~mittel** *pl* company's funds; *Am* corporate funds; **g~politisch** sociopolitical; **~recht** *n Br* company law; *Am* corporation law; **~richtlinie** *f (EU)* Company Law Directive; **~schulden** *pl* debts of a company (or partnership); *Am* corporate debts; **~steuer** *f* company tax;

**~vergleich** *m* composition made by a company (or partnership) to avoid bankruptcy; **~vermögen** *n* assets of a company (or partnership); *Am* corporate assets; **~vertrag** *m* company agreement; partnership agreement (or articles); deed of partnership; *(e-r GmbH)* agreement among shareholders; *(e-r AG)* → Satzung

**Gesetz** *n* law; statute; Act; **kraft ~es** by force of law; **nach dem ~** in accordance with the law; pursuant to the statute; in law; **ein ~ aufheben** to abrogate a law; **ein ~ erlassen** to enact a law; **unter ein ~ fallen** to fall under a law; **ein ~ verletzen** to violate (or infringe) a law

**Gesetzbuch** *n* code of laws

**Gesetzes~**, **~auslegung** *f* interpretation of a law; **~bestimmung** *f* provision of a law; **~entwurf** *m* (draft) Bill; **~kollision** *f* conflict of laws; **~kraft** *f* force of law; **~lücke** *f* gap in the law; **~verletzung** *f* violation of the law

**Gesetzgebung** *f* legislation

**gesetzlich** lawful, legal, statutory; **~ verboten** prohibited by law; ~ → geschützt, ~ verpflichtet bound by statute; **~e Bestimmung** *f* legal provision; **~e Erbfolge** *f* intestate succession; **~er Feiertag** *m* public holiday; **~e Frist** *f* time prescribed by law; **~e Haftpflicht** *f* legal liability; **~e Krankenversicherung** *f* statutory health insurance (fund); **~e Kündigungsfrist** *f* statutory period of notice; **~e Rücklagen** *fpl* legal (or statutory) reserves; **~er Vertreter** *m* statutory representative; **~e Voraussetzungen** *fpl* legal (or statutory) requirements; **~er Zinssatz** *m* legal interest rate, statutory rate of interest

**gesetzt**, **innerhalb der ~en Frist** *f* within the period specified

**gesetzwidrig** unlawful, contrary to law; illegal

**gesicherter Kredit** *m* secured credit

**gesondert berechnen** to charge separately

**gespalten**, **~er Devisenmarkt** *m* dual foreign exchange market; **~er Goldpreis** *m* dual (or two-tier) gold price; **~er Steuersatz** *m* split tax rate

**gesperrt**, **~ für Kraftfahrzeuge** closed to motor traffic; **~er Scheck** *m* stopped cheque (check)

**Gespräch** *n* talk, conversation; *tel* call

**gestaffelt**, **~e Preise** staggered prices; **gestaffelter Zinssatz** *m* staggered interest rate

**Gestehungskosten** *pl* prime cost, production cost; first cost

**gestellen**, **Waren ~** *(Zoll)* to present (imported) goods

**Gestellung** *f*, **~ der Waren beim Zollamt** presentation of goods to the customs office; **~sbefreiung** *f* waiver of presentation; **~sgebühr** *f* charge for customs presentation; **~sverzeichnis** *n* customs declaration

**gestiegen**, **die Aktien sind ~** the shares have gone up (or moved up); **die Ausgaben sind sprunghaft ~** expenditure has soared

**gestrandet**, **das Schiff ist ~** the ship is stranded; the ship has gone aground

**gestreute Anlagen** *fpl* diversified investments

**gestrichen** *(Börse)* no quotation

**gestundete Zahlung** *f* deferred payment

**gestützter Kurs** *m* pegged price

**Gesuch** *n* application, petition, request; **ein ~ bearbeiten** to deal with an application; **ein ~ einreichen** to present a petition; to make (or file) an application

**gesucht** wanted; sought after; requested; **„~“** *(in Zeitungen)*, „wanted“; **dieser Artikel ist sehr ~** there is a great demand for this article

**gesund** healthy, sound; **wirtschaftlich ~** (existenzfähig) economically viable

**Gesundheit** *f* health; **schädlich für die ~** harmful to health

**gesundheitlich**, **~e Gefahren** *fpl* **von Asbest** danger of asbestos to health; **~e Maßnahmen** *fpl* sanitary measures; **~e Verhältnisse** *npl* health conditions

**Gesundheits~**, **g~gefährdende Erzeugnisse** *npl* products hazardous to health; health endangering products; **aus ~gründen** *mpl* for reasons of health; **~markt** *m* health care market; **~pass** *m* *(Schiff)* bill of health; **~reform** *f* health care reform; **e-e g~schädliche Beschäftigung ausführen** to perform an activity that is injurious to health; **~schutznormen** *fpl* health protection standards; **~vorschriften** *fpl* health regulations; **~wesen** *n* public health care system; **~zeugnis** *n* health certificate

**Gesundung** *f*, **wirtschaftliche ~** economic recovery

**Getränke**, **~automat** *m* drink vending

machine; **~industrie** *f* drink (or beverage) industry; **~steuer** *f* beverage tax

**Getreide** *n* grain, cereals, *Br* corn; **~ in Säcken** bagged grain; **Futter~** feed grain; **inländisches ~** home-grown cereals; **loses ~** bulk grain; **~ anbauen** to grow grain

**Getreide~**, **~anbau** *m* → ~bau; **~anbaugebiet** *n* cereal growing district; **~art** *f* type (or variety) of grain; **~ausfuhr** *f* grain export; **~austauscherzeugnisse** *npl* cereal substitutes; **~bau** *m* cultivation (or growing) of grain (or cereals); **~bestände** *mpl* grain stock(s); **~börse** *f* grain exchange; *Br* Corn Exchange; **~- und Futtermittelhandel** *m* grain and feed trade; **~handelsfirma** *f* grain merchant's; **~händler** *m* grain merchant (or dealer); **~importe** *mpl* grain imports; **~ladung** *f* grain cargo; **~markt** *m* grain market, *Br* corn market; **~mischfuttermittel** *npl* cereal-based compound feed stuff; **~preis** *m* grain price; cereal price; **~silo** *m* grain silo; **~speicher** *m* granary; storehouse for grain; **~termingeschäfte** *npl* grain futures; **~umschlagstelle** *f* grain terminal; **~verarbeitungserzeugnisse** *npl* products processed from cereals; **~verschiffung** *f* grain shipping (or shipment); **~wirtschaftsjahr** *n (EU)* grain marketing year; **~zoll** *m* duty on grain

**getrennt** separate; **~e (Steuer-)Veranlagung** *f* separate assessment; **~ leben** *(Eheleute)* to live apart (or separate); **~ in Rechnung stellen** to invoice separately

**getrocknet**, **künstlich ~es Futter** *n* dehydrated fodder

**Gewächshausgartenbau** *m* greenhouse horticulture

**gewagtes Unternehmen** *n* risky undertaking; venture

**gewähren**, **Kredit ~** to grant (or give) a credit

**gewährleisten** to guarantee; to warrant

**Gewährleistung** *f* warranty, guarantee, *Am* guaranty; **~ für Rechtsmängel** warranty of title; **~ für Sachmängel** warranty of quality; **e-e ~ übernehmen** to give a warranty

**Gewährleistungs~**, **~anspruch** *m* warranty claim; **~bruch** *m* breach of express warranty; **~garantie** *f* performance bond; **~haftung** *f* liability under guarantee (guaranty); **~vorschriften** *fpl* guarantee provisions

**Gewährung** *f*, **~ e-r Beihilfe** granting of aid; **langfristiger Kredite** long-term lending

**Gewalt** *f*, **höhere** Act of God; force majeure; **tat** *f* act of violence

**Gewässer~**, **~güte** *f* water quality; **~verschmutzung** *f* water pollution

**Gewebe, bedruckte, gemalte oder geprägte ~** *npl* printed, painted or embossed woven fabrics

**Gewerbe** *n* trade, business, industry; **Handel und ~** commerce and industry; **produzierendes ~** goods-producing industry; producing sector; **ein ~ anmelden** to register a trade; **ein ~ ausüben** (od. **betreiben**) to carry on a business, to pursue a trade

**Gewerbe~**, **~abfall** *m* industrial refuse; **~anmeldung** *f* registration of a trade (or business); **~aufsicht** *f* trade inspection; supervision of business activities; **~ausübung** *f* carrying on a trade; **~berechtigung** *f* right to carry on a trade (or business); **~besteuerung** *f* trade taxation (on business profits and capital)

**Gewerbebetrieb** *m* business (or industrial) enterprise; commercial firm; **Einkünfte** *pl* **aus ~** business income

**Gewerbe~**, **~erlaubnis** *f* trading licen|ce (~se); **~ertrag** *m* trade earnings; **~freiheit** *f* freedom of trade; **~genehmigung** *f* → ~erlaubnis; **~immobilien** *fpl* commercial real estate (property); **~kapital** *n* trading capital; **~ordnung** *f* Industrial Code; **~steuer** *f* trade tax; **~steuererklärung** *f* trade tax return; **g~steuerpflichtig** subject to trade tax; **g~treibend** engaged in a trade or business; **~treibender** *m* person engaged in a trade or business; trader; tradesman; **~zulassung** *f* trading licence; **~zweig** *m* branch (or line) of trade (or industry)

**gewerblich**, **~ genutzt** used for commercial (or business) purposes; **in der Bundesrepublik ~ tätige Ausländer** aliens engaged in trade or business in the Federal Republic of Germany; **~e Anlagen** *fpl* industrial establishments; **~e Bauten** *pl* commercial (or industrial, nonresidential) buildings; **~er Bedarf** *m* industrial demand; **~er Betrieb** *m* industrial undertaking; **~es Eigentum** *n* industrial property; **~e Erzeugnisse** *npl* industrial products; manufactured goods; **~er Gewinn** *m* business (or industrial) profit; **~e Hypothek** *f* industrial mortgage; **~er Kredit** *m* commercial loan; **~e Leistungen** *fpl* commercial services; **~e Muster** *npl* industrial designs; **~e Räume** *mpl* business premises; **~er Rechtschutz** *m* protection of industrial property; **~ Tätige** *pl* gainfully employed persons; **~e Tätigkeit** *f* activity of a commercial character; business activity; **~es Unternehmen** *n* business (or commercial, industrial) enterprise; **~e Verbrauchsgüter** *npl* industrial (or manufactured) consumer goods; **~e Waren** *fpl* industrial products

**gewerblich**, **~e Wirtschaft** *f* trade and industry; **Güter der ~en Wirtschaft** *f* industrial commodities (or products, goods)

**gewerbsmäßig** professional(ly); as a business; (acting or carrying on a business) for gain (or profit)

**Gewerke** *m* member of a mining company; mining company's shareholder

**Gewerkschaft** *f Br* trade union; *Am* labor union; union; *(bergrechtliche ~)* mining company; **~ öffentliche Dienste, Transport und Verkehr** (ÖTV) Union of Public Services, Transport and Communications Workers

**Gewerkschafter** *m* (trade) unionist; union member

**gewerkschaftlich**, **nicht ~ organisiert**, non-union; **~ organisierte Arbeiter** *pl* union member

**Gewerkschafts~**, **~beitrag** *m* (trade) union subscription (or dues); **~kasse** *f* trade union's fund; **~mitglied** *n* (trade) union member; **~mitgliedskarte** *f* union card; **~vertreter** *m* union representative; **~zugehörigkeit** *f* union membership

**Gewicht** *n* weight; *fig* importance; **genaues ~** true weight; **handelsübliches ~** (customary) commercial weight; **fehlendes** (od. **knappes**) **~** short weight; **volles ~** full weight; **das ~ nachprüfen** to check the weight; **kein volles ~ haben** to be deficient in weight

**gewichten** to weight

**Gewichts~**, **~beanstandung** *f* complaint about short weight; **~bescheinigung** *f* weight note; certificate of weight; **~manko** *n* deficiency in weight; **~prüfung** *f* weight check; **~unterschied** *m* difference in weight; **~verlust** *m* **auf dem Transport** loss of weight in transit; **g~weise verkaufte Ware** *f* commodities sold by weight; **~zoll** *m* specific duty (based on weight)

**Gewichtung** *f* weighting

**Gewinn** *m* profit, gain; earnings; *bes. Am* income; **auf ~ gerichtet** (action) for profit; profit-seeking; **~e** *pl* **und Vergütungen aus freiberuflicher oder unselbstständiger Tätigkeit** *(DBA)* profits or remuneration arising from the exercise of a profession or employment; **~ aus Geschäfts- (od. Gewerbe)betrieb** profit from business, business profit; **~ vor Steuern** pretax profit; **~ nach Steuerabzug** after-tax profit; **~ aus der Veräußerung von Vermögen** capital gain; **ausgeschütteter ~** distributed profit; **nicht ausgeschütteter ~** undistributed profit; **buchmäßiger ~** book profit; **einbehaltener ~** retained profit (or earnings); **entnommener ~** drawn profit; **nicht entnommener ~** retained profit (or earnings); **entgangener ~** lost profit; **zu erwartender ~** expected (or prospective) profit; **erzielbarer ~** realizable profit; **erzielter ~** realized profit; **eventueller ~** contingent profit; **geringer ~** small profit; **müheloser ~** easy profit; **realisierter ~** realized profit; **reiner ~** net profit; **stehengelassene ~e** retained earnings; **steigender ~** growing (or increasing) profit; **~steuerfreier ~** tax-exempt profit; **steuerpflichtiger ~** taxable (or assessable) profit; **tatsächlich erzielter ~** actual profit; **thesaurierter ~** retained profit; *Am* retained earnings; **unerwarteter ~** windfall profit; **unverteilter ~** undistributed profit; **voraussichtlicher ~** expected (or prospective) profit; **mit ~ abschließen** to show a profit (or gain); **~e abschöpfen** to skim off (excessive) profits; **~ abwerfen** to bring in (or yield) a profit; **~e ausschütten** to distribute profits; **am ~ beteiligt sein** to share (or participate) in the profits; **e-n ~ ermitteln** to determine a profit; **hohe ~e erzielen** to realize (or make) large profits; **~e realisieren** *(Börse)* to take profits; **den ~ wieder in das Geschäft stecken** to plough (*Am* to plow) the earnings back into the business; **mit ~ verkaufen** to sell at a profit; **~e verteilen** to divide profits; **der ~ ist zuzurechnen auf** the profit is attributable to

**Gewinnabführung** *f* transfer of profits; **~svertrag** *m* profit transfer agreement
**Gewinn~, ~abschöpfung** *f* skimming off (or siphoning-off) excessive profits; **g~abwerfend** profit-making; **~ansammlung** *f* accumulation of profits; **~anspruch** *m* claim to profit(s); **~anstieg** *m* rise in profits
**Gewinnanteil** *m* share (or interest) in the profit(s); profit share; dividend; **g~berechtigt** entitled to a share in the profits; **~schein** *m* (dividend) coupon; **~scheinbogen** *m* coupon sheet
**Gewinn~, ~aufschlag** *m* markup; **~aufspürungsgesetz** *n* Profit Detection Act; **~ausschüttung** *f* profit distribution; dividend payout; **~aussichten** *fpl* profit prospects; outlook for profits; **~ausweis** *m* disclosure of earnings; reported earnings; **~berechnung** *f* calculation of profits
**gewinnberechtigt** entitled to participate in profits; **~e** → Aktien; **~e Versicherung** *f* with-profits policy; **nicht ~er Versicherungsnehmer** *m* non-profit policyholder
**Gewinnbeteiligung** *f* participation in profits; profit-sharing; *(der Arbeitnehmer)* employees' profit-sharing; *Br (auch)* labour copartnership; **Police mit ~** with-profits policy; **~splan** *m (der Arbeitnehmer)* profit-sharing plan
**gewinn~, ~bewusst** profit-minded; **~bezogen** profit-related; **~bringend** profitable, yielding profit; **G~chance** *f* profit opportunity; **G~druck** *m* profit squeeze; **G~einbuße** *f* loss in profits (or earnings)
**gewinnen** to win; to gain; **Kohle durch Abbau ~** to obtain coal by mining (to mine coal); **Kunden ~** to acquire customers; **Zeit ~** to gain time
**Gewinn~, ~entnahme** *f* profit-drawing; **~ergebnis** *n* profit result(s); **~ermittlung** *f* determination of net income
**Gewinnerzielung** *f* making (or realization) of profits; **auf ~ gerichtet** with a view to profit; **auf ~ gerichtetes Unternehmen** *n* profitmaking company
**Gewinn~, ~feststellung** *f* ascertainment of profits; **~gemeinschaft** *f* profit pool; **~kalkulation** *f* calculation of profits; **~lage** *f* profit situation; **~manipulation** *f* earnings manipulation; **~marge** *f* → ~spanne; **~aximierung** *f* maximization of profits; **g~mindernd** reducing profits; **~mitnahme** *f (Börse)* profit-taking; **~obligation** *Br* participating debenture; *Am* participating bond; **~planung** *f* profit planning; **~prognose** *f* profit forecast; **~quelle** *f* source of profit; **~realisation** *f (Börse)* profit-taking; **~rechnung** *f* profit account; **~rückgang** *m* profit set-back; **~rücklage** *f* revenue reserve; **~schrumpfung** *f* diminution in profits; **~schuldverschreibung** *f* → ~obligation
**Gewinnschwelle** *f* breakeven point; **die ~ erreichen** to break even
**Gewinn~, ~spanne** *f* profit margin; **~streben** *n* profit seeking, pursuit of profit; **in g~süchtiger Absicht** *f* with the intent to gain advantage; with intent to profit; **~thesaurierung** *f* earnings (or profit) retention; → ~teilung *f* sharing (or distribution) of profits
**Gewinn und Verlust** profit and loss; **~ aus Geschäftsbetrieb oder freiem Beruf** profit and loss from business or profession; **Gewinn- und Verlustanteil** *m* share in the profits and losses; **Gewinn- und Verlustrechnung** *f* profit and loss account (or statement); earnings statement; *Am (auch)* statement of income
**Gewinnung** *f* extraction, production; **~ von Bodenschätzen** exploitation of mining (or mineral) resources; **~ von Uran** uranium extraction
**Gewinn~, ~verheimlichung** *f* concealment of profits; **~verteilung** *f* distribution of profits; pooling of profits; **~verwendung** *f* appropriation of profits (or of net income); **~vortrag** *m* profit brought forward; **~zuschlag** *m* profit markup
**gewissenhafte Führung** *f* **der Geschäfte** conscientious administration of affairs
**Gewohnheitsrecht** *n* customary law
**gewöhnlich, wie ~** as usual; **~er Aufenthaltsort** *m* habitual residence
**gewünscht, wie ~** as requested, as required
**gezahlt, zu viel ~er Betrag** *m* overpayment; **zu wenig ~er Betrag** *m* underpayment
**gezeichnet, ~e Aktien** *fpl* shares subscribed; *Br* shares applied for; **~er Betrag** *m* subscription; **die Anleihe wurde voll ~** the issue was fully subscribed
**gezogener Wechsel** *m* draft

**GFS** JRC ( → Gemeinsame Forschungsstelle)
**GHEG** → Gerichtshof der Europäischen Gemeinschaften
**Gießerei** *f* foundry; **~erzeugnisse** *npl* foundry products
**Gift~**, **~müll** *m* toxic (or poisonous) waste (or sludge); **~stoffe** *mpl* poisonous substances; toxic materials; **g~verdächtig** suspected of being poisonous
**giftige Abfälle** *mpl* toxic wastes
**Gipfelkonferenz** *f* summit conference
**Giralgeld** *n* deposit money; bank money; demand deposits; current account money; *Am* check book money
**Girant** *m* endorser, indorser
**Girat** *m* endorsee, indorsee
**girieren** to endorse, to indorse
**Giro** *n* endorsement, indorsement (e. g. on a bill of exchange); *(Überweisung)* (credit) transfer *(between banks)*; *Br* giro; **~auftrag** *m* giro transfer order; **~einlagen** *fpl* deposits on current account; **~konto** *n* current account; **~sammelverwahrung** *f* collective deposit of securities; **~überweisung** *f* giro transfer; **~verkehr** *m* transfer of money by giro; **~zentrale** *f* central giro institution
**glänzend gehen** *(Geschäft)* to be booming
**Glas** *n* glass; **„Vorsicht, ~"** „glass – handle with care"; **feuerfestes ~** heat-resistant (or ovenproof) glass; **splittersicheres ~** shatterproof glass; **unzerbrechliches ~** unbreakable glass; **~fabrik (od. ~hütte)** *f* glassworks; **~fabrikation** *f* glass manufacture; **~- und Porzellangeschäft** *n* glassware and china shop (or store); **~waren** *fpl* articles of glass, glassware; **~wolle** *f* glass fib|re (~er)
**glattstellen** *(Börse)* to even up, to liquidate, to realize, to settle
**Glattstellung** *f (Börse)* evening up, liquidation, realization, settlement
**Glaube** *m*, **in gutem ~ handeln** to act in good faith
**glaubhaft**, **etw. ~ machen** to make sth. appear credible; **e-n Anspruch ~ machen** to establish prima facie evidence for a claim; **dem Gericht ~ machen, dass** to satisfy the court that; **die Kosten ~ machen** to establish the credibility of the costs
**Gläubiger** *m* creditor; obligee; **~ befriedigen** to pay off (or satisfy) creditors
**Gläubiger~**, **~ausschuss** *m* committee of creditors; **~begünstigung** *f* fraudulent preference of creditors; **~land** *n* creditor country; **~schutz** *m* protection of creditors; **~versammlung** *f* meeting of creditors; **~verzeichnis** *n* list of creditors; **~verzug** *m* creditor's delay in acceptance
**glaubwürdig** credible
**Glaubwürdigkeit** *f* credibility
**gleich** equal; same; like; **~ behandeln** to treat equally
**gleich**, **~es Angebot** *n* identical (or same) offer; **Gegenstände ~er Art** items of the same kind; **Waren ~er Art und Güte** goods of the same kind and quality; **~e Beschaffenheit** *f (von Waren)* same (or like) quality; **zu ~en Teilen** *mpl* in equal parts; **unter ~en Umständen** *mpl* under identical circumstances; **~e Wettbewerbsbedingungen** *fpl* equal competitive conditions; **Zölle oder Abgaben ~er Wirkung** *f* customs duties or charges having equivalent effect
**gleichartiger Waren** *fpl* similar (or like, homogeneous) goods (or products); goods of the same description
**Gleichbehandlung** *f* equal treatment; non-discrimination; **steuerliche ~** non-discriminatory tax treatment
**gleichbleiben** to remain unchanged (or constant); to stagnate; **~de Beträge** *mpl* equal (or level) amounts; **~de Preise** *mpl* unchanged (or steady) prices
**gleichgesetzt werden mit** to be equated with
**gleichgestellt** equated; on an equal footing
**Gleichgewicht** *n* balance; equilibrium; **~ zwischen Angebot und Nachfrage** balance between supply and demand; **binnenwirtschaftliches ~** internal (economic) equilibrium; domestic balance; **gestörtes** (od. **mangelndes**) **~** imbalance; disequilibrium; **e-e Störung des wirtschaftlichen ~s hervorrufen** to cause an economic imbalance (or disturbance)
**Gleichgewichts~**, **~menge** *f* equilibrium quantity; **~preis** *m* equilibrium price; **g~störend** causing an imbalance, disturbing the equilibrium
**gleichkommen** to be tantamount to, to amount to; to equal, to come up to
**gleichlautend**, **~e Abschrift** *f* true copy; **~ buchen** to enter in conformity with

**gleichmäßig** uniform; equal; **~es Wachstum** *n* even growth
**gleichrangig** of equal rank; **G~er** peer; **~e Gläubiger** *mpl* creditors ranking par passu; creditors of equal priority
**gleichwertig** of equal value; of the same standard; equivalent (to)
**gleitend**, **~e Arbeitszeit** *f* flexible working hours (or time); flexitime; **~e Wechselkurse** *mpl* flexible exchange rates
**Gleit~**, **~klausel** *f (Preis, Lohn)* escalation clause; **~zoll** *m* sliding-scale tariff
**global** global, overall; in general terms; **auf ~er Ebene** *f* at global level; **~e Maßnahmen** *fpl* overall measures
**Global~**, **~aktie** multiple share certificate; **~angebot** *n* global offer; **~darlehen** *n* global loan; **~finanzierung** *f* block financing; **~kontingent** *n* overall (or global) quota; **~police** *f* blanket policy; **~politik** *f* **der Gemeinschaft** *(EU)* overall Community policy
**Glücksspiel** *n* game of chance
**Glückwünsche** *mpl* congratulations; **zum ... senden wir Ihnen unsere besten ~** on the occasion of ... we send you our best wishes (or our heartiest congratulations)
**Glukoseindustrie** *f* glucose industry
**GmbH** private limited company (→ Gesellschaft mit beschränkter Haftung)
**GMO** → Gemeinsame Marktorganisation
**Gnaden~**, **~akt** *m* act of grace (or pardon); **~gesuch** *n* plea for clemency; **auf dem ~weg** *m* by way of grace, as an act of grace
**Gold** *n* gold; **~ in Barren** gold bullion; gold in bars; **gemünztes ~** coined gold
**Gold~**, **~abfluss** *m* gold outflow; **~agio** *n* gold premium; **~ankaufspreis** *m* buying price of gold; **~anleihe** *f* gold bond (or loan); **~arbitrage** *f* gold arbitrage; **~ausfuhrverbot** *n* gold (export) embargo; **~barren** *m* gold bullion, gold ingot; **~bergwerk** *n* gold mine; **~bestände** *mpl* gold holdings, gold reserves; **~deckung** *f* gold cover; **~devisenwährung** *f* gold exchange standard; **~gehalt** *m* gold content; **~geschäfte** *npl* gold transactions; **~grube** *f* gold mine; *fig* bonanza; **~handel** *m* trade in gold; **~kernwährung** *f* gold bullion standard; **~klausel** *f* gold clause; **~münze** *f* gold coin; **~parität** *f* gold parity; **~prägung** *f* gold blocking
**Goldpreis** *m* gold price; → gespaltener ~
**Goldpunkt** *m* gold point, specie point; **oberer ~** export specie point; **unterer ~** import specie point
**Gold~**, **~schmiedewaren** *pl* goldsmiths' wares; **~schmuck** *m* gold jewellery; **~sucher** *m* gold prospector; **~tranchenziehungsrechte** *npl (IWF)* gold tranche rights; **g~umrandet** gold-edged; **~währung** *f* gold standard; **~- und Silberwarenindustrie** *f* gold and silver manufacture
**Goldwert** *m* gold value; **~erhaltung** *f* maintenance of gold value; **~garantie** *f* gold value guarantee; **~klausel** *f* gold value clause
**Goldzufluss** *m* gold inflow
**Golfstaaten** *mpl* Gulf states
**Grad** *m* degree; **akademischer ~** academic degree; **in hohem ~e** to a high degree; **im zweiten ~ verwandt sein** to be related in the second degree
**grafische Darstellung** *f* chart, diagram
**Gratifikation** *f* bonus; gratuity
**gratis** gratis, free of charge; **etw. ~ bekommen** *colloq.* to get sth. free
**Gratisabonnement** *n* free subscription
**Gratisaktien** *fpl* bonus shares (or *Am* stock); *Am* stock dividend; **Ausgabe von ~** capitalization issue; scrip (or bonus) issue
**Gratis~**, **~probe** *f* free sample, free trial; **Werbung mit ~proben** *fpl* free sample advertising
**gratulieren** to congratulate; **jdm zu seinem 50. Geburtstag ~** to congratulate sb. on his 50th birthday
**grauer Markt** *m* grey market
**Gremium** *n* body; board; **internationale Gremien** *pl* international bodies
**Grenze** *f* frontier, border; *fig* limit; **frei ~ der Gemeinschaft** *(EU)* free at Community frontier; **Preis frei ~** free at frontier price; **innergemeinschaftliche ~n** *(EU)* intra-Community frontiers; Community's internal frontiers; **nahe an der ~** close to the frontier; *fig* close to the limit; marginal
**Grenz~**, **~abfertigung** *f* customs clearance at the border; **~arbeitnehmer** *m* frontier worker; **~ausgleich** *m (EU)* frontier adjustment; **~ausgleichsbeträge** *mpl* compensatory amounts at frontiers; **~ausweis** *m* border pass; **~bahnhof** *m* frontier *Br* railway (*Am* railroad) station; **~betrieb** *m* marginal en-

terprise; **~boden** *m* marginal land; **~erlös** *m* marginal profit (or revenue); **~ertrag** *m* marginal earnings (or income); *(knapper Gewinn)* marginal profit; **~ertragsfläche** *f* marginal agricultural land; **~erzeugnis** *n* marginal product; **~gänger** *m* frontier commuter; cross-border worker; **~gebiet** *n* border area; **~konsum** *m* marginal consumption; **~kontrolle** *f* border control

**Grenzkosten** *pl* marginal cost; *Am* incremental cost; **~ergebnis** *n* contribution margin; marginal income; **~rechnung** *f* marginal costing; *Am* direct costing

**Grenz~**, **~kreditgeber** *m* marginal lender; **~kreditnehmer** *m* marginal borrower; **~linien** *fpl* **e-s Grundstücks** metes and bounds; **~leistungsfähigkeit** *f* **des Kapitals** marginal efficiency of capital; **~liquidität** *f* marginal liquidity; **~nutzen** *m* marginal utility; **~pfahl** *m* frontier post; boundary post; **~plankostenrechnung** *f* marginal costing, standard direct costing; **~produktivität** *f* marginal productivity; **~regulierung** *f* boundary adjustment; **~sperre** *f* embargo on frontier traffic; **~station** *f* frontier station; **~stückkosten** *pl* marginal unit cost

**Grenzübergang** *m* frontier crossing point; crossing of the frontier (or border); **~sschein** *m (EU)* transit advice note; **Abfertigung an der ~sstelle** clearance at the frontier check point

**grenzübergreifend** cross-frontier

**grenzüberschreitend** cross-frontier, transfrontier, transborder; *(EU)* crossing internal Community frontiers; across national borders; **innerstaatlicher und ~er Verkehr** *m* national and international transport (operations); **~er Datenfluss** *m* transborder data flow (TDF); **~er Eisenbahn-, Straßen- und Binnenschiffsverkehr** (innerhalb der Gemeinschaft) *(EU)* international transport by rail, road and inland waterways (within the Community); **~er Eisenbahngüterverkehr** *m* international carriage of goods by rail; **~er Güterkraftverkehr** *m* international road haulage; international carriage of goods by road; **~er Handel** *m* cross-frontier trade; **~er Personenverkehr** *m* cross-border transport of passengers, cross-frontier passenger traffic; **~er Reiseverkehr** *m* international travel; **~e Verbringung** *f* **von gefährlichen Abfällen** transfrontier shipping of hazardous wastes; **~er Verkehr** *m* border-crossing traffic; **~er Warenverkehr** *m* goods traffic (or movement of goods) across the border; **~e Zusammenarbeit** *f* cross-border cooperation

**Grenz~**, **~überschreitung** *f* crossing of the border; **~übertritt** *m* crossing of the border

**Grenzverkehr**, **kleiner ~** *m* (local) border traffic

**Grenz~**, **~verletzung** *f* border violation; **~werte** *mpl* limit values; **~zeichen** *n* boundary sign; **~zollstelle** *f* frontier customs office

**grob**, **~ fahrlässig** grossly negligent; **~körnig** coarse-grained

**grob**, **~e Arbeit** *f* rough (or coarse) work; **~e Fahrlässigkeit** *f* gross negligence; **~e Pflichtverletzung** *f* gross violation of duties; **~e Schätzung** *f* rough guess

**groß**, **~er Auftrag** *m* large (or big, bulk, major) order; **~e Entfernung** *f* great distance; **~e Firma** *f* big firm; **~e** → Havarie; **~e Käufe** *mpl* large purchases; **in ~em Maße** *n* (od. **Maßstabe** *m*) on a large scale; **~e Vorräte** *mpl* large stocks

**Groß~**, **~abnehmer** *m* bulk purchaser; quantity buyer; bulk (or large) buyer; heavy consumer; wholesale customer; **~aktionär** *m* major shareholder; **~angelegt** large-scale; **~auftrag** *m* → ~er Auftrag; **~bank** *f* big bank; **~bauer** *m* large-scale farmer; **~behälter** *m* container; **~betrieb** *m* large (or big) firm; large-scale enterprise; large farm

**Großeinkauf** *m* bulk buying (or purchasing); bulk purchase; **e-n ~ tätigen** to buy in bulk (or in large quantities)

**Groß~**, **~einkäufer** *m* quantity buyer, wholesale buyer; bulk purchaser; **~einlagen** *fpl* large-scale deposits; **~einleger** *mpl* large-scale depositors

**Größe** *f* size; *(Ausmaß)* dimension; *(Körpergröße)* height; **Unternehmen ähnlicher ~** similar-sized firm (or company); **der ~ nach geordnet** in order of size; ordered by size; **genormte ~** standardized size; **von normaler ~** standard-sized; **~ e-s Musters** sample size; **~ e-s Unternehmens** size of a firm; **diese ~n sind ausgegangen** these sizes are (temporarily) out of stock

**Größen~**, **~abweichung** *f* variation in size; **~angabe** *f* information on size;

~**effekt** *m* economies of scale; ~**klasse** *f* size class; ~**vorteile** *mpl (der Massenproduktion)* economies of scale

**größer**, ~**er Auftrag** *m* larger (or major) order; ~**e Reparaturen** *fpl* major repairs

**Großfeuerungsanlage** *f* large combustion plant

**Groß~**, ~**flughafen** *m* major air terminal; ~**grundbesitz** *m* large landed property, large estate(s); ~**grundbesitzer** *m* big landowner

**Großhandel** *m* wholesale trade (or business); wholesaling; **Groß- und Einzelhandel** wholesale and retail trade; **Umsätze des ~s** wholesale turnovers; **Waren im ~ kaufen** to buy goods wholesale

**Großhandels~**, **auf ~ebene** *f* at the wholesale level; ~**firma** *f* wholesale firm; ~**kunde** *m* → Großabnehmer; ~**preis** *m* wholesale price; price charged (to retailer) by wholesaler(s); ~**preisindex** *m* index of wholesale prices; ~**rabatt** *m* wholesale discount; ~**(gewinn)spanne** *f* wholesale profit margin; ~**unternehmen** *n* wholesale enterprise; ~**verkauf** *m* wholesale trade; selling *Br* by (*Am* at) wholesale; ~**werte** *mpl (Börse)* big volume stock

**Groß~**, ~**händler** *m* wholesale dealer; wholesaler; distributor; **~- und Einzelhändler** wholesaler and retailer; ~**handlung** *f* wholesale house; ~**herstellung** *f* large-scale production (or manufacture); ~**importeur** *m* large-scale importer; ~**industrie** *f* big industry; big business; **g~industrielles Unternehmen** *n* large-scale (or big) industrial enterprise; ~**industrieller** *m* industrial magnate; *Am colloq.* tycoon

**Grossist** *m* wholesale dealer, wholesaler

**Groß~**, ~**kaufmann** *m (~händler)* wholesaler; ~**konzern** *m* big combine (or group)

**Großkredit** *m*, **von Banken gewährte ~e** large loans (or credits) granted by banks; ~**geschäft** *n* large-scale lending business

**Groß~**, ~**kunde** *m* big customer, big client; ~**lebensversicherung** *f Br* ordinary life assurance; *Am* ordinary life insurance; ~**markt** *m* central market; ~**packung** *f* family-size package; ~**projekt** *n* major (or large-scale) project; ~**raumbüro** *n* open-plan office; ~**raumflugzeug** *n* jumbo jet; big-bodied aircraft; ~**rechenanlage** *f* electronic data processing system; ~**rechenzentrum** *n* computer cent|re (~er); ~**schlagzeile** *f* banner headline; ~**serienfertigung** *f* large-scale manufacture; ~**stadtgebiet** *n* metropolitan area; ~**tanker** *m* large (or super) tanker; ~**teil** *m* **an** bulk of; ~**transport** *m* large-scale transport; ~**umschlagplatz** *m (Container)* large-scale transhipment station; ~**unfall** *m* major accident; ~**unternehmen** *n* large undertaking; major firm; ~**unternehmer** *m* big entrepreneur; ~**verbraucher** *m* bulk (or major) consumer; ~**verdiener** *m(pl)* large income earner(s); ~**vertrieb** *m* distribution in bulk; wholesale distribution; large-scale marketing

**Grube** *f* mine, pit; ~**nbetrieb** *m* mine operations; **e-n ~nbetrieb eröffnen** to open a mine

**Grund** *m (Boden)* ground, soil; *(Grundlage)* basis; **auf ~ von** on the basis of; by virtue of; **auf ~ e-s Testamentes** under a will; **aus besonderen Gründen** *pl* for special reasons; **von ~ aus** thoroughly; completely; radically; **im ~e genommen** actually; strictly speaking; **ohne ~** unfounded; **mit Gründen versehene** → Stellungnahme; **ohne wichtigen ~** without good cause; **aus wichtigem ~** with good cause; **~ zur Beschwerde geben** to give cause for complaint; **auf ~ laufen** *(Schiff)* to run aground; **den ~ legen für** to form (or lay) the basis of; **das Urteil mit Gründen versehen** to state the reasons on which the judgment is based; **ein wichtiger ~ liegt vor** there is a major reason (or good cause)

**Grund~**, ~**bedarf** *m* basic demand; ~**bedingung** *f* fundamental condition, prerequisite

**Grundbesitz** *m* (landed) property, (property in) land; real property, real estate; **gepachteter ~** leasehold property

**Grund~**, ~**besitzer** *m* landowner, owner of real estate; ~**betrag** *m* basic amount; ~**bilanz** *f (Zusammenfassung von Leistungsbilanz und langfristigem Kapitalverkehr)* basic balance *(current account and long-term capital transactions combined)*

**Grund und Boden** *m* land; (real) property; **auf eigenem ~** on one's own property

**Grundbuch** *n (für Grundstücke)* land register; *(der Buchführung)* journal; book of original entry; **~amt** *n* land registry; **~eintragung** *f* entry in the land register

**Grund~**, **~dienstbarkeit** *f* easement; real servitude; **~eigentum** *n* real estate, real property; **~eigentümer** *m* → ~besitzer; **~einkommen** *n* basic income

**gründen** to form, to found, to establish; to set up; *(e-e juristische Person)* to incorporate; **sich auf etw. ~** to be based (or founded) on sth.; **ein Geschäft ~** to establish (or set up, found, launch) a business (or firm); **e-e (Kapital-)Gesellschaft ~** to form (or set up, organize, create, launch, float, promote) a company

**Gründer** *m* founder, promoter; *(e-r juristischen Person)* incorporator; **~aktien** *fpl* (od. **~anteile** *mpl*) founders' shares; **~geist** *n* entrepreneurial spirit

**Grund~**, **~erwerbssteuer** *f* land transfer tax; **~erzeugnisse** *npl* basic products; commodities; **~gebühr** *f* basic rate; *bes. Br* rental charge (for telephone subscribers); **~gesetz** *n* Basic Law, Constitution

**Grundgetreidearten** *fpl* (Weichweizen, Roggen, Gerste, Hafer, Mais, Hartweizen) basic cereals (soft wheat, rye, barley, oats, maize, hard wheat)

**Grund~**, **~industrien** *fpl* basic industries; **~interventionspreis** *(EU)* basic intervention price; **~kapital** *n (e-r AG)* capital stock, equity; **~kapitalsenkung** *f* decapitalisation; **~kontingent** *n* basic quota; **~kredit** *m* land credit, real estate loan; **~lebensmittel** *pl* basic foods; **g~legend** fundamental, basic; **~lohn** *m* basic wage (or pay); **~nahrungsmittel** *pl* basic foodstuffs; **~normen** *fpl* basic standards; **~pfandrechte** *npl* charges on property; **g~pfandrechtlich gesichert** secured by mortgage; **~prämie** *f* basic premium; **~preis** *m* basic price; **~prinzip** *n* fundamental principle; **~rechte** *npl* basic (or civil) rights; **~rente** *f* basic rates of a benefit; *(Bodenrente)* ground rent; **~richtpreis** *m (EU)* basic target price

**Grund~**, **~satz** *m* principle, maxim; **allgemein anerkannte ~sätze** *pl* generally accepted principles; **nach kaufmännischen ~sätzen** in accordance with commercial principles; **~sätze ordnungsmäßiger Buchführung** (GoB) generally accepted accounting principles (GAAP); **~sätze ordnungsmäßiger Prüfung** generally accepted auditing standards

**Grund~**, **g~sätzlich** fundamental(ly), in principle; **~schuld** *f* land charge; **~stein** *m* **legen** to lay the foundations for sth.

**Grundsteuer** *f* (real) property tax; land tax

**Grundstoffe** *mpl* basic materials, primary products; (primary) commodities; **gewerbliche ~** industrial basic materials; **landwirtschaftliche ~** agricultural commodities, basic foodstuffs

**Grundstoff~**, **~abkommen** *n* commodity agreement; **~handel** *m* trade in commodities; **~industrie** *f* extractive industry; basic (materials) industry; **~markt** *m* commodity market; **~preise** *mpl* commodity prices; basic materials prices

**Grundstück** *n* piece of land; property; real estate; *(mit Gebäude)* premises; **~ (e) und Gebäude** land and building(s); **auf dem ~** on the premises

**Grundstücks~**, **~belastung** *f* encumbrance on real property; *Br* land charge; **~boom** *m* property boom; **~einfahrt** *f* entry to a property; **~erschließung** *f* property development; **~geschäfte** *npl* real estate transactions (or deals); **g~gleiche Rechte** *npl* rights equivalent to real property; **~investitionen** *fpl* real estate investments

**Grundstückskauf** *m* purchase of land (or real property); **~vertrag** *m* contract for the sale of land (or real property)

**Grundstücks~**, **~makler** *m* → Immobilienmakler; **~markt** *m Br* property market; *Am* real estate market; **~pacht** *f* lease of land; **~preis** *m* land (or real estate) price; *Br* property price; **~spekulation** *f* speculation in land; **~übertragung** *f* conveyancing; transfer of land; **~verkauf** *m* sale of land (or real property); **~verkäufer** *m* salesman of real estate; **~verwaltung** *f* real property administration; *Br* property management; **~wert** *m* real estate value; *Br* property value; **~zubehör** *n* appurtenances (to land)

**Gründung** *f* formation, foundation, establishment, setting up; *(e-r juristischen Person)* incorporation; **~ e-r Firma** establishment (or promotion, setting up, foundation) of a firm; **~ e-s Klubs** formation (or setting up) of a club; **Verträge zur ~ der Europäischen Gemeinschaften** *(EU)* treaties establishing the European Communities

**Gründungs~**, **~fonds** *m* foundation fund; **~kapital** *n* initial capital; *Am* original capital; **~kosten** *pl* formation expenses; organization cost (or expense); **~urkunde** *f* foundation charter; *(für Kapitalgesellschaft) Br* memorandum of association; *Am* articles of incorporation

**Grund~**, **~vermögen** *n* real property, real estate; **~voraussetzung** *f* pre-requisite; **~zeit** *f* basic time

**grüne Kurse** *mpl (EU)* (Kurse für die Umrechnung der in der gemeinsamen Agrarpolitik verwendeten ECU in Landeswährung) „green" rates (conversion rates into national currencies for the ECU used in connection with the Common Agricultural Policy)

**Gruppe** *f* group; → Fünfer~; → Siebener~; → Steuer~; → Waren~; → Zehner~

**Gruppenakkord** *m* group (or collective) piecework; **im ~ arbeiten** to work under a collective piece-rate scheme

**Gruppen~**, **~arbeit** *f* team work; **~freistellung** *f (EU) (KartellR)* group (or block) exemption; **~versicherung** *f* collective insurance

**Grüße** *mpl* regards, greetings; **jdm ~ bestellen** to send one's regards (or compliments) to sb.

**GU** JV → Gemeinschaftsunternehmen

**GUA** ACE (→ Gemeinschaftliche Umweltaktionen)

**gültig** valid, good; *(Münze etc)* current; **~ bis einschließlich** valid up to and including; **~ bis auf Widerruf** *(Börsenauftrag)* valid (or good) until cancel(l)ed; **~er Pass** *m* valid passport; **zurzeit ~e Preisliste** *f* current price list; **~er Tarif** *m* tariff in force; **das Angebot ist ~ bis zum ...** the offer is valid until ...; our offer stands until ...

**Gültigkeit** *f* validity; **~(sdauer)** *f* **e-s Angebots** duration of an offer; **~sdauer e-s Akkreditivs** life of a letter of credit; **~ e-r Fahrkarte** period for which a ticket is valid

**Gummi** *m* rubber; **Hart~** *m* hardened rubber; **natürlicher ~** natural rubber; **Roh~** crude rubber

**Gummi~**, **~aktien** *fpl* rubber shares; **~erzeugnisse** *npl* rubber products; **~industrie** *f* rubber industry; **~stempel** *m* rubber stamp

**Gunsten**, **Saldo zu Ihren ~** balance in your favo(u)r

**günstig**, **~es Angebot** *n* favo(u)rable offer, attractive offer; *(„Gelegenheit")* bargain; **~es Kaufobjekt** *n* bargain; article acquired (or offered) cheaply (or at a bargain price); **~er Kurs** *m* favourable price; **~e Zahlungsbedingungen** *fpl* easy terms

**gut**, **~ bezahlt** well paid; *(im Markt)* **~ eingeführtes Produkt** *n* established product; **~gehendes Unternehmen** *n* going concern; **~gehende Ware** *f* good seller; **nicht ~gehende Ware** *f* bad seller; **der Artikel geht (nicht) ~** the article sells well (does not sell well); **~ bei Kasse sein** to be in funds, to be flush; **~ situiert sein** to be well off; **sich ~ verkaufen lassen** to sell to good advantage; **das Fleisch ist nicht mehr ~** the meat has gone bad; **die Geschäfte gehen ~** trade is brisk

**Gut** *n (Vermögen)* property, assets; *(Landgut)* estate, farm

**Gutachten** *n* (expert) opinion; **ein ~ einholen** to call in (or get) an opinion; **ein ~ erstellen** to deliver an opinion

**Gutachter** *m* expert; **e-n ~auftrag erteilen** to place an order with an expert

**gutachtliche Äußerung** *f* expert opinion

**Güte** *f (Beschaffenheit)* quality (→ Qualität); **Vorschlag zur ~** conciliatory proposal (→ ~verfahren); **Waren erster ~** top quality goods; first-class goods; **Waren mittlerer ~** goods of medium (or middle) quality; middlings; **~aufpreis** *m* additional price for quality; **~bestimmung** *f* quality specification

**Güteklasse** *f* grade, quality category (or class); **Äpfel der ~ II** apples of quality category II (or of grade II); **~neinteilung** *f* (od. **Einstufung** *f* **von Waren nach ~n**) grading of commodities (or products); **Waren nach ~n einstufen** to grade commodities (or products)

**Güte~**, **~marke** *f* certification mark; quality label; **~merkmal** *n* quality characteristic; **~norm** *f* quality standard; **~prüfung** *f* quality test

**Güter** *npl* goods, commodities; **geringwertige ~** inferior goods; **höherwertige ~** superior goods; → lebensnotwendige ~; **~ der gewerblichen Wirtschaft** industrial goods (or commodities); **~ des täglichen Bedarfs** daily necessaries, essential goods

**Güter~**, **~abfertigung** *f (auf dem Bahnhof) Br* goods (*Am* freight) office; **~annahme(stelle)** *f Br* goods (*Am* freight) receiving office; **~ausgabe(stelle)** *f Br*

goods (*Am* freight) (delivery) office; **~bahnhof** *m Br* goods station, *Am* freight station (or depot)

**Güterbeförderung** *f* transport (or conveyance, carriage) (*Am* transportation) of goods; **~ mit der Bahn** carriage of goods by rail; **~ auf dem Luftwege** air transport; **~ auf dem Seewege** carriage of goods by sea

**Güterfernverkehr** *m* long-haul goods (or freight) traffic; *Br* long-distance goods traffic; *Am* long-distance freight transportation, long-haul trucking, long hauls

**Gütergemeinschaft**, **eheliche ~** *f* (system of) community of property (between spouses)

**Güterkraftfahrzeuge** *npl* road haulage vehicles

**Güterkraftverkehr** *m* carriage of goods by road; road carriage; road haulage; *Am* trucking; **gewerblicher ~** commercial road haulage; *Am* commercial trucking; **~sbedarf** *m* road carriage requirements; **~smarkt** *m* road haulage market; *Am* trucking market; **~starif** *m* road haulage tariff; **~sunternehmer** *mpl* (road) hauliers, haulage contractors; *Am* trucking firm

**Güter~**, **~lagerung** *f* storage of goods; **~makler** *m* land (or estate) agent; *Am* realtor; **~nachfrage** *f* commodity demand; demand for goods; **~nahverkehr** *m* short distance *Br* goods (*Am* freight) traffic; short hauls

**Güterrecht**, **eheliches ~** *n* law of matrimonial property; **~sregister** *n* matrimonial property register

**Güter~**, **~schuppen** *m Br* goods shed, *Am* freight shed; **ehelicher ~stand** *m* matrimonial property regime; **~strom** *m* flow of products; commodity flow; **~tarif** *m* goods (or *Am* freight) tariff

**Gütertransport** *m* → Güterbeförderung; **~versicherung** *f* goods-in-transit insurance; freight insurance

**Güter~**, **~trennung** *f* separation of property; **~umschlag** *m* handling (or turnover) of cargo (or goods); mixed transport(ation) of goods (truck, rail and ship); **~ und Personenverkehr** *m* freight and passenger transport; goods and passenger traffic

**Güterverkehr** *m Br* goods traffic; *Am* freight traffic; **freier ~** free movement of goods; **innergemeinschaftlicher ~** *(EU)* carriage of goods between Member States; **kombinierter ~ Schiene/Straße** combined rail/road carriage of goods; **~ der Eisenbahnen, des Kraftverkehrs und der Binnenschifffahrt** carriage of goods by rail, road and inland waterways; **~ mit Lkw** *Br* road haulage; *Am* truck transport

**Güter~**, **~verladung** *f* loading (or shipment) of goods; **~versendung** *f* (od. **~versand** *m*) dispatch (or consignment) of goods; **~versicherung** *f* cargo insurance

**Güterwagen** *m (Eisenbahn) Br* (goods) waggon; *Am* freight car; **im ~ befördern** to transport by rail

**Güterzug** *m Br* goods train, *Am* freight train

**Gütesiegel** *n* seal of quality

**Güteverfahren** *n* conciliation proceedings

**gutgeschrieben**, **der** (überwiesene) **Betrag wird Ihrem Konto ~** the amount will be credited to your account

**gutgläubig** bona fide; (acting) in good faith; **~er Dritter** *m* innocent third party

**gutgläubiger Erwerb** *m* acquisition in good faith; **~ gestohlenen Gutes** innocent purchase of stolen goods

**gutgläubiger**, **~ Erwerber** *m* bona fide (or innocent) purchaser; **~ Inhaber** *m (z. B. e-s Wertpapiers)* bona fide holder

**Guthaben** *n* (credit) balance (bei with); deposits; **nicht ausreichendes ~** *(bei Wechseln od. Schecks)* insufficient funds; **~ bei Banken** cash at banks; **~ in fremder Währung bei Banken im Ausland** balance(s) in foreign currency with banks abroad; **sein ~ beträgt 100 €** the balance in his favo(u)r is € 100

**guthaben**, **er hat e-e große Summe bei uns gut** he has a large credit balance with us

**gütlich**, **e-e ~e Einigung** *f* **herbeiführen** to bring about an amicable settlement; **~e Regelung** *f* amicable settlement; **sich ~ einigen** to settle a matter amicably (or out of court)

**Gutsbesitzer** *m* owner of an estate, estate owner

**Gutschein** *m* coupon; voucher

**gutschreiben** to credit; **jdm 10 € gutschreiben** to credit sb. with € 10; to credit € 10 to sb. ( → gutgeschrieben)

**Gutschrift** *f* amount credited; credit note (or advice); **~ e-s Betrages** credit entry; crediting an amount; **jdm über e-n Be-**

**trag e-e ~ erteilen** to credit sb.'s account with an amount
**Gutschrifts~**, **~anzeige** *f* credit note; credit advice; *Am* credit memo(randum); **~betrag** *m* amount credited; **~zettel** *m* credit slip
**GZT** → gemeinsamer Zolltarif

# H

**Haben** *n (e-s Kontos)* credit side; **Soll und ~** debit and credit; **~buchung** *f* credit entry; **~posten** *m* credit item; **~saldo** *m* credit balance; **e-n Betrag auf der ~seite** *f* **verbuchen** to enter an amount on the credit side; **~zinsen** *pl* credit interest, interest on credit balance; interest payable; **~zinssatz** *m* creditor interest rate
**haben**, *(Ware)* **nicht zu ~** not to be had; unavailable, unobtainable; **etw. nicht mehr genügend ~** to have run out of sth.; **noch zu ~** still obtainable (or available); still to be had, still on the market
**Hackfrucht** *f* root crop; **~bau** *m* cultivation of root crops
**Hafen** *m* port; harbo(u)r; **Außen~** *m* outer port; **Innen~** *m* inner port; **Frei~** free port; **aus e-m ~ auslaufen** to leave a port; *(nach Zollabfertigung)* to clear a port; **in e-n ~ einlaufen** to call at (or enter) a port
**Hafen~**, **~anlagen** *fpl* port facilities; **~arbeiter** *m* dockworker, docker; **~ausbau** *m* port development; **~ausfahrt** *f* harbo(u)r mouth; **~behörde** *f* port authority; **~brauch** *m* → ~usance; **~einfahrt** *f* port entrance; **~einrichtungen** *fpl* port facilities; **~gebühren** *pl* (od. **~geld** *n*) port dues (or charges); **~konnossement** *n* port bill of lading; **~ordnung** *f* port (or harbo[u]r) regulations; **~risiken** *npl* port risks; **~umschlag** *m* port transhipment; **~usance** *f* custom (or usage) of the port; **~wirtschaft** *f* port industry; **~zufahrt** *f* port approach
**Haft** *f* imprisonment; custody; detention; **jdn in ~ nehmen** to take sb. into custody
**haftbar** responsible, liable, **(nur) mit seiner Einlage ~** liable up to one's contribution; **jdn ~ machen** to hold sb. responsible; to make sb. liable; **~ sein** to be (legally) liable; **unbeschränkt persönlich ~ sein** to incur unlimited personal liability
**Haftbefehl** *m* warrant for arrest
**haften** to be liable (or answerable, responsible) (für for); **persönlich ~** to be personally liable; **der Verkäufer haftet wie folgt** the seller shall be liable as follows
**haftend**, **~es Eigenkapital** *n (der Kreditinstitute)* liable capital; **~es Kapital** *n* risk capital; **persönlich ~er Teilhaber** *m* personally liable partner
**Haftpflicht** *f* (third party) liability; **h~versichert sein** to be insured against third party liability; **die ~ ausschließen** to exclude liability
**haftpflichtig** liable (*für* for)
**Haftpflichtversicherung** *f* third party personal (liability) insurance; **Arbeitgeber~** employer's liability insurance; **Kfz-~** third party car (motor, vehicle) insurance
**Haftung** *f* liability; responsibility; **mit beschränkter ~** with limited liability; **frei von ~ für Verluste oder Beschädigung** warranted free from liability for loss or damage; **unbeschränkte ~** unlimited liability; **verschuldensunabhängige ~** absolute (or strict) liability; **~ aus unerlaubter Handlung** liability in tort; tortious liability; **~ für Mängel** liability for defects; **~ für fehlerhafte Produkte** product liability; **~ für Schulden** liability for debts; **~ des Verkäufers** seller's liability; **~ für fremdes Verschulden** strict (or absolute) liability; **~ aus Vertrag** contractual liability; **die ~ ablehnen** to disclaim liability; **von der ~ ganz oder teilweise befreit sein** to be released (or exonerated) wholly or partially from liability; **von der ~ befreien** to discharge from liability; **seine ~ beschränken** to limit one's liability; **sich der ~ entziehen** to escape liability; **es wird keine ~ übernommen** no liability is accepted (or assumed)
**Haftungs~**, **~ausschluss** *m* exclusion of (or exemption from) liability; **~ausschlussklausel** *f* non-liability clause; **~beschränkung** *f* limitation of liability; **~durchgriff** *m (GesellschaftsR)* piercing the corporate veil; **~freiheit** *f* non-liability; **~freistellung** *f* indemnity against liability; **~grenze** *f* limit of liability; **~höchstbetrag** *m* maximum amount of liability; **~risiko** *n* liability risk; **~übernahme** *f* assumption of liability; **~umfang** *m* ex-

tent of liability; **~vorschrift** *f* liability provision

**Haken** *m (Abhakzeichen) Br* tick; *Am* check mark

**halb** half; **der ~e Betrag** *m* half the amount; **ein ~es Jahr** *n* half a year; **(nur) den ~en Preis** *m* **zahlen** to pay half-price; **zum ~en Preise** *m* at half (the) price

**halb~**, **~amtlich** semi-official; **~automatisch** semi-automatic; **H~erzeugnisse** *npl* (od. **H~fabrikate** *npl*) semi-finished (or semimanufactured) goods (or products); semi-manufactures; goods in process (of manufacture); **~fertige Erzeugnisse** *npl* → H~erzeugnisse; **H~fertigwaren** *fpl* → H~erzeugnisse; **H~fertigwarenlager** *n* stock of semi-finished products; semi-finished goods warehouse; **~fett** *(Druck)* medium-bold

**Halbjahres~**, **~abrechnung** *f* mid-year settlement; **~bericht** *m* six-monthly report; **~bilanz** *f* half-yearly balance sheet; **~rechnung** *f* six-monthly account; **~zahlung** *f* half-yearly payment, semi-annual payment

**halbjährlich zahlbar** payable half-yearly (or semi-annually, every six months)

**Halbleitererzeugnisse** *npl (EDV)* semiconductor products

**halbmonatlich** half-monthly, fortnightly

**Halbpension** *f* half-board

**Halbtags~**, **~beschäftigung** *f* part-time employment; *Am* half-time work; **~stelle** *f* part-time job

**halbtags arbeiten** to (do) work half-time (or part-time); to work on a part-time basis

**Halb- und Fertigfabrikate** *npl* semi-finished and finished products

**Halb- und Fertigwaren** *pl* semi-manufactures and finished goods

**Halbzeug** *n* semi-finished products

**Halde** *f* dump; **~n** *pl* dumping sites; **~nabbau** *m* running down of dumps; **~nbestände** *mpl* **an Kohle** pithead coal stocks

**Hälfte** *f* half; **~anteil** *m* half (share); **sich zur ~ an e-m Geschäft beteiligen** to have a one-half share in a business; to take a half interest in a firm; **die ~ der Kosten übernehmen** to take over half the cost; to bear an equal share of the cost

**halsabschneiderische Konkurrenz** *f* cut-throat competition

**haltbar** durable, lasting; *(von Lebensmitteln)*; non-perishable; (nur) **begrenzt** (od. **nicht**) **~** perishable; **~ gemacht** preserved; **der Stoff ist nicht ~** the material does not wear well; **nicht ~e Lebensmittel** *pl* perishable food

**Haltbarkeit** *f* durability; lasting quality; **Lebensmittel von begrenzter ~** perishable foodstuffs, perishables; **~sdatum** *n* sell-by date; **~sdauer** *f* storage life; shelf life

**Haltbarmachen** *n* **von Lebensmitteln** preservation of foodstuffs; **chemische Erzeugnisse zum ~** chemical substances for preserving foodstuffs; (chemical) preservatives

**„Halten und Parken verboten"** standing (or stopping) and parking prohibited

**halten** to hold, to keep; *(stillstehen)* to stop, to be standing; **sich an e-n Vertrag ~** to abide by an agreement; **sich gut ~** *(Lebensmittel)* to keep well; *(Börse)* to hold steady; **diese Waren ~ sich nicht lange** these goods do not keep long; **(sich) ein Fahrzeug ~** to keep a vehicle; **das Fahrzeug hält** the vehicle is standing; **Preise ~** to maintain (or keep up) prices (or the price level); **die Preise ~ sich** the prices are stationary (or firm, stable, steady); **ein Tier ~** to keep an animal

**Haltung** *f*, **gemeinsame ~ der EG-Länder** common policy (or attitude) of the countries of the European Communities; **e-e gemeinsame ~ einnehmen** to adopt a common stance

**Hammer** *m*, **etw. unter den ~ bringen** to auction sth. (off)

**hamstern** to hoard

**Hamsterkauf** *m* purchase for the purpose of hoarding

**Hand** *f*, **mit der ~ gearbeitet** hand-made; **aus erster ~ kaufen** to buy (sth.) direct, to buy first-hand; → öffentliche ~; **aus zweiter ~ kaufen** to buy second-hand; **an der ~ haben** to have the first offer; to have the (right of first) refusal; **etw. unter der ~ verkaufen** to sell sth. by private arrangement

**Hand~**, **~arbeiter** *m* manual labo(u)rer (or worker); **h~betrieben** hand-operated; **~buch** *n* manual

**Hände** *fpl*, **zu ~n von** (z. Hd. v.) for the attention of; care of (c/o); *Am* attention (att.)

**Handel** *m* trade; commerce; dealing;

trading; **Arbeitnehmer des ~s** workers in distributive trades; **Unternehmen des ~s** distributive undertakings; **~ mit dem Ausland** foreign trade, trade with foreign countries; **~ der EG** EC trade; **~ mit Maschinen** trade in machines, machine trade; **~ und Verkehr** *m* trade and traffic; **~ und Vertrieb** *m* distributive trades; **~ mit Wertpapieren** trading (or dealing) with securities; **im freien ~** freely traded; **innergemeinschaftlicher ~** *(EU)* trade within the Community; **lebhafter ~** lively (or brisk) trading (or dealings); **im ~ erhältlich sein** to be available on the market; **in den ~ kommen** to come on the market; to be put on the market; **nicht mehr im ~ sein** to be no longer on the market; **im ~ tätig sein** to be engaged in commerce; **~ treiben mit jdm** to (carry on) trade with sb.; to do business with sb.; **~ treiben mit e-r Sache** to deal in a th.; **die Firma treibt ~ mit China** the firm trades with China

**Handeln** *n (Feilschen)* haggling; **~ auf eigene Gefahr** acting at one's own risk

**handeln** to trade (or deal) (mit in); to buy and sell; **es handelt sich (dar)um** the question is; it is a case of (→ gehandelt)

**Handels~**, **~abkommen** *n* trade agreement; **~abschlag** *m* markdown (on selling price); **~agent** *m* → ~vertreter; **~aufschlag** *m* markup (on cost); **~auskunftei** *f* credit inquiry agency; **~aussichten** *fpl* trading prospects; **~ausweitung** *f* expansion of trade; **~beschränkungen** *fpl* trade restrictions; **~betrieb** *m* commercial (or trading) enterprise; **~bezeichnung** *f (e-r Ware)* trade name

**Handelsbeziehungen** *fpl* trade relations (zu with); **gegenseitige ~ der Mitgliedsstaaten** *(EU)* mutual trade (or commercial) relations of the Member States; **~ abbrechen** to break off trade relations; **~ aufnehmen** to enter into trade relations

**Handelsbilanz** *f* balance of trade, trade balance; **aktive (passive) ~** favo(u)rable (unfavo[u]rable) balance of trade; **Saldo der ~** balance on trade account; **~defizit** *n* deficit in the balance of trade, trade deficit; **~überschuss** *m* surplus in the balance of trade, trade surplus; **die ~ schloss mit e-m Aktivsaldo ab** the balance of trade closed with a(n export) surplus

**Handelsblatt** *n* trade journal (or paper)

**Handelsbrauch** *m* trade (or commercial) usage; **bestehender ~** established custom of the trade; **entsprechend gutem ~** in conformity with good business practices; **nach dem ~** in accordance with commercial practice

**Handelsbücher** *npl* commercial books (or records); account books

**Handelsembargo** *n*, **ein ~ verhängen** to impose a trade embargo

**Handelserfordernisse** *npl*, **den ~n entsprechen** to meet the trading (or commercial) requirements

**Handels~**, **~fachzeitschrift** *f* trade journal; **~faktura** *f* commercial invoice; **~firma** *f* (commercial) firm; **~flotte** *f* merchant fleet; **~gärtner** *m* horticulturist; **~gärtnerei** *f* → Gemüsegärtnerei; **~gebrauch** *m* → ~brauch; **~geschäfte** *npl* trading transactions; **~gesellschaft** *f* trading partnership; trading company; **~gesetzbuch** *n (HGB)* Commercial Code; **~gesetzgebung** *f* commercial legislation; **~gewerbe** *n* trade, business; **~gewinn** *n* trading profit

**Handelsgut** *n* merchandise; **~ mittlerer Art und Güte** fair average quality (f.a.q.)

**handelshemmend** trade-inhibiting

**Handelshemmnisse** *npl* trade barriers (or obstacles), barriers to trade; **Beseitigung der technischen ~** removal of technical barriers to trade; **tarifliche und nicht-tarifliche ~ beseitigen oder verringern** *(EU)* to remove or reduce tariff and non-tariff barriers (NTB)

**Handels~**, **~hindernisse** *npl* → ~hemmnisse; **~kammer** *f* chamber of commerce; **~kauf** *m* commercial transaction; **~kette** *f* trading chain; **~klasse** *f* → Güteklasse; **~klauseln** *fpl* trade terms; **~- und Entwicklungskonferenz** *f* **der Vereinten Nationen** United Nations Conference on Trade and Development (UNCTAD); **~kredit** *m* trade credit; **~kreditbrief** *m* commercial letter of credit; **in ~kreisen** *pl* in the world of commerce; **~krieg** *m* trade war; **~makler** *m* commercial broker; **~marine** *f* merchant navy; **~marke** *f* trademark, brand; **h~mäßig verpackt** packed as usual in the trade; **~ministerium** *n Br* Department of Trade and Industry; *Am*

Department of Commerce; **staatliches ~monopol** *n* state trading monopoly; state monopoly of a commercial character; **~muster** *n* commercial sample; **~name** *m* business name, trade name; **~normen** *fpl* trading standards; **~packung** *f* packaging as usual in trade; **~papiere** *npl* commercial paper; *Am* commercial instrument; **~partner** *m* trading partner

**Handelspolitik**, **Durchführung e-r gemeinsamen ~** *(EU)* implementation of a common commercial policy

**handelspolitisch** relating to commercial policy; **~e Schutzmaßnahmen** *fpl* measures to protect trade; **~e Zusammenarbeit** *f* commercial (or trade) co(-)operation

**Handelspraktiken**, **unlautere ~** *pl* unfair commercial practises

**Handels~**, **~probleme** *npl* trade issues; **~rechnung** *f* (commercial) invoice; **~recht** *n* commercial law; → internationales ~recht; **~regelung** *f* **mit dritten Ländern** *(EU)* trade arrangement with nonmember countries

**Handelsregister** *n* commercial register; **~einsicht** *f* inspection of the commercial register; **~eintragung** *f* entry in the commercial register; → Anmeldung zur Eintragung in das ~

**Handels~**, **~sachen** *fpl* commercial cases; **~schiedsgerichtsbarkeit** *f* commercial arbitration; → internationale ~schiedsgerichtsbarkeit; **~schiff** *n* merchant ship (or vessel); **~schifffahrt** *f* merchant shipping; → internationale ~schifffahrt

**Handelsschranken** *fpl*, **stufenweiser Abbau der ~** progressive removal (or abolition) of trade barriers

**Handels~**, **~schule** *f* commercial college; **~sorte** *f* commercial variety (or grade); **~spanne** *f* (trade) margin; **~sperre** *f* trade embargo; **~sprache** *f* commercial language; business parlance; **~statistik** *f* trade statistics; **~ströme** *mpl* trade flows (or currents); **~struktur** *f* pattern of trade; **~teil** *m (e-r Zeitung)* commercial (or financial) columns

**handelsüblich** customary (or usual) in the trade; in accordance with the custom of the trade; commonly used in commercial practice; **~verpackte Güter** *pl* merchandise in normal commercial packing; **~e Bezeichnung** *f* **e-s Erzeugnisses** trade description of a product; **~e Größe** *f* commercial size; **~er Rabatt** *m* commercial discount; **~e Vertragsformeln** *fpl (Lieferklauseln)* Trade Terms

**Handels~**, **~ungleichgewicht** *n* trade imbalance; **~unternehmen** *n* commercial enterprise; *Am* merchandising firm; **~usance** *f* → ~brauch; **~verbindungen** *fpl* trade connections; **~vereinbarung** *f* trade arrangement; **gegenseitige ~verflechtungen** *fpl* trade interdependence

**Handelsverhandlungen** *fpl* trade negotiations, → multilaterale ~

**Handelsverkehr** *m* trade; commerce; **innergemeinschaftlicher ~** *(EU)* intra-Community trade; **den ~ steigern** to increase trade

**Handels~**, **~verlagerung** *f* deflection of trade; **~vertrag** *m* commercial treaty; trade agreement

**Handelsvertreter** *m* commercial agent (or representative); sales agent; **~ mit Ausschließlichkeitsrecht für ein Gebiet** sole agent; **~vertrag** *m* agency agreement (or contract)

**Handels~**, **~vertretung** *f* (commercial) agency; **~verzerrungen** *fpl* **beseitigen** to remove distortions to trade; **~volumen** *n* volume of trade; **~ware** *f* (article of) merchandise; commodity; **~wechsel** *m* trade bill; **~weg** *m* trade channel; **~wert** *m* commercial value; **~zentrum** *n* trading centre (Handelser); **~zugeständnisse** *npl* trade concessions; **~zweig** *m* trade (branch), particular trade; line of business

**Handel~**, **h~treibend** trading; **~treibender** *m* trader

**Hand~**, **~fertigkeit** *f* manual skill; **~feuerlöscher** *m* portable fire extinguisher; **h~gearbeitete Waren** hand-made articles (or goods); **~gepäck** *n* hand luggage; *(im Flugzeug)* carry-on baggage; **h~gewebte Stoffe** *mpl* hand-loom fabrics

**Handhabung** *f*, **bequeme ~** ready handling; **falsche ~ e-s Geräts** misuse of an instrument

**Handkauf** *m* cash transaction

**Händler** *m* dealer; trader; *(Verteiler)* distributor; **~gewinn** *m* → Kursgewinn des Effektenhändlers; **~marke** *f* dealer's (or private) brand; **~rabatt** *m* dealer's discount; **~spanne** *f* dealer's margin;

~**vereinigung** *f* retail association (or group)
**Handlung** *f* act; action; **fahrlässige ~** negligent act; **strafbare ~** criminal offen|ce (~se); **unerlaubte ~** tort; **unrechtmäßige ~** wrongful act
**Handlungs~**, **~bevollmächtigter** *m* authorized agent (holder of a → **~vollmacht**); **~fähigkeit** *f* ability to act; **~gehilfe** *m* commercial employee; **~reisender** *m* travel(l)ing salesman; commercial travel(l)er; **~vollmacht** *f* commercial authority
**handschriftlich** handwritten
**Handwerk** *n* (handi)craft, trade; (small) craft industry; **im ~** in the craft sector; **ein ~ ausüben** to practise a craft
**Handwerker** *m* craftsman, artisan; worker; **selbstständig erwerbstätiger ~** self-employed craftsman; **~innung** *f* craft guild
**handwerklich** workmanlike; **~e Erzeugnisse** *npl* hand-crafted products, handicraft articles; **~e Waren** *pl* hand-crafted goods
**Handwerks~**, **~betrieb** *m* craftsman's business, craft undertaking; **~innung** *f* trade guild; **~kammer** *f* chamber of crafts; **~kunst** *f* craftsmanship; **~meister** *m* master craftsman; **~rolle** *f* register of craftsmen; **~zeug** *n* tools of trade; hand tools
**Handy** *n* mobile phone (*Am* cellphone)
**Handzettel** *m* handbill; leaflet; throwaway
**Harmonisierung** *f*, **~ der Warenkontrollen an den Grenzen** harmonization of frontier controls of goods; **~ der Wettbewerbsbedingungen (des Zollrechts)** *(EU)* harmonization of the conditions of competition (of customs legislation); **~smaßnahmen** *fpl* harmonization measures
**hart**, **~e Konkurrenz** *f* keen competition; **~e Währung** *f* hard currency
**Härte** *f* hardship; **~fall** *m* hardship case; **~regelung** *f* settlement of hardship cases; **unbillige ~n darstellen für** to cause undue hardship to
**Hart~**, **~fasern** *fpl* hard fib|res (~ers); **~geld** *n* coins, specie; *Am* hard money;
**häufen**, **die Arbeit häuft sich** the work is piling up (or accumulating); **die Bestellungen ~ sich** orders are increasing; orders are multiplying
**Haufen** *m (Stapel)* pile; **ein ~ Geld** a pile of money
**Haupt~**, **~absatzgebiet** *n* main sales territory; **~aktionär** *m* principal (or majority) shareholder; **h~amtliche Beschäftigung** *f* full-time employment; **~anliegen** *n* major matter for concern; **~anteil** *m* principal part; **~artikel** *m* principal (or leading) article; **~ausfuhrland** *n* main exporting country; **~bank** *f* head bank; **~bedarf** *m* primary demand; **im ~beruf** *m* (od. **h~beruflich**) as a full-time job; as a regular occupation; **h~beruflicher Landwirt** *m* full-time farmer; **~beschäftigung** *f* main occupation; **~betrag** *m* principal amount
**Hauptbuch** *n* (general) ledger; **~konto** *n* ledger account; **e-n Posten ins ~ eintragen** to enter (or post) an item into the ledger
**Haupt~**, **~büro** *n* head office; **~eingang** *m* main entrance; **~einfuhrwaren** *fpl* principal imports; **~erzeugerländer** *npl* major producing countries; **~erzeugnisse** *npl* main products; *(e-s Landes)* staple products; **~forderung** *f* principal claim
**Hauptgeschäft** *n* main shop (or store); flagship store (of a chain); **~sbereich** *m* core business; **~sgegend** *f* main shopping (or business) district; shopping cent|re (~er); **~ssitz** *m* principal place of business; **~sstelle** *f* main (or head) office; headquarters
**Haupt~**, **~handelsartikel** *mpl (e-s Landes)* staple commodities; **~gesellschaft** *f* principal company; **~gläubiger** *m* principal creditor; **~kasse** *f* central pay office; **~kassierer** *m* chief (or head) cashier; **~konkurrent** *m* main competitor; **~kostenstelle** *f* main cost centre (Haupter); **~kunde** *m* key account; primary customer; **~lieferant** *m* main (or prime) supplier; **~lieferland** *n* main supplier country; **~mieter** *m* anchor tenant (e. g. in a shopping mall); **~niederlassung im Ausland** *f* main establishment abroad; **~postamt** *n* general (or head, main) post office; **~posten** *m* principal item; **~produkte** *npl* principal (or leading) products; *(e-s Landes)* staple products; **~punkte** *mpl* **e-r Rede** main points of a speech
**Hauptsache** *f* main thing; **Urteil in der ~** judgment given on the merits

**Haupt~**, **h~sächlich** main(ly), principal(ly); **~sendezeit** *f* prime time; **~schuldner** *m* principal debtor; **~sitz** *m* principal place of business; *(e-r Gesellschaft)* principal (or main, head) office; **~speicher** *m (Computer)* main memory, main storage; **~straße** *f* main road; **~summe** *f* principal sum; **~tätigkeit** *f* principal occupation; **~teil** *m* major part, bulk; **~teilhaber** *m* senior partner; **~umschlaghafen** *m* main port of transshipment; **~unternehmen** *n* parent enterprise; **~ursache** *f* principal cause; **~verantwortung** *f* main (or primary) responsibility; **~verbindlichkeit** *f* principal obligation; **~verhandlung** *f* trial

**Hauptverkehr** *m* rush-hour traffic; **~sstraße** *f* main road, arterial road; (main) thoroughfare; **städtische ~sstraßen mit schnellem Verkehr** main urban arteries with fast-moving traffic; **~szeit** *f* rush hour

**Hauptversammlung** *f (e-r AG)* shareholders' (*Am* stockholders') meeting; **außerordentliche ~** extraordinary general (shareholders') meeting (EGM); **ordentliche ~** *Br* (ordinary) general shareholders' meeting

**Haupt~**, **~vertreter** *m* principal representative; main agent; **~verwaltung** *f* central office; headquarters; **~wohnung** *f* principal residence (or dwelling place); **~ziel** *n* main (or principal) objective; **~zollamt** *n* main customs office

**Haus** *n* house; → frei ~, von ~ zu ~ door-to-door; warehouse to warehouse; **ein großes ~ führen** to keep (up) a large establishment; *(Arbeit etc.)* **außer ~ geben** to contract out; to outsource, **ist Frau X zu ~e?** is Mrs. X in (or at home)?

**Haus~**, **~angestellte** *f* domestic, domestic help; *Br* domestic servant; **~arzt** *m* family doctor; **~bau** *m* house (*Am* home) building (or construction), **~bank** *f* house bank, bank associated with a firm; **~besetzer** *m* squatter; **~besitzer** *m* → ~eigentümer; **~eigentümer** *m* house-owner; *Am* home owner; **~friedensbruch** *m* break-in and entry; trespass; **~geflügel** *n* poultry (chickens, ducks, geese, turkeys and guinea fowl); **~gehilfin** *f* domestic help; **~gerät** *n* household utensil

**Haushalt** *m* household; *(Etat)* budget; → Nachtrags~; **~ der Gemeinschaft** *(EU)* Community budget; **~ der einzelnen Mitgliedstaaten** (od. **einzelstaatlicher ~**) *(EU)* national budget; **den ~ für jdn führen** to keep house (or to run the household) for sb.

**haushalten** to keep house; *(sparen)* **~ mit** to be economical with; to economize with

**Haushälterin** *f* housekeeper

**Haushalts**, **~abfälle** *mpl* household refuse (or waste); **~abwässer** *fpl* domestic sewage; **~ansatz** *m* budget estimate; **~(halts)arbeit** *f* domestic work; **~artikel** → ~gegenstände; **~ausgaben** *fpl* household expenses; budgetary expenditure; **~bedarf** *m* household requirement(s); domestic needs; **~buch** *n* housekeeping book; **~defizit** *n* budgetary deficit; **~einnahmen** *fpl* budgetary revenue (or receipts); **~einsparungen** *fpl* budget savings; **~entlastung** budget discharge; **~entwurf** *m* draft budget; **~freibetrag** *m* household (tax) allowance; **~führung** *f* housekeeping; budget management; **~gegenstände** *mpl* household articles (or effects); domestic articles

**Haushaltsgeld** *n* housekeeping money; **sie kommt mit ihrem ~ nicht aus** she cannot manage on her housekeeping allowance; her housekeeping money doesn't go far enough

**Haushalts~**, **~geräte** *npl* household utensils (or appliances); **~großpackung** *f* family-size package; **langlebige ~güter** *pl* household durables; **~hilfe** *f* household help; **~jahr** *n* financial year; *Am* fiscal year; **~lage** *f* budgetary situation; **~maschine** *f* household appliance

**Haushaltsmittel** *pl* budget funds; *(bereitgestellte)* appropriations; **~ der Gemeinschaft** *(EU)* Community budget(ary) resources; **~ in Anspruch nehmen** to utilize appropriations; **~ zuteilen** to allocate budget funds

**Haushalts~**, **~müll** *m* household refuse (or *Am* garbage); **~ordnung** *f (EU)* Financial Regulations; **~packung** *f* ( → ~großpackung); **~pflegerin** *f* housekeeper

**Haushaltsplan** *m* budget; **den ~ der Gemeinschaft aufstellen und ausführen** *(EU)* to draw up and implement the Community budget; **den ~ verabschieden** to adopt the budget

**Haushalts~**, **~planung** *f* budgetary planning: **~politik** *f* budgetary policy; **~posten** *m* budget item; **h~rechtliche Bestimmungen** *fpl* budgetary regulations; **~reinigungsmittel** *npl* detergents; **~titel** *m* budget item; **~überschreitung** *f* expenditure in excess of budgetary appropriations; **~unfall** *m* accident in the home; **~ungleichgewichte** *npl* budgetary imbalances; **~vorschriften** *fpl (EU)* Financial Regulations; **~vorstand** *m* head of the household; householder; **~waren** *pl* household articles; **~zählung** *f* housing census

**Haushaltung** *f* household; **~sgeld** *n* → Haushaltsgeld; **Verkauf an ~en** sale to domestic consumers

**hausieren** to peddle, to hawk

**Hausierer** *m* pedlar; *Am* ped(d)ler; door-to-door salesman

**Haus~**, **~marke** *f* own label; firm's own brand; **~müll** *m* domestic waste; **~rat** *m* household effects; **~ratversicherung** *f* insurance on contents; **~rufanlage** *f (Abrufanlage)* PA (public address) system; *(in öffentl. Gebäuden)* intercom system; **~sammlung** *f* house(-to-house) collection

**Hausse** *f* boom; bull market; rise (in prices of securities, commodities, *etc.*); **Aktien~** stock market boom; **auf ~ spekulieren** to speculate for a rise; to go a bull; to bull

**Hausse~**, **h~artige Kurssteigerungen** *fpl* boom-like upward movement of share prices; **~bewegung** *f* bullish tendency (or movement); **~geschäft** *n* bull transaction; **~kauf** *m* bull buying; **~markt** *m* bull(ish) market; **~position** *f* bull account; **~spekulant** *m* bull; **~spekulation** *f* speculation for a rise; bull operation; **~stimmung** *f* bullish mood; **es herrscht ~stimmung** *f* **am Markt** *(Börse)* a bullish spirit dominates the market; **h~tendentiös** bullish

**Haussier** *m* bull; speculator for a rise

**haussieren** to rise sharply; **Aktien ~** shares are in a bullish mood; **~der Markt** *m (Börse)* bull market

**Haus~**, **~tier** *n* domestic animal; **~türgeschäft** *n* (od. **Geschäft an der ~tür**) door-to-door selling; doorstep selling; **~verwalter** *m* caretaker; **~verwaltung** *f* property management; **~wirtschaftslehre** *f* domestic science; *Am* home economics; **~zeitschrift** *f* house journal, staff magazine

**Häute** *fpl* **und Felle** *npl* skins and hides

**Havarie** *f* average; **~ wie üblich** with average accustomed; **besondere (große, kleine) ~** particular (general, petty) average; **einschließlich ~** with average; **frei von besonderer ~** free from particular average (F. P. A.); **frei von jeder ~** free from all average (F. A. A.); **frei von großer ~** free from general average (F. G. A.); **die ~ anmelden** to notify average; **die ~ aufmachen** to adjust the average

**Havarie~**, **~agent** *m* average agent; **~aufmachung** *f* adjustment of average; **~beitrag** *m* average contribution; **~besichtigung** *f* damage survey; **~gelder** *npl* average charges; **~grosse** *f* general average; **~klausel** *f* average clause; **~kommissar** *m* claims agent; average adjuster; **~regelung** *f* average adjustment; **~schein** *m* certificate of average; **~waren** *pl* damaged (or average) goods; **~zertifikat** *n* certificate of average

**havarieren** to suffer sea-damage

**havariert** (sea-)damaged

**Haverei** *f* → Havarie

**Hebelwirkung** *f* leverage

**Heben** *n* **e-s Container** lifting of a container

**Hebe~**, **~satz** *m* rate of assessment; **~vorrichtung** *f* lifting gear; hoisting appliance

**Hebung** *f* lifting, raising; *fig* improvement; **~ der Agrarpreise** increase in farm prices

**Hedgegeschäft** *n* hedging; hedge transaction

**heften** *(mit Draht)* to staple

**Heft~**, **~klammer** *f* (paper) clip; staple; **~maschine** *f* stapler, stapling machine

**Hehler** *m* receiver of stolen goods

**Hehlerei** *f* receiving stolen goods

**Heil~**, **~anstalt** *f* sanatorium; **~- und Pflegeanstalt** *f (für Geisteskranke)* mental hospital; **~mittelwerbung** *f* advertising of medicaments; **~praktiker** *m* alternative practitioner

**Heim~**, **~arbeit** *f* homeworking, outwork; **~arbeiter** *m* homeworker, outworker

**Heimat** *f* home; homeland; **~flughafen** *m* home airport; **~hafen** *m* home port; port of registry; **h~los** homeless; **~markt** *m* domestic market; *(EU)* national market; **~recht** *n (EU)* national law; **~staat** *m* home state, country of origin

**heimgesucht**, **von Naturkatastrophen**

**~e Gebiete** regions hit by natural disasters

**Heimindustrie** *f* home (or cottage) industry

**heimisch**, **~e Erzeugnisse** *npl* home-produced products; **~e Industrie** *f* home (or domestic) industry

**heimlich** secret; *(in betrügerischer Absicht)* collusive; **~e Absprache** *f* collusive agreement

**Heimreise** *f (e-s Schiffes)* homeward voyage; **auf der ~ befindlich** homeward bound

**Heimstätte** *f* homestead

**Heimwerken** *n* („mach es selbst") do-it-yourself

**Heirat** *f* marriage; **~surkunde** *f* marriage certificate; **~svermittler** *m* marriage broker, matrimonial agent

**heißes Geld** *n (Devisenbörse)* hot money

**Heiz~**, **~anlage** *f* heating installation; **~kraftwerk** *n* thermal power station

**Heizöl** *n* fuel (for heating) oil; **leichtes (schweres)** ~ light (heavy) fuel oil; **~einfuhren** *fpl* fuel oil imports; **~tank** *m* heating oil tank; **~verbrauch** *m* fuel oil consumption; **~verteuerung** *f* rising cost of fuel oil

**Heizungskosten** *pl* heating cost

**hemmen**, **die Verjährung ~** to suspend (*Am* to toll) the Statute of Limitations; **das Wachstum ~** to impede (or inhibit) growth

**Hemmnis** *n*, **nichttarifäre ~se** non-tariff barriers (NTB); **Beseitigung technischer ~se** elimination of technical barriers; **unvorhergesehene ~se traten in der Produktion auf** unforeseen obstacles occurred in the production

**Hemmung** *f* **der Verjährung** suspension of the Statute of Limitations

**herabdrücken** *(Preise)* to bring down

**herabgesetzt** reduced; **zu ~em Preis** *m* cut-price; **Verkauf zu ~en Preisen** sale at reduced (or cut) prices; sale of marked down goods; bargain sale

**herabsetzen** to reduce, to cut, to lower; to disparage; **Gebühren ~** to reduce fees; **die Löhne um 5 % ~** to scale the wages down by 5 %; **die Preise ~** to reduce (or cut, bring down) prices; **die Waren im Preis ~** to reduce the price of the goods, to reduce the goods in price; to mark down goods to a lower price

**herabsetzend**, **~e Äußerungen** *fpl* **über jds Erzeugnisse** statements disparaging sb.'s products; **~e Werbung** *f* disparaging advertisment

**Herabsetzung** *f* reduction, abatement, lowering; **~ des Kaufpreises** reduction of the purchase price; **~ der Miete** lowering the rent; **~ der Steuer** reduction of the tax; tax abatement; **~ e-r Strafe** reduction (or mitigation) of a sentence

**herabstufen** to downgrade

**herankommen**, **nahe ~ an Konkurrenten** *(hinsichtlich Preis, Qualität etc.)* to come close (or near) to competitors, to run competitors close

**heranschaffen**, **Waren ~** to carry (or transport) goods to (a place)

**herantreten**, **an Kunden ~** to approach customers

**heraufsetzen**, **den Kurs ~** *(Börse)* to mark up the price; **die Preise ~** to raise (or advance, put up) the prices

**herausbekommen**, **Sie bekommen 10 € heraus** your change comes to € 10; **wie viel bekommen Sie heraus?** how much change do you get?

**heraus~**, **~bringen** *(Waren)* to bring out, to come out with; to put on the market; *(Buch)* to publish; **jdn ~drängen** *(aus e-r Stellung)* to force sb. out of his position; **~fliegen** *colloq.* to be fired (or sacked); **~geben** to surrender, to hand over

**Herausgabe** *f* handing over; surrender; return (of property); *(von Diebesgut etc.)* restitution; **~anspruch** *m* claim for return (or restitution) (of sth.); **~klage** *f* action for the recovery of property; **die ~ des Gewinns verlangen** to recover the profits

**herausgehen**, **Rechnungen ~ lassen** to send out invoices

**heraushalten**, **sich aus etw. ~** to keep out of sth.

**herauskommen** *(neue Ware)* to come out; to be brought out; **dabei kommt nichts heraus** it leads to nothing, it does not pay

**heraus~**, **sich etwas ~nehmen (zu tun)** to make bold; to venture; **~ragend** excellent; (first and) foremost; **sich ~reden** to make excuses; **~rücken** *colloq.* to fork out; **~schreiben** to copy out; *(e-n Mieter, Pächter)* **~setzen** to evict, to eject, to expel (a tenant) *(from a house or land)*; **~ziehen** *(e-n Auszug machen)* to extract (aus from); **Geld aus e-m Geschäft ~ziehen** to withdraw money from a business

**herbeischaffen** to bring (or get) here; to

procure; **Geld ~** to raise money; **Zeugen ~** to produce witnesses
**Herbst~**, **~bedarf** *m* autumn demand; **~kollektion** *f* autumn (*Am* fall) collection
**herein~**, **~bringen** *(Ernte etc.)* to get (or bring) in; **~fallen** *(betrogen werden)* to be cheated, to be taken in (auf by); **Aufträge ~holen** to canvass (or solicit) orders, to go after orders; to secure orders; **H~kommen** *n* **neuer Aufträge** inflow of new orders; **H~nahme** *f* **von Spareinlagen** taking in savings deposits; **Aufträge ~nehmen** to book orders; **Waren ~nehmen** to take goods in stock
**hergestellt**, **im Ausland ~** foreign-made
**Herings~**, **~bestände** *mpl* herring stocks; **~fang** *m* herring fishing; **~fangverbot** *n* ban (or prohibition) on herring fishing; **~fischerei** *f* herring fisheries; **h~verarbeitende Industrie** *f* herring processing industry
**Herkunft** *f*, **Waren ausländischer ~** goods of foreign origin; **~sangabe** *f* indication of origin (or source); **~sland** *n* country of origin; country of provenance; **~snachweis** *m* proof of origin; **~szeichen** *n* mark of origin
**Herren~**, **~artikel** *mpl* (gentle)men's outfitting (or men's wear); **~konfektion** *f* (gentle)men's ready-made (or ready-to-wear) clothing
**herrenlos** ownerless, abandoned; **~er Nachlass** *m* vacant estate
**herrschend**, **nach ~er Ansicht** *f* according to prevailing opinion; in the opinion of the majority; **e-n ~en Anteil** *m* **besitzen** to have a controlling interest; **~e (Kapital-)Gesellschaft** *(die die Mehrheit der Aktien hat)* controlling company
**herstellen** to manufacture, to make, to produce, *(etw. schaffen)* to establish; **enge Wirtschaftsbeziehungen ~** to establish close economic relations (→ hergestellt)
**Hersteller** *m* manufacturer, producer, marker; **~marke** *f* producer's brand; manufacturer's own brand (MOB); **~preis** *m* producer price; manufacturer's price
**Herstellkosten** *pl* cost of production; manufacturing costs
**Herstellung** *f* manufacture, production, making; **~ von Nahrungsmitteln** manufacture of foodstuffs; **die ~ von ... einstellen** to discontinue the manufacture of ...
**Herstellungs~**, **~betrieb** *m* manufacturing firm; **~fehler** *m* manufacturing defect; **~gemeinkosten** *pl* overhead cost of production; **~jahr** *n* year of manufacture; **~kosten** *pl* cost of production, manufacturing cost; **~land** *n* producer country; **~lizenz** *f* licen|ce (~se) to manufacture; **~monat** *m* month of manufacture; **~ort** *m* place of manufacture; **~programm** *n* manufacturing program(me); **im ~prozess** *m* **befindliche Waren** goods in process of manufacture; **~quote** *f* production quota; **~verfahren** *n* production process, process of manufacture
**herunterdrücken**, **den Preis um 20 € ~** to cut the price by € 20
**heruntergefallenes Ladegut** *n* shed load
**heruntergegangen**, **der Preis ist ~** the price has dropped (or gone down)
**heruntergehen**, **mit dem Preis ~** to bring down the price, to come down in price
**heruntergekommen**, **in ~em Zustand** *m (Betrieb)* in a run-down condition; *(Gebäude)* in a state of disrepair
**heruntergewirtschaftet** brought to ruin (by mismanagement)
**herunterhandeln**, **den Preis ~** to beat down the price
**heruntersetzen** to reduce, to cut, to lower; **Waren im Preise ~** to reduce the price of the goods; *(Preise, Steuern etc.)* **stark ~** to cut (or reduce) drastically; *colloq.* to slash
**hervorgehen**, **aus Ihrem Brief geht hervor** it follows from your letter (dass that)
**Heuer** *f* (seamen's) wages (or pay); **~schein** *m* seamen's certificate of engagement; **~vertrag** *m* seamen's articles of agreement
**heute**, **~ in e-m Jahr** a year from today; a year hence; **von ~ an** from this date
**heutig**, **Ihr ~es Schreiben** your letter of today; **bis zum ~en Tag** up to this day; until now; to date; **vom ~en Tage an** from today onwards
**hierdurch** hereby; *(durch diese Urkunde)* by these presents; **~ wird bescheinigt** this is to certify
**Hiermit teilen wir Ihnen mit** this is to inform you; we inform you herewith
**Hilfe, finanzielle ~** financial assistance (or aid); **gegenseitige ~** mutual aid; **die**

**Behörden leisten sich gegenseitig ~** the authorities assist each other
**Hilfeleistung** *f* aid, assistance (an to); **~ bei Unglücksfällen** assistance in cases of accident; **zur ~ verpflichtet sein** to be obliged to give assistance
**Hilfs~**, **~aktion** *f* relief action; **~angebot** *n* offer to help; **~arbeiter** *m* unskilled worker; **~betrieb** *m* ancillary plant; **~bücher** *npl* subsidiary books; **~journal** *n* subsidiary journal; **~konto** *n* subsidiary account; **~kostenstelle** *f (betriebl. Kostenrechnung)* non-productive department; **~kraft** *f* temporary help (or assistant); **~löhne** *mpl* indirect labo(u)r; **~material** *n* → ~stoffe; **~personal** *n* auxiliary personnel
**Hilfsquellen** *fpl* resources; **Erhaltung und Nutzung der natürlichen ~** conservation and exploitation of natural resources; **~ erschließen** to open up new resources
**Hilfs~**, **~sendung** *f* relief consignment; **~stoffe** *mpl* indirect material; **~- und Betriebsstoffe** *mpl* manufacturing supplies; **~werk** *n* welfare organization
**hin- und herfahren** to run to and fro, to shuttle; *(zwischen Wohnung und Arbeitsstätte)* to commute
**hin und zurück** there and back; *(für Transportkosten)* (charges) to your place and back; *(Fahrkarte od. Flugkarte)* return ticket; *Am* round-trip ticket
**hinaufschnellen** *(von Preisen, Kursen)* to rise abruptly, to soar, to jump
**hinaus~**, **~fliegen** *colloq.* to be sacked (or fired); **nicht über 100 € ~gehen** to refuse to go beyond (or to top) € 100
**Hinausragen** *n* **der Ladung** load projection
**hinausragen**, **die Ladung ragt nach hinten hinaus** the load extends (or projects) to the rear
**hinaus~**, **H~schieben** *n* **der Zahlung** postponement of payment; delay in payment; **~werfen** *colloq.* to sack, to fire
**Hinblick**, **im ~ darauf, dass** with respect to the fact that
**Hindernis** *n*, **~se** *pl* **im internationalen Handel** impediments to international trade; **~ auf der Straße** obstruction on the road; **~se für e-n freien Wettbewerb** obstacles to free competition; **~se schrittweise abbauen** to reduce the obstacles progressively; **~se beseitigen** to remove (or eliminate) the obstacles
**Hinderungsgrund** *m* impediment
**hindurch**, **das ganze Jahr ~** all year round; throughout the year
**hineinfahren** to drive in(to); *(Autounfall)* to crash (or run) into
**hineinstecken**, **Geld ~** to invest money in, to put money into
**Hinflug** *m* flight there, outward flight; **Hin- und Rückflug** *m Br* return flight; *Am* roundtrip flight
**Hin- und Rückfahrkarte** *f* return ticket; *Am* roundtrip ticket
**Hinfracht** *f (Frachtgut)* freight out(ward); **Hin- und Rückfracht** *f* (zur See) *(Kosten)* freight out and home
**hinhalten**, **seine Gläubiger ~** to put off one's creditors
**hinreichende Mittel** *pl* sufficient (or adequate) means
**Hinreise** *f* outward journey; *(Seereise)* outward voyage; **Hin- und Rückreise** *f* outward and return journey
**Hinsicht** *f*, **in ~ auf** with regard to, concerning; **in vieler ~** in many respects; **in geschäftlicher ~** as regards business; in business terms
**hintereinander**, **an drei Tagen ~** on three successive (or consecutive) days
**Hinterbliebene** *pl* surviving dependants, survivors; **~nrente** *f* survivors' benefit(s) (or pension); **~nversorgung** *f* surviving dependants' provision
**hinterherhinken** to lag behind
**hinterlassen**, **jdm etw. ~** to leave (or bequeath) sth. to sb.; **e-e Nachricht ~** to leave a message
**Hinterlassung**, **sterben unter ~ von Immobilien in …** to die leaving real estate in …
**hinterlegen** to deposit (or lodge) (bei with); **Urkunden bei seinem Anwalt ~** to deposit documents with one's lawyer
**hinterlegt~**, **bei Gericht ~e Gelder** money deposited with the court; money paid into court; **~e Sicherheit** *f* amount deposited as security; guarantee deposit
**Hinterleger** *m* depositor
**Hinterlegung** *f* deposit(ing); **~ e-s Geldbetrages** deposit of (a sum of) money; payment of a deposit; **~ e-s Betrages bei Gericht** payment into court
**Hinterlegungs~**, **~betrag** *m* (amount of) deposit; **~kosten** *pl* costs of deposit;

**~schein** *m* certificate of deposit; **~stelle** *f* depository; **während der ~zeit** *f* while on deposit
**hinterziehen**, **Steuern ~** to evade paying taxes; *Br* to defraud the Revenue; **Zoll ~** to evade paying duties; *Br* to defraud the customs
**Hinterziehung** *f*, → Steuer~; → Zoll~
**hinterzogene Steuer** *f* evaded tax
**Hinweis** *m*, **~ auf** reference to
**hinzu~**, **~fügen** to add; **~kommen** to be added; *(Experten etc.)* **~ziehen** to call in, to consult
**historischer Wechselkurs** *m* (Wechselkurs zur Zeit der Transaktion) historical rate of exchange (rate of exchange ruling at the time of the transaction)
**hoch** high; **übertrieben ~** excessive; **~ im Preis** high-priced; **~ besteuert** highly taxed; **~ bezahlt** highly paid *(Gehalt)* highly salaried; **wie ~ stehen die Aktien?** how are the shares quoted? **wie ~ ist die Rechnung?** how much is the bill? **sich ~arbeiten** to work one's way up; **~bieten** to bid high; to make a high bid; **zu ~ belasten** to overcharge; **zu ~ eingedeckt sein** to be overstocked; **~gehen** *(Preise, Kurse)* to rise, to advance; **die Preise ~ halten** to keep up prices; **e-e Ladung ~heben** to lift a load; **Preise ~treiben** to push up (or drive up, run up, scale up) prices; *colloq.* to boost prices; **~stehen** *(Kurse)* to be high; *(steuerlich)* **zu ~ veranlagen** to overassess
**hochachtungsvoll** *(als Briefschluss)* yours faithfully, yours truly
**hoch~**, **~aktuell** topical; **~auflösendes Fernsehen** *n* high-definition television (HDTV); **H~bau** *m* building construction; **H~betrieb** *m* intense activity; big rush; **~entzündlich** extremely inflammable; **~entwickelte Industrie** *f* highly developed industry; **~entwickelte Technik** *f* sophisticated technology; **H~flussreaktor** *m* (HFR) High Flux Reactor (HFR); **H~format** *n* upright size; **H~garage** *f* multi-stor(e)y carpark
**Hochhaus** *n* multi-stor(e)y building; skyscraper; very tall building; *(Wohn~) Br* high-rise block; *Am* high-rise apartment building; **Wohnung in e-m ~** high-rise *Br* flat (*Am* apartment)
**Hochkonjunktur** *f* boom; prosperity phase; **anhaltende ~** persistent boom; **in der Zeit e-r ~** in a boom; **~ haben** to boom; **es herrscht ~** boom conditions prevail
**Hoch~**, **h~modern** highly modern (or fashionable); in the latest style; **h~prozentig** of a high percentage; *(Alkohol)* high-proof; **~rechnung** *f* projection; extrapolation; **~saison** *f* peak season; **h~schnellen** *(Preise)* to jump; *(raketenartig)* to rocket
**Hochschul~**, **~absolvent** *m* graduate; **~bildung** *f* higher education; **~diplom** *n* higher education diploma; **~dozent** *m* university teacher; **~e** *f* university; institution of higher education; *Am (auch)* college; **~wesen** *n* higher education
**Hochsee** *f* high sea(s), open sea; **~fischerei** *f* deep-sea fishery; **~fischereifahrzeuge** *npl* ocean fishing fleet; **~fischereiquoten** *fpl* deep-sea fish catch quotas; **~fischfang** *m* deep-sea fishing; **~frachter** *m* sea-going cargo ship; **~lotse** *m* deep-sea pilot; **~schiff** *n* sea-going ship, ocean-going vessel; **~schiffahrt** *f* ocean shipping; **~schlepper** *m* ocean-going tug; **h~tüchtig** ocean-going; **~verkehr** *m* ocean traffic
**hochspekulativ** highly speculative
**Hoch~**, **~stapelei** *f* confidence trick; **~stapler** *m* confidence trickster; con man
**höchst**, **~es Gebot** *n* highest bid; **~er Kurs** *m* highest (or top) price; **im ~en Maße** to the highest degree; **die ~en Preise** the highest prices
**höchstens** at the most; **~ 100 €** not exceeding € 100
**Höchst~**, **~angebot** *n* highest offer; **~beitrag** *m* maximum contribution; **~belastung** *f* maximum load, peak load; permissible load; **~betrag** *m* maximum amount; **bis zum ~betrage von** up to the amount of; **~betragshypothek** *f* maximum amount mortgage; **~bietender** *m* highest bidder; **~dauer** *f* **der Arbeitszeit** maximum hours of work; **~dividende** *f* maximum dividend; **~entschädigung** *f* limit of indemnity; **~erstattung** *f* maximum refund; **~ertrag** *m* maximum yield; *(in der Landwirtschaft)* maximum produce; **~fangquoten** *fpl* maximum catch quotas; **~gebot** *n* highest bid; **~gehalt** *n* maximum salary
**Höchstgeschwindigkeit** *f* maximum speed; **die** (zulässige) **~ überschreiten** to exceed the speed limit
**Höchstgrenze** *f* maximum limit; ceiling;

**bis zur ~ des kredits** up to the credit ceiling; **~ der Löhne** wage ceiling

**Höchst~**, **~haftung** *f* maximum liability; **~kontingent** *n* maximum quota; **~kosten** *pl* maximum cost(s); **~kredit** *m* credit limit, credit line; **~kurs** *m* highest price (or rate); **~ladegewicht** *n* maximum weight of load; **~lagerdauer** *f* maximum duration of storage; **~leistung** *f (Arbeit, Produktion)* maximum output; **~lohn** *m* maximum wage(s); **~maß** *n* maximum amount; **~maß an Leistungsfähigkeit** highest standards of efficiency; **(erlangbare) ~miete** *f* maximum rent (recoverable)

**Höchstpreis** *m* highest (or top) price; *(amtl.)* ceiling price; **~grenze** *f* upper price limit; **zum ~ verkaufen** to sell at the highest price; *(Börse)* to sell at best (price)

**Höchst~**, **~produktion** *f* maximum output; **~quote** *f* maximum quota; **~rabatt** *m* maximum (or highest) discount; **~satz** *m* maximum rate; **~stand** *m* peak (level); **~strafe** *f* maximum penalty (or fine); **~tragfähigkeit** *f* maximum carrying capacity; **~zinssatz** *m* maximum interest rate; **~zuladung** *f* maximum useful load

**Hochtouren** *pl*, **auf ~ laufen** *(z. B. Produktion)* to run at high speed; *colloq.* to run at full blast (or in full swing)

**Hoch- und Tiefbau** *m* building and civil engineering

**hoch~**, **H~verrat** *m* (high) treason; **~verschuldet** heavily indebted; **~verzinslich** yielding high interest

**Hochwasser~**, **~gefahr** *f* flood danger; **~katastrophe** *f* flood disaster

**hochwertig** high-value; **~e Industriegüter** *npl* high-grade industrial goods; **~e Waren** *fpl* high-quality goods

**hochwichtig** highly important; vital

**Hochzins~**, **~politik** *f* high interest policy; **~satz** *m* maximum interest rate

**Hof** *m* farm; **Preis ab ~** ex farm price; **~erbe** *m* heir to a farm; **seinen ~ aufgeben** to give up one's farm

**hohe**, **~ Außenstände** *pl* large outstanding amounts; **~er Beamter** *m* high (or senior) official; **~e Besteuerung** *f* high (or heavy) taxation; **~ Einfuhren** *fpl* high imports; **~ Erträge** *mpl* **bringend** high-yielding; **~ Geldstrafe** *f* heavy fine; **~ Kosten** *pl* high costs; **zu e-m ~n Preis** *m* at a high price; **übertrieben ~r Preis** *m* excessive price; **~ Rechnung** *f* big bill; **auf ~r See** on the high seas; **~ Strafe** *f* high (or heavy) penalty; **~ Summe** *f* large sum (of money); **~ Zinsen** *pl* high interest; **zu ~n Zinsen** at a high rate of interest

**Höhe** *f* height; amount; level; **in ~ von** to the amount of; **bis zur ~ von** up to the amount (or limit) of; **auf gleicher ~** on the same level; **~ der Abfindung** amount of compensation; **~ der Beihilfe** amount of aid; **~ des Defizits** size of the deficit; **~ e-s Kredits** extent (or amount) of a credit; **~ der Steuer** amount of the tax; **~ des Umsatzes** size of the turnover; **~ der (Waren-)Vorräte** inventory level; **in die ~ gehen** *(Preise, Kurse)* to go up, to rise; **steil in die ~ gehen** to soar, to rocket (in price), to shoot up; *colloq.* to sky-rocket; **steil in die ~ gehende Kosten** soaring costs; **die Kurse in die ~ treiben** to rig (or boom) the market; **Preise in die ~ treiben** to drive up (or to push up, to force up) prices

**Hoheitsgebiet** *n* territory; **~ des eigenen Staates** national territory; **im ~ e-s Mitgliedsstaates wohnen** *(EU)* to be a resident in the territory of a Member State

**Hoheits~**, **~gewalt** *f* sovereignty; jurisdiction; **~gewässer** *pl* territorial waters; **~rechte** *npl* sovereign rights; **~zeichen** *n* national emblem

**höher**, **~ bewerten** to rate (sth.) higher; **~ bewertet** *(Aktien etc.)* appreciated; **H~stufung** *f* upgrading; **H~versicherung** *f* increased insurance; **~ bieten** to bid higher; **~wertige Güter** *npl* superior goods

**höher**, **~es Angebot** *n* higher offer; **~e(r) Angestellte(r)** *f/m* senior employee; **~es Gehalt** *n* higher (or greater) salary; **~e Gewalt** *f* force majeure; *(durch Naturereignis)* Act of God; **die Ladung ist infolge ~er Gewalt untergegangen** the goods have perished as a result of force majeure; **mit e-m ~en Wert** *m* **ansetzen** to estimate (or assess) at a higher value

**Hökerhandel** *m* hawking; street-trading

**Holdinggesellschaft** *f* holding company

**Holz** *n* wood; *(Bau-, Möbel~)* timber; *Am* lumber; **~art** *f* kind of timber; **~bearbeitung** *f* wood (or timber) working; processing of wood; **~ertrag** *m* yield of wood (or timber); **~erzeugnisse** *npl* wood (or timber) products; **~händler** *m* wood (or timber) merchant; *Am* lumber merchant, lumber dealer; → vorfabrizierte ~häuser, ~industrie *f* wood (or timber, *Am* lumber) industry; **~kiste** *f* wooden case (or crate); **~konservierungsmittel** *n* wood preservative; **~markt** *m* wood (or timber, *Am* lumber) market; **~nachfrage** *f* demand for wood; **h~verarbeitende Industrie** *f* wood-processing industry; **h~verwendende Industrie** *f* wood-using industry; **~waren** *fpl* articles of wood; woodware; **~wirtschaft** *f* → ~industrie; **~wolle** *f* wood wool; fine shavings; *Am* excelsior

**homogene Güter** *npl* homogeneous goods

**Honorant** *m* acceptor for hono(u)r

**Honorar** *n* fee; *(für Autoren)* royalties; *(Agentur)* service fee; **~forderung** *f (e-s Anwalts, Arztes etc.)* claim for a fee; **für meine Bemühungen erlaube ich mir, ein ~ von ... zu berechnen** the charge for my services is ...

**honorieren** to pay a fee; *(Wechsel, Scheck)* to hono(u)r; **nicht ~** to dishono(u)r

**Hopfen** *m* hop; **~ (an)bau** *m* cultivation of hops, hopgrowing; **~anbaugebiet** *n* hopgrowing district; **~ernte** *f* hop harvest; **~erzeuger** *m* hop producer (or grower); **~erzeugung** *f* **und ~vermarktung** *f* production and marketing of hops

**Hörer** *m (Radio)* listener; *univ* student; *tel* receiver

**horizontal**, **~e Preisabsprachen** *fpl* horizontal price agreements; **~er Zusammenschluss** *m (von Unternehmen)* horizontal combination

**hormonal**, **~e Rückstände** *mpl* **im Fleisch** hormone residues in meat; **~e Stoffe** *mpl* substances with hormonal action

**Hormone** *npl*, **Verbot der Verwendung von ~n** ban on the use of hormones

**Hormonpräparate** *npl*, **Verabreichung von ~n an Tiere** administration of substances with a hormonal effect to livestock

**Hormonrückstände** *mpl* hormone residues

**horten** to hoard; *(durch staatl. Stellen)* to stockpile

**Hortungskäufe** *mpl* hoarding purchases

**Hotel** *n* hotel; **~ der Spitzenklasse** top hotel; **bitte bestellen Sie mir ein Zimmer in e-m ~** please reserve a hotel room for me; **in e-m erstklassigen ~ untergebracht sein** to be accommodated in a first-class hotel; **in e-m ~ wohnen** to lodge at (or stay in) a hotel

**Hotel~**, **~anbau** *m* annex to a hotel; **~anmeldung** *f* registration at a hotel; **~besitzer** *m* hotel proprietor; **~diebstahl** *m* theft from (or in) (a) hotel(s); **~direktor** *m* hotel manager; **~gewerbe** *n* hotel industry; **~- und Gaststättengewerbe** *n* hotel and catering industry; **~gutschein** *m* hotel voucher; **~kosten** *pl* hotel expenses; **~schlüssel** *m (bei Zimmerbestellung)* (international) hotel code; **~unterbringung** *f* hotel accommodation; **~verzeichnis** *n* list of hotels

**Hub~**, **~raum** *m* engine capacity; **~schrauber** *m* helicopter; **~stapler** *m* forklift truck; stacker truck

**Huckepack~**, **~verkehr** *m* pickaback, piggyback transport (or traffic); combined road-rail transport; roll-on roll-off transport; *Am* trailers-on-flat-cars, TOFC transport; **~werbung** *f* joint (or collective) advertising

**Hügelgebiete** *npl*, **Landwirtschaft in ~n** hill farming

**Hühnerfarm** *f* poultry farm

**Hülle** *f* (SchutzHülle) cover(ing), wrapper

**humanitär**, **~e Belange** *mpl* humanitarian interests; **~e Hilfe** *f* humanitarian aid

**Human~**, **~kapital** *n* human capital; **~vermögen** *n* human resources

**Hunderte**, **es geht in die ~** it runs into three figures

**hundertprozentige Tochtergesellschaft** *f* wholly-owned subsidiary

**Hunger** *m* hunger; **Länder, in denen ~ herrscht** starving countries; **Bekämpfung des ~s in der Welt** combatting world hunger; **~ leiden** to starve; **vor ~ sterben** to starve to death; to die of hunger (or starvation)

**hungernde Bevölkerung** *f* **in der Welt** starving peoples in the world

**Hungersnot** *f*, **Linderung der ~** famine relief

**Hungerstreik** *m* hunger strike

**Hütten~**, **~betrieb** *m* → ~werk; **~industrie** *f* metallurgical industry; iron and steel industry; **~werk** *n* smelting works; metallurgical plant; iron and steel works

**Hypothek** *f* mortgage; *Br* charge; **mit e-r ~ belastet** covered by a mortgage; mortgaged; **mit e-r ~ belasteter Grundbesitz** mortgaged property; **durch ~**

**gesicherter Kredit** mortgage loan; **erste** (od. **erststellige**) ~ first mortgage; **im Rang nachstehende** ~ subsequent (or *Am* junior) mortgage; **im Rang vorgehende** ~ prior (or *Am* senior) mortgage; **zweite** (od. **zweitstellige**) ~ second mortgage; **e-e ~ aufnehmen** to take up (or raise) a mortgage; **mit e-r ~ belasten** to encumber with a mortgage; **e-e ~ bestellen** to create a mortgage; **e-e ~ eintragen (lassen)** *Br* to register (*Am* to record) a mortgage in the land register; **jdm e-e ~ geben** *(als Gläubiger)* to make an advance (or grant a loan) to sb. by way of a mortgage; **Darlehen gegen ~ geben** to lend on mortgage; **e-e ~ kündigen** *(als Gläubiger)* to call in a mortgage; to give notice demanding payment of the mortgage debt; *(als Schuldner)* to give notice of redemption of the mortgage; **e-e ~** *(im Grundbuch)* **löschen** to cancel (the registration of) a mortgage; **e-e ~ tilgen** (od. **zurückzahlen**) to redeem (or pay off) a mortgage; to repay the mortgage money

**hypothekarisch** by (way of) mortgage; **~ belastet** mortgaged, encumbered; **~ nicht belastet** unencumbered; **~ gesicherte Forderung** *f* debt secured by mortgage; **~ gesicherter Kredit** *m* credit on mortgage; mortgage loan; **~ gesicherte Schuldverschreibung** *f* mortgage bond

**Hypothekarkredit** *m* mortgage loan

**Hypotheken~, ~aufnahme** *f* taking up a mortgage; **~bank** *f* mortgage bank; **~bestellung** *f* creation of a mortgage; **~betrag** *m* mortgage money; **~brief** *m* mortgage deed; **~darlehen** *n* mortgage loan; **~eintragung** *f* registration of a mortgage; **~forderungen** *fpl (Bilanz)* mortgages receivable; **~gläubiger** *m* mortgage creditor, mortgagee; **~kredit** *m* mortgage loan; **~kreditgeschäft** *n* mortgage lending business; **~laufzeit** *f* mortgage term; **~markt** *m* mortgage market; **~pfandbrief** *m* mortgage bond; **~schuld** *f* mortgage debt; **~schulden** *fpl (Bilanz)* mortgages payable; **~schuldner** *m* mortgage debtor; mortgagor; **~tilgung** *f* mortgage redemption; **~urkunde** *f* mortgage deed; **~verschuldung** *f* mortgage indebtedness; **~zinsen** *pl* mortgage interest; **~zinssatz** *m* mortgage (interest) rate

# I

**i. A.** (im Auftrag) by order (of)

**IAEO** IAEA (→ Internationale Atomenergie-Organisation)

**IBFG** ICFTU (→ Internationaler Bund Freier Gewerkschaften)

**IBRD** IBRD (→ Internationale Bank für Wiederaufbau und Entwicklung)

**ICC** Internationale Handelskammer *f* (IHK) International Chamber of Commerce; **~ Internationale Verhaltensregeln für die** → Verkaufsförderung; **~ Schiedsgerichtsbarkeit** *f* ICC arbitration; **~ Schiedgerichtsordnung** *f* ICC Rules of Arbitration; **~ Schiedsklausel** *f* ICC arbitration clause; **~ Schlichtungsordnung** *f* → **~ Vergleichsordnung**; **~ Vergleichsordung** *f* ICC Conciliation Rules

**Idealverein** *m* non-profitmaking association

**ideeller Schaden** *m* non-pecuniary damage

**Ideengestaltung** *f* visualizing

**Identifikationsnummer** *f*, **persönliche ~** (PIN) personal identification number (PIN)

**Identifizierung** *f* identification

**Identität** *f*, **seine ~ nachweisen** to prove one's identity

**IHK** International Chamber of Commerce → ICC

**illegal** illegal, unlawful

**illiquid** illiquid; short of liquid assets

**Illiquidität** *f* illiquidity (→ Zahlungsunfähigkeit)

**illustrierter Katalog** *m* illustrated catalogue

**Image** *n* image; **~ e-s Produkts** product image; **~berater** *m* image consultant; **i~bewusst** image conscious; **~gestaltung** *f* image creation; **~pflege** *f* image building; **~studie** *f* image analysis

**Immaterialgüter** *npl* intangible assets

**immateriell~, ~e Aktiva** *npl* intangible assets; **~er Schaden** *m* non-material (or immaterial) damage; **~ Vermögensgegenstände** *mpl* intangible assets; **~e Werte** *(e-s Unternehmens, z. B. goodwill od. Patente)* → ~e **Wirtschaftsgüter**; **~e Wirtschaftsgüter** *npl* intangible assets

**Immobiliar~, ~kredit** *m* real estate credit;

**Einkommen aus ~vermögen** *n* income from real estate (or real property); **~versicherung** *f* real estate (or real property) insurance

**Immobilien** *pl* immovables; real estate, (real) property; **~anlage** *f* (*Am* real) property investment; **~anlagengesellschaft** *f* real estate investment fund; **~anzeige** *f* real estate advertising; **~firma** *Br* property firm, real estate firm; *Am* real estate agency, realty firm; **~fonds** *m (e-r Investmentgesellschaft) Br* property fund; *Am* real estate investment trust; **~geschäfte** *npl* transactions relating to real property; **~geschäfte machen** to trade in real estate; **~handel** *m* real estate (or [real] property) business; trade (or dealing) in landed property (or in real estate); **~makler** *m Br* estate agent, land agent; *Am* real estate broker, realtor; **~management** *n* real estate management; **~markt** *m* real estate (or [real] property) market; **~spekulation** *f* speculation in *Br* land (*Am* real estate); **~versicherung** *f Br* property insurance; *Am* real estate insurance

**Immunität** *f* immunity; **zivilrechtliche (strafrechtliche)** ~ immunity from civil (criminal) jurisdiction; **die ~ aufheben** to withdraw immunity (from jurisdiction)

**Impf~**, **~bescheinigung** *f* certificate of vaccination; **~stoff** *m* **gegen Maul- und Klauenseuche** foot and mouth vaccine

**Import** *m* import, importation; **~abgaben** *fpl* import duties; **~abteilung** *f* import department; **~akkreditiv** *n* import letter of credit; **~artikel** *mpl* → Einfuhrartikel; **~bedarf** *m* import requirements; need for imports; **~belebung** *f* uptrend of imports; **~beschränkung** *fpl* → Einfuhrbeschränkungen; **~drosselung** *f* reducing (or slowing down, restricting) (the) imports; **~embargo** *n* ban (or embargo) on imports; **~erklärung** *f* → Einfuhrerklärung

**Importeur** *m* importer, import merchant

**Import~**, **~firma** *f* importing firm (or house); **~förderung** *f* promotion of imports; **~genehmigung** *f* import licen|ce (~se), import permit; **~güter** *npl* import(ed) goods, imports; **~hafen** *m* port of importation; **~handel** *m* import trade

**importieren** to import

**Import~**, **~kartell** *n* import cartel; **~kaufmann** *m* → ~eur; **~kontingent** *n* import quota; **~kredit** *m* import credit; **~land** *n* importing country; **~liste** *f* import list; **~lizenz** *f* → **~genehmigung**; **~nachfrage** *f* demand for imports; **~neigung** *f* propensity to import; **~öl** *n* imported oil; **~quote** *f* import quota; **~restriktion** *f* → Einfuhrbeschränkung; **~sog** *m* import pull; pressure to import; **~überschuss** *m* import surplus; **i~unabhängig** independent of imports; **~unternehmer** *m* importing house; **~verbot** *n* ban on imports; import prohibition; **~vertreter** *m* import agent; **~vertretung** *f* import agency; **~volumen** *n* volume of imports; **~ware** *f* imported goods (or commodity); **~zoll** *m* → Einfuhrzoll; **~zunahme** *f* increase in imports

**imposant** impressive

**Impulse** *mpl*, **neue ~ geben** to give new (or fresh) impetus

**Inangriffnahme** *f* **e-s Projektes** starting (or implementation, initiating of) a project

**Inanspruchnahme** *f* utilization, employment; claiming, demand(s); recourse; **starke** ~ great drain (or strain) (on); severe demand (on); **~ e-s Akkreditivs** drawing on a letter of credit; **~ e-s Fonds** use (or employment) of a fund; **~ des Kapitalmarktes** recourse to the capital market; **~ e-s Kredits** availment of a credit; **~ e-s Rechts** claiming a right; **~ e-s Zahlungsziels** making use of a period allowed for payment

**Inauftraggebung** *f* placing of orders

**Inaugenscheinnahme** *f* inspection

**inbegriffen** included, inclusive; **alles ~** terms inclusive; **die Fracht ist im Preise** ~ freight charges are included in the price; **im Preise sind alle Unkosten ~** the price includes all expenses

**Inbetriebnahme** *f*, **~ e-r Anlage** putting into operation (or commissioning) of a plant; **~ e-r Fabrik** starting up a factory

**Indemnitätsbriefe** *mpl (im Außenhandel)* letters of indemnity

**Index** *m* index; **~ der Aktienkurse** index of share prices, share price index; **~ der Einzelhandelspreise** retail price index; **~ der Großhandelspreise** wholesale price index, **~ der Lebenshaltungskosten** cost-of-living index; *Br* General Index of Retail Prices; *Am* Consumer Price Index; **~ der Rentenwerte** fixed securities index; **~ der Verbraucherpreise** consumer price index

**Index~**, **~anleihe** *f* index-linked loan; loan

tied to an index; **~berechnung** *f* index computation; **~bindung** *f* indexation; **i~gekoppelt** tied to an index; indexed

**indexieren** to index, to link to an index

**Indexierung** *f* indexation; index-linking

**Index~**, **~klausel** *f* index clause; **~lohn** *m* index-tied wages; **~preis** *m* index-linked price; **~rente** *f* index-linked pension; **~terminkontrakte** *mpl* stock index futures; **~versicherung** *f* index-linked insurance; **~währung** *f* index-based currency; **~zahl** *f* index number

**indirekt~**, **~er Boykott** *m* secondary boycott; **direkte und ~e Kosten tragen für** to pay the expenses of or incidental to; **~e Steuer** *f* indirect tax; **~er Vertrieb** *m* indirect selling (of industrial products)

**Individual~**, **~einkommen** *n* individual income; **~versicherung** *f* individual insurance

**Indizienbeweis** *m* circumstantial evidence

**indossabel** endorsable, indorsable; transferable by endorsement (or indorsement)

**Indossament** *n* endorsement, indorsement; **nicht vorschriftsmäßiges ~** irregular endorsement; **durch ~ übertragbare Wertpapiere** *npl* negotiable securities; **Blank~** *n* endorsement in blank; **Voll~** endorsement in full; **~enkette** *f (auf e-m Wechsel)* chain of endorsements; **~verbindlichkeiten** *fpl* endorsement liabilities

**Indossant** *m* endorser, indorser

**Indossatar** *m* endorsee, indorsee

**indossierbar** → indossabel

**indossieren** to endorse, to indorse; to write one's name on the back of a cheque (check)

**industrialisieren** to industrialize; **unzureichend industrialisiert sein** to be underindustrialized

**Industrie** *f* industry; **~ der Steine und Erde** quarrying industry; **ausländische ~** foreign industry; **chemische ~** chemical industry; **einheimische ~** domestic industry; **eisenschaffende ~** iron and steel producing industry; **eisenverabeitende ~** ironworking industry; **elektrotechnische ~** electrical industry; **feinmechanische ~** precision engineering; **in der ganzen ~ geltend** industry-wide; **holzverarbeitende ~** wood-working industry; **kunststofferzeugende ~** plastics producing industry; **kunststoffverarbeitende ~** plastics processing industry; **metallverarbeitende ~** metal processing industry; **optische ~** optical industry; **ortsansässige ~** local industry; **pharmazeutische ~** pharmaceutical industry; **verstaatlichte ~** nationalized industry; **(weiter)verarbeitende ~** manufacturing (or processing) industry

**Industrie~**, **~abfälle** *mpl* industrial waste (or refuse, residue); **~abwasser** *n* industrial effluent, industrial waste water; **~aktien** *fpl* industrial shares (or stocks, equities); **~anlage** *f* industrial plant; **~anleihe** *f* industrial loan; **~ansiedlung** *f* industrial settlement; establishment of industries; **~arbeiter** *m* industrial worker; **i~armes Gebiet** *n* underindustrialized area; **~artikel** *mpl* manufactured articles (or goods); **~ausweitung** *f* industrial expansion; **~bahn** *f* industrial railway (*Am* railroad); **~ballungsgebiet** *n* area of industrial concentration; **~bauten** *pl* industrial buildings; **im ~bereich** *m* in the industrial field (or sector, sphere); **~beschäftige** *pl* industrial employees; persons employed in industry; **~beteiligungen** *fpl* industrial interests; **~betrieb** *m* industrial undertaking; **~bezirk** *m* industrial district; **~börse** *f* industrial exchange; **~chemikalien** *pl* industrial chemicals; **~erzeugnis** *n* industrial product; product of industry; manufactured product; **~finanzierung** *f* financing of industry; **~firma** *f* industrial firm; **~gebiet** *n* industrial area (or region); **~gelände** *n* industrial sites (or terrain); **~gesellschaft** *f* industrial society; **~gewerkschaft** *f* industrial trade union; **~güter** *pl* → **~waren**; **~kaufmann** *m* (selbstständig) industrial trader; (unselbstständig) commercial employee in an industrial firm; **~kontenrahmen** (IKR) uniform accounting system for all industrial undertakings; **~kooperation** *f* industrial cooperation; **~kredit** *m* industrial loan; *Am* corporate lending (or loan); **~kreise** *mpl* industrial circles; **~land** *n* industrial(ized) country; **~- und Entwicklungsländer** *npl* developed and developing countries; **~lärm** *m* industrial noise

**industriell** industrial; **~ genutzt** industrially used; **~es Rechnungswesen** *n* industrial accounting; **~er Rückgang** *m* industrial decline; **für ~e Zwecke** *mpl* for industrial purposes

**Industrieller** *m* industrialist; **führender ~** leading industrialist; industrial magnate

**Industrie~**, **~macht** *f* industrial power; **~müll** *m* industrial waste; **~messe** *f* industrial fair; **Deutsche ~normen** *fpl* (DIN) German Industrial Standards; **~obligation** *f* industrial bond; *Am* corporate bond; **~park** *m* industrial estate; **~papiere** *npl* industrial securities; **i~politische Entscheidung** *f* industrial policy decision; **~potenzial** *n* industrial potential; **~produkte** *npl* industrial products; **~produktion** *f* industrial output; **~projekt** *n* industrial project (or venture); **traditionelle ~regionen** (TIR) *fpl* traditional industry regions; **~rohstoffe** *mpl* industrial raw materials; **~schuldverschreibung** *f* → **~obligation**; **~spionage** *f* industrial espionage; **~staat** *m* industrial(ized) state (or country); **~stadt** *f* industrial (or manufacturing) town; **~standortbedingungen** *fpl* conditions of industry location; **~tätigkeit** *f* industrial operation; **~technik** *f* industrial technology; **~umsätze** *mpl* industrial turnover; **~- und Handelskammer** *f* Chamber of Industry und Commerce; **~unternehmen** *n* industrial enterprise (or company, undertaking); **~verband** *m* industrial association; **~vorhaben** *n* → **~projekt**; **~waren** *fpl* industrial (or manufactured) goods (or products); **~werbung** *f* industrial advertising; **~werte** *pl* industrials; industrial shares (stocks); **~wohnsiedlung** *f* housing estate for workers; **~zentrum** *n* industrial centre; **~zone** *f* industrial zone (or area); **~zweig** *m* branch of industry

**inferiore Güter** *npl* inferior goods

**Inflation** *f* inflation; **anhaltende ~** persistent inflation; **galoppierende ~** galloping (or runaway) inflation; **gesteuerte ~** controlled inflation; **kosteninduzierte ~** cost-push inflation; **latente ~** latent (or hidden, masked) inflation; **lohninduzierte ~** wage-push inflation; **schleichende ~** creeping inflation; **schnell fortschreitende ~** runaway inflation; **verdeckte ~** concealed inflation; **die ~ bekämpfen** to fight inflation; **die ~ bremsen** to curb inflation; **die ~ fördern** to encourage (or promote) inflation

**inflationär** → inflatorisch

**Inflations~**, **i~anheizend** stimulating inflation; **~anzeichen** *n* inflation symptom; **~auswirkungen** *fpl* effects of inflation; **~bekämpfung** *f* fight against inflation; **i~bereinigt** adapted to inflationary changes; inflation adjusted; **i~bereinigte Rechnungslegung** *f* inflation accounting; **~erwartung** *f* inflationary expectation; **i~fördernd** encouraging (or promoting) inflation; **~furcht** *f* fear of inflation; **~gefälle** *n* inflation differential; **~gewinn** *m* profit from inflation; inflationary gain (or profit); **~klima** *n* inflationary climate; **~krise** *f* inflationary crisis; **~lücke** *f* inflationary gap; **~prozess** *m* inflationary process

**Inflationsrate, hohe (niedrige) ~** *f* high (low) rate of inflation; **die ~ ging zurück** the inflation rate dropped

**Inflations~**, **~risiko** *n* risk of inflation; **~sicherung** *f* hedge against inflation; **~spirale** *f* inflationary spiral

**Inflationstendenzen** *fpl*, **die ~ beruhigen sich** inflationary trends are easing

**inflatorisch**, **~e Lücke** *f* inflationary gap; **~er Preisanstieg** *m* inflationary upsurge of prices

**Informatik** *f* informatics; computer science

**Information** *f* information; briefing; **nach den neuesten ~en** according to the latest information; **zu Ihrer ~** for your information; **wir möchten Sie um ~ bitten (über)** may we apply to you for information (regarding); we should appreciate information from you (regarding); **~en einholen** to collect information; **~en erteilen** to supply information; **jdm ~ zugänglich machen** to disclose information to sb.

**Informations~**, **~austausch** *m* exchange of information; **~broschüre** *f* information (or informative) booklet; **~büro** *n* information bureau (or office); **~fluss** *m* flow of information; **~management** *n* information resource management; **~pflicht** *f* duty to inform; **~quelle** *f* source of information; **~schalter** *m* information desk (or booth); **~system** *n* **für Unfälle in der Gemeinschaft** (EHLASS) *(EG)* European home and leisure accidents surveillance system (EHLASS); **neue ~techniken** *fpl* new information techniques; **~technologie** *f* information technology; **~wege** *mpl* channels of information; **~vorsprung** *m* information lead; **~zentrum** *n*

information cent|re (~er); **~zweck** *m* informative purpose
**informativ, ~es Plakat** *n* informative poster; **~e Werbung** *f* informative advertising
**informelles Treffen** *n* informal meeting
**informieren** to inform; to brief
**Informierung des Käufers** *(auf Etikett etc.)* informative labelling
**Infrastruktur** *f* infrastructure; **~arbeiten** *fpl* infrastructure operations; **~fehlbedarf** *m* infrastructure deficiency; **~investitionen** *fpl* investments in infrastructure; **~kredit** *m* infrastructure-financing credit; **~netz** *n* infrastructure network; **~vorhaben** *n* infrastructure project; **~-Großvorhaben** *n* large-scale infrastructure project
**Inhaber** *m* proprietor, owner; *(e-s Kontos, Wechsels etc.)* holder; *(e-s Wertpapiers)* bearer; **gutgläubiger ~** bona fide holder; **redlicher ~** *(e-s Wechsels etc.)* (kraft guten Glaubens) holder in due course; **~ e-r Firma** owner (or proprietor) of a firm; **~ e-s Unternehmens** proprietor of an enterprise; **~ von Wertpapieren** holder (or bearer) of securities; **auf den ~ ausstellen** to make out to bearer; **~ e-s Warenzeichens sein** to hold a trademark
**Inhaber~, ~aktie** *f* bearer share (or stock); **~indossament** *n* endorsement (made out) to bearer; **~klausel** *f* bearer clause; **~konnossement** *n* bill of lading to bearer; **~kreditbrief** *m* open letter of credit; **~papier** *n* bearer instrument (or paper); **~papiere** *npl* bearer securities; **~scheck** *m* bearer cheque (check); **~schuldverschreibung** bearer bond; **~-Sparschuldverschreibungen** *fpl* bearer savings bonds
**inhaftieren** to arrest; to detain; to hold in prison (or in custody)
**Inhaftierung** *f* arrest; detention; imprisonment
**Inhalt** *m* contents; subject matter; **~ beschädigt durch Seewasser** contents damaged by seawater; **~ feucht durch Süßwasser** contents wet through freshwater; **~sangabe** *f* statement of contents; **~erklärung** *f* declaration of contents; **~sverzeichnis** *n* table of contents
**Initialwerbung** *f* pioneering advertising
**Initiative** *f*, **Mangel an ~** lack of initiative; **die ~ ergreifen** to take the initiative
**Inkasso** *n* collection; collecting; **mit dem ~ befasste Banken** banks concerned with the collection; **zum ~ übersandte Handelspapiere** commercial papers sent for collection; **das ~ besorgen** to effect (or attend to) the collection; **das ~ e-s Wechsels besorgen** to collect a bill; **Wechsel zum ~ hereinnehmen** to accept bills for collection; **das ~ übernehmen** to undertake the collection (of)
**Inkasso~, ~abteilung** *f* collection department; **~anweisung** *f* instruction regarding collection; **~anzeige** *f* advice of collection; **~auftrag** *m* collection order, order for collection; **~bank** *f* collecting bank; **~beamter** *m* collecting agent; **~beauftragter** *m* person authorized to collect; agent for collection; **~befugnis** *f* authority to collect; **i~berechtigt** entitled to make collections; **~bevollmächtigter** *m* → **~beauftrager**
**Inkassobüro** *n* collection agency; debt collectors; **e-e Rechnung e-m ~ zum Einzug übergeben** to give a bill to a collection agency for collection
**Inkassoerlös** *m* collection proceeds
**Inkassofirma** *f*, **den Betrag durch e-e ~ einziehen lassen** to have the amount collected through a collection agency
**Inkasso~, ~gebühren** *fpl* collection charges; **~geschäft** *n* collection business; **~indossament** *n* collection endorsement; **~kosten** *pl* collection costs; **~kostenzuschlag** *m* loading for collection costs; **~nummer** *f* collection number (No.); **~provision** *f* collection commission; **~risiko** *n* collection risk; **~spesen** *pl* collection charges; **~stelle** *f* → ~büro; **~tarif** *m* collection rates; **~vertreter** *m* collecting agent; **~vollmacht** *f* collection authority; **~wechsel** *m* bill for collection
**Inklusivpreis** *m* inclusive price, package price
**Inkrafttreten** *n* coming (or entry) into force; taking effect; **mit ~ des Vertrages** upon the effective date of the contract; **vor ~** prior to the entry into force
**inkulant** *(nicht entgegenkommend im Geschäftsverkehr)* unaccommodating
**Inland** *n* home country; homeland; **im In- und Ausland** at home and abroad; **In- und Auslandsmarkt** *m* domestic and export market; **im ~ abgeschlossenes**

**Geschäft** *n* transaction concluded domestically; **im ~ ausgestellt** domestically issued; **im ~ hergestellte Waren** home-produced goods; **Nachfrage im ~** domestic demand; **Sitz im ~** domestic domicile; **Unternehmen mit Sitz im ~** enterprise domiciled within the country

**Inländer** *m* national; resident; **Gleichbehandlung von In- und Ausländern in der sozialen Sicherheit** equality of treatment of nationals and non-nationals in social security

**inländisch** domestic, home, internal; **in- und ausländische Gesellschaften** *fpl* domestic and foreign companies; **~e Aktien** *fpl* domestic shares; **~er Arbeitsmarkt** *m* domestic (or national) labo(u)r market; **~e Einkünfte** *pl* income from domestic sources; **~e** *(im Inland gewachsene)* **Erzeugnisse** *npl Br* home-grown produce; *Am* produce grown in the USA; **~er Erzeuger** *m* domestic (or *Br* home) producer; **~e Erzeugung** *f* domestic (or *Br* home) production; *(EG)* national production; **~es Getreide** *n* home-grown cereals; **~e Industrie** *f* domestic (or *Br* home) industry; **~er Markt** *m* domestic (or *Br* home) market; *(EG)* national market; **~es Recht** *n* domestic law, national law; **~er Steuerpflichtiger** *m* resident taxpayer; **~es Unternehmen** *n* domestic enterprise; **~er Verbrauch** → Inlandsverbrauch; **~er Verkehr** *m* internal (or domestic) traffic; **~es Vermögen** *n* domestic property; **~e Währung** *f* local currency; **~e Waren** *fpl* home-produced goods; **~e Wertpapiere** *npl* domestic securities; *Br* home securities

**Inlands~**, **~absatz** *m* domestic sales; *Br* sales on the home market; **~anlage** *f* domestic investment, investment at home; **~anleihen** *fpl* domestic bonds (or loans); **~auftrag** *m* domestic order, home-market order; order from within the country (or from domestic customers); **~bedarf** *m* domestic (or inland) demand (or requirements); **~belieferung** *f* supplying the home market; domestic (or *Br* home) supply; **~bestellung** *f* → ~auftrag; **~flugpreis** *m* domestic air fare; **~gebühren** *pl (Post) Br* inland (*bes. Am* domestic) rates

**Inlandsgeschäft** *n* domestic business; domestic transaction; **Inlands- und Auslandsgeschäfte** *npl Br* home (*Am* domestic) and export transactions

**Inlands~**, **~handel** *m* domestic (or inland, *Br* home) trade; **~investitionen** *pl* domestic investments; **~konjunktur** *f* domestic economic activity; **~lieferant** *m* domestic supplier; **~markt** *m* domestic (or *Br* home) market; **~nachfrage** *f* domestic (or internal, home) demand; **~niederlassung** *f* domestic branch; **~porto** *n* inland postage; *Am* domestic postage; **~produktion** domestic (or *Br* home) production; *(EG)* national production; **~schuldverschreibung** *f* internal bond; **~umsätze** *mpl* domestic (or *Br* home) sales; **~verbrauch** *m* domestic (or *Br* home) consumption; **~verkauf** *m* domestic (or *Br* home) sale(s); **~verkehr** *m* → inländischer Verkehr, **~vermögen** *n* domestic property; **~vertreter** *m* domestic representative (or agent); **~wechsel** *m Br* inland bill (B/E); *Am* domestic bill (B/E); draft; **~werte** *pl* domestic (or *Br* home) securities

**innehaben**, **e-e Stellung ~** to hold a position

**Innen~**, **~architekt** *m* interior designer; **~auftrag** *m* internal order; **~ausstattung** *f* furnishing and interior decoration; *(e-s Autos)* interior fittings; **i~- und außenbetrieblich** within or outside a company (or firm); **~dienst** *m* indoor (or office) work; **im ~dienst** during office duties; **~finanzierung** *f* internal financing; **~gesellschaft** *f* internal partnership; **~revision** *f* internal audit; **~revisor** *m* internal auditor; **~stadt** *f* town cent|re (~er); *Am* downtown; **~umsatz** *m* (turnover from) intercompany sales; **~verhältnis** *n* internal relationship; **~verpackung** *f* internal packaging; **~werbung** *f* indoor advertising

**innerbetrieblich** internal; within a firm (or factory; company); intrafirm, intracompany, intraenterprise; in-house; **~e Ausbildung** *f* in-company (or in-service) training; **~e Revision** *f* internal audit

**inner- und außerbetrieblich** inside and outside the plant (or company)

**innerer (wirklicher) Wert** *m* intrinsic value

**innereuropäisch** intra-European

**innergemeinschaftlich** *(EG)* intra-Community; within the Community; internal; **~e Grenzen** *fpl* internal borders; intra-Community (or internal) frontiers; **~er**

**Handel(sverkehr)** *m* intra-Community trade; trade between Community countries; **~es Versandverfahren** *n* Community transit; **~er Warenverkehr** *m* marketing within the Community; intra-Community trade; trade between Member States

**innerhalb**, **~ und außerhalb der Gemeinschaft** *(EG)* inside and outside the Community; **~ e-r Frist von** within a period of; **~ von 14 Tagen** within a fortnight; **Handel ~ der Gemeinschaft** *(EG)* intra-Community trade

**innerstaatlich** domestic; national; **die ~en Rechtsvorschriften** *fpl* **angleichen** to harmonize national legislation; **~e Stellen** *fpl (EG)* national authorities; **~e Vorschriften** *fpl* domestic (or national) regulations

**Innovation** *f*, **industrielle ~** industrial innovation; **~sfinanzierung** *f* innovation financing; **i~sfördernde Maßnahmen** *fpl* measures for the promotion of innovation; **~sforschung** *f* innovation research; **~sfreudig** innovative; **i~sorientierte Politik** *f* innovation oriented policy; **~sprozess** *m* innovation process

**Innung** *f* (trade) guild

**Inpfandnahme** *f* taking in pledge

**Inrechnungsstellung** *f* invoicing, billing

**Insasse** *m (e-s Fahrzeugs)* passenger, occupant; **~nunfallversicherung** *f* passenger accident insurance

**insbesondere** in particular, particularly, notably

**Insektenvertilgungsmittel** *n* insecticide

**Inserat** *n* advertisement; ad; **~enwerbung** *f* newspaper advertising; **etw. durch ~ zum Verkauf anbieten** to advertise sth. for sale

**Inserent** *m* advertiser

**inserieren, in e-r Zeitung ~** to advertise (or to place an advertisement) in a newspaper

**Insider-Geschäft** *n* insider-trading

**insolvent** insolvent

**Insolvenz** *f* insolvency, inability to pay; **~verfahren** *n* insolvency proceedings

**Inspektion** *f*, **ein Auto zur ~ bringen** to take a car in for servicing

**Installateur** *m (Monteur)* fitter; *(Klempner)* plumber; *(Elektriker)* electrician

**Installation** *f* installation; fit

**installieren** to instal(l), to fit; to connect, to mount; *(Gas, Wasser etc.)* to lay on

**instandhalten** to maintain, to keep in (good) repair; *(nach Verkauf)* to service

**Instandhaltung** *f* upkeep, maintenance; **~ des** ... keeping ... in good repair; **~skosten** *pl* maintenance charges (or cost)

**instandsetzen** to repair, to put in repair; to do up; **wieder ~** to recondition; **etw. ~ lassen** to have sth. repaired, to put sth. in repair

**Instandsetzung** *f* repair(s); **während der ~sarbeiten geschlossen** closed during restorations; **~skosten** *pl* cost of repair

**Instanz** *f* authority; **Gericht erster ~** court of first instance; **Gericht zweiter ~** appellate court

**institutionell~**, **~e Anleger** *mpl* institutional investors; **~e Werbung** *f* institutional advertising; goodwill advertising

**instruieren** to instruct, to brief

**Integration** *f* integration; **~sprozess** *m* process of integration; **~sstufe** *f (EG)* stage of integration

**integriertes Mittelmeerprogramm** *n* (IMP) integrated Mediterranean programme (IMP)

**integriertes Rohstoffprogramm** *n (EG)* Integrated Programme for Commodities

**Intelligenzquotient** *m* (IQ) intelligence quotient

**intensive Wirtschaft** *f* intensive cultivation

**Intensiv~**, **~haltung** *f (landwirtschaftl. Tierhaltung)* intensive stock-farming; **~werbung** *f* intensive advertising

**Intensivierung der Ausfuhren** *f* intensification (or stepping up) of exports

**Interamerikanische Entwicklungsbank** *f* Inter-American Development Bank (IDB)

**Interbank~**, **~beziehungen** *fpl* interbank relations; **~geschäfte** *npl* interbank transactions; **~rate** *f* (od. **~satz** *m*) *(am Euro-Geldmarkt)* interbank rate

**Interesse** *n* interest; **berechtigtes ~** legitimate interest; **ein berechtigtes ~ geltend machen** to establish (or show that one has) a legitimate interest; to show just cause; **ein berechtigtes ~ haben** to be legitimately interested; **geringes ~** little interest; **geschäftliche ~n** *pl* business interests; **großes ~ haben an** to be very interested in; **lebhaftes ~** keen interest; **kollidierende ~n** conflicting interest; **im öffentlichen ~** for the public benefit; **den ~n abträglich sein** to be detrimental to the interests; **die ~n berühren** to affect the interests; **die ~n schädigen** to prejudice the interests; **jds ~n vertreten** to represent sb.'s interests; to act in sb.'s interests; **jds ~n wahrnehmen** to attend to (or look after) sb.'s interests

**Interessen~**, **~ausgleich** *m* compromise between conflicting interests; **~gemeinschaft** *f* community (or pooling) of interests; **~gebiet** *n* sphere of interest; **~käufe** *mpl (Börse)* support buying (of securities); special-purpose buying; **~kollision** *f* conflict of interests

**Interessent** *m* person interested (in); interested party; prospective customer; *bes. Am* prospect

**interessiert**, **an e-m Angebot** (od. **Kauf**) **~ sein** to be in the market for; **finanziell ~ sein** to be financially interested (an in)

**Interims~**, **~bilanz** *f* → Zwischenbilanz; **~dividende** *f* interim dividend; **~konto** *n* suspense account; **~schein** *m* → Zwischenschein

**international**, **in ~er Hinsicht** *f* internationally; **~ tätige Bank** *f* bank operating internationally; **~ tätiges Unternehmen** *n* internationally active enterprise

**Internationale**, **~ Absatzwirtschaftliche Vereinigung** *f* International Marketing Federation (IMF); **~ Arbeitsorganisation** *f* International Labour Organization (ILO); **~ Atomenergie-Organisation** *f* International Atomic Energy Agency; **~ Bank** *f* **für Wiederaufbau und Entwicklung** International Bank for Reconstruction and Development (IBRD); World Bank; **~ Einfuhrbescheinigung** *f* International Import Certificate; **~ Entwicklungsorganisation** *f* International Development Association (IDA); **~ Finanzierungsgesellschaft** *f* International Finance Corporation (IFC); **~ Gesundheitsvorschriften** *pl* International Health Regulations; **~ Gewässer** *pl* international waters; **~ Handelskammer** *f* International Chamber of Commerce (ICC); **i~ Handelsschiedgerichtsbarkeit** *f* international commercial arbitration; **~ Handelsschiffahrt** *f* shipping engaged in international trade; **~ Kaffee-Organisation** *f* International Coffee Organization; **~ Kakao-Organisation** *f* International Cocoa Organization; **~ Regeln für die Auslegung von Handelsklauseln** International Commercial Terms (Incoterms); **~ Rohstoffbank** *f* International Resources Bank; **~ Schiedsgerichtsbarkeit** *f* international arbitration; **~ Schiffahrtskammer** *f* International Chamber of Shipping (ICS); **~ Seeschiffahrts-Organisation** *f* International Maritime Organization; **~ Vereinigung für Entwicklungshilfe** (IDA) (Unterorganisation der Weltbank) International Development Association (IDA) (an affiliate of the World Bank); **~ Vereinigung** *f* **für Steuerrecht** International Fiscal Association (IFA); **i~ Verkehrszeichen** *npl* international road signs; **~ Walfangkommission** *f* International Whaling Commission; **~ Warenklasseneinteilung** *f* international classification of goods; **~ Zivilluftfahrt-Organisation** *f* International Civil Aviation Organization

**Internationaler**, **~ Agrarentwicklungsfonds** *m (EU)* International Fund for Agricultural Development; **~ Antwortschein** *m* international reply coupon; **i~ Brauch** *m* international usage; **~ Bund** *m* **Freier Gewerkschaften** International Confederation of Free Trade Unions (ICFTU); **~ Fonds** *m* **zur Entschädigung für Ölverschmutzungsschäden** International Oil Pollution Compensation Fund; **i~ Frachtbrief** *m* international consignment note; **~ Geld- und Kapitalverkehr** *m* international money and capital transactions; **~ Gerichtshof** *m* (IGH) International Court of Justice

**Internationaler Handel** *m*, **Übereinkommen über den internationalen Handel mit gefährdeten Arten freilebender Tiere und Pflanzen** (CITES) Convention on International Trade in Endangered Species of Wild Fauna and Flora; **internationale mit Textilien** international trade in textiles ( → Allfaserabkommen)

**Internationaler**, **~ Hotelverband** *m* International Hotel Association; **~ Kaffeerat** *m* International Coffee Council; **i~ Kreditverkehr** *m* international lending; **~ Normenausschuss** *m* International Standardization Organization (ISO); ~ → Rückantwortschein; **~ Seeverkehr** *m* international maritime traffic; **i~ Straßenverkehr** *m* international road traffic; **~ Verband** *m* **von Gesellschaften für**

**Unternehmensforschung** International Federation of Operational Research Societies; ~ **Währungsfonds** *m* International Monetary Fund ( → IWF); ~ → Warenkauf; ~ **Weizenrat** *m* International Wheat Council; **i~ Zahlungsverkehr** *m* international payments (or payment transactions)

**Internationales**, ~ **Abkommen** *n* international agreement (or convention); ~ **Abkommen** *n* **zur Erleichterung der Einfuhr von Warenmustern und Werbematerial** International Convention to facilitate the importation of commercial samples and advertising material; ~ **Arbeitsamt** *n* International Labour Office; ~ **Freibordübereinkommen** *n* International Convention on Load-Lines

**internationales Handelsrecht** *n*, **Kommission der Vereinten Nationen für ~** United Nations Commission on International Trade Law (UNCITRAL)

**Internationales**, ~ **Kaffeeabkommen** *n* International Coffee Agreement; ~ **Privatrecht** *n* conflict of laws; private international law; ~ **Rohstoffgremium** *n* International Commodity Body; ~ **Signalbuch** *n* International Code of Signals; ~ **Tierseuchenamt** *n* International Office for Epizootic Diseases; ~ **Übereinkommen** *n* **über sichere Container** International Convention for Safe Containers; ~ **Warenverzeichnis** *n* **für den Außenhandel** Standard International Trade Classification (SITC); ~ **Zinnübereinkommen** *n* International Tin Agreement; ~ **Zuckerübereinkommen** *n* International Sugar Agreement

**intern**, **~e Lieferungen** *fpl* intercompany deliveries; **~er Zinsfuß** *m (e-r Investition)* internal rate of return (IRR)

**interregionaler Luftverkehr** *m* interregional air services

**Intervention** *f* intervention; *(bei Nichtzahlung e-s Wechsels)* acceptance (or payment) (of protested bill) by intervention (or for hono[u]r)

**Interventions~**, **~akzeptant** *m* acceptor by intervention (or for hono[u]r); **~ankaufspreise** *mpl (EU)* intervention buying-in prices; **~ausgaben** *fpl (EU)* intervention expenditure; **~bestände** *mpl (EU)* intervention stocks; **~butter** *f (EU)* intervention butter; **~grundpreise** *mpl* **für Getreide** *(EU)* basic intervention prices for cereals; **~käufe** *mpl (Börse)* supporting purchases (to stabilize the price); *(EU)* intervention buying; buying-in by intervention agencies; **~kurs** *m* intervention rate; **~lagerhaltung** *f (EU)* intervention storage; **~mechanismus** *m* intervention mechanism; **~mittel** *pl (EU)* intervention appropriations

**Interventionspreis** *m (EU) (Art garantierter Erzeugermindestpreis)* intervention price; **Angleichung des ~es an den niedrigsten Preis** alignment of the intervention price with the lowest price

**Interventionspunkt** *m (Devisenhandel)*, **oberer (unterer)** ~ upper (lower) intervention point

**Interventions~**, **~stelle** *f (EU)* intervention agency; **~vorräte** *mpl* intervention stocks; **~zeitraum** *m* intervention period; **~zahlung** *f (für notleidenden Wechsel)* payment for hono(u)r

**Intestaterbfolge** *f* intestate succession

**Intimsphäre** *f*, ~ **e-r Person** intimate private life of a person; **Verletzung der ~** invasion of privacy

**Invalidität** *f* disability; invalidity; **~sgrad** *m* degree of invalidity; **Teil~** *f* partial disability; **Voll~** *f* total disability; **Leistungen aus der ~sversicherung** *f (EU)* invalidity insurance benefits; **~svorschriften** *fpl (EU)* provisions relating to invalidity

**Inventar** *n (Bestand)* inventory, stock; *(Verzeichnis)* inventory; list of assets and liabilities; **landwirtschaftliches ~** *n* farm stock; **lebendes und totes ~ landwirtschaftlicher Betriebe** livestock and equipment used in agriculture; **ein ~ aufnehmen** to draw up (or make, take) an inventory; **ein ~ errichten** *(Erbe)* to file an inventory with the court

**Inventar~**, **~aufnahme** *f* inventory-taking; **~buch** *n* stock list; **~errichtung** *f (Nachlassverzeichnis)* filing an inventory with the court; **~stück** *n* inventory item; **~verzeichnis** *n* inventory (sheet); **~verzeichnis** *n* **des Lagerbestandes** list of the stock on hand

**inventarisieren** to draw up (or make, take) an inventory

**Inventur** *f* inventory; stocktaking; **Anfangs~** *f* opening inventory; **permanente ~** perpetual inventory; **Schluss~** *f* closing inventory; ~ **machen** to draw up (or make) an inventory; to take stock

**Inventur~**, **~aufnahmeliste** *f* inventory

sheet; **~ausverkauf** *m* → ~**verkauf**; **~buch** *n* inventory register; **~prüfung** *f* inventory audit; **~richtlinien** *fpl* inventory rules; **~verkauf** *m* inventory sale; stock-taking sale

**Inverkehrbringen** *n* marketing; placing on the market; putting into circulation

**investieren** to invest; **in etw. Geld ~** to invest money in sth.; *colloq.* to sink money into sth.; **wieder ~** *Br* to plough (*Am* to plow) back

**Investierung** *f*, **~ von Kapital** investment of capital; **~splan** *m* investment plan

**Investition** *f* investment; investing money; capital expenditure; **gewinnbringende ~** profitable investment; **indirekte ~en** *pl* portfolio investments; **~en im Ausland** foreign investments; investments abroad; **~en der öffentlichen Hand** public investments; public capital expenditure; **~ in Maschinen** investment in machinery; **~en zum Schutze der Umwelt** anti-pollution investments; **~en durchführen** to realize (capital) investments; **die ~en erhöhen** to boost investments

**Investitionen** *pl*, **Anlage~** investments in fixed assets; **Auslands~** investments in foreign securities; foreign investments; **Erweiterungs~** plant-expanding investments; capital expenditure for the purpose of expansion; **Lager~** capital investment on inventories; inventory investments; **Über~** excessive investments, overinvestments; **~ vornehmen** to undertake investments

**Investitions~**, **~abbau** *m* investment cutback; **~abschreibung** *f* investment allowance (or *Am* credit); **~anreiz** *m* investment incentive; **~aufwand** *m* (od. **~aufwendungen** *pl*) → ~**ausgaben**; **~ausgaben** *fpl* investment spending; expenditure for investments; capital expenditure; capital outlay(s); **~bedarf** *m* investment needs; capital expenditure requirements; **~bedingungen** *fpl* investment conditions; **~beihilfe** *f* investment aid (or subsidy); **~bemühungen** *fpl* investment efforts; **~bereitschaft** *f* readiness to invest; **~bewilligung** *f* capital appropriation; **~budget** *n* capital expenditure budget; **~darlehen** *n* investment loan; **~entscheidung** *(e-s Unternehmens) f* investment decision, decision on capital expenditure; **~finanzierung** *f* capital investment financing; **i~fördernde Steuererleichterungen** *fpl* tax relief to encourage investment; **~förderung** *f* investment promotion; **zur ~förderung** for the purpose of promoting investment; **i~gebunden** investment-linked

**Investitionsgüter** *npl* capital goods, investment goods; **~bedarf** *m* capital goods requirement; **~industrie** *f* capital goods industry; **~markt** *m* capital goods market; **~produzent** *m* capital goods producer

**Investitions~**, **~hilfe** *f* investment aid; **~kapazität** *f* investment capacity; **~kapital** *n* capital available for investment; invested capital; **(günstiges) ~klima** *n* (favo[u]rable) climate for investment; **~kosten** *pl* investment cost; **~kredit** *m* investment credit (or loan); **~lage** *f* investment situation; **~lücke** *f* investment gap; **~mittel** *pl* investment funds; **bereitgestelle ~mittel** investment appropriations; **~möglichkeiten** *fpl* investment opportunities; **~müdigkeit** *f* investment apathy; **~neigung** *f* propensity to invest; **~objekt** *n* object of investment, investment project; **~planung** investment planning; planned capital expenditure; **~programm** *n* investment program(me); capital expenditure program(me); **~quote** (od. **~rate**) *f* investment ratio; **~rechnung** *f* capital budgeting; investment evaluation; **~risiko** *n* investment risk; **~rücklage** *f* investment reserve; **~schub** *m* investment boost, run on investments; **~schutz** *m* protection of investment; **~schwäche** *f* low level of investment; **~streitigkeiten** *fpl* investment disputes; **~summe** *f* amount involved in investment

**Investitionstätigkeit** *f* capital expenditure activity; **zu geringe ~** underinvestment; **lebhafte ~** brisk investment activity

**Investitionsvorhaben** *npl*, **größere (mittlere, kleinere) ~** major (medium, small) investment projects

**Investitions~**, **i~willig** willing to invest; **~zulage** *f* investment allowance; **~zurückhaltung** *f* reluctance to invest; reluctance of investors; **~zuschuss** *m* investment grant (or subsidy)

**Investivlohn** *m (zur Vermögensbildung in Arbeitnehmerhand)* invested wage

**Investmentanteil** *m (an e-m Investment-*

*fonds) Br* (trust)unit; *Am* (mutual fund) share

**Investmenterträge** *mpl* income from investment shares

**Investmentfonds** *m* investment fund ( → Fonds 2.); *Br* unit trust; *Am* mutual fund; **~ mit begrenzter Emissionshöhe** closed-end fund; **~ mit variabler Emissionshöhe** open-end fund; **~ mit auswechselbarem Wertpapierbestand** flexible fund; **~ mit festem Wertpapierbestand** fixed fund

**Investment~**, **~geschäft** *n* investment business; *(e-r Bank)* investment banking; **~gesellschaft** *f* investment company; *Br* investment trust; **~gesellschaft mit unbeschränkter Emissionsmöglichkeit** open-end investment company; **~käufer** *m* investment certificate buyer; **~sparen** *n* investment fund saving; saving through investment companies; **~zertifikat** *n* investment (fund) certificate; *Br* unit certificate; *Am* mutual fund certificate

**Inzahlungnahme** *f* trade-in; *Br* part-exchange

**ionisierend~**, **Gefahren ~er Strahlungen** dangers arising from ionizing radiation

**irren**, **sich ~** to be mistaken

**irreführend~**, **~e Angaben** *fpl* (od. **Auskunft** *f*) misleading information; **~e Bezeichnung** *f* misleading indication; **Schutz des Verbrauchers gegen ~e Werbung** protection of the consumer against misleading (or deceptive) advertising

**Irreführung** *f* misleading statement (or information); deception; misrepresentation; **~ des Käufers** misleading the buyer

**irrige Ansicht** *f* erroneous opinion

**Irrtum** *m* mistake, error; **~ vorbehalten** subject to correction; **Irrtümer** *pl* **und Auslassungen vorbehalten** errors and omissions excepted (E. & O.E.); **grundlegender ~** fundamental error; **offensichtlicher ~** obvious (or palpable) error; **wesentlicher ~** material error, error in a material point; **~ über die Person** mistaken identity; → Rechts~; → Tatsachen~; **auf ~ beruhen** to be due to error; **wir bitten, diesen ~ zu entschuldigen** please accept our apologies for this error; **jdm ist ein ~ unterlaufen** sb. has made an error; **e-n ~ verursachen** to cause (or induce) an error; **es scheint ein ~ Ihrerseits vorzuliegen** there appears to be an error on your part

**irrtümlich** by mistake; erroneously; **~ gezahlter Betrag** *m* sum paid in error

**irrtümlicherweise** owing to a mistake

**isoliert**, **gut ~** well insulated

**Isolierung** *f*, **Wärme~** *f* thermal insulation; **~ von Gebäuden** insulation of buildings

**Isotopenanreicherung** *f* isotopic enrichment

**Ist~**, **~ausgaben** *fpl* actual expenditure; **~bestand** *m* actual amount; *(tatsächlicher Lagerbestand)* actual stock; **~einnahmen** *fpl* actual receipts; **~kosten** *pl* actual cost; **~kosten** *pl* **der Vergangenheit** historical cost; **~zahlen** *fpl* actuals; **~zeit** *f* actual time

**i. V.** s. in → Vertretung; in → Vollmacht

**IWF** IMF ( → Internationaler Währungsfonds); **Gewährung des ~-Kredits** *m* granting of the IMF credit; **~-Mitgliedschaft** *f* membership of the IMF; **Erhöhung der ~-Quoten** *fpl* increase of IMF quotas

# J

**Ja**, **~-Stimme** *f* affirmative vote; **mit ~ oder Nein stimmen** to vote for or against

**Jagd** *f* hunting, shooting; **~berechtigter** *m* licensed hunter; **~gesetz** *n* game law; **~schein** *m* game (or hunting) licen|ce (~se); **~unfall** *m* hunting accident; **~vorschriften** *fpl* hunting regulations; **~wilderei** *f* poaching

**Jahr** *n* year; **das ganze ~ hindurch** all the year round; **laufendes ~** current year; **pro ~** per year, per annum; **die nächsten 10 ~e** the next decade; **im vergangenen ~** in the past year

**Jahres~**, **~abonnement** *n* annual subscription; **~abrechnung** *f* annual (or yearly) statement of accounts

**Jahresabschluss** *m (e-s Kontos)* end-of-year balance; *(e-s Unternehmens)* annual statement of accounts; *Br* annual accounts; *Am* annual financial statement; **festgestellter ~** approved accounts (or financial statement); **~buchung** *f* year-end entry; **~prüfung** *f* annual audit; **den**

~ **machen** to prepare the accounts (or financial statement); *Br* to make up the accounts
**Jahres~**, **~ausstoß** *m* annual output; **~bedarf** *m* yearly requirements; **~bericht** *m* annual report; **~bilanz** *f* annual balance sheet; **im ~durchschnitt** *m* taking the average of the year; **~einnahmen** *fpl* annual (or yearly) receipts; **~endzahlen** *fpl* end of year figures; **~ergebnis** *n* result of the year; **~ertrag** *m* annual proceeds; yearly earnings; **~gebühren** *fpl* annual fees; *(PatR)* renewal fees; **~gehalt** *n* annual (or yearly) salary; **~gewinn** *m* annual profit, profit for the year; **~inventur** *f* annual stocktaking; **~kupon** *m* annual coupon; **~produktion** *f* annual production (or output); **~programm** *n* annual program(me); **~quoten** *fpl* **festlegen** to fix annual quotas; **~rate** *f (bei Abzahlungen)* annual instal(l)ment; **~rechnung** *f* annual account; **jdm e-e ~rente** *f* **aussetzen** to settle an annuity on sb.; **~steigerungsrate** *f (der Preise)* annual growth rate (of prices); **~tranche** *f* annual tranche; **~überschuss** *m* (net) profit for the year; **~übersicht** *f* annual survey; **~umsatz** *m* annual turnover, annual sales; annual volume; **e-n ~umsatz haben von** to turn over … per annum; **bezahlter ~urlaub** *m* annual holidays (or leave; *Am* vacation) with pay; **~versammlung** *f* annual meeting; **~verzeichnis** *n* annual register; **~wirtschaftsbericht** *m* **der Gemeinschaft** *(EU)* Annual Report on the Economic Situation in the Community; **~zahlungen** *fpl* annuities
**Jahreszeit** *f*, **ruhige ~** slack season, off season
**jahreszeitlich** seasonal; **~ bedingter** → Nachfragerückgang; **~ günstiges Angebot** *n* seasonal offer; **um die ~en Schwankungen** *fpl* **bereinigt** seasonally adjusted
**Jahres~**, **ein ~zins** *m* **von 6 %** yearly interest of 6 %; 6 % interest per annum; **~zinssatz** *m* annual rate of interest; **~zuwachsrate** *f* annual growth rate
**jährlich** per annum (p. a.); yearly; **~er Umsatz** *m* annual turnover; **~ abrechnen** to settle accounts by the year
**Jahrtausend** *n* century, **das dritte ~** the third millenium
**jeweilige Wechselkurse** *mpl* current exchange rates
**Journal** *n* journal; day(-)book; **Übertragung** *(der Buchungen)* **vom ~ in das Hauptbuch** ledger postings; **im ~ buchen** (od. **Eintragungen im ~ machen**) to book items in the journal; to journalize
**Journal~**, **~blatt** *n* day(-)book sheet; **~buchung** *f* entry in the journal; **~posten** *m* journal item
**Jubiläum** *n* jubilee, anniversary; **Firmen~** *n* company (or firm) anniversary
**Jugend~**, **~arbeitslosigkeit** *f* youth unemployment; **~austausch** *m* youth exchange; **~gericht** *n* juvenile court
**jugendlich**, **~e Arbeitnehmer** *mpl* young employees; **~er Täter** *m* juvenile delinquent (or offender)
**jung**, **~e Aktien** *fpl* newly issued shares (or *Am* stock[s]); new issues; **~e Industriebetriebe** *mpl* infant industrial undertakings
**Juniorchef** *m* son of the owner of a firm; junior manager
**Jurist** *m* lawyer; legal expert
**juristisch**, **~ gesehen** from the legal point of view; **~er Beirat** *m* legal adviser; **~en Rat** *m* **erhalten** to get legal advice
**juristische Person** *f* legal person, legal entity; corporate body; **~ mit Sitz im Ausland** legal person established abroad; **~en** *fpl* **des öffentlichen und privaten Rechts** legal persons under public or private law
**justieren**, **Gewichte ~** to adjust weights
**Justitiar** *m* (permanent) legal adviser; *Am* corporation counsel
**Justiz** *f* administration of justice; **~behörde** *f* judicial authority; **~irrtum** *m* miscarriage of justice
**Jute** *f* jute; **~erzeugnisse** *npl* jute products; **~sack** *m* jute bag
**Juwelier~**, **~geschäft** *n* jeweller's shop; *Am* jewelry store; **~waren** *fpl* jewelry, *bes. Br* jewellery

# K

**Kabel~**, **~adresse** *f* cable address; **~auszahlung** *f* cable transfer; **~fernsehen** *n* cable television; **~kurs** *m* cable rate; **~nachricht** *f* news (or information) sent by cable; **~pfund** *n* cable pound sterling; **~sterling** *m* cable sterling rate; **~telegramm** *n* cablegramm, cable; **~überweisung** *f* cable transfer

**kabeln** to cable; to inform by cable

**Kabeljaufischerei** *f* cod fishing

**Kabotage** *f* cabotage

**kaduzieren** *(Aktien, GmbH-Anteil)* to declare forfeited, to forfeit

**Kaduzierung** *f* forfeiture (of shares)

**Kaffee** *m* coffee; **~ in roher, gerösteter oder löslicher Form** coffee in green, roasted or soluble form; **gemahlener ~** ground coffee; **koffeinfreier ~** decaffeinated coffee

**Kaffee~**, **~anbau** *m* cultivation of coffee; **~ausfuhrland** *n* coffee exporting country; **~erzeugung** *f* coffee production; **~handel** *m* trade in coffee; **~lieferung** *f* shipment (or consignment) of coffee; **~preise** *mpl* prices for coffee; → Internationales ~abkommen; **~verbrauch** *m* consumption of coffee; **~vorräte** *mpl* coffee stocks

**Käfigbatterien** *fpl*, **Halten von Legehennen in ~** keeping of laying hens in battery cages

**Kai** *m* quay, wharf; *Am* dock; **werkseigene ~anlage** *f* factory wharf; **~empfangsquittung** *f* quay receipt; *Am* dock receipt; **~gebühren** *fpl* quay dues, wharf dues, wharfage; *Am* dock charges; **~lagergeld** *n* quay rent; **~lagerschein** *m Br* wharfinger warrant; **~meister** *m* wharfinger

**Kakao** *m (als Getränk)* cocoa; *(als Pflanze)* cacao; **Internationales ~abkommen** *n* International Agreement on Cocoa; **~ausfuhr** *f* export of cocoa; **k~haltige Erzeugnisse** *npl* products containing cocoa; **~handel** *m* cocoa trade; **~händler** *m* cocoa trader; **~verarbeiter** *m* cocoa manufacturer; **~versorgung** *f* cocoa supplies

**Kalenderjahr** *n* calendar year

**Kali~**, **~bergwerk** *n* potash mine; **~dünger** *m* potash fertilizer; **k~haltige Mischdüngemittel** *npl* compound potash fertilizers; **~produktion** *f* production of potash; **~salz** *n* potash (or potassium) salt; **~- und Steinsalzbergbau** *m* potash and salt mining

**Kalkulation** *f* calculation, estimate, computation; *(Kostenrechnung)* costing, cost estimate; → Preis~; → Vor~

**Kalkulations~**, **~abschlag** *m* markdown (on cost); **~abteilung** *f* cost estimating department; **~aufschlag** *m* markup (on cost); **~daten** *pl* costing data; cost estimate data; **~fehler** *m* mistake in calculation; miscalculation; **~posten** *m(pl)* costing item(s); **~preis** *m* calculated price; **~stichtag** *m* costing reference date; **~unterlagen** *fpl* costing data; cost estimate records; **~zeitpunkt** *m* costing reference date

**Kalkulator** *m* costing clerk

**kalkulatorisch**, **~e Abschreibung** *f* imputed depreciation; **~e Kosten** *pl* imputed costs; expenses assumed for costing purposes; **~e Zinsen** *pl* interest calculated for costing purposes

**kalkulierbares Risiko** *n* calculable risk

**kalkulieren** to calculate, to estimate, to compute; **Preise scharf ~** to calculate prices keenly (or closely)

**kälte- oder wärmeerzeugende Anlagen** *fpl (von Beförderungsmitteln für leicht verderbliche Lebensmittel)* thermal appliances

**Kälteerzeugung** *f*, **Anlage zur ~** refrigerating equipment

**Kältemaschine** *f* refrigerator; → Beförderungsmittel mit ~

**Kalt~**, **~luftschleiertruhe** *f* cold air curtain refrigerating cabinet; **~walzwerk** *n* cold rolling mill

**Kammer** *f* **für Handelssachen** division (of the Landgericht) dealing with commercial matters

**Kammgarnspinnerei** *f* worsted spinning mill

**Kampagne** *f*, **e-e ~ starten** to launch a campaign

**kämpfen**, **um den Markt ~** to fight for the market

**Kampf~**, **~preis** *m* cut-throat price; cutrate price; **~zoll** *m* retaliatory duty

**Kanal** *m* canal; channel; **~gebühren** *fpl* canal dues; **~schifffahrt** *f* canal navigation

**Kanalisation** *f* sewerage; drainage; sewage system
**Kandidat** *m* candidate; *(für Amt od. Wahl)* **vorgeschlagener ~** nominee; **e-n ~en** *(zur Wahl)* **aufstellen** to nominate a candidate
**Kannvorschrift** *f* optional provision
**Kante** *f*, **Geld auf die hohe ~ legen** to put money by (or away)
**kanten, nicht ~** to not tilt; this side up
**Kantine** *f* canteen; **Firmen~** *f* firm's canteen; *Am* cafeteria
**kanzerogene Stoffe** *mpl* cancerogenic substances
**Kanzler** *m* chancellor; **~ des Gerichtshofs** *(EU)* Registrar
**Kapazität** *f* capacity; **freie ~** spare capacity; **unausgelastete ~** unutilized capacity; **ungenutzte ~** unused (or idle) capacity
**Kapazitäts~**, **~abbau** *m* reduction in capacity; **~anpassung** *f* capacity adjustment; **~auslastung** *f* (od. **~ausnutzung** *f*) utilization (or employment) of capacity; **~ausweitung** *f* expansion of capacity; increase in capacity; **~engpässe** *mpl* **beseitigen** to get rid of capacity bottlenecks; **~erhöhung** *f* increase in capacity; **~grenze** *f* capacity limit; **~kosten** *pl* capacity cost; **~lücke** *f* capacity gap; **~überhang** *m* excess capacity; **~verringerung** *f* capacity reduction; cutback in capacity
**Kapital** *m* capital; *(verzinsliches ~)* principal; **~ und Zinsen** principal and interest; **angelegtes ~** invested capital; **betriebsnotwendiges ~** necessary operating capital; **eingebrachtes ~** capital brought into the firm (or company); **eingefordertes ~** called-up capital; **festliegendes ~** tied-up capital; **flüssiges ~** available (or ready, mobile) capital; *(von Aktionären)* **gezeichnetes ~** subscribed capital; **nötiges ~** requisite capital; **risikobehaftetes ~** risk capital, venture capital; **totes** (od. **unproduktives**) **~** idle (or unproductive) capital; **verfügbares ~** available capital; capital in hand; **~ anlegen** to invest capital; **~ fest anlegen** (od. **binden**) to tie up (or lock up) capital; **~ aufnehmen** to take up capital; **~ beschaffen** to procure capital; **~ brauchen** to be in need of capital; **~ einbringen** to bring capital (into a firm etc.); **nicht genug ~ haben** to lack capital; **aus e-r Sache ~ schlagen** to cash in on sth.; **sich mit ~ versorgen** to provide oneself with capital
**Kapital~**, **~abfindung** *f* lump sum settlement (or compensation); **~abfluss** *m* (od. **~abwanderung** *f*) capital outflow
**Kapitalanlage** *f* (capital) investment; **sichere ~** safe investment; **unproduktive ~** *pl* dead assets; **~n** *pl* **im Ausland** investments abroad (or overseas); **Ertrag aus ~** return on investment (R. o. I.); **~gegenstand** *m* investment asset; **~gesellschaft** *f* (capital) investment company; **~politik** *f* investment policy
**Kapital~**, **~anleger** *m* investor; **~ansammlung** *f* accumulation of capital; **~anteil** *m* capital share; (capital) interest (of a partner in a firm); **k~arm** short of capital; **~aufbringung** *f* putting up of capital
**Kapitalaufnahme** *f* taking up (or raising) of capital; **~ der öffentlichen Hand** public sector borrowing
**Kapital~**, **~aufstockung** *f* capital increase; **~aufwand in** capital expenditure (or spending); **~ausfuhr** *f* export of capital; **~ausschüttung** *f* distribution of capital; **~ausstattung** *f* capitalization (of a business enterprise); capital resources; capital equipment; **~bedarf** *m* capital demand (or requirements); **~bereitstellung** *f* provision of capital; **~bereitstellungskosten** *pl* cost of providing capital; **~berichtigung** *f* capital adjustment; **~berichtigungsaktie** *f* bonus share; **~beschaffung** *f* capital procurement; raising of capital; **~beteiligung** *f* capital participation (or interest); equity participation; shareholding; **~beteiligungsgesellschaft** *f* equity investment company; **~bewegungen** *fpl* movements of capital; **~bilanz** *f* *(Zahlungsbilanz)* balance of capital transactions; capital account; **~bildung** *f* accumulation (or formation) of capital; **~bindung** *f* capital tie-up; **~bindungskosten** *pl* cost of having capital tied up; **~decke** *f* capital cover; **~deckungsverfahren** *n* formation of coverage capital; **~dienst** *m* debt service; **~einfuhr** *f* import of capital; **~einkünfte** *pl* investment income; **~einlage** *f* *(e-s Gesellschafters)* capital contributed (or invested) (by a partner); brought-in capital; capital subscription; **~einsatz** *m* capital investment; use of capital; **~ent-**

**wertung** *f* capital depreciation; **~erhöhung** *f* capital increase; *Am* increase of capital stock

**Kapitalertrag** *m* investment income; yield on (invested) capital; return on investment (R. o. I.); unearned income; **~sbilanz** *f* balance of investment income; **~steuer** *f* investment income tax; withholding tax on income from capital (dividends etc.)

**Kapital~**, **~export** *m* export of capital; **~fehlleitung** *f* misdirection of capital; **~flucht** *f* flight of capital; **~fluss** *m* flow of funds; **~flussrechnung** *f* statement of changes in financial position; statement of sources and application of funds; flow of funds analysis; funds (flow) statement; **~fonds** *m (e-s Unternehmens)* capital fund, capital resources; **~geber** *m* provider of capital; lender; **~gesellschaft** *f Br* company limited by shares; *Am* corporation; **~gewinn** *m* → ~rendite; **~güter** *npl* investment goods; **~herabsetzung** *f* reduction of (share) capital; **~import** *m* import of capital; capital import

**Kapitalintensität** *f* capital intensity; **Industrien mit hoher ~** highly capital-intensive industries

**Kapital~**, **k~intensiv** capital intensive; needing much capital equipment; **~investition** *f* capital investment

**kapitalisieren** to capitalize

**Kapitalisierung** *f* capitalization

**Kapitalismus** *m* capitalism

**Kapitalist** *m* capitalist

**kapitalistisch** capitalistic

**Kapital~**, **k~knapp** short of capital; **~knappheit** *f* shortage of capital; **~koeffizient** *m* capital output ratio; **~konto** *n* capital account; **~kosten** *pl* capital cost; cost of capital; **~kraft** *f (e-s Unternehmens)* financial strength; **k~kräftig** financially strong; well-funded; well supplied with capital; **~lebensversicherung** *f* endowment insurance; **~lenkung** *f* investment control; **~lücke** *f* capital gap; **~mangel** *m* lack of capital

**Kapitalmarkt~**, **~enge** *f* tightness of the capital market; **k~fähig** eligible for the capital market; **~koeffizient** *m* capital-output ratio; **~politik** *f* capital market policy; **~verflechtung** *f* interpenetration of capital markets; **~zinsen** *mpl* capital market (interest) rates

**Kapital~**, **k~mäßige Beteiligung** *f* financial interest; **~mehrheit** *f (Aktienmehrheit)* majority shareholding; controlling interest; **~nutzung** *f* utilization of capital; **~quelle** *f* source of capital; **~rendite** *f* return on investment (R. o. I.); **~rentabilität** *f* earning power of capital employed; rate of return; **~reserven** *fpl* capital reserves; **~rückfluss** *m* reflux of capital; repatriation of capital; **~rückflussdauer** *f* payback period; **~rückflussrate** *f* capital recapture rate; **~rückführung** *f (in das Inland)* repatriation of capital; **~rücklage** *f* capital reserve; **~rückschleusung** *f* recycling of capital; **~rückzahlung** *f* repayment of capital; **~sammelstellen** *fpl* institutional investors; **k~schwach** financially weak; **~spritze** *f* injection of capital; **k~stark** financially strong; **~stock** *m* capital fund; **~strom** *m* capital flow; **~steuerung** *f* investment control; **~struktur** *f* capital structure; **k~suchendes Unternehmen** *n* firm requiring capital; **~summe** *f* capital sum; *(ohne Zinsen)* principal; **~umschlag** *m* capital turnover; **~verflechtung** *f* interlocking of capital; capital link

**Kapitalverkehr** *m* movements of capital; capital transactions; **~ mit dem Ausland** external capital transactions; **freier ~** *(EU)* free movement of capital; **der kurzfristige ~ mit den EG-Ländern schlug von e-m Passivsaldo (Nettokapitalexport) von … in e-n Aktivsalto (Nettokapitalimport) von … um** short-term capital transactions with EC-countries changed from a deficit (net capital exports) of … to a surplus (net capital imports) of …

**Kapitalverkehrs~**, **~bilanz** *f* → Kapitalbilanz; **~steuer** *f* tax on capital transactions

**Kapital~**, **~verlust** *m* capital loss; **~vermögen** *n* capital assets; **~versicherung** *f* capital sum insurance; **~verwaltungsgesellschaft** *f* capital investment company; **~verzehr** *m* depreciation of capital; **~verzinsung** *f* interest on capital (investment); return on capital; **~wertmethode** *f* net present value method; **~zinsen** *pl* interest on principal; capital interest; **~zufluss** *m* afflux (or inflow) of capital; **~zuwachs** *m* capital growth; **~zuwachs** *m* **aus Schenkungen** donated capital

**Karenzzeit** *f* → Wartezeit; *(Landwirtschaft)*

minimum interval between spraying and harvesting

**Kargoversicherung** *f (bei Schiffstransporten)* cargo insurance

**karibisch~, K~er Gemeinsamer Markt** *m* Carribbean Common Market (CARICOM)

**Karosserie** *f (Auto)* body; **~bau** *m* (od. **~gestaltung** *f*) body styling

**Kartei** *f* card-index; card file; **e-e ~ führen** to keep a card-index

**Kartei~, ~karte** *f* index-card, filing-card; *Am* record card; **~karten** *pl* **einordnen** to file index-cards; **~kasten** *m* card-index box (or cabinet); **~reiter** *m(pl)* indexing tab(s)

**Kartell** *n* cartel; combination in restraint of trade; *Br* restrictive agreement; → Export~; → Import~; → Preis~; → Produktions~; → Rationalisierungs~

**Kartell~, ~absprache** *f* cartel agreement; *Br* restrictive trading agreement; **~auflösung** *f* termination of a cartel agreement; **~behörde** *f* cartel authority; *Am* antitrust authority; **~bildung** *f* formation of a cartel; **~entflechtung** *f* decartelization; **k~feindlich** anti-cartel; **~gesetz** antitrust act; *Br* Restrictive Trade Practices Act

**kartellieren** to cartel(l)ize; to form a cartel

**Kartellrecht** *n*, **~ der EG** (od. **europäisches ~**) cartel law (or antitrust law) of the European Communities; European cartel (or antitrust) law

**kartellrechtlich zulässig** permitted under cartel law

**Kartell~, ~verbot** *n* ban on restrictive practices; prohibition of cartels (or of restraint of trade); **~verfahren** *n* antitrust proceedings; **~verordnung** *f (EU)* cartel regulation; **~verstöße** *mpl* antitrust infringements; **~vertrag** *m* restrictive practices agreement; cartel agreement; **~vorschriften** *fpl* cartel regulations; antitrust provisions

**Kartenzahlungssysteme** *npl*, **neue ~** (für den freien Zahlungsverkehr in der Gemeinschaft) new card payment system (to liberalize payments in the Community)

**Kartoffeln** *fpl*, **Früh~** new (or early) potatoes; **Saat~** seed potatoes, **Kartoffelanbau** *m* potato growing

**Karton** *m* cardboard; carton; **stabiler ~** sturdy carton; **Falt~** folding box; **in ~s verpacken** to box

**Kaskoversicherung** *f (Auto)* comprehensive insurance; *Am* collision insurance; *(Schiff, Flugzeug)* hull insurance

**Kassa~, ~devisen** *pl* spot exchange; exchange for spot delivery; **~dollar** *mpl* spot dollars; **~frist** *f (Frist für Skontogewährung)* discount period; **~geschäft** *n (Börse)* cash (or spot) transaction; dealing for cash; cash bargain; *(Devisen)* spot deal; **~handel** *m* spot trading; **~kauf** *m* cash purchase; **~kurs** *m (Börse)* cash price, spot price; *(Devisen)* spot rate; **~lieferung** *(Börse)* spot delivery; **~markt** *(Börse)* spot market; market for cash dealing; **Verkauf am ~markt** spot sale; **~mittelkurs** *m (Devisen)* middle spot rate; **~papiere** *npl* securities dealt for cash; **~preis** *(Warenbörse)* spot price

**Kasse** *f* cash; cash box; *(Abteilung)* cash office; *(im Laden)* cash desk, till; *(im Selbstbedienungsladen)* checkout; *(Theater etc.)* box office; **~ bei Ablieferung** *Br* cash on delivery (c. o. d.); *Am* collect on delivery (c. o. d.); **~ bei Auftragserteilung** cash with order; **~ gegen Dokumente** *(bes. im Außenhandel)* cash against documents (c/d); **~ gegen Faktura** cash after receipt of the invoice; **~ bei Lieferung** → ~ bei Ablieferung; **knapp bei ~** short of cash; **per ~** on spot terms; **per ~ kaufen** *(Börse)* to buy spot; **per ~ verkaufen** *(Börse)* to sell spot; **sofortige ~** immediate cash; spot cash; **gegen sofortige ~** for prompt cash; **die ~ führen** to be in charge of the cash; **~ machen** to make up the cash

**Kassen~, ~abschluss** *m* closing (or balancing) the cash account; **~arzt** *m* panel doctor; doctor under contract to a → Krankenkasse; **~ausgänge** *mpl* cash payments; cash disbursements; **~ausgangsbuch** *n* cash payments journal; **~beleg** *m* cash voucher; **~bestand** *m* cash balance; cash in hand; cash holdings; **~bon** *m* sales slip; receipt; **~defizit** *n* → ~fehlbetrag; **~eingänge** *mpl* cash receipts; **~eingangsbuch** *n* cash receipts journal; **tägliche ~einnahmen** *fpl* daily cash receipts; **~fehlbetrag** *m* adverse cash balance; cash deficit; *Am* cash short(s); **~führer** *m* cash keeper; *(e-s Klubs etc.)* treasurer; **~führung** *f* cashkeeping; *(e-s Klubs etc.)* treasurership; **~journal** *n* cash book; **~kontrolle** *f* cash audit; **~kredit** *m* cash advance; cash lending; **~lage** *f* cash position; **~manko** *n* → ~fehlbetrag; **k~mäßig** in cash terms; **~mittel** *pl* cash resources; **~mittelbedarf** *m* cash needs; **~obligationen** *pl* medium-term notes; **~posten** *m* cash item; **~prüfung** *f* (od. **~revision** *f*) cash audit(ing); **~rekord** *m* box office record; **~schalter** *m* cash desk; *(Bank)* teller's counter; **~schlager** *m* box office hit, money-spinner; **~skonto** *m* cash discount; **~stand** *m* balance of cash on hand; **~stunden** *fpl* cash office hours; banking hours; **~sturz** *m* **machen** to make up (or check) one's cash; **~zettel** *m* sales slip; *Am* (sales) check

**kassieren** to cash; to collect

**Kassierer** *m* cashier; *(Bank)* teller

**Katalog** *m*, **~ mit Preisangabe** priced catalog(ue); **~preis** *m* catalog(ue) price; list price; **im ~ aufgeführte Artikel** articles listed in the catalog(ue); **wir wären dankbar für die Zusendung Ihres ~es** we should be pleased if you would send us your catalog(ue)

**Katalysator** *m* catalyst; catalyzer; *(Auto)* catalytic converter

**Katastrophe** *f* disaster; **von e-r Natur~ heimgesucht** devastated (or hit) by a natural disaster; **im ~nfalle** in the event of a disaster; **~ngebiet** *n* disaster-stricken region; **~nhilfe** *f* aid for disaster victims; **~nopfer** *n* disaster victim

**Kauf** *m* purchase; *(~en)* buying, purchasing; **günstiger** (od. **vorteilhafter**) **~** good buy; bargain; **im Ausland getätigte Käufe** *mpl* buying abroad; **~ auf Abruf** purchase on call; **~ auf** → Abzahlung; **~ nach Angabe** purchase by description; **~ zur Ansicht** purchase subject to inspection; **~, bei dem e-e Anzahlung gemacht und die Ware zurückgelegt wird** *Am* will-call purchase; **~ gegen bar** (od. **gegen Kasse**) cash purchase; **~ unter Eigentumsvorbehalt** conditional sale; sale with reservation of ownership; **~ von Forderungen** factoring; **~ auf Probe** sale on approval; **~ auf Hausse** purchase for a rise; **~ nach Muster** purchase according to sample; **~ auf Ratenzahlung** → Ratenzahlungs~; **~ mit Rückgaberecht** sale or return; **~ auf Umtausch** exchange privilege purchase; **~ auf Ziel** → Ziel~

**Kauf~, ~abrechnung** *f (des Börsenmaklers)* bought note; **~absicht** *f* buying intention; **~angebot** *n* purchase offer; **~anlass** *m* buying motive; **~anreiz** *m* incentive to buy; **~auftrag** *m* buying order; **briefliche ~- und Verkaufsaufträge** *mpl (Börse)* mail orders for purchase and sale; **~beeinflussung** *f* inducement to buy; **~bereitschaft** *f* readiness to purchase; **~empfehlung** *(Börse)* buy recommendation; **~entschluss** *m* decision to buy, buying decision; **~entscheidung** *f* buying (or purchase) decision; **~entscheidungsprozeß** *f* buyer's decision-making process

**kaufen** to buy, to purchase; *(ein Unternehmen)* to acquire; **ein Auto auf** → Abzahlung ~; **etw. alt ~** to buy sth. second-hand; **gegen bar ~** to buy for cash; **billig ~** to buy cheap(ly) (or at a low price); **direkt beim Hersteller ~** to buy directly from the manufacturer; **teuer ~** to buy at a high price; **unbesehen** *(ohne vorherige Prüfung)* **~** to buy without previous inspection; **zu ~ sein bei** to be obtainable at

**Käufer** *m* buyer, purchaser; vendee; *(Ein~)* shopper; **~** *m(pl)* **im Ausland** buyer(s) abroad; *(in Übersee)* buyer(s) overseas; **~ e-r** → Rückprämie; **~ e-r** → Vorprämie; **möglicher** (od. **voraussichtlicher**) **~** prospective buyer; **unbenannter ~** undisclosed buyer; **~ finden** to meet with purchasers

**Käufer~, ~andrang** *m* (od. **~ansturm** *m*) rush of buyers; **~flut** *f* flood of buyers; **~gruppe** *f* buyer group (or category); **~interesse** *n* buying interest; **~land** *n* buying country; **~markt** *m* buyers' market; **~pflicht** *f* purchaser's duty; **~streik** *m* buyers'strike

**Kauffahrteischiff** *n* merchantman, merchant ship; trading vessel, trader

**Kauf~, ~gegenstand** *m* object of purchase; **günstige ~gelegenheit** *f* favo(u)rable buying opportunity; **„~gesuche"** *npl (in Zeitungen)* „Articles Wanted"; **~gewohnheiten** *fpl* buying (or purchasing, shopping) habits; **~haus** *n* department store; **~hauswerte** *pl* department store shares; stores; **~hemmung** *f* buyer's resistance (or reluctance); **~interesse** *n* buying interest; **~interessent** *m* interested (or prospective) buyer

**Kaufkraft** *f* purchasing power (of money); spending power (of consumer); **die**

**überschüssige ~ abschöpfen** to absorb (or mop up; siphon off) the excessive (or surplus) purchasing power; **die ~ erhalten** to maintain buying power
**Kaufkraft~**, **~anstieg** *m* increase in buying power; **~index** *m* purchasing power index; **~parität** *f* purchasing power parity; **~steigerung** *f* purchasing power increase; **~überhang** *m* excessive purchasing power; **~verlust** *m* loss in purchasing power; **Dämpfung des ~schwundes** checking the shrinkage of purchasing power
**kaufkräftig** with purchasing power (money); with spending power (consumer)
**Kaufleute** *pl* merchants; traders; (kleine) tradespeople; **Nicht~** *pl* persons other than traders
**käuflich erwerben** to acquire by purchase
**Kauflust** *f* wish to buy, propensity to buy; *(Börse)* buoyancy among buyers
**kauflustig** inclined to buy
**Kaufmann** *m* businessman; merchant; trader, dealer; *(Lebensmittelhändler)* grocer; **~ werden** to go into business
**kaufmännisch** commercial; **~ ausgebildet sein** to have a business training; **~ tätig sein** to be engaged in commercial (or business) activities; **~er Angestellter** *m* commercial employee; **~e Ausbildung** *f* commercial training; **~er Beruf** *m* career in commerce; **~e Bücher** *npl* business records; **~e Buchführung** *f* commercial bookkeeping; **nach ~en Gesichtspunkten** *mpl* in accordance with commercial practices; **~er Lehrgang** *m* commercial course; **~er Verpflichtungsschein** *m* certificate of obligation made out to order by a merchant; **~es Zurückbehaltungsrecht** *n* trader's right of retention
**Kauf~**, **~motiv** *n* buying motive; **~möglichkeiten** *fpl* purchasing possibilities; **~neigung** *f* propensity to purchase; inclination to buy; **~option** *f* option to purchase; *(Börse)* call option; **~ortwerbung** *f* point-of-purchase advertising
**Kaufpreis** *m* purchase price; **vertraglich vereinbarter ~** purchase price agreed upon; **den ~ ausdrücklich oder stillschweigend festsetzen** to fix the purchase price expressly or implicitly
**Kaufpreis~**, **~forderung** *f* claim for the purchase price; **~herabsetzung** *f* abatement of the purchase price
**Kaufrechtsübereinkommen** *n*, **VN-~** UN Convention on Contracts for the International Sale of Goods
**Kauf~**, **~summe** *f* purchase money; **~unlust** *f* disinclination to purchase; **k~unlustig** disinclined to buy; **~vereinbarung** *f* purchase agreement; **~verhalten** *n* buying (or shopping) behavio(u)r; **~verpflichtung** *f* commitment to buy
**Kaufvertrag** *m* contract of sale, sales contract; purchase contract; *(Urkunde)* deed of purchase; **internationaler ~** international sales contract (s. internationaler → Warenkauf); **~ über bewegliche Sachen** contract for (the) sale of goods; **e-n ~ abschließen** to conclude a sales contract
**Kauf~**, **~zurückhaltung** *f* buying caution; **kein ~zwang** *m* no obligation to buy; inspection invited
**Kausalzusammenhang** *m* causal connection
**Kaution** *f* security, guarantee, (guarantee) deposit; *(Haftungsversprechen)* bond; *(Haft~)* bail; **gegen ~** on condition a deposit is lodged; against a security; **nicht rückzahlbare ~** nonrefundable deposit; **Stellung e-r ~** deposit of a security; **gegen ~ aus der Haft entlassen** to release on bail; **jdn gegen ~ freibekommen** to bail sb. out; **e-e ~ stellen** to furnish (or give) a guarantee; to provide security; to give a deposit; to furnish (or give) bail; **die gestellte ~ zurückerstatten** to refund the security (or deposit) lodged
**Kautions~**, **~betrag** *m* amount of the deposit; (amount of) security (or bail); **k~fähig** able to provide security; bailable; **~kredit** *m* guarantee credit; **~versicherung** *f* fidelity insurance; guarantee (or *Am* guaranty) insurance; **~wechsel** *m* bill of exchange given as security; collateral bill
**Kautschuk** *m* (raw) rubber; **synthetischer ~** synthetic rubber; **~pflanzung** *f* rubber plantation; **~waren** *fpl* rubber goods
**Kellerwechsel** *m* fictitious bill; kite; bill drawn on a non-existing person
**kennen** to know
**kenntlich machen** to identify; to mark
**Kenntnis** *f* knowledge, information; notice; **~se** *pl (Fertigkeiten)* accomplishments; *(erworbene ~se)* attainments; **~ des**

**Gerichts** judicial notice; **umfassende ~se** complete knowledge; → Geschäfts~se; → Sprach~se; **bei jds ~ der Sachlage** if sb. had known the true situation; **jdm etw. zur ~ bringen** to inform sb. of sth.; **~ erhalten** to obtain knowledge; to be given notice; **~ haben von** to be aware of; **zur ~ nehmen** to (take) note (or notice)

**Kennzahl** *f* code number; ratio

**Kennzeichen** *n* mark, sign; *(Merkmal)* feature; characteristic; *(z. B. auf Kisten)* tally; → Kraftfahrzeug~; **~missbrauch** *m* passing off

**kennzeichnen** to mark; *(etikettieren)* to label; *(Vieh, Waren etc.)* to brand; to characterise; **~d hierfür ist** the determinative factor in this context is

**Kennzeichnung** *f* marking; (informative) labelling; **~ gefährlicher Stoffe** labelling of dangerous substances; **~svorschriften** *fpl* marking (or labelling) requirements

**Kennziffer** *f*, **e-e Anzeige mit e-r ~ versehen** to key an advertisement

**keramisch~**, **~e Industrie** *f* ceramics (or pottery) industry; **~e Waren** *fpl* ceramic (or pottery) products

**Kern~**, nuclear; core; **~anlagen** *fpl* nuclear installations; **~brennstoffe** *mpl* nuclear fuels; **Versorgung mit ~brennstoffen** nuclear fuel supply

**Kernenergie** *f* nuclear energy; **durch ~ angetrieben** nuclear-driven; **~ für friedliche Zwecke** nuclear energy for peaceful purposes; → Europäische ~agentur; **~erzeugung** *f* nuclear energy production

**Kernforschung** *f* nuclear research

**Kernkompetenz** *n* core competence

**Kernkraft** *f*, **k~betrieben** nuclear-powered; **~anlage** *f* nuclear power station (or plant); **~unfall** *m* nuclear accident; **~werk** *n* nuclear power station; **Außerbetriebnahme** *f* (od. **Stillegung** *f*) **e-s ~werkes** shutdown (or decommissioning) of a nuclear power station

**Kernprozeß** *n* core process

**Kernreaktor** *m*, **in der Gemeinschaft betriebene ~en** *pl* nuclear reactors in operation within the Community

**Kern~**, **k~technische Einrichtungen** *fpl* nuclear facilities; **~treibstoffe** *mpl* nuclear fuels

**Kernwaffen** *fpl* nuclear weapons (→ Atomwaffen); **k~freie Staaten** *mpl* non-nuclear weapon states; **~versuche** *mpl* nuclear weapon tests; **die Verbreitung von ~n verhindern** to prevent the proliferation of nuclear weapons

**Kerosin** *n* kerosene

**Ketten~**, **~laden** *m* chain store; multiple shop; **~ziffern** *fpl (Statistik)* chain relatives

**Kfz** → Kraftfahrzeug

**KG** → Kommanditgesellschaft

**KGaA** → Kommanditgesellschaft auf Aktien

**Kiesgrube** *f* gravel pit

**Kilometer** *m* kilomet|re (~er); **~geld** *n* mileage (allowance)

**Kind** *n*, **eheliches ~** legitimate child; **nichteheliches ~** illegitimate child

**Kinder~**, **~ermäßigung** *f* reduction for children; **~fahrkarte** *f* child's ticket; **~freibetrag** *m (Steuer)* children's allowance; **~geld** *n Br* child benefit; *Am* family allowance; **~kleidung** *f* children's outfitting; **k~los** childless; **~nahrung** *f* children's foodstuffs; **~tagesstätte** *f* day nursery for children; day care cent|re (~er); **~zuschuss** *m* children's supplement

**Kiosk** *m Br* kiosk; *Am* newsstand

**kippen** *(z. B. auf Müllhalde)* to dump

**Kirchensteuer** *f* church tax

**Kiste** *f* case, box; crate; **~ mit Bandverschluss** case with metal strapping; **mit Blech ausgeschlagene ~** tinlined case; **mit Ölpapier ausgelegte ~** case lined with oilpaper; **in ~n verpacken** to pack in cases, to case

**Kladde** *f (Tagebuch)* day-book; *Br* waste book; *Am* blotter

**Klage** *f* action, suit; *(Beschwerde)* complaint; **~ der Aktionäre an Stelle der Gesellschaft** shareholders' derivative action; **~ der Kommission** *(EU)* Commission complaint; **~ des Rats** *(EU)* action brought by the Council; **~ auf Schadenersatz** action for damages; **~ auf Scheidung** petition for divorce; **~ aus unerlaubter Handlung** action in tort; **~ aus Vertrag** action under a contract; action founded on a contract; **die ~ kostenpflichtig abweisen** to dismiss the action with costs; **die ~ als unbegründet abweisen** to dismiss the action as (being) unfounded; **~ einreichen gegen jdn** to bring an action against sb.; to institute proceedings against sb.; **~ erheben** → ~ einreichen; **~ beim Gerichtshof erheben** *(EU)* to bring an action before the Court of Justice; to file a petition to the Court of Justice; **die Kommission hat beim Gerichtshof ~ erhoben, um festzustellen, dass ...** *(EU)* the Commission applied to the Court of Justice for a ruling that ...; **~ führen** (bei jdm) **über etw.** to enter (or file, lodge) a complaint (with sb.) of (or about sth.); to complain about sth.; **der ~ stattgeben** to find against the defendant; **die ~ zurückziehen** to withdraw the action

**Klage~**, **~beantwortung** *f* answer to an action; defen|ce (~se); **~abweisung** *f* dismissal of action; **~begründung** *f* statement of claim

**klagen** to sue (auf for, gegen jdn sb.); to take legal action; **~ über** *(sich beschweren über)* to complain about; **aus e-m Vertrag ~** to sue under a contract; **~ oder verklagt werden** to sue or be sued; **die Gemeinschaft kann ~ und verklagt werden** *(EU)* the Community may be a party to legal proceedings (→ geklagt)

**Kläger** *m* plaintiff; *(bes. in Ehescheidungssachen) Br* petitioner; *(EU)* applicant

**Klage~**, **~erhebung** *f* bringing an action; *(EU)* submission of a case; **~rücknahme** *f* discontinuance of an action; **~schrift** *f* statement of claim; **e-e ~schrift beim Gerichtshof einreichen** *(EU)* to file a petition to the Court of Justice; **~verjährung** *f* limitation of action; **auf dem ~weg** by taking legal action; **~zustellung** *f* service of an action

**Klär~**, **~anlage** *f* sewage treatment plant; **~schlamm** *m* sewage sludge

**Klarsicht~**, **~folie** *f* transparent foil; **~packung** *f* transparent pack

**Klärung** *f* **der Rechtslage** clarification of the legal position

**Klasse** *f* class, category; *(Güte~)* grade; **erste ~** *com* grade A; **Waren zweiter ~** second-class goods

**Klassifikation** *f* classification; **~sattest** *n* *(für ein Schiff)* classification certificate

**klassifizieren** to classify; *(Waren)* to grade

**Klassifizierung** *f* classification; grading

**Klausel** *f* clause; stipulation; → Konkurrenz~; → Schiedsgerichts~; → Vertrags~; **Einfügung e-r ~ in e-n Vertrag** insertion of a clause in a contract

**Klebe~**, **~band** *n* adhesive tape; **~mittel** *n* (od. **~stoffe** *pl*) adhesives; adhesive substances (or materials); **~zettel** *m* adhesive label; **mit ~streifen** *m* **verschließen** to close with adhesive tape (or gummed strip)

**Kleider~**, **~fabrikant** *m* clothes manufacturer; **~fabrikation** *f* clothes manufacture; **~geld** *n* clothes allowance; **~geschäft** *n Br* clothes shop; *Am* clothing store; **~stoff(e)** *m(pl)* dress material

**Kleidung** *f* clothing, clothes; **~sstück** *n* article of clothing; garment; **Arbeits~** *f* working clothes

**klein~**, **~er Auftrag** *m* small order; **~e Geldsumme** *f* a small sum of money; **~e Havarie** *f* petty average; **~e Sparer** *mpl* small savers; **~e Spesen** *pl* petty expenses; **~e und mittlere Unternehmen** *npl* (KMU) small and medium-sized enterprises (SMEs); **~e und mittlere Unternehmer** *mpl* small and medium-sized businessmen

**Klein~**, **~aktie** *f* share with a low par value; **~aktionär** *m* small shareholder; **~anleger** *m* small investor; **~anzeige** *f* classified (or small) ad(vertisement); *colloq.* small ad; **~bauer** *m* small farmer, smallholder; **k~bäuerlicher Familienbetrieb** *m* small family holding; **~betrieb** *m* small business (or firm); *(der Landwirtschaft)* small farm, small holding; **~- und Mittelbetriebe** *mpl* (KMB) small and medium-sized businesses (SMB) (or firms); **~computer** *m* small computer; **~einfuhren** *fpl* small-scale imports; **im ~format** *n* in a small size; **~frachter** *m* small cargo freighter; **~gedrucktes** *n* small print

**Kleingeld** *n* (small) change, small coin; **~ herausbekommen** to get change; **~ herausgeben** to give change

**Klein~**, **~gewerbe** *n* small business, small trade; **~gewerbetreibender** *m* person carrying on a small business; small trader; **~handel** *m* → Einzelhandel; **~händler** *m* retailer; small trader

**Kleinkind~**, **Lebensmittel für ~er** *npl* infant foods, baby foods

**Klein~**, **~kredit** *m* small(-scale) (or personal) loan; *Am* consumer loan, **~kreditgeschäft** *n* small-scale lending; **~lastwagen** *m* light utility vehicle; *Br* light lorry; *Am* light truck; **~lebensversicherung** *f* industrial life *Br* assurance (*Am* insurance); **k~maschige Netze** *npl (zum Fischfang)* nets with small meshes; **~obligationen** *fpl* baby bonds; **~preis-**

**geschäft** *n* low-price store; **~rechner** *m* small computer; **~sendungen** *fpl* **ohne kommerziellen Charakter** small non-commercial consignments

**Kleinserie** *f* small series; job lot; **~nfertigung** *f* small-scale production; job lot production

**Klein~**, **~siedlung** *f* small housing estate; **~sparer** *m* small saver

**Kleinstvorhaben** *n* micro-project

**Klein~**, **~transporte** *mpl* carriage of goods in small vehicles; **~transporter** pickup (van); **~- und Mittelbetriebe** *mpl* (KMB) small and medium-sized enterprises (SMEs); **~unternehmen** *n* small business (or firm, enterprise); **~unternehmer** *m* small businessman (or entrepreneur); **Abpackungen in ~verpackungen** *fpl* packaging in small packages; **~verkaufsstelle** *f* retail outlet; **~vertrieb** *m* retail sale, retailing; **~vorhaben** *n* minor project; **~wagen** *m* small car; **~werkzeuge** *npl* small tools

**Klemme**, **in der ~ sitzen** to be in a difficult situation; to be in (tight) squeeze

**Klempner** *m* plumber; **~arbeiten** *fpl* plumbing works

**Klima** *n*, **ungünstiges** ~ adverse climate; **mit ~anlage** *f* air-conditioned

**KMB** → Klein- und Mittelbetriebe

**KMU** → kleine und mittlere Unternehmen

**knapp** short (an of); scarce; **~ 100** € just under 100 €; **~ rentabel** marginal; **~ an Arbeitskräften** short of hands, short-handed; **sein ~es Auskommen haben** to have barely enough to live on; **~ mit Geld sein** to be short of money; to be pressed for funds; to be pinched for money; **~ bei Kasse** *colloq.* hard-up; **~e Mehrheit** *f* narrow majority; **~e Waren** *fpl* scarce goods (or commodities); goods in short supply; **~es Wahlergebnis** *n* close election result; **~ sein** to be short (an of); *(nur beschränkt vorhanden sein)* to be in short supply; **~ werden an** to run short of; to get scarce of; **das Geld ist ~** money is scarce; funds are short; **die Vorräte werden ~** supplies are running short

**Knappheit** *f* scarcity; shortage; **~ an Arbeitsplätzen** scarcity of jobs, job shortage

**Knappschafts~**, **~rente** *f* miners' pension; **~versicherung** *f* miners' social insurance

**Kneipe** *f Br* public house, pub; *Am* saloon

**Know-how**, **~-Vertrag** know-how agreement; **Vergütungen für ~** know-how payments

**Knüller** *m* (news) scoop

**knüpfen**, **Bedingungen ~ an** to attach conditions to

**Koalitionsfreiheit** *f* freedom of association

**kodieren** to code

**Kofinanzierungsvertrag** *m* cofinancing agreement

**Koffer** *m*, **~diebstahl** *m* theft of a suitcase; luggage (baggage) theft; **~raum** *m (e-s Autos) Br* boot; *Am* car trunk; **seinen ~ aufgeben** *Br* to register one's luggage; *Am* to check one's baggage

**Kohle** *f* coal; **Braun~** *f* brown coal; lignite; **Koks~** *f* coking coal; **Stein~** *f* hard (or pit, mineral) coal; **~ausfuhr** *f* coal exports; **k~befeuert** (od. **~betrieben**) coal-fired; **k~fördernde Länder** *npl* coal producing countries; **~förderkapazität** *f* coal production capacity; **~förderung** *f* coal production; coal haulage; mining of coal; **~gewinnung** *f* coal extraction; **~hydrierungstechnologie** *f* coal hydrogenation technology; **~kraftwerk** *n* coal-fired power station

**Kohlen~**, **~abbau** *m* working (or exploiting) coal; **~aufbereitung** *f* coal preparation; **~bergbau** *m* coal mining; **~bergwerk** *n* coal mine; **~förderung** *f* → Kohleförderung; **~grube** *f* coal mine; **~halde** *f* coal pile (or dump, stocks); **~handel** *m* coal trade; **~händler** *m* coal marchant (or trader); **~knappheit** *f* shortage of coal; **~nachfrage** *f* coal demand; **~staubexplosion** *f (im Bergbau)* coal dust explosion; **~transport** *m* transport of coal; **~verbrauch** *m* coal consumption; **~vorrat** *m* supply of coal; coal supplies, coal reserves

**Kohlenwasserstoff** *m* hydrocarbons; **Ablassen von ~en durch Schiffe** discharge of hydrocarbons by ships; **abgelassene ~e** oil spills; **~e ins Meer ableiten** to discharge hydrocarbons at sea

**Kohlen~**, **~wertstoffindustrie** *f* coal derivatives industry; **~wirtschaft** *f* coal industry; **~zeche** *f* coal mine; *Br* colliery

**Kohle~**, **~papier** *n* carbon paper; **~technologie** *f* coal technology; **~verbrauch** *m* coal consumption; **k~ver-**

**brauchende Industriebetriebe** *mpl* coal utilizing industrial plants; **~verbraucher** *m* coal user; **~verflüssigung** *f* hydrogenation of coal; **~versorgung** *f* supply of coal; **~vorkommen** *n* coal deposit; **~vorrat** *m* → ~nvorrat

**Kokerei** *f* coking plant; **~gas** *n* coke-oven gas

**Koks** *m* coke; **~kohle** *f* coking coal; **~verbrauch** *m* coking consumption

**Kollektion** *f* collection, assortment (of goods to choose from); *(Muster~)* range of samples

**Kollektiv~**, **~eigentum** *n* collective ownership; **~entscheidung** *f* collective decision

**kollektivieren** to collectivize

**Kollektiv~**, **~monopol** *n* collective monopoly; **~sparen** *n* group saving; **~verhandlungen** *fpl (zwischen Arbeitgebern und Arbeitnehmern)* collective bargaining; **~versicherung** *f* group (or blanket) insurance); **~vollmacht** *f* joint power of attorney; **~werbung** *f* collective (or group) advertising; **~wirtschaft** *f* collective economy

**Kolli** *npl* packages; **~markierungen** *fpl* marks on packages

**kollidieren** to come into collision (with); to collide, to conflict; **~des Patent** *n* interfering patent; **~de Interessen** *fpl* conflicting interests

**Kollision** *f* collision; conflict (of interests *etc.*); interference; **~snormen** *fpl (IPR)* conflict (of laws) rules; **~sschaden** *m* damage due to collision

**Kollo** *n* package

**Kombinations~**, **~kraftwagen** *m* → Kombiwagen; **~schloss** *n* combination lock

**kombiniert~**, **~er Güterverkehr** *m* combined road/rail carriage of goods; **~er Konzernabschluss** *m Br* combined group accounts; *Am* combined financial statements; **~er Verkehr** *m* → Huckepackverkehr; **~e Versicherung** *f* all-risks insurance

**Kombi~**, **~schiff** *n* passenger-cargo ship; **~wagen** *m Br* estate car; *Am* station wagon

**Kommandit~**, **~aktionär** *m* shareholder in a → KGaA; **~anteil** *m* limited partner's share; **~einlage** *f* limited partner's capital contribution; **~gesellschaft** *f* (KG) limited partnership; **~gesellschaft auf Aktien** (KGaA) partnership limited by shares

**Kommanditist** *m* limited partner

**Kommanditvertrag** *m* agreement setting up a limited partnership

**Kommen** *n*, **im ~ sein** to be on the up and up

**kommerziell** commercial

**Kommerzialisierung** *f* commercialization

**Kommission** *f* 1. *(EU)* Commission; **Beamter der ~** Commission official; **Dienststellen** *fpl* **der ~** Departments of the Commission; **e-e Beschwerde an die ~ richten** to file a complaint with the Commission

**Kommissions~**, **~entwurf** *m* Commission draft; **~mitglied** *n* member of the Commission; **~sitzung** *f* Commission's session; **~präsident** *m* President of the Commission; **~vorschläge** *mpl* Commission proposals; proposals put forward by the Commission

**Kommission** 2. *(Ausschuss)* commission; **VN-~ für** → internationales Handelsrecht; **Mitglied e-r ~ sein** to be (or sit) on a commission; to be a member of a commission

**Kommission** 3. *com* commission; **Waren in ~ geben** to give goods on commission; *(Überseehandel)* to give goods on consignment; to consign goods for sale; **Waren in ~ nehmen** to take goods on commission (or on consignment)

**Kommissionär** *m* commission agent; *(im Überseehandel)* consignee; factor; **~sprovision** *f* factorage

**Kommissions~**, **~agent** *m* commission agent; **auf ~basis** *f* on a commission basis; on consignment; **~einkauf** *m* purchase on commission; **~geschäft** *n* commission business; *(Überseehandel)* consignment business; **~gut** *n* goods on commission; **~handel** *m* commission trade; **~lager** *n* stock on commission; consignment stock; **~tratte** *f* → ~wechsel; **~verkauf** *m* sale on commission; consignment sale; **~vertreter** *m* commission agent; **~ware** *f* merchandise for sale on commission; commission goods; goods on commission; goods on consignment; **~wechsel** *m* bill of exchange drawn for account of a third party; **auf dem ~wege** *m* on commission; *(Überseehandel)* on consignment

**Kommittent** *m* principal; *(Überseehandel)* consignor, person who consigns goods

**kommunale Eigenbetriebe** *mpl* enterprises owned by local authorities

**Kommunal~**, **~abgaben** *fpl* municipal charges; *Br* rates, council taxes; local taxes; **~anleihe** *f* municipal loan; **~behörde** *f* municipal (or local) authority; **~betrieb** *m* municipal enterprise; **~darlehen** *n* → ~kredit; **~kredit** *m* loan granted to a local authority; **~obligationen** *fpl* (od. **~schuldverschreibungen** *fpl*) municipal bonds; **~recht** *n* local laws; **~steuern** *fpl* → ~abgaben; **~verwaltung** *f* local government

**Kommunikation** *f* communication; **~stechnologie** *f* communications technology

**Kompensations~**, **~geschäft** *n* *(Außenhandel)* barter transaction; switch transaction; countertrade; *(Effektengeschäft)* interbank securities transaction; **~kurs** *m* → Liquidationskurs

**Komplementär** *m (e-r KG od. KGaA)* general partner (with unlimited liability)

**Komplementärgüter** *npl* complementary goods

**Komplementarität** *f* complementarity

**Kompositversicherer** *m* composite insurance company

**Kompromiss~**, **~vorschlag** *m* compromise proposal; **sich k~bereit zeigen** to show willingness to compromise

**Konditionen** *fpl* conditions, terms; **~empfehlungen** *fpl* recommended terms and conditions; **~kartell** *n* cartel fixing the uniform application of terms of delivery and payment

**Konditor** *m* confectioner; **~ei** *f* confectioner's shop, confectionery; **~waren** *fpl* confectionery

**Konfektion** *f* (manufacture of) ready-made (or ready-to-wear) clothes; **~sware** *f* ready-made (or ready-to-wear) clothes; *colloq. Br* off-the-peg clothes

**Konferenz** *f* conference; *(Kartell in der Linienschiffahrt)* conference; **~ der Vereinten Nationen für Handel und Entwicklung** United Nations Conference on Trade and Development (UNCTAD); **~ für internationale wirtschaftliche Zusammenarbeit** (KIWZ) Conference on International Economic Cooperation (CIEC); **die ~ ist anberaumt für** the conference is scheduled for

**Konferenz~**, **Schiffe der ~linien** conference ships; **~raten** *fpl* conference (freight) rates

**Konjunktur** *f* business (or economic) cycle; (level of) economic activity; economic trend; economic (or business) situation; *(Marktlage)* state of the market, market situation; → Hoch~; → Inlands~; **ansteigende ~** increasing economic activity; **günstige ~** favo(u)rable business situation; **rückläufige ~** declining economic activity

**Konjunktur~**, **k~abhängig** cyclical; **~abschwächung** *f* weakening of (or decline in) economic activity; cyclical slackening; **~abschwung** *m* cyclical downswing; slowdown in (or downward movement of) economic activity; **~ankurbelung** *f* stimulating economic activity; **~anstieg** *m* cyclical (or economic) upswing; upward movement of economic activity; **~ausgleichsrücklagen** *fpl* **bei der Bundesbank bilden** to form anticyclical cash reserves with the German Federal Bank; **~aussichten** *fpl* economic outlook

**konjunkturbedingt** due to the economic trend (or business situation); cyclical(ly) induced; **~e Preiserhöhungen** *fpl* cyclical price increases; **~e Überschüsse** *mpl (EU)* cyclical surpluses

**Konjunktur~**, **~befragung** *f* short-term survey; economic inquiry; **~belebung** *f* economic revival; stimulation of economic activity; **~bewegung** *f* cyclical movement; **rückläufige ~bewegung** *f* downturn in economic growth; recession; **k~dämpfende Maßnahmen** *fpl* countercyclical measures; **~dämpfung** *f* curbing (or damping down) the boom; **~einbruch** *m* business setback; **~einflüssen** *mpl* **unterliegen** to be exposed to cyclical influences

**konjunkturell** cyclical; **~ steigen** to show cyclical growth; **die Produktion hat ~ nicht zugenommen** production did not show any trend increase; **~er Abschwung** *m* → Konjunkturabschwung; **~e Erholung** *f* cyclical recovery; recovery of economic activity; **~e Entwicklung** *f* → Konjunkturentwicklung; **~e Faktoren** *mpl* cyclical factors; **~e Lage** *f* cyclical situation; **~e Maßnahmen** *fpl* economic policy measures; anti-cyclical measures;

**~er Rückgang** *m* cyclical decline; **~e Veränderungen** *fpl* cyclical changes

**Konjunktur~, k~empfindlich** sensitive to economic fluctuations; **~entspannung** *f* easing of cyclical conditions

**Konjunkturentwicklung** *f* economic (or cyclical) development (or trend); trend of business; **sich dämpfend auf die ~ auswirken** to have a delaying effect on the upward trend

**Konjunktur~, ~erholung** *f* → k~elle Erholung; **~flaute** *f* slump; **~forschung** *f* business cycle research; **k~gerecht** in line with the economic situation; **~indikator** *m* business cycle indicator; indicator of business activity; **~klima** *n* business (or economic) climate; **~krise** *f* (short-term) economic crisis; **~lage** *f* economic (or business) situation; state of the business cycle; **allgemeine ~lage** *f* general economic conditions; **gemeinsame ~maßnahmen** *fpl (EU)* common economic action; **~phase** *f* phase of the business cycle; cyclical phase; **~politik** *f* (short-term) economic policy; (anti)cyclical policy; policy controlling cyclical fluctuations

**konjunkturpolitisch~, ~e Fragen** *fpl* short-term economic policy problems; **aus ~en Gründen** *mpl* for anticyclical reasons; **~e Instrumentarien** *npl* instruments for controlling cyclical trends; **~e Maßnahmen** *fpl* **treffen** to take economic policy (or anticyclical policy) measures

**Konjunktur~, ~prognose** *f* business forecast; forecast of the economic activity; **~programm** *n* anticyclical programme; economic recovery programme; **~rat** *m* (für die öffentliche Hand) (public authorities') Market Development Council; **k~reagibel** sensitive to economic fluctuations; **~rückgang** *m* decline in economic (or business) activity; downward business trend; (economic) recession; **~rückschlag** *m* business setback; **~schwäche** *f* economic sluggishness; **~schwankungen** *fpl* cyclical fluctuations; ups and downs of the business cycle; fluctuation in the economic situation; **~spritze** *f* shot in the arm (for stimulating economic activity); **~stabilisierung** *f* cyclical stabilization; **~steuerung** *f* regulation of short-term economic development; **k~stützend** supporting economic activity; **~tendenz** *f* economic trend; **~test** *m* economic trend check; **~tief** *n* low point of economic activity; economic trough; **~trend** *m* economic trend; **~überhitzung** *f* cyclical overheating; **~umfrage** *f* business survey; **~umschwung** *m* change in cyclical trend; **~unabhängig** independent of the cyclical trend; **~verlauf** *m* course (or trend) of economic activity; cyclical trend; **k~verstärkend wirken** to exert a stimulating effect on economic activity; **~zyklus** *m* business cycle, trade cycle

**konkretes Vorhaben** *n* concrete project

**konkretisieren, e-e Gattungsschuld ~** to appropriate unascertained goods to the contract

**Konkurrent** *m* competitor; rival; **~enländer** *mpl* competitor countries

**Konkurrenz** *f* competition; rivalry; *(die Konkurrenten)* competitors; **ausländische ~** foreign competition; **ruinöse ~** cut-throat competition; **scharfe (schwache, starke) ~** fierce, keen (weak, strong) competition; **es mit der ~ aufnehmen** to match (or cope with) one's competitors; **es mit jeder ~ aufnehmen** to defy all competition; **e-r scharfen ~ begegnen** to meet (with) keen competition; **der ~ Einhalt gebieten** to check competition; **der ~ gewachsen sein** to measure up to (or to be equal to) the competition; **der Auftrag ging an die ~** the order was lost to the competition; **keine ~ haben** to face no competition; **die ~ ist lebhafter geworden** competition has become more lively; **jdm ~ machen** to compete with sb.; to enter into competition with sb.; **miteinander in ~ stehen** to be competing (or in competition) with one another; **auf ~ stoßen** to encounter (or come up against) competition

**Konkurrenz~, ~angebot** *n* competitive offer; rival offer; offer of sb.'s competitor(s); **~artikel** *m* competitive article; **~druck** *m* pressure of competition; competitive pressure; **~erzeugnis** *n* rival product; product of the competitor(s)

**konkurrenzfähig** competitive; able to compete; **nicht ~** uncompetitive; **~e Preise** *mpl* competitive prices; **mit dem Ausland ~ bleiben** to stay competitive with foreign rivals; **Preise ~ machen** to put prices on a competitive basis;

**preislich ~ sein** to be competitive in price (or competitively priced)

**Konkurrenz~**, **~fähigkeit** *f* competitive capacity; competitiveness; **~firma** *f* rival (or competing) firm; **~kampf** *m* competitive struggle; **~klausel** *f* clause forbidding competition; non-competition clause; stipulation in restraint of trade; **~lage** *f* competitive situation; **k~los** unrival(l)ed, matchless; **k~los sein** to have no competitors; **k~lose Preise** *mpl* unrivalled prices; **~marke** *f* competing brand; **~preis** *m* competitive price; **~produkt** *n* → ~erzeugnis; **~situation** *f* competitive situation; **~unternehmen** *n* rival enterprise (or business, firm); competing company; **~verbot** *n* prohibition of competition; **~waren** *fpl* competitive (or rival) goods; goods competing with the goods (of)

**konkurrieren mit** to compete with, to be in competition with

**konkurrierend**, **~e Erzeugnisse** *npl* competing products; **~e Gesetzgebung** *f* concurrent legislation; **~e Unternehmen** *npl* competing firms (or companies); competitive undertakings; **~e Zuständigkeit** *f* concurrent jurisdiction

**Konkurs** *f* bankruptcy; *(e-r Gesellschaft) Br* compulsory winding up; **den ~ anmelden** to file a petition in bankruptcy; **in ~ fallen** to go into bankruptcy; **die Firma ist in ~ geraten** the firm has gone into liquidation; the firm failed

**Konkurs~**, **~anmeldung** *f* filing of a bankruptcy petition; **~antrag** *m* **stellen** to file a petition in bankruptcy; **~delikt** *n* bankruptcy offen|ce (~se); **~dividende** *f* dividend in bankruptcy

**Konkurseröffnung** *f* institution of bankruptcy proceedings; **Antrag auf ~** petition in bankruptcy; **~ beantragen** *(seitens des Gläubigers)* to file a petition in bankruptcy

**Konkursforderung** *f* claim against a bankrupt's assets; **e-e ~ anmelden** to file a proof of debt

**Konkurs~**, **~gläubiger** *m* creditor of the bankrupt; **~masse** *f* bankrupt's assets; property of the bankrupt; **~ordnung** *f* Bankruptcy Act; **~quote** *f* → ~**dividende**; **~schuldner** *m* bankrupt; **~tabelle** *f* list of creditors' claims

**Konkursverfahren** *n* bankruptcy proceedings; **~ eröffnen (einstellen)** to institute (terminate) bankruptcy proceedings

**Konkurs~**, **~verwalter** *m* trustee in bankruptcy; receiver in bankruptcy; **~verwaltung** *f* administration of a bankrupt's assets; receivership

**Konnossement** *n* bill of lading (B/L); **reines ~** *(ohne Klauseln, die Zustand der Ware oder Verpackung als mangelhaft bezeichnen)* clean bill of lading; **unreines ~** foul bill of lading; → Bord~; → Sammel~; → Übernahme~; **ein ~ ausstellen** to make out a bill of lading

**Konnossements~**, **~bestimmungen** *fpl* stipulations of a bill of lading; **~garantie** *f* letter of indemnity

**Konsens** *m*, **e-n ~ herbeiführen** to reach a consensus

**Konsequenzen** *fpl* **ziehen** to take the consequences

**Konserven** *fpl* preserved food, preserves; **Fisch~** preserved fish; **Obst~** fruit preserves; **Fleisch zu ~ verarbeiten** to process meat into preserves

**Konserven~**, **~dose** *f* preserved-food tin; **~fabrik** *f* canning (or tinning) factory; cannery; **~industrie** *f* canning industry

**konservierende Stoffe, die in Lebensmitteln verwendet werden dürfen** preservatives authorized for use in foodstuffs

**Konservierung** *f (von Lebensmitteln)* preservation (of foodstuffs); **~smittel** *npl* preservatives

**Konsignant** *m (Überseehandel)* consignor

**Konsignatar** *m (Überseehandel)* consignee

**Konsignation** *f (Überseehandel)* consignment; **in ~** on consignment; **in ~ geben** to consign

**Konsignations~**, **~handel** *m* buying and selling goods on consignment; **~lager** *n* consignment stock; **~rechnung** *f* consignment invoice; **~sendung** *f* goods sent on consignment; **~verkauf** *m* sale on consignment; **~waren** *fpl* goods on consignment; **k~weise** on a consignment basis

**konsignieren**, **Waren ~** to consign goods, to send goods on consignment

**konsolidieren** to consolidate, to fund (a debt)

**konsolidiert~**, **~e Abschlüsse** *mpl* consolidated accounts; **~e Bilanz** *f* consolidated balance sheet; **~e Gewinn- u.**

**Verlustrechnung** *f* consolidated profit and loss acount; consolidated income statement; **~er Konzernabschluss** *m Br* consolidated group accounts; *Am* consolidated financial statement; **~e Schuld** *f* funded debt; **~e Steuererklärung** *f (von verbundenen Kapitalgesellschaften)* consolidated tax return

**Konsolidierung** *f* consolidation; funding; **~sanleihe** *f* funding loan

**Konsorte** *m* member of a → Konsortium

**Konsortial~**, **~bank** *f* member bank of a syndicate; underwriting bank; **~beteiligung** *f* participation in a syndicate; **~führer** *m* syndicate manager; managing underwriter; **~geschäft** *n* syndicate (or underwriting) transaction; **~kredit** *m* syndicated loan *(granted by a syndicate of banks)*; **~mitglieder** *npl* syndicate members, underwriters; **~quote** *f* syndicate quota; underwriting share; **~vertrag** *m* syndicate (or underwriting) agreement

**Konsortium** *n* consortium; syndicate; → Banken~; → Emissions~; **führende Bank e-s ~s** syndicate manager; → Übernahme~

**konstant**, **~e Preise** *mpl* constant prices; **~ halten** to stabilize

**konstruieren** to design; to construct

**Konstrukteur** *m* design engineer; technical designer

**Konstruktion** *f* design; construction; **~sänderung** *f* change in design; **~sfehler** *m* design defect; mistake in design; faulty design; **~skosten** *pl* design costs

**Konsulat** *n* consulate; **~sfaktura** *f* consular invoice; **~sgebühren** *pl* consular fees; **~ssichtvermerk** *m* consular visa

**Konsum** *m* consumption; **~artikel** *m* article of consumption; **~ausgaben** *fpl* consumption expenditure; **~bereitschaft** *f* propensity to consume; **~elektronik** *f* consumer electronics

**Konsument** *m* consumer; **~enbefragung** *f* consumer survey; **~engesellschaft** *f* consumer society (or group); **~engewohnheiten** *fpl* consumer habits; **~enhandel** *m* consumer cooperative trade; **~enkredit** *m* consumer loan (or credit); **~ennachfrage** *f* consumer demand; **~enpanel** *m* consumer research panel; **~enpreis** *m* retail price; **~enrente** *f* consumers' surplus; **~stimmung** *f* mood amongst consumers; **~enverhalten** *n* consumer behavio(u)r; **~enwerbung** *f* consumer advertising; **~zurückhaltung** *f* consumer (buying) restraint

**Konsumerismus** *m* consumerism

**Konsum~**, **k~freudig** consumption-oriented; **~genossenschaft** *f* consumer's cooperative (society); **~gewohnheiten** *fpl* consumption habits

**Konsumgüter** *npl* consumer (or consumption) goods; **kurzlebige ~** non-durable consumer goods; consumer non-durables; **langlebige ~** durable consumer goods; consumer durables; **~industrie** *f* consumer goods industry; **~kauf** *m* buying of consumer goods; **~messe** *f* consumer goods trade fair; **~nachfrage** *f* demand for consumer goods; **~wirtschaft** *f* industries producing consumer goods

**Konsum~**, **~kredit** *m* consumer loan (or credit); **~laden** *m* co(-)operative shop (or store); co-op; **~neigung** *f* propensity to consume; **k~orientiert** consumer-oriented; **~quote** *f* consumption ratio; **~schub** *m* increase in consumption

**Konsumtivkredit** *m* → Konsumkredit

**Konsum~**, **~verein** *m* consumer co(-)operative (society); co-op; **~waren** *fpl* → **~güter**

**Kontakt** *m* **aufnehmen** to initiate (or establish) contact; to contact; **~knüpfen** *n* networking

**Kontakter** *m (Vermittler zwischen Werbeagentur und Aufftraggeber)* account executive

**Kontaminierung** *f* **der Umwelt** contamination of the environment

**Konten** *npl* accounts; **~abrechnung** *f* settlement of accounts; **~abschluss** *m* closing of an account; **~abstimmung** *f* reconciliation of accounts; **~bezeichnung** *f* title of account; **~blatt** *n* account sheet; **~gliederung** *f* accounts classification; **~gruppe** *f* group of accounts; **~inhaber** *m* holder of an account; customer; **k~lose Buchführung** *f* ledgerless accounting; **~plan** *m* chart of accounts; **~rahmen** *m* uniform system of accounts; **~sparen** *n* deposit account saving; saving by bank accounts; **~stand** *m* account balance; state of an account

**Konterbande** *f* contraband (goods)

**kontieren** to allocate to an account

**Kontingent** *n* quota; **unter ~e** *pl* **fallende Erzeugnisse** products subject to a quota; **mengenmäßiges ~** quantitative quota; → Einfuhr~; **die Quoten e-s ~s ausschöpfen** to exhaust the shares of a quota; **ein ~ erweitern** to extend a quota; **das ~ überschreiten** to exceed the quota

**kontingentieren** to impose a quota; to (make) subject to a quota

**kontingentiert~**, **~e Waren** *fpl* goods under quota restriction; **nicht ~e Einfuhrwaren** *fpl* non(-)quota imports

**Kontingentierung** *f* imposition (or allocation) of a quota; → Einfuhr~; **Vorschriften für ~ von Importen** quota rules for imports; **~sregelung** *f* quota system; **die ~ e-r Ware aufheben** to abolish quota restrictions on a product

**Kontingenz** *f* contingency

**Konto** *n* account; **Einzahlungen auf ein ~ und Abhebungen von e-m ~** payments into and withdrawals (or drawings) from an account; **ein ~ ausgleichen** to balance an account; **ein ~ mit e-m Betrag belasten** to debit an amount to an account; to pass an amount to the debit of an account; **ein ~ einrichten** to open an account; **auf ein ~ einzahlen** to pay into an account; **ein ~ eröffnen** to open an account (*bei e-r Bank* with a bank); **e-m ~ gutschreiben** to credit an account; **sein ~ löschen** to close one's account; **den Betrag von ... auf ein ~ überweisen** to remit the amount of ... to an account; **ein ~ unterhalten** to hold an account (*bei* with); **sein ~ überziehen** to overdraw one's account

**Konto~**, **~auflösung** *f* closing of an account; **~auszug** *m* statement of account; abstract of an account; **~bewegungen** *fpl* account movements; **~blatt** *n* account sheet; **mit ~eindruck** *m* **versehen** account-coded; **~eröffnung** *f* opening of the account; **~freigabe** *f* release of a blocked account; **k~führende Bank** *f* account-holding bank; **~führungsgebühr** *f* charge for holding (or keeping) the account; *Am* account maintenance charge; **~gutschrift** *f* bank account credit entry; **~inhaber** *m* holder of an account; depositor; **~karte** *f* account card

**Kontokorrent** *n* current account; **~konto** *n* current account; cash account; **~kredit** *m* current account advance; loan in current account; overdraft facility; **mit jdm in ~verkehr** *m* **stehen** to have a current account with sb.; **~zinsen** *pl* current account interest

**Konto~**, **~nummer** *f* account number; **~spesen** *pl* bank account charges

**Kontostand** *m* (account) balance; state (or position) of an account; **~ bei e-r Bank** bank balance; **wie ist mein ~?** How much do I have in my account?

**Konto~**, **~überziehung** *f* overdraft; **~vollmacht** *f* third party mandate; account mandate

**Kontrahent** *m* contracting party

**Kontrahierungszwang** *m* obligation to accept contracts

**Kontrakteinkommen** *n* contractual income

**Kontroll~**, **~abschnitt** *m* counterfoil; stub; **mit ~aufgaben** *fpl* **betraut** entrusted with tasks of inspection; **~bestimmungen** *fpl* verification provisions

**Kontrolle** *f* control, supervision; monitoring, check, audit(ing); **~ der Mittelverwendung** monitoring of the use of funds; **~ der verpackten Waren** checking of (packed) goods; **die ~ aufheben** to decontrol; **e-e ~ durchführen** to carry out an inspection; **der ~ unterliegen** to be subject to supervision

**kontrollieren** to control, to supervise; *(Bücher, Rechnungen)* to audit; **die Güte der Waren ~** to check the quality of the goods

**Kontroll~**, **~liste** *f* check list; **~nummer** *f* check number; **~spanne** *f* control span; **~uhr** *f* time clock; **~verfahren** *n* inspection (or checking) procedure

**Konventionalstrafe** *f* → Vertragsstrafe

**Konvergenz** *f* convergence

**Konversion** *f* → Konvertierung

**Konvertibilität** *f* → Konvertierbarkeit

**konvertierbar**, **frei ~e Währung** *f* freely convertible currency

**Konvertierbarkeit** *f* convertibility

**Konvertierung** *f (Umwandlung)* conversion; **~sanleihe** *f* conversion loan

**Konzentration** *f* concentration; *(von Unternehmen)* merger; **~svorhaben** *n* merger project

**Konzern** *m* group (of companies); *Am* combination; **~abschluss** *m* group accounts; *Br* consolidated accounts; *Am* consolidated financial statement; **~abschlussprüfer** *m* group auditor; **k~ähnlich** *Br* group-like; **~bilanz** *f* consolidated balance sheet; group balance sheet; **~bildung** *f* formation of a group (of companies); **~gesellschaft** *f* group company; **k~eigene Anteile** *mpl* group's own shares; **k~fremde Anteile** *mpl* outside shareholders' interests; **~gewinn** *m* group profit; **k~interne Umsätze** *mpl* intercompany (or intercorporate, intragroup) sales; **~lagebericht** *m* group annual report; **~leitung** *f* group management; **~ unter einheitlicher Leitung** group of companies under unified control; **~lieferung** *f* group delivery; **~spitze** *f* principal company (of a group); **~struktur** *f* group structure; **~umsatz** *m* turnover of the group; **~unternehmen** *n* group enterprise; **~verrechnungspreise** *mpl* intercompany prices

**konzertiert~**, **~e Aktion** *f* (od. **~es Vorgehen** *n*) concerted action; **~es Preisverhalten** *n (EU)* concerted practices over prices

**Konzertzeichner** *Br (Börse)* stag

**Konzession** *f* licen|ce (~se); concession; *Am* franchise; **die ~ entziehen** to withdraw the concession; **e-e ~ erteilen** to grant a licen|ce (~se) (or concession); to license; **e-e ~ haben** to hold a licen|ce (~se); to be licensed

**konzessionieren** *s.* e-e → Konzession erteilen

**Konzessions~**, **~antrag** *m* application for a licen|ce (~se) (or concession); **~erteilung** *f* granting of a licen|ce (~se); *Am* franchise; **k~pflichtig** requiring a licen|ce **(~)** (or concession)

**Kooperation** *f* cooperation; **~sgemeinschaft** *f* cooperation grouping; **~svereinbarung** *f* cooperation agreement

**Koordination** *f* coordination; **~sabkommen** *n* cooperation agreement

**Kopf~**, **pro ~-Verbrauch** *m* per capita consumption

**Kopf~**, **~steuer** *f* poll tax

**Kopie** *f* copy, duplicate; carbon copy

**Kopp(e)lung** *f* linking; tying; **~sgeschäft** *n* tie-in transaction, tying arrangement; linked transaction; **~sverkauf** *m* tie-in sale; **~svertrag** *m* tie-in agreement

**Ko-Präsident** *m* co-chairman

**Korb~**, **~währung** *f* basket currency

**körperbehindert** disabled

**Körperbehinderter** *m* disabled (person)

**körperlich**, **~e Arbeit** *f* manual labo(u)r; **~e Bestandsaufnahme** *f* physical inventory; **~es Gebrechen** *n* physical defect; **~e Leistungsfähigkeit** *f* physical capacity

**Körperpflege** *f* (personal) hygiene; body care; **~mittel** *npl* toiletteries

**Körperschaden** *m*, (erlittener) ~ physical (or personal) injury

**Körperschaft** *f* corporation; corporate body; **~ des öffentlichen Rechts** corporation under public law; public corporation; **~ des privaten Rechts** corporation under private law; private corporation; **~steuer** *f* corporation tax; *Am* corporate income tax; **k~steuerpflichtig** subject to corporation tax; **~steuersatz** *m* rate of corporation tax

**Körperverletzung** *f* bodily harm (or injury); personal injury

**Korrektur lesen** to proof-read

**Korrespondent** *m* corresponding clerk

**Korrespondenz** *f* correspondence; **~bank** *f* correspondent bank, foreign correspondent

**Korrosion** *f*, **k~sbeständig** corrosion resistant; **~sschutz** *m* protection against corrosion

**kosmetische Mittel** *npl* cosmetics, cosmetic products

**Kosten** *pl* cost(s), expenses, charges; **~ des Rechtsstreites** costs of litigation; **~, Versicherung und Fracht** cost, insurance and freight (cif); **angefallene ~** accrued expenses; **auf ~ von** at the expense of; **auf eigene ~** at one's own expense; **auf unsere ~** at our expense; **auf ~ der Firma** at the firm's expense; **dem Verkäufer entstandene ~** cost(s) incurred by the seller; **ohne ~** without cost, free of cost; gratis; for nothing; **ohne große ~** inexpensively; **hohe ~** heavy costs; **mit dem Verkauf zusammenhängende ~** expenses incidental to the sale; **jdm die ~ auferlegen** to assess (or award) the costs against sb.; **für etwaige ~ aufkommen** to pay any expenses that may occur; ~ (im einzelnen) **aufstellen** to itemize the costs; **die ~ decken** to cover (or meet) the costs; **~ einsparen** to reduce (or save) costs; **hohe ~ können entstehen** heavy costs can be incurred; **~ erstatten** to refund expenses; **~ auf sich nehmen** to incur expenses; **die ~ tragen** to bear the costs; **die ~ werden zu gleichen Teilen getragen** the costs are shared equally; **die ~ trägt X** the costs are borne (or shall be met) by X; **die ~ werden veranschlagt auf** the cost is estimated at; **zu den ~ verurteilt werden** to be ordered to pay the costs

**kosten** to cost; **wie viel kostet diese Ware?** how much do these goods cost?; **es kostet mich e-e Menge Geld** it costs me a lot of money

**Kosten~, ~abrechnung** *f* cost sheet; **~abweichung** *f* cost variance (or divergence); **~anfall** *m* costs incurred; **~angaben** *fpl* cost data; **~ansatz** *m* cost item; **~anschlag** *m* estimate (of cost or expenses); **mit e-m ~anschlag von** costed at; **~anstieg** *m* increase in costs; **~arten** *(im Handel)* classification of costs; *Br* expense categories; **~aufstellung** *f* specification of expenses; **~auftrieb** *m* upward movement of costs; **mit großem ~aufwand** *m* at large expenditure; **k~bedingt** cost-induced; **~beitrag** *m* contribution to the expenses; **~berechnung** *f* cost calculation; **bei der ~berechnung** in calculating costs; **~beteiligung** *f* cost sharing; **k~bewusst** cost conscious; **~dämpfung** *f* moderation of costs; curbing costs; keeping costs down

**kostendeckend** cost-covering; **knapp ~** marginal; **~e Preise** *mpl* prices at a profitable level; **~ arbeiten** to break even; **~ sein** to cover the costs

**Kosten~, ~deckung** *f* cost covering (or recovery); *(Gewinnschwelle)* breakeven point; **der ~druck hat nachgelassen** pressure of costs eased; **~eindämmung** *f* cost restraint; **~einsparung** *f* cost saving; cost-cutting; **~elemente** *npl* cost components; **~entscheidung** *f (des Gerichts)* order to pay costs; **~erhöhung** *f* increase in (or of) costs; **~ermittlung** *f* ascertainment of costs; **~erstattung** *f* refund (or reimbursement) of costs (incurred); compensation for expenses; **~explosion** *f* cost explosion; **~festsetzung** *f* fixing of costs; **~frage** *f* question of the cost (or price); **k~frei** free of charge; without cost; **k~günstig** cost-efficient; **~höhe** *f* amount of costs; **k~induzierte Inflation** cost-push inflation; **~konto** *n* cost account; **k~los** → ~frei; **~nachteil** *m* cost disadvantage; **~-Nutzen-Analyse** *f* cost-benefit analysis; **~-Nutzen-Verhältnis** *n* cost-benefit ratio

**kostenpflichtig** liable to pay the costs; **die** → Klage ~ abweisen

**Kosten~, ~rechner** *m* cost accountant; **~rechnung** *f* cost accounting; bill of charges (or costs); **~satz** *m* cost unit rate; **~schätzung** *f* → ~anschlag; **k~senkend** cost-cutting; **~senkung** *f* cost reduction

**Kostensteigerung** *f* cost increase; rise in costs; **~sgarantie** *f* guarantee against cost increases; **~en auffangen** to absorb increases in cost

**Kostenstelle** *f* cost cent|re (~er); **~nrechnung** *f* departmental costing

**Kosten~, ~teilung** *f* cost sharing; **~träger** *m* cost unit; **~treiber** *m* cost factor; **~übernahme** *f* defraying of costs (or expenses); **~überschreitung** *f* overstepping of estimate; cost overrun; **~überwachung** *f* cost control; **~umlage** *f* cost allocation; **~unterlagen** *fpl* costing data; **~unterschreitung** *f* cost underrun; **~vergleich** *m* cost comparison; **~verrechnung** *f* cost allocation; cost apportionment; **~verringerung** *f* reduction (or diminuation) of expenses; **~verteilung** *f* allocation of costs; **auf der Basis der ~verteilung** on a shared cost basis; **~voranschlag** *m* cost estimate; **~vorschuss** *m* advance on costs; **~vorteil** *m* cost advantage; **~welle** *f* wave of cost increases

**Kostgeschäft** *n (Börse)* take-in transaction

**kostspielig** expensive, costly

**Kotierung** *f (Börse)* listing of shares (for official quotation)

**kraft Gesetzes** by operation of law

**Kraft** *f* strength, force; **wirtschaftliche ~** economic force; **außer ~ setzen** *(Bedingungen)* to override; *(Gesetz)* to repeal; *(Vertrag)* to abrogate; **in ~ sein** to be in force; to be effective; **in ~ treten** to come into force; **ein Gesetz tritt in ~** a law comes into force (or becomes effective) (*am* on)

**Kraftfahrzeug** *n* motor vehicle, car; *Am* automobile; **landwirtschaftliche ~e** *pl* power-driven agricultural vehicles; **ein ~ führen** *Br* to drive a car; *Am* to operate a motor vehicle

**Kraftfahrzeug~, ~abgase** *npl* motor vehicle exhaust fumes; **~anhänger** *m* trailer; **~ausfuhr** *f* car export; export of motor vehicles; **~brief** *m Br* registration document; *Am* registration certificate; **~diebstahl** *m* car theft; **~haftpflichtversicherung** *f* s. **Kfz** → Haftpflichtversicherung; **~halter** *m* keeper of a car (or motor vehicle); **~industrie** *f* car industry; motor industry; *Am* automobile industry; **~hersteller** *m* motor (or *Am* automobile) manufacturer; **~kennzeichen** *n Br* registration number; *Am* license number; **~neuanmeldung** *f* new car registration; **~steuer** *f* motor vehicle tax; *Br* vehicle licence duty; **~teile** *npl* parts of motor vehicles; car components; **~versicherung** *f* car insurance; *Am* automobile insurance; **~werte** *(Börse)* motors; **~zulassungsnummer** *f Br* car number; *Am* license plate number

**kraftlos**, **für ~ erklärte Aktien** *fpl* cancelled shares (or share certificates); **e-e Urkunde für ~ erklären** to declare a document invalid; to cancel a document; **~ werden** to become invalid; to cease to be valid

**Kraftloserklärung** *f* cancellation; invalidation

**Kraftstoff** *m* fuel; **~behälter** *m* fuel tank; **k~sparend** fuel-saving; **~vorräte** *mpl* fuel reserves

**Kraftverkehr** *m* motor traffic; → Güter~; → Personen~

**Kraftwagen** *m* motor vehicle; **~verkehr** *m* motor traffic

**Kraftwerk** *n* power station, power plant; **Atom~** nuclear power station; **ein ~ in Betrieb nehmen** to put a power plant into operation; to commission a power plant

**Krankengeld** *n* sickness benefits; sick pay

**Krankenhaus** *n* hospital; **im ~liegen** to be hospitalized

**Krankenhaus~**, **~aufenthalt** *Br* stay in hospital; hospitalization; **~kosten** *pl* hospital charges (or expenses); **~- und Operationskosten** *pl* hospital und surgical costs

**Kranken~**, **~kasse** *f* health insurance fund (or scheme); **sich bei e-r ~kasse abmelden (anmelden)** to leave (to join) a health insurance scheme; **~pflege** *f* health care; **~schein** *m* health insurance certificate

**Krankenversicherung** *f* health insurance; **private ~** private health insurance; **~sbeitrag** *m* health insurance contribution

**Krankheit** *f* disease, illness, sickness; **~sfolgen** *fpl* consequences of illness; **k~shalber** owing to (or on account of) sickness; **~skostenerstattung** *f* reimbursement of medical expenses

**Krankmeldung** *f* notification of illness; reporting sick

**krankschreiben**, **sich** *(vom Arzt)* **~ lassen** to be written off sick

**Krebs~**, **~bekämpfung** *f* action against cancer; **k~erzeugende Stoffe** *mpl* carcinogenic substances, **~forschung** *f* cancer research; **~verhütung** *f* cancer prevention

**Kredit** *m* credit; loan; advance; **Verkauf auf ~** sale on credit; **~ in begrenzter Höhe** limited credit; **~ in unbegrenzter Höhe** unlimited credit; **~ mit e-r Laufzeit von ...** credit with a term of ...; **~ ohne Sicherheit** fiduciary loan;**~ in fremder Währung** foreign currency loan (or credit); **~ zu niedrigem Zinssatz** low-interest credit; **eingefrorener ~** frozen credit; **gesicherter ~** secured credit; **kurz- und mittelfristiger ~** short- and medium-term loan; **langfristiger ~** long-term loan; **revolvierender ~** revolving credit; **ohne Sicherheit gegebener** (od. **ungesicherter**) **~** unsecured credit (or loan); **vorzeitig getilgter ~** credit paid off in advance; **zinsgünstiger ~** credit at concessionary interest rates; **zugesagter ~** promised credit; credit granted; **e-n ~ in Anspruch nehmen** to take (or use) a credit; to avail oneself of a credit; **~ aufnehmen** to take up (or raise) a loan; to borrow; **e-n ~ benötigen** to require a credit; **e-n ~ bereitstellen** to make a credit available; **e-n ~ bewilligen** (od. **einräumen**) to grant a credit; to accommodate (sb.) with a loan; to extend credit; **auf ~ kaufen** to buy on credit; **e-n ~ kündigen** to call in a credit (or loan); **e-n ~ streichen** to cancel a credit; **sich ~ verschaffen** to secure a credit; **e-n ~ überziehen** to overdraw a credit

**Kredit~**, **~abteilung** *f* loan department; **~abwicklung** *f* loan processing; **~akte** *f (der Bank)* loan file; **~angebot** *n* credit offer, credit supply; **~anspannung** *f* strain on credit; **~anstalt** *f* **für Wiederaufbau** (KfW) Reconstruction Loan Corporation; **~antrag** *m* loan application; **~auflockerung** *f* relaxation of credit

**Kreditaufnahme** *f* borrowing (operation); taking (or raising) of a credit (or loan); **hohe ~** heavy borrowing; **zeitlich und**

**der Höhe nach begrenzte ~** temporary borrowing of a limited amount; **Brutto~** *f* gross borrowing; **Netto~** *f* net borrowing; **~ der öffentlichen Hand** public sector borrowing; **durch ~ aufgebrachte Mittel** funds raised by borrowing; **~befugnis** *f* borrowing power

**Kredit~**, **~auftrag** *m* instruction to another person to give credit to a third party; **~ausfall** *m* loan loss

**Kreditauskunft** *f* credit information; banker's reference; **Bitte um ~** credit inquiry

**Kredit~**, **~auskunftei** *f Br* (mercantile) credit agency; *Br* status inquiry agency; *Am* credit reporting agency; **~bearbeitung** *f* loan processing

**Kreditbedarf** *m* credit demand (or needs); borrowing requirement; **~ der öffentlichen Hand** public sector borrowing requirement (PSBR)

**Kredit~**, **~bedingungen** *fpl* credit terms and conditions; terms of lending; **~bereitstellung** *f* making credit available; extension of a loan; **~besicherung** *f* loan security; **~betrag** *m* loan amount; **~betrug** *m* obtaining credit by fraud; **~brief** *m* letter of credit; **~bürgschaft** *f* credit guarantee (*Am* guaranty); **~drosselungspolitik** *f* restrictive credit policy; **~einräumung** *f* granting of credit; **~einschränkung** *f* restriction on credit(s); **~erneuerung** *f* renewal of credit; **k~eröffnende Bank** *f* issuing bank; **~eröffnung** *f* opening of a credit

**Kreditfähigkeit** *f* creditworthiness; **geschätzte ~** credit rating; **Untersuchung der ~** credit investigation

**Kredit~**, **~finanzierung** *f* financing by borrowing; **~frist** *f* period of a credit; **~garantiegemeinschaften** *fpl* credit guarantee associations; **k~gebende Bank** *f* lending bank; **~geber** *m* lender; **~gebühr** *f* credit charge; **~geld** *n* credit money; **k~gefährdende Tatsachen** *fpl* facts endangering sb.'s creditworthiness; **~genossenschaft** *f* credit cooperative; **~geschäft** *n* credit (or lending) business; credit transaction; **~gesuch** *n* loan application; **~gewährung** *f* granting of a credit; accommodation with a loan; lending; **~grenze** *f* credit limit; **~hai** *m* loan shark

**kreditieren** to credit; to grant a credit; to lend; **e-m Konto e-n Betrag ~** to credit an amount to an account

**Kredit~**, **~inflation** *f* inflation due to excessive credit expansion; **~institut** *n* bank; **~kapazität** *f* lending capacity; **~karte** *f* credit card; **~kauf** *m* purchase on credit, credit sale (agreement); *Br* instalment buying; **~knappheit** *f* credit stringency; nonavailability of credit; **~konditionen** *fpl* credit terms; **Festlegung von ~kontingenten** credit rationing

**Kreditkonto** *n* credit account, charge account; **Kunde, der ein ~ hat** account customer

**Kredit~**, **~kosten** *pl* credit (or borrowing) costs; cost(s) of a loan; **~kündigung** *f* notice of termination of credit; withdrawal of credit; **~laufzeit** *f* duration of a credit; **~limit** *m* borrowing limit; **~linie** *f* line of credit; **~markt** *m* credit market; money and capital market; **~mittel** *pl* borrowed funds; **~nachfrage** *f* credit demand; **~nehmer** *m* borrower

**Kreditor** *m* creditor; **~en** *pl (Waren- od. Lieferverbindlichkeiten)* creditors; accounts payable; *(von Wechselschulden)* bills payable; **~enbuch** *n* creditors' ledger; *Am* accounts payable ledger; **~buchhaltung** *f* purchase ledger accounting; *(Abteilung) Am* accounts payable department

**Kredit~**, **~plafond** *m* credit ceiling; **~politik** *f* credit policy; **k~politische Maßnahmen** *fpl* measures of credit policy; **~posten** *m* credit entry (or item); **~provision** *f* credit commission, commission charged on credit; **~prüfung** *f* credit status investigation; **~rahmen** *m* credit line; **~restriktion** *f* credit restriction (or contraction); **~restriktionspolitik** *f* tight credit policy; **~richtlinien** *fpl* credit directives; **~risiko** *n* credit risk; **~rückzahlung** *f* loan repayment

**Kreditsaldo** *n*, **ein ~ aufweisen** to show a credit balance

**Kredit~**, **~schädigung** *f* damage to sb.'s (or to a firm's) creditworthiness; **~schöpfung** *f* creation of credit; **die ~schraube anziehen** to tighten the credit screw; **~sicherheit** *f* security for credit; **~sonderkonto** *n* special advance account; **~sperre** *f* stoppage (or ban) on lending; blocking of credits; **~spielraum** *m* credit margin; **~status** *m* credit standing; **~überwachung** *f* credit control; **~überziehung** *f* credit overdraft; **~umschuldung** *f* rescheduling of a loan; **~unterlagen** *fpl* credit papers; **~vereinbarung** *f* credit agreement (or arrangement) → Allgemeine ~vereinbarungen (AKV); **k~unwürdig** not creditworthy; **~vergabe** *f* credit allocation; granting of credit; **~vergabe der Banken** bank lending; **~verkauf** *m* credit sale; **~verkehr** *m* **mit dem Ausland** external credit transactions; **~verknappung** *f* tightening of credit; squeeze on credit; **~verlängerung** *f* prolongation of credit; **~versicherung** *f* credit insurance; **~verteuerung** *f* rising credit costs; higher cost of borrowing; **~vertrag** *m* loan agreement; **~volumen** *n* credit volume, volume of lending; **auf dem ~wege** *m* by means of borrowing; **~wesen** *n* credit system; **~wucher** *m* usurious lending

**kreditwürdig** creditworthy; **nicht ~** not creditworthy (unworthy of credit)

**Kredit~**, **~würdigkeit** *f* creditworthiness; credit standing (or status) **~würdigkeitsprüfung** *f* credit investigation; **~zinsen** *mpl* interest (charged) on credit (or loan); **~zinssätze** *mpl* credit rates, borrowing rates; lending rates; **~zusage** *f* grant of credit; promise of credit; loan approval; lending commitment; *(IWF)* standby arrangement

**Kreis** *m* circle; *(Verwaltungsbezirk)* county, district; **in** → Geschäfts~en; **~lauf** *m* cycle; circulation; **in den ~lauf zurückführen** to recycle; **~verkehr** *m Br* roundabout; *Am* traffic circle

**Kreuzpreiselastizität** *f* cross-price elasticity

**Krieg** *m* war; **~sanleihe** *f* war loan; **k~sbedingt** due to wartime conditions; **~sdienstverweigerer** *m* conscientious objector; **~sfolgen** *fpl* consequences of war; **~sgewinn** *m* war profit(s); **~sindustrie** *f* war industry; **~sklausel** *f* war risk clause; **~sopfer** *npl* **und deren Hinterbliebene** war victims and their surviving dependants; **~s(risiko)versicherung** *f* war risk insurance; **~wirtschaft** *f* war(-)time economy

**Krise** *f* crisis; **von der ~ betroffen** *(Handel, Börse etc.)* affected (or hit) by the crisis; depressed; **e-e ~ durchmachen** to pass through a crisis; **die ~ hält an** crisis is continuing; **aus der ~ herausfinden** to get (or pull) out of the crisis

**Krisen~**, **k~anfällige Industrie** *f* industry prone to crisis; **~anfälligkeit** *f* proneness to crises; **für ~fälle** *mpl* in case of crisis; in the event of a crisis; **~lage** *f* crisis situation; **~management** *n* crisis management; **~maßnahmen** *fpl* anti-crisis measures; **~plan** *m* anti-crisis plan; **wirtschaftliche ~zeiten** *fpl* times of economic crisis

**Kriterium** *n* criterion; yardstick

**Kugel~**, **~lager** *n* ball bearing; **~schreiber** *m* ballpoint pen; **k~sicher** bulletproof

**kühl**, **~ aufbewahren!** keep in cool place!; **~ gelagerte Waren** *fpl* goods held in cold store (or storage)

**Kühlanlage** *f* refrigeration unit; cold storage plant

**kühlen** to chill, to refrigerate ( → gekühlt)

**Kühlhaus** *n* refrigerated warehouse; cold store; **~gemüse** *n* chilled vegetables; **~lagerung** *f* cold storage; **im ~ lagern** to keep in cold storage, to coldstore

**Kühl~**, **~schiff** *n* refrigerator ship; **~schrank** *m* refrigerator; **~truhe** *f* (deep) freezer; **~wagen** *m* (Lkw) refrigerator *Br* lorry (*Am* truck); *(Bahn)* refrigerator wagon; **~verfahren** *n* chilling process; **~wirtschaft** *f* refrigeration industry

**Kuhhandel** *m* horse-trading

**kulant** accommodating, obliging

**Kulanz** *f* accommodation; fair dealing; **~entschädigung** *f* ex gratia payment

**Kulturgut** *n* cultural assets; **europäisches ~** European art treasures; **Schutz von ~ gegen Abwanderung in das Ausland** protection of cultural property against removal abroad

**kulturelle Veranstaltungen** *fpl* **durchführen** to hold cultural events

**kumulativ**, **~e Dividende** *f* cumulative dividend; **~e Vorzugsaktien** *fpl Br* cumulative preference shares; *Am* cumulative preferred stock

**Kumulierung** *f* cumulation; **~ von Renten** *(z. B. bei der EG)* overlapping of social security benefits; **~sbestimmungen** *(EU)* rules against the overlapping of benefits

**kündbar** *(Vertrag etc.)* terminable; *(Arbeitsverhältnis etc.)* subject to notice; *(zur Rückzahlung)* callable, redeemable; **jederzeit ~es Geld** *n* money at call;

**kurzfristig ~es Geld** money at short notice; **monatlich ~e Anstellung** *f* employment terminable by a month's notice; **täglich ~e Einlagen** *fpl* deposits subject to call; **~ sein** to be subject to notice (or termination)

**kündbar**, **~e Anleihe** *f* redeemable loan; **~es Darlehen** *n* loan at notice; callable loan; **~e Einlagen** *fpl* withdrawable deposits; **~e Obligationen** *fpl* callable (or redeemable) bonds; **~er Vertrag** *m* contract subject to termination; terminable contract

**Kunde** *m* client, customer; **an unsere geehrten ~n** to our esteemed customers; *(Parken)* **nur für ~** for patrons only; → Gelegenheits~; → Groß~; → Lauf~; → Stamm~; **voraussichtlicher ~** prospective customer; **mit Zahlungen säumiger ~** delinquent customer; **~n abfertigen** (od. **bedienen**) to attend to customers; **~n anlocken** (od. **anziehen**) to attract customers; **~n ausspannen** to alienate customers; **~n bedienen** to supply customers; **~n besuchen** to call on customers; **e-m ~n entgegenkommen** to meet a customer; **~n gewinnen** to gain (or acquire) customers; **an e-n ~ herantreten** to approach a customer; **in e-m Geschäft ~ sein** to patronize a shop; **mit ~n in Verbindung treten** to get into touch with customers; **~n werben** to canvass (or solicit) customers; **jdm ~n zuführen** to bring customers to sb.

**Kunden~**, **~anfrage** *f* customer demand; **nach ~angaben** *fpl* (angefertigt) custom-built; custom-made; customized; *(Garderobe)* tailor-made; made-to-measure; **~anzahlung** *f* customer's deposit; **~auftrag** *m* customer's order; **~bedienung** *f* serving customers; service to customers; **~bedürfnisse** *npl* customers' requirements; **~berater** *m* customer consultant; customer adviser; **~beratung** *f* customer advisory service; **~beschwerde** *f* customer complaint; **~besuch** *m* call on customers; **~betreuer** *m* customer adviser; **~betreuung** *f* **nach Verkauf** after-sales service; **~bewirtung** *f* entertaining customers; **~bindung** *f* customer relations

**Kundendienst** *m* service (to customers); after-sales service; **technischer ~** customer engineering; **~monteur** *m* service mechanic

**Kunden~**, **~eigentum** *n (QM)* customer property; **~einlage** *f (bei e-r Bank)* customer deposit; **~fang** *m (mit aggressiven Methoden)* touting; **~finanzierung** *f* instal(l)ment financing; credit financing; customer financing; **~geschäft** *n (e-r Bank)* business transacted for customers; **~gewinnung** *f* acquisition of new customers; **~kartei** *f* list of customers, customer files

**Kundenkredit** *m* customer's credit; **~bank** *f Br* hire-purchase finance company, finance company, finance house; *Am* sales finance company; **~konto** *n* charge account; *(Raten sind monatlich zu zahlen)* budget account

**Kunden~**, **~kreis** *m* clientele; (circle of) customers; **~liste** *f* list of customers; **~rabatt** *m* discount for customers; *Am* patronage refund; **~scheck** *m* customer's cheque (check); **~schwund** *m* loss of customers; **~skonto** *n* discount granted to customers; **~stamm** *m* regular customers; **k~spezifisch** customized, customer-specific; **~termineinlagen** *fpl* customer time deposits; **~treue** *f* customer loyalty; **~versorgung** *f* supplying customers; **~wechsel** *m* customer's bill; commercial bill; **~werbeabteilung** *f* canvassing department; **~werber** *m* canvasser; *Am* solicitor; **~werbung** *f* canvassing (or solicitation) of customers; *(aufdringlich)* touting for customers

**Kundenwünsche** *mpl* customers' wishes; **sich den ~n anpassen** to customize; **nach ~n gefertigt** made to customer's specification; custom-made, custom-built

**kündigen** to give notice (of termination); *(Mieter, Pächter)* to give notice to quit; *(Geld, Kredit)* to call in; *colloq.* to sack; (→ gekündigt); **fristlos ~** to terminate (employment, agreement, lease etc.) without notice; **mit e-r Frist von 3 Monaten ~** to terminate ... by giving 3 months notice; **mit wöchentlicher Frist ~** to give one's week notice; **seinem Angestellten ~** to give one's employee notice of termination of employment (or of dismissal); **seinem Arbeitgeber ~** to give notice to one's employer; **e-n Kredit ~** to call in a credit; **dem Mieter ~** to give the tenant notice to quit; to give the tenant notice of termination of the lease (or hire); **die Wohnung ~** to give notice of one's intention to leave; **e-n Vertrag ~** to terminate (or cancel) an agreement (or contract) (fristlos without notice); **der Vertrag kann unter Einhaltung e-r Frist von 3 Monaten gekündigt werden** the contract may be terminated by giving 3 months' notice

**Kündigung** *f* (giving) notice (to terminate … of withdrawal etc.); *(Entlassung)* notice of dismissal; *(Geld, Kredit)* calling in; **fristlose ~** termination without notice; summary dismissal; **Miete mit halbjähriger ~** a tenancy terminable by half a year's notice; **kurzfristige ~** short notice; **mit monatlicher ~** at (or subject to) a month's notice; **sozial ungerechtfertigte ~** socially unwarranted dismissal; **14-tägige ~** a fortnight's notice; **ohne vorherige ~** without prior notice; **~ e-r Anleihe** calling in of a bond; notice or redemption of a loan; **~ e-s Dienstverhältnisses** notice of termination of employment; *(durch den Arbeitgeber)* notice of dismissal; **~ e-s Miet-** (od. **Pacht-**) **vertrages** (giving) notice to terminate a lease; **~ e-s Mieters** (od. **Pächters**) notice to quit; **~ von Spareinlagen** notice of withdrawal of savings deposits; **~ e-s Vertrages** notice to terminate agreement (or contract); cancel(l)ation of an agreement; **seine ~ erhalten haben** *(Angestellter)* to be given notice to terminate one's employment; *(Mieter)* to be under notice to quit

**Kündigungsabfindung** *f* → Entlassungsabfindung

**Kündigungsfrist** *f* period of notice; time for giving notice; withdrawal notice; **mit einjähriger ~** on giving one year's notice; subject to one year's notice; **gesetzliche ~** statutory period of notice; **halbjährige ~** six months' notice; **mit einem Monat ~** at one month's notice; **Spareinlagen mit e-r ~ von 1 Jahr** savings bank deposits withdrawable at one year's notice; **der Vertrag ist mit e-r ~ von 6 Monaten kündbar** the contract may be cancel(l)ed with six months' notice; **die ~ einhalten** to observe the period of notice; **die ~ läuft ab** the period of notice expires

**Kündigungs~**, **~gelder** *npl* depostis at notice; **wichtiger ~grund** *m* serious ground for giving notice; **~recht** *n* right to give notice; right to call in (money), right to call for repayment; **~schreiben** *n* letter of dismissal; written notice (to …); **~schutz** *m* protection against dismissal; **~verbot** *n* prohibition of dismissal

**Kundin** *f* (female) customer

**Kundschaft** *f* clientele; customers; patronage; *Br* custom; **den Wünschen seiner ~ entgegenkommen** to meet one's customers' wishes

**Kunstdünger** *m* chemical fertilizer

**Kunstfaser** *f* synthetic fib|re (~er), man-made fib|re (~er); **~industrie** *f* man-made fib|res (~ers) industry; **~spinnfäden** *mpl* synthetic fib|res (~ers)

**Kunst~**, **~gegenstand** *m* work of art; objet d'art; **~ (geschäft)** *n* arts and crafts (shop); **k~gewerbliche Gegenstände** *mpl* arts and crafts articles; craftsmen-made articles; **~gummi** *m* synthetic (or artificial) rubber; **~handel** art trade; **~händler** *m* art dealer; **~handwerker** *m* artist craftsman; handicraft artist; **~leder** *n* imitation (or synthetic) leather

**künstlich** artificial; **~ herstellen** to synthesize

**Kunstmarkt** *m* art market

**Kunstseide** *f* rayon, artificial silk

**Kunststoff** *m*, **~e** *pl* plastics, synthetics, plastic materials, artificial resins; **Gegenstände aus ~** plastic articles; **~behälter** *m* plastic container; **k~erzeugende Industrie** *f* plastics producing industry; **~erzeugnisse** *npl* plastic products; **~industrie** *f* plastics industry; **~sack** *m* plastic sack (bag); **k~verarbeitende Industrie** *f* plastics processing industry; **~verarbeitung** *f* plastics processing (or manufacturing); **~verpackung** *f* plastic packaging; **~waren** *fpl* plastic(s) products

**Kunstwerke** *npl* works of art

**Kupfer** *n* copper; **~aktien** *fpl* copper shares; coppers; **~draht** *m* copper wire; **~druck** *m* copperplate printing; **~erzeugnisse** *npl* copper products; **~markt** *m* market for copper

**Kupon** *m* coupon; **abgetrennter ~** detached coupon; **~bogen** *m* coupon sheet; **~inhaber** *m* coupon holder; **~kurs** *m* rate of exchange of matured coupons of foreign securities; **~termin** *m* coupon date

**Kuppel~**, **~produkt** *n* joint product; **~produktion** *f* production of joint products

**Kurierdienst** *m* courier service

**Kurs** *m* 1. *(Börse)* price, quotation; *(Devisen~, Wechsel~)* exchange rate, rate (of exchange); **zum ~e von** at the price of; at the rate (of exchange) of; → Devisentermin~; **€-~** € rate of exchange; → Dollar~; → Höchst~; → Mindest~; → Umrechnungs~; **bei anziehenden ~en** *pl* in a rising market; **fallender ~** falling (or dropping) price (or rate); **bei fallendem ~ verkaufen** to sell short; **fester ~** fixed price (or rate); **gegenwärtiger ~** present price (or rate); → grüne ~e; **günstiger ~** favo(u)rable price (or rate); **niedriger ~** low price (or rate); **niedrigster ~** bottom price (or rate); **offizieller ~** official price (or rate); **schwankende ~e** fluctuating rates; **sinkende ~e** falling prices (or rates); **steigender ~** rising price (or rate); **die ~e bröckeln ab** prices are easing off (or crumbling); **die ~e schwächten ab** the quotations drifted down (or declined), **die ~e schwächten sich auf breiter Front ab** prices weakened across the board; **die ~e zogen weiter an** prices increased further; **die ~ fallen** the prices are falling (or on the decline); *(Devisen~)* the rates (of exchange) are depreciating; **die ~e werden fester** prices are becoming firmer (or are firming up, moving up); **der ~ steht hoch** the price is high; **der (Devisen-)~ ist gefallen** the rate of exchange has depreciated; **die ~e gaben nach** prices were softening (or weakened); prices drifted back; **~ gestrichen** no dealings; **den ~ sichern** to hedge the rate; **die ~e steigen** prices (or rates) are rising (or going up); **der (Devisen)~ ist gestiegen** the rate of exchange has advanced; **die ~e stiegen** prices strengthened (or advanced); **die ~ stiegen auf breiter Front** prices rose across the board

**Kurs~**, **~abbröckelung** *f* easing off (or slackening) of share prices; **~abschlag** *m* markdown; *Br* backwardation; **~abschwächung** *f* weakening (or decrease) of share prices; bearish price development; **~abweichung** *f* difference between (foreign) exchange rates; **~änderung** *f* change in exchange rates; **~angabe** *f* quotation; **~anstieg** *m* rise in prices, price increase; **~anstieg des Dollars** increase in the dollar rate of exchange; **~anzeigetafel** *f* quotations board; **~aufschlag** *m* markup; **~auftrieb** *m* upward tendency (or trend) in prices; upward price trend; **~beeinflussung** *f* manipulation of prices; *(betrügerisch)* rigging the market; **~befestigung** *f* consolidation of prices; **~berechnung** *f* price calculation; *(Wechsel~)* exchange calculation; **~bericht** *m (Börse)* market report; *(Wechsel~)* exchange report; **~besserung** *f* improvement (or advance) in prices; price improvement; **~bewegung** *f* movement of prices; **~blatt** *n* → ~zettel; **~differenz** *f* → ~unterschied

**Kurseinbruch** *m* a sudden, sharp fall in price; **die Lira hat e-n starken ~ zu verzeichnen** the value of the lira fell sharply

**Kurs~**, **~einbuße** *f (Effekten)* price loss; *(Devisen)* loss on exchange; **~erholung** *f* recovery of (share) prices; **~festsetzung** *f* price fixing; *(Devisen)* rate fixing; **~freigabe** *f* floating (of the exchange rate); **k~gesichert** *(Devisen)* rate-hedged

**Kursgewinn** *m* price gain; *(Devisen)* rate gain, exchange profit; **~ des Effektenhändlers** market dealer's profit margin; **Kurs-Gewinn-Verhältnis** *n* (KGV) price-earnings ratio (PER); **hohe ~e erzielen** *(Devisen)* to make large exchange profits; **~e wurden realisiert** *(Effekten)* price gains were realized

**Kurs~**, **~hausse** *f* price rise, sharp advance; price rally; **~höhe** *f* price level; **~index** *m* share price index; **~intervention** *f* price intervention; exchange intervention; **~klausel** *f* exchange clause; **~korrektur** *f* corrective price adjustment; **~makler** *m* stockbroker; broker dealer; *(Warenbörse)* commodities broker; **~manipulation** *f* → ~beeinflussung; **amtliche ~notierung** *f* official quotation (of prices or exchange rates); **~parität** *f* exchange parity, parity of exchange rates; **~pflege** *f* price nursing; **~pflegeverkäufe** *mpl* **von Anleihen** price-regulation sales of bonds; **~rechnung** *f* → ~berechnung; **~regulierung** *f* → ~stützung; **~risiko** *n (Effekten)* price risk; *(Devisen)* (foreign) exchange risk; exchange (rate) risk; **~rückgang** *m (Effekten)* fall (or decline, drop) in prices; price fall; *(Devisen)* decline in exchange rates; **~schwankungen** *fpl* price fluctuations; fluctuation in price levels; exchange (rate) fluctuations

**Kurssicherung** *f (im Devisenhandel)* covering the exchange risk; hedging a rate; exchange guarantee (or fixing); *(durch Devisentermingeschäft)* forward exchange covering of the risk; **~skosten** *pl* cost of forward exchange cover; cost of exchange rate guarantee

**Kurs~**, **~spekulant** *m* market operator; **~spekulation** *f* speculation on the stock exchange; *(Devisen)* currency speculation; **~sprünge** *mpl* price jumps; upward spurts; sudden increase in prices; **~stand** *m* price level; **~steigerung** *f* increase in prices; **~sturz** *m* plunge (or sharp drop) in share (or stock) prices; **k~stützend** designed to support exchange rates; **~stützung** *f* support (or pegging) of prices (or of exchange rates); **~stützungskäufe** *mpl* price-supporting purchases; **~tabelle** *f* quotation record; price list; **~tafel** *f* quotations board; **~umrechnung** *f (Devisen)* currency conversion; **~unterschied** *m (Effekten)* difference in prices; price difference; *(Devisen)* difference in exchange rates; exchange difference; **~verfall** *m* slump in prices; price collapse; **~verlauf** *m* movement in share prices; **~verlust** *m (Börse)* loss on (share) prices, price loss; *(Devisen)* exchange loss; **~wert** *m* market value; quoted value; **~zettel** *m* stock exchange list; *Br* Daily Official List; *(Devisen)* (foreign) exchange list

**Kurs** 2. course; *fig* line, policy; **~änderung** *f* change of course; **~buch** *n* timetable; railway guide; **~wagen** *m* through carriage

**Kursus** *m* course (of instruction); **~ für Fortgeschrittene** course for advanced students; **an e-m ~ teilnehmen** to take part in a course

**Kurtaxe** *f* visitors' tax *(of a health resort etc.)*

**kurzarbeiten** to work (or to be on) *Br* short-time (*Am* short hours); **~de Betriebe** *mpl* firms with work on short time

**Kurzarbeit** *f* short-time work(ing); **~ einführen, um Entlassungen zu vermeiden** to introduce a system of shorter working hours to avoid redundancies; **auf ~ gesetzt werden** to be put on short-time work

**Kurzarbeiter** *m* short-time worker; worker on short time; **~geld** *n* short-time allowance

**Kurzausbildung** *f* short-term (or accelerated) training

**kürzen**, **den Kreditbetrag ~** to cut (or curtail, reduce) the credit amount; **e-n Vortrag ~** to abridge (or shorten) a lecture

**kürzest**, **binnen ~er Frist** *f* within the shortest possible time; as soon as possible

**kurzfristig** short-term; at short notice; **~ lieferbar** available on short delivery; **~e Geldanlage** *f* short-dated (or short-term) investment; **~er Kredit** *m* short-term loan; **Geld mit ~er Kündigung** *f* money at short notice; **~e Lieferung** *f* delivery at short notice

**Kurzläufer** *mpl (Wertpapiere)* shorts

**kurzlebig**, **~e Anlagegüter** *npl* shortlived fixed assets; **~e** → Konsumgüter; **~e Waren** *fpl* perishable goods, shortlived goods

**Kurz~**, **~nachrichten** *fpl* news in brief; **~prospekt** *m* leaflet

**Kurzstrecke** *f* short distance; **~nverkehr** *m* short-distance traffic; **~nverkehrsflugzeug** *n* airbus

**Kürzung** *f* reduction, cut; abridgment; → Gehalts~; **~ der Ausgaben** reduction in expenditure; **~ des Etats** cut in the Budget; **~ e-s Kontingents** reduction of a quota

**Kurzwaren** *fpl* haberdashery, *Am* notions

**Küste** *f* coast, shore; **vor der ~** offshore; **k~nnah** onshore; contiguous to the shore; **im ~nbereich** *m* in coastal waters; **~nfischerei** *f* inshore fishing (industry); **~nfracht** *f* coastal cargo; **~nhandel** *m* (inter)coastal trade; **~nmeer** *n* territorial sea; **~nschifffahrt** *f* coastal shipping

**Kuvertierungsmaschine** *f* enveloping machine

**Kux** *m* share in a mining company; (registered) mining share; **~inhaber** *m* shareholder of a mine

# L

**Lade~**, **~arbeiten** *fpl* loading and unloading operations; **l~bereites Schiff** *n* ship ready to take in cargo; **~einrichtung** *f* loading device; **~fähigkeit** *f* loading (or carrying) capacity; **l~fertig** → l~bereit; **~fläche** *f* loading space; load platform;

*(e-s Lkw) Br* back of a lorry; *Am* truck bed; platform of a truck; **~frist** *f* loading time; **~gebühren** → ~kosten; **~gewicht** *n* pay load; **~hafen** *m* port of lading (or loading); **~kapazität** *f* → ~**fähigkeit**; **~kosten** *pl* loading charges; **~linie** *f* load line; **~liste** *f* manifest; list of (ship's or aircraft's) cargo; freight list; **~luke** *f* loading hatch; **~maß** *n* loading measurement

**Laden** *n* 1. **~ und Löschen e-s Schiffes** loading and unloading of a ship

**Laden** *m* 2. shop, *bes. Am* store; **~mit Selbstbedienung** self-service shop (or *Am* store)

**Laden~**, **~angestellte** *pl* shop assistants; *Am* (sales) clerks; **~ausstattung** *f* shop (or store) equipment (or fittings); **~besitzer** *m Br* shopkeeper; *Am* storekeeper; **~dieb** *m* shoplifter; **~diebstahl** *m* shoplifting; **~eingang** *m* entrance of the shop; **~einrichtung** *f* → ~ausstattung; **~fläche** *f* shop space; **~geschäft** *n Br* shop; *Am* store; **~hüter** *mpl* dead stock; unsaleable goods; drug on the market; obsolete inventories; **~inhaber** *m* → ~besitzer; **~kasse** *f* (shop) till; cash register; **~kette** *f* chain of shops (or stores); retail chain; multiple retail outlet; **~miete** *f* shop rent; **~öffnungszeiten** *fpl* shop opening hours; **~preis** *m* retail price; **~räume** *mpl* shop premises; **~regal** *n* shop shelf; **~schild** *n* shop sign; **~schlusszeiten** *fpl* shop closing hours; **~tisch** *m* (shop) counter; **~umbauten** *pl* alterations to a shop; **~verkäufer** *m Br* shop assistant; *Am* sales clerk; **~verkaufspreis** *m* retail price, shop price; **e-n ~verkaufspreis haben von** to retail at; **~werbung** *f* retail advertising

**laden** to summon, to convene *(for a meeting, etc.)*; to issue a summons; **in e-n Waggon ~** to load on a wag(g)on; **jdn als Zeugen ~** to summon sb. to appear as a witness

**Lade~**, **~papiere** *npl* shipping documents; **~platz** *m* loading place (or berth); **~rampe** *f* loading ramp; **~raum** *m* cargo space; *(e-s Schiffes)* hold; load compartment; **~schein** *m (Binnenschifffahrt)* inland waterways bill of lading; **~stelle** *f* place (or point) of loading; **~verzeichnis** *n* → ~**liste**; **~zeit** *f* loading time

**Ladung** *f* 1. load; cargo, freight; shipment; quantity of goods shipped; **nach vorn, nach hinten oder seitlich über das Fahrzeug herausragende ~en** loads projected beyond the front, rear or sides of the vehicle; **~ aufnehmen oder löschen** to load or discharge cargo; **~ einnehmen** to take on cargo

**Ladungs~**, **~empfänger** *m* consignee; **~handhabung** *f* cargo handling; **~kontrolleur** *m* tally clerk; **~raum** *m* → Laderaum; **~tüchtigkeit** *f* fitness of a ship's hold for taking cargo; **~verteilung** *f* cargo sharing; **~verzeichnis** *n* → Ladeliste

**Ladung** 2. *(Vor~)* summons; **die ~ ist der Partei zugestellt** the summons was served upon the party

**LAFTA** → Lateinamerikanische Freihandelszone

**Lage** *f* situation, position; *(örtlich)* location; **~ am Arbeitsmarkt** state of the labo(u)r market; **nach ~ der Dinge** according to circumstances; **~ e-s Grundstücks** site of a real estate; **finanzielle ~** financial situation (or standing), **geeignete ~ für neue Fabriken** suitable location for new factories; **in** *(örtlich)* **guter (schlechter) ~** well (badly) situated; **wirtschaftliche ~** economic situation

**Lagebericht** *m* status report; *(Geschäftsbericht)* annual report

**Lager** *n* store, storehouse, warehouse; *(~bestand)* stock, inventory; **auf ~** in store, in stock; **e-e zu große (kleine) Menge auf ~ nehmen** (od. **halten**) to overstock (understock)

**Lager**, **das ~ abbauen** to reduce (or run down) the stock; **das ~ (wieder) auffüllen** (od. **aufstocken**) to replenish the stock; **e-n Artikel auf ~ haben** to have (or keep) an article in stock; **Waren auf ~ nehmen** to stock (or warehouse) goods; **das ~ räumen** to clear the stock; **über ein großes ~ verfügen** to have a large stock of goods

**Lager~**, **~abbau** *m* stock reduction (or rundown); decrease of stock; inventory decline; **~anfangsbestand** *m (am Anfang des Jahres)* beginning inventory; **~anlagen** *fpl* storage facilities; **~arbeiter** *m* warehouseman; **~aufbau** *m* stockbuilding; **~auffüllung** *f* (od. **~aufstockung** *f*) replenishment of stocks; inventory accumulation

**Lagerbestand** *m* stock (of goods, etc.); stock (or inventory) on hand; **den ~ aufnehmen** to take stock; to make an inventory

**Lagerbestände** *mpl* stocks, stores (an of); (level of) inventories; **niedrige ~** run-down stocks; **überhöhte ~** excessive inventories; **die ~ aufstocken** to replenish (or accumulate) the stocks; to build up inventories; **~ halten** to keep stocks; **die ~ nahmen zu** stock increased; *Am* inventories rose; **die ~ verringern** to cut the stocks

**Lagerbestands~**, **~aufnahme** *f* stocktaking; **~bewertung** *f* stock (or inventory) valuation; **~führung** *f* inventory control; **~veränderung** *f* stock change; **~verzeichnis** *n* inventory

**Lager~**, **~betrieb** *m* storage business; **~bewegungen** *fpl* inventory movements, increase or decrease in stocks

**Lagerbuch** *n* stock book, stock (or stores) ledger; warehouse book; **~führung** *f* → ~**haltung**; **~halter** *m* stock (or warehouse) bookkeeper; **~haltung** *f* stock (or warehouse) bookkeeping; stores accounting

**Lager~**, **~dauer** *f* period of storage (or warehousing); **~ein- und -ausgang** *m* stock received and stock issued; **~einrichtungen** *fpl* storage (or warehousing) facilities; installations for storing; **~empfangsschein** *m* warehouse receipt; **~endbestand** *m (am Ende des Jahres)* closing inventory; **~entnahme** *f* removal from the warehouse (or from stock); **~erschöpfung** *f* depletion of stock, **~erweiterung** *f* extension of stock; **~fachkarte** *f* bin card; **l~fähig** storable; suitable for storage; **~fähigkeit** *f* storage capacity; shelf (or storage) life; **~frist** *f* → ~**dauer**; **öffentliches ~gebäude** *n* public warehouse; **~gebühren** *fpl* (od. **~geld** *n*) **erheben** to levy storage (or warehouse) charges; **~geschäft** *n* warehousing (business); **~gut** *n* goods in storage; stored goods; *(Zollagergut)* bonded goods; **~halter** *m* storekeeper, warehouse keeper

**Lagerhaltung** *f* stockkeeping, stockholding, storage; *bes. Am* warehousing; → Butter aus staatlicher ~; **Einrichtungen für die** ~ storage facilities; **Kosten der ~** storage costs; inventory carrying costs; warehousing costs; **~sbeihilfe** *f (EU)* storage aid; **~svertrag** *m* storage contract

**Lagerhaus** *n* warehouse; storehouse; storage depot; **~arbeiter** *m* warehouseman; **~bescheinigung** *f* warehouse receipt; **~gesellschaft** *f* warehousing company; **in e-m ~ einlagern** to store in a warehouse

**Lagerinvestitionen** *fpl* investment in stockbuilding; inventory investment

**Lagerist** *m* → Lagerverwalter

**Lager~**, **~kapazität** *f* storage capacity; **~karte** *f* stock (file) card; **~kartei** *f* stock file; **~kosten** *pl* storage costs; **~miete** *f* warehouse rent; **je ~monat** *m* per month of storage

**Lagern** *n*, **durch langes ~ beschädigte Waren** shop-soiled goods

**lagern** to stock, to store (→ gelagert); **unsachgemäß ~** to store improperly

**Lager~**, **~personal** *n* warehouse staff; inventory clerks; **~planung** *f* storage planning; **~platz** *m* storage place (or yard)

**Lagerraum** *m* storage space; stockroom; **die Waren in e-m ~ einlagern** to deposit the goods in a store-room

**Lager~**, **~regale** *npl* storage shelves; **~schein** *m* warehouse receipt; stock warrant; **~schuppen** *m* storage shed; **~schwund** *m* storage loss; **~spesen** *pl* storage charges; **~umschlag** *m* stock turnover; *Am* turnover of inventories

**Lagerung** *f* storage, storing; warehousing; **~ radioaktiver Stoffe** storage of radioactive waste; **oberirdische ~** storage above ground; **unterirdische ~** underground storage; **~skosten** *pl* storage costs

**Lager~**, **~veränderungen** *pl* inventory changes; **~verkäufe** *mpl* sales from stocks; **~verkehr** *m* warehousing trade; **~verluste** *mpl* inventory losses; **~versicherung** *f* storage insurance; **~vertrag** *m* storage contract; **~verwalter** *m* stock (or warehouse) clerk; storekeeper; **~vorrat** *m* → ~bestand; **~wirtschaft** *f* inventory management; **~zugang** *m* addition to stocks; **l~zyklisch** stock-cyclical

**lahmlegen** *(zum Stillstand bringen)* to paralyse; to bring to a standstill

**Land** *n* land; soil; country; *(Einzelstaat der BRD)* state; **brachliegendes ~** fallow land; soil lying fallow; **fruchtbares ~** fertile land; **an ~ setzen** to put ashore; **auf dem ~e wohnen** to live in the country

**Land~**, **~arbeit** *f* farm labo(u)r; **~arbeiter** *m* agricultural labo(u)rer; farm worker

**Lande~**, **~erlaubnis** *f* landing permit; **~platz** *m* landing place, landing ground
**Länder** *npl* countries; *(der BRD)* states; **neue ~** new Federal German states (i. e. states of the former DDR); **~ der Gemeinschaft** *(EU)* Community countries; **~haushalte** *mpl* Länder Governments' budgets
**Ländereien** *pl* landed property
**Landes~**, **~arbeitsamt** *n* Regional Labo(u)r Office; **~arbeitsgericht** *n* Higher Labo(u)r Court; **~behörde** *f* state authority; **l~eigen** owned by a country; *(BRD)* owned by a state; **~erzeugnis** *n* domestic product; **~grenze** *f* national frontier; **~planung** *f* regional planning; **~recht** *n* national law; *(der einzelnen Länder im Ggs. zum Bundesrecht)* law of the states; **nach ~recht** according to state laws
**Landestelle** *f* landing place (or ground)
**Landes~**, **l~üblich** usual (or customary) in a country; **den ~verhältnissen entsprechend** appropriate to national conditions; **~verrat** *m* treason; **in ~währung** *f* **ausgedrücke Preise** price levels expressed in national currencies; **l~weit** nationwide
**Land~**, **~flucht** *f* exodus from the country (to town); rural exodus; **~fracht** *f* land freight; **~gericht** *n* Regional Court; **~gut** *n* country estate; **~kundschaft** *f* out-of-town customers
**ländliche Arbeitskräfte** *fpl* rural workers (or manpower)
**Land~**, **~maschinen** *fpl* agricultural machinery; **~maschinenbau** *m* agricultural engineering; **~pacht** *f* tenancy of agricultural land, farm tenancy; **~reform** *f* agricultural reform; **~straße** *f* high road, highway; **~transport** *m* overland transport; carriage (of goods) by land
**Landung** *f* landing; **~sgebühren** *fpl* landing charges
**Landweg**, **auf dem ~** by land
**Landwirt** *m* farmer, agriculturist
**Landwirtschaft** *f* agriculture, farming; **~ in Berggebieten** (mountain and) hill farming; **Arbeitnehmer in der ~** farm (or agrucultural) worker(s); **Betriebe der ~** agricultural undertakings; **in der ~ tätige Personen** persons engaged in agriculture (or farming); **Tätigkeit in der ~** farming occupation; **Tätigkeit in der ~ aufgeben** to cease farming
**landwirtschaftlich** agricultural; **~ genutzte Fläche** *f* area agriculturally used; farmland; **~er** → Arbeiter; **~er Betrieb** *m* agricultural undertaking (or holding); farm; **~e Einkünfte** *pl* farm income; **~e Erzeugnisse** *npl* agricultural products; **~e Förderungsgebiete** *npl (EU)* priority agricultural areas; **~e Genossenschaft** *f* farmers' cooperative (society); **~er Grundbesitz** *m* agricultural property; **~er Kleinbetrieb** *m* smallholding; small farm; **~er Lehrbetrieb** *m* training farm; **~e Nutzfläche** *f* agricultural acreage; **~e Nutzung** *f* agricultural utilization; **~es Produkt** *n* farm product; **Einstellung der ~en Tätigkeit** retirement from farming; **~e Unfallversicherung** *f* agricultural accident insurance funds; **~e Verarbeitungserzeugnisse** *npl* goods processed from agricultural products
**Landwirtschafts~**, **~kammer** *f* chamber of agriculture; **~messe** *f* agricultural fair
**langfristig** long-term, long-dated; on a long-term basis; **~ angelegtes Kapital** *n* long-term capital investment; **~e Anleihen** *fpl* long-term loans; longs; **~e Ausleihungen** *fpl* long-term lendings; **~e Kreditgeschäfte** *npl* long-term loan (or credit) transactions; **~er Liefervertrag** *m* long-term contract for the supply of …; **~e Papiere** *npl* long-dated securities; longs; **~e Vereinbarung** *f* long-term agreement; **Kapital ~ anlegen** to make a long-term investment; to invest capital on a long-term basis
**Langfristplanung** *f* long-term planning
**langjährig** of long standing; many years'
**Langläufer** *mpl* → langfristige Papiere
**langlebig~**, **~e** → Konsumgüter; **~e Wirtschaftsgüter** *npl* long-lived assets
**Langsamarbeit**,, **planmäßige ~**, *Br* go-slow; *Am* slowdown
**Längsseitlieferung** *f* delivery alongside the vessel
**längstens für ~ 2 Monate** for a period of time not exceeding 2 months
**Langzeit~**, **~arbeitslose** *mpl* long-term unemployed; **~arbeitslosigkeit** *f* long-term unemployment
**Lärmbekämpfung** *f* noise abatement; **Maßnahmen zur ~** anti-noise measures
**Lärmbelästung(en)** *f(pl)* noise pollution
**Lash-Schiff** (Leichter auf Schiff) lash ship (lighter aboard ship); **~sverkehr** *m* transport by lighter-carrying ships

**Last** *f* load; burden; charge; **~auto** *n* lorry; *bes. Am* truck; **Tatsachen, die ihm nicht zur ~ gelegt werden können** facts beyond his control

**Lasten** *fpl*, **zu Ihren ~** at your expense (or cost); **zu ~ des Käufers gehen** to be on buyer's account; to be chargeable to the buyer; **die Kosten gehen zu ~ von** the expenses are to be charged to

**Lasten~**, **~aufzug** *m Br* goods lift; hoist; *Am* freight elevator; **~ausgleich** *m* equalization of burden; **~flugzeug** *n* freight (or cargo) plane; **l~frei** free from charges (or encumbrances); **~heft** *n* specification (regarding an → Ausschreibung); **~teilung** *f* burden-sharing; **~verteilung** *f* distribution of burden

**Laster** *m* lorry, *bes. Am* truck

**Lastkahn** *m* barge

**Lastkraftwagen** (Lkw) *m* lorry; *bes. Am* truck; van; **frei ~** free on truck (f.o.t.); **schwerer ~** heavy goods vehicle; **Beförderungen mit ~** *Br* carriage of goods by road; *Am* motor truck transport; transportation by truck

**Lastschrift** *f* debit(ing); debit entry; **~anzeige** *f* debit advice; **~verfahren** *n* direct debiting; debit charge procedure

**Lastwagen** *m* → Lastkraftwagen; **~anhänger** *m* lorry (or truck) trailer; **~fahrer** *m* lorry driver; *bes. Am* truck driver; **~ladung** *f* lorry (or truck) load

**Lastzug** *m* tractor trailer unit; lorry (or truck) with trailer

**Lateinamerikanische Freihandelszone** *f* Latin American Free Trade Association (LAFTA)

**latent**, **~e** → Inflation; **~e Steuern** *fpl* deferred taxes

**Lattenverschlag** *m* crate

**Lauf** *m* course; *(~zeit)* running; **im ~ der Zeit** in the course of time; **~bahn** *f* career

**laufen**, **dieses Angebot läuft bis ...** this offer terminates on ...; **die Geschäfte ~ gut** business is good

**laufend**, **auf dem L~en** up-to-date; **jdn auf dem L~en halten** to keep sb. posted (or informed); **sich ~ unterrichten über** to keep oneself informed of

**laufend**, **~es Angebot** *n* floating supply, **~e Arbeiten** *fpl* work in hand; **~er Auftrag** *m* continuing (or standing) order; **~e Ausgaben** *fpl* current (or permanent) expenditure; **~er Beitrag** *m* contribution at regular intervals; **~e Bestandsaufnahme** *f* continuous inventory; **~e Bestellung** *f* standing order; **~e Einnahmen** *fpl* current receipts; **~e Emission** *f Br* tap issue; **~e Geschäfte** *npl* regular (or day-to-day) business; **~er Geschäftsbetrieb** *m* going concern; **~es Jahr** *n* current year; **~es Konto** *n* current account; **~e Leistungen** *fpl (z. B. der Sozialhilfe)* recurring benefits; **~e Nachfrage** *f* current demand; **~e Nummer** *f* serial number; **auf ~ Rechnung** *f* **kaufen** to buy on current account; **~es Unternehmen** *n* going (or operating) concern; **~e Verpflichtungen** *fpl* current liabilities

**Lauf~**, **~karte** *f* job ticket; **~kunde** *m* casual purchaser; street customer; **~kundschaft** *f* passing trade; occasional (or chance) customers

**Laufzeit** *f* term, currency, life; maturity; **~ des europäischen Patents** term of the European patent; **~ e-s Kredits** life (or duration, term) of a loan; **~e-s Mietvertrages** currency of a lease; **~ e-s Vertrages** duration (or life) of a contract; **~ e-s Wechsels** term (or currency) of a bill of exchange; **Einlagen mit e-r ~ von 3 Monaten** deposits with maturities of 3 months; 3-months' deposits; **Wechsel mit e-r ~ von höchstens 3 Monaten** bills which run for not more than 3 months; **die Anleihe hat e-e ~ von 7 Jahren** the loan matures over 7 years; the term of the loan is not to exceed 7 years; **das Darlehen hat e-e ~ von 20 Jahren** the loan is for a term of 20 years; **die Schuldverschreibungen haben e-e ~ von höchsten 12 Jahren** the bonds have a maximum duration of 12 years

**lauten**, **auf Dollar ~** to be denominated in dollars

**lauterer**, **Handelsverkehr** *m* fair trading; **~ Wettbewerb** *m* fair competition

**Lauterkeit** *f* **im Handel(sverkehr)** fairness in commercial transactions

**Lautsprecheranlage** *f* public address system

**Leasing** *n (Vermietung od. Verpachtung von Wirtschaftsgütern)* leasing; **Finanzierungs-~** *n* finance leasing; **~, das auch Wartung einschließt** maintenance leasing; **~geber** *m* lessor; **~nehmer** *m* lessee; **~raten** *fpl* leasing instalments; **~vertrag** *m* leasing agreement

**lebend** living; **~es Inventar** *n* livetock; **~e Tiere** *npl* live animals
**Lebendgewicht** *n (von Tieren)* live weight
**Lebens~**, **~bedarf** *m* necessities of life; **~bescheinigung** *f* certificate of existence; **~dauer** *f* duration of life; physical life; *(von Sachen)* useful life; *(von Geräten etc.)* working life; **~erwartung** *f* life expectancy; **l~fähiges Unternehmen** *n* viable enterprise; **~fähigkeit** *f* viability
**Lebensgemeinschaft** *f*, **eheliche ~** consortium; cohabitation (of husband and wife)
**Lebenshaltungs~**, **~kosten** *pl* cost of living; **~preisindex** *m* cost-of-living index; *Br* General Index of Retail Prices (R.P.I.); *Am* consumer price index
**Lebensjahr** *n*, **bis zur Vollendung des 18. ~es** until the age of 18 has been completed; **das 18. ~ vollendet haben** to be 18 years of age
**lebenslängliche Rente** *f* life annuity
**Lebenslauf** *m* curriculum vitae; *Am* résumé; personal record
**Lebensmittel** *pl* foodstuffs, foodstuff products; groceries; provisions; prepared foods; **in losem Zustand** foodstuffs in bulk; **eingemachte ~** tinned (or canned) food; **leicht** → verderbliche ~; → verdorbene ~
**Lebensmittel~**, **~abteilung** *f* **e-s Kaufhauses** food department of a department store; **~einfuhren** *fpl* importation of foodstuffs; **~einkauf** *m* purchase of groceries (or provisions); **~etikett** *n* food label; **~fälschung** *f* food adulteration; **~farbstoffe** *mpl* colo(u)ring matter for use in food; food colo(u)ring materials; **~geschäft** *n* food shop; *Br* grocer's shop; *Am* grocery store; **~großhandel** *m* wholesale grocery; **~großhändler** *m* wholesale grocer; **~herstellung** *f* manufacture of foodstuffs
**Lebensmittelindustrie** *f* food (processing) industry; **Waren der ~** prepared foodstuffs
**Lebensmittel~**, **~konserven** *fpl* preserved food products; **~konservierung** *f* food preservation; **~lieferant** *m* food supplier; **~preise** *mpl* food prices; **Entnahme von ~proben** *fpl* collection of food samples; **~überwachung** *f* food control; **~verarbeitung** *f* food processing; **~verpackung** *f* food wrapping; packaging for foodstuffs; **~vorräte** *mpl* food supplies (or stocks); **~zubereitung** *f* food preparation; **~zusätze** *mpl* food additives
**lebensnotwendig** vital, essential; **~e Güter** *npl* essential goods, essentials
**Lebensqualität** *f* quality of life
**Lebensstandard** *m*, **den ~ aufrechterhalten** to maintain the standard of living
**Lebensstellung** *f* permanent position
**Lebensunterhalt** *m* livelihood, living, subsistence; **notwendiger ~** subsistence needs; **seinen ~ verdienen** to earn one's living
**Lebensversicherung** *f* life insurance (*Br* assurance); **~ auf den Erlebens- und Todesfall** endowment insurance (*Br* assurance); **~ auf den Todesfall** whole life insurance (*Br* assurance); **~sgesellschaft** *f* life insurance (*Br* assurance) company; **~sgesellschaft auf Gegenseitigkeit** mutual life insurance (*Br* assurance) company
**lebenswichtig** vital, essential; **~e Güter** *pl* essential goods
**Lebenszeit**, **auf ~** for life; **Beamter auf ~** permanent civil servant; **Rente auf ~** life pension
**lebhaft**, **~ gehandelte Effekten** *pl* briskly (or actively) traded securities; **~er Börsenhandel** *m* active (or brisk) dealings on the stock exchange; **~es Geschäft** *n (Börse)* buoyant trading; **~e Nachfrage** *f* brisk demand; **~er Verkehr** *m* busy traffic
**Leckage** *f (Rinnverlust)* leakage
**Leder** *n* leather; **Kunst~** *n* imitation leather; **~industrie** *f* leather industry; **~waren** *fpl* leather goods
**ledig** single, unmarried
**leer** empty; vacant; **~ verkaufen** *(Börse)* to sell short
**Leer~**, **~fahrt** *f* empty run (or trip); unloaded drive; **~fracht** *f* dead freight; **~gewicht** *n (Tara)* tare; **~gewicht** *n* **des Fahrzeugs** unladen weight of the vehicle; **~gut** *n* empties; **~packung** *f* dummy; **l~stehendes Haus** vacant house; **~standsquote** *f (Immo)* vacancy rate; **l~stehende Wohnung** *f* unoccupied dwelling; **~verkauf** *m (Börse)* short sale; **~zimmer** *n* vacant (or unfurnished) room
**legalisieren** to legalize
**Legitimation** *f* legitimation; proof of identity; **~ e-s nichtehelichen Kindes** legitimation of an illegitimate child; **~s-**

**übertragung** *f* transfer of right to vote to a third person
**legitimieren** to legitimate; to authorize; **sich ~** to prove one's authority
**Lehranstalt** *f* educational establishment
**Lehre** *f* apprenticeship; **in der ~ sein bei** to be apprenticed to
**Lehr~**, **~gang** *m* training course; course (of instruction); **~kräfte** *fpl* teaching staff
**Lehrling** *m* apprentice, trainee; **~srolle** *f (für Handwerker)* register of apprentices
**Lehrstelle** *f* apprenticeship; **~nangebot** *n* number of places available for apprentices; **~nbewerber** *m* applicant for an apprenticeship
**Lehr~**, **~vertrag** *m* → Berufsausbildungsvertrag; **~werkstatt** *f* apprentice (or trainee) workshop
**Leibrente** *f* life annuity; **~nverpflichtung** *f* obligation to pay an annuity
**leicht** easy; slight; light (weight); **~ abgeschwächt** *(Börse)* slightly lower; **~ beschädigte Ware** *f* slightly damaged goods; **~ entzündlich** highly inflammable; **~ erholt** *(Börse)* slightly higher; **~ erreichbar** within easy reach; **~ nachgebend** *(Börse)* slightly easier; **~ verderblich** perishable; **~ verkäuflich** readily saleable; easy to dispose of; **nicht ~ verkäuflich** not easily saleable; **~ sinken** (od. **zurückgehen**) *(Kurse)* to decline slightly, to slow down
**leichte**, **~ Fahrlässigkeit** *f* slight negligence; **~ Papiere** *npl* low-priced shares
**Leicht~**, **~behälter** *m* lightweight container; **~beton** *m* lightweight concrete
**leichten** *(Schiff)* to lighten
**Leichter** *m* lighter; barge; **~lohn** *m* lighterage
**Leicht~**, **~gut** *n* light goods; **~industrie** *f* light industry; **~maschinenbau** *m* light engineering; **~metallbau** *m* light metal construction; **~sinn** *m* irresponsibility; **~wasserreaktor** *m* light water reactor
**Leider** unfortunately; **~ sind wir nicht in der Lage ...** we regret being unable (to) ...; **~ können wir die Ware nicht bis ... liefern** we are sorry that we are not able to deliver the goods until ...
**Leiharbeit** *f* temporary work (or employment); **~nehmer** (od. **~er**) *m* worker on temporary loan; **~nehmer** *mpl* **überlassen** (od. **verleihen**) to hire out temporary workers (*an den Entleiher* to the hirer)
**Leiharbeitsunternehmen** *n* temporary work agency; undertaking providing temporary labo(u)r
**Leihe** *f* gratuitous loan (of sth.)
**leihen** to lend; bes. *Am* to loan; **jdm Geld ~** to lend (or *Am* loan) money to a p.; **Geld von jdm ~** to borrow money from a p.
**Leih~**, **~frist** *f* lending period; **~haus** *n* pawnshop; **~schein** *m* pawn ticket; **~wagen** *m* rental car; hire car; **~waren** *fpl* equipment lent (*Am* loaned) to customers; **l~weise** by way of loan, on loan
**Leinen** *n* linen; **in ~ gebunden** bound in cloth; **~industrie** *f* linen industry
**Leiste** *f (Erneuerungsschein)* renewal coupon
**leisten** to perform; **Arbeit ~** to do work; **Hilfe ~** to render assistance; **Zahlung ~** to make (or effect) payment; **sich etw. ~** to afford sth.
**Leistung** *f* performance, achievement; *(Arbeits~, Produktions~)* output; *(Versicherungs~)* benefit; *(Dienst~)* service; **~ an Erfüllungs Statt** substituted performance; **~ des vertraglich Geschuldeten** specific performance; **~en für den Krankheitsfall** sick benefits; **~en bei Mutterschaft** maternity benefits; **Bezahlung nach ~** payment according to merit; **bei unmöglicher ~** if performance becomes impossible; **zusätzliche ~en** *(e-r Firma)* fringe benefits; **~en erbringen** to render performance (or services), **Anspruch auf ~en haben** to be entitled to benefits; **die** (Dienst-)**~ ist erbracht** the service is supplied
**Leistungs~**, **l~abhängig** dependent on performance (or merit); **~anforderungen** *fpl* standards of performance; **~anspruch** *m* (od. **~berechtigung** *f*) entitlement to benefits; **~betrag** *m* amount of benefit; **~beurteilung** *f* performance appraisal, merit rating; **l~bezogen** related to performance; **l~bezogene Gehaltssteigerung** *f* merit increase of salary
**Leistungsbilanz** *f* balance (of payments) on current account; balance of goods and services; **~defizit** *n* current account deficit; **~überschuss** *m* current account surplus; **die ~ wies e-n Überschuss auf** the balance on current account closed at a surplus; **die ~ ist negativ** the balance on current account is in deficit
**Leistungs~**, **~druck** *m* pressure of per-

formance; **~empfänger** *m (Vers.)* recipient of benefit(s); beneficiary

**leistungsfähig** efficient, capable (of performance); **~er Kapitalmarkt** *m* effective capital market; **~es Unternehmen** *n* efficient enterprise

**Leistungsfähigkeit** *f* efficiency, capacity of performance; **~ e-r Firma** proficiency (or productivity) of a firm

**Leistungs~**, **~frist** *f* performance period; **~garantie** *f* performance bond (or guarantee); **~gesellschaft** *f* achievement-oriented society; meritocracy; **~grad** *m* level of performance (or efficiency); **~kontrolle** *f* efficiency check; **~lohn** *m* performance-related pay; **l~mäßig** as regards efficiency; **~minderung** *f* decrease in efficiency; **~norm** *f* standard of performance; **~ort** *m* place of performance; **~pflicht** *f* obligation to perform (or to render performance); **~prämie** *f* incentive (or merit) bonus; **~prüfung** *f* performance (or efficiency) test; **~rechnung** *f* results accounting; **~rückgang** *m* decrease in output; **l~schwaches Unternehmen** *n* inefficient enterprise; **~soll** *n* output target; **den ~stand verbessern** to improve the level of performance; **l~stark** efficient; go-ahead; with a high output; **l~steigernd** efficiency-increasing; **~steigerung** *f* increase in efficiency; improvement in performance; **~unfähigkeit** *f* inability to perform; **~verbesserung** *f* higher efficiency; *(Vers.)* improvement of benefits; **~verkehr** *m* current transactions; **~versprechen** *n* promise to perform; **~verweigerung** *f* refusal to perform; **~verzug** *m* delay in performance; **~wettbewerb** *m* efficiency competition; **~zulage** *f* merit bonus (or increase)

**leiten** *(Firma, Geschäft etc.)* to manage, to run; **die Sitzung ~** to chair the meeting; to preside over the meeting; to conduct the meeting

**leitend tätig sein** to be active in (or to hold) a managerial position

**leitend~**, **~e(r) Angestellte** *f(m)* executive; *(e-s Unternehmens)* officer; director; **~e Angestellte** *pl* executives; management staff; *bes. Am* executive personnel (or staff); **~er Europabeamter** *m* Eurocrat; **~e Stellung** *f* managerial (or executive) position; **~e Tätigkeit** *f* activity in a managerial position; **~es Unternehmen** *n* dominant enterprise

**Leiter** *m (e-r Firma)* head, manager; → Verkaufs~; → Werbe~; **oberster ~** *(e-s Unternehmens) Br* chief executive; *Am* chief executive officer

**Leiterzeugnis** *n* pilot product

**Leitkurs** *m (EU)* central rate; **~änderung** *f* change in central rates; **~anpassung** *f* realignment of central rates

**Leitprodukt** *n* pilot product

**Leitung** *f* management, direction, control; *(für Wasser, Gas etc.)* pipe; *tel* line; **freie (besetzte) ~** *tel* vacant (engaged, *Am* busy) line; **~ e-r Firma** management of a firm

**Leit~**, **~vermerk** *m (Post)* routing label; **~währung** *f* key currency; **~zinssatz** *m* key interest rate; official rate of discount

**lenken** to direct, to control; *(Fahrzeug)* to drive, to steer ( → gelenkte Wirtschaft)

**Lernkurve** *f* learning curve (embraced in the concept of the experience curve)

**lesbar**, **gut ~** clearly legible

**lesen** to read; **Korrektur ~** to proof-read

**Leserbrief** *m* (reader's) letter to the editor

**letzt~**, **~es Gebot** *n* last bid; **~er Kurs** *m* last quotation; **~e Mahnung** *f* final reminder; *(Finanzamt)* final demand; **~e Mode** *f* latest fashion; **~en Monats** *n* of last month; **~e Rate** *f* last instalment; **~er Termin** *m* last day

**letzt~**, **~instanzliches Gericht** *n* court of last instance; **~möglicher Termin** *m* deadline; **L~verbraucher** *m* end-user

**letztwillige Verfügung** *f* disposition on death; last will; **durch ~** by (last) will; **~ treffen** to dispose of by will

**letztwillige Zuwendung** *f* bequest; legacy

**Leucht~**, **~buchstabe** *m* illumination letter; **~laufschrift** *f* illuminated lettering; **~reklame** *f* illuminated (or luminous) advertising; **~röhre** *f* fluorescent tube; **~schrift** *f* illuminated letters; luminous signs; **~werbung** *f* → ~reklame; **~zeichen** *n (Warnzeichen)* light signal

**liberalisieren**, **den Handelsverkehr ~** to liberalize trade

**Liberalisierung** *f* liberalization; *(Deregulierung)* deregulation; **~ des Kapitalverkehrs** removal of controls on the movement of capital; liberalization of capital movement; **~smaßnahme** *f* measure of liberalization; **e-e schritt-**

**weise ~ vornehmen** to proceed to a progressive liberalization

**LIBOR** London Interbank Offered Rate *(Zinssatz, zu dem Londoner Banken erstklassigen Banken Eurodollars verleihen)*

**Licht~**, **~bild** *n* photograph; **l~echt** lightfast; non-fading; **~reklame** *f* → Leuchtreklame; **~zeichen** *n* light signal

**Liebhaber~**, **~preis** *m* fancy price; **~wert** *m* sentimental value

**Liefer~**, **~abkommen** *n* supply (or delivery) agreement; **~angebot** *n* → ~ungsangebot

**Lieferant** *m* supplier, person (or firm) supplying goods *etc.*; purveyor; vendor; **~eneingang** *m* trademen's entrance; **~enkartei** *f* card index of suppliers; **~enkredit** *m* credit granted by supplier; **~enrechnung** *f* supplier's invoice; **~enretourenbuch** *n* returns outwards journal; **~enskonto** *n* discount allowed by supplier(s); **~enwechsel** *m* supplier's bill (of exchange)

**Liefer~**, **~anschrift** *f* delivery address; **~anweisung** *f* delivery instruction; **~anzeige** *f* delivery notice; **~auftrag** *m* order for delivery; **Vergabe öffentlicher ~aufträge** *pl* award of public supply contracts; **~ausfall** *m* shortfall of supplies; **~auto** *n* → ~wagen

**lieferbar** deliverable; available; **sofort ~e Waren** *fpl (Börse)* prompts; **~es Wertpapier** *n* good-delivery security; **kurzfristig ~ sein** to be deliverable at short notice; **sofort ~ sein** to be immediately available; **dieser Artikel ist nicht mehr ~** this article can no longer be delivered

**Lieferbarkeitsbescheinigung** *f (für Wertpapiere)* certificate of good delivery

**Lieferbedingungen** *fpl* terms of delivery, delivery terms; **allgemeine ~** general conditions of supply and delivery; general terms and conditions of delivery

**Liefer~**, **~bereitschaft** *f* readiness to deliver; **~beschränkungen** *fpl* supply restrictions; **~buch** *n* delivery book; **~datum** *n* delivery date; **~engpass** *m* supply bottleneck

**Lieferer** *m* → Lieferant

**Liefer~**, **l~fähig** able to deliver (or supply); **~fahrzeug** *n* → ~wagen; **~firma** *f* supplying firm, suppliers

**Lieferfrist** *f* delivery period, time of delivery; (äußerste Lieferfrist) delivery deadline; **die ~ einhalten** to observe the time for delivery; **die ~ nicht einhalten** to fail to adhere to the delivery period; to fail to meet the delivery guarantee

**Liefer~**, **~garantie** *f* delivery guarantee; **l~gebunden** tied to a delivery; **~gegenstand** *m* delivery item; article to be supplied; **~geschäft** *n* delivery (or supply) transaction; **~kapazität** *f* supply capacity; **~klauseln** *fpl* Incoterms (International Commercial Terms); **~kontrolle** *f* checking (or control) of delivery; **~kosten** *pl* cost of delivery; **~land** *n* supplier country; **~möglichkeiten** *fpl* supply possibilities; **~monopol** *n* supply monopoly

**liefern** to deliver, to supply; *(Lebensmittel)* to purvey; *(Fertigmahlzeiten)* to cater; **die bestellte Ware ~ bis zum ...** to deliver the ordered goods by ...; **kurzfristig ~** to supply on short notice; **sofort ~** to deliver immediately (or right away)

**Liefer~**, **~ort** *m* place of delivery; **~pflicht** *f* obligation to deliver; **~preis** *m* delivery price; **~quelle** *f* source of supply; **~schein** *m* delivery note; **~schwierigkeiten** *fpl* delivery (or supply) difficulties; **~soll** *n* → ~ungssoll; **~sperre** *f* → ~ungssperre

**Liefertermin** *m* date of delivery; **frühester ~** earliest delivery date; **unter Angabe des ~s** stating the date of delivery; **den ~ einhalten** to adhere to the delivery date; to meet the delivery deadline

**Lieferung** *f* delivery, supply; *(Sendung)* consignment, shipment; *(von Lebensmitteln)* purveyance; *(von Fertigmahlzeiten)* catering; **~ bis zum ...** delivery by ...; **~ auf Abruf** delivery on call; **~ ins Ausland** export delivery; **~ frei Bahnhof** delivered free at station; **~ frei Haus** free delivery; delivery franco buyer's domicile; **~ gegen Nachnahme** cash (*bes. Am* collect) on delivery; **ausstehende ~** outstanding delivery; **mangelhafte ~** defective delivery; **rückständige ~** delivery in arrears; **schnelle ~** prompt (or speedy) delivery; **sofortige ~** immediate delivery; *(Börse)* spot delivery; **termingemäße ~** delivery effected punctually; **unvollständige ~** incomplete (or short) delivery; **verspätete ~** delayed (or late) delivery; **vertragsgemäße ~** contractual delivery; **zahlbar bei ~** payable on delivery; **die ~ ausführen** to effect delivery; **die ~ zu dem festgesetzten Zeitpunkt bewir-**

**ken** to deliver the goods at the time fixed; **die ~ erfolgt sofort nach Eingang Ihrer Bestellung** delivery will be effected immediately on receipt of your order; **bitte benachrichtigen Sie uns, wann wir mit der ~ rechnen können** please inform us of the expected date of delivery; **im** → Verzug mit der ~ sein

**Lieferungsangebot** *n* delivery (or supply) offer; *(bei Ausschreibungen)* tender; *Am* bid; **ein ~ machen** to tender, *Am* to bid

**Lieferungs~**, **~bedingungen** *fpl* → Lieferbedingungen; **~fehler** *m* defect in delivery; **~garantie** *f* → Liefergarantie; **~geschäft** *n (Börse)* delivery transaction; **~ort** *m* → Lieferort; **~schwierigkeiten** *fpl* difficulties in delivery; **~soll** *n* quota (to be delivered); **~sperre** *f* refusal to deal (or sell); *(bei der Emission von Wertpapieren)* blocking period; **~unterbrechung** *f* interruption of delivery; **den ~verpflichtungen** *fpl* **nachkommen** to adhere to the delivery commitments; **~verzögerung** *f* delay in delivery

**Liefer~**, **~versprechen** *n* delivery promise, promise to deliver; **~vertrag** *m* delivery (or supply) contract; **~verweigerung** *f* refusal to supply; **~verzug** *m* default of delivery; delay in delivery; **~wagen** *m Br* delivery van; *Am* delivery truck

**Lieferzeit** *f* time of delivery, delivery period; **die ~ einhalten** to adhere to the time allowed for delivery

**Lieferzusage** *f* delivery promise

**liegen**, **es liegt uns daran (dass)** it is important to us (that); we are anxious; **die Schuld liegt beim Verkäufer** the fault lies with the seller; the seller is to blame

**Liegenschaften** *fpl* real estate; landed properties

**Liege~**, **~geld** *n* demurrage; **~platz** *m (e-s Schiffes)* berth; **~tage** *mpl (im Hafen)* lay days; **~wagen** *m* couchette; sleeping car; **~zeit** *f* **im Hafen** lay days in harbo(u)r

**Lifo-Methode** *f* LIFO method (last-in-first-out method of determining inventory cost)

**Limit** *n* limit; → Preis~; **ein ~ festsetzen** to fix (or set) a limit; **an ein ~ gebunden sein** to be bound to a limit; **das ~ überschreiten** to exceed the limit

**Limit~**, **~auftrag** *m (Börse)* limited order; **~preis** *m* limit price

**limitierter Kauf- od. Verkaufsauftrag** *m* stop loss order

**linear**, **~e Abschreibung** *f* straight-line method of depreciation; **~e Programmierung** *f* linear programming

**Linie** *f* 1. *(verantwortliche Betriebsführung)* line; **~ und Stab** rank and file; **~naufgaben** *fpl* line duties (or responsibilities); **~kräfte** *fpl* line (personnel); **~organisation** *f* line organization; **~stelle** *f* line position; **~tätigkeit** *f* line activity

**Linie** *f* 2. *(Verkehr)* line; route; **~nflug** *m* scheduled flight; **~nflugverkehr** *m* scheduled air transport; scheduled air services; **~nfrachtschiff** *n* cargo liner; **~nladung** *f* liner cargo; **~nschiff** *n* passenger (or cargo) liner; **~nschifffahrt** *f* shipping line service; liner traffic; **~nverkehr** *m (Schiff)* line service; *(Omnibus)* regular scheduled service

**liniertes Papier** *n* lined (or ruled) paper

**links**, **~ oben** top left; **~ unten** bottom left

**liquid** liquid, solvent; **~e Mittel** *npl* liquid assets

**Liquidation** *f (e-r Handelsgesellschaft)* winding up, liquidation; *(Börse)* settlement (of a time bargain); *(e-s Arztes, Anwalts etc.)* bill (or fee); **in ~** in a state of being wound up; in liquidation; **gerichtliche ~** winding up by the court; **im Falle der ~ der Firma** should the firm wind up; in the event of liquidation of the firm; **in ~ geraten** to go into liquidation

**Liquidations~**, **~antrag** *m* winding-up petition; **~bilanz** *f* statement of assets and liabilities of a company in liquidation; **~erlös** *m* proceeds from winding up; **~gewinn** *m* winding-up profit; **~guthaben** *n* clearing balance; **~kurs** *m (Börse)* making-up price; settlement price; **~quote** *f* liquidation dividend; **~tag** *m (Börse)* pay day; **~verfahren** *n* winding-up proceedings; **~wert** *m* liquidation value

**liquidieren** to wind up, to liquidate; to realize; *(Gebühr berechnen)* to charge a fee; *(Börse)* to settle

**Liquidität** *f* liquidity; liquid assets; availability of money

**Liquiditäts~**, **~abnahme** *f* decline in liquidity; **~abschöpfung** *f* skimming off (surplus) liquidity; **~anspannung** *f* strain on liquidity; **~bedarf** *m* liquidity requirement; **~beengung** *f* tightness of liquidity; **~belastung** *f* liquidity pressure; **~beschaffung** *f* procurement of liquidity; **~bilanz** *f* financial statement (showing the liquidity of a firm); **~bindung** *f* immobilization of liquid funds; **~defizit** *n* short fall of liquidity; **~druck** *m* pressure on liquidity; **~erfordernisse** *npl* liquidity requirements; **~erhaltung** *f* maintenance of liquidity; **~freisetzung** *f* release of liquid funds; **~grad** *m* liquidity ratio; **~kennzahl** *f* → ~grad; **~knappheit** *f* shortage of liquid assets; **~koeffizient** *m* liquidity ratio; **~lage** *f* liquidity position; cash position; **~mangel** *m* lack of liquidity; **~papiere** *npl* liquidity paper (medium-term treasury notes); **~planung** *f* liquidity planning; cash forecasting; budgeting; **~präferenz** *f* liquidity preference; **~reserven** *fpl (der Banken)* free liquid reserves; reserve of liquid assets; **~schöpfung** *f* liquidity creation; **~schwankungen** *fpl* fluctuations in liquidity; **~sicherung** *f* measures safeguarding liquidity; **~spielraum** *m* liquidity margin; **~überhang** *m* surplus liquidity; **~verknappung** *f* reduction (or shortage) of liquidity; liquidity squeeze; **~versorgung** *f* supply of liquidity; **~zufluss** *m* inflow (or influx) of liquidity

**Liste** *f* list, schedule; → Einkaufs~; → Namens~; → Preis~; **e-e ~ aufstellen** to draw up a list; to compile (or make) a schedule; **auf e-e ~ setzen** to put on a list, to list; **auf e-r ~ stehen** to be included in (or on) a list

**Listenpreis** *m* list price; *(Weltmarkt~)* posted price

**Litfasssäule** *f* advertising pillar

**Lizenz** *f* licen|ce (~se); → Ausfuhr~; → Einfuhr~; → Herstellungs~; → Patent~; → Unter~; → Zwangs~; **ausschließliche ~** exclusive licen|ce (~se); **einfache ~** non-exclusive licen|ce (~se); **gebührenfreie ~** royalty-free licen|ce (~se); **gebührenpflichtige ~** licen|ce (~se) subject to royalty; **gegenseitige ~** cross-licen|ce (~se); **e-e ~ beantragen** to apply for a licen|ce; **e-e ~ erteilen** to grant a licence; **e-e ~ verwerten** to exploit a licence; **die ~ kann widerrufen werden** the licence is subject to withdrawal

**Lizenz~**, **~abkommen** *n* licen|ce (~se) agreement; **~abrechnung** *f* royalty statement; **~austauschvertrag** *m* cross-licensing agreement; **~bedingungen** *fpl* terms of the licen|ce (~se); **l~bereit** ready to grant licen|ce (~se); **~dauer** *f* duration of a licen|ce (~se); **~fertigung** *f* manufacture under licen|ce (~se); **l~frei** requiring no licen|ce (~se); **~geber** *m* licenser

**Lizenzgebühren** *fpl* royalties; **~ für die Überlassung von „Know-how"** royalties on know-how licen|ces (~ses); **l~pflichtig** subject to payment of royalties

**Lizenz~**, **~inhaber** *m* holder of a licen|ce (~se); **~nehmer** *m* licensee; **~regelung** *f* *(EU)* system of licen|ces (~ses); **~vereinbarung** *f* licensing agreement; **~vergabe** *f* licensing

**Lizenzvertrag** *m* licen|ce (~se) agreement; **gegenseitiger ~** cross licence (~se)

**Lizenzzahlung** *f* payment of royalties

**Lkw** *m Br* lorry; *Am* truck; **~ mit Klappseitenwänden** drop sider lorry (or truck); → Tiefkühl-~; **mit ~ befördern** to transport (goods) by lorry (or truck); *Am* to truck

**Lkw**; → Lastkraftwagen; **~-Anhänger** *m* lorry (or truck) trailer; **~fahrer** *m* lorry (or truck) driver; **~-Kolonne** *f* convoy of lorries (or trucks) **~-Ladung** *f* truck load; **~-Transportunternehmer** *m* haulage contractor; *Am* trucking firm

**Lockangebot** *n* enticing bargain offer

**Lockartikel** *m* loss leader; leading article; leader; **Werbung mit ~n** → Lockvogelwerbung

**locken** to attract; to lure; **jdn von einer Stelle weg~** to lure sb. away from a job; to headhunt sb.

**lockern**, **die Einfuhrbeschränkungen ~** to ease (or relax) import restrictions

**Lockerung** *f* **einschränkender Maßnahmen** easing (or relaxation) of restrictive measures

**Lockvogel** *m* loss leader; **~angebot** *n* loss leading; **~werbung** *f* advertisement by enticement; bait advertising; loss leader sales promotion; *Am* come-on

**Logistik** *f* logistics

**Lohn** *m* wage, pay; **Löhne** *pl* **und Gehälter** wages and salaries

**Löhne** *pl*, **die ~ erhöhen** to raise wages; **die ~ herabsetzen** to reduce (or cut) wages

**Lohn~**, **~abrechnung** *f* wage accounting; *Am* payroll accounting; **~abschluss** *m* collective wage agreement; **~abzüge** *mpl* wage deductions; **~änderung** *f* change in pay; **~anspruch** *m* wage required; wage claim; **~aufbesserung** *f*

wage increase; **~auftrag** *m* commission order (order for work to be done on commission); **~auseinandersetzung** *f* wage dispute; **~ausfall** *m* loss of wages; **~auszahlung** *f* payment of wages; **~beleg** *m* pay slip; **l~bezogene Rente** *f* wage-index-linked pension; **~buchhalter** *m Br* wages clerk; *Am* payroll clerk; **~buchhaltung** *f* wage accounting; *Am* payroll accounting; *(Büro)* payroll department; **~drift** *f* wages drift; **~einbehaltung** *f Br* retention (*Am* withholding) of wages; **~einbuße** *f* loss of earnings; **~einsparung** *f* saving in labo(u)r costs; **~empfänger** *m* wage earner

**Lohnerhöhung** *f* wage (or pay) increase; *Am* raise; **rückwirkende ~** retroactive pay increase; **e-e 5%ige ~** a 5 % increase in wages

**Lohn~**, **~explosion** *f* wage explosion; **~festsetzung** *f* wage determination; **~forderung** *f* → ~anspruch; **~fortzahlung** *f* continued wage payment (or continuation of pay) (during worker's sickness); **~frage** *f* wage issue; **~gefälle** *n* wage differential; **~gemeinkosten** *pl* payroll overhead(s); **~gruppe** *f* wage group; **~herabsetzung** *f* reduction of wages; **~höhe** *f* wage level; **~indexierung** *f* wage indexation; **l~induzierte** → Inflation; **~karte** *f* wage sheet, wage statement; **~klasse** *f* wage group

**Lohnkosten** *pl* labo(u)r costs, wage costs; **~anstieg** *m* rise in labo(u)r costs; wage costs rise; **~druck** *m* pressure from wage costs; **~inflation** *f* wage-push inflation; **~ je Umsatzeinheit** wage costs per unit of turnover; **~kürzung** *f* pay cut

**Lohn~**, **~liste** *f* wages sheet; *Am* payroll; **~mehrkosten** *pl* additional wage costs; **~nebenkosten** *pl* non-wage labo(u)r costs; costs accessory to wages; **~niveau** *n* level of earnings; **~pfändung** *f Br* attachment (*Am* garnishment) of wages; **~-Preis-Spirale** *f* wage-price spiral; **~quote** *f* share of national income attributable to gross income from employment; **~regelung** *f* wage regulation; **~rückstände** *mpl* outstanding wage payments; **~satz** *m* wage rate; rate of pay; **~scheck** *m Am* pay check; *Br* pay cheque; **~schwankung** *f* wage fluctuation; **~senkung** *f* wage cut; **~skala** *f* wage scale; **~spanne** *f* wage spread; **~statistik** *f* wage statistics; **~steigerung** *f* wage (or pay) increase

**Lohnsteuer** *f* income tax; wage(s) tax; *Br* tax on earned income (from employment); *Am* tax deducted (or withheld) from wage(s); **~abzugsverfahren** *n Br* pay-as-you-earn (PAYE) system; *Am* pay-as-you-go system; **~anmeldung** *f* wage tax return; *Br* income tax return; tax return on earned income (from employment); **~bescheinigung** *f* wage tax certificate (issued by the employer); *Br* income tax certificate; **~jahresausgleich** *m* annual adjustment of wage tax; **l~pflichtige Einkünfte** *pl* income subject to wage tax; **~rückvergütung** *f* wage tax refund

**Lohn~**, **~stopp** *m* wage freeze, wage stop; **~streifen** *m* pay slip; **~streit** *m* wage dispute; **~stückkosten** *pl* unit labo(u)r costs; **~summe** *f* total wages; *Am* payroll total; **~tag** *m* pay day; **~tarifvertrag** *m* collective wage agreement; **~tüte** *f* pay packet (or envelope); **~überweisung** *f* transfer of wages; **~überweisungen** *fpl* **der Gastarbeiter in ihre Heimatländer** wage remittances by foreign workers to their home countries; **~unterlagen** *fpl* pay records, *Am* payroll records; **~unterschiede** *mpl* pay differentials

**Lohnveredelung** *f* job processing, commission processing; contract processing; **passive ~** outward job processing

**Lohn~**, **~vereinbarung** *f* wage agreement; **~verhandlungen** *fpl* wage negotiations; **~vorschuss** *m* wage advance; *Am* advance on payroll; **~zahltag** *m* pay day; **~zahlung** *f* payment of wages; **~zettel** *m* pay slip; **~zulage** *f* bonus; wage increment; → übertarifliche ~zulage

**Lokal~**, **~behörde** *f* local authority; **~papiere** *npl* securities traded only on local stock exchanges; **~zeitung** *f* local (news)paper

**Loko~**, **~geschäfte** *npl* spot transactions; **~markt** *m* spot market; **~preis** *m* spot price; price for immediate delivery; **~waren** *fpl* spot goods, spots

**loko verkaufen** to sell for spot delivery

**Lombard~**, **~darlehen** *n* collateral loan; **~effekten** *pl* pledged securities; securities serving as collateral for a loan

**lombardfähig** eligible as collateral (security); **~e Wertpapiere** *npl* securities eligible as collateral (for a loan)

**Lombard~**, **~geschäft** *n* granting of a

bank loan against pledging of goods or securities; collaterally secured loan transaction; **die ~hilfe der Bundesbank in Anspruch nehmen** to make use of the German Federal Bank's advances against securities

**lombardierbar** → lombardfähig

**lombardieren** to take as collateral security for an advance; to lend money on securities; **Effekten bei e-r Bank zur Bezahlung e-s Darlehens ~ lassen** to pledge securities with a bank for payment of a loan; **Waren ~** *(als Kreditnehmer)* to take up a loan on goods

**lombardiert**, **~e Aktien** *fpl* shares hypothecated (as security for money advanced); **~er Wechsel** *m* bill pledged as security for a loan; **~e Wertpapiere** *npl* securities pledged as collateral (for a loan); collateral securities

**Lombardkredit** *m Br* lombard loan; *Am* collateral loan; loan (or advance) against security; loan on collateral; **e-n ~ in Anspruch nehmen** to make use of a collateral credit (or loan)

**Lombardsatz** *m* Lombard rate (the key interest rate in Germany); rate for advances against collateral: **den ~ heraufsetzen (senken)** to raise (lower) the Lombard rate (It is the rate at which the German Federal Bank lends to commercial banks on the security of top-class assets)

**Lombard~**, **zum ~verkehr** *m* **zugelassen** admitted to serve as collateral; **~verzeichnis** *n* list of securities eligible as collateral; **~zinssatz** *m* → ~satz

**Lomé**, **Viertes Abkommen von ~** (zwischen der EG und → AKP-Staaten) Fourth Lomé Convention

**Londoner Börse** *f* London International Stock Exchange; **amtliches Kursblatt** *n* **der ~** Stock Exchange Official List; **~ für Finanzterminkontrakte** (LIFFE) London International Financial Futures Exchange

**Londoner Metallbörse** *f* London Metal Exchange (LME)

**Londoner Interbanken-Angebotssatz** *m* → LIBOR rate

**Loro~**, **~guthaben** *n* credit balance on loro (or vostro) account (a second bank's current account); **~konto** *n* loro (or vostro) account (banking term meaning „your account with us", and used when referring to the account of another bank)

**Los** *n* lottery ticket; *(bei Auktionen)* lot; *(Serie, Partie)* lot; **~anleihe** *f* lottery loan

**Lösch~**, **~anlage** *f (für Ausladen)* unloading installation (or plant); *(Feuer)* firefighting equipment; **~datum** *n* unloading date

**Löschen** *n (Ausladen)* discharge, unloading; *(Beseitigung)* cancellation; striking out; **~ e-s Feuers** extinction of a fire

**löschen** *(ausladen)* to discharge, to unload; *(streichen)* to cancel, to delete; **e-e Eintragung im Register ~** to delete (or cancel) an entry in the register; to remove an entry from the register; **Hypothek ~** to cancel a mortgage *(in the Grundbuch)*; **die Ladung ~** to discharge the cargo

**Lösch~**, **~frist** *f* time allowed for discharge; **~hafen** *m* port of discharge; **~kosten** *pl* unloading charges; **~ort** *m* place of unloading (or discharge); **~platz** *m* unloading berth

**Löschung** *f* → Löschen; **~ von Daten** erasure of data; **~ e-r Firma** striking a firm off the register; **~ der Gesellschaft** cancellation of the company; **~ e-r Hypothek** cancellation of a mortgage *(in the land register)*; **~ e-r Ladung** discharge of a cargo; **die ~ e-s Warenzeichens beantragen** to petition for the cancellation of a trade mark registration

**Löschungs~**, **~gebühren** *fpl* cancellation charges; **~hafen** *m* port of discharge; **~kosten** *pl* unloading costs (or charges); **~vermerk** *m* cancellation notice

**Lösch~**, **~vorrichtung** *f* unloading equipment; **~zeit** *f* time for discharging; *(e-s Schiffes im Hafen)* lay days

**lose**, **~ oder verpackt** loose or in packages; **~ Ware** *f* bulk goods; **~** *(in e-r Schüttung)* **verladen** to ship in bulk

**Loseblatt~**, **~ausgabe** *f* loose-leaf edition; **~buch** *n* loose-leaf book; **~buchführung** *f* loose-leaf system (of bookkeeping)

**Los~**, **~größe** *f (Seriengröße)* batch (or lot) size; **~note** *f* warehouse warrant for goods sold in lots

**Lösungs- und Verdünnungsmittel** *npl* solvents and thinners; **~industrie** *f* solvents industry

**Lotse** *m* pilot; **~ngeld** *n* pilotage fees; **~npatent** *n* pilot's licen|ce (~se)

**Lotterie** *f* lottery; **~anleihe** *f* → Losanleihe;

**~gewinn** *m* lottery prize; **~los** *n* lottery ticket
**Lücke** *f* gap; **e-e ~ schließen** to fill a gap
**Luftbeförderung** *f* air carriage
**luftdicht** airtight; **~ verschlossener Container** *m* airtight container; **Nahrungsmittel ~ abschließen** to make food airtight; to seal off food
**Luftfahrt** *f* aviation; aeronautics; **~gesellschaft** *f* airline company; **~industrie** *f* aircraft (or aviation) industry; **~unternehmen** *n* airline (company); **~versicherung** *f* aviation insurance; **~werte** *mpl (Börse)* aircrafts
**Luftfahrzeug** *n* aircraft; **~führer** *m* pilot; **~rolle** *f* aircraft register
**Luftfracht** *f (Frachtgut)* air freight (or cargo); *(Frachtgebühr)* air freight (charges); **Versand per ~** forwarding by air freight; **Ware per ~ versenden** to airfreight goods
**Luftfracht~**, **~agent** *m* air freight agent; **~brief** *m* air waybill, air consignment note; **~container** *m* air freight container; **~führer** *m* air carrier; **~geschäft** *n* commercial carriage by air; **~gut** *n* air freight (or cargo); **~kosten** *pl* air freight charges; **~sätze** *mpl* air freight rates; **~spedition** *f* air freight forwarding; **~spediteur** *m* common carrier by air; **~tarif** *m* air freight rates; **~verkehr** *m* air freight transport; **~versicherung** *f* air cargo insurance
**Luft~**, **l~getrocknet** air-dried; **~kaskoversicherung** *f* aircraft hull insurance; **~kissenfahrzeug** *n* hovercraft
**Luftpost** *f* airmail; **e-n Brief per ~ schicken** to airmail a letter
**Luftpost~**, **~brief** *m* air(mail) letter; **~gebühr** *f* air fee; **~leichtbrief** *m* aerogram(me); **~paket** *n* air parcel; **~papier** *n* airmail paper; **~tarif** *m* airmail rate
**Luft~**, **~reinhaltung** *f* fight against atmospheric pollution; **~reiseverkehr** *m* air passenger traffic; **~reklame** *f* aerial advertising; **~schadstoffe** *mpl* atmospheric pollutants; **~schleieranlage** *f* hot air curtain; **~schutz** *m* air-raid protection; **~taxi** *n* air taxi; **~transportgesellschaft** *f* air carrier; **~- und Raumfahrtindustrie** *f* aerospace industry; **~unfallversicherung** *f* aviation liability insurance
**Luftverkehr** *m* air traffic (or transport); **~sbestimmungen** *fpl* air (traffic) regulations; **~sgesellschaft** airline (company); **~sunternehmen** *n* airline(s)
**Luft~**, **~verschmutzer** *m* air polluter; **grenzüberschreitende ~verschmutzung** *f* cross-frontier air pollution; **Maßnahmen zur Verhinderung der ~verschmutzung** measures to prevent pollution of the atmosphere; **l~verunreinigende Stoffe** *mpl* air pollutants; **~verunreinigung** *fpl* → ~verschmutzung
**Luftweg**, **auf dem ~** by air; **Waren auf dem ~ versenden** to send (or ship) goods by air; to airlift goods
**Luftwerbung** *f* sky (or aerial) advertising
**lukrativ** lucrative; bringing in money
**lustlos** *(Börse, Markt)* dull, slack, sluggish; **das Geschäft war ~** business was stagnant
**Luxus~**, **~artikel** *m* luxury article; luxury; **~gegenstände** *mpl* luxury items; **~güter** *npl* luxury goods, luxuries; **Handel mit ~gütern** *npl* luxury trade; **~wagen** *m* luxury car; **~waren** *fpl* → ~güter; **~steuer** *f* luxury tax

# M

**machen**, **Geschäfte ~** to do business; **Gewinne ~** to make profits; **Schulden ~** to incur debts, to run into debts
**Machenschaften** *fpl*, **betrügerische ~** fraudulent practices; **dunkle ~** sinister intrigues
**Macherlohn** *m* charge for making up
**Macht** *f* power, authority; **wirtschaftliche ~** economic power
**magere Ernte** *f* lean harvest
**Maghreb-Länder** *npl* (Algerien, Marokko und Tunesien) Maghreb countries (Algeria, Morocco and Tunisia)
**Magnet~**, **~band** *n (EDV)* magnet tape; **~kartenspeicher** *m (EDV)* magnetic card storage; **~kernspeicher** *m (EDV)* magnetic core memory; **~kontokarte** *f (EDV)* magnetic account card; **~plattenspeicher** *m (EDV)* magnetic disc storage; **~streifenkarte** *f* magnetic strip card
**Mahn~**, **~bescheid** *m* order to pay a debt; **~brief** *m (höflich)* reminder, letter requesting payment; *(drohend)* dunning letter; collection letter

**mahnen** to remind, to send a reminder; to warn, to give a warning (to a debtor)
**Mahnschreiben** *n* → Mahnbrief
**Mahnung** *f* reminder (letter); dunning (letter); **letzte ~** final request for payment; **trotz wiederholter ~** in spite of repeated reminder; **auf meine ~ habe ich noch keine Antwort erhalten** I have so far not received an answer to my reminder
**Majorität** *f* → Mehrheit; **~sbeteiligung** *f* majority (or controlling) interest (in a firm); *(Börse)* buying of shares by a majority shareholder in order to acquire or extend his control over the company
**Makler** *m* broker; → Börsen~; → Handels~; → Immobilien~; → Kurs~; **amtlicher ~** *(Börse)* official broker; licensed broker
**Makler~, ~buch** *n* journal kept by the stockbroker; **~firma** *f* firm of brokers; brokerage firm; **~gebühr** *f* broker's commission; brokerage; **~geschäft** *n* broker's business; stockbroking; **~gewerbe** *n* broker's trade; **~lohn** *m* broker's remuneration; brokerage; **~ordnung** *f* *(Börse)* broker's conduct code; **~provision** *f* → ~gebühr
**makroökonomisch** macro-economic
**Management** *n* management; **mittleres ~** middle management; **oberes ~** top management; **unteres ~** lower (or junior) management; **~-Belegschaft-Beziehungen** *fpl* management-staff relations
**Manager** *m* manager; **~-Ausbildung** *f* manager training; **~-Krankheit** *f* managerial disease; **m~mäßig** managerial; **mittlere ~stellung** *f* middle management position
**Mandant** *m* client
**Mandat** *n (e-s Anwalts)* brief; *(e-s Abgeordneten)* mandate; seat; term of office
**Mangel** *m* defect, fault; lack, want; shortage, deficiency; → Mängel, → Rechts~; → Sach~; **aus ~ an** for want of; **arglistig verschwiegener ~** fraudulently concealed defect (or fault); **heimlicher (Sach-)~** latent fault; → offensichtlicher ~; → verborgener ~; **~ an Arbeitskräften** shortage (or scarcity) of labo(u)r; manpower shortage; **~ an Arbeitsplätzen** lack of jobs; job shortage; **~ an Ärzten** shortage of doctors; **~ an Aufträgen** lack of orders; **~ haben an** to want for; **~ an Arbeitskräften haben** to be shorthanded (or understaffed); **Länder, die ~ an Arbeitskräften haben** countries lacking manpower; **der Käufer zeigt den ~ dem Verkäufer an** the buyer gives the seller notice of the defect; **ein ~ zeigt sich** a defect becomes apparent (or evident)
**mangel~, ~frei** free from defects (or faults); perfect; **~hafte Verpackung** *f* faulty (or defective) packing; **~hafte Waren** *fpl* defective (or faulty) goods; **~hafter Zustand** *m* **der Ware** defective condition of the goods
**Mangelhaftigkeit** *f* **der Ware** defectiveness (or faultiness) of the goods
**Mangellage** *f*, **sich in e-r ~ befinden** to be confronted with a shortage; **die ~ beheben** to remedy the shortage; **die ~ hält an** the scarcity situation persists
**mangelnd** insufficient; **~e Nachfrage** *f* lack of demand; **~e Zuständigkeit** *f* want of jurisdiction
**Mängel** *mpl* → Mangel; **behebbare ~** defects (or deficiencies) which may be corrected; **festgestellte ~** ascertained defects; **~ in der Bearbeitung** defects in workmanship; **der Käufer muss dem Verkäufer unverzüglich die aufgetretenen ~ anzeigen** the purchaser must notify the seller without delay of the defects which have appeared; **Tratten, die wesentliche ~ aufweisen** drafts containing some fundamental irregularities; **~ beheben** to make good defects; to remove irregularities; **die ~ beruhen auf** the defects arise from; **für ~ haften** to be liable for defects; ~ → rügen
**Mängel~, ~anzeige** *f* notice of defect(s); **~ausschluss** *m* **des Verkäufers** exclusion of seller's warranty for defects
**Mängelhaftung** *f* responsibility for defects
**Mängelrüge** *f* notice of defects; customer's complaint; **~ wegen der Anzahl und Menge** complaint about quantity; **~ wegen Qualität** complaint about quality; **~n berücksichtigen** to consider customer's complaints
**mangels, ~ Beweises** in the absence (or for want) of evidence; **~ abweichender Vereinbarung** unless otherwise agreed upon; **~ gegenteiliger Vereinbarung** in the absence of (an) agreement to the contrary; **~ Zahlung** in default of payment
**Mangelware** *f* goods in short supply; scarce commodity
**Manipulation** *f* manipulation; **~ von Wa-**

**ren** *(z. B. Rösten von Kaffee)* preparation of goods

**manipulieren** to manipulate; **die Kurse ~** to manipulate the prices; to rig the market; **die Währung ~** to manage the currency

**Manko** *n* deficiency, shortage; → Gewichts~; → Kassen~; **~geld** *n* cashier's allowance for shortages

**mannigfaltig** diversified

**Mantel** *m (Firmen~)* shell; *(e-r Aktie)* share certificate; **~tarifvertrag** *m* framework agreement; skeleton (collective) agreement (concerning general working conditions)

**Marge** *f* margin, spread; difference between purchase and selling price; *(Börse)* difference between the quotation of a security on one stock exchange and that of the same security on another stock exchange or between quotations of the same security on different days; *(Einschuss bei Termingeschäften)* margin; **~ntarifsystem** *n* **für den Güterkraftverkehr zwischen den Mitgliedstaaten** *(EU)* system of bracket rates applicable to intra-Community road freight haulage

**Marke** *f* trademark, brand; → Haus~

**Markenartikel** *mpl* branded articles (or products); proprietary articles; branded goods, brand-name goods; *Am* trademarked articles; **pharmazeutische ~** proprietary medicine; **~verkäufer** *m* brand-name seller

**Marken~**, **~benzin** *n* branded petrol (*Am* gasoline); **~bewusstsein** *n* brand awareness; **~bild** *n* brand image; **~bindung** *f* brand loyalty; **~erzeugnis** *n* branded product; **~familie** *f* brand family (product line under one brand label); **~führer** *m* brand leader; **m~frei** (nicht rationiert) unrationed; **~hersteller** *m* brand manufacturer; **~nahrungsmittel** *pl* patent foods; **~name** *m* brand name; **~piraterie** *f* trade mark piracy; **~recht** *n* trademark law; **~schutz** *m* trademark protection; **~treue** *f* brand loyalty; **~vergleich** *m* brand comparison

**Markenwaren** *fpl* → Markenartikel; **Hersteller von ~** manufacturer (or producer) of branded goods; **Wettbewerb zwischen den ~ verschiedener Fabrikanten** interbrand competition; **Wettbewerb zwischen den Händlern e-s ~fabrikanten** intrabrand competition

**Marken~**, **~werbung** *f* brand advertising; **~zeichen** *n* trademark

**Marketing** *n* marketing; **~-Berater** *m* marketing consultant; **~-Direktor** *m* marketing manager; **~etat** *n* marketing budget; **~-Forschung** *f* marketing research; **~maßnahmen** *fpl* marketing activities

**markieren** to mark

**Markierungsvorschriften** *fpl* marking instructions

**Markt** *m* market; **~ der Gemeinschaft** *(EU)* Community market; **~ für Rentenwerte** bond market; **aufnahmebereiter ~** receptive market; **nicht mehr aufnahmefähiger ~** glutted market; **ausländischer ~** foreign market; **fester ~** firm (or steady) market; **flauer ~** dull (or sluggish) market; **Gemeinsamer ~** *(der Mitgliedstaaten der EG)* Common Market; **gesättigter ~** saturated (glutted) market; **lebhafter ~** brisk (or lively) market; **lustloser ~** dull market; **schrumpfender ~** contracting market; **überdachter ~** covered market; **nicht überdachter ~** open air market; **überfüllter ~** overstocked market; **e-n ~ abhalten** to hold a market; **den ~ aufteilen** to divide up (or partition) the market; **den ~ beherrschen** to dominate the market; **den ~ beliefern** (od. **beschicken**) to supply the market; **auf den ~ bringen** to take to the market; to put on the market; to market; *(einführen)* to introduce into the market; to launch on the market; **in den ~ eindringen** to penetrate the market; **e-n ~ finden** to find a market; **auf den ~ gelangen** to be put on the market; **den ~ überschwemmen** to flood (or overstock) the market; **auf dem ~ verkaufen** to sell at the market; **jdn vom ~ verdrängen** to squeeze sb. out of the market; **den ~ wiedergewinnen** to regain the market

**Markt~**, **~abrede** *f* market arrangement (or agreement); **~abschottung** *f* segregation of markets; **~abschwächung** *f* weakening of the market; **~anteil** *m* share of the market; market share; **~aufteilung** *f* partitioning (or division) of the market; market-sharing; **~ausgleichslager** *n* buffer stock; **~aussichten** *fpl* market prospects; **~bedarf** *m* market needs; market requirement; **m~bedingt** market induced; **~bedingungen** *fpl* market conditions; **~bedürfnisse** *npl* market requirements

**marktbeherrschende Stellung** *f*, **e-e ~ erlangen (missbrauchen)** to acquire (abuse) a market-dominating (or monopolistic) position; **e-e ~ liegt vor** a market-dominating position exists

**marktbeherrschendes Unternehmen** *n* market-dominant (or dominating) enterprise; undertaking (or firm) in a dominant position; dominant firm; enterprise controlling the market

**Markt~**, **~beherrschung** *f* domination (or control) of the market; dominant market power; market dominance; **~belebung** *f* reinvigoration of the market; **~belieferung** *f* supply of the market, market supply; supplies reaching the market; **~beobachter** *m* market analyst; market investigator; **~beobachtung** *f* market investigation (or observation); monitoring of the market(s); **~beschickung** *f* → ~belieferung; **~beruhigung** *f* stabilization of the market; **~bewegungen** *fpl* movements in the market; **~durchdringung** *f* market penetration; **~einführung** *f* introduction into the market; **~enge** *f* tight market conditions; **~entwicklung** *f* development of the market; market trend; **~erfordernisse** *npl* market requirements (or needs); **den ~erfordernissen** *npl* **entsprechend** appropriate to market requirements; **~erschließung** *f* opening of a (new) market; **m~fähige Wertpapiere** *npl* marketable securities; **~flaute** *f* depression of the market; **~forschung** *f* market research; **~führer** *m* market leader; **m~gängige Größe** *f* commercial size; **m~gängige Waren** *fpl* marketable goods; **~gebiet** *n* marketing territory; **m~geordnete Erzeugnisse** *npl* products for which there is an EEC market organization

**marktgerecht** in conformity with market conditions; **~er Preis** *m* fair market price

**marktgerichtet** market-oriented

**Marktgleichgewicht** *n* balance of the market; **Wiederherstellung des ~s** restoration of market equilibrium; **das ~ stören** to unsettle the market; **das ~ wiederherstellen** to restore market balance

**Markt~**, **~halle** *f* covered market; **~instabilität** *f* market instability; **~intervention** *f* market intervention; **~kenntnis(se)** *f(pl)* knowledge of the market; **m~konform** in conformity with the market; **~kräfte** *fpl* market forces; **~kurs** *m* market exchange rate; **~lage** *f* market situation; **~lücke** *f* gap in the market; **~macht** *f* market power; **~mittel** *pl* market funds; **~nachfrage** *f* market demand; **~nähe** *f* market proximity; **~nische** *f* market niche

**Marktordnung** *f* market regulation; *(EU)* market organization; **einzelstaatliche ~** *(EU)* national market organization; → Gemeinsame ~ für …; **m~sgebundene Erzeugnisse** *npl (EU)* products subject to a market organization; **~sinstrumentarium** *n (EU)* market organization machinery; **~swaren** *fpl (EU)* products subject to the Common Organization of the Market

**Markt~**, **m~orientierte Preise** *mpl* market-oriented prices; **~partner** *m* party to market dealings; **~platz** *m* market place

**Marktpreis** *m* market price; **derzeitiger ~** actual market price; **geltende ~e** *mpl* current market prices

**Markt~**, **~prognose** *f* market forecast; **~regelung** (od. **~regulierung**) *f* regulation of the market; **~richtpreis** *m* market target price; **~sättigung** *f* market saturation; **m~schreierische Werbung** *f* noisy advertising; *colloq.* ballyhoo

**Marktschwankungen** *fpl*, **durch ~ bedingte Preisänderungen behalten wir uns vor** prices are subject to market fluctuations

**Markt~**, **~schwierigkeiten** *fpl* difficulties in the market; **~segmentierung** *f* market segmentation; **~sektor** *m* sector of the market; **~situation** *f* market situation; **~spaltung** *f* splitting of the market; **~stabilität** *f* market stability; **~stand** *m* market stand (or stall); **~stellung** *f* market position; **~störung** *f* market disturbance, disturbance of the market; **aus m~strategischen Gründen** *mpl* on grounds of market strategy; **~struktur** *f* market structure; **~stunden** *fpl* market hours; **~stützung** *f* market support; **~stützungsmaßnahmen** *fpl* measures for supporting the market; **~tag** *m* market day; **~teilnehmer** *m* market participant; **~tendenz** *f* market trend; **~transparenz** *f* market transparency; **~übersättigung** *f* glut in the market; **zu m~üblichen Bedingungen** *fpl* on the usual market terms; **~ungleichgewicht** *n* market imbalances; **~untersuchung** *f* market analysis (or survey); **~verhalten** *n* (od. **~verhaltensweise** *f*) market conduct; behavio(u)r on the market; **~verhältnisse** *npl* market conditions; **~verkaufsstand** *m* market stand (or stall); **im ~verlauf** *m* in the course of the market; **~versorgung** *f* supply of the market; **~vorausschätzung** *f* market forecast; **e-n ~vorsprung** *m* **gewinnen** to gain an advantage in the market; **~wert** *m* fair market value; **~widerstand** *m* market resistance

**Marktwirtschaft** *f*, **freie ~** free market economy; free enterprise (system); **soziale ~** social market economy (with an economic system organized and supervised by state, under the slogan „as little State as possible, as much State as necessary") → Wirtschaftsordnung

**Markt~**, **~zerrüttung** *f* market disruption; dislocation of the market; **~zins** *m* market interest rate; **~zugang** *m* access to the market; **~zutrittsschranken** *fpl* barriers to entry into a market

**Maschine** *f* machine; **Arbeiter an e-r ~** machine operator (or operative); **e-e ~ aufstellen** to install (or erect, set up) a machine; **e-e ~ bedienen** to operate a machine; **mit der ~ geschrieben** typewritten; **mit der ~ schreiben** to type(-write); **e-e ~ warten** to service a machine

**maschinell** by machine; mechanical(ly); **Maschinen und ~e Anlagen** *fpl* machinery and equipment (or plant)

**Maschinen** *fpl*, **ortsfeste oder bewegliche ~** stationary or mobile machinery

**Maschinen~**, **~anlagen** *fpl* machinery; **~aufstellung** *f* installation (or erection, setting up) of a machine; **~ausfall** *m* machine breakdown; **~ausfallzeit** *f* machine idle time; machine downtime

**Maschinenbau** *m* mechanical engineering; manufacture of machinery; **~erzeugnisse** *npl* mechanical engineering products; **~industrie** *f* mechanical engineering industry; **~werte** *mpl (Börse)* engineerings

**Maschinen~**, **~buchführung** *f* (od. **~buchhaltung** *m*) machine accounting; **~defekt** *m* engine trouble; mechanical defect; **m~gefertigt** machine-made; **m~geschrieben** typed, typewritten; **~industrie** *f* engineering industry; **~miete** *f* lease of a machine; *(Mietbetrag)* machine rental; **~schaden** *m* mechanical breakdown; engine trouble; **~schreibarbeit(en)** *f(pl)* typing; **~schreiber(in)** *m(f)* typist; **~stillstandszeit** *f* machine downtime; **~stundensatz** *m* machine hour rate; **~versicherung** *f* machinery insurance

**Maschrik-Länder** *npl* (Ägypten, Jordanien, Libanon und Syrien) Mashreq countries (Egypt, Jordan, Lebanon and Syria)

**Maß** *n* measure; measurement; *fig* degree, extent; **~e** *pl* **und Gewichte** weights and measures; **nach ~ gearbeitet** made to measure; custom-made; **die ~e** *pl* **der Ware näher bestimmen** to specify measurement of the goods

**Maß~**, **~anfertigung** *f* manufacture to measure; **~anzug** *m* made-to-measure suit; **~arbeit** *f* (sth.) made to measure

**Masse** *f* mass; *(Menge)* quantity; bulk; *(Vermögens~)* estate, assets; *(Konkurs~)* (bankrupt's) estate; **~gläubiger** *m (im Konkursverfahren)* creditor of the (bankrupt's) estate; **~schulden** *fpl* debts of the (bankrupt's) estate

**Massen~**, **~absatz** *m* mass (or bulk) sale (or selling); sales on a large scale; **~ankauf** *m* bulk purchase (or buying); **~arbeitslosigkeit** *f* mass unemployment; **~artikel** *m* bulk article; article produced (or sold) in large quantities; **~aufkauf** *m* → ankauf; **~drucksache** *f* bulk printed matter; **~einkommen** *n* mass income; **~einstellungen** *fpl* mass engagements (of workers); **~entlassungen** *fpl* mass dismissals (or layoffs); collective redundancies; **~fertigung** (od. **~fabrikation**) *f* mass production, large-scale production; **~frachtgut** *n* bulk cargo; **m~gefertigt** mass-produced; **~geschäft** *n* bulk business

**Massengut** *n* bulk commodity; bulk cargo; **flüssiges ~** bulk liquids; **als ~ befördern** to carry in bulk

**Massengut~**, **~frachter** *m* bulk carrier (or freighter); **~ladung** *f* bulk cargo; **~schiff** *n* bulk cargo ship; **~verkehr** *m* bulk transport; **~verladung** *f* bulk cargo loading; **~versand** *m* bulk shipment

**Massen~**, **~güter** *npl* bulk goods (or commodities); mass products; **m~haft** in great quantities; in bulk; **~herstellung** *f* → ~fertigung; **~karambolage** *f* pile-up; **~kaufkraft** *f* mass purchasing power;

~**kommunikationsmittel** *npl* mass (communication) media; ~**konsumgüter** *pl* goods of mass consumption; ~**ladung** *f* bulk cargo; ~**lieferung** *f* bulk consignment; ~**medien** *npl* mass media; ~**nahrungsmittel** *pl* bulk foodstuffs; ~**produkt** *n* mass-produced article

**Massenproduktion** *f* mass production, large-scale production; production in bulk; **in ~en herstellen** to mass-produce

**Massen~**, ~**tourismus** *m* mass tourism; ~**verbrauch** *m* mass consumption; ~**verbrauchsgüter** *npl* commodities in mass demand; ~**verkauf** (od. ~**vertrieb**) *m* bulk selling; mass distribution; ~**waren** *fpl* mass-produced goods; ~**werbung** *f* large-scale advertising

**Maß~**, ~**fracht** *f* freighting on measurement; **m~gearbeitet** made-to-measure; custom-made

**maßgebend**, ~**er Wortlaut** *m* authentic text; **aus ~er Quelle** *f* from authoritative source; **~ für ... ist** the criterion for ... shall be

**maßgeblich~**, ~**er Aktionär** *m* controlling shareholder; ~**e** → Beteiligung; ~**beteiligt sein an** to have an substantial participation in; to have a controlling interest in

**maß~**, ~**gefertigt** made-to-measure; ~**geschneidert** tailor-made

**mäßiger Preis** *m* moderate price

**Maßnahme** *f*, **gemeinsame ~n** *fpl (z. B. EG)* joint measures; common action; **soziale ~n** *fpl* social action; **die erforderlichen ~n** *fpl* **ergreifen** to take the necessary measures (or steps)

**maßregeln**, **unfair gemaßregelt werden** to be victimized

**massiver Abgabedruck** *m* heavy selling pressure

**Maßstab** *m* **im ~ von** on the scale of; **im großen** ~ on a large scale; **e-n strengen ~ anlegen** to apply a strict standard (to)

**Material** *n* material; *(Börse)* securities (on offer), offerings; *(Beweis~)* evidence; ~ **zum Bauen** building materials; **fehlerhaftes** ~ defective material; **minderwertiges** ~ low-value material; **rollendes** ~ *(Eisenbahn)* rolling stock; **statistisches** ~ statistical data; ~ **beschaffen** to get materials

**Material~**, ~**abgang** *m* material withdrawal; ~**anforderung** *f* requisition of material(s); ~**aufwand** *m* cost of materials; ~**ausgabe** *f* issue (*Am* issuance) of material; ~**bedarf** *m* materials requirement; ~**bedarfsplanung** *f* materials requirement planning; ~**bestellung** *f* supply of material; ~**beschaffung** *f* (material) procurement; ~**bestandskonto** *n* material stores account; ~**buchhaltung** *f* material stores accounting; ~**einzelkosten** *pl* (cost of) direct material; ~**entnahme** *f* materials requisition; ~**entnahmeschein** *m* materials requisition slip; ~**ersparnis** *f* savings in materials; ~**fehler** *m* defect (or flaw) in the material; ~**fluss** *m* flow of materials; ~**gemeinkosten** *pl* (cost of) indirect material; material overheads; **m-~intensive Industrien** *fpl* material intensive industries

**Materialismus** *m* materialism

**Material~**, ~**knappheit** *f* → ~mangel; ~**kontrolle** *f* → ~prüfung; ~**kosten** *pl* cost of materials; ~**kostenermittlung** *f* materials costing; ~**lager** *n* material stores; ~**logistik** *f* materials logistics; ~**mangel** *m* shortage of material; ~**nebenkosten** *pl* ancillary material costs; ~**pflege** *f* care of materials; ~**planung** *f* materials planning; ~**preis** *m* materials price; ~**prüfung** *f* testing (or checking) of materials; ~**qualität** *f* quality of materials; ~**rechnung** *f* materials accounting; ~**schwierigkeiten** *fpl* difficulties on procuring materials; ~**steuerung** *f* materials control; ~**transport** *m* materials handling; ~**verbrauch** *m* material usage; ~**vergeudung** *f* wastage of materials; ~**versorgung** *f* materials supply; ~**verwaltung** *f* materials management; ~**wirtschaft** *f* materials management

**materiell** material; ~**es Recht** *n* sustantive law; **~-rechtlich** substantive; according to substantive law; ~**e Wirtschaftsgüter** *npl* tangible assets

**Mauerwerbung** *f* wall advertising

**Maximal~**, ~**belastung** *f* maximum load; ~**betrag** *m* maximum amount; ~**leistung** *f* maximum output; ~**wert** *m* maximum value

**maximieren** to maximize, to increase to a maximum

**Maximierung** *f* maximization

**Mechaniker** *m* mechanic

**Medien** *npl (Werbeträger)* (advertising) media; **~-Auswahl** *f* media selection; ~**forschung** *f* media research

**Medikamente** *npl* medicines; **verschreibungspflichtige ~** drugs on prescription; required prescription drugs

**Medio** *m (Börse und Banken)* the fifteenth of a month; **~abrechnung** *f* midmonth settlement; **~gelder** *npl* funds repayable at midmonth; **~geschäft** *n* transaction for midmonth settlement; **~wechsel** *m* bill due on the 15th of a month

**Medizin**, **gerichtliche ~** *f* forensic medicine

**medizinische Zeitung** *f* medical journal

**Meeresboden** *m* seabed; **~mineralien** *pl* seabed minerals; **~schätze** *mpl* (mineral) resources of the seabed; **Nutzung des ~s** exploitation of the seabed

**Meeres~**, **~erzeugnisse** *npl* sea (or marine) products; **~forschung** *f* exploration of the sea; maritime research; oceanography; **~grund** *m* → ~boden; **~nutzung** *f* exploitation of the sea; **~produkte** *npl* marine products

**Meeresressourcen** *pl* marine (or ocean) resources; resources of the sea; **Erschließung der ~** exploitation of marine resources

**Meeresschätze** *pl* → Meeresressourcen; **lebende ~** living resources of the sea

**Meeresuntergrund** *m*, **Schätze des ~es** resources of the subsoil of the seabed

**Meeresverschmutzung** *f* marine pollution, pollution of the sea(s); **~ durch Ablassen von Öl aus Schiffen** pollution of the seas caused by the discharge of oil from ships

**Meerwasserentsalzung** *f* sea water desalinization

**Mehr~**, **~anbau** *m* additional cultivation; **~arbeit** *f* excess hours; additional work; **~aufwendungen** *fpl* additional expenses; **~ausgabe** *f* additional (or extra) expenditure; **~bedarf** *m* additional need (or requirement); requirement of larger quantities; **~betrag** *m* additional sum (of money); excess amount; **m~bödiges Fahrzeug** *n (zum Transport von Tieren)* vehicle with more than one floor; **~einnahmen** *fpl* additional receipts; surplus revenue; **~ertrag** *m* additional proceeds

**mehrfach**, **~e Besteuerung** *f* multiple taxation; **~e Stimmabgabe** *f* multiple voting; **~e Versicherung** *f* multiple insurance

**Mehrfach~**, **~arbitrage** *f* compound arbitrage; **~konten** *npl* multiple accounts; **~programmierung** *f (EDV)* multiprogramming; **~stichprobenprüfung** *f* multiple sampling inspection; **~zoll** *m* multiple tariff

**Mehr~**, **~familienhaus** *n* apartment house; multiple dwelling; **~farbendruck** *m* multicolo(u)r printing; **m~farbig** multicolo(u)red; **~förderung** *f* extra output; **~fracht** *f* additional freight; **~gebot** *n* higher bid; **~gewicht** *n* excess (or surplus) weight

**Mehrheit** *f* majority; plurality; **absolute ~ der abgegebenen Stimmen** absolute majority of the votes cast; **~ von Schuldnern und Gläubigern** plurality of debtors and creditors; **beschlussfähige ~** majority required for taking decisions; **einfache ~** simple majority; **erforderliche ~** required majority; **knappe ~** narrow majority; **Dreiviertel~** three-quarters majority; **Zweidrittel~** two-thirds majority; **mit ~ beteiligt sein an** to own a majority interest in; **mit ~ entscheiden** to adopt a decision by a majority vote; **die erforderliche ~ wurde nicht erzielt** the required majority was not obtained

**Mehrheits~**, **~aktionär** *m* controlling shareholder; **~beschluss** *m* majority resolution; decision by majority vote; **~besitz** *m* (possession through) majority holding; **~beteiligung** *f* majority holding (or interest); controlling interest

**Mehr~**, **~jahresprogramm** *n* multiannual program(me); **~kosten** *pl* additional (or extra) costs; increased costs; **~lieferung** *f* additional delivery; surplus delivery; **~phasensteuer** *f* multi-stage tax; **~preis** *m* additional price; higher price; **~produktbetrieb** *m* multiproduct firm; **~produktion** *f* increased production; **m~sprachig** multilingual, polyglot; **m~spurige Straße** *f* multi-lane road; **~staater** *m* multiple national; **~stimmrecht** *n* cumulative voting right; **~stimmrechtsaktie** *f* multiple voting share; **m~stöckig** multistorey; *Am* multistory; **~stückpackung** *f* multipack, multiple pack; **~stufen-** multi-stage; **m~stufiger Konzern** *m* multi-stage group; **~verbrauch** *m* additional consumption; increase in consumption; **~verkauf** *m* increase in sales; **~wegpackung** *f* reusable package

**Mehrwertsteuer** *f* (MwSt) *(Nettoumsatz-*

*steuer)* value-added tax (VAT); **ein-schließlich ~** VAT included; **von der ~ befreit** exempted from VAT; Br zero-rated; **~befreiung** *f* exemption from VAT; *Br* zero-rating; **~bemessungsgrundlage** *f* VAT base; **~erhöhung** *f* rise in VAT; **~erstattung** *f* refund of VAT; **m~frei** not subject to VAT; **m~pflichtig** liable to VAT; **~regelung** *f* VAT arrangement; **~richtlinie** *f* VAT directive; **~rückerstattung** *f* VAT reimbursement; **~satz** *m* VAT rate

**Mehrzweck~**, **~frachter** *m* all-freight ship; **~maschine** *f* multi-purpose machine

**Meineid** *m* **leisten** to commit perjury

**Meinung** *f* opinion; view; **herrschende ~** prevailing opinion; **öffentliche ~** public opinion; **anderer ~ sein** to disagree (with sb.); **mit jdm einer ~ sein** to agree with sb.

**Meinungs~**, **~änderung** *f* change (or shift) of opinion; **~austausch** *m* exchange of views; **~befragung** *f (MMF)* opinion poll; **~forschung** *f* (public) opinion research; **~kauf** *m (Börse)* speculative buying; **~umfrage** *f* opinion poll; **~verkauf** *m (Börse)* speculative selling

**Meinungsverschiedenheit** *f* difference of opinion, disagreement; **e-e ~ beilegen** to settle a disagreement

**meistbegünstigt** most-favo(u)red

**Meistbegünstigung** *f* **gewähren** to accord most-favo(u)red nation treatment

**Meistbegünstigungs~**, **~klausel** *f* most-favo(u)red nation clause; **~zollsatz** *m* most-favo(u)red nation tariff rate

**meistbietend**, **etw. ~ versteigern** to auction off sth. to the highest bidder

**Meistbietender** *m (bei Auktionen)* highest (or best) bidder

**Meister** *m* master craftsman; foreman; **Bäcker~** *m* master baker; **~brief** *m* foreman's certificate

**Meistgebot** *n* (last and) highest bid

**meistgehandelte Aktie** *f* volume leader

**Meldebestand** *m* inventory reordering level

**melden** to notify, to report; **sich zur Arbeit ~** to report for work; **den Schaden der Versicherung ~** to report the damage to the insurance company

**Melde~**, **~pflicht** *f* duty to report (or notify); reporting requirement; duty to register (with the police); **~pflicht der Ausländer** aliens' registration requirements; **m~pflichtig** liable to register (with the police); required to report (or notify); **m~pflichtige Tatsachen** *fpl* facts to be notified; **~termin** *m* reporting date

**Melioration(sarbeiten)** *f(pl)* land improvement

**Menge** *f* quantity; (große) bulk; **e-e ~ Geld** plenty of money; **fehlende ~** deficiency in quantity; **zu viel gelieferte ~** excess quantity; **genügende ~ an** sufficiency of; **die gewünschte ~** the quantity desired; **in großen ~n** *fpl* in large quantities; in bulk **große ~ von Aufträgen** rush of orders, flow of new orders; **kleine ~n** *fpl* small quantities (or amounts)

**Mengen~**, **~abnahme** *f* quantity (or bulk) purchasing; **~absatz** *m* bulk sale(s); **~abschreibung** *f* depreciation based on quantitative output; unit-of-production method; service-output method; **~abweichung** *f* quantity deviation (or variance); **~angabe** *f* information on quantity; indication of quantities; **~anpassung** *f* quantity adjustment; **~bescheinigung** *f* certificate of quantity; **~bonus** *m* quantity discount; **~einkauf** *m* bulk buying; **~gerüst** *n* **der Kosten** quantity structure of costs; **~kauf** *m* quantity buying; **~konjunktur** *f* increase in demand (without an increase in prices); **~kontrolle** *f* quantity control; **~kurs** *m* → ~notierung

**mengenmäßig~**, **~e Abweichungen** *fpl* differences in quantity; **~e Ausfuhrbeschränkung** *f* quantitative restriction on exports; **~e Beschränkungen** *fpl* **des Warenverkehrs beseitigen** to eliminate quantitative restrictions on the movement of goods

**Mengen~**, **~notierung** *f (von Devisenkursen)* quotation of the indirect rate of exchange; indirect quotation; **~preis** *m* bulk (or quantity) price; **~rabatt** *m* quantity rebate, bulk discount; **~tarif** *m* special rate for the transport of larger quantities; **~umsatz** *m* volume sales; sale in terms of quantity; **~zoll** *m* specific duty

**Menschenrechte** *npl*, **Achtung der ~** respect for human rights

**Menschenrechtsverletzung** *f* violation of human rights

**menschlich** human; **für den ~en Verbrauch** *m* **(un)geeignet** (un)fit for human consumption

**meritorische Güter** *npl* merit goods
**Merkbuch** *n* notebook
**merklich steigen** to rise appreciably (or noticeably)
**Merkmal** *n* characteristic, feature, attribute, mark; **~e** *npl* **der Waren** features of the goods; **technische ~e** *npl (e-s Geräts)* technical features
**Merkposten** *m (bes. in der Bilanz)* pro memoria item, reminder item
**Messbrief** *m (Schiff)* certificate of measurement
**Messe** *f* (trade) fair; *Am* exhibition; **Auslands~** *f* foreign fair; **auf der ~** at the fair; **auf e-r ~ ausstellen** to exhibit at a fair; **e-e ~ beschicken** to send goods to a fair; **e-e ~ besuchen** to visit a fair; **sich an e-r ~ beteiligen** to participate at a fair
**Messe~**, **~amt** *n* fair office; fair authorities; **~aussteller** *m* exhibitor at a fair; **~gelände** *n* fair site; **~gut** *n* goods exhibited at a fair, exhibits; **~halle** *f* exhibition hall; **~stand** *m* exhibition stand; **~veranstalter** *m* fair organizer; **~werbung** *f* exhibition advertising
**Mess~**, **~einheit** *f* unit of measurement; **~gerät** *n* measuring instrument (or device); **~zahlen** *fpl (Statistik)* relatives
**Messingwaren** *fpl* brassware, brass goods
**meta, a ~** for (or on) joint account
**Meta~**, **~geschäft** *npl* transactions on joint account (with profit or loss sharing); **~konto** *n* joint account; **~kredit** *m* credit given on joint account
**Metall** *n* metal; → Edel~; → Leicht~; → NE~e; → Schwer~; → unedle ~e
**Metall~**, **~abfälle** *mpl* metal scrap; **mit ~band** *n* **gesicherte Kiste** case with metal strapping; **~bearbeitungsindustrie** *f* metal working industry; **~börse** *f* metal exchange; **~erzbergbau** *m* metalliferous mining; **m~erzeugende Industrie** *f* metal-producing industry; **~erzeugnisse** *npl* metal products; **Gewebe aus ~fäden** *mpl* woven fabrics of metal thread; **~garn** *n* metallic yarn; **~geld** *n* metal money; **~handel** *m* metal trade; **~industrie** *f* (nonferrous) metal industry; **~notierungen** *fpl (Börse)* metal quotations; **~schild** *n* metal sign; **m~verarbeitende Industrie** *f* metal working (or processing) industry; **~verarbeiter** *m* metal manufacturer; **~währung** *f* metal currency; **~waren** *fpl* metal products (or goods); metal manufactures; **~warenindustrie** *f* metal goods industry
**Meterware** *f* goods sold by the met|re (~er); piece goods; yard goods
**Metist** *m* party to a joint transaction
**MFA** → Multifaserabkommen; **~-Waren** *fpl* textile products covered by the MFA; **nicht unter das ~ fallende Waren** non-MFA products
**Miet~**, **~anstieg** *m* increase in rent; **~aufwand** *m* rental expense; rent; **~ausfall** *m* loss of rent; **~ausgaben** *fpl (Bilanz)* rents payable; **~bedingungen** *fpl* conditions of lease (or hire); **~beihilfe** *f* rent subsidy (or allowance)
**Mietbetrag** rental amount; **im ~ enthalten sein** to be included in the rental
**Mietdauer** period of tenancy; *(bewegl. Sachen, z. B. e-s Autos)* period of hire
**Miete** *f* lease, tenancy; *(bewegl. Sachen)* hire, hiring; renting; *(Mietzins)* rent, rental; hire; **~ e-s Hauses** lease of a house; **~ für ein Haus** rent (or rental payment) for a house; **~ e-s Safe** hire of (or renting) a safe; **fällige ~** rent due; **hohe ~** high rent; **niedrige ~** low rent; **rückständige ~** rent in arrears; **die ~ monatlich bezahlen** to pay rent monthly; **~ aus e-m Haus beziehen** to derive rent from a house; **die Wohnung bringt ... € ~ im Jahr ein** the flat brings in a rent of € ... a year; **~ erhöhen** to raise rent; **e-e hohe ~ erzielen** to command a high rent; **zur ~ wohnen** to live in lodging, to live in a rented house or flat
**Mieteinnahmen** *fpl* receipts from rent; *(Bilanz)* rents receivable; **hohe ~ erbringender Grundbesitz** high-rental property
**mieten** *(Wohnung etc.)* to rent, to take (or hold) on lease; *(bewegl. Sachen)* to hire; **ein Auto ~** to hire a car; **ein Flugzeug ~** to charter an aircraft ( → gemietet)
**Mieter** *m* tenant, lessee; *(von gewegl. Sachen)* hirer; *(e-s Schiffes, Flugzeugs)* charterer; → Unter~; **~schutz** *m* protection of tenants (against termination of tenancy); **dem ~** → kündigen
**Miet~**, **~erhöhung** *f* raising the rent; rent increase; **~fahrzeug** *n* hired vehicle; **m~frei** rent-free; **~gebühr** *f (für bewegl. Sachen)* rental charge; **~herabsetzung** *f* reduction of rent; **~kauf** *m* lease with option to purchase; lease-purchase agreement; **~konto** *n* rent account;

**~kosten** *pl* rental costs; **~preis** *m* (amount of the) rent (or hire); **~preisbindung** *f* rent control; **~räume** *mpl* rented premises (or rooms); **~recht** *n* law of landlord and tenant; **~rückstand** *m* rent in arrears; rent owing; **~shaus** *n Br* block of rented flats; *Am* apartment building; **~steigerung** *f* rent increase; **~summe** *f* → ~**betrag**

**Mietverhältnis** *n* landlord and tenant relationship; tenancy; lease

**Mietvertrag** *m* tenancy agreement; (agreement for a) lease; rent agreement; *(bei bewegl. Sachen)* contract of hire; ~ → Einheits~; **e-n ~ abschließen** to enter into a lease (or contract of hire)

**Miet~**, **~vorauszahlung** *f* rent paid in advance; **~wagen** *m Br* hire car; *Am* rented car; **~wucher** *m* exorbitant rent; **~zahlung** *f* rental payment; lease payment; **~zeit** *f* period of lease; period of hire; **~zins** *m* rent; *(bewegl. Sachen)* hire

**MIGA** → Multilaterale Agentur für Investitionsgarantie

**Mikro~**, **~elektronik** *f* micro-electronics; **~film** *m* microfilm; **~ökonomie** *f* microeconomics; **Karten mit ~schaltung** *f* microchip cards

**Milch** *f* milk; **Mager~** *f* skimmed milk; **Voll~** *f* whole milk; **kondensierte ~** condensed milk

**Milch~**, **~erzeugnisse** *npl* milk products; dairy produce; **~fettgehalt** *m* milk fat content; **m~haltige Nahrungsmittel** *pl* foods containing milk

**Milch~**, **~lieferungen** *fpl* **an die Molkereien** milk deliveries to dairies; **~prüfung** *f* milk testing; **~pulver** *n* milk powder; powdered milk; **~richtpreis** *m (EU)* target price for milk; **~überschüsse** *mpl* **abbauen** *(EU)* to reduce milk surpluses; **~verarbeitungsbetrieb** *m* plant processing dairy products; **~verbrauch** *m* milk consumption; **~vermarktung** *f* milk marketing; **~versorgung** *f* supply of milk

**Milchwirtschaft** *f* dairy farming, dairying; milk industry; **~sbetrieb** *m* dairy farm; **~sjahr** *n (EU)* milk (or dairy) marketing year

**Milliarde** *f* billion; (*manchmal auch Br* one thousand million)

**Millionenkredit** *m* (Kredit von 1 Million € oder mehr) credit of € 1 million or more

**minder**, **Waren ~er Qualität** *f* goods of inferior (or poor, cheap) quality; low quality articles

**Minder~**, **m~bemittelte** *mpl* persons of moderate (or limited) means; **~einnahmen** *fpl* shortfall in receipts (or revenue); **~ertrag** *m* deficiency in the receipts; **~gewicht** *n* short weight, underweight

**Minderheit** *f* minority; **~saktionär** *m* minority shareholder; **~sbeteiligung** *f* minority interest; **~sgesellschafter** *m* minority partner

**Minder~**, **m~jährig** under age, minor; **~jährigkeit** *f* minority; non(-)age; **~kaufmann** *m* small trader; **~lieferung** *f* short delivery

**mindern** to reduce; *(den Kaufpreis herabsetzen)* to lower (or abate) the purchase price; **die Erwerbsfähigkeit ~** to impair the earning capacity

**Minderung** *f* reduction; *(Herabsetzung des Kaufpreises)* abatement of the purchase price; **~ des Schadens** lessening of loss

**minderwertig** low-quality, of low quality; **~e Waren** *fpl* inferior quality goods; **Waren, die ~er sind als das Muster** goods inferior to sample

**Mindest~**, **~abnahme** *f* minimum purchase; **~abschöpfungssatz** *m (EU)* minimum rate of levy; **~anforderungen** *fpl* **erfüllen** to meet minimum standards; **~ankaufpreis** *m* minimum purchase price; **~angebot** *n* lowest offer; *(bei Ausschreibungen) Am* lowest bid; **~anzahl** *f* minimum number; **~auflage** *f (Zeitung)* minimum circulation; **~auftrag** *m* minimum order; **~betrag** *m* minimum (or lowest) amount; **~bietkurs** *m (Börse)* minimum bidding price; **~einkommen** *n* minimum income; **~einlage** *f* minimum deposit

**mindestens** at least; **~ 6 Monate** not less than 6 months

**Mindest~**, **~ertrag** *m* minimum income (or yield); **~gebot** *n (bei Auktionen)* reserve price; **~haltbarkeitsdauer** *f* use by ... (date); **~kapital** *n* minimum capital; **~kurs** *m (Börse)* floor price; minimum price (or rate); **~lohn** *m* minimum wage(s) (or pay)

**Mindestmenge** *f* minimum quantity; **~n** *fpl* **für die Lagerhaltung** minimum storage quantities

**Mindest~**, **~nennbetrag** *m* **der Aktien** minimum par value of shares; **~preis** *m*

minimum price, floor price; *(bei Auktionen)* reserve price; **~rendite** *f* minimum yield

**Mindestreserve**, **~n** *fpl* minimum reserves (non-interest bearing assets of the credit institutions with the central bank); **~erfordernisse** *fpl* minimum reserve requirements; **~freiheit** *f* exemption from minimum reserve requirements; **m~pflichtig** subject to the minimum reserve requirement; **~soll** *n (der Banken)* required minimum reserve; **die ~sätze** *mpl* **der Kreditinstitute erhöhen (senken)** to raise (lower) the minimum reserve ratios for credit institutions

**Mindest~**, **~schluss** *m (Börse)* minimum lot; **~umsatz** *m* **erreichen** to achieve minimum turnover; **~verkaufspreis** *m* minimum selling price; **~vorräte** *mpl* **an Erdöl halten** to maintain minimum stocks of oil; **~zeichung** *f (Börse)* minimum subscription

**Mineralien** *pl* minerals; **reich an ~** rich in minerals; **~ abbauen** to work (or extract) minerals

**Mineralöl** *n* mineral oil, petroleum; **~erzeugnisse** *npl* mineral oil (or petroleum) products; **~gewinnung** *f* mineral oil extraction; **~monopol** *n* petroleum monopoly; **~preise** *mpl* petroleum prices; **~produkte** *npl* → ~erzeugnisse; **~raffinierung** *f* (mineral) oil refining; **~steuer** *f* mineral oil tax; **~steueraufkommen** *n* mineral oil tax revenue; **~verarbeitung** *f* mineral oil (or petroleum) processing; **~verbrauch** *m* (mineral) oil consumption; **~wirtschaft** *f* (mineral) oil industry, petroleum industry

**Mineral~**, **~vorkommen** *n* mineral deposit; **~wasser** *n* mineral water

**Minimal~**, **~bodenbearbeitung** *f Am* minimum tillage; **~fracht** *f* minimum freight; **~kosten** *pl* minimum cost

**Minimum** *n*, **auf ein ~ herabdrücken** to reduce to a minimum; to minimize

**Ministerebene** *f*, **auf ~** at ministerial level

**Ministerrat** *m* **der Europäischen Gemeinschaften** Council of Ministers of the European Communities (made up of representatives of the twelve member states)

**Ministertagung** *f* ministerial meeting

**Misch~**, **~anbau** *m* growing of mixed crops; **~dünger** *m* compound fertilizer; **~finanzierung** *f* mixed financing; **~futtermittel** *n* compound feedingstuff; **~konzern** *m* diversified group; multiproduct group; conglomerate; **~kredit** *m* mixed credit (of aid and trade financing)

**Mischung** *f* mixture, mixing; **eigene ~** *(Tee, Tabak etc.)* own blend

**Misch~**, **~wirtschaft** *f* mixed economy; **~zoll** *m* compound duty

**Missbrauch** *m* abuse, misuse; **~ der Amtsgewalt** misuse of public authority; **~ des Ermessens** absue of discretion; **~ wirtschaftlicher Macht** abuse of economic power; **~ der Werbung** abuse of advertising; **den ~ abstellen** to discontinue the abuse

**missbrauchen** to abuse, misuse; **die** → marktbeherrschende Stellung ~

**missbräuchlich**, **~e Handelspraktiken** *pl* unfair commercial practices; **~e Klauseln** *fpl* **in Verbraucherverträgen** unfair terms in contracts concluded with consumers; **~e Verhaltensweisen** *fpl (von Firmen)* abusive practices; **~ anwenden** to misuse

**Missernte** *f* bad harvest, poor crop

**Misserfolg**, **wirtschaftlicher ~** *m* economic failure

**missfallen** to displease

**Missstand** *m*, **e-n ~ beseitigen** to remedy an abuse

**Misstrauensantrag** *f* vote of no confidence

**Missverhältnis** *n* **zwischen Angebot und Nachfrage** imbalance between supply and demand

**Mitabgabe** *f* **von Angeboten** *(bei Ausschreibungen)* competitive bidding

**Mitarbeiter** *m* staff member; colleague; assistant; **~befragung** *f* survey on employee attitudes; **~beziehungen** *fpl* industrial relations; employee relations; **~-kapitalbeteiligung** *f* worker participation in the capital of the company; **~stab** *m* team; **zum ~stab gehören** to be on the staff

**mitbenutzen** to use, to share in the use of

**Mitbenutzungsrecht** *n* right for joint use

**Mitbesitz** *m* joint possession

**Mitbesitzer** *m* joint possessor (or holder)

**mitbestimmen** to codetermine; *(Arbeitnehmer)* to have the right of codetermination

**Mitbestimmung** *f (der Arbeitnehmer)* codetermination; workers' participation in the decision-making process; employee participation (in management); → Montan~; → paritätische ~; **~srecht** *n* **des Betriebsrats** right of codetermination of the works council

**mitbeteiligt an e-r Firma** holding an interest in a firm

**mitbewerben, sich ~ um** to compete for

**Miteigentum** *n* co-ownership, joint ownership; joint property; *(an Grundbesitz)* joint tenancy; tenancy in common (→ Bruchteilseigentum, → Gesamthandseigentum)

**Miteigentümer** *m* co-owner, joint owner; *(an Grundbesitz)* joint tenant, tenant in common

**Miterbe** *m* coheir, joint heir

**Miterbin** *f* coheiress, joint heiress

**Mitfahrgelegenheit** *f*, **jdm e-e ~ geben** to give (or offer) sb. a lift

**mitfinanzieren** to help to finance sth.; to finance sth. partially

**Mitfinanzierung** *f* cofinancing

**Mitgift** *f* dowry

**Mitglied** *n* member; **~ kraft Amtes** (od. **Rechts**) member as of right; **~ auf Lebenszeit** life member; **eingetragenes ~** enrol(l)ed member, registered member; **förderndes ~** paying member; **ordentliches ~** full member; **als ~ aufnehmen** to admit to membership; **neue ~er aufnehmen** to admit new members; **als ~ ausscheiden** to cease to be a member; to withdraw from membership; **~er werben** to canvass members; **~ werden** to become a member

**Mitglieder~, ~versammlung** *f* members' meeting; general meeting; body of members; **~verzeichnis** *n* register of members; **~werbung** *f* solicitation of membership; **~zunahme** *f* increase in the number of members

**Mitgliedschaft** *f*, **~ erlangen (beibehalten)** to acquire (retain) membership; **die ~ erlischt** membership is terminated

**Mitglieds~, ~aufnahme** *f* admission to membership; **~beitrag** *m* membership fee; (membership) subscription; **~land** *n* *(EU)* → ~staat; **~nummer** *f* membership number; **seinen ~verpflichtungen** *fpl* **(nicht) nachkommen** (to fail) to fulfil the obligation of membership

**Mitgliedstaat** *m (EU)* member state; **~en** *pl* **der Gemeinschaft** Community member states; **Angehörige der ~en** nationals of member states; **Verstoß e-s ~es gegen seine Verpflichtungen aus den Verträgen** failure of a member state to hono(u)r its Treaty obligations; **aus den ~en stammende Waren** products originating in member states; **in e-m ~ ansässiges Unternehmen** an undertaking established in a member state

**Mit~, ~haftung** *f* joint liability; **~inhaber** *m* joint owner; co-owner; *(e-s Patents)* joint patentee; **~pacht** *f* joint tenancy; **~reeder** *m* joint owner of a ship; **m~schuldig an** jointly guilty of; partly to blame for; **~schuldner** *m* co-debtor; joint debtor

**Mitsichführen** *n* **von Wertsachen** carrying of valuables

**Mitspracherecht** *n* right to be consulted

**Mittagessen-Gutschein** *m* luncheon voucher

**Mitte** *f* middle, mid; **bis ~ Juni** by mid June (at the latest)

**mitteilen** to inform, to notify, to make known; **dem Gläubiger ~** to give notice to the creditor; **hiermit teilen wir Ihnen mit** this is to inform you; we are pleased to inform you; **wir wären dankbar, wenn Sie uns ~ könnten** we would appreciate you (or your) informing us

**Mitteilung** *f* information, notification, notice; **~ der Kommission** *(EU)* communique by the Commission; **amtliche ~** official notice; **schriftliche ~** written notification; **in allen ~en anzugeben** to be quoted in all communications

**Mitteilungspflicht** *f* duty to notify, duty to report

**Mittel** *npl* means; *(Geld~)* funds, resources, means; *(Haushalts~)* appropriations; **aus Mangel an ~n** for lack of funds; **~ aus dem Fonds** resources from the fund; **~ der Gemeinschaft** *(EU)* Community's resources; **~ des** (öffentl.) **Haushalts** appropriations (in the budget); **~ für Verpflichtungen** *(EU)* appropriations for commitments; **~ für Zahlungen** *(EU)* appropriations for payments; **ausreichende ~** adequate funds; **für die Forschung bereitgestellte ~** *(im Haushaltsplan)* research appropriations; **beschränkte ~** limited funds; **eigene ~** own resources; own funds; **erforderliche ~** required funds; **finanzielle ~** financial means (or funds, resources); **flüssige ~** liquid assets; *(Bilanz)* cash; **kosmetische ~** cosmetic preparations; **öffentliche ~** public funds; **unlautere ~** improper means; **nicht verbrauchte ~**

*(des Haushaltsplans)* unexpended appropriations; **verfügbare ~** available funds; means available; *(e-s Unternehmens)* liquid resources; **die für diesen Zweck vorgesehenen ~** the funds earmarked for this purpose; **zugewiesene (Haushalts-)~** appropriations; **~ aufnehmen** to raise funds; **~ bereitstellen** to make funds available; **~ binden** to immobilize funds; **die ~ kürzen** to reduce (or cut) the appropriations; **über genügend ~ verfügen** to have ample funds at one's disposal; **~ zuweisen** to allocate funds (or appropriations)

**Mittel~**, **~abflüsse** *mpl (bei Kreditinstituten)* efflux of funds; **~anforderung** *f* request for appropriations; **~aufbringung** *f* raising of funds; **~aufnahme** *f* borrowing; **~aufstockung** *f* **des Intern. Währungsfonds** increase in the resources of the IMF; **~aufteilung** *f* breakdown of funds; **~ausstattung** *f* provision of funds

**mittelbar** indirect; **~er Besitz** *m* constructive possession; **~e Stellvertretung** *f* undisclosed agency; **~ betroffen** indirectly affected

**Mittel~**, **~bereitstellung** *f* provision of funds; funds provided (to); **~beschaffung** *f* procurement of funds; **~bewilligung** *f* allocation of funds; **~bewirtschaftung** *f* management of funds

**Mittelbetrieb** *m* medium-sized business (or firm); → Klein- und ~e

**Mittelbindung** *f* commitment (or fixing) of funds; **~en** *pl* **vornehmen** to commit appropriations

**mittelfristig** medium-term; **~er Kredit** *m* medium-term credit; term loan; **~e Werte** *mpl* mediums; **~e Wirtschaftspolitik** *f* medium-term economic policy

**Mittel~**, **m~großes Unternehmen** *n* medium-sized undertaking; **Wagen der ~klasse** *f* medium-sized car; **~kurs** *m* middle (market) price; *(Devisen)* middle (or mean) rate (of exchange); **~kürzung** *f* cutting down (or reduction of) funds (or appropriations); **m~los** without means; impecunious; **m~mäßig** mediocre

**Mittel**, **~meererzeugnisse** *npl* Mediterranean products; → integriertes ~meerprogramm; **~preis** *m* middle price

**Mittelpunkt** *m*, **tatsächlicher ~ geschäftlicher Tätigkeit** cent|re (~er) of operations

**Mittel~**, **gute ~qualität** *f* fair average quality (f. a. q.); **~sorte** *f* middlings

**Mittelstand** *m* middle class; **gewerblicher ~** small to medium-sized business; **~sunternehmen** *n* small and medium-sized enterprise (SME)

**mittelständisch~**, **in der ~en Wirtschaft** *f* in the small to medium-sized business sector

**Mittel~**, **~streichung** *f* deletion of appropriations; **~streckenverkehr** *m* medium-range air traffic; **~überschreitung** *f* spending over and above the appropriations; **~übertragung** *f* transfer of appropriations; **~vergabe** *f* allocation of funds; **~verwendung** *f* application (or use) of funds; **~wert** *m* mean value; *(EU)* standard average value; **~zuflüsse** *mpl* **aus dem Ausland** inflow of funds from abroad; **~zuweisung** *f* appropriation

**mittlere**, **von ~r Art und Güte** (goods) of average kind and quality; **~s Einkommen** *n* mean (or average) income; **e-e Firma ~r Größe** *f* a medium-sized firm; **~s Industrievorhaben** *n* medium-scale industrial venture; **~e Lebenserwartung** *f* average life expectancy

**mittlere Preislage** *f* medium-price range; **Waren der ~n Preislage** medium-priced goods

**mittlere**, **~ Qualität** *f* fair average quality; **~s Unternehmen** *n* medium-sized enterprise; **~ Unternehmensführung** *f* middle management

**Mitunterzeichner** *m* co-signer

**Mitverantwortung** *f* coresponsibility; **~sabgabe** *f (EU)* coresponsibility levy

**Mit~**, **~verschulden** *n (des Verletzten)* contributory negligence; **~versicherung** *f* coinsurance

**mitwirken bei** to participate in

**Mitwirkung** *f*, **~ der Arbeitnehmer** employees' participation; **~spflicht** *f* duty to cooperate

**Möbel** *pl* furniture; **~bezugstoff** *m* upholstery fabric; **~fabrik** *f* furniture-making firm; **~fernverkehr** *m* long-distance furniture transport; **~industrie** *f* furniture industry; manufacture of furniture; **~lager** *n* furniture warehouse; **~spediteur** *m* (od. **~spedition** *f*) *Br* furniture remover(s), removal firm; *Am* furniture mover(s); **~stück** *n* piece of furniture; **~wagen** *m* *Br* removal van, pantechnicon; *Am* moving van

**Mobilfunkanbieter** *m* mobile telecommunications provider
**Mobiliar** *n* furniture; movable goods; **~verzeichnis** *n* inventory of furniture; **~vollstreckung** *f* execution effected on movables
**Mobilisierungspapiere** *npl* mobilization papers
**Mobilität** *f* **der Arbeitskräfte** mobility of labo(u)r
**Mobilnetz** *n* mobile telecommunications network
**möbliert** furnished; ~ **vermieten** *Br* to let (*Am* to rent) furnished
**Modalitäten** *fpl* **e-r Anleihe** terms of a loan
**Mode** *f* fashion; style; **die neueste ~** the latest fashion; **aus der ~ kommen** to go out of fashion (or style); **in ~ kommen** to come into fashion; **wieder in ~ sein** to be back in fashion
**Mode~**, **~artikel** *mpl* fashion accessories; fancy goods; **m~bewusst** fashion conscious; **~geschäft** (od. **~haus**) *n* fashion shop (or store); **~nschau** *f* fashion show (or parade, display); **~schmuck** *m* style jewelry, costume jewelry; **~spion** *m* fashion spy; **~waren** *fpl* fashion goods; **~zeitschrift** *f* fashion magazine
**Modell** *n* model, design; **neustes ~** latest model; **~entwurf** *m (e-s Kleides)* dress designing; **~kleid** *n* model (dress); **~vorhaben** *n* pilot scheme (or project)
**modernisieren** to modernize; to streamline; to update
**modernisiert werden** to undergo modernization
**Modernisierung** *f* modernization; streamlining; **Vorhaben zur ~ von Unternehmen** projects for modernizing undertakings
**Modernisierungs~**, **m~bedürftig** requiring modernization; **~beihilfe** *f* modernization aid; **~bestrebungen** *fpl* efforts to modernize
**Mogelpackung** *f* deceptive packing (or packaging); dummy (pack)
**möglich** possible; **sobald wie ~** at your earliest convenience; **soweit wie ~** as far as possible; **~er Bedarf** *m* potential demand; **~er Kunde** *m* potential customer; prospect
**Möglichkeit** *f* possibility; **nach ~** if possible; **die ~ in Betracht ziehen** to consider the eventuality; **alle ~en wahrnehmen** to avail oneself of all possibilities
**Möglichstes** *n*, **sein ~ tun** to do one's best, to use one's best efforts
**Molkerei~**, **~erzeugnisse** *npl* dairy produce (or products); **~genossenschaft** *f* cooperative dairy; **~wirtschaft** *f* dairy industry
**Monat** *m* month; **im ~** per month; **alle 3 ~e** every 3 months; quarterly; **am 10. dieses ~s** on the 10th inst. (instant); **am 10. nächsten ~s** on the 10th prox. (proximo); **Ihr Schreiben vom 10. vorigen ~s** your letter of the 10th ult. (ultimo)
**monatlich** monthly; **halb~** semi-monthly; **~ bezahlen** to pay by the month; **die Bezahlung erfolgt ~** payment to be made on a monthly basis; **~ einmal zusammenkommen** to meet once a month
**Monats~**, **~abschluss** *m* monthly accounts (or settlement); **~aufstellung** *f* monthly statement; **~ausweis** *m (e-r Bank)* monthly return; **~bericht** *m* monthly report; *(Bank)* monthly return; **~bilanz** *f* monthly balance sheet; **~ende** *n* end of month (→ Ultimo); **~ergebnis** *n* monthly result; **ein ~gehalt** *n* one month's salary; **~geld** *n (Geldmarkt)* one month's money (or loan); loan(s) for one month; **~mitte** *f* middle of the month; **~rate** *f* monthly instal(l)ment; **~umsatz** *m* monthly turnover; **~verdienst** *m* monthly earnings
**monetäre Konjunkturpolitik** *f* monetary business cycle policy
**Monopol** *n* monopoly; **~absprache** *f* monopoly agreement; **m~ähnliche Marktstellung** *f* monopoly-like market position; **~gewinn** *m* monopoly profit; **~güter** *npl* monopoly goods
**monopolisieren** to monopolize
**monopolistisch~**, **~e Konkurrenz** *f* monopolistic competition; **~e Praktiken** *pl* monopolistic practices
**Monopol~**, **~kapitalismus** *m* monopoly capitalism; **~missbrauch** *m* abuse of monopoly; **~preis** *m* monopoly price; **~unternehmen** *n* monopolistic company; monopoly company
**Montage** *f* assembly; erection, setting up; **Arbeitnehmer auf ~** employees in assembly projects; **~band** *n* assembly line, conveyer belt; **~betrieb** *m* assembly plant; **~halle** *f* assembly shop; **~kosten**

*pl* installation costs; cost of erection; **~versicherung** *f* installation insurance

**Montan** ECSC ( → Europäische Gemeinschaft für Kohle und Stahl); **~aktien** *fpl* → **~werte**; **~anleihe** *f* ECSC loan; **~erzeugnisse** (od. **~güter**) *npl* ECSC products, products of the ECSC; **~industrie** *f* coal, iron and steel industry; ECSC industry; **~mitbestimmung** *f* codetermination in the coal, iron and steel industry; **~produkte** *npl* ECSC products; **~union** *f* European Coal and Steel Community (ECSC); **~vertrag** *m* ECSC Treaty; **~werte** *mpl* mining shares; iron, coal and steel shares

**Monteur** *m* fitter; mechanic; *(Flugwesen)* rigger; *(am Fließband)* assembly hand, assembler

**montieren** *(zusammenstellen)* to assemble, to fit; *(aufstellen)* to erect, to install

**Moratorium** *n* moratorium; standstill agreement

**Mord** *m* murder; **~versuch** *m* murder attempt, attempted murder; **e-n ~ begehen** to commit a murder

**mörderischer Wettbewerb** *m* cut-throat competition

**Morgen** *m (Flächenmaß) (etwa)* acre

**Morgenausgabe** *f (e-r Zeitung)* morning edition

**Motivforschung** *f* motivation research

**Motor** *m* motor; *(Auto)* engine; **~ausfall** *m* engine failure; **~enwerk** *n* engine plant (or factory); **~haube** *f Br* bonnet; *Am* hood; **~leistung** *f* engine (or motor) power; **~nummer** *f (e-s Kfz)* number of the engine; **~rad** *n* motorcycle; **~radfahrer** *m* motor-cyclist; **~roller** *m* motor scooter; **~schaden** *m* engine trouble; **~schiff** *n* motor vessel

**Mühe** *f*, **Zeit und ~ sparen** to save time and trouble (or effort)

**Mühle** *f* mill; **~nstillegung** *f* mill closure

**Muldenkippwagen** *m (Güterwagen zur Beförderung von Schüttgut)* (through-type) tipping wag(g)on

**Müll** *m Br* rubbish, refuse; *Am* garbage; waste; **Haus- und Gewerbe~** *m* domestic and commercial waste; **Industrie~** *m* industrial waste; **~abfuhr** (od. **~beseitigung**) *f* refuse (*Am* garbage) collection (or disposal); **~abladeplatz** *m Br* (refuse) tip; *Am* dump; **~beseitigungsanlage** *f Br* refuse (*Am* garbage) disposal plant

**Müllerei~**, **~betrieb** *m* flour mill; **~erzeugnisse** *npl* products of the milling industry

**Müll~**, **~schlucker** *m* refuse (*Am* garbage) chute; waste disposer; **~tonne** *f* dustbin; *Br* refuse bin; *Am* garbage can; **~verbrennungsanlage** *f* waste (or refuse) (*Am* garbage) incinerator; **~verwertungsanlage** *f* recycling plant

**Multifaserabkommen** (MFA) *(EU)* Multifibre Arrangement (MFA); **Waren des ~s** MFA products

**multilateral**, **~e Agentur** *f* **für Investitionsgarantie** (MIGA) Multilateral Investment Guarantee Agency (MIGA); **~e Handelsverhandlungen** (MHV) *fpl* multilateral trade negotiations (MTN)

**Multilateralisierung** *f* multilateralization

**multinational**, **~e Gesellschaft** *f* multinational company (or *Am* corporation) (MNC); **~e Partnerschaften** *fpl* multinational partnerships (MNPs); **~e Unternehmen** (MNU) *npl* multinational (or *Am* transnational) enterprises (MNEs); multinationals; multis

**multipler Wechselkurs** *m* multiple exchange rate

**Multis** *pl* multinationals, multis

**Mündel** *n* ward; **~geld** trust money; **m~sichere Kapitalanlage** *f* trustee investment; **m~sichere Wertpapiere** *npl* trustee securities; gilt-edged securities; **~sicherheit** *f* trustee security status

**mündig**, **~sein** to be of age; **~ werden** to come of age

**mündlich** verbal, oral; **~e Absprache** *f* verbal agreement; **~e Prüfung** *f* oral examination; **~e Verhandlung** *f* hearing; trial

**Mund-zu-Mund Propaganda** *n* word-of-mouth advertising

**Münze** *f* coin; **falsche** (od. **gefälschte**) Münze false (or counterfeit) coin; **~n fälschen** to counterfeit coins; **~n prägen** to mint (or strike) coins

**Münz~**, **~einwurf** *m* insertion of coins; **~fälschung** *f* counterfeiting of coins; **~fernsehen** coin-operated television; pay TV; **~fernsprecher** *m Br* call box; telephone kiosk; *Am* pay phone; **~geld** *n* coins; **~tankstelle** *f* coin-operated petrol (*Am* gasoline) station; **~vergehen** *n* coinage offen|ce (~se); **~wäscherei** *f* coin-operated laundry; ~**wechsler** *m* coin-changer; change-giving machine

**Mussvorschrift** *f* obligatory disposition

**Muster** *n* sample; design; *(bes. Stoff~)* pattern; *(Probe)* specimen; *(Vorbild)* model; **genau nach beiliegendem ~** exactly like pattern enclosed; **nach ~** up to sample; according to pattern; **vom vorgelegten ~ abweichen** to diverge from the sample submitted; **die ~** *pl* **weichen voneinander ab** the samples differ (or vary) from each other; **die Waren müssen dem ~ entsprechen** the goods must be up to (or agree with, correspond to) the sample; **dem ~ entsprechend** corresponding to the sample; according to sample; **nach ~ kaufen** to buy according to sample; **~ vorlegen** to present (or submit) samples; Muster (passend) **zusammenstellen** to assort samples; **~ ziehen** to draw (or take) samples, to sample

**Muster~**, **~anforderung** *f* request for sample; **große ~auswahl** *f* wide choice of patterns; **~betrieb** *m* model plant; model farm; **~buch** *n* pattern book; book of samples; **m~getreu** according to sample (or pattern); **~gut** *n* model farm; **~karte** *f* pattern card, sample card; **~katalog** *m* → ~buch

**Musterkollektion** *f* set of samples; collection (or assortment) of patterns; **~en** *pl* **vorlegen** to show sample collections

**Muster~**, **~lager** *n* display cent|re (~er), stock of samples; **~messe** *f* samples fair; **~prozess** *m* test case; **~rabatt** *m* discount on samples; **~register** *n* Design Register; **~rolle** *f (für Schiffsbesatzung)* list of the crew; **~sammlung** *f* → **~kollektion**; **~schutz** *m* copyright in designs; **~sendung** *f* consignment of samples; **~stück** *n* sample (item); **~tarifvertrag** *m* standard collective bargaining agreement; **~vertrag** *m* standard (or specimen) contract; **~zeichner** *m* pattern designer; **~zieher** *m* sampler; **~ziehung** *f* sample taking

**Muttergesellschaft** *f* parent company

**Mutterschafts~**, **~geld** *n* maternity benefit; **~hilfe** *f (durch Krankenkasse)* maternity aid; **~urlaub** *m* maternity leave

**Mutterschutz** *m* protection during pregnancy and maternity

**Mutter- und Tochter-~**, **~gesellschaft** *f* parent company and subsidiary; **~-Verhältnis** *n (Firma)* parent-subsidiary relationship

**Mutung** *f* application for permission to work a mine

# N

**nach**, **~ Bedarf** as (and when) required; on request; **~ Bestellung (angefertigt)** made to order; custom-made; **~ Erhalt** on receipt; **~ dem Muster** according to sample

**nach oben (unten) tendieren** to trend upwards (downwards)

**nach und nach liefern** to deliver successively

**nachahmen** copy, imitate; **ein Muster** (unzulässig) ~ to pirate a design

**Nachahmung** *f* imitation; (unzulässige) **~ e-s Warenzeichens** piracy of a trademark

**nacharbeiten** to copy a model; *(neu bearbeiten)* to rework; *(aufholen)* to make up for

**Nachbar~**, **~grundstück** *n* neighbo(u)ring property; **~land** *n* neighbo(u)ring country; **~schaftshilfe** *f* neightbo(u)rly help

**nachbekommen, etw. ~** to get sth. later

**nachbestellen** to renew (or repeat) the order; to place a repeat order; to reorder

**Nachbestellung** *f* repeat order, supplementary order; reorder

**Nachbezugsrecht** *n* right to a cumulative dividend

**Nachbörse** *f* after hours market; business (done) after the official hours; *Br* street market, kerb market; *Am* curb market

**nachbörslich~**, **~e Kurse** *mpl* after hours prices; *Br* kerb prices, street prices, prices on the kerb; *Am* curb prices; **~er Handel** *m* after hours dealing; *Br* kerb dealing

**nachbuchen** to make a subsequent entry

**nachdatieren** *(mit e-m früheren Datum versehen)* to antedate

**Nachdruck** *m* reprint; *(unerlaubt)* piracy; **sich e-r Sache mit ~ annehmen** to tackle a matter with vigour (or energetically)

**Nachemission** *f (Börse)* back-up issue

**Nacherbe** *m* reversionary heir

**nacherheben**, **e-e Steuer ~** to levy a tax by subsequent assessment

**Nacherhebung** *f* **von Eingangs- oder Ausfuhrabgaben für Waren** *(Zoll)* post-clearance collection of import or export duties

**nachfällige Posten** *mpl (in der Zinsrechnung)* deferred items

**Nachfass~**, **~brief** *m* follow-up letter; **~werbung** *f* follow-up advertising

**Nachfolge** *f* succession; **die ~ von X antreten** to succeed X

**Nachfolge~**, **~gesellschaft** *f* successor company; **~recht** *n* right of succession

**nachfolgend~**, **gemäß den ~en Bestimmungen** *fpl* as hereinafter provided; **~er Inhaber** *m* subsequent owner (or holder); **~er Verkehr** *m* following traffic; **im ~en** below; hereinafter

**Nachfolger** *m*, **jds ~** successor to a p.; **e-n ~ einsetzen** to appoint a successor

**nachfordern**, **etw. ~** to claim sth. additionally

**Nachforderung** *f* additional claim (or demand)

**Nachforschungen** *fpl* **anstellen** to make inquiries

**Nachfrage** *f* demand (nach for); **bei ~** on demand; **~ nach ausländischen Waren** demand for foreign goods; **~ des Auslands** demand from abroad; **abnehmende ~** decreasing (or downward, sloping) demand; **anhaltende ~** continuing demand; **ausländische ~** foreign (or external) demand; **flaue ~** dull demand; **geringe ~** little demand; **gesamtwirtschaftliche ~** overall economic demand; **gleichbleibende ~** steady demand; **heftige ~** vigorous demand; **lebhafte ~** buoyant (or lively) demand; **nachlassende ~** decreasing demand; **rege ~** brisk demand; **rückläufige ~** declining demand; **schwache ~** sluggish demand; **starke ~ nach e-m Artikel** run on an article; **steigende ~** rising demand; **übermäßige ~** excessive demand; **wachsende ~** growing demand; **die ~ ankurbeln** to stimulate demand; **die ~ befriedigen** to cope with the demand; **die ~ decken** (od. **der ~ gerecht werden**) to meet the demand; **die ~ ist größer als das Angebot** demand outstrips supply; **für die Ware herrscht große ~** the goods are in great demand; **die ~ ließ nach** the demand slackened; **mit der ~ Schritt halten** to keep pace with the demand; **die ~ ist gestiegen** demand has risen; **die ~ ist weiter gestiegen** demand (has) continued to rise

**Nachfrageanstieg** *m* rise (or increase) in demand; **sprunghafter ~** surge in demand

**Nachfrage~**, **~ausfall** *m* drop (or shortfall) in demand; **~ausweitung** *f* expansion in demand; **n~bedingt** demand-induced; **~belebung** *f* revival of demand; **~beruhigung** *f* calming down of demand; **~boom** *m* demand boom; **~dämpfung** *f* dampening of demand; **~drosselung** *f* demand restraint; restraining demand; **~elastizität** *f* elasticity of demand; **~entwicklung** *f* trend in demand; **~inflation** *f* demand-pull inflation; **~kurve** *f* demand curve; **~menge** *f* quantity demanded; **~monopol** *n* buyer's monopoly

**nachfragen**, **bei jdm ~** to ask sb. for information

**Nachfrager** *m* (potential) buyer

**Nachfragerückgang** *m* fall (or decline) in demand; **jahreszeitlich bedingter ~** seasonal decline in demand, seasonal sluggishness

**Nachfrage~**, **~soginflation** *f* demand-pull inflation; **~spitze** *f* peak of demand; **~steigerung** *f* increase in demand; **~struktur** *f* structure of demand; **~überhang** *m* excess of demand over supply; **~verschiebung** *f* shift in demands; **~zunahme** *f* increase in demand

**Nachfrist** *f* period of grace; additional period of time; **Dauer der ~ für die Lieferung** length of the period of grace for delivery; **die vom Käufer gesetzte ~ ist abgelaufen** the additional period of time fixed by the buyer (has) expired; **e-e ~ von einer Woche gewähren** to grant a week's grace (or respite); **e-e angemessene ~ setzen** to fix an additional period of time of reasonable length; **die ~ ist abgelaufen** the period of extension has expired

**nachgeben**, **die Kurse geben nach** prices are on the decline; prices are sagging (or easing, weakening, drifting lower); **um 5 Punkte ~** *(Börse)* to ease 5 points; **die Kurse gaben weiter nach** prices deteriorated further

**Nachgebühr** *f (Post)* surcharge; postage due

**nachgefragt**, **stark ~ sein** to be much in demand

**nachgehen**, **seinen Geschäften ~** to attend to (or go about) one's business
**nachgemachtes Geld** *n* counterfeited money
**nachgeordnete Behörde** *f* subordinate authority
**nachgewiesener Schaden** *m* proved damage
**Nachholbedarf** *m* need to catch up; backlog demand
**Nachindossament** *n* post-maturity endorsement
**Nachkalkulation** *f* actual cost determination; historical costs calculation
**Nachkommen** *pl* descendants, issue
**nachkommen**, **e-r Bitte nicht ~** to fail to comply with a request
**Nachkontrolle** *f* subsequent checking
**Nachkosten** *pl* cost of rework
**Nachkriegswirtschaft** *f* post-war economy
**Nachlass** *m* 1. *(Preis~)* deduction (from the price); discount allowance; → Preis~; → Steuer~; **3 % ~ bei Barzahlung** 3 % discount for cash; **~ vom Verkaufspreis** *(z. B. bei Mängelrüge)* selling price discount; allowance on the selling price; **e-n ~ gewähren** to allow a discount
**Nachlass** 2. *Br* deceased's (*Am* decedent's) estate; assets under a will; **~ am beweglichen Vermögen** personal estate (or assets); **steuerpflichtiger ~** estate subject to taxation; **den ~ abwickeln** to settle the estate; **den ~ verwalten** to administer the estate
**Nachlass~**, **~besteuerung** *f* taxation of the estate (of a deceased person); **~gegenstand** *m* item forming part of the estate; asset; **~gericht** *n* probate court; **~gläubiger** *m* creditor to an estate; **~konkurs** *m* bankruptcy proceedings with regard to the estate (of a deceased debtor); **~pfleger** *m* curator for the estate; **~planung** *f* estate planning; **~schulden** *pl* debts of the estate (of a deceased person); **~verbindlichkeiten** *pl* liabilities of the estate; **~verwalter** *m* administrator of the estate; **~verwaltung** *f* administration of the estate; **~verzeichnis** *n* inventory of the estate
**Nachlassen** *n*, **~ der Aufträge** slackening of orders; **~ des Kostendrucks** relaxation of the cost pressure; **~ der Nachfrage** falling off in demand; slowdown of the demand
**nachlassen** to decline, to slacken; to slow down; *(vom Preise)* to allow a discount; **der Arbeitsanfall ließ nach** work requirements slackened; **die Nachfrage lässt nach** demand drops
**nachlassende Nachfrage** *f* slackening demand
**nachlässig** careless, negligent
**nachliefern** to deliver subsequently (at a later date)
**Nachlieferung** *f* subsequent delivery; *(als Ersatz für beschädigte Waren)* replacement goods
**Nachmittag** *m* afternoon; **freier ~** *m* free afternoon (afternoon off)
**Nachnahme** *f*, **(gegen) ~** *Br* cash on delivery (c. o. d.); *Am* collect on delivery (c. o. d.); **unter ~ der Fracht** carriage forward; **Waren per ~ senden** to forward the goods c. o. d.
**Nachnahme~**, **~betrag** *m* amount to be collected on delivery; *Br* trade charge; **~kosten** *pl* c. o. d. fees; **~paket** *n Be* c. o. d. parcel; *Am* c. o. d. package; **~sendungen** *fpl* c. o. d. consignments
**Nachorder** *f* repeat order
**nachprüfbar** verifiable
**nachprüfen** to check, to control; to verify; to review; **Rechnungen ~** to audit accounts
**Nachprüfung** *f* check; control; verification; **gerichtliche ~** judicial review; **~en** *pl* **vornehmen** to carry out checks
**nachrangig~**, **~er Gläubiger** *m* secondary creditor; **~e Hypothek** *f* subsequent (or *Am* junior) mortgage
**nachrechnen** to check a calculation
**Nachrede** *f*, **üble ~** defamatory statement; slander
**Nachricht** *f* news; information; message; **e-e ~ hinterlassen** to leave a message; **würden Sie uns bitte ~ geben, ob ...** would you kindly inform us whether
**Nachrichten~**, **~agentur** *f* (od. **~dienst** *m*) news (or press) agency, news service
**Nachsaison** *f* post-season, late-season
**nachschießen** to pay an additional sum; to make an additional contribution
**Nachschuss** *m* additional payment; additional contribution; (additional) assessment; **~pflicht** *f* obligation to make an additional contribution; liability to (additional) assessments; **n~pflichtige Aktien** *fpl* assessable stock; **~zahlung** *f*

additional payment (or cover); **~zahlungen** *fpl* **auf Aktien** stock assessments
**nachsehen, regelmäßig ~** to inspect regularly
**Nachsende~, ~anschrift** *f* forwarding address; **~antrag** *m* application for redirection
**nachsenden, bitte ~** please forward; to be forwarded; *Am* please redirect; **jdm etw. ~** to send sth. on to sb.
**Nachsicht~, ~tratte** *f* usance draft; **~wechsel** *m* after-sight bill
**nächst, ~en Monats** next month, proximo (prox.); **~e Verwandte** *pl* next of kin
**nachstehend** hereinafter; **zu ~en Bedingungen** *fpl* subject to the terms stated below
**nächstgelegen** nearest
**nachsuchen um** to apply (or petition) for
**Nacht~, ~arbeit** night work; **~dienst** *m* night service (or duty)
**Nachteil** *m* disadvantage (*für* to); **~e** *pl* **für die Umwelt** environmental disadvantages; **wesentliche ~e zur Folge haben** to entail substantial prejudice; **wirtschaftliche ~e erleiden** to sustain (or suffer) financial prejudice; **im ~ sein** to be at a disadvantage (jdm gegenüber compared with sb.); **von ~ sein** to be a disadvantage; **zu jds ~ sein** to be to sb.'s disadvantage
**nachteilig** disadvantageous (*für* to); **sich ~ auswirken auf** to be prejudicial (or detrimental) to; to entail adverse consequences for
**Nachtrag** *m* supplement; postscript; addendum; **~ zu e-r Versicherungspolice** endorsement
**nachträglich** subsequent; later; **~ gezahlt** paid retroactively; **~e Zahlung** *f* subsequent payment; **~ zustimmen** to give one's approval subsequently
**Nachtrags~, ~haushalt** *m* supplementary budget; **~police** *f* subsequent policy
**Nachurlaub** *m* extension of leave; additional holiday
**Nachveranlagung** *f* subsequent assessment
**Nachversicherung** *f* supplementary insurance
**Nachversteuerung** *f* retrospective taxation
**Nachweis** *m* proof; evidence; **zum ~ von** as proof of; **~ der Echtheit** proof of authenticity; **~ e-r Forderung** proof of debt; **den ~ erbringen** to furnish (or give) proof (für of); to supply evidence
**nachweisbarer Schaden** provable damage, damage that can be proved
**nachweisen** to prove, to provide (or adduce) evidence; **sein Anrecht auf ... ~** to establish one's interest in; **durch Belege ~** to evidence by vouchers; **e-e Forderung ~** to prove a debt; **jds Schuld ~** to establish sb.'s guilt; to prove that a person has been guilty (→ nachgewiesen)
**nachwiegen** to check the weight, to weigh again
**Nachwuchs** *m (in e-r Firma)* junior employees (or staff); **~förderung** *f* training of future staff; **~ (führungskräfte)** *fpl* management trainees; junior staff
**nachzahlen** to pay retrospectively; to pay later (or subsequently)
**nachzählen, Geld ~** to count (or check) the money
**Nachzahlung** *f* subsequent payment; retrospective payment; payment of arrears
**Nachzugsaktien** *fpl* deferred shares
**Nafta** (Nordamerikanische Freihandelszone *f*) *(USA mit Kanada und Mexiko)* Nafta
**nagelneu** brand new
**nahe verwandt** closely related
**näher, bei ~er Betrachtung** *f* on closer inspection; **N~es ist zu erfahren bei** for additional information apply to; **~ angeben** to indicate specifically; **e-m Angebot ~treten** to entertain an offer
**nahestehende Gesellschaft** *f Br* affiliated company; *Am* affiliate
**Nahrungsmittel** *n(pl)* food, foodstuffs; **~ pflanzlichen (tierischen) Ursprungs** food of vegetable (animal) origin; → saisonabhängige ~; → tiefgekühlte ~; → Trocken~; → verbrauchsfertige ~; **~bedarf** *m* food requirement; demand for food; **~defizit** *n* food deficiency; **~emulgatoren** *pl* food emulsifiers; **~erzeugung** *f* food production; **~fabrikant** *m* food processor; **~hilfe** *f* food aid; **~industrie** *f* food (processing) industry; **~-, Getränke- und Tabakindustrie** *f* (od. **~- und Genussmittelindustrie** *f*) food, beverages and tobacco industry; **~knappheit** *f* food shortage; **~-Mischmaschinen, -Mühlen oder -Schnitzelmaschinen** *fpl* food mixers, grinders or slicers; **~preise** *mpl* food prices;

~**selbstversorgung** *f* self-sufficiency in food; ~**soforthilfe** *f* emergency food aid; ~**- und Futtermittelwerke** *npl* food and fodder plants; ~**verarbeitung** *f* food processing; ~**versorgung** *f* food supply; ~**werte** *pl (Börse)* foods; ~**zubereitungen** *fpl* food preparations; ~**zufuhr** *f* food supply; ~**zusätze** *mpl* food additives

**Nährwert** *m* nutritional value; food value; ~**kennzeichnung** *f* **von Lebensmitteln** nutritional labelling of foods

**Nahverkehr** *m* short-distance traffic; local traffic; **Gespräch im ~** *tel Br* short-distance call

**Name** *m* name; **in eigenem ~n** in one's own name; **in fremdem ~n** on behalf of a third person; **im ~n handeln von** to act on behalf of; **auf den ~n lauten** to be made out in the name of

**Namensliste** *f* liste of names; roll

**Namens~**, ~**aktie** *f* registered share (or stock); ~**änderung** *f* change of name; ~**lagerschein** *m* warehouse warrant made out to a named person; ~**obligation** *f* → ~**schuldverschreibung**; ~**papier** *n* registered security; ~**scheck** *m* cheque (check) made out to a named payee; ~**schild** *n (e-s Arztes, Anwalts) Br* nameplate; brass plate; ~**schuldverschreibung** *f* registered bond; ~**verzeichnis** *n* list of names

**namhafte Firma** *f* well-known (or reputable) firm; firm of good repute

**Nämlichkeit** *f (Zoll)* identity (of goods); identification; **die ~ der Waren feststellen** to establish the identity of the goods

**Nämlichkeits~**, ~**bescheinigung** *f* certificate of identification; **Angaben, die als ~nachweis** *m* **erforderlich sind** information necessary to identify the goods; ~**zeichen** *n* identification mark

**Nässe** *f*, **vor ~ schützen!** keep dry!

**Nassgewicht** *n* extra weight (as compensation for loss of weight due to evaporation)

**nationales Recht** *n*, **in ~ umsetzen** *(EU)* to implement in domestic law

**nationalisieren** to nationalize

**Nationalisierung** *f* nationalization

**Nationalität** *f* nationality

**National~**, ~**produkt** *n* national product

**Natural~**, ~**bezüge** *pl* emoluments in kind; ~**dividende** *f* property dividend; ~**ersatz** *m* replacement in kind; ~**herstellung** *f* restitution in kind; ~**leistungen** *fpl (z. B. Beherbergung, Beköstigung)* services in kind

**Naturalien** *pl* natural produce; **in ~ zahlen** to pay in kind

**Naturalisierung** *f* naturalization (of foreigners)

**naturalisieren** to naturalize

**Natural~**, ~**lohn** *m* wages in kind, payment in kind; ~**rabatt** *m* rebate in kind

**Natur~**, ~**erzeugnis** *n* natural product; ~**faser** *f* natural fib|re (~er); ~**gas** *n* natural gas; **von ~katastrophen** *fpl* **betroffene Gebiete** *npl* regions devastated by natural disasters; ~**kautschuk** *m* natural rubber

**natürliche oder juristische Person** *f* natural or legal person; individual or legal entity

**Natur~**, ~**produkt** *n* natural product; ~**schätze** *mpl* natural resources; ~**schutz** *m* nature conservation; ~**schutzgebiet** *n* nature reserve; ~**seide** *f* natural silk; ~**uran** *n* natural uranium

**Neben~**, ~**abrede** *f* ancillary (or collateral) agreement; ~**anschluss** *m tel* extension; ~**artikel** *m* sideline (article); ~**ausgaben** *fpl* incidental expenses, incidentals; ~**beruf** *m* secondary occupation (or job); sideline; **n~beruflich** as an additional job; ~**beschäftigung** *f* → ~**tätigkeit**; ~**betrieb** *m* ancillary establishment; ~**buch** *n* subsidiary ledger; ~**buchhaltung** *f* subsidiary ledger accounting; ~**einkünfte** *pl* additional income; supplementary income; ~**erzeugnis** *n* by-product; ~**flugplatz** *m* secondary airfield; ~**forderung** *f* subsidiary claim; ~**gebäude** *n* side-building; annexe; ~**geschäft** *n* sideline; ~**gewinn** *m* incidental profit, extra profit; ~**gleis** *n* sidetrack, railway siding; **auf ein ~gleis schieben** *(auch fig)* to side-track; ~**kosten** *pl* incidental expenses; ancillary costs; ~**leistungen** *fpl* (performance of) accessorial services; incidental payments; *(an Arbeitnehmer)* fringe benefits; ~**markt** *m (Börse)* side-line market; ~**platz** *m* out of town place; **n~sächlich** of minor importance; **Frage von n~sächlicher Bedeutung** *f* side issue; ~**sicherheit** *f* collateral security; ~**spesen** *pl* incidental expenses; ~**stelle** *f* suboffice; *(Filiale)* branch; ~**tätigkeit** *f* second (or additional) occupation; side-line; subsidiary activity; **~verdienst** *m* supplementary earnings; **~versicherung** *f* collateral insurance; **~vertrag** *m* subsidiary agreement; sub-agreement; **~werte** *mpl (Börse)* second-line shares; **~zweigstelle** *f* sub-branch

**negativ**, **sich ~ auswirken** to have an adverse effect

**Negativattest** *n*, **ein ~ erteilen** to give (or grant) a negative certification (or *EG* clearance)

**negativ**, **~es Kapital** *n* negative capital (excess of liabilities over assets of an enterprise); **~es Kapitalkonto** *n* negative capital account; **~e Wirtschaftsgüter** *npl* negative assets

**Negativliste** *f* list of nonliberalized goods

**Negotiationskredit** *m* →Negoziierungskredit

**negoziierbar** negotiable

**negoziieren** to negotiate

**Negoziierung** *f* negotiation; **~sanzeige** *f* advice of negotiation; **~skredit** *m* drawing authorization, authority to negotiate

**Neigung** *f* **zu investieren** propensity to invest

**NE~**, **~-Metalle** *npl* non-ferrous metals; **~-Werte** *mpl* non-ferrous metals shares

**Nennbetrag** *f* → Nennkapital

**Nennkapital** *n* nominal capital

**Nennwert** *m* nominal value (or amount); face value (or amount); par value; **über dem ~** above par, at a premium; **unter dem ~** below par, at a discount; **zum ~** at par; **~aktie** *f* par value share; **n~lose Aktie** *f* → Quotenaktie

**Neon~**, **~leuchtschild** *n* neon sign; **~lichtwerbung** *f* neon advertising

**„Nepp"** *colloq.* rip-off

**netto** net; **~ Kasse ohne Abzug** net cash; **(Zahlung) innerhalb von 30 Tagen ~** (payment) 30 days net; **alle Zahlungen verstehen sich streng ~** all payments are strictly net; **~ 1000 € verdienen** to earn € 1000 net

**Netto~**, **~anlageinvestitionen** *fpl* net investment in fixed assets; **~anlagevermögen** *n* net fixed assets; **~auslandsforderungen** *fpl* net external assets; **~auslandsverschuldung** *f* net external indebtedness; **~austauschverhältnis** *n* net barter terms of trade; **~beanspruchung** *f (e-s Kredits)* net borrowing; **~bestand** *m* net holdings, net position; **~betrag** *m* net amount; **~betriebsgewinn** *m* net operating (or trading) profit; **~betriebsverlust** *m* net operating (or trading) loss; **~bezüge** *pl* net earnings, net wages, net pay; **~bilanz** *f* balance of balances; **~buchwert** *m* net book value; **~devisenabfluss** *m* net currency outflow; **~devisenposition** *f* net (foreign) exchange position; **~dividende** *f* net dividend; **~einkaufspreis** *m* net purchase price; **~einkommen** *n* net income; **~einnahmen** *pl* net receipts; **~ergebnis** *n* net result; net profit (or loss); **~erlös** *m* net proceeds; **~ersparnis** *f* net saving; **~ertrag** *m* net yield, net return(s); **~ertrag** *m* **aus Wertpapieren** net security gain; **~gehalt** *n* net salary; **~geschäfte** *npl (Börse)* net price transactions; **~gewicht** *n (ohne Verpackung)* net weight; **~gewinn** *n* **nach (vor) Steuerabzug** net profit after (before) taxes; **~inhalt** *m* net contents; **~inlandsprodukt** *n* net domestic product; **~investition** *f* net investment; net capitcal ependiture

**Nettokapital~**, **~bildung** *f* net capital formation; **~export** *m* net capital exports (→ Kapitalverkehr); **~import** *m* net capital imports (→ Kapitalverkehr)

**Nettokredit~**, **~aufnahme** *f* net borrowing(s); **~bedarf** *m* net credit requirements; **~gewährungen** *fpl* net lendings

**Netto~**, **~kurs** *m* net price; **~lohn** *m* net pay, net wage; take home pay; **~preis** *m* net price

**Nettoproduktion** *f* net production, net output; **~swert** *m* net output value

**Netto~**, **~raumgehalt** *m (e-s Schiffes)* net register tonnage; **~registertonne** *f* (NRT) net register ton; **~rendite** *f* net yield; **~reproduktionsrate** *f* net reproduction rate; **~sozialprodukt** *n* (NSP) net national product (NNP) (zu Faktorkosten at factor cost); **~überschussposition** *f (Bankwesen, intern. Währungspolitik)* net creditor limit position; **~umlaufvermögen** *n* net current assets; **~umsatz** *m* net sales; **~verdienst** *m* net earnings; **~verkaufserlös** *m* net sale, net income from sales; **~verkaufspreis** *m* net selling price; **~verlust** *m* net loss; **~vermögen** *n* net assets; **~vermögenswert** *m* → Substanzwert; **~verschuldung** *f* net indebtedness; **~verzinsung** *f* net return; **~warenwert** *m* net value of goods; **~wertzuwachs** *m* net appreciation;

**~zins** *m* net interest; **~zinsklausel** *f* net interest clause

**Netzplantechnik** *f* (NPT) network planning technique

**neu** new; **völlig ~ (artig)** completely new; **fast wie ~** good-as-new; **~eröffnet** newly opened; **~erschienen** *(Buch)* newly published; **~ gegründet** newly (or recently) founded; **N~es** → Gemeinschaftsinstrument

**Neu~**, **~abschlüsse** *mpl* new business; **~anpflanzung** *f* new plantation, new planting; **~anschaffung** *f* new (or recent) acquisition; acquisition of a new ...; *(Ersatz)* replacement; **~anschaffungskosten** *pl* replacement costs; **~anschlüsse** *mpl tel* new subscribers; **~auftrag** *m* new order

**Neubau** *m* new building (or construction); **~förderung** *f* promotion of new constructions; **~gebiet** *n* new housing estate; **~wohnung** *f* newly built *Br* flat (*Am* apartment)

**Neu~**, **~bauten** *pl* new buildings; **~belebung** *f* **der Gemeinschaftspolitik** *(EU)* revival (or relaunching) of the Community policies; **~belebung** *f* **des Marktes** resurgence of the market; **~berechnung** *f* recalculation; **~bestellung** *f* new order; **~bewertung** *f* revaluation; reappraisal; **~bewertungsrücklage** *f* revaluation reserve; **~einführung** *f* launching; **~einstellung** *f* engagement of a new employee *(etc.)*; recruitment; **~emission** *f* new issue; **~engagement** *n (Börse)* new buying

**Neuerung** *f*, **technische ~en einführen** to introduce technical innovations

**neuest~**, **~e Preisliste** *f* latest (or most recent) price list; **auf den ~en Stand** *m* **bringen** to bring up to date, to update

**Neufestsetzung** *f* reassessment, redetermination; **~ der Preise** fresh settlement of prices; **~ der Quoten** revision (or readjustment) of quotas; **~ der Währungsparitäten** realignment of currency parities; **~ der Wechselkurse** exchange rate realignment

**Neu~**, **~geschäft** *n* new business; **~gestaltung** *f* **der Arbeitszeit** reorganization of working time; **~gründung** *f* new foundation (or establishment)

**Neuheit** *f* new (product)development; novelty; **die letzte ~** the (very) latest; **~sprüfung** *f (e-r Erfindung)* examination as to novelty; **n~sschädlich** *(PatR)* detrimental as to novelty

**Neuling** *m* new entrant, newcomer

**Neu~**, **~kreditgeschäft** *n* new lendings; **~ordnung** *f* reorganization; **~orientierung** *f* reorientation; realignment

**neutral**, **~e Aufwendungen** *fpl* non-operating expenses; **~e Erträge** *mpl* non-operating income

**Neu~**, **~veranlagung** *f* reassessment; **~verhandlung** *f* renegotiation, fresh negotiation; **~verschuldung** *f* new indebtedness; new borrowing; **~wert** *m* value when new; *(Vers.)* replacement (or reinstatement) value; **in n~wertigem Zustand** *m* in perfect condition; **~wertversicherung** *f* reinstatement insurance; new value insurance

**Neuzulassung** *f*, **~ e-s neuen Autos** registration of a new car; **~ zum Börsenhandel** admission (of a new issue) to stock exchange dealing

**NGI** NCI (s. **Neues** → Gemeinschaftsinstrument); **~-Anleihe** *f* NCI loan

**Nicht~**, **~abnahme** *f* **der Ware** failure to take delivery of the goods; nonacceptance of the goods; **n~abzugsfähige Ausgaben** *fpl (des Steuerpflichtigen)* non-deductible expenses; **~agrarerzeugnisse** *npl* non-agricultural products; **n~alkoholische Getränke** *npl* soft (or non-alcoholic) drinks (or beverages); **n~amtlicher Handel** *m (Börse)* unofficial trading; **~anerkennung** *f* **e-r Schuld** repudiation of a debt; **~annahme** *f* → ~**abnahme**; **n~ansässig** non-resident; **n~anwendbar** non-applicable; **~anwendung** *f* **von Richtlinien** *(EU)* failure to implement directives; **n~assoziiert** non-associated; **n~ausgeschütteter Gewinn** *m* undistributed profit; **~bank** *f* non-bank; **~bankenkundschaft** *f* non-bank customers; **n-bankfähig** unbankable; **~beachtung** *f* non-compliance (with); **~beachtung der Vorschriften** failure to comply with the provisions; **n~befriedigter Gläubiger** *m* unsatisfied creditor; **n~berechtigter Gläubiger** *m* general (or non-preferential) creditor; **~betriebsunfall** *m* non(-)occupational accident; **~bezahlung** *f* **e-r Rechnung** non-payment of a bill; **n~börsengängige Wertpapiere** *npl* non-marketable securities; **~edelmetalle** *npl* base metals; **~ehe** *f* non-existant marriage;

**n~eingetragener Verein** *m* unincorporated association; **~einhaltung** *f* **der Lieferfrist** non-compliance with the term of delivery; failure to meet the delivery date; **im Falle der ~einigung** *f* in case of non-agreement; failing agreement; **~einlösung** *f* non(-)payment; **bei ~einlösung des Wechsels** in case of dishono(u)r of the bill; **~einreichung** *f* **der Steuererklärung** failure to file the tax return; **n~eintreibbar** non-collectible; **~eisenmetalle** *npl* nonferrous metals; **~empfindliche Erzeugnisse** *npl* non-sensitive products; **n~entnommene Gewinne** *mpl* undrawn (or retained) profits

**Nichterfüllung**, **bei ~** in case of non-performance (or non-fulfilment); **für ~ des Vertrages einstehen müssen** to be liable for failure to perform (or fulfil) the contract

**Nicht~**, **~erscheinen** *n* **e-r Partei** a party's default (of appearance); **~erwerbstätige** *pl* persons not gainfully employed; **~fachleute** *pl* non-specialists; **n~fiskalische Besteuerung** *f* non-revenue taxation; **n-gebietsansässig** non-resident; **~-Geldschadensersatz** *m* non-monetary damages; **~gemeinschaftsländer** *npl (EU)* non-Community countries; **~geschäftswerte** *npl (EU)* non-business assets

**nichtig** (null and) void; **für ~ erklären** to declare void (or invalid)

**Nichtigkeitserklärung** *f* declaration of nullity; invalidation

**Nichtigkeit** *f* nullity; invalidity; **~ der Ehe** annulment (nullity) of marriage; **~ e-r Gesellschaft** invalidity of a company; **~serklärung** *f* annulment; **~sgrund** *m* ground for nullity; *(für Patent)* ground of revocation; **~klage** *f* action to declare … void; *(für Ehe)* petition for nullity; *(EU)* action to have a decision declared void

**Nicht~**, **~kaufleute** *pl* non-merchants; **~lebensmittel** *pl* non-foods; **~lebensversicherungsgesellschaft** *f* non-life insurance company; **~lieferung** *f* non-delivery; failure to deliver

**Nichtmitgliedstaat** *m* non(-)member state; **~en** *pl* **der EG** non-EC countries; **Staatsangehöriger e-s ~es der EG** national of a non-EC country

**Nicht**, **n~ notiert** *(Börse)* unquoted, unlisted; **n~obligatorische Ausgaben** (NOA) *(EU)* non-compulsory expenditure (NCE); **n~öffentliche Sitzung** *f* non-public (or closed) meeting; **n~präferenzielles Handelsabkommen** *n (EU)* non(-)preferential trade agreement; **n~rechtsfähiger Verein** *m* unincorporated association; **~regierungsorganisation** *f* (NRO) non-governmental organization (NGO); **n~zurückzahlbarer Vorschuss** *m* non-reimbursable advance; **n~selbstständige Arbeit** *f* dependent employment; dependent (or employed) personal services; work in another's employment; **n~staatlich** non(-)governmental; **n~stimmberechtigt** non(-)voting; **n~tarifäre Handelshemmnisse** *npl* non-tariff barriers (NTB); **n~tarifliche Maßnahmen** *fpl* non-tariff measures; **~teilnehmerland** *n* non-participating country; **~ursprungsware** *f* non(-)originating product

**Nichtvermarktung** *f* non(-)marketing; **~ von Milch** *(EU)* withholding of milk from the market; **Prämie für die ~** *(EU)* non(-)marketing premium

**Nicht**, **~vermögensschaden** *m* nonpecuniary damage; **n~ versicherter Schaden** *m* uninsured loss; **n~vertragsgemäße Leistung** *f* delivery not in accordance with the terms of a contract; **n~wettbewerbsfähiges Angebot** *n* non(-)competitive (or uncompetitive) bid; **schuldhaftes ~wissen** *n* culpable ignorance; **~zahlung** *f* non(-)payment; default (in payment)

**Niedergang** *m*, **im ~ befindliche Industriegebiete** *npl* industrial regions in decline; **wirtschaftlicher ~** economic decline

**niederlassen**, **sich ~** to establish oneself; **sich in der BRD ~** to take up residence in the Federal Republic of Germany; **sich in der Gemeinschaft ~** *(Firma) (EU)* to set up an office in the Community

**Niederlassung** *f* establishment; place of business; branch; **geschäftliche** (od. **gewerbliche**) **~** business (or commercial) establishment; **Beschränkungen der freien ~ von Staatsangehörigen e-s Mitgliedsstaates im Hoheitsgebiet e-s anderen Mitgliedsstaates aufheben** *(EU)* to abolish restrictions on the freedom of establishment of nationals of a Member State in the territory of another Member State

**Niederlassungsfreiheit** *f* freedom of establishment; freedom of residence; **Verwirklichung der ~** *(EU)* achievement of freedom of establishment

**Niederlassungsrecht** *n* right of establishment

**niederlegen, etw. schriftlich ~** to put sth. in writing; **ein Amt ~** to give up one's post; to lay down one's office; to resign from office; **die Arbeit ~** to stop work; *Br* to down tools; **die Geschäftsführung ~** to resign from management

**Niederschlagung** *f* **der Steuer** suspension of proceedings to enforce tax liabilities

**Niederschrift** *f* record, minutes; **e-e ~ aufnehmen** (od. **anfertigen**) to keep the minutes; to make a record

**Niederstwertprinzip** *n* principle of the lower of cost or market; principle of assessing stock-in-trade at cost or market value, whichever is the lower

**niedrig, ~ bewertete Aktien** *fpl* low-priced shares; **~ verzinslicher Kredit** *m* low-interest loan; **~ verzollte Waren** *fpl* low-duty goods; **~ im Preise** low-priced; **e-n ~en Preis** *m* **fordern** to ask a low (or moderate) price; **die Preise ~ halten** to keep prices down; **~ stehen** *(Börse)* to be low; to stand at a minimum

**Niedrig~, ~frachtenpolitik** *f* policy of low freight rates; **~koupontitel** *mpl* low coupon securities; **~lohnländer** *npl* low-wage countries; **~preisländer** *npl* low-price countries; **~wasser** *n* low water

**niedriger, ~e Bewertung** *f* lower (or reduced) assessment; **~es Gebot** *n* lower bid; **~e Instanz** *f* lower instance

**niedrigst~, ~er Kurs** (od. **Preis**) lowest price; **N~- und Höchstpreise** *mpl* floor and ceiling prices

**Niedrigzinsländer** *npl* low interest rate countries

**Nießbrauch** *m* usufruct; **lebenslänglicher ~** usufruct for life; **~bestellung** *f* grant of usufruct; **mit e-m ~ belasten** to encumber with a usufruct

**Nießbraucher** *m* usufructuary

**Nießbrauchsrecht** *n* usufructuary right

**NIMEXE** → Warenverzeichnis für die Statistik des Außenhandels der Gemeinschaft und des Handels zwischen ihren Mitgliedstaaten

**Nitrate** *npl* **und Nitrite** *npl* **in Lebensmitteln** nitrates and nitrites in foodstuffs

**Niveau** *n*, **die Preise erreichten ihr altes ~ wieder** the prices recovered their old level

**NOA** → nichtobligatorische Ausgaben

**Nochgeschäft** *n (Börse)* („auf Geben") put of more, seller's option to double; („auf Nehmen") call of more, buyer's option to double

**Nomenklatur** *f (Zolltarifschema)* customs nomenclature; **~ausschuss** *m (EU)* Nomenclature Committee

**Nominal~, ~betrag** *m* nominal amount; **~einkommen** *n* nominal income; **~kapital** *n* nominal capital; **~lohn** *m* money (or nominal) wage; **~verzinsung** *f* nominal rate of interest; **~wert** *m* → Nennwert

**nominell** nominal; **~er Kurs** *m* nominal price

**Nonvaleurs** *pl (Börse)* securities of no or little value

**Nordamerikanische Freihandelsvereinigung** *f* North American Free Trade Association *(USA, Kanada, Mexiko)*

**Nord-Süd-Gefälle** *n* North South divide

**Nordsee~, ~erdgas** *n* North Sea natural gas; **Förderung von ~öl** *n* North Sea oil production (or output)

**Norm** *f* norm, standard; quota; **unter der ~** substandard; **e-e ~ aufstellen** to set up a standard; **den EG-~en** *pl* **entsprechen** to comply with EC-standards; **die ~ erfüllen** to meet the quota

**normal~, in ~er Ausführung** *f* of standard make; **unter ~en Bedingungen** *fpl* under normal conditions; **~e (Vertrags-) Bedingungen** *fpl* standard conditions; **~er Geschäftsverkehr** *m* normal (or ordinary) course of business; **~e Größe** *f* normal (or standard) size

**Normal~, ~arbeitstag** *m* standard working day; **~benzin** *n Br* 2-star petrol; *Am* regular gas(oline) ( → Superbenzin); **~fall** *m* standard case; normal occurrence; **~gewicht** *n* standard weight; **~leistung** *f* standard performance; **~preis** *m* normal price; standard price; **~verbrauch** *m* normal (or average) consumption; **~verbraucher** *m* average consumer; **~zeit** *f* standard time

**normalisieren** to normalize

**Normen- und Typenkartell** *n* standardization cartel

**normieren** to standardize

**Normung** *f* standardization

**Nostro~, ~effekten** *pl* nostro securities

(securities of a bank in the keeping of other banks); **~guthaben** *n* nostro balance(s) (credit balance with other banks); **~konto** *n* nostro account; **~verpflichtungen** *fpl* nostro commitments (debit balances on a nostro account)

**Nota** *f* bill, invoice

**Not~**, **~adresse** *f (auf Wechsel)* address (or referee) in case of need; **~anzeige** *f (durch Wechselinhaber)* notice of dishono(u)r

**Notar** *m* notary (public); **~iat** *n* notary's office; **~iatsgebühren** *fpl* notarial fees

**notariell**, **~ beglaubigt** attested by a notary; **~ beurkundet** recorded by a notary; **~e Beglaubigung** *f* (od. **Beurkundung** *f*) notarial act; **~e Urkunde** *f* deed drawn up by a notary

**Not~**, **~arzt** *m* doctor on emergency call; **~ausgang** *m* emergency exit; **~behelf** *m* makeshift; **~dienst** *m* emergency service (or duty)

**Notenausgabe** *f* issue of bank notes

**Notenbank** *f* central bank (**BRD** → Deutsche Bundesbank, *Br* Bank of England; *Am* Federal Reserve Board; Fed); **n~fähig** eligible for rediscount with the central bank; **~politik** *f* central bank policy; **~zinssätze** *mpl* official interest rates

**Notenumlauf** *m* notes in circulation

**Not~**, **im ~fall** *m* in case of emergency; **~hafen** *m* harbo(u)r of refuge

**notieren** to note (sth.) down; *(Kurse)* to quote, to list; **e-n Aufrag ~** to book an order

**notiert**, **an der Börse ~** quoted (or listed) on the stock exchange; → amtlich (nicht) ~; **der Dollar ~e wieder fester** the dollar was quoted more firmly again

**Notierung** *f*, **~ an der Börse** quotation on the stock exchange; **~ im Freiverkehr** unofficial quotation; **die heutigen ~en** *fpl* today's quotations; **Aktien von der ~ absetzen** to remove shares from official quotation; **Aktien zur amtlichen ~ zulassen** to admit securities for official quotation (or listing)

**nötig** necessary; **alles N~e veranlassen** to make all the necessary arrangements; **etw. ~ brauchen** to need sth. badly

**Notifikation** *f* notification

**notifizieren** to notify

**Nötigung** *f* coercion

**Notiz** *f* note, memorandum; *(Börse)* quotation; **~block** *m* note pad, memo pad; *Br* scribbling block; **~en machen** to take notes

**Notlage** *f*, **wirtschaftliche ~** economic distress

**notleidend**, **~e Gebiete** *npl* needy (or distressed) areas; **~ Obligationen** *fpl* defaulted bonds, bonds in default; **~er Wechsel** *m* dishono(u)red bill; overdue bill

**Not~**, **~lösung** *f* temporary solution, (emergency) stopgap; makeshift; **~maßnahme** *f* emergency measure; **~ruf** *m tel* emergency call

**Notstand** *m* (state of) emergency; necessity; **~sarbeiten** *fpl* relief work; **~sbeihilfe** *f* emergency assistance; **~fonds** *m* emergency fund; **~sgebiet** *n* distressed area

**Not~**, **~verkauf** *m* compulsory sale, emergency sale (*e. g.* of perishable goods); **~verordnung** *f* emergency decree; **~wehr** *f* (justifiable) self-defence (Notse)

**notwendig** necessary; **soweit ~** if need be; **~es Betriebsvermögen** *n* necessary operating assets

**Notwendigkeit** *f* necessity; **betriebliche ~en** *fpl* operational needs

**Novation** *f* novation

**NRO** NGO ( → Nichtregierungsorganisation)

**nuklear**, **~e Abfälle** *mpl* nuclear waste; **~es Ereignis** *n* nuclear incident; **e-n erlittenen ~en Schaden** *m* **geltend machen** to claim to have suffered nuclear damage; **nicht ~e Staaten** *mpl* non-nuclear states; **~er Unfall** *m* nuclear accident

**null und nichtig** null and void

**Nullkuponanleihe** *f* zerobond

**Nullsatz** *m (Zoll)* nil rate of duty; zero rate; **Einfuhren zum ~** nil duty import; **dem ~ unterliegen** to be zero-rated

**Nulltarif** *m* nil tariff; fare-free transport

**Nummer** *f*, **laufende ~** consecutive (or serial) number; **~ des Gemeinsamen Zolltarifs** *(EU)* CCT heading No.; **~nschild** *n (Auto) Br* number plate; *Am* license plate

**nur zur Verrechnung** *(Scheckverkehr)* account payee only; not negotiable

**Nutz~**, **~barmachung** *f* utilization; **n~bringend** useful, profitable

**Nutzen** *m* utility; profit, benefit; **~-Kos-**

**tenanalyse** *f* cost-benefit analysis; ~ **haben von** to benefit from
**nutzen** to utilize; to make use of; to be of use (to)
**Nutz~**, **~fahrzeug** *n* commercial vehicle; **~holz** *n* timber; *Am* lumber; **~kraftfahrzeug** *n* commercial motor vehicle; **~last** *f* payload; loading capacity
**nützlich** useful
**nutzlos** useless
**nutznießen** to make use of
**Nutznießer** *m* beneficiary, usufructuary
**Nutznießung** *f* usufruct
**Nutzschwelle** *f* break-even point; **~berechnung** *f* break-even analysis
**Nutzung** *f* use, usage; **~sausfall** *m* loss of use; **~sdauer** *f* useful life, service life; **betriebsgewöhnliche ~sdauer** *f* ordinary useful life; **~srecht** *n* right to use (sth.); licen|ce (~se) (under a patent)
**Nutzwert** *m* utility value
**Nylongewebe** *n* nylon fabric

# O

**OAPEC** → Organisation der arabischen erdölexportierenden Länder
**„oben"** (nicht stürzen) „this side up"; „top"
**ober~**, **~e Grenze** *f* upper limit; **~er Interventionspunkt** *m* upper intervention point; **die ~en Zehntausend** *pl* the most privileged
**Ober~**, **~flächenwasser** *n* surface water; **~geschoss** *n* upper floor; **~gesellschaft** *f* parent company, holding company; **~landesgericht** *n* (OLG) higher regional court; **~verwaltungsgericht** *n* (OVG) higher administrative court
**oberst**, **~es Stockwerk** *n* top floor; **~er Gerichtshof** *m* supreme court; **~e Unternehmensleitung** *f* top management
**Objekt** *n* object; item; property; **o~bezogen** related to a particular item; **~kredit** *m* credit tied to specific property; **~steuer** *f* impersonal tax
**obliegen**, **es obliegt ihm** it is incumbent on him
**Obligation** *f* bond, debenture; **~ mit Gewinnbeteiligung** participating bond (or debenture); → Industrie~; → Kommunal~; **zur** → Tilgung aufgerufene ~en; **~en ausgeben** to issue bonds; **~en tilgen** (od. **zurückzahlen**) to redeem bonds
**Obligationär** → Obligationsinhaber
**Obligations~**, **~ausgabe** *f* bond issue; **~inhaber** *m* bondholder, debenture holder; **~tilgungsfonds** *m* bond redemption fund
**obligatorisch** obligatory; compulsory; **~er Anspruch** *m* claim under a contract; claim arising from contractual obligation; **~e Ausgaben** *fpl (EU)* compulsory expenditure; **~e Versicherung** *f* compulsory insurance
**Obligo** commitment; liability; guarantee; → Wechsel~; **ohne ~** *(auf Wechsel)* without recourse; **~buch** *n* commitment ledger; **~übernahme** *f* assumption of liability
**obliegende Partei** *f* prevailing (or winning) party
**Obst** *n* fruit; **~- und Gemüsearten** *fpl* varieties of fruit and vegetables; **~bau** *m* fruit growing; **~baumzucht** *f* fruit tree cultivation; **~erzeuger** *m* fruit grower; **~erzeugung** *f* fruit production; **~großhändler** *m* fruit wholesaler; **~- und Gemüsehändler** *m* greengrocer; **~- und Gemüsehandlung** *f* greengrocer's shop; greengrocery; **~konserven** *fpl* preserved fruit; **~plantage** *f* fruit (tree) plantation; **~sorten** *fpl* categories (or varieties) of fruit; **~stand** *m* fruit stall; **o~verarbeitende Industrie** *f* fruit processing industry; **~verarbeitungserzeugnisse** *npl* products processed from fruit; **~verarbeitung** *f* fruit processing; **~verwertung** *f* utilization of fruit crops; **~züchter** *m* fruit grower
**Oder-konto** *n* joint bank account
**OECD** → Organisation für wirtschaftliche Zusammenarbeit und Entwicklung
**offen** open; **ein Angebot ~ halten** to keep an offer open; **ein Betrag von … steht noch ~** an amount of … is still unpaid
**offenbar** obvious
**offen~**, **~er Fonds** *m* open-ended fund; **~e Handelsgesellschaft** *f* (OHG) open partnership; **~es Meer** *n* high seas; **~e Posten-Buchführung** *f* open item system; **~e Rechnung** *f* unsettled account; **~e Rücklagen** *fpl* disclosed (or published) reserves; **~e Stellen** *fpl* situations vacant; vacancies offered; jobs on offer; job vacancies; **die Zahl der ~en Stellen ist gesunken** the number of vacancies

dropped; **~es Warenlager** *n* public warehouse
**offen legen** to disclose, to reveal
**Offenlegung** *f* disclosure; discovery; **~spflicht** *f* duty (or obligation) to disclose, disclosure requirement
**Offenmarkt~**, **~geschäfte** *npl* open market transactions; **~-Politik** *f* open market policy
**offensichtlicher Mangel** *m* apparent (or obvious) defect
**offenstehend** outstanding (or unpaid); **die Rechnung ist noch ~** the amount of the invoice is still outstanding (or unpaid, owing)
**öffentlich** public; open; **der Ausschuss tagt ~** the committee meets in open session; **über e-n Fall ~ verhandeln** to try a case in open court (or in public); **~ versteigern** to sell by public auction
**öffentlich**, **~e Anleihen** *fpl* loans (or bonds) of public authorities; **~e Aufträge** *mpl* government orders; *(bei Ausschreibungen)* public contracts; **~e** → Beglaubigung; **~e Einnahmen** *fpl* public revenue; **~e Gelder** *npl* public funds
**öffentliche Hand** *f* public authorities, public sector; **Aufträge der ~n Hand** public authorities' order; **im Besitz der ~n Hand** publicly owned; **Investitionen der ~n Hand** public investments; **Käufe der ~n Hand** public purchases
**öffentlich**, **~e Haushalte** *mpl* public (budget) authorities; **~e Kreditaufnahme** *f* public borrowing; **~e Kredite** *mpl* loans extended by (or to) public authorities; **~es Lagerhaus** *n* public warehouse; **~e Mittel** *pl* public funds; **~es Recht** *n* public law; **Anstalt des ~en Rechts** public law institution; **~e Stellen** *fpl* public bodies; authorities; **~e Straße** *f* public road; **~e Unternehmen** *npl* public undertakings; **~e Verkehrsmittel** *npl Br* public transport; *Am* public transportation; **~es Zeichnungsangebot** *n* public offering; public issue by prospectus
**Öffentlichkeit** *f* general public; publicity; availability to the public; **in der ~** in public; **unter Ausschluss der ~ verhandeln** to sit in camera
**Öffentlichkeitsarbeit** *f* public relations
**öffentlich-rechtlich** under public law; **~e Körperschaft** *f* public corporation; corporation under public law; **~er Vertrag** *m* agreement under public law
**Offerent** *m* offeror
**offerieren** to offer
**Offerte** *f* offer; *(bei Ausschreibung)* tender, bid; **e-e ~ abgeben** to make an offer
**offiziell~**, **in ~er Eigenschaft** *f* in an official capacity
**Öffnungszeiten** *fpl* opening hours
**Offshore-Steuerabkommen** *n* Offshore Tax Agreement
**OHG** → offene Handelsgesellschaft
**ohne**, **~ Berechnung** free of charge; **~ Gewähr** without guarantee; **~ Kosten** *(WechselR)* → ~ Protest; **~ Obligo** without engagement; **~ Protest** no protest; **~ Regress** (od. **Rückgriff**) without recourse; **~ Umsatz** *(Börse)* no business done
**ökologiebewusst** ecology conscious
**ökologisch** ecological
**ökologisches Gleichgewicht** *n*, **das ~ wiederherstellen** to restore the ecological balance
**Ökologist** ecologist
**Ökonometrie** *f* econometrics
**Ökonomie** *f* economics
**Öl** *n* oil; → Erd~; → Heiz~; → Oliven~; → aus dem Schiff abgelassenes oder ausgeflossenes ~ oil which has been discharged or escaped from the ship: **pflanzliches ~ (flüssig od. fest, roh, raffiniert, od. gereinigt)** vegetable oil (fluid or solid; crude, refined or purified); **technisches ~** industrial oil; **tierisches ~** animal oil; **verfälschtes ~** adulterated oil; **nach ~ bohren** to prospect for oil
**Öl~**, **~aktien** *fpl* oil shares; **~ausfuhrländer** *npl* oil exporting countries; **~bedarf** *m* need for oil; **~bohrgesellschaft** *f* oil drilling company; **~dollar** *m* petrol dollar; **~einfuhrländer** *npl* oil importing countries; **~einsparung** *f* oil saving; **~fernleitung** *f* oil pipeline; **~feuerungen** *fpl* **in Heizungsanlagen** oil burning equipment for central heating systems; **~förderung** *f* oil production, **ö~fündig werden** to strike oil; **~gesellschaft** *f* oil (or petroleum) company; **~hafen** *m* oil tanker terminal; **ö~haltige Früchte** *fpl* oleaginous fruit; **~heizung** *f* oil heating; **~industrie** *f* oil (*Am* petroleum) industry; **~kraftwerk** *n* power station fired by fuel oil; **~krise** *f* oil crisis; **~lage** *f* oil situation; **~länder** *f* oil producing countries; **~leitung** *f* oil pipeline; **~lieferungen** *fpl* oil supplies; **~menge** *f* quantity (or amount)

of oil; **~nachfrage** *f* demand for oil; **~ofen** *m* oil stove, oil heater; **~palmenpflanzung** *f* oil palm plantation; **mit ~papier** *n* **ausgelegte Kiste** case lined with oiled paper

**Ölpest** *f*, **von der ~ heimgesuchte Gebiete** regions affected by oil pollution

**Ölpreis** *m*, **~entwicklung** *f* trend in oil prices; **~erhöhung** *f* increase in the price of oil; **~rückgang** *m* fall in oil prices; oil price decline; **~senkung** *f* fall (or drop) in oil prices; **~steigerung** *f* increase in oil prices

**Öl~**, **~quellen** *fpl* oil wells, oil sources; **~raffinerie** *f* oil refinery; **~rückstände** *mpl* oil residues

**Ölsaaten** *fpl* oil seeds; **Verarbeitung der ~ zu Öl** processing seeds into oil

**Öl~**, **~schulden** *fpl* oil debts; **~standsanzeiger** *m* oil level indicator (or gauge); **~suche** *f* oil (*Am* petroleum) exploration; **~tankschiff** *n* oil tanker; **~teppich** *m* oil slick; **~terminmarkt** *m* oil futures market; **~verarbeitung** *f* oil processing; **~verbrauch** *m* oil consumption; **~verbraucherländer** *npl* oil consuming countries; **~verknappung** *f* oil shortage

**Ölverschmutzung** *f* oil pollution; **~ des Meeres** pollution of the sea by oil; **~sschaden** *m* oil pollution damage; **~sunfälle** *mpl* oil pollution casualties

**Öl~**, **~versorgung** *f* oil supplies, supply of oil; **~verteuerung** *f* rise in oil prices; **~vorkommen** *n* oil deposits; **~vorräte** *mpl* oil stocks; **~wirtschaft** *f* oil industry

**Oligopson** *n* oligopsony

**Oligopol** *n* oligopoly

**Oligopolisierung** *f* tendency towards oligopoly

**oligopolistisch** oligopolistic

**Olivenöl** *n* olive oil; **(nicht) raffiniertes ~** (un)refined olive oil; **~erzeugergemeinschaft** *f* olive oil producer group; **o~haltige Erzeugnisse** *npl* products containing olive oil; **~handel** *m* olive oil trade; **~hersteller** *m* olive oil producer; **~produktion** *f* production of olive oil; **verschiedene ~sorten** *fpl* different kinds of olive oil; **~verbrauch** *m* olive oil consumption; **~wirtschaftsjahr** *n* oilve oil crop year

**Omnibus** *m* omnibus, bus; *(für Fernverkehr)* coach; **~anhänger** *f* bus trailer; **~bahnhof** *m* bus terminal; **~fahrt** *f* bus ride; *(Reise)* bus (or coach) journey; **~haltestelle** *f* bus stop; **~linie** *f* bus line (or route); **~verbindung** *f* bus connexion; **~verkehr** *m* bus service

**OPEC** → Organisation der erdölexportierenden Länder

**operativ** operational

**Opium** *n* opium; **bearbeitetes ~** prepared opium; **Roh~** *n* raw opium; **~gewinnung** *f* production of opium; **~handel** *m* opium trade; **~händler** *m* opium vendor; **Anbau von ~mohn** *m* cultivation of opium poppy; **~raucher** *m* opium smoker; **o~süchtig** addicted to opium

**optimal**, **~e Bedingungen** *fpl* optimum conditions; **~e Betriebsgröße** *f* optimum size (of a factory); **O~zoll** *m* optimum tariff

**optimieren** to optimize

**Optimierung** *f* optimization

**Option** *f* option; → Kauf~; → Verkaufs~; **e-e ~ ausüben** to exercise an option; **die ~ verfallen lassen** to let the option lapse

**Options~**, **~anleihe** *f* warrant bond; **~ausübung** *f* exercise of an option; **~berechtiger** *m (Börse)* option holder; warrant holder; **~börse** *f* options exchange; *Br* LIFFE (London International Futures Exchange); **~darlehen** *n* option(al) loan; **~erklärung** *f (Börse)* declaration of option; **~geber** *m (Börse)* giver of an option; **~geschäft** *n (Börse)* option business (or dealing); **~handel** *m (Börse)* option trading; dealing in options; **~klausel** *f* option clause; **~nehmer** *m (Börse)* taker of an option; **~preis** *m (Börse)* option price; **~prämie** *f* option money

**Optionsrecht** *n* (right of) option; **~ für Aktien** *Am* stock option; warrant right; **ein ~ einräumen** to give (or grant) an option

**Options~**, **~schein** *m (Börse)* warrant; **~vertrag** *m* option agreement

**optische Instrumente** *npl* optical instruments

**ordentlich**, **~e Abschreibung** *f* ordinary depreciation; **durch ein ~es Gerichtsverfahren** *n* by due process of law; **Sorgfalt e-s ~en Kaufmanns** *m* diligence of a prudent businessman

**Order** *f*, **zahlen Sie an ~ des X** pay to the order of X; **nicht an ~** not to order (→ negative ~klausel; **~eingang** *m* incoming order, order received (by)

**Orderklausel** *f* pay to order clause; **ne-**

**gative ~** „not to order" clause (preventing transfer by endorsement)

**Order**, **~konnossement** *n* order bill of lading; **~ladeschein** *m (des Frachtführers)* (carrier's) bill of lading (made out) to order (transferable by endorsement); **~lagerschein** *m* warehousing receipt (made out) to order (transferable by endorsement); **~mangel** *m (Börse)* shortage of buying orders; **~papiere** *npl* instruments (made out) to order (transferable by endorsement); **~scheck** *m* cheque (check) to order; **~schuldverschreibung** *f* bond payable to order; **~zunahme** *f* increase in orders; **an ~ zahlbar** payable to order

**ordern**, **telefonisch ~** to order by telephone; **das Ausland orderte lebhaft** there was brisk ordering from abroad

**ordnen** to put in order; to arrange; **alphabetisch ~** to arrange (sth.) alphabetically; **der Größe nach ~** to arrange (or sort out) according to size

**Ordner** *m (für Papiere etc.)* file

**Ordnung** *f* order; *(Regelung)* arrangement; *(Vorschrift)* regulation; **in ~ bringen** to put in order; **in ~ halten** to keep in order; **in ~ sein** to be in order, to be all right

**ordnungsgemäß** orderly, regular(ly), proper(ly), correct(ly), duly; **Grundsätze ~er Buchführung** *f* generally accepted accounting principles; **~e Kündigung** *f* due notice; **e-n Auftrag ~ ausführen** to execute an order correctly

**Ordnungs~**, **o~mäßig** → o~gemäß; **~mäßigkeit** *f* **der Maßnahmen** regularity (or propriety) of the measures; **~strafe** *f* administrative fine; **o-widrig handeln** to commit an administrative offen|ce (~se); **~widrigkeit** *f* administrative offen|ce (~se)

**Organ** *n* organ, institution; body; **gemeinsame ~e der Europäischen Gemeinschaft** → Gemeinschaftsorgane; **~gesellschaft** *f* subsidiary (company); controlled company

**Organisation** *f* organization; **~ der arabischen erdölexportierenden Länder** Organization of Arab Petroleum Exporting Countries (OAPEC); **~ der erdölexportierenden Länder** Organization of the Petroleum Exporting Countries (OPEC); **~ für industrielle Entwicklung der Vereinten Nationen** United Nations Industrial Development Organization (UNIDO); **~ für wirtschaftliche Zusammenarbeit und Entwicklung** Organization for Economic Cooperation and Development (OECD)

**Organisations~**, **~analyse** *f* organizational analysis; **~berater** *m* organization and methods consultant; **~fehler** *m* fault in the organization; **~form** *f* form (or type) of organization; organizational structure; **~handbuch** *n* organization manual; **~kosten** *pl* organization expense; **~modelle** *npl* organization models; **~plan** *m* organization chart; **~regeln** *fpl* rules of organization; **~struktur** *f* organization structure

**Organisator** *m* organizer; organization and methods expert

**organisatorisch** organizational

**organische Rohstoffe** *mpl* organic raw materials

**Organismen** *pl* **für gemeinsame Anlagen in Wertpapieren** (OGAW) undertakings for collective investment in transferable securities (Ucits)

**Organ~**, **~kredit** *m* credit granted to members of a credit institution or to officers of a → AG; **~schaft** *f* group of two or more enterprises treated as one for tax purposes; **~träger** *m* parent (or controlling) company; **~verlust** *m* loss incurred by a subsidiary

**orientieren**, **sich nach dem Markt der Gemeinschaft ~** *(EU)* to orientate (or gear) oneself to the Community market

**Orientierungs~**, **~daten** *pl* guide(-)lines, guide figures; **~preis** *m (EU)* guide price

**Original** *n* original; top copy; **~abfüllung** *f (Wein)* estate-bottled; **~faktura** *f* (od. **~rechnung** *f*) original invoice; **~tara** *f* original tare; **~unterlagen** *fpl* original data (or vouchers); **~verpackung** *f* original wrapping

**originärer Firmenwert** *m* goodwill developed within the company (or arising from a favo(u)rable market situation)

**Ort** *m* place; **an ~ und Stelle** on the spot; on the premises; **~ des Einkaufs (Verkaufs)** point of purchase (sale)

**örtliche**, **~ Verhältnisse** *pl* local conditions; **~ Zuständigkeit** *f* local jurisdiction

**Orts~**, **o~ansässige Industrie** *f* local industry; **o~ansässiger** (ständiger) **Käufer** *m* resident buyer; **~behörde** *f* local authority; **dem ~brauch** *m* **entsprechend** according to local custom

**Ortschaft** *f*, **außerhalb (innerhalb) von geschlossenen ~en** *fpl* outside (inside) built-up areas
**Orts~, o~feste Motoren** *mpl* stationary engines; **~gebrauch** *m* local custom; **~gespräch** *n tel* local call; **~klasse** *f* locality class; **~krankenkasse** *f* local health insurance office; **~tafel** *f (Verkehr)* signpost; **o~üblicher Lohn** *m* local wage; customary wage for the locality; **~verkehr** *m* local traffic; **~zuschlag** *m (zum Gehalt)* local bonus
**Ost~, ~blockländer** *npl* East(ern) bloc countries; **~export** *m* export to Eastern countries; **~handel** *m* trade with Eastern bloc
**Östrogen** *n* oestrogen
**Outright-Termingeschäft** *n* outright forward transaction
**Ozon~, ~loch** *n* gap in the ozone layer; **~schicht** *f* ozone layer; **o~schichtschädigende Stoffe** *mpl* substances damaging the ozone layer ( → Fluorkohlenwasserstoffe)

# P

**Pacht** *f* lease; *(~zins)* rent; **nach Ablauf der ~** when the lease has expired; **zur ~** on lease; **~ e-s Hofes** farm tenancy; **e-e hohe ~ bezahlen** to pay a high rent; **die ~ erhöhen** to increase the rent; **e-n Hof in ~ haben** to hold a farm on lease
**Pacht~, ~ausfall** *m* loss of rent; **~bedingungen** *fpl* terms of a lease; **~betrag** *m* rental; amount of rent paid or received; **dauer** *f* duration of a lease
**pachten** to lease, to take on a lease; **e-n Hof für mehrere Jahre ~** to take a farm on a lease for several years
**Pächter** *m* lessee, leaseholder; (landwirtschaftlicher) **~** tenant (farmer); **~ auf Lebenszeit** tenant for life
**Pacht~, ~erhöhung** *f* rent increase; **~gut** *n* estate held on lease, leasehold estate; **p~frei** rentfree; **~kredit** *m* tenant's credit; **~land** *n* leasehold land; **~objekt** *n* object of lease; **~summe** *f* rent(al)
**Pachtung** *f* (taking on) lease; leasehold
**Pacht~, ~urkunde** *f* instrument of lease; **~verlängerung** *f* renewal of lease
**Pachtvertrag** *m* (contract of) lease, lease agreement; **langfristiger ~** long lease; **e-n ~ abschließen** to sign a lease
**Pacht~, ~zeit** *f* term of lease; **~zins** *m* rent
**Päckchen** *n* small (postal) parcel
**packen** to pack
**Packen** *m*, **ein ~ Briefe** a bundle of letters; **ein ~ Bücher** a pile of books
**Packer** *m* packer
**Packerei** *f* packing department
**Pack~, ~liste** *f* packing list; **~material** *n* packing material; **~papier** *n* packing (or wrapping) paper; brown paper; **~schnur** *f* string for packing; **~stück** *n* package; **~tisch** *m* wrapping counter
**Packung** *f* package; packet; **Entwurf von ~en** *(in denen ein Erzeugnis verkauft werden soll)* packaging engineering; **~sbeilage** *f (z. B. Werbedrucksachen)* package insert
**Packzettel** *m* packing slip; list of contents
**Paket** *n* parcel, packet; *bes. Am* package; *(Börse)* block of shares; **ein ~ am Schalter aufgeben** to hand in a parcel at the counter; **ein ~ per Nachnahme senden** to send a parcel C.O.D.
**Paket~, ~adresse** (od. **~aufschrift**) *f* parcel label, parcel address; **~aufkleber** *m* stick-on label; **~beförderung** *f* parcel conveyance; **~gebühr** *f* postage for parcels; **~handel** *m* block trading; **~karte** *f* (parcel) dispatch note; **~lösung** *f* package solution (of problems); **~porto** *n* →**~gebühr**; **~post** *f* parcel post; **~sendung** *f* parcel; **~verkehr** *m* parcel traffic; **~zuschlag** *m (Börse)* additional tax for a block of shares; **~zustellung** *f* parcel delivery
**Palette** *f* pallet; **e-e breite ~ von Waren** a wide range of goods
**palettieren** to palletize
**Panelerhebung** *f (MMF)* (data obtained through) panel research
**Panik~, ~käufe** *mpl* panic buying; **~verkäufe** *mpl* panic selling
**Panne** *f (Auto)* breakdown; **e-e ~ haben** to have a breakdown; to break down
**Pannen~, ~dienst** *m* breakdown service; **~hilfe** *f* road patrol; facilities for emergency repairs; **~warnschild** *n* warning triangle
**Papier** *n* paper; *(Wert~)* security, share, stock; **~e** *pl* papers, documents; **~e** *pl* **mit festem Rückzahlungstermin** redeemable securities; **Waren aus ~** paper products (or articles); **international ge-**

**handelte ~e** international securities; **liniertes ~** ruled paper; **starkes ~** strong paper

**Papier~**, **~abfall** *m* waste paper; **~fabrik** *f* paper mill (or factory); **~format** *n* paper size; sheet size; **~geld** *n* paper money; **~gold** *n* paper gold ( → Sonderziehungsrechte); **~handel** *m* paper trade; **~herstellung** *f* manufacture of paper; **~industrie** *f* paper industry; **~- und ~warenindustrie** *f* manufacture of paper and paper products; **~korb** *m Br* wastepaper basket; *Am* waste basket; **~mühle** *f* paper mill; **~rückgewinnung** *f* paper recycling; **~sack** *m* paper bag; **~schneidemaschine** *f* paper cutting machine; **~sorte** *f* kind of paper; **~stoffindustrie** *f* paper pulp industry; **p~verarbeitende Industrie** *f* paper processing industry; **~verbrauch** *m* paper consumption; **~währung** *f* paper currency

**Papierwaren** *fpl* paper products; *(Schreibwaren)* stationery; **~händler** *m* stationer; **~handlung** *f* stationer's shop

**Pappe** *f* cardboard; **Well~** *f* corrugated cardboard

**Papp~**, **~karton** *m* cardboard box, carton; **~rolle** *f* cardboard roll; **~schachtel** *f* cardboard box

**Paradestück** *n* show piece

**parafiskalische Abgaben** *fpl* parafiscal charges

**Parallel~**, **~markt** *m (Devisenmarkt)* parallel market; **~einfuhren** *fpl* parallel imports; **~verkauf** *m* parallel sale

**paraphieren** to initial

**Parfümeriewaren** *fpl* perfumery

**pari, über ~** above par; **unter ~** below par; **zu ~** at par

**Pari~**, **~emission** *f* issue at par; **~kurs** *m* par price, par rate; **~wert** *m* par value

**Pariser**, **~ Börse** *f* Paris Bourse; **~ Verbandsübereinkunft** *f* **zum Schutz des gewerblichen Eigentums** Paris Convention for the Protection of Industrial Property

**Parität** *f* parity; → Kaufkraft~; → Kurs~; → Währungs~

**paritätisch** on an equal footing; **~er** (od. **~ besetzter**) **Ausschuss** *m* committee with equal representation; committee consisting of equal numbers from both sides; joint committee; **~er beratender Ausschuss** *m* joint advisory committee; **~e Mitbestimmung** *f* equality in codetermination; **~e Vertretung** *f* **der Arbeitgeber und Arbeitnehmer** equal representation between workers and employers

**Paritäts~**, **~änderung** *f* parity change; **~klausel** *f* parity clause; **~kurs** *m* parity price (or rate); **~tabelle** *f* parity table; **~untergrenze** *f* lower limit of parity

**Parken** *n* parking; **~ neben dem Gehsteig** curb parking; **~ auf Gehwegen** parking on *Br* pavements (*Am* sidewalks); **~ verboten** parking prohibited, no parking; **Strafzettel für ~ im Parkverbot** *n* parking ticket

**Parkerlaubnis** *f*, **die ~ beschränken** to restrict parking permission

**Parkett** *n (Börse)* floor; official market

**Park~**, **~flächenmarkierung** *f* parking space marking; **~gebühren** *fpl* parking fees; **~hochhaus** *n* multi-stor(e)y car park; **~möglichkeit** *f* parking facility

**Parkplatz** *m Br* car park; *Am* parking lot; **bewachter ~** *Br* car park with an attendant; *Am* supervised parking lot

**Park~**, **~scheibe** *f* parking disk; **~schein** *m* car park ticket; **~sünder** *m* parking offender; **~uhr** *f (mit Münzeinwurf)* parking meter; **~verbot** *n* parking ban; no parking; **~verbotszone** *f* no parking zone; **~zeit** *f* parking period; **~zeitbeschränkung** *f* limited parking time

**Parlament** *n* parliament; → Europäisches ~

**Partei** *f* party; → Prozess~en; → Vertrags~en; **gegnerische ~** opposite party; **obsiegende ~** successful party; **politische ~** political party; **unterliegende ~** unsuccessful party; **vertragschließende ~en** *pl* contracting parties; **Streitigkeiten, bei denen die Gemeinschaft ~ ist** *(EU)* disputes to which the Community is a party

**Partei~**, **~mitglied** *n* party member; **~nahme** *f* taking sides (for or against); **~vereinbarung** *f* agreement between the parties; **~vernehmung** *f* interrogation of one of the parties; **~vorbringen** *n* arguments of the parties; pleading; **~wille** *m* intention of the parties (to a contract)

**Parten~**, **~reeder** *m* co-owner of a ship; **~reederei** *f* co-ownership of a ship

**Parterre** *n Br* ground floor; *Am* first floor

**Partie** *f*, **~ Waren** parcel (or lot) of goods; **~verkauf** *m* sale by lots; **~waren** *fpl (zu normalen Preisen unverkäufliche Waren)*

job lots, substandard goods; **in ~n verkaufen** to sell by lots
**Partikulier** *m* independent barge-owner
**Partizipationsgeschäft** *n* transaction on joint account
**Partner** *m* partner; **~schaft** *f* partnership; **~stadt** *f* twin town
**Partylieferant** *m* party caterer
**Parzelle** *f* parcel, lot (of ground)
**Pass** *m* passport; **gültiger ~** valid passport; **e-n ~ ausstellen** to issue a passport
**Passabfertigung** *f* → Passkontrolle
**Passagier** *m* passenger; **~e befördern** *(Flugverkehr)* to carry passengers
**Passagier~**, **~flugzeug** *n* passenger aircraft; **~liste** *f* list of passengers; **~schiff** *n* passenger liner (or ship); **~verkehr** *m* passenger transport
**passend**, **~es Geld** *n* ready money; **bei ~er Gelegenheit** *f* when there is a suitable opportunity
**Pass~**, **~gebühr** *f* passport fee; **~inhaber** *m* holder of a passport
**passiv** passive; **die Handelsbilanz ist ~** the trade balance is in deficit (or adverse, passive, unfavo[u]rable)
**Passiva** *npl* liabilities; → antizipative ~; **laufende ~** current liabilities; → transitorische ~
**passive**, **~ Bestechung** *f* taking a bribe; **~e Handelsbilanz** *f* unfavo(u)rable (or adverse) trade balance; **~r** → Veredelungsverkehr; **~s** → Wahlrecht
**Passiv~**, **~geschäft** *n* deposit transaction creating a liability; **~handel** *m* excess of imports over exports
**passivieren** to enter on the liabilities side (of a balance sheet)
**Passivierungspflicht** *f* mandatory disclosure
**Passiv~**, **~konto** *n (e-r Bilanz)* liability account; **~kredit** *m* borrowing; **~posten** *m* debit item
**Passivsaldo** *m* debit balance; deficit; **~ im Außenhandel** foreign trade (or export) deficit; negative trade balance; **~ der Zahlungsbilanz** balance of payments deficit; external deficit; **e-n ~ aufweisen** to show a deficit
**Passiv~**, **~seite** *f* liabilities side (of a balance sheet); **~wechsel** *m* bill payable; **~zinsen** *pl* interest on deposits; credit interest
**Pass~**, **~kontrolle** *f* passport control (or inspection); **~verlängerung** *f* extension of a passport; **~wort** *n (EDV)* pass word
**Patent** *n* patent; **abgelaufenes ~** expired patent; **~ angemeldet** patent applied for; **zu Unrecht erteiltes ~** wrongly issued patent; **verfallenes ~** expired patent; **e-e Erfindung zum ~ anmelden** to apply for a patent for an invention; **ein ~ aufgeben** to abandon a patent; **ein ~ auswerten** to exploit a patent; **ein ~ erlischt** a patent expires; **ein ~ erteilen** to grant a patent; **ein ~ löschen** to cancel a patent; **ein ~ für nichtig erklären** to revoke a patent; **ein ~ verfallen lassen** to abandon a patent; **ein ~ verletzen** to infringe a patent; **das ~ wird versagt** the grant of the patent is refused
**Patentamt** *n* Patent Office; **Verfahren vor dem ~** Patent Office procedure
**Patentanmeldung** *f* application for a patent; **Einreichung europäischer oder nationaler ~en** filing of European or national patent applications
**Patent~**, **~anspruch** *m* patent claim; **~anwalt** *m* patent agent; *Am* patent attorney; **~einspruch** *m* opposition to a patent; **~erteilung** *f* grant (or issue) of a patent; **p~fähig** patentable; **~gebühren** *fpl* patent fees; **p~ierbar** patentable
**patentieren** to patent; **etw. ~ lassen** to take out a patent (on)
**Patent~**, **~inhaber** *m* holder of a patent; patentee; **~klage** *f* patent action; **~kosten** *pl* patent charges; **~laufzeit** *f* term of a patent; **~lizenz** *f* licen|ce (~se) under a patent; **~lizenzvertrag** *m* patent licensing agreement; **~nichtigkeitsklage** *f* action for revocation of a patent; **p~rechtlich geschützt** patented; **Europäisches ~register** *n* Register of European Patents; **~rolle** *f* register of patents; **~schrift** *f* (printed) patent specification; **~streitsache** *f* patent case; **~übertragung** *f* assignment of a patent; **~urkunde** *f* letters patent; **~versagung** *f* refusal of a patent; **~verwertung** *f* exploitation of a patent; **~verzicht** *m* abandonment of a patent
**Patronatserklärung** *f* letter of responsibility (by a group for a subsidiary company)
**Pattsituation** *f* stalemate
**pauschal** global, overall, across the board
**Pauschal~**, **~abfindung** *f* lump sum (or global) settlement; **e-e ~abgeltung** *f*

**vereinbaren** to agree upon payment of a lump sum; **~abschreibung** *f* overall depreciation; **~besteuerung** *f* lump sum taxation; **~betrag** *m* lump sum (amount); standard amount

**Pauschale** *f* lump sum (payment)

**Pauschal~, ~entschädigung** *f* lump sum compensation; **~erstattung** *f* lump sum repayment; **~fracht** *f* lump sum freight; **~honorar** *n* (professional) fee paid in a lump sum

**pauschalisieren** to express as a lump sum; to estimate asa whole

**Pauschal~, ~preis** *m* all-inclusive price; lump sum price; **~reise** *f (e-r Reisegesellschaft)* package tour; **~regelung** *f* flat rate scheme; **~satz** *m* flat rate; **~steuer** *f* lump sum tax; **~vergütung** *f* **der Reisekosten** flat-rate payment of travelling expenses; **~versicherung** *f* blanket insurance; **~verzollung** *f* flat-rate duty; **~zulage** *f* lump sum allowance

**Pausch~, ~besteuerung** *f* → Pauschalbesteuerung; **~betrag** *m* → Pauschalbetrag

**pekuniäre Schwierigkeiten** *fpl* pecuniary difficulties

**Pelz~, ~felle** *npl* fur skins; **~händler** *m* fur trader; **~industrie** *f* fur industry; **~warenindustrie** *f* manufacture of fur products

**pendeln** to commute

**Pendelverkehr** *m* shuttle (or commuter) service (or traffic); **Linien- und ~** *m* regular and shuttle services; **grenzüberschreitender ~ mit Kraftomnibussen** international shuttle services by coach and bus

**Pension** *f* (retirement) pension; retired pay; *(Gästehaus)* guest (or boarding-)house; private hotel; **(Zimmer) mit voller ~** (room) with full board and lodging; **e-e ~ beziehen** to draw a pension; **e-n Wechsel in ~ geben** to deposit a bill of exchange with a bank as security for a loan; **mit 65 Jahren in ~ gehen** to retire on a pension at (the age of) 65; **in ~ sein** to be retired; **bei jdm in ~ sein** to board with sb.

**Pensionär** *m* pensioner

**pensionieren** to pension off; to retire; **sich ~ lassen** to retire

**Pensionierung** *f* pensioning; retirement, → vorzeitige ~

**Pensions~, ~alter** *n* retirement age; **~anspruch** *m* pension claim; **~anwartschaft** *f* right to future pension benefits; **p~berechtigt** entitled to a pension; **p~fähiges Arbeitsentgelt** *n* pensionable pay; **~fonds** *m* → ~kasse; **~geber** *m* pledgor; **~geschäft** *n* repurchase operation, repo; deposit of bills of exchange or stocks as security for a loan under a repurchase agreement; **~kasse** *f* pension fund; **~nehmer** *m* pledgee; **~rückstellungen** *fpl (Bilanz)* pension provisions (or reserves); **~wechsel** *m* pledged bill (as security for a loan); **~zusage** *f* pension commitment

**per, ~ Adresse** care of (c/o); **~ Aval** (p. a.) as guarantor (of a bill of exchange); **~ Bahn** by rail; **~ 1. Juli** as at July 1

**Perforiermaschine** *f* perforating machine

**Pergamentpapier** *n* parchment paper, vegetable parchment

**Periode** *f* period; **p~nbezogen** relating to the period under review; **p~nfremd** not relating to the period under review

**periodisch** periodic; **~e Druckschriften** *fpl* periodicals; **~e Prämie** *f* premium paid periodically; **~ wiederkehrende Zahlungen** *fpl* recurrent payments

**permanente Inventur** *f* perpetual inventory

**Person** *f* person; → Einzel~; **juristische oder natürliche ~** legal or natural person; **in (eigener) ~** in person, personally; **von ~ bekannt** of known identity

**Personal~, p~abhängige Kosten** *pl* personnel-dependent costs; **~abteilung** *f* personnel department; **die ~akte** *f* **einsehen** to inspect the personal file (or record sheet); **~aufwand** *m* (od. **~ausgaben** *fpl*) staff (or personnel) expenses (or expenditure); **~auswahl** *f* selection of personnel; **~ausweis** *m* identity card; **~bedarf** *m* manpower requirement (or need); demand for staff; **~berater** *m* personnel consultant; **~bestand** *m* number of staff (or persons employed); staff level; headcount; **~beurteilung** *f* staff appraisal, merit rating; **~buchführung** *f* personnel accounting; **~chef** *m* personnel manager; **~einsparungen** *fpl* staff cuts, economies (or cutback) of manpower; **~einstellung** *f* staff recruitment; **~fragen** *fpl* personnel matters; **~führung** *f* personnel management; **~gesellschaft** *f* → Personengesellschaft

**Personalien** *pl* personal details (or particulars)

**Personal~**, **p~intensiv** labo(u)r-intensive; **~kartei** *f* personnel index; **~kosten** *pl* staff costs; personnel costs (or expenses); **~kredit** *m* personal loan; **~lage** *f* personnel situation; **~mangel** *m* manpower shortage; lack of staff; **~nebenkosten** *pl* additional personnel cost; **~papiere** *npl* identity papers; **~planung** *f* manpower planning; staffing; **~politik** *f* personnel policy; **~reduzierung** *f* reduction in personnel; **~referent** *m* personnel officer; **~statistik** *f* statistics on personnel; **~steuern** *fpl* personal taxes; **~verknappung** *f* shortage of personnel; **~versammlung** *f* staff meeting; **~verstärkung** *f* increase in the number of staff; **~vertretung** *f* staff representation; staff committee; **~wechsel** *m* turnover of the workforce; staff turnover; changes in personnel; **~wesen** *n* **e-s Betriebes** a firm's personnel management (system); **~wirtschaft** *f* personnel management (or administration)

**personelle Angelegenheiten** *fpl* staff matters

**Personenbeförderung** *f* transport (or conveyance, carriage) of passengers; passenger transport; **Güter- und ~** *f* transport of goods and passengers; **~ auf dem Luftwege** conveyance of passengers by air

**personenbezogene Daten** *pl (EDV)* personal data

**Personen~**, **~garantie-Versicherung** *f* fidelity insurance; **~gelegenheitsverkehr** *m* occasional coach and bus services; **~gesellschaft** *f* partnership; **~handelsgesellschaft** *f* (commercial) partnership (OHG and KG); **~-Kautionsversicherung** *f* fidelity bond insurance; **~kennzahl** *f* (PK) *(für Geldautomaten)* Personal Indentification Number (PIN); **~kilometer** (Pkm) *m* passenger kilometer; **~konto** *n* personal account; **~kontrolle** *f* personal check

**Personenkraftverkehr** *m* road passenger transport; **~sunternehmer** *m* road passenger transport operator

**Personen~**, **~kraftwagen (Pkw)** *m* private car; **~nahverkehr** *m* short-distance passenger transport; **~schaden** *m* personal injury; **~stand** *m* civil status; **~steuer** *f* personal tax; **~vereinigung** *f* association (or body) (of persons)

**Personenverkehr** *m* passenger traffic; **freier ~ innerhalb der Gemeinschaft** *(EU)* free movement of persons within the Community; **Personen- und Güterverkehr** *m* passenger and goods traffic; **freier Personen~ und Güterverkehr** *m (EU)* free movement of passengers and goods

**Personenversicherung** *f* personal insurance

**persönlich** personal; personally, in person; *(auf Briefumschlag)* private; **~ erscheinen** to appear in person; **~ haften** to be personally liable; **~ haftender Gesellschafter** *m* personally liable partner; *(Komplementär)* general partner

**persönlich**, **~er Bedarf** *m* personal requirements; **~e Beziehungen** *fpl* personal connections; **~er Dispositionskredit** *m* personal drawing credit; **Gegenstände des ~en Gebrauchs** *m* personal effects; **~e Geheimzahl** *f* *(Banken)* PIN (personal identity number); **~e Haftung** *f* personal liability; **~er Kleinkredit** *m* (PKK) small personal loan; **~e Verhältnisse** *pl (z. B. des Arbeitnehmers)* personal circumstances

**Petro~**, **Erzeugnisse der ~chemie** *f* petrochemicals; **p~chemische Industrie** *f* petrochemical industry; **~dollars** *mpl (Geldüberschüsse der OPEC-Staaten)* petrodollars; **~industrie** *f* oil industry

**Pfand** *n* pledge, pawn; **ein ~ auslösen** to redeem a pledge; **in ~ geben** to pawn, to pledge (a chattel as security for the payment of a debt); **als ~ nehmen** to take in pledge (or pawn)

**pfändbar** attachable

**Pfandbestellung** *f* pledging, pawning

**Pfandbrief** *m* mortgage bond; **~anstalt** *f* special mortgage bank; **~disagio** *n* mortgage bond discount; **~emission** *f* mortgage bond issue

**Pfand~**, **~bruch** *m* → **~entstrickung**; **~depot** *n* pledged securities deposit; **~effekten** *pl* pledged securities

**pfänden** to attach; **Forderungen des Schuldners ~ (lassen)** to attach debts due to the debtor; **Lohn ~** *Br* to attach (*Am* to garnish) wages; **Vermögensgegenstände ~** to levy execution on property ( → gepfändet)

**Pfand~**, **~entstrickung** *f* rescue of goods

lawfully taken in execution; **~flaschen** *fpl* returnable bottles; **~gegenstand** *m* → **~sache**; **~gläubiger** *m* pledgee, pawnee; **~indossament** *n* pledging endorsement; **~leihanstalt** *f* pawnshop; **~leihe** *f* pawnbroking; **~leiher** *m* pawn-broker; **~nehmer** *m* → **~gläubiger**

**Pfandrecht** *n* lien; **gesetzliches ~** statutory lien; **vertragliches ~** → Vertrags~; **~ des Gastwirts** innkeeper's lien; **~ des Verkäufers an der verkauften Sache** *(bis zur Bezahlung des Kaufpreises)* seller's lien; **~ des Vermieters** landlord's lien

**Pfand~**, **~sache** *f* pledged (or pawned) item (or article); **~schein** *m* pawn ticket; **~schuldner** *m* pledgor, pawnor

**Pfändung** *f* attachment; seizure (under execution); **fruchtlose ~** futile seizure; **~ e-r Forderung** attachment of a debt (or claim); **der ~ unterliegen** to be subject to seizure; **der ~ nicht unterworfen sein** to be protected from seizure

**Pfändungs~**, **~beschluss** *m* attachment order; **~pfandrecht** *n* lien by attachment

**Pfand~**, **~verkauf** *m* sale of a pledge; **~verwertung** *f* realization of the pledge

**Pflanzen~**, **~gesundheitszeugnis** *n* phytosanitary certificate; **~öl** *n* vegetable oil; **~schutzmittel** *npl* plant protection products; pesticides; **~sorten** *fpl* plant varieties; **~zuchtbetrieb** *m* plant nursery; plant breeding farm; **~züchter** *m* plant breeder

**pflanzliche Erzeugnisse** *npl* vegetable products

**Pflege** *f* care; *(von Kranken)* nursing; **~eltern** *pl* foster parents; **~fall** *m* person in need of nursing; **~geld** *n* attendance (or nursing) allowance; **p~leicht** *(Textilien) Br* wash and wear; *Am* easy care; **~mutter** *f* foster mother

**Pfleger** *m* curator; *(bei Krankheit)* male nurse

**Pflegschaft** *f* curatorship

**Pflicht** *f* duty, obligation; **Rechte und ~en** *pl* rights and obligations; **~en auferlegen** to impose duties; **jdn von seiner ~ befreien** to discharge sb. from his obligation; **seine ~en nicht erfüllen** to fail to perform one's obligations; **seine ~en verletzen** to breach (or violate) one's duties

**Pflicht~**, **~aktie** *f* qualifying share; **~beitrag** *m* compulsory contribution; **~einlage** *f (des Kommanditisten)* limited partner's contribution; **p~gemäß** (od. **p~mäßig**) conformable to (or in accordance with) one's duty; due; **~mitglied** *n* compulsory member; **~prüfung** *f* audit required by law; **~reserven** *fpl* required reserves, minimum reserves

**Pflichtteil** *m* compulsory portion (of testator's estate); **~sanspruch** *m* claim for a compulsory portion; **p~sberechtigt** entitled to a compulsory portion; **~sentziehung** *f* deprivation of a compulsory portion; **~srecht** *n* right to a compulsory portion

**Pflicht~**, **~verletzung** *f* breach of duty; violation of (one's) duties; **p~versichert** compulsorily insured; **~versicherung** *f* compulsory insurance; **~verteidiger** *m* counsel for the defen|ce (~se) appointed by the court; **p~widrig handeln** to act contrary to one's duty

**Pfund**, **~ Sterling** pound sterling

**Phantasie~**, **~name** *m* pseudonym; invented name; **~preis** *m* fancy price

**Pharma-Industrie** *f* pharmaceutical industry

**pharmazeutische Erzeugnisse** *npl* pharmaceutical products; pharmaceuticals

**Phonotypistin** *f* audio typist

**Phosphat~**, **~düngemittel** *n(pl)* phosphate fertilizer(s); **p~freie Waschmittel** *npl* phosphate-free detergents

**Pilotvorhaben** *n* pilot project (or scheme)

**Pkw-Importe** *mpl* car imports (→ Personenkraftwagen)

**placieren** → platzieren

**Plädoyer** *n* lawyer's speech for the defen|ce (~se)

**Plafond** *m* ceiling; limit

**plafondieren** to set a limit; to place a ceiling (on)

**Plakat** *n* placard, poster; **~e ankleben** to post (or stick) bills; **„~e ankleben verboten"** no bill posting; **ein ~ anschlagen** to place a poster, to post a placard

**Plakat~**, **~anschlag** *m* bill(-)sticking, bill-posting; **~grafiker** *m* poster artist; **~träger** *m* sandwichboard carrier; **~wand** *f Br* hoarding; *Am* billboard; **~werbung** *f* poster advertising

**Plan** *m* plan, project; schedule; scheme; *(Etat e-s Unternehmens)* budget; **~ für Verkaufsförderung** merchandising plan; **~abweichung** *f* budget variance; **~kosten** *pl* budget (or standard) cost;

**~kostenberechnung** *f* standard costing; budget accounting
**planmäßig** according to (a) plan; on schedule; **~ ankommen** to arrive on schedule (or on time)
**Plan~**, **~soll** *n* planned target; **~spiel** *n* management (or business) game (management-training); management simulation; **~stelle** *f* establishment post; **~überwachung** *f* budget control
**Planung** *f* planning; → Termin~; **betriebliche ~** business planning; **staatliche ~** government planning; **in der ~ befindlich** in the planning stage
**Planungs~**, **~abteilung** *f* planning department; **~behörde** *f* planning authority; **~forschung** *f* operational research
**Plan~**, **~wirtschaft** *f* planned economy; **~ziel** *n* planned target
**Plastik~**, **~beutel** *m* plastic bag; **~dose** *f* plastic box; **~erzeugnis** *n* plastic product; **~geld** *n* plastic money *(credit cards etc.)*; **~schnur** *f* plastic string; **~tüte** *f* plastic bag
**Platz** *m* place centre (Platzer); **geeigneter ~ für e-e neue Fabrik** suitable location for a new factory
**Platz~**, **~bedingungen** *fpl (e-s Schiffes)* berth terms
**platzen** to burst; (cheque) to bounce; **der Wechsel ist geplatzt** *colloq.* the bill was bounced (or returned unpaid)
**Platz~**, **~geschäft** *n* local transaction; *(Warenbörse)* spot deal; **~karte** *f (Bahn)* reserved seat ticket; **~kauf** *m* local purchase; *(Warenbörse)* spot purchase; **aus ~mangel** *m* for lack of space; **~reservierung** *f* booking; reservation; **p~sparend** space-saving; **~scheck** *m* local cheque (check); **~spesen** *pl* local charges; **~vertreter** *m* local agent; **~wechsel** *m* local bill
**platzieren**, **e-e Emission ~** to place an issue
**Platzierung** *f* **von Aktien** placing (or placement) of shares
**Platzierungs~**, **~kurs** *m* placing price; **~vertrag** *m* placing agreement
**Pleite** *f* bankruptcy, failure; smash; **die Firma machte ~** *colloq.* the firm went bankrupt; the firm went bust, the firm failed
**pleite**, **~ gehen** *colloq.* to go bankrupt, to go bust, to go broke; **er hat ~ gemacht** *colloq.* he has gone broke; **~ sein** to be broke
**Plenarsitzung** *f* plenary session
**plombieren**, **Waren ~** to seal goods
**plündern** to plunder, to loot, to pillage
**Plus~**, **~ankündigung** *f (Börse)* share price mark-up; **~korrektur** *f (Börse)* upward adjustment
**Plutonium-Brennstoffe** *mpl* plutonium fuels
**Police** *f* (insurance) policy; **nicht gewinnberechtigte ~** non(-)participating policy; **~ mit Wertangabe** valued policy; **e-e ~ ausstellen** to issue a policy
**Police~**, **~nanhang** *m* rider; **~darlehen** *n* policy loan; **~nformular** *n* blank policy; **~ninhaber** *m* policy-holder
**Polypol** *n* polypoly
**Politik** *f* policy; **~ auf dem Gebiete der wissenschaftlichen und technischen Forschung** (PWTF) *(EU)* Scientific and Technical Research Policy [PREST]; **~ des billigen Geldes** cheap-money policy; **~ des teuren Geldes** dear-money policy; **Durchführung der gemeinsam beschlossenen ~** *(EU)* implementation of policies decided on jointly
**politisch** political; **gemeinsames ~es Vorgehen** *n* common political action; **e-e ~e Verpflichtung eingehen** to enter into a political commitment
**Polizei~**, **~aktion** *f* police action; **~schutz** *m* police protection; **~streife** *f* police patrol; **~stunde** *f* statutory closing time; **~verfügung** *f* police order
**polizeilich**, **~e Abmeldung** *f* notifying the police of one's departure; **~e Anmeldung** *f* notifying the police of one's arrival; **~e Meldepflicht** *f* obligation to register with the police
**Polster** *n* **an Aufträgen** cushion of orders
**polypolistische Konkurrenz** *f* polypolistic competition
**Pool** *m* pool; **~konsortium** *n* pool syndicate; **~vereinbarung** *f* pooling agreement
**poolen**, **Gewinne ~** to pool profits
**Portefeuille** *n* portfolio; → Wechsel~; → Wertpapier~; **~besitz** *m* portfolio holding; **~investitionen** *fpl* portfolio investments; **~umschichtung** *f* switching of securities; **~wertpapiere** *npl* portfolio securities
**Portfolio** *n* → Portefeuille
**Porto** *n* postage; → Paket~; **~abzug** *m*

deducation for postage; **~erhöhung** *f* raising of postal rates; **~kasse** *f* petty cash; **~kosten** *pl* postage (costs); **p~pflichtig** liable to postage; **~rückerstattung** *f* reimbursement of postage

**Porzellan~**, **~fabrik** *f* porcelain (or china) factory; **~geschäft** *n* china shop; **~manufaktur** *f* porcelain (or china) factory; **~waren** *fpl* chinaware, porcelain ware

**POS Zahlungssystem** *n* POS (point of sale) payment system

**Position** *f* position; **~en** *pl* **des Zolltarifs** headings of the customs tariff

**positive Auswirkung** *f* positive effect

**Post** *f* mail; *bes. Br* post; post office; **eingegangene ~** mail received; **mit gleicher ~** under separate cover; **seine ~ durchsehen** to go through one's correspondence; **mit der ~ schicken** to send (sth.) by mail (or *Br* post); **auf die ~ gehen** to go to the post office

**Post~**, **~abholung** *f* collection of mail; **~anschrift** *f* postal address; **internationaler ~antwortschein** *m* international reply coupon; **~anweisung** *f* money order; *Br* postal order; *Am* postal remittance; **~aufgabe** *f* mailing; *bes. Br* posting; **~ausgang** *m* outgoing mail; **~barscheck** *m* postal cheque (check); **~bearbeitung** *f* mail handling; **~bote** *m Br* postman; *Am* mailman; **~diebstahl** *m* mail theft; **~eingang** *m* incoming mail; **~einlieferungsschein** *m* post office receipt

**Posten** *m (Ware)* lot, parcel; *(Buchhaltung, Bilanz)* item, entry; *(Stellung)* post, position, job; *(Einzel~, z. B. des Haushaltsplans)* item; → Debet~; → Kredit~; **einzelne ~** *pl* **e-r Abrechnung** particulars of an item; **in kleinen ~** in small lots, in parcels; **laufende ~** *pl* **der Zahlungsbilanz** current items of the balance of payments; **~teilung** *f* job-sharing; **e-n ~ gutschreiben** to credit an item; **e-n ~ haben als** to hold a job as

**Post~**, **~fach** *n* post office box (P.O. box); **p~fertig** ready for mailing; **~flugzeug** *n* mail aircraft; **~gebühren** *fpl* postage; postal charges (or rates)

**Postgiro** *n* postal giro; **~amt** *n* postal giro office; **~guthaben** *n* postal giro balance; **~konto** *n* (postal) giro account; **~überweisung** *f* postal giro transfer

**Postkarte** *f* postcard; **Ansichts~** *f* picture postcard; **Antwort~** reply-paid postcard

**Postkosten** *pl (e-r Firma)* postal expenses

**Post~**, **p~lagernder Brief** *m* letter to be called for; poste restante letter; **~laufzeit** *f* postal (delivery) time; **~leitzahl** *f Br* postcode; *Am* zipcode; **~nebenstelle** *f* subpost office

**postnumerando** (zahlbar) payable in arrears

**Post~**, **~sachen** *fpl* postal matters; (postal) items; **~schalter** *m* postoffice counter

**Postscheck** → Postgiro

**Postsendungen** *fpl* postal items

**Postspar~**, **~buch** *n* postal savings bank book; **~kasse** *f* post office savings bank; postal savings bank; **~konto** *n* postal savings account

**Post~**, **~stempel** *m* postmark; **~überweisung** *f* postal remittance; giro transfer; **~verbindung** *f* postal communication; **~verkehr** *m* postal service

**Postversand** *m* dispatch of mail; **~haus** *n* mail order company (house); **~katalog** *m* mail order catalog(ue); **~werbung** *f* mail order advertising; direct mail advertising

**Post~**, **~vollmacht** *f* written authorization to receive mail; **~wagen** *m Br* mail van; postoffice van; *Am* postal car (or truck); *(Eisenbahn)* mail coach

**postwendend** by return of post (return mail); **wir wären dankbar für eine ~e Antwort** we would be grateful for a reply by *Br* return of post (*Am* return mail); **~antworten** to answer by return mail (*Br* return of post)

**Post~**, **~wertzeichen** *n* postage stamp; **~wurfsendung** *f* mail circular; unaddressed mailing; bulk mail (or posting); sample packet (mailed in bulk); **~zeitungsdienst** *m* postal newspaper service; newspaper post; **~zustellung** *f* postal delivery

**Potenzial** *n* potential, capacity

**potenzieller Kunde** *m* prospective customer

**pp.**, **ppa.** s. per → Prokura

**PPS** → Produktionsplanung und ~steuerung

**PR-Berater** *m* public relations consultant

**präferenzielles Handelsabkommen** *n* preferential trade agreement

**Präferenz** *f* preference; **~abkommen** *n* preferential agreement; **~angebot** *n* preferential offer; preferential advantages offered

**präferenzbegünstigt**, **~e Einfuhren** *fpl* preferential imports; imports enjoying tariff preferences; **Waren ~ einführen** to give imports the benefit of preferential arrangements

**Präferenz~**, **~begünstigung** *f (EU)* GSP concessions (→ ~**system**); **~behandlung** *f* preferential treatment

**Präferenzregelung** *f* preferential arrangement, preferential scheme; **Länder, für die e-e ~ gilt** *(EU)* preferential countries; **Abkommen, die e-e ~ schaffen** agreements setting up a preferential system; **unter die ~ fallende Waren** products benefiting from the preferential system

**Präferenzspanne** *f* margin of preference, preference margin

**Präferenzsystem**, **Allgemeines ~** (APS) *(EU)* generalized system of preferences (GSP)

**Präferenz~**, **~vergünstigung(en)** *f(pl) (EU)* preferential benefit(s); **~vorteil** *m* preferential advantage; **~zoll** *m* preferential duty; **~zollsatz** *m* preferential rate (of customs duties)

**Prägen** *n (von Münzen)* coinage

**Praktikant** *m* trainee, intern

**Praktiken** *pl*, **unlautere ~** unfair practices; **verabredete ~** concerted practices; **wettbewerbsbeschränkende ~** restrictive practices

**Praktikum** *n* internship; practical training; **ein ~ machen** to do an internship

**praktisch** practical; **~ durchführbar** practicable; feasible; **~ wertlos** practically worthless; **~er Beruf** *m* practical trade; **~e Schwierigkeiten** *fpl* difficulties encountered in practice

**Prämie** *f (zusätzlich zum Arbeitslohn)* premium, bonus; *(zur Förderung des Handels)* bounty; *(für bestimmte Produkte, EG-Agrarpolitik)* premium; *(Versicherungs~)* premium; *(Börse, beim ~ngeschäft)* option money; **~ für die endgültige Aufgabe** *(EU)* Final Abandonment Premium (FAP); **~ für die vorübergehende Aufgabe** *(EU)* Temporary Abandonment Premium (TAP); **~n** *pl* **gewähren** to grant premiums; **in den Genuss e-r ~ kommen** to benefit from a premium

**Prämien~**, **~anleihe** *f* premium (or lottery) bond; **~befreiung** *f* exemption from payment of (an insurance) premium; **p~begünstigte Spareinlagen** *fpl* premium-carrying savings deposits; **p~begünstigt festgelegt** deposited with the benefit of premiums; **~brief** *m (Börse)* option contract; **~empfänger** *m (EU)* recipient of a premium; **~erhöhung** *f* increase of the premium; **~erklärungstag** *m (Börse)* option declaration day; **~ermäßigung** *f* reduction of the premium; **~festsetzung** *f* fixing the premium; **p~frei** free from (insurance) premium; **p~freie Police** *f* free policy; **~geschäft** *n (Börse)* dealing in options, option bargain; **~händler** *m (Börse)* option dealer; **~käufer** *m (Börse)* option buyer; giver of an option; **~kurs** *m* option price (or rate); **~lohn** *m* time rate plus bonus; **~regelung** *f (EU)* system of premiums; **~reserve** *f (Vers.)* premium reserve; **~rückgabe** *f* premium refund; return of (part of) the premium; **~satz** *m (Börse)* option rate; *(Vers.)* premium rate; *(zusätzlich zum Arbeitslohn)* bonus rate; **~sparen** *n* saving with benefit of premiums; **~sparkonto** *n* savings account entitling to premiums; **~stundung** *f* deferment of payment of (insurance) premium; **~verkäufer** *m (Börse)* taker of an option; **~vorauszahlung** *f (Vers.)* advance payment of the premium; **~werte** *mpl (Börse)* option stock; **~zahlung** *f* payment of a premium

**Pränumerandozahlung** *f* payment in advance

**Präsident** *m* president, chairman; **amtierender ~ des Rates** *(EU)* President-in-office of the Council

**Präsidentschaft** *f* presidency

**Präsentationspflicht** *f* time for presentation (of bill of exchange)

**Praxis** *f* practice; → Anwalts~; **p~bezogen** related to practice; **e-e ~ eröffnen** to start a professional practice; **e-e ~ kaufen (verkaufen)** to buy (sell) a practice

**Präzedenzfall** *m* precedent; **e-n ~ schaffen** to create (or set) a precedent

**präzisieren**, **ein Angebot ~** to specify an offer

**Preis** *m* price; *(Belohnung)* prize; **~ ab Hof** ex farm price; **~ ab Lager** warehouse price; **~ ab Schacht** pithead price; **~ ab Werk** price ex works; **~ frei Bestimmungsort** free domicile price; **~ freibleibend** price subject to change without notice; open price; **~ frei Grenze** free-atfrontier price; **~ frei Haus** delivered-in price; **~ frei Verschiffungshafen** F.A.S. price (→ frei Längsseite des Schiffs); **~ im Großhandel** wholesale price; trade price; **~ pro Einheit** (od. **Stück**) unit price; **abgemachter ~** price agreed upon; **angebotener ~** offered price; **angegebener ~** quoted (or indicated) price; **angemessener ~** reasonable (or adequate) price; **angestiegener ~** increased price; **annehmbarer ~** acceptable price; **ausgezeichneter ~** marked price, price mark; **äußerster ~** lowest possible price; **derzeitiger** → gegenwärtiger ~; **empfohlener ~** suggested (or recommended) price; **erhöhter ~** advanced price; **erlöster** (od. **erzielter**) **~** realized price (from a sale); **ermäßigter ~** reduced price; **zu ermäßigten ~en** at cut-rate prices; **fallender ~** dropping (or receding) price; **zu e-m festen ~** at a fixed price; **amtlich festgesetzter ~** officially fixed price; **gebundener ~** controlled price; **geforderter ~** price asked, asking price; **gegenwärtiger ~** prevailing (or present) price; **gleichbleibender ~** constant price; **derzeit gültiger ~** ruling (or current) price; **zurzeit des Versandes gültiger ~** price ruling (or in effect) at the time of dispatch; **günstiger ~** favo(u)rable price; **zu herabgesetzten ~en** at reduced prices; **heraufgesetzter ~** advanced price; **zu e-m hohen ~e** at a high price; high-priced; **übermäßig hoher ~** excessively high price; exaggerated price; **äußerst** (od. **scharf**) **kalkulierter ~** *colloq.* rock-bottom price; **niedrigst kalkulierter ~** price at bargain level; **konkurrenzfähiger ~** competitive price; **marktgerechter ~** fair market price; **niedriger ~** low (or thrift) price; **zu niedrigem ~e** at a low price; low-priced; **reduzierter ~** reduced price; **ruinöser ~** cut-throat price; **schwankende ~e** fluctuating prices; **sinkender ~** falling price; **stabiler ~** steady price; **~steigender ~** rising (or advancing) price; **schnell steigende ~e** booming prices; runaway prices; **subventionierte ~e** subsidized (or supported) prices; **tatsächlicher ~** actual price; **überhöhter ~** excessive price; **üblicher ~** usual (or prevailing) price; **unveränderter ~** unchanged price; **vereinbarter ~** agreed price

**Preis**, **den ~ angeben** to quote the price; **auf den ~ aufschlagen** to add to the price; **~e auszeichnen** to display prices; **e-n ~ berechnen** to charge a price; **e-n zu hohen ~ berechnen** to charge too high a price; to overcharge (sb.); **~e drücken** to force down prices; **e-n ~ empfehlen** to recommend a price; **~e erhöhen** to increase (or raise) prices; **den ~ ermäßigen** to reduce the price; **e-n ~ erzielen** to realize (or get, obtain) a price; **im ~e fallen** to go down in price; **den ~ festsetzen** to fix (or set) the price; **von jdm e-n ~ fordern** to charge sb. a price; **die ~e sind wesentlich gestiegen** prices have gone up (or risen) considerably; **e-n ~ gewinnen** to win a prize; **die ~e herabsetzen** to reduce the prices; **~e hochtreiben** to push up prices; **wie hoch ist der ~?** what is the price? **seine ~e senken** to cut one's prices; **die ~e sinken** prices are going down (or falling); **der ~ spielt keine Rolle** price is no object; **im ~e steigen** to advance (or rise) in price; to go up in price; **Waren mit e-m ~ versehen** to mark goods with a price; **unsere ~e verstehen sich fob Hamburg einschließlich Verpackung** our prices are (quoted) fob Hamburg including packing; **e-n ~ verleihen** to award a prize

**Preis~**, **~abrede** (od. **~absprache**) *f* price agreement; *(unter Wettbewerbern)* price fixing (agreement); concerted price practice; **~abschwächung** *f* price decline; **~abweichung** *f* price deviation (or variance)

**Preisänderung** *f* price change; alteration in price; **~en** *fpl* **vorbehalten** prices (are) subject to change without notice

**Preisanfrage** *f* price inquiry; request for quotations; **e-e ~ richten an** to make a price inquiry of sb.

**Preisangabe** *f* indication of price(s); (price) quotation; **Waren ohne ~** unquoted goods

**Preisangebot** *n* offer of a price, offered price; quotation; **~e einholen** to invite quotations; **ein ~ machen** to make a quotation, to quote a price

**Preis~**, **~angleichung** (od. **~annäherung**) *f* price adjustment, alignment of prices; **~anhebung** *f* price rise; increase in prices; **~anpassungsklausel** *f* price escalation clause; rise and fall clause

**Preisanstieg** *m* price rise, price increase; rise in prices; upswing in prices; upward price trend (or movement); price advance; **Dämpfung des ~s** curbing of the rise in prices; **starker ~** sharp rise in prices; **der ~ wird sich weiter beschleunigen** the rise in prices will continue to accelerate

**Preis~, ~aufschlag** *m* addition to price; additional charge; extra charge; markup; **~aufsicht** *f* price surveillance (or control)

**Preisauftrieb** *m* upward price trend; upsurge (or uptrend) in prices; **~ bei Öl** rising prices of oil; **den ~ bremsen** to slow down the upward price trend; **der ~ blieb lebhaft** prices continued to climb briskly

**Preisausschreiben** *n* prize competition

**Preisauszeichnung** *f* display of prices; price marking, price label(l)ing; pricing; **~sgerät** *n* price marking device

**Preis~, p~bedingt** depending on price; **~beobachtung** *f* price observation; **~berechnung** *f* price calculation; **p~bereinigt** price-adjusted; adjusted for price changes; in price adjusted terms; **~beschluss** *m (EU)* decision on prices; **~bestimmend** price-determining; *(auf dem Markt)* price-ruling; **~bewerber** *m* competitor; **p~bewusst** price conscious; **~bezeichnung** *f* price mark; **~bildung** *f* price formation; pricing

**Preisbindung** *f* price-fixing; **~ der zweiten Hand** resale price maintenance; *Am (auch)* fair trade; **~sabkommen** *n* resale price agreement

**Preis~, ~brecher** *m* price breaker; **p~dämpfend** tending to check prices; price-curbing; **~differenzierung** *f* price differentiation; **~differenzkonto** *n (der Buchführung)* price variance account; **~disziplin** *f* price discipline; **~drosselung** *f* price curb; **~druck** *m* pressure on prices; **~drückerei** *f* price cutting; **~dumping** *n* price dumping; **~einbruch** *m* collapse of prices; **~elastizität** *f* **der Nachfrage** price elasticity of demand (PED)

**Preisempfehlung** *f*, **unverbindliche ~** recommended retail price; non-binding price recommendation

**Preis~, p~empfindlich** price sensitive; **~entwicklung** *f* trend in prices, price trend; **p~erhöhend** price-raising; **~erhöhung** *f* rise in prices; price increase; raising of prices; **~erholung** *f* recovery in prices; **~ermäßigung** *f* reduction (or cut) in price; price reduction; **~ermittlung** *f* → **~kalkulation**; **~erwartung** *f* price expectation

**Preisetikett** *n* price tag (or ticket, mark); **ein ~ anbringen** to affix a price label

**Preis~, ~festlegung** *f* consolidation (or strengthening) of prices; **~festsetzung** *f* price setting, pricing; **~forderung** *f* asking price; price demand; **~führerschaft** *f* price leadership

**Preisgabe** *f* abandonment, surrender; *(von Geheimnissen)* disclosure; **~ von Informationen** disclosure of information

**preisgeben** to abandon, to surrender; **Informationen ~** to disclose (or divulge) information

**Preis~, p~gebunden** price-maintained; price-controlled; subject to resale price maintenance; **~gefälle** *n* price differential; **~gegenüberstellung** *f* comparative analysis of prices; comparison of the reduced with the formerly higher price; **p~gekrönt** prize-winning; **~gestaltung** *f* pricing; **~gleitklausel** *f* price escalation clause; rise and fall clause; **~grenze** *f* price limit

**preisgünstig** at a favo(u)rable price; good value; **~es Angebot** *n* favo(u)rably priced offer

**Preis~, ~herabsetzung** *f* price decrease; price reduction; shrinkage of prices; *(niedrigere Auszeichnung e-r Ware)* price markdown; **~heraufsetzung** *f* upward adjustment of prices; *(höhere Auszeichnung e-r Ware)* price markup; **~höhe** *f* level of prices

**Preisindex** *m* price index; **~ für Lebenshaltung** *Br* Retail Price Index (R.P.I.); *Am* Consumer Price Index; *(früher:)* cost-of-living index

**Preis~, ~kalkulation** *f* calculation of prices; pricing; **~kartell** *n* price cartel; **~klasse** *f* price range; **~klausel** *f* price clause; **~konkurrenz** *f* price competition; **~kontrolle** *f* control of prices; **~konvention** *f* price agreement

**Preislage** *f* price range; → mittlere ~; **Artikel der gehobenen (niedrigen) ~** high-priced (low-priced) article(s)

**preislich** relating to price; **~ verschieden** different in price

**Preislimit** *n* price limit; **ein ~ setzen** to limit a price

**Preisliste** *f* price list; **neueste ~** latest price list, latest scale of prices

**Preis~**, **~manipulation** *f* manipulation of prices; **~mechanismus** *m* price mechanism; **~meldesystem** *n* open price system

**Preisnachlass** *m* reduction in price; *(Skonto, Rabatt)* discount, rebate; *(bei Reklamation)* allowance (in price); **vereinbarter ~** discount agreed (up)on; **Verkauf mit ~** discount sale; **e-n ~ gewähren** to make (or grant) a price reduction (or a discount)

**Preis~**, **~niveau** *n* price level; **~notierung** *f* quotation of the direct rate of exchange; **~obergrenze** *f* ceiling price; **~politik** *f* price policy; **p~politische Maßnahmen** *fpl* price policy measures; **~prüfung** *f (bei öffentlichen Aufträgen)* price auditing; **p~reagibel** price sensitive; **~regelung** *f* regulation of prices; **~richter** *m* judge; *(Kollegium)* jury; **~rückgang** *m* fall (or decline) in price(s); **~rückgangsentwicklung** *f* downward trend of prices; **~rutsch** *m* sharp fall in the price; **~schätzung** *f* price estimation; **~schild** *n* price tag, price ticket; *(aufklebbar)* price label; **~schleuderei** *f* price slashing; **~schwankung** *f* price fluctuation; **~senkung** *f* price reduction, price cut; **~sicherheitsklausel** *f* price escalation clause; **~spanne** *f* price range; **~sprung** *m* jump in prices; **p~stabil** of stable price; **p~stabilisierend** price-stabilizing; **~stabilisierung** *f* price stabilization

**Preisstabilität** *f*, **die ~ wiederherstellen** to restore price stability

**Preisstand** *m* level of prices; **nach dem ~ von ...** on the basis of the ... price situation

**Preissteigerung** *f* price increase; rise (or advance) in prices; **~srate** *f* rate of price increase; **~en** *pl* **eindämmen** to check rising prices

**Preis~**, **~stellung** *f* **frei Haus** delivered pricing; **~stopp** *m* price freeze; **~sturz** *m* fall (or drop) in prices; (plötzlicher) **~sturz** *m* price collapse; **~stützung** *f* price support; **~tafel** *f* price list; **~treiberei** *f* forcing up prices; **~überwachung** *f* price control; **~unterbietung** *f* undercutting of prices; **~untergrenze** *f* floor price; **~unterschied** *f* price difference, difference in price(s); **~veränderung** *f* change in prices; **~vereinbarung** *f* price agreement (or arrangement); **~vergleich** *m* price comparison; **~verteilung** *f* distribution of prices; **~verzeichnis** *n* price list; schedule of prices; **~vorbehaltsklausel** *f* clause reserving prices; **~vorschlag** *m* price proposal; **~vorstellung** *f* price expectation, idea of the price; **~vorteil** *m* price advantage; **~welle** *f* wave of price increases

**preiswert** worth the money; good value (for money); **diese Waren sind äußerst ~** these goods are very good value

**Preis~**, **~zettel** *m* price tag (or ticket); **~zugeständnis** *n* price concession; **~zuschlag** *m* additional (or extra) price

**Presse** *f* press, newspaper; **~agentur** *f* news agency; **~berichterstattung** *f* press coverage; **~meldung** *f* press report; **~mitteilung** *f* press communique; **~werbung** *f* press advertising

**Prestige~**, **~frage** *f* matter of prestige; **~werbung** *f* prestige advertising

**Prima~**, **~diskonten** *pl* → Privatdiskonten; **~papiere** *npl* first-class papers; **~wechsel** *m* first of exchange

**Primage** *f (addition to the freight paid for care in loading and unloading)* primage

**primäre Rohstoffe** *mpl* primary raw materials

**Primärenergie~**, **~bedarf** *m* primary energy requirements; **~quelle** *f* primary energy source; **~verbrauch** *m* consumption of primary energy; **Energiegewinnung aus ~trägern** *mpl (z. B. Steinkohle)* obtaining energy from primary energy sources

**Primär~**, **~geschäft** *n* new issue business; **~markt** *m* primary market, new issue market

**Priorität** *f* priority; **~en** *fpl* → **~sobligationen**; **~ der Anmeldung** *(PatR)* priority of filing date; **~ beanspruchen** to claim priority

**Prioritäts~**, **~aktien** *fpl* → Vorzugsaktien; **~anspruch** *m* priority claim; **~obligationen** *fpl* preference bonds; **~streitverfahren** *n* proceedings to claim priority; **~tag** *m* priority date

**privat** private; personal; **~es Unternehmen** *n* privately-owned enterprise; **~er Verbrauch** *m* private consumption; **~e Wirtschaft** *f* private sector of the economy

**Privat**, **~angelegenheit** *f* private business (or matter); **~anschrift** *f* private address; **~besitz** *m* private property; **in ~besitz** privately owned; **~büro** *n* private office;

**~darlehen** *n* personal loan; **~diskonten** *pl* prime (bankers') acceptances; **~diskonthandel** *m* dealings on the prime acceptance market; **~diskontsatz** *m* prime acceptance rate; rate for prime bankers' acceptances; **~eigentum** *n* private property; private ownership; **~entnahme** *f* money withdrawn for personal use; private withdrawal; **~firma** *f* private firm; **für den ~gebrauch** *m* for personal (or private) use; **~gespräch** *n tel* private call; **~geschäft** *n* private transaction; **~grundstück** *n* private property; **~haftpflichtversicherung** *f* personal liability insurance; **sich in ~hand** *f* **befinden** to be privately owned; **~industrie** *f* private (sector) industry; **~investitionen** *fpl* **fördern** to encourage private investment

**privatisieren** to privatize; to return publicly-owned enterprises to private ownership; *Br* to denationalize; to live on one's private income

**Privatisierung** *f* privatization; transfer to private ownership; selling off public assets; *Br* denationalization

**Privat~**, **~klage** *f* private criminal action; **~konto** *n* personal account; *(e-s Gesellschafters)* drawing account; **~kontenbuch** *n* personal ledger; **~korrespondenz** *f* private correspondence; **~kunde** *m* private customer; **~leben** *n* private life, privacy; **~mann** *m* (od. **~person** *f*) private person; individual; **~placierung** *f* private placement; **~post** *f* private mail; **~recht** *n* civil law, private law; **p~rechtlicher Anspruch** *m* civil claim; **~sache** *f* private affair (or matter); **~satz** *m* → **~diskontsatz**; **~schulden** *fpl* personal (or private) liabilities; **~sekretär(in)** *m(f)* private secretary; **~sphäre** *f* privacy; **~station** *f (e-s Krankenhauses)* private ward; **~unternehmen** *n* privately-owned enterprise; **~vermögen** *n* personal property (or fortune); private assets; **~versicherung** *f* private insurance; **~wirtschaft** *f* private sector of the economy; **p~wirtschaftlich geführter Betrieb** *m* privately-run enterprise; **~wohnung** *f Br* private flat, *Am* private apartment

**Probe** *f* trial, test; sample, specimen; *(~zeit)* probation; **auf ~** on trial; on probation; *(zur Ansicht)* on approval; **Anstellung auf ~** engagement on probation; **Kauf auf ~** purchase on approval; trial purchase; **Kauf nach ~** purchase according to sample; **auf ~ einstellen** to engage on probation (or on a trial basis); **~n entnehmen** to take samples; to sample; **mit dem Auto p~fahren** to test-drive a car

**Probe~**, **~abstimmung** *f* straw poll; **~arbeitsverhältnis** *n* probationary employment; **e-n ~auftrag** *m* **erteilen** to place a trial order; **~bestellung** *f* trial order; **~bilanz** *f* trial balance; **~bohrung** *f* test drilling; **~fahrt** *f (Auto)* test drive; **das ~jahr** *n* **ableisten** to pass the probationary year; **~nahme** *f* sampling, taking of samples; **~nummer** *f (e-r Zeitschrift etc.)* specimen copy; **~packung** *f* trial package; **~sendung** *f* trial shipment; goods sent on trial; sample sent on approval; sample parcel; **~stück** *n* specimen; sample; **p~weise** on a trial basis; **p~weise angestellt** employed on probation

**Probezeit** *f* probationary period (or time); time of probation; **e-e ~ von 6 Monaten ableisten** to serve a six-month probationary period

**Problem** *n*, **sich mit e-m ~ auseinandersetzen** to come to grips with a problem; **ein ~ lösen** to settle a problem

**Produkt** *n* product; **fehlerhafte ~e** *npl* defective products; **landwirtschaftliche ~e** *npl* agricultural products (or produce); **pflanzliche ~e** *npl* vegetable products; **tierische ~e** *npl* animal products

**Produkt~**, **~angebot** *n (Sortiment)* range of products; **~bedarfsplanung** *f* product requirement planning; **~beschreibung** *f* product specification; **p~bezogen** product-related; **~differenzierung** *f* product differentiation; **~enbörse** *f* produce exchange; **~enhaftung** *f* product liability; **~enhandel** *m* produce trade; **~enmarkt** *m* produce market; **~fehler** *m* product fault; **~forschung** *f* product research; **~gestaltung** *f* product styling; **~gruppe** *f* product group (or line); range of products; **~haftpflicht** *f* product liability

**Produkthaftung** *f* product liability; **~sgesetz** (ProdHaftG) *n* Product Liability Act

**Produktion** *f* production; *(~smenge)* output; **die ~ hat abgenommen** production (has) decreased; **die ~ ist angelaufen**

production has started; **die ~ aufnehmen** to take up production; **die ~ wieder aufnehmen** to resume production; **die ~ drosseln** (od. **einschränken**) to cut (down) (or curb, curtail) production; **die ~ einstellen** to cease (or stop) production; *(langsam)* to phase out production; **die ~ erhöhen** to step up production; **die ~ hat sich erhöht** output has risen; **die ~ steigern** to increase production; **die ~ hat kräftig zugenommen** production grew (has grown) significantly; **die ~ geht zurück** production is dropping

**Produktions~**, **~abgabe** *f (EU)* production levy; **~ablauf** *m* production process; **~abnahme** *f* → ~**rückgang**; **~anlagen** *fpl* production (or manufacturing) plants (or equipment); **~anstieg** *m* increase in output; **~aufnahme** *f* going into production; **~aufschwung** *m* recovery in production; **~ausdehnung** *f* expansion (or extension) of production; **~ausfall** *m* loss of production; shortfall in output; **~beihilfe** *f (EU)* production aid; **~beihilfen** *fpl* **gewähren** to subsidize production; **~belebung** *f* recovery in production; revival of output; **~bericht** *m* production statement; **~beschränkung** *f* limitation (or curtailment) of production; output restriction; **~breite** *f* production diversification; **~dauer** *f* period of production; **~drosselung** *f* cutting back of production; **~einheit** *f* unit of production; **~einrichtungen** *fpl* production (or manufacturing) facilities; **~einschränkung** *f* production cut; **~einstellung** *f* stoppage (or cessation) of production; *(langsam)* phase-out of production; **~engpass** *m* bottleneck in production; **~entwicklung** *f* production trend; **~erhöhung** *f* increase in production (or output); **~faktoren** *mpl* factors of production; inputs; **p~fördernd** conducive to increased production; **~genossenschaft** *f* producers' cooperative (society); **~güter** *npl* (intermediate) producer goods; **~güterindustrie** *f* producer goods industry; **~index** *m* production index; **~kapazität** *f* production capacity; **~kartell** *n* production cartel (agreement restricting production); **~kennziffer** *f* production index; **~kosten** *pl* production costs; manufacturing costs; **~lage** *f* production situation; **~leistung** *f* output; **~leiter** *m* manufacturing manager; **~menge** *f* output; **~mittel** *pl* means of production; **~niveau** *n* production level; **~plan** *m* production plan; **~planung** *f* **und ~steuerung (PPS)** *f* production planning and control; **~potenzial** *n* production potential; **~programm** *n* production program(me); **~prozess** *m* production process; **~quoten** *fpl* production quotas; **p~reif** ready for production; **~rückgang** *m* drop (or decline) in production; **~schaden** *m* damage caused by defective production; **~schwankungen** *fpl* fluctuations in production; **~schwelle** *f* production threshold; **~sortiment** *n* production range; **~stand** *m* level of output; **~stätte** *f* production (or manufacturing) plant; **~steigerung** *f* increase in production; **~steuer** *f* production tax; **~struktur** *f* production pattern; **~stufe** *f* stage of production; **~techniken** *fpl* production techniques; **~überschüsse** *mpl* surplus production; **~umstellung** *f* change in production (or manufacturing range); **~unterbrechung** *f* disruption of production; **~verfahren** *n* production process; **~verlagerung** *f* shift in production; **~volumen** *n* volume of production; **~vorgang** *m* production operation; **~vorhaben** *n* production project; **~wachstum** *n* growth of production; **~ziel** *n* production target; **~ziffern** *fpl* production (or output) figures

**Produktiv~**, **~betriebe** *mpl* productive establishments; **~güter** *pl* producer goods

**Produktivität** *f* productivity; productiveness; → Grenz~; **die ~ der Landwirtschaft steigern** to increase agricultural productivity

**Produktivitäts~**, **~anstieg** *m* productivity increase; **~fortschritt** *m* progress in productivity; **p~orientierte Lohnpolitik** *f* productivity-linked wages policy; **~rente** *f* pension linked to productivity changes; **~steigerung** *f* increase in productivity

**Produktivkredit** *m* credit for productive purposes

**Produkt~**, **~kenntnisse** *pl* product knowledge; **~manager** *m* product manager, brand manager; **~palette** *f* range of products; **~piraterie** *f* product piracy; **~planung** *f* product planning; **~sicherheitsrichtlinie** *f* Directive on General Product Safety; **p~spezifisch** productspecific; **~test** *m* product testing; **~verbesserung** *f* product improvement; **~veredelung** *f* processing of products; **~werbung** *f* product advertising

**Produzent** *m* producer; **~enhaftung** *f* product (or producer's) liability; **~enpreis** *m* price fixed by producer(s)

**produzieren** to produce; **~des Gewerbe** *n* producing industries

**Profi** *m colloq.* pro (professional)

**Profit** *m* profit; **p~bringend** profitable; **~-macherei** *f* profiteering; **p~süchtig** profit-seeking

**profitieren von** to profit from; to cash in on; to benefit from

**Proforma-Rechnung** *f* pro-forma invoice

**Prognose** *f* forecast

**Programm** *n* program(me); **ein ~ aufstellen** to prepare (or draw up) a programme

**Programm** → Beratender ~ausschuss; **p~gemäß** according to programme; on schedule; **~gestaltung** *f* programming

**programmieren** to program

**Progression** *f* progression; → Steuer~

**progressive Abschreibung** *f* progressive depreciation; depreciation on a rising scale

**Prohibitivzoll** *m* prohibitive tariff

**Projekt** *n* project; scheme; **ein ~ durchführen** to realize a project

**Projekt~, p~gebunden** project-linked; **~kredit** *m* loan to finance a project; **~-Management** *n* project management; **~planung** *f* project scheduling; **~träger** *m* project sponsor

**projektieren** to project

**pro-Kopf~, ~-Einkommen** *n* per capita income; **~-Verbrauch** *m* per capita consumption

**Prokura** „procuration"; full power of attorney of a → Prokurist (covering legal and commercial transactions in connection with the management of an enterprise); **per p~** (ppa.) „by procuration"; **~ indossament** *n* procuration endorsement; **~ erteilen** to give full power of attorney

**Prokurist** *m* holder of a „Prokura"; person holding full power of attorney; **der ~ setzt unter seine Unterschrift ppa.** (od. **p. p.**) the „Prokurist" adds ppa. (or p. p.) to his name (and the name of his firm)

**Prolongation** *f* extension, prolongation; renewal; *(Börse)* carry(-)over; **~ e-s Kredits** extension of a credit; **~ e-s Wechsels** renewal (or prolongation) of a bill of exchange; **~sgeschäft** *n (Börse)* contango (or carrying over) business; **~ssatz** *m* contango rate; renewal rate; *Br* carry(-)over rate; **~swechsel** *m* renewal bill (of exchange)

**prolongieren** to extend, to prolong; *(Börse)* to carry over; **e-n Kredit ~** to extend a credit; **e-n Wechsel ~ bis zum ...** to renew (or prolong) a bill (of exchange) up to ...

**prompte Erledigung e-s Auftrags** prompt execution of an order

**prompte** (sofort lieferbare) **Waren** *pl (Warenbörse)* prompts

**Promptgeschäft** *n (Warenbörsengeschäft)* prompt settlement business

**Propaganda~, für ~zwecke** *mpl* for propaganda (or publicity) purposes

**Propergeschäft** *n* → Eigengeschäft

**Proportionalsteuer** *f* proportional tax

**Prospekt** *m (Börse)* prospectus; brochure, folder, leaflet; → Emissions~, → Verkaufs~; → Zeichnungs~; **~haftung** *f (Börse)* prospectus liability; liability for statements made in the prospectus; **~material** *n* descriptive literature; **~zwang** *m* obligation to publish an issuing prospectus; **e-n ~ erstellen** to prepare a prospectus

**prosperierend** prospering, flourishing, booming

**Prosperität** *f* prosperity

**Protektionismus** *m* protectionism

**protektionistische Maßnahmen** *fpl* protectionist trade measures

**Protest** *m* 1. protest; **~streik** *m* protest strike; **~ erheben** to enter (or make) a protest

**Protest** *m* 2. *(WechselR)* protest; **zu ~ gegangener Wechsel** *m* protested bill (of exchange); **~ mangels Aufnahme** protest for non-acceptance; **~ mangels Sicherheit** protest for better security; **~ mangels Zahlung** protest for non(-) payment; **~ aufnehmen** (od. **erheben**) to protest; to draw up (or enter) a protest; **den Wechsel zu ~ gehen lassen** to have (or get) the bill protested

**Protest~, ~erhebung** *f* protesting; **~frist** *f* period allowed for protest; **~gebühr** *f* protest fee

**protestiert~, mangels Annahme oder Zahlung ~er Wechsel** *m* bill protested for non-acceptance or non(-)payment

**Protest~**, **~kosten** *pl* protest charges; **~urkunde** *f* certificate of protest

**Protokoll** *n (Sitzungs~)* minutes; *(Gerichts~)* record; **ein ~ aufnehmen** (od. **führen**) to take (or keep) the minutes (über of); to draw up a record; **zu ~ geben** to put on record

**Protokoll~**, **~führer** *m* minute-taker; person taking the minutes; **~führung** *f* taking the minutes (of a meeting); recording the court proceedings

**protokollieren** → Protokoll führen

**Provenienz-Zertifikat** *n* certificate of origin

**Provision** *f* commission; → Makler~; → Verkaufs~; → Vertreter~; **Verkauf gegen ~** sale on commission (or on a commission basis); **e-e ~ berechnen** to calculate (or charge) a commission; **e-e ~ beziehen** to draw a commission; **Waren gegen ~ verkaufen** to sell goods on commission

**Provisions~**, **~anspruch** *m* claim for (a) commission; **~aufwand** *m* commissions paid; **p~berechtigt** entitled to (a) commission; **~einnahmen** *fpl* commissions received; **p~frei** free of commission; **~guthaben** *n* credit balance on commission account; **~konto** *n* commission account; **p~pflichtige Kosten** *npl* accounts subject to (a) commission; **~reisender** *m* travel(l)ing salesman on commission; commercial travel(l)er; **~satz** *m* commission rate

**provisorischer Prospekt** *m* provisional prospectus

**Prozent** *n* (%) per cent; percentage; **4 ~ jährlich** 4 per cent per annum; **10 ~ für Bedienung** service charge 10 per cent; **10 ~ Zinsen tragen** (od. **mit 10 % verzinslich sein**) to bear 10 % interest; **wieviel ~ sind Ihnen angeboten worden?** what percentage were (have you been) you offered? **5 ~ Rabatt bekommen** to get a 5 % discount

**prozentig**, **e-e 5-prozentige Preiserhöhung** *f* a 5 % increase in prices

**Prozent~**, **~notierung** *f (für Aktien)* percentage quotation (expressed as a percentage of a nominal share value); **~rechnung** *f* calculation of percentage; **~satz** *m* percentage; **~spanne** *f* percentage margin; **~tara** *f* percentage tare

**prozentualer Anteil** *m* **am Gewinn** percentage of profits

**Prozess** *m* action, lawsuit, proceedings; *(Strafverfahren)* trial; *(Entwicklungs~)* process; **in dem ~ A ./. B** in the lawsuit A v. (versus) B; **e-n ~ gegen jdn anhängig machen** to institute proceedings against sb.; **e-n ~ führen** to carry on a lawsuit; **e-n ~ gewinnen** to win a case (or lawsuit); **e-n ~ verlieren** to lose a case (or lawsuit)

**Prozess**, **~abweisung** *f* dismissal of an action; **~akten** *pl* court files (or records); **~betrug** *m* collusion; **~bevollmächtigter** *m* **des Klägers** counsel for the plaintiff; **p~fähig** capable of suing and being sued; *(Straf~)* competent to stand trial; **~fähigkeit** *f* capacity to sue and to be sued; **~gegner** *m* opposing party; **p~hindernde** → Einrede

**prozessieren**, **gegen jdn ~** to bring an action against sb.; to litigate against sb.

**Prozesskosten** *pl* court and legal costs; cost of the proceedings; **~hilfe** *f* legal aid; **~versicherung** *f* legal costs insurance; **dem Kläger die ~ auferlegen** to order the plaintiff to pay the costs

**Prozess~**, **~ordnung** *f* rules of procedure; **~partei** *f* party to legal proceedings; litigant; **~rechner** *m (EDV)* process control computer; **~recht** *n* law of procedure; adjective law; **~steuerung** *f* process control; **p~unfähig** under a (legal) disability; **~vergleich** *m* settlement in court; **~vollmacht** *f* written authorization entitling a lawyer to conduct the proceedings

**Prüf~**, **~attest** *n* inspection certificate; ~behörden; *fpl* test authorities; official test centre; **~daten** *pl* test data

**prüfen** to examine, to test; *(untersuchen)* to inspect, to check; *(Bücher)* to audit; **genau ~** to scrutinize; to check carefully; **ein Angebot ~** to examine an offer (or quotation); **die Bilanz ~** to audit the balance sheet; **Instrumente ~** to test instruments; **ein Konto ~** to audit an account; **die Qualität ~** to check the quality; **e-e Rechnung ~** to check an invoice; **den Schaden ~** to inspect the damage; **die Ware ~** to inspect the goods ( → geprüft)

**Prüfer** *m* examiner; tester; checker; *(Bücher)* auditor; *(PatR)* examiner

**Prüf~**, **~ergebnis** *n* test result; **~gegenstand** *m* test item; **~gerät** *n* testing instrument; **~kosten** *pl* testing cost; **~normen** *fpl* standards for testing; **~stempel** *m* inspection stamp

**Prüfung** *f* examination; test, inspection, check; checking operation; *(Buchführung etc.)* audit; **~ e-r Beschwerde** investigation of a complaint; **~ der Bilanz** audit of the balance sheet; **~ der Echtheit** verification of the authenticity; **~ der Geschäftsbücher** auditing the books of account; **bei ~ Ihrer Rechnung** on checking your invoice; **~ der Ware** inspection of the goods; **~ der Zollanmeldung** checking of the goods declaration; **e-e ~ ablegen** to sit for (or take) an examination; **e-e ~ bestehen** to pass an examination; **e-e ~ vornehmen** to carry out an audit (or a check, an inspection)

**Prüfungs~**, **~anforderungen** *fpl* examination demands; **~auftrag** *m* auditing mandate; **~ausschuss** *m* board of examiners; **~bericht** *m* report on a test; *(des Abschlussprüfers)* audit report, auditor's report; **~bescheinigung** *f* auditor's certificate; certificate of inspection; **~ergebnis** *n* result of audit; result of an examination; **~gebühren** *fpl (Buchprüfung)* audit fees; **~gesellschaft** *f* auditing firm; **~grundsätze** *mpl* auditing standards; **~recht** *n* right of inspection; right to audit

**Prüf~**, **~verfahren** *n* method of testing; **~vermerk** *m* certificate of audit; **~werkstatt** *f (e-s Unternehmens)* test shop; **~zeichen** *n* test mark; check mark

**psychologische Auswirkungen** *fpl* psychological impact (auf on)

**Publikation** *f* publication; **~serfordernisse** *npl (für Wertpapiere)* disclosure requirements; **~smedien** *pl* publishing media; **~spflicht** *f* duty to disclose the *Br* annual accounts (*Am* annual financial statement)

**Publikum** *n* public; **~sfond** *m* fund open to the general public; **~sgeschäft** *n (e-r Bank)* retail banking; **~sgesellschaft** *f* public company (or corporation); **~skäufe** *mpl (Börse)* public buying; **~swerte** *mpl (Börse)* securities favo(u)red by the public; leading shares; **dem ~ zugänglich** open to the public

**Publizität** *f* publicity; **~serfordernisse** *npl* disclosure requirements; **~spflicht** *f* → Publikationspflicht

**Pufferbestände** *mpl* buffer stocks

**Pump**, **auf ~ kaufen** to buy on credit (*coll.* on tick)

**Punkt** *m* point; **~ der Tagesordnung** item on the agenda; **strittiger ~** contested point; **die Aktien sind plötzlich um 10 ~e gefallen** the shares slumped 10 points; **3 ~e gewinnen** *(Börse)* to gain 3 points

**pünktlich** punctual, on time; **~e Lieferung** *f* punctual delivery; **~ bezahlen** to pay punctually (or on time)

**Pünktlichkeit** *f* punctuality; **wir werden diesen Auftrag mit der gewohnten ~ erledigen** we shall give this order our usual prompt attention

# Q

**Q-Gewinn** *m (Marktlagengewinn)* windfall profit

**quadratische mittlere Abweichung** *f (Statistik)* standard deviation

**Qualifikation** *f* qualification; eligibility; **sich berufliche ~en aneignen** to acquire professional qualifications

**qualifizieren**, **sich ~ für** to qualify for

**qualifiziert**, **~er Arbeiter** *m* qualified (or skilled) worker; **mit ~er Mehrheit** *f* by a qualified majority

**Qualität** *f* quality; *(Sorte)* grade; **~ der Erzeugnisse** product quality; **~ der Verarbeitung** workmanship; **beste ~** best (or top) quality; **Waren bester ~** goods of first (-class) quality; *(etwa)* grade A; **Erzeugnisse geringer ~** low-quality products; **geringwertige ~** poor (or inferior) quality; **die gewünschte ~** the desired quality; **gute ~** good (or fair) quality; **handelsübliche** (od. **marktgängige**) **~** merchantable quality; **Waren minderer ~** goods of inferior (or lower) quality; low-quality goods; **gute Mittel ~** fair average quality; **Waren mittlerer ~** medium-quality goods; **schlechte ~** poor (or bad) quality; **von schlechter ~** shoddy; **vereinbarte ~** agreed quality; **vorzügliche ~** prime (or superior) quality; **zweite ~** second(-class) quality; **die ~ beanstanden** to complain about the quality; **die ~ genügt den Anforderungen unserer Kunden nicht** the quality does not meet our customers' requirements; **die ~ ist unübertroffen** the quality is unsurpassed; **die ~ hat sich verschlechtert** quality deteriorated

**qualitativ** qualitative; **~ gleiche Waren** *fpl*

commodities of like quality; **~es Merkmal** *n* qualitative characteristic; **~ vom Muster abweichen** to differ in quality from the sample

**Qualitäts~**, **~abweichung** *f* variation in quality; **~anforderungen** *fpl* quality requirements; **q~bewusst** quality-conscious; **~beschreibung** *f* quality description; **~erzeugnis** *n* high-quality product; **~handbuch** *n* quality manual; **~kontrolle** *f* quality control; **~management** *n* quality management; **~mangel** *m* defect in quality; **q~mäßige Verbesserung** *f* improvement in quality; **~minderung** *f* quality deterioration; **~normen** *fpl* **festlegen** to fix (or establish) quality standards; **~prämie** *f* quality premium; **~probe** *f* sample of the quality; **~produkt** *n* → **~erzeugnis**; **~prüfung** *f* quality test; inspection (or checking) of quality; **~risiko** *n* quality risk; **~rückgang** *m* drop in quality; **~sicherung** *f* quality assurance; **~siegel** *n (Gütezeichen)* mark of quality; **~steuerung** *f* quality control; **~stufe** *f* quality grade; **~veränderung** *f* change in quality; **~verbesserung** *f* improvement of quality; **~vergleich** *m* quality comparison; **~verschlechterung** *f* deterioration in quality; **~ware** *f* (high-)quality goods; **~wettbewerb** *m* quality competition; **~zertifikat** *n* certificate of quality; **~zusage** *f* warranty of quality

**quantitativ** quantitative, relating to quantity

**Quartal** *n* quarter (of a year); **~sabrechnung** *f* quarterly statement of accounts; **~sabschluss** *m* quarterly accounts; **~sdividende** *f* quarterly dividend; **~sende** *n* end of a quarter; **q~sweise** quarterly; **~szahlen** *fpl* quarterly figures

**Quasi~**, **~geld** *n* near money; **~hersteller** *m* quasi (or apparent) manufacturer

**Quelle** *f* source; origin; → Einkaufs~; **Abzug der Steuern an der ~** deduction (or *Am* withholding) of tax at source; **an der ~ einbehaltene Steuern** taxes deducted (or *Am* withheld) at source; **Einkünfte aus amerikanischen ~n** U.S. source income; **seine ~n angeben** to quote one's authorities; to cite one's sources; **aus zuverlässiger ~ erfahren haben** to have learnt from a reliable source

**Quellen~**, **~abzugssystem** *n (Steuern) Br* pay-as-you-earn system; *Am* pay-as-you-go system; **~besteuerung** *f Br* deduction (*Am* withholding) of tax at source; **~nachweis** *m* quotation of one's authorities; indication of sources; **~staat** *m* state of source

**Quellensteuer** *f* tax (deducted) at source; withholding tax; **~ auf inländische Zinserträge** withholding tax on domestic interest income; **q~pflichtiges Einkommen** *n* income subject to withholding tax; **der ~ unterliegen** to be subject to withholding tax

**querschreiben** to accept a bill of exchange

**Querverweis** *m* cross-reference

**quittieren** to receipt; to give a receipt for; **Waren ~** to sign for goods

**quittierte Rechnung** *f* receipted bill

**Quittung** *f* receipt; voucher; **~ über den Restbetrag** receipt for the balance; **endgültige ~** receipt in full discharge; **ordnungsgemäße ~** receipt in the due form; **jdm e-e ~ ausstellen** to give sb. a receipt (über for)

**Quittungs~**, **~block** *m* block receipt pad; pad with blank receipts; **~doppel** *n* duplicate receipt; **~durchschlag** *m* copy of a receipt; **~stempel** *m* receipt stamp; **~vordruck** *m* receipt form

**Quorum** *n (die für die Beschlussfähigkeit erforderliche Mindestzahl)* quorum; **ein ~ bilden** to constitute a quorum

**Quote** *f* quota; *(Emissionsgeschäft)* underwriting share; *(im Konkurs)* dividend; **jährliche ~** annual quota; **Höchst~** *f* maximum quota; **Mindest~** *f* minimum quota; **die ~n** *pl (z. B. beim IWF)* **aufstocken** to increase the quotas; **~n aufteilen** to allocate quotas; **~n einhalten** to comply with quotas; **~n festsetzen** to fix (or determine) quotas; **~n überschreiten** to exceed quotas

**Quoten~**, **~aktie** *f* no par value share; *Am* no par stock; **~anteil** *m* quota share; **~ausgleich** *m* offsetting of quotas; **~aussetzung** *f* suspension of quotas; **~auswahl** *f* quota sampling; **~erhöhung** *f* quota increase; **~herabsetzung** *f* quota reduction; **~kampf** *m* quota contest (between members of a cartel); **~kartell** *n* quota-fixing cartel; **~kürzung** *f* quota reduction; **~neufestsetzung** *f* revision of quotas

**Quotenregelung** *f* quota arrangement; quota system; **Markt mit ~** market subject to quotas

**Quoten~**, **~überschreitung** *f* exceeding a quota; quota overrun; **~zuteilung** *f* allocation of quotas
**Quotierung** *f* quotation

# R

**Rabatt** *m* discount, rebate; → Barzahlungs~; → Händler~; → Kunden~; → Mengen~; → Treue~; abzüglich ~ less discount; bei Barzahlung 3 % ~ 3 per cent discount for cash; ~ für die Wiederverkäufer trade discount (or allowance); ~ geben to give (or grant) a rebate (or discount)
**Rabatt~**, **~kartell** *n* cartel to enforce uniform rebates; **~marke** *f* trading stamp
**radioaktiv, Lagerung und Aufarbeitung von ~en Abfällen** *mpl* storage and reprocessing of radioactive waste; **~e Verseuchung** *f* **des Wassers** radioactive contamination of the water; **höchstzulässige Menge von ~en Stoffen** *mpl* maximum permissible amounts of radioactive substances
**Radioaktivität** *f*, **Gehalt an ~** level of radioactivity
**Radio~**, **~sendung** *f* radio broadcast; **~werbesendung** *f* radio commercial; **~werbung** *f* radio advertising
**Raffinerie** *f* refinery; **~Preise ab ~** ex-refinery prices; **~anlage** *f* refining plant; **~industrie** *f* (oil) refining industry; **~unternehmen** *n* (oil) refining company
**raffiniertes Olivenöl** *n* refined olive oil
**Rahmen** *m*, **im ~ von** within the scope of; **im ~ des üblichen Geschäftsverkehrs** in the ordinary course of business; **im ~ jds Vollmacht** within the limits of sb.'s authority
**Rahmen~**, **~bedingungen** *fpl* general situation (or conditions); **~bestimmungen** *fpl (z. B. für Kaufverträge)* outline terms; framework provisions; **~gesetzgebung** *f* framework legislation; **~handelsabkommen** *n* skeleton trade agreement; **~kredit** *m* credit line; **~richtlinien** *fpl* **des Rates** *(EU)* outline directives from the Council; **~tarifvertrag** *m* basic agreement (on working conditions)
**Raiffeisenbank** *f* rural credit cooperative
**raketenhaft ansteigende Preise** *mpl* sky-rocketing prices
**Ramsch~**, **~verkauf** *m* jumble sale; **~waren** *fpl* odds and ends; substandard goods, job goods
**Rand~**, **~gebiete** *npl* **der Gemeinschaft** *(EU)* peripheral regions of the Community; **~vermerk** *m* marginal note
**Rang** *m* rank, position; *(Vor~)* priority; **das im ~ folgende Mitglied des Internationalen Gerichtshofes** the member of the International Court of Justice next in seniority; **im ~ nachstehender Gläubiger** *m* creditor next in order of priority; **im ~ nachstehende (vorgehende)** → Hypothek; **im ~ nachgehen** to rank after; **im ~ vorgehen** to rank before; to have priority over
**Rang~**, **~änderung** *f (im Grundbuch)* alteration of priority; **~folge** *f* order of rank; order of priority; **~folge der Gläubiger** ranking of creditors; **r~gleich** of equal rank; **r~höher** senior
**rangieren** *(Bahn)* to switch, to shunt; *(e-n Rang innehaben)* to rank; **an 5. Stelle ~** to rank fifth (vor above, unter below)
**Rangordnung** *f* order of rank, order of precedence; **~ der (Konkurs-)Forderungen** ranking of claims; **~ von (Konkurs-)Gläubigern** priority of creditors
**Rangvorbehalt** *m* reservation of priority
**rapide steigen** to soar
**rar sein** to be scarce
**rasches Ansteigen** *n* **der Preise** rapid rise in prices
**Rassen~**, **~diskriminierung** *f* racial discrimination; **~gleichheit** *f* racial equality; **~hass** *m* race hatred; **~unruhen** *fpl* racial incidents (or unrest)
**Raster** *m* grid
**Rat** *m* 1. advice; **auf den ~ von** acting upon the advice of; **jdn um ~ fragen** to ask sb. for advice; **jds ~ annehmen** to take sb.'s advice; **jdn zu ~e ziehen** to consult sb.
**Rat** *m* 2. council; **~ der Europäischen Gemeinschaften** Council of the European Communities; **~ für die Zusammenarbeit auf dem Gebiete des Zollwesens** (RZZ) Customs Cooperation Council (CCC)
**Rats~** (EU), **~beschluss** *m* Council decision; **~entscheidung** (od. **~entschließung**) *f* Council resolution; **~präsident** *m* Council President, President of the

Council; **amtierender ~präsident** *m* President-in-office of the Council; **~richtlinie** *f* Council Directive; **~sitzung** (od. **~tagung**) *f* session of the Council; Council meeting; **~verordnung** *f* Council regulation; **~vorsitz** *m* Council Presidency; **~vorsitzender** *m* President of the Council

**Rate** *f* instalment; *Am (auch)* installment; *(verhältnismäßiger Satz)* rate; → Inflations~; → Monats~; **fällige ~** instal(l)ment due; **in festgesetzten ~n** *fpl* in specified instal(l)ments; **letzte ~** final instal(l)ment; **in ~n (be)zahlen** to pay by instal(l)ments

**Raten~**, **~anleihe** *f* instal(l)ment loan; **~hypothek** *f* instal(l)ment mortgage

**Ratenkauf** *m Br* hire-purchase transaction; *Am* installment purchase (or buying); **~vertrag** *m Br* hire-purchase contract; *Am* installment purchase contract

**Ratenkredit** *m* instal(l)ment credit

**Ratenzahlung** *f Br* payment by instalments; *Am* payment on deferred terms; **~skauf** *m* purchase on the instal(l)ment system; *Br* hire-purchase; *Am* installment buying, buying on time; **~svereinbarung** *f* instalment agreement; **die ~en** *pl* **pünktlich einhalten** to pay off the instal(l)ments punctually

**Ratifikation** *f* ratification

**ratifizieren** to ratify

**rationalisieren** to rationalize; to streamline

**Rationalisierung** *f* rationalization; streamlining; **~sbestrebungen** *fpl* efforts to rationalize; **~sfachmann** *m* efficiency expert; **~sinvestitionen** *fpl* rationalization investment; investment to increase efficiency; **~skartell** *n* rationalization cartel; efficiency cartel; **~smöglichkeiten** *fpl* possibilities of rationalization; **~sschutzabkommen** *n* agreement to safeguard jobs in the event of rationalization; **~svorhaben** *n* rationalization project

**rationell**, **~es Herstellungsverfahren** *n* efficient process of manufacturing; **~e Methoden** *fpl* streamlined methods

**rationieren** to ration

**Rationierung** *f* rationing

**ratsam** advisable; **für ~ erachten** to consider advisable

**Rats~**, **~sitzung** *f (EU)* session of the Council; **~tagung** *f (EU)* Council meeting

**Raub** *m* robbery; **~druck** *m* pirated edition; **~kopie** *f* pirate copy; **~überfall** *m* robbery (with violence); mugging

**Räucherwaren** *fpl* smoked fish (or meat)

**Rauchwaren** *fpl (Pelze)* furs; *(Tabakwaren)* tobacco products

**Raum** *m* room; space; area; **gewerbliche Räume** *mpl* business premises; → Ladenräume; **~bedarf** *m* space requirement

**räumen** *(Wohnung)* to vacate, to quit, to leave; **das Lager ~** to clear the stock (→ geräumt)

**Raum~**, **~ersparnis** *f* space saving; **~fahrt** *f* space travel; **~fahrtindustrie** *f* (aero)space industry; **~frachtvertrag** *m* charter-party; **~gleiter** *m* space shuttle; **~heizung** *f* space heating; **~mangel** *m* lack of space; **~ordnung** (od. **~planung**) *f* regional planning; **~tarif** *m (für sperrige Güter)* tariff based on the space (occupied by goods to be transported); **r~teilende Schrankwände** *mpl* partitioning cupboard units

**Räumung** *f*, **~** *(e-s Hauses)* vacation; *(zwangsweise)* eviction (or dispossession) (of a tenant); **~ e-s Lagers** stock clearance

**Räumungsklage** *f Br* action for possession; *Am* action of eviction; **~ erheben** to apply to the court for *Br* possession (*Am* eviction)

**Räumungsverkauf** *m* clearance sale; **~spreis** *m* clearance price

**Rauschgift** *n* (narcotic) drug, narcotics; **~handel** *m* drug (or narcotics) dealing; **~händler** *m* drug dealer; **~menge** *f* quantity of drugs; **~schmuggel** *m* drug smuggling; **~sucht** *f* drug addiction; **r~süchtig** addicted to drugs; **~süchtiger** *m* drug addict; **langjähriger ~süchtiger** *m* habitual narcotics user; **~verkäufer** *m* drug vendor (or seller); drug trafficker

**rausfliegen** *colloq.* to get the push

**rausgeworfen werden** *colloq.* to be sacked

**raussetzen**, **jdn ~** *colloq.* to give sb. the push

**Razzia** *f* (police) raid

**Reaktor** *m* (nuclear) reactor; **~betreiber** *m* nuclear operator; **ein ~schiff** *n* **betreiben** to operate a nuclear ship

**real** real, in real terms

**Realisation** *f* realization; → Gewinn~

**realisierbare Aktiva** *npl* realizable assets

**realisieren** to realize; to convert into money; to liquidate; *(Börse)* to take profits

**realisiert**, **~e Gewinne** *mpl* realized profits; *(Börse)* realized price gains; **~er Kursgewinn** *m* capital gain; **~er Kursverlust** *m* capital loss

**Realisierung** *f* realization

**Real~**, **~kapital** *n* non-monetary (or real) capital; **~kauf** *m* cash purchase; **~kredit** *m* credit against collateral; real estate loan; **~kreditinstitut** *n* mortgage bank; **~lohn** *m* real wage(s); **~steuern** *fpl* impersonal taxes *(z. B. Grundsteuer)*; **~vermögen** *n* tangible assets; **~zeitverfahren** *n (EDV)* real time processing; **~zins** *m* real rate of interest

**Rebsorten** *fpl* vine varieties; **~en anbauen** to cultivate vines

**Rechen~**, **~anlage** *f* computer; **~fehler** *m* error in calculation; **~maschine** *f* calculating machine

**Rechenschaft** *f* account(ing); **~sbericht** *m* accounting report; account rendered; **~slegung** *f* rendering of (an) account; **r~spflichtig** accountable; liable to render account; **~ ablegen über** to give account of

**Rechenzentrum** *n* computer cent|re (~er)

**Recherche** *f (PatR)* search; research; **~nbericht** *m* (re)search report; **~ngebühr** *f* (re)search fee

**rechnen** to count, to calculate, to reckon; *(Computer)* to compute

**Rechner** *m* computer; **r~gesteuert** computer-controlled; **r~gestützt** → computergestützt; **r~integrierte Fertigung** *f* computer-integrated manufacturing (CIM)

**rechnerisch** mathematical; **~er Gewinn** *m* accounting profit; paper profit

**Rechnerprogramm** *n* computer program

**Rechnung** *f* account, bill; *(Waren~)* invoice (*über* for); **~ im Betrage von** invoice (or bill) for the amount of; **Zahlung bei Erhalt der ~** payment on receipt of invoice; **auf ~ und Gefahr** for account and risk; **auf ~ des Käufers** to the buyer's account; **auf gemeinschaftliche ~** on joint account; **ausstehende ~** outstanding account; **bezahlte ~** settled account; **für eigene ~** for one's own account; at one's own expense; **für fremde ~** for account of another; for sb. else's account; **gemäß anliegender ~** as per invoice enclosed; **getrennte ~** separate account; **in ~ gestellter Betrag** *m* sum charged; charge; **laufende ~** current account; **laut ~ vom ...** as per invoice dated ...; **offen stehende ~** unpaid bill (or invoice); **quittierte ~** receipted invoice (or bill); **spezifizierte ~** itemized bill; **überhöhte ~** excessive bill; **e-e ~ ausschreiben** to write out an invoice (or a bill); **e-e ~ ausstellen** to make out (or prepare) an invoice; to invoice sb. (for goods etc.); **e-e ~ begleichen** to pay an invoice; to settle a bill; **die ~ beläuft sich auf** (od. **beträgt**) the invoice amounts to; **e-e ~ bezahlen** s. e-e → ~ begleichen; *colloq.* to foot a bill; **auf ~ kaufen** to buy on account (or on credit); **~ legen über alle Einnahmen und Ausgaben** to submit an account of all revenue and expenditure; **e-e ~ für richtig befinden** to find an account correct; **die ~ prüfen** to verify the account; **auf die ~ setzen** to put on the invoice; **e-e ~ spezifizieren** to itemize an account; **auf der ~ stehen** to appear on the account; **in ~ stellen** to invoice, to bill; to charge; **jdm e-n Betrag in ~ stellen** to pass an amount to the debit of a p. (or to sb.'s debit); to bill (or charge) an amount to sb.; **jdm die Kosten in ~ stellen** to charge the costs to sb.; **versandt, aber noch nicht in ~ gestellt** shipped, not billed; **e-e ~ stornieren** to cancel a bill; **~ tragen** *fig* to take account of

**Rechnungs~**, **~abgrenzungsposten** *mpl* accrued and deferred items; *Am* accruals and deferrals; **~abschluss** *m* closing (or balancing) of accounts; **~abschrift** *f* invoice copy; copy of an invoice (or bill); **~abteilung** *f* billing department; **~ausstellung** *f* making out an invoice; billing; invoicing; **~auszug** *m* statement (or abstract) of account; **~belege** *mpl* accountable receipts; vouchers

**Rechnungsbetrag** *m* amount of invoice; invoice figure; **~den ~ auf ein Konto überwiesen** to remit the amount of invoice to an account

**Rechnungs~**, **~buch** *n* invoice book; **~datum** *n* date of invoice; billing date; **~defizit** *n* accounting deficit; **~doppel** *n* duplicate invoice; **~durchschlag** *m* invoice copy, copy account; **~eingangsbuch** *n* voucher register; **~einheit** *f* unit of account; **~einzugsverfahren** *n* direct debiting; **~formular** *n* invoice form; billhead; **~führung** *f* keeping of accounts; **~hof** *m* audit office; *(EU)* Court of Auditors; **~jahr** *n* accounting year; *Br* financial year; *Am* fiscal year

**Rechnungslegung** *f* rendering (or submission) of accounts; accounting; **Grundsätze ordnungsgemäßer ~** generally accepted accounting principles (GAAP); **~sgrundsätze** *mpl* accounting principles; **~spflicht** *f* liability to (render an) account

**Rechnungs~**, **~nummer** *f* invoice number; **~posten** *m* item (in an invoice or account); **~preis** *m* invoice price; **~prüfer** *m* auditor; person authorized to audit company accounts; **~prüfung** *f* auditing of accounts; invoice checking; **~schreibung** *f* writing invoices; invoicing, billing; **~summe** *f* amount invoiced; **~unterlagen** *fpl* accounting documents; **~vermerk** *m* remark on the invoice; **~vordruck** *m* → **~formular**; **~vorlage** *f* submission of accounts; **~wesen** *n* accounting; accountancy; **~zeitraum** *m* accounting period

**Recht** *n* right; *(objektives ~)* law; **~ an** right (or interest) in; **~e** *npl* **an Grundstücken** *Br* interest in land; *Am* real property rights; **~ des Anhaltens unterwegs befindlicher Waren** right of stoppage of goods in transit; **~ der Aussageverweigerung** privilege of refusal to give evidence; **~ aus e-m Vertrag** right under a contract; **anzuwendendes ~** applicable law; law which applies; **ausländisches ~** foreign law; **bestehendes ~** established law; **nach deutschem ~** according to German law; **dingliches ~** real right, right in rem; **formelles ~** adjective (or procedural) law; **geltendes ~** law in force; **gesetzliches ~** legal right; **inländisches ~** national law; **materielles ~** substantive law; **obligatorisches ~** personal right, right in personam; **öffentliches ~** public law; **übertragbares ~** transferable right; **vertragliches ~** contractual right; **wohlerworbenes ~** duly acquired right

**Recht**, **jdm sein ~ absprechen** to deny sb. his right; **ein ~ beanspruchen** to claim a right; **die ~e sind beeinträchtigt** the rights have been prejudiced; **auf seinem ~ bestehen** to insist on one's right; **in jds ~e eingreifen** to encroach upon sb.'s rights; **der Gerichtshof hat für ~ erkannt** *(EU)* the Court held (or ruled); **sein ~ fordern** to claim (or demand) one's right; **von e-m ~ Gebrauch machen** to avail oneself of a right; **das ~ geht über auf** the right passes to; **ein ~ geht unter** a right expires; **sein ~ geltend machen** to assert one's right; **im ~ sein** to be right; **dem ~ e-s Staates unterliegen** to be governed by the law of a state; **ein ~ verletzen** to interfere with (or violate) a right; **auf ein ~ verzichten** to renounce a right; **sich das ~ vorbehalten** to reserve the right

**rechtfertigen**, **sich ~** to justify oneself

**Rechtfertigung** *f* justification

**rechtlich** legal, lawful; **~ unerheblich** irrelevant in law; **~ verpflichtet** bound by law; **~ vertretbar** legally justifiable; **aus ~en Gründen** *mpl* for legal reasons; **in tatsächlicher und ~er Hinsicht** *f* in fact and in law; **~ selbständiges Unternehmen** *n* legally independent enterprise

**rechtmäßig** lawful, legitimate; **~er Eigentümer** *m* legal owner, rightful owner; **~er Inhaber** *m* **e-r Urkunde** lawful holder of a document

**rechts**, **~ oben** top right; **~ unten** bottom right

**Rechtsabteilung** *f* legal department

**Rechtsakte** *f* legal instrument; **~n** *fpl* **der Gemeinschaft** *(EU)* Community legal instruments

**Rechtsangleichung** *f (EU)* harmonization (or alignment) of laws; **~ der in den Mitgliedstaaten geltenden Bestimmungen** *(EU)* approximation of Member States provisions

**Rechtsanspruch** *m*, **e-n ~ aufgeben** to renounce a legal claim

**Rechtsanwalt** *m* lawyer, counsel; *Br* solicitor, barrister; *Am* attorney-at-law; **als ~ tätig sein** to practise law; **die Angelegenheiten e-m ~ übergeben** to place the matter in the hands of a lawyer

**Rechtsanwaltsgebühren** *fpl* → Anwaltsgebühren

**Rechtsauskunft** *f* legal information

**Rechtsbehelf** *m* (legal) remedy; **~e** *mpl* **gegen den Käufer bei Zahlungsverweigerung** remedies of the unpaid seller against the buyer; **e-n ~ ausüben** to resort to a remedy

**Rechtsberater** *m* legal adviser; **~ e-s Unternehmens** in-house lawyer (or counsel)

**Rechts~**, **~beratung** *f* (giving of) legal advice; **~beschwerde** *f* appeal on points of law; **~beugung** *f* perversion of justice; **r~erheblich** relevant in law

**Rechtsetzungsverfahren, gemeinschaftliches ~** *n (EU)* Community legislative procedure

**rechtsfähig** having legal capacity; **~e Gesellschaft** *f* incorporated company; **~er Verein** *m* incorporated association

**Rechtsfähigkeit** *f* legal capacity (capacity to exercise legal rights and to have legal obligations); **mangelnde ~** legal incapacity

**Rechtsfolge** *f* legal consequence

**Rechtsform** *f* legal form; **die Firma wird in derselben ~ fortgeführt** the firm will continue with the same legal structure

**Rechts~**, **~frage** *f* question of law; **~gebiet** *n* field of law

**Rechtsgeschäft** *n*, **ein ~ vornehmen** to perform (or enter into) a legal transaction

**Rechtsgrundsätze** *mpl*, **nach allgemeinen ~n** according to general principles of law

**rechtsgültig** legally valid; **~er Vertrag** *m* valid contract

**rechts~**, **~hängig** pending (of action, proceedings); **R~hängigkeit** *f* lis pendens; period during which proceedings are pending

**Rechtshilfe** *f* legal assistance; **gegenseitige ~** mutual legal assistance; **~abkommen** *n* judicial assistance agreement; **~ersuchen** *n* request for judicial assistance; *Br* letters of request; *Am* letters rogatory; **ein ~ersuchen erledigen** to execute letters of request (or letters rogatory)

**Rechts~**, **~irrtum** *m* error in law; **~kosten** *pl* legal charges; **~kraft** *f* res judicata; binding effect (of a judgment); **r~kräftige Entscheidung** *f* final decision; legally binding decision

**rechtskräftig** unappealable; **~ festgesetzte Steuer** *f* finally assessed tax; **~** *(gerichtlich)* **feststellen** to determine by final judicial decision; **~ werden** to become final; **~e Entscheidung** *f* final decision; legally binding decision

**rechtskräftiges Urteil** *n* final judgment (when no further appeal is possible); **ein ~ ist ergangen** a final judgment has been given

**Rechts~**, **~lage** *f* legal position; **~mangel** *m* defect of title; legal defect; **~mängelhaftung** *f* liability arising from warranty of title; **~missbrauch** *m* misuse of rights; abuse of law

**Rechtsmittel** *n* appeal; (legal) remedy; **ein ~ einlegen** to appeal, to lodge (or file) an appeal; **gegen e-e gerichtliche Entscheidung ein ~ einlegen** to appeal against a decision; **gegen die Entscheidung kann ein ~ eingelegt werden** the decision may be appealed against

**Rechtsmittel~**, **~belehrung** *f* instruction about the right of appeal; **~frist** *f* time (prescribed) for appeal; **~verfahren** *n* appellate procedure

**Rechts~**, **~nachfolge** *f* succession in title; **~nachfolger** *m* successor in title; **~nachteil** *m* legal detriment; **~norm** *f* legal norm; **~ordnung** *f* legal system; **~persönlichkeit** *f* legal personality; body corporate; **~pflege** *f* administration of justice; **~position** *f* legal situation

**Rechtsprechung** *f* administration of justice; **deutsche ~** *f* German court decisions; **ständige ~ der Gerichte** consistent practice of the courts

**Rechtsreferendar** *m* articled clerk

**Rechtssache** *f* case; legal matter; **verbundene ~n** *fpl* joined cases

**Rechtsschutz** *m* legal protection; **gewerblicher ~** protection of industrial property; **~versicherung** *f* legal expenses insurance

**Rechts~**, **~sicherheit** *f* legal certainty; reliability of the law; **~staat** *m* state under the rule of law; **~standpunkt** *m* legal point of view; **~stellung** *f* legal status; **~streit** *m* litigation, lawsuit; (legal) action; **~übergang** *m* transfer of the right; devolution of title; **~überholen** *n (im Verkehr)* overtaking on the right; **~übertragung** *f* transfer (or assignment) of a right (*auf* to); **r~ungültig** legally invalid; **~unkenntnis** *f* lack of knowledge of legal matters; **~unterschiede** *mpl* **beseitigen** to remove legal disparities; **r~verbindlich** legally binding; **~vereinheitlichung** *f* unification of law; **~verhältnis** *n* legal relationship; **~verkehr** *m* legal relations; right-hand traffic; **~verletzung** *f* infringement of another's right; violation of a law; **~vermutung** *f* presumption of law; **~verordnung** *f* ordinance having the force of law; **~verwirkung** *f* forfeiture of a right; estoppel; **~vorbehalt** *m* reservation of a right; **~vorgänger** *m* predecessor (in title)

**Rechtsvorschriften** *fpl* legal provisions; legislation; → gemeinschaftliche und einzelstaatliche ~; **Gesetze und sonstige ~** laws and regulations; **Angleichung der einzelstaatlichen ~** *(EU)* harmonization of national legislation

**Rechtsweg** *m* recourse to the courts; **der ~ vor den ordentlichen Gerichten steht offen** recourse may be had to the ordinary courts

**rechtswidriges Verhalten** *n* unlawful conduct

**rechtzeitig** in (or on) time, timely; in due (or good) time; **~e Bestellung** *f* early ordering; **bei ~er Bestellung** *f* provided your order is early enough; **nicht ~e Bezahlung** *f* late payment, delay in the payment; delayed payment; **den Kaufpreis nicht ~ bezahlen** to be late in paying the purchase price

**Rede** *f* speech, address; **e-e ~ halten** to deliver a speech

**Rediskont** *m* rediscount; **r~fähiger Wechsel** *m* bill eligible for rediscount

**rediskontieren** to rediscount

**Rediskontierung** *f* rediscounting

**Rediskontkontingent** *n* rediscount quota; **unausgenutzte ~e** *npl* unused rediscount quotas; **Kürzungen des ~s** cut in the rediscount quota

**Rediskont~**, **~kredit** *m* rediscount credit; **~linie** *f* rediscount line; **~obligo** *n* liability on rediscounts; **~satz** *m* rediscount rate; **~spielraum** *m* rediscount margin; **~zusage** *f* rediscount facility

**redliches Verhalten** *n* fair dealing

**reduzieren**, **seine Ausgaben ~** to cut (down) one's expenses

**reduzierte Preise** *mpl* reduced prices, short prices

**Reduzierung** *f (Einschränkung)* cutback

**Reeder** *m (Seeschiffahrt)* shipowner; **~haftung** *f* liability of shipowners

**Reederei** *f* shipping company

**reell** honest, fair; **~e Firma** *f* reliable firm

**Reexport** *m* reexport(ation)

**REFA-Mann** *m* time and motion observer

**Refaktie** *f* allowance for breakage (or for defective goods)

**Referat** *n* report

**Referenz** *f* 1. *(Empfehlung)* reference; **~ersuchen** *n* request for references; **~en beibringen** to furnish (or submit) references; **jdn als ~ nennen** to name sb. as reference; **bitte geben Sie uns die üblichen ~en an** please furnish us with the usual references

**Referenz** *f* 2. *(Bezugnahme)*, **~menge** *f (EU)* datum quantity; **~periode** *f* reference period; **der vom ... bis ... geltende ~preis** *m (EU)* the reference price valid from ... to ...; **~zeitraum** *m* → ~periode; **marktübliche ~zinssätze** *mpl* commercial interest reference rates (CIRRs)

**refinanzieren** to refinance; to finance loans; **Kredite bei der Bundesbank ~** to finance loans by having recourse to the German Federal Bank

**Refinanzierung** *f* refinancing; provision of funds for financing purposes; rediscounting; **~ bei der Bundesbank** recourse to the German Federal Bank for obtaining funds (by rediscounting bills or borrowing on securities); **~sdarlehen** *n* loan to finance lending; **r~sfähig** permitting recourse to the German Federal Bank; **r~sfähige Wechsel** *mpl* rediscountable bills; **~skontingent** *n* German Federal Bank assistance quota; **~smittel** *pl* funds to finance financing; **~szinssatz** *m* interest rate paid for borrowed funds

**Reflation** *f* reflation

**Reflektant** *m* prospective buyer; prospect; possible customer (or client)

**Reform** *f* reform; → Währungs~; **~haus** *n* health food shop; **für ~en aufgeschlossen** open to reforms; **~en durchführen** to implement reforms

**Regal** *n* shelf; *(Gestell)* stand, rack; *(für Vorräte)* storage rack; *(Büche~)* bookshelf; **~fläche** *f (in e-m Geschäft)* shelf space; amount of space; **etw. vom ~ nehmen** to take sth. from the shelf

**rege**, **~ Nachfrage** *f* keen (or brisk) demand; **~ gehandelt** *(Börse)* active

**Regel** *f* rule; → Wettbewerbs~n; **in der ~** as a rule; normally; **~fall** *m* normal case; **~n** *fpl* **aufstellen** to lay down rules

**regelmäßig** regular; **~ wiederkehrende Zahlungen** *fpl* periodical payments

**regeln** to regulate; to settle; to arrange; **gesetzlich ~** to regulate by law; **vertraglich ~** to settle by contract; **seine Geschäftsangelegenheiten ~** to arrange one's business affairs; **die Nach-**

**folge** ~ to regulate succession; **e-e Sache** ~ to adjust a matter (→ geregelt)
**Regelung** *f* regulation; settlement; adjustment; ~ **für die Einfuhr** arrangement concerning importation; control of imports; **schiedsgerichtliche** ~ settlement of a dispute by arbitration
**Regiebetrieb** *m* undertaking operated by public authorities
**Regierung** *f* government; *Am* Administration; **an die ~ kommen** to come to power
**Regierungs~**, **~auftrag** *m* government contract; **~ausgaben** *fpl* government spending (or expenditure); **~handel** *m* government-run trading; **~käufe** *mpl* government procurement; government purchasing; **~konferenz** *f (EU)* Intergovernmental Conference; **~programm** *n* government programme; **~stellen** *fpl* official bodies; **~vertreter** *m* government representative
**Regimeschulden** *fpl* odious debts
**regional**, **~e Ungleichgewichte** *npl* **abbauen** to reduce regional imbalances; **~e Unterschiede** *mpl* regional differences
**Regional~**, **~beihilfen** *fpl (EU)* regional aids; **~entwicklung** *f* regional development; **~fonds** *m (EU)* Regional Fund; **das ~gefälle abbauen** *(EU)* to reduce the regional inequalities; **gemeinschaftliche ~politik** *f (EU)* Community regional policy; **~präferenzen** *fpl* regional preferences; **~verkehr** *m* regional transport
**Register** *n* register; → Handels~; → Muster~; **im ~ gelöscht werden** to be struck off the register; **die Einsicht in das ~ ist jedem gestattet** the register is open to public inspection; **e-e Eintragung im ~ vornehmen** to make an entry in the (public) register
**Register~**, **~brief** *m* certificate of register; **~führer** *m* registrar; **~gebühr** *f* registration fee; **~tonne** *f* register ton
**Registrator** *m* filing clerk
**Registratur** *f* filing department; registry; **~regal** *n* filing shelf; **~schrank** *m* filing cabinet
**registrieren (lassen)** to register, to enter in a register; to record
**Registrierkasse** *f* cash register; **~nstreifen** *m* audit strip (of cash register)
**registrierte Arbeitsuchende** *mpl* applicants registered for work
**Registrierung** *f* registration; recording; **~spflicht** *f* obligation to register
**Regress** *m* recourse; **ohne** ~ without recourse; **auf jdn ~ nehmen** to have recourse against sb.
**Regress~**, **~anspruch** *m* right of recourse; **~haftung** *f* liability to recourse; **~nehmer** *m* person having recourse against a third party; **r~pflichtig** liable to recourse
**regressive Steuer** *f* regressive tax
**regulär**, **~e Bankgeschäfte** *npl* regular banking; **~er Preis** *m* normal price; **~ kostet dieser Artikel ...** the normal price for this article is ...
**regulieren** to regulate; to settle; **e-n Schaden** ~ to settle a claim
**Regulierung** *f* regulation; settlement; **~ e-s Schadens** settlement of a(n insurance) claim; **~skurs** *m (Börse)* settlement price (or rate)
**Rehabilitation** *f* rehabilitation
**reibungsloses Funktionieren** *n* smooth functioning
**Reibungsverlust** *m* loss by friction
**reich** rich, wealthy, affluent; **~e Ernte** *f* abundant harvest; **e-e ~e Erbschaft** *f* **machen** to inherit a fortune
**reichen** to be enough (sufficient); **~ von ... bis ...** to range from ... to ...
**reicht**, **solange der Vorrat ~** as long as the stocks last; subject to availability
**reichhaltig**, **~es Angebot** *n* rich (abundant) offer (or supply); **~e Auswahl** *f* wide selection
**reichlich** amply; sufficiently; **~e Geldmittel** *pl* ample funds
**Reichsversicherungsordnung** (RVO) *f* „Reich“ (now German) Social Insurance Code
**Reichtum** *m* wealth; affluence; **~ erwerben** to acquire wealth
**Reichweite** *f* range; scope; *(e-r Zeitung etc.) Br* coverage; *Am* reach
**reiflich**, **nach ~er Überlegung** *f* after careful (or due) consideration
**Reihe** *f* row; *(Folge)* succession, sequence; **der ~ nach** in turn, by turns; in rotation; **außer der** ~ out of turn; **wer ist an der ~?** who is next? whose turn is it?; **e-e ~ von Geschäften** a series of transactions; **e-e ~ Häuser** a row of houses; **die Aufträge der ~ nach erledigen** to execute the orders in their (proper) turn; **an die ~ kommen** to get one's turn

**Reihenfertigung** *f* series (or serial) production; batch production

**Reihenfolge** *f* order; (order of) succession; sequence; **in der ~** in consecutive order; **in der ~ des Eingangs der Aufträge** in the order of receipt of orders; **~ der Bezahlung der Schulden** order of priority of payment of debts; **~planung** *f* job shop sequencing; **Aufträge in der ~ des Eingangs erledigen** to execute (or fill) orders in the order in which they were received

**Reihen~**, **~produktion** *f* → **~fertigung**; **~regress** (od. **~rückgriff**) *m (bei notleidendem Wechsel)* recourse in order of endorsers

**rein**, **~er Alkohol** *m* pure (or undiluted) alcohol; **~er Gewinn** *m* net profit; **~es Konnossement** *n* clean bill of lading; **~e Stücke** *npl (Börse)* good delivery securities

**Rein~**, **~einkommen** *n* net income; **~einnahmen** *fpl* net receipts; **~erlös** *m* net proceeds; **~ertrag** *m* net proceeds (or revenue); net profit(s); net yield; net output; **~gewicht** *n* net weight; **~gewinn** *m* net profit; net income

**Reinhaltung** *f* keeping clean; **~ der Gewässer** water pollution control (or prevention); **~ des Meeres** prevention of sea pollution

**Reinheit** *f*, **~ garantiert** *(bei Lebensmitteln)* warranted free from adulteration; **~skriterien** *npl* **bestimmter Lebensmittelzusatzstoffe** purity criteria pertaining to additives

**reinigen** to clean; **Maschinen ~** to clean machines; **etw. chemisch ~ lassen** to have sth. dry-cleaned

**Reinigung** *f*, **chemische ~** dry cleaning; *(Geschäft)* dry cleaners; **~skosten** *pl (e-s Gebäudes)* cleaning charges; cost of cleaning services; **~smittel** *pl* cleaning agents; detergents; **~sunternehmen** *n* cleaning company

**Rein~**, **~schrift** *f* fair copy; **~umsatz** *m* → Nettoumsatz; **~verdienst** *m* net earnings; **~verlust** *n* net loss; **~vermögen** *n* net assets; net worth

**reinvestieren** to reinvest; **Gewinne ~** to plough back (*Am* plow back) profits

**Reinvestition** *f* reinvestment; plough back, *Am* plow back; **~srücklage** *f* reserve for reinvestment

**Reis** *m* rice; **Bruch~** *m* broken rice; **Roh~** *m* paddy rice; **geschälter ~** husked rice; **langkörniger ~** long-grained rice; **rundkörniger ~** round-grained rice; **~anbau** *m* rice growing; **~lagerung** *f* stockpiling of rice; **~verarbeitungserzeugnisse** *npl* products processed from rice; **~versorgung** *f* rice supply

**Reise** *f* journey, trip; *(zur See)* voyage; → Dienst~; → Geschäfts~; **e-e ~ mit dem Auto (mit der Bahn) machen** to travel by car (by train); **e-e ~ ins Ausland machen** to go on a trip abroad

**Reise~**, **~ausgaben** *fpl* travel expenditure; **~ausweis** *m* travel permit; **~beilage** *f (e-r Zeitung)* travel supplement; **~büro** *n* travel agency; **~busunternehmen** *n* coach company (or firm); **~charter** *f* voyage charter; **~dauer** *f* length of journey; **~devisen** *pl* tourist exchange; foreign exchange for travel(l)ing; **~entschädigung** *f* travel allowance; **~fracht** *f* voyage freight; **~führer** *m* travel guide; **~gepäck** *n* luggage; *bes. Am* baggage; **~gepäckversicherung** *f* luggage (or baggage) insurance

**Reisegewerbe** *n* itinerant trade; **~karte** *f* itinerant trader's licen|ce (~se)

**Reisekosten** *pl bes. Br* travelling expenses; *Am* travel expenses; **~ und sonstige Nebenauslagen** travel(ling) and incidental expenses; **~vorschuss** *m* advance on travel(ling) expenses; **~zuschuss** *m* travel(ling) allowance; **~ erstattet bekommen** to be reimbursed for travel(ling) expenses

**Reise~**, **~kreditbrief** *m* travel(l)er's letter of credit; **~lagerversicherung** *f* insurance of commercial traveller's stock; **~mitbringsel** *npl* travel souvenirs and gifts

**Reisen** *n* **im Ausland** trip (travel) abroad; foreign trip (travel)

**reisen** to travel, to make a journey (or trip); **geschäftlich ~** to travel on business; **ins Ausland ~** to travel abroad

**Reisender** *m* commercial travel(l)er; travel(l)ing salesman; → Handlungs~

**Reise~**, **gültiger ~pass** *m* valid passport; **~plan** *m* plan for a journey; itinerary; **~police** *f* voyage policy; **~prospekt** *m* travel brochure; **~scheck** *m Br* traveller's cheque; *Am* traveler's check; **~spesen** *pl* travel(l)ing expenses; **~termin** *m* day (or date) of travel; **~unfallversicherung** *f* travel(l)er's accident insurance; **~unter-**

**brechung** *f* break of journey; *(Flug)* stopover

**Reiseverkehr** *m* tourist traffic, tourist transport; **internationaler ~** international travel; **Regeln im ~ zwischen den Mitgliedstaaten** *(EU)* rules applied to travellers from one Member State to another

**Reise~**, **~veranstalter** *m* travel agent; tour operator; **~vertrag** *m* travel agreement (between travel agent and travel(l)er)

**Reisevorbereitungen** *fpl* preparations for travel; **~ treffen** to make travel arrangements

**Reise~**, **~zeit** *f* tourist season; **~ziel** *n* destination

**reißenden Absatz finden** to sell rapidly; *colloq.* to sell like hot cakes

**Reiß~**, **~festigkeit** *f* tensile strength; resistance to tearing; **~verschluss** *m bes. Br* zip (fastener); *bes. Am* zipper; **~wolf** *m* shredder

**Reiter** *m (auf Karteikarten)* tab, rider, file signal

**Reitwechsel** *m* fictitious bill; kite

**Reiz** *m (Ansporn, z. B. zum Kauf)* incentive; stimulus; **~mittel** *npl* stimulants

**Reklamation** *f* complaint; claim; **unberechtigte ~** unjustified complaint; **e-e ~ vorbringen** to file (or lodge) a complaint

**Reklamations~**, **~abteilung** *f* complaints department; **~frist** *f* time for filing a claim

**Reklame** *f* advertising; publicity; **marktschreierische ~** puffing advertisement; **~ machen für** to advertise for, to promote, to boost; to publicize, to give publicity to

**Reklame~**, **~artikel** *m* advertising article; **~fachmann** *m* → Werbefachmann; **~feldzug** *m* advertising campaign; **~fläche** *f* advertising space; (kleiner) **~gegenstand** *m (als Zugabe)* give-away; advertising gift; **~preis** *m* → Werbepreis; **~tafel** hoarding; *Am* billboard; **~tätigkeit** *f* advertising activity; **~text** *m* advertising copy; **~wand** *f Br* hoarding; *Am* billboard; **~zettel** *m* advertising leaflet; handbill; **für ~zwecke** *mpl* for advertising purposes

**reklamieren** to complain; to claim; **beschädigte Waren ~** to complain (or lodge a complaint) about damaged goods; **bestellte Waren** *(die noch nicht angekommen sind)* **~** to make inquiries about ordered goods

**Rekord**, **~ernte** *f* record crop (or harvest); bumper harvest; **e-e ~höhe** *f* **erreichen** to achieve a record figure; to reach record heights; **~jahr** *n* record year; **~zahl** *f* record figure; **e-n ~ aufstellen** to establish a record

**Rekta~**, **~indossament** *n* endorsement „not to order"; **~klausel** *f* „not to order" clause (preventing transfer by endorsement); **~papier** *n* non-negotiable instrument; **~scheck** *m* non-negotiable cheque (check); **~wechsel** *m* non-negotiable bill of exchange

**relativ** relative; **~ hohes Gehalt** *n* relatively high salary

**relevant** relevant; **~e Kosten** *pl* relevant costs

**Reling** *f*, **die ~ des Schiffes überschreiten** to pass the ship's rail

**Rembours** *m* payment by means of a documentary acceptance credit; **~bank** *f* accepting bank; **~geschäft** *n* financing of overseas trade by a bank a) by means of → Wechsel~, b) by means of a → Dokumentenakkreditiv; **~kredit** *m* (documentary) acceptance credit (granted by a bank); **~linie** *f* acceptance credit line; **~regress** *m* recourse to obtain reimbursement; **~schuldner** *m* documentary credit debtor; **~zusage** *f* agreement to reimburse

**Remittent** *m* payee of a bill of exchange

**Rendite** *f* yield; (rate of) return; **~ der Aktien** yield of shares; **~ des Eigenkapitals** return on equity; **~ngefälle** *n* yield differential; **~nlücke** *f* yield gap; **aus e-r Anlage e-e gute ~ bekommen** to get a good return on an investment; **die ~ der Anleihe beträgt 7 %** the bond offers a yield of 7 %; **e-e hohe ~ gewähren** to guarantee a high yield

**Rennwett- und Lotteriesteuer** *f* betting and lottery tax

**renommiert** renowned; enjoying a high reputation

**renovieren** to renovate; **ein Haus ~** to renovate a house; **die Innenräume ~** to redecorate (or refurbish) the rooms

**Renovierung** *f* renovation; **wegen ~ geschlossen** closed during renovation

**rentabel** profitable, making a profit; lucrative; bringing in money; yielding a return

**Rentabilität** *f* profitability; return; *(Ertragskraft)* earning power; **~ von Investitionen** return on investments; **~sberech-**

**nung** *f* profitability calculation; **~sgrenze** *f* (od. **~sschwelle** *f*) breakeven point

**Rente** *f* (retirement, widow's, *etc.*) pension; (life, *etc.*) annuity; *(Sozialvers.)* social security benefit; **~n** *fpl* → **~nwerte**; **~ auf Grund e-s früheren Arbeitsverhältnisses** pension in respect of past (or previous) employment; **dynamische ~** index-linked pension; wage-related pension; **ewige** (od. **unkündbare**) **~** perpetual annuity; **kündbare ~** terminable annuity; **lebenslängliche ~** life annuity; **staatliche ~** government pension; **e-e ~ ablösen** to redeem an annuity; **jdm e-e ~ aussetzen** to settle an annuity on a p.; **~n anpassen** to adjust pensions; **e-e ~ beziehen** to receive an annuity (or pension); to draw a benefit; **die ~n erhöhen** to increase pensions

**Renten~**, **~ablösung** *f* redemption of an annuity; **~alter** *n* pensionable age; **~anleihe** *f* perpetual (government) loan; *Br* annuity bond; **~anleihen** *fpl Br* consols; **~anpassung** *f* adjustment of pensions; **~antragsteller** *m* applicant for a pension; **~baisse** *f* slump on the bond market; **~bemessungsgrundlage** *f* basis for fixing the amount of pensions; **r~berechtigt** entitled to a pension (or benefit); **~bescheid** *m* notice of pension granted; **~bezüge** *pl* annuity payments; **~depot** *n* bond deposit; **~empfänger** *m* recipient of a pension (or benefit); pensioner; annuitant; **~erhöhung** *f* increase in pension; **~fall** *m* pension case; **~fonds** *m* bond(-based) infestment fund; bond fund; **~hausse** *f* upsurge in bond prices; **~kurs** *m* bond price; **~leistungen** *fpl (Sozialvers.)* pension benefits; **auf dem ~Markt** *m* on the bond market; **~papiere** *npl* → **~werte**; **~portefeuille** *n* bond portfolio; **~schuld** *f* annuity land charge; **~umlauf** *m* total bonds outstanding; **~verpflichtung** *f* obligation to pay an annuity; **~wesen** *n* (state) pension system

**Rentenversicherung** *f (privat)* annuity insurance; *(gesetzliche)* social security pension insurance fund; **~ der Angestellten** salaried employees' pension insurance fund ( → Angestelltenversicherung); **~ der Arbeiter** wage earners' pension insurance fund ( → Arbeiter~); **knappschaftliche ~** pension insurance for miners

**Renten~**, **~vertrag** *m* annuity agreement; **~werte** *mpl* fixed-interest securities; bonds; **~zahlung** *f* pension payment; annuity payment

**rentieren**, **sich ~** to be profitable; to be worthwhile; **es rentiert sich** it pays; it's worth it; **es rentiert sich nicht** it does not pay; it's not worth it

**Rentner** *m* pensioner; retired employee

**Reparatur** *f* repair; **in ~** under repair; **größere ~** major repair; **kleinere ~** minor repair; **schlecht ausgeführte ~** faulty (or poor) repair; **~en ausführen** to do the repair work; to carry out repairs; **die ~en sind schlecht ausgeführt** the repairs have been done badly

**Reparatur~**, **~auftrag** *m* repair order; **~aufwendungen** *fpl* expenditure on repair(s); **r~bedürftig sein** to need repair; **~bedürftigkeit** *f* state of repair

**Reparaturkosten** *pl* cost of repair; **die ~ übernehmen** to assume the repair costs

**Reparaturschein** *m* repair ticket

**reparierbar** repairable, reparable, **nicht mehr ~** beyond repair

**reparieren** to repair; **etw. ~ lassen** to get sth. repaired; **es lässt sich nicht mehr ~** it is beyond repair

**repartieren** *(Börse)* to scale down; to allot (shares)

**Repartierung** *f (Börse)* scaling down; allotment

**repatriieren** to repatriate (to withdraw assets invested abroad)

**Report** *m (Zinsaufschlag im ~geschäft)* contango (rate), carryover; *(im Devisenterminhandel)* forward premium; **~geschäft** *n* contango (or carryover) business; **~satz** *m* contango rate; forward premium rate; **~tag** *m* contango day

**Repräsentant** *m* representative; **~envertrag** *m* contract of representation

**Repräsentanz** *f* **e-s ausländischen Unternehmens** representative office of a foreign enterprise

**Repräsentation** *f* representation; **~saufwendungen** *fpl* entertainment expenses; **~szulage** *f* allowance for representation (or entertainment)

**Repräsentativ~**, **~erhebung** *f* representative sampling; **~werbung** *f* prestige advertising

**repräsentativ** representative; distinguished; **~e Kurse** *mpl (EU)* → grüne Kurse; **~e Märkte** *mpl* representative markets; **als ~ angesehen werden** to be considered to be representative

**reprivatisieren** to denationalize, to reprivatize

**Reprivatisierung** *f* denationalization, reprivatization

**Reproduktion** *f* reproduction

**Reptilienfonds** *m* secret fund kept by the German Federal Chancellor for public relations work

**Reserve** *f* reserve, reserve supply; **~n** *fpl* → Rücklage; → Mindest~n; **~ an Arbeitskräften** labo(u)r reserve; **ausreichende ~n** sufficient reserves; **finanzielle ~n** financial reserves; **offene ~n** disclosed reserves; → stille ~n; **die ~n abbauen** to reduce the reserves; **die ~n wieder auffüllen** to replenish the reserves; **etw. in ~ haben** to hold sth. in reserve

**Reserve~, ~bestände** *mpl* reserve stock; **~einheit** *f (IWF)* reserve unit; **~entnahme** *f* withdrawal from the reserve; **~fonds** *m* reserve fund; **~haltung** *f* maintenance of reserves; **~lager** *n* reserve stock; stock of goods held in reserve; **~mittel** *pl (IWF)* reserve facilities; **nicht r~pflichtige Kreditinstitute** *npl* credit institutions not subject to (minimum) reserve requirement; **r~pflichtige Verbindlichkeiten** *fpl* **der Kreditinstitute** banks' reserve-carrying liabilities; **~satz** *m* (minimum) reserve ratio; **~soll** *n* (minimum) reserve required of banks; **~teil** *m* spare (part); **~währung** *f* reserve currency

**reservieren** to reserve; *bes. Br* to book

**Residenzzulage** *f (EU)* residence allowance

**Respekttage** *mpl (für Wechsel)* days of grace

**Ressourcen** *fpl* resources; **unausgenutzte ~** unused resources; **übermäßige Inanspruchnahme der ~** overuse of resources

**Rest** *m* rest, remainder; *(~betrag)* balance; **~e** *mpl (Stoffe zu verbilligtem Preis)* remnants; **den ~ bezahlen** to pay the balance

**Restanten** *pl* securities called for redemption but not yet presented; defaulters

**Restaurant** *n* restaurant; **ein ~ betreiben** to run a restaurant

**restaurieren, ein Gebäude ~** to restore a building

**Restbestand** *m (von Effekten, e-r Ware etc.)* remaining stock; residue (or remainder) of stock

**Restbetrag** *m* balance; remaining amount; amount still owed after a part payment; **~ der Rechnung** balance of the account; **geschuldeter ~** balance due; **verbleibender ~** remaining balance; **der ~ ist innerhalb e-s Monats zu zahlen** the balance has to be paid within one month

**Restbuchwert** *m* net book value; remaining book value; year-end book value

**Reste** *mpl* remains; remnants; **~verkauf** *m* sale of remnants

**Rest~, ~forderung** *f* residual claim; **~kaufgeld** *n* balance of purchase money; **~kaufgeldhypothek** *f* purchase money mortgage; **~laufzeit** *f* remaining life (or term); residual time to maturity

**restlich~, die ~en Arbeiten** *fpl* the rest of the work; **~e Lieferung** *f* remaining (or residual) delivery

**Rest~, ~menge** *f* **der bestellten Ware** balance (or remainder) of the ordered goods; **~nachfrage** *f* residual demand; **~nutzungsdauer** *f* remaining useful life; **~posten** *m* remaining stock; balancing item; **~posten der Zahlungsbilanz** balancing item of the BOP

**Restriktionsmaßnahmen** *fpl* restrictive measures

**restriktive Kreditpolitik** *f* restrictive credit policy

**Rest~, ~schuld** *f* balance due; remaining debt; **~summe** *f* balance; **~wert** *m* residual (or remaining) value; scrap (or salvage) value; **~zahlung** *f* payment of the balance

**Retorsionszoll** *m* retaliatory duty

**Retouren** *pl* returns, returned goods; cheques (checks) and bills returned unpaid; **~buch** *n* returns book; **~buch für Kunden** returns inward journal; **~buch für Lieferanten** returns outward journal

**Rettung** *f* rescue; **~sboot** *n* lifeboat; **~slohn** *m* salvage

**Reugeld** *n* forfeit money

**Revision** *f (von Büchern, Konten)* audit(-ing); examination; *(Rechtsmittel)* appeal (on a question of law); → Kassen~; **außerbetriebliche ~** external audit; **innerbetriebliche ~** internal audit; **~ einlegen** to lodge (or file) an appeal (on a question of law); **e-e ~ vornehmen** to audit; to examine (accounts, *etc.*) officially

**Revisions~, ~beklagter** *m* appellee; respondent; **~bericht** *m* auditor's report; **~bescheinigung** *f* auditor's certificate; **~einlegung** *f* lodging of an appeal (on a question of law); **~frist** *f* time for lodging an appeal (on a question of law); **~gebühr** *f* audit(ing) fee; **~gesellschaft** *f* auditing company; (firm of) auditors; **~kläger** *m* appellant; **~summe** *f* value involved in appeal proceedings; **~verfahren** *n* appeal proceedings

**Revisor** *m* auditor

**revolvierend** on a revolving basis; **~er Kredit** *m (sich bei Ablauf automatisch erneuernder Kredit)* revolving credit

**Rezept** *n* prescription; **r~pflichtiges Medikament** *n* prescription drug

**Rezeption** *f (im Hotel)* reception (office)

**Rezession** *f* recession; **von der ~ betroffen** hit by the recession

**Rezessions~**, **r~bedingt** recession induced; **~gefahr** *f* risk of recession; **~jahr** *n* year of recession; **~phase** *f* period of recession; **~tendenz** *f* recessionary tendency

**Rhein~**, **~schifffahrt** *f* navigation on the Rhine; **~verschmutzung** *f* pollution of the Rhine

**Ricambiowechsel** *m* → Rückwechsel

**Richter** *m* judge; **beauftragter ~** *m* commissioned judge; **e-n ~ ablehnen** to challenge a judge

**richterlich**, **~e Entscheidung** *f* judicial decision; **~es Ermessen** *n* judicial discretion; **~ entscheiden** to hear and determine

**richtig** correct, right; **als ~ anerkannte Abrechnung** approved account; **für ~ befinden** to find correct; **etw. ~ berechnen** to calculate sth. correctly; **als ~ bestätigen** to verify; **~ erhalten** duly received

**Richtigkeit** *f* correctness; **für die ~ der Abschrift** certified (to be a) true copy; copy certified correct; **die ~ der Angaben bescheinigen** to certify the correctness of the statements; **die ~ der Daten bestreiten** to dispute the accuracy of data

**richtigstellen** to correct, to rectify

**richtigstellend** corrective

**Richtigstellung** *f* correction, rectification

**Richtlinie** *f* guideline, guiding principle; directive; uniform rule; **Nichtanwendung von ~n** *(EU)* failure to implement directives; **Verabschiedung von ~n** *(EU)* adoption of directives; **der Rat erließ e-e ~** *(EU)* the Council issued a directive; **die ~ in nationales Recht** → umsetzen

**Richtlinien~**, **~entwurf** *m (EU)* draft directive; **~umsetzung** *f (EU)* transformation of directives; **~vorschlag** *m (EU)* proposed directive, proposal for a directive

**Richtplafond** *m (EU)* target ceiling

**Richtpreis** *m* recommended (retail) price; *(EU)* target price; guiding price; **Erzeuge~** *m* producer target price; **Markt~** *m* market target price; **den ~ festsetzen** to fix the target price

**Richtsatz** *m* target rate

**Richtung** *f* direction; *(in Kunst, Mode etc.)* trend; **r~sweisend** directive; showing the way; instrumental

**Riesen~**, **~auftrag** *m* very large order, bulk order; **ein ~erfolg** *m* **sein** to be a huge success; to be a smash hit; **~packung** *f* giant packet; **~reklame** *f* huge advertising; **~schlagzeile** *f* banner (or huge) headline; **~unternehmen** *n* giant concern

**Rimesse** *f* remittance; **dokumentäre ~** documentary remittance

**Rindfleisch** *n* beef; **~bestände** *mpl* stocks of beef and veal; **~export** *m* export of beef and veal; **~markt der Gemeinschaft** *(EU)* Community beef and veal market

**Ring** *m* ring (of traders, criminals, *etc.*); **~buch** *n* ring binder; **~tausch** *m* roundabout exchange; *(der Arbeitsplätze)* job rotation

**Risiken** *npl* → Risiko; **Versicherung gegen alle ~** all-risks insurance; **Versicherung gegen besondere ~** contingency insurance

**Risiko** *n* risk; hazard; → Absatz~; **ausgeschlossenes ~** risk excluded; **auf eigenes ~** at one's own risk; **gedecktes ~** risk covered; **geschäftliches ~** business risk; **e-m geschäftlichen ~ unterliegen** to be subjected to the risk of a business venture; **handelsübliches ~** customary trade risk; **laufendes ~** pending risk; **das zu versichernde ~** the risk to be insured; **nicht versicherungsfähiges ~** uninsurable risk; **ein ~ eingehen** to incur (or run) a risk; **das ~ tragen** to bear the risk; **das ~ übernehmen** to assume the risk

**Risiko~**, **r~arm** low risk; **~ausschluss** *m* policy exclusion; **~ausschlussklausel** *f* excepted perils clause; **~bereitschaft** *f* readiness to take risks; **~bewertung** *f* risk rating; **~deckung** *f* covering of risk; **r~frei** with no particular risk attached; **r~freudig** prepared to take a risk; adventurous; **~gewichtung** *f* risk weighting; **~kapital** *n* risk (or venture) capital; **~lebensversicherung** *f* term insurance; **r~mindernd** reducing risk; **~papier** *n* risk paper (shares *etc.*); **~reich** high-risk; **r~reich sein** to be full of risks; **~streuung** *f* risk spreading; **~träger** *m* risk-bearer; **~übernahme** *f* assumption of risk; **~verteilung** *f* risk spread(ing); pooling of risks; **~vorsorge** *f* provision for risks; **~zuschlag** *m* risk markup; loading

**riskant** risky; hazardous

**riskieren** to risk; to venture

**roh** *(Fleisch etc.)* raw; *(unbearbeitet)* unwrought

**Roh~**, **~aluminium** *n* unwrought aluminium (*Am* aluminum); **~bau** *m* carcass; bare framework (of a house); **~bilanz** *f* rough (or trial) balance sheet; **~blei** *n* unwrought lead; **~eisen** *n* pig iron; **~ertrag** *m* gross yield; **~gewicht** *n* gross weight; **~gewinn** *m* gross profit; gross margin; **~gummi** *m* crude (or raw) rubber; **~- und Hilfsstoffe** *pl* raw and accessory materials; **~-, Hilfs- und Betriebsstoffe** *pl* raw materials and supplies; **~holz** *n* wood in the rough; **~kost** *f* raw vegetarian food; **~material** *n* raw material

**Rohöl** *n* crude oil, (raw) petroleum; **~fernleitung** *f* crude oil pipeline; **~preise** *mpl* crude oil prices; **~quellen** *fpl* sources of crude oil; **~verarbeitung** *f* crude oil processing

**Rohprodukt** *n* raw product

**Rohrbruch** *m* pipe burst

**Rohrfernleitung** *f* pipeline; **Bau von ~sanlagen** *fpl* construction of pipeline installations; **~sverkehr** *m* pipeline transport

**Rohr~**, **~leitungen** *fpl* **für Rohöl** crude oil pipelines; **~post** *f* pneumatic post; **~zucker** *m* cane sugar

**Roh~**, **~seide** *f* raw silk; **~stahl** *m* crude steel

**Rohstoffe** *mpl* raw materials, primary commodities

**Rohstoff~**, **r~abhängig** commodity-dependent; **~abkommen** *n* commodity agreement; **~armut** *f* deficiency in raw materials; **r~erzeugende Industrie** *f* extractive industry; **gemeinsamer ~fonds** *m (EU)* Common Fund for Commodities; **~handel** *m* trading in commodities (or raw materials); **~hausse** *f* boom in the raw material prices; **r~intensiv** raw material intensive; **~lager** *n* stock of raw materials; **~markt** *m* (primary) commodity market; raw material market; **r~produzierende Staaten** *mpl* raw material producing states

**Rohstoffquellen** *fpl* sources of raw materials; (natural) resources; **Erschöpfung der ~** depletion of raw material sources

**Rohstoff~**, **Internationale ~übereinkunft** *f* (od. **~vereinbarung** *f*) International Commodity Agreement or Arrangement (ICA)

**Rohstoff~**, **~verarbeitung** *f* processing of raw materials; **~verbraucherland** *n* raw material consumer country; **~verschwendung** *f* waste of raw materials; **~versorgung** *f* raw material supply; **~verteuerung** *f* increase in commodity prices; **~vorräte** *mpl* raw material stocks

**Roh~**, **~tabak** *m* unmanufactured tobacco; **~umsatz** *m* gross turnover; **~zinn** *n* unwrought tin; **~zucker** *m* raw (or unrefined) sugar

**Rolle** *f* roll; role; register; → Patent~; **~ für Gebrauchsmuster** register of utility models; **~ndraht** *m* bundle wire; **~nlager** *n* roller bearing; **in ~n gewickelt** put up in rolls; **der Preis spielt keine ~** price is no object

**rollen** to roll; **nicht kanten, sondern ~** to be rolled, not tipped; **~de Ware** *f* goods in course of transport

**Roll~**, **~fuhrdienst** *m (der Bahn)* collection and delivery service; **~geld** *n* cartage; **~gut** *n* carted goods; **~schrank** *m* roll-front cabinet

**RoRo-Transport** *m* roll on – roll off transport

**Rost** *m* rust; **r~frei** stainless; **~schutzmittel** *n* rust preventive; anticorrosive agent; **r~sicher** rust-proof

**rot** red; **in den ~en Zahlen** *fpl colloq.* in the red; **in die ~en Zahlen kommen** to go into the red; **aus den ~en Zahlen herauskommen** to get out of the red

**Routinearbeit(en)** *f (pl)* routine work; ordinary course of work; *(im Büro)* office routine

**Rubrum** *n (e-s Urteils)* caption
**Rück~**, **~anspruch** *m* counterclaim; **~antwort** *f* reply; **Internationaler ~antwortschein** *m* International Reply Coupon; **~behaltungsrecht** *n* → Zurückbehaltungsrecht; **~buchung** *f* reversing entry; **~bürge** *m* counter-security; **~bürgschaft** *f* counter-security; surety for a surety; **~datierung** *f* backdating; antedating; **r~erstatten** to refund, to repay; to reimburse; **seine Ausgaben r~erstattet bekommen** to be reimbursed one's expenses
**Rückerstattung** *f* refund, repayment, reimbursement; **~ von Gebühren** refund(ing) of fees; **Angebot der ~ des Kaufpreises** *(bei Nichtgefallen der Ware)* offer to refund purchase price; **~sanspruch** *m* claim for reimbursement; **r~spflichtig** liable to repay
**Rück~**, **~fahrkarte** *f Br* return ticket, *Am* round trip ticket, two-way ticket; **~fahrt** *f* return journey; **~flug** *m* return flight
**Rückfluss** *m* reflux; **~ von Auslandsgeldern** reflux of foreign money; **~ von Kapital** return flow of capital
**rückfordern** to claim back, to reclaim
**Rückforderung** *f* claiming back, reclamation; **~ rechtswidrig gewährter Beihilfe** recovery of unlawful aid; **~ irrtümlich gemachter Zahlungen** recovery of payments made in error; **~sanspruch** *m* claim for the return of
**Rück~**, **~fracht** *f* return freight, freight home(ward); **r~führen** *(Güter)* to return; *(in den Kreislauf)* to recycle
**Rückführung** *f*, **~ ausländischer Staatsangehöriger** repatriation of expatriates; **~ von Petrodollars** recycling of petrodollars; **~ von Abfallstoffen** recycling of waste
**Rückgabe** *f* return, restitution; **~ von Fundsachen** return of lost property; **~ von durch Betrug erlangten Sachen** restitution of things obtained by fraud; **~verpflichtung** *f* obligation to return
**Rückgang** *m* drop, decline, decrease (in); downward trend; → Geschäfts~; → Konjunktur~; **wirtschaftlicher ~** *(leicht)* recession; *(stark)* slump in trade activity; **~ der Arbeitslosigkeit** fall in unemployment
**Rückgang**, **mit e-m ~ der Aufträge ist zu rechnen** a slowdown (or falling off) of orders is possible; one has to be prepared for a decline of orders; **leichter ~ der Ausfuhr** small drop (or decline) in exports; **~ der Ausgaben** reduction of expenditure, fall in expenditure; **~ des Dollar** depreciation of the dollar; **~ der Kurse** decline in prices; *(plötzlich)* slump in prices; **~ der Preise** fall (or decline, drop) in prices; **~ im Verkauf von** decline in the sale of; **im ~ begriffen sein** to be decreasing
**rückgängig machen** to cancel, to rescind
**Rückgängigmachung** *f* **e-s Kaufes** rescission (or cancellation) of a purchase
**Rückgewinnung** *f (aus Alt- und Abfallmaterial)* (recovery and) recycling
**Rückgriff** *f* recourse; **~ auf Dritte** recourse to (or against) third parties; **~ auf die Ersparnisse** resorting to (or drawing on) the savings; **~ nehmen auf** to have recourse against
**Rückgriffs~**, **~recht** *n* right of recourse; **~schuldner** *m* recourse debtor
**Rückhalt** *m*, **finanzieller ~** financial backing
**Rückkauf** *m* repurchase; *(von Aktien od. Anteilen)* redemption; *(e-r Versicherungspolice)* surrender; **~sangebot** *n* repurchase (or redemption) offer; **~skurs** *m* redemption price; **~svereinbarung** *f* repurchase agreement; **~sverpflichtung** *f* repurchase obligation; **~swert** *m* redemption value; surrender value
**rückkaufen** to repurchase
**Rückkoppelung** *f (EDV)* feedback
**Rücklage** *f* reserve; *Am* surplus (reserve); → Tilgungs~; **~ für Ersatzbeschaffungen** replacement reserve; **~ für Preissteigerungen** reserve for price increases; **~ für Substanzverzehr** (od. **Wertminderung**) depletion reserve; **freiwillige ~n** *fpl* voluntary reserves; **gesetzliche ~n** *fpl* legal reserves; **satzungsgemäße ~** statutory reserve; reserve provided for by the articles of association; **stille ~n** *fpl* hidden (or secret) reserves; **zweckgebundene ~n** *fpl* appropriated reserves; **~n auflösen** to dissolve (or liquidate) reserves; **~n bilden** to form (or create) reserves; **große ~n machen** to put large sums to reserve; **e-n Betrag den ~n zuführen** to allocate (or transfer) an amount to the reserves
**Rücklagen~**, **~bildung** *f* formation of reserves; **~ eingreifen** to eat up reserves; **~zuweisung** *f* allocation to reserves

**Rückläufer** *m* letter returned to the sender
**rückläufig**, **~e Bewegung** *f* downward trend; **~er Handel** *m* declining trade; **~e Konjunktur** *f* sagging economic activity; **~e Preisbewegung** *f* downward movement of prices; **~e Tendenz** *f* retrograde tendency; **~ tendierender Aktienmarkt** *m* soft market; **~e Wirtschaftsentwicklung** *f* recession; **die Auftragseingänge sind ~** incoming orders are falling off (or declining, decreasing); incoming orders show a downward tendency (or a declining trend); **der Verbrauch ist ~** consumption is slackening off
**Rücklieferung** *f* return delivery, redelivery
**Rücknahme** *f* taking back; withdrawal; repurchase; *(von Wertpapieren)* redemption; **~ von Aufträgen** revocation of orders; **~ der Berufung** withdrawal of the appeal; **~ von Investmentanteilen** redemption of shares; **~ der Klage** withdrawal (or abandonment) of the action; **~garantie** *f* repurchase (or redemption) guarantee; **~preis** *m* withdrawal price; redemption price, repurchase price
**Rückporto** *n* return postage
**Rückprämie** *f (Börse)* put option; **Käufer e-r ~** taker for a put; **Verkäufer e-r ~** giver for the put; **~ngeschäft** *n* put premium operation (or business); **~nkurs** *m* put price
**Rückreise** *f* return journey, return trip; *(zur See)* return voyage; **auf der ~ befindlich** *(Schiff)* homeward bound
**Rück~**, **~ruf** *m* recall; **~schein** *m (Post)* advice of delivery; *Br* advice of receipt; *(gemeinschaftliches Versandverfahren)* copy for return; **~scheck** *m* returned cheque (check); **~schlag** *m* setback; **~schleusung** *f* **der Öldollar** recycling of petrodollars; **auf der ~seite** *f* on the reverse side
**Rücksendung** *f* return, goods returned, **~ von Leergut** return of empties
**Rücksicht** *f* respect; consideration; **ohne ~ darauf ob** irrespective of whether (or not); **ohne ~ auf die Kosten** without regard to cost; **keine ~ nehmen auf** to take no account of, to pay no regard (or consideration) to
**Rücksprache** *f*, **nach ~ mit** after consultation with
**Rückstand** *m*, **struktureller ~** structural lag (or backwardness); **~ an Bestellungen** backlog of orders; **mit seiner Arbeit im ~ sein** to have a backlog of work; **mit der Beitragszahlung im ~ sein** to be in arrears with the payment of contributions; **beträchtlich im ~ sein** to lag seriously behind
**Rückstände** *mpl* arrears; *(Außenstände)* outstanding debts; **~ an unerledigten Aufträgen** backlog of unfilled orders; **~ von Schädlingsbekämpfungsmitteln** pesticides residue; **~ aufarbeiten** to catch up on arrears
**rückständig**, **~er Beitrag** *m* contribution in arrears; **~er Betrag** *m* amount overdue; **~e Gebiete** *npl* backward regions; **~e Länder** *npl* countries lagging behind; underdeveloped countries; **~e Miete** *f* back rent; rent in arrears; **~e Raten** *fpl* outstanding instal(l)ments; **~e Tilgungszahlungen** *fpl* redemption arrears; **~e Zinsen** *pl* back interest, arrears of interest; overdue interest
**Rückstellungen** *fpl (Passivposten der Bilanz)* reserves (for a specific purpose); liability reserves; provisions; **kurzfristige ~** accrued liabilities; accruals; **langfristige ~** reserves; **~ für Dubiosen** (od. **unsichere Forderungen**) reserves for bad (or doubtful) debts; **~ für Eventualverbindlichkeiten** reserves (or provisions) for contingencies; contingency reserves; **~ für Pensionsverpflichtungen** reserves (or provisions) for pensions; **~ für Prozessrisiken** reserves for lawsuit contingencies; **~ für Steuern** reserves (or provisions) for taxation; **~ für Substanzverlust** provision for depletion; **~ für drohende Verluste aus schwebenden Geschäften** reserves for impending (or threatened) losses from business transactions; **~ für ungewisse Verbindlichkeiten** contingency reserves; **~ für Währungsrisiken** provisions for exchange risks; **~ für Wertminderung** depreciation reserves; **~ bilden** to establish reserves; to set up accruals
**Rück~**, **~strom** *m* **von ausländischen Geldern** reflux of foreign capital
**rücktragen** *(Buchführung)* to carry back
**Rücktritt** *m (vom Vertrag)* rescission; *(vom Amt)* resignation; *(vom Versuch) (StrafR)* abandonment of the attempt to commit a crime; **den ~ anzeigen** to give notice of

withdrawal from (or termination of) the contract
**Rücktritts~**, **~erklärung** *f (vom Vertrag)* notice of rescission (from the contract); **ein ~recht** *n* **vom Kaufvertrag haben** to have a right to rescind (or terminate) the contract; **~vorbehalt** *m* reservation of the right to rescind the contract
**Rück~**, **~umschlag** *m* return envelope; **~vergütung** *f* refund, reimbursement; **~vergütung** *f* **der Zölle** *(bei Wiederausfuhr)* drawback of customs duties; **~versicherer** *m* reinsurer; **(sich) r~versichern** to reinsure; **~versicherter** *m* reinsured person
**Rückversicherung** *f* reinsurance; *Br* reassurance; **~spolice** *f* reinsurance policy; **~svertrag** *m* reinsurance contract; **e-e ~ abschließen** to take out a reinsurance
**Rückwaren** *fpl* returned goods; reexported goods; **~buch** *n* purchase returns book
**Rückwechsel** *m* redraft
**Rückwechslung** *f* **nicht verbrauchter Devisen** reconversion of unused foreign exchange
**rückwirkend**, **~ vom ...** retroactively from ...; **~e Bezahlung** *f* retroactive payment; **~e Kraft** *f* **haben** to be retroactive; **~er Lohn** *m* retroactive pay
**rückzahlbar** repayable; *(tilgbar)* redeemable; **in Raten ~** repayable by instal(l)ments; **nicht ~e Beihilfen** *fpl* non-refundable aids; **nicht ~e Zuwendungen** *fpl* non-recoverable grants
**Rückzahlung** *f* repayment, amount paid back; *(Tilgung, z. B. e-r Schuldverschreibung)* redemption; *(Erstattung von Auslagen)* reimbursement; **~ vor Fälligkeit** redemption before due date; **~saufforderung** *f* application for repayment; **~sagio** *n* premium payable on redemption (of bond, *etc.*); redemption premium; **Papiere ohne festes ~sdatum** *n* irredeemable securities; **~sdisagio** *n* redemption discount; **r~sfreie Zeit** *f* grace period; **~sfrist** *f* repayment deadline; **~skurs** *m* redemption price; **~spflicht** *f* repayment obligation; **nicht r~spflichtige Beihilfe** *f* non-repayable aid; **~spflichtiger** *m* person liable for reimbursement; **~szeitpunkt** *m (z. B. einer Anleihe)* redemption date
**Rückzieher** *m*, **e-n ~ machen** *colloq.* to back down
**Rückzoll** *m* (customs) drawback
**Ruf** *m* reputation; standing; **geschäftlicher ~** business (or credit) standing; **~nummer** *f* telephone number; **die Firma hat e-n guten ~** the firm enjoys (or has) a good reputation; **dem ~ Abbruch tun** to injure (or prejudice) the reputation; **internationalen ~ erlangen** to gain an international (or a world-wide) reputation
**Rüge** *f* complaint, → Mängel~; **~frist** *f* time-limit for a complaint; **~pflicht** *f* requirement to give notice of defect(s) (of goods) immediately on receipt of the goods
**rügen**, **e-n Mangel ~** to notify a defect; to complain of a defect, to object to a defect
**Ruhegehalt** *n* (retirement) pension; retirement pay; **~sanspruch** *m* entitlement to a pension; pension right; **~sempfänger** *m* pensioner; **r~sfähig** pensionable; **Anspruch auf ein ~ haben** to be entitled to a pension; **den Anspruch auf ein ~ verlieren** to forfeit the right to a pension
**Ruhen** *n* **der Versicherungsleistungen** suspension of the insurance benefits
**ruhen** to rest; *(Rechte, Pflichten, Fristen)* to be suspended
**ruhende Konten** *npl* inactive accounts
**Ruhestand** *m*, **im ~ (befindlich)** (i. R.) retired; **vorzeitiger ~** early retirement; **die Versetzung in den ~ beantragen** to apply for retirement; **in den ~ treten** to retire; **in den ~ versetzt werden** to be retired
**Ruheständler** *m* retired person
**ruhig**, **~es** (flaues) **Geschäft** *n* slack business; **~e Zeit** *f* off-peak season; **das Geschäft verlief ~** *(Börse)* trading was (or turned out) dull
**ruinöse Konkurrenz** *f* ruinous competition; cut-throat competition
**Rumpfwirtschaftsjahr** *n* short financial year
**runde Summe** *f* round sum; *(Pauschale)* lump sum
**Rundfunk** *m* radio; **im ~ hören** to listen to the radio; **im ~ senden** to broadcast
**Rundfunk~**, **~gebühren** *fpl* radio fees; **~hörerschaft** *f* radio audience; **~übertragung** *f* radio transmission; **~werbung** *f* radio advertising
**Rund~**, **~reise** *f* circular tour; **~schreiben** *n* circular (letter)

**rüsten**, **sich ~** to gear up
**Rüstung** *f*, **~sindustrie** *f* armament industry; **~skontrolle** *f* arms control; **~slieferant** *m* defen|ce (~se) contractor

# S

**Saat** *f* seed; **~getreide** *n* seed corn (or grain)
**Saatgut** *n* seed(s); **~arten** *fpl* varieties of seeds; **~beihilfenregelung** *f (EU)* regulation on aid for seeds; **~bestände** *mpl* seed stocks; **~erzeuger** *m* seed producer; **~- und Pflanzengutrecht** *n* legislation on seeds and plants; **~sorten** *fpl* seed varieties
**Saatzucht** *f* seed growing
**Sabotage begehen** to commit sabotage
**Sachanlage~**, **~n** *fpl* fixed assets, tangible assets; property; land and equipment; **~nzugänge** *mpl* fixed asset additions; **~vermögen** *n* tangible fixed assets
**Sach~**, **~ausgaben** *fpl* expenditure on materials; **~ausschüttung** *f* distribution in kind; **~bearbeiter** *m* person (or official) in charge (of); clerk; **~beschädigung** *f* damage to property; *Br* criminal damage; **~bezüge** *pl* remuneration (or allowance) in kind; **~depotbuch** *n* register of security deposits; **s~dienliche Angaben** *fpl* pertinent information; **~dividende** *f* dividend in kind; property dividend
**Sache** *f* thing; *(Angelegenheit)* matter, affair; *(Rechts~)* matter, case; **in ~n A gegen B (A ./. B)** in the matter of A versus B; **fremde ~n** *fpl* other people's property; **zur ~ kommen** to come to the point; **e-e ~ vor Gericht vertreten** to plead a case (or cause) before (or in) court
**Sach~**, **~einlage** *f* contribution in kind; non-cash contribution; **~enrecht** *n* law of property; **~entscheidung** *f* decision on the merits; **~firma** *f* firm name derived from the object of the enterprise; **s~gemäß** proper, adequate; **~gründung** *f* formation (of a company) by non-cash contributions; **~kapital** *n* real capital, non-monetary capital; **~kenntnis** *f* expert knowledge, expertise; know-how; **~konto** *n* impersonal account; **~kosten** *pl* cost of materials; **~kunde** *f* → ~kenntnis; **~kredit** *m* collateral credit; **~lage** *f* state of affairs; **~leistungen** *fpl* payments in kind; *(Vers.)* benefits in kind
**sachlich** objective; **aus ~en Gründen** *mpl* for reasons of fact; **~zuständig** competent as regards the subject matter; pertinently competent
**Sachmängel** *mpl* defects of quality; **~haftung** *f* liability for material defects; warranty of quality
**Sach~**, **~register** *n* subject index; **~schaden** *m* damage to property; **~spende** *f* gift in kind; **~steuern** *fpl* impersonal taxes; **~- und Dienstleistungskosten** *pl* cost of materials and services; **~verhalt** *m* actual situation; facts; **~vermögen** *n* tangible assets (or property); material assets; **~versicherung** *f* property insurance; non-life insurance
**Sachverständigen~**, **~ausschuss** *m* expert committee; **~beweis** *m* expert evidence; **~gebühr** *f* expert's fee
**Sachverständigengutachten** *n* expert opinion; expertise; **ein ~ fordern** to call for an expert's opinion (or report)
**Sachverständiger** *m* expert; **vereidigter ~** sworn expert; **etw. durch e-n Sachverständigen begutachten lassen** to submit sth. to an expert; to obtain an expert opinion on sth.; **e-n Sachverständigen beiziehen** to call in an expert
**Sachwert** *m* real value; material asset; **~klausel** *f* → Warenpreisklausel
**Sack** *m* bag, sack; **~gasse** *f (Verhandlungen)* impasse; dead-end; **~leinwand** *f* burlap; **in Säcken** *pl* **verpacken** to bag, to put into bags
**Safe** *n*, **Aufbewahrung im ~** keeping in a safe; **~miete** *f* safe deposit fee; **~vertrag** *m* safe deposit box agreement
**Saison** *f* season; **tote ~** dead (or dull) season; off season; slack period; **s~abhängige Nahrungsmittel** *pl* seasonal food
**saisonal**, **von ~en Faktoren** *mpl* **beeinflusst** influenced by seasonal factors; **~e Verteuerung** *f* seasonal price increase; **~ bereinigen** to adjust seasonally
**Saison~**, **~abschlag** *m* seasonal price reduction; **~arbeit** *f* seasonal work; **~arbeiter** *m* seasonal worker; **~arbeitsplatz** *m* seasonal job; **~aufschlag** *m* seasonal price increase; **~ausverkauf** *m* end-of-season sale; **s~bedingt** sea-

sonal; on seasonal grounds; for seasonal reasons; **s~bedingter Aufschwung** *m* seasonal recovery; **s~bereinigt** seasonally adjusted; in seasonally adjusted terms; **~bereinigung** *f* seasonal adjustment; **~betrieb** *m* seasonal enterprise; **~bewegungen** *fpl* → ~schwankungen; **entsprechend der üblichen ~entwicklung** *f* in line with the usual seasonal trend; **~geschäft** *n* seasonal business; **~gewerbe** *n* seasonal trade; **~index** *m* seasonal variation index; **~kredit** *m* seasonal loan; **s~reagibel** sensitive to seasonal influences; **~preis** *m* seasonal price; **~schlussverkauf** *m* → ~ausverkauf; **~schwankungen** *fpl* seasonal fluctuations; **~spitze** *f* seasonal peak; **s~üblich** usual for the season; **~werbung** *f* seasonal advertising

**Salden~**, **~abstimmung** *f* reconciliation of balances; reconciliation statement; **~ausgleich** *m* settlement of balances; **~bestätigung** *f* confirmation of balances; verification statement; **~liste** *f* list of account balances

**saldieren** to balance; to offset, to net out; *(im Clearingverkehr)* to clear; **das Hauptbuch ~** to balance the ledger

**Saldierung** *f* balancing; offsetting; *(im Clearingverkehr)* clearing

**Saldo** *m* balance, account balance; → Haben~; → Soll~; **per ~** on balance; **~ der Kapitalbilanz** balance of capital transactions; **~ der Leistungsbilanz** balance on current account; **als ~ ergibt sich ein Betrag von ...** the balance amounts to ...; **den ~ in neuer Rechnung vortragen** to carry forward the balance in a new account; **Ihr Konto weist e-n ~ von ... zu unseren Gunsten auf** your account shows a balance in our favo(u)r of ...

**Saldo~**, **~betrag** *m* amount of the balance; **~mitteilung** *f* balance notification; **~vortrag** *m* balance carried forward (into subsequent period)

**Salz~**, **~ableitung** *f (in Flüsse)* discharge of salt; **~bergwerk** *n* salt mine; **~steuer** *f* excise duty on salt

**Sammel~**, **~aktie** *f* → Globalaktie; **~aktion** *f* fund-raising campaign; **~anleihe** *f* joint loan; **~anschluss** *m tel* private branch exchange; **~anzeige** *f* composite advertisement; **~bestellung** *f* collective ordering; **~buch** *n* → ~**journal**; **~buchung** *f* compound entry; **~depot** *n* collective securities deposit; **~einkauf** *m* → ~**kauf**; **~fahrschein** *m* group ticket; **~faktura** *f* monthly billing; **~gut** *n* → ~**ladung**; **~gutverkehr** *m* consolidated consignment; **~inkasso** *n* centralized collection; **~journal** *n* general journal; **~kauf** *m* group buying centralized buying; **~konnossement** *n* collective bill of lading; **~konten** *npl* collective accounts, control accounts; **~ladung** *f* collective consignment (or shipment); joint cargo; **~liste** *f* **mit Opposition belegter Wertpapiere** comprehensive list of securities blocked as being stolen or otherwise lost (published by → Wertpapier-Mitteilungen); **~mappe** *f* binder; **~posten** *m* collective item; **~sendung** *f* → ~**ladung**; **~transport** *m* collective transport; **~versicherung** *f* collective insurance; **~verwahrung** *f* → ~**depot**; **~wertberichtigung** *f* global value adjustment; **~zahlungsauftrag** *m* combined payment order

**Sammlerstück** *n* collector's item

**Sammlung** *f* collection; **~ von Unterlagen** compilation of data; **~ der Rechtsprechung des Gerichtshofs der EG** Reports of Cases before the Court of Justice of the European Communities; European Court Reports (ECR)

**sanieren** to restore to a sound condition; to place on a sounder economic footing; to improve; *(Unternehmen)* to rehabilitate; to reconstruct; to reorganize; **den Markt ~** to restabilize the market

**Sanierung** *f* financial recovery (or rehabilitation) (of an enterprise); reconstruction (or reorganization) (of a company); improving the financial situation (of an undertaking); **~sbilanz** *f* recapitalization balance sheet; **~skonsortium** *n* reconstruction syndicate; **~skredit** *m* reconstruction loan; **~smaßnahmen** *fpl* recovery measures; measures for economic improvement; **~splan** *m* project for reorganization; **wirtschaftliches ~sprogramm** *n* programme for economic rehabilitation; **~svorhaben** *n* project for reorganization (etc.)

**sanitäre Anlagen** *fpl* sanitary facilities

**Sanktionen** *fpl* **verhängen** to impose sanctions (or penalties) (gegen on)

**Satellit** *m*, → Direktübertragung von Fernsehsendungen über ~

**Satelliten~**, **~fernmeldewesen** *n* satellite communications; **~fernsehen** *n* television by satellite; **~schüssel** *m* satellite dish; **~übertragung** *f* satellite transmission (or broadcasting)

**Sattel~**, **~anhänger** *m* semi-trailer; **~kraftfahrzeug** *n* articulated vehicle; **~schlepper** *m* articulated lorry; *Am* semi-trailer truck

**sättigen** to saturate; to satisfy; **den Markt ~** to satisfy the market

**Sättigung** *f* **des Marktes** saturation of the market

**Satz** *m (Gruppe zusammengehöriger Teile)* set; *(fester Betrag, Tarif)* rate; **~ für tägliches Geld** call money rate; **~ Wechsel** set of bills of exchange, set of exhange; **fester ~** fixed rate; **hoher ~** high rate; **niedriger ~** low rate; **üblicher Zins~** usual rate of interest

**Satzung** *f* statute; charter; *(e-s Vereins etc.)* constitution, rules; *(e-r AG) Br* (memorandum and) articles of association; *Am* articles of incorporation and bylaws; **~ des Gerichtshofs der EG** Statutes of the Court of Justice; **~ der Vereinten Nationen** Charter of the United Nations; **die ~ e-s Vereins bestimmt** the rules of an association provide

**Satzungs~**, **~änderung** *f* change in articles (of association); amendment of the statutes *(etc.)*; **s~gemäß** in accordance with the statutes *(etc.)*; **s~mäßig festgelegt** specified in the articles of association *(etc.)*; **s~mäßige Dividende** *f* statutory dividend

**sauberes Floaten** *n* clean float (free movement of currency)

**säumig** tardy; in default, defaulting; **~er Kunde** *m* delinquent customer; **~e Vertragspartei** *f* contracting party in default; **~er Zahler** *m* defaulter; **mit seinen Zahlungen ~ sein** to be in default with one's payments

**Säumniszuschlag** *m* surcharge for delayed payment

**SB-~**, **~-Packungen** *fpl* self-service packings; **~-Warenhäuser** *npl* self-service stores

**Schachtel~**, **~beteiligung** *f* holding by one company of at least 25 % of the shares of another company; **~privileg** *n* fiscal concession in respect of distributed profits arising from a → ~**beteiligung** (to avoid double taxation)

**Schaden** *m* damage, loss, injury; *(Vers.)* claim; **zum ~ seiner Gesundheit** to the detriment of his health; **~ beim Transport auf der See oder in der Luft** damage in transit by sea or air; **zum ~ der Verbraucher** to the prejudice of the consumers; **entstandener ~** damage (or loss) incurred; **dem X entstandener ~** damage suffered by X; **erheblicher ~** serious damage; material injury; **erlittener ~** loss sustained (or incurred); injury (or damage) suffered; **laut Versicherungspolice zu ersetzender ~** loss recoverable under the policy; **finanzieller ~** financial (or pecuniary) damage; **immaterieller ~** non-pecuniary damage; intangible damage; **nachgewiesener ~** proven (or substantiated) damage (or loss); **schwerer ~** serious damage; **zugefügter ~** inflicted loss (or injury); **den ~ anmelden** *(Vers.)* to give notice of the claim; **der ~ beläuft sich auf** the damage amounts to; **ein ~ ist entstanden** a damage (or loss) occurred; **~ erleiden** to sustain damage; **e-n ~ ersetzen** to make up (or indemnify) for a loss; **jdm den ~ ersetzen, der ihm entstanden ist** to compensate sb. for damage which he has incurred; **e-n ~ ersetzt bekommen** to recover a loss; **e-n ~ geltend machen** to claim to have suffered damage; **für e-n ~ haften** to be responsible (or liable) for a damage; **e-n ~ nachweisen** to prove a damage; to substantiate a loss; **den ~ schätzen auf** to estimate the damage at; **e-n ~ verursachen** to cause damage

**Schaden~**, **~anmeldung** *f* → ~**sanmeldung**; **~aufmachung** *f* → Dispache; **~bearbeitung** *f (Vers.)* claim processing; **~bescheinigung** *f* certificate of damage; **volle ~deckung** *f (Vers.)* claim coverage; **~ersatz** *m* → ~ersatz; **~feststellung** *f (Vers.)* ascertainment of damage (or loss); loss assessment; **~freiheitsrabatt** *m (Kfz) Br* no-claims bonus (or discount); *Am* preferred risk plan; **~regulierer** *m (Vers.)* claim adjuster; average adjuster; **~regulierung** *f (Vers.)* adjustment of a claim; *(See)* average adjustment

**Schadens~**, **~abschätzung** *f* assessment of damage; **~anmeldung** *f (Vers.)* notice of a loss (or claim); **~begrenzung** *f* damage limitation; **~berechnung** *f (Vers.)* loss adjustment

**Schadensersatz** *m* damages, compensation; **~ in Geld** pecuniary damages;

**Betrag des ~es** amount (or quantum) of damages; **Höhe des ~es** measure of damages; **Klage auf ~** suit (or action) for damages; **er wurde auf ~ in Anspruch genommen** damages were claimed against him; **~ beanspruchen** to claim damages; **zu ~ berechtigt sein** to be entitled to damages; **~ erhalten** to obtain (or recover) damages; **auf ~ erkennen** to order payment of damages; **den ~ festsetzen** to assess the damages; to fix the amount of damages; **~ fordern** to claim damages; **~ gewähren** to award damages; **auf ~ klagen** to bring an action for damages; **~ leisten** to pay damages; **~ verlangen** to claim damages; **zu ~ verpflichtet sein** to be liable to pay damages; to be liable to payment of compensation; **~ zugesprochen bekommen** to be awarded damages

**Schadensersatzanspruch** *m* claim for damages; **e-n ~ einklagen** to sue for damages; **e-n ~ geltend machen** to claim damages

**schadensersatzpflichtig** liable for damages

**Schadensfall** *m* case of damage; *(Vers.)* claim; **e-n ~ abwickeln** to settle an accident claim, to settle a claim arising from an accident

**Schadens~**, **~ursache** *f* cause of damage (or loss); **~verhütung** *f* damage prevention; **~versicherung** *f* casualty insurance; indemnity insurance

**schadhaft** damaged; **~ e Verpackung** *f* damaged packing

**schädigen** to damage; **jdn ~** to cause damage (or loss) to sb.; **ernstlich ~** to cause serious harm; **die Umwelt ~** to pollute the environment

**Schädigung** *f* **der Wirtschaft** damage (or loss) to the economy

**schädlich** harmful; dangerous; **~e Abfälle** *mpl* harmful waste; **~e Folgen** *fpl* detrimental consequences; **~ für die menschliche Gesundheit** harmful to human health

**Schädlingsbekämpfungsmittel** *npl* pesticides; **Rückstände von ~n** pesticide residues

**schadlos, jdn ~ halten** to indemnify sb.

**Schadloshaltung** *f* indemnification

**Schadstoff~**, **~belastung** *f* pollution burden

**Schadstoffe** *mpl* pollutants; harmful substances; toxic agents

**Schadstoffemissionen** *fpl* pollutant emissions

**Schaffung** *f* **neuer Arbeitsplätze** creation of new jobs

**Schall~**, **~abdichtung** *f* sound proofing; **s~dämpfende Vorrichtungen** *fpl* sound-isolating equipment; **s~dicht** sound-proof; **~plattenindustrie** *f* record industry; **~plattenwerbung** *f* record advertising; **~zeichen** *n* sound signal

**Schalter** *m (Bank, Post etc.)* counter; **~beamter** *m* counter clerk; **~geschäft** *n* counter transaction; *Am* over-the-counter business; **~verkauf** *m* over-the-counter sale

**scharf** sharp, severe; **~ kalkulierter Preis** *m* close price; **~er Wettbewerb** *m* keen (or stiff) competition

**Schattenwirtschaft** *f* underground economy; black (or hidden) economy

**Schatzanweisung** *f* Treasury note (or bill)

**Schätze** *mpl* → Schatzanweisungen; → U-~

**schätzen** to estimate, to appraise; **den Wert des Hauses ~** to assess the value of the house (→ geschätzt)

**Schätzer** *m* appraiser, valuer

**Schätzung** *f* estimate; appraisal; valuation; **grobe ~** ballpark figure; **~ des Gewinns** estimate of profit; **vorläufige ~** provisional (or preliminary) estimate; **ungefähre ~** rough guess; **vage ~** guess-work

**Schatzwechsel** *m* Treasury bill

**Schätzwert** *m* estimated value; appraised value

**Schaufenster** *n* shop window; *Am* show window; **im ~ ausstellen** to display in the window

**Schaufenster~**, **~auslage** *f* window display; **~bummel** *m* window shopping; **~dekorateur** *m* window dresser; **~dekoration** *f* window dressing; **~werbung** *f* (shop) window advertising

**Schaukasten** *m* show case, display case

**Schaum~**, **~kunststoffindustrie** *f* plastic foam industry; **~stoff** *m* foam; (hart) styrofoam; **~stoffverpackung** *f* styrofoam packing; **mit ~stoff ausgelegte Kiste** *f* foam-lined box; case lined with styrofoam; **~weinsteuer** *f* tax on sparkling wines

**Schau~**, **~packung** *f* dummy (pack); display; **~stück** *n* showpiece

**Scheck** *m Br* cheque; *Am* check (über for); → Verrechnung~; **~ gesperrt** *(Vermerk)* payment countermanded; **~ zum Inkasso** cheque (check) for collection; **zum Inkasso gegebener** ~ cashed cheque (check); **~ auf fremde Währung** foreign currency cheque (check); **annullierter** ~ cancel(l)ed cheque (check); **nicht eingelöster** ~ uncashed (or dishono[u]red) cheque (check); **nicht gedeckter** ~ cheque (check) without cover; worthless cheque (check); *Br* uncovered cheque; **e-n nicht gedeckten ~ ausstellen** *Am* to fly a kite; **gekreuzter** ~ crossed cheque (check); **gesperrter** ~ stopped cheque (check); **vordatierter** ~ postdated cheque (check); **noch nicht zur Einlösung vorgelegter** ~ outstanding cheque (check); **nicht rechtzeitig zur Zahlung vorgelegter** ~ stale cheque (check); **zurückdatierter** ~ antedated cheque (check)

**Scheck, e-n ~ ausschreiben** to write out a cheque (check); **e-n ~ über den Betrag von ... ausstellen** to draw (or make out) a cheque (check) for the amount of ...; **ein ~ ist beigefügt** a cheque (check) is enclosed; **mit ~ bezahlen** to pay by cheque (check); **e-n ~ einlösen** to cash a cheque (check); **e-n ~ fälschen** to forge a cheque (check); **e-n ~ sperren** to stop a cheque (check); **e-n ~ ziehen auf jdn** to draw a cheque (check) on sb.

**Scheck~, ~abrechnung** *f* cheque (check) clearing; **~aussteller** *m* drawer of a cheque (check); **~bestand** *m* cheques (checks) on hand; **~betrag** *m* amount of the cheque (check); **~betrug** *m* cheque fraud; **~bürgschaft** *f Br* cheque guarantee; *Am* check guaranty; **~deckungsanfrage** *f* advise fate; **~deckungsanzeige** *f* advice of fate; **~duplikat** *n* duplicate cheque (check); **~einreichung** *f* presentation of a cheque (check); **~fälschung** *f* cheque forgery; **~formular** *n* cheque (check) form; **~heft** *n* cheque (check) book; **~inhaber** *m* holder of a cheque (check); **~inkasso** *n* cheque (check) collection; **~karte** *f* guarantee card; *Am* check identification card; **~sperre** *f* stop payment order; **~verkehr** *m* cheque (check) transactions

**scheiden, er ließ sich von seiner Frau ~** he divorced his wife (→ geschieden)

**scheidende Kommission** *f (EU)* outgoing Commission

**Scheidung** *f* divorce; **auf ~ klagen** to petition for divorce; **~sgrund** *m* ground for divorce; **~sklage** *f* divorce petition; **~surteil** *n* divorce decree

**Schein~, ~auktion** *f* mock auction; **~bieter** *m (bei Auktionen)* by-bidder; **~blüte** *f* fiction boom; **~dividende** *f* sham dividend; **~faktura** *f* pro forma invoice; **~gebot** *n* sham bid; *Am colloq.* straw bid; **~gericht** *n* kangaroo court; **~geschäft** *n* fictitious (or simulated, bogus, dummy) transaction; **~gesellschaft** *f* bogus (or sham) company; *Am* dummy corporation; **~kauf** *m* fictitious (or mock) purchase; **~konjunktur** *f* sham boom; **~kurs** *m* fictitious quotation; **~rechnung** *f* pro forma invoice; **~selbständigkeit** *f* the state of being officially self-employed but not actually fulfilling the conditions of a self-employed person (e. g. to avoid social security contributions); **~sozietät** *f* quasi-partnership; **~unternehmen** *n* sham (or dummy) enterprise; **~verkauf** *m* fictitious (or pro forma) sale; **~verlust** *m* fictitious loss; **~vertrag** *m* fictitious (or simulated) contract

**Scheitern** *n* failure, breakdown; **~ e-r Konferenz** failure of a conference

**scheitern** to fail; to break down; **geschäftlich ~** to fail in business

**Schemabrief** *m* set-pattern letter

**schenken** to give as a gift

**Schenker** *m* donor

**Schenkung** *f* gift; donation; **~ unter Auflage** gift subject to a burden; **~ssteuer** *f* gift tax; *(Erbschaftssteuer) Br* inheritance tax; *Am* gift and estate tax; **~surkunde** *f* deed of donation; **~sversprechen** *n* **von Todeswegen** promise of a gift mortis causa; **~swiderruf** *m* revocation of a gift

**Schicht** *f* shift; layer (of society); **~arbeit** *f* shift work; **~arbeiter** *m* shift worker; **~lohn** *m* pay for shift work; **~wechsel** *m* change of shifts; **~zeit** *f* time of shift operation

**Schieds~, ~abrede** *f* arbitration agreement; **~ausschuss** *m* arbitration committee

**Schiedsgericht** *n* arbitration court; arbitral tribunal; **ein ~ anrufen** to submit a case to arbitration

**schiedsgerichtlich~, ~e Beilegung** *f*

settlement by arbitration; **~e Entscheidung** *f* **einholen** to go to arbitration

**Schiedsgerichtsbarkeit** → internationale Handel~; **im Wege der ~ beilegen** to settle by arbitration

**Schiedsgerichts~, ~hof** *m* **der Internationalen Handelskammer** Court of Arbitration of the ICC; **~klausel** *f* arbitration clause; **~kosten** *pl* arbitration costs; **~ordnung** *f* **der Internationalen Handelskammer** ICC Rules of Arbitration; **~verfahren** *n* arbitration proceedings

**Schiedsklausel** *f* arbitration clause; **~ der Internationalen Handelskammer** ICC arbitration clause; clause stipulating arbitration by the ICC; **in Verträgen mit dem Ausland e-e ~ aufnehmen** to insert an arbitration clause in foreign contracts; **durch e-e ~ gebunden sein** to be bound by an arbitration clause

**Schiedsordnung** *f* rules of arbitration

**Schiedsrichter** *m* arbitrator; **e-n ~ ernennen** (od. **bestellen**) to appoint an arbitrator

**schiedsrichterliche Entscheidung** *f* (arbitral) award; **e-e ~ herbeiführen** to go (or resort) to arbitration

**Schiedsspruch** *m* (arbitral) award, arbitration award; **Anerkennung und Vollstreckung ausländischer Schiedssprüche** recognition and enforcement of foreign awards; **auf Aufhebung des ~s klagen** to bring an action to set aside an award; **ein ~ ist ergangen** an arbitral award has been rendered; **dem ~ nachkommen** to comply with the award

**Schiedsstelle** *f* arbitration (or arbitral) board; **Anrufung von ~n** resort to arbitration bodies

**Schiedsvereinbarung** *f* arbitration agreement

**Schiedsverfahren** *n* arbitration proceedings; **im Wege des ~s** by arbitration; **die Streitigkeit wird e-m ~ unterworfen** the dispute will be submitted to arbitration

**Schieds~, ~vergleich** *m* arbitral award by consent; **~vertrag** *m* arbitration agreement

**Schiedsweg** *m*, **auf dem ~e** by arbitration

**Schiene** *f*, **Personen- und Güterverkehr auf der ~** passenger and goods transport by rail; **s~ngebundener Verkehr** *m* rail-borne traffic; **~ntankwagen** *m* rail tank car; **~n- und Straßenverkehr** *m* transport by rail and road; **~nverkehrsmittel** *n* rail-borne means of transport

**Schiff** *n* ship, vessel; **auf dem ~** on board ship; **mit dem ~** by ship; **~ unter ... Flagge** vessel flying the flag of ...; **~ mit Gefrieranlage** cold storage vessel; **~ in der Linienfahrt** liner; **atomgetriebenes ~** nuclear ship; **im Bau befindliches ~** ship under construction; **in Fahrt befindliches ~** ship under way

**Schifffahrt** *f* shipping, navigation; **Handel~** *f* commercial navigation; **Linien~** *f* line navigation; **~sgesellschaft** *f* shipping company; **~sländer** *npl* shipping (or maritime) countries; **~slinie** *f* shipping line; **~sachverständiger** *m* marine expert; **~sweg** *m* shipping route (or lane); **~swerte** *mpl* shipping shares; **~swirtschaft** *f* shipping economics

**schiffbarer Fluss** *m* navigable river

**Schiffbau** *m* shipbuilding (industry); **~beihilfe** *f* aid to shipbuilding; **~unternehmer** *m* shipbuilder

**Schiffbruch** *m* shipwreck; **~ e-s Tankers vor der Küste** running aground (or grounding) of a tanker on the coast

**Schiffer** *m* skipper, master, captain; **~börse** *f* shipping exchange

**Schiffs~, ~abfahrtsdatum** *n* date of sailing; **~ankunftsdatum** *n* date of ship's arrival; **~ausrüster** *m* ship supplier; **~bank** *f* ship mortgage bank; **~bedarf** *m* ship's supplies; **~befrachtung** *f* affreightment; chartering; **~besatzung** *f* crew; **~brief** *m (für Binnenschiffe)* certificate of registry; **~eigner** *m (für Binnenschiffe)* shipowner; **~führer** *m* master; **~gläubiger** *m* maritime lienor; **~hypothek** *f* ship mortgage; **~inventar** *n* ship's inventory; **~kaskoversicherung** *f* hull insurance; **~laderaum** *m* → ~raum; **~ladevorrichtungen** *fpl* ship loading facilities; **~ladung** *f* shipload; cargo; shipment; **~liegeplatz** *m* (loading) berth; **~makler** *m* shipbroker; **~manifest** *n* (ship's) manifest; **~papiere** *npl* ship's papers; **~pfandbrief** *m* ship mortgage bond

**Schiffsraum** *m* shipping space; (ship's) hold; **~bedarf** *m* shipping space required

**Schiffs~, ~register** *n* register of shipping; **~reise** *f* cruise

**Schiffsreparatur** *f* repair of a ship; **~werft** *f* ship repair yeard (or dock)

**Schiffs~**, **~sachverständiger** *m* surveyor (of a ship); **~tagebuch** *n* (ship's) log book; **~unfall** *m* accident at sea; casualty to a ship; **~untergang** *m* sinking of a ship; shipwreck; **~verbindung** *f* shipping connection; **~verkehr** *m* shipping; **~vorräte** *mpl* ship's stores; **~werft** *f* shipyard; **Bergung e-s ~wracks** *n* salvage of a wrecked ship; **~zertifikat** *n (für Seeschiffe)* certificate of registry; **~zettel** *m* shipping note

**Schikane** *f* chicanery, harassment

**Schild** *n* sign; notice; **Firmen~** *n* firm sign; **Tür~** *n* door plate

**Schirmherrschaft**, **unter seiner ~** under his auspices; **unter der ~ stehen von** to be under the patronage of; to be sponsored by

**Schirmmarke** *f* umbrella brand

**Schlacht~**, **~hof** *m* slaughterhouse, abattoir; **~prämie** *f (EU)* slaughter premium; **~vieh** *n* animals for slaughter

**Schlafwagen** *m* sleeping car; sleeper

**Schlagwort** *n* slogan; **~-Register** *n* subject register

**Schlagzeile** *f* headline; **~n machen** to hit the headlines

**Schlange** *f* queue; *Am* line; **~ stehen** *Br* to queue up; *Am* to line up

**schlankes Unternehmen** *n* lean enterprise

**schlecht** bad; **~ beraten** ill-advised; **~ bezahlt** badly paid; underpaid; **~ gehende Ware** *f* slow-selling goods; **~er Absatz** *m* poor sale; **~en Absatz finden** to sell poorly (or with difficulty); **~e Arbeit** *f* poor work(manship); **ein ~es Geschäft** *n* **machen** to make a bad (or poor) bargain; **~e Nachrichten** *fpl* bad news; **~e Qualität** *f* bad (or inferior) quality; **bei ~em Wetter** *n* in bad weather; **~ bezahlen** to underpay; **~ dran sein** to be badly off

**Schlechtwettergeld** *n* bad-weather money

**schleichen** to creep; **~de Inflation** *f* creeping (or latent) inflation; **~de Übernahme** *f* creeping takeover

**Schleich~**, **~handel** *m* illicit trade; black market; smuggling; **~handel betreiben** to engage in illicit trade; to smuggle; **~händler** *m* illicit trader; **~werbung** *f* masked (or camouflaged) advertising

**Schleifmittel** *n* abrasive (compound)

**Schlepp** *n*, **im ~ befördern** to tow; **ins ~ nehmen** to take in tow

**Schleppdampfer** *m* → Schlepper

**schleppend**, **~er Absatz** *m* dull sale; **~es Geschäft** *n* dull trading; **~es Schiff** *n* towing vessel; **~e Zahlungsweise** *f* sluggish payment; **die Zahlungen gehen ~ ein** the payments come in slowly; **das Geschäft verlief ~** business was slow

**Schlepper** *m* tug(boat), towboat

**Schlepp~**, **~kosten** *pl* towing charges; **mit ~netz** *n* **ausgerüsteter Dampfer** trawler; **~netzfischerei** *f* trawling; **~vorgang** *m* towing operation

**Schleuder~**, **~artikel** *m(pl)* dirt-cheap article; *(für den Export)* dumped goods; **~preis** *m* give-away price; *sl.* dirt-cheap price; ruinous price; cut-throat price; **zu ~preisen verkaufen** *colloq.* to sell dirt-cheap; *(ins Ausland)* to dump

**Schleusenpreis** *m (EU)* sluice-gate price

**Schliche** *pl colloq.* tricks, dodges; **jdm auf die ~ kommen** to find sb. out

**schlichten** to settle, to arbitrate

**Schlichtung** *f*, **~ e-s Streites** settlement of a dispute; **~ von Arbeitsstreitigkeiten** conciliation of labo(u)r disputes; **~ durch Schiedsgericht** arbitration; **~sausschuss** *m* conciliation (or arbitration) committee; **ICC ~ordnung** *f* → ICC Vergleichsordnung; **~stelle** *f* conciliation board (or body); board of arbitration; **ein ~sverfahren einleiten** to initiate a conciliation process; **~sversuch** *m* attempt at conciliation

**schließen** *(stillegen)* to close down; **die Geschäfte ~ um 18.00 Uhr** the shops close at 6 p.m.

**Schließfach** *n (Post)* post office box, P.O. box; *(Bank)* safe deposit box; *(Bahnhof)* locker

**Schließung** *f*, **von der ~ e-r Fabrik betroffene Arbeitnehmer** workers affected (or hit) by the closure (or shutdown) of a factory; **~sbeihilfe** *f* aid for closure

**Schlupfloch** *n* loophole

**Schluss** *m* end, close; closing; → Zeichnungs~; **~abrechnung** *f* final account (or settlement); **~bericht** *m* final report; **~bestand** *m* closing stock; **~bilanz** *f* closing balance sheet; **~brief** *m (im Warenverkehr) Br* sales note, *Am* sold note; **~dividende** *f* final dividend

**Schlüssel** *m* key; *(Chiffre~)* code; *(Ver-*

*teiler~)* ratio; **~bereiche** *mpl* key sectors; **~berufe** *mpl* key occupations; **~erzeugnisse** *npl* key commodities; **s~fertig** *(Wohnung)* ready for immediate occupancy; **s~fertiges Projekt** *n* turnkey project; **~industrie** *f* key industry; **~kunde** *m* key account (or customer); **~position** *f* key position; **~technologie** *f* key technology; **~währung** *f* key currency; **~zahl** *f* code number

**Schluss~**, **~ergebnis** *n* final result; **~folgerung** *f* conclusion (reasoning)

**schlüssig** conclusive; *(Prozessrecht)* sufficient; **~er Beweis** *m* conclusive evidence

**Schluss~**, **~kurs** *m* closing price (or quotation); *(Devisen)* closing rate; **~note** *f* *(des Maklers)* contract note; *(für den Kauf)* bought note; *(für den Verkauf)* sold note; **~notierung** *f* closing quotation; **~preis** *m* closing price; **~quittung** *f* receipt for the balance; receipt in full discharge; **~quote** *f* *(im Konkurs)* final dividend; **~rechnung** *f* final account; **~schein** *m* → ~note; **~strich** *m* final stroke (or line); **~verkauf** *m* seasonal sale, end-of-season sale; **~zahlung** *f* final payment

**Schmerzensgeld** *n* damages for pain and suffering

**Schmerzgrenze** *f* pain threshold (inflation)

**schmieren**, **jdn ~** *colloq.* to grease sb.'s hand (or palm); to bribe sb.

**Schmier~**, **~gelder** *npl sl.* bribe money; pay off; backshish; *Am* slush money; **~mittel** *npl* lubricants; **~öl** *n* lubricating oil; **~papier** *n* scratch (scrap) paper

**Schmuck~**, **~handel** *m* jewel(le)ry trade; **~stück** *n* piece (or article) of jewel(le)ry; *(unechtes)* trinket; fashion jewel(le)ry; **~waren** *fpl* jewel(le)ry

**Schmuggel** *m* smuggling; *(Zoll)* fraud; **~waren** *pl* smuggled goods, contraband goods

**schmuggeln** to smuggle

**Schmuggler** *m* smuggler

**Schmutz~**, **~geld** *n* extra pay for dirty work; **~konkurrent** *m* unfair (or dirty) competitor; **~presse** *f* gutter press; **~stoffe** *mpl* pollutants; **~zulage** *f* dirt pay

**schmutziges Floaten** *n* dirty float (currency movement free, but influenced by authority)

**Schnäppchen** *n* bargain

**Schnee~**, **~ballgeschäfte** *npl* pyramid selling; **~ball(verkaufs)system** *n* pyramid selling scheme

**Schneiderhandwerk** *n* tailor's trade

**Schneiderin** *f* dressmaker

**Schneidwaren** *fpl* cutlery

**schnell**, **~er Absatz** *m* quick (or ready) sale; **~en Absatz finden** to find (or meet with) a ready market; **~e Antwort** *f* prompt reply; **~verkäuflicher Artikel** *m* fast seller; fast selling article; **~er Brutreaktor** *m* fast breeder; **~e Lieferung** *f* speedy delivery; **~er Umsatz** *m* quick return; **auf ~em Wege** *m* by expeditious means, expeditiously; **e-n Auftrag ~ ausführen** to execute an order promptly; **~ bedient werden** to get quick service; **~ erledigen** to get through (business *etc.*) quickly; **~ fahren** to drive fast; **~ fallen** *(Kurse)* to fall quickly; to plunge; **~ steigen** *(Kurse)* to rise quickly; to soar; **bitte liefern Sie so ~ wie möglich** please supply as soon as possible

**Schnell~**, **~bericht** *m* cursory (or quick) report; **~buffet** *n* snack-bar; **~bus** *m* express bus; **~hefter** *m* folder, letter-file; **~imbiss** *m* snack(s); **~reinigung** *f* express cleaners; **~sendungen** *fpl* express parcels; **~straße** *f* express road, expressway; **~verkehr** *m* fast traffic; **~zug** *m* express train

**schnellstmöglich** as soon as possible

**Schnitt~**, **~holz** *n* sawed timber; **~stelle** *f* interface

**schnurloses Telefon** *n* cordless telephone

**Schocktherapie** *f fig* shock therapy (or treatment)

**Schokolade** *f*, **eine Tafel ~** a bar of chocolate; **~nerzeugnisse** *npl* cocoa and chocolate products

**schonende Behandlung** *f* careful handling

**Schonfrist** *f* grace period, period of respite

**Schönheits~**, **~mittel** *n* cosmetic (preparation); **~pflege** *f* beauty care

**Schranke** *f* barrier; *(Bahn)* railway gate

**Schrauben~**, **~schlüssel** *m* wrench; **~zieher** *m* screwdriver

**Schreibblock** *m* writing (or scribbling) pad

**Schreiben** *n* letter; note; **Ihr ~ vom 15. Juli** your letter dated (or of) July 15; **anliegendes ~** enclosed letter

**Schreib~**, **~fehler** *m* clerical error (or mistake); **~forschung** *f* *(Marktforschung)* desk research; **~gebühren** *fpl* copying fees; **~kraft** *f* clerk-typist; **~mappe** *f* writing case, letter case

**Schreibmaschine** *f*, typewriter; **auf der ~ schreiben** to typewrite, to type

**Schreib~**, **~saal** *m* typing pool; **~tisch** *m* desk; **~unterlage** *f* blotting pad, desk pad

**Schreibwaren** *pl* stationery; **~geschäft** *n* *Br* stationer's shop; *Am* stationery store; **~händler** *m* dealer in stationery

**Schrift** *f* writing; *(Hand~)* handwriting; *(~stück)* paper, writing; **~art** *f* type font

**Schriftform** *f* written form; **Änderungen dieses Vertrages bedürfen der ~** changes in this contract must be made in writing

**Schrift~**, **~führer** *m* keeper of the minutes; **~leiter** *m* editor

**schriftlich** written, in writing; **~e Bestätigung** *f* confirmation in writing; **~e Kündigung** *f* written notice; **~e Prüfung** *f* written examination; **~e Zustimmung** *f* written consent; **~ antworten** to answer by letter; **~ beanstanden** to make a written complaint; **~ vereinbaren** to agree (or stipulate) in writing

**Schrift~**, **~probe** *f* specimen of handwriting; **~sachverständiger** *m* handwriting expert

**Schriftsatz** *m* pleading; *Am* brief; **e-n ~ einreichen** to file a pleading

**Schrift~**, **~steller** *m* writer, author; **~stück** *n* (piece of) writing, document, paper; **~vergleichung** *f* comparison of handwriting; **~verkehr** *m* → ~wechsel; **~wechsel** *m* correspondence; exchange of letters

**Schritt**, **s~weise** step by step, gradually; **geeignete ~e** *mpl* **ergreifen** to take appropriate steps (or action); **~e** *mpl* **unternehmen** to take action

**Schrott** *m* scrap, scrap metal; **~berg** *m* pile of scrap; **~erlös** *m* scrap proceeds; **~handel** *m* scrap trade; **~händler** *m* scrap dealer; **~markt** *m* scrap market; **~preise** *mpl* scrap prices; **~verarbeitung** *f* scrap processing; **~verkauf** *m* sale of scrap; **~wert** *m* scrap (or salvage) value

**Schrumpfen** *n*, **(starkes) ~ der Gewinne** (considerable) shrinkage in profits

**schrumpfen** to shrink; **die Gewinne ~** profits are shrinking (or declining); **~der Markt** *m* shrinking (or contracting) market

**Schrumpfung** *f*, **~ des Absatzes** → Absatz~; **~ der Ausfuhr** shrinkage of exports; contraction of exports; **~ des Geschäfts** decline of business

**Schub~**, **~boot** *n* push boat; **~schlepper** *m* pusher tug

**SCHUFA** (Schutzgemeinschaft für allgemeine Kreditsicherung) General Credit Protection Agency

**Schuld** *f* debt; fault, blame; *(StrafR)* guilt; **~ an e-m Unfall** responsibility for an accident; **aufgelaufene ~** accumulated debt; **beglichene ~** paid (or settled) debt; **nicht beitreibbare ~** irrecoverable debt; **(noch) nicht bezahlte ~** undischarged debt; **fundierte** (langfristige) **~** funded debt; **durch unsere ~** through a fault of ours; **jdm die ~ geben (an)** to blame sb. (for); to fault sb.; **~ haben** to be to blame; to be at fault; **wer hat die ~?** whose fault is it?; **wir haben keine ~** we are not at fault; **die ~ liegt beim Verkäufer** the fault lies with the seller; the seller is to blame; **wegen des Lieferverzuges trifft uns keine ~** we are not at fault for the delay in delivery

**Schuld~**, **~abtretung** *f* assignment of a debt; **~anerkenntnis** *f* acknowledgement of a debt; **s~befreiende Zahlung** *f* payment in full discharge; **~befreiung** *f* discharge of debt; **~betrag** *m* amount of debt; amount owed; **~beweis** *m* proof of guilt; **~buch** *n* Debt Register

**Schulden** *pl* debts, liabilities; accounts payable; → Ausland~; → Geschäft~; **~ der öffentlichen Hand** public authorities debts; **mit ~ belastet** encumbered with debts; **beitreibbare ~** recoverable debts; **drückende ~** pressing debts; **dubiose ~** bad debts; **einklagbare ~** debts enforceable by action; **fällige ~** debts due (from); **in Raten rückzahlbare ~** instal(l)ment debts; **rückständige ~** debts in arrears; **schwebende ~** floating debts; **uneinbringliche ~** irrecoverable debts

**Schulden~**, **allmähliche ~abtragung** *f* gradual (re)payment of debts; **~abzahlung** *f* **in Raten** payment of debts in instal(l)ments; **~anstieg** *m* rise in debts; **~aufnahme** *f* borrowing; **~berg** *m* mass (or mountain) of debts; **~dienst** *m* debt service; **~eintreibung** *f* collection of debts; **~erlass** *m* remission of a debt; debt relief

**schuldenfrei** free from debt, debt-free;

*(Grundbesitz)* unencumbered; **~e Firma** *f* unlevered firm; **~ sein** to be out of debt

**Schulden~**, **~haftung** *f* liability for debts; **~konsolidierung** *f* consolidation of debt; **~last** *f* total debt(s); burden of debt(s); **~regelung** *f* settlement of debts; **~tilgung** *f* debt redemption; liquidation of debts; **~überhang** *m* excess of debts

**Schulden**, **~ abbauen** to reduce debts; **~ abzahlen** to pay off debts; **~ aufnehmen** to contract debts; to borrow; **~ begleichen** to settle debts; **~ decken** to meet debts, to pay off debts; **~ eintreiben** to recover debts; **in ~ geraten** to incur debts; **bei jdm ~ haben** to be indebted to sb.; **keine ~ (mehr) haben** to be out of debt; **seine ~ loswerden** to get out of debt; **~ machen** to go (or run) into debt(s); to contract debts; **in ~ stecken** to be involved in debts; **seine ~ tilgen** to redeem one's debts; to satisfy one's liabilities; **~ übernehmen** to assume debts

**schulden**, **jdm etw. ~** to owe sb. sth.; to be in debt for sth. to sb. ( → geschuldet)

**schuldhaft** culpable; by negligence; **durch ~es Verhalten** *n* by fault or negligence; **~e Verzögerung** *f* culpable delay; **die Unkenntnis war ~** ignorance was due to negligence

**schuldig**, **sich ~ bekennen** to admit one's guilt; **~ sein** to be at fault; to be guilty; **jdm etw. ~ sein** to owe sb. sth.; **er ist am Unfall ~** he is to blame for the accident

**Schuldkonto** *n* debit account

**Schuldner** *m* debtor, borrower; obligor; **gemeinsamer ~** joint debtor; **säumiger ~** delinquent debtor; defaulter; **unsicherer ~** dubious debtor; **zahlungsunfähiger ~** insolvent debtor; **~land** *n* debtor country; borrowing country; **~verzug** *m* debtor's delay (in tendering performance or delivery)

**Schuld~**, **~posten** *m* debit (or liability) item; **~recht** *n* law of obligations; **s~rechtlicher Anspruch** *m* contractual claim; **~saldo** *m* debit balance

**Schuldschein** *m* certificate of indebtedness; borrower's note; *(ohne Zahlungstermin)* I. O. U. (I owe you); **~darlehen** *n* borrower's note loan; **~markt** *m* (borrower's) note loan market

**Schuld~**, **gesamte ~summe** *f* total debt; **als s~tilgend anerkennen** to recognize as discharging the debt; **~tilgung** *f* discharge of debt; **~übernahme** *f* assumption of debt; **~umwandlung** *f* debt conversion; **~urkunde** *f* debt instrument; **vertragliches ~verhältnis** *n* contractual obligation

**Schuldverschreibung** *f* bond, debenture; **~ auf den Inhaber** bond (payable) to bearer, bearer bond (or debenture); → Gewinn~; → Wandel~; **Emission von ~en** bond issue; **Inhaber e-r ~** bondholder, debenture holder; **hypothekarisch gesicherte ~** collateral mortgage bond; **zur Tilgung aufgerufene ~en** bonds called for redemption

**Schuld~**, **~wechsel** *mpl* bills payable; **~zinsen** *pl* interest payable on money borrowed

**Schul~**, **~entlassene** *pl* school leavers; **s~entlassene Jugendliche** *pl* young persons having left school; **(allgemeine) ~pflicht** *f* compulsory education; **im s~pflichtigen Alter sein** to be of school age

**Schulung** *f* training, schooling

**Schundware(n)** *f(pl)* trashy goods, low-quality goods

**Schürfen** *n* prospecting (for nach), exploration; **~ von Erdöl** oil exploration

**Schürf~**, **~genehmigung** *f* prospecting licen|ce (~se); **~technik** *f* prospecting technique; **~vorhaben** *n* prospecting project (or program[me])

**Schutt** *m* rubbish; *(Bau~)* rubble; **~abladen** *n* **verboten!** no dumping! **~abladeplatz** *m* dump; **~ abladen** to dump, to put on a dump

**Schüttgewicht** *n* bulk weight

**Schüttgut** *n* bulk goods, bulk material, loose goods, **~ladung** *f* bulk load; **~schiff** *n* bulk carrier; **~verladung** *f* bulk loading; **~versand** *m* bulk shipment; **~ abladen** (od. **versenken**) to dump

**Schüttgüter** *npl*, **körnige ~** granular bulk goods; **rieselfähige ~** fluid bulk goods

**Schüttladung** *f* bulk cargo

**Schüttung** *f*, **in loser ~ verladen** to ship in bulk

**Schutz** *m* protection; *(Zuflucht)* shelter; → Kündigung~; → Verbraucher~; **~ gegen Inflation** hedge against inflation; **~ gutgläubiger Dritter** protection of third parties acting in good faith; **durch ein Patent gewährter ~** protection conferred by a patent; **~ vor Steuern** tax shelter; ~ **von Werken der Literatur und Kunst** protection of literary and artistic works

**Schutz~**, **~anstrich** *m* protective coating; **~ausrüstung** *f (z. B.. bei Hocharbeiten)* protective equipment, safety equipment; **s~bedürftig** requiring protection; **~bereich** *m* extent of protection; **~dauer** *f* → ~**frist**

**schützen** to protect, to safeguard; **sich gegen die Inflation** ~ to hedge against inflation ( → geschützt)

**Schutz~**, **s~fähig** *(durch Patent)* patentable; **~frist** *f* period of protection; **~helm** *m* protective helmet; **~hülle** *f* protective wrapping; **~klausel** *f* protective clause, safeguard clause, hedge clause; **~kleidung** *f* protective clothes (or clothing); **~leisten** *fpl (e-s Autos)* protective strips; **~marke** *f* brand; trademark

**Schutzmaßnahmen** *fpl* protective measures; **handelspolitische** ~ measures to protect trade; ~ **treffen** to take protective measures

**Schutzplane** *f* protective cover; tarpaulin; **die Waren auf dem Lkw mit e-r ~ bedecken** to cover the goods on the lorry with a tarpaulin

**Schutzrecht** *n*, **gewerbliche ~e** *pl* industrial property rights

**Schutz~**, **~umschlag** *(für Bücher)* (book) jacket (or wrapper); dust cover; **~vorrichtungen** *fpl* protection devices, safety devices; **~zertifikat** *n* **für Arzneimittel** *(EU)* protective certificate for propietory medicinal products

**Schutzzoll** *m* protective duty (or tariff); **~politik** *f* (od. **~system** *n*) protectionism

**schutzzöllnerische Maßnahmen** *fpl* protectionist measures

**schwach**, ~ **besucht** poorly attended; **industrie~** having little industry; **kapital~** with little capital; **wirtschaftlich ~e Länder** *npl* economically weak countries; **~e Marktlage** *f* weakness of the market; **~e Nachfrage** *f* slack demand; **~e Währung** *f* weak (or soft) currency; **das Geschäft ist** ~ trade is dull (or poor)

**Schwäche** *f*, ~ **des Dollar** weakness of the dollar; **zur ~ neigend** *(Börse)* bearish; **konjunkturelle ~tendenzen** *fpl* slack trends in economic activity

**schwächer**, ~ **tendieren** *(Börse)* to drift lower; ~ **werden** to weaken; **die Nachfrage ist ~ geworden** the demand has receded (or slackened)

**Schwächung** *f* **der Wirtschaft** weakening of the economy

**schwanken** *(Preise, Kurse)* to fluctuate, to move up and down; **der Gewinn schwankt** the profit fluctuates

**schwankend~**, **~e Kurse** *mpl* fluctuating prices; variable prices; **frei ~es Pfund** *n* floating pound; **frei ~e Wechselkurse** *mpl* floating exchange rates

**Schwankung** *f (der Preise, Kurse)* fluctuation, moving up and down; **~en** *fpl* **der Wechselkurse** fluctuations in exchange rates; **konjunkturelle ~en** *fpl* fluctuations of the trade cycle; **zyklische ~en** *fpl* **des Ölpreises** cyclical fluctuations in the oil price

**Schwankungsbreite** *f*, ~ **der Kurse** range of prices, ~ **der Wechselkurse** margin of fluctutations (or fluctuation margin) of the exchange rates; spread on either side of par

**Schwankungs~**, **~markt** *m (Börse)* variable-price market; **jährliche ~raten** *fpl* **der Erzeugung** annual variation in production; **~werte** *mpl (Börse)* variable-price securities

**Schwänze** *f (Börse)* corner

**schwarz**, **~es Brett** *n* notice board; ~ **arbeiten** to do illicit work; ~ **kaufen** to buy on the black market

**schwarze Liste** *f*, **e-e ~ aufstellen** to draw up a blacklist; **jdn auf die ~ setzen** to blacklist sb.; **auf der ~n Liste stehen** to be blacklisted

**Schwarz~**, **~arbeit** *f* illicit work; **~arbeiter** *m* person working illicitly; **~blech** *n* black (iron) plate (or sheet); **~brennerei** *f* illicit distillery; **s~fahren** to dodge the fare; to drive without a licenҫe (~se); **~fahrer** *m* fare dodger; **~fahrt** *f* ride without a ticket; **~fernseher** *m* television pirate

**Schwarzhandel** *m* illicit trade; black market(eer)ing; **im** ~ on the black market; **~skauf** *m* purchase on the black market; ~ **treiben** to black-market

**Schwarz~**, **~händler** *m* black market dealer; **~hörer** *m (Radio)* secret listener; radio pirate

**Schwarzmarkt** *m* black market; **~geschäfte** *npl* black market operations (or transactions)

**Schwarzsender** *m (Radio)* non-licen|ced (~sed) (or pirate) transmitting station

**schwebend** undecided; pending; **~er Prozess** *m* pending lawsuit; **~er Schaden** *m (Vers.)* pending claim; **~e Schulden** *fpl* floating debts

**Schwefel~**, **~gehalt** *m* sulphur content; **Luftverschmutzung durch ~verbindungen** *fpl* air pollution by sulphur compounds

**Schweigepflicht** *f* professional secrecy (or discretion)

**schwelende Krise** *f* latent crisis

**Schwellen~**, **~länder** *npl* threshold countries; newly industrialized countries (NICs); **~preis** *m (EU)* threshold price (used as a basis for calculating the levies)

**Schwemme** *f* glut, oversupply (an of)

**schwer**, **~ arbeiten** to work hard; **S~arbeiter** *m* heavy worker

**schwerbehindert** seriously disabled; **die S~en** *mpl* the seriously disabled; **S~enausweis** *m* seriously disabled persons' card

**schwer**, **~ beladen** heavily laden, heavy-laden; **~ beschädigt** *(Personen)* seriously disabled; **~ beschädigt** *(Sachen)* heavily damaged; **~ verdient** hard earned; **sich ~ verkaufen lassen** to sell badly (or hard); to sell with difficulty; **~ verkäuflich sein** to be hard to sell; to be a drug on the market

**schwer**, **~es Heizöl** *n* heavy fuel oil; **~e Papiere** *npl (Börse)* high-priced shares; **~er Schaden** *m* serious damage; **~e Strafe** *f* severe punishment

**Schwergut** *n* heavy cargo (or goods); deadweight cargo; **~beförderung** *f* transport of heavy goods; **~frachtvertrag** *m* deadweight charter; **~ladefähigkeit** *f* deadweight capacity; **~schiff** *n* heavy-lift ship; **~zuschlag** *m* heavy-lift charge

**Schwerindustrie** *f* heavy industry; **Aktien der ~** heavy industrials

**Schwer~**, **~kranker** *m* seriously ill person; **~lasthubschrauber** *m* heavy-lift helicopter; **~lastwagen** *m* heavy lorry, *Am* heavy truck; **~maschinenbau** *m* heavy engineering; **~metall** *n* heavy metal

**Schwerpunkt** *m* focus, emphasis, main field; **~streik** *m* selective strike; **~verlagerung** *f* shift of emphasis

**Schwer~**, **Fahrzeuge des ~transports** *m* heavy road vehicles; **~wasserreaktor** *m* heavy water reactor

**Schwestergesellschaft** *f* sister company; *Br* associated company

**Schwierigkeit** *f* difficulty; **sich in finanziellen ~en** *fpl* **befinden** to be in financial straits; to be financially distressed; **~en beseitigen** to remove difficulties; **mit geschäftlichen ~en rechnen müssen** to have to expect business difficulties; **der Absatz von ... stößt auf ~en** the sale of ... has encountered difficulties; **~en treten auf** difficulties arise

**Schwimm~**, **~bagger** *m* dredge(r); **~dock** *n* floating dock

**schwimmende Waren** *fpl* goods afloat

**Schwindel~**, **~firma** *f* bogus firm; **~geschäfte** *npl* bogus transactions

**Schwindler** *m* swindler; confidence trickster

**Schwitzwasserbildung** *f* formation of condensed water

**schwören** to swear, to take an oath

**Schwund** *m* shrinkage, diminution; *(durch Aussickern)* leakage; **Kapital~** *m* dwindling of capital (or assets); **natürlicher ~** natural loss

**sechsmonatlich** every six months; six-monthly

**See** *f* sea; **~- oder Landtransport** *m* sea or land carriage (or transport); **die Sache befindet sich zur Beförderung auf ~** the goods are in transit by sea

**See~**, **~amt** *n* maritime court; **~bad** *n* seaside resort; **s~beschädigt** sea damaged

**Seefische** *mpl* saltwater fish

**Seefischerei** *f (Tätigkeit)* (deep) sea fishing; *(Gewerbe)* sea fishery; **~fahrzeug** *n* deep sea fishing boat

**Seeforderung** *f* maritime claim

**Seefracht** *f* sea freight; *Am* ocean freight; **~brief** *m* marine bill of lading; **~geschäft** *n* shipping (business); **~kosten** *pl* sea freight rates; **~spedition** *f* freight forwarding by sea; **~verkehr** *m* sea transport; **~vertrag** *m* contract of affreightment

**Seehafen** *m* sea port; **~spediteur** *m* port forwarding agent; shipping agent

**Seehandel** *m* maritime trade; sea-borne trade; *Am* ocean trade; **~srecht** *n* merchant shipping law

**Seekaskoversicherung** *f* marine hull insurance

**Seemann** *m* seaman, sailor, seafaring man; **~sheuer** *f* seaman's wages

**seemännische Gepflogenheiten** *fpl* maritime practices
**seemäßig**, **~ verpackt** packed seaworthy; packed for ocean shipping; **~e Verpackung** *f* seaworthy (or sea-proof) packing
**See~**, **~meile** (1,853 km) *f* nautical mile (1853 m); **~notflugzeug** *n* sea rescue aircraft; **aus ~not** *f* **befreien** to rescue from distress at sea; **s~räuberische Handlungen** *fpl* acts of piracy
**Seerecht** *n* maritime law, law of the sea
**See~**, **~reise** *f* voyage, sea passage; *(kürzere)* sea trip; **~schaden** *m* **erleiden** to sustain average; **~schiedsgerichtsbarkeit** *f* maritime arbitration; **~schiff** *n* sea-going vessel; ocean-going vessel
**Seeschifffahrt** *f* (maritime) shipping; ocean shipping; (maritime) navigation; **~sunternehmen** *n* shipping enterprise (or company)
**Seestraße** *f* sea route; **~nordnung** *f* Regulations for Preventing Collision at Sea
**Seetransport** *m* sea (or maritime) transport; shipment (or carriage) by sea; overseas shipment; sea (or ocean) transport; **~geschäft** *n* sea transport(ation) business; **~versicherung** *f* marine insurance; *Am* ocean marine insurance
**seetüchtig~**, **in ~em Zustand** *m* in seaworthy condition
**See~**, **~unfall** *m* maritime casualty; disaster at sea; **~verbrennungsanlagen** *fpl (für Abfälle)* marine incineration facilities; **~verkehr** *m* maritime (or ocean) traffic; sea transport; **~verpackung** *f* seaworthy (or sea-proof) packing
**Seeversicherung** *f* marine insurance; *Am* ocean marine insurance; **~smakler** *m* marine insurance broker; **~svertrag** *m* marine insurance contract
**Seeweg** *m* sea route; **Beförderung auf dem ~** carriage by sea
**Seezoll** *m* customs levied at the coast; **~zone** *f* customs maritime zone
**Segmentierung** *f* **des Marktes** market segmentation
**Seide** *f* silk; **Kunst~** *f* artificial silk; rayon; **Natur~** *f* natural silk
**Seife** *f*, **Stück ~** tablet of soap; **~nindustrie** *f* soap industry; **~npulver** *n* soap powder
**seit**, **~ 8 Uhr** *(Beginn der Handlung)* since 8 o'clock; **~ 8 Stunden** *(bisherige Dauer der Handlung)* for 8 hours
**Seite** *f (e-s Buches)* page; **rechte ~ der Straße** right-hand side of the street
**Seitenlinie** *f*, **in der ~ verwandt** related in the collateral line
**Seiten~**, **~rand** *m* margin; **~straße** *f* side road, by(-)road; **~straße von rechts** right-hand intersection; **~streifen** *m (e-r Fahrbahn)* side-lane
**Sekretärin** *f* secretary
**Sektsteuer** *f* tax on champagne
**sekundäre Kosten** *pl* secondary costs
**Sekundär~**, **~bedarf** *m (an Rohstoffen und Halbfabrikaten)* secondary requirement; **~energie** *f* secondary energy; **~markt** *m (Börse)* secondary market
**Sekunda-Wechsel** *m (zweite Ausfertigung)* second (bill of) exchange
**Selbstabholung** *f* collection by the customer; self-collection (of goods)
**selbstständig** independent; *(berufstätig)* self-employed; **~ geschäftlich tätig sein** to be in business on one's own account; **~e Arbeit** *f* self-employment
**Selbstständige** *m, f* self-employed (person); independent person
**selbstständig**, **~e Berufstätigkeit** *f* professional activity of a self-employed person; independent professional activity; **~er Betrieb** *m* independent undertaking; **~e Tätigkeit** *f* independent activity; self-employed activity; non-wage earning activity; **nicht ~e Tätigkeit** *f* paid employment; **Einkünfte aus ~er Tätigkeit** income form professional or other independent activity; **e-e ~e Tätigkeit aufnehmen und ausüben** to take up and pursue an activity as a self-employed person; **sich ~ machen** to set up on one's own; to establish oneself; to go into business on one's own account
**Selbstbedienung** *f* self-service; **im Rahmen e-s ~sgroßhandels** *m* on a self-service wholesale basis; **~sgroßhändler** *m* cash and carry wholesaler; **~sladen** *m* self-service shop (or store); **~srestaurant** *n* self-service restaurant; cafeteria
**Selbst~**, **~behalt** *m (Vers.)* retention; *Br* excess; *Am* deductible; **~belieferung** *f* self supply
**Selbstbeschränkung** *f* voluntary restraint; **Vereinbarung über e-e ~ der Ausfuhren** voluntary export restraint

agreement; **~sabkommen** *n* voluntary restraint agreement; *(für Export)* orderly market arrangement (OMA); **~sziel** *n* voluntary restraint objective

**selbstbewirtschaftetes Gut** *n* owner-operated farm

**selbstbewohntes Eigenheim** *n* owner-occupied home

**Selbstentlade~**, **~schiff** *n* self-unloading vessel; **~wagen** *m (Bahn)* self-discharging wag(g)on

**selbstfinanzieren** to finance out of own resources

**Selbstfinanzierung** *f* **~ e-s Unternehmens** self-financing (by retention of earnings); **~skraft** *f* self-financing capacity; **~squote** *f* self-financing ratio

**Selbsthilfe** *f* self-help; **im Wege der ~ mit Beschlag belegen** to distrain

**Selbst~**, **~klebeband** *n* self-adhesive tape; **~klebeschild** *n* self-adhesive label

**Selbstkontrahent** *m* party contracting in his own name

**Selbstkosten** *pl* prime costs (of production) (the raw material and direct labo(u)r costs of a manufactured product); **~ des X** cost incurred by X; **~berechnung** *f* prime cost calculation; **zum ~preis** *m* at cost price; **unter ~preis** *m* **verkaufen** to sell below cost

**selbstschuldnerische Bürgschaft** *f* absolute guarantee (*Am* guaranty)

**Selbst~**, **~veranlagung** *f* self-assessment; **~verbrauch** *m* own consumption; **~verpflegung** *f* self-catering; **~versicherer** *m* self-insurer; **~versorgung** *f* self-sufficiency; **~verwaltung** *f* self-government; **~verwaltungsorgane** *npl* self-governing bodies; **~wählfernverkehr** *m tel Br* national dialling; *Am* toll-line dialing

**senden** to send, to forward, to consign; *Am* to ship; *(im Radio od. Fernsehen)* to broadcast; to transmit, to put on the air; **zur Ansicht** ~ to send on approval; **Geld** *(durch die Post)* ~ to remit money; **wir ~ Ihnen anliegend e-n Prospekt** we are attaching hereto a prospectus

**Sendung** *f* consignment, shipment; *(von Geld)* remittance; *(im Radio od. Fernsehen)* broadcast; **eingehende und ausgehende ~en** *fpl* incoming and outgoing shipments; **kleine ~en** *fpl* small consignments; **die ~ ist zu unserer** → Zufriedenheit ausgefallen

**Seniorchef** *m* senior manager

**Senioren** *pl* senior citizens

**senken** to lower; to cut; to reduce; **die öffentlichen Ausgaben ~** to cut public expenditure; **die Kosten ~** to reduce (or lower) the costs; **den Preis ~** to reduce the price; **den Preis drastisch ~** to slash the price drastically; **den Verbrauch ~** to cut down consumption

**Senkung** *f* lowering; reduction; **~ der Ausgaben der öffentlichen Hand** public expenditure cut; **~ des Diskontsatzes** lowering of the bank rate; discount rate cut; **~ der Zollsätze** reduction of customs duties

**Sensationspresse** *f* yellow (or gutter) press

**sensible Industriezweige** *mpl* sensitive sectors of industry

**Sequestration** *f* sequestration

**Serie** *f* series; batch, lot; **in ~n unterteilte Anleihe** *f* serial loan; **in ~n herstellen** to serialize, to produce in serial form, to mass-produce

**Serien~**, **~artikel** *m* mass-produced article; **~erzeugnis** *n* series product, standard product; **~fertigung** *f* series (or batch, mass) production; multiple production; **~güter** *npl* series (or mass-) produced goods; **~herstellung** *f* → **~fertigung**; **s~mäßig** serial, in series; **s~mäßige Herstellung** *f* mass production; **~nummer** *f* **des Herstellers** maker's serial number; **~obligation** *f* serial bond; **s~reif** ready (or fit) for serial production; **~schaden** *m* serial damage; **~umfang** *m* batch size; **s~weise** in series

**sesshafte Arbeitnehmer** *mpl* sedentary workers

**Seuchen~**, **die ~gefahr** *f* **bekämpfen** to combat the danger of epidemics; **s~kranke Tiere** *npl* animals affected by epizootic diseases

**sicher**, **~ angelegtes Geld** safely invested money; **~e Kapitalanlage** *f* safe (or secure) investment

**Sicherheit** *f* safety, security; *(für Kredit)* collateral; **als ~** as security (or collateral); **mangels ~** for want of security; **Kredit ohne ~** loan without collateral; unsecured loan; **~ des Arbeitsplatzes** *(gegen Entlassung)* job security; **~ im Betrieb** industrial safety; safety at work; **zur ~ hinterlegte Effekten** *pl* securities lodged as security; **im Seeverkehr** safety at sea; **~ im Straßenverkehr** road safety; **hypothekarische ~** security by mortgage; **öffentliche ~** public safety (or security); **unzureichende ~** inadequate security (or collateral); **zusätzliche ~** additional security; additional collateral; **Geld gegen ~ leihen** to lend money against (or on) security; **~ leisten** to provide (or furnish) security; **ausreichende ~en** *pl* **leisten** to furnish sufficient securities; **~ für den Kredit stellen** to give a collateral for the advance; to secure the advance

**Sicherheits~**, **~abtretung** *f* assignment of security; **~bestände** *mpl* safety stocks; buffer stocks; **~bestimmungen** *fpl* safety regulations; **~erfordernisse** *npl* safety requirements; **~hinterlegung** *f* deposit of a security

**Sicherheitsleistung** *f* provision of security; furnishing collateral; *(zwecks Haftentlassung)* bail; **~ für Prozesskosten** security for (legal) costs

**Sicherheits~**, **~maßnahmen** *fpl* safety measures, security measures; **~normen** *fpl* safety standards; **~schloss** *n* safety lock; **~vorräte** *mpl* emergency stocks, buffer stocks; **~vorrichtung** *f* safety device; **~wechsel** *m* collateral bill

**sichern** to secure; **e-n Kredit ~** to provide security for a loan; **den Kurs ~** to hedge the rate; **den Nachlass ~** to preserve the estate; **sich gegen Verluste ~** to secure oneself from losses; **die Versorgung ~** to ensure the supply (→ gesichert)

**sicherstellen** to secure; to guarantee; to ensure; to place in custody (or safekeeping); **jdn finanziell ~** to secure sb.'s financial situation

**Sicherung** *f* safeguarding; provision of security; hedging; **~ der Arbeitnehmer im Krankheitsfalle** safeguarding employees in the case of illness; **~ gegen Verlust** cover against loss; **~ der Währung** safeguarding of the currency

**Sicherungs~**, **~abtretung** *f* assignment for security; **~fonds** *m* safety (or contingency) fund; **~gegenstand** *m* collateral; **~geschäft** *n* security transaction; *(im börsenmäßigen Warenhandel)* hedge; **~übereignung** *f* transfer of ownership by way of security; **~verkäufe** *mpl (Börse)* hedge sales

**Sicht** *f* sight; **fällig bei ~** *(Wechsel)* due at sight (or on demand); **nach ~ zahlbarer Wechsel** *m* bill payable after sight; **gute (schlechte) ~** *f* (od. **~verhältnisse** *pl*) good (poor) sight (or visibility); **auf lange ~ planen** to plan on a long-term basis, to plan in the long run; **in ~ sein** to be in sight

**sichtbar**, **~e Ausfuhr** *f (Warenausfuhr)* visible exports; **~e Einfuhr** *f (Wareneinfuhr)* visible imports; **~e Posten** *pl (Zahlungsbilanz)* visible items

**Sicht~**, **~depositen** (od. **~einlagen**) *pl* sight (or demand) deposits; *Br* deposits on call; **~- und Termineinlagen** *pl* sight and time deposits; **~kurs** *m* sight (or demand) rate; **~gelder** *npl* → **~einlagen**; **~hülle** *f* transparent cover; **~tratte** *f* sight draft; **~verbindlichkeiten** *fpl* sight liabilities; **~wechsel** *m* sight bill (of exchange); bill at sight; demand bill; **~weite** *f* visibility

**Siebenergruppe** *f* (G7) Group of Seven (*Seven leading industrial countries*, → *Fünfergruppe + Canada and Italy*)

**Siedlung** *f* settlement; housing project, housing estate

**Siegel** *n* seal; **erbrochenes ~** broken seal; **mit e-m ~ versehen** to affix a seal (to)

**siegeln** to seal; to affix a seal (to)

**signieren** to sign; to autograph; *(Waren)* to mark

**Silber** *n* silver; **Waren aus ~** silver articles; **ungemünztes ~** silver bullion; **~barren** silver bar (or ingot); **~bergwerk** *n* silver mine; **~bestecke** *npl* silver cutlery; **~legierung** *f* silver alloy; **~währung** *f* silver standard

**Simultandolmetschen** *n* simultaneous interpretation

**Sinken** *n* **der Preise** decline (or drop, fall) in prices; price drop

**sinken** *(Preise, Kurse)* to fall, to drop, to go down; to decline; **der Absatz ist gesunken** sales (have) declined

**sinkende Nachfrage** *f* drop in demand

**Sinn** *m* sense, meaning; **im ~e des Artikels 1** within the meaning of Art. 1; **im ~e der Verbraucher** to consumers' liking

**sinngemäß**, **~ anzuwenden sein** to be applicable; to be applied correspondingly; **~ auslegen** to interpret by analogy

**Sitte** *f*, **gegen die guten ~n** *fpl* against good morals, against morality; **gegen die guten ~n verstoßen** to violate good morals

**sittenwidrig** immoral; **~er Vertrag** *m* unconscionable contract; **~e Werbung** *f*

advertising contrary to public policy; **~e Wettbewerbshandlungen** *fpl* undesirable competitive practices
**situiert**, **gut ~** well off; **schlecht ~** badly off
**Sitz** *m* seat; *(e-r Gesellschaft od. Organisation)* principal place of business; head office; headquarters; domicile; **~ der Geschäftsleitung** place of management; **~ e-s Vereins** seat (or residence) of an association; **satzungsmäßiger ~** registered office; **Gesellschaft mit ~ in verschiedenen Mitgliedstaaten** *(EU)* company with offices in different Member States; **Verteilung der ~e auf die Mitgliedstaaten** *(EU) parl* allocation of seats between the Member States; **die Gesellschaft hat ihren ~ in ...** the company is registered in ... (or domiciled at ...); **Unternehmer, die ihren ~ außerhalb der Gemeinschaft haben** *(EU)* undertakings whose head offices are outside the Community; **den ~ e-r Gesellschaft ins Ausland verlegen** to transfer the registered office of the company abroad
**sitzen**, **in e-m Ausschuss ~** to be on a committee; **auf e-m Artikel ~ bleiben** to be left with an article, to be left holding an article
**Sitzstreik** *m* sit-down strike
**Sitzung** *f (allgemein)* meeting, conference; *(des Gerichts)* sitting, session, hearing; **öffentliche ~** meeting open to the public; public (or open) session; **nicht öffentliche ~** private meeting; closed session; **e-e ~ abhalten** to hold a meeting (or session); **das Gericht hält e-e ~ ab** the court is sitting (or is in session); **die nächste ~ ist anberaumt für** the next meeting is scheduled for; **an e-r ~ teilnehmen** to attend a meeting
**Sitzungs~**, **~gelder** *npl* meeting attendance fees; **~protokoll** *n* minutes of the meeting; trial record
**Skalenertrag** *m* returns to scale
**skontieren** to allow (or deduct) a discount
**Skonto** *m,n* (*pl* Skonti) (cash) discount; **Kunden~** *m (an Kunden gewährter ~)* discount allowed; **Lieferanten~** *m (von Lieferanten erhaltener ~)* discount received; **3 % ~ bei Barzahlung** 3 % for cash; **Zahlung innerhalb von 10 Tagen abzüglich 3 % ~** payment within 10 days less 3 % cash discount; (payment) 10 days 3 %; **Zahlung innerhalb von 10 Tagen abzüglich 3 % ~, innerhalb von 30 Tagen netto** (payment) 10 days 3 %, 30 days net; **von diesem Betrag geht 3 % ~ ab** there is a discount of 3 % for cash; **bei Barzahlung ~ gewähren** to allow discount for cash
**Skonto~**, **~abzug** *m* discount deduction, **~frist** *f* discount period; **~gewährung** *f* grant(ing) of a discount; **~gewährung** *f* **ausnutzen** to take advantage of the discount; **~schinderei** *f* discount piracy; **~verlust** *m* lost discount
**Skontration** *f* entry in a → Skontro; *(Börse)* settlement
**Skontro** *n* auxiliary ledger (recording ins, outs and stock in hand)
**Slogan** *m* slogan, catchword
**sobald wie möglich** as soon as possible; at the earliest possible date
**sofern** as far as; **~ nicht** except as, unless
**sofort**, **ab ~** immediately; **~ fällige Rente** *f* immediate annuity; **ab ~ gültig** immediately effective; **~ lieferbar** immediately deliverable; *(Warenbörse)* spot; **~ lieferbare Ware** *f (Warenbörse)* prompts; **bitte erledigen Sie dies ~** please deal with this promptly; ~ → liefern
**Sofort~**, **~bedarf** *m* immediate demand; **~hilfe** *f* emergency aid ( → Nahrungsmittelhilfe)
**sofortig** prompt(ly); immediate(ly); **wir bitten um Ihre ~e Antwort** *f* please let us have your reply promptly; **~e Bestellung** *f* **ist erwünscht** immediate (or prompt) order is required; **~e Bezahlung** *f* spot (or prompt) cash; **~e Erledigung** *f* **e-s Auftrags** prompt attention to an order; **~er Gewinn** *m* instant profit; **gegen ~e Kasse** *f* **gelieferte Waren** *(Warenbörse)* spots; **~e Lieferung** *f* prompt delivery; *(Warenbörse)* spot delivery; **mit ~er Wirkung** *f* immediately effective; **~e Zahlung** *f* immediate payment
**Sofort~**, **~maßnahmen** *fpl* immediate measures (or steps); **~programm** *n* crash program(me)
**Sog** *m* pull; **Nachfrage~** *m* **aus dem Ausland** demand-pull from abroad
**sogenannt** (sog.) so-called
**Solarenergie** *f* solar power
**Solawechsel** *m* promissory note (P/N)
**Solidar~**, **~bürgschaft** *f* joint and several guarantee (*Am* guaranty); **~haftung** *f* joint and several liability

**Solidarität** *f* solidarity; **~szuschlag** *f (zur Lohn- und Einkommensteuer)* solidarity surcharge; **~ bekunden** to express solidarity
**Solidarpakt** *m* Solidarity Pact (Agreement on March 14, 1993 between Federal Government, Opposition, and heads of the Länder on a national development plan, especially for restructuring in East Germany)
**solide Firma** *f* sound firm
**Soll** *n (Buchung)* debit; *(Produktionsziel)* target; *(Lieferungs~)* quota; **~ und Haben** debit and credit; **im ~ buchen** to enter on the debit side; **im ~ stehen** to be on the debit side; **das ~ erfüllen** to reach (or achieve) the target; **Belastung im ~ e-s Kontos** debit; item posted to the debit side of an account
**Soll~**, **~buchung** *f* debit entry; **~fertigungszeit** *f* planned manufacturing time; **~-Ist-Vergleich** *m* comparison of targets and achievements (or planned and actual values); **~kosten** *pl (in der Kostenplanung)* estimated cost; budget(ed) cost; standard cost; **~kostenrechnung** *f* → Plankostenrechnung; **~menge** *f* prescribed quantity; **~posten** *m* debit item; **~saldo** *m* debit balance; **~seite** *f* debit side; **~zeit** *f* standard time; **~zinsen** *pl* debtor interest; interest receivable; **~zinsen der Banken** bank lending rates; **~zinssatz** *m* lending rate; debtor interest rate
**solvent** solvent; *colloq.* in the black
**Solvenz** *f* solvency, ability to pay
**Sommer~**, **~schlussverkauf** *m* summer sale(s); **~zeit** *f* summer time, daylight saving time
**Sonder~**, **~abgabe** *f* special charge (or levy); **~abmachung** *f* special arrangement; **~abschöpfung** *f (EU)* special levy; **~abschreibung** *f* special depreciation; *Br (auch)* additional capital allowance
**Sonderanfertigung** *f* special make (or fitting); **in ~ herstellen** to make to buyer's specification
**Sonderangebot** *n* special offer; special bargain; bait; **im ~** on special offer; **Abteilung mit ~en** *(in Warenhäusern)* bargain basement; **jd, der auf ~e** *pl* **ausgeht** bargain hunter
**Sonder~**, **~auftrag** *m* special order; special mission; **~ausführung** *f* special finish; **~ausgabe** *f* special expenditure; **~ausgaben** *fpl (Steuer)* (deductible or allowable) special expenses; **~ausschüttung** *f* special distribution; extra dividend; **~ausstattung** *f (z. B.. Auto)* special equipment; **~bedingungen** *fpl* special terms; **~berechnung** *f* extra charge; **~bestellung** *f* special order; **~bestimmung** *f* special provision; **~bilanz** *f* special-purpose balance sheet; **~depot** *n* special securities deposit; **~dividende** *f* extra dividend; **~einzelkosten** *pl* special direct costs; **~ermäßigung** *f* special (price) reduction; **~frachtsatz** *m* special freight rate; **~genehmigung** *f* special permission; *(schriftlich)* special permit; **~geschäft** *n* special transaction; **~gewinn** *m* extra profit; **~gut** *n (FamilienR)* separate estate; **~kontingent** *n* special quota; **~konto** *n* special account; **~kosten** *pl* special costs; **~kredit** *m* special-purpose loan; **~lasten** *fpl* special charges; **~lohnsatz** *m* special wage rate; **~organisationen** *fpl* **der Vereinten Nationen** specialized agencies of the United Nations; **~preis** *m* special price, exceptional price; **~prüfung** *f* special audit; **~rabatt** *m* special discount; **~rücklage** *f* special-purpose reserve; surplus reserve; **~satz** *m* special rate; **~steuer** *f* special tax; **~umlage** *f* special assessment; **~urlaub** *m* special leave; **~vergütung** *f* bonus; **~vermögen** *n* **des Bundes** special assets of the Federal Government; **~veranstaltungen** *fpl* special events; *(des Einzelhandels, z. B.. Restverkäufe)* special promotions; **~verwahrung** *f* individual safe custody of securities; **~vollmacht** *f* special power; **~vorhaben** *n* special project; **~wunsch** *m* special wish (or request); **~zahlungen** *fpl* special payments; *(im Betrieb)* bonus payments
**Sonderziehungsrechte** *npl* (SZR) Special Drawing Rights (SDR); **zugeteilte ~** SDRs allocated; **~ aus dem Verkehr ziehen** to cancel SDRs
**Sonnenenergie** *f* solar energy; **Nutzung der ~** use (or exploitation) of solar energy
**Sonnenkraftwerk** *n* solar power station
**Sonntags~**, **~arbeit** *f* Sunday work; **~zeitung** *f* Sunday paper
**Sonn- und Feiertage** *mpl* Sundays and public holidays
**sonstig~**, **~e Aufwendungen** *fpl* other (or sundry) expenses; **~e Verbindlichkei-**

**ten** *fpl* other liabilities; other accounts payable
**Sorge** *f*, **~ für** care for; **~ um** concern about; **elterliche ~** parental custody; **finanzielle ~n** *fpl* financial worries; **s~berechtigt** entitled to the custody of the child; **~recht** *n* **für ein Kind** custody of a child; **~ tragen für** to take care of
**sorgen**, **dafür ~ dass** to see (or to take care) that; **~ für** to make provision for
**Sorgfalt** *f* care, diligence; **~ wie in eigenen Angelegenheiten** *(etwa)* ordinary diligence; **~ e-s ordentlichen Geschäftsmannes** diligence of an ordinary and prudent businessman; **angemessene ~** resonable care; **Gegenstände, die mit besonderer ~ zu behandeln sind** articles requiring special care; **nach bester ~** with best care and diligence; **erforderliche ~** due (or reasonable) care; **gebührende ~** due diligence; **wir werden Ihren Auftrag mit der gewohnten (mit großer) ~ ausführen** we shall fulfil (or execute, attend to) your order with the usual (with great) care; **verkehrsübliche ~** ordinary care; due diligence
**sorgfältig**, **e-n Auftrag ~ erledigen** to fulfil an order with care; to attend to an order carefully
**Sorgfaltspflicht** *f* duty to take due care
**Sorte** *f* kind, sort; variety; grade, quality; brand; **ohne Angabe der ~** *(z. B.. von Äpfeln)* without variety names; **~n** *(Bankwesen)* foreign notes and coins; → Pflanzen~n; **~ngeschäft** *n* foreign note and coin business; **~nhandel** *m* dealing in foreign notes and coins; **~nkatalog** *m* catalogue (or list) of varieties; **~nkurs** *m* exchange rate for foreign notes and coins; **~nname** *m* variety name; **~nschutzrolle** *f* Register of Plant Varieties; **~numstellung** *f* changing to different varieties; **~nwahl** *f* grade selection
**sortieren** to sort; *(nach Qualität)* to grade; **gut sortiertes Lager** *n* well-assorted stock
**Sortiermaschine** *f* sorter
**Sortierung** *f* sorting; grading
**Sortiment** *n* assortment; range (of articles in stock); line (of goods); → Angebots~; **breites ~** wide assortment (or range) of goods; **e-n Artikel in ein ~ aufnehmen** to add an article to a line of goods
**Sortiments~**, **~ausweitung** *f* product-range expansion; increase in range of goods; diversification; **~beschränkung** *f* variety reduction; **~erweiterung** *f* → ~**ausweitung**; **~großhändler** *m* general line wholesaler; **~zusammensetzung** *f* product mix
**sozial**, **~e Aufgaben** *fpl* → S~abgaben; **~e Aufwendungen** *fpl* employee benefit expenses; staff welfare expenditure; **~er Beruf** *m* social work; **~e Erträge** *mpl* social benefits; **auf ~em Gebiet** *n* in the social field; **~e** → Marktwirtschaft; **~e Sicherheit** *f* social security; **~er Wohnungsbau** *m* low-cost housing; (construction of) housing subsidized by public authorities
**Sozial~**, **~abgaben** *fpl* social charges; social security contributions; **~amt** *n* social welfare office; **~arbeit** *f* social work, welfare work; **~arbeiter** *m* (**~arbeiterin** *f*) social worker; welfare worker; **~aufwendungen** *fpl* (od. **~ausgaben** *fpl*) social (security) expenditure; expenditure for social purposes; **~bilanz** *f* social accounting; **~debatte** *f (EU)* debate on social affairs; **~einrichtungen** *fpl* social facilities
**Sozialfonds** *m* → Europäischer ~
**Sozialgericht** *n* social court; **~sbarkeit** *f* social jurisdiction
**Sozialhaushalt** *m* social budget
**Sozialhilfe** *f* social (or public) assistance; *Am* social welfare; *Br* income support; **s~bedürftig** requiring social assistance; **s~berechtigt** eligible for social (or welfare) assistance; **~empfänger** *m* recipient of social assistance; **~leistungen** *fpl* public assistance benefits
**Sozialklausel** *f* hardship clause in favo(u)r of the tenant
**sozialisieren** to socialize; *Br* to nationalize
**Sozial~**, **~kosten** *pl* employee benefit costs; **~lasten** *fpl* **der Arbeitgeber** employers' social security contributions; **~leistungen** *fpl* social services; public assistance benefits; social security benefits; **~ökonomie** *f* social economics; **s~ökonomisch** socio-economic
**Sozialpartner** *mpl (Gewerkschaften und Unternehmensvertreter)* workers and employers' organization; parties to a collective agreement; management and (trade) unions; both sides of industry; social partners; **Beziehungen zwischen den ~n** industrial relations; **Ver-**

**treter der** ~ workers' and employers' representatives
**Sozialplan** *m* social plan; redundancy program(me)
**Sozialprodukt** *n* national product (→ Brutto~, → Netto~)
**Sozialrente** *f* social security pension
**Sozialstaat** *m* welfare state
**Sozialversicherung** *f* social security; social insurance (institution); **~sbeitrag** *m* social security contribution (or *Am* tax); **~sleistungen** *fpl* social security benefits; **s~spflichtig** subject to social security contributions; **~srente** *f* social security pension (or benefit); **~szahlungen** *fpl* social security payments
**Sozialwohnungen** *fpl* social (low-cost) housing; *Br* council houses (or flats)
**Sozietät** *f (Anwälte, Ärzte etc.)* partnership (firm)
**Sozius** *m* partner
**Spalte** *f (e-r Zeitung)* column
**spaltbare Stoffe** *mpl* fissionable (or fissile) material
**Spaltung** *f* splitting
**Spanne** *f* margin, spread; **~ zwischen Geld und Brief** *(Börse)* bid-ask spread; **Prei~** *f* difference between prices; price margin; **Verdienst~** *f* margin of profits; **die ~ zwischen Kauf- und Verkaufskursen hat sich vergrößert (verengt)** the margin between buying and selling rates has widened (narrowed)
**Spar~**, **~anlage** *f* savings investment; **~anreiz** *m* incentive for saving; **~aufkommen** *n* total savings; **~bereitschaft** *f* readiness (or propensity) to save; **~brief** *m (über ~einlagen)* savings certificate; **~buch** *n* passbook, savings book
**Spareinlagen** *fpl* savings deposits; **~bestand** *m* total savings deposits; **~ mit gesetzlicher Kündigungsfrist** savings deposits at statutory notice; **~ abheben** to withdraw savings deposits
**sparen** to save; to economize (on), to make economies
**Sparer** *m* saver; **~freibetrag** *m* saver's tax-free amount
**Spar~**, **~geschäft** *n* savings business; **~guthaben** *n* credit balance with a savings bank; **~kapital** *n* savings capital
**Sparkasse** *f* savings bank; **~nbrief** *m* savings bank certificate; **~nbuch** *n* passbook; savings bank book; **~nprüfung** *f* (od. **~nrevision** *f*) savings bank audit; **~nwesen** *n* savings banks system
**Sparkonto** *n* savings account; *Br* deposit account; **Geld von seinem ~ abheben** to withdraw money from one's savings account; **ich habe ... € auf meinem ~ stehen** I have € ... in (or on) my savings account
**Spar~**, **~neigung** *f* propensity to save; **~prämie** *f* savings premium; **~programm** *n* savings program(me); **~quote** *f* savings ratio; **~rate** *f* savings instal(l)ment
**sparsam** economic(al); thrifty; **~ umgehen (mit)** to economize (on)
**Sparsamkeit** *f* economy, thrift; **aus ~gründen** *mpl* for economic reasons; **um ~ bemüht sein** to make an effort to economize
**Sparschwelle** *f* breakeven point
**Spartätigkeit** *f* savings activity; **die ~ fördern** to promote savings
**Sparte** *f* line, branch; segment
**Sparvertrag** *m* savings agreement; **prämienbegünstigter ~** premium-carrying savings agreement; **~ mit festgelegten Sparraten** savings agreement providing for the payment of predetermined instal(l)ments
**Spar~**, **~werbung** *f* publicity to promote saving; **~willigkeit** *f* willingness to save; **~zinsen** *pl* interest on savings deposits
**spät**, **zu ~ eingetroffene Waren** *fpl* goods that arrived too late
**später**, **~e Bestellung** *f* later order; **nicht ~ als** not later than
**spätestens**, **bis ~ ...** by ... at the latest
**Spät~**, **~indikator** *m* lagging indicator; **~lese** *f* late vintage, late harvest; **~schaden** *m* belated claim; **~schalter** *m (e-r Bank)* late-night counter; **~schicht** *f* late shift
**Spediteur** *m* forwarding agent; carrier; forwarder; → Seehafen~; **Allgemeine Deutsche ~bedingungen** *fpl* (ADSp) German Forwarding Agents' General Conditions; **~geschäft** *n* forwarding business; **~-Konnossement** *n* bill of lading made out by a forwarding agent; **~-Offerte** *f* forwarding agent's offer; **~-Übernahmebescheinigung** *f* forwarding agents' certificate of receipt (FCR)
**Spedition** *f* forwarding; **~sabteilung** *f* forwarding department; **~sauftrag** *m* forwarding order; **~sbogen** *m* forwarding sheet; **~sfirma** *f* forwarders, forwarding

agency; *(für Übersee)* shipping agency; **~sgebühren** *fpl* forwarding charges; **~sgeschäft** *f* forwarding business; **~sversicherungsschein** *m* (SVS) forwarding agent's insurance policy; **~svertrag** *m* forwarding contract

**Speicher** *m (Lagerhaus)* warehouse, store, storehouse; *(Daten~)* memory, storage

**speicherbar** storable

**speichern** to store; to deposit in a warehouse; *(EDV)* to store

**speicherprogrammierter Rechner** *m (EDV)* stored program(me) computer

**Speicherung** *f* storage

**Spekulant** *m* speculator; *(Börse)* operator; *(berufsmäßig)* professional; **~en** *mpl* **auf den Devisenmärkten** operators on the foreign exchange markets; **~ auf Kursanstieg** bull; **~ auf Kursrückgang** bear

**Spekulation** *f* speculation; stock jobbing; *(gewagte)* gambling; → Baisse~; → Börsen~; → Grundstück~; → Hausse~

**spekulationsbedingt** due to speculation; **~e Kursschwankungen** *fpl* speculative price fluctuations

**Spekulations~**, **~gelder** *npl* speculative funds; **~geschäft** *n* speculative transaction (or bargain); **~gewinne** *mpl* speculative gains; **~kapital** *n* venture capital; **~käufe** *mpl* speculative purchases; **~papiere** *npl* speculative securities; **~steuer** *f* tax on speculative gains; **~verkäufe** *mpl* speculative selling; **die ~welle** *f* **ist abgeebbt** the wave of speculation has declined; **~wert** *m* speculative gain; **~werte** *mpl (Börse)* speculatives, hot issues

**spekulativ**, **~e Anlage** *f* speculative investment; **~es Auslandsgeld** *n* speculative foreign deposits; **~er Bestand** *m* speculative stock of goods; **~en Kapitalbewegungen** *fpl* **entgegentreten** to ward off speculative capital movements; **~ in der Bundesrepublik eingeströmte Auslandsgelder** *npl* speculative funds that have poured into Germany from abroad

**spekulieren** to speculate; *(Börse)* to play the market; **auf Baisse ~** to speculate for a fall; **auf Hausse~** to speculate for a rise

**Spende** *f* donation; **e-e ~ steuerlich absetzen** to deduct a donation (or contribution) from tax

**spenden** to donate

**Sperrdepot** *n* blocked security deposit

**Sperre** *f* blocking; stoppage; *(Verbot)* ban, embargo; → Ausfuhr~; → Kredit~

**sperren** to block, to stop; to embargo; to freeze; **Gas ~** to cut off the gas supply; **ein Guthaben ~** to block (or freeze) a credit balance; **ein Konto ~** to stop an account; **e-n Scheck ~** to stop (payment of) a cheque (check) (→ gesperrt)

**Sperr~**, **~frist** *f* blocking (or restrictive) period; **~gebiet** *n* closed (or prohibited) area; **~gut** *n* bulky goods; **~guthaben** *n* blocked deposits; **~holz** *n* plywood; **~holzkiste** *n* plywood case

**sperrig** bulky; **~e Güter** *npl* → Sperrgut

**Sperrigkeitszuschlag** *m* bulky goods surcharge

**Sperr~**, **~konto** *n* blocked account; **~minorität** *f* blocking minority; **~müll** *m* bulky refuse; wrecks; **~stücke** *npl* blocked securities

**Sperrung** *f* stoppage; *(durch ein Hindernis)* blockage; freeze; **~ e-s Kontos** blocking of an account; **~ der Mittel** freezing of funds; **Auftrag zur ~ e-s Schecks** stop payment order

**Sperr~**, **~vermerk** *m* blocking note (or notice); **~vorrichtung** *f* locking device

**Spesen** *pl* expenses, charges; **einschließlich der ~** charges included; **über ~ abrechnen** to state one's expenses; **die ~ werden Ihnen erstattet** your expenses will be refunded (or reimbursed)

**Spesen~**, **~abrechnung** *f* (od. **~aufstellung** *f*) statement of expenses; **~forderung** *f* expense demand (or claim); **s~frei** free of charge; expenses paid; charges prepaid; **~rechnung** *f* account of expenses; *(im Bankgeschäft)* note (or bill) of charges; **~unwesen** *n* malpractice in connection with expenses; **~vergütung** *f* reimbursement of expenses (incurred)

**Spezial~**, **~anfertigung** *f* special manufacture; **~arbeit** *f* qualified work; **~bank** *f* specialized bank; special-purpose bank; **~bilanz** *f* → Sonderbilanz; **~fonds** *m (e-r Investmentgesellschaft)* restricted fund; **~geschäft** *n* one-line shop (or store)

**spezialisieren, sich ~** to specialize

**Spezialisierung** *f* specialization

**Spezialist** *m* specialist; expert

**Spezialwerte** *mpl (Börse) Br* specialities; *Am* specialties

**Spezies~**, **~kauf** *m* → Stückkauf; **~schuld** *f* → Stückschuld

**Spezifikation** *f* specification; **~skauf** *m* sale by buyer's specification
**spezifischer Zoll** *m* specific duty
**spezifizieren** to specify, to itemize; to give full particulars; **die Kosten ~** to itemize the cost
**spezifizierte Rechnung** *f* itemized bill
**Spiel** *n* game; *(Glücks~)* gambling; **~ mit Karten** card game; **~automat** *m* juke box, gambling machine; **~bankabgabe** *f* tax on gambling casinos; **~kartensteuer** *f* tax on playing cards; **~raum** *m* room for maneouvre; leeway; **~theorie** *f* game theory (method of business analysis)
**Spielwaren** *pl* toys; **~geschäft** *n* toy shop (or store); **~industrie** *f* toy industry; **~messe** *f* toy fair
**Spionage** *f* espionage; → Wirtschaft~; **~verdacht** *m* suspicion of espionage; **~ begehen** to commit espionage
**Spirituosen** *pl* spirits
**Spitze** *f* top, peak; **~ des Konzerns** top management of the group; **an der ~ der Auslandsinvestoren liegen** to head the list of foreign investors; **an der ~ der Firma stehen** to head the firm
**Spitzen** *pl (Börse)* fractional shares, fractions; **~bedarf** *m* peak demand; **~beträge** *mpl* residual amounts; **~einkommen** *n* top income; **~kraft** *f* top-level executive; **~lohn** *m* peak (or top) wage(s); **~manager** *m* top manager (or executive); **~marke** *f* brand leader; **~nachfrage** *f* peak demand; **zu ~preisen** *mpl* premium-priced; **~qualität** *f* top quality; **~regulierung** *f (Börse)* settlement of fractions; **~reiter** *m (Börse)* market leader; **~technologie** *f* high (or advanced) technology; *colloq.* high tech; **~umsatz** *m* top (or record) sales; outstandingly high sales; **~verbrauch** *m* peak consumption; **~werte** *mpl (Börse)* leading shares (or equities); leaders; blue chips; **~zeiten** *fpl (des Verkehrs)* peak (or rush) hours
**Spontankauf** *m* impulse buying (or purchase)
**Sport**, **~artikel** *mpl* sports articles; **~(artikel)geschäft** *n* sport(s) shop (or store); **~blatt** *n* sports journal; **~flugzeug** *n* sports plane; **~wagen** *m* sports car; *(offen)* roadster
**Spot~**, **~geschäft** *n (Warenbörse)* spot transaction; **~kurs** *m* spot price; **~markt** *m* spot market
**spottbillig** dirt-cheap; **dieser Artikel ist ~** this article is quite a bargain
**Spottpreis** *m* ridiculously low price
**Sprachendienst** *m (e-r Behörde)* language department
**Sprach~**, **~kenntnisse** *fpl* linguistic attainments; knowledge of languages; **~labor** *n* language laboratory
**Sprechfunk** *m* radiotelephony; **~anlage** *f* radiotelephone installation
**Spreng~**, **~ladung** *f* explosive charge; **~stoff** *m* explosive
**springen** *(Preise, Kurse)* to jump
**Spruchband** *n (für Werbung)* banner
**sprunghaft steigende Kurse** *mpl* rocketing prices
**sprunghaftes Steigen** *n* **der Preise** big leap in prices
**Sprungregress** *m* recourse to a prior endorser
**Spur** *f* trace, track; *(Fahrbahn)* lane; **~ensicherung** *f* forensics
**spürbar**, **~e Erhöhung** *f* **der Preise** appreciable (or noticeable) increase in prices; **~ teurer werden** to go up noticeably in prices
**Staat** *m* state; **dem ~ gehördend** government-owned; **vom ~ unterhalten** state-run; **s~enlos** stateless; **~enloser** *m* stateless person
**staatlich** state, government; **unter ~er Aufsicht** *f* state-controlled; **~e Aufträge** *mpl* government orders; **~e Beihilfe** *f* state aid; **im ~en Besitz** *m* state-owned; **~er Eingriff** *m* **in das Wirtschaftsleben** state intervention in the economy; **~ unterstützt** state-aided; **~er Zuschuss** *m* government grant
**Staatsangehöriger** *m* citizen; subject, national; **amerikanischer ~** citizen of the United States; U.S. national; **britischer ~** British subject; **EG ~** EC national
**Staatsangehörigkeit** *f bes. Br* nationality; *bes. Am* citizenship; **Erwerb und Verlust der ~** acquisition and loss of nationality; **jdm die ~ aberkennen** to deprive sb. of his nationality; **die amerikanische ~ besitzen** to be an American citizen
**Staats~**, **~anleihen** *fpl* government loans (or bonds); **~anwalt** *m* public prosecutor; **~auftrag** *m* public order (or contract); government contract; **~ausgaben** *fpl* public (or government) expenditure; public spending; **~beamter** *m* civil ser-

vant; **~bankrott** *m* national bankruptcy; **im ~besitz** *m* **(befindlich)** state-owned; **~betrieb** *m* government-owned enterprise; **im ~dienst** *m* **(stehend)** in the civil service; **in den ~dienst gehen** to become a civil servant; **s~eigen** state-owned; **~eigentum** *n* state (or public) property; public ownership, ownership of the state; **in ~eigentum stehen** to be publicly owned; **~einkünfte** → ~einnahmen; **~einnahmen** *fpl* public revenue; **~finanzen** *pl* public finance; **~gebiet** *n* national territory; **~gelder** *npl* public funds; **~grenze** *f* frontier of a state; **~haftung** *f* government liability; **~handel** *m* state trading; **~handelsländer** *npl* state trading countries; **~haushalt** *m* government budget; **~hoheit** *f* sovereignty; **~kasse** *f* treasury; public funds; **zu Lasten der ~kasse** at public expense; **auf ~kosten** *pl* at state (or public, government) expense; **~kredit** *m* government credit, state loan; **~lieferant** *m* government contractor; **~papiere** *npl* government securities

**Staatsschulden** *pl* government (or public) debts; **~aufnahme** *f* state borrowing

**Staats~**, **~verbrauch** *m* government consumption; **~verschuldung** *f* state indebtedness; public debt; **~zuschuss** *m* government subsidy; state grant

**Stab** *m (beratende Mitarbeiter)* staff *(Ggs. Linie)*; **Verhältnis ~ und Linie** line - staff relationship (→ Linie 1.); **~aufgaben** *fpl* staff duties, staff responsibilities; **~skräfte** *fpl* → ~personal; **~spersonal** *n (im Ggs. zur Linie meist nur beratende Tätigkeit)* staff personnel

**Stabex** s. System zur → Stabilisierung der Exporterlöse (*für die Unterzeichnerstaaten der Abkommen von* → *Lome*); **~begünstigte Erzeugnisse** *npl* products covered by Stabex

**stabil**, **~er Markt** *m* stable market; **~ bleiben** to remain stable

**Stabilisatoren** *mpl* stabilizers (for use in foodstuffs)

**stabilisieren** to stabilize; to (make) steady; **die Preise ~ sich** prices are steadying

**stabilisiert**, **der Markt hat sich ~** the market stabilized

**Stabilisierung** *f* **der Erlöse aus der Ausfuhr bestimmter Grundstoffe zugunsten der** → AKP-Staaten und der mit der Gemeinschaft assoziierten überseeischen Länder und Gebiete (Stabex) stabilization of earnings from certain commodities exports by the ACP States and the overseas countries and territories (OCT) associated with the Community (Stabex)

**Stabilisierung** *f*, **System der ~ der Exporterlöse** *(bestimmter Rohstoffe nach der Gemeinschaft) (EU)* system of stabilization of export earnings (of certain commodities exported to the Community) (STABEX)

**Stabilität** *f* stability; → Währung~; **~sgesetz** *n* Stabilization Law (on economic growth); **die ~ erhöhen** to increase stability

**Stadt** *f* town, city; **~mitte** *f* city centre; *Am* downtown

**städtebauliche Planung** *f* town planning

**Stadt~**, **~plan** *m* town plan, city map; **~planung** *f* urban planning; **am ~rande** *m* on the outskirts of the city; **~rundfahrt** *f* town sight-seeing tour; **~verkehr** *m* city (or urban) traffic; **~verwaltung** *f* municipal administration; *Br* (municipal) corporation; **~wohnung** *f Br* town residence (house or flat); *Am* city apartment

**Staffel~**, **~anleihe** *f* graduated interest loan; loan bearing interest at various rates

**staffeln** to graduate, to stagger (→ gestaffelt)

**Staffel~**, **~preis** *m* sliding-scale price; **~tarif** *m* graduated tariff; **~zinsen** *pl* graduated interest

**Staffelung** *f* graduation, gradation

**Stagflation** *f* stagflation (combination of stagnation in economic activity and inflation)

**Stagnation** *f* (od. **Stagnierung** *f*) stagnation; **konjunkturelle ~** cyclical stagnation

**stagnieren** to stagnate; to be stationary; to remain stagnant; **~der Absatz** *m* stagnating (or stationary) sales; **~der Markt** *m* stagnating market

**stagniert**, **das Geschäft ~** business is stagnating

**Stahl** *m* steel; **rostfreier ~** stainless steel

**Stahl~**, **~aktien** *fpl* steel shares, steels; **mit ~band** *n* **gesicherte Kiste** steel-strapped case; **~bau** *m* steel construction; **~bauten** *pl* steel-framed structures; **~beton** *m* reinforced concret; **s~erzeugendes Unternehmen** *n* steel-producing undertaking; **~erzeugnisse** *npl* steel products; **~erzeugungsquoten** *fpl* production quotas for steel; **~fach** *n* safe-deposit box; **~handel** *m* trade in steel; **~industrie** *f* steel industry; **~kammer** *f* *(e-r Bank)* strong room; vault; **~röhren** *fpl* steel tubes; **~rohrmöbel** *pl* tubular steel furniture; **~schrank** *m* steel cabinet; **~werk** *n* steel works (or plant)

**Stammaktien** *fpl* ordinary shares; *Am* common stock; equities; **Inhaber von ~** holder of ordinary shares; ordinary shareholder (or *Am* stockholder); **~kapital** *n* ordinary share capital

**Stamm~**, **~belegschaft** *f* permanent workers (or employees); **~dividende** *f* ordinary dividend; **~einlage** *f (in GmbH)* initial capital contribution; **~gäste** *mpl* (regular) clientele, regular customers; **~haus** *n* parent firm; **~kapital** *n (e-r GmbH)* share capital (minimum amount: € 25.000 ); **~kunde** *m* regular customer; long-standing (or steady) customer; **~kundschaft** *f* regular customers; clientele; **~personal** *n* permanent staff; **~prioritäten** *fpl* → Vorzugsaktien; **~unternehmen** *n* parent enterprise

**stammen**, **Waren, die aus e-m Mitgliedsland ~** *(EU)* products originating from a Member State

**Stand** *m*, **~ am 1. Juli** balance at July 1; **~ des Kontos** balance (or position) of the account; **~ auf dem Markt** stand (or booth) at the market; **~ der Technik** state of the art; *(PatR)* prior art; **neuester ~ der Technik** most advanced technology; **~ der Verhandlungen** progress of the negotiations; **~ des Vorjahres** preceding year's level; **dem neuesten ~ entsprechend** up to date; **e-n (Messe-)~ abbauen** to dismantle a stand; **auf den gegenwärtigen ~ bringen** to bring up to date; **auf e-n höheren ~ bringen** to raise to a higher level; **auf den neuesten ~ bringen** to update; **Preise auf demselben ~ halten** to maintain prices at the same level; **auf dem neuesten ~ halten** to keep up to date; **niedriger ~ der Arbeitslosigkeit** low level of unemployment; **den tiefsten ~ erreichen** *(Kurs)* to bottom out

**Standard~**, **~abweichung** *f* standard deviation; **~aktien** *fpl* established shares (or stock); leaders; **~ausführung** *f* standard construction (or finish); **~bedingungen** *fpl* standard terms; **~erzeugung** *f* standard product; **~formular** *n* standard form; **~größe** *f* standard size; **~grundsätze** *mpl* **der Rechnungslegung** standard accounting principles

**standardisieren** to standardize

**Standard~**, **~kalkulation** *f* standard cost accounting; **~klauseln** *fpl* standard terms; **~kosten** *pl* standard cost; **~kostenrechnung** *f* standard cost accounting; **~lieferklauseln** *fpl (im internationalen Handel)* Incoterms; **~qualität** *f* standard quality; **~verträge** *mpl* standard form contracts; **~vertragsbedingungen** *fpl* standard contract terms; **~waren** *fpl* standard goods; **~werte** *pl* → ~aktien

**Standes~**, **~amt** *n Br* register office; *Am* vital statistics office; **sich s~amtlich trauen lassen** to marry at a registry; **~beamter** *m* registrar of births, marriages and deaths; **s~gemäßer Unterhalt** *m* maintenance suitable to sb.'s station (in life); **s~widrig** unprofessional, unethical

**Standgeld** *n* (od. **Standmiete** *f*) stall money, stall rent

**ständig** permanent, regular; **~er Aufenthaltsort** *m* permanent abode; **~er Ausschuss** *m* permanent (or standing) committee; **~e Einrichtung** *f* permanent institution; **~er Kunde** *m* regular customer; **~e Nachfrage** *f* steady demand; **~es Personal** *n* permanent staff; **~e Rechtsprechung** *f* consistent practice of the courts; **~er Wohnsitz** *m* permanent home, permanent residence

**Standort** *m* location, site; **~ e-s Unternehmens** location of an enterprise; **s~bedingt** due to location; **~bestimmung** *f* site determination; fixing of a location; **~planung** *f* site planning; **~politik** *f* siting (or location) policy; **~verlegung** *f* change of location; **~vorteil** *m* location advantage; **~wahl** *f* site selection; location choice

**Standpunkt** *m* point of view, viewpoint; **den ~ vertreten, dass** to take the view that

**Standzuweisung** *f* stand allocation

**Stange**, **~neisen** *n* bar iron; **~ngold** *n* gold ingots; **von der ~** *f* **kaufen** to buy ready-made, to buy off the peg

**Stanniol** *n* tinfoil, silver paper

**stanzen**, **ein Loch ~** to punch a hole

**Stapel** *m* pile, stack; **~artikel** *mpl* staples;

**~plätze** *mpl* trading centres for (import and storage of) **~waren** *fpl* staple commodities (or goods, products); **vom ~ laufen** *(Schiff)* to be launched

**Stapeln** *n* **von Ladungen** piling up of goods

**stapeln** to pile up; **Behältnisse übereinander ~** to place one container on top of another; **e-e Ladung ~** to pile up a load

**stark** strong; thick; **~ beschädigt** seriously damaged; **~er Kursrückgang** *m* sharp drop in prices; **~e Nachfrage** *f* keen (or strong) demand (nach for); *colloq.* heavy run (nach on); **~e Verschuldung** *f* heavy indebtedness

**Stärkung** *f* **der Gemeinschaft** *(EU)* strengthening of the Community

**Start** *m* start; launching; *(Flugzeug)* take-off; **~hilfe** *f* starting aid; launching aid; **~kapital** *n* start-up funds; seed capital

**starten** to start, to launch

**Station, freie ~** *f* free board and lodging

**stationär~, ~e Wirtschaft** *f* stationary economy

**stationieren** *(z. B.. Atomwaffen)* to deploy

**Stationierung** *f* **von Atomwaffen** deployment of nuclear weapons

**statisch** static

**Statistik** *f* statistics

**statistisch~, S~es Amt** *n* **der Europäischen Gemeinschaften** (SAEG, EUROSTAT) Statistical Office of the European Communities (SOEC, EUROSTAT); **~e Aufstellungen** *fpl* statistical returns; **~e Unterlagen** *fpl* statistical data; statements of statistics

**stattdessen** instead; **senden Sie uns ~** please send us instead

**stattfinden** to take place; to be held

**stattgeben, e-m Antrag ~** to grant an application (or request, petition); **e-r Klage ~** to find for the plaintiff; **e-m Rechtsmittel ~** to sustain an appeal

**Status** *m* status, standing; *(Vermögensstand)* statement of affiars; → Kredit~; **~symbol** *n* status symbol, sign of status

**Statut** *n* statute, regulation; **~en** *pl* articles (of association); charter ( → Satzung); **~en der Beamten der EG** staff regulations of officials of the European Communities; **~enbeirat** *m (EU)* Staff Regulations Committee

**Stau** *m (Verkehr)* traffic jam

**Staub~, ~emissionen** *fpl* dust emissions; **~explosion** *f* coal dust explosion; **~sauger** *m* vacuum cleaner; **~verhütung** *f* **und ~bekämpfung** *f* **im Bergbau** prevention and suppression of dust in mining

**Stauen** *n* **der Ladung** stowing of cargo (in a ship's hold, *etc.*); stevedoring

**stauen, sich ~** *(Verkehr)* to pile up

**Stauer** *m* stevedore; **~lohn** *m* stowage

**Stau~, ~gut** *n* stowage goods; **~kosten** *pl* stowage, stowing expenses

**Stauung** *f (Seefracht)* stowage; *(Verkehr)* congestion; **(un)richtige ~** (im)proper stowage; **~sattest** *n* (od. **~sschein** *m*) stowage certificate

**Stech~, ~karte** *f* clock card; **~uhr** *f* time clock

**Steckbrief** *m* warrant of arrest for fugitive offenders

**stecken, Gewinne wieder in das Geschäft ~** to plough (*Am* plow) back the profits of a business

**Stehen** *n*, **den Preisanstieg zum ~ bringen** to halt increase in prices

**stehen, die Aktienkurse ~ hoch (niedrig)** share prices are high (low); **wie steht der Dollar?** What's the state of the Dollar? **für etwas gerade ~** to be responsible for sth.; to carry the can for sth.

**stehengelassene Gewinne** *mpl* undrawn profits; retained earnings

**stehlen** to steal

**Steigen** *n*, **~ der Aktien** upward movement of shares (or stock); **~ der Kosten** rise in cost; **~ der Preise** rise (or advance) in prices

**steigen** *(Preise, Kurse etc.)* to rise, to advance, to go up; **konjunkturell ~** to show an upward trend of economic activity; **langsam ~** to rise slowly; to inch up; **leicht ~** to rise gently; **schnell ~** to rise fast; to soar; **stark ~** to show a sharp advance; **steil ~** *colloq.* to rocket; **die Aktien stiegen um 15 auf 50 Punkte** the shares rose 15 points to 50 points; **die Kurse ~** prices are picking up (or improving, rallying, recovering); **die Preise stiegen sprunghaft** prices increased by leaps and bounds; **der Verbrauch stieg** consumption rose (*um* by) ( → gestiegen); **in e-n Zug ~** to board a train

**steigend, ~e Aktien** *fpl* advancing shares (stock); **~e Aufträge** *mpl* rising orders; **~er Gewinn** *m* growing (or increasing) profit; **~e Nachfrage** *f* increasing demand; ~**e Preise** *mpl* advancing (or rising) prices; ~**e Tendenz** *f* upward trend

**steigern**, **den Absatz** ~ to increase sales; **die Einfuhr** ~ to raise imports; **die Produktion** ~ to step up production

**Steine und Erden** *pl* non-metallic minerals

**Steingut** *n* earthenware; ~**waren** *fpl* earthenware products

**Steinkohle** *f* hard (or mineral, pit) coal; ~**nbergbau** *m* coalmining industry; ~**bergwerk** *n* (od. ~**ngrube** *f*) colliery; coal mine; ~**nförderung** *f* (hard) coal extraction (or output); ~**nhalden** *fpl* stocks of coal

**Stellage** *f* put and call; ~**geschäft** *n* put and call transaction; ~**käufer** *m* taker for a put and call; ~**verkäufer** *m* giver for a put and call

**Stelle** *f* place, spot; *(Arbeitsplatz)* job, position, post; *(Dienst~)* authority; ~ **im Staatsdienst** post in the public service; **an erster** ~ **stehen** to rank first; **freigewordene** ~ vacancy; → offene ~n; **e-e offene** ~ **besetzen** to fill a vacancy; **öffentliche** ~**n** *pl* public bodies; **ohne** ~ out of a job; out of employment; **staatliche** ~**n** public authorities; **e-e** ~ **annehmen** to take a job (or position) (*als* as); *(Hauspersonal)* to take service (*bei* with); **e-e** ~ **bekommen** to get (or obtain) a job; to be given a position; **sich um e-e** ~ **bewerben** to apply for a position; **e-e** ~ **finden** to find employment; to find (paid) work; **e-e** ~ **suchen** to look for a job; **an jds** ~ **treten** to replace sb.; **seine** ~ **verlieren** to lose one's job (or place)

**Stellenangebot** *n* job offer, employment offer

**Stellenanzeige** *f (in Zeitung)* situations vacant (or wanted); **sich auf e-e** ~ **bewerben** to answer a job ad(vertisement)

**Stellen**~, ~**ausschreibung** *f* job advertisement; ~**bewerber** *m* job applicant; ~**bewerbung** *f* job application; ~**gemeinkosten** *pl* departmental overheads (cost); ~**gesuch** *n* job application; application for a job; *(in der Zeitung)* situations wanted; ~**inhaber** *m* jobholder; ~**mangel** *m* lack of jobs; ~**markt** *m* labo(u)r (or job, employment) market; ~**plan** *m* staff planning; ~**streichungen** *fpl* job cuts; **auf der** ~**suche** *f* **sein** to be looking for a job; to be jobhunting; ~**suchende** *pl* persons seeking employment; **s~suchende Jugendliche** *mpl* young jobseekers; ~**vermittlung** *f* employment agency; employment service; ~**wechsel** *m* change of a position (or job)

**Stell**~, ~**fläche** *f* shelf space; ~**geschäft** *n (Börse)* put and call transaction; ~**kurs** *m* put and call price

**Stellung** *f* post, position, job; *(Ansehen)* status, rank; ~ **e-s Antrags** filing an application; ~ **im Erwerbsleben** employment status; labo(u)r force status; ~**suchender** *m* person looking for an employment; job seeker; **feste** ~ permanent job (ob position); **leitende** ~ leading (or executive) position; **ohne** ~ jobless, out of employment; **rechtliche** ~ legal position; **soziale** ~ social status; **untergeordnete** ~ subordinate position; **e-e** ~ **antreten** to enter upon (or take up) an employment; **e-e** ~ **innehaben** to hold a position

**Stellung** *f* **nehmen** to state one's views (on sth.); to comment (on); **zu e-m Angebot** ~ to state one's position on an offer

**Stellungnahme** *f* comment, opinion; statement of view; **nach** ~ **der Kommission** *(EU)* after the Commission has given its opinion; on the basis of the opinion of the Commission; **mit Gründen versehene** ~ reasoned opinion; **seine** ~ **abgeben** to give (or render) one's opinion; **um** ~ **wird gebeten** opinion is sought; **e-e** ~ **muss vorher eingeholt werden** an opinion has to be obtained beforehand; **die** ~**n** *pl* **sind nicht verbindlich** *(EU)* the opinions shall not be binding

**stellvertretend** acting (for); deputy; ~**er Direktor** *m* deputy director; assistant manager; ~**es Mitglied** *n (e-s Ausschusses)* alternate member; ~**er Vorsitzender** *m* vice-chairman

**Stellvertreter** *m* agent, representative; deputy; substitute; *(in der Stimmrechtsausübung)* proxy; **e-n** ~ **ernennen** to appoint a deputy; **als jds** ~ **handeln** to act on sb.'s behalf

**Stellvertretung** *f* agency; representation; *(in der Stimmrechtsausübung)* proxy; **verdeckte** ~ undisclosed agency; ~**svertrag** *m* agency agreement

**Stempel** *m* stamp; ~**freiheit** *f* exemption from stamp duty; ~**gebühr** *f* stamp duty; ~**marke** *f (für ~steuer)* revenue stamp; ~**steuer** *f* stamp duty; *Am* stamp tax;

**~uhr** *f* time clock; **~ aufdrücken** to affix a stamp

**Stempeln** *n (bei Ankunft und Verlassen des Betriebs)* clocking on and off

**stempeln gehen** *colloq.* to be on the dole

**Stenogramm** *n* shorthand notes (or report); **~ aufnehmen** to take down in shorthand

**Stenotypist(in)** *m/f* shorthand typist

**Sterbe~**, **~fall** *m* (case of) death; **~geld** *n* death benefit; payments due at death; **~kassen** *fpl* burial funds; **~urkunde** *f* death certificate

**Sterling** *m*, **Pfund ~** pound sterling; **~devise** *f* sterling (note); **~silber** *n* sterling silver

**Steuer** *f* tax; **~n vom Vermögen** taxes on property (or net worth); **Kommunal- und Staatsteuern** *pl* local and national taxes; **abzüglich der ~** less tax; **im Abzugswege erhobene ~n** *pl Br* taxes deducted at source; *Am* taxes levied by withholding; **im Veranlagungsweg erhobene ~** tax levied by way of assessment; **unmittelbar oder im Abzugsweg zu zahlende ~** tax payable directly or by deduction; **im Ausland gezahlte ~** foreign tax; **Anrechnung der im Ausland gezahlten ~** foreign tax credit; double taxation relief; **fällige ~** tax due; **geschuldete ~** tax due; **hinterzogene ~** evaded tax; **hohe ~** heavy tax; **niedrige ~** low tax; **rückständige ~** tax in arrears; **städtische ~** local tax; **e-r ~ unterliegend** subject to tax; **verlangte ~** assessed tax

**Steuer**, **~n abführen** to pay over taxes; **von der ~ absetzen** to deduct from one's taxable income; **~n anrechnen** *(DBA)* to credit taxes; **in England gezahlte ~n in der Bundesrepublik anrechnen** to allow British taxes as credit against Federal Republic taxes; **von ~n befreien** to exempt from taxes; **etw. mit e-r ~ belegen** to impose a tax on sth.; **zuviel ~n bezahlen** to overpay taxes; **~n einziehen** to collect taxes; **~n entrichten** to pay taxes; **~n erheben** to levy taxes; **e-e ~ erhöhen** to raise a tax; **e-e ~ festsetzen** to assess (or determine) a tax; **e-e ~ herabsetzen** to reduce (or abate) a tax; **~n hinterziehen** to evade taxes; **e-e ~ rückvergüten** to refund a tax; **~n senken** to cut (or lower) taxes; **e-e ~ überwälzen** to shift a tax; **~n umgehen** to avoid (or dodge) (payment of) taxes; **der ~ unterliegen** to be subject (or liable) to taxation

**Steuerabzug** *m* tax deduction (an der Quelle at source); *Am* withholding of tax; **Einkünfte aus nichtselbstständiger Arbeit unterliegen dem ~** income from employment is subject to tax deduction (or *Am* withholding)

**Steuer~**, **~amnestie** *f* tax amnesty; **~angleichung** *f (EU)* harmonization of taxation, tax harmonization; **~anhebung** *f* rise in taxation

**Steueranrechnung** *f* tax credit (→ Anrechnung ausländischer Steuern); **e-e ~ einräumen** to grant a tax credit

**Steuer~**, **~anreiz** *m* tax incentive; **~anwalt** *m* tax counsel; *Am* tax attorney; **~aufkommen** *n* tax yield, tax revenue; **~aufwendungen** *fpl* fiscal charges; tax expenditure; **~ausfall** *m* tax revenue shortfall; **~ausländer** *m* nonresident (taxpayer); **s~bares Einkommen** *n* taxable income; **s~befreit** exempt from tax, tax-exempt; tax-free

**Steuerbefreiung** *f* tax exemption; tax relief; **für Grundbesitz, der gemeinnützigen Zwecken dient, sind ~en vorgesehen** property which serves charitable purposes is tax-exempt

**steuerbegünstigt** tax-privileged; tax-sheltered; **~e Anleihe** *f* loan with tax privileges; **~ sein** to qualify for tax privileges

**Steuer~**, **~begünstigungen** *f* tax privilege; **~behörden** *fpl* tax (or fiscal) authorities; **einzelstaatliche ~behörden** *fpl (EU)* national fiscal authorities

**Steuer~**, **~belastung** *f* tax burden; **~bemessungsgrundlage** *f* basis of assessment; **s~beratend tätig sein** to give taxation advice; **~berater** *m* tax consultant (or adviser); *Br* accountant; **~beratung** *f* tax advising (or consulting); advice on taxation (or on tax matters); **~bescheid** *m* notice of assessment; tax assessment; **~betrag** *m* amount of tax; **~betrug** *m* tax fraud; **~bilanz** *f* balance sheet for tax purposes; **~buchhaltung** *f* tax accounting; **~einnahmen** *fpl* tax revenue (or receipts); **~entlastung** *f* tax relief

**Steuererhebung** *f* tax collection; levy of taxes; **~ an der Quelle** collection of tax at source

**Steuererhöhung** *f* increase in taxation
**Steuererklärung** *f* (tax) return; **gemeinsame ~** *(der Ehegatten)* joint tax return; **e-e ~ (nicht) abgeben** to (fail to) file a (tax) return
**Steuer, ~erleichterung** *f* tax relief; **~ermäßigung** *f* tax reduction; **~ersparnis** *f* tax saving; **~erstattung** *f* tax refund; **~fahndung** *f* tax search (or investigation); **~festsetzung** *f* assessment of taxes; **~flucht** *f* flight from taxation; tax evasion; **das ~formular ausfüllen** to fill in the tax form; **~freibetrag** *m* tax-free allowance; **s~freie Einnahmen** *fpl* tax-free income; **~gefälle** *n* tax differential; **~gefälle** *n* **in der Gemeinschaft** *(EU)* different tax levels within the Community; **~geheimnis** *n* tax secrecy; **~gesamtbelastung** *f* overall tax burden; **~gesetz** *n* tax law (or statute); **~gruppe** *f* tax bracket; **~gutschein** *m* tax credit certificate; **~gutschrift** *f* tax credit; **~harmonisierung** *f* *(EU)* harmonization of taxes; **~herabsetzung** *f* tax abatement; **~hinterziehung** *f* tax evasion; *Br* defrauding of the Revenue; **~inländer** *m* resident taxpayer; **~jahr** *n* fiscal year; **~klasse** *f* tax bracket (or class); **~kniff** *m (zur Umgehung der ~)* tax dodge; **~last** *f* tax burden, tax load
**steuerlich, ~ günstig** with low tax liability; **~e Belastung** *f* tax burden (or load); **~e Benachteiligung** *f* tax discrimination; **~e Betriebsprüfung** *f* auditing of a firm by tax inspectors; **~e Ermittlungen** *fpl* fiscal investigations; **~e Vergünstigung** *f* tax concession; **~er Wohnsitz** *m* fiscal domicile; domicile for tax purposes
**Steuermanns~, ~patent** *n* mate's certificate; **~quittung** *f* mate's receipt
**Steuer~, ~monat** *m* tax(payment) month; **~nachforderung** *f* subsequent tax assessment; **~nachlass** *m* tax abatement; **~nachzahlung** *f* additional tax payment; **~nummer** *f* taxpayer's reference (or identification) number; **~objekt** *n* object of taxation; **~ordnungswidrigkeit** *f* offence (Steuerse) against tax laws; **~pauschale** *f* lump sum tax; **~pflicht** *f* tax liability
**steuerpflichtig** liable to taxation, liable to pay taxes; taxable; **~er Gewinn** *m* assessable profit; **~er Nachlass** *m* taxable estate; **~es Vermögen** *n* property subject to taxation; **unbeschränkt ~ sein** to be subject to unlimited tax liability
**Steuer~, ~pflichtiger** *m* person subject to tax, person liable to pay tax; **~progression** *f* tax progression; **~prüfer** *m Br* tax inspector; *Am* tax auditor; **~prüfung** *f Br* tax inspection; *Am* tax audit; **~rate** *f* tax instal(l)ment
**Steuerrecht** *n* tax law, fiscal law; **Angleichung der ~e in der Gemeinschaft** *(EU)* harmonization of Community tax laws
**Steuer~, s~rechtliche Vorschriften** *fpl* tax law provisions; **~reform** *f* tax reform; **~rückerstattung** *f* tax refund; **~rückstände** *mpl* tax arrrears; **~rückstellungen** *fpl* provisions for taxation; tax accruals; **~rückzahlung** *f* → ~rückerstattung; **~sachen** *fpl* revenue matters; **~satz** *m* tax rate; **~säumnis** *n* delayed payment of tax due; **~schätzung** *f* tax estimate
**Steuerschraube** *f* tax screw; **die ~ anziehen** to tighten the tax screw
**Steuer~, ~schuld** *f* tax due, tax liability; **s~schwaches Jahr** *n* year of low tax receipts; **~senkung** *f* tax cut (or abatement); **s~starkes Jahr** *n* year of high tax receipts; **~straftaten** *fpl* revenue offen|ces (~ses); **~stufe** *f* tax grade (or bracket); **~stundung** *f* tax deferment; **~subvention** *f* tax subsidy; **~tabelle** *f* tax table; **~termin** *m* tax payment date; *(letzter)* tax deadline; **~überwälzung** *f* tax shifting; **~überzahlung** *f* excess payment of tax; **~umgehung** *f (erlaubt)* tax avoidance; *(unerlaubt)* tax evasion
**Steuerung** *f* steering; control
**Steuer~, ~veranlagung** *f* tax assessment; **~vergünstigung** *f* tax privilege, tax concession; **leichtfertige ~verkürzung** *f* tax evasion by failure to take due care; **~vorauszahlung** *f* prepayment of estimated taxes
**Steuer~, ~vorteil** *m* tax advantage; **~zahler** *m* taxpayer; **~zeichen** *n* revenue stamp
**steuern** to control; to steer; to guide; to drive; **ein Auto ~** to drive a car; **ein Flugzeug ~** to pilot a plane; **ein Schiff ~** to steer (or head) a ship
**Stich~, ~kupon** *m* renewal coupon; **~kurs** *m (im Prämiengeschäft)* declaration-day price
**Stichprobe** *f* spot check; *(Statistik)* sample (taken at random); **~n machen** to take (random) samples, to sample

**Stichproben~**, **~erhebung** *f* (random) sample survey; **~fehler** *m* sampling error; **~umfang** *m* sample size; **~verfahren** *n* sampling

**Stich~**, **~tag** *m* cut-off date; key date, crucial date; target date; **~wahl** *f* second ballot; run-off; *Am* tie-break

**Stickstoff~**, **~abgase** *npl* emission of nitrovapo(u)rs; **~dünger** *m* nitrogenous fertilizer

**Stiftung** *f* endowment, foundation; donation; **~ mit gemeinnützigem Zweck** charitable foundation; **e-e ~ errichten** to establish a foundation

**Stiftungs~**, **~fonds** *m* endowment fund; **~vermögen** *n* assets of a foundation

**still**, **~e Beteiligung** *f* dormant holding; **~es Geschäft** *n* slack (or dull) business; **~e Gesellschaft** *f* dormant partnership; **~er Gesellschafter** *m* dormant (or sleeping, *Am* silent) partner; **~e Reserven** *fpl* (od. **Rücklagen** *fpl*) undisclosed (or hidden) reserves; **~e Saison** *f* slack (or dead, dull) season; **~er Teilhaber** *m* → ~er Gesellschafter

**Stillhalteabkommen** *n* standstill agreement

**Stillhalter** *m (Börse)* option seller; **~ in Geld** *(Verkäufer e-r Verkaufsoption)* seller of a put option; **~ in Wertpapieren** *(Verkäufer e-r Kaufoption)* seller of a call option

**stilllegen** *(Fabrik, Werk)* to close down, to shut down; *(Schiff)* to lay up

**Stilllegung** *f* shut-down; *(endgültig)* closure; *(Schiff)* laying up; **~ von atomaren Anlagen** decommissioning of nuclear installations; **~ von Kernkraftwerken** decommissioning of nuclear power plants; **~landwirtschaftlicher Nutzflächen** set-aside of agricultural land; **~sprämie** *f* closure premium

**stillgelegte Anlage** *f* idle plant

**stillliegen** to lie idle; *(Schiff)* to be laid up; **die Geschäfte liegen still** business is at a standstill

**stillschweigend** tacit(ly); implied(ly), implicit(ly); **ausdrücklich oder ~ vereinbart** expressly or implicitly agreed upon; **~ einbegriffene Zusicherungen** *fpl* implied warranties; **~ erteilte Vollmacht** *f* implied authority; **jdm ~ übertragene Befugnisse** *fpl* powers conferred on sb. by implication; **~e Bedingung** *f* implied condition; **~e Genehmigung** *f* tacit approval; **~e Zustimmung** *f* tacit consent

**Stillstand** *m* standstill; lack of progress; stop(page); **wirtschaftlicher ~** economic stagnation; **~skosten** *pl (e-s Betriebes)* idle time costs, downtime costs; **~szeit** *f* idle time, downtime

**stillstehend** idle; stagnant

**Stimmabgabe** *f* vote, voting, poll(ing); **~ durch e-n Vertreter** vote by proxy

**stimmberechtigt** entitled to vote; **nicht ~e Aktien** *fpl* non-voting shares (*Am* stocks); **~es Mitglied** *n* voting member; **nicht ~ sein** to have no vote

**Stimme** *f (bei Wahl)* vote; **abgegebene ~** vote cast; **entscheidende ~** casting vote; **erhaltene ~** vote received; **mit 10 gegen 3 ~n** *pl* **bei 2 Enthaltungen** by 10 to 3 votes with 2 abstentions; **seine ~ abgeben** to cast one's vote; **sich der ~ enthalten** to abstain from voting

**stimmen**, **die Rechnung stimmt nicht** the account is not correct

**Stimmengleichheit** *f* equality of votes (for and against); tie vote; **bei ~** in the event of a tie vote; when voting is equal

**Stimmenmehrheit** *f* majority of votes; **kommt e-e ~ nicht zustande** in the case of a tie

**Stimmenthaltung** *f* abstention (from voting)

**Stimmrecht** *n* right to vote; voting right; **~saktien** *fpl* voting shares (or *Am* stock); **~sausübung durch** (bevollmächtigten) **Vertreter** voting by proxy; **s~slose Aktie** *f* nonvoting share; **~svollmacht** *f* proxy; **das ~ durch e-n Bevollmächtigten ausüben** to exercise the voting right by proxy

**Stimmzettel** *m* ballot (paper)

**Stimmung** *f (Börse)* market tone; **~sbesserung** *f* **am Aktienmarkt** improvement in tone on the share market

**Stipendium** *n* scholarship, grant; **Ausland~** *n* scholarship for studying abroad

**Stockdividende** *f* stock divident; dividend in the form of shares

**stocken** to be slack, to stagnate; **der Handel stockt** trade is at a standstill (or stagnant)

**Stocken** *n*, **ins ~ geraten** to become stagnant; to run into difficulties

**Stoff** *m* material; fabric, textile; **~kosten** *pl* material cost

**Stopppreis** *m* stop price, controlled price

**stören** to disturb, to interfere with; **den Arbeitsfrieden ~** to cause labo(u)r troubles; **jdn im Besitz ~** to interfere with sb.'s possession; **die guten Beziehungen ~** to interfere with the good relations

**stornieren** to cancel; to delete; **e-e Bestellung ~** to cancel (or countermand) an order; **e-e Buchung ~** to reverse an entry; **e-e Rechnung ~** to cancel an invoice

**Stornierung** *f*, **~ e-s Auftrags** cancellation of (or countermanding) an order; **~ e-r Buchung** reversal of an entry

**Stornobuchung** *f* reversing entry

**Störung** *f* disturbance, interference (with); *(des Besitzes von Land durch Lärm etc.)* nuisance; **ernstliche ~en** *pl* **auf dem Markt** serious disturbances (or upheavals) in the market; **technische ~en** *pl* technical troubles; **~ der öffentlichen Sicherheit und Ordnung** disturbance of the public safety and order; **dem gemeinsamen Markt drohen ernsthafte ~en** *pl (EU)* the Common Market is threatened with serious troubles

**Stoß~, s~feste Verpackung** *f* shockproof packing; **~verkehr** *m* rush-hour traffic; **~zeiten** *fpl (des Berufsverkehrs)* rush hours, peak hours

**Stottern** *n*, **auf ~ kaufen** to buy on hire-purchase

**Strafanzeige** *f* **erstatten gegen** to bring a charge against

**Strafaussetzung** *f* **zur Bewährung** (suspension of sentence on) probation

**strafbar** punishable; **sich ~ machen** to make oneself liable to a penalty

**Strafe** *f* sentence, penalty, punishment; *(Geldstrafen)* fine; **bei e-r ~ von ... € verboten** forbidden under (or on) a penalty of € ...; **gegen jdn auf ~ erkennen** to impose a penalty on sb.; *(Geld~)* to fine sb.; **e-e ~ verbüßen** to serve a sentence

**Straf~, s~frei** exempt from punishment; **~gesetzbuch** *n* (StGB) Criminal Code; **~prozess** *m* criminal proceedings; **~recht** *n* criminal law; **s~rechtliche Handlung** *f* criminal offen|ce (~se); **~register** *n* criminal record; **~sache** *f* criminal matter; **~tat** *f* criminal offen|ce (~se); **~urteil** *n* sentence; **~verbüßung** *f* serving a sentence; **ein ~verfahren** *n* **einleiten** to institute criminal proceedings; **~verfolgung** *f* prosecution; **~vollzug** *m* execution of sentence; **~zettel** *m* **für falsches Parken** parking ticket; **~zoll** *m* penalty duty; **~zumessung** *f* award of punishment

**Strahlen~, s~belastet** (od. **~exponiert**) exposed to radiation; **~gefahr** *f* radiation hazard; **s~geschützt** radiation-protected; **~grenzwerte** *mpl* maximum radiation limits; **~schaden** *m* radiation damage; **~schutz** *m* radiation protection; **~schutzrichtlinie** *f (EU)* Ionizing Radiation Protection Directive; **~unfall** *m* radiation accident

**Strahlung** *f*, **erhöhte ~** enhanced radiation; **schädliche ~** harmful radiation; **Auffindung und Messung von ~en** radiation detection and measurement; **~sschaden** *m* damage caused by radiation; **~sschutz** *m* → Strahlenschutz

**stranden** to strand, to be stranded (→ gestrandet)

**strapazierfähig** hard-wearing

**Straße** *f* street, road, highway; **~ mit Baustellen** road under repair; **~ mit Vorfahrtsrecht** priority road; **freie ~** clear road

**Straßenbau** *m* road construction (or building); **~arbeiten** *fpl* road construction work; road repairs; **~materialien** *pl* road-making materials; **~planung** *f* road construction planning

**Straßen~, ~benutzungsgebühren** *fpl* road tolls; **gewerbliches ~fahrzeug** *n* commercial road vehicle; **~güterverkehr** *m* carriage of goods by road; **~handel** *m* street trading; **~händler** *m* street trader; **~karte** *f* road map; **~kreuzung** *f* crossroad; **~verkauf** *m* street sale

**Straßenverkehr** *m* road (or street) traffic, road transport; **~sordnung** (StVO) *f* Road Traffic Regulations; *Br* Highway Code; **~ssicherheit** *f* road safety; **~sunfall** *m* road (traffic) accident; **~szeichen** *n* road sign

**Straßen~, ~verzeichnis** *n* street directory; **~werbung** *f* outdoor advertising; **~zustand** *m* road condition

**Strazze** *f* memo book

**Strecken~, ~geschäft** *n* (od. **~handel** *m*) drop shipment; **~händler** *m* drop shipper

**streichen** to delete, to strike off; to cancel; **e-n Auftrag ~** to cancel an order; **die Rechtssache aus dem Register des Gerichtshofs ~** *(EU)* to remove the case from the Register of the Court of Justice

**Streifband** *n* postal wrapper; **~depot** *n* (individual) safe custody deposit; **~sendung** *f (Post)* article sent under wrapper (printed matter at a reduced rate)
**Streik** *m* strike; **General~** *m* general strike; **Solidarität~** (od. **Sympathie~**) *m* sympathy strike; **Warn~** *m* token strike; **wilder ~** wild-cat strike; **e-n ~ abbrechen** to call off a strike; **e-n ~ ausrufen** to call a strike; **sich im ~ befinden** to be on strike; **vom ~ betroffen** to be affected by the strike; **in den ~ treten** to go on strike
**Streik~**, **~abstimmung** *f* strike ballot; **~androhung** *f* strike warning; **~aufruf** *m* call to strike; **s~bedingter Produktionsausfall** *m* production loss caused by strike; **~brecher** *m* strike breaker; **~drohung** *f* threat of strike
**streiken** to strike, to go on strike
**Streik~**, **~gelder** *npl* strike benefits; **~kasse** *f* strike fund; **~posten** *m* picket; **~recht** *n* right to strike; **~verbot** *n* ban on strikes
**Streit** *m* dispute, debate, controversy; **e-n ~ beilegen** to settle a dispute
**Streit~**, **~beilegung** *f* dispute settlement; **~fall** *m* dispute; **~frage** *f* point at issue; **~gegenstand** *m* matter in dispute; **~genossenschaft** *f* joinder of parties
**streitig** contested, in dispute; **wenn ~ ist** in the event of a contest
**Streitigkeit** *f* dispute, controversy; **geschäftliche ~en** *pl* business disputes; **~en beilegen** to settle disputes
**Streitpunkt** *m* point at issue, contentious issue
**Streitwert** *m* value of the matter in dispute; amount (of money) involved
**streng**, **~ geheim** top secret; **~ vertraulich** strictly confidential
**Streubesitz** *m (an Wertpapieren)* diversified holding; wide diversification
**Streudiagramm** *n* scatter diagram
**streuen** to spread, to diversify (→ gestreute Anlagen)
**Streuung** *f*, **~ des Aktienbesitzes** diversification of shareholding; **~ von Anlagen** spreading of investments
**Strichcode** *m (EDV)* barcode
**Strichcodierung** *f (EDV)* barcoding
**strittig** controversial, in dispute
**Strohmann** *m* man of straw; *(bes. im Aktienhandel)* nominee; **~gesellschaft** *f* dummy company
**Strom** *m (Fluss)* river; *(elektrischer ~)* power, current; *(Kapital~)* flow; **~abnehmer** *m* consumer of electricity; **~abschaltung** *f* power cut; **~anschluss** *m* connection to the mains; **~ausfall** *m* power failure (or outage); **~bedarf** *m* demand for electricity; power demand; **~erzeugung** *f* electricity production; generation; **~kosten** *pl* costs of power; **~netz** *n* power supply system; **~preis** *m* electricity price; **~rechnung** *f* electricity bill; **~tarif** *m* electricity tariff; **~verbrauch** *m* electricity consumption; electric power consumption; **~versorgung** *f* electricity supply
**Struktur** *f* structure; pattern; **Agrar~** *f* agricultural structure; **~anpassung** *f* structural adjustment; **~ausgaben** *fpl* expenditure for structural purposes; **s~bedingte Arbeitslosigkeit** *f* structural unemployment; **~darlehen** *n (EU)* structural loan; loan to help strengthen structure
**strukturell**, **die ~e Lage** *f* **verbessern** to improve the structural situation; **~e Mängel** *mpl* structural deficiencies; **~e Schwäche** *f* structural weakness; **~e Ungleichgewichte** *npl* **zwischen den Ländern der Gemeinschaft** *(EU)* structural imbalances between countries in the Community
**Struktur~**, **~entwicklung** *f* structural development; **~hilfe** *f* structural assistance; **sich in e-r ~krise** *f* **befinden** to experience a structural crisis; **~mangel** *m* structural deficiency; **~politik** *f* structural policy; **s~politische Maßnahmen** *fpl* structural policy measures; **~reform** *f* structural reform; **~richtlinien** *fpl* structural directives; **s~schwache Regionen** *fpl* structurally weak areas; **s~starke Regionen** *fpl* structurally strong areas; **~überschuss** *m* structural surplus
**Strukturverbesserung** *f* structural improvement; **~ in der Landwirtschaft** improvement of farming structure
**Struktur~**, **~wandel** *m* structural change; **~zuschüsse** *mpl (EU)* structural grants
**Stück** *n* piece, item; **~e** *pl* shares, stocks, bonds, securities; *(Wertpapiere)* **in ~en** *pl* **von** in denominations of; **per ~** apiece; **Auftrag über mehr als 100 ~** order exceeding 100 pieces; **Auftrag über weniger als 100 ~** order for less than 100 pieces
**stückeln** *(bei Aktien)* to denominate

**Stückelung** *f (bei Aktien)* denomination
**Stücke~**, **~mangel** *m* shortage of offerings; **~verzeichnis** *n* list of securities bought; **~zuteilung** *f* allotment of securities
**Stückgut** *n* piece goods, parcel(led) goods; *(im Bahnverkehr) Br* part loads; *Am* less-than-carload lot(s); LCL lot(s); **~ (sendung** *f*) small consigment(s); *(im Seefrachtgeschäft)* general (or mixed) cargo; break bulk cargo; **~befrachtung** *f* freighting by the case; **~frachter** *m* general cargo freighter; **~frachtrate** *f* rate for small consignments; *Br* general cargo rate; *Am* less-than-carload rate; LCL rate; **~sendung** *f* small consignment(s); load less than a wagon-load; **~spanne** *f* commercial margin per item; **~umschlag** *m* handling of general cargo; **~verkehr** *m* part load traffic; general cargo traffic; **~verladung** *f* loading of general cargo; **~versand** *m Br* general cargo shipment; *Am* shipment as LCL lot
**Stück~**, **~kalkulation** *f* item (or unit) costing; **~kauf** *m* purchase of ascertained (or specified) goods; **~kosten** *pl* cost per item, unit cost; **~kostenkalkulation** *f* item costing; **~kurs** *m* → ~**notierung**; **~liste** *f* bill of materials; **~lohn** *m* piecework payment; payment by piece rates; **~lohnsatz** *m* piece(-work) rate; job rate; **~notierung** *f (Börse)* unit quotation; **~nummer** *f* share (or bond) certificate number ( → ~e); **~preis** *m* price by the piece; unit price; **~schuld** *f* specific obligation; **~verkauf** *m* selling by the piece; **~verladevorrichtung** *f* unit loading device; **s~weise** by the piece; **~wertaktie** *f* share quoted per unit; **~zahl** *f (Zoll)* number of pieces; *(bei Akkordarbeit)* task; **~zeitakkord** *m* piece-time rate; **~zinsen** *pl* broken period interest; interest accrued; **~zoll** *m* duty per specific item; specific duty
**Stufe** *f* stage; level; **auf gleicher ~** on the same level; **~nflexibilität** *f* (System der Wechselkurs-[Paritäts-]veränderung) (system of) crawling peg; **~nplan** *m* plan by stages; **~npreise** *mpl* staggered prices; **~nrabatt** *m* chain discount; **s~nweise** stage by stage; by stages; **s~nweise Verwirklichung e-s Plans** achievement of a plan by stages; **s~nweiser Abbau** *m* **der Zölle** *(EU)* stage-by-stage dismantling of duties
**Stunde** *f* hour; **35-~nwoche** *f* 35-hour week; **~nleistung** *f* output per hour; **~nlohn** *m* hourly wages; **~nsatz** *m* hourly rate, pay rate by the hour; **~nverdienst** *m* earnings per hour; **s~nweise beschäftigt sein** to be employed on an hourly basis
**stunden** to allow (or grant) time (to pay); to allow a deferment; to grant a respite (for payment); **den Kaufpreis ~** to allow time for the payment of the purchase price; **die Zahlung e-s Betrages auf ein Jahr ~** to allow a period of one year for the payment of an amount ( → gestundet)
**Stundung** *f* (grant of a) respite, deferment; granting of (additional) time to pay; delay granted (for payment); **~ des Kaufpreises** agreed deferment (or postponement) of payment of the purchase price; allowing time for payment of the purchase price; **~sgesuch** *n* request for a respite; request for (further) time (in which) to pay; **~ bewilligen** to permit postponement of payment; **um ~ bitten** to request an extension (of time); **die ~ versagen** to refuse a respite; to refuse extension (of time)
**Sturz** *m (der Kurse, Preise)* fall, collapse; **~ des Dollar** fall in the value of the dollar
**stürzen** *(von Preisen, Kursen)* to fall, to slump, to collapse; to tumble; **die Kasse ~** to count the cash; **nicht ~!** this side up! keep upright!; **er stürzte die Firma in Schulden** he ran the firm into debt
**stützen** *(Kurse durch Käufe ~)* to support; **ein Unternehmen finanziell ~** to give an undertaking financial support; to back an enterprise; **den Markt ~** to support (or peg) the market
**Stützung** *f* support; backing; pegging; **~skäufe** *mpl* support buying; **~skonsortium** *n* backing syndicate; **~skredit** *m* standby credit; **~skurs** *m (Börse)* supported (or pegged) price; **~smaßnahmen** *fpl* **für die Agrarerzeugnisse** *(EU)* measures to support farm produce; **~spreis** *m* support(ed) price; **~ssystem** *n (EU)* support system; **~sverpflichtungen** *fpl* support commitments
**Styropor** *m* polystyrene; styrofoam; **mit ~ ausgelegte Kisten** styrofoam-lined boxes; **in ~ verpacken** to pack in styrofoam
**Submission** *f* invitation to tender (*Am* to bid); contract by tender; *Am* call for bids;

**~sangebot** *n* tender; *Am* bid; **~sbedingungen** *fpl* conditions of tender (*Am* bid); **~sverfahren** *n* tender procedure; public tender; **Vergabe e-s Auftrags im ~swege** *m* allocation of an order by tender (or by contract) (→ Ausschreibung)

**Submittent** *m* tenderer; *Am* bidder

**submittieren** to send in (or submit) tenders (or *Am* bids)

**Substanz~**, **~erhaltung** *f* maintenance of value; physical capital maintenance; **~verringerung** *f* depletion; **~wert** *m (e-s Unternehmens)* net asset value; **~zuwachs** *m* growth in material assets

**Subsidiarität** *f* subsidiarity (decision-taking at the lowest appropriate level)

**Substitution** *f* substitution; **~serzeugnisse** *npl* **für Getreide** cereal substitutes; **~sgüter** *npl* substitute goods, substitutes; **~skredit** *m* substitution credit (→ Akzeptkredit, → Avalkredit)

**Subvention** *f* subsidy; → Agrar~; → Ausfuhr~; **~en gewähren** to grant subsidies

**subventionieren** to subsidize

**Subventionierung** *f* subsidization

**Subventions~**, **~abbau** *m* reduction of subsidies; **~betrag** *m* amount of subsidy; **~betrug** *m* economic subsidy fraud; **~geber** *m* subsidy grantor; **~regelung** *f (EU)* scheme (or system) of subsidies

**Such~**, **~anzeige** *f* want ad(vertisement); **~- und Rettungsmaßnahmen** *fpl* search and rescue operations

**suchen** to look for; to search for; **e-e Stelle** ~ to seek employment (or work); to look for a place (→ gesucht)

**Suchtstoffe** *mpl* (narcotic) drugs; **Bestände an ~n** stocks of drugs; **Gewinnung von ~n** production of drugs; **Verkehr mit ~n** trafficking in drugs

**Südfrüchte** *fpl* tropical and sub-tropical fruits

**Suggestivwerbung** *f* suggestive advertising

**Sukzessivlieferung** *f* delivery by instal(l)ments; successive delivery

**summarisches Verfahren** *n* summary proceedings

**Summe** *f* sum, amount; **bestimmte ~** certain sum; **geringfügige** ~ trifling sum; **große** ~ large sum; **runde** ~ round sum; **~naktie** *f* share issued for a specific amount

**Super~**, **~benzin** *n Br* 4-star petrol; *Am* premium gas(oline) (→ Normalbenzin); **~dividende** *f* superdividend; extra dividend; **~markt** *m* supermarket; **~tanker** *mpl* supertankers, very large crude carriers (VLCC); *(noch größere)* ultra-large crude carriers (ULCC)

**supranationale Organisation** *f* supranational organization

**Süßwaren** *pl* confectionery; **~industrie** *f* confectionery industry

**Süßwasserfische** *mpl* fresh water fish

**Swap**, **Schulden~** *m* debt-equity swap; **Währung~** *m* cross currency swap; **Zins~** *m* interest-rate swap; **~geschäft** *n (zur Kurssicherung)* swap, swap transaction; **~geschäfte** *npl* **vornehmen** to engage in swap transactions; to swap; **~satz** *m* swap rate; **~vereinbarung** *f* swap agreement

**Swing** *m (im bilateralen Handelsverkehr zinsloser Überziehungskredit)* swing

**Switch-Geschäft** *n (Außenhandel)* switch

**Sympathiestreik** *m* sympathy strike

**Syndikat** *n* syndicate; cartel with joint purchasing or marketing organization; consortium

**Syndikus** *m* (permanent) legal adviser; *Am* inhouse counsel

**syndizierte Anleihe** *f* syndicated loan

**synthetische Fasern** *fpl* synthetic fibres (fibers)

**System** *n* system; **s~gerecht** in accordance with the system; **s~widrig** contrary to system

**SZR** SDR (→ Sonderziehungsrecht); **~-Zuteilung** *f* SDR-allocation

# T

**Tabak** *m* tobacco; **verarbeiteter und unverarbeiteter** ~ *m* manufactured and unmanufactured tobacco; **~börse** *f* tobacco exchange; **~erzeugnisse** *npl* tobacco products; **~geschäft** *n* tobacco shop (*Am* store); **~pflanzer** *m* tobacco grower; **nikotinarme ~sorten** *fpl* low-nicotine tobacco varieties; **~steuer** duty on tobacco; **t~verarbeitende Industrie** *f* tobacco manufacturing industry

**tabellarisch** tabular; in tabular form

**Tabelle** *f* table, schedule; **~nbuchhaltung** *f* tabular bookkeeping; **in ~nform** *f* in

tabular form; **in ~n zusammenstellen** to tabulate
**tabellieren** to tabulate
**Tafel~**, **~geschäft** *n (Wertpapiergeschäft am Bankschalter)* over-the-counter transaction; over-the-counter trading; **~papiere** *npl* securities bought over the counter; **~wein** *m* table wine
**Tag** *m* day, date; **~ der Lieferung** day (or date) of delivery; **an e-m bestimmten ~** on a given day; **den ganzen ~ arbeiten** to work all the day (or the whole day long); **Zinsen bis zum heutigen ~e** interest to date; **innerhalb von 14 ~en** within a fortnight; **in wenigen ~en** in a few days; **unter ~e arbeiten** to work underground
**Tage~**, **~bau(betrieb)** *m Br* opencast mining; open working; **~buch** *n* diary, journal; **~geld** *n* daily (subsistence) allowance; *Am* per diem allowance; **t~lang** (lasting) for days
**tagen** to meet, to hold a meeting; to sit; **die Kommission tagt** the Commission is in session (or is sitting)
**Tages~**, **~arbeit** *f* a day's work; day-time work; **~auszug** *m* daily statement of account; **~bedarf** *m* daily requirement; **~bilanz** *f* (crude) daily balance sheet; **~einlagen** *fpl* call deposits; **~einnahmen** *fpl* daily receipts (or takings)
**Tagesgeld** *n (fällig innerhalb von 24 Stunden ohne Kündigung)* day-to-day money; overnight money; **~ unter Banken** interbank call money; **~satz** *m* day-to-day money rate
**Tages~**, **~geschäft** *n* day-to-day business; routine business; **~gespräch** *n tel* day-time call; **~karte** *f* day ticket; **~kauf** *m (Börse)* cash bargain (for settlement on the same or following day)
**Tageskurs** *m (Effekten)* daily (or current) price; *(Devisen)* daily (or current) (exchange) rate; **zum ~** at the current price (or rate)
**Tages~**, **~leistung** *f* daily output (or production); **~lohn** *m* daily wage(s) (or pay); **~notierung** *f* daily quotation, quotation of the day
**Tagesordnung** *f* agenda; **~spunkt** *m* item on the agenda; **sonstige ~spunkte** *mpl* any other business; **e-n Punkt von der ~ absetzen** to remove an item from the agenda; **auf die ~ setzen** to put on (or include in) the agenda; **auf der ~ stehen** to be (or appear) on the agenda
**Tages~**, **~preis** *m* current (or going) price; today's price; **~produktion** *f* output of the day; **~satz** *m* daily (or per diem) rate; **~schau** *f* television news show; **~umsatz** *m* sales of the day; **~verbrauch** *m* daily consumption; **~verdienst** *m* daily earnings, earnings of the day; **~wechsel** *m* → Tagwechsel; **~wert** *m* current (or market) value; **~zeitung** *f* daily (paper); **~zinsen** *pl* interest on daily balances
**tageweise** by the day
**täglich** daily; **Waren des ~en Bedarfs** *m* goods of everyday demand; everyday requisites; **~es Geld** *n (fällig am Tage der Kündigung)* money at call, call money; **~fällige Gelder** *npl* → Sichteinlagen; **~kündbar** subject to call
**Tagung** *f* meeting, conference; **~ auf hoher Ebene** high-level meeting; **~en** *pl* **des Rates** *(EG)* sessions of the Council; **der Rat hat e-e ~ abgehalten** the Council held a session
**Tagungs~**, **~ort** *m* meeting place; venue; **~teilnehmer** *m* conference participant
**Tagwechsel** *m* fixed-date bill
**Talon** *m* talon, renewal coupon
**tanken** (voll) to fill up with petrol (*Am* gas); *(Fahrzeug)* to refuel; **Tanker** *m* tanker; **~flotte** *f* (oil) tanker fleet; **~frachtenmarkt** *m* tanker freight market; **~frachtrate** *f* tanker freight rate; **~reeder** *m* tanker owner; **~reederei** *f* tanker owners
**Tank~**, **~lastwagen** *m* → **~wagen**; **~schiff** *n* tanker; **~schiffahrt** *f* tank shipping; **~stelle** *f* filling station; *Br* petrol (*Am* gas) station; **~wagen** *m* road tanker
**Tantieme** *f* tantieme, percentage of (enterprise's) profit; bonus; *(e-s Autors etc.)* royalty
**Tara** *f* tare; **~vergütung** *f* allowance for tare; **die ~ vergüten** to tare
**tarieren** to tare
**Tarif** *m* tariff; rate; scale (of rates or charges); → Fracht~; **gültiger ~** tariff (or rates) in force; **laut ~** as per tariff; **~abschluss** *m* conclusion of a collective pay agreement; **~ für Werbesendungen** time charge; **über ~ bezahlt werden** to be paid above agreed wages (or pay)
**tarifär**, **nicht ~e Handelshemmnisse** *npl* (NTH) non-tariff bariers to trade)
**Tarif~**, **~absprache** *f* tariff agreement; **~änderung** *f* change in tariff; **~anhebung** *f* increase in rates; upward adjust-

ment of rates; **~autonomie** *f* collective bargaining autonomy; **t~besteuerte Wertpapiere** *npl* fully-taxed securities; **~einkommen** *n* collectively agreed wages and salaries; **~ermäßigung** *f* tariff reduction; reduction of rates; **t~fähig** capable of concluding a collective (wage) agreement; **~festsetzung** *f* fixing of tariffs; rate fixing, rating; **t~gebunden** bound by a collective agreement; **t~gemäß** according to tariff; according to the terms of a collective agreement; collectively agreed; **~gestaltung** *f* determination of rates (or tariffs); fare setting; **~gruppe** *f* tax bracket; wage group; **~herabsetzung** *f* tariff reduction; rate cutting

**tarifieren** to fix the tariff (or rates); *(Zoll)* to classify

**Tarifierung** *f* tariff classification; rating; **~ im Gemeinsamen Zolltarif** (GZT) *(EG)* classification in the Common Customs Tariff (CCT)

**Tarif~**, **~klasse** *f* tariff class, rate class; **gemeinschaftliches ~kontingent** *n (EG)* Community tariff quota; **~kündigung** *f* termination of the collective agreement (by notice)

**tariflich** → tarifgemäß; **~e** → Arbeitszeit

**Tariflohn** *m* (collectively agreed) standard wage; (collectively) agreed wage; **~erhöhung** *f* standard wage increase

**Tarifnummer** *f (Zoll)* tariff heading; heading no.; **Einreihung von Waren in die ~n des** → GZT classification of goods in the CCT heading no.; **unter e-e andere ~ fallen** to be listed under another tariff heading

**Tarif~**, **~partner** *mpl* management and unions; parties to a collective agreement; the two sides of industry; **Beziehungen zwischen den ~partnern** *mpl* relations between the collective bargaining partners; **gemeinsame ~politik** *f (EU)* common (wage) rate policy; **Angelegenheit t~politischer Art** *f* matter in connection with collective bargaining policies; **~register** *n* register of collective agreements

**Tarifsatz** *m (für Löhne)* agreed wage rate; *(Frachtsatz)* (freight) rate; **über dem ~ liegende Löhne** wages above the agreed rates

**Tarifstelle** *f* subheading; **Einordnung von Waren in die ~ des** → GZT *(EG)* classification of goods within subheading of the CCT; → Zulassung zu e-r ~; **Waren in ~n einreihen** to classify goods under subheadings

**Tarif~**, **~streitigkeiten** *fpl* disputes on tariffs (or rates); **~tabelle** *f* scale of rates; **~verdienst** *m* (collectively agreed) standard earnings (or rates); **~vereinbarung** *f* → ~vertrag; **~verhandlung(en)** *f(pl) (zwischen den ~partnern)* collective bargaining; collective negoatiations

**Tarifvertrag** *m* collective (bargaining) agreement; pay agreement; **~srecht** *n* law of colllective agreement; **in e-m ~ vereinbarte Arbeitsbedingungen** terms of employment agreed in a collective agreement; **e-n ~ aushandeln** to bargain collectively

**tarifvertraglich** under collective agreements; **~e Aushandlung** *f* **von Arbeitsbedingungen** collective negotiations for working conditions; **~ vereinbarte Löhne** collectively agreed wages

**Tarif~**, **~werte** *mpl (Börse)* (public) utilities; **t~widrig** contrary to the terms of a collective agreement

**Taschen~**, **~buch** *n* pocket book; paperback; **~geld** *n* pocket money; allowance

**Tarnwerbung** *f* camouflaged advertising

**Tat** *f* act; *(Straf~)* offen|ce (~se); **auf frischer ~ angetroffen werden** to be caught in the (very) act; **~bestand** *m* facts (of a case); statement of facts

**Täter** *m* offender

**tätig** active; busy; **~ sein als** to work as; **beruflich ~ sein** to be employed (by or with); to have a job, to work

**tätigen**, **Geschäfte ~** to transact (or to do) business; **Verkäufe ~** to effect sales

**Tätigkeit** *f* activity; occupation; operation; **~ in der Industrie** industrial occupation; **~ in der** → Landwirtschaft; **~ als Rechtsanwalt ausüben** to practice as a lawyer; **mit Aufnahme der ~** upon taking up (or assuming) one's duties; **bisherige ~** previous occupation; past jobs; **ehrenamtliche ~** honorary activity (or services); **geschäftliche ~** commercial (or business) activity; **selbstständige oder unselbstständige ~** self-employment or employment; **e-e selbstständige ~ ausüben** to be engaged in a self-employed occupation; **vorübergehende ~** temporary activity; **e-e ~ aufneh-**

**men** to enter upon one's duties; to take up a job; **e-e ~ ausüben** to carry on (or perform) an activity; **außer ~ setzen** *(technische Anlage)* to put out of action; **seine ~ wiederaufnehmen** to resume one's duties (or work); **der Ausschuss berichtet dem Rat über seine ~** *(EG)* the Commission accounts to the Council for its activities

**Tätigkeits~**, **~bereich** *m* field of activity (or activities); field of operation; **~bericht** *m* action report; progress report; **das ~gebiet** *n* **hat sich vergrößert** the scope of activity has been widened

**Tatort** *m* scene of the crime

**Tatsache** *f* fact; **anerkannte ~** recognized fact; **es besteht die durch ~n begründete Annahme** there are factual reasons to assume; → Vorspiegelung falscher ~n; **feststehende ~** established fact; **wesentliche ~n** material facts; **~n angeben** to state facts; **~n darlegen** to set forth facts; **den ~n entsprechen** to be in accordance with the facts

**Tatsachen~**, **~bericht** *m* factual report; **unrichtige ~darstellung** *f* misrepresentation; **~feststellung** *f (des Gerichts)* finding of facts; **~irrtum** *m* error in fact

**tatsächlich** real, actual; factual; effective; **~e Arbeitszeit** *f* actual hours worked; **~e Auslagen** *fpl* amounts actually spent; **~er Bedarf** *m* effective demand; **~er Bestand** *m* real stock; **~e Geschäftsleitung** *f (DBA)* effective management; **~er Wert** *m* real (or effective) value

**Tauglichkeitsgewährleistung** *f* warranty of fitness

**Tausch** *m* exchange; barter; *(~handel) Br* counter-trading; *colloq.* swap; **im ~ gegen** in exchange for; **e-n ~ machen** to effect an exchange; to swap

**Tausch~**, **~angebot** *n* barter offer; **~anzeige** *f* exchange advertisement; **~depot** *n* exchangeable securities deposit; **~geschäft** *n* barter (transaction); countertrade; *(Börse)* switch(ing) (from one security to another); **~handel** *m* barter trading (or business); counter-trading; **~handel treiben** to barter; to exchange goods *(etc.)* for other goods; **~mittel** *n* medium of exchange; **~objekt** *n* object of exchange; **~transaktion** *f* → ~**geschäft**; **~vereinbarung** *f* barter agreement; **~verwahrung** *f (von Wertpapieren)* → ~**depot**; **~waren** *fpl* barter goods; **~wert** *m* exchange value

**tauschen** to exchange; to swap; to barter

**täuschen** to deceive; to mislead; **~de Kennzeichnung** *f* misleading label(l)ing

**Täuschung** *f* deceit, deception; **arglistige ~** wilful deceit; fraudulent misrepresentation; **~sabsicht** *f* intention to deceive

**Taxator** *m* valuer; appraiser

**Taxe** *f* → Taxkurs; → Taxwert

**Taxi** *n* taxicab, taxi, cab

**taxieren** to appraise, to value (auf at); to make an estimate of

**Taxierung** *f* appraisal, valuation

**Taxistand** *m* taxi stand, cab stand

**Tax~**, **~kurs** *m* estimated price; **~wert** *m* appraised value

**Teamgeist** *n* team spirit

**Technik** *f* technology; technique; engineering; **moderne ~** modern technology; **Stand der ~** *(PatR)* state of the art

**technisch~**, **~e Abschreibung** *f* → Mengenabschreibung; **~e Angaben** *fpl* technical data; **~e Ausstattung** *f* technical equipment; **~e Beratung** *f* technical consulting; giving technical advice; **~e Daten** *pl* engineering data; **~er Direktor** *m* engineering (or technical) manager; **~e Einrichtungen** *fpl* engineering facilities; **~e Einzelheiten** *fpl* technicalities

**technische Forschung** *f* technical research; **Ausschuss für wissenschaftliche und ~** Scientific and Technical Research Committee

**technisch**, **~er Fortschritt** *m* technical progress, technological advance; **~es Gutachten** *n* technical opinion; **~e Kenntnisse** *fpl* (technical) know-how; **~e Kurserholung** *f* technical rally; **~er Leiter** *m* technical manager; **~e Überalterung** *f* technical obsolescence; **~e Überwachung** *f* engineering inspection (→ TÜV); **~e Verbesserungsvorschläge** *mpl* technical improvement proposals; **~e Zeichnung** *f* engineering drawing

**technisieren** to mechanize

**Technologie-Transfer** *m* technology transfer

**technologisch**, **~e Lücke** *f* technological gap; **~er Vorsprung** *m* technological lead

**TEE-Zug** *m* Trans-Europe Express

**Teichwirtschaft** *f* fish culture

**Teil** *m/n* part, portion; share; *(Einzel~)* component; **zum ~** partly; **ersetztes ~** *n*

replaced part; **zu gleichen ~en** *mpl* in equal parts (or shares); **zu gleichen ~en beteiligt sein** to participate equally; **zum großen ~** largely; to a great extent; **der größte ~ des Warenverkehrs** the bulk of trade; **der überwiegende ~** the major part, the bulk

**Teil~**, **~abnahme** *f* acceptance (by the customer) of part (of ...); **~abrechnung** *f* partial accounting; **~abtretung** *f* partial assignment; **~akzept** *n* (od. **~annahme** *f*) partial acceptance; **t~arbeitsunfähig** partially unable to work; **~auftrag** *m* partial order; **~ausschreibung** *f* partial invitation to tender; **~beschau** *m (Zoll)* partial examination; **~betrag** *m* part amount; *(Rate)* instal(l)ment; *(e-r Anleihe)* tranche; **~efertigung** *f* manufacture of components; **~eigentum** *n* part ownership; **t~eingezahlte Aktien** *fpl* partly paid shares; **~emission** *f* partial issue

**teilen** to share; *(auf~)* to divide; **die Kosten ~** to share the cost

**Teil~**, **~entschädigung** *f* partial indemnity; **~finanzierung** *f* partial financing

**teilhaben an** to (have a ) share in, to participate in

**Teilhaber** *m* partner; associate; **jdn als ~ in e-e Firma aufnehmen** to take sb. into a firm as a partner; **in e-e Firma als ~ eintreten** to join (or enter) a firm as partner

**Teilhaber~**, **~schaft** *f* partnership; **~versicherung** *f* partnership insurance

**Teil~**, **~kaskoversicherung** *f (Auto)* part comprehensive insurance; **~konnossement** *n* partial bill of lading; **~konzern** *m* sub-group; **~konzernabschluss** *m* subconsolidation; consolidated accounts drawn up in respect of a sub-group; **~kostenrechnung** *f* direct costing; **~leistung** *f* part performance

**Teillieferung** *f* part(ial) delivery; part shipment; delivery by instal(l)ments; **Verladung in ~en** shipment by instal(l)ments; **die Ware in ~en versenden** to ship the goods by instal(l)ments

**Teil~**, **t~möbliert** partly furnished; **~montage** *f* subassembly

**Teilnahme** *f* participation (an in); **~ an e-r Betriebsversammlung** attendance at a works meeting

**teilnehmen** to participate; **an e-r Verhandlung ~** to take part in a negotiation; to attend a negotiation; **am Verlust ~** to have a share in the loss

**Teilnehmer** *m* participant; subscriber; **~staaten** *mpl* participating states; **~-Fernschreibverkehr** *m* Telex Service; **~-System** *n (gemeinsame Benutzung e-r EDV-Anlage durch mehrere ~)* time-sharing system

**Teil~**, **~schaden** *m* partial damage (or loss); **~schuldverschreibung** *f* bond (forming part of a loan issue); debenture

**Teilsendung** *f* part delivery, part consignment; **Waren in ~en liefern** to supply goods in instal(l)ments

**Teilstreik** *m* selective strike

**Teilung** *f* division, partition; **~ e-s Grundstücks** partition of real property; **~ des Nachlasses** division of the estate

**Teil~**, **~verkauf** *m* partial sale; **~verlust** *m* partial loss; **~versand** *m* part(ial) consignment; **~waggonladung** *f* part truckload

**teilweise**, **ganz oder ~** in whole or in part; **~ beschädigt** partially damaged; **~ bezahlen** to pay in part

**Teilwert** *m* fractional value; going-concern value

**Teilzahlung** *f* part(ial) payment; payment by instal(l)ments; instal(l)ment; **geleistete ~en** *pl* instal(l)ments paid; **monatliche ~** monthly instal(l)ment; **wir sind bereit, Ihnen mit der Einräumung von ~en entgegenzukommen** we are ready to assist you by accepting instal(l)ments; we are ready to offer you payment on the instal(l)ment plan

**Teilzahlungs~**, **~bank** *f* instal(l)ment sales financing institution; **~finanzierung** *f* instal(l)ment financing; **~geschäft** *n* business on the instal(l)ment system; *(einzelnes)* instal(l)ment sale transaction; **~kauf** → Ratenkauf; **~kredit** *m* instal(l)ment credit (or loan); **~kreditinstitut** *n* → ~bank; **~raten** *fpl Br* hire-purchase instalments; *Am* installments; **~verkauf** *m* instal(l)ment credit selling; **~vertrag** *m Br* hire purchase agreement; *Am* installment sale contract; **~zuschlag** *m* charge on instal(l)ment payments

**Teilzeit~**, **~arbeit** *f* part-time work; **~arbeitnehmer** *m* part-time worker; **~arbeitsplatz** *m* part-time job; **~beschäftigte** *pl* part-time employees (or workers); part-timers

**Telefon** *n*, **schnurloses ~** cordless telephone

**Telefonanschluss** *m* telephone connection; **Gebühren für ~** fees for installing a telephone

**Telefon~**, **~buch** *n* telephone directory; **~gebühren** *fpl* telephone charges; **ein ~gespräch** *n* **führen** to carry on a telephone conversation; **~handel** *m (Börse)* telephone trade; dealing in the unofficial market; *Am* over-the-counter market

**telefonieren** to (tele)phone, to make a phone call; to ring (sb.) up

**telefonisch** by telephone; **~ erteilter Auftrag** *m* telephoned order; order placed by telephone; **~ zugestelltes Telegramm** *n* telephoned telegram; **~ anfragen** to inquire by telephone; **~ durchgeben** to telephone, to phone in

**Telefonrechnung** *f* (tele)phone bill

**Telefonverkehr** *m (Börse)* unofficial market; *Br* inter-office trading; over-the-counter market; **im ~ handeln** to trade in the unofficial market

**Telefon~**, **~zelle** *f* (tele)phone box; **~zentrale** *f* telephone exchange

**telegrafieren** to telegraph, to cable; to send a telegram (or cable); to wire

**telegrafisch** by telegram, by cable; *colloq.* by wire; **~e Bestellung** *f* telegraphic order; *(aus Übersee)* cable(d) order; **~e Geldüberweisung** *f* money order telegram; **~e Überweisung** *f (e-s Bankguthabens an e-n ausländischen Platz)* telegraphic transfer (T. T.); **~ bestellen** to order by telegram; **~ Geld überweisen** to remit (or transfer) money by telegraph (or cable)

**Telegramm** *n* telegram; wire; *(von und nach Übersee)* cable; **~ mit bezahlter Rückantwort** reply-paid telegram; **nachzusendendes ~** telegram to be redirected; **ein ~ aufgeben** to hand in (or send) a telegram; *(telefonisch)* to telephone a telegram

**Telegramm~**, **~adresse** *f* telegraphic address; cable address; **~formular** *n* telegram form; **~gebühr** *f* telegram charge; **~schalter** *m* telegram counter; **~text** *m* text (or wording) of the telegram

**Telekommunikations~**, **~ausrüstung** *f* telecommunications equipment; **~technologie** *f* telecommunications technology

**Telex** *n* telex; **~netz** *n* telex network; **~vermittlung** *f* telex exchange

**Telquelkurs** *m (Devisenkurs)* tel quel rate

**Tempo** *n* speed, pace; **Bau~** *n* rate of building; **~kontrolle** *f* speed control; **das ~ verlangsamen** to slow down

**Tendenz** *f* tendency, trend; **das durchschnittliche Preisniveau hatte leicht fallende (steigende) ~** the average price level had (or showed) a slight tendency to fall (rise); **an der Aktienbörse war die ~ behauptet** the trend on the stock market was maintained; **die ~ am Aktienmarkt war freundlich (uneinheitlich)** the trend of the share market was friendly (irregular)

**tendenziell rückläufig sein** to tend to decline

**tendenziös** tendentious

**tendieren** to tend, to show a tendency; to have a direction; **fester ~** *(Börse)* to have a firmer tendency; **die Preise ~ nach oben** prices are tending upwards; there is an upward tendency in prices; the trend of prices is upwards; **Aktien tendierten weiter fest** shares remained firm

**Termin** *m* 1. appointed date, appointment; *(vor Gericht)* hearing; **~ zur mündlichen Verhandlung** date set for the hearing; **äußerster ~** deadline; **festgesetzter ~** fixed (or specified) date (or day); **frühester ~ für die Fertigstellung** earliest date for completion; **letzter ~** latest (or closing) date; deadline; fixed limit of time for finishing sth.; **späterer ~** later date; **zu dem für ... vorgesehenen ~** at the date provided for ...; **e-n ~ anberaumen** to fix (or set) a date; *(Gericht)* to appoint a day for a hearing (or trial); **e-n ~ ausmachen** to arrange a date (or an appointment); **den ~ einhalten** to meet (or observe) the deadline; to finish sth. by the time assigned for it; **die Lieferung ist an keinen ~ gebunden** delivery is not subject to a fixed date; delivery is not tied to a deadline; **e-n ~ vereinbaren** to agree upon a date; to make an appointment

**Termin~**, **~arbeit** *f* scheduled work; **~bestimmung** *f* fixing a date; **~darlehen** *n* term loan; **~einhaltung** *f* keeping to a(n agreed) date; compliance with a deadline; **t~gebunden** tired to a fixed date

**termingemäß** on time, in due time; **~e**

**Lieferung** *f* delivery according to schedule

**Termin~**, **~jäger** *m* progress chaser; **~kalender** *m* diary; appointment book; *(bei Gericht)* cause list; **~planung** *f* time scheduling; **~überwacher** *m* expediter; **~überwachung** *f* expediting; **~zahlung** *f* term payment

**Termin** *m* 2. *(Börse)*, **per ~ kaufen (verkaufen)** to buy (sell) forward (or for future delivery)

**Termin~**, **~abschlag** *m* forward discount; **~abschluss** *m* forward contract; **~börse** *f* forward (or futures) exchange; **~devisen** *pl* forward exchange; *Am* foreign exchange futures; **~dollar** *m* forward dollar; **~einlagen** *fpl (bei Banken)* time deposits; fixed (-term) deposits; **~engagements** *npl* commitments for future delivery

**Termingelder** *npl* ( → Festgeld und → Kündigungsgelder) deposits for a fixed period; time deposits; **~ mit Befristung bis unter 3 Monaten** time deposits with less than 3 months; **~ mit Laufzeiten von 2 Jahren** time deposits with maturities of 2 years; **~markt** *m* time money market

**Termingeschäft** *n* forward (or futures) business (or transaction); time bargain; dealing in futures; buying or selling of commodities; securities or foreign exchange for delivery at a stipulated future date at an agreed price

**Terminhandel** *m* forward trading (or dealings); commodity futures trading; ( → Termingeschäft); **~ in Devisen** forward foreign exchange transactions (or dealings); **~ in Wertpapieren** forward transactions in securities; trading in security futures

**Terminkauf** *m* forward (or futures) purchase; purchase for future delivery; **e-n ~ tätigen** to buy forward

**Termin**, **~käufer** *m* forward buyer; **~kontrakt** *m* forward (or futures) contract; **~kupfer** *m* copper futures, forward copper; **~kurs** *m* forward (or futures) price; **~kurs** *m* **der €** forward rate of the €; **~lieferung** *f* forward (or future) delivery; **~markt** *m* forward (or futures) market; **~notierung** *f* forward (or futures) quotation; **~papiere** *npl* forward securities; securities traded for future delivery; **~pfund** *n* forward sterling; **~sicherung** *f* futures hedge; hedging in the forward market; **~spekulation** *f* forward speculation, speculation in futures; **~verkauf** *m* forward (or futures) sale; sale for future delivery; *(Sicherungsverkauf auf ~)* short hedge; **~waren** *fpl* future commodities, futures; **~werte** *pl* → ~**papiere**; **~wolle** *f* wool futures

**Terroristenanschlag** *m* act of terrorism; terrorist attack

**tertiärer Sektor** *m* tertiary (services) sector

**Test** *m* test; → Waren~; **~verfahren** *n* testing procedure

**Testament** *n* will, last will and testament; **eigenhändiges ~** holographic will; **ordnungsgemäß errichtetes ~** duly executed will; **gemeinschaftliches ~** *(der Ehegatten)* joint will; **jdn im ~ bedenken** to include sb. in a will; **auf Grund e-s ~es erben** to take by (or under) a will; **sein ~ machen** to make one's will

**Testaments~**, **~anfechtung** *f* contesting of a will; **~erbe** *m* testamentary heir; beneficiary under a will; *(von Grundbesitz)* devisee; **~eröffnung** *f* opening of the will; **~errichtung** *f* execution of the will; **~vollstrecker** *m* executor; **~vollstreckung** *f* execution of a will

**testamentarisch** by will, testamentary; **~e Auflage** *f* testamentary burden; **~e Bestimmung** *f* provision under a will; **~er Erbe** *m* → Testamentserbe; **~e Verfügung** *f* disposition by will; **jdm etw. ~ vermachen** to bequeath (or will) sth. to sb.

**testierfähig** able to make a will

**teuer** dear, expensive; high-priced; costly; expensive; **zu ~** overpriced; **wie ~ ist es?** how much is it? what does it cost?; **dies ist für mich zu ~** that is too expensive for me to buy; **~ kaufen** to buy at (or for) a high price; **~ zu stehen kommen** *colloq.* to come expensive; **zu ~ vermieten** to charge too high a rent; to overrent

**Teufelskreis** *m* vicious circle

**teurer** higher priced; **spürbar ~** noticeably more expensive; **~ werden** to go up in price(s); **alles wird ~** everything is getting dearer

**Teuerung** *f* rising prices; inflation; **~swelle** *f* wave of price increases; **~stendenz** *f* trend towards higher prices; **~szulage** *f* cost-of-living allowance

**Text** *m* text; *(für Werbung)* copy; **~abteilung** *f* copy department; **~entwurf** *m* draft text
**Texter** *m (für Werbung)* copywriter; *(für Film, Radio, TV)* script writer
**Textil~**, **~arbeiter** *m* textile worker; **~einfuhren** *fpl* textile imports; textiles imported; **~erzeugnisse** *npl* textile products, textiles; **~fabrik** *f* textile factory (or mill); **~fabrikwaren** *fpl* textile manufactured products; **~faser** *f* textile fib|re (~er); **~fasergemisch** *n* textile fib|re (~er) mixture
**Textilien** *pl* textiles; textiles goods (or articles); **internationaler Handel mit ~** international trade in textiles ( → Allfaserabkommen); **~ führen** to deal in textiles
**Textilimporteur** *m* importer of textiles
**Textilindustrie** *f* textile industry; manufacture of textiles; **Textil- und Bekleidungsindustrie** *f* textile and clothing industry; **Arbeitnehmer der ~** textile workers; **Unternehmen der ~** textile firm
**Textil~**, **~kaufmann** *m* textile merchant; **~lieferländer** *npl* textile supplier countries; **~rohstoffe** *mpl* raw materials for the textile industry; **~verarbeitung** *f* textile processing; **~veredelung** *f* textile finishing; **~waren** *fpl* → ~ien; **~werte** *mpl* textile shares; **~wirtschaft** *f* textile industry
**thesaurieren** to accumulate; to retain (profits); *Br* to plough (*Am* to plow) back
**thesaurierte Gewinne** *mpl* accumulated (or retained) earnings; profits retained in the business
**Thesaurierung** *f*, **~ der Erträge** accumulation of earnings; **~sfonds** *m* growth fund
**Tiefbau** *m* civil engineering; **~aufträge** *mpl* **der öffentlichen Hand** public authorities' civil engineering orders
**Tief~**, **~bohrung** *f* deep drilling; **~gang** *m (e-s Schiffes)* draught; *Am* draft; **~garage** *f* underground car park; **t~gekühlte Nahrungsmittel** *pl* deep-frozen food
**Tiefkühl~**, **~anlage** *f* deep-freeze plant, deep freezer; **~kost** *f* (deep) frozen food; **~-Lkw** *m Br* lorry freezer; *Am* refrigerator truck; **~truhe** *f* (deep-)freezer; *Am* (home) freezer
**Tiefkühlung** *f* deepfreeze; quick freezing
**Tieflade~**, **~anhänger** *m (zu e-m Kfz)* low-bed trailer; flat-bed trailer; **~linie** *f (Schiff)* load line, load water line; *Br* Plimsoll line; **~marke** *f* load mark; **~wagen** *m (der Bahn für Schwergüter)* well wag(g)on
**Tiefpunkt** *m* low (point); nadir; **~ der Rezession** bottom of the recession
**Tiefsee~**, **~bergbau** *m* seabed mining; **~boden** *m* deep-sea floor; **~bodenfelder** *npl* (die Mangan, Nickel, Kobalt oder Kupfer enthalten) deep seabed areas (which contain manganese, nickel, cobalt or copper); **~bohrung** *f* deep-sea drilling
**Tiefstand** *m* lowest level; **Konjunktur ~** economic depression; **der Dollar ist auf e-m neuen ~** the dollar is at a new low; **die Kurse haben e-n ~ erreicht** the prices have touched bottom (or hit a low)
**tilgbar** redeemable, repayable, amortizable
**tilgen** to redeem, to repay, to amortize; **e-e Anleihe vorzeitig ~** to redeem a loan in advance (or prematurely)
**Tilgung** *f* redemption, repayment; *(ratenweise)* amortization; **~ e-r Hypothek** repayment (or amortization) of a mortgage; **zur ~ aufgerufene Obligationen** bonds called for redemption; **die ~ der Anleihe erfolgt durch Auslosung** redemption of the loan will be effected by drawings
**Tilgungs~**, **~anleihe** *f* redemption loan; redeemable bond; loan redeemable (or repayable) by equal instal(l)ments; **~aufforderung** *f* call for redemption; **~aussetzung** *f* suspension of redemption payments; **~fonds** *m* sinking fund; **t~freie Jahre** *npl* years free from redemption; **~gewinn** *m* profit on redemption; **~hypothek** *f* redemption mortgage; **~leistungen** *fpl* redemption payments; **~plan** *m* redemption plan; **~rate** *f* redemption (or amortization) instal(l)ment; **~rücklage** *f* sinking fund reserve; reserve for redemption; **~streckung** *f* repayment deferal; extension of loan; **~termin** *m* redemption date; **~verpflichtungen** *fpl* redemption commitments
**tippen** *colloq.* to type(write); **getipptes Manuskript** *n* typescript
**Tischkopierer** *m* desk-top copier
**Titel** *m* title; heading; **~ des Haushaltsplanes** item of the budget; **~seite** *f (e-r Zeitung)* front page
**TIR** (*Fr* Transports Internationaux Routiers)

international road transport; **~-Tafel** *f* TIR plate; **~-Transport** *m* TIR-operation; **im ~-Verfahren** *n* **befördern** to operate under TIR procedure

**TNU** → transnationales Unternehmen

**Tochtergesellschaft** *f* subsidiary; **100%ige ~** wholly-owned subsidiary; **inländische ~en ausländischer Unternehmen** domestic subsidiaries of foreign enterprises; **e-e ausländische ~ gründen** to form (or establish) a subsidiary abroad

**Tochterunternehmen** *n* subsidiary; **~** *npl* **mit Sitz im Ausland** foreign subsidiaries

**Tod** *m*, **bei seinem ~e** on his death; **im Falle seines ~es** in case of his death; **~ infolge e-s Unfalls** fatal accident

**Todes~**, **~fall** *m* death; **~fallversicherung** *f* straight life insurance; whole life insurance (*Br* assurance); insurance (*Br* assurance) payable at death; **~strafe** *f* death penalty; **~ursache** *f* cause of death

**tödlich** fatal; deadly; **~er Unfall** *m* fatal accident; **~ verunglücken** to be killed in an accident

**Toleranzklausel** *f* deviation clause

**Tonnage** *f* tonnage; **~bedarf** *m* demand for tonnage; **~gebühren** *fpl* tonnage dues

**Tonne** *f* (Gewichtsmaß, 1 t = 1000 kg) metric ton (M.T. = 2204.6 lb); **~nfracht** *f* freight by the ton; **~nkilometer** *m* (tkm) ton kilomet|re (~er)

**tot** dead; **~es Kapital** *n* idle capital; **~es Konto** *n* dormant (or dead, inactive) account; **~er Punkt** *m* dead-lock; **~e Saison** *f* dead (or dull) season

**Total~**, **~ausverkauf** *m* closing down sale; clearance sale; **~schaden** *m* total damage (or loss); *(am Auto)* total loss; write-off, wreck

**Toto** *n* (football) pools; **~schein** *m* pools coupon; **im ~ gewinnen** to win on the pools

**Tötung** *f*, **fahrlässige ~** involuntary manslaughter, homicide caused by negligence

**Tourismus** *m* tourism, tourist traffic; **~börse** *f* tourism exchange

**Tourist~**, **~enklasse** *f (im Flugzeug)* economy class; **~enverkehr** *m* → Tourismus

**Touristik** *f* tourism; travel industry; **~unternehmer** *m* tour operator

**toxische chemische Stoffe** *pl* toxic chemicals

**Trabantenstadt** *f* satellite town

**Traditionspapiere** *npl* documents of title (to goods)

**tragbarer Fernseher** *m* portable television set

**tragen**, **die Kosten ~** to bear the costs, to meet the expenses; **Zinsen ~** to bring in (or yield) interest

**Träger** *m* agency, authority; *(von Lasten)* carrier, porter; *(Sozialversicherung)* institution; **~ von Rechten und Pflichten** subject of rights and duties

**Tragetasche** *f* **aus Papier** paper bag (or carrier)

**Tragfähigkeit** *f (von Schwergut)* deadweight (carrying) capacity; *(e-r Brücke)* safe load

**Tramp~**, **~fahrt** *f* tramping; **~schiff** *n* tramp (ship), tramper; **~schifffahrt** *f* tramp navigation, tramping

**Tranche** *f* tranche, instal(l)ment; **~ e-r Anleihe** tranche of a loan; **~ e-s Kontingents** quota share

**Transfer** *m* transfer; **~einkommen** *n* transfer income; **~erleichterungen** *fpl* transfer facilities; **~formalitäten** *fpl* transfer formalities; **~klausel** *f* transfer clause; **~risiko** *n* transfer risk; **~zahlungen** *fpl* transfer payments

**transferieren** to transfer

**Transparentpapier** *n* transparent paper

**Transistor** *m* transistor set

**Transit** *m* transit; **Transport von Gütern im ~ durch ein drittes Land** transport of goods in transit (or transiting) through a third country; **ein Land im ~ durchlaufen** to pass through a country in transit

**Transit~**, **~abgaben** *fpl* transit charges; **~ausfuhr** *f* transit export (through one or more countries); **~erklärung** *f (Zoll)* transit entry; **~geschäfte** *npl* transit operations; third country transactions; **~güter** *npl* goods in transit; **~hafen** *m* port of transit; **~handel** *m* transit trade; *Br* merchanting trade; **~handelsgeschäfte** *npl* merchanting transactions

**transitieren** to transit a country; to pass (goods) through a country

**Transit~**, **~kosten** *pl* transit costs; **~lager** *n* storehouse for transit goods

**transitorisch~**, **~e Aktiva** *pl (Bilanz)* expenses paid in advance; *Am* deferred charges (or expense); **~e Buchung** *f* suspense entry; **~e Forderungen** *pl* suspense receivables; **~e Passiva** *pl* accounts received in advance; *Am* deferred income; **~e Posten** *mpl (der Rechnungsabgrenzung)* deferred items

**Transit~**, **~schein** *m* transit bond; **~sendung** *f* through shipment; **~spediteur** *m* transit agent; **~tarif** *m* transit rate

**Transitverkehr** *m* transit traffic; **innergemeinschaftlicher ~ durch dritte Länder** *(EG)* intra-Community transit via (or through) non-member countries

**Transit~**, **~versand** *m* transit dispatch; **~ware** *f* merchandise in transit; transit goods; **~weg** *m* transit route; **~zoll** *m* transit duty

**transnationales Unternehmen** *n* (TNU) transnational enterprise (TNE); multi; *Am* transnational corporation (TNC)

**Transparenz**, **Mark~** *f* market transparency

**Transport** *m* transport; *Am* transportation; conveyance, carriage, haulage, shipment; **~ mit Carnet TIR** transport under cover of a TIR carnet; **~ per Bahn** transport by rail; *Br* rail transport; *Am* railroad transportation; **~ per Lkw** *Br* carriage (or haulage) (of goods by road) in lorries; *Am* truckage; **~ auf dem Luftwege** transport (*Am* transportation) by air; conveyance by aircraft; **~ auf dem Seeweg** carriage (or conveyance) by sea; sea transport (*Am* transportation); **auf dem ~ befindliche Waren** *fpl* goods in transit; **auf dem ~ beschädigt** damaged in transit (or during transport); **beim ~** during transit; **jdn mit dem ~ der Waren beauftragen** to order sb. to transport the goods; **der ~ geschieht auf Gefahr des Käufers** transport shall be effected at buyer's risk; **wir übernehmen den ~ von Gütern aller Art** we undertake to forward goods of all kinds; **wir haben den ~ der Ware der Speditionsfirma X übertragen** we entrusted the firm X with the conveyance of the goods

**transportabel** transportable

**Transport~**, **~anweisungen** *fpl* forwarding (or shipping) instructions; **~art** *f* kind of transport (*Am* transportation); mode of conveyance (or shipment); **~bedingungen** *fpl* transport (or *Br* carriage) conditions; **t~fähig** transportable; ready for transportation; **~gefahr** *f* risk of transport(ation), risk of carriage; **~gewerbe** *n* transport trade (or industry); **~haftung** *f* carrier's liability

**transportieren** to transport, to carry, to convey, to ship; *(mit Lkw)* to haul

**Transport~**, **~kapazität** *f* transport capacity; **~kosten** *pl* cost of transport (*Am* transportation); *Br* (cost of) carriage; carriage (charges); *bes. Am* freight; **~leistungen** *fpl* transport services; **~mittel** *n(pl)* means of transport(ation); *Br* means of carriage; **öffentliche ~mittel** *pl Br* public transport; **~möglichkeiten** *fpl* transport(ation) facilities; **~papiere** *npl* shipping documents (or papers); **~raum** *m* space for transport; loading space; **~risiko** *n* transport(ation) risk; *Br* risk of carriage; **~schaden** *m* damage (of goods) in transit; **~schwierigkeiten** *fpl* transport (or shipping) difficulties; **~tarif** *m* transport(ation) rate; *Br* carriage rate; **~unternehmen** *n* common carriers; transport undertaking; haulage contractors; **~versicherung** *f* insurance against risk of transport; transport(ation) insurance; marine insurance; **~vertrag** *m* contract of carriage; **~weg** *m* transport(ation) route; **~wesen** *n* transport(ation) system

**Trassant** *m* drawer

**Trassat** *m* drawee

**Trassierung** *f* drawing (of a bill of exchange); **~skredit** *m* documentary acceptance credit, reimbursement credit

**Tratte** *f* draft, bill (drawn on a third party; opp. → Eigenwechsel); **mit e-m Akzept versehene ~** accepted draft; →Sicht~; **Inhaber e-r ~** holder of a draft; **e-e ~ ankaufen** *(Außenhandel)* to negotiate a draft; **e-e ~ einlösen** to meet (or honour) a draft; **e-e ~ mit e-m Akzept versehen** to accept a draft; to furnish a draft with an acceptance

**Tratten~**, **~ankauf** *m (Außenhandel)* negotiation of drafts; **~avis** *n* advice of draft; **~buch** *n* draft register; bills payable register; **~inkasso** *n* collection of drafts

**Traueranzeige** *f* obituary (notice)

**Trauung** *f* marriage ceremony; **standesamtliche ~** marriage before the registrar

**Treffen** *n* meeting; *(Zusammenkunft)* rally

**treffen**, **e-e Entscheidung ~** to come to a decision; **wen trifft die Schuld?** who is to blame?

**Treffpunkt** *m* meeting place

**treiben**, **Handel ~** to trade, to carry on a

trade; **Preise in die Höhe ~** to force up prices

**Treib~**, **~hauseffekt** *m (Umwelt)* greenhouse effect; **~hauserzeugnisse** *npl* hothouse products

**Treibnetzfischerei** *f* drift netting; **Fischereifahrzeuge, die ~ betreiben** vessels engaged in drift netting

**Treibstoff** *m* fuel; *Br* petrol; *Am* gasoline; **fester ~** solid fuel; **flüssiger ~** liquid fuel; **~behälter** *m* fuel tank; **~einsparung** *f* fuel economy; **~mangel** *m* lack of fuel; **~steuer** *f* fuel tax; **~übernahme** *f (e-s Schiffes)* fuelling; **~vorrat** *m* fuel supply

**Trend** *m* trend, tendency

**trennbar** separable

**trennen** to separate, to divide; **sich ~** to part company (with)

**Trennung** *f* separation; **~sentschädigung** *f* separation allowance; severance pay

**Tresor** *m* vault; *(e-r Bank)* strong room, safe deposit; **~fach** *n* safe deposit box

**Treu und Glauben** (loyalty and) good faith; **gegen ~** contrary to (the principles of) good faith; **nach ~** in good faith

**Treuerabatt** *m* loyalty discount, patronage discount (or rebate)

**Treu~**, **~geber** *m* trustor, donor of a trust; **~gut** *n* trust property

**Treuhandanstalt** *f (Anstalt des öffentl. Rechts in Berlin)* trust agency (created to administer the privatization of East German industry)

**Treuhänder** *m* trustee; fiduciary; **e-n ~ bestellen** to appoint a trustee; **als ~ tätig sein** to act as a trustee; **als ~ verwalten** to hold in trust

**treuhänderisch** in trust; in a fiduciary capacity; **~es Verhältnis** *n* fiduciary relationship; **~e Verwaltung** *f* trust administration; **~ verwalten** to act in a fiduciary capacity

**Treuhänderschaft** *f* trusteeship

**Treuhand~**, **~einlagen** *fpl* deposits on a trust basis; **~gelder** *npl* trust funds; **~geschäfte** *npl* trust transactions; **~gesellschaft** *f* trust company; **~konto** *n* account held on trust; **~kredit** *m* loan on a trust basis ( → durchlaufender Kredit); **~stelle** *f* trust agency; **~vermögen** *n* trust; trust property (or fund); **~vertrag** *m* trust agreement; **~verwaltung** *f* trusteeship; fiduciary management

**Treunehmer** *m* trustee

**Treurabatt** *m* → Treuerabatt

**Triebwagen** *m* rail-car

**triftiger Grund** *m* sound (or good) reason

**trimmen**, **Ladung ~** to trim cargo

**Trimmkosten** *pl* trimming charges

**Trinkerheilanstalt** *f* institution for alcoholics

**Trinkgeld** *n* tip, gratuity; **jdm ein ~ geben** to tip sb.

**Trinkwasser~**, **~qualität** *f* quality of drinking water; **~versorgung** *f* drinking water supply (system)

**trocken aufbewahren!** keep dry!

**trockener Wechsel** *m* promissory note

**Trocken~**, **~fracht** *f* dry cargo; **~frachter** *m* dry cargo carrier; **~gewicht** *n* dry weight; **~milch** *f* powdered milk; **~nahrungsmittel** *pl* dehydrated food; **~verfahren** *n* drying process

**Trödel~**, **~handel** *m* second(-)hand trade; **~händler** *m* second(-)hand dealer

**trügerische Werbung** *f* false advertising

**Tuch~**, **~fabrik** *f* cloth factory; **~händler** *m* cloth merchant; *Br* draper; **~waren** *fpl* cloth, *Br* drapery

**tüchtig** efficient

**tun**, **nichts zu ~ haben mit** to have no concern with (nothing to do with)

**turnusmäßig**, **~er Amtswechsel** *m* rotation in office; **~ wechseln** to rotate, to take turns in succession

**Tür~**, **~verkauf** *m* house-to-house selling

**TÜV** (Technischer Überwachungsverein) German authorized body for compulsory inspection of motor vehicles and industrial equipment; **~-Bescheinigung** *f* certificate issued after engineering inspection; *Br (etwa)* M.O.T. (Ministry of Transport) certificate

**Type** *f* type; model; **~nbeschränkung** *f* limitation of the number of types; **~ngenehmigungsverfahren** *n (für Kraftwagen) (EG)* type approval system; **~nschild** *n* type plate, name plate

**typen** (od. **typisieren**) to standardize

**Typisierung** *f* (od. **Typung** *f*) standardization

# U

**U-Bahn** *f Br* underground (railway); *(in London)* tube; *Am* subway; **mit der ~ fahren** to take the *Br* underground (*Am* subway)
**über**, **Beträge von ~ 100** € sums in excess of € 100
**überall erhältlich** obtainable (or available) everywhere
**überalterte Industrie** *f* obsolete (or ageing) industry
**Überalterung** *f* obsolescence; *(Bevölkerung)* superannuation
**Überangebot** *n* excess(ive) supply, oversupply; supply in excess of demand; **ein ~ an Äpfeln auf dem Markt** a glut of apples in the market
**überarbeiten** to revise; *(handwerklich)* to rework; **sich ~** to overwork (oneself)
**überbelasten** to overload
**überbesetzt** *(mit Personal)* overstaffed
**überbewerten** to overvalue; to put too high a value (on); *(Aktien)* to overprice; *(in der Bilanz)* to overstate
**überbezahlen** to overpay; to pay too much
**überbieten**, **jdn ~** to overbid (or outbid) sb.; **jds Angebot ~** to outbild sb.'s offer; **sich einander ~** to outbid one another
**Überbord**, **~ablieferung** *f* overside delivery; **~ werfen** *n (der Ladung in Seenot)* cargo jettison
**Überbringer** *m* bearer; **auf den ~ lautend** made out to bearer
**Überbrückungs~**, **~beihilfe** *f* **an Landwirte gewähren** to grant temporary aid to farmers; **~finanzierung** *f* bridging financing; **~kredit** *m* bridging loan; loan to bridge a financial gap; **einmalige ~zahlung** *f* non-recurring interim payment
**Überdividende** *f* superdividend, surplus dividend
**überdurchschnittliche Kursgewinne** *mpl* above average price gains
**Übereignung** *f*, **~ e-r beweglichen Sache** transfer of title to movable property; **~ e-s Unternehmens** transfer of ownership of an enterprise
**übereiltes Vorgehen** *n* precipitate action
**Übereinkommen** *n* agreement; convention; **mit jdm ein ~ treffen** to come to an agreement with sb.
**übereinkommen** to agree (über on); to reach an agreement
**Übereinkunft** *f* → Übereinkommen; **von den Europäischen Gemeinschaften geschlossene ~** agreement entered into (or concluded) by the European Communities
**übereinstimmen** to agree, to be in agreement, to concur (mit with); to correspond, to be similar (to); **nicht ~ mit** to be at odds with; **in der Ansicht ~** to agree (or coincide) in opinion; **seine Ausgaben stimmen nicht mit einem Einkommen überein** his expenses do not correspond to his income; **mit dem Muster ~** to correspond to (or to be in correspondence with) the sample; **mit e-m Plan ~** to join in a project
**Übereinstimmung** *f* agreement; **in ~ mit** in accordance with; **die Einnahmen mit den Ausgaben in ~ bringen** to make the receipts agree (or tally) with the expenses; **~ erzielen** to reach a consensus
**Überemission** *f* overissue (of securities)
**Überfall** *m* raid; *(auf der Straße)* mugging
**überfällig** overdue; **~e Lieferung** *f* overdue delivery
**überfischt**, **die Fischbestände sind ~** the fish stocks are depleted
**Überfischung** *f* overfishing
**überfliegen** to fly over; *(Dokument)* to scan; **ein Hoheitsgebiet ~** to fly over (or across) a country's sovereign territory
**Überfluss** *m* abundance; **~gesellschaft** *f* affluent society; **im ~ vorhanden sein** to be abundant
**Überforderung** *f* **der Wirtschaft** overstraining of the economy
**überfremdet** foreign-controlled
**Überfremdung** *f* control by foreign capital; excessive foreign ownership; **~ durch internationale Gesellschaften** control by foreign capital of international companies
**Überführung** *f (Transport)* transfer, conveyance; *(e-r Straftat)* conviction; **~ von Waren in den freien Verkehr** release of goods for free circulation
**überfüllen** *(Warenlager)* to overstock, to supply with too large a stock
**überfüllt**, **~er Beruf** *m* overcrowded profession (or occupation); **~es Hotel** *n* crammed hotel

**Übergabe** *f* delivery; handing over; **~ der Dokumente** handing over of documents; **~ der Ware an den Käufer** delivery of the goods to the buyer; **~bescheinigung** *f* receipt of delivery

**Übergang** *m* transmission; transition; → Grenz~; **~ des Eigentums** passing of ownership (or title); **~ e-r Forderung** transmission of a claim; **~ der Gefahr** passage of the risk; **~ zur Konvertierbarkeit** changeover to convertibility; **~ von Todeswegen** transmission on death; **~ e-s Unternehmens auf den Nachfolger** transmission of an enterprise to the successor; **~sbeihilfe** *f* transitional aid; **~sbestimmung** *f* transitional provision; **~skonto** *n* suspense account; **~szeit** *f* transition period

**übergeben** to deliver, to hand over; **dem Beförderer die Ware ~** to hand the goods over to the carrier

**Übergebot** *n (im Zwangsversteigerungsverfahren)* higher bid

**übergehen** *(auslassen)* to omit, to pass over; **auf jdn ~** to pass to sb., to devolve on sb.; **jdn in der Beförderung ~** to pass over sb. for promotion; **in andere Hände ~** to change hands; **zur Tagesordnung ~** to proceed to the order of the day; **das Eigentum an der Ware geht auf den Käufer über** title to the goods passes to the buyer; **die Gefahr geht über auf** the risk passes to; **das Vermögen geht über auf** the property devolves on; **in das Vermögen ~** to pass into the assets

**Übergepäck** *n* excess baggage

**Übergewicht** *n* excess weight

**übergreifen** to overlap

**Übergröße** *f* outsize, extra large size

**Überhang** *m*, **~ an Aufträgen** backlog of unfilled orders; **~ von Ausgaben über Einnahmen** excess of outgoings over income

**überhäuft**, **mit Aufträgen ~ sein** to be overloaded (or overwhelmed, inundated) with orders

**überhitzte Konjunktur** *f* overheated boom

**Überhitzung** *f* **der Konjunktur** overheating of business activity; overheating of the economy

**überhöhte Preise** *mpl* excessive prices; **durch ~ die Kundschaft vertreiben** to price oneself out of the market

**Überhöhung** *f* **der Preise** excessive rise in prices

**überholen** *(gründlich nachsehen)* to overhaul, to recondition

**überholt** (veraltet) out of date, out-dated; obsolete

**Überholung** *f (technische Inspektion)* overhaul(ing), refit

**Überholverbot** *n* prohibition of overtaking; *(Schild) Br* no overtaking; *Am* no passing

**Überinvestition** *f* excess(ive) investment, overinvestment

**Überkapazität** *f*, **~en** *pl* **abbauen** to reduce overcapacity (or surplus capacity)

**Überkapitalisieren** to overcapitalize

**Überkapitalisierung** *f* overcapitalization

**Überkreuzverflechtung** *f (bei Aufsichtsratssitzen)* interlocking directorate

**überladen** to overload; **mit Arbeit ~** overburdened with work

**Überladung** *f* overloading

**überlassen**, **jdm etw. ~** to leave sth. to sb.; **käuflich ~** to sell; **leihweise ~** to lend; **mietweise ~** to let; **seine Anteile ~ e-m Gesellschafter ~** to relinquish one's shares to a partner; → Arbeitnehmer ~

**überlassene Leiharbeitnehmer** *mpl* temporary workers hired out; hired labo(u)r

**Überlassung** *f*, **~ von Leiharbeitnehmern** → Arbeitnehmer~; **~ von Know-how** permission to use know-how

**überlasten** to overload; to overburden, to overstrain

**überlastet sein** to suffer from stress

**Überleben** *n* survival; **~srente** *f* survivorship annuity

**Überlegung** *f*, **steuerliche ~en** *pl* tax considerations

**Überliege~**, **~tage** *mpl* days of demurrage (→ Liegegeld)

**Überliquidität** *f* **abbauen** to reduce excess liquidity

**übermäßig**, **~ hoher Preis** *m* exaggerated price; **~e Beanspruchung** *f* excessive stress

**übermitteln** to communicate

**Übernachfrage** *f* excess demand, exaggerated demand, surplus demand

**Übernachtung** *f* overnight accommodation (or stay); **Preis für ~ und Frühstück** price for bed and breakfast (at a hotel)

**Übernahme** *f* taking over; *(der Mehrheit der Anteile e-s Unternehmens)* takeover;

acquisition; *(Abnahme)* acceptance, taking delivery of; *(von Verpflichtungen)* assumption; **~ e-r Arbeit** taking on a task; **~ e-r Effektenemission** underwriting of an issue; **Provision für die ~ der Emission** underwriting commission; **~ der Frachtkosten** *(seitens des Verkäufers)* payment of freight by seller; freight absorption; **~ e-r Garantie** furnishing of a guarantee; **~ e-s Geschäfts** takeover of a business (or firm); **~ e-r Gesellschaft** takeover of a company; **~ der Kosten** taking over of the costs; absorption of costs; **~ e-s Unternehmens durch dessen Management** management buy-out (MBO); **~angebot** *n (e-r Gesellschaft)* takeover bid; *Am* tender offer; **~garantie** *f* underwriting guarantee; **~gewinn** *m* gain on takeover; **~konnossement** *n* received for shipment bill of lading; **~konsortium** *n* underwriting syndicate; **~konsortium für Obligationen oder Anleihen** bonding underwriters; **~kurs** *m* underwriting price; **~verlust** *m* loss on takeover; **~verpflichtung** *f* underwriting commitment; **~vertrag** *m Br* takeover (*Am* acquisition) agreement; underwriting agreement

**übernehmen**, **e-e Anleihe fest ~** to underwrite a bond issue; **e-n Auftrag ~** to accept an order (or a commission); **die Besorgung e-s Geschäfts ~** to undertake a business; **ein Geschäft ~** to take over a business; **e-e Gesellschaft ~** *Br* to take over (*Am* to acquire) a company; **die Kosten ~** to take over (or assume) the costs; **die Leitung e-s Geschäfts ~** to assume the direction of a business; **das Risiko ~** to take (or assume) the risk; **den Transport ~** to undertake the transport; **die Ware ~** to take over the goods

**übernehmende Gesellschaft** *f Am* acquiring (or transferee) company

**übernommene Gesellschaft** *f* acquired (or purchased, transferor) company

**Überorganisation** *f* over-organization

**Überpari~**, **~emission** *f* issue above par; issue at a premium; **~kurs** *m* above par price (or rate)

**Überpreis** *m* excessive price

**Überproduktion** *f* excess production, overproduction, surplus production

**überproduzieren** to overproduce; to produce beyond the demand

**überprüfen** *(Ware, Gepäck etc.)* to examine, to check, to inspect, *(Bücher, Konten)* to audit; *(testen)* to test; **den Lagerbestand ~** to check the stock

**Überprüfung** *f* examination, check, inspection; *(der Bücher, Konten)* audit; test; **bei näherer ~** on closer examination; **bei ~ der Rechnung** on examining the invoice; **~ der Waren** inspection of the goods

**überregional** supraregional; **~e Werbung** *f* nation-wide advertising

**überreichen, in der Anlage ~ wir Ihnen** we send you herewith, we enclose

**übersättigt** *fig* saturated, glutted

**überschlagen** *(abschätzen)* to estimate (or calculate) roughly; *(Auto)* to overturn

**Überschlagsrechnung** *f* rough estimate (or calculation)

**überschneiden**, **sich ~** to overlap; **Leistungen, die sich ~** *(Sozialvers.)* overlapping benefits

**überschreiten**, **e-n Auftrag ~** to surpass an order (um by); **die Frist ~** to exceed (or overstep) the time-limit; **die Geschwindigkeitsgrenze ~** to exceed the speed limit; to speed; **die Grenze ~** to cross the frontier; **die Vollmacht ~** to exceed one's authority

**Überschrift** *f* heading

**überschuldet** heavily indebted; **~er Nachlass** *m* insolvent estate; **das Unternehmen ist ~** the liabilities of the enterprise exceed its assets

**Überschuldung** *f* excess of liabilities over assets; heavy (or excess) indebtedness; overindebtedness; *(Zahlungsunfähigkeit)* insolvency

**Überschuss** *m* surplus; → Ausfuhr~; → Produktions~; **~ an Agrargütern** surplus of agricultural goods; **~ der Zahlungsbilanz** surplus in the balance of payments; external surplus; **e-n ~ abbauen** to reduce a surplus; **e-n ~ abwerfen** to yield a surplus; **der ~ im Außenhandel schrumpft** the foreign trade surplus is shrinking

**Überschuss~**, **~bestände** *mpl* surplus stocks; **~bildung** *f* surplus formation; **~erzeugnisse** *npl* surplus products, products in surplus; **~gebiet** *n* surplus production area, area having a surplus; **~gelder** *npl* surplus funds; **~länder** *npl* surplus countries; **~märkte** *mpl* markets where surpluses exist; **~produktion** *f* surplus production; **~reserven** *fpl* surplus reserves; **~situation** *f* **am Markt** market surplus situation; **~verwertung** *f* surplus disposal

**überschüssige Produktionskapazität** *f* excess production capacity

**überschwemmen, den Markt ~** to glut (or overstock) the market

**Überschwemmungs~**, **~katastrophe** *f* flood disaster; **~versicherung** *f* flood insurance

**Übersee**, **Exporte von** (od. **nach**) **~** overseas exports; **Lieferanten in ~** overseas suppliers; **~dampfer** *m* ocean liner; **~filiale** *f* overseas branch; **~fracht** *f* ocean freight; **~handel** *m* overseas trade

**überseeische Länder und Gebiete** (ÜLG) Overseas Countries and Territories (OCT)

**Übersee~**, **~kunde** *m* overseas customer; **~kundschaft** *f* overseas customers; **~märkte** *mpl* overseas markets; **~sendungen** *fpl* overseas shipments; **~verkehr** *m* overseas trade (or traffic); **~verpackung** *f* packing for ocean shipment; seaworthy packing

**übersenden** to send, to forward; *(Waren)* to consign, to ship; *(Geld)* to remit

**übersendende Bank** *f* remitting bank

**Übersender** *m* sender; *(von Geld)* remitter

**Übersendung** *f* sending; *(von Waren)* consignment, shipment; *(von Geld)* remittance; **ich bitte um ~ e-s Prospekts** I should be glad to receive a prospectus; please send me a prospectus; **für baldige ~ der Ware wären wir Ihnen dankbar** we would appreciate your early delivery

**übersetzen** to translate

**Übersetzer** *m*, **vereidigter ~** sworn translator

**Übersetzungs~**, **~büro** *n* translation agency; **~kosten** *pl* translation costs (costs of translation)

**übersteigen**, **jds finanzielle Mittel ~** to exceed sb.'s financial means; **die Passiva ~ die Aktiva** the liabilities exceed the assets

**Überstunden** *fpl* (hours of) overtime; **~ machen** to work overtime; **~vergütung** *f* overtime allowance (or pay, payment)

**übertarifliche Lohnzulage** *f* payment in excess of agreed wages

**Überteuerung** *f* overcharging; excessive prices

**Übertrag** *m* amount carried (or brought) forward

**übertragbar** transferable; *(begebbar)* negotiable; **~es Akkreditiv** *n* transferable letter of credit

**übertragen** to transfer, to assign; *(Buchführung)* to carry forward; *(Grundbesitz)* to convey; **jdm den Verkauf e-s Artikels ~** to entrust sb. with the sale of an article; **den Verlust auf spätere oder frühere Jahre ~** to carry forward the loss to subsequent years or to carry it back to previous years; **Vermögen ~** to transfer property

**übertragende Gesellschaft** *f* transferring company

**Übertragung** *f* transfer, assignment; *(von Buchungen)* carrying forward; *(von Grundbesitz)* conveyance; **~en** *fpl (Zahlungsbilanz)* transfer payments; **~en** *(unentgeltliche Leistungen)* **an das bzw. vom Ausland** *(Zahlungsbilanz)* external transfer payments; **~ des Eigentums** transfer of title; **~ e-r Forderung** assignment of a claim; **~ von Gesellschaftsanteilen** transfer of shares (in a company); **~ von Grundeigentum** conveyance of landed property; **~ e-r Lizenz** assignment of a licen|se (~se); **~ von Verkaufsrechten** franchising; **~ e-s Wechsels** negotiation of a bill of exchange; **~sbilanz** *f* balance of transfer payments; transfer payments account; **~skosten** *pl* charges for transfer; **~surkunde** *f* transfer deed; **~svermerk** *m* endorsement

**übertreffen** to exceed; to overtake; *(an Zahl)* to outnumber

**übertreibende Werbung** *f* exaggerated advertising; puff advertising; puffery; puffing

**übertrieben**, **~e Forderung** *f* excessive (or exorbitant) claim; **~ hohe Preise** *mpl* excessively high prices

**Übertretung** *f* contravention

**überversichert sein** to be overinsured

**Überversicherung** *f* overinsurance

**übervorteilen, jdn ~** *(beim Kauf, Vertragsschluss etc.)* to overreach sb., to take advantage of sb.; *colloq.* to do sb. down

**überwachen**, **Preise ~** to monitor (or control) prices

**überwacht**, **staatlich ~ werden** to be subject to government control (or supervision)

**Überwachung** *f* monitoring, control; **gemeinschaftliche ~ der Einfuhren** *(EU)* Community monitoring of (or surveillance over) imports; **technische ~ der Kraftfahrzeuge** roadworthiness tests for motor vehicles; **zollamtliche ~** customs control; **der ~ der Gemeinschaft unterliegen** to be subject to Community surveillance

**überwälzen, Kosten auf Preise ~** to pass on costs to prices

**überweisen** to transfer, to remit; to refer; **e-n Geldbetrag ~** to remit a sum of money (auf ein Konto to an account); **wir bitten Sie, den noch ausstehenden Betrag baldmöglichst zu ~** we ask you to send the outstanding amount as soon as possible

**Überweisung** *f* transfer, remittance; **~en** *fpl* **der Gastarbeiter** remittances by foreign workers; **ich bitte um ~ auf mein Konto** please remit to my account; **wir bestätigen dankend den Eingang Ihrer ~** we confirm with thanks the receipt of your remittance; **für baldige ~ des fälligen Betrages wären wir dankbar** we would appreciate the prompt transfer of the sum due; **e-e ~ ist noch nicht eingegangen** we have not yet received your remittance

**Überweisungs~, ~abteilung** *f* money-transfer department; **~auftrag** *m* transfer order; **~formular** *n* transfer form; **~gebühren** *fpl* transfer charges; **~verkehr** *m* giro transfer system

**überwinden, e-e Krise ~** to overcome a crisis

**überzahlen** to overpay

**Überzahlung** *f*, **die ~ erstatten** to reimburse the overpayment

**überzeichnen** to oversubscribe

**überzeichnen, die Anleihe war mehrfach überzeichnet** the debt was subscribed several times over

**Überzeichnung** *f* oversubscription

**überziehen** *(Konto, Kredit)* to overdraw

**Überziehung** *f* overdraft; **Möglichkeit der ~** overdraft facility

**Überziehungskredit** *m* overdraft loan; **~ gewähren** to grant an overdraft

**Überziehungsprovision** *f* overdraft commission (or fee)

**überzogen, ~er Betrag** *m* sum overdrawn, overdraft; **sein Konto ~ haben** to have overdrawn one's account

**üble Nachrede** *f* defamatory statement; slander

**üblich** usual, customary; **zu den ~en Bedingungen** *fpl* at the usual terms; **~er Marktpreis** *m* prevailing market price; **es ist ~** it is established practice; **es ist in e-r Branche ~** it is the custom of a particular trade

**übrig, mein ~es Geld** *n* the rest of my money; **~ bleiben** to be left over, to remain over; **es bleibt mir nichts anderes ~ als** I have no alternative but

**ÜLG** OCT ( → Überseeische Länder und Gebiete)

**Ultimo** *m* last day of a month; **Zahlungen müssen zum ~ des Monats der Rechnungsstellung erfolgen** payments must be made by the end of the month of invoicing

**umadressieren** to redirect

**umarbeiten** to work over, to rework, to remodel

**Umbau** *m* building alterations; remodelling

**umbauen** to make building alterations; to remodel, to convert ( → umgebaut)

**umbuchen** to transfer (from one account) to another account

**Umbuchung** *f* book transfer

**umdisponieren** to make new arrangements; to rearrange

**Umfang** *m* bulk; extent; scope; **~ e-s Auftrages** size of an order; **~ der Einfuhr** scale of imports; **~ der Haftung** extent of liability; **~ der Investitionen** extent of investments; **~ e-s Unternehmens** size of an enterprise; **~ der Vollmacht** scope of the power of attorney

**umfangreiche Bestellungen** *fpl* extensive (or large) orders

**Umfangsvorteile** *mpl* economies of scope

**Umfeld** *n* environment

**Umfrage** *f (MMF)* survey, opinion, poll; → Verbraucher~

**Umgang, ~ mit Kunden** customer relations

**umgehen, Bestimmungen ~** to evade regulations; **mit Kunden ~** to deal with customers; to get on with customers

**umgehend** immediate(ly); forthwith; **~e Antwort** *f* immediate reply; **für ~e** → Antwort wären wir dankbar; **mit ~er Post** by return of post; **bitte benachrichtigen Sie uns ~** please inform us at your earliest convenience; **~ bezahlen** to pay promptly; **e-e Sache ~ erledigen** to attent to a matter promptly

**Umgehung** *f*, **~ des Großhandels** bypassing the wholesaler; **~ von Steuern** *(unerlaubt)* evasion of taxes; *(erlaubt)* avoidance of taxes; **~sstraße** *f* by-pass

**umgeleiteter Verkehr** *m* diverted traffic

**umgerechnet, in Dollar ~** in dollar terms; expressed in dollars

**umgründen** to convert from one legal form into another

**Umgruppierung** *f* regrouping; reshuffle

**Umlade~, ~anlage** *f* reloading plant; tran(s)shipment plant; **~bahnhof** *m* reloading station; tran(s)shipment station; **~gebühren** *fpl* reloading charges; tran(s)shipment charges; **~güter** *pl* goods to be reloaded (or tran(s)shipped); **~hafen** *m* → Umschlaghafen

**umladen** to reload; to tran(s)ship

**Umladung** *f (Wiederverladung)* reloading; *(Umschlag)* tran(s)shipment; **~sgut** *n* tran(s)shipment cargo

**Umlage** *f* charge; levy; contribution; *(von Kosten etc.)* allocation; apportionment; *(Abgabe)* assessment; **auf die Erzeugnisse von Kohle und Stahl ~n** *pl* **erheben** *(Art. 49 EGKS)* to impose levies on the production of coal and steel

**Umlage~, ~beitrag** *m* contribution (levied on); **~höhe** *f* amount of the levy; **~satz** *m* **der EGKS** ECSC levy rate; **~verfahren** *n* adjustable-constribution procedure

**Umlauf** *m (des Geldes etc.)* circulation; *(Schreiben)* circular letter; **im ~ befindlich** in circulation; *(Wertpapiere)* outstanding; **im ~ sein** to circulate; *(Wertpapiere)* to be outstanding

**Umlauf~, ~rendite** *f* yield on securities in circulation; **~smarkt** *m* market for outstanding securities; second market; **~vermögen** *n* current assets

**umlaufend, das ~e Geld** *n* currency (in circulation)

**umlegen, die Kosten ~** to apportion the costs

**umleiten** *(Verkehr)* to divert ( → umgeleitet)

**Umleitung** *f (Verkehr)* diversion, detour

**umnummerieren** to renumber

**Umpackung** *f* repacking

**umrechnen, in e-e andere Währung ~** to convert (or translate) into another currency

**Umrechnung** *f*, **~ ausländischer Währungen** conversion (or translation) of foreign currencies; **~skurs** *m* rate of exchange; (foreign) exchange rate; conversion rate; **monatliche ~skurse** *mpl* **der** → ECU in die Landeswährungen *(EU)* monthly rates for converting the ECU into national currencies; **~ssatz** *m* → ~**skurs**

**umsatteln** to switch to (*e. g.* an occupation other than farming)

**Umsatz** *m* turnover, sales; *(Börse)* dealing, trading; business done; **erwarteter ~** expected sales; **geringer ~** small turnover (or sales); **großer ~** large turnover (or sales); **hohe Umsätze** *pl (Börse)* good sales; active trading; **langsamer ~** slow turnover (or sales); **schneller ~** quick turnover (or sales); **wenig Umsätze** *pl* few sales; *(Börse)* few dealings; **die Umsätze belaufen sich auf ...** sales (or transactions) amount to ...; **unser ~ ist etwas gestiegen** our turnover has slightly increased; **e-n guten ~ haben** to have a good turnover (or good sales); **der ~ ging kräftig zurück** sales (or turnover) declined strongly; **den ~ steigern** to increase turnover

**Umsatz~, ~ausweitung** *f* expansion of sales; **~belebung** *f* revival in sales; **~einbuße** *f* loss of sales; **~ergiebigkeit** *f* → **~rentabilität**; **~erlöse** *mpl* sales proceeds; **~förderung** *f* sales promotion; **~geschäfte** *npl* turnover transactions; **~gewinn** *m* profit on sales; **~grenze** *f* sales limit; **~häufigkeit** *f* rate of turnover; **~höhe** *f* size of turnover; **u~loses Konto** *n* dormant (or inactive) account; **~planung** *f* sales planning; **~prämie** *f* sales premium, premium on turnover; **~prognose** *f* sales forecast; **~provision** *f* turnover commission; **~prozentsatz** *m* percentage of sales; **~rekord** *m* sales record; **~rendite** *f* percentage return on sales; net income percentage of sales; profit on sales; **~rentabilität** *f* ratio of profit to sales

**Umsatzrückgang** *m* decline (or decrease) in sales (or turnover); *(Börse)* drop in dealings; **starker ~** slump in sales

**Umsatz~, ~schätzung** *f* sales estimate; **u~schwach** with a small turnover; **~schwelle** *f* turnover threshold; **u~stark** with a big turnover; **u~starkes Konto** high-activity account; **~steigerung** *f* increase in turnover (or sales); *(Börse)* upturn (or upswing) in dealings

**Umsatzsteuer** *f* turnover tax; **~freiheit** *f* exemption from turnover tax; **~harmonisierung** *f (EU)* harmonization of turnover tax; **u~pflichtig** subject to turnover tax; **~satz** *m* rate of turnover tax; **Umsätze, die der ~ unterliegen** turnovers subject to turnover tax

**Umsatz~, geringe ~tätigkeit** *f (Börse)* light trading; **~volumen** *n* volume of turnover; sales volume; **~wachstum** *n* growth of turnover (or sales); **~zahlen** *fpl* (od. **~ziffern** *fpl*) sales figures; **~zuwachs** *m* growth (or expansion) in sales (or turnover); **~zuwachsrate** *f* sales growth rate

**Umschichtung** *f* regrouping, shifting; **~ von Anlagen** regrouping of investments; **~sfinanzierung** *f* debt rescheduling

**Umschlag** *m (Brief)* envelope; *(von Gütern)* (cargo) handling; tran(s)shipment; *(Umsatz)* turnover; → Lager~; **~ in den Binnenhäfen** cargo handling in inland harbo(u)rs

**umschlagen, Güter ~** to handle cargo; to tran(s)ship goods; **den Lagerbestand ~** to turn over the stock

**Umschlaghafen** *m* port of tran(s)shipment

**Umschlags~, ~anlagen** *fpl* handling plants; **~gebühren** *fpl* handling charges, tran(s)shipment charges; **~gerät** *npl* handling equipment; **~hafen** *m* port of tran(s)shipment; **~häufigkeit** *f* volatility; turnover rate; **~-Kennzahlen** *fpl* turnover ratios; **~platz** *m* place of tran(s)shipment; terminal

**Umschließungen** *fpl (e-r Ware)* packings

**umschnüren** *(Paket)* to cord; to tie, to fasten (with string, rope, *etc.*)

**Umschnürung** *f* cording; tying

**umschreiben, Namensaktien ~** to transfer registered shares (auf to)

**umschulden** to reschedule; to refund

**Umschuldung** *f* (debt) rescheduling, debt conversion; debt adjustment; renegotiation of debt; refunding; **durch ~ ablösen** to reschedule

**umschulden** to retrain

**Umschulung** *f (von Arbeitern)* (vocational) retraining; **~sbeihilfe** *f* retraining aid

**umsetzen** *(Waren)* to turn over, to do business to the amount of; **es wurde wenig umgesetzt** there was a small turnover

**umsetzen, e-e Richtlinie in nationales Recht ~** to implement (or transpose, transform) a directive into national law

**Umsetzung** *f (EU)* implementation (or transposition, transformation)

**umsiedeln** to resettle

**Umsiedlung** *f* resettlement; **~sbeihilfe** *f* resettlement allowance

**umsonst** gratis, free of charge, gratuitously; **~ arbeiten** to work for nothing (or without payment)

**Umstände** *mpl*, **unter diesen ~n** in these circumstances; **unter keinen ~n** not in any event, on no account; **erschwerende ~** aggravating circumstances; **mildernde ~** mitigating circumstances; **vom Verkäufer nicht zu vertretende ~** circumstances beyond the control of the seller (or for which the seller may not be held responsible)

**umstellen** to convert; to change (from one form, use, *etc.*) into another; **e-e Industrie ~** to reorganize an industry; **die Produktion ~** to switch over production

**Umstellung** *f* changeover (auf to); conversion; **~ auf Container** containerization; **~ der Produktion** conversion of production; changeover of production; **~ auf neue Methoden** switch to new methods; **~en durchführeen** to carry out conversion operations

**Umstellungs~, ~darlehen** *n (z. B. Art. 56 EGKS-Vertrag)* conversion loan; loan to finance conversion projects; **~prämie** *f (EU)* conversion premium; **~vorhaben** *n* conversion project

**umstrukturieren, e-e Firma ~** to restructure (or reorganize) a firm

**Umstrukturierungsvorhaben** *n* restructuring (or reorganization) project

**Umtausch** *m* exchange; conversion; → Kauf auf ~; **~angebot** *n* exchange offering; **sich den ~ vorbehalten** to reserve for oneself the right to exchange

**umtauschen** to exchange (gegen for); to obtain in exchange; **Wertpapiere** *(in e-e andere Kategorie)* **~** to convert securities; **die Ware ~** to change the goods

**Umtausch~, ~frist** *f* period allowed for exchange; conversion period; **~recht** *n* right to exchange; right to convert; conversion right (or privilege); **~transaktion** *f (bei Wertpapieren)* conversion transaction; swap transaction

**umverteilen** to redistribute

**Umverteilung** *f* **der Arbeit** work-sharing; redistribution of work

**umwandeln** to convert; to transform; to commute; **e-e Firma in e-e KG ~** to convert (or transform) a firm into a limited partnership; **e-e Rente in e-e Kapitalabfindung ~** to commute an annuity into a lump sum

**Umwandlung** *f* conversion; transformation; commutation; **~ der Gesellschaftsform** change in the legal form of a company; **~ e-r Personen- in e-e Kapitalgesellschaft** transformation of a partnership into a company (or *Am* corporation); **~ von Rücklagen** conversion of reserves; **~ e-r Strafe** commutation of a sentence; **~sgebühr** *f* conversion fee; **~sverkehr** *m (Zoll)* processing under customs control

**Umweg** *m* detour; *fig* indirect way

**Umwelt** *f* environment; **die ~ stark belastendes Unternehmen** *n* firm causing heavy pollution and nuisance; **u~belastendes Erzeugnis** *n* pollutant; **die ~ nicht belastendes Erzeugnis** *n* nonpollutant

**Umwelt~, gemeinschaftliche ~aktionen** *fpl* (GUA) *(EU)* action(s) by the Community relating to the environment; **u~bedingt** environmental; due to environmental factors; **~bedingungen** *fpl* environmental conditions; **~belastung** *f* environmental pollution; **u~bewusst** environment-conscious; *(Landwirte)* ecologically-oriented; **u~bewusste Landwirtschaft** *f* ecological farming; **~bewusstsein** *n* awareness of the environment; **~einfluss** *m* environmental influence; **~erfordernisse** *npl* environmental requirements; **u~feindlich** detrimental to the environment; **u~freundlich** ecologically beneficial; environmentally friendly; **u~gefährdend** dangerous (or hazardous) to the environment; **u~geschädigt** impaired by environmental influences; **~gütesiegel** *n (EU)* environmental stamp of approval; **~haftung** *f* environmental liability; **~normen** *fpl* environment(al) standards; **~politik** *f* environmental policy; **~programm** *n* environment(al) program(me); **~qualitätsnormen** *fpl* (UQN) Environmental Quality Standards (EQS)

**Umweltschutz** *m* protection of the environment; pollution control; **~beihilfen** *fpl (EU)* environmental aids; **~einrichtungen** *fpl* antipollution devices; **~investitionen** *fpl* anti-pollution investments; **~vorschriften** *fpl* environmental standards

**Umweltschützer** *m* environmentalist

**Umwelt~, ~straftaten** *fpl* crimes against the environment; **~überwachung** *f* environmental monitoring; **~veränderung** *f* modification of the environment; **u~verträgliche Landbewirtschaftung** *f* environmentally acceptable farming; ecological farming; **~verträglichkeit** *f* compatibility with the environment; **~verträglichkeitsprüfung** *f* Environmental Impact Assessment (EIA)

**Umweltverschmutzung** *f* pollution (of the environment); **Verhütung der ~** pollution prevention

**Umweltzeichen** *n* eco-label

**Umwelt~, u~zerstörend** ecocidal; **~zerstörung** *f* ecocide

**umziehen** to move

**Umzug** *m Br* move, removal; *Am* moving; **~sgut** *n Br* removal goods; *Am* moving goods; **~skosten** *pl Br* costs of removal; *Am* moving expenses

**UN-Kaufrechtsübereinkommen** → VN-Kaufrechtsübereinkommen

**unablösbar** irredeemable

**unabsehbare Folgen** *fpl* unforseeable consequences

**unanbringliche Sendungen** *fpl* non-deliverable items

**unanfechtbar** non(-)appealable; incontestable

**unangefochten** undisputed; uncontested

**unangemeldet eingehen** *(Waren)* to arrive without previous notice

**unangemessen** *(unzureichend)* inadequate; *(übertrieben)* excessive, exorbitant; **~e Verpackung** *f* inadequate packaging; **~ hoch** *(Preis)* unreasonably (or excessively) high

**unauffindbar** untraceable

**unaufgefordert zugesandte Waren** *fpl* unsolicited goods

**unausgefülltes Formular** *n* blank form

**unausgeglichener Haushalt** *m* unbalanced budget

**unausgelastete Kapazität** *f* unutilized capacity

**unausgenutzer Kredit** *m* unused credit

**Unausgewogenheit** *f* imbalance; **finanzielle ~ des Gemeinschaftshaushalts** financial imbalance in the Community

budget; **regionale ~en** *pl* **in der Gemeinschaft** *(EU)* disparities between regions in the Community
**unbar** cashless
**unbeachtet**, **e-e Mahnung ~ lassen** to ignore a reminder
**unbeantwortet**, **ein Schreiben ~ lassen** to fail to reply to a letter
**unbearbeitet** *(roh)* unwrought; raw
**unbebautes Grundstück** *n Br* undeveloped land; *Am* unimproved real property
**Unbedenklichkeitsbescheinigung** *f* certificate of no objection (or no impediment)
**unbefriedigende Nachfrage** *f* unsatisfactory demand
**unbefristet** unlimited in time; **~es Darlehen** *n* credit of unlimited duration; undated loan
**unbefugt** unauthorized; **~er Gebrauch** *m* **von Fahrzeugen** unauthorized use of motor vehicles
**unbegrenzt** unlimited; indefinite; **~e Geldmittel** *pl* limitless funds; **~e Zeit** *f* unlimited period
**unbegründet** unfounded; without reasonable cause; **die Klage wird als ~ abgewiesen** the action is dismissed as unfounded (or on the merits)
**unbelastet** *(Fahrzeug)* unloaded; *(Grundstück)* unencumbered
**unbenannter Käufer** *m* undisclosed buyer
**unbeschadet dieser Bestimmungen** without prejudice to these provisions
**unbeschädigt** not damaged; free of damage; (in) undamaged (condition); **~ angekommen** safely arrived
**unbeschränkt** unlimited, unrestricted; without restriction; **~ haftbar** subject to unlimited liability
**unbesehen**, **etw. ~ kaufen** to buy sth. without previous inspection; to buy sth. unseen
**unbestätigtes Akkreditiv** *n* unconfirmed letter of credit
**unbestellte Waren** *fpl* unordered goods; unsolicited goods
**unbestimmt**, **auf ~e Zeit** *f* for an indefinite period; indefinitely; **auf ~e Zeit vertragen** to adjourn sine die
**unbestrittene Forderung** *f* undisputed claim
**unbewegliches Vermögen** *n* immovable property
**unbewegtes Konto** *n* dead (or dormant) account
**unbezahlbar** priceless; exorbitantly expensive
**unbezahlte Rechnung** *f* unpaid bill, bill outstanding
**unbrauchbare Waren** *fpl* useless goods, unserviceable goods; goods unfit for use
**UNCITRAL** (United Nations Commission on International Trade Law) (→ Internationales Handelsrecht); **~-Schiedsordnung** *f* UNCITRAL Arbitration Rules; **~ Schlichtungsordnung** *f* UNCITRAL Conciliation Rules
**UNCTAD** *f* → Welthandelskonferenz
**undatiert** undated, without date
**undichte Stelle** *f* leak
**Und-Konto** *n* joint account (all participants must sign)
**unedle Metalle** *npl* (roh oder verarbeitet) base metals (unwrought or wrought)
**Unehrlichkeit** *f* dishonesty
**uneinbringlich**, **~e Forderungen** *fpl* uncollectable receivables; bad debts; **~e Schuld** *f* irretrievable debt
**uneingeschränkt~**, **~es Akzept** *n* unconditional acceptance; **~er Bestätigungsvermerk** *m (des Wirtschaftsprüfers)* unqualified audit certificate
**uneinheitlich**, **die Tendenz am Aktienmarkt war ~** the trend of the share market was irregular
**unelastische Nachfrage** *f* inelastic demand
**unentbehrlich** indispensable
**unentgeltlich** without payment, without renumeration; free of charge (or payment) (→ entgeltlich); **~er Erwerb** *m* gratuitous acquisition; **~e Leistungen** *fpl (Zahlungsbilanz)* transfer payments; **~e Dienstleistungen** *fpl* **erbringen** to provide services free of charge
**unentschuldigt fehlen** to be absent without valid excuse
**unerbetene Vertreter-Besuche** *mpl* unsolicited visits by salesmen
**unerlaubt** unlawful, unauthorized; **~e Handlung** *f (zivilrechtl. Delikt)* tort; **Klage aus ~er Handlung** action in tort; **~er Verkehr** *m* **mit Suchtstoffen** illicit drug dealing; drug trafficking
**unerledigt**, **noch ~e Angelegenheiten** *fpl* outstanding issues; **~er Auftrag** *m* back order, unfilled order; outstanding

order; **Bestand an ~en Aufträgen** *mpl* backlog of unfilled orders
**unerschlossen** *(Baugelände)* undeveloped; *(Markt)* untapped
**unerschöpfliche Bodenschätze** *mpl* inexhaustible mineral resources
**unerwartet~, ~e Ausgaben** *fpl* unexpected expenditure; **~er Gewinn** *m* windfall profit
**unerwünschte Besuche** *mpl* **durch Vertreter** unrequested visits by agents; **~e Reklamesendung** *f* junk mail
**unfähig** incapable (of); unable (to); incompetent
**Unfähigkeit** *f* incapacity; inability; incompetence
**unfairer Wettbewerb** *m* unfair competition
**Unfall** *m* accident; **~ mit dem Auto** car accident; **~ mit Personenschaden** accident resulting in personal injury; **~ mit Sachschaden** property damage accident; **tödlicher ~** fatal accident; **an e-m ~ beteiligt sein** to be involved in an accident; **ein ~ ereignete sich** an accident occurred; **e-n ~ erleiden** to sustain an accident
**Unfall~, ~beteiligte(r)** *f, m* person involved in an accident; **~entschädigung** *f* accident damages (or compensation); **~flucht** *f* hit-and-run; **u~freies Fahren** *n* accident-free driving; **~haftung** *f* liability for accidents; **~hergang** *m* circumstances of the accident; **~ort** *m* scene of accident; **~quote** *f* accident rate; **~rente** *f* accident benefit; **betriebliche ~rente** *f* industrial injury benefit; **~risiko** *n* accident risk; **~schaden** *m* damage resulting from an accident; **~schutz** *m* protection against accidents; **~schwere** *f* seriousness of accident; **~tod** *m* accidental death; **~verhütung** *f* accident prevention; **u~verletzt** injured by an accident; **~versicherung** *f* accident insurance; *(Betriebsversicherung) Br* industrial injuries insurance; *Am* workmen's compensation insurance
**unfertige Erzeugnisse** *npl* unfinished products; work-in-process (or progress)
**unfrankierter Brief** *m* unstamped letter
**unfrei** *(Fracht zu Lasten des Empfängers)* carriage (or freight) forward; *Am* freight collect
**Unfug, grober ~** *m* public mischief
**unfundierte Schuld** *f* floating debt
**ungedeckt** uncovered, unsecured; **~er Kredit** *m* open credit; **~er Scheck** *m* uncovered (or rubber) cheque (check); cheque (check) without sufficient funds; *Br sl* dud cheque, stumer
**ungeeignet** unsuitable
**ungefähre Schätzung** *f* rough estimate
**ungelernter Arbeiter** *m* unskilled worker
**ungenannter Käufer** *m* undisclosed buyer
**ungenießbar** inedible; *(für die menschliche Ernährung ungeeignet)* unfit for human consumption
**ungenügend, ~e Verpackung** *f* inadequate packing; **~es Wachstum** *n* insufficient growth
**ungenutzte Kapazität** *f* unused (or idle) capacity
**ungerechtfertigt** unjustified; **~e Bereicherung** *f* unjust enrichment
**ungeschliffener Diamant** *m* uncut diamond
**ungesicherte Forderung** *f* unsecured claim
**ungewisse Forderungen** *fpl* doubtful receivables
**Ungeziefervernichtungsmittel** *n* pesticide
**ungezielte Werbung** *f* non-selective advertisement
**Ungleichgewicht** *n* disequilibrium, imbalance; **~ im Wettbewerb** imbalance in competition; **außenwirtschaftliches ~** foreign trade and payments imbalance; external imbalances; **~regionale ~e in der Gemeinschaft abbauen** *(EU)* to reduce regional imbalances in the Community
**ungültig** invalid; (null and) void; **~er Vertrag** *m* invalid contract
**ungünstige Bedingungen** *fpl* unfavo(u)rable (or adverse) conditions
**unhandliche Güter** *npl (Eisenbahnverkehr)* bulky goods
**unhöflich** rude
**UNIDO** → Organisation für Industrielle Entwicklung der Vereinten Nationen
**unifizieren** *(Staatsanleihen)* to consolidate
**Union** *f* **der Industrien der Europäischen Gemeinschaften** (UNICE) Union of Industries of the European Communities
**Universal~, ~bank** *f* universal bank, all-purpose bank; **~erbe** *m* sole heir (or legatee); **~maschinen** *fpl* universal (or

all-round) machines; **~versicherungspolice** *f* all risks insurance policy
**UN-Kaufrechtsübereinkommen** *n* → VN-Kaufrechtsübereinkommen
**Unkenntnis** *f* ignorance, absence of knowledge; **~ des Gesetzes** ignorance of the law; **die ~ beruht auf grober Fahrlässigkeit** the lack of knowledge is due to gross negligence; **die ~ war** → schuldhaft
**Unklarheiten** *fpl* **in e-m Vertrag** ambiguities in a contract
**unkontrolliert** unchecked, uncontrolled
**Unkosten** *pl* costs, expenses (*im Handelsverkehr*: → Kosten); **sich an den ~** → beteiligen; **sich in ~ stürzen** to go to great expense
**Unkrautvertilgungsmittel** *n* herbicide
**unkündbar** *(Darlehen etc.)* irredeemable, non(-)callable, uncallable; **~e Stellung** *f* permanent employment; **~er Vertrag** *m* non-terminable contract
**unlauter**, **~e Werbung** *f* unfair advertising practices; **~er Wettbewerb** *m* unfair competition; unfair trade practices; **~en Wettbewerb betreiben** to engage in unfair competition
**unlimitierte Börsenaufträge** *mpl* stock exchange orders without stipulated limits (executed at best)
**unmittelbar** immediate, direct; **~ haften** to be directly (or personally) liable
**unmöbliert** unfurnished
**unmodern** out of fashion, outmoded
**Unmöglichkeit** *f*, **~ der Vertragserfüllung** impossibility of performance of a contract; **der Schuldner hat die ~ der Leistung zu vertreten** the debtor is responsible for impossibility of performance
**unnotiert~**, **Handel in ~en Werten** trade (or dealing) in unquoted (or *Am* unlisted) securities
**unparteiisch** impartial
**unpfändbar** exempt from execution
**Unpfändbarkeit** *f* exemption from execution
**unplanmäßig** unplanned, unscheduled
**unproduktiv** unproductive, not productive; **~e Kapitalanlagen** *fpl* dead assets
**unrationell arbeitende Anlagen** *fpl* uneconomic plants
**unrecht, Sie haben ~** you are in the wrong
**unredlich** dishonest; in bad faith; **~er Geschäftsmann** *m colloq.* chiseller
**unreell** dishonest, unfair
**unregelmäßige Vergütung** *f* irregular renumeration; payment not made at regular intervals
**Unregelmäßigkeiten**, **finanzielle ~** *fpl* financial irregularities
**unrentabel** unprofitable; *(knapp kostendeckend)* marginal
**unrichtige Angabe** *f* false statement; misrepresentation
**Unrichtigkeit** *f* **e-r Übersetzung** inaccuracy of a translation
**Unruhe** *f* **an den Devisenmärkten** unrest on the exchange markets
**unsachgemäße Stauung** *f* improper stowage
**unschädlich für die menschliche Gesundheit** harmless to human health
**unschuldiger Dritter** *m (z. B. bei Produzentenhaftung)* innocent bystander
**unselbstständig** dependent; **~e Erwerbspersonen** *fpl* employed persons; wage or salary earners; **~e Tätigkeit** *f* (dependent) employment
**unsicher**, **~e Forderung** *f* dubious claim; **~e Kapitalanlage** *f* insecure investment; **~e Wirtschaftslage** *f* precarious economic situation
**Unsicherheit** *f*, **berufliche ~** job insecurity; **es herrschte ~ am Aktienmarkt** the share market was unsteady (or uncertain)
**unsichtbar, ~e Ausfuhren** *fpl (aktive Dienstleistungen)* invisible exports; **~e Einfuhren** *fpl (passive Dienstleistungen)* invisible imports; **~er Handel** *m* invisible trade; **~e Transaktionen** *fpl* invisible transactions; invisibles; **Einkommen aus ~en Transaktionen** invisible earnings; **Verluste aus ~en Transaktionen** invisible losses
**Unstabilität** *f* instability
**unständig Beschäftigte** *fpl* persons temporarily employed
**Unstimmigkeit** *f* **in e-r Rechnung** discrepancy in an invoice
**Unsumme** *f* enormous sum
**Untätigkeitsklage** *f* action for failure to act
**untauglich für bestimmte Arbeiten** unsuited (or unfit) for certain types of work
**„unten"** *(Kennzeichnung)* „bottom", „this side down"
**unter**, **~ der Hand verkaufen** to sell pri-

vately; ~ **pari** below par; ~ **dem Strich** *(Bilanz)* below the line

**unter**, **~er und mittlerer Führungsbereich** *m* junior and middle management; **~er** → Goldpunkt

**Unter~**, **~abteilung** *f* subdivision; branch; **~angebot** *n* insufficient (or short) supply; **~auftrag** *m* subcontract; **e-n ~auftrag vergeben** to subcontract; **~auslastung** *f* (od. **~ausnutzung** *f*) **der Produktionskapazität** underutilization of productive capacity; **u~beschäftigt** underemployed; **~beschäftigung** *f* underemployment; **personell u~besetzt** understaffed; **~beteiligung** *f (Beteiligung e-s Dritten an e-m Gesellschaftsanteil)* subparticipation; *(Emissionsgeschäft)* subunderwriting; **u~bevollmächtigten** to subdelegate one's powers (to); **u~bewerten** to undervalue, to place too low a value (or estimate) on; to understate; **u~bezahlt** underpaid; **u~bieten** to undercut, to offer (goods, services) at a lower price than competitors; *(bei Auktionen)* to underbid; **~bietung** *f* undercutting; dumping; *(bei Auktionen)* underbidding; **~bietungspreis** *m* giveaway price; cut-rate price; **~bilanz** *f* adverse balance; **u~brechen** to interrupt, to discontinue

**Unterbrechung** *f* interruption, discontinuance; ~ **der Handelsbeziehungen** trade disruption; ~ **e-r Reise** interruption of a journey; *(Zwischenlandung)* stop over; ~ **der Verjährung** interruption of the period of limitation

**unterbringen**, **jdn** *(als Gast etc.)* ~ to accommodate sb.; *(Arbeitnehmer)* to find a position (or place) for sb.; **e-e Anleihe** ~ to place a loan; **jdn in e-r Anstalt** ~ to place sb. in an institution (or a mental hospital)

**Unterbringung** *f*, ~ **von Aufträgen** placement of orders; ~ **im Hotel** hotel accommodation; ~ **von Wertpapieren** placing (or placement) of securities; **Mangel an ~smöglichkeiten** *fpl* shortage of accommodation; **~srisiko** *n (Effektenemission)* placing risk

**Unter~**, **~deckung** *f* cover shortage; deficient cover; **u~durchschnittlich** below average; *(u~ der Norm)* substandard; **u~ernährt** suffering from malnutrition; undernourished; **~ernährung** *f* malnutrition, undernourishment; **~frachtführer** *m* second carrier, on-carrier; **~frachtvertrag** *m* subchartering contract

**Untergang** *m* **der Ware** loss of the goods; **die Gefahr des ~s der Ware ist auf den Käufer übergegangen** the risk of the loss of the goods has passed to the buyer

**untergebracht**, **direkt beim Publikum ~e Anleihe** loan placed directly with the public

**untergegangen**, **die Ladung ist infolge** → höherer Gewalt ~; **ein Recht ist** ~ a right is extinct; **die Ware ist** ~ the goods have been lost

**Untergewicht** *n* short weight, underweight; ~ **haben** to be short in weight

**Unterhalt** *m* maintenance, support; *(Eherecht)* spousal support; *Br* maintenance; *Am* alimony; **angemessener** ~ reasonable (or adequate) maintenance; **standesgemäßer** ~ maintenance suitable to sb.'s station; **für jds ~ aufkommen** to provide (maintenance) for sb.; to maintain (or support) sb.; ~ **fordern** to claim maintenance; ~ **gewähren** to furnish maintenance; **sich seinen ~ verdienen** *colloq.* to earn one's keep

**unterhalten**, **e-n Hotelbetrieb** ~ to run a hotel; **ein Kind** ~ to maintain (or support, subsist) a child; **ein Konto** ~ to keep an account (bei with)

**Unterhalts~**, **~anspruch** *m* claim for maintenance (or *Am* support); **u~berechtigt** entitled to maintenance (or *Am* support); **u~berechtigte Person** *f* dependant; **~gewährung** *f* provision of maintenance (or *Am* support); **~klage** *f Br* maintenance application; *Am* action for support; **~pflicht** *f* obligation to provide maintenance; *Am* duty to furnish support; **seiner ~pflicht nicht nachkommen** to fail to discharge one's (legal) obligation to maintain; **u~pflichtiger Verwandter** *m* relative obliged to provide maintenance; **u~pflichtig sein** to be obliged (or under an obligation) to maintain (a child *etc.*); **~prozess** *m Br* maintenance (*Am* support) proceedings; **~rente** *f* periodical payment for *Br* maintenance (*Am* support); **~zahlung** *f* maintenance allowance; payment of maintenance (or *Am* support)

**Unterhaltung** *f* maintenance, upkeep; entertainment; **~selektronik** *f* consumer (or entertainment) electronics (industry);

**~sindustrie** *f* entertainment industry; **~skosten** *pl* maintenance expenses

**unterirdische Garage** *f* underground garage

**Unterkapitalisierung** *f* undercapitalization

**unterkommen** *(Arbeit finden)* to find employment (or work); *(Wohnung finden)* to find accommodation

**Unterkonsortium** *n* subsyndicate

**Unterkonto** *n* sectional account; *Am* subaccount

**Unterlagen** *fpl* records; (relevant) documents; data; **~ für die Buchführung** accounting records; **~ für e-e Rechnung** vouchers in support of an account; **beigefügte ~** documents annexed; **geschäftliche ~** business records (or data); **von jdm ~ anfordern** to order sb. to submit documents; **~ beibringen** to supply (or furnish) documents

**unterlassen** to fail (to do); to omit (to do); **e-e Handlung ~** to refrain from an action; **~ene Instandhaltung** *f* failure to maintain

**Unterlassung** *f* failure; omission; **~ der Erfüllung e-r Pflicht** failure to fulfil an obligation; nonfeasance; **Klage auf ~** action for an injunction; **auf ~ klagen** to sue (or bring an action) for an injunction

**Unterlieferant** *m* subcontractor; **Vertrag mit e-m ~en schließen** to subcontract

**unterliegen**, **e-r Steuer ~** to be subject to a tax; **im Prozess ~** to be defeated in a lawsuit

**Unterlizenz** *f* sublicen|ce (~se); **~nehmer** *m* sublicensee

**Untermieter** *m* subtenant, lodger

**Unternehmen** *n* enterprise, business enterprise; undertaking; firm; *(Gesellschaft)* company; **~ der Gemeinschaft** *(EU)* Community firm; **~ der gewerblichen Wirtschaft** commercial enterprise; **~ des Handwerks** craft undertaking; **in ausländischem Besitz befindliches ~** foreign-owned company; **gewagtes ~** venture; **großes internationales ~** multinational company; **inländische und ausländische ~** *npl* domestic and foreign enterprises (or firms); **kleinere und mittlere ~** *npl* small and medium-sized firms; **selbstständiges ~** legally independent company; **staatliches ~** state-owned (or public[ly]-owned) enterprise; **in e-m Lande tätiges ~** firm operating in a country; **an e-m ~ beteiligt sein** to have an interest (or a share) in an enterprise; **ein ~ betreiben** to carry on an enterprise; **ein ~ gründen** to establish (or form) an enterprise

**unternehmen**, **Schritte ~** to take action; **nichts ~** to take no action

**Unternehmens** corporate; **~abschluss** *m (Bilanz)* enterprise's annual accounts; **~befragung** *f (MMF)* poll of enterprises (or firms); **~berater** *m* management consultant (or counsellor); **~beratung(sfirma)** *f* business consultants; *Am* management consulting engineers; management advisory service; **~beratungsvertrag** *m* consultancy agreement; **~besteuerung** *f* company (or corporate) taxation; **~bewertung** *f* valuation of a firm; **~einheit** *f* business unit; **~entscheidung** *f* company decision; **~entwicklung** *f* company development; **~ergebnis** *n* company's profit (or result); **~ertrag** *m* earnings of an enterprise; **~finanzierung** *f* company (or corporate) financing; **~form** *f* form (or type) of business organization; **~forschung** *f Br* operational research; *Am* operations research; **~führer** *m* → **~leiter**

**Unternehmensführung** *f* (business) management; company (or executive) management; entrepreneurship; **mittlere (obere, untere) ~** middle (top, junior) management

**Unternehmens~**, **~gewinn** *m* enterprise's (or business) profit; *Am* corporate profit; **~größe** *f* size of the enterprise; firm size; **~investitionen** *fpl* investments by firms; business investments; company (*Am* corporate) investments; **~kauf** *m Br* company (*Am* corporate) acquisition; **~kooperation** *f* business cooperation; **~leiter** *m* head (or chief executive) of an enterprise; chief executive officer; **~leitung** *f* → **~führung**; **~planung** *f* company (or corporate) planning; **~politik** *f* management (or business) policy; **~prozess** *m (QM)* corporate process; **~spitze** *f* top management; **~strategie** *f* company strategy; **~übernahme** *f* takeover (or acquisition) of a company; **~vertrag** *m* contract between enterprises; intercompany agreement; **~wagnis** *n* venture; **~ziel** *n* business (or corporate) objective (or goal); **~zusammenschluss** *m* consolidation (or amalgamation) of companies; merger

**Unternehmer** *m* entrepreneur; businessman; *(im Werkvertrag)* contractor; **kleine** (od. **mittlere**) ~ *mpl* small or medium-sized businessmen (or entrepreneurs); **selbständige** ~ *mpl* **des Handels** self-employed entrepreneurs

**Unternehmer~**, **~einkommen** *n* entrepreneurial income; **~erwartungen** *fpl* entrepreneurial expectations; **~geist** *m* entrepreneurial spirit; **~gewinn** *m* entrepreneur's (or company's) profit; **~haftpflicht** *f* employers liability

**unternehmerisch** entrepreneurial; **~ orientierte Politik** entrepreneurially oriented policy

**Unternehmer~**, **~pfandrecht** *n* contractor's lien; **~schulung** *f* management training; **Einkommen aus ~tätigkeit** *f* income from entrepreneurial activity; **~tum** *n* entrepreneurship; **~verband** *m* employers' association

**Unternehmung** *f* → Unternehmen

**Unterpari-Emission** *f* issue below par

**Unterproduktion** *f* underproduction

**unterrichten** to inform; to teach; to train; **die Kommission unterrichtet den Rat regelmäßig über die Lage** *(EU)* the Commission keeps the Council regularly informed of the situation

**Unterrichtung** *f* information; instruction

**untersagen** to prohibit; to interdict

**unterschätzen** to underestimate

**unterscheidungskräftiges Warenzeichen** *n* distinctive trademark

**Unterscheidungszoll** *m* discriminatory duty

**Unterschied** *m* difference; **~e** *mpl* **bei den Verbraucherpreisen** consumer price disparities; **strukturelle ~e** *mpl* structural disparities; **Lohn ~e** *mpl* wage differentials; differences between wages

**unterschiedlich**, **~e** *(benachteiligende)* **Behandlung** *f* discrimination (von against); **~ besteuert** differently taxed; **~e einzelstaatliche Politiken** *fpl (EU)* divergent national policies; **~ in der Qualität** different in quality

**unterschlagen**, **Geld** ~ to embezzle money; to misappropriate funds

**Unterschlagung** *f* embezzlement; misappropriation; **~ von Urkunden** suppression of documents

**unterschreiben** to sign, to undersign; **eigenhändig** ~ to sign in person

**unterschreiten**, **die Preise des Konkurrenten** ~ to undercut (or go below) competitor's prices

**Unterschrift** *f* signature; **beglaubigte** ~ certified signature; **faksimilierte** ~ facsimile signature; **gefälschte** ~ forged signature; **seine ~ unter e-n Vertrag setzen** to sign a contract; to affix (or set) one's signature to a contract

**Unterschriftenverzeichnis** *n* list of authorized signatures

**Unterschrifts~**, **u~berechtigt** authorized to sign; **~leistung** *f* signing; **~stempel** *m* signatory stamp; **~vollmacht** *f* authority to sign

**unterschwellige Werbung** *f* subliminal advertising

**unterstehen**, **jdm** ~ to be subordinate to sb.; to report to sb.

**unterstützen**, **jdn finanziell** ~ to give financial aid to sb.; to support (or assist) sb. financially; **ein Vorhaben** ~ to support (or back) a project

**Unterstützung** *f* assistance; support; relief; patronage; **~skasse** *f* relief fund; **~szahlung** *f* relief (or maintenance) payment

**untersuchen**, **e-e Sache** ~ to inquire into a matter; **die Ware** ~ to examine the goods

**Untersuchung** *f* examination; inquiry, investigation; **amtliche** ~ official inquiry; **~ e-s Unfalls** investigation into an accident; **~ der Verbrauchergewohnheiten** *(Marktforschung)* consumer habit survey; **~ von Zollgut** inspection of dutiable goods; **~en** *fpl* **durchführen** to hold (or make, carry out) investigations

**Untersuchungs~**, **~ausschuss** *m* commission of inquiry; **~gefangener** *m* prisoner awaiting trial; prisoner on remand; **~haft** *f* detention pending trial; imprisonment on remand

**Unter~**, **~tagearbeiten** *fpl* **in Bergwerken** underground work in mines; **u~treiben** to understate; **~verbrauch** *m* underconsumption; **~vergabe** *f* **von Aufträgen** subcontracting; **u~vermieten** to sublet; **~vermietung** *f* subletting, subleasing; **u~verpachten** to sublet, to sublease; **u~versichert** underinsured; **~versicherung** *f* underinsurance; **~versorgung** *f* deficient supply; **~vertreter** *m*

subagent; **~vertretung** *f* subagency; **~vollmacht** delegated power of attorney
**unterwegs** on the way (nach to); during the journey; in (or during) transit; **~ befindliche Ware** *f* goods in transit; **geschäftlich ~ sein** to be away on business; to be on the road; **der Schaden an der Ware entstand ~** the damage to the goods occurred in transit (or during transport)
**unterwertig** below value; **~e Qualität** *f* inferior quality
**unterworfen**, **Kursschwankungen ~ sein** to be subject to price fluctuations
**unterzeichnen** to sign, to undersign
**Unterzeichner** *m* signer; signatory
**Unterzeichnung** *f* signing; signature; **~ e-s Vertrages** signing of a contract
**untilgbar** irredeemable
**Untreue** *f* breach of trust; unfaithfulness
**unübertragbar** unassignable; not transferable
**unübertroffen** unsurpassed, unmatched; **die Qualität ist ~** the quality cannot be beaten (or is unexcelled)
**unverändert** unchanged, unaltered
**unverantwortlich** irresponsible
**unverbindlich** without obligation; **~es Angebot** *n* non-binding offer; **~e Preisempfehlung** *f* recommended retail price; **~ sein** to have no binding force
**unverbleites Benzin** *n* unleaded petrol (*Am* gas)
**unveredelte Waren** *fpl* goods in the unaltered state
**unvereinbar, mit dem Gemeinschaftsrecht ~** incompatible with Community law
**unverfälscht** *(Wein etc.)* unadulterated
**unverhältnismäßig** disproportionate; **~ hoher Preis** *m* unreasonably high price, excessive price
**unverhofft anfallende Erträge** *mpl* windfall profits (or earnings)
**unverkäuflich** *(nicht absetzbar)* unsal(e)able; *(nicht zu verkaufen)* not for sale; **~es Muster** *n* sample not for sale, free sample; **~e Waren** *fpl* unsaleable goods; dead stock; drug on the market
**Unverkäuflichkeit** *f* unsaleability
**unverlangtes Angebot** *n* unsolicited offer
**unvermeidbare Ausgaben** *fpl* unavoidable expenses
**unvermögend** impecunious; without means, having no means
**unverpackt** unpacked, loose; in bulk; **die Ware ~ verschiffen** to ship the goods unpacked
**unverschuldet** not due to negligence; *(von Person)* not in debt; *(von Grundbesitz)* unencumbered
**unversehrt** *(Ware)* undamaged; intact; **~ ausgehändigt** delivered sound
**unversichert** not insured, uninsured
**unverzinslich** bearing no interest; **~e Vorschüsse** *mpl* interest-free advances
**unverzollt** duty unpaid; *(unter Zollverschluss)* in bond; **~e Waren** *fpl* goods having paid no duty; uncustomed goods
**unverzüglich** without (any further) delay; as soon as reasonably possible; forthwith; immediately
**unvollständige Lieferung** *f* incomplete (or short) delivery
**unvorhergesehen** unforeseen; **~e Ausgaben** *fpl* contingencies; **Fonds für ~e Ausgaben** contingency fund
**unvorteilhafte Bedingungen** *fpl* unprofitable (or disadvantageous) conditions
**unwahre Werbung** *f* false advertising
**unwichtig, es ist ~ für uns** it is a matter of minor concern to us
**unwiderruflich** irrevocable
**unwirksam** ineffective; inoperative; void
**Unwirksamkeit** *f* inefficiency, invalidity, voidness
**unwirtschaftlich** uneconomic, inefficient
**unzufrieden sein mit** to be dissatisfied with; to be displeased at
**Unzufriedenheit** *f*, **~ der Verbraucher** consumer dissatisfaction; **~ äußern** to express dissatisfaction
**unzulänglich** inadequate, insufficient; **~e Verpackung** *f* insufficient packing
**unzulässig** inadmissible
**unzurechnungsfähig** not responsible for one's actions; of unsound mind
**unzureichend**, **~es Kapital** *n* inadequate capital; **~e Verpackung** *f* insufficient packing
**unzuständig** not competent, incompetent
**unzustellbar** *(Post)* undeliverable
**Urabstimmung** *f* (pre-)strike ballot (or vote)
**Uran** *n* uranium; **angereichertes ~** enriched uranium; **~anreicherung** *f* uranium enrichment; **~bergwerk** *n* uranium mine; **~erze** *npl* uranium ores; **~gewinnung** *f* uranium extraction (or production); **~lieferland** *n* uranium-supplying coun-

try; **~schürfung** *f* uranium exploration (or prospecting)

**urbar, Land ~ machen** to reclaim land

**Urerzeuger** *m* primary producer

**Urerzeugung** *f* primary production

**Urheber** *m* author; **~recht** *n* copyright; **u~rechtlich geschützt** protected by copyright; copyrighted; **ein ~recht verletzen** to infringe a copyright

**Urheberrechts~, ~inhaber** *m* owner (or holder of a copyright; **~schutz** *m* (protection by) copyright; **~verletzung** *f* infringement of copyright

**Urkunde** *f* document; instrument; **öffentlich beglaubigte ~** instrument certified by a notary public; **e-e ~ aufsetzen** to draw up a document; **durch ~n** *pl* **belegen** to prove (or support) by documents; **e-e ~ einsehen** to inspect a document; **e-e ~ errichten** to execute a document

**Urkunden~, ~beweis** *m* documentary evidence; **~fälschung** *f* forgery of documents; **~unterdrückung** *f* suppression of documents

**Urlaub** *m Br* holiday(s); *Am* vacation; leave; **im ~** on holiday (or vacation); on leave; **(un)bezahlter ~** holiday (vacation) with(out) pay; **Jahres~ von 4 Wochen** four weeks' *Br* holiday (*Am* vacation) a year; **~ beantragen** to apply for a holiday *(etc.)*; **~ nehmen** to take a holiday *(etc.)*

**Urlaubs~, ~geld** *n* holiday (vacation) pay (or allowance); **~planung** *f* holiday (or vacation) scheduling; **~reise** *f* holiday (vacation) trip; **~verkehr** *m* holiday (vacation) traffic; **~verlängerung** *f* extension of holiday (vacation); **~vertretung** *f* replacement during holiday (vacation)

**Urmaterial** *n* original statistical data

**Urprodukt** *n* primary product

**Urproduktion** *f (Bergbau, Landwirtschaft etc.)* primary production

**Ursache** *f* cause; **als ~ angeben** to state as cause

**Urschrift** *f* original (text); **u~lich** in the original

**Ursprung** *m* origin; **Erzeugnisse mit ~ in** products originating in

**Ursprungs~, ~bescheinigung** *f* statement of origin; **~bezeichnung** *f* designation of origin; mark of origin; **~drittland** *n (EU)* non-member country of origin; **~erklärung** *f* declaration of origin; **~erzeugnisse** *npl* **der Gemeinschaft** *(EU)* products originating in the Community; **~land** *n* country of origin; **~nachweis** *m* documentary evidence of origin; **~waren** *fpl* originating products; **dem Käufer das ~zeugnis** *n* **besorgen** to provide the buyer with the certificate of origin

**Urteil** *n* judgment; decree; *(Straf~)* sentence; **~ e-s ausländischen Gerichts** foreign judgment; **~ e-s inländischen Gerichts** domestic judgment; **ein ~ aufheben** to set aside (or reverse) a judgment; **ein Rechtsmittel gegen ein ~ einlegen** to appeal against a judgment; **ein ~ fällen** to deliver a judgment; to pass a sentence; **ein ~ vollstrecken** to execute a judgment

**Urteils~, ~gläubiger** *m* judgment creditor; **~schuld** *f* judgment debt

**Usance** *f* usage (of trade), custom (of trade); practice; **Börsen~** stock exchange custom; **Platz~** local usage (or practice); **~nhandel** *m (Devisenhandel)* cross dealing; **~nkurs** *m* cross rate; **u~nmäßig** according to usage

**U-Schätze** *mpl (unverzinsliche Schatzanweisungen)* non-interest bearing (or discountable) treasury bonds

**Usowechsel** *m* bill at usance

**Utensilien** *n* implements

# V

**Vakuum** *n*, **v~verpackt** vacuum packed; **~verpackung** *f* vacuum packing

**validieren** to validate

**Validität** *f* validity

**Valoren** *pl* valuables, securities; **~versicherung** *f* insurance of valuables in transit

**Valorisation** *f* valorization

**Valuta** *f (fremde Währung)* valuta, (foreign) currency; *(Wertstellung)* value date; **mit ~ vom ... 19..** with value as from ... 19..; **Kredit~** *f* proceeds of a loan; **~akzept** *n* foreign currency acceptance; **~anleihe** *f* foreign currency loan; **~dumping** *n* (foreign) exchange dumping; **~forderung** *f* (foreign) currency claim; **v~gerecht** on correct value date; **~geschäft** *n* foreign currency dealing; **~klausel** *f* foreign currency clause; **v~kompensiert** *(im Devisenhandel)* value compensated; **~konto**

*n* foreign currency account; **~kredit** *m* foreign currency loan; **~papiere** *npl* foreign currency securities; **~risiko** *n* exchange risk; risk of loss in foreign currency; **~schuld** *f* foreign currency debt; **v~schwach** with a low rate of exchange; **v~stark** with a high rate of exchange; **~tag** *m* value date; **~versicherung** *f* → Fremdwährungsversicherung; **~wechsel** *m* (foreign) currency bill

**Valuten** *pl* foreign currencies; foreign currency coupons; **~änderung** *f* change of value date; **~arbitrage** *f* currency arbitrage; **~konto** *n* currency account

**valutieren** *(Wertstellung)* to state the value date; to value; *(Kredit)* to extend a loan

**Valutierung** *f* stating the value date; extension of a loan; **~sfrist** *f* valuation period; **~stag** *m (Wertstellung)* value date; *(Kredit)* date of extension (of a loan)

**variable**, **~r Handel** *m (Börse)* variable-price (or floating-price) dealing; **~r Kurs** *m* variable (or floating) price; **~ Werte** *fpl* floating-price securities

**Vaterschaft** *f* paternity; **die ~ bestreiten** to deny paternity; **die ~ feststellen** to determine paternity

**Vaterschafts~**, **~anerkenntnis** *f* acknowledgment of paternity; **~feststellung** *f* determination of paternity; **~prozess** *m* affiliation proceedings

**Verabredung** *f*, **geschäftliche ~** business appointment; **e-e ~ treffen** to make an appointment

**verabschieden**, **ein Gesetz ~** to pass a bill; **den Haushaltsplan ~** *parl* to vote the budget; **der Rat verabschiedete e-e Verordnung** *(EU)* the Council adopted a regulation

**veralten** *(Maschinen etc.)* to become outdated (or obsolete)

**veraltet** *(unmodern)* outmoded; out of fashion; **~e Anlage** *f* ageing plant, obsolete plant; **~e Methoden** *fpl* out-of-date methods; **~e Ware** *f* stale article; out-of-date goods

**Veralterung** *f* **der Wirtschaftsgüter** product obsolescence

**veränderliche Prämie** *f* variable premium

**verändern**, **ich möchte mich** *(beruflich)* verändern I wish to make a change

**Veränderung** *f*, **wirtschaftliche ~(en)** *f(pl)* economic change

**veranlagen**, **jdn** *(zur Steuer)* **~** to assess sb.

**Veranlagung** *f (zur Steuer)* assessment; **~ zur Vermögenssteuer** assessment on property; **gemeinsame (getrennte) ~** *(der Ehegatten)* joint (separate) assessment; **~sbescheid** *m* tax assessment notice; **~sjahr** *n* year of assessment; **im ~swege** *m* **erhobene Steuern** taxes levied by assessment; assessed taxes; **~szeitraum** *m* tax assessment period

**veranlassen**, **etw. ~** to arrange for sth.; **alles Erforderliche ~** to make all necessary arrangements; to take all necessary steps

**Veranlassung** *f*, **auf ~ von** at the instance of; **zur weiteren ~** for further action

**veranschlagen** to estimate

**Veranschlagung** *f* **der Kosten** estimate of the cost

**verantwortlich** responsible, answerable

**Verantwortung** *f* responsibility; **die ~ übernehmen** to assume responsibility; to make oneself responsible

**verantwortungsvolle Stelle** *f* responsible position

**verarbeiten** to process, to manufacture; **~de Industrie** *f* processing (or manufacturing) industry

**verarbeitet**, **unedle Metalle, roh oder ~** base metals, unwrought or wrought; **in unverarbeitetem oder ~em Zustand** in the natural state or after processing

**Verarbeiter** *m* processor, manufacturer

**Verarbeitung** *f* processing; manufacturing; **gute (schlechte) ~** good (poor) workmanship; **~ von landwirtschaftlichen Erzeugnissen** processing of agricultural products

**Verarbeitungs~**, **~anlage** *f* processing plant; **~betrieb** *m* **in der Gemeinschaft** *(EU)* Community processing undertaking

**Verarbeitungserzeugnisse** *npl* processed (or manufactured) products; **~ aus Getreide** products processed from cereals; **~ aus Obst und Gemüse** processed fruit and vegetables

**Verarbeitungs~**, **~fehler** *m* defect in workmanship; faulty workmanship; **~industrie** *f* processing (or manufacturing) industry; **~kapazität** *f* processing capacity; **~kosten** *pl* processing costs; **~qualität** *f* workmanship; **Erzeugnisse der ersten ~stufe** *f* products of first-stage processing; **~vorgänge** *mpl* processing operations

**veräußerbar** alienable; saleable

**veräußern** to sell, to alienate, to dispose of; to realize

**Veräußerung** *f* sale, alienation, disposition, disposal; realization; **~ e-s (Geschäfts-)Betriebes** sale or other disposition of a business; **~ von Gegenständen des Anlagevermögens** asset disposal; **~ von Vermögen** alienation of property; **~sgewinn** *m* gain from sale; *(aus ~ von Kapitalvermögen)* capital gain; **~spreis** *m* disposition price; **~sverbot** *n* restraint on alienation; **~sverlust** *m* loss from sale; *(aus ~ von Kapitalvermögen)* capital loss

**Verband** *m* association, federation; → Wirtschafts~; **e-m ~ beitreten** to join an association

**Verbands~**, **~land** *n (ein der Pariser od. Berner Übereinkunft angeschlossenes Land)* Convention country; **~priorität** *f* Convention priority; → Berner ~übereinkunft *f*; → Pariser ~übereinkunft *f*; **~zeichen** *n (Warenzeichen)* collective mark

**verbergen** to hide; to conceal; **Waren ~** *(im Konkurs)* to hide (or conceal) goods

**verbessern** to improve; to enhance; **die Qualität ~** to improve quality; **e-n Text ~** to amend a text

**Verbesserung** *f*, **technische ~** technical improvement; **~ der Beziehungen** improvement of relations; **~sinvestitionen** *fpl* capital deepening; **~svorschlag** *m* proposal for improvement

**verbilligen**, **Exporte ~** to reduce (or cut) export prices; **Kredite ~** to lower the cost of credit; **sich ~** to drop in price

**verbilligt**, **~e** → Butter; **~e Fahrkarte** *f* reduced-rate ticket; **~er Flugschein** *m* flight ticket at reduced rates; **stark ~er Flugpreis** *m* cut-rate air fare

**verbinden** *tel*, **ich verbinde Sie mit Herrn X** I am putting you through to Mr. X

**verbindlich** binding, obligatory; obliging; **~es Angebot** *n* binding offer; firm bid; **die Empfehlungen sind nicht ~** *(EU)* recommendations shall have no binding force; **die Verordnung ist ~** *(EU)* the regulation is binding; **~ bleiben** to remain binding

**Verbindlichkeit** *f* liability, obligation, binding force; **~en** *fpl* liabilities; due to; amounts payable; accounts payable; **aufgelaufene ~en** accruals; **Verhältnis des Umlaufvermögens zu den laufenden ~en** ratio of liquid assets to current liabilities; **~en gegenüber Beteiligungsgesellschaften** due to associated companies; **~en aus Bürgschaften und Gewährleistungsverträgen** liabilities on guarantees and warranties; **~en aus Lieferungen und Leistungen** trade accounts payable; trade payables; **seinen ~en nachkommen** to meet one's obligations; **~en übernehmen** to assume (or incur) obligations

**Verbindung** *f* connection, relation; contact; *(Verkehr)* communication; **durchgehende ~** *(Bahn)* through connection; **geschäftliche ~ zwischen** business (or commercial) relationship between; **mit guten ~en** *fpl* well-connected; **langjährige ~en** *fpl* connections of long standing; **mit jdm ~ aufnehmen** to contact sb.; to enter into contact (or relations) with sb.; **in (Geschäfts-)~ treten mit** to enter into relations with; **(Geschäfts-)~ unterhalten mit** to keep up (or maintain) relations with

**verbleibendes Guthaben** *n* remaining credit balance

**verbleites Benzin** *n* leaded petrol (*Am* gas)

**verborgener Mangel** *m* hidden (or latent, concealed) defect (or fault)

**Verbot** *n* prohibition, ban; **~ für Kraftfahrzeuge aller Art** no motor traffic; **Ausfuhr~** *n* embargo on exports; **ein ~ aufheben** to lift a ban; **ein ~ beachten** to comply with a prohibition

**verboten** prohibited, forbidden; **Einfahrt ~** no entry; **Zettelankleben ~!** No bill posting!

**verboten**, **~e Kartelle** *npl* prohibited restrictive practices; **~e Werbemethoden** *fpl* prohibited methods of advertising

**Verbotsschild** *n (im Verkehr)* prohibitory sign

**Verbrauch** *m* consumption; **~ an Benzin** petrol (*Am* gas) consumption; **~ im Inland** home consumption; **steigender ~** increasing consumption; **pro-Kopf-~** per capita consumption; **Waren für den laufenden ~** convenience goods; **den ~ einschränken** to reduce (or curb) consumption

**verbrauchen** to consume, to use up

**Verbraucher** *m* consumer; **~ in der Gemeinschaft** *(EU)* Community consumer; **~ *pl* und Erzeuger** *pl* consumers and producers; **Versorgung der ~** *pl* supply to consumers

**Verbraucher~, ~aufklärung** *f* consumer guidance; **~ausgaben** *fpl* consumer spending; **Beratender ~ausschuss** *m (EU)* Consumers' Consultative Committee (CCC); **den ~bedarf** *m* **befriedigen** to satisfy the requirements of consumers; **~befragung** *f (MMF)* consumer inquiry; **~befriedigung** *f* consumer satisfaction; **~beirat** *m (EU)* Consumers' Advisory Committee; **~beratung** *f* consumer counsel(l)ing; consumer advisory service; **~beratungsstelle** *f* consumer advisory office; **Regulierung von ~beschwerden** *fpl* settlement of consumer complaints; **~einheit** *f* consumer unit; **~erwartung** *f* consumer expectation; **~erziehung** *f* consumer education; **v~freundlich** consumer-friendly; **~genossenschaft** *f* → Konsumgenossenschaft; **~geschmack** *m* consumer taste; **~gesellschaft** *f* consumer society; **~gewohnheit** *f* consumer habit; **~gruppe** *f* category of consumers; **~höchstpreis** *m* consumer ceiling price; **~interessen** *npl* consumer interests; **~kredit** *m* consumer credit; **Erzeuger- und ~länder** *npl* producing and consumer countries; **~markt** *m* consumer market; **~nachfrage** *f* consumer demand; **~neigung** *f* consumer trend; **v~orientiert** consumer-oriented; **~politik** *f* consumer policy; **v~politische Fragen** *fpl* consumer policy questions; **~preis** *m* consumer price; price paid by the consumer; **~preisindex** *m* consumer price index (CPI); **~schaft** *f* consumers, consuming public; **~schicht** *f* class of consumers; **~schulung** *f* education of consumers; **~schutz** *m* consumer protection; **~stufe** *f* consumer level; **~test** *m* consumer test; **~testgruppe** *f* consumer panel; **~umfrage** *f (MMF)* consumer survey; **~verband** *m* (od. **~vereinigung** *f*) consumers' association; **~verhalten** *n* consumer behavio(u)r; **~vertrag** *m* contract (concluded) with consumers; consumer contract; **~wettbewerb** *m* consumer contest; **~wirtschaft** *f* consumer economy; **~wünsche** *mpl* consumer desires

**Verbrauchs~, ~anstieg** *m* rise in consumption; **~artikel** *mpl* articles for consumption; consumer goods; **~ausgaben** *fpl* **der privaten Haushalte** households' consumption expenditure; **v~bedingte Abschreibung** *f* → Mengenabschreibung; **~belebung** *f* revival of consumption; **~darlehen** *n* loan for consumption; **~expansion** *f* expansion in consumption

**verbrauchsfertig** ready for consumption; **~e Nahrungsmittel** *npl* convenience foods

**Verbrauchsforschung** *f* consumer research

**Verbrauchsgegenstände** *mpl*, **Gebrauchs- und ~** articles of use and consumption

**Verbrauchsgewohnheiten** *fpl* consumer habits

**Verbrauchs~, ~güter** *npl* consumer goods; *(Waren außer Lebensmitteln)* non-foods; **~- und Gebrauchsgüter** *npl* consumer goods and durables; **~güterindustrie** *f* consumer goods industry; **~gütermarkt** *m* consumer goods market

**Verbrauchs~, ~konjunktur** *f* boom in consumption; **~land** *n* consumer country; country of consumption; **~lenkung** *f* consumption control; **~nachfrage** *f* consumer demand; **~ort** *m* place of consumption; place where goods will be used; **~quote** *f* consumption ratio; **~regelung** *f* regulation of consumption; **~rückgang** *m* decline in consumption; **~schätzung** *f* estimate of consumption; **~schwankungen** *fpl* variations in consumption; **~stand** *m* consumption level; **~steuern** *fpl* exise duties; excise taxes on consumption; **~umschichtung** *f* shift in consumption; **~welle** *f* upsurge of consumption; **~wirtschaft** *f* consumer economy; **derzeitige ~zahlen** *fpl* current rates of (or figures for) consumption; **~zentren** *npl* **der Gemeinschaft** *(EU)* cent|res (~ers) of consumption in the Community; **~zunahme** *f* increase in consumption

**verbreiten** to spread, to circulate; **Falschgeld ~** to utter counterfeit money

**Verbrechen** *n* crime; **ein ~ begehen** to commit a crime

**Verbreitung** *f*, **~ von Falschgeld** utterance of counterfeit money; **~ von Seuchen** spread of epidemics

**Verbrennung** *f*, **~ städtischer Abfälle** incineration of urban waste; **~sanlage** *f* incinerator

**Verbringen** *n*, **~ von Abfällen auf hohe**

**See** ocean disposal, ocean dumping; **~ von Waren in den Verkehr** putting goods on sale

**verbringen**, **Waren an Bord e-s Schiffes ~** to deliver goods on board a ship; **Waren in das Gebiet e-s Mitgliedstaates ~** *(EU)* to introduce goods into the territory of a Member State

**verbuchen** to post (an entry); to enter (in an account); *(Börse)* to register (e. g. price gain); **etw. als Einnahme ~** to book sth. as received

**Verbuchung** *f* posting (on an entry); entering, entry

**Verbund~**, **~bauweise** *f* composite construction; **~direktorium** *n* interlocking directorate

**verbunden**, **falsch ~** *tel* sorry, wrong number; **miteinander ~e Fahrzeuge** *npl* interconnected vehicles; **mit Gefahr ~** risky; attended with risk

**verbunden**, **die damit ~en Kosten** *pl* the costs involved; **~e Lebensversicherung** *f* joint lives insurance; **~e Produktion** *f* joint production; production of joint products; **~e Unternehmen** *npl* associated (or *Am* related) enterprises; affiliated companies

**Verbund~**, **~karte** *f* dual card; **~tarif** *m* joint rate; **~werbung** *f* joint advertising; **~wirtschaft** *f* vertical integration

**Verdacht** *m* suspicion; **bei ~ e-r Straftat** on suspicion of an offen|ce (~se); **~sfall** *m* **von Cholera** suspected case of cholera

**verdächtigen**, **jdn ~** to throw suspicion on sb.

**verdeckte**, **~ Gewinnausschüttung** *f* hidden (or concealed) distribution of profits; **~ Stellvertretung** *f* undisclosed agency

**Verderb** *m* **von Lebensmitteln** perishing (or deterioration, spoilage) of foodstuffs

**verderben** to perish, to spoil, to go bad, to deteriorate, to rot; **die Ware ist im Begriff zu ~** the goods are deteriorating; **die Früchte verdarben auf dem Transport** the fruit perished in transit (→ verdorben)

**verderblich~**, **leicht ~e Lebensmittel** *pl* perishable foodstuffs

**Verderblichkeit** *f (von Lebensmitteln)* perishability

**Verdickungsmittel** *npl* thickeners (→ Zusatzstoffe für Lebensmittel)

**verdienen**, **Geld ~** to make (or earn) money; **viel ~** to earn a lot of money; to earn big money; **wenig ~** to earn little money; **seinen Lebensunterhalt ~** to earn one's livelihood; **Lob ~** to deserve (or merit) praise; **an e-m Projekt etwas ~** to make profit on a project (→ verdient)

**Verdienst** *m* earnings, salary, wage; profit, gain; Verdienst *n* merit, credit; **effektiver ~** actual earnings; **Stunden~** *m* hourly earnings; **e-n großen ~ erzielen** to realize a big profit; **es ist jds ~** it is to sb.'s credit

**Verdienst~**, **~ausfall** *m* loss of earnings; loss of wages (or pay); **~grenze** *f* limit of earnings; **~möglichkeit** *f* chance to earn money; **~spanne** *f* margin of profit; **~steigerung** *f* growth of earnings

**verdient**, **leicht ~es Geld** *n* easy money; **schwer ~es Geld** *n* hard-earned money; **an dieser Ware wird nichts ~** there is no profit to be made on these goods; **die Firma ~ unverändert gut** the good profit situation of the firm is unchanged

**Verdingung** *f* → Ausschreibung

**verdoppeln**, **seine Umsätze ~** to double one's sales

**verdorben**, **~es Fleisch** *n* tainted meat; **~e Lebensmittel** *pl* spoilt (or rotten) food; **die Ware ist ~** the goods have perished; the goods are spoilt

**verdrängt**, **vom Markt ~ werden** to be squeezed out of the market; to be forced out of business

**verdreifacht**, **der Handel hat sich ~** trade trebled; trade increased threefold

**veredeln** to process, to finish, to improve

**veredelt**, **~e Waren** *pl* processed (or improved) goods; **Waren ~ wieder einführen** to reimport goods after they have been processed

**Veredelung** *f*, **~ von Waren** processing (or improvement) of goods; → Lohn~

**Veredelungs~**, **~erzeugnis** *n* processed product; **~industrie** *f* processing industry; **~kosten** *pl* processing costs; **~lohn** *m* payment for processing

**Veredelungsverkehr** *m* processing traffic; **aktiver ~** inward processing; **passiver ~** outward processing; **zum aktiven ~ abgefertigte Waren** *fpl (Zoll)* goods entered for inward processing

**Veredelungs~**, **~vorgänge** *mpl* processing operations; **~wirtschaft** *f* processing industry

**vereidigen**, **jdn ~** to swear sb. in

**vereidigter Buchprüfer** *m* sworn accountant
**Verein** *m* association; society; club; **eingetragener ~** (e. V.) registered association; **rechtsfähiger ~** association having legal capacity; **aus e-m ~ austreten** to withdraw from an association; **in e-n ~ eintreten** to join an association
**vereinbar, mit dem Gemeinschaftsrecht ~ sein** to be compatible with Community law
**vereinbaren, mit jdm etw. ~** to agree with sb. on sth.; **vertraglich ~** to stipulate by contract; **Bedingungen ~** to stipulate (or settle) the terms; to agree on conditions; **e-n Preis ~** to agree (up)on a price, to settle a price
**Vereinbarkeit** *f* **mit dem Gemeinschaftsrecht** *(EU)* compatibility with community law
**vereinbart** agreed (upon); understood; **~er Betrag** *m* agreed sum; **vertraglich ~er Ort** *m* place stipulated (or provided) in the contract; **~er Preis** *m* agreed price, price agreed upon; understood price; **~e Qualität** *f* stipulated quality; **~er Termin** *m* date agreed upon; **sofern nichts Gegenteiliges ~ ist** in the absence of agreement to the contrary; **falls nichts anderes ~ ist** unless otherwise agreed
**Vereinbarung** *f* agreement, arrangement; stipulation; **gemäß** (od. **laut**) **~** as agreed upon, as arranged; as per agreement; **mangels abweichender ~ der Parteien** unless the parties have otherwise agreed; **Gehalt nach ~** salary according to arrangement; **durch Partei~** by agreement between the parties; **finanzielle ~** financial arrangement; **e-e ~ treffen** to come to (or make, reach) an agreement; **sofern nicht ausdrücklich andere ~en getroffen worden sind** unless otherwise expressly agreed
**vereinbarungsgemäße Zahlung** *f* payment according to the terms agreed
**vereinfachen** to simplify; **Zollförmlichkeiten** *fpl* **~** to simplify (or streamline) customs formalities
**vereinheitlichen** to standardize, to make uniform
**Vereinheitlichung** *f* standardization; **~ der Handelspolitik** *(EU)* achievement of a uniform commercial policy; **~ der Rechtsvorschriften der Mitgliedstaaten der Gemeinschaft** *(EU)* harmonization of the legal provisions of Member States of the Community; **~ der Tarifpolitik** *(EU)* standardization of tariff policy
**Vereinigung** *f* union, association; consolidation, merger; **~ Europas** unification of Europe
**vereinnahmen** to collect, to take in, to receive
**Vereins~, ~beitrag** *m* club dues; membership fees; **~kasse** *f* funds of a society; club funds; **in das ~register** *n* **eintragen** to enter in the register of societies
**vereintes Deutschland** *n* (3.10.1990) unified Germany
**Vereinte Nationen** *fpl* (VN) United Nations (UN) → Organisation der ~n N~ für Industrielle Entwicklung; → Welthandelskonferenz der ~n N~
**Vereisung** *f* icing-up
**vereiteln** to frustrate, to defeat
**Vereitelung** *f* frustration, defeat
**vererben** to leave, to will; *(bewegl. Sachen)* to bequeath; *(Grundvermögen)* to devise
**Verfahren** *n (Arbeitsweise)* process, method; procedure; *(Gerichts~)* (legal) proceedings, procedure; **früher benutztes ~** formerly used procedure; **neuartiges ~** novel method; **ordnungsmäßiges ~** due process of law; **patentiertes ~** patented process; **vereinfachtes ~** streamlined procedure; **ein ~ einleiten** to institute (legal) proceedings; **die Kommission hat das ~ eingestellt** *(EU)* the Commission has terminated the proceedings
**Verfahrens~, ~forschung** *f* operations research; **~kosten** *pl* costs of the proceedings; **~ordnung** *f* rules of procedure; **~patent** *n* process patent; **~recht** *n* procedural law; **~technik** *f* process engineering; **~techniken** *fpl (auch)* process know-how
**Verfall** *m (Fälligwerden, bes. e-s Wechsels)* maturity; *(Verwirkung)* forfeiture; *(durch Zeitablauf)* expiry, expiration; *(Erlöschen)* lapse; *(von Gebäuden)* dilapidation; **~ der Aktienkurse** collapse of share prices; **den Wechsel bei ~ einlösen** to meet the bill at maturity (or when due)
**verfallen** to mature; to forfeit; to expire; to lapse; *(Gebäude)* to fall into decay, to dilapidate; **die Kaution ~ lassen** to forfeit the security; **e-e Option ~ lassen** to

abandon an option; **der Wechsel verfällt am ...** the bill matures on ...
**verfallen**, **~e Fahrkarte** *f* expired ticket; **~es Patent** *n* lapsed patent; **~er Scheck** *m* overdue (or stale) cheque (check); **~e Zinsen** *pl* overdue interest
**Verfall~**, **~klausel** *f* forfeiture clause; **~sdatum** *n* sell-by date; **~tag** *m* due date, maturity date; expiry date; **vor der ~zeit** *f* before maturity
**verfälschen**, **Lebensmittel ~** to adulterate food; **den Wettbewerb ~** to distort competition
**Verfälschung** *f* **von Nahrungsmitteln** adulteration of food
**Verfassung** *f* constitution; **~sänderung** *f* amendment to the constitution; **~sbeschwerde** *f* constitutional complaint; **v~swidrig** unconstitutional
**Verflechtung** *f*, **wirtschaftliche ~** economic interdependence (or interpenetration); **~ von Gesellschaften** interlocking of companies; **~ der Märkte der einzelnen Mitgliedstaaten** *(EU)* interpenetration of markets in the Member States; **internationale ~ der Volkswirtschaften** international interdependence of national economies; **personelle ~ in der Verwaltung mehrerer Konzerngesellschaften** *Br* interlinked directorship; *Am* interlocking directorate
**verflochtene Unternehmen** *npl* interlinked (or interlocked) enterprises
**verflüssigen** to realize; to convert (an asset) into liquid form; to increase liquidity
**Verflüssigung** *f* realization; increasing liquidity
**verfolgen** *(Absicht, Plan etc.)* to pursue; *(strafrechtl.)* to prosecute
**Verfolgung** *f* pursuit; **Rechts~** *f (Zivilprozess)* prosecution of an action; **strafrechtliche ~** criminal prosecution
**verfrachten** *(Seefracht)* to carry (by sea)
**Verfrachter** *m* carrier by sea
**Verfrachtung** *f* carriage of goods by sea
**verfügbar** available; disposable; at one's disposal; **~es Bargeld** *m* cash in hand; cash at disposal; **~es Einkommen** *n* disposable income; **~e Mittel** *pl* available funds
**verfügen** to dispose (über of); *(anordnen)* to direct; to order; **über genügend Mittel ~** to have sufficient funds at one's disposal; **letztwillig ~** to dispose by will
**Verfügung** *f* disposition, disposal; *(behördlich)* order; instruction; **einstweilige ~** court injunction → einstweilige; **gerichtliche ~** order of the court; **letztwillige ~** disposition by will; *(über Grundbesitz)* devise; **zur ~ von** at the disposal of; **jdm zur ~ stellen** to place at sb.'s disposal; **sich zur ~ stellen** to make yourself available; to candidate (or run) for office
**Verfügungs~**, **v~berechtigt** entitled to dispose (über of); **~berechtigung** *f* **über ein Konto** power to operate an account; **~beschränkung** *f* restraint on disposal; **~kredit** *m* overdraft facility; **~recht** *n* right of disposal
**verfünffacht**, **der Handel hat sich ~** trade increased fivefold
**Vergabe** *f*, **~ von Aufträgen** placing of orders; *(bei Ausschreibungen)* awarding of contracts; **~ von Kredit** granting (or extension) of credit; **~ von Mitteln** allocation of funds
**Vergällungsmittel** *n(pl)* denaturant(s)
**vergangenes Geschäftsjahr** *n* last (or preceding) business year
**vergeben**, **e-n Auftrag ~** to place an order; *(bei Ausschreibungen)* to award a contract; to give out work by contract
**Vergebung** *f* → Vergabe
**Vergehen** *n* (minor crime) offen|ce (~se); misdemeano(u)r; *Br* non-indictable offence
**Vergeltungszoll** *m* retaliatory duty
**vergesellschaften** to socialize
**Vergesellschaftung** *f* socialization
**vergewissern**, **sich über die** → Zahlungsfähigkeit e-s Kunden ~
**Vergleich** *m* 1. arrangement, settlement, compromise; *(zur Abwendung des Konkurses)* composition; *Am* reorganization; *(im Schiedsverfahren)* conciliation; **außergerichtlicher ~** private settlement; → Gesellschafts~; **mit seinen Gläubigern e-n ~ über die Zahlung der Schulden abschließen** to arrange with one's creditors for the payment of debts; **durch ~ erledigen** to settle by compromise; **es wird zu e-m ~ kommen** a settlement will be reached; a compromise will be made (or arrived at); **der ~ scheiterte** the settlement failed; **e-n ~ schließen** to enter into (or make) an arrangement (or settlement); to compound (with one's creditors); *(zur Abwendung des Konkurses)* to make (or enter into) a compo-

sition; **e-n ~ vorschlagen** to suggest terms of settlement

**Vergleich** 2. *(Gegenüberstellung)* comparison; **im ~ zum Vorjahr** as compared with the previous year; **zum ~ herangezogene Preise** prices quoted for comparison; **e-n ~ anstellen** to draw (or make) a comparison; **dem ~ mit der Konkurrenz standhalten** to stand comparison with rivals

**vergleichbare Waren** *fpl* comparable goods

**Vergleichbarkeit** *f* **der Preise** comparability of prices

**vergleichen** *(gegenüberstellen)* to compare; **sich** ~ to settle, to arrange, to come to an arrangement; to compromise; to compound (mit seinen Gläubigern with one's creditors); **sich außergerichtlich** ~ to settle (or compromise) out of court

**vergleichend**, **~e Aufstellung** *f* comparative statement; **~e Werbung** *f* comparative advertising

**Vergleichs~**, **~abschluss** *m* conclusion of a compromise; **~angebot** *n* offer of settlement; **v~bereit** ready to come to an arrangement; **~bilanz** *f* statement of affairs; **~eröffnung** *f* institution of composition proceedings; **~jahr** *n* corresponding year

**Vergleichsordnung** *f* Law on Composition Proceedings; → ICC ~

**Vergleichs~**, **~plan** *m* scheme of arrangement; **~quote** *f* (creditors') composition dividend; **~stichprobe** *f* comparison sample; **~übersicht** *f* comparative statement; **~- und Schiedsordnung** *f* **der IHK** ICC Rules of Conciliation and Arbitration

**Vergleichsverfahren** *n* composition proceedings; *(bei Schiedsgerichtbarkeit) m* conciliation proceedings; **Antrag auf Eröffnung des ~s** petition to institute composition proceedings

**Vergleichsversuch** *m* attempt to reach a settlement

**Vergleichsweg** *m*, **Beilegung geschäftlicher Streitigkeiten auf dem ~** settlement of business disputes by amicable arrangement

**vergleichsweise** by way of settlement; by way of composition; by (way of) comparison; comparatively; **den Streitfall ~ erledigen** to settle the dispute amicably

**Vergleichswert** *m* value used for comparison; relative value, comparative value

**Vergleichs~**, **~zahlen** *fpl* comparative figures; **~zeitraum** *m* comparative period; **~ziffern** *fpl* comparative figures

**verglichen mit** compared to (or with)

**Vergnügungs~**, **~industrie** *f* entertainment industry; **~steuer** *f* entertainment tax

**vergriffen** *(Ware)* sold out; *(Buch)* out of print

**vergrößern** to increase; to expand; to enlarge; **seinen Betrieb ~** to enlarge one's business; **die Ausgaben haben sich vergrößert** the expenses increased

**Vergünstigung** *f*, **steuerliche ~en** *fpl* tax privileges; **jdm e-e ~ einräumen** to grant sb. a privilege (or benefit)

**vergüten**, **geleistete Dienste ~** to remunerate (or compensate) for services rendered; **die entstandenen Kosten ~** to refund the expenses incurred; **jdm die Reisekosten ~** to reimburse (or refund) sb. the costs of the journey

**Vergütung** *f* remuneration, payment; *(Rückerstattung)* reimbursement, refund, allowance; **~ der Portokosten** refund of the costs of postage; **~ der Reisekosten** travel(l)ing allowance; **e-e angemessene ~ für seine Arbeit erhalten** to receive an adequate remuneration for one's work

**verhaften** to arrest

**Verhalten** *n* behavio(u)r; conduct; **~ auf dem Markt** market behavio(u)r (or conduct); **~ von Unternehmen im Wettbewerb** competitive practices of enterprises; **ordnungswidriges ~** misconduct; **bewusstes Parallel~** *n (z. B. gleichförmiges Preisverhalten)* conscious parallelism (of action); **~sgitter** *n* managerial grid; **~skodex** *m* code of conduct; **aufeinander abgestimmte ~sweisen** *fpl* concerted practices

**Verhältnis** *n* proportion; *(~zahl)* ratio; **~se** *pl* conditions, circumstances; **im ~ von 1 zu 2** in the ratio of 1 to 2; **im ~ der Einfuhr zur Ausfuhr** in proportion of imports to exports; **~ von Aktiva zum Eigenkapital** equity ratio; **~ zwischen Angebot und Nachfrage** ratio between supply and demand; **~ zwischen Arbeitgeber und Arbeitnehmer** industrial relations; **die in e-m Land bestehenden ~se** conditions prevailing in a country; **finanzielle ~se** financial conditions (or circumstances); **in guten ~sen leben** to be in good (or easy) circumstances; **über seine ~se leben** to live beyond one's circumstances; **in keinem ~ stehen zu** to be out of proportion with regard to

**verhältnismäßig** proportional; commensurate; **~ hoher Preis** *m* comparatively high price

**Verhältnismäßigkeit** *f*, **Gebot der ~** order against the unreasonable use of force (in industrial disputes); **~sgrundsatz** *m* principle of proportionality

**Verhältniszahl** *f* ratio

**verhandeln** to discuss; to negotiate; to bargain; **über e-n Kauf ~** to negotiate a sale; **über Lieferung e-r Ware ~** to bargain for a supply of goods; **über den Preis ~** to negotiate the price; **e-e Sache** *(vor Gericht)* **~** to try a case; *(als Anwalt)* to plead (before the court)

**Verhandlung** *f* discussion; negotiation; bargaining; *(vor Gericht)* hearing, trial; **~en** *fpl* **des Europäischen Parlaments** debates of the European Parliament; **~ über den Preis** price negotiation; **~en aufnehmen** to take up negotiations; **in ~en eintreten** to enter into negotiations; **die ~ führen** to conduct the negotiation; to conduct the hearing; **die ~en sind gut vorangeschritten** the negotiations are well advanced; **~en sind im Gange** negotiations are in progress

**Verhandlungs~**, **~angebot** *n* offer to negotiate; bargaining offer; **~führer** *m* negotiator; **~führung** *f* conduct of negotiation; **~geschick** *n* negotiating skill; **~paket** *n* package deal; **~partner** *m* negotiating partner; negotiator; **~protokoll** *n* minutes of negotiations; **~runde** *f* round of negotiations; **der Preis ist ~sache** *f* the price is a matter for arrangement; **~spielraum** *m* room for manouevre (negotiation); **~technik** *f* negotiation technique; **~tisch** *m* conference (or bargaining) table; **~vollmacht** *f* authority to negotiate; **im ~wege** *m* by negotiation

**verhängen**, **e-e Geldbuße ~** to impose a fine

**verheimlichen, e-e Urkunde ~** to suppress a document; **Vermögenswerte ~** to conceal assets

**verheiratet** married; **~ sein mit** to be married to

**Verhinderung** *f*, **bei ~ des Vorsitzenden** should the chairman be prevented from attending (the meeting *etc.*)

**Verhütung** *f* **von Unfällen** prevention of accidents

**verjähren** to become statute-barred; to fall under the statute of limitation; **die Ansprüche ~ in 3 Jahren** the claims are statute-barred after 3 years

**verjährt** statute-barred; barred by limitation; **~e Forderung** *f* statute-barred claim

**Verjährung** *f* limitation of action; prescription; **~ einwenden** (od. **die Einrede der ~ erheben**) to plead the statute of limitation; **die ~ hemmen** to suspend the running of the period of limitation; **die ~ unterbrechen** to interrupt the running of the period of limitation; **der ~ unterliegen** to be subject to the statute of limitation

**Verjährungsfrist** *f* period of limitation, limitation period; **Lauf der ~** running of time (in a limitation period)

**verkalkulieren**, **sich ~** to miscalculate

**Verkauf** *m* sale, selling; marketing; disposal, disposition; divestment; **zum ~ (stehend)** for sale, on sale; **~ auf Abzahlung** sale on account; **~ von Angebotskombinationen** tie-in sale; **~ zur Ansicht** sale on approval; **~ nach dem Ausland** export sales; **~ auf Baisse** bear sale; **~ nur gegen bar** cash sales only; **~ in Bausch und Bogen** sale in bulk, bulk sale; **~ nach Beschreibung** sale by description; **~ nach Besichtigung** sale on inspection; **~ gegen sofortige Bezahlung** *(Börse)* spot sale; **~ ohne Deckung** *(Börse)* short sale; **~ unter Eigentumsvorbehalt** conditional sale; **~ im Einzelhandel** retail sale; **~ von Forderungen an den Factor** factoring; **~ im Freiverkehr** over-the-counter sale; **~ zwecks Glattstellung** *(Börse)* realization sale; **~ im Großhandel** wholesale sale; **~ unter der Hand** private sale; **~ an der Haustür** door-to-door selling; **~ im Rahmen e-s Kartells** pool selling; **~ gegen Kasse** cash sale; **~ nach Katalog** catalog(ue) selling (or sales); **~ auf Kommissionsbasis** sale on commission; **~ zwischen Konzerngesellschaften** inter-company sale; **~ ohne**

**Kredit und Kundendienst** *(Selbstabholung gegen Barzahlung)* cash and carry; **~ auf Kreditbasis** credit sale; **~ nach Muster** sale to pattern (or sample); **~ mit Preisnachlass** discount sale; bargain sale; **~ mit Rückgaberecht** sale or return; **~ mit Rückkaufsrecht** sale with option to repurchase; **~ zum Selbstkostenpreis** sale at cost price; **~ mit Verlust** sale at a loss; **~ im Versandhandel** mail order sale; **~ nach erfolgter Verzollung** duty-paid sale; **~ e-s Wechsels** realization of a bill; **~ auf Ziel** sale on credit; **~ vom Zollager** sale ex bond; **~ mit Zugaben** selling with premiums; **~ durch nicht erbetene Zusendung** sale by unsolicited consignment

**Verkauf, fester ~** firm sale; **fingierter ~** fictitious sale; **freihändiger ~** private sale; sale by private treaty; **kommissionweiser ~** sale on commission; **schneller ~** quick sale; **verbilligter ~** sale at reduced prices; **zwangsweiser ~** forced sale

**Verkauf, e-n ~ abschließen** to conclude a sale; **zum ~ angeboten werden** to be offered for sale; to be in the market; **e-n ~ anzeigen** to advertise a sale; **zum ~ auslegen** to display for sale; **e-n ~ rückgängig machen** to rescind a sale; **etw. zum ~ stellen** to put sth. up for sale; **e-n ~ tätigen** to effect a sale; **der ~ nach dem Ausland ist stark zurückgegangen** export sales (have) declined considerably

**Verkäufe** *mpl* **erfolgen F.O.B. Versandort** sales are made f.o.b. point of shipment

**verkaufen** to sell, to vend; to dispose of; **jdm etw. ~** to sell sth. to sb., to sell sb. sth.; **gegen Barzahlung ~** to sell for cash; **bestens ~** *(Börse)* to sell at best; **ohne Deckung ~** *(Börse)* to sell short; **im Freiverkehr ~** to sell over the counter; **Waren im großen ~** to sell goods wholesale; **unter der Hand ~** to sell by private arrangement (or *Br* treaty); to sell under the counter; **auf Kommissionsbasis ~** to sell on commission; **auf Kredit ~** to sell on credit; **etw. auf dem Markt ~** to market sth.; **gemäß Muster ~** to sell by sample; **an Ort und Stelle ~** to sell on the premises (or spot); **auf Termin ~** *(Börse)* to sell for future delivery; **e-n Wechsel ~** to realize a bill; **diese Artikel lassen sich zu 10 € das Stück ~** these articles are sold (or sell) at € 10 a piece; **dieser Artikel verkauft sich gut** this article sells well (or has ready sale, finds ready buyers); **dieser Artikel verkauft sich schwer** this article sells badly; this article is difficult to dispose of; **sich nicht ~ lassen** to fail to sell; **zu ~ sein** to be on sale; **weiter ~** to resell

**verkaufend, sich schnell ~es Produkt** *n* runner; big seller

**Verkäufer** *m* seller, vendor; *(im Laden)* salesman; *Br* shop assistant; *Am* sales clerk; **~stab** *m* sales force; **als ~ arbeiten** to work as a salesman; *Am* to clerk

**Verkäuferin** *f (im Laden)* saleswoman; *Br* shop assistant; shopgirl; *Am* (sales) clerk, saleslady, salesgirl

**verkäuflich** *(zu verkaufen)* on offer; sal(e)able; **leicht ~** readily sal(e)able; easy to dispose of; **schnell ~e Ware** *f* fast selling goods; **schwer ~ sein** to be hard to sell

**Verkaufs~, ~abrechnung** *f* sales accounting; *(Börse)* contract (or sold) note; **~abschluss** *m* conclusion of a sale; **~absicht** *f* intention to sell

**Verkaufsabteilung** *f* sales (or selling) department; **~sleiter** *m* head of a sales department, sales manager

**Verkaufs~, ~agent** *m* sales agent; **~agentur** *f* sales agency; **~angebot** *n* sales offer; *(Wertpapiere)* offer for sale; **öffentliches ~angebot** *n* **von Wertpapieren** offer to sell securities to the public; **~anreiz** *m* selling appeal; sales incentive; **~anstieg** *m* rise in sales; *(plötzlich)* jump in sales; **~anzeige** *f* announcement (or advertisement) of a sale; **~argument** *n* selling point; **~auftrag** *m* sales order; selling order; **~aufwand** *m* selling expenditure (or expense); **~ausbildung** *f* → **~schulung**; **~außendienst** *m (e-s Unternehmens)* sales force; **~außenlager** *n* show room; **~aussichten** *fpl* sales prospects (or outlook); **~automat** *m* vending machine; **~bedingungen** *fpl* terms (or conditions) of sale; selling conditions; **~bemühungen** *fpl* selling efforts; **~berater** *m* sales consultant; marketing counsel(l)or; **~berichte** *mpl* sales reports; **~bezirk** *m* sales territory; selling district; marketing area; **~broschüre** *f* sales brochure; **~buch** *n* sales journal; **~bude** *f* booth, stall, stand; **~büro** *n* sales office; **~chancen** *fpl* chances for sale (of); selling possibilities; **~datum** *n* date of sale; **~direktor** *m* sales director, sales manager; **~durchführung** *f* sales performance; **~einrichtung** *f* sales outlet; **~erfahrung** *f* selling experience; **~erfolg** *m* sales success; **~ergebnis** *n* sales result; **~erlös** *m* (od. **~ertrag** *m*) proceeds of sale; sales revenue; **~erwartung** *f* sales expectancy; **~feldzug** *m* → **~kampagne**; **~filiale** *f* sales branch; **~fläche** *f* sales (or selling) space (or area); sales floor; **v~fördernde Maßnahmen** *fpl* sales promotion measures; **~förderung** *f* sales promotion; **dem Vertreter ein ~gebiet** *n* **zuweisen** to allocate a sales territory to the agent; **~gegenstand** *m* object for (or of) sale; **~gemeinschaft** *f* sales association; **~gesichtspunkt** *m* sales angle (or approach); **~gespräch** *n* sales talk; **~gewandtheit** *f* salesmanship; **~gewinn** *m* profit on a sale; **~ingenieur** *m* sales engineer; **~journal** *n* sales register; **~kampagne** *f* sales campaign (or drive)

**Verkaufskommission** *f* sale on commission; **e-e ~ übernehmen** to act as a sales agent

**Verkaufskommissionär** *m* selling agent (on commission); **Abrechnung des ~s** account sales (A/S)

**Verkaufs~**, **~konsortium** *n* sales syndicate; **~kontingent** *n* sales quota; **~konto** *n* sales account, trading account; **~kontor** *n* sales agency; **~kontrolle** *f* sales control; **~kosten** *pl* selling costs; cost of goods sold; **mangelnde ~kunst** *f* lack of salesmanship; **~kurs** *m* selling price; *(Devisen)* selling rate; **~lager** *n* sales store; **~land** *n* selling country; **~leistung** *f* sales performance; **~leiter** *m* sales manager, sales executive; *(für e-n bestimmten Markenartikel)* branch manager; **~lizenz** *f* selling licence (~se); **~menge** *f* sales volume

**Verkaufsmethode** *f* selling method, marketing method; **aggressive** (od. **zielbewusste**) **~** high-pressure selling method (or salesmanship)

**Verkaufs~**, **~möglichkeit** *f* sales possibility; **~monopol** *n* sales monopoly; **~neigung** *f* inclination to sell; **~netz** *n* sales network; **~niederlassung** *f* sales branch; **v~offener Samstag** *m* Saturday-afternoon opening; **~offerte** *f* → **~angebot**; **~option** *f* option to sell; *(Börse)* put (option); **~order** *f* selling order; **~organisation** *f* sales organization; **~personal** *n* sales staff, sales personmel; **~planung** *f* sales planning

**Verkaufspolitik** *f* sales (or selling) policy; merchandising policy; **zurückhaltende ~** policy of restraint in sales

**Verkaufspraktiken** *fpl*, **unlautere ~** unfair sales (or marketing practices; unfair salesmanship

**Verkaufspreis** *m* sales (or selling) price; **~ ab Fabrik** factory price; **den ~ angeben** to indicate the sales price

**Verkaufsprogramm** *n*, **ein Erzeugnis in das ~ aufnehmen** to include a product in the sales program(me)

**Verkaufs~**, **~prospekt** *m (Börse)* offering prospectus; sales brochure; **~provision** *f* sales commission, commission on sales; **~psychologie** *f* sales psychology; **~punkt** *m* point of sales; **~quote** *f* sales quota; **~rabatt** *m* sales discount; **~raum** *m* salesroom, shop floor; **~rechnung** *f* sales invoice; *(Abrechnung des Kommissionärs)* account sales; **~rückgang** *m* decline in sales, sales drop; **~schätzung** *f* sales estimate (or forecast); **~schlager** *m* sales hit, big runner; big (or fastest) seller; *(Buch)* best-seller; **~schulung** *f* sales training; **~schwierigkeiten** *fpl* selling difficulties; **~spesen** *pl* selling expenses; **~spitze** *f* sales peak; **~stand** *m* stall, stand; **~stelle** *f* point of sale; *Am* outlet; *(e-r Emission)* subscription agent; **~tag** *m* selling day; **~technik** *f* sales techniques; salesmanship; **~termin** *m* date set for sale; **~tisch** *m* counter; *(mit Sonderangeboten)* bargain counter; **~tüchtigkeit** *f* salesmanship; **~verbot** *n* prohibition of sale; sales embargo; ban on sales; **~vertreter** *m* selling agent, sales representative; **~vertretung** *f* sales agency; **~vollmacht** *f* authority to sell; **~volumen** *n* sales volume; **~wagen** *m* sales van; mobile shop; **~werbung** *f* sales publicity; **~wert** *m* sales value; value at selling price; **~wettbewerb** *m* sales contest; **~widerstand** *m* sales resistance; **~zahlen** *fpl* sales figures; **~ziel** *n* sales target

**Verkehr** *m* traffic; transport; *(Geschäfts~)* business; (commercial) transactions; dealing; **~ auf Straße, Schiene und Binnenwasserwegen** transport by road, rail and inland waterways; **im ~ mit dem Ausland** in external transactions; **aus dem ~ gezogenes Geld** *n* money withdrawn from circulation; **zum ~ zugelassenes Kraftfahrzeug** *n* motor vehicle licensed for use on the roads; **die im ~ erforderliche Sorgfalt** *f* reasonable care; care as is usual in the ordinary course of business; *(Straßen~)* due care and attention; **unerlaubter ~ mit Suchtstoffen** illicit drug dealing; drug trafficking; **freier ~** over-the-counter trading; **gewerblicher ~** commercial transport; **grenzüberschreitender ~** frontier- (or border-)crossing traffic; **internationaler ~** international transport; **öffentlicher ~** public transport; **Straßen mit schnellem ~** roads carrying high-speed traffic; **schwacher ~** light traffic; **starker ~** heavy traffic

**Verkehr, den ~ behindern** to obstruct traffic; **in den ~ bringen** *(Waren)* to introduce (or put) on the market, to market; *(in Umlauf setzen)* to bring (or put) into circulation; **den ~ regeln** to regulate (or control) the traffic; **aus dem ~ ziehen** *(Waren)* to take off the market; *(Münzen)* to withdraw from circulation; *(Obligationen nach Tilgung)* to retire; *(Fahrzeug)* to withdraw from traffic; **zum ~ zulassen** *(EU)* to permit the marketing of; *(Fahrzeug)* to license a vehicle (for use in traffic)

**Verkehrs~, ~amt** *n* tourist (information) office; **~betrieb** *m* passenger transport undertaking; **~chaos** *n* traffic chaos; **~flugzeug** *n* airliner; **v~freies Einkaufszentrum** *n* shopping precinct; **~gewerbe** *n* transport industry; **v~günstig gelegen** favo(u)rably located as regards transport (or traffic) facilities; **~hypothek** *f* ordinary mortgage; **~infrastruktur** *f* transport infrastructure; **~lage** *f* location as regards transport (or traffic) facilities; traffic situation

**Verkehrsmittel** *n* means of transport (or conveyance); **öffentliches ~** *Br* public transport; *Am* public transportation

**Verkehrs~, ~ordnung** *f* traffic regulations; **gemeinsame ~politik** *f (EU)* common transport policy; **v~politische Maßnahmen** *fpl* transport policy measures; **~regeln** *fpl* traffic rules; *Am* rules of the road; **~regelung** *f* traffic control; **v~schwache Zeit** *f* slack period; **~sicherheit** *f* road safety; traffic safety; **~sitte** *f* ordinary commercial practice; **v~starke Zeit** *f* rush hours; **~statistik** *f* traffic (or transport) statistics; **~steuer** *f* transaction tax; **v~tauglich** *(Kfz)* roadworthy; **~teilnehmer** *m* road user; **~träger** *m* (traffic) carrier; **v~übliche** → Sorgfalt; **~unfall** *m* traffic (or street, road) accident; **~unternehmer** *mpl* carriers; **~verein** *m* tourist office; **~verlagerung** *f* deflection of trade; **~vorschriften** *fpl* traffic rules (or regulations); **~weg** *m* (traffic) route; **europäisches ~wegenetz** *n* European traffic infrastructure network; **~werbung** *f* tourist (or traffic) publicity; **~wert** *m* (current) market value; **~wirtschaft** *f* transport industry; **~zeichen** *n* traffic (or road) sign

**verklagen** to sue; to prosecute; **jdn ~** to sue sb. (*wegen* for); to bring an action against sb.

**verklagt** → klagen oder ~ werden

**Verklappung** *f* dumping of waste at sea; ocean dumping

**Verklarung** *f* sea-protest, ship's protest

**verkleinern, seinen Betrieb ~** to reduce one's business (or staff)

**Verkleinerung** *f* retrenchment; **~ der Belegschaft** cutback in staff

**verknappen, sich ~** to become scarce

**Verknappung** *f* scarcity, shortage; tightness; **bei ~** when there is a shortage; **~ am Geldmarkt** stringency on the money market; **Kredit~** shortage (or tightening) of credit

**Verknüpfung** *f* link, interface

**verköstigen, jdn ~** to give sb. Board (and lodging)

**Verkündung** *f*, **~ e-s Gesetzes** promulgation of a law; **~ e-s Urteils** pronouncement of a judgment

**verkürzen, die Arbeitszeit ~** to shorten (or reduce) working hours; **die Lieferfrist ~** to shorten the delivery period

**Verkürzung** *f* **der Arbeitszeit** shortening (or reduction) of working hours

**Verlade~, ~anlage** *f* loading plant; **~anzeige** *f* loading advice; advice of dispatch; **~bestimmungen** *fpl* lading regulations; **~datum** *n* → **~termin**; **~dokumente** *npl* shipping documents; **~- und Entladeeinrichtungen** *fpl* loading and unloading facilities; **~flughafen** *m* airport of dispatch; **~gebühren** *fpl* loading (or shipping) charges; **~hafen** *m* port of loading; **~kosten** *pl* → ~**gebühren**

**verladen**, **Güter ~** to load (or ship) goods; **per Bahn ~** to dispatch by rail; **in loser Schüttung ~** to ship in bulk

**Verlade~**, **~ort** *m* place of loading, place of shipment; **~papiere** *npl* → ~dokumente

**Verlader** *m* loader; shipper

**Verlade~**, **~schein** *m* shipping note; **~schluss** *m* closure for cargo; **~termin** *m* shipping date, date of shipment

**Verladung** *f* loading, shipping; **~ an Bord** loading on board; **nach ~** when shipped; **~s~...** → Verlade~...

**Verlag** *m* publishing house (or firm); **~svertrag** *m* publishing contract

**verlagern** to move, to shift

**Verlagerung** *f*, **Angebots~** shift in supply

**Verlangen** *n*, **auf ~ zahlen** to pay on demand

**verlangen** to demand, to ask for, to claim; **~ für** *(Preis)* to charge for; **Schadensersatz ~** to claim damages

**verlängern** to extend, to renew; to prolong; **ein Abonnement ~** to renew a subscription; **e-e** → Frist ~; **die Konzession ~** to prolong the licen|ce (~se); **die Lieferfrist ~** to extend the delivery period; **den Mietvertrag ~** to renew the lease; **e-n Vertrag stillschweigend ~** to renew a contract implicitly (or automatically); **e-n Wechsel ~** to prolong a bill of exchange

**Verlängerung** *f* extension, renewal, prolongation; **~ der Abgabefrist** filing extension; **~ e-s Abonnements** renewal of a subscription; **~ des Akkreditivs** extension of the validity of a letter of credit; **~ e-s Darlehens** extension of a loan; **~ des Handelsabkommens** prolongation of the trade agreement; **~ e-s Passes** renewal of a passport; **~ e-s Patents** extension of a patent; **~ des Urlaubs** extension of the *Br* holiday (*Am* vacation); **stillschweigende ~ e-s Vertrages** implied extension of (the duration of) a contract

**Verlängerungsklausel** *f* renewal clause

**verlangsamen, das Wirtschaftswachstum verlangsamte sich** economic growth (has) slowed down

**Verlangsamung** *f* slowdown; **~ des Preisanstiegs** slackening in the upward movement of prices; deceleration of the growth of prices

**verlassen** to leave; **er verlässt unsere Firma auf eigenen Wunsch** he is leaving our firm at his own request

**verlegen**, **Akten ~** to misplace (or mislay) files; **e-n Betrieb ins Ausland ~** to relocate (or transfer) a plant abroad; **etw. auf e-n späteren Termin ~** to postpone sth. to a later date; **seinen Wohnsitz ~** to move one's residence

**Verlegung** *f*, **~ der Geschäftsleitung** relocation of the head office; **~ e-r Sitzung** postponement of a meeting

**verleihen** to lend, to loan; *(gegen Entgelt)* to hire out; → Arbeitnehmer ~; **Geld ~** to lend money (to sb.); **e-n Preis ~** to award a prize; **e-n Titel ~** to confer a title

**Verleiher** *m* lender, hirer (out)

**Verleihfirma** *f (bei Arbeitnehmerüberlassung)* temporary employment agency; firm hiring out temporary worker(s)

**verletzten** to violate, to infringe, to injure; **die Formvorschriften ~** to violate the provisions as to form; **jds Interessen ~** to injure sb.'s interests; **ein Patent ~** to infringe a patent; **jds Rechte ~** to infringe (or encroach) upon sb.'s rights; **e-n Vertrag ~** to violate a contract; **ein Warenzeichen ~** to infringe a trademark

**Verletzter** *m* **e-s Patents** infringer of a patent

**verletzt**, **bei e-m Unfall schwer ~ sein** to be seriously injured in an accident

**Verletzung** *f* violation, infringement, injury; **zu Arbeitsunfähigkeit führende ~** disabling injury; **bei Unfall erlittene ~** injury received in the accident; **Gesetzes~** *f* violation of a law; **Grenz~** *f* violation of the border; **~ e-s Patents** infringement of a patent; **~ des Urheberrechts** copyright infringement; **~ e-s Vertrages** breach (or violation) of a contract; **~ e-r vertraglichen Zusicherung** breach of warranty; **die Rechte bei e-r ~ gerichtlich verfolgen** *(PatR, UrheberR)* to bring an infringement suit

**verleumden** *(schriftlich)* to libel; *(mündlich)* to slander

**Verleumdung** *f* defamation; slander, libel; **~ im geschäftlichen Verkehr** trade disparagement

**verliehene Sache** *f* object lent

**verlieren** to lose; **Kundschaft ~** to lose customers (or business); **seinen Prozess ~** to lose one's lawsuit; **den Ru-**

**hegehaltsanspruch** ~ to forfeit the right to pension; **seine Stellung** ~ to lose one's position; **an Wert** ~ to deteriorate, to become of less value
**verlockendes Angebot** *n* attractive offer
**verloren** lost; **der Auftrag ging an die Konkurrenz** ~ the order was lost to competition; ~ **gegangenes Paket** *n* lost package; **die unterwegs** ~ **gegangene Ware** *f* goods lost in transit
**verlosen** to draw lots for
**verloste Wertpapiere** *npl* securities drawn for redemption
**Verlosung** *f (von Obligationen)* drawing for redemption; ~**sliste** *f* drawing list, list of bonds drawn
**Verlust** *m* loss; forfeiture; **mit** ~ at a loss; → Betriebs~; → Geschäfts~; → Gewichts~; → Kurs~; → Zins~; ~ **e-s Arbeitsplatzes** loss of a job; job loss; ~ **an Aufträgen** loss of orders; ~ **an Einkommen** loss of income; ~ **e-r Kaution** forfeiture of a security (or bail); ~ **e-s Rechts** forfeiture of a right; ~ **auf dem Transport** loss in transit (or during transport); ~ **aus Wertpapiergeschäften** loss on securities traded; **buchmäßiger** ~ accounting loss; **drohender** ~ impending loss; **auf ... entfallende** ~**e** *mpl* losses attributed to ...; **erlittener** ~ loss suffered; **finanzieller** ~ financial loss; **gänzlicher oder teilweiser** ~ complete or partial loss; **schwerer** ~ heavy (or severe) loss; **mit e-m** ~ **abschließen** to show (or result in) a loss; ~**e auffangen** to absorb losses; **e-n** ~ **aufweisen** to show a loss; **e-n** ~ **ausgleichen** to make up a loss; to compensate for a loss; **sich am** ~ **beteiligen** to share in the loss; **den** ~ **decken** to cover (or make up for) the loss; **ein** ~ **ist eingetreten** a loss occured; **große** ~**e erleiden** to incur heavy losses; ~**e an der Börse erleiden** to meet with losses on the stock exchange; ~ **e-n** ~ **ersetzen** to make good (or make up for) a loss; **seine** ~**e ersetzt bekommen** to recover one's losses; **Gewinne und** ~**e teilen** to share profits and losses; **am** ~ **teilnehmen** to have a share in the loss; **mit** ~ **verkaufen** to sell at a loss
**Verlust~**, ~**abschluss** *m* annual accounts showing a loss; balance deficit, deficit in annual accounts; ~**abzug** *m (von der Steuer)* loss deduction; ~**anzeige** *f* notice of loss; ~**ausgleich** *m* loss compensation; ~**bilanz** *f* balance sheet showing a loss; **v~bringendes Geschäft** *n* business involving loss; ~**deckung** *f* covering a loss; **im** ~**fall** *m* in case of a loss; ~**geschäft** *n* loss-making business (or transaction)
**verlustig, e-s Rechts für** ~ **erklären** to declare a right forfeited; **e-s Rechts** ~ **gehen** to lose (or forfeit) a right
**Verlust~**, ~**jahr** *n* year closing with a loss (or deficit); deficit year; ~**konto** *n* loss (or deficit) account; ~**preis** *m* losing price; ruinous price; **Gewinn- und** ~**rechnung** *f* profit and loss account; **v~reiches Jahr** *n* year with heavy losses; ~**rücktrag** *m* loss carry-back; ~**saldo** *m* loss balance; ~**übernahme** *f* assumption of loss; ~**umlage** *f* apportionment of losses; ~**verkauf** *m* selling at a loss; ~**verrechnung** *f* **mit den früheren oder späteren Jahren** carry-back or carry-forward of losses; ~**vortrag** *m* loss carry-forward; loss carried over (or forward); ~**zuweisung** *f* loss allocation
**vermachen, jdm etw. durch Testament** ~ to leave sb. sth. by will; *(bewegl. Sachen)* to bequeath sth. to sb.; *(Grundbesitz)* to devise sth. to sb.
**Vermächtnis** *n* legacy; *(bewegl. Sachen)* bequest; *(Grundbesitz)* devise; **Gattungs~** *n* general legacy; **Geld~** *n* pecuniary legacy; **durch** ~ **Bedachter** (od. **Begünstigter**) beneficiary of a legacy; **Höhe des** ~**ses** amount of the legacy; ~**nehmer** *m* legatee; *(e-r bestimmten Sache)* specific legatee; **jdm ein** ~ **aussetzen** to bequeath (or leave) a legacy to a p.
**vermarkten** to market; to bring (or offer) on the market
**Vermarktung** *f* marketing, placing on the market; ~**sbedingungen** *fpl* marketing conditions; ~**sjahr** *n* marketing year; ~**snormen** *fpl (EU)* marketing standards; ~**sprämie** *f (EU)* marketing premium; ~**sweg** *m* marketing channel; ~**szentrum** *n* marketing cent|re (~er)
**vermeidbarer Unfall** *m* avoidable accident
**Vermeidung** *f* **der Doppelbesteuerung** avoidance of double taxation
**Vermerk** *m* note; *(Eintragung)* entry; *(auf der Rückseite)* endorsement
**vermerken** to make a note (or entry); to endorse

**vermessen** to measure; *(Land)* to survey
**Vermessung** *f* measurement; *(Land)* surveying
**vermieten** *(unbewegl. Sachen)* to let, to lease; *bes. Am* to rent; *(bewegl. Sachen)* to hire (out), to let (out) on hire; on hire; **zu ~** *(Maschinen etc.)* for hire; **Haus zu ~!** *Br* house to let; *Am* house to rent; **e-n Laden ~** to let (or lease) a shop
**vermietet**, **~es Haus** *n Br* house let for rent; *Am* rented house, rental; **~e Sache** *f* hired article; **die Wohnung wird für 800 € im Monat ~** *(bringt 800 € ein) Br* the flat lets for € 800 a month; *Am* the apartment rents for € 800 a month
**Vermieter** *m* landlord, lessor; hirer (out); **~pfandrecht** *n* landlord's lien
**Vermietung** *f* rental; *(von beweglichen Sachen)* letting, leasing; *bes. Am* renting; *(von bewegl. Sachen)* hiring out; letting out; **nicht gewerbliche ~** non-commercial letting; **~ e-s Hauses** leasing (or *Br* letting, *Am* renting) a house; **~ landwirtschaftlicher Maschinen** hiring of farm machinery; **~ von Schiffen** chartering of ships
**vermindern** to reduce, to curtail; *(beeinträchtigen)* to impair; **seine Ausgaben ~** to retrench one's expenses; **das Personal ~** to reduce the staff; **die Unkosten ~** to cut costs (or expenses)
**vermindert** *(durch Verluste)* **~es Kapital** *n* impaired capital; **~e Zurechnungsfähigkeit** *f* diminished responsibility; **die Nachfrage hat sich ~** the demand has decreased
**Verminderung** *f* reduction, decrease, diminution; **~ der Einnahmen** decrease in receipts; **~ der Erwerbsfähigkeit** reduction of earning capacity; **~ der Geschwindigkeit** slackening of speed, deceleration; **~ des Wertes** diminution in value, impairment of value
**vermitteln** to mediate (between), to act as go-between; *(beschaffen)* to get, to procure; **e-e Anleihe ~** to negotiate a loan; **jdm e-n Auftrag ~** to procure sb. an order; **Hotelzimmer ~** to arrange hotel accommodation; **jdm e-e Stelle ~** to find (or procure) a job for sb.; **der Verkauf wurde durch ihn vermittelt** the sale has been brought about by his intervention
**Vermittler** *m* mediator; intermediary, go-between; **Darlehens~** *m* loan broker
**Vermittlung** *f* mediation, acting as intermediary; *(Beschaffung)* procurement, arrangement; **~ von Arbeitskräften** procurement of labo(u)r; placement of applicants for work; **~ e-s Darlehens** procuring a loan; **~ von Geschäften** *(Verkäufen, Aufträgen)* procurement of business (sales, orders); **mit der ~ von Geschäften betraut sein** to be entrusted with negotiating business; **durh jds ~ abgeschlossene Verkäufe** *mpl* sales effected by sb.'s mediation
**Vermittlungs~**, **~geschäft** *n* brokerage; **~provision** *f* commission; *(e-s Maklers)* brokerage; **~vorschlag** *m* proposal for mediation
**Vermögen** *n* property, wealth, assets; **ausländisches ~** foreign assets, assets held abroad; **bewegliches ~** movable (or personal) property; personal estate; **gegenwärtiges und zukünftiges ~** present and future property; **immaterielles ~** intangible assets; **persönliches ~** private property; *(des Gesellschafters)* personal assets; **unbewegliches ~** immovable property; real property (or estate); **sein ~ in Wertpapieren anlegen** to invest one's capital in securities; **~ ansammeln** to amass a fortune; **~ beschlagnahmen** to seize property; **ein großes ~ besitzen** to be a man of means; to have a large fortune; **ein ~ erben** to inherit a fortune; **sein ~ flüssig machen** to realize one's property, to liquidate one's assets; **zu e-m ~ gelangen** (od. **kommen**) to come into a fortune; **kein ~ haben** to be of moderate means; **mit seinem ganzen ~ haften** to be liable with all one's assets (or with one's entire property); **sein ~ übertragen** to transfer one's property (or assets) (auf to); **über ein großes ~ verfügen** to have a large fortune at one's disposal; **sein ~ vergrößern** to increase one's property; **sein ganzes ~ verlieren** to lose one's entire property; **sein ~ unter seine Erben verteilen** to divide one's property among one's heirs; **~ verwalten** to administer property
**vermögend** wealthy, well-off
**Vermögens~**, **~abgabe** *f* capital levy; **~änderungen** *fpl* change of assets; **~angabe** *f* declaration of one's property
**Vermögensangelegenheiten** *pl* financial

affairs; **seine ~ besorgen** to conduct one's affairs

**Vermögens~**, **~anlage** *f* investment; **~aufspaltung** *f (Anlagenstreuung)* dispersal of assets; **~aufstellung** *f* inventory of the assets; *(e-s Gewerbebetriebes)* statement of assets and liabilities; *(des Konkursschuldners)* statement of affairs; *(e-s Investmentfonds)* investment portfolio; **~beratung** *f* investment counselling; **~besteuerung** *f* taxation of property; **~bilanz** *f* asset and liability statement

**Vermögensbildung** *f (der Arbeitnehmer)* capital (or asset) formation; employer share ownership; **~spolitik** *f* capital formation policy

**Vermögens~**, **~einkommen** *n* property income, unearned income; **~ertrag** *m* income from property; investment income; **~gegenstände** *mpl* property, assets; **~lage** *f* financial position; financial status (or standing); **~lage e-s Konzerns** net worth of a group; **~masse** *f* total assets; **~minderung** *f* decline in the assets; **~nachweis** *m* evidence of means (or property); **~schaden** *m* pecuniary damage (or loss); **~struktur** *f* **e-s Unternehmens** assets and liabilities structure of an enterprise

**Vermögenssteuer** *f* property tax; net wealth tax

**Vermögens~**, **~übergang** *m* passing of property; **~übersicht** *f* → **~bilanz**; **~übertragung** *f* transfer of property; **~umschichtung** *f* regrouping of assets

**Vermögensveräußerung** *f* sale of property; **Gewinn aus der ~** capital gain

**Vermögensverfall** *m* dwindling of assets

**Vermögensverhältnisse** *pl* pecuniary circumstances, means; **~ e-r Firma** a firm's financial standing; **in den ~n ist e-e Verschlechterung eingetreten** the financial situation is deteriorated

**Vermögens~**, **~verlust** *m* property loss; **~verwalter** *m* property administrator (or manager); *(von Kapitalanlagen)* investment manager; trustee; **~verwaltung** *f* property administration (or management); *(von Kapitalanlagen)* investment management; **~verzeichnis** *n* inventory of property

**Vermögenswert** *m* value of assets

**Vermögenswerte** *mpl* assets; **~ im Ausland** foreign (or external) assets; assets held abroad; **~ e-r Gesellschaft** corporate assets; **~, die sich erschöpfen** depletable assets; **flüssige ~** liquid assets

**vermögenswirksam**, **~e Leistungen** *fpl* payments to promote the formation of assets (made by employers in favo(u)r of employees); capital forming payments; **~es Sparen** *n* asset building savings

**Vermögenszuwachs** *m* capital appreciation; increase in capital

**vermutlicher Erbe** *m* presumptive heir

**Vermutung** *f* presumption

**vernachlässigen** to neglect; **seine Pflichten ~** to be negligent in the performance of one's duties, to neglect one's duties

**vernehmen**, **Zeugen ~** to examine (or interrogate) witnesses

**verneinend antworten** to answer in the negative

**vernichten**, **die Ware ~** to destroy the goods

**vernommen**, **unter Eid ~ werden** to be examined upon oath

**vernünftig** sensible, reasonable; **~ er Preis** *m* reasonable price

**Verödung** *f* desertification

**veröffentlicht werden** to be published

**Veröffentlichung** *f* publication; **~ des Jahresabschlusses** *(e-s Unternehmens)* publication of the annual accounts; **Amt für amtliche ~en** *(der EG)* Office for Official Publications; **~spflicht** *f* obligation to publicize (or disclose) the annual accounts *(etc.)*

**Verordnung** *f* 1. order, ordinance, decree; regulation; **polizeiliche ~** police ordinance

**Verordnung** *f* 2. *(EU)* regulation; **~ des Rates** Council Regulation; **Rahmen~** *f* outline regulation; **~sentwurf** *m* draft regulation; **e-e ~ aufheben** to rescind a regulation; **~en erlassen** to issue regulations; **der Rat erließ** (od. **verabschiedete**) **e-e ~** the Council adopted a regulation; **die ~ gilt unmittelbar in jedem Mitgliedstaat** the regulation shall have direct validity in each Member State

**verpachten** to let, to lease; **e-n Hof ~** to let a farm to a tenant; to grant a lease of a farm to a tenant

**Verpächter** *m* lessor

**Verpachtung** *f* letting, leasing; **~ e-s Patents** lease of a patent

**verpacken** to pack; to (place in a) package; to wrap up; **getrennt ~** to pack separately; **in Holzwolle ~** to pack in wood shavings; **in Kisten ~** to pack in wooden cases; **in Lattenverschlägen ~** to pack in crates; **in Seidenpapier ~** to wrap up in tissue paper

**Verpacker** *m* packer, packing agent

**verpackt**, **einzeln ~** packed individually; **getrennt ~** packed separately; **lose oder ~** loose or packed; **ordnungsgemäß ~** properly packed; **schlecht ~e Ware** *f* badly packed goods

**Verpackung** *f* packing; *(im einzelnen)* packaging, wrapping; **Preise ausschließlich ~** prices excluding packing; packing not included; packing extra; **Preise einschließlich ~** price inclusive of packing; **~ zum Selbstkostenpreis** packing at cost; **äußere und innere ~** external and internal packing; **feste ~** strong packing; **gebrauchte** (od. **leere**) **~** empties; **luftdichte ~** air-tight packing; **mangelhafte ~** faulty (or defective) packing; **ordnungsmäßige ~** proper packing; **schlechte ~** poor (or bad) packing; **seemäßige ~** seaworthy packing; **sorgfältige ~** careful packing; **übliche ~** usual packing; **ungenügende ~** insufficient (or inadequate) packing; **wiederverwendbare ~** reusable packing; **für ~ berechnen wir 10 € extra** for packing € 10 extra; **~ wird nicht berechnet** we do not charge for packing; **~ wird extra berechnet** packing extra; **unsere Preise sind ohne ~ berechnet** our prices are exclusive without packing; **die ~ geht zu Ihren Lasten** packing charges will be invoiced

**Verpackungs~**, **~abteilung** *f* packing (or packaging) department; **~anweisung** *f* packing instruction; **~art** *f* method of packing; **~beilage** *f* package insert; **~datum** *n* date of packing; **~gewicht** *n* tare; **~industrie** *f* packaging industry; **~kosten** *pl* packing costs (or charges); **~liste** *f* packing list; **~maschine** *f* packing (or packaging) machine; **~material** *n* packing (or wrapping, packaging) material; **~müll** *m* packaging waste; **~technik** *f* packaging engineering

**verpassen** to miss; **e-e günstige Gelegenheit ~** to miss a favo(u)rable opportunity

**verpfänden** to pledge, to pawn, to give in pawn; **seinen Schmuck ~** to pawn one's jewellery

**Verpfänder** *m* pledgor, pawnor

**verpfändeter Wechsel** *m* pawned bill (of exchange); bill in pawn

**Verpfändung** *f* pledge, pledging, pawning; **~ von Forderungen** pledging accounts receivables

**Verpflegung** *f* providing food; board; **freie Unterkunft und ~** free board and lodging

**verpflichten**, **jdn ~** to oblige sb., to put sb. under an obligation; **sich vertraglich ~** to bind oneself by contract; **sich zur Übernahme der Kosten ~** to commit oneself (or to undertake) to pay the costs; **jdn zur Verschwiegenheit ~** to bind sb. to secrecy; **wir ~ uns auf 3 Jahre** we engage ourselves for 3 years

**verpflichtet**, **vertraglich ~e Partei** *f* party liable under a contract; **nicht ~ sein zu tun** to be under no obligation to do; **wir sind Ihnen zu Dank ~** we are obliged to you; we owe you thanks

**Verpflichtung** *f* obligation, liability; engagement, commitment (gegenüber to); **Verstoß e-s Mitgliedstaates gegen seine ~en aus den Verträgen** *(EU)* failure of a Member State to hono(u)r its Treaty obligations; **eingegangene ~en** *fpl* obligations incurred; **vom Schuldner nicht eingehaltene ~en** *fpl* liabilities not met by the debtor; **finanzielle ~** financial obligation (or commitment) (gegenüber in respect of); **laufende ~en** current obligations; **vertragliche ~** contractual obligation, obligations under a contract; **~en eingehen** to incur (or undertake) obligations; to enter into a commitment; **seine ~en einhalten** (od. **erfüllen**) to meet (or fulfil) one's obligations; to comply with one's obligations; **~en übernehmen** to assume obligations

**Verpflichtungs~**, **~ermächtigung** *f (EU)* commitment appropriation, appropriation for commitment; **kaufmännischer ~schein** *m* commercial certificate of obligation

**verplomben** *(z. B. Transportmittel)* to seal, to fix a seal to

**verrechnen** to charge to (sb.'s) account; *(in Gegenrechnung bringen)* to offset, to set off (against); *(ausgleichen)* to settle, to clear; **sich ~** to miscalculate; to make a mistake in one's accounts; **er hat sich**

**um 10 € verrechnet** he is € 10 out (in his accounts); **im Clearing ~** to clear (a cheque *etc.*); **die Gewinne mit den Verlusten ~** to set off gains against losses

**Verrechnung** *f* charging to (sb.'s) account; offsetting (mit against); clearing, settlement (of an account); **nur zur ~** *(Vermerk auf Schecks) Br* account (A/C) payee (only); *Am* for deposit only

**Verrechnungs~**, **~abkommen** *n* offset (or clearing) agreement; **~defizit** *n* clearing deficit; **~dollar** *m* clearing dollar; **~einheit** *f* clearing unit; **~geschäft** *n* clearing operation (or transaction); **~guthaben** *n* clearing balance; **~kasse** *f* clearing house; **~konto** *n* clearing (or offset) account; settlement account; **~kurs** *m* settlement price; *(Devisen)* settlement rate; **~länder** *npl* offset (or clearing) countries; **~posten** *m* clearing (or offset) item

**Verrechnungssaldo** *m* clearing balance; **aktiver ~** net asset on intercompany account (surplus of asset over liability); **passiver ~** net liability on intercompany account (surplus of liability over asset items)

**Verrechnungs~**, **~scheck** *m Br* crossed cheque; *Am* check for deposit (only); **~stelle** *f* clearing-house; **~verkehr** *m* clearing (transactions); **im ~wege** *m* by way of clearing; **~währung** *f* clearing currency

**verreist**, **geschäftlich ~ sein** to be away on business

**verringern** to reduce; to cut; **die Ausgaben ~** to reduce (or cut down) expenditure; **die Produktion ~** to decrease production

**verringert**, **die Ausgaben haben sich ~** expenses have decreased

**Verringerung** *f* reduction; **~ der Qualität** deterioration of quality; **~ des Risikos** diminution of the risk

**Versagen** *n* failure

**versagen**, **das Patent wird versagt** the grant of the patent is refused

**Versagung** *f* **e-s Patents** refusal of a patent

**Versammlung** *f* assembly; (general) meeting; **Gläubiger~** *f* meeting of creditors; **Haupt~** *f (e-r AG)* meeting of shareholders (*Am* stockholders); **e-e ~ abhalten** to hold a meeting; **e-e ~ einberufen** to convene (or convoke) a meeting; **an e-r ~ teilnehmen** to attend a meeting

**Versammlung** *f* **der Europäischen Gemeinschaften** European Parliament

**Versand** *m* dispatch, forwarding, shipment, shipping; **~ von Waren nach dem Ausland** dispatch of goods abroad; **beim ~** on shipment; **innergemeinschaftlicher ~** *(EU)* internal transit; **zum sofortigen ~** for immediate shipment; **den Käufer vom ~ benachrichtigen** to give the buyer advice of the dispatch of the goods; to notify the buyer of shipment; **Waren zum ~ bringen** to dispatch goods; **zum ~ kommen** to be dispatched

**Versand~**, **~abteilung** *f* forwarding (or shipping) department; **~anmeldung** *f (EU)* transit declaration; **~anschrift** *f* forwarding address; **dem Verkäufer ~anweisungen** *fpl* **erteilen** to give the seller forwarding (or shipping) instructions (or advice of dispatch); **~anzeige** *f* (letter of) advice; advice note; **~art** *f* mode of dispatch (or shipping); **~auftrag** *m* dispatch (or shipping) order; **~bahnhof** *m* forwarding station; **v~bereit** ready for dispatch (or shipment); **~bereitstellungskredit** *m* packing credit; **~datum** *n* date of dispatch (or forwarding); **~dokumente** *npl* shipping documents; **v~fähig** transportable; **v~fertig** ready for dispatch (or shipment); **~gebühren** *fpl* forwarding charges; **~geschäft** *n* mail-order business; direct-mail selling; **~gewicht** *n* shipping weight; **~handel** *m* → ~haushandel; **~handelsunternehmen** *n* mail-order house

**Versandhaus** *n* mail-order house (or firm); **~handel** *m* mail-order business; direct mail selling; **~katalog** *m* mail-order catalogue; **~werbung** *f* mail-order advertising; **~werte** *mpl (Börse)* mail orders

**Versand~**, **~kontrolle** *f* mailing list control; **~kosten** *pl* forwarding (or shipping) cost (or charges); **~land** *n* country of dispatch; **~leiter** *m* dispatch manager; **~liste** *f* packing list; mailing list; **~mitteilung** *f* → **~anzeige**; **~ort** *m* place of dispatch (or shipment); **~papiere** *npl* shipping documents; **gemeinschaftliches internes ~papier** *n (EU)* internal transit document; **~papprolle** *f* (mailing) cardboard roll; **~probe** *f* shipping sample; **~rechnung** *f* shipping invoice; **~scheck** *m* out-of-town cheque; **gemeinschaftlicher ~schein** *m (EU)* Community transit document; **~spesen** *pl* forwarding (or shipping) expense; **~termin** *m* date of shipment; shipping date

**Versandverfahren** *n (EU)*, **externes (internes) gemeinschaftliches ~** external (internal) Community transit procedure; **gemeinschaftliches ~ durch das Gebiet eines oder mehrerer Mitgliedstaaten** Community procedure (or system) for transit through the territory of one or more Member States; **gemeinschaftliches ~ für Warenförderung im Eisenbahnverkehr** Community transit procedure for goods carried by rail

**Versandverkauf** *m* mail-order selling

**Versandverkehr** *m*, **einheitliches Verfahren des innergemeinschaftlichen ~s** *(EU)* standard procedure of internal Community transit

**Versand~**, **~vorschriften** *fpl* forwarding (or shipping) instructions; **~wechsel** *m* out-of-town bill; **~weg** *m* routing (for the dispatch of goods); **~zeichen** *n* shipping mark; **~zettel** *m* shipping note

**versäumen** to fail (to observe, to appear, *etc.*); **die Frist ~** to fail to observe the time-limit; **e-e Gelegenheit ~** to miss an opportunity

**versäumte Frist** *f* non-observed time limit

**Versäumnisurteil** *n* judgment by default

**Verschachtelung** *f* interlocking

**verschaffen**, **jdm Geld ~** to procedure (or find, get, secure) money for sb.

**verschärfen** to aggravate, to tighten (up); **die Einfuhrbeschränkungen ~** to make the import restrictions more rigorous

**verschenken** to give away, to make a present of

**verschicken** to send; to despatch; **Rechnungen ~** to send out accounts; **Waren ~** to consign (or dispatch, forward) goods

**verschieben** to shift, to remove; *(aufschieben)* to postpone, to defer; **e-e Sache um einen Monat ~** to put off a matter for one month; **den Liefertermin ~** to defer the delivery date; **die Ladung verschiebt sich** the cargo shifts ( → verschoben)

**Verschiebung** *f* **e-s Termins** deferment of a deadline

**verabschieden**, **~e Forderungen** *fpl* sundry debts; **~e Preise** *mpl* different prices; **~e Verbindlichkeiten** *fpl* sundry liabilities; **die Preise sind ~** the prices differ

**verschiedenartig**, **~ angelegt** *(Wertpapiere)* diversified; **sich mit den ~sten Geschäften befassen** to be engaged in a wide diversity of transactions

**Verschiedenes** *n* miscellaneous; sundry items; varia; (meetings) AOB (any other business)

**Verschiedenheit** *f* **im Preis** difference in price

**verschiffen** to ship

**Verschiffer** *m* shipper

**Verschiffung** *f* shipping, shipment; **~nach Übersee** overseas shipment; **~sauftrag** *m* shipping order; **~sdokumente** *npl* shipping documents; commodity papers; **~sgewicht** *n* shipping weight; **~shafen** *m* port of shipment; port of loading; **~skosten** *pl* shipping charges; **~spapiere** *npl* → ~**sdokumente**; **~stermin** *m* shipping date; **~svorschriften** *fpl* shipping instructions

**Verschlag** *m (für den Transport)* crate

**verschlechtern**, **(sich) ~** to deteriorate; **sich ständig ~** to get steadily worse; **sich in der Qualität ~** to deteriorate (or become worse, fall off) in quality

**verschlechtert**, **die Wirtschaftslage hat sich ~** the economic situation has become (or grown) worse

**Verschlechterung** *f*, **~ der Geschäftslage** deterioration in business conditions; **~ der Handelsbeziehungen** worsening of trade relations

**verschleiern**, **die Bilanz ~** to doctor (or cook) the balance sheet; **seine Vermögenslage ~** to conceal one's financial position; to conceal one's assets

**Verschleiß** *m* wear and tear; **~erscheinungen** *fpl* signs of wear and tear; **~festigkeit** *f* resistance to wear (and tear); **~prüfung** *f* wear test

**verschleißen** to wear (out); **billige Artikel ~ schnell** cheap articles soon wear out; **schnell ~d** hard wearing

**verschleppen** *(hinausziehen)* to protract; *(Personen)* to displace, to kidnap

**verschleudern**, **sein Vermögen ~** to squander (or waste) one's fortune; **Waren ~** to sell goods dirt-cheap; *(im Ausland)* to dump

**verschlossen**, **in ~em Umschlag** *m* in a sealed envelope; **zollamtlich ~** sealed by customs authorities
**Verschluss** *m* lock; seal; **angelegter ~** *(Zoll)* affixed seal; **unter zollamtlichem ~** bonded, in bond; **~güter** *npl (Zoll)* bonded goods; **~sache** *f* classified information; **~verletzung** *f (Zoll)* breaking of the customs seal
**verschlüsseln** to encode, to encipher
**verschlüsselt~**, **~e Anzeige** *f* keyed advertisement; **~es Telegramm** *n* encoded telegram(me)
**Verschmelzung** *f (von Unternehmen)* merger, amalgamation; *(durch Neubildung)* consolidation
**verschmutzen** to get dirty; *(Luft, Wasser)* to pollute, to contaminate
**verschmutzende Substanz** *f* contaminant, polluter (→ Umweltverschmutzung)
**verschmutzt** *(Luft, Wasser)* polluted, contaminated; *(Ware)* soiled
**Verschmutzung** *f*, **grenzüberschreitende ~** transfrontier pollution; **~ der Binnengewässer und des Meeres** freshwater and seawater pollution; **~ der Gewässer durch Einleitung gefährlicher Stoffe** water pollution by discharge of dangerous substances; **zunehmende ~ der Luft** increasing air pollution (durch Schwefeldioxyd by sulphur dioxide); **~ durch Öl und ölhaltige Abfälle** pollution caused by oil and oily waste; **Maßnahmen gegen die ~** measures to counter pollution
**Verschmutzungsgrad** *m* pollution level
**verschnüren** to tie (with string)
**verschoben**, **die Ladung hat sich ~** the cargo (has) shifted
**verschollen** missing
**Verschönerungsarbeiten** *fpl* interior decoration work
**verschreibungspflichtige Arzneimittel** *npl* (required) prescription drugs
**verschrotten** to scrap
**verschrottetes Auto** *n* scrapped (or junked) car
**Verschrottung** *f* scrapping
**Verschulden** *n* fault; negligence; **durch sein eigenes ~** through his own fault; **grobes ~** gross negligence; **mitwirkendes ~** contributory negligence; **ohne sein ~** through no fault of his; not caused by his fault; **Haftung ohne ~** liability without fault; *(auch)* **ohne ~ haften** to be liable regardless of fault; **dem Verkäufer kann ein ~ nachgewiesen werden** the seller can be proved to be at fault
**verschulden** to become indebted; **sich stark ~** to incur heavy liabilities
**verschuldet** 1., **~e Firma** *f (die Fremdkapital aufgenommen hat)* levered firm; **~e Länder** *npl* debtor countries; **~ sein** to be involved in debts; **er ist stark ~** he is heavily in debt; he is heavily indebted
**verschuldet** 2., **der Schaden ist durch X ~** the damage is due to the default of X; X is responsible for the damage
**Verschuldung** *f* indebtedness; contraction of debts; running into debt; **~ bei e-r Bank** indebtedness to a bank; **~ des Bundes** indebtedness of the Federal Government; **~ der öffentlichen Hand** public authorities' indebtedness; **hohe ~** high (level of) indebtedness; heavy load of debt; **die ~ abbauen** to reduce indebtedness
**Verschuldungs~**, **Entwicklungsland mit geringer ~fähigkeit** *f* developing country with small borrowing capacity; **v~freie Firma** *f (die ausschließlich mit Eigenkapital finanziert ist)* unlevered firm; **~grad** *m* degree (or level) of indebtedness; *(Verhältnis zwischen Eigenkapital, Obligationen und Vorzugsaktien)* capital gearing; leverage; **~grenze** *f* borrowing limit; **~koeffizient** *m* debt-equity ratio; **~politik** *f (Handhabung der Schulden)* debt management; **~problem** *n* problem of indebtedness; **~situation** *f* **e-s Landes** a country's state of indebtedness
**verschweigen**, **e-n Fehler arglistig ~** to conceal a defect fraudulently; **die Wahrheit ~** to withhold the truth
**verschwenden** *(Zeit, Geld)* to waste, to dissipate
**verschwenderische Verwaltung** *f* prodigal administration, administration spending public funds too freely
**Verschwendung** *f* prodigality, waste; squandering; extravagance; **Geld~** *f* waste of money
**verschwiegener Mangel** *m* undisclosed defect
**Verschwiegenheit** *f*, **zur ~ verpflichtet sein** to be obliged to observe secrecy
**Versehen** *n*, **aus ~** through an oversight; by mistake
**versehen**, **mit Akzept ~** to provide with acceptance, to accept; **jdn mit Geld ~** to

supply (or furnish) sb. with funds; **gut mit Waren ~** sufficiently supplied with goods; well-stocked
**versehentlich** accidental
**Versehrte** *pl* disabled (persons)
**versenden** to dispatch, to send off, to ship; **mit der Bahn ~** to dispatch (goods) by rail
**Versender** *m* consignor; shipper
**Versendung** *f* dispatch, sending off, shipment; **~sanzeige** *f* advice of dispatch; **~skauf** *m* sale by delivery to a place other than the place of performance (according to buyer's request); **~sort** *m* place of consignment
**Versenken** *n* **von Abfällen ins Meer** dumping of waste at sea
**versenken** *(Abfälle und Schüttgut)* to dump
**versetzen** 1. to transfer; **in den Ruhestand ~** to pension (off), to retire, to superannuate
**versetzen** 2. → verpfänden
**Versetzung** *f* transfer; **~ in den Ruhestand** pensioning (off), retirement
**verseuchte Nahrungsmittel** *npl (nach Radioaktivität)* contaminated foods
**Verseuchung** *f*, **radioaktive ~ von Nahrungsmitteln** radioactive contamination of food-stuffs
**versicherbarer Wert** *m* insurable value
**Versicherer** *m* insurer, *Br (Lebensvers.)* assurer; *(bes. See~)* underwriter
**versichern**, **jdn ~** to insure sb. (gegen against, bei with); **jdm etw. ~** to assure sb. sth.; **eidlich ~** to affirm on oath; **sich ~** *(vergewissern)* to ascertain; **sich ~ (lassen)** to effect an insurance; to take out a policy; **ein Auto ~ lassen** to take out insurance on a car; **sich gegen Diebstahl ~ lassen** to insure against theft; **sein Leben ~ (lassen)** to have one's life insured (*Br* assured)
**versichert**, **~e Arbeitnehmer** *pl* employees covered; **nicht ~es Auto** *n* uninsured car; **~e Sache** *f* object insured; **~ gegen Bruch- und Transportschäden** insured against breakage and damage in transit; **~ sein** to be insured; to rest assured; to be sure
**Versicherung** *f* 1. affirmation; **~ an Eides statt** affirmation in lieu of an oath
**Versicherung** *f* 2. insurance, *Br (Lebensvers.)* assurance; **Haftpflicht~** *f* third party insurance; **~ auf Gegenseitigkeit** mutual insurance; **~ mit Gewinnbeteiligung** with (participation in the) profits insurance; **~ für fremde Rechnung** third party benefit insurance; **~ gegen besondere Risiken** contingency risk insurance; **~ auf den Todesfall** insurance payable at death; **~ auf den Todes- und Erlebensfall** endowment insurance; **~ der Transportgüter** transit insurance; goods-in-transit insurance; **~ gegen Veruntreuung** fidelity insurance; **abgelaufene ~** expired insurance; **eidesstattliche ~** affirmation in lieu of an oath; **voll eingezahlte** *(daher prämienfreie)* **~** paid-up insurance; **kurzfristige ~** short-term insurance; **zusätzliche ~** additional insurance; **e-e ~ abschließen** to effect an insurance; **e-e ~ aufgeben** to discontinue an insurance; **durch ~ ausreichend gedeckt** sufficiently covered by insurance; **die ~ läuft** the insurance runs; **die ~ läuft ab** the policy expires; **die ~ wieder in Kraft setzen** to reinstate the insurance
**Versicherungs~**, **~ablauf** *m* expiration of policy; **~abschluss** *m* taking out a policy; *(bes. Seevers.)* underwriting; **~agent** *m* insurance representative; **~aktien** *fpl* insurance shares; **~aktiengesellschaft** *f* joint stock insurance company; **~angestellte** *m, f* insurance clerk; **~anspruch** *m* insurance claim; **~antrag** *m* proposal (form); **~arten** *fpl* classes of insurance; range of policies; **~bedingungen** *fpl* insurance conditions; **~beitrag** *m* insurance premium; **~berechtigter** *m* beneficiary of an insurance; **~bestimmungen** *fpl* insurance regulations; **~betrug** *m* insurance fraud; **~dauer** *f* term (or period) of an insurance; **~fall** *m* event insured (against); **v~freie Beschäftigung** *f* employment exempt from compulsory insurance; **~geschäft** *n* insurance business; *(bes. Seevers.)* underwriting business; **~gesellschaft** *f* insurance company; **~jahr** *n* insurance year; **~kosten** *pl* insurance charges (or costs, expenses); **~leistungen** *fpl* insurance benefits; **~makler** *m* insurance broker; **~markt** *m* insurance market; **nach v~mathematischen Gesichtspunkten** *mpl* on actuarial principles; **~mathematiker** *m* actuary; **~nehmer** *m* insured (person); policy holder; **~pflicht** *f* liability (or obligation) to insure; insurance liability;

**v~pflichtig** subject to compulsory insurance; liable to insurance; **~police** *f* insurance policy; **~prämie** *f* insurance premium; **~rückkauf** *m* redemption of policy; **~schein** *m* insurance policy; *Br (Lebensvers.)* policy of assurance; **~schutz** *m* insurance cover; **~sparen** *n* insurance-linked savings; **~statistik** *f* actuarial statistics; **~steuer** *f* insurance tax; **~summe** *f* sum insured (or *Br* assured); **~träger** *m* insurance institution; insurer; *Br (Lebensvers.)* assurer; *(bes. Seevers.)* underwriter; **~unterlagen** *fpl* policy records; **~verein** *m* **auf Gegenseitigkeit** (VVaG) mutual insurance company

**Versicherungsvertrag** *m* insurance contract; *(bes. Seevers.)* underwriting contract; **Ansprüche aus dem ~ beleihen lassen** to assign insurance claims as security for a loan; **e-n ~ abschließen** to take out an insurance policy; **e-n ~ kündigen** to give notice of cancellation of the insurance policy

**Versicherungs~**, **~vertreter** *m* insurance company representative; **~wert** *m* insurable value; **~werte** *mpl Br (Börse)* insurances; **~wirtschaft** *f* insurance industry

**Versicherungszeit** *f* term of insurance; **zurückgelegte ~en** *pl* insurance periods completed; **~en in den verschiedenen Mitgliedstaaten zusammenrechnen** *(EU)* to add together (or aggregate) the periods of insurance completed in the various Member States

**Versicherungs~**, **~zertifikat** *n* insurance certificate; **~zweig** *m* branch of insurance

**versiegeln** to seal

**versilbern** to silver-plate; *fig* to convert into money; to turn into cash

**versorgen**, **jdn mit etw. ~** to provide (or furnish) sb. with sth.; **seine Kinder ~** to provide (maintenance) for one's children; **die Verbraucher mit Gas ~** to supply (or serve) consumers with gas; **ein Geschäft mit Fleisch ~** to stock (or supply) a shop with meat;

**versorgt**, **gut ~ sein mit Waren** to be well supplied with goods

**Versorgung** *f* provision (mit of); *(Belieferung)* supply, supplying; *(Pension)* pension; **~ e-r Familie** maintenance (or supply) of a family; **~ mit Strom** provision of power; power supply; **~ mit Waren und Dienstleistungen** supply of goods and services; **die ~ sicherstellen** to guarantee (or safeguard) supplies

**Versorgungs~**, **~agentur** *f (Euratom)* Supply Agency; **~anspruch** *m* maintenance claim; pernsion claim; **~aussichten** *fpl* supply prospects; **~bedarf** *m* requirement as regards the supply of; supply requirement; **~bedingungen** *fpl* conditions of supply; **v~berechtigt** entitled to a pension (or to maintenance); **~betriebe** *mpl* (public) utilities; **~bezüge** *pl* pension payments (received); **~engpass** *m* bottleneck in supplies; **~gleichgewicht** *n* **des Marktes der Gemeinschaft** *(EU)* balanced supplies to the Community market; **~industrie** *f (Elektrizität, Gas, Wasser etc.)* utility industry; **~krise** *f* **im Energiebereich** energy supply crisis; **die ~lage** *f* **hat sich gebessert** the supply situation has improved; **~leistungen** *fpl* pension payments; *(der ~betriebe)* public utility services; **~lücke** *f* gap in supplies; **~quellen** *fpl* sources of supply; **~schwierigkeiten** *fpl* difficulties in supply, supply difficulties; **~sicherheit** *f* security of supply; **~störung** *f* disruption of supplies; **~unsicherheit** *f* uncertainty of supplies; **~unternehmen** *npl (Strom, Wasser, Gas)* utilities; **~weg** *m* supply line; **~werte** *mpl (Börse)* utilities; **~wirtschaft** *f* public utilities and transport(ation); **~zusage** *f* pension commitment

**verspätet** late; **~e Abgabe** *f (e-r Erklärung etc.)* late (or delayed) filing; **~e Abnahme** *f* (od. **Annahme** *f*) delayed acceptance; **~e Erfüllung** *f* delay in performance; **~e Lieferung** *f* delayed delivery; **die Ware ~ abnehmen** to be late in taking delivery of the goods

**Verspätung** *f* delay, lateness; **bei ~** in case of delay; **bitte entschuldigen Sie meine ~** please excuse my being late; **der Zug hat 10 Minuten ~** the train is 10 minutes late

**Verspätungs~**, **~zinsen** *pl* interest on arrears; **~zuschlag** *m (für verspätet gezahlte Steuer)* (tax) arrears surcharge

**verspekulieren** to lose by speculation

**Versprechen** *n* promise; **bindendes ~** binding promise; undertaking; **das Liefer~ einhalten** to keep the delivery promise

**Versprechens~**, **~empfänger** *m* promisee; **~geber** *m* promisor

**verstaatlichen** to nationalize
**Verstaatlichung** *f* nationalization
**Vestädterung** *f* urbanization
**verständigen, sich ~** to agree, to come to an agreement
**Verständigung** *f* agreement, understanding; **e-e ~ erzielen** to reach an agreement; **erfolgt keine ~** if no agreement can be reached
**Verständigungsverfahren** *n (DBA)* mutual agreement procedure
**Verständnis** *n*, **wir bitten Sie um Ihr ~** we would appreciate your understanding; **~ haben für** to understand, to appreciate
**verstärkte Nachfrage** *f* increased demand
**Verstärkung** *f* **des Wettbewerbs** increase in (or intensification of) competition
**verstauen** to stow away (goods)
**Verstauung** *f*, **unsachgemäße ~** improper stowage
**versteckt, ~es Angebot** *n (in e-r Anzeige)* hidden offer; **~er Mangel** *m* latent defect (of fault); **~es Mikrofon** *n* bug; **~e Rücklagen** *fpl* undisclosed reserves
**versteifen, sich ~** *(Kurse, Preise)* to harden, to stiffen; **der Geldmarkt versteifte sich** the money market tightened
**Versteigerer** *m* auctioneer
**versteigern, etw. ~** to sell sth. *Br* by (*Am* at) auction; to put sth. up for auction
**versteigert, ~e Sachen** *fpl* goods sold by auction; **der Grundbesitz wurde ~** the property was put up for (or sold by) public auction
**Versteigerung** *f* auction (sale); **~ e-s Geschäftsanteils** forced sale of a share; **im Wege der öffentlichen ~** by (way of) public auction; **zur ~ kommen** to come under the hammer
**Versteigerungs~, ~ankündigung** *f* notice of sale by auction; **~erlös** *m* proceeds of the auction; **~gebühren** *pl* auction charges; **~kosten** *pl* auction expenses; **~liste** *f* auction catalog(ue); **~lokal** *n* auction room; **~preis** *m* auction price; **~termin** *m* date of auction
**versteuern, etw. ~** to pay taxes on sth.; **zu ~der Gewinn** *m* taxable profit; **nicht zu ~der Gewinn** *m* tax-free profit
**versteuert** tax-paid; **~er Gewinn** *m* profit after tax
**Versteuerung** *f* payment of taxes
**verstopfte Straße** *f* congested street
**verstorben** deceased
**Verstoß** *m* offen|ce (~se) (against), breach (of); **~ gegen ein Gesetz** breach of an Act; **~ e-s Mitgliedstaates gegen seine Verpflichtungen aus den Verträgen** *(EU)* failure of a Member State to hono(u)r its Treaty obligations; **e-n ~ gegen Art. 85 EWG-Vertrag darstellen** to constitute an infringement of Art. 85 of the EEC Treaty
**Verstoßverfahren** *n (EU)* infringement procedure
**verstoßen, gegen die Bestimmungen ~** to violate (or infringe) the provisions
**verstreichen** to expire, to elapse
**verstrichen, der Termin ist ~** the term has expired
**Verstrickungsbruch** *m* rescue of goods lawfully distrained
**Versuch** *m* attempt; *(Prüfung)* trial; *(Probe)* test; **vergeblicher ~** futile attempt; **~ der Begehung e-r strafbaren Handlung** attempt to commit an offen|ce (~se); **~ und Irrtum** *m* trial and error
**Versuchs~, ~auftrag** *m* trial order; **~betrieb** *m* pilot plant; **~bohrung** *f* experimental drilling; **~fahrt** *f (Auto)* trial run; **~kauf** *m* trial purchase; **~muster** *n* trial sample; **~serie** *f* test series; **v~weise** by way of trial; **v~weise auf den Markt bringen** to test-market; **zu ~zwecken** *mpl* for experimental purposes
**vertagen** to postpone, to adjourn, to put off; **die Konferenz auf die nächste Woche ~** to postpone the conference to the next week; **die Sitzung wurde vertragt** the meeting was adjourned
**Vertagung** *f* adjournment, postponement; **~ auf unbestimmte Zeit** adjournment sine die
**vertauschen** *(irrtümlich)* to confuse, to mistake
**Vertäuung** *f (e-s Schiffes)* mooring
**verteidigen** to defend; **jdn** (vor Gericht) ~ to conduct the defen|ce (~se) of sb.
**Verteidiger** *m* counsel for the defen|ce (~se)
**Verteidigungsausgaben** *fpl* defen|ce (~se) expenditure; **Kürzung der ~** defen|ce (~se) cut; **Voranschläge für die ~** defen|ce (~se) estimates
**Verteidigungsetat** *m* defen|ce (~se) budget
**verteilen** to distribute, to spread; *(aufteilen)* to allocate, to apportion; **Abzahlungsraten über mehrere Monate ~** to

spread instal(l)ments over seveal months; **den Gewinn gleichmäßig ~** to distribute the profit equally; **die Kosten** *(anteilmäßig)* ~ to apportion the costs; **e-n Nachlass** *(an die Erben)* ~ to distribute an estate

**Verteiler** *m* distributor; distribution list; **~liste** *f* mailing list; **~schlüssel** *m* distribution key (or ratio); basis for allocating

**Verteilung** *f* distribution, spread; allocation, apportionment; **anteilmäßige ~** pro rata (or proportionate) distribution; **~ der Dividende** distribution of dividends; **~ der Konkursmasse** distribution of bankrupt's estate; **~ des verfügbaren Öls** allocation of available oil; **~ von Sitzen auf die Mitgliedstaaten** *(EU)* allocation of seats to the Member States; **~ der Unkosten auf alle Mitglieder** apportionment of expenses among all members

**Verteilungs~**, **~plan** *m* plan of distribution; **~quote** *f* distribution quota; **~schlüssel** *m* → Verteilerschlüssel

**verteuern** to raise the price, to make dearer (or more expensive); **sich ~** to become dearer (or more expensive); **Exporte ~** to raise (or increase) export prices; **Kredite ~** to raise the price of credits; **die Nahrungsmittel ~ sich um 5 %** the price of food products increases by 5 %

**Verteuerung** *f* price (or cost) increase; increase (or rise) in the price (or cost) of; **~ des Dollars** increase in the dollar rate of exchange; **~ der Lebenshaltung** rise in the cost of living

**vertikal**, **~e Absprachen** *fpl* vertical agreements; **~e Konkurrenz** *f* vertical competition; **~e Preisbindung** *f* resale price maintenance

**Vertikalkonzern** *m* vertical group; vertical combine (or combination)

**Vertrag** *m* contract, agreement; *(Staats~)* treaty; **~, aus dem geklagt werden kann** legally enforceable contract; **die sich aus dem ~ ergebenden Verpflichtungen** obligations arising from the contract; **im ~ genannte Waren** goods of the contract description; **~ zugunsten e-s Dritten** contract in favo(u)r of a third party; **~ auf Lebenszeit** life contract; **~ mit Standardklauseln** contract made on standard terms; **~ über den Verkauf von Waren** contract for sale of goods; **~ über den Verkauf von Grundbesitz** contract for (the) sale of land

**Vertrag**, **anfechtbarer ~** voidable contract; **annullierter ~** cancelled contract; **bedingter ~** conditional contract; **befristeter ~** contract of limited duration; **bindender ~** binding contract; **einklagbarer ~** enforceable contract; **nicht einklagbarer ~** unenforceable contract; **erfüllter ~** executed contract; **fehlerhafter ~** faulty contract; **fingierter ~** fictitious contract; **formbedüftiger ~** contract requiring a specific form; **förmlicher ~** formal contract; **formloser ~** informal agreement; **gegenseitiger ~** mutual (or reciprocal) contract; **internationaler ~** international treaty; **kündbarer ~** terminable contract; **kurzfristiger ~** short-term contract; **langfristiger ~** long-term agreement; **laufender ~** current (or running) contract; **mündlicher ~** oral agreement; **neuer ~** fresh contract; **nichtiger ~** void contract; **paraphierter ~** initialled treaty; **rechtsgültiger ~** contract valid in law; **schriftlicher ~** agreement in writing; **ungültiger ~** invalid contract; **e-n ~ abändern** to vary the terms of a contract; **e-n ~ abschließen** to enter into (or make, conclude) a contract; **e-n ~ anfechten** to rescind (or avoid) a contract; **e-n ~ aufheben** to avoid (or cancel, rescind) a contract; **e-n ~ aufsetzen** to draw up a contract; **e-n ~ aushandeln** to negotiate a contract; **im ~ bestimmen** to stipulate (or specifity) in the contract; **der ~ bestimmt** the contract provides; **dem ~ entsprechen** to conform with the contract; **e-n ~ erfüllen** to fulfil (or perform) a contract; **unter e-n ~ fallen** to be covered by a contract; to come under a contract; **durch ~ gebunden sein** to be bound by contract; **der ~ gilt ab 1. Juli** the agreement runs (or takes effect) from July 1; **aus e-m ~ klagen** to sue on a contract; **den ~ kündigen** to terminate the contract; **der ~ läuft ab** the contract expires (or is terminated); **e-n ~ schriftlich niederlegen** to reduce a contract to writing; **e-n ~ schließen** to sign a contract; **e-n ~ gültig schließen** to conclude a contract validly; **der ~ unterliegt dem Recht des Verkäufers** the contract is governed by the law of the vendor's country; **den ~ verlängern** to renew (or prolong) the contract; **den ~ verletzen** to violate (or infringe) the contract; **nach diesem ~ verpflichtet sich der Käufer** by the terms of this contract the purchaser undertakes; **im ~ vorgesehen** provided for in the contract; **vom ~ zurücktreten** to withdraw from the contract; to rescind a contract

**vertraglich** contractual; as per agreement; according to contract; **~ abgemachte Lieferzeit** *f* time of delivery agreed upon by contract; **~ begründete Ansprüche** *mpl* claims based on contract; **~ vereinbarter Preis** *m* contract price; **~ vereinbarte Ware** *f* contract goods; **~ vorgesehene Frist** *f* time as provided in the contract; **Leistung des ~ Geschuldeten** *n* specific performance; **~e Schuldverhältnisse** *npl* contractual obligatons; **~e Verpflichtungen** *fpl* contractual obligations; **jdn ~ binden** to bind sb. by contract; **~ vereinbart sein** to be contractually agreed; **die Ware entspricht den ~ vereinbarten Bedingungen** *fpl* the goods are of the contract description; **~ verpflichtet sein** to be bound by contract; to be liable under a contract

**Vertrags~**, **~ablauf** *m* expiration (or expiry) of a contract; **~abschluss** *m* conclusion of a contract; entering into a contract (or an agreement); **Ort** *m* **des ~abschlusses** place where the contract was concluded (or made); **~änderung** *f* alteration (or modification) of a contract; **~anfechtung** *f* avoidance of a contract; **~angebot** *n* offer of (a) contract; **~annahme** *f* acceptance of a contract; **~anpassung** *f* adaptation of contract; **~aufhebung** *f* avoidance (or cancellation, rescission) of a contract; **~auflösung** *f* termination of a contract

**Vertragsbedingungen** *fpl* conditions (or terms) of a contract; contract terms; **~ aushandeln** to negotiate the terms of a contract; **die ~ erfüllen** to comply with the contract terms

**Vertragsbestimmungen** *fpl* provisions of a contract; contractual provisions; *(in Urkunde niedergelegt)* covenants; **die ~ einhalten** to comply with the provisions of a contract; **gegen die ~ verstoßen** *(EU)* to infringe the rules of the Treaty

**Vertragsbruch** *m* breach of contract; **~ begehen** to commit a breach of contract

**vertragsbrüchig** defaulting on a contract; **~ werden** to break a contract

**Vertragsdauer** *f* contractual period

**Vertragserfüllung** *f* performance of a contract; **für die ~ vorgesehene Waren** goods appropriated to the contract

**Vertrags~**, **~ergänzung** *f (EU)* amendment to the Treaty; **~erneuerung** *f* renewal of a contract; **~erzeugnis** *n* contractual product; **v~fähig** capable of entering into a contract; competent to negotiate an agreement; **~fähigkeit** *f* contractual capacity; **~firma** *f* contracting firm; **~handelsübliche ~formen** *fpl* trade terms; **~gebiet** *n* contractual territory; **~gegenstand** *m* subject matter of a contract

**vertragsgemäß** in conformity with the contract; in accordance with (the terms of) the contract; as per contract; **~e Lieferung** *f* delivery as agreed upon; **~e Waren** *fpl* goods of the contract description; **nicht ~e Waren** *fpl* nonconforming goods; **die Ware ist nicht ~** the goods do not conform to the contract

**Vertrags~**, **~haftung** *f* liability under a contract; **~händler** *m* authorized dealer; **~klausel** *f* contract clause; clause (or stipulation) in a contract; **missbräuchliche ~klauseln** *fpl* unfair contract terms; **~kundschaft** *f (des Handelsvertreters)* contractual clientele; **~laufzeit** *f* period of validity of the contract; **v~mäßig** → v~gemäß; **~mäßigkeit** *f* **der Ware** conformity of the goods with the contract; **~partei** *f* (od. **~partner** *m*) party to a contract, contracting party; **~pfandrecht** *n* lien by agreement, contractual lien; **~pflichten** *fpl* contractual duties; obligations under a contract; **~preis** *m* contract price; **~punkte** *mpl* articles of an agreement; **~rechte** *npl* rights under a contract; **~schluss** *m* conclusion of a contract; **~sparen** *n* scheme-linked saving; **~staat** *m* contracting state

**Vertragsstrafe** *f* contractual (or agreed) penalty; liquidated damages; **e-e ~ verwirken** to forfeit an agreed penalty

**Vertrags~**, **~tarif** *m (Zoll)* conventional tariff; **~teil** *m* (contracting) party; **~unterzeichnung** *f* signing of a contract; **~urkunde** *f* deed (a written and signed instrument); **~verhältnis** *n* contractual relationship

**Vertragsverletzung** *f* violation (or breach)

of contract; *(EU)* violation (or breach) of the Treaty; **sich auf ~ berufen** to rely on a breach of contract

**Vertragsverstoß** *m*, **der Gerichtshof hat e-n ~ festgestellt** *(EU)* the Court of Justice found that a Treaty had been violated; **~verstöße** *mpl* **von Mitgliedstaaten wurden durch den Gerichtshof verneint** *(EU)* allegations of Treaty violations by Member States were rejected by the Court of Justice

**Vertrags~**, **~vorschriften** *fpl (EU)* provisions (or terms) of the Treaty; **~währung** *f* currency of the contract; **~ware** *f* contract(ual) goods; **~werkstatt** *f* authorized workshop

**vertragswidrig** not in accordance with the contract; not in conformity with the (terms of the) contract; **die Abnahme ~er Waren verweigern** to reject the goods which do not conform to the contract

**Vertrags~**, **~widrigkeit** *f* **der Ware** lack of conformity of the goods; **~zollsatz** *m* conventional rate of customs duty

**Vertrauen** *n* confidence, trust; **~ des Käufers** reliance of the purchaser; **im ~ gesagt** (strictly) confidentially; **sein ~ in jdn setzen** to place one's confidence in sb.; **wir danken Ihnen für das uns erwiesene ~** many thanks for the confidence you showed us

**Vertrauens~**, **~bruch** *m* breach of trust; **~entzug** *m* withdrawal of confidence; **~leute** *pl (in Fabriken)* shop stewards; **~posten** *m* → ~stellung; **~sache** *f* confidential matter; **~schadenversicherung** *f* fidelity insurance; **~stellung** *f* position of trust; **~werbung** *f* institutional advertising

**vertraulich** confidential; **streng ~** strictly confidential; **~e Behandlung** *f* **e-r Auskunft** confidential treatment of information; **etw. ~ behandeln** to deal with sth. in confidence

**vertraut**, **sich ~ machen mit** to familiarize oneself with; **~ sein mit** to be familiar (or conversant) with

**vertreiben** to sell, to distribute, to market; *(aus der Heimat)* to expel

**Vertreibung** *f* expulsion

**vertretbar~**, **~er Standpunkt** *m* justifiable point of view; **~e Waren** *fpl* fungible goods, fungibles

**vertreten** (jdn) to act (as substitute) for, to be agent for; to deputize for; *(Firma, Institution etc.)* to represent; *(dienstlich)* to replace, to take (sb.'s) place; **jdn gerichtlich und außergerichtlich ~** to represent sb. judicially and extrajudicially; **durch e-n Anwalt ~ sein** to be represented by a lawyer; **im Aufsichtsrat ~ sein** to have a seat on the supervisory board; **e-e Firma ~** to represent a firm; to be a(n) (sales) agent for a firm; to travel for a firm; **jds Interessen ~** to represent sb.'s interests; to act in sb.'s interests; **seinen Mandanten vor Gericht ~** to represent one's client in court; **den Mangel** (e-r verkauften Sache) **zu ~ haben** to be responsible for the defect (in an article sold); **e-e Sache** *(als Anwalt)* **~** to plead a cause; **sich durch e-en Anwalt ~ lassen** to appear by lawyer (*Br* counsel, *Am* attorney)

**vertretend~**, **nicht zu ~e Umstände** *mpl* circumstances beyond one's control

**Vertreter** *m (e-r Firma, Institution etc.)* representative; *(Stell~)* agent; deputy, substitute; *(im Handel)* (trade) representative, sales representative, selling (*Am* sales) agent; *(Reise~)* commercial travel(l)er; *Am (auch)* traveling salesman; *(Großhandel)* distributing agent; **als ~** in a representative capacity; **~ e-r Herstellerfirma** manufacturer's agent (or representative); **~ mehrerer Firmen** general sales representative; **~ der Gewerkschaft** union representative; **~ ohne Vertretungsmacht** unauthorized agent; **~** *mpl* **der Wirtschaft** representatives of industry; **Allein~** *m* sole agent; **Auslands~** *m* representative abroad; foreign agent; **bevollmächtigter ~** authorized representative; **in der Bundesrepublik tätiger ~** agent (or representative) operating in the Federal Republic; **gesetzlicher ~** legal representative; **Stimmrechts~** *m* proxy; **e-n ~ abberufen** to recall a representative; **e-n ~ bestellen** to appoint a representative (or an agent, a deputy); **Waren durch e-n ~ bestellen** to order goods through a representative; **jds ~ sein** to act as a deputy for sb., to deputize for sb.; **als ~ tätig sein** to work as a sales representative

**Vertreter~**, **~bereich** *m* agent's territory; contractual territory; **~bericht** *m* representative's (or agent's) report; call slip; **~besuch** *m* call of a sales representative; sales call; **~bezirk** *m* → ~bereich;

**~kosten** *pl* agency expenses; **~provision** *f* agent's commission; sales representative's (or salesman's) commission; **~stab** *m* staff of representatives; **~tätigkeit** *f* work as representative (or agent); **~vertrag** *m* agency agreement

**Vertretung** *f* representation; agency; *(Stell~)* substitution; **in ~** (i. V.) acting for; for and on behalf of; *(bei Unterschriften)* (signed) for; **~ im Ausland** representation (or agency) abroad; diplomatic representation; **~ e-r Firma** representation of a firm; **~** *(durch e-en Anwalt)* **vor Gericht** representation in court; legal representation; **~ jds Interessen** safeguarding sb.'s interests; **~ e-s Kollegen** acting as substitute for a colleague; **e-e ~ aufgeben** → e-e ~ niederlegen; **sich um e-e ~ bewerben** to apply for an agency (or a representation); **die Gesellschaft hat ~en** *fpl* **in USA** the company has (or maintains) agencies in the USA; **e-e ~ einrichten** to set up (establish) an agency; **e-e ~ niederlegen** to abandon (or resign) an agency (or a representation); **die ~ e-r Firma übernehmen** to take up the representation of a firm; **jdm e-e ~ übertragen** to confer an agency upon sb.

**Vertretungs~**, **~befugnis** *f* authority to represent; **v~berechtigt** authorized to represent

**Vertretungsmacht** *f* power of representation; **im Rahmen seiner ~ handeln** to act within one's power to represent; **seine ~ überschreiten** to exceed one's power to represent

**Vertretungs~**, **~verhältnis** *n* agency; **~vertrag** *m* agency agreement; **v~weise** (acting) as a representative (or substitute)

**Vertrieb** *m* distribution, marketing, selling; **~ von Industrieerzeugnissen** sale of industrial products; **~ von Obst** marketing of fruit

**Vertriebs~**, **~absprache** *f* distribution agreement; **~abteilung** *f* marketing (or selling) department; **~anstrengungen** *fpl* selling efforts; **~aufwendungen** *fpl* selling expenses; **~aussichten** *fpl* selling prospects; **technischer ~beauftragter** *m* technical sales representative; **~beihilfe** *f (EU)* aid for marketing; **~berater** *m* marketing consultant; **~beratung** *f* marketing consulting; **~bindung** *f* tying arrangement; **~büro** *n* sales office; **~einrichtungen** *fpl* distribution (or marketing) facilities; **~erfahrung** *f* marketing experience (or know-how); **~ergebnis** *n* sales result(s); **~fachmann** *m* marketing expert; **~förderung** *f* (sales) promotion; **~funktionen** *fpl* marketing functions; **~gebiet** *n* sales territory; **~gemeinkosten** *pl* selling overheads; **~gesellschaft** *f* selling (or marketing) company; **~händler** *m* distributor; **~kalkulation** *f* sales estimate; **~kartell** *n* sales cartel; **~konsortium** *n* selling syndicate; **~kosten** *pl* sales (or distribution) cost (or expense); **~kostenstelle** *f* sales department cost cent|re (~er); **~lehre** *f* marketing; **~leiter** *m* sales manager; marketing director; **~leitung** *f* sales (or marketing) management; **~manager** *m* s. technischer → ~**beauftragter**; **~methode** *f* distribution method; **~monopol** *n* sales (or marketing) monopoly; **~netz** *n* distribution network; **~organisation** *f* sales (or marketing) organization; **~planung** *f* marketing planning; *Am* marketing mix; **~politik** *f* distribution (or marketing) policy; merchandising policy; **~recht** *n* selling right; **alleiniges ~recht** *n* **haben** to be sole distributor; **~schwierigkeiten** *fpl* marketing difficulties; **~stelle** *f* sales office, sales outlet; **~stufen** *fpl* stages of distribution; **~technik** *f* marketing; **~vereinbarung** *f* distribution (or marketing) agreement; **~vertrag** *m* dealership agreement; **~weg** *m* channel of distribution

**vertrösten**, **die Kunden ~** to put the customers off; to induce the customers to wait

**Vertuschung** *f* (od. **~sversuch** *m*) cover-up

**verunglücken** to have an accident; **tödlich ~** to meet with a fatal accident; to be killed in an accident

**verunreinigende Stoffe** *mpl* pollutants

**Verunreinigung** *f* **der Gewässer** water pollution

**veruntreuen** to misappropriate, to defalcate; to embezzle; *(bes. öffentliche Gelder)* to peculate

**Veruntreuung** *f* dishonest appropriation (of money entrusted to one); defalcation; embezzlement; *(bes. öffentliche Gelder)* peculation; **~sversicherung** *f* fidelity insurance

**verursachen** to cause, to be the cause of; **Kosten ~** to involve costs (or expenses)

**Verursacherprinzip** *n (Umweltschutz)* polluter pays principle; principle of making the polluter pay

**verurteilen, den Angeklagten ~** to convict the accused; **den Beklagten ~** to find against the defendant; **e-n Dieb zu 6 Monaten Freiheitsstrafe ~** to sentence a thief to six months' imprisonment; **jdn zu e-r Geldstrafe ~** to fine sb.; to impose a fine on sb.

**verurteilt, er wurde wegen Betruges ~** he was convicted of fraud; **zu e-r Freiheitsstrafe von 10 Monaten ~ werden** to be sentenced to ten months' imprisonment; **zu Schadensersatz ~ werden** to be ordered to pay damages; **er wurde zur Zahlung der Kosten ~** costs were awarded against him

**Verurteilung** *f (Strafprozess)* conviction (wegen for)

**vervielfältigen** to duplicate; to reproduce; to copy

**vervielfältige Unterschrift** *f* facsimile signature

**Vervielfältigung** *f* duplication; reproduction

**verwahren** to hold in safe custody; **sich ~ gegen** to protest against; **die Ware im Lagerhaus ~** to deposit the goods in the warehouse; **die Ware** *(bei Verzug des Käufers)* **~** to preserve the goods

**Verwahrer** *m* depositary; custodian

**verwahrlost** neglected; **~ sein** to be in a state of neglect

**verwahrt, vorübergehend ~e Waren** *fpl* goods placed in temporary storage

**Verwahrung** *f* deposit; (safe) custody; safekeeping; *(Einspruch)* protest; **amtliche ~** official custody; **~ von Wertpapieren** custody (or safekeeping) of securities; **in ~ geben** to deposit; to put in store for safe-keeping; **in ~ nehmen** to take in custody; **zur sicheren ~ überlassen** to leave in safe custody (or safekeeping)

**Verwahrungs~, ~buch** *n* custody ledger; **~gebühr** *f* deposit charge; **~geschäft** *n* custody transaction; **~stücke** *npl* custody items; **~vertrag** *m* custody agreement

**verwalten** to manage; to administer; **ein Haus ~** to manage a house; to be caretaker for a house; **ein Vermögen ~** to administer another's property; to be in charge of an estate

**Verwalter** *m* manager; administrator; **~ e-s Hauses** steward, caretaker

**Verwaltung** *f* administration; management; **~ von Effekten** *(durch Banken etc.)* portfolio mangement; **~ von Kapitalanlagen** investment mangement; **zuständige ~en** *fpl* **der Mitgliedstaaten** *(EU)* competent national administrative authorities; **~ von Vermögen** administration (or management) of property (or an estate)

**Verwaltungs~, ~akt** *m* administrative act; **~aktien** *fpl* shares held at the disposal of the executive board; management shares; **~apparat** *m* administrative machinery; **~aufwand** *m* administrative expense; **~ausgaben** *fpl* administrative expenditure; **~beamter** *m* administrative officer; **~beirat** *m* advisory board; **~bezirk** *m* administrative district; **~dienst** *m* administrative service; **~einsparungen** *fpl* economies in management (or administration); **~gebäude** *n* administrative building; **~gebühr** *f* management fee (or charge); **~gemeinkosten** *pl* administrative overheads; **~gericht** *n* administrative court; **~gesellschaft** *f* management company; **~gremium** *n* administrative body; **~haushalt** *m* administrative budget; **~kosten** *pl* administration cost; management expense; **~kostenstelle** *f* administration cost cent|re (~er); **~organe** *npl (e-r Gesellschaft)* management bodies; **~personal** *n* administrative staff; **~rat** *m* administrative board; executive board; **~rat** *m* **für die sozialen Dienste** *(EU)* Social Services Board; **~recht** *n* administrative law; **~sachen** *fpl* administrative matters; **~träger** *m (e-s Unternehmens)* management; **~verfahren** *n* administrative procedure; **auf dem ~wege** *m* through administrative channels; administratively

**verwandt** related (mit to); **chemische und ~e Industrien** *fpl* chemical and allied industries

**Verwandte** *pl*, **nahe ~** close relatives

**Verwarnung** *f* warning; admonition; **gebührenpflichtige ~** on-the-spot fining

**verwässert** watered down; diluted; **~es Grundkapital** *n* watered (or diluted) share capital

**Verwässerung** *f* **des Aktienkapitals** equity dilution

**verwechseln** to confuse; to mistake one thing for another

**Verwechslung** *f*, **~ von Warenzeichen** confusion of trademarks; **~sgefahr** *f* risk of confusion

**verweigern**, **die Annahme ~** to refuse acceptance, to decline to accept; **die Annahme der Lieferung ~** to refuse to take delivery; **die Annahme e-s Wechsels ~** to refuse acceptance of a bill; to dishono(u)r a bill by nonacceptance; **die Zahlung ~** to refuse payment, to refuse to pay

**Verweigerung** *f* refusal, denial; **~ e-r Auskunft** refusal to furnish information; **~ e-s Kredits** refusal of a credit (or loan)

**verweisen** to refer to; *(in e-m Buch)* to make a cross-reference; **jdn an die Auskunft ~** to refer sb. to the inquiry office

**Verweisung** *f* reference; **~ e-r Sache** *(an ein anderes Gericht)* transfer (or reference) of a case

**verwendbar** usable, employable; applicable (für to); **wieder~** reusable; **vielseitig ~** having various uses; versatile

**verwenden** to use, to employ; **wieder~** *(Altmaterial)* to recycle; **sich für jdn ~** to intercede for sb.; **e-n Geldbetrag ~** to use (or make use) of a sum of money; **Geld für die Bezahlung von Schulden ~** to apply money for the payment of debts; **Geld widerrechtlich ~** to misappropriate money

**Verwender** *m* **der Ware** user of the goods

**Verwendung** *f* use, employment; application; **~ des Erlöses** use of proceeds; **~ des Gewinns** *(für besondere Zwecke)* appropriation (or application) of the profit; **~ der Haushaltsmittel** utilization of appropriations; **~ von Mitteln** application of funds; **ordnungswidrige ~** improper use; **unrechtmäßige ~ für sich selbst** conversion to one's own use; **widerrechtliche ~** *(bes. von Geld)* misapplication, misappropriation; **vielseitige ~ finden** to be put to many uses; to have a versatile field of application

**Verwendungs~**, **vielseitige ~möglichkeiten** *fpl* varied application possibilities; **für den ~zweck** *m* **geeignet sein** to be fit for its purpose

**verwerfen, die Berufung ~** to dismiss the appeal

**Verwerfung** *f* **der Berufung** dismissal of appeal

**verwerten** to utilize; to realize; to exploit; **geschäftlich ~** to commercialize; **Abfälle ~** to turn waste to account; to recycle; **ein Betriebsgeheimnis ~** to make use of a trade secret; **ein Patent ~** to exploit a patent

**Verwertung** *f* utilization; realization; exploitation; **gewerbliche ~** commercial exploitation; **~ von Abfällen** recycling, utilization of scrap; **~ e-r Erfindung** exploitation of an invention; **~ e-s Know-how** utilization of know-how; **~ e-s Pfandes** realization of a pledge

**Verwertungs~**, **~aktien** *fpl* → Vorratsaktien; **~konsortium** *n (Emissionskonsortium)* selling syndicate

**verwickelt werden in** to get involved in

**verwirken, e-e Geldstrafe ~** to incur a fine; **e-n Pensionsanspruch ~** to forfeit a pension

**Verwirklichung** *f* **e-s Plans** realization of a plan

**verwirktes Recht** *n* forfeited right

**Verwirkung** *f*, **~ e-s Pensionsanspruchs** forfeiture of a pension; **~ e-s Rechts** forfeiture of a right; **~sklausel** *f* forfeiture clause

**verwirtschaften** to squander (or waste) through bad management

**verwöhnter Kunde** *m* spoilt customer

**verzählen**, **sich ~** to count wrong, to miscount

**Verzehr** *m*, **zum ~ an Ort und Stelle** for consumption on the premises

**verzeichnen** to enter in a list, register *(etc.)*; to list, to register, to note down; to specify

**Verzeichnis** *n* list, register, schedule; *(Bestands~)* inventory; specification; **~ der Aktionäre** register of members of a company; **~ der Hotels** index of hotels; **~ des Vermögens** schedule of property; list of assets; **die im ~ aufgeführten Waren** the listed goods; **ein ~ aufstellen** to draw up a list; to compile a schedule

**verzerren**, **den Wettbewerb ~** to distort competition

**Verzicht** *m* waiver, renunciation; relinquishment; **~ auf sein Erbe** disclaimer of one's share in an estate; **~ auf ein Recht** waiver (or renunciation) of a right; **~ auf**

**Schadensersatzansprüche** waiver of claims for damages; **den ~ erklären** to make a waiver; **~ leisten auf** to waive, to renounce

**verzichten** to waive, to renounce, to relinquish; **auf e-e Erbschaft ~** to renounce one's interests in an estate; **auf seine vertraglichen Rechte ~** to waive one's rights under a contract

**Verzicht~**, **~erklärung** *f* waiver; **~leistung** *f* renunciation

**verzinkte Bleche** *npl* galvanized sheets

**verzinsen** to pay interest (on); **Einlagen mit 4 % ~** to pay an interest of 4 % on deposits; to allow 4 % on deposits; **sich gut ~** to yield a good interest (or return); **das Kapital verzinst sich zu 5 %** the capital bears interest at 5 %

**verzinslich** interest-bearing, yielding interest; **~es Darlehen** *n* loan on interest; **mit 5 % ~es Darlehen** loan yielding 5 % interest; **~ ab 1. Juli** interest payable from July 1; **hoch ~** high interest-yielding; **niedrig ~** low interest-yielding

**Verzinsung** *f* payment of interest; *(Ertrag)* (interest) return; *(Zinssatz)* rate of interest; **mit 4%iger ~** yielding 4 % interest; **~ des Kapitals** return on capital; **hohe ~** high interest return (or yield); **Effektiv~** *f* effective interest yield; **Nominal~** nominal interest; **e-e 6%ige ~ erbringen** to give 6 % interest

**verzögern**, **die Ankunft der Ware wird sich um 1 Woche ~** the arrival of the goods will be delayed for one week; **die Zahlung ~** to delay payment

**verzögert**, **~e Lieferung** *f* delayed delivery; **die Lieferung ~ sich um ... Tage** delivery is delayed for ... days

**Verzögerung** *f* delay; **ohne weitere ~** without further delay; **~ bei der Ladung** delay in loading; **ungehörige ~** undue delay; **wir bitten Sie, die ~ der Zahlung zu entschuldigen** we beg you to excuse the delay in payment; **~en** *fpl* **vermeiden** to prevent delays

**verzollen**, **Waren ~** to pay duty on goods; *(Schiffsverkehr)* to clear goods through customs; *(vom Zollamt abholen)* to take goods out of bond; **etw. zu ~ haben** to have sth. to declare; **zu ~ sein** to be dutiable

**verzollt** duty paid; customs cleared; **nicht ~** uncleared; **~e Waren** *fpl* goods out of bond; **niedrig ~e Waren** *fpl* low-duty goods

**Verzollung** *f* payment of duty (or duties); *(Zollabfertigung)* (customs) clearance; **die ~ erfolgt durch den Empfänger der Ware** duty will be paid by the consignee of the goods; **zur ~ anmelden** to declare (goods); to file a customs entry; **Einfuhrgüter zur ~ beim Zollamt anmelden** to enter import(ed) goods at the customs office

**Verzollungs~**, **~kosten** *pl* clearance charges; **~papiere** *npl* clearance papers

**Verzug** *m* delay; default; → Gläubiger~; **ohne ~** without delay; **im Falle des ~s des Schuldners** in case of default of the debtor; **im ~** in arrears, in default; **im ~ befindlicher Schuldner** *m* defaulting debtor; **der Verkäufer befindet sich in ~** the seller fails to tender delivery by the agreed date; **in ~ geraten** to default (on); **mit Zahlungen in ~ geraten** to get into arrears with one's payments; to (make) default on one's payments; **wenn der Verkäufer in ~ kommt** upon the seller's default; **mit der Lieferung im ~ sein** to be in default of delivery; to be behind in the delivery; **mit der Miete im ~ sein** to be behind with (payment of) the rent; to be overdue with (payment of) the rent

**Verzugs~**, **~gebühr** *f* late payment fee; **~klausel** *f* clause relating to default; **~schaden** *m* damage due to delay in time or performance; **~strafe** *f* penalty for delayed delivery or performance; **~zinsen** *pl* interest for default; interest on payments in arrears; interest on late payment

**Videokonferenz** *n* video conference

**Vieh** *n* (live)stock; *(Rind~)* cattle; **~ halten** to keep cattle; **Mast~** *n* livestock for fattening; **Zucht~** *n* livestock for breeding; **~ züchten** to breed (or raise) cattle

**Vieh~**, **~bestand** *m* livestock; stock of cattle; **~dieb** *m* cattle thief; **~diebstahl** *m* cattle stealing; **~export** *m* cattle export; **~futter** *n* animal feed; **~halter** *m* keeper of cattle; **~haltung** *f* keeping of cattle; animal husbandry; **~handel** *m* cattle trade; **~händler** *m* cattle dealer; **~kauf** *m* purchase of livestock; **~markt** *m* live(stock) market; cattle market; **~pacht** *f* lease of livestock; **~seuche** *f* cattle pest; epizootic disease; **~transport** *m* cattle transport; **~versicherung** *f*

cattle (or livestock) insurance; **~wagen** *m* cattle truck; cattle transporter; *Am* stock car; **~wirtschaft** *f* → ~**haltung**; **~zählung** *f* cattle (or livestock) census; **~zucht** *f* stockfarming; cattle breeding (or raising); **~züchter** *m* cattle breeder (or farmer); stock-breeder (or farmer)
**vielfach** multiple, manifold; **~er Millionär** *m* multimillionaire
**Vielfalt** *f* **des Angebots** variety (or diversity) of an offer
**vielgekauft** much bought
**vielseitig verwendbar** of versatile application; having various uses
**Vielseitigkeit** *f* **des Produktionsprogramms** diversification of production
**Vier~**, **~farbendruck** *m* four-colo(u)r-print; **~jahresplan** *m* four-year plan; **v~monatlich** every four months; **v~sprachig** quadrilingual; **v~spurig** four-lane(d); **ein v~stelliger Betrag** *m* a four-figure amount
**Vierertreffen** *n* quadripartite meeting
**Viertel** *n (Stadtteil)* quarter; **ein ~ des Betrages** a quarter of the amount
**Vierteljahres~**, **~abonnement** *n* quarterly suscription; **~abschluss** *m* quarterly financial statement; **~bericht** *m* quarterly statement; **~rate** *f* quarterly instal(l)ment; **~zahlen** *fpl* quarterly figures
**vierteljährlicher Betrag** *m* quarterly subscription
**vierzehntägige Kündigung** *f* a fortnights's notice
**vierzehntäglich** every two weeks, fortnightly
**Vierzigstundenwoche** *f* forty-hour week
**vinkulierte Aktien** *fpl* registered shares with restrictions on (right to) transfer
**Viren** *pl (Computer)* viruses; **v~sicher** virus-proof; **v~verseucht** infected by virus
**Virus** *m (Computer)* virus; **v~behaftet** (od **~befallen**) struck by a virus
**Visitenkarte** *f* visiting card; *Am* calling card
**Visum** *n* visa; **ein ~ ausstellen** to issue a visa; **ein ~ beantragen** to apply for a visa
**Visum~**, **~gebühren** *fpl* visa charges; **~verlängerung** *f* extension of visa; **~zwang** *m* obligation to hold a visa
**Vitrine** *f* display case, showcase
**Vizepräsident** *m* vice-president
**VN-Kaufrechtsübereinkommen** *n* (Übereinkommen der Vereinten Nationen über Verträge über den internationalen Warenkauf) UN Convention on Contracts for the International Sale of Goods (International Sale of Goods Convention)
**Völkerrecht** *n* (public) international law
**Volks~**, **~einkommen** *n* national income; **~entscheid** *m* referendum; **~gesundheit** *f* public health; **~hochschule** *f* adult education courses; **~vermögen** *n* national wealth; **~wirt** *m* (political) economist; **~wirtschaft** *f* economy
**volkswirtschaftlich** (macro) economic; **~e Erträge** *mpl* social returns; **~e Gesamtplanung** *f* national economic planning; **~e Gesamtrechnung** *f* national accounting; **~e Kosten** *pl* social costs
**Volkswirtschafts~**, **~lehre** *f* economics; **~politik** *f* → Wirtschaftspolitik
**voll**, **~ abgeschrieben** fully written off; **~ abzugsfähig** fully (tax) deductible; **~ beladen** fully laden; loaded to capacity; **das Hotel ist ~ besetzt** the hotel is booked up; **~ bezahlen** to pay in full; **~ eingezahltes Aktienkapital** *n* fully paid-up share capital; **~ und ganz** entirely; **~ haftbar** fully liable; **~ verantwortlich sein** to be fully responsible
**voll**, **~e Bezahlung** *f* full payment, payment in full; **~er Fahrpreis** *m* full fare; **~es Gehalt** *n* full salary; **~e Haftung** *f* full (or unlimited) liability; **Fahrkarte zum ~en Preise** *m* full-fare ticket; **~er Satz** *m* **Konnossemente** full set of bills of lading; **~e Summe** *f* entire sum
**Voll~**, **~arbeitsplätze** *mpl* full-time jobs; **v~automatisch** fully automatic; **v~automatisiert** fully automated; **~automatisierung** *f* full automation; **v~berechtigt** fully entitled; **v~beschäftigt** employed full-time; *(Betrieb)* working to capacity
**Vollbeschäftigung** *f* full employment; **~sgrad** *m* full employment ratio; **~spolitik** *f* full employment policy
**vollenden** to complete, to accomplish; **seine Ausbildungszeit ~** to finish one's (time of) apprenticeship
**Vollendung** *f* **des Binnenmarktes** *(EU)* complemention of the internal market
**Voll~**, **~indossament** *n* endorsement in full; **~invalidität** *f* total disability
**volljährig** of (full) age; major; **noch nicht ~ sein** to be under age; **~ werden** to come of age
**Volljährigkeit** *f* full age, majority; **nach Eintritt der ~** after coming of (full) age;

after reaching majority; **die ~ erreichen** to attain the age of majority

**vollkaskoversichert** covered by complete car insurance

**Voll~**, **~kaufmann** *m* merchant registered in the → Handelsregister; **v~kommene Konkurrenz** *f* perfect competition

**Vollkosten** *pl* full cost; **~rechnung** *f* absorption costing; full-cost pricing

**Vollmacht** *f* full power, authority; mandate; *(schriftlich)* power of attorney; *(Stimmrechts~)* proxy; *(bes. bei Wechseln)* procuration; **~ zur Kreditaufnahme** borrowing authority; **~ zur Kreditgewährung** lending authority; **in ~** by proxy; per pro(curation); **kraft ~** by virtue of authority; **erloschene ~** terminated authority; **als gut und gehörig befundene ~** full power(s) found in good and due form; **unbeschränkte ~** plenary power(s); unlimited power; **widerrufliche ~** revocable authority; **die ~ entziehen** to withdraw the power of attorney; **zur Vertretung der Aktionäre der Hauptversammlung ist e-e schriftliche ~ erforderlich** a proxy duly signed is necessary to represent shareholders at the general meeting; **~ erhalten** to be granted power of attorney; to be authorized (to do); **jdm ~ erteilen** to give (or grant) sb. power of attorney; to authorize sb. (to do); to give sb. authority (to do); **im Rahmen seiner ~ handeln** to act within the scope of one's authority; **mit schriftlicher ~ versehen** vested with (or holding) a written power of attorney; **seine ~ vorlegen** to produce one's power of attorney; **e-e ~ widerrufen** to revoke a power of attorney

**Vollmacht~**, **~erteilung** *f* granting of a power of attorney; **~geber** *m* person conferring authority; grantor of a power of attorney; **~stimmrecht** *n* proxy voting right

**Voll~**, **~mitgliedschaft** *f* full membership; **~pension** *f* room and (full) board

**vollständig** complete, entire; **~e Adresse** *f* full address; **~e Invalidität** *f* complete disablement; **~e Konkurrenz** *f* perfect competition; **~e Tilgung** *f* full redemption; **~e Zahlung** *f* payment in full; **~ in Einzelteile zerlegt** completely knocked down

**Vollständigkeit** *f*, **ohne Anspruch auf ~** without claiming completeness

**vollstreckbar** enforceable; **die Entscheidungen des Rates oder der Kommission, die e-e Zahlung auferlegen, sind ~e Titel** *mpl (EU)* decisions of the Council or of the Commission which involve a pecuniary obligation (on persons other than states) shall have the enforceability of a court judgment

**Vollstreckbarerklärung** *f* **ausländischer Urteile oder Schiedssprüche** enforcement order in respect of foreign judgments or arbitral awards

**Vollstreckbarkeit** *f* enforceability

**vollstrecken** to enforce, to execute; **aus e-m Urteil ~** to enforce a judgment

**Vollstreckung** *f*, **~ von gerichtlichen Entscheidungen in Zivil- und Handelssachen** enforcement of judgments in civil and commercial matters; **~ in jds Vermögen** execution against sb.'s property; **die ~ aus e-m Urteil betreiben** to enforce a judgment

**Vollstreckungs~**, **~bescheid** *m* enforcement order; writ of execution; **~gläubiger** *m* execution creditor; **~schuldner** *m* execution debtor; **~titel** *m* enforceable title

**Vollstreik** *m* all-out strike

**Vollversammlung** *f* (der VN) (UN) General Assembly

**Voll(wert)~**, **~kost** *f* wholefood; **~versicherung** *f* insurance at full value

**vollwertig** of full value

**vollwichtig, nicht ~ sein** to be deficient in weight

**Vollzeit~**, **~arbeitslose** *pl* full-time unemployed; **~arbeitsplatz** *m* full-time job; **~beschäftigte** *pl* full-time workers; **~beschäftigung** *f* full-time employment

**Vollziehung** *f* execution; enforcement

**vollzogene Lieferung** *f* accomplished delivery

**Vollzugsaufschub** *m* **begehren** to apply to suspend execution

**Volontär** *m* unpaid trainee

**Volumen** *n* volume; total (amount or quantity); *(Börse)* turnover; **Export~** *n* volume of exports; **Kredit~** *n* credit volume; total lendings; **~wachstum** *n* volume growth

**Vomhundertsatz** *m* percentage rate

**von 1993 an** from 1993 onwards

**von-Haus-zu-Haus-Klausel** *f* door-to-door clause

**von Rechts wegen** by right

**vor Fälligkeit** prior to maturity, before the due date
**vorab entscheiden** to render a preliminary decision
**Vorabentscheidung** *f (EU)* preliminary decision (or ruling); ruling in advance; **~sverfahren** *n (EU)* preliminary ruling procedure; **den Gerichtshof um ~ ersuchen** *(EU)* to ask the Court of Justice for a preliminary ruling
**vorangegangenes Jahr** *n* preceding year
**vorangehen** to precede, to come before; **die Arbeit geht gut voran** the work is making good progress
**vorankommen** *(geschäftlich)* **gut ~** to do well
**Voranmeldung** *(Mehrwertsteuer)* preliminary return
**Voranschlag** *m* estimate; approximate calculation (of cost, *etc.*); **Ausgaben~** *m* estimate of expenditure; **zusätzlicher oder abgeänderter Haushalts~** *m* supplementary or revised budget estimate
**Voranzeige** *f* advance notice
**Vorarbeiter** *m* foreman; charge hand
**Voraus** *n (Erbschaft)* reserved portion of spouse's property
**Voraus, im ~** in advance, beforehand; **im ~ zahlbar** payable in advance; **im ~ bezahlte Fracht** *f* freight paid in advance; freight prepaid; **im ~ abziehen** to deduct in advance; **ein Zimmer im ~ bestellen** to book a room in advance; **im ~** *(vor Fälligkeit)* **bezahlen** to anticipate a payment; **die Mieten werden im ~ bezahlt** rents are paid in advance; **indem ich Ihnen im ~ danke** thanking you in advance
**voraus, V~berechnung** *f* precalculation; prior calculation; **~ bestellen** to order in advance; **V~bestellung** *f* advance order; **~bezahlen** to pay in advance; to prepay; *(vor Fälligkeit)* to anticipate a payment; **~bezahlt** prepaid (ppd.); **~bezahlter Betrag** *m* amount paid in advance; **~fahren** *(vor e-m anderen Auto)* to drive ahead
**Vorausfestsetzung** *f* advance fixing, prefixing; **~ der Ausfuhrabschöpfung** *(EU)* advance fixing of export levy; **~sbescheinigung** *f (EU)* advance fixing certificate
**voraus~, ~gegangen** preceding; previous; **~gesetzt dass** provided that; **V~leistung** *f* advance performance; prepayment; **V~lieferung** *f* advance delivery; **V~planung** *f* planning in advance; forecasting; **V~rechnung** *f* invoice sent in advance; **V~sage** *f* **der Marktentwicklung** market prognosis; **V~schätzung** *f* **des Bedarfs** forecast of demand; **V~schau** *f* foresight; **~sehbar** foreseeable; **nicht ~sehbare Umstände** *mpl* unforseeable circumstances; **~senden** to send in advance; **~setzen** to presuppose; to require as a condition; to assume
**Voraussetzung** *f* (pre)supposition; prerequisite; requirement; **unter der ~, dass** on condition that, on the understanding that; **unter den gegenwärtigen ~en** *fpl* under present conditions; **die ~en erfüllen** to meet (or satisfy) the requirements; to qualify (für for); **die ~en erfüllen, um auf den** → IWF zu ziehen to be eligible to draw on the IMF; **die ~en des Gesetzes liegen vor** the conditions of the law exist; **die ~ ist weggefallen** the prerequisite has ceased to exist
**voraussichtlich** presumable; in all probability; **~er Bedarf** *m* expected requirement (or need); **~er Gewinn** *m* expected profit; **~er Käufer** *m* prospective (or potential) buyer; **~e Kosten** *pl* estimated cost; **~er Preis** *m* forseeable price; **die Ware wird ~ ankommen am ...** the goods are scheduled to arrive on ...
**voraus~, ~zahlbare Fracht** *f* freight prepayable (or payable in advance); **~zahlen** to pay in advance, to prepay
**Vorauszahlung** *f* payment in advance, cash in advance; prepayment; **~en** *fpl* (tax) prepayments
**Vorbehalt** *m* reservation, proviso; **geheimer ~** mental reservation; **ohne ~** without reservation; **unter dem ~** with (the) reservation; subject to the proviso; **unter dem ~, dass Mittel vorhanden sind** subject to availability of funds
**vorbehalten, sich ~** to reserve (to oneself); **wir behalten uns vor** we reserve the right; **sich bis zur Zahlung das Eigentum ~** to reserve property pending payment
**vorbehalten, alle Rechte ~** all rights reserved; **Zwischenverkauf ~** subject to prior sale
**vorbehaltlich** subject to; provided (or with the proviso) that; **~ der Bestimmungen** *fpl* **des Vertrags** subject to the terms of

the contract; ~ **Abs. 1** save as provided in paragraph 1
**Vorbehalts~**, **~gut** *n* reserved property; **~kauf** *m* sale subject to reservation; **~klausel** *f* reservation clause; **v~los** unconditional; **~preis** *m* reserved price
**Vorbenutzung** *f* prior use
**vorbereitet sein auf** to be prepared for
**Vorbereitungen treffen** to make preparations (or arrangements)
**Vorbescheid** *m* preliminary decision
**Vorbesitzer** *m* previous possessor (or holder)
**Vorbesprechung** *f* preliminary discussion
**vorbestellen** to order in advance; *(Karten, Zimmer)* to book (in advance); to reserve (in advance)
**Vorbestellung** *f* advance order, ordering in advance; *(Karten, Zimmer)* booking in advance, reservation (in advance); **e-e ~ machen** to place an order in advance
**vorbestraft** previously convicted; **~ sein** to have a criminal record
**Vorbestrafter** *m* previously convicted person
**vorbeugende Gesundheitsbehandlung** *f* preventive treatment of disease, prophylaxis
**Vorbeugung** *f* prevention; **~smaßnahmen** *fpl* preventive measures (or action)
**Vorbörse** *f* pre-market dealings
**vorbörslicher Kurs** *m* pre-market price
**Vorbringen** *n* **der Parteien** *(im Prozess)* arguments (or submissions) of the parties; *(im Schriftsatz)* pleadings of the parties
**vorbringen**, **e-n Anspruch ~** to submit (or present) a claim; **Beweise ~** to produce evidence; **Gründe ~** to advance (or put forward) reasons
**vordatieren**, **e-n Scheck ~** *(auf ein späteres Datum ausstellen)* to postdate a cheque (check)
**Vorder~**, **~mann** *m (Wechsel)* previous (or prior) endorser; **~seite** *f* **e-s Gebäudes** front side (or face) of a building
**Vordringen** *n* **e-s Unternehmens auf dem Markt** economic penetration by an enterprise
**vordringlich**, **~er Bedarf** *m* urgent (or primary) demand; **~e Ziele** *npl* most urgent objectives; **~ behandelt werden** to be given priority; **etw. ~ berücksichtigen** to give priority to sth.
**Vordruck** *m* (printed) form
**Vorentwurf** *m* preliminary draft
**Vorerbe** *m* provisional (or preliminary) heir
**vorerst** for the present
**Vorerzeugnis** *n* product for further processing; primary product; pre-product
**vorfabrizierte Holzhäuser** *npl* prefabricated timber houses
**Vorfahrt** *f* right of way; precedence; *(als Verkehrszeichen)* priority road; give way; *Am* yield; **~sstraße** *f* priority road; **die ~ beachten** to observe the right of way; *Br* to give way; *Am* to yield
**vorfertigen** to prefabricate
**Vorfertigung** *f* prefabrication
**vorfinanzieren** to prefinance, to finance provisionally
**Vorfinanzierung** *f* prefinancing, advance (or preliminary) financing; **~skredit** *m* preliminary (or anticipatory) credit
**Vorfracht** *f* original freight
**vorführen** *(vorzeigen)* to produce; **e-n neuen Wagen ~** to demonstrate a new car
**Vorführer** *m (von Geräten etc.)* demonstrator
**Vorführung** *f* production; presentation; demonstration; **~sraum** *m* demonstration room
**Vorführwagen** *m* demonstration car
**vorformulierte Geschäftsbedingungen** *fpl* terms of business formulated (or drawn up) in advance
**Vorgabe** *f (in der Betriebsorganisation)* target, standard; *(MMF) (Standard~)* check list; **~kosten** *pl* standard cost; **~leistung** *f* standard performance; **~zeit** *f (für den Arbeitsauftrag)* standard time; allowed (or predetermined) time
**Vorgang** *m (Aktenstück)* file, record; **Arbeits~** *m* working process; **Geschäfts~** *m* business transaction
**Vorgänger** *m* predecessor
**vorgebildet, fachlich ~** professionally trained
**vorgefertigte Teile** *mpl* prefabricated parts
**vorgegebene Zeit** *f* allowed time
**Vorgehen** *n* action, approach; **einheitliches ~ gegenüber** uniform approach vis-à-vis; **gemeinsames ~ der Mitgliedstaaten** *(EU)* joint (or common, concerted) action of the Member States; **gemeinsames europäisches ~** *n* European approach; **gemeinschaftliches ~** *n (EU)* Community approach; **planmäßiges ~** planned approach

**vorgehen** to have precedence over, to rank before (or prior to); **gegen jdn ~** to take action against sb.; **gegen jdn gerichtlich ~** to institute (or take) legal proceedings against sb.
**vorgehend~, im Rang ~e Hypothek** *f* prior mortgage
**vorgeladen** summoned
**vorgelesen, genehmigt und unterschrieben** read, approved and signed
**vorgeschobene Person** *f* nominee
**vorgeschrieben, gesetzlich ~** prescribed by law; **die Schriftform ist ~** the written form is mandatory; **in der ~en Frist** *f* **liefern** to deliver in the stipulated time
**vorgesehen** provided for; **gesetzlich ~** provided by statute; **für die Ausfuhr ~** earmarked for exportation; **~e Änderung** *f* intended modification; **~ sein für** to be scheduled for
**Vorgesetzter** *m* superior; *sl.* boss
**vorgetragener Saldo** *m* balance carried forward
**Vorgriff** *m*, **in ~ auf** in anticipation of
**Vorhaben** *n* intention, plan, project, scheme; venture; **gemeinsames ~** joint project (or venture); **größere ~** *npl* **durchführen** to carry out major projects
**Vorhand** *f (Vorkaufsrecht)* first option
**vorhanden** available; in existence; *(vorrätig)* on hand, in stock; **falls ~** if available; if any; **~e Mittel** *pl* available funds, means available; **~e Waren** *pl* goods on hand (or in stock); **reichlich ~ sein** to abound (in, with); to exist in great numbers or quantities
**vorhergehendes Jahr** *n* preceding year
**vorherige Genehmigung** *f* prior (or previous) authorization (or consent)
**Vorhersage** *f* forecast
**Vorinstanz** *f* lower court
**vorig~, Ihr Schreiben vom 20. ~en Monats** (v. M.) your letter of the 20th of last month; **wieder in den ~en Stand** *m* **gesetzt werden** to have one's rights reestablished
**Vorjahr** *n* preceding (or previous) year; **gegenüber dem ~** compared with the preceding year; **~esergebnis** *n* pre-year result; **~esstand** *m* level of a year earlier; level in the previous year; **~esumsatz** *m* last year's sales
**vorjährige Produktion** *f* last year's output
**Vorkalkulation** *f* preliminary calculation; estimation of cost
**Vorkalkulator** *m* estimating clerk
**vorkalkulierte Kosten** *pl* estimated cost; predetermined cost
**Vorkaufsrecht** *n* (right of) preemption; right of first refusal; **das ~ ausüben** to exercise the preemption right; **das ~ haben für** to have the first refusal of
**Vorkehrung~, die erforderlichen ~en** *fpl* **treffen** to make the necessary arrangements; to take the necessary steps
**Vorkommen** *n* **an Zinn** deposits of tin
**vorladen** to summon; **jdn als Zeugen ~** to summon sb. to appear as a witness (→ vorgeladen)
**Vorladung** *f* summons (to appear)
**Vorlage** *f* presentation, submission, production; *(Muster)* specimen, sample, pattern; *(Gesetzes~)* bill; *(Vorschuss)* advance; **bei ~** on presentation; **~ von Beweisen** submission of evidence; **~ zum Inkasso** presentation for collection; **~ des Jahresabschlusses** presentation of the annual accounts; **~ von Urkunden** production of documents; **der Scheck ist bei ~ zahlbar** the cheque (check) is payable on presentation
**Vorlasten** *fpl* prior charges
**vorlaufende Indikatoren** *mpl* leading indicators
**vorläufig** preliminary, temporary, interim; for the time being; **nach ~er Berechnung** *f* according to provisional computation; **~er Bescheid** *m* preliminary answer; *(im steuerlichen Berufungsverfahren)* provisional assessment notice; **~e Bilanz** *f* trial balance sheet; **~e Deckungszusage** *f* provisional cover; *Am* binder; **~e Quittung** *f* interim receipt; **~e Steuerfestsetzung** *f* preliminary tax assessment; **~er Versicherungsschein** *m* insurance note; *Am* binder
**vorlegen** to present, to submit, to produce; **e-n Betrag ~** to advance an amount of money; **e-e Urkunde ~** to produce a document; **Urkunden als Beweis ~** to exhibit documents; **Waren zum Verkauf ~** to expose goods for sale; **e-n Wechsel zur Annahme (Zahlung) ~** to present a bill (of exchange) for acceptance (payment)
**Vorlegung** *f* production; presentation; **~** *(e-s Wechsels)* **zur Zahlung** presentation for payment; **~sfrist** *f* period allowed for

presentation; **~svermerk** *m* notice of dishono(u)r

**Vorleistung** *f* delivery or payment in advance

**Vorlieferant** *m* previous supplier

**vorliegen**, **es liegen uns viele Aufträge vor** we have many orders on hand; **es muss ein Irrtum** ~ there must be some mistake here

**vorliegend~**, **~er Auftrag** *m* order on hand; **im ~en Fall** *m* in the present case

**Vormann** *m (Wechsel)* previous endorser

**vormerken** to make a note of; to note (sth.) down; **e-n Auftrag** ~ to book (or enter) an order; **sich ~ lassen für** to put one's name down for

**Vormerkliste** *f* waiting list

**Vormerkung** *f* note, entry; priority notice (entered in the → Grundbuch); **~ zum Protest e-s Wechsels** note for the protest of a bill

**Vormonat** *m* previous month

**Vormund** *m* guardian; **testamentarisch bestellter** ~ testamentary guardian; **jdn zum ~ bestellen** to appoint a p. guardian; **ein Volljähriger erhält e-n ~, wenn er entmündigt ist** a guardian shall be appointed for a person of full age if he is without legal capacity

**Vormundschaft** *f* guardianship; **befreite** ~ guardianship exempted from certain legal restrictions; **~ über Volljährige** (→ Betreuung); **~sgericht** *n* guardianship court; **unter ~ stellen** to place under the care of a guardian

**vornehmen**, **e-e Buchung** ~ to make an entry; **ein Geschäft** ~ to carry out a transaction

**vornherein**, **von** ~ from the outset; a priori

**Vorprämie** *f (Börse)* call option (or premium); **Käufer e-r** ~ giver for the call; **~ngeschäft** *n* call option business; call premium operation (or transaction); **~nkurs** *m* call price; **e-e ~ kaufen** to give for the call; **e-e ~ verkaufen** to take for the call

**Vorprodukt** *n* product for further processing; pre-product, primary product

**Vorquartal** *n* previous quarter

**Vorrang** *m (zeitlich)* priority; *(rangmäßig)* precedence; **mit ~ vor** with priority over; **zeitlicher** ~ priority of date; **der gemeinschaftlichen gegenüber den einzelstaatlichen Rechtsvorschriften** *(EU)* precedence of Community legislation over national legislation; **~ von Gläubigern** *(im Konkurs)* priority of creditors; **~ erhalten** to be given priority; **~ haben vor** to have (or take) priority (or precedence) over; **Gemeinschaftsrecht hat** ~ Community law is paramount; **diesen Investitionen kommt ein hoher ~ zu** these investments deserve high priority

**Vorranggebiet** *n*, **landwirtschaftliches** ~ *(EU)* priority agricultural region

**vorrangig** prior-ranking; having priority; **~ auszuführende Arbeiten** *fpl* priority works; **~e Ziele** *npl* priority objectives; **e-en Auftrag ~ behandeln** to treat (or handle) an order with priority; to give priority to an order

**Vorrangstellung** *f*, **wirtschaftliche ~** economic pre(-)eminence

**Vorrat** *m* stock, store, supply, reserve (→ Vorräte); **e-n zu geringen ~ haben** to be understocked; **e-n großen ~ an Waren haben** to be well stocked in goods; **e-n zu großen ~ haben** to be overstocked; **etw. in ~ halten** to keep sth. in stock; **der ~ wird geringer** the stock is getting low; **der ~ an … wird knapp** the stock of … is running low; **etw. auf ~ kaufen** to buy into stock

**Vorräte** *mpl (Bestände)* inventories; **große** ~ large stocks; **~ an Lebensmitteln** provisions of food; food stocks; **~ an Waren** inventories; goods in stock; goods on hand; **Abbau der** ~ inventory liquidation; reduction of stocks; **Abnahme der** ~ decrease in inventories; **Ergänzung der** ~ replenishment of supplies; **Zunahme der** ~ increase in inventories; **die ~ gingen aus** the supplies failed; **~ für den Winter anlegen** to lay in supplies (or build up stock) for the winter

**vorrätig** in stock, on hand, in reserve; available; **nicht (mehr)** ~ out of stock; unavailable; **stets ~e Artikel** *mpl* stock articles; **~ haben** to have on hand, to keep a stock of; to stock; **~ halten** to keep in stock; **die bestellten Waren sind nicht mehr** ~ the goods ordered are no longer carried in stock; *(vorübergehend)* the goods ordered are temporarily out of stock

**Vorrats~**, **~aktien** *fpl* issued shares held by the company itself; **~bewertung** *f* → Lagerbestandsbewertung; **~bildung** *f* stockbuilding; stockpiling; **~dispositio-**

**nen** *fpl* **der Unternehmen** stockbuilding policy of firms; **~entnahme** *f* drawing from stock; **~haltung** *f* storage; stockpiling; **v~intensiv** holding large inventories; stock-intensive; **~investitionen** *fpl* inventory investments; expenditure on stocks; **~kauf** *m* stockbuilding purchase; **~konto** *n* inventory account; **~kredit** *m* inventory-financing credit; **~lager** *n* reserve store; *(staatlich)* stockpile; **~plan** *m* inventory budget; **~raum** *m* storeroom; provision room; **~reserven anlegen** to form reserve stocks; **~stellen-Wechsel** *m* storage agency bill; **~veränderung** *f* change in inventories; **~vermögen** *n* inventories; stock in trade; **Bewertung des ~vermögens** inventory valuation; **~verzeichnis** *n* stock list; inventory; **~wirtschaft** *f* stockpiling

**Vorrecht** *n* privilege; priority; **~saktien** → Vorzugsaktien; **ein ~ genießen** to enjoy a privilege

**Vorreiter** *m* forerunner, leader

**Vorrichtung** *f* device; gadget

**Vorruhestand** *m* (optinal) early retirement; **~sregelung** *f* early retirement scheme

**Vorsaison** *f* early season, off season

**Vorsatz** *m* intent, intention

**vorsätzlich** with intent, intentional(ly); wilful(ly); **~ oder fahrlässig** intentionally or through negligence

**Vorschau** *f* **auf** outlook for; forecast of

**vorschießen**, **Geld ~** to advance money

**Vorschlag** *m* proposal, suggestion; *(Nominierung)* nomination; **auf ~ der Kommission** *(EU)* on a proposal of the Commission; **~srecht** *n* right to submit proposals; right of nomination; **e-n ~ annehmen** to adopt a proposal; **e-n ~ günstig aufnehmen** to receive a proposal favo(u)rably; **e-m ~ beistimmen** to concur with a proposal; **e-n ~ machen** to make (or put forward) a proposal; **e-n ~ verabschieden** to adopt a proposal

**vorschlagen** to propose; *(für ein Amt)* to nominate

**vorschreiben** to order, to direct

**Vorschrift** *f* provision, regulation, rule; **Gesetze und sonstige Rechts~en** laws and regulations; **Einhaltung der ~en** observance of the rules; **~en befolgen** to comply with regulations, to observe provisions; **gegen die ~en verstoßen** to contravene the provisions

**vorschriftsmäßig** as prescribed; as ordered; according to regulations (or instructions)

**vorschriftswidrig** contrary to regulations (or instructions)

**Vorschuss** *m* advance (of money), payment in advance; *(Anwalt)* retainer; **als ~** as an advance, by way of advance; **rückzahlbarer und unverzinslicher ~** repayable and interest-free advance; **Gehalts~** *m* salary advance; **ich bitte Sie um e-n ~ von ...** € please advance me € ...; **~ bekommen** to get an advance; **~ leisten** to make an advance (payment)

**Vorschuss~**, **~bewilligung** *f* grant of an advance; **~konto** *n* advance account; **~wechsel** *m* collateral bill; bill serving as security for an advance; **~zahlung** *f* advance payment

**vorschüssige Rente** *f* annuity due (at the beginning of the relevant period)

**vorsehen** to provide for (→ vorgesehen); **im Etat ~** to budget for; **e-e Frist ~** to provide for a time-limit; **Gelder für e-n bestimmten Zweck ~** to earmark funds; **in e-m Vertrag ~** to provide for in a contract

**Vorsicht** *f* precaution, caution; *(auf Kisten etc.)* handle with care; **mit äußerster ~** with the utmost care; **~ - Glas** glass - handle with care

**vorsichtig** cautious; **~e Schätzung** *f* **des künftigen Einkommens** conservative estimate of one's future income; **~ behandeln** to handle with care; **~ bewertet** *(Vermögen)* taken at a conservative valuation

**Vorsichts~**, **~markierung** *f (auf Verpackungen)* caution mark; **alle erforderlichen ~maßnahmen** *fpl* **ergreifen** to take all due precautions; **~prinzip** *n (bei der Bewertung von Vermögensgegenständen)* principle of conservatism

**Vorsitz** *m* chairmanship; presidency; **unter dem ~ von ...** with ... in the chair (or as chairman); with ... presiding; **den ~ führen** to act as chairman, to preside (at a meeting); to chair; **in dem Ausschuss führt die Kommission den ~** *(EU)* the Committee is presided over by the Commission; **den ~ niederlegen** to resign the chairmanship (or presidency); **der ~ im Rat wird abwechselnd vorgenommen von ...** *(EU)* the chairmanship of the Council devolves in turn upon ...

**Vorsitzender** *m* chairman, president; **~ des Aufsichtsrats** chairman of the supervisory board

**Vorsorge** *f* precaution, provision; **~untersuchung** *f* medical check-up; **~ treffen** to make provision (for)

**vorsorgen** to take precautions; to provide for

**Vorspiegelung** *f* **falscher Tatsachen** fraudulent representation; misrepresenting a fact

**Vorsprung** *m* lead (vor over); **den ~ aufholen** to reduce the lead

**Vorstand** *m* the board; (executive) board; executive committee; **~ e-r AG** board (or officers) of a *Br* company (*Am* corporation); managing board; board of management; **~ e-s Vereins** committee of an association; (executive) officers; **Mitglied des ~s** board member; **Mitglied des ~s sein** *(AG)* to be on the board of management

**Vorstands~**, **~aktien** *fpl* management shares; **~bezüge** *pl* managing board members remuneration; **~mitglied** *n* board member, member of the board of management; executive member; *Am* officer; director; **~sitzung** *f* board meeting; **~vergütung** *f* directors' fees; **~vorsitzender** *m* chairman of the board of management; president of the board; chief executive officer

**vorstehen** to preside over, to be at the head of; to manage

**vorstellen, sich bei jdm ~** to introduce oneself to sb.; **sich bei e-r Firma ~** *(zur Bewerbung)* to have an interview with a firm

**Vorstellung** *f (für Bewerbung)* interview; *(Theater etc.)* performance; **persönliche ~** personal interview; **~sgespräch** *n* selection interview; **~skosten** *pl (e-s Bewerbers)* applicant's interview expenses

**Vorsteuer** *f* prior tax; input tax

**Vorsteuerabzug** *m (bei Mehrwertsteuer)* deduction of prior (input) tax; **zum ~ berechtigt sein** to be entitled to the prior tax deduction

**Vorsteuergewinn** *m (Gewinn vor Steuern)* pretax profit

**Vorstrafe** *f* previous conviction

**Vortagesnotierung** *f (Börse)* previous day quotation

**Vorteil** *m* advantage, benefit, profit; **finanzielle ~e** *mpl* financial benefits; **persönlicher ~** personal advantage (or benefit); **preislicher ~** price advantage; **~ (e) bringen** to be of advantage (or advantageous); **mit ~ verkaufen** to sell at a profit; **aus etw. ~ ziehen** to derive advantage (or benefit) from sth.; to turn sth. to account

**vorteilhaft** advantageous, beneficial, profitable; **~es Angebot** *n* favo(u)rable offer; **~er Kauf** *m* bargain; **~ einkaufen** to make a good bargain; **etw. ~ verkaufen** to sell sth. to good advantage

**Vortrag** *m* lecture, talk (über on); *(wissenschaftlich)* paper; *(Buchführung) (auf neue Rechnung)* (carried) forward; *(aus letzter Rechnung)* (brought) forward; → Saldo~; **e-n ~ halten** to give a talk (über on); to deliver a lecture

**vortragen** *(Buchführung), (auf die nächste Seite)* to carry forward; *(von der vorigen Seite)* to bring forward; *(Anwalt vor Gericht)* to argue

**Vortrags~**, **~posten** *m* item carried forward; **~recht** *n* right of recitation; **~reihe** *f* course of lectures; **~reise** *f* lecture tour

**vorübergehend** temporary; **~e Einfuhr** *f* temporary importation; **~e Verwendung** *f* **von Zollgut** temporary use of goods subject to customs duty; **sich ~ aufhalten** to make a short stay; **~ geschlossen** temporarily closed

**Vorumsatz** *m* previous turnover

**Voruntersuchung** *f* preliminary inquiry

**Vorvaluten** *pl* forward values

**Vorverfahren** *n* preliminary proceedings

**Vorverhandlungen** *fpl* preliminary negotiations

**Vorverkauf** *m* advance sale; *(von Karten)* advance booking; *Am* ticket sales

**Vorvertrag** *m* preliminary contract (or agreement)

**Vorwahlnummer** *f tel Br* dialling code; *Am* area code

**vorwärtskommen** *(im Beruf)* to get ahead

**vorweg, ~ abziehen** to deduct in advance; **~genommene Vertragsverletzung** *f* anticipatory breach of contract; **~nehmen** to anticipate

**Vorwegzahlung** *f* advance payment

**vorzeigen** to show, to produce, to present

**Vorzeigung** *f*, **bei ~** on presentation, when presented; **~ e-s Wechsels zur An-**

**nahme** presentation of a bill for acceptance

**vorzeitig** premature, in advance, early; **~e Kündigung** *f* **e-s Kredits** calling in a loan prior to maturity; **~e Lieferung** *f* **der Ware** delivery of the goods before the date for delivery; **~e Pensionierung** *f* early (or premature) retirement; **~e Rückzahlung** *f (e-r noch nicht fälligen Schuld)* early repayment; **~e Tilgung** *f* early redemption; **~e Zahlung** *f* payment before due date; **~ aus dem Dienst ausscheiden** to retire early (or prematurely); **die Anleihe kann ~ gekündigt werden** the issue can be called before the due date (or prior to maturity); **~** *(vor Fälligkeit)* **zahlen** to anticipate a payment; to pay prior to maturity

**Vorziehen** *n* **e-r Bestellung** *(im Datum)* antedating (or predating) of an order

**vorziehen**, **Bestellungen ~** to antedate (or move up) orders; to advance orders (to others); to give preference (or priority) to orders (before others)

**Vorzimmer** *n* waiting-room

**Vorzug** *m* preference; advantage; **den ~ haben vor** to have the advantage over

**Vorzüge** *mpl* → Vorzugsaktien; **~ e-s Erzeugnisses** merits of a product

**vorzüglich~**, **von ~er Qualität** *f* of excellent (or superior, choice) quality; **mit ~er Hochachtung** *(als Briefschluss)* yours sincerely

**Vorzugsaktien** *fpl* preference shares; *Am* preferred shares (or stock); **Inhaber von ~** *Br* preference shareholder; *Am* preferred stockholder; **~ ohne Stimmrecht** non-voting preference shares; **~ mit zusätzlicher Dividendenberechtigung** participating preference shares; *Am* participating preferred stock

**Vorzugs~**, **~angebot** *n* preferential offer; **zu ~bedingungen** *fpl* on preferential (or concessional) terms; **unter e-e ~behandlung** *f* **fallen** to be eligible for preferential treatment; **~dividende** *f* preferential dividend; *Am* dividend on preferred stock; **~konditionen** *pl* preferential terms; **~kurs** *m* preferential price; **~obligationen** *fpl* preference (or priority) bonds; **~preis** *m* preferential price; **~rabatt** *m* preferential discount; **v~weise Befriedigung** *f* preferential satisfaction

**Vorzugszinssatz** *m* preferential rate of interest; **~ für Bankkredite an erstklassige Kreditnehmer** preferential rate; *Am* prime rate

**Vorzugszoll** *m* preferential duty; **~satz** *m* preferential rate of duty

**Vostrokonto** *n* vostro account

**Votum** *n* vote; opinion

# W

**Waage** *f* balance, scales; **etw. auf e-r ~ wiegen** to weigh sth. on the scales

**WAB** → Währungsausgleichsbetrag

**Wach- und Schließgesellschaft** *f* Security Service

**Wachs**, **Siegel~** *n* sealing wax

**wachsender Umsatz** *m* growing (or increasing) sales

**Wachstucheinlage** *f*, **Kiste mit ~** case with oilcloth lining; **mit ~ ausgelegt** oilcloth lined

**Wachstum** *n*, **ausgeglichenes ~** balanced growth; **dauerhaftes ~** lasting (or sustainable) growth; **das ~ der Wirtschaft fördern** to promote the growth of the economy; **das ~ der Industrie hat sich verlangsamt** growth of industry slackened (or slowed down); **das ~ hat zugenommen** growth has increased

**Wachstums~**, **~aktien** *fpl* growth shares (or *Am* stocks); **~anleihe** *f* premium-carrying loan; **~aussichten** *fpl* growth prospects; **~faktor** *m* growth factor; **~fonds** *m (Investmentfonds)* growth fund; **w~fördernd** growth promoting; **~industrie** *f* growth industry, expanding industry; **~jahre** *npl* years of growth; **~markt** *m* growth market; **~modell** *n* growth model; **~möglichkeiten** *fpl* growth possibilities; **w~orientiert** growth-oriented; **~periode** *f* growth period; **~politik** *f* growth policy; **das ~potential** *n* **steigern** to enlarge the growth potential; **wirtschaftlicher ~prozess** *m* process of economic growth

**Wachstumsrate** *f* rate of growth, growth rate; **hohe ~ der Wirtschaft** high rate of economic growth; **die ~ ist leicht gesunken** the rate of growth has slightly fallen

**Wachstums~**, **~rückgang** *m* reduction in growth; **w~schwach** having a low growth rate; **w~stark** having a high growth rate; **~strategie** *f* growth strategy

**Wachstumstempo** *n* pace of growth; **Verlangsamung des ~s** deceleration of (or slowdown in) the growth rate

**Wachstums~**, **~werte** *mpl* growth shares (or *Am* stocks); **~ziffer** *f* growth figure

**Waffe** *f* weapon; **Atom ~n** *fpl* nuclear arms; **~nfabrik** *f* arms factory; **~nschein** *m* firearms certificate; **~nverkauf** *m* arms sale

**Wagen** *m* vehicle; *(Auto)* car, *Am* auto(-mobile); **~ der Mittelklasse** middle-class car; **Firmen~** *m* firm's car; → Güter~; **mit dem ~ kommen** to come by car; **e-n ~ mieten** to hire a car; *Am* to rent a car

**Wagen~**, **~besitzer** *m* car owner; **~ladung** *f (Lkw-Ladung) Br* lorry-load; *Am* truckload; *(Eisenbahn) Br (offen)* truck-load; *(gedeckt)* waggon load; *Am* carload (lot); **~papiere** *npl Br* car documents; *Am* automobile documents; **~park** *m* fleet of vehicles; car pool; **~standgeld** *n (Bahn)* demurrage charge; **~unterhaltung** *f* maintenance of a car; **~vermietung** *f* car rental (service);

**Waggon** *m Br* waggon, *(offener Güterwagen)* truck; *Am* freight car, rail car; **frei ~** free on rail; free on truck (F. O. T.); **gedeckter ~** *Br* (goods) van; *Am* (freight) car; **~ geeigneter Art und Größe** waggon (or *Am* car) of suitable type and dimensions; **e-n ~ ausladen** to unload a waggon (or truck, car); **e-n ~ rechtzeitig bestellen** to order a *Br* truck (*Am* car) in due time; **die Waren in den ~ verladen** to load the goods on the waggon (or truck, car)

**Waggon~**, **~bedarf** *m Br* truck (*Am* car) requirement; **~bestand** *m* rolling stock; **~bestellung** *f* booking of waggons (or *Am* freight cars); **~ladeeinrichtungen** *fpl Br* truck loading facilities; **volle ~ladung** *f Br* full truckload; full waggon load; *Am* full carload; **keine volle ~ladung** load less than a waggon load (or *Am* carload) ( → Stückgut); **Mengentarif für ~ladung** quantity rate for *Br* waggon load(ing) (*Am* carloading); **~standgeld** *n Br* (waggon) demurrage charge; *Am* (freight car) demurrage charge

**Wagnis** *n* risk, hazard, venture; **~beurteilung** *f* estimate of risk; **~kapital** *n* risk (or venture) capital; **~zuschlag** *m* risk premium

**Wahl** *f* 1. option, right (or power) of choosing; choice; (Lieferung) **nach Käufers ~** *(Börse)* at buyer's option; **Muster zur ~** samples for selection; **Waren erster ~** first-grade goods; selected goods; **zweite ~** seconds; grade two goods; goods of second quality; **die ~ fällt mir schwer** I find it hard to choose; **keine ~ haben** to have no option; **mehrere Artikel zur ~ stellen** to offer a choice of several articles; **e-e sorgfältige ~ treffen** to make a careful choice

**Wahl~**, **w~frei** optional; **~möglichkeit** *f* option; **~vermächtnis** *n* alternative legacy; **w~weise** optional, alternative

**Wahl** *f* 2. election; voting; **~ zum Aufsichtsrat** election to the supervisory board; **allgemeine, unmittelbare ~** election by direct universal suffrage; **geheime ~** voting by ballot; secret ballot; **e-e ~ abhalten** to hold an election; **e-e ~ anfechten** to contest (or dispute) an election; **die ~ annehmen** to accept one's election; **zur ~ aufstellen** to nominate; **sich bei e-r ~ vertreten lassen** to vote by proxy

**Wahl~**, **w~berechtigt** entitled to vote; **~ausschuss** *m* election committee; **~beteiligung** *f* percentage of voting; **~ergebnisse** *npl* election returns; **~kreis** *m* constituency; **~liste** *f* register of candidates; **~plakat** *n* election poster; **~programm** *n* election program(me)

**Wahlrecht** *n*, **aktives ~** right to vote; **passives ~** right to stand for elections

**Wahl~**,**~system** *n* electoral (or voting) system; **~termin** *m* date for the election; **~urne** *f* ballot box; **~versprechen** *n* election promise; **~zettel** *m* ballot paper

**wählbar** eligible for election

**Wähler** *m* voter, elector; **~liste** *f* register (or list) of voters

**wählerisch** selective

**Wahrheit** *f*, **~ in der Werbung** truth in advertising; **Auskunft w~sgemäß geben** to furnish information truthfully; **die ~ e-r Aussage bestätigen** to attest to the truth of a statement

**wahrnehmen** to perceive; to safeguard, to protect; **jds Interessen ~** to safeguard sb.'s interests

**Wahrnehmung** *f* perception; safeguarding (of interests)

**wahrscheinlicher Fehler** *m (Statistik)* probable error (p.e.)

**Wahrscheinlichkeit** *f*, probability; **~srechnung** *f (Statistik)* probability calculus; **~sstichprobe** *f* probability sample; **die ~ besteht, dass** the odds are that

**Währung** *f* currency; **~, deren Wechselkurs freigegeben ist** floating currency; **ausländische ~** foreign currency; **in ausländischer ~ gerechnet** in foreign currency terms; **Wechsel in ausländischer ~** bill in foreign currency, foreign currency bill; **auf fremde ~ lautend** expressed (or denominated) in foreign currency; **gesetzliche ~** legal currency; **gesteuerte ~** managed currency; **harte ~** hard currency; **inländische ~** domestic (or *Br* home) currency; **manipulierte ~** managed currency; **schwache ~** weak (or soft) currency; **stabile ~** stable currency; **starke ~** strong (or hard) currency; **überbewertete ~** overvalued currency; **unterbewertete ~** undervalued currency; **e-e ~ abwerten** to devalue a currency; **e-e ~ aufwerten** to revalue a currency; **in e-e andere ~ umrechnen** to convert into another currency

**Währungs~**, **~abwertung** *f* depreciation of currency; currency devaluation; **~akzept** *n* foreign currency acceptance; **~änderung** *f* currency change; **~angleichung** *f* adjustment of rates of exchange; currency adjustment; **~anpassung** *f* currency realignment; **~aufwertung** *f* currency revaluation; **~ausgleichsbetrag** *m* (WAB) *(EU)* monetary compensatory amount (MCA); **~ausgleichsfonds** *m Br* Exchange Equalization Account; *Am* Exchange stabilization Fund; **~ausschuss** *m (EU)* Monetary Committee; **w~bedingte Schwierigkeiten** *fpl* difficulties caused by the monetary situation; **~behörden** *fpl* monetary authorities; **~beistand** *m* monetary support; **~beziehungen** *fpl* **zu den Drittländern** *(EU)* monetary relations with non-member countries; **~bremse** *f* monetary brake; **~deckung** *f* currency cover; **~dumping** *n* foreign exchange dumping; **~einlagen** *fpl* foreign currency deposits; **~gebiet** *n* currency area; **~gewinn** *m* exchange profit; currency gain, **~gleichgewicht** *n* monetary balance; **~gold** *n* monetary gold; **~guthaben** *n* balance in (foreign) currency; **~instabilität** *f* monetary instability; **~klausel** *f* currency clause

**Währungskorb** *m (EU)* basket of currencies

**Währungs~**, **~konto** *n* foreign currency account; **~kredit** *m* credit (or loan) in foreign currency; **~kurs** *m* exchange rate; **~mechanismus** *m* monetary mechanism; **~option** *f* currency option; **~parität** *f* currency parity; par value of the currency; **~politik** *f* monetary (or currency) policy; **w~politische Zusammenarbeit** *f* monetary (policy) cooperation; **~probleme** *npl* monetary problems; **~reform** *f* currency reform; **~reserven** *fpl (der Zentralbank e-s Landes)* monetary reserves; currency reserves; **~risiko** *n* currency risk; **~sanierung** *f* monetary rehabilitation; **~scheck** *m* foreign currency cheque (check); **~schlange** *f (EU)* currency snake; **~schwankungen** *fpl* currency fluctuations; **~schwierigkeiten** *fpl* monetary difficulties; **~sicherungsklausel** *f* currency safeguarding clause; **~spekulation** *f* currency speculation; (vom EWS gewährleistete) **~stabilität** *f* currency (or monetary) stability (guaranteed by the EMS); **w~starkes Land** *n* country with a strong currency; strong-currency country; **~swap** *m* currency swap

**Währungssystem** *n* monetary (or currency) system; **Europäisches ~** *n* (EWS) European Monetary System (EMS)

**Währungs~**, **~umrechnung** *f* currency conversion; **~umstellung** *f* currency reform; **~ungleichgewicht** *n* monetary imbalance; **~union** *f* montary union; **~unruhen** *fpl* currency unrest; monetary turmoil; **~unsicherheit** *f* uncertainty about exchange rates; currency instability; **~verfall** *m* currency erosion; **~verhandlungen** *fpl* monetary negotiations; **~verlust** *m* exchange loss, currency loss; **~zuschlag** *m* currency markup

**Waisen~**, **~geld** *n* orphan's pension; **w~rentenberechtigtes Kind** *n* child entitled to an orphan's benefit

**Wal~**, **~fang** *m* whaling; **~fänger** *m* whaler

**Wald~**, **~brand** *m* forest fire; **~gebiet** *n*

woodland, forest land; **~sterben** *n* process of forests dying off

**Walz~**, **~draht** *m* wire rod; **~stahl** *m* rolled steel; **~stahlfertigerzeugnisse** *npl* finished rolled steel products; **~werk** *n* rolling mill

**Wand~**, **~plakat** *n* wall poster; **~reklame** *f* wall advertising; **~tresor** *m* wall safe; **~zeitung** *f* wall newspaper

**Wandelanleihe** *f* convertible bond

**wandelbare Wertpapiere** *npl* convertible securities

**Wandel~**, **~geschäft** *n (Börsentermingeschäft)* callable forward transaction, callable time bargain; **~prämie** *f* conversion premium; **~recht** *n* conversion privilege

**Wandelschuldverschreibung** *f* convertible bond; **~en in Aktien umwandeln** to convert convertible bonds (or debentures) into shares

**Wandelung** *f (beim Kaufvertrag)* rescission of a sale; **Recht des Käufers auf ~ oder Minderung** right of the purchaser to rescind the contract or reduce the price

**Wander~**, **~arbeitnehmer** *m* migrant worker; **~gewerbe** *n* → Reisegewerbe

**Wanderung**, **Arbeitskräfte~** *f* labo(u)r migration; **~spolitik** *f (EU)* migration policy

**Wandlung** *f* → Wandelung; **~skurs** *m* conversion price; **~srecht** *n* conversion privilege

**Ware(n)** *f(pl)* goods, merchandise, commodity (Ware(n) ies); **Fabrik~** *pl* manufactures; **Handels~** *pl* (articles of) merchandise; **~ zur Ansicht** merchandise (given or sent) on approval; **~ ausländischer Herkunft** goods of foreign origin; **~ nach Beschreibung** *(z. B. e-s Katalogs)* goods by description; **~ dritter Qualität** third quality goods; thirds; **~ erster Qualität** first-class goods; **~ im freien Verkehr** goods in free circulation; **~ minderwertiger Qualität** substandard goods; inferior (or poor) quality merchandise; **~ der mittleren Preislage** medium-priced goods; **~ mittlerer Qualität** goods of merchantable quality; medium-quality goods; **~ unbestimmbaren Ursprungs** products of undetermined origin; **~ zur Vermietung** *(Zoll)* goods imported on hire basis; **~ unter Zollverschluss** bonded goods; **~ zweiter Qualität** seconds; goods below the best quality; **nicht abgeholte ~** unclaimed merchandise; uncollected goods; **abgepackte ~** packed goods; **zum Verkauf ausgestellte ~** goods exposed for sale; **ausgesuchte ~** choice goods; **beschädigte ~** damaged goods; **beschlagnahmte ~** *(z. B. wegen falscher Zollangaben)* confiscated goods; **bewirtschaftete ~** rationed (or quota) goods; **beim Zoll nicht deklarierte ~** undeclared goods; **eingeführte ~** imported goods; **gut eingeführte ~** well-introduced goods; **einheimische ~** domestic goods; home-produced goods; **eingelagerte ~** stored goods; **nicht einwandfreie ~** objectionable goods; **empfindliche ~** sensitive products; **erstklassige ~** high-class goods; **etikettierte ~** labelled goods; **exportierte ~** exported goods; **fakturierte ~** invoiced goods; **fehlerhafte ~** defective goods; **gängige ~** readily sal(e)able goods; **gebrauchte ~** second-hand goods; **auf Kredit gekaufte ~** goods bought on credit; **geringwertige ~** low-quality goods; **geschmuggelte ~** smuggled goods; **lange haltbare ~** goods of long durability; *(im Preis)* **herabgesetzte ~** goods reduced in price; reduced goods; marked-down merchandise; **herausgehende ~** outgoing goods; **hochwertige ~** high-quality goods; **konkurrenzfähige ~** competitive products; **kontingentierte ~** rationed (or quota) goods; **sofort lieferbare ~** immediately available goods; *(Warenbörse)* spot commodities; spots; **lose ~** bulk (or unpacked) goods; **minderwertige ~** inferior quality merchandise; substandard goods; **preisgebundene ~** price-maintained goods; **preiswerte ~** reasonably priced goods; *(nach Qualität)* **sortierte ~** graded goods; **sperrige ~** bulky goods; **spottbillige ~** dirt-cheap goods; **tiefgekühlte ~** frozen goods; **unveredelte ~** goods in the unaltered state; **unverkäufliche ~** unsal(e)able goods; dead stock; **unverzollte ~** uncustomed goods; **veraltete ~** out-of-date goods; stale articles; **leicht verderbliche ~** perishable goods; **verdorbene ~** spoilt goods; **leicht verkäufliche ~** marketable goods; goods with a ready sale; **schwer verkäufliche ~** goods hard to sell; **verpackte ~** packaged goods; **verzollte ~** goods out of bond; **in Zahlung gegebene ~** trade-in-goods; **zollfreie ~** duty-free goods; **zollpflichtige ~** dutiable goods; **unter Zollverschluss liegende ~** goods in bond; *(von Kunden)* **zurückgekommene ~** sales returns; returns inwards; **zurückgelegte ~** reserved goods; **zurückgenommene ~** goods taken back; *(an Lieferanten)* **zurückgesandte ~** returned goods; returns outwards

**Ware(n)**, **~ abnehmen** to take delivery of the goods; **~ abholen** to pick up the goods; **~** (zur Lieferung) **abrufen** to call for (delivery of) goods; **~ absenden** to dispatch (or forward) the goods; **~ absetzen** to sell (or dispose of) goods; **~ abstoßen** to sell off (or clear) goods; **~ zum Verkauf anbieten** to offer goods for sale; **~ zur Verzollung anmelden** to declare (dutiable) goods; **~ auslegen** (od. **ausstellen**) to display goods (for sale); **~ ausliefern** to deliver goods; **~ auf e-r Messe ausstellen** to exhibit goods at a fair; **~ mit Preis auszeichnen** to mark (the price of) goods; to put the price on goods; **~ beschauen** *(Zoll)* to examine (or inspect) the goods; **~ bestellen** to order goods; **~ über e-n Vertreter bestellen** to order goods through a representative; **~ beziehen** to get (or obtain, procure) goods (*von* from); **~ auf den Markt bringen** to put goods on the market; to send goods to market; to market goods; **sich mit ~ eindecken** to lay (or take) goods in stock; *(übermäßig)* to overstock with goods; **~ einführen** (importieren) to import goods; **e-e neue ~ art einführen** to introduce a new line; **e-e ~ führen** to stock goods; to keep (or carry) an article; **e-e ~ nicht mehr führen** to be out of an article; **~ durch ein Land führen** to transit goods; **~ kaufen und verkaufen** to buy and sell goods; **~ in Kommission geben (nehmen)** to give (take) goods on commission; **~ auf Lager haben** to have goods in stock; **~ liefern** to deliver (or supply) goods; **den Empfang der ~ quittieren** to sign for the goods; **~ in Rechnung stellen** to bill goods; **~ sortieren** to grade goods; **die ~ übergeben** to hand over (or tender) the goods; **~ verkaufen** to dispose of (or sell) goods; **~ gut verpacken** to pack the goods well; **~ verpfänden** to pledge goods; **~ versenden** to consign (or dispatch, ship) goods; **~ verzollen lassen** to clear the goods; **die ~ zurückgeben** to return the goods; **e-e ~ zurücklegen** to reserve an article; **~ zurücknehmen** to take goods back; **~ zurücksenden** to return goods

**Waren~**, **~abkommen** *n* commodity agreement; **~abnahme** *f* taking delivery of the goods; **~absatz** *m* sale of goods; commodity marketing; **~absender** *m* sender of goods, consigner; **~akkreditiv** *n* → Dokumentenakkreditiv; **~angabe** *f* specification of the goods; **~angebot** *n* offer of goods *(das Sortiment)* range of goods; *(besonders preiswertes Werbeangebot)* bait

**Warenannahme** *f* receipt of goods; *(Betriebsabteilung)* goods receiving department, goods inward office; **~schalter** *m* goods receiving counter; incoming goods counter

**Waren~**, **~anmeldung** *f (zur Verzollung)* goods declaration; **~annehmer** *m* receiving clerk; **~art** *f* category (or class) of goods; **~aufmachung** *f* get-up of goods; **~aufzug** *m* goods lift; *Am* goods elevator

**Warenausfuhr** *f* export of goods (or merchandise); visible exports; **~ zu Schleuderpreisen** dumping of exports

**Warenausgang** *m* sale of goods; outgoing goods (*Ggs.* Wareneingang); **~sbuch** *n* sales journal; **~skonto** *n* sales account; **~smeldung** *f* goods issued note; **~sraum** *m* goods delivery room; **~srechnung** *f* sales account

**Waren~**, **~auslage** *f* display of goods; goods displayed; **~ausstattung** *f* get(-) up of goods; **~austausch** *m* exchange of commodities; **~auszeichnung** *f* marking (or label[l]ing) of goods; **~automat** *m* automatic vending machine; **~ballen** *m* bale; **~bedarf** *m* demand for goods; **~bestände** *mpl* goods on hand

**Warenbeförderung** *f*, **~ im Eisenbahnverkehr** carriage (or transport) of goods by rail; **~ im Luftverkehr** carriage of goods by air; **~ unter Zollverschluss** transport of goods under customs seal

**Waren~**, **~begleitschein** *m* waybill; document accompanying goods; **~behälter** *m* container; **~beleihung** *f* lending on goods; **~belieferung** *f* supply of goods; **~beschaffung** *f* procurement of goods; **~beschaffungskredit** *m* purchase money loan; **~bescheinigung** *f* → **~verkehrsbescheinigung**; **~beschreibung** *f* description of goods

**Warenbestand** *m* stock; stock (of goods) on hand; goods on hand; merchandise stock; *Br* stock in trade; (merchandise) inventory; **~skonto** *n* → Wareneinkaufskonto; **~sprüfung** *f* stock audit; **unser ~ ist zu groß** we have surplus of stock on hand

**Warenbestellung** *f*, **e-e große ~ machen** to give a large order for goods; **~en** *fpl* **entgegennehmen** to take orders for goods

**Waren~**, **~bevorschussung** *f* advance on commodities; **~bewegung** *f* movement of goods; **~bezeichnung** *f* description of goods; **~bilanz** *f* trade balance; **~börse** *f* commodity exchange, produce exchange; **~bruttogewinn** *m* gross profit on sales; **~durchfuhr** *f* transit of goods (through another country); **~einfuhr** *f* import(ation) of goods (or merchandise); visible imports

**Wareneingang** *m* goods purchased; goods received; incoming goods (*Ggs.* Warenausgang); **bei ~** on receipt of goods; **~sbescheinigung** *f* (WEB) delivery verification; **~sbuch** *n* purchase day book (or journal); **~skonto** *n* purchase account; **~smeldung** *f* goods received note; **~sraum** *m* goods reception room; **~srechnung** *f* purchase account; **~sstelle** *f* goods receiving department

**Wareneinheit** *f* unit of goods; **~sversicherung** *f* combined risk insurance; omnium policy

**Waren~**, **~einkaufskonto** *n* purchase account; **~einlagerung** *f* storage of goods; **~einsatz** *m* goods input; **~einstandspreis** *m* cost price; **~einstufung** *f* **nach Güteklassen** grading of commodities; **internationale ~einteilung** *f* international classification of goods; **~einzelspanne** *f* commercial margin per item; **~empfang** *m* receipt of goods; **~empfangsschein** *m* delivery receipt; **~etikett** *n* label, ticket; **~export** *n* export of goods; *Am* merchandise export; **~fluss** *m* flow of goods; **~fonds** *m* commodity fund; **~forderungen** *fpl* trade receivables; receivables for goods delivered; **~führer** *m* carrier

**Warengattung** *f* category (or kind) of goods; line (of goods); **e-e ~ aufgeben** to drop a line (of business)

**Waren~**, **~geld** *n* commodity money; **~geschäfte** *npl* goods trade; transactions in goods; **~gestaltung** *f* merchandising; **~gleichartigkeit** *f* similarity (or uniformity) of goods

**Warengruppe** *f* group (or category) of goods (or commodities); commodity group (or class); products category; **~nverzeichnis** *n* → Warenverzeichnis für die Statistik des Außenhandels...

**Warenhandel** *m* trade in goods; merchandise trade; *(Börse)* commodities trading; **~ zwischen ...** goods traded between ...

**Warenhaus** *n* department store; **~diebstahl** *m* shoplifting; **~kette** *f* department store chain; **~konzern** *m* department store group

**Warenimport und export** *m* visible trade

**Waren~**, **~katalog** *m* catalog(ue) (or list) of goods; **internationaler ~kauf** *m* international sale of goods ( → VN-Kaufrechtsübereinkommen); **~kenntnis** *f* knowledge of goods; **~kennzeichnung** *f* marking of goods; **~knappheit** *f* shortage of goods; **~kontingent** *n* goods quota; **~konto** *n* goods account ( → ~**einkaufskonto**, → ~**verkaufskonto**); **~kontrolle** *f* checking (or control) of goods (or products); **~korb** *m* *(Preisindexberechnung)* market basket; mix of goods

**Warenkredit** *m* commercial (or trade) credit; advance (or loan) on goods; **~brief** *m (e-s Teilzahlungsinstituts)* commercial letter of credit; **e-n ~ einräumen** to make an advance on goods

**Waren~**, **~kunde** *f* merchandise technology; **~lager** *n (Vorrat)* stock in trade, stock of merchandise, *Am* (merchandise) inventory; *(Raum)* warehouse, store(-house); *Am* stock room; **~lagerung** *f* storage of goods; **~lieferant** *m* supplier of goods; *(von Lebensmitteln)* purveyor

**Warenlieferung** *f* delivery (or supply) of goods; **~en** *fpl* **aus dem Ausland** goods supplied by foreign countries; **~en** *fpl* **an das Ausland** goods delivered to foreign countries; **e-e ~ abnehmen** to accept delivery of goods

**Waren**, **~liste** *f* list of commodities (or products); **~lombard** *m* → ~**beleihung**; **~makler** *m* produce (or merchandise, commodity) broker; **~mangel** *m* shortage (or scarcity) of goods; **~markt** *m* commodity (or produce) market; **~menge** *f* quantity of goods; **größere ~menge** *f* major amount of goods; **~muster** *n* commercial sample; *(Post)* → ~**sendung**; **~papiere** *npl (z. B. Konnossement, Ladeschein, Lagerschein)* documents of title (to goods); **~partie** *f* lot; parcel (of goods or merchandise); **~posten** *m* lot, batch; **~preise** *mpl* prices of goods; *(Börse)* commodity prices; **~preisklausel** *f* commodity value clause

**Warenprobe** *f* sample (of goods or merchandise) ( → Kauf auf Probe); **~nverteilung** *f* free gift advertising

**Waren~, w~produzierendes Gewerbe** *n* goods producing industries; **~prüfung** *f* goods check (or test); **~rabatt** *m* merchandise allowance; trade discount

**Warenrechnung** *f* invoice; goods account; **spezifizierte ~** bill of parcels

**Waren~, ~regal** *n* shelf; **~rohgewinn** *m* gross profit on sales; gross margin; **~rücksendungen** *fpl (an den Verkäufer)* (purchase) returns; **~schulden** *fpl* commercial debts; *(Bilanz) (Verbindlichkeiten aus ~lieferungen)* trade accounts payable

**Warensendung** *f* consignment of goods; *(Post)* sample (sent at reduced rate); **~ aus Drittländern** *(EU)* consignment of goods sent from non-member countries; **~en innerhalb der Gemeinschaft** *(EU)* goods sent from one part of the Community to another

**Waren~, ~skonto** *m* trade discount; **~sorte** *f (nach Qualität)* class (or grade) of goods; **~sortierung** *f* grading of goods

**Warensortiment** *n* line (or assortment, range) of goods; **verschiedenartiges ~** diversified assortment of goods; **das ~ erweitern** to increase the range of products

**Waren~, ~stapel** *m* stack (or pile) of goods; **~strom** *m* flow of goods, commodity flow; **~systematik** *f* commodity classification; **~tausch** *m* exchange of goods; barter(ing)

**Warentermin~, ~börse** *f* commodity futures (or forward) exchange; **~geschäfte** *npl* commodity futures (or forward) transactions; **~handel** *m* commodity futures trading; commodity forward dealings

**Warentest** *m* goods test, product test (test of consumer products made by consumer protection bodies); **vergleichende ~e** *pl* comparative testing of goods

**Warentransit** *m* transit of goods (through another country)

**Warentransport** *m* carriage (or transport) of goods; **~versicherung** *f* goods in transit insurance

**Waren~, ~umsatz** *m* turnover of goods, merchandise turnover; **~umschlag** *m* handling of goods; **~umschließung** *f* packing of goods; **~ursprung** *m* origin of goods (or products); products originating in ...

**Warenverkauf** *m* sale of goods; sales; **~sbuch** *n* sales day book, sales journal; **~skonto** *n* sales account

**Warenverkehr** *m* trade (in goods); movement of goods; circulation of goods; **~ zwischen ...** goods traded between ...; **freier ~** *(EU)* free movement of goods; **innergemeinschaftlicher ~** *(EU)* trade between Member States; intra-Community trade; **laufender ~** trade flow; **~ über die Grenze** goods moving across the frontier; goods traffic across the border; **zum freien ~ zulassen** to admit to free trade

**Waren~, ~- und Dienstleistungsverkehr** *m* trade and service transactions; trade in goods and services; trade and services; **~-, Dienstleistungs- und Kapitalverkehr** *m* **mit dem Ausland** exchange of goods, services and capital with foreign countries

**Warenverkehrsbescheinigung** *f (EU)* movement certificate

**Warenverkehr, den ~ ausweiten** to develop trade; **den ~ fördern** to facilitate the exchange of goods

**Waren~,~versand** *m* sending (or consignment, conveyance) of goods; dispatch (or shipment) of goods; *(EU)* transit operation; **~versicherung** *f* insurance of merchandise; **~verteilung** *f* distribution of goods; **~vertreter** *m* agent acting as middleman for selling and buying merchandise

**Warenverzeichnis** *n* list of goods (or commodities, products); **Internationales ~ für den Außenhandel** Statistical and Tariff Classification for International Trade; **Revidiertes Internationales ~ für die Handelsstatistik** Revised Standard International Trade Classification; **~ für die Statistik des Außenhandels der Gemeinschaft und des Handels zwischen ihren Mitglied-**

**staaten** (NIMEXE) *(EU)* Nomenclature of Goods for the External Trade Statistics of the Community and Statistics of Trade between Member States (NIMEXE)

**Waren~**, **~vorräte** *mpl* inventories; stock in trade; stock on hand; **~vorschüsse** *mpl* advances on commodities (granted by a bank, in particular in foreign business)

**Warenwechsel** *m* commercial bill (of exchange), trade bill (of exchange) (given for the price of goods); **bankgirierter ~** trade bill endorsed by a bank

**Warenwert** *m* invoiced value of goods

**Warenzeichen** *n* trademark; **eingetragenes ~** registered trademark; **irreführendes ~** deceptive trademark; **unterscheidungskräftiges ~** distinctive trademark; **ein ~ eintragen (lassen)** to register a trademark; **ein ~ verletzen** to infringe a trademark; **mit e-m ~ versehen** to affix (or put) a trademark on; to label with a trademark

**Warenzeichen~**, **~anmeldung** *f* application for registration of a trademark; **~eintragung** *f* registration of a trademark; **~inhaber** *m* trademark owner; **~lizenz** *f* trademark licen|ce (~se); **~löschung** *f* cancellation of a trademark; **~recht** *n* trademark law; **w~rechtlich geschützt** protected by a trademark; **~rolle** *f* register of trademarks; **auf ~verletzung** *f* **klagen** to bring a trademark infringement action

**Warenzusammenstellung** *f* goods put up in sets

**Wärme~**, **~beständigkeit** *f* heat resistance; **~dämmung** *f* → Beförderungsmittel für leichte Lebensmittel mit ~dämmung; **w~isolierend** thermal insulating; **~kraftwerk** *n* thermal power station; **w~technische Verbesserung** *f* **von Gebäuden** improvement of the thermal efficiency of buildings

**Warn~**, **~anlage** *f* warning device; **~dreieck** *n (Auto)* warning triangle; **~signal** *n* warning signal; **~streik** *m* token strike; **~tafel** *f* danger notice; **~vorrichtung** *f* alarm device

**Warteliste** *f* waiting list; **~ntarif** *m (Flugzeug)* standby tariff; **Fluggast auf ~** standby passenger

**Warte~**, **~schlange** *f* queue; **~zeit** *f* waiting period; qualifying period; cooling-off period

**warten** *(instandhalten)* to service, to maintain; **jdn ~ lassen** to keep sb. waiting

**Wartung** *f (z. B. e-s Autos)* maintenance, servicing; **sorgfältige ~ der Arbeitsgeräte** careful servicing of tools; **~sarbeiten** *fpl* servicing (or maintenance) works; **~skosten** *pl* servicing (or maintenance) costs; **~svertrag** *m* service contract

**Wäscherei** *f* laundry

**Waschmaschine** *f* washing machine, washer

**Waschmittel** *n* washing powder (or agent); household detergent; **~industrie** *f* detergent industry

**Waschzettel** *m* blurb

**Wasser** *n*, **gechlortes ~** chlorinated water; **verunreinigtes ~** polluted water; **Leitungs~** *n* tap water

**Wasser~**, **~aktien** *fpl* watered shares; **~bau** *m* hydraulic construction; **~bedarf** *m* water requirements; **w~beschädigt** damaged by water; **w~dicht** water tight; waterproof; *(Stoffe)* impermeable; **~fahrzeug** *n* watercraft; ship, boat or other vessel; **~flugzeug** *n* seaplane; **~fracht** *f* carriage by water; **~geld** *n* water rate; **~gewinnungsgebiet** *n* water gathering grounds; **~güte** *f* water quality; **~knappheit** *f* shortage of water; **~kraftwerk** *n* hydroelectric power plant; **~reinhaltung** *f* maintenance of water purity; **~schadenversicherung** *f* water damage insurance; **~schadstoffe** *mpl* pollutants in water; **~stand** *m* water level; **~stofferzeugung** *f* production of hydrogen

**Wasserstraßen** *pl* waterways; **~verkehr** *m* (inland) waterborne transport

**Wasser~**, **~uhr** *f* water meter; **~verbrauch** *m* water consumption; **~verknappung** *(als Folge der Dürre)* depletion of water resources; **~verschmutzung** *f* water pollution; **~versorgung** *f* water supply; **w~verunreinigende Stoffe** *mpl* substances liable to cause water pollution; **~vorrat** *m* water reserve (or supply)

**Wasserweg** *m* waterway; **auf dem ~** by water; by sea; **auf dem ~ befördert** carried by water, waterborne; **Beförderung auf dem ~** waterborne transport (or shipment); **Handel auf dem ~** waterborne commerce

**Wasser~**, **~wirtschaft** *f* water engineering; economics of water supply and regulation; **~zeichen** *n* watermark

**Weberei** *f* weaving mill; **~erzeugnisse** *npl* woven products

**Wechsel** *m* 1. bill of exchange (B/E); *(Tratte)* draft; *(eigener ~)* (promissory) note; **~** *pl* bills and notes; **~ in mehrfacher Ausfertigung** bill in a set (*1. Ausfertigung* first of exchange, *2. Ausfertigung* second of exchange, *3. Ausfertigung* third of exchange); **abgelaufener ~** overdue bill; **akzeptierter ~** accepted bill; **angekaufter ~** discounted bill; **ausländischer ~** foreign B/E; foreign draft; **bankfähiger ~** bankable bill; **begebbarer ~** negotiable bill; **Besitz~** *pl* bills receivable (*Ggs.* SchuldWechsel); **bezahlter ~** hono(u)red bill; **nicht bezahlter ~** unpaid bill, dishono(u)red bill; bill dishono(u)red by non(-)payment; **bundesbankfähige ~** *pl* bills eligible for rediscount by the German Federal Bank; **diskontierbarer ~** discountable bill; **diskontierter ~** discounted bill; **domizilierter ~** domiciled bill; **eigener ~** bill drawn on oneself; promissory note, note; **trassiert eigener ~** bill drawn by the drawer on himself; **eingelöster ~** discharged bill, hono(u)red bill; **fälliger ~** bill (or note) payable; matured bill; **noch nicht fälliger ~** bill of exchange not yet due for payment; **gefälschter ~** forged bill (of exchange); **gezogener ~** draft; **indossierter ~** endorsed bill (of exchange); **inländischer ~** domestic bill (of exchange); *Br* inland bill (of exchange); **kurzfristiger ~** short-dated bill; **lombardierter ~** bill pledged as a security for an advance; **notleitender ~** bill in distress; dishono(u)red bill; **zu Protest gegangener ~** protested bill; **Reit~** *m* kite; **Schuld~** *pl* bills payable (*Ggs.* Besitz-Wechsel); **verfallener ~** overdue bill; **zu zahlende ~** *pl* bills payable

**Wechsel**, **der ~ ist abgelaufen** the bill (or draft) has fallen due; the bill (or draft) has become payable; **e-n ~ akzeptieren** to accept a bill; **e-n ~ nicht akzeptieren** to refuse acceptance of a bill; to dishono(u)r a bill by non-acceptance; **e-n ~ ausstellen** to draw (or issue) a bill (auf on); **e-n ~ begeben** to negotiate a bill; **e-n ~ bezahlen** to pay (or hono[u]r) a bill; **mit e-m ~ bezahlen** to pay by means of a bill; **für e-n ~ bürgen** to guarantee a bill; **e-n ~ diskontieren lassen** to have a bill discounted; **Zahlung e-s ~s einklagen** to sue on a bill; **e-n ~ einlösen** to pay (or meet, cash, hono[u]r) a bill; **e-n ~ vor Fälligkeit einlösen** to anticipate a bill; **e-n ~ nicht einlösen** to dishono(u)r a bill; to fail to meet a bill; to refuse to pay money on a bill; **der ~ wird fällig am ...** the bill matures for payment on ...; **~ zum Diskont (zum Inkasso) hereinnehmen** to accept bills of exchange for discount (for collection); **e-n ~ indossieren** to endorse a bill; **e-n ~ lombardieren** to pledge a bill as security for a loan; **e-n ~ platzen lassen** to dishono(u)r a bill; **e-n ~ prolongieren** to renew (or prolong) a bill; **e-n ~ protestieren lassen** to have a bill protested; **e-n ~ sperren** to stop a bill; **e-n ~ verlängern** to renew (or prolong) a bill; **die Annahme e-s ~s verweigern** to refuse acceptance of a bill; to dishono(u)r a bill by non-acceptance; **die Zahlung e-s ~s verweigern** to refuse payment of a bill; to dishono(u)r a bill by non-payment; **e-n ~ zur Annahme (Zahlung) vorlegen** to present a bill for acceptance (payment); **das Inkasso e-s ~ vornehmen** to undertake the collection of a bill; **e-n ~ bei Fälligkeit zahlen** to pay a bill at maturity; **e-n ~ auf jdn ziehen** to draw (or make out) a bill (or draft) on sb.

**Wechsel~**, **~abschrift** *f* copy of a bill (of exchange); **~akzept** *n* acceptance of a bill; **~akzeptant** *m* acceptor of a bill; **~allonge** *f* rider

**Wechselausfertigung** *f*, **erste (zweite, dritte) ~** first (second, third) of exchange

**Wechsel~**, **~aussteller** *m* drawer of a bill; **~ausstellung** *f* drawing (or issue) of a bill; **~bestand** *m* bill holdings; **~betrag** *m* amount of the bill; **den ~betrag einziehen** to cash the bill (or note); **~bezogener** *m* drawee of a bill; **~buch** *n* bill book; *(Eingangsbuch)* bills receivable book; *(Verfallbuch)* bills payable book; **~bürge** *m* bill guarantor (or surety); **~bürgschaft** *f* guarantee for a bill of exchange; **~diskontierung** *f* discounting of bills; **~diskontkredit** *m* discount credit; **~domizil** *n* place where bill is payable; **~duplikat** *n* duplicate bill; **~einlösung** *f* payment (or hono[u]ring) of a bill; **~einzug** *m* bill collection; **w~fähig** able to draw (or accept) a bill; **~fälligkeit** *f* date of maturity of a bill; **~fälschung** *f* bill forgery

**Wechselforderung** *f, (ausstehende)* **~en** *pl* bills (or notes) receivable; **e-e ~ einziehen** to collect a bill

**Wechsel~**, **~formular** *n* bill form; **~geschäft** *n* bill business; *(das einzelne)* bill transaction; **~girant** *m* endorser of a bill; **~giro** *n* endorsement of a bill; **~haftung** *f* liability under a bill of exchange; **~handel** *m* bill brokerage; **~hereinnahme** *f* acceptance of a bill; **~indossament** *n* endorsement of a bill; **~inhaber** *m* holder of a bill, billholder; **~inkasso** *n* bill (or draft) collection; cashing (promissory) notes; **~-Intervention** *f (bei Nichtannahme)* acceptance by intervention (or for hono[u]r); *(bei Nichtzahlung)* payment by intervention (or for hono[u]r); **~klage** *f* suit on a bill; action for non(-)payment of a bill (of exchange); **~kommission** *f* buying and selling of bills of exchange for account of another; billbroking; **~konto** *n* bills account; bills payable and receivable account; **~kopie** *f* copy of a bill (of exchange); **~kredit** *m* acceptance credit, discount credit; **~kurs** *m* → ~ 2.; **~lombard** *m* lending (by a bank) on bills of exchange; **~makler** *m* bill broker, discount broker; **w~mäßige Haftung** *f* liability on a bill; **~nehmer** *m* payee of a bill; **~obligo** *n* bill commitments; bills (or notes) payable; **~pensionsgeschäft** *n* bill-based (sale and) repurchase agreement; **~portefeuille** *n* portfolio of bills (or notes); bill holding(s); **~prolongation** *f* renewal of a bill (of exchange)

**Wechselprotest** *m* protest of a bill (or note); **Aufnahme von ~en** (noting and) protesting dishono(u)red bills of exchange

**Wechsel~**, **~provision** *f* bill brokerage; **~prozess** *m* lawsuit arising from claims on a bill of exchange; **~rechnung** *f* bill account (when the bill is discounted); **~recht** *n* bill of exchange law; **~rediskontierung** *f* rediscounting a bill; **~regress** *m* recourse to a party liable on a bill

**Wechselreiterei** *f* drawing and redrawing of bills; kite flying; **~ betreiben** to fly a kite

**Wechsel~**, **~rembours** *m* documentary acceptance credit; **~schulden** *fpl* debts on a bill (of exchange); *(Bilanz)* bills (or notes) payable; **~schuldner** *m* debot on a bill; **~sekunda** *f* second of exchange; **~skontro** *n* bill ledger; **~spekulation** *f* bill jobbing; **~spesen** *pl* bill charges; discount expenses; **~steuer** *f* tax on bills of exchange (or drafts, promissory notes); **~summe** *f* amount of the bill; **~übertragung** *f* endorsement of a bill; **~umlauf** *m* circulation of bills; **~verbindlichkeiten** *fpl* bill commitments; bills (or notes) payable; **~verpflichteter** *m* party liable on a bill; **~verpflichtung** *f* liability on a bill; **~ziehung** *f* drawing of a bill; **~zinsen** *mpl* interest paid on a bill; **~zweitschrift** *f* second of exchange

**Wechsel** *m* 2. change; **~ von e-r Abteilung zur anderen** *(innerhalb des Unternehmens)* job rotation; **~ in der Betriebsführung** change in management; **~behälter** *m (im kombinierten Verkehr)* interchange container; **~geld** *n* (small) change; **kein ~geld** no change given

**Wechselkurs** *m* exchange rate, rate of exchange; **~ am Bilanzstichtag** closing rate of exchange balance sheet rate of exchange; **amtlicher ~** official rate of exchange; **fester ~** fixed rate of exchange; **festgelegter ~** pegged exchange rate; **freier ~** fluctuating (or floating) exchange rate; **Land mit frei schwankenden ~en** *pl* country with freely floating exchange rates; **gespaltener ~** split rate of exchange; **günstiger ~** favo(u)rable exchange rate; **hoher ~** high rate of exchange; **multipler ~** multiple exchange rate; **niedriger ~** low rate of exchange; **stabiler ~** stable rate of exchange; **den ~ freigeben** to float (or free) the exchange rate; **der ~ ist frei(gegeben)** the exchange rate is floating; **der ~ ist gefallen (gestiegen)** the rate of exchange has depreciated (advanced)

**Wechselkursänderung** *f* change in the exchange rate; parity change; **~ des Dollar** change in the dollar exchange rate

**Wechselkurs**, **~anpassungen** *fpl* exchange rate adjustments; realignments; **~arbitrage** *f* arbitration of exchange; **~bandbreite** *f* margin of the exchange rate; **~berechnung** *f* exchange calculation; **innergemeinschaftliche ~beziehungen** *fpl* intra-Community currency exchange relations; **~differenz** *f* difference in rate of exchange; **~freigabe** *f* floating of the exchange rate; **~garantie** *f* exchange rate guarantee; **~gewinne** *mpl* exchange profits; **~mechanismus** *m* Exchange Rate Mechanism; **~notierung**

*f* exchange rate quotation; **~parität** *f* exchange rate parity; **w~politische Maßnahmen** *fpl* measures of exchange rate policy; **den ~ freigeben** to float (or free) the exchange rate

**Wechselkursrisiko** *n* exchange rate risk; **das ~ für ein Darlehen übernehmen** to guarantee a loan against the effects of exchange rate fluctuations

**Wechselkurs~**, **~schwankungen** *fpl* fluctuations in the exchange rate; **~stabilität** *f* exchange rate stability; **~verhältnis** *n* exchange rate relationship (zwischen between); **~verlust** *m* loss on exchange, exchange loss

**Wechsel~**, **~schicht** *f* rotating shift; **~schichtarbeit** *f* shift working; **w~seitig beteiligte Unternehmen** *npl* interlocking enterprises; **w~seitige Beteiligung** *f* reciprocal participation; **w~seitige Geschäfte** *npl* mutual dealings; **~stube** *f* *(e-r Bank)* exchange office; **w~weise** by turns; **w~weise Arbeit** *f* rotation of jobs; **~wirkung** *f* interaction; **~wirtschaft** *f* rotation of crops

**wechseln** to change; **seinen Beruf häufig ~** to change one's job frequently; **Geld ~** to change money; **können Sie mir 100 € ~?** can you give me change for € 100 ?

**Weg** *m* way; *(Reise~)* route; *fig* method, manner, means; **auf dem ~e** on the way; en route; in transit; **im ~e der Klage** by taking legal action; **auf dem Dienst~** through the official channels; **auf gerichtlichem ~e** by legal steps; by legal process; **auf gütlichem ~e** amicably; **auf dem kürzesten ~** by taking the shortest way; **auf dem schnellsten ~** *(Transport)* by the quickest route; *fig* by the quickest possible means; **Mittel und ~e finden** to find ways and means; **in die ~e leiten** to initiate, to organize

**Weg~**, **~abweichungsklausel** *f* deviation clause; **~ebau** *m* road building; **~egeld** *n* travel(l)ing expenses; **~erecht** *n* right of way

**Wegfall** *m* cessation, abolition; **~ der Geschäftsgrundlage** frustration of contract; **~ e-r Vergünstigung** abolition of a privilege

**wegfallen** to cease, to be abolished; to be deleted

**weggeben** to give away

**Weglassung** *f* omission

**Wegnahme** *f (e-r Sache)* taking away, removal

**wegsteuern**, **Gewinne ~** to tax away profits; to skim off profits by taxation

**wegwerfbar** throw-away; disposable

**wegwerfen** to throw away, to discard

**Wegwerf~**, **~gesellschaft** *f* throw-away society; **~packung** *f* one-way package (or packaging); throw-away package (or packaging); **~waren** *fpl* disposable goods, disposables

**Wehrwirtschaft** *f* defen|ce (~se) economy

**weibliche Arbeitskräfte** *fpl* female workers

**weiche Währung** *f* soft currency

**Weich~**, **~währungsland** *n* soft-currency country; **~weizen** *m* common (or soft) wheat

**Weideland** *n* pasture

**Weihnachts~**, **~geschäft** *n* Christmas business; **~gratifikation** *f* Christmas bonus

**Wein** *m* wine; *(Trauben)* grapes; **~ auf Flaschen ziehen** to bottle wine

**Wein~**, **~anbaugebiet** *n* wine-growing region; **w~ausführendes Land** *n* wine-exporting country; **~bau** *m* wine-growing; viniculture; **~baukartei** *f (EU)* vine-yard register; **~baukataster** *m* vinicultural land register

**Weinberg** *m* wineyard; **~srolle** *f* vineyard register; **~e anlegen** to lay out vineyards

**Wein~**, **~fälschung** *f* adulteration of wine; **~händler** *m* wine merchant (or dealer); **~jahr** *n* vintage (year); **~liste** *f* wine list; **gemeinsame ~ordnung** *f (EU)* common organization of the market in wine; **~panscherei** *f* wine adulteration; **~wirtschaftsjahr** *n (EU)* wine year

**Weise** *f*, **in geeigneter ~** in an appropriate manner; **in gleicher ~** in the same way

**Weißblech** *n* tinplate

**Weisung** *f* instruction, direction, directive; **w~sbefugt** authorised (to make decisions); **Ihren ~en** *pl* **gemäß** in accordance with your instructions; **laut ~** as per instruction; **~en erteilen** to give instructions (or directions); **~en entgegennehmen** to receive instructions; **gegen ~en handeln** to disregard instructions

**weitere Aufträge** *mpl*, **um ~ bitten** to ask for further orders

**weitere**, **~ Frist** *f* additional period; **~ Kosten** *pl* additional costs

**weiterbearbeitetes Produkt** *n* processed product
**Weiterbeförderung** *f* reforwarding
**Weiterbehandlung** *f* further processing
**weiterbeschäftigter Arbeitnehmer** *m* worker kept in employment
**Weiterbestand** *m* **e-r Firma** continuance (or continued existence) of a firm
**weiterbilden** to develop; **sich ~** to continue one's training
**Weiterbildung** *f* further education; advanced training; **berufliche ~** further vocational training; **~ von Führungskräften** training of executives; executive development; **~smöglichkeiten** *fpl* opportunities for further education
**Weiterentwicklung** *f* further development
**weiterfahren** to continue
**weiterführen, jds Geschäft ~** to carry on sb. else's business
**Weiterführung** *f* **e-s Geschäfts** continuation (or continued operation) of a business
**Weitergabe** *f* **von Geschäftsgeheimnissen** disclosure of business secrets
**weitergeben, e-e Bestellung ~ an** to pass an order on to; **Informationen ~** to disclose (or transmit) information; **e-n** (diskontierten) **Wechsel ~** to rediscount a bill
**weiterkommen, beruflich ~** to advance in one's profession
**weiterleiten an** to pass on to, to transmit
**Weitersendung** *f* reconsignment
**weiterverarbeiten, Waren ~** to process goods; **~de Industrie** *f* manufacturing industry
**Weiterverarbeiter** *m* processor
**Weiterverarbeitung** *f* manufacturing; further processing
**Weiterveredelung** *f* supplementary processing
**weitervergeben, die Arbeit** *(zur Erledigung)* **~** to subcontract
**Weiterverkauf** *m* resale
**weiterverkaufen** to resell
**weitervermieten** to sublease, to sublet
**Weitervermietung** *f* subletting, reletting, sublease
**weiterversenden, Waren ~** to redispatch (or reship) goods
**Weiterversicherung** *f*, **freiwillige ~** optional continued insurance
**weiterzahlen, den Lohn ~** to continue to pay the wage

**weit~, ~reichend** wide-ranging; **~verbreitetes Werbemittel** *n* widespread advertising medium; **~verzweigtes Unternehmen** *n* enterprise with wide ramification
**Weizen** *m* wheat; **~bedarf** *m* requirement of wheat; **~handel** *m* trade in wheat; **~handelsübereinkommen** *n* Wheat Trade Convention; **~verkäufe** *mpl* sales of wheat
**Welle** *f*, **Preis- und Kosten~** *f* wave of price and cost increases; **Spekulations~** *f* wave of speculation
**Wellpappe** *f* corrugated cardboard
**Welt, in der ganzen ~** throughout the world; worldwide; → Geschäfts~
**Welt~, ~abkommen** *n* world agreement; **~agrarmarkt** *m* world agricultural market, world farming market; **~ausstellung** *f* world (or international) exhibition; **~bank** *f* World Bank ( → Internationale Bank für Wiederaufbau und Entwicklung); **~bedarf** *m* world requirement, world demand; **w~bekannt** internationally known; **w~berühmt** world-renowned; **~bestände** *mpl* world stocks; **~energiemarkt** *m* world energy market; **~erdölmarkt** *m* world oil market; **~ernährungskonferenz** *f* World Food Conference; **~ernährungslage** *f* world food situation; **~ernährungsprogramm** *n* World Food Programme (WFP); **~ernährungssicherheit** *f* security of world food supplies; **~erzeugung** *f* world production; **~geltung** *f* world standing
**Welthandel** *m* world trade, international trade (or commerce); **~sgüter** *pl* world market goods (or commodities); **~skonferenz** *f* (der Vereinten Nationen) United Nations Conference on Trade and Development (UNCTAD)
**Welt~, ~industriezensus** *m* world census of industry; **~konjunktur** *f* world economic activity (or trend); world business outlook
**Weltmarkt** *m* world (or international) market; **Bedürfnisse des ~s** world market requirements; **~preis** *m* world market price
**Welt~, ~meer** *n* ocean; **~nachfrage** *f* world demand; **~nahrungsmittelversorgung** *f* world food supply; **~ölversorgung** *f* world oil supply; **~organisation** *f* **für geistiges Eigentum** World Intellectual Property Organization (WIPO);

**~postverein** (WPV) *m* Universal Postal Union (UPU); **~produktion** *f* world production (or output)

**Weltraum** *m* (outer) space; **Erforschung und friedliche Nutzung des ~s** exploration and peaceful use of outer space; **~fahrer** *m* astronaut; **~flug** *m* space flight; **~gegenstand** *m* space object; **~müll** *m* space debris (or litter); **~transporter** *m* space shuttle; **~vertrag** *m* Space Treaty

**Welt~**, **~rohstoffmarkt** *m* world (or international) raw materials market; **~rohstoffpreise** *mpl* world commodity prices; **~ruf** *m* worldwide reputation; **~stadt** *f* metropolis; **~tierschutzbund** *m* World Federation for the Protection of Animals; **~umsatz** *m* world sales; **~urheberrechtsabkommen** *n* Universal Copyright Convention; **~verbrauch** *m* world consumption; **~vorräte** *mpl* world stocks (an of); **~währungsfonds** *m* International Monetary Fund; **w~weit** around the world; global; on a global basis; **w~weite Krise** *f* worldwide crisis

**Weltwirtschaft** *f* world (or international, global) economy; **~skrise** *f* world economic crisis; **allgemeine ~slage** *f* general world economic situation; **~sordnung** *f* international economic order; **~sprobleme** *npl* world economic problems

**Wende** *f fig* turn, turnaround

**wenden**, **sich ~ an** to get in touch with, to turn to, to approach (a p.);

**wenig**, **~ gefragte Waren** *fpl* goods in poor demand, dull goods; **~ Geschäfte** *npl* little business; few dealings; **zu ~ berechnen** to undercharge; **zu ~ bezahlen** to underpay, to pay *(workmen, etc.)* inadequately

**weniger**, **Erschließung der ~ entwickelten Gebiete** *npl* opening up of less developed areas; **~ wohlhabende Länder** *npl* less prosperous countries

**Werbe**, **~abteilung** *f* advertising department; **~agentur** *f* advertising (or publicity) agency; **~aktion** *f* publicity campaign; **~anstrengungen** *fpl* publicity efforts; **~aufschrift** *f* advertising label; **~aufwand** (od. **~aufwendungen** *fpl*) advertising expenditure (or expense); **übertriebener ~aufwand** *m* hype; **~beilage** *f* advertising supplement; *Am* stuffer; **~berater** *m* advertising consultant (or counsellor); **in der ~branche** *f* **tätig sein** to be in the advertising business (or industry); **~bräuche** *mpl* advertising practices; **~brief** *m* advertising letter, sales letter; **~broschüre** *f* advertising leaflet (or brochure); **~büro** *n* advertising office; **~budget** *n* advertising budget; **~drucksache** *f* printed advertising matter; *(mit Rückantwort)* selfmailer; **~durchsage** *f (im Rundfunk)* advertising announcement; *(zwischen den Sendungen)* spot broadcasting; **~einschaltungen** *fpl (Fernsehen)* spots; **~entwurf** *m* advertising design; **~erfolg** *m* advertising result (or effect); **~erfolgskontrolle** *f* advertising effectiveness control; **~etat** *m* advertising budget; *(bewilligter)* advertising appropriation; **~fachmann** *m* advertising man (or expert, practitioner); *colloq.* ad man; public relations man; **~fachleute** *pl* publicity experts (or specialists); *colloq.* ad men; **~ (fach)zeitschrift** *f* advertising magazine; **~faltblatt** *n* advertising folder; **~fernsehen** *n* commercial television; *(Programm)* television commercials; **~film** *m* advertising film; **~fläche** *f (auf der ~plakate angebracht werden)* advertising space; **~fonds** *m* promotion fund; publicity fund; **~forschung** *f* advertising research; **~funk** *m* commercial broadcasting; **~gemeinschaft** *f (mehrerer Firmen)* advertising association; **~geschenk** *n* advertising gift, free gift, giveaway; **~gespräch** *n* sales talk; **~grafik** *f* advertising (or commercial) art; **~grafiker** *m* advertising (or commercial) artist; advertising (or art) designer; **~idee** *f* advertising idea; **~industrie** *f* advertising industry; **~kampagne** *f* advertising (or promotional) campaign, (publicity) drive; **~kosten** *pl* advertising (or publicity) costs (or expenses); *(bes. bei Werbung für neue Ware)* public relations expenses; **~kraft** *f* advertising (or publicity) appeal; *(e-r Anzeige)* impact of an advertisement; **w~kräftig** having publicity appeal; **~kurzfilm** *m* spot (film); **~leistung** *f* advertising performance; **~leiter** *m* advertising manager; **~literatur** *f* advertising literature; **w~mäßiges Vorgehen** *n* advertising approach; **~maßnahmen** *fpl* advertising activities (or measures)

**Werbematerial** *n* advertising (or publicity) material; sales promotion material; com-

mercial samples; **~ für den Fremdenverkehr** tourist publicity materials
**Werbe~**, **~methoden** *fpl* advertising (or publicity) methods; **aufdringliche ~methoden** canvassing methods; **~mittel** *n* advertising medium (*pl* media); *(etatmäßige Geldmittel)* advertising appropriations; **~muster** *n* advertising sample
**werben** to advertise, to campaign; **intensiv ~** to push; **für e-e gemeinnützige Einrichtung ~** to canvass on behalf of a charity; **für ein Erzeugnis ~** to promote a product; **Kunden ~** to solicit customers; *(Abonnenten)* **für e-e Zeitung ~** to canvass for a newspaper
**werbende Aktiva** *npl* interest-bearing assets
**Werbe~**, **~neuheit** *f* advertising novelty; **~nummer** *f (e-r Zeitschrift)* complimentary copy; **~plakat** *n* (advertising) placard (or poster); **~plan** *m* advertising (or publicity) plan (or scheme); **~politik** *f* advertising policy; **~praktiken** *pl* advertising practices; **~preis** *m (reduzierter Einführungspreis)* advertising price; early bird price; publicity offer price; **~programm** *n* advertising (or promotional) program(me); **~prospekt** *m* advertising brochure; leaflet
**Werber** *m* canvasser; *Am* solicitor
**Werbe~**, **~rabatt** *m* advertising rebate; **~rundschreiben** *n* advertising circular; **~sachverständiger** *m* → **~fachmann**; **~schrift** *f* advertising brochure (or pamphlet); **~schriften** *fpl* advertising materials; **~sendung** *f (Rundfunk, Fernsehen)* (sponsored) commercial; advertising spot; **~spruch** *m* advertising slogan; **~spruchband** *m* banner; **~strategie** *f* advertising tactics; **~tätigkeit** *f* propaganda; **~text** *m* (advertising) copy; **~texten** *n (Abfassung von ~texten)* copy writing; **~texter** *m* copy writer; ad writer; scriptwriter; **~träger** *m* advertising media; **~trick** *m* advertising trick (or gimmick); **~unterlagen** *pl* advertising (or publicity) material; sales promotion material; **~verbot** *n (z. B. für Tabakwaren)* advertising prohibition; ban on advertising; **~verkauf** *m* publicity sales; promotional selling; **~vorschlag** *m* advertising proposal; **~wert** *m* advertising value; **~wesen** *n* publicity; **w~wirksam** effective in advertising; **~wirkung** *f* advertising effect (or impact); **~wirtschaft** *f* advertising industry
**Werbewoche** *f* promotion week; **e-e ~ durchführen** to run a promotion campaign
**Werbe~**, **~zeichner** *m* advertising designer; **~zeichnung** *f* advertising design; **~zeiten** *fpl* **im Rundfunk und Fernsehen** availabilities in radio und television; **~zeitschrift** *f* advertising magazine; **~zugabe** *f* advertising gift; **~zweck** *m* advertising (or publicity) purpose
**Werbung** *f* advertising; canvassing; publicity; solicitation; **ansprechende ~** appealing advertising; **belehrende ~** educational advertising; **gezielte ~** selective advertising; **herabsetzende ~** disparaging advertising; **hinterhältige ~** ambush advertising; **irreführende ~** misleading advertising; **lautere ~** fair advertising; **marktschreierische ~** puffing publicity; ballyhoo; → Prestige~; → Produkt~; **produktbezogene ~** product advertising; **täuschende ~** misleading advertising; **überredende ~** persuasive advertising; **überregionale ~** nationwide advertising; **unaufdringliche ~** soft sell; **unlautere ~** unfair advertising; **zugkräftige ~** attractive advertising
**Werbung**, **~ durch Drucksachenversand** direct mail advertising; **~ des Einzelhandels** retail advertising; **~ im Fernsehen** TV advertising; **~ für den Fremdenverkehr** tourist advertising; **~ mit Gratisprobe** free gift advertising; **~ durch Plakate** billboard advertising; **~ durch Postwurfsendung** direct mail advertising; **~ im Rundfunk** broadcast advertising; **~ für Sonderangebote** bargain sales advertising; **~ am Verkaufsort** point-of-sale advertising; **~ an öffentlichen Verkehrsmitteln** travel(l-)ing display; **~ mit Warenproben** sample advertising; **~ in Zeitungen** newspaper advertising; **~ mit Zugaben** premium advertising; **~ betreiben (od. machen) für** to advertise
**Werbungskosten** *pl* advertising (or publicity) costs (or expenses); *(SteuerR)* (deductible) income-connected expenses; professional expenses; business expenses; **~pauschale** *f* overall allowance (or standard deduction) for professional *(etc.)* expenses
**Werbungtreibender** *m* advertiser

**Werdegang** *m* background
**werfen**, **auf den Markt** ~ to put on the market
**Werft** *f* shipyard, dockyard; **~arbeiter** *m* dockyard worker
**Werk** *n (Tätigkeit, Arbeit)* work; *(Fabrik)* works, factory, plant; **~e** *npl* **der Literatur, der Wissenschaft und Kunst** literary, scientific and artistic works; **Preis ab** ~ price ex works; factory gate price
**Werk~**, **~bahn** *f* factory-owned railway; **~lieferungsvertrag** *m* contract for work and materials; **~lohn** *m (im ~vertrag)* remuneration (or payment) for the completed work (or for services done); **~meister** *m* foreman; **~nahverkehr** *m* work's short-distance transport (with own vehicles)
**Werks~**, **~angehöriger** *m* works (or factory) employee; **~arzt** *m* company doctor; **~direktor** *m* works (or factory, plant) manager; **w~eigen** factory-owned, company-owned; **~einrichtungen** *fpl* works' facilities; **~ferien** *pl* works annual holidays; holiday shutdown; **~grundstück** *n* plant site; **~kontrolle** *f* manufacturer's quality control; **~küche** *f* staff canteen; **~laden** *m* factory (or company) shop; **~leiter** *m* works (or plant) manager; **~preis** *m* price ex works; **~prüfung** *f* manufacturer's inspection
**Werk~**, **~sparkasse** *f* company savings bank; **~spionage** *f* industrial espionage; **~statt** *f* workshop; *Am* shop; **~stattauftrag** *m* shop order; **~stätte** *f* workshop; *Am* shop; **~stoffe** *mpl* materials; **~stoffplanung** *f* material planning; **~stoffprüfung** *f* material testing; **~stück** *n* workpiece
**Werks~**, **~vertreter** *m* manufacturer's agent; works representative; **~wohnung** *f* factory-owned dwelling
**Werk~**, **~tag** *m* weekday, working day; **w~tätig** working; **~verkehr** *m* works' transport on own account; **~vertrag** *m* contract for work and services; **~zeitung** *f* staff magazine; house organ
**Werkzeug** *n*, **~e** *npl* tools; **~e und Arbeitsgeräte** tools and implements; **~industrie** *f* tool industry; **~kosten** *pl* cost of tools; **~lager** *n* tool storeroom; **~macher** *m* toolmaker
**Werkzeugmaschine** *f* machine tool; **~nausstellung** *f* exhibition of machine tools; **~nhersteller** *m* machine tool manufacturer; **~nindustrie** *f* machine tools industry
**wert sein** *(e-n bestimmten Kaufpreis haben)* to be worth
**Wert** *m* value; *(Vermögens~)* asset; **~e** *pl* articles (or items) of value; *(~papiere)* securities; **dem ~e nach** in terms of value; **über dem** ~ above value; more than the usual price; **unter dem** ~ below value; less than the usual price; **ein Grundstück im ~e von 50.000** € a price of land to the value (or at the price) of (or valued at) € 50.000; **angeblicher** ~ nominal value; face value; *(beim Zoll)* **angemeldeter** ~ declared value; **angemessener** ~ fair value; **willkürlich angenommener** ~ arbitrary value; **ausländische ~e** *pl (Börse)* foreigners; foreign issues; **effektiver** ~ real value; **von erheblichem** ~ of substantial value; *(für Steuerzwecke)* **festgesetzter** ~ assessed value; **feststellbarer** ~ ascertainable value; **geschätzter** ~ estimated (or assessed) value; **großen ~ legen auf** to attach high importance to; **von hohem** ~ of high value; **tatsächlicher** ~ actual value; **vereinbarter** ~ agreed value
**Wert**, **den ~ angeben** to declare the value (*mit 100* € at € 100 ); **den ~ beeinträchtigen** to impair the value; **seinen ~ behalten** to maintain its value; **e-r Sache ~ beilegen** to attribute value to sth.; **den ~ erhöhen** to increase (or improve) the value; **sich im ~ erhöhen** to increase in value; to appreciate; **den ~ ermitteln** to make valuation (of sth.); **im ~ fallen** to become less in value; to depreciate; **den ~ festsetzen** to assess the value; **den ~ feststellen** to ascertain the value; **an ~ gewinnen** to gain in value; **~ haben** to be of value; **den ~ schätzen** to estimate (or appraise) the value (of sth.); **im ~ steigen** to increase in value; to appreciate; **etw. unter dem ~ verkaufen** to sell sth. below value; **an ~ verlieren** to lose in value; to become less in value; to depreciate; **an ~ zunehmen** to increase in value, to appreciate
**Wert~**, **~abnahme** *f* decrease in value; depletion; **~angabe** *f* declaration of value; **~ansatz** *m* (basis of) valuation; value stated; **~anstieg** *m* increase in value
**wertberichtigen** to adjust the value of; to provide (for loss of value)
**Wertberichtigung** *f (auf der Passivseite*

*e-r Bilanz für zu hoch angesetzte Aktiva)* valuation adjustment; valuation reserve; accumulated depreciation; **~ auf zweifelhafte Forderungen** provision for doubtful accounts; **~ auf das Vorratsvermögen** inventory valuation adjustment; **~skonto** *n* adjustment account; **~sposten** *m* adjustment item; **Rückstellung für ~en** *pl* valuation reserve

**Wert~, w~beständig** of stable (or lasting) value; **~beständigkeit** *f* stability of value; **~bestimmung** *f* valuation; **~brief** *m* insured letter; **~einbuße** *f* loss in value; **w~erhaltend** value retaining; **~erhaltung** *f* maintaining the value; **~erhöhung** *f* enhancement in value; appreciation; **~erklärung** *f (Zoll)* declaration of value; **~ermittlung** *f* ascertainment of value; **~festsetzung** *f* determination of value; **~frachtzuschlag** *m (Luftfracht)* valuable cargo surcharge; **~gegenstand** *m* object of value; **~herabsetzung** *f* → **~minderung**

**wertlos** worthless, valueless; of (or having) no value; **~e Sicherheit** *f* dead security; **~e Waren** *fpl* trash; **für den Handel ~ machen** to render commercially worthless

**wertmäßig** in terms of value; **~ übertreffen** to exceed in value

**Wertminderung** *f* depreciation; decline (or decrease) in value; *(der Währung)* devaluation; **~ der Ware** depreciation of the goods; **~ durch Überalterung** loss of value through obsolescence; **~ durch Verschleiß** loss of value by wear and tear; **Ersatz für ~** compensation for loss of value; **~sreserve** *f* allowance (or provision) for depreciation

**Wertpapier** *n* security; *(durch Indossament od. Übergabe übertragbares ~)* negotiable instrument; **~e** *pl* **im Depot** securities on deposit; **~e mit hoher Rendite** high yield securities; **~ zur Geldanlage** investment securities; **beleihungsfähige ~e** securities eligible as collateral; **beliehene ~e** collateral securities; **börsengängige ~e** stock exchange securities; quoted (or listed) securities; **an Börsen gehandelte ~e** securities dealt with on the stock exchange; **ohne Deckung verkaufte ~e** shorts (→ Baissespekulant); **gut eingeführte ~e** seasoned securities; **erstklassige ~e** first class (or high-grade) securities; **fest verzinsliche ~e** fixed-interest(-bearing) securities; bonds; **im Freiverkehr gehandelte ~e** securities dealt with over the counter **inländische ~e** domestic (or *Br* home) securities; **kurzfristig realisierbare ~e** securities realizable at short notice; **lombardfähige ~e** securities eligible as collateral; **lombardierte ~e** securities lodged as collateral; **amtlich notierte ~e** quoted (or listed) securities; *(durch Indossament oder Übergabe)* **übertragbare ~e** negotiable instruments

**Wertpapiere** *npl*, **spekulativer Aufkauf von ~n** speculative buying of securities; **Besitz an ~n** holding of securities; **Bestände an ~n** holdings of securities; **Erträge aus ~n** income from securities; **Erwerb von ~n** acquisition of securities; **Unterbringung von ~n beim Publikum** placing of securities with the public; **Verpfändung von ~n** pledging of securities; **Verwahrung und Verwaltung von ~n für andere** safe custody and administration of securities for account of others (→ Depotgeschäft); **Zulassung von ~n zur amtlichen Notierung an e-r Wertpapierbörse** admission of securities to official stock exchange quotation (or listing)

**Wertpapier, sein Geld in ~en anlegen** to invest one's money in securities; **~e beleihen** to take up a loan on securities; **~e besitzen** to hold securities; **~e einziehen** to retire securities; **~e für kraftlos erklären** to declare forfeited; **~e lombardieren** *(Bank)* to advance money on securities; **~e lombardieren lassen** *(als Kreditnehmer)* to take up a loan on securities; **~e an der Börse notieren** to quote (or list) securities on the stock exchange; **~e übertragen** to transfer securities; **~e unterbringen** to place securities (beim Publikum with the public); **~e der Bankkunden verwalten** to manage customers' security portfolios; **~e zeichnen** to subscribe for securities; **~e zuteilen** to allot securities

**Wertpapier~, ~absatz** *m* sale of securities; **~abschreibung** *f* securities write-off; **~abteilung** *f* securities department; **~ankauf** *m* security purchase; **~anlage** *f* investment in securities; **~anlageberatung** *f* investment counsel(l)ing; **~anleger** *m* securities investor; **~arbitrage** *f* arbitrage in securities; stock arbitrage;

**~aufstellung** *f* statement of securities deposited ( → Depotauszug); **~beleihung** *f (durch Kreditgeber)* lending on securities; *(durch Kreditnehmer)* taking up a loan on securities; **~bereinigung** *f* validation of securities (lost in the Second World War); **~besitzer** *m* holder (or owner) of securities; **~bestand** *f* portfolio of securities; **~börse** *f* stock exchange; **~depot** *n* deposit of securities; **~depotauszug** *m* schedule of securities; **~dienstleistungen** *fpl* investment (or securities) services; **~emission** *f* security issue; **~emissionsgeschäft** *n (e-r Bank)* underwriting; **~emittent** *m* issuer of securities; **~erträge** *mpl* income from securities; **~erwerb** *m* acquisition (or buying) of securities; acquiring securities; **~fernscheck** *m* securities transfer order; **~finanzierung** *f* financing through securities; **~fonds** *m (e-r Investmentgesellschaft)* security-based (investment) fund(s)

**Wertpapiergeschäft** *n (das einzelne)* transaction (or deal) in securities; *(allgemein)* securities business (or transactions, dealings); **~ der Banken** banks' transaction(s) in securities; **~ am Bankschalter** over-the-counter business ( → Tafelgeschäft)

**Wertpapier~**, **~giroverkehr** *m* securities clearing business; **~gruppen** *fpl* categories of securities; **~handel** *m* dealing in securities; security trading; **~händler** *m* securities dealer, *Br* market maker; *Am* trader; **~kategorie** *f* category of securities; **~kaufabrechnung** *f (des Maklers) Br* bought note; **~käufer** *m* buyer of securities; **~kennummer** *f* security code number; **~kredit** *m* loan against securities; **~kurs** *m* price (or quotation) of securities; **~lombardierung** *f (durch Kreditgeber)* lending on securities; *(durch Kreditnehmer)* taking up a loan on securities; **~markt** *m* security (or securities) market; *Br (auch)* stock market; **~-Mitteilungen** *fpl (in Köln erscheinend)* Securities Information; **~notierung** *f* quotation; **~numerierung** *f* securities numbering; **~pensionsgeschäft** *n* security repurchase transaction; **~plazierung** *f* placing of securities; **~portefeuille** *n* securities portfolio; **~rendite** *f* security yield; return on securities; **~sammelbanken** *fpl* (WSB) banks for collective depositary of securities; securities depositories; **~scheck** *m* security transfer cheque (check); **~sparen** *n* saving through securities; **~stückelung** *f* denomination of securities; **~tausch** *m* exchange of securities; **~-Terminhandel** *m* futures (or forward) trading in securities; **~übertragung** *f* transfer of securities; **~umlauf** *m* circulation of securities; **~unterbringung** *f* placing of securities; **~verkaufsabrechnung** *f (des Maklers)* sold note; **~verkehr** *m* securities trading; **~verkehr** *m* **mit dem Ausland** securities transactions with other countries; **~verzeichnis** *n* list of securities; **~zinsen** *pl* (rate of) interest on securities

**Wert~**, **~rückgang** *m* decrease in value; **~sachen** *pl* valuables; **~schöpfung** *f* value added; **~schöpfungskette** *f* value added chain; **~schriften** *fpl* securities; **~schriftenbestand** *m* securities holding; **~schwankungen** *fpl* variations in value, fluctuations of value; **~sendung** *f* consignment with decleared value; **~sicherung** *f* value guarantee; **~sicherungsklausel** *f* escalator clause; stable value clause

**Wertsteigerung** *f* increase (or enhancement) in value; appreciation; **~ des Euro gegenüber dem Dollar** appreciation of the euro against the US dollar; **~ des Pfund Sterling** appreciation of sterling; **e-e ~ erfahren** to appreciate in value

**Wertstellung(sdatum)** *f(n) (auf dem Bankkonto)* value date

**Wertverlust** *m* loss in value, depreciation

**Wertverzehr** *m (durch Abnutzung im Gebrauch)* (loss of value due to) wear and tear

**wertvoll** valuable; **besonders ~** particularly valuable

**Wertzeichen** *n* → Post~

**Wertzoll** *m* ad valorem duty; **w~bare Waren** goods subject to ad valorem duty; ad valorem goods; **~tarif** *m* ad valorem tariff

**Wertzuwachs** *m* appreciation; increment; rise in value; **~steuer** *f* increment tax

**wesentlich** essential, substantial, material; **~er** → Bestandteil; **~ Beteiligte** *mpl (an e-r Kapitalgesellschaft)* substantial shareholders; **~er Schadensersatz** *m* substantial damages; **~er Umstand** *m* material circumstance; **~e Vertragserfordernisse** *npl* essentials of a contract

**Wettbewerb** *m* competition; rivalry; **~ im Handel zwischen Ländern** trade competition between countries; **~ zwischen den** → Markenwaren; **~ zwischen Straße und Schiene** rail versus road competition; **auf ~ eingestellt** competitive; **miteinander in ~ stehende Angebote (Erzeugnisse)** competing bids (products); **außerpreislicher ~** non-price competition; **eingeschränkter ~** restricted competition; **existenzgefährdender ~** cut-throat competition; **fairer ~** fair competition; **freier ~** free competition; **harter ~** keen competition; **redlicher ~** fair competition; **ruinöser ~** ruinous (or destructive) competition; **scharfer ~** stiff (or tough) competition; **unbeschränkter ~** total competition; **unlauterer ~** unfair competition; **unverfälschter ~** undistorted competition; **vollkommener ~** perfect competition; **wesentlicher ~** substantial (or significant) competition

**Wettbewerb**, **e-m scharfen ~ ausgesetzt sein** to (have to) face stiff competition; **den ~ ausschalten** to eliminate competition; **jdn im ~ benachteiligen** to put sb. at a disadvantage in competition; **unlauteren ~ betreiben** to engage in unfair competition; **den ~ einschränken** to restrict competition; **der ~ ist härter geworden** competition has become stiffer; **der ~ war scharf** competition was keen; **im ~ nicht zu schlagen sein** to defy all competition; **im Handel mit anderen Ländern im ~ stehen** to compete with other countries in trade; **in ~ treten mit** to enter into competition with; to compete with; **mit anderen Geschäften in ~ treten** to enter into rivalry with other shops; **den ~ verfälschen** to distort competition; **den ~ verhindern** to prevent competition; **der ~ hat sich verschärft** competition intensified; **den ~ verzerren** to distort competition

**Wettbewerber** *m* competitor; **jdn als ~ verdrängen** to put sb. out of the running

**Wettbewerbsabrede** *f* agreement restricting competition

**Wettbewerbsbedingungen** *fpl* conditions of competition; **Angleichung der ~en** *(EU)* harmonization of competitive conditions; **die ~ beeinträchtigen** to affect adversely the conditions of competition

**wettbewerbsbeschränkend~**, **~e Absprache** *f* agreement in restraint of competition; restrictive trading agreement; **~e Geschäftspraktiken** *fpl* restrictive (business) practices

**Wettbewerbsbeschränkung** *f* restraint of competition; restrictive (trade) practices; **e-e mit Art. 85 EWG-Vertrag unvereinbare ~ darstellen** to constitute a restriction on competition inadmissible under Art. 85 of the EEC Treaty; **auf ~en stoßen** to meet with restraints of trade

**Wettbewerbsdruck** *m* competitive pressure; **unter ~ kommen** to run into competition

**wettbewerbsfähig** competitive; able to complete; **~e Industrie** *f* competitive industry; **~e Preise** *mpl* competitive prices, prices that compete with those of other firms; **wieder ~ werden** to restore one's competitive ability; **~ sein** to be able to meet competition

**Wettbewerbsfähigkeit** *f* competitiveness; competitive capacity; ability to compete (with ...); **~ der Industrie** competitiveness of (the) industry; **die ~ der Industrie sicherstellen** to ensure that the industry remains competitive; **die ~ erhalten (steigern, verbessern)** to maintain (step up, improve) competitive strength

**wettbewerbsfeindlich** anticompetitive

**wettbewerbsfördernde Bedingungen** *fpl* **schaffen** to create conditions which will promote (or stimulate) competition

**Wettbewerbs~**, **~freiheit** *f* freedom of competition; **~gleichgewicht** *n* competitive equilibrium; **~aus ~gründen** *mpl* for competitive reasons; in order to meet competition; **~handlung** *f* act of competition; **w~intensiv** intensely competitive; **~intensität** *f* intensity of competition; **~kapazität** *f* competitive capacity; **~klausel** *f* non-competition clause; **~kommission** *f* fair trading commission; **nicht w~konformes Angebot** *n* noncompetitive bid; **~kriterien** *pl* criteria of competitiveness; **~lage** *f* competitive position; **~markt** *m* competitive market; **w~mäßig** competitive; **w~mäßig benachteiligt werden** to be placed at a competitive disadvantage; **~möglich-**

**keiten** *fpl* opportunities for competition; **~nachteil** *m* competitive disadvantage; **e-n ~nachteil** *m* **darstellen** to be prejudicial to the competitive position; **gemeinschaftliche ~politik in der EG** Community's competition policy; **die ~position schwächen (stärken)** to weaken (improve) the competitive position; **~preise** *mpl* competitive prices; prices that compete with those of other countries; **das ~recht** *n* **der Gemeinschaft** *(EU)* Community law on competition

**Wettbewerbsregeln** *fpl* rules of competition; *Am* trade regulation rules; **~ der Gemeinschaft** (§§ 55 ff. EWG-Vertrag) Community competition rules; EC antitrust rules; **gegen die ~ verstoßen** to infringe the rules of competition

**Wettbewerbs~**, **~schädigung** *f* injury to competition; **w~schädlich** anticompetitive; **w~starke Länder** *npl* (highly) competitive countries; **~stellung** *f* **auf dem Markt** competitive position in the market; **~tarif** *m* tariff fixed to meet competition; **~teilnehmer** *m* competitor, rival; **~verbot** *n* ban on competition; provision prohibiting competition; **~verfälschung** *f* distortion of competition; **~verschärfung** *f* accentuation of competition; keener competition; **sich w~verzerrend auswirken** to have a distorting effect on competition; **~verzerrung** *f* distortion of competition; **~vorschriften** *fpl* **der Gemeinschaft** *(EU)* Community's rules on competition; **~vorteil** *m* competitive advantage (or edge); **w~widrig** anticompetitive; contrary to fair competition; **w~widrige Absprache** *f* anticompetitive agreement; **w~widrige Praktiken** *fpl* restrictive practices; **~wirtschaft** *f* competitive economy

**Wetten** *n* betting, wagering; *(Rennsport)* bookmaking

**wetten** to bet, to gamble

**Wetter** *n*, **bei günstigem ~** weather permitting; **w~abhängige Branchen** *fpl* sectors dependent upon the weather; **~aussichten** *fpl* weather outlook; **~schaden** *m* damage caused by weather

**wichtig** important; **Kündigung des Arbeitsverhältnisses aus ~em Grund** termination of employment for serious (or good) cause (or substantial reason); **ein ~er Grund liegt vor** there is a substantial reason; **~er Kunde** *m* key customer

**Wichtigkeit** *f* importance; **e-e Sache von großer ~** a matter of great consequence

**Widerklage** *f* **erheben** to counterclaim

**widerlegen**, **e-e Behauptung ~** to rebut (or disprove) an assertion

**widerrechtlich** unlawful; **sich ~ aneignen** to appropriate unlawfully; to misappropriate

**Widerruf** *m* revocation, cancellation; **bis auf ~** until (or unless) countermanded (or revoked); *(Börse)* good till cancel(l)ed (g.t.c.); **~ e-s Auftrags** cancellation (or withdrawal) of an order; **auf ~ gültiger Auftrag** *(Börse)* good until cancel(l)ed order; **~ e-r Erklärung** retraction (or withdrawal) of a declaration; **~ e-s Testaments** revocation of a will; **~ e-r Vollmacht** revocation of a power of authority; **~ e-r Warenbestellung** countermand (or cancellation) of an order for goods

**widerrufen**, **ein Angebot ~** to revoke an offer

**widerrufliches Akkreditiv** *n* revocable letter of credit

**widersprechen** to contradict; *(Widerspruch erheben)* to object, to oppose; **dem EG-Recht ~** to conflict with Community law; **die Entscheidungen ~ sich** the decisions are in conflict

**widersprechend** contradictory; conflicting; **sich ~e Beweise** *mpl* conflicting evidence

**Widerspruch** *m* contradiction; objection, opposition; **~ zwischen zwei Aussagen** discrepancy between two statements; **~ zwischen Bestimmungen e-s Gesetzes** conflict between provisions of a law; **~ gegen die Eintragung e-s Warenzeichens** opposition to the registration of a trademark; **~srecht** *n* **des Mieters gegen die Kündigung** tenant's right to object to the termination of the lease; **~ gegen die Zwangsvollstreckung geltend machen** to oppose execution; **bei Widersprüchen ist der Wortlaut in englisch maßgeblich** in the case of any inconsistency the text in the English language shall prevail; **im ~ stehend zu** inconsistent with, conflicting with; **~ erheben** to object (gegen to); to make (or raise) objections (gegen to)

**Widerstand** *m* resistance; **Käufer~** *m* buyers' resistance; **w~sfähig** resistant; stable; **die Aktienkurse sind w~sfähig** share prices are resistant; **auf ~ stoßen** to encounter resistance
**Widerstandsfähigkeit** *f* strength, ability to resist; **Prüfung der ~ gegen Umwelteinflüsse** environmental testing
**wiederankurbeln**, **die Wirtschaft ~** to revitalize the economy; to get the economy moving again
**Wiederankurbelung** *f* **der Wirtschaft** revitalization of the economy
**Wiederanlage** *f* reinvestment; **~rabatt** *m* reinvestment discount
**Wiederanlaufkosten** *pl* restarting costs
**wiederanlegen** to reinvest; **Gewinne** (im Betrieb) ~ to plough back profits (into the business)
**Wiederanpassung** *f*, **berufliche ~ von Arbeitnehmern** vocational readaptation of workers
**Wieder~**, **~anschaffungswert** *m* replacement value; **w~anstellen** to reemploy, to reengage; *Am (auch)* to rehire; **~anstellung** *f* reemployment; reengagement; *Am (auch)* rehiring; **~anstieg** *m* **der Ausfuhren** resurgence of exports; new rise in exports; **~anziehen** *n* **der Kurse** new recovery of prices; **~anziehen** *n* **der Preise** new rise in prices
**Wiederaufbau** *m* reconstruction; rebuilding; **wirtschaftlicher ~ e-s Landes** economic reconstruction (or rebuilding) of a country; **~vorhaben** *n* reconstruction project
**Wiederaufbereitung** *f*, **~ von radioaktivem Material** reprocessing radioactive material; **~sanlage** *f* reprocessing plant; **~sanlage** *f* **für Atommüll** nuclear waste reprocessing plant
**Wiederaufforstung** *f* reafforestation
**wiederauffüllen**, **das Lager ~** to replenish (or fill up) the stock; to restock; **seine Reserven ~** to replenish one's reserves
**Wiederauffüllung** *f* **des Lagerbestandes** replenishment of the stock
**Wiederaufleben** *n*, **~ des Leistungsanspruchs** *(Sozialvers.)* revival of the right to receive benefits; **~ des Protektionismus** resurgence of protectionism
**Wiederaufnahme** *f* resumption; **~ der Dividendenzahlungen** resumption of dividends; **~ der Produktion** resumption of production; **~ des Verfahrens** resumption of proceedings; **~ der Zahlungen** resumption of payments
**wiederaufnehmen** to resume; **die Lieferungen ~** to resume deliveries; **das Verfahren ~** to resume (the) proceedings
**Wiederaufschwung** *m* recovery; **wirtschaftlicher ~** renewed economic upswing (or upturn); recovery of economic activity; economic revival; **~ der Weltwirtschaft** world economic recovery
**Wiederaufstieg** *f*, **finanzieller ~** financial recovery
**wiederaufstocken** to replenish
**Wiederaufstockung** *f* **der Lagerbestände** replenishment of stock; restocking
**Wiederausfuhr** *f* reexport(ation); **~anmeldung** *f (Zoll)* reexport document; **~behandlung** *f (Zoll)* clearance on reexportation; **~erklärung** *f (Zoll)* reexport declaration
**wieder~**, **~ausführen** to reexport; **etw. ~bekommen** to get sth. back; to recover sth.; **die Wirtschaft ~beleben** to revive (or stimulate) the economy
**Wiederbelebung** *f* revival; **~ des Handels** revival (or reinvigoration) of trade; **~ der Konjunktur** revival of economic activity; **~ der Weltwirtschaft** revival of the world economy; **~ der Wirtschaft** economic revival (or upturn); revival (or revitalization, reactivation) of the economy
**Wiederbepflanzung** *f* replanting
**wiederbeschaffen** to replace
**Wiederbeschaffung** *f* replacement; **~skosten** *pl* replacement cost; **~spreis** *m* replacement price; **~swert** *m* replacement value
**wiedereinbringen**, **seine Verluste ~** to recoup one's losses
**Wiedereinfuhr** *f* reimport(ation); **~verbot** *n* reimport ban
**wiedereinführen** to reimport; to reintroduce
**wiedereingliedern**, **Arbeitslose~** to get the unemployed back into work; to resettle the unemployed
**Wiedereingliederung** *f*, **berufliche ~ der Behinderten** occupational rehabilitation of the disabled
**wiedereinpacken** to repack
**Wiedereinreise** *f* reentry
**Wiedereinschleusen** *n* **des Kapitals**

*(der erdölerzeugenden Länder)* capital recycling

**wiedereinsetzen**, **jdn** *(in sein Amt etc.)* **~** to reinstate sb.; **jdn in seine Rechte ~** to restore sb. to his (former) rights

**Wiedereinsetzung** *f* reinstatement (in); restoration (to); **~ in den vorigen Stand** restoration to the previous position (or condition)

**wiedereinstellen** to reemploy, to reengage; *Am (auch)* to rehire

**Wiedererkennungsprüfung** *f (für Werbemittel)* recognition test

**wiedererlangen** to recover, to retrieve

**Wiedereroberung** *f* **des Marktes** recapture of the market

**Wiedereröffnung** *f* **des Geschäfts** reopening of the business

**wiedererstatten**, **die Auslagen ~** to repay (or reimburse, refund) the expenses

**wieder fallen** *(Börse)* to fall back; **die Aktien fielen wieder um einen Punkt** the shares fell back a point

**Wiederflottmachen** *n* **e-s Schiffes** refloating a ship

**Wiedergestellung** *f* **der Waren bei e-m Zollamt** resubmission of goods to a customs office

**Wiedergesundung** *f*, **wirtschaftliche ~** economic recovery (or regeneration)

**wiedergewinnen**, **e-n Markt ~** to regain a market

**wiedergutmachen** to make good, to compensate, to indemnify (for)

**Wiedergutmachung** *f* compensation, indemnification (for); **~ von Kriegsschäden** war damage compensation

**wiederherstellen** to restore; to reestablish; *(Gebäude)* to restore, to renovate; **gute Beziehungen ~** to reestablish good relations

**Wiederherstellung** *f* restoration, reestablishment; thorough repair; **~ der Erwerbsfähigkeit** restoring earning capacity; **~ der Vollbeschäftigung** reestablishment of full employment; **~ des Zahlungsbilanzgleichgewichts** restoration of balance of payments equilibrium

**wiederholt**, **~e Bestellung** *f* repeated order; **zu ~en Malen** repeatedly; **~ verwendet werden können** to be suitable for repeated use

**Wiederholungs~**, **~anzeige** *f* repeat ad(vertisement); rerun; **~auftrag** *m* repeat order; **~besuch** *m* call-back; **~kurs** *m* refresher course; **~rabatt** *m (Anzeige)* series discount

**Wiederinbetriebnahme** *f* reopening; putting back into operation

**Wiederindienststellung** *f (e-s Schiffes)* recommissioning

**wieder in Gang bringen**, **den Handel ~** to reanimate trade

**wieder in Kraft setzen**, **e-e Versicherung ~** to reinstate an insurance

**wiederinstandsetzen** to recondition; to put into good condition again; *(Gebäude)* to restore

**Wieder~**, **~kauf** *m* repurchasing; **w~kaufen** to repurchase; to buy back; to retain by purchase

**wiederkehrend** (regelmäßig) **~e Ausgaben** *fpl (z. B. Miete, Heizung etc.)* recurrent expenses; **~e Leistungen** *fpl* recurring performances; **regelmäßig ~e Zahlungen** *fpl* periodical payments

**Wiedervereinigung** *f* reunification (of Germany 3.10.1990)

**Wiederverkauf** *m* resale

**wiederverkaufen** to resell

**Wiederverkäufer** *m* reseller; dealer's buyer; retailer; **Preis für ~** trade price; **Rabatt für ~** trade discount; **an ~ verkaufen** to sell to (the) trade

**wiederverkäuflich** resal(e)able

**Wiederverkaufs~**, **~preis** *m* resale (or reselling) price; **unter dem ~preis verkaufen** to sell at a price below the resale price; **~verbot** *n* resale ban; **~wert** *m* resale value

**wiederverwendbar** reusable; **schwer ~e Abfälle** *mpl* waste which cannot easily be recycled; **~e Erzeugnisse** *npl* products for reuse

**wiederverwenden** to reuse; to recycle

**Wiederverwendung** *f* reuse; *(von Altmaterial)* recycling

**Wiederverwertung** *f* **von Altpapier** paper recycling

**Wiedervorlage** *f* resubmission

**Wiederwahl** *f* reelection

**Wiege~**, **~bescheinigung** *f* attestation of weight; **~gebühren** *fpl* (od. **~kosten** *pl*) weighing charges; **~schein** *m* weighing note; **~stempel** *m* weight stamp

**wiegen** to weigh; **gut ~** to weigh fairly; **das Gepäck wiegt …** the weight of the luggage is …

**Wiener Kaufrechtsübereinkommen** *n*

Vienna Sales Convention ( → VN-Kaufrechtsübereinkommen)

**wilder Streik** *m* wildcat strike; unofficial strike

**Wilderei**, **Jagd~** *f* poaching

**Wilderer** *m* poacher

**Wille** *m* will; **~ der Parteien** intention of the parties; **~nserklärung** *f* declaration of intention

**willkürlicher Preis** *m* arbitrary price

**Windprotest** *m* protest of a bill of exchange stating that the business or private address indicated by the person liable on the bill is untraceable

**Winkel~**, **~börse** *f* bucket-shop; **~makler** *m* bucket-shop keeper; share pusher

**Winter~**, **~baukosten** *pl* cost of construction during winter; **~getreide** *n* winter grain; **~schlussverkauf** *m* winter (clearance) sale; **~vorräte** *pl* **anlegen** to lay in supplies for the winter; **~zuschlag** *m (zur Seefracht)* winter surcharge

**Winzer** *m* winegrower

**WIPO** → Weltorganisation für geistiges Eigentum

**wirklicher Bedarf** *m* effective demand

**wirksam** effective; operative; **~e Maßnahmen** *fpl* effective measures; **~ werden** to become effective; to take effect

**Wirksamkeit** *f* effectiveness; **~ e-r Anzeige** advertising impact

**Wirkung** *f* effect; **mit ~ vom 1. Januar** with effect from (or effective as of) January 1; on and after January 1; **mit sofortiger ~** with immediate effect; effective immediately; **Maßnahmen gleicher ~** measures having equivalent effect

**Wirkungskreis** *m* sphere (or scope) of activities

**Wirtschaft** *f* economy; *(gewerbliche ~)* trade and industry; *(~swelt)* business world; *(Land~)* agriculture; *(Gasthof)* inn; *Br colloq.* pub; → Außen~; → Markt~; **einheimische ~** domestic economy; **extensive ~** extensive agriculture; **freie ~** free (or private) enterprise (system); **gelenkte ~** controlled (or planned) economy; **gesamte ~** economy as a whole; **intensive ~** intensive agriculture; **öffentliche ~** public sector (of the economy) (state-owned enterprises); **private ~** private sector of the economy (privately owned enterprises); **schlechte ~** mismanagement; **die ~ ankurbeln** to boost the economy; **jdm die ~ führen** to keep house for sb.; **in die ~ gehen** to begin one's career in trade and industry

**wirtschaften** to manage; to keep house; **schlecht ~** to manage badly, to mismanage; **sparsam ~** to economize

**Wirtschafterin** *f* housekeeper

**Wirtschaftler** *m* economist

**wirtschaftlich** economic *(sparsam)* economical; **~ abhängig** economically dependent; **~ erfolgreich** successful from the economic point of view; **~ existenzfähig** commercially viable; **~ gesehen** in real economic terms; **~ rentabel sein** to be economically viable; **~ schwächere Mitgliedstaaten** *mpl (EU)* less prosperous Member States; **in ~en Angelegenheiten** *fpl* in economic matters; **~er Aufschwung** *m* economic recovery; **~e Beratung** *f* rendering of economical advice; **die ~en Beziehungen** *fpl* **zu e-m anderen Land erweitern** to extend business (or trading) connections (or relations) to another country; **~er Fortschritt** *m* economic progress; **auf ~em Gebiet** *n* in the economic field; **~e Gesundung** *f* economic recovery; **in ~er Hinsicht** *f* in economic terms; from an economic point of view

**wirtschaftliche Lage** *f* economic situation; *(e-r Firma)* business situation; *(e-r Privatperson)* financial position (or status); **die ~ offenlegen** to give a full account of one's business situation; **die ~ hat sich erheblich verbessert (verschlechtert)** the economic situation improved (deteriorated) considerably

**wirtschaftlich**, **~er Niedergang** *m* economic decline; **~e Notlage** *f* economic distress; **~e Repressalien** *fpl* economic reprisals; **~e Sanierung** *f* reorganization; **~e Sanktionen** *fpl* economic sanctions; **mit ~en Schwierigkeiten** *fpl* **zu kämpfen haben** to have to contend with economic difficulties; **~e Stärke** *f* economic strength; **e-e eintragreiche ~e Tätigkeit** *f* **ausüben** to carry on a financially viable activity; **~er Tiefstand** *m* economic depression; **~e Unabhängigkeit** *f* economic independence; *(vom Ausland durch Selbstversorgung)* autarky; self-sufficiency; **~es Ungleichgewicht** *n* economic disequilibrium; **~er Verein** *m* profit-making association; **~e Verflechtungen** *fpl* economic integration (or interlinking); **~e Verhältnisse** *npl* economic conditions; *(e-r Privatperson)* financial circumstances; **~e Vorherrschaft** *f* **über andere Länder** economic domination over other countries; **das ~e Wachstum** *n* **anregen** to stimulate economic growth; **~er Wert** *m* economic value; **~er Wiederaufstieg** *m* economic recovery; **~** *(sparsam)* **handeln** to practise economy

**Wirtschaftlichkeit** *f* profitability; economic efficiency, economic viability; *(e-s Betriebes)* operational efficiency; *(sparsame Bewirtschaftung)* economy; thriftiness; **die ~ e-s Betriebes steigern** to increase profitability of an enterprise

**Wirtschaftlichkeits~**, **~berechnung** *f* profitability calculation; **~gestaltung** *f* rationalization; **~grenze** *f* breakeven point; **~prüfung** *f* efficiency control; **~rechnung** *f* → ~berechnung

**Wirtschafts~**, **~abkommen** *n* trade agreement; **~ablauf** *m* economic process; **~abschwung** *m* economic downswing; **~ankurbelung** *f* boost for the economy; **~aufbau** *m* economic buildup

**Wirtschaftsaufschwung** *m* economic upswing (or upturn); economic boom; **Anhalten des ~s** continuation of economic recovery

**Wirtschafts~**, **~ausschuss** *m* economic committee; **~aussichten** *fpl* economic prospects; economic outlook; **~barometer** *n* business barometer; **~begriffe** *mpl* economic terms; **~belange** *mpl* economic concerns (or interests); **~belebung** *f* economic revival; upswing in economic activity; **~berater** *m* economic adviser; business (or industrial) consultant; **~bereich** *m* field of the economy; economic sector; branch of economic activity; **~bericht** *m* economic report

**Wirtschaftsbetrieb** *m* (business) undertaking; **öffentliche ~e** *mpl* (od. **~e der öffentlichen Hand**) publicly owned undertakings

**Wirtschaftsbeziehungen** *fpl* economic (or trade) relations; **enge ~ zur Gemeinschaft** *(EU)* close economic links with the Community; **~ herstellen** to establish economic relations

**Wirtschafts~**, **~blatt** *n* business paper, commercial journal; **~blockade** *f* economic blockade; **~boykott** *m* economic boycott; **~delegation** *f* trade delegation; **~englisch** *n* business (or commercial) English; **~entwicklung** *f* economic development (or trend); **~erholung** *f* economic recovery; **~experte** (od. **~fachmann**) *m* economic expert

**Wirtschaftsflaute** *f* depressed economy; depression; recession; **unter e-r ~ leidend** depressed; **in der ~ sein** to be stagnated

**Wirtschaftsförderung** *f* promotion of economic development; **Maßnahmen zur ~** measures to promote economic development

**Wirtschafts~**, **~form** *f* economic system; **~forschung** *f* economic research; **~fragen** *fpl* economic issues; **~führer** *m* business leader; industrial leader; leader of industry

**Wirtschaftsführung** *f* business management; *(Haushalt)* housekeeping, husbandry, domestic management; **im Rahmen e-r ordnungsmäßigen ~** within the framework of regular business practices

**Wirtschafts~**, **~gebäude** *n* non-residential building; *(Landwirtschaft)* farmbuilding; **~gebiet** *n* economic territory; sector of the economy; **~gefüge** *n* economic structure; **~geld** *n* housekeeping money; **~geographie** *f* economic geography; **~gespräche** *npl* economic talks

**Wirtschaftsgipfel** *m* economic summit; **~teilnehmer** *mpl* (economic) summit participants; **~treffen** *n* (economic) summit meeting

**Wirtschafts~**, **~gruppe** *f* branch of economic activity; **~gut** *n* asset

**Wirtschaftsgüter** *npl* economic goods; assets; **~ des Anlagevermögens** fixed assets; **~ des Umlaufvermögens** current assets; **geringwertige ~** assets of minor quality; low value items; **kurzlebige ~** short-lived assets; non-durables; **langlebige ~** long-lived assets; consumer durables

**Wirtschaftshilfe** *f* economic aid (or assistance) *(e. g. granted to less developed countries)*; foreign aid; **die ~ einstellen** to drop foreign aid; **~ leisten** to grant (or furnish) economic assistance

**Wirtschafts~**, **~infrastruktur** *f* economic infrastructure; **~ingenieur** *m* industrial engineer; **~interessen** *npl* economic interests; **~jahr** *n* business year; marketing year; accounting year; *Br* financial year; *Am* fiscal year; *(Landwirtschaft)* farm year;

**~journalist** *m* economic journalist; **~jurist** *m* industrial lawyer; **~kampf** *m* economic struggle; **~klima** *n* economic climate; **~kommission** *f* (der Vereinten Nationen) **für Afrika** (UN) Economic Commission for Africa; **~kommission** *f* **(der Vereinten Nationen) für Europa** (UN) Economic Commission for Europe (ECE); **~korrespondent** *m (e-r Zeitung)* economic (or financial) correspondent; **~kraft** *f* economic power (or strength); **~kreise** *mpl* business circles; commercial quarters; **~kreislauf** *m* business cycle; **~krieg** *m* economic war(fare); **~kriminalität** *f* business criminality; commercial delinquency; **~krise** *f* economic crisis; economic slump; depression; **~lage** *f* → wirtschaftliche Lage; **allgemeine ~lage** *f* general business conditions

**Wirtschaftsleben** *n* economic life; **hervorragende Persönlichkeiten des ~s** prominent personalities of the business world

**Wirtschaftslenkung** *f* economic control; **staatliche ~** government control of economy; state-controlled economy

**Wirtschafts~, ~liberalismus** *m* economic liberalism; **~macht** *f* economic power; **~minister** *m* Minister of Economics; Minister for Economic Affairs; **~ministerium** *n* Ministry of Economics; *Am* Department of Commerce; **~nachrichten** *pl* business (or commercial) news

**Wirtschaftsnachwuchs** *m* young people for industry; junior business executives; **Ausbildung des ~es** training young people for industry

**Wirtschafts~, ~ordnung** *f* economic order (or system); **~plan** *m (e-s Unternehmens)* economic plan (or budget); **~planung** *f* economic planning (or budgeting); **mittelfristige ~planung** *f* medium-term economic planning; **~politik** *f* economic policy; **w~politische Maßnahmen** *fpl* measures of economic policy; economic policy measures; **w~politische Mittel** *npl* economic policy instruments; **~potenzial** *n* economic potential; **~presse** *f* business (or financial) press; **~probleme** *npl* economic problems; **~prognose** *f* economic forecasting; **~prozess** *m* economic process

**Wirtschaftsprüfer** *m* auditor; accountant; *Br* certified (or chartered) accountant; **~gebühren** *pl* auditor's fees; **~gesellschaft** *f* auditing company; firm of auditors

**Wirtschafts~, ~prüfung** *f* auditing; **~psychologie** *f* industrial psychology; **~raum** *m* economic (or trading) area; market area; market; **~räume** *mpl (e-s Schiffes)* service space

**Wirtschaftsrecht** *n* economic law; **gemeinschaftliches ~** *(EU)* Community economic law

**wirtschaftsrechtliche Fragen** *fpl* economic legal questions

**Wirtschafts~, ~redakteur** *m* business (or financial) editor; *Br* city editor; **~sabotage** *f* industrial sabotage; **~sachverständiger** *m* economic expert; **~sanktionen** *pl* **aufheben** to lift economic sanctions; **w~schwache Gebiete** *npl* less prosperous (or less-developed) regions; **~schwierigkeiten** *fpl* **mindern** to alleviate economic difficulties; **~sektor** *m* economic sector; **~spion** *m* business (or industrial) spy; **~spionage** *f* business (or industrial) espionage (or spying); **~stagnation** *f* economic stagnation; **~statistik** *f* economic statistics; **~strafrecht** *n* penal economic law; **~straftaten** *fpl* economic (or business) offen|ces (~ses); white collar offen|ces (~ses)); **~streitigkeiten** *fpl* business disputes; **~struktur** *f* economic structure (or pattern); **~stufen** *fpl* economic stages (or levels); **~system** *n* economic system; **~tätigkeit** *f* economic (or business) activity; **~teil** *m (e-r Zeitung)* business (or financial) selection; business (or financial) columns; **~umschwung** *m* change in the economic trend

**Wirtschafts~, ~- und Sozialausschuss** *m (EU)* Economic and Social Committee; **~- und Sozialrat** *m* (der Vereinten Nationen) (UN) Economic and Social Council

**Wirtschafts~, ~union** *f* economic union; **~unternehmen** *n* (business) enterprise (or undertaking); **~verband** *m* trade (or industrial) association; **~verbrechen** *n* white collar crime; **~vergehen** *n* economic offence (Wirtschaftsse); **~verhandlungen** *fpl* economic negotiations; **~verkehr** *m* trade; business; commerce; business (or commercial) transactions (or dealings); **~volumen** *n* volume of economic activity; **~vorgang** *m* economic process; **~vorhaben** *n* economic project; **~vorherrschaft** *f* economic supremacy

**Wirtschaftswachstum** *n* economic growth; **ausgewogenes (beschleunigtes, dauerhaftes, geringes) ~** balanced (accelerated, lasting, low) growth of the economy; **das ~ verlangsamte sich** the economic growth slowed down

**Wirtschafts~**, **~wege** *mpl* farm roads; **~welt** *f* business community; **~werbung** *f* commercial (or business) advertising (or publicity); **~wert** *m* economic asset; **~wissenschaften** *fpl* economics; **~wissenschaftler** *m* economist; **~wochenschrift** *f* business weekly; **~wörterbuch** *n* commercial (or business) dictionary; **~wunder** *n* economic miracle; **~zahlen** *fpl* economic data; **~zeitschrift** *f* business (or trade, commercial) journal (or periodical); **~zeitung** *f* business (or trade, commercial) (news)paper; **ausschließliche ~zone** *f* (in der die Küstenstaaten Hoheitsrecht über die Boden- und Naturschätze ausüben) exclusive economic zone (EEZ) (where the coastal states may exercise sovereign rights over mineral and natural resources); **~zweig** *m* economic sector; branch of economic activity; **~zweig der Gemeinschaft** *(EU)* Community industry

**Wissen** *n* knowledge; **nach jds bestem ~ und Ge~** to the best of one's knowledge and belief; **technisches ~** industrial (or technical) know-how

**wissen**, **bitte lassen Sie uns ~** kindly let us know; **der Verkäufer wusste oder musste ~** the seller knew or ought to have known

**wissenschaftlich** scientific; **Ausschuss für ~e und technische Forschung** Scientific and Technical Research Committee; **~e Betriebsführung** *f* scientific management

**wissentlich falsche Angaben machen** to make knowingly false statements

**Witterung** *f* weather; **w~sbedingt** weather-induced; **ungünstige ~sverhältnisse** *pl* unfavo(u)rable (or adverse) weather conditions

**Witwe** *f*, **~ngeld** *n* widow's pension; **~nrente** *f* widow's annuity (or pension)

**Woche** *f* week; **für eine ~ gültiger Börsenauftrag** *m* week order; **35-Stunden-~** 35-hour-week; **~nausweis** *m (e-r Notenbank)* weekly return (or statement); **~nblatt** *n* weekly; **~nendverkehr** *m* weekend traffic; **~nlohn** *m* weekly wage(s); **~nmarkt** *m* weekly market; **~nschau** *f* news reel; **~nverdienst** *m* weekly earnings; **~nzeitschrift** *f* weekly magazine, weekly paper

**wöchentlich** weekly; **~e Zahlung** *f* weekly payment; **dreimal ~** three times a week; **~ abrechnen** to settle accounts once a week

**wohlbehalten**, **wir hoffen, dass die Sendung ~ ankommt** we hope that the shipment will reach you in good condition; **die am … angekündigte Sendung ist ~ bei uns eingetroffen** the consignment announced to us on … has been received in good condition

**wohlerworbene Rechte** *npl* vested rights

**Wohlfahrt** *f* welfare; **betriebliche ~seinrichtungen** *fpl* company's (or firm's) welfare facilities (for the benefit of employees); **~smarke** *f* charity stamp; **freie ~spflege** *f* private welfare work; **~sstaat** *m* welfare state

**wohlhabend** wealthy, well-do-do, prosperous; **weniger ~e Mitgliedstaaten** *mpl (EU)* less prosperous Member States

**Wohlstand** *m* wealth, affluence, prosperity; **wachsender ~** growing prosperity; **Abnahme des ~es** decline in prosperity; **Jahre des ~es** years of prosperity; **~sgebiete** *npl* properous regions; **~sgesellschaft** *f* affluent society

**wohltätig** charitable; **~e Einrichtungen** *fpl* charitable institutions; charities; **Sammlung für ~e Zwecke** *mpl* collection for charitable purposes

**Wohltätigkeit** *f* charity; **~sorganisation** *f* charitable organization; **~sverkauf** *m* charity sale

**Wohlwollen** *n*, **das ~ der Kunden gewinnen** to win the customer's good will

**wohlwollend**, **~ berücksichtigen** to take into favo(u)rable consideration; **die Vorschläge sind ~ aufgenommen worden** the reception of the proposals was favo(u)rable

**Wohn~**, **~bau** *m* residential building; housing construction; **~bautätigkeit** *f* residential construction activities; **~bedingungen** *fpl* housing conditions; **~bevölkerung** *f* resident population; **~block** *m Br* block of (residential) flats; *Am* apartment house; **~dauer** *f* period of residence; **selbstgenutztes ~eigentum** *n* owner-occupied residential property

**Wohnen** *n* **im Ausland** living abroad

**wohnen** to live in (or at); to reside; **möbliert ~** to live in furnished accommodation; **zur Miete ~** to be a tenant

**Wohn~**, **~fläche** *f* living space; **~gebäude** *n* residential building; dwelling house; *Am* apartment building (or house); **Errichtung neuer ~gebäude** *mpl* construction of new residential units; **~gegend** *f* residential area; **~geld** *n* housing allowance; **~grundstück** *n* residential property; (ständig) **w~haft in** resident in; **in … w~hafter Arbeitnehmer** *m* worker living in …; **~haus** *n* dwelling-house; **in guter ~lage** *f* in a good residential location; **~ort** *m* place of residence; **ohne festen ~ort** without (or no) fixed abode

**Wohnraum** *m* living-room; sitting room; **~vermietung** *f* letting of living accommodation

**Wohnsiedlung** *f* (housing) estate

**Wohnsitz** *m* residence; domicile; **mit ~ in Italien** residing in Italy; **Doppel~** second residence (or domicile); **ehelicher ~** conjugal residence; **fester ~** permanent residence; **ordentlicher ~** normal residence; **Personen mit ständigem ~ in** permanent residents of; **steuerlicher ~** residence for tax purposes; *(DBA)* fiscal domicile; **den ~ im Ausland haben** to be resident abroad; to be non(-)resident; **den gewöhnlichen ~ haben in …** to be normally (or ordinarily) resident in …; **den ~ in der Gemeinschaft haben** *(EU)* to be resident in the Community; **seinen (ständigen) ~ nehmen in** to take up one's residence in

**Wohnsitz~**, **~aufgabe** *f* abandonment of one's residence; **~begründung** *f* establishment of a residence; **~besteuerung** *f* residence taxation; **~land** *n* country of residence; **~wechsel** *m* change of residence

**Wohnung** *f* dwelling; *(Etage) Br* flat; *Am* apartment; **Dreizimmer~** *f* three-room flat (or apartment); **möbliert vermietete ~** *Br* furnished letting; *Am* furnished apartment rental; **Schaffung von ~en** *(durch den Staat)* provision of housing (accommodation); **~ mit allem Komfort** *Br* flat (*Am* apartment) with all modern conveniences; **~ und Verpflegung** board and lodging; **~ mit hoher (niedriger) Miete** *Br* flat let at a high (low) rent; *Am* high (low-)rent apartment

**Wohnungsbau** *m* housing (construction); residential building (or construction); → sozialer ~; **den ~ fördern** to encourage (or stimulate; promote) house-building

**Wohnungsbau~**, **~darlehen** *n* housing loan; **~finanzierung** *f* housing finance; **~genehmigung** *f* housebuilding permit; **~hypothek** *f* housing mortgage loan; **~investitionen** *fpl* investment in housing; **~prämie** *f* housing bonus; **~preise** *mpl* housebuilding prices

**Wohnungs~**, **~bedarf** *m* housing demand; **~eigentum** *n* residential property; **~einrichtung** *f* furniture (of a flat/apartment); **~frage** *f* housing problem; **~inhaber** *m* occupant of a dwelling; **~knappheit** *f* housing shortage, shortage of accommodation; **~kosten** *pl* housing costs; **~mangel** *m* → ~knappheit; **~markt** *m* housing market; **~miete** *f* rent (for housing); **~nachfrage** *f* housing demand; **~not** *f* → ~knappheit; **~projekt** *n* housing scheme

**Wohnungssuche** *f* search for accommodation; *colloq.* flat hunting; **auf der ~ sein** to be looking for *Br* a flat (*Am* an apartment)

**Wohnungs~**, **~tausch** *m* exchange of accommodation; **~wesen** *n* housing; **~wirtschaft** *f* housing; **~zwangswirtschaft** *f* housing control

**Wohn~**, **~verhältnisse** *pl* housing conditions; **~viertel** *n* residential quarter (or district); **~wagen** *m* mobile home; *Br* caravan; *Am* trailer; **~wagen-Campingplatz** *m Br* caravan site; **für ~zwecke** *mpl* for residential purposes

**Wolle** *f*, **reine ~** pure wool

**Woll~**, **~industrie** *f* wool(l)en industry; **~stoff** *m* wool(l)en material

**Wort**, **mit anderen ~en** *npl* in other words; **auf mein ~** upon my word

**Wort**, **jdm das ~ entziehen** to stop a p. speaking; **das ~ ergreifen** to (begin to) speak; **das ~ erhalten** to be allowed to speak; **das ~ in der Versammlung führen** to be the spokesman at the meeting; **sich zum ~ melden** to ask (leave) to speak

**Wörterbuch** *n* dictionary; **Wörter in e-m ~ nachschlagen** to look up words in a dictionary

**Wortlaut** *m* wording, text; **~ e-s Vertrages** wording of a contract; **jeder ~** *(z. B.*

*bei drei Sprachen)* **ist gleicherweise verbindlich** all texts are equally authentic
**wörtlich**, **~e Abschrift** *f* verbatim copy; **~e Übersetzung** *f* literal translation; **~ übersetzen** to translate word for word
**Wucher** *m* usury; **~darlehen** *n* loan at usurious interest; **~ treiben** to practise usury
**Wucherer** *m* usurer; profiteer
**Wuchergeschäft** *n* usurious trade (or transaction)
**wucherisch** usurious; **~e Bedingungen** *fpl* usurious terms; **~e Zinsen** *pl* usurious (or exorbitant) interest
**Wucher~**, **~miete** *f* usurious (or extortionate) rent; **e-n ~preis** *m* **berechnen** to charge an usurious (or exorbitant) price; **Geld zu ~zinsen** *pl* **ausleihen** to lend money at usurious interest
**Wuchsaktie** *f* growth share
**Wunsch** *m*, **auf Ihren ~** (*od.* **Ihrem ~ entsprechend**) as (you) requested; according to your request; **w~gemäß senden wir Ihnen** as requested (or in compliance with your wish) we are sending you
**Wünsche** *mpl*, **jds ~ berücksichtigen** to give consideration to sb.'s wishes; **den ~en der Kunden entgegenkommen** (od. **entsprechen**) to meet (or comply with) customers' wishes (or requirements)
**wünschen**, **viel zu ~ übrig lassen** to leave much to be desired; **es für ~swert halten** to consider it desirable (→ gewünscht)
**Wurfsendung** *f* direct-mail advertising; house-to-house delivery of advertising
**Wüstenbildung** *f* desertification

# Y

**Yen**, **japanischer ~** *m* Japanese yen

# Z

**Zahl** *f* number; figure; **genaue ~en** *pl* accurate figures; **große ~ von** *(eingehenden)* **Aufträgen** large number of orders; rush of orders; **runde ~** round number; **in den roten ~en sein** to be in the red
**zahlbar** payable; **~ bei Auftragserteilung** cash with order (c. w. o.); **im Ausland ~** payable abroad; **~ bei Auslieferung** cash on delivery (c. o. d.); **in bar ~** payable in cash; terms cash; **~ bei Bestellung** cash with order (c. w. o.); **~ nach Erhalt der Ware** payable (up)on receipt of goods; **~ bei Fälligkeit** payable at maturity; **~ bei Lieferung** cash on delivery; **in Raten ~** payable by instal(l)ments; **~ nach Rechnungseingang** payable after receipt of invoice; **~ bei Sicht** payable on demand (or at sight); **~ sofort ohne Abzug** terms strictly net cash; **~ an den Überbringer** payable to bearer; **vierteljährlich ~** payable quarterly; **im voraus ~** payable in advance; **~ bei Vorlage** *(des Wechsels)* payable on presentation; **~ innerhalb 4 Wochen netto** terms (payable) 30 days net; **e-n Wechsel bei e-r Bank ~ stellen** to domicile a bill at a bank
**zahlen** to pay; **bar ~** to pay cash; **bei Fälligkeit ~** to pay when due; **vor Fälligkeit ~** to anticipate a payment; **im ganzen oder in Raten ~** to pay in full or by instal(l)ments; **pünktlich ~** to be punctual in one's payments; **der Käufer zahlte nicht rechtzeitig** the buyer was late (or behind) in payment; **schlecht ~** to pay poorly; **schleppend ~** to be behind on one's payments; **sofort ~** to pay immediately; **vereinbarungsgemäß ~** to pay as agreed upon; **verspätet ~** to be in delay in payment; **im voraus ~** to pay in advance; **unter Vorbehalt ~** to pay with (or subject to) reservation; **zu viel ~** to pay too much, to overpay; **zu wenig ~** to pay too little, to underpay (→ gezahlt)
**zahlend**, **~es Mitglied** *n* paying member; **der zu ~e Preis** *m* the price to be paid
**zählen**, **sein Geld ~** to count one's money; **~ zu** to be classed with; **die Stimmen ~** to tell (or count) the votes
**zahlenmäßig**, **~es Verhältnis** *n* numerical proportion; **~ feststellen** to determine in figures
**Zahler** *m*, **pünktlicher ~** prompt payer
**Zahlkarte** *f (Post)* money-order form
**Zahlstelle** *f (für Dividenden, Coupons etc.)* paying agent (or agency); *(für Wechsel)* domicile

**Zahlstelle~**, **~ngeschäft** *n* paying agency business; **~nwechsel** *m* domiciled bill

**Zahlung** *f* payment; *(Überweisung)* remittance; **~ bis ...** payment by ...; **~ bei Auftragserteilung** payment with order; cash with order (c. w. o.); **1/3 ~ bei Auftragserteilung** one third with order; **~ in bar** cash payment(s); **~ gegen Dokumente** payment against documents; **~ bei Erhalt der Rechnung** payment on receipt of invoice; **~ nach Erhalt der Ware** payment after receipt of goods; cash on delivery; **~ bei Fälligkeit** payment (to be made) when due; **~ vor Fälligkeit** payment before maturity; **~ gesperrt** *(bei Scheck)* payment countermanded; **~ in Raten** payment by instal(l)ments; **~ im voraus** payment in advance, advance payment; **~ bei Vorlage des Wechsels** payment on presentation of the bill of exchange; **aufgeschobene ~** deferred payment; **eingegangene ~en** *pl* payments received; **einmalige ~** single payment; non-recurring payment; **fällige ~** payment due; **längst fällige ~** overdue payment; payment well overdue; **gestaffelte ~** graduated payment; **für gelieferte Waren geschuldete ~en** payments due in respect of delivered goods; **gestundete ~** deferred payment; **größere ~** larger payment; **laufende ~** current payment; **mangels ~** for want of payment; **nachträgliche ~** subsequent payment; **ordnungsmäßige ~** payment in due course; **pauschale ~** lump-sum payment; **postwendende ~** cash by return of post (or mail); **pünktliche ~** punctual payment; **rückständige ~** outstanding payment; **sofortige ~** immediate payment; *(Börse)* spot cash; **überfällige ~** overdue payment; **übertarifliche ~** payment above the collectively agreed rate; **unregelmäßige ~en** irregular payments; **vorzeitige ~** payment before due date; **sich wiederholende ~en** recurring payments, routine payments; **zur ~ auffordern** to claim (or demand) payment; *(dringend)* to request urgently to pay; to dun; **~ aufschieben** to put off (or postpone) payment; **die ~ avisieren** to give notice of payment; **die ~en gehen nur langsam ein** payments are coming in only slowly; **die ~ ist eingegangen** payment is received; **~ einklagen** to sue for payment **die ~en einstellen** to suspend (or stop) payments; *(Bank)* to cease payments; **die ~ gerichtlich eintreiben** to enforce payment by legal proceedings; **~en entgegennehmen** to receive payments; **die ~ erfolgt in bar** payment will be made in cash; **~ erfolgt nach Eingang der Ware** payment (or settlement) will be made (or effected) upon receipt of the goods; **die ~ ist ordnungsmäßig erfolgt** payment is made in due course; **falls die ~ bis ... nicht erfolgt ist** failing payment by ...; **~ erhalten** to receive payment; **die Gläubiger können keine ~ erlangen** the creditors cannot obtain payment; **seine ~en pünktlich erledigen** to be punctual in one's payments; **~ erwirken** to effect payment; **~ nachdrücklich fordern** to insist upon payment; **etw. in ~ geben** to give sth. in payment; to trade sth. in; **e-n alten Wagen in ~ geben** to trade in an old car for a new one; **jdn zur ~ heranziehen** to call upon sb. to pay; **auf ~ klagen** to sue for payment; **~ leisten** to make (or effect) payment; to pay; *(bes. alten Wagen)* **in ~ nehmen** to take as trade-in; *Br* to take in part exchange; **~ e-s Schecks sperren** to stop payment of a cheque (check); **~ stunden** to grant a respite for payment; **die ~ veranlassen** to arrange for payment; **e-n Scheck zur ~ vorlegen** to present a cheque (check) for payment; **~ vornehmen** to effect payment; *(durch Überweisung)* to send a remittance

**Zahlungs~**, **~abkommen** *n* payments agreement; **~anweisung** *f* payment order; **~anzeige** *f* advice of payment; **~art** *f* mode of payment; **~aufforderung** *f* demand for payment; collection letter

**Zahlungsaufschub** *m* extension of due date; deferment of payment; **~ erlangen (gewähren)** to obtain (grant) a deferment of payment

**Zahlungs~**, **~auftrag** *m* payment order; **~ausgang** *m* outpayment

**Zahlungsbedingungen** *fpl* terms (or conditions) of payment; **mit günstigen ~** on easy terms (of payment)

**Zahlungs~**, **~befehl** *m* → Mahnbescheid; **~beleg** *m* voucher (for payment); receipt (showing payment of money); **~bereitschaft** *f (e-s Unternehmens)* ability to pay; liquidity; **~bestätigung** *f* acknowledgment of receipt (of payment)

**Zahlungsbilanz** *f* balance of payments (BOP) ( → Devisenbilanz, → Dienstleistungsbilanz, → Handelsbilanz, → Kapitalbilanz, → Übertragungsbilanz); **aktive** ~ favo(u)rable balance of payments; BOP in surplus; **ausgeglichene** ~ BOP in equilibrium; equilibrated BOP; **defizitäre** ~ BOP in deficit; **Länder mit defizitärer** ~ countries where the payments balance is in deficit; **passive** ~ adverse (or unfavo[u]rable) balance of payments; BOP in deficit

**Zahlungsbilanz, die ~ ist ausgeglichen** the balance of payments is in equilibrium; **die ~ wies hohe Defizite auf** the BOP has shown large deficits

**Zahlungsbilanzdefizit** *n* balance of payments deficit; **das ~ schrittweise verringern (ausgleichen)** to scale down (balance) the external deficit

**Zahlungsbilanzgleichgewicht** *n* equilibrium of the balance of payments; **Störungen im** ~ disequilibria in the BOP; **das ~ wiederherstellen** to restore the equilibrium of the BOP

**Zahlungsbilanz~**, **~lücke** *f* gap in the BOP, BOP gap; **~schwankung** *f* swing in the BOP; **vorübergehende ~schwierigkeiten** *fpl* temporary BOP difficulties; *~stützung* *f* balance of payments support; den **~überschuss** *m* **abbauen** to reduce the surplus in the balance of payments, to reduce the external surplus; **~ungleichgewicht** *n* balance of payments disequilibrium

**Zahlungs~**, **~eingang** *m* incoming payment; receipt of payment; *(Beträge)* payment received; **~einstellung** *f* suspension (or cessation) of payment; **~eintreibung** *f* exaction of payment; **~empfänger** *m* recipient of payment; payee; **~erlass** *m* waiver of payment; **~erleichterungen** *fpl* **gewähren** to facilitate terms of payment; to grant easier terms of payment; **~ermächtigung** *f* payment authorization; payment appropriation (PA) ( → Verpflichtungsermächtigung); **z~fähig** able to pay; solvent

**Zahlungsfähigkeit** *f* ability to pay; solvency; **sich über die ~ e-s Kunden vergewissern** to satisfy oneself as to the solvency of a customer

**Zahlungsfrist** *f* period (allowed) for payment; term of payment; time limit for payment; **die ~ einhalten** to observe the time limit for payment; **e-e ~ einräumen** (od. **gewähren**) to grant a term of payment; **die ~ verlängern** to extend the time for payment

**Zahlungs~**, **~garantie** *f* payment guarantee; **~gewohnheiten** *fpl* payment practices (or habits); **z~kräftig** solvent, financially sound; **~leistung** *f* payment

**Zahlungsmittel** *pl* means of payment; **ausländische** ~ foreign currency

**Zahlungs~**, **~modalitäten** *fpl* terms of payment; **~möglichkeiten** *fpl (bar, durch Scheck etc.)* facilities for payment; **schlechte ~moral** *f* bad payment behavio(u)r; **den ~ort** *m* **näher angeben** to specify the place of payment; **~-pflicht** *f* obligation to pay; **z~pflichtig** liable to pay; **~plan** *m* cash flow estimate; **~regelung** *f* payments arrangement; **~rückstände** *mpl* back payments; payments (in) arrears;**~-scheck** *m* cheque (check) for cash payment; **in ~schwierigkeiten** *fpl* **geraten** to get into financial difficulties; **~sperre** *f* stopping of payment; **~stockung** *f* hold-up in payment; **~-ströme** *mpl* cash flows payment

**Zahlungstermin** *m* date of payment; time (fixed) for payment; **~e** *(im Außenhandel)* terms of payment; **den ~ einhalten** to observe the date of payment

**zahlungsunfähig** unable to pay, insolvent; **~er Kunde** *m* insolvent customer; **~ werden** to fail; to become insolvent

**Zahlungsunfähigkeit** *f* inability to pay due debts; insolvency; **3 Wochen nach Eintritt der** ~ 3 weeks from the date on which the insolvency has occurred; **bei ~ des Schuldners** if the debtor should be in default; **die ~ des X ist eingetreten** X has become insolvent

**Zahlungs~**, **~verbot** *n* **an den Drittschuldner** *Br* garnishee (*Am* garnishment) order; **~vereinbarung** *f* stipulation as to payment

**Zahlungsverkehr** *m* payment transactions, payments; **bargeldloser ~** cashless payments; payments made by cheques (checks) or transfer (or by any means other than cash); *(im Clearing)* clearing; **innergemeinschaftlicher** ~ *(EU)* payment transactions within the Community; **~ mit dem Ausland** external (or foreign) payment (transactions)

**Zahlungsverpflichteter** *m* person liable to make payments

**Zahlungsverpflichtung** *f* liability (or obligation) to pay; **~ aus e-m Darlehen** financial commitment arising from a loan; **~en eingehen** to enter into financial commitments; to commit oneself to pay; **seine ~en erfüllen** to meet (or fulfil) one's financial obligations

**Zahlungs~**, **~versprechen** *n* promise to pay; **~verweigerung** *f* refusal to pay; **~verzögerung** *f* delay in payment

**Zahlungsverzug** *m* failure to pay on time; default (or delay) in payment; **im Falle des ~s** in the event of default in payment; **der Käufer ist in ~ geraten** the buyer defaulted in payment

**Zahlungs~**, **~vorschlag** *m* proposal for payment; **~währung** *f* currency of payment

**Zahlungsweise** *f* manner (or mode) of payment; **4-wöchentliche ~** payments every 4 weeks

**Zahlungs~**, **~widerruf** *m (Scheck)* countermand of payment; **~willigkeit** *f* willingness to pay

**Zahlungsziel** *n* period (allowed) for payment; date of payment; credit (term); **Bitte um Verlängerung des ~s** request for an extension of the payment time; **für e-n Auftrag ein 30-tägiges ~ gewähren** to grant 30 days' credit for an order

**Zahn~**, **~arzt** *m* dentist; dental surgeon; **~behandlung** *f* dental care (or treatment); **~ersatz** *m* false teeth; **Instrumente für z~ärztliche Zwecke** *mpl* implements for dental use

**Zeche** *f* (coal) mine; pit; **e-e ~ stilllegen** to close a mine

**Zeche~**, **~npreis** *m* pithead price; **~nschließung** *f* pit closure

**Zedent** *m* assignor

**zedieren** to assign

**Zehnergruppe** *f* Group of Ten (G 10) (Group of the ten most important members of the International Monetary Fund)

**Zehnjahresplan** *m* ten-year programme

**Zeichen** *n* sign, mark; token; *(Warenzeichen)* trademark; **~ für Qualität** sign (or indication) for quality; **Unser (Ihr) ~** *(in Briefköpfen)* Our (Your) reference; mit **e-m ~ versehen** to put a mark (on); **mit ~ und Nummern versehen** to mark and number

**Zeichen~**, **~büro** *n* drawing office; **~inhaber** *m* owner of a trademark; **~rolle** *f* Trademark Register; **~schutz** *m* trademark protection

**zeichnen** to draw; *(Waren)* to mark; *(unterzeichnen)* to sign; *(Kolli)* **~ und nummerieren** to mark and number; **Aktien ~** to subcribe for shares; *Br* to apply for shares; *(bei e-r Sammlung)* **20 € ~** to subscribe € 20; **für e-e Firma ~** to sign a firm's name; to sign for a firm (→ gezeichnet)

**Zeichner** *m (von Wertpapieren od. Spender e-r Summe)* subscriber; **~ von Aktien** subscriber to shares; **~ e-r Anleihe** subscriber to a loan

**Zeichner~**, **~liste** *f* list of applicants (or subscribers)

**Zeichnung** *f* drawing; *(für Werbezwecke)* layout; *(Unterzeichnung)* signing, signature; *(bei Emissionen von Wertpapieren)* subscription; **~ von Aktien** subscription to (or application for) shares; *Am* stock subscription; **e-e Anleihe zur ~ auflegen** to offer a loan for subscription; to invite subscription(s) for a loan; **zur ~ aufliegen** to be offered for subscription; **e-e ~ schließen** to close a subscription; **für e-e ~ werben** to canvass for a subscription

**Zeichnungsangebot** *n* offer for subscription; subscription offer; tender; **ein ~ auf e-e öffentliche Anleihe abgeben** to tender for a public loan; **zur Abgabe von ~en auffordern** to invite for tenders

**Zeichnungsauflegung** *f* offer for subscription; **~ durch Prospekt** *Br* issue by prospectus

**Zeichnungs~**, **~bedingungen** *fpl* terms (or conditions) of subscription; **z~berechtigt** authorized to sign; **~berechtigung** *f* authority to sign; **~betrag** *m* amount subscribed; **~einladung** *f* invitation to subscribe; **~formular** *n* subscription form (or *Am* blank); *Br (auch)* application form; **~frist** *f* subscription period; **~kurs** *m* subscription price; **~liste** *f* list of subscribers; *Br (auch)* application list; **~prospekt** *m* issuing (or offering) prospectus; **~recht** *n* authority to sign; **~schein** *m* subscription form; **~schluss** *m* closing of subscription; *Br (auch)* closing of the application list; **~stelle** *f* bank receiving subscriptions; **~vollmacht** *f* authority to sign

**Zeile** *f* line

**Zeile~**, **~nabstand** *m* spacing of lines;

**~nhonorar** *n* linage rate; *Am* space rate; **~npreis** *m* price per line

**Zeit** *f* time; **Arbeitskräfte auf ~** temporary labo(u)r; **Kauf auf ~** purchase on credit; **in absehbarer ~** in the not-too-distant time; before long; **außer der ~** (Saison) out of season; **zu jeder beliebigen ~** at any time; **für e-e bestimmte ~** for a fixed time; for a definite period; **vor einiger ~** some time ago; **auf einige ~ verreisen** to go away for some time; **flaue ~** slack season; **freie ~** leisure time, spare time; off time; **auf kurze ~** for a short time; **vor kurzer ~** a short time ago; **seit langer ~ bestehend** of long standing; **vor langer ~** long ago; **auf längere ~** for some time; **in letzter ~** lately, recently; **zur rechten ~** in due time (or course); at the proper time; **ruhige ~** slack season; off-peak season; **tote ~** dead season; **vereinbarte ~** agreed time; **zur ~** for the time being

**Zeitarbeit** *f* temporary work (or employment); time work

**Zeitarbeit~**, **~nehmer** *m* temporary worker; **~svertrag** *m* temporary employment contract

**Zeit~**, **~aufwand** *m* investment in time; **z~aufwendig** time-consuming; **auf ~basis** *f* on a time basis; **~befrachter** *m* time charterer; **~charter(miete)** *f* time charter (hire); **~depositen** *pl* → Termineinlagen; **unter ~druck** *m* under pressure of time; **~einteilung** *f* division of time; **~ersparnis** *f* saving of time; **~fracht** *f* time freight; **z~gechartertes Schiff** *n* time-chartered ship; **~geschäfte** *npl (Börse)* time bargains; dealing in futures; forward transactions; transactions for future delivery

**Zeitkarte** *f* season ticket

**Zeitkarte~**, **~ninhaber** *m* season-ticket holder

**Zeit~**, **~kauf** *m* → Terminkauf; **~kontrolle** *f* timekeeping; **~kontrolleur** *m* timekeeper

**zeitlich**, **~ begrenzt** limited in time; **ohne ~e Begrenzung** *f* of unlimited duration; **~e Verzögerung** *f* time lag; **~ begrenzen** to set a time-limit for; to limit the duration of

**Zeitlohn** *m* time pay, time wage(s)

**Zeitlohn~**, **~arbeit** *f* time work

**Zeitlohner** *pl* hourly paid workers

**Zeitlohn~**, **~satz** *m* time rate

**Zeitmangel** *m* lack (of shortage) of time; **aus ~** because of the short time available

**Zeitnot** *f*, **in ~ sein** to be pressed for time

**Zeitplan** *m*, **nach e-m festen ~** (according) to a fixed (time) schedule (or set timetable); **e-n ~ aufstellen** to prepare a (time) schedule; **den ~ einhalten** to keep (or adhere to) the time-table

**Zeitpunkt** *m* time, moment; date; **Wahl des richtigen ~s** timing; **~ der Lieferung** delivery date; **~ des Vertragsabschlusses** time of conclusion of the contract; **den** (richtigen) **~ wählen** to choose the (or moment) for; to time; **den richtigen ~ zum Kauf oder Verkauf am Markt verpassen** *Am colloq.* to overstay the market

**Zeit~**, **z~raubend** time-consuming; **e-n ~raum** *m* **von 5 Jahren umfassen** to cover a five-year period; **~reihenanalyse** *f (Statistik)* time series analysis; **~rente** *f* temporary annuity

**Zeitschrift** *f* periodical; magazine; **Fach~** technical journal; **wöchentlich erscheinende ~** weekly periodical

**Zeitschrift~**, **~enabonnent** *m* subscriber to a periodical; **~enbeilage** *f* insert; **~enleserkreis** *m* magazines' readership; **~enumlauf** *m* circulation of periodicals; **~enwerbung** *f* magazine advertising

**Zeit~**, **z~sparend** time-saving; **~stempel** *m* time stamp; **~- und Bewegungsstudien** *fpl* time and motion studies

**Zeitung** *f* newspaper, paper; **Tages~** *f* daily (paper); **Wirtschafts~** *f* business paper; **einmal wöchentlich erscheinende ~** weekly (paper); **führende ~** leading paper; **meistgelesene ~** most-read paper; **e-e ~ abbestellen** to discontinue a newspaper; to cancel one's subscription to a paper; **e-e ~ bestellen** (od. **halten**) to have a subscription to a newspaper; **in die ~ setzen** to advertise (or insert) in a paper; **etw. durch e-e ~ suchen** to advertise for sth. in a newspaper

**Zeitungs~**, **~abonnement** *n* newspaper subscription; **~abonnent** *m* subscriber to a newspaper; **~annonce** *f* (od. **~anzeige** *f*) newspaper advertisement; **~artikel** *m* newspaper article, news item; **~ausschnitt** *m* press cutting, clipping; **~automat** *m* newspaper slotmachine; **~bestellung** *f* subscription to a paper; **~druckpapier** *n* newsprint; **~händler** *m* newsvendor; *Am* newsdealer; **~inserat** *n* newspaper advertisement; **~kiosk** *m* *Br* stall; *Am* newsstand; **~notiz** *f* press item; **~papier** *n* newsprint (paper); **~verleger** *m* newspaper publisher; **~werbung** *f* press advertising; advertising by newspaper

**Zeit~**, **~verlust** *m* loss of time; **~verschwendung** *f* waste of time; **~wert** *m* current (or present) value; present market value

**Zensur** *f* censorship; **Presse~** *f* censorship of the press; **die ~ aufheben** to lift the censorship; **der ~ unterliegen** to be subject to censorship

**Zentner** *m* (50 kg) hundredweight

**zentral**, **~er Einkauf** *m* centralized purchasing; **Z~er Kapitalmarktausschuss** *m* Central Capital Market Committee (of German issuing banks); **Z~er Kreditausschuss** *m* Central Credit Committee (of German banking industry); **~e Lage** *f* central position

**Zentralamerikanischer Gemeinsamer Markt** *m* Central American Common Market

**Zentralbank** *f* central bank

**Zentralbank~**, **z~fähig** eligible for rediscount with the central bank; **~geld** *n* central bank money; **~rat** *m* Central Bank Council

**Zentrale** *f* central office; head office; headquarters; *(mit mehreren Filialen)* parent store; **Sitz der ~** *(e-r Firma)* location of principal office

**Zentralgenossenschaften** *fpl* central cooperatives

**Zentralisation** *f*, **Zentralisierung** *f* centralization

**Zentral~**, **~kartei** *f* master file; **~kassen** *fpl* **der gewerblichen und ländlichen Kreditgenossenschaften** central institutions for industrial and agricultural cooperatives; **~märkte** *mpl* central markets; **~notenbank** *f* → Notenbank

**Zentralstelle** *f* central body, head office; **~ für Zollkontingente** Central Tariff Quota Registration Unit

**Zentral~**, **~verband** *m* central association; **~- verschluss** *m* central lock

**Zentrum** *n* cent|re (~er); **Handels~** *n* cent|re (~er) of commerce

**zerbrechlich**, **~e Gegenstände** *mpl* fragile articles; **Vorsicht, ~!** fragile, (handle) with care!; breakable, glass!

**zerlegen** to take to pieces, to undo; to unbundle

**zerlegt**, **vollkommen** ~ completely knocked down (c. k. d.)

**Zerreißprobe** *f* tensile test

**zerrüttet**, **~e Finanzen** *pl* finances in disorder

**Zertifikat** *n* certifiicate

**Zertifikat~**, **~sinhaber** *m* (investment) certificate holder; *Br* unit holder

**Zession** *f* assignment

**Zessionar** *m* assignee

**Zettel** *m* slip

**Zeuge** *m* witness; **nicht erschienener ~** defaulting witness; **vereidigter ~** sworn witness; **als ~ aussagen** to give evidence; **e-n ~n beibringen** to adduce (or produce) a witness; **e-n ~n benennen** to nominate a witness; **~ sein von** to witness; **~n vernehmen** to hear (or examine) witnesses

**Zeugenaussage** *f* evidence (of a witness); testimony; *(zu Protokoll gegebene eidliche)* deposition; **e-e eidliche ~ abgeben (entgegennehmen)** to make (take) a deposition; **e-e falsche ~ machen** to give false evidence

**Zeugen~**, **~gebühren** *pl* witnesses' fees; **~vereidigung** *f* swearing witnesses in; **~vernehmung** *f* hearing of witnesses; taking testimony; **~vorladung** *f* summons of witnesses

**Zeugnis** *n* certificate; *(bei Beendigung des Arbeitsverhältnisses)* testimonial, reference, character; **ein ~ ausstellen** to issue a certificate (or testimonial); **seine ~se** *pl* **vorlegen** to produce one's testimonials

**Zeugnis~**, **~abschrift** *f* copy of a testimonial; **~verweigerung** *f* refusal to give evidence

**ziehen**, **die Bilanz** ~ to strike a balance; **Geld aus e-m Geschäft** ~ to draw money from a business; **ein Los** ~ to draw a lot; **e-n Wechsel auf jdn** ~ to draw a bill of exchange on sb.; **Wein auf Flaschen** ~ to bottle wine

**Ziehung** *f* draw(ing)

**Ziehung~**, **~srecht** *n* **beim Internationalen Währungsfonds** drawing right in the International Monetary Fund

**Ziel** *n* aim, goal, target; objective; *(Zahlungsfrist)* time allowed for payment; credit; **3 Monate ~** 3 months' credit; **Verkaufs~** *n* sales target; **sein ~ errei-**

**chen** to achieve one's goal; to reach one's target; **auf ~ kaufen** to buy on credit
**Ziel~**, **z~bewusste Werbung** *f* systematic advertising; **~gruppe** *f (in der Werbung)* target group; **~gruppenanalyse** *f* target group analysis; **~kauf** *m* purchase on credit; **~land** *n* target country; **~markt** *m* target market; **~preis** *m* target price; **~setzung** *f* setting of a goal; objective; **bei ~überschreitung** *f* in the event of the term of payment being exceeded; **~vorgabe** *f* objective
**Ziffer** *f* cipher; item; **in Worten und ~n** *pl* in words and figures
**Zimmer** *n(pl)*, **freies ~** vacant room; **möbliertes ~** furnished room; **~ zu vermieten** *Br* rooms to let; *Am* rooms to rent; **ein** (Hotel-) **~ bestellen** to book (or reserve) a room; **ein ~ mieten** to rent (or take) a room
**Zimmer~**, **~nachweis** *m* letting agency; accommodation inquiries; **auf ~suche** *f* **sein** to be room-hunting
**Zink** *n*, **mit ~ ausgelegte Kisten** *fpl* zinc-lined cases
**Zink~**, **~einsatz** *m (in Kisten)* zinc-lining
**Zinn** *n* tin
**Zinn~**, **~bergbau** *m* tin mining; **~erzeugerländer** *npl* tin-producing countries; **~mangel** *m* shortage of (supplies of) tin; **~verbrauch** *m* consumption of tin; **~vorräte** *mpl* stocks of tin
**Zins** *m* interest
**Zins~**, **~abbau** *m* lowering of interest rates; **z~abhängig** dependent on interest rates; **~abrechnung** *f* interest statement; **~abschlag** *m* interim interest tax; **~abzug** *m* deduction of interest; **z~ähnliche Erträge** *mpl* interest-related income; **~anleihe** *f* loan repayable as a whole on a fixed date; **~anpassung** *f* adjustment of the interest rates; **~ansammlung** *f* interest accumulation; **~anstieg** *m* rise (or increase) in interest rates; **~arbitrage** *f (Börse)* interest rate arbitrage
**Zinsaufwand** *m* (od. **~aufwendungen** *pl*) interest expense; interest paid; **~ e-s Unternehmens** interest expense incurred by an enterprise
**Zins~**, **~ausfall** *m* loss of interest; **~ausgleich** *m* interest equalization; **~ausstattung** *f* interest terms; **z~bedingt** interest-induced; **~bedingungen** *fpl* terms of interest; **~beihilfen** *fpl* interest subsidies; **~belastung** *f* interest charge, interest burden; **~berechnung** *f* calculation (or computation) of interest; **~besteuerung** *f* taxation of interest; **z~bewusster Anleger** *m* interest-rate conscious (or-minded) investor; **z~billiges Darlehen** *n* low-interest loan
**Zinsbindung** *f*, **staatliche ~** state control of interest rates; **schrittweise Freigabe der ~** step-by-step relaxation of interest rate controls
**Zinsbogen** *m* coupon sheet
**zinsbringend** interest-bearing; **sein Geld ~ anlegen** to place money on interest; to invest money at interest
**Zins~**, **~druck** *m* pressure on interest rates; **~einbuße** *f* loss of interest; **~eingang** *m* interest received; **~einnahmen** *fpl* interest income; **z~empfindlich** sensitive to the movement of interest rates; interest-sensitive
**Zinsen** *pl* interest; **Haben~** → Haben~; → Soll~; **Kapital und ~** principal and interest; **abzüglich der ~** less interest; **gegen ~** at interest; **mit ~** with (or cum) interest; **mit 5 % ~** bearing (or yielding) 5 % interest; **ohne ~** without interest; ex interest (x-int., e. i.); **~ auf Bankeinlagen** interest on deposits
**Zinsen**, **~ auf der Basis von 360 Tagen** *(in der BRD)* ordinary interest; **~ auf der Basis von 365 Tagen** *(Br und Am)* exact interest; **~, die jd aus Darlehen bezieht** interest which accrues to a p. on loans; **~ aus Obligationen** interest on bonds
**Zinsen**, **angefallene ~** accrued (or accumulated) interest; **ausstehende ~** outstanding interest; **fällige ~** interest payable; **gesetzliche ~** legal interest; **halbjährliche ~** half-yearly interest; **hohe ~** high interest; **jährliche ~** annual interest; **laufende ~** current interest; **niedrige ~** low interest; **zu niedrigen ~** at a low rate of interest; **überhöhte ~** excessive interest; **übliche ~** usual interest; **vereinbarte ~** agreed interest, interest agreed upon; **verfallene ~** overdue interest
**Zinsen**, **~ anpassen** to adjust interest rates; **die ~ anstehen lassen** to allow the interest to accrue; **die ~ berechnen** *(ausrechnen)* to calculate (or compute) the interest; **~ berechnen** *(in Rechnung stellen)* to charge interest (für on); **3 % ~ bringen** to yield interest at 3 %; **die ~**

**sinken** interest rates fall; ~ **vergüten** to allow interest; ~ **verlangen** to charge interest; **hohe** ~ **zahlen** to pay a high interest rate

**Zinsendienst** *m* interest service; payment of interest; ~ **e-r Anleihe durchführen** to service a loan

**Zins~**, **~erhöhung** *f* increase in the interest rate; increase of interest; **~erleichterungen** *fpl* interest rate subsidies; **z~ermäßigtes Darlehen** *n* subsidized loan; **~ermäßigung** *f* reduction in interest rates; **~ersparnis** *f* interest saving; **~ertrag** *m* interest earnings (or yield); interest received; **~ertragsbilanz** *f* interest earnings balance sheet; **~erwartung** *f* expectation of interest yields; **~fälligkeitstag** *m* due date of interest

**Zinseszins** *m* compound interest

**Zinseszins~**, **~rechnung** *f* computation of compound interest

**Zins~**, **~fälligkeitstermin** *m* date of interest due; **~forderungen** *fpl (Bilanz)* interest receivable; **z~frei** interest-free, free of interest; **~freigabe** *f* decontrol of interest rates; **~fuß** *m* rate of interest (→ Zinssatz); **~garantie** *f (für Schuldverschreibungen)* interest (payment) guarantee

**Zinsgefälle** *n* difference in interest rate levels; interest gap; ~ **zwischen der Bundesrepublik und dem Ausland** interest rate differential between the Federal Republic and foreign countries

**Zins~**, **~gefüge** *n* interest rate structure; **~geschäft** *n (e-r Bank)* deposit and lending business; **~gewährung** *f* granting interest; **~gewinn** *m* profiit from interest; **~gleitklausel** *f* interest rate escalation clause

**zinsgünstig** at a favo(u)rable rate of interest; **~es Darlehen** *n* low-interest loan; loan at concessionary rates

**Zins~**, **~gutschrift** *f* **auf Sparkonten** crediting of interest to savings accounts; **~herabsetzung** *f* reduction of interest rates; **~höhe** *f* amount (or level) of interest; **z~induzierte Wertpapierkäufe** *mpl* purchases of securities induced by interest rate considerations; **~kapitalisierung** *f* capitalization of interest; **~konditionen** *fpl* terms of interest; **~kosten** *pl* interest cost (or expenditure); **~leistung** *f* interest payment

**zinslos** non-interest bearing; free of interest; **~e Barmittel** *pl* idle cash; **~es Darlehen** *n* interest-free loan; advance free of interest

**Zins~**, **~marge** *f* → **~spanne**; **z~mäßig** in interest terms; **~meldung** *f* reporting of interest rate; **~nachzahlung** *f* payment of interest in arrears

**Zinsniveau** *n* interest rate level; level of interest rates; **hohes (niedriges)** ~ high (low) level of interest rates; **das** ~ **anheben** to raise the interest rate level; **das** ~ **sinkt** the interest level drops

**Zins~**, **~politik** *f* interest rate policy; **z~reagibel** sensitive to the movement of interest rates; interest-sensitive; **~rechnung** *f* calculation of interest; **~reduktion** *f* lowering of the interest rate; **~rückgang** *m* drop (or decline) in interest rates; **~-rückstände** *pl* interest in arrears

**Zinssatz** *m* interest rate, rate of interest; **gesetzlicher** ~ legal interest rate; **üblicher** ~ usual (or conventional) rate of interest; ~ **für Ausleihungen** lending rate; ~ **für festverzinsliche Wertpapiere** *(Rentenwerte)* interest rate on bonds; coupon rate; ~ **für kurzfristige Kredite** short-term interest rate (→ Geldmarktsätze); ~ **für langfristige Kredite** long-term interest rate; **Anleihe mit variablem** ~ floating rate note (FRN); **Anstieg des ~es** increase in the interest rate; **Kredit zu niedrigem** ~ low-interest credit; **Senkung des ~es** reduction of the interest rate; **der ~ ist gestiegen** the interest rate has increased

**Zinsschein** *m* (interest) coupon; **den** ~ **einlösen** to cash the interest coupon

**Zinsschein~**, **~bogen** *m* coupon sheet

**Zinsschraube** *f*, **die** ~ **lockern** to relax interest rates

**Zins~**, **~senkung** *f* interest rate reduction; **~spanne** *f* interest rate differential; interest margin; margin between the banks' interest payable and interest receivable; **~stabilisierung** *f* steadying of interest rates; **~steigerung** *f* rise in the interest rate; interest hike; **~struktur** *f* interest rate structure (the relationship of the various interest rates to each other); **~stützung** *f* interest subsidy

**Zinssubventionen** *fpl* interest subsidies; **Darlehen mit** ~ interest-subsidized loan(s)

**Zinsswap** *m* interest rate swap

**Zinstage** *mpl* interest-days; days considered for calculation of interest ( → Zinsen auf der Basis von 360 Tagen)

**Zinstendenz** *f*, **steigende ~** rising tendency of interest rates; rising interest trend

**Zinstermin** *m* interest (due) date

**Zinstermin~, ~kontrakte** *mpl* futures rate agreements (FRA)

**zinstragend** interest-bearing; **~ anlegen** to invest advantageously; to put out (money) at interest

**Zins~, ~überlegungen** *fpl* interest considerations; **z~unempfindlich** insensitive to the movement of interest rates; **~unterschiede** *mpl* interest rate differentials; **z~verbilligtes Darlehen** *n* low-interest loan; loan at a reduced (or concessionary) interest rate; **~verbindlichkeiten** *fpl* interest payable

**Zinsverbilligung** *f* **gewähren** to grant a reduction in interest rates

**Zins~, ~vereinbarung** *f* agreement on interest rates; **z~vergünstigtes Darlehen** *n* subsidized loan; **~vergünstigung** *f* subsidization of interest rates; **~vergütungen** *fpl* **gewähren** to grant a rebate on the interest; **~verlust** *m* loss of interest; **~verschlechterung** *f* deterioration in interest rates; **~verteuerung** *f* interest rate increase; rising interest rates; **~verzicht** *m* interest waiver; **~vorauszahlungen** *fpl* **leisten** to pay interest in advance; **~vorteil** *m* interest rate advantage; **~wettbewerb** *m (von Banken)* interest rate competition; **~wucher** *m* usury; lending money at usurious interest

**Zinszahlung** *f* payment of interest; **mit der ~ im Verzug sein** to make default in the interest payment

**Zins~, ~zuschuss** *m* **zu Krediten** interest subsidy on credits; **~zuschüsse** *mpl* **für Darlehen gewähren** to subsidize the interest rates of loans; to give grants to reduce interest payment on loans

**Zirkularkreditbrief** *m* circular letter of credit

**Zitrusfrüchte** *fpl* citrus fruit

**Zivil~, ~bevölkerung** *f* civil population; **~dienst** *m* alternative civilian service; **~klage** *f* civil action; **~luftfahrt** *f* civil aviation; **~luftfahrzeuge** *npl* civil aircraft; **~prozess** *m* civil action; **z~rechtliche Haftung** *f* liability under civil law; civil liability; **~sachen** *fpl* civil cases

**Zoll** *m* (customs) duty; tariff; *(Zollverwaltung)* customs; **spezifische Zölle** *pl* specific duties; **Wertzölle** *pl* ad valorem duties;**~ zu Lasten des Käufers** duty for buyer's account; duty forward; **Zölle** *npl* und **Abgaben gleicher Wirkung** customs duties and charges having equivalent effect; **bei der Ausfuhr erhobene Zölle** customs duties levied at export; **Zölle bei der Einfuhr von Waren** customs duties imposed on imports; **auf Waren zu erhebende Zölle** duties chargeable on goods; **zuviel gezahlte Zölle** overpayments of customs duty

**Zoll, etw. beim ~ anmelden** to declare sth. at the customs; to make an entry of sth.; **der ~ ist bezahlt** customs duties have been paid; **etw. beim ~ einlagern** to store in a bonded warehouse; **~ einziehen** to collect customs duties; **~ erheben** to levy a (customs) duty; **~ hinterziehen** to evade customs duties; **den ~ passieren** to pass through the customs; **alle Zölle in der Union zwischen den Mitgliedstaaten sind abgeschafft** *(EU)* all customs duties were abolished in trade between Union countries; **die Zölle e-s Landes dem gemeinsamen Zolltarif** *(Außentarif)* **annähern** *(EU)* to approximate a country's tariff to the Common Customs Tariff; **Zölle erheben** to collect (or levy) (customs) duties; **Zölle des GZT** (Gemeinsamer Zolltarif) **erheben** to collect CCT (Common Customs Tariff) duties; **Zölle festsetzen und einziehen** to assess and collect duties; **Zölle gehen zu Lasten des Absenders** duties for consignor's account; **durch Zölle geschützt** tariff-protected

**Zölle** *mpl* (customs) duties ( → Zoll)

**Zollabbau** *m* elimination of duties; tariff dismantling; customs duty phase-out

**Zollabfertigung** *f* customs clearance; clearance through the customs; **~ der Ware zur Ausfuhr** clearing the goods for exportation; **~ der Ware zum freien Verkehr** (customs) clearance of goods for free circulation; **zur ~ anmelden** to enter for customs clearance

**Zollabfertigung~, ~sförmlichkeiten** *fpl* customs clearance procedures; **~spapiere** *npl* clearance papers

**Zollabgaben** *fpl* customs duties

**Zollabkommen** *n* customs convention;

tariff agreement; **~ über die vorübergehende Einfuhr gewerblicher (privater) Straßenfahrzeuge** Customs Convention on the temporary importation of commercial (private) road vehicles

**Zolllager** *n (für unverzollte, unter Zollverschluss befindliche Waren)* bonded warehouse; **in ein ~ einbringen** to place in a bonded warehouse

**Zolllager~**, **~gut** *n* bonded goods

**Zollamt** *n* customs office

**zollamtlich**, **~e Abfertigung** *f* customs clearance; **~e Einziehung** *f* **nichtdeklarierter Waren** forfeiture of undeclared goods; **Waren unter ~er Überwachung** *f* bonded goods; **Waren ~ abfertigen (lassen)** to clear goods through customs

**Zoll~**, **~angabe** *f* customs declaration; **~anmelder** *m* (customs) declarant

**Zollanmeldung** *f (Antrag auf Verzollung)* customs declaration (or entry); goods declaration; **schriftliche ~** entry in writing; **~ für Einlagerung** entry for warehousing; **~ zum Zollgutversand** goods declaration for customs transit; **e-e ~ abgeben** to lodge a goods declaration

**Zoll~**, **~anschlussgebiet** *n* customs enclave; **~aufkommen** *n* customs revenue; **~aufschlag** *m* customs surcharge; **unter ~aufsicht** *f* under customs supervision; **~ausfuhrerklärung** *f* customs declaration for export; outward manifest; **~ausland** *n* foreign customs territory; **~auslieferungsschein** *m* customs warrant; **~ausschlussgebiet** *n* customs exclave; **~aussetzung** *f* suspension of customs duties; **~beamter** *m* customs officer; **~befreiung** *f* exemption (or relief) from customs duties; **~begünstigung** *f* preferential treatment (e. g. tariff advantage); **~behandlung** *f* customs treatment; **~behörden** *fpl* customs authorities; **~belastung** *f* incidence of customs duties; **im ~bereich** *m* in the customs field; **~bestimmungen** *fpl* customs regulations; tariff provisions

**Zollbetrag** *m* amount of duty; **überhöhter ~** customs duty which has been fixed at too high a rate; **e-n ~ einkassieren** to collect an amount of duty

**Zolldeklaration** *f* (customs) declaration; *Br* bill of entry; entry; **~ zur Einlagerung unter Zollverschluss** warehousing entry; **~ für zollfreie Waren** entry for duty-free goods

**Zoll~**, **~dienststellen** *fpl* customs authorities; **~einfuhrerklärung** *f* customs declaration for import; inward manifest; **~einnahmen** *fpl* customs revenues (or receipts); **~erhebung** *f* collection of customs duties; **~erhöhung** *f* increase of customs duties

**Zollerklärung** *f* customs declaration (→ Zolldeklaration); **e-e ~ abgeben** to make a customs declaration

**Zoll~**, **~erlass** *m* remission of customs duties; **~fahndung** *f* customs investigation; **~fahndungsdienst** *m* customs investigation service; **~faktura** *f* customs invoice; **~förmlichkeiten** *fpl* customs formalities

**zollfrei** duty free; exempt from customs duties; free of duty; **~e Waren** *fpl* duty-free goods; goods not liable to (customs) duty; **Verzeichnis ~er Gegenstände** *mpl* free list; **~ einführen** to import free of duty; **zur Einfuhr ~ zulassen** to grant duty-free importation

**Zoll~**, **~freigebiet** *n* free zone; **~freiheit** *f* exemption form customs duties; **~freistellung** *f* notice of exemption of customs duties; **~gebiet** *n* customs territory; **~gebühren** *fpl* customs duties; **~gewicht** *n* dutiable weight; **~-grenze** *f* customs border

**Zollgut** *n* dutiable goods; *(Waren unter Zollverschluss)* bonded goods, goods in bond

**Zollgut~**, **~lager** *n* → Zollager

**Zollgutlagerung** *f* customs warehousing; **Waren zur ~abfertigen** to enter goods for warehousing

**Zollgut~**, **~umwandlung** *f* conversion of dutiable goods; **Beförderung von Waren im ~versand** *m* transport of goods under customs transit

**Zoll~**, **~harmonisierung** *f (EU)* harmonization of customs duties; **~herabsetzung** *f* reduction of (customs) duties; tariff reduction; **~hinterziehung** *f* evasion of customs duties; defraudation of the customs; **~höhe** *f* amount of the duty; **~inhaltserklärung** *f* customs declaration; **~inland** *n* domestic customs territory

**Zollkodex** *m (EU) (für den Handel der Gemeinschaft mit Drittländern)* customs code

**Zollkontingent** *n* tariff quota; **Gemein-**

**schafts~** *n (EU)* Community tariff quota; **ein ~ aufstocken** to increase (the volume of) a tariff quota; **e-m ~ unterliegen** to be subject to a tariff quota

**Zollkontrolle** *f* customs inspection (or check); **e-e ~ vornehmen** to carry out a customs check

**Zoll~**, **~konzession** *f* tariff concession; **~niederlage** *f* public customs warehouse; **~papiere** *npl* **beibringen** to submit (or present) customs papers; **~passierschein** *m* triptych; **~pflicht** *f* liability to pay customs duties

**zollpflichtige Waren** *fpl* **anmelden** to declare dutiable goods (or goods subject to customs duty)

**Zoll~**, **~plombe** *f* customs seal; **~position** *f* tariff heading

**Zollpräferenz** *f* tariff preference; preferential tariff rates; **allgemeine ~ der Gemeinschaft** *(EU)* Community's generalized tariff preference; **~en** *fpl* **aufheben** to abolish tariff preferences; **~en genießen** to be accorded preferential tariffs; to enjoy preferential treatment in respect of tariffs

**Zollpräferenz-**, **~regelung** *f (EU)* preferential tariff arrangement

**Zoll~**, **~quittung** *f* customs receipt; *Br (auch)* docket; **~rechnung** *f* customs house note

**Zollrecht** *n* customs law; **gemeinschaftliches ~** *(EU)* Community provisions on customs matters

**zollrechtlich**, **Überführung von Waren in den ~ freien Verkehr** release of goods for free circulation

**Zoll~**, **~regelung** *f* customs regulation; **~revision** *f* customs examination; **~rückerstattung** *f* customs refund; *(bei Ausfuhr von Waren, für die Zoll bezahlt war)* (customs) drawback

**Zollsatz** *m* rate (of duty); customs duty rate; tariff rate; **Zollsätze** *mpl* **des Gemeinsamen Zolltarifs** (GZT) *(EU)* rates of Common Customs Tariff (CCT); **zum ~ Null** at zero duty; **angewandter ~** duty applied; **ermäßigter ~** reduced duty; **pauschaler ~** flat rate duty; **Anwendung der Zollsätze, des GZT** application of CCT duties; **Aussetzung der Zollsätze des GZT** suspension of CCT duties; **die Zollsätze der Mitgliedstaaten an den gemeinsamen Zolltarif angleichen** *(EU)* to align the Member States' duties with the Common Customs Tariff

**Zoll~**, **~schloss** *n* customs lock; **~schnur** *f* customs seal string; **die ~schranken** *fpl* **sind weggefallen** the customs barriers have been abolished; **~schuld** *f* customs debt; **~schuppen** *m* customs shed; **~senkung** *f* tariff reduction (or cut); reduction in customs duties; **~speicher** *m* customs warehouse

**Zollstelle** *f* customs office; **~ an der Grenze** customs office at the frontier; **Ausgangs~** *f* customs exit office; **Durchgangs~** *f* customs office en route; **Eingangs~** *f* customs entry office

**Zoll~**, **~strafe** *f* customs penalty (or fine); **~straße** *f* customs route

**Zolltarif** *m* (customs) tariff; **ausgehandelter ~** bargained tariff; **Gemeinsamer ~** *(EU)* Common Customs Tariff (CCT); **gemeinsamer ~ gegenüber dritten Ländern** *(EU)* common external tariff to be applied to the trade with third countries; **Nr. des ~s** CCT tariff No.; **Sätze des Gemeinsamen ~s** CCT rates; **~e** *pl* **für gewerbliche Waren** industrial tariffs

**Zolltarif**, **~angleichung** *f* tariff adjustment; **~-Kennziffer** *f* tariff code

**zolltariflich**, **~e Behandlung** *f* **bestimmter Waren im Reiseverkehr** tariff treatment of certain goods bought by passengers; **~e Einreihung** *f* classification (of goods) in customs tariffs; **Abbau der ~en Schranken** *fpl* dismantling of tariff barriers; **~e Zugeständnisse** *npl* tariff concessions

**Zolltarif~**, **~nummer** *f* customs tariff number; **~satz** *m* tariff rate

**Zolltarifschema** *n* (customs) nomenclature; **~ für die Einreihung der Waren in die Zolltarife** nomenclature for the classification of goods in customs tariffs

**Zollübereinkommen** *n* customs convention; **~ über Behälter** Customs Convention on Containers

**Zollüberwachung** *f* customs supervision; **Waren unter ~ halten** to keep goods under customs control

**Zoll~**, **~union** *f* customs union; **~unterlagen** *fpl* customs documents; **~urkunde** *f* **Nr. {...}** *(EU)* clearance note No. {...}; **~veredelungsverkehr** *m* processing trade enjoying tariff advantages

**Zollversand~**, **~gut** *n* goods in customs transit; **~schein** *m* transit bond note

**Zollverschluss** *m* customs bond (or seal, lock); **anerkannter ~** recognized customs seal; **angelegter ~** affixed customs seal; **Lager unter ~** bonded warehouse; **Waren unter ~** (od. **~waren** *fpl*) goods under customs seal (or in bond); bonded goods; **Zollverschlüsse** *mpl* antegen to affix customs seals; **Waren unter ~ einlagern** to warehouse goods (in bond); to have goods bonded; to place the goods in bond (or in a bonded warehouse); **Waren aus dem ~ (heraus)nehmen** to take goods out of bond; **unter ~ stehen** to be customs-locked; to be in bond; **zur Beförderung unter ~ zugelassen** → zugelassen

**Zoll~, ~verwaltung** *f* customs administration; **~vorschriften** *fpl* customs regulations

**Zollwert** *m* dutiable value; value for customs purposes

**Zollwert~, ~feststellung** *f* determination of the dutiable value; customs valuation

**Zoll~, ~zugeständnisse** *npl* tariff concessions; **~zuschlag** *m* additional duty; **nur für ~zwecke** *mpl* for customs purposes only

**Zone** *f* zone; area; **~ mit Geschwindigkeitsbegrenzung** speed-limit zone

**Zone~, ~ntarif** *m (für Frachtsätze im Bahnverkehr)* zone tariff, stage tariff

**Zubehör** *n* accessory (parts), accessories; fixtures and fittings; **handelsübliches ~** customary trade accessories; **~teile** *npl* **für Kraftfahrzeuge** car accessories

**Zubringer** *m* link road

**Zubringer~, ~bus** *m* shuttle bus; feeder bus; *(zum Flugplatz)* airport bus; **~verkehr** *m* feeder transport

**Zucht** *m* breeding

**Zucker~, ~bestände** *mpl* stocks of sugar; **~einfuhr** *f* import of sugar; **~erzeugung** *f* sugar production; **~gehalt** *m* sugar content; **~industrie** *f* sugar industry; **~rübenernte** *f* beet harvest; **~waren** *pl* confectionery; **~wirtschaftsjahr** *n* sugar marketing year; **ohne ~zusatz** *m* without sugar added

**zudringliche Werbung** *f* obtrusive advertisement

**zuerkennen, jdm Schadensersatz ~** to award damages to sb.

**Zufahrtstraße** *f* access road

**zufällig, ~es Ereignis** *n* chance (or fortuitous) event; **~er Kunde** *m* chance customer

**Zufalls~, ~auswahl** *f (MMF)* random sampling; **z~bedingt** due to chance; fortuitous; **~einnahmen** *fpl (z. B. durch Erbschaft)* windfall receipts; **~gewinn** *m* windfall profit

**zufließen** to flow to; **der Wirtschaft ~** to accrue to trade and industry

**Zufluss** *m* **ausländischen Kapitals** inflow (or influx) of foreign capital

**zufrieden sein** to be satisfied (mit with); **mit seinem Gehalt nicht ~** to be dissatisfiled with one's salary

**Zufriedenheit** *f* satisfaction; **~ der Kunden** satisfaction of the customers; **mangelnde ~** dissatisfaction; **die Sendung ist zu unserer ~ ausgefallen** the consignment met with (or turned out to) our satisfaction; **seine ~ ausdrücken** to express one's satisfaction; **der Auftrag wird zu Ihrer vollen ~ erledigt** the order will be executed to your entire satisfaction

**zufrieden stellen, den Kunden ~** to satisfy the customer; to meet the customer's satisfaction; **schwer zufrieden zu stellen sein** to be hard to please

**zufrieden stellend, ein ~es Ergehnis** *n* **wurde erzielt** a satisfactory result was attained; **die Muster sind ~ ausgefallen** the patterns turned out satisfactorily; **nicht ~e Waren** *fpl* unsatisfactory goods; **in ~er Weise** *f* satisfactorily

**zuführen** *(Arbeitskräfte etc.)* to bring, to supply; **den Rücklagen ~** to allocate (or transfer) to reserves

**Zug** *m* train; **~ des Nahverkehrs** local train; **~abteil** *n* compartment; **mit dem ~ fahren** to go by train; **e-n ~ verpassen** to miss a train; **der ~ verkehrt nur an Werktagen** the train runs on workdays only

**Zug um Zug** concurrently; **Erfüllung ~** contemporaneous performance; **Lieferung der Sache und Zahlung des Preises ~** concurrent delivery of the goods and payment of the price

**Zugabe** *f (im Geschäft)* extra, (free) gift; *Am* premium; give-away; *(kleiner Reklamegegenstand)* advertising gift; **Verkauf mit ~** premium selling

**Zugabe~, ~werbung** *f* gift advertising; **~wesen** *n* selling with gifts

**Zugang** *m*, **~ von Anlagegegenständen**

*(Bilanz)* accrual (or addition) to fixed assets; **~ zu den Büchern** access to the (accounting) books; **nach ~ der Kündigung** after receipt of the notice; **Zugänge** *pl* **zum Lager** increase in stocks; **freier ~ zum Markt der Gemeinschaft** *(EU)* free access to the Community market; **~ zum Meer** access to the sea; **~ssperre** *f* **zum Markt** barrier to market-entry; **den Waren e-n leichteren ~ zum Gemeinsamen Markt geben** *(EU)* to give the products easier access to the Common Market; **~ erlangen zu** to get access to

**zugänglich** accessible (für to)

**zugeben** to admit; *(beim Kauf dazugeben)* to give into the bargain

**zugegen**, **~ sein** to be present; **bei e-r Sitzung ~ sein** to attend a meeting

**Zugehörigkeit** *f* **zu e-r Gewerkschaft** union membership, union affiliation

**zugelassen**, **amtlich ~** licensed; **ein ~er Anwalt** *m* a lawyer admitted to practise before a court; **zur Beförderung unter Zollverschluss ~** approved for transport under customs seal; **an der Börse ~e Wertpapiere** *npl Br* securities admitted to the stock exchange; securities listed on the stock exchange; **~er Versender** *m* *(gemeinschaftliches Versandverfahren)* authorized consignor

**zugenommen**, **der Außenhandel hat ~** foreign trade increased

**zugesagter Kredit** *m* promised credit

**zugesicherte Eigenschaften** *fpl* warranted qualities

**zugesprochen**, **Schadensersatz ~ bekommen** to be awarded damages

**Zugeständnis** *n* concession; **~ im Preis** price concession; **~ von Tatsachen** admission of facts; **zu ~en** *npl* **bereit sein** to be willing (or ready) to make concessions

**Zugkraft** *f* **e-r Werbung** pulling power of an advertisement

**zugkräftig**, **~er Artikel** *m* good seller; **~e Werbung** *f* attractive advertising

**Zugmaschine** *f*, **landwirtschaftliche ~** agricultural (or farm) tractor

**zugrundegehen** to perish; *(Firma etc.)* to be ruined

**zugrundeliegend**, **die dem Wechsel ~e Forderung** *f* the claim underlying the bill

**zugunsten von** for the benefit of

**Zukauf** *m* **an Aktien** additional purchase of shares; fresh buying of shares

**zukünftig**, **~er** *(in Aussicht stehender)* **Käufer** *m* prospective purchaser; **~er Wohnort** *m* future place of residence

**Zukunfts~**, **~aussichten** *fpl* prospects (or chances) for the future; **~forschung** *f* futurology; **~industrie** *f* future-oriented industry; **~sicherung** *f* **der Arbeitnehmer** future security of workers (especially in cases of illness or accident) (paid for by employer)

**Zuladung** *f* additional load; *(Schiff)* supplementary cargo

**Zulage** *f* extra pay; bonus; **Gefahren~** *f* danger money (or pay); **Gehalts~** *f* increase of salary, additional salary

**zulassen** to allow, to admit (→ zugelassen); **ein Auto ~** to register *Br* a car (*Am* an automobile); **zur vorübergehenden Einfuhr ~** to grant temporary admission; **jdn zu e-r Prüfung ~** to allow a person to take his examination; **Wertpapiere zum Handel an der Börse ~** to admit securities to official trading on the stock exchange; *Br* to quote securities; to list securities

**zulässig** admissible, permissible; **~e Belastung** *f* permissible load; **~e Gesamtfangmengen** *fpl* total allowable catches (TACs); **~e Höchstgeschwindigkeit** *f* speed limit

**Zulässigkeit** *f* **der Klagen von Privatpersonen** *(EU)* admissibility of suits by private individuals

**Zulassung** *f* admission, permit; *(amtlich)* licen|ce(~se), licensing; approval; **~ zur Börse** *(von Personen)* admission (as member) to the stock exchange; *(von Wertpapieren)* admission to quotation (or listing) on the stock exchange; **~ als Anwalt** admission to practise as a lawyer; **~ zum Geschäftsbetrieb** business licen|ce(~se); licen|ce(~se) to operate; **~ e-s Kraftfahrzeugs** motor vehicle licensing; *Br* car (*Am* automobile) registration; **~ zum Studium** admittance (or access) to studies; **~ zu e-r Tarifstelle** *(Zoll)* entry under a subheading; **~ zum freien Warenverkehr in der Gemeinschaft** *(EU)* admission to free movement of goods in the Community; **~ von Wertpapieren zur amtlichen Notierung an e-r Börse** admission of securities to official stock exchange quotation (or listing); **~ der**

**Anleihe zur amtlichen Notierung beantragen** to make application for the bond to be admitted (or listed) on the stock exchange; to apply for admission of the (bond) issue to be quoted on the stock exchange; **um ~ nachsuchen** to apply for admission

**Zulassungs~**, **~antrag** *m (Börse)* application for admission to quotation (or listing); **~beschränkung** *f* admission restriction; **z~freie Fahrzeuge** *npl* vehicles exempt from registration; **~gesuch** *n* application for admission; **z~pflichtiges Fahrzeug** *n* vehicle requiring registration (or a licence); **~staat** *m (Kfz)* state of registration; **~stelle** *f (Börse)* listing board, board controlling the admission of securities, *Br* licensing office; **~verfahren** *n (Zoll)* approval procedure; *(Börse)* procedure for admission to quotation; listing procedure

**Zulieferant** *m* → Zulieferer

**Zuliefer~**, **~abkommen** *n* subcontracting agreement; **~arbeiten** *fpl* ancillary work; **~aufträge** *mpl* subcontracting orders, orders to subcontractors; **~betrieb** *m* → Zulieferer

**Zulieferer** *m* (seller's) supplier; subcontractor

**Zuliefer~**, **~industrie** *f* ancillary (or subcontracting) industry; **~teil** *n* subcontracted component; **~vertrag** *m* subcontracting agreement

**Zulieferung** *f* supply (of components); subcontracting; delivery by subcontractor

**zum**, **Lieferung ~ 1. Juni** delivery as of (or by) June 1; **~ ersten, ~ zweiten, ~ dritten** *(bei Auktionen)* going, going, gone; **~ Preise von** at the price of; **~ Verkauf** for sale

**zumachen**, **ein Geschäft** ~ *(abschließen)* to close (or shut) a shop; *(für immer schließen)* to close down a shop

**Zunahme** *f* increase, rise; **prozentuale jährliche** ~ annual percentage of increase; **verlangsamte ~ der Ausfuhren** slowdown in export growth; **~ der Aufträge** increase in orders; **die ~ der Einfuhren hat sich verlangsamt** the rise (or increase) in imports has slowed; **in ~ begriffen sein** to be on the increase

**zunehmen** to increase, to rise; to grow; **an Wert** ~ to increase in value, to appreciate; **die Arbeitslosigkeit nahm weiter zu** unemployment continued to rise

**zunehmend**, **mit ~em Alter** *n* with advancing years; **in ~em Maße** *n* increasingly; **~e Nachfrage** *f* increasing demand

**zunutze**, **sich etw. ~ machen** to turn sth. to advantage; to take advantage of sth.

**zurechnen** *(addieren)* to add (to); *(zuordnen)* to reckon among; *(zuschreiben)* to attribute (to); **Gewinne ~** to allocate profits; **zuzurechnen sein** to be attributable (to)

**Zurechnung** *f* addition; imputation; **~ der Gewinne** *(SteuerR)* allocation of profits

**zurechnungsfähig** of sound mind; *(StrafR)* criminally responsible; *(ZivilR)* civilly responsible

**Zurechnungsfähigkeit** *f* soundness of mind; *(StrafR)* criminal responsibility; *(ZivilR)* responsibility for torts

**zurück an Aussteller** *(Scheckvermerk)* refer to drawer (R/D)

**Zurückbehalt** *m* **der Ware** *(durch den Verkäufer)* withholding delivery of the goods

**zurückbehalten** to retain, to withhold; **~e Gewinne** *mpl* retained profits

**Zurückbehaltungsrecht** *n* right of retention; lien; **~ des Verkäufers an der verkauften Sache** *(bis zur Bezahlung des Kaufpreises)* seller's lien on the goods (for unpaid purchase price); **kaufmännisches** ~ commercial lien; merchant's right of retention

**zurückbekommen** to get back; **seine Auslagen ~** to recover one's expenses

**zurück~**, **~belasten** to redebit; **Z~belastung** *f* redebiting

**zurück~**, **~bezahlen** to pay back, to repay, to refund; **noch nicht ~bezahltes Darlehen** *n* outstanding loan

**zurückbleiben**, **hinter der Konkurrenz** ~ to lag behind one's competitors; **hinter den Erwartungen** ~ to fall short of one's expectations

**zurückerhalten** to get back; **sein Geld ~** to recover one's money

**zurückerobern**, **e-n Markt** ~ to win back a market

**zurück~**, **~erstatten** *(Geld)* to repay, to pay back; *(Kosten)* to reimburse; **Z~erstattung** *f* repayment; reimbursement; **~erwerben** to reacquire; **~fallen** to revert (an to); **~fliegen** to fly back; **die Ware ~fordern** to reclaim the goods; **~geben** to give back, to return

**zurückgegangen**, **die Aufträge sind ~**

the orders have declined; **die Auslandsnachfrage ist ~** foreign demand has fallen off; **die Exporte sind ~** exports have decreased; **der Handel mit … ist ~** trade with … slackened; **die Nachfrage ist ~** demand dropped

**zurückgehen** *(Preise, Kurse etc.)* to decline, to be on the decline, to drop, to go down, to fall; *(stark)* to slump; *(Handel, Geschäft)* to recede, to slacken ( → zurückgegangen); **~ von … auf …** to go down from … to …; to have a setback from … to …; **Waren ~ lassen** to return goods; **die Ausfuhr geht zurück** exports are falling; **die Bestellungen gingen leicht zurück** orders dropped slightly; **das Defizit ging zurück** the deficit declined; **sein Geschäft geht zurück** his business is going down (or is declining); **die Gewinne gingen zurück** profits diminished; **die Preise gingen zurück** the prices declined

**zurückgehend**, **~e Preise** *mpl* declining prices; **~e Waren** *fpl* goods which have been returned

**zurückgekommen**, *(von Kunden)* **~e Waren** *fpl* returns inwards; sales returns; *(an Lieferanten)* **~e Waren** *fpl* returns outwards

**zurückgelegt**, **~e Versicherungszeiten** *fpl* insurance terms completed; **für den Käufer ~e Waren** *fpl* goods reserved (or put aside) for the purchaser

**zurückgenommen**, **leere Flaschen können nicht ~ werden** empty bottles are not returnable

**zurückgesandt**, **~es Leergut** *n* returned empties; *(an Lieferanten)* **~e Waren** *fpl* goods returned; returns outwards

**zurückgesetzt**, *(im Preise)* **~e Ware** *f* goods reduced in price

**zurück~**, **~gestaute Nachfrage** *f* suppressed demand; **~gezahlt** paid back, repaid

**zurückgreifen**, **auf Ersparnisse ~** to dip into (or have recourse to) one's savings

**zurückhalten**, **Waren ~** to detain (or withhold) goods

**zurückhaltend** *(z. B. bei Bestellungen)* reserved

**Zurückhaltung** *f* reserve; restraint; **~ bei der Auftragserteilung** restraint (or reserve) in placing the order, reserve in ordering; **~ bei Investitionen** caution over investments; **~ im Kauf** restraint shown on sales; **~ von Zahlungen** withholding of payments

**zurückkaufen** to buy back, to repurchase, to redeem

**zurückkommen**, **wir kommen zurück auf Ihr Angebot vom …** reference is made to your offer of … ( → zurückgekommen)

**zurücklegen** *(Waren)* to reserve, to put aside ( → zurückgelegt)

**Zurücknahme** *f* withdrawal, revocation, retraction; **~ e-s Angebots** withdrawal of an offer; **~ von Investmentanteilen** *(durch die Gesellschaft)* redemption of investment certificates; **~ der beschädigten Ware** taking back the defective goods

**zurücknehmen** to withdraw, to revoke, to retract ( → zurückgenommen); **die Berufung ~** to withdraw the appeal; **e-e Bestellung ~** to revoke (or cancel) an order; **e-e Klage ~** to withdraw an action; **die beschädigte Ware ~** to take back (or to accept the return of) the defective goods

**zurückrufen** *(z. B. fehlerhafte Ware)* to call back, to recall

**Zurückschleusen** *n* **spekulativer Devisenzuflüsse** recycling of speculative foreign exchange inflows

**zurücksenden**, **die Ware ~** to send back (or return, reship) the goods

**zurückstellen** to postpone, to defer; to shelve; **e-n Auftrag zunächst einmal ~** to put an order aside for the time being; **ein Vorhaben ~** to postpone a project; *(zur weiteren Überlegung)* to pigeonhole a scheme

**zurücktreten** to withdraw; to resign (from); **vom Vertrag ~** to withdraw from a contract

**zurückverlangen**, **sein Geld ~** to claim (or demand) one's money back

**zurückweisen**, **ein Angebot ~** to reject an offer; **die Lieferung ~** to refuse to accept delivery; **e-e Reklamation ~** to refuse to acknowledge a complaint; to reject a complaint; **die Ware ~** to reject the goods; **e-n Wechsel ~** to dishono(u)r a bill of exchange

**Zurückweisung** *f* rejection; refusal; **~ von Angeboten** *(bei Ausschreibungen)* rejection of tenders

**zurückzahlbar**, **die Anleihe ist in 8**

**Jahresraten ~** the loan is reedemable in 8 annual instal(l)ments

**zurückzahlen** to pay back, to repay; *(rückerstatten)* to reimburse, to refund; **e-e Anleihe ~** to redeem a loan; **Steuern ~** to refund taxes

**Zurückzahlung** *f* repayment; refund, reimbursement

**zurückziehen** to withdraw, to cancel; **sich ~** to retire, to withdraw; **sich vom Geschäft ~** to retire from business; **e-n Artikel vom Markt ~** to withdraw an article from the market; **e-n Auftrag ~** to withdraw (or cancel) an order

**Zurückziehung** *f* **e-s Auftrags** withdrawal of an order

**Zurverfügungstellung** *f* **der Ware für den Käufer** placing the goods at the disposal of the buyer; tender of the goods to the buyer

**Zusage** *f* promise; commitment; undertaking; **Kredit~** *f* promise of a loan; **Finanzierungs~** *f* financing commitment

**zusagen**, **die Lieferung innerhalb e-r Frist von 2 Monaten ~** to promise delivery within a period of 2 months; **Ihr Angebot sagt uns** zu your offer appeals to us; **Ihre Muster haben unserem Vertreter zugesagt** your samples met with our representative's approval; **sollte unser Vorschlag Ihnen ~** should our proposal suit you

**Zusammenarbeit** *f*, **wirtschaftliche ~** economic cooperation (von between); **~ der Firmen untereinander** inter-firm cooperation; **~ zwischen Gewerkschaften und Unternehmen** union-management cooperation

**Zusammenarbeit~**, **~sprojekt** *n (von Unternehmen)* joint venture

**zusammenarbeiten** to work together, to collaborate, to cooperate; to join forces; **mit jdm geschäftlich ~** to do business with sb.

**zusammenbrechen** to collapse, to break down

**Zusammenbruch** *m*, **~ e-r Firma** breakdown (or collapse) of a firm; **finanzieller ~** financial failure (or collapse); **kurz vor dem ~ stehen** to be on the verge of collapse

**zusammenfallen mit** *(zeitlich)* to coincide with

**zusammenfassen** to sum up, to summarize

**Zusammenfassung** *f* summing up, summary

**Zusammenhalt** *m*, **wirtschaftlicher ~** economic cohesion

**Zusammenhang** *m* connection; **in wirtschaftlichem ~ stehen mit** to be economically connected with

**zusammenlegen**, **Aktien ~** to group shares; **Gelder ~** to pool funds; **Unternehmen ~** to amalgamate (or merge) enterprises

**Zusammenlegung** *f* **von Geschäften** business merger

**zusammenrechnen** to add together, to reckon up; to aggregate

**zusammenschließen, sich mit e-m anderen Unternehmen ~** to merge with another enterprise

**Zusammenschluss** *m (als Zustand)* combination, union; association; *(als Handlung)* merger, fusion

**zusammensetzen**, **e-e zerlegte Maschine wieder ~** to reassemble a dismantled machine

**Zusammensetzung** *f* **des Fondsvermögens** *(e-r Investmentgesellschaft)* composition of the fund's assets

**zusammenstellen** to compile; **Muster** *(passend)* **~** to assort samples; **Warenproben ~** to make up samples

**Zusammenstellung** *f* **e-s Wörterbuches** compilation of a dictionary

**Zusammenstoß** *m (von Fahrzeugen)* collision, crash; **~ auf See** (od. **Schiffs~** *m*) collision at sea

**zusammenstoßen** to collide, to crash

**zusammentreten** to meet; **der Rat tritt zweimal im Jahr zusammen** the Council meets twice a year

**zusammenzählen** to count (or add) up

**Zusatz** *m* addition; appendix; *(Nachtrag)* supplement, postscript; *(zu e-m Testament)* codicil; *(Zusatzstoff)* additive

**Zusatz~**, **~aktie** *f* bonus share; **~bedingungen** *fpl* additional conditions; **~bestellung** *f* additional order; **~dividende** *f* supplementary dividend; **~einkommen** *n* additional income; **~kontingent** *n* additional quota; **~kosten** *pl* supplementary costs; **~krankenversicherung** *f* supplementary health insurance

**zusätzlich** additional, supplementary; extra; **~ entstehende Kosten** *pl* additional costs incurred; **~e Frist** *f* period of grace; **~e Gebühr** *f* extra charge; **~e Verein-**

**barung** *f* supplementary agreement; **~e Zahlung** *f* additional payment
**Zusatzsteuer** *f* additional tax, surtax
**Zusatzstoffe** *mpl*, **~ in Futtermitteln** additives in (animal) feedingstuffs; **~ in Lebensmitteln** (z. B. → Farbstoffe, → Konservierungsmittel, → Antioxydantien) additives in foodstuffs, food additives; additives in human nutrition; **Verwendung von ~n** use of additives
**Zusatz~**, **~vereinbarung** *f* supplementary agreement; **~versicherung** *f* supplementary insurance; **~werbung** *f* accessory advertising; **~zoll** *m* additional duty
**zuschießen** to contribute
**Zuschlag** *m* extra (or supplementary) charge; surcharge; *(auf Auktionen)* knocking down (to the highest bidder); *(bei Ausschreibungen)* award of the contract; **den ~ erhalten** *(bei Ausschreibungen)* to be awarded the contract; **den ~ erteilen** to knock down; *(bei Ausschreibungen)* to award the contract
**Zuschlags~**, **~empfänger** *m (bei Ausschreibungen)* successful tenderer; **~gebühr** *f* additional fee; surcharge; **~karte** *f (Eisenbahn)* supplementary ticket; **z~pflichtig** liable to surcharge; **~prämie** *f* additional premium
**zuschließen**, **e-n Laden ~** to shut up a shop
**Zuschreibung** *f* write-up; appreciation
**Zuschuss** *m* allowance; financial contribution; *(aus öffentlichen Geldern)* subsidy, grant; **~ des Bundes** federal grant; subsidy granted by the Federal Government; **einmaliger (staatl.) ~** one-time grant; **nicht rückzahlbarer ~** nonreimbursable grant; **~gebiet** *n* area dependent on subsidies; **e-n ~erhalten** to receive a grant; **durch Zuschüsse** *pl* **unterstützen** to subsidize, to give subsidies (to)
**zusenden**, **Waren ~** to consign goods
**Zusendung** *f (Waren)* consignment; **~ ohne Aufforderung des Empfängers** unsolicited mailing
**zusetzen**, **Geld ~** to lose money
**zusichern** to assure; to warrant; **die Qualität der verkauften Ware ~** to give a warranty of (or to guarantee) the quality of the goods sold
**Zusicherung** *f* undertaking; *(vertraglich)* warranty; **ausdrückliche ~** express warranty; **fahrlässig falsche ~** negligent misrepresentation; **~ e-r Eigenschaft** undertaking as to quality; **Schadensersatz für ~sverletzung** *f* **verlangen** to claim damages for breach of warranty
**Zustand** *m* state; condition; **äußerlich guter** apparent good order (and condition); **in beschädigtem ~** in a damaged condition; **in betriebsfähigem ~** in working order; **in einwandfreiem ~** *(Waren)* in perfect condition; **früherer ~** former state; **in gebrauchsfähigem ~** in a usuable (or serviceable) condition; **gegenwärtiger ~ von Waren** present condition of goods
**Zustand**, **in gutem ~** in good order and condition; *(baulich)* in good repair; **wir hoffen, dass die Sendung in gutem ~ bei Ihnen ankommt** we hope the consignment will reach you in good condition; **Räume in gutem ~ erhalten** to maintain rooms (or premises) in good condition (or repair)
**Zustand**, **mangelhafter ~ der Waren** defective condition of the goods
**Zustand**, **in schlechtem ~** in a bad state; **Waren in schlechtem ~** goods in a poor (or bad) condition; ill-conditioned goods; **baulich in schlechtem ~ sein** to be in disrepair
**zuständig** competent; **örtlich ~** locally competent; **sachlich ~ sein** to be competent as regards the subject matter; **~e Stelle** *f* appropriate agency; **Angelegenheiten, für die jemand ~** ist matters within the competence of a person
**Zuständigkeit** *f* competence; jurisdiction; **der ~ der Gemeinschaft unterstehende Industrien** *(EU)* industries within the jurisdiction of the Community; **ausschließliche ~** exclusive jurisdiction; **örtliche ~** local jurisdiction; **sachliche ~** jurisdiction over the subject matter; **die ~ bestreiten** to challenge the competence; **unter die ~ e-s Gerichts fallen** to fall within the jurisdiction of a court; **seine ~ überschreiten** to exceed one's competence; **Unternehmen, die der ~ der Gemeinschaft (nicht) unterstehen** *(EU)* undertakings within (outside) the jurisdiction of the Community
**Zuständigkeitsbereich** *m* area of responsibility; competence; **in den ~ der Gemeinschaft fallen** *(EU)* to fall within the Community's cornpetence

**zustellen** to deliver; to serve; **jdm ein Schriftstück** *(förmlich)* ~ to serve a document on sb.; **ein Telegramm ~** to deliver a telegram
**Zustellgebühr** *f* delivery fee
**Zustellung** *f* delivery; service; **Ersatz~** substituted service; **öffentliche ~** service by public notice; **~ gegen Empfangsbestätigung** recorded delivery; **~ durch die Post** service through the post (*Am* by mail); **~ e-r Ladung** serving a summons (on sb.)
**Zustellung~**, **~sbevollmächtigter** *m* person authorized to accept service
**zustimmen** to agree (to); **e-r Entschließung ~** to adopt the terms of a resolution
**Zustimmung** *f* consent, assent; **mit ~ von** with the consent (or approval) of; **vorherige ~** (prior) consent; **die ~ erhalten** to obtain the consent; **seine ~ erteilen** to give one's approval.
**Zustrom** *m* **von ausländischen Investitionen** inflow (or influx) of foreign investments
**zuteilen** to allot, to allocate; *(Börse) (repartieren)* to scale down; **Aktien ~** to allot (or allocate) shares; **Quoten ~** to allot quotas
**Zuteilung** *f* allotment, allocation; *(Börse) (Repartierung)* scaling down; *(Rationierung)* rationing; **~ von Wertpapieren** allotment (or distribution) of securities; **Mitteilung über die ~ von Wertpapieren** allotment letter
**Zuteilungs~**, **~kurs** *m* allotment price; **~quote** *f* allotment quota
**Zutrittsrecht** *n* right of access
**zuverlässig**, **~e Firma** *f* reliable firm; firm of good repute; **aus ~er Quelle** *f* from a reliable source
**Zuverlässigkeit** *f* reliability
**zu viel** too much; **~ bezahlte Beträge** *mpl* overpayments; **~ bezahlte Fracht** *f* overpaid freight; **~ Steuern bezahlen** to pay too much in taxes
**zuvorkommen**, **der Konkurrenz ~** to forestall the competitors
**zuvorkommend** obliging
**Zuwachs** *m* growth, increase, accretion, increment; **durchschnittlicher jährlicher ~** average annual increase; **~ des Vermögens** accretion to sb.'s wealth
**Zuwachsrate** *f* growth rate; **~ der Investitionen** rate of increase in capital investment
**Zuwachs~**, **~reserve** *f* growth reserve; **~steuer** *f* increment tax
**zuwandern** to immigrate; **Arbeitnehmer, die innerhalb der Union zu- und abwandern** *(EU)* employed persons moving within the Union
**Zuwanderung** *f* **ausländischer Arbeitnehmer** immigration of foreign workers
**Zu- und Abwanderungspolitik** *f* migratory policy
**zuweisen** to assign, to allot; to allocate; **jdm e-n Kunden ~** to send a customer to a p.
**Zuweisung** assignment, allotment; allocation; **~ von Arbeit** allocation of labo(u)r; **~ von Geldmitteln** allocation of funds; appropriation; **~ an die Rücklagen** allocation to reserves
**Zuwendung** *f* gift, donation
**zuwiderhandeln** to contravene, to infringe; **den Vorschriften ~** to act contrary to the provisions
**Zuwiderhandlung** *f* contravention, infringement; **~ gegen die Wettbewerbsregeln der Union** *(EU)* infringement of the Union's competition rules; **~en** *pl* **begehen** to commit infringements
**zuzahlen** to make an additional payment
**Zuzahlung** *f* additional payment
**zuziehen** *(Arzt, Anwalt etc.)* to call in; to summon for consultation
**zuzüglich Zinsen** plus interest, including interest
**Zwang** *m* coercion, compulsion; **mit ~ durchsetzen** to achieve by force
**Zwangs~**, **~ablieferung** *f* compulsory delivery; **~anleihe** *f* forced loan; **~auflösung** *f (e-r Handelsgesellschaft)* forced liquidation; **~beitrag** *m* compulsory contribution; **~einziehung** *f* **von Aktien** compulsory retirement of shares; **~geld** *n* penalty payment; **~hypothek** *f* forced registration of a mortgage; **~kapitalbildung** *f* compulsory capital formation; **~kartell** *n* compulsory cartel; **~kauf** *m* forced purchase; **~kurs** *m* compulsory price (or rate); **~liquidation** *f* compulsory liquidation (or *Br* winding up); **~lizenz** *f* compulsory licen|ce (~se); **~maßnahme** *f* coercive measure; **~mitgliedschaft** *f* compulsory membership; **~pensionierung** *f* compulsory retirement; **~regulierung** *f (Börse)* forced settlement; **~schlichtung** *f* mandatory conciliation; **~sparen** *n* forced saving; **~umsiedlung**

*f* forced removal; **~vergleich** *m* compulsory composition in bankruptcy; **~verkauf** *m* forced sale; **~versicherung** *f* compulsory insurance

**Zwangsversteigerung** *f* forced sale, judicial sale; sale of goods seized in execution; **die ~ e-s Grundstücks anordnen** to order real property to be sold by public auction

**Zwangsversteigerung~, ~sverfahren** *n* forced sale procedure

**Zwangsverwalter** *m* sequestrator; receiver

**Zwangsverwaltung** *f* sequestration; forced administration of real property (ordered by the court for the benefit of the creditor[s]); **unter ~ stellen** to put under receivership

**Zwangsvollstreckung** *f*, **~ in beweglichen Sachen** execution levied (up)on movables; **~ in Grundbesitz** execution levied (up)on real property; **Betreibung der ~** levy of execution; **der ~ unterliegend** liable to execution; **nicht der ~ unterliegend** exempt from execution; **~ in Gegenstände des Schuldners betreiben** to levy execution against the debtor's goods; **die ~ in das Grundstück erfolgt durch Zwangsversteigerung oder Zwangsverwaltung** execution against the land may be by forced sale or forced administration; **der Gläubiger hat die ~ vergeblich versucht** the creditor has attempted unsuccessfully to levy execution (against)

**Zwangsvollstreckung~, ~sverfahren** *n* execution proceedings

**Zwangswirtschaft** *f* controlled economy; **die ~ aufheben** to decontrol economy

**Zweck** *m* purpose, object; **für geschäftliche ~e** *pl* for business purposes; **für gemeinnützige** (od. **karitative**) **~e** for charitable purposes; **den ~ erfüllen** to serve the purpose; **keinen ~ haben** to have no Purpose

**Zweck~, ~bestimmung** *f* appropriation, earmarking; **z~dienliche Auskünfte** *fpl* relevant information; **z~entfremden** to misuse; **die Wohnung ist z~entfremdet** the *Br* flat (*Am* apartment) is used for purposes not originally intended; **z~entsprechend** answering the purpose, appropriate

**zweckgebunden** purpose-oriented; earmarked; **nicht ~e Ausleihungen** *fpl* uncommitted lendings; **~es Darlehen** *n* loan tied to a project; tied loan; **~es Kapital** *n* specific capital; **~e Zuschüsse** *mpl* **erhalten** to receive earmarked funds

**Zweck~, z~mäßig** appropriate, expedient; **~sparen** *n* saving for a special purpose; **~verband** *m* special purpose association; **~vermögen** *n* special purpose fund

**Zwei~, -drittelmehrheit** *f* two-thirds majority; **~familienhaus** *n* two-family house; *Am* duplex

**zweifelhaft, ~e Forderungen** *fpl* doubtful (or bad) debts; doubtful accounts receivable; **~es Geschäft** *n* dubious transaction

**Zweig** *m* branch; **Geschäfts~** *m* line of business; **~geschäft** *n* branch shop (or store); **e-e ~niederlassung** *f* **errichten** to set up a branch

**Zweigstelle** *f* branch (office)

**Zweigstelle~, ~nleiter** *m* branch manager

**zwei~, ~jährig** *(alle 2 Jahre)* biennial; **~mal im Jahr** twice a year; **~mal wöchentlich** twice a week; **~monatlich** *(alle 2 Monate)* bimonthly; **~seitig** double-sided; bilateral; **~sprachig** bilingual; in two languages; **~spurig** two-lane

**Zweitausfertigung** *f* duplicate; **~ e-s Wechsels** second of exchange

**zweite, Waren ~r Qualität** *f* second-class (or second-rate) goods; seconds

**Zweit~, ~schuldner** *m* secondary debtor; **~wagen** *m* second car; **~wohnsitz** *m* secondary residence

**Zwergunternehmen** *n* tiny business

**zwingend** mandatory; **~er Grund** *m* compelling reason; **~es Recht** *n* binding law

**Zwischen~,~abrechnung** *f* interim statement of account; **~abschluss** *m* interim accounts; **~bericht** *m* interim report; **~bescheid** *m* interim reply

**zwischenhetrieblich** intercompany, interfirm; **~e Vereinbarung** *f* agreement between enterprises; **~e Zusammenarbeit** *f* cooperation between enterprises

**Zwischen~, ~bilanz** *f* interim balance sheet; **~dividende** *f* interim dividend, dividend on account; **~erzeugnis** *n* intermediate product; **z~finanzieren** to finance ad interim

**Zwischenfinanzierung** *f* interim (or

bridging) financing; **Darlehen zur ~** interim financing loan

**zwischen~**, **~gemeinschaftlich** *(EU)* intra-Community; **~gesellschaftlich** intercompany; **Z~größe** *f* half-size

**Zwischenhandel** *m* intermediate trade; **~sgewinn** *m* middleman's profit; **den ~ ausschalten** to eliminate the middlemen

**Zwischen~**, **~händler** *m* middleman; intermediary; **~konto** *n* suspense account; **~kredit** *m* interim loan (or credit); bridging loan; **~lagerung** *f* intermediate storage; **~landepunkt** *m (Flugverkehr)* stopping place; **~produkt** *n* intermediate product; **~prüfung** *f (Rechnungsprüfung)* interim audit; **~quittung** *f* interim receipt; **~rechnung** *f* interim bill; intermediate account; **~schein** *m* interim (share) certificate

**zwischenstaatlich** international, intergovernmental; between states; **~e Behörde** *f* intergovernmental authority; **~er Handel** *m* international trade

**Zwischenstelle** *f* intermediary

**Zwischenverkauf** *m* intermediate sale; **~ vorbehalten** (offered) subject to prior sale

**Zwischen~**, **~zinsen** *pl* interim interest; **~zollstelle** *f* intermediate office

**Zwölfmonatsgeld** *n* twelve months' money; loan(s) for twelve months

**zyklisch**, **~er Budgetausgleich** *m* cyclical budgeting; **~ wiederkehrende Währungskrisen** *fpl* monetary crises recurring in cycles

# Anhang

## English Abbreviations • Englische Abkürzungen

| | |
|---|---|
| **a.a.r.** | against all risks |
| **AASMM** | Associated African States, Madagascar and Mauritius |
| **A/c, a/c** | Account |
| **A/c Payee only** | Account Payee only |
| **A/cs pay., A/cs Pay.** | Accounts payable |
| **a/cs rec., A/cs Rec.** | Accounts receivable |
| **abs** | automated bond system |
| **ACAS** | Advisory Conciliation and Arbitration Service |
| **ACC** | Arab Cooperation Council |
| **ACM** | Association for Computing Machinery |
| **ACN** | Air consignment note |
| **ACP** | African, Caribbean and Pacific (countries) |
| **ACPM** | Advisory Committee on Programme Management |
| **ACRS** | Accelerated cost recovery system |
| **ACT** | Advance Corporation Tax |
| **A-D** | Advance-Decline |
| **ADB** | African Development Bank |
| **ADRs** | American Depositary Receipts |
| **AFUCIO** | American Federation of Labor and Congress of Industrial Organizations |
| **AG** | Aktiengesellschaft |
| **AGM** | Annual general meeting |
| **AI** | Artificial Intelligence |
| **AICPA** | American Institute of Certified Public Accountants |
| **AIF** | Annual improvement factor |
| **aka** | also known as |
| **AMEX** | American Stock Exchange; American Express |
| **AOB** | Any other business |
| **A/P** | Account purchases |
| **APR** | Annualized percentage rate |
| **AQL** | Acceptable quality level |
| **AS** | Account sales |
| **asap** | as soon as possible |
| **ASCII** | American Standard Code for Information Interchange |
| **ASEAN** | Association of South-East Asian Nations |
| **ASP** | Application Service Provider |
| **ATM** | Automated teller machine |
| **AVCO** | Average Consumer Cost |
| **AWU** | Annual Work Unit |
| **AUEW** | Amalgamated Union of Engineering Workers |
| **b&b** | bed and breakfast |
| **BAN** | Bank Anticipation Note |
| **BASIC** | Beginners All-purpose Symbolic Instruction Code |
| **BBB** | British Bank Bills |

| | |
|---|---|
| **BCC** | Business Cooperation Centre |
| **BIM** | British Institute of Management |
| **BIOS** | Basic Input-Output System |
| **BIS** | Bank for International Settlements |
| **BIL** | Bill of lading |
| **BOP** | Balance of payments |
| **BIP, b.p.** | Bills payable |
| **BPR** | Business Process Reengineering |
| **B/R, b.r.** | Bills receivable |
| **B/S** | Bill of sale |
| **BTB** | British Treasury Bills |
| **bt. forw.** | brought forward |
| **CA** | Companies Act; certified accountant |
| **CACM** | Central American Common Market |
| **CAD** | Computer-aided design |
| **c.a.d.** | cash against documents |
| **CAE** | Computer-aided engineering |
| **CAM** | Computer-aided manufacturing |
| **c & f** | cost and freight |
| **CAP** | Common Agricultural Policy; Computer-aided planning |
| **CAQ** | Computer-aided quality assurance |
| **CAT** | Computer-aided testing |
| **CATS** | Certificate of Accrual on Treasury Securities |
| **CBI** | Confederation of British Industry |
| **CCC** | Consumers Consultative Committee |
| **CCI** | Committee for Commerce and Distribution |
| **CCT** | Common Customs Tariff |
| **CD** | Certificate of deposit |
| **CEEP** | European Centre for Public Enterprises |
| **CEN** | European Committee for Standardization |
| **CENELEC** | European Committee for Electronical Standardization |
| **CEO** | Chief Executive Officer |
| **CERN** | European Organization for Nuclear Research |
| **CET** | Common External Tariff; Central European Time |
| **CFO** | Chief Financial Officer |
| **CFTC** | Commodity Futures Trading Commission |
| **CHAPS** | Clearing House Automated Payment System |
| **CHIPS** | Clearing House Interbank Payment System |
| **CIEC** | Conference on International Economic Cooperation |
| **CIF, cif** | Cost, insurance, and freight |
| **CIF & C** | Cost, insurance, freight, and commission |
| **CIF & E** | Cost, insurance, freight, and exchange |
| **CIFCI, cifci** | Cost, insurance, freight, commission, interest |
| **CIM** | Computer-integrated manufacturing |
| **CKD** | Completely knocked down |
| **CLC** | Commercial letter of credit |
| **CNC** | Computerized numeric control |
| **c/o** | care of |

| | |
|---|---|
| **CNE** | Co-efficient of non-erasure |
| **COBOL** | Common Business-Oriented Language |
| **COD** | Cash on delivery; collect on delivery |
| **Codest** | Committee for the European Development of Science and Technology |
| **COLT** | Continuously Offered Longer-Term Securities |
| **COMECON** | Council for Mutual Economic Assistance |
| **Comex** | Commodity exchange |
| **CO-op** | Cooperative society |
| **COST** | European cooperation in the field of scientific and technical research |
| **C/p** | Charter party |
| **c/p** | carriage paid |
| **CPA** | Certified public accountant |
| **CPI** | Consumer price index |
| **CPU** | Central Processing Unit |
| **CREST** | Scientific and Technical Research Committee |
| **CRM** | Customer Relationship Manager |
| **CRSs** | Computerized reservation systems |
| **C.R.U.** | Collective Reserve Unit |
| **CSCE** | Conference on Security and Cooperation in Europe |
| **C.W.0.** | Cash with order |
| **cwt** | hundredweight |
| | |
| **D/A** | Documents against acceptance |
| **DAF** | Delivered at frontier |
| **DB** | Database |
| **DBA** | Doppelbesteuerungsabkommen |
| **DBMS** | Database Management System |
| **D/C** | Documents against cash |
| **DCE** | Domestic credit expansion |
| **DCP** | Data collection platform |
| **DDP** | Delivered duty paid |
| **Delta** | Development of European learning through technological advance |
| **D&J** | halbjährliche Zins- und Dividendenzahlungen im Dezember und Juni |
| **DJIA** | Dow Jones Industrial Average |
| **D/P** | Documents against payment |
| **dp** | data processing |
| **DPC** | Deferred payment credit |
| **Drive in Europe** | Dedicated road infrastructure for vehicle safety |
| **DTP** | Desk-Top Publishing |
| | |
| **EAAA** | European Association of Advertising Agencies |
| **EAEC** | European Atomic Energy Community |
| **EAG** | Europäische Atomgemeinschaft |
| **EAGGF** | European Agricultural Guidance and Guarantee Fund |

| | |
|---|---|
| **EAN** | European article number |
| **E. & 0.E.** | Errors and omissions excepted |
| **Ebit** | Earnings before interest and taxes |
| **EC** | European Community; European Commission |
| **ECITO** | European Central Inland Transport Organization |
| **ECJ** | European Court of Justice |
| **Ecosoc** | Economic and Social Council |
| **ECP** | Eurocommercial paper |
| **ECR** | European Court Reports |
| **ECSC** | European Coal and Steel Community |
| **Ecu, ECU** | European Currency Unit |
| **EDF** | European Development Fund |
| **EDI** | Electronic data interchange |
| **Edifact** | Electronic data interchange for administration, commerce, and transport |
| **EDP** | Electronic data processing |
| **EDV** | Elektronische Datenverarbeitung |
| **EEA** | European Economic Area |
| **EEDB** | European Energy Data Bank |
| **EEIG** | European Economic Interest Grouping |
| **EFT** | Electronic funds transfer |
| **EFTA** | European Free Trade Association |
| **EFTPOS** | Electronic funds transfer at point of sale |
| **EG** | Europäische Gemeinschaft |
| **EGF** | European Guarantee Fund |
| **EGKS** | Europäische Gemeinschaft für Kohle und Stahl |
| **EGM** | Extraordinary general meeting |
| **EIA** | Environmental impact assessment |
| **EIB** | European Investment Bank |
| **EIS** | Executive Information System |
| **EMS** | European Monetary System |
| **EOE** | European Options Exchange |
| **EOQ** | Economic order quantity |
| **EPS** | Earnings Per Share |
| **EQS** | Environmental Quality Standards |
| **ERDF** | European Regional Development Fund |
| **ERM** | Exchange rate mechanism |
| **ERP** | Enterprise Resource Planning |
| **ESAF** | Enhanced structural adjustment facility |
| **ESF** | European Social Fund |
| **ESOMAR** | European Society for Opinion and Marketing Research |
| **ETA** | Estimated time of arrival |
| **ETD** | Estimated time of departure |
| **ETO** | European Travel Operators |
| **ETSI** | European Telecommunications Standards Institute |
| **ETUC** | European Trade Union Confederation |
| **EU** | European Union |
| **Euratorn** | European Atomic Energy Community |
| **EUREKA** | European Research Coordination Agency |

| | |
|---|---|
| **EURONET** | European data network |
| **EUTELSAT** | European Telecommunications Satellite Organization |
| **EVCA** | European Venture Capital Association |
| **ex cap.** | ex capitalization |
| **ex cp.** | ex coupon |
| **ex div., ex. d.** | ex dividend |
| **ex int.** | ex interest |
| **ex n.** | ex new |
| **EXW** | ex works |
| **FAO** | Food and Agricultural Organization |
| **f.a.o.** | for (the) attention of |
| **FAP** | Final Abandonment Premium |
| **f.a.q.** | fair average quality |
| **FAQ** | Frequently Asked Questions |
| **f.a.s., fas** | free alongside ship |
| **FAST** | Forecasting and Assessment in Science and Technology |
| **FBR** | Fast breeder reactor |
| **FCC** | Federal Communications Commission |
| **FCI** | Factors Chain International |
| **FCS, F.C.S.** | Free of capture and seizure |
| **Fd.** | Free discharge; free dispatch |
| **FDIC** | Federal Deposit Insurance Corporation |
| **Fed** | Federal Reserve System |
| **FEEE** | Foundation for Environmental Education in Europe |
| **FIBOR** | Frankfurt Interbank Offered Rate |
| **FICB** | Federal Intermediate Credit Banks |
| **fifo** | first-in-first-out |
| **FII** | Franked investment income |
| **FMC** | Federal Maritime Commission |
| **FMV** | Fair market value |
| **FOB, fob** | Free on board |
| **Footsie** | FT-SE 100 stock index |
| **foq** | Free on quay |
| **FOR, for** | Free on rail |
| **FOR/FOT** | Free on rail/free on truck |
| **FPA** | Free from particular average |
| **FR.** | Freight release |
| **FRA** | Forward rate agreement; future rate agreement |
| **FRC** | Free carrier |
| **FRG** | Federal Republic of Germany |
| **FRN** | Floating rate note |
| **FRS** | Federal Reserve System |
| **frt** | freight |
| **FSLIC** | Federal Savings and Loan Insurance Corporation |
| **FT** | Financial Times |
| **FTP** | File Transfer Protocol |
| **G/A** | General average |

| | |
|---|---|
| **GAAP** | Generally accepted accounting principles |
| **GAB** | General Arrangements to Borrow |
| **GATT** | General Agreement on Tariffs and Trade |
| **GB** | Gigabyte |
| **GCR** | General cargo rates |
| **GDP** | Gross domestic product |
| **GEMM** | Gilt-edged market maker |
| **g.f.a.** | good fair average |
| **GmbH** | Gesellschaft mit beschränkter Haftung |
| **GNP, gnp** | Gross national product |
| **Goffex** | General Options and Financial Futures Exchange |
| **GP** | General practitioner |
| **GPRS** | General packet radio service |
| **GRT** | Gross register ton |
| **GSM** | Global system for mobile communication |
| **GSP** | General System of Preferences |
| **GZT** | Gemeinsamer Zolltarif |
| **g.t.** | gross terms |
| **HDD** | Hard disc drive |
| **HDTV** | High-definition television |
| **hifo** | highest-in-first-out |
| **HTML** | Hypertext mark-up language |
| **http** | hypertext transfer protocol |
| **IAEA** | International Atomic Energy Agency |
| **IAPIP** | International Association for the Protection of Industrial Property |
| **IATA** | International Air Transport Association |
| **IBRD** | International Bank for Reconstruction and Development |
| **IBFs** | International Banking Facilities |
| **IBMC** | International Business Machines Corporation |
| **ICA** | International Cooperative Alliance |
| **ICC** | International Chamber of Commerce |
| **ICFTU** | International Confederation of Free Trade Unions |
| **ICI** | International Court of Justice |
| **ICS** | International Chamber of Shipping |
| **IDA** | International Development Association |
| **IEA** | International Energy Agency |
| **IFA** | International Fiscal Agency |
| **ILO** | International Labour Organization |
| **IMF** | International Monetary Fund |
| **IMO** | International money order |
| **IMP** | Integrated Mediterranean Programme |
| **Interpol** | International Criminal Police Commission |
| **IOU** | I owe you |
| **IP** | Internet protocol |
| **IPO** | Initial public offering |
| **IRS** | International Revenue Service |
| **ISBN** | International Standard Book Number |

| | |
|---|---|
| **ISDN** | Integrated service digital network |
| **ISF** | International Shipping Federation |
| **ISO** | International Standardization Organization |
| **ISP** | Internet Service Provider |
| **Isro** | International Securities Regulatory Organization |
| **ITC** | International Trade Commission |
| | |
| **Jet** | Joint European Torus |
| **JIT** | Just in time |
| **Jur., Jr.** | Junior |
| **JRS** | Joint Research Centre |
| **JV** | Joint venture |
| | |
| **KB** | Kilobyte |
| **k.d.** | knocked down |
| **KG** | Kommanditgesellschaft |
| | |
| **LAIA** | Latin-American Integration Association |
| **LAN** | Local Area Network |
| **LBO** | Leveraged buyout |
| **L/C** | Letter of credit |
| **LCE** | London Commodity Exchange |
| **l.c.l.** | less than carload |
| **L.C.L.** | Less-than-container load |
| **LDCs** | Less developed countries |
| **LLDCs** | Least developed countries |
| **LIBID** | London Interbank Bid Rate |
| **LIBOR** | London Interbank Offered Rate |
| **LIFFE** | London International Financial Futures Exchange |
| **lifo** | last-in-first-out |
| **LIMEAN** | London Interbank Mean Rate |
| **LME** | London Metal Exchange |
| **LUXIBOR** | Luxembourg Interbank Offered Rate |
| | |
| **M+A** | Mergers and Acquisitions |
| **MB** | Megabyte |
| **MBA** | Master of Business Administration |
| **MBO** | Management buyout |
| **MBO** | Management by Objectives |
| **MCA** | Monetary compensatory amount |
| **ME** | Multinational enterprise |
| **MEP** | Member of the European Parliament |
| **MFA** | Multifibre Arrangement |
| **MIGA** | Multilateral Investment Guarantee Agency |
| **MIS** | Management information system |
| **MLR** | Minimum lending rate |
| **MMDA** | Money market deposit account |
| **MMF** | Markt- und Meinungsforschung |
| **MNEs** | Multinational enterprises |

| | |
|---|---|
| **M.O.** | Money order |
| **MOF** | Multiple options facility |
| **MRP** | Material requirements planning |
| **MTA** | Motion time analysis |
| **MTM** | Method Time Measurement |
| **MTN** | Multilateral trade negotiations; medium-term note |
| **NASA** | National Aeronautics and Space Administration |
| **NASD** | National Association of Securities Dealers |
| **NATO** | North Atlantic Treaty Organization |
| **NCE** | Non(-)compulsory expenditure |
| **NCI** | New Community (Borrowing and Lending) Instrument |
| **NEO** | Non-equity Options |
| **NFA** | National Futures Association |
| **NGI** | Neues Gemeinschaftsinstrument |
| **NGO** | Nongovernmental organization |
| **NIBOR** | New York Interbank Offered Rate |
| **NIC** | Newly industrialized country |
| **NIF** | Note issuance facility |
| **NIPRO** | Common Nomenclature of Industrial Products |
| **NNP** | Net national product |
| **N.O.** | No orders |
| **NOW** | Negotiable order of withdrawal |
| **n.p.f.** | Not provided for |
| **NPT** | Network (planning) technique |
| **NPV** | Net present value |
| **NRR** | Net reproduction rate |
| **NRT** | Net register tonnage, net register ton |
| **n.s./n.s.f** | Not sufficient/not sufficient funds |
| **NTB** | Non-tariff barriers |
| **NUM** | National Union of Mineworkers |
| **NYFE** | New York Futures Exchange |
| **NYSE** | New York Stock Exchange |
| **OAS** | Organization of American States |
| **OAU** | Organization of African Unity |
| **OCAS** | Organization of Central American States |
| **OCT** | Overseas countries and territories |
| **OECD** | Organization for Economic Cooperation and Development |
| **OHG** | Offene Handelsgesellschaft |
| **OMA** | Orderly Market Arrangement |
| **O.M.P.** | Open-market policy |
| **Opec** | Organization of Petroleum Exporting Countries |
| **OPS** | Open price system |
| **OR** | Operations research, operational research |
| **OS** | Operating System |
| **OTC** | over-the-counter |
| **P & L a/c** | Profit and loss account |

| | |
|---|---|
| **PC** | Personal computer |
| **PDA** | Personal digital assistant |
| **P/E, PER** | Price-earning ratio |
| **PERT** | Programme Evaluation and Review Technique |
| **PGP** | Pretty good privacy |
| **PIN** | Personal identification number |
| **PIC** | Public limited company |
| **POS** | Point-of-sale |
| **PPBS** | Planning, programming, budgeting system |
| **PRIME** | Prescribed right to income and maximum equity |
| **PSBR** | Public sector borrowing requirement |
| **P.S.V.** | Public service vehicle |
| **QoS** | Quality of service |
| **R&D** | Research and development |
| **R&TD** | Research and technological development |
| **R/D** | Refer to drawer |
| **re** | with reference to |
| **repo, RP** | Repurchase agreement |
| **RIE** | Recognized Investment Exchange |
| **ROCE** | Return on capital employed |
| **ROI** | Return on investment |
| **RPI** | Retail price index |
| **RPM** | Resale price maintenance |
| **RRP** | Recommended retail price |
| **RUF** | Revolving underwriting facility |
| **SCM** | Supply chain management |
| **S.E.** | Stock Exchange |
| **SEA** | Single European Act |
| **SEAQ** | Stock Exchange Automated Quotation |
| **SEC** | Securities and Exchange Commission |
| **SEDOC** | European System for the International Clearing of Vacancies and Applications for Employment |
| **SEDOL** | Stock Exchange Daily Official List |
| **SEMB** | Stock exchange money broker |
| **SIB** | Securities and Investments Board |
| **SMEs** | Small and medium-sized enterprises |
| **SML** | Security market line |
| **SMS** | Short message system |
| **SNG** | Synthetic natural gas |
| **SOFFEX** | Swiss Options and Financial Futures Exchange AG |
| **SPRINT** | Strategic programme for innovation and technology transfer |
| **SSAP** | Statements of Standard Accounting Practice |
| **SWIFT** | Society for Worldwide Interbank Financial Telecommunications |
| **SWOT analysis** | Strengths, weaknesses, opportunities and threats |
| **TAB** | Technical Assistance Board |

| | |
|---|---|
| **TAC** | Transit authorization certificate |
| **TACs** | Total allowable catches |
| **TAMRA** | Technical and Miscellaneous Revenue Act |
| **T&E** | Travel and Entertainment Card |
| **TAP** | Temporary Abandonment Premium |
| **TDF** | Transborder data flow |
| **Tedis** | Trade electronic data interchange system |
| **TIGR** | Treasury income growth receipt |
| **TNE** | Transnational enterprise |
| **TOEFL** | Test of English as a Foreign Language |
| **TOFC** | Trailer on flat car |
| **TRT** | Trademark Registration Treaty |
| **T.T.** | Telegraphic transfer |
| **TUC** | Trades Union Congress |
| | |
| **UCC** | Uniform Commercial Code |
| **UK** | United Kingdom |
| **UMTS** | Universal mobile telephone service |
| **UN** | United Nations |
| **UNCITRAL** | United Nations Commission on International Trade Law |
| **UNCTAD** | United Nations Conference on Trade and Development |
| **UNDP** | United Nations Development Programme |
| **UNEP** | United Nations Environment Programme |
| **UNESCO** | United Nations Educational, Scientific, and Cultural Organization |
| **UNIDO** | United Nations Industrial Development Organization |
| **UNIL** | Uniform Negotiable Instrument Law |
| **UPC** | Universal Product Code |
| **UPU** | Universal Postal Union |
| **URL** | Universal resource locator |
| **USA** | United States of America |
| **USDAW** | Union of Shop, Distributive and Allied Workers |
| **USP** | Unique Selling Proposition |
| | |
| **VaR** | Value at risk |
| **VAT** | Value-added tax |
| **VDU** | Visual display unit |
| **VER** | Voluntary export restraint |
| **VR** | Virtual reality |
| | |
| **WAN** | Wide area network |
| **WAP** | Wireless application protocol |
| **WFP** | World Food Programme |
| **WHO** | World Health Organization |
| **WINGS** | Warrant into Negotiable Government Securities |
| **WIP** | Work(s) in progress |
| **WIPO** | World Intellectual Property Organization |
| **WPI** | Wholesale price index |
| **WTO** | World Trade Organization |
| **WWW** | World-wide web |

| | |
|---|---|
| **x.a.** | ex all |
| **x.b.** | ex bonus |
| **x.c., x. cap.** | ex capitalization |
| **x.d., x. div.** | ex dividend |
| **x. in.** | ex interest |
| **x. new** | ex new |
| **x.r., x. rts.** | ex rights |
| **x. stk.** | ex stock |
| **x. whse** | ex warehouse |
| **x. wks** | ex works |
| | |
| **Y/A** | York-Antwerp (Rules) |
| **yd.** | Yard |
| **Yuppies** | Young upwardly mobile professionals (or persons) |
| | |
| **ZEBRAS** | zero-coupon Eurosterling bearer or registered accruing securities |

## Deutsche Abkürzungen • German Abbreviations

| | |
|---|---|
| **AASMM** | Assoziierte Afrikanische Staaten, Madagaskar und Mauritius |
| **ABM** | Arbeitsbeschaffungsmaßnahmen |
| **AG** | Aktiengesellschaft |
| **AGB** | Allgemeine Geschäftsbedingungen |
| **APS** | allgemeines Präferenzsystem |
| **Art.** | Artikel |
| **BGB** | Bürgerliches Gesetzbuch |
| **BRD** | Bundesrepublik Deutschland |
| **BSP** | Bruttosozialprodukt |
| **CAD** | computergestütztes Konstruieren |
| **CAM** | computergestützte Herstellung (od. Fertigung) |
| **CAP** | computergestützte Planung |
| **CAQ** | computergestützte Qualitätssicherung |
| **cif** | cost, insurance, freight |
| **CIM** | computerintegrierte Fertigung |
| **COST** | Europäische Zusammenarbeit auf dem Gebiet der wissenschaftlichen und technischen Forschung |
| **CREST** | Ausschuss für wissenschaftliche und technische Forschung |
| **CZT** | Gemeinsamer Zolltarif |
| **DAC** | Ausschuss für Entwicklungshilfe |
| **DAX** | Deutscher Aktienindex |
| **DBA** | Doppelbesteuerungsabkommen |
| **e. V.** | eingetragener Verein |
| **EAG** | Europäische Atomgemeinschaft |
| **EBM** | Wirtschaftsverband Eisen, Blech und metallverarbeitende Industrie |
| **EDV** | elektronische Datenverarbeitung |
| **EEF** | Europäischer Entwicklungsfonds |
| **EFRE** | Europäischer Fonds für regionale Entwicklung |
| **EFTA** | Europäische Freihandelassoziation |
| **EG** | Europäische Gemeinschaften |
| **EGKS** | Europäische Gemeinschaft für Kohle und Stahl (Montanunion) |
| **EIB** | Europäische Investitionsbank |
| **EKA** | Europäische Kernenergieagentur |
| **EKVM** | Europäische Konferenz der Verkehrsminister |
| **EP** | Europäisches Parlament |
| **ESOMAR** | Europäische Gesellschaft für Markt- und Meinungsforschung |
| **EU** | Europäische Union |
| **EuGH** | Europäischer Gerichtshof |
| **Euratom** | Europäische Atomgemeinschaft |
| **EWG** | Europäische Wirtschaftsgemeinschaft |
| **EWR** | Europäischer Wirtschaftsraum |
| **EWS** | Europäisches Währungssystem |

| | |
|---|---|
| **FAO** | Ernährungs- und Landwirtschaftsorganisation |
| **FuE** | Forschung und Entwicklung |
| **GAP** | gemeinsame Agrarpolitik |
| **GFS** | Gemeinsame Forschungsstelle |
| **GHEG** | Gerichtshof der Europäischen Gemeinschaften |
| **GmbH** | Gesellschaft mit beschränkter Haftung |
| **GMO** | Gemeinsame Marktorganisation |
| **GU** | Gemeinschaftsunternehmen |
| **GUA** | Gemeinschaftliche Umweltaktionen |
| **GZT** | gemeinsamer Zolltarif |
| **i. A.** | im Auftrag |
| **i. V.** | in Vertretung; inVollmacht |
| **IAEO** | Internationale Atomenergie-Organisation |
| **IBFG** | Internationaler Bund Freier Gewerkschaften |
| **IBRD** | Internationale Bank für Wiederaufbau und Entwicklung |
| **IHK** | Internationale Handelskammer |
| **IWF** | Internationaler Währungsfonds |
| **Kfz** | Kraftfahrzeug |
| **KG** | Kommanditgesellschaft |
| **KGaA** | Kommanditgesellschaft auf Aktien |
| **KMB** | Klein- und Mittelbetriebe |
| **KMU** | kleine und mittlere Unternehmen |
| **Lkw** | Lastkraftwagen |
| **MFA** | Multifaserabkommen |
| **MIGA** | Multilaterale Agentur für Investitionsgarantie |
| **MMF** | Markt- und Meinungsforschung |
| **NGI** | Neues Gemeinschaftsinstrument |
| **NOA** | nichtobligatorische Ausgaben |
| **NRO** | Nichtregierungsorganisation |
| **OAPEC** | Organisation der arabischen erdölexportierenden Länder |
| **OECD** | Organisation für wirtschaftliche Zusammenarbeit und Entwicklung |
| **OHG** | offene Handelsgesellschaft |
| **OPEC** | Organisation der erdölexportierenden Länder |
| **parl** | parlamentarisch |
| **pp., ppa.** | per Prokura |
| **PPS** | Produktionsplanung und -steuerung |
| **SZR** | Sonderziehungsrecht |
| **TIR** | Internationaler Straßengüterverkehr (Fr Transports Internationaux Routiers) |

| | |
|---|---|
| **TNU** | transnationales Unternehmen |
| **TÜV** | Technischer Überwachungsverein |
| **ÜLG** | Überseeische Länder und Gebiete |
| **Vers.** | Versicherung |
| **VN** | Vereinte Nationen |
| **WAB** | Währungsausgleichsbetrag |
| **WIPO** | Weltorganisation für geistiges Eigentum |